JURISPRUDENCE GÉNÉRALE

SUPPLÉMENT AU RÉPERTOIRE

MÉTHODIQUE ET ALPHABÉTIQUE

DE LÉGISLATION,

DE DOCTRINE ET DE JURISPRUDENCE

EN MATIÈRE DE DROIT CIVIL, COMMERCIAL, CRIMINEL, ADMINISTRATIF,
DE DROIT DES GENS ET DE DROIT PUBLIC.

TOME TROISIÈME

JURISPRUDENCE GÉNÉRALE

SUPPLÉMENT AU RÉPERTOIRE

MÉTHODIQUE ET ALPHABÉTIQUE

DE LÉGISLATION

DE DOCTRINE ET DE JURISPRUDENCE

EN MATIÈRE DE DROIT CIVIL, COMMERCIAL, CRIMINEL, ADMINISTRATIF,
DE DROIT DES GENS ET DE DROIT PUBLIC.

De MM. DALLOZ,

PUBLIÉ SOUS LA DIRECTION DE MM.

Gaston GRIOLET
Docteur en droit

Charles VERGÉ
Maître des Requêtes au Conseil d'État

Avec le concours de **M. C. KŒHLER**, Docteur en droit

Et la collaboration de plusieurs magistrats et jurisconsultes.

TOME TROISIEME

A PARIS

AU BUREAU DE LA JURISPRUDENCE GÉNÉRALE

RUE DE LILLE, N° 19

1888

JURISPRUDENCE GÉNÉRALE

SUPPLÉMENT

AU

RÉPERTOIRE MÉTHODIQUE ET ALPHABÉTIQUE

DE LÉGISLATION, DE DOCTRINE

ET DE JURISPRUDENCE

3. On a indiqué au *Rép.* n°s 1 à 167 l'état de la législation
municipale à la fin de la monarchie constitutionnelle de 1830.
Cet exposé a été complété (V. *ibid.* v° *Organisation administrative,* n°s 808 et suiv.), par l'analyse des lois qui ont modifié l'organisation et le régime des communes sous la République
de 1848 et dans les premières années du second Empire.
Un décret du 3 juill. 1848 avait, ainsi que nous l'avons dit
(*Rép. ibid.,* n°s 809 et 831), substitué pour le renouvellement
des conseils municipaux, le suffrage universel aux catégories
d'électeurs instituées par les lois des 21 mars 1831 et 22 juin
1833, et avait modifié la loi de 1831 en accordant aux
conseils municipaux la nomination des maires et adjoints
dans les communes de moins de 6000 habitants. Une loi
d'administration communale figurait au nombre des lois
organiques que devait voter l'Assemblée nationale, aux
termes d'un décret du 14 déc. 1848 (D. P. 49. 4. 4). Cette
prévision ne se réalisa pas. Le conseil d'État prépara un
projet de loi sur l'organisation communale que précédait un
remarquable exposé des motifs rédigé par M. Vuitry, alors
maître des requêtes. De son côté, M. de Vatimesnil avait
déposé un rapport sur le même sujet au nom de la commission chargée par l'Assemblée législative de préparer un code
complet d'administration intérieure. Les projets dont l'assemblée se trouvait ainsi saisie furent examinés en première
lecture : mais le coup d'État du 2 déc. 1851 en interrompit
la discussion.

4. Le régime inauguré en 1852 fit prévaloir en matière
d'organisation communale des tendances différentes. L'art. 57
de la Constitution rendit au Gouvernement la nomination
des maires et adjoints en l'autorisant à les choisir en dehors
des conseils municipaux. Les lois des 7 juill. 1852 (D. P. 52.
4. 180) et du 5 mai 1855 (D. P. 55. 4. 56), dont les dispositions ont été analysées au *Rép. ibid.,* n°s 809 et suiv., con-
firmèrent ce mode de nomination et armèrent les préfets,
les ministres et le chef de l'État de pouvoirs plus étendus à
l'égard des maires et des conseils municipaux; en même
temps, le décret dit de décentralisation, du 25 mars 1852
(D. P. 52. 4. 90), accrut considérablement les moyens
d'action et l'influence des préfets en leur conférant le droit

de statuer sur un très grand nombre d'affaires précédemment
réservées aux ministres.

5. La loi sur l'*organisation municipale* du 5 mai 1855 fut
complétée par la loi sur *les conseils municipaux* du 24 juill.
1867 (D. P. 67. 4. 89). Mais cette dernière loi porte l'empreinte
de préoccupations d'un autre ordre : « La pensée première
qui doit avoir inspiré le projet, disait M. Bonjean dans son
rapport au Sénat, celle qui en demeure le trait principal,
c'est le désir de donner satisfaction à cette partie de l'opinion
publique qui, depuis longtemps, réclame contre ce qu'elle
appelle l'excès et les abus de la centralisation administrative ». — Sous ce rapport, un progrès réel était accompli.
La loi nouvelle donnait aux conseils municipaux le pouvoir
de régler avec pleine autorité et par des délibérations exécutoires de plein droit, un certain nombre d'affaires pour
lesquelles les délibérations de ces conseils avaient jusqu'alors
été soumises à l'approbation préfectorale. Les objets que les
conseils municipaux pouvaient régler définitivement, aux
termes de la loi du 18 juill. 1837, n'étaient qu'au nombre
de quatre : la loi de 1867 y ajouta les objets suivants : 1° les
acquisitions d'immeubles, lorsque la dépense ne dépasse
pas le dixième des revenus ; 2° les conditions des baux à
loyer des bâtiments et maisons appartenant à la commune,
pourvu que la durée du bail ne dépasse pas 18 ans ; 3° les
plans et devis des grosses réparations d'entretien lorsque
la dépense totale afférente à ces projets ne dépasse pas le
cinquième des revenus ordinaires ni en aucun cas la
somme de 50000 fr. ; 4° le tarif des droits de place à percevoir dans les halles, foires et marchés ; 5° les droits à
percevoir pour permis de stationnement et de location des
rues et places ; 6° le tarif des concessions dans les cimetières ; 7° les assurances des bâtiments communaux ;
8° l'affectation d'une propriété communale à un service
communal lorsque cette propriété n'est encore affectée à
aucun service public ; 9° l'acceptation ou le refus de dons
et legs faits à la commune sans charges ni conditions lorsque
ces dons et legs ne donnent pas lieu à réclamation.
L'art. 2 de la loi contenait une importante innovation.
Les allocations portées au budget communal pour dépenses
facultatives ne pouvaient plus être modifiées par l'arrêté du
préfet ou par le décret portant règlement du budget, lorsque
ce budget pourvoyait à toutes les dépenses obligatoires et
n'appliquait aucune recette extraordinaire aux dépenses soit
obligatoires soit facultatives, ce qui revenait à dire, suivant
le rapport précité de M. Bonjean, « que les conseils municipaux dans le cas prévu par l'article, disposaient souverainement des excédents de leurs recettes ordinaires sur leurs
dépenses obligatoires ». — Les art. 3, 5 et 6 contenaient
des règles nouvelles sur les contributions extraordinaires et les
impôts. Les conseils municipaux étaient investis du droit de
voter souverainement : 1° dans les limites du maximum fixé
chaque année par le conseil général, des contributions extraordinaires n'excédant pas cinq centimes pendant cinq ans,
pour en appliquer le produit à des dépenses extraordinaires
d'utilité communale; 2° des emprunts remboursables en
cinq ans sur le produit de ces cinq centimes ou en douze ans
sur les revenus ordinaires. Ils pouvaient, en outre, voter trois
centimes extraordinaires exclusivement affectés aux chemins
vicinaux ordinaires.
Les conseils municipaux, d'accord avec le maire, statuaient
aussi définitivement, aux termes de l'art. 9 : 1° sur la
suppression ou la diminution des taxes d'octroi ; 2° sur la
prorogation des taxes principales d'octroi pour cinq ans au
plus ; 3° sur l'augmentation des taxes jusqu'à concurrence
d'un décime pour cinq ans au plus, sous les conditions
qu'aucune des taxes ainsi maintenues ou modifiées n'excéderait le maximum déterminé par un tarif général qui serait
établi par un règlement d'administration publique et qu'aucune desdites taxes ne porterait sur des objets non compris dans ce tarif.
Toutefois, dans tous les cas prévus par les articles dont
les dispositions viennent d'être analysées, la délibération ne
devait être exécutoire, en cas de désaccord entre le maire
et le conseil municipal, qu'après approbation du préfet.
6. La loi de 1867 modifiait, en outre, plusieurs dispositions de la loi du 5 mai 1855. La durée des pouvoirs des
conseils municipaux, fixée à cinq ans par cette dernière loi,
fut portée à sept années. La commission nommée en cas de

dissolution d'un conseil municipal qui, d'après la loi de 1855 pouvait être maintenue en fonctions jusqu'à l'expiration de la période quinquennale, ne put être maintenue que pendant une période de trois ans. Enfin la loi de 1867 abrogea l'art. 50 de la loi de 1855 qui conférait au préfet, dans les chefs-lieux de département dont la population était supérieure à 40000 âmes, les pouvoirs du préfet de police tels qu'ils sont réglés par l'arrêté des consuls du 2 mess. an 8. Mais elle disposa en même temps que, dans les villes où cet article avait été applicable, l'organisation du personnel chargé des services de la police serait réglée, sur l'avis du conseil municipal, par un décret rendu en conseil d'Etat; que les agents de police y seraient nommés par les préfets; et qu'enfin, dans le cas où le conseil municipal n'allouerait pas les fonds nécessaires aux dépenses de police, l'allocation serait inscrite au budget par décret rendu en conseil d'Etat. Un circulaire du ministre de l'intérieur du 3 août 1867 (D. P. 67. 3. 73) adressa aux préfets des instructions destinées à rendre plus facile et plus régulière l'application de la nouvelle loi.

7. Ainsi que nous l'avons dit, l'art. 57 de la Constitution de 1852 portait que les maires seraient nommés par le pouvoir exécutif et pourraient être pris hors du conseil municipal. Cette disposition fut supprimée, comme n'étant pas d'ordre constitutionnel, dans la Constitution amendée du 21 mai 1870 (D. P. 70. 4. 31), et une loi du 22 juillet suivant (D. P. 70. 4. 55) décida que les maires et adjoints nommés par l'Empereur ou par le préfet seraient choisis dans le sein du conseil municipal. L'art. 4 de la même loi ramena à cinq ans la durée des pouvoirs des conseils municipaux, afin de rétablir la concordance entre les limites assignées au mandat du maire et à celui du conseil. — Cette loi, qui ne fut pas appliquée, devait être suivie d'une réforme générale de la législation municipale dont la préparation avait été confiée à une commission extraparlementaire instituée au ministère de l'intérieur. Le premier soin de cette commission fut de réimprimer les documents de 1851 dont il a été question plus haut. Mais ses travaux furent interrompus par la guerre de 1870.

8. Un des premiers actes de la délégation du Gouvernement de la défense nationale établie à Tours fut le décret du 20 sept. 1870 (D. P. 70. 4. 112) portant dissolution des conseils municipaux, qui furent remplacés par des commissions nommées par le pouvoir exécutif. Cet état de choses souleva de vives réclamations, et l'Assemblée nationale élue en 1871 dut se préoccuper, dès sa réunion, de replacer le pays sous l'autorité d'administrations régulièrement élues. Malgré la gravité des circonstances, elle n'hésita pas à voter, sur le rapport de M. Batbie, la loi du 14 avr. 1871 (D. P. 71. 4. 38), qui réglait dans le sens le plus libéral l'organisation provisoire des municipalités. — Le droit de vote était conféré par cette loi aux électeurs âgés de 21 ans justifiant d'une année de domicile dans la commune. Les membres du conseil municipal pouvaient être choisis parmi les électeurs de la commune et, jusqu'à concurrence d'un quart, en dehors de la commune, à la condition d'y payer une des quatre contributions directes. Les maires et adjoints devaient, en principe, être élus par le conseil municipal parmi les membres: toutefois, sur l'insistance de M. Thiers, l'Assemblée consentit à admettre une exception à cette règle pour les villes de plus de 20000 âmes et pour les chefs-lieux de département et d'arrondissement. Dans ces villes, la nomination des maires et adjoints devait être faite provisoirement par décret, mais ils devaient toujours être pris dans le conseil municipal. Des dispositions spéciales donnaient à la ville de Paris un conseil municipal électif et en déterminaient le mode d'élection.

9. Le mode de nomination des maires et adjoints établi par la loi du 20 janv. 1871 fut modifié par celle du 20 janv. 1874 (D. P. 74. 4. 38), qui fut votée au milieu des luttes de partis les plus ardentes. Jusqu'au vote de la loi organique municipale, les maires et adjoints devaient être nommés par le président de la République dans les chefs-lieux de département, d'arrondissement et de canton, et par les préfets dans toutes les autres communes. Il devait être procédé, dès la promulgation de la loi, à la nomination des maires et adjoints, qui pouvaient être pris en dehors des conseils municipaux. L'art. 3 de la loi soumettait à l'agrément du préfet la nomination par les maires des ins-

pecteurs et agents de police dans toutes les villes où l'organisation de la police était réglée par des lois spéciales.

Aux termes de la loi précitée du 14 avr. 1871, les conseils municipaux devaient rester en fonctions jusqu'à la promulgation de la loi organique sur les municipalités, mais la durée de ces fonctions ne devait en aucun cas excéder trois ans. — Une loi du 25 mars 1874 (D. P. 74. 4. 68) prorogea leurs pouvoirs jusqu'au moment où l'Assemblée nationale aurait statué sur les projets de loi relatifs à l'organisation municipale, et au plus tard jusqu'au 1er janv. 1875.

10. L'art. 4 de la loi du 20 janv. 1874 portait que, dans les deux mois qui suivraient la promulgation de cette loi, l'Assemblée nationale serait saisie par le Gouvernement d'un projet de loi d'organisation communale, si elle ne l'avait été précédemment par l'une de ses commissions. Cet article reprit son exécution par suite du dépôt d'un rapport supplémentaire fait, dans la séance du 7 mars 1874, par M. de Chabrol au nom de la commission de décentralisation. Ce rapport complétait celui que M. de Chabrol avait déposé le 21 juill. 1873, au nom de la même commission, sur un projet de loi relatif aux institutions communales, et dont les dispositions embrassaient: 1° l'électorat communal et la confection des listes; 2° la nomination des maires, leur suspension et leur révocation; 3° leurs attributions; 4° la convocation des conseils municipaux, la publicité de leurs délibérations, leur dissolution et l'administration provisoire de la commune lorsqu'elle est privée de ses organes ordinaires; 5° enfin, l'adjonction des plus imposés pour le vote des emprunts et impôts extraordinaires.

11. L'Assemblée nationale détacha de l'ensemble du projet la partie relative à l'électorat municipal qui devint la loi du 7 juill. 1874 (D. P. 74. 4. 76). Cette loi maintenait la distinction entre l'électorat municipal et l'électorat politique établie déjà par la loi du 14 avr. 1871. La liste municipale devait comprendre tous les citoyens âgés de 21 ans jouissant de leurs droits civils et politiques et n'étant dans aucun cas d'incapacité prévu par la loi: 1° qui seraient nés dans la commune ou y auraient satisfait à la loi du recrutement et, s'ils n'y avaient pas conservé leur résidence, seraient venus s'y établir depuis six mois au moins; 2° qui, n'étant pas nés dans la commune, y auraient été inscrits depuis un an au rôle d'une des quatre contributions directes ou au rôle des prestations en nature, et, s'ils ne résidaient pas dans la commune, auraient déclaré vouloir et exercer leurs droits électoraux: on devait également inscrire sur la liste les membres de la famille des mêmes électeurs compris sur la cote de la prestation en nature, alors même qu'ils n'y seraient pas personnellement portés, et les habitants qui, en raison de leur âge ou de leur santé, auraient cessé d'être soumis à cet impôt; 3° les citoyens qui se seraient mariés dans la commune et justifieraient qu'ils y résidaient depuis un an au moins; 4° ceux qui, ne se trouvant pas dans un des cas ci-dessus, demanderaient à être inscrits sur la liste et justifieraient d'une résidence de deux années consécutives dans la commune; 5° ceux qui, en vertu de l'art. 2 du traité de paix du 10 mai 1871, auraient opté pour la nationalité française et déclaré fixer leur résidence dans la commune, conformément à la loi du 17 juin 1871; 6° ceux qui seraient assujettis à une résidence obligatoire dans la commune en qualité soit de ministres des cultes reconnus par l'Etat, soit de fonctionnaires publics.

La confection des listes était confiée, dans chaque commune, à une commission composée: 1° du maire ou adjoint ou d'un conseiller municipal dans l'ordre du tableau; 2° d'un délégué de l'Administration désigné par le préfet; 3° d'un délégué choisi par le conseil municipal.

12. Les autres parties du projet de loi dont M. de Chabrol était rapporteur ne furent pas discutées par l'Assemblée nationale, et un arrêté du ministre de l'intérieur du 2 avr. 1876 institua une commission chargée d'élaborer un projet de loi d'organisation municipale. Cette commission saisit la Chambre des députés, le 29 mai 1876, d'un projet de loi en 92 articles formant la première partie du code municipal, et embrassant toute l'organisation des corps municipaux. Le rapporteur du projet à la Chambre des députés, M. Jules Ferry, proposa de voter, sans attendre la discussion de cet important projet, l'abrogation des art. 1er et 2 de la loi du

20 janv. 1874, qui donnaient au pouvoir exécutif la nomination des maires et des adjoints, avec faculté de les choisir en dehors des conseils municipaux. — Conformément à cette proposition, une loi du 12 août 1876 (D. P. 76. 4. 97) décida que provisoirement, et jusqu'au vote de la loi organique municipale, les maires et adjoints des communes chefs-lieux de département, d'arrondissement et de canton, seraient nommés parmi les membres du conseil municipal par décret du président de la République, et que, dans les autres communes, ils seraient élus par le conseil municipal parmi ses membres. — La disposition exceptionnelle introduite dans cette loi pour les chefs-lieux de département, d'arrondissement et de canton, fut elle-même abrogée par la loi du 28 mars 1882 (D. P. 82. 4. 101), qui étendit à toutes les communes le droit d'élire les maires et adjoints, et appela les conseils municipaux à procéder à cette élection dans les deux mois qui suivraient la promulgation.

Quelques jours après, et sans attendre le vote de la loi organique, une loi du 5 avr. 1882 (D. P. 82. 4. 101), modifiant un état de choses qu'avaient maintenu tous les régimes politiques depuis 1818, abrogea les dispositions législatives ou réglementaires qui exigeaient l'adjonction des plus imposés soit en matière d'impositions extraordinaires ou d'emprunts à voter par le conseil municipal, soit en toutes autres matières.

13. L'étude de la loi organique municipale, poursuivie sous l'empire de préoccupations diverses et plusieurs fois interrompue par les évènements politiques, n'avait point cependant été abandonnée. La Chambre des députés était saisie, en 1877, du projet de loi d'organisation communale que nous avons précédemment mentionné et d'un projet sur les attributions du pouvoir municipal dont l'exposé des motifs avait été préparé par M. Jules Simon, alors ministre de l'intérieur et président du conseil. La dissolution de la Chambre à la suite de la lettre présidentielle du 16 mai 1877 suspendit l'examen de ces projets, qui furent repris dans la nouvelle Chambre des députés par l'initiative parlementaire. Le rapport fut déposé à la Chambre par M. de Marcère le 19 déc. 1882; et, après trois délibérations du Sénat et quatre délibérations de la Chambre des députés, le texte définitif de la loi du 5 avr. 1884 sur l'organisation municipale sortit de la laborieuse discussion des deux assemblées (1).

---

(1) 5-6 avr. 1884. — *Loi sur l'organisation municipale* (D. P. 84. 4. 25).

TIT. 1er. — Des communes.

Art. 1er. Le corps municipal de chaque commune se compose du conseil municipal, du maire et d'un ou de plusieurs adjoints.

2. Le changement de nom d'une commune est décidé par décret du Président de la République, sur la demande du conseil municipal, le conseil général consulté et le conseil d'Etat entendu.

3. Toutes les fois qu'il s'agit de transférer le chef-lieu d'une commune, de réunir plusieurs communes en une seule, ou de distraire une section d'une commune, soit pour la rattacher à une autre, soit pour l'ériger en commune séparée, le préfet prescrit dans les communes intéressées une enquête sur le projet en lui-même et sur ses conditions.

Le préfet devra ordonner cette enquête lorsqu'il aura été saisi d'une demande à cet effet, soit par le conseil municipal de l'une des communes intéressées, soit par le tiers des électeurs inscrits de la commune ou de la section en question. Il pourra aussi l'ordonner d'office.

Après cette enquête, les conseils municipaux et les conseils d'arrondissement donnent leur avis, et la proposition est soumise au conseil général.

4. Si le projet concerne une section de commune, un arrêté du préfet décidera la création d'une commission syndicale pour cette section, ou pour la section du chef-lieu, si les représentants de la première sont en majorité dans le conseil municipal, et déterminera le nombre des membres de cette commission.

Ils seront élus par les électeurs domiciliés dans la section.

La commission nomme son président. Elle donne son avis sur le projet.

5. Il ne peut être procédé à l'élection d'une commune nouvelle qu'en vertu d'une loi, après avis du conseil général et le conseil d'Etat entendu.

6. Les autres modifications à la circonscription territoriale des communes, les suppressions et les réunions de deux ou de plusieurs communes, la désignation des nouveaux chefs-lieux, sont réglées de la manière suivante :

Si les changements proposés modifient la circonscription du département, d'un arrondissement ou d'un canton, il est statué par une loi, les conseils généraux et le conseil d'Etat entendus.

Dans tous les autres cas, il est statué par un décret rendu en conseil d'Etat, les conseils généraux entendus.

Néanmoins, le conseil général statue définitivement s'il approuve le projet, lorsque les communes ou sections sont situées dans le même canton et que la modification projetée réunit, quant au fond et quant aux conditions de la réalisation, l'adhésion des conseils municipaux et des commissions syndicales intéressés.

7. La commune réunie à une autre commune conserve la propriété des biens qui lui appartenaient.

Les habitants de cette commune conservent la jouissance de ceux de ces mêmes biens dont les fruits sont perçus en nature.

Il en est de même de la section réunie à une autre commune pour les biens qui lui appartenaient exclusivement.

Les édifices et autres immeubles servant à un usage public et situés sur le territoire de la commune ou de la section de commune réunie à une autre commune, ou de la section érigée en commune séparée, deviennent la propriété de la commune à laquelle est faite la réunion ou de la nouvelle commune.

Les actes qui prononcent des réunions ou des distractions de communes en déterminent expressément toutes les autres conditions.

En cas de division, la commune ou la section de commune réunie à une autre commune ou érigée en commune séparée reprend la pleine propriété de tous les biens qu'elle avait apportés.

8. Les dénominations nouvelles qui résultent soit d'un changement de chef-lieu, soit de la création d'une commune nouvelle, sont fixées par les autorités compétentes pour prendre ces décisions.

9. Dans tous les cas de réunion ou de fractionnement de commune, les conseils municipaux sont dissous de plein droit. Il est procédé immédiatement à des élections nouvelles.

TIT. 2. Des conseils municipaux.

Chap. 1er. — *Formation des conseils municipaux.*

10. Le conseil municipal se compose de 10 membres dans les communes de 500 habitants et au-dessous;

De 12 dans celles de 501 à 1500 habitants;
De 16 dans celles de 1501 à 2500 habitants;
De 21 dans celles de 2501 à 3500 habitants;
De 23 dans celles de 3501 à 10000 habitants;
De 27 dans celles de 10001 à 30000 habitants;
De 30 dans celles de 30001 à 40000 habitants;
De 32 dans celles de 40001 à 50000 habitants;
De 34 dans celles de 50001 à 60000 habitants;
De 36 dans celles de 60001 habitants et au-dessus.

Dans les villes divisées en plusieurs mairies, le nombre des conseillers sera augmenté de 3 par mairie.

11. L'élection des membres du conseil municipal a lieu au scrutin de liste pour toute la commune.

Néanmoins, la commune peut être divisée en sections électorales, dont chacune élit un nombre de conseillers proportionné au chiffre des électeurs inscrits, mais seulement dans les deux cas suivants :

1° Quand elle se compose de plusieurs agglomérations d'habitants distinctes et séparées; dans ce cas, aucune section ne peut avoir moins de deux conseillers à élire;

2° Quand la population agglomérée de la commune est supérieure à dix mille habitants; dans ce cas, la section ne peut être formée de fractions de territoire appartenant à des cantons ou à des arrondissements municipaux différents. Les fractions de territoire ayant des biens propres ne peuvent être divisées en plusieurs sections électorales.

Aucune de ces sections ne peut avoir moins de quatre conseillers à élire.

Dans tous les cas où le sectionnement est autorisé, chaque section doit être composée de territoires contigus.

12. Le sectionnement est fait par le conseil général, sur l'initiative soit d'un de ses membres, soit du préfet, soit du conseil municipal ou d'électeurs de la commune intéressée.

Aucune décision en matière de sectionnement ne peut être prise qu'après avoir été demandée avant la session d'avril ou au cours de cette session au plus tard. Dans l'intervalle entre la session d'avril et la session d'août, une enquête est ouverte à la mairie de la commune intéressée, et le conseil municipal est consulté par les soins du préfet.

Chaque année, ces formalités étant observées, le conseil général, dans la session d'août, prononce sur les projets dont il est saisi. Les sectionnements ainsi opérés subsistent jusqu'à une nouvelle décision. Le tableau de ces opérations est dressé chaque année par le conseil général, dans la session d'août. Ce tableau sert pour les élections intégrales à faire dans l'année.

Il est publié dans les communes intéressées avant la convoca-

Cette loi, ainsi que l'a indiqué le rapporteur à la Chambre des députés, s'est proposé un double but. Elle a entendu en premier lieu codifier toutes les dispositions relatives au régime et à l'administration des communes, et, à cet effet, elle abroge, dans son art. 168, en tout ou en partie, vingt-six lois et cinq décrets; elle a voulu, en même temps, combler un certain nombre de lacunes révélées par l'expérience dans la législation antérieure et trancher quelques controverses que seule la jurisprudence avait jusqu'alors résolues. Elle s'est efforcée en second lieu d'élargir l'indépendance des

communes, tout en maintenant le principe de la tutelle administrative, et en justifiant même par quelques dispositions, au point de vue de la police municipale et rurale, les attributions du pouvoir central.

14. La nouvelle loi municipale a emprunté aux lois antérieures un grand nombre de dispositions, et à la loi du 18 juill. 1837 une grande partie de son cadre. Elle est divisée en sept titres, subdivisés en chapitres et sections :

Tit. 1er. Des communes (art. 1er à 9).

Tit. 2. Des conseils municipaux (art 10 à 72); chap. 1er,

---

tion des électeurs, par les soins du préfet, qui détermine, d'après le chiffre des électeurs inscrits dans chaque section, le nombre des conseillers que la loi lui attribue.

Le sectionnement, adopté par le conseil général, sera représenté par un plan déposé à la préfecture et à la mairie de la commune intéressée. Tout électeur pourra le consulter et en prendre copie.

Avis de ce dernier dépôt sera donné aux intéressés par voie d'affiche à la porte de la mairie.

Dans les colonies régies par la présente loi, toute demande ou proposition de sectionnement doit être faite trois mois au moins avant l'ouverture de la session ordinaire du conseil général. Elle est instruite par les soins du directeur de l'intérieur, dans les formes indiquées ci-dessus.

Les demandes et propositions, délibérations de conseils municipaux et procès-verbaux d'enquête sont remis au conseil général, à l'ouverture de la session.

13. Le préfet peut, par arrêté spécial publié dix jours au moins à l'avance, diviser la commune en plusieurs bureaux de vote qui concourront à l'élection des mêmes conseillers.

Il sera délivré à chaque électeur une carte électorale. Cette carte indiquera le lieu où doit siéger le bureau où il devra voter.

14. Les conseillers municipaux sont élus par le suffrage direct universel.

Sont électeurs tous les Français âgés de vingt et un an accomplis, et n'étant dans aucun cas d'incapacité prévu par la loi.

La liste électorale comprend : 1° tous les électeurs qui ont leur domicile réel dans la commune ou y habitent depuis six mois au moins; 2° ceux qui auront été inscrits au rôle d'une des quatre contributions directes ou au rôle des prestations en nature, et, s'ils ne résident pas dans la commune, auront déclaré vouloir y exercer leurs droits électoraux. Seront également inscrits, aux termes du présent paragraphe, les membres de la famille des mêmes électeurs compris dans la cote de la prestation en nature, alors même qu'ils n'y sont pas personnellement portés, et les habitants qui, en raison de leur âge ou de leur santé, auront cessé d'être soumis à cet impôt; 3° ceux qui, en vertu de l'art. 2 du traité du 10 mai 1871, ont opté pour la nationalité française et déclaré fixer leur résidence dans la commune, conformément à la loi du 19 juin 1871; 4° ceux qui sont assujettis à une résidence obligatoire dans la commune en qualité soit de ministres des cultes reconnus par l'Etat, soit de fonctionnaires publics.

Seront également inscrits les citoyens qui, ne remplissant pas les conditions d'âge et de résidence ci-dessus indiquées lors de la formation des listes, les rempliront avant la clôture définitive.

L'absence de la commune résultant du service militaire ne portera aucune atteinte aux règles ci-dessus édictées pour l'inscription sur les listes électorales.

Les dispositions concernant l'affichage, la libre distribution des bulletins, circulaires et professions de foi, les réunions publiques électorales, la communication des listes d'émargement, les pénalités et poursuites en matière législative, sont applicables aux élections municipales.

Sont également applicables aux élections municipales les paragraphes 3 et 4 de l'art. 3 de la loi organique du 30 nov. 1875 sur les élections des députés.

15. L'assemblée des électeurs est convoquée par arrêté du préfet.

L'arrêté de convocation est publié dans la commune quinze jours au moins avant l'élection, qui doit toujours avoir lieu un dimanche. Il fixe le local où le scrutin sera ouvert, ainsi que les heures auxquelles il doit être ouvert et fermé.

16. Lorsqu'il y aura lieu de remplacer des conseillers municipaux élus par des sections, conformément à l'art. 11 de la présente loi, ces remplacements seront faits par les sections auxquelles appartiennent ces conseillers.

17. Les bureaux de vote sont présidés par le maire, les adjoints, les conseillers municipaux, dans l'ordre du tableau, et, en cas d'empêchement, par des électeurs désignés par le maire.

18. Le président a seul la police de l'assemblée. Cette assemblée ne peut s'occuper d'autres objets que de l'élection qui lui est attribuée. Toute discussion, toute délibération lui sont interdites.

19. Les deux plus âgés et les deux plus jeunes des électeurs présents à l'ouverture de la séance, sachant lire et écrire, remplissent les fonctions d'assesseurs. Le secrétaire est désigné par le président et par les assesseurs. Dans les délibérations du bureau, il n'a que voix consultative. Trois membres du bureau

au moins doivent être présents pendant tout le cours des opérations.

20. Le scrutin ne dure qu'un jour.

21. Le bureau juge provisoirement les difficultés qui s'élèvent sur les opérations de l'assemblée. Ses décisions sont motivées.

Toutes les réclamations et décisions sont insérées au procès-verbal; les pièces et les bulletins qui s'y rapportent y sont annexés, après avoir été parafés par le bureau.

22. Pendant toute la durée des opérations, une copie de la liste des électeurs, certifiée par le maire, contenant les nom, domicile, qualification de chacun des inscrits, reste déposée sur la table autour de laquelle siège le bureau.

23. Nul ne peut être admis à voter s'il n'est inscrit sur cette liste.

Toutefois seront admis à voter, quoique non inscrits, les électeurs porteurs d'une décision du juge de paix ordonnant leur inscription, ou d'un arrêt de la cour de cassation annulant un jugement qui aurait prononcé leur radiation.

24. Nul électeur ne peut entrer dans l'assemblée porteur d'armes quelconques.

25. Les électeurs apportent leurs bulletins préparés en dehors de l'assemblée.

Le papier du bulletin doit être blanc et sans signe extérieur.

L'électeur remet au président son bulletin fermé.

Le président le dépose dans la boîte du scrutin, laquelle doit, avant le commencement du vote, avoir été fermée à deux serrures, dont les clefs restent, l'une entre les mains du président, l'autre entre les mains de l'assesseur le plus âgé.

Le vote de chaque électeur est constaté sur la liste, en marge de son nom, par la signature ou le parafe avec initiales de l'un des membres du bureau.

26. Le président doit constater, au commencement de l'opération, l'heure à laquelle le scrutin est ouvert.

Le scrutin ne peut être fermé qu'après avoir été ouvert pendant six heures au moins.

Le président constate l'heure à laquelle il déclare le scrutin clos; après cette déclaration, aucun vote ne peut être reçu.

27. Après la clôture du scrutin, il est procédé au dépouillement de la manière suivante :

La boîte du scrutin est ouverte, et le nombre de bulletins vérifié;

Si ce nombre est plus grand ou moindre que celui des votants, il en est fait mention au procès-verbal.

Le bureau désigne parmi les électeurs présents un certain nombre de scrutateurs.

Le président et les membres du bureau surveillent l'opération du dépouillement.

Ils peuvent y procéder eux-mêmes s'il y a moins de trois cents votants.

28. Les bulletins sont valables, bien qu'ils portent plus ou moins de noms qu'il n'y a de conseillers à élire.

Les derniers noms inscrits au delà de ce nombre ne sont pas comptés.

Les bulletins blancs ou illisibles, ceux qui ne contiennent pas une désignation suffisante, ou dans lesquels les votants se font connaître, n'entrent en compte dans le résultat du dépouillement, mais ils sont annexés au procès-verbal.

29. Immédiatement après le dépouillement, le président proclame le résultat du scrutin.

Le procès-verbal des opérations est dressé par le secrétaire; il est signé par lui et les autres membres du bureau. Une copie, également signée du secrétaire et des membres du bureau, est aussitôt envoyée, par l'intermédiaire du sous-préfet, au préfet, qui en constate la réception sur un registre et en donne récépissé.

Extrait en est immédiatement affiché par les soins du maire.

Les bulletins autres que ceux qui doivent être annexés au procès-verbal sont brûlés en présence des électeurs.

30. Nul n'est élu au premier tour de scrutin s'il n'a réuni : 1° la majorité absolue des suffrages exprimés; 2° un nombre de suffrages égal au quart de celui des électeurs inscrits. Au deuxième tour de scrutin, l'élection a lieu à la majorité relative, quel que soit le nombre des votants. Si plusieurs candidats obtiennent le même nombre de suffrages, l'élection est acquise au plus âgé.

En cas de deuxième tour de scrutin, l'assemblée est de droit convoquée pour le dimanche suivant. Le maire fait les publications nécessaires.

formation des conseils municipaux (art. 10 à 45); chap. 2, fonctionnement des conseils municipaux (art. 46 à 60); chap. 3, attributions des conseils municipaux (art. 61 à 72). Tit. 3. Des maires et des adjoints (art. 73 à 109). Tit. 4. De l'administration des communes (art. 110 à 160); chap. 1er, des biens, travaux et établissements communaux (art. 110 à 120); chap. 2, des actions judiciaires (art. 121 à 131); chap. 3, du budget communal (art. 132 à 150); chap. 4, de la comptabilité des communes (art. 151 à 160).

Tit. 5. Des biens et droits indivis entre plusieurs communes (art. 161 à 163). Tit. 6. Dispositions relatives à l'Algérie et aux colonies (art. 164 à 166). Tit. 7. Dispositions générales (art. 167 à 168). — Disposition transitoire.

15. Indépendamment des lois, qui viennent d'être mentionnées ou analysées, il convient d'indiquer un certain nombre de dispositions législatives ou réglementaires édictées depuis la publication du *Répertoire* et présentant un

---

31. Sont éligibles au conseil municipal, sauf les restrictions portées au dernier paragraphe du présent article, et aux deux articles suivants, tous les électeurs de la commune et les citoyens inscrits au rôle des contributions directes ou justifiant qu'ils devaient y être inscrits au 1er janvier de l'année de l'élection, âgés de vingt-cinq ans accomplis.

Toutefois, le nombre des conseillers qui ne résident pas dans la commune au moment de l'élection ne peut excéder le quart des membres du conseil. S'il dépasse ce chiffre, la préférence est déterminée suivant les règles posées à l'art. 49.

Ne sont pas éligibles les militaires et employés des armées de terre et de mer en activité de service.

32. Ne peuvent être conseillers municipaux :

1° Les individus privés du droit électoral;

2° Ceux qui sont pourvus d'un conseil judiciaire;

3° Ceux qui sont dispensés de subvenir aux charges communales et ceux qui sont secourus par les bureaux de bienfaisance;

4° Les domestiques attachés exclusivement à la personne.

33. Ne sont pas éligibles dans le ressort où ils exercent leurs fonctions :

1° Les préfets, sous-préfets, secrétaires généraux, conseillers de préfecture; et, dans les colonies régies par la présente loi, les gouverneurs, directeurs de l'intérieur et les membres du conseil privé;

2° Les commissaires et les agents de police;

3° Les magistrats des cours d'appel et des tribunaux de première instance, à l'exception des juges suppléants auxquels l'instruction n'est pas confiée;

4° Les juges de paix titulaires;

5° Les comptables des deniers communaux et les entrepreneurs de services municipaux;

6° Les instituteurs publics;

7° Les employés de préfecture et de sous-préfecture;

8° Les ingénieurs et les conducteurs des ponts et chaussées chargés du service de la voirie urbaine et vicinale, et les agents voyers;

9° Les ministres en exercice d'un culte légalement reconnu;

10° Les agents salariés de la commune, parmi lesquels ne sont pas compris ceux qui, étant fonctionnaires publics ou exerçant une profession indépendante, ne reçoivent une indemnité de la commune qu'à raison des services qu'ils lui rendent dans l'exercice de cette profession.

34. Les fonctions de conseiller municipal sont incompatibles avec celles :

1° De préfet, de sous-préfet et de secrétaire général de préfecture;

2° De commissaire et d'agent de police;

3° De gouverneur, directeur de l'intérieur et de membre du conseil privé dans les colonies.

Les fonctionnaires désignés au présent article qui seraient élus membres d'un conseil municipal auront, à partir de la proclamation du résultat du scrutin, un délai de dix jours pour opter entre l'acceptation du mandat et la conservation de leur emploi. A défaut de déclaration adressée dans ce délai à leurs supérieurs hiérarchiques, ils seront réputés avoir opté pour la conservation dudit emploi.

35. Nul ne peut être membre de plusieurs conseils municipaux.

Un délai de dix jours à partir de la proclamation du résultat du scrutin est accordé au conseiller municipal nommé dans plusieurs communes pour faire sa déclaration d'option. Cette déclaration est adressée aux préfets des départements intéressés.

Si dans ce délai le conseiller élu n'a pas fait connaître son option, il fait partie de droit du conseil de la commune où le nombre des électeurs est le moins élevé.

Dans les communes de cinq cent un habitants et au-dessus, les ascendants et les descendants, les frères et les alliés au même degré ne peuvent être simultanément membres du même conseil municipal.

L'art. 49 est applicable aux cas prévus par le paragraphe précédent.

36. Tout conseiller municipal qui, pour une cause survenue postérieurement à sa nomination, se trouve dans un des cas d'exclusion ou d'incompatibilité prévus par la présente loi, est immédiatement déclaré démissionnaire par le préfet, sauf réclamation au conseil de préfecture dans les dix jours de la notifica-

tion, et sauf recours au conseil d'État, conformément aux art. 38, 39 et 40 ci-après.

37. Tout électeur et tout éligible a le droit d'arguer de nullité les opérations électorales de la commune.

Les réclamations doivent être consignées au procès-verbal, sinon être déposées, à peine de nullité, dans les cinq jours qui suivent le jour de l'élection, au secrétariat de la mairie, ou à la sous-préfecture ou à la préfecture. Elles sont immédiatement adressées au préfet et enregistrées par ses soins au greffe du conseil de préfecture.

Le préfet, s'il estime que les conditions et les formes légalement prescrites n'ont pas été remplies, peut également, dans le délai d'une quinzaine à dater de la réception du procès-verbal, déférer les opérations électorales au conseil de préfecture.

Dans l'un et l'autre cas, le préfet donne immédiatement connaissance de la réclamation, par la voie administrative, aux conseillers dont l'élection est contestée, en les prévenant qu'ils ont cinq jours pour tout délai, à l'effet de déposer leurs défenses au secrétariat de la mairie, de la sous-préfecture ou de la préfecture, et de faire connaître s'ils entendent user du droit de présenter des observations orales.

Il est donné récépissé soit des réclamations, soit des défenses.

38. Le conseil de préfecture statue, sauf recours au conseil d'État.

Il prononce sa décision dans le délai d'un mois à compter de l'enregistrement des pièces au greffe de la préfecture, et le préfet la fait notifier dans la huitaine de sa date. En cas de renouvellement général, le délai est porté à deux mois.

S'il intervient une décision ordonnant une preuve, le conseil de préfecture doit statuer définitivement dans le mois à partir de cette décision.

Les délais ci-dessus fixés ne commencent à courir, dans le cas prévu à l'art. 39, que du jour où le jugement sur la question préjudicielle est devenu définitif.

Faute par le conseil d'avoir statué dans les délais ci-dessus fixés, la réclamation est considérée comme rejetée. Le conseil de préfecture est dessaisi; le préfet en informe la partie intéressée, qui peut porter sa réclamation devant le conseil d'État. Le recours est notifié dans les cinq jours au secrétariat de la préfecture par le requérant.

39. Dans tous les cas où une réclamation, formée en vertu de la présente loi, implique la solution préjudicielle d'une question d'état, le conseil de préfecture renvoie les parties à se pourvoir devant les juges compétents, et la partie dont justifier de ses diligences dans le délai de quinzaine; à défaut de cette justification, il sera passé outre, et la décision du conseil de préfecture devra intervenir dans le mois à partir de l'expiration du délai de quinzaine.

40. Le recours au conseil d'État contre la décision du conseil de préfecture est ouvert soit au préfet, soit aux parties intéressées.

Il doit, à peine de nullité, être déposé au secrétariat de la sous-préfecture ou de la préfecture dans le délai d'un mois qui court, à l'encontre du préfet, à partir de la décision, et, à l'encontre des parties, à partir de la notification qui leur est faite.

Le préfet donne immédiatement, par la voie administrative, connaissance du recours aux parties intéressées, en les prévenant qu'elles ont quinze jours pour tout délai à l'effet de déposer leurs défenses au secrétariat de la sous-préfecture ou de la préfecture.

Aussitôt ce nouveau délai expiré, le préfet transmet au ministre de l'intérieur, qui les adresse au conseil d'État, le recours, les défenses, s'il y a lieu, le procès-verbal des opérations électorales, la liste qui a servi aux émargements, une expédition de l'arrêté attaqué et toutes les autres pièces visées dans ledit arrêté; il y joint son avis motivé.

Les délais pour la constitution d'un avocat et pour la communication au ministre de l'intérieur sont d'un mois pour chacune de ces opérations, et de trois mois en ce qui concerne les colonies.

Le pourvoi est jugé comme affaire urgente et sans frais, et dispensé du timbre et du ministère de l'avocat.

Les conseillers municipaux proclamés restent en fonctions jusqu'à ce qu'il ait été définitivement statué sur les réclamations.

Dans le cas où l'annulation de tout ou partie des élections est devenue définitive, l'assemblée des électeurs est convoquée dans un délai qui ne peut excéder deux mois.

41. Les conseils municipaux sont nommés pour quatre ans. Ils

intérêt communal. Ce sont : 1° la loi du 10 juin 1853 (D. P. 53. 4. 118), qui autorise les communes à convertir leurs dettes alors existantes et à les éteindre au moyen d'emprunts remboursables à longue échéance; 2° la loi du 28 juill. 1860 (D. P. 60. 4. 114), relative à la mise en valeur des marais et des terres incultes appartenant aux communes, et le décret du 6 févr. 1861 (D. P. 61. 4. 36), portant règlement d'administration publique pour l'exécution de cette loi; 3° la loi du 3 août 1870 (D. P. 70. 4. 64), qui proroge celle du 6 déc. 1850 sur la procédure relative au partage des terres vaines

ot vagues dans les cinq départements composant l'ancienne province de Bretagne; 4° le décret du 14 juill. 1866 (D. P. 66. 4. 139), qui dispense les communes de l'accomplissement des formalités de la purge des hypothèques pour les acquisitions d'immeubles faites de gré à gré, et dont le prix n'excède pas 500 fr.; 5° le décret du 18 avr. 1869 (D. P. 70. 4. 1), aux termes duquel les receveurs des communes n'ont droit à aucune remise sur l'encaissement des subventions accordées par l'État et les départements pour l'achèvement des chemins vicinaux ; 6° le décret du 19 nov. 1870 (D. P. 70.

---

sont renouvelés intégralement le premier dimanche de mai, dans toute la France, lors même qu'ils ont été élus dans l'intervalle.

42. Lorsque le conseil municipal se trouve, par l'effet des vacances survenues, réduit aux trois quarts de ses membres, il est, dans le délai de deux mois à dater de la dernière vacance, procédé à des élections complémentaires.

Toutefois, dans les six mois qui précèdent le renouvellement intégral, les élections complémentaires ne sont obligatoires qu'au cas où le conseil municipal aurait perdu plus de la moitié de ses membres.

Dans les communes divisées en sections, il y a toujours lieu à faire des élections partielles, quand la section a perdu la moitié de ses conseillers.

43. Un conseil municipal ne peut être dissous que par décret motivé du président de la République, rendu en conseil des ministres et publié au Journal officiel, et, dans les colonies régies par la présente loi, par arrêté du gouverneur en conseil privé, inséré au Journal officiel de la colonie.

S'il y a urgence, il peut être provisoirement suspendu par arrêté motivé du préfet, qui doit en rendre compte immédiatement au ministre de l'intérieur. La durée de la suspension ne peut excéder un mois. Dans les colonies ci-dessus spécifiées, le conseil municipal peut être suspendu par arrêté motivé du gouverneur. La durée de la suspension ne peut excéder un mois.

Le gouverneur rend compte immédiatement de sa décision au ministre de la marine et des colonies.

44. En cas de dissolution d'un conseil municipal ou de démission de tous ses membres en exercice, et lorsque aucun conseil municipal ne peut être constitué, une délégation spéciale en remplit les fonctions.

Dans les huit jours qui suivent la dissolution ou l'acceptation de la démission, cette délégation spéciale est nommée par décret du président de la République, et, dans les colonies, par arrêté du gouverneur.

Le nombre des membres qui la composent est fixé à trois dans les communes où la population ne dépasse pas trente-cinq mille habitants. Ce nombre peut être porté jusqu'à sept dans les villes d'une population supérieure.

Le décret ou l'arrêté qui l'institue en nomme le président et, au besoin, le vice-président.

Les pouvoirs de cette délégation spéciale sont limités aux actes de pure administration conservatoire et urgente. En aucun cas, il ne lui est permis d'engager les finances municipales au delà des ressources disponibles de l'exercice courant. Elle ne peut ni préparer le budget communal, ni recevoir les comptes du maire ou du receveur, ni modifier le personnel ou le régime de l'enseignement public.

45. Toutes les fois que le conseil municipal a été dissous ou que, par application de l'article précédent, une délégation spéciale a été nommée, il est procédé à la réélection du conseil municipal dans les deux mois à dater de la dissolution ou de la dernière démission.

Les fonctions de la délégation spéciale expirent de plein droit dès que le conseil municipal est reconstitué.

Chap. 2. — Fonctionnement des conseils municipaux.

46. Les conseils municipaux se réunissent en session ordinaire quatre fois l'année : en février, mai, août et novembre.

La durée de chaque session est de quinze jours; elle peut être prolongée avec l'autorisation du sous-préfet.

La session pendant laquelle le budget est discuté peut durer six semaines.

Pendant les sessions ordinaires, le conseil municipal peut s'occuper de toutes les matières qui rentrent dans ses attributions.

47. Le préfet ou le sous-préfet peut prescrire la convocation extraordinaire du conseil municipal. Le maire peut également réunir le conseil municipal chaque fois qu'il le juge utile. Il est tenu de le convoquer quand une demande motivée lui en est faite par la majorité en exercice du conseil municipal. Dans l'un et l'autre cas, un règlement qu'il convoque le conseil, il donne avis au préfet ou au sous-préfet de cette réunion et des motifs qui la rendent nécessaire.

La convocation contient alors l'indication des objets spéciaux et déterminés pour lesquels le conseil doit s'assembler, et le conseil ne peut s'occuper que de ces objets.

48. Toute convocation est faite par le maire. Elle est mentionnée au registre des délibérations, affichée à la porte de la mairie et adressée par écrit et à domicile, trois jours francs au moins avant celui de la réunion.

En cas d'urgence, le délai peut être abrégé par le préfet ou le sous-préfet.

49. Les conseillers municipaux prennent rang dans l'ordre du tableau.

L'ordre du tableau est déterminé, même quand il y a des sections électorales : 1° par la date la plus ancienne des nominations; 2° entre conseillers élus le même jour, par le plus grand nombre de suffrages obtenus; 3°, à égalité de voix, par la priorité d'âge.

Un double du tableau reste déposé dans les bureaux de la mairie, de la sous-préfecture et de la préfecture, où chacun peut en prendre communication ou copie.

50. Le conseil municipal ne peut délibérer que lorsque la majorité de ses membres en exercice assiste à la séance.

Quand, après deux convocations successives, à trois jours au moins d'intervalle et dûment constatées, le conseil municipal ne s'est pas réuni en nombre suffisant, la délibération prise après la troisième convocation est valable, quel que soit le nombre des membres présents.

51. Les délibérations sont prises à la majorité absolue des votants. En cas de partage, sauf le cas de scrutin secret, la voix du président est prépondérante. Le vote a lieu au scrutin public sur la demande du quart des membres présents; les noms des votants, avec la désignation de leurs votes, sont insérés au procès-verbal.

Il est voté au scrutin secret toutes les fois que le tiers des membres présents le réclame, ou qu'il s'agit de procéder à une nomination ou présentation.

Dans ces derniers cas, après deux tours de scrutin secret, si aucun des candidats n'a obtenu la majorité absolue, il est procédé à un troisième tour de scrutin, et l'élection a lieu à la majorité relative; à égalité de voix, l'élection est acquise au plus âgé.

52. Le maire, et à défaut celui qui le remplace, préside le conseil municipal. Dans les séances où les comptes d'administration du maire sont débattus, le conseil municipal élit son président.

Dans ce cas, le maire peut, même quand il ne serait plus en fonction, assister à la discussion; mais il doit se retirer au moment du vote. Le président adresse directement la délibération au sous-préfet.

53. Au début de chaque session et pour sa durée, le conseil municipal nomme un ou plusieurs de ses membres pour remplir les fonctions de secrétaire.

Il peut leur adjoindre des auxiliaires pris en dehors de ses membres, qui assisteront aux séances, mais sans participer aux délibérations.

54. Les séances des conseillers municipaux sont publiques. Néanmoins, sur la demande de trois membres ou du maire, le conseil municipal, par assis et levé, sans débats, décide s'il se formera en comité secret.

55. Le maire a seul la police de l'assemblée. Il peut faire expulser de l'auditoire ou arrêter tout individu qui trouble l'ordre. En cas de crime ou de délit, il en dresse un procès-verbal et le procureur de la République en est immédiatement saisi.

56. Le compte rendu de la séance est, dans la huitaine, affiché par extrait à la porte de la mairie.

57. Les délibérations sont inscrites par ordre de date sur un registre coté et parafé par le préfet ou le sous-préfet.

Elles sont signées par tous les membres présents à la séance, ou mention est faite de la cause qui les a empêchés de signer.

58. Tout habitant ou contribuable a le droit de demander communication sans déplacement, de prendre copie totale ou partielle des procès-verbaux du conseil municipal, des budgets et des comptes de la commune, des arrêtés municipaux.

Chacun peut les publier sous sa responsabilité.

59. Le conseil municipal peut former, au cours de chaque session, des commissions chargées d'étudier les questions soumises au conseil, soit par l'administration, soit par l'initiative d'un de ses membres.

Les commissions peuvent tenir leurs séances dans l'intervalle des sessions.

Elles sont convoquées par le maire, qui en est le président de

4. 133),réglant l'intervention des receveurs municipaux dans les recettes et dépensés pour l'armement des gardes nationaux mobilisés pendant la guerre; 7° le décret du 20 juill. 1875 (D. P. 76. 4. 15), portant que les receveurs municipaux n'ont droit à aucune remise sur les opérations auxquelles ont pu donner lieu l'encaissement, le versement de le remboursement en principal et intérêts des fonds de concours fournis par les communes pour la reconstitution du casernement.

16. — Droit comparé. — On a indiqué au *Rép.* n° 168

les principaux caractères de l'organisation municipale en *Angleterre.* Depuis cette époque, le gouvernement local a subi dans ce pays de profondes transformations. La division fondamentale entre les villes et les campagnes, qui est la base de ce régime, a été maintenue ; mais la paroisse, qui était autrefois l'organe principal du *self government* dans les campagnes, et qui présentait, suivant sir T. Erskine May, comme « une image abrégée de l'Etat », est singulièrement déchue de son ancienne importance. Si l'administration de la paroisse, au point de vue civil comme au point de vue

---

droit, dans les huit jours qui suivent leur nomination, ou à plus bref délai sur la demande de la majorité des membres qui les composent. Dans cette première réunion, les commissions désignent un vice-président, qui peut les convoquer et les présider si le maire est absent ou empêché.

60. Tout membre du conseil municipal qui, sans motifs reconnus légitimes par le conseil, a manqué à trois convocations successives, peut être, après avoir été admis à fournir ses explications, déclaré démissionnaire par le préfet, sauf recours, dans les dix jours de la notification, devant le conseil de préfecture.

Les démissions sont adressées au sous-préfet; elles sont définitives à partir de l'accusé de réception par le préfet, et, à défaut de cet accusé de réception, un mois après un nouvel envoi de la démission, constaté par lettre recommandée.

Chap. 3. — *Attributions des conseils municipaux.*

61. Le conseil municipal règle par ses délibérations les affaires de la commune.

Il donne son avis toutes les fois que cet avis est requis par les lois et règlements, ou qu'il est demandé par l'administration supérieure.

Il réclame, s'il y a lieu, contre le contingent assigné à la commune dans l'établissement des impôts de répartition.

Il émet des vœux sur tous objets d'intérêt local.

Il dresse chaque année une liste contenant un nombre double de celui des répartiteurs et des répartiteurs suppléants à nommer; et, sur cette liste, le sous-préfet nomme les cinq répartiteurs visés dans l'art. 9 de la loi du 3 frim. an 7 et les cinq répartiteurs suppléants.

62. Expédition de toute délibération est adressée, dans la huitaine, par le maire au sous-préfet, qui en constate la réception sur un registre et en délivre immédiatement récépissé.

63. Sont nulles de plein droit :

1° Les délibérations d'un conseil municipal portant sur un objet étranger à ses attributions ou prises hors de sa réunion légale ;

2° Les délibérations prises en violation d'une loi ou d'un règlement d'administration publique.

64. Sont annulables les délibérations auxquelles auraient pris part des membres du conseil intéressés, soit en leur nom personnel, soit comme mandataires, à l'affaire qui en fait l'objet.

65. La nullité de droit est déclarée par le préfet en conseil de préfecture. Elle peut être prononcée par le préfet, et proposée ou opposée par les parties intéressées, à toute époque.

66. L'annulation est prononcée par le préfet en conseil de préfecture.

Elle peut être provoquée d'office par le préfet dans un délai de trente jours à partir du dépôt du procès-verbal de la délibération à la sous-préfecture ou à la préfecture.

Elle peut aussi être demandée par toute personne intéressée et par tout contribuable de la commune.

Dans ce dernier cas, la demande en annulation doit être déposée, à peine de déchéance, à la sous-préfecture ou à la préfecture, dans un délai de quinze jours à partir de l'affichage à la porte de la mairie.

Il en est donné récépissé.

Le préfet statuera dans le délai d'un mois.

Passé le délai de quinze jours sans qu'aucune demande ait été produite, le préfet peut déclarer qu'il ne s'oppose pas à la délibération.

67. Le conseil municipal et, en dehors du conseil, toute partie intéressée peut se pourvoir contre l'arrêté du préfet devant le conseil d'Etat. Le pourvoi est introduit et jugé dans les formes du recours pour excès de pouvoir.

68. Ne sont exécutoires qu'après avoir été approuvées par l'autorité supérieure les délibérations portant sur les objets suivants :

1° Les conditions des baux dont la durée dépasse dix-huit ans;

2° Les aliénations et échanges de propriétés communales ;

3° Les acquisitions d'immeubles, les constructions nouvelles, les reconstructions entières ou partielles, les projets, plans et devis des grosses réparations et d'entretien, quand la dépense totalisée avec les dépenses de même nature pendant l'exercice courant dépasse les limites des ressources ordinaires et extraor-

dinaires que les communes peuvent se créer sans autorisation spéciale ;

4° Les transactions ;

5° Le changement d'affectation d'une propriété communale déjà affectée à un service public ;

6° La vaine pâture ;

7° Le classement, le déclassement, le redressement ou le prolongement, l'élargissement, la suppression, la dénomination des rues et places publiques, la création et la suppression des promenades, squares ou jardins publics, champs de foire, de tir ou de course, l'établissement des plans d'alignement et de nivellement des voies publiques municipales, les modifications à des plans d'alignement adoptés, le tarif des droits de voirie, le tarif des droits de stationnement et de location sur les dépendances de la grande voirie, et, généralement, les tarifs des droits divers à percevoir au profit des communes en vertu de l'art. 133 de la présente loi ;

8° L'acceptation des dons et legs faits à la commune lorsqu'il y a des charges ou conditions, ou lorsqu'ils donnent lieu à des réclamations des familles ;

9° Le budget communal ;

10° Les crédits supplémentaires ;

11° Les contributions extraordinaires et les emprunts, sauf dans le cas prévu par l'art. 141 de la présente loi ;

12° Les octrois, dans les cas prévus aux art. 137 et 138 de la présente loi ;

13° L'établissement, la suppression ou les changements des foires et marchés autres que les simples marchés d'approvisionnement.

Les délibérations qui ne sont pas soumises à l'approbation préfectorale ne deviendront néanmoins exécutoires qu'un mois après le dépôt qui aura été fait à la préfecture ou à la sous-préfecture. Le préfet pourra, par un arrêté, abréger ce délai.

69. Les délibérations des conseils municipaux sur les objets énoncés à l'article précédent sont exécutoires, sur l'approbation du préfet, sauf le cas où l'approbation par le ministre compétent, par le conseil général, par la commission départementale, par un décret ou par une loi est prescrite par les lois et règlements.

Le préfet statue en conseil de préfecture dans les cas prévus aux numéros 1, 2, 4, 6 de l'article précédent.

Lorsque le préfet refuse son approbation ou qu'il n'a pas fait connaître sa décision dans un délai d'un mois à partir de la date du récépissé, le conseil municipal peut se pourvoir devant le ministre de l'intérieur.

70. Le conseil municipal est toujours appelé à donner son avis sur les objets suivants :

1° Les circonscriptions relatives aux cultes ;

2° Les circonscriptions relatives à la distribution des secours publics ;

3° Les projets d'alignement et de nivellement de grande voirie dans l'intérieur des villes, bourgs et villages ;

4° La création des bureaux de bienfaisance ;

5° Les budgets et les comptes des hospices, hôpitaux et autres établissements de charité et de bienfaisance, des fabriques et autres administrations préposées aux cultes dont les ministres sont salariés par l'Etat ; les autorisations d'acquérir, d'aliéner, d'emprunter, d'échanger, de plaider ou de transiger, demandées par les mêmes établissements; l'acceptation des dons et legs qui leur sont faits ;

6° Enfin, tous les objets sur lesquels les conseils municipaux sont appelés par les lois et règlements à donner leur avis, et ceux sur lesquels ils seront consultés par le préfet.

Lorsque le conseil municipal, à été régulièrement requis et convoqué, refuse ou néglige de donner avis, il peut être passé outre.

71. Le conseil municipal délibère sur les comptes d'administration qui lui sont annuellement présentés par le maire, conformément à l'art. 151 de la présente loi.

Il entend, débat et arrête les comptes de deniers des receveurs, sauf règlement définitif, conformément à l'art. 157 de la présente loi.

72. Il est interdit à tout conseil municipal soit de publier des proclamations et adresses, soit d'émettre des vœux politiques, soit, hors les cas prévus par la loi, de se mettre en communication avec un ou plusieurs conseils municipaux.

La nullité des actes et des délibérations prises en violation de

---

ecclésiastique, réside toujours dans le *vestry*, qui est en principe l'assemblée générale de tous les fidèles contribuant au culte, les pouvoirs du *vestry* sont aujourd'hui fort limités, et la plupart des services communaux sont placés sous la direction de comités spéciaux. Dès le xviiie siècle, les paroisses avaient été autorisées à se grouper en *unions* pour le service de l'assistance publique. La loi du 14 août 1834, qui a réorganisé ce service à la suite d'une mémorable enquête, l'a placé sous l'autorité d'un comité central (*poor law board*) qui a reçu le pouvoir de contraindre les paroisses à accepter ce groupement. En quelques années, les *unions* qui sont aujourd'hui au nombre de 650, ont couvert de leur réseau tout le territoire et « peu à peu la paroisse s'est absorbée et s'est anéantie dans l'*union* » (Boutmy, *Le gouvernement local et la tutelle de l'État en Angleterre*, *Annales de l'École libre des sciences politiques*, 1886, p. 193). L'administration de chaque *union* appartient à un bureau dont les membres (*guardians of the poor*) sont élus par les différentes paroisses au suffrage plural et proportionnel au revenu. Les circonscriptions rurales créées en 1872 pour le service sani-

cet article est prononcée dans les formes indiquées aux art. 63 et 65 de la présente loi.

TIT. 3. — DES MAIRES ET DES ADJOINTS.

73. Il y a dans chaque commune un maire et un ou plusieurs adjoints élus parmi les membres du conseil municipal.

Le nombre des adjoints est d'un dans les communes de deux mille cinq cents habitants et au-dessous, de deux dans celles de deux mille cinq cent un à dix mille habitants. Dans les communes d'une population supérieure, il y aura un adjoint de plus par chaque excédent de vingt-cinq mille habitants, sans que le nombre des adjoints puisse dépasser douze, sauf en ce qui concerne la ville de Lyon, où le nombre des adjoints sera porté à dix-sept.

La ville de Lyon continue à être divisée en six arrondissements municipaux. Le maire délègue spécialement deux de ses adjoints dans chacun de ces arrondissements. Ils sont chargés de la tenue des registres de l'état civil et des autres attributions déterminées par le règlement d'administration publique du 11 juin 1881, rendu en exécution de la loi du 21 avr. 1881.

74. Les fonctions de maires, adjoints, conseillers municipaux sont gratuites. Elles donnent seulement droit au remboursement des frais que nécessite l'exécution des mandats spéciaux. Les conseils municipaux peuvent voter, sur les ressources ordinaires de la commune, des indemnités aux maires pour frais de représentation.

75. Lorsqu'un obstacle quelconque ou l'éloignement rend difficiles, dangereuses ou momentanément impossibles les communications entre le chef-lieu et une fraction de commune, un poste d'adjoint spécial peut être institué, sur la demande du conseil municipal, par un décret rendu en conseil d'État.

Cet adjoint, élu par le conseil, est pris parmi les conseillers, et, à défaut d'un conseiller résidant dans cette fraction de commune, ou s'il est empêché, parmi les habitants de la fraction. Il remplit les fonctions d'officier de l'état civil, et il peut être chargé de l'exécution des lois et des règlements de police dans cette partie de la commune. Il n'a pas d'autres attributions.

76. Le conseil municipal élit le maire et les adjoints parmi ses membres, au scrutin secret et à la majorité absolue.

Si, après deux tours de scrutin, aucun candidat n'a obtenu la majorité absolue, il est procédé à un troisième tour de scrutin et l'élection a lieu à la majorité relative. En cas d'égalité de suffrages, le plus âgé est déclaré élu.

77. La séance dans laquelle il est procédé à l'élection du maire est présidée par le plus âgé des membres du conseil municipal.

Pour toute élection du maire ou des adjoints, les membres du conseil municipal sont convoqués dans les formes et délais prévus par l'art. 48; la convocation contiendra la mention spéciale de l'élection à laquelle il devra être procédé.

Avant cette convocation, il sera procédé aux élections qui pourraient être nécessaires pour compléter le conseil municipal. Si, après les élections complémentaires, de nouvelles vacances se produisent, le conseil municipal procédera néanmoins à l'élection du maire et des adjoints, à moins qu'il ne soit réduit aux trois quarts de ses membres. En ce cas, il y aura lieu de recourir à de nouvelles élections complémentaires. Il sera procédé dans le délai d'un mois à dater de la dernière vacance.

78. Les nominations sont rendues publiques dans les vingt-quatre heures de leur date, par voie d'affiche à la porte de la mairie. Elles sont, dans le même délai, notifiées au sous-préfet.

79. L'élection du maire et des adjoints peut être arguée de nullité dans les conditions, formes et délais prescrits par les réclamations contre les élections du conseil municipal. Le délai de cinq jours court à partir du vingt-quatre heures après l'élection.

Lorsque l'élection est annulée ou que, pour toute autre cause, le maire ou les adjoints ont cessé leurs fonctions, le conseil, s'il est au complet, est convoqué pour procéder au remplacement dans le délai de quinzaine.

S'il y a lieu de compléter le conseil, il sera procédé aux élections complémentaires dans la quinzaine de la vacance, et le nouveau maire sera élu dans la quinzaine qui suivra. Si, après les élections complémentaires, de nouvelles vacances se produisent, l'art. 77 sera applicable.

80. Ne peuvent être maires ou adjoints ni en exercer même temporairement les fonctions :

Les agents et employés des administrations financières, les trésoriers-payeurs généraux, les receveurs particuliers et les percepteurs; les agents des forêts, ceux des postes et des télégraphes, ainsi que les gardes des établissements publics et des particuliers.

Les agents salariés du maire ne peuvent être adjoints.

81. Les maires et adjoints sont nommés pour la même durée que le conseil municipal.

Ils continuent l'exercice de leurs fonctions, sauf les dispositions des art. 80, 86, 87 de la présente loi, jusqu'à l'installation de leurs successeurs.

Toutefois, en cas de renouvellement intégral, les fonctions de maire et d'adjoint sont, à partir de l'installation du nouveau conseil jusqu'à l'élection du maire, exercées par les conseillers municipaux dans l'ordre du tableau.

82. Le maire est seul chargé de l'administration; mais il peut, sous sa surveillance et sa responsabilité, déléguer par arrêté une partie de ses fonctions à un ou plusieurs de ses adjoints, et, en l'absence ou en cas d'empêchement des adjoints, à des membres du conseil municipal.

Ces délégations subsistent tant qu'elles ne sont pas rapportées.

83. Dans le cas où les intérêts du maire se trouvent en opposition avec ceux de la commune, le conseil municipal désigne un autre de ses membres pour représenter la commune, soit en justice, soit dans les contrats.

84. En cas d'absence, de suspension, de révocation ou de tout autre empêchement, le maire est provisoirement remplacé, dans la plénitude de ses fonctions, par un adjoint, dans l'ordre des nominations, et, à défaut d'adjoints, par un conseiller municipal désigné par le conseil, sinon pris dans l'ordre du tableau.

85. Dans le cas où le maire refuserait ou négligerait de faire un des actes qui lui sont prescrits par la loi, le préfet peut, après l'en avoir requis, y procéder d'office par lui-même ou par un délégué spécial.

86. Les maires et adjoints peuvent être suspendus par arrêté du préfet pour un temps qui n'excédera pas un mois et qui peut être porté à trois mois par le ministre de l'intérieur.

Ils ne peuvent être révoqués que par décret du Président de la République.

La révocation emporte de plein droit l'inéligibilité aux fonctions de maire et à celles d'adjoint pendant une année à dater du décret de convocation, à moins qu'il ne soit procédé auparavant au renouvellement général des conseils municipaux.

Dans les colonies régies par la présente loi, la suspension peut être prononcée par arrêté du gouverneur pour une durée de trois mois. Cette durée ne peut être prolongée par le ministre.

Le gouverneur rend compte immédiatement de sa décision au ministre de la marine et des colonies.

87. Au cas prévu et réglé par l'art. 44, le président et, à son défaut, le vice-président de la délégation spéciale remplit les fonctions de maire.

Ses pouvoirs prennent fin dès l'installation du nouveau conseil.

88. Le maire nomme à tous les emplois communaux pour lesquels les lois, décrets et ordonnances actuellement en vigueur ne fixent pas un droit spécial de nomination.

Il suspend et révoque les titulaires de ces emplois.

Il peut faire assermenter et commissionner les agents nommés par lui, mais à la condition qu'ils soient agréés par le préfet ou le sous-préfet.

89. Lorsque le maire procède à une adjudication publique pour le compte de la commune, il est assisté de deux membres du conseil municipal désignés d'avance par le conseil ou, à défaut de cette désignation, appelés dans l'ordre du tableau.

Le receveur municipal est appelé à toutes les adjudications.

Toutes les difficultés qui peuvent s'élever sur les opérations préparatoires de l'adjudication sont résolues, séance tenante, par le maire et les deux assistants, à la majorité des voix, sauf le recours du receveur.

Il n'est pas dérogé aux prescriptions du décret du 17 mai 1809, relatives à la mise en ferme des octrois.

90. Le maire est chargé, sous le contrôle du conseil municipal et la surveillance de l'administration supérieure:

1° De conserver et d'administrer les propriétés de la commune et de faire, en conséquence, tous actes conservatoires de ses droits;

taire se confondent avec les *unions* et sont également placées sous l'administration des *guardians*. L'ancien comité central de la loi des pauvres, qui est devenu, depuis 1871, le *comité du gouvernement local*, et dont le président fait partie du cabinet, exerce son contrôle sur ces deux importants services. L'administration des routes, qui appartenait autrefois aux paroisses, leur a également échappé dans un grand nombre de cas. Elles l'ont conservée partiellement dans sept comtés; elles l'ont entièrement perdue dans dix-huit autres et en grande majorité dans le reste (Boutmy, *loc. cit.*, p. 174).

Les autorités du comté ont le pouvoir et le devoir, lorsqu'elles le jugent utile, de transférer aux *guardians* le service des routes.

Le rôle de la paroisse n'a conservé quelque importance que parce que, dans la plupart des villages, c'est à elle qu'ont été rattachés les comités scolaires, créés en vertu de la loi de 1870, sur l'instruction élémentaire, et chargés de pourvoir à la création et à l'entretien des écoles. D'après l'auteur d'une remarquable étude sur le gouvernement local en Angleterre (George Brodrick, *Local government and taxation in the United*

2° De gérer les revenus, de surveiller les établissements communaux et la comptabilité communale;

3° De préparer et proposer le budget et ordonnancer les dépenses;

4° De diriger les travaux communaux;

5° De pourvoir aux mesures relatives à la voirie municipale;

6° De souscrire les marchés, de passer les baux des biens et les adjudications des travaux communaux dans les formes établies par les lois et règlements et par les art. 68 et 69 de la présente loi;

7° De passer dans les mêmes formes les actes de vente, échange, partage, acceptation de dons ou legs, acquisition, transaction, lorsque ces actes ont été autorisés conformément à la présente loi;

8° De représenter la commune en justice, soit en demandant, soit en défendant;

9° De prendre, de concert avec les propriétaires et les détenteurs du droit de chasse dans les buissons, bois et forêts, toutes les mesures nécessaires à la destruction des animaux nuisibles désignés dans l'arrêté du préfet pris en vertu de l'art. 6 de la loi du 3 mai 1844;

De faire, pendant le temps de neige, à défaut des détenteurs du droit de chasse, à ce dûment invités, détourner les loups et sangliers remis sur le territoire; de requérir, à l'effet de les détruire, les habitants avec armes et chiens propres à la chasse de ces animaux;

De surveiller et d'assurer l'exécution des mesures ci-dessus et d'en dresser procès-verbal;

10° Et, d'une manière générale, d'exécuter les décisions du conseil municipal.

91. Le maire est chargé, sous la surveillance de l'administration supérieure, de la police municipale, de la police rurale et de l'exécution des actes de l'autorité supérieure qui y sont relatifs.

92. Le maire est chargé, sous l'autorité de l'administration supérieure:

1° De la publication et de l'exécution des lois et règlements;

2° De l'exécution des mesures de sûreté générale;

3° Des fonctions spéciales qui lui sont attribuées par les lois.

93. Le maire, ou à son défaut le sous-préfet, pourvoit d'urgence à ce que toute personne décédée soit ensevelie et inhumée décemment, sans distinction de culte ni de croyance.

94. Le maire prend des arrêtés à l'effet:

1° D'ordonner les mesures locales sur les objets confiés par les lois à sa vigilance et à son autorité;

2° De publier de nouveau les lois et les règlements de police et de rappeler les citoyens à leur observation.

95. Les arrêtés pris par le maire sont immédiatement adressés au sous-préfet ou, dans l'arrondissement du chef-lieu du département, au préfet.

Le préfet peut les annuler ou en suspendre l'exécution.

Ceux de ces arrêtés qui portent règlement permanent ne sont exécutoires qu'un mois après la remise de l'ampliation constatée par les récépissés délivrés par le sous-préfet ou préfet.

Néanmoins, en cas d'urgence, le préfet peut en autoriser l'exécution immédiate.

96. Les arrêtés du maire ne sont obligatoires qu'après avoir été portés à la connaissance des intéressés, par voie de publications et d'affiches, toutes les fois qu'ils contiennent des dispositions générales, et, dans les autres cas, par voie de notification individuelle.

La publication est constatée par une déclaration certifiée par le maire.

La notification est établie par le récépissé de la partie intéressée, ou, à son défaut, par l'original de la notification conservé dans les archives de la mairie.

Les arrêtés, actes de publication et de notification sont inscrits à leur date sur le registre de la mairie.

97. La police municipale a pour objet d'assurer le bon ordre, la sûreté et la salubrité publiques.

Elle comprend notamment:

1° Tout ce qui intéresse la sûreté et la commodité du passage dans les rues, quais, places et voies publiques, ce qui comprend le nettoiement, l'éclairage, l'enlèvement des encombrements, la démolition ou la réparation des édifices menaçant ruine, l'interdiction de rien exposer aux fenêtres ou aux autres parties des édifices qui puisse nuire par sa chute, ou celle de rien jeter qui puisse endommager les passants ou causer des exhalaisons nuisibles;

2° Le soin de réprimer les atteintes à la tranquillité publique, telles que les rixes et disputes accompagnées d'ameutement dans les rues, le tumulte excité dans les lieux d'assemblée publique, les attroupements, les bruits et rassemblements nocturnes qui troublent le repos des habitants, et tous actes de nature à compromettre la tranquillité publique;

3° Le maintien du bon ordre dans les endroits où il se fait de grands rassemblements d'hommes, tels que les foires, marchés, réjouissances et cérémonies publiques, spectacles, jeux, cafés, églises et autres lieux publics;

4° Le mode de transport des personnes décédées, les inhumations et exhumations, le maintien du bon ordre et de la décence dans les cimetières, sans qu'il soit permis d'établir des distinctions ou des prescriptions particulières à raison des croyance ou du culte du défunt ou des circonstances qui ont accompagné sa mort;

5° L'inspection sur la fidélité du débit des denrées qui se vendent au poids ou à la mesure, et sur la salubrité des comestibles exposés en vente;

6° Le soin de prévenir, par des précautions convenables, et celui de faire cesser, par la distribution des secours nécessaires, les accidents et les fléaux calamiteux, tels que les incendies, les inondations, les maladies épidémiques ou contagieuses, les épizooties, en provoquant, s'il y a lieu, l'intervention de l'administration supérieure;

7° Le soin de prendre provisoirement les mesures nécessaires contre les aliénés dont l'état pourrait compromettre la morale publique, la sécurité des personnes ou la conservation des propriétés;

8° Le soin d'obvier ou de remédier aux évéuements fâcheux qui pourraient être occasionnés par la divagation des animaux malfaisants ou féroces.

98. Le maire a la police des routes nationales et départementales, et des voies de communication, dans l'intérieur des agglomérations, mais seulement en ce qui touche à la circulation sur lesdites voies.

Il peut, moyennant le payement de droits fixés par un tarif dûment établi, sous les réserves imposées par l'art. 7 de la loi du 11 frim. an 7, donner des permis de stationnement ou de dépôt temporaire sur la voie publique, sur les rivières, ports et quais fluviaux et autres lieux publics.

Les alignements individuels, les autorisations de bâtir, les autres permissions de voirie sont délivrés par l'autorité compétente, après que le maire aura donné son avis dans le cas où il ne lui appartient pas de les délivrer lui-même.

Les permissions de voirie à titre précaire ou essentiellement révocable sur les voies publiques qui sont placées dans les attributions du maire et ayant pour objet, notamment, l'établissement dans le sol de la voie publique des canalisations destinées au passage ou à la conduite soit du gaz, soit du gaz, peuvent, en cas de refus du maire non justifié par l'intérêt général, être accordées par le préfet.

99. Les pouvoirs qui appartiennent au maire, en vertu de l'art. 91, ne font pas obstacle au droit du préfet de prendre, pour toutes les communes du département ou plusieurs d'entre elles, et dans tous les cas où il n'y aurait pas été pourvu par les autorités municipales, toutes mesures relatives au maintien de la salubrité, de la sûreté et de la tranquillité publiques.

Ce droit ne pourra être exercé par le préfet à l'égard d'une seule commune qu'après une mise en demeure au maire restée sans résultats.

100. Les cloches des églises sont spécialement affectées aux cérémonies du culte.

Néanmoins, elles peuvent être employées dans les cas de péril commun qui exigent un prompt secours et dans les circonstances où cet emploi est prescrit par des dispositions de lois ou règlements, ou autorisé par les usages locaux.

Les sonneries religieuses comme les sonneries civiles feront l'objet d'un règlement concerté entre l'évêque et le préfet, ou entre le préfet et les consistoires, et arrêté, en cas de désaccord, par le ministre des cultes.

101. Une clef du clocher sera déposée entre les mains des titulaires ecclésiastiques, une autre entre les mains du maire, qui ne pourra en faire usage que dans les circonstances prévues par les lois ou règlements.

Si l'entrée du clocher n'est pas indépendante de celle de l'église,

Kingdom, 1882), « si la réforme de la loi des pauvres, la loi sanitaire et la loi sur les routes ont réduit la paroisse à n'être plus qu'un des facteurs de l'*Union* ou du district des routes, la loi sur l'éducation a contribué à lui restituer, non pas sans doute la position qu'elle occupait lorsqu'elle était en Angleterre le berceau du gouvernement local, mais celle qu'elle occupait relativement aux autres organes de ce gouvernement alors en décadence, dans les mauvais jours qui ont précédé la réforme de 1832 ».

Un des traits caractéristiques de cette organisation nouvelle,

c'est la part croissante qu'elle fait au contrôle et à l'ingérence du pouvoir central sur les autorités locales. Tandis que ce pouvoir continue à n'exercer sur les comtés, les bourgs et les paroisses qu'une action insignifiante, l'intervention gouvernementale se fait de plus en plus sentir sur les circonscriptions que nous venons d'indiquer, et qui forment comme un second réseau administratif superposé à l'ancien. « Elle se manifeste, dit très justement M. Boutmy dans le beau travail que nous avons déjà cité, moins par des agents que par des règlements ;... c'est une tutelle déjà intense, qui

---

une clef de la porte de l'église sera déposée entre les mains du maire.

102. Toute commune peut avoir un ou plusieurs gardes champêtres. Les gardes champêtres sont nommés par le maire ; ils doivent être agréés ou commissionnés par le sous-préfet ou par le préfet dans l'arrondissement du chef-lieu. Le préfet ou le sous-préfet devra faire connaître son agrément ou son refus d'agréer dans le délai d'un mois. Ils doivent être assermentés. Ils peuvent être suspendus par le maire. La suspension ne pourra durer plus d'un mois ; le préfet seul peut les révoquer.

En dehors de leurs fonctions relatives à la police rurale, les gardes champêtres sont chargés de rechercher, chacun dans le territoire pour lequel il est assermenté, les contraventions aux règlements et arrêtés de police municipale. Ils dressent des procès-verbaux pour constater ces contraventions.

103. Dans les villes ayant plus de quarante mille habitants, l'organisation du personnel chargé du service de la police est réglée, sur l'avis du conseil municipal, par décret du président de la République.

Si un conseil municipal n'allouait pas les fonds exigés pour la dépense, ou n'allouait qu'une somme insuffisante, l'allocation nécessaire serait inscrite au budget par décret du Président de la République, le conseil d'Etat entendu.

Dans toutes les communes, les inspecteurs de police, les brigadiers et sous-brigadiers et les agents de police nommés par le maire doivent être agréés par le sous-préfet ou par le préfet. Ils peuvent être suspendus par le maire, mais le préfet seul peut les révoquer.

104. Le préfet du Rhône exerce dans les communes de Lyon, Caluire-et-Cuire, — Oullins, Sainte-Foy, — Saint-Rambert, Villeurbanne, — Vaulx-en-Velin, Bron, Vernaisieux et Pierre-Bénite, du département du Rhône, et dans celle de Sathonay, du département de l'Ain, les mêmes attributions que celles qu'exerce le préfet de police dans les communes suburbaines de la Seine.

105. Dans les communes dénommées à l'art. 104, les maires restent investis de tous les pouvoirs de police conférés aux administrations municipales par les paragraphes 1, 4, 5, 6, 7 et 8 de l'art. 97.

Ils sont, en outre, chargés du maintien du bon ordre dans les foires, marchés, réjouissances, cérémonies publiques, spectacles et jeux, cafés, églises et autres lieux publics.

106. Les communes sont civilement responsables des dégâts et dommages résultant des crimes ou délits commis à force ouverte ou par violence sur leur territoire par des attroupements ou rassemblements armés, ou non armés, soit envers les personnes, soit contre les propriétés publiques ou privées.

Les dommages-intérêts dont la commune est responsable sont répartis entre tous les habitants domiciliés dans ladite commune, en vertu d'un rôle spécial comprenant les quatre contributions directes.

107. Si les attroupements ou rassemblements ont été formés d'habitants de plusieurs communes, chacune d'elles est responsable des dégâts et dommages causés, dans la proportion qui sera fixée par les tribunaux.

108. Les dispositions des art. 106 et 107 ne sont pas applicables :
1° Lorsque la commune peut prouver que toutes les mesures qui étaient en son pouvoir ont été prises à l'effet de prévenir les attroupements ou rassemblements, et d'en faire connaître les auteurs ;
2° Dans les communes où la municipalité n'a pas la disposition de la police locale ni de la force armée ;
3° Lorsque les dommages causés sont le résultat d'un fait de guerre.

109. La commune déclarée responsable peut exercer son recours contre les auteurs et complices du désordre.

TIT. 4. — De l'administration des communes.

Chap. 1ᵉʳ. — *Des biens, travaux et établissements communaux.*

110. La vente des biens mobiliers et immobiliers des communes autres que ceux servant à un usage public, peut être autorisée sur la demande de tout créancier, porteur de titre exécutoire, par un décret du président de la République, qui détermine les formes de la vente.

111. Les délibérations du conseil municipal ayant pour objet

l'acceptation de dons et legs, lorsqu'il y a des charges ou conditions, sont exécutoires sur l'arrêté du préfet, pris en conseil de préfecture.

S'il y a réclamation des prétendants droit à la succession, quelles que soient la quotité et la nature de la donation et du legs, l'autorisation ne peut être accordée que par décret rendu en conseil d'Etat.

Si la donation ou le legs ont été faits à un hameau ou quartier d'une commune qui n'est pas encore à l'état de section ayant la personnalité civile, les habitants du hameau ou quartier seront appelés à élire une commission syndicale, conformément à l'art. 129 ci-dessous. La commission syndicale délibérera sur l'acceptation de la libéralité, et dans aucun cas, l'autorisation d'accepter ne pourra être accordée que par un décret rendu dans la forme des règlements d'administration publique.

112. Lorsque la délibération porte refus de dons ou legs, le préfet peut, par un arrêté motivé, inviter le conseil municipal à revenir sur sa première délibération. Le refus n'est définitif que si, par une seconde délibération, le conseil municipal déclare y persister.

Si le don ou le legs a été fait à une section de commune et que le conseil municipal soit d'avis de refuser la libéralité, il sera procédé comme il est dit au paragraphe 3 de l'art. 111.

113. Le maire peut toujours, à titre conservatoire, accepter les dons ou legs et former, avant l'autorisation, toute demande en délivrance.

Le décret du président de la République, l'arrêté du préfet ou la délibération du conseil municipal, qui intervient ultérieurement, ont effet du jour de cette acceptation.

114. Aucune construction nouvelle ou reconstruction ne peut être faite que sur la production des plans et devis approuvés par le conseil municipal, sauf les exceptions prévues par des lois spéciales.

Les plans et devis sont, en outre, approuvés par le préfet dans les cas prévus par l'art. 68, § 3.

115. Les traités de gré à gré à passer dans les conditions prévues par l'ordonnance du 14 nov. 1837, et qui ont pour objet l'exécution par entreprise des travaux d'ouverture des nouvelles voies publiques et de tous autres travaux communaux, sont approuvés par le préfet, ou par décret, dans le cas prévu par l'art. 145, § 3.

Il en est de même des traités portant concession à titre exclusif, ou pour une durée de plus de trente années, des grands services municipaux, ainsi que des tarifs et traités relatifs aux pompes funèbres.[a]

116. Deux ou plusieurs conseils municipaux peuvent provoquer entre eux, par l'entremise de leurs présidents, et après en avoir averti les préfets, une entente sur les objets d'utilité communale compris dans leurs attributions et qui intéressent à la fois leurs communes respectives.

Ils peuvent faire des conventions à l'effet d'entreprendre ou de conserver à frais communs des ouvrages ou des institutions d'utilité commune.

117. Les questions d'intérêt commun seront débattues dans des conférences où chaque conseil municipal sera représenté par une commission spéciale nommée à cet effet et composée de trois membres nommés au scrutin secret.

Les préfets et les sous-préfets des départements et arrondissements comprenant les communes intéressées pourront toujours assister à ces conférences.

Les décisions qui y seront prises ne seront exécutoires qu'après avoir été ratifiées par les conseils municipaux intéressés et sous les réserves énoncées au chap. 3 du tit. 4 de la présente loi.

118. Si les questions autres que celles que prévoit l'art. 116 étaient mises en discussion, le préfet du département où la conférence a lieu déclarerait la réunion dissoute.

Toute délibération prise après cette déclaration donnerait lieu à l'application des dispositions et pénalités énoncées à l'art. 34 de la loi du 10 août 1871.

119. Les délibérations des commissions administratives des hospices, hôpitaux et autres établissements charitables communaux concernant un emprunt sont exécutoires en vertu d'un arrêté du préfet, sur avis conforme du conseil municipal, lorsque la somme à emprunter ne dépasse pas le chiffre des revenus ordinaires de l'établissement et que le remboursement doit être effectué dans un délai de douze années.

détourne et s'approprie tout doucement toute la bureaucratie locale, qui enserre les autorités privées et leurs agents dans un réseau de règlements qu'elles n'ont que la peine de faire copier, qui les réduit à un rôle purement nominal. » Le savant écrivain n'hésite pas à reconnaître à tous ces traits « le travail plus ou moins conscient par lequel se prépare et s'annonce la tutelle administrative de l'Etat ».

17. L'organisation des bourgs et cités est aujourd'hui réglée par la loi du 18 août 1882, dans laquelle se trouvent codifiés et amendés tous les *acts* relatifs aux corporations municipales en Angleterre et dans le pays de Galles, y compris la loi organique du 9 sept. 1835. Cette loi, dont M. Dehaye a publié en 1883 une traduction et un commentaire excellents, s'applique à 240 agglomérations urbaines contenant ensemble une population de 8500000 habitants. Tout habitant qui réside depuis un an dans le bourg ou dans un rayon de 7 milles au plus et qui a payé ses taxes est électeur municipal, à la condition de se faire inscrire sur le registre des bourgeois. Les femmes majeures et qui ne sont pas en puissance de

---

Si la somme à emprunter dépasse ledit chiffre ou si le délai de remboursement excède douze années, l'emprunt ne peut être autorisé que par un décret du Président de la République.

Le décret est rendu en conseil d'Etat, si l'avis du conseil municipal est contraire, ou s'il s'agit d'un établissement ayant plus de cent mille francs de revenu.

L'emprunt ne peut être autorisé que par une loi lorsque la somme à emprunter dépasse cinq cent mille francs, ou lorsque ladite somme, réunie aux chiffres d'autres emprunts non encore remboursés, dépasse cinq cent mille francs.

120. Les délibérations par lesquelles les commissions administratives chargées de la gestion des établissements publics communaux changeraient en totalité ou en partie l'affectation des locaux ou objets immobiliers ou mobiliers appartenant à ces établissements, dans l'intérêt d'un service public ou privé quelconque, ou mettraient à la disposition, soit d'un autre établissement public ou privé, soit d'un particulier, lesdits locaux et objets, ne sont exécutoires qu'après avis du conseil municipal, et en vertu d'un décret rendu sur la proposition du ministre de l'intérieur.

CHAP. 2. — Des actions judiciaires.

121. Nulle commune ou section de commune ne peut ester en justice sans y être autorisée par le conseil de préfecture, sauf les cas prévus aux art. 122 et 154 de la présente loi.

Après tout jugement intervenu, la commune ne peut se pourvoir devant un autre degré de juridiction qu'en vertu d'une nouvelle autorisation du conseil de préfecture.

Dans les cas prévus par les deux paragraphes précédents, la décision du conseil de préfecture doit être rendue dans les deux mois, à compter du jour de la demande en autorisation. A défaut de décision rendue dans ledit délai, la commune est autorisée à plaider.

122. Le maire peut toujours, sans autorisation préalable, intenter toute action possessoire ou y défendre et faire tous actes conservatoires ou interruptifs des déchéances.

Il peut, sans autorisation, interjeter appel de tout jugement et se pourvoir en cassation; mais il ne peut ni suivre sur son appel, ni suivre sur le pourvoi qu'en vertu d'une nouvelle autorisation.

123. Tout contribuable inscrit au rôle de la commune a le droit d'exercer, à ses frais et risques, avec l'autorisation du conseil de préfecture, les actions qu'il croit appartenir à la commune ou section, et que celle-ci, préalablement appelée à en délibérer, a refusé ou négligé d'exercer.

La commune ou section est mise en cause et la décision qui intervient a effet à son égard.

124. Aucune action judiciaire autre que les actions possessoires ne peut, à peine de nullité, être intentée contre une commune qu'autant que le demandeur a préalablement adressé au préfet ou au sous-préfet un mémoire exposant l'objet et les motifs de sa réclamation. Il lui en est donné récépissé.

L'action ne peut être portée devant les tribunaux que deux mois après la date du récépissé, sans préjudice des actes conservatoires.

La présentation du mémoire interrompt toute prescription ou déchéance, si elle est suivie d'une demande en justice dans le délai de trois mois.

125. Le préfet ou sous-préfet adresse immédiatement le mémoire au maire, avec l'invitation de convoquer le conseil municipal dans le plus bref délai, pour en délibérer.

La délibération du conseil municipal est transmise au conseil de préfecture, qui décide si la commune doit être autorisée à ester en justice.

La décision du conseil de préfecture doit être rendue dans le délai de deux mois à dater du dépôt du mémoire.

126. Toute décision du conseil de préfecture portant refus d'autorisation doit être motivée.

La commune, la section de commune ou le contribuable auquel l'autorisation a été refusée peut se pourvoir devant le conseil d'Etat.

Le pourvoi est introduit et jugé en la forme administrative. Il doit, à peine de déchéance, être formé dans le délai de deux mois à dater de la notification de l'arrêté du conseil de préfecture.

Il doit être statué sur le pourvoi dans le délai de deux mois à partir du jour de son enregistrement au secrétariat général du conseil d'Etat.

127. En cas de pourvoi de la commune ou section contre la décision du conseil de préfecture, le demandeur peut néanmoins introduire l'action, mais l'instance est suspendue jusqu'à ce qu'il ait été statué par le conseil d'Etat, ou jusqu'à l'expiration du délai dans lequel le conseil d'Etat doit statuer. A défaut de décision rendue dans les délais ci-dessus impartis, la commune est autorisée à ester en justice. Mais, en cas d'appel ou de pourvoi en cassation, il doit être procédé comme il est dit à l'art. 121.

128. Lorsqu'une section se propose d'intenter ou de soutenir une action judiciaire, soit contre la commune dont elle dépend, soit contre une autre section de la même commune, il est formé, pour la section et pour chacune des sections intéressées, une commission syndicale distincte.

129. Les membres de la commission syndicale sont choisis parmi les éligibles de la commune et nommés par les électeurs de la section qui l'habitent et par les personnes qui, sans être portées sur la liste électorale, y sont propriétaires fonciers.

Le préfet est tenu de convoquer les électeurs dans le délai d'un mois pour nommer une commission syndicale, toutes les fois qu'un tiers des habitants ou propriétaires de la section lui adresse à cet effet une demande motivée sur l'existence d'un droit litigieux à exercer au profit de la section contre la commune ou une autre section de la commune.

Le nombre des membres de la commission est fixé par l'arrêté qui convoque les électeurs.

Ils élisent parmi eux un président chargé de suivre l'action.

130. Lorsque le conseil municipal se trouve réduit à moins du tiers de ses membres, par suite de l'abstention, prescrite par l'art. 64, des conseillers municipaux qui sont intéressés à la jouissance des biens et droits revendiqués par une section, le préfet convoque les électeurs de la commune, déduction faite de ceux qui habitent ou sont propriétaires sur le territoire de la section, à l'effet d'élire un conseil eux qui doivent prendre part aux délibérations au lieu et place des conseillers municipaux obligés de s'abstenir.

131. La section qui a obtenu une condamnation contre la commune ou une autre section n'est point passible des charges ou contributions imposées pour l'acquittement des frais et dommages-intérêts qui résultent du procès.

Il en est de même à l'égard de toute partie qui plaide contre une commune ou section de commune.

CHAP. 3. — Du budget communal.

SECT. 1re. — Recettes et dépenses.

132. Le budget communal se divise en budget ordinaire et en budget extraordinaire.

133. Les recettes du budget ordinaire se composent :

1° Des revenus de tous les biens dont les habitants n'ont pas la jouissance en nature ;

2° Des cotisations imposées annuellement sur les ayants droit aux fruits qui se perçoivent en nature ;

3° Du produit des centimes ordinaires et spéciaux affectés aux communes par les lois de finances ;

4° Du produit de la portion accordée aux communes dans certains des impôts et droits perçus pour le compte de l'Etat ;

5° Du produit des octrois municipaux affecté aux dépenses ordinaires ;

6° Du produit des droits de place perçus dans les halles, foires, marchés, abattoirs, d'après les tarifs dûment établis ;

7° Du produit des permis de stationnement et de location sur la voie publique, sur les rivières, ports et quais fluviaux et autres lieux publics ;

8° Du produit des péages communaux, des droits de pesage, mesurage et jaugeage, des droits de voirie et autres droits légalement établis ;

9° Du produit des terrains communaux affectés aux inhumations et de la part revenant aux communes dans le prix des concessions dans les cimetières ;

10° Du produit des concessions d'eau et de l'enlèvement des boues et immondices de la voie publique et autres concessions autorisées pour les services communaux ;

mari ont le droit de prendre part aux élections municipales. Tout bourgeois résidant dans le bourg ou dans un rayon de 15 milles au plus est éligible, à la condition de posséder une propriété évaluée à 1000 livres dans un bourg renfermant quatre quartiers ou plus ou 500 livres dans tout autre, ou d'être imposé à la taxe des pauvres sur un revenu annuel de 30 livres dans le premier cas, et sur un revenu de 15 livres dans le second cas. Le fait d'appartenir aux ordres sacrés ou d'être ministre d'une congrégation dissidente est une cause d'inéligibilité. Un tribunal spécial est institué pour statuer sur les

élections contestées et sur la répression des fraudes électorales.

Le conseil se compose du maire, des *aldermen* et des conseillers. Les conseillers sont nommés pour trois ans et rééligibles par tiers; les *aldermen* sont nommés pour six ans par le conseil et sont rééligibles par moitié; le maire est nommé pour un an, par le conseil, parmi les *aldermen*, et les conseillers et ceux qui auraient qualité pour l'être; il est rééligible; il peut recevoir une rémunération.

18. Le conseil peut faire des règlements ou lois locales

11° Du produit des expéditions des actes administratifs et des actes de l'état civil;

12° De la portion que les lois accordent aux communes dans les produits des amendes prononcées par les tribunaux de police correctionnelle et de simple police;

13° Du produit de la taxe de balayage dans les communes de France et d'Algérie où elle sera établie, sur leur demande, conformément aux dispositions de la loi du 26 mars 1873, en vertu d'un décret rendu dans la forme des règlements d'administration publique;

14° Et généralement du produit des contributions, taxes et droits dont la perception est autorisée par les lois dans l'intérêt des communes et de toutes les ressources annuelles et permanentes; en Algérie et dans les colonies, des ressources dont la perception est autorisée par les lois et décrets.

L'établissement des centimes pour insuffisance de revenus est autorisé par arrêté du préfet lorsqu'il s'agit de dépenses obligatoires.

Il est approuvé par décret dans les autres cas.

134. Les recettes du budget extraordinaire se composent :

1° Des contributions extraordinaires dûment autorisées;

2° Du prix des biens aliénés ;

3° Des dons et legs;

4° Du remboursement des capitaux exigibles et des rentes rachetées;

5° Du produit des coupes extraordinaires de bois ;

6° Du produit des emprunts;

7° Du produit des taxes ou des surtaxes d'octroi spécialement affectées à des dépenses extraordinaires et à des remboursements d'emprunt;

8° Et de toutes autres recettes accidentelles.

135. Les dépenses du budget extraordinaire comprennent les dépenses annuelles et permanentes d'utilité communale.

Les dépenses du budget extraordinaire comprennent les dépenses accidentelles ou temporaires qui sont imputées sur des recettes énumérées à l'article 134 ou sur l'excédent des recettes ordinaires.

136. Sont obligatoires pour les communes les dépenses suivantes :

1° L'entretien de l'hôtel de ville, ou, si la commune n'en possède pas, la location d'une maison ou d'une salle pour en tenir lieu;

2° Les frais de bureau et d'impression pour le service de la commune, de conservation des archives communales et du recueil des actes administratifs du département; les frais d'abonnement au *Bulletin des communes*, et, pour les communes chefs-lieux de canton, les frais d'abonnement et de conservation du *Bulletin des lois;*

3° Les frais de recensement de la population; ceux des assemblées électorales qui se tiennent dans les communes, et ceux des cartes électorales;

4° Les frais des registres de l'état civil et des livrets de famille et la portion de la table décennale des actes de l'état civil à la charge des communes;

5° Le traitement du receveur municipal, du préposé en chef de l'octroi et les frais de perception;

6° Les traitements et autres frais du personnel de la police municipale et rurale, et des gardes des bois de la commune;

7° Les pensions à la charge de la commune, lorsqu'elles ont été régulièrement liquidées et approuvées;

8° Les frais de loyer et de réparation du local de la justice de paix, ainsi que ceux d'achat et d'entretien de son mobilier dans les communes chefs-lieux de canton;

9° Les dépenses relatives à l'instruction publique, conformément aux lois;

10° Le contingent assigné à la commune, conformément aux lois, dans la dépense des enfants assistés et des aliénés;

11° L'indemnité de logement aux curés et desservants et ministres des autres cultes salariés par l'État, lorsqu'il n'existe pas de bâtiment affecté à leur logement, et lorsque les fabriques ou administrations préposées aux cultes ne pourront pourvoir elles-mêmes au paiement de cette indemnité;

12° Les grosses réparations aux édifices communaux, sauf, lorsqu'ils sont consacrés aux cultes, l'application préalable des revenus et ressources disponibles des fabriques à ces réparations, et sauf l'exécution des lois spéciales concernant les bâtiments affectés à un service militaire.

S'il y a désaccord entre la fabrique et la commune, quand le concours financier de cette dernière est réclamé par la fabrique dans les cas prévus aux paragraphes 11° et 12°, il est statué par décret, sur les propositions des ministres de l'intérieur et des cultes ;

13° La clôture des cimetières, leur entretien et leur translation dans les cas déterminés par les lois et règlements d'administration publique;

14° Les frais d'établissement et de conservation des plans d'alignement et de nivellement ;

15° Les frais et dépenses des conseils de prud'hommes pour les communes comprises dans le territoire de leur juridiction et proportionnellement au nombre des électeurs inscrits sur les listes électorales spéciales à l'élection, et les menus frais des chambres consultatives des arts et manufactures pour les communes où elles existent ;

16° Les prélèvements et contributions établis par les lois sur les biens et revenus communaux;

17° L'acquittement des dettes exigibles;

18° Les dépenses des chemins vicinaux dans les limites fixées par la loi;

19° Dans les colonies régies par la présente loi : le traitement du secrétaire et des employés de la mairie ; les contributions assises sur les biens communaux ; les dépenses pour le service de la milice qui ne sont pas à la charge du Trésor ;

20° Les dépenses occasionnées par l'application de l'article 85 de la présente loi, et généralement toutes les dépenses mises à la charge des communes par une disposition de loi.

137. L'établissement des taxes d'octroi votées par les conseils municipaux, ainsi que les règlements relatifs à leur perception, sont autorisés par des décrets du président de la République rendus en conseil d'État, après avis du conseil général, ou de la commission départementale dans l'intervalle des sessions.

Il en sera de même de toute délibération portant augmentation ou prorogation de taxe pour une période de plus de cinq ans.

Les délibérations concernant :

1° Les modifications aux règlements ou aux périmètres existants;

2° L'assujettissement à la taxe d'objets non encore imposés au tarif local;

3° L'établissement ou le renouvellement d'une taxe non comprise dans le tarif général ;

4° L'établissement ou le renouvellement d'une taxe excédant le maximum fixé par ledit tarif général;

Doivent être pareillement approuvées par décret du président de la République rendu en conseil d'État, après avis du conseil général, ou de la commission départementale dans l'intervalle des sessions.

Les surtaxes d'octroi sur les vins, cidres, poirés et hydromels et alcools, au delà des proportions déterminées par les lois spéciales concernant les droits d'entrée du trésor, ne peuvent être autorisées que par une loi.

138. Sont exécutoires après l'approbation du préfet, conformément aux dispositions de l'art. 69 de la présente loi, mais toutefois après avis du conseil général, ou de la commission départementale dans l'intervalle des sessions, les délibérations prises par les conseils municipaux concernant la suppression ou la diminution des taxes d'octroi.

139. Sont exécutoires par elles-mêmes les délibérations prises par les conseils municipaux prononçant la prorogation ou l'augmentation des taxes d'octroi pour une période de cinq ans au plus, sous la réserve, toutefois, qu'aucune des taxes ainsi maintenues ou modifiées n'excédera pas le maximum déterminé par le tarif général, et ne portera que sur les objets compris dans ce tarif.

140. Les taxes particulières dues par les habitants ou propriétaires en vertu des lois et des usages locaux sont réparties par une délibération du conseil municipal approuvée par le préfet.

Ces taxes sont perçues suivant les formes établies pour le recouvrement des contributions publiques.

141. Les conseils municipaux peuvent voter, dans la limite du maximum fixé chaque année par le conseil général, des contributions extraordinaires n'excédant pas cinq centimes pendant cinq années, pour en affecter le produit à des dépenses extraordinaires d'utilité communale.

Ils peuvent aussi voter trois centimes extraordinaires exclusi-

(by laws), dont la sanction est une amende que le conseil peut édicter contre les délinquants et porter jusqu'à 5 livres. Ces règlements entrent en vigueur de plein droit après quarante jours de publicité, à moins que le *Privy council* n'y fasse opposition.

Il nomme ses agents et dans certains cas désigne le *sheriff* ot le *coroner.*

Les biens immobiliers de la corporation ne peuvent être vendus, échangés, hypothéqués ou donnés à bail à long terme qu'avec l'autorisation de la Trésorerie. Le produit de

la vente doit, en général, être placé en fonds publics déposés à la Banque d'Angleterre.

Aucun emprunt ne peut être contracté qu'avec l'autorisation de la Trésorerie, qui en détermine les conditions de remboursement. L'emprunt ne peut être autorisé que par un acte spécial du Parlement s'il n'a pas pour objet de pourvoir à des services prévus par les lois générales. Sauf ces restrictions, l'autorité municipale jouit d'une liberté absolue. Aucune limite ne lui est imposée pour la fixation des taxes locales, et elle n'est pas tenue de soumettre son budget à l'approbation

---

vement affectés aux chemins vicinaux ordinaires, et trois centimes extraordinaires exclusivement affectés aux chemins ruraux reconnus.

Ils votent et règlent les emprunts communaux remboursables sur les centimes extraordinaires votés comme il vient d'être dit au premier paragraphe du présent article, ou sur les ressources ordinaires, quand l'amortissement, en ce dernier cas, ne dépasse pas trente ans.

142. Les conseils municipaux votent, sauf approbation du préfet :

1º Les contributions extraordinaires qui dépasseraient cinq centimes, sans excéder le maximum fixé par le conseil général, et dont la durée excédant cinq années ne serait pas supérieure à trente ans ;

2º Les emprunts remboursables sur les mêmes contributions extraordinaires ou sur les revenus ordinaires dans un délai excédant pour ce dernier cas trente ans.

143. Toute contribution extraordinaire dépassant le maximum fixé par le conseil général et tout emprunt remboursable sur cette contribution sont autorisés par décret du président de la République.

Si la contribution est établie pour une durée de plus de trente ans, ou si l'emprunt remboursable sur ressources extraordinaires doit excéder cette durée, le décret est rendu en conseil d'État.

Il est statué par une loi si la somme à emprunter dépasse un million, ou si, réunie aux chiffres d'autres emprunts non encore remboursés, elle dépasse un million.

144. Les forêts et les bois de l'État acquittent les centimes additionnels ordinaires et extraordinaires affectés aux dépenses des communes dans la même proportion que les propriétés privées.

Sect. 2. — Vote et règlement du budget.

145. Le budget de chaque commune est proposé par le maire, voté par le conseil municipal et réglé par le préfet.

Lorsqu'il pourvoit à toutes les dépenses obligatoires et qu'il n'applique aucune recette ordinaire aux dépenses soit obligatoires, soit facultatives, ordinaires ou extraordinaires, les allocations portées audit budget pour les dépenses facultatives ne peuvent être modifiées par l'autorité supérieure.

Le budget des villes dont le revenu est de trois millions de francs au moins est toujours soumis à l'approbation du président de la République, sur la proposition du ministre de l'intérieur.

Le revenu d'une ville est réputé atteindre trois millions de francs lorsque les recettes ordinaires constatées dans les comptes se sont élevées à cette somme pendant les trois dernières années.

Il n'est réputé être descendu au-dessous de trois millions de francs que lorsque, pendant les trois dernières années, les recettes ordinaires sont restées inférieures à cette somme.

146. Les crédits qui seront reconnus nécessaires après le règlement du budget seront votés et autorisés conformément à l'article précédent.

147. Les conseils municipaux peuvent porter au budget un crédit pour les dépenses imprévues.

La somme inscrite pour ce crédit ne peut être réduite ou rejetée qu'autant que les revenus ordinaires, après avoir satisfait à toutes les dépenses obligatoires, ne permettraient pas d'y faire face.

Le crédit pour dépenses imprévues est employé par le maire.

Dans la première session qui suivra l'ordonnancement de chaque dépense, le maire rendra compte au conseil municipal, avec pièces justificatives à l'appui, de l'emploi de ce crédit. Ces pièces demeurent annexées à la délibération.

148. Le décret du président de la République ou l'arrêté du préfet qui règle le budget d'une commune peut rejeter ou réduire les dépenses non y portées, sauf dans les cas prévus par le paragraphe 2 de l'art. 145 et par le paragraphe 2 de l'art. 147 ; mais il ne peut les augmenter ni en introduire de nouvelles qu'autant qu'elles sont obligatoires.

149. Si un conseil municipal n'allouait pas les fonds exigés par une dépense obligatoire, ou n'allouait qu'une somme insuffisante, l'allocation serait inscrite au budget par décret du président de la République pour les communes dont le revenu est de trois millions et au-dessus, et par arrêté du préfet en conseil de préfecture pour celles dont le revenu est inférieur.

Aucune inscription d'office ne peut être opérée sans que le con-

seil municipal ait été, au préalable, appelé à prendre une délibération spéciale à ce sujet.

S'il s'agit d'une dépense annuelle et variable, le chiffre en est fixé sur sa quotité moyenne pendant les trois dernières années.

S'il s'agit d'une dépense annuelle et fixe de sa nature ou d'une dépense extraordinaire, elle est inscrite pour sa quotité réelle.

Si les ressources de la commune sont insuffisantes pour subvenir aux dépenses obligatoires inscrites d'office, en vertu du présent article, il y est pourvu par le conseil municipal, ou, en cas de refus de sa part, au moyen d'une contribution extraordinaire établie d'office par un décret, si la contribution extraordinaire n'excède pas le maximum à fixer annuellement par la loi de finances, et par une loi spéciale, si la contribution doit excéder ce maximum.

150. Dans le cas où, pour une cause quelconque, le budget d'une commune n'aurait pas été définitivement réglé avant le commencement de l'exercice, les recettes et les dépenses ordinaires continuent, jusqu'à l'approbation de ce budget, à être faites conformément à celui de l'année précédente. Dans le cas où il n'y aurait eu aucun budget antérieurement voté, le budget serait établi par le préfet en conseil de préfecture.

Chap. 4. — *De la comptabilité des communes.*

151. Les comptes du maire, pour l'exercice clos, sont présentés au conseil municipal avant la délibération du budget.

Ils sont définitivement approuvés par le préfet.

152. Le maire peut seul délivrer des mandats.

S'il refusait d'ordonnancer une dépense régulièrement autorisée et liquide, il serait prononcé par le préfet en conseil de préfecture, et l'arrêté du préfet tiendrait lieu du mandat du maire.

153. Les recettes et dépenses communales s'effectuent par un comptable, chargé seul et sous la responsabilité de poursuivre la rentrée de tous revenus de la commune et de toutes sommes qui lui seraient dues, ainsi que d'acquitter les dépenses ordonnancées par le maire, jusqu'à concurrence des crédits régulièrement accordés.

Tous les rôle de taxe, de sous-répartitions et de prestations locales, doivent être remis au comptable.

154. Toutes les recettes municipales pour lesquelles les lois et règlements n'ont pas prescrit un mode spécial de recouvrement s'effectuent sur les états dressés par le maire. Ces états sont exécutoires après qu'ils ont été visés par le préfet ou le sous-préfet.

Les oppositions, lorsque la matière est de la compétence des tribunaux ordinaires, sont jugées comme affaires sommaires, et la commune peut y défendre sans autorisation du conseil de préfecture.

155. Toute personne autre que le receveur municipal qui, sans autorisation légale, se serait ingérée dans le maniement des deniers de la commune, sera par ce seul fait constituée comptable, et pourra, en outre, être poursuivie, en vertu du code pénal, comme s'étant immiscée sans titre dans les fonctions publiques.

156. Le percepteur remplit les fonctions de receveur municipal.

Néanmoins, dans les communes dont les revenus ordinaires excèdent trente mille francs, ces fonctions peuvent être confiées, sur la demande du conseil municipal, à un receveur municipal spécial.

Ce receveur spécial est nommé sur une liste de trois noms présentée par le conseil municipal.

Il est nommé par le préfet dans les communes dont le revenu ne dépasse pas trois cent mille francs, et par le Président de la République, sur la proposition du ministre des finances, dans les communes dont le revenu est supérieur.

En cas de refus, le conseil municipal doit faire de nouvelles présentations.

157. Les comptes du receveur municipal sont apurés par le conseil de préfecture, sauf recours à la cour des comptes pour les communes dont les revenus ordinaires, dans les trois dernières années, n'excèdent pas trente mille francs.

Ils sont apurés et définitivement réglés par la cour des comptes pour les communes dont le revenu est supérieur.

Ces distinctions sont applicables aux comptes des trésoriers des hôpitaux et autres établissements de bienfaisance.

158. La responsabilité des receveurs municipaux et les formes

du Gouvernement. Le maire est de droit *justice of peace* du bourg. Le conseil peut proposer à la couronne la nomination d'un ou plusieurs juges de police et leur accorder un traitement. Un bourg ne peut avoir une police séparée que s'il compte plus de 20000 habitants. En général, la loi encourage la réunion de la police des bourgs avec celle des comtés.

La ville de Londres est soumise à un régime administratif spécial qui comprend trois organismes distincts : 1° celui qui est spécial à la *cité*, administré par le *lord-maire*, les

aldermen et le *common council* ; 2° celui qui se rapporte au surplus de l'agglomération londonienne, dont l'administration est conféré à trente-huit *vestries* ; 3° celui qui embrasse les intérêts communs de la métropole tout entière, remis depuis 1855 à un conseil électif, le *metropolitan board of works* (Ferrand, *Les pays libres*, p. 232). — On évalue à Londres à cinquante mille environ le nombre des personnes qui prennent soin des intérêts municipaux comme membres ou délégués de ces divers conseils et comités (Leroy-Beaulieu, *L'administration locale en France et en Angleterre*,

---

de la comptabilité des communes sont déterminées par des règlements d'administration publique.

Les receveurs municipaux sont assujettis, pour l'exécution de ces règlements, à la surveillance des receveurs des finances.

Dans les communes où les fonctions de receveur municipal et de percepteur sont réunies, la gestion du comptable est placée sous la responsabilité du receveur des finances, d'après les conditions déterminées par un règlement d'administration publique.

159. Les comptables qui n'ont pas présenté leurs comptes dans les délais prescrits par les règlements peuvent être condamnés, par l'autorité chargée de juger lesdits comptes, à une amende de dix francs à cent francs par chaque mois de retard pour les receveurs et trésoriers justiciables des conseils de préfecture, et de cinquante à cinq cents francs, également par mois de retard, pour ceux qui sont justiciables de la cour des comptes.

Ces amendes sont attribuées aux communes ou établissements que concernent les comptes en retard.

Elles sont assimilées, quant au mode de recouvrement et de poursuites, aux débets de comptables des deniers de l'État, et la remise ne peut être accordée que d'après les mêmes règles.

160. Les budgets et les comptes des communes restent déposés à la mairie ; ils sont rendus publics dans les communes dont le revenu est de cent mille francs et au-dessus, et dans les autres quand le conseil municipal a voté la dépense de l'impression.

TIT. 5. DES BIENS ET DROITS INDIVIS ENTRE PLUSIEURS COMMUNES.

161. Lorsque plusieurs communes possèdent des biens ou des droits indivis, un décret du Président de la République instituera, si l'une d'elles le réclame, une commission syndicale composée de délégués des conseils municipaux des communes intéressées.

Chacun des conseils élira dans son sein, au scrutin secret, le nombre de délégués qui aura été déterminé par le décret du Président de la République.

La commission syndicale sera présidée par un syndic élu par les délégués et pris parmi eux. Elle sera renouvelée après chaque renouvellement des conseils municipaux.

Les délibérations sont soumises à toutes les règles établies pour les délibérations des conseils municipaux.

162. Les attributions de la commission syndicale et de son président comprennent l'administration des biens et droits indivis et l'exécution des travaux qui s'y rattachent.

Ces attributions sont les mêmes que celles des conseils municipaux et des maires en pareille matière.

Mais les ventes, échanges, partages, acquisitions, transactions, demeurent réservés aux conseils municipaux, qui pourront autoriser le président de la commission à passer les actes qui y sont relatifs.

163. La répartition des dépenses votées par la commission syndicale est faite entre les communes intéressées par les conseils municipaux.

Leurs délibérations seront soumises à l'approbation du préfet.

En cas de désaccord entre les conseils municipaux, le préfet prononcera sur l'avis du conseil général, ou, dans l'intervalle des sessions, de la commission départementale. Si les conseils municipaux appartiennent à des départements différents, il sera statué par décret.

La part de la dépense définitivement assignée à chaque commune sera portée d'office aux budgets respectifs, conformément à l'art. 149 de la présente loi.

TIT. 6. — DISPOSITIONS RELATIVES A L'ALGÉRIE ET AUX COLONIES.

164. La présente loi est applicable aux communes de plein exercice de l'Algérie, sous réserve des dispositions actuellement en vigueur concernant la constitution de la propriété communale, les formes et conditions des acquisitions, échanges, aliénations et partages, et sous réserve des dispositions concernant la représentation des musulmans indigènes.

Par dérogation aux art. 5 et 6 de la présente loi, les érections de communes, les changements projetés à la circonscription territoriale des communes, quand ils devront avoir pour effet de modifier les limites d'un arrondissement, seront décidés par décret pris après avis du conseil général.

Par dérogation à l'art. 74, les conseils municipaux peuvent

allouer aux maires des indemnités de fonctions, sauf approbation du gouverneur général.

165. La présente loi est également applicable aux colonies de la Martinique, de la Guadeloupe et de la Réunion, sous les réserves suivantes :

Un arrêté du gouverneur en conseil privé tiendra lieu du décret du Président de la République, dans les cas prévus aux art. 110, 145, 148 et 149.

Les attributions dévolues au ministre de l'intérieur par les art. 40, 69 et 120, au ministre des cultes par l'art. 100, au ministre des finances par l'art. 156 de la présente loi, sont conférées au ministre de la marine et des colonies.

Les attributions conférées au ministre de l'intérieur et aux préfets par les art. 4, 13, 15, 36, 40, § 4 ; 46, § 2 ; 47, 48, 60, § 1er ; 65, 66, 67, 69, 70, 85, 95, § 2 et 4 ; 98, § 4 ; 100, 111, 112, 113, 114, 115, 116, 117, 118, 119, 124, 129, 130, 133, § 15 ; 140, 142, 445, § 1er ; 146, 148, 149, 150, 151, 152 et 156 de la présente loi, sont dévolues au gouverneur.

Les attributions dévolues aux préfets et aux sous-préfets par les art. 12, 29, 37, 38, 40, § 1er, 2 et 3 ; 49, § 3 ; 52, 57, 60, § 2 ; 61, 62, 78, 88, 93, 95, § 4 et 3 ; 102, 103, 125 et 154, sont remplies par le directeur de l'intérieur.

Les attributions conférées au conseil de préfecture par les art. 36, 37, 38, 39, 40 et 60 sont dévolues au conseil du contentieux administratif.

Les attributions dévolues aux conseils de préfecture par les art. 65, 66, 111, 121, 123, 125, 126, 127, 132, 154, 157 et 159, sont conférées au conseil privé.

Les attributions dévolues à la cour des comptes par les art. 157, § 2, et 159 sont conférées au conseil privé, sauf recours à la cour des comptes.

Les recours au conseil d'État formés par l'administration contre les décisions du conseil du contentieux administratif sont transmis par le gouverneur au ministre de la marine et des colonies, qui en saisit le conseil d'État.

Les dispositions du décret du 20 nov. 1882 sur le régime financier des colonies restent applicables à la comptabilité communale en ce qui n'est pas contraire à la présente loi.

166. Les dispositions de la présente loi relatives aux octrois municipaux ne sont pas applicables à l'octroi de mer, qui reste assujetti aux règlements en vigueur en Algérie et dans les colonies.

TIT. 7. — DISPOSITIONS GÉNÉRALES.

167. Les conseils municipaux pourront prononcer la désaffectation totale ou partielle d'immeubles consacrés, en dehors des prescriptions de la loi organique des cultes du 18 germinal an 10 et des dispositions relatives au culte israélite, soit aux cultes, soit à des services religieux ou à des établissements quelconques ecclésiastiques et civils.

Ces désaffectations seront prononcées dans la même forme que les affectations.

168. Sont abrogés :

1° Le tit. 11, art. 3, de la loi des 16-24 août 1790 ;

2° Les art. 1, 2, 3 et 5 de la loi du 20 mess. an 3 ;

3° Les art. 1er, 4 et 5 de la loi du 10 vend. an 4 ;

4° La loi du 29 vend. an 5, la loi du 17 vent. an 10, l'arrêté du 21 frim. an 12 ;

5° Les art. 36, nos 4, 39, 49, 92 à 103 du décret du 30 déc. 1809 ; la loi du 14 févr. 1810 ;

6° La loi du 18 juill. 1837 ;

7° L'ordonnance du 18 déc. 1838 ;

8° L'ordonnance du 15 juill. 1840 ;

9° L'ordonnance du 7 août 1842 ;

10° La loi du 19 juin 1851, à l'exception de l'art. 5 ;

11° Le décret du 4-11 sept. 1851 ;

12° L'art. 5, nos 13 et 21, du décret du 25 mars 1852 ;

13° La loi du 5 mai 1855 ;

14° Le décret du 13 avr. 1861, tableau A, nos 42, 48, 50, 51, 56, 59 ;

15° La loi du 24 juill. 1867, à l'exception de la disposition de l'art. 9, relative à l'établissement du tarif général, et de l'art. 17, lequel reste en vigueur provisoirement, mais seulement en ce qui concerne la ville de Paris ;

16° La loi du 22 juill. 1870 ;

p. 400). — On reconnaît depuis longtemps déjà que l'organisation administrative de Londres exige une réforme : de nombreux projets ont été préparés et étudiés, mais aucun n'a pu aboutir jusqu'à ce jour.

19. Le régime municipal de l'Angleterre n'est applicable ni à l'Ecosse, ni à l'Irlande.—En Ecosse, la paroisse a conservé toute son importance ; quoique la création d'*unions* pour l'assistance publique ait été autorisée en 1845, les paroisses écossaises ont peu profité de cette faculté; les différents services publics, assistance, service sanitaire, organisation scolaire, etc., sont confiés à des comités paroissiaux (*parochial boards*). Les villes (*burghs*) qui ont obtenu une charte royale ou qui ont le droit d'envoyer un représentant au Parlement sont administrées par un conseil (*town council*) élu pour trois ans, et qui nomme dans son sein un *provost* et un certain nombre de *bailies*.

La paroisse civile n'existe pas en Irlande. La circonscription administrative rurale est l'*union*, créée pour l'assistance par une loi de 1838, et à laquelle ont été rattachés successivement les principaux services. Les comités de *guardians* auxquels est confiée l'administration des *unions* se composent d'un certain nombre de membres élus et des *justices of peace* du canton qui en sont membres de droit. Ces comités fonctionnent sous le contrôle du *local government board* qui peut, s'ils manquent à leurs devoirs, les remplacer par des agents salariés. Les villes incorporées sont régies par la loi de réforme municipale de 1840, et sont administrées par des conseillers et des *aldermen* élus pour trois ans.

20. Les *Etats-Unis* ont emprunté à l'*Angleterre* les libertés municipales qui sont, pour les nations anglo-saxonnes, la base et la garantie de la liberté politique. Les institutions municipales ont reçu, dans les différents Etats, des formes diverses. Mais partout, de même que dans la mère-patrie, la législation a consacré une distinction fondamentale entre l'organisation des villes et celle des campagnes. L'organisation des communautés rurales varie suivant les régions. Tocqueville a constaté que dans les Etats du Sud, à la différence de ce qui s'est produit dans la Nouvelle-Angleterre, la vie communale n'a pris qu'un développement restreint, que « le comté est devenu le grand centre administratif et forme le pouvoir intermédiaire entre le Gouvernement et les citoyens » (*Démocratie en Amérique*, t. 1, p. 107). Dans les Etats du Nord et de l'Ouest, au contraire, l'agglomération désignée sous le nom de *town* ou *township* est la base du gouvernement local ; elle a la plénitude des attributions municipales; elle élit ses fonctionnaires, règle ce qui a trait à la police, à l'instruction publique, à la voirie, impose et perçoit les taxes locales. L'assemblée générale des électeurs fait d'ordinaire l'office de conseil municipal et délègue les pouvoirs d'exécution à un comité de *select-men*. Le *township* n'est pas à proprement parler une commune ; c'est une division territoriale analogue à notre canton, et qui peut contenir plusieurs communes ; il comprend en général, dans la Nouvelle-Angleterre, de 5 à 6 milles carrés et de 2000 à 3000 habitants (Laboulaye, *Histoire des Etats-Unis*, t. 1, p. 257). On consultera avec intérêt, sur les origines et les caractères de l'organisation municipale aux Etats-Unis, les savantes publications de l'Université de John Hopkins, et particulièrement celles qui composent la 4e série de ses *Etudes* (*Studies on historical and political science*, Baltimore, 1883-1887. V. également Dillon, *Municipal corporations*, 2 vol., Boston, 1881).

21. Les villes américaines sont, comme les communautés rurales, soumises à des régimes très divers. Mais elles jouissent, en général, d'une très grande indépendance, et ont d'ordi-

naire un maire élu, un conseil municipal et des *aldermen* choisis par ce conseil. On peut consulter à titre d'exemple la loi du 23 juin 1882, qui règle l'organisation municipale de la Nouvelle-Orléans et la loi municipale de l'Etat de Californie du 13 mars 1883 (*Annuaire de législation étrangère*, 1883, p. 1012, et 1884, p. 835). Une loi non moins intéressante est la charte réformée donnée, en 1885, à la ville de Boston (Bugbee, *The city government of Boston*, Baltimore, 1886). — L'administration des grandes villes aux Etats-Unis a donné lieu à de graves abus : le développement excessif des taxes municipales et des emprunts, l'incapacité et la corruption qui se sont manifestés dans la direction des services publics, ont provoqué les plus vives réclamations et le besoin d'une réforme a été hautement proclamé dans un grand nombre d'états de l'Union. Il convient de signaler les efforts énergiques et efficaces qui ont été faits en ce sens, particulièrement dans l'Illinois et le Massachusetts, par de grandes associations librement formées et recrutées parmi les membres des partis opposés. Les chartes municipales nouvelles tendent à concentrer dans les mains du maire le pouvoir exécutif municipal, afin d'attacher à l'exercice de ce pouvoir une plus sérieuse responsabilité, à restreindre les attributions des assemblées municipales, spécialement en ce qui concerne le droit de créer des taxes et de disposer des fonds publics. Dans quelques Etats, notamment dans celui de New-York, à la suite de scandales qui avaient ému l'opinion publique, on a attribué à la législature un droit de contrôle assez étendu sur plusieurs des principaux services municipaux. Mais cette innovation, peu conforme aux idées dominantes, a été vivement critiquée, et l'on admet généralement que le rôle de l'Etat doit se borner à limiter le montant des taxes que pourront s'imposer les villes et des emprunts qu'elles pourront contracter, à fixer les dépenses auxquelles elles pourront pourvoir et à vérifier leur comptabilité.

La loi de l'Etat de Massachusetts du 11 juin 1885 est conçue dans cet esprit. Elle porte : 1° que les impôts municipaux en dehors des contributions exigées par l'Etat, par le comté ou pour le service de la ville, ne peuvent excéder deux dollars pour 1000 de l'évaluation moyenne des propriétés imposables faite par les répartiteurs de l'impôt pour les trois dernières années ; 2° que les villes ne pourront contracter des dettes pour plus de 2 pour 100 de l'évaluation précédente; 3° que le maire a le droit de renvoyer à un examen nouveau les budgets votés par le conseil municipal; 4° qu'une cour de justice jugeant en équité peut se réunir, sur la réquisition du maire ou de dix citoyens de la ville, pour juger les infractions à cette loi (*Annuaire de législation étrangère*, 1886, p. 622).

22. En *Allemagne*, non seulement l'organisation municipale varie d'Etat à Etat, mais elle n'est pas uniforme dans toutes les parties d'un seul et même Etat. C'est ainsi qu'en Prusse, la loi du 13 déc. 1872 sur les communes rurales n'est encore appliquée que dans les provinces de Prusse, de Poméranie, de Silésie et de Saxe : la législation sur les communes urbaines varie aussi suivant les provinces.

En général, dans les communes rurales de la Prusse, l'assemblée des habitants élit le maire (*Schulze*) et ses adjoints, et administre de concert avec eux, soit directement, soit par l'intermédiaire d'un conseil municipal sous le contrôle du bailli (*Amtmann*) et de la commission du bailliage (*Amtsausschuss*) qui siège au canton. Dans les villes, le conseil municipal, composé de 12 à 120 membres suivant la population, a en mains à peu près souverainement tous les intérêts locaux proprement dits. Il décide par un statut si le

---

17° Les art. 1, 2, 3, 4, 5, 6, 8, 9, 18, 19, 20 de la loi du 14 avr. 1871, le paragraphe 25 de l'art. 48 et le paragraphe 4 de l'art. 48 de la loi du 10 août 1871 ;
18° La loi du 4 avr. 1873 ;
19° La loi du 20 janv. 1874 ;
20° La loi du 12 août 1876 ;
21° La loi du 21 avr. 1881 ;
22° La loi du 28 mars 1882.
Sont abrogés également pour les colonies, en ce qu'ils ont de contraire à la présente loi :
23° Le décret colonial du 12 juin 1827 (Martinique) ;
24° Le décret colonial du 20 sept. 1837 (Guadeloupe) ;
25° L'arrêté du 12 nov. 1848 (Réunion);

26° Le décret du 29 juin 1882 (Saint-Barthélemy) ;
27° L'art. 116 du décret du 20 nov. 1882 sur le régime financier des colonies, pour les colonies soumises à la présente loi ;
28° Et, en outre, toutes dispositions contraires à la présente loi, sauf celles qui concernent la ville de Paris.

DISPOSITION TRANSITOIRE.

Les sectionnements votés par les conseils généraux, dans leur session du mois d'août 1888, recevront leur application dans toutes les communes qui en ont été l'objet, à l'occasion des élections municipales du 4 mai 1884.

pouvoir exécutif sera confié à un bourgmestre seul ou à un comité (*Magistrat*), si le bourgmestre recevra un traitement, et quel sera le nombre des membres du comité. Le conseil choisit lui-même, sauf l'approbation supérieure, le bourgmestre ou les membres du *Magistrat*. — La législation électorale varie suivant les localités. Dans les communes rurales, c'est un statut délibéré par l'assemblée des habitants, et approuvé par le comité du cercle (*Kreisausschuss*), qui fixe les conditions d'électorat et d'éligibilité sous certaines restrictions déterminées par la loi. Dans la plupart des agglomérations urbaines, les électeurs sont divisés en trois collèges distincts qui comprennent les plus imposés, les moins imposés et le groupe intermédiaire. Chaque collège nomme le tiers des conseillers municipaux (Ferrand, *Les pays libres*, p. 146 et 191). — La tutelle administrative est exercée dans l'ordre hiérarchique : 1° par la régence ; 2° par le président de la province ; 3° par le ministre de l'intérieur.

La ville de Berlin est administrée par un conseil de 108 membres élus à raison de trois par quartier et par un *Magistrat* de 31 membres parmi lesquels un bourgmestre supérieur et un bourgmestre dont la nomination doit être confirmée par le roi.

Les communes d'Alsace-Lorraine continuent à être régies par les lois françaises en vigueur au moment de l'annexion, sauf quelques modifications introduites par les lois d'Empire. C'est ainsi que, dans le cas de dissolution d'un conseil municipal, une loi dispose que l'Empereur ou son délégué pourra nommer un commissaire extraordinaire investi des pouvoirs du conseil municipal.

23. En *Autriche*, l'organisation municipale est réglée par la loi du 5 mars 1862. La commune est administrée par un conseil élu (*Gemeinderath*), élu pour trois ans, et par un comité (*Ausschuss*) qui se compose d'un bourgmestre et de deux échevins choisis par le conseil et soumis à la confirmation du Gouvernement. Les conditions d'électorat et d'éligibilité sont réglées par les lois de chacun des pays cisleithaniens. Dans certains pays, on adjoint aux conseillers élus des membres de droit payant une quotité déterminée des impôts communaux. L'administration municipale est soumise à la surveillance des conseils de district, d'arrondissement ou de cercle. La ville de Vienne est administrée par un conseil municipal de 120 membres élus pour trois ans. Il choisit le bourgmestre, sauf confirmation du Gouvernement, et le *Magistrat* dont les membres sont nommés à vie et salariés.

En *Hongrie*, l'organisation des villes libres et celle des comitats sont réglées par les lois des 3 août 1870 et 4 juin 1871. Les villes libres ont à leur tête un préfet nommé par le Gouvernement ; l'assemblée municipale, nommée pour six ans, se compose pour moitié de membres élus et pour moitié des habitants les plus imposés : le nombre de ses membres varie de 48 à 400. Les villes libres de Hongrie jouissent d'une véritable autonomie. Quant aux communes qui font partie des comitats, elles sont administrées par un conseil composé pour moitié de membres élus et pour moitié des habitants les plus imposés, et par un comité élu tantôt par les électeurs, tantôt par le conseil. Ces communes sont soumises à la tutelle du comitat.

24. L'organisation communale en *Russie* offre un caractère à part. La propriété attribuée par l'acte d'émancipation du 19 févr. 1861 aux paysans affranchis est demeurée une propriété collective : l'administration de la communauté de village ou *mir* a donc avant tout pour objet la gestion de la propriété commune. L'assemblée délibérante composée de tous les chefs de famille et de tous les fonctionnaires électifs de la communauté prend les résolutions qu'exige la gestion des intérêts collectifs ; elle élit pour trois ans le *starosta*, chef de la commune. L'administration cantonale est confiée à une assemblée composée de tous les *starosti* et de tous les fonctionnaires électifs des communes du canton (*Volost*), qui a à sa tête un *starchina* élu pour trois ans. — La tutelle administrative est exercée sur les communes rurales par les arbitres de paix, les assemblées des arbitres de paix du district, et le comité provincial.

L'organisation municipale des villes russes est soumise à des règles différentes, fixées par la loi des 16-28 juin 1870. Dans les villes, l'autorité et la direction sont remises : 1° à un conseil municipal (*gorodskaia-douma*) élu par les habitants âgés de 25 ans, domiciliés depuis deux ans, inscrits aux rôles des impositions communales et payant exactement leur quote part ; 2° à un comité exécutif (*gorodskaia-ouprava*) ; 3° à un maire (*gorodskaia-golova*). Le conseil municipal exerce des attributions étendues : il nomme le maire et le comité ; toutefois, dans les capitales des provinces, la nomination du maire doit être confirmée par le ministre de l'intérieur, et, dans les autres villes, elle doit l'être par le gouverneur : à Saint-Pétersbourg et à Moscou, le Tsar choisit le maire sur une liste de deux candidats présentés par le conseil.

Le Tsar s'est d'ailleurs réservé le pouvoir : 1° d'annuler les votes ou actes locaux jugés préjudiciables à l'Etat ; 2° d'imposer d'office pour certaines dépenses les diverses circonscriptions ; 3° d'approuver ou de repousser les élections des maires et des présidents de comités permanents ; 4° de préposer aux services de police, partout où il le croirait nécessaire, des agents centraux ; 5° d'instituer dans les provinces, et même dans quelques grandes villes, des tribunaux ou comités chargés de vider les conflits qui pourraient s'élever entre les représentants de l'autorité souveraine et les élus des populations (Ferrand, *Les institutions administratives en France et à l'étranger*, p. 133).

25. L'organisation municipale des campagnes est réglée en *Danemarck* par la loi du 6 juill. 1867. Chaque commune élit pour six ans un conseil paroissial, qui choisit dans son sein un président chargé de l'exécution de ses délibérations. Le pouvoir central est représenté par le chef de la police ou *Sognefoged*. Dans les villes, la loi du 26 mai 1868 confie l'administration à un conseil élu et à un bourgmestre qui peut être nommé par le roi même en dehors du conseil. La ville de Copenhague est administrée, aux termes des lois du 4 mars 1857 et 19 févr. 1861 : 1° par un conseil de trente-six membres, élus d'après un mode assez compliqué ; 2° par un *Magistrat*, chargé du pouvoir exécutif et composé de quatre bourgmestres nommés par le conseil avec l'approbation du roi, et de quatre conseillers ; 3° par un président supérieur, nommé par le roi. Le magistrat peut déférer au ministre les décisions du conseil, et le président supérieur peut suspendre l'exécution des délibérations qu'il juge illégales ou contraires aux intérêts de la ville.

26. Les communes rurales de la *Suède* sont administrées par l'assemblée générale des électeurs ; le pouvoir central y est représenté par le *Kronofogde*, qui remplit l'office de sous-préfet, et par le *Landsmann*. Les villes de plus de 25000 habitants ont un conseil municipal élu et une organisation spéciale ; le pouvoir central y est représenté par un gouverneur. Les villes qui ont moins de 25000, mais plus de 3000 habitants, ont un conseil municipal élu ; celles de moins de 3000 habitants sont administrées par l'assemblée générale des électeurs. Le pouvoir central est représenté dans les villes de ces deux dernières catégories par un *Magistrat* composé du bourgmestre et des échevins nommés par le roi. La ville de Stockholm a un conseil principal de cent membres élus pour deux ans, présidé par un grand gouverneur nommé par le roi.

L'organisation communale de la *Norvége* est réglée par les lois du 14 janv. 1837 et du 11 févr. 1860. Les grandes villes dépendent directement du gouverneur de la province. Chaque commune élit un conseil municipal (*Repræsentants kab*) et un corps de ville (*Firmands kab*) trois fois moins nombreux que le conseil ; un *Magistrat*, composé d'un ou plusieurs membres nommés par le roi, représente le pouvoir central.

27. Dans la plupart des cantons *suisses*, l'assemblée de tous les membres de la commune choisit elle-même le comité exécutif, vote l'impôt local, règle les affaires usuelles, pourvoit à l'instruction publique, au culte, à l'assistance, etc. Lorsque la commune est représentée par une délégation ou un conseil municipal, les attributions de ce conseil ou de cette délégation ne sont pas moins étendues (Ferrand, p. 112). On trouvera sur la législation municipale des cantons suisses des détails plus complets dans notre *Code des lois administratives*, v° *Commune*, p. 425 (V. également Demombynes, *Constitutions européennes*, t. 2, p. 367, 421 et 453).

28. En *Italie*, la loi du 20 mars 1865 sur l'organisation communale applique un régime uniforme à toutes les communes urbaines et rurales. Plusieurs projets de réforme ont

été mis à l'étude dans ces dernières années: le dernier a été déposé en 1880 par M. Depretis (V. l'article de M. Ferrand sur ces divers projets dans le *Bulletin de la société de législation comparée*, juin 1882). Les communes d'Italie sont généralement des agglomérations assez nombreuses. Lorsqu'elles ont une population inférieure à 1500 habitants, elles peuvent, si elles manquent de ressources, être réunies par décret royal sur l'avis du conseil provincial, des conseils municipaux et des électeurs propriétaires. D'autre part, les fractions de commune ne peuvent demander à être érigées en communes que si elles justifient de ressources suffisantes et si elles comptent au moins 4000 habitants. Chaque commune a un conseil communal élu pour cinq ans et une commission, (*giunta*) assemblée permanente, élue dans le sein du conseil, et qui le représente dans l'intervalle des sessions. Les illettrés, et ceux qui ne payent pas un certain cens ou ne remplissent pas certaines conditions de capacité, ne sont ni électeurs, ni éligibles. Le conseil communal, qui compte de 15 à 80 membres, tient deux sessions par an; la publicité de ses séances est facultative, il a dans ses attributions le vote du budget, l'administration des biens communaux, la nomination des fonctionnaires communaux, les actions judiciaires. La commission prépare le budget, fixe l'ouverture des sessions, prépare le rôle des taxes communales, exécute les décisions du conseil. Le syndic préside le conseil et la commission, il est à la fois le chef de l'administration communale et le représentant du pouvoir central. La loi de 1865 donne au roi la nomination du syndic, mais le projet de M. Depretis propose de la remettre aux conseils municipaux. Les délibérations des conseils sont soumises à l'approbation de la députation provinciale, dans le cas fixés par la loi (V. Celier, *Essai sur l'administration locale en Italie et en Espagne*, p. 13; Batbie, *Traité de droit public et administratif*, 2ᵉ éd., t. 4, p. 87).

29. L'organisation municipale de l'Espagne est régie par la loi du 20 août 1870, modifiée par plusieurs points par celles du 16 déc. 1876, du 9 déc. 1881 et du 29 août 1882. La commune est en Espagne la portion du territoire (*termino*) sur laquelle s'étend l'action administrative d'un corps municipal (*ayuntamiento*). Ce *termino* doit compter au moins 2000 habitants, et pouvoir supporter les charges communales à l'aide des ressources autorisées par la loi. Les membres de l'*ayuntamiento* sont élus pour quatre ans, et renouvelables tous les deux ans par moitié. Ils sont choisis par les citoyens chefs de famille, payant des impôts ou fonctionnaires d'Etat dans les communes, et par ceux qui justifient d'un diplôme académique ou d'au moins an de résidence. L'*alcade* et les *tenientes* (maire et adjoints) sont élus par le corps municipal, si ce n'est dans les villes dont la population atteint ou dépasse le chiffre de 6000 habitants, où ils sont nommés par le roi. A Madrid, l'alcade peut être pris en dehors de l'*ayuntamiento*. — L'*ayuntamiento* statue sur l'administration des biens communaux, la voirie, la police, l'hygiène; il nomme et révoque les employés des services municipaux. Les délibérations doivent être, suivant les cas, approuvées par le gouverneur ou la députation provinciale. La *junte*, assemblée qui s'occupe exclusivement des questions financières, se compose pour moitié des membres de l'*ayuntamiento*, et pour moitié de contribuables désignés par le sort (V. Celier, p. 19). — Un projet de réforme municipale a été soumis aux *Cortès* en décembre 1882. Mais, depuis cette époque, il est resté en suspens.

30. Le code administratif *portugais* du 6 mai 1878 divise le royaume en districts, les districts en *concelhos* ou communes, les communes en *parochias* ou paroisses. La commune comprend un certain nombre de feux ou de familles qui varie de 500 à 12000 âmes. Elle est administrée par un conseil élu (*camara*), dont le représentant est chargé d'exécuter les décisions, et par un *administrador* pris en dehors du conseil, qui représente le pouvoir central. La paroisse a une *junte* élective qui tient du conseil municipal et du conseil de fabrique, et un *regedor* nommé par le Gouvernement en dehors de la *junte* et placé sous les ordres de l'*administrador*. La tutelle administrative est exercée sur les délibérations de la *camara* par la *junte* du district (Demombynes, t. 1, p. 522). — Une loi du 18 juill. 1885 (*Annuaire de législation étrangère*, 1886, p. 324) régit l'organisation administrative de la ville de Lisbonne. Le conseil municipal est composé de 31 conseillers; 27 sont élus pour quatre ans,

avec renouvellement par moitié, par les électeurs de la commune, au moyen d'un système de votation qui assure la représentation des minorités; les quatre autres sont les présidents élus par le conseil des comités d'hygiène et de salubrité, d'instruction publique, de l'assistance publique et des finances municipales. Les conseillers sont rééligibles, mais ne peuvent être réélus trois fois de suite. Le comité exécutif permanent se compose de six conseillers élus par le conseil et du président de ce conseil. Le conseil municipal peut infirmer les résolutions du comité exécutif, s'il en résulte ou dommage irréparable ou violation de droits acquis. Les divers services municipaux sont administrés par des comités élus dans des conditions spéciales, et qui sont présidés par des conseillers municipaux.

31. L'organisation communale en *Belgique* est réglée par la loi du 30 mars 1836, modifiée par celles des 30 juin 1842, 1ᵉʳ mars, 31 mars, 13 avril, 1ᵉʳ et 26 mai 1848 et 7 mai 1877. Dans chaque commune, le corps municipal est composé de deux parties: 1° le conseil municipal élu pour six ans et renouvelable par moitié; 2° le collège du bourgmestre et des échevins, corps collectif chargé du pouvoir exécutif et dont les décisions sont prises à la majorité des voix. — Le conseil est élu par des électeurs censitaires dont le cens varie de 15 à 42 francs suivant la population de la commune, et auxquels la loi du 24 avril 1883 a adjoint les fonctionnaires et les décorés, les diplômés d'enseignement supérieur et de l'enseignement moyen, enfin les citoyens qui auront subi avec succès un examen d'aptitude portant sur un programme déterminé. Le bourgmestre est nommé par le roi pour six ans, et peut être pris en dehors du conseil, sur l'avis conforme de la députation permanente du conseil provincial. Les échevins sont également nommés par le roi pour six ans, mais doivent être pris nécessairement parmi les membres du conseil.

Le bourgmestre et les échevins ont droit à un traitement fixé par la députation permanente. Le bourgmestre est seul chargé d'assurer l'exécution des règlements de police. Le conseil communal ne peut être dissous; ses séances sont publiques. En règle générale, c'est par la députation permanente que la tutelle administrative est exercée sur la commune, à l'exception de quelques délibérations du conseil qui doivent être soumises à la sanction royale. La députation a qualité pour inscrire d'office au budget les dépenses obligatoires, sauf recours au roi, et elle peut même, au refus du conseil, pourvoir à ces dépenses en ordonnant la perception de centimes additionnels (L. 7 mai 1877, *Annuaire de législation étrangère*, 1878, p. 499). Le roi peut annuler dans les quarante jours toute délibération du conseil sortant de ses attributions, ou contraire aux lois ou blessant l'intérêt général (V. Batbie, t. 4, p. 94; de Fooz, *Droit administratif belge*, t. 1, p. 91).

32. L'organisation municipale des *Pays-Bas* est régie par la loi du 24 juin 1851, modifiée par celle du 7 juill. 1865, sur des bases analogues à celles qui ont été adoptées en Belgique. La commune a un conseil élu et un collège composé du bourgmestre et des échevins. Le bourgmestre est nommé par le roi et peut être pris au dehors du conseil; les échevins sont choisis par le conseil. Le conseil ne peut être dissous. La tutelle administrative est exercée, dans la plupart des cas, par la députation permanente, et dans les affaires les plus graves par le roi.

TIT. 2. — ORGANISATION COMMUNALE ET MUNICIPALE (*Rép.* nᵒˢ 172 à 309).

CHAP. 1ᵉʳ. — Des formations, réunions et divisions de communes et de leurs habitants (*Rép.* nᵒˢ 172 à 194).

33. On a vu au *Rép.* nᵒ 174 qu'aux termes de l'arrêté des consuls du 9 fruct. an 9, il ne peut être donné aux communes d'autres noms que ceux portés aux tableaux contenant la division du territoire en justices de paix. D'après la circulaire du ministre de l'intérieur du 15 mai 1884, la seule orthographe des noms des communes qui doive être considérée comme officielle est celle que donnent les tableaux de la population des communes de France publiés par le ministre de l'intérieur à la suite du dénombrement quinquennal. Ces tableaux ont

été dressés en 1876 et révisés en 1881 (Circ. min. int. 12 déc. 1877 et 19 nov. 1881).

Le changement de nom d'une commune résulte non seulement de la substitution d'un nom à un autre, mais aussi d'une addition de noms et de l'altération de l'orthographe officielle.

34. Antérieurement à la loi du 5 avr. 1884, la législation n'avait pas déterminé les règles de procédure à suivre pour les changements de dénomination des communes. Nous avons indiqué (*Rép.* n° 174) comment, dans la pratique, la jurisprudence administrative avait suppléé à cet égard au silence du législateur (V. sur ce sujet : Gérard, *Revue générale d'administration*, 1880, t. 2, p. 385). Les règles adoptées par cette jurisprudence ont été consacrées par l'art. 2 de la nouvelle loi avec quelques modifications. Le changement de nom d'une commune ne peut être décidé que par décret sur la demande du conseil municipal, le conseil général consulté et le conseil d'Etat entendu. L'avis du conseil d'arrondissement n'est plus exigé, et le texte adopté par le Sénat, modifiant la rédaction primitive de la Chambre des députés, assure exclusivement au conseil municipal l'initiative du changement de nom de la commune (D. P. 84. 4. 29, note 2). Le Sénat a, en effet, sur la proposition de sa commission, substitué à ces mots « sur *l'avis du conseil municipal* » les mots « sur *la demande du conseil municipal* ». Cette modification avait été combattue par M. Le Guay, commissaire du Gouvernement, qui avait soutenu qu'en diverses circonstances, notamment pour éviter les difficultés que causerait aux services des postes et des chemins de fer l'identité de nom de plusieurs communes, le gouvernement pourrait juger utile de prendre l'initiative d'un changement de dénomination et qu'il y avait lieu de lui réserver ce droit. Mais le rapporteur, M. Demôle, a fait observer que la dénomination d'une commune consacrée par un usage immémorial devait être considérée comme une véritable propriété qui méritait d'être respectée, et que cette dénomination ne devait être modifiée que sur la demande de la commune elle-même. Ces prescriptions légales ne sont pas applicables aux sections de commune ni aux hameaux. D'après l'article précité, publié par M. Gérard dans *la Revue générale d'administration*, le ministère a pendant longtemps refusé de changer par voie administrative les désignations géographiques dépourvues de tout caractère administratif ; mais il n'est plus de même aujourd'hui, et, en 1865, la section de Merdagne (Puy-de-Dôme) a été autorisée par décret rendu, le conseil d'Etat entendu, à prendre le nom de Gergovie.

35. Nous avons dit (*Rép.* n° 174), que le décret qui autorise le changement de nom d'une commune est un acte d'administration qui ne peut jamais donner lieu à un débat par la voie contentieuse. Mais l'omission des formalités prescrites par l'art. 2 de la loi de 1884 pourrait autoriser le recours pour excès de pouvoir (D. P. 84. 4. 29, note 2). — Aux termes de la circulaire ministérielle du 15 mai 1884, citée *suprà*, n° 33, les nouvelles dénominations qui résultent soit des transfèrements de chefs-lieux, soit des créations de communes ou d'autres changements aux circonscriptions territoriales, sont, pour la procédure et la compétence, soumises aux règles fixées pour les changements dont elles sont la conséquence. — Le principe de la propriété du nom pour les communes a été consacré par la jurisprudence. Le conseil d'Etat a jugé qu'une commune a qualité et peut avoir intérêt pour s'opposer à ce que l'autorisation de porter son nom soit accordée à un particulier (Cons. d'Et. 16 août 1862) (1).

36. Ainsi qu'on l'a vu au *Rép.* n° 177, les lois qui ont maintenu les anciennes circonscriptions n'ont pas entendu

arrêter d'une manière immuable les divisions des communes. L'art. 2 de la loi de 1837, qui réglait les conditions nécessaires pour les réunions ou divisions de communes, a été notablement modifié par l'art. 3 de la loi de 1884. M. Vivien insistait, en 1836, sur l'importance de ces mesures et la gravité des conséquences qu'elles entraînaient : « La supression d'une commune, disait-il, est une sentence de mort civile ». Le législateur de 1884 paraît avoir été guidé par des préoccupations d'un autre ordre. « La commission de la Chambre, disait le rapporteur, a été dominée, dans les modifications qu'elle a apportées à la loi de 1837, par la pensée de favoriser la réunion de communes ou de sections de communes en une seule. La trop grande multiplicité des communes est un des plus importants obstacles au perfectionnement de notre législation municipale... Pour rentrer dans les saines traditions antérieures, le projet propose deux moyens. Il rend plus difficile la division des communes ; il facilite leur réunion » (D. P. 84. 4. 29, note 3).

Les dispositions de l'art. 3 ne sont pas seulement applicables aux . changements des circonscriptions des communes. Comblant une lacune des lois antérieures, elles s'appliquent également, ainsi que le fait remarquer la circulaire du 15 mai 1884, aux demandes qui ont pour objet le transfèrement du chef-lieu d'une commune.

37. L'initiative des projets tendant aux modifications énoncées en l'art. 3 peut être prise, soit par le conseil municipal de l'une des communes intéressées, soit par le tiers des électeurs inscrits dans la commune ou dans la section, soit d'office par le préfet. — Dans les deux premiers cas, le préfet qui, sous la législation antérieure, pouvait refuser de procéder à une enquête lorsque la demande ne lui paraissait pas justifiée (Av. Cons. d'Et. 26 avr. 1877), est *tenu* d'ordonner cette enquête. Cette disposition a été adoptée par la Chambre des députés, sur la proposition de M. Beauquier appuyée par MM. Morel, Blancsubé et le duc de Bisaccia. Ces orateurs ont exprimé la crainte qu'à défaut d'un texte impératif un préfet ne se refusât, par égard pour un seul personnage influent, à prescrire une enquête sollicitée par un certain nombre d'électeurs (D. P. 84. 4. 29, note 3).

Le droit que le texte reconnaît au préfet d'ordonner d'office cette enquête lui appartenait déjà sous la législation antérieure ; des amendements de MM. de Cassagnac et de Lanjuinais à la Chambre des députés, et de M. Chaumontel au Sénat, tendant à lui faire refuser cette faculté, ont été repoussés. Le rapporteur au Sénat a fait observer qu'il n'était pas admissible qu'à défaut de l'initiative du conseil municipal ou du tiers des électeurs, le pouvoir souverain se trouvât désarmé et que l'Administration qui, grâce aux documents qu'elle peut consulter et aux renseignements qu'elle a pu recueillir, est en mesure de savoir ce que d'autres ignorent, n'eût pas le droit de provoquer une étude sur l'utilité ou la convenance d'un changement de circonscription.

38. L'instruction réglementaire comprend, comme sous la législation antérieure, les formalités qui ont été indiquées au *Rép.* n° 185, et qui sont les suivantes : 1° enquête ; 2° institution des commissions syndicales ; 3° avis des conseils municipaux ; 4° production des plans et des tableaux de renseignements statistiques ; 5° avis du conseil d'arrondissement ; 6° avis du conseil général (Circ. min. int. 15 mai 1884). — Les formalités ci-dessus indiquées sont des formalités substantielles dont l'omission pourrait entraîner l'annulation du décret ou de la délibération du conseil général. C'est ainsi qu'un arrêt du 24 juill. 1848 (2) a annulé une ordonnance qui avait réuni deux communes sans qu'il eût été procédé aux enquêtes préalables et

(1) (Commune de Lorgues.) — Le conseil d'État ; ... — Vu la loi du 11 germ. an 11 ; — Considérant que, aux termes de la loi du 11 germ. an 11, les additions ou substitutions de noms autorisées par les décrets rendus sur le rapport de notre garde des sceaux, ministre de la justice, ne sont accordées que sous la réserve expresse des droits des tiers ; — Considérant que les communes ont qualité et peuvent avoir intérêt pour s'opposer à ce que l'autorisation de porter leur nom soit accordée à des particuliers ; — Considérant que la commune de Lorgues justifie de motifs suffisants à l'appui de l'opposition qu'elle a formée à notre décret en date du 15 déc. 1860, par lequel nous avons autorisé le sieur *** à ajouter à son nom patronymique celui de ladite com-

mune, et à s'appeler à l'avenir *** de Lorgues ; que, dès lors, notre décret précité doit être rapporté...
Du 16 août 1862. — Cons. d'Et.-MM. de Belbœuf, rap.-Robert, concl. — Béchard et Rendu, av.

(2) (Commune de Renneville.) — Le président du conseil, etc. ; — Vu la loi du 18 juill. 1837 ; — Considérant qu'aux termes de la loi susvisée, aucune réunion, division ou formation de commune ne pourra être ordonnée qu'après que le préfet aura prescrit préalablement, dans les communes intéressées, une enquête tant sur le projet en lui-même que sur ses conditions, et qu'après que les conseils municipaux, assistés des plus imposés en nombre égal

que les conseils municipaux eussent été appelés à donner leur avis (Morgand, *La loi municipale*, p. 80). On a soutenu cependant que le recours pour excès de pouvoir ne serait pas ouvert aux intéressés dans le cas où c'est le conseil général qui statue, et que la délibération ne pourrait être attaquée que par application de l'art. 47 de la loi du 10 août 1871 (De Ramel, *Commentaire de la loi municipale*, p. 8). Mais cette opinion paraît contraire à la jurisprudence d'après laquelle l'art. 47 ne fait pas obstacle à ce que les intéressés forment un recours pour excès de pouvoirs (V. *Conseil d'Etat*).

39. La première de ces formalités est l'enquête *de commodo et incommodo*. Aux termes de la circulaire précitée, qui rappelle en la modifiant sur quelques points celle du 20 août 1825, c'est au préfet seul qu'appartient le droit de désigner le commissaire enquêteur, et il ne peut déléguer ce droit au sous-préfet. Il ne doit choisir ni les maires, ni les habitants des communes intéressées, et, contrairement aux circulaires du 30 avr. 1838 (*Rép.* n° 185) et du 29 août 1849 (D. P. 50. 3. 26), il doit également s'abstenir de désigner les juges de paix, auxquels les instructions de la Chancellerie recommandent de refuser toute mission qui serait de nature à les distraire de leurs fonctions judiciaires. Le commissaire enquêteur recueille les déclarations de tous les intéressés, joint au procès-verbal les dires qui lui sont remis, clôt l'enquête en rédigeant son avis, et transmet dans la huitaine à la sous-préfecture ou à la préfecture le procès-verbal et ses annexes.

40. Dans le cas où le projet concerne une section de commune, un arrêté préfectoral doit, d'après l'art. 4 de la loi de 1884, décider la création d'une commission syndicale pour cette section ou pour la section du chef-lieu, si les représentants de la première sont en majorité dans le conseil municipal, et doit déterminer le nombre des membres de cette commission. Cette formalité, prescrite par la circulaire ministérielle du 30 avr. 1838 et observée dans la pratique (Aucoc, *Sections de commune*, 2ᵉ éd., p. 172), a aujourd'hui un caractère obligatoire, soit qu'il s'agisse d'un changement de circonscription, soit qu'il soit question de transférer le chef-lieu d'une commune. S'il existe plusieurs groupes d'habitants ayant des intérêts distincts dans le projet, il y a lieu d'instituer plusieurs commissions syndicales. Dans le projet primitif, le droit d'élire les membres de la commission syndicale était conféré non seulement aux électeurs municipaux domiciliés dans la section, mais aux électeurs municipaux simplement propriétaires dans cette section. Sur la demande de M. Margue, sous-secrétaire d'Etat au ministère de l'intérieur, et malgré l'opposition de MM. Dreyfus et de Marcère, la Chambre des députés a supprimé les mots *ou propriétaires*. Devant le Sénat, M. Clément a demandé que les propriétaires fonciers de la commune fussent admis à prendre part à la nomination de la commission, lors même qu'ils ne seraient pas portés sur les listes électorales. Il a fait observer que la nouvelle rédaction n'était pas en harmonie avec l'art. 129, et que les propriétaires fonciers de la commune qui n'y étaient pas domiciliés avaient autant d'intérêt à opter entre des communes diversement grevées d'impôts ou inégalement riches qu'à diriger un procès. Mais cet amendement a été écarté par le Sénat sur l'observation du rapporteur qu'il tendait à rétablir les prérogatives des plus imposés supprimées par une loi récente (D. P. 84. 4. 29, note 4).

41. La loi n'a pas indiqué les règles à suivre pour l'élection des membres de la commission syndicale. Elles doivent être, d'après la circulaire ministérielle du 15 mai 1884, celles qui sont exposées dans le titre 2 de la loi pour les élections

des conseils municipaux, et les réclamations auxquelles peuvent donner lieu ces élections doivent être jugées dans la même forme et par les mêmes autorités que celles relatives aux élections des conseils municipaux (Sol. impl., Cons. d'Et. 31 mars 1843, aff. Hédouin, *Rec. Cons. d'Etat*, p. 151; 16 mai 1866, Elections du Noyal-sur-Vilaine, *ibid.*, p. 468; 8 juill. 1881, aff. Berne, D. P. 83. 3. 3). — Dans l'opinion du rapporteur au Sénat, la commission syndicale devrait être assimilée complètement à un conseil municipal. « Elle est, disait-il, un conseil municipal pour certaines fonctions spéciales fixées à l'avance par la loi ». Il y a lieu cependant de se demander si cette assimilation peut être admise d'une manière absolue, et notamment si, dans le silence de la loi, il est possible d'étendre aux membres des commissions syndicales les conditions d'éligibilité requises et les incompatibilités établies pour les membres des conseils municipaux.

Suivant M. Aucoc, *Sections de commune*, 2ᵉ éd., p. 172, il ne serait pas conforme à l'esprit de la loi d'admettre qu'il n'existe aucune condition d'éligibilité et que le choix des électeurs pourrait se porter sur d'autres personnes que sur les électeurs domiciliés dans la section. Mais l'opinion contraire a été consacrée par deux décisions du ministre de l'intérieur du 19 avr. 1872 et du 9 août 1876 (V. conf. Morgand, p. 84) et paraît avoir également été implicitement adoptée par l'arrêt précité du conseil d'Etat du 8 juill. 1881. Toutefois, une décision ministérielle du 21 déc. 1848 reconnaît qu'il existe certaines incompatibilités *de droit commun*, telles que celles qui éloignent des assemblées électives les interdits, les incapables, les agents salariés, et que ces incompatibilités doivent être appliquées aux membres des commissions syndicales. Un arrêt du conseil d'Etat du 6 déc. 1844 (1), a implicitement décidé en ce sens qu'un agent salarié de la commune ne pouvait pas faire partie d'une commission syndicale.

D'après une décision ministérielle du 8 janv. 1875, rapportée par M. Morgand, *op. et loc. cit.*, les membres du conseil municipal, bien qu'appelés à ce titre à délibérer sur le projet, peuvent être élus syndics.

42. On a demandé, au cours de la discussion, comment, en l'absence d'un sectionnement électoral, on reconnaîtrait quelle est celle des sections qui est représentée par le moins grand nombre de conseillers dans le conseil municipal, et pour laquelle, par suite, il y a lieu de constituer une commission syndicale. Le rapporteur a répondu que l'Administration devrait, en pareil cas, considérer comme représentants de la section les conseillers municipaux domiciliés sur le territoire de cette section. Mais, ainsi que le fait observer M. de Ramel dans son *Commentaire de la loi municipale*, p. 8, la réponse n'est pas suffisante, car elle ne vise pas les conseillers non domiciliés mais payant des contributions dans la section. Or ceux-là doivent également compter comme représentants de la section.

43. Ainsi qu'on l'a vu au *Rép.* n° 185, le conseil municipal ou les conseils municipaux intéressés doivent, à la suite de l'enquête, être appelés à délibérer tant sur le projet lui-même que sur ses conditions. L'adjonction des plus imposés qui était prescrite par la loi de 1837 a été supprimée par la loi du 5 avr. 1882.

44. Avant de pousser l'instruction plus loin, le préfet doit, aux termes de la circulaire du 15 mai 1884, faire établir des plans dressés d'après les documents cadastraux, et complétés au besoin par les agents-voyers au point de vue des voies de communication ; ces plans doivent porter le *visa* du préfet et celui du directeur des contributions directes. Il y a lieu d'y joindre un tableau de renseignements statis-

---

à celui de leurs membres, les conseils d'arrondissement et le conseil général auront donné leur avis ; — Considérant que la réunion de l'instruction que l'ordonnance royale du 25 juill. 1846, qui a prononcé la réunion de la commune de Renneville à celle de Bourg-Baudoin, n'a pas été précédée d'une enquête préalable et que le conseil municipal de la commune de Renneville n'a pas été appelé à donner son avis ; qu'ainsi les formalités exigées par la loi n'ont pas été remplies ;

Art. 1ᵉʳ. L'ordonnance royale en date du 25 juill. 1848 est annulée.

Du 24 juill. 1848.-Cons. d'Et.-MM. Martin, rap.-Hély d'Oissel, concl.-Avisse, av.

(1) (Bély C. Byasson.) — Louis-Philippe, etc. — Vu les lois des 31 mars 1831 et 18 juill. 1837 ; — Considérant que le sieur Byasson a donné le 17 juill. 1843 sa démission des fonctions de commissaire de police de la commune de Cauterets, et qu'il résulte de l'instruction que le 24 sept. 1843, époque de son élection à la commission syndicale de la vallée de Saint-Savin, il avait cessé d'être agent salarié de la commune de Cauterets, et qu'il ne se trouvait pas, dès lors, dans un cas d'incompatibilité prévu par l'art. 18 de la loi du 21 mars 1831 ; — Art. 1ᵉʳ. La requête du sieur Bély est rejetée.

Du 6 déc. 1844.-Cons. d'Et.-MM. Guilhem, rap.-Hély d'Oissel, concl.

tiques, conforme à un modèle joint à la circulaire précitée. La production des autres pièces indiquées dans les circulaires du 30 avr. 1838 (*Rép*. n° 185) et du 29 août 1849 (D. P. 50. 3. 26) n'est plus exigée par celle du 15 mai 1884.

Le dossier ainsi formé doit être soumis par les soins du préfet au conseil d'arrondissement, puis au conseil général. Un amendement de M. de Lanjuinais, emprunté au projet de M. de Vatimesnil en 1851, et tendant à ce qu'aucun changement dans la circonscription des communes ne pût être introduit sans l'approbation du conseil général, a été repoussé par la Chambre des députés (D. P. 84. 4. 29, note 3). — Lorsque la décision n'appartient pas au conseil général (V. *infrà*, n° 47), le dossier est transmis par le préfet au ministre de l'intérieur avec l'avis de l'assemblée départementale et les pièces énumérées dans la circulaire du 15 mai 1884.

45. La création d'une commune nouvelle pouvait être prononcée par décret, aux termes des lois des 18 juill. 1837, 24 juill. 1867, 10 août 1871 et de l'avis interprétatif du conseil d'Etat du 17 oct. 1872, lorsque le conseil municipal ou les conseils municipaux intéressés consentaient à la mesure projetée et que l'avis du conseil général était favorable (*Revue générale d'administration*, 1880, t. 2, p. 20 et 147). Ces dispositions ont été modifiées par l'art. 5 de la loi de 1884 qui exige l'intervention du pouvoir législatif pour toute érection de commune. — Un amendement, soumis à la Chambre des députés par M. Escande, tendant à faire interdire à l'avenir la création de communes dont la population serait inférieure à 3000 habitants, a été repoussé sur l'observation, faite par le rapporteur et le sous-secrétaire d'Etat du ministère de l'intérieur, qu'il pourrait y avoir inconvénient à lier le législateur pour l'avenir et à prohiber à l'avance des créations de communes réellement utiles aux populations intéressées (D. P. 84. 4. 29, note 5). — En fait, l'Administration s'est imposé la règle de repousser toute demande d'érection de commune formée par des localités dont la population est inférieure à 300 habitants et même de provoquer la suppression des communes dont le nombre d'habitants n'atteint pas ce chiffre toutes les fois que la situation topographique ne s'y oppose pas rigoureusement. Cette pratique administrative recommandée par une circulaire ministérielle du 29 août 1849 (D. P. 50. 3. 26) et abandonnée depuis 1852, a été depuis quelques années remise en vigueur. Il résulte même d'une circulaire du 2 août 1880 que le conseil d'Etat ne donne d'avis favorable à la création de nouvelles communes que lorsque cette demande est justifiée par des motifs graves, et lorsque la population n'est pas moindre de 5 à 600 habitants. Il est intéressant de faire remarquer à ce sujet que, d'après le dernier dénombrement, 16870 communes sur 36097 ont moins de 500 habitants, et 720 moins de 100 habitants. Sur les 44000 communes créées par l'Assemblée constituante, 8000 ont été supprimées de 1805 à 1865. Mais à partir de 1865, les créations de communes nouvelles l'ont emporté sur les suppressions (Ducrocq, *Etudes sur la loi municipale*, p. 86).

46. Le projet primitif exigeait pour l'érection d'une commune l'avis *conforme* du conseil général. Le mot *conforme* a été supprimé par la Chambre des députés, sur la demande du rapporteur, du sous-secrétaire d'Etat du ministère de l'intérieur et de M. Bureau de Vaulcomte. L'avis préalable du conseil d'Etat est également exigé. — Il doit être également statué par une loi, aux termes de l'art. 6 de la loi de 1884, conformément à la législation antérieure (*Rép*. n° 183), lorsque le changement de circonscription, bien que n'entraînant pas création d'une commune nouvelle, doit avoir pour effet de modifier les limites d'un département, d'un arrondissement ou d'un canton.

Aux termes du même article, le conseil général statue définitivement lorsqu'il s'agit soit d'un transfèrement de chef-lieu, soit d'une suppression ou réunion de communes, soit d'un changement à la limite des communes existantes et sous la triple condition : 1° que le projet ne

touche pas aux limites des cantons: 2° qu'il y ait accord complet entre les conseils municipaux et les commissions syndicales tant sur le projet en lui-même que sur les conditions auxquelles il doit être réalisé ; 3° que le conseil général approuve purement et simplement le projet sans y apporter aucune modification. Dans ces divers cas, l'art. 13 de la loi du 24 juill. 1867 conférait aux préfets le pouvoir de statuer après l'accomplissement des formalités prévues au tit. 1er de la loi du 18 juill. 1837. Mais ce pouvoir avait été transféré aux conseils généraux par l'art. 46, n° 26, de la loi du 10 août 1871. — Dans tous les autres cas, il est statué par un décret rendu en la forme des règlements d'administration publique. La loi du 24 juill. 1867 exigeait l'intervention du pouvoir législatif lorsque l'avis du conseil général était défavorable. En supprimant cette disposition, la loi nouvelle permet de statuer même par simple décret si le changement est de ceux qu'un décret peut autoriser (Morgand, p. 89).

47. Ainsi que nous venons de le dire, le conseil général ne peut statuer définitivement qu'autant que les conseils municipaux et les commissions syndicales sont d'accord non seulement sur le principe du changement de circonscription, mais sur les conditions dans lesquelles devra être opérée cette modification. D'après une circulaire ministérielle du 3 août 1867 (D. P. 67. 3. 73), les avis qui, sans être explicitement contraires, sont accompagnés de réserves, doivent être considérés comme défavorables. Il a été également décidé, sous l'empire de la loi de 1867, qu'un préfet excédait ses pouvoirs en prononçant la réunion de deux communes faisant partie du même canton, sans tenir compte des conditions auxquelles l'un des conseils municipaux avait subordonné son consentement (Cons. d'Et. 18 mars 1868, aff. Commune de Lys-lès-Lannoy, D. P. 70. 3. 58). La même solution serait applicable à une décision d'un conseil général rendue dans les mêmes conditions.

48. On a vu au *Rép*. n°s. 177 et 187, que les questions relatives aux changements de circonscription des communes sont exclusivement administratives, et qu'en pareille matière les tribunaux ne peuvent qu'appliquer les actes de l'autorité administrative. Par suite, le préfet qui distrait d'une commune une de ses sections, et qui implique ainsi que cette section dépendait de la commune dont elle est séparée, met obstacle à ce que l'autorité judiciaire décide que cette section faisait partie d'une autre commune (Req. 26 avr. 1865, aff. Commune de Charnay, D. P. 65. 1. 301).

49. Les changements de circonscription des communes, ainsi que nous l'avons dit au *Rép*. n° 181, ne doivent pas être confondus avec les délimitations de communes régies par l'art. 8 du décret du 19 avr. 1790. Cette distinction, nettement établie par le rapporteur de la loi de 1837 à la Chambre des pairs (*Rép*. n° 219), a été constamment observée par la jurisprudence administrative. Un avis du Conseil d'Etat du 4 nov. 1875 (D. P. 77. 3. 44, note 4), rendu à l'occasion d'un projet de décret tendant à une nouvelle délimitation de deux communes, constate que l'attribution à l'une d'elles d'une contenance de 11 hectares dépourvus d'habitations lors de la vérification du cadastre a été une simple rectification de limites, et non un changement de circonscription.

50. C'est au préfet, conformément à ce qui a été exposé au *Rép*. n° 181, qu'il appartient de déterminer, d'après les plans, les limites contestées de deux communes de son département (Cons. d'Et. 2 févr. 1877, aff. Commune de Sotteville, D. P. 77. 3. 44). L'arrêté qu'il prend en pareille matière est un acte de pure administration qui ne porte atteinte à aucun droit privé et qui ne pourrait être déféré au conseil d'Etat que pour excès de pouvoir; et c'est au ministre de l'intérieur qu'il appartient de statuer sur le recours formé par la voie administrative contre un arrêté de cette nature (Même arrêt; Cons. d'Et. 15 juill. 1887) [1].

51. Lorsqu'un litige soumis à l'autorité judiciaire est subordonné à la détermination du territoire de deux communes,

---

[1] (Commune de Quirbajou.) — Le conseil d'Etat; ... — Vu le décret des 19-20 avr. 1790; — Vu l'ordonnance du 3 oct. 1821; — Vu les lois des 7-14 oct. 1790 et 24 mai 1872; — En ce qui touche l'incompétence : — Considérant qu'aux termes du décret du 20 avr. 1790 et de l'ordonnance du 3 oct. 1821, il appartient aux pré-

fets de statuer sur les contestations relatives aux délimitations entre les communes d'un même département, et, par voie de conséquence, de désigner les experts chargés de procéder aux opérations de délimitation ; que, par son arrêté du 12 sept. 1883, le préfet de l'Aude, en ordonnant une expertise à l'effet de procéder

le tribunal doit renvoyer les parties devant l'autorité administrative pour faire déterminer les limites de ces communes (Cons. d'Et. 18 janv. 1851, aff. Pracros, D. P. 51. 3. 41). Mais il en est autrement lorsqu'il s'agit de délimiter le territoire de deux sections de commune; en effet, les sections de commune ne constituent pas des divisions administratives, et la question de délimitation n'est rien autre chose que la question de savoir si tels ou tels habitants de la commune ont droit à la jouissance de tels ou tels communaux; l'autorité compétente pour statuer sur cette dernière question l'est donc aussi pour statuer sur la première (V. conf. Aucoc, *Sections de communes*, p. 368; Cons. d'Et. 10 juill. 1885, aff. Legrand, D. P. 87. 3. 9).

L'interprétation des actes administratifs desquels résulte la délimitation de deux communes soulève une question contentieuse, et c'est au conseil d'Etat qu'il appartient de donner cette interprétation (Sol. impl., Cons. d'Et. 7 août 1883, aff. Commune de Meudon, D. P. 85. 3. 37). Cette compétence paraît devoir être étendue au cas même où, pour donner cette interprétation, il serait nécessaire de déterminer le sens et la portée des décrets de l'Assemblée constituante et de la Convention relatifs aux limites de deux communes situées dans deux départements différents (Cons. d'Et. 24 déc. 1845, aff. de Nazelles, D. P. 85. 3. 37, notes 1 et 2). — Les tribunaux pourraient toutefois, lorsque les limites de deux communes ont été fixées par un acte ancien qui ne présente aucune ambiguïté, se fonder sur ce titre pour trancher une question de propriété sans recourir à l'autorité administrative (Req. 30 juin 1875, aff. Commune de Bastelica, D. P. 76. 1. 201).

52. Les art. 7 et 8 de la loi de 1884 déterminent les conséquences qu'entraîneront les changements de circonscriptions des communes, et par suite la situation qui sera faite aux communes nouvelles, aux communes réunies, et aux communes divisées en ce qui concerne leurs biens. Nous avons indiqué (*Rép.* n° 186) les solutions données à ces questions par les art. 5 et 6 de la loi de 1837.—La rédaction de l'art. 7 de la nouvelle loi primitivement adoptée par la Chambre des députés laissait aux communes ou sections de communes le soin de régler les conditions de réunion ou de distraction, de telle sorte que les actes de l'autorité supérieure qui seraient intervenus pour autoriser la mesure n'auraient plus eu qu'à enregistrer ces conditions. Cette rédaction fut repoussée par la commission du Sénat qui, adoptant un système entièrement opposé, proposa de confier à l'autorité supérieure le règlement de toutes les conditions des réunions ou distractions de communes qu'elle autoriserait. Cette autorité était par suite, ainsi que le déclarait le rapporteur, chargée de trancher toutes les questions de partages de biens, de répartition de dettes, en même, dans certains cas, d'indemnités qui pourraient être dues par une section à l'autre. M. Batbie combattit vivement cette solution. Il fit observer que si les art. 4, 5 et 6 de la loi de 1837 renfermaient des lacunes, ils avaient cependant réservé, avant tout, les questions de propriété, et que les autres conditions de la réunion ou de la distraction étaient seules abandonnées à la détermination de l'autorité appelée à statuer sur la mesure. A la suite de ces critiques, la commission à laquelle avaient été

renvoyés les art. 7 et 8 adopta une nouvelle rédaction, à peu près conforme aux dispositions de la loi de 1837, et ne laissant à l'autorité administrative que le règlement des conditions qu'il est impossible de prévoir dans une loi (D. P. 84. 4. 30, note 7). M. Batbie insista de nouveau pour que la nouvelle loi comblât les lacunes que l'expérience avait fait constater dans la législation ancienne; il distingue, dit-il, trois sortes de biens appartenant aux sections: 1° les biens dont les habitants jouissent exclusivement et en nature, comme les pâturages; 2° les biens qui servent à un usage public, comme les écoles, les hôtels-de-ville, les presbytères, les églises; et 3° les biens qui sont amodiés ou exploités en régie et dont le revenu se transforme en argent qui tombe dans la caisse de la commune. Or la loi de 1837 a réglé la question en ce qui concerne les biens de la première catégorie, c'est-à-dire des biens dont les habitants jouissent exclusivement et dont les fruits sont perçus en nature. Elle s'est occupée aussi des biens qui appartiennent à la deuxième catégorie, c'est-à-dire des biens qui servent à un usage public. Les habitants de la section continuent à jouir des biens dont les fruits sont perçus en nature, et la commune entière a la propriété des biens servant à un usage public. La question au contraire n'a pas été tranchée, au moins en ce qui concerne la jouissance, pour les biens de la troisième catégorie, c'est-à-dire pour les biens amodiés ou exploités en régie, et la jurisprudence a eu à se prononcer sur des litiges nombreux et difficiles relativement à cette catégorie d'immeubles ». M. Batbie avait proposé plusieurs articles destinés à résoudre ces questions controversées : mais il les retira, sur l'observation qui lui fut faite que des modifications législatives étaient de nature à soulever des contestations qui sont aujourd'hui à peu près pacifiées par la pratique (*Journ. off.* du 9 mars 1884, p. 613). — L'art. 7 maintient donc dans leur ensemble les principes consacrés par l'ancienne législation et l'ancienne jurisprudence. Il règle, pour tous les cas de réunion ou de séparation, dans le même sens que la loi de 1837, le sort des trois catégories de biens qui viennent d'être indiquées. Les biens susceptibles de revenus, soit en argent, soit en nature, restent la propriété de l'ancienne commune ou section: quant aux revenus de ces biens, les revenus en argent sont versés dans la caisse commune; les revenus perçus en nature appartiennent au contraire aux seuls habitants de l'ancienne commune ou section. Quant aux immeubles affectés à un usage public, ils suivent le sort du territoire sur lequel ils sont situés (Morgand, p. 93).

53. En dehors des questions de propriété, les actes qui prononcent des réunions ou des distractions de communes en déterminent expressément toutes les conditions. Sous l'empire de la loi de 1837, lorsque la réunion ou la distraction était prononcée par une loi, la détermination des conditions pouvait être renvoyée à un décret ultérieur. Aujourd'hui toute décision relative à des réunions ou à des séparations de communes doit statuer en même temps sur les conditions auxquelles doivent être opérées ces modifications. Dans le cas où des contestations s'élèvent sur la portée du décret qui a prescrit la réunion de deux communes, il n'appartient qu'au chef du Gouvernement statuant en conseil d'Etat d'en déterminer le sens (Cons. d'Et. 22 août 1868) (1).

à la délimitation administrative des territoires respectifs des communes de Quirbajou et de Belvianes, a prononcé dans les limites de sa compétence; — Au fond : — Considérant que l'arrêté attaqué est un acte de pure administration ne pouvant ni porter atteinte aux droits de propriété des communes, ni faire l'objet d'un recours par la voie contentieuse, alors qu'aucune violation de loi ou omission de formes n'est alléguée;...

Rejette, etc.

Du 15 juill. 1887.-Cons. d'Et.-MM. Brossard-Marsillac, rap.- Le Vavasseur de Précourt, concl.

(1) (Basquin *C.* Ville de Lille.) — Par arrêté du 23 avr. 1866, le conseil de préfecture du Nord a rejeté la demande du sieur Basquin, tendant à faire déclarer que les anciens usages admis dans la ville de Lille n'autorisaient pas cette ville à réclamer de lui la construction d'un trottoir en grès le long de sa propriété. — Pourvoi. — Arrêt.

Le conseil d'Etat; — Vu l'arrêté, en date du 14 janv. 1862, par lequel le préfet du département du Nord : 1° déclare d'utilité publique la construction et l'entretien des trottoirs dans la ville de Lille ; 2° approuve la nomenclature de diverses espèces de

matériaux entre lesquels les propriétaires sont admis à faire un choix ; 3° déclare que, conformément aux anciens usages, les dépenses de construction, de restauration et d'entretien des trottoirs seront à la charge des propriétaires riverains ; — Vu l'arrêté, en date du 11 juill. 1865, par lequel le maire de la ville de Lille enjoint au sieur Basquin de terminer, dans un délai de dix jours, les travaux de construction du trottoir à établir le long de sa propriété ; — Vu la décision, en date du 29 mars 1867, par laquelle notre ministre de l'intérieur, postérieurement au pourvoi formé devant nous par le sieur Basquin, se déclare incompétent pour statuer sur sa réclamation ; — Vu le jugement, en date du 3 janv. 1866, par lequel le tribunal de Lille, sur l'appel du sieur Basquin contre un jugement du tribunal de simple police, en date du 22 sept. 1865, qui l'avait condamné à 1 fr. d'amende et aux frais pour refus de se conformer à l'arrêté du maire en date du 11 juillet précédent, a sursis à statuer ; — Vu les résolutions de l'ancien magistrat de Lille, en date des 20 déc. 1675 et 13 mars 1683, et les ordonnances des 22 mars 1687 et 25 avr. 1722 ; — Vu le préambule du recueil des principales ordonnances du magistrat de Lille, publié en 1771, et le recueil des usages locaux du département du Nord, publié en 1856 ; — Vu la loi du 11 frim. an 7 ; —

54. Les principales questions à résoudre sont celles qui ont trait aux biens indivis, au partage des dettes et à leur acquittement, enfin aux indemnités qu'une des parties peut être tenue d'accorder à l'autre pour la privation des édifices servant à un usage public.

En ce qui concerne les biens indivis, les préfets doivent, aux termes de la circulaire du 15 mai 1884 et d'une circulaire du 29 janv. 1848 à laquelle elle se réfère, transmettre au ministre leurs propositions en y joignant : 1° les délibérations des conseils municipaux et commissions syndicales ; 2° les documents établissant la contenance et l'évaluation des biens indivis immobiliers si le partage en est demandé ; 3° un certificat du receveur municipal faisant connaître la nature, la provenance et la quantité des biens actifs mobiliers à partager. Ils doivent indiquer d'une manière précise la part à attribuer à chacune des communes et sections intéressées dans ces différents biens, en suivant les règles énoncées dans la circulaire du 29 janv. 1848.

55. Quant aux dettes, la circulaire du 15 mai 1884 invite les préfets à en faire connaître les causes en même temps que le montant, la part afférente à chacune des communes ou sections, ainsi que le mode de payement à employer. L'Administration opère, en conséquence, la répartition du passif. Lorsqu'elle règle les conditions de réunion de deux communes, elle peut maintenir, si l'équité l'exige, une différence entre les contributions qui grèvent les habitants formant une seule et même commune (V. aussi les observations du ministre des finances, *ibid.*; Cons. d'Et. 23 janv. 1864, aff. Giraud, D. P. 65. 3. 27). Lorsque l'acte de réunion à une commune d'une partie du territoire a exempté les habitants de ce territoire de contribuer au remboursement des dettes anciennes de la commune, ceux-ci ne peuvent être imposés aux centimes additionnels, établis postérieurement pour le payement de ces dettes; mais ils sont astreints à supporter les centimes additionnels destinés à subvenir à la dépense des travaux dont l'exécution a été ordonnée au moment de l'annexion (Cons. d'Et. 29 nov. 1872, aff. Borel, D. P. 73. 3. 45). La répartition de l'actif et du passif de deux communes à l'époque de la séparation est

un acte d'administration, qui ne peut être attaqué devant le conseil d'Etat que pour excès de pouvoirs; en conséquence, lorsque le conseil d'Etat annule l'acte qui a illégalement opéré cette répartition, il ne peut y procéder et doit se borner à renvoyer les communes devant l'autorité compétente pour y être statué sur leurs prétentions (Cons. d'Et. 18 mai 1854, aff. Commune de Catillon, et 27 févr. 1880, aff. Commune de Chébli, D. P. 81. 3. 33).

56. L'acte qui modifie les circonscriptions de deux communes détermine également, ainsi que l'a déclaré le rapporteur dans la séance du Sénat du 5 févr. 1884, le chiffre des indemnités qu'une des parties peut devoir à l'autre pour la privation des édifices servant à un usage public. Dans le silence de cet acte, il appartiendrait à l'autorité qui a statué sur la réunion ou la séparation, de fixer ultérieurement le chiffre de cette indemnité sur la demande des parties intéressées et par voie d'interprétation (de Ramel, *op. cit.* p. 14). Ce droit à une indemnité se rattachant à la fixation des conditions du changement opéré entre les deux circonscriptions appartient exclusivement à l'autorité administrative, et l'autorité judiciaire est incompétente soit pour régler le chiffre de l'indemnité due à une section distraite d'une commune, soit même pour constater le droit de cette section à une indemnité (Civ. cass. 27 janv. 1851, aff. Commune de Fontenay-le-Château, D. P. 54. 1. 334).

57. Lorsqu'après la promulgation de la loi qui a prononcé la réunion de deux communes, un contingent unique a été attribué à la commune nouvelle, le contingent doit être réparti par égalité proportionnelle sur toutes les propriétés foncières de la commune, d'après leur revenu imposable établi conformément à la loi par les expertises cadastrales, en tenant compte des atténuations opérées sur les revenus lors de la rédaction de la matrice ; et les répartiteurs ne peuvent, en vue de ne pas modifier l'assiette de la contribution foncière sur l'ancien territoire de l'une des communes, rehausser les revenus imposables déterminés pour les propriétés du territoire de l'autre commune par l'expertise cadastrale (Cons. d'Et. 19 mai 1869) (1).

La loi du 12 août 1876 (D. P. 76. 4. 124) dispose que,

Vu l'avis du conseil d'Etat approuvé par l'Empereur le 25 mars 1807 et le décret du 25 mars 1852; — Vu la loi du 7 juin 1845 ; — Vu la loi des 7-14 oct. 1790 ; — Considérant que, par suite du jugement ci-dessus visé-rendu par le tribunal de Lille sur la poursuite dirigée contre le sieur Basquin pour avoir contrevenu à l'injonction qui lui avait été faite par le maire de Lille d'établir un trottoir, dans des conditions déterminées, au-devant d'une maison dont il est propriétaire, l'autorité administrative avait à décider si notre décret du 13 oct. 1858 a eu pour effet de rendre applicables aux propriétés situées sur le territoire de la commune de Wazemmes, annexée à la ville de Lille, les anciens usages en vigueur dans ladite ville en ce qui concerne les trottoirs, et, en cas d'affirmative, quelle est l'étendue des obligations résultant de ces usages pour les propriétaires riverains; — Qu'il appartenait qu'à nous, en notre conseil, de déterminer le sens et la portée de notredit décret; — Que, dès lors, d'une part, la commune de préfecture a, par l'arrêté attaqué, excédé les limites de sa compétence et que, d'autre part, c'est avec raison que notre ministre de l'intérieur s'est déclaré incompétent;

Sur la question de savoir si notre décret du 13 oct. 1858 a rendu applicables au territoire de la commune de Wazemmes les usages en vigueur dans la ville de Lille en matière de construction de trottoirs; — Considérant que notre décret du 13 oct. 1858, en décidant que la commune de Wazemmes ferait à l'avenir partie intégrante de la ville de Lille, a eu pour effet de rendre applicables aux habitants de cette commune toutes les charges que les habitants de la ville étaient tenus de supporter, sous les seules réserves indiquées par notredit décret; — Que, dès lors, l'administration municipale peut réclamer d'eux l'exécution de toutes les obligations qu'elle justifiera résulter des anciens usages en vigueur dans la ville en ce qui concerne le pavage;

Sur la question de savoir quelle est l'étendue des obligations que les anciens usages imposent aux propriétaires riverains des voies publiques; — Considérant qu'il résulte de l'instruction, et notamment des résolutions et ordonnances ci-dessus visées en dates des 20 déc. 1675, 13 mars 1683, 22 mars 1687 et 25 avr. 1722, qu'il existait dans la ville de Lille, antérieurement à la loi du 11 frim. an 7, un usage qui obligeait les riverains à paver les flégards, c'est-à-dire les revers compris entre leurs héritages et le ruisseau qui bordait la chaussée pavée aux frais de la ville; mais qu'ils n'étaient tenus ni de paver ces flégards dans les conditions exigées par la ville de Lille pour la construction des trottoirs, ni de faire emploi de matériaux déterminés par l'administration municipale;

— Que si le choix des matériaux appartient à l'administration municipale dans le cas où elle procède, conformément à l'art. 2 de la loi du 7 juin 1845, à la répartition de la dépense entre la commune et les riverains, dont la part ne peut alors excéder la moitié des dépenses, il ne lui appartient pas, lorsqu'elle invoque les anciens usages pour mettre à la charge des riverains une part plus considérable, d'imposer des conditions d'exécution plus onéreuses que celles qui résultent des usages constatés; — Qu'il suit de là que les propriétaires de maisons dans la ville de Lille ne sont pas tenus d'établir, sur les revers dont le pavage est à leur charge, des trottoirs construits avec des matériaux choisis dans une nomenclature arrêtée par le conseil municipal; — Art. 1er. Est annulé, pour incompétence, l'arrêté du conseil de préfecture du département du Nord, en date du 23 avr. 1866; — Art. 2. Il est déclaré que notre décret du 13 oct. 1858 a rendu applicables aux propriétés situées sur le territoire de la commune de Wazemmes les anciens usages en vigueur dans la ville de Lille en ce qui concerne le pavage, et que, d'après les usages, les propriétaires de maisons sont tenus de paver les revers des rues bordant leurs héritages, sans que l'administration puisse les astreindre, pour s'acquitter de cette obligation, à établir des trottoirs sur ces revers, en faisant emploi de matériaux déterminés.

Du 22 août 1868.-Cons. d'Et.-MM. de Baulny, rap.-de Belbeuf, concl.-Tambour et Jagerschmidt, av.

(1) (Tiger de Rouffigny.) — Le Conseil d'Etat; ... — Vu les lois du 3 frim. an 7, du 2 messidor suivant, du 15 sept. 1807 et du 7 août 1850; — Vu la loi du 2 mai 1863 prononçant la réunion de la commune d'Avesnières à celle de Laval; — Considérant que la loi du 2 mai 1863, qui a prononcé la réunion de la commune d'Avesnières à la commune de Laval, ne contient aucune règle particulière relative à la répartition de la contribution foncière dans la nouvelle commune ; — Qu'après la promulgation de cette loi, un contingent unique a été attribué à la nouvelle commune, conformément à la loi du 2 mess. an 7 ; — Considérant qu'aux termes de l'art. 2 de la loi du 3 frim. an 7, le contingent devait être réparti par égalité proportionnelle sur toutes les propriétés foncières de la commune, d'après leur revenu imposable, établi conformément à la loi par les expertises cadastrales, en tenant compte des atténuations opérées sur les revenus lors de la rédaction de la matrice ; — Considérant que s'il résulte de l'instruction que, au lieu de procéder ainsi, les répartiteurs, en vue de ne pas modifier l'assiette de la contribution foncière pour les propriétés de l'ancien territoire

dans le cas de réunion d'une commune ou d'une portion de commune à une autre commune, les évaluations cadastrales des propriétés bâties et non bâties comprises dans les territoires réunis doivent être modifiées de manière à maintenir pour chaque parcelle le chiffre de la cotisation foncière en principal qu'elle rapportait antérieurement, sans préjudice des changements que pourrait éprouver cette cotisation, soit par suite d'une nouvelle répartition des contingents entre les communes, soit par suite du renouvellement total ou partiel des opérations cadastrales. Les frais nécessités par les opérations effectuées en exécution de ces dispositions sont supportés par les communes auxquelles les territoires en question ont été annexés, à moins que le conseil général n'en autorise le prélèvement sur les fonds départementaux. Une disposition spéciale de la loi du 12 août 1876 confirme les opérations exécutées conformément aux prescriptions qui précèdent dans les communes qui ont fait l'objet de réunions antérieurement à la promulgation de cette loi.

58. L'application des règles posées par l'art. 7 suppose qu'aucune contestation ne s'élève sur les droits respectifs de propriété. Les contestations de cette nature rentreraient exclusivement dans la compétence de l'autorité judiciaire (Morgand, t. 1, p. 95).—Lorsque le changement de chef-lieu ou la création d'une commune nouvelle entraîne un changement de dénomination, il est dérogé à la disposition de l'art. 2 de la loi de 1884 d'après lequel, ainsi qu'on l'a vu *supra*, n° 34, les changements de noms des communes sont réglés par décrets du chef de l'État. Aux termes de l'art. 8, le choix de la dénomination nouvelle appartient au pareil à l'autorité compétente pour statuer sur les remaniements territoriaux, et ces changements de noms sont soumis, pour la procédure aussi bien que pour la compétence, aux règles fixées pour les modifications dont ils sont la conséquence (Circ. min. int. 15 mai 1884).

59. Après la réunion d'une commune à une autre ou le fractionnement d'une commune en deux parties, les conseils municipaux antérieurement nommés se trouvent plus dans des conditions régulières. On a vu (*Rép.* n° 191) que dans ce cas l'art. 8 de la loi de 1837 portait que les conseils municipaux devaient être dissous. On avait interprété cette disposition en ce sens qu'un décret de dissolution devait intervenir pour être suivi de la convocation des électeurs. D'après le texte de l'art. 8 de la nouvelle loi, le décret de dissolution n'est plus nécessaire: les conseils municipaux sont dissous de plein droit et doivent cesser de fonctionner après la réunion ou le fractionnement de la commune. Mais il doit être immédiatement procédé à des élections nouvelles pour donner aux communes réunies ou fractionnées leur représentation légale (D. P. 84. 4. 30, note 9).

CHAP. 2. — **Des officiers municipaux** (*Rép.* n°ˢ 195 à 309).

Art. 1ᵉʳ. — *Règles communes à tous les officiers municipaux* (*Rép.* n°ˢ 195 à 209).

60. Ainsi qu'on l'a vu au *Rép.* n° 202, l'administration de chaque commune se compose d'un pouvoir délibérant qui est le conseil municipal, et d'un pouvoir exécutif représenté par le maire avec son ou ses adjoints.

Aux termes de l'art. 10 de la loi de 1884, qui reproduit les dispositions de l'art. 6 de la loi de 1855, le conseil municipal se compose de 10 membres dans les communes de 500 habitants et au-dessous; de 12 dans celles de 501 à 1500; de 16 dans celles de 1501 à 2500; de 21 dans celles de 2501

à 3500; de 23 dans celles de 3501 à 10000; de 27 dans celles de 10001 à 30000; de 30 dans celles de 30001 à 40000; de 32 dans celles de 40001 à 50000; de 34 dans celles de 50001 à 60000; de 36 dans celles de 60001 et au-dessus. Toutefois, le dernier paragraphe de l'art. 10 introduit une innovation en augmentant, dans les villes divisées en plusieurs mairies, le nombre des conseillers de trois par mairie. La loi ne s'appliquant pas à Paris, ce paragraphe n'est applicable qu'à Lyon. Cette ville, divisée en six arrondissements, doit, par suite, élire 54 conseillers municipaux. Ce nombre n'était que de 36 d'après la loi du 4 avr. 1873 (D. P. 73. 3. 55).—Ces dispositions n'ont été adoptées qu'après de longs débats. Le projet de la commission de la Chambre des députés, dans le double but, ainsi que l'indiquait son rapporteur, de répartir, dans les grandes villes, le poids des affaires sur un plus grand nombre de personnes, et d'associer le plus possible, au moins par leurs délégués, les citoyens à la discussion et à la gestion des intérêts publics, avait modifié la proportionnalité ancienne et augmenté, dans les villes populeuses, le chiffre des conseillers municipaux (D. P. 84. 4. 31, note 10). Ce système n'a pas été adopté par le Sénat, qui a jugé que la bonne gestion des affaires communales n'exigeait pas une augmentation du nombre des conseillers municipaux (V. Rapport, *Journ. off.* 7 févr. 1884, p. 26), et qui s'est borné à adopter le paragraphe final à raison du travail considérable qui incombe aux municipalités dans les très grandes villes.

61. Nous avons dit (*Rép.* n° 202) que, pour déterminer le nombre des conseillers à élire, la population était établie d'après le recensement quinquennal. Suivant la jurisprudence du conseil d'État (V. Cons. d'Ét. 4 juin 1875, aff. El. de la Capelle, D. P. 76. 3. 21; 30 janv. 1883, aff. El. d'Hérouville, D. P. 86. 3. 86), on doit entendre par cette expression non la population *totale*, mais la population *normale* qui doit seule, aux termes des ordonnances et décrets sur le recensement (Ord. 4 mai 1846, D. P. 46. 4. 371; Décr. 8 mars 1872, D. P. 72. 4. 47; Décr. 3 nov. 1884, D. P. 82. 4. 103), compter dans les évaluations qui servent de base à l'assiette de l'impôt ou à l'application des lois d'organisation municipale (V. Conf. Av. Cons. d'Ét. 23 nov. 1842).—Contrairement à cette jurisprudence, M. Le Guay, commissaire du Gouvernement, a déclaré, au cours de la discussion, qu'il y avait lieu de prendre pour base « la *totalité* des personnes qui *résident* dans la commune au moment du recensement », sans distinguer entre la population normale et la population flottante. Mais cette interprétation erronée n'a pas été suivie par le ministre de l'intérieur qui, dans sa circulaire du 10 avr. 1884, emploie ces expressions « la *population municipale totale* », excluant ainsi les catégories spéciales classées à part au point de vue des lois d'organisation municipale.

L'effectif du conseil municipal est fixé d'après le chiffre de la population constaté par le recensement en vigueur au moment de l'élection, et il doit être maintenu sans tenir compte de l'augmentation ou de la diminution de population que viendrait à constater un nouveau dénombrement effectué avant l'expiration du mandat du conseil (Cons. d'Ét. 9 janv. 1874, aff. El. de Gonesse, D. P. 75. 3. 3).

62. Le principe de la gratuité des fonctions des maires, adjoints et conseillers municipaux, énoncé au *Rép.* n° 203, d'après l'art. 1ᵉʳ de la loi du 21 mars 1831, et consacré de nouveau par l'art. 1ᵉʳ du 5 mai 1855 et l'art. 19 de la loi du 14 avr. 1871, a été reproduit dans l'art. 74 de la loi de 1884. « Ce serait défigurer la commune et dénaturer le caractère des fonctions municipales, disait le rapporteur à la Chambre des députés, que de rétribuer par

---

de la commune de Laval, ont cru pouvoir rehausser les revenus imposables déterminés pour les propriétés du territoire d'Avesnières par l'expertise cadastrale; — Considérant que les résultats de l'expertise cadastrale ne pouvaient être modifiés pour le territoire de l'ancienne commune d'Avesnières qu'autant que la commune de Laval, usant de la faculté accordée par l'art. 7 de la loi du 7 août 1850, aurait fait procéder à de nouvelles évaluations pour toutes les propriétés foncières comprises dans son nouveau territoire; — Considérant qu'il résulte de l'instruction que, par suite du mode d'opérer admis par les répartiteurs, le revenu imposable des propriétés du sieur Tiger de Rouffigny, située dans l'ancien territoire d'Avesnières, a été porté de 1267 fr. 30 cent. à 1325 fr. 82 cent.; — Que, dès lors, le sieur Tiger de Rouffigny est fondé à ré-

clamer contre son imposition et à demander que la cote foncière soit établie, pour l'année 1868, d'après un revenu imposable de 1267 fr. 30 cent., avec la proportion d'atténuation adoptée par l'ancienne commune de Laval, et maintenue par les répartiteurs, depuis la formation de la nouvelle commune: — Art. 1ᵉʳ. — Le sieur Tiger de Rouffigny sera imposé, pour l'année 1868, sur le rôle de la commune de Laval, à raison des propriétés qu'il possède dans cette commune sur l'ancien territoire d'Avesnières, d'après un revenu imposable de 1267 fr. 30 cent., avec l'atténuation admise pour les propriétés situées sur le territoire de l'ancienne commune de Laval.

Du 19 mai 1869.-Cons. d'Ét.-MM. de Mas-Latrie, rap.-de Belbœuf, concl.

---

un traitement les services désintéressés des notables qui sollicitent et qui reçoivent l'honneur de donner une part de leur temps et de leur activité à la cité ». « Un maire qui serait payé par la commune, disait également M. Jules Ferry dans son rapport de 1877, ne serait ni aussi obéi ni aussi respecté qu'un maire qu'on ne paye pas ». La Chambre des députés a donné son adhésion à ces idées en repoussant successivement un amendement de M. Tony Révillon, appuyé par M. Andrieux, qui accordait aux maires, adjoints et conseillers municipaux, une rétribution dont le chiffre aurait été fixé par le conseil, et un amendement de M. Brousse donnant seulement aux conseils municipaux la faculté de voter au profit de leurs membres une indemnité (D. P. 84. 4. 48, note 74).

63. L'art. 74 de la loi de 1884 reconnaît toutefois aux maires, adjoints et conseillers municipaux le droit de se faire rembourser les frais que nécessitent les mandats spéciaux qui leur sont confiés. Mais des allocations ne sauraient leur être votées par voie d'abonnement, et le remboursement, ainsi qu'il résulte d'une décision du ministre de l'intérieur de décembre 1883, ne doit avoir lieu que sur pièces justificatives (Morgand, p. 386). L'expression de *mandat spécial*, employée dans la loi, semble indiquer qu'une délibération du conseil municipal contenant délégation expresse est nécessaire pour que ce remboursement puisse être exigé ; telle devra être, en effet, la règle générale ; cependant, ainsi que nous l'avons dit (*Rép.* n° 204), le conseil ne serait pas fondé à refuser le remboursement d'une dépense réellement faite par un maire, dans un intérêt communal, par le seul motif qu'elle n'aurait pas été autorisée.

64. L'art. 74 autorise également les conseils municipaux à voter, sur les ressources ordinaires de la commune, des indemnités aux maires pour frais de représentation (D. P. 84. 4. 48, note 74). Cette disposition additionnelle, introduite par le Sénat sur la proposition de sa commission, n'existait pas dans les lois antérieures. Nous avons dit (*Rép.* n° 203) que l'art. 1er de la loi de 1831 avait formellement interdit tous frais de représentation. Mais cette prohibition n'avait pas été reproduite dans la loi du 21 mai 1855, par le motif que des allocations de cette nature n'étaient pas inconciliables avec le principe de la gratuité (V. Rapport de M. Langlais, D. P. 55. 4. 58, n° 8).

65. L'élection des membres du conseil municipal doit, aux termes de l'art. 11, avoir lieu au scrutin de liste pour toute la commune. Toutefois, la loi admet que, dans certains cas qu'elle spécifie, la commune peut être divisée en sections électorales dont chacune élit un nombre de conseillers proportionné au chiffre des électeurs inscrits. Le rapport de M. Jules Ferry, en 1877, constatait que si, dans beaucoup de cas, le sectionnement électoral des communes est commandé par la justice et la nécessité, il n'est pas de réglementation qui prête plus à l'arbitraire, à un arbitraire pouvant mettre en péril la liberté de l'élection. La loi de 1831 avait cherché des garanties dans le sectionnement obligatoire pour les communes au-dessus de 25000 âmes : au-dessous de ce chiffre, le sectionnement ne pouvait être provoqué que par le conseil général ; il était exécuté par le préfet. Les opérations du sectionnement électoral, remises sans contrôle aux préfets par la loi du 5 mai 1855, ont été confiées aux conseils généraux par l'art. 3 de la loi du 14 avr. 1871 (D. P. 71. 4. 38). L'art. 11 de la loi de 1884 apporte des restrictions au sectionnement arbitraire des communes. Il n'autorise le sectionnement que dans les deux cas suivants : 1° quand la commune se compose de plusieurs agglomérations distinctes et séparées ; dans ce cas, aucune section ne peut avoir moins de deux conseillers à élire ; 2° quand la population agglomérée de la commune est supérieure à 10000 habitants; dans cette hypothèse, on peut former des sections ayant au moins quatre conseillers à élire ; mais il est interdit de réunir, pour former une seule section, plusieurs fractions de territoire appartenant à des cantons ou à des arrondissements municipaux différents, et de diviser en plusieurs sections une fraction de territoire ayant des biens propres. Dans tous les cas où le sectionnement est autorisé, chaque section doit être composée de territoires contigus. — La Chambre des députés a rejeté un amendement de M. Cunéo d'Ornano tendant à ce que le sectionnement fût fait par le conseil général, sur l'initiative soit d'un de ses membres, soit du conseil muni-

cipal ou d'électeurs de la commune intéressée, et ne pût avoir lieu que pour donner soit à des agglomérations distinctes et séparées, soit à des cantons ou à des quartiers différents, une représentation plus exacte. Le rapporteur s'est attaché à démontrer que la rédaction de la commission donnait une satisfaction complète au désir de rendre impossible tout sectionnement arbitraire qui avait inspiré cet amendement.

66. L'art. 7 de la loi du 5 mai 1855 imposait au préfet l'obligation de proportionner le nombre des conseillers attribués à chaque section au nombre des électeurs inscrits. L'art. 3 de la loi du 14 avr. 1871, qui avait transféré au conseil général le droit d'établir des sections, avait substitué le chiffre de la population au nombre des électeurs comme base proportionnelle de répartition des conseillers à élire. D'après le projet de la nouvelle loi municipale, voté par la Chambre des députés, et en première délibération par le Sénat, ce dernier système devait être maintenu : mais, en seconde délibération, le Sénat revint, d'après un amendement de M. Munier, au système de la loi de 1855 et adopta pour base le nombre des électeurs inscrits dans chaque section. Les électeurs ayant seuls le droit de donner mandat, il a paru rationnel et logique de ne tenir compte que de ceux qui peuvent concourir à l'élection (Bathie, *op. cit.*, p. 34, note 1). Il résulte de la rédaction adoptée que le nombre total des conseillers à élire dans une ville sera toujours déterminé par le chiffre de la population, mais que, lorsqu'il s'agira de fixer le nombre de conseillers que devra nommer chaque section, ce nombre sera, pour chacune des sections, proportionnel non à la population, mais au chiffre de ses électeurs inscrits (D. P. 84. 4. 29, note 11, § 2).

67. On ne saurait constituer à l'état de section électorale une agglomération qui n'aurait pas la quantité d'électeurs suffisante pour élire le minimum deux conseillers municipaux. Mais M. Baragnon a demandé au Sénat, lors de la première lecture, que l'agglomération ou les agglomérations réunies entre elles, sans y comprendre les chefs-lieux, fussent telles que l'importance de leurs électeurs permît de leur donner deux conseillers municipaux, sans qu'on pût augmenter fictivement leur importance en empruntant des électeurs au chef-lieu. Il est résulté des explications échangées entre le rapporteur, M. Baragnon, M. Faye et M. Meynadier, qu'il n'existait à cet égard aucun dissentiment, et qu'il ne serait permis dans aucun cas, pour reformer une agglomération et arriver à en faire une section, de distraire une fraction de l'agglomération centrale (D. P. 84. 4. 31, note 11, § 2 et 3 ; de Ramel, p. 19, note 3).

68. Il pourra arriver qu'une commune ayant une population agglomérée de plus de 10000 habitants, et possédant en même temps des dépendances rurales ou des faubourgs formant des agglomérations distinctes, soit sectionnée par application des deux règles posées dans l'art. 11. Dans ce cas, elle pourra être divisée en sections nommant seulement deux conseillers et en sections en ayant quatre au plus à élire. Cette interprétation, donnée par la circulaire ministérielle du 15 mai 1884, ressort des explications échangées à la Chambre des députés dans la séance du 2 juill. 1883 entre M. Lorois et le rapporteur (D. P. 84. 4. 31, note 11, § 1).

69. Le paragraphe final de l'art. 11, qui exige, dans tous les cas où le sectionnement est autorisé, que chaque section soit composée de territoires contigus, a été ajouté par le Sénat au texte primitif sur la proposition de M. Baragnon. Déjà, sous l'ancienne législation, le conseil d'Etat avait décidé à plusieurs reprises que lorsque les sections électorales établies par le conseil général, au lieu de former des circonscriptions d'un seul tenant et conformes à la disposition naturelle des lieux, étaient enclavées les unes dans les autres de telle façon qu'aucune ligne continue ne pourrait être tracée entre elles, un tel sectionnement était irrégulier et de nature à porter atteinte à la sincérité des opérations électorales (Cons. d'Et. 14 mai 1856, aff. Bonnet, D. P. 57. 3. 5; 27 déc. 1878, aff. El. de Palhès, D. P. 79. 3. 83; 21 avr. 1882, aff. El. de Montagnac, 28 juill. 1882, aff. El. d'Agde, et 6 août 1882, aff. El. de Roujan, D. P. 83. 3. 222).

70. Un autre amendement de M. Baragnon tendant à ce que, dans les villes divisées en plusieurs cantons ou arrondissements, ces divisions fussent adoptées à l'exclusion de toute autre pour le sectionnement, a été rejeté par le Sénat

dans sa séance du 28 avr. 1884 (D. P. 84. 4. 31, note 11, § 4). — Cette assemblée a également rejeté dans la même séance un amendement de M. de Carayon-Latour, qui demandait que l'élection eût toujours lieu au scrutin de liste, mais que les électeurs fussent obligés, lorsque la commune serait sectionnée, de choisir un nombre déterminé de candidats parmi les habitants de chaque section (D. P. 84. 4. 31, note 11, § 1).

71. L'art. 12 de la loi de 1884 a apporté d'importantes modifications aux dispositions de l'art. 3 de la loi du 14 avr. 1871, qui avaient déterminé les conditions dans lesquelles le conseil général pourrait opérer le sectionnement d'une commune. Aujourd'hui, comme sous l'empire de cette dernière loi, le sectionnement est fait sur l'initiative, soit d'un membre du conseil général, soit du préfet, soit du conseil municipal. Mais il peut, en outre, être provoqué par des électeurs de la commune intéressée. M. Buffet avait demandé au Sénat de n'accorder ce droit d'initiative qu'au conseil municipal et aux électeurs de la commune, qui devaient, suivant lui, être les meilleurs juges de l'utilité de la mesure; mais cette proposition n'a pas été accueillie. Un amendement soumis à la Chambre des députés par M. Hémon, aux termes duquel, dans le cas où le conseil municipal se prononcerait contre le sectionnement ou les modifications au sectionnement proposées, le conseil général ne pourrait prendre une décision contraire qu'à la majorité des trois quarts des votants, a été également écarté (D. P. 84. 4. 32, note 12, § 1er). — Aucune règle n'avait été établie par la loi de 1871 pour l'introduction et l'instruction des demandes de sectionnement. Il était même arrivé plusieurs fois qu'en séance un membre du conseil général, usant de son droit d'initiative, avait fait adopter une proposition de sectionnement sans instruction et sans débat. Plusieurs décrets avaient dû annuler des décisions prises dans ces conditions comme portant atteinte au droit réservé au préfet d'instruire préalablement toutes les affaires à soumettre au conseil général (Décr. 9 et 13 nov. 1880, *Revue générale d'administration*, 1880, t. 3, p. 447; Morgand, p. 108). Pour remédier à ces inconvénients, la loi nouvelle oblige les intéressés à déposer leurs demandes à la session d'avril. Ces demandes sont soumises, dans l'intervalle des deux sessions, à une enquête qui doit être publique, ainsi que l'a formellement déclaré le rapporteur au Sénat; le procès-verbal de l'enquête doit être soumis avec la demande au conseil municipal, qui doit en délibérer; et le conseil général statue dans sa session d'août. — Dans les colonies régies par la loi du 5 avr. 1884, les demandes ou propositions de sectionnement doivent, aux termes de l'art. 12, § 7, être faites trois mois au moins avant l'ouverture de la session ordinaire du conseil général. L'instruction en est faite par le directeur de l'intérieur dans les formes ci-dessus. Le tableau des opérations de sectionnements qui ont eu lieu dans la session d'août est dressé chaque année par le conseil général. Il est publié dans les communes intéressées, avant la convocation des électeurs, par les soins du préfet (art. 12, § 4).

72. Ce n'est pas au conseil général, mais au préfet, qu'il appartient de déterminer, d'après le chiffre des électeurs inscrits dans chaque section, le nombre des conseillers à élire. « C'est là, suivant la circulaire du 15 mai 1884, une opération purement mathématique, que le législateur a réservée aux préfets pour éviter les erreurs de calcul que pourraient commettre les assemblées départementales faute de renseignements suffisants, et pour permettre de tenir compte des modifications qui surviendraient dans l'intervalle d'une session d'août à l'autre, par suite de la révision des listes électorales. » La répartition doit être rigoureusement proportionnelle; et nous pensons, avec M. de Ramel, *Commentaire de la loi municipale*, p. 30, que l'arrêté préfectoral qui contreviendrait à cette règle pourrait être déféré au conseil d'Etat, pour excès de pouvoir, par tout électeur de la section. Les élections municipales doivent être annulées, lorsque le nombre des conseillers à élire attribué par arrêté préfectoral à une chacune des sections établies par le conseil général n'est pas conforme à celui auquel chacune de ces sections a droit (Cons. d'Et. 31 juill. 1885, aff. El. de Boisseron, D. P. 87. 3. 19).

73. Une circulaire ministérielle du 19 août 1882 avait

recommandé aux conseils généraux d'annexer à leurs délibérations créant des sections électorales, un plan de la commune sectionnée indiquant très nettement les limites électorales. Cette question, qui n'avait pas été soulevée devant la Chambre des députés, l'a été devant le Sénat par un amendement de M. Baragnon, ainsi conçu : « Toute demande de sectionnement devra être accompagnée d'un plan indiquant les limites de chaque section. Le plan sera soumis à l'enquête. Le sectionnement adopté par le conseil général sera représenté par un plan déposé à la préfecture et à la mairie de la commune intéressée. Tout électeur pourra le consulter et en prendre copie. Avis de ce dernier dépôt sera donné aux intéressés par voie d'affiche à la porte de la mairie ». Après une longue discussion, la seconde partie de l'amendement a été adoptée et son auteur a renoncé à la première partie tendant à exiger qu'un plan fût joint à la demande de sectionnement.

74. L'art. 12 ne fait aucune mention des voies de recours contre les décisions des conseils généraux en matière de sectionnement. L'art. 47 de la loi du 10 août 1871 confère au préfet le droit de demander, dans le délai de vingt jours, l'annulation, pour excès de pouvoir ou pour violation d'une disposition de la loi ou d'un règlement d'administration publique, des délibérations par lesquelles les conseils généraux statuent définitivement : cette annulation ne peut être prononcée que par un décret rendu dans la forme des règlements d'administration publique. Cette voie de recours est ouverte aux préfets contre les sectionnements qui seraient opérés par les conseils généraux contrairement aux prescriptions légales ou sans l'accomplissement des formalités requises, et l'annulation en pourrait également être prononcée sur la demande du Gouvernement, en vertu de l'art. 33 de la même loi (Morgand, p. 112). Mais ces décisions ne peuvent être directement attaquées devant le conseil d'Etat par les particuliers, à raison de l'inobservation des règles tracées par la loi. La jurisprudence est fixée en ce sens (Cons. d'Et. 9 avr. 1875, aff. Deregneaucourt, D. P. 75. 3. 105 ; 2 juill. 1875, aff. El. de Saint-Omer, *ibid.;* 7 août 1875, aff. El. de Sault-Chevreuil, *ibid.*). Un arrêt du 27 févr. 1868 (aff. El. d'Alger, D. P. 69. 3. 17) avait déjà déclaré non recevables des recours formés par les particuliers contre les arrêtés de sectionnement pris par les préfets antérieurement à la loi du 14 avr. 1871. — Ces arrêts réservent toutefois le droit qui appartient aux demandeurs en annulation d'une élection municipale d'établir, pour justifier leur demande, que la manière dont le sectionnement a été opéré a porté atteinte à la liberté et à la sincérité des élections.

75. La question des voies de recours contre les décisions des conseils généraux en matière de sectionnement a été soulevée et longuement débattue au Sénat à l'occasion de plusieurs amendements de M. Baragnon. Le premier de ces amendements tendait à conférer à tout électeur, dans le cas de violation de la loi, le droit de recours accordé au préfet par l'art. 47 de la loi du 10 août 1871. — A la suite du rejet de cet amendement, M. Baragnon en déposa un second, aux termes duquel le recours au conseil d'Etat au contentieux pour excès de pouvoir était ouvert à tout électeur contre les décisions des conseils généraux en matière de sectionnement. L'amendement fut combattu par M. Waldeck-Rousseau, ministre de l'intérieur, par le motif qu'il ne pouvait appartenir à un particulier de se pourvoir dans un intérêt général contre une délibération d'une assemblée élective. M. Batbie soutint, au contraire, que la délibération du conseil général était un acte administratif émané d'un corps collectif, et que rien ne s'opposait à ce qu'un recours pour excès de pouvoir fût dirigé contre une semblable décision. Il ajouta que la loi admettait dans certains cas à un citoyen à se faire le défenseur de l'intérêt général, et qu'on pouvait reconnaître à un simples particuliers le droit de se faire l'organe de tous en attaquant un sectionnement irrégulier, de même que l'on accordait dans l'intérêt public à des citoyens le droit de se pourvoir en radiation ou en inscription sur la liste électorale pour d'autres citoyens. — La commission du Sénat, à laquelle avait été renvoyé l'amendement de M. Baragnon, proposa de lui substituer la disposition suivante : « Tout membre du conseil général a le droit de demander devant le conseil d'Etat la nullité du sectionnement dans les conditions et délais prescrits par l'art. 47 de la loi du 10 août 1871. A l'ex-

piration de ce délai, sans qu'aucune demande en nullité ait été introduite soit par le préfet, soit par un membre du conseil général, le sectionnement est définitif; toute action en nullité d'élection basée sur une irrégularité de ce sectionnement est non recevable ». — On fit remarquer dans la discussion que le système proposé par la commission, bien loin de créer au profit des citoyens une garantie nouvelle contre les abus possibles du sectionnement, aurait eu pour effet de diminuer celles que leur assurait la jurisprudence actuelle. Le second paragraphe aurait eu, en effet, pour résultat de faire écarter, contrairement aux arrêts qui ont été précédemment rappelés, les demandes en annulation fondées sur l'irrégularité du sectionnement opéré, toutes les fois que la décision autorisant ce sectionnement n'aurait pas été attaquée dans le délai d'un mois par un membre du conseil général. Quant au recours qui aurait été ouvert à ces derniers contre les décisions du conseil en matière de sectionnement, il ne constituait pas une innovation, ainsi que l'a reconnu d'ailleurs dans la discussion le ministre de l'intérieur ; car il résulte d'un arrêt du conseil d'Etat du 16 juill. 1875 (aff. Billot, D. P. 76. 3. 27) que les membres d'un conseil général ont intérêt et qualité pour contester devant le conseil d'Etat la régularité des délibérations de ces assemblées. — L'amendement de M. Baragnon a été rejeté, ainsi que celui de M. Batbie qui ouvrait un recours aux conseillers municipaux contre les décisions portant sectionnement de leur commune. Mais le Sénat a adopté le premier paragraphe de la proposition de la commission accordant un recours aux conseillers généraux, et repoussé le second paragraphe. A la suite de ce vote, la commission a déclaré retirer sa proposition, et la partie de cette proposition qui avait été primitivement votée par le Sénat a été rejetée dans la séance du 10 mars 1884 (D. P. 84. 4. 33, note 12 E). Le *statu quo* est donc maintenu, et la jurisprudence du conseil d'Etat, antérieure à la loi de 1884, conserve toute son autorité. Les parties intéressées ne peuvent qu'attaquer l'élection en faisant du vice du sectionnement un grief contre cette élection. M. Batbie fait observer, *op. cit.*, p. 35, qu'il en résulte cette conséquence singulière qu'une élection annulée pour vice de sectionnement devra être recommencée dans les trois mois d'après le même tableau, et que, jusqu'à la session d'août, toutes les élections nouvelles seront nécessairement entachées de la même nullité. — Un amendement de M. Ansart prescrivant, dans le cas où le sectionnement aurait été décidé, de procéder immédiatement à de nouvelles élections municipales, a été repoussé par la Chambre des députés, qui a estimé, comme son rapporteur, qu'il serait périlleux d'introduire dans la loi, comme conséquence nécessaire d'un sectionnement, « un procédé nouveau de dissolution d'un conseil municipal ».

76. La disposition de l'art. 12, portant que le tableau des sections sert pour les opérations électorales intégrales à faire dans l'avenir, est complétée par l'art. 16, ainsi conçu : « Lorsqu'il y a lieu de remplacer des conseillers municipaux élus par des sections, conformément à l'art. 11 de la présente loi, ces remplacements seront faits par les sections auxquelles appartenaient ces conseillers ». — Il résulte de la combinaison de ces articles, ainsi que le constate la circulaire du 15 mai 1884, que si, au cours de la durée du mandat d'un conseil municipal, des sections viennent à être établies, modifiées ou supprimées dans la commune, la décision du conseil général n'aura pas d'effet immédiat. Elle ne sera appliquée qu'en cas de renouvellement intégral. Les sections d'un conseil municipal doivent, en effet, comme l'a fait remarquer le rapporteur au Sénat, avoir tous la même origine, et les vacances qui viennent à se produire dans un conseil municipal doivent être comblées de la même manière qu'ont eu lieu les premières élections (D. P. 84. 4. 32, note 12, § 3). Les sectionnements, une fois opérés, subsistent jusqu'à une nouvelle décision.

D'après un article final inséré dans la loi par le Sénat, les sectionnements adoptés par les conseils généraux dans leur session d'août 1883 ont reçu leur application dans toutes les communes qui en avaient été l'objet, à l'occasion des élections municipales du 4 mai 1884.

77. L'art. 13 maintient au préfet le droit que lui conférait la législation antérieure (art. 7 de la loi du 5 mai 1855 et art. 19 de la loi du 24 juill. 1867), de diviser les communes, pour la commodité du vote, en plusieurs bureaux concourant à l'élection des mêmes conseillers. L'expression *bureaux de vote*, qui a pour but de distinguer cette mesure de la création de sections électorales, a été introduite par un amendement de M. Morel, adopté par la Chambre. Les arrêtés des préfets qui créent des bureaux de vote doivent être pris au moins dix jours avant l'élection : mais ce délai n'est pas prescrit à peine de nullité (Cons. d'Et. 8 janv. 1886, aff. El. de Ledergues, D. P. 87.3. 42), et l'élection doit être validée lorsque cette irrégularité n'a exercé aucune influence sur le résultat des opérations. La loi nouvelle n'exige pas, comme la législation ancienne, que ces arrêtés soient pris en conseil de préfecture (Circ. min. int. 10 avr. 1884). — De même que les lois antérieures, elle ne limite pas le minimum des électeurs par bureau. La Chambre des députés avait rejeté la rédaction, proposée par sa commission, qui n'autorisait la création de plusieurs bureaux de vote que dans les communes ou sections électorales ayant au moins 400 électeurs, et qui fixait à 200 le minimum des électeurs de chaque bureau, sur l'observation du sous-secrétaire d'Etat du ministère de l'intérieur que la nécessité des bureaux de vote tenait souvent beaucoup plus à la disposition des lieux et à l'éloignement qu'au nombre des électeurs, et qu'une semblable limitation serait une entrave considérable à l'exercice des droits électoraux.

78. Le décret organique du 2 févr. 1852 porte que le siège des bureaux de vote peut être établi en dehors du chef-lieu de la commune. Mais on s'est demandé s'il pouvait être établi en dehors de la circonscription de la section de vote. Un arrêt du conseil d'Etat du 8 févr. 1884 (aff. El. de Valence, D. P. 85. 5. 181) décide que le grief tiré de ce que les électeurs d'un hameau pour lequel le préfet avait établi un bureau spécial ont été appelés à voter dans un local situé en dehors de ce hameau, n'est pas de nature à entraîner l'annulation de l'élection lorsqu'il est établi que ce local a été désigné par suite de l'impossibilité de trouver dans ledit hameau une salle pouvant servir à cet usage. — La Chambre des députés a repoussé deux amendements, l'un de M. Cunéo d'Ornano proposant de transporter du préfet au conseil général le droit de créer les bureaux de vote, l'autre de M. Girault tendant à donner cette faculté au maire de la commune (D. P. 84. 4. 33, note 13).

79. Le dernier paragraphe de l'art. 13, voté sur l'initiative de M. Develle, sous-secrétaire d'Etat au ministère de l'intérieur, porte qu'il sera délivré à chaque électeur une carte indiquant le siège du bureau électoral où il pourra voter. Mais la Chambre a refusé d'inscrire dans l'art. 13 que cette carte était destinée à constater l'identité de l'électeur. En effet, la présentation de la carte n'est pas obligatoire pour l'électeur, qui peut être admis à voter s'il n'y a aucun doute sur son identité (Cons. d'Et. 13 févr. 1856, aff. El. de Montauban, D. P. 56. 3. 45. — V. conf. Circ. min. int. 10 avr. 1884; Morgand, p. 118). — L'article précité rend obligatoire la délivrance des cartes à la municipalité; mais l'inobservation de cette prescription n'entraîne l'annulation des opérations qu'autant qu'elle a pu influer sur le résultat du scrutin (Cons. d'Et. 30 janv. 1885, aff. El. du Teillet, D. P. 86. 3. 78). Il est d'ailleurs constant que la distribution des cartes à domicile n'est prescrite par aucune disposition de loi (Cons. d'Et. 9 et 23 janv. 1885, aff. El. de Bastelicaccia et de Pluneret, D. P. 86. 3. 78).

80. Ainsi que nous l'avons dit précédemment (V. *supra*, nos 8 et 11), les lois du 14 avr. 1871 et du 7 juill. 1874 avaient prescrit l'établissement d'une liste électorale spéciale pour la nomination des conseils municipaux. La différence entre la liste électorale politique et la liste électorale municipale était peu considérable, car le relevé arrêté au 31 mars 1884 donnait pour toute la France les résultats suivants : électeurs municipaux 10062425 ; électeurs inscrits sur les listes complémentaires 141803 ; total des électeurs politiques 10204228 (Morgand, *op. cit.* p. 122). — Le projet primitif de la loi de 1884 maintenait le principe de la dualité des listes et se bornait, dans son art. 14, à renvoyer pour la formation des listes électorales municipales aux lois existantes, et par conséquent à celle du 7 juill. 1874. Mais, en seconde lecture, la Chambre des députés a décidé que les citoyens, âgés de 21 ans, jouissant de leurs droits civils et politiques et résidant dans la commune depuis six mois, seraient inscrits sur ces listes.

La dualité des listes continuait à subsister d'après cette rédaction, quoique les mêmes électeurs fussent inscrits sur les deux listes. La rédaction actuelle de l'art. 14, qui a été adoptée par le Sénat, sur la proposition de M. Cazot, consacre le principe d'une liste unique, mais en permettant d'y faire figurer indépendamment de ceux qui avaient le droit d'être portés sur la liste politique, ceux qui puisaient dans la loi du 7 juill. 1874 le droit d'être inscrits sur la liste municipale. Cette liste unique doit comprendre : 1° tous les Français âgés de 21 ans n'étant dans aucun cas d'incapacité prévu par la loi et qui habitent la commune depuis six mois ; 2° ceux qui, bien que n'habitant pas la commune, y ont leur *domicile* réel, c'est-à-dire leur domicile légal suivant la définition du code civil ; 3° ceux qui sont inscrits au rôle d'une des quatre contributions directes ou au rôle des prestations en nature et qui, s'ils ne résident pas dans la commune, auront déclaré vouloir y exercer leurs droits électoraux ; ainsi que les membres de la famille des mêmes électeurs compris dans la cote de la prestation en nature, alors même qu'ils n'y sont pas personnellement portés et les habitants qui en raison de leur âge ou de leur santé auront cessé d'être soumis à cet impôt ; 4° les Alsaciens-Lorrains qui en vertu de l'art. 2 du traité de paix du 10 mai 1871, ont opté pour la nationalité française et déclaré fixer leur résidence dans la commune, conformément à la loi du 19 juin 1871 ; 5° les ministres des cultes reconnus par l'État et les fonctionnaires publics assujettis à une résidence obligatoire, qui peuvent, sans justifier de six mois de résidence, obtenir leur inscription.

L'art. 14 reproduit, en outre, deux dispositions de la loi du 7 juill. 1874, portant que les conditions d'âge et de résidence exigées pour l'inscription sur les listes peuvent n'être remplies qu'au moment de la clôture des listes, c'est-à-dire au 31 mars, et que l'absence de la commune pour le service militaire ne porte aucune atteinte aux droits d'inscription des électeurs. — L'art. 14 déclare applicables aux élections municipales les dispositions concernant l'affichage, la libre distribution des bulletins, circulaires et professions de foi, les réunions publiques électorales, la communication des listes d'émargement, les pénalités et poursuites en matière législative, les paragraphes 3 et 4 de l'art. 3 de la loi organique du 30 nov. 1875 sur les élections des députés. Ces dispositions seront étudiées *infrà*, v° *Organisation administrative*, ainsi que celles des art. 15 à 30 de la loi du 5 avr. 1884, relatifs à la confection et à la révision des listes, à la convocation des électeurs et aux opérations électorales.

81. Les conditions d'éligibilité au conseil municipal sont déterminées par les art. 31 et suiv. de la loi du 5 avr. 1884. — Il faut, pour être éligible : 1° être âgé de 25 ans accomplis ; 2° être électeur dans la commune, ou être inscrit au rôle de l'une des contributions directes, ou justifier de son droit à y être inscrit au 1er janvier de l'année de l'élection ; 3° jouir de ses droits civils et politiques ; 4° n'être dans aucun des cas d'incapacité, d'inéligibilité ou d'incompatibilité fixés par la loi. — Le candidat élu doit avoir accompli sa vingt-cinquième année le jour de l'élection (Cons. d'Ét. 10 juill. 1866, aff. El. de Bourth, *Rec. Cons. d'Etat*, p. 784 ; 29 déc. 1871) (1). Il ne suffirait pas qu'il eût 25 ans le jour de son installation (Cons. d'Ét. 27 déc. 1878) (2). — Pour être considéré comme éligible en qualité d'électeur, il n'est pas nécessaire d'être inscrit en fait sur les listes électorales : il suffit de remplir les conditions requises pour y être porté (Cons. d'Et. 21 juill. 1855, aff. Leclerc, D. P. 54. 3. 15 ; 17 janv. 1879, aff. El. de Veyrat, D. P. 79. 3. 80 ; Sol. impl., Cons. d'Et. 12 mars 1880, aff. El. de Melun, D. P. 81. 3. 104).

82. La disposition de l'art. 31 de la loi de 1884, d'après laquelle ceux qui ne sont pas inscrits au rôle des contributions sont éligibles, s'ils justifient qu'ils devaient y être inscrits au 1er janvier de l'année de l'élection, reproduit les termes de la loi du 10 août 1871 sur les conseils généraux ; mais elle diffère de l'art. 4 de la loi du 14 avr. 1871 sur les conseils municipaux, qui subordonnait l'éligibilité à la condition, pour les élus non domiciliés, de *payer* dans la commune une des quatre contributions directes.—Le payement supposant l'inscription effective sur le rôle, le conseil d'Etat avait décidé par plusieurs arrêts, sous l'empire de cette dernière loi, qu'il ne suffisait pas d'avoir acheté une propriété foncière avant le 1er janvier de l'élection, mais qu'il fallait avoir demandé la mutation de cote avant la publication du rôle, ou réclamé son inscription au rôle devant le conseil de préfecture (Cons. d'Et. 24 juin 1870, aff. Paul de Cassagnac, *Rec. Cons. d'Etat*, p. 801 ; 23 juill. 1875, aff. El. de Mirebel, D. P. 76. 3. 34 ; 25 oct. 1878, aff. El. de Cocurès, D. P. 79. 3. 80 ; 31 janv. 1878, aff. El. de Trensacq, *ibid.*). Mais cette jurisprudence avait été modifiée par des arrêts plus récents qui, malgré la différence des textes, avaient assimilé l'éligibilité municipale à l'éligibilité départementale (Cons. d'Et. 16 févr. 1878, aff. El. de Saint-Firmin, D. P. 78. 3. 97 ; 31 mars 1882, aff. El. d'Annay, D. P. 83. 3. 63 ; 21 avr. 1882, aff. El. de Bautouzelles, *ibid.*). C'est cette dernière interprétation que consacre la rédaction de l'art. 31 de la nouvelle loi (Batbie, p. 43). — Il a été décidé, par application de cet article, qu'un citoyen non domicilié dans une commune est éligible au conseil municipal s'il était au 1er janvier passible d'une patente dans cette commune (Cons. d'Et. 27 févr. 1885, aff. El. de Villecomtal, D. P. 86. 3. 19) ; mais que, s'il n'a commencé à exercer une profession patentable que dans le courant de janvier, il ne peut se prévaloir de ce qu'aux termes de l'art. 28 de la loi du 15 juill. 1880, sa patente est due à partir du 1er janvier (Cons. d'Et. 6 févr. 1885, aff. El. d'Equancourt, D. P. 86. 3. 19).

83. Pour établir son droit à être inscrit au rôle de la contribution foncière, le candidat doit justifier de sa qualité de propriétaire par un acte ayant date certaine. La preuve de l'éligibilité ne résulterait pas d'un acte sous seing privé qui n'aurait pas acquis date certaine antérieurement à l'année où a eu lieu l'élection (Cons. d'Et. 23 mars 1870, aff. El. de Saint-Pierre-Eglise, D. P. 70. 3. 66 ; 16 févr. 1878, aff. El. de Saint-Firmin, D. P. 78. 3. 97 ; 16 déc. 1881, aff. El. de Saint-Maurice-de-Tavernolle, D. P. 83. 3. 63).

84. La Chambre des députés a rejeté un amendement de M. de Hérédia tendant à restreindre l'éligibilité aux électeurs municipaux, sur l'observation du rapporteur que, de tout temps, on avait considéré que des *forains* pouvaient très légitimement et très utilement tenir pour les intérêts de la commune faire partie, dans une certaine proportion, du conseil municipal.

Comme les lois antérieures (*Rép.* n° 207), la loi nouvelle a pris soin de fixer cette proportion. Aux termes de l'art. 31, le nombre des conseillers municipaux qui ne résident pas dans la commune au moment de l'élection ne peut excéder le quart des membres du conseil ; s'il dépasse ce chiffre, la préférence est déterminée suivant les règles posées à l'art. 49 (V. *infrà*, n° 135). — On a fait remarquer avec raison (Morgand, p. 166) que la rédaction de ce paragraphe manque de clarté ; car il semble indiquer que l'on devra compter dans le quart réservé non seulement les *contribuables* non domiciliés, mais les *électeurs* non domiciliés. Toutefois, cette interprétation serait en contradiction avec le langage tenu par le rapporteur dans la séance de la Chambre des députés du 6 juill. 1883, d'après lequel un quart devait être réservé « pour les conseillers municipaux qui ne sont pas

---

(1) (Elections de Soumoulon.) — Le conseil d'Etat ;... — Vu la loi du 5 mai 1855, notamment l'art. 8, et la loi du 14 avr. 1871, notamment l'art. 4 ; — Considérant qu'il résulte de l'acte de naissance ci-dessus visé que le sieur Marc Caperet-Peré est né le 1er janv. 1848 ; qu'ainsi aux termes de l'art. 8 de la loi du 5 mai 1855 et de l'art. 4 de la loi du 14 avr. 1871, il ne pouvait être élu à la date du 7 mai 1871 : — Art. 1er... Art. 2. Est également annulée l'élection du sieur Marc Caperet-Peré, comme membre du conseil municipal de la commune de Soumoulon. Du 29 déc. 1871.-Cons. d'Et.-MM. Vergniaud, rap.-David, concl.

(2) (Elections de Marcenat.) — Le conseil d'Etat ;... — Vu la loi du 5 mai 1855, etc...; — Considérant qu'il résulte de l'acte de naissance ci-dessus visé que le sieur Claudius Loussert est né le 17 janv. 1853 ; qu'ainsi il ne pouvait, aux termes de l'art. 8 de la loi du 5 mai 1855 et de l'art. 4 de la loi du 14 avr. 1871, être élu à la date du 13 janv.1878 membre d'un conseil municipal, etc. — Art. 1er... Art. 2. Est également annulée l'élection du sieur Claudius Loussert comme membre du conseil municipal de la commune de Marcenat. Du 27 déc. 1878.-Cons. d'Et.-MM. Mayniel, rap.-Braun, concl.

domiciliés dans la commune, *qui n'y sont pas électeurs*, mais qui y possèdent des propriétés et figurent au rôle de l'une des quatre contributions ». Ces paroles du rapporteur nous paraissent traduire la véritable pensée du législateur; la jurisprudence s'était d'ailleurs prononcée en ce sens sous l'empire des lois combinées du 14 avr. 1871 et du 7 juill. 1874, et il avait été décidé que les électeurs non domiciliés ne devaient pas compter dans le quart réservé aux contribuables (Cons. d'Et. 2 août 1878, aff. El. de Sainte-Eulalie d'Ambarès, D. P. 79. 3. 1).

85. La loi énumère, comme les lois antérieures (*Rép.* nos 207 et suiv.), différents cas d'incapacité, d'inéligibilité ou d'incompatibilité. Elle exclut comme indignes des fonctions électives, et spécialement des fonctions municipales, les individus privés du droit électoral à la suite de condamnations judiciaires (art. 32). Elle crée, en outre, plusieurs catégories d'incapables dans lesquelles sont compris : 1° les individus pourvus d'un conseil judiciaire, auxquels le même article étend pour les conseils municipaux l'incapacité dont la loi du 10 août 1871 les frappait déjà pour les conseils généraux; 2° les individus dispensés de subvenir aux charges communales, et ceux qui sont secourus par les bureaux de bienfaisance; 3° les domestiques exclusivement attachés à la personne.

86. Le conseil d'Etat a décidé pendant longtemps que l'autorité judiciaire est seule compétente pour déclarer si la condamnation encourue entraîne l'inéligibilité du condamné (*Rép.* vo *Organisation administrative*, n° 988). Mais cette jurisprudence paraît aujourd'hui abandonnée, et un arrêt du 29 nov. 1878 reconnaît la compétence du conseil de préfecture pour décider si la condamnation encourue par un candidat élu au conseil municipal est de celles qui entraînent privation du droit électoral (aff. El. de Thuit-Hébert, D. P. 79. 3. 81).

87. Une discussion s'est engagée à la Chambre des députés sur le sens que l'on doit attacher à ces mots « dispensés de subvenir aux charges communales ». Il a été établi que le législateur n'a eu en vue que la dispense *personnelle* accordée à un indigent par décision spéciale du conseil municipal, et non une exonération générale appliquée à une catégorie de personnes telle que celle de la contribution mobilière que la ville de Paris accorde aux habitants dont les loyers sont inférieurs à 500 fr. au moyen d'un prélèvement actuel sur les produits de l'octroi. M. Victor Plessier a fait observer avec raison qu'on ne saurait dire que les habitants ainsi déchargés de la contribution personnelle et mobilière sont dispensés de subvenir aux charges communales, puisque cet impôt est une charge de l'Etat et non un impôt de la commune. Il a ajouté que les dispenses dont s'occupe le projet concernent exclusivement les gens qui, par leur position d'indigents, sont dispensés soit des prestations en nature, soit du logement militaire, soit de toutes autres charges qui ne sont que des charges essentiellement communales (D. P. 84. 4. 37, note 32, n° 3). — Il a été jugé, avant l'établissement de la gratuité dans les écoles publiques, que le fait qu'un père était dispensé du payement de la rétribution scolaire ne suffisait pas pour le faire considérer comme dispensé de subvenir aux charges communales alors qu'il était imposé aux rôles des contributions directes et à la taxe des prestations (Cons. d'Et. 11 nov. 1881, aff. El. d'Ouroux, D. P. 83. 5. 224).

88. La catégorie des individus secourus par le bureau de bienfaisance ne doit pas être confondue avec celle des individus dispensés, comme indigents, de subvenir aux charges communales ; car il peut arriver qu'un individu soit inscrit au rôle des contributions et reçoive néanmoins des secours du bureau de bienfaisance (Morgand, p. 180).

La Chambre des députés a repoussé un amendement de M. de Hérédia tendant à restreindre l'inéligibilité au cas où le candidat reçoit habituellement ou d'une manière permanente les secours du bureau de bienfaisance. Le rapporteur a répondu que cette inéligibilité devait frapper tout individu qui figurerait au moment de l'élection sur la liste des indigents secourus par le bureau de bienfaisance, attendu qu'il n'aurait pas une indépendance suffisante au moment où le conseil municipal délibérerait sur les admissions. Il en est ainsi de tout individu inscrit sur la liste des indigents, alors même que le secours qui lui est alloué est destiné à sa fille mineure (Cons. d'Et. 11 nov. 1881, aff. El. de Lacaume, D. P.

83. 5. 223). Mais on ne doit pas considérer comme secouru par le bureau de bienfaisance l'individu qui n'est pas inscrit sur la liste des indigents dressée pour l'année pendant laquelle a lieu l'élection, qui possède des moyens d'existence suffisants, et qui n'a reçu du bureau de bienfaisance pendant l'année précédente que des secours accordés à titre passager et motivés par des circonstances exceptionnelles (Cons. d'Et. 8 août 1884, aff. El. de la Plaine-des-Palmiers, D. P. 85. 5. 199). Tel est le cas notamment d'un individu qui n'a reçu qu'un secours accidentel pour aller dans une localité voisine recevoir les soins d'un médecin spécialiste (Cons. d'Et. 23 déc. 1884, aff. El. de Saint-Polycarpe, D. P. 85. 5. 199). — Dans une commune où il n'existe pas de bureau de bienfaisance, la disposition de l'art. 32, § 3, s'applique à ceux qui figurent sur la liste des indigents et qui prennent part aux distributions de secours (Cons. d'Et. 23 déc. 1884, aff. El. de Thisy, D. P. 86. 3. 68).

89. Les domestiques attachés à la personne étaient au nombre de ceux qui, d'après l'art. 9 de la loi du 5 mai 1855, ne pouvaient être conseillers municipaux. Cette cause d'exclusion a été maintenue dans la loi nouvelle, quoique la suppression en ait été réclamée à la Chambre des députés par M. de Hérédia, et au Sénat par M. de Gavardie. Le rapporteur à la Chambre des députés a expliqué que la loi ne frappait d'exclusion que le domestique « attaché au service habituel des personnes », et non celui dont les travaux ordinaires s'appliquaient à l'industrie, au commerce ou à l'agriculture. Pour mieux préciser la pensée du législateur, le Sénat a, sur les propositions de M. Faye, adopté la rédaction suivante : «les domestiques *exclusivement* attachés à la personne » (D. P. 84. 4. 37, note 32, n° 4). — Il a été décidé, par application de cette disposition, que l'on ne doit pas considérer comme inéligibles : 1° un citoyen qui est à la fois garde particulier et fermier d'une propriété (Cons. d'Et. 14 nov. 1884, aff. El. de Songieu, D. P. 85. 5. 200); — 2° Le régisseur d'une propriété, alors même qu'il remplit certains services au château lorsque le propriétaire vient dans la localité (Cons. d'Et. 28 nov. 1884, aff. El. du Landin, *ibid.*); — 3° Un contremaître personnellement imposé au rôle des contributions directes (Cons. d'Et. 14 nov. 1884, aff. El. de Merval, *ibid.*); — 4° Un berger personnellement imposé au rôle des contributions directes (Cons. d'Et. 14 nov. 1884, même affaire, *ibid.*); — 5° Un valet de chambre chargé de conduire les chevaux d'un établissement industriel, mais ayant son habitation personnelle (Cons. d'Et. 9 janv. 1885, aff. El. de Deheries, *ibid.*); — 6° Un jardinier (Cons. d'Et. 31 janv. 1856, aff. El. de Wambez, D. P. 56. 3. 72 ; 6 févr. 1885, El. de Gavrus, D. P. 85. 5. 200).

90. Un amendement de M. Lenient tendant à ne déclarer éligibles que les candidats sachant lire et écrire a été écarté par la Chambre (D. P. 84. 4. 37, note 32).

91. Le rapporteur au Sénat a reconnu, sur une question posée par M. Batbie que, si une des causes d'incapacité indiquées dans l'art. 32 survenait postérieurement à l'élection, l'incapable ne pourrait rester conseiller municipal. Le Sénat a, en conséquence, substitué à la rédaction du projet qui portait « ne peuvent être *élus* conseillers municipaux », celle-ci : « ne peuvent être conseillers municipaux ». Il résulte également de ce changement de rédaction que, si l'incapacité cessait après l'élection, par exemple, si un domestique renonçait à son état de domesticité, son élection pourrait être validée.

92. Sur la proposition de sa commission, le Sénat a inséré, dans l'art. 3, un paragraphe additionnel qui déclare inéligibles les militaires ou employés des armées de terre et de mer en activité de service. Le projet voté par la Chambre les comprenait seulement parmi ceux dont les fonctions sont incompatibles avec le mandat municipal et qui doivent opter. Mais la commission du Sénat n'a pas pensé qu'il convînt de laisser l'élément militaire dans cette situation, et elle a voulu maintenir l'armée entière en dehors des compétitions électorales (D. P. 84. 4. 36, note 31). Il y a donc, ainsi que le fait remarquer M. Batbie, une différence essentielle entre la condition des militaires déclarés *inéligibles*, et celle des autres personnes énumérées dans l'art. 32, et qui, d'après cet article, « ne peuvent être conseillers municipaux ». Si ces dernières étaient nommées, l'élection serait valable, et l'élu pourrait siéger à la condition de faire

disparaître la cause d'incapacité. — Il en serait autrement des militaires; non seulement ils ne peuvent siéger, mais ils ne peuvent être élus, et leur élection serait nulle par cela seul qu'ils auraient été en activité de service au moment du scrutin, quand bien même plus tard leur activité aurait pris fin (Batbie, t. 4, p. 44). — Cette distinction, qui nous paraît incontestable, n'a pas été observée par la circulaire ministérielle du 10 avr. 1884, qui assimile l'incapacité des militaires à celle des autres personnes énumérées dans l'art. 32, en les faisant figurer au nombre de ceux qui ne peuvent être conseillers municipaux.

93. L'expression générale « militaires ou employés des armées de terre et de mer » dont s'est servi le législateur, comprend tous les militaires, marins et assimilés possédant l'état militaire (Morgand, p. 16). Les assimilés de l'armée de terre sont : 1° les fonctionnaires de l'intendance; 2° les officiers du corps de santé; 3° les officiers d'administration; 4° les gardes d'artillerie et les adjoints du génie; 5° les archivistes d'état-major (Morgand, p. 169). — L'armée de mer compte, même dans les grades inférieurs, un grand nombre d'*assimilés;* ce sont exclusivement ces agents que comprend l'art. 31 sous la dénomination « d'employés de l'armée de mer » (Cons. d'Ét. 7 nov. 1884, aff. El. d'Indret, D. P. 86. 3. 37). On doit, en conséquence, considérer comme éligibles, attendu qu'ils ne rentrent pas dans la catégorie des assimilés : 1° les examinateurs de la marine (Morgand, p. 171, note 1); 2° les professeurs d'hydrographie (*ibid.*); 3° les sous-agents du commissariat (*ibid.*, note 2); 4° les syndics des gens de mer (*ibid.*); 5° les trésoriers des invalides de la marine (*ibid.*); 6° les maîtres de port (Cons. d'Ét. 18 mai 1877, aff. El. d'Arzon, D. P. 77. 3. 74); 7° les commis des directions des travaux de la marine (Arrêt précité du 7 nov. 1884); 8° les contre-maîtres des travaux hydrauliques (Cons. d'Ét. 23 janv. 1872, aff. El. d'Equeurdreville, D. P. 73. 3. 26); 9° les maîtres entretenus des arsenaux maritimes (Cons. d'Ét. 14 févr. 1872, aff. El. d'Octeville, D. P. 73. 3. 26). Mais il en est autrement des magasiniers et écrivains titulaires de comptabilité dans un port de guerre, qui figurent sur la liste des assimilés (Arrêts précités des 23 janvier et 14 févr. 1872).

94. Les militaires et marins ne sont frappés d'inéligibilité que tant qu'ils sont en activité de service. M. Morgand énumère (p. 168) les personnes qui, soit dans le corps d'officiers, soit dans la troupe, sont en activité de service. Ce sont, parmi les officiers : 1° les officiers de toutes armes présents au corps ou pourvus d'un emploi; 2° les officiers généraux disponibles; 3° les officiers hors cadres; 4° les officiers généraux du cadre de réserve qui peuvent être pourvus d'emploi en temps de guerre. Les officiers de réserve ou de l'armée territoriale ne sont considérés comme en activité de service qu'en cas de mobilisation. — Sont en activité de service tous les hommes de troupe présents sous les drapeaux ou en congé. Il a été décidé qu'un militaire qu'une décision ministérielle a mis en congé jusqu'à l'époque de sa libération n'en est pas moins en activité de service, par suite, inéligible (Cons. d'Ét. 23 janv. 1885, aff. El. des Villardssur-Thônes, D. P. 85. 3. 201).—Les mêmes règles générales sont applicables à l'armée de mer.

95. L'art. 33 traite des incompatibilités relatives qui n'existent que pour certains fonctionnaires que dans le ressort où ils exercent leurs fonctions. — Les fonctionnaires énumérés dans cet article sont les suivants : 1° les préfets, sous-préfets, secrétaires généraux, conseillers de préfecture et, dans les colonies auxquelles est applicable la loi de 1884, les gouverneurs, directeurs de l'intérieur et membres du conseil privé; 2° les commissaires et agents de police; 3° les magistrats des cours d'appel et des tribunaux de première instance, à l'exception des juges suppléants auxquels n'est pas confiée l'instruction; 4° les juges de paix titulaires; 5° les comptables de deniers communaux et les entrepreneurs de services municipaux; 6° les instituteurs publics; 7° les employés de préfecture et de sous-préfecture; 8° les ingénieurs et conducteurs des ponts et chaussées chargés du service de la voirie urbaine et vicinale et les agents voyers; 9° les ministres en exercice d'un culte légalement reconnu; 10° les agents salariés de la commune, parmi lesquels ne sont pas compris ceux qui, étant fonctionnaires publics ou exerçant une profession indépendante, ne

reçoivent une indemnité de la commune qu'à raison des services qu'ils lui rendent dans l'exercice de cette profession.

96. La loi nouvelle étend notablement les incompatibilités édictées par les lois antérieures. Elle transforme, en outre, en inéligibilités certaines incompatibilités. Elle écarte les magistrats inamovibles, les employés des préfectures et sous-préfectures, les ingénieurs et conducteurs des ponts et chaussées attachés au service de la voirie urbaine et vicinale et les agents voyers. Mais, à la différence de la loi du 14 avr. 1871, qui excluait les *membres* amovibles des tribunaux de première instance dans leur ressort, la loi actuelle n'applique cette exclusion qu'aux *magistrats*, ce qui a pour effet, ainsi que l'a reconnu le rapporteur de la loi à la Chambre des députés, de rendre éligibles les greffiers, qui précédemment ne l'étaient pas (D. P. 84. 4. 37, note 33, n° 3). — Les juges de paix étant seuls exclus par l'art. 33, § 4, leurs suppléants et les greffiers de justice de paix peuvent être conseillers municipaux, de même que les juges suppléants près les tribunaux autres que ceux qui sont chargés de l'instruction, et les greffiers des cours et tribunaux.

97. Les *entrepreneurs de services communaux* désignés dans le paragraphe 5 sont ceux qui sont chargés de services établissant entre eux et la commune des rapports constants et en quelque sorte quotidiens, tels que le balayage, l'arrosage, l'éclairage, etc. Mais l'exclusion qui les frappe n'atteint ni les *entrepreneurs de travaux communaux*, ni les *fermiers de biens ou revenus communaux* (Morgand, p. 190). — On doit ranger dans la catégorie des entrepreneurs de services communaux : 1° l'entrepreneur de l'éclairage au gaz d'une commune, quoiqu'il ait cédé l'exploitation de son marché, si d'ailleurs il en est resté responsable (Cons. d'Ét. 7 juin 1866, aff. El. de Dieppe, D. P. 67. 3. 16; 8 août 1882, aff. El. de Mennetou-sur-Cher, D. P. 83. 5. 224); — 2° Le directeur d'une usine à gaz à qui le gérant de la compagnie concessionnaire a donné les pouvoirs nécessaires pour administrer complètement cette usine (Cons. d'Ét. 3 déc. 1875, aff. El. de Bernay, D. P. 76. 3. 48); — 3° L'administrateur d'une compagnie concessionnaire de l'éclairage au gaz d'une ville, lorsqu'aux termes des statuts les administrateurs sont chargés de la gestion de toutes les affaires (Cons. d'Ét. 4 mai 1883, aff. El. de Lorient, D. P. 84. 5. 203); — 4° L'adjudicataire du transport des personnes décédées et du service extérieur des funérailles (Cons. d'Ét. 21 nov. 1884, aff. El. de Verneuil, D. P. 85. 5. 201); — 5° Le fermier des droits d'octroi (Cons. d'Ét. 6 févr. 1885, aff. El. d'Auterive, D. P. 85. 5. 201); — 6° L'adjudicataire des travaux et fournitures des couvertures, de plomberie, d'eau et de gaz à effectuer pendant une période triennale pour l'entretien des bâtiments municipaux (Cons. d'Ét. 7 nov. 1884, aff. El. de Pantin, D. P. 85. 5. 201); — 7° L'adjudicataire de la fourrière publique en Algérie où les produits des fourrières figurent parmi les recettes municipales (Cons. d'Ét. 14 nov. 1884, aff. El. de Duvivier, D. P. 85. 5. 201); — 8° L'adjudicataire des travaux à exécuter annuellement sur les chemins vicinaux de la commune (Cons. d'Ét. 1er juin et 11 juill. 1866, aff. El. de Chars et de Regnéville, D. P. 67. 3. 16); — 9° L'adjudicataire de l'entreprise d'un chemin vicinal, même lorsqu'il a cédé à un tiers l'exécution de son marché (Cons. d'Ét. 9 déc. 1871, aff. El. de Rethondes, D. P. 73. 3. 26); — 10° Le particulier chargé non seulement de l'établissement de trois nouveaux chemins vicinaux, mais de l'entretien des chemins vicinaux existants (Cons. d'Ét. 30 janv. 1885, aff. El. de Jouy-sur-Eure, D. P. 85. 5. 202); — 11° L'adjudicataire des droits d'étalage des halles et marchés dans le cas où le cahier des charges lui impose le balayage et le nettoyage des rues et places (Cons. d'Ét. 28 nov. 1884, aff. El. de la Gacilly, D. P. 85. 5. 202).

98. Au contraire, il n'y a pas lieu de considérer comme entrepreneurs de services communaux, et par suite comme inéligibles : 1° l'entrepreneur des travaux d'une dérivation d'eau (Cons. d'Ét. 6 juin 1872, aff. El. de Paris, D. P. 73. 3. 26); — 2° L'adjudicataire des travaux de construction d'une église communale (Cons. d'Ét. 1er juin 1866, aff. El. de Morcenx, D. P. 67. 3. 16); — 3° L'adjudicataire des travaux de construction d'un gymnase communal (Cons. d'Ét. 16 janv. 1885, aff. El. de Croix, D. P. 85. 5. 202) ; — 4° L'entrepreneur des travaux de construction des murs d'un cimetière (Cons. d'Ét. 13 déc. 1878, aff. El. de Levresy, D. P. 79. 5. 169); — 5° Le maître maçon chargé de réparer les édifices com-

munaux, mais qui n'est pas adjudicataire de l'entretien (Cons. d'Et. 21 nov. 1884, aff. El. de Villotran, D. P. 85. 5. 202) ; — 6° L'individu qui, moyennant un prix déterminé, se charge d'entretenir et réparer la pompe à incendie (Cons. d'Et. 24 mars 1882, aff. El. de Chaucenne, D. P. 83. 5. 225). Ces divers travaux n'établissent pas entre les entrepreneurs de la commune les relations constantes que suppose la qualité d'*entrepreneur de services communaux*. — On ne doit pas attribuer non plus cette qualité à l'entrepreneur des travaux d'entretien d'un chemin d'intérêt commun, cet entretien n'étant pas à la charge exclusive de la commune (Cons. d'Et. 10 janv. 1872, aff. Commune d'Onlay, D. P. 73. 3. 26).

99. Les fermiers des revenus communaux ne sont pas frappés de la même inéligibilité que les entrepreneurs de services communaux. Il y a donc lieu de considérer comme éligibles : 1° le fermier des droits d'abattoir (Cons. d'Et. 17 juill. 1866 et 22 nov. 1878, aff. El. de Mourmelon et de Bordj-bou-Arréridj, D. P. 79. 5. 169); — 2° L'adjudicataire des droits de place dans les foires, halles et marchés (Cons. d'Et. 16 avr. 1856, aff. El. de Lesparre, D. P. 56. 3. 63; 2 août 1878, aff. El. de Raymond, D. P. 79. 3. 3; 3 juin 1881, aff. El. d'Uzel, D. P. 84. 5. 203); — 3° L'adjudicataire des droits de parcours et de glandée (Cons. d'Et. 27 avr. 1877, aff. El. de Caldarello, D. P. 79. 3. 3); — 4° L'adjudicataire de l'exploitation d'une coupe affouagère (Cons. d'Et. 8 mai 1866, aff. El. de Foulnay, D. P. 67. 3. 16); — 5° Le fermier de biens communaux (Cons. d'Et. 5 nov. 1875, aff. El. de Sancerre, D. P. 76. 3. 44); — 6° L'individu qui s'est constitué caution du fermier d'un établissement communal tel qu'un établissement thermal, et même l'associé de ce fermier (Cons. d'Et. 15 juin 1866, aff. El. de Bagnères de Luchon, D. P. 67. 3. 16). — Le boulanger qui a passé un marché non avec la commune, mais avec le bureau de bienfaisance pour la fourniture du pain aux pauvres ne peut être considéré non plus comme un entrepreneur de services communaux (Cons. d'Et. 19 déc. 1884, aff. El. de Versailles, D. P. 85. 5. 202).

100. La rédaction du paragraphe 8, relatif aux ingénieurs et conducteurs des ponts et chaussées, a pour effet, suivant les déclarations faites au Sénat par le rapporteur, de permettre à ceux de ces fonctionnaires qui ne sont chargés que des services nationaux ou départementaux d'être éligibles au conseil municipal dans le ressort où ils exercent leurs fonctions (D. P. 84. 4. 38, note 33, n° 8). — L'interdiction de faire partie des conseils municipaux dans la circonscription où ils exercent leurs fonctions ne peut, dans le silence de la loi, être étendue, ni aux piqueurs (Cons. d'Et. 8 mai 1885, aff. El. de Chameyrat, D. P. 86. 3. 100), ni aux cantonniers qui sont exclusivement employés sur les routes nationales ou sur les chemins de grande communication et d'intérêt commun, et qui, par conséquent, ne sont pas les agents salariés de la commune (Cons. d'Et. 3 juin 1881, aff. El. de Marsat, D. P. 83. 5. 224; 23 déc. 1884 et 9 janv. 1885, aff. El. de Bricuilles-sur-Bar et d'Ondefontaine, D. P. 85. 5. 198). — Quant aux agents-voyers secondaires, ils sont inéligibles dans la circonscription où ils exercent leurs fonctions, alors même que, par suite de l'organisation spéciale du service (en Algérie), ils ne sont appelés en fait à exercer aucune fonction dans la commune où ils ont été élus (Cons. d'Et. 20 févr. 1885, aff. El. de Blad-Guitoun, D. P. 86. 3. 100).

101. La disposition du paragraphe 9, conformément à la législation antérieure rapportée au *Rép.* n° 207, frappe d'inéligibilité les ministres d'un culte légalement reconnu en exercice dans la commune, est applicable au curé suspendu de ses fonctions, qui, malgré cette suspension, conserve son titre et demeure titulaire de la cure (Cons. d'Et. 20 mars 1861, aff. Caix-Saint-Agemour, D. P. 61. 3. 28). Mais il en serait autrement du curé qui aurait été déposé par une sentence confirmée par le chef du pouvoir exécutif, ou du succursaliste qui aurait été révoqué par son évêque (Batbie, t. 4, p. 49). — Les fonctions de conseiller municipal ne sont pas incompatibles avec celles de ministre d'un culte non reconnu (Cons. d'Et. 27 nov. 1874, aff. Rives, D. P. 75. 3. 77).

La qualité de ministre en exercice d'un culte légalement reconnu figurait dans le projet primitif parmi les causes d'inéligibilité absolue énumérées dans l'art. 32. La Chambre des députés a, sur la demande de M. Arthur Legrand, fait passer cette disposition dans l'art. 33 : la qualité de ministre

d'un culte légalement reconnu n'est donc plus qu'une cause d'inéligibilité locale; mais elle crée une inéligibilité, et non plus seulement une incompatibilité comme dans la loi de 1855 (Morgand, t. 1, p. 199, note 2).

102. L'application du paragraphe 10 qui déclare inéligibles les agents salariés de la commune, mais en exceptant expressément « ceux qui, étant fonctionnaires publics, ou exerçant une profession indépendante, ne reçoivent une indemnité de la commune qu'à raison des services qu'ils lui rendent dans l'exercice de cette profession », a donné lieu à d'assez sérieuses difficultés que la jurisprudence a été appelée à résoudre. — On doit tout d'abord considérer comme n'étant pas atteints par cette inéligibilité tous les fonctionnaires ou agents qui ne sont pas au service de la commune, mais au service de l'Etat ou d'un établissement ayant une existence propre et indépendante. C'est ainsi que, dans le cours de la discussion à la Chambre des députés, le rapporteur a reconnu qu'il n'y avait pas lieu de déclarer inéligible comme salarié de la commune l'agent des postes et télégraphes qui, outre son traitement de l'Etat, reçoit de la commune un supplément de traitement (D. P. 84. 4. 38, note 33, n° 10). — Il a été jugé, de même, que l'on ne doit pas regarder comme un agent salarié de la commune un professeur de collège communal qui est un fonctionnaire de l'Etat, nommé par le ministre de l'instruction publique, bien que son traitement soit payé directement par la ville et qu'il touche un supplément voté par le conseil municipal en faveur des professeurs ayant une durée de services déterminée (Cons. d'Et. 24 mai 1878, aff. El. de Bayeux, D. P. 79. 3. 3; 28 nov. 1884, aff. El. de Bergerac, D. P. 85. 5. 203).

103. Par les mêmes motifs, on ne saurait considérer comme agents salariés de la commune : 1° un chantre d'église rémunéré par la fabrique (Cons. d'Et. 25 oct. 1878, aff. El. de Lescun, D. P. 79. 3. 82); — 2° Un sacristain payé par la fabrique, quoique la fabrique reçoive une subvention de la commune (Cons. d'Et. 15 juill. 1881, aff. El. de Lys Saint-Georges, D. P. 83. 5. 225); — 3° Le médecin du bureau de bienfaisance (Cons. d'Et. 16 juill. 1875, aff. El. de Paris, D. P. 76. 3. 34; 25 oct. 1878, aff. El. de Lescun, D. P. 79. 3. 82); — 4° Le médecin d'un hospice communal (Cons. d'Et. 28 mars 1866, aff. El. de Lille, D. P. 67. 3. 17; 22 nov. 1878, aff. El. de Quimper, D. P. 79. 3. 82); — 5° Le médecin des employés de l'octroi qui ne reçoit aucune rémunération de la commune (Cons. d'Et. 28 mars 1866, aff. El. de Lille, D. P. 67. 3. 17); — 6° Un professeur à une école préparatoire de médecine (Même arrêt); — 7° Le trésorier agent comptable d'une caisse d'épargne (Cons. d'Et. 22 nov. 1878, aff. El. de Quimper, D. P. 79. 3. 82; 27 mai 1881, aff. du Mans, D. P. 83. 5. 224; 12 déc. 1884, aff. El. de Nogent-sur-Seine, D. P. 85. 5. 203); — 8° Le sous-caissier d'une succursale de caisse d'épargne établie dans la commune (Cons. d'Et. 19 juill. 1878, aff. El. de Quimper, D. P. 79. 3. 82); — 9° Un garde-rivière rétribué non sur les fonds communaux, mais par les propriétaires réunis en association syndicale (Cons. d'Et. 16 avr. 1875, aff. El. de Fye, D. P. 76. 5. 180); — 10° Un garde forestier payé sur la caisse d'une commission syndicale constituée entre plusieurs communes dont fait partie celle où il a été nommé conseiller municipal (Cons. d'Et. 3 juin 1881, aff. El. de Larrau, D. P. 83. 5. 224).

104. L'exception introduite dans le paragraphe 10 en faveur de ceux qui, étant fonctionnaires publics ou exerçant une profession indépendante, ne reçoivent une indemnité de la commune qu'à raison des services qu'ils lui rendent dans l'exercice de cette profession, doit faire considérer aujourd'hui comme éligibles un certain nombre de personnes qui précédemment étaient rangées, à raison des allocations qu'elles recevaient, parmi les agents salariés de la commune. D'après la circulaire ministérielle du 10 avr. 1884, cette disposition a surtout été introduite dans l'intérêt des médecins chargés du service de la médecine gratuite ou de l'état civil ; elle doit s'appliquer également aux notaires, avocats, avoués, architectes et autres personnes qui prêtent, moyennant des honoraires d'usage, leur concours aux communes. — On ne doit donc plus suivre aujourd'hui la jurisprudence qui faisait rentrer dans la classe des agents salariés de la commune le médecin chargé, moyennant une allocation inscrite au budget communal, de la constatation des décès (Cons. d'Et. 27 mars 1866, aff. El. de Champagne, D. P. 67. 3. 17; 25 juin

1875, aff. El. de Buzançais, D. P. 76. 3. 34), et du dispensaire municipal (Cons. d'Et. 8 juill. 1881, aff. El. d'Angers, D. P. 83. 5. 225). Un arrêt du 14 nov. 1884 (aff. El. d'Angers, D. P. 86. 3. 37) a formellement tranché la question et consacré l'éligibilité du médecin du dispensaire. Mais nous pensons qu'il y a lieu de maintenir la solution adoptée par l'ancienne jurisprudence qui rangeait parmi les agents salariés de la commune le vétérinaire attaché avec un traitement fixe au service de l'abattoir (Cons. d'Et. 6 déc. 1878, aff. El. de Bône, D. P. 79. 3. 82). — Il a été décidé sous l'empire de la loi actuelle, que l'horloger chargé, moyennant un salaire annuel, de remonter l'horloge de la commune, n'est pas frappé d'inéligibilité (Cons. d'Et. 5 déc. 1884, aff. El. de la Ferté-Alais, D. P. 86. 3. 37); tandis que la jurisprudence antérieure appréciait suivant les circonstances si la rémunération donnée à cet horloger pouvait le faire considérer comme un agent salarié (Cons. d'Et. 22 août 1844, aff. El. de Saint-Laurent des Eaux, D. P. 45. 3. 73; 6 juin 1866, aff. El. de Lasse, D. P. 67. 3. 17).

105. On ne doit pas considérer non plus comme inéligible : l'individu chargé de visiter les fours et cheminées de plusieurs communes et qui touche pour cela une indemnité de 5 fr. par an sur les fonds d'une de ces communes (Cons. d'Et. 21 nov. 1884, aff. El. de Villotran, D. P. 85. 5. 203) ; — Ni celui qui travaille quelquefois sur les chemins de la commune mais qui est payé à la journée, la rétribution qu'il reçoit pour services accidentels ne suffisant pas pour lui conférer la qualité d'agent salarié (Cons. d'Et. 21 nov. 1884, aff. El. de Muzeray, D. P. 85. 5. 203). — Mais il en est autrement du particulier qui se charge, à titre d'intermédiaire et moyennant une rémunération proportionnelle, de toucher les droits de port dus à la commune par les bateliers (Cons. d'Et. 7 nov. 1884, aff. El. de Port-Marly, D. P. 86. 3. 37).

106. La disposition qui frappe d'inéligibilité les agents salariés de la commune ne doit pas être étendue au mari d'une femme pourvue d'un emploi salarié (Cons. d'Et. 6 août 1878, aff. El. de Pluguffan, D. P. 79. 3. 2; 22 juill. 1882, aff. El. de Cuzion, D. P. 83. 5. 226 ; 26 déc. 1884, aff. El. de-Gaillac-Toulza, D. P. 85. 5. 203).

107. Antérieurement à la loi de 1884, ainsi qu'on l'a vu au *Rép.* n° 208, l'élection d'un agent salarié de la commune était déclarée valable lorsque, postérieurement à l'élection, cet agent avait donné sa démission (Cons. d'Et. 25 avr. 1866, aff. El. d'Evran, D. P. 67. 3. 60 ; 19 juill. 1866, aff. El. de Rivières, D. P. 67. 3. 26. 1878, aff. El. d'Aubin-Saint-Vaast, D. P. 76. 5. 180 ; 25 oct. 1878, aff. El. de Lescun, D. P. 79. 3. 82). — Il a été décidé, au contraire, sous l'empire de la loi actuelle, que la démission donnée postérieurement à l'élection ne peut avoir pour effet de rendre valable l'élection d'un agent salarié de la commune (Cons. d'Et. 13 mars 1886, aff. El. d'Estables, D. P. 86. 3. 101). — Ce changement de jurisprudence s'explique par la différence de rédaction qui existe entre l'art. 9 de la loi du 5 mai 1855 et l'art. 33 de la loi du 5 avr. 1884. D'après le premier de ces articles, les agents salariés de la commune « *ne pouvaient être conseillers municipaux* ». D'après le second, ils « *ne sont pas éligibles* » (V. Morgand, t. 1, p. 198).

108. Les personnes dénommées dans l'art. 33 ne sont frappées que d'une inéligibilité relative et pourraient être élues en dehors du ressort où elles exercent leurs fonctions. Mais l'art. 34 déclare les fonctions de conseiller municipal incompatibles dans toute la France avec celles de : 1° de préfet, de sous-préfet et de secrétaire général de préfecture ; 2° de commissaire et d'agent de police ; 3° de gouverneur, direc-

teur de l'intérieur et de membre du conseil privé dans les colonies. — La Chambre des députés a repoussé un amendement de M. Cunéo d'Ornano qui étendait cette incompatibilité aux fonctions de sénateur, député, conseiller général et conseiller d'arrondissement.

Le dernier paragraphe de l'art. 34 donne aux fonctionnaires qui y sont désignés un droit d'option entre leurs fonctions et celles de conseiller municipal dans les dix jours qui suivent l'élection.

109. La loi nouvelle a maintenu, indépendamment des causes d'incapacité, d'inéligibilité ou d'incompatibilité qui viennent d'être énumérées, deux causes d'exclusion qui figuraient dans les lois antérieures et qui résultent soit d'élections multiples, soit de la présence de plusieurs parents ou alliés dans le même conseil municipal (Circ. min. int. 10 avr. 1884). — Nul ne peut, aux termes de l'art. 35, être membre de plusieurs conseils municipaux. Une disposition nouvelle introduite dans cet article donne au conseiller municipal nommé dans plusieurs communes un délai de dix jours, à partir de la proclamation du résultat du scrutin, pour faire sa déclaration d'option. Le Sénat a repoussé un amendement de M. Poriquet tendant à prescrire aux préfets de notifier aux intéressés leur double élection et à décider que le délai d'option de dix jours partirait seulement de cette notification (D. P. 84. 4. 38, note 35, § 2). Mais nous croyons que, dans le cas de protestation contre l'élection, le délai d'option ne doit commencer à courir que du jour où l'élection est devenue définitive (Morgand, p. 208).

La vacance qui se produit entre deux tours de scrutin par suite de l'option pour une autre commune d'un des candidats élus au premier tour, ne donne pas lieu à une nomination complémentaire au second tour ; et si, à ce second tour, il est procédé à l'élection de plusieurs conseillers dont un en remplacement de celui qui a fait l'option, il y a lieu d'annuler pour le tout les opérations de ce second tour (Cons. d'Et. 20 mars 1866) (1).

Si, dans le délai fixé, le conseiller élu n'a pas fait connaître son option, il fait partie de droit du conseil de la commune où le nombre des électeurs est le moins élevé. La législation antérieure ne contenait pas de disposition analogue, et, dans le silence de la loi, une circulaire du 11 août 1831 avait décidé qu'à défaut d'option, le préfet déterminerait par le tirage au sort, en conseil de préfecture, la commune à laquelle serait attribué le conseiller élu deux fois (*Rép.* v° *Organisation administrative*, n° 860). — Les mêmes solutions paraissent devoir être appliquées, par analogie, au cas où un même candidat a été élu dans plusieurs sections de la même commune.

110. D'après le même article, qui reproduit la disposition de la législation antérieure (*Rép.* n° 209, et v° *Organisation administrative*, n° 862), les ascendants, les descendants, les frères et les alliés au même degré ne peuvent être simultanément membres du même conseil municipal. Un amendement de M. de Lanjuinais, tendant à effacer, dans l'intérêt de la liberté des électeurs, les mots *alliés au même degré* de l'art. 35, § 4, a été rejeté par la Chambre des députés. La commission a également refusé d'adopter un amendement de M. Morel, tendant au moins à ce que l'incompatibilité cessât en cas du décès de la personne qui produisait l'affinité ; et l'amendement a été retiré par son auteur (D. P. 84. 4. 38, note 35, § 4). La question que cet amendement avait pour but de trancher a été, comme on l'a vu au *Rép.* n° 209, diversement résolue. Mais un arrêt de la chambre des requêtes du 4 nov. 1868 (2) décide qu'aucune disposition de loi ne fait cesser

(1) (Elections de Say.) — NAPOLÉON, etc. — Vu la loi du 5 mai 1855 ; — Considérant qu'il résulte de l'instruction que, pour six conseillers municipaux que la commune de Say avait à nommer, neuf candidats seulement avaient obtenu au premier tour de scrutin la majorité exigée par l'art. 44 de la loi du 5 mai 1855 ; que, dès lors, les électeurs devaient, aux termes dudit article, procéder à un second tour de scrutin pour la nomination du dixième membre ; — Considérant que si, dans l'intervalle des deux tours de scrutin, une vacance s'est produite dans le conseil municipal, par suite de l'option pour une autre commune d'un des candidats élus au premier tour et proclamé, il ne pouvait y être pourvu par l'opération complémentaire du deuxième tour de scrutin, et que le maire, en ordonnant qu'il serait procédé à l'élection de deux membres, a excédé ses pouvoirs et violé les

dispositions de la loi ; — Considérant que la substitution d'une double élection à l'élection unique, à laquelle il devait être légalement procédé, a pu modifier sensiblement le résultat du scrutin ; que, dans ces circonstances, c'est avec raison que le conseil de préfecture a annulé les opérations électorales auxquelles il a été procédé le 30 juill. 1865 dans la commune de Say : — Art. 1er. La requête des sieurs Lecorney et Frogé est rejetée. Du 20 mars 1866.-Cons. d'Et.-MM. Braun, rap.-Aucoc, concl.

(2) (Hamel *C.* Chigouesnel.) — LA COUR ; — sur le moyen unique, tiré de la violation des art. 11 de la loi du 5 mai 1855 et de l'art. 206 c. nap., de la fausse application des art. 161, 162, 975 du même code, ainsi que des art. 283 et 378 c. pr. civ. : — Attendu qu'aucune disposition de loi ne fait cesser d'une manière

d'une manière absolue l'alliance par le décès sans enfants de la personne qui l'avait produite, et que cette règle est spécialement applicable à la composition des conseils municipaux (V. conf. Trib. Vienne, 1er avr. 1882, aff. Roux, D. P. 84. 3. 22. — *Contrà:* Dufour, *Droit administratif*, t. 5, n° 272; Bioche, *Dictionnaire de procédure*, v° *Alliance*, n° 3). Le second mari de la belle-mère d'un conseiller municipal peut siéger dans le même conseil, sans qu'il y ait violation de l'art. 35 de la loi du 5 avr. 1884 (Cons. d'Et. 19 nov. 1886, aff. El. de Mascara, D. P. 88. 3. 27).

111. En l'absence de toute réclamation, le bureau électoral ne peut refuser de déclarer membre du conseil municipal, pour cause d'alliance au degré prohibé avec un conseiller précédemment proclamé, un candidat qui a obtenu le nombre de voix nécessaire pour être élu; et le conseil de préfecture, saisi de la réclamation de ce candidat, ne pourrait, à défaut de protestation contre l'élection, surseoir à statuer jusqu'à la reconnaissance par les juges compétents de l'alliance prétendue (Cons. d'Et. 16 févr. 1866) (1). — L'exercice provisoire du mandat conféré aux membres du corps électif durant jusqu'à l'annulation de leur élection, des conseillers dont l'élection devait être annulée pour cause de parenté à un degré prohibé ont pu prendre régulièrement part aux délibérations du conseil et notamment à l'élection du maire (Cons. d'Et. 19 juin 1885, aff. El. de la Capesterre, *Rec. Cons. d'Etat*, p. 607), alors surtout que leur élection n'a pas été attaquée (Cons. d'Et. 27 mars 1885, aff. El. de Mesquer, *Rec. Cons. d'Etat*, p. 384).

112. D'après la jurisprudence du conseil d'Etat (Cons. d'Et. 27 févr. 1866, aff. El. de Juvigny, aff. El. de Bayeux, D. P. 67. 3. 15; 17 juill. 1866, aff. El. de Mourmelon, aff. El. de Sahune, *ibid.;* 4 nov. 1881, aff .El. de Castifao, D. P. 83. 3. 68; 16 déc. 1881, aff. El. de Pommier, D. P. 84. 3. 22), la question de savoir si deux candidats sont alliés ou une question d'état, et, par suite, lorsqu'une contestation s'élève sur ce point, à l'occasion d'une protestation fondée sur cette double élection, le juge de l'élection doit surseoir à statuer jusqu'à ce que cette question préjudicielle ait été tranchée par l'autorité judiciaire; et il doit impartir un délai à l'expiration duquel la partie la plus diligente devra justifier de ses diligences pour faire trancher cette question.

Mais lorsque le fait de l'alliance ou de l'absence d'alliance n'est pas sérieusement contestable, la juridiction administrative peut statuer sans renvoi à la juridiction civile (Cons. d'Et. 19 nov. 1886, aff. El. de Mascara, D. P. 88. 3. 27).

113. Entre deux parents ou alliés au degré prohibé, la préférence est déterminée: 1° par l'antériorité de l'élection, si les parents ont été nommés à des époques différentes; 2° par la supériorité du nombre de suffrages obtenus, s'ils ont été élus le même jour; 3° par la priorité d'âge, s'ils ont été nommés le même jour avec un nombre égal de voix (Batbie, t. 4, p. 50).

L'art. 49 auquel se réfère à cet égard l'art. 35 étant applicable « même au cas où il y a des sections électorales », il n'y a plus lieu de décider aujourd'hui comme le faisait l'ancienne jurisprudence, que, lorsque deux parents ou alliés au degré prohibé ont été élus en même temps membres du même conseil par deux sections différentes, on doit non proclamer

celui qui est le plus âgé ou qui a obtenu le plus grand nombre de voix, mais désigner par la voie du sort celui qui doit être exclu (Cons. d'Et. 16 avr. 1836, aff. El. de Sainte-Marguerite, D.P. 36. 3. 67; 23 avr. 1861, aff. El. de Souhlecause, D. P. 61. 3. 41; 16 mai 1866, aff. El. de la Grave, D. P. 67. 3. 16; 1er juin 1866, aff. El. de Landeville, *ibid.*).

114. Lorsque le lien de parenté s'établit postérieurement à l'élection, un conseiller municipal épousant la sœur d'un autre conseiller, l'un des deux doit cesser de faire partie du conseil. D'après la jurisprudence du conseil d'Etat, dans le silence de la législation antérieure, il devait être procédé à un tirage au sort pour désigner celui des deux beaux-frères qui devait être remplacé (Cons. d'Et. 9 mai 1843, aff. El. de Villeneuve-sur-Lot, D. P. 81. 3. 106, note 1; 4 juill. 1879, aff. El. d'Acheux, 84. 3. 105). Le législateur de 1884 a consacré une solution différente; un des membres de la commission, M. Antonin Dubost, a en effet déclaré à la Chambre des députés que le dernier paragraphe de l'art. 35, qui renvoie à l'art. 49, s'applique également aux conseillers qui se trouvent parents ou alliés au moment de l'élection et à ceux qui, par une union postérieure, deviendraient incapables de siéger ensemble (Morgand, p. 220).

115. Tout conseiller municipal qui, pour une cause survenue postérieurement à sa nomination, se trouve dans un des cas d'exclusion ou d'incompatibilité prévus par les dispositions qui précèdent, doit, d'après l'art. 36, être immédiatement déclaré démissionnaire par le préfet, sauf réclamation au conseil de préfecture dans les dix jours de la notification et sauf recours au conseil d'Etat. Cet article développe et réglemente les principes posés dans l'art. 12 de la loi du 5 mai 1855 (*Rép.* v° *Organisation administrative*, n° 872). Il fixe, de plus les délais et les recours.

Le droit du préfet de déclarer d'office un conseiller municipal démissionnaire est restreint aux causes d'exclusion ou d'incompatibilité postérieures à l'élection. Il commettrait un excès de pouvoir s'il prononçait une exclusion fondée sur une cause antérieure (Morgand, p. 221).

116. Les art. 37 à 40 de la loi du 5 avr. 1884 sont relatifs aux voies de recours ouvertes contre les opérations électorales. L'étude de ces dispositions devra se rattacher à celle de la législation électorale (V. *Organisation administrative*).

Art. 2. — Des maires et adjoints (*Rép.* n°s 210 à 234).

117. Comme on l'a vu au *Rép.* n° 210, il y a, dans chaque commune, un maire et un ou plusieurs adjoints. Aux termes de l'art. 73 de la loi de 1884, ils sont élus parmi les membres du conseil municipal, sans distinction entre ceux qui sont domiciliés dans la commune et ceux qui n'y ont pas leur domicile. La rédaction primitive portait que le maire et les adjoints devaient être choisis, conformément au système de la loi de 1831 (*Rép.* n° 213), parmi les conseillers municipaux « ayant leur domicile politique dans la commune ». Mais cette rédaction a été modifiée sur les observations du commissaire du Gouvernement. Le rapporteur a également fait remarquer, en combattant un amendement de M. Beauquier conforme au projet primitif, qu'il y avait bon nombre de conseillers forains qui pouvaient être utilement nommés maires, et qu'il fallait laisser aux communes la faculté de composer leur municipalité comme elles l'entendraient et pour

---

absolue l'alliance par le décès, sans enfants, de la personne qui l'avait produite; — Que ce décès modifie seulement quelques effets de l'alliance dans les cas où la loi s'en explique expressément; — Attendu que l'art. 11 de la loi du 5 mai 1855 prohibe la présence, dans le même conseil municipal des communes de 500 âmes et au-dessus, de deux ou plusieurs parents au degré de frères et d'*alliés au même degré;* — Que cet article est conçu en termes généraux, et n'apporte aucune modification à la règle qui fait survivre l'alliance au décès sans enfants du conjoint qui l'avait produite; — D'où il suit qu'en jugeant que Hamel, demandeur en cassation, et Thibault étaient encore alliés nonobstant le décès sans enfants de la dame Thibault, femme Hamel, l'arrêt attaqué n'a violé aucun des articles de loi invoqués par le pourvoi, et a fait au contraire une juste application de l'art. 11 de la loi du 5 mai 1855; — Rejette, etc.

Du 4 nov. 1868.-Ch. req.-MM. Bonjean, pr.-Dumon, rap.-Savary, av. gén., c. conf.-Groualle, av.

(1) (Elections de Feurs.) — Napoléon, etc. — Vu la loi du

5 mai 1855; — Considérant qu'il résulte de l'instruction que le sieur Benoit Aguiraud a obtenu un nombre de suffrages supérieur à la majorité absolue des suffrages exprimés et au quart du nombre des électeurs inscrits, et que, pendant le cours des opérations de l'assemblée électorale, il n'a été formé aucune réclamation contre ces opérations; que dans ces circonstances le bureau électoral ne pouvait, sans excéder ses pouvoirs, refuser de proclamer le sieur Aguiraud membre du conseil municipal de Feurs; — Considérant, d'ailleurs, que le conseil de préfecture n'a été saisi régulièrement d'aucune protestation contre l'élection du sieur Aguiraud; que, dès lors, c'est à tort que le conseil de préfecture n'a pas proclamé ledit sieur Aguiraud: — Art. 1er. L'arrêté du conseil de préfecture du département de la Loire, en date du 28 juill. 1865, est annulé dans celle de ses dispositions par laquelle il a sursis à statuer sur les conclusions du sieur Aguiraud, tendant à le faire proclamer membre du conseil municipal de Feurs; — Art. 2. Le sieur Benoit Aguiraud est proclamé membre du conseil municipal de la commune de Feurs. Du 16 févr. 1866.-Cons. d'Et.-MM. Perret, rap.-Aucoc, concl.

le mieux de leurs intérêts. Les adjoints sont élus comme les maires : la Chambre des députés a repoussé un amendement de M. Fourcand, qui proposait de confier au maire seul, élu par le conseil, le droit de choisir ses adjoints et de leur déléguer ensuite, sous sa surveillance et sa responsabilité, ses attributions légales. On a objecté que ce système donnerait au maire une autorité excessive, amoindrirait ceux qui, à son défaut, exercent ses pouvoirs, et forcerait l'adjoint nommé par le maire à disparaître avec lui dans le cas de retraite volontaire ou forcée (D. P. 84. 4. 48, note 76, § 1).

118. Le nombre des adjoints est, comme sous la législation antérieure (*Rép.* nº 210) d'un dans les communes de 2500 habitants et au-dessous, de deux dans celles de 2501 à 10000. Le texte primitif du projet accordait au Gouvernement, pour les communes d'une population supérieure à 10000 habitants, la faculté de donner à la commune, s'il l'estimait utile, un adjoint de plus par chaque excédent de 25000 habitants. Mais ce système, que la Chambre des députés avait adopté, a été repoussé par le Sénat, qui a substitué dans l'article aux mots « il pourra y avoir » ceux-ci : « il y aura », cette question ayant paru, dit le rapporteur, être de celles qui doivent être réglées définitivement « par la loi elle-même ». Un amendement de M. Fourcand, qui proposait de décider que le nombre des adjoints ne pourrait en aucun cas dépasser neuf, a été repoussé par la Chambre. D'après la rédaction adoptée, ce nombre ne pourra dépasser douze, sauf en ce qui concerne la ville de Lyon où il sera porté de douze à dix-sept. La ville de Lyon reste, d'ailleurs, divisée en six arrondissements municipaux, conformément à l'art. 3 de la loi du 21 avr. 1881 (D. P. 82. 4. 23). Le maire délègue spécialement deux de ses adjoints dans chacun de ces arrondissements : ils y sont chargés de la tenue des registres de l'état civil et des autres attributions qui leur ont été conférées par l'art. 2 du décret du 11 juin 1881 (D. P. 82. 4. 23).

La population d'après laquelle doit être fixé le nombre des adjoints est d'après les déclarations de M. Le Guay, commissaire du Gouvernement, la population totale recensée (D. P. 84. 4. 47, note 73, § 2). Mais, ainsi que nous l'avons dit précédemment, c'est la population *municipale* totale qui doit être prise pour base (V. conf. Circ. min. int. 10 avr. 1884).

119. L'ordre des nominations déterminant le rang des adjoints, il en résulte que les opérations auxquelles il a été procédé dans une première séance pour la nomination d'un second adjoint, et dans une seconde séance pour la nomination d'un premier adjoint doivent être annulées pour violation des art. 49 et 84 de la loi du 5 avr. 1884 (Cons. d'Et. 11 déc. 1885, aff. El. de Blois, D. P. 87. 5. 193).

120. Conformément aux dispositions de la législation antérieure (V. *Rép.* nº 211), lorsqu'un obstacle quelconque ou l'éloignement rend difficiles, dangereuses ou momentanément impossibles les communications entre le chef-lieu et une fraction de commune, un poste d'adjoint spécial peut être institué. Mais la loi nouvelle n'autorise la création de ce poste que par un décret rendu en conseil d'État sur la demande du conseil municipal. Cette disposition, qui n'existait pas dans le texte primitif, a été introduite à la suite des observations présentées par M. Lorois et par M. Le Guay, commissaire du Gouvernement, qui ont fait ressortir la nécessité de maintenir le contrôle de l'État sur des mesures qui peuvent intéresser gravement la tenue des registres de l'état civil, soulever des questions de compétence, et multiplier, en certains cas, les causes de nullité de ces actes (D. P. 84. 4. 48, note 75). Il a été décidé que la loi du 5 avr. 1884 n'avait pas virtuellement abrogé le décret qui avait, antérieurement à sa promulgation, créé des adjoints spéciaux (Cons. d'Et. 17 juill. 1885, aff. El. de Batna, D. P. 86. 5. 89).

L'adjoint spécial ne compte pas dans le nombre des adjoints fixés par l'art. 73 (Circ. 15 mai 1884). Il est élu par le conseil parmi les conseillers domiciliés dans la section. Si la section n'est pas représentée au conseil municipal, ou si les conseillers qui l'habitent ne peuvent accepter les fonctions d'adjoint, le choix du conseil peut porter sur un électeur domicilié dans la section. Cet électeur doit, suivant M. Morgand, p. 389, remplir les conditions d'éligibilité requises pour les conseillers municipaux et pour les maires et adjoints. Le même auteur constate cependant que, dans certaines îles, on

a dû, faute de candidats, confier au desservant les fonctions d'adjoint spécial. Cet adjoint remplit les fonctions d'officier de l'état civil, et il peut être chargé de l'exécution des lois et règlements de police dans la section. Il n'a pas d'autres attributions, et n'a pas entrée au conseil municipal. Les dispositions de détail de la loi du 18 flor. an 10, qui a créé les adjoints spéciaux (*Rép.* p. 202, note 2), sont encore en vigueur. En déterminant les conditions dans lesquelles les adjoints spéciaux seront institués à l'avenir, l'art. 78 n'a pas modifié ce qui concerne les adjoints créés par des actes antérieurs à la loi de 1884 conformément à la législation alors existante (Cons. d'Et. 17 juill. 1885, aff. El. de Batna, D. P. 86. 5. 89).

121. L'art. 76 reproduit, quant à la réglementation du scrutin pour l'élection des maires et adjoints, les dispositions des lois du 14 avr. 1871 et du 12 août 1876.

L'élection doit avoir lieu au scrutin secret et à la majorité absolue. Si après deux tours de scrutin aucun candidat n'a obtenu la majorité absolue, il est procédé à un troisième tour de scrutin, et l'élection a lieu à la majorité relative. En cas d'égalité de suffrages, le plus âgé est déclaré élu.

La Chambre des députés a écarté un amendement de M. Mir, tendant à ne faire procéder à l'élection des maires et adjoints par le conseil qu'à l'expiration du délai de cinq jours accordé aux électeurs pour contester les élections municipales, ou, si ces élections étaient contestées, à la date où les pouvoirs du conseil seraient devenus définitifs. Le rapporteur a rappelé et fait prévaloir les principes généraux d'après lesquels le mandat reçu est valide et autorise le mandataire élu à siéger tant qu'il n'a pas été annulé par l'autorité compétente. Les fonctions du maire cessent avec le mandat du conseil : mais elles sont valablement conférées et exercées tant que ce mandat n'a pas été annulé (D. P. 84. 4. 48, note 76, § 1).

122. Conformément à la règle générale consacrée par l'art. 50 pour toutes les délibérations des conseils municipaux (V. *infra*, nº 151), il ne peut être procédé à l'élection des maires et adjoints que si la majorité des membres en exercice assiste à la séance (Cons. d'Et. 6 mars 1885, aff. El. de Biguglia, D. P. 86. 1. 111 ; 14 mai 1886, aff. El. de Cascastel, D. P. 87. 3. 106 ; 16 juill. 1886, aff. El. de Cauterets, *Rec. Cons. d'Etat*, p. 638 ; 5 août 1887, aff. El. de Rougiers, *Rec. Cons. d'Etat*, p. 641). Quelques arrêts avaient même exigé, pour la validité de l'élection, la présence de la majorité des membres en exercice, non seulement à l'ouverture de la séance, mais aux opérations d'un second et d'un troisième tour de scrutin (Cons. d'Et. 29 juin 1877, aff. El. d'Objat, D. P. 77. 3. 88 ; 6 août 1880, aff. El. de Figari, D. P. 86. 3. 111, note 1). Mais le conseil d'Etat n'a pas persisté dans cette jurisprudence, et il décide aujourd'hui que l'assemblée générale est constituée au moment où le doyen d'âge prend la présidence, et que, lorsque la majorité des membres se présente à ce moment, le fait que quelques membres se retirent ensuite de la séance ne met pas obstacle à ce que les membres restant procèdent à l'élection (Cons. d'Et. 3 août 1877, aff. El. d'Olmiccia, et 5 juill. 1878, aff. El. de Gabriac, D. P. 86. 3. 111, note 1 ; 7 nov. 1884, aff. El. de Champdor, et 6 mars 1885, aff. El. de Sauveterre, D. P. 86. 3. 111 ; 30 juill. 1886, aff. El. de Rilhac, D. P. 87. 5. 192).

123. La majorité absolue exigée pour l'élection des maires et des adjoints se calcule sur le nombre des suffrages exprimés et, par conséquent, déduction faite des bulletins blancs, ou ne contenant pas une désignation suffisante, ou dans lesquels les votants se seraient fait connaître (Cons. d'Et. 4 mai 1877, aff. El. d'Arblade-le-Haut, D. P. 78. 5. 219 ; 9 janv. 1885, aff. El. de Frasne, *Rec. Cons. d'Etat*, p. 38 ; 15 janv. 1885, aff. El. de Cassagnabère, *ibid.* p. 60, 23 janv. 1885, aff. El. d'Ordonnac, *ibid.*, p. 91). Mais les voix données à un citoyen étranger au conseil, et par conséquent inéligible, sont néanmoins des suffrages exprimés entrant en compte pour le calcul de la majorité (Cons. d'Et. 20 janv. 1882, aff. El. de Mauvezin, D. P. 83. 3. 52 ; 19 nov. 1886, aff. El. du Mont Saint-Adrien, D. P. 88. 3. 23). Il n'est pas nécessaire que le nombre des voix obtenues forme la majorité absolue des suffrages des conseillers municipaux en exercice (Cons. d'Et. 13 févr. 1885, aff. El. de Serra-di-Ferro, *Rec.*

Cons. d'Etat, p. 194). Un bulletin portant deux noms doit être compté au candidat dont le nom est inscrit le premier (Cons. d'Et. 27 mars 1885, aff. El. de Cany, D. P. 86. 3. 111). Dans le cas où aucun candidat n'a obtenu la majorité au premier tour de scrutin, il doit être immédiatement procédé au deuxième tour. Le conseil municipal, en ajournant la suite de l'élection à un autre jour, contrevient aux prescriptions formelles de la loi, et il y a lieu d'annuler l'ensemble des opérations électorales (Cons. d'Et. 18 nov. 1881, aff. El. d'Heugnes, D. P. 83. 3. 78). La loi du 12 août 1876 prescrivait, pour le cas où après deux scrutins, aucun candidat n'aurait obtenu la majorité absolue, un scrutin de ballottage entre les deux candidats ayant obtenu le plus de voix au second tour. Cette disposition, qui était reproduite dans le projet voté par la Chambre des députés, n'a pas été mainte-nue par le Sénat. La majorité absolue est nécessaire aux deux premiers tours ; mais, au troisième tour, toutes les candidatures peuvent se produire, et l'élection a lieu à la majorité relative (D. P. 84. 4. 48, note 76, § 2).

Si les voix se partagent également entre deux candidats au troisième tour, la nomination est acquise au plus âgé. Le refus du conseiller élu ainsi au bénéfice de l'âge ne peut modifier le résultat du scrutin à l'égard de son concur-rent. En conséquence, celui-ci ne devra pas être proclamé élu, et il y aura lieu de procéder à une élection nouvelle (Cons. d'Et. 18 nov. 1881, aff. de la Tour-en-Jarret, D. P. 83. 5. 231 ; 6 janv. 1882, aff. El. de Saint-Martin-Châ-teau, *ibid.* ; 20 févr. 1885, El. de Saint-Quentin de Ran-çanne, *Rec. Cons. d'Etat*, p. 220). S'il s'élève une diffi-culté sur la question d'âge, le conseil de préfecture saisi d'une protestation contre l'élection, doit surseoir jusqu'à ce que l'autorité judiciaire ait tranché la question (Cons. d'Et. 8 mai 1885, aff. El. de Martrin, *Rec. Cons. d'Etat*, p. 500).

124. La séance dans laquelle le conseil municipal procède à l'élection du maire est présidée par le plus âgé des mem-bres du conseil. Le Sénat a rejeté un amendement de M. Poriquet tendant à faire présider cette séance par le conseiller qui a réuni le plus grand nombre de suffrages. Cette règle doit être observée à peine de nullité pour toutes les élections du maire, alors même qu'il existe un adjoint en exercice (Cons. d'Et. 5 mars 1886, aff. El. de Saint-Sauveur, D. P. 87. 5. 192). Et la présidence ne pourrait être attribuée ni à un maire intérimaire (Cons. d'Et. 9 juill. 1886, aff. El. de Sidi-bel-Abbès, D. P. 87. 5. 192), ni au conseiller mu-nicipal premier inscrit (Cons. d'Et. 5 nov. 1886, aff. El. des Riceys, D. P. 87. 5. 193). Une fois élu, le maire préside lui-même l'élection des adjoints : il a été, en effet, déclaré formellement dans la discussion au Sénat que la disposi-tion de l'art. 77 qui donne la présidence au doyen d'âge pour l'élection du maire n'est pas applicable à l'élection des adjoints (D. P. 84. 4. 40, note 77, *in fine*). Mais le fait que le doyen d'âge n'a pas cédé, pour l'élection des adjoints, la présidence au maire qui venait d'être élu n'entraîne pas la nullité de l'élection (Cons. d'Et. 20 févr. 1885, aff. El. d'Aix, D. P. 86. 5. 188). Il a été jugé, au contraire, sous l'empire de l'art. 2, § 4, de la loi du 12 août 1876 dont l'art. 77 de la loi du 5 avr. 1884 reproduit les dispositions, que l'élection *du maire* doit être annulée lorsque le maire en fonctions a persisté à présider au lieu du doyen d'âge, malgré les réclamations de l'assemblée (Cons. d'Et. 15 juin 1877, aff. El. de Biguglia, *Rec. Cons. d'Etat*, p. 607; 6 août 1880, aff. El. de Figari, *ibid.*, p. 736). Le secrétaire doit être nommé par le conseil municipal, aux termes de l'art. 53 (V. *infrà*, n° 154); mais le fait qu'il a été nommé par le doyen d'âge n'entraîne pas la nullité de l'élection du maire lorsque cette irrégularité a été sans influence sur le résultat du scrutin (Cons. d'Et. 11 déc. 1885, aff. El. de Blois, D. P. 87. 5. 193).

125. Pour toute élection du maire ou des adjoints, les membres du conseil municipal sont convoqués dans les for-mes et délais ordinaires, c'est-à-dire par convocation men-tionnée au registre des délibérations, affichée à la porte de la mairie et adressée par écrit et à domicile, trois jours francs au moins avant celui de la réunion. La convocation doit contenir, outre l'indication de l'heure et du lieu de la réunion, l'objet de cette réunion. La circulaire ministérielle du 10 avr. 1884 rappelle que ces formalités prescrites par les dispositions combinées des art. 48 et 77 sont de droit strict, et que leur omission pourrait donner lieu à une de-mande en nullité de l'élection (V. conf. Cons. d'Et. 27 juin 1879, aff. El. de Contres, D. P. 82. 3. 6). L'irrégularité ré-sultant de ce que les conseillers municipaux n'ont pas été con-voqués trois jours à l'avance pour la séance où devaient être élus le maire et l'adjoint sans que ce délai ait été abrégé pour cause d'urgence par le préfet, est de nature à en-traîner l'annulation de l'élection (Cons. d'Et. 27 mars 1885, aff. El. d'Ailloncourt, D. P. 87. 3. 110). Mais l'ap-préciation des motifs pour lesquels le préfet a autorisé, en vertu de l'art. 48, la convocation d'urgence du conseil municipal pour l'élection d'un maire n'est pas sus-ceptible d'être discutée devant le conseil d'Etat à l'occa-sion du recours dirigé contre les opérations électorales (Cons. d'Et. 6 août 1887, aff. El. d'Usseau, *Rec. Cons. d'Etat*, p. 662).

126. Les opérations électorales doivent être annulées lorsque l'assemblée a été convoquée non par le préfet, mais par le maire, ou lorsque tous les membres du conseil munici-pal n'ont pas été régulièrement convoqués (Cons. d'Et. 21 nov. 1871, aff. El. de Miot, D. P. 73. 3. 33). Le fait que le conseil municipal a été convoqué pour la nomination du maire à l'école et non à la mairie, au lieu ordinaire de ses séances, n'entraîne pas l'annulation de l'élection, alors que les lettres de convocation portaient l'indication du lieu de la réunion et qu'il n'est pas allégué que ce changement ait constitué une manœuvre ayant eu pour but d'éloigner du scrutin une partie des membres du conseil municipal (Cons. d'Et. 5 nov. 1886, aff. El. de Gontier et Olbier, D. P. 87. 5. 191). L'élec-tion du maire et des adjoints peut avoir lieu aussi bien en session ordinaire qu'en session extraordinaire, et sans qu'une convocation spéciale soit nécessaire (Cons. d'Et. 16 juin 1882, aff. El. de Plaintel, *Rec. Cons. d'Etat*, p. 580). Mais, dans ce cas même, la lettre de convocation doit, à peine de nullité, informer les membres du conseil qu'il sera procédé dans cette session à l'élection du maire et des adjoints (Cons. d'Et. 20 févr. 1885, aff. El. de Carhaix, D. P. 86. 3. 111 ; 5 nov. 1886, aff. El. des Riceys, D. P. 87. 5. 191). L'inobservation de la disposition de l'art. 48 aux termes duquel la convocation des membres du conseil pour la nomination d'un maire doit être affichée à la mairie n'entraîne pas la nullité de l'élection lorsqu'aucune manœuvre n'est alléguée, que l'arrêté préfec-toral en vertu duquel la convocation a eu lieu est resté constamment affiché à la mairie et que tous les conseillers, sauf un, ont pris part au vote (Cons. d'Et. 16 janv. 1885, aff. El. d'Entraigues, D. P. 86. 5. 186; 11 déc. 1885, aff. El. de Seynod, *Rec. Cons. d'Etat*, p. 956). Il en est de même à plus forte raison du fait que l'affiche n'a été apposée que l'avant-veille de l'élection (Cons. d'Et. 13 févr. 1885, aff. El. de Vil-lefranche, D. P. 86. 5. 187). Le paragraphe 3 de l'art. 77, conforme à l'art. 9 de la loi du 14 avr. 1871, porte qu'avant la convocation du conseil pour la nomination du maire et des adjoints, il sera procédé aux élections qui pour-raient être nécessaires pour compléter le conseil municipal. L'élection qui aurait lieu sans que le conseil fût com-plété serait nulle (Cons. d'Et. 14 févr. 1873, aff. El. de Loiré, *Rec. Cons. d'Etat*, p. 167; 8 août 1873, aff. El. de Dupcyroux, El. de Franzèches, *ibid.*, p. 761; 10 nov. 1882, aff. El. de Lavacoix-les-Mines, *Rec. Cons. d'Etat*, p. 869).

Si les élections complémentaires échouent par l'absten-tion des électeurs, il y a lieu de faire une nouvelle tentative (Cons. d'Et. 5 déc. 1884, aff. El. de Saint-Urcisse, D. P. 86. 3. 68-69; 10 juill. 1885, El. de Grayssas, *Rec. Cons. d'Etat*, p. 672; 7 août 1885, El. de Mépieu, *ibid.*, p. 773). Mais si cette tentative échoue, il n'est pas nécessaire de la renou-veler (Cons. d'Et. 9 janv. 1885, aff. El. de Mimeure, D. P. 86. 3. 68 ; 4 juin 1886, aff. El. de Grayssas, D. P. 87. 3. 192).

127. D'après une circulaire du ministre de l'intérieur du 16 nov. 1883, l'obligation de compléter le conseil municipal avant de procéder à l'élection des maires et adjoints est appli-cable même à l'élection des adjoints spéciaux. On s'est de-mandé si la convocation des électeurs est obligatoire lorsqu'un seul adjoint est à remplacer dans une commune dont la muni-cipalité comprend au moins trois membres et où le conseil municipal n'est pas au complet; suivant un avis du conseil

d'État des 7-13 juill. 1887 (1), cette convocation n'est obligatoire que quand tous les adjoints qui forment une personne morale indivisible viennent à manquer soit ensemble, soit successivement, mais la nécessité de cette convocation peut résulter de circonstances de fait dont le Gouvernement est le seul juge.

Suivant le même avis, lorsque les conseils sont au complet, aucune disposition ne les oblige à pourvoir immédiatement à la vacance d'un poste d'adjoint non spécial lorsqu'elle vient à se produire dans une municipalité composée de plus de deux membres.

128. Il peut arriver qu'une fois le conseil complété et la convocation faite, de nouvelles vacances se produisent. Dans ce cas, le Gouvernement n'aura pas à faire procéder à des élections complémentaires, à moins que, par suite des vacances survenues postérieurement à la convocation, le conseil se trouve réduit aux trois quarts de ses membres. On ne peut se prévaloir de ce qu'il n'avait pas été pourvu aux vacances avant l'élection du maire, lorsque ces vacances proviennent du refus d'une section de procéder à la nomination des membres attribués à cette section (Cons. d'Et. 3 mars 1882, aff. El. de Laqueuville, D. P. 83. 5. 229).

Aucun texte n'exigeant l'installation des conseillers nouvellement élus, préalablement à l'exercice de leurs fonctions, on ne peut tirer un grief contre l'élection de ce que deux conseillers qui ont participé à l'élection du maire, auraient été installés sur un adjoint qui avait cessé l'exercice de ses fonctions (Cons. d'Et. 17 juill. 1885, aff. El. de Rouvrois, D. P. 86. 5. 187). Mais l'élection devrait être annulée si des candidats non proclamés par le bureau y avaient pris part (Cons. d'Et. 6 déc. 1878, aff. El. de Vauchette, D. P. 79. 3. 84). Le refus de laisser assister à la séance un conseiller élu vicie la composition du conseil et entraîne l'annulation de l'élection (Cons. d'Et. 20 févr. 1885, aff. El. d'Arenthon, *Rec. Cons. d'Etat*, p. 220).

129. Sous la législation antérieure, le conseil d'État décidait que l'obligation de pourvoir aux vacances existant dans le conseil municipal avant l'élection du maire ne s'appliquait pas au cas où l'élection suivait immédiatement le renouvellement intégral du conseil (Cons. d'Et. 26 juill. 1878, aff. El. de Régneville, D. P. 79. 3. 5 ; 2 déc. 1881 (2) ; 3 févr. 1882, aff. El. d'Hébécrevon, D. P. 83. 5. 229). D'après la circulaire ministérielle du 10 avr. 1884, rien n'indique que le législateur ait voulu innover à cet égard. La jurisprudence est d'ailleurs conforme à cette interprétation (Cons. d'Et.

(1) 7-13 juill. 1887. — *Avis du conseil d'Etat sur le remplacement des adjoints dans les communes où la municipalité compte au moins trois représentants.*

Le conseil d'État qui a été saisi par le ministre de l'intérieur d'une demande d'avis sur la question de savoir « si l'obligation de pourvoir à la vacance d'un poste d'adjoint, dans les cas prévus par l'art. 79, § 2, de la loi du 5 avr. 1884, est impérative même lorsqu'il s'agit d'une commune dont la municipalité est composée d'au moins trois membres ; — Vu la loi du 5 avr. 1884, notamment l'art. 79 ; — Considérant que la question ne saurait se poser qu'au cas où, le conseil municipal n'étant pas au complet, il s'agirait de convoquer les électeurs en vue de le compléter ; — Considérant qu'aucune disposition légale expresse n'oblige les conseils municipaux existant au complet à pourvoir immédiatement au remplacement d'un poste d'adjoint non spécial lorsqu'elle vient à se produire dans une municipalité composée de plus de deux membres ; — Qu'il résulte du défaut de toute prescription formelle à cet égard que les conseils municipaux apprécient souverainement la question d'opportunité du remplacement de l'adjoint manquant dans ces conditions ; — Considérant que le caractère légal de la situation ne saurait changer par le fait seul que le conseil municipal ne serait pas au complet ; — Considérant que la convocation des électeurs est une attribution politique du gouvernement, qu'il exerce dans un intérêt d'ordre public avec une pleine liberté, sauf les cas où la loi prescrit impérativement cette convocation dans des conditions et à des époques déterminées ; — Que loin qu'il existe un texte positif, prescrivant la convocation des électeurs au cas où un seul adjoint est à remplacer dans une commune dont la municipalité comprend au moins trois membres et où le conseil municipal n'est pas au complet, il semble découler des termes de l'art. 79 de la loi du 5 avr. 1884, que cette convocation n'est obligatoire que quand tous les adjoints qui forment une personne morale indivisible viennent à manquer, soit ensemble, soit successivement, mais que la nécessité de cette convocation peut résulter de circonstances de fait dont le gouvernement est seul

23 déc. 1884, aff. El. de Saverdun, D. P. 86. 3. 27 ; 30 janv. 1885, aff. El. d'Angers, D. P. 86. 3. 29 ; 6 févr. 1885, aff. El. de Nempont-Saint-Firmin, *Rec. Cons. d'Etat*, p. 156 ; 27 févr. 1885, aff. El. de Montluçon, aff. El. de Denguin, D. P. 86. 5. 189 ; 20 mars 1885, aff. El. de Laruns, D. P. 86. 5. 190 ; 27 mars 1885, aff. El. de Cany, D. P. 86. 3. 111 ; 8 mai 1885, aff. El. de Loches, *Rec. Cons. d'Etat*, p. 500 ; 15 mai 1885, aff. El. de Villefloure, *ibid.*, p. 520 ; 12 juin 1885, aff. El. de Caubous, *ibid.*, p. 577). Un conseiller municipal dont l'élection est attaquée, n'en a pas moins le droit de voter pour la nomination du maire tant que l'élection de ce conseiller n'est pas invalidée (Arrêt précité du 2 déc. 1881 ; 20 mars 1885, aff. El. de Deli Ibrahim, *Rec. Cons. d'Etat*, p. 350 ; 11 juin 1886, aff. El. de Trausse, *Rec. Cons. d'Etat*, p. 524. V. conf. Bavelier, *Dictionnaire du droit électoral*, v° *Maire*, n° 21). Le droit de voter pour l'élection des maires et adjoints appartient même au conseiller dont l'élection a été annulée par le conseil de préfecture tant que cette annulation n'est pas définitive (Cons. d'Et. 1er mai 1885, aff. El. de Bezonce, *Rec. Cons. d'Etat*, p. 475).

Les séances des conseils municipaux étant publiques, aux termes de la loi actuelle, et aucune exception n'étant faite pour les séances dans lesquelles seront élus le maire et les adjoints, le public devra être admis à y assister. Mais le conseil pourra, aux termes de l'art. 54, se constituer en comité secret sur la demande de trois de ses membres.

130. Dans le cas où le conseiller élu maire refuse séance tenante d'accepter ces fonctions, il peut être procédé sans désemparer à une nouvelle élection (Cons. d'Et. 30 janv. 1885, aff. El. de Balanzac, *Rec. Cons. d'Et.*, p. 124 ; 1er mai 1885, aff. El. de Souchamp, D. P. 86. 3. 112). Mais, dans ce cas, il y a non une continuation des opérations auxquelles il a été antérieurement procédé, mais une élection nouvelle, et, dès lors, la majorité absolue est nécessaire pour la validité de l'élection au 1er et au 2e tour de scrutin (Arrêt précité du 1er mai 1885). Lorsque le maire élu refuse après avoir accepté, cette démission n'autorise pas à procéder séance tenante à une élection nouvelle (Cons. d'Et. 27 mars 1885, aff. El. de Visan, D. P. 86. 3. 28).

131. Les nominations des maires et adjoints doivent, d'après l'art. 78, être rendues publiques dans les vingt-quatre heures de leur date, par voie d'affiche, à la porte de la mairie ; elles doivent être, dans le même délai, notifiées au sous-préfet. Cette disposition a pour but de porter le plus promp-

juge ; — Est d'avis qu'il y a lieu de répondre à la question du ministre de l'intérieur dans, le sens des observations qui précèdent.

(2) (Elect. de Surdoux.) — LE CONSEIL D'ETAT ; — Vu la loi des 15-27 mars 1791 ; — Sur le grief tiré de ce que l'instituteur aurait assisté à l'élection en qualité de secrétaire : — Considérant que ce fait ne constitue pas une irrégularité ; que, d'ailleurs, le procès-verbal des opérations électorales ne porte que la signature du sieur Peyclit, membre du conseil municipal, désigné par cette assemblée pour remplir les fonctions de secrétaire ; — Sur le grief tiré de ce que le conseil municipal n'était pas constitué de manière à procéder valablement à l'élection du maire : — Considérant que, par les élections du 9 janv. 1881, il a été procédé au renouvellement intégral du conseil municipal de la commune de Surdoux ; que, si deux conseillers municipaux élus ont déclaré, antérieurement à l'élection du maire, ne pas accepter leur mandat, les requérants ne sont pas fondés à soutenir que le conseil municipal n'avait pas été complété conformément aux prescriptions de l'art. 9 de la loi du 14 avr. 1871 ; — Considérant, d'autre part, que les membres des corps électifs exercent, aussitôt après leur élection, et tant qu'elle n'a point été invalidée, tous les droits qui sont conférés par les lois aux membres de ces corps ; que ce principe est consacré par l'art. 9 de la loi des 15-27 mars 1791, qui décide que l'exercice provisoire du mandat demeure aux membres des corps électifs dont l'élection se trouverait attaquée ; qu'il suit de là que, s'il est vrai qu'un des membres du conseil municipal se trouvait dans un des cas d'incapacité prévus par la loi du 5 mai 1855, et si une des protestations contre les élections, qui avaient eu lieu le 9 janv. 1881 pour le renouvellement du conseil municipal, avaient été formées devant le conseil de préfecture, les conseillers municipaux élus le même jour ont pu néanmoins procéder valablement à l'élection du maire :...— Art. 1er. Le recours des sieurs Mazaudoir et autres est rejeté.

Du 2 déc. 1881.-Cons. d'Et.-MM. Baudenet, rap.-Chante-Grellet, concl.

tement possible ces nominations à la connaissance de tous ceux qui peuvent avoir intérêt à les attaquer. Nous avons dit au *Rép.* n° 231, que pour que le maire pût exercer ses fonctions, il fallait qu'il fût installé. Cette installation depuis l'abolition du serment n'a plus d'objet et n'est constatée par aucune formalité particulière, et il suffit que le maire ait pris possession de la mairie pour qu'il soit considéré comme investi de ses fonctions (Crim. cass. 19 nov. 1874, aff. S..., D. P. 75. 1. 329). Toutefois, un arrêt du conseil d'Etat du 29 juin 1874 (aff. T..., D. P. 75. 1. 329, notes 1 et 2) décide que le maire n'entre en fonctions que du jour de son installation, et non du jour de sa nomination; mais il ne spécifie pas en quelle forme doit avoir lieu cette installation.

132. L'art. 79 détermine les voies de recours ouvertes contre l'élection des maires et adjoints. Cette élection peut être arguée de nullité dans les conditions, formes et délais prescrits pour les réclamations contre les élections du conseil municipal. Le délai de cinq jours ne commence à courir que vingt-quatre heures après l'élection, c'est-à-dire après l'expiration du délai donné au maire nouvellement élu pour faire afficher à la porte de la mairie le résultat des élections. On s'est demandé, toutefois, si dans le cas où l'obligation de l'affichage dans les vingt-quatre heures n'aurait pas été remplie, le délai de cinq jours devrait commencer à courir vingt-quatre heures après l'élection ou seulement à partir du moment où aurait eu lieu l'affichage. Le rapporteur, à la Chambre des députés, s'est expliqué sur ce point en termes très catégoriques, à la suite d'une question posée par M. Arthur Legrand. « Il est certain, a-t-il dit, que le délai imparti aux électeurs qui voudraient former un pourvoi contre l'élection d'un maire ne court qu'à partir du moment où ils ont pu en avoir connaissance, c'est-à-dire à partir du moment où l'élection a été publiée par voie d'affichage, que cet affichage ait eu lieu immédiatement ou à la vingt-quatrième heure. Le délai de cinq jours ne compte qu'à partir de ce moment-là. » (*Journal off.* 26 oct. 1883, p. 2128). Malgré cette déclaration, M. Morgand pense que le délai commence à courir après les vingt-quatre heures accordées pour l'affichage, dans le cas même où cet affichage n'a pas lieu (*ibid.*, p. 403). Le conseil d'Etat décide que dans le cas où la nomination d'un maire n'a pas été rendue publique, conformément à l'art. 78 de la loi du 5 avr. 1884, le délai pour réclamer n'a commencé à courir que du jour où elle a été portée à la connaissance des électeurs (Cons. d'Et. 13 févr. 1885, aff. El. de Cambia, D. P. 86. 5. 190).

133. L'élection du maire et des adjoints peut être attaquée comme celle des conseillers municipaux par tout conseiller municipal et tout électeur: elle peut être également déférée par le préfet au conseil de préfecture dans le délai de quinzaine à dater de la réception du procès-verbal (Circ. min. int. 10 avr. 1884).

Mais un électeur ne serait pas fondé à se prévaloir pour attaquer l'élection d'un maire de ce que celui-ci ne remplirait pas les conditions requises par la loi pour faire partie du conseil municipal, alors qu'au point de vue de l'élection de ce candidat au conseil, aucune protestation n'aurait été formée en temps utile (D. P. 83. 3. 78, note 3; 11 nov. 1881, aff. El. de Saint-Cirq-Madelon, D. P. 83. 3. 78; 2 déc. 1881, aff. El. de Commenailles, *ibid.*; 16 déc. 1881, aff. El. d'Atton, *ibid.*; 13 mars 1885, aff. El. de Vérac, D. P. 86. 5. 186). En effet, l'art. 73 de la loi dispose purement et simplement que le maire et les adjoints sont élus parmi les membres du conseil municipal; et il en résulte que tous les membres du conseil dont l'élection est devenue définitive sont éligibles.

Il y aurait, d'ailleurs, un réel inconvénient à faire constater par une décision contentieuse l'irrégularité de la nomination d'un conseiller municipal qui n'en resterait pas moins en possession de son mandat et de toutes les prérogatives qui y sont attachées à l'exception de l'éligibilité aux fonctions de maire.

134. Lorsque l'élection des maires et adjoints est définitivement annulée, ou lorsque les élus cessent leurs fonctions pour toute autre cause, le conseil doit, s'il est complet, être convoqué en session extraordinaire pour procéder au remplacement dans le délai de quinzaine. Cette prescription impérative est rappelée par une circulaire ministérielle du 22 mai 1885 (*Bull. min. int.*, 1885, p. 121). Il résulte des explications échangées entre le commissaire du Gouvernement, le rapporteur, et M. Oscar de Vallée qu'il ne pourra être procédé à l'élection que lorsque l'annulation sera devenue définitive, c'est-à-dire après l'expiration des délais du pourvoi contre l'arrêté d'annulation rendu par le conseil de préfecture ou après la confirmation de l'annulation par le conseil d'Etat. Le recours au conseil d'Etat est donc suspensif en cette matière, comme il l'est d'après l'art. 40, contre les arrêtés d'annulation de l'élection des conseillers municipaux (Circ. min. int. 10 avr. 1884, et D. P. 84. 4. 29, note 79).

S'il y a lieu de procéder à des élections complémentaires, les électeurs doivent être convoqués dans la quinzaine de la vacance pour que le maire puisse être élu dans la quinzaine suivante. Dans ce cas, c'est seulement l'arrêté de convocation et non l'opération même du scrutin qui doit intervenir quinze jours au plus tard après la vacance ouverte (Circ. précitée du 22 mai 1885). Si après les élections complémentaires de nouvelles vacances se produisent, l'art. 77 sera applicable (art. 79).

135. Un électeur qui ne fait pas partie du conseil municipal ne peut être élu maire (Cons. d'Et. 20 févr. 1885, aff. El. de Laveyrune, D. P. 86. 5. 185). Mais comme nous l'avons constaté sous la législation antérieure (*Rép.* n° 220), tous les membres des conseils municipaux ne peuvent pas être revêtus des fonctions de maires ou d'adjoints. D'après l'art. 80, ces fonctions ne peuvent être exercées, même temporairement, par les agents et employés des administrations financières, les trésoriers payeurs généraux, les receveurs particuliers et les percepteurs, les agents des forêts, ceux des postes et télégraphes, ainsi que les gardes des établissements publics et des particuliers. Cette disposition a été déclarée applicable à un courrier convoyeur des postes et télégraphes intérimaire et en cette qualité (Cons. d'Et. 27 mai 1885, aff. El. de Jabreille, D. P. 86. 5. 186). — Un membre de phrase inséré dans le projet primitif déclarait cette disposition inapplicable aux titulaires et gérants des bureaux de tabac. Mais, sur les observations du ministre des finances et de M. Lorois, ce paragraphe a été supprimé; par suite, les titulaires et gérants des bureaux de tabac doivent être, comme tous les agents et employés des administrations financières, exclus des fonctions municipales (Cons. d'Et. 10 juill. 1885, aff. El. d'Igé, D. P. 87. 3. 8), et cette règle est applicable même au titulaire qui ne gère pas lui-même (Même arrêt). Le rapporteur a, d'ailleurs, formellement déclaré que les receveurs buralistes étaient compris dans les personnes appartenant à des administrations financières et que, par conséquent, ils ne pourraient être maires (D. P. 84. 4. 50, note 80. V. conf. Cons. d'Et. 13 févr. 1885, aff. El. de Maurens, D. P. 86. 3. 109).

D'après un avis du conseil d'Etat du 13 mars 1888 (1) la loi du 5 avr. 1884 a fait cesser l'incompatibilité antérieure-

---

(1) 13-22 mars 1888. — *Avis du conseil d'Etat sur la question de savoir si la loi municipale du 5 avr. 1884 a maintenu le principe de l'incompatibilité entre les fonctions de maire et celles de greffier de justice de paix.*

Le conseil d'Etat qui, sur le renvoi ordonné par le garde des sceaux, ministre de la justice, a pris connaissance de la question de savoir si la loi municipale du 5 avr. 1884 a maintenu le principe de l'incompatibilité entre les fonctions de maire et de greffier de justice de paix; — Vu la loi du 30 janv. 1791; — Vu la loi du 24 vend. an 3, tit. 1er, art. 1er; — Vu les lois du 21 mars 1831, art. 6, et du 5 mai 1855, art. 5; — Vu la loi du 5 avr. 1884, art. 33, 76, 80 et 168; — Vu la dépêche du ministre de l'intérieur en date du 30 nov. 1887; — Vu la dépêche du

garde des sceaux, ministre de la justice, en date du 25 févr. 1888; Considérant, d'une part, que la loi du 30 janv. 1791 et celle du 24 vend. an 3 ont statué en termes formels que les fonctions de greffier de justice de paix sont incompatibles avec celles d'officier municipal; que la loi du 21 mars 1831, art. 6, et la loi du 5 mai 1855, art. 5, édictent la même incompatibilité à l'égard des *membres* des cours, des tribunaux et des justices de paix, et que la loi du 20 avr. 1810 sur l'organisation judiciaire (art. 63), ainsi que les décrets du 6 juill. 1810, art. 36, et du 18 août 1810, art. 28, mentionnent expressément les greffiers parmi les membres de ces diverses juridictions;

Mais considérant, d'autre part, que la loi du 5 avr. 1884, énumérant dans son art. 33, les cas d'inéligibilité au conseil municipal, emploie le mot *magistrats* au lieu du mot *membres* des

ment établie entre les fonctions de greffier de justice de paix et celles de maire et d'adjoint. Aucune disposition ne frappe d'inéligibilité aux fonctions municipales l'électeur qui reçoit un secours sur les fonds du budget départemental (Cons. d'Et. 12 juin 1885 cité *suprà*, n° 126).

Le projet primitif déclarait inéligibles aux fonctions de maires ou d'adjoints « les militaires et employés des armées de terre et de mer en activité de service ou en disponibilité. » Par ces mots *en disponibilité* on excluait, ainsi que le déclarait le rapporteur, tous les hommes appartenant à l'armée de réserve et à l'armée territoriale (D. P. 84. 4. 50, note 80). Cette disposition, vivement critiquée par M. le baron Reille, a été écartée par la Chambre. Les militaires en activité de service ne peuvent faire partie du conseil municipal, et, par conséquent, ne peuvent être maires ou adjoints ; mais cette exclusion ne doit pas atteindre les hommes de la réserve et de l'armée territoriale qui ne sont pas en activité de service.

Les agents salariés du maire ne peuvent être adjoints. Cette disposition s'applique non seulement aux employés salariés de la mairie, mais aux agents salariés du maire, en tant que simple particulier, ainsi que l'a expliqué le rapporteur à la Chambre des députés en répondant à M. Arthur Legrand. Il résulte de ces explications que le législateur a pensé que le maire ne pouvait pas avoir pour adjoints des hommes qui seraient « en quelque sorte attachés à sa personne, qui dépendraient entièrement de lui, de sa volonté, et qui ne pourraient pas constituer des administrateurs chargés d'aider l'administration du maire dans des conditions de parfaite indépendance... Quant à déterminer quels sont ces agents salariés, tout le monde comprend cette expression, et s'il s'élevait quelques difficultés à cet égard, elles seraient tranchées par la jurisprudence du conseil d'Etat » (D. P. *loc. cit.*).

Un conseiller élu maire et ayant refusé d'accepter sa nomination peut être élu adjoint (Cons. d'Et. 13 févr. 1885, aff. El. de Lanneplaa, D. P. 86. 3. 28).

Les inéligibilités qui viennent d'être énumérées sont absolues, en ce sens que ceux qui en sont l'objet ne peuvent être élus même en dehors du lieu de leur résidence (Morgand, p. 410).

136. Les maires et adjoints sont nommés pour la même durée que le conseil municipal. Mais dans le cas où postérieurement à leur nomination, ils acceptent des fonctions incompatibles avec celles de maires et d'adjoints, ils doivent, aux termes d'un avis de la section de l'intérieur du 20 janv. 1885, cesser immédiatement l'exercice de ces dernières fonctions. Il en est de même, dans le cas de suspension ou de révocation du maire ou des adjoints, ou de dissolution du conseil municipal. Dans les premiers cas, qui sont des cas d'empêchement, le maire est provisoirement remplacé dans la plénitude de ses fonctions, aux termes de l'art. 84, par un adjoint dans l'ordre des nominations, et à défaut d'adjoints, par un conseiller municipal désigné par le conseil, sinon pris dans l'ordre du tableau. Dans le cas de dissolution du conseil municipal, le maire est remplacé par le président de la délégation spéciale instituée conformément à l'art. 44.

En dehors de ces cas, les maires et adjoints continuent l'exercice de leurs fonctions, aux termes de l'art. 81, jusqu'à l'installation de leurs successeurs. Toutefois, dans le cas de renouvellement intégral, l'application de cette disposition présenterait de sérieux inconvénients et il pourrait être imprudent d'imposer à un conseil nouvellement élu, même pour un temps assez court, un maire avec lequel il pourrait se trouver en complète contradiction. La commission du Sénat, ainsi que l'exposait son rapporteur, a pensé qu'il y avait lieu d'écarter ces complications en remettant, dans le cas prévu et jusqu'à l'élection du nouveau maire, l'administration aux mains des conseillers municipaux dans l'ordre du tableau (D. P. 84. 4. 50, note 81). Ce système adopté par le Sénat a été consacré par le dernier paragraphe de l'art. 81.

137. Nous avons dit (*Rép.* n° 216) que les maires et adjoints peuvent se démettre de leurs fonctions. Le maire ou l'adjoint démissionnaire continue en principe, par application de l'art. 81, § 2, et conformément à la jurisprudence antérieure (Cons. d'Et. 1er juin 1883, aff. El. de Moissey, *Rec. Cons. d'Etat*, p. 513), l'exercice de ses fonctions jusqu'à l'installation de son successeur (Av. Cons. d'Et. 20 janv. 1885, D. P. 86. 3. 27. V. conf. Cons. d'Et. 11 juin 1886, aff. El. de Saint-Jean-le-Centenier, D. P. 87. 3. 127). Il en est de même du maire dont l'élection comme conseiller municipal et comme maire a été annulée (Cons. d'Et. 20 nov. 1885, aff. El. de Domazan, D. P. 87. 3. 51 ; 19 mars 1886, aff. El. de Saint-André et Appelles, D. P. 87. 3. 61). Toutefois, la section de l'intérieur avait, contrairement à ces arrêts, émis l'avis que le maire ou l'adjoint dont l'élection avait été annulée devait cesser l'exercice de ses fonctions aussitôt après avoir reçu la notification de l'arrêté qui avait définitivement prononcé cette annulation.

D'après le même avis, le maire démissionnaire peut être non seulement autorisé, mais même contraint par le préfet à remettre le service à un suppléant, par application de l'art. 84. La même solution a été admise sous l'ancienne législation par un arrêt du conseil d'Etat du 20 avr. 1883 (aff. Paquet, D. P. 84. 3. 123). On peut se demander toutefois s'il est exact d'assimiler la démission à un empêchement et si, par conséquent, le cas dont il s'agit rentre dans les prévisions de l'art. 84.

138. Dans le cas où un maire a donné sa démission et a, par suite, cessé d'exercer ses fonctions, le préfet ne peut, après avoir définitivement accepté cette démission, autoriser le maire démissionnaire à reprendre ses fonctions (Cons. d'Et. 7 août 1883, aff. Champeaux, Lospied et Bernard, D. P. 85. 3. 66).

De même, aux termes de l'avis du 20 janv. 1885, cité *suprà* n° 137), le maire dont l'élection comme conseiller municipal a été annulée, et qui vient à être réélu conseiller municipal, ne reprend l'exercice des pouvoirs de maire qu'en vertu d'une nouvelle élection.

139. Lorsque les élections municipales ont été définitivement annulées, et que le maire et l'adjoint ont été suspendus de leurs fonctions, le préfet peut désigner un délégué pris en dehors de l'ancien conseil pour remplir provisoirement les fonctions de maire (Cons. d'Et. 15 janv. et

---

cours et tribunaux, et que par là, elle a entendu formellement restreindre l'inéligibilité aux seuls magistrats, à l'exclusion des greffiers ; — Que cette volonté résulte du rejet, sur les observations de la commission, d'un amendement tendant à la substitution du mot *membres* au mot *magistrats*, dans le but d'étendre l'inéligibilité aux greffiers ; — Qu'en ce qui concerne spécialement les greffiers de justice de paix, la volonté du législateur de 1884 s'est encore plus clairement exprimée, en remplaçant dans le même art. 33, les mots *membres des justices de paix*, par ceux *de juges de paix titulaires* ; — Qu'il en résulte que les greffiers de toutes les juridictions et spécialement les greffiers de justices de paix, sont éligibles au conseil municipal dans les communes de leur ressort ;

Considérant, en outre, qu'aux termes de l'art. 76 de la loi de 1884 « le conseil municipal élit les maires et adjoints parmi ses membres », et que, par conséquent, tout conseiller municipal régulièrement élu, peut être nommé maire ou adjoint, à moins de dérogation expresse à cette règle générale ; — Que cette dérogation est, en effet, posée dans l'art. 80 à l'égard d'un certain nombre de fonctionnaires, mais que les greffiers n'y sont pas compris ; — Qu'il faut en conclure que les

greffiers, et spécialement les greffiers de justices de paix, éligibles au conseil municipal aux termes de l'art. 33 de la loi de 1884, et non exclus par l'art. 80 dont l'énumération est limitative, sont également éligibles aux fonctions de maire et d'adjoint ;

Considérant que l'on invoquerait en vain, en sens contraire, les termes impératifs des lois de 1791 et de l'an 3 et le fait que ces lois ne sont pas au nombre de celles que l'art. 168 de la loi de 1884 abroge explicitement ; — Que cet article, en effet, ne se borne pas à abroger les lois qu'il désigne nominativement, mais que, dans son numéro 28, il abroge d'une manière générale « toutes dispositions contraires à la présente loi » ;

Considérant qu'il a été établi par ce qui précède, que la volonté certaine du législateur de 1884 a été de faire cesser l'incompatibilité légale existant entre les fonctions de greffier et celles de maire ou d'adjoint, que, dès lors, les lois de 1791 et de l'an 3, en tant qu'elles prononcent cette incompatibilité, tombent sous l'application de l'abrogation générale édictée par le numéro 28 de la loi du 5 avr. 1884 ;

Est d'avis de répondre dans le sens des observations qui précèdent.

12 févr. 1886, aff. El. de Collias et de Frasseto, D. P. 87. 3. 61), ce droit lui appartient également dans le cas où le maire est suspendu de ses fonctions et où l'adjoint est démissionnaire (Cons. d'Et. 19 mars 1886, aff. El. de Campile, D. P. 87. 3. 61). Le délégué ainsi désigné peut prendre possession de ses fonctions, bien que le maire n'ait pas reçu notification de l'arrêté de suspension, si c'est par son fait qu'il n'a pas reçu cette notification (Arrêt précité du 12 févr. 1886), et c'est à lui qu'il appartient de clore les listes électorales (Même arrêt).

140. Le droit de suspendre et de révoquer les maires et adjoints que la législation antérieure conférait au Gouvernement leur a été maintenu par la loi du 5 avr. 1884. Aux termes de l'art. 2 de la loi du 5 mai 1855, les maires et adjoints pouvaient être suspendus par arrêté du préfet ; mais cet arrêté cessait d'avoir effet s'il n'était confirmé dans le délai de deux mois par le ministre de l'intérieur. Lorsque cette confirmation avait été donnée, la suspension pouvait durer jusqu'au renouvellement général des municipalités. L'art. 86 de la loi nouvelle limite à un mois la durée de la suspension prononcée par le préfet ; cette durée peut être portée à trois mois par l'arrêté confirmatif du ministre. Dans les colonies, la suspension peut être prononcée pour trois mois par le gouverneur ; mais elle ne peut être prolongée par le ministre. L'autorité qui a pris la décision peut toujours en arrêter les effets en levant la suspension (Morgand, t. 1, p. 438). La révocation des maires et adjoints ne peut être prononcée que par décret rendu sur la proposition du ministre de l'intérieur.

La révocation ne peut frapper qu'un maire réellement en fonctions : le conseil d'Etat a, en conséquence, déclaré nul comme entaché d'excès de pouvoirs un décret révoquant un maire élu par le conseil municipal qui s'était réservé de faire connaître dans un bref délai s'il acceptait ou non les fonctions municipales et n'en était pas encore investi (Cons. d'Et. 26 juin 1874, aff. Trépagne, D. P. 75. 3. 64).

141. Les maires et adjoints révoqués sont inéligibles pendant un an à partir du décret de révocation. Toutefois, cette inéligibilité cesse si, avant cette époque, il est procédé au renouvellement général des conseils municipaux. Mais il résulte d'une modification apportée par le Sénat au texte voté par la Chambre que l'inéligibilité du maire révoqué ne cesserait pas dans le cas de renouvellement intégral du conseil municipal dont il fait partie (V. conf. Cons. d'Et. 1er mai 1885, aff. El. de Bénévent l'Abbaye, D. P. 86. 3. 112). Le Gouvernement peut faire cesser l'inéligibilité du maire révoqué en rapportant par un décret le décret de révocation (Cons. d'Et. 19 juill. 1878, aff. El. de Berck, D. P. 79. 3. 5; 6 août 1878, aff. El. d'Ornoy, Rec. Cons. d'État, p. 833 ; 6 déc. 1878, El. de Villedieu, ibid., p. 995 ; 21 févr. 1879, El. de Daux, ibid., p. 166).

Les arrêtés de suspension et les décrets de révocation n'ont pas besoin d'être motivés (Morgand, t. 1, p. 439 et 441). Mais lorsqu'ils sont motivés, les motifs qu'ils contiennent ne peuvent être discutés par la voie contentieuse (Cons. d'Et. 16 janv. 1880, aff. El. de Grézillé, D. P. 82. 3. 13 ; 13 févr. 1885, aff. Laffitte, Rec. Cons. d'Etat, p. 169 ; 3 févr. 1888) (1).

Art. 3. — Des conseillers municipaux ; — Nomination, installation et tableau ; Réunions ; Délibérations ; Annulation des délibérations et dissolution du conseil ; Prérogatives (Rép. nos 232 à 300).

142. — I. Mode de nomination. — Les conseils municipaux sont élus pour quatre ans ; ils sont renouvelés intégralement le premier dimanche de mai, dans toute la France, lors même qu'ils ont été élus dans l'intervalle (art. 41). La durée des pouvoirs des conseils municipaux était fixée à trois ans par l'art. 8 de la loi du 14 avr. 1871 ; la Chambre des députés a écarté un amendement de M. de Douville-Maillefeu tendant au maintien de cette limitation. « Quatre années, a dit le rapporteur, ont paru un temps minimum nécessaire pour

la préparation et l'exécution des projets d'une municipalité. Peut-être même faudrait-il prolonger cette durée, dans l'intérêt d'une bonne gestion, s'il n'était à craindre que les municipalités vinssent à perdre l'autorité morale dont elles ont besoin et qu'elles ne trouvent que dans l'opinion publique. »

Des considérations du même ordre ont été invoquées en faveur du système de renouvellement partiel qui, ainsi qu'on l'a vu (Rép. no 232), avait été établi par la loi de 1831 et a été en vigueur jusqu'en 1852. Un amendement de MM. Guyot et Félix Faure d'après lequel les conseils municipaux auraient été élus pour six ans et renouvelables par moitié tous les trois ans, a été repoussé par la Chambre, et le Sénat a également écarté un amendement identique de M. Bardoux. MM. de Marcère et Dreyfus ont fait ressortir, pour combattre ces amendements, le danger qu'il y aurait à voir la moitié nouvellement élue animée d'un esprit tout différent de celui de la moitié qui resterait en fonctions et l'anarchie qui en résulterait dans la gestion des affaires communales. Ils ont fait remarquer qu'en ce qui touche les conseils généraux, dont on invoquait l'exemple, le renouvellement partiel a pour effet d'appeler la moitié seulement des cantons à renouveler intégralement leurs mandataires, tandis que pour les communes la totalité du corps électoral renouvellerait périodiquement la moitié seulement des mandataires.

D'après le projet primitif, il devait être procédé à l'élection au moins quinze jours avant l'expiration du mandat des conseillers municipaux. Cette rédaction a paru manquer de clarté, et la commission du Sénat a proposé d'inscrire le premier dimanche de mai comme la date fixe à laquelle devraient avoir lieu désormais, tous les quatre ans, les élections générales municipales. Cette disposition a été adoptée, et le Sénat a repoussé un amendement de M. Poriquet tendant à fixer le renouvellement des conseils au deuxième dimanche de mars afin d'éviter tout retard de la session de mai consacrée au vote des budgets municipaux. Il a été répondu à l'auteur de l'amendement que la date du premier dimanche de mai, sans troubler sérieusement la préparation et le vote du budget, se plaçait dans une saison plus favorable, et permettait de faire les élections générales sur les listes closes le 31 mars précédent (D. P. 84. 4. 39, note 41).

143. L'administration est tenue dans un certain nombre de cas de pourvoir aux vacances qui se produisent pendant la période de quatre années assignée au mandat des conseils municipaux : 1° aux termes de l'art. 40, les électeurs doivent être convoqués dans le délai de deux mois lorsque l'annulation totale ou partielle des élections est devenue définitive ; — 2° Lorsque pour toute autre cause que l'annulation des élections, le conseil municipal se trouve réduit aux trois quarts de ses membres, il doit être procédé à des élections complémentaires dans le délai de deux mois (art. 42). Nous pensons, comme M. Morgand, p. 256, que les électeurs doivent être réunis dans le délai de deux mois et qu'il ne suffirait pas que l'arrêté qui les convoque fût pris dans ce délai. Cette obligation n'existait, sous la loi du 14 avr. 1871, que lorsque le nombre des vacances excédait le quart des membres du conseil. Toutefois, pour éviter la multiplicité excessive des opérations électorales, les élections complémentaires ne sont obligatoires dans les six mois qui précèdent le renouvellement intégral, que si le conseil a perdu la moitié de ses membres au lieu du quart (Même article). L'autorité supérieure a, d'ailleurs, toujours le droit, ainsi que le rappelle la circulaire du 15 mai 1884, et comme nous l'avons dit au Rép. no 239, de faire compléter le conseil municipal, alors même que le nombre des vacances est inférieur au quart. — La circonstance que le conseil se trouve réduit à un nombre de membres inférieur à celui que fixe l'art. 42 oblige l'administration à compléter le conseil, mais n'entraîne pas la nullité des délibérations prises par le conseil incomplet ; telle solution, consacrée par la jurisprudence antérieure (Cons. d'Et. 31 déc. 1878, aff. El. de Courcelles, D. P. 79. 3. 100),

---

(1) (Buisson.) — Le conseil d'Etat ; — Considérant qu'en suspendant de ses fonctions le maire de la commune de Saint-Orse, le préfet de la Dordogne n'a fait qu'user des pouvoirs qui lui sont conférés par l'art. 86 de la loi du 5 avr. 1884, et que l'apprécia- tion des motifs sur lesquels est fondé son arrêté n'est pas susceptible d'être soumise au conseil d'Etat par la voie contentieuse ; que, dès lors, le recours n'est pas recevable (Rejet). Du 3 févr. 1888.-Cons. d'Et.-MM. Léon Grévy, rap.-Gauwain, concl.

ressort des déclarations du rapporteur dans la séance de la Chambre des députés du 12 févr. 1887 (D. P. 84. 4. 40, note 42, § 3); — 3° dans les communes divisées en sections, il y a toujours lieu de faire des élections partielles lorsque la section a perdu la moitié de ses conseillers (art. 42, § 3). Ainsi qu'on l'a vu d'ailleurs (art. 16), lorsqu'il y a lieu de remplacer des conseillers élus par des sections, ces remplacements doivent être faits par les sections auxquelles appartenaient ces conseillers; — 4° Enfin, conformément à ce qui a été précédemment exposé (art. 77), le conseil doit être complété, quel que soit le nombre des vacances, lorsqu'il y a lieu de remplacer le maire ou les adjoints.

144. — II. Installation et tableau. — Depuis l'abolition du serment politique, l'installation des conseillers municipaux (*Rép.* n°* 245 et 246) n'est autre chose que la prise de possession et ne se révèle par aucune formalité particulière dont l'absence puisse avoir un effet légal (Morgand, p. 278). Aussi, dès le jour de leur élection, les conseillers sont-ils investis de la plénitude de leurs pouvoirs (Cons. d'Et. 8 juin 1877, aff. El. de Courcerac, D. P. 78. 5. 218 ; 26 déc. 1878, aff. El. de Souceyrac, D. P. 79. 3. 99).

145. Conformément à ce qui a été dit au *Rép.* n° 247, les conseillers municipaux prennent rang dans l'ordre du tableau.D'après l'art.49,l'ordre du tableau est déterminé,même quand il y a des sections électorales : 1° par la date la plus ancienne des nominations ; 2° entre conseillers élus le même jour, par le plus grand nombre de suffrages obtenus ; 3° et à égalité de voix, par la priorité d'âge. Un double du tableau reste déposé dans les bureaux de la mairie, de la sous-préfecture et de la préfecture, où chacun peut en prendre communication ou copie. Cet article développe l'art. 18 de la loi du 5 mars 1855, et prévient spécialement toute difficulté dans le cas où la commune est divisée en sections électorales.

146. — III. Réunions des conseils municipaux. — Comme sous la législation antérieure rappelée au *Rép.* n° 248, les conseils municipaux se réunissent en session ordinaire quatre fois l'année. Mais la durée de la session qui, d'après l'art. 15 de la loi du 5 mai 1855, ne pouvait excéder dix jours,est portée à quinze jours, et elle peut être prolongée avec l'autorisation du sous-préfet. La session pendant laquelle le budget est discuté peut durer six semaines. Pendant les sessions ordinaires, le conseil municipal peut s'occuper de toutes les matières qui rentrent dans ses attributions (art. 46). La législation ancienne fixait l'ouverture des sessions ordinaires *au commencement* de février, mai, août et novembre. La loi nouvelle n'a maintenu que la fixation des mois sans indication de date. Le législateur de 1884 a introduit une innovation considérable en supprimant l'autorisation préalable à laquelle était précédemment soumise toute réunion extraordinaire d'un conseil municipal (*Rép.* n° 252). « Une des plaintes les plus fréquentes des municipalités, a dit le rapporteur à la Chambre des députés, était occasionnée par les entraves que la législation précédente apportait à la convocation et à la réunion des conseils municipaux. Sous ce rapport, les ombrages du pouvoir central étaient sans droit et sans justification. L'histoire si intéressante des communes de France les montre, aux époques éloignées, autrement libres d'allures qu'elles ne le sont aujourd'hui. Elles pouvaient se réunir et délibérer chaque fois que l'intérêt de la commune l'exigeait. L'Assemblée nationale leur rendit cette faculté : le conseil municipal s'assemblera au moins une fois par mois (Décr. 14 déc. 1789, art. 38). Tel est d'ailleurs le droit commun de presque toute l'Europe. La loi belge permet au maire de convoquer son conseil quand l'intérêt de la commune l'exige. En Angleterre, les conseils tiennent quatre sessions ordinaires et peuvent en outre être réunis par le maire ou par cinq conseillers, à son refus. En Prusse, et en général dans toute l'Allemagne, le conseil peut toujours être convoqué par son président, quand celui-ci le juge nécessaire. En Autriche une loi du 17 mars 1849 indique deux réunions ordinaires par an et permet des réunions extraordinaires, sur la convocation du bourgmestre ou du plus ancien conseiller. En cas d'urgence, la convocation est même obligatoire, quand le tiers des membres du conseil le demande... Les conseils municipaux de France n'ont-ils pas droit à une égale liberté? » (D. P. 84. 4. 29, note 47).

147. D'après l'art. 47 de la nouvelle loi, le préfet et le sous-préfet conservent le droit qui leur appartenait précédemment (*Rép.* n° 252) de prescrire les convocations extraordinaires. Mais le maire peut également réunir le conseil municipal chaque fois qu'il le juge utile. Il est tenu de le convoquer lorsque la demande motivée lui en est faite par la majorité des membres du conseil en exercice. Dans l'un ou l'autre cas, en même temps qu'il convoque le conseil, il donne avis au préfet ou au sous-préfet de cette réunion et des motifs qui la rendent nécessaire, mais sans être tenu d'attendre la réponse de ce fonctionnaire, ainsi que l'a déclaré le rapporteur à la Chambre des députés. La convocation contient alors l'indication des objets spéciaux et déterminés pour lesquels le conseil doit s'assembler, et le conseil ne peut s'occuper que de ces objets.

M. de Hérédia avait demandé que les conseils municipaux réunis en sessions extraordinaires pussent s'occuper de toutes les matières comprises dans leurs attributions. La Chambre des députés a rejeté cette proposition, sur l'observation, faite par le rapporteur, que les restrictions introduites dans la loi avaient l'avantage de sauvegarder l'intérêt des minorités et d'empêcher les maires de profiter de l'absence de certains membres de la loi qui limitait les époques, la durée et l'objet des réunions des conseils municipaux » (Morgand, p. 313, note 1). Des décrets analogues du 16 août 1860, du 6 janv. 1872 et du 8 juill. 1875 avaient confirmé l'annulation de délibérations par lesquelles des conseils municipaux avaient institué des commissions permanentes (*ibid.*).

La loi nouvelle consacre à cet égard par son art. 59 une importante innovation. Elle reconnaît aux conseils municipaux le droit de former des commissions qui fonctionneront non seulement pendant les sessions, mais encore dans l'intervalle des sessions ; qui pourront être nommées soit pour un objet déterminé, soit pour toute une catégorie d'affaires; dont les fonctions n'auront d'autre terme que l'achèvement de la mission qui leur aura été confiée, et qui pourront se perpétuer pendant toute la durée du mandat du conseil (Morgand, *loc. cit.*).

La circulaire du 15 mai 1884 rappelle, toutefois, que ces commissions ne peuvent être que de simples commissions d'études; qu'elles n'ont pas de pouvoirs propres et ne peuvent exercer, même en vertu de délégations, aucune des attributions réservées par la loi au conseil municipal. Toute commission qui méconnaîtrait ces règles commettrait un excès de pouvoir et ses actes seraient entachés de nullité.

149. L'art. 59 consacre formellement le droit qui appartient au maire de convoquer et de présider toutes les commissions. Le maire, qui en est président de droit, doit les convoquer dans les huit jours qui suivent leur nomination ou à plus bref délai sur la demande de la majorité des membres qui les composent. Dans cette première réunion, la commission désigne un vice-président qui pourra plus tard la convoquer ou la présider en cas d'absence ou d'empêchement du maire. A partir de la nomination de ce vice-président, nous croyons, contrairement à l'opinion émise par le rapporteur, que le maire ne pourrait se faire remplacer dans la présidence de la commission par un adjoint ou un conseiller municipal délégué (D. P. 84. 4. 44, note 59).

150. L'art. 16 de la loi du 5 mai 1855 exigeait que la convocation pour les sessions ordinaires eût lieu trois jours à l'avance, et pour les sessions extraordinaires cinq jours, sauf abréviation des délais par le sous-préfet. L'art. 48 de la loi nouvelle n'exige, dans tous les cas, qu'un délai de trois jours francs, qui peut être abrégé en cas d'urgence par le préfet ou le sous-préfet. Le projet primitif voté par la Chambre laissait le maire seul juge de l'urgence et lui permettait, dans ce cas, de convoquer le conseil dans les vingt-quatre heures.

6

Le Sénat a repoussé cette disposition sur l'observation, faite par M. Clément, que « le maire pourrait, par une convocation précipitée, profiter de l'absence de certains membres opposés au projet et qui ne pourraient pas se rendre à la convocation, qui n'auraient pas été prévenus, qui n'auraient même pas pu, en s'absentant, soupçonner la convocation du conseil municipal ». — D'après la rédaction qui a été adoptée, c'est au préfet ou au sous-préfet qu'il appartient de déterminer : 1° s'il y a urgence ; 2° quelle abréviation de délai peut être concédée.

151. L'irrégularité résultant de ce que les conseillers municipaux n'ont pas été convoqués dans le délai légal, sans que ce délai ait été abrégé, est de nature à entraîner l'annulation des délibérations prises, et spécialement de l'élection des maires et adjoints (Cons. d'Et. 28 déc. 1877, aff. El. de Prunières, D. P. 78. 3. 43 ; 31 mai 1878 aff. El de Trosly-Breuil, D. P. 79. 3. 6 ; 27 mars 1885, aff. El. d'Ailloncourt, D. P. 86. 3. 110). La nullité des délibérations résulterait également d'une irrégularité dans la forme de la convocation. Il en serait ainsi notamment si la convocation avait été faite par un avertissement verbal (Cons. d'Et. 9 mai 1873, aff. El. de Saint-Bonnet, D. P. 78. 3. 43, note 4), ou si elle ne contenait pas l'indication de l'objet de la réunion (Cons. d'Et. 20 févr. 1885, aff. El. de Carhaix, D. P. 86.3. 111).

152. Aux termes de l'art. 48, la convocation doit être mentionnée au registre des délibérations et affichée à la porte de la mairie. Mais la non-transcription au registre n'est pas une cause de nullité lorsque tous les conseillers ont été régulièrement convoqués (Cons. d'Et. 20 nov. 1885, aff. El. de Sabreilles, Rec. Cons. d'Etat, p. 861).

153. Conformément à ce qui a été exposé au Rép. n° 257, sous l'empire de l'ancienne législation, la présidence du conseil appartient, d'après l'art. 52 de la loi actuelle au maire ou à son défaut « à celui qui le remplace », c'est-à-dire aux adjoints dans l'ordre des nominations et à défaut d'adjoints au conseiller municipal désigné par ses collègues ou pris dans l'ordre du tableau, ainsi que le proscrit l'art. 84. Toutefois le maire ne doit pas présider la séance dans laquelle sont discutés ses comptes, et, comme l'art. 25 de la loi du 18 juill. 1837 rapporté au Rép. n° 257, le second paragraphe de l'art. 52 défère dans ce cas la présidence à un membre élu par le conseil. Le Sénat a repoussé le système adopté par la Chambre des députés qui confiait la présidence au doyen d'âge. Le maire peut, lors même qu'il ne serait plus en fonctions, assister à la séance dans laquelle sont discutés ses comptes, mais il doit se retirer au moment du vote. La délibération doit être adressée au sous-préfet par les soins du président.

154. Ainsi qu'on l'a vu, sous la législation ancienne (Rép. n° 258), les fonctions de secrétaire sont remplies par un ou plusieurs membres désignés par le conseil au début de chaque session et pour sa durée (art. 53). Bien que la loi nouvelle ne s'explique pas sur ce point, la désignation du secrétaire doit être faite au scrutin secret et à la majorité absolue des membres présents, conformément à la règle générale édictée par l'art. 51, al. 2: c'est ce que décidait expressément l'art. 19 de la loi du 5 mai 1855. Il a été jugé, d'ailleurs, que, bien que le maire ait refusé de faire nommer un secrétaire du conseil municipal, la délibération intervenue n'en est pas moins valable, alors qu'il n'est même pas allégué que le procès-verbal ait inexactement rapporté les résultats de cette délibération (Cons. d'Et. 25 avr. 1868, aff. Paunier, D. P. 71. 3. 86 ; 30 mai 1884, aff. Larcher, D. P. 85. 3. 105). A plus forte raison le faitque le secrétaire du conseil municipal n'aurait pas été élu à la majorité absolue ne peut entraîner la nullité de la délibération, lorsque ce fait n'a pu exercer aucune influence sur le résultat du vote (Cons. d'Et. 13 avr. 1877, aff. El. de Barbonne, Rec. Cons. d'Etat, p. 341).

On s'était demandé si, dans le cas où aucun membre du conseil municipal ne voudrait accepter les fonctions de secrétaire, le conseil pourrait appeler un étranger pour remplir ces fonctions (Rép. n° 259). Cette question n'est pas tranchée par la loi du 5 avr. 1884; mais aux termes de l'art. 53, al. 2, le conseil municipal peut « adjoindre des auxiliaires pris en dehors de ses membres, qui assisteront aux séances, sans y participer. » Cette disposition consacre un usage assez généralement suivi sous les lois antérieures. — Il a été jugé que le conseil municipal peut autoriser le secrétaire de la mairie à assister, pendant les séances, le secrétaire du conseil, pourvu que cette autorisation ne lui confère aucune des attributions que la loi réserve aux conseillers municipaux, et particulièrement à celui qui remplit les fonctions de secrétaire du conseil (Cons. d'Et. 17 févr. 1862, aff. Bertrand, D. P. 62. 3. 81).

155. — IV. Délibérations des conseils municipaux. — Conformément à ce qui a été exposé au Rép. n° 262 sous l'empire de l'ancienne législation, le conseil municipal ne peut, aux termes de l'art. 50 de la loi actuelle, délibérer valablement que si la majorité des membres en exercice assiste à la séance. Ainsi que nous l'avons dit ibid., on doit entendre par membres en exercice tous les membres qui font actuellement partie du conseil.

156. Nous avons exposé que, sous l'ancienne loi (Rép. n° 263), les conseillers qui avaient donné leur démission devaient être considérés comme en exercice tant que leur démission n'avait pas été acceptée (Cons. d'Et. 24 nov. 1882) (1); aujourd'hui les conseillers démissionnaires doivent être comptés parmi les membres en exercice jusqu'au moment où leur démission est devenue définitive (Cons. d'Et. 21 nov. 1884, aff. El. d'Autry, D. P. 86. 3. 27 ; 23 déc. 1884, aff. El. de Saverdun et de Cruis, ibid. ; et 9 janv. 1885, aff. El. de Chéragas, ibid. ; 3 déc. 1886, aff. El. de Vanves, Rec. Cons. d'État, p. 862 ; 29 avr. 1887, aff. El. de Calais, ibid., p. 346), c'est-à-dire, d'après l'art. 60, jusqu'au moment où le préfet en a accusé réception ou, à défaut de cet accusé de réception, jusqu'à l'expiration du mois qui suit un nouvel envoi de la démission par lettre recommandée. La communication verbale donnée par le sous-préfet au conseiller démissionnaire d'une dépêche télégraphique du préfet acceptant la démission n'a pas pour effet de la rendre définitive (Cons. d'Et. 24 juill. 1887, aff. El. de Curimente, D. P. 87. 3. 18).

Il résulte de ce qui précède : 1° qu'un conseiller municipal peut valablement retirer sa démission tant qu'elle n'est pas définitive (Arrêt précité du 24 juill. 1887) ; — 2° Que le conseil municipal est au complet et a pu procéder valablement à la nomination du maire dans le cas où les membres élus ont déposé leur démission au commencement de la séance où a eu lieu cette nomination (Arrêt précité du 21 nov. 1884), et dans le cas où, antérieurement à cette séance, ils ont déclaré ne pas accepter le mandat qui leur avait été conféré (Cons. d'Et. 23 déc. 1884, aff. El. de Saverdun, D. P. 86. 3. 27 ; 23 janv. 1885, aff. El. de Cruis, ibid.). Ce qui est applicable même aux membres du conseil qui n'ont pas été installés (Arrêt précité du 21 nov. 1884). Ce qui vient d'être dit de la démission s'applique également à la non-acceptation du mandat de conseiller municipal (Cons. d'Et. 23 déc. 1884, aff. de Saverdun, D. P. 86. 3. 27 ; 23 janv. 1885, aff. El. de Cruis, ibid.). Il avait été jugé en sens contraire, sous la législation antérieure, qu'un conseiller municipal qui refuse d'accepter les fonctions auxquelles il a été appelé doit être considéré comme n'ayant jamais été investi de ces fonctions (Cons. d'Et. 26 janv. 1874, aff. Trépagne, D. P. 75. 3. 64 ; 29 juin 1877, aff. El. de Saint-Saturnin, D. P. 77. 3. 91 ; 6 déc. 1878, aff. El. de Pogny, D. P. 79. 5. 174 ; 2 févr. 1883, aff. El. d'Uzès, D. P. 84. 3. 92).

157. La majorité exigée pour la validité de la délibération

---

(1) (Elections de Belpech.) — Le conseil d'état ; — Vu la loi du 28 mars 1882 ; — Considérant qu'il ne résulte pas de l'instruction que la démission du sieur Sibra, conseiller municipal, ait été acceptée, ni qu'il lui ait été fait application des dispositions de l'art. 20 de la loi du 5 mai 1855 ; — Considérant, d'autre part, qu'à la date du 17 avr. 1882, jour où a été pris l'arrêté de convocation, aucune vacance existant dans le conseil municipal de la

commune de Belpech n'avait été portée à la connaissance de l'autorité supérieure, et que, dans ces circonstances, ledit conseil a pu régulièrement procéder, à la date du 23 avr. 1882, à l'élection du maire et de l'adjoint de la commune ; que, dès lors, c'est avec raison que le conseil de préfecture a rejeté la réclamation du sieur Fil (Rejet).

Du 24 nov. 1882.-Cons. d'Et.-MM. Quennec, rap.-Marguerie, concl.

est toujours calculée sur le nombre des membres en exercice, alors même que ce nombre est inférieur aux trois quarts de l'effectif légal (V. *suprà*, n°s 60 et suiv.).

En exigeant la présence de la majorité des membres en exercice, le législateur a entendu parler de leur présence au moment du vote: il ne suffirait donc pas que la majorité eût assisté à la discussion, si elle n'avait pas assisté au vote (Cons. d'Et. 2 févr. 1870, aff. Merger, D. P. 71. 3. 15; 11 juill. 1873, aff. Fondard, D. P. 74. 3. 36. V. conf. Chauveau, *Journal de droit administratif*, 1866, p. 484, et 1868, p. 247. — *Contrà: Journal des communes*, 1870, p. 177). La jurisprudence décide, au contraire, lorsqu'il s'agit des élections des maires, adjoints ou délégués sénatoriaux, que, dans le cas où la majorité des membres en exercice est présente à l'ouverture de la séance, c'est-à-dire au moment où le doyen d'âge prend la présidence, le fait que quelques-uns d'entre eux se retirent avant le vote ne fait pas obstacle à ce que les membres restants procèdent valablement à l'élection, alors même qu'ils ne représentent plus la majorité des membres en exercice (Cons. d'Et. 3 août 1877, aff. El. d'Olmiccia, et 5 juill. 1878, aff. El. de Gabriac, D. P. 86. 3. 111, notes 1, 2, et 3; 6 mars 1885, aff. El. de Biguglia, D. P. 86. 3. 111). Il en est de même, à plus forte raison, quand une partie des membres se retire après avoir pris part à un premier tour de scrutin (Cons. d'Et. 7 nov. 1884, aff. El. de Champdor, D. P. 86. 3. 111). D'après un arrêt du 5 déc. 1873 (aff. El. de Soueix, D. P. 86. 3. 111, notes 1, 2 et 3), on doit considérer comme assistant à la séance les membres qui, quoique présents, s'abstiennent de voter.

158. D'après le deuxième paragraphe de l'art. 50, quand, après deux convocations successives à trois jours d'intervalle et dûment constatées, le conseil municipal ne s'est pas réuni en nombre suffisant, la délibération prise après la troisième convocation est valable quel que soit le nombre des membres présents. — Une convocation contremandée avant le jour indiqué doit être considérée comme non avenue pour l'application de cette disposition (Cons. d'Et. 16 juill. 1886, El. de Cauterets, D. P. 87. 5. 90).

159. Les délais de convocation sont de trois jours francs (Circ. min. int. 15 mai 1884); ils ne peuvent être abrégés par le préfet, ni par le sous-préfet (Cons. d'Et. 5 déc. 1879, aff. El. de Cuq, D. P. 82. 3. 12; 17 févr. 1882, aff. El. d'Igon, D. P. 83. 5. 100), et l'inobservation de cette prescription entraîne la nullité des opérations (Mêmes arrêts; Cons. d'Et. 1er juill. 1881) (1). Il était décidé toutefois avant la loi de 1884, qu'il n'y avait pas nullité de la délibération, lorsque le conseil ne s'étant pas trouvé en nombre pour délibérer, il y avait eu abréviation par arrêté préfectoral du délai qui doit séparer la première et la seconde convocation, et lorsqu'à cette seconde convocation, la majorité avait été présente (Cons. d'Et. 9 mai 1879, aff. El. de Gabriac, D. P. 79. 3. 97). D'après cette jurisprudence, il appartenait au juge de la validité de la délibération d'apprécier si en fait l'abréviation du délai avait pu nuire à la sincérité du vote (D. P. *ibid.*, note). La question peut être controversée sous l'empire de la loi nouvelle; toutefois les considérations qui ont déterminé la jurisprudence antérieurement à cette loi à maintenir la validité des délibérations lorsque l'irrégularité commise avait été sans influence, nous paraissent avoir conservé leur autorité.

160. L'art. 51 traite des différents modes de votation. Il reproduit la règle, déjà consacrée par l'ancienne législation comme on l'a vu au *Rép.* n° 265, que les délibérations des conseils municipaux se prennent à la majorité absolue des votants. Les membres qui s'abstiennent ne pouvant être considérés comme votants, il n'y a pas lieu de les compter dans le calcul de la majorité absolue (Cons. d'Et. 14 juill. 1876,

aff. Wallet, D. P. 77. 5. 100). Il en est de même, à plus forte raison, de ceux qui se retirent avant le vote (Cons. d'Et. 9 avr. 1868, aff. Millelot, D. P. 69. 3. 5). En cas de partage, la voix du président est prépondérante: elle l'était autrefois pour toutes les délibérations et dans tous les modes de votation (Cons. d'Et. 3 juill. 1866, aff. Forcamidan, D. P. 67. 3. 84; 21 juill. 1869, aff. Bodin-Marchand, D. P. 71. 3. 27). Mais la loi de 1884 fait une exception quand le scrutin est secret. — Le bénéfice de la voix prépondérante appartient au président, quel qu'il soit, maire, adjoint ou conseiller municipal. Suivant M. Morgand, p. 285, la prépondérance n'est pas nécessairement attachée au vote du président, et, quel que soit le mode de scrutin, ce dernier est libre de déclarer s'il entend ou non user de ce privilège.

161. La loi reconnaît trois modes de votation: 1° le vote par assis et levé, qui est le plus ordinaire; 2° le vote au scrutin public avec insertion des votes au procès-verbal, qui doit avoir lieu toutes les fois que le quart des membres présents le demande; 3° le scrutin secret, qui est obligatoire toutes les fois que le tiers des membres présents le réclame, ou qu'il s'agit de procéder à une nomination ou présentation. — Le projet ajoutait aux mots *nomination et présentation* celui de *révocation*. Mais il a été rayé par le motif qu'il n'existait pas de cas où le conseil eût à procéder à une révocation (D. P. 84. 4. 42, note 51). La demande du scrutin secret faite par le tiers des membres doit toujours être accueillie, alors même quelle se trouve en concurrence avec une demande de scrutin public (Circ. min. int. 15 mai 1884).

162. La majorité, en cas de scrutin secret, s'établit différemment suivant qu'il s'agit de délibérations ordinaires ou d'élections ou présentations. Dans le cas de délibérations ordinaires, une proposition n'est adoptée que si elle réunit la majorité des votants: elle est repoussée dans le cas de partage, la voix du président n'étant pas prépondérante (Morgand, p. 288). Lorsqu'il s'agit de procéder à une élection, les candidats, pour être élus ou présentés au premier tour, doivent réunir la majorité absolue: il en est de même au second tour; au troisième tour, il suffit de la majorité relative. Mais le Sénat a repoussé la disposition du projet qui, conformément à la législation antérieure, prescrivait en pareil cas de procéder à un scrutin de ballottage. Aujourd'hui les voix peuvent, au troisième tour, se porter sur un candidat nouveau qui est élu s'il réunit la majorité relative. A égalité de voix, la préférence est déterminée par l'âge.

On s'est demandé si, dans le calcul de la majorité, on doit tenir compte des bulletins blancs. En matière d'élection, la majorité se calcule sur le nombre des *suffrages exprimés*; il y a donc lieu de déduire les bulletins blancs (Cons. d'Et. 4 mai 1877, aff. El. d'Arblade-le-Haut, D. P. 78. 5. 249. V. *suprà*, n° 123). Mais il semble qu'il en doit être autrement des simples délibérations pour lesquelles la loi exige seulement la majorité des *votants*. Toutefois, la question n'a pas été résolue jusqu'ici par la jurisprudence (V. Morgand, p. 288).

163. Comme sous la législation ancienne (*Rép.* n°s 266 et 267), les délibérations doivent être inscrites par ordre de date sur un registre coté et parafé par le préfet ou le sous-préfet. Elles doivent être signées par tous les membres présents à la séance, ou mention doit être faite de la cause qui les a empêchés de signer. D'après la circulaire du 15 mai 1884, les procès-verbaux de chaque séance doivent, dans le cours d'une session, être arrêtés au commencement de la séance suivante; à la fin de la session, le procès-verbal de la dernière séance est arrêté sur le champ, ou dans une réunion tenue spécialement à cet effet. Le plus long délai pour la rédaction du procès-verbal doit être celui de huitaine, toute délibération devant, dans ce délai, être adressée au sous-préfet.

---

(1) (Elections de Chaudon.) — Le conseil d'État ; — Vu la loi du 12 août 1876; — Considérant qu'aux termes de l'art. 17 de la loi du 5 mai 1855, le conseil municipal ne peut délibérer que lorsque la majorité des membres en exercice assiste à la séance; que c'est seulement lorsqu'après deux convocations successives à huit jours d'intervalle et dûment constatées, les membres du conseil municipal ne se sont pas réunis en nombre suffisant que la majorité relative, quel que soit le nombre des membres présents; — Considérant qu'il résulte de l'instruction que le conseil municipal de la commune de Chandon se compose de dix membres, qui, ne s'étant pas réunis le 23 janv. 1881 en nombre suffisant pour délibérer, ont été convoqués pour le 25 janvier;

qu'à cette date, la majorité des membres en exercice n'assistait pas à la séance et qu'une nouvelle convocation leur a été adressée pour le 27 janvier; que le 27 janvier, lors des opérations électorales, à la suite desquelles le sieur Chaude a été élu maire, les membres du conseil municipal présents à la séance n'étaient qu'au nombre de quatre; qu'ainsi lesdites opérations ont eu lieu en dehors des conditions prévues par les dispositions ci-dessus rappelées de l'art. 17 de la loi du 5 mai 1855; que, dès lors, c'est avec raison que le conseil de préfecture les a annulées.

Du 1er juill. 1881.-Cons. d'Et.-MM. Guillemin, rap.-Marguerie, concl.

Le procès-verbal doit renfermer l'indication des noms des membres qui ont pris part à la discussion et l'analyse de leurs opinions (Req. 27 déc. 1886, aff. Maire de Valières, D. P. 87. 1. 312). — En principe, le procès-verbal doit contenir le résumé des observations qui émanent de la minorité, ainsi que l'a formellement reconnu au Sénat le ministre de l'intérieur dans la séance du 9 févr. 1884 (D. P. 84. 4. 43, note 57). Toutefois cette obligation n'a pas de sanction effective, et le Sénat a repoussé un amendement de M. de Gavardie tendant à l'inscrire dans la loi.

164. Ainsi qu'on l'a vu (*Rép.* n° 266), l'omission de la transcription sur un registre spécial d'une délibération d'un conseil municipal n'entraîne pas nécessairement la nullité de cette délibération et des actes qui en ont été l'exécution (Cons. d'Et. 31 mars 1864, aff. Crestin, D. P. 64. 3. 88; Lyon, 3 mars 1877, aff. Ville de Montbrison, D. P. 78. 2. 251; Cons. d'Et. 5 févr. 1886, aff. Dommanget, D. P. 87. 5. 91-92; 11 juin 1886, aff. El. de Duvivier, *ibid.* V. conf. Dufour, *Traité de droit administratif*, 3e éd., t. 4, n° 75).

La sanction de la nullité n'est pas non plus attachée à la disposition qui prescrit de faire signer les délibérations par tous les membres présents (Cons. d'Et. 22 déc. 1863, aff. Piquemal, D. P. 65. 3. 11; 30 mai 1884, aff. Larcher, D. P. 85. 3. 105), ni à celle qui exige que mention soit faite de la cause qui a empêché un membre présent de signer (Arrêt précité du 22 déc. 1863).

Il est de règle, quoique la loi soit muette à cet égard, que les délibérations doivent être signées en séance, et la circulaire du 15 mai 1884 condamne comme irrégulier l'usage suivi dans un trop grand nombre de communes de faire recueillir les signatures des conseillers municipaux individuellement et à domicile.

165. L'art. 29 de la loi de 1837, reproduit par l'art. 22 de la loi de 1855, interdisait, comme on l'a vu (*Rép.* n° 270), la publicité des séances des conseils municipaux. Le système contraire a été consacré, après de longues discussions, par l'art. 54 de la loi de 1884. La commission dont M. Jules Ferry était rapporteur avait proposé, en 1877, un système mixte, celui de la publicité facultative. Mais, dans sa séance du 12 mai 1877, la Chambre députés adopta un amendement de M. Perras ainsi conçu : « Les séances des conseils municipaux sont publiques ». On sait que le vote de cet amendement donna lieu à la lettre du 16 mai suivant du maréchal de Mac-Mahon, qui amena la démission du cabinet présidé par M. Jules Simon et la dissolution de la Chambre.

La rédaction adoptée le 12 mai 1877 fut reprise par la commission chargée de l'examen de la loi municipale, et elle fut de nouveau votée dans les séances des 12 févr. et 6 juill. 1883. La commission du Sénat substitua au système de la publicité pure et simple celui de la publicité facultative, et proposa de remettre aux conseils municipaux le soin de décider, à l'ouverture de chaque session, si les séances seraient non publiques. Ce système fut vivement combattu par MM. de Lafond de Saint-Mur et de Saint-Vallier, et le Sénat adopta en première délibération un amendement de M. Faye d'après lequel les séances des conseils municipaux ne devaient pas être publiques. Mais, dans sa seconde délibération, le Sénat revint sur ce vote et adopta le texte actuel de l'art. 54, qui établit la publicité obligatoire, en laissant toutefois aux conseils municipaux le droit de décider, sur la demande de trois membres ou du maire, par assis et levé et sans débat, qu'ils se constituent en comité secret. Cette rédaction qui était énergiquement soutenue devant le Sénat par M. Emile Labiche et par M. Waldeck-Rousseau, ministre de l'intérieur, fut également adoptée par la Chambre des députés (D. P. 84. 4. 29, note 54).

La circulaire du 15 mai 1884 rappelle que le principe de la publicité des débats ne confère pas à tout individu le droit d'entrer dans la salle des séances. Ce droit est subordonné à la place qui peut être affectée au public, et, dans les communes où la salle des séances a des dimensions restreintes, on ne doit admettre que le nombre de personnes qui peuvent se placer sans amener d'encombrement.

166. Le droit des conseils municipaux de se constituer en comité secret n'est soumis à aucune restriction. La circulaire du 15 mai 1884 leur recommande toutefois de ne pas recourir sans nécessité à cette faculté, et déclare qu'un conseil municipal irait contre les intentions du législateur s'il écartait le public d'une manière générale et permanente en décrétant à chaque séance le comité secret.

Dans tous les cas, le procès-verbal des délibérations prises en comité secret doit, comme les procès-verbaux des autres séances, être transcrit sur le registre et communiqué au public dans les formes tracées par les art. 57 et 58.

167. La disposition qui consacre la publicité des séances des conseils municipaux rendait plus nécessaire d'affirmer les pouvoirs de police conférés au maire, ou à son défaut à l'adjoint, ou au conseiller qui préside la séance. Tel est l'objet de l'art. 55, qui reproduit textuellement l'art. 29 de la loi du 10 août 1871 sur les conseils généraux. Aux termes de cet article, le maire a seul la police de l'assemblée : il peut faire expulser de l'auditoire ou arrêter tout individu qui trouble l'ordre : en cas de crime ou de délit, il en dresse un procès-verbal et le procureur de la République est immédiatement saisi.

168. Le droit attribué au maire par l'art. 55 n'implique pas le droit pour ce magistrat de faire expulser de la salle un membre du conseil et de mettre ainsi obstacle d'une manière arbitraire à l'exercice du mandat de ce conseiller (Montpellier, 3 juill. 1886, aff. Fournès, D. P. 87. 2. 21). Une semblable expulsion ne constituerait pas le crime d'attentat à la liberté individuelle ou aux droits civiques prévu par l'art. 114 c. pén., mais elle réunirait les caractères légaux du délit de violences envers les personnes exercées sans motif légitime par un fonctionnaire public dans l'exercice de ses fonctions, délit prévu et puni par les art. 186 et 311 c. pén. (Même arrêt).

Il a été jugé, dans le même sens, par le tribunal des conflits qu'un maire abuse de ses pouvoirs de police, sort de ses attributions et commet une faute personnelle, si, lorsqu'un conseiller municipal a manqué à plusieurs séances, mais n'a pas été déclaré démissionnaire par le préfet, il lui fait injonction de sortir de la salle du conseil, et que, par suite, l'action en dommages-intérêts dirigée contre le maire par le conseiller expulsé est de la compétence des tribunaux ordinaires (Trib. confl. 15 déc. 1883, aff. Dozétrée, D. P. 85. 3. 59). Il n'appartiendrait pas au conseil municipal lui-même de créer dans un règlement intérieur des motifs d'exclusion que la loi n'a pas prévus et d'édicter des pénalités qui auraient pour résultat de mettre les conseillers qui arriveraient en retard dans l'impossibilité de remplir leur mandat (Arrêt précité du 3 juill. 1886). — Toutefois, ainsi que nous le verrons plus loin, le conseil municipal peut, sans sortir de ses attributions, prêter son appui au maire chargé de la police de l'assemblée en exprimant un vote de blâme contre un de ses membres; et l'extrait du compte rendu de la séance contenant ce vote de blâme peut être affiché à la porte de la mairie (Cons. d'Et. 16 avr. 1886, aff. Bobillon, D. P. 87. 3. 103).

169. L'art. 56 contient une disposition absolument nouvelle et qui complète le système de publicité organisé par la loi municipale. Cet article dispose que le compte rendu de chaque séance doit, dans la huitaine, être affiché par extrait à la porte de la mairie, afin de permettre à tout électeur d'apprécier les actes des conseillers qu'il a choisis et de contrôler l'administration des affaires de la commune. D'après la circulaire du 15 mai 1884, le compte rendu doit être rédigé par les soins du maire et ne peut être affiché qu'avec son visa : l'art. 56 n'exige d'ailleurs que l'affichage d'un compte rendu sommaire.

Quant à la publication des actes municipaux faite par voie d'affiches par des particuliers, elle est soumise aux règles ordinaires en matière d'affichage (V. L. 29 juill. 1881, art. 15, D. P. 81. 4. 71).

170. Comme on l'a vu au *Rép.* n°s 270 et 271, l'art. 25 de la loi du 21 mars 1831 décidait qu'il ne pourrait être refusé à aucun des contribuables de la commune communication, sans déplacement, des délibérations des conseils municipaux. L'art. 22 de la loi du 5 mai 1855 avait reproduit cette disposition, et reconnaissait, en outre, à tout habitant ou contribuable le droit de prendre copie des délibérations du conseil. L'art. 58 de la loi du 5 avr. 1884, qui règle la communication des procès-verbaux, contient plusieurs innovations importantes. Désormais tout habitant ou contribuable peut demander communication sans déplacement, prendre copie totale ou partielle des procès-verbaux du conseil municipal, des budgets et des

comptes de la commune, des arrêtés municipaux. Chacun peut les *publier* sous sa responsabilité.

Il résulte de la généralité des termes employés que le droit de prendre communication et copie s'étend à tout ce qui est consigné sur le registre et ne doit pas être restreint au texte seul des résolutions arrêtées (Morgand, p. 307). En ce qui touche les arrêtés municipaux qui n'intéressent qu'une seule personne à laquelle ils sont notifiés, ils ne sont pas susceptibles d'être livrés en communication.

171. Par une conséquence logique de la décision relative à la publicité des séances du conseil municipal, la Chambre a supprimé du texte primitif un paragraphe qui autorisait le conseil à décider que tout ou partie des débats ne serait pas communiqué (D. P. 84. 4. 44, note 58).

On doit remarquer d'ailleurs que tout citoyen est autorisé, aux termes de l'art. 37 du décret du 7 mess. an 2 (V. *Rép.* vº *Archives*, p. 205) à demander communication des pièces contenues dans les dépôts publics.

172. On s'est demandé si l'habitant ou contribuable que la loi autorise à prendre copie des délibérations peut exiger que le maire certifie conforme la copie qu'il prend, ou qu'il lui en délivre une copie certifiée. Le conseil d'État a décidé que le maire n'est nullement tenu de collationner et de certifier les copies prises par les particuliers, mais qu'aux termes de l'art. 37 de la loi du 7 mess. an 2 (*Rép.* vº *Archives*, p. 205) complété par l'avis du conseil d'État du 18 août 1807 (*Rép.* vº *Archives*, nº 70), il est tenu de délivrer des expéditions authentiques, moyennant le payement des frais de timbre et de copie (Cons. d'Ét. 9 avr. 1868, aff. Girod, D. P. 68. 3. 67; Morgand, p. 308).

173. Dans le cas où le maire refuserait la communication prescrite par la loi, il résulte des déclarations du rapporteur à la Chambre des députés que, conformément aux principes généraux, la demande de communication rejetée par le maire sera soumise au préfet, et sur le refus de ce dernier au ministre de l'intérieur. Si le ministre refuse, sa décision pourra être déférée au conseil d'État pour excès de pouvoir (D. P. 84. 4. 44, note 58. — V. anal. Arrêt du 9 avr. 1868, cité *suprà*, nº 172).

174. Les intéressés peuvent prendre communication des pièces énumérées dans l'art. 58 aux heures où la mairie est ouverte à tout le monde, et le rapporteur a combattu et fait écarter par la Chambre des députés une proposition de M. Guyot tendant à autoriser le maire à fixer par arrêté les jours et heures auxquels pourrait être faite la communication. Toutefois, ainsi que le prescrit la circulaire du 15 mai 1884, dans les communes où il n'existe pas de bureaux de mairie ouverts à des heures déterminées, un arrêté du maire devra fixer les jours et heures auxquels le secrétaire de la mairie sera à la disposition du public.

175. L'ancienne législation interdisait, comme nous l'avons dit (*Rép.* nº 270), aux conseils municipaux de publier officiellement leurs procès-verbaux sans l'autorisation du préfet. Cette prohibition n'existe plus aujourd'hui, et le Sénat a repoussé un amendement par lequel M. de Gavardie proposait d'armer le Gouvernement du droit de s'opposer à la publication d'un *bulletin* ou *journal* imprimé sous la direction d'un conseil municipal et aux frais des contribuables (D. P. 84. 4. 43, note 57).

176. On verra plus loin dans quel cas l'annulation des délibérations du conseil municipal, autorisée par la législation antérieure (V. *Rép.* nºˢ 273 à 280), peut être prononcée sous l'empire de la nouvelle loi (V. *infrà*, nº 256).

177. Le droit de suspendre les conseils municipaux qui appartenait aux préfets (*Rép.* nº 281, et vº *Organisation administrative*, nº 1050), ne leur a été maintenu par l'art. 43 de la loi nouvelle que sous certaines restrictions. Ils ne peuvent suspendre un conseil municipal que pour une durée d'un mois, en cas d'urgence, à la charge de motiver leur décision et d'en rendre compte au ministre. La rédaction adoptée en première lecture par la Chambre des députés portait que la suspension ne pourrait être prononcée par le préfet que dans le cas d'excès de pouvoirs du conseil municipal; mais cette condition a été supprimée entre les deux lectures. — Quant à la dissolution des conseils municipaux, elle ne peut, comme par le passé (*Rép.* nº 294), être prononcée que par décret : mais de plus ce décret doit être

motivé, pris en conseil des ministres, et inséré au *Journal officiel* (art. 43).

178. Le ministre de la marine avait proposé d'assimiler, au point de vue de la dissolution, les colonies à la métropole, et de réserver au président de la République le droit de prononcer cette mesure en autorisant le gouverneur à suspendre le conseil pour quatre mois. La Chambre a repoussé ce système sur les observations de M. Bureau de Vaulcomte : la suspension et la dissolution peuvent être prononcées par le gouverneur en conseil privé. La durée de la suspension ne peut excéder un mois (D. P. 84. 4. 40, note 43).

179. Sous l'empire de l'ancienne législation, la jurisprudence décidait qu'un conseil municipal démissionnaire, mais dont la démission n'avait pas été acceptée, pouvait être suspendu ou dissous, attendu que la démission ne dégageait pas les conseillers municipaux de leur mandat tant qu'elle n'avait pas été acceptée. (Cons. d'Ét. 10 mars 1864, aff. Darnaud, D. P. 64. 3. 26; 13 févr. 1869, aff. Tirard, D. P. 70. 3. 36). D'après M. Morgand, p. 261, il serait peut-être difficile de faire prévaloir la même solution aujourd'hui que la démission a le caractère d'un acte unilatéral et qu'elle n'a plus besoin d'être acceptée par le préfet. On peut cependant soutenir que la démission n'étant définitive que lorsque le préfet en a accusé réception et qu'il s'est écoulé un mois depuis l'envoi itératif de la démission par lettre recommandée, le conseil est encore en fonctions tant que ces conditions ne sont pas remplies.

180. Un arrêté de suspension ou un décret de dissolution pourrait être attaqué pour excès de pouvoirs devant le conseil d'État s'il avait été pris en dehors des conditions ou des formes prescrites par la loi (Cons. d'Ét. 10 mars 1864, aff. Darnaud, D. P. 64. 3. 26.) Mais le préfet et le ministre sont seuls juges, sous leur responsabilité, de la question de savoir s'il y a lieu de suspendre un conseil municipal, et le conseil d'État ne peut être appelé par la voie contentieuse à apprécier les motifs de la suspension prononcée (Cons. d'Ét. 13 mars 1872, aff. Mazet, D. P. 72. 3. 59; 4 juin 1875, aff. Allard, D. P. 64. 3. 20; 22 janv. 1880, aff. Castex; et 9 avr. 1886, aff. Duvignau, D. P. 87. 3. 72). L'appréciation de l'urgence, en dehors de laquelle le préfet ne pourrait prendre un arrêté de suspension, échapperait également au conseil d'État (Morgand, p. 261).

181. En cas de suspension ou de dissolution d'un conseil municipal, l'ancienne législation (*Rép.* vº *Organisation administrative*, nº 1050) autorisait le gouvernement à nommer une commission municipale, dont les membres ne pouvaient être en nombre inférieur à la moitié de l'effectif du conseil. Cette commission pouvait, en cas de dissolution, rester en fonctions jusqu'au renouvellement intégral et possédait exactement les mêmes attributions que l'assemblée municipale élue. D'après le projet primitif de la loi de 1884, en cas de dissolution, les pouvoirs de pure administration étaient conférés à une commission nommée par le ministre de l'intérieur. M. le baron Demarçay ayant proposé par un amendement d'abaisser le nombre des membres de cette commission au-dessous de la moitié au quart du chiffre normal des conseillers, le projet fut renvoyé à l'examen de la commission de la Chambre des députés. Celle-ci proposa, à la deuxième délibération, de confier l'administration provisoire de la commune à un délégué unique nommé par le président de la République parmi les citoyens éligibles aux fonctions de maire. Ce projet, adopté par la Chambre des députés, fut écarté par la commission de Sénat qui repoussa, suivant l'expression du rapporteur, l'idée de mettre, pour un temps si abrégé qu'on le suppose, toute la vie communale dans une seule main, et, qui proposa une délégation spéciale composée d'un certain nombre de membres nommés par le président de la République et, dans les colonies, par arrêté du gouverneur. Le nombre de ces membres devait être de trois dans les communes où la population ne dépasserait pas 3500 habitants et pouvait être porté jusqu'à sept dans les villes d'une population supérieure. Le décret devait nommer le président et au besoin le vice-président de la commission. C'est ce système qui a été définitivement adopté, et consacre l'art. 44 de la loi.

Cet article s'applique à la fois au cas de dissolution du conseil, et à celui où tous les membres en exercice ont donné leur démission et où aucun conseil ne peut être cons-

titué. Le rapporteur au Sénat a expliqué dans les termes suivants, sur une question de M. le général Robert, le sens de cette disposition : « dans le cas de dissolution du conseil municipal, il est bien clair que la faculté de nommer la délégation municipale est immédiatement ouverte. Quand, au contraire, tous les membres d'un conseil municipal ont donné leur démission en masse, on exécutera la loi sur les élections. Si le premier tour de scrutin n'a donné aucun résultat, on aura recours à un deuxième tour et la loi a prévu ce qui arrivera si personne ne se présente comme cela est déjà arrivé une fois. On tombera alors sous le coup de l'art. 44 et l'on pourra nommer la délégation ou la maintenir » (D. P. 84. 4. 41, note 44, § 1er).

M. le comte Lanjuinais avait demandé à la Chambre la suppression des mots « ou de démission de tous ses membres en exercice », de telle sorte que, dans cette hypothèse, le Gouvernement fût tenu de convoquer les électeurs dans le délai légal pour nommer un nouveau conseil. Mais la rédaction a été maintenue malgré cette opposition.

182. La délégation doit être nommée « dans les huit jours qui suivent la dissolution ou l'acceptation de la démission, » afin de laisser le moins longtemps possible la commune sans administration provisoire. Cette rédaction, introduite d'après un amendement de M. Marius Poulet, est peu correcte, la démission n'ayant plus aujourd'hui besoin d'être acceptée. Il y a lieu de substituer à l'*acceptation* l'*accusé de réception* de la démission par le préfet.

Les préfets ayant négligé dans quelques départements de provoquer la nomination d'une délégation spéciale dans le cas où tous les conseillers municipaux d'une commune avaient résigné leur mandat, une circulaire du ministre de l'intérieur du 10 mars 1887 (*Bull. min. int.*, p. 50), leur a rappelé que cette manière de procéder est en opposition avec les prescriptions de l'art. 44, dont les termes formels ne permettent pas de se dispenser de procéder dans cette hypothèse à la nomination d'une délégation spéciale.

183. Les pouvoirs de la délégation sont, aux termes de l'art. 44, limités aux actes de pure administration conservatoire et urgente. En aucun cas, il ne lui est permis d'engager les finances municipales au delà des ressources disponibles de l'exercice courant. Elle ne peut ni préparer le budget communal, ni recevoir les comptes du maire ou du receveur, ni modifier le personnel ou le régime de l'enseignement public. Il semblerait résulter de la rédaction de cet article qui interdit à la délégation de modifier le personnel, qu'elle ne pourrait faire aucune nomination, aucun remplacement, ni aucune révocation. Le Sénat a cependant rejeté un amendement de M. de Ravignan ainsi conçu : « La délégation n'a le droit de nommer ou de suspendre qu'à titre provisoire les titulaires des emplois communaux dont la nomination est attribuée au maire par la présente loi ». Le rapporteur a répondu que cet amendement était inutile, attendu que les actes de la délégation au point de vue de la nomination et de la suspension des agents municipaux ne pouvaient durer plus longtemps qu'elle-même, qu'ils étaient essentiellement provisoires, intérimaires, et que le nouveau maire reprendrait l'exercice de tous ses droits (D. P. 84. 4. 41, note 44, § 5).

Les délégués ont, pour la présidence des bureaux de vote, les mêmes droits que les maires et les adjoints (Circ. min. int. 15 mai 1884, *Bull. min. int.* p. 213). Un amendement de M. Leydet demandant que cette présidence fût confiée au juge de paix a été repoussé par la Chambre.

D'après l'art. 87, au cas prévu par l'art. 44, le président et, à son défaut, le président de la délégation spéciale, remplit les fonctions de maire. Ses pouvoirs prennent fin dès l'installation du nouveau conseil.

184. L'art. 45 exige que, toutes les fois qu'une délégation a été nommée, il soit procédé à la réélection du conseil dans les deux mois. Ce délai court, dans le cas de dissolu-

tion, de la date du décret ; dans le cas de démission de tous les conseillers, de la date de la dernière démission.

Il peut arriver toutefois, ainsi que l'a reconnu le rapporteur à la Chambre des députés, que les pouvoirs de la délégation se prolongent au delà d'une période de deux mois, notamment si les électeurs convoqués refusent de procéder à l'élection. Dans cette hypothèse, la délégation devra rester en fonctions jusqu'à ce qu'il soit possible de constituer un conseil municipal. Ses pouvoirs expirent de plein droit dès que le conseil est reconstitué.

Le délai de deux mois n'est d'ailleurs qu'un délai maximum, que le Gouvernement a toujours le droit d'abréger (Cons. d'Et. 10 juill. 1874, aff. El. d'Ajaccio, D. P. 75. 3. 67).

185. L'Administration qui peut, dans les conditions que l'on vient d'indiquer, suspendre ou dissoudre les conseils municipaux, ne peut, dans aucun cas, suspendre ni révoquer un membre de ces conseils. Mais nous avons dit au *Rép.* n° 285, que le préfet a le droit de déclarer démissionnaire un membre qui a manqué à trois convocations successives sans motifs reconnus légitimes par le conseil. Ce droit est consacré par l'art. 60 de la loi nouvelle qui déclare en outre expressément, et conformément à la jurisprudence antérieure (Cons. d'Et. 19 mars 1863, aff. Camus, D. P. 63. 3. 25 ; 10 févr. 1869, aff. Bezou, D. P. 70. 3. 8), que le conseiller devra, avant d'être déclaré démissionnaire, être admis à fournir des explications. C'est là une formalité essentielle, dont l'omission entacherait de nullité la décision du préfet (Circ. min. int. 15 mai 1884).

Les convocations successives dont parle l'art. 60 se rapportent, ainsi qu'on l'a vu (*Rép.* n° 287), à des sessions ordinaires ou extraordinaires, et non à des séances de la même session ; rien n'indique, suivant la circulaire précitée, que le législateur ait entendu innover à cet égard.

Il faut de plus que ces convocations soient régulières, et il n'y aurait pas lieu de tenir compte de sessions tenues irrégulièrement et en dehors des conditions prescrites par la loi (Cons. d'Et. 19 mars 1863, aff. Camus, D. P. 63. 3. 25).

186. La loi nouvelle, modifiant les dispositions de la loi de 1855 pour revenir au système de la législation de 1831 (*Rép.* n° 289), n'exige pas seulement, pour que la démission puisse être prononcée d'office, que le conseiller municipal ait manqué à trois convocations successives ; elle veut de plus que le conseil municipal n'ait pas admis comme légitimes les motifs invoqués par ce conseiller. Mais nous pensons, conformément à une décision ministérielle du 24 juill. 1879, citée par M. Morgand, p. 317, que, si l'intéressé ne présente pas d'excuses au conseil, le préfet n'est pas tenu d'appeler cette assemblée à statuer sur les excuses qui ne lui ont pas été soumises, et que le conseiller qui n'aura pas invoqué devant le conseil des motifs d'absence pourra être déclaré démissionnaire, après avoir été d'ailleurs mis en demeure, comme nous l'avons dit, de fournir ses explications au préfet.

187. Le préfet *peut*, aux termes de l'art. 60, déclarer démissionnaire le conseiller qui se trouve dans les conditions prévues par cet article : mais il résulte des termes mêmes de cet article qu'il n'est pas obligé d'user de la faculté que lui accorde la loi.

Tant qu'il n'a pas prononcé la démission d'office d'un membre du conseil municipal, il ne peut convoquer les électeurs à l'effet de pourvoir au remplacement de ce membre (Cons. d'Et. 23 févr. 1877, aff. El. de Saint-Jean-Froidmantel, D. P. 77. 3. 61).

188. Le conseiller déclaré démissionnaire peut, dans les dix jours de la notification de l'arrêté du préfet, se pourvoir devant le conseil de préfecture, et, si sa réclamation n'est pas accueillie, déférer l'arrêté qui l'a rejetée au conseil d'Etat (art. 60) ; mais il n'est pas recevable à attaquer directement devant le conseil d'Etat pour excès de pouvoir l'arrêté préfectoral (Cons. d'Et. 9 déc. 1864) (1).

---

(1) (Elections de Brucosté.) — Le conseil d'Etat ; etc. — Vu la loi du 5 mai 1855, art. 20 ; — Considérant que, si le sieur Brucosté voulait attaquer l'arrêté du préfet du département de la Manche qui l'a déclaré démissionnaire de ses fonctions de conseiller municipal, pour avoir manqué à trois convocations successives sans motif légitime, il devait, aux termes de l'art. 20 de la loi du 5 mai

1855, porter sa réclamation devant le conseil de préfecture ; que dès lors le sieur Brucosté n'est pas recevable à se pourvoir directement devant nous :
Art. 1er. La requête du sieur Brucosté est rejetée.
Du 9 déc. 1864.-Cons. d'Et.-MM. Thureau-Dangin, rap. — L'Hôpital, concl.-Mazeau, av.

Le recours au conseil d'Etat formé par un conseiller municipal contre l'arrêté qui a déclaré un conseiller démissionnaire ne peut être formé sans ministère d'avocat (Cons. d'Et. 11 nov. 1887) (1).

189. Un conseiller municipal qui n'a pas attaqué l'arrêté par lequel il a été déclaré démissionnaire, antérieurement à l'élection à laquelle il a été procédé pour pourvoir à son remplacement, ne peut attaquer l'élection en se fondant sur ce que l'arrêté aurait été irrégulièrement rendu (Cons. d'Et. 14 août 1840, aff. El. de Vic, D. P. 81. 3. 105; note 6). Mais s'il n'a pas reçu avant l'élection notification de l'arrêté qui le déclare démissionnaire, il est recevable à demander l'annulation de cette élection par le motif que c'est à tort qu'il a été déclaré démissionnaire, et le conseil de préfecture est compétent pour apprécier le mérite de cette prétention (Cons. d'Et. 4 juill. 1879, aff. El. d'Acheux, D. P. 81. 3. 105).

190. Nous croyons, contrairement à un arrêt du conseil d'Etat du 16 janv. 1846 (aff. Leaux, D. P. 46. 3. 82), que la décision par laquelle un préfet a, malgré la demande d'un conseil municipal, refusé de déclarer un membre de ce conseil démissionnaire, ne peut être attaquée ni par le conseil, ni par un de ses membres. La question n'a d'ailleurs été ni prévue ni expressément résolue par le législateur (Morgand, p. 319).

191. Indépendamment des dispositions qui viennent d'être analysées, l'art. 1er de la loi du 7 juin 1873 (D. P. 73. 4. 73) inflige la peine de la démission d'office à tout membre d'un conseil municipal qui, sans excuse valable, aura refusé de remplir une des fonctions qui lui sont dévolues par les lois. Ce refus résulte, aux termes de l'art. 2 de cette loi, soit d'une déclaration expresse adressée à qui de droit ou rendue publique par son auteur, soit de l'abstention persistante, après avertissement de l'autorité chargée de la convocation. Il appartient, en pareil cas, au conseil d'Etat de prononcer la démission d'office sur le recours du ministre de l'intérieur, qui doit être formé dans le délai de trois mois, à peine de déchéance. Le membre ainsi déclaré démissionnaire ne peut être réélu avant le délai d'un an (art. 3 et 4). La jurisprudence s'est formée sur l'application de cette loi à l'occasion des membres des assemblées départementales. V. *Organisation administrative.*

192. — V. PRÉROGATIVES. — Nous avons dit (*Rép.* n° 300) que le corps municipal a une place marquée dans les cérémonies publiques. D'après les dispositions combinées du décret du 24 mess. an 12, tit. 1er, art. 8, et de l'art. 250 du décret du 23 oct. 1883 (D. P. 84. 4. 119), il a rang après le tribunal de première instance et l'état-major de brigade. Dans ce cas, il a droit à une escorte d'un demi-peloton de troupes à cheval, ou d'une demi-section d'infanterie, sous le commandement d'un sous-officier (Décr. 23 oct. 1883, art. 302). Les postes devant lesquels il passe prennent les armes, se forment devant le poste l'arme au pied, et les sentinelles portent les armes (*ibid.*, art. 288 et 296) (Morgand, p. 75).

ART. 4. — *Des commissions syndicales.* — *Agents communaux; Secrétaires — Ville de Paris; Algérie et Colonies* (*Rép.* n°s 301 à 309).

193. — I. COMMISSIONS SYNDICALES POUR LES SECTIONS DE COMMUNE. — On a vu (*Rép.* n° 301) que, sous l'empire de la loi du 18 juill. 1837, des commissions syndicales pouvaient être instituées : 1° lorsque des sections de communes avaient à défendre des intérêts distincts contre la commune ou une autre section de commune (art. 56); 2° quand deux ou plusieurs communes possédaient des droits ou des biens indivis. Dans le premier cas, l'art. 128 de la loi du 5 avr. 1884

n'a rien innové en ce qui concerne l'obligation d'instituer une commission syndicale; mais, aux termes de l'art. 129, les membres de la commission syndicale doivent être pris parmi les éligibles et nommés non plus par le préfet, mais par les électeurs de la section qui l'habitent et par les personnes qui, sans y être électeurs, y sont propriétaires fonciers (V. *infrà*, n° 851). Dans le second cas, le tit. 5 de la nouvelle loi reproduit, sous les art. 161, 162 et 163, avec quelques modifications, les dispositions des art. 70 et 71 de la loi du 18 juill. 1837. La Chambre des députés avait voulu étendre la création de commissions syndicales à tous les cas où il existe entre plusieurs communes des intérêts communs : mais cette innovation a été repoussée par le Sénat qui, tout en maintenant l'institution de commissions syndicales substituées aux conseils municipaux pour l'administration des biens indivis, s'est borné à autoriser, pour les besoins qui naissent d'intérêts communs entre plusieurs communes, la réunion de conférences intermunicipales dont les résolutions seront soumises à la ratification des conseils intéressés (V. *infrà*, n°s 1253 et suiv.).

194. — II. DES DIVERS AGENTS COMMUNAUX ; — SECRÉTAIRES DE MAIRIE. — Nous exposerons plus loin les règles auxquelles sont soumises la nomination et la révocation des divers agents communaux (V. *infrà*, n°s 226 et suiv.).

195. Ainsi que nous l'avons dit (*Rép.* n° 305), le secrétaire de mairie est aujourd'hui un simple employé qui n'a pas conservé, sous la législation actuelle, le caractère public qu'il a eu à d'autres époques (Crim. rej. 22 juin 1883, aff. Sustandal, D. P. 84. 1. 216 ; Poitiers, 12 févr. 1875, aff. Bureau, D. P. 75. 2. 77). Cependant la cour de cassation a admis que le secrétaire de la mairie peut, comme préposé du maire, viser, conformément à l'art. 69 c. pr. civ., l'original d'un exploit dont copie est laissée au maire, en parlant au secrétaire (Civ. cass. 12 juill. 1809, aff. Pagnon, D. P. 69. 1. 498. V. *Contrà :* Chauveau sur Carré, *Lois de la procédure,* quest. 370-9° ; *Rép.* v° *Exploit,* n° 428).

Les traitements des secrétaires de mairies sont compris dans les frais de bureau que l'art. 136-2° de la loi du 5 avr. 1884 range parmi les dépenses obligatoires des communes (Morgand, t. 2, p. 331). Mais il n'en faudrait pas conclure que chaque commune soit tenue d'avoir un secrétaire de mairie ni que, dans les communes où le maire consentirait à en remplir les fonctions, la dépense puisse être imposée. — Les fonctions de secrétaire de mairie sont, d'après M. Morgand, p. 448, incompatibles avec celles : de notaire (Décis. min. just. 6 janv. 1848), membre d'une commission administrative de l'hospice (Décis. min. int. 16 févr. 1847), receveur d'hospice (Décis. min. int. 9 sept. 1823), receveur ou préposé des postes (Décis. min. fin. 18 oct. 1836). La chancellerie tolère le cumul des fonctions de secrétaire de mairie avec celles de greffier de la justice de paix, lorsqu'il n'en résulte pas d'inconvénient pour le service. Aux termes de l'art. 25 de la loi du 30 oct. 1886 (D. P. 87. 4. 1), les instituteurs communaux peuvent exercer les fonctions de secrétaires de mairie avec l'autorisation du conseil départemental.

196. La disposition de l'art. 60 de la loi de 1837, rapportée au *Rép.* n° 308, d'après laquelle le percepteur remplit les fonctions de receveur municipal dans les communes qui ont moins de 30000 fr. de revenu, a été reproduite par l'art. 156 de la loi de 1884, malgré la progression des budgets municipaux dans l'intervalle de ces deux lois. Le texte de l'art. 156, § 2, modifié par le Sénat, indique qu'aujourd'hui, comme sous la législation antérieure, ce chiffre minimum de 30000 fr. doit être déterminé uniquement d'après les revenus ordinaires (D. P. 84. 4. 66, note 156). Pour fixer ce chiffre de revenu on prend pour base les comptes des trois dernières années.

---

(1) (Daunes et Bernadas). — LE CONSEIL D'ETAT; ... Vu la loi du 5 avr. 1884, notamment l'art. 60 et les art. 36 et 40 ; — Vu le décret du 22 juill. 1806 et l'art. 1er ; — Considérant qu'aux termes de l'art. 1er du décret du 22 juill. 1806 le pourvoi des parties devant le conseil d'Etat en matière contentieuse doit être formé par une requête signée d'un avocat au conseil ; — Considérant que l'art. 60 de la loi du 5 avr. 1884, relatif aux démissions d'office prononcées facultativement par le préfet, n'a établi aucune règle spéciale pour le recours au conseil d'Etat ; que si l'art. 36 de la

loi du 5 avr. 1884 a, dans les cas par lui prévus, dérogé au décret précité de 1806 en organisant un mode particulier de recours, cette dérogation ne saurait être étendue par analogie aux pouvoirs introduits par application de l'art. 60 ; qu'il suit de là que la requête des sieurs Daunes et Bernadas, n'ayant pas été présentée par ministère d'avocat, doit être rejetée comme non recevable... (Rejet.)

Du 11 nov. 1887.-Cons. d'Et.-MM. Romieu, rap.-Gauwain, concl.

197. On a toujours interprété les dispositions de l'art. 63 de la loi de 1837, en ce sens qu'elles conféraient aux communes dont le revenu était supérieur à 30000 fr. le droit d'avoir un receveur spécial lorsqu'elles le demandaient sans que le gouvernement pût s'y opposer. La même interprétation doit être donnée à l'art 156, § 2, de la loi de 1884 aux termes duquel dans ces communes les fonctions de receveur municipal peuvent être données, sur la demande du conseil municipal, à un receveur spécial . La substitution de cette rédaction au texte primitif d'après lequel « le conseil municipal pouvait toujours confier ces fonctions à un receveur spécial. », n'indique nullement que le législateur ait entendu transformer en une simple faculté pour le Gouvernement ce qui, sous les lois antérieures, était pour lui une obligation; et le but de cette modification paraît avoir été uniquement d'améliorer une rédaction qui prêtait à la critique, puisque ce n'est pas au conseil municipal mais au préfet ou au ministre qu'il appartient de *confier* ces fonctions à un receveur spécial (Av. Cons. d'Et. sect. int. et fin. réun. 30 nov. 1886).

L'adoption par la Chambre d'un amendement de M. Drumel, qui avait pour but de fixer à 30000 fr., au lieu de 50000 fr. chiffre proposé par la commission, le chiffre des revenus exigé pour justifier la nomination d'un receveur spécial, et le rejet par le Sénat d'un amendement de M. de Gavardie tendant à rétablir ce chiffre de 50000, montrent clairement que le législateur n'a pas entendu restreindre le droit que la législation antérieure reconnaissait aux communes en cette matière (Même avis).

198. Le receveur municipal spécial est nommé par le préfet dans les communes dont le revenu ne dépasse pas 300000 fr., et par le président de la République, sur la proposition du ministre des finances; dans les communes dont le revenu est supérieur. La nomination est faite sur une liste de trois noms présentée par le conseil municipal. Si l'autorité supérieure refuse d'agréer les candidats proposés, le conseil municipal est appelé à faire de nouvelles présentations, et le poste reste vacant jusqu'à ce que l'accord ait pu s'établir (art. 156, § 3, 4 et 5).

199. D'après l'art. 1217 de l'instruction générale des finances du 20 juin 1859 (Morgand, t. 2, p. 493), le percepteur remplissant de droit les fonctions de receveur municipal, lorsque le conseil municipal ne réclame pas la nomination d'un receveur spécial, la recette municipale doit, en cas de vacance, et sans qu'il y ait lieu de provoquer l'intervention de l'autorité administrative, être remise immédiatement au percepteur.

200. — III. Organisation administrative de la ville de Paris. — D'après la disposition finale de l'art. 168, la loi du 5 avr. 1884 n'est pas applicable à la Ville de Paris qui, ainsi que nous l'avons dit (*Rép* n° 309), et comme l'a reconnu le rapporteur à la Chambre des députés, exige, à raison du chiffre de sa population et de son importance politique, une organisation spéciale. Une loi ultérieure réglera son régime municipal. Un projet avait été déposé par la commission de la Chambre des députés le 22 mars 1884. La partie de ce projet, relative au mode d'élection du conseil municipal, en avait été détaché et mise en discussion d'urgence. Mais l'accord n'ayant pu s'établir entre les deux Chambres sur le système électoral qu'il conviendrait d'adopter, le Sénat a, dans sa séance du 7 avr. 1884, rejeté purement et simplement le projet (D. P. 84. 4. 69, note 169). Sur l'organisation municipale de la Ville de Paris, V. *Ville de Paris.*

201. — IV. Algérie ; Colonies. — Les art. 164 et 165 appliquent, sous certaines réserves, la loi de 1884 : 1° aux communes de plein exercice de l'Algérie (V. *Organisation de l'Algérie*) ; — 2° aux colonies de la Martinique, de la Guadeloupe et de la Réunion (V. *Organisation des colonies*). Les autres colonies restent soumises à la législation existante, c'est-à-dire au régime des décrets. Mais, lorsque l'état de la colonie le comporte, un décret peut rendre applicable à cette colonie certains articles de la loi de 1884. On peut citer, à titre d'exemple, en ce qui concerne la Guyane, Saint-Pierre et Miquelon, Saint-Louis, Gorée-Dakar, Rufisque et Nouméa, le décret du 26 juin 1884 qui étend à ces colonies l'application des art. 11 à 45, 74 à 87, et 165 (D. P. 84. 4. 136).

TIT. 3. — DU POUVOIR MUNICIPAL (*Rép.* n°s 310 à 1355).

202. Les principes qui ont été exposés au *Rép.* n°s 310 à 315, sur la nature et les limites du pouvoir municipal ont été très nettement formulés dans le rapport de M. de Marcère à la Chambre des députés, qui a précédé le vote de la loi du 5 avr. 1884. « La commune, dit le rapporteur, constitue un être moral qui a des droits à exercer et des intérêts à gérer. Elle le peut faire librement. Veut-on appliquer à cet état le mot d'autonomie? Soit. La commune sera autonome, comme le citoyen est indépendant dans la plénitude de ses facultés, mais en restant soumis aux lois et en subissant l'application des principes du droit public qui s'étend sur tous les Français. Mais si les communes sont dépendantes des lois générales, il faut que le pouvoir central ait des garanties contre elles, des moyens de les faire rentrer dans la règle lorsqu'elles s'en écartent. La prétention de concilier dans les faits des choses inconciliables dans les faits n'est pas de mise dans les affaires du Gouvernement. On ne saurait se dire attaché à l'unité nationale, et en même temps méconnaître que la puissance de l'État à l'égard des communautés va jusqu'à mettre obstacle au développement de leur activité et à limiter leur initiative, si ces êtres collectifs dépassent la mesure et nuisent à l'intérêt général. De même il est contradictoire de se dire soumis aux devoirs de solidarité qui relient entre elles les générations et sur lesquels se fonde l'idée de patrie et en même temps d'admettre que les communes qui ne sont rien que par la tradition, par l'enchaînement des familles vivant côte à côte sur le même sol, par la jouissance perpétuelle de biens communs, pourraient par des décisions arbitraires et actuelles, mais définitives dans leurs effets sacrifier au présent tout l'avenir ouvert devant elles ». — Après avoir réfuté les théories des autonomistes, le rapporteur insiste sur la nécessité de conserver à l'État le contrôle de l'administration communale, que le projet de loi sur les conseils généraux de 1871 conférait à la commission départementale, et qu'une proposition de M. Goblet tendait à attribuer au conseil général. « Les motifs qui justifient la tutelle gouvernementale, dit-il avec raison, sont : le respect dû aux lois générales, la protection des intérêts individuels contre les intérêts collectifs, la garantie assurée aux générations futures contre l'imprévoyance ou la prodigalité des contemporains. Cela étant, à quelle autorité convient-il d'attribuer le contrôle des actes des communes? Des raisons multiples et concluantes désignent pour ce rôle l'État lui-même et l'État seul. Il s'agit d'imposer à un être moral indépendant le sacrifice d'une part de sa souveraineté. Qui donc peut exiger ce sacrifice et à l'égard de qui peut-on le consentir ? Les conseils généraux? mais quoi ? Il semble que, sous le prétexte de respecter la liberté des communes, c'est au contraire en péril bien peu de chose. On comprend qu'un citoyen fasse l'abandon d'une part des droits qui constituent sa personnalité à la société au milieu de laquelle il vit et qui en retour lui assure sa protection. Il le peut sans s'avilir ; il le doit s'il aime sa patrie. De même pour la commune. La commune est indépendante et libre de sa nature. Elle fait partie de l'État. Mais entre l'État et elle, il n'y a personne assez grand pour la dominer, assez autorisé pour lui dicter des lois et régenter sa conduite. Les conseils généraux représentent le département. Le département n'a aucune qualité ni aucun titre pour contrôler la gestion des affaires communales. J'ajoute que son conseil n'a aucune compétence... S'il est vrai que les communes indépendantes mais parties intégrantes de l'État sont une des forces vives de la nation, ajoutait M. de Marcère en terminant cette partie de son rapport, s'il est vrai que ces forces réunies sont l'élément essentiel de la puissance et l'espoir de la patrie, peut-on songer à les livrer au hasard ou à la faiblesse de directions sans autorité, destituées du droit de commandement, et cet éparpillement aveugle se peut-il appeler du nom de liberté? » (D. P. 84. 4. 25, note 6, § 1er, n° 6).

203. L'administration municipale appartient, sous la loi de 1884, comme sous la législation antérieure (*Rép.* n° 318) : 1° au maire et à ses adjoints, qui dirigent l'action administrative ; 2° au conseil municipal, corps électif chargé de la partie délibérative et consultative de l'administration (Batbie, *Traité de droit public et administratif*, 2e éd., t. 4, n° 1).

CHAP. 1er.—Des attributions du maire.—Prérogatives (Rép. nos 319 à 357).

204. Nous avons dit (Rép. n° 319) que les attributions du maire sont de deux sortes, et qu'il agit tantôt comme délégué du pouvoir central, tantôt comme administrateur de la commune. Dans le premier cas, il agit *sous l'autorité du Gouvernement;* dans le second, sous le contrôle du conseil municipal et *sous la surveillance de l'autorité supérieure.*

205. Aux termes de l'art. 92 de la loi du 5 avr. 1884, qui reproduit les dispositions de l'art. 9 de la loi de 1837 rapportées au Rép. n° 322, le maire est chargé, sous l'autorité de l'administration supérieure : 1° de la publication et de l'exécution des lois et règlements; 2° de l'exécution des mesures de sûreté générale; 3° des fonctions spéciales qui lui sont attribuées par les lois, et notamment de celle d'officier de l'état civil qui lui est conférée par le code civil. On a critiqué dans la discussion au Sénat ces expressions « sous l'autorité de l'administration supérieure », comme semblant indiquer que le préfet aurait le droit de faire, à défaut du maire, toutes les fonctions de l'art. 92 placée dans les attributions de ce dernier. Tel n'est pas le véritable sens de cet article. Si le maire n'exécute pas les lois et règlements ou les mesures de sûreté générale, le préfet aura le droit d'agir à son lieu et place conformément aux dispositions de l'art. 85 que nous exposerons plus loin. Mais cette proposition cesserait d'être exacte, ainsi qu'on l'a fait observer, si on l'étendait à toutes les fonctions spéciales que les lois attribuent aux maires. Il est bien certain, en effet, que si un maire s'abstenait de remplir les fonctions d'officier de l'état civil que lui confie la loi, le préfet ne pourrait personnellement se ·substituer à lui, par exemple, pour célébrer un mariage (D. P. 84. 4. 52, note 92).

206. Quant à l'exécution des lois, le maire est l'agent du pouvoir central et, par conséquent, l'agent du préfet comme représentant direct de ce pouvoir. En ce qui touche l'exécution des mesures de sûreté générale, le maire n'a pas non plus un pouvoir personnel et indépendant. Il n'est, en cette matière, suivant les termes d'une circulaire du ministre de l'intérieur du 3 nov. 1867 (D. P. 68. 3. 21) que l'exécuteur des instructions du préfet à qui appartient l'initiative des mesures à prendre et qui peut soit déléguer au maire le soin de pourvoir à l'exécution de ces mesures, soit transmettre directement ses ordres aux fonctionnaires et agents chargés du service de la police. Il en résulte que, tous placés sous l'autorité du maire pour l'application des arrêtés de police municipale, les agents de tout grade sont entièrement subordonnés au préfet lorsqu'il s'agit d'exécuter les mesures de sûreté générale, et que le commissaire central, chef responsable de tout le service de la ville chef-lieu de sa résidence, est particulièrement placé sous la direction du préfet pour les services se rattachant à la sûreté publique (Même circulaire).

207. Le maire, aux termes de l'art. 90, est chargé, sous le contrôle du conseil municipal et la surveillance de l'administration supérieure : 1° de conserver et d'administrer les propriétés de la commune et de faire en conséquence tous les actes conservatoires de ses droits; 2° de gérer les revenus, de surveiller les établissements communaux et la comptabilité communale; 3° de préparer et proposer le budget et ordonnancer les dépenses; 4° de diriger les travaux com-

munaux; 5° de pourvoir aux mesures relatives à la voirie municipale; 6° de souscrire les marchés, de passer les baux des biens et les adjudications des travaux communaux dans les formes établies par les lois et règlements et par les art. 68 et 69 de la présente loi; 7° de passer, dans les mêmes formes, les actes de vente, échange, partage, acceptation de dons ou legs, acquisition, transaction, lorsque ces actes ont été autorisés conformément à la présente loi; 8° de représenter la commune en justice soit en demandant, soit en défendant; 9° de prendre de concert avec les propriétaires ou les détenteurs du droit de chasse dans les buissons, bois et forêts toutes les mesures nécessaires à la destruction des animaux nuisibles désignés dans l'arrêté du préfet pris en vertu de l'art. 9 de la loi du 3 mai 1844; de faire, pendant le temps de neige, à défaut des détenteurs du droit de chasse, à ce dûment invités, détourner les loups et sangliers réunis sur le territoire; de requérir à l'effet de les détruire, les habitants avec armes et chiens propres à la chasse de ces animaux; de surveiller et d'assurer l'exécution des mesures cidessus et d'en dresser procès-verbal; 10° et d'une manière générale d'exécuter les décisions du conseil municipal.

208. C'est également sous la surveillance de l'administration supérieure que le maire est chargé, en vertu de l'art. 91, de la police municipale, de la police rurale, et de l'exécution des actes de l'autorité supérieure qui y sont relatifs. Aux termes de l'art. 103, dans les villes ayant plus de 40000 âmes, l'organisation du personnel chargé du service de la police est réglée, sur l'avis du conseil municipal, par décret du président de la République. Le préfet du Rhône exerce, comme nous le verrons *infrà*, n° 465, dans les communes de l'agglomération lyonnaise, les mêmes attributions qu'exerce le préfet de police dans les communes suburbaines de la Seine; mais l'art. 105 apporte à ce principe une large dérogation en remettant aux maires des communes de l'agglomération les pouvoirs de police municipale, tels qu'ils sont définis par l'art. 97 sous les réserves suivantes : 1° le préfet reste chargé du soin de réprimer les atteintes à la tranquillité publique; 2° il garde également la mission d'assurer le maintien du bon ordre dans les endroits où il se fait de grands rassemblements.

209. Les art. 90 et 91 de la loi de 1884 reproduisent, avec quelques modifications, les dispositions de l'art. 10 de la loi de 1837, qui ont été analysées au Rép. n° 325. Le paragraphe 1er de ces articles charge le maire de conserver et d'administrer les propriétés de la commune. On en fait dériver l'obligation, pour le maire, de faire, à son entrée en fonctions, l'inventaire des archives de la commune. Mais l'omission de cette formalité ne le rend pas de plein droit responsable de la perte d'une partie des archives, s'il n'est pas établi qu'il ont eu lieu sous son administration (Bordeaux, 21 déc. 1873) (1).

210. Le paragraphe 9 qui a été introduit dans la loi sans discussion sur la proposition de MM. Petitbien, Bernier et Papon, confère aux maires de nouvelles attributions relativement à la destruction des animaux nuisibles. Aux termes de l'art. 9 de la loi du 3 mai 1844 (Rép. v° Chasse, p. 406), modifié par la loi du 22 janv. 1874 (D. P. 74. 4. 49), le préfet de chaque département prend, sur l'avis du conseil général, un arrêté pour déterminer les espèces d'animaux nuisibles que le propriétaire ou fermier pourra en tout temps détruire sur ses terres et les conditions d'exercice de ce droit. Il peut, en

---

(1) (Commune de Saint-Selve C. Demons.) — LA COUR; — Attendu que l'action en dommages-intérêts dirigée par la commune de Saint-Selve contre Demons, ancien maire, est fondée sur ce que, pendant son administration, il aurait laissé disparaître un certain nombre de documents administratifs intéressant la commune; — Attendu qu'en l'absence de toutes preuves, dores et déjà rapportées que ces documents ont été en sa possession, la commune en fait résulter la présomption de ce que Demons n'ayant pas fait inventaire, ainsi que les règlements le lui prescrivaient, à l'époque à laquelle il est entré en fonctions, il est censé avoir reçu les archives entières et complètes des mains de son prédécesseur, et doit, par conséquent, les représenter, sous peine de dommages-intérêts; qu'il doit, dans tous les cas, s'imputer à faute, engageant sa responsabilité, le défaut d'inventaire; — Attendu que, quelque regrettable que soit la négligence des maires entrant en fonctions à accomplir l'obligation qui leur est imposée de dresser inventaire, il faut reconnaître, en fait, que, dans le plus grand nombre des communes rurales, les maires n'exécutent pas cette prescription

des règlements; — Qu'il est reconnu par la commune de Saint-Selve elle-même que Demons ne s'y est pas conformé, lorsqu'il a pris possession de la mairie; — Que, dans de telles circonstances, le tribunal a jugé avec raison qu'il n'était pas justifié que ce fût pendant que Demons était maire, plutôt qu'à toute autre époque, qu'auraient disparu des archives les objets qui lui sont réclamés; — Attendu, d'un autre côté, et en supposant que quelques-uns de ces objets eussent été perdus pendant son administration, il était juste et convenable, ainsi que l'a fait le tribunal, pour apprécier la faute reprochée à Demons, de tenir compte de la gratuité du mandat qu'il a géré, et de la tolérance nécessaire que l'administration a toujours pour ce genre d'abus pareils, toujours inévitables; — Par ces motifs, déclare Bédouret, en sa qualité de maire de la commune de Saint-Selve, mal fondé dans les conclusions par lui prises devant le tribunal, et en relaxe Demons.

Du 21 déc. 1873.-C. de Bordeaux, 4e ch.-MM. du Périer de Larsan, pr.-Brochon fils et de Brezets. av.

outre, en vertu des dispositions combinées de l'arrêté du 19 pluv. an 5 et de l'ordonnance du 20 août 1814 (*Rép.* v° *Chasse*, p. 88 et 89), autoriser ou ordonner en tout temps, même sur les propriétés particulières, des battues pour la destruction des animaux nuisibles, qui doivent être exécutées sous la surveillance des agents forestiers. Quoique la législation sur la louveterie n'ait pas cessé d'être en vigueur, la loi de 1884 donne aux maires, pour les mesures de destruction qu'il les autorise à prendre ou à prescrire dans certaines conditions, des pouvoirs analogues à ceux des préfets. Ils peuvent ainsi qu'on vient de le voir (*suprà*, n° 207) : 1° prendre, de concert avec les détenteurs du droit de chasse dans les bois, toutes les mesures nécessaires à la destruction des animaux nuisibles désignés dans l'arrêté pris par le préfet; 2° faire en temps de neige, à défaut des détenteurs du droit de chasse à ce dûment invités, détourner les loups et sangliers réunis sur le territoire. Dans le premier cas, il faut que le maire se soit concerté avec le détenteur du droit de chasse; dans le second, il faut qu'il l'ait dûment invité. — Toute cette matière a été l'objet d'une étude spéciale, v° *Chasse*, tit. 2, chap. 5, n°s 1627 et suiv.; nous n'avons pas à y revenir ici.

211. Le Sénat a écarté un amendement de M. Tenaille-Saligny qui tendait à reporter à l'art. 92 la disposition qui vient d'être analysée. L'auteur de l'amendement estimait que l'autorité du maire en matière de chasse se rattache à ses attributions comme agent du pouvoir central. La commission a considéré au contraire qu'elle se rattache plutôt à la protection des intérêts de la commune.

La nature des mesures prises par le maire en vertu de cet article a également donné lieu à une controverse. M. Puton estime qu'à raison de la place qu'elles occupent, elles doivent être considérées comme des mesures d'administration. Au contraire, suivant M. Morgand, t. 2, p. 17, elles ont le caractère de mesures de police et les arrêtés des maires en cette matière peuvent être annulés ou suspendus par le préfet conformément à l'art. 95.

212. On a vu au *Rép.* n° 325, que la Chambre des députés avait en 1837 classé la police municipale et la police rurale parmi les attributions propres au pouvoir municipal, contrairement au projet primitif qui les comprenait au nombre des attributions que les maires exercent sous l'autorité de l'administration générale. L'art. 91 de la loi de 1884 charge les maires, comme la loi de 1837, d'exercer ces attributions « sous la surveillance de l'administration supérieure », et semble par suite les rattacher également au pouvoir municipal. Toutefois le rapporteur à la Chambre des députés s'inspirant d'une jurisprudence sur laquelle nous aurons à revenir, faisait ressortir le « caractère mixte » des attributions relatives à la police municipale, à la police rurale, à la voirie municipale. « Ici, disait-il, le maire est à la fois, sans qu'on puisse distinguer, le mandataire de la communauté et le délégué de la nation »; aussi le projet de loi dans lequel le titre III était primitivement divisé en plusieurs chapitres avait-il placé sous la rubrique « *attributions exercées par les maires comme agents du pouvoir central* » les art. 94, 95, 96, 97 et 98 relatifs aux arrêtés pris par les maires en matière de police. Cette classification a été l'objet au Sénat de très vives critiques à la suite desquelles l'intitulé des chapitres a été supprimé. Mais cette suppression ne manifeste que fort imparfaitement divisé de reculer véritable du législateur (D. P. 84. 4. 54, note 99). Nous croyons cependant que l'importante discussion à laquelle a donné lieu, comme on le verra plus loin (*infrà*, n° 456 et suiv.) l'art. 99, et le vote de cet article ont fait prévaloir la doctrine proposée par le rapporteur et d'après laquelle le maire exerce ses attributions de police autant comme chef de l'association communale que comme chef de l'association communale (Ducrocq, *Études sur la loi municipale*, p. 80 ; Morgand, t. 2, p. 20).

213. Suivant M. Ducrocq, les actes des maires se rattachent à trois catégories distinctes : les actes contractuels ou de gestion, les actes administratifs proprement dits, et les actes réglementaires (p. 2). Les actes de la première catégorie sont ceux dans lesquels le maire procède comme représentant la personnalité civile de la commune : ce sont des actes de gestion ou des actes de procédure accomplis par le maire dans l'exercice des actions communales ou

pour la défense de la commune : ils sont énumérés dans l'art. 90 dont nous avons résumé les dispositions. Ces actes ne constituent pas des arrêtés réglementaires et ne sauraient en prendre le caractère lors même qu'ils en affecteraient la forme. Par suite, les arrêtés pris par le maire en qualité d'administrateur des biens de la commune ne peuvent être assimilés à des règlements de police, et les infractions à ces arrêtés ne constituent pas des contraventions passibles des peines de l'art. 471, n° 15, c. pén. (Crim. rej. 7 mars 1857, aff. Drevet, D. P. 57. 1. 184). Il en est ainsi des arrêtés fixant le tarif d'une perception communale (Même arrêt ; Crim. cass. 16 avr. 1863, aff. Clerc, et 4 août 1864, aff. Planté, D. P. 65. 1. 44 ; Crim. rej. 27 juin 1867, aff. Blanchard, D. P. 69. 5. 334) et des cahiers des charges qui lient certaines entreprises vis-à-vis d'une commune (Crim. rej. 20 mars 1858, aff. Drouhin, D. P. 69. 5. 333 ; 21 déc. 1877, aff. Deschaumes, D. P. 78. 1. 398).

214. Les actes administratifs, individuels et spéciaux des maires, et les arrêtés réglementaires qu'il leur appartient de prendre sont des actes d'autorité, et non plus des actes de gestion. Suivant M. Ducrocq (p. 6), les art. 94, 95 et 96 de la loi de 1884 s'appliquent également à ces deux classes d'actes. L'art. 94 reproduit les dispositions de l'art. 11 de la loi de 1837, que nous avons rapportées au *Rép.* n° 327. Aux termes de cet article, les maires prennent des arrêtés à l'effet : 1° d'ordonner les mesures locales sur les objets confiés par les lois à leur vigilance et à leur autorité ; 2° de publier de nouveau les lois et règlements de police et de rappeler les citoyens à leur observation. Cet article confère au maire le droit de faire des actes individuels et spéciaux et des règlements d'un caractère général : les premiers peuvent concerner non-seulement la police municipale, la police rurale et la voirie municipale, mais aussi tous les objets confiés à la vigilance et à l'autorité des maires ; quant aux seconds, ils ne concernent toujours que la police municipale, la police rurale et la voirie municipale (Ducrocq, p. 7 et 8).

Ces deux classes d'actes sont soumises à des règles communes, et, en outre, chacune est assujettie à des règles spéciales.

215. Les règles communes sont inscrites dans les premiers paragraphes de l'art. 95 et dans les § 1er et 4 de l'art. 96. — De même que l'art. 11 de la loi de 1837 (*Rép.* n° 328), l'art. 95 porte que les arrêtés du maire devront être immédiatement adressés au sous-préfet ou, dans l'arrondissement du chef-lieu, au préfet. Le préfet peut les annuler ou en suspendre l'exécution. Nous avons dit que le projet de loi adopté par la Chambre des pairs en 1835 avait, en outre, conféré aux préfets le droit de *modifier* les arrêtés des maires, mais que cette faculté avait été retirée par la Chambre des députés. Le projet soumis aux Chambres en 1877 ajoutait également au droit d'annulation celui de modification, du moins pour les arrêtés pris par les maires dans l'exercice des pouvoirs qu'ils exercent sous l'autorité de l'administration supérieure. Cette disposition n'a pas passé dans la loi. Il est donc incontestable qu'aujourd'hui, comme sous la législation antérieure à 1884, le préfet ne peut qu'annuler ou suspendre l'arrêté du maire, et qu'il ne saurait, sans excès de pouvoir, alors même que cet arrêté contiendrait des dispositions distinctes, annuler ou suspendre les unes en maintenant les autres (Ducrocq, p. 10 ; Morgand, t. 2, p. 31). — Le préfet peut, d'ailleurs, annuler à toute époque l'arrêté pris par un maire, alors même qu'il l'aurait approuvé dans son principe (Crim. cass. 25 nov. 1859, aff. Bessière, D. P. 59. 1. 514; Crim. cass. 11 août 1859, aff. Commune de Saujon, D. P. 60. 3. 43).

216. M. Ducrocq enseigne avec raison, p. 11, que, bien que le droit de suspension et d'annulation soit applicable aux actes administratifs individuels comme aux arrêtés réglementaires, il ne pourrait cependant être exercé à l'égard des arrêtés portant nomination, suspension ou révocation des agents municipaux, si ce n'est dans le cas où il résulterait un excès de pouvoir de la méconnaissance par le maire d'une condition ou d'une limitation à son droit écrit dans une loi administrative (V. Cons. d'Et. 21 mai 1886, aff. Maire de Mazamet, D. P. 87. 3. 77).

217. D'après le même auteur, p. 12 et 13, on doit également appliquer aux actes individuels et aux arrêtés réglementaires les paragraphes 1er et 4 de l'art. 96. Aux termes

du paragraphe 1er, ces actes ou arrêtés ne sont obligatoires qu'après avoir été portés à la connaissance des intéressés, les premiers par voie de notification individuelle, les seconds par voie de publication et d'affiches. Aux termes du paragraphe 4, ils doivent être inscrits à leur date sur le registre de la mairie, ainsi que les actes de publication des uns et les actes de notification des autres. Cette inscription n'était pas exigée par la législation antérieure; mais l'usage s'était établi de réunir les arrêtés municipaux en un registre spécial (Morgand, t. 2, p. 35). Au reste, le caractère obligatoire de ces arrêtés n'est pas subordonné à l'accomplissement de la formalité dont il s'agit, laquelle n'est, suivant la circulaire ministérielle du 15 mai 1884, qu'un moyen de mieux assurer leur conservation.

218. Les règles spéciales aux arrêtés individuels sont les suivantes : ces arrêtés deviennent obligatoires par la notification à la partie intéressée et l'envoi au sous-préfet. La notification est établie, aux termes de l'art. 96, § 2, par le récépissé de la partie intéressée ou, à son défaut, par l'original de la notification conservé dans les archives de la mairie. Ces arrêtés peuvent être déférés par la voie gracieuse aux supérieurs hiérarchiques du maire, c'est-à-dire au préfet, et, si le préfet refuse de les annuler, au ministre ; ils peuvent être directement attaqués devant le conseil d'Etat pour excès de pouvoir ou incompétence ; ils peuvent même, suivant M. Ducrocq, p. 16 et 17, être déférés au conseil d'Etat par la voie contentieuse au fond, lorsqu'ils ne lèsent pas seulement des intérêts, mais qu'ils portent atteinte à des droits.

219. Les arrêtés réglementaires sont également soumis à des règles spéciales. Ils doivent, comme nous l'avons dit, être portés à la connaissance des intéressés par voie de publication et d'affiches, et la publication en est constatée, d'après l'art. 96, § 2, par une déclaration certifiée par le maire. Quant au moment où ils deviennent exécutoires, la loi de 1884 a maintenu une distinction établie par la loi de 1837 et indiquée au Rép. n° 328. Les arrêts portant règlement temporaire sont exécutoires de plein droit dès le lendemain du jour de leur affichage et de leur publication et après la délivrance du récépissé du sous-préfet. Au contraire, les arrêtés portant règlement permanent ne sont exécutoires, aux termes de l'art. 95, § 3, qu'un mois après la remise de l'ampliation constatée par les récépissés délivrés par le sous-préfet ou le préfet.

La disposition que l'on vient de citer est textuellement empruntée à l'art. 11 de la loi de 1837; mais elle est complétée par un paragraphe additionnel, qui confère au préfet le droit d'autoriser, en cas d'urgence, l'exécution immédiate de ces arrêtés. Cette addition, conforme à la circulaire ministérielle du 1er juill. 1840 (Rép. n° 328, et p. 399), a paru nécessaire en présence de la jurisprudence de la cour de cassation qui, sous l'empire de la loi de 1837, ne reconnaissait au préfet dans aucun cas la faculté d'abréger, par une approbation anticipée, le délai pendant lequel il lui appartenait d'annuler ou de suspendre ces arrêtés avant leur mise à exécution (Crim. rej. 6 janv. 1844, aff Castembe, D. P. 45. 4. 450; 17 mars 1848, aff. Chapuis, D. P. 48. 5. 319; 14 mars 1851, aff. Michel, D. P. 51. 5. 463; 15 nov. 1860, aff. Sarrault, D. P. 60. 5. 349; Crim. cass. 12 mars 1868, aff. Hardy, D. P. 68. 4. 462) : un pareil système était, d'après la circulaire du 15 mai 1884, de nature à entraîner des inconvénients, que le législateur a cru devoir faire disparaître. Une circulaire ministérielle du 23 mars 1886 (Bull. min. int., p. 72) rappelle aux préfets que lorsqu'ils croient devoir user, à l'égard d'un règlement municipal permanent, du droit que leur confère l'art. 95, § 3, de la loi municipale, ils doivent mentionner expressément dans l'arrêté d'approbation qu'ils autorisent l'exécution immédiate de l'arrêté réglementaire, et que cette mention doit être constatée par les maires dans la déclaration de publication qu'ils sont tenus de rédiger conformément à l'art. 96, § 2, de la loi municipale. A défaut de la stricte exécution de cette procédure, les règlements dont il s'agit ne pourraient recevoir de sanction de la part de l'autorité judiciaire chargée de réprimer les contraventions.

On verra plus loin quelles sont les voies de recours ouvertes contre les arrêtés réglementaires des maires (V. infrà, nos 502 et suiv.).

220. D'après l'art. 85 de la loi de 1884, conforme à l'art. 15 de la loi de 1837 rapporté au Rép. n° 331, dans le cas où le maire refuserait ou négligerait de faire un des actes qui lui sont prescrits par la loi, le préfet peut, après l'en avoir requis, y procéder d'office par lui-même ou par un délégué spécial. Ainsi que nous l'avons dit, il résulte du rapport de M. Vivien, que, dans la pensée du législateur de 1837, le préfet ne devait être admis à user de ce droit « que pour les actes formels, précisément exigés par la loi, » et « qu'il ne fallait pas qu'à l'aide de ce droit, il pût annuler l'autorité municipale ». On s'est appuyé sur cette opinion pour établir, au point de vue de l'application de l'art. 15 de la loi de 1837, une distinction entre les actes accomplis par le maire ; et on a soutenu que, s'il convient de considérer comme prescrits par la loi ceux dont le maire est chargé sous l'autorité de l'administration supérieure, il n'en est pas de même de ceux que la loi s'est bornée à placer sous la surveillance de cette administration, et que dans le pouvoir de surveillance n'est pas compris le pouvoir d'action. Cette doctrine est formulée en ces termes mêmes dans les motifs d'un arrêt de cassation du 30 nov. 1863 (aff. Pirel, D. P. 63. 1. 448), et elle se retrouve dans les motifs d'un arrêt des chambres réunies rendu dans la même affaire le 3 avr. 1867 (D. P. 67. 1. 145). D'après ce dernier arrêt, les actes que le législateur a eus en vue dans l'art. 15, sont les actes d'intérêt général, qui ne sont accomplis par le maire que sous l'autorité de l'administration supérieure, et à l'égard desquels le préfet, entre les mains de qui l'autorité se trouve alors concentrée, peut incontestablement agir lui-même. Ces arrêts ont été rendus à l'occasion d'actions en justice que le préfet prétendait exercer au nom de la commune, et sur le refus, non seulement du maire, mais du conseil municipal ; mais la portée des considérants qui viennent d'être rappelés est évidemment plus générale. La même interprétation semble implicitement résulter d'un arrêt du conseil d'Etat du 20 avr. 1883 (aff. de Bastard, D. P. 84. 3. 106) qui décide que le préfet ne peut, sans excéder les pouvoirs qui lui sont conférés par l'art. 15 de la loi de 1837, procéder d'office à la concession d'un terrain dans un cimetière, au refus du maire, alors que ce refus n'a pas pour objet d'établir, en violation de la loi du 14 nov. 1881, des divisions d'après les cultes professés par les défunts, mais a pour motif de ne pas nuire au bon aménagement des tombes.

La distinction consacrée par ces arrêts avait toutefois paru trop absolue à plusieurs auteurs qui, tout en reconnaissant que l'art. 15 avait en vue les actes que le maire était chargé de faire sous l'autorité de l'administration supérieure, en avaient étendu l'application à quelques-uns de ceux qui devaient être accomplis sous la surveillance de cette administration. Tel aurait été notamment, d'après les partisans de cette opinion, le cas où le conseil municipal aurait décidé de défendre à une action, et y aurait été autorisé par le conseil de préfecture, et où le maire aurait refusé soit d'agir pour la commune, soit de se laisser remplacer comme empêché par son adjoint (V. en ce sens: dissertation sous l'arrêt précité du 3 avr. 1867; Aucoc, Bulletin des tribunaux du 18 janv. 1864).

221. L'art. 85 de la loi de 1884 doit-il recevoir une interprétation plus extensive que l'art. 15 de la loi de 1837 ? L'identité de rédaction des deux articles semble indiquer que la pensée du législateur ne s'est pas modifiée. M. Ducrocq enseigne cependant (op. cit. p. 40, et dissertation sous Poitiers, 30 mai 1884, aff. Tort, D. P. 84. 2. 192) que l'interprétation donnée à l'art. 15 de la loi de 1837 par la jurisprudence ne doit plus aujourd'hui être suivie. Suivant lui, la place donnée dans la loi nouvelle à l'art. 85, avant tous les articles qui traitent des diverses attributions du maire, et spécialement avant celles qui lui appartiennent comme chef de l'association communale, ne permet plus une distinction à ce point de vue entre ses attributions diverses ; et d'ailleurs, l'intention du législateur d'étendre le droit d'intervention du préfet à l'ensemble des actes des administrations municipales lui paraît s'être manifestée dans l'art. 99 qui, comme nous le verrons, consacre cette intervention active en ce qui concerne les arrêtés réglementaires. Il estime, en conséquence, qu'aujourd'hui, dès que l'accomplissement d'un acte est formellement prescrit au maire par la loi, il importe peu que le maire soit soumis, en ce qui concerne cet acte, à l'autorité

ou à la surveillance de l'administration supérieure, et que, dans l'un comme dans l'autre cas, l'art. 85 doit recevoir son application. Il faudrait donc admettre désormais que le préfet peut accomplir, en vertu de l'art. 85, un acte de gestion de la fortune communale un acte contractuel ou de procédure, au nom de la commune et au lieu et place du maire, de même qu'il peut réaliser à la place de ce dernier un acte administratif proprement dit et faire par arrêté préfectoral ce qu'un arrêté municipal individuel et spécial aurait dû faire. Les actes que le préfet doit faire en vertu d'une délibération du conseil municipal sont bien, d'après le savant professeur, pour emprunter les expressions de M. Vivien, « des actes formels précisément exigés par la loi », puisque le maire est chargé d'une manière générale, aux termes de l'art. 90, § 10, « d'exécuter les décisions du conseil municipal ». Mais si la délibération du conseil faisait défaut, l'obligation du maire disparaîtrait, et il n'appartiendrait pas plus au préfet sous la nouvelle loi municipale, qu'il ne lui appartenait antérieurement d'après la jurisprudence de la cour de cassation, de se substituer au maire qui refuserait, conformément au vote du conseil municipal, de défendre à une action judiciaire au nom de la commune malgré l'autorisation accordée par le conseil de préfecture (Circ. min. int. 15 mai 1884).

Il a été décidé que le préfet ne commet pas un excès de pouvoir en nommant d'office après mise en demeure régulière, conformément à l'art. 85 de la loi du 5 avr. 1884, un délégué spécial pour procéder, sur le refus du maire, à la revision des opérations du dénombrement quinquennal de la population qui ont été irrégulièrement faites (Cons. d'Et. 18 nov. 1887) (1). Le retard du maire de procéder à des élections municipales dans le local désigné par le préfet constitue également un refus d'accomplir un acte de ses fonctions dans le sens de l'art. 85 de la loi du 5 avr. 1884 (Cons. d'Et. 16 juill. 1886, aff. El. di Valle d'Orezza, D. P. 88. 3. 3).

222. L'art. 85 exige, comme le faisait l'art. 15, qu'avant d'user de la faculté qui lui est conférée par un texte, le préfet mette le maire en demeure d'accomplir l'acte que la loi lui prescrit. — La jurisprudence du conseil d'Etat s'était prononcée en ce sens sous l'empire de la loi de 1837 (Cons. d'Et. 8 févr. 1868, aff. Jousseaume, D. P. 68. 3. 9), et la circulaire du 15 mai 1884 confirme la nécessité de cette mise en demeure préalable. Mais il a été décidé que, dans le cas où, par suite d'une absence volontaire du maire, il a été impossible de lui remettre la mise en demeure à lui adressée par le préfet d'accomplir un acte de ses fonctions et où l'adjoint auquel cette mise en demeure a été adressée a refusé d'y obtempérer, le délégué du préfet peut régulièrement accomplir cet acte (Arrêt du 16 juill. 1886, cité suprà, n° 222). Le préfet peut notamment déléguer le sous-préfet pour faire procéder à l'élection du maire lorsque le conseiller municipal faisant fonction de maire auquel un arrêté préfectoral avait prescrit de convoquer le conseil municipal s'y est refusé (Cons. d'Et. 24 juill. 1885, aff. El. de Brétenoux, D P. 87. 3. 18).

223. Le préfet peut, en vertu de l'art. 85, soit procéder lui-même à l'acte que le maire refuse d'exécuter, soit désigner à cet effet un délégué spécial. Mais la circulaire

du 15 mai 1884 rappelle qu'il doit, ainsi que nous l'avons dit, nommer toujours un délégué pour les actes qu'il n'a pas qualité pour accomplir, tels que la réception des actes de l'état civil.

Le texte ne limite le choix du préfet ni aux membres du conseil municipal, ni aux personnes éligibles aux fonctions de maire, ni même aux habitants de la commune. Mais le droit de délégation appartient exclusivement au préfet, et le délégué, quel qu'il soit, ne peut, dans aucun cas, se substituer une autre personne (Morgand, t. 2, p. 436). La délégation donnée par le préfet peut entraîner certains frais. L'art. 136, § 20, les range parmi les dépenses obligatoires des communes.

224. L'art. 93, dont nous analyserons plus loin les dispositions (infrà, n°s 593 et suiv.), fait une application spéciale du principe de l'art. 85, en ce qui concerne une partie de la police des sépultures. Pour tous les autres cas, et notamment pour les questions de transport de corps, d'exhumation, de sépulture en propriété privée, il laisse subsister dans toute leur force les prescriptions de cet article (Ducrocq, p. 53).

225. L'art. 98, § 4, ne se borne pas, ainsi que l'observe le même auteur, à faire une application nouvelle de cette disposition. Il va bien au-delà du texte de cet article et du motif qui l'a inspiré (Ducrocq, p. 56). Il confère, en effet, aux préfets le droit d'accorder au lieu et place des maires, sur les dépendances de la voirie communale, des autorisations ou permissions, à titre précaire et révocable, qu'aucun texte de loi n'impose ni ne peut imposer aux maires l'obligation d'accorder. Le conseil d'Etat avait décidé, sous l'empire de la loi de 1837, qu'un préfet commettait un excès de pouvoir lorsque, malgré le refus d'un maire, il autorisait un particulier à construire un aqueduc sous un chemin vicinal ordinaire (Cons. d'Et. 10 déc. 1880, aff. Poirel, Rec. Cons. d'Etat, p. 980). Désormais, d'après la circulaire du 15 mai 1884, lorsque les préfets auront constaté que l'intérêt général du département, de la commune ne justifie pas le refus du maire de délivrer une permission de voirie, à titre précaire ou essentiellement révocable, ayant pour objet notamment l'établissement dans le sol de la petite voirie d'une canalisation destinée au passage ou à la conduite soit de l'eau, soit du gaz, il leur appartiendra d'accorder cette permission. Cette énumération n'a rien de limitatif, et l'on doit y comprendre également les simples autorisations de stationnement ou de dépôt (Morgand, t. 2, p. 103). Cette permission, qu'elle soit donnée par le préfet ou par le maire, est toujours essentiellement révocable, et peut-être serait-il difficile de contester au maire le droit de révoquer une semblable autorisation donnée à son lieu et place par le préfet. Mais, ainsi que le fait observer M. Ducrocq (p. 59), le préfet est suffisamment armé par l'art. 95, qui lui donne le droit de suspendre ou d'annuler tous les arrêtés municipaux, et, ainsi l'annulant l'arrêté de révocation pris par le maire, il assurerait le maintien des autorisations qu'il aurait lui-même accordées.

226. On a vu au Rép. n° 333, que le maire nomme à tous les emplois communaux pour lesquels la loi ne prescrit pas un mode spécial de nomination, et qu'il suspend et révoque

---

(1) (Commune de Buzançais.) — Le conseil d'Etat ;... — Vu la requête de la commune de Buzançais... tendant à ce qu'il plaise au conseil annuler : 1° deux arrêtés des 5 août et 8 sept. 1886, par lesquels le préfet de l'Indre a mis le maire en demeure de vérifier le travail de dénombrement de la population et d'inscrire sur les listes les individus omis ; ensemble un arrêté du 18 septembre par lequel ledit préfet a nommé un délégué chargé à l'effet de pourvoir d'office à ce travail ; 2° un arrêté du 6 nov. 1886 qui a mis le conseil municipal en demeure de voter la somme de 85 fr. 10 cent., pour le payement des dépenses faites par le délégué dont s'agit et décidé, en outre, que cette somme serait inscrite d'office au budget communal, si, dans le délai d'un mois, le conseil municipal ne la votait pas ; — Vu les lois des 7-14 oct. 1790 et 24 mai 1872 ; — Vu la loi des 19-22 juill. 1791 et le décret du 5 avr. 1886 ; — Vu la loi du 5 avr. 1884 ; — En ce qui concerne les arrêtés des 5 août, 8 et 18 sept. 1886 : — Considérant qu'il résulte de l'instruction qu'à la suite de nombreuses omissions dans les opérations de recensement de la commune de Buzançais, le préfet de l'Indre, par deux arrêtés successifs, enjoint au maire de reviser lesdites opérations ; que, ces mises en demeure étant restées sans résultat,

il a pris, le 18 sept. 1886, un arrêté désignant un délégué spécial à l'effet d'y procéder d'office ; — Considérant que le maire était tenu, tant aux termes de l'art. 1er du décret du 5 avr. 1886 que de la loi des 19-22 juill. 1791, de procéder au dénombrement ordonné ainsi qu'à toutes les opérations nécessaires pour en assurer l'exactitude ; que, dans ces circonstances, le préfet a pu, sans excéder ses pouvoirs, sur le refus du maire, et après l'en avoir requis, y faire procéder d'office conformément à l'art. 85 de la loi du 5 avr. 1884 ; — En ce qui concerne l'arrêté du 6 nov. 1886 : — Considérant que si l'art. 136, n° 20, de la loi du 5 avr. 1884 range parmi les dépenses obligatoires des communes celles qui sont occasionnées par l'application de l'art. 85 susvisé, et que, s'il appartenait au préfet de mettre le conseil municipal en demeure de voter la dépense faite par le délégué spécial, l'arrêté du 6 nov. 1886, par lequel il a rempli cette formalité préalable à l'inscription d'office, ne constitue, quant à présent, qu'une simple mesure préparatoire non susceptible d'être déférée au conseil d'Etat par application des lois des 7-14 oct. 1790 et 24 mai 1872 ;... — Rejette.

Du 18 nov. 1887.-Cons. d'Et.-MM. Fleury-Ravarin, rap.-Valabrègue, concl.

les titulaires de ces emplois. La disposition de l'art. 12 de la loi de 1837 a passé dans l'art. 88 de la loi de 1884 qui donne, en outre, aux maires le droit de faire assermenter et commissionner les agents nommés par lui, mais à la condition qu'ils soient agréés par le préfet ou le sous-préfet. Cette faculté donnée aux maires leur permet de charger certains agents de constater, par des procès-verbaux, les contraventions aux lois et règlements de police.

227. La rédaction de l'art. 88 maintient, en ce qui concerne la nomination aux emplois communaux, les restrictions apportées au pouvoir du maire non seulement par les lois, mais par les ordonnances et décrets en vigueur, notamment en ce qui touche le préposé en chef de l'octroi, qui est nommé par le préfet en vertu de l'art. 5, § 16, du décret du 25 mars 1852 (D. P. 52. 4. 90) et les autres préposés d'octroi, qui sont nommés par le sous-préfet en vertu de l'art. 6 du décret du 13 avr. 1861 (D. P. 61. 4. 49). Mais les seules restrictions au pouvoir des maires que consacre cet article sont celles qui résultent des lois, ordonnances et décrets « actuellement en vigueur », c'est-à-dire antérieurs à la loi nouvelle (D. P. 84. 4. 51, note 88).

La circulaire ministérielle du 15 mai 1884 constate que ces restrictions s'expliquent et se justifient non seulement par la nature des fonctions ou emplois dont les titulaires, tels que les instituteurs, les receveurs municipaux, les préposés en chef de l'octroi, les commissaires de police, doivent être chargés par l'autorité supérieure, mais encore par la responsabilité qu'entraînent ces fonctions et emplois et les intérêts généraux qui s'y rattachent.

228. Comme on l'a dit au *Rép.* n° 333, l'art. 13 de la loi de 1837 conférait aux maires la nomination des gardes champêtres. Cette nomination, qui leur avait été enlevée par le décret du 25 mars 1852, leur est restituée par l'art. 102 de la nouvelle loi : mais cet article exige que les gardes champêtres soient agréés et commissionnés par le sous-préfet, ou par le préfet dans l'arrondissement chef-lieu. Lorsque le préfet ou le sous-préfet n'a pas fait connaître son agrément ou son refus d'agrément dans le délai d'un mois, il est censé avoir agréé la nomination.

229. Les gardes champêtres doivent être assermentés : ils peuvent être suspendus par le maire pour un délai qui ne peut excéder un mois, sans que l'arrêté de suspension puisse être annulé par le préfet (Décis. min. int. 20 août 1884); mais ils ne peuvent être révoqués que par le préfet. Le projet primitif de la commission de la Chambre des députés accordait également au maire ce droit de révocation : mais ce système repris sous forme d'amendement à été très énergiquement combattu par le ministre de l'intérieur qui en a signalé les dangers. « Je considérerais, a-t-il dit, comme infiniment grave qu'un garde champêtre, chargé de verbaliser dans des conditions qui peuvent être très pénibles pour un administré et même pour un élu de la commune, fût entièrement à la merci de l'autorité municipale, un jour d'avoir dressé tel procès-verbal il pût lui coûter d'être immédiatement révoqué » (*Journ. off.* du 28 févr. 1883, p. 417).

230. Le conseil municipal n'a pas à donner son avis sur le choix du garde champêtre; le texte primitif du projet de loi portait que la nomination serait faite par le maire « sauf l'approbation du conseil municipal », mais ces mots ont été retranchés du texte soumis à la Chambre des députés dans la séance du 27 févr. 1883, et ils n'ont pas été rétablis (D. P. 84. 4. 56, note 102). A plus forte raison le conseil municipal ne peut-il, sous aucun prétexte, la révocation du garde champêtre. Le conseil d'État a jugé illégale une semblable révocation prononcée au milieu de la guerre de 1870 sous le prétexte que les communications avec la préfecture étaient interceptées par l'ennemi, alors que les pouvoirs du préfet avaient été délégués au sous-préfet qui communiquait avec la commune et qui avait refusé d'approuver cette révocation (Cons. d'Et. 25 juill. 1873, aff. Commune des Mureaux,

D. P. 74. 3. 102). Le conseil municipal n'intervient que pour statuer sur la création, le maintien ou la suppression de l'emploi, et pour voter le traitement.—Le vote de ce traitement ne constituant pas une dépense obligatoire, la conciliation du droit de supprimer le traitement, qui appartient au conseil municipal, et du droit de révocation, qui est réservé au préfet, a donné lieu à quelques difficultés. Le conseil d'Etat, consulté sur la question de savoir si le conseil municipal peut, à toute époque, et lorsqu'il le juge à propos, supprimer l'emploi de garde champêtre, ou bien s'il ne peut exercer cette faculté qu'en cas de vacance par suite de démission, décès ou révocation du titulaire, a émis l'avis que le conseil municipal peut supprimer à toute époque l'emploi de garde champêtre, mais que, lorsque le traitement a été porté au budget approuvé par le préfet, la délibération ne peut avoir d'effet qu'après l'expiration de l'exercice pour lequel le traitement a été voté (Av. Cons. d'Et. 30 juill. 1884, D. P. 87. 3. 57. V. *Revue générale d'administration*, 1884, t. 3, p. 326; Morgand, t. 2, p. 349).

231. Lorsqu'une délibération du conseil municipal a supprimé l'emploi de garde champêtre dans un but d'économie, le préfet en conseil de préfecture. commet un excès de pouvoir en prononçant la nullité de cette délibération et en rétablissant d'office au budget de la commune le traitement dudit agent (Cons. d'Et. 19 nov. 1886, aff. Commune de la Bastidette, D. P. 88. 3. 28-29).

Mais si la suppression d'emploi par le conseil municipal était motivée, non sur l'intérêt de la commune, mais sur des considérations personnelles au garde qui donneraient à la mesure le caractère d'une véritable révocation, cette révocation déguisée constituerait un excès de pouvoirs (Avis du 30 juill. 1884, cité *suprà*, n° 230), et ce serait avec raison que le préfet déclarerait nulle de plein droit une semblable délibération en tant qu'elle toucherait l'année en cours d'exercice pour laquelle un crédit avait été ouvert au budget primitif (Cons. d'Et. 22 janv. 1886, aff. Commune de Saint-Martial, D. P. 87. 3. 57. V. aussi Cons. d'Et. 20 avr. 1888) (1). Il a été décidé, en termes plus généraux, qu'une délibération par laquelle le conseil municipal lors du vote du budget primitif, avait supprimé le traitement du garde champêtre et voté une somme supérieure pour le traitement d'un garde cantonnier appariteur, n'avait été qu'un moyen détourné de retirer l'emploi au titulaire, puisque, par la même délibération, le conseil avait, en réalité, rétabli la fonction sous un autre nom; qu'il n'appartenait pas au conseil municipal de prononcer cette révocation, et que, par suite, le préfet avait pu inscrire d'office au budget le traitement du garde champêtre (Cons. d'Et. 16 juill. 1886, aff. Commune de Soustons, D. P. 87. 3. 57).

A plus forte raison doit-on décider que lorsqu'un garde champêtre a rempli ses fonctions pendant un an sans qu'aucune mesure ait été prise pour supprimer son emploi, le montant de son traitement doit être inscrit d'office au budget pour une somme égale au budget des années antérieures (Cons. d'Et. 10 nov. 1885, aff. Commune de Zicavo, D. P. 87. 3. 57). L'approbation donnée par le préfet à un budget dans lequel le conseil municipal n'aurait pas fait figurer le traitement du garde champêtre n'équivaudrait pas à un arrêté de révocation de cet agent (Cons. d'Et. 12 juin 1874, aff. Commune de Voulx, D. P. 75. 3. 63).

232. La législation antérieure imposait aux communes l'obligation d'avoir un garde champêtre. Sur la proposition de M. Provost de Launay, la Chambre avait supprimé cette obligation, les communes sont aujourd'hui seules juges de la question de savoir si elles peuvent avoir un garde champêtre. Mais l'article voté par la Chambre des députés reconnaissait à plusieurs communes la faculté de se réunir avec l'autorisation du préfet pour avoir un seul garde champêtre. Le Sénat n'a pas accepté cette innovation. « Quand plusieurs communes, a dit le rapporteur, auront le même

---

(1) (Commune de Ploërmel). — Le conseil d'État ; — Vu la loi du 5 avr. 1884, et notamment les art. 63, 65 et 102 de ladite loi, et les lois des 7-14 oct. 1790 et 24 mai 1872; — Considérant que d'après l'art. 102 de la loi du 5 avr. 1884, le préfet seul peut révoquer les gardes champêtres; — Considérant que la délibération du 29 juin 1884 par laquelle le conseil municipal de la commune de Ploërmel a supprimé les emplois de gardes champêtres constitue,

dans les termes où elle est formulée, une véritable révocation ; qu'ainsi c'est avec raison que le préfet du Morbihan a prononcé la nullité de ladite délibération que, d'ailleurs, conformément à l'art. 65 de la loi du 5 avr. 1884, cette nullité pouvait être prononcée de toute époque;... — Rejette.
Du 20 avr. 1888.-C. d'Et.-MM. Roume, rap.-Le Vavasseur de Précourt, concl.-de Ramel, av.

garde champêtre, le service de cet agent sera certainement fait dans chacune d'elles d'une façon incomplète et défectueuse. D'un autre côté, comment faire concorder cela avec le droit de suspension par le maire et de révocation par le préfet? Un garde-champêtre pourrait donc être suspendu ou révoqué dans une commune et continuer sa fonction dans une commune voisine? Ce résultat bizarre nous a paru inadmissible » (D. P. 84. 4. 56, note 102).

233. Les gardes champêtres ne pouvaient autrefois dresser un procès-verbal faisant foi jusqu'à preuve contraire qu'en matière de police rurale. Leurs pouvoirs ont été étendus aux contraventions de police municipale par l'art. 20 de la loi du 24 juill. 1867. Cette disposition est reproduite dans l'art. 102 de la loi nouvelle. Les gardes champêtres ont reçu également de diverses lois spéciales le droit de verbaliser, notamment en ce qui concerne la police de la chasse, celle de la pêche fluviale, l'ivresse publique. Mais, en dehors de ces délégations spéciales, ils sont sans qualité pour constater les délits et contraventions autres que les délits ruraux et les contraventions de police municipale (Morgand, t. 2, p. 134).

234. Sous la législation antérieure, le maire ne nommait ni ne suspendait les inspecteurs de police, brigadiers, sous-brigadiers et agents de police dans les villes ayant plus de 40000 habitants. L'art. 103 de la loi de 1884 lui confère ce droit dans toutes les communes, mais la révocation de ces agents, alors même qu'ils ne sont ni commissionnés, ni assermentés, ne peut être prononcée que par le préfet (Cons. d'Et. 21 mai 1886, aff. Commune de Mazamet, *Rec. Cons. d'Etat*, p. 437). Ils doivent être agréés par le préfet dans l'arrondissement chef-lieu et par le sous-préfet dans les autres arrondissements. Le rapporteur de la loi au Sénat et le ministre de l'intérieur ont insisté sur la nécessité de faire assermenter et commissionner ces agents, par le motif qu'ils sont appelés à dresser des procès-verbaux qui doivent faire foi en justice. Mais ces déclarations sont contraires à l'art. 154 c. inst. cr. et à la jurisprudence de la cour de cassation. D'après cette jurisprudence, en effet, les agents de police n'étant pas officiers de police judiciaire, leurs rapports ne font pas foi jusqu'à la preuve contraire et ne constituent que de simples renseignements (Crim. rej. 17 mai 1845, aff. Jouannot, D. P. 45. 4. 426; Crim. cass. 24 févr. 1855, aff. Rambaud, D. P. 55. 1. 191; Crim. rej. 17 juill. 1863, aff. Fleury, D. P. 64. 1. 45; 3 mars 1865, aff. Maisonville, D. P. 68. 1. 235). Il est même constant que le procès-verbal dressé sur le rapport d'un agent, par un commissaire de police qui n'a rien constaté *de visu* ne fait pas foi jusqu'à preuve contraire du fait relevé (Crim. rej. 25 avr. 1873, aff. Isabelle J..., D. P. 73. 1. 314; 12 mai 1876, aff. Moriccio, et 13 juill. 1878, aff. Durand, D. P. 78. 1. 394; 20 nov. 1880, aff. Bousquet, D. P. 81. 1. 277).

235. La nomination du fossoyeur du cimetière appartient exclusivement au maire, et le conseil municipal n'a point à y intervenir (Crim. rej. 7 sept. 1850, aff. Turgeon, D. P. 50. 5. 64).

236. Nous avons vu, *supra*, n° 227, que la nomination du préposé en chef de l'octroi appartient au préfet; mais cette nomination ne peut avoir lieu que sur la présentation par le maire d'une liste de trois candidats. Le préfet n'est pas tenu d'agréer un des candidats présentés; mais, dans ce cas, il doit mettre le maire en demeure de lui faire d'autres propositions, et il ne peut sans excès de pouvoir nommer un candidat qui n'a pas été présenté (Cons. d'Et. 17 févr. 1882, aff. Granger, D. P. 83. 3. 53). Cette jurisprudence doit continuer à recevoir son application sous la loi actuelle (D. P. 84. 4. 51, note 88).

237. Aux termes de l'art. 88, § 2, le maire suspend et révoque les employés communaux dont la nomination lui appartient. La commission du Sénat avait proposé de réserver au préfet la révocation de ceux de ces agents qui sont commissionnés, et de n'accorder au maire que le droit de les suspendre pendant un mois. Mais cette proposition, combattue par M. Poriquet, a été repoussée par le Sénat. Le maire peut donc, sauf les exceptions précédemment indiquées, suspendre et révoquer tous les titulaires des emplois communaux auxquels il peut nommer (D. P. 84. 4. note 88). La Chambre des députés a repoussé un amendement de M. Jean David autorisant le maire à suspendre, pendant un mois au plus, les agents qui ne sont pas à sa nomination directe, à la charge d'en référer immédiatement au préfet. Elle a jugé avec raison qu'il y aurait là une cause d'empiétements et de perpétuels conflits (*ibid.*).

238. Une question vivement controversée est celle de savoir si l'acte par lequel un maire nomme ou révoque un employé communal est un acte administratif, et si l'autorité judiciaire est ou non compétente soit pour apprécier les conditions dans lesquelles a été nommé cet agent, soit pour statuer sur une demande en dommages-intérêts formée par lui à raison de sa révocation ou de la suppression de son emploi. Il est hors de doute que la nomination ou la révocation d'un agent communal est un acte d'administration (V. *Compétence administrative*, n° 45), qui ne peut être attaqué devant le conseil d'Etat par la voie contentieuse (Cons. d'Et. 12 juill. 1878, aff. Berthiot, *Rec. Cons. d'Etat*, p. 697); à plus forte raison l'employé révoqué ne peut-il demander en aucun cas à l'autorité judiciaire de le rétablir dans ses fonctions (D. P. 79. 2. 161, note 1). Mais on s'est demandé si les pourparlers engagés entre l'administration municipale et l'employé dont elle fait choix relativement aux conditions débattues de part et d'autre n'impriment pas à la convention intervenue entre la commune et l'agent le caractère du contrat de louage de services, et si la rupture de ce contrat ne peut donner ouverture à des dommages-intérêts dont la fixation appartiendrait aux tribunaux civils. L'affirmative, soutenue par M. Lallement (*Journal des conseillers municipaux*, 1879, p. 159), a été admise par plusieurs cours et tribunaux (Lyon, 3 févr. 1872, aff. Maire de Roanne, D. P. 73. 2. 33; Trib. Villefranche, 1er août 1873, aff. Vuillard, D. P. 73. 3. 96; Lyon, 10 juill. 1874, aff. Commune de Villefranche, D. P. 75. 5. 279; Trib. Marseille, 2 août 1878, aff. Ville de Marseille, D. P. 79. 2. 162; Trib. Alais, 14 août 1878, aff. Ville d'Alais, *ibid.* V. conf. D. P. 79. 2. 161, note 1, et 80. 3. 89, note 1). Mais plusieurs arrêts de cours d'appel ont consacré l'interprétation opposée (Aix, 8 août et 10 déc. 1878, aff. Ville de Marseille, D. P. 74. 2. 161 et 162; Nîmes, 24 févr. 1879, aff. Ville d'Alais, D. P. 79. 2. 162). C'est dans ce dernier sens que la question est aujourd'hui résolue par deux arrêts du tribunal des conflits du 27 déc. 1879 (aff. Guidet, D. P. 80. 3. 89), et du 7 août 1880 (aff. Le Goff, D. P. 82. 3. 27), le premier par un arrêt de rejet de la chambre civile du 7 juill. 1880 (aff. de Bovis, D. P. 80. 1. 368). Il résulte de ces arrêts que la nomination d'un employé communal par un maire est toujours un acte administratif, et que quelles que soient les circonstances qui précèdent ou accompagnent l'acte de nomination, il ne saurait être considéré comme un contrat de louage de services appartenant au droit commun. La révocation d'un employé communal a également le caractère d'un acte administratif, et l'autorité judiciaire est conséquemment incompétente pour statuer sur une demande en dommages-intérêts formée par l'employé à raison de sa révocation (Mêmes arrêts; Douai, 17 mai 1865) (1).

On reconnaît toutefois que la nomination d'un employé

---

(1) (Germond de Lavigne C. Maire de Boulogne.) — La cour; — Vu la loi du 18 juill. 1837, art. 12; — Attendu qu'aux termes de cet article, le maire nomme à tous les emplois communaux pour lesquels la loi ne prescrit pas un mode spécial de nomination; qu'il suspend et révoque les titulaires de ces emplois; — Attendu que le conseil municipal de la ville de Boulogne ayant décidé que l'établissement des bains de mer ne serait pas affermé, que cet établissement serait régi au compte de la ville et sous le contrôle de l'administration municipale, a créé un certain nombre d'emplois nécessités par cette régie, et a déterminé les appointements et les émoluments qui seraient attribués à ces nouveaux employés; qu'en exécution de ces décisions du conseil municipal et en vertu de l'art. 12 de la loi du 18 juill. 1837, le maire de la ville de Boulogne a pourvu à ces divers emplois; que notamment par arrêtés des 16 janv. et 30 avr. 1864, Germond de Lavigne a été révoqué; que réintégré le 24 du même mois il a été définitivement révoqué par arrêté du 9 juill. 1864; que les réclamations auxquelles peut donner lieu ce dernier arrêté de la part de l'employé révoqué ne peuvent être soumises qu'à l'autorité et à la juridiction administrative qui, seules, ont compétence pour en connaître; — Que l'autorité judiciaire ne peut s'immiscer dans la connaissance des actes administratifs et des difficultés auxquelles ces actes donnent naissance, sans enfreindre les principes qui déterminent la séparation des juridictions judiciaire et admi-

communal implique entre l'employé et la commune un accord qui peut être considéré comme une convention administrative. Le conseil de préfecture qui n'est qu'une juridiction d'exception, est incompétent pour connaître d'une demande en indemnité fondée sur la rupture de cette convention (Cons. d'Et. 28 févr. 1879, aff. Meister, D. P. 79. 3. 68; 12 janv. 1883, aff. Cadot, D. P. 84. 3. 75). Ce serait donc devant le ministre de l'intérieur que devrait être portée une demande de cette nature, et une décision ministérielle du 13 janv. 1883 (*Revue générale d'administration*, 1883, t. 2, p. 334) a reconnu cette compétence; mais on doit reconnaître qu'en pratique, rien ne paraît plus étranger aux traditions et au mode de fonctionnement des bureaux du ministère que le règlement de procès entre les communes et leurs employés (D. P. 80. 3. 89, note 1), et il en résultera en fait que l'employé révoqué ne trouvera point de juges pour statuer sur sa réclamation. Le tribunal des conflits a, au contraire, reconnu la compétence des tribunaux civils pour statuer sur une réclamation formée par un secrétaire de mairie contre la décision du maire qui lui avait infligé par décision disciplinaire une retenue de traitement, attendu qu'aucun texte de loi ne donne à l'autorité municipale le droit d'opérer une semblable retenue par mesure administrative et que la décision prise ne peut avoir, en conséquence, le caractère d'un acte administratif. (Trib. des confl. 14 juin 1879, aff. Labrebis, D. P. 79. 3. 67).

239. — ATTRIBUTIONS DIVERSES CONFÉRÉES AUX MAIRES PAR LES LOIS ET RÈGLEMENTS. — Les attributions du maire qui ressortissent de l'autorité judiciaire sont celles qu'il exerce soit comme officier de l'état civil, soit comme officier de police judiciaire, soit en qualité de ministère public. Nous avons examiné les premières de ces attributions v° *Actes de l'état civil;* les autres seront étudiées v° *Instruction criminelle.* Dans quelques cas fort rares, les maires ont le caractère de juges du contentieux administratif (V. *Rép.* v° *Compétence administrative,* n° 515).

240. Nous avons dit au *Rép.* n° 340 que comme agent de l'administration supérieure et indépendamment des attributions qui lui sont conférées par la loi municipale, le maire exerce, sous l'autorité du sous-préfet, du préfet et du ministre compétent, un grand nombre de fonctions importantes. A celles qui ont été énumérées au *Répertoire,* il y a lieu d'ajouter les suivantes : 1° le maire préside la commission nommée par le conseil municipal conformément à la loi du 13 avr. 1850 pour pourvoir à la salubrité des habitations privées (Circ. min. int. 16 nov. 1876); 2° il fait partie de droit des conseils sanitaires (Décr. 22 févr. 1876, art. 102); 3° il préside de droit les commissions administratives des hospices et hôpitaux et les bureaux de bienfaisance (L. 21 mai 1873, art. 3); 4° il est chargé de désigner par un arrêté les lieux exclusivement destinés à recevoir les affiches des lois et autres actes de l'autorité publique (L. 29 juill. 1881, art. 15); 5° il publie les rôles pour le recouvrement des contributions directes, affiche l'arrêté du préfet qui les rend exécutoires. transmet chaque année au contrôleur l'état des mutations survenues dans les patentes, fait publier les états de sections et les matrices des rôles du cadastre, adresse à chaque propriétaire un bulletin indiquant la nature, la situation, le classement de chaque parcelle, et, après jugement des réclamations, il fait publier le travail général (Circ. min. int. 16 nov. 1876); 6° il accompagne les préposés aux douanes aux saisies des marchandises prohibées, et délivre un permis, dans un rayon de 10 kilom. des frontières, pour le transport d'objets prohibés à la sortie et destinés à la consommation locale (Même circulaire); 7° il accompagne le jury médical

dans sa visite annuelle aux pharmaciens (Même circulaire); 8° il surveille l'exécution des lois sur la fabrication et la vente des armes, et sur la perception du droit des pauvres (Même circulaire); 9° il reçoit la déclaration de l'étranger qui veut établir son domicile en France (Même circulaire); 10° il donne son avis sur les demandes de permis de chasse et fait publier l'arrêté du préfet relatif à l'ouverture et à la fermeture de la chasse (Même circulaire); 11° il délivre les passeports à l'intérieur avec secours de route pour les indigents, et les certificats de vie aux pensionnaires de l'Etat (Même circulaire); 12° il donne avis au juge de paix du décès des personnes qui laissent pour héritiers des mineurs ou des absents (Même circulaire); 13° il reçoit la déclaration des débitants de boissons (L. 17 juill. 1880, art. 2 et 3); 14° ... et celle des colporteurs de journaux (L. 29 juill. 1881, art. 18); 15° il surveille l'exécution des lois sur le travail des enfants dans les manufactures et spécialement il remet un livret aux parents de l'enfant qui travaille dans une manufacture et il signe le certificat que doit produire tout enfant âgé de moins de quinze ans accomplis pour être admis à travailler plus de six heures par jour et constatant qu'il a acquis l'instruction primaire élémentaire (L. 19 mai 1874, art. 9 et 10); 16° il vise les demandes d'assistance judiciaire et reçoit et constate l'affirmation d'indigence faite par le pétitionnaire (L. 22 juin 1851).

241. Les nombreuses et importantes attributions que des lois récentes ont conférées aux maires en matière d'enseignement et en matière militaire feront l'objet d'une étude particulière (V. *Organisation de l'instruction publique; Organisation militaire).*

242. — DÉLÉGATION DU POUVOIR DU MAIRE. — On a vu (*Rép.* n° 346) qu'aux termes de l'art. 5 de la loi du 21 mars 1831, en cas d'absence ou d'empêchement, le maire était remplacé par l'adjoint disponible le premier dans l'ordre des nominations, et que, en cas d'absence ou d'empêchement du maire et des adjoints, le maire était remplacé par le conseiller municipal qui se trouvait le premier dans l'ordre du tableau dressé suivant le nombre des suffrages obtenus. Cette disposition avait été reproduite par l'art. 4 de la loi du 5 mai 1855, avec cette seule modification que, dans le cas d'empêchement du maire et des adjoints, il appartenait au préfet de désigner le conseiller municipal qui devait les suppléer, et qu'il n'y avait lieu d'appeler le premier conseiller municipal dans l'ordre du tableau qu'à défaut de cette désignation. Une disposition à peu près semblable se retrouve dans l'art. 84 de la loi du 5 avr. 1884 : en cas d'absence, de *suspension,* de *révocation* ou de tout autre empêchement, le maire est provisoirement remplacé *dans la plénitude de ses fonctions* par un adjoint dans l'ordre des nominations, et, à défaut d'adjoint, par un conseiller municipal *désigné par le conseil,* sinon pris dans l'ordre du tableau.

243. La rédaction de l'art. 84 ajoute aux cas dans lesquels, d'après les lois antérieures, les adjoints remplaçaient le maire, le cas de suspension et celui de révocation, et il a été reconnu dans la discussion au Sénat que cet article serait immédiatement applicable aux communes dont les maires seraient suspendus ou révoqués au moment de la promulgation de la loi (D.P. 84. 4. 50, note 84). — Il a été décidé, sous l'empire de la loi de 1855, que, dans le cas d'annulation de l'élection du maire et de démission de l'adjoint, le préfet pouvait, en vertu de l'art. 4 de cette loi, désigner un conseiller municipal pour remplir provisoirement les fonctions de maire (Cons. d'Et. 20 avr. 1883, aff. Paquet, D. P. 84. 3. 123). On peut concevoir quelques doutes sur l'exactitude de cette solution et sur l'assimilation qu'elle établit entre l'annulation

nistrative; — Que vainement pour se soustraire à l'application de ces principes, l'appelant prétend qu'il est intervenu entre lui et la ville de Boulogne un contrat de louage d'industrie, et que sa demande tend à obtenir réparation du préjudice résultant de l'inexécution de cette convention; — Que pour déterminer leur compétence, les tribunaux doivent d'abord examiner l'origine et le caractère des relations qui existent entre les parties; que, dans l'espèce, cet examen démontre qu'il n'est intervenu aucun contrat entre Germond de Lavigne et la ville de Boulogne; que la régie par la ville de l'établissement des bains ayant été décidée, il appartenait au conseil municipal de déterminer les appointements et les émoluments des employés qui seraient chargés de cette régie; que le conseil municipal a usé de son droit dans les diverses

délibérations produites au procès; — Que le maire investi du droit de pourvoir à tous les emplois communaux, a nommé Germond de Lavigne à l'un de ces emplois, en lui conférant le titre de directeur de l'établissement des bains; qu'il n'est intervenu aucun contrat de louage d'industrie; qu'une telle convention, pour sortir son effet, aurait d'ailleurs dû être soumise à l'examen et à l'approbation du conseil municipal; que les rapports des parties sont ceux d'un employé communal vis-à-vis du maire qui l'a nommé, et qui a le droit de le suspendre et de le révoquer; — Adoptant, au surplus, les motifs des premiers juges, met l'appellation au néant; ordonne que le jugement dont est appel sortira son plein et entier effet; condamne l'appelant, etc.

Du 17 mai 1865.-C. de Douai, 1re ch.

de l'élection du maire où sa démission et un empêchement de ce magistrat. Toutefois, elle a été confirmée, depuis la mise en vigueur de la loi nouvelle, par un avis de la section de l'intérieur du conseil d'État du 20 janv. 1885 (D. P. 86. 3. 27), aux termes duquel le maire ou l'adjoint démissionnaire peut être contraint par le préfet, si l'intérêt public l'exige, à remettre le service à son suppléant, conformément aux dispositions de l'art. 84.

244. Ainsi que le constate la circulaire ministérielle du 15 mai 1884, lorsque le chef de la municipalité se trouve dans un des cas prévus par cet article, il s'opère une dévolution légale du pouvoir qui confère au suppléant du maire la plénitude de ses fonctions. « La suppléance déférée par la loi met, suivant les expressions de M. Ducrocq, un maire provisoire, à la place du maire définitif, qui fait momentanément défaut... elle embrasse tous les pouvoirs du maire » (Dissertation sous Poitiers, 28 janv. 1882, aff. Maire de Jonzac, D. P. 83. 2. 49). — Un adjoint n'a pas besoin, pour l'exercice de ses fonctions, d'une délégation spéciale du maire de la commune, lorsqu'il s'agit d'un cas réclamant l'intervention immédiate de l'autorité, et que momentanément le maire n'est pas sur les lieux : en pareil cas il trouve dans le texte de la loi elle-même le fondement de son action (Rennes, 3 déc. 1885, aff. Rahuel, D. P. 86. 2. 259).

D'après un jugement du tribunal correctionnel de Châteauroux du 19 juill. 1850 (aff. Roger, D. P. 52. 2. 133), la disposition de la loi qui autorise l'adjoint à remplacer le maire en l'absence de ce dernier ne devrait s'entendre que d'une absence inopinée, et non d'une absence prévue dont l'adjoint aurait profité pour faire, à l'insu et au refus du maire, un acte de sa fonction, et spécialement la célébration d'un mariage. — Cette distinction nous paraît contraire au texte de la loi ; le seul fait de l'absence du maire investit l'adjoint, comme nous venons de le dire, de la plénitude de ses pouvoirs, et l'on ne saurait admettre que la commune se trouve momentanément privée, pour quelque cause que ce soit, d'officier de l'état civil.

Il est d'ailleurs constant, sous l'empire de la loi actuelle comme sous la législation antérieure, que, lorsqu'un conseiller municipal remplit les fonctions de maire, le maire, l'adjoint, et même les conseillers municipaux inscrits avant lui doivent être présumés absents ou empêchés (Rennes, 1er août 1851, aff. Madiou, D. P. 54. 5. 682 ; Crim. cass. 10 juill. 1885, aff. Renou, D. P. 86. 1. 275).

245. Les conseillers municipaux qui remplissent des fonctions incompatibles avec celles de maire ne peuvent être chargés même temporairement de l'administration municipale. Cette solution, déjà adoptée sous l'ancienne législation par la jurisprudence du ministère de l'intérieur, ressort aujourd'hui des termes formels de l'art. 80 (V. suprà, n° 135).

246. On s'est demandé si, dans le cas où les conseillers premiers inscrits refusent de remplir les fonctions de maire, sans donner une excuse valable, l'administration peut les y contraindre. Suivant M. Morgand, t. 1, p. 431, il y aurait lieu, en pareil cas, d'appliquer au conseiller qui refuse d'obtempérer aux prescriptions de l'art. 84 les dispositions de la loi du 7 juin 1873 contre les manquements à la loi commis par les membres des assemblées électives qui refusent systématiquement de remplir les obligations légales accessoires à leur mandat (V. suprà, n° 187). Cette interprétation nous paraît conforme à l'esprit de la loi.

247. Dans le cas où tous les conseillers refuseraient d'exercer provisoirement les fonctions de maire ou d'adjoint, nous ne croyons pas que l'administration puisse, comme on l'a fait quelquefois, confier ces fonctions à un délégué pris au besoin dans une commune voisine, ce droit ne lui étant conféré que pour le cas où un maire en exercice refuse de faire un acte de sa fonction. La seule mesure à laquelle on pourrait recourir en pareil cas serait la dissolution du conseil, suivie de la nomination d'une délégation conformément à l'art. 44 (V. suprà, n° 181).

248. Nous avons dit (Rép. n° 346) qu'indépendamment de cette délégation de pouvoirs opérée par la loi, au profit d'un suppléant qu'elle désigne, le maire peut donner dans certains cas une délégation spéciale à un de ses adjoints, soit à l'un des membres du conseil municipal. Cette délégation est soumise à des règles qui diffèrent sur de nombreux points

de celles de la suppléance. M. Ducrocq a indiqué, dans la dissertation que nous avons précédemment citée, ces différences essentielles (D. P. 83. 2. 49). La première consiste en ce que la délégation s'opère par la volonté du maire tandis que la suppléance est déférée par la loi. « Le maire est seul chargé de l'administration », et ce n'est que par sa volonté qu'il se décharge d'une partie de son autorité. En second lieu, le maire, qui a seul la plénitude de cette autorité et, par suite, la responsabilité qui en dérive, doit exercer sa surveillance sur l'action de son délégué, tandis qu'il ne peut ni en droit ni en fait surveiller son suppléant. Sa responsabilité peut se trouver engagée par l'administration de son délégué, tandis qu'il est irresponsable des actes du suppléant, qu'il ne peut ni choisir ni surveiller. Tant que dure la suppléance, le maire ne peut accomplir aucun acte de ses fonctions, et l'autorité, provisoirement déplacée, réside en d'autres mains : il peut, au contraire, même pendant la durée de la délégation et en présence du délégué, reprendre à toute heure l'exercice de l'autorité qu'il a déléguée. Une différence considérable consiste dans l'étendue de la suppléance et de la délégation : l'une est totale, ainsi que nous l'avons dit ; l'autre ne peut être que partielle, et il ne serait pas loisible à un maire de se décharger sur un délégué de la totalité de ses attributions (Batbie, t. 4, n° 31). Enfin, tandis que la suppléance ne peut, en vertu même de son intégralité, donner lieu qu'à une vocation unique, la loi autorise le maire à déléguer à plusieurs personnes des portions diverses de son autorité.

249. D'après l'art. 14 de la loi de 1837, comme on l'a vu au Rép. n° 346, « le maire pouvait déléguer une partie de ses fonctions à un ou à plusieurs de ses adjoints, et, en l'absence de ceux-ci, à ceux des conseillers municipaux qui sont appelés à en faire les fonctions ». Il résultait clairement de ce texte que, dans l'exercice de son pouvoir de délégation, le maire n'était pas lié par le rang de ses adjoints, mais qu'il ne pouvait déléguer un conseiller municipal que dans le cas d'absence ou d'empêchement des adjoints, et que, dans ce cas même, il devait, en faisant cette délégation, suivre l'ordre prescrit pour la suppléance par les art. 5 de la loi du 21 mars 1831 et 4 de la loi du 5 mai 1855. Cette interprétation avait toutefois été contestée dans le cas où il s'agissait de déléguer les fonctions d'officier de l'état civil, et l'on avait soutenu que cette délégation pouvait être donnée par le maire à tel conseiller municipal qu'il lui plaisait de désigner, malgré la présence d'adjoints non empêchés. Nous avons exposé (V. Actes de l'état civil, n°s 16 et suiv.), la controverse à laquelle a donné lieu cette question et la solution que lui a donnée la cour de cassation. Il a été décidé qu'en matière d'état civil comme en toute autre la délégation des fonctions du maire ne pouvait avoir lieu que dans les conditions résultant des dispositions combinées de l'art. 14 de la loi de 1837 et de l'art. 4 de la loi de 1855 ; mais que l'irrégularité de la délégation donnée par le maire à un conseiller municipal n'entraînait pas la nullité des actes accomplis par ce délégué et spécialement des mariages célébrés par lui (Civ. cass. 7 août 1883, aff. Engel, D. P. 84. 1. 5). Il a été également jugé que, dans le cas où un maire a délégué irrégulièrement à un conseiller municipal la gestion de l'octroi de la commune, le procès-verbal de contravention en matière d'octroi dressé par un agent ayant compétence et capacité pour verbaliser, ne peut être déclaré nul parce qu'il a été dressé à la requête du conseiller municipal délégué, si d'ailleurs, le procès-verbal a été régulièrement affirmé ainsi qu'il est cité devant le tribunal correctionnel à la requête du maire (Crim. rej. 28 avr. 1883, aff. Aubin, D. P. 83. 1. 273).

250. L'art. 82 de la loi actuelle a apporté aux dispositions que nous venons de rappeler plusieurs modifications importantes. Aux termes de cet article, « le maire est seul chargé de l'administration ; mais il peut, sous sa surveillance et sa responsabilité, déléguer par arrêté une partie de ses fonctions à un ou à plusieurs de ses adjoints, et en l'absence ou en cas d'empêchement des adjoints, à des membres du conseil municipal ; ces délégations subsistent tant qu'elles ne sont pas rapportées. » La délégation doit, comme sous l'ancienne loi, être donnée d'abord aux adjoints, sans qu'il soit d'ailleurs nécessaire d'observer le rang entre eux ; mais, en l'absence ou en cas d'empêchement des adjoints, le maire peut déléguer un membre du conseil municipal sans

être tenu de suivre l'ordre du tableau. La loi exige que la délégation soit donnée *par arrêté*. Cette disposition, qui ne se trouvait pas dans le texte du projet adopté par la Chambre, a été insérée dans la loi par le Sénat, sur la proposition de sa commission, malgré une assez vive opposition. Le maire devra donc à l'avenir, lorsqu'il voudra déléguer une partie de ses attributions, prendre à cet effet un arrêté spécial qui sera inscrit sur le registre des délibérations ; et la délégation ainsi donnée ne pourra, lorsqu'elle est permanente, être retirée que dans la même forme, c'est-à-dire par un arrêté aux termes duquel le maire reprendra l'exercice entier de ses fonctions ou le transférera à un autre conseiller municipal (D. P. 84. 4. 50, art. 82). Il résulte de la discussion que, conformément aux principes du mandat, les pouvoirs du délégué tomberaient avec la révocation du maire ou avec la cessation de ses fonctions.

251. La délégation peut être faite pour un objet spécial ou comprendre l'ensemble d'un ou plusieurs services. Les adjoints ou les conseillers délégués n'exercent leurs fonctions que sous la surveillance et la responsabilité du maire. Ils doivent toujours mentionner dans les actes qu'ils accomplissent en cette qualité la délégation en vertu de laquelle ils agissent (Circ. minist. 15 mai 1884).

Le maire peut déléguer toutes celles de ses fonctions dont la délégation n'est pas interdite par une loi spéciale. Parmi celles qui ne peuvent être déléguées, M. Morgand, t. 1, p. 427, cite les fonctions de ministère public près le tribunal de simple police, pour lesquelles la loi du 27 janv. 1873 (D. P. 73. 4. 21) établit une suppléance spéciale, et la présidence des commissions administratives des établissements de bienfaisance qui aux termes de la loi du 21 mai 1873 (D. P. 73. 4. 67), ne peut être exercée que par le maire ou par l'adjoint, qui remplit alors la plénitude les fonctions de maire.

252. L'art. 83 renferme une disposition nouvelle. Dans le cas où les intérêts du maire se trouvent en opposition avec ceux de la commune, le conseil municipal doit désigner un autre de ses membres pour représenter la commune soit en justice, soit dans les contrats. Cette mesure avait déjà été admise dans la pratique malgré le silence des lois antérieures (V. Civ. rej. 2 juin 1840, *Rép.* n° 1377). Tout en reconnaissant qu'il n'y avait pas empêchement légal de la part du maire qui était personnellement intéressé dans l'instance qu'il était chargé de soutenir, et que, dès lors, l'art. 4 de la loi de 1855 n'était pas rigoureusement applicable dans cette hypothèse, le ministre de l'intérieur a émis l'avis en 1858 que, si la position du chef de l'administration municipale était telle qu'elle fît craindre que la commune ne fût pas suffisamment défendue, il y aurait de graves inconvénients à ne pas se conformer à l'esprit de la loi qui, dans un ordre d'idées à peu près analogue, prescrivait aux conseillers municipaux de ne point prendre part aux délibérations dans lesquelles leur intérêt personnel était en jeu (*Bulletin du ministère de l'intérieur*, 1858, p. 196, n° 53).

CHAP. 2. — Des attributions du conseil municipal
(*Rép.* n°s 358 à 382).

253. On a vu au *Rép.* n° 360, que le conseil municipal exerce son autorité en réglementant, en délibérant ou en émettant des avis. La loi actuelle maintient sous ce rapport la distinction déjà adoptée par les lois antérieures : « Les délibérations des conseils municipaux, dit le rapporteur à la Chambre des députés, sont de cinq espèces différentes : 1° délibérations réglementaires ou décisions ; 2° délibérations sous condition d'autorisation ; 3° avis ; 4° réclamations ; 5° vœux » (D. P. 84. 4. 44, n° 61). Mais la nouvelle loi municipale modifie profondément l'ancien état de choses. Dans la loi de 1837, la catégorie des délibérations qui avaient par elles-mêmes force exécutoire ne comprenait, ainsi que nous l'avons dit (*Rép.* n° 361), que quatre cas d'une importance médiocre. Bien que la loi de 1867 eût très notablement accru les pouvoirs des conseils municipaux, leurs délibérations n'étaient cependant exécutoires que dans le cas d'accord entre le maire et le conseil, et en l'absence de cet accord l'autorisation préfectorale devenait nécessaire. Dans le système consacré par le législateur de 1884, le principe général que formule le paragraphe 1er de l'art. 61, est que le conseil municipal règle par ses délibérations les affaires de la com-

mune ; et l'approbation de l'autorité supérieure n'est exigée que lorsqu'un texte formel impose cette condition. L'art. 67 prévoit treize cas dans lesquels la délibération ne sera exécutoire qu'après avoir été approuvée.

254. D'après la loi de 1837, lorsque le conseil municipal d'une commune avait pris une délibération réglementaire, le maire était tenu, comme on l'a vu au *Rép.* n° 370, d'en adresser immédiatement une expédition au sous-préfet ; et la délibération était exécutoire si, dans les trente jours qui suivaient la date du récépissé, le préfet ne l'avait pas annulée, soit d'office pour violation d'une disposition de loi ou d'un règlement d'administration publique, soit sur la réclamation de toute partie intéressée. L'art. 62 de la nouvelle loi prescrit l'envoi dans la huitaine d'une expédition de toute délibération, réglementaire ou autre, au sous-préfet, qui doit en constater la réception sur un registre et en délivrer immédiatement récépissé. La copie adressée à la sous-préfecture doit être une copie *in extenso* du procès-verbal contenant à la fois la discussion, les rapports et le texte de la résolution (Morgand, t. 1, p. 330).

255. D'après la circulaire du 13 mai 1884, il n'est pas indispensable que cette réception soit constatée sur un registre spécial ; les délibérations peuvent être mentionnées sur les registres d'ordre ordinaires de la sous-préfecture, et les récépissés peuvent être donnés sur feuilles séparées. Ces formalités, ainsi que l'indique la circulaire ministérielle précitée, ne présentent pas seulement de l'intérêt au point de vue de la constatation authentique ou officielle des délibérations intervenues ; elles sont, en outre, le moyen le plus efficace d'exercer en temps utile ou opportun les pouvoirs de contrôle, d'approbation ou d'annulation que la loi confère aux préfets.

256. Les art. 63, 64, 65 et 66 traitent des cas dans lesquels une délibération exécutoire par elle-même peut être soit viciée d'une nullité radicale, soit simplement annulable. — L'art. 63 déclare nulles de plein droit : 1° les délibérations d'un conseil municipal portant sur un objet étranger à ses attributions ou prises hors de sa réunion légale ; 2° les délibérations prises en violation d'une loi ou d'un règlement d'administration publique. Cette nullité est déclarée par le préfet en conseil de préfecture. Elle peut être prononcée d'office, ou proposée ou opposée par les parties intéressées, à toute époque.

Les lois antérieures donnaient déjà au préfet, comme nous l'avons dit (*Rép.* n°s 276 à 279, et v° *Organisation administrative*, n° 1046), le droit de prononcer la nullité des délibérations d'un conseil municipal portant sur un objet étranger à ses attributions ou prises hors de sa réunion légale. Les délibérations prises en violation d'une loi ou d'un règlement d'administration publique étaient rangées par le projet primitif dans la catégorie des délibérations simplement annulables. Elles ont été déclarées nulles de plein droit, sur la demande de M. Lorois, par le motif qu'il n'y avait pas de délai qui pût couvrir ces délibérations illégales, et qu'il serait inadmissible que le droit des tiers fût forclos au bout de quinze jours, et celui du préfet au bout d'un mois, parce que le préfet aurait négligé d'annuler une semblable délibération. Cette disposition a cependant été critiquée devant le Sénat par M. Clément, qui a fait observer qu'une nullité de cet ordre pouvait donner lieu à un débat très complexe, et que la faculté attribuée au préfet d'annuler ces délibérations à toute époque aurait l'inconvénient de les laisser perpétuellement incertaines. De son côté, M. Bathie a également fait remarquer que, sous la législation antérieure, ces délibérations n'étaient exécutoires qu'après un certain délai pendant lequel le préfet pouvait en conseil de préfecture les annuler pour violation de la loi ou d'un règlement d'administration publique ou pour tenue illégale d'une séance, tandis que dans le système proposé la délibération serait immédiatement exécutoire ; que sans doute le préfet pourrait l'annuler à toute époque, mais que l'annulation pourrait se trouver en présence de faits accomplis (D. P. 84. 4. 43, note 63). M. Ribière, au nom de la commission, a insisté sur la nécessité de maintenir le principe général qu'une nullité absolue peut toujours être opposée, quel que soit le temps qui s'est écoulé entre la délibération et l'opposition faite à cette délibération. Mais il a ajouté que, lorsqu'au bout d'un temps prolongé et après l'exécution de la délibération une partie intéressée viendrait en proposer la nullité, le juge administratif aurait

à se demander s'il n'y a pas eu de la part de cette partie une ratification qui rendrait sa demande non recevable (*Journ. off.* du 10 févr. 1884, p. 304). Il est constant, d'ailleurs, que ces délibérations sont exécutoires tant que la nullité n'en a pas été prononcée par l'autorité compétente ; car, ainsi que l'a reconnu le rapporteur au Sénat, « il n'y a pas de nullités qui s'imposent et se déclarent toutes seules. Toutes les nullités de plein droit doivent être prononcées par un juge quelconque »

À la suite des observations échangées, la rédaction des art. 63 et 64 a été maintenue; mais, pour donner satisfaction à la demande de M. Batbie, la commission a proposé et le Sénat a adopté une disposition additionnelle à l'art. 68 ainsi conçue: « Les délibérations qui ne sont pas soumises à l'approbation préfectorale ne deviendront néanmoins exécutoires qu'un mois après le dépôt qui aura été fait à la préfecture ou à la sous-préfecture. Le préfet pourra, par un arrêté, abréger ce délai. — Cette disposition est analogue à celle de l'art. 18 de la loi de 1837 que nous avons rapportée au *Rép.* n° 370. Mais cet article permettait en outre au préfet de suspendre pendant un autre délai de trente jours l'exécution des délibérations. Le préfet n'a plus aujourd'hui ce pouvoir. Il peut, au contraire, abréger le délai suspensif lorsqu'il a reconnu la régularité et l'opportunité des délibérations. C'est ce qu'il devra faire, d'après la circulaire du 15 mai 1884, toutes les fois que l'exécution sera vivement désirée par les habitants ou présentera un caractère d'urgence.

257. La nullité de droit peut être prononcée d'office par le préfet statuant en conseil de préfecture ; elle peut également être proposée ou opposée par les parties intéressées à toute époque; lorsque le préfet est saisi par une partie intéressée, il est tenu de statuer dans le mois; sa décision est dans tous les cas susceptible de recours. Il résulte d'ailleurs de la discussion que les parties intéressées pourront à l'avenir, comme par le passé, prendre l'offensive et attaquer la délibération par la voie du recours pour excès de pouvoir (D. P. 84. 4. 45, note 65). On doit regarder comme partie intéressée toute personne à qui la délibération cause préjudice. Les membres du conseil municipal doivent également être considérés comme parties intéressées (Cons. d'Et. 7 mai 1867, aff. Commune de Saint-Jean-d'Angély, D. P. 76. 3. 27, note 3). Mais, à la différence de ce que prescrit l'art. 66 pour les délibérations annulables, les contribuables ne peuvent, en cette seule qualité, demander au préfet de prononcer la nullité des délibérations nulles de plein droit (Cons. d'Et. 22 janv. et 9 avr. 1886, aff. Castex, aff. Duvignau, D. P. 87. 3. 72). — Spécialement, un contribuable agissant en son nom personnel n'a pas qualité pour déférer au conseil d'Etat par la voie du recours pour excès de pouvoir une délibération du conseil municipal approuvant un marché de gré à gré et un arrêté préfectoral approuvant cette délibération (Cons. d'Et. 4 mars 1887, aff. Mainguet, D. P. 87. 3. 68).

258. On s'est demandé si les art. 63 et 65, aux termes desquels la nullité de plein droit des délibérations des conseils municipaux peut être prononcée par le préfet et, en cas de recours, par le conseil d'Etat, sont applicables aux délibérations ayant pour objet la nomination des maires et adjoints. Il nous paraît hors de doute que cette question doit être résolue négativement. Toutefois, le conseil d'Etat, dans une affaire où elle avait été soulevée, n'a pas cru

nécessaire de la trancher et s'est borné à décider qu'il n'y avait lieu de prononcer cette nullité lorsque l'élection avait été annulée par la juridiction compétente (Arrêt du 22 janv. 1886, cité *suprà*, n° 257).

259. Le conseil d'Etat a décidé qu'un préfet n'avait pu, sans excès de pouvoir, prononcer, par application des art. 63 et 65 de la loi du 5 avr. 1884, l'annulation d'une délibération par laquelle un conseil municipal avait confirmé sans modification aucune une délibération antérieure réglementant l'usage de la vaine pâture, et avait invité le maire à la publier et à l'afficher (Cons. d'Et. 17 févr. 1888) (1) ; mais il a décidé, au contraire, que c'était à bon droit qu'un préfet avait annulé une délibération par laquelle un conseil municipal avait fait injonction à l'Administration de faire procéder à une enquête contre l'instituteur et l'institutrice ou de les déplacer immédiatement (Cons. d'Et. 3 févr. 1888) (2).

Un conseil municipal statue également en dehors de ses attributions en émettant un blâme contre un inspecteur d'Académie, et c'est avec raison que le préfet déclare la nullité de sa délibération (Cons. d'Et. 11 déc. 1885, aff. Ville de Limoges, D. P. 87. 3. 41). Mais il ne statue pas sur un objet étranger à ses attributions, et sa délibération n'est pas nulle, lorsqu'il prête son appui au maire chargé de la police de l'assemblée en exprimant un vote de blâme contre un de ses membres et l'affichage de ce blâme à la porte de la mairie (Cons. d'Et. 16 avr. 1886, aff. Bobillon, D. P. 87. 3. 103. V. *suprà*, n° 168).

260. Antérieurement à la loi de 1884, la jurisprudence du conseil d'Etat décidait que, lorsque des contrats avaient été passés et des droits privés constitués à la suite d'actes administratifs, la régularité de ces actes ne pouvait plus être appréciée ni par l'autorité dont ils émanaient, ni par l'autorité administrative supérieure par la voie hiérarchique, si ce n'est sur le renvoi de l'autorité judiciaire, ni par le conseil d'Etat par la voie du recours pour excès de pouvoirs. Cette jurisprudence avait été plusieurs fois appliquée aux délibérations irrégulières des conseils municipaux (Cons. d'Et. 29 juin 1869, aff. Prieur, D. P. 71. 3. 14; 1er juin 1870, aff. du Hardaz, et 30 août 1871, aff. Marestang, D. P. 72. 3. 47; 5, 26 janv. et 2 févr. 1877, aff. Blanc, aff. Compans, aff. Soubry, D. P. 77. 3. 35). Quoique la question n'ait pas été soulevée devant les Chambres, il paraît difficile d'admettre que l'art. 65 ait eu pour effet de détruire cette jurisprudence, et que celui qui aura contracté avec une commune sur la foi d'une délibération du conseil municipal puisse venir à toute époque attaquer directement et faire annuler, sans être mis en cause, la délibération qui sert de base à son droit (V. conf. Morgand, t. 1, p. 342).

261. Un préfet a pu prononcer, en vertu de l'art. 65 de la loi du 5 avr. 1884, la nullité d'une délibération d'un conseil municipal antérieure à cette loi (Cons. d'Et. 11 déc. 1885, aff. Ville de Limoges, D. P. 87. 3. 41). En effet, la loi de 1884 maintient au préfet le droit que lui reconnaissait l'art. 22 de la loi du 5 mai 1855, et n'apporte de modification à cette dernière législation qu'en ce qui concerne la compétence pour connaître des recours formés contre les décisions préfectorales en cette matière. Le principe de non-rétroactivité, qui ne s'applique qu'au fond du droit, ne pouvait donc être invoqué en pareil cas.

262. L'art. 64 déclare *annulables* les délibérations auxquelles auraient pris part des membres du conseil municipal

---

(1) (Commune de Léry.) — Le conseil d'Etat;... — Considérant que l'usage de la vaine pâture a été réglementé, dans la commune de Léry, par une délibération du conseil municipal en date du 20 nov. 1811, prise en exécution de la loi des 28 sept.-6 oct. 1791, tit. 1, sect. 4, art. 13; que cette délibération, sous la législation antérieure à la loi du 18 juill. 1837, était exécutoire par elle-même et pouvait seulement être annulée par le préfet, qui n'a pas usé de ce pouvoir ; qu'ainsi elle était devenue définitive ; que, dès lors, le conseil municipal de la commune de Léry, en se bornant, dans sa délibération en date du 15 mars 1885, à confirmer, sans aucune modification, le règlement du 20 nov. 1811, qui n'avait pas cessé d'être en vigueur, et à inviter le maire à le publier et l'afficher de nouveau dans la commune, n'a violé aucune disposition de loi ou de règlement d'administration publique; que, par suite, le préfet ne pouvait prononcer l'annulation de ladite délibération du 15 mars 1885, par application des art. 63 et 65 de la loi du 5 avr. 1884;... — Par ces motifs, annule.

Du 17 févr. 1888.-Cons. d'Et.-MM. Romieu, rap.-Le Vavasseur de Précourt, concl.

(2) (Commune de Saint-Orse.) — Le conseil d'Etat ; — Considérant que s'il appartenait au conseil municipal de Saint-Orse d'émettre un vœu sur les faits qui sont relevés dans sa délibération du 13 déc. 1886, il résulte des termes mêmes du pourvoi que ladite délibération renfermait une injonction de procéder à une enquête contre l'instituteur et l'institutrice ou de les déplacer immédiatement; qu'ainsi le préfet de la Dordogne, en prenant l'arrêté attaqué, a agi dans la limite des pouvoirs à lui conférés par les art. 61 et suiv. de la loi du 5 avr. 1884; — Considérant, au surplus, que la notification dudit arrêté, faite par simple lettre du maire, est irrégulière ;
Par ces motifs, rejette.
Du 3 févr. 1888.-Cons d'Et.-MM. Léon Grévy, rap.-Gauwain, concl.

intéressés soit en leur nom personnel, soit comme mandataires, à l'affaire ou en a été l'objet. Le conseil d'Etat avait
déjà décidé antérieurement qu'il y avait lieu d'annuler la
délibération d'un conseil municipal à laquelle avaient pris
part un ou plusieurs membres intéressés dans l'affaire (Cons.
d'Et. 13 nov. 1874, aff. Commune de Sainte-Marie-du-Mont,
D. P. 75. 3. 73 ; 25 juin 1875, aff. Abribat, D. P. 76. 3. 19).

Un membre du conseil municipal qui a sa maison à proximité d'un chemin vicinal n'est pas tenu, comme personnellement intéressé, de s'abstenir de participer aux délibérations
relatives à ce chemin (Cons. d'Et. 18 juill. 1884, aff. Guiches, D. P. 86. 3. 12). Il en est de même d'un maire propriétaire d'un terrain riverain d'un chemin vicinal (Cons. d'Et.
13 mars 1885, aff. Simon, D. P. 86. 5. 88). Mais un conseiller
municipal exécuteur testamentaire d'un donateur qui a
fait à une commune un legs destiné à la fondation et à la
création d'une école, ne peut prendre part à la délibération
par laquelle le conseil municipal statue sur le local à
affecter à l'école fondée par le *de cujus* (Cons. d'Et. 25 nov.
1887, aff. Commune de Châteauneuf-de-Gadagne, *Rec. Cons.
d'Etat*, 1887, p. 741). De même un conseiller municipal titulaire d'un des cantonnements de vaine pâture entre lesquels
le conseil a divisé le territoire de la commune, doit être considéré comme membre personnellement intéressé à la délibération prise dans ce but (Cons. d'Et 16 déc. 1887, aff. Du-
pas, *Rec. Cons. d'Etat*, p. 804). La délibération à laquelle a
participé un conseiller intéressé peut être annulée alors
même qu'elle ait été votée par l'unanimité des conseillers présents (Arrêt précité du 25 nov. 1887).

263. Le préfet, qui ne peut refuser de prononcer la nullité
de plein droit d'une délibération dans les cas prévus par
l'art. 63, a, au contraire, le pouvoir d'apprécier, d'après les
circonstances, si la participation irrégulière d'un ou plusieurs
conseillers aux résolutions prises a exercé une influence sur
ces résolutions, et si d'ailleurs l'excellence de la mesure
prise n'est pas assez manifeste pour en commander le maintien.

264. Aux termes de l'art. 66, l'annulation des délibérations qui font l'objet de l'art. 64 est prononcée en conseil
de préfecture. Elle peut être provoquée d'office par le préfet
et demandée par toute personne intéressée et par tout contribuable de la commune. — D'après le projet primitif, le préfet
et les parties intéressées avaient pour prononcer d'office ou
pour provoquer l'annulation de la délibération un même
délai de trente jours : on concédait, d'autre part, au préfet
le droit de déclarer, aussitôt après la délibération, qu'il ne
s'opposait pas à son exécution. Ces dispositions furent vivement critiquées : on fit remarquer que cette déclaration du préfet avait en réalité pour effet d'annihiler le droit des contribuables et des intéressés. La commission, pour faire droit à
ces observations, a adopté la rédaction actuelle. Les contribuables et les intéressés ont pour attaquer la délibération un
délai que la Chambre avait fixé à dix jours et que le Sénat
a porté à quinze jours ; pendant ce délai, la délibération ne
peut être exécutée. Quant au préfet, un délai de trente jours
lui est imparti pour annuler la délibération soit d'office, soit
sur la demande des intéressés ou des contribuables. Ce
délai part du dépôt du procès-verbal de la délibération à la
préfecture ou à la sous-préfecture lorsque le préfet statue
d'office, et de la date du récépissé de la demande en annulation lorsque sa décision intervient sur une demande de
cette nature. Si, d'ailleurs, aucune demande n'a été produite
pendant les quinze jours qui suivent l'affichage de la délibération à la porte de la mairie et pendant lesquels l'annulation peut être demandée par les intéressés, le préfet peut
déclarer immédiatement qu'il ne s'oppose pas à la délibération. Dans le cas où le préfet ne statuerait pas dans le

délai d'un mois sur une demande d'annulation, les intéressés
pourraient, à l'expiration de ce délai, se pourvoir devant le
conseil d'Etat (D. P. 84. 4. 45, note 66).

265. L'art. 18 de la loi de 1837 donnait au préfet, comme
nous l'avons dit au *Rép.* n° 370, le droit d'annuler les délibérations réglementaires ou autres lorsqu'elles renfermaient
une violation de la loi ou d'un règlement d'administration
publique, et les délibérations réglementaires lorsqu'elles
avaient été déférées par les parties intéressées pour cause
d'inopportunité ou de fausse appréciation des faits. La circulaire du 15 mai 1884 constate que, dans ce dernier cas, le
droit d'annulation n'appartient plus au préfet, qui doit se
borner à inviter le conseil municipal à rapporter sa délibération.

266. D'après l'art. 23 de la loi de 1855, lorsque le conseil
municipal réclamait contre l'annulation d'une de ses délibérations, il devait être statué par décret rendu en conseil
d'Etat ; et le recours devait être formé, non par la voie contentieuse, pour excès de pouvoir, mais par la voie administrative (Cons. d'Et. 14 févr. 1873) (1). Aucun recours n'était
d'ailleurs, ouvert aux particuliers. L'art. 67 de la loi de 1884
autorise, au contraire, non seulement le conseil municipal,
mais toute partie intéressée à se pourvoir devant le conseil
d'Etat contre l'arrêté du préfet qui prononce soit la nullité
de plein droit, soit l'annulation d'une délibération.

Pour protéger plus efficacement les attributions du conseil
municipal et les droits ou intérêts privés qui peuvent être lésés,
le même article dispose que le pourvoi doit être introduit et
jugé en la forme des recours pour excès de pouvoir, c'est-à-
dire sans frais et avec dispense du ministère d'avocat. Il
ne résulte pas de cette disposition que les arrêtés préfectoraux
dont il s'agit ne pourront être attaqués qu'à raison des irrégularités de formes dont ils seraient entachés ; le législateur
a entendu attribuer au conseil d'Etat le droit de réviser au
fond la décision du préfet (Morgand, t. 1, p. 349). C'est ce
qui résulte d'une déclaration formelle du rapporteur au
Sénat qui, après avoir dit que le préfet apprécierait s'il y avait
lieu d'annuler ou de maintenir la délibération, a ajouté :
« C'est une appréciation qu'il fera suivant sa conscience et
qui, dans tous les cas, pourra toujours être soumise à l'examen du tribunal administratif supérieur ».

267. L'art. 68 renferme l'énonciation des treize hypothèses
limitativement énumérées dans lesquelles, par dérogation à
la règle générale, les délibérations des conseils municipaux
ont besoin pour être exécutoires de l'approbation de l'administration supérieure. La Chambre des députés a repoussé
un amendement de M. Ténot tendant à substituer à la nécessité de l'approbation un droit de *veto* conféré au préfet pendant trois mois (D. P. 84. 4. 46, note 68).

268. Les délibérations pour lesquelles la loi exige l'approbation de l'administration supérieure sont celles qui portent
sur les objets suivants : 1° les conditions des baux dont la
durée dépasse dix-huit ans ; le législateur supprime à cet
égard les distinctions que nous avons indiquées sous l'ancienne législation (*Rép.* n° 373) entre les baux à ferme à
loyer et entre les biens pris à loyer et les biens donnés à
loyer ou à ferme par les communes. Quelle que soit la nature
des biens, qu'ils soient donnés ou pris à loyer par la commune, le conseil municipal règle définitivement les conditions
des baux dont la durée n'excède pas dix-huit ans ; lorsque
cette durée est dépassée, la délibération doit être approuvée
par le préfet en conseil de préfecture (art. 68 et 69), ou par
décret, pour les villes dont le revenu est supérieur à trois
millions, dans le cas d'affermage des grands services municipaux tels que l'éclairage, l'entretien du pavé, l'enlèvement
des boues et immondices, etc. (art. 115 et 145, § 3, combinés).
L'affermage des droits de chasse et de pêche appartenant

(1) (Lasbaysse et autres.) — Le conseil d'état ; — Vu la loi du
18 juill. 1837 ; — Vu la loi du 15 mars 1850, le décret du 9 mars
1852 et la loi du 14 juin 1854 ; — Vu la loi du 5 mai 1855 ; — Considérant qu'aux termes de l'art. 23 de la loi du 5 mai 1855, toute
délibération d'un conseil municipal portant sur un objet étranger
à ses attributions est nulle de plein droit ; que le préfet en conseil
de préfecture en déclare la nullité et qu'en cas de réclamation du
conseil municipal il est statué par un décret, le conseil d'Etat entendu ; — Considérant que l'arrêté du 10 févr. 1872, par lequel le
préfet de l'Ariège a déclaré nulles les délibérations du conseil

municipal de Pamiers, des 27 juin et 24 déc. 1871, a été pris par
application de l'article précité et dans la forme qu'il a prescrite ;
que si le conseil municipal de Pamiers croyait devoir se pourvoir
contre l'arrêté précité, ce n'était pas par la voie contentieuse, pour
excès de pouvoirs et par application de la loi des 7-14 oct. 1790,
mais par la voie administrative, par application de la loi du
5 mai 1855, que son recours aurait dû être formé : — Art. 1er.
La requête des sieurs Lasbaysse, Soula et autres est rejetée.
Du 14 févr. 1873.-Cons. d'Et.-MM. de Montesquiou, rap.-Per-
ret, concl.-Lesage, av.

aux communes est régi par les mêmes règles que les baux ordinaires. — D'après l'art. 47 de la loi de 1837, l'acte passé par le maire n'était exécutoire, quelle que fût la durée du bail, qu'après l'approbation préfectorale. Cette disposition n'a pas été reproduite dans la loi nouvelle.

269. 2° Les aliénations et échanges de propriété communale. Aucune modification n'est apportée sur ce point à l'ancienne législation.

270. 3° Les acquisitions d'immeubles, les constructions nouvelles, les reconstructions entières ou partielles, les projets, plans et devis des grosses réparations et d'entretien, quand la dépense, totalisée avec les dépenses de même nature pendant l'exercice courant, dépasse les limites des ressources ordinaires et extraordinaires que les communes peuvent se créer sans autorisation spéciale. La rédaction de ce paragraphe augmente notablement les pouvoirs des conseils municipaux, dont les délibérations en matière d'acquisition d'immeubles n'étaient exécutoires d'elles-mêmes, aux termes de l'art. 1er de la loi du 24 juill. 1867, que lorsque la dépense, totalisée avec celle des autres acquisitions déjà votées dans le même exercice, ne dépassait pas le dixième des revenus ordinaires.

271. 4° Les transactions. La rédaction primitive portait : les actions judiciaires et transactions; les mots « actions judiciaires » ont été supprimés par la Chambre des députés sur la demande de M. Lorois, qui a fait observer que l'art. 123 exigeait, pour qu'une commune pût ester en justice, non l'autorisation du préfet, mais celle du conseil de préfecture. La consultation de trois jurisconsultes, prescrite pour les transactions des communes par l'arrêté du 21 frim. an 12, n'est plus obligatoire, les dispositions de cet arrêté figurant parmi celles qui abrogent expressément l'art. 168 de la loi actuelle.

272. 5° Changement d'affectation d'une propriété communale déjà affectée à un service public. L'art. 1er, § 8, de la loi de 1867 donnait aux conseils municipaux le droit de régler, par leurs délibérations, l'affectation d'une propriété communale à un service communal, lorsque cette propriété n'était encore affectée à aucun service public, sauf les règles prescrites par des lois particulières. Ils conservent aujourd'hui la même droit. Les changements d'affectation des propriétés affectées à l'usage des presbytères restent soumis à des règles spéciales. Conformément à l'ordonnance du 3 mars 1825 (*Rép.* v° *Culte*, p. 716), les parties superflues des presbytères ne peuvent en être distraites que par délibération approuvée, soit par arrêté préfectoral, soit par décret rendu en conseil d'État, suivant qu'il y a ou non, accord entre le préfet et l'autorité diocésaine.

273. 6° Vaine pâture. L'art. 19, § 8, de la loi de 1837, ajoutait, comme on l'a vu au *Rép.* n° 373, le parcours à la vaine pâture. Mais, ainsi que l'a fait observer le rapporteur à la Chambre des députés, le Sénat, par son vote sur le code rural, a supprimé le parcours en maintenant la vaine pâture comme droit communal renfermé dans les limites de la commune. La loi de 1884 ne mentionne donc plus le parcours, quoique le code rural ne soit pas encore définitivement voté. La réglementation du droit de vaine pâture pouvant intéresser des tiers, les délibérations prises sur cet objet sont soumises à l'approbation de l'autorité supérieure. Le préfet doit statuer en conseil de préfecture. M. Morel a défini ainsi qu'il suit, dans la discussion, le droit de vaine pâture : « le droit qui appartient aux habitants d'une seule commune d'envoyer pêle-mêle ou séparément leurs bestiaux sur les fonds les uns des autres, lorsque les fonds sont en jachères ou après qu'ils ont été dépouillés de leur fruit », tandis que le parcours est « le droit qui appartenait aux habitants de deux communes au moins de conduire après l'enlèvement des récoltes, leurs bestiaux sur les terrains non clos de leurs circonscriptions respectives » (D. P. 84. 4. 46, note 68, n° 6).

274. 7° Le classement, le déclassement, le redressement ou le prolongement, l'élargissement, la suppression, la dénomination des rues et places publiques, la création et la suppression des promenades, squares ou jardins publics, champs de foire, de tir ou de course, l'établissement des plans d'alignement et de nivellement des voies publiques municipales, les modifications à des plans d'alignement adoptés, le tarif des droits de voirie, le tarif des droits de stationnement et de location sur les dépendances de la grande voirie, et généralement les tarifs des droits divers à percevoir au profit des communes en vertu de l'art 133 de la présente loi.

Le paragraphe 7 était ainsi conçu, d'après le projet adopté par la Chambre : « La dénomination des rues et places publiques et les modifications à des plans d'alignement adoptés ». La rédaction nouvelle a été adoptée sur la proposition de la commission du Sénat, et à la suite des observations présentées par le commissaire du Gouvernement. Elle modifie sur plusieurs points la législation antérieure. Cette législation abandonnait implicitement au maire, comme mesure d'ordre ou de police municipale, la dénomination des rues et places publiques; la loi actuelle la lui enlève pour la faire passer dans les attributions du conseil municipal. Les délibérations prises à cet effet doivent être soumises à l'approbation du préfet; toutefois, ainsi que le constate la circulaire du 15 mai 1884, la loi municipale ne porte aucune atteinte aux principes posés par l'ordonnance du 10 juill. 1816 relativement aux dénominations ayant le caractère d'un hommage public, qui continueront à être soumises à l'autorisation du chef de l'Etat.

Le paragraphe 7 contient plusieurs autres innovations. L'art. 1er, § 4 et 5, de la loi de 1867, faisait figurer parmi les affaires que les conseils municipaux réglaient par leurs délibérations, lorsqu'ils étaient d'accord avec le maire, le tarif des droits de place à percevoir dans les halles, foires et marchés, les droits à percevoir pour permis de stationnement et de locations sur les rues, places et autres lieux dépendant du domaine public communal, le tarif des concessions dans les cimetières. La loi nouvelle enlève aux conseils municipaux le pouvoir de décision propre. L'approbation préfectorale est exigée pour les délibérations relatives aux droits de stationnement, de place ou de location à percevoir sur les dépendances de la petite voirie ou sur les rivières non navigables ni flottables, ainsi qu'aux droits de place à percevoir dans les halles, foires et marchés. « Le législateur a pensé que la création de semblables redevances exigeait l'intervention de l'administration supérieure, pour sauvegarder les divers intérêts qui pouvaient être lésés par l'établissement de taxes excessives » (Circ. min. int. 15 mai 1884). — Lorsque les droits de stationnement devaient être perçus sur des ports, quais et rivières, il résultait d'un avis du conseil d'Etat du 2 juin 1875 (*Bulletin du ministère de l'intérieur*, 1875, p. 288), que, même sous l'empire de la loi de 1867, la délibération par laquelle le conseil municipal établissait ces droits n'était exécutoire qu'après avoir été approuvée par un décret que devaient préparer les ministres de l'intérieur et des travaux publics (V. conf. Civ. cass. 9 déc. 1885, aff. Ceyla, D. P. 86. 1. 414). La même solution doit être suivie sous l'empire de la nouvelle loi (Note sous l'arrêt précité; Circ. min. int. 15 mai 1884. — V. conf. Aucoc, *Conférences sur le droit administratif*, 3e éd., t. 1, p. 319). — Les délibérations par lesquelles les conseils municipaux votent le tarif des concessions dans les cimetières sont désormais toujours subordonnées à l'approbation du préfet (Circ. min. int. 15 mai 1884). — L'approbation de l'autorité supérieure est également exigée pour l'établissement des plans d'alignement et de nivellement des voies publiques municipales et les modifications aux plans d'alignement. L'art. 68 a ajouté aux plans d'alignement les plans de nivellement que ne mentionnait pas la législation antérieure et qui figurent dans l'énumération des dépenses obligatoires contenue dans l'art. 136.

275. 8° L'acceptation des dons et legs faits à la commune, lorsqu'il y a des charges ou conditions ou lorsqu'ils donnent lieu à des réclamations des familles. La rédaction primitive portait ces mots : « charges et conditions ». La Chambre a substitué le mot *ou* au mot *et*, afin de bien montrer qu'il suffisait de l'une ou de l'autre circonstance pour que la délibération fût sujette à approbation. Le sous-secrétaire d'Etat au ministère de l'intérieur a demandé, dans la discussion, quelle situation serait faite à une section de commune s'il plaisait au conseil municipal de refuser un don ou legs dont le profit ne devrait appartenir qu'à la section. Il lui a été répondu du par le rapporteur que si la libéralité faite à la commune renfermait une condition qui en assurât le bénéfice à la section, l'art. 68, qui soumet la libéralité à l'approbation de

l'autorité supérieure, serait applicable (D. P. 84. 4. 46, note 68, n° 8).

276. 9° Le budget communal (V. *infrà*, n°ˢ 293 et suiv.).

277. 10° Les crédits supplémentaires (V. *infrà*, n° 405).

278. 11° Les contributions extraordinaires et les emprunts sauf dans le cas prévu par l'art. 141 de la présente loi (V. *infrà*, n°ˢ 357 et 399).

279. 12° Les octrois dans les cas prévus aux articles 137 et 138 de la présente loi (V. *infrà*, n°ˢ 359 et suiv.).

280. 13° L'établissement, la supression ou les changements des foires et marchés, autres que les simples marchés d'approvisionnement. Les délibérations relatives à ces derniers marchés devaient sous l'empire de la loi de 1867 (art. 11), être soumises à l'approbation du préfet ; elles sont aujourd'hui exécutoires par elles-mêmes. Mais les délibérations relatives à l'établissement, la suppression, ou le changement des foires et autres marchés restent subordonnées à l'approbation du conseil général exigée par l'art. 46 de la loi du 10 août 1871 (D. P. 71. 4. 102) et la loi du 26 sept. 1879 (D. P. 79. 4. 88) (Circ. min. int. 15 mai 1884).

281. D'après l'art. 69, les délibérations prises par les conseils municipaux sur les objets qui viennent d'être énumérés sont exécutoires, sur l'approbation du préfet, sauf le cas où l'approbation par le ministre compétent, par le conseil général, par la commission départementale, par un décret ou par une loi est prescrite par les lois et règlements. Le préfet doit statuer en conseil de préfecture lorsque les délibérations ont pour objet les conditions des baux dont la durée excède dix-huit ans, les aliénations et échanges de propriétés communales, les transactions, la vaine pâture. La même garantie était exigée dans les trois premiers cas par la loi de 1867.

282. L'approbation préfectorale, dans les cas où elle est exigée, est une condition essentielle à laquelle il ne peut être suppléé, et l'exécution de la délibération par la commune ne peut couvrir le vice résultant du défaut d'approbation (Civ. cass. 15 févr. 1882, aff. Commune de Limanton, D. P. 83. 1. 69); mais cette approbation n'est soumise à aucune forme déterminée; elle peut résulter implicitement de tout acte émané de l'autorité supérieure et supposant nécessairement qu'elle est accordée (Cons. d'Ét. 15 nov. 1851, aff. Commune de Mont-Saint-Jean, *Rec. Cons. d'Et.*, p. 674; 5 déc. 1879, aff. Chemin de fer des Charentes, D. P. 80. 3. 34). Ainsi l'approbation nécessaire pour qu'une délibération du conseil municipal engage la commune peut résulter implicitement soit de l'approbation donnée par le préfet à une délibération ultérieure relative à l'exécution de l'engagement contenu dans la première, soit de dépêches par lesquelles ce fonctionnaire invite la commune à se mettre en mesure d'accomplir cet engagement (Cons. d'Ét. 24 juin 1881, aff. Commune de Mussy, D. P. 83. 3. 2). Il a été également jugé que l'approbation préfectorale peut être donnée par simple lettre missive (Lyon, 3 mars 1877, aff. Ville de Montbrison, D. P. 78. 2. 251). Par une disposition qui n'existait pas dans les lois antérieures, l'art. 69, § 3, assigne au préfet un délai d'un mois à partir du récépissé pour faire connaître aux intéressés qu'il refuse d'approuver la délibération.

283. Le droit qu'ont les préfets de donner ou refuser leur approbation aux délibérations des conseils municipaux dans les cas prévus par l'art. 68 n'implique pas celui de modifier ces délibérations. C'est ce qui a été décidé sous l'empire de l'art. 19 de la loi du 18 juill. 1837 dont la loi nouvelle reproduit les dispositions (Cons. d'Ét. 18 avr. 1861, aff. Commune de Kœur-la-Grande, D. P. 61. 3. 37), et, par suite, le préfet ne peut approuver une partie seulement des dispositions que contient une délibération, lorsque cette approbation partielle a pour effet de modifier ladite délibération (Même arrêt ; *Rec. d'Et.*, 11 juin 1880, aff. Commune de Blosville, D. P. 81. 3. 1). De même, il ne peut, sans excès de pouvoir, ajouter aucune disposition à l'une délibération (Sol. impl., Cons. d'Ét. 3 janv. 1881, aff. Soubry, D. P. 82. 3. 45). Il a été jugé, toutefois, qu'un préfet n'excède pas ses pouvoirs en ajoutant au projet d'acte qui lui est soumis des conditions qui ne sont que des moyens d'assurer l'exécution de la mesure, conformément aux vues exprimées dans la délibération du conseil municipal (Cons. d'Ét. 5 mai 1859, aff. Dufresne, D. P. 60. 3. 5), et que l'annulation d'un contrat intervenu entre une commune et

un particulier ne saurait être demandée, au nom de la commune, par le motif que certaines modifications auraient été apportées à la délibération municipale autorisant le traité par l'arrêté préfectoral qui a homologué cette délibération, alors qu'il est reconnu en fait que ces modifications étaient sans importance; et d'ailleurs avantageuses à la commune (Req. 26 mai 1884, aff. Rolland, D. P. 85. 1. 123).

284. La décision par laquelle le préfet donne son approbation à une délibération du conseil municipal ne constitue qu'une simple autorisation, et ne fait pas obstacle à ce que le conseil revienne sur sa délibération (Cons. d'Ét. 3 déc. 1864, aff. Habitants d'Ornon, D. P. 65. 3. 44; 25 juin 1875, aff. Abribat, D. P. 76. 3. 19; 12 nov. 1880, aff. Conseil de fabrique de Sainte-Lizaigne, D. P. 82. 3. 46). D'après M. Morgand, t. 1, p. 369, l'autorité administrative qui a donné son approbation à une délibération pourrait également revenir sur sa décision tant que la délibération n'a pas reçu d'exécution. Cet auteur reconnaît, toutefois, ainsi que l'ont décidé plusieurs arrêts (Cons. d'Ét. 4 avr. 1861, aff. Gourraud de la Proustière, D. P. 61. 3. 26 ; 2 mars 1877, aff. Institut catholique de Lille, D. P. 77. 3. 36), que l'approbation est irrévocable lorsqu'il y a un commencement d'exécution, et notamment lorsqu'un contrat est intervenu à la suite de cette approbation. M. Morgand cite à l'appui de son opinion un arrêt du conseil d'Etat du 12 janv. 1882 (aff. Guicheux, D. P. 83. 3. 76). Mais il a été décidé plus récemment qu'un préfet ne peut, sans excès de pouvoir, retirer l'approbation qu'il a donnée à une délibération prise par le conseil municipal sur une des matières où ses délibérations deviennent exécutoires après avoir reçu l'approbation préfectorale (Cons. d'Et. 10 juill. 1885, aff. Commune de Romilly-sur-Seine, D. P. 87. 3. 14).

285. La décision par laquelle le préfet refuse d'approuver une délibération peut être attaquée devant le ministre de l'intérieur par le conseil municipal ou par les parties intéressées, dans le délai d'un mois à partir de la date du récépissé. Le même recours est ouvert lorsque le préfet laisse écouler ce délai sans statuer. Les parties intéressées peuvent attaquer dans le même délai, devant le ministre de l'intérieur, la décision par laquelle le préfet approuve une délibération. Mais le pouvoir accordé à l'administration en cette matière étant absolument discrétionnaire, l'appréciation des motifs pour lesquels elle a refusé son approbation ne peut donner ouverture à un recours pour excès de pouvoirs devant le conseil d'Etat, alors même que ces motifs sont évidemment erronés (Cons. d'Ét. 14 nov. 1873, aff. Commune de Sarrians D. P. 74. 3. 66). De même, les décisions par lesquelles le ministre, sur le recours formé contre un arrêté préfectoral en cette matière, refuse d'approuver une délibération, ne peuvent être déférées au conseil d'Etat par la voie contentieuse. Les arrêtés d'autorisation sont au contraire susceptibles d'être attaqués par la voie du recours pour excès de pouvoir, lorsque le pourvoi se fonde sur l'inobservation des formalités et conditions auxquelles les lois et règlements subordonnent l'exercice de ce droit d'homologation (Cons. d'Ét. 2 févr. 1860, aff. Guillemin, D. P. 60. 3. 49; 12 juill. 1860, aff. Robineau, *ibid.*).

286. Nous avons indiqué au *Rép.* n° 376 un certain nombre de matières sur lesquelles les conseils municipaux étaient appelés à donner leur avis, aux termes de l'art. 21 de la loi du 18 juill. 1837. Les dispositions de cet article sont reproduites, avec quelques modifications, par l'art. 70 de la nouvelle loi. Les objets sur lesquels les conseils municipaux doivent nécessairement être appelés à émettre un avis : sont les suivants : 1° les circonscriptions relatives au culte; 2° les circonscriptions relatives à la distribution des secours publics ; 3° les projets d'alignement et de nivellement de grande voirie dans l'intérieur des villes, bourgs et villages. Les projets de nivellement ont été ajoutés par le Sénat à la rédaction primitive, conforme au texte de la loi de 1837. Les conseils municipaux ont un pouvoir de délibération pour les alignements des rues qui dépendent exclusivement de la voirie urbaine; mais ils doivent être consultés au sujet des projets d'alignement des rues qui forment la traverse des routes nationales et départementales, lesquels projets doivent être approuvés par décret, ainsi que sur les projets d'alignement de voirie vicinale dans l'intérieur des villes, bourgs et villages, que ne mentionne pas l'art. 70, mais

qui, aux termes des art. 46 et 86 de la loi du 10 août 1871, doivent être arrêtés par le conseil général ou la commission départementale après avis des conseils municipaux; 4° la création des bureaux de bienfaisance, qui, d'après l'art. 14 de la loi du 24 juill. 1867, pouvait être autorisée par les préfets sur l'avis des conseils municipaux, mais qui désormais, par suite de l'abrogation de la loi de 1867, ne pourra avoir lieu que par décret, conformément au décret du 25 mars 1852 (Morgand, t. 1, p. 376); 5° les budgets et les comptes des hospices, hôpitaux et autres établissements de charité et de bienfaisance, des fabriques et autres administrations préposées aux cultes dont les ministres sont salariés par l'Etat; les autorisations d'acquérir, d'aliéner, d'emprunter, d'échanger, de plaider ou de transiger, demandées par les mêmes établissements ; l'acceptation des dons et legs qui leur sont faits. En ce qui concerne les hospices, hôpitaux et autres établissements de charité ou de bienfaisance, la loi nouvelle reproduit purement et simplement les dispositions de la loi de 1837. Mais cette dernière loi n'exigeait pas l'avis du conseil municipal pour l'acceptation des dons et legs aux fabriques, et n'ordonnait la communication des comptes et budgets de ces établissements religieux aux conseils municipaux que lorsqu'ils recevaient des secours sur les fonds communaux. Sur ces deux points l'art. 70 de la loi actuelle modifie la législation antérieure.

En première délibération, Mgr Freppel a demandé à la Chambre des députés de revenir au système de la loi de 1837, et de décider que les comptes des fabriques ne seraient soumis au conseil municipal que lorsque ces fabriques recevraient ou solliciteraient des subventions de la commune. M. Antonin Dubost a répondu, au nom de la commission, que les conseils municipaux avaient intérêt à surveiller la comptabilité des fabriques, puisqu'ils pouvaient être appelés à venir à leur secours, en cas d'insuffisance de crédit. En deuxième délibération, Mgr Freppel a demandé la suppression de la disposition relative aux fabriques en faisant observer que, d'après la rédaction de l'art. 139, la subvention à accorder aux fabriques en cas de déficit ne figurait plus parmi les dépenses obligatoires. Il a été répondu que, si le concours des communes n'était plus obligatoire, elles pourraient toujours le prêter librement et qu'elles le prêteraient dans beaucoup de départements ; que le contrôle était d'ailleurs utile en tous cas, puisque la commune avait le plus souvent à subvenir aux grosses réparations des édifices de la paroisse. L'amendement a, en conséquence, été écarté par la Chambre (D. P. 84. 4. 47, note 70, § 5). Devant le Sénat, M. Tenaille-Saligny avait demandé que la question fût réservée jusqu'au vote de l'art. 139, et que la partie du paragraphe 5 de l'art. 70 relative aux fabriques fût supprimée si les subventions aux fabriques cessaient de figurer parmi les dépenses obligatoires. Le Sénat ayant d'abord maintenu à ces subventions le caractère de dépenses obligatoires, M. Tenaille-Saligny retira son amendement, et il ne le reproduisit pas, lorsqu'en dernière lecture le Sénat consentit à supprimer l'obligation des communes.

D'après la circulaire du 15 mai 1884, une copie des budgets et comptes des fabriques et consistoires doit être, en exécu-

tion de cette disposition, transmise chaque année au conseil municipal qui, après avoir examiné les budgets et comptes à la session de mai, pourra toujours faire parvenir à la préfecture telles observations qu'il jugera convenable, touchant les articles portés en recettes ou en dépenses. Mais la circulaire rappelle que le conseil municipal n'est appelé qu'à donner un simple avis, et que cet avis n'impose aucune obligation soit à l'administration supérieure, soit aux établissements mentionnés en l'art. 70.

287. L'énumération, contenue dans l'art. 70, des objets sur lesquels les conseils municipaux doivent émettre un avis n'est pas limitative, et le paragraphe 6 de cet article y ajoute tous ceux sur lesquels les conseils municipaux sont appelés par les lois et règlements à donner leur avis, et ceux sur lesquels ils seront consultés par les préfets. Les mots « consultés par les préfets » qui figuraient dans la loi de 1837, mais qui n'avaient pas été reproduits dans le texte voté en première délibération par la Chambre des députés, y ont été rétablis entre les deux lectures sur la demande du Gouvernement (Morgand, t. 1, p. 374). Les lois antérieures n'avaient pas prévu le cas où le conseil municipal négligerait ou refuserait d'émettre son avis dans les cas prévus par le législateur. La loi nouvelle a comblé cette lacune, et décide qu'en pareil cas, il pourra être passé outre.

288. L'art. 24 de la loi de 1837, rapporté au *Rép.* n° 378, autorisait les conseils municipaux à exprimer leurs vœux sur tous les objets d'intérêt local, et renouvelait à cette occasion la défense faite aux conseils municipaux de faire ou publier aucune protestation ou adresse (*Rép.* n° 380). Les mêmes prohibitions se retrouvent dans l'art. 72, qui interdit à tout conseil municipal soit de publier des proclamations ou adresses, soit d'émettre des vœux politiques, soit, hors les cas prévus par la loi, de se mettre en communication avec un ou plusieurs conseils municipaux. La Chambre des députés a repoussé un amendement tendant à n'interdire que les vœux inconstitutionnels (D. P. 84. 4. 47, note 72). La nullité des actes et des délibérations prises en violation de l'art. 72 doit être prononcée dans les formes indiquées aux art. 63 et 65, c'est-à-dire par le préfet en conseil de préfecture. Cette sanction est la seule qui soit aujourd'hui attachée aux prohibitions de cet article, la loi de 1884 ayant abrogé la disposition de la loi de 1835 qui punissait de deux à six mois d'emprisonnement tout éditeur, imprimeur, journaliste ou autre qui rendrait publics les actes interdits aux conseils municipaux.

289. Il est arrivé souvent que certains conseils municipaux ont cherché à éluder les prohibitions légales en se réunissant hors session pour rédiger des adresses que tous les membres de ces assemblées prétendaient ne signer qu'à titre individuel. La jurisprudence a établi l'illégalité de ces actes (Crim. rej. 17 mai 1873, aff. Boulon et Lépine, D. P. 74. 1. 44; Limoges, 14 août 1874)(1). On peut invoquer dans le même sens l'autorité de trois décrets rendus en conseil d'Etat, les 8 et 12 nov. 1873 (D. P. 74. 3. 61 et 64). Le premier de ces décrets annule une adresse rédigée et signée en dehors d'une session régulière par la majorité des membres d'un conseil général. Les deux autres assimilent à la publi-

(1) (Roche.) — LA COUR; — Considérant que, par l'art. 25 de la loi du 5 mars 1855, il est interdit aux conseils municipaux de publier des proclamations ou adresses, et que, par l'art. 26, pareille interdiction est faite aux éditeurs, imprimeurs, journalistes et autres; — Considérant que le conseil municipal de Brive (Corrèze) ayant été suspendu par arrêté de M. le ministre de l'intérieur, 19 membres de ce conseil ont publié, dans le numéro du 4 juin 1874, du journal la *République de Brive*, dont Marcel Roche est le gérant et dont la dame veuve Roche est l'imprimeur, une adresse à leurs concitoyens, par laquelle ils protestent contre la mesure de suspension prise contre le conseil municipal ; — Considérant que Marcel Roche et la dame veuve Roche prétendent que l'écrit publié par eux est l'œuvre de conseillers municipaux pris individuellement, et restés libres d'exprimer leur opinion et leurs vœux, mais qu'on ne saurait y voir le caractère d'une adresse émanée de l'art conseil municipal, puisqu'elle n'a pas été délibérée dans les formes indiquées par la loi; — Considérant que cette prétention est contredite par la teneur même de l'écrit publié par les prévenus; que la loi interdit, il est vrai, que les adresses émanées des conseils municipaux, comme corps constitués, mais que tel est précisément le caractère de l'écrit dont s'agit; qu'en effet,

cet écrit émane de 19 conseillers municipaux sur 27, c'est-à-dire de la majorité des membres composant ce conseil; qu'il ne porte aucune signature autre que celles des conseillers municipaux de la commune; que les rédacteurs et signataires, loin d'agir individuellement, agissent, au contraire, au nom du conseil municipal, parlent en son nom, et protestent contre la suspension qui atteint le corps lui-même; qu'ainsi, dans l'adresse et à chaque ligne, pour ainsi dire, de cette adresse, c'est le conseil municipal lui-même qui apparaît dans son individualité collective ; — Considérant, dès lors, que l'adresse dont s'agit tombe sous l'interdiction prononcée par l'art. 25 de la loi du 5 mai 1855, et que la publication faite par les prévenus constitue l'infraction punie par l'art. 26 ; — Par ces motifs, confirme quant à la déclaration de culpabilité, déclare Pierre-Geoffroi-François-Marc el Roche et la dame Marie-Françoise Marecoste, veuve Roche, coupables d'avoir, le 4 juin 1874, à Brive, rendu publique une adresse du conseil municipal de la commune de Brive, en l'insérant dans le journal la *République de Brive*, délit prévu et puni par les art. 25 et 26 de la loi du 5 mai 1855, 123 et 463 c. pén., etc.

Du 14 août 1874.-C. de Limoges, ch. corr.-MM. Poyrot, pr.-Mazeaud, av. gén.-Ninard, av.

cation de vœux politiques et déclarent, en conséquence, illégale et nulle, la publication dans les journaux d'une lettre traitant de matières politiques, et signée des membres d'une commission départementale, avec cette mention qu'elle avait été arrêtée, hors séance, par la commission.

290. L'art. 60 du décret du 14 déc. 1789, relatif à la constitution des municipalités (*Rép.* n° 169), portait que, si un citoyen croyait être personnellement lésé par quelque acte du corps municipal, il pourrait exposer ses sujets de plainte à l'administration ou au directoire du département, qui y ferait droit sur l'avis de l'administration du district chargée de vérifier les faits. C'est aujourd'hui au préfet du département que doit être adressée la réclamation de la partie lésée. Elle ne pourrait être adressée ni au conseil d'État par la voie administrative (Décis. 6 mai 1863, aff. Messager, D. P. 64. 3. 29), ni à plus forte raison au conseil de préfecture, alors même qu'elle tendrait à obtenir des dommages-intérêts (Cons. d'Et. 12 janv. 1883, aff. Cadot, D. P. 84. 3. 75). Le préfet peut, en pareil cas, censurer la délibération du conseil municipal qui lui est déférée, inviter le maire à donner au conseil communication de la lettre de blâme et en faire dresser procès-verbal, enfin faire mentionner ce procès-verbal en marge de la délibération censurée (Cons. d'Et. 29 juin 1850)(1).

291. Aucune forme n'est prescrite pour les réclamations de cette nature : le préfet peut donc être saisi par une plainte verbale (Cons. d'Et. 25 mars 1881, aff. Commune de Montrem, D. P. 82. 3. 81). Il n'est même pas nécessaire que la plainte soit constatée dans le procès-verbal, il suffit que le préfet constate, postérieurement au pourvoi formé contre sa décision, qu'une plainte verbale lui a été adressée (Même arrêt).

Mais un préfet ne pourrait, sans excès de pouvoir, annuler d'office, en vertu de l'article précité de la loi de 1789, une délibération comme portant atteinte aux droits de l'administration ou comme contenant à son égard des mentions injurieuses (Cons. d'Et. 19 juin 1885, aff. Ville de Mantes, D. P. 87. 3. 11). L'art. 60 du décret du 14 déc. 1789, n'ayant pas été abrogé par la loi de 1884, conserve son autorité.

292. Jusqu'en 1870, le conseil d'État a constamment décidé que la partie qui se prétendait diffamée par une délibération d'un conseil municipal n'avait d'autre recours que celui qui lui était ouvert par l'art. 60 du décret de 1789 et qu'elle ne pourrait saisir de ses griefs l'autorité judiciaire (Cons. d'Et. 11 févr. 1842, aff. Dessaux, Rec. *Cons. d'Et.*, p. 41 ; 11 nov. 1851, aff. Dénoux, et 18 mai 1854, aff. L..., D. P. 55. 3. 1 ; 17 août 1866, aff. Benoist d'Azy, D. P. 67. 3. 58 ; 25 mai 1870, aff. Girod, D. P. 70. 3. 74). Cette jurisprudence, contraire à celle de la cour de cassation et de plusieurs cours d'appel (Crim. rej. 30 nov. 1861, aff. de Rambourgt, D. P. 63. 1. 50 ; Crim. cass. 22 janv. 1863, aff. Ailhaud, D. P. 63. 1. 50 ; Rouen, 17 nov. 1853, aff. Conseil municipal du Havre, D. P. 54. 5. 388 ; Bourges, 25 mai 1866, aff. Benoist d'Azy, D. P. 66. 2. 130. — Contra :

Nancy, 17 juill. 1846, aff. Mayeur, D. P. 46. 2. 236), aux conclusions prises devant le conseil d'Etat par MM. Boulatignier, Aucoc et Perret, commissaires du Gouvernement, et à l'opinion de la plupart des auteurs (Serrigny, *Traité de l'organisation et de la compétence administrative*, 2e éd., t. 1, n° 169 ; Chauveau, *Code d'instruction administrative*, 3e éd., t. 1, n° 438 *bis* ; Reverchon, *Revue critique*, t. 30, p. 112 ; Batbie, t. 7, p. 394 ; Burin des Roziers, *Revue critique*, 1871, p. 193) est aujourd'hui abandonnée. Le conseil d'Etat a reconnu que la disposition de l'art. 60 du décret du 14 déc. 1789, qui ouvre un recours spécial aux parties lésées par un acte du corps municipal, n'a pas entendu lui interdire toute autre action à raison de ces actes, et que, dès lors, l'autorité judiciaire peut être saisie d'une action en diffamation contre les signataires d'une délibération d'un conseil municipal, à raison des diffamations outrageantes pour un citoyen que renfermerait cette délibération (Cons. d'Et. 7 mai 1871, aff. Taxil, D. P. 72. 3. 17 ; 18 mai 1872 (2). Le tribunal des conflits a confirmé ce changement de jurisprudence, et déclaré l'autorité judiciaire compétente pour connaître d'une action intentée à raison de diffamations ou d'injures publiques contenues dans une délibération d'un conseil municipal, soit que cette action fût dirigée contre le maire (Trib. confl. 28 déc. 1878, aff. Moulis, D. P. 79. 3. 56 ; 13 déc. 1879, aff. Anduze, D. P. 80. 3. 102 ; 22 mars 1884, aff. Berauld, D. P. 85. 3. 118), soit qu'elle le fût contre les membres du conseil municipal. Cette solution a été également consacrée par la jurisprudence de la cour de cassation et de la très grande majorité des cours d'appel (Req. 7 juill. 1880, aff. Cancalon, D. P. 82. 1. 74 ; Dijon, 3 juill. 1872, aff. Maria, D. P. 77. 5. 353 ; Poitiers, 31 janv. 1873, aff. Laprade, D. P. 75. 2. 78 ; Nancy, 22 nov. 1875, aff. Humbert, D. P. 78. 2. 28 ; Alger, 7 mars 1877, aff. M..., D. P. 77. 2. 86.—*Contrà :* Aix, 8 août 1878, aff. Ville de Marseille, D. P. 79. 2. 161). Il a été jugé que, sous l'empire de la loi de de 1884, qui a rendu publiques les séances des conseils municipaux, l'insertion d'une délibération diffamatoire dans le registre des délibérations d'un conseil municipal, déposé aux archives de la mairie, constitue le délit de diffamation publique prévu et puni par l'art. 32 de la loi du 29 juill. 1881 (Chambéry, 4 déc. 1884, aff. P..., D. P. 85. 2. 270).

CHAP. 3. — Des attributions du pouvoir municipal quant au budget de la commune. — Receveurs (*Rép.* n°s 383 à 630).

293. L'art. 132 de la loi du 5 avr. 1884 divise le budget communal en budget ordinaire et budget extraordinaire.

La loi du 18 juill. 1837 se bornait à diviser les recettes en recettes ordinaires et recettes extraordinaires ; elle n'établissait pas une division corrélative entre les dépenses. Cette lacune avait été comblée par les instructions ministérielles (Circ. min.

---

(1) (Commune de Tombebœuf.) — Le conseil d'État ;... — Vu la loi du 14-22 déc. 1789 et celle du 18 juill. 1837 ; — Sans qu'il soit besoin d'examiner si la commune et les sieurs Giron, Vicand, de Richemont et autres ci-dessus dénommés, agissant en leur nom personnel, avaient qualité pour se pourvoir contre l'arrêté du préfet ;

Sur le moyen tiré de ce que le préfet aurait excédé ses pouvoirs en censurant deux délibérations du conseil municipal : — Considérant qu'aux termes de l'art. 60 de la loi du 14 déc. 1789, tout citoyen qui croit être personnellement lésé par un acte quelconque d'un corps municipal, peut exposer ses sujets de plainte à l'autorité administrative laquelle il appartient d'y faire droit ; que, dès lors, le préfet de Lot-et-Garonne a pu, sans excéder ses pouvoirs, statuer sur les plaintes des sieurs de Vivie et Ferrand, qui se prétendaient diffamés par les énonciations de deux délibérations du conseil municipal de Tombebœuf en date des 8 et 13 nov. 1846, et blâmer les passages des ces délibérations qui lui ont paru contenir des expressions peu mesurées et des personnalités offensantes ;

Sur le moyen tiré de ce que le préfet aurait excédé ses pouvoirs en ordonnant l'inscription de son arrêté sur le registre des délibérations : — Considérant que la transcription sur le registre des délibérations de l'arrêté prononçant le blâme encouru par les deux délibérations dont il s'agit, constitue un exercice du droit résultant de la loi de 1789, et que l'art. 28 de la loi du 18 juill. 1837, en disposant que les délibérations des conseils municipaux seront inscrites par ordre de date sur un registre coté et paraphé, ne fait pas obstacle à ce qu'un arrêté pris par le préfet soit pour

censurer, soit pour annuler des délibérations, soit transcrit sur ce registre ... (Rejet).
Du 29 juin 1850.-Cons. d'Et.

(2) (Maria C. Bornier.) — Le conseil d'État ;... — Vu la loi des 14-22 déc. 1789, notamment l'art. 60 ; — Vu la loi des 16-24 août 1790, et celle du 16 fruct. an 3 ; — Vu les art. 1, 3, 178 et suiv. c. instr. crim., 13 et 18 de la loi du 17 mai 1819 ; — Vu les lois des 18 juill. 1837 et 5 mai 1855 ; — Vu les ordonnances royales des 1er juin 1828 et 12 mars 1831 ; — Considérant qu'aux termes de l'art. 2 de l'ordonnance royale du 1er juin 1828, il ne peut être élevé de conflit en matière correctionnelle que lorsque le délit est attribué par une disposition législative à l'autorité administrative, ou lorsque le jugement à rendre par le tribunal dépend d'une question préjudicielle dont la connaissance appartient à l'administration ; — Considérant que si l'art. 60 de la loi du 14-22 déc. 1789 porte que tout citoyen qui croit être personnellement lésé par quelque acte du corps municipal « exposera ses sujets de plainte à l'administration qui y fera droit », le législateur, par cette disposition, a réservé à l'autorité administrative la connaissance des réclamations tendant à faire annuler l'acte incriminé ; mais que l'article précité ne saurait porter aucune atteinte au droit de poursuite devant la juridiction correctionnelle de délits prévus par la loi pénale ; que par suite le jugement des délits de diffamation, alors même qu'ils auraient été commis dans un acte administratif, est de la compétence de l'autorité judiciaire (arrêté de conflit annulé).
Du 18 mai 1872.-Cons. d'Et.

int. 10 avr. 1835 et 18 oct. 1838; Morgand, t. 2, p. 277) et en fait, ainsi que le constate la circulaire du 15 mai 1884, la division que consacre l'art. 132 de la loi nouvelle existait dans tous les budgets communaux. Les opérations du budget ordinaire sont, d'après M. Morgand, *loc. cit.*, celles qui sont à la fois annuelles et permanentes, tandis que le budget extraordinaire comprend les opérations accidentelles ou temporaires.

Art. 1er. — *Dépenses de la commune* (*Rép.* nos 384 à 466).

294. Comme on l'a vu au *Rép.* n° 384, les dépenses de la commune sont obligatoires ou facultatives. Le rapporteur de la loi de 1884 à la Chambre des députés a défini dans les termes suivants le caractère de chacune de ces classes de dépenses : « Les dépenses obligatoires sont celles qui affectent l'État et les intérêts généraux, qui ont pour objet l'exécution d'une loi, l'accomplissement d'une obligation publique ou privée, ou qui touchent essentiellement à l'existence même de la commune. Elles peuvent être imposées aux localités malgré elles, et l'administration peut établir d'office des contributions extraordinaires pour en imposer le payement. C'est là, il est vrai, un droit considérable conféré au pouvoir central, mais l'exercice de ce droit est la condition de la vie communale : il est d'ailleurs limité aux taxes autorisées chaque année par la loi de finances. Les dépenses facultatives sont celles que chaque localité est libre de faire ou de ne pas faire : elles ne résultent pour elles que du vote du conseil municipal. Plus le caractère obligatoire attaché à telle dépenses constitue une exception grave aux règles générales qui déterminent les pouvoirs des municipalités, plus il est utile que la loi en contienne une énumération complète » (D. P. 84. 4. 60, note 132).

§ 1er. — Dépenses obligatoires (*Rép.* nos 385 à 460).

295. L'art. 136 de la loi du 5 avr. 1884 énumère les dépenses obligatoires des communes, comme le faisait l'art. 30 de la loi du 18 juill. 1837, dont nous avons analysé les dispositions au *Rép.* n° 385. On indiquera successivement chacune des dépenses comprises dans les vingt paragraphes de cet article.

296. — I. Entretien de l'hôtel de ville ou loyer du local qui en tient lieu. — La loi de 1837 rangeait, comme on l'a vu (*Rép.* n° 386), dans les dépenses obligatoires l'entretien de l'hôtel de ville, lorsque la commune avait un édifice affecté à la mairie. La loi nouvelle impose aux communes l'obligation d'avoir, soit à titre de propriétaire, soit à titre de locataire, un local affecté à cette destination, et rend obligatoire, à défaut d'une maison appartenant à la commune, la location d'une maison ou d'une salle. M. Cassou avait proposé à la Chambre des députés d'ajouter au paragraphe 1er de l'art. 136 la disposition suivante : « L'entretien des édifices religieux des divers cultes reconnus par l'État, appartiennent aux communes lorsque les fabriques ne pourront y pourvoir elles-mêmes ». Il faisait remarquer que, si l'on met à la charge des communes les grosses réparations, il est de l'intérêt communal bien entendu d'obliger les communes à faire les dépenses nécessaires lorsque les fabriques sont trop pauvres pour les faire elles-mêmes. L'amendement n'a pas été pris en considération.

297. — II. Frais de bureau et d'impression pour le service de la commune, de conservation des archives communales et du Recueil des actes administratifs du département ; frais d'abonnement au Bulletin des communes ; et pour les communes chefs-lieux de canton, frais d'abonnement et de conservation du Bulletin des lois. — La disposition relative aux frais de bureau et d'impression est empruntée au second paragraphe de l'art. 30 de la loi de 1837 (*Rép.* n° 389). Mais la loi nouvelle y a ajouté les frais de conservation des archives et du *Recueil des actes administratifs*.

298. La loi de 1837 rendait également obligatoire pour toutes les communes, ainsi que nous l'avons dit (*Rép.* n° 395) l'abonnement au *Bulletin des lois*, conformément à l'arrêté consulaire du 29 prair. an 8. Mais un décret du 12 févr. 1852 (D. P. 52. 4. 60) a décidé que le *Bulletin des lois* cesserait d'être envoyé aux communes autres que les chefs-lieux de canton, et que ces communes recevraient en échange une

feuille spéciale rédigée par les soins et sous la surveillance du ministre de l'intérieur et contenant les lois, les décrets et les instructions du Gouvernement, ou une analyse sommaire de ces divers actes. Le prix de l'abonnement à cette feuille, qui prit le nom de *Moniteur des communes*, devait être acquitté par les communes et porté au budget à titre de dépense obligatoire. Un décret du 27 déc. 1871 (D. P. 72. 4. 6) a restreint l'ancien *Moniteur des communes* à une feuille en placard, destinée à être affichée au lieu le plus apparent, a donné à cette publication officielle le titre de *Bulletin des communes* et en a réduit le prix d'abonnement de 6 à 4 fr. en conservant à cet abonnement le caractère de dépense obligatoire. Le *Bulletin des communes* a lui-même été supprimé par un décret du 31 déc. 1884 (D. P. 85. 4. 68), qui lui a substitué, aux mêmes conditions d'abonnement, une édition hebdomadaire du *Journal officiel* spécialement destinée aux communes, imprimée en placard et contenant les lois, décrets et instructions du Gouvernement, reproduits textuellement et par analyse, et, dans la mesure du possible, les travaux de la Chambre des députés et du Sénat. L'abonnement au *Journal officiel, édition des communes*, pour les petites communes, et au *Bulletin des lois* pour les communes chefs-lieux de canton, est donc aujourd'hui une dépense obligatoire. Il faut y ajouter, pour ces dernières communes, les frais de conservation, c'est-à-dire de reliure du *Bulletin des lois* (Circ. min. int. 15 mai 1884).

299. — III. Frais de recensement de la population; frais des assemblées électorales qui se tiennent dans les communes, et des cartes électorales. — Les frais de recensement étaient déjà mis à la charge des communes par la loi de 1837. Nous avons dit (*Rép.* n° 396) en quoi consistent ces frais. Il est procédé tous les cinq ans à un nouveau recensement. Tous les détails relatifs au mode d'opérer le recensement ont été donnés avec de grands développements dans l'instruction ministérielle du 7 avr. 1886 publiée au *Bulletin du ministère de l'intérieur*, 1886, p. 85.

300. Les frais de tenue des assemblées électorales pour l'élection : 1° des membres de la chambre des députés, des conseils généraux, des conseils d'arrondissement et des conseils municipaux ; 2° des membres des tribunaux de commerce et des conseils de prud'hommes ; 3° des chambres consultatives des arts et manufactures et des chambres de commerce, sont à la charge des communes dans lesquelles se fera l'élection et ont le caractère de dépenses obligatoires (L. 7 août 1850, art. 1er, *Bulletin des lois*, n° 2359). — Il y a lieu d'ajouter aujourd'hui aux assemblées électorales énumérées dans cet article l'assemblée des électeurs sénatoriaux dans les chefs-lieux de département. La loi de 1884 n'a rien innové sur ce point; mais la disposition relative aux cartes électorales est nouvelle. Pour donner une sanction à la disposition de l'art. 13 qui oblige le maire à délivrer une carte à chaque électeur pour les élections municipales, l'art. 136 a rendu cette dépense obligatoire. Mais par cela même que l'art. 13 ne s'applique qu'aux élections municipales, on reste pour les autres élections sous l'empire des lois antérieures, et les cartes électorales pour les autres élections, notamment pour les élections consulaires, doivent continuer à être payées sur les crédits ouverts aux budgets départementaux pour les dépenses facultatives d'impression. Cette interprétation, donnée dans une circulaire du ministre de l'intérieur du 3 déc. 1884 (Morgand, t. 2, p. 336), a été adoptée par le conseil d'État, ainsi que le constate une nouvelle instruction ministérielle du 20 févr. 1886 (*Bulletin du ministère de l'intérieur*, 1886, p. 50).

301. — IV. Frais des registres de l'état civil, des livrets de famille, et de la table décennale des actes de l'état civil. — La loi de 1837 classait seulement parmi les dépenses obligatoires des communes les frais des registres de l'état civil et la portion des tables décennales à la charge des communes (*Rép.* n° 397). La loi de 1884 y a ajouté les *livrets de famille*, d'après un amendement présenté au Sénat par M. Garrisson. Ces livrets, qui doivent être remis gratuitement aux conjoints lors de la célébration du mariage, sont destinés à recevoir par extrait les énonciations principales des actes de l'état civil intéressant chaque famille. Ils doivent être représentés toutes les fois qu'il y aura lieu de faire dresser un acte de naissance ou de décès. A chaque nouvelle déclaration, l'officier de l'état civil doit apposer à la

suite de la mention sommaire consignée sur le livret sa signature et le cachet de la mairie. Déjà recommandé par une circulaire du ministre de l'intérieur du 18 mars 1877, et par une circulaire du garde de sceaux du 18 nov. 1876, le livret était en usage dans un tiers des communes environ lorsque le législateur de 1884 a voulu généraliser cet usage en le rendant obligatoire (Circ. min. int. 15 mai 1884). V. sur les *livrets de famille*, *Revue générale d'administration*, 1884, t. 3, p. 5.

302. — V. Traitement du receveur municipal, du préposé en chef de l'octroi, et frais de perception. — Cette disposition est empruntée textuellement à l'art. 30, § 6, de la loi de 1837. Nous avons exposé (*Rép.* n° 398) le système des remises proportionnelles adopté pour la rémunération des receveurs municipaux et consacré par les ordonnances des 17 avr. et 23 mai 1839. Ce système a été abandonné, et le décret du 27 juin 1876 (D. P. 76. 4. 114) est revenu au régime autrefois suivi du traitement fixe. Ce traitement a été fixé, pour chaque commune, par des arrêtés préfectoraux sur des bases établies par le décret précité, et de manière à allouer aux comptables un traitement équivalant à la moyenne des remises perçues pendant les cinq dernières années. Il peut être révisé tous les cinq ans. En dehors du traitement fixe, qui seul est obligatoire pour les communes, les conseils municipaux peuvent accorder au receveur une allocation supplémentaire qui doit être approuvée par le préfet sur l'avis du trésorier payeur général, et qui ne peut excéder le dixième du traitement. Suivant M. Morgand, t. 2, p. 341, et conformément à la jurisprudence du ministère de l'intérieur, les frais de bureau des receveurs municipaux, quoique non mentionnés dans l'art. 136, doivent être compris dans les dépenses obligatoires, comme rentrant dans « les frais de bureau et d'impression pour le service de la commune ».

303. Quoique le mode de nomination du préposé en chef de l'octroi ait été modifié par le décret du 25 mars 1852 (art. 5, n° 16), et que ce fonctionnaire soit nommé aujourd'hui par le préfet sur la présentation du maire et l'avis du directeur des contributions indirectes, son traitement continue à être fixé par le ministre des finances, ainsi qu'on l'a vu au *Rép.* n° 400. La loi de 1884, comme celle de 1837, déclare ce traitement obligatoire, pour ne pas permettre à un conseil municipal de faire échec à l'administration supérieure en refusant tout traitement au titulaire nommé par elle. Nous avons dit (*Rép.* n° 401) que, d'après une ancienne instruction ministérielle, les *frais de perception* que la loi range parmi les dépenses obligatoires sont uniquement ceux de perception de l'octroi. Cette opinion, soutenue par M. Davenne, *Régime des communes*, p. 25, a été combattue par M. Morgand, t. 2, p. 343, qui comprend sous cette expression tous les revenus municipaux dont le recouvrement ne peut pas être effectué directement par le receveur municipal. Ce dernier auteur invoque à l'appui de son opinion la généralité des termes employés par le législateur, et fait d'ailleurs remarquer qu'en dehors du traitement du receveur municipal, il y a des frais qui doivent être nécessairement acquittés par la commune, tels que les frais de perception des impositions communales autres que l'octroi.

304. — VI. Traitements et autres frais de la police municipale et rurale et des gardes des bois de la commune. — Les paragraphes 7 et 8 de l'art. 30 de la loi de 1837 comprenaient au nombre des dépenses obligatoires, d'une part le traitement des gardes des bois de la commune et des gardes champêtres (*Rép.* n°ˢ 402 à 405), et d'autre part les traitements et frais de bureau des commissaires de police, tels qu'ils sont déterminés par la loi. Ces dispositions ont été modifiées par la nouvelle loi.

Dans les villes dont la population ne dépasse pas 40000 habitants, les dépenses obligatoires de la police municipale ne comprennent que les traitements et les frais de bureau des commissaires de police. Les villes dont la population est supérieure à ce chiffre doivent, en outre, pourvoir aux traitements et autres frais du personnel des agents inférieurs dont l'organisation est fixée par des décrets spéciaux, conformément à l'art. 103 de la loi (Morgand, t. 2, p. 345).

305. Les traitements des commissaires de police qui ont été indiqués au *Rép.* n° 406, tels qu'ils avaient été fixés par l'arrêté du 23 fruct. an 9 et le décret du 17 germ. an 11, ont été successivement augmentés par les décrets des 27

févr. 1855 (D. P. 55. 4. 43), 15 févr. 1882 et 10 janv. 1883. V. *Commissaire de police*, n° 18. Les frais de bureau des commissaires de police fixés par le décret du 22 mars 1813, ainsi qu'on l'a vu au *Rép.* n° 409, ont également été augmentés (V. *ibid.*).

Le traitement et les frais de bureau des commissaires de police, tels qu'ils sont déterminés par les règlements, constituent une dépense obligatoire pour les communes de plus de 5,000 âmes (Cons. d'Ét. 26 déc. 1885, aff. Commune de St-Junien, D. P. 87. 3. 43; 16 juill. 1886, aff. Ville de Mamers, D. P. 87. 3. 124). La population qui sert à déterminer si une ville est tenue de supporter les frais de traitement du commissaire de police est la population totale et non pas seulement la population agglomérée (Arrêt précité du 16 juill. 1886). Lorsque le préfet inscrit d'office cette dépense, il lui appartient de rectifier les évaluations de recettes admises par le conseil municipal, de manière à équilibrer le budget sans création de ressources nouvelles (Arrêt précité du 26 déc. 1885).

306. Les communes du département de la Seine qui sont comprises dans le ressort de la préfecture de police sont soumises par la loi du 10 juin 1853 (D. P. 53. 4. 114) à un régime particulier, en ce qui touche les frais de police. L'organisation du personnel et les dépenses du service sont fixées par les décrets des 17 nov. 1880 (D. P. 81. 4. 111) et 9 mars 1883 (D. P. 83. 4. 91), rendus en exécution de la loi précitée (V. *Commissaire de police*, n° 28). Ces dépenses sont couvertes en partie par une subvention de l'Etat, et, de leur côté, les communes y concourent dans la proportion fixée par arrêté du préfet rendu en conseil de préfecture. Il a été décidé qu'un décret du président de la République a pu, en cas de refus du conseil municipal, inscrire d'office au budget de la Ville de Paris le complément des traitements du personnel et des frais de matériel de l'administration centrale de la préfecture de police, les indemnités aux commissaires de police, suppléant le ministère public près le tribunal de simple police, le complément des traitements et gratifications des employés de la police municipale, le complément des dépenses du matériel de la navigation et des ports, ces diverses dépenses ayant été rendues obligatoires, soit par l'arrêté consulaire du 12 mess. an 8, soit par l'art. 30 de la loi du 18 juill. 1837, soit par l'arrêté du 20 juin 1873 (Cons. d'Ét. 6 août 1887, aff. Ville de Paris, *Rec. Cons. d'Etat*, p. 648).

Les dépenses de police de l'agglomération lyonnaise sont à la charge de l'Etat. La ville de Lyon est tenue, aux termes de la loi du 8 janv. 1881, de contribuer à ces dépenses dans la proportion de 30 pour 100. Quant aux autres communes de l'agglomération, le décret du 4 sept. 1851 (D. P. 51. 4. 176) qui déterminait leur part contributive, est abrogé par l'art. 168 de la loi du 5 avr. 1884.

307. Les frais de la police rurale consistent dans le traitement du garde champêtre. La commission du Sénat a fait ajouter aux mots « *frais de la police municipale* » les mots « *et rurale* » afin d'indiquer que, bien que l'institution des gardes champêtres soit devenue facultative (V. *suprà*, n° 232), le traitement de ces agents est obligatoire tant que l'emploi existe. C'est ce qui résulte des explications données par le rapporteur, qui a d'ailleurs reconnu que le conseil municipal est toujours libre d'échapper à l'obligation du traitement en supprimant l'emploi (D. P. 84. 4. 62, note 136, n° 6). On a vu (*suprà*, n° 231), que, bien que le conseil municipal puisse à toute époque supprimer le poste de garde champêtre, cependant lorsque le traitement de cet agent a été porté au budget et que le budget a été approuvé par le préfet, la délibération du conseil supprimant l'emploi ne peut avoir d'effet qu'après l'expiration de l'exercice pour lequel le traitement a été voté, et que, d'un autre côté, le préfet ayant seul le droit de révoquer le garde champêtre, le conseil municipal ne pourrait sans excès de pouvoir procéder sous prétexte de suppression d'emploi à une révocation déguisée.

Mais à côté des villes qui ont la plénitude de la police municipale, se placent, comme nous l'avons vu, les villes de plus de 40000 habitants dans lesquelles l'organisation de la police est régie par un décret rendu en conseil d'Etat ; dans ces villes qui, en dehors de l'agglomération urbaine, peuvent avoir une police rurale, le décret dont il s'agit pourrait

imposer l'établissement d'un ou deux gardes champêtres, et ainsi que l'a reconnu le rapporteur à la Chambre des députés, le traitement de ces agents serait obligatoire pour la commune (D. P. 84. 4. 63, note 136).

308. Les gardes des bois des communes sont, aux termes du décret du 25 mars 1852, nommés par les préfets sur la présentation des conservateurs des forêts. L'art. 136 de la loi municipale, en rangeant le salaire de ces gardes parmi les dépenses obligatoires des communes, ne fait que reproduire les dispositions de l'art. 108 du code forestier et de l'art. 30 de la loi de 1837 (Rép. n° 402). Mais le préfet ne pourrait sans le consentement du conseil municipal augmenter le nombre des gardes, dont le traitement est à la charge de la commune (Cons. d'Et. 24 févr. 1859, aff. Commune de la Chaumusse, D. P. 59. 3. 57).

309. — VII. Pensions a la charge de la commune. — La loi de 1837 faisait figurer, comme on l'a vu (Rép. n° 410), au nombre des dépenses obligatoires « les pensions des employés municipaux et des commissaires de police régulièrement liquidées et approuvées ». Quoique les commissaires de police ne soient pas mentionnés dans la loi nouvelle, il est incontestable que les pensions qui leur sont dues ont le caractère de dépenses obligatoires, ces fonctionnaires ayant le caractère de fonctionnaires communaux, sauf dans l'agglomération lyonnaise (Morgand, t. 2, p. 351). Ainsi que le constate la circulaire du 15 mai 1884, toutes les pensions régulièrement concédées, de quelque nature qu'elles soient, constituent pour les intéressés un droit acquis et deviennent par suite pour les communes une charge obligatoire. L'obligation s'applique donc, sous la législation actuelle comme sous l'ancienne, aussi bien aux pensions liquidées sur le budget communal qu'à celles qui sont concédées sur le fonds de retenue. Aux termes du décret du 25 mars 1852 (tabl. A, 38°) ces pensions sont concédées par arrêté préfectoral, après délibération du conseil municipal.

310. — VIII. Loyer et réparation du local de la justice de paix ; achat et entretien du mobilier. — Cette disposition est empruntée à la loi de 1837 (Rép. n° 411). M. Guyot a demandé à la Chambre des députés la suppression de ce paragraphe, et proposé de répartir entre toutes les communes du canton les frais de loyer et de réparation du local de la justice de paix. Le rapporteur a répondu que l'usage traditionnel qui impose cette charge à la commune chef-lieu du canton repose sur cette raison d'équité que cette commune a, seule, les avantages qui résultent de la présence d'un tribunal et de la tenue de ses audiences. L'amendement a été rejeté.

Il a été décidé qu'une convention passée entre le département et la commune par laquelle celle-ci était exonérée, moyennant une subvention une fois payée pour la construction du palais de justice, de l'obligation de fournir le local nécessaire à la justice de paix ne l'exonérait pas, en l'absence d'une clause spéciale, de l'obligation de pourvoir à l'achat et à l'entretien du mobilier (Cons. d'Et. 15 déc. 1869, aff. Ville de Carcassonne, Rec. Cons. d'État, p. 958).

311. — IX. Dépenses de l'instruction publique. — Ainsi qu'on l'a vu au Rép. n° 415, ces dépenses se rattachent à l'enseignement supérieur, à l'enseignement secondaire et à l'enseignement primaire. — L'art. 10 de la loi du 14 juin 1854 (D. P. 54. 4. 104) oblige les communes chefs-lieux à fournir le local de l'académie et le mobilier du conseil académique et des bureaux du recteur. Toutefois cette obligation est restreinte à l'entretien des bâtiments lorsqu'il existe des bâtiments affectés aux service des diverses facultés.

312. Parmi les établissements d'instruction secondaire, les lycées sont fondés et entretenus par l'Etat avec le concours des départements et des villes aux termes de l'art. 72 de la loi du 15 mars 1850 (D. P. 50. 4. 52). D'après l'art. 73 de la même loi, toute ville dont le collège communal est, sur la demande du conseil municipal, érigé en lycée, est tenue de faire les dépenses de construction et d'appropriation requises à cet effet, de fournir le mobilier et les collections nécessaires à l'enseignement, d'assurer l'entretien et la réparation des bâtiments. Les villes qui veulent établir un pensionnat près du lycée doivent fournir le local et le mobilier nécessaires, et fonder pour dix ans, avec ou sans le concours du département, un nombre de bourses fixé de gré à gré avec le ministre. A l'expiration des dix ans, les villes

et départements sont libres de supprimer les bourses, sauf le droit acquis aux boursiers en jouissance. Si l'Etat conserve le pensionnat, le local et le mobilier restent à sa disposition, pour ne faire retour à la commune que lors de la suppression de cet établissement.

313. Les collèges communaux sont fondés et entretenus par les communes (L. 15 mars 1850, art. 72). Pour établir un collège communal, la commune doit : 1° fournir un local approprié à cet usage et en assurer l'entretien ; 2° placer et entretenir dans un local le mobilier nécessaire à la tenue des cours et à celle du pensionnat, si l'établissement doit recevoir des élèves internes ; 3° garantir pour cinq ans au moins le traitement fixe du principal et des professeurs, lequel doit être considéré comme dépense obligatoire pour la commune, en cas d'insuffisance de revenus propres du collège, de la rétribution collégiale payée par les externes et des produits du pensionnat.

La loi du 21 déc. 1880 (D. P. 81. 4. 57) (art. 74) autorise la création d'établissements destinés à l'enseignement secondaire des jeunes filles : ces établissements fondés par l'Etat sont des externats; mais des internats peuvent y être annexés sur la demande des conseils municipaux et après entente entre eux et l'Etat, et ils sont soumis aux mêmes règlements que les collèges communaux (art. 2). Aux termes du décret du 28 juill. 1881 (D. P. 82. 4. 88), ces établissements peuvent être des lycées ou des collèges communaux: les obligations imposées aux communes par le décret précité à l'égard de ces deux classes d'établissements sont à peu près identiques à celles qui résultent des dispositions ci-dessus visées de la loi du 15 mars 1850.

314. Des obligations particulières sont imposées aux communes en ce qui concerne l'enseignement primaire. L'art. 36 de la loi du 15 mars 1850 oblige chaque commune à avoir une ou plusieurs écoles primaires. Les communes dont la population atteint 500 habitants doivent avoir, aux termes de l'art. 1er de la loi du 10 avr. 1867 (D. P. 67. 4. 40), des écoles distinctes pour les garçons et pour les filles. Elles sont tenues, d'après l'art. 8 de la loi du 20 mars 1883 (D. P. 83. 4. 49), de créer des écoles, non seulement au chef-lieu, mais dans les hameaux éloignés dudit chef-lieu ou distants les uns des autres de trois kilomètres et réunissant un effectif d'au moins vingt enfants d'âge scolaire.

D'après cette dernière loi, lorsque la création d'une école a été décidée, les frais d'acquisition, de construction et d'appropriation des locaux scolaires ou les frais de location de l'immeuble ainsi que les frais d'acquisition du mobilier scolaire constituent pour la commune une dépense obligatoire.

315. Les traitements minima attachés aux fonctions d'instituteurs et d'institutrices, titulaires ou adjoints, ont été fixés par l'art. 1er de la loi du 19 juill. 1875 (D. P. 76. 4. 19).— V. Organisation de l'instruction publique. Indépendamment des traitements des instituteurs chargés de l'ensemble de l'enseignement primaire, les communes sont tenues d'assurer le traitement de tous les maîtres spéciaux dont l'enseignement rentre dans le programme légal, et spécialement, d'après les art. 1er et 14 de la loi du 10 avr. 1867, celui de la personne chargée de la direction du travail à l'aiguille pour les filles dans les écoles mixtes tenues par des instituteurs.

316. Les salles d'asile, les classes enfantines, de même que les écoles de filles dans les communes de moins de 500 habitants, ne sont pas obligatoires: néanmoins, quand ces établissements ont été régulièrement créés, il résulte des dispositions combinées de l'art. 7 de la loi du 16 juin 1881 et de l'art. 2 de la loi du 10 avr. 1867 que la dépense qui en résulte est obligatoire pour les communes (Morgand, t. 2, p. 364). Mais le traitement des directrices des écoles maternelles n'est obligatoire pour les communes et, par suite, l'Etat n'est tenu d'y contribuer dans la même proportion, que pour les autres dépenses de l'instruction primaire qu'autant que des écoles ont été reconnues conformément à l'art. 2 de la loi du 10 avr. 1867 (Cons. d'Et. 7 août 1885, aff. Ville de Mayenne, D. P. 87. 3. 29).

317. Le traitement du personnel enseignant, le loyer des maisons d'école, l'indemnité de logement aux instituteurs et institutrices, qui constituent les dépenses ordinaires de l'instruction primaire ne sont obligatoires pour les communes

que dans la limite des ressources spéciales déterminées par la loi. Si la dépense excède le montant de ces ressources, l'excédent doit être imputé sur les subventions du département et de l'Etat.

318. Les communes dans lesquelles le produit du centime additionnel aux quatre contributions directes n'atteint pas 20 fr. ne sont tenues d'affecter aux dépenses ordinaires de l'enseignement primaire que les ressources suivantes : 1° le produit des quatre centimes spéciaux autorisés par les art. 40 de la loi du 15 mars 1850 et 7 de la loi du 19 juill. 1875 et rendus obligatoires par l'art. 2 de la loi du 16 juin 1881. Toutefois les communes peuvent s'exonérer de cette imposition en inscrivant à leur budget une somme égale, qui peut être prise soit sur le revenu des dons et legs, soit sur une portion quelconque de leurs ressources ordinaires ou extraordinaires ; 2° les revenus des dons et legs faits aux communes avec affectation à l'entretien des écoles ou au traitement des instituteurs et institutrices ; ou seulement l'excédent de ces revenus sur le produit des quatre centimes, quand les communes ont usé de la faculté de s'exonérer de cette imposition ainsi qu'on vient de le voir.

Les communes dans lesquelles le produit du centime est supérieur à 20 fr. sont tenues d'affecter, en outre, aux dépenses obligatoires de l'instruction primaire le cinquième des ressources suivantes : 1° revenus ou argent des biens communaux ; coupes ordinaires de bois, taxes affouagères et produits accessoires des bois ; rentes sur l'Etat et sur particuliers ; 2° part revenant à la commune sur l'imposition des chevaux et voitures et sur les permis de chasse ; 3° taxe sur les chiens ; 4° produit net des taxes ordinaires d'octroi ; 5° droits de voirie et droits de location dans les halles, foires et marchés (Morgand, t. 2, p. 366 et 367).

M. Morgand constate que, par suite des subventions inscrites chaque année au budget de l'Etat, les communes autres que Paris, Lyon, Marseille, Bordeaux et Lille n'ont eu, jusqu'en 1885, à supporter aucun prélèvement sur les revenus communaux, si ce n'est pour subvenir aux frais de location des maisons d'école et aux indemnités de logement. Mais il ajoute qu'à partir de 1885, d'après une circulaire du ministre de l'instruction publique du 12 mai 1884, les subventions de l'Etat ne devant plus être augmentées dans la même proportion que les dépenses du service scolaire, l'excédent de dépense a dû être laissé à la charge des communes jusqu'à concurrence du cinquième de leurs revenus, conformément à la loi du 16 juin 1881. Aux termes de l'art. 24 de la loi de finances du 8 août 1885, la subvention de 14 millions inscrite au budget du ministère de l'instruction publique pour alléger les charges que la gratuité impose aux communes dans les écoles primaires publiques sera exclusivement employée, au profit des communes qui seront admises à y participer, à parfaire, après l'épuisement des quatres centimes spéciaux, les traitements obligatoires tels qu'ils résultent de la loi du 29 juill. 1875 et de l'art. 6 de la loi du 16 juin 1881. Les communes non encore propriétaires de leurs maisons d'école ne pourront obtenir une subvention applicable aux loyers scolaires ou aux indemnités de logement qu'après avoir fait emploi du cinquième institué par l'art. 3 de la loi du 16 juin 1881. Les communes pourront remplacer tout ou partie du prélèvement du cinquième par le vote d'une imposition extraordinaire qui n'excédera pas 4 centimes additionnels au principal des quatre contributions directes.

319. — X. Dépenses des enfants assistés et des aliénés. — La loi de 1837 mettait déjà à la charge des communes le contingent assigné à la commune, conformément aux lois, dans la dépense des enfants trouvés et abandonnés (*Rép.* n° 429). D'après la loi du 5 mai 1869 (D. P. 69. 4. 75), les dépenses du service des enfants assistés se divisent en trois classes : 1° les dépenses d'inspection et de surveillance qui sont à la charge exclusive de l'Etat ; 2° les dépenses intérieures ; 3° les dépenses extérieures. Ces deux dernières catégories de dépenses sont acquittées sur les fonds du budget départemental, auquel il est attribué à cet effet certaines ressources au nombre desquelles figure le contingent des communes réglé chaque année par le conseil général, mais qui ne peut excéder le cinquième des dépenses extérieures (Morgand, t. 3, p. 368).

320. Quant aux aliénés indigents les frais de leur séjour

dans les asiles sont, aux termes de la loi du 30 juin 1838, supportés par le département auquel ils appartiennent avec le concours de la commune dans laquelle ils ont leur domicile de secours. La part contributive qui doit être mise à la charge des communes du domicile de secours est fixée par le conseil général en vertu de l'art. 46, n° 19, de la loi du 10 avr. 1871 ; mais la loi ne fixe pas un maximum comme pour les dépenses des enfants assistés.

321. — XI. Indemnité de logement aux curés et desservants et aux ministres des autres cultes salariés par l'Etat. —La loi de 1837 consacrait, comme nous l'avons dit au *Rép.* n° 422, l'obligation pour les communes de payer aux ministres des cultes salariés par l'Etat une indemnité de logement, lorsqu'il n'existait pas de bâtiment affecté à leur habitation. Cette disposition n'avait pas été reproduite dans le projet primitif de la loi de 1884, et la Chambre des députés avait repoussé un amendement de Mgr Freppel tendant à insérer dans la loi une disposition conforme au paragraphe 13 de l'art. 30 de la loi de 1837. Un amendement de MM. Silhol et Cassou tendant à rendre l'indemnité de logement obligatoire en cas d'insuffisance constatée des ressources des fabriques et consistoires, avait également été rejeté. Le Sénat rétablit, dans les termes de la loi de 1837, l'obligation de l'indemnité de logement, par ce motif, développé par le rapporteur, que la suppression de cette indemnité créerait entre les ministres des cultes pourvus de presbytères et ceux qui n'en auraient pas, une inégalité choquante que rien ne pourrait expliquer. Lorsque le projet revint devant la Chambre des députés, la rédaction votée par le Sénat fut acceptée après un débat assez vif sur la demande du rapporteur et du ministre de l'intérieur, mais en spécifiant que l'indemnité ne serait due qu'au cas d'insuffisance des revenus de la fabrique.

322. La rédaction adoptée tranche une question controversée que nous avons indiquée au *Rép.* n° 422. L'autorité judiciaire avait constamment décidé que les communes dans lesquelles il n'existe pas de presbytère doivent, dans tous les cas, une indemnité de logement aux desservants. Indépendamment de l'arrêt de la chambre des requêtes du 7 janv. 1839 cité au *Rép. loc. cit.*, cette solution a été adoptée par la cour de cassation de Berlin, le 15 mai 1847, et par le tribunal de Dusseldorf, le 8 juin 1857 (aff. Eglise de Flackenbroich, D. P. 80. 3. 25, notes 3 et 4. — V. conf. Merlin, *Répertoire*, v° *Maire*, sect. 15, § 2 ; Gaudry, *Législation des cultes*, t. 2, p. 641 ; Affre, *Administration des paroisses*, 9° éd., p. 122 ; Foucart, *Eléments de droit public et administratif*, 4° éd., t. p. 575 ; Leberquier, *Corps municipal*, 3° éd., p. 164 ; Batbie, *Journal de droit administratif*, 1854, p. 318 ; Dissertation sur l'arrêt de Cass. 21 nov. 1879, aff. Ville d'Alger, D. P. 80. 3. 25 ; Concl. de M. le commissaire du Gouvernement Cornudet, D. P. 48. 3. 73). Mais le conseil d'Etat avait, au contraire, constamment jugé, conformément à l'avis du 13 nov. 1836 rapporté au *Rép. loc. cit.*, que les communes n'étaient tenues de cette charge que dans le cas d'insuffisance des ressources des fabriques (Cons. d'Et. 21 avr. 1848, aff. Fabrique de Saint-Epvre, D. P. 48. 3. 73 ; 14 mai 1858, aff. Fabrique de Saint-Germain, D. P. 58. 3. 68 ; 21 nov. 1879, aff. Ville d'Alger, D. P. 80. 3. 25. — V. conf. Boulatignier, *Ecole des communes*, 1845, p. 7 et 36 ; Davenne, *Régime administratif des communes*, p. 17 ; Dufour, *Droit administratif*, 2° éd., t. 5, p. 597 ; Aucoc, *Revue critique de jurisprudence*, juill. 1858). Le législateur consacre cette dernière solution.—L'obligation de fournir une indemnité de logement n'est, d'ailleurs, imposée aux communes que dans le cas où il n'existe pas de bâtiment affecté au logement des ministres du culte, et elles conservent, comme sous la législation ancienne, la faculté de fournir le logement en nature, soit dans un immeuble leur appartenant, soit dans un immeuble pris en location à cet effet (Morgand, t. 2, p. 373).

A plus forte raison, les communes ne sont tenues, par aucune disposition légale, à construire des presbytères (Cons. d'Et. 27 nov. 1885, aff. Fabrique de Saint-Bernard, D. P. 87. 3. 53) ; et l'acceptation, par une commune, de la subvention offerte par une fabrique pour construire un presbytère ne constitue pas, de la part de cette commune, un engagement envers la fabrique de construire ce presbytère (Même arrêt).

323. — XII. Grosses réparations aux édifices communaux, sauf lorsqu'ils sont consacrés au culte, application a ces réparations des ressources disponibles des fabriques, et exécution des lois spéciales concernant les batiments affectés a un service militaire. — La législation antérieure mettait à la charge des communes, comme on l'a vu au *Rép.* n° 443, les grosses réparations et même les réparations d'entretien aux édifices consacrés au culte, sans distinguer s'ils appartenaient ou non aux communes (Cons. d'Et. 24 août 1849, aff. Commune d'Hallignicourt, D. P. 50. 3. 11). La loi nouvelle ne laisse à la charge obligatoire des communes que les grosses réparations des presbytères ou bâtiments communaux affectés au logement des ministres des différents cultes et celles des églises ou autres édifices consacrés au culte, et seulement en cas d'insuffisance des revenus et ressources disponibles des fabriques. Il résulte de la rédaction adoptée qu'aucune obligation n'est imposée aux communes lorsque les édifices religieux sont la propriété des fabriques.

D'après le rapport de M. Demôle au Sénat, les ressources des fabriques ne peuvent être appliquées soit aux indemnités de logement des ministres du culte, soit aux grosses réparations aux édifices religieux, qu'après qu'il a été pourvu aux frais du culte et aux dépenses d'entretien des bâtiments. C'est pour bien préciser sur ce point la pensée du législateur que l'expression *disponible* a été ajoutée par la commission du Sénat aux mots « *revenus et ressources* » (V. conf. Circ. min. int. 15 mai 1884).

324. Dans les deux cas prévus par les paragraphes 11 et 12 de l'art. 136, s'il y a désaccord entre la fabrique et la commune dont le concours financier est réclamé, il doit être statué, par décret, sur les propositions des ministres de l'intérieur et des cultes : un décret est nécessaire, quand ce désaccord se produit, alors même que les ministres de l'intérieur et des cultes seraient d'accord sur la solution à intervenir (Av. Cons. d'Et. sect. int. 6 août 1885). Mais, en pareil cas, le décret ne doit pas ordonner l'inscription d'office qui doit avoir lieu par arrêté préfectoral, conformément à l'art. 149 (Morgand, t. 2, p. 374). Si la contestation surgit entre plusieurs communes faisant partie d'une même paroisse, la loi du 14 févr. 1810 qui, comme nous l'avons dit au *Rép.* n° 443, réglait la répartition de la dépense entre elles étant aujourd'hui abrogée, la difficulté devrait, suivant M. Morgand, *loc. cit.*, être résolue, s'il s'agit de travaux, par le conseil général, après avis du conseil d'arrondissement, en vertu de l'art. 46, n° 23, de la loi du 10 août 1871, et, en ce qui concerne l'indemnité de logement, par le préfet, en vertu du décret du 25 mars 1852 (tableau A, n° 55). Dans ce dernier cas, d'après une décision ministérielle du 24 janv. 1885, la répartition de la dépense devra être faite au prorata des quatre contributions directes.

325. La loi nouvelle ne maintient pas au nombre des dépenses obligatoires des communes celles qui figuraient, comme on l'a vu (*Rép.* n° 424), au n° 14 de l'art. 20 de la loi de 1837, c'est-à-dire les subventions aux fabriques pour insuffisance de revenus. Cette suppression n'a été prononcée qu'après une longue et vive discussion. La Chambre des députés avait repoussé un amendement de Mgr Freppel tendant à rétablir la disposition précitée de la loi de 1837. Le Sénat a adopté en deuxième délibération un amendement identique, proposé par M. de Pressensé et appuyé par MM. Bardoux et Lenoël. L'auteur de cet amendement a soutenu que la suppression du secours facultatif des communes mettrait les fabriques pauvres dans l'impossibilité d'accomplir leur mission et constituerait une véritable violation du régime concordataire. Malgré ces arguments, la Chambre des députés ayant, en troisième lecture, écarté le paragraphe ajouté par le Sénat, cette assemblée est revenue sur sa première décision et a accepté la suppression (D. P. 84. 4. 63, note 136, ancien n° 11, D). Les secours aux fabriques et consistoires ne sont donc plus aujourd'hui pour les communes qu'une dépense facultative.

326. — XIII. Clôture, entretien et translation des cimetières. — L'art. 136, § 13, reproduit les dispositions de l'art. 30, § 17, de la loi de 1837. Mais, en présence de l'art. 36, § 4, du décret du 30 déc. 1809 qui comprenait, comme on l'a vu au *Rép.* n° 447, les produits spontanés des lieux de sépulture au nombre des revenus de la fabrique, il avait été décidé par un avis du conseil d'Etat du 21 août 1839 (*Rép.* v° *Culte,*

n° 811) que les communes n'étaient tenues de pourvoir à l'entretien des cimetières que dans le cas d'insuffisance des revenus des fabriques. Il semble que la loi du 5 avr. 1884 ayant abrogé l'art. 36, § 4, du décret du 30 déc. 1809, et attribué aux communes les produits spontanés des cimetières, l'entretien des lieux de sépulture ne doit plus désormais incomber aux fabriques, ainsi que le reconnaît d'ailleurs la circulaire ministérielle du 15 mai 1884 (V. conf. Morgand, t. 2, p. 381).

Il a été jugé, toutefois, que l'entretien des cimetières n'a pas cessé d'être à la charge des fabriques, attendu que la véritable contre-partie de cette charge est le monopole des pompes funèbres que la loi de 1884 n'a point enlevé aux fabriques (Amiens, 29 avr. 1885, aff. Ville d'Amiens, D. P. 86. 2. 212).

327. Nous avons dit au *Rép.* n° 448 que la translation des cimetières dans les cas prévus par les lois et règlements est obligatoire pour toutes les communes, aux termes d'une ordonnance du 6 déc. 1843. Toutefois, l'art. 1er de cette ordonnance laisse à l'autorité préfectorale la faculté de maintenir dans les communes rurales les cimetières actuellement établis au milieu des agglomérations (Cons. d'Et. 12 juill. 1850, aff. Bayne, D. P. 62. 3. 1). Mais le droit de maintenir ces cimetières n'implique pas celui de les agrandir.

328. — XIV. Frais des plans d'alignement et de nivellement. — L'art. 30, § 18, de la loi de 1837 plaçait, comme on l'a vu au *Rép.* n° 452, les frais des plans d'alignement au nombre des dépenses obligatoires des communes. La loi nouvelle précise cette obligation qui s'applique aux « frais d'établissement et de conservation » desdits plans, et elle s'étend aux plans de nivellement qui ont pour objet la détermination, par des chiffres et des signes graphiques, du niveau que présentent et doivent présenter les voies publiques communales intérieures. Cette dernière disposition a été introduite par le Sénat sur la demande de M. de Gavardie. On s'est demandé si elle a pour conséquence d'obliger les propriétaires riverains qui veulent construire le long de la voie publique à demander, indépendamment de l'alignement individuel, l'indication des cotes de nivellement et à s'y conformer. Cette obligation n'existait, avant la loi de 1884, qu'à Paris et dans les villes auxquelles avaient été déclarées applicables les dispositions du décret du 26 mars 1852. La circulaire du 15 mai 1884 déclare qu'elle doit être à l'avenir étendue à toutes les communes, lorsque les cotes de nivellement y auront été régulièrement arrêtées et publiées. Toutefois, cette interprétation est combattue par M. Morgand, qui fait observer que l'obligation de demander les cotes de nivellement et de s'y conformer constituerait à la charge des riverains une nouvelle servitude de voirie, et qui estime qu'une semblable servitude ne saurait être établie que par une disposition formelle de la loi (t. 2, p. 383).

329. — XV. Frais et dépenses des conseils de prud'hommes et menus frais des chambres consultatives des arts et manufactures. — L'art. 30, § 19, de la loi de 1837 mettait, comme on l'a vu au *Rép.* n° 453, les frais et dépenses des conseils des prud'hommes à la charge des seules communes où siégeaient ces conseils. La loi nouvelle les répartit entre les diverses communes comprises dans le territoire de la juridiction desdits conseils, et proportionnellement au nombre des électeurs inscrits sur les listes électorales spéciales à l'élection.

En ce qui touche les menus frais des chambres consultatives, les dispositions de la loi nouvelle ne font que reproduire la législation antérieure.

330. — XVI. Prélèvements et contributions établis par les lois sur les biens et revenus communaux. — L'art. 136, § 16, est conforme à la disposition de l'art. 30, § 20, de la loi de 1837, rapportée au *Rép.* n° 454. Nous avons dit que les biens des communes sont soumis comme les autres à la contribution foncière, mais que ceux de ces biens qui sont affectés à un service public sont exonérés lorsqu'ils ne sont pas productifs de revenus. La réunion de ces deux conditions est indispensable pour que la commune puisse réclamer (V. *Rép.* v° *Impôts directs,* n° 50). V. pour les diverses applications qui ont été faites de cette règle, *infra*, eod. v°.

331. Les mêmes règles sont applicables à la taxe de mainmorte. Quant à la contribution des portes et fenêtres, les immeubles communaux en sont exempts dès qu'ils sont affectés à un service public, alors même qu'ils sont productifs

de revenus. Les communes peuvent être également imposées à la contribution des patentes pour les faits qui constituent l'exercice d'une profession imposable, et qui ne rentrent pas dans l'exécution des services publics. C'est ce qui a été décidé notamment : 1° pour l'exploitation de bains et lavoirs publics dans lesquels la commune perçoit des rétributions, encore bien que cet établissement ait été créé dans l'intérêt des classes ouvrières et soit plus onéreux que productif pour la commune (Cons. d'Et. 8 avr. 1869, aff. Ville de Nantes, D. P. 70. 3. 90) ; — 2° Pour l'exploitation d'une entreprise autorisée de condition pour les soies (Cons. d'Et. 3 janv. 1881, aff. Commune d'Aubenas, D. P. 82. 3. 55) ; — 3° Pour l'exploitation d'une usine à gaz dans laquelle la commune ne se bornait pas à fabriquer du gaz pour les services municipaux, mais en fournissait aux habitants pour leur consommation (Cons. d'Et. 19 mai 1882, aff. Commune d'Oyonnax, D. P. 83. 3. 117). — Il a été jugé, toutefois, que le service de distribution d'eau dans la ville étant un service public ne rend pas la ville passible de patente, alors même qu'elle dessert des abonnés (Cons. d'Et. 27 avr. 1877, aff. Ville de Poitiers, D. P. 77. 3. 25 ; 21 déc. 1877, aff. Ville de Carpentras, D. P. 79. 5. 311).

332. On a vu au *Rép.* n° 455, que l'art. 153 de la loi du 5 mai 1818 autorisait le prélèvement au profit du Trésor du dixième sur le produit net de l'octroi. Ce prélèvement a été supprimé par l'art. 25 du décret du 17 mars 1852 (D. P. 52. 4. 75). Mais la loi du 5 avr. 1884 a laissé subsister le prélèvement autorisé par l'art. 46 de la loi du 15 mai 1818 sur les recettes communales pour les dépenses du casernement et des lits militaires. Ce prélèvement doit être au maximum de 7 fr. par homme et de 3 fr. par cheval (V. *Rép.* v° *Organisation militaire*, p. 1884). Cette obligation est applicable aux troupes de mer comme aux troupes de terre (Cons. d'Et. 1er juin 1849, aff. Ville de Toulon, *Rec. Cons. d'Etat*, p. 255).

La question de savoir si le prélèvement doit être calculé en tenant compte non seulement des hommes et des chevaux logés dans les bâtiments, mais aussi des officiers qui reçoivent sous une forme quelconque une indemnité de logement et de chevaux que ces officiers sont tenus d'entretenir a été diversement résolue. Un avis du conseil d'Etat du 17 mai 1833 s'était prononcé dans le sens de la négative, contrairement à l'opinion primitivement adoptée par le ministre de la guerre, et cette interprétation avait été acceptée par une circulaire du 15 juillet suivant concertée entre les ministres de l'intérieur et de la guerre. Ce mode de procéder fut suivi sans difficulté pendant quarante ans ; mais, à la suite du développement considérable que la nouvelle organisation militaire a donné au casernement, le ministre de la guerre crut devoir consulter de nouveau le conseil d'Etat, et le 7 mars 1876, la section des finances et de la guerre émit l'avis qu'il y avait lieu de comprendre les officiers dans les décomptes de l'intendance, soit qu'ils fussent logés dans les bâtiments militaires, soit qu'ils reçussent l'indemnité représentative des frais de logement. Cet avis fut porté par le ministre à la connaissance des autorités locales, et par suite, les officiers logés en ville furent portés sur les décomptes ainsi que leurs chevaux. Cette mesure provoqua de nombreuses réclamations, et le conseil d'Etat, appelé à statuer au contentieux, décida qu'au point de vue du prélèvement à opérer, il y avait lieu de tenir compte des officiers qui recevaient sous une forme quelconque une indemnité de logement et des chevaux qu'aux termes du règlement ils étaient tenus d'entretenir (Cons. d'Et. 16 févr. 1883, aff. Ville de Lorient, D. P. 84. 3. 81).—Cette interprétation se justifie par de graves considérations. D'après une tradition constante sous l'ancien régime, tous les frais de logement de troupes sans distinction étaient à la charge des localités ; les lois de 1791 et 1792 firent passer au compte du Trésor la totalité de la dépense, et la loi de 1818, conciliant les deux systèmes, a fixé, par une sorte de forfait, la part de la commune dans la dépense. Il en résulte, par une conséquence légitime, que la contribution de la commune doit porter sur tous les éléments de la dépense passée au budget de l'Etat. Cette solution est d'ailleurs conforme à l'équité. Le prélèvement représente le bénéfice que l'octroi de la ville tire de la présence des hommes et des chevaux. Or, il est évident que les officiers logés en ville et les che-

vaux à leur service contribuent, dans une plus large mesure que les hommes et les chevaux logés à la caserne, à accroître les recettes d'octroi.

Le prélèvement doit être calculé sur l'effectif de toutes. les troupes établies sur le territoire de la commune, et non sur l'effectif de celles qui sont casernées dans l'enceinte de l'octroi, sauf aux communes à demander la conversion de la redevance sur l'effectif en un abonnement fixe (Cons. d'Et. 29 juill. 1846, aff. Ville de Lyon, D. P. 47. 3. 49 ; 10 janv. 1873, aff. Ville de Lourdes, D. P. 73. 3. 83).

333. La législation spéciale à l'instruction publique a établi sur les revenus des communes des prélèvements d'une nature particulière (V. *Rép.* v° *Organisation de l'instruction publique*).

334. — XVII. Acquittement des dettes exigibles. — Cette disposition est empruntée à l'art. 30, § 21, de la loi de 1837 (*Rép.* n° 456). Les règles relatives aux dettes des communes seront exposées plus loin (V. *infrà*, n°s 1265 et suiv.).

335. — XVIII. Dépenses des chemins vicinaux. — Nous avons indiqué au *Rép.* n° 457, que ces dépenses, bien que n'étant pas mentionnées expressément dans la loi de 1837, n'en avaient pas moins le caractère de dépenses obligatoires en vertu des art. 2 et 5 de la loi du 21 mai 1836 et dans les limites déterminées par cette loi. Sur la demande de M. Lorois à la Chambre des députés, la loi de 1884 les a fait figurer nominativement dans l'énumération de l'art. 136 (D. P. 84. 4. 63, note 136, n° 18).

336. — XIX. Dépenses des communes dans les colonies. — Toutes les dépenses énumérées dans l'art. 136 sont également obligatoires dans les communes de plein exercice de l'Algérie et dans celles des colonies de la Martinique, de la Guadeloupe et de la Réunion. Toutefois la loi mentionne spécialement comme obligatoires dans les colonies : 1° le traitement du secrétaire et des employés de la mairie ; 2° les contributions assises sur les biens communaux ; 3° les dépenses pour le service de la milice qui ne sont pas à la charge du Trésor (Morgand, t. 2, p. 394).

337. — XX. Dépenses occasionnées par l'art. 85 de la loi. — Dépenses résultant des lois spéciales. — Le paragraphe 20 de l'art. 136 renferme deux dispositions distinctes. La première met à la charge des communes, comme dépenses obligatoires, tous les frais que peut entraîner l'application de l'art. 85 (V. *suprà*, n°s 221 et suiv.), relatif aux actes qui pourront être faits par le préfet, en cas de refus ou de négligence de la part des maires, tels que les frais de publication ou d'affichage de l'arrêté préfectoral et, s'il y a lieu, les honoraires ou les frais de voyage du délégué spécial (D. P. 84. 4. 63, note 136, n° 20. — V. Cons. d'Et. 18 nov. 1887, *suprà*, n° 221). Dans le silence de l'ancienne législation, l'administration supérieure avait toujours hésité à imposer ces dépenses aux communes, et elles avaient généralement été laissées à la charge des fonds d'abonnement des préfectures. La question est aujourd'hui tranchée par la loi : toutefois la circulaire ministérielle du 15 mai 1884 recommande aux préfets d'éviter autant que possible d'user de la faculté que leur confère l'art. 136, en désignant un délégué qui consente à se charger gratuitement de cette mission, en faisant appel à cet effet au concours des membres des corps élus. Ce n'est que dans le cas de nécessité absolue qu'il y a lieu de désigner un mandataire salarié pour l'accomplissement d'un acte que la loi a confié à des fonctionnaires dont elle déclare le mandat gratuit.

338. Les dépenses mises à la charge des communes par des lois spéciales sont fort nombreuses. A celles qui sont énumérées au *Rép.* n° 457, il faut ajouter : 1° les frais des visites annuelles des fours et cheminées prescrites aux administrations locales par le titre des 28 sept.-6 oct. 1791, tit. 2, art. 9 (*Rép.* n° 1285) ; — 2° Les secours et pensions accordés aux sapeurs-pompiers victimes de leur dévouement dans les incendies ou à leurs veuves et orphelins, en vertu des art. 7 et 8 de la loi du 5 avr. 1851 (D. P. 51. 4. 62) ; — 3° La part contributive dans les travaux de défense contre les inondations imposée aux communes par l'art. 4 de la loi du 28 mai 1858 (D. P. 58. 4. 63) ; — 4° Les dépenses de mise en valeur et d'assainissement des marais et terres incultes appartenant aux communes en vertu de l'art. 4 de la loi du 28 juill. 1860 (D. P. 60. 4. 114) ; — 5° Les frais nécessités par les opérations effectuées, en vertu de la loi du 12 août 1876 (D. P. 76. 4. 124), pour la modification des évaluations

cadastrales dans le cas de réunion d'une commune ou d'une portion de commune à une autre commune ; — 6° Les dépenses imposées aux communes par les art. 28 et 39 de la loi du 21 juill. 1881 (D. P. 82. 4. 32) sur la police sanitaire des animaux ; — 7° Les dépenses que les communes se sont engagées à faire, conformément aux art. 6 et 29 du décret du 29 déc. 1875 (D. P. 76. 4. 81) en exécution de la loi du 25 août 1871 (D. P. 71. 4. 145), pour subvenir à l'entretien du corps des sapeurs-pompiers pendant la période de cinq ans pour laquelle doivent être pris ces engagements.

§ 2. — Dépenses facultatives (*Rép.* n°s 461 à 465).

339. Toutes les dépenses autres que celles qui sont comprises dans l'art. 136 sont facultatives, et les communes ne peuvent être tenues de les inscrire à leurs budgets.

L'art. 135 de la loi nouvelle consacre la distinction que nous avons indiquée au *Rép.* n°s 461 et suiv. entre les dépenses du budget ordinaire qui comprennent les dépenses annuelles et permanentes d'utilité communale et les dépenses du budget extraordinaire qui comprennent les dépenses accidentelles et temporaires.

La loi n'énumère pas les dépenses qui doivent être rangées dans chacune de ces catégories. D'après M. Morgand (*op. cit.* t. 2, p. 325), le législateur a pensé qu'en dehors de la difficulté qu'il y aurait à énumérer les dépenses à raison de leur très grande variété suivant les communes, cette énumération aurait l'inconvénient d'attribuer un caractère immuable à quelques-unes d'entre elles dont la nature peut changer d'une commune à l'autre.

Les dépenses extraordinaires ordonnées à Paris par le préfet de police, conformément à l'art 43 du 12 mess. an 8, pour l'exécution des mesures par lui prises à l'effet de prévenir les accidents ou fléaux calamiteux, constituent des dépenses extraordinaires, mais elles figurent au budget des dépenses communales, en vertu de l'art. 4, § 9, de la loi du 11 frim. an 7, et la commune ne peut, en conséquence, les répéter contre les particuliers secourus (Paris, 24 juill. 1885, aff. Préfet de police, D. P. 86. 2. 159). On doit ranger spécialement dans cette catégorie les travaux qui ont eu pour objet, à la suite de l'écroulement d'une maison, de déblayer et d'enlever les décombres sous lesquels se trouvaient ensevelies les victimes et d'étayer les bâtiments pour éviter de nouveaux accidents, sans qu'il y ait lieu de distinguer entre les divers travaux qui tendent tous au même but et doivent également rester à la charge de la Ville (Même arrêt).

340. Aux termes de l'art. 135, § 2, les recettes ordinaires sont affectées en principe aux dépenses ordinaires et elles ne doivent être employées aux dépenses extraordinaires que lorsqu'il y a un excédent et dans la mesure de cet excédent. Toutefois, ainsi que le remarque M. Morgand, t. 2, p. 327, cette disposition n'interdit nullement au préfet de retrancher du budget ordinaire les dépenses purement facultatives, lorsqu'il y a lieu de faire ressortir à ce budget un excédent nécessaire pour l'acquittement de dépenses extraordinaires obligatoires.

§ 3. — Dépenses imprévues (*Rép.* n° 466).

341. L'art. 147 de la loi nouvelle donne aux conseils municipaux, comme l'art. 37 de la loi de 1837 rapporté au *Rép.* n° 466, la faculté de porter au budget un crédit pour les dépenses imprévues. Le crédit ne peut être réduit ou rejeté qu'autant que les revenus ordinaires, après avoir satisfait à toutes les dépenses obligatoires, ne permettraient pas d'y faire face. La loi actuelle ne limite plus, comme celle de 1837, au dixième des recettes ordinaires la somme inscrite de ce chef au budget.

342. Le crédit pour dépenses imprévues est employé par le maire. L'art. 147 supprime l'approbation du préfet ou du sous-préfet qu'exigeait la loi de 1837. Le pouvoir du maire n'est toutefois pas illimité : il ne peut employer ce crédit à une dépense qui serait prohibée par la loi ou soumise à des formalités particulières (Morgand, t. 2, p. 445) ; de plus il y a lieu de décider encore aujourd'hui, comme le faisait une instruction ministérielle du 20 avr. 1834, citée au *Rép.* n° 466, que le fonds des dépenses imprévues ne peut être employé à payer des dépenses qui

auraient été faites pendant un exercice autre que celui pour lequel ce fonds a été alloué, ni pour solder des dépenses qui auraient été rejetées. Mais il n'y a plus à tenir compte d'une autre prescription de la même circulaire qui ne permettait d'imputer sur ce fonds aucune dépense sortant, par son objet, de la classe de celles qui s'effectuent habituellement en vertu des lois et règlements généraux, si ce n'est en vertu d'une autorisation spéciale du ministre de l'intérieur.

343. Le maire, aux termes du dernier paragraphe de l'art. 136, est tenu de rendre compte au conseil municipal avec pièces justificatives à l'appui, de l'emploi de ce crédit, dans la première session qui suivra l'ordonnancement de chaque dépense. Dans le cours de la discussion au Sénat, M. Tenaille-Saligny sur la proposition duquel ont été exigées la production et l'annexion des pièces justificatives, a émis l'opinion que, si les fonds avaient été illégalement employés, la sanction de cette irrégularité serait la répétition contre les parties prenantes. M. Morgand fait justement observer que telle n'est pas la véritable portée de la loi, et que la répétition ne pourrait être exercée contre les tiers que s'ils avaient reçu ce qui ne leur était pas dû. Mais le rejet de la dépense comme indûment effectuée entraînerait la responsabilité du maire qui pourrait être obligé de reverser le montant de cette dépense dans la caisse municipale (t. 2, p. 447).

Art. 2. — *Recettes de la commune* (*Rép.* n°s 467 à 558).

§ 1er. — Recettes ordinaires (*Rép.* n°s 468 à 536).

344. L'art. 133 énumère les recettes du budget ordinaire et reproduit avec quelques modifications les dispositions de l'art. 31 de la loi du 18 juill. 1837 qui ont été analysées au *Rép.* n°s 468 et suiv. Nous étudierons successivement chacun des paragraphes que renferme cet article.

345. — I. Revenus de tous les biens communaux dont les habitants n'ont pas la jouissance en nature. — Nous avons indiqué quels sont les produits classés sous cette rubrique (*Rép.* n° 468). La rédaction de ce paragraphe est identique à celle du premier paragraphe 1er de l'art. 31 de la loi de 1837.

346. — II. Cotisations imposées annuellement sur les ayants-droit aux fruits qui se perçoivent en nature. — Le texte de ce paragraphe est également emprunté à la législation antérieure. Mais, sous l'empire de la loi de 1837, les conseils municipaux réglaient par leurs délibérations le mode de jouissance et la répartition des pâturages et fruits communaux autres que les bois ainsi que les conditions à imposer aux parties prenantes, tandis que l'art. 68, § 7, de la loi de 1884 réserve à l'approbation préfectorale les tarifs de tous les droits à percevoir par la commune en vertu de l'art. 133. Les délibérations qui fixent le taux des cotisations doivent donc aujourd'hui être homologuées par le préfet (Morgand, t. 2, p. 282). Les principales cotisations qui sont imposées sur les ayants droit aux fruits qui se perçoivent en nature sont les *taxes de pâturage*, les *taxes relatives au troupeau commun*, et les *taxes affouagères*.

347. La répartition de la *taxe de pâturage* entre les habitants de la commune est faite par une délibération du conseil municipal approuvée par le préfet (Cons. d'Et. 8 mars 1847, aff. Goussolin, D. P. 47. 3. 82). Le produit de cette taxe ne peut, aux termes de la loi du 26 germ. an 11 (V. *Rép.* v° *Impôts indirects*, p. 263), être employé au payement des contributions qui frappent les biens communaux sur lesquels a lieu le pâturage ; mais rien ne s'oppose à ce qu'il soit affecté au payement du prix d'acquisition de ces biens (Cons. d'Et. 22 déc. 1863, aff. Piquemal, D. P. 65. 3. 10).

348. La taxe est due par les propriétaires qui usent régulièrement des pâturages communaux en se conformant aux dispositions arrêtées par le conseil municipal. Par suite, dans les communes où les propriétaires qui veulent user de ces pâturages ne sont pas tenus d'en faire la déclaration, il suffit qu'un propriétaire y ait conduit plusieurs fois ses bestiaux pour qu'il soit passible de la taxe de pâturage (Cons. d'Et. 19 mars 1880, aff. Reybaud, D. P. 80. 3. 108). Quant aux propriétaires qui conduisent leurs bestiaux dans les pâturages subrepticement ou sans avoir obtempéré aux prescriptions du conseil municipal, ils n'usent pas d'un droit,

mais commettent une faute qui les rend passibles de dommages-intérêts.

Dans le cas où les règlements exigent une déclaration, les faits de pâturage imputés à un propriétaire qui n'a pas déclaré son intention de conduire ses bestiaux dans le pâturage communal peuvent donner lieu à une action en indemnité, mais n'autorisent pas le conseil municipal à porter le propriétaire à la taxe de pâturage sur un rôle supplémentaire (Cons. d'Et. 25 mars 1865, aff. Rebourseau ; 6 juill. 1865, aff. Commune de la Ferté-Imbault, D. P. 74. 3. 77, note 1 ; 7 nov. 1873, aff. Commune de Lugo-di-Nazza, D. P. 74. 3. 77 ; 1er févr. 1878, aff. Hugues, D. P. 78. 3. 53 ; 21 juill. 1882, aff. Commune de Saint-Auban, D. P. 83. 5. 97 ; 30 nov. 1883, aff. Commune de Saint-Mamers C. Fabre, Rec. Cons. d'Etat, p. 860).

349. Lorsque cette taxe a été établie pour l'année, il suffit pour en être débiteur, d'avoir usé quelquefois, ne fût-ce que pendant les premiers mois, des pâturages communaux (Cons. d'Et. 4 mars 1859, aff. Forin, D. P. 59. 3. 9).

Lorsque, d'après les règlements, chaque habitant peut envoyer gratuitement une certaine quantité de bestiaux dans un pâturage communal, des habitants qui se sont associés pour l'élève du bétail peuvent envoyer, sans être assujettis à la taxe de pâturage, un nombre total d'animaux égal à celui auquel chacun d'eux a droit (Cons. d'Et. 21 avr. 1882, aff. Commission syndicale des quatre Véziaux-d'Aure, D. P. 83. 5. 98).

Des habitants qui ont envoyé leurs animaux au pâturage sous l'empire d'un tarif ne peuvent être soumis, pour l'année courante, à un nouveau tarif (Cons. d'Et. 12 mai 1868) (1).

350. Les conseils de préfecture étant compétents pour connaître des réclamations des contribuables, les décisions ministérielles et arrêtés préfectoraux qui fixent les bases de répartition des taxes de pâturage dans une commune ne sont pas susceptibles d'être déférés au conseil d'Etat par voie contentieuse (Cons. d'Et. 18 août 1849, aff. Habitants de Tanyot, D. P. 50. 3. 9). — Les tribunaux italiens n'ont de compétence en ce qui concerne les pâturages du Mont-Cenis, qui appartiennent à des communes françaises, que pour la répression des délits et contraventions, et c'est au conseil de préfecture qu'il appartient de connaître des demandes en décharge des taxes de pâturage perçues au profit des communes françaises, alors même qu'il s'agit des taxes supplémentaires imposées aux propriétaires qui font usage de ces pâturages dans des conditions interdites par les règlements municipaux (Cons. d'Et. 22 févr. 1884, aff. Richard Zénon, D.P. 85. 3. 60).

Les réclamations en matière de taxes de pâturage étant jugées comme en matière de contributions directes, la partie qui obtient décharge ne peut demander ni dommages-intérêts, ni dépens (Même arrêt). Toutefois, lorsque le conseil de préfecture a accordé à un usager la réduction d'une taxe de pacage, la commune défenderesse peut être condamnée aux frais de l'enquête à laquelle il a été procédé, ces frais

devant être liquidés comme le seraient en matière de contributions directes ceux d'expertise (Cons. d'Et. 6 juill. 1865, aff. Commune de la Ferté-Imbault, D. P. 84. 3. 114, note 1 ; 20 avr. 1883, aff. Ducrest, D. P. 84. 3. 114).

Si la réclamation soumise au conseil de préfecture avait pour objet, comme s'il s'agissait d'une demande en décharge ou en réduction de taxe, une extension du droit de jouissance des biens communaux, le recours au conseil d'Etat contre la décision du conseil de préfecture ne pourrait être formé sans ministère d'avocat (Cons. d'Et. 1er déc. 1882, aff. Pinçon, D. P. 84. 3. 59).

351. On ne saurait considérer comme une contravention de police l'infraction à une délibération du conseil municipal qui, pour établir la taxe à payer par les propriétaires forains usant de la vaine pâture, assujettit les propriétaires à une déclaration préalable du nombre et de la nature de leur bétail (Crim. rej. 27 déc. 1851, aff. Foucachon, D. P. 52. 5. 555).

De même le retard dans le payement de la taxe du pâturage ne peut donner lieu qu'à une action civile de la part de la commune, et ne constitue pas une contravention (Crim. cass. 5 janv. 1856, aff. Massonni, D. P. 56. 1. 107).

352. La taxe établie pour le payement du salaire du pâtre communal peut être imposée par le conseil municipal aux seuls habitants qui ont des bestiaux dans les pâturages communaux et en proportion du nombre de leurs bestiaux (Cons. d'Et. 4 mars 1858, aff. Forin, D. P. 59. 3. 9). La faculté de s'affranchir de toute contribution au salaire du pâtre commun, en se servant d'un pâtre particulier, n'existe qu'au cas de dépaissance sur des terrains soumis à la vaine pâture ; par suite, lorsque la dépaissance s'exerce sur un terrain de vive et grasse pâture appartenant à la commune, le conseil municipal a le droit de faire contribuer au salaire du pâtre commun, même les propriétaires ou fermiers qui auraient des pâtres particuliers (Cons. d'Et. 9 juin 1849, aff. Lefèvre, D. P. 49. 3. 83).

353. Des taxes peuvent être établies, conformément aux anciens usages, pour fournir des reproducteurs au troupeau commun. Dans ce cas, il ne suffit pas, pour qu'un propriétaire soit imposable à la taxe d'entretien des taureaux communs, que ses vaches se soient accidentellement mêlées au troupeau dont des taureaux font partie ; il faut qu'il ait envoyé ses vaches au pâturage avec le troupeau, ou qu'il les ait fait saillir par un taureau commun (Cons. d'Et. 19 janv. 1854) (2).

La perception de ces taxes ayant lieu dans les formes établies pour le recouvrement des contributions publiques, les réclamations sont jugées sans frais (Même arrêt).

354. Nous avons indiqué au *Rép.* n° 471 le caractère des *taxes d'affouage* et les bases sur lesquelles elles doivent être établies. D'après un avis du conseil d'Etat du 8 août 1838 (D. P. 67. 3. 36, note 4), lorsqu'il s'agit de droits d'usage exercés par les communes dans les forêts de l'Etat, le montant des taxes affouagères doit être réduit à la stricte représentation des frais inhérents à la jouissance ; mais cette

---

(1) (Haignerelle.) — Le conseil d'Etat ;... — Vu la loi du 18 juill. 1887, art. 17, 31 et 44 ; — Considérant qu'il résulte de l'instruction que la taxe municipale à percevoir des habitants de la commune d'Aubin-Saint-Vaast jouissant du pâturage du marais communal était fixée au 1er janv. 1866, à 5 fr. 60 par tête de bétail, et que ce tarif était en vigueur au moment de l'ouverture de la saison de pâturage ; que, par une délibération du 27 mai suivant, le conseil municipal a cru devoir élever cette taxe pour les poulains, et que la cotisation des habitants qui avaient joui du pâturage du marais communal pendant 1866, a été portée, d'après le nouveau tarif, sur le rôle publié le 30 décembre de cette année ; — Considérant qu'il appartenait au conseil municipal, en vertu de l'art. 17 de la loi du 18 juill. 1837, de régler à nouveau la taxe à imposer aux habitants jouissant du pâturage du marais communal ; mais que le sieur Haignerelle est fondé à soutenir que le nouveau tarif ne pouvait être appliqué en cours d'année aux habitants qui avaient envoyé leur bétail au pâturage sous l'empire de l'ancien tarif, et à demander que la taxe de pâturage à laquelle il a été imposé soit établie d'après le tarif qui était en vigueur au 1er janvier : — Art. 1er. L'arrêté du conseil de préfecture du Pas-de-Calais du 22 mars 1867 est annulé ; — Art. 2. Le sieur Haignerelle sera imposé à la taxe de pâturage pour 1866 sur le rôle d'Aubin-Saint-Vaast, à raison de ses poulains, d'après le tarif qui était en vigueur au 1er janvier de ladite année... (Décharge de la différence. Rejet du surplus des conclusions).

Du 12 mai 1868.-Cons. d'Et.-MM. de la Goupillière, rap.-Bayard, concl.-Maulde, av.

(2) (Tugend et consorts.) — Le conseil d'Etat ;... — Vu la loi du 18 juill. 1837 ; — Sans qu'il soit besoin de statuer sur les autres moyens présentés par les sieurs Martin Tugend et consorts ; — Considérant qu'il résulte de l'instruction que, d'après l'usage existant de temps immémorial dans la commune d'Alteckendorff, l'entretien des taureaux communs est mis à la charge des propriétaires qui en profitent ; — Considérant qu'il n'est point établi par la commune d'Alteckendorff que, dans le cours de l'année 1849, les sieurs Martin Tugend et consorts aient fait saillir leurs vaches par les taureaux communs, ou qu'ils les aient envoyées au pâturage avec le troupeau dont ces taureaux font partie ; que si, quelquefois, lesdites vaches se sont accidentellement mêlées à ce troupeau, cette circonstance ne suffirait pas pour rendre les sieurs Martin Tugend et consorts imposables à la taxe d'entretien des taureaux communs :... — Art. 1er. — L'arrêté susvisé du conseil de préfecture du Bas-Rhin, en date du 14 mai 1852, est annulé ; — Art. 2. Il est accordé décharge aux sieurs Martin Tugend et consorts des taxes auxquelles ils ont été imposés, pour 1849, dans la commune d'Alteckendorff, comme devant contribuer à l'entretien des taureaux communs.

Du 19 janv. 1854.-Cons. d'Et.-MM. Robert, rap.-de Lavenay, concl.-Chatignier, av.

règle n'est pas applicable aux taxes affouagères établies pour l'exploitation et le partage des coupes dans les bois communaux ; dans ce dernier cas, la commune propriétaire du sol et des fruits qui en proviennent a le droit d'en faire l'application qu'elle juge la plus utile aux intérêts communaux en se conformant aux lois et règlements, et sous la réserve de l'approbation de l'autorité supérieure.

Il appartient aux conseils municipaux de voter les taxes affouagères sous le contrôle de l'administration supérieure, et les délibérations qu'ils prennent à cet effet ne peuvent être attaquées par la voie contentieuse, alors même que la taxe votée dépasse les frais de garde et d'administration de la forêt (Cons. d'Et. 31 janv. 1867, aff. Bonjour, D. P. 67. 3. 36).

Lorsque, par suite d'un cantonnement, le droit d'affouage réel sur une forêt de l'Etat a été transformé en un droit à exercer sur la partie de la forêt attribuée à la commune, les règles à suivre pour la taxe affouagère sont celles qui sont applicables aux bois communaux (Conclusions de M. Aucoc, rapportées avec l'arrêt précité).

355. Nous avons dit au *Rép.* n° 471, qu'un habitant ne peut participer à la jouissance commune ou enlever sa portion de fruits que sur la représentation de la quittance du receveur municipal constatant le payement de la taxe et du permis du maire apposé au dos de cette quittance. Néanmoins aucune disposition de loi n'exige que les rôles soient dressés avant l'enlèvement des lots (Cons. d'Et. 13 mai 1865, aff. Chateu, D. P. 67. 3. 28).

Un particulier qui n'a jamais déclaré l'intention d'user de l'affouage, et qui en fait n'y a jamais participé, doit obtenir décharge de la taxe, à la seule condition de former sa réclamation dans les trois mois de la publication du rôle (Cons. d'Et. 21 févr. 1879) (1).

Lorsque les entrepreneurs des coupes affouagères, qualifiés par leur traité responsables de la délivrance des lots, ont acquitté les taxes, ils ont qualité pour débattre contradictoirement avec les affouagistes devant le conseil de préfecture la régularité desdites taxes (Arrêt précité du 13 mai 1865).

356. Le produit de la location des parts vacantes d'un marais communal, lorsque le nombre des parts fixées se trouve supérieur à celui des ayants droit, ne doit pas être assimilé à une taxe imposée aux habitants pour la jouissance du marais. Par suite, une demande formée par l'habitant d'une commune, et tendant à faire décider qu'il n'est pas débiteur envers la commune des sommes qu'il a perçues pour le compte d'un certain nombre de chefs de famille au profit desquels avaient été louées des parts libres de marais, n'a pas le caractère d'une demande en décharge d'une taxe assimilée aux contributions directes, alors même qu'une partie de la somme réclamée par la commune a été poursuivie en vertu d'un rôle rendu exécutoire par le préfet et dans les formes usitées pour le recouvrement des contributions directes (Cons. d'Et. 21 mai 1886, aff. Baillon, D. P. 87. 3. 107), et le conseil de préfecture est incompétent pour en connaître (Même arrêt).

357. — III. Produit des centimes ordinaires et spéciaux affectés aux communes par les lois de finances. — En portant les centimes *spéciaux* aux centimes *ordinaires*, l'art. 133, § 3, n'a fait que consacrer la pratique suivie sous la législation antérieure. Les impositions prévues par cet article sont les suivantes : 1° les cinq centimes ordinaires attribués aux communes, comme nous l'avons dit (*Rép.* n° 479) par la loi du 5 mai 1818 ; 2° les cinq centimes autorisés par l'art. 2 de la loi du 21 mai 1836 pour les dépenses des chemins vicinaux ; 3° les quatre centimes établis par les lois du 15 mars 1850 (D. P. 50. 4. 52) et du 19 juill. 1875 (D. P. 76. 4. 19) et maintenus par la loi du 16 juin 1881 (D. P. 82. 4. 26)

pour les dépenses ordinaires de l'instruction primaire ; 4° les impositions destinées à pourvoir aux salaires ou traitements des gardes-champêtres, autorisées par le décret du 23 fruct. an 13 et par les lois de finances des 21 avr. 1832, art. 9 (*Rép.* v° *Garde champêtre*, p. 267), et 31 juill. 1867, art. 16 (D. P. 67. 4. 146); 5° les trois centimes autorisés par la loi du 21 déc. 1882 (D. P. 83. 4. 86) dans le but d'accorder des secours aux familles nécessiteuses des soldats de la réserve et de l'armée territoriale retenus sous les drapeaux : 6° les trois centimes autorisés par l'art. 141 de la présente loi pour concourir aux travaux des chemins vicinaux, lorsqu'ils sont imposés pour pourvoir aux dépenses ordinaires de ces chemins ; 7° les trois centimes autorisés par le même article pour les dépenses des chemins ruraux lorsqu'ils sont affectés aux dépenses ordinaires ; 8° les centimes pour frais de perception des impositions communales qui doivent être ajoutés à ces impositions à raison de trois centimes par franc, en vertu de l'art. 5 de la loi du 20 juill. 1837 (*Rép.* v° *Impôts directs*, p. 272) (Morgand, t. 2, p. 283).

358. — IV. Produit de la portion accordée aux communes dans certains impots et droits perçus pour le compte de l'état. — La loi de 1837 rangeait, comme on l'a vu au *Rép.* n° 482, parmi les recettes ordinaires le produit de la portion accordée aux communes dans l'impôt des patentes. La disposition de l'art. 32 de la loi du 25 avr. 1844 citée au *Répertoire*, qui attribue aux communes le produit de huit centimes sur le principal de cette contribution, a été reproduite par l'art. 36 de la loi du 15 juill. 1880 (D. P. 83. 4. 1). Plusieurs autres lois ont également abandonné aux communes une partie du produit d'impôts qu'elles ont créés au profit de l'Etat. M. Morgand, t. 2, p. 285, mentionne : 1° l'art. 5 de la loi du 3 mai 1844 (*Rép.* v° *Chasse*, p. 106), aux termes duquel la délivrance des permis de chasse donne lieu, en dehors du droit perçu au profit du Trésor, à un versement de 10 fr. au profit de la commune dont le maire a donné l'avis sur lequel a été délivré le permis ; 2° l'art. 10 de la loi du 23 juill. 1872 (D. P. 72. 4. 123), qui attribue aux communes un vingtième du produit de la contribution sur les chevaux et voitures.

359. — V. Produit des octrois. — La loi de 1837 rangeait, comme on l'a vu au *Rép.* n° 484, le produit des octrois parmi les recettes ordinaires : mais dans la pratique le tarif d'octroi était divisé en deux taxes distinctes : la taxe principale dont le produit figurait au budget ordinaire ; les décimes ou centimes additionnels dont le produit était rattaché au budget extraordinaire. Le paragraphe 5 de l'art. 133 de la loi nouvelle a subi de nombreuses modifications. Le texte primitif adopté par la Chambre des députés avait établi une distinction entre la partie du produit des taxes d'octroi affectée au budget ordinaire, et la partie affectée au budget extraordinaire. Mais cette rédaction a été modifiée en première délibération par le Sénat, qui a affecté au budget ordinaire « le produit total des octrois municipaux ». Toutefois la rédaction nouvelle elle-même n'a pas été maintenue et, en deuxième lecture, le Sénat a inscrit à l'art. 133 parmi les recettes ordinaires des communes que le produit des taxes principales des octrois, en renvoyant à l'art. 134 dans lequel sont énumérées les recettes extraordinaires les taxes additionnelles qui s'appliquent à des besoins accidentels et les surtaxes qui comporte une disposition législative.

La Chambre a repoussé le texte du Sénat et repris sa rédaction primitive, par le motif que le Sénat avait considéré à tort comme constituant nécessairement des recettes extraordinaires toutes les taxes « autres que les taxes principales c'est-à-dire les taxes additionnelles et les surtaxes... alors que certaines de ces taxes figuraient très légitimement parmi les recettes ordinaires » (Observations de M. A. Dubost au nom

(1) (Ponsol et Ponsat.) — Le conseil d'Etat ;... — Considérant, d'une part, qu'aux termes de l'art. 44, § 2, de la loi du 18 juill. 1837, les taxes particulières dues par les habitants ou propriétaires en vertu de lois et usages locaux sont recouvrées comme en matière de contributions directes ; d'autre part, que les lois des 24 avr. 1832 et 4 août 1844 accordent aux contribuables, pour demander décharge, un délai de trois mois qui court à partir seulement de la publication du rôle ; — Considérant qu'il est reconnu par l'administration que le sieur Ponsat a formé sa demande en décharge de la taxe affouagère dans la commune d'Uston, dans les trois mois de la publication du rôle de ladite taxe ; que, dès lors, sa réclamation est recevable ;

Au fond : — Considérant que l'affaire est en état, et que le conseil d'Etat peut statuer immédiatement ; — Considérant qu'il résulte de l'instruction et qu'il n'est pas contesté par l'administration que le sieur Ponsat a été inscrit d'office, en 1876, au rôle de la taxe affouagère de la commune d'Uston sans qu'il ait déclaré qu'il avait l'intention de participer à l'affouage ou qu'il y ait participé ; que, dès lors, il est fondé à demander décharge de ladite taxe... Arrêté du 20 juin 1878 annulé. Décharge au sieur Ponsat de la taxe pour 1876, commune d'Uston. Remboursement ordonné des sommes que le sieur Ponsat aurait été contraint de payer.

Du 21 févr. 1879.-Cons. d'Et.

de la commission), et le Sénat, revenant sur ses votes antérieurs, a accepté en troisième délibération la rédaction de la Chambre (D. P. 84. 4. 61, note 133, n° 5). L'art. 133-5° fait donc figurer dans les recettes du budget ordinaire « le produit des octrois municipaux affecté aux dépenses ordinaires », et l'art. 134-7° comprend parmi les recettes du budget extraordinaire « le produit des taxes ou des surtaxes d'octroi spécialement affectées à des dépenses extraordinaires et à des remboursements d'emprunt ».

La circulaire du 15 mai 1884 interprète cette rédaction en ce sens que le législateur aurait entendu consacrer la jurisprudence administrative ancienne qui classait les taxes principales parmi les recettes ordinaires du budget communal, et les taxes additionnelles et les surtaxes parmi les recettes extraordinaires. Mais cette interprétation n'est pas acceptée par M. Morgand, t. 2, p. 288, qui fait observer que, dans les grandes villes où l'on a besoin de pourvoir à de nombreuses améliorations, il arrive souvent que des taxes additionnelles ou des surtaxes sont votées pour subvenir à des dépenses extraordinaires qui ne sont pas nommément désignées. A l'égard de ces taxes, la question présente de sérieuses difficultés, car on ne peut les ranger parmi les recettes ordinaires, si elles ne sont pas affectées à des dépenses ordinaires ; et, d'un autre côté, il est difficile de les faire rentrer dans la règle de l'art. 134, qui ne qualifie de recettes extraordinaires que les taxes et surtaxes « spécialement affectées à des dépenses extraordinaires ». Suivant l'auteur que nous citons, il y a là une question d'appréciation, qui devra être tranchée suivant les circonstances par l'autorité chargée du règlement du budget. Si les recettes inscrites au budget ordinaire sont égales ou supérieures aux dépenses corrélatives, les taxes additionnelles et surtaxes devront nécessairement servir au payement des dépenses extraordinaires, et, quoiqu'elles n'aient pas reçu d'affectation spéciale, elles devront figurer au budget extraordinaire. Si, au contraire, les recettes ordinaires sont insuffisantes pour couvrir les dépenses de même nature, les taxes additionnelles et surtaxes devront être affectées au payement de ces dépenses et seront inscrites au budget ordinaire.

360. — VI. Droits de place perçus dans les halles, foires, marchés, abattoirs, d'après les tarifs dûment établis. — La disposition de l'art. 133, § 6, qui range ces droits parmi les recettes ordinaires des communes, est conforme à celle de l'art. 31, § 6, de la loi de 1837. Nous avons dit au *Rép.* n° 485, que les communes tiennent de l'art. 19 de la loi du 28 mars 1790 un droit exclusif à la perception des droits de place dans les halles et marchés. C'est ce qu'enseigne M. Aucoc dans une dissertation publiée en 1859 par l'*Ecole des communes*, p. 85 et suiv. ; et il en tire cette conséquence que les marchés ne peuvent être tenus ailleurs que dans les bâtiments dont les communes ont la propriété et la jouissance. Peut-être cette conséquence est-elle contestable, car l'interdiction, pour un particulier, de créer un marché nouveau même en l'absence de toute opposition de la part de la commune ne résulte d'aucun texte. Il est du moins certain qu'aucun marché ne peut être ouvert sans l'autorisation de l'administration (Cons. d'Et. 19 avr. 1859, aff. de Naurois, D. P. 59. 3. 33).

361. La loi du 24 juill. 1867 (art. 1er, § 4) donnait au conseil municipal le droit de régler le tarif des droits de place à percevoir dans les halles, foires et marchés lorsqu'il y avait accord entre le conseil et le maire. Nous avons dit (V. *supra*, n° 268) que, d'après les art. 68 et 69 de la loi nouvelle, les délibérations par lesquelles le conseil municipal vote le tarif de ces droits sont soumises à l'approbation préfectorale. Lorsque la délibération a été approuvée, le maire prend un arrêté à l'effet de mettre le tarif en vigueur.

362. Une instruction du ministre de l'intérieur du 17 déc. 1807 décidait que le droit de place, n'étant pas un complément du droit d'octroi, devait être calculé sur la superficie occupée, et non d'après la nature des marchandises (D. P. 54. 1. 338, note 3. V. aussi *Rép.* v° *Halles, foires et marchés*, n°s 63 et suiv.). Cette interprétation qui, dans la pratique, n'avait pas été rigoureusement suivie, notamment à Paris, a été repoussée par la cour de cassation : il a été jugé que les droits de place perçus dans les halles, foires, marchés et autres lieux publics, peuvent être perçus tant à raison de la superficie occupée qu'en considération de la nature ou de la

quantité des marchandise déposées, sans que cette circonstance altère le caractère légal de ces droits et les fasse sortir de la classe des recettes ordinaires des communes (Civ. rej. 18 nov. 1850, aff. Eschenauer, D. P. 54. 1. 338. V. conf. Davenne, *Traité pratique de la voirie urbaine*, p. 264). Toutefois, le conseil d'Etat a, postérieurement à cet arrêt, énoncé, dans les considérants d'un arrêt, que les droits de location ne peuvent être perçus qu'en raison de la superficie du terrain occupé (Cons. d'Et. 4 mai 1877, aff. Chabaud C. Ville du Mans, *Rec. Cons. d'Etat*, p. 411).

Lorsque le tarif fixe une taxe par chaque jour pour le temps hors des foires et une taxe unique pour toute la durée des foires, cette seconde taxe peut être déclarée seule exigible des étalagistes dont l'occupation s'est prolongée au delà du temps de la foire, s'il est constaté que cette prolongation a été le résultat d'une tolérance accordée sans condition par l'administration (Req. 5 août 1869, aff. Deboos, D. P. 69. 1. 492).

363. Un tarif de droits de location à percevoir journellement de toute personne qui expose en vente des légumes, fruits, denrées ou marchandises, ne peut être appliqué à un huissier qui vend par autorité de justice accidentellement des meubles saisis conformément à l'art. 617 c. pr. civ. (Civ. cass. 1er déc. 1847, aff. Testanière, D. P. 48. 1. 53). — Il a été jugé, au contraire, que l'huissier qui procède à une vente publique de meubles dans l'intérieur de la halle n'est pas fondé à refuser le payement du droit de place réclamé par la commune ou son fermier, alors que le tarif municipal approuvé par l'autorité supérieure comprend expressément un droit à percevoir pour l'emplacement de chaque mobilier vendu par justice, sans qu'il y ait lieu, d'ailleurs, à distinguer entre les ventes ordonnées par justice et les ventes judiciaires volontaires (Trib. paix de Dun-le-Roi, 3 févr. 1862, aff. Martin, D. P. 62. 3. 22).

Mais, ainsi que nous l'avons fait remarquer (*Rép.* v° *Halles*, n° 66), on peut concevoir des doutes sérieux sur la légalité de l'arrêté municipal qui assujettit les huissiers au payement d'un semblable droit de place, et il appartient au juge dont le concours était réclamé pour assurer l'exécution de cet arrêté d'en apprécier la légalité (V. conf. Bioche, *Journal de procédure*, 1862, art. 1926).

364. Un traité sur le droit de place dans les marchés ne comprend que les perceptions des droits dus pour étalage sur les places publiques par application de l'art. 133, § 7, de la loi de 1884 (Arrêt du 4 mai 1877, cité *supra*, n° 362).

365. Le fermier des droits de place ne peut percevoir la taxe que lorsque le tarif annexé au cahier des charges fixe la quotité du droit et détermine les industries qui y sont soumises (Civ. rej. 25 févr. 1874, aff. Hilaire, D. P. 76. 1. 134). Le fait de percevoir une rétribution à laquelle il n'aurait pas droit en vertu du bail et du tarif régulièrement établi constituerait la perception d'un impôt illicite, et pourrait donner lieu à une poursuite pour concussion (Crim. cass. 9 oct. 1845, aff. Petit, D. P. 46. 1. 45 ; 18 nov. 1858, aff. Mauboussin, D. P. 58. 5. 204).

366. Les droits de place étant des contributions indirectes, c'est à l'autorité judiciaire qu'il appartient de statuer sur les contestations auxquelles peut donner lieu le recouvrement de ces droits, et spécialement sur les contestations qui s'élèvent entre les fermiers et les redevables au sujet non seulement de l'application, mais de l'interprétation du tarif, et elle n'est pas tenue de renvoyer cette interprétation à l'autorité administrative (Cons. d'Et. 2 déc. 1858, aff. Gascou-Cavalier, D. P. 59. 3. 38 ; 18 déc. 1862, aff. Roy, D. P. 63. 3. 5 ; 3 avr. 1872, aff. Jugeat, D. P. 73. 3. 5 ; 23 nov. 1877, aff. Ville de Boën-sur-Lignon, D. P. 78. 3. 12 ; Req. 5 août 1869, aff. Deboos, D. P. 69. 1. 492 ; Civ. rej. 25 févr. 1874, aff. Hilaire, D. P. 76. 1. 134. V. conf. Serrigny, *Compétence administrative*, t. 1, n° 555 ; Aucoc, *Conférences sur le droit administratif*, t. 1, p. 382).

367. Mais l'autorité administrative est seule compétente, aux termes de l'art. 136 du décret du 17 mai 1809, pour interpréter les clauses du bail dans le cas où le débat s'élève entre la commune et le fermier (Cons. d'Et. 8 avr. 1852, aff. Istria, D. P. 53. 3. 1 ; 16 nov. 1854, aff. Istria, D. P. 55. 3. 48 ; Arrêts des 2 déc. 1858, 23 nov. 1877, 5 août 1869 et 25 févr. 1874, cités *supra*, n° 366 ; Trib. confl. 28 mars 1874, aff. Jamet, D. P. 75. 3. 14 ; 15 mars 1879, aff. Renaud, D. P.

79. 3. 74). Si donc, dans une instance en résiliation formée par le fermier contre la commune, il s'élève une contestation sur le sens du bail, le tribunal civil doit renvoyer les parties devant le conseil de préfecture pour être statué sur cette question préjudicielle.

368. Les perceptions dans les abattoirs sont de deux sortes : les droits de place et les taxes d'abatage. La fixation de ces dernières taxes reste soumise à l'application du décret du 1er août 1864 (D. P. 64. 4. 108), qui en fixe le maximum à 1 centime et demi par kilogramme de viande de toute espèce, mais qui permet de le porter à 2 centimes par kilogramme de viande nette lorsque les communes sont forcées de recourir à un emprunt ou à une concession temporaire pour couvrir les frais de construction des abattoirs, si ce taux est nécessaire pour pourvoir à l'amortissement de l'emprunt ou indemniser le concessionnaire de ses dépenses. Les tarifs doivent être soumis à l'approbation du préfet, qui doit également statuer sur les propositions relatives à l'établissement d'abattoirs. Dans le cas où des circonstances exceptionnelles nécessiteraient des taxes supérieures à celles qui viennent d'être indiquées, elles ne peuvent être autorisées que par décret rendu en conseil d'État. Ces dispositions continuent à être en vigueur (Circ. min. int. 15 mai 1884).

369. — VII. Produit des permis de stationnement et de location sur la voie publique, sur les rivières, ports et quais fluviaux et autres lieux publics. — La rédaction de ce paragraphe, conforme dans son ensemble au paragraphe 7 de la loi de 1837 (*Rép.* n° 505), a subi trois modifications successives.

Le texte primitivement adopté par la Chambre des députés comprenait le produit des *permis de stationnement et de location* sur la voie publique, sans distinguer si le lieu de stationnement ou de location dépendait ou non du domaine communal. La commission du Sénat substitua aux mots « *droits de location* » les mots « *droits de place* » afin de ne laisser aux communes que les bénéfices résultant des droits de place sur les voies publiques ne faisant pas partie du domaine communal et de donner au contraire à l'État les bénéfices résultant des droits de location sur les mêmes voies. M. Faye expliqua dans les termes suivants, dans la séance du 14 févr. 1884, la différence qui existait entre les droits de place et les droits de location. Le droit de place consistait, suivant lui, dans la perception d'un produit qui était la conséquence d'une occupation absolument momentanée, impersonnelle, non opposable aux tiers, soumise à la seule police des municipalités. Au contraire, une occupation du domaine public ayant un caractère plus ou moins long de continuité et de permanence, conférant, comme par exemple lorsqu'il s'agit de l'établissement d'un bain flottant, un droit personnel privatif, opposable aux tiers, constitue, bien qu'elle soit précaire, une véritable location. La rédaction proposée par la commission fut adoptée en première lecture par le Sénat. Mais elle fut abandonnée dans la deuxième délibération, et le Sénat reprit les mots « *droits de location* » votés par la Chambre, sur l'initiative de M. Leguay commissaire du Gouvernement, qui fit observer que les villes perçoivent de ce chef des redevances importantes dont il serait injuste de les priver, et qui ajouta que, ces locations ne pouvant être faites sans autorisation de l'État, ce dernier serait toujours libre en les autorisant de réserver, quand il y aurait lieu, les bénéfices à son profit. Toutefois le mot « fluviaux » fut ajouté aux mots « ports et quais » pour laisser à l'État les perceptions des produits du domaine public maritime, conformément à l'art. 2 de la loi du 20 déc. 1872 (D. P. 73. 4. 1), qui avait modifié sur ce point celle de 1837. Il a été déclaré, dans le cours de la discussion, que Nantes, Rouen et Bordeaux, bien que situés sur des fleuves, sont considérés comme des ports maritimes. Il semblerait même résulter des paroles prononcées par M. de Kerdrel que les ports maritimes sont tous ceux compris dans les limites de l'inscription maritime (V. conf. Circ. min. int. 15 mai 1884, D. P. 84. 4. 64, note 133, n° 7).

370. Il résulte de la rédaction définitivement adoptée et des discussions qui en ont précédé l'adoption que les communes peuvent établir des droits de stationnement et de location non-seulement sur les lieux qui leur appartiennent, mais encore sur ceux qui dépendent du domaine public national et départemental. Cette solution avait, ainsi que nous

l'avons dit (*Rép.* n°s 500 et 505), été consacrée par la jurisprudence sous la législation antérieure (Req. 13 nov. 1882, aff. Comp. des tramways-sud, D. P. 85. 1. 23 ; Civ. rej. 8 juill. 1884, aff. Lacassin, D. P. 85. 1. 86). Il a été décidé, par application de ce principe : 1° que le droit de *hallage* exigible, aux termes d'un règlement municipal, pour les espaces qu'occupent dans tous les endroits publics les denrées et marchandises destinées à la consommation des habitants, est dû par un débitant de boissons qui exploite son industrie sur un bateau flottant, encore bien que ce bateau soit placé dans un canal faisant partie du domaine public national (Arrêt précité du 8 juill. 1884) ; — 2° Que les communes peuvent frapper d'une taxe de stationnement les voitures d'une compagnie de tramways qui séjournent sur la voie publique, quoique la voie sur laquelle est établie la ligne de tramways appartienne au régime de la grande voirie et fasse partie du domaine public national (Arrêt précité du 13 nov. 1882).

371. Aucune loi n'énumère d'ailleurs limitativement les concessions qui peuvent être faites sur le domaine public par les conseils municipaux, et tout mode de jouissance qui n'est pas de nature à entraver l'usage ordinaire de ce domaine peut être autorisé. Ainsi un conseil municipal peut valablement établir des droits de stationnement et de location sur les jours grillés ou vitrés placés sur les trottoirs d'une voie publique communale et servant à éclairer les caves et sous-sols des maisons (Req. 25 juill. 1876, aff. Veuve Troubat, D. P. 77. 1. 445).

Il n'y a pas lieu davantage de distinguer entre le stationnement temporaire et le stationnement permanent (Req. 21 juin 1880, aff. Comp. des Vidanges, D. P. 81. 1. 40), soit qu'il s'agisse du domaine communal, soit qu'il s'agisse du domaine national. D'après un avis du conseil d'État du 30 nov. 1882 rappelé dans la circulaire ministérielle du 15 mai 1884, les dispositions qui rangent parmi les recettes ordinaires des communes le produit des permis de stationnement et de location sur la voie publique, « n'ont point donné aux communes le droit de percevoir des redevances à l'occasion des occupations qui entraînent une emprise sur le domaine national ou qui en modifient l'assiette : mais en ce qui concerne les locations, elles n'établissent de distinction, ni à raison de la durée du bail, ni à raison du caractère plus ou moins précaire des droits qui en résultent » ; et, aux termes du même avis, il n'y a pas lieu, à ce point de vue, de considérer comme des édifices modifiant l'assiette du domaine public des kiosques destinés à la publicité ou à la vente des journaux et qui ne sont reliés au sol que par des travaux légers (V. Morgand, t. 2, p. 294).

372. Nous avons dit (*Rép.* n° 505) que les droits de stationnement doivent être calculés à raison de l'emplacement occupé. Cette solution a été adoptée par la jurisprudence administrative. Indépendamment de la lettre ministérielle du 19 janv. 1839 rapportée au *Rép.* n° 501, elle a été reproduite par une décision du ministre de l'intérieur de 1866 citée par M. Souviron, *Manuel des conseillers municipaux*, 1re éd., p. 36. V. conf. Braff, *Principes d'administration communale*, v° *Droits de stationnement*. t. 1, p. 332 et suiv. Elle est également consacrée par la circulaire du 15 mai 1884 (V. conf. Cons. d'Et. 4 mai 1877, *supra*, n° 362). La cour de cassation a jugé, au contraire, qu'aucune base spéciale de calcul n'est imposée aux conseils municipaux pour la fixation de la taxe de stationnement, et notamment qu'ils ne sont pas tenus de prendre en considération exclusive l'étendue de la superficie occupée ; que, par suite, le droit de stationnement établi par un conseil municipal sur les voitures des entreprises de vidanges est légal, bien que le stationnement de ces voitures ne doive s'effectuer qu'à certaines heures du jour ou de nuit et que la taxe soit perçue d'après la quantité des matières utilisables extraites (Req. 21 juin 1880, aff. Comp. des Vidanges, D. P. 81. 1. 40).

373. Quant au mode d'établissement du tarif, les règles à observer varient suivant qu'il s'agit des dépendances de la grande voirie ou de celles de la petite voirie. Une circulaire du ministre de l'intérieur du 3 août 1867 (D. P. 67. 3. 73), reconnaissait que la loi de 1867, qui autorisait les conseils municipaux à régler par leurs délibérations le tarif des droits de stationnement et de location, laissait subsister la nécessité de l'approbation de l'autorité supérieure, lors-

qu'il s'agissait des ports, quais et rivières et autres lieux dépendant de la grande voirie. Aux termes d'un avis du conseil d'Etat (sections de l'intérieur et des travaux publics) du 2 juin 1875 (*Bulletin du ministère de l'intérieur*, 1875, p. 288), lorsque les droits de stationnement devaient être perçus sur des ports, quais, fleuves ou rivières, la délibération par laquelle le conseil municipal établissait ces droits, n'était exécutoire qu'après avoir été approuvée par un décret que devaient préparer les ministres de l'intérieur et des travaux publics. Par suite, la perception de ces droits était illégale dans les lieux qui viennent d'être indiqués, lorsqu'ils étaient réclamés en vertu d'un arrêté municipal qui n'avait été revêtu que de l'approbation préfectorale (Civ. cass. 9 déc. 1885, aff. Cayla, D. P. 86. 1. 414). La même solution doit être adoptée sous la loi de 1884. Ainsi que le constate la circulaire du 15 mai 1884, comme les droits de stationnement, de place et de location à percevoir sur les dépendances de la grande voirie peuvent affecter directement les intérêts généraux de l'Etat, le pouvoir d'en autoriser la création et d'en approuver le tarif n'a pas été décentralisé. Il est exercé par le président de la République, sur le rapport du ministre de l'intérieur, après avis du ministre des travaux publics, au sujet des droits à percevoir, soit sur les rivières navigables et flottables, soit sur leurs berges; le ministre de l'intérieur statue lui-même, après avoir consulté son collègue, lorsque la perception doit s'opérer sur d'autres dépendances de la grande voirie (V. Aucoc, *Conférences sur le droit administratif*, 3e éd., t. 1, p. 369).

374. Dans le cas où une commune concède un privilège à des entrepreneurs de voitures publiques, notamment d'omnibus, la redevance à payer est calculée, en fait, en tenant compte non seulement du droit de stationnement, mais aussi de l'avantage résultant de ce monopole. Quoique cette combinaison ait été souvent critiquée comme contraire au principe de la liberté de l'industrie, la constitution de ces monopoles a été reconnue régulière par la cour de cassation comme étant prise dans l'exercice des pouvoirs de police, appartenant à l'autorité municipale pour la sécurité et la commodité de la circulation (Ch. réun. cass, 24 févr. 1858, aff. Anjouvin, D. P. 58. 1. 256), Il en résulte que l'engagement pris par une commune envers un entrepreneur de voitures-omnibus d'empêcher le stationnement sur le voie publique de voitures appartenant à des entreprises rivales est licite et obligatoire (Req. 28 févr. 1872, aff. Ville de Marseille, D. P. 73. 1. 61). L'entrepreneur de services-omnibus, concessionnaire du droit exclusif de circulation dans les rues d'une ville avec faculté d'arrêt et de stationnement, qui voit diminuer son trafic par l'effet de la concurrence de services que l'autorité municipale a laissé s'établir en contravention aux règlements locaux de police, est fondé à réclamer de la commune des dommages-intérêts pour cette diminution de jouissance de son privilège (Même arrêt). Lorsque, postérieurement au traité par lequel

a été reconnu à l'entrepreneur ce droit exclusif, des décisions judiciaires ont reconnu que ce privilège avait été concédé sans droit sur des voies publiques n'ayant pas le caractère de voies municipales, il y a lieu, au profit de l'entrepreneur, à une réduction proportionnelle de la redevance stipulée pour prix de la concession (Même arrêt). Le traité en question n'est ni un arrêté de police municipale, ni un acte administratif, ni un marché de travaux publics, mais une convention à titre onéreux (Même arrêt).

375. Les contestations qui peuvent s'élever au sujet de la perception des droits de stationnement ou de location dont il est question dans l'art. 133, § 7, sont de la compétence des tribunaux ordinaires. Il appartient donc à l'autorité judiciaire de statuer sur la question de savoir si une ville est fondée à percevoir les taxes qu'elle prétend lui être dues par des loueurs de voitures publiques pour le stationnement de ces voitures sur la voie publique (Cons. d'Et. 19 mai 1865, aff. Barthélemy, D. P. 66. 3. 58 ; Req. 28 févr. 1872 cité *supra*, n° 374). Il en est de même des contestations auxquelles peut donner lieu la redevance réclamée à un particulier pour occupation d'un terrain situé sur la rive d'un fleuve (Cons. d'Et. 6 mars 1885, aff. Commune de Porcieu-Amblagnieu, D. P. 86. 3. 127; Sol. impl., Cons. d'Et. 16 juill. 1885, aff. Commune de Courbevoie, D. P. 87. 3. 136), ou la taxe imposée par une commune à une compagnie de bateaux à vapeur pour l'établissement d'un ponton de débarquement (Cons. d'Et. 2 août 1854, aff. Bretmayer, D. P. 55. 3. 36). Il a été décidé, dans le même sens, qu'une compagnie de navigation est non recevable à déférer pour excès de pouvoir une délibération approuvée par le ministre de l'intérieur, par laquelle le conseil municipal d'une commune a ordonné la perception à son profit d'un droit de stationnement sur les dépendances d'une rivière navigable et flottable, cette décision ne faisant pas obstacle à ce que ladite compagnie forme devant l'autorité judiciaire une demande en restitution des droits qu'elle a payés et conteste devant cette autorité la légalité des actes en vertu desquels ces droits ont été perçus (Cons. d'Et. 11 mars 1887) (1) Mais il a été jugé que l'autorité judiciaire est incompétente pour connaître du point de savoir si les perceptions de droits de stationnement opérées par une commune sur des ports et rivières ont été autorisées par l'administration supérieure et sous quelles conditions l'autorisation a été donnée (Cons. d'Et. 8 avr. 1852, aff. Commune de Pornic, D. P. 53. 3. 3).

376. — VIII. Produit des péages communaux, des droits de pesage, mesurage et jaugeage, des droits de voirie et autres droits légalement établis. — Ce paragraphe est la reproduction textuelle du paragraphe 8 de l'art. 31 de la loi de 1837 (*Rép.* n°s 507 et suiv.). Les communes peuvent, comme nous l'avons dit (*Rép.* n° 507), être autorisées à percevoir des péages à l'occasion des bacs et passages d'eau qu'elles établissent sur les fleuves et rivières pour la traverse des chemins ruraux et des chemins vicinaux ordinaires. Le tarif est

---

(1) Comp. paris. du Gaz et Comp. de navig. Havre-Paris-Lyon (droits de stationnement devant le port de Clichy). — Le conseil d'Etat ; ... — Vu le recours... pour la compagnie parisienne du Gaz et pour la compagnie de navigation Havre-Paris-Lyon, société anonyme... tendant à ce qu'il plaise au conseil annuler pour excès de pouvoirs, — un arrêté du maire de Clichy du 25 mai 1842, ensemble la décision approbative du ministre de l'intérieur, du 19 avril de la même année, ainsi que la décision du 13 févr. 1885, par laquelle le maire de Clichy a prétendu appliquer aux compagnies requérantes l'arrêté de 1842 ; — Ce faisant, attendu que cet arrêté pris dans le but d'établir un droit de stationnement sur la Seine devant le port de Clichy et la rive communale est nul en la forme par suite de l'inaccomplissement des formalités protectrices de la navigation, de la circulation et de la liberté du commerce, l'établissement des taxes n'ayant pas été précédé de l'avis du ministre des travaux publics et d'une enquête dans les formes prescrites par l'instruction du 20 mars 1825 ; et, d'autre part, ayant été autorisé par le ministre de l'intérieur, alors qu'une ordonnance royale était nécessaire ; qu'au fond, c'est illégalement que le droit de stationnement est perçu en raison de la surface occupée sur la rivière par les trains et bateaux, cette base de perception étant condamnée par une jurisprudence administrative constante; — Vu le mémoire en défense pour la commune de Clichy... tendant au rejet du recours, par le motif que les compagnies requérantes ne justifient pas qu'on

ait omis, lors de la création des droits de stationnement, aucune des formalités substantielles prescrites par les lois et règlements alors en vigueur ; qu'au fond, aucune disposition législative ne s'oppose à ce que les taxes soient perçues d'après la surface occupée par, les bateaux, et que les décisions ministérielles intervenues sur cette question sont sans application à l'espèce ; — Vu la loi des 16-24 août 1790, tit. 11, art. 3 et 7 ; — Vu la loi du 11 frim. an 7 et celle du 18 juill. 1837 ; — Vu la loi des 7-11 sept. 1790, art. 2 ; — Vu la loi du 24 mai 1872 ; — Considérant que le pourvoi formé par les compagnies requérantes a pour objet de faire annuler, comme irréguliers en la forme et illégaux au fond, les actes susvisés de 1842, en vertu desquels la commune de Clichy prétend percevoir un droit sur les bateaux stationnant dans son port ; — Considérant que, d'après la loi des 7-11 sept. 1790, c'est à l'autorité judiciaire qu'il appartient de connaître des contestations qui peuvent s'élever au sujet du recouvrement des droits de stationnement perçus par les communes, en vertu de la loi du 11 frim. an 7, et que les actes attaqués ne font pas obstacle à ce que la compagnie du Gaz soumette à l'autorité judiciaire, si elle s'y croit fondée, une demande en restitution des droits qu'elle a payés et conteste devant cette autorité la légalité des actes en vertu desquels ces droits ont été perçus ; — qu'il suit de là que la requête des compagnies du Gaz et de Navigation doit être rejetée comme non recevable... (Rejet.)

Du 11 mars 1887.-Cons. d'Et.-MM. Bailly. rap.-Marguerie, concl.- Rambaud de Larocque et Perrin, av.

homologué par décret rendu en conseil d'Etat. Les tarifs des droits de pesage, mesurage et jaugeage votés par le conseil municipal sont approuvés par arrêté préfectoral (Décr. 25 mars 1852, Tabl. A, n° 41; Crim. rej. 16 mai 1857, aff. Nielly, D. P. 57. 1. 314; Crim. cass. 17 nov. 1860, aff. Michel Raynol, D. P. 61. 5. 362). Il en est de même des tarifs des droits de voirie (Même décret, Tabl. A, n° 53). Les tarifs des droits de pesage, mesurage et jaugeage peuvent être homologués par le sous-préfet lorsqu'ils sont établis d'après les conditions fixées par arrêté préfectoral (Décr. 13 avr. 1861, art. 6, n° 11).

Un arrêté du maire approuvé par le préfet, bien qu'insuffisant pour établir dans une ville l'institution de peseurs et mesureurs jurés, est légal et obligatoire lorsqu'il se borne à rappeler à l'observation d'un précédent arrêté qui avait pourvu à cette institution, et dont quelques dispositions étaient méconnues et négligées (Crim. rej. 11 avr. 1863, aff. Thébaud, D. P. 66. 5. 357).

377. En ce qui concerne les droits de voirie, d'après deux arrêts de la cour de cassation, ces droits, que le législateur n'a pas définis, ont pour objet le prix des permissions préalables nécessaires pour opérer toutes constructions ou réparations au bord des voies publiques, ou pour établir des saillies en dehors de la ligne d'aplomb des édifices, ou pour occuper le sol des rues à titre permanent ou temporaire; en conséquence, ces arrêts ont déclaré légal l'établissement par une ville d'une taxe imposée aux propriétaires pour le déversement obligatoire des eaux de leurs maisons dans les égouts publics (Civ. rej. 10 févr. 1873, aff. de Barbarin et Julien, D. P. 73. 1. 273). — Toutefois cette décision et l'extension qu'elle donne aux droits de voirie ont soulevé de sérieuses objections. On a fait observer que la loi de 1837 n'avait pas créé un impôt nouveau, mais simplement rappelé et classé ceux qui constituaient les ressources des communes, et que la mention faite par cette loi des droits de voirie n'autorisait pas à comprendre sous cette dénomination une contribution qui n'aurait pas été formellement prévue par un texte antérieur. On a, d'ailleurs, insisté sur ce point que les droits de voirie ont toujours été perçus à raison d'actes et de travaux facultatifs pour le propriétaire et qui sont le prix de la permission librement demandée par lui à l'administration, tandis que les arrêts précités reconnaissent aux villes placées sous le régime du décret du 28 mars 1852 non seulement la faculté de réglementer le droit des propriétaires écrit dans l'art. 681 c. civ. en les forçant à verser leurs eaux dans les égouts, mais encore la faculté de supprimer véritablement ce droit puisqu'ils ne peuvent en user que moyennant une contribution.

378. — IX. Produits des terrains communaux affectés aux inhumations et de la part revenant aux communes dans le prix des concessions dans les cimetières. — L'art. 31, § 9, de la loi de 1837 ne comprenait que le prix des concessions dans les cimetières. La nouvelle loi attribue aux communes tous les produits des terrains communaux, en y comprenant les produits spontanés que l'art. 36, n° 4, du décret du 30 déc. 1809 accordait aux fabriques. Cette dernière disposition est abrogée par l'art. 168, n° 5, de la loi nouvelle. On a vu au *Rép.* n° 515, que, sous la loi de 1837, une ordonnance du 6 déc. 1843 avait décidé que les tarifs des concessions dans les cimetières seraient approuvés comme les budgets communaux. La loi du 24 juill. 1867 rangeait les délibérations par lesquelles les conseils municipaux votaient ces tarifs au nombre des délibérations réglementaires qui ne devaient être soumises à l'approbation préfectorale qu'en cas de désaccord entre le conseil et le maire. Aujourd'hui ces délibérations sont toujours subordonnées à l'approbation du préfet.

379. L'ordonnance précitée du 6 déc. 1843 portait également, comme nous l'avons dit (*Rép.* n° 516), que les concessions ne pouvaient avoir lieu que moyennant le versement d'un capital dont les deux tiers appartiendraient à la commune, et un tiers aux pauvres ou aux établissements de bienfaisance. Cette disposition est maintenue, ainsi que l'a reconnu le rapporteur à la Chambre, et comme l'indique la rédaction de l'art. 133, § 9, qui ne comprend dans les recettes ordinaires du budget communal que « la part revenant aux communes » dans le prix des concessions.

Le n° 9 du projet primitif voté par la Chambre des députés

comprenait le produit des tarifs établis pour le transport des morts et le service extérieur des pompes funèbres, qui devait être dorénavant attribué aux communes. Ce paragraphe, qui avait été inutilement combattu à la Chambre par Mgr Freppel a été supprimé par le Sénat qui a cru préférable d'ajourner cette question jusqu'à la discussion de la loi spéciale sur les inhumations et les pompes funèbres, déjà votée par la chambre des députés. La Chambre a consenti, sur la demande du ministre de l'intérieur, à accepter cet ajournement (D. P. 84. 4. 61, note 133).

380. — X. Produit des concessions d'eau, produit de l'enlèvement des boues et immondices de la voie publique et autres concessions autorisées pour les services communaux. — Cette disposition est conforme à celle de l'art. 31, § 10, de la loi de 1837 (*Rép.* n°s 520 à 523). Un arrêt de la chambre des requêtes du 26 mai 1884 (aff. Rolland, D. P. 85. 1. 123) consacre implicitement le droit qui appartient aux communes de disposer, par voie de concession, à titre précaire et révocable, des eaux de leur domaine public.

381. — XI. Produit des expéditions des actes administratifs et des actes de l'état civil. — Ce paragraphe reproduit textuellement l'art. 31, § 11, de la loi de 1837 (*Rép.* n°s 524-527). Nous avons dit (*ibid.* n° 524) que le tarif des expéditions des actes de l'état civil a été fixé par le décret du 12 juill. 1807. La loi du 10 déc. 1850 (D. P. 51. 4. 9) a réduit à 30 centimes la taxe des expéditions requises pour le mariage des indigents.

382. — XII. Produit de la portion que les lois accordent aux communes dans les produits des amendes prononcées par les tribunaux de police correctionnelle et de simple police. — Nous avons dit au *Rép.* n° 528 que les amendes pour contraventions de police municipale et rurale appartiennent exclusivement aux communes dans lesquelles les contraventions ont été commises. Il en est de même : 1° des deux tiers des amendes prononcées en vertu de l'art. 8 de la loi du 27 mars 1851 tendant à la répression de certaines fraudes dans la vente des marchandises (D. P. 51. 4. 57) ; — 2° des amendes concernant la police du roulage prononcées pour contraventions ou délits commis sur les chemins vicinaux de grande communication, sauf le prélèvement d'un tiers accordé à certains agents à titre de gratification, et suivant les distinctions établies par les art. 15 et 28 de la loi du 30 mai 1851 (D. P. 51. 4. 82).

383. Aux amendes qui sont, ainsi que nous l'avons dit au *Rép.* n° 529, attribuées au fond commun, il faut ajouter : 1° le dernier tiers des amendes prononcées pour fraudes dans la vente des marchandises en vertu de la loi précitée du 27 mars 1851 ; 2° les trois quarts des amendes prononcées en vertu de l'art. 30 de la loi du 8 juill. 1852 (D. P. 52. 4. 184) à raison de l'apposition d'affiches peintes dans un lieu public en contravention à ladite loi (V. Morgand, t. 2, p. 302).

384. Aux termes des art. 11 et 349 d'une instruction du ministre des finances du 20 sept. 1875 citée par M. Morgand, *loc. cit.*, le produit des amendes attribuées soit aux communes, soit au fonds commun, ne se calcule que sur le principal de l'amende. On déduit du produit total les deux décimes et demi qui reviennent dans tous les cas à l'Etat. Le Trésor perçoit en outre 5 pour 100 pour frais de régie.

385. Nous avons dit au *Rép.* n° 529, que l'ordonnance du 30 déc. 1823 réservait les deux tiers des amendes attribuées au fonds commun aux communes qui éprouveraient le plus de besoins d'après le rapport qui en serait fait par les préfets et soumise par eux au ministre de l'intérieur. L'art. 81 de la loi du 10 août 1871 confie cette répartition à la commission départementale, qui statue sur les propositions du préfet. Sur les deux tiers réservés aux communes, il est prélevé, en vertu du décret du 25 juin 1852 (D. P. 52. 4. 187), la somme nécessaire pour acquitter le prix d'abonnement des communes chef-lieux au *Journal officiel.*

386. — XIII. Produit de la taxe de balayage dans les communes de France et d'Algérie où elle sera établie, sur leur demande, conformément aux dispositions de la loi du 26 mars 1873, en vertu d'un règlement rendu dans la forme des règlements d'administration publique. — La loi du 26 mars 1873 (D. P. 73. 4. 47), applicable seulement à la ville de Paris, a permis de convertir la charge du balayage de la voie publique qui incombe aux habitants en une taxe obligatoire payable en numéraire, suivant un tarif délibéré par le conseil

municipal après enquête et approuvé par un décret rendu dans la forme des règlements d'administration publique, ledit tarif devant être renouvelé tous les cinq ans. C'est cette faculté que le paragraphe 13, introduit dans l'art. 133, sur la demande du gouvernement, étend à toutes les communes. Une loi du 31 juill. 1880 avait déjà autorisé les villes d'Alger et d'Oran à percevoir une taxe de balayage analogue à celle établie à Paris. Les décrets qui autoriseront à l'avenir l'établissement de cette taxe devront être rendus sur la proposition du ministre de l'intérieur, et, suivant la circulaire du 15 mai 1884, il devra être procédé au préalable à une enquête dans les formes tracées par l'ordonnance du 23 août 1835. D'après la même circulaire, l'établissement de la taxe de balayage ne serait généralement justifié et ne présenterait des avantages sérieux que dans les agglomérations considérables d'habitations. Dans les communes rurales, la substitution d'une redevance pécuniaire à une prestation en nature soulèverait de vives et nombreuses réclamations; et d'ailleurs, dans les campagnes, la manière défectueuse dont le balayage peut être exécuté ne saurait entraîner, au point de vue de l'hygiène et de la salubrité, les mêmes inconvénients que dans les villes.

387. D'après l'art. 1er, § 2, de la loi du 26 mars 1873, la charge incombant aux propriétaires riverains de la voie publique, chacun au droit de sa façade, est convertie en une taxe municipale obligatoire, pour l'évaluation de laquelle la partie à la charge de chaque particulier est égale à la moitié de la voie sans pouvoir excéder six mètres. La charge qui incombe aux propriétaires de supporter la taxe pour une largeur égale à la moitié de la voie publique s'applique à toutes les parties de rues comprises géométriquement entre les limites de la propriété et les axes correspondants des voies publiques; par suite, cette charge s'étend, pour les maisons d'encoignure, à la surface angulaire déterminée par le prolongement des lignes d'alignement (Cons. préf. Seine, 17 nov. 1874, aff. Duret, D. P. 77. 3. 89; Cons. d'Et. 21 déc. 1877, aff. Chabrié, D. P. 78. 3. 38).

Pour éviter que cette taxe ne devienne une sorte d'impôt progressif, l'article précité dispose que, dans l'établissement de ladite taxe, il doit être tenu compte seulement des nécessités de la circulation, de la salubrité et de la propreté de la voie publique et non de la valeur des propriétés. En conséquence, un riverain ne peut demander décharge de la taxe établie conformément au tarif, en se fondant sur ce qu'elle serait hors de proportion avec la valeur de son immeuble (Cons. d'Et. 31 mars 1876, aff. Bertin, D. P. 76. 3. 79). La taxe totale ne peut, aux termes de l'art. 1er, § 3, dépasser les dépenses occasionnées à la ville par le balayage de la superficie mise à la charge des habitants.

388. Aux termes de l'art. 1er, § 1er, la taxe est fixée, suivant un tarif délibéré en conseil municipal après enquête, approuvé par un décret rendu dans la forme des règlements d'administration publique et devant être révisé tous les cinq ans. Les particuliers sont non recevables à critiquer par la voie contentieuse le tarif servant de base à la perception de la taxe (Arrêté du 17 nov. 1874 et arrêt du 21 déc. 1877 cités *supra*, n° 387; Cons. d'Et. 22 juin 1877, aff. Jouet, D. P. 77. 3. 89), ou la division des rues en catégories pour la perception de cette taxe (Arrêté précité du 17 nov. 1874). Un particulier serait également non recevable à réclamer au contentieux contre la taxe à laquelle il a été imposé en se fondant sur ce que les conditions dans lesquelles a été établie la voie publique au devant de son immeuble dispenseraient la ville de la faire balayer (Arrêt du 31 mars 1876, aff. Moranvillé, D. P. 84. 3. 111).

389. Lorsque le tarif établit une taxe spéciale pour les propriétés bâties en bordure sur la voie publique, ce tarif s'applique à la totalité de la façade de l'immeuble, alors même qu'une partie de la construction est en retrait de l'alignement, si l'emplacement ainsi formé ne peut, à raison de son exiguïté, être considéré comme une propriété distincte (Cons. d'Et. 21 mars 1883, aff. Moranvillé, D. P. 84. 3. 111).

390. — XIV. Produit des contributions, taxes et droits dont la perception est autorisée par les lois dans l'intérêt des communes et de toutes les ressources annuelles et permanentes; en Algérie et dans les colonies, des ressources dont la perception est autorisée par les lois et décrets. — Nous avons indiqué au *Rép.* n° 536, les principales imposi-

tions comprises sous ce paragraphe : il faut y ajouter la taxe sur les chiens établie par la loi du 2 mai 1855 (D. P. 55. 4. 54). Il a été formellement déclaré dans la discussion que l'on doit y comprendre aussi l'impôt des prestations, l'une des recettes les plus importantes des communes (D. P. 84. 4. 62, note 133, n° 14).

391. Lorsqu'une commune a épuisé pour le payement de ses dépenses ordinaires toutes les ressources qui viennent d'être énumérées, elle est forcée de recourir à la création de centimes additionnels pour insuffisance de revenus. Il n'est pas douteux que ces centimes sont compris dans l'art. 133, § 14, quoiqu'ils n'y soient pas mentionnés expressément (Circ. min. int. 15 mai 1884). Nous avons dit au *Rép.* n°s 528 et suiv. que la loi de 1837 ne distinguait pas entre le cas où les centimes étaient à pourvoir à des dépenses ordinaires et celui où ils avaient pour objet de faire face à des dépenses extraordinaires. Les délibérations portant création de centimes additionnels pour les dépenses *obligatoires* devaient être, comme on l'a vu (*Rép.* n° 543), approuvées par un arrêté préfectoral ou par une ordonnance royale, suivant que les revenus de la commune étaient inférieurs ou supérieurs à 100000 fr.; elles devaient être approuvées par une ordonnance royale ou par une loi, suivant l'importance du revenu, lorsqu'elles étaient destinées à subvenir à des dépenses *facultatives*.

La loi de 1867, qui soumit à de nouvelles règles l'établissement d'impositions affectées à des dépenses extraordinaires, laissa sous l'empire de la loi de 1837 les impositions destinées à subvenir aux dépenses ordinaires des communes, en décidant toutefois que les impositions pour lesquelles une loi spéciale était précédemment exigée pourraient être désormais approuvées par un décret rendu en conseil d'Etat.

D'après la loi nouvelle, lorsqu'il y aura insuffisance de revenus pour faire face aux dépenses *ordinaires obligatoires*, un arrêté préfectoral suffira pour autoriser la création des centimes nécessaires quel qu'en soit le nombre. Si, au contraire, il s'agit de subvenir à des dépenses *ordinaires facultatives*, l'autorisation devra être donnée par décret (Cons. d'Et. 16 avr. 1886, aff. Féron, D. P. 87. 3. 102); l'irrégularité dont est atteint le rôle lorsque en pareil cas la création de ces centimes a été autorisée par arrêté préfectoral est absolue, et, par suite, un contribuable est fondé à demander décharge desdits centimes, nonobstant un décret qui, en cours d'exercice, en a autorisé la perception (Même arrêt). La loi supprime l'intervention du conseil d'Etat qui était exigée, lorsque l'imposition était demandée par une ville ayant au moins 100000 fr. de revenu.

Il résulte des explications échangées devant le Sénat que, comme sous l'empire de la législation antérieure, les centimes applicables aux dépenses annuelles obligatoires ou facultatives ne comptent pas dans le nombre des centimes extraordinaires que les conseils municipaux peuvent voter jusqu'à concurrence du maximum fixé par le conseil général (D. P. 84. 4. 62, note 133 *in fine*).

392. D'après la circulaire ministérielle du 15 mai 1884, les propositions d'imposition pour les villes qui ont moins de 100000 fr. de revenu doivent être transmises par les préfets sous forme d'états collectifs. Quand, au contraire, la perception d'une imposition de cette nature doit être autorisée dans une ville dont le revenu est supérieur à 100000 fr., les préfets doivent présenter au ministre des propositions individuelles accompagnées de tous les documents nécessaires pour permettre d'apprécier avec exactitude la situation financière de la ville, savoir : les budgets primitif et additionnel ainsi qu'un relevé présentant, d'après les trois derniers comptes, les recettes et les dépenses communales séparées en ordinaires et extraordinaires.

393. Le conseil d'Etat a décidé qu'un contribuable n'est pas fondé à demander la réduction de l'imposition destinée à suppléer à l'insuffisance des revenus d'une commune, par le motif que le nombre des centimes additionnels mis en recouvrement serait supérieur à celui qui aurait été suffisant pour pourvoir au montant du déficit résultant du budget, alors que ces centimes ont été régulièrement établis (Cons. d'Et. 22 nov. 1878, aff. Soulier, D. P. 79. 3. 73).

Mais, si le contribuable ne peut se prévaloir de ce que le résultat des comptes a démontré que l'insuffisance était moindre que ne le faisaient supposer les prévisions nécessairement approximatives du budget, il ne faudrait pas

induire de la décision précitée que le conseil d'Etat ne peut examiner que la régularité des formes dans lesquelles l'imposition a été établie. Ainsi les contribuables seraient recevables à se plaindre de l'établissement de centimes additionnels qualifiés de centimes pour insuffisance de revenus, si, en réalité, ces centimes avaient pour objet de pourvoir à des dépenses extraordinaires.

394. Il est admis par la jurisprudence du conseil d'Etat que les contribuables d'une commune sont recevables, lorsqu'il est établi que les ressources ordinaires de la commune ne sont pas insuffisantes pour couvrir les dépenses de même nature, à demander la décharge des centimes additionnels spéciaux imposés pour les dépenses de l'instruction primaire et aussi des taxes de pavage (Cons. d'Et. 31 août 1863, aff. Lecoq, D. P. 64. 3. 9; 28 avr. 1869, aff. Ville de Nantes, D. P. 71. 3. 2; 11 août 1869, aff. Comp. des voitures de Paris, D. P. 70. 3. 71; 18 juin 1875, aff. Fabien, D.'P. 76. 3. 4; 14 déc. 1877, aff. Ville de Nantes, D. P. 78. 3. 34; 21 déc. 1877, aff. Potier, *ibid.*; 24 janv. 1879, aff. Dieu, D. P. 79. 3. 59).

395. En principe, les impositions extraordinaires doivent porter sur tous les contribuables inscrits au rôle, sans qu'il y ait à rechercher s'ils ont ou non un intérêt personnel à la dépense qui correspond à cette imposition. Il en est ainsi, notamment, des centimes additionnels qu'une commune a été autorisée à s'imposer pour pourvoir à l'acquittement de dettes communales (Cons. d'Et. 3 août 1877, aff. Commune d'Ustau, D. P. 78. 3. 4). Spécialement, un contribuable ne peut obtenir décharge des centimes additionnels par le motif que l'emprunt avait pour objet de pourvoir à des dépenses concernant des biens communaux à la jouissance desquels il n'avait aucune part (Même arrêt; V. aussi Cons. d'Et. 10 mai 1855, aff. Noguès, D. P. 55. 3. 76; 27 janv. 1859, aff. Marcotte, *Rec. Cons. d'Etat*, p. 58). — Décidé également que les impositions extraordinaires communales sont établies sur la généralité des contribuables; qu'en conséquence, un' propriétaire forain est avec raison imposé au rôle d'une contribution extraordinaire destinée au payement des frais d'un procès relatif à un droit d'affouage auquel il ne participe pas (Cons. d'Et. 5 nov. 1886, aff. Fuzelier, D.P. 88. 3. 31).

V. les exceptions apportées à cette règle en ce qui concerne les frais des procès soutenus contre une commune par une section ou par des habitants de cette commune, *infrà*, nos 857 et suiv.; et les condamnations prononcées contre les communes par application des art. 106 et suiv. de la loi de 1884, *infrà*, nos 1310 et suiv.

396. On doit faire entrer dans les recettes ordinaires, même à Paris, les recettes de l'octroi (Arrêt du 11 août 1869, cité *suprà*, n° 395; Cons. d'Et. 21 mai 1886, aff. Gailhard, D. P. 87. 3. 113); mais, pour l'établissement des recettes ordinaires, on ne doit tenir compte ni des centimes spéciaux pour les chemins vicinaux et pour l'instruction primaire, ni de la subvention donnée par l'Etat pour la police (Cons. d'Et. 6 août 1886, aff. Gauthier, D. P. 87. 3. 113); ni des centimes additionnels autorisés par une loi spéciale (Cons. d'Et. 9 avr. 1886, aff. Oudin, D. P. 87. 3. 113).

397. La question la plus délicate en cette matière est celle de savoir à quelles dépenses les recettes ordinaires doivent pourvoir pour que les contribuables puissent soutenir que ces recettes ne sont pas insuffisantes. Cette question, qui avait soulevé d'assez sérieuses difficultés sous l'empire de la loi de 1837 à raison de l'absence de distinction légale entre les dépenses ordinaires et les dépenses extraordinaires, n'a pas été tranchée par l'art. 135 de la loi de 1884, qui dispose que les dépenses du budget ordinaire comprennent les dépenses annuelles et permanentes d'utilité communale, mais qui ne définit pas ces dépenses. — On peut à cet égard, suivre sous la législation actuelle les solutions antérieurement consacrées par la jurisprudence. Il était admis que, pour apprécier l'insuffisance des ressources ordinaires, il fallait avant tout vérifier si ces ressources pouvaient suffire aux dépenses rangées, comme dépenses ordinaires, dans la première partie des cadres imprimés des budgets communaux (Arrêts précités des 31 août 1863, 28 avr. et 11 août 1869; Cons. d'Et. 12 févr. 1867, aff. Ville de Nîmes, D. P. 76. 3. 5, note 3). Mais il y a lieu également de tenir compte, pour apprécier l'insuffisance des revenus ordinaires, de celles des dépenses extraordinaires qui ont un caractère obligatoire. Cette solution développée en 1869 par M. le commissaire du

Gouvernement Aucoc (D. P. 70. 3. 71) a été consacrée depuis par le Conseil d'Etat (Cons. d'Et. 25 juin 1875, aff. Ville de Paris, D. P. 76. 3. 5; Arrêt du 14 déc. 1877, cité *suprà*, n° 395). Il a été décidé, par application de ce principe, que les ressources de la ville de Paris étaient insuffisantes en 1870 (Arrêt précité du 25 juin 1875) et en 1875 (Cons. d'Et. 23 avr. 1883, aff. Platier, D. P. 84. 3. 123).

398. Il n'y a pas insuffisance lorsque, déduction faite des dépenses extraordinaires obligatoires auxquelles il est pourvu par des ressources spéciales, les ressources ordinaires peuvent faire face aux dépenses qu'elles sont destinées à couvrir (Arrêt précité du 21 déc. 1877). Il en est de même lorsque, pendant l'année où les travaux ont eu lieu et pendant les deux années antérieures, la commune n'a été obligée de recourir à des ressources extraordinaires que pour pourvoir à des travaux exceptionnels et aux dépenses de la garde nationale mobilisée (Cons. d'Et. 28 janv. 1876, aff. Ville de Vannes, D. P. 76. 3. 55).

L'insuffisance peut être appréciée, non d'après les budgets et comptes d'une année, mais d'après la moyenne des recettes ou dépenses de plusieurs années (Arrêt du 31 août 1863, cité *suprà*, n° 395). L'insuffisance des ressources ordinaires peut résulter non seulement du budget, mais aussi des comptes de l'année (Arrêts des 11 août 1869, 18 juin 1875, 14 et 21 déc. 1877 cités *suprà*, n° 395). Et le conseil de préfecture, saisi d'une demande en décharge, peut surseoir à statuer jusqu'à ce que ces comptes aient été arrêtés (Arrêt du 24 janv. 1879, cité *ibid.*).

§ 2. — Recettes extraordinaires (*Rép.* nos 537 à 558).

399. Nous avons indiqué au *Rép.* nos 537 et suiv., les recettes extraordinaires des communes, telles qu'elles ont été énumérées dans l'art. 32 de la loi de 1837. Cette énumération se retrouve dans l'art. 134 de la loi du 5 avr. 1884. Les recettes du budget extraordinaire sont, suivant la définition qu'en donne M. Morgand, t. 2, p. 308, toutes celles qui ne réunissent pas les deux caractères constitutifs des recettes ordinaires, c'est-à-dire qui ne sont pas à la fois annuelles et permanentes. La loi les range sous les sept paragraphes suivants : 1° *contributions extraordinaires dûment autorisées*. On comprendrait sous cette dénomination, ainsi que nous l'avons dit (*Rép.* n° 538) sous la législation antérieure, tous les centimes que les communes ont le droit de s'imposer extraordinairement pour faire face à certaines dépenses spéciales et urgentes, quelle que soit d'ailleurs, la nature de ces dépenses. Il résulte de ce qui a été dit plus haut (*suprà*, n° 394) que l'expression de *contributions extraordinaires* ne doit plus s'appliquer désormais qu'aux impositions établies pour pourvoir à des dépenses extraordinaires; — 2° *Prix des biens aliénés* (V. *infrà*, nos 1198 et suiv., ce qui est relatif aux règles concernant l'aliénation des biens communaux); — 3° *Dons et legs*. Les dons et legs qui constituent des recettes du budget extraordinaire sont exclusivement les dons et legs de sommes d'argent; ceux qui consistent en biens meubles et immeubles ou en valeurs entrent bien dans l'actif de la commune, mais n'ont pas le caractère de recettes susceptibles de figurer au budget (Morgand, t. 2, p. 310); — 4° *Remboursement des capitaux exigibles et des rentes rachetées*. D'après l'avis du conseil d'Etat du 21 déc. 1807 (V. *Rép.* v° Hospices, p. 70), tout remploi effectué autrement qu'en rentes sur l'Etat doit être autorisé par décret rendu en conseil d'Etat. Cette disposition a cessé d'être en vigueur, et les remplois peuvent avoir lieu dans les mêmes conditions que toute autre aliénation ou acquisition; — 5° *Coupes extraordinaires de bois*. Une coupe de bois, bien qu'elle n'ait lieu que tous les deux ans, constitue une recette ordinaire, qui doit être comptée en totalité dans l'année où elle est réalisée pour déterminer s'il y a lieu de percevoir des centimes additionnels spéciaux (Cons. d'Et. 30 mai 1884, aff. Larcher, D. P. 85. 3. 105). Au contraire, le produit des coupes faites dans le quart en réserve constitue non un revenu, mais une recette extraordinaire; par suite, le produit des coupes faites dans le quart en réserve des bois d'une section de commune ne doit être affecté au payement des dépenses générales de la commune que dans la proportion de la part contributive de la section dans ces dépenses, le surplus devant être supporté par les habitants des autres sections (Cons. d'Et. 10 juill. 1869, aff. Sect. de

Montmartin, D. P. 71. 3. 26); — 6° *Produit des emprunts* (V. *infrà*, nᵒˢ 1222 et suiv., les règles qui concernent les emprunts des communes). — Les six paragraphes qui précèdent ne sont que la reproduction textuelle des six premiers paragraphes de l'art. 32 de la loi du 18 juill. 1837 (V. *Rép.* nᵒˢ 537 à 556); — 7° *Produit des taxes et surtaxes d'octroi spécialement affectées à des dépenses extraordinaires et à des remboursements d'emprunts*. L'art. 134 ajoute les recettes mentionnées dans ce paragraphe à celles qui figuraient dans l'art. 32 de la loi de 1837. Nous avons dit (*supra*, n° 359) que, d'après la circulaire du 15 mai 1884, l'omission qui se trouvait à cet égard dans la loi de 1837 n'aurait été qu'apparente et que le législateur de 1884 n'aurait fait que consacrer la jurisprudence administrative suivant laquelle le produit des surtaxes, ainsi que des taxes additionnelles et extraordinaires, avait toujours été inscrit au chapitre 2 du budget. Mais nous avons indiqué les objections auxquelles a donné lieu cette interprétation. — 8° *Recettes accidentelles.* Nous avons dit au *Rép.* n° 557 que la loi avait voulu comprendre dans les termes généraux de ce dernier paragraphe tous les produits non spécifiés par ses dispositions ou dans le cadre ordinaire du budget communal. M. Morgand y fait entrer notamment: 1° le produit des souscriptions volontaires en vue de l'exécution de certains travaux; 2° les subventions et secours tant de l'État que du département, tels que les subventions pour les constructions scolaires, pour l'achèvement des chemins vicinaux, pour les églises et presbytères; 3° les taxes pour frais de premier établissement du pavage et pour construction de trottoirs.

400. On a vu au *Rép.* n° 558, que les trésoriers-payeurs généraux sont chargés de recouvrer et de centraliser à leur caisse certains contingents connus sous le nom de *cotisations municipales* et versés par les communes pour servir, sur mandats du préfet, à payer des dépenses qui intéressent un grand nombre de localités du même département. Nous avons indiqué les objets auxquels s'applique cette centralisation des fonds communaux : il y a lieu d'y ajouter : 1° les ressources destinées à l'entretien des malades et des vieillards incurables indigents placés par les communes dans les hospices et hôpitaux du département, conformément à la loi du 7 août 1851 (D. P. 51. 4. 154) (Circ. min. fin. 7 juill. 1856); 2° les dépenses d'intérêt commun et les salaires y relatifs (Circ. 6 mai 1841 et 8 déc. 1847); 3° les fonds destinés aux frais de timbre à la charge des communes et établissements publics (Circ. 29 févr. 1856).

La nomenclature des cotisations municipales a été arrêtée de concert entre les ministres de l'intérieur et des finances, et aucun autre produit ne peut y être ajouté sans une autorisation spéciale également concertée entre les deux ministres (Braff, *Administration financière des communes*, t. 2, p. 209). — Les fonds de cotisation ne doivent pas être considérés comme ne formant qu'une seule masse, sur laquelle les préfets pourraient mandater indistinctement les dépenses. On doit, au contraire, considérer les articles qui composent la nomenclature comme autant de crédits particuliers entre lesquels la spécialité doit être rigoureusement observée (*ibid.*). — Lorsqu'il existe des reliquats sur un article du fonds des cotisations municipales, il est de règle de restituer ces reliquats aux communes qui ont concouru à la formation du fonds dans la proportion de leurs versements, et si cela n'est pas possible, de les distribuer en secours aux communes les plus nécessiteuses (*ibid.*).

ART. 3. — *Règlement du budget municipal et apurement des comptes du maire et du receveur* (*Rép.* nᵒˢ 559 à 630).

§ 1ᵉʳ. — Règlement du budget (*Rép.* nᵒˢ 559 à 577).

401. Les dispositions de la loi de 1837 sur le règlement du budget, qui ont été analysées au *Rép.* n° 559, ont été modifiées par la loi du 5 avr. 1884. Aux termes de l'art. 145 de cette loi, le budget de la commune est proposé par le maire, voté par le conseil municipal, et définitivement réglé par le préfet. Cette règle reçoit exception lorsque les revenus de la commune atteignent le chiffre de trois millions. Dans ce cas, le budget doit être réglé par décret. Mais il peut arriver, ainsi que le reconnaissait le rapporteur à la Chambre des députés, que le budget soit dressé dans des conditions telles

qu'il ne concerne véritablement que le présent et ne touche en aucune façon à l'intérêt général; par exemple, s'il n'a recours à aucune recette extraordinaire, s'il pourvoit à toutes les dépenses obligatoires, et s'il ne contient aucune dépense qui exige une autorisation spéciale ou qui engage l'avenir au delà de l'exercice. Dans ce cas, que prévoit l'article précité, le législateur a voulu soustraire les budgets communaux ainsi équilibrés à l'autorisation du préfet, en ce sens que celui-ci n'en pourra rien modifier l'économie tout en les réglant.

Toutefois, à ce point de vue encore, une exception est faite pour les villes dont le revenu s'élève au moins à trois millions : leur budget doit, dans tous les cas, être soumis à l'approbation du président de la République, sur la proposition du ministre de l'intérieur (D. P. 84. 4. 65, note 145). La loi nouvelle adopte, pour l'évaluation du revenu des villes, une règle déjà consacrée par l'art. 33, § 3 et 4, de la loi de 1837. Le revenu est réputé atteindre trois millions lorsque les recettes ordinaires constatées dans les comptes se sont élevées pendant les trois dernières années. Il n'est réputé être descendu au-dessous de trois millions que lorsque, pendant les trois dernières années, les recettes ordinaires sont restées inférieures à cette somme.

402. Comme on l'a dit au *Rép.* n° 561, les budgets ne sont que des aperçus des recettes et des dépenses prescrites pour l'ordre de la comptabilité, et ils ne peuvent jamais préjudicier aux droits des tiers, alors même qu'ils ont reçu l'approbation de l'autorité supérieure. Ainsi l'inscription d'un crédit au budget communal ne constitue pas la reconnaissance que la commune est débitrice de la somme qui y est portée; et la commune peut renoncer à faire emploi de ce crédit lorsqu'il ne s'agit pas d'une dépense obligatoire par sa nature ou de l'acquittement d'une dette préexistante envers un tiers (Cons. d'Ét. 14 août 1866, aff. Labitte, D. P. 80. 3. 34, note 1). De même, le vote par une administration municipale d'un crédit destiné à subvenir à un service public ne constitue pas un droit acquis au profit du concessionnaire de ce service, de telle sorte qu'il puisse considérer la somme inscrite comme mise à sa disposition (Req. 7 juill. 1846, aff. Ville de Lyon, D. P. 46. 1. 354). Il a été décidé en ce sens : que les allocations inscrites au budget d'une commune ne constituent pas un droit acquis au profit des destinataires, et ne dispensent pas ces derniers de fournir les justifications propres à établir l'exigibilité des sommes allouées (Cons. d'Ét. 21 avr. 1848, aff. Fabrique de Saint-Epvre, D. P. 48. 3. 73); que, notamment, l'ordonnancement par le maire d'une somme portée au budget communal pour indemnité du logement du curé peut être subordonné à la justification de l'insuffisance des ressources de la fabrique (Même arrêt). Toutefois, il a été jugé, sous l'empire d'une législation qui rendait obligatoire le traitement des vicaires en cas d'insuffisance des revenus de la fabrique, que dans le cas où le conseil municipal, après avoir porté au budget communal le traitement de plusieurs vicaires, aurait autorisé le maire à en refuser le payement jusqu'à ce que le conseil de fabrique eût justifié de l'insuffisance de ses ressources, le préfet pouvait autoriser le receveur municipal à effectuer le payement du semestre échu, si la communication des documents demandés avait été offerte par le conseil de fabrique et refusée par le maire (Cons. d'Ét. 28 mars 1873, aff. Commune de la Motte-Servolex, Rec. Cons. d'État, p. 276).

403. Il résulte de ce qui précède que la délibération par laquelle un conseil municipal vote le budget et l'arrêté par lequel le préfet approuve cette délibération, ne pouvant avoir pour résultat de porter atteinte aux droits qui seraient acquis à des tiers, ne constituent pas des actes susceptibles d'être déférés au conseil d'État pour excès de pouvoir (Cons. d'Ét. 11 avr. 1872, aff. Frères des Écoles chrétiennes de Toulouse, D. P. 73. 3. 2), sauf aux intéressés à se pourvoir devant l'autorité compétente pour obtenir l'inscription d'office du crédit nécessaire. Mais la commune n'est tenue d'effectuer la dépense inscrite au budget, lorsque cette inscription a été faite en exécution d'un engagement. Ainsi le vote d'un crédit à titre de subvention au directeur des théâtres d'une ville à la suite d'un traité entre le directeur et le maire, et dans le but d'éviter la clôture des théâtres, constitue un engagement et donne naissance à une créance que ce directeur peut valablement céder à un tiers (Arrêt du 7 juill. 1846,

cité *suprà*, n° 402). De même, le préfet peut, sur le refus du maire de mandater une dépense inscrite régulièrement au budget communal sous le titre d'indemnité aux sapeurs-pompiers, prescrire au receveur municipal d'en remettre le montant exact entre les mains du trésorier de la compagnie des sapeurs-pompiers (Cons. d'Et. 13 juill. 1883, aff. Commune de Saint-Michel-en-l'Herm, D. P. 85. 3. 43).

Contrairement aux décisions qui précèdent, le conseil d'Etat a jugé que, lorsqu'un crédit a été ouvert au budget communal pour payer les honoraires dus à un architecte, il résulte de ce fait une présomption de payement qui doit faire rejeter la réclamation formée par cet architecte après un grand nombre d'années, sans aucun commencement de preuve de nature à infirmer cette présomption (Cons. d'Et. 4 août 1882, aff. Daime, D. P. 84. 3. 3). Mais cette solution, si elle devait être considérée comme autre chose qu'une décision d'espèce motivée par des circonstances très défavorables au prétendu créancier, donnerait lieu à de graves objections et serait en contradiction avec ce principe que l'inscription au budget du crédit nécessaire à l'acquittement d'une dette est, à l'égard du créancier, *res inter alios acta*.

404. Un contribuable n'est pas recevable en cette seule qualité à déférer au conseil d'Etat pour excès de pouvoir une délibération par laquelle un conseil municipal a affecté à une dépense les excédents de recettes de son budget (Cons. d'Et. 22 nov. 1878, aff. Gauthier, D. P. 79. 3. 21), ou l'arrêté par lequel un préfet a approuvé une délibération d'un conseil municipal votant un crédit pour concourir à une souscription et aux dépenses d'une fête (Cons. d'Et. 26 nov. 1880, aff. d'Anvin, D. P. 82. 3. 35).

405. Nous avons exposé au *Rép.* n° 567 que, sous l'empire de la loi de 1837, les crédits qui étaient reconnus nécessaires après le règlement du budget étaient délibérés par le conseil municipal, et autorisés, suivant l'importance des communes, par le préfet ou par le ministre, mais qu'ils pouvaient toujours être autorisés par le préfet pour dépenses urgentes. La jurisprudence administrative avait d'abord admis que ces dispositions étaient restées en vigueur dans le silence de la loi de 1867 ; mais, revenant sur cette première interprétation, le ministre de l'intérieur, par une circulaire du 4 mai 1876, avait décidé que l'ouverture de crédits additionnels, constituant une modification au budget, ne pouvait être autorisée que par décret dans les villes de trois millions de revenus. Cette interprétation paraît avoir été également consacrée par le texte de l'art. 146 de la loi de 1884, aux termes duquel les crédits qui seront reconnus nécessaires après le règlement du budget doivent être votés et autorisés *conformément à l'article précédent*. D'après la circulaire du 15 mai 1884, le droit attribué aux préfets par la loi de 1837 d'autoriser dans toutes les villes les crédits additionnels pour dépenses urgentes ne saurait leur être maintenu aujourd'hui : et dans les villes dont le budget n'est pas réglé par le préfet, tous les crédits additionnels sans exception doivent être autorisés par décret (V. conf. Morgand, t. 2, p. 440).

406. L'art. 150 prévoit, comme l'art. 35 de la loi de 1837 (*Rép.* n° 568), le cas où, pour une cause quelconque, le budget d'une commune n'aurait pas été définitivement réglé avant le commencement de l'exercice ; dans ce cas, comme sous la législation antérieure, les recettes et les dépenses ordinaires continuent, jusqu'à l'approbation de ce budget, à être faites conformément à celui de l'année précédente. D'après M. Morgand, t. 2, p. 464, dont nous partageons l'opinion, cette disposition est applicable non seulement dans le cas où le budget n'a pas été réglé avant le 1er janvier, mais dans le cas où il n'a pas été voté avant cette époque ; toutefois, il ne devrait pas être appliqué si le conseil municipal avait expressément refusé le budget. Il y aurait lieu, dans cette hypothèse, à établir un budget d'office ne comprenant que les dépenses obligatoires.

407. La seconde partie de l'art. 150 prévoit une hypothèse fort rare et que n'avaient pas prévue les lois anciennes : c'est celle d'une commune de création récente qui n'a eu encore aucun budget et n'a pas voté en temps utile son premier budget. Il appartient, dans ce cas, au préfet, statuant en conseil de préfecture, d'établir le budget, et il pourrait y faire figurer des dépenses facultatives.

408. La règle posée dans l'art. 36 de la loi de 1837 et énoncée au *Rép.* n° 569, que l'administration supérieure peut, lorsqu'elle règle le budget, rejeter ou réduire les dépenses qui y sont proposées, est reproduite par l'art. 148 de la loi de 1884. Elle s'applique à toutes les dépenses obligatoires ou facultatives, ordinaires ou extraordinaires.

Toutefois elle reçoit deux exceptions : la première résulte de l'art. 145, § 2, qui décide conformément à l'art. 2 de la loi du 24 juill. 1867, que, dans le cas où le budget pourvoit à toutes les dépenses obligatoires, et n'applique aucune recette extraordinaire aux dépenses soit obligatoires, soit facultatives, ordinaires ou extraordinaires, l'autorité supérieure ne peut modifier les allocations portées à ce budget pour les dépenses même facultatives.

409. Pour profiter de ce bénéfice, les communes ne doivent faire figurer dans les recettes du budget que les ressources énumérées dans l'art. 133. M. Morgand, t. 2, p. 448, pense même qu'il y a lieu d'exclure les centimes autorisés par l'art. 141 pour les dépenses des chemins vicinaux et ruraux, ainsi que les centimes que les conseils municipaux peuvent voter en vertu de la loi du 21 déc. 1882 (V. *suprà*, n° 357). C'est ce qui résulte, spécialement en ce qui concerne les trois centimes extraordinaires spéciaux des chemins vicinaux, d'une circulaire ministérielle du 3 août 1867. Ces impositions doivent, en effet, au point de vue de l'art. 145, être considérées comme des ressources extraordinaires. Il en serait de même des centimes additionnels que l'art. 133, § 15, autorise les communes à s'imposer pour insuffisance de revenus.

410. La seconde exception à la règle énoncée dans l'art. 148 résulte de l'art. 147, § 2, relatif au crédit pour dépenses imprévues. La somme allouée pour ce crédit ne peut, comme nous l'avons dit (*suprà*, n° 341), et comme le portait déjà l'art. 37 de la loi de 1837 (*Rép.* n° 569), être réduite ou rejetée qu'autant que les revenus ordinaires, après avoir satisfait à toutes les dépenses obligatoires, ne permettraient pas d'y faire face.

411. Conformément à l'art. 38 de la loi de 1837 (*Rép.* n° 570), l'art. 148 ne donne à l'autorité supérieure le droit d'augmenter les dépenses ou d'en introduire de nouvelles au budget qu'autant qu'elles sont obligatoires. Ainsi le préfet ne peut, sans excès de pouvoir, inscrire d'office au budget d'une commune une dépense facultative de sa nature, telle que le remboursement à un hospice des frais de séjour d'indigents, alors que la dette est contestée (Cons. d'Et. 11 mars 1887) (1). V. conf. Morgand, t. 2, p. 455). Au contraire, le préfet peut, sans excès de pouvoir, inscrire d'office au budget de la commune une somme reversable au Trésor, une somme payée en trop par l'Etat à titre de subvention pour une dépense relative à l'instruction primaire, sans que la commune puisse se prévaloir de ce que la dépense n'étant que facultative, elle ne serait pas tenue de la supporter (Cons. d'Et. 7 août 1885, aff. Ville de Mayenne, D. P. 87. 3. 29). En effet, le remboursement d'un payement indu constitue une dette exigible et par suite une dépense obligatoire, quel qu'ait été l'objet auquel était destinée la somme reçue à tort.

Mais le droit donné au préfet ou au Gouvernement d'augmenter les dépenses obligatoires votées par le conseil, ou de les inscrire au budget lorsqu'elles ont été omises, a été soumis, par le législateur, à des formalités spéciales qui font l'objet de l'art. 149, et qui ont d'ailleurs été empruntées à la législation antérieure. La validité de l'inscription d'office est

---

(1) (Commune de Marciac). — Le conseil d'Etat ;... — Vu les lois des 7 août 1851 et 5 avr. 1884; — Considérant que la dépense de 1,242 fr. 56 c., inscrite d'office par l'arrêté attaqué au budget de la commune de Marciac, était destinée à rembourser à l'hospice de Mirande les frais d'entretien de deux indigents, frais réclamés par cet hospice à la commune qui, d'après lui, serait tenue de les acquitter à raison des circonstances dans lesquelles le placement de ces indigents aurait eu lieu ; — Mais considérant que la commune de Marciac soutient avoir satisfait à ses engage-

ments et prétend ne rien devoir à l'hospice; que, si, par application de l'art. 149 de la loi du 5 avr. 1884, il appartient au préfet d'inscrire d'office au budget d'une commune les sommes nécessaires au paiement de dettes liquides et exigibles, il ne rentre pas dans ses attributions de se constituer juge d'un litige, en ce donnant l'inscription d'office d'une dépense contestée et qui, d'ailleurs, par sa nature, n'est pas une dépense obligatoire ;... — Annule pour excès de pouvoirs, etc.

Du 11 mars 1887.-Cons. d'Et.-MM. Tardif, rap.-Marguerie, concl.

subordonnée à la rigoureuse observation de ces formalités, qui constituent la garantie des contribuables.

412. Pour qu'une dépense puisse être inscrite d'office comme obligatoire, il ne suffit pas que le conseil municipal ait refusé de la porter au budget de la commune ; une jurisprudence constante exigeait, sous les lois antérieures, que le conseil eût été mis en demeure par le préfet de voter cette dépense considérée comme obligatoire, et qu'il eût refusé d'obtempérer à cette mise en demeure (Cons. d'Et. 12 août 1854, aff. Commune de Lorige, D. P. 69. 3. 52, note 2 ; 10 févr. 1869, aff. Commune de Tromarey, D. P. 69. 3. 52 ; 24 janv. 1872, aff. Ville de Dijon, D. P. 72. 3. 59 ; 28 janv. 1876, aff. Commune de Beaujeu, D. P. 76. 3. 53 ; 12 janv. 1877, aff. Ville de Chambéry, D. P. 77. 3. 42 ; 22 nov. 1878, aff. Soulier, D. P. 79. 3. 73 ; 14 nov. 1879, aff. Ville de Blois, D. P. 80. 3. 27 ; 21 nov. 1879, aff. Ville d'Alger, D. P. 80. 3. 25 ; 8 juin 1883, aff. Commune de Fozzano, D. P. 85. 3. 16. V. conf. Civ. cass. 3 mai 1875, aff. Ville de Bordeaux, D. P. 77. 1. 265). A plus forte raison cette jurisprudence a-t-elle été maintenue en présence des termes formels de l'art. 149, qui dispose qu'aucune inscription d'office ne peut être opérée sans que le conseil municipal ait été préalablement appelé à prendre à ce sujet une délibération *spéciale* (Cons. d'Et. 27 nov. 1885, aff. Commune de Buzançais, D. P. 87. 3. 48). La volonté du législateur est que l'attention du conseil municipal soit appelée sur ce point que l'administration entend, en cas de résistance de sa part, user du droit qui lui appartient de procéder par voie d'inscription d'office. Aussi a-t-il été jugé que la lettre par laquelle le préfet invite un conseil municipal à délibérer sur un crédit demandé, sans avertir que cette dépense est considérée par l'administration comme obligatoire, ne suffit pas pour constituer une mise en demeure (Arrêt précité du 14 nov. 1879). La mise en demeure exigée par la loi peut intervenir dès que le conseil municipal s'est abstenu, en votant le budget, d'y porter le crédit nécessaire pour pourvoir à la dépense, sans qu'il soit nécessaire qu'il y ait eu de sa part un refus formel (Arrêt précité du 21 nov. 1879).

La mise en demeure serait une vaine formalité si le préfet n'était pas obligé d'attendre que le conseil y eût répondu. Mais si le conseil s'abstenait de se prononcer, nous pensons que l'autorité supérieure enjoindrait au maire de porter l'affaire à une séance spécialement convoquée pour cet objet, et dans le cas où le conseil refuserait de délibérer, ce refus pourrait être considéré comme équivalant à une réponse négative à la mise en demeure.

413. Le conseil municipal pourra toujours obtenir l'annulation de la décision portant inscription d'office, s'il n'est pas au préalable mis en mesure de présenter ses observations ; mais le moyen tiré de ce que cette décision est intervenue avant que le conseil municipal ait délibéré sur la mise en demeure qui lui a été adressée, n'est pas de ceux qui doivent être relevés d'office par le conseil d'Etat en l'absence de toutes conclusions des parties (Cons. d'Et. 16 juill. 1875, aff. Ville de Toulon, D. P. 76. 3. 21).

414. Lorsque le conseil municipal mis en demeure a refusé la dépense ou l'augmentation des dépenses réclamées comme obligatoires, l'autorité supérieure ne peut pas se borner à comprendre le crédit dans le budget en vertu de l'arrêté ou du décret portant règlement de ce budget ; d'après la jurisprudence du ministère de l'intérieur, le crédit doit être ouvert par un arrêté ou un décret spécial (Morgand, t. 2, p. 454).

415. Dans le cas où l'obligation pour une commune de pourvoir à une dépense n'a d'autre fondement qu'une convention intervenue entre la commune et un tiers, l'inscription d'office ne peut avoir lieu qu'autant que le sens et la portée de la convention sont reconnus par les parties intéressées ou ont été déterminés par une décision de la juridiction compétente. En l'absence de cette décision, il n'appartient pas à l'autorité supérieure de donner à la dépense le caractère d'une dette exigible, et elle ne peut, sans excès de pouvoirs, inscrire d'office le montant de cette dépense au budget de la commune (Cons. d'Et. 8 mai 1856, aff. Commune de Remoiville, D. P. 57. 3. 5 ; 13 mars 1867, aff. Commune de Puget-Theniers, *Rec. Cons. d'Etat*, p. 256 ; 6 déc. 1878, aff. Ville de Grenoble, D. P. 79. 3. 29 ; 24 mars 1879, aff. Ville de Saintes, D. P. 79. 3. 75). Mais si une commune prétend qu'une convention l'a affranchie, vis-à-vis

d'un tiers, d'une obligation inscrite dans la loi, cette prétention, tant qu'elle n'a pas été reconnue fondée, ne met pas obstacle à ce que le préfet inscrive d'office au budget communal le montant de la dépense calculée conformément à la loi (Cons. d'Et. 23 mars 1877, aff. Ville de Chaumont, D. P. 77. 3. 67).

416. La commune est recevable à attaquer pour excès de pouvoirs devant le conseil d'Etat l'arrêté qui a inscrit d'office comme obligatoire une dépense, en contestant le caractère obligatoire de la dépense. C'est ainsi que le conseil d'Etat a été appelé à statuer sur des demandes en remboursement de prix de journées de traitement des malades indigents dans les hôpitaux, soulevées entre deux communes (Cons. d'Et. 30 avr. 1880, aff. Commune de Philippeville, D. P. 81. 3. 9), et sur des contestations relatives aux traitements des instituteurs, lorsque ces traitements étaient dus en vertu des lois, abstraction faite de toute convention particulière (Cons. d'Et. 23 mars 1877, aff. Ville de Chaumont, D. P. 77. 3. 67). Il a même été admis que, dans le cas de débat entre une commune et l'Etat au sujet d'une somme payée par l'Etat pour subvention à l'instruction primaire, le préfet peut ordonner d'office le reversement au Trésor d'une somme qu'il juge indûment payée (Cons. d'Et. 7 août 1885, aff. Ville de Mayenne, D. P. 87. 3. 29). Mais cette décision semble sujette à critique, un règlement de cette nature étant de la compétence du ministre.

L'inscription d'office peut avoir lieu même pour des dépenses relatives aux exercices antérieurs (Cons. d'Et. 16 juill. 1875, aff. Ville de Toulon, D. P. 76. 3. 22 ; 7 août 1875, aff. Ville de Chambéry, D. P. 76. 3. 23), et la circonstance que le préfet aurait approuvé le budget préparé par la commune (Cons. d'Et. 24 nov. 1876, aff. Commune de Préaux, D. P. 77. 3. 22).

417. L'inscription d'office a lieu, dans les communes ayant moins de trois millions de revenus, en vertu d'un arrêté préfectoral, qui doit à peine de nullité être pris en conseil de préfecture (Cons. d'Et. 14 mai 1880, aff. Commune de Bruyères-le-Chatel, D. P. 80. 3. 119 ; 27 nov. 1885, aff. Commune de Buzançais, D. P. 87. 3. 48). Dans les villes qui ont trois millions et au-dessus, elle doit être faite par décret. Dans les villes qui ont une population supérieure à 40000 habitants, quel que soit leur revenu, le crédit nécessaire pour les dépenses du service de la police ne peut, aux termes de l'art. 103, § 2 (V. *supra*, n° 304), être inscrit d'office au budget que par un décret ; et, à la différence de ce qui a lieu pour l'inscription d'office des autres dépenses, ce décret doit être rendu en conseil d'Etat. Cette disposition est empruntée à l'art. 50 de la loi du 5 mai 1855 et à l'art. 23 de la loi du 24 juill. 1867.

418. Les règles d'après lesquelles se détermine le chiffre de la dépense qui pourra être inscrite d'office au budget sont indiquées dans les paragraphes 3 et 4 de l'art. 149. Ainsi que nous l'avons dit (*Rép.* n° 571), s'il s'agit d'une dépense annuelle et variable, elle est inscrite pour sa quotité moyenne pendant les trois dernières années ; s'il s'agit, au contraire, d'une dépense annuelle et fixe de sa nature ou d'une dépense extraordinaire, elle est inscrite pour sa quotité réelle. La disposition portant que les dépenses annuelles et variables doivent être portées au budget pour leur quotité moyenne pendant les trois dernières années, n'est pas applicable lorsqu'il s'agit d'une dépense qui n'est effectuée que pour la première ou la seconde fois, par suite, elle ne peut être portée que pour sa quotité réelle (Cons. d'Et. 5 déc. 1885 ; 28 mai 1886, aff. Ville de Vitré, D. P. 87. 3. 44). — Le préfet ne peut, au lieu de déterminer les dépenses réellement effectuées pour le compte de la commune, inscrire d'office au budget municipal une partie de la dépense effectuée par toutes les communes de l'arrondissement proportionnelle à la population de ladite commune (mêmes arrêts), alors surtout qu'aucune part de celle-ci n'a été faite dans l'intérêt de la commune imposée d'office (arrêt précité du 28 mai 1886).

419. D'après M. Morgand, t. 2, p. 457, on doit entendre par dépenses *fixes de leur nature* non seulement les dépenses d'administration prévues sous ce titre par l'arrêté consulaire du 17 germ. an 11 (*Rép.* p. 206), mais toutes celles dont la quotité ou la base est déterminée soit par des lois et règlements généraux ou locaux, soit même par des décisions

spéciales prises par les autorités compétentes dans la sphère de leurs attributions. Les dépenses *variables* sont au contraire celles qui ne sont fixées ni par les lois et règlements, ni par décisions d'autorités ayant qualité à cet effet, et dont le chiffre ne peut être déterminé que par une appréciation plus ou moins arbitraire des besoins des services municipaux. Lorsqu'il s'agit d'un traitement obligatoire, mais dont le montant n'est pas fixé par la loi, le traitement porté au budget avant l'année où le conseil municipal a refusé de le voter doit être considéré comme constituant le montant réel de la dépense (Cons. d'Et. 13 nov. 1885, aff. Commune de Zicavo, D. P. 87. 3. 57-58).

420. Les arrêtés par lesquels les préfets mettent les conseils municipaux en demeure d'inscrire à leur budget une dépense obligatoire n'ont que le caractère d'actes d'administration pure qui ne peuvent être déférés au conseil d'Etat par la voie contentieuse, mais qui ne mettent pas obstacle à ce que l'inscription d'office soit attaquée devant qui de droit (Cons. d'Et. 23 nov. 1850, aff. Ville de Chinon, D. P. 51. 3. 37). Le refus, par l'administration, d'user du droit qui lui appartient d'inscrire d'office une dépense au budget d'une commune, n'étant que l'exercice d'un pouvoir discrétionnaire, ne donne pas non plus ouverture à un recours contentieux au profit des créanciers de la commune (Cons. d'Et. 29 mars 1853, aff. Giraud, D. P. 53 . 3. 50 ; 16 mai 1873, aff. Crédit foncier colonial, D. P. 74. 3. 41; 15 janv. 1875, aff. de Larralde, D. P. 75. 3. 94; 4 avr. 1876, aff. Ville de Besançon, D. P. 76. 3. 100; 17 avr. et 1er mai 1885, aff. Consistoire de Nîmes et autres, D. P. 86. 3. 131), et, par suite, l'arrêté par lequel un préfet, sur l'invitation du ministre de l'intérieur, a rapporté un précédent arrêté par lequel il avait inscrit d'office un crédit au budget d'une commune, n'est pas susceptible d'être déféré au conseil d'Etat pour excès de pouvoirs (Arrêt précité du 4 août 1876). Mais le refus du préfet d'inscrire au budget une somme dont un consistoire ou une fabrique se prétend créancier ne fait pas obstacle à ce que cet établissement religieux fasse trancher par l'autorité compétente le désaccord existant entre lui et la commune sur le point de savoir si la dépense dont ils réclament le payement est de celles qui, d'après la législation en vigueur, ont pour les communes un caractère obligatoire (Cons. d'Et. 17 avr. 1885, aff. Consistoire de Nîmes et aff. Consistoire de Paris, D. P. 86. 3. 131-132; 1er mai 1885, aff. Conseils de fabrique d'Aix, et aff. Consistoire de Lyon, *ibid.*). Toutefois, dans le cas où le préfet est juge de la réclamation formée contre la commune, l'arrêté qui refuse l'inscription d'office, par le motif que la demande est mal fondée, peut être déféré au ministre ou au conseil d'Etat, en tant seulement qu'il a statué sur le droit du réclamant (Arrêt précité du 15 janv. 1875; Cons. d'Et. 16 janv. 1880, aff. Fabrique d'Astaffort, D. P. 80. 3. 49).

421. Les arrêtés préfectoraux ou les décrets portant inscription d'office peuvent au contraire toujours être attaqués devant le conseil d'Etat par les communes; mais celles-ci ne peuvent, à l'occasion de l'inscription d'office, critiquer le montant de la dépense mise à leur charge qu'autant que cette dépense n'a pas été déterminée antérieurement par l'autorité compétente (Cons. d'Et. 25 janv. 1878, aff. Commune de Nuaillé, D. P. 78. 3. 51). Ainsi une commune n'est pas recevable à demander l'annulation du décret inscrivant d'office à son budget la somme à laquelle le conseil général, par une délibération contre laquelle aucun recours n'a été formé, a fixé sa part contributive dans les dépenses des chemins vicinaux de grande communication et d'intérêt commun, en se fondant sur ce que la délibération du conseil général aurait été irrégulière et aurait mis à sa charge une somme exagérée (Cons. d'Et. 29 juill. 1883, aff. Ville de Saint-Etienne, D. P. 85. 3. 31).

L'inscription d'office au budget d'une commune des frais d'entretien d'un aliéné dans un asile public ne faisant pas obstacle à ce que la commune exerce un recours contre la famille de cet aliéné, la commune ne peut exciper, pour demander l'annulation de l'arrêté d'inscription, de ce que la famille pourrait contribuer à la dépense (Cons. d'Et. 8 août 1882, aff. Ville de Provins, D. P. 84. 3. 28).

Les contribuables les plus imposés ne sont pas recevables à se pourvoir en leur nom personnel, pour excès de pouvoirs, contre l'arrêté qui a inscrit d'office au budget de la commune les sommes nécessaires pour couvrir le déficit de ce budget (Cons. d'Et. 8 févr. 1878, aff. Bizet, D. P. 78.'3. 52). Leur seul droit est de réclamer décharge des contributions portées sur leur cote par application de l'arrêté qu'ils jugent illégal (Même arrêt). De même, les membres du conseil municipal sont irrecevables, en cette qualité, à déférer au conseil d'Etat l'arrêté portant inscription d'office (Cons. d'Et. 10 nov. 1882, aff. Duffaut, Rec. Cons. d'Etat, p. 852)

422. Conformément à ce qui a été dit au Rép. n° 572, sous la législation antérieure, si les ressources de la commune sont insuffisantes pour subvenir aux dépenses obligatoires inscrites d'office, il y est pourvu par des contributions extraordinaires. Le conseil municipal doit être préalablement mis en demeure de voter les ressources nécessaires, et ce n'est que sur son refus, ou faute par lui d'avoir pris une résolution dans le délai fixé, que la commune peut être frappée d'office d'une contribution extraordinaire. Cette contribution doit être établie par décret si elle n'excède pas le maximum à fixer annuellement par la loi de finances, et par une loi si elle dépasse ce maximum (V. Circ. min. instr. publ. 6 sept. 1854, D. P. 55. 3. 18). Toutefois, par exception, lorsqu'un conseil municipal, mis en demeure, n'a pas voté dans la session désignée à cet effet les prestations et centimes nécessaires pour les chemins vicinaux, l'art. 5 de la loi du 21 mai 1836 autorise le préfet à imposer d'office la commune dans les limites du maximum fixé par cette loi.

423. Tout contribuable est recevable et fondé à demander décharge de la contribution d'office dépassant le maximum fixé par la loi de finances, lorsqu'elle est établie par un acte qui n'a pas le caractère législatif (Sol. impl., Cons. d'Et. 14 févr. 1873, aff. Morel, D. P. 73. 3. 77).

424. La disposition de l'art. 149, § 5, qui porte, conformément à la législation antérieure, que, lorsque les ressources de la commune sont insuffisantes, il y est pourvu au moyen d'une contribution extraordinaire établie d'office, doit être entendue en ce sens que le Gouvernement peut en subordonner l'application à l'examen préalable de l'importance des facultés de la commune. Il peut, en conséquence, se refuser à l'appliquer, quand il s'agit de créances qui ne pourraient être éteintes qu'au moyen du doublement pendant un grand nombre d'années du principal des contributions directes de la commune, alors même que ces créances résulteraient de décisions judiciaires passées en force de chose jugée (Cons. d'Et. 29 mars 1853, aff. Giraud, D. P. 53. 3. 50). La déclaration du Gouvernement à cet égard ne serait pas susceptible d'être déférée au conseil d'Etat par la voie contentieuse (Même arrêt).

425. En règle générale, l'imposition d'office est le seul moyen qu'ait l'autorité supérieure de contraindre les communes à pourvoir à l'acquittement des dépenses obligatoires. Toutefois M. Morgand, t. 2, p. 462, signale deux exceptions à cette règle. L'art. 110 de la loi du 5 avr. 1884 autorise la vente des biens mobiliers ou immobiliers des communes, autres que ceux qui servent à un usage public, sur la demande de tout créancier porteur d'un titre exécutoire en vertu d'un décret qui autorise la vente et en détermine les formes (V. infra, n° 1285). En second lieu, lorsqu'une commune refuse de créer les ressources applicables aux frais d'acquisition, de construction ou d'appropriation des locaux scolaires ou à ceux d'acquisition du mobilier de classe, l'art. 10 de la loi du 20 mars 1883 (D. P. 83. 4. 49) autorise l'administration supérieure à y pourvoir au moyen d'un emprunt d'office. Dans ce dernier cas, un décret rendu en conseil d'Etat impose d'office sur la commune la contribution extraordinaire nécessaire pour assurer le remboursement de l'emprunt.

426. Les art. 451, 452 et 453 de l'ordonnance de 1838 sur la clôture de l'exercice du budget communal, l'annulation des crédits demeurés sans emploi, le report des restes à recouvrer et à payer, etc. (Rép. n°s 575 à 577), ont été reproduits dans les art. 506, 507 et 508 du décret du 31 mai 1862 actuellement en vigueur (D. P. 62. 4. 83).

§ 2. — Ordonnancement des dépenses (Rép. n°s 578 à 582).

427. On a vu au Rép. n° 578 qu'aux termes de l'art. 61 de

la loi de 1837, le maire peut seul délivrer des mandats ; que s'il refusait d'ordonnancer une dépense régulièrement autorisée et liquide, il serait prononcé par le préfet en conseil de préfecture, et que l'arrêté du préfet tiendrait lieu du mandat du maire. Ces dispositions ont été textuellement reproduites dans l'art. 152 de la loi nouvelle.

428. Nous avons dit que par ces mots le *maire seul* il faut entendre le maire ou celui qui, en son absence, a l'administration de la commune. Si le maire est absent ou empêché, l'adjoint ou le conseiller municipal qui remplit dans leur plénitude les fonctions de maire aura également le droit d'ordonnancement. D'après les explications données à la Chambre des députés par M. Antonin Dubost, au nom de la commission, en réponse à une question de M. Bernard, il en sera de même de l'adjoint ou du conseiller municipal auquel ce droit aura été délégué par un arrêté spécial du maire, pris conformément à l'art. 82 (V. *supra*, n° 244).

429. Pour que le préfet puisse ordonnancer une dépense au lieu et place du maire, sur le refus de ce dernier, il faut : 1° que la dépense soit régulièrement autorisée ; 2° qu'elle soit liquide (Cons. d'Et. 17 févr. 1867, aff. Commune de Saint-Denis-des-Monts, D. P. 69. 3. 59). En conséquence, le préfet excède ses pouvoirs en ordonnançant, au refus du maire, une dépense de travaux de pavage dans une église, lorsque les travaux dont il s'agit n'ont pas été autorisés par le conseil municipal (Même arrêt).De même, il ne peut mandater d'office le traitement de gardes forestiers nouvellement institués en vertu d'un arrêté de réorganisation, et au salaire desquels le conseil municipal a refusé d'affecter les fonds qu'il avait votés, antérieurement audit arrêté, pour les gardes forestiers (Cons. d'Et. 24 févr. 1859, aff. Commune de la Chaumusse et de Saint-Laurent, D. P. 59. 3. 57).

430. Pour qu'une dépense soit considérée comme régulièrement autorisée, il faut qu'elle ait été votée par le conseil municipal et inscrite par lui au budget ou inscrite d'office conformément à l'art. 149. Aussi a-t-il été décidé que lorsqu'un conseil municipal a refusé d'inscrire une dépense obligatoire au budget, le préfet ne peut l'ordonnancer d'office, mais qu'il doit procéder par la voie de l'inscription d'office (Cons. d'Et. 13 févr. 1874, aff. Ville de Nevers, D. P. 74. 3. 96 ; 12 févr. 1875, aff. Ville de Marseille, D. P. 75. 5. 86). Mais, dans le cas où le conseil municipal a inscrit au budget le crédit nécessaire pour pourvoir à une dépense obligatoire, le préfet peut, sur le refus du maire, mandater d'office cette dépense, nonobstant une délibération non approuvée par l'autorité compétente, par laquelle le conseil municipal avait ultérieurement réduit ledit crédit (Cons. d'Et. 26 déc. 1885, aff. Ville de Remiremont, D. P. 87. 3. 43).

431. Le fait qu'une dépense est inscrite d'office au budget ne constituant pas un droit acquis au profit d'un tiers, le préfet ne pourrait mandater d'office une dépense pour laquelle un crédit est ouvert, lorsque la dette est contestée par la commune. Mais il en est autrement lorsque le payement de la somme inscrite a le caractère d'une dette obligatoire, soit en vertu de la loi, soit en vertu d'engagements pris par la commune. Ainsi un préfet a pu ordonnancer d'office : 1° le payement du traitement d'instituteurs congréganistes conformément au budget où une somme avait été inscrite à cet effet (Cons. d'Et. 12 déc. 1873, aff. Ville de Pamiers, D. P. 74. 3. 96) ; 2° le montant d'une indemnité aux sapeurs-pompiers régulièrement inscrite au budget dans des conditions telles que la commune était engagée envers la compagnie des sapeurs-pompiers (Cons. d'Et. 13 juill. 1883, aff. Commune de Saint-Michel, D. P. 85. 3. 43).

§ 3. — Comptes du maire (*Rép.* n°ˢ 583 à 603).

432. Le maire, ainsi que nous l'avons dit (*Rép.* n° 543), est tenu de rendre compte de sa gestion au conseil municipal. Ce compte désigné sous le nom de *compte administratif*, doit, aux termes de l'art. 151, être présenté au conseil après la clôture de l'exercice et avant la délibération du budget.

Les indications données au *Rép.* n° 586, d'après l'art. 456 de l'ordonnance du 31 mai 1838 et la circulaire ministérielle du 10 avr. 1835, sur ce que doit contenir le compte administratif tant en recette qu'en dépense, se trouvent presque textuellement reproduites dans l'art. 510 du décret du 31 mai 1862. Chacun des livres de recettes et de dépenses se divise

en trois chapitres : recettes et dépenses ordinaires, recettes et dépenses extraordinaires, recettes et dépenses supplémentaires.

433. Nous avons dit au *Rép.* n° 589 que sous l'empire de la loi de 1837, les comptes des maires étaient réglés par les préfets pour les communes qui avaient moins de 100000 fr. de revenus et par le ministre de l'intérieur pour les autres. La loi du 24 juill. 1867 ne parlait pas des comptes ; mais la circulaire ministérielle du 3 août 1867 (D. P. 67. 3. 73) avait étendu à l'approbation des comptes la distinction faite par cette loi au sujet du règlement du budget, et l'avait interprétée en ce sens que les comptes des maires devaient être soumis au ministre dans les villes ayant trois millions de revenus.

L'art. 151 ne renfermant aucune distinction, les comptes des maires dans toutes les communes doivent être approuvés par les préfets. Toutefois, la circulaire du ministre de l'intérieur du 15 mai 1884 recommande aux préfets de lui adresser, pour les villes de plus de trois millions de revenus, une copie des comptes approuvés dont la production est indispensable pour l'approbation des budgets supplémentaires, auxquels doivent être reportés les excédents de recettes et les restes à payer de l'exercice précédent.

De même que les budgets, les comptes des communes, aux termes de l'art. 160, restent déposés à la mairie, où, conformément à ce qui a été exposé plus haut (art. 58, *supra*, n° 170), tous les habitants peuvent en prendre communication, et même en prendre copie et les publier. Ils sont rendus publics dans les villes dont le revenu est de 100000 fr. et au-dessus ; dans les autres communes, le conseil municipal a la faculté d'en ordonner l'impression.

434. Nous avons dit au *Rép.* n° 594 que les règles relatives au compte à présenter par le maire cessaient d'être applicables, lorsqu'il sortait de son rôle d'ordonnateur pour s'immiscer dans le maniement des fonds communaux. L'art. 155 de la loi nouvelle consacre, dans les mêmes termes que l'art. 64 de la loi de 1837 reproduit au *Rép.* n° 593, ce principe que toute personne autre que le receveur municipal qui, sans autorisation régulière, s'est ingérée dans le maniement des deniers de la commune, est par ce seul fait constituée comptable, et peut, en outre, être poursuivie en vertu de l'art. 258 c. pén. comme s'étant immiscée sans titre dans les fonctions publiques.

435. La jurisprudence considère comme *deniers communaux* non seulement les sommes provenant de la caisse communale ou détournées de cette caisse, mais encore les fonds de souscriptions recueillis en vue des travaux communaux (Cons. d'Et. 12 août 1848, aff. Antony, D. P. 50. 3. 23 ; 15 avr. 1857, aff. Chervaux, D. P. 58. 3. 1 ; C. des comptes, 16 mai 1883, aff. Commune d'Estaire, *Rec. cons. d'Etat*, p. 1002). Mais, d'après un arrêt de la cour des comptes du 18 févr. 1878 (aff. Commune de Marseille, *Rec. Cons. d'Etat*, p. 1173), on ne doit pas considérer comme deniers communaux les fonds versés entre les mains du maire en vertu d'un arrêté non approuvé établissant une taxe pour les mariages célébrés en dehors des jours et heures ordinaires.

436. La comptabilité de fait ou *comptabilité occulte* est, aux termes de l'art. 25 du décret du 31 mai 1862, soumise aux mêmes juridictions, et entraîne les mêmes responsabilités que les comptabilités patentes et régulièrement décrites ; c'est donc au conseil de préfecture ou à la cour des comptes qu'il appartient d'en connaître, conformément à l'art. 157 (V. *infra*, n° 450), suivant que les revenus de la ville excèdent ou non 30000 fr.

Le conseil de préfecture, compétent pour apurer les comptes d'une commune, l'est également pour apprécier si un maire s'est ingéré dans le maniement des deniers communaux et s'est ainsi constitué comptable (Cons. d'Et. 28 avr. 1876, aff. Commune de Mimbaste, D. P. 76. 3. 82). Il doit statuer sur cette question par un premier arrêté, rendu dans les formes prescrites en matière de comptabilité par l'art. 10 de la loi du 21 juin 1865, et notamment en séance non publique (Même arrêt). La cour des comptes, par un référé du 7 juill. 1875 (D. P. 76. 3. 82, note 3), a signalé comme irrégulière la pratique de plusieurs conseils de préfecture qui n'appliquaient l'art. 10 de la loi de 1865 qu'à l'examen des comptes, et prononçaient dans les formes con-

tentieuses sur la question de savoir si les faits qui leur étaient dénoncés constituaient une comptabilité occulte.

437. La jurisprudence a longtemps décidé qu'à la différence des arrêtés statuant sur l'apurement des comptes, et qui ne peuvent être attaqués que devant la cour des comptes (Cons. d'Et. 4 avr. 1856, aff. Delaunay, D. P. 56. 3. 60; 17 mars 1837, aff. Joly, D. P. 57. 3. 84; 18 mars 1858, aff. Cosset, D. P. 75. 3. 21, note 1 à 3; 21 déc. 1877, aff. Reveau, D.P. 78. 3. 43; 4 avr. 1884, aff. Commune d'Escouloubre, D. P. 85. 3. 84), les arrêtés par lesquels les conseils de préfecture déclarent un individu comptable de fait de deniers communaux pouvaient être déférés au conseil d'Etat en vertu de la loi des 7-14 oct. 1790 (Cons. d'Et. 20 mars 1874, aff. Duchemin, D.P. 75. 3. 21, et les arrêts antérieurs en note de cette décision). Mais cette jurisprudence est aujourd'hui abandonnée, et le conseil d'Etat décide que l'arrêté par lequel un conseil de préfecture déclare un maire comptable de deniers communaux doit être attaqué devant la cour des comptes, et n'est pas susceptible d'être directement déféré au conseil d'Etat par la voie du recours pour excès de pouvoirs (Cons. d'Et. 19 mai 1882, aff. Commune de Berlaincourt, D. P. 83. 3. 107; 25 janv. 1884, aff. Taillefer, D. P. 85. 3. 84). — Ce changement de jurisprudence nous paraît justifié par de sérieux arguments. La jurisprudence ancienne reposait sur cette idée que le conseil de préfecture, lorsqu'il examine s'il y a eu comptabilité de fait, statue comme autorité administrative, et relève à ce titre du conseil d'Etat, juge des excès de pouvoirs. Mais, dans la pratique, ce système pouvait amener des décisions contradictoires du conseil d'Etat et de la cour des comptes, saisis en même temps du même litige. Il avait, en outre, l'inconvénient d'établir une différence, difficile à justifier, entre les communes dont le revenu n'excède pas 30000 fr. et les autres communes. Dans ces dernières, en effet, le conseil de préfecture n'ayant aucune compétence, la cour des comptes était nécessairement appelée à statuer la première sur la question de savoir s'il y avait eu maniement de deniers communaux. Il ne serait, d'ailleurs, pas exact de soutenir que le conseil de préfecture, lorsqu'il statue sur la question de savoir s'il y a eu comptabilité de fait, agit comme autorité administrative. Il est plus juridique de le considérer comme un tribunal financier du premier ressort, soumis uniquement à l'autorité du tribunal financier supérieur, c'est-à-dire de la cour des comptes. Enfin, la commune qui soutient que le conseil de préfecture a mal apprécié la situation de son ancien maire en décidant qu'il ne s'est pas ingéré dans le maniement de deniers communaux ne se plaint que d'un mal jugé, et il

semble difficile d'attribuer à sa requête le caractère d'un recours pour excès de pouvoirs (V. les conclusions de M. le commissaire du gouvernement Le Vavasseur de Précourt, D. P. 83. 3. 107).

438. Lorsqu'un arrêt de la cour des comptes qui n'a été l'objet d'aucun recours devant le conseil d'Etat a déclaré qu'il ne résultait pas des faits de la cause qu'un ancien maire se fût ingéré dans la gestion des deniers communaux, le conseil de préfecture est incompétent pour statuer sur les contestations qui s'élèvent entre la commune et son ancien maire au sujet de la gestion de ce dernier (Cons. d'Et. 22 août 1868)(1). Il est, dans tous les cas, incompétent pour décider si, d'après les principes du droit civil, la dette de la commune envers un ancien maire est productive d'intérêts et si elle n'a pas été éteinte par novation. Il l'est également pour connaître d'une demande du maire tendant au remboursement par la commune de sommes payées en l'acquit de celle-ci pour travaux au presbytère, ainsi que des demandes de la commune tendant au remboursement par le maire de sommes payées par la caisse municipale pour travaux non autorisés, ces diverses demandes soulevant la question de savoir si les dépenses dont il s'agit ont été régulièrement faites (Même arrêt).

§ 4. — Des receveurs municipaux et du recouvrement des recettes communales (*Rép.* nos 604 à 611).

439. Les dispositions de l'art. 62 de la loi de 1837 rapportées au *Rép.* no 604 sur les attributions des receveurs municipaux sont textuellement reproduites dans l'art. 153 de la loi de 1884.

Quoiqu'aux termes de cet article, le receveur municipal soit seul et sous sa responsabilité chargé du recouvrement des recettes et du payement des dépenses communales, certaines perceptions n'entrent dans sa caisse que par l'intermédiaire d'agents spéciaux. Il en est ainsi des droits d'octroi perçus aux portes des villes par des préposés spéciaux (Instr. gén. des finances 20 juin 1859, art. 919), et souvent aussi des droits de location dans les halles, marchés et abattoirs, des droits de stationnement sur la voie publique, de péage, pesage, mesurage et jaugeage (Même instruction, art. 925 et 926). Le produit des actes de l'état civil est encaissé par les employés de la mairie. Le receveur municipal est responsable de ces divers agents. à moins qu'il ne soit établi que leur intervention et son contrôle ont été systématiquement écartés (C. des comptes, 28 avr. 1869 (2); Morgand, t. 2, p. 479).

---

(1) (De Grammont.) — Le conseil d'Etat, etc...; — Vu la loi du 18 juill. 1837, art. 33, 39, 60, 64 et 66; — Vu la loi des 7-14 oct. 1790;... — Sur la compétence : — Considérant que, pour statuer sur le litige existant entre le sieur de Grammont et la commune de Villersexel, le conseil de préfecture de la Haute-Saône s'est déclaré compétent par le motif que le sieur de Grammont s'était ingéré dans le maniement des deniers de ladite commune, et que, dès lors, il lui appartiendrait d'apurer ses comptes de gestion en vertu des art. 64 et 66 de la loi du 18 juill. 1837; — Considérant que, par son arrêt susvisé du 20 août 1867, qui n'a été devant nous l'objet d'aucun recours, la cour des comptes a déclaré qu'il ne résultait pas des faits de la cause que le sieur de Grammont se fût ingéré dans le maniement des deniers de la commune de Villersexel; qu'il suit de là que le conseil de préfecture de la Haute-Saône ne pouvait tirer sa compétence des dispositions précitées de la loi du 18 juill. 1837, pour connaître du litige dont il s'agit;

En ce qui touche la demande du sieur de Grammont relative aux intérêts de la somme de 23184 fr. dont la commune de Villersexel a été reconnue débitrice envers lui par délibération du conseil municipal du 20 déc. 1864 : — Considérant que la contestation pendante entre le sieur de Grammont et la commune de Villersexel porte sur les points de savoir : 1o si la dette de la commune, qui a été reconnue par la délibération précitée, devait produire intérêts au profit du sieur de Grammont, soit en vertu du texte de cette délibération, soit en vertu de l'art. 2001 c. nap.; — 2o si, en admettant que cette dette fût productive d'intérêts, la novation qui en a été opérée par la convention nouvelle que la commune a été autorisée, par le décret du 18 sept. 1865, à passer avec le sieur de Grammont pour le remboursement des avances de ce dernier, s'applique non seulement au capital de ladite dette, mais encore aux intérêts échus de ce capital; que ces questions sont des questions de droit civil sur lesquelles il ne peut appartenir qu'à l'autorité judiciaire de statuer, et que le débat

ne soulève, quant à présent, aucune question préjudicielle dont la connaissance appartiendrait à l'autorité administrative;

En ce qui touche : 1o la demande du sieur de Grammont tendant au remboursement par la commune de Villersexel de la somme de 107 fr. 56 qu'il aurait payée en l'acquit de la commune pour travaux exécutés au presbytère; 2o les demandes de la commune de Villersexel tendant au remboursement par le sieur de Grammont des sommes de 453 fr. 50 et de 378 fr. 50 payées par la caisse municipale pour des travaux exécutés en dehors de l'autorisation du conseil municipal : — Considérant que ces diverses demandes soulèvent la question de savoir si les dépenses auxquelles se rapportent les sommes litigieuses ont été régulièrement faites, et que c'est au préfet qu'il appartient de statuer sur cette question, en vertu du pouvoir que la loi lui confère de régler le budget de la commune et d'approuver définitivement les comptes d'administration du maire; qu'au cas où le préfet reconnaîtrait que la somme que le sieur de Grammont prétend avoir payée pour le compte de la commune a été réellement employée pour acquitter une dépense régulièrement faite, et où la commune se refuserait à en opérer le remboursement, il appartiendrait encore au préfet, après l'accomplissement des formalités prescrites par la loi, d'ordonner l'inscription d'office au budget de la commune de la somme nécessaire pour assurer ce remboursement; que, quant aux sommes qui seraient reconnues avoir été payées par la caisse municipale sur des mandats délivrés par le sieur de Grammont, en sa qualité de maire, pour des dépenses qui n'auraient été ni votées par le conseil municipal, ni inscrites d'office au budget de la commune, c'est devant l'autorité judiciaire que devraient être portées les difficultés qui s'élèveraient entre la commune et le sieur de Grammont pour le recouvrement de ces sommes.

Du 22 août 1868.-Cons. d'Et.-MM. David, rap.-de Belbeuf, concl.-Diard et Brugnon, av.

(2) (Commune de B...) — La cour; — Vu le compte de la

440. Les obligations imposées aux receveurs municipaux pour le recouvrement des revenus des communes sont énumérées dans l'art. 518 du décret du 31 mai 1862 dont les dispositions sont conformes à celles de l'art. 470 de l'ordonnance du 31 mai 1838 rapportées au *Rép.* n° 605.

441. Comme sous la législation antérieure, le percepteur remplit d'ordinaire les fonctions de receveur municipal (art. 156). Néanmoins nous avons dit (*Rép.* n° 606) que, sous la loi de 1837, dans les communes dont le revenu excédait 30000 fr., ces fonctions étaient confiées, si le conseil municipal le demandait, à un receveur spécial nommé par le chef de l'Etat sur trois candidats désignés par le conseil. Cette disposition a été modifiée par l'art. 5 du décret du 25 mars 1852, qui a attribué aux préfets la nomination des receveurs municipaux dans les villes dont le revenu ne dépasse pas trois cent mille francs. L'art. 156 de la loi de 1884 a maintenu ce système.

Le texte de l'art. 156, tel qu'il a été modifié par le Sénat, indique formellement que pour déterminer ce chiffre minimum de 30000 fr. de revenu exigé par l'art. 156, il ne faut considérer que les *revenus ordinaires*. C'est le maintien de la législation antérieure et de l'interprétation qu'elle avait reçue dans l'instruction générale des finances du 20 juin 1859 (art. 1217). L'art. 156 contient, toutefois, un paragraphe nouveau. Il porte qu'en cas de refus de la part de l'autorité supérieure d'agréer l'un des trois candidats au poste de receveur municipal présentés par le conseil municipal, ce conseil sera tenu de faire des présentations nouvelles. Le texte primitif portait : *refus motivé*. Il a été modifié sur l'observation de M. de Gavardic qu'il y aurait de graves inconvénients à obliger l'administration à motiver des décisions de cette nature.

442. On a vu au *Rép.* n° 607 que les receveurs municipaux sont assujettis au dépôt d'un cautionnement qui a varié plusieurs fois. Le taux en est aujourd'hui fixé par la loi du 27 févr. 1884 (D. P. 84. 4. 95). Aux termes de cette loi (art. 2), les percepteurs et les percepteurs-receveurs municipaux (sauf deux exceptions pour Paris et pour la Corse) doivent fournir un cautionnement égal à trois fois le montant des émoluments payés par le Trésor, les communes et les établissements de bienfaisance. Quant aux receveurs municipaux spéciaux, ils sont divisés en trois classes : 1° ceux dont le traitement est supérieur à 10000 fr. devront fournir un cautionnement fixé à sept fois et demie le montant de leur traitement, avec faculté de fournir en rentes sur l'Etat la portion excédant 40000 fr. ; 2° ceux dont le traitement est supérieur à 5000 fr. devront fournir un cautionnement fixé à six fois et demie le montant de leur traitement avec faculté de fournir en rentes sur l'Etat la portion excédant 20000 fr. ; 3° tous les autres receveurs devront fournir un cautionnement fixé à quatre fois et demie le montant de leur traitement, avec faculté de fournir en rentes sur l'Etat .a portion excédant 10000 fr.

gestion du sieur C... receveur de la commune de B... pendant l'année 1864 ; — Vu l'arrêté provisoire rendu sur ce compte à la date du... et l'arrêt définitif en date de ce jour ; — Considérant que ledit compte et desdits arrêts, il résulte la preuve d'une gestion des produits et revenus de l'établissement communal des bains de mer de cette ville, exploité en régie simple par un agent comptable spécial revêtu du titre de caissier, lequel n'a versé à la caisse municipale que le montant de ses excédants de recette disponible ; — Attendu que la responsabilité du receveur C..., engagée provisoirement sur ce point par l'arrêt précité du... se trouve, dès à présent, dégagée, par suite de l'instruction établissant que le caissier des bains a été chargé par des règlements municipaux, non seulement de la perception des produits, mais encore du payement de la plus grande partie des frais de régie et d'exploitation, le receveur municipal se trouvant ainsi transformé en un simple agent de centralisation matérielle...

Considérant que le caissier de l'établissement des bains de mer de B... pouvait être régulièrement nommé et autorisé par le maire à effectuer la perception des produits, sous le contrôle et la responsabilité du receveur municipal ;

Mais, considérant les explications et documents fournis à l'appréciation de la cour tant par le sieur C... que par le maire de B.... démontrent que les frais d'exploitation directement ordonnancés sur la caisse particulière de l'établissement de bains ont été et sont encore acquittés par elle à titre définitif sans aucune intervention du receveur municipal ; — Que les prélèvements ainsi opérés, conformément à un arrêté du maire, avant toute application des poursuites au budget, engagent exclusivement la responsabilité

443. Conformément à ce qui a été dit au *Rép.* n° 610, toutes les recettes municipales pour lesquelles les lois et règlements n'ont pas prescrit un mode spécial de recouvrement s'effectuent sur les états dressés par le maire, qui sont exécutoires après avoir été visés par le préfet ou le sous-préfet (art. 154). C'est au maire seul qu'appartient le droit de dresser les états de recouvrement de ces recettes; et aucune disposition n'autorise le préfet à se substituer au maire dans l'exercice de cette attribution, sauf le cas où il agirait au lieu et place du maire en vertu de l'art. 85 (Cons. d'Et. 22 août 1868)(1).

444. Ce mode de recouvrement s'applique notamment aux droits de voirie (autres que les taxes de pavage, de balayage et de trottoirs, qui sont recouvrées dans la forme des contributions publiques) et aux droits de stationnement.

L'art. 154 s'applique même à des créances qui ne seraient pas constatées par un titre, et la saisie faite en vertu de l'état dressé par le maire est régulière (Civ. rej. 2 juill. 1850, aff. Bouillaud, D. P. 50. 1. 268).

Une quête, faite dans une église, par un curé ou avec son agrément, n'est pas une recette municipale ; dès lors, le mode exceptionnel de recouvrement autorisé par l'art. 154 ne pourrait être employé pour contraindre le curé à verser au bureau de bienfaisance le produit de cette quête (Caen, 12 janv. 1884, aff. Gouville, D. P. 82. 2. 57).

445. Les contestations auxquelles donne lieu le recouvrement de ces droits sont du ressort des tribunaux judiciaires (Cons. d'Et. 2 août 1854, aff. Brettmayer, D. P. 55. 3. 36; 19 mai 1865, aff. Barthélemy, D. P. 66. 3. 59; 30 avr. 1867, aff. Candas, D. P. 68. 3. 92; 19 févr. 1868, aff. Chemin de fer d'Orléans, D. P. 69. 3. 17; 28 févr. 1879, aff. Comp. générale des omnibus, D. P. 79. 3. 57 ; 26 mars 1886, aff. Michaut, D. P. 87. 3. 90).

Lorsqu'il est formé opposition à l'état de recouvrement, les tribunaux statuent sur l'opposition dans la forme des affaires sommaires et le maire peut défendre à l'action en vertu d'une simple délibération du conseil municipal, sans l'autorisation du conseil de préfecture (art. 154).

§ 5. — Acquittement des dépenses communales
(*Rép.* nos 612 à 618).

446. Les dispositions de l'ordonnance du 23 avr. 1823, art. 4, rapportées au *Rép.* nos 612 et 617, qui déterminaient les obligations imposées aux receveurs municipaux pour le payement des dépenses communales, ont été reproduites par l'art. 520 du décret du 31 mai 1862.

En dehors des cas prévus par cet article, l'instruction générale des finances (art. 1000) autorise les receveurs municipaux à se refuser à acquitter les mandats ou à en retarder le payement lorsque, par suite de retards dans les recouvrements des produits, il y aurait insuffisance de fonds dans la caisse communale (Morgand, t. 2, p. 481).

de l'agent que la effectués et auquel on ne pourrait, dès lors, reconnaître le caractère d'un comptable subordonné, et, qu'au surplus, le susdit arrêté du maire attache expressément aux fonctions de caissier du Casino et des dépendances une responsabilité analogue à celle du receveur municipal....
Du 28 avr. 1869.-C. des comptes.

(1) (Duvallet.) — NAPOLÉON, etc. ; — Vu la loi des 7-14 oct. 1790 et celle du 18 juill. 1837, art. 63 ; — Considérant qu'aux termes de l'art. 63 de la loi du 18 juill. 1837, les recettes municipales pour lesquelles les lois et règlements n'ont pas prescrit un mode spécial de recouvrement s'effectuent sur les états dressés par les maires et qui sont exécutoires lorsqu'ils ont été visés par les sous-préfets; qu'aucune disposition de loi n'autorise les préfets à se substituer aux maires dans l'exercice de cette attribution; qu'il suit de là que le préfet du 7 févr. 1867, nous avons décidé que le préfet de l'Eure avait commis un excès de pouvoirs en ordonnant au profit du sieur Duvallet la somme de 500 francs, représentant le prix de travaux de pavage exécutés par ledit sieur Duvallet dans l'intérieur de l'église de Saint-Denys-des-Monts, il n'appartenait pas au préfet, sous prétexte d'exécution de notre dit décret, d'ordonner au sieur Duvallet de reverser la somme dont il s'agit dans la caisse de la commune de Saint-Denys-des-Monts :
Art. 1er. L'arrêté du préfet de l'Eure, du 26 févr. 1867, est annulé.
Du 22 août 1868.-Cons. d'Et.-MM. de Chazelles, rap.-Bayard, concl.

447. Les écritures des receveurs municipaux spéciaux sont tenues en partie double ; celles des percepteurs receveurs en partie simple (Instr. gén. fin. art. 1540). Elles nécessitent l'emploi des livres énumérés au *Rép.* n° 618, d'après l'art. 473 de l'ordonnance du 13 mai 1838 reproduit par l'art. 521 du décret du 31 mai 1862.

§ 6. — Comptes des receveurs municipaux
(*Rép.* n°s 619 à 630).

448. Conformément à ce qui a été exposé au *Rép.* n° 619, le compte de gestion du receveur municipal doit, aux termes de l'art. 523 du décret du 31 mai 1862, être soumis au conseil municipal dans la session ordinaire du mois de mai. Le compte comprend : 1° la situation du comptable au commencement de chaque gestion ; 2° les recettes et dépenses de toute nature effectuées dans le cours de cette gestion ; 3° la situation du comptable à la fin de la gestion, avec l'indication des valeurs en caisse et en portefeuille composant son reliquat (Décr. 31 mai 1862, art. 23 et 523). La formule des comptes de gestion a été insérée comme annexe à la circulaire sur la comptabilité publique du 30 janv. 1866 (*Bulletin du ministère de l'intérieur*, 1866, p. 119 ; Morgand, t. 2, p. 497).

449. Les dispositions de l'art. 68 de la loi de 1837, rapportées au *Rép.* n° 621, sur les pénalités encourues par les receveurs qui n'ont pas remis leurs comptes dans les délais légaux, sont reproduites dans l'art. 159 de la loi de 1884. Toutefois la rédaction en a été sensiblement modifiée dans le dernier paragraphe de cet article, sur la demande de la commission du Sénat. La contrainte par corps qu'autorisait la loi de 1837 pour le recouvrement des amendes, étant aujourd'hui supprimée, sauf en matière criminelle, correctionnelle ou de simple police, il ne reste plus que l'exécution par la voie civile. L'amende étant assimilée aux débets des comptables du Trésor public, l'autorité compétente pour la remise gracieuse des débets le sera également dans l'hypothèse de l'art. 159 pour la remise gracieuse des amendes. Cette remise aura donc lieu, en vertu d'un décret publié au *Journal officiel* sur le rapport du ministre de l'intérieur et sur l'avis du ministre des finances et du conseil d'Etat. Quoique le chef de l'Etat ait le droit de grâce, il ne pourra, à raison de l'assimilation des amendes aux débets des comptables du Trésor public, accorder la remise sans les formalités préalables ci-dessus énumérées (D. P. 84. 4. 66, note 159).

450. Ainsi que nous l'avons dit au *Rép.* n°s 621 et 622, le conseil municipal débat et arrête le compte, sauf règlement définitif par le conseil de préfecture ou par la cour des comptes, suivant que les revenus ordinaires de la commune dans les trois dernières années excèdent ou non 30000 fr. Le décret du 20 janv. 1858 (D. P. 58. 4. 12) avait fixé pour l'Algérie la limite de la compétence des conseils de préfecture à 50000 fr. au lieu de 30000 fr. Mais cette disposition doit être considérée comme abrogée, la loi nouvelle n'apportant, en ce qui concerne l'Algérie, aucune exception à la règle générale.

451. L'art. 157, pour mieux préciser comment se calculent les revenus d'après lesquels doit être déterminée la juridiction compétente, indique que l'on doit prendre pour base *les revenus ordinaires des trois dernières années*. Cette rédaction a été adoptée par le Sénat sur la demande de MM. Faye et Batbie. D'après plusieurs arrêts de la cour des comptes rapportés par M. Morgand, t. 2, p. 499, on ne doit faire entrer dans le calcul des revenus ordinaires que les perceptions ayant un caractère permanent ; par suite, le produit des centimes pour insuffisance de revenus ne doit y être compris que si ces ressources ont été employées à l'acquit de dépenses obligatoires ou facultatives annuelles (C. des comptes, 14 févr. 1876, commune de Milly, 11 févr. 1879, commune de Roncq, 11 mars 1879, commune de Marcq-en-Barœul).

Conformément à ce qui a été dit au *Rép.* n° 624, c'est au préfet qu'il appartient, lorsque les revenus d'une commune ont dépassé 30000 fr. pendant trois années consécutives, de prendre un arrêté pour déférer le comptable à la cour des comptes (Décr. 31 mai 1862, art. 529). Cet arrêté doit être accompagné des trois derniers comptes jugés (Circ. min. int. 1er sept. 1865, Morgand, t. 2, p. 499).

452. Les communes, les comptables et les ministres de l'intérieur et des finances peuvent, aux termes de l'art. 530 du décret du 31 mai 1862 et de l'art. 1566 de l'instruction générale du 20 juin 1859, se pourvoir en appel devant la cour des comptes contre tout arrêté de compte définitif rendu par les conseils de préfecture. Les arrêtés par lesquels ces conseils apurent les comptes des receveurs municipaux des communes dont le revenu n'excède pas 30000 fr., ne peuvent être déférés qu'à la cour des comptes, et dès lors, les pourvois formés contre ces arrêtés devant le conseil d'Etat sont non recevables (Cons. d'Et. 21 avr. 1882, aff. de Bercegal, D. P. 83. 3. 102).

453. Aux termes de la loi du 5 avr. 1884, conforme à l'art. 67 de la loi de 1837, la responsabilité des receveurs municipaux et les formes de la comptabilité des communes sont déterminées par des règlements d'administration publique. Les receveurs municipaux sont assujettis pour l'exécution de ces règlements à la surveillance des receveurs des finances.

Ainsi qu'on l'a vu au *Rép.* n° 630, dans les communes où les fonctions de receveur municipal et de percepteur sont réunies, la gestion du comptable est placée sous la responsabilité du receveur des finances d'après les conditions déterminées par un règlement d'administration publique. En conséquence, en cas de déficit ou de débet constaté soit par des vérifications de caisse, soit par des arrêtés d'apurement de comptes, le receveur des finances de l'arrondissement est tenu d'en couvrir le montant sur ses fonds personnels (*Rép.* v° *Trésor public*, n° 881 ; Décr. 31 mai 1862, art. 545). Toutefois, aux termes de ce dernier article, si le déficit provient de force majeure ou de circonstances indépendantes de la surveillance, le receveur des finances peut obtenir la décharge de sa responsabilité ; dans ce cas, il a droit au remboursement, en capital et intérêts, des sommes dont il a fait l'avance. Le ministre des finances prononce sur les demandes en décharge de responsabilité, après avoir pris l'avis du ministre de l'intérieur et celui de la section des finances du conseil d'Etat, sauf appel au conseil d'Etat jugeant au contentieux.

454. L'art. 67 de la loi du 18 juill. 1837 prescrivait, ainsi que le fait l'art. 158 de la loi nouvelle, de la manière la plus explicite et la plus impérative, que des règlements d'administration publique détermineraient la responsabilité des receveurs municipaux et les formes de la comptabilité des communes. Il n'a pas été tenu compte de cette injonction du législateur et il existe sur ce point important une lacune regrettable. L'art. 158 a ajouté à la disposition de l'art. 67 de la loi de 1837 une phrase d'après laquelle la responsabilité des receveurs des finances, en ce qui concerne la gestion des receveurs percepteurs, doit être également déterminée par ce règlement d'administration publique. Cette responsabilité est réglée aujourd'hui par l'ordonnance du 17 déc. 1837 ; quant à celle des receveurs municipaux, elle n'est déterminée que par la loi du 31 mai 1862, qui n'a pas été rendue en conseil d'Etat, et par l'instruction générale du 20 juin 1859, dont l'autorité légale peut être contestée. Il est donc à désirer, ainsi que M. le procureur général Audibert en exprimait le vœu à l'audience de rentrée de la cour des comptes du 8 nov. 1884, « que ces dispositions et toutes celles qui touchent aux intérêts respectifs des communes et des comptables soient l'objet d'un règlement d'administration publique ayant la force légale que lui prêterait la délégation donnée en cette matière au Gouvernement » (V. Morgand, t. 2, p. 512).

CHAP. 4. — Des règlements et arrêtés municipaux
(*Rép.* n°s 631 à 1355).

ART. 1er. — *Des personnes qui peuvent prendre des arrêtés de police* (*Rép.* n°s 632 à 640).

455. Ainsi que le portait l'art. 11 de la loi de 1837 rapporté au *Rép.* n° 632, l'art. 94 de la loi du 5 avr. 1884 reconnaît aux maires le droit de prendre des arrêtés à l'effet : 1° d'ordonner les mesures locales sur les objets confiés par les lois à leur vigilance et à leur autorité ; 2° de publier de nouveau les lois et les règlements de police, et de rappeler les citoyens à leur observation.

456. On a vu au *Rép.* n° 633, que, sous l'empire de la loi de 1837, aucun agent du Gouvernement ne pouvait prendre un arrêté rentrant dans les attributions du maire. La question de savoir si le préfet pouvait, en cas de refus du maire, faire un règlement dans une commune, avait, à l'origine, été controversée. D'après un avis du conseil d'Etat et une circulaire conforme de M. Rémusat, ministre de l'intérieur du 1er juill. 1840, que nous avons citée au *Rép.* n° 633, ce droit avait paru pouvoir être attribué au préfet, en vertu de l'art. 15 de la loi de 1837, lorsque l'autorité municipale restait inactive malgré la réquisition de l'autorité supérieure. Mais cette interprétation n'avait pas prévalu, et la jurisprudence n'avait reconnu aux préfets le droit de faire des règlements de police qu'autant que ces règlements seraient également applicables dans toutes les communes du département et qu'ils auraient pour objet des mesures de sûreté générale et de sécurité publique. La cour de cassation décidait, en conséquence, qu'on devait considérer comme illégal et obligatoire: 1° l'arrêté par lequel un préfet faisait défense de couvrir les toits en chaume dans toute l'étendue du département (Crim. cass. 12 sept. 1845, aff. Hospices de Fougerolles, D. P. 45. 1. 383); — 2° Celui par lequel un préfet interdisait de faire des dépôts de fumiers dans les cours des maisons de toutes les communes du département (Crim. cass. 19 janv. 1856, aff. Normand, D. P. 56. 1. 140); — 3° Celui par lequel un préfet réglementait la police des débits de boissons dans toute l'étendue du département (Crim. cass. 26 janv. 1856, aff. Lefèvre, D. P. 56. 5. 347); — 4° L'arrêté préfectoral réglementant dans tout le département la profession de guides dans l'intérêt de la sûreté des voyageurs (Crim. rej. 28 déc. 1866, D. P. 74. 1. 452, note 1; Crim. cass. 10 janv. 1874, aff. Jacquet, D. P. 74. 1. 452. V. conf. Blanche, *Etudes sur le code pénal*, t. 7, p. 309); — 5° L'arrêté défendant dans tout le département de laisser errer des chiens sans muselière (Crim. cass. 15 nov. 1856, aff. Picon, D. P. 56. 5. 388; 17 janv. 1868, aff. Prat, D. P. 68. 1. 363); — 6° Celui qui subordonnait dans toutes les communes du département l'ouverture des bals publics à la permission du maire (Crim. rej. 6 juill. et 3 août 1867, aff. Amiel et Gigon, D. P. 68. 1. 284. V. Circ. min. int. 3 nov. 1867, D. P. 68. 3. 21). Mais la jurisprudence considérait au contraire comme illégaux les règlements de police municipale faits par les préfets pour toutes les communes du département, mais n'ayant pas pour objet des mesures intéressant la sûreté générale (Crim. rej. 14 déc. 1847, aff. Crassus, D. P. 68. 1. 285). Il en était ainsi: 1° d'un règlement général de police municipale et rurale destiné à compléter les arrêtés municipaux, insuffisants ou tombés en désuétude, dans celles de ses dispositions qui avaient le caractère de mesures purement locales (Même arrêt); — 2° D'un règlement imposant aux détenteurs de voitures de place, comme conséquence d'un droit de stationnement imposé par l'autorité municipale, l'obligation de se tenir à la disposition des voyageurs pour un prix déterminé (Crim. cass. 27 févr. 1875, aff. Sylva, D. P. 76. 1. 283), ou de leur remettre des cartes contenant certaines indications (Crim. cass. 21 juill. 1876, aff. Ben Abou, D. P. 77. 1. 142). Il était également reconnu que le règlement par lequel un préfet se substituait au maire pour ordonner dans une seule commune des mesures locales sur des objets confiés à la vigilance de l'autorité municipale était illégal et non obligatoire (Crim. rej. 23 sept. 1853, aff. Binet, D. P. 54. 5. 576; 27 janv. 1854, aff. Brun, D. P. 54. 1. 134. V. *Rép.* v° *Organisation administrative*, n° 248; *Règlement administratif*, n° 69).

457. L'art. 99 de la loi du 5 avr. 1884 a consacré en cette matière d'importantes innovations. D'après cet article, « les pouvoirs qui appartiennent au maire en vertu de l'art. 91 ne font pas obstacle au droit du préfet de prendre, pour toutes les communes du département ou plusieurs d'entre elles, et dans tous les cas où il n'y aurait pas été pourvu par les autorités municipales, toutes mesures relatives au maintien de la salubrité, de la sûreté et de la tranquillité publiques. Ce droit ne pourra être exercé par le préfet à l'égard d'une seule commune qu'après une mise en demeure au maire restée sans résultat ». Cette rédaction n'a été adoptée qu'après de vives discussions et après avoir subi plusieurs modifications. Aucun texte correspondant à cet article n'existait dans le projet primitif. La commission de la Chambre des députés introduisit entre la première et la

seconde délibération un article qui fut voté sans discussion par la Chambre et qui était ainsi conçu: « Si le maire refuse ou néglige de prendre les mesures exigées par une bonne police municipale ou rurale, le préfet, après une mise en demeure restée sans résultats, y pourvoira selon les circonstances, soit par des arrêtés individuels, soit par des règlements applicables à toutes les communes du département ou à plusieurs de ces communes ». Le rapporteur, M. de Marcère, présentait d'ailleurs cette disposition comme conforme à la jurisprudence de la cour de cassation qui, suivant lui, aurait toujours décidé que les préfets, investis du droit d'approuver ou de réformer les règlements des officiers municipaux sur les objets de police administrative, ont le droit de faire directement des règlements sur ces mêmes objets (D. P. 84. 4. 54, note 99).

La rédaction adoptée par la Chambre fut l'objet de vives critiques au Sénat. La commission la modifia ainsi qu'il suit: « Si le maire refuse ou néglige de prendre les mesures de police municipale ou rurale qui rentrent dans ses attributions, en vertu de l'art. 97, le préfet pourra, après une mise en demeure restée sans résultat, y pourvoir d'urgence. Le préfet ne pourra, en aucun cas, prendre à défaut du maire un arrêté portant règlement permanent ». Malgré l'insistance du commissaire du Gouvernement, et quoique les membres de la commission eussent fait remarquer que le texte proposé n'autorisait que des mesures urgentes et provisoires qui ne pourraient constituer des empiétements regrettables, le Sénat rejeta successivement en première délibération la rédaction de la commission et l'article voté par la Chambre.

Dans la deuxième délibération, la commission proposa le texte actuel de l'art. 99, qui fut adopté définitivement malgré les vives attaques dont il fut l'objet de la part de MM. Oudet et Lenoël. Ces orateurs firent observer que la rédaction nouvelle concédait au préfet pour l'avenir, d'une façon complète et absolue, le droit de partager avec les maires tous les pouvoirs de police municipale et rurale et de sûreté locale, et qu'elle faisait disparaître la sage distinction établie par la cour de cassation entre les mesures de sûreté et d'utilité générale, qui appartiennent au pouvoir de police des préfets, et les mesures locales, qui dépendent exclusivement du pouvoir des maires. M. Waldeck-Rousseau, ministre de l'intérieur, répondit à ces critiques que l'art. 99 n'était que l'application des lois de 1789 et de 1790 et la consécration des règles qui en ont été la suite, et qu'il ne permettrait au préfet de prendre dans la commune des arrêtés de police qu'autant qu'il s'agissait de salubrité et de tranquillité publiques; et il soutint, comme M. de Marcère, cette thèse difficile à défendre, que le nouveau texte n'apportait aucune innovation à la législation et à la jurisprudence existantes. La discussion fut reprise devant la Chambre en troisième délibération. M. Goblet proposa de rédiger ainsi l'article: « Les pouvoirs qui appartiennent au maire en vertu de l'art. 99 ne font pas obstacle au droit du préfet de prendre toutes mesures relatives à la sûreté et à la salubrité générales. » Cet amendement, qui tendait à limiter le droit d'intervention du préfet aux cas où il s'agissait de l'intérêt général, fut repoussé par la Chambre qui vota le texte adopté par le Sénat.

458. Ces explications sur les transformations qu'a subies le texte de l'art. 99 et les débats auxquels il a donné lieu permettent d'apprécier la portée des innovations introduites dans la législation par cet article. Nous avons dit que les préfets, d'après la jurisprudence antérieure, n'avaient le droit de faire des règlements applicables dans tout le département que sur les objets de sûreté générale et de sécurité publique. L'art. 99 a une plus grande extension, puisqu'il autorise le préfet à prendre « toutes mesures relatives au maintien de la *salubrité*, de la sûreté, et de la *tranquillité publique* ». D'après l'ancienne jurisprudence, le préfet ne pouvait faire que des règlements applicables au département tout entier; il semble que les mesures autorisées par l'art. 99 peuvent être prises pour toutes les communes ou pour plusieurs d'entre elles. Toutefois, M. Ducrocq interprète cette disposition en ce sens que, sur toutes les matières sur lesquelles la jurisprudence ancienne reconnaissait aux préfets le droit de faire des règlements, ils ne peuvent toujours faire que des règlements applicables au département tout entier, et que l'art. 99 n'ajoute aux attributions préfectorales que sur les points négligés par les administrations

municipales et rentrant, par conséquent, dans leurs attributions (p. 72).

La troisième innovation consacrée par cet article consiste dans le droit conféré aux préfets de faire des règlements, soit temporaires, soit permanents pour une seule commune. Dans ce cas seulement, le préfet est obligé d'adresser au maire une mise en demeure préalable. Le projet de loi municipale préparé en 1851, et dont M. de Vatimesnil était le rapporteur, contenait une disposition analogue à celle de l'art. 99; mais elle n'admettait aucun cas où la prérogative du préfet pût s'exercer sans une mise en demeure aux administrations municipales d'avoir à agir elles-mêmes (Ducrocq, p. 76).

459. Il semble résulter de la circulaire ministérielle du 15 mai 1884 que le pouvoir attribué au préfet de faire un règlement de police applicable à une seule commune ne doit s'exercer que lorsque la mesure à laquelle il s'agit de pourvoir présente un caractère d'utilité générale dépassant les limites d'une circonscription communale. Suivant M. Ducrocq, p. 78, et M. Morgand, t. 2, p. 110, note 1, cette interprétation apporterait à l'art. 99 une restriction qui ne résulte ni de son texte, ni de son esprit. Ces auteurs pensent, avec raison suivant nous, que toutes les fois qu'une mesure intéresse la salubrité, la sûreté et la tranquillité publiques, le préfet, en cas d'inaction du maire, peut agir à la place du maire aussi bien dans une commune que dans plusieurs, sous la seule différence de la mise en demeure qui n'est exigée que lorsque le préfet n'agit que dans une seule commune.

460. Il résulte de ce qui précède qu'aujourd'hui, comme avant la loi de 1884, le préfet ne peut se substituer aux maires pour la réglementation des intérêts purement locaux. En conséquence, on ne devrait pas regarder comme légal et obligatoire, dans celles de ses dispositions qui auraient le caractère de mesures purement locales, un règlement général de police municipale et rurale pris par un préfet dans le but de rendre uniformes dans le département et de compléter les arrêtés municipaux insuffisants, incomplets ou tombés en désuétude (Crim. rej. 14 déc. 1867, aff. Crassus, D. P. 68. 1. 285). Il en serait de même aujourd'hui : 1° d'un arrêté préfectoral pris pour réglementer la police des engrais (sous la réserve des dispositions de la loi du 4 févr. 1888, sur la répression des fraudes dans le commerce des engrais, D. P. 88. 4. 9. — V. Vente de substances falsifiées), cette matière rentrant dans les attributions exclusives de l'autorité municipale, à laquelle est confiée l'inspection sur la fidélité du débit des marchandises exposées en vente publique (Crim. rej. 18 août 1862, aff. Lozach, D. P. 63. 1. 56; Crim. cass. 6 nov. 1863, aff. Guyet, D. P. 63. 5. 41); et spécialement pour obliger par une mesure applicable à toutes les communes du département, les marchands d'engrais à faire connaître par des écriteaux apposés à leurs marchandises la proportion des matières qui entrent dans leur composition (Mêmes arrêts); — 2° D'un arrêté prescrivant en vue de prévenir les mauvais traitements un mode de transport des animaux destinés à la boucherie (Crim. rej. 28 août 1858, aff. Leray, D. P. 58. 1. 473; Circ. min. int. 20 août 1859, D. P. 61. 1. 296, note 1; Crim. cass. 23 nov. 1860, aff. Guibourg, D. P. 61. 1. 296).

461. En principe, le préfet ne peut prescrire les mesures touchant la police rurale (Cons. d'Et. 30 mars 1867, aff. Leneveu, D. P. 68. 3. 1) : il ne pourrait donc ni prescrire aux habitants de détruire des chardons sur leurs propriétés, une telle mesure n'étant justifiée ni par l'intérêt de la salubrité, ni par celui de la sûreté générale (Civ. rej. 27 janv. 1866, aff. Alliot, D. P. 66. 1. 368), ni imposer aux chevriers l'obligation de munir de clochettes et de muselières les chèvres conduites aux pâturages (Crim. rej. 6 juill. 1866, aff. Khalifa ben Embareck, D. P. 66. 5. 37).

462. Lorsqu'il existe sur la même matière un règlement du maire et un règlement légal du préfet, le règlement départemental emporte abrogation des règlements locaux, sans qu'il soit nécessaire que le règlement du maire ait été abrogé formellement ou que l'exécution en ait été suspendue (Crim. cass. 17 mai 1861, aff. Boileau, D. P. 61. 5. 412). Mais les règlements de police locale qui ne sont pas incompatibles avec les règlements de police départementale doivent être maintenus, à moins qu'il ne soit dit dans l'arrêté de police générale que cet arrêté est substitué complètement aux arrêtés de police municipale (Crim. cass. 16 juin 1854, aff. Bouard, D. P. 54. 5. 639). Ainsi l'arrêté du

préfet qui, postérieurement à un arrêté municipal fixant une heure passé laquelle les consommateurs ne pourront rester dans les cafés ou cabarets ni les maîtres de ces établissements les tenir ouverts, se borne à prescrire la fermeture des cabarets et cafés à une heure plus rapprochée, est réputé ne modifier cet arrêté municipal qu'en ce qui concerne l'injonction faite aux consommateurs de se retirer d'eux-mêmes à l'heure désignée (Même arrêt).

463. On a vu au *Rép.* n° 633 que les actes de l'autorité municipale n'ont force obligatoire qu'autant que, pris dans le cercle des attributions qui lui sont conférées par la loi, ils ne contiennent aucune disposition contraire à une décision de l'administration supérieure. Il en résulte qu'un maire, bien qu'autorisé par l'art. 94 de la loi du 5 avr. 1884 à prendre des mesures locales sur les objets confiés à sa vigilance par les lois et règlements de police, ne peut cependant prendre des arrêtés contraires aux lois et règlements émanés d'autorités supérieures (Crim. cass. 19 juin 1885, aff. Myran, D. P. 86. 1. 280). En conséquence, un arrêté municipal n'est point obligatoire, lorsque son application aurait pour effet de changer un état de choses réglé à plusieurs reprises par des arrêtés préfectoraux en exécution d'une décision ministérielle (Même arrêt). Spécialement, un arrêté par lequel un maire prescrit l'établissement, dans toute habitation, de fosses d'aisances imperméables et voûtées n'est pas applicable à des maisons dont les propriétaires ont été autorisés par l'autorité préfectorale à déverser dans l'égout collecteur parallèle à la façade de leurs immeubles les eaux et immondices provenant de leur habitation (Même arrêt). Il a été jugé, dans le même sens, que le préfet de police ne peut, même dans les matières qui rentrent dans ses attributions, prescrire des mesures contraires aux règlements faits sur ces mêmes matières par le chef de l'Etat (Crim. cass. 31 janv. 1857, aff. Morel-de-Vindé, D. P. 57. 1. 64).

Il a été décidé également, par application du même principe, que le règlement de police municipale par lequel un maire interdit à toute époque la chasse dans les vignes de la commune est entaché d'excès de pouvoir, la loi du 3 mai 1844 ayant reconnu aux propriétaires le droit de chasser sur des terres non dépouillées de leurs récoltes (Cons. d'Et. 29 janv. 1886, aff. Maire de Wassy; *Rec. Cons. d'Etat*, p. 75). — Sur la légalité des arrêtés municipaux qui interdisent la chasse dans les vignes pendant la période des vendanges ou du grapillage, V. *Chasse*, n°s 233 et suiv. — Il en est de même de l'arrêté préfectoral qui interdit l'affichage d'un écrit ne rentrant dans aucun des cas d'exceptions édictés par la loi du 29 juill. 1881 (Cons. d'Et. 2 avr. 1886, aff. Fontenaud, *Rec. Cons. d'Etat*, p. 295).

464. Nous avons dit au *Rép.* n° 639 que, bien qu'en principe, le droit de faire des règlements municipaux appartienne exclusivement aux maires, les conseils municipaux ont le droit de régler le mode de jouissance et de répartition des biens communaux. L'art. 68 de la loi du 5 avr. 1884 leur confère spécialement, comme on l'a vu *supra*, n° 266, le droit de prendre, sous l'approbation du préfet en conseil de préfecture, des délibérations réglementaires relatives à la vaine pâture.

465. On a indiqué au *Rép.* n° 640, que la jurisprudence reconnaissait aux ordonnances du préfet de police force obligatoire dans tout le département de la Seine. La loi du 10 juin 1853 (D. P. 53. 4. 114), a consacré cette jurisprudence en conférant au préfet de police le droit d'exercer dans toutes les communes du département de la Seine les fonctions qui lui sont déférées par l'arrêté des consuls du 12 mess. an 8. Toutefois, les maires des communes suburbaines restent chargés, sous la surveillance du préfet de la Seine, de tout ce qui concerne la petite voirie, la liberté et la sûreté de la voie publique, l'établissement, l'entretien et la conservation des édifices communaux, cimetières, promenades, places, rues et voies publiques ne dépendant pas de la grande voirie, l'éclairage, le balayage, les arrosements, la solidité et la salubrité des constructions privées, les mesures relatives aux incendies, les secours aux noyés, la fixation des mercuriales, l'établissement et la réparation des fontaines, aqueducs, ponts et égouts, les adjudications, marchés et baux (L. 10 juin 1853, art. 2. — V. *Rép.* v° *Ville de Paris*, n°s 46 et 47). La question de savoir si les arrêtés

pris en ces matières par les maires des communes suburbaines sont soumis à l'homologation du préfet de la Seine
ou à celle du préfet de police a été soulevée à l'occasion
d'un pourvoi devant le conseil d'Etat. Elle n'a pas été résolue par le conseil d'Etat. Mais le ministre de l'intérieur a
émis l'avis que cette homologation doit être donnée par le
préfet de la Seine sous la surveillance duquel les maires
des communes suburbaines sont chargés de tout ce qui
concerne la liberté et la sûreté de la voie publique, tandis
que les attributions conférées au préfet de police sur ces
communes ne sont que des pouvoirs généraux (V. Cons.
d'Et. 24 déc. 1886, aff. Compagnie des terrains de la gare
de Saint-Ouen, *Rec. Cons. d'Etat*, p. 915).

466. L'art. 104 de la loi du 5 avr. 1884 donne au préfet
du Rhône, dans les communes de Lyon, Caluire et Cuire,
Oullins, Sainte-Foy, Saint-Rambert, Villeurbane, Vaux-en-
Velin, Bron, Vénissieux et Pierre-Bénite du département du
Rhône, et dans celle de Sathonay du département de l'Ain,
les mêmes attributions que celles qu'exerce le préfet de
police dans les communes suburbaines de la Seine. Toutefois l'art. 105 réserve aux maires, dans les communes
dénommées à l'article précédent, tous les pouvoirs de police
conférés aux administrations municipales par les paragraphes
1er, 4, 5, 6, 7 et 8 de l'art. 97, et les charge en outre du maintien du bon ordre dans les foires, marchés, et réjouissances,
cérémonies publiques, spectacles, jeux, cafés, églises et
autres lieux publics. La rédaction adoptée par la Chambre
des députés portait que les maires de l'agglomération lyonnaise étaient chargés du maintien du bon ordre *dans les
endroits où il se tient de grands rassemblements d'hommes, tels
que* les foires, etc. Le Sénat a modifié cette rédaction de manière
à laisser au préfet la surveillance de toutes les réunions
pouvant présenter quelque danger pour la tranquillité publique. Il résulte de la combinaison de ces articles que les
attributions de police municipale conférées au préfet du
Rhône consistent dans le soin de réprimer les atteintes à la
tranquillité publique, telles que les rixes et disputes, ac-
pagnées d'ameutement dans les rues, le tumulte excité dans
les lieux d'assemblée publique, les attroupements, les bruits
et rassemblements nocturnes qui troublent le repos des
habitants et tous les actes de nature à compromettre la
tranquillité publique, et qu'il surveille également tous les
rassemblements d'hommes qui se produisent, en quelque
circonstance que ce soit (Morgand, t. 2, p. 152).

Art. 2. — *Publication des réglements; Circonscriptions territoriales (Rép. n°s 641 à 657).*

467. Nous avons indiqué *supra*, n°s 218 et suiv., les règles tracées par l'art. 96 de la loi du 5 avr. 1884 pour la publication et la notification des arrêtés municipaux. Cet article
reproduit en les précisant les principes consacrés par la
jurisprudence, ainsi qu'on l'a vu au *Rép.* n°s 641 à 649.
Les formalités prescrites par l'art. 96 nous paraissent devoir être observées à peine de nullité, et les tribunaux refuseraient sans doute la sanction pénale aux arrêtés
qui n'auraient pas été régulièrement publiés, notifiés ou
transcrits, l'article précité ne les déclarant obligatoires
qu'après l'accomplissement de ces formalités (Morgand, p. 36).
468. Lorsqu'un individu prévenu de contravention à un
arrêté municipal oppose le défaut de publicité de cet arrêté,
la preuve de la publication incombe au ministère public;
et, faute de celui-ci d'offrir cette preuve, le juge de police
peut renvoyer le prévenu de la poursuite, en se fondant sur
le défaut de publicité de l'arrêté, sans même faire droit à la
demande du ministère public d'un sursis pour permettre au
prévenu d'établir la non-publicité (Crim. rej. 26 juin 1857,
aff. Fréalle, D. P. 57. 1. 375).
469. La preuve qu'un règlement de police a reçu la
publicité légale sans laquelle il ne pourrait avoir force obligatoire ne résulte pas nécessairement de ce que des condamnations ont déjà été prononcées pour en faire respecter les
prescriptions; nonobstant l'existence de ces condamnations,
le juge de police peut, par une appréciation des faits qui
échappe au contrôle de la cour de cassation, décider que la
formalité de la publication a été omise (Crim. rej. 5 mars
1870, aff. Pozzo di Borgo, D. P. 70. 1. 188).
Il ne suffirait pas non plus, pour donner à l'arrêté force

obligatoire, d'établir que le contrevenant en a eu connaissance personnelle (Crim. rej. 28 févr. 1847, aff. Benac, D. P.
47. 4. 413 ; Crim. cass. 16 nov. 1849, aff. Llondres, D. P. 49.
5. 338) ; ni que l'arrêté a été inséré au *Bulletin administratif*
(Crim. cass. 5 juill. 1845, aff. Lerain, D. P. 45. 1. 377 ;
28 nov. 1845, aff. Gabry, D. P. 46. 4. 62 ; 12 avr. 1861, aff.
Vidon-Gris, D. P. 61. 5. 411).
Mais si cette insertion ne constitue pas une preuve de la
publication, elle établit, comme on l'a vu au *Rép.* n° 646, lorsque
le règlement contient en outre une injonction de le publier
en la forme ordinaire, une présomption légale que cette
publication a eu lieu (Crim. cass. 24 juill. 1852, aff. Catusse,
D. P. 52. 5. 469 ; 24 juin 1851, aff. Coulon, D. P. 61. 5.
412 ; Crim. rej. 8 févr. 1878, aff. Martin, D. P. 79. 1. 139).
Cette présomption ne peut tomber que devant la preuve
contraire, et la seule dénégation du prévenu ne saurait
équivaloir à cette preuve alors même qu'elle n'aurait pas été
contredite par le ministère public (Arrêt précité du 8 févr. 1878).
470. On a exposé au *Rép.* n° 650, que, comme les lois de
police et de sûreté, les règlements municipaux deviennent,
par le fait seul de leur publication, obligatoires pour tous
les individus même étrangers à la commune qui se trouvent
momentanément sur son territoire, sans que ces derniers
soient recevables à prétendre que, domiciliés dans une autre
commune, ils ont ignoré l'existence du règlement auquel ils
ont contrevenu (Crim. cass. 27 févr. 1847, aff. Verdez, D. P.
47. 4. 416.) Il a été décidé, en ce sens, que les règlements sur
la forme et le poids du pain sont obligatoires pour les boulangers de banlieue qui viennent vendre et livrer du pain en
ville comme pour les boulangers établis à l'intérieur (Crim.
cass. 21 août 1862, aff. Leustôme, D. P. 62. 5. 39). De même,
un arrêté municipal concernant les filles publiques est applicable à celles mêmes qui ne sont pas domiciliées dans la
commune (Crim. cass. 17 nov. 1866, aff. Lambinet, D. P.
67. 1. 44). De même encore, un arrêté municipal qui organise
dans une commune d'Algérie un service de patrouilles de
nuit et appelle à ce service tous les colons ou habitants,
contribuables ou possédant des intérêts dans la commune,
est obligatoire pour les étrangers, au même titre et de la
même manière que pour les nationaux (Crim. cass. 12 janv.
1882, aff. Garcia, D. P. 82. 5. 44). Et un sujet espagnol ne
pourrait se soustraire à l'application de ce règlement en
invoquant la convention conclue le 7 janv. 1862 entre la
France et l'Espagne, aux termes de laquelle les Français en
Espagne et les Espagnols en France sont exempts de tout service soit dans l'armée, soit dans la garde nationale (Même arrêt).
471. Mais ainsi qu'on l'a vu au *Rép.* n° 651, les mesures
de police prises par le maire ne peuvent être appliquées en
dehors du territoire de la commune (Crim. cass. 26 févr.
1858, aff. de Suffren, D. P. 58. 5. 311). Ainsi le fait de déversement des eaux d'une usine dans la rivière qui traverse
une commune ne peut, s'il a été accompli en dehors du territoire de celle-ci, être considéré comme violant les dispositions de l'arrêté qui règle dans cette commune le déversement des résidus des usines (Même arrêt), alors même
que l'inconvénient en résultant se ferait sentir dans la
commune soumise à l'arrêté (Crim. cass. 1er juin 1855, aff.
Coquelle, D. P. 55. 1. 300). De même, un règlement qui
fixe le tarif des voitures publiques en dehors des limites de
la commune est sans force obligatoire (Crim. rej. 29 mars
1884, aff. Bonnifay, D. P. 84. 1. 428).
472. En ce qui concerne l'application des mesures de
police urbaine, l'étendue d'une grande ville ne doit pas être
appréciée d'après les limites de son rayon d'octroi, qui n'ont
été fixées qu'en vue d'un intérêt purement fiscal, et, par suite,
elle n'est pas réputée comprendre les bourgs et villages
composant la banlieue (Crim. rej. 4 janv. 1862, aff. Fraize,
D. P. 62. 1. 103). Il a été jugé, dans le même sens, qu'un
règlement pris pour une ville *et ses faubourgs* n'est pas applicable aux habitants des dépendances rurales de la commune (Crim. rej. 7 juill. 1854, aff. Renaud, D. P. 54. 5. 640 ;
1er août 1862, aff. Granger, D. P. 62. 5. 274). A ce point
de vue, la matrice cadastrale fait foi, en ce qui concerne la
question de savoir si une maison est comprise dans la partie
urbaine ou dans les dépendances rurales d'une commune
(Crim. cass. 2 juin 1855, aff. Landry, D. P. 55. 5. 381). Mais
l'interdiction de tout dépôt de paille ou de foin dans une ville,
si ce n'est *extra muros*, est applicable, dans une ville qui

n'a pas d'enceinte, au dépôt situé dans une écurie attenante à une habitation qui se trouve située à l'extrémité et non en dehors de la ville (Crim. cass. 7 mars 1868, aff. Cauro, D. P. 68. 5. 346).

473. Une question délicate est celle de savoir si, dans le cas d'agrandissement d'une commune, les règlements de cette commune deviennent de plein droit obligatoires pour le territoire qui lui est annexé, sans qu'il soit besoin d'une publication nouvelle. Cette question, d'abord résolue négativement par la cour de cassation (Crim. cass. 16 avr. 1858, aff. Lousteau, D. P. 59. 1. 288), a reçu depuis une solution opposée (Crim. cass. 15 févr. 1862, aff. Grandmougin, D. P. 62. 1. 448).

Art. 3. — *De la force obligatoire des règlements municipaux suivant leur nature et dans leurs rapports avec la liberté, la propriété. — Abrogation. — Pénalités, etc.* (*Rép.* n°s 658 à 712).

474. Comme on l'a vu au *Rép.* n° 658, les règlements faits par les maires dans la sphère de leurs attributions sont obligatoires pour les habitants de la commune tant qu'ils n'ont pas été réformés par l'administration supérieure et qu'ils trouvent une sanction pénale dans le paragraphe 15 de l'art. 471 c. pén. Les tribunaux de simple police, chargés d'appliquer aux contrevenants les peines édictées par cet article, ont le droit de vérifier la légalité des règlements dont on leur demande d'assurer l'exécution : mais, ainsi que nous l'avons dit (n° 659), ils ne peuvent sans commettre un excès de pouvoir et sans violer les lois des 16-24 août 1790 et 16 fruct. an 3, se permettre de discuter la convenance de ces règlements et en refuser l'application, sous le prétexte qu'ils seraient nuisibles ou inopportuns (V. conf. Blanche, *Études pratiques sur le code pénal*, t. 7, n° 262, p. 346; Ch. réun. cass. 24 févr. 1858, aff. Anjouvin et Taix, D. P. 58. 1. 256; Crim. cass. 10 mars 1860, aff. Dajon, D. P. 60. 5. 322 ; 9 nov. 1861, aff. Sédillot, D. P. 63. 5. 45; 8 déc. 1865, aff. Desguy, D. P. 69. 5. 335; 11 janv. 1878, aff. Abdalah ben Arbi, D. P. 79. 1. 140). — Il a été décidé, par application de ce principe, que le tribunal de simple police ne peut acquitter un propriétaire poursuivi pour contravention à un arrêté prescrivant le curage des fossés par le motif que le curage dont l'omission a été constatée serait sans effet sur l'écoulement des eaux (Arrêt précité du 9 nov. 1861) ; ni refuser d'assurer l'observation d'un règlement prohibant les lavages dans une rivière en amont d'un point réservé pour l'abreuvage des bestiaux, comme « assurant en réalité un monopole déguisé en faveur d'une industrie privée au préjudice de la généralité des habitants » (Arrêt précité du 8 déc. 1865) ; ni déclarer non obligatoire en Algérie un arrêté réglementaire, dans l'intérêt de la salubrité publique, l'affectation des fontaines d'une commune, sous prétexte qu'il serait contraire aux principes de colonisation et de civilisation (Arrêt précité du 11 janv. 1878).

475. Un tribunal de simple police ne peut pas également, sans excès de pouvoir, se fonder pour acquitter le contrevenant sur les difficultés plus ou moins grandes que présenterait l'exécution d'un règlement municipal, ces difficultés ne constituant pas un cas de force majeure et ne pouvant être prises en considération que par l'autorité administrative elle-même (V. conf. de Champagny, *Traité de police municipale*, t. 1, p. 167; Crim. cass. 3 août 1866, aff. Aymes, D. P. 66. 1. 460 ; Crim. rej. 13 mars 1868, aff. Lesage, D. P. 68. 1.

508 ; Crim. cass. 10 juill. 1868, aff. Raboteau, D. P. 69. 1. 119; 9 avr. 1868, aff. Cannes, D. P. 69. 1. 534; 24 févr. 1881, aff. Moreau, D. P. 81. 1. 336). Il excède notamment ses pouvoirs lorsque, reconnaissant la légalité d'un arrêté qui prescrit l'établissement de fosses d'aisances d'un système déterminé, il déclare cet arrêté inexécutable dans la maison d'un propriétaire poursuivi pour ne pas s'y être soumis, et refuse par ce motif de prononcer contre ce dernier aucune condamnation (Arrêt précité du 10 juill. 1868) ; ou lorsque, saisi d'une contravention à un arrêté interdisant la circulation des voitures dans certaines rues pendant la tenue du marché, il acquitte le contrevenant par le motif qu'il ne pouvait faire autrement que de traverser l'une de ces rues pour aller enfermer sa charrette et son cheval dans son écurie qui s'y trouve située (Arrêt précité du 9 avr. 1868). Par les mêmes motifs, ainsi qu'on l'a dit au *Rép.* n° 659, le juge de police ne peut admettre en pareille matière d'autres excuses que celles qui sont formellement prévues par la loi. Spécialement l'individu autorisé à tenir un bal public à la condition que les volets extérieurs resteraient fermés, et qui a contrevenu à cette disposition, ne peut être relaxé par le motif qu'il lui a été impossible d'empêcher des danseuses suffoquées par la chaleur d'ouvrir ces volets (Crim. cass. 29 nov. 1878, aff. Vidalé, D. P. 79. 1. 192).

476. Mais, ainsi que nous l'avons fait observer (*Rép.* n° 660), il serait inexact de dire que le juge de police ne peut interpréter le règlement municipal dont l'application lui est demandée. En effet, les arrêtés de police pris par les préfets ou les maires, en vertu d'une délégation du pouvoir législatif, participent de la nature de la loi, et les tribunaux chargés de les appliquer ont non seulement le droit mais le devoir d'en rechercher le sens et de les interpréter comme la loi elle-même (Crim. cass. 15 avr. et 10 juin 1864, aff. Guerre et Gide, D. P. 65. 1. 402 ; 22 nov. 1872, aff. Giraud, D. P. 72. 1. 429 ; 29 janv. 1885, aff. Duclou du Teillot, D. P. 86. 1. 43). Ils ne pourraient, en conséquence, sous prétexte d'obscurité, renvoyer les parties à se pourvoir en interprétation devant l'autorité de laquelle émanent les règlements à appliquer (Arrêts précités des 15 avr. et 10 juin 1864) ; ni déclarer sous le même prétexte, qu'il y a lieu d'appliquer au lieu d'un règlement général du préfet invoqué par le ministère public, un règlement local antérieur qui n'a pu conserver de force obligatoire que s'il n'est pas inconciliable avec le règlement général (Arrêt précité du 22 nov. 1872. — V. *Rép.* v° *Lois*, n° 474).

477. Conformément à ce qui a été exposé au *Rép.* n° 661, et à ce que nous avons dit *suprà*, n° 220, les arrêtés réglementaires peuvent être *temporaires* ou *permanents*. Les arrêtés temporaires sont immédiatement exécutoires, sous la seule condition d'avoir été publiés ou notifiés conformément à l'art. 96 (Crim. cass. 10 mars 1883, aff. Bonnefoy, D. P. 83. 1. 430). Ceux qui portent règlement permanent ne sont exécutoires qu'après un délai d'un mois accordé au préfet pour en examiner la légalité ou l'opportunité. Il en était ainsi sous la législation antérieure, alors même que le préfet aurait donné son approbation avant l'expiration du mois (Ch. réun. cass. 21 janv. 1885) (1). Aujourd'hui, en cas d'urgence, le préfet peut autoriser l'exécution immédiate de ces arrêtés. Ils n'ont pas besoin d'être renouvelés chaque année (Crim. cass. 8 août 1846, aff. Beaugrand, D. P. 46. 4. 32 ; 12 janv. 1866, aff. Sureau, D. P. 67. 5. 363).

478. Il y a lieu, comme on l'a vu au *Rép.* n° 662, de

---

(1) (Chouteau.) — La cour; — Sur le moyen unique, tiré de la fausse application et violation de l'art. 471, n° 15, c. pén., et de l'art. 11 de la loi du 18 juill. 1837 : — Vu ledit art. 11, ainsi conçu : «... Les arrêtés pris par le maire sont immédiatement adressés au sous-préfet ; le préfet peut les annuler ou en suspendre l'exécution; ceux de ces arrêtés qui portent règlement permanent ne seront exécutoires qu'un mois après la remise de l'ampliation, constatée par les récépissés donnés par le sous-préfet » ; — Attendu que cette disposition a été édictée, par le législateur de 1837, en termes généraux et absolus; qu'elle ne comporte aucune exception pour les cas où une approbation, même expresse, du préfet serait intervenue avant l'expiration du délai; dès lors, elle ne permet d'attribuer aux règlements de police municipale un caractère obligatoire qu'autant que trente jours au moins se sont écoulés à partir du récépissé donné par le sous-préfet, ou, s'il y a lieu, par le préfet lui-même ; — Attendu, en fait, que Chouteau était

prévenu d'avoir, le 10 févr. 1884, commis une contravention à un arrêté municipal du 30 janv. précédent, relatif à la police des bals publics dans la commune de Loiré; — Attendu que cet arrêté était, de sa nature, un règlement permanent; qu'il ne pouvait donc, en l'état de la législation à cette date, être exécuté le 10 février, bien qu'il eût été, le 8, virtuellement approuvé par une dépêche télégraphique du préfet de la Charente-Inférieure; — Attendu que, dans ces circonstances, en déclarant Chouteau coupable d'y avoir contrevenu, et en le condamnant à 3 fr. d'amende et aux frais, le jugement attaqué a fait une fausse application dudit arrêté ainsi que de l'art. 471, n° 15, c. pén., et a formellement violé l'art. 11 de la loi du 18 juill. 1837; — Casse et annule le jugement rendu par le tribunal de simple police de Saint-Jean-d'Angély, le 22 juill. 1884, le 22 juill. 1884.

Du 21 janv. 1885.-Ch. réun.-MM. Barbier, 1er pr.-Ballot-Beaupré, rap.-Baudouin, proc. gén.

distinguer des mesures de police auxquelles est attachée une sanction pénale, les actes qui ne peuvent donner lieu qu'à une sanction civile, et notamment les contrats passés par des particuliers avec la commune. Ainsi il n'appartient pas au maire de faire fermer, par mesure de police, un kiosque concédé par la commune pour la vente des journaux à raison de l'inexécution des clauses du cahier des charges (Crim. rej. 21 déc. 1877, aff. Deschaumes, D. P. 78. 1. 398). — De même l'arrêté pris par le préfet de police et inséré au cahier des charges d'une compagnie concessionnaire de l'éclairage au gaz, qui porte réduction du prix du gaz, n'a pas le caractère d'un règlement de police, sanctionné par l'art. 471, § 15, c. pén., mais constitue une stipulation ordinaire de la compétence des tribunaux civils (Crim. cass. 24 janv. 1852, aff. Brunton-Piété, D. P. 52. 1. 62). Le cahier des charges qui lie certaines entreprises vis-à-vis d'une commune ou d'une administration publique ne constitue pas davantage un règlement de police; et l'on ne peut voir, par suite, une contravention de la compétence du tribunal de police dans le fait, par un adjudicataire des fournitures de pain à faire à des militaires prisonniers de passage, de délivrer à ces militaires du pain d'un poids inférieur à celui fixé par les clauses de son adjudication; et cet adjudicataire ne peut être condamné à aucune peine lorsqu'il n'existe aucun règlement municipal qui détermine le poids de ces pains, et que ce poids n'est établi que par un règlement du ministre de la guerre inapplicable à l'égard des particuliers (Crim. rej. 25 juill. 1846, aff. Belair, D. P. 46. 4. 440). De même encore l'infraction, par l'adjudicataire des droits de place sur un marché, aux clauses du cahier des charges qui l'obligent à établir et à démonter les bancs des marchands, ne peut donner lieu à des poursuites en simple police, si, en dehors du cahier des charges, aucun arrêté ne réglemente et ne sanctionne les dispositions à prendre à ce sujet pour le maintien de l'ordre sur le marché (Crim. rej. 20 mars 1858, aff. Drouhin, D. P. 69. 5. 333).

479. En règle générale, les arrêtés pris par le maire en qualité d'administrateur des biens de la commune ne doivent pas être assimilés à des règlements de police (V. conf. F. Hélie, *Instruction criminelle*, 2ᵉ éd., t. 5, nᵒˢ 2217 et 2220). Ainsi l'arrêté par lequel le maire d'une ville défend d'élever, dans un certain quartier, les maisons au delà d'une hauteur déterminée, pour assurer aux bâtiments du collège communal plus d'air et de lumière, n'ayant pour objet que l'intérêt du collège, la contravention commise à cet arrêté par l'élévation d'un édifice au-dessus de la hauteur déterminée ne constitue pas une contravention qui tombe sous l'application des dispositions du code pénal (Crim. rej. 23 mai 1846, aff. Voiry, D. P. 46. 4. 442). De même, le refus par un propriétaire d'obtempérer à l'injonction du maire d'avoir à détruire des travaux par lui faits pour conduire ses eaux dans les égouts de la ville, ne peut donner lieu à des poursuites de simple police, si l'injonction du maire ne s'appuyait sur aucun arrêté général antérieur ayant réglementé la police des égouts et n'avait d'autre objet que de sauvegarder une propriété communale (Crim. rej. 1ᵉʳ juill. 1870, aff. Badaroux, D. P. 71. 1. 187). Le tribunal de simple police serait également incompétent pour connaître de la poursuite dirigée contre un habitant qui a refusé d'obtempérer à l'arrêté par lequel le maire lui a enjoint de rendre à leur cours naturel les eaux d'une source prenant naissance dans la propriété de cet habitant et qui serait nécessaire aux besoins d'un hameau, particulièrement d'une maison d'école (Crim. cass. 8 juin 1848, aff. Michot, D. P. 48. 1. 168).

480. Il en est ainsi de tout arrêté municipal pris dans l'intérêt des finances communales, la juridiction répressive n'étant chargée par aucune loi d'assurer la perception des droits que les communes sont autorisées à percevoir. Tel est le cas de l'arrêté pris par le maire pour fixer le tarif des droits de place dans la halle ou le marché (Crim. rej. 27 juin 1867, aff. Blanchard, D. P. 69. 5. 334; Crim. cass. 22 mars 1883, aff. Baraton, D. P. 84. 1. 47); de celui qui fixe le tarif d'un droit de stationnement (Crim. cass. 16 avr. 1863, aff. Clerc, D. P. 65. 1. 44); de celui qui prescrit la perception d'un droit communal sur la vidange des latrines d'un camp (Crim. rej. 7 mars 1857, aff. Drevet, D. P. 57. 1. 184), ou d'une taxe par chaque enlèvement de sables ou autres matériaux

dans un terrain de la commune (Crim. cass. 4 août 1864, aff. Planté, D. P. 65. 1. 44). Il en est de même de la délibération par laquelle un conseil municipal oblige les personnes qui veulent extraire des matériaux d'un terrain communal à demander l'autorisation du maire et à payer un droit (Crim. cass. 26 mars 1886, aff. Claveranne Dus, D. P. 87. 1. 144).

En conséquence, il ne résulte aucune contravention de police du refus, par un marchand, de payer à l'adjudicataire des droits de place ou d'étalage dans un marché le droit qu'il prétend lui être dû (Crim. cass. 9 mars 1854, aff. Forest, D. P. 54. 1. 213; Crim. rej. 22 nov. 1866, aff. Sentenac, D. P. 66. 5. 405); de l'infraction au règlement municipal qui détermine les droits à payer aux fermiers de l'abattoir pour ceux qui tuent des porcs à domicile (Crim. rej. 20 sept. 1851, aff. Sébastien, D. P. 51. 5. 45); de l'infraction au règlement municipal qui détermine les droits à payer aux fermiers d'un abattoir pour abatage d'animaux (Crim. rej. 20 sept. 1851, aff. Bré, D. P. 52. 5. 470); du refus du droit de terrage par un marchand qui a exposé ses marchandises sur un port où la perception du droit a été établie par un arrêté local (Crim. cass. 9 mai 1846, aff. Lechevalier, D. P. 46. 4. 91); de l'infraction au règlement municipal qui détermine le droit à payer par les propriétaires forains pour chaque tête de bétail qu'ils feront paître dans les terrains communaux (Crim. cass. 27 déc. 1851, aff. Fouachon, D. P. 52. 1. 189); de l'infraction à la délibération du conseil municipal sur la vaine-pâture qui, pour fixer la taxe à payer par les propriétaires forains, assujettit ces propriétaires à une déclaration préalable du nombre et de la nature de leur bétail (Crim. rej. 27 déc. 1851, aff. Fouachon, D. P. 52. 5. 555).

481. D'une manière plus générale, les tribunaux de simple police sont incompétents pour connaître des infractions à toute disposition administrative qui n'a pas été prescrite comme mesure réglementaire de police proprement dite et qui, dès lors, n'a pas pour unique sanction les peines édictées par l'art. 471, nᵒ 15, c. pén. Il en est ainsi notamment de l'infraction à un règlement qui subordonne l'exercice de la profession de boulanger à certaines conditions, sous peine d'interdiction absolue ou momentanée (Crim. cass. 7 mars 1856, aff. Harel, D. P. 56. 1. 227). Il a été également jugé que les statuts d'un cercle, alors même qu'ils ont été approuvés par l'autorité préfectorale, ne peuvent être assimilés à un règlement de police sanctionné par les dispositions de l'art. 471 c. pén. et que, par suite, le directeur du cercle qui a laissé le local ouvert après l'heure fixée pour la fermeture par les statuts n'encourt aucune répression (Crim. rej. 26 juill. 1878, aff. Bourges, D. P. 79. 1. 96).

Les lois ne pouvant être assimilées aux règlements faits par l'autorité municipale, la sanction de l'art. 471-15ᵒ ne peut s'attacher à une loi, ni aux dispositions réglementaires d'un décret rendu en exécution d'une loi, lorsque le pouvoir exécutif n'a pas reçu, par voie de délégation du législateur, la mission de faire un tel règlement. En conséquence, le fait d'ouvrir des chapelles domestiques et des oratoires particuliers sans l'autorisation du gouvernement contrairement aux prohibitions de la loi du 18 germin. an 10 et du décret du 22 déc. an 12, échappe à toute répression (Crim. cass. 23 oct. 1886, aff. d'Espinassy, D. P. 87. 1. 505).

482. — I. Règlements municipaux généraux ou individuels. — Ainsi que nous l'avons dit au *Rép.* nᵒ 669, les arrêtés municipaux peuvent être non seulement généraux, mais spéciaux, c'est-à-dire applicables à certaines personnes déterminées, ou même à un seul individu, sous la seule condition qu'ils ne portent pas atteinte au principe d'égalité et qu'ils soient justifiés par un intérêt général (Crim. cass. 10 mars 1860, aff. Dajon, D. P. 60. 5. 322; Crim. rej. 13 mars 1862, aff. Hutin, D. P. 65. 5. 330. V. conf. Morgand, t. 2, p. 27). Il en est ainsi, notamment, lorsque l'objet auquel se rapporte l'arrêté, tel que l'éclairage des rues par un entrepreneur, ne comporte par sa nature qu'une prescription spéciale ou individuelle (Crim. cass. 3 août 1866, aff. Fourcassies, D. P. 66. 1. 449). De même, des arrêtés individuels peuvent être pris par l'autorité municipale, à l'effet de prévenir les infractions qui pourraient être commises à un règlement général : et, spécialement, l'inobservation de l'arrêté par lequel le maire prescrit à un individu de fermer une haie charretière ouverte sur une promenade où un règlement général défend de passer autrement qu'à pied, tombe sous l'application de

l'art. 471, n° 15, c. pén. (Crim. rej. 8 avr. 1852, aff. Maitre, D. P. 52. 5. 43).

483. — II. Respect de la liberté, de l'égalité civile et de la propriété. — On a vu au *Rép.* n° 670, qu'un règlement municipal est illégal et non obligatoire lorsqu'il porte atteinte aux principes de la liberté, de l'égalité civile et de la propriété consacrés et garantis par nos lois. On doit, en conséquence, considérer comme entaché d'excès de pouvoir et contraire au principe de la liberté individuelle l'arrêté municipal, même approuvé par le préfet, portant que les ouvriers de l'un ou de l'autre sexe qui voudront se fixer dans la commune ou s'y mettre en service en qualité d'ouvriers, de domestiques, sous quelque dénomination que ce soit, devront se présenter à la mairie pour y déposer leurs papiers et recevoir en échange une carte de sûreté (Crim. rej. 1er août 1845, aff. Hisson, D. P. 45. 4. 44 ; 1er mai 1863, aff. Thorel, D. P. 63. 1. 265).

484. Les arrêtés municipaux qui porteraient atteinte au principe de la liberté de l'industrie seraient également illégaux et non obligatoires (*Rép.* n° 672). Tel est le cas de la disposition de l'ordonnance de police réglementant les abattoirs d'une ville qui interdit aux marchands qui y font leurs abats de se prêter mutuellement assistance et qui leur impose l'obligation de recourir moyennant rétribution à certains préposés, lorsqu'ils n'opèrent pas les abats par eux-mêmes ou par leurs garçons (Crim. rej. 25 juill. 1850, aff. Lalande, D. P. 51. 5. 41). Il en est de même de l'arrêté municipal qui prescrit à tout brocanteur d'avoir un registre pour y inscrire les objets qu'il aura achetés (Crim. rej. 27 sept. 1851, aff. Léopold, D. P. 51. 5. 40 ; 5 juill. 1860, aff. Faux, D. P. 60. 5. 218).

485. Le maire ne pourrait pas non plus, sans excès de pouvoir, interdire à tous ceux qui exercent des professions bruyantes, tels que des taillandiers-forgerons, de s'établir dans certains quartiers de la ville à moins d'avoir obtenu l'autorisation préalable des voisins (Crim. rej. 18 mars 1847, aff. Laplace, D. P. 47. 4. 315 ; 9 janv. 1857, aff. Vastel, D. P. 57. 5. 202) ; ni soumettre l'exercice de ces professions, relativement au travail de jour, à des conditions incompatibles avec le principe de la liberté de l'industrie, telles que celle de ne faire travailler au marteau que dans des locaux clos de murs en maçonnerie et prenant jour sur la voie publique exclusivement par des ouvertures vitrées et hermétiquement closes (Crim. rej. 29 janv. 1858, aff. Mouquet, D. P. 58. 1. 294 ; Crim. cass. 28 févr. 1867, aff. Blanc, D. P. 67. 1. 511. V. toutefois en sens contraire : Crim. cass. 4 août 1853, aff. Legay, D. P. 53. 1. 262) ; ni subordonner à une autorisation préalable de l'administration municipale l'établissement dans la ville de tout four, forge, usine ou atelier quelconque qui exigeraitdes fourneaux (Crim. rej. 19 févr.1876,aff.Saint-Jean, D. P. 77. 1. 46).

486. La jurisprudence considère également comme contraire au principe de la liberté de l'industrie, et par suite comme non obligatoire, l'arrêté qui prescrit même temporairement aux marchands établis dans la commune de mettre leurs denrées en vente dans un lieu déterminé (Crim. rej. 12 juill. 1849, aff. Benon, D. P. 49. 1. 203); celui qui interdit même aux marchands patentés faisant d'une manière permanente dans la commune le commerce de certaines marchandises, d'exposer en vente ces marchandises, les jours de foire et de marché, ailleurs que sur les emplacements à ce désignés dans la halle (Crim. cass. 5 févr. 1859, aff. Guérin, D. P.

59. 1. 429); celui qui ordonne la suppression intégrale d'un dépôt de marchandises constituant un établissement commercial non classé au nombre des établissements insalubres, incommodes ou dangereux (Crim. rej. 15 juin 1883, aff. Gardair, D. P. 84. 1. 431). — Il a été décidé, dans le même sens, que la disposition d'un arrêté qui interdit les ventes aux enchères publiques des denrées alimentaires dans des locaux autres que ceux qui seront désignés par l'administration municipale est entachée d'excès de pouvoirs comme contraire au principe de la liberté de l'industrie (Cons. d'Et. 9 avr. 1886, aff. Argellier, D. P., 88. 3. 20; 18 mars 1887, aff. Martin, *ibid.*); mais qu'il en est autrement de la disposition portant que le poisson et le gibier entrant en ville pour y être vendus devront être apportés sur le marché et vendus conformément aux prescriptions de l'arrêté, cet article ayant pour but de permettre aux inspecteurs municipaux de vérifier la salubrité des denrées et ne portant pas atteinte aux droits des commissionnaires de vendre leurs denrées selon le mode qui leur convient (Même arrêt du 18 mars 1887).

487. Nous avons dit (*Rép.* n° 680) que le principe de l'égalité civile ne permet pas qu'il soit fait à un citoyen une condition meilleure que celle qui est accordée aux autres; et que, par suite, un maire ne peut dispenser même momentanément un citoyen de l'exécution des règlements municipaux (Crim. cass. 12 déc. 1846, aff. Husson, D. P. 47. 4. 30 ; 8 nov. 1851, aff. Rochet, D. P. 51. 5. 42; 6 janv. 1854, aff. Blanchard, D. P. 54. 1. 168 ; 3 août 1855, aff. Chemin, D. P. 55. 1. 446 ; 19 juin 1857, aff. Liger, D. P. 57. 1. 374; 25 mars 1865, aff. Reboul, D. P. 66. 1. 45 ; 27 avr. 1860, aff. Cucchi, D. P. 67. 5. 361 ; 23 janv. 1875, aff. Vizcoz, D. P. 75. 1. 332; 25 nov. 1882) (1).

488. Conformément à ce qui a été exposé au *Rép.* n° 663, un règlement municipal qui porte atteinte au droit de propriété est sans force obligatoire. Ainsi l'on ne saurait considérer comme obligatoire l'arrêté par lequel un maire, tranchant des questions de propriété, de servitude et de préjudice dont la connaissance est réservée aux tribunaux civils, enjoint à des propriétaires de supprimer des barrières qui empêchent leurs voisins de jouir librement de leurs propriétés et de la vaine pâture (Crim. cass. 28 mars 1862, aff. Goutant, D. P. 63. 5. 319). De même, l'autorité municipale ne peut, dans les mesures qu'elle prescrit pour sauvegarder les intérêts confiés à sa vigilance, et notamment dans celles qui ont pour objet le maintien de la salubrité publique, porter atteinte au droit de propriété, soit en méconnaissant directement ou indirectement l'existence de ce droit, soit en en limitant l'étendue, soit en réglant le mode selon lequel il doit être exercé (Crim. cass. 2 août 1866, aff. Fayard, D. P. 66. 1. 464). En conséquence, est illégal l'arrêté par lequel le maire ordonne au propriétaire d'un établissement thermal de remplacer le fossé au moyen duquel les eaux de l'établissement s'écoulent vers un étang voisin par une rigole muraillée et pavée, qu'il devra entretenir et nettoyer, et cela sans tenir compte de ce que la construction de cette rigole devrait avoir lieu sur des terrains inférieurs appartenant à des tiers, et qui soulève ainsi des questions de propriété et de nature à être débattues entre la commune et les riverains (Même arrêt).

On doit également considérer comme illégal : 1° l'arrêté qui, sous prétexte de police rurale, interdit à toute personne, même aux cultivateurs dans leurs propriétés, d'aller

---

(1) (Ibre.) — La cour ; — Attendu qu'un arrêté légalement pris par le maire de Nérac, le 1er déc. 1874, prescrivait, dans son art. 11, que les cafés et cabarets devraient être fermés tous les jours à 11 heures du soir; que le sieur Ibre a été traduit devant le tribunal de simple police comme ayant contrevenu à cet arrêté, un procès-verbal constatant que, le 20 août 1882, son établissement de cafetier était encore ouvert à minuit ; — Attendu que le jugement attaqué l'a relaxé des poursuites en se fondant : 1° sur ce qu'aucun agent ne s'était, ledit jour, présenté à son domicile pour lui déclarer qu'il se trouvait en contravention, et qu'un procès-verbal était dressé contre lui ; 2° sur ce qu'il produisait une autorisation du maire de Nérac, aux termes de laquelle il pouvait, ledit jour, tenir son café ouvert après l'heure réglementaire ; — Sur le premier motif : — Attendu qu'aucune disposition de loi n'impose à l'agent rédacteur d'un procès-verbal l'obligation d'en faire au contrevenant une déclaration préalable; qu'aux termes

de l'art. 154 c. instr. cr., tout moyen de preuve est admis, même en l'absence de tout procès-verbal, et que le jugement constatant qu'il avait été reconnu par le sieur Ibre, que, le jour indiqué, son établissement était resté ouvert après l'heure réglementaire ; — Sur le second motif : — Attendu que les règlements de police légalement pris doivent recevoir leur exécution et s'imposent à ceux qu'ils concernent ; qu'il ne peut appartenir à l'autorité municipale qui les a édictés de dispenser par des autorisations personnelles un ou plusieurs individus de s'y conformer, tandis que leur exécution continue à peser sur les autres assujettis; — Attendu, en conséquence, que le jugement attaqué, en relaxant le prévenu des poursuites, a formellement violé l'art. 154 c. instr. cr., et les dispositions de l'art. 471, n° 15, c. pén., en ne faisant pas l'application; — Casse, etc.

Du 25 nov. 1882.-Ch. crim.-MM. Baudouin, pr. Bertrand, rap.-Tappie, av. gén.

faire de l'herbe dans les blés (Crim. cass. 3 déc. 1859, aff. Chaudé, D. P. 59. 1. 520) ; — 2° Celui qui enjoint aux propriétaires, sous le même prétexte, de détruire les chardons (Crim. cass. 27 janv. 1866, aff. Alliot, D. P. 66. 1. 368); — 3° Celui qui prescrit au propriétaire d'oliviers d'enlever dans le délai d'un mois les produits de la taille et de l'élagage de ses arbres et de les brûler sur place ou d'enfermer dans un local clos les brindilles, feuilles branches, et bois provenant des oliviers arrachés (Crim.rej. 5 août 1880 (1) ; 19 août 1882, aff. Nugues, D. P. 83. 1. 140). — Mais ce n'est pas porter atteinte au droit de propriété que de soumettre un propriétaire à des obligations commandées par l'honnêteté publique ; et la jurisprudence reconnaît notamment au pouvoir municipal le droit de défendre aux propriétaires de loger dans leurs maisons, sans autorisation préalable, des femmes faisant commerce de prostitution (Crim. cass. 18 févr. 1860, aff. Richard, D. P. 60. 5. 309 ; 14 et 30 nov. 1861, aff. Loubat et Delille, D. P. 61. 5. 397; 19 mars 1875 (2); 11 juill. 1884, aff. X..., D. P. 85. 1. 333).

En résumé, ainsi que nous l'avons dit au Rép. n° 693, le pouvoir réglementaire confié à l'autorité municipale a des limites qu'il lui est interdit de franchir. Mais, suivant la remarque de M. Morgand, t. 2, p. 26, note 1, ces limites varient suivant les circonstances, et il faut toujours en tenir compte pour apprécier si le maire a ou n'a pas abusé de son droit réglementaire. En cas de troubles ou d'épidémies, par exemple, le pouvoir du maire prend une force et une importance considérables.

489. Comme on l'a vu au Rép. n° 695, le pouvoir réglementaire ne peut aller, dans aucun cas, jusqu'à modifier les lois. « Son action, dit M. Faustin Hélie, Traité de l'instruction criminelle, t. 7, p. 222, libre dans la sphère légale qui lui est laissée, est enchaînée toutes les fois que le point sur lequel elle dispose a été fixé par le législateur lui-même, toutes les fois que ses prescriptions rencontrent dans les lois une limite qui les arrête. Les règlements de police ont l'autorité et les effets de la loi dans l'application qui en est faite aux justiciables ; mais ces lois restreintes et locales, nées de la délégation même du pouvoir législatif, sont nécessairement subordonnées aux lois générales qui émanent de ce pouvoir lui-même ; elles ne peuvent donc y déroger et à plus forte raison leur opposer quelque disposition contraire. Le tribunal de police ne doit donc reconnaître aucune force légale aux dispositions des arrêtés qui ajoutent ou retranchent aux textes de la loi, qui dérogent à ses règles ou les modifient d'une manière quelconque.» Ces principes ont été consacrés par la jurisprudence (V. Rép. v^is Lois n°s 87et suiv., et Règlement administratif, n° 107). Il a été jugé, en ce sens, qu'un arrêté municipal conférant au maire le droit d'autoriser des dépôts sur toutes les parties de la voie publique serait, sur ce point, entaché d'excès de pouvoir ; qu'en effet, l'art. 471, n° 4, c. pén. ayant érigé en contravention le fait de tout dépôt sans nécessité sur la voie publique, il ne saurait appartenir à l'autorité municipale de déroger à cette prescription en faisant dépendre d'une autorisation administrative la question de nécessité du dépôt que l'art. 471 place exclusivement dans le domaine de l'autorité judiciaire (Crim. cass. 25 mars 1865, aff. Reboul, D. P. 66. 1. 45). Il résulte également de ce qui précède, ainsi que nous l'avons dit (Rép. n° 696) que les lois n'ont eu pour objet de faire exécuter ce qui a été prescrit par des dispositions législatives, compétent comme sanction l'application par la juridiction compétente de la peine prononcée par ces dispositions, et non la pénalité générale édictée par l'art. 471 c. pén. (Crim. cass. 19 janv. 1848, aff. Nicolle, D. P. 48. 5. 97 ; 4 nov. 1848, aff. Capelle, D. P. 50. 5. 472 ; 15 févr. 1856, aff. Joly, D. P. 56. 1. 349 ; 29 août 1857, aff. Mercier, D. P. 57. 1. 416 ; 7 janv. 1859, aff. Gally, D. P. 60. 5. 428 ; 17 mars 1866, aff. Hanon, D. P. 66. 1. 354). Mais le visa d'une loi dans un règlement de police n'a pas pour effet de faire tomber sous la sanction de cette loi les dispositions du règlement (Crim. cass. 5 avr. 1867, aff. Manuit, D. P. 67. 1. 461).

490. Pour qu'un règlement municipal soit obligatoire, il

---

(1) (Boyer.) — La cour; — Attendu que le maire de la commune de Mouriès, département des Bouches-du-Rhône, avait pris, à la date du 9 févr. 1879, un arrêté prescrivant aux propriétaires ou fermiers d'avoir, à partir du 1er mai de chaque année, enlevé ou fait enlever et transporter dans des maisons ou granges-fermes, ou d'avoir détruit par le feu tous les rameaux d'olivier provenant d'émondages par eux laissés dans les champs ou amassés sous des aires, et en outre, pour les émondages qui seraient faits à partir de ladite époque, de les enlever et de les transporter dans les maisons ou de les détruire par le feu, ou enfin de les transporter à au moins 500 mètres de tout verger complanté en oliviers ; — Attendu que cet arrêté s'appuie sur une considération d'intérêt général, les rameaux d'olivier ainsi laissés dans les champs pouvant engendrer un ver qui se jette sur les oliviers voisins, en attaque les rameaux et détruit la récolte ; — Attendu que le nommé Boyer, traduit devant le tribunal de simple police du canton de Saint-Remy pour contravention à cet arrêté, a été relaxé des poursuites par le motif que les mesures prescrites seraient d'une exécution impossible, et qu'en outre cet arrêté porterait atteinte à la libre disposition d'une récolte et au droit de propriété ; que si aux termes de la loi des 19 et 22 juill. 1791 l'autorité municipale a le droit et le devoir de prescrire toutes mesures intéressant la salubrité et la sécurité publiques, aucune disposition législative ne l'autorise à prendre des arrêtés qui porteraient atteinte à la libre disposition des récoltes ou créeraient un droit de servitude aux préjudice des propriétaires sur les terrains dont ils doivent conserver la libre disposition ; — Attendu que l'arrêté dont il s'agit, ayant été pris par l'autorité municipale en dehors des limites déterminées par la loi, ne peut être considéré comme obligatoire, et que le juge de police, en relaxant le nommé Boyer des poursuites contre lui dirigées, n'a aucunement violé les dispositions de l'art. 471, n° 15, c. pén. ; — Rejette, etc.
Du 5 août 1880.-Ch. crim.-MM. de Carnières, pr.-Bertrand, rap.- Ronjat, av. gén.

(2) (Intérêt de la loi.) — Arrêt. — La cour ; — Statuant sur le pourvoi formé par le commissaire de police remplissant les fonctions du ministère public près le tribunal de simple police de Paris, contre le jugement de ce tribunal, du 30 déc. 1874 : — Vu les art. 2 et 3 de l'ordonnance de police du 6 nov. 1778, et 471, n° 15, c. pén. ; — Attendu que, par procès-verbal régulier dressé le 24 oct. 1874 par le commissaire de police du quartier Roche-chouart, il a été constaté que trois filles de débauche avaient été admises, à titre de locataires, dans la maison sise rue des Martyrs, n° 20, où elles se livraient à la prostitution ; — Attendu que le propriétaire de cette maison, traduit à raison de ce fait, qu'il n'a pas dénié, devant le tribunal de simple police de Paris, pour contravention à l'art. 2 de l'ordonnance du 6 nov. 1778, et 471, n° 15, c. pén., a été relaxé des poursuites par le juge de police, qui a fondé son jugement : d'une part, sur ce que ladite ordonnance ne devait recevoir d'application qu'à l'égard des lieux publics, par ce motif qu'une prohibition absolue étendue aux personnes n'exerçant aucune profession les assujettisse à recevoir le public dans leurs maisons, porterait atteinte au droit de propriété et à l'inviolabilité d'un domicile essentiellement privé ; d'autre part, sur ce que l'administration, dans un intérêt d'ordre public, autorisant par tolérance des filles soumises à loger dans leurs meubles, donne implicitement à tout propriétaire la faculté de leur louer un appartement, à moins de défense spéciale dûment notifiée ; — Attendu, sur le premier point, que l'ordonnance de 1778, restée en vigueur comme règlement de police, dont la sanction se trouve dans l'art. 471, n° 15, c. pén., contient deux ordres de dispositions tout à fait distinctes : les unes applicables aux propriétaires et principaux locataires de maisons privées, les autres relatives aux personnes qui tiennent des hôtels et autres lieux publics ; — Que, par l'art. 2, il est défendu à tous propriétaires et principaux locataires des maisons de la ville de Paris et faubourgs d'y louer ni sous-louer les maisons dont ils sont propriétaires ou locataires qu'à des personnes de bonne vie et mœurs et bien famées, de souffrir en icelles aucun lieu de débauche; qu'il est enjoint, par l'art. 3, auxdits propriétaires et locataires des maisons où il aura été introduit des femmes de débauche, de faire dans les vingt-quatre heures leur déclaration par-devant le commissaire du quartier, contre les particuliers et particulières qui les auront surpris ; — Attendu que ces prescriptions, qui intéressent l'ordre public, spécialement prises pour la surveillance des prostituées, sont obligatoires pour tous les propriétaires indistinctement ; — Que ce n'est pas porter atteinte aux droits de la propriété telle que l'a définie l'art. 544 c. civ., que de soumettre, par un règlement de police, un propriétaire à des obligations que commande l'honnêteté publique, et qui ont pour but d'empêcher les désordres inséparables de la prostitution ; — Attendu, sur le second point, que la tolérance de l'administration n'a lieu que dans des conditions et dans des circonstances particulières; que c'est au propriétaire qu'il s'en assurer le bénéfice, ce qui n'a point eu lieu dans l'espèce; — D'où il suit que tel est le jugement attaqué a violé les articles susvisés ; — Casse, dans l'intérêt de la loi, etc.;
Du 19 mars 1875.- Ch. crim.-MM. de Carnières, pr.-Moignon, rap.-Bédarrides, av. gén.

faut, conformément à ce qui a été exposé au *Rép.* n° 702, qu'il n'ait pas été abrogé. Nous avons dit que cette abrogation pouvait résulter soit de dispositions supprimant les dispositions existantes, soit de dispositions inconciliables avec celles-ci. Mais la jurisprudence n'admet pas qu'un règlement de police puisse, plus qu'une loi, être virtuellement abrogé par suite de la prétendue désuétude dans laquelle il serait tombé (Crim. rej. 28 août 1858, aff. Leray, D. P. 58. 1. 473; Crim. cass. 8 janv. 1864, aff. Dru, D. P. 66. 5: 402). En conséquence, est nul le jugement qui subordonne la répression de la contravention au résultat d'une enquête ordonnée sur le point de savoir si le règlement auquel il a été contrevenu n'est pas tombé en désuétude par suite de la tolérance d'habitudes contraires (Arrêt précité du 8 janv. 1864). — Il a été jugé, dans le même sens, que les règlements dont l'exécution a été momentanément suspendue par une commotion politique ou tout autre évènement imprévu ne peuvent être considérés comme abrogés par désuétude par le motif que les administrés n'auraient pas été rappelés à cette exécution (Crim. cass. 18 déc. 1848, aff. Pelissier, D. P. 51. 5. 402), et, d'une manière plus générale, que l'abrogation d'un règlement intervenu dans un intérêt public ne peut résulter ni de son défaut d'exécution pendant un temps plus ou moins long, ni de la tolérance plus ou moins prolongée d'un usage dérogatoire à ses prescriptions ni des prohibitions (Crim. cass. 17 janv. 1868, aff. Prat, D. P. 68. 1. 363; 27 déc. 1878, aff. Bouchers de Fontenay, D. P. 79. 1. 186 ; 3 déc. 1880, aff. Villaret, D. P. 81. 1. 280 ; 11 nov. 1884, aff. Pichard, D. P. 82. 5. 351; 11 juill. 1884, aff. X..., D. P. 85. 1. 333).

491. Les anciens règlements antérieurs à 1789 conservent force obligatoire; ainsi qu'on l'a vu (*Rép.* n° 705, et vis *Lois*, n°s 25 et suiv., *Règlement administratif*, n° 102), lorsqu'ils n'ont pas été expressément ou virtuellement abrogés par les lois postérieures. En effet, la loi des 16-24 août 1790, en posant les bases d'une nouvelle organisation judiciaire, a maintenu les règlements ayant force de lois, et la loi des 19-22 juill. 1791, en attribuant à l'autorité municipale le droit de prendre des arrêtés sur les objets confiés à sa vigilance, lui a donné, en outre, celui de publier de nouveau les lois et règlements de police alors existants (V. de Champagny, *Traité de la police municipale*, t. 1, p. 306 et suiv.; F. Hélie et Chauveau, *Traité du code pénal*, n°s 2513, 2514, 2585, 2586; Crim. cass. 17 déc. 1852, aff. Dillais, D. P. 53. 1. 53; 1er déc. 1866, aff. Saint-Blancat, D. P. 67. 1. 142; 11 juill. 1884, aff. X..., D. P. 85. 1. 333).

492. Les principes relatifs à l'application et à la légalité de ces anciens règlements et aux pouvoirs des juges de répression sont les mêmes que s'il s'agissait de règlements faits en vertu des dispositions actuellement en vigueur (Crim. rej. 4 janv. 1855, aff. Vanreyschute, D. P. 55. 1. 84). On s'est demandé si l'abrogation de divers articles de la loi des 16-24 août 1790 et de celle de la loi du 18 juill. 1837 par l'art. 68 de la loi du 5 avr. 1884 devait entraîner, par voie de conséquence, le renouvellement de tous les arrêtés réglementaires basés sur lesdites prescriptions. Le ministre de la justice, consulté sur cette question, a répondu en ces termes par une dépêche du 23 août 1884 rapportée dans l'ouvrage de M. Morgand, t. 2, p. 28, note 1. « Je n'hésite pas à penser que les anciens arrêtés conservent leur force obligatoire, à condition qu'ils ne soient pas en opposition avec la loi du 5 avr. 1884 et qu'ils ne dépassent pas les limites du pouvoir réglementaire tel qu'il est défini par la loi. Les tribunaux de police auxquels sont déférées les infractions à un arrêté, n'ont qu'à examiner deux questions : 1° si l'arrêté dont on leur demande l'application, est revêtu des formes prescrites par la loi; 2° si l'arrêté a été pris dans le cercle des attributions de l'autorité compétente. Sur le premier point, il n'existe pas de difficulté. Il suffit que l'arrêté ait été pris dans les formes prescrites par la loi en vigueur à la date où il est intervenu. La cour de cassation a décidé en ce sens à diverses reprises. Quant à la deuxième question, le refus d'appliquer l'arrêté ne serait fondé que si cet arrêté était entaché d'excès de pouvoir. Or il n'y a pas d'excès de pouvoir, si l'arrêté est légal aussi bien en vertu de la loi nouvelle que de la loi ancienne. »

493. — III. PEINES. — Conformément à ce qui a été exposé au *Rép.* n° 707, la sanction pénale des arrêtés municipaux se trouve dans les art. 471, n° 15, et 474 c. pén., qui punissent d'une amende de 1 à 5 fr. et en cas de récidive d'un emprisonnement de trois jours au plus, ceux qui auront contrevenu aux règlements légalement faits par l'autorité administrative, et ceux qui ne se seront pas conformés aux règlements ou arrêtés publiés par l'autorité municipale, en vertu des art. 3 et 4, titre 11 de la loi des 16-24 août 1790 et de l'art. 46, tit. 1er, de la loi des 19-22 juill. 1791. Nous avons dit cependant (*supra*, n° 489), que lorsqu'un règlement a uniquement pour objet d'assurer l'exécution d'une loi, il emporte l'application par la juridiction compétente de la pénalité prononcée par cette loi. Mais lorsqu'un règlement, bien que pris en vue d'assurer l'exécution d'une loi, ne rentre pas formellement dans ses prévisions, les mesures qu'il édicte peuvent à défaut de la sanction indiquée par cette loi, être obligatoires sous les peines portées par l'art. 471, § 15 (Crim. cass. 4 déc. 1862, aff. Brière, D. P. 63. 1. 108). De même, dans le cas où un arrêté municipal se serait référé à une disposition pénale ultérieurement abrogée, il conserverait pour sanction la pénalité générale de l'art. 471, § 15 (Crim. cass. 18 avr. 1856, aff. Gicquel, D. P. 56. 1. 200).

494. Cette sanction est la seule qui soit aujourd'hui attachée aux règlements de police antérieurs à la loi des 16-24 août 1790, et les pénalités édictées par ces règlements ont été formellement abrogées par l'art. 46 de la loi des 19-22 juill. 1791. Après quelques hésitations que nous avons indiquées (*Rép.* n° 708), la jurisprudence a depuis longtemps consacré ce principe admis également par presque tous les auteurs (Crim. cass. 1er déc. 1866, aff. Saint-Blancat, D. P. 67. 1. 142, et sur renvoi, Orléans, 28 janv. 1867, D. P. 67. 2. 205; Trib. corr. Seine, 19 déc. 1860, aff. Drevet, D. P. 67. 3. 21 ; Crim. cass. 19 mars 1875, *supra*, n° 488; 9 juin 1877, aff. Delaya, D. P. 78. 1. 187; Crim. rej. 1er févr. 1878, aff. Delion, D. P. 78. 1. 489; Crim. cass. 11 juill. 1884, aff. X..., D. P. 85. 1. 333. — V. conf. de Champagny, t. 1, p. 306; Curasson, *Compétence des juges de paix*, 3e éd., t. 1, n° 47; F. Hélie, *Traité de l'instruction criminelle*, 2e éd. t. 6, n° 2408; Blanche, *Etudes pratiques sur le code pénal*, t. 7, n° 264; Berriat Saint-Prix, *Tribunaux de simple police*, n°s 64 et suiv.). Il a été spécialement jugé par les arrêts précités que l'ordonnance générale de police du 6 nov. 1778, dont l'art. 5, encore en vigueur, fait défense aux logeurs, dans le ressort de l'ancien Châtelet de Paris, de recevoir des femmes de débauche dans leurs établissements, n'a plus pour sanction que l'amende de 1 à 5 fr. prononcée par l'art. 471, n° 15, c. pén. et non l'amende de 200 livres qu'édictait cette ordonnance.

495. Cette solution a été appliquée non seulement aux règlements relatifs à des matières qui rentrent aujourd'hui dans les attributions de l'autorité municipale, mais aussi aux règlements relatifs à des matières sur lesquelles il appartient soit aux préfets, soit au chef de l'Etat de statuer (Crim. cass. 9 juin 1877, aff. Delaya, D. P. 78. 1. 187, et sur renvoi, Nîmes, 1er sept. 1877, D. P. 78. 2. 87). Mais il en est autrement des règlements anciens rendus sur des matières qui ne rentrent ni dans les attributions de l'autorité municipale, ni dans celles de toute autre autorité administrative : ces règlements doivent continuer à être observés tant qu'ils n'ont pas été remplacés par une loi, et demeurent en vigueur même quant aux dispositions pénales qu'ils renferment (Ch. réun. cass. 25 mai 1853, aff. Joys, D. P. 54. 1. 47; Crim. rej. 13 juin 1863, aff. Michel Léon, D. P. 63. 1. 322; Paris, 21 août 1868, aff. Michel, D. P. 68. 2. 180 ; 1er févr. 1878, aff. Delion, D. P. 78. 1. 489; Crim. cass. 17 févr. 1883, aff. Chauvet, D. P. 83. 1. 488. — V. conf. F. Hélie, n° 2471). Tel est le cas notamment des infractions aux dispositions de l'ordonnance du lieutenant de police du 8 nov. 1780, qui imposent aux brocanteurs l'obligation d'inscrire journellement leurs achats sur un registre à ce destiné (Mêmes arrêts).

496. Cette dernière règle recevrait exception toutefois, comme nous l'avons dit au *Rép.* n° 708, dans le cas où les peines édictées par les règlements ne seraient pas en harmonie avec les principes de notre droit criminel (Crim. cass. 14 févr. 1856, aff. Mathieu, D. P. 56. 1. 346). Les règlements municipaux ne peuvent, en effet, établir d'autres peines que celles qui sont autorisées par la loi. Si donc un arrêté contenait des dispositions contraires à celles du code pénal sur les contraventions, les tribunaux ne devraient pas les appliquer

(Crim. cass. 4 nov. 1848, aff. Capelle, D. P. 50. 5. 472; 29 août 1857, aff. Mercier, D. P. 57. 1. 416), Ils ne devraient pas notamment prononcer la peine de la confiscation, édictée par un règlement municipal, dans un cas où la loi ne l'autorise pas (Crim. cass. 10 févr. 1854, aff. Boyer, D. P. 55. 5. 44). Nous avons dit au *Rép.* n° 711, qu'il appartient aux tribunaux de police appelés à réprimer des contraventions aux règlements de police de statuer en même temps sur les réparations civiles et les dommages-intérêts réclamés. Les anciens règlements sur les matières actuellement placées dans les attributions de l'autorité administrative étant, comme on vient de le voir (n° 494), abrogés quant aux pénalités, les dispositions de ces règlements aux termes desquelles une partie de l'amende prononcée contre les contrevenants était attribuée à titre de dommages-intérêts à l'association des riverains sont également abrogées; les dommages-intérêts doivent donc être fixés par le juge dans chaque affaire sur la demande de la partie civile et en raison du préjudice causé (Crim. cass. 9 juin 1877, aff. Delaya, D. P. 78. 1. 187, et sur renvoi, Nimes, 1er sept. 1877, D. P. 78. 2. 87).

497. L'autorité municipale doit faire exécuter les jugements rendus (*Rép.* n° 711). Le propriétaire qui s'est abstenu d'obéir à un jugement lui enjoignant de supprimer une mare formée dans sa propriété, contrairement aux défenses d'un règlement, ne peut être considéré comme étant de nouveau en contravention, si le jugement a réservé à l'administration la faculté de faire supprimer la mare aux frais du condamné (Crim. cass. 22 mars 1867, aff. Truant, D. P. 67. 1. 232).

498. — IV. Excuses. — Pour les infractions aux règlements municipaux, comme pour toutes les contraventions, le juge ne peut, ainsi qu'on l'a vu *suprà*, n° 474, admettre des excuses non reconnues par la loi (Crim. cass. 26 nov. 1869, aff. Basset, D. P. 70. 1. 439; 29 nov. 1878, aff. Vidalé, D. P. 79. 1. 192). On a indiqué au *Rép.* n° 712 de nombreuses applications de cette règle. Ainsi que nous l'avons dit, les difficultés que soulève l'application d'un règlement de police ne constituent pas un cas de force majeure susceptible d'en suspendre l'exécution (Crim. cass. 3 août 1866, aff. Aymes, D. P. 66. 1. 460; 10 juill. 1868, aff. Raboteau, D. P. 69. 1. 119); de même le juge ne peut refuser d'appliquer un règlement à raison de prétendues impossibilités d'exécution. Ainsi, le fait d'avoir, contrairement à un règlement local, répandu sur la voie publique des eaux sales, est à tort excusé par le motif qu'au moment où il a été commis, la rue aurait été couverte d'une eau pluviale et bourbeuse d'un cours rapide, ce qui aurait fait obstacle à ce que le prévenu pût aller sans danger pour sa santé, surtout en un temps où le choléra sévissait dans la commune, porter au loin l'eau, d'ailleurs moins nuisible, qu'il aurait répandue (Crim. cass. 7 déc. 1855, aff. Rigoulot, D. P. 55. 5. 46).

On ne doit pas considérer comme un cas de force majeure de nature à faire disparaître la contravention cette circonstance que les eaux versées par le prévenu sur un tas de fumier dans la pensée qu'elles seraient absorbées s'étaient écoulées plus sales vers la rue à raison de la hauteur du tas de fumier (Crim. cass. 28 avr. 1865, aff. Sœur Louise, D. P. 65. 1. 245)... ni la prétendue nécessité tirée de ce que la place qu'un étal devait occuper se trouvait obstruée par des immondices dont l'enlèvement serait à la charge de l'autorité municipale (Crim. cass. 5 nov. 1863, aff. Duhamel, D. P. 64. 5. 204).

499. Un contrevenant ne peut non plus être excusé à raison de sa bonne foi (Crim. cass. 9 nov. 1850, aff. Roger, D. P. 50. 5. 402; 24 févr. 1860, aff. Pastout, D. P. 60. 5. 277; 10 nov. 1876, aff. Marininchi, D. P. 77. 1. 413); ... ni par le motif qu'il aurait ignoré un règlement régulièrement publié (Crim. cass. 23 févr. 1855, aff. Nicou, D. P. 55. 5. 42) ; ... ni à raison de cette circonstance que, sur l'injonction du garde de police, il aurait repris la place qu'il devait occuper dans le marché (Crim. cass. 24 août 1848, aff. Rohoux, D. P. 51. 5. 44).

500. La tolérance de l'autorité locale ne saurait davantage excuser le contrevenant (Crim. cass. 12 févr. 1858, aff. Flocon, D. P. 71. 5. 328), et le juge ne peut acquitter un prévenu par le motif que d'autres contraventions de même nature n'auraient pas été poursuivies (Crim. cass. 9 nov. 1850, aff. Roger, D. P. 50. 5. 402). Un contrevenant ne

pourrait même se prévaloir de la dispense qui lui aurait été accordée par un officier de police judiciaire chargé de veiller à l'exécution du règlement (Crim. cass. 19 juin 1857, aff. Liger, D. P. 57. 1. 374).

Art. 4. — *Du caractère exécutoire des règlements. — Des voies de recours admises par la loi et des effets de ce recours* (*Rép.* nos 713 à 734).

501. — I. Caractère exécutoire. — Nous avons analysé *suprà*, n° 220, les dispositions de l'art. 95, n° 3, relatives aux conditions dans lesquelles sont exécutoires les arrêtés réglementaires pris par les maires.

502. — II. Voies de recours. — Ainsi qu'on l'a vu au *Rép.* nos 724 et 727, les particuliers qui se trouveraient lésés par un règlement de police municipale peuvent s'adresser au préfet pour en demander l'annulation, et, si le préfet ne leur donne pas satisfaction, porter leur réclamation devant le ministre. La décision par laquelle le préfet annule l'arrêté municipal est un acte de pure administration; elle n'est pas susceptible d'être déférée au conseil d'Etat par la voie contentieuse, sauf dans le cas où l'acte annulé a donné naissance à des droits acquis (V. *Rép.* v° *Règlement administratif*, n° 18). Un arrêt du conseil d'Etat du 18 nov. 1884 (aff. Ville d'Issoudun, D. P. 83. 3. 28) décide qu'une commune est non recevable à attaquer par la voie du recours pour excès de pouvoirs l'arrêté par lequel un maire a ordonné la suppression d'un obstacle apporté à la circulation sur une voie publique.

503. Le recours formé devant l'autorité administrative supérieure contre un arrêté municipal qui prescrit des mesures de police placées dans les attributions des maires n'en suspend pas l'exécution (Crim. rej. 20 févr. 1847, aff. Noël, D. P. 47. 1. 272; Crim. cass. 8 nov. 1850, aff. Soldan, D. P. 50. 5. 403 ; Crim. rej. 8 janv. 1858, aff. Garest, D. P. 58. 1. 138 ; Crim. cass. 9 avr. 1868, aff. Garest, D. P. 69. 1. 534). Par suite, le tribunal saisi de la répression d'une contravention à un règlement municipal ne peut surseoir à statuer pour donner le temps à l'autorité administrative supérieure de se prononcer sur le recours dont elle est saisie, alors d'ailleurs que ce recours n'a été formé que postérieurement au procès-verbal (Crim. cass. 18 juin 1846, aff. Téron, D. P. 46. 4. 434);... ni en se fondant sur ce qu'il existerait une demande en retrait dudit règlement (Crim. rej. 7 déc. 1861, aff. Conso, D. P. 62. 5. 275).

504. Les arrêtés pris par les maires dans l'exercice de leur pouvoir réglementaire ne peuvent être déférés au conseil d'Etat par la voie contentieuse à raison de l'inopportunité des mesures qu'ils prescrivent (Cons. d'Et. 7 janv. 1858, aff. Arrachard, D. P. 58. 3. 59 ; 8 avr. 1858, aff. Délus, D. P. 58. 3. 76. V. *Rép.* v° *Règlement administratif*, n° 154), ou par le motif que les dispositions n'en peuvent être légalement appliquées au réclamant (Cons. d'Et. 30 avr. 1875, aff. Marchal, D. P. 75. 3. 100). Mais la question de savoir si le recours pour excès de pouvoir est recevable contre des arrêtés de cette nature a été controversée et diversement résolue. Ainsi que nous l'avons dit au *Rép.* n° 725, la jurisprudence n'admettait, à l'origine, aucun recours devant le conseil d'Etat contre les arrêtés municipaux pris dans une des matières où le maire a droit de commander (V. *Rép.* v° *Compétence administrative*, n° 44; Cons. d'Et. 5 juin 1848, aff. Garivier, D. 48. 3. 104) ; on pensait, à cette époque, que le conseil d'Etat devait éviter de statuer sur une contestation qui pouvait donner matière à une décision de l'autorité judiciaire, comme la légalité des règlements de police: on faisait remarquer qu'il y aurait un sérieux inconvénient à voir s'établir sur une même question deux jurisprudences contradictoires, et l'on regrettait, la cour de cassation déclarer illégal et non obligatoire un arrêté qui, d'après le conseil d'Etat, n'aurait pas été entaché d'excès de pouvoirs.

Cette jurisprudence n'a pas été maintenue : elle soulevait en effet une grave objection. Les intéressés ne peuvent contester la légalité d'un arrêté de police devant l'autorité judiciaire qu'autant qu'ils sont traduits devant le tribunal de simple police à raison d'une contravention, et il serait regrettable d'obliger, d'une manière absolue, les particuliers à s'exposer à l'application d'une disposition pénale pour faire décider si

une mesure qui leur est préjudiciable a été prise légalement.

505. M. Aucoc, dans de remarquables conclusions données en 1868 (D. P. 68. 3. 65), a proposé la distinction suivante : « Toutes les fois que le contentieux de la matière est, par sa nature ou par une disposition expresse de la loi, dans le domaine propre de l'autorité judiciaire, il faut réserver à l'autorité judiciaire sa compétence exclusive, et ne pas empiéter sur ses attributions sous prétexte de recours pour excès de pouvoirs. » Mais il ne semble pas que cette distinction, dont l'application pourrait d'ailleurs donner lieu à des difficultés assez sérieuses, ait servi de base à la nouvelle jurisprudence du conseil d'État, et les solutions intervenues ne nous paraissent pas pouvoir aisément être rattachées à une doctrine absolue. Le conseil d'État a admis par plusieurs arrêts la recevabilité du recours dirigé contre des règlements municipaux dont le caractère obligatoire pouvait être contesté devant l'autorité judiciaire, et il a annulé ces règlements dans des cas où l'excès de pouvoir lui a paru flagrant. Il a notamment déclaré recevables les pourvois pour excès de pouvoir formés contre un arrêté municipal obligeant les particuliers à payer une taxe à l'établissement de bains communal (Cons. d'Ét. 19 mai 1858, aff. Vernes, D. P. 59. 3. 51); contre un arrêté municipal prescrivant aux tripiers, pour le transport des abats, des mesures que n'exigeait pas l'intérêt de la salubrité publique, et qui portaient atteinte à la liberté de l'industrie (Cons. d'Et. 30 juin 1859, aff. Tripiers de Lyon, D. P. 60. 3. 24) ; contre un arrêté municipal portant que les propriétaires riverains devraient faire arracher l'herbe qui croît dans les interstices des pavés, en remédiant par un sablage au déchaussement des pavés (Cons. d'Et. 20 déc. 1872, aff. Billette, D. P. 73. 3. 45); contre un règlement municipal relatif au mode d'établissement des lieux d'aisances (Cons. d'Et. 5 déc. 1873, aff. Lièvre, D. P. 74. 3. 67); contre un arrêté réglementant la vente à la criée et tendant à protéger certaines catégories de vendeurs au détriment des autres (Cons. d'Et. 3 déc. 1875, aff. Clairouin, D. P. 76. 3. 41); contre un arrêté réglementant la profession de crieur public (Cons. d'Et. 18 janv. 1884, aff. Belleau, D. P. 85. 3. 73); contre un règlement municipal soumettant l'exercice de l'industrie de l'élevage des abeilles à la nécessité d'une autorisation préalable (Cons. d'Et. 13 mars 1885, aff. Vignet, D. P. 86. 3. 115); contre un arrêté prescrivant des mesures à l'effet d'assurer la propreté et la salubrité des voies publiques et déterminant dans ce but la forme et la dimension des récipients destinés à contenir les ordures ménagères (Cons. d'Et. 28 mars 1885, aff. Languellier, D. P. 86. 3. 97); contre un arrêté préfectoral interdisant l'affichage d'un manifeste politique dans le département (Cons. d'Et. 2 avr. 1886, supra, n° 463).

Il a été décidé, au contraire, que le recours pour excès de pouvoir est non recevable : contre un règlement sur les boulangeries pris par le maire dans l'exercice des pouvoirs qui lui étaient conférés par les lois des 16-24 août 1790 et 19-22 juill. 1791 (Cons. d'Et. 4 févr. 1869, aff. Mazet, D. P. 70. 3. 45); contre un arrêté pris par le maire, dans l'exercice des mêmes pouvoirs, à l'effet de régler les conditions dans lesquelles une procession pourra avoir lieu (Cons. d'Et. 22 déc. 1876, aff. Badaroux, D. P. 77. 3. 33). Dans cette dernière affaire, le recours a été déclaré non recevable parce qu'il s'agissait d'une matière spéciale (atteinte à la liberté des cultes), dans laquelle la voie du recours pour abus aurait seule été ouverte au réclamant.

506. Une question controversée est celle de savoir si un particulier poursuivi et condamné par le tribunal de simple police pour infraction à un arrêté de police municipale est recevable à déférer cet arrêté au conseil d'État pour excès de pouvoirs. Cette question, plusieurs fois soulevée, n'a pas été résolue par le conseil d'État (Cons. d'Et. 9 avr. 1886, cité supra, n° 486; 4 juin 1886, aff. Du Breil de Pontbriand, D. P. 87. 3. 120; 18 mars 1887, cité supra, n° 486). Mais M. le commissaire du Gouvernement Gauwain a conclu à la recevabilité du recours (V. conf. Romieu, Revue générale d'administration, 1887, t. 1, p. 58). Les mesures de police étant prises par le maire comme délégué de l'autorité supérieure, et non comme représentant des intérêts communaux, la commune est non recevable soit à déférer au conseil d'État

pour excès de pouvoir un arrêté de police pris par le maire (Cons. d'Et. 18 nov. 1881, aff. Commune d'Issoudun, D. P. 83. 3. 28), soit même à intervenir devant le conseil d'État dans une instance en annulation d'un arrêté de cette nature (Arrêt précité du 22 déc. 1876).

507. — III. Effets du recours. — Nous avons dit (supra, n° 215), conformément à ce qui a été exposé au Rép. n° 729, sous l'empire de la loi de 1837, que les préfets n'ont point le droit de modifier les arrêtés municipaux (V. conf. Cons. d'Et. 11 août 1859, aff. Commune de Saujon, D. P. 60. 3. 43). Ces arrêtés ne pouvant être attaqués devant le conseil d'État que par la voie du recours pour excès de pouvoir, le conseil d'État ne peut également qu'en prononcer l'annulation ; il ne lui appartient pas de les réformer. L'annulation pour excès de pouvoir, par le conseil d'État, d'un arrêté dont la violation a donné lieu à une poursuite a pour effet d'enlever toute base légale à cette poursuite et d'effacer la contravention (Crim. cass. 25 mars 1882, aff. Darsy, D. P. 82. 1. 486).

Art. 5. — *Tribunaux compétents pour statuer sur les contraventions aux règlements de police* (Rép. n°s 735 à 740).

508. Le tribunal de simple police est compétent pour connaître des infractions aux règlements de police toutes les fois que ces infractions tombent sous l'application des art. 471, 475 et 479 c. pén. Il lui appartient notamment de connaître des infractions aux règlements de police antérieurs à 1790, lors même que ces règlements porteraient des peines correctionnelles, ces peines étant aujourd'hui inapplicables, ainsi que nous l'avons dit (supra, n° 494), et devant être remplacées par les peines de simple police édictées par le code pénal (Crim. cass. 1er déc. 1866, aff. Saint-Blancat, D. P. 67. 1. 142, et, sur renvoi, Orléans, 28 janv. 1867, D. P. 67. 2. 205; Trib. corr. Seine, 19 déc. 1866, aff. Drevet, D. P. 67. 3. 21).

509. Mais l'infraction à un arrêté pris par le maire en vertu non des dispositions générales de la loi municipale, mais d'une disposition législative spéciale qui prononce une peine correctionnelle, est de la compétence du tribunal correctionnel, et non de celle du juge de police (Crim. cass. 5 déc. 1856, aff. Wacteraere, D. P. 57. 1. 48).

L'amende de 400 fr. prononcée par l'art. 2 de l'ordonnance du lieutenant de police du 8 nov. 1780, relatif aux registres que doivent tenir les brocanteurs, excédant les limites de la compétence du tribunal de police, les contraventions aux dispositions de cet article sont de la compétence du tribunal correctionnel (Crim. cass. 17 févr. 1883, aff. Chauvet, D. P. 83. 1. 488).

510. Le tribunal de simple police doit déclarer son incompétence pour connaître de l'infraction à toute disposition administrative qui n'a pas été prescrite comme mesure réglementaire de police proprement dite, et qui dès lors n'a à point pour unique sanction légale les peines édictées par l'art. 471, § 15, c. pén. (Crim. cass. 7 mars 1856, aff. Harel, D. P. 56. 1. 227).

Art. 6. — *Des objets sur lesquels les règlements de police peuvent statuer* (Rép. n°s 741 à 743).

511. On a vu au Rép. n° 741, que l'énumération des principales matières sur lesquelles le pouvoir municipal était autorisé à porter des règlements se trouvait dans les lois des 16-24 août 1790, 19-22 juill. 1791 et 28 sept.-6 oct. 1791. L'art. 97 de la loi du 5 avr. 1884 reproduit à peu près textuellement l'art. 3 du tit. 11 de la loi des 16-24 août 1790.

La loi nouvelle restitue aux maires de toutes les communes, dit le rapport de M. de Marcère (D. P. 84. 4. 53, n° 97), la plénitude des pouvoirs de police municipale et générale qui leur étaient dévolus par la législation de l'assemblée constituante... Le projet primitif ne contenait pas le premier paragraphe emprunté au décret du 14 déc. 1789, et qui définit ainsi qu'il suit, en termes généraux, l'objet de la police municipale : « assurer le bon ordre, la sûreté et la salubrité publiques ». Cette addition a été introduite sur la demande de M. Peulevey, qui a fait également précéder l'énumération empruntée à la loi des 16-24 août 1791, de ces mots « la police

municipale comprend *notamment*... » afin de bien montrer que cette énumération n'est pas limitative, et qu'il ne doit plus y avoir de restriction au droit de réglementation conféré au maire pour assurer le bon ordre, la sûreté et la salubrité publique (Séance du 26 févr. 1883) (Morgand, t. 2, p. 38).

512. Les dispositions de l'art. 9, tit. 2, de la loi du 28 sept.-6 oct. 1791 qui confient aux autorités municipales la police rurale et qui ont été rapportées au *Rép.* n° 744, n'ont pas cessé d'être en vigueur et ont été implicitement confirmées par l'art. 91 de la loi de 1884.

Art. 7. — *Règlements relatifs aux perceptions municipales* (*Rép.* n°ˢ 744 à 762).

513. On a vu au *Rép.* n° 744, que toutes les recettes municipales pour lesquelles il n'a pas été prescrit un mode spécial de recouvrement sont effectuées sur les états dressés par le maire et qui deviennent exécutoires après avoir été visés par le sous-préfet, et que l'opposition à ces états, lorsque la matière est de la compétence des tribunaux ordinaires, doit être jugée comme affaire sommaire. Ces dispositions de l'art. 63 de la loi de 1837 ont été reproduites dans l'art. 154 de la loi de 1884.

514. Nous avons examiné au *Rép.* n° 745, la question de savoir si les taxes particulières à l'égard desquelles on ne peut dresser d'états par avance peuvent faire l'objet de règlements de police exécutoires et sanctionnés par une peine. Cette question est aujourd'hui résolue par la jurisprudence. Comme on l'a indiqué *suprà* n° 480, les infractions aux arrêtés municipaux pris dans l'intérêt des finances communales, et fixant le tarif des perceptions communales, peuvent donner lieu à une action civile, mais ne constituent pas des contraventions de police, passibles des peines de l'art. 471, n° 15, c. pén. — Les diverses applications dont cette règle a été l'objet sont indiquées dans les numéros suivants.

515. — I. Droits d'octroi. — La nécessité de l'autorisation du Gouvernement en matière d'octroi, conformément à ce qui a été dit au *Rép.* n° 746, a toujours été maintenue par les lois successives qui ont été rendues sur la matière. L'art. 137, n° 1, de la loi du 5 avr. 1884 dispose que l'établissement des taxes d'octroi votées par les conseils municipaux, ainsi que les règlements relatifs à leur perception, sont autorisés par des décrets. La loi ajoute que ces décrets seront rendus en conseil d'Etat, après avis du conseil général, ou de la commission départementale dans l'intervalle des sessions. Le Gouvernement doit être appelé à statuer dans les mêmes formes : 1° sur les modifications aux règlements ou aux périmètres ; 2° sur la prorogation des taxes pour une durée de plus de cinq ans ou les augmentations qui seraient votées également pour plus de cinq ans ; 3° sur la prorogation même pour moins de cinq ans ou l'augmentation des taxes qui dépasseraient le maximum du tarif réglementaire ou qui ne figureraient pas dans ce tarif (V. *Octroi*).

516. Le refus de payer les droits d'octroi sur des objets régulièrement déclarés n'est pas par lui-même une contravention, sauf aux préposés à s'opposer à l'introduction des objets assujettis ou à poursuivre le recouvrement des droits par voie de contrainte (Crim. cass. 19 sept. 1845, aff. Ville de Périgueux, D. P. 46. 1. 34 ; Crim. rej. 26 févr. 1852, aff. Laburthe, D. P. 53. 5. 328).

517. — II. Droits de place perçus dans les halles, foires et marchés. — Le caractère de ces droits et les conditions dans lesquelles ils peuvent être établis ont été indiqués *suprà*, n°ˢ 360 et suiv. On a vu au *Rép.* n°ˢ 753 et suiv. les hésitations de la jurisprudence ancienne sur la question de savoir si les règlements relatifs à la perception de ces taxes ont le caractère de règlements de police sanctionnés par les dispositions de l'art. 471, n° 15, c. pén. Cette question est depuis longtemps définitivement tranchée. Il est aujourd'hui constant qu'il ne résulte aucune contravention de police du refus d'un marchand d'acquitter la taxe qui lui est réclamée par l'adjudicataire des droits de place dans un marché, la juridiction répressive n'étant chargée par aucune loi d'assurer la perception de ces droits, de nature purement civile (Crim. cass. 9 mars 1834, aff. Forest, D. P. 34. 1. 213 ; Crim. rej. 22 nov. 1866, aff. Sentenac, D. P. 66. 5. 405 ; 27 juin 1867, aff. Blanchard, D. P. 69. 5. 334 ; Crim.

cass. 22 mars 1883, aff. Baraton, D. P. 84. 1. 47).

Il a été décidé, dans le même sens, que l'injonction faite aux cultivateurs et marchands d'apporter à la halle les grains qu'ils entrent en ville n'est pas une mesure de police susceptible d'une sanction pénale, lorsqu'elle a pour objet unique d'assurer au profit de la commune la perception d'un droit de place ; mais qu'il en est autrement lorsqu'elle a édicté en même temps, en vue d'assurer l'approvisionnement de la localité, l'inspection de la marchandise exposée en vente et l'établissement de bases sérieuses pour les mercuriales (Crim. rej. 27 févr. 1858, aff. Maulbon, D. P. 59. 5. 243).

518. L'inexécution des clauses du cahier des charges imposé à l'adjudicataire des droits de place donnerait également lieu à l'application des peines de simple police, dans le cas où les prescriptions de ce cahier des charges intéresseraient l'ordre public et seraient rappelées dans un règlement de police (Crim. rej. 14 févr. 1874, aff. Petit, D. P. 77. 5. 254).

519. — III. Droits perçus dans les abattoirs et pour stationnement sur la voie publique. — Conformément à l'opinion exprimée au *Rép.* n° 758, la jurisprudence refuse de considérer comme une contravention de police l'infraction au règlement municipal qui détermine les droits à payer au fermier d'un abattoir (Crim. rej. 20 sept. 1851, aff. Sébastien et Bré, D. P. 51. 5. 45 et 52. 5. 470). Il a été décidé, en conséquence, qu'il y a lieu pour le juge de simple police de se déclarer incompétent pour connaître de l'action en payement d'un droit d'abattoir, alors qu'elle soulève la question de savoir à quelle catégorie d'objets soumis aux droits de place appartiennent les matières que le défendeur est prévenu d'avoir tenté de faire sortir de l'abattoir pour les soustraire à ces droits (Crim. cass. 22 mai 1857, aff. Delalonde, D. P. 57. 1. 316).

520. L'infraction à l'arrêté fixant le tarif des droits de stationnement ne constitue pas davantage une contravention de police (Crim. cass. 16 avr. 1843, aff. Clère, D. P. 63. 1. 44).

Il en est de même des infractions aux arrêtés qui fixent le tarif des droits établis pour la jouissance d'une propriété communale, et notamment du refus de payer le droit de *terrage* imposé par un arrêté local aux marchands qui exposent leurs marchandises en vente sur un port (Crim. cass. 9 mai 1846, aff. Lechevalier, D. P. 46. 4. 91), ou le droit auquel sont soumis les enlèvements de sables et de matériaux dans un terrain communal (Crim. cass. 4 août 1864, aff. Planté, D. P. 65. 1. 44).

521. — IV. Péages communaux. — Ainsi que nous l'avons dit au *Rép.* n° 759, aux termes des lois du 14 flor. an 10 et du 25 mars 1817, le Gouvernement peut autoriser les communes à percevoir des péages, soit pour concourir à la construction ou à la réparation de ponts, écluses ou ouvrages d'art, soit à l'occasion de bacs et passages d'eau établis sur les fleuves et rivières pour la traverse des chemins ruraux et des chemins vicinaux ordinaires. L'art. 56 de la loi du 6 frim. an 7 prononce une amende de police contre celui qui se soustrait au payement des sommes portées au tarif en cette matière ; par suite, le fait d'avoir traversé la rivière sur un bateau ou en charrette pour échapper au payement du droit de péage établi sur un pont constitue une contravention de la compétence du tribunal de simple police (Crim. cass. 8 juill. et 4 déc. 1852, aff. Despierres et Gauthier, D. P. 53. 4. 344).

522. — V. Droits de pesage, mesurage et jaugeage. — On trouvera *infrà*, n° 763, ce qui a trait aux contraventions aux règlements administratifs sur les droits de pesage, de mesurage et de jaugeage.

523. — VI. Droits de voirie. — En ce qui concerne les contraventions aux règlements de voirie, V. *Rép.* v° *Voirie par terre*, n° 1899.

Art. 8. — *Des règlements municipaux relatifs au droit rural en général* (*Rép.* n°ˢ 763 à 834).

524. L'art. 91 de la loi du 5 avr. 1884 charge les maires de la police rurale, ainsi qu'on l'a vu (*suprà*, n° 512) ; il est conçu dans les mêmes termes que l'art. 10 de la loi du 18 juill. 1837, rapporté au *Rép.* n° 764. Le domaine de la police rurale, dit M. Morgand, t. 2, p. 21, est déterminé

par le code rural (L. 28 sept.-6 oct. 1791) dont la révision se poursuit en ce moment. Le législateur a réglé par des dispositions spéciales un certain nombre de matières appartenant à la police rurale, telles que le maraudage, les dégâts commis par des bestiaux, etc., mais, quoique nombreuses, les dispositions législatives que renferme le code rural n'excluent pas l'intervention de l'autorité municipale agissant par voie de règlement et l'appellent d'une manière spéciale dans un certain nombre de cas (V. de Champagny, t. 4, p. 95).

§ 1er.—Règlements relatifs à la police rurale proprement dite, aux bans de fauchaison, de vendange, etc. (Rép. nos 766 à 792).

525. — I. Mesures de police ; Divagation des animaux ; Chasse ; Pêche, etc.—Ainsi que nous l'avons dit au Rép. n° 765, les maires ont le droit de faire dans les communes rurales comme dans les villes, sous la surveillance de l'autorité supérieure, des arrêtés ayant pour objet de pourvoir à la sécurité des personnes et des biens, et la plupart des mesures de police que les maires sont appelés à prendre dans ces communes dérivent des pouvoirs généraux que leur confère l'art. 97 aussi bien que des pouvoirs spéciaux de police rurale qu'ils tiennent de l'art. 94. La cour de cassation a reconnu à l'autorité municipale le droit de prendre des mesures destinées à sauvegarder la sûreté publique à l'égard de terrains non clos avoisinant un chemin, et sur lesquels la circulation peut s'exercer dans les campagnes non seulement aux époques de chasse, de glandage et de grapillage, mais à toute époque dans les cas d'enclave, d'exercice de droit de vaine pâture, etc. Elle a considéré, en conséquence, comme légal et obligatoire l'arrêté par lequel un maire prescrit des mesures de précaution pour empêcher les accidents que peuvent occasionner des puits restés ouverts à ras de terre (Crim. rej. 1er mai 1868, aff. Gout, D. P. 68. 1. 363). Elle décide, toutefois, qu'en pareil cas le maire doit se borner à ordonner ces mesures d'une manière générale, et qu'il excède ses pouvoirs lorsqu'il enjoint aux propriétaires comme moyen exclusivement obligatoire de construire autour des orifices de ces puits soit des margelles, soit des grilles en fer (Même arrêt). — Il a été également jugé que l'autorité municipale peut, dans un intérêt public, enjoindre à un particulier de prendre dans un délai fixé les mesures convenables pour l'entier assainissement d'un fossé existant à l'intérieur de sa propriété sous peine d'y voir procéder à ses frais, alors d'ailleurs qu'il laisse à celui-ci la liberté de prendre tel moyen qu'il juge convenable pour atteindre ce but (Cons. d'Et. 5 mai 1863, aff. de Montailleur, D. P. 68. 3. 17). Mais le conseil d'Etat a annulé, comme entaché d'excès de pouvoirs, un arrêté par lequel un maire avait enjoint au riverain d'un chemin rural de clore sa propriété sur ce chemin, aucune disposition légale n'autorisant une semblable prescription (Cons. d'Et. 5 mai 1863, aff. de Montailleur, D. P. 68. 3. 18).

526. On a dit au Rép. n° 766 que les maires sont investis du droit d'empêcher la divagation des animaux nuisibles. Ils peuvent spécialement, dans le but de protéger les récoltes, prescrire aux propriétaires de chiens de les museler et de les tenir en laisse sur le territoire de la commune (Crim. cass. 23 nov. 1876) (1). Il leur appartient également de prendre les mesures qui paraissent nécessaires pour empêcher les inconvénients auxquels peut donner lieu l'établissement de ruches d'abeilles à proximité des routes ou des habitations (Cons. d'Et. 30 mars 1868, aff. Carbillers et Grillou, D. P. 68. 3. 1). La jurisprudence a reconnu de

même au préfet de police le droit d'édicter, relativement à l'élevage des abeilles, toutes les mesures qui lui semblent commandées par l'intérêt de la sécurité publique (Cons. d'Et. 13 mars 1885, aff. Vignet, D. P. 86. 3. 115).

En ce qui concerne l'obligation imposée aux maires comme on l'a vu au Rép. n° 767, de publier les lois sur l'échenillage et de faire tous les règlements nécessaires afin d'assurer la destruction des chenilles, V. Rép. v° Contravention, nos 174 et suiv.

527. En matière de chasse, la loi a réservé aux préfets le droit de prendre des arrêtés. Mais ainsi que nous l'avons dit au Rép. n° 768, les maires des communes rurales n'en conservent pas moins le droit d'interdire ou de suspendre l'exercice de la chasse sur certains points du territoire communal dans l'intérêt de la sûreté des campagnes. — V. aussi sur ce point, v° Chasse, nos 238 et suiv. — Sur les mesures qu'il appartient aux maires de prendre en vertu de l'art. 90, § 9, de la loi du 5 avr. 1884, tant pour la destruction des loups et sangliers que pour celle des animaux nuisibles désignés par le préfet, V. suprà, n° 210.

528. — II. Bans de fauchaison, de vendange ou autres. — Ainsi que nous l'avons dit au Rép. n° 773, la loi du 28 sept. 1791 reconnaît expressément au pouvoir municipal le droit de publier des bans de vendange dans les pays où ils sont en usage, et l'art. 475 c. pén. punit d'une amende de 6 à 10 fr. ceux qui auront contrevenu aux bans de vendange ou autres bans autorisés par les règlements (V. pour l'indication des matières dans lesquels des bans peuvent être publiés Rép. v° Contravention, nos 255 et suiv.). Le conseil général de la commune, auquel la loi de 1791 attribuait le pouvoir de publier les bans de vendange, étant aujourd'hui remplacé par le maire pour tout ce qui touche à l'administration, on a vu que c'est au maire qu'il appartient aujourd'hui de prendre des arrêtés de cette nature, et qu'il n'est tenu ni de consulter le conseil municipal (Crim. cass. 28 déc. 1850, Rép. v° Contravention, n° 269), ni de soumettre ces arrêtés à l'approbation de l'autorité supérieure (Rép. nos 774 et 776). Conformément à ce qui a été dit au Rép. nos 776 et 777, et v° Règlement administratif, nos 134 et 135, les bans de vendange et autres ont le caractère de règlements temporaires et sont exécutoires immédiatement et de plein droit par le seul fait de leur publication (Crim. cass. 24 janv. 1861, aff. Ball, D. P. 61. 1. 403). La forme de cette publication n'étant pas déterminée par la loi, il a été jugé qu'une publication à son de sonnettes, conformément à l'usage local, était suffisante tant à l'égard des propriétaires forains qu'à l'égard des propriétaires domiciliés (Même arrêt).

529. Lorsque l'usage de publier les bans existe dans une commune, nous avons dit au Rép. n° 777 que les propriétaires sont tenus d'attendre la publication de l'arrêté municipal, et ils commettraient une contravention au ban autorisé par l'usage, aussi bien en vendangeant avant la publication de ce ban qu'en devançant, après sa publication, l'époque qui y est fixée pour la récolte (Crim. cass. 9 mars 1867, aff. Fontaine, D. P. 67. 1. 368). A plus forte raison en serait-il de même si un règlement permanent défendait de vendanger dans la commune avant la publication du ban annuel (Crim. cass. 28 déc. 1850, aff. Blanc, Rép. v° Contravention, n° 258. V. conf. de Champagny, t. 4, p. 147).

530. La loi du 5 avr. 1884 n'a rien changé aux conditions dans lesquelles les bans peuvent être publiés d'après la loi de 1791 et l'art. 475 c. pén., et, par suite, les bans ne sont légaux que dans les localités où ils étaient autorisés par un usage antérieur à la loi de 1791 (Crim. rej. 22 mars

---

(1) (Gatté.) — La cour ; — Attendu que, par un arrêté rendu le 30 juin 1875, le maire de la commune de Marchémont a invité les propriétaires de chiens à les museler et à les tenir en laisse sur tout le territoire de la commune ; que ledit maire, en prenant cet arrêté, l'a fondé sur les motifs qu'il portait, de prévenir les dommages que pourrait causer aux récoltes la divagation des chiens errants, et qu'il a, par ledit arrêté, ordonné qu'il serait verbalisé contre toutes contraventions à ses dispositions ; — Attendu qu'un procès-verbal a été dressé, le 20 juill. 1875, par le garde champêtre de la commune de Marchémont, lequel procès-verbal constate qu'audit jour un chien appartenant à Gatté fils, chien non muselé et non tenu en laisse par son maître qu'il accompagnait, battait la plaine non dépouillée des récoltes ; —

Que le nommé Gatté, traduit à raison du fait ci-dessus relevé, a été renvoyé des poursuites commencées contre lui, par le motif que l'arrêté émané du susdit maire était illégalement rendu, et, par suite, qu'exécution ne lui était pas due ; — Qu'en déclarant illégal l'arrêté dont s'agit, le juge a formellement violé les dispositions de la loi de 1790, qui attribue aux maires le droit de réglementer la police rurale ; que c'est en vertu de ce droit que l'arrêté en question a été rendu ; qu'il a donc une base légale, et qu'il était exécutoire, tant dans les rues et places que dans les autres parties du territoire de la commune de Marchémont, qui étaient également confiées à la surveillance du maire ; — Casse, etc. Du 23 nov. 1876.-Ch. crim.-MM. de Carnières, pr.-Berthelin, rap.-Robinet de Cléry, av. gén.

1855, aff. Taupiac, D. P. 58. 1. 344 ; Crim. cass. 24 avr. 1858, aff. Janaud, *ibid.*). Il n'appartient qu'à l'autorité préfectorale de décider si un semblable usage existait dans la commune (Arrêt précité du 24 avr. 1858) ; et ce dernier arrêt avait décidé que tant que l'arrêté n'avait pas été rapporté par le préfet le juge de police était tenu de l'appliquer, sans même qu'il lui fût permis de surseoir jusqu'à ce que la question préjudicielle d'existence d'un ancien usage eût été tranchée par le préfet. Un arrêt postérieur, dont la doctrine nous paraît plus exacte, a jugé au contraire que, dans le cas où les prévenus d'infraction à un arrêté municipal fixant l'ouverture des vendanges, soutiennent pour établir l'illégalité de l'arrêté que l'usage du ban de vendanges n'existait pas dans la commune, le tribunal de simple police, incompétent pour résoudre cette question, doit surseoir à statuer jusqu'à la décision du préfet (Crim. cass. 19 nov. 1859, aff. Dufour, D. P. 60. 1. 371).

531. Une condition également requise par la loi de 1791 comme on l'a vu au *Rép.* n° 778, pour la légalité des bans de vendanges, c'est qu'ils s'appliquent exclusivement aux vignes non closes (Arrêt du 22 mars 1855, cité *suprà*, n° 530). Il suffit que la clôture d'une vigne soit conforme à l'un des modes déterminés par la loi de 1791 pour que le propriétaire soit affranchi du ban de vendanges (*Rép.* n° 779). Par suite, le ban de vendanges ne serait pas applicable dans le cas où une pièce de vigne entourée d'une haie vive au nord, au levant et au couchant, serait, en outre, séparée de la route par un fossé de 1 m. 50 cent. de largeur dépendant d'une route et par un talus d'une élévation de 3 m. 50 cent., ce qui en rend l'accès impossible (Arrêt précité du 22 mars 1855). — La vigne ne serait pas réputée close si les fossés qui l'entourent n'avaient pas au moins les dimensions exigées par la loi de 1791 pour affranchir les héritages ruraux de la servitude du parcours ou de la vaine pâture (*Rép.* n° 779 ; Crim. cass. 24 janv. 1861, aff. Ball, D. P. 61. 1. 406).

532. On a vu au *Rép.* n° 780 que l'obligation d'observer le ban s'applique à toutes les vignes non closes sans exception. En conséquence, il n'y a pas lieu de distinguer entre les vignes isolées et celles qui ne le sont pas (Crim. cass. 6 févr. 1858, aff. Masson, D. P. 58. 1. 344 ; et arrêt du 24 janv. 1861, cité *suprà*, n° 528). Mais, pour que le ban soit applicable, il faut qu'il s'agisse d'une récolte ayant pour objet la fabrication du vin (Crim. rej. 7 déc. 1855, aff. Thurier, D. P. 56. 1. 48) ; quant à la cueillette de quelques raisins non destinés à cette fabrication, elle peut toujours avoir lieu, même avec paniers, sans attendre l'époque fixée pour l'ouverture de la vendange (Même arrêt).

533. Ainsi qu'on l'a exposé au *Rép.* n° 785, et v° *Contravention*, n° 250, le pouvoir réglementaire de police dont l'autorité municipale est investie en cette matière ne peut s'étendre jusqu'à interdire aux citoyens l'exercice des droits que la loi leur reconnaît. Un arrêté municipal ne pourrait donc interdire aux propriétaires d'entrer dans leurs vignes, mêmes non closes, avant la récolte, sans une autorisation spéciale de l'administration (Crim. cass. 24 févr. 1865, aff. Chaudé, D. P. 65. 1. 496), ni d'aller faire de l'herbe dans les blés leur appartenant (Crim. rej. 3 déc. 1859, aff. Chaudé, D. P. 59. 1. 520). Il ne pourrait davantage, pour protéger la récolte, interdire le passage jusqu'après la vendange dans les sentiers publics traversant les vignes (Crim. rej. 14 janv. 1848, aff. Schiltighem, D. P. 48. 1. 64).

534. Conformément aux principes qui ont été précédemment énoncés (V. *suprà*, n° 487), la contravention à un ban régulièrement établi ne peut être excusée par le motif que le contrevenant aurait agi avec la permission du maire (Crim. cass. 6 févr. 1858, aff. Masson, D. P. 58. 1. 344) ou qu'il se serait conformé à un usage toléré dans la commune en devançant de deux jours la date fixée pour l'ouverture des vendanges (Crim. cass. 8 avr. 1854, aff. Laboulmène, D. P. 54. 1. 212). Lorsque l'arrêté relatif au ban de vendanges divise par quartiers le territoire de la commune et déclare que les rayons ou treilles isolés ne seront vendangés qu'avec les quartiers auxquels ils appartiennent, le juge de police ne peut interdire au contrevenant sur ce que son rayon ou treille n'appartiendrait à aucune des divisions de la commune, l'interprétation naturelle de cet arrêté étant que le territoire entier de la commune se trouve compris dans la

division qu'il décrit, et se partage suivant que s'orientent ces diverses parties (Crim. cass. 10 janv. 1863, aff. Dangas, D. P. 64. 5. 24). L'infraction au ban de vendanges étant une contravention de police punie par le code pénal, il en résulte que le principe du non-cumul des peines lui est applicable (Crim. cass. 13 févr. 1845, aff. des Essars, D. P. 46. 4. 396).

§ 2. — **Règlements relatifs aux jouissances communes, au parcours et à la vaine pâture** (*Rép.* n°s 793 à 834).

535. Conformément à ce qui a été exposé au *Rép.* n° 793, les conseils municipaux peuvent faire des règlements obligatoires relativement au mode d'administration des biens communaux, au mode de jouissance et de répartition des pâturages et fruits communaux, enfin aux affouages, en se conformant aux lois forestières. Nous avons dit précédemment (V. *suprà*, n° 273) que l'art. 68 de la loi du 5 avr. 1884 conforme à l'art. 19, § 8, de la loi de 1837 rapporté au *Rép.* n° 794, leur confère le droit de prendre, en matière de *vaine pâture*, des délibérations qui doivent être soumises à l'approbation du préfet statuant en conseil de préfecture. L'art. 68 n'ayant pas mentionné, ainsi qu'on l'a vu (*suprà*, n° 273), le parcours parmi les objets réglementaires auxquels les délibérations des conseils municipaux sont soumises à l'approbation des préfets, il en résulte, d'après la circulaire ministérielle du 15 mai 1884, que les conseils municipaux prennent en cette matière des délibérations réglementaires, lesquelles ne deviennent exécutoires qu'un mois après le dépôt qui en a été fait à la sous-préfecture, et que ce n'est qu'après l'expiration de ce délai que les contraventions comportent la sanction pénale de l'art. 471, § 15, c. pén. (V. Crim. cass. 20 févr. 1857, aff. Douay, D. P. 57. 1. 109). Les délibérations en matière de vaine pâture, au contraire, ne deviennent exécutoires et ne peuvent recevoir de sanction pénale que lorsqu'elles ont obtenu l'approbation préfectorale.

On a vu, d'ailleurs *suprà* n° 273, que le Sénat, par son vote sur le code rural, a supprimé le parcours.

536. Nous avons dit au *Rép.* n° 798, que les droits du conseil municipal en ces matières ne peuvent aller jusqu'à porter atteinte aux droits de propriété. Il a été jugé également que le règlement administratif qui détermine le nombre d'animaux que chaque habitant a la faculté d'envoyer aux pâturages communaux ne peut prévaloir sur les droits contraires, légalement exercés par quelques-uns de ces habitants (Civ. rej. 7 juin 1848, aff. Commune de Gorges, D. P. 48. 1. 121), et que le trouble apporté à ces droits en vertu du règlement municipal pourrait donner ouverture à une action possessoire (Même arrêt).

537. Une décision ministérielle du 4 oct. 1837, rapportée au *Rép.* n° 798, interdit aux conseils municipaux de cantonner les propriétaires de troupeaux, nonobstant l'opposition de ces propriétaires, lorsque ce mode n'est prescrit ni par l'usage, ni par des titres particuliers. Mais il a été jugé que le cantonnement, c'est-à-dire l'attribution à quelques habitants de la commune, en raison de leur isolement, du droit exclusif d'exercer la vaine pâture sur certaines parties du territoire, à la condition d'y renoncer sur les autres, n'a rien d'illégal (Nancy, 9 févr. 1849, aff. Grosselin, D. P. 51. 2. 17) ; et qu'un tel cantonnement, s'il est fondé sur un usage immémorial, est irrévocable, comme s'il reposait sur un titre ou une loi, sous la réserve, toutefois, du droit de clôture qui appartient à chaque habitant (Même arrêt). Peut-être l'assimilation que fait cette décision d'un usage immémorial à un titre, et le caractère irrévocable qu'elle attribue à un arrangement nécessité par la disposition des lieux et les convenances des habitants cantonnés ne seraient-ils pas à l'abri de la critique, les changements survenus dans les cultures et les dispositions locales pouvant modifier l'état de choses existant et rendre nécessaire un nouveau règlement.

On doit également considérer comme légal et obligatoire l'arrêté municipal qui, réservant aux propriétaires et fermiers qui en auront fait la déclaration la faculté de conduire leurs bestiaux dans leurs prés, les exclut par réciprocité de toute participation à la vaine pâture sur les autres prés assignés expressément au troupeau commun, alors d'ailleurs que cet arrêté ne restreint pas la vaine

pâture sur les autres terrains non en nature de prés (Crim. cass. 22 janv. 1859, aff. Contignon, D. P. 59. 1. 382).

538. C'est aux maires, ainsi que nous l'avons dit au *Rép.* n° 800, qu'il appartient de prendre des arrêtés pour porter à la connaissance des habitants de leurs communes les décisions prises par les conseils municipaux en matière de parcours et de vaine pâture (Crim. cass. 30 déc. 1853, aff. Laley, D. P. 53. 5. 465).

539. Nous avons indiqué au *Rép.* v° *Droit rural*, n°s 27 et suiv., la nature et l'étendue du droit de parcours et de vaine pâture. Ainsi qu'on l'a vu au *Rép.* n° 802, les terrains clos n'y sont pas soumis. Il est d'ailleurs reconnu par tous les auteurs que, pour qu'un fonds soit affranchi de la vaine pâture, il suffit qu'il soit fermé par une clôture apportant un obstacle sérieux à l'introduction du bétail, alors même que cette clôture ne rentrerait pas exactement dans les termes de l'art. 6, sect. 4, de la loi du 28 sept. 1791 (V. conf. Jay, *Traité de la vaine pâture*, n° 89; Massé et Vergé, t. 2, § 277, note 32; Bourguignat, *Droit rural appliqué*, n° 254; Pardessus, *Servitudes*, t. 1, n° 134; et *Rép.* v° *Servitude*, n° 379). Une clôture collective d'héritages contigus, même appartenant à des maîtres distincts, suffit pour soustraire à la vaine pâture les héritages ainsi clos; il n'est pas nécessaire pour en être affranchi que chacun de ces héritages ait une clôture particulière (Req. 1er mars 1865, aff. Loup, D. P. 65. 1. 421). D'après le même arrêt, on doit considérer comme clos, dans le sens de l'art. 6, un fonds bordé d'un côté par une rivière, de l'autre par un canal d'irrigation, et des deux derniers par une ligne de piquets plantés en terre et reliés par des fils de fer avec entrelacement de branchages, broussailles et fascines.

Un règlement municipal ne pourrait, d'une manière générale et sans distinction, affranchir de la vaine pâture des terrains non clos, dont une partie est plantée en bois, et l'autre partie n'est pas couverte d'aucune production (Crim. rej. 13 juill. 1866) (1).

540. L'art. 9, sect. 4, de la loi de 1791 détermine, conformément à ce qui a été exposé au *Rép.* n°s 803 à 805, et v° *Droit rural*, n° 50, les terrains sur lesquels ne peut s'exercer le droit de parcours ni celui de vaine pâture. Ce sont, indépendamment des terres closes et des propriétés énumérées dans l'art. 479, n° 10, c. pén., les prairies artificielles et les terres ensemencées ou chargées de récoltes. Une prairie artificielle dans laquelle reste à faire une troisième récolte de sainfoin est exempte de la vaine pâture,

alors même qu'elle serait destinée au labour (Crim. cass. 7 janv. 1859, aff. Lefebvre, D. P. 60. 5. 405). Ce droit ne peut être exercé dans aucun cas et dans aucun temps dans une prairie artificielle, alors même que l'usage local ne comporterait aucune exception ni réserve, tout usage contraire à l'art. 9 ayant été aboli par cet article (Crim. cass. 24 avr. 1873, aff. Fafet, D. P. 73. 1. 317).

541. On a vu au *Rép.* n° 806 qu'il appartient au conseil municipal de fixer, à défaut de titres ou d'usages, le nombre de bestiaux que chaque habitant pourra conduire au parcours ou à la vaine pâture (Crim. cass. 3 mai 1850, aff. Guilbaud, D. P. 50. 5. 459).

Si, en règle générale, la quantité de bétail assignée à chaque propriétaire pour l'exercice du droit de parcours ou de vaine pâture doit être déterminée proportionnellement à l'étendue du terrain lui appartenant, cette règle n'est pas, néanmoins, fixe et invariable, et peut être modifiée, en tenant compte des temps, des lieux et des facultés de végétation des terres assujetties; il suffit, pour la légalité des arrêtés municipaux pris pour cet objet, qu'ils respectent le minimum accordé à la classe pauvre, et que la jouissance des riches propriétaires ne soit pas réduite au-dessous de celle attribuée aux possesseurs de terres moindres en étendue (Crim. cass. 26 nov. 1864) (2).

542. Ainsi qu'on l'a indiqué au *Rép.* n° 811, le propriétaire ou le fermier de terres non closes soumises au droit de vaine pâture est tenu de se conformer aux arrêtés qui en règlent l'exercice, et l'habitant d'une commune prévenu d'avoir fait paître des bestiaux sur des prairies dépendant du territoire de cette commune avant l'époque fixée pour l'ouverture de la vaine pâture ne peut être acquitté sous prétexte qu'étant propriétaire de ces prairies, il n'a fait qu'user du droit qui lui appartient (Crim. cass. 8 janv. 1857, aff. Lefrançois, D. P. 57. 5. 335). D'après cet arrêt, il n'est pas possible d'admettre, dans les pays de vaine pâture, qu'il y ait successivement pâture privée et pâture commune; et, avant le temps où la vaine pâture est permise, le propriétaire ne peut être autorisé à envoyer paître ses bestiaux sur les terres dépouillées de leurs récoltes, pour n'apporter ensuite à la communauté que des terres épuisées.

On doit également considérer comme obligatoire l'arrêté par lequel le maire défend aux propriétaires de terres soumises à la vaine pâture d'y faire paître leurs bestiaux attachés au piquet, ces bestiaux ne pouvant, en pareil cas, être

(1) (Bergeron.) — La cour; — Attendu que l'art. 2, sect. 4, tit. 1er, de la loi du 28 sept.-6 oct. 1791 maintient le droit de vaine pâture dans les lieux où il était autorisé par un usage immémorial; — Que si l'art. 3 de la même loi porte que ce droit de vaine pâture ne sera exercé que conformément aux règles et usages locaux, et si l'art. 9 ajoute qu'il ne pourra s'exercer sur les prairies artificielles et sur les terres ensemencées couvertes de quelque production que ce soit, il ne s'ensuit pas que les arrêtés municipaux puissent restreindre le droit lui-même à soustraire à son exercice certains lieux non clos qui ne seraient couverts d'aucune récolte; que, dans l'espèce, la délibération du conseil municipal et l'arrêté du maire déclarent que les lieux dits *la Vergue des ponts* et *l'Ile des sensés*, qui sont en partie plantés en bois, seront interdits au parcours; — Que le procès-verbal ne constate pas que les bestiaux de Bergeron aient été trouvés dans la partie de ces terrains plantée en bois, et que le jugement attaqué déclare, en fait, que les terrains non plantés, ainsi enlevés au parcours, sont d'une certaine importance; que, dès lors, en déclarant que l'arrêté dont il s'agit a excédé les limites des pouvoirs de l'autorité municipale n'est pas, par conséquent, obligatoire en ce qui concerne l'interdiction générale qu'il contient, et en renvoyant, par suite, le prévenu des fins de la poursuite, le jugement attaqué n'a commis aucune contravention à la loi; — Rejette, etc.
Du 13 juill. 1866.-Ch. crim.-MM. Legagneur, pr.-Faustin Hélie, rap.-Savary, av. gén.

(2) (Hamelle et Paté.) — La cour; — Vu les art. 12, 13, 14 et 15, tit. 1er, sect. 4, de la loi des 28 sept.-6 oct. 1791; — Attendu, en droit, que de la combinaison de diverses dispositions de ces articles, il ressort manifestement que si, dans les localités où la fertilité du sol le permet, la quantité de bétail accordée à chaque propriétaire, pour l'exercice du droit de parcours ou de vaine pâture, doit être déterminée, entre tous, proportionnellement à l'étendue de terrain appartenant à chacun d'eux, il ne s'ensuit pas que cette règle ne puisse jamais être modifiée; — Que la loi,

tenant compte des temps, des lieux, des saisons et des facultés de végétation plus ou moins puissantes des terres sur lesquelles ces droits ont à s'exercer, loin d'adopter une règle fixe et invariable, a reconnu l'autorité, en cette matière, soit des usages locaux, soit des règlements anciens, soit de ceux qui pourraient être arrêtés, dans les formes de droit, par les conseils municipaux; que, dès lors, tous les arrêtés pris pour cet objet rentrent expressément dans les attributions de l'autorité municipale, s'ils respectent le minimum accordé par la loi à la classe pauvre, et s'ils ne font pas descendre la quantité de bétail déterminée pour les riches propriétaires au-dessous de celle dont jouiraient ceux dont les terres sont moindres en étendue; — Que sous ces conditions, ces arrêtés sont obligatoires pour les citoyens et pour les tribunaux, tant qu'ils n'ont pas été réformés par l'autorité administrative supérieure; — Qu'en vain on prétendrait que, tout en respectant les dispositions ainsi interprétées de la loi de 1791, l'arrêté dont il s'agit dans la cause serait excessif dans les réductions qu'il imposerait à telle ou telle catégorie de propriétaires; — Que l'autorité administrative est seule juge à cet égard, puisqu'un semblable grief n'affecte en rien, ni la compétence de l'autorité municipale de laquelle émane l'arrêté, ni conséquemment, la force obligatoire dudit arrêté; — D'où il suit qu'en appliquant les articles ci-dessus visés comme s'ils prescrivaient une règle de proportion fixe et invariable pour déterminer la quantité de bétail que chaque propriétaire peut envoyer à la vaine pâture; qu'en déclarant, à la suite, illégal dans son principe et excessif dans ses dispositions l'arrêté pris, dans les formes de droit, pour le règlement de la vaine pâture dans la commune de Brulange, le jugement attaqué (rendu par le tribunal de simple police de Grostenquin (Moselle) le 10 mars 1864), a tout ensemble violé lesdits articles et l'arrêté, ainsi que l'art. 47, § 15 c. pén., et commis un excès de pouvoir en empiétant sur les attributions de l'autorité administrative;
Par ces motifs, casse, etc.
Du 26 nov. 1864.-Ch. crim.-MM. Vaïsse, pr.-Nouguier, rap.-Bédarrides, av. gén.

considérés comme surveillés et gardés par troupeaux séparés comme l'exigent les art. 12 et 15 de la loi du 28 sept. 1791 (Crim. cass. 27 déc. 1867) (1).

543. Nous avons dit au *Rép.* n° 812, que le conseil municipal peut fixer l'époque à partir de laquelle, et l'époque jusqu'à laquelle les droits de parcours et de vaine pâture pourront s'exercer. Il peut notamment, sans excès de pouvoir, décider que tous les prés seront laissés en regain pour une année et ne seront livrés à la pâture qu'après le 15 septembre (Crim. cass. 16 avr. 1875, aff. Chaineaux, D. P. 76. 1. 459). Mais si les conseils municipaux ont le droit de réglementer l'exercice des droits de parcours et de vaine pâture, ils ne peuvent apporter, par leurs délibérations, à l'exercice de ces droits aucune restriction susceptible d'en altérer ou d'en changer la nature (Crim. cass. 4 mai 1848, aff. Carret, D. P. 48. 5. 363; 5 févr. 1859, aff. Charrin, D. P. 60. 5. 403). — Ainsi on doit considérer comme illégaux et non obligatoires : 1° l'arrêté qui interdit le parcours pendant toute l'année sur certains terrains qu'il désigne à tort comme étant constamment ensemencés (Crim. rej. 9 sept. 1853, aff. Macabé, D. P. 53. 5. 466) ; — 2° Celui qui affranchit jusqu'à nouvel ordre un terrain communal soumis à la vaine pâture, dans l'intérêt des récoltes dont il serait couvert (Crim. rej. 10 mars 1854, aff. Maltête, D. P. 54. 5. 774); — 3° Celui qui ajourne l'exercice de la vaine pâture jusqu'après la dernière récolte des prairies naturelles, sans préciser les terrains ni le nombre des récoltes, et sans aucune détermination d'époque, de manière à exposer les ayants droits à l'arbitraire des propriétaires (Crim. rej. 17 août 1883) (2).

Mais comme le droit de vaine pâture est limité par les usages anciens, il a été jugé que, dans le cas où un ancien usage autorise les propriétaires de biens ayant une étendue de 10 hectares à soustraire à la vaine pâture le tiers de ces biens, l'arrêté municipal pris pour l'application de cet usage est légal (Req. 17 avr. 1849, aff. Troin, D. P. 49. 5. 391).

544. Le conseil municipal peut, comme on l'a vu (*Rép.* n° 813 et v° *Droit rural*, n° 97), prescrire la nomination d'un ou plusieurs bergers communs qui doivent être choisis par le maire, et, dans ce cas, le conseil municipal peut imposer une taxe à ceux qui usent de la vaine pâture pour le paye-

ment de ce pâtre (D. P. 59. 3. 9, note 4). Mais l'individu qui a un pâtre particulier pour conduire ses animaux sur les terrains de vaine pâture n'est pas tenu de payer la taxe établie pour le payement du pâtre commun (Sol. impl., Cons. d'Et. 9 juin 1849, aff. Lefèvre, D. P. 49. 3. 83).

545. Dans les communes de vaine pâture soumises à l'usage du troupeau en commun, il est interdit, conformément à une jurisprudence rappelée au *Rép.* n° 814, à des propriétaires ayant droit au pâturage de réunir leurs bestiaux en un troupeau collectif distinct du troupeau commun ; et cette interdiction existe même en l'absence de tout arrêté municipal, et alors que le maire, s'en rapportant aux anciens usages, n'a pas usé du droit de nommer un berger communal (Crim. cass. 28 nov. 1879, aff. Bossu, D. P. 80. 1. 89).

546. Comme on l'a exposé au *Rép.* n° 815, les habitants ne peuvent envoyer au pâturage un plus grand nombre de bestiaux que celui qui a été déterminé par les arrêtés municipaux. La contravention au règlement consiste, en pareil cas, dans le fait de dépasser le nombre de têtes de bétail que chaque habitant peut conduire à la vaine pâture, sans que la circonstance que certains habitants n'ont pas usé de leur droit puisse autoriser les autres à abuser du leur ; en conséquence, celui qui a envoyé une quantité d'animaux supérieure à celle qui lui était attribuée ne peut être excusé sous prétexte que le nombre total de bêtes envoyées par les divers habitants n'excédait pas celui déterminé par l'arrêté (Trib. Amiens, 3 août 1849, aff. Obré, D. P. 50. 3. 32 ; Crim. cass. 23 févr. 1855, aff. Pillon, D. P. 55. 1. 270). Un propriétaire prévenu d'avoir envoyé un nombre de bêtes supérieur à celui que comporte la déclaration de la quantité de terre qu'il exploite imposée par l'arrêté municipal, ne peut non plus être acquitté sous le prétexte qu'il a depuis pris à ferme de nouvelles terres, s'il n'a préalablement déclaré cette augmentation de son exploitation (Crim. cass. 26 juin 1857, aff. Bouffet, D. P. 57. 1. 376).

Il ne peut, d'ailleurs, être dérogé par des conventions particulières faites entre particuliers de la même commune aux dispositions limitatives de l'arrêté qui fixe le nombre de têtes de bétail que chaque propriétaire pourra envoyer à

---

(1) (Procureur général à la cour de cassation. — Aff. Lebozec.) — La cour; — Vu l'art. 8 de l'arrêté réglementaire sur la vaine pâture, délibéré par le conseil municipal de la commune de Bréhat, approuvé par le préfet des Côtes-du-Nord le 25 août 1866 ; — Vu les art. 12 et 15 de la loi du 28 sept.-6 oct. 1791 ; — Vu l'art. 19 de la loi du 18 juill. 1837 ; — Vu l'art. 471, § 15, c. pén. ; — Attendu que les conseils municipaux ont le droit de délibérer sur l'exercice de la vaine pâture dans les communes où elle existe et de la réglementer pour en réprimer l'abus, afin d'assurer la sécurité des citoyens, celle des propriétés, celle des troupeaux eux-mêmes, dont la divagation pourrait être dangereuse ; — Attendu que la loi du 28 sept. 1791, dans ses art. 12 et 15, exige que les bestiaux qui usent de la vaine pâture soient placés dans le troupeau commun, et qu'elle oblige les propriétaires qui voudraient se soustraire à cette communauté de les faire garder par un troupeau séparé ; — Attendu qu'en faisant défense expresse, dans son art. 8, d'attacher les bestiaux au piquet sur les terres soumises à la vaine pâture, et en prohibant ce mode dangereux de dépaissance, l'arrêté réglementaire de la commune de Bréhat n'a fait qu'assurer l'exécution des dispositions de la loi du 28 sept. 1791, car on ne saurait considérer comme surveillés et gardés par troupeau séparé, des bestiaux que l'on abandonne les avoir simplement attachés au piquet sur le lieu où ils doivent exercer la dépaissance ; — Attendu que les jugements attaqués ne constatent aucun usage contraire, puisque celui dont ils parlent ne s'applique qu'à l'usage où l'on était, dans la commune de Bréhat, de laisser les bestiaux errants le jour et la nuit, sans aucune surveillance pendant la durée de la vaine pâture, ce qui entraînait des abus auxquels a voulu remédier l'arrêté réglementaire du 25 août 1866 ; — Attendu que les droits de parcours et de vaine pâture sont une *société et communauté tacites de pâturage* ; qu'ils modifient le droit absolu de propriété, puisque le code rural n'accorde à tout propriétaire le droit de faire pâturer ses bestiaux sur ses terres qu'à la charge d'observer les dispositions qu'il contient relativement aux conditions du parcours et de la vaine pâture (art. 1er de la section 4) ; d'où il suit qu'en refusant d'appliquer l'art. 8 de l'arrêté réglementaire du 25 août 1866, destiné à remédier aux abus signalés, sous prétexte que la disposition qu'il contient excéderait les pouvoirs de l'autorité municipale et ce qu'elle concerne même les propriétaires, les jugements attaqués ont violé les principes de la matière et les articles de loi ci-dessus visés ;

— Casse, dans l'intérêt de la loi, les deux jugements, etc. Du 27 déc. 1867.-Ch. crim.-MM. Legagneur, f. f. pr.-Lezaud, rap.-Bédarrides, av. gén.

. (2) (Massonnet.) — La cour; — Sur le moyen tiré de la violation pour refus d'application de l'art. 471, c. pén., en ce que le jugement attaqué a relaxé indûment Massonnet, prévenu de contravention à un arrêté municipal interdisant l'exercice de la vaine pâture avant l'enlèvement de la dernière récolte : — Attendu que, d'après les lois des 28 sept.-6 oct. 1791 et 18 juill. 1857, art. 17, n°s 3, 19, n°s 8 et 20, le droit de réglementer la vaine pâture, d'en déterminer le mode d'exercice et la durée, de fixer l'époque de son ouverture, appartient au conseil municipal de la commune où ce droit peut s'exercer ; mais que ce pouvoir de règlement sur l'exercice d'un droit reconnu par la loi ne s'étend pas jusqu'à permettre à l'autorité municipale de prendre des mesures qui auraient directement ou indirectement pour résultat de supprimer la servitude elle-même, ou de la restreindre au delà des prévisions du législateur ; — Attendu que, par délibération en date du 14 avr. 1882, approuvée par le préfet du département de l'Ain, le 6 mai suivant, le conseil municipal de Brénod a décidé que le droit de vaine pâture qu'il reconnaît exister dans la commune « ne pourra avoir lieu sur les prairies naturelles produisant plusieurs récoltes, qu'après que la dernière récolte aura été faite » ; — Attendu que cette délibération et l'arrêté du maire du 29 juin suivant, pris pour son exécution, en ajournant ainsi l'exercice de la vaine pâture jusqu'après la dernière récolte des prairies naturelles, sans aucune précision des terrains, ni du nombre des récoltes, et sans aucune détermination d'époque, auraient pour effet de le rendre vain, et d'exposer les ayants droit à l'arbitraire du propriétaire, en même temps que d'exonérer indirectement ceux-ci de l'obligation de se clore, seul procédé légal pour dégager la propriété de l'assujettissement à la vaine pâture ; qu'en déclarant, dans ces conditions, que la délibération du conseil municipal de Brénod et l'arrêté du maire qui l'a suivie, portant essentiellement atteinte à l'exercice d'un droit légitime, n'étaient pas obligatoires, et en refusant, en conséquence, d'appliquer dans l'espèce la sanction pénale de l'art. 471, n° 15, le jugement attaqué n'a, en aucune façon, violé cette disposition de loi ; — Rejette, etc.

Du 17 août 1883.-Ch. crim.-MM. Baudouin, pr.-Vételay, rap.-Ronjat, av. gén.-Bosviel, av.

la vaine pâture, et l'exercice de ce droit, étant indivisible et inséparable de l'exploitation effective des terres, n'est pas susceptible de cession (Crim. cass. 16 juin 1848, aff. Pignolet, D. P. 48. 1. 150).

547. Conformément à ce qui a été exposé au *Rép.* n° 820, le conseil municipal, appelé à fixer le nombre des têtes de bétail admises au pâturage a le droit de distribuer les diverses espèces sur les différentes parties du territoire. Il peut donc cantonner plusieurs espèces sur des portions déterminées (Crim. cass. 7 nov. 1885) (1). Il en est ainsi spécialement pour les animaux dont la dent est nuisible aux récoltes (Crim. cass. 17 mai 1866) (2), sauf le recours au préfet en cas d'abus ou de préjudice aux intérêts des habitants (Même arrêt).

548. On a vu au *Rép.* n° 822 que les anciens usages qui excluaient de certaines natures de culture les animaux considérés comme nuisibles devaient être observés, la loi de 1791 ayant eu pour objet de restreindre plutôt que d'étendre l'exercice des servitudes qu'il consacre. Il a été décidé en ce sens que, dans les pays dépendant des anciens ressorts des coutumes du Vermandois et de Vitry-le-François où la vaine pâture se trouve maintenue en vertu du code rural de 1791, il y a lieu de faire respecter l'interdiction expresse de pâturage établie pour les moutons et brebis par les arrêts de règlement du Parlement de Paris des 23 janv. 1779 et 28 déc. 1780, dont les dispositions ont été maintenues en dernier lieu par un arrêt de la grande chambre du même Parlement du 5 avr. 1788 (Crim. cass. 27 mai 1859, aff. Busquet, D. P. 60. 5. 408).

De même, le propriétaire de prés salants situés dans une commune ayant fait partie des Etats sardes peut invoquer une règle résultant de l'ancienne jurisprudence de ces Etats, d'après laquelle les propriétaires pouvaient s'affranchir de la vaine pâture en renonçant à la réciprocité (Req. 28 avr. 1873, aff. Commune de Rotherens, D. P. 74. 1. 174).

549. Conformément à ce qui a été exposé au *Rép.* n° 827, le maire peut, au point de vue de la police municipale, compléter par ses arrêtés les délibérations prises par les conseils municipaux en matière de vaine pâture. Il peut également prendre des arrêtés ayant pour objet l'exécution des délibérations des conseils municipaux ou d'anciens règlements émanés de l'autorité compétente restés en vigueur (Crim. cass. 30 déc. 1853, aff. Laley, D. P. 53. 4. 405 ; 19 août 1859, aff. Lévy, D. P. 60. 5. 407). L'arrêté pris en vertu d'une délibération du conseil municipal ne peut recevoir son exécution avant l'approbation du préfet (Crim. rej. 23 janv. 1862, eff. Grancher, D. P. 64. 1. 243) et, s'il contient

une mesure particulière, avant la notification aux propriétaires que cette mesure concerne (Crim. cass. 15 mars 1862, aff. Garnier, D. P. 64. 1. 243).

550. Le maire seul ne peut, sans excès de pouvoir, prendre, en vue d'assurer la libre récolte des prairies, un arrêté n'autorisant l'exercice du droit de vaine pâture qu'à partir d'une époque que ce magistrat se réserve de fixer ultérieurement (Crim. cass. 19 déc. 1863, aff. Caillot, D. P. 64. 1. 243) ; il ne peut davantage, en présence de titres et d'usages anciens conférant aux habitants le droit de mener paître leurs bestiaux sur les prairies de seconde herbe, sans restriction quant à l'espèce des animaux, prendre un arrêté exceptant les moutons de ce droit de pâture (Crim. rej. 20 janv. 1876, aff. Richer, D. P. 76. 1. 459). De même, en supposant que, dans les pays de vaine pâture, il puisse être fait défense par des dispositions nouvelles d'introduire des moutons dans les prairies, le maire ne pourrait édicter une pareille mesure sans le concours du conseil municipal (Crim. rej. 19 août 1859, aff. Lévy, D. P. 60. 5. 407). Mais, lorsque le conseil municipal, appelé à délibérer sur la question de savoir si la vaine pâture devait être suspendue jusqu'à la récolte des regains, a exprimé un avis favorable au maintien de la vaine pâture mais seulement pour le cas où le temps continuerait à être sec, l'arrêté du maire qui ordonne l'ajournement de la vaine pâture, à raison des pluies nouvelles, est légal et obligatoire (Crim. cass. 30 déc. 1853, aff. Laley, D. P. 53. 5. 465).

551. Le maire peut également, en exécution d'une délibération du conseil municipal, prendre un arrêté à l'effet de fixer l'ouverture de la vaine pâture (Crim. cass. 8 janv. 1857, aff. Lefrançois, D. P. 57. 5. 335).

552. Enfin, en dehors de l'application des lois et règlements sur la vaine pâture et dans l'intérêt de la conservation du passage et de la sécurité des chemins, le maire peut interdire la vaine pâture des bestiaux sur les chemins vicinaux de la commune (Crim. cass. 1er déc. 1854, aff. Caradec, D. P. 54. 5. 784).

553. On doit considérer comme légal et obligatoire l'arrêté par lequel un conseil municipal décide que le droit de dépaissance sur les vacants communaux ne pourra être exercé que par les propriétaires qui habitent la commune, qui y sont domiciliés, et dont les bestiaux sont enfermés et logés dans des bergeries sises sur le territoire de cette commune. — En conséquence, le fait, de la part d'un propriétaire forain, dont les bergeries sont situées dans une autre commune, d'avoir fait dépaître des bestiaux sur les biens communaux de s'il s'agit, constitue une infraction tombant

---

(1) (Bazin.) — La cour ; — Sur le moyen tiré de la violation des art. 13, sect. 4, tit. 1er, de la loi du 6 oct. 1791, 68 de la loi du 5 avr. 1884, et 471, n° 15, c. pén. : — Vu lesdits articles ; — Vu également les art. 1er et 2 de l'arrêté du maire de Vitry-le-Croisé, du 25 juill. 1885, pris en exécution d'une délibération du conseil municipal du 7 juin précédent, et approuvé par le préfet de l'Aube en conseil de préfecture, le 12 août suivant, portant : « Art. 1er. Toutes les prairies naturelles (excepté celles closes et implantées d'arbres) sont essentiellement réservées au parcours du gros bétail après la première récolte. — Art. 2. Toute la partie du territoire de la commune située au midi de la rivière (saison des blés et avoines), n'est réservée pour le parcours du gros bétail que jusqu'au 15 octobre prochain ; passé ce délai, les moutons pourront y être conduits » ; — Attendu qu'il est vrai, qu'aux termes de la loi du 6 oct. 1791, la vaine pâture est une servitude réciproque qui grève, au profit de chaque habitant, toutes les terres non closes de la commune, et que, lorsque cette servitude se trouve établie, soit par l'usage, soit par d'anciens règlements, il n'appartient pas au conseil municipal de la supprimer ; — Attendu, toutefois, que l'art. 13, sect. 4, tit. 1er, de la loi précitée, et l'art. 68 de la loi du 5 avr. 1884, donnent aux conseils municipaux, sous l'approbation des préfets en conseil de préfecture, le pouvoir d'en régler l'exercice, dans l'intérêt de l'agriculture ; d'où résulte implicitement et virtuellement celui de cantonner certaines espèces d'animaux sur des parties déterminées du territoire ; — D'où il suit qu'en refusant de faire application au prévenu de l'art. 2 de l'arrêté du maire de Vitry-le-Croisé, le jugement attaqué a formellement violé les dispositions de loi susvisées ; — Casse, etc.
Du 7 nov. 1885.-Ch. crim.-MM. Ronjat, pr.-Vételay, rap.-Loubers, av. gén.

(2) (Boudet.) — La cour ; — Vu la loi des 28 sept.-6 oct. 1791 et les art. 19 et 20 de celle du 18 juill. 1837 ; — Vu également

l'art. 4 du règlement du conseil municipal d'Arbois, portant : « Les moutons et les chèvres ne pourront être conduits au parcours que sur le terrain communal de la Baume et dans la partie de celui de Soulerots, ordinairement réservés pour cette destination » ; — Sur l'unique moyen pris de la violation de la loi des 28 sept.-6 oct. 1791, en ce que le règlement, sous le prétexte de régler l'exercice de la vaine pâture, l'aurait en réalité supprimé : — Attendu, il est vrai, qu'aux termes de la loi des 28 sept.-6 oct. 1791, la vaine pâture est une servitude réciproque qui grève, au profit de chaque habitant, toutes les terres non closes de la commune, et que, lorsque cette servitude se trouve établie, soit par l'usage, soit par d'anciens règlements, il n'appartient pas au conseil municipal de la supprimer ;—Attendu, toutefois, que la loi précitée et les art. 19 et 20 de celle du 18 juill. 1837 donnent aux conseils municipaux, sous l'approbation des préfets, le pouvoir d'en régler l'exercice, d'où résulte implicitement et virtuellement celui de cantonner certaines espèces d'animaux, dont la dent est particulièrement nuisible à certaines productions, sur des parties déterminées du territoire ; — Attendu que peu importe que ces parties du territoire soient une propriété communale dont chaque habitant a droit de jouir en dehors du droit de vaine pâture ; que, d'une part, la vaine pâture est une servitude dont la nature et les effets diffèrent du droit de jouissance des droits communaux, et que, de l'autre, en supposant que l'usage fait par le conseil municipal d'Arbois de son pouvoir de réglementation fût abusif et nuisible aux intérêts des habitants, ceux-ci n'avaient que le droit de s'adresser au préfet pour faire réformer un règlement qui, bien que pris dans les limites des attributions municipales, leur serait cependant préjudiciable ; — Attendu, dès lors, que c'est à tort que le jugement attaqué a refusé de faire application au prévenu de l'art. 4 de ce règlement ; — Casse, etc.
Du 17 mai 1866.-Ch. crim.-MM. Vaïsse, pr.-Guyho, rap.-Charrins, av. gén.

sous l'application de l'art. 471, n° 15, c. pén. (Crim. cass. 23 nov. 1861) (1).

554. En ce qui concerne la définition des droits de *glanage*, de *ratelage*, ou de *grapillage* dont il a été question au *Rép.* n° 833, V. *Rép.* v° *Droit rural*, n° 101. L'exercice de ces droits peut, comme nous l'avons dit (*loc. cit.*), faire l'objet de règlements du maire agissant comme chargé de la police rurale. Ainsi, lorsque le grapillage des noix est établi dans une commune par un long usage, il appartient au maire d'en réglementer l'exercice, et les règlements qu'il prend à cet effet sont obligatoires pour les tribunaux (Crim. cass. 25 mai 1848, aff. Bourdilleau, D. P. 48. 5. 22). Il a, notamment, le droit d'interdire le grapillage jusqu'à l'entière terminaison de la vendange (Crim. cass. 27 janv. 1860, aff. Vital, D. P. 60. 1. 372).

Art. 9. — *Règlements concernant la police municipale proprement dite* (*Rép.* n°s 835 à 1355).

§ 1er — Des alignements, des constructions et des démolitions des bâtiments joignant la voie publique (*Rép.* n°s 835 à 886).

555. Conformément à ce qui a été exposé au *Rép.* n° 835, c'est au maire qu'appartient le droit de délivrer les autorisations de voirie (alignements, autorisations de bâtir et réparer, saillies, poses de canalisation, etc. sur les voies urbaines et les chemins vicinaux, ordinaires ou ruraux). L'art. 98, § 1er, de la loi du 5 avr. 1884, qui consacre les droits de police du maire sur les routes nationales et départementales et les voies de communication dans l'intérieur des agglomérations, les restreint à ce qui intéresse la circulation et laisse en dehors des attributions municipales, conformément à la législation antérieure, toute la partie de la police de la grande et moyenne vicinalité qui a trait à la construction, à l'entretien et à la conservation de ces voies (Morgand, t. 2, p. 100).

En effet, les alignements individuels, les autorisations de bâtir et les simples permissions de voirie sont délivrées soit par le préfet, soit par le sous-préfet en ce qui concerne les routes nationales, les routes départementales, les chemins vicinaux de grande ou de moyenne communication et les rues formant la traverse de l'une ou de ces voies de communication. L'art. 98, innovant à cet égard, exige que l'autorité appelée à statuer sur ces diverses demandes, ne prononce pas sans avoir pris, au préalable, l'avis du maire. « Cette disposition, dit le ministre de l'intérieur dans sa circulaire du 15 mai 1884, permettra au maire de revendiquer en temps opportun le droit de statuer lui-même sur les demandes de sa compétence lorsque les pétitionnaires considéreront comme appartenant à la grande voirie, à la grande ou moyenne

vicinalité, les voies publiques ou sections de voies publiques appartenant exclusivement à la voirie urbaine ou à la petite vicinalité. Elle donnera, en outre, au maire le moyen de fournir au moment utile des renseignements qui éclaireront l'administration supérieure sur les inconvénients que pourraient entraîner certaines permissions au point de vue soit des services municipaux (éclairage, distribution d'eau, etc.), soit de la commodité, de la liberté ou de la sécurité de la circulation. »

556. Le Sénat avait voté, en première lecture, une procédure favorable. M. Léon Clément ayant critiqué cette procédure comme pouvant empêcher, dans certains cas urgents, le préfet de décider souverainement, le Sénat a renoncé à toute innovation sur ce point, s'en rapportant aux pratiques en usage jusqu'à ce jour, et d'après lesquelles le plus souvent, dans l'hypothèse indiquée, les préfets soumettent la difficulté à l'autorité supérieure (D. P. 84. 4. 53, note 98, § 3). La circulaire précitée recommande aux préfets de se conformer à cette pratique.

557. La délivrance des autorisations de bâtir, des alignements et des simples permissions de voirie, à titre précaire ou essentiellement révocable, rentre dans les attributions du maire en matière de petite voirie, sauf ce qui concerne les chemins vicinaux de grande ou moyenne communication et les rues en formant les traverses. Dans le cas où le maire régulièrement saisi refuse d'accorder l'alignement individuel ou l'autorisation de bâtir qui lui est demandée, il y a lieu d'appliquer l'art. 85 de la loi du 5 avr. 1884, aux termes duquel, lorsque le maire néglige ou refuse de faire un des actes qui lui sont prescrits par la loi, le préfet peut, après l'en avoir requis, y procéder d'office par lui-même ou par un délégué spécial. La jurisprudence avait déjà reconnu au préfet le droit de se substituer au maire en pareil cas; mais elle lui refusait ce droit lorsqu'il s'agissait de simples permissions de voirie, ces permissions ayant, à la différence des alignements et des autorisations de construire, un caractère purement facultatif; d'après l'art. 98, § 4, les permissions dont il s'agit peuvent, en cas de refus du maire non justifié par l'intérêt général, être accordées par le préfet.

558. Les questions relatives aux alignements, autorisations de construire et permissions de voirie sont traitées au *Rép.* v° *Voirie par terre*, n°s 1931 et suiv.

§ 2. — *Edifices menaçant ruine* (*Rép.* n°s 887 à 897).

559. Le pouvoir qui appartient aux maires, ainsi que nous l'avons vu au *Rép.* n° 887, de prescrire les mesures nécessaires pour la démolition et la réparation des édifices menaçant ruine a une double source : d'une part, l'art. 97, § 1er,

---

(1) (Fouga et Marty.) — La cour; — Vu l'art. 17, n° 3, de la loi du 22 juill. 1837, l'art. 1er, n°s 1 et 2, de la délibération du conseil municipal de la commune de Treilles, en date du 26 mars 1861; ensemble l'art. 471, n° 15, c. pén.; — Attendu qu'il est constaté, soit par le procès-verbal dressé le 26 mai 1861 par le garde-champêtre de la commune de Treilles, qui servait de base à la poursuite, soit par le jugement attaqué, que le 25 du même mois, le nommé Fouga, berger du sieur Marty, domicilié à Saint-Laurent-de-la-Salanque (Pyrénées-Orientales), propriétaire du domaine d'Hortous, situé sur les communes limitrophes de Treilles et de Feuilla, faisait dépaître, par l'ordre du sieur Marty, environ trois cent cinquante bêtes à laine sur les vacants communaux de Treilles; que traduits devant le tribunal de simple police pour contravention au règlement municipal du 26 mars 1861, qui réserve exclusivement la dépaissance des bestiaux sur les vacants communaux de Treilles aux propriétaires et habitants domiciliés dans ladite commune, Fouga et Marty, cité comme civilement responsable, ont été relaxés par le motif principal que la loi du 6 oct. 1791, art. 12, 13 et 15, tit. 1er, sect. 4, ne fait aucune distinction entre le propriétaire domicilié dans la commune et le propriétaire forain, quant à la jouissance du droit d'envoyer à la dépaissance une quantité de bétail proportionnée à l'étendue de leur exploitation; — Attendu que, si cette théorie est vraie en elle-même, et si la loi du 6 oct. 1791 en réglementant dans sa section 4 le parcours et la vaine pâture, n'exclut pas le propriétaire forain, cette loi était inapplicable à l'espèce, où il s'agit, non d'un fait de parcours et de vaine pâture, mais d'un fait de dépaissance accompli par un propriétaire forain sur les vacants de la commune de Treilles; — Attendu qu'aux termes de l'art. 17, n° 3, de la loi du 22 juill. 1837, les conseils municipaux règlent par leurs délibérations le mode de jouissance et la répartition des

pâturages et fruits communaux; qu'en vertu du droit résultant de cette disposition, le conseil municipal de Treilles a pris, le 26 mars 1861, une délibération régulièrement approuvée concernant la dépaissance sur les vacants communaux, dont l'art. 1er, n°s 1 et 2, n'admet à la jouissance du droit réglementé que les propriétaires qui habitent la commune, y sont domiciliés, et dont les bestiaux sont enfermés et logés dans les bergeries sises sur le territoire de Treilles; — Que cette délibération, prise en conformité de la loi, est légale et obligatoire, sous la sanction de l'art. 471, n° 15, c. pén.; — Attendu que le fait constaté par le procès-verbal contre Fouga et Marty, son maître, propriétaire forain, n'habitant pas la commune de Treilles, et dont les bergeries sont situées sur le territoire d'une commune différente, constituait une infraction aux dispositions du règlement municipal susvisé; — Attendu que c'est à tort qu'un règlement antérieur du 5 févr. 1843 est invoqué par le jugement comme justifiant le droit du sieur Marty, qui s'était conformé aux prescriptions de son art. 7, en faisant au maire de Treilles, le 23 mars 1861, la déclaration de son intention d'envoyer pendant un an à la dépaissance sur les vacants communaux de Treilles un troupeau de trois cent cinquante bêtes à laine; qu'en effet, cette délibération, ainsi qu'il résulte du texte même de l'art. 7 dudit règlement, visé et transcrit dans le jugement attaqué, ne dispose qu'en faveur des habitants propriétaires dans la commune de Treilles, et, dès lors, n'a ouvert aucun droit en faveur de Marty, qui n'habite pas cette commune; — Qu'il suit de ce qui précède que, en relaxant les inculpés des fins de la poursuite, le jugement dénoncé a formellement violé l'art. 471, n° 15, c. pén.;

Par ces motifs, casse, etc.

Du 23 nov. 1861.-Ch. crim.-MM. Vaïsse, pr.-Caussin de Perceval, rap.-Savary, av. gén.

qui comprend ces mesures au nombre des attributions de police municipale, et qui doit être combiné avec l'art. 471, § 5, c. pén., et d'autre part les anciens règlements sur la voirie.

La conciliation de ces textes et les applications qu'ils ont reçues ont été étudiées au *Rép.* v° *Voirie par terre*, n°s 1810 et suiv.

§ 3. — De l'encombrement, des dépôts de matériaux, des embarras de la voie publique; voitures, arbres, etc. (*Rép.* n°s 898 à 940).

560. L'art. 97, § 1er, de la loi du 5 avr. 1884 donne au maire le droit de prendre des mesures pour prévenir et faire cesser les encombrements sur les rues, quais, places et voies publiques. Ce droit lui appartient même sur les voies publiques dont la police appartient à l'autorité supérieure, mais dans l'intérieur des agglomérations seulement (art. 98) (V. Morgand, t. 2, p. 42). Ainsi qu'on l'a vu au *Rép.* n° 898, l'art. 471, n° 4, c. pén. punit d'une amende de 1 à 5 fr. ceux qui auront embarrassé la voie publique en y déposant ou y laissant sans nécessité des matériaux ou des choses quelconques qui empêchent ou diminuent la liberté ou la sûreté du passage. La défense d'embarrasser la voie publique par des dépôts de matériaux faits sans nécessité résulte suffisamment du texte de cet article, et n'a pas besoin d'être rappelée par un règlement municipal (Crim. rej. 22 juill. 1859, aff. Niel, D. P. 59. 1. 335). En conséquence, dans une poursuite pour dépôts de matériaux sur la voie publique, il importe peu qu'un arrêté du maire prohibant de tels dépôts dans les rues de la localité puisse être déclaré inapplicable comme ne contenant que des mesures temporaires dans l'intérêt de la salubrité publique : en dehors de ce règlement, le fait se trouve réprimé par l'art. 471 c. pén., dont le juge de police doit faire d'office l'application au prévenu à moins que le dépôt n'ait été justifié par la nécessité (Crim. cass. 23 févr. 1865, aff. Gros, D. P. 65. 1. 328).

561. — I. Dépôt sur la voie publique fait sans nécessité. On a vu au *Rép.* n° 901, que les dépôts sur la voie publique ne sont pas punissables dans le cas de nécessité, et qu'il appartient aux juges, dans le silence de la loi, d'apprécier les faits de nécessité. Le dépôt fait sans nécessité constitue la contravention d'embarras sur la voie publique, sans qu'il y ait lieu de distinguer si, en fait, la liberté et la sûreté du passage en ont été diminuées (Crim. cass. 6 mars 1884, aff. Mougis, D. P. 85. 1. 47). La nécessité en considération de laquelle la loi excuse le fait d'avoir embarrassé la voie publique ne doit s'entendre que de celle qui provient d'un événement accidentel, imprévu ou de force majeure (V. conf. Chauveau et Faustin Hélie, *Théorie du code pénal*, 5e éd., t. 6, n° 2749; Crim. cass. 8 mai 1856, aff. Boyron, D. P. 56. 1. 288; 13 oct. 1859, aff. Contou, D. P. 62. 5. 352; 6 mars 1884, aff. Mougis, D. P. 85. 1. 47); et l'exception admise par l'art. 471 c. pén. ne saurait être étendue aux faits que comporte l'exercice d'une profession, surtout à ceux qui ne sont qu'une simple convenance de métier (Crim. cass. 17 mars 1855, aff. Marly et Borderie, D. P. 55. 1. 92. et 5. 483; Arrêt précité du 13 oct. 1859). On ne saurait davantage faire résulter la nécessité du dépôt de cette circonstance que l'embarras de la voie publique aurait eu lieu un jour de marché par suite d'un concours considérable d'acheteurs et de vendeurs (Arrêté précité du 6 mars 1884). A plus forte raison ne doit-on pas considérer comme justifié par la nécessité le dépôt de matières insalubres (Crim. cass. 20 sept. 1855, aff. Renouard, D. P. 63. 5. 424).

De même l'huissier poursuivi pour avoir déposé sans nécessité sur la voie publique le mobilier d'un locataire expulsé ne peut être relaxé, sous prétexte que le fait incriminé n'est que l'exécution forcée d'un mandat de justice, si d'ailleurs la nécessité de ce dépôt n'est pas établie (Crim. cass. 14 oct. 1851, aff. Bonneval, D. P. 51. 5. 552; 14 mai 1857, aff. Moussoir, D. P. 57. 1. 313; 1er août 1884, aff. Dantoine, D. P. 84. 5. 504; 10 janv. 1885, aff. Boyer, D. P. 85. 1. 179. — V. *Rép.* v° *Contravention*, n° 144, et *Voirie par terre*, n° 1891. — *Contrà*: Trib. pol. Bolbec, 4 avr. 1872, aff. Lebrun, D. P. 72. 3. 32).

562. Un particulier poursuivi pour avoir encombré la voie publique ne peut se prévaloir de ce que les matériaux déposés étaient destinés à une reconstruction, lorsque ce

dépôt n'était pas nécessaire (Crim. cass. 13 mars 1852, aff. Morin-Arnout, D. P. 52. 5. 572; 23 août 1866, aff. Despujols, D. P. 66. 5. 502). Il en est ainsi alors même qu'il s'agit d'un terrain cédé au prévenu par la commune pour reconstruire son établissement (Crim. cass. 7 mai 1874, aff. Rivière, D. P. 75. 1. 239). Mais le dépôt de matériaux sur la voie publique imputé à un particulier dont la maison est en construction ne constitue pas une contravention dans le cas de nécessité (Crim. cass. 19 juin 1846, aff. Marc, D. P. 46. 4. 534; 17 juin 1852, aff. Valligny, D. P. 52. 5. 572; Crim. rej. 10 mars 1859, aff. Bernardi, D. P. 63. 5. 424; 24 déc. 1859, aff. Chamborand, D. P. 61. 5. 540). C'est au juge de police seul qu'il appartient d'apprécier souverainement s'il y a eu nécessité de dépôt effectué sur la voie publique et par suite si le fait constitue ou non une contravention à l'art. 471 c. pén. (Crim. rej. 17 sept. 1857, aff. Lenée, D. P. 57. 1. 451; 19 févr. 1858, aff. Dufour, D. P. 59. 1. 334; 15 janv. 1859, aff. Guignard, D. P. 59. 1. 335; Crim. cass. 22 juill. 1859, aff. Niel, D. P. 59. 1. 335; 25 mars 1865, aff. Reboul, D. P. 66. 1. 45; Crim. rej. 21 avr. 1870, aff. Lescour, D. P. 71. 5. 412; 17 janv. 1874, aff. Ducatteau, D. P. 74. 1. 280; 10 janv. 1885, aff. Lota, D. P. 85. 1. 178).

563. La nécessité du dépôt sur la voie publique n'est pas un fait matériel dont les procès-verbaux puissent faire foi jusqu'à preuve contraire ; et l'appréciation de cette nécessité reste abandonnée au juge de police (Crim. cass. 10 janv. 1885, aff. Boyer, D. P. 85. 1. 179).

564. Conformément à ce qui a été exposé au *Rép.* n° 902, le maire ne peut imposer l'obligation de demander et d'obtenir la permission de l'autorité pour effectuer tous dépôts sur la voie publique, même dans le cas de nécessité, un arrêté pris en ce sens est illégal et non obligatoire (Crim. rej. 13 mars 1852, aff. Morin-Arnout, D. P. 52. 5. 48; 11 août 1853, aff. Dubuisson, D. P. 53. 5. 481; 17 sept. 1857, aff. Lenée, D. P. 57. 1. 451; 22 juill. 1859, aff. Niel, D. P. 59. 1. 335). Mais l'autorité municipale ne commettrait aucun excès de pouvoirs en soumettant les dépôts de matériaux sur la voie publique à la nécessité d'une déclaration préalable, afin d'être mise à même soit d'en demander, s'il y a lieu, l'enlèvement à la justice, soit de veiller à ce que l'encombrement n'excède pas ce qui est nécessaire soit au point de vue de l'espace occupé, soit au point de vue de la durée (Arrêts précités des 13 mars 1852 et 17 sept. 1857. V. conf. Blanche, *Études sur le code pénal*, t. 7, n° 65).

565. D'un autre côté, lorsqu'il n'y a pas nécessité, le maire ne peut, en principe, autoriser le dépôt sur la voie publique de matériaux ou autres objets qui l'embarrassent, son pouvoir n'allant pas jusqu'à dispenser les particuliers de se conformer à la loi (Crim. cass. 6 janv. 1854, aff. Blanchard, D. P. 54. 1. 168; 8 août 1860, aff. Colin, D. P. 61. 5. 409; 20 févr. 1862, aff. Mouchoz-Nana, D. P. 63. 1. 271; 25 mars 1865, aff. Reboul, D. P. 66. 1. 45). Et l'autorisation expresse ou tacite donnée par le maire à un dépôt effectué sur la voie publique en dehors du cas de nécessité ne ferait pas disparaître la contravention (Crim. cass. 6 mars 1884, aff. Mougis, D. P. 85. 1. 47).

566. Toutefois l'art. 98 de la loi de 1884 autorise formellement les maires à délivrer des permis de stationnement sur la voie publique, moyennant le payement d'un droit que l'art. 133 comprend parmi les recettes ordinaires de la commune. Le rapport de la commission du Sénat qui a fait introduire cette disposition dans la loi déclare qu'elle a entendu « conformément à la prescription de l'art. 471 c. pén. pour le cas où il s'agit de faire le dépôt, laisser complètement libres et affranchis de toute autorisation municipale les actes d'usage *nécessaire et momentané* que les riverains et habitants exercent quotidiennement sur la voie publique : stationnement de voitures aux portes des maisons, dépôt de provisions destinées à la vente, ou dépôt de même sorte » (D. P. 84. 4. 53, note 98. § 2). D'après une décision ministérielle rapportée par M. Morgand, t. 2, p. 103, les autorisations que peuvent délivrer les maires en vertu des art. 98 et 133 de la loi de 1884, ne peuvent être gratuites, mais sont nécessairement subordonnées au payement d'une redevance.

567. En dehors du cas de nécessité ainsi que nous l'avons dit (*Rép.* n° 905), l'autorité municipale est juge de ce qu'exigent la commodité et la sûreté du passage sur la voie publique, et elle peut subordonner les dépôts à certaines conditions

permanentes d'espace, de temps ou à des autorisations spéciales (Morgand, t. 2, p. 44). Elle peut notamment autoriser
l'installation de chaises et de tables devant les cafés et restaurants (Cons. d'Et. 8 janv. 1875, aff. Trouette, D. P. 75. 3.
93). Une autorisation ainsi accordée, n'étant qu'une simple
permission de police, ne fait pas obstacle aux actions que
peuvent exercer les voisins qui prétendent éprouver un préjudice par suite de cette installation, et dès lors, ces derniers
sont non recevables à en demander l'annulation au conseil
d'Etat par la voie du recours pour excès de pouvoirs (Même
arrêt).

568. L'autorité municipale a, comme on l'a vu au *Rép.*
n° 913, le droit de faire disparaître tous les embarras placés
sur la voie publique, hors le cas de dépôt nécessaire des
matériaux. Elle peut donc défendre aux marchands de faire
des étalages dans les rues, places ou chemins. Mais, en
l'absence même d'arrêté municipal, l'étalage des marchandises, lorsqu'il constitue un embarras de la voie publique,
tombe sous le coup de l'art. 471, § 4, c. pén. (Crim. cass.
29 août 1861, aff. Lousteau, D. P. 61. 1. 456). Et un arrêté
municipal autorisant l'étalage ne peut permettre l'établissement d'un obstacle permanent à la circulation (Crim. cass.
9 févr. 1856, aff. Chevalier, D. P. 56. 1. 160).

Les dispositions ci-dessus rapportées des art. 98 et 133 de
la loi de 1884 reconnaissent, toutefois, à l'autorité municipale
le droit d'autoriser moyennant redevance l'établissement
d'étalages mobiles.

569. Nous avons dit au *Rép.* n° 914 que l'autorité municipale a le droit de prendre les mesures nécessaires pour
prévenir les embarras que peut causer sur la voie publique
la circulation des voitures, et qu'elle peut à cet effet déterminer le lieu où les voitures devront stationner, ou même,
ainsi que l'ont jugé plusieurs arrêts rapportés au *Rép.*
n° 217, leur défendre de stationner sur la voie publique, et de
s'y arrêter pour prendre et déposer des voyageurs (Crim.
cass. 7 juin 1849, aff. Melay et Faure, D. P. 49. 5. 411 et
412. V. *Rép.* v° *Voitures*, n°s 201 et suiv.). Il a été décidé en
ce sens, que la défense faite aux entrepreneurs de voitures
omnibus, autres que ceux autorisés à cet effet de s'arrêter
sur la voie publique pour y prendre ou déposer des voyageurs,
est légale en elle-même, en tant qu'elle a pour but d'assurer
la sécurité de la circulation, encore bien qu'elle consacre en
réalité au profit d'un entrepreneur unique, qui a traité à cet
effet avec l'autorité municipale, le monopole du transport des
voyageurs en commun dans l'enceinte de la ville, sauf le
droit des intéressés d'attaquer devant l'administration
supérieure celles des dispositions de l'arrêté qui portent
atteinte à l'exercice de leur industrie (Ch. réun. cass. 24 févr.
1858, aff. Anjouvin et Taix, D. P. 58. 1. 256 ; Crim. cass.
6 août 1868 (1) ; 14 nov. 1868, aff. Roux, D. P. 69. 1. 382).

Toutefois le conseil d'Etat a jugé qu'un maire excéderait
ses pouvoirs s'il prenait un semblable arrêté non dans l'intention d'assurer la liberté de la circulation, mais dans le
but unique d'assurer l'exécution de traités conférant un
privilège à un entrepreneur de voitures publiques (Cons.
d'Et. 2 août 1870, aff. Bouchardon, D. P. 72. 3. 27). Il est,
d'ailleurs, certain qu'un arrêté de cette nature ne serait pas
applicable à des faits qui se seraient passés sur une route

nationale en dehors de la partie urbaine de cette route. Et
dans le cas où ces faits constitueraient une contravention,
la répression n'en pourrait être poursuivie que devant les
tribunaux administratifs (Arrêt précité du 6 août 1868).

570. Le maire a le droit incontestable de réglementer le
service des voitures de place dans l'intérieur de la commune,
de leur assigner des lieux de stationnement, et de fixer le
prix de la course (Sol. impl., Crim. cass. 27 févr. 1875,
aff. Sylva, D. P. 76. 1. 283). Cette solution doit, comme on
l'a vu (*Rép.* n° 919), être étendue aux voitures de remises
tenues à la disposition du public par les loueurs et destinées
au transport sur la voie publique (Crim. cass. 13 déc. 1884,
aff. Artufel et autres, D. P. 86. 1. 277), et l'arrêté qui réglemente les *voitures de remise* est applicable même aux voitures dites de grande remise, lesquelles remisées dans des locaux fermés, se louent à la journée, à la semaine ou au mois.
et marchent sur commande à prix débattu (Même arrêt). Il a
été jugé, au contraire, que le pouvoir réglementaire qu'exerce
sur les voitures de remise l'autorité municipale dérive du
stationnement de ces voitures sur ou près la voie publique,
et que, dès lors, ce pouvoir ne peut s'exercer sur les voitures
remisées dans des locaux fermés où le public va les chercher pour un service de commande (Crim. rej. 22 juill. 1865,
aff. Patoux, D. P. 65. 1. 499).

571. L'autorité municipale peut également, pour assurer
la sécurité de la circulation, interdire le passage des voitures
et des bestiaux sur une promenade publique (Crim. rej.
8 avr. 1832, aff. Maitre, D. P. 52. 5. 49 ; Cons. d'Et. 27 janv.
1882, aff. Pascal, D. P. 83. 3. 48). Il suffit, pour que le maire
puisse prescrire cette interdiction, que la voie à laquelle elle
s'applique ait en fait le caractère d'une promenade publique
(Arrêt précité du 27 janv. 1882).

572. — II. Des lieux dont les maires doivent empêcher
l'encombrement. — L'art. 97, § 1er, de la loi du 5 avr. 1884
ne concernant que la police des *rues*, *quais*, *places* et *voies
publiques*, et l'art. 471, § 4, c. pén. ne mentionnant que les
voies publiques, l'autorité municipale ne peut prendre d'arrêtés destinés à prévenir les encombrements en ce qui concerne les emplacements qui n'ont pas ce caractère ; c'est ce
qui a été jugé, notamment, à l'égard : 1° d'un chemin privé
(Crim. cass. 9 juin 1854, aff. Alligaud, D. P. 55. 1. 414 ;
3 mai 1861, aff. Watremez, D. P. 61. 1. 360 ; 19 juin 1868,
aff. Bonneville, D. P. 69. 5. 449) ; — 2° D'un terrain particulier
touchant à une route et n'en faisant pas partie, mais n'en
étant distingué par aucune limite (Crim. rej. 16 avr. 1861,
aff. Roubaud, D. P. 61. 1. 240) ; — 3° D'une halle distincte de
la voie publique (Crim. rej. 20 mars 1858, aff. Drouhin, D. P.
69. 5. 415).

Mais, ainsi qu'on l'a vu au *Rép.* n° 924, les dispositions
précitées s'appliquent à toutes les voies publiques, urbaines
ou rurales (Arrêt précité du 9 juin 1854 ; Crim. cass. 8 mai
1856, aff. Boyron, D. P. 56. 1. 288. — V. *Rép.* v° *Contravention*, n°s 135 et suiv.).

573. Il est aujourd'hui constant que l'on doit considérer
comme voies publiques les chemins vicinaux et ruraux (V.
Rép. v° *Contravention*, n° 137 ; Crim. cass. 9 juin 1854,
aff. Alligaud, D. P. 55. 1. 414 ; 8 mai 1856, aff. Boyron, D. P.
56. 1. 288). Dans le cas de poursuite pour embarras de la

---

(1) (Couderc et Bouvard-Boulu.) — La cour ; — Vu l'art. 50 de
la loi des 14-22 déc. 1789, la loi des 16-24 août 1790, l'art. 46 du
tit. 1er de la loi des 19-22 juill. 1791, et l'art. 471, § 15, c. pén. ;
— Attendu que, si l'arrêté municipal du 27 févr. 1861, sur lequel
se basait la poursuite dirigée contre Couderc, vise le traité passé
entre le maire d'Oullins et la compagnie lyonnaise des omnibus,
et manifeste l'intention de mettre un terme aux actes par lesquels
d'autres entreprises de transport de voyageurs *porteraient atteinte
aux droits exclusivement réservés à cette compagnie*, il n'en
résulte pas cependant que cet arrêté n'ait été pris que dans un
intérêt particulier, et qu'il manque du caractère public et général
qui, seul, pourrait lui assurer la sanction de l'art. 471, § 15,
c. pén. ; — Qu'en se fondant en effet, en outre des motifs précités,
sur l'art. 50 de la loi des 14-22 déc. 1789, sur l'art. 16-24 août
1790 et sur l'art. 46 du tit. 1er de la loi des 19-22 juill. 1791, qui
chargent l'autorité municipale de faire jouir les habitants *de la
sûreté dans les rues* et d'y assurer *la commodité du passage*, le
maire d'Oullins a suffisamment manifesté son intention de pourvoir à un intérêt général et d'ordre public ; — Attendu, d'ailleurs,
que les dispositions des art. 1er et 2 de cet arrêté ne contiennent
que des prescriptions ou défenses relatives à un intérêt de cette

nature ; — Attendu que le droit exclusif accordé à la compagnie
lyonnaise des omnibus n'est, en réalité, qu'une manifestation de
cet intérêt, et que l'arrêté municipal, en assurant l'exercice de
ce droit, n'a nullement excédé les pouvoirs de police résultant des
lois précitées ; — Que, d'ailleurs, si des entrepreneurs de transport de voyageurs se prétendaient entravés par ces dispositions
réglementaires dans l'exercice légitime de leur industrie, sans
nécessité suffisante ou sans utilité pour l'intérêt public, ils avaient
le droit de former un recours devant l'autorité supérieure ; mais
qu'en l'absence de tout recours de cette nature, l'arrêté devait
recevoir sa pleine et entière exécution ; — Qu'il suit de là qu'en
déclarant que cet arrêté manque du caractère général voulu,
qu'il n'a pas été pris dans les limites assignées par la loi au pouvoir municipal, et que Couderc a pu en enfreindre les prohibitions sans encourir aucune peine, le jugement attaqué a commis
un excès de pouvoir et formellement violé les dispositions des
lois de 1789, 1790 et 1791 précitées, ainsi que celles de l'art. 471,
§ 15, c. pén. ; — Casse le jugement rendu le 2 janv. 1868 par le
tribunal de police de Saint-Genis-Laval, etc.

Du 6 août 1868. - Ch. crim. - MM. Legagneur, f. f. pr.- de Carnières, rap.-Bédarrides, av. gén.

voie publique, il appartient au juge de police, en l'absence de tout document administratif attribuant à la voie un caractère public, de déclarer si cette voie est publique ou privée (Crim. rej. 12 août 1852, aff. Beaulieu, D. P. 52. 5. 461; Crim. cass. 15 oct. 1852, aff. Tourneyre, D. P. 52. 5. 566; 29 juill. 1853, aff. Cherfallot, D. P. 53. 5. 389; 10 avr. 1856, aff. Gérard, D. P. 56. 5. 493; Crim. rej. 22 juill. 1858, aff. Costel, D. P. 58. 5. 385; Crim. cass. 21 nov. 1861, aff. Mazon, D. P. 62. 5. 347; Crim. rej. 19 juill. 1862, aff. Laux, D. P. 62. 1. 442; 17 avr. 1874, aff. Portal, D. P. 75. 1. 239).

Mais le juge de police serait incompétent pour juger la question de propriété du terrain sur lequel le chemin est établi, et, il ne pourrait le déclarer non public en se fondant sur des motifs de nature à établir que le prévenu en était propriétaire (Arrêt précité du 29 juill. 1853).

574. — III. Éclairage des dépôts sur la voie publique. — Les pouvoirs de police en cette matière se rattachent, comme nous l'avons dit au *Rép.* n° 932, à l'art. 471, § 4, c. pén., qui punit ceux qui, « en contravention aux lois et règlements, ont négligé d'éclairer les matériaux par eux entreposés ou les excavations par eux faites dans les rues et places. » C'est une question controversée que celle de savoir si l'obligation d'éclairer, imposée par cet article, n'est applicable qu'aux matériaux proprement dits (*Rép.* v° *Contravention*, n° 148). L'opinion qui a prévalu dans la jurisprudence étend cette disposition au défaut d'éclairage d'objets quelconques déposés sur la voie publique et de nature à gêner la circulation (Crim. cass. 19 févr. 1858, aff. Dufour, D. P. 59. 1. 334); et l'obligation d'éclairer existe alors même qu'elle n'a pas été rappelée par l'autorité municipale (V. conf. Chauveau et Faustin Hélie, *Théorie du code pénal*, 3ᵉ éd., t. 6, p. 311; Morin, *Répertoire du droit criminel*, v° *Éclairage*; *Rép.* v° *Contravention*, n° 148).

575. Conformément à ce qui a été exposé au *Rép.* n° 933, la contravention ne pourrait être excusée par le motif que le fait reproché au prévenu s'est passé à une époque de l'année où le soleil éclaire presque constamment l'horizon, ce qui rend les éclairages à peu près sans utilité (Crim. cass. 21 sept. 1849, aff. Groult, D. P. 49. 5. 408); ou que la lanterne établie à la porte d'une maison répandait une lumière suffisante pour que les objets déposés fussent aperçus (Crim. cass. 19 août 1847, aff. Auclair, D. P. 47. 4. 502).

576. Le règlement municipal qui ordonne d'éclairer pendant la nuit rend l'éclairage obligatoire depuis le coucher du soleil jusqu'à son lever (Crim. cass. 2 juin 1848, aff. Champaudry, D. P. 48. 1. 104). Et un entrepreneur de bâtiments qui a fait un dépôt de matériaux sur la voie publique est tenu non seulement d'éclairer ce dépôt à la fin du jour, mais encore de prendre les mesures nécessaires pour qu'aucun accident ne puisse interrompre l'éclairage pendant la nuit (Crim. cass. 24 avr. 1868, aff. Bourleau, D. P. 68. 1. 463). Par suite, ainsi que nous l'avons dit au *Rép.* n° 934, la contravention à l'arrêté municipal qui exige que toute voiture stationnant sur la voie publique soit éclairée d'une lanterne ne peut pas être excusée sous le prétexte que la violence du vent n'a pas permis d'exécuter cet arrêté, et que, d'ailleurs, la volonté de s'y conformer résulte suffisamment de ce que le prévenu avait placé dans l'intérieur de la maison auprès de laquelle stationnait la charrette une lumière qui suppléait autant que possible au mode d'éclairage prescrit (Crim. cass. 15 oct. 1852, aff. Voy, D. P. 52. 5. 571).

577. L'obligation d'éclairer n'existant que pour les rues et places, l'injonction faite en termes généraux par un règlement municipal, d'éclairer la nuit, sur toute partie de la voie publique, des objets d'une nature désignée qui y sont laissés en amas, n'est pas réputée s'appliquer aux cours communes à plusieurs propriétaires qui ouvrent sur la voie publique ne sont pas fermées, ni la nuit (Crim. rej. 7 juill. 1854, aff. Perthuis, D. P. 55. 5. 482).

578. Les dispositions de l'art. 471, § 4, c. pén. ne sont pas applicables de plein droit à un terrain non clos qui joint immédiatement une rue et se trouve en fait livré au public (Crim. rej. 26 juin 1863, aff. Experton, D. P. 63. 1. 386). Mais si l'autorité municipale estime que les dépôts faits sur un semblable terrain présentent des dangers pour la sûreté de la circulation, elle peut y pourvoir par un arrêté spécial prescrivant au propriétaire les mesures de précaution qu'elle jugera nécessaires (Même arrêt).

579. — IV. Cas où l'encombrement a causé du dommage. — Ainsi qu'on l'a vu au *Rép.* n° 940, quelle que soit la peine applicable à raison de l'encombrement de la voie publique, l'art. 1382 c. civ. ouvre une action en réparation du dommage au profit des personnes auxquelles cet encombrement a causé un préjudice. Quant à la répression applicable à la contravention, elle consiste tout à la fois dans l'amende édictée par la loi, et dans l'obligation imposée au prévenu à titre de réparation civile d'enlever les choses déposées en contravention, ou de rembourser les frais de cet enlèvement lorsque l'autorité locale l'a fait effectuer d'office (Crim. cass. 17 juin 1858, aff. Martin, D. P. 58. 5. 384). Mais lorsque le juge acquitte le prévenu, il ne peut lui enjoindre d'enlever les matériaux (Crim. rej. 23 mai 1884, aff. Bailly, D. P. 85. 1. 271).

§ 4. — Mesures pour assurer la salubrité (*Rép.* n°ˢ 941 à 986).

580. Ainsi qu'on l'a vu au *Rép.* n° 941, les maires ont le droit de prendre des arrêtés à l'effet d'assurer la salubrité de leurs communes. Mais ils ne peuvent pas, sous prétexte de salubrité, créer un privilège ou établir un monopole au profit de certains individus déterminés. Nous avons exposé à ce sujet (*Rép.* n° 943) les variations de la jurisprudence, relativement à l'exercice de l'industrie de vidangeur. La vidange des fosses d'aisances et le transport des matières qui en sont extraites intéressent au plus haut degré la salubrité publique: l'autorité municipale peut donc, en principe, prendre les mesures nécessaires pour que ces opérations soient faites avec toutes les précautions qu'exige la santé publique; mais elle doit, sous cette réserve, laisser aux citoyens le libre exercice de cette branche d'industrie (V. *Rép.* v° *Vidanges*, n° 68. V. conf. Grün, *Traité de la police*, p. 330; De Champagny, *Traité de la police municipale*, t. 1, p. 161 et 166). Un maire excède donc ses pouvoirs lorsqu'il soumet cet exercice à l'obtention d'une autorisation préalable sans spécifier, d'ailleurs, la nature et l'étendue des obligations qu'il entend imposer aux personnes désireuses d'exercer ce genre d'industrie. (Crim. rej. 23 juill. 1869, aff. Baron, D. P. 70. 1. 47). Par suite, il y a lieu de déclarer non obligatoire un règlement portant que la permission ne sera accordée qu'aux personnes justifiant qu'elles ont les voitures, chevaux, tinettes, tonneaux, sceaux et ustensiles nécessaires sans déterminer les conditions dans lesquelles ce matériel devra être établi et possédé (Même arrêt). On doit également considérer comme créant un monopole au profit de l'entrepreneur agréé par l'administration municipale l'arrêté qui impose aux autres entrepreneurs de vidanges l'obligation d'obtenir l'autorisation du maire et d'être munis d'un système déterminé, objet d'un brevet dont l'entrepreneur agréé est cessionnaire; dès lors, un tel arrêté n'est pas obligatoire (Crim. cass. 12 févr. 1881, aff. Chesnier Duchesne, D. P. 81. 1. 185).

581. Si l'autorité principale ne peut se réserver le droit d'accorder ou de refuser arbitrairement et sans motifs l'autorisation d'exercer la profession de vidangeur, elle agit dans la limite de ses attributions en décidant que cette autorisation ne sera accordée qu'à ceux qui justifieront qu'ils remplissent certaines conditions, et notamment qu'ils possèdent un matériel déterminé (Crim. rej. 12 mai 1865, aff. Jullien, D. P. 66. 1. 367); et l'arrêté par lequel le préfet de la Seine refuse à un individu l'autorisation d'exercer cette industrie à Paris n'est point entaché d'excès de pouvoirs, si le refus est fondé sur ce que le demandeur n'a pas satisfait aux conditions générales prescrites par un règlement local (Cons. d'Et. 5 déc. 1866, aff. Jullien, D. P. 67. 3. 71). Quant à la question de savoir en fait ces conditions sont ou ne sont pas remplies, elle ne peut pas être soumise au conseil d'Etat par la voie contentieuse (Même arrêt).

582. Il a été jugé, dans le même sens, et conformément à ce qui a été dit au *Rép.* n° 944: 1° que l'autorité municipale peut indiquer les conditions que doivent remplir les appareils et instruments dont se servent les vidangeurs et les précautions qu'ils sont tenus d'observer et qu'elle peut, notamment, leur prescrire l'emploi de pompes aspirantes et foulantes (Crim. cass. 30 avr. 1852, aff. Vaniwaëde, D. P. 53. 5. 472); — 2° Qu'elle peut leur imposer l'obligation de ne commencer la vidange qu'à une heure déterminée et après en avoir fait la déclaration au bureau de police (Crim. cass. 13 avr.

et 28 sept. 1849, aff. François et Poireaudeau, **D. P.** 49. 5. 396 et 397); — 3° Qu'elle peut défendre le déversement sur la voie publique des liquides provenant des vidanges (Crim. rej. 7 déc. 1872, aff. Tarricu, **D. P. 72. 1.** 427) ; — 4° Prescrire, dans une ville traversée par un fleuve ou un canal, que le déchargement des vidanges et des fumiers pour être chargés sur les bateaux, ne sera opéré qu'aux extrémités de la banlieue et non à l'intérieur (Crim. rej. 13 mars 1868, aff. Lesage, D. P. 68. 1. 508) ; — 5° Astreindre les vidangeurs à avoir des bureaux pour recevoir les déclarations des propriétaires qui veulent faire vider leurs fosses d'aisances et consigner ces déclarations sur un registre qui devra être représenté au commissaire de police à toute réquisition (Crim. cass. 4 févr. 1858, *Rép.* v° *Vidanges*, n° 70).

583. A plus forte raison l'autorité municipale peut-elle prescrire que la vidange sera opérée dans l'intérêt de la sécurité publique aussitôt qu'elle sera devenue manifestement nécessaire (Crim. cass. 24 juill. 1832, aff. Bourdoulous, D. P. 52. 5. 562). Elle peut aussi imposer aux habitants l'obligation d'aller verser les matières dans un cours d'eau au-dessous de la commune (Crim. cass. 16 avr. 1858, aff. Lousteau, D. P. 59. 1. 288). Elle peut même prescrire la construction de fosses d'aisances ou de fosses mobiles, et le contrevenant ne pourrait être excusé par le motif que l'appareil employé par lui et conduisant directement les matières fécales dans les égoûts remplirait les mêmes fonctions que les fosses mobiles autorisées par l'arrêté municipal (Crim. cass. 14 févr. 1880) (1).

Dans une ville où un règlement municipal défend aux propriétaires, locataires, vidangeurs et autres de faire écouler les matières sur la voie publique, le propriétaire qui fait opérer par des ouvriers la vidange de ses fosses est pénalement responsable des contraventions commises par ces ouvriers (Crim. cass. 12 août 1871, aff. Rigade, D. P. 71. 1. 366).

584. Ainsi que nous l'avons dit au *Rép.* n° 946, l'art. 471, n° 6, c. pén., punit ceux qui jettent ou exposent, au-devant de leurs édifices, des choses de nature à nuire par leur chute ou par des exhalaisons insalubres. En l'absence d'un règlement municipal, cette prévention prévue par cet article n'existe qu'autant que : 1° il y a eu jet ou exposition ; 2° que le jet ou l'exposition a eu lieu au-devant d'un édifice ; 3° que le prévenu est habitant ou propriétaire de l'édifice ; 4° que la chose jetée ou exposée a été de nature à nuire par sa chute ou par des exhalaisons insalubres. Il en résulte, comme on l'a vu au *Rép.* n°s 947 et 948, que ces dispositions ne sont pas applicables lorsque le jet ou l'exposition n'ont pas lieu sur la voie publique, et qu'on ne saurait notamment les appliquer : 1° au fait de déposer du fumier dans l'intérieur d'une cour (Crim. cass. 19 janv. 1856, aff. Normand, D. P. 56. 1. 140) ; — 2° Au fait de vanner du blé dans l'intérieur d'un magasin dont la fenêtre est ouverte sur une cour (Crim. rej. 9 janv. 1857, aff. Barlow, D. P. 57. 1. 80) ; 3° au fait de jeter des choses nuisibles par la fenêtre sur un terrain privé même non clos et grevé d'une servitude de passage au profit de plusieurs propriétaires voisins (Crim. cass. 2 juin 1865, aff. Capel, D. P. 65. 5. 236).

585. Dans les cas prévus par l'art. 471, § 6, un contrevenant ne peut, comme on l'a vu au *Rép.* n° 948, être excusé soit à raison des usages locaux, soit à raison d'une tolérance ou même d'une dispense qu'il aurait obtenue de l'autorité

municipale (Crim. cass. 30 mars 1861, aff. Guérin, D. P. 61. 5. 291 ; 8 févr. 1866, aff. Vidailhan, D. P. 67. 1. 188) ; et le tribunal de simple police ne devrait pas tenir compte d'un arrêté municipal, tout en proscrivant certaines mesures de précaution, permettrait l'exposition défendue par la loi (Arrêt précité du 30 mars 1861). V. toutefois, en ce qui concerne l'exposition de certains objets sur la sûreté et le salubrité publique, Crim. cass. 17 juin 1853, aff. Ducros, D. P. 53. 5. 41.

586. Mais si l'autorité municipale ne peut dispenser les citoyens de se soumettre aux prohibitions édictées par l'art. 471, § 6, c. pén., elle peut, ainsi que nous l'avons dit au *Rép.* n° 949, développer et compléter les dispositions de cet article, et prendre en dehors des cas qu'il a prévus les mesures qu'exige la salubrité publique. En effet, l'art. 97, § 1er, de la loi du 5 avr. 1884, qui reproduit presque textuellement l'art. 3, tit. 2, de la loi des 16-24 août 1790, confie à la vigilance des maires tout ce qui intéresse la sûreté et la commodité du passage dans les rues, quais, places et voies publiques, et notamment le soin d'interdire « de rien exposer aux fenêtres ou autres parties des édifices qui puisse nuire par sa chute et de rien jeter qui puisse endommager les passants et causer des exhalaisons nuisibles. » Mais la loi ne prohibant que l'exposition des choses susceptibles d'occasionner des *exhalations nuisibles*, un arrêté municipal n'a pu, sans excès de pouvoir, y ajouter la défense d'exposer des choses de nature à causer des exhalaisons *désagréables* (Crim. cass. 17 juill. 1863, aff. Fleury, D. P. 64. 1. 45).

587. Lorsque les règlements municipaux ne font que reproduire ou rappeler la prohibition portée par l'art. 471, § 6, ils ont pour sanction les peines portées par ce paragraphe ; s'ils édictent, au contraire, des prescriptions spéciales, leur violation donne lieu à l'application de l'art. 471, § 15. Nous parlerons successivement, suivant la division indiquée au *Rép.* n° 949, des règlements municipaux relatifs à la salubrité des lieux publics, des conditions auxquelles peuvent être soumis les établissements insalubres, enfin des mesures diverses qui peuvent être prescrites par les maires.

588. — I. Salubrité des lieux publics. — Conformément à ce qui a été dit au *Rép.* n° 950, les maires peuvent défendre de déposer dans les rues des ordures ou immondices, et cette interdiction s'applique implicitement au fait d'uriner dans une rue, le long d'un monument public (Crim. cass. 29 janv. 1870, aff. Poulet, D. P. 71. 5. 35).

Ils peuvent également imposer aux propriétaires dont les murs bordent les rues et places l'obligation de laisser établir des urinoirs publics adossés à leurs murs et n'y portant aucune atteinte (Cons. d'Ét. 6 avr. 1863, aff. Desloges, D. P. 63. 3. 26).

Il a été jugé que le droit d'interdire le dépôt dans les rues des ordures ménagères pouvait entraîner pour l'autorité municipale le droit d'imposer aux propriétaires la fourniture de récipients destinés à contenir les résidus de ménage, et même de régler les dimensions, la forme et le mode de construction de ces récipients, afin d'en assurer la salubrité et le prompt déversement, enfin de prescrire le triage des débris dont la manipulation pourrait être dangereuse pour les agents chargés de l'enlèvement (Cons. d'Et. 28 mars 1885, aff. Languellier, D. P. 86. 3. 97). Mais cette dernière décision, rendue contrairement aux conclusions de M. le commissaire du Gouvernement Gomel, semble difficile à concilier avec la jurisprudence qui n'admet la légalité des arrêtés

---

(1) (Domergue, Bousquet et autres.) — La cour ; — Sur le moyen pris de la violation des arrêtés municipaux invoqués par le pourvoi, et de l'art 471, n° 15, c. pén. : — Vu : 1° l'art. 60 du règlement de voirie pour la ville de Marseille, en date du 17 févr. 1859, lequel porte : « Il est interdit de déverser sur la voie publique ou dans les égoûts des matières fécales ou tout liquide qui pourrait nuire à la salubrité ou à l'égoût » ; 2° l'art. 1er de l'arrêté municipal du 21 août 1865, ainsi conçu : « Dans le délai d'un mois à partir de la publication du présent arrêté, tout propriétaire de maisons dépourvues de fosses d'aisances ou de fosses mobiles sera tenu de faire procéder à leur installation » ; — Attendu que des procès-verbaux réguliers, des aveux des prévenus et des constatations mêmes du jugement attaqué, il résulte que lesdits prévenus, malgré les avertissements qui leur avaient été donnés, n'ont construit ni installé dans leurs maisons ni fosses d'aisances ni fosses mobiles, et qu'ils ont persisté à employer l'appareil dit appareil Bellande, conduisant directement les matières fécales dans les égoûts de la ville ; —

Attendu que, par ces infractions à des arrêtés municipaux dont la légalité n'a point été et ne pouvait être contestée, les prévenus avaient encouru les pénalités édictées par l'art. 471, n° 15, c. pén. ; que le juge de police s'est refusé à leur faire l'application dudit article par le motif que les appareils Bellande remplissaient les mêmes fonctions que les tinettes autorisées par les règlements de police ; — Attendu qu'en statuant ainsi, le juge de police a méconnu l'autorité des prescriptions portées par le pouvoir municipal dans le cercle de ses attributions et en vue de la salubrité publique, et qu'en présence de contraventions dont l'existence était constante, il s'est abstenu de les réprimer au moyen d'excuses non admises par la loi ; — Attendu qu'il suit de là que le jugement attaqué a violé tout à la fois, par refus d'application, les arrêtés municipaux susvisés, et l'art. 471, n° 15, c. pén. ;

Par ces motifs, casse, etc.

Du 14 févr. 1880.-Ch. crim.-MM. de Carnières, pr.- Barbier, rap.- Petiton, av. gén.

municipaux prescrivant certaines mesures dans un intérêt de salubrité qu'autant qu'elles n'enlèvent pas aux intéressés le droit de choisir, entre les divers procédés qui peuvent être employés, celui qui leur impose le moindre sacrifice et qui est le mieux à leur convenance.

589. Comme on l'a vu au *Rép.* n° 953, la jurisprudence a reconnu le droit de l'autorité municipale d'empêcher dans la rue l'écoulement des eaux malpropres. Elle peut, en conséquence, dans un intérêt de salubrité publique, non seulement interdire pour l'avenir l'établissement, dans les façades des maisons riveraines, de descentes ou conduites pour l'écoulement des immondices sur la voie publique, mais encore enjoindre de supprimer, dans un délai déterminé, celles qui existent, alors même qu'elles auraient été établies sans contravention ou en vertu d'une autorisation administrative (Crim. cass. 31 juill. 1868, aff. Péri, D. P. 69. 1. 440).

L'autorité municipale peut également interdire de jeter des immondices et de déverser des eaux sales dans un cours d'eau traversant la localité. Mais il n'y a pas infraction à un semblable arrêté dans le fait d'avoir laissé couler sur la voie publique des eaux sales qui ne sont arrivées audit cours d'eau qu'en traversant les égouts municipaux destinés à les recevoir (Crim. rej. 21 juill. 1870, aff. Roustan, D. P. 72. 5. 156).

590. L'arrêté municipal par lequel il est interdit de laver le long d'un petit cours d'eau et d'envoyer des eaux sales dans la partie de ce ruisseau située en amont de l'abreuvoir communal, est légal, comme étant pris en vue d'assurer la salubrité des eaux de cet abreuvoir et de prévenir les épizooties (Crim. cass. 8 déc. 1865, aff. Desguy, D. P. 69. 5. 138; 28 mars 1879, aff. Marjollet, D. P. 79. 5. 35); et le pouvoir réglementaire confié par la loi aux préfets en matière de cours d'eau ne met pas obstacle à ce qu'un maire prenne un arrêté de cette nature, sauf le droit de réformation réservé à l'autorité supérieure (Même arrêt du 28 mars 1879).

Mais l'arrêté municipal qui, pour assurer le bon emploi des eaux concédées aux habitants par abonnement, défend de les laisser couler inutilement sur la voie publique et de s'en servir pour autre chose que pour les usages domestiques, n'est pas pris en vertu de la loi des 16-24 août 1790 (aujourd'hui de l'art. 97 de la loi du 5 avr. 1884), et, par suite, ne trouve pas sa sanction dans l'art. 471, § 15, c. pén. (Crim. rej. 6 févr. 1873, aff. Bassy, D. P. 73. 1. 166).

591. L'autorité municipale peut également interdire l'usage des latrines en communication avec des cours d'eau, un semblable arrêté ayant pour objet non le régime des cours d'eau, mais la cessation d'un état de choses nuisible à la salubrité de la ville (Cons. d'Ét. 5 déc. 1873, aff. Lièvre, D. P. 74. 3. 67). Elle peut même ordonner accessoirement que, dans un délai déterminé, les fosses à écoulement extérieur seront remplacées par des fosses mortes; et il y a lieu de déclarer en contravention le propriétaire qui se borne à supprimer les fosses d'aisances établies contrairement aux prescriptions de l'arrêté, sans en établir de nouvelles (Crim. cass. 28 févr. 1861, aff. Gosnic et Cuiménée, D. P. 61. 1. 144).

592. L'arrêté par lequel un maire, dans l'intérêt de la salubrité publique, interdit de placer des écuries le long de la voie publique est légal et obligatoire (Crim. cass. 1er mars 1851, aff. Claisse, D. P. 51. 1. 303).

593. — II. Police des cimetières et des inhumations. — Nous avons dit au *Rép.* n° 955, que les maires sont chargés de la police des cimetières. Les questions qui se rattachent à cette fonction ont été examinées *ibid.*, v° *Culte*, n°s 739 et suiv. Il appartient également aux maires de surveiller tout ce qui est relatif à la sépulture. L'art. 93 de la loi du 5 avr. 1884 les charge expressément et charge, à leur défaut, le sous-préfet de pourvoir d'urgence à ce que toute personne décédée soit ensevelie et inhumée décemment, sans distinction de culte ni de croyance. D'après la circulaire du 15 mai 1884, cette disposition, qui est nouvelle, ne fait, en ce qui touche le maire, que consacrer le pouvoir de police qu'il tenait implicitement des lois et règlements antérieurs. Mais le législateur de 1884 a voulu en outre que, dans le cas où, au sujet de l'ensevelissement et de l'inhumation d'une personne décédée, des difficultés s'élèveraient ou des retards trop con-

sidérables se produiraient, notamment parce que le défunt serait inconnu ou délaissé, le préfet, dans l'arrondissement chef-lieu, et le sous-préfet, dans les autres arrondissements, prissent les mesures qu'exigerait soit le bon ordre, soit la décence publique, si le maire refusait ou négligeait de les prescrire.

La circulaire ministérielle constate, d'ailleurs, que cette disposition ne confère ni au maire ni au préfet ou sous-préfet la faculté de porter atteinte au droit qui appartient aux familles de recourir aux cérémonies religieuses pour les obsèques des parents qu'elles ont perdus. Cette interprétation ressort clairement de la discussion de cet article dans les deux Chambres. Le rapporteur de la loi à la Chambre des députés, répondant à Mgr Freppel, a formellement déclaré que la commission « n'avait jamais pensé qu'on dût empêcher les familles de donner aux membres qu'elles ont perdus la satisfaction que leurs croyances exigeaient. Le maire, a-t-il dit, doit rester étranger à ces dispositions. » Le rapporteur au Sénat a répondu dans le même sens à une question de M. de Ravignan (D. P. 84. 4. 52, note 93).

594. Un député, M. Lorois, avait également exprimé la crainte que l'art. 93 n'encourageât les maires à entrer en conflit avec les familles, et il avait proposé de limiter leur intervention au cas où les parents d'une personne décédée refuseraient de pourvoir à ses funérailles, ou au cas où cette personne serait inconnue; il avait, en outre, demandé qu'à raison de l'urgence, en cas de négligence ou de refus du maire, le recours fût porté non au sous-préfet ou au préfet, mais au juge de paix. Il est bien « certain, a répondu le rapporteur, que la commission ne peut pas avoir eu la pensée que le maire interviendrait dans les funérailles d'une personne contre les volontés de la famille. » Il a ajouté qu'en cas de conflit entre la famille et l'autorité locale, la compétence appartenait à l'autorité judiciaire, qu'à raison de la délicatesse et de la gravité de ces questions, il convenait de les maintenir à la juridiction des tribunaux d'arrondissement, et qu'il y aurait inconvénient à les transférer aux juges de paix (D. P. 84. 4. 52, note 93).

595. — III. Règlements relatifs aux ateliers insalubres. — Ainsi qu'on l'a vu au *Rép.* n° 960, les établissements dangereux, insalubres ou incommodes, autorisés par l'administration supérieure en vertu du décret du 15 oct. 1810, restent soumis à toutes les mesures de police prescrites par l'autorité municipale, en tant que ces mesures sont conciliables avec les dispositions de l'arrêté d'autorisation, et sauf le droit de réformation de l'autorité supérieure, dans le cas où ces mesures seraient en contradiction avec lesdites dispositions (Crim. cass. 16 avr. 1858, aff. Simon, D. P. 65. 5. 260; 15 mars 1861, aff. Honnccart, D. P. 62. 1. 54; 30 mars 1861, aff. Bourneuf, D. P. 61. 5. 302; 1er août 1862, aff. Blanchard, D. P. 63. 1. 153; Crim. rej. 14er août 1862, aff. Renard-Robert, D. P. 63. 1. 155; Crim. cass. 7 févr. 1863, aff. Blanchard, D. P. 63. 1. 155; Crim. rej. 13 févr. 1874, aff. Aupoix, D. P. 75. 5. 282; 3 févr. 1877, aff. Déchazal, D. P. 79. 1. 46; Crim. cass. 4 févr. 1881, aff. Douine, D. P. 81. 1. 231; V. conf. Bourguignat, *Législation applicable aux établissements industriels*, t. 1, p. 114; Dufour, *Traité de droit administratif*, 3e éd., t. 3, n° 7).

596. Les propriétaires des établissements dangereux ou insalubres doivent se conformer non seulement aux prescriptions des arrêtés municipaux qui sont d'une application générale (Arrêts des 16 avr. 1858, 15 et 30 mars 1861, 7 févr. 1863, 13 févr. 1874, cités *suprà*, n° 595), mais aux prescriptions spéciales prises à leur égard par l'autorité municipale, en vue de prévenir les dangers que présente l'exploitation de ces établissements, lesquelles sont obligatoires pour eux tant qu'elles n'ont pas été réformées par l'autorité supérieure, et alors d'ailleurs qu'elles ne rendent pas cette exploitation impossible (Motifs, Crim. rej. 23 nov. 1850, aff. Bonjour, D. P. 50. 5. 303; Arrêt du 1er août 1862, aff. Blanchard, cité *suprà*, n° 595).

597. Lorsqu'il s'agit d'un établissement classé mais non autorisé, la jurisprudence décide, conformément à l'opinion énoncée au *Rép.* n° 962, que le maire puise dans les pouvoirs généraux dont il est armé dans l'intérêt de la salubrité publique, le droit de prendre les mesures qu'exigent les circonstances et même d'ordonner la suppression de l'établissement (V. conf. Bourguignat, *loc. cit.*; *Rép.* v° *Manufactures*

et ateliers dangereux, n° 52; Crim. cass. 16 août 1884, aff. Claude Bernard, D. P. 85. 1. 221). Il a été jugé en conséquence, que l'arrêté pris par un maire pour la fermeture d'une infirmerie de chiens non autorisée est légal et obligatoire, bien qu'un tel établissement soit rangé par le décret du 31 déc. 1866 dans la première classe des établissements dangereux, insalubres ou incommodes (Même arrêt). Toutefois, si l'inculpé soutenait que l'établissement ne rentre pas dans la classe de ceux qui sont soumis à la nécessité de l'autorisation, le juge de police devrait surseoir jusqu'à ce que cette question eût été résolue préjudiciellement par l'autorité administrative (Même arrêt; Crim. cass. 25 nov. 1880, aff. Dagorne, D. P. 81. 1. 140).

598. La question est beaucoup plus délicate lorsqu'il s'agit d'établissements non classés, c'est-à-dire ne figurant pas dans la nomenclature des établissements dangereux, insalubres ou incommodes, quoiqu'ils soient par leur nature susceptibles d'y être compris. On peut soutenir, d'une part, que le pouvoir de l'autorité municipale doit s'exercer d'autant plus librement à l'égard de ces établissements que, s'il en était autrement, on constituerait un véritable privilège au profit d'industries qui ne sont pas assez importantes ou ne présentent pas d'assez graves inconvénients pour attirer l'attention de l'administration supérieure, mais à l'égard desquelles l'intérêt public se trouverait complètement désarmé si elles échappaient tout à la fois à la police générale et à la police locale (Dufour, t. 2, n° 600). Mais on objecte, d'autre part, que c'est exclusivement à l'autorité administrative supérieure que le décret du 15 oct. 1810 et l'art. 5 de l'ordonnance du 14 janv. 1815 ont réservé le pouvoir de déterminer les conditions d'existence, d'installation et d'action des établissements insalubres ou incommodes, et que « c'est précisément pour affranchir l'industrie de l'arbitraire des autorités communales que la réglementation a été attribuée à une autorité mieux placée pour prendre les mesures dégagées de passions et de préjugés et uniquement dictées par des considérations d'intérêt général » (Bourguignat, n° 93). — Cette dernière opinion a été consacrée par la jurisprudence, et il a été décidé par plusieurs arrêts que, lorsqu'il s'agit de déterminer les lieux où peuvent être installés ces établissements ou de prendre des mesures touchant aux conditions mêmes de leur existence, les maires sont obligés de s'abstenir, sous peine d'empiéter sur les droits de l'autorité supérieure (Crim. rej. 25 nov. 1853, aff. Mourret, D. P. 54. 5. 60; Civ. cass. 25 nov. 1880, aff. Degorne, D. P. 81. 1. 140; Crim. rej. 15 juin 1883, aff. Gardair, D. P. 84. 1.431; Crim. cass. 17 avr. 1886, aff. Cavallier, D. P. 86. 1. 423).

599. Mais l'autorité municipale pourrait, sans excès de pouvoir, prendre à l'égard de ces établissements dans l'intérêt de la sécurité publique, des mesures qui ne mettraient pas en question les conditions essentielles de leur existence. Elle pourrait notamment défendre de conserver à l'intérieur des maisons des dépôts de suifs et de graisses fraîches, bien que ces dépôts ne soient pas classés parmi les établissements insalubres (Crim. cass. 18 mai 1850, aff. Halluin-Tavelle, D. P. 52. 5. 48); et prescrire à un marchand qui se livre à la vente des os et dont l'industrie n'est pas classée de transporter hors de la ville un dépôt qui répand une odeur putride et dangereuse pour la salubrité publique (Crim. cass. 21 déc. 1848, aff. Rendu, D. P. 49. 5. 353). Elle pourrait également prendre les mesures de précaution que lui paraîtrait commander l'agglomération excessive de matières combustibles au milieu des habitations, et, par exemple, ordonner la réduction des approvisionnements ou régler la distance à maintenir entre ces approvisionnements et les habitations (Arrêt du 15 juin 1883, cité *supra*, n° 598). En pareil cas, il appartient à l'autorité judiciaire, pour se prononcer sur la légalité de l'arrêté, d'apprécier l'insalubrité, l'incommodité ou le danger qui l'a motivé (Crim. rej. 7 janv. 1882, aff. de la Barrière, D. P. 82. 1. 92).

600. — IV .Matières diverses. — Nous avons dit au *Rép.*

n° 971, que l'autorité municipale a le droit de prescrire les mesures nécessaires pour empêcher que les écuries et étables ne deviennent des foyers d'infection. Elle peut, en conséquence, enjoindre à un propriétaire de faire disparaître toute cause d'insalubrité provenant d'une écurie lui appartenant, et notamment de supprimer le dépôt et la stagnation d'eaux et matières insalubres (Cons. d'Et. 12 mai 1882, aff. Palazzi, D. P. 83. 3. 121).

601. Des arrêtés municipaux peuvent également, comme on l'a vu au *Rép.* n° 972, défendre aux habitants de garder dans l'enceinte des villes des porcs et autres animaux tels que pigeons, lapins, oies, dindons, canards, qui, resserrés dans un espace trop étroit, y engendrent des exhalaisons insalubres (Sol. impl., Crim. cass. 25 mai et 23 nov. 1849, aff. Claisse, D. P. 51. 5. 22; 18 févr. et 20 nov. 1858, aff. Bocquillon et Thourot, D. P. 58. 5. 16). Il en est de même pour les bœufs, vaches, moutons (Crim. cass. 13 juin 1856, aff. Stoyer, D. P. 56. 1. 400).

De même, un arrêté municipal peut interdire l'accumulation dans une même maison d'un nombre tel de chiens et de chats que la sécurité ou la salubrité des habitations voisines en soit compromise (Crim. rej. 7 janv. 1882, aff. de la Barrière, D. P. 82. 1. 92).

602. D'une manière plus générale, ainsi qu'on l'a dit au *Rép.* n° 977, les maires ont le droit de prendre des mesures pour empêcher qu'un particulier ne tienne dans sa propriété des choses qui peuvent causer de l'insalubrité. Ils peuvent notamment prescrire aux propriétaires de pourvoir à la suppression des mares d'eau qui se sont formées sur leurs terrains et empêcher qu'il s'en forme de nouvelles (Crim. rej. 23 juill. 1864, aff. Ricordeau, D. P. 65. 1. 326); ordonner l'assainissement d'un fossé existant à l'intérieur d'une propriété (Cons. d'Et. 5 mai 1865, aff. de Montailleur, D. P. 68. 3. 17); et prendre relativement à l'exploitation des carrières à ciel ouvert les dispositions propres à prévenir les épidémies et à assurer la salubrité publique, et spécialement prescrire des mesures en vue de l'écoulement des eaux stagnantes (Crim. rej. 25 juin 1869, aff. Sens, D. P. 70. 1. 285; Crim. cass. 1er févr. 1873, aff. Sens, D. P. 73. 1. 316). — De même, un maire peut, en vue de prévenir une épidémie dont le pays est menacé, enjoindre aux propriétaires ou locataires de faire disparaître, à des époques indiquées, de leurs maisons, cours, ruelles, jardins et dépendances tous les fumiers, immondices et autres matières de nature à répandre des exhalaisons infectes (Crim. cass. 2 mars 1867, aff. Montfort, D. P. 67. 1. 414).

603. L'autorité municipale peut également, conformément à ce qui a été exposé au *Rép.* n° 983, ordonner le curage d'un puisard alors même que ce puisard est situé sur une propriété privée (Cons. d'Et. 20 nov. 1885, aff. Croppi, D. P. 87. 3. 51); et elle peut imposer cette opération aux particuliers qui déversent leurs eaux dans le puisard, alors même que cet ouvrage est en dehors de leurs propriétés (Même arrêt). Toutefois le pouvoir conféré à l'autorité municipale dans l'intérêt de la salubrité publique ne lui donne pas la faculté d'ordonner l'abatage d'arbres plantés sur une propriété particulière (Crim. rej. 16 déc. 1881, aff. Roquette-Buisson, D. P. 82. 1. 185).

604. Une question dont la solution présente de sérieuses difficultés est celle de savoir dans quelle mesure le maire peut préciser les travaux que les particuliers auront à exécuter pour faire disparaître les causes d'insalubrité qui existent sur leur propriété. Le principe général, en cette matière, est que, s'il appartient à l'autorité municipale d'enjoindre au propriétaire de faire cesser les causes d'insalubrité, elle ne saurait sans excès de pouvoir déterminer les moyens à prendre pour arriver à ce résultat et imposer, entre plusieurs procédés également efficaces, celui qui serait le plus onéreux ou le plus préjudiciable au propriétaire. (Crim. rej. 27 juin 1879) (1).

Il a été décidé en ce sens : 1° qu'un arrêté municipal ne

<hr/>

(1) (Roux.) — La cour; — Vu le mémoire produit à l'appui du pourvoi par le commissaire de police remplissant les fonctions du ministère public près le tribunal de simple police de Bordeaux; — Attendu que le pourvoi dirige contre le jugement attaqué le double reproche : 1° d'avoir méconnu les pouvoirs que les lois ont conférés aux maires dans l'intérêt de la salubrité publique;

2° d'avoir faussement appliqué ou du moins d'avoir faussement interprété la loi du 13 avr. 1850; — Sur le premier moyen : — Attendu que l'arrêté municipal pris par le maire de Bordeaux, à la date du 30 août 1878, enjoint aux propriétaires riverains de la cité Hovyn-de-Tranchère à la Bastide de faire exécuter, dans la huitaine de la notification, les travaux d'assainissement de la

peut prescrire le remblayage comme moyen exclusivement obligatoire de pourvoir à la suppression de mares d'eau existant sur un terrain et d'empêcher qu'il ne s'en forme de nouvelles (Crim. rej. 23 juill. 1864, aff. Ricordeau, D. P. 65. 1. 326; Crim. cass. 16 mars 1867, aff. Fabre, D. P. 67. 1. 415); — 2° Que, si l'autorité municipale peut, dans un intérêt de salubrité publique, enjoindre aux propriétaires riverains d'une cité de faire exécuter des travaux d'assainissement dans cette cité, elle n'est pas autorisée à déterminer la nature et l'importance des travaux qui doivent être effectués (Crim. rej. 27 juin 1879, aff. Audubert, D. P. 80. 1. 47); — 3° Qu'elle ne peut, pour faire cesser les causes d'insalubrité provenant d'écuries établies au centre d'une ville, prescrire l'exécution de travaux déterminés, et encore moins ordonner le transport de ces écuries à l'extérieur de la ville (Cons. d'Et. 12 mai 1882, aff. Palazzi, D. P. 83. 3. 121); — 4° Qu'elle peut enjoindre à un propriétaire de faire disparaître les émanations d'un puits absorbant existant sur sa propriété, mais sans prescrire la suppression du puits comme moyen exclusivement obligatoire d'en faire cesser les émanations (Crim. rej. 25 juill. 1885, aff. Lecocq de Biéville, D. P. 86. 1. 275. — V. toutefois en sens contraire sur ce dernier point : Cons. d'Et. 7 mai 1886, aff. Beaujour, D. P. 87. 3. 106). Dans cette dernière affaire, le conseil d'Etat s'est fondé, pour décider que le maire n'avait pas excédé ses pouvoirs en ordonnant la suppression d'un puisard non étanche destiné à recevoir les eaux pluviales et ménagères, sur ce que le maire n'avait pas interdit au propriétaire d'avoir un récipient pour lesdites eaux ou d'en assurer l'écoulement par tels autres moyens qu'il jugerait convenables, mais s'était borné, en présence de la fièvre typhoïde qui s'était déclarée dans le voisinage, à ordonner la suppression d'un puisard tel qu'il se comportait et tel qu'il était signalé comme un foyer d'infection, sans déterminer d'ailleurs la nature ni l'importance des travaux à effectuer.

605. Toutefois, la règle qui précède reçoit exception lorsque les causes d'insalubrité ne peuvent être supprimées qu'à la suite d'un travail d'ensemble qui rentre dans les pouvoirs de l'Administration. Ainsi la jurisprudence a considéré comme

légal et obligatoire l'arrêté qui, en prescrivant dans l'intérêt de la salubrité publique à divers propriétaires, dont les terrains étaient traversés par un fossé égout, de faire les travaux nécessaires pour assurer le libre écoulement des eaux, leur a indiqué en outre les conditions d'exécution de ces travaux, et notamment la profondeur et la largeur du fossé ainsi que l'inclinaison à donner aux talus (Crim. rej. 8 juill. 1880) (1).

606. Nous avons dit au *Rép.* n° 984, que, lorsque l'autorité municipale prend des mesures qui s'exercent sur la propriété des habitants, elle doit en général se borner à faire disparaître les causes d'insalubrité par ses agents, sans en imposer la charge au propriétaire, à moins que l'insalubrité ne provienne d'un fait que celui-ci se sera permis contrairement aux usages de la localité ou par l'effet d'une simple tolérance. A plus forte raison le maire ne peut-il mettre à la charge d'un particulier les dépenses nécessaires pour faire cesser un état de lieux insalubre, lorsque l'insalubrité a pour cause des travaux effectués dans le voisinage par la commune (Cons. d'Et. 12 avr. 1860, aff. de Gennes, D. P. 68. 3. 17, note 1).

607. Un arrêté municipal n'est pas obligatoire lorsque, sous prétexte de salubrité publique, il prescrit des mesures de voirie qui excèdent les attributions du maire et notamment, lorsqu'il prescrit des travaux relatifs au nivellement et à la mise en état de viabilité de rues ouvertes sur des terrains privés et non classés parmi les rues de la commune (Crim. cass. 21 mai 1886, aff. Ruppert, D. P. 86. 1. 427).

Il a été décidé, dans le même sens, que c'est à l'autorité supérieure qu'il appartient d'ordonner, dans l'intérêt de la salubrité publique, de combler des bas-fonds, et que les maires ne peuvent, sans excès de pouvoir, prescrire une semblable mesure (Cons. d'Et. 12 avr. 1860) (2).

§ 5. — Balayage et nettoiement de la voie publique
(*Rép.* n°s 987 à 1009).

608. Le nettoiement des voies publiques est nominativement compris dans les objets confiés à la vigilance de l'au-

---

cité conformément au projet dressé par l'ingénieur en chef du service municipal, c'est-à-dire qu'il leur prescrit l'exécution des travaux déterminés par le plan et fixés à la somme de 14600 fr. à supporter par lesdits propriétaires, suivant l'état de répartition de la dépense entre les intéressés, état joint au plan et dressé comme lui par l'ingénieur municipal; que l'arrêté ajoute que, faute par les intéressés de se conformer à ces prescriptions dans le délai qui leur sera imparti, ils seront traduits devant le tribunal de simple police; — Attendu, en droit, que si l'autorité municipale est investie par les lois des 16-24 août 1790 et 18 juill. 1837 du droit de prescrire les mesures de police que peuvent exiger les intérêts confiés à sa vigilance, notamment les intérêts de la salubrité publique, ces mesures ne sauraient porter atteinte au droit de propriété; qu'ainsi, et en vertu de ce principe, les maires ne sont pas autorisés à déterminer eux-mêmes la nature et l'importance des travaux qui doivent être effectués, ni à prescrire un moyen exclusivement obligatoire de faire disparaître les causes d'insalubrité, lorsqu'il peut en exister d'autres aussi efficaces et moins onéreux pour les propriétaires; — Attendu qu'il résulte de ce qui précède qu'en déclarant que le maire avait excédé ses pouvoirs, dans la partie de son arrêté du 30 août 1878 qui impose aux propriétaires riverains de la cité Hovyn-de-Tranchère l'exécution des travaux déterminés pour une somme de 14600 fr. à répartir entre eux, et que l'inexécution de cette partie de l'arrêté ne constitue pas de contravention punissable, le jugement attaqué n'a violé aucune loi, mais a fait, à l'espèce une juste application des principes de la matière; — Sur le second moyen : ... — Rejette, etc.

Du 27 juin 1879. - Ch. crim. - MM. de Carnières, pr. - Barbier, rap.-Petiton, av. gén.

(1) (Vrau.) — La cour; — Attendu qu'à la date du 20 nov. 1876, le maire de Lille avait pris un arrêté municipal enjoignant à divers propriétaires dont les terrains étaient traversés par un fossé-égout de faire, dans l'intérêt de la salubrité publique, les travaux nécessaires pour assurer le libre écoulement des eaux; — Attendu qu'un procès-verbal régulier constate que Vrau n'avait pas exécuté sur la portion de terrain qui lui appartenait les travaux prescrits par cet arrêté, dont il avait reçu notification, et que, cité devant le tribunal de simple police à raison de cette contravention, il a été condamné à 1 franc d'amende et à l'exécution desdits travaux, jugement qui, sur l'appel par lui interjeté, a été confirmé par le tribunal de police correctionnelle; — Attendu que

le demandeur, à l'appui du pourvoi, soutient que, s'il pouvait appartenir à l'autorité municipale de prescrire le curage du fossé, elle excédait ses pouvoirs en indiquant les travaux qui étaient à faire, notamment en déterminant la profondeur et la largeur de ce fossé et l'inclinaison des talus; — Mais attendu qu'aux termes de la loi des 16-24 août 1790, l'autorité municipale peut et doit prendre toutes les mesures concernant la salubrité publique, et que, dans l'espèce, le fossé-égout dont il s'agit étant encombré, et faisant obstacle au libre écoulement des eaux, il y avait lieu d'en assurer le bon fonctionnement; — Attendu que ce résultat ne pouvait être obtenu qu'en donnant les cotes de nivellement et en déterminant la largeur, la profondeur de ce fossé et l'inclinaison des talus; qu'il y avait là un travail d'ensemble qui rentrait évidemment dans les pouvoirs de l'Administration; que l'on ne peut donc prétendre que l'autorité municipale a excédé ses pouvoirs en prescrivant le curage de ce fossé et en indiquant les travaux qui en étaient la conséquence nécessaire, et pouvaient souls en assurer la pleine et entière exécution; — Attendu, en conséquence, que, loin de violer les dispositions de l'art. 471, n° 15, c. pén., le jugement attaqué en a fait, au contraire, une juste et saine application; — Rejette, etc.

Du 8 juill. 1880.-Ch. crim.-MM. de Carnières, pr.-Bertrand, rap.-Rivière, av. gén.

(2) (Commune de Neuilly). — Le conseil d'état; — ... — Vu la loi des 16-24 août 1790 et celle du 18 juill. 1837; — Vu la loi du 16 sept. 1807; — Considérant que, par son arrêté du 12 mars 1857, le maire de la commune de Neuilly a enjoint aux héritiers de la dame Vergnaud, épouse du sieur Tavernier, ainsi qu'aux autres propriétaires de terrains provenant de l'ancien lit d'un bras de la Seine, dont le sol est en contrebas de la rue Mogador, de combler leurs terrains et de les mettre au niveau de la rue; que cet arrêté est fondé sur les dangers que présentent pour la salubrité publique les exhalaisons des eaux qui croupissent dans ces bas-fonds; — Considérant que les travaux de comblement de ces bas-fonds rentraient dans les mesures de salubrité publique que le Gouvernement seul peut ordonner en vertu de l'art. 35 de la loi du 16 sept. 1807, et qu'aucune des dispositions de l'art. 3, tit. 11, de la loi des 16-24 août 1790 ne donnait au maire le pouvoir de les prescrire; que, dès lors, en prenant l'arrêté attaqué, le maire de la commune de Neuilly a excédé la limite de ses pouvoirs : — Art. 1er. — L'arrêté du maire de la commune de Neuilly du 12 mars 1857 est annulé.

Du 12 avr. 1860.-Cons. d'Et.-MM. Aucoc, rap.-E. Baroche, concl.-Mimerel, av.

torité municipale par l'art. 97, § 1er, de la loi du 5 avr. 1884, qui reproduit sur ce point les termes rappelés au *Rép.* n° 987, de l'art. 3-1°, tit. 11, du décret des 16-24 août 1790. Ainsi que nous l'avons fait remarquer, d'ailleurs, l'art. 471, § 3, c. pén. punit « ceux qui auront négligé de nettoyer les rues et passages dans les communes où ce soin est laissé à la charge des habitants ». La question de savoir si le défaut de nettoyage des voies publiques ne constitue une contravention qu'autant qu'un règlement de police a expressément laissé cette opération à la charge des habitants a été controversée. D'après l'opinion la plus accréditée, cette question doit être résolue affirmativement, quoique l'interprétation contraire ait été adoptée par un arrêt de la cour de cassation du 7 avr. 1809, rapporté au *Rép.* n° 1009. L'art. 471, § 3, suppose, en effet, l'existence de prescriptions administratives auxquelles on a eu tort de ne pas se conformer, et la contravention ne consiste que dans cette inobservation des règlements municipaux (V. *Rép.* v° *Contravention,* n° 103 ; Faustin Hélie et Chauveau, *Théorie du code pénal,* t. 6, p. 303). Quant à la légalité des arrêtés pris à cet égard par les maires, elle est, ainsi que nous l'avons dit (*Rép.* n° 987), hors de toute contestation.

609. Comme on l'a vu au *Rép.* n° 990, les contrevenants ne peuvent, en cette matière, invoquer d'autres excuses que celles qui sont admises par la loi. Ainsi le juge de police ne saurait prononcer le relaxe par le motif que le balayage ne serait pas nécessaire (Crim. cass. 22 nov. 1849, aff. Angelo, D. P. 52. 5. 43) ; ou que l'inculpé était absent (Crim. cass. 31 mars 1848, aff. Grivot, D. P. 48. 5. 20) ; ou que la maison était en construction et exigeait des dépôts de matériaux qui ne permettaient pas le balayage (Crim. cass. 27 mars 1848, aff. Laroux, D. P. 45. 4. 427) ; ou que la maison était située dans une impasse non pavée (Crim. cass. 2 oct. 1851, aff. Hassen, D. P. 52. 5. 43) ; ou que l'inculpé attendait pour balayer le passage du tombereau destiné à recevoir les immondices (Crim. cass. 10 avr. 1856, aff. Guinard, D. P. 56. 5. 500).

Sous l'ancienne législation, il avait été décidé que cette réglementation rentrait exclusivement dans les attributions des maires et non dans celles des préfets (Crim. rej. 27 juin 1861, aff. Barras, D. P. 61. 5. 36). Mais cette solution ne serait plus exacte sous l'empire de l'art. 99 de la loi du 5 avr. 1884 qui confère aux préfets le droit de prendre toutes les mesures nécessaires au maintien de la salubrité publique (V. *suprà,* n° 458).

610. En principe, comme on l'a vu au *Rép.* n° 993, l'obligation de balayer la voie publique, dans les communes où ce soin est imposé aux habitants et propriétaires, constitue une charge de la propriété et incombe dans toutes les hypothèses au propriétaire (Crim. cass. 28 mars 1857, aff. Thoré, D. P. 57. 5. 29 ; 15 juill. 1859, aff. Mathieu, D. P. 59. 5. 39 ; 7 avr. 1864, aff. Bonnet, D. P. 65. 5. 31). Il en est ainsi, conformément à l'opinion énoncée au *Rép.* n° 994, non seulement lorsque le propriétaire habite sa maison (Crim. cass. 24 mai 1855, aff. Guichelet, D. P. 55. 5. 38), mais alors même qu'il ne l'habite pas (Crim. cass. 4 mai 1848, aff. Homo, D. P. 48. 5. 21 ; 1er mars 1851, aff. Mille, D. P. 51. 5. 39 ; 6 nov. 1857, aff. Gallon, D. P. 58. 1. 42 ; 28 juin 1861, aff. Barras, D. P. 61. 5. 36 ; 3 déc. 1880, aff. Guégan, D. P. 81. 1. 334 ; 3 juin 1881, aff. Duval, D. P. 82. 1. 44. V. conf. Duvergier, *Traité du louage,* n° 30 ; Troplong, *Du louage,* t. 2, n° 147), soit que la maison soit habitée par plusieurs locataires, soit qu'elle soit inhabitée (Crim. cass. 15 janv. 1875, aff. Caillet et Fromage, D. P. 75. 1. 283 et 5. 39 ; Arrêts précités des 3 déc. 1880 et 3 juin 1881). Il ne pourrait être dérogé à cette règle que si, par une

clause spéciale d'un bail écrit, l'obligation du balayage avait été transportée au locataire. En l'absence de cette clause, il y a lieu de prononcer le relaxe du locataire qui excipe de la responsabilité pénale de son propriétaire (Crim. rej. 29 mai 1880) (1).

611. On a vu au *Rép.* n° 997 que, lorsqu'il y a un principal locataire, c'est à lui que doit incomber l'obligation du balayage. Suivant M. Blanche, *Etudes pratiques sur le code pénal,* t. 7, n° 52, dans le cas où le propriétaire n'habite pas la maison, si cette maison est louée à une personne qui l'occupe seule ou la sous-loue, la répression de la contravention pourra être poursuivie indifféremment contre elle ou contre le propriétaire ; mais si la maison est louée à plusieurs locataires, le propriétaire demeure seul responsable de la contravention. Il a été jugé, en ce sens, que la responsabilité du défaut de balayage peut être imposée au locataire qui habite seul la maison (Crim. cass. 31 mars 1848, aff. Grivot, D. P. 48. 5. 20), et que ce locataire peut être considéré comme ayant assumé, concurremment et solidairement avec le propriétaire, l'obligation du balayage de la rue (Crim. cass. 3 déc. 1880, aff. Guigan, D. P. 81. 1. 334. V. conf. Duvergier, n° 30 ; Guillouard, *Traité du contrat de louage,* t. 2, n° 492).

612. On ne saurait, d'ailleurs, considérer comme illégal le règlement de police portant que « les *propriétaires ou locataires* seront tenus de faire balayer la voie publique au-devant de leurs maisons », sous prétexte que cette charge doit peser exclusivement sur les propriétaires (Crim. cass. 28 nov. 1808, aff. Jarry et Naud, D. P. 69. 1. 488). Mais si les locataires peuvent être astreints au balayage comme aux autres mesures de police auxquelles est assujetti l'immeuble qu'ils habitent, il ne s'ensuit pas que l'obligation du propriétaire soit éteinte et que sa responsabilité pénale ait cessé d'exister (Arrêt du 3 juin 1881, cité *suprà,* n° 610), et le propriétaire est personnellement en contravention lorsqu'il ne satisfait pas au balayage à défaut de ses locataires (Arrêt du 4 mai 1848, cité *suprà,* n° 610).

613. Dans le cas où le propriétaire habite la maison louée, la question de savoir si l'autorité municipale peut mettre le balayage de la rue à la charge des locataires est controversée. Une première opinion reconnaît, même dans ce cas, à l'autorité municipale le droit d'imposer cette charge au locataire dans certains cas déterminés (Sol. impl., Crim. cass. 19 févr. 1858, aff. Argant, D. P. 58. 5. 29). D'après une autre opinion, lorsque le propriétaire habite une partie de la maison, le défaut de balayage engage exclusivement sa responsabilité, alors même que le nettoiement de la voie publique a été mis par un arrêté municipal à la charge des habitants du rez-de-chaussée (Crim. cass. 3 déc. 1880, aff. Guégan, D. P. 81. 1. 334). Suivant une troisième opinion que nous croyons préférable, les locataires peuvent être directement mis en cause ; mais, s'ils sont absents, le propriétaire est seul responsable de la contravention (V. *Rép.* v° *Contravention,* n° 716).

614. Les compagnies de chemins de fer sont, comme les autres propriétaires, soumises à l'obligation du balayage des rues sur lesquelles les gares et autres dépendances ont accès ; mais elles ne sont pas astreintes à cette charge à l'égard des rues avec lesquelles la voie et ses dépendances fermées au public ne peuvent avoir aucune communication (Crim. rej. 13 nov. 1884, aff. Lebargy, D. P. 86. 1. 42).

615. Nous avons dit au *Rép.* n° 1000 que le nettoyage de la voie publique comprend la nécessité de faire disparaître tout ce qui s'y trouve déposé, et que, par conséquent, l'autorité municipale peut enjoindre aux propriétaires des maisons bordant les rues de faire arracher l'herbe qui croît devant leurs maisons, sans leur imposer d'ailleurs aucune

(1) (Balète.) — LA COUR ; — Vu l'art. 471, n° 3, c. pén. ; — Vu également l'arrêté de l'administrateur de la commune mixte de Cassaigne (Algérie), du 16 juin 1879, lequel est ainsi conçu : « § 1er. Tous les propriétaires ou locataires d'immeubles situés dans la commune mixte sont tenus de faire balayer régulièrement ; tous les dimanches, le devant de leurs maisons, boutiques, cours, jardins et autres emplacements, jusqu'au milieu de la chaussée »; — Attendu que, s'il est constaté, en fait, que Balète occupe, comme locataire, le rez-de-chaussée de la maison devant laquelle le défaut de balayage a été constaté, il est établi et souverainement reconnu par le juge du fait, que le propriétaire habite sur les lieux loués ;

— Attendu, en droit, que l'obligation de balayer la voie publique est une des charges de la propriété ; qu'il ne saurait y être dérogé que si, par une clause spéciale d'un bail écrit, cette obligation avait été transportée au locataire ; — Attendu, au contraire, que Balète a excipé de la responsabilité pénale de son propriétaire ; que, dans cet état des faits, le juge, loin de violer l'art. 471, § 3, c. pén., et l'art. 1er de l'arrêté de l'administrateur de la commune mixte de Cassaigne, en a fait une saine application ;

Par ces motifs, rejette, etc.

Du 29 mai 1880.-Ch. crim.-MM. de Carnières, pr.-Falconnet, rap.-Petiton, av. gén.

obligation relative à la viabilité de la voie publique (Crim. cass. 13 nov. 1884) (1).

Mais le conseil d'Etat a décidé que l'arrêté municipal portant que les propriétaires riverains devront faire arracher l'herbe qui croît dans les interstices des pavés, en remédiant par un sablage au déchaussement des pavés, ne rentre pas dans les mesures que le maire peut prendre pour assurer la salubrité et la propreté des voies publiques, une semblable disposition ayant pour but et pour effet de mettre à la charge des propriétaires riverains une partie des dépenses d'entretien et de réparation du pavage de la voie publique, lesquelles sont en principe des dépenses communales (Cons. d'Et. 20 déc. 1872, aff. Billette, D. P. 73. 3. 45. V. conf. Av. min. int. sur Cons. d'Et. 4 juin 1886, aff. du Breil de Pontbriand, D. P. 87. 3. 120).

616. Si l'autorité municipale peut légalement prescrire aux habitants de la ville le balayage et la mise en tas de la neige, pour en faciliter l'enlèvement, elle n'a pas, dans les circonstances ordinaires, le droit d'imposer aux habitants l'obligation de fournir des chevaux et des voitures destinés à cette opération, ni d'autoriser le commissaire de police à adresser à ce sujet des réquisitions aux propriétaires d'attelages (Crim. rej. 15 déc. 1855, aff. Lehmann, D. P. 56. 1. 159). Toutefois cet arrêt reconnaît que l'autorité municipale pourrait recourir à ces mesures si la chute de la neige avait eu le caractère de calamité publique, en ce qu'elle aurait eu lieu inopinément et en telle quantité que les communications auraient été interrompues ; mais, dans ce cas, ainsi que le fait observer M. Morgand, t. 2, p. 50, le maire agirait non en vertu du paragraphe 1er, mais en vertu du paragraphe 6 de l'art. 97 (V. infrà, nos 781 et suiv.).

617. L'obligation du balayage est limitée aux rues et passages (Rép. vo Contravention, no 107). Mais elle s'applique à la partie d'une voie publique qui est macadamisée, sans que le juge puisse relaxer le prévenu sous le prétexte que le balayage serait inefficace pour le nettoiement d'un chemin macadamisé (Crim. cass. 30 mai 1856, aff. Lefèvre, D. P. 57. 1. 31). Elle s'applique également à une rue non pavée et simplement empierrée (Crim. rej. 10 oct. 1851, aff. Laisné, D. P. 51. 5. 40).

618. Le maire peut, en vertu des pouvoirs qui lui sont conférés sur les voies publiques dans l'intérêt de la salubrité, étendre l'obligation du balayage aux cours communes des habitations (Crim. cass. 24 juill. 1883) (2). Mais l'obligation de balayer devant les bâtiments n'emporte pas celle de balayer une ruelle faisant partie d'une propriété privée, encore bien que cette ruelle, sans clôture, aboutisse à la voie publique (Crim. cass. 22 nov. 1856, aff. Clayeux, D. P. 56. 5. 500).

619. L'étendue de l'obligation du balayage imposée aux habitants d'une commune est déterminée par les termes du règlement municipal. Ainsi l'arrêté qui prescrit aux propriétaires et locataires de maisons de balayer au-devant de leurs maisons est inapplicable aux propriétaires de terrains vagues longeant la voie publique qui ne sont pas des dépendances d'habitations (Crim. cass. 5 janv. 1884, aff. Peromat, D. P. 84. 3. 34).

De même, l'arrêté municipal qui enjoint aux propriétaires et locataires de rez de chaussée joignant les rues et lieux publics de balayer la voie publique au-devant de leurs maisons, cours, jardins, vergers et autres emplacements, est inapplicable au propriétaire d'un pré sur lequel n'existe aucune construction (Crim. rej. 7 oct. 1853, aff. Montenoise, D. P. 53. 5. 36); ou au propriétaire d'un jardin isolé de son habitation (Crim. rej. 17 juin 1847, aff. Hottot, D. P. 47. 4. 30; 13 mars 1862, aff. Lépine, D. P. 62. 5. 32).

620. L'obligation imposée par un règlement municipal aux riverains d'une voie publique, dont le balayage est à la charge de la ville, de balayer le devant de leurs maisons jusqu'à l'endroit qui sera ultérieurement désigné par l'Administration, reste en suspens tant que la désignation prescrite n'a pas été faite ; dès lors, l'inexécution de cette obligation ainsi suspendue ne peut servir de base à une condamnation (Crim. cass. 23 mars 1878, aff. Payen, D. P. 79. 1. 94).

621. On a examiné au Rép. no 1002, la question de savoir si, dans le cas où la commune traite avec un entrepreneur pour le nettoiement de la voie publique, l'adjudicataire peut être poursuivi devant les tribunaux pour ne pas s'être conformé aux clauses de ses baux. Ainsi que nous l'avons dit (Rép. nos 1004 et suiv.), la jurisprudence décide que cet adjudicataire, par le fait de son traité et même en l'absence de toute clause spéciale, est substitué aux habitants pour l'exécution des règlements municipaux, et qu'il est pénalement responsable au cas de contravention à ces

---

(1) (De Pontbriand.) — La cour ; — Vu l'art. 471, no 15, c. pén. ; — Vu aussi l'art. 144 du règlement de police pris par le maire de Saint-Brieuc, le 20 mai 1873, lequel article est ainsi conçu : « Les propriétaires ou locataires sont tenus de faire arracher et d'enlever avec soin les herbes qui croissent au-devant de leurs maisons, jardins, murs de clôture et autres emplacements » ; — Attendu qu'il résulte d'un procès-verbal régulier que du Breil de Pontbriand s'est refusé à faire arracher et enlever les herbes excrues devant son habitation, sise rue de Brest, à Saint-Brieuc ; que le jugement attaqué le relaxe par le motif que l'arrêté municipal du 20 mai 1873 est illégal ; — Attendu, en droit, qu'aux termes de l'art. 46, tit. 1er, de la loi du 22 juill. 1791, les corps municipaux ont le pouvoir de faire des arrêtés pour ordonner les précautions locales sur les objets confiés à leur vigilance et à leur autorité par l'art. 3, tit. 11, de la loi des 22-24 août 1790 ; et qu'au rang de ces objets est placé « tout ce qui intéresse la sûreté et la commodité du passage dans les rues, quais, places et voies publiques, ce qui comprend le nettoiement, l'illumination, etc. », disposition reproduite dans l'art. 97, § 1er, de la loi du 5 avr. 1884 ; — Attendu que l'arrêté du maire de Saint-Brieuc, du 20 mai 1873, par lequel il est enjoint aux propriétaires ou locataires de faire arracher et enlever avec soin les herbes qui croissent au-devant de leurs maisons, jardins, murs de clôture et autres emplacements, rentre évidemment dans la disposition prérappelée de la loi de 1790 ; que cet arrêté, qui se borne à prescrire l'arrachement des herbes, simple mesure de nettoiement, sans imposer aux riverains aucune obligation pour l'entretien du pavage ou autre travail relatif à la viabilité de la voie publique, a été pris dans l'exercice légal des fonctions municipales, et est obligatoire pour les propriétaires et locataires de maisons dans les lieux indiqués ; — D'où il suit que le jugement attaqué, en déclarant que l'art. 145 du règlement précité est entaché d'excès de pouvoirs, et en lui refusant force obligatoire, a méconnu les obligations de l'art. 471, no 15, c. pén. ; — Casse, etc.

Du 13 nov. 1884.-Ch. crim.-MM. Baudouin, pr.-Puget, rap.-Roussellier, av. gén.

(2) (Joly.) — La cour ; — Vu l'art. 471, § 3, c. pén. ; — Vu l'art. 9 du règlement de police de la ville du Havre, en date du 28 juill. 1853 ; — Attendu qu'il résulte d'un procès-verbal régulier que Joly, propriétaire d'une maison sise au Havre, rue du Rempart, no 4, n'a pas, le 26 janv. 1883, fait balayer la cour de sa maison souillée de boue et d'ordures ; — Attendu que, traduit pour ce fait devant le tribunal de police du Havre, Joly a prétendu notamment que, n'habitant pas sa maison, laquelle était louée à des tiers, l'obligation du balayage ne pouvait lui incomber ; que la poursuite, au lieu d'être dirigée contre lui, aurait dû l'être contre les locataires ; — Attendu que ce moyen de défense a été accueilli par le juge de police, lequel a prononcé le relaxe de Joly ; — Attendu que l'obligation de balayer la voie publique, dans les communes où ce soin est laissé aux habitants, constitue une charge de la propriété ; que le propriétaire y est assujetti, aussi bien lorsqu'il habite la maison que lorsqu'il ne l'habite pas, aussi bien lorsqu'elle est habitée par des locataires que lorsqu'elle est inhabitée ; que, si les locataires peuvent être également tenus de cette obligation, il n'en s'ensuit pas que celle du propriétaire et la responsabilité pénale qu'elle entraîne contre lui cessent d'exister ; — Attendu que le maire du Havre, agissant en vertu des pouvoirs conférés par la loi à l'autorité municipale de prendre les mesures nécessaires au maintien de la salubrité et de la sûreté publiques, a pu régulièrement, par l'arrêté du 28 juill. 1853, étendre aux cours communes des maisons l'obligation d'y maintenir la propreté en les balayant exactement chaque matin ; que cette prescription de l'arrêté, obligatoire tant pour les propriétaires que pour les locataires, n'a été modifiée aucunement par la disposition de l'art. 1er de l'arrêté municipal du 13 oct. 1855, qui, pour les maisons inhabitées, a assujetti les propriétaires aux obligations de balayage, d'arrosement et d'enlèvement de neiges, déjà imposées aux habitants par divers articles de l'arrêté du 28 juill. 1853 ; — Attendu, dès lors, qu'en décidant, dans l'espèce, que la poursuite avait été à tort dirigée contre le propriétaire, et qu'elle aurait dû l'être contre les locataires seulement, le jugement attaqué a manifestement violé l'art. 471, § 3, c. pén., et faussement interprété l'art. 9 du règlement précité du 28 juill. 1853 ;

Par ces motifs, casse, etc.

Du 21 juill. 1883.-Ch. crim.-MM. Baudouin, pr.-Leblond, rap.-Petiton, av. gén.-Rigot, av.

règlements (Crim. cass. 23 mars 1848, aff. Leclerc, D. P. 48. 5. 317; 29 déc. 1860, aff. Lagrèle, D. P. 61. 5. 35; 9 nov. 1861, aff. Dercourt, D. P. 63. 5. 40; 11 juill. 1868, aff. Anglade, D. P. 69. 1. 391; 10 et 25 juin 1869, aff. Rancoule et Puiroux, D. P. 70. 1. 246). D'après les mêmes arrêts, la clause pénale imposée à l'entrepreneur pour ce cas par son traité ne fait pas obstacle aux poursuites de police dont l'infraction peut être l'objet (V. conf. Chauveau et Faustin Hélie, *Théorie du code pénal*, 4ᵉ éd., t. 6, p. 295; *Rép.* vᵒ *Contravention*, nᵒˢ 121 et suiv.).

622. L'autorité municipale, après avoir procédé à l'adjudication de l'enlèvement des boues et immondices, peut défendre à toutes personnes étrangères à cette adjudication d'enlever à leur profit aucune parcelle des boues et immondices qu'elle comprend. Un tel arrêté est légal et obligatoire (Crim. cass. 31 mars 1848, aff. Morel, D. P. 48. 5. 319).

L'autorité municipale peut également, dans un règlement imposant aux propriétaires l'obligation du balayage de la voie publique, disposer que l'abonnement avec l'adjudicataire du service de l'enlèvement des boues pourra seul les exonérer de cette obligation et les affranchir de la responsabilité pénale qui leur incombe au cas où le balayage prescrit n'est pas effectué (Crim. rej. 16 avr. 1863, aff. Négrin, D. P. 63. 5. 39).

§ 6. — Mesures diverses concernant la sûreté ou la commodité du passage sur la voie publique (*Rép.* nᵒˢ 1010 à 1039).

623. L'art. 97, § 1ᵉʳ, de la loi du 5 avr. 1884 confie, comme la loi de 1790, au pouvoir réglementaire des municipalités tout ce qui intéresse la sûreté et la commodité du passage dans les rues, quais, places et voies publiques. Conformément à ce qui a été dit au *Rép.* nᵒ 1011, la sûreté des personnes formant le premier objet dont les officiers municipaux ont à s'occuper, ils doivent à cet égard prendre toutes les mesures qu'exigent les circonstances, et notamment interdire le passage lorsqu'il présente un danger sur une voie destinée à l'usage du public. En conséquence, est légal et obligatoire l'arrêté qui interdit de passer autrement qu'à pied sur une promenade communale affectée à l'usage du public, encore que cette promenade n'ait pas été classée comme voie publique par l'autorité administrative (Crim. rej. 8 avr. 1852, aff. Maître, D. P. 52. 5. 50); ou celui qui interdit le passage des voitures et des bestiaux sur une promenade (Cons. d'Ét. 27 janv. 1882, aff. Pascal, D. P. 83. 3. 48). Ainsi qu'on l'a vu au *Rép.* nᵒ 1014, il suffit, pour que la mairie puisse prononcer cette interdiction, que la voie à laquelle elle s'applique ait en fait le caractère d'une promenade publique; l'arrêté ainsi pris dans un intérêt de police ne fait d'ailleurs point obstacle à ce que les riverains fassent valoir devant l'autorité compétente les droits qu'ils prétendent avoir sur cette promenade (Arrêt précité du 27 janv. 1882).

624. On a vu au *Rép.* nᵒ 1017 que les maires peuvent également prendre des arrêtés pour prévenir les inconvénients qui résulteraient de l'encombrement d'une rivière ou d'un canal. Mais on ne saurait regarder comme obligatoire l'arrêté qui soumet les habitants riverains d'une rivière navigable à se munir d'une permission pour avoir des bateaux sur la rivière, ou qui interdit aux propriétaires de les prêter ou de les louer à leurs amis (Crim. rej. 8 avr. 1848, aff. Tessier, D. P. 48. 5. 21).

625. L'autorité municipale peut aussi, conformément à ce qui a été exposé au *Rép.* nᵒ 1020, prescrire les mesures de précaution concernant la circulation des voitures et bêtes de trait qui ont pour unique objet d'éviter les accidents et le trouble de la circulation. La jurisprudence a, en conséquence, considéré comme obligatoires: 1ᵒ un arrêté défendant aux cochers des voitures de place d'aller au devant des voyageurs, et leur prescrivant de rester sur leur siège ou à la tête de leurs chevaux (Crim. cass. 5 mars 1847, aff. Bert, D. P. 47. 4. 37); — 2ᵒ un arrêté interdisant aux voituriers de se trouver à l'arrivée des diligences ou d'y envoyer, dans leur intérêt, quelque personne que ce soit dans le but de solliciter les voyageurs à faire usage de leurs voitures (Crim. cass. 3 avr. 1856, aff. Schieuse, D. P. 56. 1. 232).

La défense implicitement faite aux conducteurs de

voitures et aux passants par l'art. 142 du décret du 13 oct. 1863 de couper une troupe marchant en armes dans l'intérieur d'une place forte n'est sanctionnée par la prononciation d'aucune peine (Circ. min. int. 20 juin 1869, D. P. 70. 3. 39). Mais il appartient aux maires de reproduire cette défense dans leurs règlements sur la circulation dans les rues et places, et de lui assurer ainsi la sanction des art. 471, § 15, et 474 c. pén. (Même circulaire).

626. Nous avons dit au *Rép.* nᵒ 1028 que l'arrêté par lequel un maire prescrit aux riverains, dans l'intérêt de la sûreté des citoyens, de clore des terrains ouverts sur la voie publique est légal et obligatoire (V. conf. Crim. cass. 3 mai 1850, aff. Tronchet, D. P. 51. 5. 46). Le maire peut également, sans porter atteinte au droit de propriété, ordonner de clore une rue nouvellement ouverte par un particulier sur son terrain (Crim. cass. 13 août 1846, aff. Mortet, D. P. 46. 4. 533; Cons. d'Ét. 24 déc. 1886, aff. Comp. des terrains de la gare de Saint-Ouen, D. P. 88. 3. 31), et enjoindre à un propriétaire, à l'occasion d'une demande d'alignement, de clore au moyen de grilles et de barrières et de tenir fermé pendant la nuit un passage qu'il a ouvert sur un terrain entre deux lignes de maisons, alors surtout qu'un règlement local de voirie proscrit de clore dans l'alignement tous jardins, cours et espaces vides (Crim. rej. 1ᵉʳ févr. 1872, aff. Couvreur, D. P. 72. 1. 205).

627. L'autorité municipale a d'ailleurs le droit de prendre, à l'égard des propriétés privées, les mesures nécessaires pour prévenir tous les accidents qui pourraient compromettre la sécurité et la vie des personnes circulant sur des terrains non clos qui avoisinent la voie publique (Crim. rej. 1ᵉʳ mai 1868, aff. Gout, D. P. 68. 1. 363), et notamment les accidents que peuvent occasionner des puits restés ouverts à ras de terre (Même arrêt), ainsi que ceux qui peuvent résulter de mares et d'excavations situées dans le voisinage des chemins (Req. 11 déc. 1876, aff. Commune de Corbon, D. P. 77. 1. 9).

Mais, en pareil cas, le maire doit se borner, ainsi que nous avons dit précédemment (V. *suprà*, nᵒ 604), à ordonner d'une manière générale de faire cesser par des précautions convenables la cause de danger qui existe, et il ne lui appartient pas de prescrire, entre plusieurs moyens également efficaces d'obvier au danger, l'exécution du moyen le plus onéreux ou le plus préjudiciable au propriétaire (Arrêts précités des 1ᵉʳ mai 1868 et 11 déc. 1876). Il ne peut notamment prescrire de combler une mare lorsqu'il n'est pas même allégué qu'une clôture serait insuffisante (Arrêt précité du 11 déc. 1876), ni enjoindre, comme moyen exclusivement obligatoire au propriétaire sur le terrain duquel existent des puits à ras de terre, de construire autour des orifices de ces puits soit des margelles, soit des grilles (Arrêt précité du 1ᵉʳ mai 1868). Il ne peut également sans excès de pouvoirs déterminer les modes de clôture qu'il autorise à l'exclusion d'autres modes dont la solidité serait suffisante (Arrêt du 24 déc. 1886, cité *suprà*, nᵒ 626), et spécialement prescrire que la clôture aura lieu au moyen d'un mur en maçonnerie (Cons. d'Ét. 5 août 1868, aff. Michon, *Rec. Cons. d'État*, p. 842), ni imposer aux riverains d'une voie publique l'obligation d'établir une grille d'après un modèle et dans des conditions déterminées (Cons. d'Ét. 19 févr. 1868, aff. Deslandes, *ibid.*, p. 170).

628. On doit considérer comme légal et obligatoire l'arrêté qui prescrit la suppression des entrées de caves sur la voie publique, lorsqu'elles sont en mauvais état et qu'elles ont besoin de réparation (Crim. rej. 20 févr. 1847, aff. Noël, D. P. 47. 1. 272). Il en est de même de l'arrêté individuel par lequel un maire enjoint à un particulier de fermer ou supprimer, dans un délai fixé, une excavation ou descente de cave pratiquée sur la voie publique au devant de sa maison (Crim. cass. 27 févr. 1873, aff. Petit, D. P. 73. 1. 91).

629. L'arrêté par lequel un maire prescrit à un particulier de détruire, dans un délai déterminé, certains ouvrages qu'il avait été autorisé à faire respectivement sur la voie publique est légal et obligatoire; et, en admettant que la disposition de l'arrêté qui charge le commissaire de police, en cas d'inexécution de l'arrêté, de faire exécuter les travaux prescrits aux frais du contrevenant excède les pouvoirs de l'autorité municipale, l'illégalité de cette partie de l'arrêté n'empêche pas

les autres prescriptions qu'il renferme d'être obligatoires (Crim. cass. 14 mars 1879) (1).

630. L'éclairage de la voie publique, comme on l'a vu au *Rép.* n°⁸ 1033 et 1034, rentre parmi les objets de police municipale, par cela seul qu'il se rapporte à la sûreté et à la commodité de la circulation (Crim. cass. 3 août 1866, aff. Fourcassies, D. P. 66. 1. 449), et le maire a le droit, par ses règlements, d'astreindre les habitants à concourir à cet éclairage, lorsque la commune ne peut en faire les frais (V. conf. de Champagny, *Traité de la police municipale*, t. 2, p. 302 ; *Rép.* v° *Contravention*, n°⁸ 95 et suiv.). Il lui appartient de déterminer les personnes auxquelles doit incomber l'obligation, édictée par l'art. 471, § 3, c. pén., d'éclairer les auberges et autres maisons et de spécifier quand et comment cette obligation devra être remplie. Il a été jugé, en conséquence, qu'un cafetier n'est en contravention pour avoir négligé d'éclairer l'extérieur de son établissement, qu'autant qu'un arrêté municipal a imposé l'obligation de l'éclairage aux aubergistes, cabaretiers et autres (Crim. rej. 30 janv. 1879, aff. Lakdar, D. P. 79. 1. 391).

631. Conformément à ce que nous avons dit *suprà*, n° 624, au sujet de l'adjudicataire du nettoiement d'une ville, l'art. 471, § 3, c. pén., est applicable à l'entrepreneur de l'éclairage d'une ville qui a été compris individuellement et particulièrement parmi les personnes auxquelles un règlement local de police impose certain mode d'éclairage et qui ne s'y est pas conformé (Crim. cass. 3 août 1866, aff. Fourcassies, D. P. 66. 1. 449). Il en est ainsi bien que des clauses pénales aient été stipulées dans le marché pour le cas de retard ou d'omission (Même arrêt). Mais, en l'absence d'un arrêté municipal réglant l'éclairage d'une ville, et lorsque le cahier des charges ne soumet l'entrepreneur de cet éclairage pour l'inexécution de ses obligations qu'à des réparations civiles, l'infraction qu'il commet à cet égard ne peut donner lieu à aucune responsabilité pénale (Crim. rej. 24 mars 1876, aff. Laisney, D. P. 77. 1. 288).

632. Le contrevenant à un arrêté municipal qui prescrit aux logeurs et cabaretiers d'éclairer le devant de leurs maisons depuis la nuit tombante jusqu'à minuit, ne doit pas être renvoyé de la poursuite sous prétexte qu'il n'était pas encore nuit, ou qu'il faisait clair de lune, ou que le prévenu était de bonne foi, de tels faits ne pouvant, ainsi que nous l'avons dit (*Rép.* n° 1033), constituer une contravention (Crim. cass. 16 sept. 1853, aff. Dumas, D. P. 53. 5. 37. V. *Rép.* v° *Contravention*, n° 98).

633. L'obligation d'éclairer la nuit les voitures qui circulent sur la voie publique résulte, en ce qui concerne les voitures publiques, de l'art. 28 du décret du 10 août 1852 (D. P. 52. 4. 192), et en ce qui concerne les voitures ne servant pas au transport des personnes, de l'art. 15 du même décret et pour les voitures particulières servant au transport des personnes, de l'art. 2 du décret du 24 févr. 1858 (D. P. 58. 4. 19). Le pouvoir de police des maires se trouve donc restreint au seul cas prévu par l'art. 15 du décret du 10 août 1852, c'est-à-dire au droit d'imposer cette obligation aux voitures d'agriculture.

634. Nous avons dit au *Rép.* n° 1035, que les mesures prises par les maires peuvent s'appliquer à tout ce qui est de nature à causer un désordre ou un encombrement. Ils ont, notamment, le droit d'interdire sur la voie publique les jeux et exercices qui pourraient nuire aux passants et occasionner des accidents (Crim. cass. 7 juill. 1864, aff. Beulaygue, D. P. 65. 5. 34).

635. Le fait de jeter par la fenêtre de l'eau ou tout autre objet peut également, comme on l'a vu (*Rép.* n° 1036), occasionner des rassemblements qui compromettraient la sûreté ou la commodité du passage, et, par suite, les maires ont le droit de prendre des arrêtés à ce sujet. Ils peuvent, notamment, interdire soit de secouer et battre par la fenêtre des tapis et paillassons (Sol. impl., Crim. rej. 9 janv. 1857, aff. Barlow, D. P. 57. 1. 80), soit de jeter de l'eau ou tout autre objet. L'art. 471, § 6, punit, d'ailleurs, même en l'absence de tout règlement municipal, le jet au-devant des édifices de toutes choses nuisibles par leur chute ou par des exhalaisons insalubres. Il y a donc contravention dans le fait de jeter par la fenêtre un seau d'eau dont une partie est tombée sur un passant (Crim. cass. 30 août 1860, aff. Aubier, D. P. 60. 5. 418); ou même de laisser couler de l'eau par la fenêtre sur le trottoir de la voie publique (Crim. cass. 18 août 1881, aff. Delay, D. P. 81. 5. 229) ; et la contravention existe dans le cas même où l'eau est propre, cette eau étant susceptible de nuire par sa chute (Crim. cass. 24 nov. 1855, aff. Jullien Roch, D. P. 56. 5. 35; 2 janv. 1869, aff. Beny, D. P. 69. 5. 254 ; 7 déc. 1872, aff. Tachet, D. P. 72. 5. 279 ; 25 janv. 1883, aff. Roy-Barcq, D. P. 84. 5. 305). Et il en serait ainsi quand bien même le règlement local n'aurait prévu que le jet d'eaux insalubres et malpropres (Arrêt précité du 24 nov. 1855).

La contravention ne pourrait être excusée par le motif que la pluie qui tombait au moment où le jet a eu lieu, se mêlant à la petite quantité d'eau jetée par le contrevenant, en faisait disparaître les traces (Crim. cass. 8 févr. 1856, aff. Pulicani, D. P. 56. 5. 502).

§ 7. — Mesures concernant la tranquillité publique et le bon ordre en général (*Rép.* n°⁸ 1040 à 1066).

636. Aux termes de l'art. 97, § 2, de la loi du 5 avr. 1884, le maire est chargé de réprimer les atteintes portées à la tranquillité publique, telles que les rixes et disputes accompagnées d'ameutements dans les rues, le tumulte excité dans les lieux d'assemblées publiques, les attroupements, les bruits et rassemblements nocturnes qui troublent le repos des citoyens. A ces dispositions empruntées, sauf quelques modifications, à celles de la loi du 24 août 1790 rapportées

---

(1) (Lelièvre.) — LA COUR ; — Vu l'art. 471, § 15, c. pén. et l'arrêté du maire des Andelys, du 15 janv. 1879 ; — Attendu qu'il résulte du jugement attaqué et des autres documents du procès, que le maire des Andelys, en vue de faciliter les travaux d'une rue projetée, avait permis au sieur Lelièvre de construire une passerelle provisoire sur le canal du Grand-Rang, creusé par la ville pour l'écoulement des eaux, de pratiquer une brèche dans les clôtures qui séparent de ce canal le boulevard Sainte-Clotilde, et de poser sur la passerelle et le boulevard des rails pour le passage des wagonnets employés aux remblais, avec cette réserve que cette autorisation, révocable et temporaire, prendrait fin en même temps que les travaux ; — Attendu que, les remblais terminés, les rails enlevés et le projet de la rue étant d'ailleurs abandonné, le sieur Lelièvre ne se mit pas en devoir de remplir les obligations qui lui étaient imposés ; que, par un arrêté du 27 déc. 1878, dûment notifié, le maire des Andelys, l'invita à supprimer la passerelle et à refaire les clôtures du boulevard, dans un délai de quinzaine ; que, ce délai passé, par un autre arrêté du 15 janv. 1879, notifié le même jour, le maire lui ordonna de rétablir immédiatement les lieux dans leur ancien état ; que le sieur Lelièvre refusa d'obéir, et que le refus fut constaté par un procès-verbal du commissaire de police des Andelys ; — Attendu que, traduit à raison de cette contravention devant le tribunal de simple police, il fut relaxé, par le motif que l'arrêté qui prescrivait qu'en cas d'inexécution de la part du sieur Lelièvre, les travaux seraient faits à ses frais à la diligence du commissaire de police, excédait les pouvoirs de l'autorité municipale ; — Attendu, en droit,

que parmi les objets de police que l'art. 3, tit. 11, de la loi des 16-24 août 1790 confie à la vigilance des maires sont compris tout ce qui intéresse la sûreté du passage dans les voies publiques et le soin de prévenir les accidents par des précautions convenables ; qu'en fait la brèche ouverte dans les clôtures du boulevard et la passerelle établie devant cette brèche devenaient, surtout pendant la nuit, un danger pour la sécurité des passants, et que la disposition de l'arrêté qui ordonnait la suppression de la passerelle et le rétablissement des clôtures était dès lors parfaitement légale ; — Attendu qu'en admettant que la disposition du même arrêté qui charge le commissaire de police de faire exécuter ces travaux aux frais des contrevenants excédât les pouvoirs de l'autorité municipale et empiétât sur ceux de l'autorité judiciaire, il est de principe que, lorsqu'à côté de dispositions légales un arrêté contient d'autres dispositions qui n'ont pas ce caractère, l'illégalité des secondes ne réagit pas sur les premières et n'empêche pas celles-ci d'être obligatoires, parce que chacune d'elles doit être examinée dans sa valeur intrinsèque et dans ses rapports de conformité avec la loi qui a conféré à l'autorité administrative le droit de faire des règlements sur les matières législatives ; — Attendu, dès lors, que le jugement attaqué, en refusant d'appliquer la première disposition de l'arrêté du maire des Andelys, a formellement violé ladite disposition de l'art. 471, § 15, c. pén. ;

Par ces motifs, casse, etc.

Du 14 mars 1879.-Ch. crim.-MM. de Carnières, pr.-Dupré-Lasale, rap.-Benoist, av. gén.

au *Rép.* n° 1040, la loi nouvelle a ajouté « et tous actes de nature à compromettre la tranquillité publique. » L'énumération qui précède n'est donc pas limitative.

637. On a rattaché à cette disposition (*Rép.* n° 1041) les arrêtés qui prescrivent aux habitants la fermeture à certaines heures des portes de leurs maisons. Ainsi l'on doit tenir pour obligatoire l'arrêté municipal qui enjoint aux propriétaires de tenir closes, à partir de l'heure qu'il indique, toutes les portes donnant accès sur la voie publique, et qui rend les propriétaires responsables des infractions à cette mesure (Crim. cass. 3 oct. 1851, aff. Croquevielle, D. P. 51. 5. 44; Crim. rej. 16 mars 1860, aff. Maille, D. P. 60. 1. 424. V. conf. Blanche, *Etudes pratiques sur le code pénal,* t. 7, n° 231, p. 316).

La jurisprudence admet, ainsi que nous l'avons vu, cette responsabilité, alors même que le propriétaire n'habite pas sur les lieux (Arrêts précités des 3 oct. 1851 et 16 mars 1860; Crim. cass. 12 janv. 1882, aff. Delafosse, D. P. 82. 5. 43), et surtout quand ce propriétaire n'est que momentanément éloigné (Crim. cass. 8 juin 1850, aff. Colace, D. P. 50. 5. 39), sauf le droit de celui-ci d'obtenir sa mise hors de cause en faisant connaître l'auteur de l'infraction. Un arrêté préfectoral peut ordonner la fermeture des portes cochères et des allées des maisons pendant certaines heures (Crim. cass. 13 déc. 1856, aff. Bonnefoi, D. P. 57. 1. 76). L'injonction faite par l'ordonnance du 8 nov. 1780 aux propriétaires domiciliés dans la ville ou les faubourgs de Paris de tenir leurs portes fermées pendant certaines heures de la nuit ne s'étend pas, à moins d'un arrêté municipal qui la reproduise, aux communes rurales du département de la Seine (Crim. rej. 1er mars 1856, aff. Lenoble, D. P. 56. 1. 220). Une semblable obligation s'applique non seulement à la porte établie pour l'utilité de la maison, mais à celle fermant le passage établi sur son terrain pour l'utilité de propriétés enclavées (Crim. cass. 16 mars 1860, aff. Maille, D. P. 60. 1. 424).

638. Nous avons dit au *Rép.* n° 1044 que les maires peuvent fixer le temps pendant lequel tous ceux qui exercent des professions bruyantes seront tenus de cesser leurs travaux. Tels sont notamment les serruriers, forgerons, taillandiers, maréchaux-ferrants (Crim. rej. 3 mars 1865, aff. Maisonville, D. P. 68. 1. 235). Mais l'arrêté municipal doit dénommer expressément les professions qu'il réglemente; aussi l'arrêté qui fixe les heures de cessation de travail pour les serruriers, forgerons, taillandiers, et généralement tous ceux qui exercent une profession bruyante, peut-il être réputé avoir eu en vue que les industries à marteau ou employant des appareils à percussion retentissante, et ne peut-il, dès lors, être appliqué à une imprimerie dont les presses sont mises en mouvement par la vapeur (Même arrêt). A défaut de règlement municipal, ainsi qu'on l'a vu au *Rép.* n° 1044, les personnes qui se livrent à leur industrie ne peuvent être poursuivies pour bruit nocturne troublant la tranquillité publique, ni encourir les peines portées par l'art. 479, n° 8, c. pén. (Crim. cass. 26 mai 1854, aff. Delahaye, D. P. 54. 5. 736).

639. Une ordonnance de police du 6 nov. 1862 règle, à Paris, ce qui concerne les professions bruyantes, c'est-à-dire celles qui exigent l'emploi de marteaux, machines et appareils susceptibles d'occasionner des percussions et un bruit assez considérable pour retentir hors des ateliers et troubler ainsi la tranquillité des habitants. Leur travail ne peut avoir lieu de neuf heures du soir à quatre heures du matin, du 1er avril au 30 septembre, et de neuf heures du soir à cinq heures du matin, du 1er octobre au 31 mars. Mais si les maires peuvent par des règlements empêcher l'incommodité qu'entraînerait le travail de nuit dans les ateliers où s'exercent ces professions, et même prescrire pendant les travaux bruyants la fermeture des portes de ces ateliers (Crim. cass. 18 févr. 1876, aff. Mimaud, D. P. 77. 1. 46), ils ne peuvent, sans excès de pouvoirs, soumettre l'exercice de ces professions, relativement au travail de jour, à des conditions incompatibles avec le principe de la liberté de l'industrie (Crim. rej. 29 janv. 1858, aff. Mouquet, D. P. 58. 1. 294), ni réglementer le mode d'édification et de clôture des ateliers où elles s'exercent (Crim. cass. 28 févr. 1867, aff. Blanc, D. P. 67. 1. 511 ; 19 févr. 1876, aff. Saint-Jean, D. P. 77. 1. 46). Ils ne peuvent notamment, ainsi que l'avait déjà décidé un arrêt rapporté au *Rép.* n° 1045, soumettre les ouvriers travaillant avec bruit à ne s'établir dans une boutique ou atelier qu'après en avoir obtenu l'autorisation sur l'avis des voisins (Crim. rej. 9 janv. 1857, aff. Vastel, D. P. 57. 5. 202). Ils ne peuvent davantage imposer aux propriétaires d'ateliers de chaudronnerie l'obligation de ne faire travailler au marteau que dans des locaux clos de murs en maçonnerie et prenant jour sur la voie publique exclusivement par des ouvertures vitrées et hermétiquement closes (Arrêt précité du 29 janv. 1858). Toutefois, un arrêt du 4 août 1853 (Crim. cass. aff. Legay, D. P. 53. 1. 262) a considéré comme obligatoire la défense faite par un règlement municipal d'exercer certaines professions bruyantes ailleurs que dans des ateliers clos et couverts.

640. L'autorité municipale peut prendre, sous la sanction de l'art. 471, n° 15, c. pén., des arrêtés pour éviter que la tranquillité des habitants soit troublée par des animaux (Crim. rej. 5 avr. 1867, aff. Sempé, D. P. 67. 1. 288). Elle peut notamment interdire de conserver dans une cave des veaux dont les beuglements incommodent le voisinage (Crim. cass. 23 nov. 1849, aff. Claisse, D. P. 51. 5. 22), et exiger le musèlement des bêtes de somme amenées au marché par les cultivateurs (Crim. cass. 28 janv. 1859, aff. Perès, D. P. 59. 5. 26. V. *Rép.* v° *Tapage,* n° 4).

641. On a vu au *Rép.* n° 1046, qu'un arrêté municipal peut interdire de sonner du cor, cette sonnerie constituant un bruit de nature à troubler la tranquillité des habitants (V. conf. Motifs, Crim. rej. 5 juin 1862, aff. Graube, D. P. 62. 5. 313). Il en est de même de tout instrument à sons éclatants (Sol. impl., Crim. cass. 4 mars 1882, aff. Sarda, D. P. 82. 1. 440). Lorsque ce bruit est nocturne ou injurieux, il tombe sous l'application de l'art. 479, n° 8, c. pén., alors même qu'il n'est interdit par aucun règlement local (Même arrêt; Crim. cass. 24 déc. 1858, aff. Rojou, D. P. 58. 5. 348). La défense faite par un règlement de sonner du cor dans la localité à moins de cent mètres des habitations est réputée avoir entendu protéger les dépendances de ces habitations, en sorte qu'il y a contravention dans le fait de sonner du cor à moins de cent mètres d'une propriété close, bien qu'on se trouve à plus de cent mètres de la maison d'habitation qu'elle renferme (Crim. cass. 30 août 1860, aff. Degniot, D. P. 60. 1. 518).

642. Conformément à ce qui a été exposé au *Rép.* n° 1047, l'autorité municipale peut interdire de tirer des pièces d'artifice non seulement sur la voie publique, mais dans les propriétés privées (Crim. cass. 12 déc. 1846, *Rép.* n° 1301, v° *Contravention,* n° 90). Cette interdiction existe, à Paris, pour la voie publique en vertu de l'art. 104 de l'ordonnance de police du 23 juill. 1862, et pour l'intérieur des maisons en vertu de l'art. 7 de l'ordonnance du 7 juin 1856. Les mots *pièces d'artifice* doivent s'entendre de tout travail fait avec de la poudre pouvant, par son explosion ou son action, produire les effets que l'art. 471, n° 2, c. pén. a voulu prévenir. Il n'y a donc pas lieu de distinguer suivant que la pièce est destinée à une réjouissance ou à un travail, comme celui de l'extraction de la pierre (Crim. cass. 4 août 1853, aff. Dussaud, D. P. 53. 5. 34).

643. Les règlements relatifs aux pièces d'artifice ne sont pas de plein droit applicables au tir des armes à feu (V. *Rép.* v° *Contravention,* n° 92). Mais les règlements établissent souvent cette assimilation, ainsi que le fait notamment l'ordonnance du 7 juin 1856, citée *suprà,* n° 642. On s'est demandé si la violation des règlements qui prohibent le tir des armes à feu tombe sous l'application de l'art. 471, n° 2, c. pén., ou de l'art. 471, n° 15, du même code. La jurisprudence est fixée dans le sens de l'application de cette dernière disposition (Crim. cass. 28 juill. 1855, aff. Germaine, D. P. 55. 1. 361 ; 23 nov. 1877, aff. Cornu, D. P. 78. 1. 443. — *Contrà :* Motifs, Crim. cass. 4 août 1853, aff. Dussaud, D. P. 53. 5. 34). La contravention à un règlement de cette nature ne pourrait être excusée par le motif que le contrevenant aurait reçu la permission de l'autorité municipale (Crim. cass. 12 déc. 1846, aff. Husson, D. P. 47. 4. 30), ni, ainsi qu'on l'a vu (*Rép.* n° 1047), par le motif que le contrevenant aurait tiré sur des volailles ou des pigeons au moment où ils causaient des dégâts sur son terrain (Arrêts précités des 28 juill. 1855 et 23 nov. 1877).

644. Dans les localités où la défense de tirer des pièces d'artifice ou des armes à feu résulte de règlements antérieurs à 1789, publiés de nouveau par l'autorité municipale, ces

règlements sont encore en vigueur, mais les seules peines applicables sont celles de l'art. 471 c. pén., et non celles que portaient les anciens règlements (V. *Rép.* v° *Contravention*, n° 94, et *suprà*, n° 492).

645. Comme on la vu au *Rép.* n° 1048, le maire a le pouvoir d'interdire l'établissement de tirs au pistolet sans son autorisation préalable. Il a été jugé, dans le même sens, qu'il peut, sans excès de pouvoirs, prescrire au propriétaire d'un tir certains travaux ayant pour but de faire cesser un état de choses considéré comme dangereux, et suspendre le tir jusqu'à l'achèvement de ces travaux, alors surtout que l'établissement n'a été autorisé qu'à la charge, par le permissionnaire, de se soumettre aux prescriptions que l'autorité jugerait nécessaire de lui imposer dans l'intérêt de la sécurité publique (Cons. d'Et. 9 juin 1882, aff. Petit, D. P. 83. 3. 122).

646. On a exposé au *Rép.* n° 1050 qu'en dehors de l'appel des fidèles au service divin, les cloches ne peuvent être sonnées sans la permission de l'autorité municipale. L'usage des cloches a fait l'objet des dispositions spéciales de l'art. 100 de la loi du 5 avr. 1884 qui, suivant les déclarations du rapporteur à la Chambre des députés, a. au moins pour but de créer un régime nouveau que de consacrer l'interprétation donnée à la législation ancienne par la jurisprudence, et plus particulièrement de reproduire le texte et l'esprit d'un avis du conseil d'Etat du 17 juin 1840 (D. P. 84. 4. 55, note 100, § 1er). D'après l'art. 100, les cloches des églises sont spécialement affectées aux cérémonies du culte. Néanmoins, elles peuvent être employées dans le cas de péril commun qui exigent un prompt secours, et dans les circonstances où cet emploi est prescrit par des dispositions de lois ou règlements ou autorisé par les usages locaux. Les sonneries religieuses, comme les sonneries civiles, doivent faire l'objet d'un règlement concerté entre l'évêque et le préfet, ou entre le préfet et les consistoires, et arrêté, en cas de désaccord, par le ministre des cultes. Par une circulaire du 17 août 1884, le ministre des cultes a adressé aux préfets un modèle destiné à les guider dans la rédaction du règlement qu'ils ont dû arrêter de concert avec l'autorité diocésaine (V. Morgand, t. 2, p. 119).

647. On s'est demandé si les dispositions de l'art. 100, qui mettent les cloches de l'église, sous certaines conditions, à la disposition des municipalités pour les usages civils, doivent s'appliquer même dans les communes qui possèdent des cloches municipales dans le beffroi de leur hôtel de ville. M. Morgand, t. 2, p. 123, estime que le texte de la loi ne comporte pas d'exception même pour ce cas spécial ; mais il est d'avis que, dans ces communes, le règlement à intervenir devra limiter l'emploi des cloches des églises pour les sonneries civiles aux seuls cas de péril commun et de sonneries prescrites par les lois.

648. L'art. 101 dispose qu'une clef du clocher sera déposée entre les mains des titulaires ecclésiastiques, une autre entre les mains du maire qui ne pourra en faire usage que dans les circonstances prévues par les lois ou règlements, et que, dans le cas où l'entrée du clocher ne sera pas indépendante de celle de l'église, une clef de la porte de l'église sera déposée entre les mains du maire. Le texte de cet article a subi plusieurs transformations. La rédaction primitive portait que les clefs de l'église appartenaient au titulaire ecclésiastique, mais que ce dernier devrait livrer lesdites clefs à toute réquisition écrite du maire. Ce texte a été modifié par la Chambre sur la proposition de M. Michon, qui a fait adopter la rédaction suivante : « Une clef de l'église et du clocher sera déposée entre les mains du titulaire ecclésiastique, une autre entre les mains du maire qui pourra en faire usage dans toutes les circonstances prévues par les lois ou règlements. » Cette rédaction, qui avait été combattue à la Chambre des députés par Mgr Freppel, a été critiquée de nouveau très vivement par M. le comte de Saint-Vallier devant le Sénat, qui lui a substitué le texte actuel (D. P. 84. 4. 55, note 101). Il résulte de la discussion et des explications contenues dans la circulaire du 15 mai 1884 que le législateur n'a entendu autoriser le maire à réclamer que la clef donnant accès à la partie du clocher où doit pénétrer le sonneur, et qu'il ne lui a conféré le droit d'en user que pour lui permettre d'employer, conformément aux lois et règlements, les cloches aux sonneries civiles.

— Sur les questions qui se rattachent à ces dispositions, V. *Culte.*

649. Ainsi qu'on l'a vu au *Rép.* n° 1057, les maires peuvent défendre d'annoncer sans autorisation le débit d'une marchandise en la criant dans la rue, et spécialement interdire les interpellations aux passants et les cris d'annonce de marchandises, alors même que ces cris seraient proférés de l'intérieur des boutiques (Crim. cass. 24 juin 1875, aff. Sarthou, D. P. 76. 1. 334), de pareilles interpellations étant de nature à troubler l'ordre et à porter atteinte aux commodités de la circulation.

650. La question de savoir quels sont les droits de l'autorité municipale à l'égard soit des crieurs publics, soit des crieurs de journaux, a donné lieu à une sérieuse controverse. La loi du 16 févr. 1834, aujourd'hui abrogée par la loi du 29 juill. 1881, exigeait des crieurs de journaux une autorisation préalable. Sous l'empire de cette loi, qui ne mentionnait que les crieurs publics d'objets perdus, la cour de cassation avait décidé que le maire avait le droit de soumettre cette catégorie de crieurs à une autorisation préalable (Crim. cass. 12 nov. 1847, aff. Pappais, D. P. 48. 5. 254). Le conseil d'Etat a consacré la même solution sous l'empire de la nouvelle loi sur la presse (Cons. d'Et. 18 janv. 1884, aff. Belleau, D. P. 85. 3. 73). D'après cet arrêt, la loi du 29 juill. 1881, en abrogeant les dispositions des lois antérieures relatives aux vendeurs et crieurs sur la voie publique d'écrits et imprimés de toute nature, n'a eu ni pour but ni pour effet de modifier les pouvoirs de l'autorité municipale en ce qui touche des professions qui, comme celle de crieurs de ventes, d'objets perdus ou d'annonces diverses, n'étaient pas visées par ces lois ; et, d'un autre côté, il appartient aux maires, en vertu des pouvoirs qui leur sont conférés en vue d'assurer le bon ordre et la tranquillité publique, de subordonner à leur autorisation préalable la profession de crieur public telle qu'elle est ci-dessus énoncée. Mais cette décision n'est peut-être pas à l'abri de la critique (V. les observations en note, *ibid.*)

651. La même solution ne saurait être étendue aux règlements concernant l'exercice de la profession de crieur de journaux. La loi de 1881 a été, en effet, dans la pensée de ses auteurs, une loi complète et unique embrassant non seulement la presse périodique, mais tous les modes de publication par l'imprimerie, par la librairie, par l'affiche et par la parole ; et l'art. 68 de cette loi a abrogé les lois et règlements relatifs à la presse et aux autres moyens de publication. Il est certain que la loi de 1834 est comprise dans cette abrogation, et que le législateur a entendu affranchir de la nécessité d'une autorisation préalable la profession de crieur public de journaux comme celle d'afficheur. Le Gouvernement l'a implicitement reconnu en déposant un projet de loi qui a été adopté en première lecture par la Chambre des députés le 16 févr. 1884, et qui défend d'annoncer autrement que par leur titre les écrits et journaux distribués ou vendus dans les lieux publics. Le rapporteur de la loi municipale à la Chambre des députés s'est formellement prononcé en ce sens dans la discussion de l'art. 97. « La loi qui réglemente la vente des journaux dans les rues et lieux publics, a-t-il dit, est une loi spéciale sur laquelle le maire ne peut avoir aucune espèce d'action. Si un maire prenait un arrêté relatif à la liberté de la presse, les tribunaux ne pourraient donner force exécutoire à un arrêté pris dans ces circonstances » (D. P. 84. 4. 53, note 97). En effet, la cour de cassation a décidé que l'arrêté par lequel un maire interdit aux colporteurs de journaux de vendre les feuilles dont ils sont porteurs, en les annonçant autrement que par leur titre et leur prix, est illégal, le droit de réglementation qui résultait en cette matière pour l'autorité municipale des lois 16-24 août 1790 et 22 juill. 1791 ayant cessé d'exister en vertu des lois des 10 déc. 1830 et 16 févr. 1834 et n'ayant pu revivre après l'abrogation de ces lois (Crim. cass. 30 oct. 1885), aff. Enault, D. P. 86. 1. 177. V. conf. Fabreguettes, *Infractions de la parole, de l'écriture et de la presse*, t. 1, n° 651. — *Contrà :* Trib. pol. Besançon, 30 août 1882, aff. Démocratie franc-comtoise, D. P. 83. 3. 30).

On reconnaît également que l'affichage des écrits politiques ou autres est absolument libre depuis la loi du 29 juill. 1881, et que, par suite de l'abrogation de toutes les dispositions législatives ou réglementaires antérieures en cette matière, le droit de réglementation résultant précédem-

ment pour l'autorité municipale des lois des 14-22 déc. 1789, 16-24 août 1790, 19-22 juill. 1791, a cessé d'exister (V. *Affiche*, n° 27, et les décisions citées en ce sens).

652. L'art. 1er de la loi du 16 févr. 1834 imposait aux chanteurs sur la voie publique la nécessité d'une autorisation préalable, comme aux vendeurs et distributeurs. L'abrogation de la loi de 1834 par celle de 1881 a fait rentrer les chanteurs publics dans le droit commun.

653. On a vu au *Rép.* n° 1508, que l'autorité municipale peut interdire les processions religieuses. Dans les villes où il y a des temples consacrés aux différents cultes, cette interdiction peut être fondée sur l'art. 45 de la loi organique du 18 germ. an 10 ; dans les autres communes, l'autorité municipale peut la prononcer par mesure de police, en vertu de l'art. 97 de la loi du 1834, si les intérêts de la circulation ou de la tranquillité publique lui paraissent l'exiger. En cas d'urgence, un semblable arrêté peut être considéré comme temporaire et, par conséquent, comme exécutoire sans approbation préfectorale (Crim. rej. 26 mai 1882, aff. Hiou, D. P. 82. 1. 382).

D'après l'arrêt précité, une cérémonie religieuse célébrée au haut d'une tour élevée sur une éminence, dans une propriété privée qui borde la voie publique, doit être considérée comme une manifestation extérieure et publique du culte, et constitue, dès lors, une infraction à l'arrêté municipal qui interdit les processions et toutes autres manifestations extérieures du culte à l'exception des cérémonies relatives aux inhumations.

Un arrêté de cette nature ne peut être attaqué pour excès de pouvoir devant le conseil d'État ; mais il peut être l'objet du recours pour abus ouvert par les art. 7 et 8 de la loi du 18 germ. an 10 à toute personne intéressée contre tout acte de l'autorité civile pouvant porter atteinte à l'exercice public du culte (Cons. d'Et. 22 déc. 1876, aff. Badaroux, D. P. 77. 3. 33 ; 23 mai 1879, aff. Evêque de Fréjus, D. P. 79. 3. 102).

654. On ne peut considérer comme constituant une infraction à un arrêté municipal interdisant les processions le fait de porter le viatique à des malades pendant les fêtes pascales, sans itinéraire indiqué d'avance, sans croix, sans bannières ou oriflammes, avec un petit dais à supports mobiles, encore que quelques personnes se soient groupées autour du prêtre, mais en usant de leur initiative propre et sans se placer dans un ordre processionnel (Crim. rej. 26 févr. 1887, aff. Blanchard, D. P. 87. 1. 459). Le conseil d'État a statué dans un sens analogue qu'il n'y a pas abus dans un arrêté par lequel un maire interdit toute manifestation extérieure du culte sur la voie publique, un semblable arrêté ne visant pas le fait par un ecclésiastique de porter, revêtu de ses habits sacerdotaux, le viatique à un mourant et ne portant conséquemment atteinte ni à l'exercice public du culte, ni à la liberté que les lois et règlement garantissent à ses ministres (Décr. en Cons. d'Et. 17 août 1886, aff. Préfet de Loir-et-Cher, D. P. 88. 3. 36).

655. Le tribunal saisi d'une contravention à un arrêté pris par l'autorité municipale pour interdire les processions ou leur imposer certaines restrictions n'est pas compétent pour connaître de l'exception tirée de l'illégalité de cet arrêté, lorsque l'illégalité prétendue consiste dans une atteinte que ledit arrêté aurait portée au libre exercice d'un culte reconnu par l'Etat. Il doit, dans ce cas, surseoir au jugement de la contravention tant que le conseil d'État auquel l'arrêté est susceptible d'être déféré par un appel comme d'abus n'a pas statué sur cet appel (Crim. cass. 5 déc. 1878, aff. Tiran, D. P. 79. 1. 185).

656. Un décret rendu en conseil d'Etat le 17 août 1880

(1) (Société musicale « l'Harmonie du commerce » de Saint-Germain-en-Laye.) — LE CONSEIL D'ETAT ;... — Vu les lois des 7-14 oct. 1790 et 24 mai 1872 ; — Vu la loi du 5 avr. 1884 ; — Considérant, d'une part, que, s'il appartient aux maires, en vertu des pouvoirs de police qui leur sont conférés par la loi, d'interdire aux sociétés de musique de jouer sur la voie publique, il résulte tout à la fois des motifs et du dispositif de l'arrêté attaqué que le maire de Saint-Germain a interdisant à une société musicale déterminée « l'Harmonie du Commerce » de jouer sur la voie publique et dans les établissements municipaux, tant qu'elle sera dirigée par un chef non français, n'a eu en vue ni le maintien de la tranquillité publique, ni la sûreté de la circulation ; qu'ainsi il a fait usage des pouvoirs de police qui lui sont donnés

(aff. Préfet de Maine-et-Loire *C.* Humeau, *Rec. Cons. d'Etat*, p. 1100) déclare qu'il n'y a pas abus dans l'arrêté par lequel un maire, dans l'intérêt de la tranquillité publique ou de la circulation, interdit la sortie des processions dans une ville où il n'existe pas de temples destinés à des cultes différents ; le même décret déclare, au contraire, qu'il y a abus dans le fait par un desservant d'avoir, contrairement à un semblable arrêté, fait sortir la procession le jour de la Fête-Dieu (V. conf. Circ. min. cultes, 13 juin 1882 ; Morgand, t. 2, p. 56 ; *Revue générale d'administration*, 1880, t. 3, p. 317).

— Aux termes d'un décret du 30 juin 1881, il n'y a pas abus dans les arrêtés municipaux qui interdisent de jouer de musique dans les rues, et particulièrement à l'occasion des processions (*Revue générale d'administration*, 1881, t. 2, p. 196 et 449).

657. Ce ne sont pas seulement les processions religieuses que les maires peuvent interdire dans l'intérêt de la circulation. On a vu *Rép.* au n° 1055, qu'ils peuvent défendre aux ouvriers qui font partie d'un *compagnonnage* de se promener en groupes dans les lieux public, armés de cannes et décorés de rubans. Ils peuvent également faire défense à des sociétés de musique de circuler en corps dans les rues ou de s'y arrêter et d'y stationner (Crim. cass. 2 janv. 1879, aff. Marron, D. P. 79. 1. 379 ; Cons. d'Et. 2 déc. 1887, aff. Union musicale de Rugles, *Rec. Cons. d'Etat*, p. 755), et cela même dans les rues qui sont le prolongement des grandes routes (Même arrêt). — V. *Rép.* v° *Voirie par terre*, n° 1682. Mais si les maires ont le droit, en vertu de leurs pouvoirs de police municipale, d'interdire aux sociétés musicales de jouer sur la voie publique et dans les établissements municipaux, il faut que l'interdiction soit motivée par le maintien de la tranquillité publique et la sécurité de la circulation (Cons. d'Et. 1er avr. 1887) (1).—V. Le Vavasseur de Précourt, *Revue d'administration*, 1887, t. 2, p. 171.

658. On a examiné au *Rép.* n°s 106 et suiv., si les maires pouvaient imposer aux ouvriers l'obligation de se munir d'un livret. Aujourd'hui, la loi du 22 juin 1854 impose cette obligation à certaines catégories d'ouvriers, et règle les conséquences des contraventions commises : l'application de cette loi ne rentre pas dans l'exercice de la police municipale, et les attributions des maires en cette matière ne consistent, en vertu de l'art. 2 de la loi précitée, qu'à délivrer les livrets d'ouvriers et à les viser. D'après une jurisprudence constante, la nécessité d'un livret ne peut être imposée à des personnes de telle ou telle classe que par une disposition législative, et non par un règlement de police émané même de l'autorité supérieure (Crim. cass. 15 juill. 1854, aff. Choulet, D. P. 54. 1. 290), et à plus forte raison par un arrêté pris par un maire pour sa commune (Crim. rej. 7 juill. 1854, aff. Vesseron, D. P. 54. 5. 640). Mais le règlement municipal qui enjoint à chaque patron, lorsqu'il reçoit un ouvrier nouveau, de présenter, dans la huitaine de l'entrée, le livret de celui-ci au bureau de police, après y avoir mentionné la date de cette entrée, et, lorsqu'un ouvrier quitte son atelier, de représenter également le livret, est légal et obligatoire (Crim. cass. 19 août 1869, aff. Martin, D. P. 70. 1. 96). Une ordonnance du préfet de police du 13 oct. 1855 (D. P. 55. 3. 86) impose aux patrons et aux ouvriers l'obligation de faire viser par le commissaire de police chaque mention d'entrée ou de sortie effectuée sur le livret en exécution de la loi du 22 juin 1854.

659. Nous avons dit au *Rép.* n° 1065, que l'autorité municipale a le droit de défendre de laisser dans les lieux publics ou ouverts au public des instruments dont les malfaiteurs pourraient abuser (V. *Rép.* v° *Contravention*, n° 168). L'art.

par l'art. 97 de la loi du 5 avr. 1884, pour un objet autre que celui à raison duquel ils lui ont été conférés ; — Considérant, d'autre part, que si les statuts de « l'Harmonie du Commerce », approuvés par le préfet de Seine-et-Oise, portent qu'aucune sortie en corps de ladite société ne pourra avoir lieu si elle n'a été préalablement autorisée par le maire, cette disposition n'a d'autre but que de permettre au maire l'exercice en temps opportun des pouvoirs qu'il tient de la loi ; que, dans ces circonstances, les requérants sont fondés à demander l'annulation de l'arrêté attaqué... ;

Par ces motifs, annule, etc.

Du 1er avr. 1887.-Cons. d'Et.-MM. Labiche, rap.-Le Vavasseur de Précourt, concl.-Dareste, av.

471, § 7, c. pén. prohibe cet abandon sur tous les lieux publics, c'est-à-dire sur les voies urbaines, sur les voies rurales et même dans les champs : mais on s'est demandé si l'on devait regarder comme interdit par la même disposition l'abandon d'instruments dans les cours non closes. La question a été résolue affirmativement par la jurisprudence (Crim. cass. 24 nov. 1855, aff. Delille, D. P. 55. 5. 482 ; 10 nov. 1876, aff. Marininchi, D. P. 77. 1. 415). Toutefois, cette solution est contestée par le motif qu'une cour de cette nature ne peut être considérée ni comme un lieu ou chemin public, ni comme une place, ni comme un champ, et que, d'ailleurs, le proximité de l'habitation diminue en pareil cas le danger de l'abandon. Dans ce système, d'ailleurs, on admet que l'autorité municipale peut toujours enjoindre de resserrer les instruments au moins pendant la nuit, et le fait tombe alors sous l'application de l'art. 471, n° 15 (V. *Rép.* v° *Contravention,* n° 171).

§ 8. — Maintien du bon ordre et de la décence dans les lieux et sur la voie publics. Rues, cours d'eau, bains, monopoles, maisons de tolérance (*Rép.* n°s 1067 et 1080).

660. Comme le paragraphe 3 de l'art. 11, tit. 3, de la loi du 24 août 1790 rapporté au *Rép.* n° 1067, le paragraphe 3 de l'art. 97 de la loi du 5 avr. 1884 confie à la vigilance de l'autorité municipale le maintien du bon ordre dans les endroits où il se fait de grands rassemblements d'hommes, tels que les foires, marchés, réjouissances et cérémonies publiques, spectacles, jeux, cafés, églises, et autres lieux publics. Dans la discussion de l'article à la Chambre des députés, Mgr Freppel a critiqué comme peu convenable la rédaction qui dans cette énumération rapproche les églises des cafés et autres lieux publics et il a proposé une autre rédaction qui a été rejetée par la Chambre. Il a rappelé, d'ailleurs, que le curé avait dans l'intérieur de l'église un droit de police consacré par une décision gouvernementale du 24 pluv. an 13 et par de nombreuses décisions ministérielles, et il a demandé si la loi nouvelle devait supprimer ce droit de police du curé pour en investir exclusivement le maire. Le rapporteur a répondu que le paragraphe textuellement emprunté à la loi de 1790 ne contenait aucune innovation. « Sans doute, a-t-il dit, le curé a un droit spécial de réglementation des affaires intérieures du culte, mais ce droit tout sacerdotal, puisant sa force dans le consentement des fidèles, n'a aucun rapport avec le droit de police tel que l'entend la loi civile. Il ne comporte ni le droit de dresser procès-verbal, ni celui de faire sanctionner par les magistrats les règlements intérieurs ainsi édictés. Le maire seul a le droit de police que sanctionne la loi civile (D. P. 84. 4. 53, note 97, n° 3). D'après M. Morgand, t. 2, p. 68, le maire n'interviendrait d'ordinaire pour exercer ce droit de police que sur la réquisition du curé : mais en cas de trouble ou de délit comme en cas de trouble menaçant l'ordre public, le maire devrait prendre l'initiative des mesures nécessaires.

661. Nous avons dit au *Rép.* n° 1068, que l'autorité municipale peut astreindre à l'observation des mesures qu'elle juge nécessaires les personnes ayant des professions ou des industries qui s'exercent sur la voie publique. C'est ainsi qu'à Paris, une ordonnance de police du 28 févr. 1863 s'occupe de la classe entière des saltimbanques, leur interdit de stationner sans une permission de l'autorité qui leur désigne un emplacement et leur impose l'obligation de n'exercer que l'industrie spécifiée dans la permission.

662. Ainsi qu'on l'a vu au *Rép.* n° 1070, les maires ont souvent, dans l'intérêt du maintien du bon ordre, chargé

certaines personnes d'exercer des fonctions déterminées dans des lieux publics, et spécialement ils ont autorisé des portefaix à faire le service des ports ou des marchés. La jurisprudence décide, comme nous l'avons dit (*Rép.* n° 1071), que l'autorité municipale a le droit de défendre d'employer d'autres personnes que les portefaix pour le chargement et le déchargement des marchandises sur les ports (Crim. rej. 16 sept. 1847, aff. Guiraud, D. P. 47. 4. 316 ; Ch. réun. cass. 22 août 1848, aff. Guiraud, D. P. 48. 1. 163 ; 3 juill. 1852, aff. Brenier, D. P. 52. 1. 252). Par suite, le règlement municipal qui assujettit les portefaix à se faire inscrire et qui réserve à ceux qui sont commissionnés le droit exclusif de faire les débarquements et transports de marchandises, lorsqu'ils ont été opérés par les maîtres de ces marchandises, leurs intermédiaires ou leurs gens de service, est légal et obligatoire (Mêmes arrêts ; Crim. cass. 26 janv. 1867, aff. Ferrand, D. P. 67. 5. 258).

Un tel règlement s'applique notamment au déchargement des sacs de chaux hydraulique opéré par un entrepreneur de travaux d'un chemin de fer qui a fait transporter cette chaux pour l'employer à ses travaux (Crim. cass. 14 août 1852, aff. Alliot, D. P. 53. 5. 286).

Le privilège ainsi accordé aux portefaix est réputé s'appliquer non seulement au transport du bateau au quai, mais encore du quai au magasin ou au domicile du propriétaire (Crim. cass. 3 mars 1854, aff. Portefaix de Nantes, D. P. 54. 5. 469).

663. La disposition d'un arrêté municipal qui permet aux bateliers, marchands et habitants d'une ville de faire le déchargement de leurs marchandises par eux-mêmes ou par leurs ouvriers et domestiques, s'applique, en ce qui touche les bateliers, aux marchandises qu'ils transportent pour le compte d'autrui et dont ils sont responsables comme à celles qui leur appartiennent en propriété (Crim. rej. 23 sept. 1853, aff. Cornilleau, D. P. 53. 5. 285).

Celle qui réserve aux propriétaires des marchandises et aux bateliers le droit de faire opérer le déchargement « par eux-mêmes, leurs domestiques et ouvriers gagés à l'année et tous autres non portefaix », est réputée avoir entendu comprendre sous la désignation d'ouvriers seulement ceux qui sont gagés à l'année, alors même que dans d'autres dispositions du règlement il serait question, pour un autre objet, de mise à terre des marchandises par des ouvriers au compte du propriétaire (Crim. cass. 3 déc. 1852, aff. Portefaix de l'île Gloriette, D. P. 52. 5. 349). La désignation « tous autres non portefaix » ne comprend eu égard à l'objet de l'arrêté que les individus non portefaix qui sont gagés à l'année, sans être ouvriers ou domestiques chez ceux qui les ont employés (Arrêt du 3 juill. 1852, cité *suprà,* n° 662). Mais elle comprend tous les ouvriers gagés à l'année par le propriétaire, quand bien même ils seraient payés à la quinzaine ou au mois (Crim. rej. 13 févr. 1864, aff. Robert, D. P. 65. 5. 251).

664. On a exposé au *Rép.* n° 1077, que les bains publics et les écoles de natation sont placés, au point de vue de la décence publique et de la sécurité des personnes, sous la surveillance des municipalités ; il en résulte, ainsi qu'on l'a vu (*ibid.*), qu'un maire agit dans les limites de ses attributions lorsqu'il affecte une partie de la rivière aux bains des femmes et fait défense aux hommes de se baigner dans cette partie (Crim. cass. 7 oct. 1852) (1) ; et lorsque, dans une commune où il existe plusieurs entreprises de bains de mer il assigne à chacune d'elles, à titre provisoire et temporaire, la place que ses voitures devront occuper sur la plage (Crim. cass. 2 déc. 1864, aff. Harmand, D. P. 65. 1. 400). Mais il en serait autrement de l'attribution définitive

---

(1) (Min. publ. C. Clarke, etc.) — La cour ; — Vu les art. 154 c. instr. crim. et 471, § 15, c. pén. ; — Attendu qu'un arrêté pris dans les formes de droit le 1er juillet 1836, par le maire de la ville de Corbeil, pour le règlement de la police des bains publics, a défendu aux baigneurs, par son art. 1er, de se baigner dans un parcours déterminé par ledit arrêté, *sans être couverts de caleçons* et, par son art. 2, de parcourir en bateles le même espace *sans être vêtus avec décence* ; — Attendu qu'il ressort du rapprochement de ces deux articles que le *caleçon*, qui suffit pour se baigner, n'est pas un vêtement suffisant pour parcourir en batelet l'espace réglementé ; — Et attendu, en fait, qu'il a été constaté par trois procès-verbaux dressés les 6 et 7 juillet

contre les nommés Clarke, Ossud, Pary, Lepreux, Ride, Lepaire, Commandeur, Nairer, Fournier, Guigne et Sardet que se baignant dans le parcours réglementé, *ils sont montés dans leurs batelets n'étant couverts que de leurs caleçons* ; que, conséquemment, ils avaient transgressé la défense portée par art. 2 de l'arrêté municipal ci-dessus visé ; d'où il suit qu'en relaxant des poursuites les dénommés, le jugement attaqué a méconnu la foi due à des procès-verbaux qui n'avaient pas été débattus par la preuve contraire, et violé, par suite, l'art. 154 c. instr. crim. et l'art. 471, n° 15, c. pén. ;

Par ces motifs, casse, etc.

Du 7 oct. 1852.-Ch. crim.

qui serait faite d'une portion de la plage à un établissement balnéaire déterminé, une semblable mesure ayant à la fois pour effet de porter atteinte au principe de la liberté de l'industrie et de conférer un droit exclusif sur un terrain compris dans le domaine public (V. D. P. 63. 3. 64, note 1).

665. Conformément à ce qui a été exposé au *Rép.* n° 1080, les maisons de tolérance sont soumises, comme lieux publics, à la surveillance de l'autorité municipale, et d'une manière plus générale, les maires ont le pouvoir de réglementer et de faire surveiller la prostitution (Crim. cass. 14 et 30 nov. 1861, aff. Loubat et Delille, D. P. 61. 5. 396 et 397. V. *Rép.* v° *Prostitution*).

Il appartient au maire de donner les autorisations nécessaires pour établir ou tenir les maisons de tolérance; et l'arrêté municipal portant qu'à l'avenir aucune maison de tolérance ne pourra être ouverte, dans la ville ni dans les faubourgs, sans l'autorisation préalable de l'administration municipale, s'applique même aux maisons ouvertes au moment de sa mise en vigueur, de telle sorte que le fait de continuer à les tenir sans l'autorisation prescrite, constitue une contravention passible des peines édictées par l'art. 471, n° 15, c. pén. (Crim. cass. 25 févr. 1858, aff. Gallon, D. P. 58. 5. 302).

666. Mais l'établissement d'une maison de tolérance est en lui-même un fait contraire aux mœurs, dont l'autorisation par l'administration ne change pas le caractère immoral, et qui, par suite, peut donner lieu à une action en dommages-intérêts de la part des tiers auxquels cet établissement cause un préjudice (Besançon, 3 août 1859, et sur pourvoi, Req. 3 déc. 1860, aff. Nelaton, D. P. 61. 1. 331; Chambéry, 25 avr. 1861, aff. Perthuiset, D. P. 61. 2. 128, et sur pourvoi, Civ. rej. 27 août 1861, D. P. 61. 1. 334; Req. 5 juin 1882, aff. Linossier, D. P. 83. 1. 291; 8 juill. 1884, aff. Frémont, D. P. 85. 1. 231; Cons. d'Et. 9 juin 1859, aff. Cuenot, D. P. 59. 3. 33; Aix, 14 août 1861, aff. Sicard, D. P. 62. 2. 156; Lyon, 16 déc. 1862, aff. Morand de Jouffray, D. P. 64. 2. 163; Aix, 19 nov. 1878, aff. Liotardi, D. P. 79. 2. 219. — V. conf. Aubry et Rau, *Cours de droit civil français*, 4ᵉ éd., t. 2, § 194, p. 196; Massé et Vergé sur Zachariæ, *Droit civil français*, t. 4, § 702; Demolombe, *Traité des servitudes*, t. 2, n° 654; Sourdat, *Traité de la responsabilité*, 3ᵉ éd., n°ˢ 1485 et suiv.). Les tribunaux ordinaires sont compétents pour statuer sur une demande en dommages-intérêts de cette nature (Mêmes arrêts); mais ils n'ont pas le droit d'ordonner la suppression d'une maison de tolérance qui existe en vertu de la permission de l'autorité administrative (Arrêts précités du 27 août 1861 et du 19 nov. 1878).

667. A Paris et dans un grand nombre de villes, les règlements municipaux obligent les filles publiques à se faire inscrire sur un registre public. La légalité de cette mesure ne saurait être contestée; et l'autorité municipale peut notamment ordonner l'inscription d'office de toute fille ou femme se livrant clandestinement à la prostitution (Crim. cass. 14 nov. 1861, aff. Boussion, D. P. 61. 5. 397). Cette inscription peut être faite valablement par le commissaire de police lorsque l'arrêté municipal portant règlement du service des mœurs n'impose pas personnellement au maire l'obligation d'inscrire les filles qui se livrent à la prostitution (Crim. rej. 21 nov. 1874, aff. B..., D. P. 76. 1. 95).

668. Le caractère de l'arrêté d'inscription d'une fille publique a été controversé. On a soutenu que cette inscription ne constitue qu'une simple note de police dont le juge civil pourrait, sans violer le principe de la séparation des pouvoirs, prescrire la radiation (Agen, 27 juin 1873, aff. L..., D. P. 74. 1. 169). Il est généralement reconnu au contraire qu'un arrêté de cette nature est un acte administratif, notifié à ce titre à la personne intéressée, et que le juge civil est incompétent pour en prononcer l'annulation (Trib. civ. d'Auch, 10 mars 1873, même affaire). Cet arrêté émane, en effet, d'une autorité administrative; il est pris en vertu des règlements généraux, et, à la différence des notes de police qui servent uniquement à préparer des décisions futures, il impose à la personne qui en est l'objet de rigoureuses obligations. Aussi la cour de cassation a-t-elle décidé que le juge de police excède ses pouvoirs et empiète sur les attributions de l'autorité administrative lorsqu'il ordonne la radiation d'une fille inscrite par l'ordre du maire sur le registre des prostituées (Crim. cass. 16 nov. 1876, aff. R..., D. P. 77. 1. 331). Nous croyons, par le même motif, qu'un arrêté de cette nature pourrait être attaqué devant le conseil d'Etat par la voie du recours pour excès de pouvoirs, bien que la jurisprudence ne nous offre aucun exemple d'un semblable recours formé en cette matière.

669. Mais si l'autorité judiciaire ne peut annuler l'arrêté d'inscription, cet arrêté ne fait pas obstacle à ce que la femme inscrite et poursuivie devant le tribunal de police pour infraction aux règlements demande son renvoi, en soutenant qu'elle a été inscrite à tort sur le registre des prostituées. Lorsqu'elle a fait cette preuve, le tribunal peut décider que la qualité de prostituée lui a été attribuée à tort et la relaxer par le motif que l'acte dont la violation a donné lieu à la poursuite, n'est pas légal et obligatoire (Crim. rej. 17 janv. 1862, aff. Dufourneau, D. P. 62. 1. 445; 24 nov. 1865, aff. Gauron, D. P. 66. 1. 140; Crim. cass. 8 mars 1866, aff. Antonetti, D. P. 66. 1. 141; Crim. rej. 22 mars 1872, aff. Eugénie V..., D. P. 72. 1. 155; 11 juill. 1879, aff. Aymonin, D. P. 80. 1. 95).

Toutefois, bien que l'arrêté d'inscription ne puisse avoir pour effet d'imprimer définitivement à la femme qui en est l'objet la qualité de prostituée, il crée contre elle une présomption qui ne peut être détruite que par la preuve contraire (Arrêt précité du 8 mars 1866; Crim. cass. 16 nov. 1876, aff. R..., D. P. 77. 1. 331; 15 déc. 1876, aff. X..., D. P. 77. 1. 509); et le juge de police excéderait ses pouvoirs si, sans avoir recueilli aucune preuve légale de nature à confirmer cette présomption, il renvoyait l'inculpée des poursuites par le motif « qu'il ne résulte pas des éléments du procès que cette fille appartienne à la catégorie des filles publiques » (Arrêt précité du 8 mars 1866).

670. Ainsi que nous l'avons dit au *Rép.* n° 1080, et v° *Prostitution*, n°ˢ 22 et suiv., le maire a le droit d'imposer aux filles publiques certaines mesures de police et notamment l'obligation des visites sanitaires. Le règlement municipal qui assujettit les filles publiques à subir ces visites à des époques déterminées et à les faire constater sur leur livret est légal et obligatoire (Arrêts des 24 nov. 1865 et 8 mars 1866, cités *suprà* n° 669). La notification qui est faite à une fille de l'arrêté qui l'inscrit au registre des prostituées suffit pour rendre obligatoire à son égard toutes les dispositions du règlement local sur la prostitution, et notamment celle qui soumet les filles inscrites à des visites périodiques (Arrêt du 14 nov. 1861, cité *suprà*, n° 667). L'arrêté qui prohibe à partir d'une certaine heure la circulation des filles publiques dans les rues et promenades d'une ville est obligatoire même pour les filles domiciliées au dehors, surtout si elles sont inscrites sur les registres de la ville (Crim. cass. 17 nov. 1866, aff. Lambinet, D. P. 67. 1. 44); et le juge de police ne peut sans excès de pouvoirs renvoyer la prévenue de la poursuite en se fondant sur le fait d'habitation en dehors de la localité et sur la circonstance que cette fille ne serait pas inscrite comme fille publique dans la commune de son domicile (Même arrêt).

§ 9. — Maintien du bon ordre dans les foires et marchés
(*Rép.* n°ˢ 1081 à 1139).

671. Les foires et marchés figurent, ainsi qu'on l'a vu (*Rép.* n° 1081), en tête des lieux publics dont la police est confiée à l'autorité municipale. L'art. 68 de la loi du 5 avr. 1884 règle les conditions d'établissement des foires et marchés; le tarif des droits de place fait l'objet de l'art. 133, § 6. Quant aux mesures de police qu'il appartient aux maires de prendre, elles doivent, suivant M. Morgand, t. 2, p. 58, et conformément à ce qui a été dit au *Rép.* n° 1082, tendre à un triple but: 1° assurer l'approvisionnement des marchés; 2° veiller à la salubrité des denrées et à la fidélité du débit; 3° protéger les petits consommateurs contre l'accaparement des revendeurs (V. de Champagny, t. 2, n° 102).

672. — I. Police des marchés. — Nous avons dit au *Rép.* n° 1084 que le maire ne peut user de son pouvoir de police que dans un intérêt général, et spécialement qu'il ne pourrait en faire usage pour assurer le recouvrement des taxes municipales (Crim. rej. 27 juin 1867, aff. Blanchard, D. P. 69. 5. 334; Crim. cass. 22 mars 1883, aff. Baraton, D. P. 84. 1. 47). Il ne doit pas en user davantage pour protéger cer-

taincs catégories de vendeurs. C'est ainsi que le conseil d'Etat a annulé pour excès de pouvoirs l'arrêté pris par un maire pour réglementer les ventes à la criée « en vue de ne pas détruire certaines industries » (Cons. d'Et. 3 déc. 1875, aff. Clairouin, D. P. 76. 3. 41).

673. L'autorité municipale peut, en vertu de son pouvoir de police, prendre les mesures nécessaires pour assurer le bon ordre et la libre circulation sur les marchés. Elle peut, notamment, sans excès de pouvoir, faire défense de procéder un jour de marché à une vente publique aux enchères de matières encombrantes dans la halle aux grains (Toulouse, 5 juin 1876) (1). Cette interdiction est légale bien que quelques-uns des objets saisis soient en nature de grains, alors que la vente comprend des objets mobiliers et que les formes de la vente créent un embarras pour la tenue régulière et le bon ordre du marché (Même arrêt).

674. Les maires peuvent, ainsi qu'on l'a vu au *Rép.* n° 1088, assigner aux marchands des différentes denrées les places qu'ils doivent occuper dans les marchés, et l'autorité municipale n'excède pas ses pouvoirs en assignant aux marchands d'un produit déterminé une place spéciale sur le marché de la commune (Crim. cass. 23 févr. 1855, aff. Nicou, D. P. 55. 5. 42; Crim. rej. 5 nov. 1863, aff. Duhamel, D. P. 64. 5. 204; C. cass. de Belgique, 26 déc. 1883, aff. Talmasse, D. P. 84. 2. 229).

675. On a vu au *Rép.* n° 1091, que l'arrêté municipal qui fixe le lieu d'une ville où doit se tenir le marché de certaines denrées défend par cela même de vendre ailleurs ces denrées. Un semblable arrêté est légal et obligatoire, quoiqu'il ait pour conséquence indirecte d'assujettir les marchands à une taxe, les mesures prises à cet égard par les maires dans le but d'assurer la fidélité du débit et la police des marchés rentrant dans les attributions qui leur sont conférées par la loi (Crim. rej. 18 juill. 1867, aff. Durand, D. P. 69. 5. 234; 24 déc. 1880, aff. Lemoal, D. P. 81. 1. 496). De même, ainsi que nous l'avons dit (*Rép.* n° 1092), l'arrêté qui défend d'exposer en vente des marchandises dans d'autres lieux que ceux qu'il désigne est légal et obligatoire (Crim. cass. 9 nov. 1872, aff. Nahon, D. P. 73. 1. 27). Mais il n'est pas contrevenu à l'arrêté défendant de vendre des denrées ailleurs qu'au centre de la ville « chacune au marché qui lui sera désigné » par l'individu qui vend des œufs au domicile d'un acheteur, si, à ce moment, aucun lieu n'a encore été désigné dans la commune pour cette denrée (Crim. rej. 7 nov. 1867, aff. Profit, D. P. 69. 5. 233).

Ainsi qu'on l'a vu au *Rép.* n° 1104, l'autorité municipale peut également interdire la vente des denrées dans les cours des auberges où le public a un libre accès (Crim. cass. 9 nov. 1872, aff. Nahon, D. P. 73. 1. 267).

676. L'arrêté municipal qui interdit de vendre certaines denrées en dehors du marché atteint implicitement l'acheteur comme le vendeur; en conséquence, l'individu qui a acheté des denrées en dehors du marché à un vendeur resté inconnu est à tort renvoyé de la poursuite, sous prétexte que l'arrêté n'aurait d'autre objet que d'obliger les vendeurs à payer les droits de place (Crim. cass. 26 mars 1868, aff. Reinier, D. P. 68. 5. 247).

Ces dispositions doivent être appliquées aux personnes qui achètent pour revendre en détail (Crim. cass. 13 juill. 1858, aff. Vincent, D. P. 58. 5. 33). Elles s'appliquent non seulement aux marchands, mais aux producteurs (Crim. rej. 6 mars 1857, aff. Fourel, D. P. 57. 1. 180), et elles impliquent virtuellement la défense de colporter les denrées de porte en porte (Crim. rej. 18 juill. 1867, aff. Durand, D. P. 69. 5. 233).

677. Mais s'il appartient à l'autorité municipale d'interdire la vente de certaines denrées sur la voie publique en dehors du marché, cette prohibition, ainsi que nous l'avons dit au *Rép.* n° 1093, ne peut être étendue à la vente que des marchands domiciliés dans la commune font dans leurs domiciles et magasins, et un règlement de police ne peut pas légalement défendre aux négociants domiciliés dans la commune de vendre à domicile les marchandises existant dans leurs magasins, même les jours de foire ou de marché (Crim. cass. 18 août 1864, aff. Mazarguil, D. P. 67. 5. 231). Par exception à cette règle, un ancien arrêt, rapporté au *Rép.* n° 1086, avait admis que, pour mieux assurer l'approvisionnement des céréales, un règlement municipal pouvait interdire aux marchands même domiciliés dans la ville où se tenait le marché, de vendre des grains dans leurs magasins sans l'autorisation du maire. Mais cette interprétation est aujourd'hui abandonnée, et il a été décidé qu'un arrêté portant interdiction de vendre et d'acheter des grains en dehors des marchés serait illégal et non obligatoire en tant qu'il s'appliquerait aux ventes et achats faits dans les demeures et magasins des vendeurs et acheteurs, et non pas seulement à ceux faits en public (Crim. cass. 28 nov. 1856, aff. Jaubert, D. P. 57. 1. 27). La même solution a été consacrée à l'égard d'un arrêté municipal interdisant aux bouchers de la commune de débiter de la viande à leur domicile pendant la durée du marché, et les astreignant à l'exposer en vente à ce marché (Crim. rej. 12 juill. 1849, aff. Benon, D. P. 49. 1. 205.).

Il a été jugé, dans le même sens: 1° que l'arrêté municipal qui indique la halle comme le lieu où doit se tenir le marché aux grains et défend d'exposer ailleurs en vente sur la voie publique les grains et autres denrées n'emporte pas interdiction, pour les marchands de grains, de vendre dans leurs magasins les grains qui s'y trouvent renfermés et d'en

---

(1) (Héritiers Glaizes C. Verniolle.) — La cour;... — Au fond: — Attendu que le conseil municipal de Foix a voté, dans le cours des années 1866 et 1867, l'établissement d'une nouvelle halle aux grains qui devait être construite au quartier de Vilote; que les délibérations intervenues à cette date indiquent la destination de cette place et son affectation spéciale et exclusive à la vente des grains; qu'on y voit que ses dimensions sont calculées et mesurées sur la quantité d'hectolitres de grains qui sont habituellement mis au vente sur cette place; qu'en exécution de ces délibérations dûment approuvées, cette halle a été construite et qu'un arrêté municipal du 17 nov. 1869 ordonne que le marché des grains se tiendra sur cette nouvelle place; qu'il fixe les divers emplacements assignés aux diverses catégories de grains et prescrit des mesures pour assurer le passage et la libre circulation des vendeurs et des acheteurs autour de ces dépôts de marchandises; que cet arrêté n'a pas été rapporté, et que la destination de cette halle n'a pas été changée depuis cette époque; que c'est dans ces conditions qu'à la suite d'une saisie-exécution, pratiquée à la requête des héritiers Glaizes, il devait être procédé le 19 févr. 1875, jour du marché, à la vente des objets saisis par le ministère de l'huissier Lafont; qu'il avait fait transporter une partie de ces marchandises sur la halle aux grains lorsque le sieur Verniolle, adjoint, donna l'ordre au commissaire de les faire enlever et de faire déguerpir l'huissier Lafont; que cet ordre fut immédiatement exécuté; que sans qu'il soit besoin d'examiner les motifs contenus dans la lettre adressée par le sieur Verniolle au commissaire de police, il suffit, pour caractériser la légalité de cette mesure, d'en constater l'objet; que la défense de procéder un jour de marché à une vente publique aux enchères de matières encombrantes sur la halle affectée au commerce des grains est un acte de police municipale qui rentre essentiellement dans les attributions de l'autorité municipale; — Qu'aux termes de la loi du 16 août 1790, les foires et marchés sont confiés à la vigilance des corps municipaux; que l'art. 11 de la loi du 18 juill. 1837 a reproduit ces dispositions; qu'il est constant que la police des marchés appartient à l'autorité municipale comme celle de tous les lieux publics; qu'elle a le droit de prendre toutes les mesures nécessaires pour empêcher les encombrements dans les lieux publics et assurer la circulation sur les marchés; que, lorsque même que la halle de Vilote n'aurait pas eu la destination exclusive qui lui a été imprimée par les délibérations du conseil municipal de Foix et par l'arrêté du maire du 9 nov. 1869, il est certain que, par cela seul qu'elle constituait un lieu public, l'adjoint avait le droit d'ordonner toutes les mesures propres à maintenir l'ordre un jour de marché, de tout quoi il suit que l'ordre émané de Verniolle est un acte de pouvoir municipal dont la légalité n'est pas contestable; — Attendu, au surplus, qu'il résulte des documents versés au procès, des procès-verbaux de ventes publiques, des extraits du bureau de l'enregistrement et de la déclaration du syndic des huissiers, que les ventes par autorité de justice se faisaient sur une partie de la promenade de Vilote, contiguë à ladite halle, que deux ou trois ventes aux enchères ont eu lieu sur cette halle avec la tolérance de l'autorité municipale, mais que l'usage constant, sauf de rares exceptions, de procéder aux ventes publiques de meubles sur la promenade de Vilote depuis l'établissement de la nouvelle halle, est une preuve de plus de la légalité de la mesure ordonnée par Verniolle; — Qu'il importe peu que certains des objets saisis fussent en nature de grains, alors que la vente comprenait des objets mobiliers et que les formes de cette vente créaient un embarras pour la tenue régulière et le bon ordre du marché;... — Par ces motifs, rejette le moyen de nullité, démet de l'appel, etc.

Du 5 juin 1876.-C. de Toulouse, 1re ch.-MM. de Saint-Gresse, 1er pr.-Loubers, av. gén.-Bruneau et Timbal, av.

faire la livraison même les jours de foires et marchés (Crim. rej. 29 mars 1856, aff. Villemin, D. P. 56. 1. 232) ; — 2° Que l'arrêté qui défend de vendre certaines marchandises d'approvisionnement « sur aucun point de la commune autre que le marché, ni dans les maisons particulières, » est réputé avoir voulu s'opposer seulement au colportage sur la voie publique et au domicile des acheteurs, mais non à la vente en boutique de ces mêmes marchandises, laquelle est de droit tant qu'elle n'a pas été l'objet d'une prohibition expresse (Crim. rej. 16 juin 1854, aff. Reynes, D. P. 54. 5. 469).

678. Mais si le règlement qui défend d'exposer en vente, les jours de foires et marchés, certaines marchandises non comestibles ailleurs que sur les emplacements désignés à cet effet dans la halle ne peut être appliqué, sans violation du principe de la liberté de l'industrie, aux marchands domiciliés dans la commune, cette prohibition peut atteindre des marchands forains qui mettent en vente les marchandises visées par l'arrêté dans des magasins loués spécialement pour leur commerce les jours de marché (Crim. cass. 5 févr. 1859, aff. Guérin, D. P. 59. 1. 429). La prohibition faite aux forains par un règlement municipal de vendre leurs denrées ailleurs qu'à la halle les jours de marché, et aux habitants d'aller au-devant des forains pour leur acheter des denrées, oblige les forains et les habitants même sur la portion du territoire communal qui est en dehors des limites de l'octroi (Crim. cass. 23 déc. 1859, aff. Poujol, D. P. 59. 5. 212).

679. L'obligation d'apporter des grains au marché peut être prescrite dans l'intérêt de l'approvisionnement (Crim. cass. 18 août 1864, aff. Mazarguil, D. P. 67. 5. 231) ; et elle peut être imposée aux meuniers même non commerçants, s'ils font des actes de commerce (Crim. cass. 5 déc. 1846, aff. Vallet, D. P. 47. 4. 35).

Mais, malgré l'existence d'un règlement interdisant l'achat des grains avant leur arrivée au marché, une exception doit être faite pour les denrées adressées directement aux marchands ou habitants avec une lettre de voiture attestant que l'acquisition a été faite avant l'introduction dans le commerce (Crim. cass. 29 août 1861, aff. Mohamed, D. P. 61. 5. 254), et même pour celles à l'égard desquelles l'existence d'une transaction antérieure peut être établie autrement que par une lettre de voiture (Crim. rej. 17 juin 1864, aff. Mohamed, D. P. 65. 1. 317). La même solution doit être étendue aux denrées achetées dans la campagne et introduites dans la ville en vue d'une réexportation, et non d'une revente (Crim. rej. 26 févr. 1858, aff. Guyonnard, D. P. 58. 5. 34; 22 mars 1872, aff. Paris, D. P. 72. 1. 47 ; 17 juin 1881, aff. Cosma, D. P. 82. 1. 324). Un semblable arrêté serait au contraire applicable au cas de denrées achetées dans la commune en dehors des heures réglementaires, même en vue d'exportation par un forain qui y occupe une boutique et qui détourne ainsi ces denrées de l'approvisionnement des habitants (Crim. rej. 24 déc. 1880, aff. Lemoal, D. P. 81. 1. 496). Il serait également applicable aux achats de grains faits par des commerçants ou des propriétaires à des producteurs qui se sont laborieusement présentés chez eux, alors qu'il ne s'agit pas de livraisons pour l'exécution de marchés antérieurs (Crim. cass. 2 janv. 1864, aff. Granier, D. P. 65. 5. 216).

Il appartient au juge du fait d'apprécier souverainement l'exception tirée de ce que les denrées n'avaient pas la destination indiquée par le règlement. Il peut, en conséquence, se fonder, pour admettre cette exception, sur ce que le beurre vendu à domicile était destiné non à l'approvisionnement du marché, mais au commerce d'exportation (Crim. cass. 13 mai 1882, aff. Dudoret, D, P. 83. 1. 92), ou sur ce que le poisson vendu en dehors du marché avait été conduit chez un marchand connu de tous comme se livrant à l'exportation (Crim. rej. 21 juill. 1860, aff. Even, D. P. 60. 5. 191).

Un arrêté municipal relatif à la vente du poisson pour l'alimentation locale ne peut s'appliquer à la vente de harengs opérée à bord d'une barque, alors que ces poissons n'étaient ni comestibles en leur état actuel, ni destinés à la consommation locale (Crim. rej. 19 avr. 1876, aff. Pollet, D. P. 77. 5. 38).

680. Nous avons dit au *Rép.* n° 1108 qu'il peut être fait défense par un arrêté municipal aux revendeurs en détail d'acheter ailleurs qu'au marché. En pareil cas, le contrevenant ne pourrait être excusé par cette considération qu'il n'était pas certain que le vendeur des denrées eût l'intention de les conduire au marché (Crim. rej. 21 août 1863, aff. Metz, D. P. 63. 5. 201). Le cultivateur qui contreviendrait à un arrêté municipal interdisant la vente des légumes ailleurs qu'au marché ne pourrait non plus être excusé par le peu de valeur des légumes vendus (Crim. cass. 3 juin 1858, aff. Souladié, D. P. 58. 5. 34), soit de l'ignorance où le contrevenant habitait une commune éloignée était de l'existence du règlement (Crim. cass. 23 févr. 1855, aff. Nicou, D. P. 55. 5. 42).

681. Le maire peut prescrire que toutes les denrées d'une certaine nature destinées à la consommation soient *conduites sur le marché*, afin de permettre d'en vérifier la salubrité (Crim. rej. 6 mars et 21 août 1857, aff. Fourel et Bel, D. P. 57. 1. 180 et 414; 22 juill. 1858, aff. Mallet, D. P. 59. 1. 428; 3 (et non 9) janv. 1885 (1) ; Cons. d'Et. 18 mars 1887, aff. Martin, D. P. 88. 3. 20). Cette disposition, à la différence de celle qui défend de mettre en vente certaines denrées ailleurs que sur le marché, est applicable même aux marchands domiciliés dans la commune (Arrêt précité du 22 juill. 1859; Crim. cass. 18 août 1864, aff. Mazarguil, D. P. 67. 5. 231; Crim. cass. 6 déc. 1873, aff. Gogué, D. P. 74. 1. 179).

Cet apport sur le marché peut être prescrit avant toute introduction dans les magasins de l'acheteur, lorsqu'il s'agit de denrées et comestibles destinés par ce dernier à être mis en circulation dans l'intérieur de la commune (Req. 5 mars 1860, aff. Burcklen, D. P. 60. 1. 178). En conséquence, un marchand de grains qui, un jour de marché, a fait entrer en ville et déposer dans un magasin dont il est locataire un chargement de blé, sans l'avoir préalablement exposé sur le marché, est passible des peines portées par l'art. 471, § 15, c. pén. (Arrêt précité du 6 déc. 1873).

La disposition de l'arrêté qui impose la conduite au marché des denrées destinées à être vendues pour la consommation atteint implicitement les marchands qui achètent les denrées en dehors du marché pour les vendre, encore même et alors surtout que la revente devrait avoir lieu dans d'autres localités (Crim. rej. 13 juill. 1858, aff. Vincent, D. P. 58. 5. 233).

682. Nous avons dit au *Rép.* n° 1101 que l'abrogation d'un arrêté pris pour la tenue des marchés peut résulter d'un nouvel arrêté inconciliable avec le premier. Mais, pour qu'il y ait abrogation, il faut que cette inconciliabilité absolue existe entre les deux arrêtés. Ainsi un arrêté interdisant aux forains de vendre ailleurs qu'au marché les denrées par eux apportées les jours de marché et aux habitants d'acheter ces denrées, en dehors du marché, sur la voie publique ou même à leur domicile, n'est pas modifié par un arrêté postérieur qui, après avoir interdit aux marchands d'entrer dans le marché avant l'ouverture ou d'y rester après la fermeture, ajoute qu'il n'est pas dérogé aux droits d'apport et de vente à domicile, cet arrêté ayant pour objet de réserver aux marchands domiciliés le droit de vendre, dans leur magasin, même les jours de marché, les denrées régulièrement apportées (Crim. rej. 24 déc. 1880, aff. Lemoal, D. P. 81. 1. 496).

683. — II. Approvisionnement des marchés et des habitants. — Ainsi que nous l'avons dit au *Rép.* n° 1115, l'autorité municipale chargée de veiller à l'approvisionnement des halles et marchés a le droit d'interdire de marchander, vendre ou acheter sur la voie publique les marchandises apportées pour l'approvisionnement des marchés de la ville ; et il en est ainsi même lorsqu'il s'agit de substances non alimentaires, telles que des laines (Crim. cass. 29 août 1861, aff. Conte et

---

(1) (Martin.) — La cour; — Sur le moyen pris de la prétendue illégalité de l'arrêté municipal du 31 juill. 1879 : — Vu ledit arrêté, l'art. 471, § 15, c. pén., et l'art. 3, tit. 11, de la loi des 16-24 août 1790 ; — Attendu que le premier article confie aux maires la surveillance des marchés, l'inspection sur la fidélité du débit des denrées et sur la salubrité des denrées ; que cette mission implique le droit d'ordonner que, tout au moins pour les marchandises qui se corrompent rapidement, comme le poisson

et le gibier, elles soient apportées sur le marché, avant d'être vendues, afin d'être d'abord soumises à l'examen des inspecteurs ; que cette mesure de surveillance ne porte aucune atteinte à la liberté de l'industrie, le vendeur restant libre de vendre ensuite selon le mode qui lui convient ;

Par ces motifs, rejette, etc.

Du 3 (et non 9) janv. 1885.-Ch. crim.-MM. Ronjat, pr.- Roussellier, av. gén.

Fricon, D. P. 61. 5. 253). Cette défense s'applique aux habitants ayant leur maison et leur magasin hors de la ville, s'ils sont sur le territoire soumis au règlement (Mêmes arrêts).

684. On a vu au *Rép.* n° 1116 qu'un arrêté municipal peut également défendre aux boulangers forains de vendre du pain hors du marché public et d'en colporter dans la rue. De même il peut interdire aux bouchers forains de vendre des viandes autrement qu'en boutique et dans, les lieux à ce destinés (Sol. impl., Ch. réun. cass. 25 juin 1851, aff. Patard, D. P. 51. 1. 169). Mais un arrêté qui interdirait aux bouchers de la commune de débiter de la viande à leur domicile pendant la durée du marché et les astreindrait à exposer en vente à ce marché serait illégal (Crim. rej. 12 juill. 1849, aff. Benon, D. P. 49. 1. 205).

L'arrêté municipal portant que les marchands forains, bouchers et autres, ne peuvent mettre de viande en vente dans la commune ailleurs que sous la « halle-boucherie à ce destinée », est un règlement permanent, obligatoire seulement un mois après que le dépôt en a été effectué (Crim. cass. 12 mars 1868, aff. Hardy, D. P. 68. 1. 463).

685. Il appartient également aux maires, conformément à ce qui a été exposé au *Rép.* n° 1120, de fixer les heures d'ouverture et de fermeture du marché. La prohibition de vendre et de se présenter au marché avant une heure déterminée est absolue, et s'oppose aussi bien à ce qu'un marchand s'installe dans son étalage avant l'heure qu'à ce qu'il se présente au marché pour étaler ou pour vendre (Crim. cass. 13 nov. 1847, aff. Aubry, D. P. 48. 5. 24).

686. L'autorité municipale peut, pour le maintien de l'ordre, et en vue de faciliter l'approvisionnement des petits consommateurs, prescrire par un règlement que les marchands de grains, meuniers, commerçants, commissionnaires, ne pourront entrer à la halle aux grains qu'à une heure déterminée après l'ouverture du marché (Crim. cass. 25 mai 1855, aff. Faugeron, D. P. 55. 1. 368) ; et ces derniers contreviennent à l'arrêté par le seul fait de leur entrée à la halle avant l'heure réglementaire, quand bien même ils n'y feraient pas d'achat de grains (Même arrêt).

687. Le maire peut également, comme on l'a vu au *Rép.* n° 1124, interdire aux revendeurs non seulement d'acheter sur le marché, mais même de paraître et de circuler soit sur la place du marché, soit sur les abords, avant l'heure indiquée (Crim. cass. 21 nov. 1867, aff. Disdier, D. P. 70. 5. 207 ; 20 nov. 1868, aff. Garnier, D. P. 69. 5. 232 ; Crim. rej. 6 août 1886, aff. Juteau, D. P. 87. 1. 144). La défense contenue dans un semblable arrêté s'applique non seulement aux revendeurs en détail de la localité, mais à tous ceux qui se livrent habituellement à l'achat des comestibles, soit pour les revendre sur place, soit pour les expédier au dehors, sans avoir égard ni à l'importance de leurs opérations, ni à la destination de leurs produits (Arrêt précité du 6 août 1886. V. conf. Crim. rej. 24 déc. 1880, aff. Lemoal, D. P. 81. 1. 496).

Mais une interdiction de cette nature ne saurait être étendue aux individus exerçant une autre profession que celle qui se trouve visée dans l'arrêté. Et il a été jugé, conformément aux arrêts cités au *Rép.* n° 1130, que les règlements concernant les revendeurs sont inapplicables aux maîtres d'hôtel ou traiteurs (Crim. rej. 29 juill. 1864, aff. Durand, D. P. 65. 5. 217).

688. D'un autre côté, lorsqu'une exception est introduite en faveur d'une certaine catégorie de personnes dans l'arrêté qui fixe les heures d'ouverture du marché, elle doit être rigoureusement restreinte aux personnes désignées. Ainsi, lorsqu'un arrêté ne permet qu'aux marchands de fruits et de jardinage « ayant échoppes ou étalages mobiles » de paraître sur le marché avant une certaine heure, ses termes doivent être entendus en ce sens que, pour jouir de l'exception, il ne suffit pas d'être marchand de fruits et de jardinage, mais qu'il faut aussi avoir échoppe ou étalage mobile sur le marché (Crim. cass. 1er juin 1855, aff. Rots, D. P. 55. 5. 43). De même, la disposition de faveur portant, dans un arrêté relatif à la tenue du marché aux grains, « que le marché sera ouvert aux habitants et aux boulangers *de la localité* qui ne joignent pas à leur profession celle de marchands de grains une heure plus tôt qu'aux marchands de grains et meuniers », est réputée exclure du bénéfice qu'elle renferme

les habitants et boulangers des autres localités, lors même qu'ils ne sont pas·marchands de grains (Crim. cass. 17 févr. 1855, aff. Willam, D. P. 55. 5. 43).

Il a été jugé que la délivrance d'un numéro d'ordre indiquant à un revendeur la place qu'il devra occuper sur le marché, lui donne bien le droit de se présenter sur le marché lorsque sera venu le moment d'acheter, mais ne lui donne pas celui de procéder à un achat avant l'heure fixée par le règlement pour les achats par les revendeurs (Crim. rej. 22 nov. 1862, aff. Martin, D. P. 63. 5. 202).

689. — III. Vente aux enchères. — Conformément à ce qui a été exposé au *Rép.* nos 1134 et suiv., l'autorité municipale n'a, sous l'empire des lois du 25 juin 1841 et du 28 mai 1858, le pouvoir ni d'autoriser ni de réglementer les ventes aux enchères de marchandises neuves ; mais, les lieux dans lesquels se font ces ventes étant des lieux publics, elle a le droit de prescrire certaines mesures pour y assurer le maintien de l'ordre (*Rép.* n° 1139. V. *suprà,* nos 660 et suiv.). Il a été décidé, par application de ces principes, que le maire commet un excès de pouvoirs qui entraîne l'annulation de son arrêté, lorsque, dans un règlement relatif aux ventes à la criée faites·par le commissaire-priseur, il a pour but non de pourvoir à un des objets de police qui lui sont confiés, mais, d'après les considérants mêmes de son arrêté, de régler ces ventes de manière à ne pas détruire les petites industries (Cons. d'Et. 3 déc. 1875, aff. Clairouin, D. P. 76. 3. 41).

690. Il y a lieu d'observer, en cette matière, la règle que les arrêtés municipaux ne peuvent interdire les ventes à domicile. Aussi a-t-il été décidé par le conseil d'État que le maire ne peut interdire par une mesure générale les ventes à la criée dans des locaux privés sans porter atteinte au principe de la liberté de l'industrie (Cons. d'Et. 9 avr. 1886, aff. Argellier, D. P. 88. 3. 20) ; et par la cour de cassation, que l'infraction à un semblable arrêté par un particulier qui a vendu à la criée dans son domicile des artichauts et une volaille ne constitue pas une contravention (Crim. cass. 13 juin 1885, aff. Chapas, D. P. 88. 1. 91).

691. Du droit qu'a l'autorité municipale de prendre les mesures nécessaires pour le maintien de l'ordre dans les halles et marchés dérive celui de créer des agents soit pour servir d'intermédiaires entre les vendeurs ou les acheteurs, soit pour surveiller les denrées, de régler et de contrôler les fonctions de ces agents. Les questions relatives à l'exercice de ce droit et notamment à l'institution des *facteurs* à la halle ont été examinées au *Rép.* vº *Halles et marchés,* n° 83.

§ 10. — Maintien du bon ordre dans les cafés, jeux, cabarets, auberges, bals publics (*Rép.* nos 1140 à 1189).

692. Les conditions d'existence des cafés, cabarets et débits de boissons ont été, jusqu'en 1851, les mêmes que celles des autres établissements de commerce et d'industrie. Sous ce régime, conformément à ce qui a été exposé au *Rép.* nos 1140 et suiv., l'ouverture et l'exploitation des établissements étaient entièrement libres, en ce qu'elles n'étaient soumises qu'aux lois générales d'ordre public et aux règlements de police municipale (Rapport au Sénat sur la loi du 17 juill. 1880, D. P. 80. 4. 93, note 3). L'art. 1er du décret du 29 déc. 1851 (D. P. 52. 4. 25) décida qu'aucun café, cabaret ou autre débit de boissons à consommer sur place ne pourrait être ouvert sans la permission préalable de l'autorité administrative, et il conféra aux préfets le droit d'ordonner la fermeture de ces établissements, soit après une condamnation pour contravention aux lois et règlements sur la matière, soit par mesure de sûreté publique. L'autorité municipale n'avait pas à intervenir, sous ce régime, en ce qui concernait l'ouverture ou la fermeture desdits établissements.

La loi du 17 juill. 1880 a abrogé le décret du 29 déc. 1851, mais elle n'a pas fait rentrer purement et simplement les débits de boissons sous le régime du droit commun. « Le régime de l'autorisation administrative et celui de la liberté absolue également écartés, a dit le rapporteur de la loi au Sénat, il ne restait plus qu'un système mixte tendant à concilier les principes de la liberté du travail et de l'inviolabilité de la propriété avec les exigences de la morale et de l'ordre public et consistant dans la reconnaissance du droit de

libre ouverture des débits de boissons, réglementé dans son application et son exercice.»

693. Dans ce système mixte qu'a consacré la loi de 1880, l'autorité municipale est investie d'attributions considérables. L'art. 2 de la nouvelle loi exige seulement pour l'ouverture des cafés, cabarets et débits de boissons à consommer sur place, une déclaration écrite qui doit être faite quinze jours à l'avance à la mairie. Le maire doit délivrer immédiatement récépissé de cette déclaration et en transmettre copie intégrale dans les trois jours au procureur de la République, auquel il appartient de rechercher et de poursuivre les contraventions. L'intervention du maire doit se borner à constater l'accomplissement du fait matériel de la déclaration, sans examen préalable de la capacité du déclarant ou de la situation du débit, et il ne peut, sans excès de pouvoir, refuser de délivrer récépissé de ladite déclaration, alors même qu'il estime que l'établissement ne pourrait être ouvert sans infraction à la loi (Cons. d'Et. 4 juill. 1884, aff. Blanc, D. P. 85. 3. 122). Aux termes d'une circulaire du ministre de l'intérieur du 20 août 1880 (*Bulletin du ministère de l'intérieur*, 1880, p. 269), la déclaration ne doit être accompagnée d'aucune pièce, même du casier judiciaire du déclarant, et elle n'est pas soumise au timbre; quant au récépissé qui doit être représenté à toute réquisition, il est soumis au timbre de dimension.

694. Aux termes de l'art. 5 de la loi du 17 févr. 1880, les mineurs non émancipés et les interdits ne peuvent exercer par eux-mêmes la profession de débitant de boissons. Mais le mineur qui veut tenir un débit de boissons n'est pas tenu d'attendre sa majorité ou son émancipation pour faire la déclaration prescrite par la loi. Il suffit qu'il soit majeur ou émancipé au moment de l'ouverture de l'établissement (Rennes, 29 nov. 1882) (1).

695. La loi du 17 juill. 1880 impose l'obligation de la déclaration préalable à toute personne qui veut ouvrir un café ou débit de boissons, sans distinction entre la vente du café et celle des boissons alcooliques (Chambéry, 9 mars 1882 (2). V. anal. sous la loi de 1851, Lyon, 17 nov. 1875) (3).

696. Il y a ouverture d'un débit: 1° dans le fait d'un individu qui donne à boire dans sa cour, alors même que la boisson est bue sur le trottoir (Paris, 7 mars 1866, aff. Isabeth, D. P. 67. 5. 120); — 2° Dans le fait d'un propriétaire qui donne à consommer moyennant argent, même accidentellement, du vin de son cru (Crim. cass. 3 déc. 1864, aff. Gervais, D. P. 65. 1. 104); — 3° Dans le fait d'un patron qui donne à boire et à manger à toute réquisition entre les heures des repas et qui leur fournit, même pendant les repas, du vin séparément de la nourriture (Paris, 4 juill.

1866, aff. Chatellier, D. P. 67. 5. 120). Dans tous ces cas, la déclaration préalable serait exigée comme l'était l'autorisation administrative sous le décret du 29 déc. 1851.

Mais on ne peut considérer comme ayant ouvert un débit de boissons le patron qui a établi une cantine exclusivement réservée aux ouvriers qu'il occupe afin de leur procurer sur place les aliments qui leur sont nécessaires (Paris, 15 nov. 1867, aff. Quesnel, D. P. 67. 5. 121).

697. On doit distinguer, sous le régime actuel comme sous celui de 1851, les débits de boissons des restaurants ou auberges, c'est-à-dire des établissements qui ont pour objet principal la nourriture et le logement des personnes et pour lesquels la déclaration préalable n'est pas exigée (Caen, 21 avr. 1853, aff. Billot, D. P. 53. 2. 229; Crim. rej. 19 mai 1854, aff. Liotaud, D. P. 54. 5. 62). On ne saurait notamment assimiler à un débitant un charcutier qui sert à boire à des personnes établies chez lui, si cette vente de boissons n'est qu'un accessoire de son commerce (Crim. rej. 28 mars 1856, aff. Weis, D. P. 56. 5. 269). Toutefois, on ne devrait pas, en pareil cas, s'en tenir aux apparences et à l'enseigne de l'établissement; si donc cet établissement avait en réalité pour objet principal la vente des boissons, et que la nourriture n'y fût qu'un accessoire et un moyen de déguiser la fraude à la loi, les juges pourraient décider qu'il a le caractère non de l'auberge, mais d'un débit soumis à la nécessité de la déclaration préalable.

Cette déclaration est personnelle à celui qui l'a faite, et, aux termes de l'art. 3 de la loi du 17 juill. 1880, toute mutation dans la personne des propriétaires ou du gérant doit être déclarée dans la quinzaine. Il ne suffirait donc pas que le propriétaire d'un débit de boissons eût fait sa déclaration pour que son locataire pût tenir le débit (Paris, 13 juin 1866, aff. Foulquié, D. P. 67. 5. 121), et l'individu qui s'associe à un débitant ne peut débiter lui-même des boissons sans déclaration préalable (Crim. cass. 20 août 1868, aff. Cesari, D. P. 69. 1. 167). La translation du débit d'un lieu à un autre doit également être déclarée huit jours au moins à l'avance (Même article); et l'on devrait considérer comme une translation celle même qui n'aurait pas lieu que d'un local à un autre situé dans la même rue (Crim. cass. 6 janv. 1854, aff. Trachet, D. P. 54. 1. 133).

698. Les individus qui, à l'occasion d'une foire, d'une vente ou d'une fête publique, veulent établir des cafés ou débits de boissons ne sont pas astreints à l'obligation de la déclaration préalable, mais ils doivent obtenir l'autorisation de l'autorité municipale. En cas d'infraction, le débit doit être immédiatement fermé, et la contravention punie d'une amende de 16

---

(1) (Bazin.) — Jugement de tribunal de Rennes ainsi conçu : — « Attendu que le mineur Bazin était émancipé lorsqu'il a ouvert le débit de boissons à raison duquel il est poursuivi ; — Attendu que la loi n'impose pas à un mineur, qui veut tenir un débit de boissons, l'obligation d'attendre sa majorité ou son émancipation pour faire la déclaration préalable à l'ouverture du débit; qu'il suffit qu'il soit majeur ou émancipé lorsqu'il ouvre le débit ; — Par ces motifs, renvoie Bazin des fins de la plainte. » — Appel par le ministère public. — Arrêt.

La cour ; — Adoptant les motifs des premiers juges ; — Confirme.

Du 29 nov. 1882.-C. de Rennes, ch. corr.

(2) (Pochat-Baron.) — La cour ; — Attendu qu'aux termes de l'art. 2 de la loi du 17 juill. 1880, toute personne qui veut ouvrir un café, cabaret ou autre débit de boissons à consommer sur place, est tenue d'en faire la déclaration à la mairie quinze jours au moins à l'avance et par écrit ; que cette disposition est générale et absolue ; que, dans un intérêt d'ordre public et police générale, elle comprend, de même que le décret du 29 déc. 1851 qu'elle remplace, et quelle que soit la nature des boissons vendues, tout établissement où il est donné à boire pour argent, ainsi que l'a dit le rapporteur du projet de loi au Sénat, « à des clients séjournant plus ou moins longtemps, de façon à en faire un lieu de réunion et de rencontre.... » ; que, là où le législateur ne distingue pas, le juge n'a pas à distinguer davantage; qu'en pareil cas, il doit se conformer à la règle consacrée par le vieil adage de droit : *Ubi lex non distinguit nec nos distinguere debemus* ; — Attendu qu'en fait il résulte du procès-verbal dressé le 3 janvier dernier par la gendarmerie, ainsi que des débats, que Pochat-Baron a récemment, et sans déclaration préalable, ouvert, au chef-lieu de la commune d'Entremont, un débit de boissons où il sert journellement et à toute heure, à raison de 15 cent. la tasse, du café à consommer sur place ; que, traduit pour ce fait devant

le tribunal correctionnel de Bonneville, les premiers juges l'ont acquitté, sur le motif « que l'on ne saurait comprendre comme débitant de boissons que l'individu vendant des liquides frappés de droits au profit de l'Etat ou des communes ; que le prévenu, limitant son commerce au débit du café, n'avait pas à en faire la déclaration »; qu'en statuant ainsi, les premiers juges ont manifestement méconnu les dispositions de la loi susvisée, et leur ont donné une fausse interprétation ; — Par ces motifs; — Réforme, etc.

Du 9 mars 1882.-C. de Chambéry.-MM. Gimelle, pr.-Molines, av. gén.-Martin, av.

(3) (Marbeau). — La cour ; — Considérant que le décret-loi du 29 déc. 1851 interdit l'ouverture, sans autorisation des préfets, des cafés aussi bien que des cabarets et des débits de boissons à consommer sur place ; — Considérant que ce décret est motivé sur l'utilité d'empêcher la multiplication d'établissements dont un grand nombre est devenu dangereux pour l'ordre public et les bonnes mœurs ; — Considérant dès lors, que, soit qu'on consulte le texte du décret, soit que l'on étudie son esprit, il n'y a point à distinguer entre la vente du café et celle des boissons alcooliques; que cette vente ne peut avoir lieu sans autorisation que de la part des aubergistes et encore à ceux seulement qui prennent en même temps un repas dans leur auberge ; — Considérant, en fait, qu'il est constant que, le 22 août 1875, Marbeau a servi, dans une pièce du rez-de-chaussée qu'il habite, trois tasses de café à deux militaires et à une fille se livrant à la prostitution ; — Considérant que Marbeau, qui prétend tenir ce qu'on appelle une gargotte, a été obligé d'avouer que les trois personnes en questions n'avaient pris aucune nourriture chez lui ; qu'ainsi, n'ayant obtenu aucune autorisation de l'autorité administrative, il a contrevenu au décret du 29 déc. 1851, etc.

Par ces motifs, etc.

Du 17 nov. 1875.-C. de Lyon.

à 100 fr. (art. 10). En dehors de ce cas, l'autorité administrative n'a plus le droit d'ordonner la fermeture des débits de boissons « Cette mesure, a dit le rapporteur à la Chambre des députés, est une véritable confiscation : elle frappe ceux qui en sont l'objet de la manière la plus inégale et rejaillit presque toujours sur d'autres que le coupable.... Il fallait donc chercher un système de répression plus équitable : dans le projet... les mêmes condamnations qui rendent un individu incapable d'ouvrir un débit font perdre au débitant déjà établi le droit de continuer la gestion de son établissement, mais il reste libre de le vendre, de le louer ou d'y installer un gérant » (D. P. 80. 4. 94, note 2). L'incapacité d'ouvrir ou de gérer un débit de boissons résulte, aux termes des art. 6 et 7, d'une condamnation pour crimes de droit commun et d'une condamnation à un emprisonnement, au moins pour certains délits énoncés dans l'art. 6. Elle est perpétuelle dans le premier cas : dans le second, elle cesse cinq ans après l'expiration de la peine si, pendant ce laps de temps, l'individu n'a pas encouru une condamnation correctionnelle à l'emprisonnement pour quelque cause que ce soit. La même interdiction atteindrait, aux termes de l'art. 7, le débitant qui viendrait à être condamné à un mois au moins d'emprisonnement, en vertu des art. 1er et 2 de la loi du 23 janv. 1873 pour la répression de l'ivresse publique.

699. D'après l'art. 9 de la loi de 1880, les maires peuvent, les conseils municipaux entendus, prendre des arrêtés pour déterminer, sans préjudice des droits acquis, les distances auxquelles les cafés et débits de boissons ne pourront être établis autour des édifices consacrés à un culte quelconque, des cimetières, des hospices, des écoles primaires, collèges, ou autres établissements d'instruction publique. Il résulte du rapport au Sénat (D. P. 80. 4. 94, note 3) que cette énumération est limitative, et que le pouvoir conféré par cet article à l'autorité municipale doit être restreint aux lieux qui y sont expressément désignés.

L'appréciation des motifs à raison desquels le maire, après avis du conseil municipal, fixe la distance à laquelle les débits de boissons ne pourront être établis autour des édifices énumérés dans l'article précité, n'est pas de nature à être portée devant le conseil d'Etat par la voie du recours pour excès de pouvoirs (Cons. d'Et. 7 août 1883, aff. François, D. P. 85. 3. 64; 4 juill. 1884, aff. Blanc, D. P. 85. 3. 122).

L'arrêté par lequel un maire, dans la quinzaine de la déclaration d'ouverture d'un débit de boissons, interdit la création de tout établissement de cette nature à une distance déterminée des édifices visés par l'art. 9 de la loi de 1880, est obligatoire pour le déclarant, quoiqu'il n'ait pas reçu l'approbation préfectorale dans la quinzaine qui suit la déclaration (Crim. cass. 30 avr. 1881, aff. Buquet, D. P. 82. 1. 278). Un semblable arrêté a d'ailleurs à l'égard du déclarant un caractère d'urgence qui en commande l'exécution immédiate (Même arrêt).

700. L'art. 11 de la loi du 17 juill. 1880 maintient aux maires les pouvoirs de police et de surveillance qui, ainsi que nous l'avons dit (Rép. nos 1140 et suiv.), leur appartenaient antérieurement sur les cafés, cabarets et débits de boissons. Ces pouvoirs leur ont été expressément maintenus par la loi du 5 avr. 1884 (art. 91 et suiv.), qui a ainsi implicitement confirmé tous les règlements municipaux existant

en cette matière (Crim. cass. 20 mai 1887, aff. Bouet, D. P. 88. 1. 96).

701. On a vu au Rép. no 1141, que le droit de veiller au maintien de l'ordre dans ces établissements comporte celui de déterminer l'heure après laquelle ils devront être fermés. Dans le ressort de la préfecture de police, une ordonnance du 31 oct. 1858 avait fixé l'heure de fermeture à onze heures du soir. Cette heure a été reportée à minuit pour les communes rurales par une ordonnance du 28 mars 1879, et à deux heures du matin pour Paris par les ordonnances des 28 juin et 28 juillet de la même année. L'ordonnance du 28 juin autorise par exception les débitants établis aux abords des halles à ouvrir toute la nuit une salle sur le devant et au rez-de-chaussée de leur établissement, à la condition d'interdire toute espèce de jeux après deux heures du matin.

702. Conformément à un principe général dont nous avons signalé précédemment plusieurs applications, un maire ne peut dispenser un cafetier ou débitant d'obéir à un arrêté municipal réglant la fermeture des cafés et débits de boissons (Rép. no 1145) (Crim. cass. 25 nov. 1882, aff. Ibre; V. suprà, no 487). Il en est de même du préfet dans le cas où un arrêté préfectoral a réglementé dans tout le département la police de ces établissements (Crim. cass. 23 janv. 1875, aff. Vizioz, D. P. 75. 1. 332). A plus forte raison le maire ne pourrait-il autoriser un débitant à tenir son établissement ouvert après l'heure de fermeture prescrite par le préfet (Crim. cass. 25 juin 1863, aff. Jouguet, D. P. 64. 5. 25; 1er févr. 1873, aff. Chevrette, D. P. 73. 1. 445; 11 janv. 1878) (1). Une semblable autorisation ne pourrait dans tous les cas être valable que si elle avait été soumise à l'approbation du préfet (Crim. cass. 11 nov. 1875, aff. Coste, D. P. 77. 1. 415); et il ne pourrait être suppléé à cette approbation par celle du sous-préfet, alors que le droit de déroger à la règle générale n'aurait pas été réservé aux maires par l'arrêté préfectoral, mais leur aurait été, au contraire, implicitement refusé par cet arrêté (Crim. rej. 4 janv. 1862, aff. Haty, D. P. 62. 1. 543).

703. Il a même été décidé que le préfet ne peut déléguer aux maires par des circulaires, même rendues publiques, le pouvoir d'accorder des permissions dérogeant aux prescriptions de ses arrêtés (Crim. cass. 25 févr. 1859, aff. Montenot, D. P. 59. 1. 190). Il en serait autrement si la circulaire n'avait pour objet que d'interpréter le règlement en indiquant qu'il ne doit pas être appliqué à une certaine catégorie d'établissements (Crim. rej. 2 oct. 1852, aff. Fatiguet, D. P. 52. 5. 47. V. Rép. vo Règlement administratif, no 75).

Mais, si un maire ne peut déroger, en faveur des établissements de sa commune, aux prescriptions d'un arrêté préfectoral qui réglemente d'une manière générale les débits de boissons du département, rien ne s'oppose à ce que, par des motifs propres à la localité, il établisse un règlement plus sévère et fixe, par exemple, la clôture à une heure moins avancée (Crim. cass. 10 mai 1867, aff. Punau, D. P. 67. 1. 365).

704. Les arrêtés qui règlent les heures de fermeture des débits de boissons peuvent réserver le droit d'établir des dérogations aux prescriptions qu'ils renferment. Les permissions accordées en vertu de cette réserve sont générales ou privées.

---

(1) (Pezelet.) — La cour ; — Sur le moyen de cassation, tiré de la violation de l'art. 471, § 15, c. pén., en ce que le juge de police de Buzancy a renvoyé des fins de la plainte le nommé Pézelet, cabaretier à Barricourt (Ardennes), lequel avait tenu son cabaret ouvert à une heure interdite par un arrêté du préfet : — Attendu qu'un arrêté du préfet des Ardennes, du 15 nov. 1851, ordonnait aux cafetiers et débitants de boissons de fermer leurs établissements à neuf heures du soir, et admettait toutefois les maires à modifier, dans des cas exceptionnels, l'heure de la fermeture, en avertissant à l'avance le brigadier de gendarmerie et en transmettant leur arrêté au sous-préfet; — Attendu que, le 4 août 1877, le maire de Barricourt a autorisé les cafetiers et débitants de boissons de cette commune à laisser leurs établissements ouverts jusqu'à minuit, les 12 et 13 août, jours de la fête patronale, et que son arrêté a été régulièrement transmis à la gendarmerie et au sous-préfet; — Attendu que le nommé Pezelet a tenu son cabaret ouvert jusqu'à deux heures du matin, et que, poursuivi pour ce fait devant le tribunal de simple police de Buzancy, il s'est défendu en disant qu'il avait obtenu du maire de Barricourt l'autorisation verbale de laisser son établissement ouvert au delà

de l'heure prescrite pour sa fermeture; — Attendu que le juge a admis cette excuse, dont la preuve lui avait été apportée par le maire lui-même, et a renvoyé l'inculpé des fins de la plainte; — Attendu qu'il n'appartient pas à l'autorité municipale de modifier les règlements faits par l'autorité administrative supérieure; — Attendu que le préfet ayant, par son arrêté susrappelé du 15 nov. 1851, autorisé les maires à proroger exceptionnellement l'ouverture des débits de boissons jusqu'à minuit, les magistrats municipaux devaient respecter les formalités prescrites et les limites assignées à cette sorte de délégation conditionnelle dont ils étaient investis ; — Attendu qu'en autorisant les débitants de boissons de sa commune à tenir leurs établissements ouverts jusqu'à minuit, les 12 et 13 août, le maire de Barricourt avait épuisé le droit que lui laissait l'arrêté préfectoral ; — Attendu, conséquemment, que le juge de police a admis une excuse illégale, méconnu la force obligatoire de l'arrêté préfectoral du 15 nov. 1851, et violé, en ne l'appliquant pas, l'art. 471, § 15, c. pén.; — Casse, etc.

Du 11 janv. 1878.-Ch. crim.-MM. de Carnières, pr.-Falconnet, rap.-Benoist, av. gén.

Les permissions générales doivent profiter à l'universalité des habitants ; elles ne pourraient, par exemple, être limitées aux débits de boissons d'un seul quartier, et le juge de police déciderait avec raison que les débitants des autres parties de la ville n'ont pu être exceptés du bénéfice de la mesure (Crim. cass. 4 janv. 1862, aff. Haty, D. P. 62. 1. 545). Quant aux permissions privées, elles ont par leur nature un caractère personnel et limitatif, et elles ne profitent qu'aux personnes faisant partie, par exemple, d'une noce ou d'une fête, et non aux personnes étrangères dont la présence dans l'établissement, après l'heure réglementaire, constituerait une contravention (Crim. cass. 15 févr. 1879, aff. Boursier, D. P. 79. 1. 379).

705. On a vu au *Rép.* n° 1146, que les règlements municipaux peuvent fixer non seulement l'heure de fermeture, mais l'heure d'ouverture des débits de boissons. A Paris, une ordonnance du 31 oct. 1858 a décidé que les cabarets, cafés, estaminets, billards, guinguettes et autres lieux publics ne pourraient être ouverts avant six heures du matin, du 15 mars au 15 octobre.

706. Ainsi que nous l'avons dit au *Rép.* n° 1147, l'application des règlements municipaux étant soumise aux mêmes règles que l'application des lois, l'arrêté par lequel un maire prescrit la fermeture des débits de boissons à une heure déterminée, sous peine d'amende contre les citoyens qui s'y trouveraient passé cette heure, est obligatoire même pour les étrangers qui se trouvent momentanément sur le territoire de la commune (Crim. cass. 23 janv. 1857, aff. Foucher, D. P. 57. 1. 62).

707. Les règlements doivent, d'ailleurs, être appliqués d'après leurs termes, et leurs dispositions doivent être restreintes à ceux qui y sont désignés (*Rép.* n° 1151). Lors donc qu'un arrêté fixant l'heure de fermeture des débits de boissons ne contient aucune disposition à l'égard des personnes qui sont trouvées dans ces établissements après l'heure fixée, celles-ci ne peuvent être considérées comme en contravention et ne sont, dès lors, passibles d'aucune peine (Crim. rej. 26 févr. 1857, aff. Cabet, D. P. 57. 1. 110 ; Crim. cass. 1er févr. 1873, aff. Chevrette, D. P. 73. 1. 445). Au contraire, lorsque le règlement défend aux consommateurs de séjourner passé une certaine heure dans les cafés et cabarets, la fréquentation de ces établissements après l'heure de fermeture constitue une contravention de la part des consommateurs comme de la part du débitant (Crim. cass. 4 mars 1848, aff. Ameslan, D. P. 48. 5. 24).

708. Nous avons indiqué au *Rép.* n°s 1155 et suiv., les nombreuses applications qu'a reçues, en cette matière, la règle que les contraventions aux règlements de police ne peuvent être excusées par le juge pour d'autres motifs que ceux admis par la loi ou par les règlements appliqués. Ainsi un cafetier ne pourrait être excusé par le motif que l'infraction aurait été commise, en son absence, par son fils ou son préposé (Crim. cass. 22 nov. 1860, aff. Duval, D. P. 61. 5. 425 ; 16 avr. 1863, aff. Barbazan, D. P. 63. 5. 330). On ne pourrait considérer comme un cas de force majeure, constituant pour le cabaretier une excuse légale, le fait que des consommateurs auraient profité de la réouverture de son établissement rendue nécessaire pour la réception d'une personne blessée ; en pareil cas, la réception du blessé serait seule justifiée par la force majeure (Crim. cass. 30 nov. 1861, aff. Parodi, D. P. 63. 5. 43).

709. Le juge de police ne saurait accueillir davantage, ainsi que nous l'avons dit au *Rép.* n°s 1155 et 1156, les excuses tirées soit de la bonne foi du contrevenant (Crim. cass. 1er sept. 1839, aff. Rodarès, D. P. 59. 5. 39 ; 21 déc. 1860, aff. Cougct, D. P. 61. 5. 39 ; 1er mars 1861, aff. Benoît, *ibid.* ; 5 nov. 1863, aff. Dujarrier, D. P. 64. 5. 25 ; 26 nov. 1869, aff. Basset, D. P. 70. 1. 439 ; 24 mai 1873, aff. Allezard, D. P. 74. 1. 96) ; soit des bons antécédents (Crim. cass. 27 mars 1868, aff. Mollia, D. P. 69. 5. 111), soit du peu d'importance du retard de la fermeture (Même arrêt ; Crim. cass. 23 nov. 1850, aff. Auger, D. P. 50. 5. 38 ; 11 mars 1864, aff. Weuding, D. P. 65. 5. 33), soit d'autres circonstances accidentelles. — Ainsi, dans le cas où l'arrêté dispose que les débits de boissons seront fermés à l'heure de la retraite, mais détermine en même temps cette heure, il a été décidé, contrairement à un arrêté rapporté au *Rép.* n° 1171, que la contravention ne peut être excusée sous prétexte que la

retraite n'a point été sonnée (Crim. cass. 20 sept. 1851, aff. Barthélemy, D. P. 51. 5. 43 ; 17 févr. 1855, aff. Diebold, D. P. 55. 5. 40 ; 27 avr. 1855, aff. Martelli, D. P. 55. 5. 41 ; 2 mars 1866, aff. Lourne, D. P. 66. 1. 464), ou que le cabaretier attendait que le couvre-feu sonnât (Crim. cass. 12 août 1853, aff. Boy, D. P. 53. 5. 38).

On ne pourrait admettre davantage une excuse tirée de ce qu'il n'existerait pas d'horloge communale et qu'il ne serait point d'usage de sonner la retraite (Crim. cass. 2 août 1849, aff. Beaurin, D. P. 49. 5. 27) ; ou de ce que l'arrêté n'indiquant pas l'horloge qui devrait servir à fixer l'heure de fermeture des lieux publics, et les parties n'étant pas d'accord sur l'heure que marquaient les horloges de la ville, il y aurait incertitude pour le juge sur l'existence de la contravention. En pareil cas, en effet, la déclaration du procès-verbal que l'heure est passée fait foi jusqu'à inscription de faux (Crim. cass. 10 juin 1864, aff. Mendy, D. P. 69. 5. 111).

710. De même, ainsi qu'on l'a vu au *Rép.* n° 1159-2°, la contravention ne peut être excusée sous prétexte que le cabaretier a adressé aux consommateurs une invitation de se retirer dont ils n'ont tenu aucun compte, s'il n'est d'ailleurs justifié d'aucun effort pour vaincre la résistance des personnes restées dans l'établissement, ni d'aucun appel à l'autorité locale (Crim. cass. 11 mai 1867, aff. Molter, D. P. 68. 5. 119).

711. La jurisprudence, comme nous l'avons dit au *Rép.* n° 1162, repousse également l'excuse qui résulterait : 1° de ce que les personnes restées dans le cabaret seraient des parents, des amis ou des voisins du cabaretier (Crim. rej. 12 janv. 1850, aff. Brun, D. P. 50. 5. 38 ; 7 nov. 1856, aff. Lagrange, D. P. 56. 5. 387 ; 17 mai 1862, aff. Pons, D. P. 63. 5. 42 ; 19 juin 1868, aff. Petitot, D. P. 69. 5. 111 ; 16 janv. 1875, aff. Maillard, D. P. 75. 1. 396) ; — 2° De ce qu'elles seraient réunies chez le cabaretier à l'occasion d'une fête privée (Crim. cass. 2 déc. 1848, aff. Bouilly, D. P. 51. 5. 43) ; — 3° De ce que l'individu séjournant dans le cabaret après l'heure réglementaire serait le fiancé de la cabaretière, et de ce qu'il serait venu l'aider dans l'exploitation de son commerce (Crim. cass. 15 janv. 1874, aff. Etar, D. P. 74. 1. 456) ; — 4° De ce que les buveurs trouvés attablés étaient des ouvriers employés à des travaux intérieurs de la maison du débitant et qu'il avait comme maître de maison invités à se rafraîchir (Crim. cass. 10 mars 1848, aff. Siess, D. P. 48. 5. 23) ; — 5° De ce que le débitant avait retenu l'inculpé pour se faire aider par lui dans les soins à donner à son animal malade (Crim. cass. 26 févr. 1875, aff. Legrand, D. P. 75. 1. 396) ; — 6° De ce que des individus trouvés consommant de l'eau-de-vie avaient été invités par l'aubergiste à prendre avec lui un petit verre en reconnaissance des services qu'ils venaient de lui rendre (Crim. cass. 4 nov. 1864, aff. Rousselot, D. P. 65. 5. 33).

712. La circonstance que l'individu qui se trouvait dans un café après l'heure réglementaire n'y était venu que pour une cause accidentelle et absolument étrangère au but de l'établissement ne fait pas disparaître la contravention (Crim. cass. 15 juill. 1852, aff. Bousson, D. P. 52. 5. 48). Ainsi, la contravention existerait, dans le cas même où les consommateurs prétendraient n'être entrés dans le cabaret que pour chercher un refuge contre une pluie d'orage (Crim. cass. 16 avr. 1863, aff. Barbazars, D. P. 63. 5. 42), ou pour stationner en attendant l'ouverture du bureau de distribution des billets pour un train de nuit à une gare voisine (Crim. cass. 11 févr. 1858, aff. Duc, D. P. 58. 5. 32).

713. On a dit au *Rép.* n° 1160, que l'obligation de fermer à l'heure réglementaire s'applique non seulement aux salles affectées aux consommateurs, mais aussi aux autres pièces de l'établissement (Crim. cass. 17 mai 1862, aff. Pons, D. P. 63. 5. 42). La maison d'un aubergiste ou d'un cabaretier est en effet réputée lieu public dans toutes ses parties, et le juge de police ne peut considérer comme un lieu privé une des chambres de cette maison (Crim. cass. 29 déc. 1865, D. P. 82. 1. 273, note 1). Il a été décidé, en ce sens, que la location momentanée pour une réunion particulière de tout ou partie des locaux que comprend un café ne saurait leur enlever le caractère de publicité qui leur appartient de droit (Crim. rej. 2 févr. 1861, *ibid.*), et qu'une chambre louée au-dessus d'un café par les habitués de cet établissement et ayant avec lui une communication directe à la faveur de

laquelle des boissons y sont apportées est soumise, comme l'établissement lui-même, au règlement qui en détermine les heures de fermeture (Crim. cass. 31 juill. 1862, aff. Costey, D. P. 63. 1. 55).

Cependant il peut arriver que des locaux attenant à une auberge en soient détachés pour une certaine période par une location ayant date certaine, et en deviennent ainsi réellement distincts. La présomption que les dépendances d'un lieu public participent du caractère qui lui appartient cède alors à la preuve contraire, et la jurisprudence reconnaît qu'une chambre louée en garni depuis plusieurs mois et indépendante d'un café établi dans la même maison n'est pas soumise aux règlements de police sur la fermeture des lieux publics (Crim. cass. 4 mai 1861, aff. Héraud, D. P. 61. 5. 38 ; Crim. rej. 5 avr. 1866, aff. Martinet, D. P. 66. 5. 119). De même, et à plus forte raison, un local détaché d'une auberge pour être, en vertu d'un bail régulier et ayant date certaine, affecté à titre de location aux réunions d'une société légalement autorisée, dans lequel ne sont admis que les membres titulaires et honoraires de cette société, et qui n'a plus de communication directe avec l'auberge, ne saurait être considéré comme un lieu public soumis pour les heures de fermeture aux prescriptions de l'autorité municipale (Crim. rej. 5 mai 1882, aff. Étienne, D. P. 82. 1. 273).

714. Le règlement qui fixe une heure pour la fermeture des débits de boissons doit être entendu en ce sens qu'il exige à l'heure indiquée non seulement la cessation de toute consommation, mais la clôture des portes de l'établissement (Crim. cass. 4 juin 1858, aff. Warlier, D. P. 58. 1. 380 ; 3 mars 1859, aff. Duplaa, D. P. 60. 5. 324 ; 11 mai 1867, aff. Idatte, D. P. 69. 5. 112 ; 17 mai 1862, aff. Pons, D. P. 63. 5. 42 ; 12 nov. 1885, aff. Tricaud, D. P. 86. 1. 346). Et le débitant ne pourrait être excusé ni par le motif qu'il n'avait ouvert la porte que pour son usage personnel et afin d'aérer la salle (Crim. cass. 19 nov. 1858, aff. Laborde, D. P. 58. 5. 30), ni à raison de cette circonstance qu'il se serait tenu debout sur le seuil de manière à obstruer l'entrée (Arrêt précité du 11 mai 1867).

715. La contravention existe, alors même que le rédacteur du procès-verbal n'a trouvé dans l'établissement aucun consommateur (Crim. cass. 18 janv. 1859, aff. Aguillé, D. P. 59. 5. 42). Il en est de même, ainsi que nous l'avons dit (*Rép.* n° 1163), lorsque l'on ne trouve dans l'établissement, après l'heure réglementaire, que des personnes ne consommant pas (Arrêt précité du 17 mai 1862, cité *supra*, n° 714 ; Crim. cass. 2 janv. 1864, aff. Gassiot, D. P. 65. 5. 32). La défense de donner à boire après une heure déterminée implique celle de conserver les consommateurs après cette heure, alors même qu'ils auraient été servis auparavant (Crim. cass. 22 nov. 1856, aff. Girod, D. P. 56. 5. 36 ; 19 mai 1859, aff. Fournier, D. P. 59. 5. 40). Elle implique également l'interdiction de livrer après cette heure des boissons destinées à être emportées à domicile (Crim. cass. 16 juin 1855, aff. Quirin-Cuny, D. P. 55. 5. 41 ; 3 août 1855, aff. Georgel, D. P. 55. 1. 447). Ainsi qu'on l'a vu au *Rép.* n° 1167, lorsque les personnes trouvées dans un cabaret sont des pensionnaires de l'établissement, leur présence après l'heure fixée ne constitue pas une contravention (Crim. cass. 21 déc. 1867, aff. Cornevain, D. P. 68. 5. 120).

716. En ce qui concerne les auberges et hôtels, les dispositions relatives aux heures de fermeture des débits de boissons ne sont pas de plein droit applicables à ces établissements, et la contravention n'existe pas lorsqu'il n'est ni constaté ni allégué que des personnes trouvées jouant au billard dans une salle de l'hôtel s'y soient fait servir des boissons (Crim. cass. 12 nov. 1885, aff. Gilbert, D. P. 86. 1. 426). Toutefois, les mesures qui concernent la police des débits de boissons, et spécialement celles qui exigent le renvoi des consommateurs après une certaine heure, peuvent être déclarées par des arrêtés municipaux applicables non seulement aux cafés et cabarets, mais aussi aux hôtels et restaurants (Crim. cass. 16 mai 1863, aff. Letort, D. P. 63. 1. 404 ; 19 avr. 1873, aff. Ginet, D. P. 73. 1. 172) ; et elles doivent, dans tous les cas, recevoir leur application à l'égard des établissements qui sont à la fois auberges et cabarets (Crim. cass. 26 janv. 1856, aff. Lefèvre, D. P. 56. 5. 388 ; 27 nov. 1858, aff. Moyard et Dreullet, D. P. 58. 5. 30) et, en général, des débits de boissons annexés, même accessoirement, à un autre commerce (Crim. cass. 2 avr. 1864, aff. Aguinet, D. P. 65. 1. 398), notamment à l'égard d'un établissement qui est à la fois un débit de pâtisserie et de boissons à consommer sur place (Crim. rej. 21 juill. 1870, aff. Jaudin, D. P. 72. 5. 130).

717. Mais nous avons dit au *Rép.* n° 1170 que les prescriptions relatives à la réception des consommateurs au delà d'une heure déterminée ne peuvent être appliquées aux hôtels et auberges en ce qui concerne la réception des voyageurs (Crim. rej. 12 déc. 1862, aff. Larsonneur, D. P. 63. 5. 43). Les aubergistes peuvent donc, après l'heure de fermeture, recevoir sans contravention les voyageurs qui viennent loger chez eux (Crim. rej. 9 juill. 1859, aff. Joland, D. P. 62. 5. 33), et ils peuvent également leur servir des repas ou même seulement des boissons, après l'heure de fermeture, soit dans leur chambre soit dans la salle livrée au public (Crim. rej. 15 mars 1855, aff. Desplanque, D. P. 55. 1. 185 ; 8 janv. 1857, aff. Trille, D. P. 57. 1. 78).

718. De ce que les aubergistes ont le droit de recevoir des voyageurs à toute heure, il ne résulte pas qu'ils peuvent conserver leur établissement ouvert toute la nuit (Crim. cass. 26 janv. 1856, aff. Lefèvre, D. P. 56. 5. 365 ; 27 févr 1875, aff. Tillier, D. P. 75. 1. 396) ; et un cabaretier logeur qui laisse ouvertes les portes de son établissement après l'heure réglementaire ne peut être excusé par le motif que ses pensionnaires devaient sortir pour faire au dehors un travail de nuit (Crim. cass. 21 déc. 1867, aff. Cornevain, D. P. 68. 5. 119). Mais il n'y aurait pas contravention de la part d'un cabaretier logeur qui aurait un moment tenu sa porte ouverte après l'heure réglementaire, s'il était établi que c'était exclusivement pour livrer passage aux personnes logées chez lui (Crim. rej. 17 nov. 1855, aff. Houdaille, D. P. 55. 5. 44 ; 4 juill. 1861, aff. Mauvais, D. P. 61. 5. 39), ni de la part de celui qui aurait, après l'heure réglementaire, ouvert son établissement à une personne venant chercher un cheval qu'elle y avait remisé le matin (Crim. rej. 4 févr. 1864, aff. Aillaud, D. P. 65. 5. 32).

719. Les simples consommateurs qui se trouvent dans une auberge doivent en sortir à l'heure réglementaire, et il y a contravention de la part du restaurateur qui garde, après cette heure, dans la salle à manger de l'établissement, un individu qui y prend habituellement ses repas (Crim. cass. 19 avr. 1873, aff. Ginet, D. P. 73. 1. 172). Il en est de même du cabaretier logeur chez lequel sont trouvés, après l'heure réglementaire, des consommateurs qui ont fait connaître qu'ils n'étaient pas venus pour coucher (Crim. cass. 3 mars 1859, aff. Ducros, D. P. 61. 5. 38). L'individu trouvé dans ces conditions dans un cabaret-auberge après l'heure de fermeture doit être condamné aux peines de simple police pour avoir contrevenu au règlement municipal (Même arrêt) ; quand bien même il prétendrait n'être resté que pour voir un parent qui arrivait de voyage (Crim. cass. 29 juin 1866, aff. Dorenlot, D. P. 66. 5. 119).

720. Une question controversée est celle de savoir si les aubergistes peuvent recevoir après l'heure réglementaire des individus en cours de route qui ne demandent pas à loger, mais simplement à se restaurer et à faire reposer leur attelage. D'après deux arrêts de la chambre criminelle (Crim. cass. 17 févr. 1855, aff. Steinmetz, D. P. 55. 1. 185 et 10 févr. 1872, aff. Pedron, D. P. 72. 1. 283), lorsqu'un règlement sur les débits de boissons n'excepte de la défense de conserver ou d'admettre dans l'établissement, après l'heure de fermeture, que les voyageurs qui y logent, il y a contravention à y recevoir après l'heure indiquée les voyageurs qui ne viennent pas y prendre gîte. Mais ces arrêts, qui se fondent exclusivement sur les termes limitatifs de l'arrêté municipal, paraissent difficiles à concilier avec d'autres arrêts plus nombreux, aux termes desquels, dans le silence des règlements locaux, les voyageurs qui demandent à se restaurer peuvent être accueillis après l'heure de fermeture (Crim. rej. 17 févr. 1859, aff. Crochetet, D. P. 59. 1. 384 ; 9 juill. 1859, aff. Joland, D. P. 62. 5. 33). — Il a été décidé, conformément à cette dernière opinion, que l'on doit considérer comme des voyageurs pouvant être admis après l'heure réglementaire : 1° le propriétaire cultivateur qui s'est arrêté dans une auberge la nuit par nécessité, par besoin de nourriture pour lui et ses animaux et à la suite d'une longue route (Crim. rej. 12 déc. 1862, aff. Larsonneur, D. P. 63. 5. 44) ; — 2° Le voiturier qui s'est arrêté en cours de route dans une auberge d'une

commune à laquelle il est étranger, pour y prendre pour lui et ses chevaux la nourriture et le repos (Crim. rej. 29 nov. 1862, aff. Legoubin, D. P. 63. 5. 44) ; — 3° Les individus revenant d'une foire et se rendant dans une localité plus éloignée qui, au milieu de la nuit, ne se sont arrêtés dans un hôtel que pour s'y rafraîchir et y faire manger l'avoine à leurs chevaux, et cela alors même que le règlement local n'exempte de ses prescriptions que les voyageurs *logés* dans les auberges (Crim. rej. 26 févr. 1857, aff. Leroy, D. P. 57. 1. 110).

721. Mais les aubergistes seuls peuvent, sans contravention, recevoir après l'heure réglementaire les voyageurs qui viennent soit prendre gîte dans leur auberge, soit simplement s'y restaurer ; et cette exemption ne peut être étendue aux cabaretiers que lorsque ces derniers sont en même temps logeurs de profession (Crim. rej. 4 juin 1858, aff. Warlier, D. P. 58. 1. 380). Le juge de police ne pourrait donc relaxer le cabaretier qui, ayant gardé des consommateurs après l'heure de fermeture, allègue que ces consommateurs étaient des pensionnaires ou des voyageurs (Crim. rej. 5 nov. 1863, aff. Dujarrier, D. P. 64. 5. 25), à moins qu'il ne fût constaté dans le jugement que ce cabaretier était en même temps et notoirement aubergiste ou logeur (Arrêt précité du 4 juin 1858 ; Crim. rej. 17 févr. 1855, aff. Steinmetz, D. P. 55. 1. 185).

722. Le buffet d'une gare de chemin de fer n'est pas soumis aux prescriptions de l'arrêté municipal qui règle dans la localité l'heure de fermeture des débits de boissons, mais seulement aux décrets ou aux arrêtés approuvés par le ministre qui ont pour objet la police des chemins de fer (Crim. rej. 2 juill. 1870, aff. Geyer, D. P. 70. 1. 314). En effet, les voies ferrées étant comprises dans la grande voirie, il n'appartient pas aux maires de régler dans les communes la police des chemins de fer et de leurs dépendances.

723. Nous avons examiné au *Rép.* n° 1172 la question de savoir quels sont les pouvoirs de police des maires à l'égard ·des cercles, casinos et sociétés littéraires. Cette question nous a paru devoir être résolue par une distinction. Lorsque ces établissements ont le caractère de véritables lieux publics, ils sont soumis au pouvoir de police du maire. Mais il en est autrement lorsque les cercles ou casinos sont loués dans des cas les citoyens qui forment une société privée et qui sont juges exclusifs des admissions. Dans ce cas, les règlements municipaux qui régissent les auberges et cafés sont inapplicables à ces établissements, et notamment les dispositions de ces règlements sur les heures de fermeture des lieux publics ne sauraient être étendues au café établi à l'intérieur d'un cercle régulièrement ouvert (Crim. rej. 14 juill. 1849, aff. Tarrel, D. P. 51. 5. 42; Crim. cass. 21 juin 1851, *ibid.* ; Crim. rej. 12 sept. 1852, aff. Keubler, D. P. 52. 5. 47).

Toutefois, si le cercle compte plus de vingt personnes, il constitue une association privée et régie par l'art. 291 c. pén., et il ne peut être ouvert qu'avec l'autorisation du préfet de police à Paris, et du préfet dans les départements. L'arrêté d'autorisation peut, dès lors, imposer au cercle les conditions qu'il juge convenables, notamment en ce qui concerne les heures de fermeture, et les contraventions à ces prescriptions tombent sous l'application de l'art. 471, § 15, c. pén. (Crim. cass. 23 mai 1862, aff. Collin, D. P. 68. 5. 24).

724. Il a été décidé, sous l'empire du décret du 29 déc. 1851, que l'autorisation demandée et obtenue par le directeur d'une société chorale d'ouvrir un débit de boissons pour l'utilité de cette société, mais dans des termes qui permettent de débiter des boissons même à des consommateurs étrangers à la société, soumet l'établissement aux règlements municipaux sur la police des débits (Crim. cass. 6 avr. 1861, aff. Argilliès, D. P. 62. 1. 97). La même solution devrait être adoptée sous l'empire de la loi du 17 juill. 1880, si la déclaration d'ouverture d'un débit créé dans ces conditions avait été faite par application de l'art. 1er de cette loi.

725. On a vu au *Rép.* n° 1173 que le droit de fixer l'heure d'ouverture et de fermeture des lieux publics n'épuise pas, en cette matière, les attributions de l'autorité municipale. Celle-ci peut notamment, en vertu de son pouvoir de police, prendre des mesures destinées à assurer la salubrité publique dans les cafés et leurs dépendances. C'est ainsi que la jurisprudence lui reconnaît le droit de prescrire aux débitants de boissons l'établissement, dans leur domicile ou même sur la voie publique, d'urinoirs à l'usage des personnes qui fréquentent leurs maisons (Crim. rej. 12 oct. 1850, aff. Zannit, D. P. 50. 5. 420). Mais elle ne pourrait leur imposer la construction d'urinoirs publics, cette construction étant une charge communale qui ne peut peser exclusivement sur une catégorie de citoyens (Même arrêt).

L'autorité municipale peut également prescrire les mesures qu'elle juge nécessaires pour le maintien du bon ordre dans les débits de boissons. Ainsi elle peut prescrire aux débitants d'avertir immédiatement l'autorité des scènes de désordre qui auraient lieu dans leurs établissements (Crim. cass. 15 mars 1853, aff. Gaillard, D. P. 55. 1. 137). Elle peut également leur imposer l'obligation de placer au-dessus de leur porte leur enseigne et une lanterne, afin d'appeler à toute heure sur leurs établissements la surveillance de la police (Crim. cass. 22 nov. 1872, aff. Giraud, D. P. 72. 1. 429).

726. On a vu au *Rép.* n° 1174, que les maires peuvent par des règlements interdire aux cabaretiers de donner à boire aux jeunes gens au-dessous d'un certain âge. La loi du 23 juin 1873 défend, sous peine d'une amende de 1 fr. à 5 fr., aux cafetiers, cabaretiers et autres débitants de servir des liqueurs alcooliques à des mineurs âgés de moins de seize ans accomplis ; mais elle admet l'excuse légale tirée de ce que le cabaretier peut prouver qu'il a été induit en erreur sur l'âge des mineurs. L'art. 7 de la même loi, applicable aux cabaretiers comme à toute autre personne, punit d'un emprisonnement de six jours à un mois et d'une amende de 16 fr. à 300 fr. quiconque aura fait boire jusqu'à l'ivresse un mineur âgé de moins de seize ans accomplis. L'autorité municipale ne pourrait dispenser les débitants de boissons d'obéir à ces prescriptions légales, mais elle peut les compléter par d'autres dispositions qui trouvent leur sanction dans l'art. 471, § 15, c. pén.

727. On doit considérer comme légal, sous l'empire de la loi de 1873 aussi bien que sous la législation antérieure, l'arrêté qui défend aux débitants de boissons de recevoir des jeunes gens n'ayant pas atteint l'âge de la majorité (Crim. cass. 8 févr. 1877) (1); il en serait de même de l'arrêté interdisant de recevoir dans ces établissements des mineurs de moins de dix-huit ans non accompagnés de leurs parents

---

(1) (Lépine.) — La cour (après délib. en ch. du cons.); — Sur le moyen pris de la fausse interprétation de l'art. 4 de la loi du 23 janv. 1873, tendant à la répression de l'ivresse publique, et de la violation de l'art. 3 de l'arrêté du maire de Pontarlier, en date du 20 déc. 1855, portant : « Il est également fait défense aux mêmes débitants (limonadiers, aubergistes, hôteliers et cabaretiers) de donner à boire ou à jouer, et de recevoir dans leurs établissements les jeunes gens n'ayant pas atteint l'âge de la majorité; » — Vu lesdits articles, ensemble les lois des 16-24 août 1790, 19-22 juill. 1791 et l'art. 471, n° 15, c. pén. ; — Attendu qu'il résulte d'un procès-verbal régulier et qu'il est, du reste, reconnu par le jugement attaqué, que, dans la soirée du 9 nov. 1876, six jeunes gens âgés de plus de seize mais de moins de vingt et un ans, ont été trouvés buvant des liqueurs, et jouant au billard dans le café tenu par le nommé Lépine, limonadier à Pontarlier; — Que, traduit pour ce fait devant le tribunal de police de ce chef-lieu de canton, le prévenu a été relaxé de la poursuite par le motif que la loi de 1873, exécutoire pour tout le territoire, ayant limité à seize ans l'âge auquel il est défendu

aux débitants de servir des boissons alcooliques aux mineurs (âge qu'avaient dépassé les jeunes gens désignés au procès-verbal), cette loi a, par là même, implicitement abrogé l'arrêté municipal de 1855, dans celle de ses dispositions qui interdit l'accès des débits de boissons aux mineurs jusqu'à vingt et un ans; — Mais attendu que l'art. 4 de la loi de janvier 1873, et l'art. 3 de l'arrêté dont le ministère public demandait l'application, ne sont point proposé le même but et n'ont rien de contraire dans leurs dispositions ; — Que la loi n'a eu en vue que de prévenir les dangers résultant, principalement pour la jeunesse, de l'usage des boissons alcooliques, et qu'à cet effet elle a fixé une limite d'âge au dessous de laquelle cet usage est complètement interdit aux mineurs dans les établissements publics; — Que l'arrêté municipal se plaçant à un point de vue plus général, et se préoccupant non seulement de l'influence délétère exercée sur la santé des jeunes gens par l'usage de certaines boissons, mais des dangers d'une autre nature que pouvaient présenter pour leur moralité les scènes de désordre dont les cafés et cabarets sont trop souvent le théâtre, leur a, dans un but de préservation, interdit la fréquen-

(Crim. cass. 1er févr. 1867, aff. Langon, D. P. 67. 5. 122).
Un semblable règlement ne comprend dans l'exception qu'il
autorise que les mineurs accompagnés de leurs ascendants
ou de parents sous l'autorité desquels ils sont placés (Même
arrêt).

Le cabaretier qui admet, contrairement aux prescriptions de l'arrêté, des mineurs non accompagnés, ne peut être
excusé, ni par le motif que le fait aurait eu lieu pendant son
absence (Crim. cass. 19 févr. 1858, aff. Bardou, D. P. 58. 5.
32), ni sous le prétexte que les mineurs se seraient furtivement introduits dans son cabaret (Crim. cass. 29 août 1863,
aff. Houcke, D. P. 63. 5. 44).

728. La surveillance de l'autorité municipale sur les
débits de boissons peut également s'exercer au point de vue
des mœurs. « Les règlements locaux, disait le rapporteur
de la loi du 17 juill. 1880 (D. P. 80. 4. 94, note 3), pourront
prendre toutes les dispositions nécessaires pour empêcher
que les cafés ne deviennent des foyers de débauche. » On
doit, en conséquence, considérer comme légal et obligatoire
l'arrêté pris par un maire pour interdire aux cafetiers de la
ville d'employer, pour servir les consommateurs, des femmes
ou des filles étrangères à leurs familles, en vue de prévenir
le retour de faits immoraux et scandaleux qui s'étaient produits dans quelques établissements (Crim. rej. 21 juill. 1883,
aff. Trivery, D. P. 84. 1. 144). Un droit analogue a été consacré au profit d'un préfet qui avait pris, pour toutes les
communes de son département, un arrêté général prescrivant
aux débitants de n'admettre aucune fille ou femme de service que de l'agrément du commissaire de police de la localité (Crim. cass. 9 mars 1860, aff. Ardoin, D. P. 60. 1. 195).
L'autorité municipale peut également, comme on l'a vu au Rép.
n° 1175, interdire aux cabaretiers et cafetiers de recevoir
des filles publiques dans leurs établissements (Crim. cass.
19 nov. 1857, aff. Maillet, D. P. 65. 5. 33 ; 16 avr. 1863, aff.
Rollin, D. P. 63. 1. 263). Cette défense s'applique non seulement à une fréquentation habituelle, mais à la présence
occasionnelle de filles publiques (Arrêt précité du 19 nov.,
1857), soit qu'elles se présentent seules, soit qu'elles soient
accompagnées (Arrêt précité du 16 avr. 1863) ; et la contravention commise par le débitant ne peut être excusée par
l'ignorance où il aurait été de la situation des femmes qu'il
a reçues (Crim. cass. 17 juill. 1875, aff. Rochette, D. P. 76.
1. 414). Cette dernière solution peut toutefois sembler rigoureuse, et si elle est justifiée dans le cas où l'on peut reprocher au cabaretier d'avoir négligé de se renseigner, peut-
être la décision devrait-elle être différente s'il était établi que
les filles publiques, admises dans l'établissement, étaient
étrangères à la ville, et s'étaient présentées dans des conditions qui ne pouvaient éveiller le soupçon.

729. On a vu au Rép. n° 1178 que les maires ont le
pouvoir d'interdire dans les cafés et lieux publics tous les
jeux de cartes sans distinction (V. conf. Crim. cass. 29 déc.
1865, aff. Leca et Pinelli, D. P. 66. 1. 187). Il y a contravention à un semblable arrêté lorsque des individus ont été
trouvés jouant aux cartes dans une des chambres de la
maison d'un cabaretier, cette maison étant réputée lieu public dans toutes ses parties (Arrêt précité du 29 déc. 1865,
aff. Leca). A plus forte raison l'autorité municipale peut-elle
prohiber de jouer dans les lieux publics à aucun jeu de
hasard (Crim. rej. 8 janv. 1857, aff. Trille, D. P. 57. 1. 78).
Elle peut également défendre d'y jouer des sommes d'argent

(Crim. cass. 3 juin 1848, aff. Painkin, D. P. 48. 1. 155 ; Crim.
rej. 31 juill. 1863, aff. Chapuis, D. P. 63. 5. 220). Les contraventions aux arrêtés concernant des jeux auxquels ne
s'appliquent pas les prohibitions des art. 410 et 475, § 5,
c. pén., tombent sous le coup de l'art. 471, § 15, du même code.

730. Conformément à ce qui a été dit au Rép. n° 1179,
l'autorité municipale a la police des danses et bals publics.
Les maires peuvent, en conséquence, réglementer les danses
qui ont lieu non seulement sur les places publiques, mais
aussi dans les établissements ouverts au public (Crim. rej.
2 mai 1861, aff. Delacour, D. P. 61. 5. 37). Ils peuvent
même les interdire dans les établissements publics et décider,
sans consulter le conseil municipal, que les danses publiques
auront lieu désormais sur un emplacement spécial (Cons. d'Et.
14 août 1865, aff. Besnard, D. P. 66. 3. 41). De leur côté, les
préfets ont le droit de prendre, en vue de réglementer les bals
publics, un arrêté général pour tout le département (Crim.
rej. 6 juill. 1867, aff. Ami l, D. P. 68. 1. 284 ; Circ. min.
int. 8 nov. 1867, D. P. 68. 3. 21). Le maître d'un café n'est
passible d'aucune peine lorsqu'il a obtenu du maire l'autorisation spéciale et par écrit de faire danser sur un avis
conforme du préfet exceptant ce café des prescriptions de son
arrêté (Crim. rej. 2 oct. 1851, aff. Fatiguet, D. P. 52. 5. 47).

731. Ainsi qu'on l'a vu au Rép. n° 1180, l'autorité municipale peut interdire d'ouvrir un bal public sans son autorisation (Crim. cass. 4 mai 1866, aff. Robelin, D. P. 67. 1. 363).
Nous avons fait remarquer (Rép. n° 1185), que les bals
privés ne pourraient être assujettis à la nécessité de l'autorisation préalable. Tel serait le caractère d'un bal donné,
même dans un établissement public, à l'occasion d'un
mariage, quand bien même des personnes étrangères au
cortège de la noce y seraient admises, si ces personnes n'y
étaient reçues que sur invitation et à titre d'amis de la
famille (Crim. rej. 3 août 1867, aff. Gigon, D. P. 68. 1. 285).
On devrait, au contraire, considérer comme public un bal organisé par souscription dans une salle publique, auquel
serait admise toute personne qui se présenterait en, s'engageant à prendre sa part des frais, alors même que le nombre
des souscriptions serait limité à un chiffre fixé d'avance
(Crim. rej. 6 juill. 1867, aff. Amiel, D. P. 68. 1. 284). Lorsqu'un arrêté de police défend d'ouvrir des bals publics sans
autorisation tout autre jour que le dimanche, le cabaretier
qui a fait danser chez lui le jour des Cendres ne peut être
excusé sous prétexte que, d'après l'usage, les jours gras et le
mercredi des Cendres doivent être assimilés aux dimanches
et fêtes (Crim. cass. 15 mai 1851, aff. Magès, D. P. 52. 5.
46).

732. Il appartient aux maires de déterminer les mesures
d'ordre auxquelles seront soumis les bals publics autorisés.
Ils ont notamment le droit d'interdire l'admission à ces bals
de mineurs au dessous d'un certain âge (Crim. cass. 16 mars
1860, aff. Mariette, D. P. 61. 5. 37) ; et, lorsque cette défense
est générale, elle s'applique même aux mineurs accompagnés
de leurs parents (Même arrêt). Mais ces prescriptions, comme
toutes celles que renferment les règlements municipaux, ne
doivent pas être étendues au delà de leur objet : ainsi un
règlement relatif aux bals sur les places publiques n'est
pas applicable aux bals tenus dans les cafés et cabarets
(Crim. rej. 2 mai 1861, aff. Delacour, D. P. 61. 5. 37).

733. Nous avons dit au Rép. n° 1181, que le pouvoir d'autoriser les bals publics ne doit pas être pour les maires un

tation de ces établissements jusqu'à l'âge où l'homme échappe à
la tutelle de la loi pour reprendre la libre disposition de lui-
même ; — Attendu qu'envisagé à ce point de vue, l'arrêté municipal de 1855, non seulement n'offre rien d'inconciliable avec la
disposition de l'art. 4 de la loi de 1873, mais qu'il rentre essentiellement dans les mesures de bonne police confiées par les lois
des 16-24 août 1790 et 19-22 juill. 1791 à la vigilance des corps
municipaux, aujourd'hui remplacés par les maires, sous la surveillance desquels sont placés les cafés, cabarets et autres lieux
publics ; — Qu'ainsi, sous ce premier rapport, le jugement attaqué,
en refusant force exécutoire à l'arrêté susdit, sous prétexte d'inconciliabilité entre ses dispositions et celles de la loi du 23 janv.
1873, a faussement interprété cette dernière loi, méconnu la
portée des lois de 1791, et violé, par refus d'application, tant
l'art. 3 du règlement municipal de 1855 que l'art. 471, n° 15,
c. pén.; — Attendu que, sous un autre rapport, le jugement
dénoncé a encore violé ce même art. 3 de l'arrêté susvisé ; —

Qu'en effet, cet article défend, non seulement de recevoir les
mineurs de vingt et un ans dans les cafés et cabarets et de leur
donner à boire, mais encore de leur donner à jouer; — Que la
légalité de cette prohibition ne pouvait être contestée par des motifs tirés d'une inconciliabilité prétendue avec les dispositions de
la loi de 1873 exclusivement relatives aux moyens de prévenir
ou de réprimer l'ivresse; — Que, d'après les contestations du
procès-verbal, les six jeunes gens mineurs trouvés dans le café
de Lépine se livraient non seulement à la consommation de boissons alcooliques, mais encore au jeu de billard ; — Que, cependant,
le juge de police n'a tenu aucun compte de la contravention qui
lui était signalée, et que, de ce chef encore, le jugement attaqué
contient une violation tant dudit art. 3 de l'arrêté prérappelé que
les autres dispositions de lois susvisées ;

Par ces motifs, casse, etc.

Du 8 févr. 1877.-Ch. crim.-MM. de Carnières, pr.-Robert de
Chenevière, rap.-Lacointa, av. gén.

moyen de créer un monopole au profit de certains individus.. Un maire peut toutefois accorder l'autorisation à un seul industriel, à la charge de payer une redevance à la commune comme fermier des jeux et bals publics. Mais il ne s'ensuit pas que les individus qui contreviennent au règlement en ouvrant des bals publics sans autorisation lui doivent des dommages-intérêts, ni qu'il soit recevable à les poursuivre par l'exercice de l'action civile devant le tribunal de police (Crim. cass. 4 mai 1866, aff. Robelin, D. P. 67. 1. 363). Et à cet égard la commune n'aurait pas plus de droit que lui (Même arrêt).

734. Les maires ont, comme on l'a vu au *Rép.* n° 1187, le droit de défendre les bals champêtres en plein air sur la voie ou la place publique. Mais les arrêtés qu'ils prennent à cet effet doivent être restreints à leur objet même. Ainsi, dans le cas où l'autorité municipale s'est borné à réglementer les conditions dans lesquelles les danses pourraient avoir lieu sur la voie publique, les dispositions du règlement ne sauraient être appliquées à un bal ouvert par un cabaretier dans l'intérieur de son établissement (Crim. rej. 2 mai 1861, aff. Delacour, D. P. 61. 5. 37).

735. Comme on l'a vu au *Rép.* n° 1188, les officiers de police ou leurs agents peuvent toujours, pendant l'ouverture des lieux publics, s'y introduire pour veiller à l'observation des règlements. Lorsqu'un débit de boissons est resté ouvert au public après l'heure réglementaire, les agents de la police judiciaire peuvent y pénétrer pour y constater l'infraction, malgré l'opposition du débitant, et le procès-verbal dressé dans ces circonstances doit être considéré comme régulier (Crim. cass. 17 nov. 1860, aff. Bartholat, D. P. 60. 5. 417). Le même droit a été reconnu dans cette hypothèse aux gendarmes (Crim. rej. 22 nov. 1872, aff. Meissonnier, D. P. 72. 1. 431) et aux gardes champêtres (Crim. cass. 2 mars 1866, aff. Monnier, D. P. 69. 5. 406). Il a même été jugé que les règlements sur la police des débits de boissons peuvent autoriser les gendarmes, au cas où ces établissements sont fermés, à s'en faire ouvrir les portes, toutes les fois qu'ils constatent de l'extérieur des circonstances de nature à faire présumer une infraction à la défense de conserver des consommateurs après l'heure fixée (Arrêt précité du 22 nov. 1872). Dans ce cas, le refus d'obéir à cette réquisition constitue une infraction à une mesure légalement prise pour assurer la police des débits de boissons, et tombe sous l'application de l'art. 471, § 15, c. pén. (Même arrêt).

§ 11. — Mesures de police relatives à la tenue des registres imposée aux aubergistes, logeurs et entrepreneurs de voitures publiques (*Rép.* n°s 1190 à 1210).

736. — I. Aubergistes, hôteliers, etc. — On a vu au *Rép.* n° 1190, que l'art. 475, § 2, c. pén. impose aux aubergistes, hôteliers, logeurs ou loueurs de maisons garnies l'obligation de tenir un registre sur lequel doivent être inscrits de suite et sans aucun blanc les noms, qualités, domicile habituel, dates d'entrée et de sortie de toutes les personnes qui couchent ou passent une nuit dans leurs maisons. Cette prescription est indépendante des mesures prises par l'autorité municipale dans l'intérêt de la sûreté publique : mais si les maires ne peuvent restreindre l'application de l'art. 475, § 2, ils peuvent faire, ainsi que nous l'avons dit (*Rép.* n° 1192), des règlements pour en assurer l'exécution et préciser les personnes auxquelles les dispositions de cet article sont applicables.

737. Le sens des mots *aubergistes* et *hôteliers* employés dans l'art. 475, § 2, ne peut donner lieu à aucune controverse ; mais il est plus difficile de déterminer, au point de vue de l'application de cet article, la véritable portée des expressions *logeur* et *loueur de maison garnie*. Dans un premier système, on n'applique ces expressions qu'aux logeurs de profession, patentables à raison de cette profession. Les partisans de cette interprétation se fondent sur le rapprochement de l'art. 475, § 2, c. pén., avec l'art. 5 de la loi des 19-22 juill. 1791, qui édictait une prescription presque identique et qui ne visait que les patentables, puisque l'art. 6 de la même loi frappait les délinquants d'une amende égale au quart de leur droit de patente. Chauveau et Faustin Hélie, *Théorie du code pénal*, 5e éd., t. 6, n° 2823). Mais, d'après un autre système que la jurisprudence a consacré, la question

est surtout une question de fait qui doit être résolue suivant les circonstances. L'expression de « loueur en garni » qui se trouve dans l'art. 475 n'existait pas dans la loi de 1791 ; et, en outre, l'amende n'est plus aujourd'hui, comme sous cette dernière loi, fixée au quart de la patente. Il faut en conclure que l'art. 475 comprend dans la généralité de' ses termes toutes les personnes, patentables ou non, qui, en fait, sont des logeurs ou louent habituellement des maisons garnies. (V. conf. Blanche, *Etudes pratiques sur le code pénal*, t. 7, n° 289; Crim. cass. 24 mars 1866, aff. Fontaine, D. P. 67. 5. 261). Mais lorsque la profession de loueur en garni est effectivement exercée, la circonstance que celui qui l'exerce est en même temps propriétaire de la maison ne l'exonère pas des obligations imposées aux logeurs par l'art. 475, § 2 (Crim. 20 déc. 1849, aff. Prevel, D. P. 50. 5. 39; Crim. cass. 23 juill. 1862, aff. Vacel, D. P. 62. 1. 320).

738. L'autorité municipale n'a pas le droit de modifier les prescriptions du code pénal, soit pour y ajouter, soit pour les restreindre. Par suite, un règlement local ne pourrait, sans excès de pouvoir, soumettre aux dispositions de l'art. 475, § 2, d'autres personnes que celles qui s'y trouvent désignées, et un arrêté municipal qui étendrait l'application de cet article à « *toute personne donnant à louer en garni* », serait illégal et non obligatoire (V. conf. Blanche, *Etudes pratiques*, t. 7, n° 292; Crim. rej. 3 juin 1853, aff. Estradère, D. P. 53. 5. 39; 4 juin 1858, aff. Weil, D. P. 58. 5. 229; 4 mars 1882, aff. Macrez, D. P. 82. 1. 439).

739. Les anciens règlements qui ont assujetti aux registres des personnes auxquelles ne sont pas applicables les prescriptions de l'art. 475, § 2, c. pén., sont considérés par la jurisprudence comme étant encore en vigueur (Motifs, Crim. rej. 4 juin 1858, aff Weil, D. P. 58. 5. 229). Il en est ainsi spécialement, quoique cette solution ait été critiquée (*Rép.* v° *Contravention*, n° 275), de l'arrêt du Conseil du 22 déc. 1708, de l'édit de mars 1740, de l'ordonnance du lieutenant général de police du 8 nov. 1780, art. 5, et de celle de la municipalité de Paris du 16 janv. 1790, aux termes desquels les habitants de Paris, de quelque qualité et condition qu'ils soient, qui donneront à loger en chambre ou maison garnie, seront tenus d'avoir deux registres destinés à recevoir le nom des personnes auxquelles ils loueront et de communiquer ces registres à l'autorité. Ces règlements, publiés en 1832 par le préfet de police, avec injonction de les observer, sont encore applicables à Paris, mais ils n'ont pour sanction que les peines de simple police portées par l'art. 471, § 15, c. pén. (Crim. cass. 17 déc. 1852, aff. Dillais, D. P. 53. 1. 53).

740. Les règlements municipaux précisent d'ordinaire les conditions nécessaires pour assurer la régularité des registres prescrits par l'art. 475, § 2, c. pén. Ils peuvent notamment exiger d'autres mentions que celles indiquées dans cet article, telles que celles des prénoms des logeurs (Crim. cass. 28 déc. 1866, aff. Leroy, D. P. 66. 5. 285), celle de leur lieu de naissance etc. (V. *Rép.* v° *Contravention*, n° 2781).

741. Les maires peuvent également régler les conditions dans lesquelles les registres doivent être représentés. Ainsi, ils peuvent, comme on l'a vu au *Rép.* n° 1195, prescrire aux logeurs de représenter ces registres à des époques fixes (V. dans le même sens Crim. cass. 15 mai 1856, aff. Lacourège, D P. 56. 5. 270).

De même, ils peuvent les astreindre à exiger des voyageurs, en même temps que l'inscription de leurs noms sur le registre, la présentation du passeport dont ils doivent être munis (Crim. cass. 8 mai 1858, aff. Odot, D. P. 58. 1. 290). Mais il résulte de cet arrêt qu'en l'absence d'un règlement local, cette présentation ne résulterait pas, comme une conséquence, des obligations imposées aux logeurs par l'art. 475, § 2, c. pén., ainsi que semblait l'indiquer une circulaire du ministre de l'intérieur, du 1er févr. 1858 (*ibid.*, note 3).

742. Ainsi qu'on l'a exposé au *Rép.* n° 1198, les formalités imposées aux logeurs ne pourraient l'être aux simples particuliers louant en garni et par bail, soit des appartements dont ils ont la possession, soit la partie de leur appartement dont ils ne font pas usage (Crim. rej. 20 déc. 1849, aff. Prevel, D. P. 50. 5. 39 ; 30 nov. 1861, aff. Assemat, D. P. 61. 5. 199 ; 27 mars et 15 nov. 1862, aff. Pict et David, D. P. 63. 5. 234; 5 mars 1864, aff. Duthé, D. P. 65. 5. 252 ; 5 avr. 1866, aff. Martinet ,D. P. 66. 5. 285), alors surtout qu'ils ne consentent

pas ces locations au premier venu, mais exclusivement à des personnes de leur choix (Crim. rej. 10 avr. 1874, aff. Andureau, D. P. 75. 5. 274).

A plus forte raison, l'arrêté qui imposerait ces obligations à des propriétaires louant à des étrangers leurs maisons ou des parties de leurs maisons, « *garnies ou non garnies* », serait illégal et non obligatoire (Crim. rej. 24 janv. 1863, aff. Chérault, D. P. 63. 5. 234 ; 15 nov. 1862, aff. David, D. P. 63. 5. 235).

743. Ainsi que nous l'avons dit au *Rép.* n° 1202, un maire peut faire défense aux logeurs en garni de louer aucune chambre à des femmes débauchées, sans l'autorisation préalable de l'autorité (Crim. cass. 18 févr. 1860, aff. Richard, D. P. 60. 5. 308).

744. A Paris, cette prohibition résulte de l'art. 5 de l'ordonnance du 6 nov. 1778, spéciale au ressort de l'ancien Chatelet de Paris, qui n'a pas cessé d'être en vigueur (Paris, 21 avr. 1866, aff. Saint-Blancat, D. P. 66. 2. 215 ; Crim. cass. 1er déc. 1866, même affaire, D. P. 67. 1. 142, et sur renvoi, Orléans, 28 janv. 1867, D. P. 67. 2. 205 ; Trib. corr. Seine, 19 déc. 1866, aff. Drevet, D. P. 67. 3. 21 ; Crim. cass. 19 mars 1875, V. *suprà*, n° 488). On a vu au *Rép.* n° 1205 que la jurisprudence considère également comme en vigueur l'art. 2 de cette ordonnance qui, indépendamment des prescriptions spéciales aux loueurs en garni, défend à tous les propriétaires et principaux locataires de la Ville de Paris d'y louer ou sous-louer ces maisons à des filles de débauche (Crim. cass. 14 juill. 1884, aff. X..., D. P. 85. 1. 333).

Mais, ainsi que nous l'avons dit précédemment (V. *suprà*, n° 492), les prescriptions de cette ordonnance n'ont plus pour sanction les peines qu'elles édictaient, mais simplement les peines de simple police (Arrêts des 1er déc. 1866, 28 janv. 1867, 11 juill. 1884, précités ; jugement du 19 déc. 1866, cité *ibid.*).

745. Ces arrêts consacrent ce principe qu'il appartient à l'autorité municipale de prendre, pour la surveillance des prostituées, des mesures particulières et préventives, dont l'observation devient obligatoire pour tous les citoyens indistinctement, et que ce n'est pas toucher aux droits de la propriété que de soumettre un propriétaire à des obligations que commande l'honnêteté publique et qui ont pour but d'empêcher les désordres inséparables de la prostitution.

En vertu de ce principe, et conformément à une jurisprudence indiquée au *Rép.* n° 1205, on doit considérer comme obligatoires : 1° les arrêtés municipaux qui défendent à tous les propriétaires ou locataires de louer aucune chambre à des femmes débauchées et de les loger ou recueillir chez eux (Crim. cass. 19 juin 1846, aff. Maucolin, D. P. 46. 4. 36 ; 14 et 30 nov. 1861, aff. Loubat et Delille, D. P. 61. 5. 396 et 397) ; — 2° Ceux qui défendent de loger sciemment des filles publiques en garni sans une autorisation préalable de l'autorité (Crim. cass. 18 févr. 1860, aff. Richard, D. P. 60. 5. 308. V. conf. *Rép.* v° *Prostitution*, n° 7. — *Contrà* : Morin, *Journal du droit criminel*, 1860, p. 55 et 56).

746. Toutefois, il a été décidé que le droit qui appartient à l'autorité municipale de réglementer la prostitution dans ses rapports avec le bon ordre, la morale publique et la police des lieux publics, ne va pas jusqu'à lui permettre d'interdire d'une manière absolue à tout propriétaire, même non aubergiste, cafetier ou loueur en garni, de louer aucun appartement aux femmes de mauvaise vie ou filles publiques, de les loger ou de les recueillir chez eux ; et qu'un propriétaire ne pourrait être déclaré en contravention qu'autant que, sachant que la femme à laquelle il avait loué un appartement était une fille publique, il l'y avait laissé exercer sa honteuse profession (Crim. rej. 18 juill. 1857, aff. Louiller, D. P. 57. 1. 382).

747. A plus forte raison, l'autorité municipale ne pourrait elle-même en vue d'assurer la surveillance de la prostitution, imposer indistinctement à toutes femmes ou filles venant s'établir dans la commune, l'obligation de justifier d'une bonne conduite antérieure, ni défendre aux hôteliers de les recevoir sans ces attestations (Crim. rej. 17 nov. 1865, aff. Guillon, D. P. 66. 1. 41). Dans une ville où un règlement local défend aux logeurs de louer des chambres garnies aux filles publiques qui ne seraient pas munies d'une autorisa-

tion de la police, il n'y a pas contravention de la part du propriétaire de logements non garnis qui a reçu comme locataire une fille publique sans exiger cette autorisation (Crim. rej. 13 avr. 1866, aff. Levy et Stienes, D. P. 66. 5. 393).

748. Nous avons dit au *Rép.* n° 1206, que les pouvoirs qui appartiennent à l'autorité municipale relativement aux personnes qui tiennent des lieux ou établissements publics ne peuvent être exercés à l'égard de celles qui, en raison de leur profession, reçoivent dans leur maison certains individus. On ne saurait, en conséquence, assimiler aux lieux publics soumis à la surveillance de l'autorité municipale les maisons de santé, où l'on reçoit, à demeure et à titre onéreux, les femmes enceintes pour y faire leurs couches (Crim. rej. 23 janv. 1864, aff. Hardy, D. P. 64. 1. 152) ; et il y a lieu de déclarer illégal et non obligatoire l'arrêté qui impose l'obligation du registre aux sages-femmes par rapport aux femmes enceintes qu'elles reçoivent (Crim. rej. 22 août 1845, aff. Lhote, D. P. 45. 4. 46 ; 18 juin 1846, aff. Loisif, D. P. 46. 1. 233 ; 12 sept. 1846, aff. Senget, D. P. 46. 4. 38). — Sur les dispositions réglementaires de police concernant les maisons de santé, V. *Rép.* v° *Maison de santé.*

749. Ainsi que nous l'avons dit au *Rép.* n° 1207, la disposition de l'ordonnance du 20 janv. 1563 (art. 19) qui défendait aux hôteliers de refuser des voyageurs sans cause légitime est abrogée comme contraire à la liberté du commerce (Crim. rej. 2 juill. 1857, aff. Desriège, D. P. 57. 1. 376 ; Crim. cass. 18 juill. 1862, aff. Lechaudel, D. P. 63. 1. 485) ; et le pouvoir qu'ont les maires de réglementer la police des auberges et hôtelleries ne va pas jusqu'à leur permettre d'indiquer aux voyageurs que les aubergistes seraient tenus de loger (Arrêt précité du 2 juill. 1857). On ne doit donc pas considérer comme une contravention le refus par un hôtelier de recevoir et de loger dans son auberge un mendiant malade qui lui est amené par le commissaire de police et dont on lui offre de payer la dépense, ni le refus fait par un aubergiste, même sans aucun prétexte, et par pure malice, de loger un voyageur qui se présente pour prendre son repas et qui en offre le prix (Crim. rej. 3 oct. 1857, aff. Richard, D. P. 57. 1. 452).

750.—II. Entrepreneurs de voitures publiques.— On a vu au *Rép.* n° 1209, qu'en l'absence de tout règlement de l'autorité municipale, une ordonnance du 16 juill. 1828 prescrivait aux propriétaires ou entrepreneurs de voitures publiques de tenir registre du nom des voyageurs qu'ils transporteraient. L'ordonnance de 1828 a été abrogée, en ce qui concerne les routes nationales et départementales et les chemins vicinaux de grande communication, par l'art. 45 du décret du 10 août 1852 (D. P. 52. 4. 192), dont l'art. 31 enjoint à chaque entrepreneur de voitures publiques d'inscrire sur un registre coté et parafé par le maire le nom des voyageurs qu'il transporte ainsi que les ballots et paquets dont le transport lui est confié. La question de savoir si cette ordonnance reste applicable en ce qui concerne les chemins vicinaux et les chemins ruraux est susceptible de controverse. Il nous paraît toutefois difficile d'admettre qu'elle soit restée en vigueur, même dans cette mesure restreinte, en présence de l'abrogation pure et simple prononcée par l'article précité du décret de 1852. V. *Voiture-voiture publique.*

751. — III. Bureaux de placement. — Le décret du 25 mars 1852 (D. P. 52. 4. 101) sur les bureaux de placement a donné à l'autorité municipale des pouvoirs étendus en ce qui concerne la création de ces établissements. L'ouverture des bureaux de placement ne peut avoir lieu, aux termes de l'art. 1er de ce décret, qu'en vertu d'une permission spéciale de l'autorité municipale. Cette disposition est applicable à tout établissement servant d'intermédiaire salarié entre le public et les postulants ; mais elle ne saurait être appliquée à une association charitable entre filles domestiques ayant pour but principal d'offrir aux associées un asile momentané lorsqu'elles sont sans place, quoiqu'au moyen des renseignements qu'elles se donnent réciproquement ces filles facilitent leur placement et celui de leurs compagnes non associées, l'échange de ces indications n'étant pas constitutif de la spéculation que le décret de 1852 a eu pour objet de réglementer (Crim. rej. 26 févr. 1863, aff. Souchet, D. P. 63. 1. 208). Au contraire, l'individu qui ne se borne pas à donner de la publicité aux offres et aux demandes d'emplois, mais qui s'im-

misce dans le placement des ouvriers, domestiques et employés, en indiquant d'une part à ceux-ci les places vacantes, et d'autre part aux patrons les individus cherchant à se placer, doit être considéré comme exploitant, non une agence de publicité, mais un véritable bureau dont l'ouverture sans la permission de l'autorité municipale constitue une contravention (Crim. rej.' 26 déc. 1868, aff. Nicolas, D. P. 69. 1. 440). L'autorité municipale surveille les bureaux de placement non seulement pour y maintenir l'ordre, mais aussi pour assurer la loyauté de la gestion; elle prend des arrêtés à cet effet et règle le tarif des droits. Elle peut retirer les permissions dans les cas prévus par l'art. 5, mais seulement avec l'approbation du préfet. Les arrêtés municipaux en cette matière ont pour sanction les peines édictées par l'art. 4, c'est-à-dire une amende de 1 fr. à 16 fr., et un emprisonnement de cinq jours au plus, ou l'une de ces deux peines seulement.

§ 12. — Inspection sur la fidélité du débit des denrées; Poids et mesures (*Rép.* n°s 1211 à 1234).

752. Comme le n° 4 de l'art. 3, tit. 11, de la loi du 24 août 1790 rapporté au *Rép.* n° 1211, l'art. 97, § 5, de la loi de 1884 charge l'autorité municipale de l'inspection sur la fidélité du débit des denrées qui se vendent au poids et à la mesure. Nous avons dit au *Rép.* n° 1212, que l'ordonnance du 17 avr. 1839 reconnaît implicitement aux maires le droit de faire des règlements en ces matières; cette ordonnance n'a pas été abrogée par la nouvelle loi municipale.

Les dispositions précitées doivent être combinées avec l'art. 423 c. pén., qui frappe de peines correctionnelles les tromperies sur la quantité des choses vendues par usage de faux poids ou de fausses mesures, et avec l'art. 1er, § 3, de la loi du 27 mars 1851, qui punit des mêmes peines ceux qui auraient trompé ou tenté de tromper sur la quantité des choses livrées par l'usage de faux poids et de fausses mesures, et ceux qui, sans motifs légitimes, auraient, dans leurs magasins, boutiques, ateliers ou maisons de commerce ou dans les halles, foires ou marchés, des poids ou mesures faux ou autres appareils inexacts servant au pesage ou au mesurage.

753. Ainsi que nous l'avons dit au *Rép.* n° 1213, un arrêté de police municipale peut prescrire de ne déposer sur le marché aux grains que des sacs contenant l'hectolitre et les divisions légales de l'hectolitre (Crim. cass. 10 avr. 1856, aff. Delpech, D. P. 57. 1. 24), ou d'indiquer sur les paquets le poids net des chandelles et bougies (Circ. min. com. 14 mai 1855; Morgand, t. 2, p. 77, note 1. V. *Rép.* v° *Poids et mesures,* n° 82-3°). Mais c'est aux préfets seuls qu'il appartient de prendre, en vertu de la loi du 4 juill. 1837, de l'ordonnance du 17 avr. 1839 (*Rép.* v° *Poids et mesures,* p. 989), et du décret du 26 févr. 1873 (D. P. 73. 4. 32), des arrêtés pour assurer l'uniformité légale et la vérification périodique des poids et mesures.

754. — POIDS ET MESURES PUBLICS, BUREAU DE PESAGE. — On a vu au *Rép.* n° 1224, que l'autorité municipale peut, en vertu du droit de surveillance qui lui appartient sur les poids et mesures, faire des règlements sur le mesurage public des marchandises, sous la condition de se conformer aux lois spéciales sur la matière, et notamment aux dispositions de l'art. 1er de la loi du 29 flor. an 10, et de l'art. 4 de l'arrêté du 7 brum. an 9. Mais elle n'a pas le droit d'étendre le privilège des peseurs publics à des cas non autorisés par les lois et règlements généraux (Crim. rej. 7 nov. 1851, aff. Lambert, D. P. 51. 1. 329: 22 févr. 1856, aff. Hébert-Duthuit, D. P. 56. 1. 351; 13 nov. 1879; aff. Beer, D. P. 80. 1. 358).

755. L'arrêté du 7 brum. an 9, rapporté au *Rép.* n° 1224, interdit l'exercice de la profession de peseur, mesureur ou jaugeur dans l'enceinte des marchés, halles et ports par d'autres que par des individus commissionnés. Il en résulte que le ministère des préposés aux poids publics est obligatoire sur les halles, marchés et ports toutes les fois qu'il s'agit de ventes et achats et autres transactions analogues, mais que tout propriétaire conserve la faculté de peser ses marchandises ou de les faire peser par ses employés, même dans les halles, marchés et ports, quand ce pesage est fait dans son intérêt exclusif, en l'absence de toute contestation et en dehors de toute vérification contradictoire (Arrêt du 13 nov. 1879, cité *suprà,* n° 754).

756. De même, ainsi que nous l'avons dit au *Rép.* n° 1225, un marchand de charbons qui fait mesurer sa marchandise sur le port, pour s'en rendre compte et non pour la vendre, peut, sans contravention, employer pour cette opération ses propres ouvriers (Ch. réun. cass. 4 nov. 1850, aff. Patissier, D. P. 50. 1. 333). Le négociant qui reçoit par navire des marchandises destinées à être expédiées sur d'autres places de commerce pour y être vendues peut également, à l'effet de s'assurer de leur quantité avant la réexpédition, en faire opérer le pesage ou le mesurage sur le port par un de ses préposés, le résultat de l'opération ne devant d'ailleurs servir de base à aucun règlement et ne pouvant notamment être opposé au sous-acquéreur (Crim. cass. 27 mars 1863, aff. Trystram, D. P. 63. 1. 482). Il en est de même du directeur d'un entrepôt qui fait peser les marchandises à l'entrée et à la sortie, lorsque cette opération se rattache au dépôt des marchandises dans les entrepôts, et non point à une vente (Bordeaux, 11 mai 1876, aff. Rodes, D. P. 77. 2. 22).

757. On a vu au *Rép.* n° 1226, qu'après quelques hésitations, la jurisprudence a décidé que, pour les ventes faites sur les marchés, le ministère des peseurs ou mesureurs publics est obligatoire, qu'il y ait ou non contestation, l'art. 4 de l'arrêté de l'an 9 ayant un caractère général et n'ayant pas été abrogé par la loi de l'an 10 (Arrêt du 4 nov. 1850, cité *suprà,* n° 756; Crim. rej. 7 nov. 1851, aff. Lambert, D. P. 51. 1. 329; Crim. cass. 14 août 1852, aff. Lesire, D. P. 53. 5. 287; 2 juin 1854, aff. Descout, D. P. 54. 5. 64; Crim. rej. 23 févr. 1877, aff. Blanchon, D. P. 78. 1. 335. —V. *Rép.* v° *Poids et mesures,* n° 184).

Il a été jugé en conséquence: 1° que celui qui, au mépris de la prohibition contenue dans un arrêté municipal, s'entremet entre le vendeur et l'acheteur et se livre, dans l'enceinte des ports et marchés, au mesurage des marchandises achetées, commet une contravention (Crim. rej. 8 avr. 1847, aff. Charrier, D. P. 47. 4. 373); — 2° Que l'arrêté municipal qui interdit d'une manière absolue l'immixtion des personnes privées dans l'exercice du pesage ou mesurage public est obligatoire, et s'applique notamment au mesurage sur un quai par un portefaix de marchandises reçues en consignation (Arrêt précité du 4 nov. 1850); — 3° Que l'arrêté portant que nul ne sera contraint de recourir au mesurage, cubage, pesage et jaugeage public, si ce n'est en cas de contestation, ne peut être appliqué qu'au pesage et au mesurage opérés hors de l'enceinte des halles, ports et marchés (Arrêt précité du 14 août 1852).

758. Il avait été décidé, dans le même sens, que le fait, de la part d'un facteur de la halle de Paris, d'avoir mis en vente et d'avoir vendu dans un pavillon des halles centrales, affecté à la vente en gros des fruits et légumes, des marchandises pesées au moyen de poids et grandes balances lui appartenant, constitue une contravention à l'art. 7 du décret du 16 juin 1808, décidant que le préposé au poids public, dans les lieux soumis à la surveillance de la police municipale à Paris, intervient nécessairement et sans pouvoir être suppléé, pour toutes les ventes en gros qui se font au poids avec de grandes balances (Crim. rej. 14 mai 1880, aff. Augeron, D. P. 80. 1. 287). Mais une loi du 20 avr. 1881, rendue à la suite des réclamations qui s'étaient élevées contre cette jurisprudence, et dont le conseil municipal de Paris s'était fait l'organe, a abrogé le décret du 16 juin 1808 (D. P. 81. 4. 119).

759. Mais, ainsi que nous l'avons dit au *Rép.* n° 1227, en dehors des marchés, halles et ports, le ministère des préposés du poids public n'est obligatoire qu'autant qu'il y a contestation, et le pesage de marchandises accompli dans une maison privée par un particulier sur la demande de l'acheteur, et pour la seule satisfaction de celui-ci, ne constitue point une contravention (Crim. rej. 17 mars 1848, aff. Cremesy, D. P. 48. 5. 284; Crim. cass. 11 mai 1850, aff. Sarrazin, D. P. 50. 5. 306; Crim. rej. 7 nov. 1851, aff. Lambert, D. P. 51. 1. 329; Crim. cass. 4 févr. 1853, aff. Mounet, D. P. 53. 5. 289). De même, lorsqu'un cahier des charges dressé par l'autorité municipale interdit d'exercer les fonctions de peseur au préjudice du préposé au poids public, cette défense ne peut s'appliquer au cas où le pesage

a lieu dans une maison particulière en dehors de toute contestation, uniquement pour fixer la somme due au vendeur par suite d'un marché conclu au poids (Crim. cass. 24 mars 1882, aff. Dumont, D. P. 83. 1. 142).

760. Toutefois, on a vu au *Rép.* n°1229, que, pour certaines villes, des décrets spéciaux du premier empire ayant force de loi ont dérogé aux dispositions de la loi générale et exigé, pour toutes les ventes, l'intervention des préposés aux poids publics. Nous avons indiqué précédemment le décret du 16 juin 1808, applicable à Paris, et aujourd'hui abrogé. Il en est de même pour Rouen du décret du 11 juill. 1812 (V. *Rép.* v° *Poids et mesures*, n° 184), et pour Toulouse du décret du 26 déc. 1813, attribuant aux employés aux poids publics le droit exclusif de peser même les marchandises vendues chez les particuliers, quand le pesage n'y sera pas fait par l'un des intéressés à la vente ou à l'achat (Crim. cass. 24 févr. 1855, aff. Galeppe, D. P. 55. 1. 208; 13 juin 1857, aff. Goscan, D. P. 61. 5. 363).

761. Nous avons dit au *Rép.* n° 1230 que des formalités particulières ayant été prescrites pour la création des bureaux de pesage, de mesurage ou de jaugeage, un règlement municipal créant un bureau de pesage et mesurage publics, quoique ayant pour objet la fidélité du débit dans les marchés, halles et ports, confiée à la vigilance des corps municipaux, ne serait point obligatoire, s'il n'avait été approuvé par l'autorité compétente (Crim. rej. 12 mars 1847, aff. Roucou, D. P. 47. 4. 374). Les dispositions des règlements municipaux qui établissent des peseurs ou mesureurs publics, ainsi qu'on l'a vu (*Rép.* n° 1231), ne doivent pas être étendues au delà des termes mêmes de ces règlements. Ces règlements peuvent, d'ailleurs, restreindre l'intervention des peseurs ou mesureurs dans les limites que l'Administration juge suffisantes pour garantir l'intérêt général, en le conciliant avec la liberté du commerce (Crim. rej. 22 févr. 1856, aff. Hébert-Duthuit, D. P. 56. 1. 351). Ils peuvent, par exemple, limiter cette intervention au cas de vente et d'achat et aux débats entre acheteurs et vendeurs (Même arrêt. — V. *Rép.* v° *Poids et mesures*, n° 187).

762. Des arrêtés municipaux peuvent également dispenser les négociants de s'adresser aux préposés du pesage public dans certaines circonstances, et spécialement lorsque le pesage est effectué en présence des agents de la douane (Crim. cass. 26 nov. 1852, aff. Jonvillier, 2 arrêts, D. P. 53. 1. 318); et la disposition d'un arrêté municipal portant que le pesage des sels assujettis aux droits de douane sera exercé par des agents spéciaux par la nomination de la direction des douanes ne met pas obstacle à ce que le pesage soit opéré par des particuliers, mais agréés par l'administration des douanes (Mêmes arrêts). Toutefois, cette dispense ne profite qu'aux consignataires des marchandises; elle ne peut être étendue à ceux auxquels ces derniers ont transmis, par voie d'endossement du connaissement, les marchandises à eux expédiées (Crim. cass. 14 août 1852, aff. Veraz-Barbonneau, D. P. 53. 5. 286).

763. Conformément à ce qui a été exposé au *Rép.* n°s 1224 et 1230, les règlements municipaux régulièrement approuvés qui organisent des bureaux de poids public sont des règlements de police ; par suite, les contraventions à ces règlements doivent être soumises aux tribunaux de simple police et punies de l'amende édictée par l'art. 471, § 15, c. pén., outre la confiscation prononcée par l'arrêté de l'an 9 (Crim. cass. 13 févr. 1875, aff. Reinaud, D. P. 75. 1. 391; 23 févr. 1877, aff. Blanchon, D. P. 78. 1. 335). Il est fait exception à cette règle lorsque des règlements particuliers ayant force de loi ont élevé la pénalité et attribué compétence à la juridiction correctionnelle. C'est ce qu'avait décidé la jurisprudence pour le décret du 16 juin 1808, avant l'abrogation de ce décret par la loi du 20 avr. 1881 (Crim. rej. 3 janv. 1880, aff. Augeron, D. P. 80. 1. 287). Il en est de même du décret du 22 avr. 1811, qui règle la perception des droits de pesage, mesurage et jaugeage dans la ville de Bordeaux (Crim. rej. 25 mars 1854, aff. Constantin, D. P. 54. 5. 568), ainsi que du décret du 26 déc. 1813, qui a établi des mesureurs publics dans la ville de Toulouse (Crim. cass. 7 nov. 1856, aff. Gascon, D. P. 56. 5. 341), du moins dans celle des dispositions de ce décret qui attribue compétence à la juridiction correctionnelle relativement à certains faits de pesage illicite commis par des individus agissant pour le

compte d'autrui (Crim. cass. 23 mai 1856, aff. Frèche, D. P. 56. 1. 372).

Au contraire l'arrêté des consuls du 2e jour complémentaire an 11, rendu sur la proposition du conseil municipal de Marseille, et l'avis du préfet des Bouches-du-Rhône, n'ayant pas force de loi, les dispositions de cet arrêté qui défend à tout autre qu'aux préposés du poids public d'exercer dans la ville la profession de peseur, mesureur et jaugeur, à peine d'être poursuivi par voie correctionnelle conformément à l'arrêté du 7 brum. an 9, doit être entendue en ce sens que les contraventions seront soumises au tribunal de simple police (Arrêt précité du 13 févr. 1875).

764. On a vu au *Rép.* n° 1233 que c'est à l'autorité municipale qu'il appartient de déterminer dans quel lieu s'exerceront les professions de peseur, de jaugeur et de mesureur public. L'enceinte des marchés où s'exerce l'industrie privilégiée des peseurs publics doit être renfermée dans les limites déterminées par l'autorité administrative, et spécialement, une rue aboutissant au marché ne peut être considérée comme faisant partie de son enceinte, sous prétexte qu'elle n'en serait qu'une suite et une continuation si elle n'y a pas été comprise administrativement (Civ. cass. 17 juill. 1855, aff. Bouland, D. P. 55. 1. 287). Mais l'emplacement dépendant d'une propriété privée qui, par l'adhésion ou la tolérance du propriétaire forme en fait l'annexe du marché public établi sur une promenade contiguë dont il n'est séparé par aucune clôture, se trouvant à raison de cette attribution soumis à toutes les mesures de police applicables au marché avec lequel il se confond, le règlement qui défend à tous autres que les peseurs publics institués par l'autorité locale de faire des opérations de pesage et de mesurage pour les vendeurs ou acheteurs dans l'enceinte des marchés est dans toute l'étendue de la voie publique est applicable à cet emplacement comme au marché lui-même (Crim. cass. 9 mai 1867, aff. Alivon, D. P. 68. 1. 140, et sur nouveau pourvoi, Ch. réun. cass. 24 déc. 1867, D. P. 68. 1. 140).

765. Les abattoirs, lorsqu'on se borne à y abattre des bestiaux et à y préparer des viandes destinées à la boucherie, ne sont pas des marchés. Aussi a-t-il été jugé que le droit des préposés au mesurage ou pesage public ne s'étend pas à un établissement d'abattoir situé en dehors de l'enceinte d'un port (Crim. rej. 11 mai 1850, aff. Sarrazin, D. P. 50. 5. 308). Mais il n'en est pas de même d'un abattoir où la vente et l'achat à la cheville ont été autorisés et se pratiquent journellement. Cet abattoir a le caractère d'un véritable marché, et le ministère des peseurs publics y est obligatoire pour toutes les opérations contradictoires rentrant dans leur mission (Crim. rej. 29 juill. 1882, aff. Durbec, D. P. 83. 1. 367).

766. La prohibition du pesage sur la voie publique, sans l'intervention des peseurs publics, est réputée enfreinte par le particulier qui opère un pesage sur la voie publique, même à l'aide d'instruments adossés à son magasin (Crim. cass. 23 mai 1856, aff. Frèche, D. P. 56. 1. 372). Mais la défense faite par un règlement municipal d'exercer la profession de peseur, mesureur ou jaugeur de marchandises, au préjudice des préposés publics dans les halles et dans les rues adjacentes comprises dans l'enceinte des marchés, n'est réputée s'appliquer à ces rues que pour la durée des foires et des marchés (Crim. rej. 26 mai 1854, aff. Gras, D. P. 54. 5. 64).

De même, l'arrêté municipal qui, en établissant un bureau de poids public, étend ses prescriptions à toutes les voies publiques situées dans le rayon de l'octroi, n'est obligatoire, en ce qui concerne celles de ces voies qui par leur nature ne sont pas affectées d'une manière permanente à la vente des denrées de toute espèce, que pendant la durée des foires et marchés (Crim. av. faire droit, 16 mai 1857, aff. Nielly, D. P. 57. 1. 314; Crim. cass. 30 mars 1860, aff. Buldy, D. P. 60. 5. 280).

§ 13. — Règlements relatifs aux comestibles gâtés ou corrompus et aux boissons falsifiées (*Rép.* n°s 1235 à 1250).

767. L'art. 1er, § 2, de la loi du 27 mars 1851 (D. P. 51. 4. 57) punit des peines correctionnelles portées à l'art. 423 c. pén. ceux qui vendent, mettent en vente ou ont dans

leurs magasins, boutiques, ateliers ou maisons de commerce, ou dans les halles, foires ou marchés, des substances ou denrées alimentaires ou médicamenteuses qu'ils sauront être falsifiées ou corrompues. Ces dispositions, qui ont été rendues applicables aux boissons par la loi du 5 mai 1855 (D. P. 55. 4. 64), n'ont point enlevé à l'autorité municipale le droit de prohiber et de punir la mise en vente de denrées corrompues, même lorsque le vendeur n'a pas connaissance de leur état de corruption (Crim. cass. 18 avr. 1856, aff. Gicquel, D. P. 56. 1. 200; Crim. rej. 29 févr. 1868, aff. Loubat, D. P. 68. 1. 408). L'infraction à un semblable règlement constitue une contravention passible des peines de l'art. 471, § 15, c. pén. dans le cas où, le juge ne déclarant point qu'il y a présomption que le prévenu connaissait l'état de corruption des comestibles par lui mis en vente, l'art. 1er de la loi du 27 mars 1851 est inapplicable.

En effet, il résulte de l'abrogation par l'art. 9 de la loi du 27 mars 1851 de l'ancien paragraphe 14 de l'art. 475 c. pén., qui faisait une contravention de l'exposition en vente de comestibles nuisibles, que cette mise en vente a cessé de constituer par elle-même un fait punissable; mais elle laisse subsister le droit pour l'autorité municipale de prendre, sous la sanction de l'art. 471, § 15, c. pén., des arrêtés destinés à assurer la salubrité des approvisionnements (Crim. rej. 17 nov. 1866, aff. Demech, D. P. 67. 1. 44; Arrêt précité du 29 févr. 1868).

L'autorité municipale peut, en conséquence, ainsi que nous l'avons dit au *Rép.* n° 1235, interdire l'exposition ou la mise en vente sur les marchés publics de toute denrée nuisible (Crim. cass. 18 avr. 1856, aff. Gicquel, D. P. 56. 1. 200), et spécialement les fruits que leur défaut de maturité rendrait nuisibles à la santé (Arrêts précités des 11 nov. 1866 et 29 févr. 1868).

768. Comme on l'a dit au *Rép.* n° 1238, il suffit qu'il entre dans les comestibles une substance qui peut les rendre malsains ou nuisibles, pour que la vente et l'exposition en doivent être interdites par l'autorité municipale. Il a été jugé, en ce sens, que l'on doit considérer comme légale et obligatoire l'ordonnance par laquelle le préfet de police, après avis du comité consultatif d'hygiène publique de France et la suite d'une instruction du ministre de l'agriculture et du commerce, déclare que l'emploi de l'acide salycilique pour la conservation des denrées alimentaires, solides ou liquides, présente un danger pour la santé publique, et interdit la vente de toute substance alimentaire soit solide, soit liquide, et spécialement des bières renfermant une quantité quelconque d'acide salycilique ou de ses dérivés (Crim. rej. 1er févr. 1884, aff. Hermy, D. P. 84. 1. 372). Il résulte implicitement des termes de cet arrêt que la même mesure pourrait être prise dans chaque commune par l'autorité municipale.

769. L'art. 477, § 4, c. pén. ordonne la confiscation et la destruction des comestibles gâtés, corrompus ou nuisibles; cette disposition est encore en vigueur, et elle est seule applicable à l'égard des comestibles nuisibles qui ne rentrent pas dans les prohibitions de la loi du 27 mars 1851, mais dont l'autorité municipale a interdit la mise en vente.

§ 14. — Bouchers et boulangers; taxes du pain et de la viande
(*Rép.* n°s 1251 à 1277).

770. On a dit au *Rép.* n° 1251, que l'art. 30, tit. 1er, de la loi du 19 juill. 1791 confère aux maires la faculté d'établir une taxe pour la viande et pour le pain à l'exclusion de toute autre denrée. Le droit de taxer le pain ne leur a été enlevé ni par la loi du 4 niv. an 3, qui a eu pour unique objet d'abroger les dispositions transitoires prohibitives de la liberté du commerce des grains, ni par le décret du 22 juin 1863, qui ne s'applique qu'à la réglementation du commerce de la boulangerie et n'a pu modifier une disposition législative (V. *Boulanger*, n°s 54 et 55). Une circulaire du ministre de l'agriculture et du commerce du 27 déc. 1864 reconnaît également que le droit de taxer la viande n'a pas été enlevé aux maires, et qu'il n'aurait pu leur être enlevé que par un acte législatif; mais le ministre signale, dans cette circulaire, les inconvénients de l'usage de taxer la viande, et il invite les préfets à appeler sur ces inconvénients

l'attention des municipalités qui auraient continué à prendre cette mesure en leur faisant remarquer que leur responsabilité pourrait se trouver engagée d'une manière fâcheuse (D. P. 65. 3. 46. V. *Boucher*, n° 45).

Suivant M. de Champagny, *Traité de la police municipale*, t. 2, p. 691, les règlements municipaux qui organisent la taxe dans une commune où ce régime avait cessé d'être appliqué ont le caractère de règlements permanents, et ne peuvent être exécutoires qu'après l'expiration du délai d'un mois. Mais cette opinion a été repoussée par un arrêt de la chambre criminelle (Crim. cass. 29 nov. 1867, aff. Carrère, D. P. 68. 1. 90) qui décide que le maire peut toujours rétablir le régime de la taxe, sans qu'il soit besoin d'une déclaration préalable, par un arrêté spécial soumis à l'approbation du préfet. Ces arrêtés qui fixent la taxe ont, en effet, dans tous les cas, le caractère de règlements temporaires et doivent être immédiatement obligatoires (Même arrêt; Crim. cass. 23 nov. 1854, aff. Monthus, D. P. 55. 1. 267. — V. *Boulanger*, n° 64).

771. — I. Bouchers et charcutiers. — Ainsi qu'on l'a exposé au *Rép.* n° 1252, et v° *Boucher*, n° 91, d'anciens règlements avaient dérogé à Paris, en ce qui concerne la boucherie, au principe de la liberté du commerce. L'ordonnance du 18 oct. 1829 (*Rép.* v° *Boucher*, n°s 94 et suiv.), qui s'était substituée à ces règlements, avait limité le nombre des bouchers, qu'elle avait constitués en syndicat; elle avait édicté tout un ensemble de mesures relatives à l'exercice de la profession de boucher, aux cautionnements à fournir, aux marchés d'approvisionnement, et à l'établissement d'une caisse, dite de Poissy, destinée à assurer le payement au comptant des animaux amenés sur le marché. Cette dérogation au principe de la liberté de l'industrie a été supprimée par le décret du 24 févr. 1858, dont le but principal a été de remettre Paris sous le régime du droit commun (V. *suprà*, v° *Boucher*, n°s 48 et suiv.). La suppression du système de la limitation n'implique d'ailleurs nullement l'abandon des droits de surveillance et d'inspection de l'Administration, et cette surveillance doit s'exercer dans les abattoirs et à l'entrée des viandes dans Paris aussi bien que dans les étaux et sur les marchés (Rapport du ministre de l'agriculture et du commerce, D. P. 58. 4. 18).

772. L'autorité municipale a, dans le cas d'épizootie, des pouvoirs extrêmement étendus. Elle peut, par exemple, défendre aux bouchers forains de venir débiter leurs viandes dans la commune (Crim. cass. 20 janv. 1872, aff. Champy, D. P. 72. 1. 82). — V. *Boucher*, n° 36.

Cette prohibition avait même été considérée comme légale et obligatoire en dehors du cas d'épizootie (Crim. cass. 12 nov. 1864, aff. Stréby, D. P. 65. 1. 455). Mais, plus récemment, il a été décidé en sens contraire que le droit qui appartient au maire d'une commune de prendre des mesures pour s'assurer de la salubrité des viandes qui y sont introduites ne peut aller jusqu'à l'interdiction de mettre en vente d'autres viandes que celles qui proviennent de l'abattoir communal (Crim. rej. 12 juin 1869, aff. Billard, D. P. 70. 1. 46. — V. *Boucher*, n° 26); V. conf. Av. Cons. d'Et. 15 nov. 1854 et Décis. min. int., *Bulletin officiel*, 1856, p. 416).

773. Conformément à ce qui a été dit au *Rép.* n° 1255, on doit considérer comme légale et obligatoire l'injonction faite aux bouchers de n'abattre des animaux de boucherie qu'à l'abattoir communal. V. les arrêts cités v° *Boucher*, n° 23. — Il en est de même de la défense d'enlever de l'abattoir les animaux abattus avant qu'ils aient été vérifiés et marqués (Crim. cass. 27 janv. 1860, aff. Auboussu, D. P. 61. 5. 25), et de l'obligation imposée aux tripiers de ne retirer de l'abattoir les issues et abats destinés à leur état qu'après que ces viandes ont subi les préparations de l'échaudage, du lavage et du nettoyage (Cons. d'Et. 30 juin 1859, aff. Bouchers de Lyon, D. P. 60. 3. 21). — V. *Boucher*, n° 28.

L'autorité municipale a également le droit d'exiger, sous peine de contravention, que les bouchers aient toujours un approvisionnement suffisant pour satisfaire aux besoins de la consommation (V. *ibid.*, n° 10).

774. Ainsi qu'on l'a vu au *Rép.* n° 1257, quoique la taxe de la viande n'existe en fait que dans un petit nombre de

communes, les maires conservent le droit d'établir cette taxe. Le prix peut être taxé au kilogramme ou d'après la nature et la qualité des viandes (V. *Boucher*, n°s 38 et 39). La circulaire précitée du ministre de l'agriculture et du commerce du 27 déc. 1864 indique les éléments sur lesquels doit être calculée la taxe (V. *ibid.*, n° 45).

L'art. 3, tit. 1er, de la loi des 19-22 juill. 1791, qui autorise l'autorité municipale à soumettre à la taxe la viande de boucherie, s'applique non seulement à la viande de bœuf, de veau et de mouton, mais aussi à la viande de porc frais non manipulée (V. *Boucher*, n° 46).

775. Nous avons dit au *Rép.* n° 1257 que la taxe fixée par arrêté municipal n'est pas applicable aux fournitures faites en vertu d'un traité, elle ne l'est pas davantage aux stipulations de marchés passés par les consistoires israélites avec les bouchers et autorisant ceux-ci à vendre à un prix déterminé les viandes préparées selon les rites hébraïques (V. *Boucher*, n° 41). En dehors de ces exceptions, la taxe est d'ordre public, et la vente faite à un prix supérieur constitue une contravention, lors même que l'acheteur y aurait consenti pour avoir un morceau de choix ou faire écarter les os (V. *ibid.*, n° 40).

776. On a vu au *Rép.* n° 1259 que les règles concernant la boucherie sont applicables à l'exercice de la profession de charcutier. Ainsi l'arrêté municipal qui, dans un intérêt de salubrité, défend aux charcutiers ainsi qu'à toutes autres personnes de conserver en dépôt dans l'enceinte de la ville, au delà du temps strictement nécessaire pour les laisser reposer après leur arrivée, les porcs destinés à être abattus pour la consommation journalière, et, en tous cas, d'avoir plus d'un seul de ces animaux vivant à la fois, est légal et obligatoire (Crim. rej. 22 mars 1851, aff. Nolent, D. P. 51. 5. 41).

Mais les mesures réglementaires que l'autorité municipale a le droit de prendre en ces matières doivent se concilier avec la liberté du commerce et de l'industrie (V. sur ce point, v° *Boucher*, n° 29).

777. — II. Boulangers. — La profession de boulanger, ainsi qu'on l'a vu au *Rép.* n° 1260, est libre comme toutes les professions. Toutefois, des actes du gouvernement avaient, à Paris et dans un certain nombre de villes, dérogé en ce qui concerne la boulangerie, au principe de la liberté du commerce (V. *Rép.* v° *Boulanger*, n°s 10 et suiv.). Mais un décret du 22 juin 1863 (D. P. 63. 4. 127) a abrogé « les dispositions des décrets, ordonnances ou règlements généraux ayant pour objet de limiter le nombre des boulangers, de les placer sous l'autorité des syndicats, de les soumettre aux formalités des autorisations préalables pour la fondation et la fermeture de leurs établissements, de leur imposer des réserves de farine ou de grains, des dépôts de garantie ou des cautionnements en argent, de réglementer la fabrication, le transport ou la vente du pain, autres que les dispositions relatives à la salubrité et à la fidélité du débit du pain mis en vente ». — V. *Boulanger*, n° 3.

Le résultat de cette abrogation a été de substituer à l'ancien régime prohibitif sous lequel était placée la boulangerie un régime de libre concurrence ; mais le décret de 1863 n'a rien innové en ce qui touche aux pouvoirs réglementaires de police qui appartiennent à l'autorité municipale, et il a expressément réservé tout ce qui se rapporte à la salubrité et à la fidélité du débit des denrées (V. *Boulanger*, n° 22).

778. La liberté du commerce de la boulangerie doit entraîner pour les boulangers forains le droit non seulement de se rendre sur les marchés publics, mais d'apporter en ville et de vendre du pain à domicile et même de former des dépôts ou d'établir des boutiques en ville (V. *Boulanger*, n° 67).

779. On a rappelé *supra*, n° 770, que le décret du 22 juin 1863 n'avait pas enlevé à l'autorité municipale le droit de taxer le pain. Ce droit subsiste également sous l'empire de la loi du 5 avr. 1885 (V. *Boulanger*, n° 2).

780. Les questions relatives aux applications du pouvoir réglementaire des maires au commerce de la boulangerie, notamment en ce qui concerne les approvisionnements, la cuisson, la qualité, le poids et la forme des pains, sont examinées v° *Boulanger*, n°s 14 et suiv., 22 et suiv., 42 et suiv.

§ 15. — Règlements relatifs aux incendies, aux inondations et aux accidents (Rep. n°s 1278 à 1309).

781. — I. Mesures tendant a prévenir les incendies, inondations, etc. — Nous avons dit au *Rép.* n° 1279, que les maires peuvent, dans le but de prévenir les incendies, défendre de couvrir les bâtiments en matières inflammables. Il a été jugé que, dans ce cas, le fait d'avoir couvert un bâtiment en carton-bitume était avec raison considéré comme une contravention audit arrêté, alors que le juge de police déclarait que cette matière était essentiellement inflammable (Crim. rej. 12 mars 1858, aff. Denancy, D. P. 69. 5. 240).

782. La jurisprudence décide, conformément à un arrêt du 29 déc. 1820, rapporté au *Rép.* n° 1279, que les prohibitions de l'autorité municipale peuvent s'appliquer non seulement aux toitures, mais aux murs des constructions. Les maires peuvent, en conséquence : 1° prohiber dans la construction des maisons tout emploi de matériaux combustibles qu'ils n'auraient pas préalablement autorisés (Crim. cass. 6 déc. 1860, aff. Oger et Piquet, D. P. 62. 1. 101) ; — 2° Interdire d'une manière absolue la construction de bâtiments dont la façade ou la toiture serait composée de matériaux de cette nature (Crim. cass. 30 nov. 1861, aff. Wager et Vorbe, D. P. 62. 1. 101) ; — 3° Prescrire que les maisons d'habitation seront jusqu'aux combles construites en maçonnerie de pierres de taille, moellons ou briques bien cuites (Crim. cass. 1er juill. 1853, aff. Baltzinger, D. P. 53. 5. 253) ; — 4° Ordonner qu'à l'avenir on ne pourra construire à l'intérieur de la ville qu'en bonne maçonnerie confectionnée de la manière indiquée au règlement (Crim. cass. 24 janv. 1863, aff. Forien, D. P. 63. 1. 111).

Ces prescriptions obligent les ouvriers comme les propriétaires (Arrêt précité du 6 déc. 1860). Elles sont applicables aux constructions joignant la voie publique comme aux constructions élevées à l'intérieur des propriétés dans l'enceinte de la ville (Arrêt précité du 24 janv. 1863), et même aux constructions élevées dans les rues dépendant de la grande voirie, bien que l'autorisation d'y construire ne puisse être délivrée que par le préfet (Arrêt précité du 6 déc. 1860), ainsi que sur les terrains compris dans les zones de servitudes militaires autour des places de guerre, bien que l'autorisation d'y construire doive être demandée à l'autorité militaire (Crim. cass. 15 avr. 1858, aff. Josse, D. P. 66. 5. 351).

Mais, en cette matière comme en toute autre, un arrêté municipal ne peut porter atteinte à un droit de propriété acquis avant sa publication. En conséquence, si l'autorité municipale peut, dans un intérêt de sécurité publique, soumettre, pour prévenir les incendies, les constructions à venir à certaines réglementations, elle ne saurait, sans excès de pouvoirs, prescrire l'exécution de travaux devant modifier l'économie des constructions existantes (Crim. cass. 5 août 1882, aff. Bachet, D. P. 82. 1. 485 ; 19 août 1882, aff. Bégué, D. P. 83. 5. 40).

783. On a exposé au *Rép.* n° 1279 que non seulement l'autorité municipale peut interdire d'élever des constructions avec des matériaux inflammables, mais qu'elle peut aussi interdire de réparer les constructions élevées dans ces conditions ; et lorsqu'il est établi qu'un propriétaire a réparé sa toiture avec du bois, en violation d'un arrêté municipal, le juge ne peut se fonder sur le peu d'importance de la réparation pour excuser la contravention (Crim. cass. 19 févr. 1858, aff. Denis, D. P. 58. 5. 208).

784. L'infraction à un semblable arrêté est punissable alors même que la construction d'où résulte cette infraction est distante de plus de 20 mètres de l'habitation la plus rapprochée, et bien qu'à défaut de cheminée il ne puisse pas y être allumé de feu (Crim. cass. 6 mai 1852, aff. Bordet, D. P. 52. 5. 44). De même, le juge de police ne peut se refuser à prononcer la condamnation, soit à raison du peu d'importance et du caractère mobile des constructions élevées en contravention à l'arrêté (Crim. cass. 30 nov. 1861, aff. Wager, D. P. 62. 1. 101), soit par le motif qu'étant adossées à une maison construite elle-même en matériaux combustibles elles n'ajouteraient rien au danger d'incendie (Crim. cass. 30 nov. 1861, aff. Vorbe, D. P. 62. 1. 101).

785. Lorsqu'un règlement municipal qui renferme des prohibitions de cette nature a, conformément à ce qui a été dit au *Rép.* n° 1282, introduit une exception en faveur

des constructions éparses et de peu d'importance, le juge de police ne peut se fonder exclusivement sur le peu d'importance d'une construction pour appliquer ladite exception; il doit, en outre, indiquer que la construction n'est pas dans un endroit aggloméré (Crim. cass. 17 nov. 1860, aff. Hache, D. P. 60. 5. 199).

786. Les tribunaux de simple police doivent, comme on l'a vu au *Rép.* n° 1279, protéger l'exécution des arrêtés de cette nature non seulement par l'application des peines de police, mais encore en ordonnant la démolition des constructions faites en contravention auxdits arrêtés, alors surtout qu'elle est requise par le ministère public (Arrêt du 30 nov. 1861, cité *suprà*, n° 784; Crim. cass. 21 mars 1851, aff. Quillet, D. P. 51. 5. 548; 12 mars 1858, aff. Denancy, D. P. 69. 5. 240).

Il en est ainsi, malgré la bonne foi du contrevenant, et quoique d'autres contraventions de même nature n'aient pas été poursuivies par le ministère public (Crim. cass. 9 nov. 1850, aff. Roger, D. P. 50. 5. 402).

787. On a vu au *Rép.* n° 1284, que l'autorité municipale peut régler la hauteur à donner aux tuyaux de poêle qui sortent même sur les cours. De même, le règlement ancien qui soumet les propriétaires des maisons à donner aux cheminées une largeur suffisante pour l'introduction du ramoneur est encore obligatoire (Crim. cass. 13 avr. 1849, aff. Goutry, D. P. 49. 1. 137).

788. Une ordonnance de police du 15 sept. 1875, concernant les incendies, reproduit, pour Paris, les prescriptions des ordonnances du 24 nov. 1843 et du 11 déc. 1852, relatives à un mode de construction pour les cheminées et conduits de fumée. Elle enjoint également aux propriétaires et locataires de faire ramoner les cheminées et tous tuyaux conducteurs de fumée assez fréquemment pour prévenir les dangers du feu (V. *Rép.* v° *Contravention*, n° 80).

789. Ainsi que nous l'avons dit au *Rép.* n° 1285, le maire a le droit de prescrire la visite des cheminées des habitations. Aucun doute ne semble possible à cet égard, quoique M. de Champagny ait émis une opinion contraire, en posant en principe que l'autorité municipale ne pourrait prescrire des règles pour ce qui se passe à l'intérieur des maisons particulières (t. 3, n° 122, p. 84 et suiv.). Mais le maire ne peut, sans excès de pouvoirs, imposer aux habitants l'obligation d'ouvrir leur domicile aux agents chargés de cette visite, si ce n'est pendant le jour, et avec l'assistance d'un officier municipal (Crim. rej. 24 mars 1866, aff. Courtois, D. P. 67. 1. 85).

790. On a vu au *Rép.* n° 1288, que dans un certain nombre de communes, il existe des règlements qui déclarent que ceux dans la cheminée desquels le feu prendra seront poursuivis comme ayant contrevenu aux arrêtés de police. Il a été décidé, en ce sens, que l'exécution du ramonage des cheminées aux époques prescrites ne met pas toujours le propriétaire à l'abri du reproche de négligence, et qu'il peut être présumé n'avoir pas pris les précautions nécessaires lorsque le feu a pris dans sa cheminée (Crim. cass. 13 oct. 1849, aff. de Sivray, D. P. 49. 5. 247). Toutefois, il est admis que l'existence d'un feu de cheminée ne prouve pas d'une manière absolue que la cheminée n'a pas été entretenue en bon état; et que le juge peut refuser d'appliquer l'art. 471, § 1er, c. pén., si, le ramonage ayant été fait aux époques prescrites, il est établi qu'aucune négligence n'a été commise (Crim. rej. 23 juin 1865, aff. Dassance, D. P. 65. 5. 223).

791. Il résulte d'une jurisprudence ancienne rapportée au *Rép.* n° 1289, qu'un maire peut défendre d'empiler du bois, soit jusqu'à une hauteur déterminée, soit à moins d'une certaine distance des habitations; l'infraction à un sem-

blable arrêté ne peut être excusée, soit à raison de la petite quantité de bois ou de l'exiguïté du logement du prévenu (Crim. cass. 14 août 1852, aff. Domecq, D. P. 52. 5. 45), soit parce que, d'après l'appréciation du juge, ce dépôt ne présentait aucun danger d'incendie (Crim. cass. 7 juill. 1864, aff. Murati, D. P. 65. 5. 223).

792. Nous avons dit au *Rép.* n° 1293 que l'autorité municipale peut encore enjoindre de n'établir des meules de fourrage ou de grains dans les cours des fermes qu'à une distance déterminée des habitations et de la voie publique (Crim. cass. 12 juill. 1866, aff. Chatel, D. P. 67. 1. 47). Cette prohibition s'étend aux lieux clos et privés aussi bien qu'aux lieux ouverts et publics (Crim. cass. 7 sept. 1848, aff. Leblanc, D. P. 48. 1. 210). L'arrêté municipal qui interdit de placer à une certaine distance des maisons des meules de foin, etc., ou *autres matières combustibles*, ne comprend sous cette dernière dénomination que les objets facilement inflammables. Il ne saurait s'appliquer à des bois de construction ni à des rondins de 8 à 9 centimètres de diamètre, alors surtout que ces bois se trouvent dans un lieu clos (Crim. rej. 26 avr. 1860) (1).

793. Ainsi qu'on l'a vu au *Rép.* n° 1295, des règlements municipaux peuvent défendre les amas de toute espèce de matières inflammables. Ils peuvent également prescrire les précautions nécessaires aux marchands d'huiles, essences, poudres et artifices. Ces règlements doivent se concilier d'une part avec le principe de la liberté de l'industrie et d'autre part avec le droit qui appartient à l'autorité supérieure d'accorder ou de refuser l'autorisation d'exploiter des établissements dangereux. Ainsi, bien que le maire puisse fixer la distance des habitations voisines ou des matières inflammables à laquelle les forges devront être construites, on doit considérer comme contraire au principe de la liberté de l'industrie et, par suite, comme non obligatoire, l'arrêté d'après lequel il serait établi dans une ville ni four, ni forge, ni usine, ni atelier quelconque exigeant des fourneaux (Crim. rej. 19 févr. 1876, aff. Saint-Jean, D. P. 77. 1. 46). De même l'autorité municipale peut bien, pour prévenir les dangers résultant de l'agglomération excessive, au milieu d'habitations voisines, de matières essentiellement inflammables, enjoindre à un commerçant de réduire ses approvisionnements accumulés et régler la distance qui devra exister entre le dépôt et les habitations; mais elle ne peut lui enjoindre de supprimer entièrement ce dépôt dans un délai déterminé (Crim. rej. 15 juin 1883, aff. Gardair, D. P. 84. 1. 430).

Les décrets du 19 mai 1873 (D. P. 73. 4. 69) et du 20 mars 1885 (D. P. 85. 4. 80) ont déterminé les formalités et les précautions que doivent observer les marchands d'huiles et essences minérales.

794. Il appartient à l'autorité municipale d'interdire d'allumer du feu dans les rues ou places d'une ville à une certaine distance des maisons; cette prohibition s'applique même au fait d'allumer des feux de bois ou de paille en plein air dans la cour d'une maison (Crim. cass. 25 juin 1859, aff. Pichard, D. P. 59. 5. 252); et elle est applicable aussi bien aux feux allumés pour une opération industrielle qu'aux feux allumés dans un but d'amusement ou de réjouissance (Même arrêt). Il a été décidé, en ce sens, que le fait d'allumer du feu sur une place pour y griller du café constitue une contravention (Crim. cass. 11 nov. 1881, aff. Pichard, D. P. 82. 5. 351); et que le contrevenant ne peut invoquer comme excuse la tolérance municipale antérieure (Même arrêt).

A Paris, l'art. 113 de l'ordonnance de police du 25 juill.

---

(1) (Gallard.) — La cour; — Attendu que l'arrêté du maire de Saint-Denis-Hors, pris, le 9 oct. 1858, pour prévenir les incendies, et dûment approuvé, défend aux habitants, par son article premier, de placer à moins de 10 mètres des bâtiments d'habitation ou d'exploitation des meules de grain, de foin, de paille ou chaume, de fagots de bois ou autres matières combustibles; — Attendu que le procès-verbal du commissaire de police d'Amboise constatait qu'au jour indiqué Alexandre Gallard, charpentier, avait accumulé dans son chantier des bois de chauffage et de construction contre la maison de Pierre Clément, aubergiste; — Attendu que, cité devant le tribunal de simple police d'Amboise pour contravention à l'arrêté précité, Gallard a été relaxé de la poursuite par le motif que des bois de construction et des rondins d'un diamètre moyen de 8 à

9 centimètres ne devaient pas, d'après leur nature, et surtout se trouvant dans un lieu fermé, être soumis à la mesure de précaution dictée par l'intérêt de la sûreté publique, relativement aux matières facilement inflammables; — Attendu, en effet, que la prohibition de l'arrêté s'applique spécialement aux meules de grains, de foin, de paille ou chaume, de fagots de bois, et que par ces mots, *autres matières combustibles*, il ne faut entendre que des matières d'une nature analogue, c'est-à-dire facilement inflammables; — Que c'est donc à bon droit que la sentence attaquée a refusé, en l'état des faits constatés, de faire application du règlement municipal; — Rejette, etc.

Du 26 avr. 1860.-Ch. crim.-MM. Vaïsse, pr.-Meynard de Franc, rap.-Guyho, av. gén.

1862 sur la sûreté, la liberté et la commodité de la circulation, défend de brûler de la paille et autres matières inflammables sur la voie publique ; et l'art. 25 de l'ordonnance du 15 sept. 1875, concernant les incendies, interdit de brûler de la paille sur aucune partie de la voie publique, dans l'intérieur des abattoirs, des halles et marchés, dans les cours, les jardins et terrains particuliers, et d'y mettre aucun amas de matières combustibles.

795. Nous avons dit au *Rép.* nᵒ 1302 qu'il appartient à l'autorité municipale de déterminer les lieux dans lesquels il doit être interdit de tirer des pièces d'artifices. A Paris l'interdiction s'étend à l'intérieur des maisons, en vertu de l'art. 7 de l'ordonnance de police du 7 juin 1856. Sur ce qu'on doit entendre par *pièces d'artifice*, V. *suprà*, nᵒ 642.

796. Conformément à une jurisprudence rapportée au *Rép.* nᵒ 1305, on doit reconnaître aux maires le droit d'ordonner que les habitants fassent des patrouilles dans les communes pour surveiller les malfaiteurs et les empêcher d'incendier les propriétés ; et les arrêtés pris à cet effet sont obligatoires pour les étrangers, au même titre et de la même manière que pour les nationaux (Crim. cass. 12 janv. 1882, aff. Garcia, D. P. 82. 5. 44).

Il a été également jugé que dans les circonstances calamiteuses, et spécialement en temps de crise révolutionnaire, les maires ont le droit d'organiser un service momentané d'ordre et de sûreté (Crim. rej. 7 déc. 1848, aff. Menereuil, D. P. 48. 5. 25). Mais ils ne pourraient user de cette faculté pour rétablir indirectement les gardes nationales, qui ont été supprimées par la loi du 27 juill. 1872 sur le recrutement de l'armée (V. *Organisation militaire*).

797. On a dit au *Rép.* nᵒ 1307 que l'autorité municipale doit aviser aux moyens de prévenir les asphyxies et d'en combattre les effets. A Paris, une ordonnance de police du 7 mai 1872 contient les prescriptions relatives aux secours à donner aux noyés, asphyxiés ou blessés (V. *Asphyxie*).

L'autorité municipale a également le droit d'édicter les mesures propres à prévenir tous les accidents qui sont de nature à compromettre la sécurité et la vie même des personnes circulant sur des terrains non clos qui avoisinent la voie publique (Crim. rej. 1ᵉʳ mai 1868, aff. Gout, D. P. 68. 1. 363).

La loi de 1790 n'énonçait pas spécialement les inondations parmi les fléaux calamiteux qu'il appartient aux maires de prévenir et de combattre, mais elles y étaient implicitement comprises ; et la loi de 1884 les y comprenant nommément n'a rien changé à l'état de choses existant.

798. — I. Mesures pour arrêter l'effet des incendies ou autres accidents. — On a vu au *Rép.* nᵒ 1309, que lorsqu'un incendie ou un accident s'est produit dans une commune, l'autorité municipale a le droit de requérir les particuliers de faire les travaux, d'accomplir les services ou de prêter les secours nécessaires. — Sur les conditions dans lesquelles s'exerce ce droit de réquisition, V. *Rép.* vᵒ *Contravention*, nᵒˢ 387 et suiv.

§ 16. — Mesures relatives aux épidémies ou épizooties
(*Rép.* nᵒˢ 1310 à 1315).

799. La loi de 1790 comprenait, ainsi que nous l'avons dit au *Rép.* nᵒ 1310, les *épidémies* et *épizooties* parmi les fléaux calamiteux que l'autorité municipale est chargée de prévenir par ses précautions ou de soulager par ses secours. Le législateur de 1884 a modifié cette rédaction, en substituant sur la proposition de M. Peulevey à l'expression d'*épidémie* celle de « *maladies épidémiques et contagieuses* ».

800. Le soin de faire cesser les épidémies par la distribution de secours nécessaires consiste dans l'organisation des secours médicaux (Morgand, t. 2, p. 89). Le soin de prévenir ces fléaux consiste principalement dans les mesures destinées à faire disparaître les causes d'insalubrité. A cet égard les maires sont investis, lorsqu'une commune est menacée d'épidémie, de pouvoirs beaucoup plus étendus que ceux qui leur sont confiés en l'absence de circonstances exceptionnelles. C'est ainsi qu'en vue de prévenir une épidémie dont le pays est menacé, l'autorité municipale peut enjoindre aux propriétaires ou locataires de faire disparaître de leurs maisons, cours, jardins et dépendances, à des époques déterminées, tous les fumiers, immondices et autres matières

de nature à répandre des exhalaisons infectes et malsaines (Crim. cass. 2 mars 1867, aff. Montfort, D. P. 67. 1. 414). De même, en temps d'épizootie, l'autorité municipale peut, dans un intérêt de salubrité publique, déroger momentanément au principe de la liberté de l'industrie, en défendant aux bouchers forains de venir, jusqu'à nouvel ordre, débiter des viandes dans la commune (Crim. cass. 20 janv. 1872, aff. Champy, D. P. 72. 1. 82).

801. Les devoirs de l'autorité municipale en ce qui concerne les épizooties ont été définis par la loi du 21 juill. 1881 (D., P. 82. 4. 32), qui reproduit d'ailleurs, sur beaucoup de points, les prescriptions des arrêts de 1775 et de 1784, que nous avons analysés au *Rép.* nᵒ 1314 (V. aussi le décret portant règlement d'administration publique du 22 juin 1882, pour l'exécution de cette loi, et la circulaire du ministre de l'agriculture, du 20 août 1881). Le maire doit recevoir les déclarations des détenteurs d'animaux atteints ou soupçonnés d'être atteints de maladies contagieuses. Il veille à ce que les animaux soient isolés et séquestrés, y pourvoit d'office s'il y a lieu, et fait procéder à la visite des animaux malades ou suspects par le vétérinaire chargé de ce service (art. 3 et 4). Il lui appartient également, en cas d'urgence, d'autoriser l'enfouissement de l'animal (art. 3). Lorsqu'un arrêté du préfet a constaté l'existence de la peste bovine dans la commune, le maire ordonne, conformément à l'avis du vétérinaire, l'abatage immédiat des animaux contaminés, et il autorise leur transport en vue de l'abatage (art. 6 et 7). Dans le cas de morve, de charbon et de farcin reconnus incurables, il ordonne également l'abatage (art. 20). Il dresse l'état des frais dus pour abatage, transport, quarantaine et désinfection, lorsque ces mesures ont été prises d'office (art. 37). Les maires des communes-frontières sont en outre chargés de prendre les mesures sanitaires prescrites par la loi ou le Gouvernement pour l'introduction des animaux étrangers (art. 27).

Ainsi que le fait observer M. Morgand, t. 2, p. 96, cette réglementation très complète laisse peu à l'initiative des municipalités, qui n'ont plus guère qu'à veiller à la stricte application de ces règlements, en tant du moins qu'il s'agit de combattre la maladie.

§ 17. — Divagation des fous et furieux, des animaux. — Entretien d'animaux immondes dans les villes (*Rép.* nᵒˢ 1316 à 1335).

802. La loi du 16 août 1790 confiait, comme on l'a vu au *Rép.* nᵒ 1316, aux municipalités le soin « d'obvier ou de remédier aux événements fâcheux qui pourraient être occasionnés par les insensés ou les furieux laissés en liberté et par la divagation des animaux malfaisants ou féroces ». La loi de 1884 a modifié cette rédaction : l'art. 97 charge l'autorité municipale « de prendre provisoirement les mesures nécessaires contre les aliénés dont l'état pourrait compromettre la morale publique ou la sécurité des personnes ou la conservation des propriétés » (§ 7), et « d'obvier ou de remédier aux événements fâcheux qui pourraient être occasionnés par la divagation des animaux malfaisants ou féroces » (§ 8).

Le paragraphe 7 est en corrélation avec l'art. 19 de la loi de 1838 qui, en cas de danger imminent, charge les commissaires de police à Paris, et les maires dans les autres communes, de prendre à l'égard des personnes atteintes d'aliénation mentale toutes les mesures provisoires nécessaires, à la charge d'en référer dans les vingt-quatre heures au préfet qui statue sans délai.

803. Ainsi que nous l'avons dit d'ailleurs au *Rép.* nᵒ 1316, l'art. 475, § 7, c. pén. punit des peines de simple police, indépendamment de tout règlement municipal, ceux qui laissent divaguer des fous ou des furieux placés sous leur garde.

Le même paragraphe punit des mêmes peines ceux qui laissent divaguer des animaux malfaisants ou féroces. Cette disposition, qui est également indépendante de tout règlement municipal, et celle de l'art. 97, § 8, de la loi de 1884, s'appliquent à tous les animaux nuisibles, en y comprenant les animaux domestiques lorsqu'ils peuvent occasionner quelque danger.

804. Les chiens ne rentrent pas nécessairement dans cette catégorie (Crim. rej. 5 mars 1852, aff. Gouget, D. P. 52. 5. 23), et le règlement qui défend de laisser *divaguer* les chiens, n'a pas pour effet de les faire classer parmi les animaux

malfaisants ou féroces, alors même qu'il a été pris en vue de conjurer les dangers de l'hydrophobie (Crim. cass. 18 juill. 1867, aff. Paillet, D. P. 67. 5. 20). D'après ce dernier arrêt, en effet, le chien ne peut être considéré comme malfaisant qu'en raison du vice de son naturel particulier ; et, en dehors de cette circonstance, un arrêté de la nature de celui dont il s'agit ne pourrait avoir d'autre sanction que celle de l'art. 471, § 15, c. pén.

805. On doit, au contraire, faire rentrer dans la classe des animaux malfaisants auxquels sont applicables les dispositions de l'art. 475, § 7, c. pén. : 1° le chien qui attaque les passants sans être provoqué (Crim. cass. 13 avr. 1849, aff. Oudin, D. P. 49. 5. 13 ; 3 oct. 1851, aff. Gerber, D. P. 51. 5. 21 ; 10 mars 1854, aff. Husson, D. P. 54. 5. 26) ; — 2° Celui qui entre dans une maison et y commet des dégâts (Crim. cass. 12 janv. 1856, aff. Sureau, D. P. 67. 5. 20 ; 20 nov. 1868, aff. Durand, D. P. 72. 5. 23).

806. Les mesures ayant pour objet de prévenir la communication de la rage rentraient précédemment dans les attributions de l'autorité municipale. Mais l'art. 10 de la loi du 21 juill. 1881 (D. P. 82. 4. 32) prescrit l'abatage immédiat de tous les animaux atteints de la rage de quelque espèce qu'ils soient, ainsi que des chiens et chats suspects. En outre, le règlement d'administration publique du 22 juin 1882 (D. P. 83. 4. 11) comprend une série de dispositions concernant les chiens errants, les chiens sans collier, l'obligation de museler les chiens dans certains cas, et les mesures à prendre à l'égard des animaux enragés ou suspects (art. 51 à 56). L'art. 10 de la loi de 1881 ne s'appliquant qu'aux chiens et chats suspects d'être atteints de la rage, l'arrêté du maire qui enjoint à un propriétaire d'abattre ses chiens alors que ces animaux surveillés par le vétérinaire délégué par l'Administration n'ont rien présenté de suspect dans leur état n'est pas obligatoire (Crim. rej. 4 déc. 1886, aff. Bidault, D. P. 87. 1. 460).

807. De même que les chiens, les porcs ne doivent, ainsi que nous l'avons dit (Rép. n° 1327), être rangés parmi les animaux malfaisants que dans le cas où ils présentent un vice particulier (Crim. cass. 9 déc. 1854, aff. Delahaie, D. P. 55. 5. 19 ; 21 sept. 1855, aff. Olmo, ibid.).

808. Mais, ainsi que nous l'avons dit au Rép. n° 1332, les maires peuvent prohiber la divagation de certains animaux tels que les porcs, oies et canards, en vue de la salubrité et de la propreté de la voie publique (Crim. cass. 18 févr. 1858, aff. Bocquillon, D. P. 58. 5. 16).

809. Conformément à une règle générale rappelée au Rép. n° 1335, le juge de police ne peut relaxer le contrevenant à un règlement sur la divagation des animaux, en admettant des excuses non reconnues par la loi, et notamment sous le prétexte que le contrevenant était étranger à la ville et ignorait le règlement (Crim. cass. 14 mai 1853, aff. Bernard, D. P. 53. 5. 17) ; ou que l'animal s'était momentanément échappé (Crim. cass. 4 oct. 1845, aff. Lepsant, D. P. 45. 4. 42), et qu'il était recherché par son maître au moment de la rédaction du procès-verbal (Crim. cass. 4 déc. 1862, aff. Dumont, D. P. 63. 5. 162).

§ 18. — Théâtres, spectacles publics (Rép. n°ˢ 1336 à 1343).

810. Les dispositions de l'art. 3, tit. 11, de la loi du 24 août 1790 qui, ainsi qu'on l'a vu au Rép. n° 1336, mentionnent les spectacles parmi les lieux publics dont le bon ordre est confié au pouvoir réglementaire des maires, ont été reproduites par l'art. 97, § 3, de la loi du 5 avr. 1884.

811. Le décret du 6 janv. 1864 (D. P. 64. 4. 17), qui a consacré la liberté d'établissement des théâtres proprement dits, en réservant à l'administration supérieure le droit d'autoriser la représentation des pièces nouvelles, a maintenu sur les points qu'il n'a pas réglés les droits de l'autorité municipale. La suppression du régime de l'autorisation municipale ne met donc pas obstacle à ce qu'elle s'oppose à l'ouverture d'un théâtre qui n'offrirait pas des conditions suffisantes de sécurité, ni même à ce qu'elle ordonne la fermeture d'un théâtre qui ne remplirait pas ces conditions. A Paris, les conditions dans lesquelles peut avoir lieu l'ouverture d'un théâtre sont déterminées par l'ordonnance de police du 16 mai 1881.

L'autorité municipale peut notamment édicter les mesures propres à prévenir les chances d'incendie, prescrire de laisser les issues libres pendant les représentations afin de faciliter l'évacuation de la salle, empêcher l'obstruction des passages destinés à la circulation des personnes, déterminer un mode d'ouverture de portes, pour faciliter l'évacuation des spectateurs, etc. (Ord. 16 mai 1881, art. 50 et suiv., 31, 69, 86, 94, 95, 97 et suiv.).

812. Il appartient à l'autorité municipale de fixer les heures d'ouverture et de clôture des représentations théâtrales (Crim. cass. 6 juin 1856, aff. Thibaud, D. P. 56. 1. 310). Elle peut également, comme nous l'avons dit au Rép. n° 1338, régler la circulation des voitures et leur stationnement aux abords des théâtres (Ord. 16 mai 1881, art. 98), prohiber la vente des billets et contremarques sur la voie publique ou dans une localité quelconque, ainsi que le racolage ayant cette vente pour objet (art. 87), et enjoindre de faire afficher ostensiblement le prix des places (art. 73 à 80).

813. Nous avons dit qu'une pièce autorisée par le ministre de l'intérieur est censée l'être pour toute la France (Rép. n° 1339). Comme les pièces interdites par le ministre, le sont par cela même par toute la France, et par suite le maire ne pourrait les autoriser (Circ. min. des beaux-arts, 28 avr. 1864, D. P. 64. 3. 94).

814. L'art. 6, § 1ᵉʳ, du décret du 6 janv. 1864 laisse soumis aux règlements alors en vigueur les spectacles de curiosités, les marionnettes, les cafés dit cafés-chantants, cafés-concerts, et les autres établissements du même genre. Ces divers établissements restent donc, ainsi qu'on l'a vu sous la législation antérieure (Rép. n° 1336), soumis à l'autorisation du maire. On doit faire rentrer dans la classe des théâtres de curiosités les petits spectacles de physique et de magie, les panoramas, dioramas, tirs, feux d'artifices, expositions d'animaux, les exercices équestres et tous les spectacles forains qui n'ont pas d'emplacement durable (Circ. 28 avr. 1864, citée suprà, n° 813).

815. Les cafés-concerts ne rentrent dans l'exception édictée par l'art. 6 du décret de 1864 que s'ils ne donnent pas de véritables représentations théâtrales. Il a été jugé que l'autorité municipale peut interdire aux hôteliers, aubergistes, cafetiers et débitants, de permettre dans leurs établissements tous chants ou musiques non autorisés par le maire (Crim. rej. 12 juin 1846, aff. Roche, D. P. 46. 1. 276 ; Crim. cass. 12 août 1882, aff. Mohamed ben Amed, D. P. 83. 1. 276).

816. Le droit d'autoriser les spectacles de curiosités que la loi confère aux maires, sous le contrôle de l'autorité supérieure, est un pouvoir de police qui ne peut s'exercer qu'au point de vue de l'ordre public et ne peut faire l'objet d'une convention (Req. 5 janv. 1880, aff. Borsat de Laverrière, D. P. 80. 1. 303). Par suite, la convention par laquelle un maire s'engage envers le directeur d'un théâtre à refuser toute autorisation d'autres spectacles pouvant porter atteinte aux intérêts de la direction théâtrale est illicite et de nul effet (Même arrêt).

§ 19. — Observation des fêtes et dimanches (Rép. n°ˢ 1344 à 1349).

817. Nous avons dit au Rép. n° 1344, que, la jurisprudence ayant considéré comme encore en vigueur la loi du 18 nov. 1814 sur le repos des dimanches et des fêtes religieuses, les prescriptions des arrêtés qui ne faisaient que reproduire les dispositions de la loi de 1814, en ordonnant des mesures propres à en garantir l'exécution, étaient obligatoires comme la loi elle-même.

La loi du 18 nov. 1814 a été formellement abrogée par celle du 12 juill. 1880 (D. P. 80. 4. 92). Il en résulte que des arrêtés municipaux ne pourraient aujourd'hui interdire le travail les dimanches et jours de fêtes religieuses. Il a été décidé, toutefois, que le règlement municipal qui défend aux bouchers d'abattre des animaux les dimanches et jours fériés est légal et obligatoire, une semblable mesure n'ayant pour but que de permettre des intervalles destinés à le nettoyage et l'aération de l'abattoir et d'assurer aux employés un repos indispensable, et étant d'ailleurs complètement étranger aux prévisions de la loi du 12 juill. 1880 (Crim. rej. 29 juill. 1882, aff. Durbec, D. P. 83. 1. 367).

§ 20. — Apposition des enseignes et affiches (*Rép.* nos 1350 à 1355).

818. Comme on l'a vu *suprà*, n° 651, la loi du 29 juill. 1881 ayant rendu absolument libre l'affichage des écrits politiques et autres, le droit de réglementation qui résultait précédemment pour l'autorité municipale des lois des 14-22 déc. 1789, 16-24 août 1790, 19-22 juill. 1791, a cessé d'exister, et l'autorité administrative ne peut prendre aucune mesure préventive de nature à restreindre la liberté accordée par la loi (V. *Affiche*, n° 27).

819. L'abrogation des lois et règlements relatifs à l'affichage a fait disparaître les dispositions de l'art. 3 du décret du 25 août 1852, qui astreignait l'afficheur à inscrire sur chaque exemplaire de l'affiche le numéro du permis qui, sous la législation alors en vigueur, devait être délivré par l'autorité municipale (V. *Affiche*, n° 41). Mais cette abrogation laisse subsister la disposition finale du même article qui, dans un intérêt purement fiscal, prescrit l'inscription d'un numéro d'ordre sur chaque exemplaire de l'affiche au moment où il est placardé. Elle laisse également subsister la contravention fiscale résultant du non-payement des droits (V. les décisions citées *ibid.*, n° 40 ; *Adde* : Amiens, 3 févr. 1887, aff. Claisse, D. P. 88. 2. 23).

820. L'art. 15 de la loi du 29 juill. 1881 charge le maire, dans chaque commune, de désigner par arrêté les lieux exclusivement destinés à recevoir les affiches des lois et autres actes de l'autorité publique, et interdit d'y placarder des affiches particulières. L'infraction à cette prohibition constitue une contravention de police punie des peines prévues à l'art. 2 de la même loi, c'est-à-dire d'une amende de 5 à 15 fr.

TIT. 4. — DES ACTIONS ACTIVES ET PASSIVES DES COMMUNES ET SECTIONS DE COMMUNES (*Rép.* nos 1356 à 1503).

821. Les dispositions de la loi du 18 juill. 1837 qui ont été analysées et commentées au *Rép.* nos 1356 et suiv., en ce qui concerne les actions judiciaires des communes ont été, sur plusieurs points, éclaircies par la loi du 5 avr. 1884. Les modifications qu'elles avaient subies ont été coordonnées, et quelques difficultés qui avaient arrêté la jurisprudence ont été levées.

CHAP. 1er. — A qui appartient le droit d'agir ou de plaider pour les communes (*Rép.* nos 1357 à 1393).

822. L'art. 90, § 8, de la loi du 5 avr. 1884 charge le maire, sous le contrôle du conseil municipal et la surveillance de l'administration supérieure, de représenter la commune en justice, soit en demandant, soit en défendant. Sous l'empire de cette disposition comme sous la législation antérieure rapportée au *Rép.* n° 1357, le maire a seul qualité pour agir en justice, au nom de la commune, dans les procès qui intéressent la propriété communale. Il a été jugé, en ce sens, que lorsque, sur l'action en validité de la contrainte à fin de payement d'un droit communal, le défendeur oppose une exception qui soulève une question de propriété ou de servitude intéressant la commune, il appartient au maire seul, à l'exclusion du percepteur municipal, de défendre à cette exception, et que, dès lors, les procédures auxquelles elle a donné lieu antérieurement à sa mise en cause sont nulles (Civ. cass. 11 juill. 1860, aff. Commune de Tabanac, D. P. 60. 1. 282).

823. Cette règle générale comporte toutefois, comme on l'a vu (*Rép.* nos 1369 et suiv.), certaines exceptions. Non seulement, dans le cas d'empêchement du maire, le droit d'agir en justice au nom de la commune appartient à l'adjoint ou au premier conseiller inscrit que l'art. 84 de la loi du 5 avr. 1884 investit de la plénitude des fonctions du maire, mais, ainsi que nous l'avons vu précédemment,

aux termes de l'art. 83, dans le cas où les intérêts du maire se trouvent en opposition avec ceux de la commune, il appartient au conseil municipal de désigner un autre de ses membres pour représenter la commune en justice.

Le maire représente en justice non seulement la commune, mais les sections de commune : on verra toutefois que, dans le cas où une section de la commune plaide contre la commune elle-même ou contre une autre section de la même commune, l'action doit être suivie au nom de la section par une commission syndicale élue à cet effet dans la section.

824. Le préfet, sous l'autorité duquel sont placés les chemins vicinaux de grande communication, et qui centralise toutes les ressources destinées à leur établissement et à leur entretien, a seul qualité, à l'exclusion des maires, pour intenter les actions relatives à ces chemins et pour y défendre (Civ. rej. 25 mai 1868, aff. Cambreling, D. P. 68. 1. 405 ; 9 août 1882, aff. Descoutures, D. P. 83. 1. 157). En ce qui concerne les chemins d'intérêt commun, la jurisprudence a varié. Le conseil d'Etat avait longtemps jugé qu'il appartenait aux maires d'agir au nom des communes intéressées à l'entretien de ces chemins d'intérêt commun (Cons. d'Et. 17 mars 1857, aff. Vinas, D. P. 57. 3. 85 ; 25 janv. 1865, aff. Pointelet, D. P. 65. 3.69. V. conf. Civ. cass. 4 févr. 1867, aff. Lacroix Morel, D. P. 67. 1. 154), et, postérieurement à la loi du 10 août 1871 qui a assimilé par diverses dispositions les chemins vicinaux d'intérêt commun aux chemins de grande communication, le conseil d'Etat a continué à mettre en cause, dans les affaires concernant ces chemins, les communes intéressées dans la personne de leurs maires et décidé que le préfet était sans qualité pour agir en leur nom (Cons. d'Et. 1er déc. 1876, aff. Préfet du Pas-de-Calais et Lemoine, D. P. 77. 3. 9). Cette jurisprudence a été abandonnée par le conseil d'Etat (Cons. d'Et. 12 janv. 1877, aff. Préfet de l'Aude, D. P. 77. 3. 9 ; 25 mars 1881, aff. Préfet de la Nièvre, D. P. 82. 3. 92). D'après ces derniers arrêts, c'est au préfet seul qu'il appartient de représenter en justice les communes intéressées à l'exécution des travaux d'un chemin d'intérêt commun. Cette solution qui, théoriquement, ne serait peut-être pas à l'abri de la critique, a été inspirée par des considérations d'utilité pratique. En fait, il s'est organisé dans chaque département un service vicinal qui centralise toutes les affaires relatives aux chemins de grande communication et d'intérêt commun : c'est ce service qui prépare, à l'exclusion des autorités municipales, les demandes de subvention et qui dirige toutes les actions comme tous les travaux. L'intervention des maires a paru un circuit de procédure inutile, et qui pourrait avoir de graves inconvénients si l'accord ne s'établissait pas entre les maires des diverses communes intéressées (V. en sens contraire : Guillaume, *Traité de la voirie municipale*, n° 102 ; D. P. 77. 3. 10, notes 4, 5 et 6). — La cour de cassation a d'ailleurs refusé de se rallier à la nouvelle jurisprudence du conseil d'Etat (V. Civ. rej. 8 déc. 1885, aff. Commune de Lahonce, D. P. 87. 1. 492. — V. aussi, *Action possessoire*, n° 151).

825. On examinera *infrà*, nos 915 et suiv., la question de savoir si le préfet pourrait, au refus du maire et contrairement à l'avis du conseil municipal, représenter les communes en justice soit en demandant, soit en défendant. Mais lorsque le conseil municipal veut plaider, que sa délibération a été suivie de l'autorisation du conseil de préfecture ou du conseil d'Etat, et que le maire se refuse à l'exécuter, en restant en justice au nom de la commune, le préfet peut, après l'avoir requis, exercer l'action de la commune par lui-même ou par un délégué spécial. En pareil cas, le refus du maire, contraire à la résolution du conseil municipal, tombe sous l'application de l'art. 85 de la loi du 5 avr. 1884. Telle est du moins la solution admise par la circulaire ministérielle du 15 mai 1884 ; V. conf. Bourges, 27 juill. 1864 (1) ; Ducrocq, *Etudes sur la loi municipale*, p. 45.

(1) (Leddet C. Pirel et autres). — La cour ; — Considérant, en fait, qu'il est pleinement établi que sur le litige engagé, le maire de la commune de Job, en ce de parfait accord avec le conseil municipal et mû qu'il ait été par motifs de conscience ou autres moins désintéressés, a refusé tout concours à l'autorité supérieure pour défendre à la demande intentée contre la commune et contester en quoi que ce soit les droits de Pirel et consorts reconnaissant au contraire de tous points leur légitimité ; qu'il a négligé sinon décliné avec persistance, bien que dûment et itérativement

sollicité et requis par le préfet, tous actes conservatoires et diligences dans l'intérêt communal ; qu'il s'est refusé ainsi à exécuter l'arrêté du conseil de préfecture qui, contrairement à la délibération du conseil municipal, autorisait la commune à ester en justice, paralysant autant qu'il était en lui l'action de l'autorité administrative supérieure ;

En droit : — Considérant que soit sous l'autorité (art. 9), soit sous la surveillance de l'administration supérieure (art. 10 de la loi des 18-22 juill. 1837), le maire est chargé d'accomplir certains devoirs

CHAP. 2. — **Actions intentées par les habitants relativement aux intérêts communaux** (*Rép.* n⁰ˢ 1394 à 1466).

Art. 1ᵉʳ. — *Qui peut agir dans un intérêt communal* (*Rép.* n⁰ˢ 1394 à 1411).

826. L'art. 123 de la loi du 5 avr. 1884 reproduit la disposition de l'art. 49, § 3, de la loi de 1837 qui, ainsi qu'on l'a vu au *Rép.* n⁰ 1394, autorise tout contribuable inscrit au rôle des contributions directes dans la commune à exercer, à ses frais et risques, mais toutefois après autorisation du conseil de préfecture, les actions qu'il croit appartenir à la commune ou section de commune, et que ces communes ou sections préalablement appelées à en délibérer ont refusé d'exercer. La commune ou section doit être mise en cause, et la décision qui intervient a effet à son égard.

Dans la discussion de la loi nouvelle à la Chambre des députés, M. Jules Roche a proposé de supprimer cette faculté accordée aux contribuables de se substituer à la commune lorsque celle-ci néglige d'agir. Mais on a fait observer que la commune trouvait une garantie dans l'examen du conseil de préfecture, qui n'autoriserait le contribuable qu'à bon escient, et qu'il était utile de ne pas laisser péricliter dans certains cas des droits dont la défense pourrait être négligée par des administrateurs insouciants ou coupables. L'amendement de M. Roche a été repoussé. Il en a été de même d'un autre amendement proposé par le même député et tendant à substituer aux mots « *tout contribuable* »ceux-ci : « *tout électeur municipal* ». Il a été répondu que cette restriction aurait l'inconvénient d'écarter les femmes, les mineurs et les propriétaires non domiciliés (D. P. 84. 4. 59, note 123). La disposition conserve donc la même extension que celle de l'art. 49 de la loi de 1837 et comprend, sans distinction, tous les contribuables inscrits au rôle de la commune. Suivant M. Morgand, t. 2, p. 245, le droit d'exercer les actions de la commune appartiendrait même à un étranger non domicilié, s'il était contribuable.

827. En dehors des conditions prescrites par l'art. 123 de la loi de 1884, un habitant ou contribuable de la commune est, ainsi que nous l'avons dit au *Rép.* n⁰ 1395, non recevable à réclamer en justice un droit communal. Mais les dispositions de cet article ne sont pas applicables au cas où des individus troublés dans l'exercice d'un droit qui appartient à tous les habitants d'une commune, intentent

ut singuli une action possessoire contre l'auteur du trouble, alors que celui-ci ne conteste ni le droit, ni la possession de la commune (Civ. rej. 5 juill. 1869, aff. Laporte, D. P. 69. 1. 480; Montpellier, 16 juin 1864, aff. Alric, D. P. 67. 1. 159. V. toutefois: Reverchon, *Autorisation de plaider*, n⁰ 35). — V. aussi *Action possessoire*, n⁰ 146.

828. Il en est ainsi, d'une manière générale, comme on l'a vu au *Rép.* n⁰ 1411, pour tous les litiges ayant pour objet de simples droits privatifs, revendiqués à titre particulier par des contribuables indépendamment de leur qualité d'habitants et à l'exclusion d'autres membres de la communauté (Civ. rej. 6 avr. 1859, aff. Commune de Toucy, D. P. 59. 1. 223; 12 août 1868, aff. Leguen, D. P. 68. 1. 453; Civ. cass. 11 déc. 1871, aff. Dayrens, D. P. 71. 1. 273; Civ. rej. 3 juin 1872, aff. Ollivier, D. P. 72. 1. 236; 30 juill. 1873, aff. Beaumelou, D. P. 75. 1. 133; Req. 24 mars 1885, aff. Dutemple, D. P. 86. 1. 44; Besançon, 17 mars 1869, aff. Bredin, D. P. 69. 2. 96). Mais les habitants d'une commune ne peuvent exercer *ut singuli* les actions dérivant de droits qui ne leur appartiennent qu'en qualité d'habitants de cette commune; et lorsque celui qui exerce une action excipe d'un droit communal, l'action n'est recevable que sous les conditions énoncées en l'art. 123 (Req. 16 juin 1851, aff. Soyer, D. P. 54. 5. 135; Civ. cass. 26 janv. 1864, aff. Commune de Villepail, D. P. 64. 1. 78; Req. 24 juill. 1874, aff. Baille, D. P. 71. 1. 160; Civ. rej. 20 févr. 1877, aff. Rigaud, D. P. 77. 1. 477; Req. 14 mai 1877, aff. Thivellier, D. P. 78. 1. 15; Civ. cass. 20 mars 1878, aff. Sabathier, D. P. 79. 1. 335; Besançon, 24 janv. 1863, aff. Besson, D. P. 63. 2. 35; Montpellier, 24 mars 1873, aff. Caffort, D. P. 73. 2. 234).

829. Il appartient à la cour de cassation d'apprécier le caractère du droit réclamé (Arrêts des 26 janv. 1864 et 20 mars 1878 cités *suprà*, n⁰ 828). Mais ainsi que nous l'avons dit au *Rép.* n⁰ 1415, la question de savoir si, dans une action qui intéresse la commune, le demandeur a agi comme simple particulier ou comme contribuable de la commune est laissée à l'appréciation souveraine des juges du fond (Civ. rej. 16 févr. 1859, aff. Prieur, D. P. 59. 1. 53; Arrêt du 20 févr. 1877 cité *suprà*, n⁰ 828).

830. Lorsque les habitants d'une commune réclament *ut singuli* un droit qui leur appartient *ut universi*, une telle action, bien que présentée sous la forme d'une action individuelle, est en réalité le caractère d'une action communale, que le maire en principe peut seul exercer, et que les parti-

---

et de pourvoir à certains intérêts ; — Que les actes que ces obligations de nature diverse lui imposent sont également prescrits par la loi, et qu'aussi l'art. 15 dans la généralité de ses termes s'applique aux uns comme aux autres ; — Considérant, d'autre part, qu'au cas d'action intentée contre une commune, la délibération du conseil municipal sera, dans tous les cas, dit la loi (art. 52), transmise au conseil de préfecture, qui décidera si la commune doit être autorisée à ester en justice; — Que cette décision, ainsi que la loi la dénomme, qui, contrairement à la délibération du conseil municipal revisée, autorise la commune à défendre, s'impose au maire non moins impérieusement que n'aurait fait la délibération du conseil municipal émettant l'avis de défendre et ratifiée; qu'en l'un comme en l'autre cas, le maire n'a plus qu'à exécuter loyalement le mandat qu'il tient de son titre, et ne peut s'abstenir, sans forfaire ni colluder, sans trahir ; — Considérant qu'auxdits cas l'intervention d'office du préfet et la prépondérance de la décision du conseil de préfecture sont en parfaite harmonie avec ce principe de notre droit public de tous les temps qui, réputant les communes en état de perpétuelle minorité, leur assure, pour la conservation de leurs propriétés toutes les garanties d'un contrôle vigilant sous la tutelle des hauts pouvoirs administratifs ; — Qu'ainsi l'a voulu entendre et nettement édicté, après long débat sur la question même, le législateur de 1837 ; — Considérant que le système contraire se doit juger et se condamne par ses conséquences ; d'une part, à côté d'une délibération municipale soumise en tout cas à revision et qui, de fait, serait subordonnée à un arrêté du pouvoir hiérarchiquement supérieur, qui doit décider et, de fait, décidera sans qu'on soit tenu d'obtempérer ; d'autre part, le maire n'agissant pas là et quand la loi lui en fait un devoir, rebelle à toute impulsion et invincible dans une inertie à tous risques pour l'intérêt communal, et le préfet, personnification de l'État, le suprême tuteur, spectateur impuissant de l'incurie et de la collusion d'un magistrat placé sous sa surveillance ; et, en dernier résultat, les communes non maîtresses de leurs intérêts et actions ne pouvant disposer de leurs biens sans la solennité des formes et l'assistance vigilante et éclairée des pouvoirs publics, se laissant forclore et

définitivement spolier, soit par entente entre le conseil et le maire par une inaction calculée, soit par le fait seul et la récalcitrance déclarée d'un maire ignorant ou déçu, ou parfois peut-être prévaricateur ou de parti pris; — Considérant qu'on se contente à tort, ce semble, de deux palliatifs invoqués par les arrêts, à savoir la destitution toujours possible du maire et l'action facultative des tiers ; — Qu'en effet, dans la pratique, il faut reconnaître que l'un est excessif et l'autre insuffisant ; qu'à la destitution, mesure toujours acerbe, qui, pour un dissentiment accidentel sur la juste cause ou les chances d'un procès, enlèverait à une commune un administrateur éprouvé et bien méritant à tous autres égards et peut-être le seul possible dans la localité, se substitue avec toute espèce d'avantages et dans la juste mesure la mise à l'écart momentanément du maire, quant au fait du litige par l'intervention d'office opportune du préfet ou de son délégué ; — Et, quant à l'action des tiers, qu'on oublie trop la condition que lui fait la loi et tout ce qu'il faut, soit de passion, soit de conviction sincère et d'énergie morale, et, dans tous les cas, de facultés personnelles, pour prendre résolûment en main l'intérêt communal en gardant pour soi seul, avec la perspective d'inimitiés graves, en vue des incommodés, le succès et tout le risque des frais du procès ; — Qu'au surplus, tels fussent les expédients proposés fussent-ils plus acceptables ou efficaces, il n'importe à la thèse si, dans sa sollicitude et sa sagesse, le législateur en pleine connaissance de cause a voulu et institué une garantie plus large en faveur des communes ; — Qu'ainsi, sans acception de l'espèce en et principe, la cour, persistant dans sa jurisprudence, ne peut qu'écarter l'exception proposée par Piret et consorts ; — Par ces motifs, sans s'arrêter ni avoir égard à la fin de non-recevoir opposée par les appelants, dit régulière et légale la délégation faite à Paulin par le préfet du département du Puy-de-Dôme pour former opposition à l'arrêt par défaut de la cour de Riom du 29 août 1860, et faisant acte de la délégation nouvelle dont est justifié par Leddet ès-noms, reçoit ledit Leddet dans l'opposition précédemment formée, etc.

Du 27 juill. 1864.-C. de Bourges.-MM. Corbin, 1ᵉʳ pr.-Chonez, av. gén.-Guillot et Chénon, av.

culiers ne peuvent intenter qu'en se conformant aux dispositions de l'art. 123 de la loi de 1884. Cette règle s'applique toutes les fois qu'en réalité la demande a pour base un droit communal, alors même que l'habitant procède en son nom personnel, dans la mesure de son intérêt particulier (Arrêt du 20 mars 1878, cité *suprà*, n° 828). Ainsi plusieurs habitants d'une commune ne peuvent intenter, sans l'observation des formalités prescrites par la loi municipale, une action possessoire tendant à être maintenus en possession des eaux nécessaires aux besoins de la commune et dont celle-ci use depuis un temps immémorial (Même arrêt).

831. L'autorisation est nécessaire bien que les demandeurs prétendent agir *ut singuli*, si en réalité l'action est de celles qui ne peuvent être introduites que par la commune. Il en est ainsi, par exemple, lorsque des droits ont servi de base à des droits d'ordre privé acquis en leur faveur. Par suite, l'inaccomplissement des formalités prescrites par l'art. 123 ne pourrait être opposé, comme une fin de non-recevoir, à l'action engagée par un particulier dans son intérêt privé pour faire reconnaître à son profit un droit qui n'est point celui des habitants ou contribuables de la commune, mais qui appartient à tous (Arrêt du 24 mars 1885, cité *suprà*, n° 828). De même, l'habitant d'une commune qui invoque le droit de se servir individuellement d'un puits, lequel est à proximité de son héritage et dont l'usage a toujours été pour lui ou ses auteurs d'une utilité spéciale, ne peut être déclaré non recevable dans son action, sous prétexte que le puits serait placé sur un terrain communal et que le demandeur devrait mettre la commune en cause (Arrêt du 17 mars 1869 cité *suprà*, n° 828). Il en est ainsi alors même que les habitants demandeurs ont rattaché leur action à un titre ancien relatif aux droits de la communauté, si cet acte a été invoqué par eux comme leur ayant conféré des droits personnels (Civ. rej. 12 août 1868, aff. Leguen, D. P. 68. 1. 453).

833. Lorsque le défendeur a repoussé, comme étant à la fois irrecevable et mal fondée, une action intentée par des particuliers agissant *ut singuli* pour faire cesser des obstacles indûment apportés à l'exercice des avantages qui résultaient pour eux individuellement d'un droit communal, ces conclusions doivent être considérées comme exclusives du droit des habitants, tel du moins qu'il était formulé dans la demande, et dès lors, l'autorisation du conseil de préfecture est nécessaire (Civ. cass. 23 janv. 1867, aff. Alric, D. P. 67. 1. 159).

834. Le juge saisi d'une action en revendication formée par l'habitant d'une commune exerçant les droits de cette commune ne peut, sans statuer *ultra petita*, transformer d'office cette action en une revendication personnelle au demandeur et fondée sur ce que, par exemple, que le terrain revendiqué appartient à ce dernier en vertu d'une présomption de propriété résultant de l'avancement de son toit sur ce terrain (Req. 28 juill. 1851, aff. Jacob, D. P. 51. 1. 184).

Art. 2. — *Cas où le droit communal est invoqué comme question préjudicielle (Rép. nos 1412 à 1417).*

835. Il résulte de ce qui précède, ainsi que nous l'avons dit au *Rép.* n° 1417, que les habitants d'une commune ne peuvent agir *ut singuli*, sans l'observation des formes légales, pour réclamer la jouissance d'un bien appartenant à la commune, en se fondant uniquement sur le droit de cette commune. On a exposé au *Rép.* n° 1413, que cette règle est applicable même au cas où le contribuable, assigné en son propre et privé nom par un tiers, excipe du droit de la commune. Il devient par ce fait demandeur, et doit mettre la commune en cause en se conformant aux dispositions précitées (Dijon, 9 nov. 1866, aff. Lorain, D. P. 67. 2. 11).

Art. 3. — *Actions relatives à des chemins ou autres lieux publics (Rép. nos 1418 à 1443).*

836. Conformément aux principes qui ont été exposés au *Rép.* n° 1422, les riverains d'un chemin communal sont recevables à exercer pour leur compte personnel, et sans observer les formalités prescrites pour l'exercice des actions de la commune, les actions tendant à garantir le droit de jouissance individuelle qui leur appartient sur ce chemin (Crim. cass. 12 juin 1880, aff. Pariset, D. P. 81. 1. 95). Ils peuvent, en conséquence, agir en justice pour réclamer non seulement des dommages-intérêts, mais encore l'exécution de mesures destinées à faire cesser le trouble apporté à leur jouissance (Même arrêt; Civ. rej. 3 juin 1872, aff. Ollivier, D. P. 72. 1. 236 ; 30 juill. 1873, aff. Beaumelou, D. P. 73. 1. 133. Et ils ont, en ce cas, le droit d'invoquer le titre sur lequel repose leur jouissance, savoir la publicité du chemin, sans que ce moyen de défense puisse, d'ailleurs, porter préjudice aux droits de la commune (Arrêt précité du 3 juin 1872; Besançon, 9 janv. 1863, aff. Guibelin, D. P. 63. 2. 35). Il a été jugé, au contraire, que l'habitant d'une commune ne peut exciper, même comme défendeur à une action en suppression d'un chemin, d'un droit communal contesté, sans avoir rempli les formalités exigées pour l'exercice des actions de la commune (Besançon, 24 janv. 1863, aff. Besson, D. P. 63. 2. 35).

De même, lorsque, sur une action en complainte exercée à l'occasion d'un chemin d'exploitation, le défendeur soutient que ce chemin existe pour l'usage de plusieurs hameaux et sert à l'exploitation d'un certain nombre de propriétés riveraines, sans toutefois prendre de conclusions à l'effet de faire reconnaître les droits de la commune sur ledit chemin, il n'y a pas lieu d'exiger l'autorisation du conseil de préfecture et la mise en cause de la commune (Civ. cass. 11 déc. 1871, aff. Dayrens, D. P. 71. 1. 273). — V. *Action possessoire*, n° 146.

837. Mais les propriétaires riverains d'un chemin public rural, troublés dans la jouissance de ce chemin, sont tenus de remplir ces formalités, s'ils agissent en complainte, non pas en leur propre nom, mais au nom de la commune (Civ. rej. 20 févr. 1877, aff. Rigaud, D. P. 77. 1. 477 ; et Req. 14 mai 1877, aff. Thivellier, D. P. 78. 1. 15). Quelques-unes des questions que soulève la distinction entre les actions communales et celles exercées par les habitants *ut singuli* relativement aux voies publiques ont été examinées au *Rép.* v° *Voirie par terre*, nos 1169, 1336 et 1922.

Art. 4. — *Des actions des habitants relatives aux usages communaux (Rép. nos 1414 à 1456).*

838. Ainsi qu'on l'a vu au *Rép.* n° 1444, la distinction ci-dessus indiquée entre les actions communales et les actions des habitants *ut singuli* est applicable lorsqu'il s'agit d'actions concernant les droits d'usage (V. *suprà*, n° 827).

Art. 5. — *Du droit ouvert aux contribuables de soutenir une action communale (Rép. nos 1457 à 1466).*

839. Ainsi que nous l'avons dit au *Rép.* n° 1459, le contribuable ne peut agir au lieu et place de la commune qu'après que cette dernière a été mise en demeure d'exercer l'action et a refusé de l'intenter (Civ. rej. 13 mai 1873, aff. Hélie, D. P. 73. 1. 417).

840. Quoique le texte de l'art. 123 de la loi de 1884, comme celui de l'art. 49 de la loi de 1837, ne parle que d'actions à exercer, cette disposition est également applicable au cas où il s'agit de défendre à une action intentée contre la commune (Cons. d'Et. 22 févr. 1875, aff. Commune de Cemboing C. Bulot, *Rec. Cons. d'Etat*, p. 1066), et, par suite, au cas d'intervention des contribuables dans une action intentée contre la commune (Req. 2 mars 1875, aff. Gaillard, D. P. 75. 1. 147).

841. Des contribuables ne peuvent être admis à agir dans les conditions de l'art. 123 qu'autant que l'intérêt de la commune est engagé, et l'autorisation devrait leur être refusée si, en réalité, l'action n'était intentée que dans leur

intérêt personnel, sans que la solution pût profiter à la commune elle-même (Cons. d'Et. 9 juill. 1859) (1).

Le conseil d'Etat a rejeté, par le motif qu'elles ne paraissaient fondées sur aucun intérêt sérieux, les demandes de contribuables tendant à être autorisés à s'opposer devant ledit conseil à un décret autorisant un particulier à ajouter à son nom celui de la commune (Cons. d'Et. 30 janv. 1861, aff. Commune de Corny, Rec. Cons. d'Etat, p. 1059). Il n'est, d'ailleurs, pas nécessaire que le contribuable ait un intérêt personnel, indépendant de celui de la commune (Douai, 14 mars 1867) (2).

842. On peut se demander si, lorsque la commune a

(1) (Ville de Rodez.) — Le conseil d'Etat, etc.; — Vu la loi du 18 juill. 1837; — Considérant que l'action pour laquelle l'autorisation est demandée a pour objet l'annulation, dans l'intérêt personnel des requérants, de conventions faites entre le sieur Ginestet et la commune de Rodez, et que celle-ci n'a ni droit, ni intérêt de faire révoquer; qu'ainsi les requérants ne peuvent réclamer l'application de l'art. 49 de la loi du 18 juill. 1837 (Rejet.)
Du 9 juill. 1859.-Cons. d'Et.-M. Duvergier, rap.

(2) (Delasalle et Deloffre C. Butruille et consorts.) — La cour; — ...En ce qui touche la même action introduite par les mêmes parties, du chef de la commune, conformément à l'art. 49 de la loi du 18 juill. 1837 et l'arrêté du conseil de préfecture en date du 28 avr. 1865; — Sur la recevabilité de l'action; — Attendu que par une délibération du 27 juin 1863, l'autorité municipale de Douai a concédé à Butruille la faculté de couvrir d'une voûte le bras de la dérivation de la Scarpe qui longe sa propriété, sous la condition de ne gêner en rien la circulation des eaux, de ne prendre, pour l'établissement de sa voûte, aucun point d'appui dans la branche de dérivation, et sous la réserve des droits des tiers et de la révocation à volonté de l'arrêté de concession; — Attendu que le conseil municipal, par une délibération ultérieure en date du 1er avr. 1865, constate que Butruille ne s'est pas conformé aux conditions qui lui avaient été imposées, et émet l'avis que Delasalle et Deloffre soient autorisés, sur leur demande, à intenter une action à leurs frais et risques au nom de la Ville, conformément à l'art. 49 de la loi précitée; — Attendu que le conseil de préfecture, par arrêté du 24 du même mois, a autorisé l'exercice de cette action; — Attendu qu'il n'est pas contesté que le bras de la dérivation de la Scarpe sur lequel sont établies les voûtes litigieuses, est une propriété communale; — Attendu que la loi du 18 juill. 1837 charge les maires et les conseils municipaux du soin de veiller à la conservation et à l'amélioration des propriétés de la commune, et d'émettre leur avis sur tous les objets d'intérêt local; — Attendu qu'aux termes de l'art. 49 de cette loi, tout contribuable, au refus ou au cas de négligence de la commune d'user de son droit, peut, à ses frais et risques, avec l'autorisation du conseil préfectoral, exercer les actions qu'il croit appartenir à la commune; — Attendu que, pour être admis à exercer ces actions, il n'est pas nécessaire que le contribuable ait un intérêt spécial indépendant de celui de la commune puisque, dans ce cas particulier, il pourrait agir de son chef pour obtenir le redressement du fait qui lui serait préjudiciable; qu'il suffit donc que la commune ait un droit de propriété à exercer, pour que le même droit appartienne au contribuable dûment autorisé, tout ce qui peut porter atteinte aux droits communaux intéressant nécessairement tous et chacun des contribuables; — Attendu qu'il résulte de la délibération susénoncée du 1er avr. 1865, et qu'il est d'ailleurs reconnu par Butruille que, contrairement à la condition qui lui était imposée de ne prendre, pour l'établissement de la voûte, aucun point d'appui dans la branche de dérivation de la Scarpe, il y eu de sa part empiétement sur le lit du cours d'eau dans une étendue de dix mètres sur une profondeur moyenne de 30 à 40 centimètres; que, de ce chef, on ne saurait contester à la commune le droit de demander le retranchement de cette entreprise, et que les appelants auxquels a été dévolu l'exercice de l'action de la commune en ont le même droit;...
Par ces motifs, etc.
Du 14 mars 1867.-C. de Douai, 2e ch.-MM. Binet, pr.-Bagnéris, av. gén.-Talon, Dupont, Merlin, Legrand et Emile Lemaire, av.

(3) (Lebreton C. Deshayes.) — La cour; — Considérant que Deshayes prétend que la demoiselle Lebreton, qui aurait pu commencer le procès, n'avait pas la faculté d'interjeter appel du jugement dont il s'agit, mais qu'une pareille distinction n'est pas admissible; qu'en effet, l'art. 49 de la loi de 1837 donne au contribuable le droit d'exercer, dans toute son étendue, l'action qu'il croit appartenir à la commune; que l'appel est l'une des parties essentielles de l'action, puisqu'il peut avoir pour résultat de faire infirmer une décision préjudiciable pour les intérêts de cette commune; qu'on objecte en vain que la demoiselle Lebreton, qui n'aurait pas été partie en première instance, le devient en appel,

intenté l'action et qu'elle s'est désistée, le contribuable a le droit de reprendre l'instance en vertu de l'art. 123. Cette question n'a pas été résolue par la jurisprudence. M. Morgand, t. 2, p. 246, estime que ce droit ne saurait appartenir au contribuable, la commune n'ayant point en pareil cas négligé ou refusé d'intenter l'action; et cette opinion nous paraît fondée.

843. Nous avons dit, au contraire, au Rép. n° 1463, que, d'après l'opinion la plus générale, si la commune, après avoir intenté un procès, refusait d'interjeter appel du jugement rendu contre elle, un contribuable pourrait la suppléer (Rouen, 17 juill. 1869) (3). Il a été décidé, dans le même sens, qu'un

que c'est la conséquence du système adopté par lui; qu'après tout, la demoiselle Lebreton, comme contribuable, était représentée par le maire devant le tribunal; qu'elle porte en appel non un nouveau procès, mais celui qui était soumis au premier juge; qu'en résumé, sur le refus de la commune d'agir, la loi permet que ses intérêts soient défendus par un représentant ad hoc procédant à ses frais et risques; — Considérant que Deshayes soutient que le jugement ne serait pas susceptible d'appel; qu'en effet, les parcelles de terre en litige ne produiraient évidemment pas un revenu de 60 fr., puisqu'il résulterait de l'interpellation faite à Deshayes et de sa soumission de se rendre acquéreur de ces parcelles, qu'elles excéderaient à peine la valeur de 60 fr. en principal; mais que l'interpellation et la soumission n'avaient, ainsi qu'il va être établi, aucun caractère définitif, et que dès lors les parcelles dont il s'agit n'ont pas cessé d'être d'une valeur indéterminée; que l'appel est de droit commun et qu'il n'y a exception à la règle que dans le cas où le revenu de l'immeuble, déterminé soit en rente, soit par prix de bail, n'excède pas 60 fr.; que ces modes de détermination sont limitatifs et qu'ils n'existent pas dans l'espèce; — Considérant enfin que Deshayes allègue que la commune serait aujourd'hui sans intérêt dans la contestation; — Considérant, il est vrai, que le 10 mai 1867, le conseil municipal a été d'avis de l'aliénation des parcelles en litige; que le 11 mars 1868, il a pensé, au contraire, qu'une de ces parcelles devait être affectée à l'agrandissement du presbytère, et que, le 10 avr. 1869, influencé par la décision du premier juge, il a cru que les prétentions de Deshayes étaient fondées et qu'il n'y avait pas lieu d'interjeter appel; mais que ces fluctuations dans la pensée du conseil laissaient subsister l'intérêt qu'a la commune à conserver une desdites parcelles pour l'annexer à son presbytère;
Au fond; — Considérant que Deshayes prétend être devenu de plano, par l'effet de sa soumission, propriétaire des parcelles en question; qu'en effet, d'après l'art. 19 de la loi de 1836, en cas de changement de direction d'un chemin vicinal, les propriétaires riverains de la partie de ce chemin qui cesse de servir de voie de communication, peuvent faire leur soumission de s'en rendre acquéreurs et d'en payer la valeur; — Mais considérant que la prétention de Deshayes suppose que la soumission des riverains a pour effet de forcer la main à l'administration et de la dépouiller, même contre son gré, de la propriété du sol de l'ancien chemin; qu'une aussi grave atteinte au droit de propriété ne pourrait être consacrée qu'autant qu'elle résulterait manifestement des termes mêmes de la loi; qu'il n'en est pas ainsi; qu'en effet l'art. 19 ne dit pas que l'administration subira une expropriation pour cause d'utilité privée et se trouvera obligée d'aliéner, malgré elle, une portion de son territoire; que cet article se réfère uniquement au cas où l'administration aliène volontairement le sol de l'ancien chemin, et que ce n'est qu'alors qu'il attribue aux riverains un droit de préférence et de préemption sur les autres enchérisseurs ou soumissionnaires; — Considérant que cette interprétation de l'art. 19 est confirmée par l'ensemble de la législation sur la matière; qu'en effet, on ne peut être contraint de céder sa propriété, si ce n'est pour cause d'utilité publique; que les biens immobiliers des communes ne peuvent être vendus que sur l'autorisation de l'autorité supérieure; qu'aux termes de l'art. 10 de la loi de 1824, les aliénations ayant pour objet les chemins des communes doivent être autorisées par arrêtés des préfets en conseil de préfecture, après délibération des conseils municipaux, ce qui implique nécessairement le droit de ne pas aliéner le sol des anciens chemins, si la conservation en est exigée par l'intérêt de la commune; — Considérant qu'on objecte en vain l'art. 60 de la loi de 1841 sur l'expropriation; que l'analogie prétendue n'existe pas; qu'en effet, les termes de l'art. 60 sont formels, et autorisent l'ancien propriétaire à demander la remise de son terrain; que, dans le cas de l'art. 60, le terrain n'a pas reçu la destination projetée; que les choses sont encore entières, ce qui n'existe pas dans le cas d'abandon d'un ancien chemin; qu'enfin, l'immeuble fait retour à l'ancien propriétaire, sur l'identité duquel il n'y a pas d'incertitude, car, quant aux chemins, surtout lorsque leur établissement remonte loin dans le passé, le sol a pu être fourni par les communes elles-mêmes, aux dépens de leurs biens communaux, avant l'époque à laquelle elles auraient aliéné les héritages riverains; que ces différences dans les situations excluent

contribuable est recevable à se pourvoir en cassation au nom de la commune après que celle-ci a été appelée à en délibérer, et avec l'autorisation du conseil de préfecture (Civ. rej. 13 mai 1873, aff. Hélie, D. P. 73. 1. 417).

844. Le contribuable ne représente pas la commune. Il en résulte que le recours formé par lui contre la décision intervenue n'est pas exclusif du droit pour la commune d'en exercer un semblable, tant qu'il n'a pas été statué définitivement sur celui du contribuable, et, dès lors, le recours de la commune doit être déclaré recevable, s'il a eu lieu, quant à elle, en temps utile, alors même qu'il serait décidé que le contribuable n'a formé le sien qu'après que les délais étaient expirés à son égard (Civ. rej. 31 déc. 1855, aff. Martin, D. P. 56. 1. 17).

845. La demande du contribuable ne peut être accueillie lorsque les difficultés à raison desquelles il demande à agir au nom de la commune ont été terminées par une transaction régulièrement approuvée (Cons. d'Et. 19 nov. 1881, aff. Commune d'Urtaca C. Venturini, *Rec. Cons. d'Etat*, p. 1056).

Il a même été jugé que, dans le cas où des contribuables ont été régulièrement autorisés, malgré la commune, à exercer en justice les droits qu'ils prétendent lui appartenir, l'action intentée par eux s'éteint par suite de la transaction ultérieure conclue par la commune (Pau, 1er mai 1872, aff. Lonbière, D. P. 74. 5. 105).

Mais les délibérations d'un conseil municipal, admettant au budget des dépenses d'une commune les sommes payées à l'ennemi en temps d'invasion, par suite des engagements personnels du maire, ne créent pas une fin de non-recevoir contre l'habitant de cette commune exerçant les droits de celle-ci et prétendant que l'engagement pris par le maire constituait une faute, alors que lesdites délibérations ne contiennent pas de renonciation à une action fondée sur cette dernière cause (Besançon, 8 mai 1875, aff. Courcelle, D. P. 76. 2. 60).

CHAP. 3. — Exercice des actions des sections de commune (*Rép.* nos 1467 à 1488).

846. Nous avons indiqué au *Rép.* n° 1467, les caractères constitutifs des sections de commune. « La section de commune, dit M. Aucoc, *Sections de commune*, 2e éd., p. 93, est, comme la commune, une communauté territoriale ; c'est à l'habitation sur le territoire de la section qu'est attaché le droit à la jouissance de ses biens, dont la propriété repose sur la tête de la collection des habitants formant un corps moral. »

847. La section de commune ne doit pas être confondue, ainsi que nous l'avons dit (*Rép.* nos 1467 et suiv.), avec une collection de propriétaires ayant dans l'indivision des droits de propriété ou d'usage. Lorsqu'il existe des titres constatant

que la propriété de bois ou de pâturages a été acquise par une réunion de particuliers stipulant chacun pour son compte ou qu'elle a été mise dans l'indivision au même titre, lorsque les droits de propriété ou de jouissance ont été transmis par succession, donation ou vente, sans qu'on ait eu à considérer si les nouveaux cointéressés habitaient ou non la commune ou le village formant section, on se trouve en face d'une propriété indivise, soumise au régime des propriétés privées. On est, au contraire, en présence d'une section de commune, quand les titres constatent que les droits ont été constitués au profit de la collection des habitants présents ou futurs du village (Aucoc, p. 105).

848. La question est plus difficile à résoudre en l'absence de titres qui indiquent la nature de la propriété ; mais les fonds doivent être considérés comme de véritables communaux lorsque « le seul incolat a été reconnu tout à la fois comme titre suffisant pour en partager la jouissance et comme titre nécessaire pour y conserver un droit de participation » (Proud'hon, *Droit d'usage*, n° 726). Il y a même lieu de combiner la possession et les différents signes qui la constatent avec les titres, parce que dans certains cas des propriétés privées, indivises à l'origine, se sont transformées en communaux, et cette transformation ne peut être contestée lorsqu'elle est appuyée sur une possession de plusieurs siècles (Aucoc, *loc.cit.*).

Ces principes, nettement formulés dans un avis du ministre de l'intérieur de 1829 rapporté au *Rép.* n° 1467, ont été consacrés à plusieurs reprises tant par le conseil d'Etat que par la cour de cassation (V. Cons. d'Et. 10 janv. 1845, aff. Maire de Houlbec-Cocherel, D. P. 45. 3. 19 ; Civ. rej. 16 févr. 1859, aff. Prieur, D. P. 59. 1. 53 ; Civ. cass. 6 avr. 1859, aff. Commune de Toucy, D. P. 59. 1. 223 ; 10 janv. 1860, aff. Commune de Véranne, D. P. 60. 1. 11 ; 26 janv. 1864, aff. Commune de Villepail, D. P. 64. 1. 78).

849. On a vu au *Rép.* n° 1483 qu'en règle générale le maire d'une commune, qui la représente légalement en justice soit en demandant, soit en défendant, a également qualité pour y représenter les diverses sections de ladite commune lorsque le procès n'existe ni entre l'une des sections et la commune, ni entre deux sections de la même commune (Req. 29 juin 1868, aff. Rigaud, D. P. 69. 1. 16).

850. Mais la loi a dû faire une exception pour ces deux dernières hypothèses, et comme nous l'avons dit au *Rép.* n° 1482, les art. 56 et 57 de la loi de 1837 prescrivaient, dans ces deux cas, de former, pour représenter en justice chaque section, une commission syndicale de trois ou cinq membres. Les prescriptions de ces deux articles ont été reproduites par l'art. 128 de la loi du 5 avr. 1884. Mais cette loi a modifié le mode de nomination des commissions syndicales et a donné aux intéressés certaines facilités pour les faire nommer.

---

donc l'analogie alléguée et expliquent pour quelle raison l'art. 19 de la loi de 1836 dispose autrement que l'art. 60 de la loi de 1841 ; — Considérant que la résistance de la commune a pour cause la nécessité de conserver une partie du terrain en litige à l'agrandissement du presbytère ; que cette raison démontre de plus en plus qu'il importe que les communes aient la faculté d'utiliser selon leurs besoins le sol de leurs anciens chemins ; — Qu'en tout cas, dans l'état des choses, il ne serait pas raisonnable de soumettre la commune à l'exercice du droit de préemption, pour l'astreindre à reprendre, au moyen de l'expropriation, des parcelles qu'elle destine au complément d'un édifice d'utilité publique ; — Considérant que la portion de chemin communal dont il s'agit peut donner lieu à un déclassement, à une suppression et à une aliénation ; qu'un déclassement n'implique pas nécessairement par lui-même une suppression, le chemin, en perdant son caractère vicinal, pouvant être conservé, comme rural, à la circulation ; qu'une suppression ne suppose pas non plus absolument une aliénation, le sol de l'ancien chemin pouvant être affecté à un service communal ; que le déclassement, la suppression et l'aliénation ne peuvent être ordonnés que par un arrêté du préfet, après l'accomplissement des formalités prescrites ; que jusque là le chemin ne cesse pas de faire partie du domaine public et n'est pas, dès lors, susceptible d'une propriété privée ; que tel paraît être encore l'état de la partie de chemin en litige ; qu'en effet, il n'est rapporté par Deshayes aucun arrêté du préfet se référant à cette partie de chemin et en ordonnant même le déclassement, et qu'il est affirmé par la demoiselle Lebreton et par le maire de Tancarville qu'il n'en existe pas ; que, s'il en est ainsi, l'action de Deshayes n'est pas recevable ; — Considérant qu'on objecte

que la propriété des parcelles en litige aurait été transférée à Deshayes ; qu'en effet, le conseil municipal a été d'avis de leur aliénation ; que Deshayes a été interpellé de déclarer s'il entendait user du bénéfice de l'art. 19, et qu'il a répondu par sa soumission de se rendre acquéreur, moyennant le prix fixé par l'agent voyer ; que, dès lors, la vente serait parfaite, puisqu'on serait convenu de la chose et du prix ; — Mais considérant qu'en l'absence d'arrêté de déclassement, la partie de chemin en question, formant encore, comme il a été dit, une dépendance du domaine public, n'était pas susceptible d'aliénation ; qu'eût-elle été déclassée, elle n'aurait pu être aliénée, d'après les lois des 1824, 1836, 1837, et le règlement concernant le département de la Seine-Inférieure, en date du 30 mars 1837, qu'en vertu d'un arrêté du préfet en conseil de préfecture ; que dès lors la commune non habilitée et agissant en dehors des dispositions de la loi, n'a pu consentir valablement à une aliénation ; qu'en réalité, elle n'a jamais eu l'intention de donner un consentement de cette nature ; que tout ce qui a eu lieu n'a constitué simplement qu'une instruction préalable destinée à être ultérieurement soumise à l'appréciation du préfet et à lui permettre de statuer à la fois sur l'admission ou le rejet du déclassement, de la suppression, de l'aliénation alors projetée ; que cela est si vrai que le conseil municipal, dans le cours de l'instruction, le 11 mars 1868, est revenu sur sa précédente délibération, pour n'avoir plus des parcelles du chemin devait être réservée et affectée à l'agrandissement du presbytère ;

Par ces motifs, infirme, etc.

Du 17 juill. 1869.- C. de Rouen, 4e ch.- MM. Jardin, pr.-Grenier, av. gén.-Ducoté et Aldrick Caumont (du barreau du Havre), av.

D'après la loi de 1837, les membres des commissions syndicales devaient être désignés par le préfet parmi les électeurs municipaux, et à leur défaut parmi les plus imposés. Aux termes de l'art. 129 de la loi de 1884, ils doivent être choisis parmi les éligibles de la commune, et nommés par les électeurs de la section qui l'habitent et par les personnes qui, sans être portées sur la liste électorale, y sont propriétaires fonciers. Il y a lieu d'annuler les élections auxquelles les électeurs domiciliés sur le territoire de la section ont seuls été convoqués (Cons. d'Et. 15 janv. 1886, aff. Elect. de la section de Saint-Symphorien, D. P. 87. 3. 60).

851. Les règles concernant les actions en justice sont applicables aux transactions des sections de communes (Aucoc, n° 273; Lefebvre, *Actions judiciaires et transactions des communes*, p. 78). Il a été jugé qu'une section est valablement représentée par le maire de la commune dans une transaction sur des biens communaux, lorsque la section n'a sur aucune partie de ces biens de droits particuliers en opposition avec ceux de la commune (Civ. rej. 10 juin 1879) (1).

852. Une question controversée sous l'ancienne législation était celle de savoir si le préfet, saisi par les intéressés d'une demande tendant à constituer pour une section de commune une représentation légale distincte, pouvait refuser d'accueillir cette demande. D'après M. Reverchon, *Des autorisations de plaider*, 2e éd., n° 110, p. 298, et M. Aucoc, p. 511, le législateur n'avait pu vouloir conférer au préfet le pouvoir d'empêcher les prétentions d'une section de se manifester, en lui refusant un organe légal. Toutefois, cette opinion avait été repoussée, contrairement à l'avis du ministre de l'intérieur, par un arrêt du conseil d'Etat du 31 août 1847 (2) qui avait décidé qu'il appartenait au préfet, sauf recours au ministre de l'intérieur, d'apprécier si la demande rentrait dans les conditions déterminées par l'art. 56 de la loi du 18 juill. 1837, et qu'en admettant même que le préfet eût fait une fausse appréciation desdites conditions, cette erreur ne constituait pas un excès de pouvoirs.

853. Mais, ainsi que nous l'avons dit au *Rép.* n° 1186, d'après la jurisprudence constante du conseil d'Etat, lorsque l'existence de la section était incontestée, le préfet ne pouvait, sans excès de pouvoirs, apprécier les chances de succès du litige que cette section avait l'intention d'engager et refuser par des motifs tirés de cette appréciation à déférer à la demande qui lui était présentée à fin de nomination d'une commission syndicale, soit que le litige dût être porté devant

les tribunaux civils, soit qu'il dût être soumis à la juridiction administrative (Cons. d'Et. 24 mai 1851, aff. Laffont et consorts, *Rec. Cons. d'Etat*, p. 379; 5 sept. 1856, aff. Sect. de Pavilly, D. P. 57. 3. 32; 10 févr. et 7 avr. 1859, aff. Sect. de Paisy et de Brion, D. P. 59. 3. 73; 5 mai 1859, aff. Sect. de Massonau, D. P. 60. 3. 7; 5 janv. 1860, aff. Sect. de Saint-Clément, D. P. 60. 3. 19; 11 juill. 1879, aff. Lécureau, D. P. 79. 3. 109. V. conf. Aucoc, p. 513).

Le second paragraphe de l'art. 129 de la loi de 1884, s'inspirant de cette jurisprudence, mais précisant les conditions qui imposent au préfet l'obligation de faire nommer une commission syndicale, porte que, lorsqu'un tiers des habitants ou propriétaires de la section adressera au préfet une demande motivée sur l'existence d'un droit litigieux à exercer au profit de la section contre la commune, le préfet sera tenu de convoquer, dans le délai d'un mois, les électeurs de la section à l'effet de procéder à la désignation des membres de la commission syndicale.

854. Le nombre des membres de la commission est fixé par l'arrêté qui convoque les électeurs; ces membres élisent parmi eux un président qui est chargé de suivre l'action, et qui a tous les droits qui appartiennent au maire lorsque l'action est suivie par la commune. La loi de 1884, de même que celle de 1837, n'a pas reproduit la disposition de l'arrêté du 24 germ. an 11, qui interdisait de désigner le maire ou l'adjoint pour remplir les fonctions de syndic. Cette désignation ne pourrait donc être considérée comme irrégulière (V. conf. Reverchon, p. 329; Aucoc, p. 518; Morgand, t. 2, p. 272).

855. On a vu précédemment (*supra*, n° 41) que le conseil de préfecture et le conseil d'Etat sont compétents pour connaître des réclamations formées contre l'élection des membres des commissions syndicales instituées, en vertu de l'art. 4 de la loi de 1884, pour donner leur avis sur les projets de circonscriptions territoriales. Il en doit être de même pour les élections des membres des commissions syndicales instituées conformément à l'art. 129, ces commissions devant faire fonction de conseil municipal (Morgand, t. 2, p. 272).

856. L'art. 56 de la loi de 1837 portait, ainsi que nous l'avons dit au *Rép.* n° 1482, que, dans le cas d'un procès intenté ou soutenu par une section contre la commune, les conseillers municipaux qui seraient intéressés à la jouissance des biens ou droits revendiqués par la section ne devraient point participer aux délibérations du conseil municipal relatives

---

(1) (Laqueisie et consorts C. de Brivazac.) — LA COUR; — Statuant sur la première branche du moyen proposé par les demandeurs, fondée sur la violation prétendue des art. 2048 et autres du code civil en ce que, pour repousser les conclusions prises au nom de la section de Sémignan, l'arrêt attaqué invoque une transaction passée entre les consorts de Brivazac et la commune de Saint-Laurent, transaction qui ne serait pas opposable aux demandeurs sous un double point de vue : — Attendu que les demandeurs ayant d'abord, par des conclusions principales, revendiqué la lande de Séguin en vertu du bail à censive du 2 août 1725 et comme étant aux droits des concessionnaires de cette époque, l'arrêt attaqué les a déclarés à la fois non recevables et mal fondés dans leur prétention; que, pour la repousser au fond, l'arrêt explique que, à l'origine, l'Etat concédé était personnel aux concessionnaires, ils y ont renoncé, eux ou leurs successeurs, à la suite des lois révolutionnaires du 28 août 1792 et du 10 juin 1793; que, le 1er décembre de cette dernière année, une assemblée générale des habitants de la commune de Saint-Laurent, comprenant les concessionnaires eux-mêmes, décida à l'unanimité le partage des biens communaux, que décision, il est vrai, ne fut pas exécutée, mais que la commune ne se mit pas moins, à partir de ce jour, en possession, à titre de propriétaire, de tous les biens communaux, soit de la commune, soit des sections de commune dans lesquelles se trouvaient comprises les landes litigieuses, et qu'elle en a pris une possession trentenaire pratiquée *animo domini*; — Attendu que, en l'état de ces déclarations, qui sont souveraines et reconnues telles par le pourvoi lui-même, il est contradictoire de prétendre que la transaction de 1861 n'était pas opposable à la revendication subsidiaire dirigée par Argouet, au nom de la section de Sémignan, contre la commune de Saint-Laurent et les consorts de Brivazac; qu'en effet, l'arrêt déclarant formellement que c'est au profit de la commune tout entière que les concessionnaires de 1725 ont renoncé en 1793 à jouir désormais des landes litigieuses en vertu d'un titre privé, pour s'en tenir à leur qualité d'habitants de la commune ou d'une section de commune, il exclut ainsi forcément toute cession de droits, interver-

sion de titres et possession acquisitive, au profit particulier de la section de Sémignan; que, dès lors, la commune de Saint-Laurent, lorsque ses droits furent contestés par les consorts de Brivazac, ayant transigé avec eux sur la propriété de toutes les landes situées en ladite commune, d'une étendue d'environ 4000 hectares, la lande de Séguin s'est trouvée nécessairement comprise dans l'objet de cette transaction, comme elle l'était dans l'objet du procès que ladite transaction a terminé; que le maire de Saint-Laurent a d'ailleurs, en cette circonstance, valablement représenté la section de Sémignan, puisque l'arrêt nie absolument que cette section ait jamais eu, sur la lande litigieuse, des droits particuliers en opposition avec ceux de la commune elle-même; qu'ainsi, en se prévalant de la transaction dont il s'agit pour rejeter la demande subsidiaire formée par Argouet audit nom, l'arrêt dénoncé n'a violé aucun des articles de loi invoqués par les demandeurs;

Par ces motifs, rejette, etc.

Du 10 juin 1879.-Ch. civ.-MM. Mercier, 1er pr.-Merville, rap.-Desjardins, av.-gén.-Dareste et Bosviel, av.

(2) (Malagré et consorts). — LOUIS-PHILIPPE, etc.; — Vu la loi du 28 août 1792 et la loi du 18 juill. 1837; — Considérant que, par son arrêté en date du 16 janv. 1844, le préfet d'Ile-et-Vilaine a rejeté la demande formée par les propriétaires riverains de la lande *Chaude* et de *Chalonges*, de la lande *du Pin* et du marais *de Mesnil*, pour la nomination de trois commissions syndicales, en se fondant sur ce que lesdits propriétaires ne composaient pas une ou plusieurs sections de commune; qu'il appartenait au préfet, sauf recours à notre ministre de l'intérieur, d'apprécier si cette demande rentrait dans les conditions déterminées par l'art. 56 de la loi du 18 juill. 1837, et qu'en admettant même que le préfet eût fait une fausse appréciation desdites conditions, cette erreur ne constituerait pas un excès de pouvoir, et ne saurait, dès lors, nous être déférée directement en notre conseil d'Etat (Rejet).

Du 31 août 1847.-Cons. d'Et.-MM. Guilhem, rap.-Cornudet, concl.-Rigaud, av.

au litige. La loi de 1884 n'a pas reproduit cette disposition, qui n'est que l'application de la règle générale posée dans l'art. 64 et en vertu de laquelle les membres du conseil ne peuvent prendre part aux délibérations concernant une affaire dans laquelle ils sont intéressés. Mais l'art. 130 dispose que lorsque, par suite de l'abstention de ces conseillers, le conseil municipal se trouvera réduit à moins de trois de ses membres, le préfet devra convoquer les électeurs de la commune, déduction faite de ceux qui habitent ou sont propriétaires sur le territoire de la section, à l'effet d'élire ceux d'entre eux qui doivent prendre part aux délibérations au lieu et place des conseillers obligés de s'abstenir.

Dans le silence de la loi, nous croyons, comme M. Morgand, t. 2, p. 274, qu'il appartient au maire de dresser les listes électorales destinées à ces élections spéciales, et que les réclamations contre ces élections devraient être portées devant le conseil de préfecture et non le conseil d'Etat.

857. L'art. 131 de la loi de 1884 reproduit les dispositions de l'art. 58 de la loi de 1837, que nous avons rapportées au *Rép.* n° 1488, et aux termes desquelles la section qui a obtenu une condamnation contre la commune ou une autre section n'est point passible des charges ou contributions imposées pour l'acquittement des frais et dommages-intérêts résultant du procès. Il en est de même à l'égard de toute partie qui plaide contre une commune ou section de commune.

Le particulier ou les habitants de la section qui ont obtenu gain de cause seraient donc fondés, s'ils étaient portés sur les rôles établis pour le recouvrement des impositions destinées à l'acquit de ces charges, à demander par la voie contentieuse décharge des cotes qui leur auraient été indûment imposées (Cons. d'Et. 30 avr. 1870, aff. Bourguenod, D. P. 71. 3. 64).

858. La loi déclare en termes exprès que la section n'est pas passible des charges imposées pour le payement des frais du procès; il en résulte que l'exemption établie par cette disposition doit être appliquée non seulement aux habitants domiciliés dans la section lors de l'issue du procès, mais à ceux mêmes qui ne sont venus s'y établir que postérieurement. En ce qui concerne le particulier qui a obtenu gain de cause, on s'est demandé si l'exemption dont il s'agit lui est personnelle, ou si elle doit au contraire rester attachée aux fonds qui appartenaient à ce particulier. Le conseil d'Etat a décidé que cette immunité est personnelle à celui qui a obtenu la condamnation et à ses héritiers, et qu'elle ne saurait être invoquée par les tiers acquéreurs des immeubles qui ont donné lieu au litige (Cons. d'Et. 24 févr. 1866, aff. Commune de Gardie, D. P. 66. 3. 106; 29 juill. 1881 aff. Maire de Maxau, D. P. 83. 3. 10). Cette solution est conforme à l'interprétation adoptée par le ministère de l'intérieur (*Bulletin du ministère de l'intérieur*, 1856, p. 168. V. conf. Morgand, t. 2, p. 276).

CHAP. 4. — Effet des actions irrégulièrement formées (*Rép.* n°s 1489 à 1493).

859. Il a été décidé conformément aux principes exposés au *Rép.* n°s 1489 et suiv., que la fin de non-recevoir tirée de ce qu'une action a été intentée par la généralité des habitants d'une section de commune « poursuite et diligence de l'un d'eux » pour la revendication non d'un droit communal, mais d'un droit individuel, et par conséquent en violation de la règle que nul en France ne plaide par procureur, constitue une exception péremptoire proposable en tout état de cause, et qu'il n'y a pas lieu en pareil cas d'appliquer les art. 173 et 186 c. proc. civ., relatifs aux exceptions dilatoires et aux nullités d'exploits et d'actes de procédure (Civ. cass. 17 avr. 1866, aff. Denin, D. P. 66. 1. 317).

---

(1) (Ville de Paris *C.* Noël et consorts.) — Le conseil d'Etat; — Vu la loi du 18 juill. 1837; — Sur le moyen tiré de ce que les sieurs Noël et consorts auraient saisi le conseil de préfecture de leur réclamation avant d'avoir préalablement présenté au préfet le mémoire exigé par l'art. 54 de la loi du 18 juill. 1837: — Considérant que l'obligation pour toute partie qui veut intenter une action contre une commune de présenter préalablement un mémoire au préfet, n'est imposée par la loi qu'au cas d'une instance à porter devant l'autorité judiciaire, et que l'accomplissement de cette formalité n'est point nécessaire lorsque la contestation doit être soumise au conseil de pré-

CHAP. 5. — Nécessité d'une délibération préalable du conseil municipal pour l'exercice des actions des communes (*Rép.* n°s 1494 à 1503).

860. Ainsi que nous l'avons dit au *Rép.* n°s 1494 et suiv., le maire, lorsqu'il s'agit en justice pour la commune, n'est que le mandataire de celle-ci. Il ne peut donc procéder, soit en demandant, soit en défendant, sans le concours et sans l'autorisation du conseil municipal (Civ. rej. 28 déc. 1863, aff. Commune de Rognes, D. P. 64. 4. 95; Civ. cass. 2 mars 1880, aff. Jumeau, D. P. 80. 1. 208).

861. Cette règle ne comporte aucune exception et doit être appliquée aux actions possessoires comme à toutes les autres (Arrêts des 28 déc. 1863 et 2 mars 1880, cités *suprà*, n° 860). La disposition de l'art. 122 de la loi de 1884, empruntée à l'art. 55 de la loi de 1837, qui porte que le maire peut, *sans autorisation préalable*, intenter toute action possessoire ou y défendre, et faire tous actes conservatoires ou interruptifs des déchéances, ne dispense le maire que de l'autorisation du conseil de préfecture, et non de celle du conseil municipal qui est toujours nécessaire (V. conf. Reverchon, *Autorisations de plaider*, 2e éd., n° 29; Aucoc, *Sections de commune*, p. 526; Souviron, *Manuel des conseils municipaux*, p. 229; Le Berquier, *Corps municipal*, p. 423; Serrigny, *Organisation et compétence administrative*, 2e éd., t. 1, n° 425).

Il en doit être ainsi alors même que le préfet refuserait d'approuver la délibération du conseil municipal (Trib. Aix, 14 mars 1860, aff. Commune de Rognes, D. P. 64. 1. 95).

862. La règle que le maire ne peut ester en justice sans autorisation du conseil municipal est applicable, comme on l'a vu (*Rép.* n° 1500), aux instances administratives, soit devant les conseils de préfecture (Cons. d'Et. 10 févr. 1865, aff. Ville de Nantes, D. P. 67. 3. 37), soit devant le conseil d'Etat (Cons. d'Et. 24 janv. 1856, aff. Commune de Vornay, D. P. 67. 3. 37, note 1; 24 avr. 1874, aff. Ville d'Alençon, D. P. 74. 3. 97; 20 juill. 1877, aff. Ville d'Angers, D. P. 77. 5. 123).

863. Lorsqu'un conseil municipal a déclaré dans une délibération s'incliner devant une décision de l'autorité administrative et « subir la loi », le maire est non recevable à attaquer cette décision devant le conseil d'Etat (Cons. d'Et. 11 févr. 1881, aff. Ville d'Alger, D. P. 82. 3. 92).

864. Dans le cas où le maire est pressé par les délais, soit au possessoire, soit au pétitoire, il peut agir sans que le conseil municipal ait préalablement délibéré, à la charge de se faire habiliter le plus promptement possible par le conseil (Aucoc, p. 523).

Le conseil d'Etat a décidé en ce sens : 1° qu'un maire peut sans délibération préalable du conseil municipal se pourvoir conservatoirement contre les arrêtés rendus au préjudice de la commune, à la charge de rapporter ultérieurement une délibération certifiant et autorisant son pourvoi (Cons. d'Et. 27 janv. 1848, aff. Commune de Vinon *C.* Truc, *Rec. Cons. d'Etat*, p. 21); — 2° Qu'il peut, sans délibération préalable, défendre à une action intentée contre la commune, la production de ses défenses ne constituant qu'un acte conservatoire (Cons d'Et. 9 janv. 1849) (1); — 3° Que l'autorisation du conseil municipal peut n'être produite qu'au cours de l'instance engagée par le maire, et qu'il suffit qu'elle intervienne avant le jugement du litige (Arrêt du 10 févr. 1865, cité *suprà*, n° 862).

865. Le maire peut d'ailleurs faire sans autorisation du conseil municipal les actes purement conservatoires. Il a été décidé, par application de ce principe, que les demandes en référé formées par les communes ou contre elles ne sont pas soumises à l'autorisation préalable du conseil municipal (Paris, 27 juin 1868, aff. Roy, D. P. 68. 2. 188).

---

fecture : — Sur le moyen tiré de ce que le préfet de la Seine aurait défendu à l'action des sieurs Noël et consorts et y avoir été préalablement autorisé par le conseil municipal : — Considérant que le préfet de la Seine avait seul qualité pour défendre au nom de la ville contre la demande des sieurs Noël et consorts, et que la production par lui faite de ses défenses, sans autorisation du conseil municipal, ne constituait qu'un acte conservatoire autorisé par l'art. 55 de la loi du 18 juill. 1837 (Rejet).

Du 9 janv. 1849.-Cons. d'Et.-MM. de Jouvencel, rap.-Hély d'Oissel, concl.-Chambaud et Labot, av.

866. Le maire, ne pouvant exercer les actions de la commune qu'avec l'autorisation du conseil municipal, ne peut également acquiescer qu'en vertu d'une délibération de ce conseil (Cons. d'Et. 30 mars 1854, aff. Commune du Plessis-Brion, D.P. 54. 5. 7). Décidé, en ce sens, que les accords intervenus, en présence d'experts, entre les maires de deux communes, sur l'emplacement de la ligne à tirer comme limite des territoires respectifs de ces communes, constituent un acquiescement lorsqu'ils impliquent la modification des prétentions originaires desdites communes, quant à la question de propriété soulevée entre elles et que, dès lors, ils ne sont pas obligatoires, s'ils ont été consentis sans l'approbation du conseil municipal de chacune d'elles (Req. 15 nov. 1864, aff. Commune d'Albiez-le-Vieux, D.P. 65. 1. 184).

TIT. 5. — AUTORISATION DE PLAIDER
(*Rép.* n°s 1504 à 1798).

867. Conformément aux dispositions de la loi de 1837, rapportées au *Rép.* n°s 1512 et suiv., l'art. 121 de la loi de 1884 consacre ce principe que nulle commune ou section de commune ne peut ester en justice sans y être autorisée par le conseil de préfecture, sauf les cas prévus aux art. 122 et 154 de ladite loi.

Un amendement de M. Cunéo d'Ornano tendait à supprimer la nécessité de l'autorisation de plaider imposée aux communes : mais cet amendement abandonné par son auteur n'a pas été discuté (D. P. 84. 5. 59, note 121).

868. Sous la législation nouvelle comme sous la loi ancienne, la commune a besoin d'être autorisée soit pour intenter une action, soit pour y défendre. Mais le législateur de 1884 a introduit une importante innovation, en ce qu'après avoir imparti au conseil de préfecture un délai de deux mois pour statuer, il déclare que le silence du conseil équivaudra à une autorisation tacite. Le Sénat a repoussé en deuxième et troisième délibération les critiques de M. de Gavardie contre cette innovation.

CHAP. 1. — Cas où la commune est demanderesse
(*Rép.* n°s 1518 à 1540).

869. — I. Premier degré de juridiction. — En principe, ainsi qu'on l'a vu au *Rép.* n° 1518, toutes les demandes introductives d'instance qu'une commune se propose de former sont soumises à l'autorisation. Mais une commune n'a pas besoin d'une autorisation nouvelle pour plaider sur des demandes qui ne sont qu'un accessoire, une dépendance ou un incident d'une instance principale (Req. 25 juill. 1875, aff. Commune de Saint-Julien-de-Courcelles, D. P. 76. 1. 125), ou qui n'ont pour objet que l'exécution du jugement rendu sur la demande principale (Même arrêt ; Civ. cass. 16 mai 1882, aff. Rolland, D. P. 83. 1. 164).

870. L'autorisation n'est pas non plus exigée pour plaider

en reprise d'instance ou en péremption d'instance, ni pour former une demande reconventionnelle qui a sa base dans le procès principal (Morgand, t. 2, p. 234).

Elle est nécessaire, au contraire, comme nous l'avons dit (*Rép.* n°s 1520 et 1522) pour les demandes en intervention, ainsi que dans le cas où une commune se propose de procéder comme partie civile devant la juridiction correctionnelle (Douai, 10 juill. 1860, aff. Ville de Douai, D. P. 60. 2. 208 ; Décr. en Cons. d'Et. 4 mars 1885, aff. Commune de Cours-de-Pile (Dordogne) C. Maniavou, *Rec. Cons. d'Etat*, p. 1019). Et, comme on l'a vu (*Rép.* n° 1522), il avait été décidé, sous l'empire de l'art. 75 de la constitution de l'an 8, qu'à défaut de cette autorisation la demande adressée par une commune au Gouvernement à l'effet d'être autorisée à poursuivre un ancien maire à fins civiles devant le tribunal correctionnel pour faits relatifs à ses fonctions devait être déclarée non recevable (Cons. d'Et. 2 oct. 1852, aff. Salomon, D. P. 54. 3. 80 ; 28 avr. 1854, aff. Commune de Tusset, D. P. 55. 3. 59 ; 8 nov. 1854, aff. Commune de Montcavrel, D. P. 55. 3. 59).

871. Sont également soumises à l'autorisation : 1° la tierce opposition ; 2° les demandes reconventionnelles quand la reconvention a pour cause une obligation en dehors du procès (Morgand, t. 2, p. 234) ; 3° les demandes en garantie (Cons. d'Et. 21 janv. 1842, aff. Commune de la Guillotière, *Rec. Cons. d'Etat*, p. 634). La jurisprudence décide enfin, contrairement à une opinion développée au *Rép.* n° 1530, que l'autorisation est nécessaire dans l'hypothèse où une commune voudrait intenter une action contre l'Etat (V. Ord. 1874, aff. Commune de Quasquara, *Rec.Cons. d'Etat*, p. 546 ; 14 août 1877, aff. Commune d'Athies (Somme), *Rec. Cons. d'Etat*, p. 1091 ; 27 mai 1884, aff. Commune de Saint-Martin-du-Var (Alpes-Maritimes), *ibid.*, p. 975. V. conf. Lyon, 29 janv. 1850, et sur pourvoi, Civ. cass. 26 avr. 1853, aff. Commune de Chevillard, D. P. 53. 1. 146).

872. — II. Deuxième degré de juridiction. — Comme l'art. 49, § 2, de la loi de 1837 (*Rép.* n° 1535), l'art. 121, § 2, de la loi de 1884 dispose qu'après tout jugement intervenu, la commune ne peut se pourvoir devant un autre degré de juridiction qu'en vertu d'une nouvelle autorisation du conseil de préfecture. Il a été décidé, notamment, que cette autorisation lui est nécessaire pour former appel d'une sentence arbitrale (Décr. en Cons. d'Et. 15 nov. 1871) (1).

873. — III. Recours en cassation ; requête civile. — Bien que la cour de cassation ne puisse être considérée comme un degré de juridiction, nous avons dit au *Rép.* n° 1539 que, sous l'empire de la loi de 1837, l'autorisation était exigée dans le cas où une commune voulait se pourvoir en cassation ou suivre sur le pourvoi formé par le maire à titre conservatoire (Civ. rej. 12 déc. 1848, aff. Ville de Nevers, D. P. 49. 1. 139 ; 9 janv. 1878, aff. Commune d'Azérat, D. P. 78. 1. 35 ; Sol. impl., Civ. cass. 11 juill. 1881 (2). V. conf. Chauveau et Tambour, *Code d'instruction administrative*,

---

(1) (Commune d'Alleins.) — Le conseil d'État, etc. ; — Vu la loi du 18 juill. 1837 ; — Vu le décret du 9 sept. 1870, ensemble la loi des 26-31 mai 1871, et la note insérée au *Journal officiel* du 7 juin suivant pour l'exécution de l'art. 4 de ladite loi ; — Sans qu'il soit besoin de statuer sur le moyen de forme présenté à l'appui du pourvoi ; — Considérant qu'il résulte de l'instruction que les dispositions de la sentence arbitrale ci-dessus visée, contre lesquelles la commune d'Alleins demande à interjeter appel, exposeront inévitablement cette commune à de nombreux procès ; qu'il y a, dès lors, pour elle un intérêt incontestable à interjeter ledit appel, et que, d'autre part, ses chances de succès paraissent suffisantes : — Art. 1er. La commune d'Alleins est autorisée à interjeter appel des dispositions de la décision arbitrale du 2 févr. 1870 qui ont motivé la demande en autorisation formulée par le conseil dans ses délibérations ci-dessus visées. Du 15 nov. 1871.-Décr. Cons. d'Et.-M. Braun, rap.

(2) (Commune de Saint-Loup C. Gautreau.) — La cour ; — Sur la fin de non-recevoir tirée de la transmission des pièces à l'appui du pourvoi : — Attendu que les art. 20 et 40 de la loi du 3 mai 1841 ne se prononcent pas la déchéance pour le cas où les pièces relatives au pourvoi formé contre la décision du jury et l'ordonnance du magistrat directeur n'ont pas été adressées au greffe de la cour de cassation dans le délai de quinzaine à partir de la notification de ce pourvoi ; — Attendu d'ailleurs que, postérieurement à l'expiration de ce délai, la procédure a été régularisée et

l'affaire mise en état ; — Sur la fin de non-recevoir tirée de ce que la commune de Saint-Loup a formé son pourvoi en cassation sans autorisation préalable : — Attendu que la commune demanderesse produit un arrêté du conseil de préfecture des Deux-Sèvres, rendu après délibération conforme du conseil municipal, et par lequel elle est autorisée à ester en justice devant la cour de cassation pour obtenir l'annulation de la décision du jury d'expropriation de l'arrondissement de Parthenay en date du 23 déc. 1880 ; que la loi n'exige pas, sous peine de déchéance, que l'autorisation nécessaire en pareil cas précède ou accompagne la déclaration de pourvoi ; qu'il suffit qu'il en soit justifié devant la cour de cassation : — Rejette les deux fins de non-recevoir proposées par la défenderesse et statuant au fond... ; — Sur le second moyen du pourvoi : — Vu l'art. 39, § 4, de la loi du 3 mai 1841 ; — Attendu que l'indemnité due à l'exproprié doit être fixée d'une manière ferme, eu égard à l'état de choses existant au moment de la décision, et non eu égard à l'époque de la prise de possession qui dépend uniquement de l'administration expropriante et dont le jury n'a pas à se préoccuper ; que s'il peut fixer une indemnité éventuelle et alternative, c'est seulement lorsqu'il y a contestation sur la qualité des réclamants ou sur le fond du droit, difficultés étrangères à sa mission, ou contrat judiciaire entre les parties ; — Attendu que, dans l'espèce, le jury a, sans qu'il y eût litige ou difficultés de cette nature, ou accord entre l'expropriante et l'expropriée pour autoriser ce qui a été fait, alloué deux indemnités, l'une de 2400 fr. pour le cas

5e éd., t. 2, n° 1074). La question ne peut plus faire aucun doute sous la loi actuelle : en effet, l'art. 122 autorise le maire à se pourvoir en cassation mais seulement à titre conservatoire, et l'art. 127 prévoit le cas où la demande de l'autorisation est formée en vue d'un pourvoi en cassation (V. Conf. Décr. en Cons. d'Et. 2 déc. 1885, aff. Commune de Pantin (Seine) C. Ville de Paris, Rec. Cons. d'Etat, p. 1024). Il a été décidé en ce sens qu'une commune ne peut sans y avoir été régulièrement autorisée se pourvoir contre la décision d'un jury d'expropriation (Civ. rej. 22 févr. 1887, aff. Commune de Parlebosq, D. P. 87. 1. 224).

874. Nous avons ajouté au Rép. n° 1540, qu'une commune a également besoin d'être autorisée pour se pourvoir en requête civile (V. conf. Décr. en Cons. d'Et. 17 mars 1876, aff. Commune de Saint-Pierre-le-Moutier, Rec. Cons. d'Etat, p.964). Lorsque la demande d'autorisation à fin de requête civile n'a pas été formée devant le conseil de préfecture, elle ne peut être présentée directement devant le conseil d'Etat conjointement avec le recours contre un arrêté refusant l'autorisation de faire appel (Même décret).

CHAP. 2. — **Commune défenderesse** (Rép. n°s 1541 à 1560).

875. — I. Premier degré de juridiction. — La disposition de l'art. 121 de la loi de 1884, qui porte qu'une commune ne peut ester en justice qu'à été autorisée par le conseil de préfecture, s'applique à la commune défenderesse aussi bien qu'à la commune demanderesse. En outre, l'art. 124, qui reproduit avec quelques modifications le texte de l'art. 51 de la loi de 1837 rapporté au Rép. n° 1542, impose à peine de nullité à toute personne qui veut intenter une action autre qu'une action possessoire contre une commune l'obligation d'adresser préalablement un mémoire au préfet ou au sous-préfet. Le mémoire doit exposer l'objet et les motifs de la réclamation. L'action ne peut être portée devant les tribunaux que deux mois après la date du récépissé, sans préjudice des actes conservatoires. A l'expiration de ce délai, le demandeur peut suivre son action, alors même que le conseil de préfecture n'aurait pas autorisé la commune à défendre. Les dispositions de l'art. 124 sur ce point sont littéralement empruntées à l'art. 55 de la loi départementale du 10 août 1871.

876. Comme on l'a dit au Rép. n° 1543, le mémoire préalable est nécessaire pour toute action introductive d'instance, sauf, bien entendu, dans les matières où la commune peut ester en justice sans autorisation. En effet, ainsi que le fait observer M. Morgand (t. 2, p. 250), il y a une corrélation intime entre la remise préalable du mémoire et l'obligation imposée à la commune de se munir d'une autorisation pour intenter ou soutenir une action. « Le dépôt du mémoire a pour effet d'éclairer l'administration tutrice des intérêts municipaux sur le parti le plus convenable à prendre : il serait contraire à l'esprit de la loi d'exiger la production du mémoire dans les cas où le législateur a dispensé la commune de l'autorisation ». — Ainsi l'obligation de présenter préalablement un mémoire au préfet ne s'applique pas lorsqu'il s'agit d'une contestation que doit être soumise au conseil de préfecture (V. Cons. d'Et. 9 janv. 1849, suprà, n° 864), les communes n'ayant pas besoin d'autorisation pour plaider en matière administrative (V. infrà, n° 903).

877. On a examiné au Rép. n°s 1552 et suiv., la question de savoir si les communes sont soumises à la nécessité d'une autorisation lorsqu'elles ont à défendre à des actions en responsabilité intentées contre elles pour crimes ou délits commis par attroupements et à force ouverte sur leur territoire. La procédure sommaire organisée dans ce dernier cas par la loi du 10 vend. an 4 était peu compatible avec la nécessité d'une demande en autorisation de plaider et du dépôt d'un mémoire préalable. Aussi était-il admis par la jurisprudence, ainsi que nous l'avons dit au Rép. n° 1553, que le ministère public ne pouvait y être assujetti lorsqu'il exerçait l'action civile autorisée par la loi précitée, et que les parties lésées devaient elles-mêmes en être exemptées

lorsque l'inaction du parquet les obligeait à poursuivre elles-mêmes la réparation qui leur était due (Civ. rej. 1er déc. 1875, aff. Commune de la Rivière-Pilote, D. P. 76.1. 73).

878. Mais les tit. 1er, 4 et 5 de la loi du 10 vend. an 4 sont expressément abrogés par l'art. 168 de la loi du 5 avr. 1884. Il en résulte que le ministère public ne peut plus agir que contre les auteurs et complices des crimes et délits par l'application des peines édictées par le code pénal, et qu'il ne peut plus exercer d'action contre la commune qui n'encourt plus de condamnation pécuniaire et dont la responsabilité est aujourd'hui purement civile. Quant à l'action des parties lésées, elle doit être soumise aux règles du droit commun, et ne peut être dispensée à aucun titre de l'accomplissement des formalités prescrites par les art. 121 et 124 de la loi de 1884 (Morgand, t. 2, p. 235).

879. — II. Deuxième degré de juridiction. — On a vu au Rép. n° 1559 que, d'après une jurisprudence constante, la commune qui avait obtenu gain de cause en première instance et dont l'adversaire interjetait appel n'avait pas besoin d'une autorisation nouvelle pour défendre à cet appel (Req. 7 août 1867, aff. Commune d'Osseja, D. P. 68. 1. 25; Civ. cass. 6 juin 1877, aff. Commune de Cauro, D. P. 77. 1. 432; Décr. en Cons. d'Et. 20 juin 1861, aff. Fabrique de Frasseto, Rec. Cons. d'Etat, p. 1060; Serrigny, Compétence administrative, 2e éd., t. 1, p. 519, n° 400; Chauveau et Tambour, Code d'instruction administrative, 5e éd., t. 2, n° 1071). Cette interprétation a été expressément confirmée par le texte de la loi nouvelle, qui porte qu'une commune ne peut se pourvoir, sans une autorisation nouvelle, devant un autre degré de juridiction; les mots se pourvoir ont été substitués par le Sénat, sur la proposition de M. Batbie, au mot plaider qui se trouvait dans la rédaction primitive, afin d'indiquer que la commune intimée pouvait défendre à l'appel de son adversaire sans s'y être fait autoriser (V. Batbie, Traité théorique et pratique de droit public et administratif, 2e éd., t. 5, p. 303; D. P. 84. 4. 59, note 14, § 2). Il a même été décidé que la commune intimée n'a pas besoin d'autorisation pour former appel incident, cet appel n'étant qu'une défense à l'action principale (Req. 24 déc. 1855, aff. Commune de Vaulx-en-Velin, D. P. 56. 1. 56; 2 juill. 1862, aff. Commune de Bareilles, D. P. 63. 1. 26. V. toutefois, en sens contraire, Reverchon, n° 43).

880. — III. Pourvoi en cassation ; requête civile. — Les considérations qui précèdent doivent également faire décider que la commune qui a obtenu gain de cause peut, sans autorisation nouvelle, défendre au pourvoi en cassation formé par son adversaire (Civ. rej. 9 mars 1887, aff. Roche, D. P. 88, 1re partie) ou à une demande de requête civile.

CHAP. 3. — **Effets de l'autorisation de plaider**
(Rép. n°s 1561 à 1574).

881. — I. Effets de l'autorisation considérée en elle-même. — Ainsi que nous l'avons dit au Rép. n° 1561, le conseil de préfecture, lorsqu'il statue sur une demande en autorisation de plaider formée par une commune, n'agit que comme tuteur, et non comme juge. Il excéderait donc ses pouvoirs s'il se saisissait de l'action elle-même, sous prétexte qu'elle appartient à la compétence administrative, et s'il enjoignait à l'adversaire de la commune de plaider devant lui (Cons. d'Et. 9 févr. 1850, aff. Molinet, D. P. 50. 3. 40; 3 juill. 1861, aff. Goga, D. P. 61. 3. 54. V. conf. Reverchon, p. 168, et Batbie, t. 5, p. 302).

882. Comme on l'a vu au Rép. n°s 1562 et suiv., il résulte également de ce principe que les décisions du conseil de préfecture en cette matière ne sont pas susceptibles d'acquérir l'autorité de la chose jugée et qu'elles peuvent être rétractées (V. conf. Batbie, p. 302; Morgand, t. 2, p. 241). Nous pensons toutefois que, lorsque le conseil a accordé l'autorisation et que la commune en a usé, il ne peut, sans commettre un excès de pouvoir, revenir sur sa décision (V. conf. Morgand, loc. cit.; Batbie, p. 303; Serrigny, t. 1, p. 540, n° 422). C'est l'application de cette règle, plusieurs fois consacrée par la

---

où il ne serait accordé à la veuve Gautreau aucun délai à l'effet de quitter les lieux, l'autre de 20000 fr. pour le cas où la puissance lui en serait laissée jusqu'au 29 sept. 1881 ; qu'en statuant ainsi, il a faussement appliqué et par suite violé l'art. 39, § 4, de

la loi du 3 mai 1841 ci-dessus visé ; — Sans qu'il soit besoin d'examiner les autres moyens du pourvoi ; — Casse, arrêt.
Du 11 juill. 1881.-Ch. civ.-MM. Mercier, 1er pr.-Guérin, rap.-Charrins, 1er av. gén., c. conf.

jurisprudence du conseil d'État, que les actes de tutelle deviennent irréformables lorsqu'ils ont servi de base à un droit acquis (V. *Conseil d'État*).

883. On a vu au *Rép.* n° 1565, que les décisions qui accordent à une commune l'autorisation de plaider sont de simples actes de tutelle administrative, et que, par suite, les tiers ne peuvent en poursuivre la réformation. D'ailleurs, la commune elle-même n'est pas non plus recevable à les attaquer : c'est ce qui résulte implicitement de l'art. 126 de la loi du 5 avr. 1884, qui n'ouvre de recours que contre les arrêtés qui refusent l'autorisation. Il a été décidé, en ce sens, qu'une commune n'est pas recevable à se pourvoir contre un arrêté lui accordant l'autorisation de plaider, par le motif que le maire avait demandé cette autorisation sans l'assentiment du conseil municipal (Décr. en Cons. d'Et. 29 déc. 1880, aff. Commune de Combiers, *Rec. Cons. d'État*, p. 1095. — V. au surplus sur les recours auxquels peuvent donner lieu les décisions rendues en cette matière par les conseils de préfecture, *infrà*, n° 922).

884. L'autorisation du conseil de préfecture est nécessaire, conformément à ce qui a été exposé au *Rép.* n° 1569, pour la validité du désistement donné par le maire d'une commune autorisée à plaider (Civ. cass. 5 mars 1845, aff. Maire de Clermont-Ferrand, D. P. 45. 1. 171 ; Décr. en Cons. d'Et. 29 déc. 1884, aff. Lefebvre, contribuable de la commune de Cordèy (Calvados) C. Vaudion, *Rec. Cons. d'État*, p. 978. V. conf. Serrigny, *Compétence administrative*, 2ᵉ éd., t. 1, n° 448; Dufour, *Traité général de droit administratif appliqué*, 3ᵉ éd., t. 3, n° 576; Batbie, t. 5, p. 304). De même, la commune autorisée à défendre ne pourrait acquiescer qu'avec l'autorisation du conseil de préfecture (Sol. impl., Civ. cass. 31 déc. 1855, aff. Martin, D. P. 56. 1. 17 ; Riom, 27 janv. 1869, aff. Bourlhoune, D. P. 71. 1. 285; Sol. impl., Cons. d'Et. 14 janv. 1881, aff. Rouxel, D. P. 82. 3. 31). On peut douter, toutefois, que cette solution doive être étendue à l'acquiescement tacite, comme l'a décidé l'arrêt précité du 27 janv. 1869 (V. *Acquiescement*, n° 23).

Il a été jugé, contrairement aux décisions qui précèdent, que l'autorisation de plaider s'applique à l'ensemble du débat judiciaire et confère aux communes le pouvoir d'accepter la décision intervenue (Metz, 12 juill. 1849, aff. Commune d'Autry, D. P. 49. 2. 201). Il est du moins certain qu'une commune autorisée à plaider est, par là même, autorisée à prendre telles conclusions qu'il appartient pour la défense de ses droits, sous la réserve de ne faire, sans nouvelle autorisation, aucun acte de nature à porter atteinte à ces mêmes droits (Req. 17 juin 1873, aff. Commune de Draveil, D. P. 74. 1. 167). Par exemple, une commune qui a été autorisée à interjeter appel d'un jugement préparatoire, d'un jugement sur incident, et d'un jugement rendu sur le fond du litige, peut, sans avoir besoin d'une autorisation nouvelle, se désister de l'appel des deux premiers jugements, alors que ce désistement ne peut en aucune façon compromettre les prétentions qu'elle était autorisée à soutenir (Même arrêt).

885. — II. Effets de l'autorisation à l'égard de l'autorité judiciaire. — Conformément à deux arrêts rapportés au *Rép.* n° 1570, il a été décidé que l'autorité judiciaire ne peut examiner si, en accordant à une commune l'autorisation de plaider, le conseil de préfecture a régulièrement ou irrégulièrement procédé, ni ne peut notamment déclarer cette autorisation irrégulière par le motif que le conseil municipal a été d'avis que la commune était sans intérêt au procès; « que, se livrer à cet examen, ce serait s'immiscer dans les fonctions administratives; que, s'il existe un recours légal, il ne saurait être compétemment exercé que devant l'autorité administrative supérieure. » (Req. 6 mars 1865, aff. Roche, D. P. 65. 1. 249). Cette solution serait à l'abri de la critique, si l'autorisation du conseil de préfecture suffisait à elle seule pour habiliter la commune à ester en justice; dans cette hypothèse, en effet, l'arrêté qui a autorisé la commune, contrairement à la délibération du conseil municipal, serait entaché d'une simple irrégularité, que les tribunaux ne pourraient rectifier sans s'immiscer dans les fonctions administratives, car l'acte administratif, même vicié d'excès de pouvoir, conserve sa force jusqu'à ce qu'il soit rapporté par la juridiction compétente (V. *Compétence administrative*). Mais il n'en est pas ainsi : d'après la doctrine qui a prévalu dans la jurisprudence,

l'assentiment du conseil municipal constitue l'un des éléments constitutifs de la capacité de la commune ; c'est une condition distincte, indépendante de l'autorisation du conseil de préfecture (Civ. cass. 30 nov. 1863, aff. Pirel, D. P. 63. 1. 448), et la juridiction civile peut en vérifier l'accomplissement sans se prononcer pour cela sur la régularité de l'arrêté d'autorisation. En d'autres termes, cette régularité n'est nullement mise en question par l'exception tirée de ce que le consentement du conseil municipal n'a pas été obtenu. Dès lors, comme le dit très bien M. Reverchon, dans un article où il critique l'arrêt de la chambre des requêtes, (*Revue critique*, t. 26, p. 489), « à quoi bon renvoyer les parties devant l'autorité administrative supérieure, pour faire juger une question qui, fût-elle tranchée dans le sens de la validité ou de la régularité de l'autorisation du conseil de préfecture, laisserait toujours à juger par l'autorité judiciaire la question purement judiciaire de savoir si cette autorisation, supposée régulière et valable, dispense le maire de représenter aussi celle du conseil municipal. »

La théorie admise par l'arrêt précité paraît, d'ailleurs, avoir été condamnée implicitement par un arrêt des chambres réunies, qui a statué *in terminis* sur la question à l'égard de laquelle l'arrêt de 1865 avait nié la compétence judiciaire (Ch. réun. cass. 3 avr. 1867, aff. Pirel, D. P. 67. 1. 145). Cet arrêt décide, en effet, que l'on ne saurait attribuer « à l'autorisation d'ester en justice comme défenderesse, donnée par le conseil de préfecture à une commune, malgré l'opposition du conseil municipal, une autorité prépondérante et coercitive pour ce conseil ».

886. Lorsque la décision du conseil de préfecture qui refuse d'autoriser l'appel formé par une commune a été déférée au conseil d'État, la cour saisie de cet appel ne peut, sans empiéter sur les attributions du conseil, le déclarer non recevable, sous prétexte de la tardiveté du recours (Civ. cass. 30 janv. 1849, aff. Commune de Boizeau, D. P. 49. 1. 48).

CHAP. 4. — Etendue de l'autorisation. — Autorisation nouvelle (*Rép.* n°ˢ 1575 à 1606).

887. — I. Caractère spécial et restrictif de l'autorisation. Cas où une autorisation nouvelle est nécessaire. — Du principe que l'autorisation de plaider accordée à une commune est spéciale il résulte, conformément à ce qui a été exposé au *Rép.* n° 1575, qu'une commune ne peut être tenue de se défendre, soit en première instance, soit en appel, sur d'autres chefs que ceux pour lesquels l'autorisation a été accordée (Lyon, 29 janv. 1850, aff. Commune de Chevillard, D. P. 51. 2. 126).

Il a été décidé, en ce sens, qu'une autorisation nouvelle est nécessaire lorsque la demande à laquelle la commune a été autorisée à défendre est complètement dénaturée, et qu'on lui substitue une demande toute différente, exclusive de la première, qui ne devient que subsidiaire (Civ. cass. 26 avr. 1853, aff. Commune de Chevillard, D. P. 53. 1. 146). Il en est ainsi, spécialement, lorsqu'une commune a été autorisée à défendre à une action en délaissement de la moitié seulement d'une forêt par elle possédée, et que, par des conclusions prises au cours de l'instance, le demandeur, invoquant des titres différents de ceux sur lesquels il s'était d'abord appuyé et même contraires, en vient à revendiquer la propriété totale de cette forêt et prétend réduire la commune à un simple droit d'usage (Même arrêt).

888. De même, l'autorisation donnée à une commune de défendre à une action en partage formée par le demandeur en vertu de prétendus droits indivis qui lui sont contestés par cette commune, n'habilite pas la commune à défendre à des conclusions nouvelles tendant à la revendication de la totalité de l'immeuble litigieux, de pareilles conclusions ne pouvant être considérées comme un accessoire de la demande originaire (Civ. cass. 23 juin 1858, aff. Commune de Vittaryille, D. P. 58. 1. 412).

A plus forte raison en est-il ainsi lorsque l'action autorisée et l'action nouvelle n'ont ni la même cause, ni le même objet, et ne s'exercent pas contre la même partie. Ainsi l'autorisation d'exercer une revendication contre une fabrique ne comprend pas l'autorisation d'intenter une action en responsabilité contre les membres du conseil de fabrique (Lyon, 19 déc. 1873, aff. Commune de Nantua, D. P. 76. 2. 89).

889. Mais si une autorisation nouvelle est nécessaire toutes les fois que la nouvelle prétention soulevée par la commune ou contre elle constitue à proprement parler une instance nouvelle, la jurisprudence a constamment consacré ce principe énoncé au *Rép.* n° 1577, que l'autorisation accordée à une commune pour plaider sur une demande principale comprend celle de défendre aux interventions et de plaider sur les demandes qui ne sont qu'un accessoire, une dépendance ou un incident de la demande principale, ou qui n'ont pour objet que l'exécution du jugement rendu sur cette demande (Civ. rej. 11 mars 1873, aff. Commune d'Orchamps-Vennes, D. P. 73. 1. 54; Req. 25 juill. 1876, aff. Commune de Saint-Julien-de-Courcelles, D. P. 77. 1. 125).

Ainsi, une commune autorisée à plaider sur la demande en revendication et partage de ses communaux, formée par les représentants d'anciens vassaux, n'a pas besoin d'autorisation spéciale pour figurer à l'arrêt qui, en attribuant à la commune un tiers des communaux, renvoie devant le tribunal civil pour procéder au partage, ni pour figurer aux jugements subséquents qui nomment un séquestre et qui homologuent le partage, ordonnent au séquestre de rendre ses comptes et de répartir les recettes et les dépenses entre les parties, et enfin statuent sur les comptes du séquestre et des parties (Arrêt précité du 25 juill. 1876).

890. Il a été décidé, par application du même principe : 1° que l'autorisation donnée à un contribuable de revendiquer au nom de la commune un terrain que la demande et l'arrêté d'autorisation, ainsi que l'exploit introductif d'instance, désignent comme ayant une certaine contenance, continue à habiliter le demandeur dans son action en revendication, quoique, durant l'instance et après une expertise, il ait été reconnu que la contenance du terrain revendiqué était beaucoup plus considérable, et d'ailleurs il est constant que le procès porte toujours sur le même terrain (Req. 2 août 1858, aff. Calaman, D. P. 58. 1. 373); — 2° Que la commune autorisée à intervenir dans une instance engagée entre le fermier entrant et le fermier sortant d'une usine qui lui appartient, n'a pas besoin d'autorisation nouvelle pour défendre à des conclusions en dommages-intérêts pour défaut de jouissance des lieux loués (Civ. rej. 16 mars 1853, aff. Ville d'Antibes, D. P. 53. 1. 100); — 3° Que la commune autorisée à poursuivre l'expropriation d'une portion d'un immeuble n'a pas besoin d'une autorisation nouvelle pour acquérir la totalité, lorsque l'exproprié le requiert conformément à la loi du 3 mai 1841 (Bordeaux, 13 déc. 1848, aff. Jarry, D. P. 49. 2. 216); — 4° Que l'autorisation donnée à une commune de défendre à une action dirigée simultanément contre elle et le département comprend l'autorisation de conclure contre celui-ci (Req. 3 févr. 1874, aff. Département de la Seine-Inférieure, D. P. 74. 1. 247); — 5° Que l'autorisation donnée à une commune de défendre à une action judiciaire emporte celle de proposer toutes les exceptions qui entrent dans sa défense et notamment les exceptions de procédure, telles que celles de la caution *judicatum solvi* (Lyon, 26 janv. 1873, aff. Wiedmann, D. P. 74. 2. 120); — 6° Que la commune autorisée à défendre à une action tendant à la faire déclarer déchue de ses droits d'usage dans une forêt domaniale n'a pas besoin d'une nouvelle autorisation pour défendre à la même action restreinte à la réclamation du droit de tiers denier sur les produits de la forêt (Civ. rej. 3 mai 1853, aff. Commune de Châtel-sur-Moselle, D. P. 53. 1. 156). Une commune autorisée à faire valoir en justice ses droits d'usage dans une forêt peut, sans autorisation particulière, déclarer que sa prétention n'a pour objet que l'apportionnement dont elle était antérieurement nantie (V. *Rép.* n°s 1579 et suiv.; Nancy, 15 juin 1876, aff. Commune d'Hugier, D. P. 77. 2. 153).

891. Nous avons dit au *Rép.* n° 1589, que la commune n'est pas tenue de se pourvoir d'une autorisation nouvelle pour plaider sur les difficultés auxquelles peut donner lieu l'exécution de la décision rendue. La même solution a été consacrée à l'égard du contribuable qui, dûment autorisé par le conseil de préfecture, a poursuivi une instance au nom de la com-

mune (Civ. cass. 16 mai 1882, aff. Rolland, D. P. 83. 1. 164).

892. L'autorisation de plaider accordée à une commune sur le vu d'un mémoire dans lequel le demandeur, se prétendant propriétaire du terrain litigieux, annonce l'intention d'engager contre la commune une action possessoire et déclare soumettre son mémoire au préfet à cette fin et pour toute autre hypothèse, et à la suite d'une délibération par laquelle le conseil municipal a déclaré que le terrain dont il s'agit est la propriété exclusive de la commune, s'applique nécessairement à l'action pétitoire et non à l'action possessoire, à laquelle, d'ailleurs, le maire peut défendre sans autorisation (Civ. cass. 23 mars 1868, aff. Riguet, D. P. 68. 1. 292).

Dès lors, la commune n'a pas besoin d'une nouvelle autorisation pour défendre à l'action pétitoire que le demandeur intente après avoir succombé au possessoire (Même arrêt).

893. Une commune n'a pas besoin d'une autorisation nouvelle pour former opposition à un jugement par défaut prononcé contre elle (*Rép.* n° 1591; Décr. en Cons. d'Et. 4 déc. 1884, aff. Commune de Pornoy (Haute-Saône) C. Prétot et consorts, *Rec. Cons. d'Etat*, p. 977). Mais cette autorisation lui est nécessaire pour appeler un tiers en garantie (Décr. en Cons. d'Et. 20 juin 1884, aff. Fabrique de Saint-Etienne-de-Marans (Charente-Inférieure) C. Commune de Marans, *Rec. Cons. d'Etat*, p. 975; 24 nov. 1886, aff. Commune de Cours-de-Pile, D. P. 88. 3. 38).

894. — II. L'autorisation ne peut comprendre qu'un seul degré de juridiction. — La disposition de l'art. 49 de la loi de 1837 rapportée au *Rép.* n° 1606, qui exige, après tout jugement rendu, une autorisation nouvelle pour chaque degré de juridiction, a été textuellement reproduite dans l'art. 124, § 2, de la loi de 1884. Mais cette règle ne s'applique qu'au cas où c'est la commune qui agit devant le juge du degré supérieur; l'autorisation n'est pas nécessaire quand la commune est défenderesse au recours exercé par son adversaire qui a échoué en première instance (V. *supra*, n° 879).

CHAP. 5. — Exceptions au principe de l'autorisation
(*Rép.* n°s 1607 à 1624).

895. Les exceptions au principe de l'autorisation, établies par la loi de 1837 et indiquées au *Rép.* n°s 1607 et suiv., ont été maintenues par la nouvelle loi municipale.

Le paragraphe 1er de l'art. 122, reproduisant les termes de l'art. 55 de la loi de 1837, porte que le maire peut toujours, sans autorisation préalable, intenter toute action possessoire ou y défendre, et faire tous actes conservatoires ou interruptifs de déchéances.

896. Le maire d'une commune peut intenter une action possessoire ou y défendre sans l'autorisation préalable du conseil de préfecture (*Rép.* n° 1608); mais, ainsi que nous l'avons dit (*Rép.* n° 1614), l'autorisation du conseil municipal lui est nécessaire (Civ. cass. 28 déc. 1863, aff. Commune de Rognes, D. P. 64. 1. 95; 2 mars 1880, aff. Jumeau, D. P. 80. 1. 208. V. conf. Reverchon, n° 29; Serrigny, *Organisation et compétence administrative*, 2e éd., t. 1, n° 425; Aucoc, *Sections de commune*, 2e éd., n°s 247 et suiv.; Souviron, *Manuel des conseillers municipaux*, p. 229).

897. De même que les communes sont en cette matière dispensées de l'autorisation du conseil de préfecture, elles peuvent être actionnées au possessoire par des particuliers sans dépôt préalable du mémoire exigé par la loi (*Rép.* n° 1608; Civ. rej. 7 juin 1848, aff. Commune de Gorges, D. P. 48. 1. 121; Civ. cass. 20 nov. 1871, aff. Natey, D. P. 71. 5. 79).

898. La question de savoir si la dispense d'autorisation en matière d'actions possessoires doit être étendue à l'appel des jugements rendus en cette matière a été controversée (*Rép.* n° 1609). Cette question a été résolue affirmativement par la cour de cassation (Civ. rej. 29 févr. 1848, aff. Commune de Thil, D. P. 48. 5. 55), et par le conseil d'Etat, toutes les fois qu'il a été appelé à statuer sur des demandes de cette nature (V. Motifs, Décr. en Cons. d'Et. 30 nov. 1868, aff. Ville de Bourges, D. P. 69. 3. 33; 1er avr. 1885) (1). La dispense

peut, sans autorisation préalable, intenter toute action possessoire ou y défendre; que, d'après une jurisprudence constante, l'autorisation n'est pas davantage nécessaire pour inter-

---

(1) (Commune de la Terrisse.) — Le conseil d'Etat, etc. : — Considérant qu'aux termes de l'art. 122 de la loi du 5 avr. 1884, reproduisant l'art. 55 de la loi du 18 juill. 1837, le maire

s'étend également au cas où la commune veut intervenir dans une instance au possessoire (Cons. d'Et. 24 juill. 1845, aff. Commune de Plumartin, D. P. 45. 3. 49).

899. Aux termes du décret précité du 30 nov. 1868, les communes sont également dispensées de demander l'autorisation du conseil de préfecture pour se pourvoir en cassation contre les jugements rendus en matière possessoire. Cette solution constitue un abandon de l'ancienne jurisprudence rapportée au *Rép.* n° 1611, et établie par un avis du conseil d'Etat du 18 déc. 1844 et une ordonnance du 10 janv. 1845 (aff. Commune de Moulins-Engilbert, D. P. 46. 3. 50). Il est donc admis aujourd'hui que les actions possessoires peuvent être suivies à tous les degrés de juridiction sans l'autorisation du conseil de préfecture (Morgand, t. 2, p. 243).

900. Nous avons dit au *Rép.* n° 1611 que le maire peut également, sans l'autorisation du conseil de préfecture, faire tous actes conservatoires ou interruptifs de déchéance. L'art. 122 de la loi de 1884 reproduit, sur ce point, le texte de l'art. 55 de la loi de 1837. Il contient, en outre, un paragraphe additionnel aux termes duquel le maire peut, sans autre autorisation, interjeter appel de tout jugement et se pourvoir en cassation, mais ne peut suivre sur son appel, ni sur le pourvoi, qu'en vertu d'une nouvelle autorisation. Cette disposition, qui n'existait pas dans la législation antérieure, ne constitue pas cependant une innovation, car la jurisprudence avait, comme on a l'a vu (*Rép.* n° 1611), considéré le dépôt de l'acte d'appel ou du pourvoi en cassation comme un acte conservatoire rentrant dans la compétence du maire; elle avait également décidé que l'autorisation du conseil de préfecture était nécessaire pour que la commune pût suivre sur l'appel ou sur le pourvoi en cassation (Grenoble, 13 févr. 1864, aff. Commune du Villard-de-Lans, D. P. 65. 2. 96; Dijon, 27 févr. 1879, aff. Commune de Tart-le-Haut, D. P. 79. 2. 272; Nancy, 25 févr. 1884, aff. Bourbon, D. P. 81. 2. 224. V. conf. Reverchon, n° 103; Serrigny, *Organisation et compétence administrative*, n° 424).

901. L'art. 154 de la loi nouvelle reproduit la disposition de l'art. 63 de la loi de 1837, rapportée au *Rép.* n° 1615, d'après laquelle une commune peut défendre sans autorisation aux oppositions formées aux états dressés par le maire pour le recouvrement des recettes communales (Décr. en Cons. d'Et. 3 août 1872, aff. Commune de Longwy C. héritiers Troly, *Rec. Cons. d'Etat*, p. 761). Il a été également jugé que les contestations relatives à un tarif d'octroi peuvent être portées devant le juge de paix sans dépôt préalable d'un mémoire, et que l'autorisation a été autorisée de l'art. à y défendre (Civ. rej. 2 févr. 1848, aff. Maire de Roubaix, D. P. 48. 1. 59).

902. La jurisprudence décide que les communes ne sont pas tenues de se munir de l'autorisation du conseil de préfecture soit pour introduire un référé, soit pour y défendre (Req. 10 avr. 1872, aff. Commune de Gatti-di-Vivani, D. P. 73. 1. 12; Paris, 27 juin 1868, aff. Roy, D. P. 68. 2. 188; Dijon, 11 avril 1869, aff. Chauvelot, D. P. 69. 2.190; Trib. Bruxelles, 20 mars 1880, aff. Commune de Watermaël, D. P. 81. 3. 29). Cette exception qui ne résulte pas du texte de la loi municipale dérive virtuellement et nécessairement des dispositions du code de procédure. L'obligation du dépôt préalable d'un mémoire serait, en effet, incompatible avec la célérité que la loi a eu en vue de procurer aux parties en instituant pour tous les cas d'urgence sans distinction la juridiction des référés.

D'après l'arrêt précité de la cour de Paris du 27 juin 1868, le maire pourrait même introduire un référé ou y défendre sans l'autorisation du conseil municipal. Mais cette solution a été critiquée avec raison par M. Reverchon dans les conclusions à la suite desquelles est intervenu l'arrêt de la chambre des requêtes du 10 avr. 1872. Le droit du maire qui agit en pareil cas à titre conservatoire ou provisoire sans autorisation préalable du conseil municipal n'est pas contesté. Mais, ainsi que l'a fait remarquer le savant magistrat, « si, comme on le voit quelquefois, l'instance se prolongeait, et notamment si elle était

jeter appel en matière possessoire; — Que, dès lors, la commune de la Terrisse peut sans autorisation former appel des jugements susvisés du 18 août 1884 : — Art. 1er. L'arrêté qui a refusé à la commune de la Terrisse l'autorisation d'in-

renvoyée en état de référé devant le tribunal et surtout devant la cour d'appel, le maire pourrait compromettre sa responsabilité, en ne se couvrant pas de l'assentiment de son conseil municipal. Car s'il est chargé de représenter la commune en justice, il ne peut agir qu'en vertu d'une délibération du conseil municipal ».

903. Nous avons dit au *Rép.* n° 1616, que l'autorisation n'est pas requise pour les actions que les communes doivent intenter ou soutenir devant les juridictions administratives. L'art. 121 de la loi de 1884, de même que l'art. 49 de la loi de 1837, est, en effet, placé sous la rubrique *des actions judiciaires*. Le rapporteur de la loi nouvelle au Sénat, répondant à une question de M. Clément dans la séance du 12 mars, a déclaré que dans la pratique il était reconnu que, pour aller devant le juge administratif, la commune n'avait pas besoin de demander à ce même juge une autorisation préalable, et que la disposition de l'art. 121 ne changeait absolument rien à la pratique constamment suivie (I). P. 84. 4. 59, note 121, § 2).

904. On doit ranger parmi les actions administratives les réclamations formées en matière de comptabilité communale devant le conseil de préfecture et le conseil d'Etat, soit qu'il s'agisse de comptabilité régulière, soit qu'il s'agisse de gestions occultes (Décr. en Cons. d'Et. 30 janv. 1854, aff. Commune de Saint-Maurice-sur-Aveyron, *Rec. Cons. d'Etat*, p. 1135).

CHAP. 6. — Epoque à laquelle l'autorisation doit être accordée (*Rép.* nos 1622 à 1636).

905. Conformément à ce qui a été dit précédemment (*supra*, nos 895 et suiv.), le maire peut faire, sans autorisation préalable, les actes conservatoires et interruptifs de déchéance, et notamment interjeter appel et se pourvoir en cassation à la charge de se faire autoriser au cours de l'instance; et l'autorisation qui intervient postérieurement a pour effet, ainsi que nous l'avons dit (*Rép.* nos 1622 et suiv.), de valider les actes de procédure faits jusqu'à ce moment.

906. On a vu au *Rép.* n° 1630 que cette autorisation peut intervenir à toute époque, quelque avancée que soit l'instruction de l'affaire, et tant que le jugement définitif n'est pas rendu (Civ. cass. 1er mars 1848, aff. Commune de Saint-Germain, D. P. 48. 1. 37). Il a été jugé, en ce sens, que le défaut d'autorisation d'une section de commune est couvert si cette section est autorisée avant que le moyen de nullité tiré de l'irrégularité de l'instance ait été proposé et que l'arrêt définitif ait été rendu (Civ. rej. 4 janv. 1859, aff. Habitants de Montruffet, D. P. 59. 1. 177).

L'autorisation pouvant intervenir en cours d'instance, la commune à laquelle on oppose le défaut d'autorisation est fondée à demander un sursis pour l'obtenir (Arrêt précité du 1er mars 1848; Douai, 10 juill. 1860, aff. Ville de Douai, D. P. 60. 2. 208), et ce sursis ne peut être refusé (V. *Rép.* n° 1628). Il a été jugé, ainsi que nous l'avons dit (*Rép.* n° 1623), qu'il appartient au tribunal, en accordant le sursis, de fixer le délai dans lequel il devra être justifié de l'autorisation (Grenoble, 13 févr. 1864, aff. Commune du Villars de Lans, D. P. 65. 2. 96; Dijon, 27 févr. 1879, aff. Commune de Tart-le-Haut, D. P. 79. 2. 272. V. conf. Serrigny, n° 424; Reverchon, n° 103).

Toutefois, s'il est vrai que l'autorisation de plaider accordée en cours d'instance à une commune rétroagit au jour de l'assignation et la régularise, cela ne s'entend que relativement au fond même de la demande: il a été décidé que lorsqu'une commune intente une action en partage, l'original de l'assignation ne peut être valablement visé au greffe à l'effet d'obtenir pour cette commune le privilège de la poursuite, qu'autant que l'autorisation a été préalablement donnée (Bordeaux, 10 févr. 1863, aff. Héritiers Fieffé de Lièvreville, D. P. 63. 2. 89).

907. Nous avons dit que, d'après l'art. 121, § 3, quand le conseil de préfecture n'a pas statué sur une demande en autorisation dans les deux mois qui la suivent, la commune est autorisée à plaider. Dans ce cas, suivant les expressions

terjeter appel des jugements rendus le 18 août 1884 par le juge de paix du canton de Sainte-Geneviève en matière possessoire est annulé.

Du 1er avr. 1885.-Décr. en Cons. d'Et.-M. Valabrègue, rap.

de la circulaire ministérielle du 15 mai 1884, par le seul fait de l'expiration du délai, le législateur accorde lui-même l'autorisation sollicitée.

Il a été décidé, en conséquence, que le conseil de préfecture étant dessaisi lorsqu'il a laissé expirer sans statuer le délai de deux mois à partir du jour où il a été saisi par une commune en autorisation de plaider, la commune étant considérée alors comme tacitement autorisée, il y a lieu pour le conseil d'Etat, saisi d'un appel contre un arrêté statuant après l'expiration du délai, d'en prononcer l'annulation pour excès de pouvoir (Décr. en Cons. d'Et. 23 oct. 1886, aff. Commune de Lunas, D. P. 88. 3. 38). Il semblerait résulter de cette décision que l'arrêté rendu après l'expiration du délai légal ne doit pas être réputé non avenu, mais est simplement entaché d'excès de pouvoir, d'où la conséquence qu'il pourrait être opposé à la commune, faute d'avoir été déféré au conseil d'Etat en temps utile. Une pareille solution serait difficile à justifier : on a peine à concevoir qu'une commune qui aurait, en vertu de la faculté que lui confère l'art. 121, introduit son instance après l'expiration du délai de deux mois, fût déchue du droit de poursuivre cette instance, faute d'avoir déféré au conseil d'Etat un arrêté rendu par un conseil de préfecture, alors que ce conseil était dessaisi de tout droit de statuer. La question n'a, d'ailleurs, pas été l'objet d'un débat spécial devant le conseil d'Etat, et il est, dès lors, permis de la considérer comme n'étant pas définitivement résolue.

CHAP. 7. — Par qui l'autorisation est donnée
(*Rép.* nos 1637 à 1674).

908. — I. Autorisation donnée par le conseil de préfecture. — Les demandes en autorisation de plaider doivent être adressées au conseil de préfecture qui seul, ainsi que nous l'avons dit (*Rép.* n° 1638), est compétent pour statuer sur ces demandes. Il a été décidé, en conséquence, conformément à plusieurs arrêts rapportés au *Rép.* n° 1639, qu'un préfet ne peut, sans excès de pouvoirs, annuler une délibération par laquelle un conseil municipal sollicite cette autorisation (Cons. d'Et. 23 juill. 1875, aff. Martelet, D. P. 76. 3. 28).

909. On a indiqué (*Rép.* v° *Organisation administrative*, n° 465) le caractère des arrêtés pris par le conseil de préfecture en cette matière. Ce sont de véritables décisions, mais ces décisions ne sont pas rendues en matière contentieuse (V. aussi *suprà*, n° 881); et le conseil de préfecture est incompétent pour connaître, par la voie contentieuse, des réclamations formées contre les arrêtés pris par lui en matière d'autorisation de plaider (Cons. d'Et. 11 juill. 1884, aff. Commission syndicale du Mazel, D. P. 86. 3. 9).

910. Le conseil de préfecture ne peut, comme nous l'avons dit (*Rép.* n° 1642) qu'accorder ou refuser l'autorisation demandée; et il excéderait ses pouvoirs s'il se saisissait du fond du litige, comme rentrant dans sa compétence juridictionnelle (Cons. d'Et. 10 janv. 1861, aff. Lamothe, D. P. 61. 3. 14).

911. Lorsque la commune est demanderesse, elle doit former sa demande en requête transmise au conseil de préfecture par l'intermédiaire du préfet. Un décret du 17 avr. 1812 exigeait, comme on l'a vu, de même que l'édit d'août 1764 (*Rép.* n° 1643), que la requête fût accompagnée d'un avis de trois jurisconsultes, et les avis sont partagés sur la question de savoir si cette prescription est encore en vigueur. M. Batbie, t. 5, p. 305, se prononce pour l'affirmative : il fait observer qu'il n'y a jamais eu abrogation expresse ni tacite du décret de 1812, et que la consultation d'avocats continue à être exigée pour les procès des hospices, bien que la prescription contraire à cet égard dans l'arrêté du 7 mess. an 9 n'ait pas été rappelée dans la loi du 7 août 1851 (V. conf. Serrigny, t. 1, p. 516, n° 399). Toutefois, cette opinion n'a pas prévalu (Reverchon, n° 56; Morgand, t. 2, p. 239). Le conseil d'Etat décide (Décr. en Cons. d'Et. 25 juin 1856, aff. Sect. de Saint-Louand C. Commune de Beaumont, *Rec. Cons. d'Etat*, p. 819) qu'aucune loi n'autorise les conseils de préfecture à obliger les communes demanderesses en autorisation de plaider à soumettre leurs titres à des jurisconsultes, qui les déposeraient avec leur avis entre les mains du sous-préfet pour être ensuite soumis par ce

dernier au comité consultatif; qu'il est au contraire du devoir des conseils de préfecture, tout en respectant la faculté qu'ont les parties de s'entourer de conseils, d'apprécier par eux-mêmes les pièces produites, les faits et circonstances qui s'y rattachent, et de leur en appliquer, d'après leur propre conviction, les conséquences légales.

912. Lorsqu'un tiers veut intenter une action contre une commune il est, comme on l'a vu (*Rép.* n° 1644, et *suprà*, n° 875), tenu d'adresser préalablement au préfet ou au sous-préfet un mémoire exposant l'objet et les motifs de sa réclamation. Cette obligation est imposée, conformément à ce qui a été exposé au *Rép.* n° 1645, à quiconque se propose d'assigner une commune ou section de commune : on ne peut en dispenser ni l'Etat, ni le département, ni la commune qui veut intenter une action contre une commune (Morgand, t. 2. p. 250). M. Reverchon, qui avait d'abord admis une exception en faveur de l'Etat, a reconnu, dans la seconde édition de son livre, que la règle ne comporte aucune restriction.

D'après la loi de 1837, le mémoire devait être, dans tous les cas, adressé au préfet : on voit qu'il peut, d'après la loi nouvelle, l'être également au sous-préfet.

913. Un arrêt du conseil d'Etat du 8 juill. 1840 rapporté au *Rép.* n° 1648, décide que le conseil de préfecture ne peut autoriser une commune à défendre à une action introduite sans le dépôt préalable du mémoire. La jurisprudence administrative s'était prononcée en ce sens et considérait la remise du mémoire comme une formalité substantielle, dont l'omission devait entraîner la non-recevabilité de l'action (Morgand, t. 2, p. 252; Serrigny, n° 462). La cour de Lyon avait jugé, au contraire, que cette formalité n'était pas prescrite à peine de nullité et qu'elle pouvait être écartée dans le cas d'urgence (Lyon, 2 févr. 1871, aff. Commune de Chatillon, D. P. 71. 2. 170). La cour de cassation avait décidé, dans le même sens, que la nullité tirée de ce que le demandeur n'avait pas adressé un mémoire au préfet avant d'intenter une action contre un département était purement relative et pouvait être couverte par la défense au fond (Req. 3 févr. 1874, aff. Département de la Seine-Inférieure, D. P. 74. 1. 247). La question a été tranchée dans le sens de la jurisprudence administrative par le texte de l'art. 124 de la loi de 1884, qui prescrit le dépôt préalable du mémoire « *à peine de nullité* ».

914. Le mémoire doit être immédiatement adressé au maire avec l'invitation de convoquer le conseil municipal dans le plus bref délai pour en délibérer. Cette formalité est indispensable : l'arrêté portant autorisation serait nul si le conseil municipal n'avait pas été entendu (*Rép.* n° 164; Décr. en Cons. d'Et. 2 nov. 1886, aff. Commune de Belverne, D. P. 88. 3. 38).

La délibération du conseil municipal est transmise au conseil de préfecture, qui décide si la commune doit être autorisée à ester en justice. La décision du conseil de préfecture doit être rendue dans le délai de deux mois à dater du dépôt du mémoire (art. 125). Ces dispositions sont, sauf quelques différences de rédaction, conformes à celles des art. 51 et 52 de la loi de 1837 qui ont été rapportées au *Rép.* nos 1646 et 1649.

915. Le conseil de préfecture peut, ainsi que nous l'avons dit au *Rép.* n° 1650, autoriser la commune à défendre, nonobstant l'avis contraire du conseil municipal. Mais la jurisprudence a décidé, sous l'empire de la loi de 1837, que cette autorisation ne s'impose ni au conseil municipal, ni au maire. Le maire ne peut agir sans être habilité par le conseil municipal, et le préfet ne peut représenter la commune en justice, soit par lui-même, soit par son délégué, contrairement à la volonté de ce conseil. Cette interprétation a été, comme nous l'avons dit (*Rép.* nos 1652 et 1653), consacrée par de nombreux arrêts dans le cas où la commune est demanderesse, et il était généralement reconnu qu'une commune ne pouvait être contrainte d'entrer en procès, ni son maire de la représenter en justice sans l'assentiment du conseil municipal, et qu'en pareil cas le préfet n'avait pas qualité pour intenter, au refus du maire, les actions de la commune (Civ. rej. 7 juill. 1852, aff. Préfet des Ardennes, D. P. 52. 1. 206; 28 déc. 1863, aff. Commune de Rognes, D. P. 64. 1. 95. — *Contrà :* Bourges, 27 févr. 1861, aff. Préfet de la Nièvre, D. P. 63. 2. 57). Il a même été jugé par le conseil d'Etat qu'à défaut d'une délibération approbative, le conseil de préfecture devrait refuser de statuer sur la demande d'autorisation

formée par le maire (Cons. d'Et. 11 févr. 1881, aff. Ville d'Alger, D. P. 82. 3. 92).

La question avait été plus sérieusement controversée lorsqu'il s'agissait de défendre, contrairement à la décision du conseil municipal, à une action intentée contre la commune, et nous avons indiqué (*Rép.* n° 1650) les arguments invoqués en faveur de l'opinion d'après laquelle l'autorisation du conseil de préfecture pouvait contraindre la commune à résister malgré elle à l'action intentée. Les partisans de cette opinion insistaient surtout sur ce que l'art. 52 de la loi de 1837 exigeait que *dans tous les cas*, et par conséquent dans le cas même où le conseil municipal avait pris une délibération contraire, le conseil de préfecture examinât si la commune ne devait pas néanmoins être autorisée à se défendre et que, dès lors, il pouvait lui accorder cette autorisation (V. conf. Riom, 15 févr. 1848, aff. Commune de Comps, D. P. 48. 2. 158; Bourges, 30 avr. 1856, aff. X..., D. P. 57. 2. 27; 28 nov. 1860, aff. N..., D. P. 62. 5. 69; 27 févr. 1861, aff. Préfet de la Nièvre, D. P. 63. 2. 57). Mais cette interprétation avait été écartée par la jurisprudence et, en particulier, par un arrêt des chambres réunies de la cour de cassation rendu au rapport de M. Legagneur et conformément aux conclusions de M. le procureur général Delangle (Req. 27 mai 1850, aff. Leclerc, D. P. 52. 1. 145; Civ. cass. 30 nov. 1863, aff. Pirel, D. P. 63. 1. 448 ; Ch. réun. cass. 3 avr. 1867, même affaire, D. P. 67. 1. 145. V. conf. Reverchon, p. 95 et suiv. ; Chauveau, *Code d'instruction administrative*, 2° éd., t. 1, p. 82 *bis* ; Aucoc, *Bulletin des tribunaux*, 18 janv. 1864, p. 37; Foucard, *Droit administratif*, t. 2, n° 185).

916. Cette solution ne peut être contestée aujourd'hui en présence de la rédaction de l'art. 125 de la loi de 1884 et de la discussion à laquelle a donné lieu cet article. Le texte du paragraphe 2, tel qu'il avait été adopté par la Chambre des députés et le Sénat en deuxième délibération, portait que le conseil de préfecture déciderait si « la commune doit être autorisée à ester en justice ». M. Waldeck-Rousseau, ministre de l'intérieur, demanda la substitution à ce texte de la rédaction suivante « si la commune doit ester en justice ». Pour justifier cette modification, le ministre insistait sur les dangers que pouvait faire courir au patrimoine communal, et surtout au patrimoine forestier, la négligence ou la collusion d'une municipalité qui se laisserait assigner par un particulier et refuserait de défendre contre l'action intentée les droits de la commune. La rédaction proposée devait avoir pour effet d'obliger la commune à défendre lorsque l'autorisation lui en aurait été donné par le conseil de préfecture, et de rendre impossibles les arrangements frauduleux qui compromettraient les intérêts de la communauté. La Chambre des députés adopta, dans la séance du 21 mars 1884, la modification proposée par le ministre. La discussion fut reprise devant le Sénat par M. Méline, ministre de l'agriculture, qui, dans l'intérêt de la conservation des forêts communales, demanda le maintien d'un texte armant le préfet du droit de soutenir, sans l'assentiment du conseil municipal, les actions intentées contre la commune. Mais cette thèse, appuyée par M. Poriquet, fut combattue, au nom de la liberté des communes, par le rapporteur et par MM. Clément et Lucien Brun. Conformément à l'opinion de ces derniers orateurs, le Sénat repoussa un amendement de M. Poriquet autorisant les préfets à défendre au nom des communes sur l'avis conforme de la commission départementale, et adopta la rédaction suivante proposée par la commission : « Le conseil de préfecture décidera si la commune doit être autorisée à ester en justice. »

La circulaire ministérielle du 15 mai 1884 consacre en ces termes cette solution : « Ainsi, Monsieur le préfet, sauf dans les cas où une loi spéciale vous en donnerait le pouvoir, il ne vous appartient pas plus sous la nouvelle loi municipale qu'il ne nous appartenait antérieurement, d'après la jurisprudence de la cour de cassation, de vous substituer au maire qui refuse, conformément au vote du conseil municipal, de défendre à une action judiciaire au nom de la commune malgré l'autorisation accordée par le conseil de préfecture. Mais il ne vous échappera pas que, si le refus du maire était contraire à la résolution prise par le conseil municipal, il tomberait sous l'application de l'art. 85 de la loi du 5 avr. 1884. Vous pourriez alors intervenir en vertu de ces articles. D'un autre côté, quand votre intervention directe

sera requise, rien ne s'opposera à ce que vous engagiez un contribuable à remplir les formalités de l'art. 123 de la nouvelle loi, pour obtenir l'autorisation de faire valoir les droits que la commune négligerait ou refuserait de défendre. Enfin, le ministère public devant prendre des conclusions, d'après l'art. 83 c. pr. civ., dans les causes concernant les communes, vous pourriez appeler son attention, non seulement sur les faits qui ne permettraient pas de considérer comme justifiée l'abstention du conseil municipal, mais encore sur les renseignements ou les titres qui seraient de nature à établir les droits de la commune ». — Il a été décidé, au même point de vue, par l'arrêt de la chambre des requêtes du 27 mai 1850, cité *supra*, n° 915, que, dans l'hypothèse du refus du conseil municipal, le préfet est seulement investi du droit d'avertissement ou d'injonction et du pouvoir de provoquer, s'il y a lieu, la destitution du maire et la dissolution du conseil municipal. Toutefois, l'art. 24 de la loi du 6 déc. 1850 (D. P. 51. 4. 1), sur la procédure relative au partage des terres vaines et vagues dans les cinq départements composant l'ancienne province de Bretagne, contient à cet égard une disposition exceptionnelle. A défaut par la commune de faire valoir les droits qu'elle pourrait avoir sur les terres à partager, le préfet peut les exercer devant le tribunal de première instance de l'art. 467 c. civ. Le préfet ne peut interjeter appel, ni se pourvoir en cassation qu'après un nouvel avis obtenu en la même forme.

917. D'après le dernier paragraphe de l'art. 125, la décision du conseil de préfecture doit être rendue dans le délai de deux mois à dater du dépôt du mémoire de l'adversaire. L'art. 54 de la loi de 1837 portait, ainsi qu'on l'a vu (*Rép.* n° 1656), que l'action du demandeur ne pouvait être intentée qu'après la décision du conseil de préfecture, et, à défaut de décision dans le délai de deux mois, après l'expiration de ce délai. Sous l'empire de cette disposition, qu'n'a pas reproduite la loi nouvelle, on décidait que, lorsque le conseil statuait avant l'expiration du délai de deux mois, le demandeur pouvait suivre son action sans attendre la fin du délai. Suivant M. Batbie, t, 5, p. 298, il en est encore de même sous la loi de 1884: mais M. Morgand, t. 2, p. 255, propose une distinction qui nous paraît devoir être observée. Dans le cas où la commune est autorisée à plaider, l'action peut, aujourd'hui encore, s'engager dès que l'autorisation est donnée. Si, au contraire le conseil de préfecture refuse l'autorisation, il peut y avoir intérêt à ce que l'action demeure suspendue jusqu'à l'expiration du délai, afin que la commune puisse se pourvoir, si elle le juge convenable, contre la décision du conseil de préfecture.

918. La présentation du mémoire interrompt la prescription et toutes déchéances, si elle est suivie d'une demande en justice dans le délai de trois mois (art. 124, § 3). L'art. 54 de la loi de 1837 ne disait pas que cette interruption n'aurait lieu que si la remise du mémoire était suivie d'une demande en justice dans un délai déterminé, et il semblait en résulter, ainsi que nous l'avons fait observer (*Rép.* n° 1658), une dérogation à la règle consacrée par l'art. 2245 c. civ. (Req. 21 août 1882, aff. Commune de Fromelennes, D. P. 82. 1. 409. V. conf. Serrigny, n° 414. — *Contrà :* Aubry et Rau, *Cours de droit civil français*, 4° éd., t. 2, § 215; Reverchon, n° 72). Cette lacune a été comblée par la loi nouvelle ; et il est désormais constant que l'effet interruptif de prescription n'a lieu qu'autant que la demande en justice a été intentée dans les trois mois (Batbie, t. 5, p. 298; Morgand, t. 2, p. 252). Le mémoire préalable n'étant pas exigé en matière d'action possessoire, la présentation d'un mémoire en cette matière n'est pas interruptive de prescription (Req. 28 nov. 1864, aff. Riguet, D. P. 65. 1. 112).

La disposition aux termes de laquelle la présentation du mémoire interrompt la prescription s'applique uniquement au cas où un tiers intente ou veut intenter une action judiciaire contre une commune : elle ne s'étend point au cas où il s'agit d'une action intentée par la commune elle-même ou par des contribuables qui agissent en son nom (Civ. cass. 1er févr. 1870, aff. Durassier, D. P. 70. 1. 132).

919. Les intérêts moratoires ne courent pas contre une commune du jour du dépôt à la préfecture du mémoire, mais seulement du jour de la citation en justice (Civ. cass. 25 mars 1874, aff. Ville de Chaumont, D. P. 74. 1. 201).

920. Sous l'empire de l'art. 54 de la loi de 1837, la commune, ainsi que nous l'avons dit au *Rép.* n° 1659, ne pouvait défendre à l'action qu'après y avoir été expressément autorisée. La commune était donc jugée par défaut lorsqu'elle n'avait pas obtenu l'autorisation dans le délai de deux mois : mais le conseil de préfecture pouvait encore après ce délai lui accorder cette autorisation. On a vu *suprà*, n° 907, qu'il n'en est plus de même aujourd'hui.

M. Morgand estime toutefois que, si le demandeur peut suivre son action après l'expiration du délai de deux mois à compter du dépôt du mémoire, la commune ne doit être légalement autorisée à plaider que deux mois à partir du jour où la délibération du conseil municipal prise sur la communication du mémoire et demandant l'autorisation de défendre sera parvenue au greffe du conseil de préfecture, en sorte que tant que ce dernier délai ne sera pas expiré, le conseil de préfecture pourra encore, soit accorder, soit refuser l'autorisation, et que la commune non expressément autorisée ne pourra constituer avoué (t. 2, p. 257).

921. — II. Autorisation du conseil d'État. — La commune, la section de commune ou le contribuable auquel le conseil de préfecture a refusé l'autorisation de plaider, peut, aux termes de l'art. 126, § 2, se pourvoir devant le conseil d'État. Mais le conseil de préfecture ne peut connaître par la voie contentieuse des réclamations formées contre les arrêtés pris par lui en matière d'autorisation de plaider. Par suite, le recours dirigé contre un arrêté pris dans la forme des décisions contentieuses, par lequel le conseil de préfecture a rejeté une opposition contre un arrêté pris en matière d'autorisation de plaider, est recevable et fondé (Cons. d'Et. 11 juill. 1884, aff. Commission syndicale du Mazel, D. P. 86. 3. 9).

922. Le recours de la commune devant le conseil d'État ne peut être formé que par la voie administrative ; la commune n'est pas recevable à se pourvoir par la voie contentieuse. (V. Cons. d'Et. 31 janv. 1848, aff. Commune de Pagny-le-Château, D. P. 48. 3. 52). — Quant à l'adversaire de la commune, qui ne peut, au contraire, user du recours par la voie administrative (V. *suprà*, n° 883), ne doit-on pas lui reconnaître le droit d'attaquer au contentieux l'arrêté d'autorisation, lorsqu'il a été irrégulièrement rendu, par exemple, dans le cas où il serait intervenu sur la demande formée par le maire sans que le conseil municipal eût été appelé à en délibérer. La question avait été résolue affirmativement par le conseil d'État, au moins pour le cas où le recours était fondé sur un excès de pouvoir (Cons. d'Et. 6 déc. 1860, aff. Talleyrand-Périgord, *Rec. Cons. d'Etat*, p. 728 ; 24 juin 1868, aff. Plaisance, D. P. 69. 3. 81 ; 30 mai 1868) (1).

Mais cette jurisprudence a été modifiée par un arrêt du 11 juill. 1884 (aff. Commission syndicale du Mazel, D. P. 86. 3. 9) qui semble décider d'une manière absolue que les arrêtés rendus en matière d'autorisation de plaider ne peuvent lui être déférés au contentieux même pour excès de pouvoir, et que la question de validité ou de non-validité de l'arrêté statuant sur une demande d'autorisation de plaider ne peut être soulevée que devant les tribunaux judiciaires et comme moyen d'exception. Cette solution se rattache au principe, établi de plus en plus formellement par la jurisprudence, que les intéressés ne sont pas recevables à attaquer par la voie du recours pour excès de pouvoir les actes dont ils peuvent contester la régularité devant l'autorité compétente.

923. Le pourvoi formé contre un arrêté refusant l'autorisation de plaider est introduit et jugé en la forme administrative. Il doit, à peine de déchéance, être formé dans le délai de deux mois, à dater de la notification de l'arrêté du conseil de préfecture (art. 126, § 3). Ces dispositions sont presque textuellement empruntées, sauf en ce qui concerne le délai de recours, à l'art. 50 de la loi de 1837 rapporté au *Rép.* n°⁵ 1665 et 1667. Le recours est examiné par la section de l'intérieur : il est exempt des droits d'enregistrement mais doit être formé sur timbre à peine de nullité. C'est ce qui résulte d'un rapport présenté en 1872 à la section de l'intérieur du conseil d'État (V. *Rec. Cons. d'Etat*, p. 758).

Le conseil d'État applique rigoureusement la déchéance aux pourvois enregistrés au secrétariat général après l'expiration du délai (Cons. d'Et. 23 juin 1882, aff. de Castries, D. P. 84. 3. 12 ; 6 juin 1885, aff. Fabrique de Saint-Aubin-sur-Mer (Calvados) *C.* héritiers de la dame Veuve Aubey, *Rec. Cons. d'Etat*, p. 1022).

924. Ainsi que nous l'avons dit au *Rép.* n° 1669, il n'est pas nécessaire, pour faire courir le délai, de signifier l'arrêté du conseil de préfecture à la commune par ministère d'huissier ; cette notification a lieu d'ordinaire par la voie administrative, et lorsqu'un arrêté portant refus d'autorisation a été notifié au maire par le sous-préfet, et que le maire en a donné connaissance au conseil municipal, le délai court à partir de cette notification (Décr. en Cons. d'Et. 1er août 1881) (2). Il a même été décidé que le délai courait, indépendamment de toute notification, du jour où le conseil municipal avait eu connaissance de l'arrêté (Décr. en Cons. d'Et. 14 avr. 1858, aff. Bureau de bienfaisance de Ville-neuve-la-Guyard, *Rec. Cons. d'Etat*, p. 891). Mais cette solution, intervenue à une époque où la jurisprudence admettait que la connaissance acquise faisait courir le délai du pourvoi en matière contentieuse, ne doit plus être suivie aujourd'hui.

925. La décision doit intervenir dans le délai de deux mois à partir de l'enregistrement du recours au secrétariat du conseil d'État, et, à défaut de décision dans ce délai, la commune est réputée autorisée à plaider. L'art. 126 modifie sur ce point l'art. 53 de la loi de 1837, qui imposait au conseil d'État, comme on l'a vu (*Rép.* n° 1670) un délai pour statuer que dans le cas où la commune était défenderesse et où, par conséquent, le recours suspendait l'exercice du droit des tiers (Morgand, t. 2, p. 160).

926. On a examiné au *Rép.* n° 1672 la question de savoir quel doit être l'effet de l'annulation par le conseil d'État de l'arrêté du conseil de préfecture refusant à une commune l'autorisation d'ester en justice. Il est aujourd'hui indiscutable qu'après avoir annulé l'arrêté, le conseil d'État doit statuer au fond sur la demande d'autorisation. Mais, à la différence de ce qui se passait sous l'empire de la loi de 1837, le silence du conseil d'État, après le délai de deux mois, emporte pour la commune autorisation de plaider, soit en demandant, soit en défendant (V. le numéro précédent). Il en est ainsi soit que l'arrêté attaqué ait statué sur une demande d'autorisation à fin de plaider en première instance, soit qu'il ait statué sur une demande d'autorisation à fin d'appel ou de pourvoi en cassation. Le rapporteur de la loi de 1884 au Sénat avait fait voter une rédaction qui portait qu'en cas d'appel ou de pourvoi, la commune ne pourrait poursuivre l'instance qu'après y avoir été expressément autorisée ; mais cette rédaction a été modifiée sur la demande de M. Baragnon, de manière à indiquer nettement que l'on doit suivre pour l'appel la même procédure que pour la première demande (V. conf. Morgand, t. 2, p. 265).

927. La commune n'est pas recevable à demander au conseil d'État l'autorisation de comprendre dans l'action qu'elle se propose d'intenter d'autres particuliers que ceux qui avaient été désignés dans la demande sur laquelle a statué le conseil de préfecture (Décr. en Cons. d'Et. 25 avr.

---

(1) (Commune de Margerides, section de Lavignac.) — Le conseil d'État, etc. ; — Vu la loi du 18 juill. 1837 ; — Considérant que les décisions des conseils de préfecture qui accordent ou refusent l'autorisation de plaider sont rendues exclusivement dans l'intérêt des communes et constituent à leur égard des actes de tutelle administrative ; que, dès lors, les parties adverses sont sans qualité, sauf le cas d'abus de pouvoirs, pour attaquer les arrêtés qui leur ont accordé ou refusé cette autorisation : — Art. 1er. Il n'y a lieu de statuer sur le pourvoi formé par les sieurs Laveix et Besse contre l'arrêté du conseil de préfecture de la Corrèze en date du 9 juin 1867.

Du 30 mai 1868.-Cons. d'Et.-M. Bayle-Mouillard, rap.

(2) (Commune de Landzécourt *C.* Baral.) — Le conseil d'État,

etc. ; — Vu la loi du 18 juill. 1837, art. 49 et suiv. ; — Considérant qu'aux termes de l'art. 50 de la loi du 18 juill. 1837, le pourvoi doit, à peine de déchéance, avoir lieu dans le délai de trois mois à partir de la notification de l'arrêté du conseil de préfecture ; — Considérant que l'arrêté du 15 avr. 1880 a été notifié le 20 avr. 1880 par le sous-préfet de Montmédy au maire de Laudzécourt, qui a donné connaissance de cette décision au conseil municipal dès sa réception ; et que c'est seulement par requête enregistrée le 11 mars 1881 que la commune de Landzécourt s'est pourvue contre l'arrêté du 15 avr. 1880 ; que, dès lors, le pourvoi ayant été formé plus de trois mois après la notification de l'arrêté attaqué n'est pas recevable (Rejet).

Du 1er août 1881.-Décr. en Cons. d'Et.-M. Valabrègue, rap.

1830, (aff. Commune de Forcelqueiret, *Rec. Cons. d'Etat*, p. 1088). Mais lorsque le conseil de préfecture n'a accordé qu'une autorisation partielle, le conseil d'Etat peut autoriser la commune à plaider sur le surplus de ses prétentions (Décr. en Cons. d'Et. 11 mars 1885, aff. Commune de Jouy-sur-Morin *C.* Société des Papeteries du Marais, *Rec. Cons. d'Etat*, p. 1019).

928. Dans le cas où le conseil de préfecture s'est déclaré à tort incompétent, le conseil d'Etat peut, après avoir annulé son arrêt, statuer immédiatement sur la demande (Décr. en Cons. d'Et. 3 févr. 1872, aff. Picard, *Rec. Cons. d'Etat*, p. 756; 6 avr. 1872, aff. de Romeu et consorts, *ibid.*, p. 758). Il avait été décidé, au contraire, par une ordonnance du 24 juill. 1845 (D. P. 46. 3. 49) que, dans cette hypothèse, le conseil d'Etat ne pouvait statuer au fond, mais qu'il devait renvoyer la commune devant qui de droit. Cette dernière interprétation, déjà repoussée à bon droit par la jurisprudence sous l'empire de la loi de 1837, serait absolument inconciliable avec la législation actuelle qui impose au conseil d'Etat l'obligation de statuer définitivement dans le délai de deux mois.

929. Par le même motif, on ne doit plus décider aujourd'hui, comme l'a fait un arrêt du 24 juill. 1845 (aff. Commune de Plumartin, D. P. 46. 3. 49), contrairement à une jurisprudence rapportée au *Rép.* n° 1674, que, dans le cas où le conseil de préfecture a omis de statuer sur un des chefs de la demande d'autorisation, le conseil d'Etat ne peut statuer *omisso medio* sur ce chef.

930. Lorsque le conseil de préfecture, par un nouvel arrêté, a autorisé la commune à plaider, le conseil d'Etat déclare n'y avoir lieu à statuer contre un premier arrêté qui avait refusé l'autorisation (Décr. en Cons. d'Et. 9 mai 1879, aff. Commune de Bagnères-de-Bigorre, *Rec. Cons. d'Etat*, p. 891.

931. Le conseil d'Etat peut, à raison de circonstances de fait, déclarer qu'il n'y a pas lieu, quant à présent, d'autoriser une commune à intenter une action, le résultat d'une autre instance actuellement pendante pouvant lui donner les moyens de mieux établir ses droits (Décr. en Cons. d'Et. 5 janv. 1850) (1).

CHAP. 8. — Conditions requises pour que l'autorisation soit donnée (*Rép.* nᵒˢ 1675 à 1704).

932. Nous avons dit au *Rép.* n° 1680 que l'autorité administrative chargée d'apprécier l'intérêt de la commune et les chances de succès de l'action que celle-ci se propose d'intenter ou de soutenir ne peut, sans excès de pouvoirs, préjuger le fond du droit. A plus forte raison lui est-il interdit de se saisir, à cette occasion, du litige qui ne lui a pas été déféré par les parties (V. *suprà*, n° 881).

933. Le conseil de préfecture devant, non se substituer au juge du fond, mais seulement apprécier si le procès n'est pas téméraire, peut autoriser simultanément deux communes, ou une commune et un établissement public à plaider l'une contre l'autre (Décr. en Cons. d'Et. 12 oct. 1872, aff. Commune de Coupray (Haute-Marne) *C.* Commune de Courlevèque, *Rec. Cons. d'Etat*, p. 762; 29 mai 1879, aff. Fabrique

de Montmoreau *C.* Commune de Montmoreau, *Rec. Cons. d'Etat*, p. 893).

934. D'un autre côté, ainsi qu'on l'a vu au *Rép.* n° 1684, l'autorisation doit être refusée toutes les fois que l'administration reconnaît que la commune est dans l'erreur sur sa prétention et qu'elle méconnaît ses véritables intérêts. Ainsi, cette autorisation doit être refusée : 1° lorsque la commune n'a ni titre ni pièces à faire valoir (Décr. en Cons. d'Et. 20 avr. 1882) (2); — 2° Lorsqu'il apparaît des titres et pièces que les prétentions de la commune sont dénuées de fondement (Décr. en Cons. d'Et. 19 oct. 1880, aff. Fabrique de Chavigny, *ibid.*, p. 977; 29 déc. 1884, aff. Commune de Saint-Théodoret *C.* Mouret, *Rec. Cons. d'Etat*, p. 1094); — 3° Lorsque le délai d'appel est expiré (Décr. en Cons. d'Et. 17 mars 1876, aff. Commune de Moulins-le-Moutier, *Rec. Cons. d'Etat*, p. 964); — 4° Lorsqu'il résulte des documents produits qu'un individu auquel la commune refuse de participer à l'affouage réunit toutes les conditions exigées par l'art. 105 c. for. pour y avoir droit (Décr. en Cons. d'Et. 11 févr. 1879 (3). V. aussi Décr. en Cons. d'Et. 22 févr. 1886, aff. Commune de Varambon, D. P. 88. 3. 38).

Le conseil d'Etat doit également refuser l'autorisation lorsque les risques de perte qu'entraîne l'action sont hors de proportion avec l'intérêt du litige (Cons. d'Et. 10 janv. 1845, aff. Commune de Moulins-Engilbert, D. P. 46. 3. 50; Décr. en Cons. d'Et. 13 nov. 1880, aff. Commune de Fortan *C.* Leborre, *Rec. Cons. d'Etat*, p. 1095; Décret précité du 20 avr. 1882).

CHAP. 9. — Forme des décisions rendues sur les demandes en autorisation (*Rép.* nᵒˢ 1705 à 1713).

935. Comme l'art. 53, § 1ᵉʳ, de la loi de 1837 rapporté au *Rép.* n° 1707, l'art. 126, § 1ᵉʳ, de la loi du 5 avr. 1884 impose au conseil de préfecture l'obligation de motiver ses décisions, portant refus d'autorisation de plaider. Les discussions auxquelles cette prescription avait donné lieu en 1837 ne se sont pas renouvelées en 1884. Un amendement de M. Morel tendait, il est vrai, à restreindre l'obligation de motiver le refus d'autorisation au cas où il était fondé sur l'incompétence du tribunal; mais cet amendement n'a pas été appuyé et n'a pas été discuté (Morgand, t. 2, p. 259).

936. On a vu au *Rép. loc. cit.* que la jurisprudence avait varié sur la question de savoir si les décrets rendus en conseil d'Etat et portant refus d'autorisation devaient être également motivés. Le comité de législation avait décidé, en 1839 et 1840, que les ordonnances de cette nature seraient motivées; mais en fait, les motifs se bornaient le plus habituellement aux considérants suivants : « Attendu que la demande n'offre pas d'apparence de succès suffisants; » ou « attendu qu'il existe des motifs suffisants d'autorisation ». Toutefois, lorsque le conseil refuse l'autorisation par un motif de compétence, ses décisions sont habituellement motivées en droit (Décr. en Cons. d'Et. 14 mai 1873, aff. Commune de Belois *C.* Boyé, *Rec. Cons. d'Etat*, 1ᵉʳ Suppl., p. 154; 11 août 1873, aff. Fabrique de l'Eglise de Barbasse, *ibid.*, p. 158;

---

(1) (Commune de Germaine.) — Le conseil d'Etat, etc. ; — Vu la loi du 18 juill. 1837; — Considérant que la demande formée par la commune de Germaine à l'effet d'obtenir l'autorisation d'intenter une action en justice contre le sieur de Biron n'a pas été rejetée d'une manière définitive par l'arrêté de ce conseil qu'il n'y a pas lieu, quant à présent, d'autoriser la commune à introduire une action en justice contre le sieur de Biron, sauf pour elle à produire, s'il y a lieu, une nouvelle demande aux mêmes fins, lorsqu'il aura été statué définitivement sur son action contre le sieur Truchon; — Considérant, en effet, que le résultat de son instance contre le sieur Truchon peut modifier les fins de l'action qu'elle demande à intenter contre le sieur de Biron, et lui donner les moyens de mieux établir les droits de pacage qu'elle revendique; qu'une fois cette instance vidée, la commune de Germaine sera d'ailleurs toujours à même de réclamer et obtenir, s'il y a lieu, l'autorisation qu'elle sollicite aujourd'hui; qu'ainsi c'est avec raison que le conseil de préfecture de la Marne a refusé, quant à présent, à la commune de Germaine l'autorisation d'intenter une action en justice contre le sieur de Biron (Rejet.)
Du 5 janv. 1850.-Décr. en Cons. d'Et.-MM. Calmon, rap.-Millet, av.

(2) (Commune de Delut *C.* demoiselle Benoist.) — Le conseil

d'Etat, etc. ; — Vu la loi du 18 juill. 1837, art. 49 et suiv. ; — Considérant que la commune de Delut ne peut invoquer aucun titre précis pour établir son droit de propriété sur la parcelle de terrain qu'elle voudrait revendiquer contre la demoiselle Benoist; — Que celle-ci est depuis longtemps en possession de la parcelle litigieuse; — Que le peu de valeur de cette parcelle n'est pas en rapport avec les frais que nécessiterait une action en justice; — Que, dès lors, l'action que la commune demande l'autorisation d'intenter ne présente ni chances sérieuses de succès, ni intérêt suffisant... (Rejet.)
Du 20 avr. 1882.-Décr. en Cons. d'Et.-M. Valabrègue, rap.

(3) (Commune de Mouzay *C.* Capard.) — Le conseil d'Etat, etc. ; — Vu la loi du 18 juill. 1837 et l'art. 105 c. for. ; — Considérant que du certificat ci-dessus visé que le sieur Capard est imposé sur les rôles de la commune de Mouzay pour l'année 1878 à la contribution personnelle mobilière, à la contribution des patentes et à la contribution des chevaux et voitures; — Que, dès lors, l'action que la commune requérante désire intenter et qui tendrait à faire reconnaître que le sieur Capard ne réunit pas les conditions exigées par l'art. 105 c. for. pour avoir droit à l'affouage, ne présente aucune chance de succès (Rejet).
Du 11 févr. 1879.-Décr. en Cons. d'Et.-M. Marguerie, rap.

13 mars 1880, aff. Commune de Saint-Sauves (Puy-de-Dôme) C. Trésorier de la fabrique, *ibid.*, p. 1091). En 1883, la section de l'intérieur du conseil d'Etat, qui prépare aujourd'hui les projets de décret en cette matière, a décidé qu'à l'avenir les décrets portant annulation des arrêtés des conseils de préfecture qui auraient refusé des autorisations de plaider ne seraient plus motivés. Cette décision a reçu sa première application dans un décret rendu en conseil d'Etat le 5 déc. 1883, sur le pourvoi de la commune de Vitré (Morgand, t. 2, p. 259, note 1).

937. Le pourvoi formé par une commune contre la décision d'un conseil de préfecture qui lui a refusé l'autorisation de plaider doit, comme on l'a vu précédemment (*suprà*, n° 923), être introduit et jugé en la forme administrative. On a examiné au *Rép.* n° 1709 la question de savoir si cette règle est applicable même au cas où la commune allègue un excès de pouvoirs commis par le conseil de préfecture. Nous croyons que cette question doit être résolue affirmativement. En effet, ainsi que l'a fait observer avec raison M. Morgand, t. 2, p. 261, le recours pour excès de pouvoirs contre un arrêté portant refus d'autorisation de plaider qui serait irrecevable de la part de l'adversaire de la commune pour défaut d'intérêt et par suite de qualité, le serait également de la part de la commune comme faisant double emploi avec le recours administratif que lui ouvre l'art. 126.

938. Conformément à ce qui a été exposé au *Rép.* n° 1712, le ministère des avocats au conseil n'est pas obligatoire en cette matière; mais les communes ou les contribuables peuvent y recourir, s'ils le jugent utile.

939. Nous avons dit que le conseil d'Etat et les conseils de préfecture sont dans l'usage de déclarer qu'il n'y a pas lieu à statuer lorsque la commune se désiste ou lorsqu'il intervient une transaction (Décr. en Cons. d'Et. 17 déc. 1881, aff. Fabrique de Saint-Yrieix C. Commune de Saint-Yrieix, *Rec. Cons. d'Etat*, p. 1027). Ils peuvent également donner acte du désistement (Décr. en Cons. d'Et. 6 nov. 1885, aff. Commune de Faguières C. Comp. des Eaux de Châlons-sur-Marne, *ibid.*, p. 1024). Le désistement ne doit être accepté que s'il est pur et simple (Décr. en Cons. d'Et. 21 mai 1883, aff. Commune de Gilly-les-Citeaux, *ibid.*, p.1046).

CHAP. 10. — Cas où l'autorisation doit être donnée, soit au maire, soit au contribuable (*Rép.*** n°ˢ 1714 à 1732).**

940. — I. Autorisation donnée au maire. — Conformément à ce qui a été exposé au *Rép.* n° 1714, c'est au maire seul qu'il appartient de demander au nom de la commune l'autorisation de plaider, puisqu'aux termes de l'art. 90, § 8, de la loi de 1884, il est chargé de représenter la commune en justice, soit en demandant, soit en défendant (V. *suprà*, n° 822).

941. — II. Autorisation donnée a un contribuable. — Toutefois, ainsi que nous l'avons dit au *Rép.* n° 1724, aux termes de l'art. 123, un contribuable peut se substituer à la commune ou section de commune pour intenter une action, lorsque celle-ci refuse ou néglige d'agir; et l'on reconnaît généralement que cette disposition est également applicable aux actions à soutenir (Décr. en Cons. d'Et. 22 févr. 1875,

aff. Commune de Cemboing C. Bulot, *Rec. Cons. d'Etat*, p. 1066; V. conf. Morgand, t. 2, p. 246).

942. L'exercice de ce droit est, comme on l'a vu au *Rép.* n° 1725, subordonné aux conditions suivantes; il faut : 1° que le particulier qui l'exerce soit un contribuable inscrit aux rôles de la commune (Cons. d'Et. 15 janv. 1868, aff. Ruby, D. P. 70. 3. 10); — 3° Qu'il exerce l'action à ses frais et risques; — 3° Qu'il soit expressément autorisé par le conseil de préfecture; — 4° Que la commune ou section ait été préalablement appelée à délibérer (Civ. rej. 13 mai 1873, aff. Hélie, D. P. 73. 1. 417).

943. Nous venons de dire que le contribuable doit être expressément autorisé par le conseil de préfecture; il résulte, en effet, de la discussion au Sénat qu'on ne saurait le considérer comme implicitement autorisé, lorsque le conseil de préfecture a omis de statuer dans le délai de deux mois (D. P. 84. 4. 59, note 123).

Cette obligation est également imposée au contribuable qui veut intervenir dans une action intentée contre la commune (Req. 2 mars 1875, aff. Gaillard, D. P. 75. 1. 147), et il en est ainsi dans le cas même d'une action en responsabilité exercée en vertu de la loi du 10 vend. an 4 (Même arrêt).

944. L'action ne peut être valablement introduite par le contribuable qu'après qu'il a mis la commune en demeure d'agir (Req. 24 juill. 1871, aff. Baille, D. P. 71. 1. 160; Dijon, 9 nov. 1866, aff. Lorain, D. P. 67. 2. 11; Montpellier, 24 mars 1873, aff. Caffort, D. P. 73. 2. 234). Cette règle est applicable à toutes les actions, même aux actions possessoires (Civ. cass. 26 janv. 1864, aff. Commune de Villepail, D. P. 64. 1. 78; Sol. impl., Civ. cass. 20 mars 1878, aff. Sabathier, D. P. 79. 1. 335).

Toutefois, l'action exercée par le contribuable avant que le conseil municipal ait été appelé à délibérer n'est pas nulle, s'il rapporte cette délibération avant le jugement au fond (Grenoble, 27 mai 1844, aff. Morin, D. P. 45. 4. 91).

945. La fin de non-recevoir tirée de ce que le conseil municipal n'a pas été appelé à délibérer peut être opposée au contribuable pour la première fois en appel (Montpellier, 24 mars 1873, aff. Caffort, D. P. 73. 2. 234).

946. Le conseil doit être appelé à délibérer spécialement sur le procès que le contribuable se propose d'intenter au nom de la commune (Décr. en Cons. d'Et. 27 déc. 1875) (1). Ainsi, il ne suffirait pas qu'il eût pris une délibération dans laquelle il semblerait admettre les prétentions de l'adversaire de la commune, et que le contribuable qui se propose d'agir eût mis le maire en demeure de déclarer s'il entend poursuivre l'annulation de cette délibération (Décr. en Cons. d'Et. 6 avr. 1872, aff. Raymond Barbe C. Commune de Viedessos, *Rec. Cons. d'Etat*, p. 759).

947. L'art. 123 n'autorise les contribuables à exercer les actions de la commune que lorsque le conseil municipal, préalablement appelé à en délibérer, a refusé ou négligé de les exercer. Par suite, cet article serait inapplicable dans le cas où le conseil municipal aurait demandé l'autorisation d'exercer l'action, et cette autorisation lui aurait été refusée (Décr. en Cons. d'Et. 11 juill. 1885) (2). De même, dans le cas où une demande d'autorisation a été formée conjointement par la commune et par des contribuables et a été repoussée par le conseil de préfecture, on ne peut dire qu'il y a refus ou négligence de la com-

---

(1) (Fleury Housset et autres conseillers municipaux et contribuables de la commune de Vorges C. le sieur Pierdon.) — Le conseil d'Etat, etc.; — Vu la loi du 18 juill. 1837, notamment l'art. 49; — Sans qu'il soit besoin d'examiner les motifs invoqués par le conseil de préfecture à l'appui de sa décision; — Considérant qu'aux termes de l'art. 49 de la loi du 18 juill. 1837, les contribuables ne peuvent exercer à leurs frais et risques, avec l'autorisation du conseil de préfecture, les actions qu'ils croiraient appartenir à la commune, que si la commune a refusé ou négligé de les exercer, après avoir été préalablement appelée à en délibérer ; — Considérant que le conseil municipal de Vorges n'a pas été appelé spécialement à délibérer sur le procès que les requérants se proposent d'intenter contre le sieur Narcisse Pierdon, mais qu'il résulte d'une délibération, en date du 14 janv. 1875, que le conseil municipal a invité le maire à poursuivre le sieur Narcisse Pierdon en restitution du terrain communal qu'il aurait usurpé suivant les requérants ; Que, dans ces conditions, la commune ne saurait être considérée comme ayant refusé ou négligé d'intenter l'action que les requérants demandent à poursuivre

par application de l'article de loi précité ; qu'il suit de là que la demande des requérants n'est pas recevable (Rejet). Du 27 déc.1875.-Décr.Cons.d'Et.-MM.Marguerie,rap.-Mazeau,av.

(2) (Hacquart, contribuable de la commune de Fontaine-lès-Luxeuil, C. Hayotte.) — Le conseil d'Etat, etc.; — Considérant qu'aux termes de l'art. 123 de la loi du 5 avr. 1884, tout contribuable inscrit au rôle de la commune a le droit d'exercer à ses frais et risques, avec l'autorisation du conseil de préfecture, les actions qu'il croit appartenir à la commune ou section, et que celle-ci préalablement appelée à en délibérer a refusé ou négligé d'exercer ; — Considérant que la commune de Fontaine-lès-Luxeuil (Haute-Saône) a demandé l'autorisation d'intenter l'action que le sieur Hacquart sollicite l'autorisation d'intenter à ses frais et risques ; Que cette autorisation a été refusée à la commune par décret du 18 mars 1885 ; que, dans ces conditions, la commune n'a ni refusé, ni négligé d'intenter cette action ; — Qu'il suit de là que la demande du sieur Hacquart n'est pas recevable (Rejet). Du 11 juill. 1885.-Décr. en Cons. d'Et.-M. Valabrègue, rap.

mune d'exercer ses droits, et, par suite, les contribuables sont non recevables à demander au conseil d'Etat l'annulation de la disposition qui les concerne (Décr. en Cons. d'Et. 20 mai 1868, aff. Commune de Saint-Néran, Rec. Cons. d'Etat, p. 1104).

948. Le contribuable ne peut être autorisé à agir au nom de la commune lorsque la délibération par laquelle le conseil municipal a refusé d'intenter l'action est irrégulière, notamment à raison de l'insuffisance du nombre des membres présents (Décr. en Cons. d'Et. 15 nov. 1871) (1).

949. Nous avons dit au *Rép.* n° 1726, que, lorsque l'autorisation a été accordée au contribuable, la commune doit être mise en cause, et que la décision qui intervient a effet à son égard (V. conf. Arrêts des 24 juill. 1871, 24 mars 1873, cités *suprà*, n°s 944 et 945). L'art. 123 de la loi du 5 avr. 1884 reproduit sur ce point les prescriptions de l'art. 49 de la loi de 1837. En exigeant cette mise en cause, le législateur a voulu éviter que l'adversaire du contribuable pût être ultérieurement actionné par la commune sur un point ayant fait l'objet d'une décision judiciaire antérieure (Chauveau et Tambour, *Code d'instruction administrative*, 5° éd., t. 1, n° 101).

L'action doit, en conséquence, être suivie en présence du maire représentant la commune, et un tribunal saisi des conclusions prises par le maire ne peut, sans méconnaître le texte et l'esprit de la loi, le mettre hors de cause (Civ. cass. 6 août 1879, aff. Blanchard, D. P. 80. 1. 16). L'obligation de mettre la commune en cause est applicable à toutes les actions, même aux actions possessoires (Sol. impl., Arrêt du 20 mars 1878, cité *suprà*, n° 944).

La commune qui n'a pas été appelée en cause ne peut pas être mise en cause *de plano* devant la cour d'appel (Montpellier, 22 févr. 1869, aff. Baille, D. P. 71. 1. 160 ; Arrêt du 24 mars 1873, cité *suprà*, n° 945). La fin de non-recevoir tirée de ce que la commune n'a pas été mise en cause peut être opposée au contribuable pour la première fois en appel (Arrêt précité du 24 mars 1873).

950. L'obligation de mettre la commune en cause existe dans le cas où le contribuable, assigné en son propre et privé nom, excipe du droit de la commune : il devient, par ce fait, demandeur et doit mettre la commune en cause en se conformant aux dispositions précitées (Dijon, 9 nov. 1866, aff. Lorain, D. P. 67. 2. 11).

951. Il a été jugé par un arrêt isolé, dont la doctrine ne semble pas devoir être suivie (Riom, 10 févr. 1873, aff. Laval, D. P. 73. 2. 84), que la mise en cause de la commune n'est pas une formalité substantielle. Dans tous les cas, il est certain que, si la commune n'avait point été appelée au procès et n'y avait figuré à aucun titre, la chose jugée contre le contribuable dûment autorisé ne devrait pas être opposable à ladite commune.

On peut, du moins, admettre, avec l'arrêt précité du 10 févr. 1873, que le contribuable n'est pas tenu de mettre la commune en cause lorsque l'arrêté qui autorise ce contribuable autorise en même temps le maire à intervenir.

952. La mise en cause de la commune dont l'action est exercée par un contribuable peut, devant la cour de cassation, avoir lieu après le délai du pourvoi. Il suffit que la commune ait été mise à même d'assister à l'arrêt et de faire valoir ses moyens (Civ. rej. 28 juill. 1856, aff. Macquet, D. P. 56. 1. 307).

953. L'autorisation donnée à un contribuable d'exercer une action communale emporte, pour la commune mise en cause, l'autorisation de prendre des conclusions dans l'instance engagée par le contribuable (Req. 3 juin 1861, aff. Durand, D. P. 61. 1. 326). L'autorisation ne serait même pas nécessaire, si la commune se bornait à assister aux débats sans y prendre de conclusions, la mise en cause étant exigée

par la loi qui veut que le jugement intervenu sur l'action des contribuables ait effet pour et contre la commune (Reverchon, n° 38).

Il importe, toutefois, de remarquer que le contribuable n'a pas mandat de représenter la commune et ne la représente pas en effet, et qu'il est tenu de la mettre en cause afin qu'elle se trouve personnellement dans l'instance pour y proposer ses moyens et y défendre ses intérêts. Dans cette instance, ainsi que l'a déclaré la cour de cassation (Civ. cass. 31 déc. 1855, aff. Martin, D. P. 56. 1. 17), la commune et le contribuable ont des rôles distincts et constituent deux personnes différentes. Il en résulte que le recours formé par ce dernier contre la décision intervenue n'est pas exclusif du droit, pour la commune, d'en exercer un semblable tant qu'il n'a pas été définitivement statué sur celui du contribuable ; et, dès lors, le recours de la commune doit être déclaré recevable s'il a eu lieu, quant à elle, en temps utile, alors même qu'il serait décidé que le contribuable n'a formé le sien qu'après que les délais étaient expirés à son égard (Même arrêt).

954. L'autorisation du conseil de préfecture, nécessaire au contribuable, est de même nature que celle qui serait imposée à la commune elle-même : en conséquence, l'adversaire du contribuable ne peut, pas plus que l'adversaire de la commune, se prévaloir en appel de ce que l'autorisation du conseil de préfecture n'est pas intervenue avant le jugement dont est appel, s'il n'a pas relevé cette irrégularité avant le jugement, et si d'ailleurs l'autorisation a été accordée avant l'arrêt (Civ. rej. 8 juin 1869, aff. Linarès, D. P. 69. 1. 303).

955. La disposition exceptionnelle qui autorise les contribuables à exercer et à soutenir, sous les conditions ci-dessus indiquées, les actions communales ne doit pas être étendue au delà de ses termes, et le contribuable serait non recevable à exercer à ses frais et risques, au lieu et place et sur le refus du bureau de bienfaisance, les actions intéressant les pauvres de la commune (Cons. d'Et. 30 août 1847, aff. Dumorisson, D. P. 48. 3. 52).

956. On a examiné au *Rép.* n° 1729 la question de savoir si le contribuable autorisé à exercer une action de la commune est tenu, comme le serait la commune, d'obtenir une nouvelle autorisation pour interjeter appel ou pour se pourvoir en cassation. La jurisprudence a résolu négativement cette question, conformément à un arrêt de cassation du 27 mai 1846 que nous avons cité (*Rép.* n° 1730). En effet, le texte de l'art. 123 de la loi de 1884, conforme à celui de l'art. 49 de la loi de 1837, ne reproduit pas la disposition de l'art. 131 qui imposait à la commune l'obligation d'obtenir une autorisation nouvelle pour se pourvoir devant un autre degré de juridiction (Limoges, 6 juin 1849, aff. Ciserne, D. P. 49. 2. 229 ; Bourges, 15 févr. 1851, aff. Guillard, D. P. 51. 5. 96; Civ. rej. 28 juill. 1856, aff. Macquet, D. P. 56. 1. 307 ; Pau, 10 janv. 1872, aff. Casassun, D. P. 73. 2. 99 ; Riom, 10 févr. 1873, aff. Laval, D. P. 73. 2. 84 ; Sol. impl., Civ. cass. 8 nov. 1876, aff. Lagrandville, D. P. 77. 1. 73. V. conf. Reverchon, n° 40 ; Dufour, *Droit administratif appliqué*, t. 3, n° 500 ; Batbie, t. 5, p. 295, n° 309 ; Serrigny, t. 1, p. 533, n° 412 ; Morgand, t. 2, p. 246). — Le projet de loi municipale préparé en 1850 par le conseil d'Etat consacrait expressément la solution adoptée par la jurisprudence ; la question n'a pas été discutée en 1884, un amendement de M. Morel, qui exigeait une autorisation nouvelle pour chaque degré de juridiction, n'ayant pas été appuyé.

Il est certain, d'ailleurs, que le contribuable n'a pas besoin d'une nouvelle autorisation pour plaider sur les difficultés relatives à l'exécution du jugement intervenu (Civ. cass. 16 mai 1882, aff. Rolland, D. P. 83. 1. 164).

957. Conformément à ce qui a été exposé au *Rép.* n° 1731, les juges saisis de l'action exercée dans l'intérêt d'une commune par un contribuable qui n'a pas obtenu préalable-

---

(1) (Valette et autres.) — Le conseil d'État, etc.; — Vu la loi du 18 juill. 1837, art. 49 ; — Vu la loi du 5 mai 1855, art. 17 ; — Considérant que les requérants ne pouvaient se pourvoir devant le conseil de préfecture pour obtenir l'autorisation d'exercer une action au nom de la commune qu'après avoir appelé celle-ci à en délibérer, et que la validité de cette délibération était soumise à l'accomplissement des conditions prescrites par l'art. 17 de la loi du 5 mai 1855 relativement au nombre des conseillers municipaux appelés à délibérer ; — Considérant que ces conditions n'ont pas été remplies aux séances du conseil municipal des

23 janv. et 1er févr. 1870 ; — Considérant que s'il est vrai qu'une délibération peut être valablement prise, quel que soit le nombre des membres présents à la séance du 14 février pour laquelle une convocation spéciale avait été faite le 4 février, elle n'a pu l'être dans les mêmes conditions à la séance du 13 février, pour laquelle cette convocation n'avait pas eu lieu ; que les requérants n'étaient donc pas, en l'état, recevables à demander au conseil de préfecture de la Nièvre l'autorisation dont s'agit (Pourvoi rejeté.)
Du 15 nov. 1871.-Décr. en Cons. d'Et.-M. Laferrière, rap.

ment l'autorisation du conseil de préfecture peuvent surseoir à leur décision jusqu'à ce que cette autorisation soit rapportée. Mais ce sursis, qui est obligatoire lorsque l'action est intentée par la commune elle-même (V. *Rép.* nᵒˢ 1692 et suiv., *suprà*, nᵒ 906; Reverchon, nᵒˢ 99 et suiv.), n'est, pour les juges, à l'égard des contribuables, qu'une simple faculté dont ils sont libres d'user ou de ne pas user (Req. 6 janv. 1867, aff. Dubois, D. P. 68. 1. 342). V. toutefois Cons. d'Et. 1ᵉʳ sept. 1860, *infrà*, nᵒ 963.

958. On a vu au *Rép.* nᵒ 1732 que la dispense d'autorisation accordée à la commune lorsqu'il s'agit d'actions possessoires ou de contestations portées devant les juridictions administratives n'est pas applicable au contribuable qui exerce ces actions. Ce point n'a jamais fait difficulté relativement aux actions possessoires. On reconnaît que les particuliers, quoique plaidant à leurs périls et risques, ne peuvent pas plus intenter les actions possessoires que les autres sans une autorisation du conseil de préfecture. Cette solution repose sur des motifs spéciaux. « Elle est commandée par la crainte qu'ils n'abusent de la faculté que la loi leur accorde pour satisfaire leurs passions, tracasser les propriétaires fonciers, et leur faire faire des frais qu'ils ne pourraient plus tard rembourser » (Garnier, *Actions possessoires*, 3ᵉ éd., p. 435 ; Reverchon, nᵒ 41 ; Civ. cass. 7 mars 1860, aff. Monin, D. P. 60. 1. 109 ; Civ. rej. 20 févr. 1877, aff. Rigaud, D. P. 77. 1. 477 ; Req. 14 mai 1877, aff. Thivellier, D. P. 78. 1. 15. V. conf. Chauveau et Tambour, *Code d'instruction administrative*, t. 2, nᵒ 1083).

959. La question a été plus controversée en ce qui concerne les actions administratives. Un premier arrêt du conseil d'État du 8 avr. 1842 (*Rép.* nᵒ 596), avait exempté le contribuable aussi bien que la commune de l'autorisation du conseil de préfecture en matière administrative. Mais le conseil d'État au contentieux est revenu sur cette jurisprudence et il a décidé, par plusieurs arrêts, que l'autorisation est nécessaire pour le contribuable qui veut exercer une action de la commune, même lorsque ces actions doivent être portées devant les juridictions administratives (Cons. d'Et. 20 avr. 1854, aff. Jean, D. P. 61. 3. 37; 1ᵉʳ sept. 1860, aff. Lallemand, *ibid.,* 15 janv. 1868, aff. Ruby, D. P. 70. 3. 10; 20 févr. 1868, aff. Barba, *ibid.;* 1ᵉʳ juin 1870, aff. Garréris, D. P. 71. 3. 81). La même doctrine a été admise par la section de législation (Décr. en Cons. d'Et. 23 juill. 1859, aff. Commune de Beaumont, *Rec. Cons. d'État*, p. 902 ; 16 mai 1860, aff. Commune du Plessis, *ibid.*, p. 935 ; 31 mai 1862, aff. Commune de Garons, *ibid.*, p. 997 ; 4 mai 1867, aff. Barba et consorts, *ibid.*, p. 1110), et par la section de l'intérieur (Décr. en Cons. d'Et. 17 août 1882, aff. Commune de Donnemarie-en-Montois, *ibid.*, p. 1090. V. conf. Reverchon, nᵒ 41; Aucoc, nᵒ265). « Sans doute, dit ce dernier auteur, une partie des raisons qui ont motivé la jurisprudence établie à l'égard des communes ne peut s'appliquer au cas où il s'agit d'actions intentées par des contribuables agissant au nom des communes. Mais il y a un grand intérêt à ce que les contribuables ne puissent pas plaider au nom des communes, devant quelque juridiction que ce soit, sans une autorisation. La commune, tout en ayant des moyens de faire valoir ses droits, peut avoir des raisons graves de ne pas engager un procès; elle peut y être portée notamment par le désir de maintenir la paix publique. Ou bien elle peut n'être pas prête à faire valoir ses droits; elle peut n'avoir pas retrouvé les titres sur lesquels elle aurait à s'appuyer, soit que des contribuables pourraient, soit par imprudence, soit par connivence avec les adversaires de la commune, compromettre ses droits en intentant l'action qu'elle aurait ajournée à dessein ».

Il résulte de la discussion de la loi du 5 avr. 1884 au Sénat, et notamment des explications échangées entre MM. Ninard, Léon Clément et le rapporteur, que le législateur a entendu maintenir cette jurisprudence (D. P. 84. 4. 54, note 123).

960. Par application de la règle qui précède, le conseil d'État a déclaré non recevable le recours formé sans autorisation par des contribuables, même en leur propre nom, contre un arrêté par lequel le préfet avait inscrit d'office certaines dépenses au budget de la commune (Arrêt du

15 janv. 1868, cité *suprà*, nᵒ 959). Il a également écarté comme irrecevable le recours pour excès de pouvoirs formé par des contribuables, déclarant agir au nom de la commune, contre une ordonnance approbative d'une transaction passée entre ladite commune et un particulier, alors que l'autorisation d'exercer cette action ne leur avait pas été accordée et leur avait même été refusée (Arrêt du 20 févr. 1868, cité *suprà*, nᵒ 959). Il appartient, d'ailleurs, au conseil de préfecture de constater que l'action que le contribuable se propose d'intenter est administrative, et, dans ce cas, de n'autoriser ce contribuable à plaider que devant la juridiction administrative (Décr. en Cons. d'Et. 17 août 1882, V. *suprà*, nᵒ 959).

961. Lorsque le conseil de préfecture, par une fausse application de la loi, déclare qu'il n'y a lieu à statuer sur la demande en autorisation formée par un contribuable, celui-ci peut considérer cette déclaration comme un refus d'autorisation et se pourvoir devant le conseil d'État, en la forme administrative (Décr. en Cons. d'Et. 4 mai 1867, cité *suprà*, nᵒ 959).

962. Dans le cas où le conseil de préfecture a ainsi déclaré qu'il n'y a lieu à statuer sur la demande d'un contribuable tendant à être autorisé à former un pourvoi au conseil d'Etat, le conseil d'Etat, saisi de ce pourvoi, doit renvoyer le requérant devant le conseil de préfecture pour y être prononcé sur sa demande d'autorisation (Cons. d'Et. 1ᵉʳ juin 1870, aff. Garréris, D. P. 71. 3. 81). En effet, ainsi que nous l'avons fait observer *suprà*, nᵒˢ 881 et 909, les décisions en ces matières n'ont pas le caractère d'actes de juridiction et elles peuvent toujours être rétractées.

963. On s'est demandé si le contribuable pourrait, comme le maire, former sans autorisation des actes conservatoires ou interruptifs de déchéance. Nous croyons que cette question doit être résolue affirmativement (V. conf. Morgand, t. 2, p. 248). C'est ce qui semble, d'ailleurs, avoir été implicitement admis par un arrêt du conseil d'État aux termes duquel le fait qu'un contribuable exerçant une action de la commune a, pour ne pas laisser expirer les délais, déféré au conseil d'Etat un décret lui paraissant préjudicier à celle-ci avant de s'être fait autoriser par le conseil de préfecture, ne rend pas son pourvoi non recevable, mais oblige seulement le conseil d'Etat à surseoir à prononcer sur le fond jusqu'à ce qu'il ait été statué sur la demande d'autorisation (Cons. d'Et. 1ᵉʳ sept. 1860, aff. Lallemand, D. P. 61. 3. 37).

CHAP. 11. — Autorisation nécessaire aux sections de commune (*Rép.* nᵒˢ 1733 à 1759).

964. Les règles qui viennent d'être énoncées relativement aux actions à soutenir au nom des communes sont, comme on l'a vu (*Rép.* nᵒ 1734) également applicables aux sections de commune.

Tout contribuable peut exercer les actions de la section, comme celles de la commune, en se conformant aux prescriptions de l'art. 123. Le texte de cet article, conforme à celui de l'art. 49, § 3, de la loi de 1837, vise tout contribuable « inscrit au rôle de la commune »; toutefois, lorsqu'il s'agit d'une action appartenant à une section, ce droit doit être limité, comme on l'a vu au *Rép.* nᵒ 1467, aux contribuables de cette section; c'est ce qu'enseigne M. Aucoc nᵒ 264, qui répond en ces termes aux objections tirées du texte et admises par M. Reverchon, nᵒ 112 : « comment un contribuable qui ne ferait pas partie de la section pourrait-il avoir qualité pour exercer les actions de la section, quand il n'aurait pas qualité, s'il agissait en son nom personnel? Les contribuables de la section ont seuls intérêt à prendre en main la cause que celle-ci abandonne; ils doivent seuls avoir qualité à cet effet ».

965. Le contribuable ne peut se substituer à la section qu'autant que la section, représentée par son organe légal, a été appelée à en délibérer, et a refusé ou négligé d'exercer l'action. Il doit donc, dans le cas où la loi veut que la section ait une représentation spéciale, justifier d'une délibération de la commission syndicale (V. conf. Aucoc, nᵒ 266; Cons. d'Et. 28 nov. 1843) (1).

---

(1) (Damphernet, exerçant les droits de la section du Bas-de-Breville.) — Louis-Philippe, etc.; — Vu les art. 49, 50 et 56 de

la loi du 18 juill. 1837; — Considérant que si l'art. 49 de la loi précitée permet à tout contribuable d'exercer à ses frais et risques

966. On s'est demandé, ainsi que nous l'avons exposé au *Rép.* n° 1749, si les sections de commune sont comme les communes dispensées de demander l'autorisation du conseil de préfecture pour intenter une action possessoire ou pour y défendre. Nous n'avons pas hésité à admettre qu'à cet égard les sections doivent être complètement assimilées aux communes. Le conseil d'Etat a consacré cette interprétation (Cons. d'Et. 23 nov. 1847, aff. Robert, *Rec. Cons. d'Etat,* p. 823 ; 3 janv. 1848 (1). V. conf. Aucoc, n° 256).

967. Nous avons indiqué au *Rép.* n° 1750 et suiv. les règles spéciales aux demandes en autorisation formées par les sections de commune. Ces règles n'ont subi aucune modification. En ce qui concerne les formalités imposées au demandeur contre une section, nous avons dit (*Rép.* n° 1757) que, dans les cas où il y a lieu de créer une commission syndicale, le demandeur doit préalablement s'adresser au préfet pour le prier de faire procéder à l'élection de cette commission et que ce n'est qu'après cette constitution qu'il devra adresser son mémoire au préfet, Mais cette solution est critiquée par M. Aucoc qui ne croit pas que les principes ni les nécessités de la pratique fassent une obligation de cette double demande (n° 267).

CHAP. 12. — Refus d'autorisation. — Ses effets
· (*Rép.* n°s 1760 à 1763).

968. Ainsi que nous l'avons dit au *Rép.* n° 1761, le refus d'autorisation a des effets différents suivant que la commune est demanderesse ou défenderesse. Dans le premier cas, si l'autorisation est refusée, le procès ne s'engage pas. Dans le second cas, au contraire, le refus d'autorisation ne saurait mettre obstacle aux droits des tiers qui peuvent prendre contre la commune un jugement par défaut (V. Morgand, t. 2, p. 233). La commune, condamnée par défaut, ne pourra former opposition que si elle obtient l'autorisation de plaider ; tant que cette autorisation ne lui aura pas été accordée, elle restera sous le coup du jugement qui la condamne sans pouvoir le faire réformer (Batbie, t. 5, n° 315).

CHAP. 13. — Défaut d'autorisation. — Effets. — Mention (*Rép.* n°s 1764 à 1798).

969. — I. Effets du défaut d'autorisation a l'égard de la commune. — Conformément à ce qui a été exposé au *Rép.* n°s 1768 et suiv., le défaut d'autorisation est une exception d'ordre public, que la commune peut opposer en tout état de de cause, qui peut être proposée pour la première fois devant la cour de cassation, et que les juges doivent même suppléer d'office (Civ. cass. 26 avr. 1853, aff. Commune de Chevillard, D. P. 53. 1. 146 ; 3 déc. 1855, aff. Commune de Bénévent, D. P. 55. 1. 456 ; 30 juill. 1861, aff. Commune de Saint-Lary, D. P. 61. 1. 322; 5 nov. 1879, aff. Commune d'Ecouen, D. P. 80. 1. 460 ; Metz, 26 févr. 1850, aff. Commune de Vitry, D. P. 50. 2. 124).

Toutefois, la nullité d'une action exercée en justice par une commune non autorisée n'existe qu'autant que l'arrêt définitif a été rendu avant que la commune ait été régulièrement autorisée; si, au moment de l'arrêt, l'autorisation a été accordée, la procédure ainsi régularisée avec effet rétroactif échappe à l'action en nullité (Civ. rej. 4 janv. 1859, aff. Habitants de Montruffet, D. P. 59. 1. 177. V. conf. Reverchon, n° 62).

970. — II. Effets du défaut d'autorisation a l'égard de

L'adversaire de la commune. — Nous avons analysé et discuté au *Rép.* n°s 1781 et suiv., les différents systèmes qui ont été proposés sur la question de savoir si l'adversaire de la commune peut se prévaloir du défaut d'autorisation. D'après l'opinion qui a prévalu dans la jurisprudence, ainsi que nous l'avons dit (*Rép.* n° 1786), l'adversaire de la commune ne peut invoquer pour la première fois devant la cour de cassation le moyen tiré du défaut d'autorisation ; mais il peut opposer cette fin de non-recevoir à la commune en appel, quoiqu'il ne l'ait pas soulevée en première instance, à moins qu'il n'y ait renoncé expressément ou tacitement (Req. 22 juill. 1851, aff. Commune du Plessis, D. P. 51. 1. 265 ; 27 nov. 1872, aff. Carly, D. P. 73. 1. 216. V. toutefois en sens contraire : Chauveau et Tambour, *Code d'instruction administrative,* 5e éd., t. 2, n° 1128).

971. Ainsi que nous l'avons dit d'ailleurs, sous l'empire de la loi de 1884, la nullité dont il vient d'être question ne résulte pas de l'absence d'une décision du conseil de préfecture autorisant la commune à plaider, puisqu'aux termes de l'art. 122, à défaut de décision dans les deux mois qui suivent la demande, la commune est réputée autorisée.

Il ne suffirait donc pas aujourd'hui, comme sous la loi de 1837, que l'adversaire de la commune rapportât, comme nous l'avons dit (*Rép.* n° 1794), un certificat négatif du conseil de préfecture. Il devrait justifier qu'aucune demande d'autorisation n'a été formée par la commune ou que l'autorisation demandée a été refusée.

TIT. 6. — BIENS COMMUNAUX (*Rép.* n°s 1799 à 2362).

CHAP. 1er. — Distinction entre les différentes natures de biens communaux. — Droits de propriété ou d'usage. — Origine et nature du domaine communal (*Rép.* n°s 1799 à 1889).

972. — I. Origine des biens communaux. — On a indiqué au *Rép.* n°s 1800 et suiv. les origines diverses du patrimoine communal. M. Aucoc les résume ainsi qu'il suit : « la répartition primitive du sol au temps où dominait la vie pastorale ; l'attribution des terres vacantes faite aux municipalités romaines par les empereurs ; mais surtout et à peu près exclusivement pour les communautés rurales, les concessions à titre gratuit ou à titre onéreux des seigneurs ecclésiastiques et laïques, et les débris des propriétés indivises des communautés agricoles du moyen âge ».

973. — II. Nature du domaine communal. — Ainsi que nous l'avons constaté au *Rép.* n° 1807, quel que soit le mode de jouissance des biens communaux, c'est la commune seule qui est propriétaire, et non les habitants. Les propriétés de la commune sont donc distinctes de celles de chacun de ses membres, et ce qui est vrai des choses corporelles, telles que les champs, les bois et les maisons, l'est également des droits appartenant à la commune, comme un droit de servitude. Aussi ne nous paraît-il pas exact de dire, comme l'a fait un arrêt de la cour de Besançon du 9 déc. 1869 (aff. Bourgon, D. P. 71. 1. 329) que chaque habitant de la commune peut profiter des concessions consenties à celle-ci tant qu'elle n'en conteste pas l'usage, et que le propriétaire du fonds n'est point admis à contester ce mode d'exercice de la servitude. Toutefois, les habitants d'une commune ont le droit d'exercer individuellement et pour leur avantage particulier les servitudes existant au profit de la commune, lorsqu'en fait, et d'après l'intention des parties,

les actions qu'il croirait appartenir à la commune ou section, ledit article exige que la commune ou section ait été préalablement appelée à en délibérer et ait refusé ou négligé de les exercer elle-même ; que, dans l'espèce, il ne résulte pas de l'instruction que la section du Bas-de-Breville ait été préalablement appelée à délibérer sur l'action que le sieur Damphernet demande à exercer au nom de ladite section contre la commune de Breville : — Art. 1er. L'arrêté ci-dessus visé du conseil de préfecture du département du Calvados, en date du 14 déc. 1844, est annulé. — Art. 2. Les parties sont renvoyées devant le préfet du département du Calvados pour être procédé, conformément à l'art. 56 de la loi du 18 juill. 1837, à la formation d'une commission syndicale, qui délibérera sur l'action que la section du Bas-de-Breville pourrait avoir à intenter.
Du 28 nov. 1845.-Cons. d'Et.-M. E. Reverchon, rap.

(1) (Audebert, au nom et comme syndic de la section de la Grassetie, commune de Gentis.) — Louis-Philippe, etc. ; — Vu la loi du 18 juill. 1837 ; — Considérant que l'action que la section de la Grassetie demande l'autorisation d'intenter contre les sieurs Augustin et autres, a pour objet de faire réprimer le trouble qui aurait été apporté par eux dans la possession annale des communaux de ladite section ; — Considérant que cette demande constitue une action possessoire ; qu'aux termes de l'art. 55 de la loi du 18 juill. 1837, les maires peuvent, sans autorisation préalable, intenter toute action possessoire ou y défendre ; que cet article est applicable aux sections de communes comme aux communes elles-mêmes, et qu'ainsi le conseil de préfecture devrait statuer sur la demande de la section de la Grassetie : — Art. 1er. L'arrêté du conseil de préfecture du 4 mai 1847 est annulé.
Du 3 janv. 1848.-Cons. d'Et.-M. Raulin, rap.

l'acte constitutif a été interprété en ce sens (Req. 8 août 1870, aff. Bourgon, D. P. 71. 1. 329).

974. Les biens communaux situés sur le territoire d'une commune sont réputés la propriété de la commune entière, et non pas seulement de l'une de ses sections. Mais cette règle peut être combattue par la preuve que l'une des sections fournirait de son droit exclusif (Req. 1er févr. 1865, aff. Commune de Fozzano, D. P. 65. 1. 299). Et la section peut faire cette preuve non seulement par titres mais par la prescription (Même arrêt. V. conf. Aucoc, n°s 54 et 55. — *Contrà* : Caffin, *Des droits de propriété des communes*, n° 58).

975. On a indiqué au *Rép.* n° 1813 les différences qui existent entre les diverses espèces de biens communaux. Parmi les biens qui composent le domaine privé de la commune, on doit distinguer les biens patrimoniaux dont elle jouit ou qu'elle afferme au profit de la caisse municipale, et ceux qu'on désigne plus spécialement sous le nom de *communaux* et dont les habitants ont la jouissance en nature (Batbie, t. 5, p. 437). Nous avons dit au *Rép.* n° 1814 que l'on doit également distinguer les choses qui font partie du domaine communal privé et celles qui font partie du domaine communal public, et que ce dernier comprend toutes les choses qui ne sont pas susceptibles de propriété privée, mais qui sont affectées à un service public. La question de savoir quels objets doivent être compris dans cette dernière catégorie a été examinée au *Rép.* v° *Domaine public*, n°s 15 et suiv.

976. — III. Cas où les biens appartiennent a des communes ou sections de communes réunies a une autre commune ou section. — La section de commune est, comme la commune, une communauté territoriale ; et c'est à l'habitation sur le territoire de la section qu'est attaché le droit à la jouissance de ses biens, dont la propriété repose sur la tête de la collection des habitants formant un corps moral (Aucoc, n° 42).

Les droits de propriété des sections de commune au cas de distraction ou de réunion sont consacrés par les dispositions suivantes de l'art. 7 de la loi de 1884, conformes à celles des art. 5, 6 et 7 de la loi de 1837 rapportées au *Rép.* n° 1820. « La commune réunie à une autre commune conserve la propriété des biens qui lui appartenaient. Les habitants de cette commune conservent la jouissance de ceux de ces mêmes biens dont les fruits sont perçus en nature. Il en est de même de la section réunie à une autre commune pour les biens qui lui appartenaient exclusivement. Les édifices et autres immeubles servant à un usage public et situés sur le territoire de la commune ou de la section de commune réunie à une autre commune ou de la section érigée en commune séparée, deviennent la propriété de la commune à laquelle se fait la réunion ou de la nouvelle commune... En cas de division, la commune ou la section de commune réunie à une autre commune ou érigée en commune séparée reprend la propriété de tous les biens qu'elle avait apportés. »

977. On a soutenu qu'une commune ou section réunie à une autre commune ne restait propriétaire à titre privatif que des biens *communaux* proprement dits dont ses habitants avaient la jouissance, et que ses biens *patrimoniaux*, c'est-à-dire productifs de revenu, appartenaient, comme les édifices affectés à un service public, à la commune formée par la réunion (Trolley, *Traité de la hiérarchie administrative*, t. 1, p. 62 et suiv. ; Mignoret, *Traité de l'affouage*, p. 362). Cette opinion a été réfutée par M. Aucoc, n° 106, qui a fait observer avec raison qu'elle n'était fondée sur aucun texte de loi, et que le législateur qui avait fait une exception pour les immeubles servant à un usage public, n'a éta-

bli aucune distinction entre les biens communaux et les biens patrimoniaux (V. conf. Circ. min. int. 29 janv. 1848 ; Batbie, t. 5, n° 162, p. 168 ; *Dictionnaire général d'administration*, v° *Commune*, p. 436 ; Caffin, p. 93).

978. Mais si les sections ont la propriété exclusive des biens qui donnent lieu à une perception de revenus, il n'en est pas toujours de même pour la jouissance de ces biens. Il y a lieu à cet égard, suivant M. Aucoc, n° 106, de distinguer entre les revenus que produisaient les biens meubles ou immeubles de la section avant sa réunion à la commune, et les revenus que donnerait un nouveau mode de jouissance des biens dont, à l'époque de la réunion, les habitants jouissaient en nature. En ce qui concerne les revenus en argent, une circulaire du ministre de l'intérieur du 15 févr. 1834 (*Ecole des communes*, 1840, p. 50) prescrivait de les verser dans la caisse municipale pour servir aux besoins généraux de la communauté, tout en reconnaissant que, si la section avait des besoins réels qui lui fussent propres, il serait équitable d'y appliquer autant que possible le produit de ses biens. La même solution a été consacrée de nouveau par deux circulaires du 1er févr. 1837 et du 28 juin 1844 (Davenne, *Régime administratif des communes*, p. 224) et par une décision rapportée au *Bulletin officiel du ministère de l'intérieur*, 1862, p. 259. Elle a été implicitement admise par un arrêt du conseil d'Etat du 3 févr. 1843 (1) (V. conf. Aucoc, n° 107 ; Batbie, n° 163, p. 169).

979. Il en est autrement des revenus des biens dont les habitants jouissaient en nature à l'époque où la section a été réunie à la commune. En pareil cas, il appartient sans doute au conseil municipal de substituer, relativement à ces biens, l'amodiation à la jouissance en nature (Cons. d'Et. 21 nov. 1873, aff. Lecœur, D. P. 74. 3. 74.) Mais ainsi que nous avons dit au *Rép.* n° 1823, en pareil cas, le changement qui se produit dans le mode de jouissance des biens ne peut anéantir les droits exclusifs de la section. En effet, il ne serait pas équitable que la substitution de l'affermage des biens à la jouissance en nature par les habitants fît perdre à ces derniers les avantages qui résultaient pour eux de l'ancien mode de jouissance, et que le conseil municipal pût, au lendemain de la réunion, anéantir les droits de la section en amodiant ou vendant ses biens. Cette solution est consacrée par une jurisprudence aujourd'hui constante (Cons. d'Et. 4 sept. 1856, aff. Section de Parilly, D. P. 57. 3. 31 ; 17 mars 1857, aff. Section de Saint-Jean, D. P. 57. 3. 83 ; 10 févr. 1859, aff. Section de Paisy, D. P. 59. 3. 73 ; 5 mai 1859, aff. Section de Massonay, D. P. 60. 3. 7 ; 2 févr. 1860, aff. Robineau, *Rec. Cons. d'État*, p. 73). La jurisprudence administrative du ministère de l'intérieur s'est prononcée dans le même sens (*Bull. off. min. int.*, 1857, p. 215 ; 1858, p. 228 ; 1860, p. 119 ; 1882, p. 159, 193, 488. V. conf. Batbie, n° 164 ; Aucoc, n° 109 ; Chauveau, *Journal de droit administratif*, 1858, p. 216. — En sens contraire : Serrigny, *Revue critique*, 1857, p. 199). On a invoqué en faveur de l'opinion opposée un arrêt du conseil d'Etat du 24 janv. 1856 (aff. Section de Saint-Louand, D. P. 57. 3. 16), et un arrêt de la chambre civile du 25 avr. 1855 (aff. Section de Saint-Mexmes, D. P. 55. 1. 153). Il semble, toutefois, résulter de l'examen de ces arrêts qu'ils se sont bornés à reconnaître au conseil municipal le droit d'amodier et de vendre les biens des sections et de faire entrer dans la caisse communale les sommes provenant de ces opérations, mais qu'ils n'ont pas dénié aux sections le droit de faire affecter lesdites sommes à leur avantage exclusif ; c'est ce qui a, d'ailleurs, été formellement décidé par un arrêt du conseil d'Etat du 28 janv. 1865 (2).

---

(1) (Commune d'Harprich *C.* Commune de Vallerange.) — Louis-Philippe, etc.; — Vu le décret du 30 oct. 1813 ; — Vu notre ordonnance du 12 janv. 1833 ; — Vu la loi du 10 juin 1793, art. 1er, sect. 5 ; — Vu les avis du conseil d'Etat des 20 juill. 1807 et 26 avr. 1808 ; — Considérant qu'au moment de la séparation des deux communes d'Harprich et de Vallerange, les fonds restant libres dans la caisse communale étaient, quelle que fût leur origine, indivis entre les deux communes, et qu'aux termes des dispositions des avis du conseil d'Etat des 20 juill. 1807 et 26 avr. 1808, le partage des biens indivis entre plusieurs communes doit être fait en raison du nombre des feux de chacune d'elles : — Art. 1er. L'arrêté du conseil de préfecture du département de la Moselle est annulé. — Art. 2. Les communes d'Harprich et de Valle-

range sont renvoyées devant le même conseil de préfecture pour y faire procéder au partage des fonds restant libres dans la caisse communale au moment de leur séparation d'après les bases déterminées par la présente ordonnance. — Art. 3. Le surplus des conclusions de la commune d'Harprich est rejeté.
Du 3 févr. 1843.-Cons. d'Et.-MM. Louyer-Villermay, rap.-Boulatignier, concl.-Dupont, av.

(2) (Section de Dinay.)— Le conseil d'État, etc. ; — Vu les lois des 7.-14 oct. 1790, celle du 18 juill. 1837, art. 5, 6, 17, 18 et 49, et le décret du 25 mars 1852, art. 1er ; ... — Sur les conclusions des sieurs Rey et consorts tendant à l'annulation pour excès de pouvoirs de la délibération du conseil municipal de la commune d'Epinac

Mais est-il nécessaire, pour que les droits exclusifs des sections soient respectés, que le conseil municipal affecte exclusivement le produit de leurs biens à la satisfaction de leurs besoins spéciaux? M. Aucoc ne le pense pas et il estime que, lorsque ces besoins sont satisfaits, les droits de la commune sont respectés par l'affectation de la totalité ou d'une partie des revenus à l'acquittement de la part des sections dans les dépenses générales de la commune (n° 111), pourvu que les habitants ne payent que leur part de ces dépenses et qu'ils soient déchargés, jusqu'à due concurrence, des contributions extraordinaires imposées pour y faire face aux habitants de la commune.

980. Il a été jugé que l'arrêt qui a attribué la propriété d'une terre couverte de bruyères aux seuls habitants d'un hameau exclut par cela même tous les habitants de la commune et dès lors ceux d'un autre hameau (Rouen, 20 août 1874) (1). On ne serait pas fondé à objecter que le mot de *section* im-

plique l'existence d'une réunion de hameaux, et que le hameau revendiquant n'est qu'une extension et une annexe de celui au profit duquel la décision a été rendue, si cette prétention est contredite par les faits et, notamment, s'il résulte de l'aveu des habitants du hameau revendiquant que ce hameau se distingue parfaitement de l'autre (Même arrêt).

981. Les constatations de cette nature qui ont pour objet, non le droit que peuvent avoir les sections à la propriété des biens litigieux, mais l'emploi qui doit être fait du revenu de ces biens, rentrent dans la compétence du conseil d'Etat, auquel les délibérations du conseil municipal approuvées par le préfet sont déférées pour excès de pouvoir (V. conf. Arrêts des 25 avr. 1855; 10 févr. et 5 mai 1859, 2 févr. 1860 cités *suprà*, n° 979. V. aussi Cons. d'Et. 7 mai 1886, aff. Section de Saint-Symphorien, D. P. 87. 3. 107; Trolley, *Hiérarchie administrative*, t. 1, p. 78; Aucoc, n° 113).

---

qui a décidé l'amodiation aux enchères des biens de la section de Dinay, et des arrêtés par lesquels le préfet de Saône-et-Loire a approuvé ladite délibération et l'adjudication qui en a été la conséquence : — Considérant qu'il résulte des dispositions des art. 17 et 18 de la loi du 18 juill. 1837, que les conseils municipaux ont le droit de régler le mode d'administration et de jouissance des biens communaux, appartenant soit aux communes, soit aux sections de communes; que si aux termes des art. 5 et 6 de la loi précitée, les sections de commune réunies à une autre commune conservent la jouissance exclusive des biens qui leur appartiennent privativement, et dont les fruits étaient perçus en nature au moment de leur réunion à la commune dont elles font partie, les droits consacrés par ces articles ne font pas obstacle à ce que les conseils municipaux usent, pour régler le mode de jouissance des biens des sections, des pouvoirs qui leur sont conférés par les art. 17 et 18 ci-dessus visés, et qu'il en résulte uniquement que lesdits conseils ne peuvent transférer à la commune entière la jouissance qui est réservée exclusivement à la section ; — Considérant qu'en décidant, par délibération du 7 avr. 1863, que le mode d'amodiation aux enchères, déjà établi pour les biens de la section d'Epinac, serait appliqué aux biens dont la section de Dinay avait la jouissance exclusive en nature au moment de sa réunion avec la commune d'Epinac, le conseil municipal a entendu réserver à la section le droit exclusif qui lui appartient sur le produit de l'amodiation, et ce droit a été expressément reconnu par l'arrêté du préfet en date du 11 juin 1863, approbatif de ladite délibération; que, dès lors, le conseil municipal n'a fait qu'user des pouvoirs qui lui étaient conférés par les art. 17 et 18 de la loi précitée, et que les sieurs Rey et consorts ne seraient fondés à réclamer que dans le cas où il serait disposé des fonds provenant de l'amodiation contrairement à la réserve établie ci-dessus (Rejet).
Du 28 janv. 1865.-Cons. d'Et.-MM. Thureau-Dangin, rap.-Faré, concl.

(1) (Royer *C.* Section de la Druetière.) — La cour; — Attendu qu'en 1836, comme aujourd'hui, le hameau des Buissons avait son nom particulier, une existence propre, une individualité distincte de celle des autres hameaux circonvoisins ; qu'au moment où le procès terminé par l'arrêt de la cour d'appel de Caen, en date du 8 juin 1836, était engagé entre les habitants du hameau de la Druetière et les autres habitants en général de la commune ; que l'arrêt ayant attribué aux seuls habitants de la Druetière la propriété des bruyères de ce nom, en a, par cela même, exclu tous les autres habitants, et, dès lors, ceux du hameau des Buissons ; — Que, par conséquent, admettre Elie Royer, habitant des Buissons, au nombre des propriétaires, ce serait évidemment modifier le dispositif de l'arrêt et violer l'autorité de la chose jugée ; — Attendu qu'on objecte que l'arrêt se servirait indifféremment des expressions de section et de hameau de la Druetière ; — Que le mot section aurait un sens collectif et impliquerait l'existence d'une réunion de hameaux ; qu'en effet, le hameau des Buissons ne serait qu'une annexe, qu'une extension de celui de la Druetière ; que, dès lors, Royer, comme sectionnaire, aurait le droit de prendre part au bénéfice de l'arrêt de 1836 ; — Mais, qu'en 1831, les habitants du hameau de la Druetière demandèrent à l'administration préfectorale de l'Orne et obtinrent l'autorisation de se constituer en section de commune, pour plaider contre le surplus de la généralité des habitants ; — Que, dès lors, dans le langage de l'arrêt comme dans celui des parties, la section de la Druetière n'est rien autre chose que le hameau du même nom ; — Attendu que les habitants de la Druetière étaient représentés dans l'instance par une commission chargée de faire prévaloir leurs droits ; — Mais qu'il est si vrai que le procès n'était soutenu que par eux à l'exclusion des hameaux voisins, et spécialement du hameau des Buissons, qu'ils ont seuls acquitté les dépenses qu'il a occasionnées ; — Attendu que, postérieurement à 1836, les auteurs de Royer ont reconnu que l'arrêt repoussait leurs prétentions, en

tant qu'elles reposaient sur la qualité de sectionnaires ; — Qu'en effet, ayant été traduits en simple police pour de nouvelles entreprises commises sur les bruyères, ils soulevèrent l'exception préjudicielle de propriété; que, devant le tribunal civil d'Alençon, ils se dirent copropriétaires des bruyères, à titre patrimonial et privatif, en vertu de contrats d'acquisition, prétention qui fut dite à tort par un jugement en date du 8 mai 1848; — Qu'à ce point de vue, pour justifier leur revendication, ils expliquèrent qu'ils n'étaient ni habitants du hameau de la Druetière, ni représentants par parenté d'habitants de ce village ; — Mais qu'en s'exprimant de la sorte, ils faisaient l'aveu que le hameau de la Druetière se distingue parfaitement de celui des Buissons ; — Qu'il suit donc de là que l'attribution de propriété résultant de l'arrêt est restreint aux seuls habitants de la Druetière, à l'exclusion des habitants, soit des Buissons, soit de tous autres hameaux ; — Attendu que cet aveu est d'autant plus d'importance qu'il a été reproduit dans les qualités du jugement de 1848, que les auteurs de Royer n'ont pas formé opposition à ces qualités et, dès lors, y ont acquiescé, que depuis longtemps passé en force de chose jugée ; — Qu'il est donc bien établi que Royer ou ses auteurs ont eux-mêmes fait justice de la qualité de sectionnaires qui sert de base aux prétentions actuelles ;
Attendu que le jugement dont est appel, après avoir dénié à Royer un droit de propriété sur les bruyères en litige, lui a cependant reconnu la faculté de faire pâturer ses bestiaux sur le sol de ces bruyères, lui attribuant ainsi un droit de pacage à titre de servitude ; — Mais attendu, en premier lieu, que tous les titres invoqués par Royer se réfèrent à un droit de propriété, et non à un droit de servitude ; — Que Royer lui-même et ses auteurs ne sont toujours interprétés de cette manière, et que c'est d'office que le tribunal lui a accordé ce qu'il ne demandait pas; —Qu'à ce point de vue, ils ne pourraient prévaloir, étant postérieurs à la transaction de 1594, qui consacre le droit de propriété des habitants de la Druetière et les autorisait à diviser et partager entre eux les bruyères, « s'ils avaient que bien fût »; qu'ils seraient d'ailleurs repoussés par l'exception de la chose jugée résultant de l'arrêt de 1836 et du jugement de 1848;
Attendu, en second lieu, que si on admettait par hypothèse que les titres n'eussent pour objet que l'établissement d'une servitude de pacage, ils ne pourraient pas d'avantage servir aux habitants de la Druetière ; — Qu'en effet, il s'agirait d'une servitude à fois discontinue et non apparente et, dès lors, ne pouvant être créée que par titre ; — Qu'aucun des titres produits n'émanerait de ces habitants, ou de leurs auteurs, et par conséquent, du propriétaire du fonds asservi ; et que, par suite, ils seraient pour les adversaires de Royer *res inter alios acta*; qu'il en serait ainsi même des aveux féodaux de 1788 et 1786, puisqu'ils ne reposaient que sur de pures fictions, et qu'à partir de la transaction de 1594, les seigneurs de Corday n'auraient pu opérer aucun démembrement de la propriété des bruyères au préjudice des habitants du hameau de la Druetière; — Par ces motifs; — Confirme le jugement dont est appel au chef où il déclare les habitants du hameau de la Druetière propriétaires des bruyères de ce nom à l'exclusion de tous autres habitants de la commune; — Dit qu'à cet égard, il a chose jugée résultant de l'arrêt de la cour d'appel de Caen, du 2 juin 1836, et du jugement du tribunal civil d'Alençon, du 8 mai 1848 ; — Déclare mal fondée la prétention élevée par Elie Royer de faire partie du hameau ou de la section de la Druetière, comme habitant du lieu ou du hameau des Buissons, et d'avoir droit, en cette qualité, à la propriété desdites bruyères ; — Au contraire, infirme ledit jugement dans ses dispositions par lesquelles il attribue à Elie Royer, pour sa ferme des Buissons, le droit de faire pâturer ses bestiaux sur le sol des bruyères, dit qu'aucun droit de pacage ne lui appartient, soit à titre de propriété, soit à titre de servitude, etc.
Du 20 août 1874.-C. de Rouen, ch. réun.-MM. Jardin, pr.-Loiseau, subst.-Richard et de la Sicotière (du barreau d'Alençon), av.

Mais, ainsi que nous l'avons dit au *Rép.* n° 1829, toutes les questions relatives aux droits de propriété, de jouissance ou d'usage des sections sur les biens communaux doivent être soumises à l'autorité judiciaire (Civ. cass. 27 janv. 1851, aff. Commune de Fontenay-le-Château, D. P. 54. 1. 334 ; Req. 29 juill. 1856, aff. Section de Marnezay, D. P. 56. 1. 411 ; 18 juill. 1861, aff. Commune de Poussay, D. P. 62. 1. 86 ; 24 mars 1863, aff. Commune de Lagord, D. P. 63. 1. 422).

982. Une question controversée est celle de savoir si les habitants d'une commune dont la circonscription primitive a été diminuée conservent le droit de vaine pâture sur les fonds détachés de leur territoire et réunis à une autre commune. Un arrêt de la cour de Douai du 9 avr. 1829 (1) a décidé que les modifications apportées aux circonscriptions des communes ne devaient point préjudicier aux droits de *pâturages, parcours, usages* qui appartenaient à chaque communauté. Mais l'opinion contraire adoptée par un jugement du tribunal de Clermont du 26 janv. 1870 (2) nous paraît devoir être suivie. En effet, ainsi que le fait observer avec raison ce jugement, le droit de vaine pâture dérive de l'association des propriétaires compris dans un même territoire et constitue entre eux une tolérance réciproque ; il est donc naturel d'en conclure qu'il suit le sort de cette association, et qu'il s'étend ou se restreint suivant les extensions ou les restrictions de territoire que l'autorité compétente fait subir à cette association. Cette interprétation est confirmée d'ailleurs par l'art. 18, sect. 4, de la loi du 28 sept. 1791, aux termes duquel si, par la nouvelle division du royaume, une section de paroisse se trouve réunie à une autre paroisse soumise à des usages différents des siens, « la plus petite partie de la réunion doit suivre la loi de la plus grande », ce qui implique, suivant le jugement précité, que la section réunie doit cesser d'être astreinte à la dépaissance au profit de la communauté dont elle ne fait plus partie (V. conf. Demolombe, *Servitudes*, t. 1, n° 286 ; Curasson sur Proud'hon, *Droit d'usage*, t. 1, n°s 399 et suiv.).

---

(1) (Commune de Festubert *C.* Commune de Cuinchy-lez-la-Bassée.) — Le 30 août 1827 jugement du tribunal civil de Béthune, ainsi conçu : — « Vu la loi des 23 nov.-1er déc. 1790 ; — Considérant qu'il résulte d'une déclaration des baillis, hommes de fiefs et principaux habitants du village de Cuinchy-lez-la-Bassée, en date du 28 juill. 1760, dont expédition authentique est produite en la cause, que le hameau dit Festubert-Cuinchy était, à cette époque, compris dans l'étendue et le vain pâturage dudit village de Cuinchy ; que, si, postérieurement et à l'époque de la nouvelle division des communes en 1791, le hameau Festubert-Cuinchy a été distrait du territoire de Cuinchy pour être réuni à un autre hameau dit Festubert-Richebourg, et former une commune actuellement connue sous le seul nom de Festubert, il résulte d'une disposition de la loi des 23 nov.-1er déc. 1790 que les nouvelles délimitations ne devaient avoir d'effet que pour la répartition de la contribution foncière ; que les limites ne préjudicieraient point aux droits de *pâturage, parcours, usages*, qui appartenaient à chaque communauté, et qu'elles en jouiraient comme par le passé ; — Attendu, par suite, que la commune de Cuinchy a conservé le droit qu'elle avait au vain pâturage sur l'ancien hameau de Festubert-Cuinchy ; que, dès lors, c'est sans aucun fondement que le maire de Festubert, en sa qualité, s'oppose à l'exercice de ce droit, etc. » — Appel par la commune de Festubert. — Arrêt.

La cour ; — Attendu que l'instruction annexée à la loi du 23 nov.-1er déc. 1790, pour lui servir d'interprétation et en assurer l'exécution, émane de l'Assemblée constituante et a reçu la sanction royale ; que, dès lors, ses dispositions ont évidemment force de loi ; — Attendu que le droit de pâturage comprend la vaine pâture ; qu'ainsi la loi, en maintenant ce droit pour les communes dont la délimitation aurait subi des changements, a nécessairement embrassé la vaine pâture dans sa disposition ; — Attendu que cette disposition n'a point été abrogée par l'art. 18 de la loi du 6 oct. 1791, lequel n'a enlevé ni concédé aucun droit aux communes, et dont le véritable objet est de régler l'exercice de droits déjà existants ; — Attendu qu'une multitude de décrets et d'ordonnances ont été rendus postérieurement à la loi du 6 oct. 1791, en conformité du principe consacré par ladite instruction ; — Adoptant, au suplus, les motifs des premiers juges ; — Confirme, etc.

Du 9 avr. 1829.-C. de Douai.-MM. Lenglet, pr.-Lambert, av. gén.-Leroy et Martin fils, av.

(2) (Commune de Crévecœur *C.* Commune de Rotangy.) — Le tribunal ; — Attendu que la vaine pâture que la commune de Crévecœur entend exercer sur les fonds qui auraient été, suivant elle, détachés de son territoire pour être réunis à celui de Rotangy, consiste, non dans un droit de pâcage expressément consenti aux habitants de Crévecœur par les anciens propriétaires de ces fonds, mais dans la vaine pâture coutumière ; — Attendu que cette vaine pâture, tirant son origine de l'association tacite où se trouvent naturellement les habitants d'un même territoire, ne saurait être confondue avec un droit d'usage ou de servitude réelle ; qu'elle constitue une jouissance promiscue plutôt qu'un droit, une simple tolérance dont peut profiter tout propriétaire associé, à la charge d'une complète réciprocité et sauf les règlements de police sur la manière d'en user ; que tel est si bien le caractère de la vaine pâture coutumière que chacun des propriétaires du territoire à toujours, au moyen de la clôture de ses fonds, la faculté de se retirer de l'association, mettant ainsi fin tout à la fois à la tolérance dont il usait envers ses communistes et à celle que lui accordaient ceux-ci ; que s'il s'agissait là, au contraire, d'un véritable droit de la nature de l'usage ou de la servitude réelle, le propriétaire assujetti serait impuissant à y soustraire ses fonds au moyen de la clôture ; — Attendu qu'étant ainsi constaté que la vaine pâture dérive de l'association des propriétaires compris dans un même territoire et constitue entre eux une tolérance réciproque, il est naturel et logique d'en conclure qu'elle suit le sort de cette association ; que, spécialement, elle s'étend ou se restreint, suivant les extensions ou les restrictions de territoire que l'autorité compétente fait subir à l'association ; — Qu'on ne saurait, en effet, admettre, lorsque des fonds ont été administrativement retranchés du territoire de l'association, pour être annexés à une autre circonscription, que ces fonds soient encore et perpétuellement assujettis à la dépaissance exercée comme par le passé, alors que leur retranchement de l'association territoriale ne permettrait plus à leurs propriétaires d'exercer la jouissance réciproque sur les fonds qui restent compris dans le périmètre de la commune ; qu'à défaut de cette réciprocité, cause première de la vaine pâture, et qui, dès lors, est de son essence, la jouissance des anciens communistes cesse donc forcément sur les fonds distraits de leur circonscription territoriale ; — Attendu qu'au surplus ce résultat se trouve confirmé par l'art. 18, sect. 4, de la loi du 28 sept.-6 oct. 1791, où il est dit que si, par la nouvelle division du royaume, une section de paroisse se trouve réunie à une autre paroisse soumise à des usages différents des siens, la plus petite partie de la réunion suivra la *loi* de la plus grande ; d'où suit qu'en tous cas, la section réunie a cessé d'être obligée par la loi de la paroisse dont elle ne fait plus partie, et, par conséquent, d'être astreinte à la dépaissance au profit de celle-ci ; — Que, dans l'espèce, cette disposition est applicable aux fonds détachés de Crévecœur et réunis à Rotangy, qui, dans cette réunion, forment évidemment la moindre portion de cette dernière commune ; que, dès lors, étant soumis, quant à la vaine pâture, à la loi de cette commune, ils ne sauraient être encore assujettis à la loi de la paroisse dont ils ont été distraits ; — Attendu que vainement pour repousser cette conséquence, la commune de Crévecœur prétend invoquer « l'instruction de l'Assemblée nationale, sur la contribution foncière, » placée à la suite du décret du 23 nov.-1er déc. 1790, où il est dit que les limites nouvelles données aux communautés d'habitants ne préjudicieront pas aux droits de pâturage, parcours, usage et autres « qui appartiennent à chaque communauté et dont elles jouiront comme par le passé ; que cette énonciation bien que pouvant être invoquée relativement aux pâturages, pacages, etc., qui, dérivant de concessions expresses aux communautés, leur *appartiennent* à titre de droits d'usage ou de servitude réelle, mais n'est point applicable à la vaine pâture coutumière qui, comme il vient d'être dit, simplement le caractère de jouissance promiscue et de tolérance réciproque et se trouve subordonnée dans son exercice, ainsi que cela résulte de l'art. 18 précité, à la loi de l'association territoriale, toujours susceptible de modification ; que, quelles que soient les différentes sortes de dépaissance mentionnées dans l'instruction de 1790, cette instruction, qui avait pour unique objet l'assiette de l'impôt foncier, n'a pu avoir pour effet de changer la nature légale et le caractère de ces dépaissances desquelles elle parle *transeundo*, et de les déclarer maintenues toutes indistinctement ; qu'en tous cas, l'art. 18 précité de la loi de 1791, qui a réglé la situation, étant postérieur à l'instruction de 1790, celle-ci ne saurait, en ce qui touche la vaine pâture, avoir force obligatoire ; — Attendu, enfin, en ce qui concerne les faits articulés par la commune de Crévecœur, desquels subsidiairement elle offre la preuve, que la vaine pâture en question ne constituant pas, au profit de Crévecœur, une servitude apparente et continue, la jouissance que les habitants de cette commune en auraient eue depuis plus de trente ans ne saurait constituer un titre de la possession civile ; — Par ces motifs, sans s'arrêter ni avoir égard aux faits articulés, lesquels sont déclarés non pertinents ni admissibles, rejette la demande de la commune de Crévecœur contre la commune de Rotangy ; dit, en conséquence, que la première de ces communes n'a, sur les fonds actuellement dépendants de la seconde, aucun droit de vaine pâture, etc.

Du 26 janv. 1870.-Trib. de Clermont (Oise).-MM. Bourguignat, pr.-Soret de Boisbrunet, proc. imp.-Beauvais et Boudin, av.

§ 1. — Enumération des divers objets qui composent le patrimoine communal (*Rép.* n°ˢ 1831 à 1874).

983. — I. Des immeubles en général. — Nous avons dit au *Rép.* n° 1831, que l'on doit ranger dans le domaine public communal les rues, places et passages : on doit y comprendre également les arcs de triomphe, colonnes, statues, becs de gaz et généralement tous les accessoires de la voie publique placés pour son embellissement ou son utilité et faisant corps avec elle (Ducrocq, *Cours de droit administratif,* 6° éd., t. 2, n° 1394). Il en est de même, comme on l'a vu au *Rép.* n° 1839, des fontaines publiques, monumentales ou simples bornes-fontaines et de toutes les eaux captées et aménagées par une ville ainsi que des conduites qui les amènent.

Le domaine public communal comprend, en outre, les diverses voies publiques appartenant aux communes (V. *Rép.* v° *Voirie par terre,* n° 1469). On doit enfin y faire rentrer (*Rép.* n° 1838, et *infrà,* v° *Culte*), les églises catholiques et chapelles paroissiales et les temples protestants consistoriaux (V. conf. Ducrocq, t. 2, n° 1367).

984. La commune possède d'autres immeubles qui sont affectés à des services publics. D'après certains auteurs, ces édifices doivent, à raison de leur affectation, faire partie du domaine public et être, par suite, inaliénables et imprescriptibles (V. conf. Toullier, *Droit civil français,* t. 3, n° 39 ; Demolombe, *Distinction des biens,* t. 1, n° 458 *bis*; Aubry et Rau, *Droit civil français,* 4° édit., t. 2, p. 33, § 169 ; Troplong, *De la p. es. ription,* t. 1, n° 169 ; Dareste, *Justice administrative,* p. 253 ; Foucart, *Éléments de droit public et administratif,* 4° éd., t. 2, p. 273 ; Gaudry, *Traité du domaine,* t. 1, n° 269, et t. 2, n° 636). Mais, dans une opinion opposée, et que nous croyons plus conforme à l'esprit et au texte de la loi, la domanialité publique ne peut résulter d'une affectation administrative à un service public. Aucune disposition légale n'autorise cette interprétation, et les termes de l'art. 538 c. civ. impliquent que le domaine public se compose uniquement de « portions du territoire français », ce qui, en dehors d'un texte formel, comme celui qui s'applique aux églises, exclut les constructions, quelle que soit d'ailleurs leur destination (V. conf. Delvincourt, *Cours de code civil,* t. 1, p. 145 ; Proudhon, *Domaine public,* t. 2, n° 344, p. 475; Macarel et Boulatignier, *Traité de la fortune publique,* t. 1, n° 67; M. Block, *Dictionnaire de l'administration française,* v° *Domaine,* n° 40; Chauveau, *Journal du droit administratif,* t. 10, p. 479; Aucoc, *Conférences de droit administratif,* 2° éd., t. 2, n° 494; Dufour, *Traité de droit administratif,* 2° éd., t. 5, p. 15; Laferrière, *Cours de droit public et administratif,* 5° éd., t. 1, p. 555 ; Ducrocq, t. 2, p. 921 et 1415; Batbie, t. 5, n° 339. V. anal. Paris, 18 févr. 1854, aff. Ville de Chartres, D. P. 54. 2. 178). Tel est le cas des hôtels de ville, presbytères, collèges, musées et autres édifices énumérés au *Rép.* n° 1839, ainsi que des cimetières (*Rép.* n° 1840).

985. Nous avons dit au *Rép.* n° 1841 qu'aux termes de l'art. 13 de la loi du 10 juill. 1791, les murs et fortifications des villes font partie du domaine public national ; mais il en est autrement des casernes et autres bâtiments militaires que les communes ont fait bâtir de leurs deniers, ou qu'elles ont reçus de l'Etat à titre de donation, en vertu du décret du 23 avr. 1810. Ces édifices sont la propriété des communes, à moins qu'il ne s'agisse de casernes ou d'arsenaux qui se rattacheraient au système défensif de la place (Douai, 21 août 1865 aff. Baci, D. P. 66. 5. 434. V. conf. Ducrocq, t. 2, n°ˢ 955 et 1415-2°).

986. L'art. 167 de la loi du 5 avr. 1884 autorise les conseils municipaux à prononcer la désaffectation totale ou partielle des immeubles consacrés, en dehors des prescriptions de la loi organique des cultes du 18 germ. an 10 et des dispositions relatives au culte israélite, soit aux cultes, soit à des services religieux ou à des établissements quelconques ecclésiastiques et civils. Ces désaffectations doivent être prononcées dans la même forme que les affectations. Il résulte du texte de cet article et de la discussion à laquelle il a donné lieu, ainsi que le constate la circulaire du 15 mai 1884, que les conseils municipaux ne pourraient s'en prévaloir pour poursuivre la désaffectation des immeubles affectés aux cultes, en vertu de la législation spéciale

en ces matières. D'un autre côté, la circulaire précitée reconnaît que cet article ne déroge pas aux prescriptions de l'ordonnance du 3 mars 1825, modifiée par le décret du 25 mars 1852, en ce qui concerne la distraction au profit des communes des parties superflues des presbytères.

987. Mais les communes ont été, comme nous l'avons dit (*Rép.* n° 2462), fréquemment autorisées à concéder, notamment à des congrégations religieuses, à titre d'affectation, des immeubles communaux pour fonder des établissements de secours ou d'instruction; et ce sont ces affectations que paraît avoir eu principalement en vue le législateur. Il est nécessaire, pour déterminer exactement la portée des dispositions de l'art. 167, de résumer les règles en vigueur, antérieurement à la loi de 1884, en matière d'affectation de biens communaux.

988. Du principe de l'inaliénabilité du domaine national, la jurisprudence a tiré cette conséquence que les affectations d'immeubles nationaux sont essentiellement révocables par de simples actes administratifs (*Rép.* v° *Concession administrative,* n° 57, et v° *Domaine de l'Etat,* n° 93. V. conf. Gaudry, *op. cit.,* t. 2, p. 530).

Mais cette jurisprudence ne doit pas être étendue aux biens des communes, comme l'avait décidé à tort un ancien arrêt du conseil d'État du 25 oct. 1833 rapporté au *Rép.* v° *Concession administrative,* p. 11, note 1. Les immeubles communaux sont aliénables ; ils peuvent donc être l'objet soit d'une affectation résultant d'un acte unilatéral de la commune, soit d'un contrat régi par les principes du droit commun. Dans le premier cas, par exemple, lorsqu'un conseil municipal décide qu'un immeuble communal servira de mairie, la commune ne prend d'engagement que vis-à-vis d'elle-même, et elle est en droit d'affecter ultérieurement le même immeuble à un autre service communal. Mais lorsqu'elle met un de ses immeubles à la disposition de l'Etat, d'un département ou d'un établissement d'utilité publique, elle conclut une convention qui rentre dans la classe des contrats innommés et qu'il n'est pas en son pouvoir de révoquer sous prétexte de désaffectation.

989. Cette doctrine, développée en 1883, devant le conseil d'État, dans les conclusions de M. le commissaire du Gouvernement Gomel, est conforme à la jurisprudence de la cour de cassation. Un arrêt de la Chambre des requêtes du 17 août 1880 (aff. Ville de Foix, D. P. 81. 1. 453) a décidé que les obligations contractées par une congrégation religieuse qui a été mise en possession, par une commune, de bâtiments et d'enclos, avec autorisation d'y établir une maison d'éducation particulière, mais à la charge d'y tenir pour le compte de la commune l'école gratuite des filles ainsi qu'une salle d'asile, et d'y distribuer les secours du bureau de bienfaisance, ne tombent pas, même en admettant qu'elles aient un caractère absolu de perpétuité, sous l'application de l'art. 1780 c. civ., qui interdit les louages de services perpétuels, mais qu'elles doivent être considérées comme résultant d'un contrat innommé.

Il a été également jugé que la jouissance d'un terrain remis par une ville aux frères des écoles chrétiennes pour être transformé, et pour devenir l'assiette d'un établissement à créer par eux, afin de servir de siège permanent à leur enseignement alors considéré comme répondant à un intérêt public, ne constitue pas en droit un usufruit, par suite, cette jouissance n'est pas limitée à la durée assignée par la loi aux usufruits consentis en faveur d'établissements publics et religieux (Req. 24 juill. 1882, aff. Ville de Chambéry, D. P. 84. 1. 185).

La juridiction saisie de difficultés de cette nature doit donc rechercher si, en fait, à l'époque où la commune a fait la concession, elle a entendu faire une simple affectation ne comportant, dans son intention, aucun lien de droit vis-à-vis des tiers, ou s'il y a eu contrat créant des obligations réciproques. La question de cette nature rentre dans la compétence de l'autorité judiciaire, sauf aux tribunaux à surseoir jusqu'à ce que le conseil d'État ait interprété les actes administratifs intervenus (V. en ce sens Cons. d'Et. 17 juin 1887, aff. Ville de Paris C. Frères des Ecoles chrétiennes, D. P. 88, 3° partie).

990. Il résulte de ce qui précède que l'acte par lequel l'autorité administrative a autorisé l'affectation d'un immeuble communal ayant le caractère d'un acte de tutelle, cette auto-

rité ne peut faire tomber l'affectation en rapportant l'autorisation qu'elle a donnée ; et que l'approbation qu'elle donne à la délibération par laquelle un conseil municipal déclare révoquer une affectation ne constitue également qu'un acte de tutelle habilitant la commune à exercer les droits qui peuvent lui appartenir mais ne pouvant porter aucune atteinte aux droits des tiers.

Le conseil d'État a, par application de ces principes, annulé pour excès de pouvoir un décret qui, au lieu de se borner à approuver une délibération par laquelle un conseil municipal avait mis une propriété communale à la disposition de l'évêque pour y établir un petit séminaire, avait décidé que les conditions mises par la ville à la jouissance de l'immeuble avaient cessé d'être remplies et avait ordonné, par suite, la réintégration de la commune dans la possession et libre disposition de l'immeuble. Le conseil d'État a décidé qu'un tel décret ne s'était pas renfermé dans l'exercice des pouvoirs de tutelle appartenant à l'autorité supérieure, mais qu'il avait fait un acte de juridiction, et qu'en conséquence, il devait être annulé (Cons. d'Et. 29 juin 1883, aff. Archevêque de Sens, D. P. 84. 3. 89).

991. Cet arrêt qui fixait le dernier état de la jurisprudence a été fréquemment cité dans le cours de la discussion de l'art. 167 de la loi du 5 avr. 1884. L'auteur de la première rédaction de cet article soumise à la Chambre des députés, M. Paul Bert, avait proposé de donner au pouvoir exécutif, en matière de désaffectation, une autorité propre, et de supprimer toute intervention de l'autorité judiciaire. Cette rédaction fut écartée, et la Chambre et la commission du Sénat adoptèrent le texte actuel de l'art. 167. Le rapporteur de la loi au Sénat exposa que l'on ne pouvait imposer aux communes l'obligation de laisser leurs immeubles soumis à perpétuité à telle ou telle destination. « Si l'affectation, dit-il, peut être, dans certains cas, considérée comme une convention bilatérale intervenue entre la commune et un tiers, et si la durée de cette convention n'a pas été déterminée entre les parties, il dépend de la volonté de chacune d'elles d'en faire cesser les effets suivant son appréciation, sauf réclamation, s'il y a lieu, devant les tribunaux, à raison des circonstances particulières de cette dénonciation du contrat » (D. P. 84. 4. 68, note 167).

992. Malgré l'opposition de M. Batbie, qui craignait que, dans le cas d'une affectation contractuelle, l'art. 167 ne conférât aux communes « le pouvoir dangereux de violer leurs engagements », cet article fut voté par le Sénat dans sa rédaction actuelle par 160 voix contre 111. Le Sénat repoussa un amendement de M. Bozérian portant que les désaffectations seraient prononcées dans la même forme que les affectations et déclarant nulles « toutes conventions ou dispositions qui pourraient faire échec à ce droit ». Les orateurs qui prirent part à la discussion reconnurent la nécessité de tracer une limite aux pouvoirs du conseil municipal lorsqu'il s'agit d'une affectation où un tiers peut être intéressé. Selon M. Martin Feuillée, garde des sceaux, les contrats à titre onéreux de la commune sont hors de toute discussion et doivent être respectés; ils sont protégés par la compétence judiciaire. Il en sera de même du contrat à titre gratuit régulièrement constaté et accepté ; mais il peut y avoir une sorte de concession de la commune par acte unilatéral sous certaines autorisations administratives. C'est alors, d'après l'art. 167, que la commune, au lieu d'être indéfiniment liée, pourra désaffecter avec les mêmes autorisations administratives qui auraient présidé à l'affectation, sauf aux tribunaux ordinaires à allouer aux intéressés des indemnités pour impenses faites ou pour plus-values, d'après le droit commun (D. P. 84. 4. 68, note 167). M. Lenoël, parlant au nom de la commission, admettait, contrairement à ce qui paraît avoir été la pensée du garde des sceaux, que le contrat pourrait être bilatéral, alors même que la commune n'en retirerait pas un avantage matériel mais seulement un avantage indirect et moral (Morgand, t. 2, p. 564).

993. Il résulte du texte adopté et des explications échangées au cours de la discussion, que l'art. 167 a pour effet d'enlever aux affectations d'immeubles communaux le caractère de perpétuité qui, ainsi que nous l'avons dit, pouvait appartenir antérieurement aux affectations d'immeubles communaux, mais qu'en permettant aux communes de faire cesser ces affectations, il n'a donné à l'autorité supérieure

aucun pouvoir autre que celui d'approuver la désaffectation dans les mêmes conditions où il aurait eu à approuver l'affectation d'après l'art. 68 de la loi de 1884. Cette approbation conserve le caractère d'un simple acte de tutelle ; et aujourd'hui, comme sous la législation antérieure, la question de savoir si l'immeuble dont la commune prétend reprendre possession a fait l'objet d'une affectation proprement dite, ou s'il a fait l'objet d'un véritable contrat créant des droits en faveur des tiers, continue à rentrer dans la compétence judiciaire.

Il a d'ailleurs été reconnu par tous les orateurs qui ont pris part à la discussion que, dans le cas même où il n'existerait aucun contrat, la reprise de l'immeuble pourrait toujours donner lieu à une demande d'indemnité à régler par les tribunaux. Il résulte de ces diverses déclarations, ainsi que le constate M. Morgand, t. 2, p. 569, que des indemnités pourront être accordées non seulement à raison des travaux qui ont donné une plus-value aux immeubles, mais encore à titre de dommages-intérêts pour le préjudice causé par la reprise de l'immeuble. D'après le même auteur, les conseils municipaux peuvent, en vertu de l'art. 167, poursuivre la désaffectation d'immeubles concédés avant sa promulgation, alors du moins qu'il s'agit d'affectations consenties sans contrat, sans délai stipulé, sans charges corrélatives (p. 570).

994. — II. Des terres vaines et vagues. — On a rapporté au *Rép.* n° 1842, les dispositions de l'art. 9 de la loi du 28 août 1792 et de l'art. 1er, sect. 4, de la loi du 10 juin 1793 qui établissent au profit des communes la présomption de propriété des terres vaines et vagues, c'est-à-dire des terres incultes et n'ayant jamais été mises en culture, sous quelque dénomination qu'elles soient connues. Avant 1789, ces terres appartenaient au seigneur, et les habitants des communes en avaient l'usage en commun avec lui. La loi du 28 août 1792 a, par son art. 9, attribué aux communes la propriété de celles desdites terres dont les ci-devant seigneurs ne prouveraient pas la possession par titre ou par jouissance exclusive pendant quarante ans, et la loi du 10 juin 1793 a complété et étendu cette disposition. Mais le titre de propriété que les communes ont reçu de ces lois n'est pas opposable seulement aux seigneurs : il l'est également à toute personne. Propriétaires envers et contre tous ceux qui n'avaient aucun droit sur ces terrains, elles ne peuvent être dépouillées de leur propriété que par les voies légales ; et elles ont le droit d'actionner au pétitoire les possesseurs de semblables terrains (Rennes, 21 avr. 1849, aff. Commune d'Essé, D. P. 50. 2. 110).

995. Nous avons dit au *Rép.* n° 1844, que la commune en faveur de laquelle la loi établit cette présomption de propriété n'a à prouver qu'une chose lorsqu'elle revendique un terrain communal de la nature de ceux dont il est question ; c'est que ce communal est situé sur son territoire. Mais cette condition est essentielle : et les dispositions des lois de 1792 et 1793, qui ont réintégré les communes dans la propriété des terres vaines et vagues situées sur leur territoire, ne peuvent être invoquées par une commune relativement à des terres de cette nature qui dépendent du territoire d'une autre commune (Req. 28 déc. 1857, aff. Commune de Saint-Cyr-la-Campagne, D. P. 58. 1.113).

996. Ainsi qu'on l'a vu au *Rép.* n° 1845, l'art. 1er, sect. 4, de la loi du 10 juin 1793 n'a apporté aucune modification aux droits respectifs des communes sur les biens dont elles ont pu avoir la jouissance en commun. L'art. 2 de cette loi prévoit en effet le cas où plusieurs communes seraient en possession d'un bien communal, sans titre de part ni d'autre, et elle consacre le droit de copropriété de ces communes sur le bien dont il s'agit. Cet article peut recevoir son application non seulement lorsqu'il y a incertitude sur les limites respectives des communes, mais dans le cas même où il s'agit de terrains situés exclusivement sur le territoire de l'une des communes qui en ont la jouissance promiscue (Agen, 4 mai 1870, aff. Commune de Chauffour, D. P. 71. 2. 44, et sur pourvoi, Req. 3 janv. 1872, D. P. 72. 1. 92). Une commune est donc fondée à revendiquer un droit de copropriété sur un marais situé sur le territoire d'une commune voisine lorsqu'elle établit qu'antérieurement à la loi de 1793, ses habitants ont joui de ce marais concurremment avec ceux de ladite commune, pendant un temps suffisant pour prescrire (Mêmes arrêts), et notamment qu'ils n'ont pas cessé d'y

faire paître. leurs bestiaux, d'y couper des joncs et autres herbages, et de participer à la réparation et à l'empierrement des passages et au curage des cours d'eau (Arrêt précité du 4 mai 1870. V. conf. Req. 22 févr. 1870, aff. Habitants de Fougères-Mirotte, D. P. 70. 1. 425).

997. Ainsi que nous l'avons dit au *Rép.* n° 1854, la présomption de propriété qui résulte de l'enclave serait efficacement combattue par la preuve résultant d'une possession immémoriale (Req. 12 nov. 1862, aff. Commune de Piana, D. P. 63. 1. 469).

998. On a vu au *Rép.* n° 1863 que, les communes ayant été investies par la loi de 1793 de la propriété des communaux qu'elles renfermaient alors dans leur territoire, les changements apportés depuis cette époque à leur circonscription n'ont pu modifier leurs droits. La délimitation qui résulte d'un acte administratif postérieur ne peut donc porter aucune atteinte aux droits privés et patrimoniaux d'une commune ou d'une section (Arrêt du 12 nov. 1862, et 19 avr. 1880.) — V. *Rép.* n° 1864 à 1869.

1000. — IV. Des servitudes. — Indépendamment des servitudes actives et passives que peut avoir la commune, ainsi qu'on l'a vu au *Rép.* n° 1870, à raison des héritages de diverse nature qui entrent dans son patrimoine, les habitants des communes peuvent avoir en cette qualité des droits d'usage d'une nature particulière, tels que droits d'affouage, pâturage dans les forêts de l'Etat ou dans celles des particuliers (V. *Rép.* v° *Usage*, n° 314).

Les particuliers peuvent également avoir des droits d'usage sur les biens communaux. Le plus important est le droit d'*affouage communal* (V. *Rép.* v° *Forêts*, n° 1761 et suiv.).

1001.—V. Des meubles.—Les communes peuvent, comme nous l'avons dit au *Rép.* n° 1873, posséder des valeurs mobilières et notamment des rentes sur l'Etat. Quoique le placement des capitaux des communes en titres nominatifs ne soit pas prescrit par la loi, l'administration le recommande comme présentant plus de garanties (Circ. min. int. 23 août 1876, *Bull. min. int.* 1876, p. 539).

§ 2. — Modifications apportées par des lois diverses au patrimoine des communes (*Rép.* n° 1875 à 1889).

1002. Nous avons examiné (*Rép.* v° *Trésor public,* n° 321 et suiv.) les questions auxquelles a donné lieu la cession faite à la caisse d'amortissement, par la loi de finances du 20 mars 1813, des biens des communes désignés dans cette loi, moyennant un prix fixé en inscription de rentes sur le grand livre de la dette publique. Ainsi qu'on l'a vu au *Rép.* n° 1882, la loi du 26 avr. 1813 a remis à la disposition des communes les biens non aliénés ; mais elle a maintenu les ventes opérées.

La loi de 1813 déclarait cédés à la caisse d'amortissement moyennant une rente les biens ruraux, maisons et usines possédés par les communes, à l'exception des bois, des biens communaux proprement dits, tels que pâtis, pâturages, tourbières et autres, « dont les habitants jouissent en commun ». Il a été décidé que cette restriction ne pouvait être appliquée à un four à chaux dans lequel non seulement les habitants de la commune, mais les étrangers avaient le droit de faire des extractions de pierre, à charge de redevance, et qu'en conséquence, la cession de ce four devait être maintenue, alors surtout que la commune en avait subi sans réclamation la dépossession et en avait reçu le prix conformément à la loi de 1813 (Req. 26 déc. 1866, aff. Commune de Baudéan, D. P. 68. 1. 112).

CHAP. 2. — Compétence judiciaire et administrative (*Rép.* n° 1890 à 1940).

1003. — I. Compétence judiciaire. — Conformément à ce qui a été exposé au *Rép.* n° 1890, il y a lieu d'appliquer, en matière de biens communaux, ce principe général que les tribunaux civils sont compétents pour connaître des contestations relatives à des questions de droit commun que des dispositions spéciales n'ont pas réservées à l'autorité administrative.

Ainsi, l'autorité judiciaire est seule compétente, comme on l'a vu au *Rép.* n° 1891, pour statuer les questions de propriété qui s'élèvent, soit entre plusieurs communes ou sections de communes, soit entre des communes et l'Etat, soit entre des communes et des particuliers, toutes les fois que ces questions doivent trouver leur solution, soit dans des titres privés, soit dans l'application des principes de droit civil ou des règles posées par des lois spéciales, telles que celles du 28 août 1792 ou du 10 juin 1793 (V. *Rép.* v° *Compétence administrative*, n° 143 et 144 ; Req. 24 juill. 1871, aff. Gaillard, D. P. 71. 1. 349).

Il a été décidé, en ce sens, que l'autorité judiciaire est compétente pour statuer sur la prétention élevée par une commune actionnée en délaissement d'un terrain de faire considérer ce terrain comme dépendant de temps immémorial de la place communale, alors que cette commune ne produit aucun acte administratif qu'il y ait lieu d'interpréter pour l'appliquer (Cons. d'Et. 27 nov. 1856, aff. Massot, D. P. 57. 3. 33). Elle est également compétente pour connaître de la question de propriété des bâtiments d'une école communale revendiqués par une congrégation à laquelle a été retirée la direction de cette école (Aix, 9 janv. 1872, aff. Ville de Toulon, D. P. 72. 2. 100).

1004. Les tribunaux civils sont également compétents pour statuer sur la validité des contrats de droit commun passés par les communes (Req. 1er déc. 1873, aff. Ville de Toulouse, D. P. 74. 1. 59 ; 6 déc. 1875, aff. Ville de Roanne, D. P. 76. 1. 131 ; Civ. cass. 8 nov. 1876, aff. Legrandville, D. P. 77. 1. 73 ; Req. 13 juin 1877, aff. Ville de Pamiers, D. P. 78. 1. 415 ; Cons. d'Et. 20 juin 1861, aff. Morel, D. P. 61. 3. 43 ; 7 mai 1867, aff. Commune de Saint-Ouen-de-Mimbré, D. P. 67. 3. 14 ; 9 avr. 1868 (1) ; Trib. confl. 17 mai 1873, aff. Michallard, D.P. 74. 3.4 ; Cons.d'Et. 5 janv.1877,aff.Blanc, D. P. 77. 3.35 ; 26 janv. 1877, aff. Compans, *ibid.* ; 2 févr. 1877, aff. Soubry, *ibid.* ; 6 juill. 1877, aff. Commune de l'Etang-Vergy, D. P. 77. 3. 102 ; 15 nov. 1878, aff. Commune de Montastruc, D. P. 79. 3. 28).

1005. Nous avons dit au *Rép.* n° 1891 que la forme du

---

(1) (Rivolet et autres C. d'Antioche.) — Napoléon, etc. ; — Vu l'acte d'échange passé en la forme administrative, le 3 janv. 1867, entre le maire de Nernier, représentant la commune, et le sieur d'Antioche, ledit acte approuvé par le préfet le 11 du même mois et enregistré le 26 ; — Vu les lois des 16-24 oct. 1790, 28 juill. 1824, 21 mai 1836 et 18 juill. 1837 ; — Considérant que, par arrêté rendu en conseil de préfecture à la date du 27 déc. 1866, le préfet de la Haute-Savoie a autorisé la commune de Nernier à céder au sieur d'Antioche une partie du sol d'un chemin reconnu inutile et à acquérir en échange deux parcelles de terrain appartenant audit sieur d'Antioche ; que cet échange a été effectué par acte passé, à la date du 3 janv. 1867, entre le maire de Nernier, représentant de cette commune, et le sieur d'Antioche ; que cet acte, approuvé le 11 du même mois par le préfet et enregistré le 26, constitue un contrat de droit civil, et que l'autorité judiciaire

est seule compétente pour prononcer sur sa validité ; — Considérant que l'arrêt précité du préfet n'est qu'un acte de tutelle administrative, qui n'a pas obstacle à ce que les sieurs Rivolet et consorts se pourvoient, s'ils s'y croient recevables et fondés, devant l'autorité judiciaire, à l'effet de faire prononcer la nullité de l'échange, sauf à l'autorité judiciaire, au cas où elle reconnaîtrait que sa décision est subordonnée à la solution de questions de la compétence de l'autorité administrative, à surseoir à statuer jusqu'à ce que cette autorité ait prononcé sur ces questions ; — Considérant que de ce qui précède il résulte que la requête des sieurs Rivolet et consorts n'est pas recevable :

Art. 1er. La requête des sieurs Rivolet et consorts est rejetée. Du 9 avr. 1868.-Cons. d'Et.-MM. Sazerac de Forge, rap.-de Belbeuf, concl.-Duboy, av.

contrat ne doit exercer aucune influence sur la question de compétence, et qu'il appartient aux tribunaux judiciaires de connaître des contestations relatives à une vente ou à tout autre contrat créant des obligations civiles, alors même que l'acte aurait été passé en la forme administrative (V. en ce sens : Cons. d'Et. 12 mars 1863, aff. Pouget, D. P. 63. 3. 18; Dijon, 10 avr. 1873, aff. Ville de Mâcon, D. P. 74. 2. 49; Civ. cass. 18 août 1873, aff. Sœurs de la charité de Nevers, D. P. 75. 1. 257).

En pareil cas, la défense faite aux tribunaux civils d'interpréter les actes administratifs n'est point applicable (Arrêt du 8 nov. 1876 cité *suprà*, n°1004; Arrêt précité du 12 mars 1863); et l'autorité judiciaire devant laquelle sont produits des actes translatifs de propriété passés dans la forme administrative, a le droit de les apprécier, de les interpréter, et elle est seule compétente pour statuer sur leur validité (Civ. rej. 13 mai 1872, aff. Aulhac, D. P. 72. 1 317; Req. 26 mai 1885, aff. Rolland, 2° arrêt, D. P.85. 1. 123), spécialement lorsque la nullité en est demandée pour inobservation des formalités exigées par la loi civile (Limoges, 22 mars 1870, aff. Desproges, D. P. 72. 2. 117).

1006. Mais si ces actes sont attaqués pour violation des formalités purement administratives, le tribunal doit, comme on l'a vu au *Rép*. n° 1892, renvoyer à l'autorité administrative, qui a seule qualité pour statuer (Arrêts des 22 mars 1870 et 26 mai 1885 cités *suprà*, n° 1005).

Dans ce cas, l'autorité administrative n'est saisie que par le renvoi de l'autorité judiciaire, et, d'après la jurisprudence actuelle, la question préjudicielle ne pourrait pas être directement portée devant le conseil d'Etat par la voie du recours pour excès de pouvoirs (Cons.d'Et. 1er févr.1866, aff. Catusse, D. P. 66. 3. 18; 26 mai 1866, aff. Moly, D. P. 67. 3. 39; et arrêts des 5 et 26 janv., 2 févr. 1877, cités *suprà*, n° 1004). Lorsque l'omission d'une formalité administrative n'est pas contestée et que, d'après le droit commun, elle doit entraîner la nullité du contrat, le tribunal peut prononcer cette nullité (Civ. rej. 13 mai 1872, aff. Aulhac, D. P. 72. 1. 317).

1007. La délibération prise par les représentants de plusieurs communes, dans le but d'établir, quant à la jouissance, un règlement des droits que chacune d'elles exercerait plus spécialement dans les limites de son territoire sur des biens indivis entre lesdites communes n'a pas le caractère d'un acte administratif, mais d'un contrat ordinaire; et dès lors, il appartient aux tribunaux civils de l'interpréter et de connaître des difficultés auxquelles elle donne lieu (Req. 2 août 1880) (1).

1008. Nous avons dit au *Rép*. n° 1893 que les difficultés auxquelles peuvent donner lieu les acquisitions ou aliénations faites par les communes et qui ne peuvent se résoudre que par application des règles du droit commun, sont de la compétence des tribunaux civils, et qu'il en est ainsi notamment de la question de savoir si la surenchère peut être admise après une adjudication de biens communaux faite par devant un notaire. Il a été jugé par plusieurs arrêts du conseil d'Etat qu'un préfet ne peut, sans excès de pouvoirs, trancher cette question soit en accueillant les offres de surenchère faites par des tiers (Cons. d'Et. 18 août 1856, aff. Duclos, D. P. 57. 3. 19 ; 4 juill. 1860, aff. Bandy de Nalèche, D. P. 60. 3. 52. V. anal. Civ. cass. 4 mars 1857, aff. Duron-Deschamp, D. P. 57. 1. 124), soit en déclarant la première adjudication valable (Cons. d'Et. 28 juill. 1864, aff. Bandy de Nalèche, D. P. 65. 3. 42).

1009. La compétence spéciale attribuée aux conseils de préfecture par l'avis du conseil d'Etat du 18 juin 1809 pour statuer sur les usurpations de biens communaux depuis la loi du 10 juin 1793 jusqu'à la loi du 9 vent. an 12, qu'il y ait ou qu'il n'y ait pas eu de partage exécuté, doit, conformément à ce qui a été exposé au *Rép*. n° 1897, être restreinte aux usurpations de terrains dont le caractère communal n'est pas contesté : lorsque le détenteur conteste la qualité communale du bien et oppose aux prétentions de la commune des titres de propriété et des moyens de droit commun, les conseils de préfecture doivent renvoyer les parties devant les tribunaux civils pour faire apprécier les titres et moyens invoqués (Cons. d'Et. 12 janv. 1850, aff. Mercier, D. P 50. 3. 35; 20 mars 1852, aff. Mathieus, D. P. 53. 3. 2). Toutefois, c'est aux détenteurs qui nient l'usurpation et se prétendent propriétaires qu'incombe l'obligation de justifier de leurs droits, et c'est à eux, et non à la commune, que le conseil de préfecture doit à cet effet impartir un délai (Cons. d'Et. 9 août 1865) (2). Le détenteur n'apporte pas la preuve exigée par le conseil de préfecture lorsqu'il présente simplement un jugement au possessoire; car il ne peut se prévaloir d'une possession présumée illégitime par la loi pour mettre la

---

(1) (Commune de Préchacq-Josbaig C. Commune d'Aren.) — La cour ; — Sur le premier moyen, tiré de la violation des art. 144 et 145 c. pr. civ. : — Attendu qu'il résulte de l'arrêt attaqué et de l'exploit produit que les qualités de l'arrêt ont été régulièrement signifiées à l'avoué de la commune demanderesse, qui y avait formé opposition ; qu'avenir lui avait été donné le 3 juill. 1878, pour venir le lendemain et jours suivants, le besoin était, déduire les motifs de son opposition devant le président de la chambre qui avait rendu l'arrêt, ou le conseiller qui, en cas d'empêchement, le remplacerait, selon l'ordre du tableau ; que ledit avoué ne se présenta pas sur cette sommation ; que défaut fut donné contre lui le 30 juillet, et les qualités réglées en son absence par le conseiller plus ancien, vu l'empêchement du président, parmi ceux qui avaient concouru à l'arrêt ; que l'ordonnance ainsi rendue l'a été conformément aux prescriptions de la loi ; — Sur le second moyen tiré de la violation des art. 1315, 1344 et 1351 c. civ., de l'art. 7 de la loi du 20 avr. 1810, des art. 13 du titre 2 de la loi des 16-24 août 1790, 1er et 2 de la section 5 de la loi du 10 juin 1793, 6 de la loi du 9 vent. an 12, du décret du 4e jour complémentaire de l'an 13 et des principes de la séparation des pouvoirs : — Attendu que les huit communes qui composent actuellement la vallée de Josbaig furent mises en possession par l'acte d'affièvement du 8 mars 1491, émané des princes souverains de Navarre et de Béarn, des terres dont elles n'ont cessé depuis lors d'être propriétaires par indivis, et qu'aucun partage administratif n'est intervenu entre elles, et que le jugement du tribunal d'Oloron-Sainte-Marie, du 9 juin 1864, a seulement indiqué les bases sur lesquelles aurait lieu, devant l'autorité administrative, un partage qui n'a pas encore été exécuté ; — Attendu qu'il résulte dudit jugement et de l'arrêt attaqué que la délibération prise à la date du 21 sept. 1809, par les représentants des communes intéressées, avait eu seulement pour objet, sans modifier l'état de la propriété entre elles, d'établir, quant à la jouissance, un mode de règlement des droits que chacune d' elles exercerait plus spécialement dans les limites de son territoire ; — Attendu que cette délibération n'avait pas le caractère d'un acte administratif, mais était un contrat ordinaire émanant des copropriétaires intéressés, et dont l'interprétation appartenait, dès lors, aux tribunaux civils;

que la cour de Pau était donc compétente pour connaître du litige né entre les communes de Préchacq et d'Aren au sujet de l'application à faire de cette délibération au pacage de leurs troupeaux sur leurs territoires respectifs ; — Rejette, etc. Du 2 août 1880.-Ch. req.-MM. Bédarrides, pr.-Bécot, rap.-Chévrier, av. gén.-Dareste, av.

(2) (Commune de Saint-Firmin.) — Le conseil d'Etat, etc.;—Vu la loi du 28 août 1792, la loi du 10 juin 1793, la loi du 9 vent. an 12, l'avis du conseil d'Etat approuvé par l'Empereur le 18 juin 1809 et l'ordonnance royale du 23 juin 1819 ; — Considérant que, pour revendiquer la propriété de la chaume dite des Champs-Riots, la commune de Saint-Firmin prétend que cette chaume, qui autrefois aurait appartenu au duc de Nevers, en vertu de la puissance féodale, est un bien communal dont elle aurait pris possession par application des lois des 28 août 1792 et 10 juin 1793, et qui aurait été usurpé par les sieurs Millien et autres dans la période comprise entre la loi des 10 juin 1793 et celle du 9 vent. an 12 à la valeur de jouissance commune avec les autres habitants de Saint-Firmin; — Que lesdits sieurs Millien et autres, il est vrai, nient l'usurpation qui leur est reprochée et soutiennent qu'ils sont légitimement propriétaires de la chaume en litige ; — Mais considérant qu'aux termes de la loi du 9 vent. an 12 et de l'avis du conseil d'Etat approuvé par l'Empereur le 18 juin 1809, les détenteurs poursuivis par une commune à raison de l'usurpation de biens communaux dans la possession desquels elle demande à être réintégrée, doivent, lorsqu'ils nient l'usurpation et se prétendent propriétaires, justifier de leurs droits soit devant le conseil de préfecture, s'ils invoquent un acte de partage, soit devant les tribunaux civils, s'ils se fondent sur des titres de propriété ou sur des moyens de droit commun; — que, dans ces circonstances, c'est avec raison qu'avant de statuer, tous droits et moyens demeurant d'ailleurs réservés, le conseil de préfecture a imparti au sieur Millien et autres un délai pour produire les titres sur lesquels ils fondent leurs prétentions à la propriété de la chaume des Champs-Riots, ou pour justifier qu'ils ont porté leurs actions devant les tribunaux ordinaires (Rejet). Du 9 août 1865.-Cons. d'Et.-MM. Perret, rap.-Faré, concl.- Groualle et Michaux-Bellaire, av.

preuve de la propriété à la charge de la commune (Cons. d'Et. 19 janv 1860) (1).

1010. La compétence des conseils de préfecture pour la répression des usurpations de biens communaux n'existe qu'à l'égard de ceux de ces biens que la loi du 10 juin 1793 a déclaré partageables; et, par suite, elle est inapplicable aux empiètements commis sur des voies publiques autres que des chemins reconnus et classés comme vicinaux, à l'égard desquels les conseils de préfecture sont compétents en vertu des dispositions spéciales de la loi du 9 vent. an 13 (Cons. d'Et. 13 mars 1856, aff. Luco, D. P. 56. 3. 58).

Cette compétence doit en outre être limitée, quant à la date des usurpations, à la période comprise entre le 10 juin 1793 et le 9 vent. an 12, et les contestations relatives aux usurpations postérieures à cette dernière date sont de la compétence exclusive de l'autorité judiciaire (Cons. d'Et. 23 juin 1857, aff. Commune de Napoléonville, D. P. 58. 3. 9; Sol. impl. 19 janv. 1860, V. *supra*, n° 1009).

1011. Ainsi que nous l'avons dit au *Rép.* n° 1900, les conseils de préfecture doivent également renvoyer les parties devant les tribunaux civils, toutes les fois que, dans un partage de biens indivis entre plusieurs communes, il y a lieu de trancher des questions de propriété (Paris, 18 mars 1872, aff. Commune de Maintenon, D. P. 74. 5. 106).

1012. Il appartient aussi à l'autorité judiciaire de décider si la loi permet ou défend un partage de biens indivis (Grenoble, 24 janv. 1849, aff. Commune de Lavallette, D. P. 49. 2. 231). Mais elle doit délaisser les parties à se pourvoir devant l'autorité administrative pour procéder à ce partage dans les formes légales (Même arrêt).

1013. On a exposé au *Rép.* n° 1902 que si, dans un litige entre deux communes, des difficultés s'élèvent au sujet de la délimitation de leurs territoires respectifs, les tribunaux civils devraient surseoir à statuer et renvoyer les communes devant le préfet, auquel il appartient d'indiquer la ligne de séparation des territoires (V. conf. Cons. d'Et. 2 févr. 1877, aff. Commune de Sotteville, D. P. 77. 3. 44).

Mais si l'indication, dans l'acte administratif portant délimitation des points de repère à l'aide desquels cette délimitation a été opérée ne soulève aucun débat, la juridiction civile est compétente pour en déterminer l'emplacement, dans le but de rétablir la limite résultant de l'acte dont le sens était accepté par les parties: il n'y a là, en effet, qu'une simple application et non une interprétation d'un acte administratif (Req. 15 nov. 1864, aff. Commune d'Albiez-le-Vieux, D. P. 65. 1. 183).

1014. Conformément à ce qui a été exposé au *Rép.*

n° 1902, les questions de bornage et de limites de propriété entre communes sont du ressort des tribunaux (Req. 29 juill. 1856, aff. Section de Marzenay, D. P. 56. 1. 411). Il en est de même: 1° pour les questions de bornage entre une commune et un particulier (Req. 19 avr. 1880, aff. Commune de Rochefort, D. P. 80. 1. 416); — 2° Pour la détermination des droits indivis qui peuvent appartenir à deux communes, notamment sur un hospice (Paris, 18 mars 1872, aff. Commune de Maintenon. D. P. 74. 5. 106).

1015. L'appréciation des effets de la réunion de plusieurs villages en une seule commune sur les droits de propriété concédés à ces villages avant leur réunion rentre également dans la compétence des tribunaux civils, lorsqu'elle ne soulève qu'une question de droit commun et qu'elle ne dépend ni de l'interprétation du décret de concession, ni de l'interprétation du décret de réunion (Civ. rej. 20 nov. 1865, aff. Commune de Bouhira, D. P. 66. 1. 275; Aucoc, n°s 135 et suiv.).

1016. L'autorité judiciaire est également compétente pour statuer sur les questions de propriété qui, par suite d'un changement de circonscription territoriale, s'élèvent entre une commune et une section distraite de cette commune relativement aux biens et droits formant le domaine privé de la commune(Civ. cass. 27 janv. 1851, aff. Commune de Fontenay-le-Château, D. P. 54. 1. 334). De même, il lui appartient de connaître des litiges concernant les droits que la section peut avoir à la propriété des biens communaux aliénés et, par suite, au produit de l'aliénation (Cons. d'Et. 4 août 1864, aff. Bellinet, D. P. 65. 3. 43. V. conf. Circ. min. int. 17 mai 1884).

Mais elle est incompétente soit pour régler l'indemnité qui peut être due à la section ainsi distraite, comme privé de la jouissance des édifices communaux ou autres immeubles servant à usage public et exceptés dès lors de tout partage, soit même pour constater au profit de la section, sans en préciser la quotité, un droit d'indemnité, certain quant à quelques-uns de ces derniers biens, et éventuel quant à d'autres; le droit à de telles indemnités se rattache à la détermination des conditions expresses ou tacites du changement opéré entre les deux circonscriptions communales, et appartient, par suite, exclusivement à l'autorité administrative (Arrêt précité du 27 janv. 1851). C'est également au préfet qu'il appartient de statuer sur la demande d'une section de commune tendant à faire inscrire au budget de la commune, pour être affecté dans l'intérêt exclusif de cette section, le montant annuel des revenus leur appartenant en propre; et c'est à tort qu'il se déclare incompétent pour con-

(1) (Bertoux.) — Le conseil d'Etat, etc.; — Vu la loi du 10 juin 1793, la loi du 9 vent. an 12, l'avis du conseil d'Etat approuvé par l'Empereur le 18 juin 1809, et l'ordonnance royale du 23 juin 1819; — Vu le décret du 22 juill. 1806, art. 11; — En ce qui touche l'arrêté du 28 août 1857: — Considérant que, par cet arrêté, le conseil de préfecture s'est déclaré, d'une manière générale et absolue, et sans distinguer entre l'une ou l'usurpation reprochée aux sieurs Bertoux et autres aurait été commise dans la période comprise entre la loi du 10 juin 1793 et celle du 9 vent. an 12, et le cas où elle serait soit antérieure, soit postérieure à cette époque, compétent pour décider si les terrains litigieux avaient une origine communale et pour statuer sur le fait et l'étendue de cette usurpation; qu'en accordant auxdits sieurs Bertoux et autres un délai de deux mois pour faire apprécier par les tribunaux civils les titres privés et les moyens de droit commun qu'ils invoquent, il a déclaré que, faute par eux d'avoir formé cette action dans ce délai, il serait par lui statué sur l'usurpation; — Considérant que cet arrêté a été notifié aux requérants le 9 oct. 1857; qu'il n'a été attaqué devant nous que le 5 juill. 1858, plus de trois mois après la notification; que, dans ces circonstances, les conclusions des requérants tendant à faire décider que la demande en réintégration formée par la commune ne pouvait être portée devant le conseil de préfecture ne sont plus recevables. et que, bien que l'usurpation qui leur est imputée ne se place pas entre 1793 et l'an 12, l'autorité de la chose jugée sur la compétence fait obstacle à ce que, dans l'espèce, il puisse y être fait droit par nous; — En ce qui concerne l'arrêté du 1er juin 1858: — Considérant que les sieurs Bertoux et autres n'ont point, dans le délai de deux mois qui leur avait été imparti, formé leur action à l'effet de faire reconnaître leurs droits de propriété; qu'ils se sont bornés à intenter contre la commune une action possessoire sur laquelle est intervenue une sentence qui a reconnu leur possession actuelle des terrains litigieux et qui a fait défense à la commune de ne plus la

troubler à l'avenir; — Considérant qu'aux termes de la loi du 9 vent. an 12 et de l'avis du conseil d'Etat approuvé par l'Empereur le 18 juin 1809, les détenteurs, poursuivis par une commune à raison de l'usurpation de biens communaux dans la possession desquels elle demande à être réintégrée, doivent, lorsqu'ils nient l'usurpation et prétendent propriétaires, justifier de leurs droits soit devant le conseil de préfecture, s'ils invoquent un acte de partage, soit devant les tribunaux civils s'ils se fondent sur des titres de propriété ou sur des moyens de droit commun; qu'ils ne peuvent se prévaloir d'une possession dont l'illégitimité est présumée par la loi, pour mettre la preuve de la propriété à la charge de la commune; — Que, dès lors, l'action possessoire intentée par les sieurs Bertoux et autres devant le juge de canton de Mont-auche et la sentence intervenue sur cette action ne peuvent être considérées comme l'accomplissement des conditions imposées auxdits sieurs Bertoux et autres par le conseil de préfecture dans son arrêté de sursis; qu'ainsi ils ne sont pas fondés à se plaindre de ce que ce conseil, nonobstant cette action possessoire et cette sentence, a passé outre au jugement du fond sur la demande en réintégration de la commune; — Mais, considérant que l'instruction ne nous fournit pas d'éléments suffisants pour qu'il puisse dès à présent statuer sur cette demande au fait et l'étendue de cette usurpation:

Art. 1er. Sont rejetées les conclusions du recours des sieurs Bertoux et autres tendant à faire décider que c'est à tort que le conseil de préfecture de la Nièvre s'est déclaré compétent pour statuer sur l'usurpation qui leur est imputée, et qu'il a déclaré passer outre au jugement de l'usurpation, faute par eux d'avoir, dans le délai de deux mois qu'il leur avait imparti, fait valoir devant les tribunaux civils leurs prétentions au droit de propriété sur les terrains de la plaine des Settons..

Du 19 janv. 1860.-Cons. d'Et.-MM. L'Hôpital, rap.-de Lavenay, concl.-Dufour et Morin, av.

naître d'une réclamation de cette nature (Cons. d'Et. 7 mai 1886, aff. Section de Saint-Symphorien, D. P. 87. 3. 107).

1017. Les droits d'usage et autres servitudes étant des démembrements de la propriété, il en résulte, ainsi que nous l'avons dit au *Rép.* n° 1909, que la compétence est la même en ce qui concerne ces droits qu'en ce qui concerne la propriété entière. En conséquence, c'est aux tribunaux qu'il appartient de statuer dans le cas où deux communes sont en contestation sur l'affouage, et où la proportion de leurs droits respectifs dépend de leurs titres ou de la possession (*Rép.* n° 1911 ; Pau, 30 janv. 1854, aff. Commune de Cadéac, D. P. 54. 2. 230 ; Cons. d'Et. 14 mars 1860, aff. Commune de Colombey, D. P. 60. 3. 29).

1018. — II. Compétence de l'autorité administrative. — Les règles relatives à la compétence en matière de partage de biens communaux et en ce qui concerne le mode de jouissance de ces biens seront examinées *infrà*, chap. 5 et 6.

CHAP. 3. — Réintégration des communes dans leurs biens (*Rép.* n°s 1941 à 2163).

1019. Nous avons indiqué au *Rép.* n°s 1941 et suiv., les caractères des lois révolutionnaires qui ont eu pour objet la réintégration des communes dans les biens qu'elles avaient anciennement possédés et dont elles avaient été dépouillées par abus de la puissance féodale. L'ordonnance de 1669 avait établi au profit des seigneurs une présomption légale de propriété sur les bois, prés, marais, îles, pâtis, landes, bruyères et grasses pâtures. Même sur les terres dont le titre était représenté, ou du moins sur celles qui avaient été concédées gratuitement, les seigneurs pouvaient exercer le droit de *triage*, c'est-à-dire réclamer le tiers de ces terres. Cette législation avait pour fondement l'ancienne maxime : *Nulle terre sans seigneur*. En outre, la plupart des coutumes attribuaient les terres vaines et vagues aux seigneurs dans la justice desquels ces terres étaient situées ; cette attribution avait le caractère d'une indemnité pour la double charge imposée aux seigneurs de pourvoir à l'administration de la justice et à l'entretien des enfants trouvés (V. Batbie, t. 5, p. 77).

1020. La législation révolutionnaire consacra des principes tout opposés. Elle prit pour base la présomption de la propriété des communes et de l'usurpation seigneuriale. La loi des 15-28 mars 1790 abolit le droit de triage pour l'avenir et annula expressément les triages opérés dans les trente dernières années en dehors des conditions de l'ordonnance de 1669. La loi des 28 août-14 sept. 1792 supprima les triages postérieurs à 1669, alors même qu'ils avaient été faits conformément à ces conditions. La même loi permit aux tribunaux de réviser tous les actes qui, statuant sur des contestations entre les seigneurs et les habitants, auraient attribué certains avantages aux premiers. D'un autre côté, l'art. 8 de cette loi donna aux communes, si elles justifiaient avoir possédé anciennement des droits d'usage ou des biens, le droit de se faire remettre en possession à moins que les seigneurs ne représentassent un titre authentique constatant qu'ils avaient légitimement acheté lesdits biens.

1021. La loi des 13-20 avr. 1791, art. 7, et la loi du 4 avr. 1789 décidèrent que les héritages vacants, les terres vaines et vagues, hermes, gastes, garrigues et landes ne seraient plus attribués aux seigneurs. Quant aux biens sur lesquels les communes ne pouvaient invoquer le bénéfice d'une possession ancienne, l'art. 9 de la loi des 28 août-14 sept. 1792 disposa que les communautés seraient censées être propriétaires « à moins que les seigneurs ne prouvassent par titre ou par possession prolongée pendant quarante ans, qu'ils en avaient la propriété. » Enfin la loi du 10 juin 1793, ne distinguant plus entre les vacants et les autres biens, décida que tous appartenaient aux habitants et que les communes étaient admises à les revendiquer, à moins que les ci-devant seigneurs ne prouvassent qu'ils avaient légitimement acquis le bien contesté. « En résumé, dit M. Batbie, p. 79, la possession par le seigneur était tenue pour une usurpation, et le titre, s'il en opposait quelqu'un, n'était respecté qu'autant qu'il était exempt de tout caractère féodal. »

Art. 1er. — *Révocation des triages et ses effets* (*Rép.* n°s 1944 à 1972).

§ 1er. — Définition et origine du triage (*Rép.* n°s 1944 à 1953).

1022. On a indiqué les caractères du *triage* (*Rép.* n°s 1944 et suiv.) et ce qui le distingue des aménagements ou règlements qui ont été quelquefois qualifiés à tort de *triages* (*Rép.* v° *Usage*, n° 461). Il a été décidé implicitement par un arrêt de la cour de Metz du 25 mai 1869 (aff. Commune de Francheval, D. P. 73. 1. 345), conformément à ce qui a été dit au *Rép.* n° 1946, que le droit de triage ne pouvait être exercé par les seigneurs que sur les biens dont les communes étaient propriétaires, et non sur celles dont elles étaient simplement usagères.

1023. Un droit spécial à la Lorraine, au Barrois et au Clermontois était celui de *tiers-denier* qui, ainsi qu'on l'a exposé (*Rép.* n° 1972, et v° *Usage*, n° 464), consistait en ce que le duc de Lorraine, et, avant 1664, les hauts justiciers, avaient la faculté de prendre le tiers du produit des ventes extraordinaires faites par les habitants, après la satisfaction de leurs besoins, des bois et des herbages dans les forêts ou terrains dont les communes étaient propriétaires ou simplement usagères. Ce droit fut attaqué comme féodal par l'abbé Grégoire à la suite du décret qui supprimait le droit de triage, et aboli par l'art. 32 de la loi du 15 mars 1790 à l'égard des bois et autres biens possédés en propriété par les communautés. Il fut maintenu au contraire sur le prix des ventes de bois et autres biens dont les communes n'étaient qu'usagères. Ces dispositions furent complétées par l'art. 2 de la loi du 28 août 1792 portant révocation des édits, déclarations, arrêts du conseil, lettres patentes, jugements rendus et actes faits en conséquence qui, depuis 1669, avaient distrait, sous prétexte du droit de tiers-denier, au profit de certains seigneurs des ci-devant provinces de Lorraine, du Barrois et du Clermontois et autres où ce droit pourrait avoir eu lieu, des portions de bois et autres biens dont les communautés jouissaient à titre de propriété ou d'usage, et autorisant les communes à exercer dans le délai de cinq ans l'action en révocation, sauf dans le cas où, s'agissant de biens dont les communautés n'étaient qu'usagères, ce droit se trouverait réservé dans le titre primitif de concession de l'usage, lequel devrait être représenté. — Sur l'interprétation donnée par la jurisprudence aux dispositions qui précédent, V. *Rép.* v° *Usage*, n°s 470 et suiv.

§ 2. — Étendue de la révocation prononcée par l'art. 1er de la loi du 28 août 1792 (*Rép.* n°s 1954 à 1972).

1024. V. *Rép.* n°s 1954 et suiv.

Art. 2. — *Revision des cantonnements ; Origine, nature, délai* (n°s 1973 à 1979).

1025. Nous avons dit au *Rép.* n° 1975, que les lois des 20 sept. 1790 et 28 août-14 sept. 1792, tout en maintenant pour l'avenir la faculté de cantonnement, autorisèrent la revision des cantonnements antérieurement opérés. L'art. 5 de la loi du 28 août 1792 a été implicitement abrogé, en ce qui concerne les droits d'usage en bois dans les forêts par l'art. 248 c. for. portant abrogation de toutes les dispositions contraires à celles de ce code. Quant aux droits d'usage dans les forêts, autres que les usages en bois, tels que pâturage, panage et glandée, ils ne peuvent plus être convertis par cantonnement, mais l'art. 64 c. for. en autorise le rachat dans des conditions déterminées.

1026. Mais, ainsi que nous l'avons exposé (*Rép.* v° *Usage*, n° 482), les usages assis sur des terrains non forestiers continuent à être réglés par l'art. 5 de la loi du 28 août 1792, cet article n'ayant été abrogé ni par le code civil, ni par le code forestier qui en a simplement limité l'application (Rouen, 14 août 1845, aff. Commune de Norville, D. P. 46. 2. 19 ; Poitiers, 10 déc. 1883, aff. Princesse de Craon, D. P. 84. 2. 53, et sur pourvoi, Req. 24 févr. 1885, D. P. 85. 1. 288. V. conf. Curasson sur Proudhon, *Traité des droits d'usage*, t. 2, p. 645 ; Meaume, *Commentaire du code forestier*, t. 1, n°s 521 et 522). En conséquence, la demande en cantonnement est

encore recevable aujourd'hui de la part d'une commune usagère dont les droits s'exercent en dehors des bois et forêts sur des prés ou marais (Mêmes arrêts).

1027. Comme on l'a vu d'ailleurs (*Rép.* v° *Usage*, n° 583), l'énumération contenue dans la loi du 20 sept. 1790 n'est pas limitative, et l'on doit considérer comme susceptibles de cantonnement: 1° les usages établis sur les prairies et les marais (Arrêts des 14 août 1845, 10 déc. 1883 et 24 févr. 1885 cités *suprà*, n° 1026);— 2° Les droits exercés dans les étangs des Dombes et de la Bresse sous le nom de *champéage*, de *brouillage* et de *naizage* (Civ. cass. 5 juill. 1848, aff. Cartier, D. P. 48. 1. 139). Une commune pourrait également s'affranchir par voie de cantonnement d'une servitude de vive et grasse pâture (V. conf. Proudhon, *Traité du domaine*, n° 895; Curasson sur Proudhon, *Droits d'usage*, t. 2, n° 645). Mais il a été jugé que le droit, concédé à titre onéreux par un particulier aux habitants d'une commune, de chasser sur son fonds une certaine espèce de gibier, par exemple, des oiseaux de passage, formant le revenu principal de ce fonds, constitue un démembrement de la propriété et non un simple droit d'usage, et que, dès lors, il n'est pas susceptible de cantonnement (Bordeaux, 17 mars 1847, aff. Balguerie, D. P. 47. 4. 68).

1028. La commune à laquelle un droit de pâturage a été concédé par un seul et même acte sur un certain territoire n'est obligée de subir le cantonnement qu'autant qu'il lui est demandé pour la totalité du fonds: ainsi l'acquéreur d'une partie de ce fonds est non recevable à demander le cantonnement pour cette partie seulement (Besançon, 11 juill. 1859, aff. Commune de Choisey, D. P. 60. 2. 107. V. conf. Curasson sur Proudhon, *op. cit.*, n° 440, et Meaume, n° 442).

1029. L'action en cantonnement d'un droit d'usage d'un marais dirigée contre une commune |n'est recevable que si le propriétaire établit clairement son droit à la propriété dudit marais (Req. 28 déc. 1874, aff. de Maynard, D. P. 75. 1. 228; Civ. rej. 12 août 1884, aff. Commune de Cram-Chaban, D. P. 85. 1. 111). Pour opérer le cantonnement en matière d'usage d'une prairie, on commence par évaluer en argent le droit d'usage sur toute la prairie, même sur la partie retranchée par l'effet de l'aménagement, au égard aux droits et aux besoins des habitants, c'est-à-dire au nombre des bestiaux qu'ils peuvent légalement envoyer au pâturage; puis on évalue la propriété de la prairie dans son état actuel, comme si elle était libre de la servitude d'usage; enfin on abandonne à l'usager une portion de cette propriété représentative de la valeur de l'usage estimé comme on l'a dit (Rouen, 14 août 1845, aff. Commune de Norville, D. P. 46. 2. 19).

Art. 3. — *Réintégration des communes dans les biens qu'elles prouvent avoir anciennement possédés, et dont elles ont été dépouillées par la puissance féodale (Rép. n°ˢ 1980 à 2059).*

§ 1ᵉʳ.—La commune doit prouver qu'elle était propriétaire de la totalité des biens qu'elle revendique (*Rép.* n°ˢ 1983 à 2010).

1030. Nous avons indiqué au *Rép.* n° 1984 les documents qui pourront dans la plupart des cas servir de titres aux communes pour établir leurs droits sur les biens qu'elles revendiquent. Mais la preuve du droit de propriété de la commune ne pourrait résulter de l'opposition qu'elle aurait faite à un dénombrement, s'il n'était point établi que cette opposition eût été accueillie par l'autorité compétente (Req. 24 juin 1868, aff. Commune de Léran, D. P. 69. 1. 288), ni de lettres d'amortissement qui lui auraient été octroyées, les lettres d'amortissement ne pouvant attribuer à l'impétrant sur le bien amorti un droit qui ne lui aurait pas appartenu, et n'étant d'ailleurs octroyées que sous la réserve des droits des seigneurs et des particuliers (Même arrêt).

1031. On a vu au *Rép.* n° 1989, qu'à défaut de titre la commune peut invoquer la possession, mais qu'il faut que cette propriété soit à titre non précaire et exercée *animo domini*, et que, par suite, une commune qui, pour revendiquer des biens en vertu de la loi de 1792, se présente avec des titres qui lui attribuent des droits d'usage sur ces biens condamne elle-même sa prétention (Req. 18 juin 1851, aff. Commune de Benet, D. P. 54. 5. 138 ; Civ. rej. 12 mai 1852, aff. Commune de Beaumont, D. P. 53. 1. 99 ; 1ᵉʳ févr. 1853, aff. Commune de Brugeron, D. P. 53. 1. 79).

Il a été jugé, dans le même sens, que les actes d'une commune usagère, quelque répétés qu'ils aient été, n'ont pu fonder une possession utile pour prescrire à l'encontre d'un ci-devant seigneur, surtout si celui-ci a, de son côté, fait des actes manifestant sa volonté de conserver son droit de propriété (Grenoble, 22 juin 1854, aff. de Castillon, D. P. 56. 2, 282).

§ 2. — La commune doit prouver qu'elle a été dépossédée par l'effet de la puissance féodale (*Rép.* n°ˢ 2011 à 2042).

1032. Ainsi que nous l'avons dit au *Rép.* n°ˢ 2011 et suiv., une commune ne peut exercer l'action en restitution autorisée par l'art. 8 de la loi de 1792 qu'à la condition de prouver qu'elle a été dépouillée par la puissance féodale (Req. 18 juin 1851, aff. Commune de Benet, D. P. 54. 5. 138; Civ. rej. 12 mai 1852, aff. Commune de Beaumont, D. P. 53. 1. 99 ; 1ᵉʳ févr. 1853, aff. Commune de Brugeron, D. P. 53. 1. 79 ; Grenoble, 22 juin 1854, aff. de Castillon, D. P. 56. 2. 282).

1033. Conformément a ce qui à été exposé au *Rép.* n° 2031, l'adjudication d'une seigneurie faite sur décret forcé constitue, entre les mains du nouveau propriétaire, un titre purgé de tout abus de la puissance féodale, et dès lors, la présomption de propriété établie en faveur des communes à l'égard des terres vaines et vagues situées dans leurs territoires ne peut s'appliquer aux terres vaines et vagues comprises dans la seigneurie ainsi adjugée (Req. 14 mars 1853, aff. Commune de Brufflère, D. P. 53. 1. 197).

§ 3. — Autres conditions de l'action en réintégration. — Délai ; Preuves; Mention; Restitution de fruits; Lois postérieures (*Rép.* n°ˢ 2043 à 2059).

1034. Conformément à une jurisprudence rapportée au *Rép.* n° 2050, l'action d'une commune tendant à revendiquer, en vertu de l'art. 8 de la loi du 28 août 1792, les biens dont elle prétend avoir été dépouillée par abus de la puissance féodale, n'est pas soumise à la prescription de cinq ans établie par les art. 1ᵉʳ, 6 et 9 de cette loi, mais à la prescription trentenaire (Req. 18 juin 1851, aff. Commune de Benet, D. P. 54. 5. 139 ; Grenoble, 22 juin 1854, aff. de Castillon, D. P. 56. 2. 282).

1035. La prescription court contre les communes si, au moment où la loi les a réintégrées dans les biens usurpés, elles ne possédaient pas en fait les terrains ou si elles ne les détenaient qu'à titre d'usagères (Civ. rej. 12 nov. 1844, aff. Commune d'Anthéron, D. P. 45. 4. 91 ; Grenoble, 22 juin 1854, aff. de Castillon, D. P. 56. 2. 282, et sur pourvoi, Req. 3 févr. 1857, D. P. 57. 1. 357).

1036. Il en serait autrement si, avant l'expiration du délai, les communes usagères avaient valablement interverti leur titre, mais cette interversion ne résulte pas de plein droit des lois de réintégration (Arrêts des 22 juin 1854 et 3 févr. 1857, cités *suprà*, n° 1035). De même, une commune usagère ne pourrait puiser la preuve d'une interversion de son ancien titre d'usagère, à l'effet d'établir que des terrains productifs sont devenus prescriptibles à son profit ni dans l'art. 8 de la loi de 1792 qui ne crée au profit des communes aucune présomption de propriété sur les biens de cette nature, ni dans l'inscription de la commune en qualité de propriétaire aux rôles de la contribution foncière (Arrêt du 18 juin 1851, cité *suprà*, n° 1034). Une assignation en nomination d'arbitre à laquelle il n'a pas été donné lieu n'est pas interruptive de la prescription (Arrêt précité du 22 juin 1854).

Art. 4. — *De la réintégration des communes dans la propriété des vacants ou des terres vaines et vagues (Rép. n°ˢ 2060 à 2162).*

1037. Nous avons analysé au *Rép.* n°ˢ 2060 et suiv. les dispositions successives des lois des 13 avr. 1791, 28 août 1792, 10 juin 1793, relatives aux droits des communes sur les *terres vaines et vagues*. Les délais impartis aux communes pour intenter l'action en revendication de ces terres sont déterminés par l'art. 9 de la loi du 28 août 1792; mais cet article a lui-même été modifié par la loi du 10 juin

1793, qui a réglé toutes les questions relatives à cette revendication. Cette dernière loi n'a été abrogée ni par celle du 9 vent. an 12, ni par celle du 21 prair. an 4, et elle est demeurée en vigueur dans celles de ses dispositions qui ne se réfèrent pas aux partages en propriété de biens communaux entre habitants et au mode de procéder dans tous les autres partages de biens communaux (Ducrocq, *Cours de droit administratif*, 6° éd., t. 2, n° 1413).

§ 1er. — **Terrains réputés vains et vagues ou communaux. — Terrains productifs** (*Rép.* n°s 2064 à 2087).

1038. On a vu au *Rép.* n° 2064 que c'est la nature même des terres, quel que soit leur nom, que la loi a eue en vue en déclarant communaux certains terrains, et que les terrains productifs ne rentrent pas dans cette catégorie.

Il été a décidé, en ce sens, que la présomption de propriété en faveur des communes, admise sous l'ancien droit dans les pays allodiaux et consacrée par l'art. 1er, sect. 4, de la loi du 10 juin 1793, à l'égard des terres vaines et vagues, ne s'applique pas aux terrains productifs et par exemple aux forêts (Req. 8 juin 1851, aff. Commune de Benet, D. P. 54. 5. 139; Civ. rej. 12 mai 1852, aff. Commune de Beaumont, D. P. 53. 1. 99; 24 juin 1868, aff. Commune de Léran, D. P. 69. 1. 288; 18 nov. 1868, aff. Commune de Chanteuge, D. P. 69. 1. 128; Req. 31 juill. 1873, aff. Poullain, D. P. 74. 1. 272).

1039. En ce qui concerne ces derniers terrains, une commune ne peut exercer l'action en réintégration autorisée par les lois de 1792 et 1793 qu'en prouvant qu'elle en a été dépouillée par abus de la puissance féodale (Req. 3 févr. 1857, aff. Commune de Massane, D. P. 57. 1. 357; Arrêt du 24 juin 1868, cité *suprà*, n° 1038).

Toutefois, ainsi que nous l'avons dit au *Rép.* n° 2075, une terre ne cesse pas d'être vaine et vague par le seul fait que quelques arbres y sont plantés; dans ce cas, les arbres accrus sur ces terres en sont un accessoire, et les lois abolitives de la féodalité ont entendu en attribuer la propriété aux vassaux, aussi bien que celle du sol (Civ. rej. 30 avr. 1851, aff. Huchet, D. P. 51. 1. 149).

A plus forte raison doit-on considérer comme vain et vague un terrain toujours resté inculte et ne produisant que des ajoncs et un peu d'herbes (Riom, 13 juin 1850, aff. Boutot, D. P. 54. 5. 140).

1040. Si en règle générale les lois de 1792 et 1793 ne sont applicables qu'aux terrains improductifs, on doit remarquer cependant que dans certaines régions, et spécialement en Provence, les terres *gastes* mentionnées dans ces lois comprenaient toutes les terres incultes, sans distinction entre celles qui étaient productives comme les bois, et les terres incultes improductives : dans ce cas, les dispositions précitées sont applicables notamment aux terrains qui renferment certaines parties boisées, mais où ne croît que le bois mort et dont le vrai produit est dans le pâturage (Req. 4 mai 1863, aff. Fogasserias, D. P. 64. 1. 272).

1041. Comme on l'a dit au *Rép.* n° 2072, les atterrissements qui se forment dans le lit des rivières ne peuvent être revendiqués par les communes comme terres vaines et vagues. Il en est de même des terrains formés au bord des fleuves et rivières navigables ou flottables par des dépôts d'immondices et escarbilles jetées et abandonnées sur le rivage, ou dans le lit de ces fleuves et rivières, ces terrains appartenant à l'État par droit d'accession (Civ. cass. 12 nov. 1879, aff. Préfet de Seine-et-Oise, D. P. 49. 1. 284).

1042. Le caractère des dunes a été l'objet de vives controverses (V. *Revue pratique*, 1870 : *Des dunes du golfe de Gascogne* par M. Bouniceau-Gesmon). D'après un arrêt de la cour de Bordeaux du 25 juill. 1870 (aff. Commune du Porge, D. P. 72. 2. 102), elles rentrent dans la catégorie des terres vaines et vagues que les communes peuvent revendiquer en vertu des lois de 1792 et de 1793. Mais la cour de cassation saisie d'un pourvoi contre cet arrêt n'a pas cru nécessaire de statuer sur cette question, attendu qu'il résultait des constatations de l'arrêt attaqué que la commune possédait les dunes *animo domini* depuis 1792 et que, par cela seul, elle en devait être déclarée propriétaire, soit qu'on considérât ces dunes comme des terres vaines et vagues attribuées aux communes par les lois précitées, soit qu'on

les rangeât dans la classe des biens vacants et sans maître qui, aux termes des art. 539 et 713 c. civ., font partie du domaine de l'État (Civ. rej. 30 juin 1873, aff. Commune du Porge, D. P. 74. 1. 369). — V. *infrà*, v° *Dunes*.

1043. Les communes propriétaires du sol des rues et des places sont également, ainsi qu'on l'a exposé au *Rép.* n° 2083, présumées propriétaires des terrains vains et vagues contigus à la voie publique; mais cette présomption peut être combattue par la preuve contraire (Besançon, 21 déc. 1864, aff. Commune de Chamole, D. P. 64. 2. 240. V. conf. Curasson sur Proudhon, *Droits d'usage*, t. 3, p. 78, 87, 117 et 568).

La preuve contraire à cette présomption légale ne peut résulter d'actes de pure faculté, tels que des dépôts de fumiers, de bois, et d'autres matières; ces actes de tolérance de la part des communes ne peuvent constituer pour les riverains qu'une possession précaire; ces derniers doivent être en mesure d'opposer à la commune des titres constitutifs de propriété, et l'appréciation de ces titres est dans le domaine souverain du juge (Même arrêt; Besançon, 26 mars 1823, 7 févr. 1827, 14 nov. 1844, 18 janv. 1845 et 21 déc. 1846, D. P. 64. 2. 240, notes 1 et 2. V. conf. Curasson, *Compétence des juges de paix*, t. 2, p. 205; Troplong, *Prescription*, t. 1, n° 161; Proudhon, *Domaine public*, 2° éd., t. 1, p. 498, n° 361).

1044. Les lois de 1792 et 1793 ont restitué non seulement aux communes, mais aux sections de communes les terres vaines et vagues dont elles avaient été dépouillées par l'effet de la puissance féodale; et elles comprennent sous la dénomination de *section* toute société de citoyens unis par des relations locales. soit qu'elle forme une municipalité particulière, soit qu'elle fasse partie d'une municipalité, mais ayant des biens communaux séparés, telle notamment que celle qui existe entre les habitants des villages et les ci-devant vassaux ayant droit d'usage sur les terres vaines et vagues situées dans l'enclave d'un fief (L. 10 juin 1793, art. 1er et 2; 28 août 1792, art. 10 et 11) (Bordeaux, 1er juill. 1863, aff. Commune de Grayan, D. P. 67. 1. 120). En conséquence, des villages unis entre eux par des relations locales et ayant par indivis sur les terres vaines et vagues de leur territoire des droits d'usage concédé par l'ancien seigneur moyennant redevance ont pu être considérés comme une section de commune fondée, à l'exclusion de la commune dont elle fait partie, à revendiquer la propriété de ces terres en vertu des lois de réintégration (Même arrêt, et sur pourvoi, Civ. rej. 2 janv. 1867, D. P. 67. 1. 120).

1045. La question de savoir si une section qui prétend à un droit exclusif sur des biens communaux peut invoquer à l'encontre de la commune non seulement des titres, mais la prescription, a été controversée. Suivant une opinion, des titres ou d'anciennes divisions territoriales pourraient seuls assurer à un groupe d'habitants la propriété d'un communal s'il y réunissait la jouissance (Orléans, 27 août 1842, D. P. 65. 1. 299, notes 1 et 2. V. conf. Caffin, *Des droits de propriété des communes*, n° 58). Mais ce système a été repoussé par la jurisprudence. Ainsi que le fait justement observer M. Aucoc, n°s 54 et 55, la loi ayant reconnu l'existence des sections de commune, on ne saurait interdire à une section de prouver qu'elle a possédé, non pas en qualité de membre de la communauté dont elle faisait partie, mais en qualité de propriétaire exclusif, et la prescription fondée sur une longue possession a été instituée précisément pour suppléer à l'absence des titres (V. conf. Req. 1er févr. 1865, aff. Commune de Fozzano, D. P. 65. 1. 299; Dijon, 15 févr. 1867, aff. Commune de Solutré, D. P. 67. 2. 219).

Mais les titres invoqués ou les faits de possession articulés doivent réunir les conditions propres à en faire une cause d'acquisition de la propriété. Ainsi, il a été décidé que la preuve du droit privatif d'une section sur un bien communal ne saurait résulter contre la commune des délibérations de son conseil municipal qui, contenant le partage administratif du bien revendiqué, indivis avec une autre commune, ont déterminé la part afférente à chacune des communes en des termes qui impliqueraient la reconnaissance du droit de la section, une telle reconnaissance excédant les pouvoirs du conseil municipal (Arrêt précité du 15 févr. 1867)

Au contraire, il y a titre suffisant de propriété indivise sur des terrains vagues dépendant d'une commune au profit d'un

certain nombre d'habitants de cette commune, lorsque ces habitants prouvent que non seulement, depuis la confection du cadastre, ils ont toujours figuré au rôle des contributions pour lesdits terrains et en ont seuls payé les impôts, mais encore qu'ils possèdent, depuis plus de trente ans, dans les conditions acquises pour la prescription, lesdits terrains et y ont seuls opéré des défrichements (Req. 30 juin 1874, aff. Mazaud, D. P. 74. 1. 477).

§ 2. — Nécessité que le jugement constate le caractère vain et vague des terres avant 1789, et que cette constatation ne soit pas contredite par les circonstances (*Rép.* n°s 2088 à 2090).

1046. La question de savoir si un terrain peut être considéré comme productif ou comme un terrain vain et vague est une question de fait souverainement appréciée par les tribunaux (Req. 3 févr. 1857, aff. Commune de Massane, D. P. 57. 1. 357). C'est d'ailleurs, ainsi que nous l'avons dit (*Rép.* n° 2088), à l'état de choses existant au moment de la Révolution que les tribunaux doivent se reporter pour apprécier le caractère des terrains litigieux. Ainsi l'on ne devrait pas considérer comme soumis à l'application des lois de 1792 et 1793 un terrain originairement vain et vague, mais que l'ancien seigneur aurait converti en un étang faisant marcher un moulin (Rennes, 11 févr. 1850, aff. Caradeux, D. P. 52. 5. 117).

Si, au contraire, à l'époque desdites lois, des terres étaient vaines et vagues, les tribunaux n'auraient pas à se préoccuper des actes administratifs qui postérieurement auraient soumis ces terres au régime forestier (Req. 14 mai 1850, aff. Royer d'Eguille, D. P. 50. 1. 147).

§ 3. — Règles spéciales aux terrains vacants situés dans les cinq départements de la Bretagne (*Rép.* n°s 2091 à 2106).

1047. Nous avons dit au *Rép.* n° 2091 que, par dérogation aux règles qui précèdent, l'art. 10 de la loi du 28 août 1792 avait établi un droit spécial pour les cinq départements qui composaient l'ancienne province de Bretagne. Dans cette province, les seigneurs avaient l'usage d'inféoder non aux communautés, mais aux habitants *ut singuli*, le droit de *communer* et *motoyer* dans les vastes landes qui couvraient le pays, c'est-à-dire d'y faire paître leurs troupeaux et d'y couper des herbes et bruyères qui y croissaient spontanément. Ce droit de servitude a été converti par la loi de 1792 en un droit de propriété au profit « soit des communes, soit des habitants des villages, soit des ci-devant vassaux actuellement en possession du droit de communer et motoyer ». On a vu au *Rép.* n° 2092 que, d'après l'interprétation consacrée par la jurisprudence, l'art. 10 de la loi de 1792 a dérogé à l'art. 9 en accordant aux habitants la propriété dans la mesure où ils avaient antérieurement un droit d'usage, et que les communes substituées aux seigneurs sont devenues propriétaires de tout ce que ces derniers n'avaient pas abandonné aux vassaux. Il résulte du texte et de l'esprit de cette disposition que ces mots « actuellement en possession du droit de communer » ne s'appliquent qu'aux ci-devant vassaux ; quant aux communes substituées aux anciens seigneurs, elles ont été sans condition et de plein droit déclarées propriétaires des terres dont il s'agit (Civ. rej. 16 janv. 1865, aff. Choiseul d'Aillecourt, D. P. 65. 1. 23).

1048. L'art. 10 excepte de l'attribution des terrains vagues faite aux anciens vassaux en possession du droit d'y communer les terrains transmis antérieurement par les ci-devant seigneurs à des tiers à titre d'afféagement, d'arrentement ou d'accensement. En conséquence, la propriété de ces terrains doit être reconnue à celui ou ses auteurs, avant

(1) (Commune de Plougoumelen C. Lemoing.) — LA COUR; — Sur le premier moyen du pourvoi, tiré de la fausse application de la loi du 28 août 1792, art. 10, et par suite violation dudit article et de l'art. 1er, sect. 4, de la loi du 10 juin 1793 : — Attendu, en droit, qu'aux termes de l'art. 10 de la loi du 28 août 1792, les terres vaines et vagues situées dans la ci-devant province de Bretagne ne sont attribuées aux communes qu'autant qu'elles ne se trouvent pas déjà afféagées, mais qu'en cas d'afféagement, la propriété est dévolue aux afféagistes; — Attendu, en fait, que l'arrêt attaqué déclare qu'il résulte des anciens actes soumis à son examen et dont il fait l'analyse que, dès avant 1792, les

1792, étaient seuls en possession du droit de *communer* et jouissaient desdits terrains à titre d'afféagistes (Req. 17 mai 1882) (1). Mais le bénéfice de cette disposition n'est pas subordonné à la représentation du titre primordial; il suffit que la possession à titre d'afféagiste du tiers qui invoque l'existence d'une telle transmission à son profit soit constante; et l'exception dont il s'agit peut profiter à un afféagiste qui serait lui-même un ancien seigneur, si les terrains afféagis ne dépendaient pas de sa seigneurie, et si dès lors il ne doit pas être présumé s'en être emparé par abus de la puissance féodale (Req. 19 juill. 1864, aff. Duval, D. P. 64. 1. 434).

1049. Ainsi qu'on l'a exposé au *Rép.* n° 2093, la loi de 1792 n'a eu d'autre effet que de transformer, au profit des vassaux, l'ancien droit de *communer* en un droit de propriété ; et en changeant la nature du droit elle n'en a pas modifié l'étendue. Le droit de *communer*, qui avait le caractère d'une servitude due non à la personne mais à la terre, était restreint au pacage des bestiaux qui pouvaient être nourris pendant l'hiver sur les pailles et foins des terres auxquelles il était attaché, et la conversion de cette servitude en pleine propriété n'a eu lieu qu'en faveur de ceux qui auraient pu exercer le droit de communer, et dans les limites des besoins de l'exploitation pour laquelle il a été établi (Req. 21 mars 1855, aff. Praud, D. P. 55. 1. 399). Il en résulte que le bénéfice de l'art. 10 de la loi de 1792 ne peut être réclamé par ceux qui, lors du partage des landes frappées de l'ancien droit de communer, ne justifient pas être propriétaires des terrains à raison desquels il y aurait lieu à l'exercice de cette servitude, et notamment qui ont, par l'effet d'un partage de famille, cessé de posséder les parcelles donnant droit aux communs (Même arrêt).

La perte du droit aux communs est également encourue par ceux qui, lors du partage de ces communs, avaient cessé d'être propriétaires des terrains, quelque longue qu'ait été leur possession du droit de communer, cette servitude ne pouvant s'acquérir en Bretagne par la seule possession (Même arrêt).

1050. Du principe que la conversion en propriété du droit de *communer* n'a pas modifié les proportions de ce droit, il résulte que la commune substituée, comme nous l'avons dit, à l'ancien seigneur, peut revendiquer ce qui resterait des vacants après que les ayants cause des vassaux seraient remplis de leurs droits (Req. 8 déc. 1874, aff. Commune de la Boussac, D. P. 75. 1. 126). De même, conformément à ce qui a été exposé au *Rép.* n° 2094, elle peut faire réduire le droit général de pacage qu'un ancien vassal avait sur toutes les terres vagues d'une seigneurie à la limite de ses besoins particuliers (Civ. cass. 10 août 1846, aff. Commune de la Haute-Goulaine, D. P. 46. 4. 73).

1051. L'art. 10 de la loi de 1792 n'attribue aux ci-devant vassaux que les terres vaines et vagues sur lesquelles ces derniers exerçaient un droit de *communer*. Par suite, les anciens vassaux ne peuvent réclamer la propriété de terres qui ne sont pas des terres vaines et vagues mais des terrains productifs et forestables, et dont les anciens seigneurs avaient la jouissance à titre de propriété privée, exclusive du droit de *communer* (Req. 31 juill. 1873, aff. Poullain, D. P. 74. 1. 272).

Il a été décidé, toutefois, que le juge du fond a pu, en s'appuyant sur une suite d'actes et de faits d'exécution, appliquer l'art. 10 à des terrains garnis d'arbres de haute futaie (Civ. rej. 30 avr. 1851, aff. Huchet, D. P. 51. 1. 149).

1052. Les terres mises en culture, même à la suite d'un simple partage de fait entre les habitants d'une commune, ne sont plus soumises à la présomption de propriété qui en fait un accessoire des terres cultivées appartenant à ces

auteurs de Lemoing étaient seuls en possession du droit de communer, à l'exclusion de la commune demanderesse, et qu'ils jouissaient, en qualité d'afféagistes, des terres vaines et vagues composant le tènement dit la Parc de la Garenne, dépendant de la seigneurie de Larguoët; — Attendu que c'est à bon droit que l'arrêt a tiré de cette constatation souveraine des faits la preuve du droit de Lemoing à la propriété des terrains litigieux ;. .

Par ces motifs, rejette, etc.

Du 17 mai 1882.-Ch. req.-MM. Bédarrides, pr.-Bécot, rap.-Chévrier, av. gén., c. conf.-Chambon, av.

habitants (Req. 9 juin 1863, aff. Lemasson, D. P. 64. 1. 490).

Dès lors, si l'un des copartageants vend la parcelle à raison de laquelle il avait été admis au partage, sans faire mention, dans l'acte de vente, des communs qui avaient été placés dans son lot et qu'il avait soumis à une jouissance séparée, il a pu être décidé, par interprétation de la volonté des parties, que la vente ne comprend pas ces communs (Même arrêt).

1053. Le droit de propriété que l'art. 10 attribue aux anciens vassaux alors en possession de la servitude de *communer* peut être reconnu à leurs ayants cause par interprétation des actes produits par eux et appuyés de présomptions (Req. 8 déc. 1874, aff. Commune de la Boussac, D. P. 75. 1. 126).

Le juge du fond a un pouvoir souverain d'appréciation à l'effet de reconnaître en leur faveur l'existence d'une possession utile pour prescrire, et de la distinguer d'actes de pure tolérance relatifs à d'autres habitants de la même commune (Mêmes arrêts).

1054. Nous avons dit au *Rép.* n° 2105, que l'art. 10 de la loi du 28 août 1792 n'a pas été abrogé par l'art. 1er, sect. 4, de la loi du 10 juin 1793 qui décide d'une manière générale que les terres vaines et vagues appartiennent *de leur nature* aux communautés d'habitants (Arrêts des 8 déc. 1874, cité *suprà*, n° 1050, et 17 mai 1882, cité *suprà*, n° 1048). Mais l'art. 10 de la loi de 1792 n'avait pas réglé l'application du principe qu'il avait consacré, et le partage des terres vaines et vagues dont la propriété appartenait en vertu de cette loi à un très grand nombre de communistes ne pouvait avoir lieu que dans les conditions déterminées par le code civil et le code de procédure civile. La loi des 6-15 déc. 1850 (D. P. 51. 4. 1), a eu pour objet de porter remède à cet état de choses ; elle est exclusivement, ainsi que son titre l'indique, une loi de procédure destinée à faciliter le partage des communaux dans l'ancienne Bretagne en diminuant les frais. Elle laisse subsister, ainsi que l'a déclaré dans la discussion le ministre de la justice, « la loi de 1792 telle que son texte et la jurisprudence qui l'a interprétée l'ont faite » (D. P. 51. 4. 1, note 3). L'effet de cette loi était limité à vingt ans. « Le législateur, dit M. Ducrocq, t. 2, § 1413 *bis*, avait espéré que ce délai serait suffisant pour que les usagers, particuliers et communes, fissent reconnaître ou diviser leurs droits ; mais, en 1870, les intéressés n'avaient effectué que six cent quatre-vingt douze partages embrassant 35903 hectares, un peu moins de la moitié des surfaces existantes en 1850 : aussi une première prorogation de dix années a été consentie par une loi du 3 août 1870 » (D. P. 70. 4. 64). A l'expiration de cette nouvelle période décennale, l'étendue des terres vaines et vagues restant à partager dans les cinq départements intéressés s'est trouvée réduite à 17900 hectares, et la loi du 6 déc. 1850 a été prorogée par celle du 1er janv. 1881 (D. P. 82. 4. 13) pour dix nouvelles années.

1055. La loi du 6 déc. 1850 est applicable à toutes les terres désignées par l'art. 10 de la loi de 1792, soit que la propriété en fût établie par des titres antérieurs à cette loi, soit qu'elle ne dérivât que de la loi de 1792. Ainsi la vente des terres vaines et vagues qui, avant cette dernière loi, avaient été l'objet de concessions faites à titre d'afféagement, à charge de rentes féodales, et se trouvaient encore indivises entre les concessionnaires lors de la promulgation de la loi de 1850, est soumise aux formalités tracées par cette loi, aussi bien que le partage des terres vaines et vagues dont la propriété a été attribuée pour la première fois par la loi de 1792 aux *communiers* (Req. 10 août 1853, aff. Pavec, D. P. 54. 1. 155. — V. en sens contraire : Trib. Vannes, 20 avr. 1852, *ibid.*, note 3).

1056. La demande en partage doit être notifiée par voie d'affiches et publications ; elle doit contenir la mention expresse qu'elle vaut ajournement à l'égard de tous les prétendants au droit, et la désignation des terres à partager (art. 2). Cet ajournement par publication remplace l'assignation individuelle à raison du nombre généralement très considérable des intéressés à un partage de terres vaines et vagues. Dans certains cas, d'après le rapporteur de la loi, il y a lieu de mettre en cause plus de mille partageants (D. P. 51. 4. 1, note 2).

1057. Une copie de la demande doit être signifiée à chacun des maires des communes de la situation des terres

à partager. Une autre doit être affichée à la porte de la mairie, une troisième doit être adressée au préfet et tient lieu à l'égard des communes intéressées du mémoire exigé par la loi. La demande doit, en outre, être publiée à l'issue de la messe paroissiale, les deux dimanches qui suivront l'apposition de l'affiche (art. 3). L'omission de la signification d'une copie de la demande au maire n'est pas une cause de nullité de la procédure, lorsque le maire a été directement interpellé par voie d'affiches pour produire ses titres et qu'après le dépôt au greffe du rapport de délimitation, ce maire est intervenu au procès-verbal, non pour fournir des contredits, mais pour faire de simples réserves (Req. 26 avr. 1859, aff. Commune de Savenay, D. P. 59. 1. 435).

1058. Un extrait de la demande doit être inséré dans un des journaux qui s'impriment au lieu où siège le tribunal devant lequel la demande est portée, et affiché en forme de placard : 1° à la porte de la principale église de chacune des communes où sont situées les terres à partager ; 2° au lieu où se tient le principal marché de ces communes ; 3° à la porte de l'auditoire du juge de paix de chacun des cantons de la situation desdites terres ; 4° à la porte extérieure du tribunal devant lequel le partage est poursuivi (art. 4 et 5).

Un mois après la dernière de ces insertions, publications ou affiches, l'audience est poursuivie par un simple acte d'avoué à avoué (art. 6). Les exceptions doivent être également proposées par un simple acte (art. 7), et les jugements rendus sur les exceptions autres que celles d'incompétence sont rendus en dernier ressort (art. 8). L'exception dilatoire tendant à faire inventaire et délibérer ne peut être invoquée ; la défense à l'action en partage n'emporte pas attribution de qualité (art. 9).

Le décès et le changement d'état de l'un des défendeurs ne donnent lieu à aucun délai pour reprise de l'instance. En cas de décès ou de changement d'état de l'un des demandeurs, l'instance doit être reprise dans les huit jours qui suivent la notification du décès ou du changement d'état, sans qu'il soit besoin d'assignation à cette fin (art. 10).

1059. Le jugement doit être rendu un mois après le premier appel de la cause ; il n'est pas susceptible d'opposition. Le tribunal ordonne, s'il y a lieu, le partage demandé, nomme d'office un ou plusieurs experts, et détermine les bases de leurs opérations (art. 11).

Mais si, pour s'opposer à la demande de partage, la commune sur le territoire de laquelle sont situées les terres excipe d'un droit exclusif de propriété, le juge ne peut pas ordonner le partage, ni commettre les experts avant d'avoir résolu la question préjudicielle de propriété (Civ. cass. 11 déc. 1867, aff. Commune de Vieuxvy, D. P. 67. 1. 485).

1060. Les art. 12 et 16 déterminent les conditions dans lesquelles les experts devront s'acquitter de leur mission. Après le jugement des contestations, ou s'il n'a été fait dans le mois aucun contredit, ils procéderont immédiatement au partage qui aura lieu par attribution de lots (art. 18).

1061. Le jugement qui statue sur les contredits prononce définitivement sur le partage (art. 19). Il n'est pas susceptible d'opposition. La disposition précitée de l'art. 11, qui interdit l'opposition aux jugements rendus par défaut dans une instance en partage des terres vaines et vagues, est générale et absolue (Req. 18 nov. 1870, aff. Poullain, D. P. 80. 1. 107).

La tierce opposition n'est pas admise davantage contre ces jugements (D. P. 51. 4. 8, note 6). S'il n'est fourni dans le mois aucun contredit, le partage demeure définitivement arrêté, conformément aux dispositions des experts. Leur rapport doit être rendu exécutoire par une ordonnance du président du tribunal, qui n'est susceptible ni d'opposition, ni d'appel (art. 19).

1062. Aux termes de l'art. 20, à défaut de contredit dans le délai fixé par l'art. 19, les partages opérés conformément à la loi de 1850 ne peuvent être l'objet d'aucun recours de la part des intéressés. Cette déchéance est encourue par tout intéressé, alors même qu'il était resté et devait rester étranger au partage (Req. 2 mars 1857, aff. Bellail, D. P. 57. 1. 115). Elle est applicable notamment à la demande, formée par les ci-devant vassaux d'une seigneurie voisine, en revendication des terres vaines et vagues dépendant de cette seigneurie et qui auraient été mal à propos comprises dans le partage ; et lesdits vassaux sont déchus non seule-

ment du droit de revendication des terres dont il s'agit, mais de tout droit à une indemnité (Même arrêt).

1063. Mais le jugement homologatif du partage et la forclusion à défaut de contredit dans le délai légal ne font pas obstacle à ce que l'un des copartageants qui n'avait acheté l'immeuble à raison duquel il avait été admis au partage que sous la réserve des communs au profit de son vendeur soit ultérieurement actionné par celui-ci, même en l'absence de toute contestation lors du partage, en payement d'une indemnité comme équivalent de l'attribution erronée faite à ce copartageant des communs ainsi exclus de son acquisition. En effet, une semblable action ne tend pas à remettre en question le partage, ni à contester les attributions faites par cet acte, ni n'est fondée que sur l'exécution d'un acte de vente antérieur au partage (Req. 9 juin 1863, aff. Lemasson, D. P. 64. 1. 490).

1064. La déchéance prononcée par l'art. 20 contre les parties qui n'ont pas contredit dans le délai légal les opérations du partage n'est pas applicable aux communes; en conséquence, les communes peuvent faire appel du jugement qui a prononcé définitivement sur le partage, alors même qu'étant parties à ce partage elles ont laissé expirer le délai accordé par l'art. 19 pour contredire le rapport des experts (Civ. cass. 17 août 1869, aff. Commune de Guer, D. P. 69. 1. 466). Il résulte, en effet, des observations échangées à l'occasion d'un amendement de M. Chégaray qui est devenu le deuxième paragraphe de l'art. 19, et notamment du discours du ministre de la justice, qu'on a entendu accorder aux communes le droit de faire appel du jugement qui prononce définitivement sur le partage dans tous les cas, soit qu'elles aient ou non figuré dans le procès, soit qu'elles aient ou non contredit sur le rapport des experts.

1065. L'appel de la commune ayant pour but d'obtenir la distraction des terres que la commune revendique remet tout le partage en question. Par suite, les parties intéressées au maintien du partage sont recevables à intervenir sur l'appel de la commune, bien qu'elles aient laissé expirer le délai fixé pour contredire (Arrêt du 17 août 1869, cité *suprà*, n° 1064). Les règles tracées par la loi du 6 déc. 1850 pour la procédure devant les tribunaux de première instance sont également applicables à la procédure d'appel (art. 22).

1066. Aux termes de l'art. 24, dans la quinzaine de la demande en partage, le conseil municipal est appelé à délibérer sur les droits de la commune. A défaut par celle-ci de faire valoir ces droits, le préfet peut les exercer devant les tribunaux de première instance, de l'avis de trois jurisconsultes; il ne peut interjeter appel, ou se pourvoir en cassation qu'après un nouvel avis obtenu dans la même forme.

Cette disposition, n'ayant pas été comprise parmi celles qu'abroge l'art. 168 de la loi du 5 avr. 1884, n'a pas cessé d'être en vigueur.

§ 4. — L'action en réintégration ne peut être admise, si l'ancien seigneur justifie d'un titre légitime d'acquisition (*Rép.* n°s 2107 à 2121).

1067. Nous avons dit au *Rép.* n° 2107 que l'art. 8, sect. 4, de la loi du 10 juin 1793 n'a pas cessé d'être en vigueur, et que, par conséquent, un ancien seigneur ne peut repousser la demande en réintégration d'une commune que s'il produit un titre légitime d'acquisition.

Mais, alors même que l'ancien propriétaire justifie d'un titre légitime, la commune peut, conformément au droit commun, lui opposer la prescription lorsqu'elle a eu pendant trente ans la possession exclusive et *animo domini* des terres vaines et vagues situées sur son territoire (Rennes, 21 déc. 1867, aff. Commune de Ruffiac, D. P. 70. 2. 62).

§ 5. — L'action en réintégration peut-elle être admise lorsque les vacants étaient possédés, soit par le domaine, soit par des émigrés, soit par des corps religieux? (*Rép.* n°s 2122 à 2131).

1068. Ainsi qu'on l'a vu au *Rép.* n° 2123, le décret du 8 août 1793 n'a pas eu pour effet d'abroger l'art. 12 de la loi du 10 juin 1793, d'après lequel la partie des communaux possédée par l'Etat, comme représentant des anciens seigneurs laïques ou ecclésiastiques, ne peut être revendiquée par les communes en vertu de l'art. 8 de la loi précitée. Il

a été décidé, par suite, que l'Etat peut revendiquer, comme substitué aux droits d'une ancienne abbaye, en vertu de l'art. 12 de la loi du 1793, des terres vaines et vagues ayant appartenu à cette abbaye, quoique le décret du 8 août 1793 ait maintenu à l'égard de ces terres l'art. 10 de la loi de 1792 qui, dans les cinq départements composant l'ancienne province de Bretagne, en a attribué la propriété aux communes, habitants des villages ou ci-devant vassaux investis du droit de communer, si le défendeur ne justifie pas qu'il soit au nombre de ces derniers (Civ. cass. 19 nov. 1856, aff. Préfet du Morbihan, D. P. 56. 1. 440).

1069. Mais, conformément à plusieurs décisions rapportées au *Rép.* n°s 2125 et 2126, il a été jugé qu'en Provence où les seigneurs n'ont été investis par aucune loi de la propriété des bois et terres *gastes* situés dans leurs seigneuries, l'Etat, qui représente aujourd'hui les seigneurs, ne peut revendiquer ces biens contre la commune qui les possède qu'à la charge d'établir par des titres son droit de propriété (Req. 9 mai 1849, aff. Préfet des Basses-Alpes, D. P. 51. 5. 519).

§ 6. — L'action en réintégration est-elle admise lorsque les vacants sont possédés par des tiers détenteurs? (*Rép.* n°s 2132 à 2145).

1070. On a indiqué au *Rép.* n° 2132 les dérogations au droit de revendication des communes admises par les art. 9 et 10, sect. 4, de la loi du 10 juin 1793, et l'on a établi plusieurs distinctions entre les catégories de personnes visées par ces dispositions.

1071. — I. DÉTENTEURS QUI ONT ACQUIS LEURS DROITS DES ANCIENS SEIGNEURS. — L'art. 9 excepte, ainsi qu'on l'a vu au *Rép.* n° 2133, de l'application de l'article précédent toutes concessions, ventes, collocations forcées, partages ou autres possessions, depuis quarante ans et au delà, jusqu'au 4 août 1789. Les mots *collocations forcées* comprennent toutes les ventes par expropriation forcée, soit sur saisie réelle, soit pour cause d'utilité publique. Ainsi la présomption de propriété établie en faveur des communes ne peut être opposée aux ayants cause de celui qui a acquis, à la suite d'un décret forcé, la seigneurie dans laquelle se trouvaient comprises les terres vaines et vagues (Req. 14 mars 1853, aff. Commune de Bruffière, D. P. 53. 1. 197).

1072. Nous avons dit au *Rép.* n° 2134 que l'article précité de la loi de 1793 affranchit de l'action en réintégration des communes les concessionnaires et acquéreurs antérieurs de quarante ans au 4 août 1789 qui ne seraient ni acquéreurs volontaires ou donataires, ni héritiers ou légataires du fief *à titre universel*. Le législateur a entendu désigner par ces dernières expressions celui qui représenterait le seigneur d'une manière absolue et générale, et qui posséderait son fief. En conséquence, l'action en réintégration ne peut être exercée contre le concessionnaire à titre onéreux d'un arrière-fief sur lequel le seigneur concédant s'est réservé la haute justice et les droits seigneuriaux (Grenoble, 22 juin 1854, aff. de Castillon, D. P. 56. 2. 282).

1073. — II. DÉTENTEURS QUI ONT ACQUIS DES TERRAINS LITIGIEUX DE PARTICULIERS NON SEIGNEURS, ANTÉRIEUREMENT A 1793, OU QUI SE TROUVENT EN POSSESSION SANS TITRE. — Conformément à ce qui a été dit au *Rép.* n° 2138, quoique l'art. 1er, sect. 4, de la loi de 1793 soit principalement dirigé contre les anciens seigneurs, la présomption légale qu'il établit au profit des communes est générale et absolue, et peut être opposée non seulement aux anciens seigneurs et à leurs représentants, mais aussi à toutes autres personnes qui, au moment de la promulgation de ladite loi, n'avaient ni titre ni possession suffisante (Bordeaux, 10 janv. 1856, aff. Piquet D. P. 57. 5. 67).

§ 7. — Délai de l'action en revendication des vacants (*Rép.* n°s 2146 à 2162).

1074. Ainsi qu'on l'a dit au *Rép.* n° 2146, la loi de 1793 a laissé subsister la disposition de l'art. 9 de la loi de 1792 qui fixait à cinq ans le délai pendant lequel les communes pourraient former leur action en revendication. La déchéance qui résulte contre les communes de l'expiration de ce délai ne peut être invoquée que par ceux qui avaient la possession au moment de la promulgation de la loi (Req. 28 avr. 1852, aff. Boutey, D. P. 52. 5. 116); et la propriété d'un terrain

vain et vague a pu être attribuée à une commune en vertu de la présomption résultant de la possession ancienne de cette commune et du droit établi par la loi de 1792, alors qu'il y avait doute sur la possession actuelle à défaut d'actes de jouissance caractérisés de la part de l'une ou de l'autre des parties (Même arrêt).

1075. Ainsi qu'on l'a vu au *Rép.* n° 2151, la déchéance dont il s'agit n'est pas opposable aux communes qui, au moment de la promulgation de la loi de 1792, étaient en possession des biens dont la réintégration a été prononcée à leur profit (Req. 21 juin 1854, aff Boucher, D. P. 54. 1. 395; Civ. cass. 3 déc. 1855, aff. Chamblant, D. P. 56. 1. 84; 10 juin 1857, aff. Champault, D. P. 57. 1. 245; Req. 5 déc. 1871, aff. Guilbert, D. P. 72. 1. 136; Civ. rej. 29 juill. 1872, aff. de Roubion, D. P. 72. 1. 301). De même, l'obligation de revendiquer lesdites terres dans le délai de cinq ans est inapplicable aux communes ou sections qui, dans ce délai, ont pris possession de ces terres (Rcq. 14 mai 1850. aff. Royer d'Eguille, D. P. 50. 1. 147; 15 juin 1858, aff. Assurances générales, D. P. 58. 1. 245; 7 avr. 1863, aff. de Guenet, D. P. 63. 1. 339; Bordeaux, 1er juill. 1863, aff. Commune de Grayan, D. P. 67. 1. 120).

1076. Mais, pour que cette possession puisse suppléer à l'action en revendication, il faut qu'elle ait lieu *animo domini* (Arrêts des 14 mai 1850, 7 avr. et 1er juill. 1863 cités *suprà*, n° 1075). Et cette possession *animo domini* résulte, pour les communes qui n'avaient originairement qu'une détention précaire, sinon de la loi de 1792, du moins des nouveaux actes de possession exercés par elles à titre de propriétaires (Arrêt précité du 7 avr. 1863, V. *infrà*, n° 1080).

1077. Il résulte de ce qui précède que les lois de 1792 et de 1793 n'ont pas rendu de plein droit propriétaires des terres vaines et vagues les communes qui en étaient simplement usagères, elles ont seulement autorisées à le devenir propriétaires à la condition soit de former une action en revendication, soit de se mettre en possession exclusive et *animo domini* dans le délai de cinq ans (Civ. cass. 7 févr. 1852, aff. Leblanc de Castilion, D. P. 53. 1. 51; Req. 30 juin 1874, aff. Mazaud, D. P. 74. 1. 477; 26 avr. et 23 mai 1876, aff. Commune d'Ourdon et Fellonnau, D. P. 76. 1. 379; Poitiers, 4 juin 1879, aff. de Mau-sabré, D. P. 79. 2. 258, et sur pourvoi, Req. 31 mai 1880, D. P. 80. 1. 329). En dehors de ces deux conditions, une commune n'est pas recevable à revendiquer la propriété de terres vaines et vagues qui faisaient en 1792 partie d'un domaine seigneurial (Req. 2 mars 1880, aff. Commune de Redortiers, D. P. 81. 1. 381). Et il est, en pareil cas, sans objet de rechercher si le domaine était une terre féodale, ou si les contrats d'acquisition de ce domaine étaient entachés de féodalité (Même arrêt).

1078. De même, une commune qui n'a pas exercé son action dans le délai de cinq ans, et qui ne s'est pas mise en possession des terrains dans le même délai, n'est pas recevable à soutenir, pour échapper à la déchéance, qu'elle a pris possession de ces terres dans les trente ans qui ont suivi les lois de réintégration (Civ. cass. 3 juin 1856, aff. Bourrec, D. P. 56. 1. 253, et sur renvoi, Agen, 29 juill. 1857, D. P. 57. 2. 167). La condition d'une revendication ou d'une prise de possession dans le délai de cinq ans est imposée aux communes, non seulement à l'encontre des représentants de leur ancien seigneur, mais encore vis-à-vis d'adversaires dont les auteurs n'avaient le droit d'exercer à l'égard des communes aucun des privilèges de la féodalité au moment de l'abolition de ces privilèges (Mêmes arrêts). C'est, d'ailleurs, à la commune qu'il appartient de faire la preuve de la possession qui l'a dispensée d'agir en justice dans le délai établi (Req. 16 avr. 1855, aff. Commune de Gomiecourt, D. P. 55. 1. 161) et, faute de rapporter cette preuve, elle ne peut se faire des lois de réintégration un titre de propriété (Civ. cass. 3 déc. 1855, aff. Chamblant, D. P. 56. 1. 84).

1079. La preuve que la commune était ou s'est mise en possession au moment de la loi de 1792 résulte suffisamment d'une enquête faite au possessoire et constatant une possession de plus de quarante ans, alors même qu'il aurait été décidé par le juge du possessoire que ni la commune ni son adversaire n'avaient la possession annale; et cette preuve ne pourrait être combattue que par un titre contraire ou la justification d'une possession trentenaire exclusive (Riom,

13 juin 1850, aff. Boutot, D. P. 54. 5. 140). Mais la demande d'une commune d'être admise à prouver par témoins sa possession pourrait être repoussée, si elle ne précisait pas les faits desquels elle prétend induire cette possession, et que son offre de preuve fût démentie par des actes produits au procès (Civ. rej. 1er févr. 1853, aff. Commune de Brugeron, D. P. 53. 1. 79).

Toutefois, bien qu'en principe la preuve de la possession soit à la charge de la commune qui exerce la revendication, le défendeur ne peut se plaindre de ce qu'il a été condamné à rapporter la preuve de sa possession tandis que la commune n'était condamnée qu'à rapporter la preuve contraire, si l'arrêt n'a fait qu'adjuger aux parties les conclusions par elles respectivement prises (Req. 16 avr. 1855, aff. Commune de Gomiécourt, D. P. 55. 1. 161).

1080. On a examiné au *Rép.* n° 2153 la question de savoir si les communes détentrices précaires des terres vaines et vagues situées sur leur territoire, et dont les lois de 1792 et 1793 les ont autorisées à devenir propriétaires, se sont trouvées, par le seul effet de ces lois, saisies de la possession *animo domini* que cette législation leur permettait de prendre. D'après un arrêt de cassation du 31 déc. 1839, rapporté au *Rép.* n° 2153, et un arrêt de la chambre des requêtes du 29 nov. 1854 (aff. Delacourtie, D. P. 55. 1. 78), ces lois, bien qu'elles n'aient point investi les communes de la propriété des terres vaines et vagues à l'égard desquelles existait au profit d'un particulier un titre légitime d'acquisition, ont cependant eu pour résultat de leur permettre d'intervertir leur qualité d'usagère de ces terres par une prise de possession *animo domini* et d'en prescrire, dès lors, la propriété contre le véritable propriétaire qui a laissé durer pendant plus de trente ans la possession ainsi caractérisée, sans produire son titre ni exciper des droits qui y étaient attachés. D'après trois autres arrêts (Civ. cass. 7 févr. 1852, aff. Leblanc de Castilion, D. P. 53. 1. 51; Req. 3 févr. 1857, aff. Commune de Massane, D. P. 57. 1. 357; 28 déc. 1857, aff. Commune de Saint-Cyr-la-Campagne, D. P. 58. 1. 113), ces lois n'ont pas eu pour effet de convertir la détention précaire que les communes pouvaient avoir alors des terres vaines et vagues situées sur leur territoire en une possession *animo domini*; et par suite, une telle détention n'a pas eu pour effet de dispenser la commune de l'observation du délai de revendication, comme l'aurait fait une possession à titre de propriétaire. Les deux thèses contradictoires que semblent avoir consacrées ces arrêts ont été conciliées par un arrêt de la chambre des requêtes du 15 juin 1858 (aff. Assurances générales, D. P. 58. 1. 245), qui a définitivement fixé la jurisprudence sur cette délicate question. Il résulte de cet arrêt que, bien que les lois de 1792 et 1793 n'aient pas opéré par elles-mêmes une interversion du titre de la possession jusque-là précaire des communes, elles ont cependant, en leur attribuant la propriété des terres vaines et vagues situées sur leur territoire, créé en leur faveur un titre nouveau au moyen duquel elles ont pu, par une possession exclusive et *animo domini*, prescrire la propriété. Il en est ainsi alors même qu'elles n'auraient pas formé dans les cinq ans leur action contre les anciens seigneurs, l'occupation *animo domini* s'appuyant sur les lois de 1792 et de 1793, lesquelles, en même temps qu'elles établissaient le caractère et la bonne foi de la détention nouvelle, avertissaient le propriétaire de la nécessité où il était de produire le titre légitime dont il pouvait se prévaloir.

Il a été jugé, conformément à la doctrine de cet arrêt, que la possession des communes usagères n'a point été intervertie de plein droit par les lois précitées (Req. 26 avr. 1876, aff. Commune d'Ourdon, D. P. 76. 1. 379; 23 mai 1876, aff. Felloneau, *ibid.*), mais que le titre qu'elles ont créé en faveur des communes a pu opérer cette interversion à partir du jour où il s'est trouvé confirmé, soit par une décision judiciaire rejetant la revendication des anciens seigneurs, soit par des actes contradictoires des droits de ceux-ci (Arrêt précité du 23 mai 1876; Poitiers, 4 juin 1879, aff. de Maussabré, D. P. 79. 2. 258, et sur pourvoi, Req. 31 mai 1880, D. P. 80. 1. 329).

1081. La jurisprudence n'a pas fixé les actes par lesquels les communes doivent manifester leur intention de posséder *animo domini*. Cependant elle déclare qu'ils doivent être patents (Arrêt du 28 déc. 1857, cité *suprà*, n° 1080),

précis et formels (Arrêt du 16 avr. 1855, cité *suprà*, n° 1078). Mais il n'est pas nécessaire qu'ils soient contradictoires avec le propriétaire (Arrêt précité du 28 déc. 1857).

1082. Conformément à ce qui a été exposé au *Rép.* n° 2153, la commune qui a ainsi manifesté son intention de posséder *animo domini* acquiert la propriété, sans être tenue d'exercer aucune action en justice contre le seigneur qui ne possédait pas. Il en est ainsi, spécialement, lorsque plusieurs communes cousagères de landes dépendant d'une baronnie ont, immédiatement après la promulgation des lois de 1792 et 1793, cessé de payer toutes redevances et restreint leur possession aux landes situées sur le territoire de chacune d'elles, lorsque ces landes ont été portées sur leurs états de section en leur nom et soumises à la contribution foncière qui a été payée par ces communes, enfin lorsque cette possession des communes, prise dans l'intention de devenir propriétaires, s'est continuée sans que le seigneur ou ses ayants droit aient fait aucun acte de possession contraire (Req. 23 mai 1876, aff. Filloneau, D. P. 76. 1. 379).

1083. Une commune de Savoie, en faveur de laquelle les lois de 1792 et 1793 ont opéré une interversion de titre, et qui, en conséquence, a commencé après 1793 à posséder *animo domini*, n'a pu être privée du bénéfice de cette interversion par l'effet d'une mesure législative postérieure qui a abrogé les lois révolutionnaires dans le territoire dont elle faisait partie (Civ. rej. 29 juill. 1872, aff. de Roubion, D. P. 72. 1. 301).

1084. Nous avons dit au *Rép.* n° 2158 que l'on ne peut contester devant la cour de cassation la valeur des faits et actes sur l'application desquels les juges du fond se sont appuyés pour constater la possession d'une commune. Il a été décidé, en ce sens, que l'arrêt qui constate en fait que cette possession a été accompagnée de toutes les conditions requises pour la prescription et n'a pas été entachée de précarité, l'État n'ayant pas prouvé qu'avant 1789 la commune ait été simple usagère, renferme une appréciation des faits qui ne saurait constituer la violation d'aucune loi (Civ. rej. 30 juin 1873, aff. Commune du Porge, D. P. 74. 1. 369).

1085. Lorsqu'une commune a possédé des terres vaines et vagues pendant le délai de cinq ans à la suite des lois de 1792 et 1793, la déchéance prononcée par ces lois cesse de lui être opposable; et, si elle est postérieurement dépossédée de ces terres, elle peut les revendiquer, en vertu des lois de réintégration, tant que la prescription ordinaire n'a pas été acquise contre elle (V. *Rép.* n° 2161; Req. 29 nov. 1848, aff. de Nieuil, D. P. 49. 1. 212; 21 juin 1854, aff. Boucher, D. P. 54. 1. 395; Civ. cass. 3 déc. 1855, aff. Chamblant, D. P. 56. 1. 84; Riom, 13 juin 1840, aff. Boutot, D. P. 54. 5. 140). Il en est ainsi surtout lorsque la prescription de cinq ans est opposée à la commune, non par l'ancien seigneur, mais par un particulier qui n'est pas présumé comme ce dernier avoir la possession des terres vaines et vagues (Arrêt précité du 13 juin 1840).

1086. Les dispositions spéciales de la loi de 1792 ne font pas obstacle à ce que la commune puisse invoquer la prescription dans les termes du droit commun. Ainsi la prise de possession par la commune de terres vaines et vagues dans le délai fixé investit la commune d'une possession à titre de propriétaire, qui lui permet de prescrire contre l'action de l'ancien propriétaire armé d'un titre légitime d'acquisition (Req. 29 nov. 1854, aff. Delacourtie, D. P. 55. 1. 78; 15 juin 1858, aff. Assurances générales, D. P. 58. 1. 245; 4 mai 1863, aff. Fogasserias, D. P. 64. 1. 272; Rennes, 21 déc. 1867, aff. Commune de Ruffiac, D. P. 70. 2. 62).

CHAP. 4. — Du rachat des biens aliénés en temps de détresse (*Rép.* n°s 2164 à 2175).

1087. Ainsi que nous l'avons dit au *Rép.* n° 2175, si la loi du 10 juin 1793 a remis en vigueur les lois antérieures relatives au droit de rachat des biens aliénés en cas de détresse, et relevé les communes des déchéances encourues, les actions qu'elle a ouvertes aux communes ont été éteintes par le laps de trente ans sans réclamation de leur part, et elles ne sont plus recevables aujourd'hui.

CHAP. 5. — Partage des biens communaux (*Rép.* n°s 2176 à 2311).

Art. 1er. — *Lois, décrets et ordonnances d'intérêt général qui ont régi le partage des biens communaux* (*Rép.* n°s 2176 à 2195).

1088. Nous avons exposé au *Rép.* n°s 2176 et suiv. la législation relative au partage des biens communaux, et nous avons dit qu'en vertu de la loi du 21 prair. an 4, de celle du 9 vent. an 12, et du décret du 9 brum. an 13, qui ont implicitement abrogé la plupart des dispositions de la loi du 10 juin 1793, les partages de biens communaux entre habitants, soit à titre gratuit, soit même à titre onéreux, ont cessé d'être permis. Cette interdiction est, ainsi que le fait observer M. Ducrocq, t. 2, n° 1438, parfaitement conforme aux principes. Le partage, en droit, est l'acte qui fait cesser l'indivision entre copropriétaires ; or les habitants des communes ou sections n'ont aucun droit de copropriété sur les communaux. Ceux-ci ne sont pas dans l'indivision ; l'être moral, commune ou section, est seul propriétaire.

1089. Toutefois, l'attention du Gouvernement a été fréquemment appelée sur l'intérêt qu'il y aurait à mettre en valeur, dans d'autres conditions que celles de la loi de 1793, les deux millions sept cent cinquante mille hectares de terres incultes qui appartenaient aux communes et sections de communes, et qui représentaient plus de la moitié de la contenance totale des biens communaux en 1836, en 1844 et en 1846. Les conseils généraux furent consultés sur les modifications qu'il pouvait convenir d'apporter à la législation qui régissait les biens communaux. La majorité des assemblées départementales repoussa le partage du fonds des biens communaux, soit à titre gratuit, soit à titre onéreux entre les habitants, et se prononça pour l'amodiation aux enchères ; quelques conseils généraux admirent le partage de jouissance. De nombreuses pétitions portèrent, à cette époque, la question devant les Chambres. En 1847, un rapport de M. Rouland, que nous avons reproduit au *Rép.* n° 2201, faisait ressortir les inconvénients de la jouissance en commun et les obstacles que ce mode de jouissance opposait à toute espèce d'amélioration ; le rapporteur était d'avis que l'on devait, suivant les besoins des localités, adopter soit le système du partage à titre onéreux, soit celui de l'aliénation, soit celui de l'amodiation ou fermage. M. le comte Daru s'exprimait dans le même sens à la Chambre des pairs, et un projet de loi sur la matière allait être présenté lorsque survint la Révolution de février. La question fut discutée de nouveau à l'Assemblée constituante et à l'Assemblée législative. Un projet de M. de Champvans, soumis à l'Assemblée constituante, tendait au rétablissement pur et simple de la loi de 1793. A l'Assemblée législative, MM. Fayolle, Guisard et Moreau proposèrent d'autoriser les communes et sections à choisir entre le partage et l'amodiation de leurs terres incultes. Ces diverses propositions furent écartées ; mais une commission de l'Assemblée législative leur substitua un projet plus large, qui comprenait tous les moyens d'utiliser les biens communaux sauf le partage, et donnait au conseil général le pouvoir de contraindre les communes à supprimer la jouissance en nature lorsqu'elle n'était pas utile et à mettre les terrains en valeur. La discussion de ce projet commença en janvier 1850 ; le projet fut renvoyé à la commission pour une étude nouvelle, et les circonstances ne permirent pas d'en reprendre l'examen avant la dissolution de l'Assemblée (Aucoc, n° 211).

1090. La législation sur les biens communaux n'a pas subi depuis cette époque de modifications profondes. Toutefois, deux lois spéciales ont eu pour objet de remédier, dans une certaine mesure, à un état de choses dont les inconvénients avaient été tant de fois signalés. La loi du 19 juin 1857 (D. P. 57. 4. 89) a eu pour but de faciliter l'assainissement et la mise en valeur des immenses solitudes qui forment la majeure partie du département des Landes et une partie de la Gironde. Elle permet à l'État, lorsque les communes restent dans l'inaction, de faire en leur lieu et place les travaux d'assainissement, d'ensemencement et de plantations. Les travaux sont exécutés aux frais du Trésor, qui se rembourse de ses avances sur le produit des coupes

et le prix des terres vendues après leur mise en culture. Ainsi cette loi donne à l'Etat le pouvoir de forcer la main aux communes de ces départements, et, malgré la résistance des municipalités, de vendre une partie des communaux assainis pour arriver au remboursement de ses avances (Bathie, t. 5, n° 120). La loi du 28 juill. 1860 (D. P. 60. 4. 114), relative à la mise en valeur des marais et terres incultes appartenant aux communes, a un caractère plus général, mais ne contient cependant qu'une solution partielle. Elle autorise l'Etat à contraindre les communes ou sections à faire des travaux d'assainissement, de desséchement et de plantations, à la condition que ces travaux auront été déclarés d'utilité publique par décrets rendus en conseil d'Etat, après avis du conseil général du département. Si les communes ou sections ne payent pas les frais, la somme est avancée par l'Etat qui se rembourse sur le prix provenant de la vente d'une partie des terrains assainis. La commune a aussi la faculté de se libérer par l'abandon de la moitié des terrains, immédiatement après l'achèvement des travaux. Enfin le Gouvernement peut contraindre la commune à affermer les terrains pour une période qui ne doit pas dépasser vingt-sept ans.

1091. Dans le cours de la discussion de la loi de 1860, la question du partage des biens communaux fut de nouveau posée devant le Corps législatif et la commission proposa par l'organe de son rapporteur, M. du Miral, un amendement qui contenait les trois articles suivants : « — Art. 1er. Lorsqu'il n'y aura pas de meilleur moyen de mise en valeur, le partage peut être ordonné sur la demande des intéressés. Il se fait administrativement entre les ayants droit, sur la double base de la contribution foncière et du nombre des personnes de la famille, par moitié pour chaque base. — Art. 2. Les lots sont faits par attribution : ils comprennent la double part afférente à la contribution et au nombre : ils appartiennent en propre au chef de famille. Chaque part peut être grevée, suivant les besoins des communes, même alors que les biens appartiennent privativement à des sections, de redevances annuelles, temporaires ou perpétuelles, au profit de la caisse communale. — Art. 3. N'est admissible au partage que le propriétaire ayant feu dans la commune ou la section ; s'il n'est pas domicilié il ne prend part qu'en proportion de sa contribution foncière. Sont comptés comme membres de la famille tous ceux qui ont même ménage et domicile, à l'exception des serviteurs et autres salariés ». Ce projet, qui était conforme à un vœu plusieurs fois renouvelé par le conseil général de la Creuse, ne fut pas admis par le conseil d'Etat, qui ne repoussa toutefois l'idée du partage facultatif qu'en laissant entrevoir la possibilité de son adoption dans l'avenir. M. du Miral insistait, dans son rapport, sur ce que, dans les pays pastoraux, il n'était possible ni d'affermer ni de vendre les biens des sections de communes, et sur ce que le partage était le seul moyen de les arracher à leur improductivité relative. « Mais, ajoutait-il, si la majorité de la commission n'hésitait pas à penser que le partage devait être souvent le seul moyen pratique de tirer parti des biens communaux des pâturages, elle ne se faisait cependant illusion ni sur la difficulté de le régler, ni sur les différences qui se produisent, suivant les lieux, dans les opinions et usages. Elle était donc disposée

à penser que l'uniformité d'un système unique pouvait présenter des inconvénients, tandis qu'elle n'en voyait pas de sérieux à des mesures variables accommodées par les pouvoirs locaux aux situations particulières. C'est pour cela qu'elle s'était arrêté à l'idée de déléguer sur ce point délicat aux conseils généraux l'autorité réglementaire » (D. P. 60. 4. 116, col. 3). — L'opinion ainsi exprimée sur ce point dans le rapport de M. du Miral a été également soutenue par M. Ducrocq, *Partage des biens communaux*, p. 46 et suiv., et par M. Batbie, n° 121. M. Aucoc se prononce pour le partage à titre onéreux dans certains départements, et spécialement dans les départements montagneux du centre (n° 228).

La loi du 5 avr. 1884 ne s'occupe des partages de biens communaux que dans l'art. 90, et seulement pour déclarer que le maire passe les actes de partage lorsqu'ils sont régulièrement autorisés. Cette disposition n'est applicable qu'aux partages de jouissance entre habitants conformément à ce qui a été dit au *Rép.* n° 2189.

1092. En ce qui concerne les obligations qui ont été imposées aux communes par des lois spéciales, en vue de la restauration et de la conservation des terrains en montagne, V. *Forêts.*

Art. 2. — *Cas dans lesquels il y a lieu au partage des biens communaux (Rép. nos 2196 à 2233).*

1093. — I. Choses soumises au partage. — Ainsi qu'on l'a vu au *Rép.* n° 2197, les partages qui doivent être maintenus en exécution de la loi du 10 juin 1793 sont exclusivement les partages des biens communaux qui ne se trouvent pas dans la catégorie de ceux que les art. 5, 8 et 9 de cette loi exceptent de la vente.

1094. — II. Conditions d'après lesquelles le partage peut être opéré. — Nous avons dit au *Rép.* n° 2200 que le conseil d'Etat, contrairement à l'opinion d'abord adoptée par le ministre de l'intérieur, a constamment décidé que les partages de biens communaux à titre onéreux entre habitants sont interdits aussi bien que les partages à titre gratuit. C'est ce qui résulte non seulement de l'avis du 21 févr. 1838 analysé au *Rép. ibid.* mais d'un avis du comité de l'intérieur du 16 mars de la même année, cité par M. Aucoc, n° 206. Ce dernier avis s'applique à de véritables aliénations faites sous forme de partages à titre onéreux, et il décide que les aliénations de biens communaux faites à l'amiable au profit des habitants doivent porter le nom de vente et remplir les principales conditions des ventes. Un arrêt, rendu au contentieux le 26 avr. 1844 (1) décide également en termes généraux que depuis la loi du 21 prair. an 4, il ne peut plus y avoir de partage de biens communaux.

1095. Mais si les partages de biens communaux, tels qu'ils avaient été autorisés par la loi de 1793, sont interdits, aucune loi ne détermine les formes à suivre pour l'aliénation de ces biens, et ne s'oppose à ce qu'ils soient aliénés par voie de concession à titre onéreux au profit de ceux qui ont le droit d'en jouir (Cons. d'Et. 4 août 1864, aff. Bellinet, D. P. 65. 3. 43. V. conf. *Bull. min. int.*, 1857, p. 25). Aucun texte ne prescrit que les biens communaux soient vendus aux enchères, et l'administration supérieure peut autoriser, sur la demande d'un conseil municipal, une opération qui consiste

---

(1) (Commune de Cheminot, section de Longeville, C. Hognon et consorts.) — Louis-Philippe, etc.; — Vu les lois des 10 juin 1793 et 21 prair. an 4 ; vu le décret du 9 brum. an 13 et la loi du 18 juill. 1837, notamment les art. 17, 18, 19 et 20 de ladite loi, l'avis du conseil d'Etat approuvé le 29 mai 1808 ; ... — En ce qui touche la décision du 18 mars 1842 : — Considérant que le projet dressé par le préfet en conseil de préfecture, le 8 juin 1837, par suite de la délibération du conseil municipal de la commune de Cheminot, et l'arrêté du 23 août 1838, par lequel ledit préfet ordonnait l'exécution provisoire de ce même projet, avaient pour objet : 1° d'opérer un nouveau partage entre les habitants de la section de Longeville des biens communaux appartenant à ladite section ; 2° de changer le mode de jouissance de ces mêmes biens ; qu'aux termes des lois en vigueur, et depuis celle du 21 prair. an 4, il ne peut y avoir lieu à partage des biens communaux ; que si les art. 17 et 18 de la loi du 18 juill. 1837 donnent aux conseils municipaux, sauf annulation par le préfet, le droit de régler le mode de jouissance et la répartition des pâturages et fruits communaux autres que les bois, ainsi que les

conditions à imposer aux parties prenantes, cette disposition ne s'applique qu'à la jouissance indivise ou à la répartition des fruits, mais ne confère point à ces conseils, non plus qu'aux préfets, le droit de changer un mode de jouissance individuel et héréditaire des fonds communaux, établi par un ancien partage approuvé par l'autorité royale ; qu'un tel mode de jouissance ne saurait, aux termes des art. 1 et 2 du décret du 9 brum. an 13, être changé qu'en vertu d'une ordonnance royale ; qu'ainsi le préfet de la Moselle n'avait le droit ni d'arrêter en conseil de préfecture un projet de nouveau partage et de changement de mode de jouissance des biens de la section de Longeville, dont la jouissance est régie par l'édit royal de juin 1769, ni d'ordonner l'exécution provisoire de cedit projet ; que c'est, dès lors, avec raison que notre ministre de l'intérieur a annulé, pour incompétence et excès de pouvoir, ses deux arrêtés : — Art. 1er. Les sieurs et dame Hognon, Bayot et autres sont reçus intervenants ; — Art. 2. Les requêtes de la section de Longeville sont rejetées. — Du 26 avr. 1844.-Cons. d'Et.-MM. Bouchené-Lefer, rap.-Paravey, concl.-Morin et Clérault, av.

à attribuer à chacun des habitants ayant droit à la jouissance des biens communaux un lot de ces biens, moyennant un prix fixé par experts. Un arrêt de la cour de Dijon du 15 juill. 1864 (aff. Ducreux, D. P. 65. 2. 27), sans se prononcer sur la question de savoir si les partages de biens communaux sont encore permis, a décidé qu'en tous cas, ce partage devrait, à peine de nullité, être précédé des formalités prescrites par la loi du 10 juin 1793, et notamment de l'assemblée générale des habitants. Cette nullité ne pourrait être couverte ni par l'exécution donnée au partage, ni par le silence gardé par l'autorité administrative.

1096. Comme on l'a dit au *Rép.* n° 2205, une commune ne pourrait être contrainte par l'Etat à partager ou à vendre ses biens communaux. Des exceptions ont été apportées à cette règle, ainsi qu'on l'a vu *suprà*, n° 1090, par les lois du 19 juin 1857 et du 28 juill. 1860. L'art. 4 de cette dernière loi porte que, si les sommes nécessaires aux travaux d'assainissement et de mise en valeur des marais et terres incultes ne sont pas fournies par les communes, elles sont avancées par l'Etat, qui se rembourse de ses avances en principal et intérêts, au moyen de la vente publique d'une partie des terrains améliorés, opérée par lots s'il y a lieu. L'art. 20 du règlement d'administration publique du 6 févr. 1861 (D. P. 61. 4. 37) détermine les formalités préalables à la mise en vente de ces terrains. Un expert nommé par le préfet est chargé de préparer le lotissement et le cahier des charges. Le projet de l'expert est communiqué au conseil municipal pour avoir ses observations. Dès que le projet de lotissement est approuvé par le préfet, il est procédé à la vente publique desdits terrains. Ces ventes sont effectuées par les soins de l'administration des domaines, en présence des receveurs municipaux des communes intéressées, et jusqu'à concurrence de la créance de l'Etat. Les prix de vente sont reconnus par l'administration des domaines : toutefois, lorsque la vente excède les avances de l'Etat, cet excédent doit être perçu par les receveurs municipaux. En fait, d'ailleurs, la loi du 28 juill. 1860 n'a reçu qu'une exécution très restreinte.

1097. — III. Des ayants droit au partage. — Nous avons dit au *Rép.* n° 2208 que les avis du Conseil d'Etat du 20 juill. 1807 et 26 avr. 1808, sous prétexte d'interpréter l'art. 1er sect. 2, de la loi du 10 juin 1793, l'ont abrogé et ont substitué au partage par tête d'habitants le partage par feu. On verra *infrà*, n° 1143, que cette règle doit s'appliquer à la jouissance comme au partage. La loi du 23 nov. 1883 (D. P. 84. 4. 1) définit le partage par feu « le partage par chef de famille ou de maison ayant domicile réel et fixe dans la commune avant la publication du rôle », et porte que « l'on devra considérer comme chef de famille ou de maison tout individu possédant un ménage ou une habitation à feu distincte soit qu'il y prépare la nourriture pour lui ou les siens, soit que vivant avec d'autres à une table commune, il possède des propriétés diverses ou qu'il ait des intérêts séparés ».

1098. On a indiqué au *Rép.* n° 2211 la controverse qui existe sur la question de savoir si l'art. 105 c. for. a remis en vigueur l'ancien usage suivant lequel le partage des futaies devait se faire, en Franche-Comté, d'après le toisé ou l'étendue proportionnelle des maisons, et non par feu. La question est aujourd'hui résolue par la loi précitée du 23 nov. 1883 qui a modifié le texte de l'art. 105. Le rapporteur à la Chambre des députés, M. Lelièvre, a exposé que la loi nouvelle a eu spécialement pour but de faire cesser ce mode de partage, « vieux vestige de la féodalité qui, ne répondant plus d'ailleurs aux besoins qui en avaient motivé la création, est par son caractère autant que par son origine, en opposition flagrante avec nos mœurs, nos usages démocratiques et notre esprit d'égalité ».

1099. — IV. Cas où des biens sont indivis entre plusieurs communes. — L'art. 2, sect. 4, de la loi de 1793 donne, comme on l'a vu au *Rép.* n° 2212, aux communes la faculté de demander le partage des biens indivis entre elles dans les mêmes conditions où, d'après la même loi, les particuliers peuvent demander le partage des biens communaux. Cette disposition n'a pas cessé d'être en vigueur. Il existe, en effet, dans ce cas une véritable indivision, et l'art. 815 c. civ. doit s'appliquer aussi bien aux communes qu'aux particuliers (Aucoc, p. 303 ; Foucart, t. 3, p. 511 ; Braff, *Principes d'administration communale*, 2e éd., t. 1, p. 132). Toutefois, cette solution a été contestée par plusieurs auteurs (Ducrocq, *Revue pratique*, 1865, t. 19, p. 291 ; Proudhon, *Droits d'usage*, t. 3, p. 211 ; Dufour, *Droit administratif*, 2e éd., t. 3, p. 455). D'après ces auteurs, les dispositions de l'art. 815 ne seraient pas applicables aux communes, et, au lieu de s'adresser à l'autorité judiciaire pour faire procéder au partage des biens indivis entre elles, elles devraient porter leur demande en partage devant le préfet et après lui devant le ministre de l'intérieur (V. *infrà*, n°s 1110 et suiv.).

1100. Conformément à tout ce qui a été exposé au *Rép.* n° 2214, le partage des biens communaux indivis entre deux communes doit être fait entre elles par feu, conformément aux avis du conseil d'Etat du 4 juill. 1807 et du 12 avr. 1808. Cette règle s'applique à des biens communaux indivis entre plusieurs communes en vertu de titres qui ne font pas connaître la part de copropriété de chacune d'elles ; le mode de partage par feu n'est pas contraire à la règle qui veut que dans le silence des titres les parts soient réputées égales, l'égalité devant alors être établie, non entre les communes copropriétaires mais entre les habitants ou les feux que les communes renferment respectivement (Pau, 9 août 1865, aff. Commune de Boumours, D. P. 66. 2. 49, et sur pourvoi, Req. 26 mars 1867, D. P. 68. 1. 36 ; Civ. rej. 28 déc. 1869, aff. Commune de Sexfontaines, D. P. 70. 1. 150 ; Nancy, 24 mars 1866) (1). Il en est ainsi alors même que les biens indivis sont désignés comme appartenant pour moitié à chacune des communes dans les matrices du cadastre et au rôle des contributions (Civ. cass. 7 août 1849, aff. Com-

---

(1) (Commune de Bonvillet *C.* Commune de Dombasle.) — La cour ; — Considérant que s'il s'agit de déterminer les bases d'après lesquelles il doit être procédé entre les communes de Bonvillet et de Dombasle au partage de 24 hectares 41 de bois qui leur ont été attribués par indivis en vertu d'un cantonnement du 15 mars 1858, qui avait pour objet d'affranchir la forêt domaniale d'Armont des droits d'usage dont elle était grevée au profit de ces communes ; — Considérant que la commune de Dombasle demande que ces bois soient divisés en deux lots égaux pour être ensuite tirés au sort et attribués par portions égales à chacune des parties copartageantes, et qu'elle appuie sa prétention sur ce que, depuis un temps plus suffisant pour prescrire, en tout cas depuis plus de trente ans avant l'instance actuelle, les bois sujets à l'usage, provenant de la forêt d'Armont, étaient partagés par moitié entre les deux communes de Dombasle et de Bonvillet, ce qui, d'ailleurs, ne paraît pas contesté ; — Considérant que si aux termes de l'art. 815 c. nap., nul ne peut être contraint de demeurer dans l'indivision, c'est aux lois spéciales sur la matière qu'il y a lieu de recourir pour déterminer le mode d'après lequel doivent être partagés des bois indivis entre divers communes ; — Considérant qu'aux termes de l'art. 1er, sect. 2, de la loi du 10 juin 1793, le partage des bois communaux doit être fait par tête d'habitant, et que la loi du 19 brum. an 2 a appliqué au partage des bois indivis entre plusieurs communes les règles établies par la loi précitée pour le partage entre les habitants d'une même commune ; — Considérant que par deux avis, en date du 20 juill. 1807 et du 26 avr. 1808, le conseil

d'Etat a décidé que le partage des biens communaux entre plusieurs communes et spécialement des bois s'opérerait par feu et non plus par tête, tout en laissant subsister pour le surplus les dispositions de la loi du 10 juin 1793 ; — Considérant que si le mode de partage par feu peut être modifié par la production de titres attribuant à l'une des communes copartageantes une part déterminée dans la propriété des biens à partager, aucune modification ne saurait y être apportée dans le cas où l'une des parties invoquerait seulement en la forme une possession constante dans le partage des produits, possession que l'on ne saurait assimiler à une attribution de propriété, ainsi que cela résulte de l'art. 15, sect. 2, de la loi du 10 juin 1793, aux termes duquel tout acte ou usage qui prescrit une manière de procéder au partage des biens communaux différente de celle prescrite par cette loi, doit être regardé comme nul et de nul effet ; — Considérant que, dans ces circonstances, il n'y a pas lieu d'admettre la commune de Dombasle à la preuve des faits de jouissance invoqués par elle, puisque, nonobstant cette preuve faite, le partage des bois indivis ne pourrait s'opérer que d'après le nombre de feux existant dans chaque commune invoquée ; — Considérant que ces principes doivent avec d'autant plus de raison recevoir leur application dans le procès actuel, qu'à l'époque où la commune de Dombasle fait remonter sa jouissance, elle n'était pas même copropriétaire des bois indivis, puisqu'elle ne l'est devenue qu'en 1858, époque trop récente pour que l'on puisse attribuer à la jouissance qu'elle invoque une influence quelconque, relativement à la prescription de la propriété des bois ; — Considérant

mune de Villy, D. P. 49. 1. 320); et dans le cas même où le partage des fruits se serait toujours fait par portions inégales attribuées à chaque commune, si d'ailleurs il n'a pu résulter de cette jouissance aucune prescription contraire aux titres primitifs (Dijon, 9 août 1867, aff. Commune de Sexfontaines, D. P. 70. 1. 150).

1101. Mais, ainsi que nous l'avons dit au *Rép.* n° 2223, le partage des biens indivis entre les communes ne doit se faire par feu que s'il en résulte des titres ou d'une possession immémoriale qu'il y a nécessité de recourir à un autre mode de partage; et la règle posée par les avis du conseil d'Etat de 1807 et 1808 ne fait pas obstacle à ce que les droits respectifs de ces communes soient autrement déterminés d'après les titres produits, les faits de jouissance et de possession respective ou des présomptions graves, précises et concordantes (Civ. cass. 21 janv. 1852, aff. Commune d'Eysus, D. P. 52. 1. 276). De même, lorsqu'il résulte des documents produits qu'au moment où l'indivision a commencé relativement aux biens dont il s'agit les apports de chacune des communes ont été inégaux, l'inégalité ainsi constatée dans les apports respectifs autorise les juges à soumettre le partage à la même inégalité (Req. 26 mai 1869, aff. Commune de Garn, D. P. 69. 1. 319). Mais l'attribution immémoriale des deux tiers dans le partage des fruits d'une forêt indivise, si elle n'a été qu'une facilité accordée à l'une des communes, ne constitue pas une prescription susceptible

qu'il suffit à la cour de poser les bases du partage à opérer entre les parties et d'ordonner qu'il sera fait d'après le nombre de feux existant dans chaque commune au jour de la demande, en les renvoyant d'ailleurs devant l'autorité compétente pour procéder aux opérations mêmes du partage; — Par ces motifs, etc...
Du 24 mars 1866.-C. de Nancy.-MM. Lezaud, 1er pr.-Liffort de Buffévent, av. gén.

(1) (Héritiers Blouet *C.* Commune de Monfréville.) — Le 28 déc. 1866, jugement du tribunal de Bayeux : — « Attendu que par exploit en date du 29 août 1866, les époux Bertrand, le sieur Lacour, tuteur de sa fille mineure, et le sieur Félix Blouet ont intenté action à M. le maire de la commune de Monfréville, pour se voir déclarer propriétaire, du chef de la dame Blouet, du lot à elle échu lors du tirage au sort des biens communaux de Monfréville en date du 21 mai 1865); — Attendu, en fait, que lors de cette opération, aucun lot n'a été tiré au profit de la dame Blouet, qui alors était décédée; que le lot qui eût dû lui échoir, en cas d'existence, a été consommé de Monfréville; — Attendu que la dame Blouet est décédée le 17 mars 1865, postérieurement aux délibérations du conseil municipal relatives aux formalités nécessaires pour arriver au partage des marais de Monfréville entre les habitants de la commune et à la confection de la liste des copartageants; qu'avant son décès la dame Blouet avait soumissionné un des lots à lui échoir par voie de tirage au sort; qu'enfin le 8 févr. 1865, un arrêté de M. le préfet du Calvados a autorisé le maire de Monfréville à concéder, par voie de tirage au sort, aux habitants portés sur la liste arrêtée par le conseil municipal, les biens communaux dont il s'agit; — Attendu que ce tirage au sort n'a été opéré que le 21 mai 1865 ; — Attendu que les héritiers Blouet soutiennent que la dame Blouet, habitant la commune de Monfréville à l'époque de l'autorisation préfectorale, et ayant soumissionné un lot de biens communaux à partager, était appropriée de ce lot par le fait même de cette autorisation ; qu'elle avait, dès lors, un droit acquis au tirage, et que ce droit leur a été transmis à eux-mêmes, en qualité d'héritiers de la dame Blouet ; — Attendu que le seul point à examiner au procès est celui de savoir si l'arrêté préfectoral qui autorise le partage des biens communaux est attributif de propriété d'une manière définitive, de telle sorte que ce droit puisse être transmissible par voie de succession, même à des héritiers qui ne rempliraient plus, comme le cessionnaire. les qualités requises pour participer au partage, ou si, au contraire, ce n'est pas le tirage au sort qui seul peut conférer ce droit définitif de propriété;—Attendu qu'aux termes de la loi du 10 juin 1793, le partage des biens communaux devait être fait par tête d'habitant domicilié; — Attendu que les dispositions législatives postérieures à cette loi ont substitué le partage par feu, c'est-à-dire par chaque chef de famille ayant domicile dans la commune, au partage par tête d'habitant ; mais qu'elles n'ont, en aucune manière, dérogé à l'obligation de rigueur d'avoir un domicile dans la commune, pour pouvoir participer au partage, que la loi du 9 vent. an 12 et l'avis du conseil d'Etat du 20 juill. 1807 consacrent ce principe absolu ; — Attendu que c'est dans un intérêt public, et spécialement pour attacher les habitants au sol et leur inspirer par le droit de propriété des idées d'ordre que le législateur a voulu que le chef de famille, habitant la commune, eût seul le droit de partage à l'exclusion des propriétaires non domiciliés ; — Attendu que c'est par application de ces principes que le partage des biens communaux de

de lui donner droit à une part de la propriété proportionnelle à cette attribution et non plus au nombre de feux (Req. 17 déc. 1872, aff. Commune de Raucourt, D. P. 73. 5. 111).

1102. Conformément à la règle énoncée au *Rép.* n° 2210, que les avis du conseil d'Etat de 1807 et 1808 n'ont pas d'effet rétroactif sur les partages antérieurement consommés, il a été jugé que le partage par feu ne peut être demandé pour des terrains dont un arrêt du Parlement a autrefois ordonné la division par moitié entre deux communes (Req. 14 août 1872, aff. Commune de Larche, D. P. 74. 1. 157). On ne serait pas fondé à soutenir que, cette division n'ayant été effectuée que pour certains biens, l'arrêt s'est trouvé destitué de tout effet pour les autres par suite de la prescription résultant du défaut d'exécution pendant plus de trente ans; en pareil cas, la prescription acquisitive résultant d'une possession en dehors des limites assignées à chaque commune jusqu'à la clôture des opérations pourrait seule faire écarter la répartition opérée par l'arrêt du Parlement.

1103. En matière de partage de biens communaux, le partage consommé est seul attributif de propriété : en conséquence, il a été jugé que lorsqu'un habitant soumissionnaire d'un des lots est décédé postérieurement à l'arrêté préfe toral qui autorise le partage, mais avant le tirage au sort des lots, ses héritiers n'ont pas droit au partage de son chef, lorsqu'ils n'habitent pas la commune (Caen, 29 juill. 1867) (1).

la commune de Monfréville a été autorisé ; que, par ses délibérations, le conseil municipal de cette commune n'a admis au partage et n'a demandé des soumissions qu'aux propriétaires habitant la commune ; que c'est à ce titre que la dame Blouet a été elle-même appelée à faire sa soumission ; — Attendu que le partage des biens communaux ne suppose point des droits antérieurs appartenant aux habitants de la commune ; qu'il n'est qu'un acte purement facultatif de la part de la commune ; que c'est un contrat à titre onéreux, mais qui ne peut être consenti par elle qu'aux personnes réunissant les conditions imposées par la loi ; que la commune, pour opérer ce partage, doit être habilitée par l'autorisation préfectorale ; que cette autorisation ne consomme pas le partage mais qu'elle ne fait qu'habiliter la commune à opérer dans l'avenir le partage qui, jusque-là, ne constitue qu'un projet ; qu'ainsi les délibérations du conseil municipal et l'arrêté préfectoral ne sont, à proprement parler, que des actes purement administratifs, préliminaires obligés du partage, mais qui ne constituent point le partage lui-même ; — Attendu qu'entre cette autorisation préfectorale et le partage il peut s'écouler un temps assez long, pendant lequel certains soumissionnaires viendraient à décéder ou à ne plus remplir les conditions imposées par la concession ; qu'il en résulterait de graves inconvénients si le partage était consommé par cette autorisation, puisque les obligations du partage pourraient ainsi être éludées et que, notamment, on pourrait se soustraire à la condition du domicile dans la commune; que l'ordre public exige impérieusement que le partage ne puisse être attributif de propriété que lorsqu'il est entièrement consommé par le tirage au sort, qui donne à chacun des ayants droit à ce moment le lot qui lui appartient définitivement, parce qu'à ce moment aussi chaque lotagent réunit les conditions obligatoires du partage, et que notamment il est domicilié dans la commune ; — Attendu que les habitants portés sur la liste des copartageants n'acquièrent point un lot par le seul fait de leur soumission; qu'ils ne font que s'engager à l'acquérir dans l'avenir, mais à la condition toujours de remplir les conditions imposées par la loi, c'est-à-dire d'être habiles au partage ; qu'il ne s'agit donc pas d'une acquisition immédiate qui lie la commune, de telle façon qu'elle ne puisse se dispenser d'opérer ce partage ; — Attendu que l'autorisation préfectorale ne fait que donner à la commune une capacité qu'elle n'avait point ; que la commune n'ayant elle-même arrêté avec les soumissionnaires qu'un projet de partage pour l'avenir, et n'ayant stipulé les conditions de ce partage que pour le cas où il viendrait à être consommé, l'arrêté préfectoral ne fait lui-même que l'autoriser une concession à venir et se borne à approuver un projet de partage qui ne pourra devenir définitif que par le tirage au sort, seul acte qui soit réellement et définitivement attributif de propriété ; — Attendu que l'autorisation préfectorale peut être si peu considérée comme attributive de propriété avant le tirage que cette autorisation peut être rapportée ; — Attendu, dans l'espèce, que la dame Blouet étant décédée avant le tirage au sort, c'est donc à bon droit que le maire de la commune de Monfréville a considéré sa soumission comme non avenue, puisqu'elle ne présentait plus la condition nécessaire du domicile pour avoir droit au partage;
Par ces motifs, etc. » Appel. — Arrêt.
La cour; — Adoptant les motifs des premiers juges, confirme.
Du 29 juill. 1867.-C. de Caen.-MM. Olivier, 1er pr.-Boivin-Champeaux, 1er av. gén.-Trolley et Jolly, av.

Art. 3. — *Règles d'interprétation concernant les partages de biens communaux exécutés soit avant, soit depuis la loi du 10 juin 1793 (Rép. n°s 2234 à 2236).*

1104. Ainsi que nous l'avons dit au *Rép.* n° 2234, on doit, à l'égard des partages de biens communaux, s'attacher beaucoup moins à la régularité des formes du partage qu'au fait matériel de son exécution; cette règle est surtout applicable lorsqu'il s'agit d'actes anciens qui sont présumés avoir été faits avec toutes les solennités requises (Pau, 16 mai 1860, aff. Commune de Saint-Jean-de-Marsacq, D. P. 60. 5.68).

Art. 4. — *Maintien et annulation des partages (Rép. n°s 2237 à 2264).*

1105. — I. Législation et règles générales sur l'objet de cet article. — On a vu au *Rép.* n° 2238 que l'art. 6, sect. 4, de la loi du 10 juin 1793 avait annulé tous les partages antérieurs à cette loi, que le décret du 4° jour complémentaire an 13 a expressément validé ceux de ces partages qui avaient eu lieu en vertu d'arrêts du conseil, d'ordonnances des Etats et d'autres actes émanés des autorités compétentes conformément aux usages établis.

La loi du 9 vent. an 12 maintenait d'ailleurs les partages constatés par un acte régulier. Aussi a-t-il été jugé qu'un partage de biens communaux opéré par acte notarié en 1667 devait être considéré comme définitivement maintenu, et que les droits des propriétaires dont les auteurs avaient concouru à ce partage ne pouvaient être infirmés ni par les attributions de certains héritages à la communauté dans un arpentement postérieur audit partage, ni par les opérations cadastrales qui avaient conservé le nom de communal aux parcelles partagées (Limoges, 13 mars 1873, aff. Commune de Royère, D. P. 73. 2. 83).

1106. — II. Maintien des partages faits depuis la loi du 10 juin 1793. — Nous avons dit au *Rép.* n°s 2241 et suiv. que la loi du 9 vent. an 12 avait maintenu les partages réguliers des biens communaux et fourni à ceux qui étaient détenteurs en vertu de partages irréguliers les moyens de régulariser leur situation; mais cette loi n'a pas statué à l'égard des détenteurs des biens communaux qui possèdent en vertu d'autres titres qu'un partage; et elle n'a pas eu pour effet de rendre leur possession individuelle antérieure inefficace pour prescrire. En conséquence, un tribunal a pu valablement décider que celui qui a possédé des terres vaines et vagues dans les conditions requises par la loi pour que la prescription ait pu s'accomplir, est devenu propriétaire de ces terres (Civ. rej. 17 mai 1881, aff. Commune de Boulhgney, D. P. 81. 1. 379).

Art. 5. — *Conséquences de l'annulation des partages des biens communaux. — Action en revendication des communes ou des tiers contre les usurpateurs. — Restitution des fruits (Rép. n°s 2265 à 2274).*

1107. Nous avons rapporté au *Rép.* n° 2267 les dispositions de la loi du 9 vent. an 12 et de l'ordonnance du 23 juin 1819, aux termes desquelles les possesseurs ont la faculté de retenir les biens par eux défrichés ou enclos et dont ils sont détenteurs sans titre, à charge de faire la soumission de payer à la commune une redevance des quatre cinquièmes de la valeur usurpée, et qui leur accordent un délai de trois mois pour cette déclaration, qui doit être spontanée. L'art. 6 de la loi du 9 vent. an 12 donne compétence au conseil de préfecture pour connaître des difficultés auxquelles pourraient donner lieu les redevances dont il vient d'être question; et cette compétence est confirmée par l'art. 6 de l'ordonnance du 23 juin 1819. Aucun doute ne peut s'élever sur ce point en présence de ces textes formels.

1108. Mais une question beaucoup plus délicate est celle de savoir si les affaires de cette nature doivent être jugées par le conseil de préfecture, et en appel, par le conseil d'Etat, dans la même forme que les demandes en décharge ou réduction des contributions directes. L'art. 44 de la loi du 18 juill. 1837 n'assimile aux contributions publiques, au point de vue du recouvrement, que les taxes particulières dues par les habitants ou propriétaires en vertu des lois et des usages locaux et répartées par délibération du conseil munici-

pal, et l'on pourrait hésiter à considérer comme une taxe une rente représentant l'intérêt d'un prix de vente et dont le débiteur s'affranchit en remboursant le capital. Le conseil d'Etat a néanmoins décidé que les demandes en décharge de redevances imposées à raison de communaux usurpés entre le 10 juin 1793 et le 9 vent. an 12 doivent être instruites et jugées dans les formes usitées pour les réclamations en matière de contributions directes (Cons. d'Et. 7 mai 1867, aff. Richer, D. P. 82. 3. 81, note 2; 25 mars 1881, aff. Gaudinière, D. P. 82. 3. 81). Il en est ainsi alors même que le requérant se fonde pour obtenir décharge sur ce que, d'après les règles de droit commun, il ne serait pas tenu d'acquitter la redevance afférente à un immeuble dont il s'est rendu acquéreur, l'existence de cette redevance ne lui ayant pas été révélée (Sol. impl., Arrêt précité du 25 mars 1881).

Il a aussi été décidé implicitement par ces arrêts que, lorsqu'une redevance a été régulièrement établie, dans les conditions prescrites par l'ordonnance du 23 juin 1819, sur un immeuble communal usurpé, cette redevance est due par les acquéreurs successifs sans que la commune soit tenue, pour conserver son droit, de se conformer aux règles du droit civil relatives à la conservation des droits réels sur les immeubles. Cette solution est la conséquence de l'assimilation de la redevance à un impôt : cette assimilation ne permet pas, en effet, de subordonner la conservation du droit de la commune à l'accomplissement des mêmes conditions que s'il s'agissait d'une dette ayant son fondement dans un contrat de droit commun.

Art. 6. — *Compétence en matière de partage des biens communaux (Rép. n°s 2275 à 2311).*

1109. Nous avons indiqué au *Rép.* n°s 2275 et suiv., les règles de compétence tracées en matière de biens communaux par les lois du 10 juin 1793 et du 9 vent. an 12, par le décret du 4° jour complémentaire de l'an 13, par l'avis du conseil d'Etat du 18 juin 1809 et par l'ordonnance du 23 juin 1819.

On examinera successivement, comme on l'a fait au *Répertoire*, les applications de ces règles qui ont été faites par la jurisprudence sous les trois chefs suivants : 1° compétence de l'administration active; 2° compétence des conseils de préfecture; 3° compétence des tribunaux civils.

1110. — I. Compétence de l'administration active. — Comme on l'a vu au *Rép.* n° 2285, les préfets doivent intervenir, en matière de partage de biens communaux, toutes les fois que, le fond du droit étant reconnu, il n'y a plus à faire qu'un acte d'exécution pour appliquer les titres. Ainsi il appartient au préfet, conformément à ce que nous avons exposé (*Rép.* n° 2286), de prescrire les opérations administratives du partage, telles que la désignation des experts, l'expertise, la formation des lots, et de statuer, sauf recours au ministre et, en cas d'excès de pouvoirs, au conseil d'Etat, sur les difficultés auxquelles ces opérations peuvent donner lieu, en tant que ces difficultés ne mettent pas en question l'étendue des droits des parties intéressées (Cons. d'Et. 26 août 1848, aff. Commune de Rivière-Devant, *Rec. Cons. d'Etat*, p. 543 ; 26 févr. 1863, aff. Commune de Bescat, *ibid.*, p. 179 ; 29 août 1865, aff. Commune d'Arudy, *ibid.*, p. 878). V. sur cette question l'instruction générale du ministre de l'intérieur relative à l'application du décret de décentralisation du 25 mars 1852 (D. P. 52. 3. 33, note), et les conclusions de M. David, commissaire du Gouvernement, qui contiennent un exposé complet des règles de la compétence en matière de partage de biens communaux (D. P. 79. 3. 17). Le préfet est compétent, notamment, pour trancher les questions de convenance administrative, par exemple, pour choisir entre deux systèmes de lotissement, dont l'un n'imposerait pas de soultes aux communes intéressées, et dont l'autre en imposerait, mais en rapprochant davantage de leur territoire la portion de biens indivis qui leur serait attribuée (Arrêt précité du 26 août 1848).

1111. Les opérations qui viennent d'être indiquées rentrent exclusivement dans la compétence de l'autorité administrative, et le jugement d'un tribunal civil qui désigne un expert pour procéder aux opérations du partage, sauf aux communes à revenir devant ce tribunal pour faire statuer sur le mérite du rapport des experts et être envoyées en pos-

session des parties de communaux qui leur seront attribuées, est nul pour incompétence (Civ. cass. 26 août 1856, aff. Commune de Saint-Maurice-de-Remens, D. P. 56. 1. 340). Mais lorsque quelques-unes des communes copropriétaires refusent d'accepter le lot qui leur est attribué dans un projet de partage, en se fondant sur ce que ce lot ne représente pas la valeur réelle de leurs droits, cette contestation soulève une véritable question de propriété qui rentre dans la compétence de l'autorité judiciaire, et le préfet doit surseoir à l'approbation du partage (Cons. d'Et. 10 sept. 1864, aff. Commune de Bescat, D. P. 65. 3. 43).

1112. S'il appartient au préfet d'autoriser le partage de biens communaux indivis entre plusieurs communes ou sections et de prescrire les opérations du partage, l'arrêté d'autorisation du préfet et la décision du ministre portant approbation de cet arrêté ne peuvent pas, après la réalisation du contrat, être attaqués devant le conseil d'Etat pour excès de pouvoirs. En pareil cas, en effet, les causes de nullité qui vicieraient l'acte d'autorisation ayant leur contrecoup sur le contrat lui-même, c'est à la juridiction spécialement instituée pour connaître de ce contrat, c'est-à-dire dans l'espèce, au conseil de préfecture, que doivent être portées toutes les réclamations qui tendraient à en faire reconnaître la nullité (Cons. d'Et. 19 juill. 1878, aff. Marret, D. P. 79. 3. 17).

1113. — II. Compétence des conseils de préfecture. — Conformément à ce qui a été exposé au *Rép.* n°s 2292 et suiv., les conseils de préfecture sont compétents pour statuer sur les difficultés qui s'élèvent au sujet de l'application des bases du partage, telles qu'elles sont édictées par notre législation en l'absence de tout titre contraire et sur l'existence, comme sur la validité, des actes de partage (Req. 17 mars 1869, aff. Commune de Saint-Firmin, D. P. 71. 1. 280). Ainsi, lorsqu'un particulier se prétend propriétaire d'un bien communal en vertu d'un partage régulier opéré conformément à la loi de 1793 avant la promulgation de celle de l'an. 12, le conseil de préfecture doit statuer sur cette prétention (Civ. cass. 21 janv. 1852, aff. Commune d'Eysus, D. P. 52. 1. 276).

1114. De même, il appartient à cette juridiction de connaître des difficultés auxquelles peuvent donner lieu les opérations du partage après que les tribunaux civils ont prononcé sur l'existence et l'étendue des droits de propriété respectivement réclamés par deux communes sur des biens dont elles jouissent indivisément (Cons. d'Et. 14 mars 1860, aff. Commune de Colombey-les-Deux-Eglises, D. P. 60. 3. 20), ainsi que des contestations relatives aux caractères et aux effets d'un partage de biens communaux ou indivis entre plusieurs communes opéré par l'Administration (Cons. d'Et. 17 mai 1855, aff. Commune de Valergues, D. P. 55. 3. 84), et de la question de savoir d'après quelles bases doivent être partagés entre plusieurs communes les revenus provenant de l'aliénation d'un droit de pacage qu'elles exerçaient autrefois indivisément (Cons. d'Et. 5 déc. 1866) (1).

Les conseils de préfecture sont d'ailleurs compétents pour statuer sur les difficultés auxquelles peuvent donner naissance les opérations du partage, alors même que le partage a été consommé (Cons. d'Et. 19 juill. 1878, aff. Marret, D. P. 79. 3. 17).

1115. Ainsi que nous l'avons dit au *Rép.* n° 2293, la compétence des conseils de préfecture s'applique également aux contestations résultant des partages de biens communaux opérés avant la loi du 10 juin 1793 en vertu d'arrêts de l'ancien conseil. Il leur appartient notamment de décider,

à l'exclusion des tribunaux civils, quelles sont, d'après les anciens règlements et usages, les conditions de transmission des parts de biens communaux, et de faire l'application de ces règlements et usages (Cons. d'Et. 18 mai 1870, aff. Henneau, D. P. 72. 3. 41 ; 25 juill. 1872, aff. Huret, *ibid.*).

1116. Les difficultés relatives à l'usurpation des biens communaux sont de la compétence des conseils de préfecture lorsque, l'origine de ces biens n'étant pas contestée, les détenteurs actionnés en délaissement se bornent à opposer la prescription (Cons. d'Et. 12 janv. 1850, aff. Mercier, D. P. 50. 3. 35). Mais cette compétence n'existe qu'à l'égard de ceux de ces biens qui ont été déclarés partageables par la loi du 10 juin 1793, et elle est par suite inapplicable aux empiétements commis sur la voie publique (Cons. d'Et. 13 mars 1856, aff. Luco, D. P. 56. 3. 58). Elle ne s'applique qu'aux usurpations commises antérieurement à la loi du 9 vent. an 12 ; les contestations relatives aux usurpations postérieures à cette loi sont de la compétence exclusive de l'autorité judiciaire (Cons. d'Et. 25 juin 1857, aff. Commune de Napoléonville, D. P. 58. 3. 9).

1117. — III. Compétence des tribunaux civils. — On a vu au *Rép.* n° 2299, que les tribunaux civils sont compétents pour juger toutes les contestations en matière de biens communaux qui n'ont pas été attribuées aux conseils de préfecture. Ils sont notamment, ainsi que nous l'avons dit *ibid.*, seuls compétents pour connaître des questions de bornage et de limites de propriété soit entre deux communes (Req. 29 juill. 1856, aff. Section de Marsenay, D. P. 56. 1. 441), soit entre une commune et un particulier (Req. 19 avr. 1880, aff. Commune de Rochefort, D. P. 80. 1. 416). Il en est ainsi, à plus forte raison, lorsqu'il s'agit, non de diviser des communaux, mais de déterminer les droits indivis qui peuvent appartenir à deux communes, notamment sur un hospice (Paris, 18 mars 1872, aff. Commune de Maintenon, D. P. 74. 5. 106).

1118. La question de savoir si la loi permet ou défend un partage de biens indivis entre plusieurs communes est de la compétence de l'autorité judiciaire (Grenoble, 24 janv. 1849, aff. Commune de Lavallette, D. P. 49. 2. 251). Mais elle doit délaisser les parties à se pourvoir devant l'autorité administrative pour procéder à ce partage dans les formes prescrites par la loi (Même arrêt).

1119. Toutes les fois que, dans un partage de biens indivis entre plusieurs communes, il y a lieu de trancher des questions de propriété, on doit, ainsi que nous l'avons dit (*Rép.* n° 2303), renvoyer les parties devant les tribunaux (Paris, 18 mars 1872, aff. Commune de Maintenon, D. P. 74. 5. 106). Lorsque ces questions ont été tranchées par l'autorité judiciaire, celle-ci est incompétente, comme on l'a vu précédemment, pour procéder à un partage ; mais l'arrêt qui, sur une contestation élevée entre deux communes relativement à des biens communaux dont l'une prétend avoir la propriété exclusive, tandis que l'autre soutient en être copropriétaire et en demande le partage, attribue à chacune de ces communes une portion déterminée de terrains litigieux, par le motif qu'elle en est propriétaire, niant ainsi l'existence entre elles de toute copropriété et par suite de toute indivision, doit être considéré comme ayant statué sur une simple question de propriété de la compétence des tribunaux civils, et non comme ayant procédé à un partage de biens communaux indivis rentrant dans la compétence de l'autorité administrative (Req. 12 nov. 1862, aff. Commune de Piana, D. P. 63. 1. 469).

---

(1) (Commune de Louvigny.) — Le conseil d'Etat, etc.; — Vu la loi du 10 juin 1793, le décret du 19 brum. an 2 et l'avis du conseil d'Etat du 20 juill. 1807 ; — Vu la loi du 28 pluv. an 8 ; vu la loi du 18 juill. 1837, art. 19 et 20, et le décret du 25 mars 1852, tableau A ; — Sur la compétence : — Considérant que la ville de Caen soutient que la créance indivise due par la compagnie des chemins de fer de l'Ouest, par suite de l'expropriation du droit de pacage que ladite ville exerçait, concurremment avec les communes de Louvigny et de Venoix, sur les secondes herbes d'une partie de la prairie située entre les trois communes, doit être partagée entre ces communes à raison du nombre de feux de chacunes d'elles, conformément à l'avis du conseil d'Etat du 20 juill. 1807 ; que les communes de Louvigny et de Venoix, pour prétendre, au contraire, que ce partage doit être fait par portions égales entre les trois communes, n'invoquent aucun titre de droit commun, mais se fondent sur ce que, le droit de pacage dont il

s'agit n'étant pas un bien communal dans le sens de la loi du 10 juin 1793, les dispositions de cette loi ne sont pas applicables dans l'espèce ; — Considérant qu'il a été reconnu par l'arrêt ci-dessus visé de la cour de Caen du 13 juill. 1835 que ce droit de pacage était une servitude dont la propriété de la prairie était grevée au profit commun des trois communes précitées ; qu'il rentrait, par suite, dans la catégorie des biens communaux énoncés dans l'art. 1er de la sect. 1re de la loi du 10 juin 1793 ; — Considérant que, d'après les art. 37 de la sect. 3, et 1er de la sect. 5 de ladite loi, c'est aux directeurs du département, remplacés à cet égard par le conseil de préfecture, qu'il appartient de statuer sur les contestations soulevées entre les communes, relativement au mode de partage de leurs biens communaux indivis et des revenus provenant de la vente de ces biens...

Du 5 déc. 1866.-Cons. d'Et.-MM. Perret, rap.-Bayard, concl. Christophle et Groualle, av.

1120. Les tribunaux civils sont également compétents pour déclarer si les délibérations de conseils municipaux relatives au partage de biens communaux indivis entre plusieurs communes, et déterminant la part qui doit être affectée à chacune d'elles, contiennent ou non une reconnaissance de propriété au profit d'une section dépendant d'une de ces communes (Req. 22 juin 1868, aff. Section de Pouilly, D. P. 69. 1. 374). En cas de contestation sur la question de savoir si le partage de biens communaux indivis doit se faire par feu ou conformément aux usages suivis pour la jouissance des fruits, il appartient aux tribunaux civils de déterminer le mode de partage qui doit être suivi ; mais c'est à l'autorité administrative seule qu'il appartient de procéder au partage (Nancy, 24 mars 1866, V. supra, n° 1100).

1121. De même, comme on l'a vu au Rép. n° 2302, lorsque des communes sont propriétaires par indivis et que l'une d'elles prétend que ses titres s'opposent au partage par feu, cette contestation est du ressort de l'autorité judiciaire. Dans ce cas, c'est aux tribunaux civils qu'il appartient de décider, d'après les titres produits, la part que chaque commune doit avoir dans le partage (Civ. cass. 21 janv. 1852, aff. Commune d'Eysus, D. P. 52. 1. 276).

1122. Lorsque quelques-unes des communes copropriétaires refusent d'accepter le lot qui leur est attribué dans un projet de partage, en se fondant sur ce que ce lot ne représente pas la valeur réelle de leurs droits, cette contestation ne soulève pas seulement une question de convenance administrative, mais une véritable question de propriété, et les tribunaux civils seuls compétents pour la trancher (Cons. d'Et. 10 sept. 1864, aff. Commune de Bescat, D. P. 65. 3. 43 ; 29 août 1865, V. supra, n°1110). Cette restriction doit être apportée à la rédaction trop absolue de la circulaire ministérielle du 25 mars 1852 précédemment citée (supra, ibid.), et aux termes de laquelle le préfet serait exclusivement compétent pour trancher les difficultés relatives aux opérations purement matérielles du partage, « telles que celles qui consistent, par exemple, dans la nomination des experts, la formation des parts à distribuer et le tirage de lots au sort » (D. P. 52. 3. 29).

1123. Les tribunaux civils sont également compétents pour statuer sur l'action en garantie d'une des communes, fondée sur la dépréciation de son lot par suite du classement d'un chemin traversant ce lot, opéré à la même date que l'homologation du partage (Cons. d'Et. 11 août 1869) (1).

1124. C'est également à l'autorité judiciaire qu'il appartient de statuer sur les prétentions élevées par l'une des communes copartageantes à la propriété de terrains compris dans le lot d'une autre commune, à raison d'une prescription qui se serait accomplie à son profit depuis le partage (Cons. d'Et. 17 mai 1855, aff. Commune de Valergues, D. P. 55. 3. 84).

1125. De même, la connaissance des contestations relatives au nombre et à l'existence des feux de chacune des communes intéressées dans un partage doit être réservée à l'autorité judiciaire (Cons. d'Et. 1er févr. 1871, aff. Commune de Fozzano, D. P. 72. 3. 41 ; Req. 22 août 1881, aff. Commune de Fozzano, D. P. 82. 1. 463). Cette solution est la conséquence de la jurisprudence qui, ainsi qu'on le verra infrà, n° 1156, attribue aux tribunaux civils une compétence exclusive pour trancher les questions d'aptitude personnelle résultant de l'état civil, de l'état de famille et du domicile.

1126. Nous avons dit au Rép. n° 2305 que l'autorité judiciaire est seule compétente pour connaître des usurpations de terrains dont la qualité communale est contestée (Cons. d'Et. 20 mars 1852, aff. Marthiens, D. P. 53. 3. 2). Le conseil de préfecture, saisi de l'action en revendication formée par la commune, doit en pareil cas surseoir à statuer et renvoyer aux tribunaux civils l'examen de la question préjudicielle de propriété soulevée par l'exception. Mais il n'y aurait pas lieu à renvoi si l'exception proposée n'emportait pas dénégation du caractère communal du terrain revendiqué, et, par exemple, si les détenteurs se bornaient à invoquer la prescription (Cons. d'Et. 12 janv. 1850, aff. Mercier, D. P. 50. 3. 35). Le conseil de préfecture pourrait également statuer, sans s'arrêter à l'exception de propriété, si le défendeur contestait seulement la qualité communale du terrain litigieux, sans indiquer la nature des titres dont il entend se prévaloir pour établir son droit de propriété (Arrêt précité du 20 mars 1852). Dans tous les cas, c'est aux détenteurs qu'incombe l'obligation d'établir leurs droits ; c'est donc à eux, et non aux communes, qu'un délai doit être imparti à l'effet de justifier des droits de propriété par eux allégués (Cons. d'Et. 9 août 1865 ; V. supra, n° 1009). Il ne suffirait pas, pour faire cette preuve, que le détenteur présentât simplement un jugement au possessoire, sa possession étant présumée illégitime jusqu'à preuve contraire (Cons. d'Et. 19 janv. 1860, cité ibid.).

CHAP. 6. — Jouissance des biens communaux
(Rép. n°s 2312 à 2362).

Art. 1er. — Conditions requises pour être admis à la jouissance des biens communaux (Rép. n°s 2313 à 2332).

1127. On a indiqué au Rép. n° 2313 les trois modes différents adoptés pour la jouissance des biens communaux lorsque les fruits en sont directement perçus par les habitants. Le premier consiste à attribuer à chacun des propriétaires une part des fruits proportionnelle à l'étendue de son domaine ; le second, à diviser les jouissances par feu ou par chef de famille ; le troisième, à les partager par tête. On a vu que le premier de ces modes de jouissance autorisé autrefois dans une partie de la France est aujourd'hui prohibé. Toutefois, cette prohibition ne s'applique qu'à de simples droits d'usage ; un particulier peut donc acquérir par prescription et réclamer par l'action en complainte un droit de pâturage exercé sur les communaux et absorbant dans les produits une part proportionnelle à l'étendue de ses propriétés. Une semblable possession constitue, en effet, non une servitude de pacage, mais un droit de vive et grasse pâture (Civ. rej. 7 juin 1848, aff. Commune de Gorges, D. P. 48. 1. 121. V. Rép. v° Droit rural, n° 52).

1128. Le mode de jouissance par lots concédés héréditairement aux chefs de famille avait, comme nous l'avons exposé (Rép. n° 2313), été établi pour la Flandre et l'Artois et pour les territoires compris dans les Trois-Evêchés par des lettres patentes et édits qui sont restés en vigueur. Ces édits, et spécialement pour l'Artois l'arrêt du conseil du 25 févr. 1779, ont confié aux copartageants allotis et à leurs héritiers directs des droits irrévocables auxquels l'autorité administrative ne peut porter atteinte (Cons. d'Et. 9 févr. 1860) (2).

---

(1) (Commune de Carquebut.) — Le conseil d'État, etc. ; — Vu le décret du 22 juill. 1806 ; — Vu la loi du 18 juill. 1837 ; — Considérant que la commune de Carquebut soutenait que le lot qui formait sa part dans le partage du marais des Mottes avait été déprécié par le classement du chemin vicinal de Liesville à Carquebut, au travers dudit lot, et réclamait aux communes copartageantes de Liesville, Houesville et Blosville une indemnité de garantie à raison de cette dépréciation ; que la question à résoudre est celle de savoir quelle indemnité peut être due à la commune de Carquebut par les communes copartageantes par suite de cet amoindrissement de la valeur de son lot ; — Que la connaissance de cette question rentrait dans les attributions de la juridiction du tribunal civil ; que, dès lors, c'est avec raison que par l'arrêté susvisé le conseil de préfecture s'est déclaré incompétent pour connaître de la demande de la commune de Carquebut ; — Mais, considérant que de cet arrêté et du jugement ci-dessus visé du tribunal civil de Valognes, il résulte un conflit négatif et que, dès lors, il y a lieu par nous de procéder à un règlement de juges (Jugement déclaré non avenu ; la commune de Carquebut renvoyée devant le tribunal de Valognes pour être statué sur ce qu'il appartiendra sur la demande par elle formée contre les communes copartageantes du marais des Mottes.)
Du 11 août 1869.-Cons. d'Et.-MM. de Rambuteau, rap.-Aucoc, concl.-Groualle et Mazeau, av.

(2) (Commune d'Auchy-la-Bassée.) — Le conseil d'État, etc. ; — Vu les lois des 10 juin 1793 et 9 vent. an 12 ; les décrets 16 brum. et 4e compl. an 13 ; l'avis du conseil d'État approuvé le 29 mai 1808 ; l'avis du conseil d'État du 18 juin 1809 ; — Vu la loi du 18 juill. 1837 ; — Vu le décret du 25 mars 1852 sur la décentralisation administrative ;... — Considérant que l'arrêt du conseil d'État du Roi du 25 févr. 1779 a été rendu dans le but de provoquer la certitude d'une longue et paisible possession des travaux de dessèchement ; qu'à cet effet, ledit arrêt a décidé notamment « que l'aîné mâle de chaque famille et, à défaut de mâle, l'aînée des femmes sont seuls admis à succéder aux parts » ; et que « dans

Il en résulte, d'après un arrêt (Douai, 15 juill. 1883, aff. Leleu-Laden, D. P. 88. 1. 129), que, dans les pays faisant autrefois partie de la Flandre, une commune ne peut ni aliéner, ni échanger les parcelles ménagères et modifier ainsi du consentement du détenteur passager´ de ces parcelles les droits qui peuvent appartenir à un habitant appelé ultérieurement à en jouir. Cette solution nous paraît parfaitement fondée en droit. Mais on doit reconnaître que, dans la pratique, l'administration supérieure a souvent autorisé des échanges de parcelles ménagères contre des parcelles non ménagères consentis par les communes, et, en l'état des précédents et de la constatation de leur irrégularité, il peut survenir de graves difficultés pour les communes et les tiers qui ont traité avec elles. On s'est demandé si les bénéfices conférés aux apportionnés en vertu de l'arrêt de 1779 comprenaient les droits de chasse et de pêche sur les parts de marais communaux. Cette question n'a pas été résolue par le conseil d'État, mais elle a été tranchée dans le sens de l'affirmative par un arrêté du conseil de préfecture du Pas-de-Calais du 27 mai 1884 (*Rec. Cons. d'État*, 1886, p. 797).

1129. Nous avons dit au *Rép.* n°ˢ 2315 et 2316 que d'après les édits précités les lots attribués aux chefs de famille passent par héritage à leur fils aîné *établi*. L'arrêt du conseil du 25 févr. 1779, relatif au mode de jouissance et de transmission des portions de marais communaux de la province d'Artois, appelle à succéder aux parts de marais devenues vacantes par décès « l'aîné mâle de chaque famille et, à son défaut, l'aîné des familles. » La jurisprudence décide que cette disposition, édictée dans le but évident de maintenir les parts dans les familles auxquelles elles ont été attribuées, a pour effet d'exclure les filles tant qu'il existe dans la descendance directe un mâle apte à recueillir la part vacante. Par suite, la part devenue vacante par décès doit être attribuée au fils puîné du dernier possesseur, de préférence à la fille d'un fils aîné prédécédé (Cons. d'Ét. 23 janv. 1874, aff. Dehaye, D. P. 75. 5. 84; 6 août 1878, aff. Leroy, D. P. 78. 5. 124; 5 août 1881. aff. Buquet, D. P. 82. 5. 102). De même, lorsque la fille d'un fils aîné prédécédé se trouve en concours avec son cousin, fils d'un fils puîné aussi prédécédé de *de cujus*, pour l'obtention de la part de marais délaissée à la mort du grand-père commun, le petit-fils doit être préféré à la petite-fille (Cons. d'Ét. 29 avr. 1887) (1). Toutefois la représentation, qui était de droit commun dans la province d'Artois, au moment où est intervenu l'arrêt du 25 févr. 1779, doit être admise en matière de succession aux parts de marais dans la mesure où elle peut se concilier avec les règles spéciales établies par cet arrêt. En conséquence, la part de marais devenue vacante par décès doit être attribuée, en vertu du droit de représentation, au fils du fils aîné actuellement décédé du

dernier titulaire, de préférence au fils puîné de celui-ci (Cons. d'Ét. 8 juin 1883, aff. Héquet, D. P. 85. 3. 16).

1130. L'arrêt du conseil de 1779 n'admet à succéder aux parts de marais que les héritiers en ligne directe. Aucun droit d'usufruit n'est réservé au conjoint survivant (Cons. d'Ét. 18 févr. 1858, aff. Blondeau et consorts, *Rec. Cons. d'Etat*, p. 152; 20 mai 1881, aff. Jambart, D. P. 82. 5. 102; 8 juin 1883, aff. Laurent, D. P. 85. 3. 16).

De même, la succession n'étant pas admise en ligne collatérale, la part d'un titulaire décédé sans postérité n'est pas dévolue à son neveu, mais à celui des aspirants qui a droit à la première part vacante (Cons. d'Ét. 4 août 1882, aff. Hardelin, D. P. 83. 5. 97).

1131. Nul habitant ne peut posséder deux parts, et, en cas de mariage entre deux portionnaires, ils sont tenus d'opter pour l'une de leurs parts et d'abdiquer l'autre (Cons. d'Ét. 8 juin 1883, aff. Laurent, D. P. 85. 3. 16). La femme mariée à un habitant apportionné, laquelle ne réclame pas la part de marais qui lui est dévolue héréditairement, doit être présumée avoir opté pour la conservation de celle dont jouit son mari (Même arrêt). Dans le cas où le fils aîné, qui seul avait le droit de succéder à la part de marais de sa mère, n'a opté que plusieurs années après pour une autre part à laquelle il avait droit comme plus ancien chef de ménage, la part délaissée par lui doit être attribuée au « plus ancien aspirant », et son frère puîné n'a aucun droit à cette part comme héritier, à son défaut, de leur mère commune (Cons. d'Ét. 20 mai 1881, aff. Jambart, D. P. 82. 5. 102).

1132. L'arrêt de 1779 dispose que, dans le cas où un chef de famille ne laisserait en décédant aucun héritier direct, la portion dont il aura joui devra retourner à la communauté pour être assignée aux chefs de famille qui n'en possèdent aucune, et, parmi eux aux plus anciennement domiciliés dans la communauté. Une distinction doit donc être fait entre le cas où la dévolution de jouissance s'opère au profit des enfants du portionnaire, et celui où elle a lieu au profit d'un chef de famille. Dans le cas de décès d'un portionnaire sans héritier direct, il est expressément déclaré que sa portion fait retour à la communauté. A la vérité, afin d'assurer la continuité de jouissance au profit des habitants, il est prescrit que la portion devenue vacante retourne à la communauté pour être assignée aux plus anciens habitants qui ne possèdent aucune part; mais de ces dispositions mêmes il résulte que le droit à la jouissance se réunit momentanément au droit de propriété de la communauté, jusqu'à ce qu'il en soit détaché par l'assignation au profit de celui qui remplit les conditions requises. Par suite, jusqu'à l'envoi en possession, l'aspirant ne possède que l'aptitude à un droit subordonné lui-même à l'exécution d'une condition. Si donc

---

le cas où un chef de famille ne laisserait, en décédant, aucun héritier direct, la portion de marais dont il aura joui retournera à la communauté pour être assignée aux chefs de famille qui n'en posséderont aucune, et, parmi eux, aux plus anciennement domiciliés dans la communauté »; — Considérant que ledit arrêt a institué ainsi une jouissance individuelle et héréditaire; que les droits conférés par cet arrêt à la descendance directe des apportionnés sont irrévocables; que si la commune a conservé un droit de retour sur les lots, et si elle peut, à la condition d'y être régulièrement autorisée, changer le mode d'attribution ou de jouissance de ceux qui lui font retour en vertu dudit arrêt, son droit ne peut s'étendre jusqu'à devancer l'époque du retour, et à faire cesser, après la mort des possesseurs actuels, une jouissance héréditaire qui n'a été soumise par l'arrêt qu'à certains cas particuliers d'extinction: — Art. 1ᵉʳ L'intervention de la commune d'Auchy-la-Bassée est admise. — Art. 2. Il est déclaré que l'arrêt susvisé du conseil d'Etat du Roi, du 25 févr. 1779, confère aux descendants directs des habitants apportionnés, en vertu de cet arrêt, des droits irrévocablement acquis dans les limites et sous les conditions qu'il indique.

Du 9 févr. 1860.-Cons. d'Ét.-MM. Ch. Robert, rap.-E. Baroche, concl.-Bosviel et Christophle, av.

(1) (Louis C. dame Gambier.) — Le conseil d'État;... — Vu les lettres patentes d'août 1773 et l'édit enregistré au Parlement de Paris le 29 août 1775; — Vu l'arrêt du conseil du Roi du 25 févr. 1779; — Vu les lois des 10 juin 1793 et 9 vent. an 12, et le décret du 4ᵉ jour complémentaire de l'an 13; — Considérant, d'autre part, qu'au moment où est intervenu l'arrêt du 25 févr. 1779, relatif au partage des marais communaux en Artois, la représentation était de droit commun dans cette province, en vertu des lettres patentes

d'août 1773 et de l'édit du 29 août 1775 ci-dessus visé; qu'ainsi la représentation doit être admise en matière de succession aux parts de marais, mais dans la mesure seulement où elle peut se concilier avec les règles spéciales établies par l'arrêt de 1779; — Considérant, d'autre part, qu'aux termes dudit arrêt, « l'aîné mâle de chaque famille, et, à défaut de mâles, l'aînée des femelles », est seul admis à succéder aux parts de marais; que cette disposition, édictée dans le but évident de maintenir les parts dans les familles auxquelles elles ont été attribuées, a pour effet d'exclure les filles tant qu'il existe dans la descendance masculine un mâle apte à recueillir la part vacante, et que par suite, le droit de représentation ne saurait s'exercer que sous la restriction de ladite disposition; — Considérant qu'il résulte de l'instruction que le sieur Louis (Louis-Joseph) dit Désobry, est décédé laissant pour héritiers en ligne directe : 1° la dame Gambier, fille de son fils aîné prédécédé; 2° le sieur Louis (Jules), fils de son second fils également prédécédé; 3° le sieur Louis (Célestin), troisième fils, et d'autres descendants; que si, en vertu du bénéfice de la représentation, le sieur Louis (Jules) devait, pour la succession à la part de marais laissée par son grand-père, être préféré à son oncle le sieur Louis (Célestin) l'exclusion prononcée contre les filles, par l'arrêt de 1779, tant qu'il existe un descendant mâle en ligne directe, fait obstacle à ce que la dame Gambier, bien que descendant du fils aîné du sieur Louis dit Désobry, réclame contre le sieur Louis (Jules) le bénéfice de la représentation; qu'ainsi c'est à tort que le conseil de préfecture a attribué à ladite dame la part de marais laissée par son grand-père et dont le sieur Louis (Jules) avait été envoyé en possession par le maire de la commune de Montigny-en-Gohelle (Rejet).

Du 29 avr. 1887.-Cons. d'Ét.-MM. Mayniel, rap.-Valabrègue, concl.-Godey et Passez, av.

il vient à décéder, il ne peut transmettre de ce chef à ses héritiers aucune qualité dont ils puissent se prévaloir pour réclamer l'attribution de cette part à leur profit (Cons. d'Et. 9 févr. 1872, aff. Cauchy-Capron, D. P. 72. 3. 68). Dans le cas, au contraire, où le portionnaire laisse une descendance directe, il lui transmet des droits irrévocables. Aussi a-t-il été décidé que les règlements délibérés par les conseils municipaux et régulièrement approuvés ne peuvent modifier le mode d'attribution et de jouissance que pour les lots qui font retour à la commune; mais qu'ils ne peuvent devancer l'époque de ce retour et faire cesser, après la mort des possesseurs actuels, une jouissance héréditaire qui n'a été soumise par l'arrêt de 1779 qu'à certains cas particuliers d'extinction. La transmission dans les familles des apportionnés a, en effet, été établie pour favoriser l'agriculture, en obtenant des détenteurs des efforts et des dépenses qu'on n'aurait pu espérer d'un possesseur à titre viager. En révoquant cette concession, les communes auraient manqué à un véritable contrat (Cons. d'Et. 24 avr. 1856, aff. Commune de Cheminot, *Rec. Cons. d'Etat*, p. 318; 23 juill. 1857, aff. Commune d'Ennery, *ibid.*, p. 562; 9 févr. 1860, cité *suprà*, n° 1128; 25 juill. 1872, aff. Huret, D. P. 72. 3. 41). Lorsqu'un particulier qui jouissait d'un lot de marais communaux en vertu de l'arrêt de 1779 a consenti, en vertu d'un nouveau règlement, à accepter un autre lot en échange de celui qu'il détenait, il n'est pas présumé avoir renoncé par là à continuer sa jouissance dans les conditions où il l'avait jusqu'alors exercée, c'est-à-dire avec le droit de la transmettre à sa descendance directe (Cons. d'Et. 25 juill. 1872, aff. Huret, D. P. 72. 3. 41).

1133. Aucune disposition de l'arrêt de 1779 ne fait obstacle à ce que le droit de jouissance s'établisse par la prescription. En conséquence, un particulier qui a joui pendant trente ans d'une part de marais communaux doit être maintenu en possession (Cons. d'Et. 18 mai 1870, aff. Henneau, D. P. 72. 3. 41). De même, l'habitant majeur au moment où s'opère à son profit la dévolution légale d'une part héréditaire n'est plus recevable à faire valoir ses droits après l'expiration du délai de trente ans (Cons. d'Et. 8 juin 1883, aff. Laurent, D. P. 85. 3. 16).

1134. L'édit de juin 1769 dont nous avons reproduit le texte (D. P. 64. 3. 30, note 1) portait règlement pour le partage des biens communaux dans la province des Trois-Evêchés sur des bases analogues à celles qui étaient adoptées dans la province d'Artois. Les art. 5 et 6 de l'édit réglaient souverainement le mode de transmission des portions communales; et il ne pouvait y être dérogé par des dispositions contractuelles entre époux (Metz, 15 juin 1865, aff. Molin, D. P. 65. 2. 188). Ces articles portaient que les portions communales étaient héréditaires en ligne directe et appartenaient, au décès des détenteurs, à l'aîné des enfants établis ou tenant ménage, et non déjà pourvus. Ces expressions n'excluaient pas les enfants non mariés, et s'appliquaient sans distinction à tous ceux qui habitaient la commune. La condition de mariage n'était exigée que pour les collatéraux (Metz, 16 juill. 1852, aff. Commune de Fixem, D. P. 54. 5. 136).

Le condamné à une peine afflictive et infamante qui, au moment de sa condamnation, avait, bien que veuf et sans enfants, la qualité de chef de famille établi et tenant ménage dans une commune de l'ancienne province des Trois-Evêchés, est privé pendant l'exécution de sa peine, par cela seul qu'il n'a plus, dans cette commune, ni son habitation réelle, ni même son domicile légal, du droit de continuer à y jouir de la portion des biens communaux qui lui a été précédemment attribuée (Trib. Metz, 13 août 1863, aff. R..., D. P. 64. 3. 30).

1135. On a vu au *Rép.* n° 2317, que le troisième mode de partager les produits communaux est la division par tête. Nous avons dit que la loi de 1793 avait établi ce mode de partage, mais que le partage par feu a été substitué au partage par tête par le décret du 20 juin 1806, par les avis du conseil d'Etat du 20 juill. 1807 et du 26 avr. 1808, par le décret du 6 juin 1811 et, pour les affouages, par l'art. 105 c. for.

1136. Les conditions d'aptitude au partage des biens communaux n'ont été déterminées par la jurisprudence qu'après quelques hésitations. Les premiers arrêts avaient jugé que, pour participer au partage des biens communaux,

il fallait être Français. Mais la cour de cassation décida, ainsi qu'on l'a vu (*Rép.* n° 2319), que le droit d'affouage, étant un droit civil, appartenait aux termes de l'art. 13 c. civ. à l'*étranger autorisé* à établir son domicile en France et prenant, comme habitant, part aux charges communales (Req. 23 mars 1853, aff. Commune de Chauvency, D. P. 53. 1. 208). Il a même été admis par plusieurs arrêts postérieurs que l'autorisation d'établir son domicile en France n'était pas nécessaire (Crim. rej. 21 juin 1861, aff. Cazanova, D. P. 62. 1. 251; Civ. rej. 31 déc. 1861, aff. Commune de Trévillers, D. P. 63. 1. 5). Aujourd'hui la question est législativement tranchée par la loi du 23 nov. 1883 qui, ainsi que nous l'avons dit *suprà*, n° 1098, a modifié l'art. 105 c. for., et qui dispose que l'étranger ne peut participer à l'affouage que s'il a été autorisé à établir son domicile en France. Cette disposition, ainsi que celle de la loi du 25 juin 1874 qui l'a précédée, est relative aux affouages; mais la solution qu'elle consacre en matière d'affouage doit nécessairement être étendue à tous les biens communaux dont la jouissance en nature est abandonnée aux habitants. Il y a lieu notamment d'assimiler sous ce rapport à l'affouage la jouissance de marais communaux lorsqu'elle est répartie entre les habitants de la commune, et de reconnaître en faveur de l'étranger autorisé à établir son domicile en France le droit à cette jouissance dans la commune où il est chef de famille (Lyon, 24 mai 1878, aff. Trachsel, D. P. 78. 2. 239). La réclamation de l'étranger ne saurait être écartée sous prétexte que les biens dont il s'agit auraient été l'objet d'un bail au bénéfice duquel la commune n'était pas tenue de faire participer tous les habitants, alors que l'inexactitude de cette qualification résulte de ce que les ayants droit n'ont en réalité aucun prix à payer.

1137. Nous avons exposé au *Rép.* n° 2320 la controverse à laquelle a donné lieu la question de savoir si le fait d'avoir son domicile dans une commune suffit, en dehors de toute condition de résidence, pour donner droit aux jouissances des biens de cette commune. La loi du 23 nov. 1883 exige, au point de vue de droit à l'affouage, un domicile réel et fixe dans la commune avant la publication du rôle. Cette disposition, qui a pour objet de sauvegarder les droits des habitants nouvellement installés, tout en écartant les nomades, ne tranche pas la question pour les usages autres que les affouages, dans le cas où il n'est pas dressé de rôles réguliers. Mais nous pensons que les conseils municipaux auxquels, sous l'empire de la législation actuelle, appartient, ainsi qu'on le verra *infrà*, n° 1151, le droit de régler par leurs délibérations le mode de jouissance et la répartition des pâturages et fruits communaux autres que les bois, pourraient déterminer, non les conditions constitutives du domicile, mais la durée de la résidence qu'il convient d'exiger. C'est ainsi que la cour de cassation a considéré comme régulière et obligatoire la délibération par laquelle un conseil municipal avait imposé à tout habitant la condition d'une résidence d'une année pour jouir des droits au marais communal (Req. 14 déc. 1864, aff. Commune de Deauville, 1re espèce. D. P. 65. 1. 175). Elle a également décidé que l'héritier d'un habitant peut compléter le temps d'habitation nécessaire à son droit à la jouissance des biens communaux en joignant à son habitation personnelle celle de son auteur, lorsqu'au moment du décès de ce dernier il demeurait avec lui, et que depuis il a continué à habiter sa maison et a continué son ménage (Req. 14 déc. 1864, aff. Commune de Deauville, 2e espèce, D. P. 65. 1. 176).

1138. Mais elle a jugé, conformément à l'opinion adoptée au *Rép.* n° 2321, que la condition d'inscription au rôle de la contribution personnelle, prescrite par une délibération du conseil municipal comme preuve de l'habitation exigée pour la jouissance des biens communaux et l'admission au partage du prix de vente de ces biens, n'est pas applicable à ceux dont l'habitation est constante et reconnue, surtout s'il s'agit d'habitants non portés au rôle à raison de leur état d'indigence (Req. 14 déc. 1864, aff. Commune de Deauville, 3e espèce, D. P. 65. 1. 176).

1139. Une question controversée, ainsi qu'on l'a vu au *Rép.* n° 2325, est celle de savoir si le droit à certains produits n'est pas, en quelque sorte, un droit réel attaché à la propriété indépendamment de toute question de domicile. Trois systèmes ont été soutenus sur cette question.

1140. D'après un premier système, si certains droits tels que le droit à l'affouage et la participation aux produits des biens communaux sont inhérents à l'habitation, le droit de pâturage serait un droit réel, et il suffirait d'être propriétaire dans une commune pour avoir droit au pâturage sur les biens communaux, sans qu'il fût nécessaire de résider dans la commune (Toulouse, 25 nov. 1852, aff. Commune de Bedeilhac, D. P. 56. 2. 179; 1er févr. 1856, aff. Commune d'Arnave, *ibid.*).

1141. Dans un second système, adopté comme on l'a vu au *Rép.* n° 2322 par un arrêt de la cour de Rouen du 12 juill. 1836, les habitants de la commune auraient seuls, à l'exclusion des propriétaires forains, droit à la jouissance des biens communaux, et particulièrement des pâturages (Chambéry, 27 déc. 1865, aff. Gachet, D. P. 66. 2. 78; 23 janv. 1866, aff. Commune de Saint-Collomban, *ibid.*). D'après le second de ces arrêts, il en serait ainsi alors même que les propriétaires forains posséderaient sur le territoire de la commune des chalets qu'ils habiteraient pendant quelques mois de l'année, cette résidence momentanée ne pouvant constituer le fait d'habitation dans la commune et la possession, même immémoriale, étant insuffisante pour faire acquérir aux propriétaires forains le droit de pâturage. Il a été décidé, dans le même sens, que le droit de participer à l'usage d'une fontaine et d'un lavoir appartenant à un village ou section de commune est attaché au fait d'habitation dans le village, et non à la possession d'un fonds de terre sur son territoire (Bordeaux, 6 déc. 1865, aff. Carrias, D. P. 66. 2. 52). Un arrêt de cassation de la chambre criminelle du 16 mai 1867 (aff. Pujo, D. P. 68. 1. 191) consacre la même doctrine et juge que, s'il suffit d'être propriétaire dans la commune pour être admis à y exercer le parcours et la vaine pâture, il n'en est pas de même lorsqu'il s'agit d'envoyer son bétail paître sur des terrains et pâturages qui sont la propriété exclusive de la commune, et que ce dernier droit n'appartient qu'aux habitants qui en jouissent d'après le mode adopté par délibération du conseil municipal.

1142. Un troisième système a été adopté par un arrêt de la chambre des requêtes du 5 août 1872 (aff. Commune de la Vigerie, D. P. 72. 1. 408) et nous paraît plus conforme au véritable esprit de la loi. D'après ce système, à la différence du droit au partage qui est inhérent au fait du domicile dont il est l'attribut inséparable, le droit à la jouissance des biens communaux est indépendant du domicile, il s'étend à toutes les communes où l'on a une habitation ainsi qu'à toutes les habitations de chaque commune, et, pour en jouir dans chaque commune où l'on possède un héritage, il suffit d'y posséder ce que les coutumes appellent un feu et lieu, soit qu'on l'occupe personnellement, soit qu'on l'occupe par les gens de son service. Il n'est donc point indispensable pour participer à la jouissance des biens communaux, d'habiter soi-même dans la commune, l'unique condition étant pour cela d'y avoir un héritage habité. Il est nécessaire, il suffit, pour avoir droit à cette jouissance, de posséder dans la commune une maison, une habitation, un feu quelque mesdée que soit cette habitation, sans qu'il soit besoin d'y être domicilié ou d'y résider. Il a été décidé, par application de ce principe, que le propriétaire d'un domaine pourvu d'une *fumade* habitée chaque année par ses serviteurs aussi longtemps que le permet la rigueur du climat, a le droit de faire pacager son bétail dans les communaux, bien qu'il n'habite pas personnellement la commune, alors surtout que, de temps immémorial, la jouissance du droit de pâturage est attachée à ce domaine (Arrêt précité du 5 août 1872).

1143. Conformément à ce qui a été dit au *Rép.* n° 2324, le droit de jouissance des biens communaux appartient à tout habitant ayant feu dans la commune ou section de commune, sans qu'il y ait lieu de distinguer s'il est propriétaire, usufruitier ou simple locataire (Trib. Guéret, 19 avr. 1877, aff. Maire d'Ahun, D. P. 78. 3. 47).

1144. Ainsi qu'on l'a vu (*Rép.* n° 2326), lorsqu'il s'agit de fruits dont la perception doit être faite par les copartageants, ceux-ci sont tenus d'en faire la récolte en personne, sans pouvoir céder leur droit. Il en est ainsi, notamment, du droit qui appartient aux habitants des communes riveraines de la mer de cueillir le varech ou goëmon, et il ne leur est pas permis d'employer pour cette récolte des individus étrangers

à la commune, afin d'augmenter leur part individuelle (Crim. cass. 28 août 1857, aff. Laisné, D. P. 57. 1. 414; 30 mars 1882, aff. K'nonant, D. P. 82. 1. 437).

1145. Nous avons dit au *Rép.* n° 2331 que la commune peut mettre ses biens en ferme. Dans ce cas, l'amodiation des biens communaux a simplement pour objet d'établir un nouveau mode de perception des fruits et de substituer à une jouissance promiscue une jouissance séparée et individuelle pour chaque ayant droit aux produits de ces biens (Jugement du 19 avr. 1877, cité *suprà*, n° 1143). Par suite, le père de famille, veuf en premières noces, démissionnaire de ses biens au profit de ses enfants du premier lit, remarié et habitant avec sa seconde femme un bâtiment dont il s'est réservé l'usufruit, a droit à un lot des biens communaux amodiés (Même jugement). Et, dans le cas où, ayant été porté sur la liste nominative des ayants droit, il se serait abstenu de prendre part au tirage des lots à raison de sa démission de biens opérée dans l'intervalle, il a droit, à raison de l'usufruit qu'il s'est réservé et de son ménage séparé, aux lots qui ont pu être réservés dans le tirage au sort en faveur des nouveaux habitants de la commune (Même jugement).

1146. Dans les cas où la délibération du conseil municipal est soumise à l'approbation du préfet, celui-ci ne saurait, comme nous l'avons dit (*Rép.* n° 2340), sans excès de pouvoirs, modifier le règlement proposé (Cons. d'Et. 24 janv. 1856, aff. Section de Saint-Louand, D. P. 57. 3. 16; 11 juin 1880, aff. Commune de Blosville, D. P. 81. 3. 1), soit en décidant que tous les habitants de la commune sans distinction seront admis à jouir de ces biens, alors que la délibération en réservait la jouissance exclusive à une seule section (Même arrêt du 24 janv. 1856), soit en exceptant de son approbation une disposition du règlement qui exclut des pâturages les animaux n'ayant pas hiverné dans la commune. Dans le cas où il appartient au préfet d'approuver les règlements qui établissent un nouveau mode de jouissance, le conseil de préfecture est incompétent pour connaître des arrêtés d'approbation, et la demande d'annulation d'un semblable arrêté portée devant cette juridiction est non recevable (Arrêt précité du 24 janv. 1856).

1147. La décision par laquelle le préfet refuse d'annuler, sur la réclamation d'une partie intéressée, la délibération d'un conseil municipal réglant la répartition des pâturages communaux ne fait pas obstacle à ce que l'intéressé fasse valoir devant l'autorité compétente les droits qu'il prétend avoir été violés par ce règlement; par suite, cette décision n'est point entachée d'excès de pouvoirs (Cons. d'Et. 27 janv. 1867, aff. Griffond, D. P. 68. 3. 99).

Le droit de changer le mode de jouissance des biens communaux que le décret de 1852 attribue aux préfets ne comprend pas celui de statuer sur les réclamations que les habitants opposeraient à un nouveau partage en invoquant des droits privatifs irrévocablement acquis (Cons. d'Et. 7 déc. 1854, aff. Guépratte, D. P. 55. 3. 74; 14 juin 1855, aff. Bussienne, D. P. 55. 3. 82). Dans ce cas, le préfet doit à peine de nullité surseoir à l'approbation du nouveau mode de partage proposé par la commune jusqu'à ce que l'autorité compétente ait prononcé sur la valeur des droits des opposants.

1148. Dans les lieux non sujets à la vaine pâture, les habitants *ut singuli* n'ont sur les terres communales de droits personnels d'usage et de jouissance que ceux qui leur sont attribués par le conseil municipal, sans qu'il soit besoin que les délibérations de ce conseil aient été sanctionnées et rendues exécutoires par un règlement de police. En conséquence, c'est à tort qu'un tribunal de simple police refuse de considérer comme une contravention un fait de dépaissance accompli sur une terre communale, sous prétexte que la location de cette terre ne serait pas encore consommée, et que le prévenu, en l'absence d'un règlement prohibitif, avait pu se croire autorisé à exercer le droit de pâturage. Il en est ainsi alors surtout que les délibérations dûment approuvées ont décidé que cette terre serait affermée, ce qui emportait virtuellement interdiction aux habitants d'y envoyer paître leurs bestiaux (Crim. cass. 27 avr. 1860, aff. Alberti, D. P. 60. 5. 407).

Art. 2. — *Autorités compétentes pour régler le mode de jouissance des biens communaux* (*Rép.* nos 2333 à 2362).

1149. L'art. 17, § 4, de la loi du 18 juill. 1837 appelait, comme on l'a vu au *Rép.* n° 2333, les conseils municipaux à régler par leurs délibérations le mode de jouissance et la répartition des pâturages et fruits communaux autres que les bois, ainsi que les conditions à imposer aux parties prenantes. Il a été décidé, en conséquence, sous l'empire de cette législation, qu'une taxe ne peut être établie dans une commune pour jouissance de fruits communaux qu'en vertu d'une délibération du conseil municipal (Cons. d'Et. 27 mai 1868) (1). Le décret du 25 mars 1852, tableau A, mentionne parmi les affaires autrefois réservées à la décision du chef de l'Etat ou du ministre, et sur lesquelles devront désormais statuer les préfets, « le mode de jouissance en nature des biens.communaux, quelle que soit la nature de l'acte primitif qui ait approuvé le mode actuel ». Cette disposition a été textuellement reproduite dans le numéro 47 du tableau A annexé au décret du 13 avr. 1861.

1150. Ainsi que le reconnaît la circulaire du ministre de l'intérieur du 5 mai 1852 (D. P. 52. 3. 32), cette disposition du décret de 1852 ne porte aucune atteinte aux droits conférés aux conseils municipaux par la loi du 18 juill. 1837; elle se borne à transférer au préfet le droit qui appartenait précédemment au chef de l'Etat, conformément à une jurisprudence administrative rapportée au *Rép.* n° 2334, de modifier les usages antérieurs à la loi du 10 juin 1793. Cette interprétation a été confirmée par la jurisprudence. Il en résulte que, depuis le décret de 1852, les conseils municipaux font les règlements nécessaires pour la jouissance des biens communaux, mais que, dans le cas où ces règlements ne font que déterminer les détails d'exécution d'un mode de jouissance préexistant, ils sont exécutoires par eux-mêmes, sauf le droit qu'à le préfet de les annuler dans les trente jours dans les conditions prévues par la loi, tandis que, s'ils comportent un changement dans le mode de jouissance, ils doivent être approuvés par le préfet. Il a été décidé, en outre, que les intéressés sont recevables à se pourvoir contre des arrêtés préfectoraux apportant des modifications aux anciens usages (Cons. d'Et. 7 déc. 1854, aff. Guépratte, D. P. 55. 3. 74; 24 janv. 1856, aff. Section de Saint-Louand, D. P. 57. 3. 16; 17 mars 1857, aff. Section de Saint-Jean, D. P. 57. 3. 83; 21 nov. 1873, aff. Lecœur, D. P. 74. 3. 74; 11 juin 1880, aff. Commune de Blosville, D. P. 81. 3. 1); mais que, dans le cas où le règlement voté par le conseil municipal ne modifie pas les usages, le préfet n'a que le droit de l'annuler par application de l'art. 18 de la loi de 1837 (Cons. d'Et. 1er févr. 1851, aff. Commune de Malay-le-Grand, *Rec. Cons. d'Etat*, p. 76; 27 juin 1867, aff. Griffond, D. P. 68. 3. 99).

1151. Ces diverses solutions paraissent encore devoir être suivies aujourd'hui. En effet, l'art. 68 de la loi de 1884 n'ayant pas compris la réglementation des jouissances des biens communaux au nombre des délibérations pour lesquelles est exigée l'approbation préfectorale, les conseils municipaux conservent incontestablement le droit qui leur appartenait sous l'empire de la loi de 1837 de régler par leur délibération le mode de jouissance et la répartition des pâturages et fruits communaux, autres que les bois, ainsi que les conditions à imposer aux parties prenantes. D'un autre côté, le numéro 47 du tableau A du décret du 13 avr. 1861 ne figurant pas dans l'art. 168 de la loi parmi les dispositions abrogées, il serait, croyons-nous, difficile de soutenir que les usages anciens pourraient être modifiés sans l'autorisation du préfet.

1152. Les décisions prises par le conseil municipal à l'effet de régler le mode de jouissance des biens communaux ont, comme nous l'avons dit *Rép.* v° *Règlement administratif*, n° 101, le caractère de règlements de police (Crim. cass.

5 avr. 1845, aff. Castan, D. P. 45. 1. 248). Mais il a été jugé que le pouvoir de réglementation en cette matière appartenant exclusivement au conseil municipal, le fait par les habitants d'une commune d'avoir, contrairement aux défenses portées par un arrêté du maire, défriché pour les ensemencer à leur profit des vacants appartenant à la commune, n'est pas punissable comme une infraction à un règlement de police obligatoire (Crim. cass. 11 oct. 1851, aff. Chiffre, D. P. 51. 1. 312).

1153. On a recherché au *Rép.* n° 2341 quelle est l'autorité compétente pour connaître des contestations qui s'élèvent entre les communes et les habitants au sujet de l'existence et de l'étendue des droits que peuvent avoir ces derniers à la jouissance des biens communaux. La compétence judiciaire n'est point contestée lorsqu'il s'agit de trancher les questions de propriété, de nationalité et d'état civil auxquelles peuvent donner lieu ces contestations (Cons. d'Et. 30 mars 1846, aff. Pire, D. P. 46. 3. 130; 15 janv. 1849, aff. Commune de Courcelles-en-Montagne, D. P. 49. 3. 33).

1154. Nous avons dit au *Rép.* n° 2342 qu'il appartient également à l'autorité judiciaire de connaître des questions de domicile, lorsque ces questions doivent être tranchées uniquement par application des règles du droit commun. Il en est de même de la question de savoir si une partie remplit les conditions de résidence nécessaires pour bénéficier des droits de propriété ou d'usage appartenant à une section de commune, alors d'ailleurs que l'arrêt qui statue sur la contestation ne fixe ni n'entend fixer les limites administratives de cette section (Req. 25 juill. 1881, aff. Trapon-Petit, D. P. 82. 1. 463). En pareil cas, la délimitation du territoire des sections par l'autorité administrative ne pouvant modifier les droits privés et patrimoniaux de ces sections ni les droits conférés aux habitants, elle ne constitue pas une mesure préalable nécessaire pour que les tribunaux puissent apprécier les droits contestés, soit par rapport à la situation des biens, soit par rapport à la résidence de ceux qui en réclament l'exercice (Req. 19 avr. 1880, aff. Commune de Liesville, D. P. 80. 1. 379).

1155. Mais une question qui a donné lieu à de longues et vives controverses est celle de savoir quelle autorité est compétente pour décider si les prétendants droit réunissent les conditions d'aptitude spéciale déterminées par les lois et usages. Le conseil d'Etat a longtemps jugé, ainsi que nous l'avons dit (*Rép.* n° 2343), que la connaissance de ces questions appartenait exclusivement à l'autorité administrative (Cons. d'Et. 18 nov. 1846, aff. Commune de Revin, D. P. 47. 3. 2; 15 janv. 1849, aff. Commune de Courcelles-en-Montagne, D. P. 49. 3. 33). La cour de cassation et les cours d'appel limitaient, au contraire, les attributions de l'autorité administrative à la répartition des affouages, et réservaient à la compétence judiciaire la connaissance des questions de capacité et d'aptitude au droit de jouissance (Civ. cass. 13 févr. 1844, D. P. 50. 3. 49, note 1 ; 4 mars 1845, aff. Commune de Vauxbon, D. P. 45. 1. 142; Req. 19 avr. et 14 juin 1847, aff. Commune d'Arc-sous-Montenot et de Rouvrois, D. P. 47. 1. 275 et 240; Nancy, 4 avr. et 26 juin 1846, aff. Commune de Lamorville et de Thierville, D. P. 46. 2. 238). La même divergence existait entre les auteurs. La jurisprudence du conseil d'Etat était défendue par MM. Proudhon, *Droits d'usage*, n° 948, et Serrigny, *Compétence administrative*, t. 2, n° 698; la jurisprudence de la cour de cassation par MM. Migneret, *De l'affouage*, 2e éd., p. 317; Meaume, *Commentaire*, t. 3, p. 411 ; Curasson sur Proudhon, n° 949.

1156. Le tribunal des conflits a mis un terme à cette divergence en se rangeant à l'opinion consacrée par la cour de cassation; il a décidé, en matière d'affouages, que l'art. 2, sect. 5, de la loi 10 juin 1793 n'avait déféré à la juridiction administrative que les contestations qui pouvaient s'élever

(1) (Pinelli et autres.) — Napoléon, etc. ; — Vu la loi du 18 juill. 1837, art. 17; — Considérant qu'aux termes de l'art. 17 de la loi du 18 juill. 1837, les conseils municipaux règlent, par leurs délibérations, le mode de jouissance et la répartition des pâturages et fruits communaux, autres que les bois, ainsi que les conditions à imposer aux parties prenantes; — Considérant qu'il résulte de l'instruction que les taxes auxquelles les requérants ont été assujettis, pour jouissance de fruits communaux, n'ont pas été établies

en vertu d'une délibération du conseil municipal de la commune de Pastricciola ; que, dans ces circonstances, c'est à tort que le conseil de préfecture a refusé d'accorder décharge desdites taxes aux requérants : — Art. 1er. Les arrêtés du conseil de préfecture de la Corse du 15 déc. 1866 sont annulés. — Du 27 mai 1868.-Cons. d'Et.-MM. de la Goupillère, rap.-Aucoc, concl.

sur le mode de partage des biens communaux, et que, par ces expressions « le mode de partage » le législateur n'avait pas entendu soumettre à la compétence administrative les questions d'aptitude personnelle desquelles dérive le droit individuel à l'affouage (Trib. confl. 10 avr. 1850, aff. Caillet, D. P. 50. 3. 49; 12 juin 1850, aff. Pierret, D. P. 50. 3. 68). Il a jugé, en conséquence, qu'il appartient aux tribunaux de décider si un particulier est chef de famille ou de maison, et s'il remplit les conditions de domicile exigées pour participer à la jouissance (Arrêt précité du 10 avr. 1850), ou si un étranger non naturalisé peut participer à la jouissance (Arrêt précité du 12 juin 1850).

1157. Le conseil d'Etat s'est d'abord conformé d'une manière absolue à cette jurisprudence, notamment en décidant que les tribunaux sont compétents pour statuer sur les contestations auxquelles peut donner lieu, dans les communes dépendant des Trois-Evêchés, la transmission des lots de biens communaux dont le partage n'est pas contesté (Cons. d'Et. 30 nov. 1850, aff. Triste, D. P. 51. 3. 24; 3 mai 1851, aff. Grandidier, Rec. Cons. d'Etat, p. 307; 9 août 1851, aff. Mangin, ibid., p. 587).

Mais il a, depuis cette époque, modifié sensiblement l'interprétation donnée aux mots « aptitude personnelle ». M. Aucoc, p. 335, résume dans les termes suivants sa doctrine actuelle en cette matière : « s'il s'élève entre la commune ou la section et l'habitant une contestation sur le mode de jouissance des biens communaux et sur l'existence, la légalité ou la portée des conditions spéciales d'admission à cette jouissance qui auraient été établies, soit par des règlements administratifs,

soit par d'anciens usages, c'est encore à l'autorité administrative qu'il appartient, d'après les lois des 10 juin 1793 et 9 vent. an 12, et celles des 16-24 août 1790 et 16 fruct. an 3, de reconnaître le mode de jouissance, de statuer sur sa légalité, de vérifier l'existence des conditions constatées et d'en déclarer le sens et la portée. La cour de cassation n'avait pas admis cette règle, mais le tribunal des conflits l'a confirmée dans une certaine mesure (Trib. confl. 5 déc. 1850, aff. Callaud, D. P. 51. 3. 23). Le conseil d'Etat a décidé, en conséquence, qu'il appartient à la juridiction administrative de décider d'après les règlements et usages anciens : 1° si les étrangers peuvent participer à la jouissance des biens communaux (Cons. d'Et. 28 mai 1852) (1); — 2° Si les non-propriétaires sont exclus du droit à l'affouage (Cons. d'Et. 3 mars 1853, aff. Commune de Saint-Loube-Amades, D. P. 53. 3. 36); — 3° Si les veufs ou célibataires ont droit à une demi-part seulement (Cons. d'Et. 5 avr. 1851, aff. Commune de Gillancourt, D. P. 51. 3. 33; 23 mai 1861, aff. Piot, D. P. 61. 3. 59); — 4° Si les usines sont exclues de toute part aux futaies affouagères (Cons. d'Et. 28 déc. 1834) (2); — 5° S'il est nécessaire d'habiter la commune pour avoir part à l'affouage (Cons. d'Et. 15 juin 1870, aff. Kehren, Rec. Cons. d'Etat, p. 760); — 6° Si les filles qui se marient hors de la commune perdent leurs droits (Cons. d'Et. 12 juill. 1864) (3); — 7° Si la veuve est réputée avoir eu ménage séparé à partir de son mariage ou seulement du décès de son mari (Cons. d'Et. 27 févr. 1862, aff. Decloquement, Rec. Cons. d'Etat, p. 140; 31 juill. 1862, aff. Maurois, ibid., p. 615; 5 mars 1868, aff. Carpentier, ibid., p. 251; 1er juin 1870)(4);

---

(1) (Weber.) — Le conseil d'Etat, etc. ; — Vu les lois des 10 juin 1793 et 9 vent. an 12, les décrets des 9 brumaire et 4e jour complémentaire an 13 et la loi du 18 juill. 1837 ; — Sur la compétence : — Considérant que si c'est à l'autorité judiciaire qu'il appartient de statuer sur les questions de domicile et sur celles d'aptitude personnelle desquelles dérive le droit individuel à la jouissance des biens communaux, toutes les contestations qui s'élèvent sur le mode de jouissance de ces biens et sur l'interprétation des actes administratifs dont le sont réglé ce mode de jouissance, sont, aux termes des lois ci-dessus visées, de la compétence de l'autorité administrative ; — Considérant, d'une part, que le sieur Weber fondait sa prétention au droit de participer à la jouissance des biens communaux de Soufflenheim, sur ce que, d'après le mode de partage en usage dans la commune, les étrangers non naturalisés, mais autorisés à résider en France, auraient été admis à cette jouissance ; que, d'autre part, la commune opposait à la prétention du sieur Weber une délibération du conseil municipal en date du 26 janv. 1834, approuvée par le préfet le 8 février suivant, qui réglait, conformément à l'ancien usage, le mode et les conditions de jouissance des biens communaux ; que, dès lors, il s'agissait de statuer sur une question relative au mode de jouissance d'un bien communal et de déterminer le sens et les effets d'un règlement administratif, et qu'ainsi le conseil de préfecture était compétent pour en connaître ... (Rejet).
Du 28 mai 1852.-Cons. d'Et.-MM. Gomel, rap.-Reverchon, concl.-Lenoël et Frignet, av.

(2) (Communes de Perrouse et de Villers-le-Temple C. Spony frères.) — Le conseil d'Etat, etc. ; — Vu la loi du 10 juin 1793, la loi du 9 vent. an 12, le décret du 4e jour complémentaire an 13, la loi du 18 juill. 1837, l'art. 105 c. for. ; — Sur la compétence : — Considérant que la question soulevée entre la commune de Perrouse et Villers-le-Temple et les sieurs Spony frères porte uniquement sur la question de savoir si un usage ancien s'oppose à ce que lesdits sieurs Spony puissent être admis au partage des futaies affouagères de la commune pour les bâtiments dans lesquels ils logent leurs ouvriers ; qu'aux termes de la loi précitée du 10 juin 1793, les directeurs de département étaient chargés de prononcer sur les contestations relatives au mode de partage, soit des fonds des biens communaux, lorsqu'ils sont susceptibles de partage, soit des fruits de ces mêmes biens ; qu'il suit de là qu'il appartient au conseil de préfecture du département de la Haute-Saône de connaître de la contestation existant entre les sieurs Spony frères et les communes de Perrouse et Villers-le-Temple ; — Au fond : — (Rejet).
Du 28 déc. 1834.-Cons. d'Et.-MM. Richaud, rap.-Du Martroy, concl.-Fabre, av.

(3) (Nadal.) — Le conseil d'Etat, etc. ; — Vu les lois des 16-24 août 1790, du 10 juin 1793 et du 9 vent. an 12, les décrets du 9 brum. et du 4e jour compl. an 13, la loi du 18 juill. 1837 ; ... — En ce qui touche le sens et la portée des dispositions de l'ordonnance de l'intendant du Languedoc du 10 juin 1748 et du règlement du

12 sept. 1769 : — Considérant qu'il résulte de l'ordonnance et du règlement précités que la jouissance des portions de biens communaux attribués aux habitants de la commune de Fenouillet se transmet à leurs héritiers, lorsque ceux-ci sont habitants de la commune ; que si le règlement de 1769 dispose que les filles qui se marieront hors du lieu perdront la portion qui leur aura été attribuée, cette disposition ne s'applique qu'au cas où une fille se trouve déjà pourvue d'un lot à l'époque de son mariage, et qu'il ne suit pas de là que la fille qui se marie hors de la commune perde tout droit à recueillir, dans l'héritage de son père, la jouissance du lot que celui-ci détenait ; que pour conserver ses droits à cet égard, il suffit qu'elle ait la qualité d'habitant de la commune au moment de l'ouverture de la succession ; — Considérant, d'ailleurs, qu'il est établi que l'ordonnance et le règlement précités ont toujours été appliqués en ce sens dans la commune de Fenouillet ;
En ce qui touche la question de savoir si la dame Nadal se trouvait dans les conditions fixées par l'ordonnance et le règlement précités : — Considérant que, aux termes des lois ci-dessus visées, s'il appartient à l'autorité administrative de déterminer le sens et la portée de l'ordonnance de l'intendant de Languedoc et du règlement qui ont fixé les conditions de la jouissance des biens communaux de la commune de Fenouillet, il n'appartient qu'à l'autorité judiciaire de statuer sur les contestations relatives à l'aptitude personnelle de ceux qui prétendent avoir droit à cette jouissance ; — Considérant que la dame Nadal soutient qu'à l'époque du décès de son père elle avait la qualité d'habitant de la commune de Fenouillet, mais que le sieur Beauté soutient qu'à cette époque elle était domiciliée à Toulouse ; — Qu'en conséquence, l'autorité judiciaire est seule compétente pour prononcer sur les droits que la dame Nadal prétend avoir à la jouissance d'une partie du lot de bien communal qui était détenu par son père ; que de tout ce qui précède il résulte que c'est à tort que le conseil de préfecture a imparti à la dame Nadal un délai de trois mois pour faire décider s'il y avait lieu par le tribunal civil qu'elle n'avait jamais cessé d'avoir son domicile réel et fixe à Fenouillet ; que faute par elle d'avoir introduit sa demande dans ledit délai, il a décidé que l'arrêté rendu par défaut le 16 juill. 1861, qui condamnait ladite dame à délaisser au sieur Beauté la portion du lot de bien communal détenu par son père dont elle s'était mise en jouissance, recevrait son exécution (Arrêtés annulés.)
Du 12 juill. 1864.-Cons. d'Et.-MM. Aucoc, rap.-Faré, concl.-Diard et Aubin, av.

(4) (Veuve Roziaux.) — Le conseil d'Etat, etc ; — Vu la loi du 10 juin 1793, sect. 3, art. 2, la loi du 9 vent. an 12, art. 6, et celle du quatrième jour complémentaire an 13, art. 1er ; — Considérant que la demande du sieur Alexis Delbecq avait pour objet de faire décider que la part de marais de la commune de Haisnes, dont le sieur Roziaux avait eu la jouissance jusqu'à son décès était devenue vacante par suite de ce décès, et que, en sa qualité de plus ancien domicilié dans ladite commune, il avait droit à l'attribution de cette part de marais par préférence à la dame veuve Roziaux qui la détenait actuellement ; — Considé-

— 8° Si le détenteur d'un lot peut désigner pour lui succéder un de ses enfants domicilié dans la commune autre que l'aîné (Cons. d'Et. 5 mars 1868, aff. Donny, *Rec. Cons. d'Etat*, p. 253); — 9° Si un règlement municipal a pu changer en droit viager la jouissance héréditaire des apportionnés dans l'Artois et dans les Trois-Evêchés (Cons. d'Et. 24 avr. 1856, aff. Commune de Cheminot, *Rec. Cons. d'Etat*, p. 318; 23 juill. 1857, V. *suprà*, n° 1132; 9 févr. 1860, V. *suprà*, n° 1128); — 10° Si un ancien usage est de ceux que l'art. 105 c. for. a maintenus (Cons. d'Et. 26 nov. 1875, aff. Durdos, D. P. 76. 3. 48); — 11° Si la prescription est applicable à l'acquisition des parts des biens communaux, et même si elle est acquise (Cons. d'Et. 18 mai 1870, aff. Henneau, D. P. 72. 3. 41); — 12° Si un lot est possédé à titre nouveau ou s'il se trouve subrogé à un autre lot (Cons. d'Et. 25 juill. 1872, aff. Huret, D. P. 72. 3. 41).

1158. Il résulte de ce qui précède qu'en dehors des questions de nationalité et d'état, dont la connaissance n'a jamais été contestée à l'autorité judiciaire, le conseil d'Etat ne lui reconnaît plus compétence que pour décider si le prétendant droit est habitant de la commune, s'il y est domicilié, et s'il y a eu ménage séparé, dans les cas où ces questions devront se résoudre par les principes généraux, abstraction faite de tout règlement ou usage (Arrêt du 28 déc. 1854, cité *suprà*, n° 1157; 16 nov. 1854, aff. Faivre et Bouveret *C.* de la Ferté, *Rec. Cons. d'Etat*, p. 864; 27 juin 1855, aff. Foudeyre, *ibid.*, p. 461; 16 mars 1870) (1).

1159. Mais ces restrictions n'ont pas été admises par la jurisprudence civile, qui persiste à reconnaître la compétence de l'autorité judiciaire pour statuer sur toutes les contestations qui ont pour objet, non la mode de jouissance des biens communaux, mais l'existence du droit à cette jouissance, et même l'étendue de ce droit (Req. 24 mai 1869, aff. Usagers de Brenod, D. P. 69. 1. 511). Elle décide, en conséquence, que les tribunaux civils sont seuls compétents pour reconnaître si un habitant d'une commune régie par l'édit de 1769, réunit les conditions exigées par cet édit, pour prétendre à un lot vacant de biens communaux (Metz, 10 mai 1854, aff. Commune de Cattenom, D. P. 55. 2. 56) ; et qu'il ne saurait y avoir lieu à renvoi devant l'Administration sous le prétexte de faire statuer sur un prétendu droit d'entrée en commune, exigé des habitants à une certaine époque pour participer à cette jouissance, alors surtout que la suppression de cette redevance abusive a été prononcée par l'Administration elle-même (Même arrêt).

---

rant que d'après les lois ci-dessus visées, c'est au conseil de préfecture qu'il appartient de rechercher, par interprétation de l'arrêt du conseil d'Etat du Roi en date du 25 févr. 1779, qui est applicable aux marais de la commune de Haisnes, les conditions de l'acquisition et de la transmission du droit à la jouissance des lots entre lesquels ces marais ont été divisés; que, dès lors, le conseil de préfecture était compétent pour statuer sur la demande du sieur Delbecq ;

Au fond : — Considérant que d'après le règlement précité, la portion de marais communal délaissée par un habitant qui meurt sans héritier direct, doit faire retour à la commune pour être attribuée au chef de famille le plus anciennement domicilié ; que la femme qui n'a pas acquis la qualité de chef de famille, antérieurement à son mariage, ne peut plus l'acquérir qu'au décès de son mari ; — Considérant que la requérante ne conteste pas que le sieur Delbecq n'ait acquis la véritable qualité dans la commune de Haisnes ; que dès lors, c'est avec raison que le conseil de préfecture a décidé qu'elle devait délaisser au profit de ce dernier la part de marais devenue vacante par suite du décès de son mari (Rejet).

Du 1er juin 1870.-Cons. d'Et.-MM. David, rap.-de Belbœuf, concl.

(1) (Messant *C.* Delboy et Messant). — NAPOLÉON, etc. ; — Vu les lois des 16-24 août 1790, du 10 juin 1793 et du 9 vent. an 12, les décrets du 9 brum. et du 4e jour complémentaire de l'an 13 ; — Vu la loi du 18 juill. 1837 ; — Considérant que la demande portée devant le conseil de préfecture du département de la Haute-Garonne par le sieur Messant, marchand épicier, avait pour objet de faire attribuer au requérant la portion des biens communaux dont le sieur Pierre Delboy, son parent décédé, avait la jouissance dans la commune de Fenouillet ; — Que, pour faire rejeter cette demande, la dame Bérail, veuve Delboy, et le sieur Messant, tisserand, ont soutenu que, lors de la confection du nouveau règlement délibéré par le conseil municipal de la commune de Fenouillet, le requérant n'était pas le plus proche parent au degré successible du sieur Pierre Delboy; que le

---

1160. De même, il appartient exclusivement à l'autorité judiciaire de statuer sur la demande d'un habitant tendant à être compris parmi les personnes entre lesquelles est répartie la jouissance de certains biens communaux sous des conditions déterminées par un cahier des charges (Lyon, 24 mai 1878, aff. Trachsel, D. P. 78. 2. 239). Il importe peu que le cahier des charges ait été approuvé par le préfet. Cette approbation, alors surtout qu'elle est postérieure au dépôt du mémoire que le demandeur a dû présenter avant d'agir contre la commune, n'a pu modifier les règles de la compétence (Même arrêt).

TIT. 7. — CONTRATS DES COMMUNES
(*Rép.* n°s 2363 à 2552).

1161. On a rapporté au *Rép.* n° 2364 les dispositions de l'art. 46, tit. 4, de la loi du 18 juill. 1837, qui soumettaient, suivant les cas, à l'approbation du préfet donnée en conseil de préfecture ou à l'approbation royale les délibérations des conseils municipaux ayant pour objet des acquisitions, des ventes ou échanges d'immeubles, ou le partage de biens indivis. Ces dispositions ont subi de nombreuses et importantes modifications. La loi du 24 juill. 1867 a dispensé de l'approbation les acquisitions, lorsque la dépense ne dépassait pas le dixième des revenus ordinaires de la commune. La loi du 5 avr. 1884 met sur la même ligne les acquisitions d'immeubles, les constructions et les réparations grosses ou d'entretien : les conseils municipaux règlent par leurs délibérations, à moins que la dépense totalisée avec des dépenses de même nature, pendant l'exercice courant, ne dépasse les limites des ressources ordinaires et extraordinaires que les communes peuvent se créer sans autorisation spéciale. Si le maximum est dépassé, l'approbation préfectorale est nécessaire (art. 68, § 3). Les aliénations et échanges de biens communaux doivent, comme sous la législation antérieure, être approuvés par le préfet en conseil de préfecture (art. 69). Mais un préfet ne pourrait, sans excès de pouvoir, ordonner, contrairement à une délibération du conseil municipal, l'aliénation d'un chemin public non classé comme vicinal, et alors même qu'il y aurait à cet égard dissentiment entre les communes copropriétaires de ce chemin (Cons. d'Et.16 févr. 1860) (2).

1162. Conformément à ce qui a été exposé au *Rép.* n° 2365, c'est le maire qui représente la commune dans la négociation et la conclusion des contrats. Mais il ne peut agir

là naissait une question d'état que de la compétence de l'autorité judiciaire ; — Que le conseil de préfecture, sans s'arrêter à cette question, a rejeté la demande du sieur Gabriel Messant par le motif que le père du réclamant, ayant cessé d'habiter la commune, n'avait pu transmettre à son fils des droits qu'il n'avait pas lui-même ; qu'en décidant ainsi, le conseil de préfecture a tranché une question d'état dont il ne lui appartenait pas de connaître : — Art. 1er. L'arrêté du conseil de préfecture de la Haute-Garonne, du 21 mai 1867, est annulé pour incompétence. — Art. 2. Le sieur Messant est renvoyé se pourvoir devant l'autorité judiciaire pour y faire statuer sur ce qu'il appartiendra sur la question de savoir si, d'après le plus proche parent au degré successible de feu Pierre Delboy, il est fondé à demander que la portion de biens communaux dont jouissait ce dernier lui soit attribuée ;

Du 16 mars 1870.-Cons. d'Et.-MM. Oldekop, rap.-Perret, concl.-Dard, av.

(2) (Commune de Saint-Just-en-Chaussée). — LE CONSEIL D'ETAT, etc. ; — Vu l'arrêté du Directoire exécutif en date du 23 mess. an 5 ; — Vu la loi du 21 mai 1836 et celle du 18 juill. 1837 ; — En ce qui touche l'intervention de la commune du Plessier : — Considérant que la commune du Plessier se prétend propriétaire pour moitié de la partie du chemin dont la suppression et la vente ont été ordonnées par l'arrêté attaqué, conformément à la délibération du conseil municipal de cette commune, et que sa prétention à la copropriété de ce chemin n'est pas contestée par la commune de Saint-Just; que, dès lors, elle a un intérêt au maintien de l'arrêté et que son intervention est recevable ; — Au fond : — Considérant que les chemins publics non classés comme vicinaux sont des propriétés communales; qu'aux termes de l'art. 19 de la loi du 18 juill. 1837, il appartient aux conseils municipaux, sous le contrôle de l'administration supérieure, de délibérer sur l'affectation des propriétés communales aux différents services publics et sur leur aliénation ; qu'aucune disposition de loi ne donne aux préfets le droit d'ordonner, contrairement à la délibération du conseil municipal, la suppression et la vente d'un chemin public ; —

qu'en justifiant de la délibération du conseil municipal, et, s'il y a lieu, de l'autorisation de l'administration supérieure. Aux termes de l'art. 83 de la loi de 1884, ainsi qu'on l'a vu *suprà*, n° 252, le maire ne peut intervenir à un contrat où ses intérêts se trouvent en opposition avec ceux de la commune ; en pareil cas, le conseil municipal désigne un autre de ses membres pour représenter la commune.

1163. Nous avons dit au *Rép.* n° 2367, que, d'après une ordonnance du 5 juill. 1840, les délibérations des conseils municipaux ayant pour objet d'autoriser les maires à donner mainlevée des hypothèques inscrites au profit des communes n'étaient exécutoires que sur arrêté du préfet en conseil de préfecture. Cette ordonnance est abrogée par l'art. 168, § 8, de la loi du 5 avr. 1884. Les délibérations des conseils municipaux en cette matière sont donc désormais exécutoires sans approbation. La radiation de l'hypothèque devra être opérée sur le vu de la délibération du conseil municipal ; le conservateur pourra seulement exiger qu'il lui soit justifié que la délibération est exécutoire, par la production du récépissé constatant qu'elle a été transmise depuis plus d'un mois à la préfecture, ou que le préfet a abrégé le délai d'exécution conformément à l'art. 68. Toutefois les mainlevées d'hypothèques prises sur les biens des receveurs municipaux ne peuvent être données que par la cour des comptes ou le conseil de préfecture (V. *Journal des conservateurs des hypothèques*, année 1884, article de M. Manceron ; Morgand, t. 2, p. 574).

Un arrêt de la cour d'Aix du 3 janv. 1883 publié dans la *Revue des services financiers*, 1884, p. 156, semble décider que la radiation ne peut être opérée qu'en vertu d'un jugement ou d'un acte authentique. M. Morgand, qui mentionne cet arrêt, fait observer que si le système qu'il consacre devait prévaloir, la délibération du conseil municipal ne serait considérée que comme habilitant le maire à passer l'acte authentique.

1164. On a vu au *Rép.* n° 2370 que l'autorisation nécessaire pour habiliter la commune à contracter doit être spéciale, c'est-à-dire qu'elle doit indiquer positivement l'acte qu'il s'agit de passer. Mais, sous cette réserve, l'approbation peut résulter implicitement de tout acte émané de l'autorité supérieure et supposant nécessairement qu'elle a été accordée (Cons. d'Et. 5 déc. 1879, aff. Chemin de fer des Charentes, D. P. 80. 3. 34 ; 24 juin 1881, aff. Commune de Mussy, D. P. 83. 3. 2). C'est ainsi qu'il a été décidé : 1° que la délibération par laquelle un conseil municipal a voté une subvention pour concourir aux dépenses d'établissement d'une route doit être considérée comme implicitement approuvée par une loi portant ouverture de cette route (Cons.

d'Et. 13 avr. 1850, *Rép.* v° *Voirie par terre*, n° 80 ; 15 nov. 1851, aff. Commune de Mont-Saint-Jean, *Rec. Cons. d'Etat*, p. 674) ; — 2° Qu'il en est de même dans le cas où une loi a ouvert le crédit nécessaire pour couvrir avec la subvention de la commune l'établissement d'un port de refuge (Cons. d'Et. 2 févr. 1854, aff. Ville de Bayeux, *Rec. Cons. d'Etat*, p. 72) ; — 3° Que la délibération votant une subvention doit également être considérée comme approuvée lorsque les sommes représentant les annuités dues ont été, pendant plusieurs années, portées sur les budgets votés par le conseil municipal et approuvés par le préfet (Cons. d'Et. 30 avr. 1863 (1) ; Arrêt précité du 5 déc. 1879) ; — 4° Ou si le préfet a autorisé à mandater une somme disponible pour le payement d'une partie d'une dépense votée par le conseil municipal, et a demandé les pièces justificatives nécessaires pour assurer le payement du surplus (Cons. d'Et. 8 févr. 1864, aff. Commune de Montlieu, *Rec. Cons. d'Etat*, p. 115).

L'approbation préfectorale peut également résulter implicitement, soit de l'approbation donnée par le préfet à une délibération ultérieure, relative à l'exécution de l'engagement contenu dans la première, soit de dépêches par lesquelles ce fonctionnaire invite la commune à se mettre en mesure d'accomplir cet engagement (Arrêt précité du 24 juin 1881).

1165. La nullité d'un contrat fait sans l'observation des formes légales (spécialement d'un emprunt irrégulièrement contracté) peut être couverte par la ratification de l'autorité administrative (Req. 6 déc. 1864, aff. Commune de Routot, D. P. 65. 1. 295), et cette ratification résulte suffisamment de l'approbation par le conseil municipal du compte dans lequel a figuré la dépense faite au moyen de la somme empruntée, et du règlement par le préfet de différents budgets où cette dépense a été portée et reconnue, par suite, utile et légitime (Même arrêt). En pareil cas, l'approbation donnée par l'autorité supérieure à une acquisition d'immeubles faite par une commune a pour effet de valider rétroactivement le contrat (Caen, 7 déc. 1868, aff. Hélie, D. P. 73. 1. 417).

1166. Mais si l'approbation de l'administration supérieure peut être implicite, il faut au moins qu'elle soit donnée en connaissance de cause ; c'est là une question de bonne foi, qui ne peut être tranchée que d'après les circonstances particulières de chaque affaire. Ainsi le conseil d'Etat a refusé de considérer comme une approbation implicite donnée au renouvellement d'un bail de droits de chasse fait par une commune, l'approbation par le préfet du budget dans lequel le montant de la location continuait à figurer pour la même somme que les années antérieures, attendu que l'inscription de cet article n'était qu'une simple prévision

---

Considérant que le conseil municipal de la commune de Saint-Just-en-Chaussée, par sa délibération du 6 sept. 1857, a déclaré que le chemin dit *des Poissonniers* était nécessaire à l'exploitation des terres de la commune et qu'il n'y avait pas lieu de le supprimer ; que si le conseil municipal de la commune du Plessier a pris, le 7 mai 1857, une délibération en sens contraire, ce dissentiment entre les deux communes ne pouvait autoriser le préfet à prescrire la suppression du chemin ; que, dès lors, en ordonnant la suppression et la vente de cette portion de chemin, le préfet de l'Oise a excédé la limite de ses pouvoirs (Arrêté annulé.)

Du 16 févr. 1860.-Cons. d'Et.-MM. Aucoc, rap.-Leviez, concl.-Fabre et Reverchon, av.

(1) (Chemin de fer de l'Est.) — Le conseil d'Etat, etc. ; — Vu la loi du 28 pluv. an 8 ; — Vu la loi du 18 juill. 1837, art. 20 ; — Vu le décret du 25 mars 1852 ; — Vu le décret du 17 août 1853 portant concession du chemin de fer de Paris à Mulhouse ; — Considérant que, par une délibération du 8 mai 1854, le conseil municipal de la ville de Troyes s'est engagé envers la Compagnie concessionnaire, pour le cas où la gare des voyageurs serait établie dans l'enceinte de la ville et sur un emplacement appelé *le Ravelin*, soit au payement d'une subvention de 200000 fr., soit à fournir 100000 fr. seulement, et à faire enlever aux frais de la ville 70.000 mètres cubes de terre à extraire dudit emplacement ; — Que copie de cette délibération a été transmise par le maire le 11 mai à la compagnie qui a accepté l'offre de la ville ; — Que par une seconde délibération du 24 mai suivant le conseil municipal a déclaré opter pour le payement de la somme de 200000 fr. ; — Que cette délibération a été soumise au préfet de l'Aube, qui, par une lettre en date du 31 mai, dans laquelle il acceptait le

principe de l'engagement alternatif contracté au nom de la ville le 8 mai précédent, a signalé au conseil municipal les inconvénients du mode d'exécution qu'il venait d'adopter, et l'a invité à donner la préférence au système qui réservait à la ville l'enlèvement de 70000 mètres cubes de terre ; — Qu'à la suite de cette lettre, le conseil municipal a émis, à la date du 3 juin, un vote portant, conformément aux observations du préfet, l'engagement : 1° de verser dans la caisse de la compagnie une somme de 100000 fr. répartie en cinq annuités ; — 2° De faire la fouille et l'enlèvement des déblais du Ravelin ; et que ce vote a été notifié par le maire à la compagnie le 6 juin suivant ;

Considérant que la ville de Troyes a exécuté le contrat résultant des délibérations précitées, en effectuant à ses frais les fouilles et les déblais convenus ; et que le préfet a autorisé cette exécution, en approuvant en 1855, 1856 et 1857 les budgets municipaux qui ouvraient les crédits nécessaires à la dépense occasionnée par ces travaux ; que, de son côté, la compagnie a rempli son obligation envers la ville en établissant sa gare sur le Ravelin, suivant les plans qu'elle a soumis au préfet, sur l'avis duquel ils ont été approuvés par l'administration supérieure ; — Considérant que de tout ce qui précède il résulte que l'engagement pris par le conseil municipal de la ville de Troyes, au nom de la ville, de payer à la compagnie des chemins de fer de l'Est, une subvention de 100000 fr., à conformément à la loi du 18 juill. 1837 et à notre décret du 25 mars 1852, reçu la sanction de l'autorité administrative, et que c'est à tort que le conseil de préfecture a considéré cet engagement comme une obligation sans cause ; que, dès lors, l'arrêté qui a exonéré la ville de Troyes du payement de ladite subvention doit être annulé (Arrêté annulé).

Du 30 avr. 1863.-Cons. d'Et.-MM. Pascalis, rap.-Robert, concl.-Clément et Hallays, av.

de recette semblable à celle des années précédentes (Cons. d'Et. 14 août 1866) (1).

1167. Nous avons dit au *Rép.* n° 1374, que la nullité résultant du défaut d'autorisation administrative n'est que relative, c'est-à-dire que la commune non autorisée est seule recevable à s'en prévaloir (Angers, 27 févr. 1867, aff. Carré, D. P. 67. 2. 66). Cette règle s'applique, notamment, au cas où une aliénation n'a pas été précédée d'une délibération du conseil municipal (Limoges, 22 mars 1870, aff. Desproges, D. P. 72. 2. 117. V. aussi *infrà*, n° 1201).

-1168. La prescription pouvant être opposée aux communes, l'action en nullité d'un contrat fait par une commune, résultant de ce qu'une délibération du conseil municipal n'a pas été approuvée par le préfet, se prescrit par dix ans conformément à l'art. 1304 c. civ. (Arrêt du 27 févr. 1867, cité *suprà*, n° 1167; Req. 12 janv. 1874, aff. Commune de Bellegarde, D. P. 74. 1. 161. V. conf. Merlin, *Répertoire*, v° *Prescription*, sect. 3, § 6, n° 3; Troplong, *Prescription*, n° 196; Larombière, *Traité des obligations*, éd. de 1885, art. 1304, n° 45; *Rép.* v° *Obligations*, n° 2902). Il en est de même lorsqu'une délibération, qui devait être approuvée par décret, n'a reçu que l'approbation du préfet (Cons. d'Et. 15 juin 1877, Société du gaz, D. P. 77. 3. 99).

Le délai court en pareil cas contre les communes du jour où l'acte qu'elles ont intérêt à faire annuler a été consommé (Arrêt précité du 12 janv. 1874). Spécialement, l'action en nullité de l'adjudication publique et aux enchères par laquelle le maire d'une commune a cédé un terrain communal, irrégulière à défaut d'une délibération du conseil municipal approuvé par le préfet en conseil de préfecture, et de l'accomplissement d'autres formalités administratives, est prescrite par le délai de dix ans à partir du jour où un arrêté préfectoral approuvant cette adjudication l'a rendue définitive (Même arrêt). — Cette prescription décennale s'applique aux traités conclus par les communes, alors même que l'action en nullité est portée devant la juridiction administrative (Arrêt précité du 15 juin 1877).

CHAP. 1er. — Acquisitions des communes à titre onéreux ou à titre gratuit (*Rép.* n°s 2378 à 2411).

1169. — I. ACQUISITIONS A TITRE ONÉREUX. — Ainsi que nous l'avons dit *suprà*, n° 1161, les communes peuvent acquérir des immeubles sans autorisation de l'administration supérieure, toutes les fois que la dépense totalisée avec les dépenses de même nature pendant l'exercice courant ne dépasse pas les limites des ressources ordinaires et extraordinaires que les communes peuvent se créer sans autorisation spéciale. D'après une circulaire du ministre de l'intérieur, du 3 août 1867, ce calcul doit être fait, non sur le total des recettes ordinaires figurant au budget de l'exercice courant, mais sur la moyenne de ces recettes, établie d'après les comptes administratifs des trois dernières années. L'approbation de l'autorité supérieure n'est exigée que lorsque cette proportion est dépassée; mais, dans tous les cas, quand il y a lieu de recourir à la voie de l'expropriation, une déclaration d'utilité publique émanée de l'autorité compétente est indispensable (Circ. min. int. 15 mai 1884).

1170. Aux termes d'une circulaire du ministre de l'intérieur du 11 mai 1864 (D. P. 64. 3. 111), les communes ne peuvent, sans remplir les formalités exigées en matière d'emprunt, faire des acquisitions payables à long terme. Toutefois l'opération par laquelle une commune achète un immeuble payable en plusieurs annuités ne constitue pas nécessairement un emprunt, et n'est pas dès lors nécessairement soumise aux formalités prescrites en matière d'emprunts communaux (Req. 17 janv. 1872, aff. Ville de

Draguignan, D. P. 72. 1. 13). Et il appartient aux juges du fait d'apprécier souverainement si l'achat fait par une commune pour un prix payable par annuités constitue un emprunt (Même arrêt).

1171. Le projet de loi municipale préparé en 1877 contenait une disposition portant que les actes d'aliénation, d'acquisition, d'échange ou de partage souscrits par les maires, ne seraient définitifs qu'après que le préfet ou le sous-préfet aurait constaté par son visa qu'ils ont été rédigés conformément aux conditions arrêtées par le conseil municipal et aux lois et règlements.

Mais cette disposition n'a pas été maintenue, et, en l'absence d'un texte formel, on ne saurait imposer aux maires l'obligation de soumettre les actes dont il s'agit au visa du préfet. Toutefois le droit du maire s'exerçant, aux termes de l'art. 90 de la loi de 1884, sous la surveillance de l'administration supérieure, il doit, conformément à une décision du ministre de l'intérieur insérée au *Bulletin du ministère de l'intérieur*, en 1864 (p. 134), envoyer au préfet deux expéditions de tous les contrats, l'une pour ses bureaux, l'autre pour le receveur des finances.

1172. On a dit au *Rép.* n° 2401 qu'en général le maire n'est pas tenu de passer un acte par devant notaire, si l'autorisation donnée à la commune ne lui en impose pas l'obligation. Il a même été jugé que la signature apposée par le maire au procès-verbal constatant une adjudication de biens communaux, à laquelle il a procédé avec l'autorisation administrative, suffit pour lier tant la commune venderesse que l'adjudicataire (Rennes, 27 janv. 1851, aff. Commune de Pléleau, D. P. 52. 2. 30). Mais les termes de cette proposition nous paraissent trop absolus. Il est vrai que les procès-verbaux d'adjudication sont suffisants quand ils portent la signature du maire, et que l'intervention des notaires n'est point nécessaire à la validité des ventes communales; mais il est reconnu par l'autorité administrative elle-même dans une circulaire ministérielle du 19 déc. 1840 rapportée au *Rép.* n° 2441, que les procès-verbaux signés par le maire seul sont dépourvus du caractère spécial imprimé aux contrats passés devant notaire, que ce sont seulement des contrats ordinaires équivalant à de simples actes sous seings privés, conséquemment susceptibles des mêmes inconvénients de cette dernière espèce d'actes, en cas de difficultés sur leur exécution. Il semble, dès lors, difficile d'admettre qu'un acte de cette nature passé par le maire lie l'acheteur, alors même que celui-ci n'aurait point apposé sa signature à cet acte.

1173. Un décret du 14 juill. 1866 (D. P. 66. 4. 139) dispense les communes de l'accomplissement des formalités de la purge des hypothèques pour les acquisitions de gré à gré, et dont le prix n'excède pas 500 fr. Un avis du conseil d'État du 31 mars 1869 (D. P. 70. 3. 112) a interprété ce décret en ce sens : 1° que, dans ce cas, les communes peuvent se libérer entre les mains des vendeurs sans avoir besoin de produire un certificat d'inscription d'hypothèque et de procéder à la purge des hypothèques inscrites comme de celles non inscrites ; 2° que, dans les mêmes circonstances, elles ne peuvent se dispenser de faire transcrire leur contrat d'acquisition que lorsque les immeubles ont été acquis en vertu de la loi du 3 mai 1841 sur l'expropriation pour cause d'utilité publique.

Lorsqu'un acte d'acquisition a été passé, au nom d'une commune, par le maire agissant en vertu d'une délibération du conseil municipal approuvée par le préfet, l'arrêté contenant cette approbation ne peut plus être attaqué pour excès de pouvoir, sauf aux demandeurs à contester devant l'autorité judiciaire, s'il y a lieu, la validité de l'acte d'acquisition (Cons. d'Et. 26 mai 1866, aff. Moly, D. P. 67. 3. 39).

(1) (Labitte.) — LE CONSEIL D'ETAT, etc.;— Vu la loi du 18 juill. 1837; — Vu le décret du 25 mars 1852; — Vu la loi des 7-14 oct. 1790; — Considérant qu'il appartient au préfet de la Somme, en vertu de l'art. 47, § 2, de la loi du 18 juill. 1837, de rendre exécutoire l'acte en vertu duquel le maire de Noyelles-sur-Mer avait loué pour neuf années le droit de chasse et de pêche dans le marais communal; — Que si le produit de ces mêmes droits résultant d'un bail ancien qui expirait au 1er août 1865, a été porté en recettes au budget communal de l'exercice 1865, arrêté par le préfet le 18 nov. 1864, cette inscription, qui n'était qu'une simple prévision de recette semblable à celle des années précé-

dentes, n'impliquait pas l'approbation d'un bail nouveau dont la validité était contestée; — Considérant que le préfet de la Somme, en refusant par son arrêté du 29 juill. 1865 d'approuver ce nouveau bail, n'a fait qu'user du droit qui lui est conféré par l'art. 47, § 2, de la loi du 18 juill. 1837; — Qu'il suit de là que les sieurs Labitte et Berthier de Wagram sont non recevables à se pourvoir devant nous par la voie contentieuse contre l'arrêté et contre la décision de notre ministre de l'intérieur qui l'a confirmée (Rejet.)

Du 14 août 1866.-Cons. d'Et.-MM. Bayard, rap.-L'Hôpital, concl.-Chambareaud, av.

1174. Nous avons dit au *Rép.* n° 2403 que la loi de 1837 ne parle point de l'achat des objets mobiliers, sans doute parce que ces achats sont habituellement de peu d'importance. La loi de 1884 garde sur ce point le même silence.

1175. — II. Compétence. — Ainsi qu'on l'a vu au *Rép.* n°s 2406 et suiv., les tribunaux civils sont seuls compétents pour statuer sur les contestations relatives aux ventes faites aux communes par des particuliers (Cons. d'Et. 7 mai 1867, aff. Commune de Saint-Ouen de Mimbré, D. P. 68. 3. 14; 30 août 1871, aff. Marestang, D. P. 72. 3. 47; Civ. cass. 8 nov. 1876, aff. Lagrandville, D. P. 77. 1. 73; Cons. d'Et. 15 nov. 1878, aff. Commune de Montastruc, D. P. 79. 3. 28); et l'acte du gouvernement qui a autorisé l'acquisition ne constitue qu'une mesure de tutelle administrative, qui ne fait pas obstacle à cette compétence (Arrêt précité du 7 mai 1867). Mais l'autorité judiciaire, compétente pour apprécier les moyens de nullité invoqués contre l'acte et tirés du droit commun, est incompétente pour décider si les formalités administratives prescrites ont été régulièrement accomplies; dans ce cas, elle doit surseoir à statuer jusqu'à ce que cette question préjudicielle ait été décidée par l'autorité administrative; et un tribunal civil empiète sur la compétence de l'autorité administrative, lorsqu'il déclare qu'une commune, autorisée à faire une acquisition d'immeubles par un arrêté préfectoral rendu à la suite d'une décision judiciaire qui lui ordonnait de se munir de cette autorisation, ne peut cependant être considérée comme régulièrement autorisée, sous prétexte qu'un arrêté du ministre antérieur à l'arrêté préfectoral aurait refusé de l'autoriser (Civ. cass. 8 févr. 1854, aff. Commune de Neuvilley, O. P. 54. 1. 87).

1176. L'autorité judiciaire doit également surseoir à statuer lorsque l'action intentée contre une commune rend nécessaire l'interprétation d'un acte administratif (*Rép.* n° 2408). Mais si le sens de cet acte est clair et ne donne lieu à aucune ambiguïté, elle peut en faire l'application. Il a été décidé, en conséquence, qu'un tribunal civil avait pu, sans violer le principe de la séparation des pouvoirs, rechercher l'influence qu'un décret autorisant une commune à acquérir un terrain destiné à une voie publique, et dont les termes n'offraient aucune obscurité, avait pu exercer sur le point de savoir si le terrain litigieux avait été employé à l'établissement d'une voie publique (Civ. cass. 8 nov. 1876, aff. Lagrandville, D. P. 77. 1. 73).

1177. — III. Acquisitions a titre gratuit. — Les dispositions de l'art. 48 de la loi de 1837, relatif à l'acceptation des dons et legs faits aux communes, qui ont été rapportées au *Rép.* n° 2409, ont été modifiées par l'art. 1er, § 9, de la loi du 24 juill. 1867. D'après ce dernier article, la nécessité d'une autorisation est supprimée lorsque le legs ou la donation a lieu sans charges, conditions ni affectation immobilière, qu'il n'y a pas de réclamations des familles, et qu'il y a accord entre le maire et le conseil municipal; quand ces diverses conditions se trouvent remplies, la délibération prise par le conseil municipal sur l'acceptation est définitive et exécutoire par elle-même.

Ces dispositions ont été presque textuellement maintenues par la loi du 5 avr. 1884. Aux termes de l'art. 68, n° 8, le conseil municipal règle par ses délibérations l'acceptation des dons et legs faits à la commune, sauf les cas où il y a charges, conditions ou réclamations des familles. Mais, à la différence de la loi de 1867, la loi nouvelle n'exige pas l'intervention de l'autorité supérieure dans le cas de désaccord entre le maire et le conseil municipal.

1178. Lorsqu'il existe des charges ou conditions, ce qui comprend implicitement les dons et legs avec affectation immobilière, mais lorsqu'il n'a pas été fait de réclamations, il est statué par arrêté préfectoral pris en conseil de préfecture.

Les mots *charges* ou *conditions* employés dans l'art. 111 ne sont pas synonymes; et le second s'applique plus spécialement aux stipulations qui n'entraînent pas de dépenses à la charge des communes. Ainsi, il a été jugé que la donation à une commune d'un buste de la République pour être placé dans la salle des délibérations du conseil municipal constitue une donation avec condition (Cons. d'Et. 14 mars 1879, aff. Commune d'Ambès, D. P. 79. 3. 60). Dans le cas où il y a des réclamations de la part des

prétendants droit à la succession, il est statué par décret rendu en conseil d'Etat (art. 111, § 2).

Un décret est nécessaire lorsqu'une transaction intervient entre la commune et les intéressés avant qu'il ait été statué par l'autorité supérieure, cette transaction supposant nécessairement une réclamation des prétendants droit (Circ. min. int. 15 mai 1884). Il en est de même toutes les fois qu'une réclamation est formée soit contre l'ensemble des libéralités contenues dans le testament ou la donation, soit seulement contre une ou plusieurs de ces libéralités (Même circulaire).

1179. Il doit être également statué par décret sur l'ensemble des libéralités, toutes les fois qu'elles sont faites par un même acte à une commune et à des établissements qui ne peuvent être autorisés à accepter que par décret, ou lorsque la libéralité doit profiter à la fois à la commune et à un établissement qui doit être autorisé par décret. La question a été tranchée en ce sens par un avis du conseil d'Etat du 27 déc. 1855 (D. P. 66. 3. 86, note 1) (V. conf. Cons. d'Et. 15 déc. 1865, aff. Bureau de bienfaisance de Meaux, *ibid.*; Circ. min. int. 15 mai 1884).

Cette solution a été consacrée dans l'hypothèse de libéralités soumises, les unes à l'approbation du préfet, les autres à celle du chef de l'Etat: mais il résulte d'un avis du conseil d'Etat du 10 mars 1868 que, si le legs fait à la commune était de ceux qu'elle peut accepter sans autorisation, le fait que le testament contiendrait d'autres legs soumis à l'autorisation ne saurait porter atteinte aux droits du conseil municipal (Morgand, t. 2, p. 174). Toutefois, cette distinction n'a pas été reproduite dans la circulaire du 15 mai 1884. La jurisprudence n'a pas encore eu, d'ailleurs, à se prononcer sur la question.

1180. Dans tous les cas, il doit être statué par un décret rendu en conseil d'Etat, d'après le dernier paragraphe de l'art. 111 de la loi de 1884, lorsque les libéralités sont faites à un hameau ou quartier n'ayant pas le caractère de personne civile. Ce décret doit être précédé non seulement d'une délibération du conseil municipal de la commune, mais d'une délibération prise par une commission syndicale organisée conformément à l'art. 129 de la nouvelle loi municipale. Cette disposition a été adoptée par la commission du Sénat sur la proposition de M. Batbie (D. P. 84. 4. 58, note 111); elle constitue une importante innovation, et, suivant M. Morgand, t. 2, p. 193, une anomalie dans notre législation; car le conseil municipal est, en principe, le représentant de toutes les fractions de la commune, et la loi n'accorde de représentation spéciale à la section que quand il y a lutte entre elle et la commune. Il a paru au législateur que l'acceptation de libéralités dans les circonstances prévues par le dernier paragraphe de l'art. 111 n'ayant pas seulement pour résultat, quand elle est définitive, d'assurer à une portion de commune des avantages plus ou moins considérables ou même de lui imposer des charges, mais encore de la constituer en personne civile et de lui attribuer des biens propres, il importait de faire préalablement intervenir une représentation spéciale de la fraction de commune intéressée et d'exiger une sanction émanant de l'autorité administrative supérieure (Circ. min. int. 15 mai 1884).

1181. Mais, par cela même que cette disposition contient une dérogation au droit commun, elle ne doit pas être étendue au-delà de ses termes. Nous croyons donc, comme M. Morgand, qu'elle n'est applicable que lorsque le don ou legs est fait nominativement à un hameau ou quartier, et que, dans le cas où la libéralité est faite à la commune, dans l'intérêt du hameau ou quartier, c'est par le conseil municipal et par le maire qu'elle doit être acceptée.

De même, dans le cas où la libéralité est faite à une section de commune possédant la personnalité civile, c'est le maire, et non le président de la commission syndicale qui doit intervenir dans l'acceptation. Il avait, d'ailleurs, été antérieurement décidé par le ministre de l'intérieur qu'un village pouvait être considéré comme une section de commune. Or, les sections de commune sont des personnes civiles capables de recevoir. L'acceptation de la libéralité devrait donc, dans ce cas, être faite au nom du village, et non de la commune (*Bulletin du ministère de l'intérieur*, 1880, p. 296).

1182. Il n'appartient pas à l'autorité administrative de se prononcer sur les droits que les réclamants prétendent avoir à

la succession. Le conseil d'Etat a annulé un arrêté préfectoral qui avait autorisé l'acceptation d'un legs malgré la réclamation d'une personne à laquelle le préfet déniait la qualité d'héritier; il a été décidé qu'en pareil cas le préfet devait surseoir jusqu'à ce que l'autorité judiciaire eût statué sur cette question préjudicielle (Cons. d'Et. 23 nov. 1865, aff. Lemaire, D. P. 66. 3. 85).

1183. On doit considérer comme une réclamation dessaisissant le préfet le refus formel d'un héritier de consentir à l'exécution pure et simple du legs (Cons. d'Et. 9 mai 1873, aff. Boudier, D. P. 74. 3. 52). Mais il n'en serait pas de même de la déclaration faite par le donateur lui-même qu'il est dans l'intention de demander la révocation de la donation (Cons. d'Et. 26 août 1867, aff. Thévenet, D. P. 68. 3. 72).

Une circulaire ministérielle du 3 août 1867 (D. P. 67. 3. 73) prescrit aux préfets de veiller à ce que le conseil municipal s'assure, avant de statuer sur l'acceptation d'un legs fait à une commune, que les héritiers du testateur ont consenti à la délivrance des libéralités, ou du moins qu'ils ont été régulièrement mis en demeure de se prononcer.

1184. Le conseil municipal doit toujours délibérer sur l'acceptation des dons et legs faits à la commune, et le décret qui accorde ou refuse à une commune l'autorisation d'accepter un legs sans que le conseil municipal ait pris sur la question une délibération est entaché d'excès de pouvoirs (Cons. d'Et. 16 mai 1873, aff. Ville de Toulouse, D. P. 74. 3. 52; 29 janv. 1875, aff. Michel, D. P. 75. 3. 99).

Une circulaire du ministre de l'intérieur du 5 mai 1852 énumère les pièces à produire à l'appui de la demande d'acceptation. S'il s'agit d'une donation entre vifs, le maire doit transmettre au sous-préfet l'acte de donation, la délibération, le budget de la commune et un état de la situation de ses finances, l'estimation du bien donné, le certificat de vie du donataire avec des renseignements sur sa situation pécuniaire. S'il s'agit d'une libéralité testamentaire, il doit adresser au sous-préfet : 1° la délibération du conseil municipal ; 2° l'acte de décès du testateur ; 3° une expédition du testament ; 4° l'estimation par experts des biens légués, s'ils sont immobiliers ; 5° le budget et l'état des finances de la commune ; 6° l'adhésion ou l'opposition faite par les héritiers du testateur ou tout au moins leur mise en demeure ; 7° des renseignements sur l'hérédité et un certificat relatif à la situation hypothécaire de l'immeuble délivré par le conservateur ; 8° des renseignements sur la situation de fortune des héritiers.

1185. Dans le cas où le préfet est compétent pour autoriser l'acceptation d'une donation faite à la commune, il a été jugé sous l'empire de la loi de 1837 que l'acte portant autorisation ou refus d'autorisation ne devait pas nécessairement être pris sous la forme d'arrêté (Pau, 9 févr. 1876, aff. de Caupenne, D. P. 79. 1. 370). Mais quoiqu'en règle générale les décisions des préfets puissent être contenues dans de simples lettres ou résulter de simples approuvés, la solution qui précède a été justement critiquée à raison des termes de l'art. 48 de la loi de 1837 qui exige un *arrêté* pour rendre exécutoires les délibérations des conseils municipaux portant acceptation de dons et legs. Il en doit être de même, à plus forte raison, sous l'empire de l'art. 111 de la loi de 1884 qui exige un *arrêté pris en conseil de préfecture.*

1186. L'arrêté préfectoral ou le décret peut autoriser l'acceptation ou refuser l'autorisation, ou n'autoriser qu'une acceptation partielle : mais il ne peut modifier les conditions dont les dons ou legs sont grevés (Décis. min. int. *Bull. min. int.* 1864, p. 135), ni décider que la réduction qu'il fait subir à la libéralité profitera à tels ou tels héritiers (Req. 6 nov. 1878, aff. Coquerel, D. P. 79. 1. 249). L'arrêté ou le décret qui autorise une commune à accepter un don ou legs ne fait point obstacle à ce que les intéressés contestent devant l'autorité judiciaire la validité de la donation ou du testament (Req. 2 janv. 1877, aff. Bouillier, D. P. 77. 1. 13).

1187. Aux termes de l'art. 48 de la loi de 1837, ainsi qu'on l'a vu (*Rép.* n° 2409), les délibérations des conseils municipaux portant refus d'acceptation de dons et legs n'étaient exécutoires qu'en vertu d'une ordonnance royale. Cette disposition avait été dictée par la crainte que, dans certains cas, un conseil municipal, subissant l'influence des héritiers du donateur ou testateur, ne sacrifiât à leur intérêt

celui de la commune. La jurisprudence l'avait interprétée en ce sens que l'autorité supérieure pouvait accepter d'office, et malgré le refus du conseil municipal, les libéralités faites aux communes.

L'art. 112 de la loi de 1884 a complètement modifié ces dispositions. Le législateur, voulant restreindre le moins possible la liberté d'action du conseil municipal, a pensé qu'il suffirait de l'inviter à revenir sur un refus qui ne paraîtrait pas justifié et de n'admettre ce refus comme définitif que lorsqu'il aurait déclaré y persister par une seconde délibération (Circ. min. int. 15 mai 1884).

1188. La loi n'a pas prévu le cas où le conseil municipal s'abstiendrait volontairement de prendre une délibération; mais, comme les intérêts engagés ne peuvent demeurer infiniment en suspens, nous pensons que l'Administration pourrait mettre le conseil municipal en demeure de délibérer, et, s'il ne répondait pas à cette invitation, considérer son silence comme un refus d'acceptation.

1189. Le second paragraphe de l'art. 112 prévoit le cas où une libéralité serait faite à une section de commune, et où le conseil municipal, animé d'un sentiment de jalousie ou d'hostilité, refuserait l'acceptation. Dans ce cas, où le conseil municipal ne peut pas être considéré comme le représentant des intérêts de la section, il doit être institué dans cette section une commission syndicale élue conformément à l'art. 129, et l'autorisation d'accepter doit être donnée par décret en conseil d'Etat. Ce paragraphe, comme le dernier paragraphe de l'art. 111, a été voté sur la proposition de M. Batbie (D. P. 84. 4. 58, note 112). Mais, ainsi que l'a expliqué le rapporteur de la loi au Sénat, cette disposition n'est applicable que dans l'hypothèse d'une libéralité faite à une section ayant la personnalité civile, c'est-à-dire possédant déjà des biens propres. Dans le cas où il s'agit d'une section qui ne constitue pas une personne civile, il y a lieu d'appliquer la disposition de l'art. 111, d'après laquelle la nomination d'une commission syndicale doit toujours avoir lieu, lors même que le conseil municipal n'a pas refusé la libéralité (Morgand, t. 2, p. 197).

1190. Une commune peut être appelée à bénéficier de dons et legs qui ne sont pas faits directement à son nom. Aux termes de l'ordonnance du 2 avr. 1817, art. 3, l'acceptation des dons et legs est faite par le maire lorsque ces libéralités sont faites au profit de la généralité des habitants ou pour le soulagement et l'instruction des pauvres de la commune. M. Morgand, t. 2, p. 186, cite de nombreuses applications de cette règle. Tel est le cas de legs faits pour la distribution de secours aux pauvres de la commune, quand il n'existe pas de bureau de bienfaisance (Décr. 12 févr. 1883, legs Philippeaux), pour la création d'un bureau de bienfaisance (Décr. 24 mars 1884, legs Guichet; 3 mai 1884, legs Tartier); d'un hospice (Décr. 27 août 1883, legs Normand), pour venir en aide à l'hiver aux ouvriers sans travail (Décr. 20 déc. 1883, legs Gros), en faveur d'une vieille fille à désigner périodiquement (Décr. 4 févr. 1884, legs Lemasle), pour l'instruction des pauvres (Décr. min. int., *Bull. off. min. int.*, 1865, p. 31).

1191. Lorsque, dans une commune qui n'a pas de bureau de bienfaisance, un legs est fait aux indigents, le décret d'autorisation habilite le maire à accepter, non pas au nom de la commune, mais au nom des pauvres de la commune. Toutefois, dans la pratique, le conseil municipal délibère sur l'acceptation, et les charges et revenus provenant de l'acceptation de la libéralité doivent figurer au budget communal tant à l'actif qu'au passif (Morgand, t. 2, p. 188).

1192. Les dons manuels sont, d'après la jurisprudence, soumis au droit commun, en ce qui concerne la capacité de disposer et de recevoir (Civ. rej. 18 mars 1867, aff. de Maistre, D. P. 67. 1. 170). Le conseil municipal devrait donc être appelé à délibérer sur l'acceptation d'un don manuel de quelque importance, et statuerait définitivement si ce don était fait sans charge ni condition. Quant aux dons manuels qui emportent des charges, des conditions, ou une affectation spéciale, la jurisprudence ne les admet pas, et ils doivent être transformés en donations publiques constatées par actes notariés, et soumises par conséquent à l'autorisation (Décis. min. int. 18 oct. 1862, *Bull. off. min. int.*, 1863, p. 319; Morgand, t. 2, p. 185).

1193. Les arrêtés des préfets accordant ou refusant aux

communes l'autorisation d'accepter des dons et legs peuvent être déférés au ministre de l'intérieur. Tant que la décision du préfet n'a pas été exécutée, il peut revenir sur cette décision, mais il ne pourrait, sans excès de pouvoir, rapporter son arrêté, lorsque le maire a accepté en vertu de cet arrêté (Cons. d'Ét. 27 juill. 1877, aff. Delondre, D. P. 78. 3. 11).

1194.· Les arrêtés préfectoraux accordant ou refusant l'autorisation d'accepter des dons et legs échappent à tout recours par la voie contentieuse ; il en est de même des décisions ministérielles qui statuent sur les réclamations dirigées contre ces arrêtés, et des décrets portant autorisation ou refus d'acceptation (Cons. d'Et. 17 avr. 1874, aff. Commune de Manlay, D. P. 75. 3. 29). Mais ces décisions peuvent être déférées au conseil d'Etal pour excès de pouvoirs, lorsqu'elles renferment la violation des formes prescrites ou des règles de la compétence (Cons. d'Et. 23 nov. 1865, aff. Lemaire, D. P. 66. 3. 85 ; 9 et 16 mai 1873, aff. Boudier et Ville de Toulouse, D. P. 74. 3. 52).

Dans le cas où la contestation ne porte pas seulement sur l'inobservation des formes mais touche à l'exécution même de la libéralité, le recours pour excès de pourvoirs est non recevable, et les intéressés doivent être renvoyés à se pourvoir devant les tribunaux (Cons. d'Et. 13 juill. 1870, aff. Fabrique de Vieil Baugé, D. P. 73. 3. 100 ; 9 août 1880, aff. Ville de Bergerac, D. P. 81. 3. 92).

1195. Un décret qui a autorisé une commune et une fabrique à accepter une donation sous certaines conditions ne peut plus être rapporté même sur la demande de la commune et de la fabrique. En effet, l'acceptation crée, tant au profit du donataire que des établissements donataires, des droits auxquels l'Administration ne peut porter atteinte. Ces établissements ne pourraient se dégager des charges qu'ils ont acceptées qu'en obtenant le consentement du donateur, et en faisant avec lui une convention qui devrait être soumise à l'approbation de l'autorité administrative : dans le cas de refus du donateur, les tribunaux auraient à statuer sur les conséquences de l'inexécution des conditions imposées à la donation (Av. sect. int. Cons. d'Et. 23 juill. 1884, aff. Commune d'Avesne-les-Aubert, Morgand, t. 2, p. 183).

1196. Nous avons dit au *Rép.* n° 2411 que, d'après le dernier paragraphe de l'art. 48 de la loi de 1837, le maire pouvait accepter à titre conservatoire les dons et legs faits à la commune. L'art. 113 de la loi de 1884 a reproduit cette disposition ; toutefois il a supprimé l'obligation, imposée au maire par la loi de 1837, de se faire habiliter à cet effet par une délibération du conseil municipal. D'après le paragraphe 2 de l'art. 113, le décret, l'arrêté préfectoral ou la délibération du conseil qui intervient ultérieurement a effet du jour de l'acceptation; l'acceptation provisoire du maire a conséquemment pour résultat d'éviter à la commune les pertes d'intérêts qui pourraient résulter des retards apportés à l'autorisation de l'acceptation (Circ. min. int. 15 mai 1884. V. sur le point de départ des intérêts en matière de dons et legs aux communes : Aucoc, *Ecole des communes*, 1855, p. 113). Cette acceptation a, en outre, pour effet de rendre la donation irrévocable à l'égard du donateur (Civ. cass. 12 nov. 1866, aff. Bureau de bienfaisance de Miélan, D. P. 66. 1. 378, et sur renvoi, Toulouse, 1er mai 1868, D. P. 68. 2. 91). Mais comme elle n'a pas pour résultat de transmettre immédiatement aux communes la propriété des biens donnés ou légués, elle ne rend pas exigible le payement des droits de mutation. Le payement de ces droits ne peut être exigé qu'après l'acte d'autorisation (Décis. min. int. et fin. *Bull. min. int.* 1871, p. 379).

1197. Le maire a qualité non seulement pour accepter provisoirement un legs fait à la commune, mais pour provoquer toutes les mesures nécessaires à la conservation du legs, notamment la nomination d'un administrateur provisoire de la succession (Riom, 6 mai 1850, aff. Gouy, D. P. 52. 2. 131 ; Paris, 18 nov. 1871, aff. Vallienne, D. P. 72. 2. 69).

CHAP. 2. — Aliénations des communes à titre onéreux, à titre gratuit ou par échange (*Rép.* n°s 2412 à 2468).

1198. — I. Aliénation a titre onéreux. — On a vu au *Rép.* n° 2413 qu'à l'exception des choses comprises dans le domaine public communal, tous les biens des communes sont aliénables. Mais une circulaire du ministre de l'agriculture et du commerce du 10 juill. 1846 (D. P. 46. 3. 184) porte que les communes ne devront être autorisées à aliéner leurs biens communaux qu'avec une extrême réserve et spécialement pour des besoins imminents.

L'art. 110 de la loi de 1884 reproduisant les termes mêmes de l'art. 46 de la loi de 1837 (rapporté au *Rép.* n° 2413), dispose que la vente des biens mobiliers et immobiliers des communes, autres que ceux servant à un usage public, peut être autorisée sur la demande de tout créancier porteur de titre exécutoire par un décret du président de la République qui détermine les formes de la vente. On s'était demandé, avant la nouvelle loi municipale, si le décret de décentralisation de 1852 n'avait pas conféré aux préfets le droit d'autoriser une vente de cette nature, et ce décret avait été interprété dans le sens de la compétence préfectorale par une décision ministérielle publiée au *Bulletin du ministère de l'intérieur* en 1856, p. 58. Mais la question est aujourd'hui résolue par le texte de l'article qui vient d'être cité ; et les préfets doivent se borner à transmettre leurs propositions au ministre de l'intérieur auquel il appartient de provoquer un décret (Circ. min. int. 15 mai 1884).

1199. — II. Formes. — Nous avons dit au *Rép.* n° 2425 que les formes de la vente des biens communaux sont les mêmes que celles qui sont exigées pour l'acquisition opérée par une commune. Les délibérations des conseils municipaux en cette matière sont soumises à l'approbation du préfet, qui doit statuer en conseil de préfecture (art. 69). Un décret est nécessaire pour autoriser l'aliénation des bois communaux soumis au régime forestier (V. *Forêts*).

1200. Celui qui ne peut aliéner ne pouvant renoncer à une prescription accomplie, il en résulte qu'une commune non autorisée à cet effet n'a pu valablement renoncer à une prescription libératoire qu'elle prétend être accomplie à l'égard d'un droit de superficie appartenant à des particuliers sur le terrain dont les tréfonds lui appartient ; une semblable renonciation ne peut être implicite ; elle doit être expresse et autorisée suivant les règles qui régissent les communes (Besançon, 12 déc. 1864, aff. Commune d'Orchamps Vennes, D. P. 65. 2. 1).

De même, un conseil municipal ne peut renoncer sans autorisation à un droit immobilier appartenant à la commune ; par suite, une section qui revendique un droit privatif sur un bien communal ne peut se prévaloir d'une délibération par laquelle le conseil municipal aurait approuvé un partage dans les termes impliquant la reconnaissance des droits de la section (Dijon, 15 févr. 1867, aff. Commune de Solutré, D. P. 67. 2. 219).

1201. On a vu au *Rép.* n° 2433 que le conseil municipal doit, avant tout, délibérer sur l'opportunité des ventes, quelle que soit la valeur des biens. Il a été jugé, toutefois, que l'aliénation d'un terrain communal faite par le maire avec l'approbation du préfet, mais sans l'intervention du conseil municipal, peut être ratifiée par des délibérations postérieures de ce conseil, autorisant l'aliénation déjà consentie, et par l'exécution que la vente a reçue au moyen d'une série d'actes portés à la connaissance de la commune (Bastia, 22 mai 1883, aff. Ville de Corte, D. P. 87. 1. 121). Mais cette solution paraît devoir donner lieu à de sérieuses objections, et il semble que le préfet, dont le rôle se borne à approuver une aliénation décidée par la commune, ne peut valablement sanctionner à l'avance une volonté qui ne s'est pas encore manifestée.

Dans tous les cas, une commune qui a donné un immeuble à bail, avec faculté pour le preneur d'acquérir cet immeuble à un prix déterminé, n'est plus recevable à demander l'annulation de l'acte comme ayant été passé sans délibération préalable du conseil municipal, alors que le preneur a expressément dénoncé, plus de dix ans avant les premières poursuites de la commune, son intention de réaliser définitivement cette acquisition (Req. 18 mai 1886, aff. Commune de Corte, D. P. 87. 1. 121).

1202. Ainsi que nous l'avons dit au *Rép.* n° 2440, la vente doit, en règle générale, et à moins d'autorisation contraire, être faite aux enchères publiques dans les formes tracées par l'art. 89.

Pendant longtemps, conformément à une circulaire

ministérielle du 31 juill. 1839, rapportée au *Rép.* n° 2431, et à plusieurs décisions ministérielles (Décis. min. int. 6 sept. 1853, D. P. 53. 3. 44; Décis. min. fin. 22 janv. 1855, D. P. 55. 3. 56), on a inséré dans les cahiers des charges une clause portant que la vente ne serait valable qu'après approbation du préfet. Mais il est aujourd'hui reconnu par une jurisprudence constante qu'aucune loi ne subordonne à l'approbation préfectorale l'exécution d'un acte de vente d'un bien communal, et spécialement l'adjudication d'un bien de cette nature, et que, dès lors, la clause qui réserve expressément cette approbation est sans valeur (Cons. d'Et. 6 juill. 1863, aff. Delrial, D. P. 63. 3. 81; 28 juill. 1864, aff. Bandy de Nalèche, D. P. 65. 3. 42). Il a été décidé, en conséquence, que la décision du préfet refusant d'approuver l'adjudication d'un des lots ainsi vendus, et portant que ce lot serait soumis à une nouvelle adjudication est entachée d'excès de pouvoirs (Mêmes arrêts). Cette solution, critiquée par M. Serrigny, *Traité de l'organisation et de la compétence administrative*, 2e éd., t. 2, n° 1015 *bis*, et défendue par M. Aucoc, *Ecole des communes*, 1865, p. 115, a été acceptée par deux circulaires du ministre de l'intérieur des 24 févr. et 27 oct. 1864 (*Bull. min. int.*, 1864, p. 28 et 293, et D. P. 65. 3. 42, notes 1 et 2). — Il a été jugé, dans le même sens, que le sort de la vente n'étant pas subordonné à l'approbation du préfet, la déclaration de command, par suite d'une adjudication de biens communaux, doit avoir lieu dans les 24 heures qui suivent l'adjudication, et non dans les 24 heures qui suivent la réception de l'approbation préfectorale (Trib. Lectoure, 8 avr. 1864, aff. Ricard, D. P. 65. 3. 38).

1203. Une circulaire ministérielle du 4 mai 1857 prescrit d'insérer dans le cahier des charges des adjudications et dans les contrats de vente des biens des communes une clause portant que l'adjudicataire ou l'acquéreur qui voudra se libérer par anticipation ne pourra le faire valablement qu'en opérant son versement, non à la caisse du receveur municipal, mais à celle du receveur particulier de l'arrondissement, et à titre de placement au Trésor public pour le compte de la commune ou de l'établissement (Circ. min. int. 4 mai 1857, D. P. 57. 3. 80).

1204. D'après une décision du ministre de l'intérieur de 1870 (*Bull. min. int.* 1870, p. 201), un conseil municipal a le droit d'accorder, pour le payement du prix des lots, prorogation et délai aux débiteurs originaires ou aux tiers acquéreurs. Cette prorogation est subordonnée à l'approbation du préfet, et si ce dernier refuse d'approuver la délibération qui a accordé une prorogation, l'exécution des titres primitifs doit être poursuivie. Mais, dans le cas où la commune refuserait, par une délibération régulière, d'assurer cette exécution en faisant procéder à la vente des meubles ou des immeubles des débiteurs, le receveur municipal devrait s'abstenir d'y procéder, et il serait exonéré de toute responsabilité.

1205. — III. Capacité des acquéreurs. — On a vu au *Rép.* n° 2443 que les administrateurs des biens communaux ne peuvent s'en rendre adjudicataires. Cette prohibition ne s'applique en principe qu'au maire (*Rép.* v° *Vente*, n° 458); les adjoints et conseillers municipaux doivent seulement s'abstenir, conformément à l'art. 64 de la loi du 5 mai 1855, de prendre part aux délibérations relatives à des aliénations projetées à leur profit.

La vente des biens communaux consentie sous l'empire du décret du 14 déc. 1789 à un membre du bureau municipal délégué pour remplir les formalités de cette vente est nulle (Rennes, 22 nov. 1810, aff. Odier, D. P. 73. 2. 200). Et cette nullité peut être opposée à la revendication de l'acheteur par la commune venderesse restée en possession, depuis

plus de trente ans, de l'immeuble vendu et non payé (Même arrêt). Le notaire appelé pour dresser le procès-verbal d'une adjudication de biens communaux faite par l'entremise du maire, n'étant pas chargé de procéder à cette vente comme officier public, n'est point incapable de se rendre adjudicataire (Rennes, 27 janv. 1851, aff. Commune de Plélan, D. P. 52. 2. 30).

1206. — IV. Aliénation des biens communaux en vertu de la loi du 20 mars 1813. — Nous avons indiqué au *Rép.* n° 2444 les principales applications de la loi du 20 mars 1813 qui, moyennant un payement en rentes, attribua à la caisse d'amortissement les biens des communes à l'exception des édifices publics et de quelques autres biens dont les habitants jouissaient en commun. Il a été décidé que cette exception ne pouvait être étendue à un four à chaux dont les habitants n'avaient pas la jouissance commune, mais où les étrangers avaient le droit de faire des extractions à la charge d'une redevance (Req. 26 déc. 1866, aff. Commune de Baudéan, D. P. 68. 1. 112).

Les tribunaux civils sont compétents pour ordonner l'exécution d'une vente administrative faite par la Caisse d'amortissement de biens dont elle est devenue propriétaire en vertu de la loi du 20 mars 1813, alors que les termes de l'adjudication sont clairs et qu'il y a lieu, non de les interpréter, mais seulement de les appliquer (Même arrêt).

1207. — V. Compétence en matière d'aliénation de biens communaux. — Comme on l'a dit au *Rép.* n° 2455, l'autorité judiciaire est seule compétente pour connaître des contestations auxquelles donnent lieu les actes d'aliénation communale ainsi que des actions en nullité pour vice de forme. Cette règle a été constamment appliquée par la jurisprudence (Cons. d'Et. 4 juill. 1860, aff. Bandy de Nalèche, D. P. 60. 3. 52 ; 7 mai 1867, aff. Commune de Saint-Ouen-de-Mimbré, D. P. 68. 3. 14 ; 1er juin 1870 et 30 août 1871, aff. du Haraz et Marestang, D. P. 72. 3. 47 ; 26 janv. et 2 févr. 1877, aff. Compans et Soubry, D. P. 77. 3. 35). Il en est ainsi, alors même qu'il s'agit de la concession de biens communaux par voie de lotissement (Cons. d'Et. 5 janv. 1877, aff. Blanc, D. P. 77. 3. 35).

De même, la cession par une commune d'une parcelle retranchée de la voie publique étant un contrat de droit civil, il appartient à l'autorité judiciaire de statuer sur la validité de ce contrat, sauf à renvoyer devant l'autorité administrative les questions préjudicielles de sa compétence (Cons. d'Et. 6 avr. 1870, aff. Grusse, D. P. 71. 3. 61 ; Req. 6 août 1883, aff. Maury, D. P. 85. 1. 16).

1208. C'est également aux tribunaux civils qu'il appartient de connaître de la contestation qui s'élève entre une ville et un particulier qui lui a acheté un immeuble, sur le point de savoir par laquelle des parties devront être supportés les frais des travaux de viabilité exécutés au-devant de l'immeuble, une semblable contestation, qui nécessite l'interprétation des actes de cession, constituant un débat purement civil (Cons. d'Et. 4 févr. 1869, aff. Dassier, *Rec. Cons. d'Etat*, p. 99; 26 nov. 1869 (1) ; Req. 30 janv. 1872, aff. Pédeucoig, D. P. 72. 1. 413 ; 8 janv. 1878, aff. Bleuart, D. P. 79. 1. 344 ; Paris, 12 mai 1876, aff. Préfet de la Seine, D. P. 77. 2. 160).

1209. Les questions auxquelles donnent lieu les ventes faites par les communes, et qui sont prévues par le code civil comme la conséquence de ces contrats, rentrent dans la compétence judiciaire. Par suite, un préfet ne peut, sans excès de pouvoirs, trancher la question de savoir si une surenchère peut être admise en matière de vente de biens communaux faite devant notaire (Cons. d'Et. 18 août 1856,

---

(1) (Jolly.) — Le conseil d'Etat, etc. ; — Vu l'art. 24 de l'arrêt du conseil du 30 déc. 1785 ; — Vu la loi du 11 frim. an 7 et l'avis du conseil d'Etat approuvé par l'Empereur le 25 mars 1807 ; — Vu notre décret du 26 nov. 1851 portant approbation du tarif arrêté par le conseil municipal de la Ville de Paris pour les frais de premier établissement du pavage ; — Considérant que le sieur Jolly, pour obtenir la réduction de la taxe à laquelle il a été imposé à raison des travaux effectués au devant de la maison qu'il possède avenue d'Iéna, sé fonde sur les termes du contrat par lequel la Ville de Paris lui a vendu ladite maison ; que la Ville de Paris soutient que par ledit contrat, elle n'a ni abandonné, ni restreint, en ce qui concerne le sieur Jolly, les droits qui lui appartiennent à l'égard des riverains des voies publiques, en vertu des anciens usages et règlements sur le pavage ; — Considérant que l'autorité judiciaire est seule compétente pour procéder à l'interprétation du contrat de vente intervenu entre la Ville et le sieur Jolly, et qu'il y a lieu de surseoir à statuer jusqu'à ce qu'elle ait décidé si ledit contrat a pour effet de modifier les droits de la ville, en ce qui touche l'établissement des taxes de pavage, en vertu des règlements et usages (Arrêté annulé). — Du 26 nov. 1869.-Cons. d'Et.-MM. de Saint-Laumer, rap.- Bayard, concl.-Bellaigue et Arbelet, av.

aff. Duclos, D. P. 57. 3. 19 ; 4 juill. 1860, aff. Nalèche, D. P. 60. 3. 52 ; 28 juill. 1864, aff. Bandy de Nalèche, D. P. 65. 3. 42 ; 4 août 1864, aff. Bellinet, D. P. 65. 3. 43).

La décision par laquelle le ministre de l'intérieur approuve l'arrêté préfectoral qui a autorisé une commune à céder amiablement à son maire des eaux existant dans un terrain communal aux conditions fixées par le conseil municipal ne met pas obstacle à la demande en nullité de ladite cession, que les intéressés peuvent former devant les tribunaux civils, en vertu du principe que les administrateurs d'une commune ne peuvent se rendre adjudicataires de ses biens (Cons. d'Et. 2 sept. 1862) (1).

La jurisprudence du conseil d'Etat, tout en reconnaissant qu'il n'appartenait dans aucun cas à l'autorité administrative de prononcer la nullité d'une vente faite par une commune, avait autrefois admis que les actes administratifs qui avaient servi de base à ces ventes pouvaient être directement déférés pour excès de pouvoirs au conseil d'Etat, qui en prononçait, s'il y avait lieu, l'annulation, tout en laissant aux tribunaux civils le soin de tirer les conséquences de cette décision (Arrêts précités du 28 juill. et du 4 août 1864). Mais, d'après une jurisprudence plus récente, lorsque la vente est consommée, l'autorité administrative ne peut examiner la légalité des actes qui ont préparé cette vente que sur le renvoi de l'autorité judiciaire. En effet, un tiers n'a intérêt, et par suite n'a qualité pour attaquer ces actes, que si l'annulation qui en serait prononcée doit entraîner celle de la vente elle-même. Or, c'est au tribunal compétent pour juger de l'action principale qu'il appartient d'apprécier si la discussion de l'acte administratif est nécessaire, ou s'il trouve ailleurs des éléments de décision qui rendraient frustratoire le renvoi devant l'autorité administrative (Cons. d'Et. 9 janv. 1867, aff. Verdier, D. P. 68. 5. 85 ; 7 mai 1867, aff. Commune de Saint-Ouen de Mimbré, D. P. 68. 3. 14 ; 9 avr. 1868, aff. Rivolet, D. P. 71. 3. 61, note 2 ; 6 avr. 1870, aff. Grusse, D. P. 71. 3. 61).

1210. — VI. Aliénation a titre gratuit. — Il est incontestable, ainsi que nous l'avons dit au *Rép.* n° 2461, que les communes peuvent aliéner leurs biens à titre gratuit, quoique ces aliénations se présentent assez rarement dans la pratique (V. conf. Batbie, t. 5, n° 108 ; Foucart, *Eléments de droit public et administratif*, t. 3, p. 129 ; Trolley, *Hiérarchie administrative*, n° 1815). Quel que soit le caractère de l'aliénation consentie, la commune doit être autorisée par arrêté du préfet pris en conseil de préfecture. Mais l'autorisation administrative qui confère à la commune la capacité d'aliéner ne peut la dispenser de l'observation des formes solennelles imposées par le droit commun. Nous pensons donc que, conformément aux prescriptions de l'art. 931 c. civ., l'aliénation à titre gratuit faite par la commune ne peut avoir lieu que par acte notarié (Foucart, *loc. cit.*). L'opinion contraire a toutefois été adoptée par un jugement du tribunal de Marseille du 17 mai 1882 (aff. Ville de Marseille, D. P. 83. 2. 245), qui décide que ces aliénations ne sont point assujetties à peine de nullité à l'observation des formes prescrites par les art. 931 et 932 c. civ. pour les donations entre particuliers. Ce jugement invoque l'autorité de M. Batbie qui estime que si une commune voulait céder gratuitement un immeuble soit à un établissement ou un service public, soit à un particulier à titre de récompense pour quelque belle action, il y aurait à suivre les mêmes formalités que pour l'aliénation à titre onéreux faite de gré à gré.

1211. — VII. Echange de biens communaux. — Comme les délibérations des conseils municipaux relatives à l'alié-

nation des biens communaux, les délibérations qui portent sur l'échange de ces biens sont soumises à l'approbation du préfet statuant en conseil de préfecture (art. 68-2°) ; et l'exécution de la commune du contrat d'échange ne peut couvrir le vice résultant du défaut d'approbation (Civ. cass. 15 févr. 1882, aff. Commune de Limanton, D. P. 83. 1. 19). On ne saurait considérer comme contenant une approbation implicite l'autorisation donnée par le préfet à l'adjudicataire de travaux de construction d'une église sur le terrain que la commune a acquis par voie d'échange, s'il n'est pas établi que, pour obtenir cette autorisation, la commune ait soumis au préfet la délibération du conseil municipal relative à l'échange, et lui ait fait connaître les conditions dans lesquelles ce contrat est intervenu (Même arrêt).

L'arrêté préfectoral qui, après avoir visé une proposition d'échange entre une commune et un particulier, autorise cette opération sans restriction ni réserve, emporte autorisation de toutes les clauses et conditions de l'échange (Req. 6 juin 1855, aff. La Chataigneraie, D. P. 55. 1. 417).

1212. Il appartient à l'autorité judiciaire de connaître des échanges de biens communaux (Cons. d'Et. 1er févr. 1866, aff. Catusse, D. P. 68. 3. 18 ; 9 avr. 1868, aff. Rivolet et consorts, *Rec. Cons. d'Etat*, p. 395 ; Req. 19 avr. 1880, aff. Commune de Rochefort, D. P. 80. 1. 416 ; Arrêt du 15 févr. 1882, cité *suprà*, n° 1211 ; Dijon, 18 janv. 1883, aff. Commune de Limanton, D. P. 85. 2. 35 ; Req. 14 nov. 1887, aff. Leleu-Laden, D. P. 88. 1. 129). Les tribunaux civils sont notamment compétents pour statuer sur une demande d'indemnité fondée sur l'inexécution des conditions d'un contrat d'échange passé par une commune (Cons. d'Et. 16 févr. 1870, aff. Templier, D. P. 73. 3. 81). — En conséquence, il leur appartient d'interpréter un contrat d'échange passé par une commune comme ayant confirmé un habitant de cette commune dans la jouissance d'une servitude qu'il exerçait antérieurement à l'effet de l'indemniser de la cession d'un terrain par lui consenti (Req. 23 janv. 1877, aff. Commune d'Oradour, D. P. 77. 1. 180). -

1213. — VIII. Affectation et désaffectation de biens communaux. — V. *suprà*, n° 986 et suiv. V aussi *Concession administrative* ; *Culte*.

CHAP. 3. — Arbitrage et transactions sur les difficultés intéressant les communes (*Rép.* n° 2469 à 2488).

1214. — I. Arbitrage. — Ainsi qu'on l'a vu au *Rép.* n° 2469, les communes n'ont pas le droit de compromettre. Par suite, une commune ne peut valablement renoncer, dans un marché de travaux publics, à faire appel au conseil d'Etat des arrêtés du conseil de préfecture, cette renonciation constituant un compromis ; et elle ne peut opposer cette clause comme une fin de non-recevoir au pourvoi de l'entrepreneur (Cons. d'Et. 11 juill. 1884, aff. Comp. des eaux d'Oran, D. P. 86. 3. 14. V. conf. *Rép.* v° *Degré de juridiction*, n° 487).

Toutefois, dans un litige entre une commune et un particulier, le conseil d'Etat a appliqué une clause compromissoire sans faire aucune réserve sur la légalité de cette clause (Cons. d'Et. 29 juill 1881, aff. Rousseau, D. P. 83. 3. 12). Mais, dans cette affaire, la décision arbitrale avait été exécutée par la commune, et c'était l'adversaire de celle-ci qui soulevait une contestation sur la portée et les conséquences de l'acquiescement donné par lui à cette même décision.

1215. — II. Transactions. — On a indiqué au *Rép.* n° 2470 sous quelles conditions les transactions pouvaient, dans l'ancien droit, être valablement passées au nom des

---

(1) (Commune de Saulx-les-Chartreux.) — Le conseil d'Etat, etc.; — Vu la loi du 18 juill. 1837 et le décret du 25 mars 1852 ; — Considérant que par sa décision attaquée, notre ministre de l'intérieur s'est borné à approuver un arrêté du préfet du département de Seine-et-Oise, rendu en conseil de préfecture le 31 déc. 1859 et portant autorisation pour la commune de Saulx-les-Chartreux de céder au sieur Lainné les eaux existantes sous le sol du chemin vicinal dit du pré de la Maçonne, aux charges, clauses et conditions exprimées dans une délibération du conseil municipal de ladite commune, en date du 2 octobre de la même année ; que cette délibération, dont la régularité n'est pas contestée, avait été précédée d'une expertise faite par un expert désigné par le sous-

préfet de l'arrondissement et d'une enquête ouverte dans la commune ; que, dans ces circonstances, en maintenant l'arrêté précité du préfet du département de Seine-et-Oise, notre ministre a agi dans la limite de ses pouvoirs ; — Considérant, d'ailleurs, que la décision attaquée n'est qu'un acte de tutelle administrative qui ne fait pas obstacle à ce que les sieurs Angiboust et autres habitants susnommés de Saulx-les-Chartreux fassent valoir, s'ils s'y croient fondés, devant l'autorité judiciaire, le moyen de nullité tiré de la disposition de l'art. 1596 c. nap. qu'ils invoquent contre la concession consentie au profit du sieur Lainné (Rejet).

Du 2 sept. 1862.-Cons d'Et.-MM. Gaslonde, rap.-Chamblain, concl.-Groualle et Bosviel, av.

communes. Les transactions, comme toutes les conventions régulièrement formées sous l'ancien droit, conservent, sous l'empire de la législation nouvelle, tous leurs effets au point de vue de la transmission de la propriété, comme sous tout autre rapport. Par suite, la transaction par laquelle deux communes de la Corse ont, antérieurement au code civil, et en observant les formes prescrites par l'ancien droit, fixé définitivement la ligne séparative de leurs territoires respectifs a les effets d'un titre légal de propriété (Req. 30 juin 1875, aff. Commune de Bastélica, D. P. 76. 1. 261).

1216. Aujourd'hui, comme sous l'empire de l'art. 19, nº 10, de la loi de 1837, rapporté au *Rép.* nº 2472, et modifié par le décret du 25 mars 1852, tabl. A, nº 50, les délibérations des conseils municipaux relatives à des transactions sont soumises à l'homologation préfectorale. Le préfet doit statuer en conseil de préfecture (art. 68, nº 4, et 69). Ces délibérations devaient, comme on l'a vu au *Rép.* nº 2472, aux termes de l'arrêté du 21 frim. an 12, être précédées de l'avis de trois jurisconsultes désignés par le préfet; mais l'arrêté du 21 frim. an 12 figurant parmi les textes abrogés par l'art. 168 de la loi de 1884, cette consultation n'est plus obligatoire, et les préfets apprécient, suivant les circonstances, s'il convient d'inviter les communes à y recourir (Circ. min. int. 15 mai 1884).

1217. Les mêmes formes doivent être observées aussi bien pour les transactions qui ont lieu sur des procès à naître que pour celles qui interviennent sur des procès déjà engagés, et les unes comme les autres doivent être, avant tout, délibérées par le conseil municipal. On doit, en conséquence, considérer comme entachée d'excès de pouvoirs l'arrêté par lequel un préfet, au lieu de déférer au conseil de préfecture la réclamation formée par un entrepreneur de travaux publics contre une commune, résilie le marché de cet entrepreneur et règle le décompte des travaux sous certaines conditions, à titre de transaction, sans avoir fait délibérer préalablement le conseil municipal et sans avoir satisfait aux autres prescriptions de la loi (Cons. d'Et. 12 févr. 1863, aff. Grelleau, D. P. 63. 3. 27); et c'est à tort qu'un conseil de préfecture, se fondant sur l'arrêté préfectoral intervenu dans ces circonstances, se déclare incompétent pour connaître de la demande en règlement de compte formée devant lui contre l'entrepreneur et l'architecte par des contribuables autorisés à exercer les actions de la commune (Même arrêt).

1218. Le préfet ne peut, comme nous l'avons dit *suprà*, nº 1216, approuver qu'en conseil de préfecture les transactions des communes. Il en résulte que l'on doit considérer comme nul l'arrêté homologatif qui a été pris par le préfet seulement sur le vu d'un avis donné antérieurement par le conseil de préfecture (Cons. d'Et. 16 août 1862, aff. Recurel, D. P. 66. 5. 76).

1219. Quoique les arrêtés préfectoraux portant homologation des transactions passées par les communes ne soient, en principe, que de simples actes de tutelle administrative, et ne puissent, dès lors, être déférés au conseil d'Etat par la voie contentieuse, ils sont cependant susceptibles d'être attaqués par cette voie, lorsque le recours se fonde sur l'inobservation des formalités et conditions auxquelles les lois et règlements subordonnent l'exercice de ce droit d'homologation (Cons. d'Et. 2 févr. 1860, aff. Robineau, D. P. 60. 3. 49; 12 juill. 1860, aff. Guillemin, *ibid.*; Arrêt du 16 août 1862, cité *suprà*, nº 1218).

Le conseil d'Etat a annulé pour excès de pouvoir un arrêté préfectoral approuvant, sous forme d'homologation de transaction, une convention qui n'avait pas pour but de mettre un terme à des contestations existantes par des concessions réciproques, mais qui tendait en réalité à paralyser l'exécution d'un arrêt du conseil d'Etat réglant la manière dont les produits des biens d'une section seraient affectés aux dépenses générales de la commune (Cons. d'Et. 15 avr. 1868) (1). Mais une commune qui a exécuté une transaction est non recevable à attaquer pour excès de pouvoirs une ordonnance qui a homologué cette transaction, alors surtout que l'excès de pouvoirs allégué résulterait d'une irrégularité qui a été ou a dû être connue depuis l'origine (Cons. d'Et. 20 févr. 1868, aff. Barba, D. P. 70. 3. 10).

CHAP. 4. — Acquiescement et désistement des communes (*Rép.* nºˢ 2489 à 2500).

1220. On a indiqué au *Rép.* nº 2493 l'analogie qui existe entre l'acquiescement ou le désistement d'une part, et la transaction de l'autre. Il n'en faut pas conclure, toutefois, suivant M. Bathie, t. 5, nº 321, que pour se désister ou acquiescer, une commune soit astreinte à suivre les formalités de la transaction. « Entre la transaction et le désistement, dit-il, la différence est profonde, car, dans la tran-

---

(1) (Section de Saint-Louand *C.* Commune de Beaumont-en-Véron.) — Napoléon, etc.; — Vu l'acte de transaction passé par devant Mᵉ Loyau, notaire, en date du 5 août 1861; — Vu l'arrêté du préfet du département d'Indre-et-Loire, en date du 21 sept. 1861, approuvant ladite transaction; — Vu notre décret rendu en notre conseil d'Etat le 24 janv. 1856, annulant un arrêté préfectoral du 30 mai 1826, ayant approuvé, contrairement à ce qui avait été proposé par le conseil municipal, que tous les habitants de la commune sans distinction jouiraient d'un pré faisant partie des biens de la section; — Vu notre décret également rendu en notre conseil d'Etat le 2 févr. 1860; — Vu la loi des 7-14 oct. 1790; Vu l'arrêté du Gouvernement du 21 frim. an 12, la loi du 18 juill. 1837 et notre décret du 25 mars 1852; — Sans qu'il soit besoin de statuer sur les moyens tirés de ce que la commission syndicale représentant la section de Saint-Louand aurait excédé ses pouvoirs ou de ce que les formalités prescrites n'auraient pas été observées; — Considérant qu'il est reconnu par les parties que les biens au sujet desquels il y a contestation entre les sieurs Robineau et consorts, et la commune de Beaumont-en-Véron appartiennent à la section de Saint-Louand, dépendance de cette commune, et que les fruits de ces biens étaient perçus en nature par les habitants de la section au moment où celle-ci fut, en 1792, réunie à la commune de Beaumont-en-Véron; que, par suite, en vertu de l'art. 5 de la loi ci-dessus visée du 18 juill. 1837, la section a droit à la jouissance exclusive de ces biens, alors même qu'ils seraient ultérieurement amodiés; — Considérant que, depuis longtemps, des contestations s'étaient élevées entre la commune et les habitants de la section au sujet de la jouissance desdits biens; qu'un décret rendu par nous, en notre conseil d'Etat, à la date du 2 févr. 1860, a annulé, pour inobservation des formalités, un arrêté préfectoral du 2 févr. 1858, qui homologuait une transaction passée entre la commune et la section et portant que les fermages des biens propres, dépendant de la section de la commune, seraient versés dans la caisse municipale pour être affectés aux dépenses générales; que notre même décret, vidant la contestation qui avait donné lieu à la transaction précitée, a annulé, pour excès de pouvoir, une décision, en date du 11 juill. 1857, par laquelle notre ministre de l'intérieur autorisait le conseil municipal de la commune de Beaumont-en-Véron à employer le produit des amodiations des biens de la section au payement des dépenses générales de la commune, sans décharger jusqu'à due concurrence les habitants de la section des contributions auxquelles ils auraient été imposés pour le payement de ces dépenses générales, ledit décret fondé sur le motif que cette décision aurait pour résultat de priver la section de la jouissance exclusive des fermages desdits biens, jouissance qui lui était assurée par la loi ci-dessus visée; — Considérant qu'à la suite de notre décret précité du 2 févr. 1860, sont intervenues, avec l'autorisation du préfet, des délibérations du conseil municipal de la commune de Beaumont-en-Véron et de la commission syndicale nommée par le préfet pour représenter la section de Saint-Louand, qui, sous prétexte de consentir une seconde transaction, reproduisirent les stipulations de la transaction précédemment annulée, et décidèrent, comme si le litige n'avait pas été terminé par notre décret précité, que les produits des amodiations, tant des biens de la section que de ceux de la commune, seraient versés dans la caisse municipale pour être affectés, sans conditions, aux dépenses générales de ladite commune; que l'arrêté en date du 21 sept. 1861, qui nous est déféré, et par lequel le préfet du département d'Indre-et-Loire a déclaré approuver cette prétendue transaction, ne se rapporte pas à un compromis véritable ayant pour but de mettre un terme à des contestations existantes par des concessions réciproques, mais seulement, sous forme d'homologation de transaction, cet arrêté a en réalité pour objet de faire obstacle à l'exécution de notre décret, de régler contrairement à ses dispositions la manière dont les produits des biens de la section de Saint-Louand seront affectés aux dépenses générales de la commune, et de maintenir le mode même d'affectation que nous avions déclaré avoir été établi contrairement aux droits de la section; — Que, dans ces circonstances, les sieurs Robineau et consorts, habitants de la section de Saint-Louand, sont recevables et fondés à nous demander l'annulation, pour excès de pouvoirs, de l'arrêté précité du préfet du département d'Indre-et-Loire, en date du 21 sept. 1861; — Art. 1ᵉʳ. L'arrêté du préfet du département d'Indre-et-Loire, en date du 21 sept. 1861, est annulé pour excès de pouvoirs. — Du 15 avr. 1868.-Cons. d'Et.-MM. Thureau-Dangin, rap.-Aucoc, concl.-Guyot et Tambour, av.

saction, chaque plaideur abandonne une partie des prétentions qu'il croit justes, pour éteindre un procès, tandis que, dans le désistement où l'acquiescement, une des parties reconnaît que sa prétention est entièrement mal fondée. Mais comme ils ont pour effet de changer les conditions premières de l'instance, il faut, pour leur validité, faire prononcer les autorités qui avaient primitivement été appelées à statuer sur l'organisation du procès » (V. conf. Serrigny, t. 1, p. 562; Dufour, *Traité général de droit administratif appliqué*, 3° éd., t. 3, n° 576).

1221. Il résulte de ce qui précède que la commune autorisée à défendre ne peut acquiescer qu'en vertu d'une délibération du conseil municipal et d'une autorisation du conseil de préfecture, et que les mêmes formalités doivent être observées par la commune demanderesse qui veut se désister (V. Riom, 27 janv. 1869, et Cons. d'Et. 14 janv. 1881, cités *supra*, n° 884).

Toutefois, on admet qu'une exception peut être faite à ce principe, lorsque le désistement ne peut pas compromettre les droits de la commune, à raison, par exemple, de ce qu'il a pour objet l'appel de jugements dépourvus d'intérêt (V. Req. 17 juin 1873, cité *supra*, *ibid.*).

1222. Le maire, qui ne peut exercer les actions de la commune qu'avec l'autorisation du conseil municipal, ne peut acquiescer à un jugement sans cette autorisation. En conséquence, la signification faite par un maire, non autorisé par le conseil municipal, d'une décision intervenue entre un particulier et une commune ne vaut pas acquiescement de cette commune (Cons. d'Et. 30 mars 1854, aff. Commune du Plessis-Brion, D. P. 54. 5. 7). De même, l'acquiescement donné par un maire non autorisé à un décompte présenté par des experts n'est pas valable, et, dès lors, le conseil de préfecture ne peut se fonder sur cet acquiescement pour rejeter les conclusions prises par la commune à l'effet de faire procéder à un supplément d'expertise sur certaines questions soumises aux experts par l'arrêté qui avait déterminé leur mission, et sur lesquelles ces experts n'avaient pas donné leur avis (Cons. d'Et. 2 avr. 1886, aff. Commune de Melgven, D. P. 87. 3. 94). — Sur les règles relatives à l'acquiescement des communes, V. *Aquiescement*, n°s 23 et 24.

Jugé aussi que les accords intervenus en présence d'experts entre les maires de deux communes, sur l'emplacement de la ligne à tirer comme limite des territoires respectifs de ces communes, constituant un acquiescement, lorsqu'ils impliquent la modification des prétentions originaires desdites communes, quant à la question de propriété soulevée entre elles, ne sont point obligatoires s'ils ont été consentis sans l'approbation du conseil municipal de chacune d'elles (Req. 15 nov. 1864, aff. Commune d'Albiez-le-Vieux, D. P. 65. 1. 183).

CHAP. 5. — Emprunts des communes (*Rép.* n°s 2501 à 2519).

1223. Nous avons vu au *Rép.* n°s 2502 et 2503, qu'aux termes de la loi de 1837, les communes ne pouvaient contracter des emprunts sans y être autorisées par une ordonnance royale ou par une loi, suivant les cas, et que, dans les communes ayant moins de 100000 francs de revenu, les conseils municipaux ne pouvaient délibérer sur un emprunt qu'avec le concours des plus imposés.

Cette législation a subi d'importantes modifications. L'art. 3 de la loi du 24 juill. 1867 a autorisé les conseils municipaux à régler par leurs délibérations les emprunts remboursables, soit sur les centimes additionnels extraordinaires n'excédant pas cinq centimes, et pour une durée de cinq années, votés dans la limite du maximum fixé chaque année par le conseil général, soit sur les ressources ordinaires, lorsque, dans ce dernier cas, l'amortissement ne dépasse pas douze années. Toutefois, cette loi assurait, dans ce cas, aux contribuables, trois importantes garanties : 1° en cas de désaccord entre le maire et le conseil municipal, la nécessité de l'approbation du préfet; 2° la faculté pour le préfet d'annuler dans les trente jours la délibération du conseil municipal, soit d'office pour violation d'une loi ou d'un règlement, soit sur la réclamation des parties intéressées; 3° l'obligation du concours des plus imposés dans les communes dont le revenu était infé-

rieur à 100000 francs. Si l'emprunt était remboursable, soit sur des contributions extraordinaires dépassant cinq centimes, sans excéder le maximum arrêté par le conseil général, dans les limites fixées par la loi du budget, ou sur les revenus ordinaires dans un délai excédant douze années, la délibération du conseil municipal assisté ou non des plus imposés, suivant la distinction ci-dessus, était soumise à l'approbation du préfet (L. 24 juill. 1867, art. 5). Si l'emprunt était remboursable par ressources extraordinaires dans un délai excédant douze années, il devait être autorisé par décret, et le décret devait être rendu en conseil d'Etat s'il s'agissait d'une commune ayant un revenu supérieur à 100000 fr. Enfin, si la somme à emprunter dépassait un million, ou si cette somme réunie au chiffre d'autres emprunts non encore remboursés dépassait un million, l'autorisation ne pouvait être donnée que par une loi (L. 24 juill. 1867, art. 7).

1224. Le législateur de 1884 n'a pas été moins préoccupé que ses devanciers de la difficulté de concilier, en cette matière, la liberté des communes avec l'intérêt des contribuables. « Parmi les ressources extraordinaires des communes, disait le rapporteur de la loi à la Chambre des députés, il en est une qui appelle l'attention des pouvoirs publics et qui nécessite des garanties particulières : je veux parler des contributions extraordinaires, ce qu'on entend habituellement par les centimes additionnels. Tout le monde s'accorde à signaler la situation très engagée des communes et les tendances qu'elles ont à empirer cette situation par le vote de centimes additionnels. L'intérêt des communes n'est pas seul compromis par cet état de choses ; l'exagération des centimes additionnels communaux épuise les facultés contributives du pays et engage les finances de l'Etat. Mais il est plus facile de signaler le mal que d'indiquer le remède. Interdire aux communes toutes contributions extraordinaires, ce serait réduire le plus grand nombre à manquer à leurs engagements et paralyser complètement la vie communale. Fixer un maximum de centimes que les communes ne pourraient dépasser, ce maximum pour les unes équivaudrait à une interdiction absolue, et pour les autres il serait sans utilité. Une règle uniforme ne peut s'imposer à des situations aussi différentes. Le seul remède légal, en dehors de la sagesse des communes, consiste à soumettre les dépenses, les emprunts et l'autorisation des contributions extraordinaires à des formalités telles qu'elles aient pour effet d'en prévenir l'exagération. Mais, de même que l'on peut faire appel à la sagesse des communes, on doit attendre une égale fermeté de la part des autorités diverses qui auront à exercer leur pouvoir de contrôle. »

Malgré les préoccupations qu'exprimait en ces termes le rapporteur, la loi nouvelle a élargi les attributions des conseils municipaux en matière d'emprunts. Le dernier paragraphe de l'art. 141 leur reconnaît, comme l'art. 3 de la loi de 1867, le droit de voter et de régler par leurs délibérations les emprunts communaux remboursables sur le produit des cinq centimes extraordinaires qu'ils peuvent voter d'après la règle énoncée au premier paragraphe. Mais il leur accorde, en outre, le pouvoir de régler les emprunts remboursables sur ressources ordinaires, lorsque l'amortissement ne dépasse pas trente ans. D'autre part, le désaccord entre le maire et le conseil municipal ne nécessite plus, comme sous l'empire de la loi de 1867, l'intervention du préfet; enfin la garantie du concours des plus imposés a été, comme on l'a vu précédemment, supprimée par la loi du 5 avr. 1884 (V. *supra*, n° 43).

1225. L'approbation du préfet est exigée par l'art. 142 pour les emprunts remboursables sur les revenus ordinaires dans un délai excédant trente ans, et pour ceux dont le remboursement peut être assuré dans un délai de trente ans au moyen d'une imposition extraordinaire n'excédant pas le maximum fixé par le conseil général.

Il résulte du rapprochement de l'art. 142 et de l'art. 143 que le préfet serait également compétent pour autoriser les emprunts remboursables dans un délai de trente ans au moyen de ressources extraordinaires autres que les impositions, et notamment à l'aide du produit de coupes extraordinaires de bois. Cependant, d'après un avis des sections réunies de l'intérieur et des finances du conseil d'Etat du 25 juin 1884, lorsqu'un emprunt est remboursable au moyen de

taxes spéciales d'octroi, il est, par raison de connexité, soumis aux mêmes règles de compétence que lesdites taxes (Morgand, t. 2, p. 427, note 1).

1226. L'art. 143 ne réserve au Gouvernement que l'autorisation des emprunts remboursables au moyen d'une imposition dépassant le maximum fixé par le conseil général, quelle que soit la durée du remboursement, ou à l'aide de ressources extraordinaires de toute nature lorsque, dans ce dernier cas, l'amortissement doit excéder trente ans.

Lorsque l'imposition extraordinaire est établie pour une durée de plus de trente ans, ou que l'emprunt remboursable sur ressources extraordinaires doit excéder cette durée, le décret est rendu en conseil d'Etat. Cette disposition a été introduite dans la loi par le Sénat, sur la proposition de M. Bardoux, en seconde délibération (D. P. 84. 4. 25, note 143). L'intervention du conseil d'Etat n'était exigée par la loi du 24 juillet 1867, ainsi que nous l'avons vu *supra*, n° 1223, que pour les communes ayant au moins 100000 fr. de revenu. Elle l'est aujourd'hui pour toutes les communes, mais seulement pour des opérations qui, à raison de leur durée exceptionnelle et des charges qu'elles imposent à une génération future, ont paru mériter d'être entourées de précautions extraordinaires.

Dans une circulaire du 26 août 1885 (*Bull. min. int.* 1885, p. 182), le ministre de l'intérieur fait observer qu'en réservant ainsi au préfet ou au gouvernement le droit de statuer sur les emprunts communaux dont la durée dépasse trente ans, le législateur a montré que, dans sa pensée, les emprunts à plus longue échéance ne doivent être admis que dans le cas de nécessité bien établie, tel que celui où il s'agirait de pourvoir à une entreprise considérable dont la dépense excéderait les forces contributives de la génération présente. Ces opérations sont, en effet, dangereuses et onéreuses pour les finances municipales. Aussi le gouvernement, d'accord avec le conseil d'Etat, a-t-il considéré la durée de trente ans comme la limite extrême à assigner à la période d'amortissement des emprunts des communes, et ne la dépasse-t-il que dans des cas très rares sans d'ailleurs l'excéder notablement. En conséquence, le ministre invite les préfets à s'abstenir de lui transmettre les demandes ayant pour objet des emprunts dont la durée s'étendrait au delà de 30 ou 35 ans au plus, en ajoutant que la période de 35 ans ne peut être dépassée que dans des circonstances tout à fait exceptionnelles.

1227. Le dernier paragraphe de l'art. 143, conforme au paragraphe final de l'art. 7 de la loi de 1867, exige une loi spéciale lorsque la somme à emprunter dépasse un million, ou que, réunie au chiffre d'autres emprunts non encore remboursés, elle dépasse un million. La circulaire ministérielle du 15 mai 1884 rappelle à ce sujet que, d'après la jurisprudence constante du ministère de l'intérieur, du conseil d'Etat et des chambres législatives, le recours à une loi est nécessaire toutes les fois qu'un emprunt, soit seul, soit réuni aux sommes restant dues sur de précédents emprunts non remboursés dépasse un million, quelle que soit la nature des ressources affectées au remboursement et la durée de l'amortissement. M. Morgand fait observer en outre (t. 2, p. 431) que, lorsque l'emprunt doit être remboursé au moyen d'une imposition extraordinaire, il est d'usage, bien qu'aucune disposition de loi ne l'exige expressément, que la loi spéciale, à raison de la connexité, statue en même temps sur les deux parties de l'affaire et approuve l'imposition aussi bien que l'emprunt.

1228. Le projet primitif portait que, dans les villes ayant au moins trois millions de revenus, aucune imposition extraordinaire et aucun emprunt ne pourraient être établis qu'en vertu d'une loi. Ce paragraphe a été supprimé par la chambre des députés, sur la demande de M. Peulevey, qui a fait remarquer qu'une semblable disposition aggraverait considérablement la situation des communes importantes, qui peuvent actuellement voter pour cinq ans cinq centimes extraordinaires dans les limites fixées par le conseil général, et peuvent également voter trois centimes pour les chemins vicinaux ordinaires.

Le Sénat a, de son côté, rejeté un amendement proposé par M. de Ravignan, tendant à décider que « dans les deux cas énumérés au paragraphe premier, le vote des charges extraordinaires ne serait valable qu'après deux délibérations

du conseil municipal, prises à quinze jours d'intervalle, et que s'il réunissait les suffrages des deux tiers des conseillers municipaux en exercice » (D. P. 84. 4. 25, note 143).

1229. La circulaire du ministre de l'intérieur du 15 mai 1884 indique les pièces qui doivent être transmises à l'administration supérieure à l'appui de toute proposition d'emprunt ou d'impôt extraordinaire devant faire l'objet d'un décret ou d'une loi spéciale. Ce sont: 1° une copie de la délibération par laquelle le conseil municipal a voté l'imposition ou l'emprunt; s'il s'agit d'un emprunt, la délibération doit mentionner le mode et les époques de remboursement; 2° un certificat du maire faisant connaître le chiffre officiel de la population de la commune et le nombre des membres du conseil municipal en exercice; 3° le budget primitif et le budget additionnel de la commune pour l'exercice courant; si ce dernier budget n'est pas encore approuvé, on produira celui de l'exercice précédent, le chiffre du principal des quatre contributions directes devra être indiqué en tête du budget; 4° un certificat du maire et du receveur municipal constatant: toutes les impositions qui peuvent grever la commune avec l'indication de l'objet auquel elles s'appliquent, ainsi que de la nature et de la date des actes qui en ont autorisé la perception; les sommes restant dues en capital sur chacun des emprunts non encore remboursés avec mention de la nature et de la date des actes approbatifs de chaque emprunt; les autres dettes communales s'il en existe, le montant des fonds de la commune placés au Trésor; 5° les pièces justificatives de la dépense telles que mémoires, plans et devis régulièrement dressés; 6° s'il s'agit d'un emprunt, un tableau d'amortissement dudit emprunt, ainsi qu'un état présentant, dans trois colonnes distinctes: les sommes à payer chaque année jusqu'à complète libération pour le service des emprunts et dettes antérieurement contractés; les ressources extraordinaires affectées annuellement à l'extinction de ce passif; enfin les prélèvements à opérer sur les revenus ordinaires pour compléter les annuités d'amortissement (dans le cas où l'emprunt serait remboursable au moyen d'une coupe extraordinaire de bois, il importerait de produire l'avis de l'administration forestière); 7° un relevé présentant, d'après les trois derniers comptes, les recettes et les dépenses communales séparées en ordinaires et extraordinaires; 8° l'avis motivé du préfet en forme d'arrêté.

1230. L'emprunt n'est autorisé qu'autant que la dépense à laquelle son produit est affecté a été approuvée par l'autorité compétente. Après l'autorisation il est réalisé de l'une des trois manières suivantes: 1° par adjudication avec concurrence et publicité; 2° de gré à gré avec la Caisse des dépôts et consignations; 3° par souscription publique avec faculté d'émettre des obligations transmissibles soit au porteur, soit par endossement.

1231. Ainsi qu'on l'a vu au *Rép.* n° 2516, une commune ne peut être autorisée que par une loi spéciale à ajouter à l'emprunt qu'elle contracte un tirage aléatoire, les dispositions législatives qui défendent les loteries ne faisant d'exception à cette prohibition que pour le tirage au sort d'objets mobiliers, lorsqu'il a pour but des actes de bienfaisance ou l'encouragement des arts. — V. aussi *Loterie*; *Rép.* eod. v°, n°s 29 et suiv.

1232. Conformément à ce qui a été dit au *Rép.* n° 2515, les acquisitions ou engagements à long terme pris par les communes doivent être assimilés à des emprunts et autorisés dans les mêmes formes. Cette règle, formulée dans une circulaire ministérielle du 12 août 1840 (*Rép.* n° 2501), a été rappelée par celles du 11 mai 1864 (D. P. 64. 3. 111) et du 3 août 1867 (D. P. 67. 3. 73). La circulaire du 15 mai 1884 se réfère de nouveau à ces prescriptions et invite les préfets à faire autoriser, suivant les cas, les engagements assimilés aux emprunts par une délibération municipale, un arrêté préfectoral, un décret ou une loi spéciale. Le conseil d'Etat a plusieurs fois consacré ce principe. Il a décidé, sous l'empire de la loi de 1837, que la délibération par laquelle un conseil municipal s'engage à payer à un entrepreneur les travaux de restauration d'une église par annuités, avec intérêts, à partir de la réception des travaux, constitue un emprunt déguisé, et que, par suite, le préfet en approuvant cette délibération a méconnu les dispositions des art. 40 et 41 de la loi de 1837 et excédé ses pouvoirs (Cons. d'Et. 14 août 1865,

aff. de Launay de Lamothais, D. P. 66. 3. 26). Et lorsque des actes d'exécution ne lui ont pas permis de revenir sur les faits accomplis et d'annuler l'ensemble de la délibération, il a reconnu aux communes le droit de contester, pour les payements restant à *faire*, le mode de libération qu'elles avaient d'abord consenti (Cons. d'Et. 29 juin 1869, aff. Prieur, D. P. 71. 3. 14).

1233. Quoique, en règle générale, une commune ne puisse être contrainte à emprunter, l'art. 10 de la loi du 20 mars 1883 (D. P. 83. 4. 49), autorise l'administration supérieure à pourvoir, au moyen d'un emprunt d'office fait à la caisse des écoles, aux frais d'acquisition, de construction ou d'appropriation des locaux scolaires ou à ceux d'acquisition du mobilier de classe, lorsqu'une commune refuse de créer les ressources applicables à ces dépenses. Le conseil général doit être appelé préalablement à donner son avis : en cas de désaccord entre le préfet et le conseil général, il est statué par un décret. Le préfet peut, en pareil cas, désigner un délégué spécial, chargé d'emprunter au nom de la commune. S'il y a lieu d'imposer la commune pour assurer le remboursement de l'emprunt, l'imposition est établie par un décret ou par une loi, conformément à l'art. 149 de la loi du 5 avr. 1884.

Mais l'emprunt d'office est une mesure exceptionnelle, qui ne doit être employée que dans l'intérêt des services scolaires ; et il résulte de deux décisions du ministre de l'intérieur, rapportées par M. Morgand, t. 2, p. 463 (Décis. min. int. 23 oct. 1884, aff. Commune de Bois-le-Roi, et 30 janv. 1885, aff. Commune des Chezeaux) que cette mesure serait inapplicable si, les écoles ayant été construites spontanément par la commune et les dépenses ayant été supérieures aux prévisions, il s'agissait d'assurer le payement du solde dû à l'entrepreneur. Cette créance pourrait motiver une imposition d'office, mais non un emprunt d'office.

CHAP. 6. — Baux des communes. — Adjudication de travaux communaux (*Rép.* n°s 2520 à 2552).

1234. — I. Baux des communes. — Ainsi que nous l'avons dit *suprà*, n° 261, l'art. 68 de la loi du 5 avr. 1884 abroge le système consacré, relativement aux baux des communes, par les dispositions des art. 17 et 74 de la loi de 1837 rapportées au *Rép.* n° 2521, ainsi que par celles du tableau A, n° 51, du décret du 13 avr. 1861, et de l'art. 1er de la loi du 24 juill. 1867. Actuellement, les baux de biens communaux sont réglés par le conseil municipal, toutes les fois que la durée du bail n'excède pas dix-huit années ; lorsque cette durée est dépassée, la délibération doit être approuvée par le préfet en conseil de préfecture. Un décret serait nécessaire pour l'approbation des traités portant concession des grands services publics à titre exclusif, ou pour une durée de plus de trente années, dans les villes dont le revenu est supérieur à trois millions (art. 115 et 145, § 3).

1235. C'est au maire, comme on l'a vu (*Rép.* n° 2524) qu'il appartient de passer les baux, comme tous les contrats de la commune. Quoiqu'aucune disposition légale n'en ait fait une obligation pour les communes, les baux des biens communaux se font habituellement aux enchères. Il y a lieu, en pareil cas, d'observer les formes indiquées au *Rép.* n° 2522, et prescrites par les lois du 5 nov. 1790 et du 5 févr. 1791, et par le décret du 12 août 1807, qui n'ont point été abrogées par la loi du 5 avr. 1884. La circulaire ministérielle du 5 mai 1852 recommandait aux préfets d'exiger que les baux de biens communaux soumis à leur approbation fussent précédés des formalités suivantes : enquête *de commodo et incommodo*, expertise, rédaction d'un cahier des charges, mise aux enchères publiques. Toutefois, ainsi que le reconnaît une décision du ministre de l'intérieur de 1856, bien que l'adjudication du bail soit généralement recommandée dans l'intérêt des communes, le bail peut être fait à l'amiable dans des circonstances spéciales.

1236. D'après l'art. 47 de la loi de 1837, rapporté au *Rép.* n° 2525, les actes de bail passés par les maires n'étaient exécutoires qu'après l'approbation préfectorale. Cette prescription n'a pas été reproduite dans la loi de 1884, et le ministre de l'intérieur reconnaît, dans sa circulaire du 15 mai 1884, que l'approbation du préfet n'est plus exigée. La location de la chasse et de la pêche dans les propriétés de la commune

doit être assimilée au bail de ces immeubles et soumise aux mêmes règles. Un maire ne peut de lui-même autoriser un habitant à occuper momentanément pour son utilité, et moyennant le payement d'une indemnité à la commune, une portion d'un lieu public, et spécialement d'un port : c'est là un affermage de bien communal, qui exige l'intervention du conseil municipal (Crim. cass. 6 janv. 1854, aff. Blanchard, D. P. 54. 1. 168).

1237. Nous avons dit au *Rép.* n° 2529 que l'autorité municipale n'a pas le droit d'insérer dans les cahiers des charges des stipulations qui créeraient au profit des adjudicataires des facultés dont l'usage privatif serait une atteinte à la liberté de l'industrie. Il y a lieu toutefois de distinguer, quant à l'application de ce principe, entre le bail de biens communaux et l'adjudication et la concession des grands services communaux tels que l'éclairage au gaz et la distribution des eaux. En principe, l'administration municipale ne peut, sans excès de pouvoirs, s'attribuer le monopole des fournitures à faire aux habitants ou des services à mettre à leur disposition, ni conférer ce monopole à un concessionnaire de son choix ; elle ne peut davantage imposer au commerce ou à l'industrie aucune restriction ayant pour objet non de pourvoir à un intérêt de police, mais de favoriser certaines catégories d'exploitants, arbitrairement ou dans l'intérêt financier des communes. C'est ainsi que la jurisprudence considère comme illégaux les arrêtés ayant pour objet : 1° d'assurer soit directement, soit même indirectement, à un seul entrepreneur le service des vidanges sur le territoire de la commune (Crim. cass. 12 févr. 1884, aff. Chenier Duchesne, D. P. 81. 1. 185) ; — 2° D'assurer à un seul entrepreneur, auquel la commune a loué une partie de la plage, le monopole de l'exploitation des bains de mer (Cons. d'Et. 19 mai 1858, aff. Vernes, D. P. 59. 3. 51) ; — 3° D'assurer l'exploitation exclusive des bals de la commune à un particulier moyennant le payement d'une redevance à la commune (Crim. cass. 4 mai 1866, aff. Robelin, D. P. 67. 1. 363) ; — 4° De conférer à une compagnie concessionnaire de l'éclairage public de la commune le droit exclusif de fournir le gaz aux particuliers (Req. 8 août 1883, aff. Comp. d'éclairage de la ville de Tours, D. P. 84. 1. 81) ; — 5° De conférer à un concessionnaire le monopole de la distribution des eaux sur le territoire de la commune (Req. 25 juill. 1882, aff. Comp. des eaux de Maisons, D. P. 83. 1. 106 ; Cons. d'Et. 17 nov. 1882, aff. Comp. gén. des eaux, D. P. 84. 3. 17).

1238. Mais ce principe cesse d'être absolu lorsque l'exploitation soumise à la surveillance de la police ne peut avoir lieu que si l'exploitant obtient de l'autorité municipale le droit de faire des voies publiques un autre usage que celui qui, d'après le droit commun, appartient à tous les habitants. Dans ce cas, l'administration municipale peut apprécier, au point de vue des intérêts de police, s'il ne convient pas de limiter le nombre de ces permissions ; et elle peut aller jusqu'à en réserver le privilège à un concessionnaire unique. C'est ainsi que la cour de cassation a reconnu qu'une ville peut valablement conférer à une société le droit exclusif et temporaire soit de placer une canalisation pour le gaz dans le sol des rues, soit de fournir le gaz nécessaire pour l'éclairage public de toutes les rues de la ville, même de celles qui, comme les routes nationales, dépendent de la grande voirie (Arrêt du 8 août 1883, cité *supra*, n° 1237). De même, une commune qui concède à une compagnie le service de l'eau aux habitants, et l'établissement, à cet effet, d'une canalisation sous les voies municipales, peut s'engager à ne souscrire aucune convention de même nature avec d'autres personnes, quoiqu'il puisse d'ailleurs résulter de cet engagement que la commune a conféré à la compagnie un monopole de vente et de distribution d'eaux aux particuliers qu'elle ne possède pas elle-même (Arrêts des 25 juill. et 17 nov. 1882, cités *supra*, n° 1237).

1239. C'est en vertu des mêmes principes que la jurisprudence a reconnu la validité des arrêtés de police assurant le monopole de l'exploitation des omnibus, moyennant une redevance payée à la ville (Ch. réun. cass. 24 févr. 1858, aff. Anjouvin, D. P. 58. 1. 256 ; Crim. cass. 14 nov. 1868, aff. Roux, D. P. 69. 1. 382 ; Crim. rej. 1er juill. 1869, aff. Bouchardon, D. P. 69. 1. 312). Mais ce monopole de fait ne pouvant être assuré par la municipalité qu'au moyen d'un refus de permission de voirie, il ne pourrait être conféré par

une ville sur des voies publiques n'ayant pas le caractère de voies municipales (Aix, 17 févr. 1870, aff. Ville de Marseille, D. P. 71. 2. 130). De même, l'autorité municipale est sans pouvoir pour conférer aux particuliers le droit exclusif, ou même non exclusif, de placer des tuyaux dans le sol d'une route nationale qui traverse la ville, ce sol étant même dans cette partie la propriété exclusive de l'Etat (Arrêt du 8 août 1883, cité *suprà*, n° 1237).

1240. Conformément à ce qui a été exposé au *Rép.* n° 2531, l'autorité judiciaire est seule compétente pour statuer sur les contestations entre les communes et leurs locataires ou fermiers (Cons. d'Et. 1er août 1867) (1). Il appartient, notamment, aux tribunaux de connaître : 1° des difficultés auxquelles peut donner lieu l'exécution d'un bail de carrières appartenant à une commune et situées dans une forêt communale soumise au régime forestier, quoique les clauses de ce bail aient été rédigées sous le contrôle de l'administration forestière, à laquelle il appartient également d'en assurer l'exécution (Civ. rej. 21 mai 1873, aff. Cantet, D. P. 75. 1. 70) ; — 2° Des difficultés relatives à la résiliation du bail d'un abattoir communal, en l'absence de toute clause de nature à en changer le caractère (Cons. d'Et. 30 mai 1884, aff. Laval, D. P. 85. 3. 108) ; — 3° De l'action intentée par le maire contre un ancien pâtre commun, à l'effet de faire décider que celui-ci devait délaisser la maison appartenant à la commune et affectée à la jouissance du pâtre, alors que le litige porte sur la question de savoir si, d'après le contrat de louage d'ouvrage intervenu entre le défendeur et les habitants, le bail qui était la conséquence du contrat avait pris fin ou avait été continué par tacite reconduction (Trib. confl. 16 déc. 1882, aff. Feltin, D. P. 84. 3. 58).

1241. Dans le cas où le bail d'une propriété communale contient quelques clauses relatives à l'exécution de certains travaux d'utilité publique, cette circonstance ne suffit pas pour donner au traité le caractère d'un marché de travaux publics lorsque ces clauses sont purement accessoires (Cons. d'Et. 21 nov. 1879, aff. Rolland, D. P. 80. 3. 51 ; Civ. cass. 15 nov. 1881, aff. Commune d'Eaux-Bonnes, D. P. 82. 1. 467). Dans le cas, au contraire, où l'objet principal de la convention est l'exécution d'un travail public et où la concession de la jouissance d'une propriété communale n'est qu'une des conditions du traité, le conseil de préfecture est compétent pour connaître des difficultés auxquelles peut donner lieu l'exécution de ce traité (Civ. rej. 15 janv. 1884, aff. Comp. anglaise des engrais, D. P. 84. 1. 109).

1242. Nous avons dit au *Rép.* n° 2539 que, par exception, certaines lois ou ordonnances ont attribué compétence à l'autorité administrative pour statuer sur les baux des communes. C'est ainsi que l'art. 136 du décret du 17 mai 1809 dispose que les contestations qui s'élèvent entre les communes et les fermiers des octrois sur le sens des baux devront être déférées par les communes qui statuera en conseil de préfecture (V. *Rép.* v° *Octroi*). L'application de cette disposition peut-elle être étendue aux baux des droits de place dans les halles et marchés ? Plusieurs auteurs se prononcent pour la négative (Cormenin, *Questions de droit*, v° *Halles*, n° 2 ; Serrigny, *Organisation et compétence administrative*, t. 2, n° 821). Le conseil d'Etat s'était d'abord rangé à cette opinion (Cons. d'Et. 28 févr. 1828, *Rép.* v° *Halles*, n° 73 ; 16 mars 1848, aff. Pastureau, D. P. 48. 3. 106). Depuis il a modifié sa jurisprudence et décidé que, lorsqu'il s'élève une contestation entre une commune et le fermier de droits de place relativement au sens des clauses du bail, l'interpréta-

tion de ces clauses doit être donnée par l'autorité administrative (Cons. d'Et. 8 avr. 1852, aff. Istria, D. P. 53. 3. 1. V. conf. Civ. rej. 25 févr. 1874, aff. Hilaire, D. P. 76. 1. 134).

Le conseil d'Etat avait décidé, en outre, que ce n'était pas au conseil de préfecture, mais au préfet en conseil de préfecture qu'il appartenait de donner cette interprétation (Cons. d'Et. 5 janv. 1854, aff. Ali-ben-Cherembet, D. P. 54. 3. 29 ; 16 nov. 1854, aff. Istria, D. P. 55. 3. 48. V. conf. Dufour, *Droit administratif*, 2e éd., t. 6, n° 489. — *Contrà :* Serrigny, n° 556). Mais cette solution est sans intérêt depuis que l'art. 11 de la loi du 21 juin 1865 a attribué au conseil de préfecture la connaissance de toutes les affaires contentieuses dont le jugement avait été attribué au préfet en conseil de préfecture. Par suite, si, dans une instance en résiliation formée par le fermier contre la commune, il s'élève une contestation sur le sens du bail, le tribunal civil doit renvoyer les parties devant le conseil de préfecture pour y être statué sur cette question préjudicielle (Trib. confl. 28 mars 1874, aff. Jamet, D. P. 75. 3. 14).

1243. Mais il importe de remarquer que l'autorité administrative n'a compétence que pour statuer sur l'interprétation du sens des clauses du bail. Il en résulte que l'autorité judiciaire est seule compétente pour statuer : 1° sur l'existence de la validité d'un bail de cette nature, ainsi que sur la demande en dommages-intérêts, formée à raison de l'inexécution du bail (Cons. d'Et. 11 janv. 1862, aff. Robin, D. P. 62. 3. 33) ; — 2° Sur la demande en résiliation du bail de l'octroi intentée par la commune contre le fermier pour inexécution des clauses du cahier des charges, lorsqu'aucune difficulté n'est élevée sur le sens de ces clauses (Cons. d'Et. 26 août 1858, aff. de Lavit, D. P. 59. 3. 37) ; — 3° Sur la demande d'indemnité formée par le fermier de l'octroi contre la commune à raison d'une modification des tarifs, alors que le droit à indemnité n'est pas contesté (Trib. confl. 8 nov. 1851, aff. Lombard, D. P. 52. 3. 10).

1244. Le conseil de préfecture n'étant compétent que pour statuer sur les difficultés qui peuvent s'élever entre le fermier et la commune sur le sens du bail, il ne peut être saisi d'une demande en interprétation de ce bail qu'à titre préjudiciel, ou sur un renvoi ordonné par l'autorité judiciaire (Cons. d'Et. 3 avr. 1872, aff. Jugeat, D. P. 73. 3. 5). Et dans les instances où incidemment une contestation s'est engagée sur le sens des clauses du bail, si le fond du litige se rattache à une question de droit commun, il n'y a lieu de renvoyer à l'autorité administrative que la question d'interprétation, dont la solution préjudicielle est nécessaire au jugement de l'affaire (Cons. d'Et. 21 févr. 1856, aff. Cusset, D. P. 56. 3. 41).

Les dérogations qui seraient insérées dans le cahier des charges des adjudications de droits de place ou d'octroi, pour donner une plus grande extension à la compétence de l'autorité administrative, seraient nulles et sans effet, en ce qu'elles contreviendraient à une loi d'ordre public (Arrêts des 8 nov. 1851 et 26 août 1858, cités *suprà*, n° 1243. V. conf. Dufour, t. 6, n° 493 ; Serrigny, n° 820).

1245. Quant aux contestations qui s'élèvent entre les communes propriétaires d'eaux minérales et les fermiers de ces eaux, la jurisprudence, ainsi que nous l'avons dit (*Rép.* v° *Eaux minérales*, n° 36), décide qu'elles appartiennent à la compétence judiciaire, et que la disposition de l'art. 2 de l'arrêté du Gouvernement du 3 flor. an 8, qui attribue compétence aux conseils de préfecture pour prononcer la résiliation des baux des eaux minérales appartenant à l'Etat en cas d'inexécution de ces baux, n'a pas été étendue aux baux des eaux minérales appartenant aux communes par l'art. 11

---

(1) (Delaplane.) — Le conseil d'Etat, etc. ; — Vu la loi des 16-24 août 1790, celle des 7-14 octobre de la même année, la loi du 18 juill. 1837 et l'ordonnance royale du 18 déc. 1838 ; — Sans qu'il soit besoin d'examiner si le sieur Delaplane est recevable à présenter sa demande en invoquant les dispositions de l'art. 49, § 3, de la loi du 18 juill. 1837, sans avoir obtenu l'autorisation exigée par cet article ; — Considérant que par adjudication publique du 17 janv. 1865 le maire de la Roche-Guyon, au nom de cette commune, a loué au sieur Foucault pour dix-huit années le bois à défricher dudit Petit-Champ ; — Que le préfet de Seine-et-Oise ayant approuvé le bail dont il s'agit par un arrêté du 27 février suivant, conformément à l'art. 47 de la loi du 18 juill. 1837, le sieur Delaplane s'est adressé à notre ministre de l'intérieur pour faire prononcer le retrait de l'approbation ; mais

que notre ministre, par sa dépêche du 9 juin 1866, a déclaré qu'il ne croyait pas devoir prononcer ce retrait ; — Considérant que le bail consenti par la commune au sieur Foucault étant un contrat de droit civil, l'arrêté du préfet et la décision du ministre, qui ne sont que des actes de tutelle administrative, ne font pas obstacle à ce que le sieur Delaplane se pourvoie, s'il s'y croit recevable et fondé, devant l'autorité judiciaire à l'effet de faire prononcer la nullité de ce bail, sauf à l'autorité judiciaire à renvoyer, avant de statuer, devant l'autorité administrative, les questions qui seraient de la compétence de ladite autorité, et dont la solution préalable lui paraîtrait nécessaire (Rejet).

Du 1er août 1867.-Cons. d'Et.-MM. Braun, rap.-Aucoc, concl.-Housset, av.

de l'arrêté du 6 niv. an 11 (Cons. d'Et. 20 juin 1861, aff. Morel, D. P. 61. 3. 43. V. conf. Chauveau, *Principes de compétence*, n° 801. — *Contrà* : Dufour, *Droit administratif*, 2° éd., t. 2, p. 26; Serrigny, *Organisation et compétence administrative*, t. 2, n° 823).

1246. — II. Adjudications de travaux communaux. — Le conseil municipal a toujours été appelé, ainsi qu'on l'a vu au *Rép.* n° 2541, à délibérer sur les plans et devis des constructions ou reconstructions, et, en général, de tous les travaux intéressant la commune. Sous l'empire de la loi de 1837, ces plans et devis devaient être soumis à l'approbation du préfet quand les dépenses étaient inférieures à 300000 francs, et à l'approbation du ministre de l'intérieur, quand elles dépassaient ce chiffre. Le décret du 25 mars 1852 (tableau A, n° 49) donna au préfet le pouvoir de statuer dans tous les cas. L'art. 1er de la loi du 24 juill. 1867 élargit, en cette matière, les attributions des conseils municipaux, et leur donna le pouvoir de régler par leurs délibérations les projets, plans et devis de grosses réparations et d'entretien, lorsque la dépense totale afférente à ces projets, plans et devis, et autres objets de même nature adoptés dans le même exercice, ne dépasserait pas le cinquième des revenus ordinaires de la commune, ni en aucun cas une somme de 50000 francs.

La loi du 5 avr. 1884 est entrée beaucoup plus avant dans la voie tracée par la loi de 1867. Elle autorise les conseils municipaux à statuer définitivement sur les projets de construction, de reconstruction ou de réparation, lorsque l'ensemble des travaux de cette catégorie votés dans l'exercice courant ne dépasse pas les ressources ordinaires et extraordinaires que les communes peuvent se créer sans autorisation spéciale; si l'ensemble des travaux dépasse le maximum et que la commune soit obligée de demander la création de ressources spéciales, ses délibérations doivent être approuvées par le préfet (art. 68, § 3).

Lorsque le conseil municipal est compétent pour voter les travaux, il est également compétent pour approuver les projets, plans et devis. Dans tous les cas, ces projets, plans et devis doivent être soumis à son approbation; mais ils doivent, en outre, être soumis à l'autorité supérieure : 1° quand la dépense excède la limite fixée par l'art. 68-3°; 2° lorsque des lois spéciales ou règlements ayant force de loi exigent cette approbation, notamment lorsqu'il s'agit de constructions scolaires subventionnées aux termes de l'art. 6 de la loi du 7 juin 1878 (art. 144).

La circulaire ministérielle du 15 mai 1884 fait observer, en outre, que si, en règle générale, les projets, plans et devis des travaux intéressant la commune ne doivent être mis à exécution que lorsqu'ils sont approuvés par le conseil municipal, cette règle souffre exception, comme le rappelle l'art. 114, dans certains cas prévus par les lois spéciales, et notamment lorsqu'il s'agit, soit des travaux de la grande ou de la moyenne vicinalité, soit d'ouvrages constituant des dépenses communales obligatoires.

1247. L'ordonnance du 14 nov. 1837, mentionnée au *Rép.* n° 2547, et reproduite en entier *ibid.* v° *Marché de fournitures*, n° 7, adopte comme règle générale l'adjudication avec publicité et concurrence pour les travaux et fournitures à exécuter par entreprise dans l'intérêt des communes, et détermine les cas où, à raison de circonstances exceptionnelles, il sera permis de traiter de gré à gré. L'art. 115 de la loi de 1884 maintient les dispositions de l'ordonnance du 14 nov. 1837 et leur imprime même le caractère législatif, de telle sorte qu'elles ne pourraient plus à l'avenir être modifiées par un simple décret;

c'est ce qui résulte des observations échangées au Sénat entre le rapporteur et M. Batbie (D. P. 84. 4. 58, note 115). Cet article exige l'approbation du préfet en règle générale, et celle du chef de l'Etat dans le cas où les ressources ordinaires de la commune atteignent trois millions, pour les traités ou marchés de gré à gré à passer dans les conditions prévues par l'ordonnance du 14 nov. 1837 et ayant pour objet l'exécution par entreprise des travaux d'ouverture des nouvelles voies publiques et de tous autres travaux communaux. La rédaction de cet article a été substituée par le Sénat, sur les observations de M. Léon Clément, au texte voté par la Chambre, qui soumettait simplement à l'approbation préfectorale les traités de gré à gré à passer pour l'exécution par entreprise des travaux d'ouverture des nouvelles voies publiques et de tous travaux communaux déclarés d'utilité publique. Il résulte de la rédaction adoptée que dans les villes où, à raison de son chiffre, le budget est soumis à l'approbation par décret du président de la République, l'approbation aux travaux prévus par l'art. 115 devra également être donnée par décret, et que cet article est applicable non seulement aux travaux déclarés d'utilité publique, mais à tous les travaux communaux (D. P. 84. 4. 58, note 115).

1248. L'art. 16 de la loi de 1867, que reproduisait le projet primitif, contenait des dispositions analogues en ce qui concerne les villes ayant trois millions de revenus ou au delà ; mais, en dehors de l'ouverture de nouvelles rues, il ne restreignait la compétence du préfet, relativement aux traités de gré à gré pour objet des travaux communaux, qu'à l'égard de ceux qui concernaient les travaux déclarés d'utilité publique. De plus, il exigeait dans tous les cas que le décret portant approbation des traités de gré à gré fût rendu en conseil d'Etat.

« Le législateur, dit le ministre de l'intérieur dans sa circulaire du 15 mai 1884, a pensé que dans les villes ayant trois millions de revenus ordinaires ou au delà, les travaux non déclarés d'utilité publique pouvaient avoir autant d'importance que ceux qui ont été l'objet d'une pareille déclaration, et que, par suite, il y avait lieu de les entourer de la même garantie. D'un autre côté, les divers travaux de ces villes présentant souvent un caractère d'urgence, il n'a pas cru devoir imposer au Gouvernement l'obligation de prendre l'avis du conseil d'Etat avant de statuer. »

Les décisions par lesquelles un préfet refuse d'approuver les délibérations de conseils municipaux autorisant des traités de gré à gré sont des actes de tutelle administrative, qui ne sont pas susceptibles de recours contentieux (Cons. d'Et. 20 juill. 1883, aff. Du Lac, *Rec. Cons. d'Etat*, p. 669; 27 juill. 1883) (1).

1249. L'ordonnance du 14 nov. 1837 est commune aux marchés de travaux et aux marchés de fournitures. Quoique le texte de l'art. 115 ne parle pas de ces derniers marchés, on peut se demander si le législateur n'a pas entendu les soumettre aux mêmes règles que les premiers, en se référant comme il l'a fait aux dispositions de l'ordonnance précitée. La circulaire ministérielle du 15 mai 1884 semblait admettre cette assimilation. Toutefois, d'après M. Morgand, t. 2, p. 206, l'administration supérieure a été amenée à faire une distinction entre les marchés de fournitures qui se rattachent à l'exécution de travaux publics et les autres. Les premiers sont seuls régis par l'art. 115 ; les autres sont soumis seulement à l'approbation préfectorale, conformément à l'ordonnance de 1837 et au décret du 25 mars 1852, soit qu'ils aient été passés avec publicité et concurrence, soit qu'ils aient été consentis de gré à gré dans les circonstances où l'ordonnance de 1837 les autorise.

---

(1) (Gassier et comp. et Bellissen.) — Le conseil d'Etat, etc. ; — Vu la loi du 18 juill. 1837 et celle du 24 juill. 1867 ; — Vu les lois des 7-14 oct. 1790 et 24 mai 1872 ; — Considérant que si aux termes d'une délibération du conseil municipal de la commune d'Asco, en date du 24 mai 1874, 80.000 arbres à prendre dans la forêt communale de Carrozica devaient être cédés à la société Brémond et comp., aux droits de laquelle sont aujourd'hui les requérants, à charge par elle de construire une voie carrossable reliant la commune à la route nationale n° 197, la délibération dont il s'agit n'a pas été approuvée par l'autorité compétente; que par lettre en date du 5 juin 1874, le préfet du département de la Corse a fait connaître à la société qu'il ne pourrait être donné suite au projet de traité qu'après qu'elle aurait justifié de garanties

suffisantes pour l'exécution de l'entreprise; que l'approbation donnée par le préfet à une délibération du 4 juill. 1874, par laquelle le conseil municipal acceptait l'offre faite par la société Brémond et comp. d'une somme de 3,200 fr. pour le comptage et le martelage des arbres, opération nécessaire pour éclairer l'administration sur le mérite du traité projeté, ne saurait être considérée comme une approbation implicite dudit traité; qu'ainsi, en refusant d'approuver le contrat, le préfet du département de la Corse et après lui le ministre de l'intérieur n'ont porté atteinte à aucun droit acquis et n'ont pas excédé la limite de leurs pouvoirs (Rejet).

Du 27 juill. 1883.-Cons. d'Et.-MM. Mayniel, rap. ; Gomel, concl.-Lesage, av.

1250. Les dispositions de l'art. 115 sont applicables, aux termes du paragraphe 2 de cet article, aux traités portant concession à titre exclusif, ou pour une durée de plus de trente années, des grands services municipaux, ainsi que des tarifs et traités relatifs aux pompes funèbres. Le Sénat avait d'abord, sur la proposition de sa commission, supprimé la phrase finale concernant « les tarifs et traités relatifs aux pompes funèbres », par le motif que ces questions devaient être réservées à la discussion d'une loi nouvelle du gaz pompes funèbres alors en préparation. Mais ces expressions ont été rétablies en seconde lecture, à la demande du rapporteur qui a fait observer qu'à supposer même la législation actuelle maintenue, cette disposition aurait encore son utilité, notamment toutes les fois que les municipalités étaient obligées, par suite du défaut de ressources des fabriques, de traiter avec certaines personnes pour le transport des morts (D. P. 84. 4. 58, note 115).

1251. Les traités dont parle l'art. 115, comme ayant pour objet la concession des grands services municipaux, sont particulièrement les concessions pour la fourniture du gaz et des eaux. Toutefois, ces termes n'ont rien de limitatif. D'après la circulaire du 15 mai 1884, lorsque ces traités interviennent dans les villes ayant trois millions de revenus et au delà, ils doivent, suivant le texte et surtout l'esprit de l'art. 115, être soumis à la sanction du président de la République, sans qu'il y ait à distinguer s'ils sont conclus de gré à gré ou par voie d'adjudication.

Dans le cas où la concession sera faite pour moins de trente ans, M. Morgand, t. 2, p. 207, pense que le conseil municipal ne pourra statuer définitivement que sous les conditions suivantes qui se réaliseront sans doute fort rarement : 1° lorsque le traité sera fait par adjudication, tous les traités de gré à gré étant régis par l'art. 115-1° ; 2° lorsque de ce traité il ne résultera aucune taxe, aucun droit à payer par les habitants, l'art. 68-7° soumettant à l'approbation de l'autorité supérieure «les tarifs des droits divers à percevoir au profit des communes en vertu de l'art. 133 ».

1252. Aucune disposition de la loi de 1884 ne décide expressément si les adjudications de travaux publics autres que celles qui auraient pour objet une concession exclusive de plus de trente ans doivent être approuvées par l'autorité supérieure. Suivant une opinion, on doit conclure des termes limitatifs de l'art. 115 qu'en dehors des cas qu'il prévoit les adjudications publiques restent dans les conditions qui, d'après l'art. 61, forment le droit commun en matière de gestion des intérêts communaux, et qu'elles sont par conséquent valables sans l'approbation de l'administration supérieure. Mais, dans un autre système soutenu par M. Morgand, t. 1, p. 451, on admet que l'art. 115 se réfère à l'ordonnance de 1837, et que les adjudications restent soumises au régime créé par cette ordonnance.

Cette question n'a pas été tranchée jusqu'ici par la jurisprudence ; toutefois elle a été préjugée dans le sens du second système que nous venons d'indiquer par un arrêt du conseil d'État du 6 nov. 1885 (aff. Martelli, D. P. 87. 3. 35), qui décide qu'un conseiller municipal qui s'est rendu adjudicataire de travaux d'entretien à exécuter dans la commune pendant une période déterminée ne peut être déclaré démissionnaire tant que l'adjudication n'a pas été approuvée par le préfet. Cette interprétation ne nous paraît pas à l'abri de la critique. D'après l'art. 61 de la loi de 1884, le conseil municipal règle les affaires de la commune, et l'art. 68, qui énumère les délibérations pour lesquelles est exigée l'approbation de l'administration supérieure, est conçu en termes limitatifs. Or, ce qui concerne les travaux d'entretien, cet article, dans son numéro 3, n'exige cette approbation que pour les projets, plans et devis, et seulement dans le cas où la dépense totalisée avec les dépenses de même nature dépasse les limites des ressources que les communes peuvent se créer sans autorisation spéciale. Quant aux adjudications, il n'en est pas question dans cet article, et l'art. 115, tout en se référant sur un point spécial à l'ordonnance du 14 nov. 1837, paraît y avoir dérogé pour tous les autres cas. Cet article porte, en effet, que les traités de gré à gré à passer dans les conditions prévues par l'ordonnance de 1837, et qui ont pour objet l'exécution par entreprise des travaux d'ouverture des nouvelles voies publiques et de tous autres travaux communaux,

sont approuvés par le préfet ou par décret, et qu'il en est de même des traités portant concession à titre exclusif, ou pour une durée de plus de trente ans, des grands services municipaux ainsi que des tarifs et traités relatifs aux pompes funèbres. Cet article serait inexplicable si l'approbation de l'administration supérieure était exigée pour tous les traités ; mais il ne présente aucune obscurité si l'on admet que le législateur, en laissant les conseils municipaux libres d'approuver les adjudications, en vertu de la règle générale de l'art. 61, a voulu maintenir la tutelle administrative seulement dans les cas où la complète indépendance des assemblées communales pouvait donner lieu à des abus ou compromettre pour une large période les intérêts publics et privés.

1253. Nous avons dit au *Rép.* n° 2549, que les art. 72 et 73 de la loi de 1837 prévoyaient le cas où un même travail intéressait plusieurs communes et avait organisé, en vue de cette éventualité, une procédure spéciale. Les conseils municipaux étaient appelés à délibérer sur la part de dépense que devait supporter chaque commune. En cas de désaccord, le préfet (auquel l'art. 46, § 23, de la loi du 10 août 1871 a substitué le conseil général) statuait sur le partage de la dépense. Si les communes n'appartenaient pas au même département, il était statué par un décret, et la part assignée à chaque commune pouvait être inscrite d'office à son budget respectif.

1254. Les art. 70 et 71 de la loi de 1837 avaient également prévu le cas où il y aurait à pourvoir à l'administration des propriétés indivises entre plusieurs communes et ils avaient institué à cet effet des commissions syndicales (V. *Rép.* nos 301 et 302).

Le projet primitif de la nouvelle loi municipale ne modifiait pas profondément ces dispositions. Toutefois, il organisait une seule et même procédure pour l'exécution des travaux communs et l'administration des biens indivis : il créait dans les deux cas une commission intercommunale chargée de répartir, sous la réserve de l'approbation de l'autorité supérieure, la dépense entre les communes intéressées. La Chambre des députés substitua, en seconde délibération, sur la proposition de la commission, au système proposé un projet tout différent. D'après ce projet, une commission intercommunale pouvait être instituée par arrêté du préfet entre plusieurs communes ou la totalité des communes d'un canton, soit d'office, soit sur la réclamation d'une seule des communes, en vue de se concerter sur les objets suivants : 1° la création ou l'entretien à frais communs de cours ou d'écoles d'enseignement primaire supérieur, d'enseignement professionnel ou agricole ; 2° la création ou l'entretien d'établissements de bienfaisance, hôpitaux, asiles de nuit ; 3° la création, l'amélioration ou l'entretien des voies ou chemins vicinaux ordinaires desservant deux ou plusieurs communes. La commission et son président avaient, pour l'exécution des travaux et la gestion des établissements communs, les mêmes attributions que les maires et les conseils municipaux ; ses délibérations étaient exécutoires après approbation du préfet. La part de dépense assignée à chaque commune par délibération de la commission devenait une dépense obligatoire pour les communes, qui étaient autorisées à voter cinq centimes additionnels pour y faire face (Morgand, t. 2, p. 215). Les auteurs de cet amendement s'étaient inspirés du projet d'organisation cantonale dont la Chambre était alors saisie, et qui avait été déposé le 20 mai 1882 par le ministre de l'intérieur, M. Goblet (V. le texte de ce projet dans la *Revue générale d'administration*, 1882, t. 2, p. 160).

1255. Le Sénat, saisi d'un amendement de M. Poriquet, rejeta ces innovations, et remplaça les dispositions qu'avait adoptées la Chambre des députés par trois articles qui sont devenus les art. 116 à 118 de la loi, et qui ont été empruntés à la loi du 10 août 1871 sur les conseils généraux. Ces articles autorisent les conseils municipaux, sans jamais les y contraindre, à se concerter sur les ouvrages ou institutions d'intérêt commun sous le contrôle de l'administration supérieure, par l'intermédiaire de commissions spéciales, qui, choisies par les conseils dans leur sein, se réunissent en conférences et prennent des décisions à soumettre à la ratification de chacun des conseils intéressés. Les art. 161 à 163 ont reproduit les dispositions et la loi de 1837 sur l'administration des biens indivis.

1256. Les modifications introduites par le Sénat furent d'abord repoussées par la Chambre des députés ; mais le Sénat ayant persisté dans son vote, la Chambre les a adoptées en troisième délibération (D. P. 84. 4. 58, note 116). L'initiative de la création d'une commission intercommunale doit être prise par les conseils municipaux. L'entente ne peut être établie que sur des objets d'utilité communale compris dans les attributions de ces conseils, et intéressant à la fois leurs communes respectives. Une conférence ne pourrait donc être instituée pour délibérer sur des questions intéressant la généralité des communes, et dont la solution appartiendrait au conseil général ou au pouvoir législatif (Morgand, t. 2, p. 217). Elle ne pourrait, notamment, avoir lieu pour délibérer sur les mesures à prendre à l'effet de prévenir le phylloxera et d'en combattre les progrès (Décis. min. int. 6 nov. 1884). La conférence peut s'établir entre communes de départements différents. Chaque conseil municipal doit être représenté à la conférence par trois délégués élus au scrutin secret (art. 117). Le préfet, dans l'arrondissement chef-lieu, le sous-préfet, dans les autres arrondissements, a le droit d'assister à la conférence.

1257. La loi n'a pas indiqué quelle serait l'autorité compétente pour connaître des réclamations auxquelles pourrait donner lieu la nomination des délégués. M. Morgand, t. 2, p. 219, pense qu'il y a lieu d'appliquer à ces désignations la jurisprudence du conseil d'Etat en matière d'élections de membres des commissions syndicales pour l'administration des biens indivis entre plusieurs communes, et que les choix du conseil municipal devraient être déférés au préfet, comme le sont les délibérations exécutoires des conseils municipaux, conformément aux art. 63 à 66, avec recours devant le conseil d'Etat, conformément à l'art. 67.

1258. Les résolutions prises dans les conférences intercommunales ne sont exécutoires, aux termes de l'art. 117, qu'après avoir été ratifiées par tous les conseils municipaux intéressés ou, en d'autres termes, ainsi que l'exprimait le rapporteur au Sénat, elles ne constituent que des propositions qui n'ont de valeur que si les conseils municipaux se les approprient. La commission ne saurait recevoir une existence indépendante de ces conseils, et constituer en dehors d'eux un nouveau pouvoir ayant sa force d'exécution propre (D. P. 84. 4. 58, note 117).

1259. Les résolutions prises par la conférence, ratifiées par les conseils municipaux, sont, en outre, ainsi que le constate la circulaire ministérielle du 15 mai 1884, subordonnées à la même sanction que les délibérations des conseils municipaux, dans le cas où ces délibérations ne sont exécutoires qu'en vertu de l'approbation résultant d'une loi spéciale, d'un décret du président de la République, d'un arrêté préfectoral ou de la décision d'une autre autorité.

Ces décisions ne sont d'ailleurs exécutoires, aux termes de l'art. 117, « que sous les réserves énoncées au chap. 3 du titre 4 de la présente loi ». Les dispositions auxquelles renvoie cette rédaction sont celles qui traitent du budget et des dépenses obligatoires. Il en résulte que la conférence ne peut créer pour les communes qui y sont représentées des dépenses obligatoires en dehors de celles que la loi déclare obligatoires pour les communes prises isolément.

1260. On a vu, *suprà*, n° 1253, que l'art. 46, n° 23, de la loi du 10 août 1871 donnait au conseil général le droit de statuer définitivement sur les difficultés qui s'élèvent au sujet de la répartition de la dépense des travaux qui intéressent plusieurs communes du département. Cette disposition est encore en vigueur ; mais, d'après l'art. 72 de la loi du 18 juill. 1837, elle devait s'appliquer sans distinction aux travaux constituant en principe une dépense communale obligatoire et à ceux qui n'avaient pas ce caractère. Aujourd'hui, les dispositions de l'art. 72 n'étant pas reproduites dans la loi de 1884, et cette loi ne considérant comme obligatoires pour les communes que les dépenses auxquelles ce caractère a été exceptionnellement reconnu, l'art. 46 n'est plus applicable qu'aux travaux qui rentrent dans la catégorie des dépenses communales obligatoires et qui ne tombent pas sous l'application de l'art. 163 de la loi nouvelle (Circ. min. int. 15 mai 1884).

1261. Antérieurement à la loi de 1871, le préfet avait le double pouvoir de faire la répartition de la dépense des travaux intéressant plusieurs communes du département et de

procéder à l'inscription d'office des sommes mises à la charge de chacune des communes pour sa part contributive. Il était alors admis par la jurisprudence que les arrêtés portant répartition de la dépense, sans prescrire aucune mesure d'exécution, ne pouvaient être attaqués pour excès de pouvoirs (Cons. d'Et. 29 nov. 1851, aff. Commune de Lorige, D. P. 78. 3. 51, note 1 ; 23 mars 1872, aff. Commune d'Esboz-Brest, D. P. 73. 3. 2). Cette solution était parfaitement juridique : en effet, lorsque le préfet tient de la loi le droit de reconnaître le caractère obligatoire d'une dépense et d'en fixer le montant, la volonté de faire usage de ce droit par voie coercitive ne se manifeste que par l'inscription d'office. Sous l'empire de la loi de 1871, au contraire, l'arrêté par lequel le préfet procède à l'inscription d'office d'une somme représentant la part contributive d'une commune en vertu d'une délibération du conseil général contre laquelle aucun recours n'a été formé en temps utile, n'est qu'un acte d'exécution à l'occasion duquel le conseil d'Etat ne peut être saisi de la question de savoir si la délibération du conseil général était entachée d'excès de pouvoirs (Cons. d'Et. 25 janv. 1878, aff. Commune de Nuaillé, D. P. 78. 3. 51).

1262. Les délibérations du conseil général en cette matière sont, au contraire, de véritables décisions susceptibles d'être déférées pour excès de pouvoirs au conseil d'Etat (Arrêt du 25 janv. 1878, cité *suprà*, n° 1261 ; Cons. d'Et. 3 juill. 1885, aff. Commune de Chemin-d'Aisey, D. P. 87. 3. 27). Dans le cas où le conseil général se bornerait à fixer les bases de la répartition de la dépense, et où le préfet déterminerait le montant de la dette de chaque commune, la délibération et l'arrêté constitueraient l'une et l'autre des décisions susceptibles d'être attaquées devant le conseil d'Etat par la voie du recours pour excès de pouvoirs (Arrêt précité du 3 juill. 1885).

1263. Lorsque des questions autres que celles prévues par l'art. 116, sont mises en discussion, le préfet du département ou a lieu la conférence doit déclarer la réunion dissoute, et toute délibération prise après cette déclaration donne lieu à l'application des dispositions et pénalités énoncées à l'art. 34 de la loi du 10 août 1871. Ces pénalités sont celles que détermine l'art. 258 c. pén., c'est-à-dire un emprisonnement de deux à cinq ans. Le préfet doit, en pareil cas, d'après la circulaire du 15 mai 1884, déclarer par arrêté motivé la réunion illégale, prononcer la nullité des actes, prendre les mesures nécessaires pour que l'assemblée se sépare immédiatement et transmettre son arrêté au procureur général du ressort.

1264. Ainsi que nous l'avons dit au *Rép.* n° 2525, les règles de la compétence en matière de travaux communaux ont été exposées *ibid.* v° *Travaux publics*, n° 1265. Ce n'est pas d'après les formes de l'approbation ou de l'adjudication que l'on peut reconnaître si des travaux ont ou non le caractère de travaux publics attributif de juridiction pour les conseils de préfecture, mais bien d'après l'objet ou la destination d'utilité publique de ces travaux (Circ. min. int. 20 déc. 1844 ; D. P. 45. 3. 181).

TIT. 8. — DETTES ET CRÉANCES DES COMMUNES
(Rép. n°s 2553 à 2639).

CHAP. 1er. — Dettes des communes antérieures à la loi du 24 août 1793 *(Rép. n°s 2554 à 2590).*

1265. Ainsi qu'on l'a exposé au *Rép.* n° 2560, d'après la jurisprudence du conseil d'Etat, la loi du 24 août 1793, qui a nationalisé les dettes des communes antérieures au 10 août de la même année, comprend toutes ces dettes sans égard à leur nature et à leur objet, sous les seules exceptions portées aux art. 83 et 84 de ladite loi (Cons. d'Et. 18 nov. 1847, Frères Aubry et aff. Hospices de Bar-sur-Aube, *Rec. Cons. d'Etat*, p. 646; 10 janv. 1856, aff. De Faviers, D. P. 56. 3. 55).

1266. Toutefois, une exception nous avait paru devoir être faite pour les rentes foncières assises sur des immeubles communaux déclarés partageables par la loi, du 10 juin 1793 *(Rép.* n° 2563). En effet, il y avait été statué définitivement sur cette catégorie de dettes par cette dernière loi, qui avait décidé dans son art. 32, sect. 3, que les rentes foncières assises sur des immeubles partageables devaient être *rachetées*

avant partage et que le prix du rachat serait réparti par tête entre les copartageants, qui mieux n'aimaient les intéressés aliéner une portion suffisante des biens pour rembourser le capital de la redevance. On ne pouvait donc, en pareil cas, invoquer l'impossibilité où se seraient trouvées les communes de pourvoir à l'acquittement de leurs dettes, impossibilité qui avait été le motif déterminant invoqué par les auteurs de la loi du 24 août 1793; — d'un autre côté, les immeubles sur lesquels étaient assises ces rentes étant partagés ou laissés aux communes, la nationalisation de ces dettes aurait imposé au Trésor une lourde charge sans aucune compensation. Sans s'arrêter à ces considérations, et en se fondant sur les termes absolus des art. 82 et 86 de la loi du 24 août 1793, le conseil d'Etat a décidé que les rentes foncières dont il s'agit devaient être comprises dans les dettes nationalisées (Arrêts des 18 nov. 1847 et 10 janv. 1856, cités *suprà*, n° 1265).

D'après les mêmes arrêts, le tiers auquel l'Etat a cédé une rente dont une commune était originairement débitrice, et qui a été comprise dans la nationalisation des dettes communales prononcée par la loi du 24 août 1793, est, en cas de refus fait par la commune de continuer le service de la rente, déchu de son action en garantie contre l'Etat, s'il n'a pas, depuis ce refus, agi contre celui-ci dans les délais fixés par les lois du 25 mars 1817, 29 janv. 1831 et 4 mai 1844.

1267. Une rente annuelle en denrées, constituée en vertu d'anciens titres, ne rentre pas dans les cas d'exceptions prévus par l'art. 84 de la loi du 24 août 1793, bien qu'avant 1793 elle fût perçue directement sur les habitants au moyen de listes nominatives (Cons. d'Et. 29 déc. 1853, aff. Fornier de Saint-Lary, *Rec. Cons. d'Etat*, p. 1122).

On doit également considérer comme nationalisée une rente foncière qui avait été constituée pour prix d'un bail emphytéotique, bien qu'au moment de la promulgation de la loi, elle fût due à l'Etat et que la commune ait conservé la propriété de l'immeuble sur lequel elle était assise (Cons. d'Et. 21 janv. 1858, aff. Blanchard, *Rec. Cons. d'Etat*, p. 82).

1268. Il a été décidé, au contraire, que l'on ne doit pas comprendre parmi les dettes communales, nationalisées en vertu de la loi du 24 août 1793, les redevances établies et perçues en retour de droits d'usage que d'anciens seigneurs ont concédés aux habitants d'une commune sur des bois ou montagnes, et dont les habitants ont continué à jouir (Cons. d'Et. 2 mai 1861) (1). En effet, la loi du 24 août 1793 n'a mis les dettes des communes à la charge de l'Etat qu'en attribuant à l'Etat l'actif des communes, sauf les biens communaux jusqu'à concurrence du montant de ces dettes. Or les droits d'usage concédés aux habitants ne pouvaient être exercés que par eux et, dès lors, ne faisaient pas partie de l'actif des communes qui, en vertu de l'art. 94, a été attribué à l'Etat.

1269. L'autorité administrative est, ainsi qu'on l'a vu (*Rép.* n° 2575), seule compétente pour décider si une dette est nationale ou est restée communale; c'est donc à elle seule qu'il appartient de décider si une ancienne rente foncière est devenue dette de l'Etat par l'effet de la loi du 24 août 1793

(Civ. rej. 9 févr. 1863, aff. Commune de Wittisheim, D. P. 63. 1. 296).

Mais la décision par laquelle l'autorité administrative reconnaît à cette loi l'effet d'avoir nationalisé la dette de la commune ne fait pas obstacle à ce que l'autorité judiciaire soit appelée à prononcer sur les caractères et les conséquences légales de faits ou de conventions postérieures à cette loi, tels que des décisions judiciaires, des actes d'exécution ou de possession, et un titre nouveau qui, en dehors du droit administratif, et dans l'ordre du droit civil, auraient eu pour résultat de maintenir ou de rétablir l'obligation de la commune et de l'Etat lui-même, une renonciation réciproque aux effets de la loi de 1793 (Même arrêt).

Il a été décidé, dans le même sens, que la prétention du créancier d'une rente originairement due par une commune, et comprise dans la nationalisation des dettes communales, de faire considérer le payement des arrérages de cette rente continué pendant plus de trente ans par la commune, comme constituant en sa faveur un titre contre celle-ci, est de la compétence exclusive de l'autorité judiciaire, en ce qu'elle présente une question de prescription qui ne peut être résolue que par l'application des règles du droit civil (Arrêt du 10 janv. 1856, cité *suprà*, n° 1265).

1270. De même, c'est aux tribunaux civils qu'il appartient d'apprécier les effets et d'ordonner l'exécution d'un acte par lequel une commune de l'ancien comtat Venaissin a aliéné à perpétuité le *dix-huitain* des fruits de son territoire; et l'arrêt qui décide que la prestation du *dix-huitain* ainsi établie est une dette dont la commune était tenue au 10 août 1793, et qui surseoit à statuer sur la demande formée tant contre le maire de la commune que contre les habitants et possédants bien, jusqu'à ce que l'autorité compétente ait jugé si cette dette a été nationalisée, ne méconnaît pas le principe de la séparation des pouvoirs et ne viole aucune disposition de loi (Civ. rej. 6 janv. 1874, aff. Monier des Taillades, D. P. 75. 1. 435).

1271. Lorsqu'une commune est en instance devant l'autorité judiciaire pour faire décider qu'une ancienne rente cédée par l'Etat à un tiers et dont celui-ci réclame le payement n'a jamais constitué qu'une dette de certains habitants *ut singuli* et n'a point été une dette de communauté, elle n'est pas fondée à attaquer une décision par laquelle le ministre des finances a refusé de déclarer que la dette avait été nationalisée qu'en tant qu'elle fait partie, en 1793, des dettes de la commune (Cons. d'Et. 20 juill. 1867) (2).

CHAP. 2. — Dettes des communes postérieures à la loi du 24 août 1793 (*Rép.* nos 2591 à 2635).

Art. 1er. — *Quelles sont celles de ces dettes qui sont à la charge des communes* (*Rép.* nos 2591 à 2605).

1272. — La loi du 5 avr. 1884 classe parmi les dépenses obligatoires des communes l'acquittement des dettes exigibles (art. 136, n° 17). Nous avons considéré comme

---

(1) (Commune de Labarthe-Mour). — Le conseil d'Etat, etc.; — Vu la loi du 24 août 1793; — En ce qui touche le recours des communes de Labarthe, Mour et autres ci-dessus dénommées contre la décision de notre ministre des finances: — Considérant que les redevances pour le payement desquelles les dames Lasvignes et Larroque sont en contestation avec les communes de Labarthe-Mour et autres, ont été établies et étaient perçues en retour des droits d'usage que les anciens seigneurs de la baronnie de Hèches ont concédés, à diverses époques, aux habitants de ces communes sur les bois et montagnes dépendant de ladite baronnie; que les habitants ont continué à jouir des droits d'usage, mais que les communes soutiennent que les redevances sont devenues dettes nationales en vertu de l'art. 82 de la loi du 24 août 1793; — Considérant que la loi du 24 août 1793 n'a mis les dettes des communes à la charge de l'Etat qu'en attribuant à l'Etat l'actif des communes, sauf les biens communaux, jusqu'à concurrence de ces dettes; — Considérant que les droits d'usage concédés aux habitants des communes de Labarthe-Mour et autres ne pouvaient être exercés que par eux; qu'en conséquence, ils ne faisaient pas partie de l'actif des communes qui, en vertu de l'art. 94 de la loi précitée, était attribué à l'Etat; que, par suite, les redevances annuelles dues en retour des droits d'usage et qui ne pouvaient être exigées que de ceux qui jouissaient de ces droits, ne rentraient

pas dans la catégorie des dettes des communes qui ont été déclarées dettes nationales par l'art. 82 de cette loi; qu'ainsi, c'est avec raison que notre ministre des finances a rejeté la demande des communes de Labarthe-Mour, tendant à faire déclarer que ces redevances étaient devenues dettes nationales (Rejet).
Du 2 mai 1861.-Cons. d'Et.-MM. Aucoc, rap.-L'Hôpital, concl.-Hardouin et Mathieu-Bodet, av.

(2) (Commune de Waldwisse.) — Le conseil d'Etat, etc.; — Vu la loi du 18 août 1792, tit. 1er et 2; la loi des 15-24 août 1793, art. 82, 84, 86, et la loi du 28 flor. an 3; — Considérant que la commune de Waldwisse est en instance devant l'autorité judiciaire pour faire décider qu'une rente cédée par l'Etat aux auteurs du sieur Péan n'a jamais constitué en faveur des religieuses du couvent de Rustroff qu'une dette de quelques-uns de ses habitants, et non une dette de la communauté; qu'en cet état de choses, la commune de Waldwisse n'est pas fondée à se plaindre que le ministre des finances ait refusé de reconnaître que cette rente faisait partie des dettes de la commune au 10 août 1793, et qu'en conséquence, elle est devenue dette nationale en vertu de la loi du 24 août 1793 à la même année (Rejet).
Du 20 juill. 1867.-Cons. d'Et.-MM. de Rambuteau, rap.-Bayard, concl.-Mimerel et Christophle, av.

dépense communale, mise à la charge de la commune, toute dépense autorisée légalement dans les formes prescrites, ou faite en cas de nécessité par le maire, ou imposée par une loi (*Rép.* n° 2595).

La dette peut résulter non seulement d'actes et de contrats du droit commun passés pour l'exécution des divers services municipaux ou de condamnations prononcées par les tribunaux de l'ordre judiciaire ou de l'ordre administratif, mais de simples délibérations prises dans les formes légales et, s'il y a lieu, approuvées par l'autorité supérieure, lorsque ces délibérations sont de nature à faire titre à l'égard d'autres administrations publiques ou même de particuliers (Morgand, t. 2, p. 391). Telle serait, par exemple, une délibération portant engagement pour une commune de fournir un contingent déterminé pour l'ouverture d'un chemin. Lorsque d'autres communes, en considération de cette promesse, ont pris les mesures destinées à pourvoir à l'ouverture de ce chemin vicinal de grande communication, la commune ne pourrait se soustraire à l'exécution de ses engagements, alors même qu'il en résulterait une dépense supérieure aux ressources spéciales qui peuvent y être consacrées (Décis. min. int. 4 avr. 1831, Davenne, *Régime des communes*, p. 140).

1273. De même il a été jugé qu'une commune était tenue de remplir l'engagement qu'elle avait pris, lors du vote de l'aliénation d'un presbytère, de payer au curé une indemnité de logement, lorsqu'en considération de cet engagement le conseil de fabrique avait émis un avis favorable à l'aliénation, et que, dans ce cas, la dépense était obligatoire, sans qu'il y eût lieu de rechercher si la fabrique avait ou non des ressources suffisantes pour acquitter ladite indemnité (Cons. d'Et. 28 janv. 1876, aff. Commune de Beaujeu, D. P. 76. 3. 53). Les dettes des communes peuvent être fondées non seulement sur un contrat, mais sur un quasi-contrat, par exemple, sur une gestion d'affaires ; et l'arrêt qui constate qu'une ville a profité des fournitures à elle faites par un particulier met justement à sa charge, en vertu des principes de la gestion d'affaires, la somme représentant l'utilité qu'elle a tiré de ces fournitures, quoique la dépense ait été faite sans l'autorisation préalable du conseil municipal (Civ. rej. 14 mars 1870, aff. Ville de Toulouse, D. P. 71. 1. 142 ; Req. 15 juill. 1873, aff. Commune de Saint-Chinian, D. P. 73. 1. 457 ; 19 déc. 1877, aff. Ville de Bordeaux, D. P. 78. 1. 204 ; Dijon, 12 mai 1863, aff. Lacroix, D. P. 63. 2. 143. V. conf. Aubry et Rau, *Droit civil français*, 4° éd., t. 4, § 441, p. 723).

1274. Le conseil d'État a fréquemment appliqué cette règle en matière de travaux communaux exécutés sans autorisation régulière. Dans le cas où ces travaux présentent une utilité considérable et évidente, la commune peut être condamnée à les payer (V. *Rép.* v° *Travaux publics*, n° 412 et 1291).

De même, si une dépense faite irrégulièrement par le maire a tourné au profit de la commune, cette dernière n'a pas droit à des dommages-intérêts (Dijon, 28 févr. 1873, aff. Commune de Chaigney. D. P. 75. 5. 85).

1275. Les dépenses ordonnées par le maire dans l'exercice de ses attributions de police ont le caractère de dépenses communales et sont à la charge de la commune (Civ. cass. 27 janv. 1858, aff. Andreux, D. P. 58. 1. 66 ; 9 et 15 janv. 1866, aff. Chausson et Ville du Havre, D. P. 66. 1. 74 et 75 Civ. rej. 14 mars 1870, aff. Ville de Toulouse, D. P. 71. 1. 142 ; Paris, 24 juill. 1885, aff. Cornet, D. P. 86. 2. 158).

Tel est le cas de réquisitions adressées à des médecins pour organiser des secours dans le cas d'épidémie (Arrêt précité du 27 janv. 1858), de réquisition d'eau en cas d'incendie (Arrêts précités des 9 et 15 janv. 1866), de travaux prescrits dans l'intérêt de l'ordre ou de la sécurité publique (Arrêt précité du 14 mars 1870), de mesures ordonnées à la suite de l'écroulement d'une maison pour éviter de nouveaux accidents, et notamment de l'étaiement des bâtiments et de l'enlèvement des décombres sous lesquels étaient ensevelies les victimes (Arrêt précité du 24 juill. 1885).

1276. La loi des 16-24 août 1790, qui charge le maire, dans le cas des fléaux calamiteux, de prendre les mesures nécessaires pour assurer la sécurité des habitants, est également applicable dans le cas d'une invasion étrangère. Le maire peut donc, tant en vertu de sa qualité que du principe même de la nécessité, imposer aux habitants de répartir entre eux, dans la mesure de leurs facultés, les charges qu'imposent le logement et la nourriture des militaires ennemis (Civ. cass. 12 août 1874, aff. Ville de Vitry, 3 arrêts, D. P. 75. 1. 164 ; 12 avr. 1875, aff. Lattrique, D. P. 75. 1. 246). Ces frais de logement et de nourriture doivent rester à la charge de l'habitant comme charge personnelle de guerre, sans qu'aucun recours puisse être exercé contre la commune (Mêmes arrêts ; Civ. cass. 2 juin 1874, aff. Ville de Sens D. P. 74. 1. 353. V. conf. Ducrocq, *Cours de droit administratif*, 4° éd., t. 1, p. 279). A plus forte raison, un habitant ne peut-il réclamer à la commune une indemnité à raison du logement des troupes ennemies, lorsqu'il ne justifie d'aucune réquisition de l'autorité municipale (Dijon, 31 janv. 1873) (1).

A défaut par un habitant de satisfaire à cette obli-

---

(1) (Bizot-Salomon C. Ville de Dijon.) — La cour ; — Considérant que Bizot-Salomon demande à la ville de Dijon la somme de 11495 fr., à titre de dommages-intérêts, comme responsable du préjudice que lui a causé l'occupation de ses bâtiments, soit par les troupes allemandes, soit par l'armée des Vosges, soit par l'établissement d'une ambulance française ;

Sur le premier chef : — Considérant que, pendant la durée des hostilités, l'autorité militaire allemande a constamment logé et réparti ses troupes suivant sa seule volonté, ne consultant en cela que la sûreté des opérations et les nécessités de sa défense ; — Qu'il en a été ainsi particulièrement à Dijon, alors que cette ville était le point extrême de son occupation vers le sud-est, et que l'ennemi se trouvait pour ainsi dire toujours en face de l'armée française ; — Qu'il est de doctrine et de jurisprudence, dans l'ancien comme dans le nouveau droit, que l'invasion de l'étranger, la violence exercée par le plus puissant constitue un cas de force majeure au premier chef, qui, sauf des cas spécialement prévus, ne peut créer aucune cause d'indemnité au détriment des communes obligées de supporter les conséquences de la guerre ; — Qu'on oppose, il est vrai, à l'intimée, une obligation qui aurait été contractée par son conseil municipal dans une délibération du 6 novembre suivant ; — Que si, pour éviter les plaintes des habitants et des conflits avec l'ennemi, le conseil municipal a décidé qu'après l'occupation il serait fait « un travail de répartition constatant les charges de logement militaire supportées par chaque habitant, de manière à faire indemniser ceux qui étaient surchargés par ceux qui en ont moins souffert ou ne les ont point supportées », cette délibération, en la supposant légalement et matériellement susceptible d'exécution, ne proclame point au profit des intéressés le droit à une indemnité vis-à-vis de la commune, mais seulement vis-à-vis de certains habitants qui n'auraient pris aucune part, ou du moins une part moins lourde du fardeau ; — Qu'elle prend soin de constater elle-même l'omnipotence de l'en-

nemi, logeant ses soldats à son gré et selon les exigences militaires, « sans s'être préalablement entendu avec l'administration municipale » ; — Que, non seulement, cette déclaration, s'inspirant d'un sentiment de solidarité politique à une époque où l'on ne pouvait pressentir quelle décision législative prendrait ultérieurement l'Assemblée nationale à cet égard, est restée à l'état de lettre morte, alors que tous ont subi les charges de l'occupation, mais qu'elle est encore absolument contraire à notre droit public ; — Qu'il résulte, en effet, du décret du 10 août 1853, dans son art. 39, « que toute occupation, privation de jouissance, destruction ou autre dommage résultant d'un fait de guerre ou d'une mesure de défense prise par l'autorité militaire pendant l'état de siège, soit par un corps d'armée ou un détachement en face de l'ennemi, n'ouvre aucun droit à indemnité » ; — Qu'il en est ainsi à plus forte raison, par voie d'analogie, d'une privation de jouissance, d'une occupation de bâtiments par l'étranger, alors qu'il entre de vive force dans une ville, après les courageux efforts d'une résistance inutile ; — Que, déjà consacré par le législateur de 1791, implicitement reconnu par les lois des 11 août 1792 et 28 avr. 1816, appliqué par le conseil d'État, ce principe a été solennellement reconnu par l'Assemblée nationale dans la loi du 6 sept. 1871 ; — Qu'en effet, « sans entendre déroger aux règles posées dans la loi du 10 août 1791, et le décret du 10 août 1853, l'Assemblée a déclaré que, conformément au langage tenu par le chef du pouvoir exécutif, le soulagement offert n'est point une dette, mais un acte de générosité nationale, l'État n'indemnisant jamais des hasards de la guerre » ; — Que l'autorité municipale n'a donc pu, contrairement aux dispositions de la loi, reconnaître l'existence d'un droit au profit des habitants victimes de l'invasion contre ceux qui en avaient moins souffert, et obliger des tiers ou s'obliger elle-même ; — Que l'appelant ne justifie d'ailleurs d'aucune réquisition régulière de la part de cette autorité ; — Que le préjudice par lui éprouvé ne provient donc que d'un fait de guerre,

gation, le maire peut requérir un hôtelier de fournir pour le compte de cet habitant le logement et la nourriture des militaires ennemis ; en pareil cas l'hôtelier a pour le remboursement du montant des frais de logement et de nourriture une double action, l'une contre la commune, l'autre contre l'habitant pour le compte duquel il a été satisfait aux réquisitions ; et le succès de l'action de l'hôtelier contre la commune a pour conséquence nécessaire d'attribuer à celle-ci un recours contre l'habitant, en remboursement de l'indemnité payée par la commune (Arrêts précités des 2 juin et 12 août 1874).

1277. Mais il en est autrement, lorsque des réquisitions sont faites chez les fournisseurs ou chez certains particuliers pour subvenir aux exigences de l'armée ennemie, soit que les réquisitions soient directement imposées à l'habitant par l'envahisseur, soit qu'elles lui soient adressées par l'intermédiaire de la municipalité. En effet, ainsi que le fait observer M. Rau dans un remarquable rapport à la Chambre des requêtes (D. P. 74. 1. 269), les réquisitions de denrées ou d'autres objets pour l'entretien ou le service des armées ennemies doivent, en règle générale, être considérées comme

s'adressant aux communes envahies. Lorsqu'une commune est frappée comme corps moral d'une réquisition en nature, les habitants qui fournissent les choses à livrer à l'ennemi acquittent, non point une dette à eux personnelle, mais une charge qui incombait à la commune, et, dans le silence de la loi positive, l'équité exige qu'ils soient indemnisés par la communauté (qu'ils ont libérée. C'est l'application de la maxime que nul ne doit s'enrichir aux dépens d'autrui. Cette règle a été constamment appliquée par la jurisprudence (Civ. rej. 25 mars 1874, aff. Ville de Chartres, D. P. 74. 1. 239; Req. 20 avr. 1874, aff. Commune de Pavilly, *ibid.* ; 13 et 14 mai 1873, aff. Commune de Vendresse, D. P. 74. 1. 269; Civ. cass. 1er mai 1876, aff. héritiers Masson, D. P. 76. 1. 441; Req. 11 déc. 1878, aff. Commune de Chaville, D. P. 79. 1. 117; 12 avr. 1880, aff. Commune de Champigneulles, D. P. 80. 1. 419; Trib. Gray, 29 août 1871, aff. Burty, D. P. 72. 3. 86; Rouen, 30 janv. 1872, aff. Andrieux, D. P. 72. 2. 106; Nancy, 24 févr. 1872, aff. Ville de Neufchâteau, D. P. 72. 2. 32; Orléans, 8 mars 1872, aff. Ville de Gien, D. P. 72. 2. 107; Angers, 20 juin 1872) (1); Nancy, 21 déc. 1872, et 22 mars 1873, aff. Oudin-Chappuis, D. P. 73. 2. 141; Angers,

---

et qu'il n'est susceptible d'être réparé que dans la mesure et suivant les conditions indiquées par la loi du 6 sept. 1871 ; — Que Bizot-Salomon l'a si bien compris, qu'il s'est adressé d'abord à la commission cantonale instituée en vertu de ladite loi, et en a obtenu une allocation éventuelle de 1000 fr. ; — Que sa demande sur ce premier chef n'est donc point fondée;

Sur le second chef : — Que, sans invoquer ici les règles législatives exposées plus haut dans leur application directe avec l'armée des Vosges occupant militairement Dijon en face des Allemands, il résulte des lois et règlements relatifs au logement des troupes françaises, notamment des lois et règlements des 7 avr. 1790, 10 juill. 1791, 23 mai 1792 et 5 août 1818, qu'en temps normal et régulier, ce logement ne constitue « qu'une prestation individuelle et non une charge communale » ; — Que l'art. 9 de l'ordonnance du 5 août 1818 s'exprime en termes formels à cet égard, et détermine même dans quel délai et dans quelle forme doivent être présentées les réclamations à l'Etat, seul débiteur; — Que si les officiers municipaux sont désignés par la loi pour opérer le recensement des logements, ils n'agissent que comme intermédiaires entre l'autorité militaire et les habitants, et dans l'unique but d'assurer entre ceux-ci une répartition aussi équitable que possible d'une charge à laquelle chacun d'eux est assujetti personnellement ;

Sur le troisième chef : — Qu'il en est de même de l'établissement d'une ambulance française dans les magasins de l'appelant ; que cet établissement rentre dans les attributions de l'intendance ou des officiers d'administration de l'armée ; — Que si la ville y avait concouru par la fourniture de quelques objets mobiliers, ce qui n'est même point établi, elle eût obéi sans doute à des considérations d'humanité, et n'aurait pu, par ce seul fait, engager sa responsabilité; que les troupes alors cantonnées à Dijon appartenaient à l'armée des Vosges; que celle-ci était pourvue d'une intendance qui passait des marchés et pourvoyait à ses besoins, et que c'est à elle qu'il aurait dû porter ses plaintes et ses réclamations; — Que, dans tous les cas, s'il a négligé d'accomplir les formalités ou d'observer les délais prescrits pour recevoir une indemnité de l'Etat, la loi du 6 sept. 1871 lui permettrait de s'adresser à la commission départementale, en cas d'insuffisance de la somme allouée par la commission cantonale; qu'ainsi, de ce chef encore, il est mal fondé à demander à la ville de Dijon la réparation du préjudice à lui causé, soit à raison des dégradations faites dans ses magasins, soit à raison de l'enlèvement de quelques marchandises; — Par ces motifs, statuant sur l'appel interjeté par Bizot-Salomon du jugement du tribunal civil de Dijon du 28 août 1872; — Confirme.

Du 31 janv. 1873.-C. de Dijon, 1re ch.-MM. Neveu-Lemaire, 1er pr.-Proust, 1er av. gén.-François et Morcrette, av.

(1) Desportes, Dallemagne et autres C. Ville du Mans.) — La cour; — Considérant que la demande de Desportes, en payement du prix des marchandises à lui appartenant et déposées dans les docks, a été rejetée par le tribunal, le 12 décembre dernier; qu'il en a été de même, aux termes d'un jugement du même jour, pour le prix de celles appartenant au sieur Dallemagne et autres négociants qui, par assignation du 11 novembre dernier, avaient demandé à la ville le payement de 49832 fr. 55 cent., prix de marchandises à eux appartenant, déposées dans les docks et livrées, comme celles de Desportes, aux intendants de l'armée allemande pour la nourriture de leurs troupes; — Qu'il s'agit pour la cour d'examiner si ces diverses marchandises doivent être payées à leurs propriétaires par la ville; — Considérant, en fait, qu'en pénétrant de vive force, le 12 janv. 1871, dans la ville

du Mans, l'autorité allemande avait imposé à la ville, avec menace de pillage et de bombardement, la charge de nourrir et de loger l'armée d'occupation, quel qu'en fût l'effectif; — Qu'alors s'exercèrent des réquisitions nombreuses, soit directes et indicatives des objets, soit générales et résultant d'un simple mot de la mairie, en vertu duquel les officiers prussiens se présentèrent chez les marchands dont ils avaient la liste, laissant chez chacun d'eux une note de ce qu'ils emportaient, afin que ces marchands, dit l'un de ces reçus en date du 18 janv. 1871, eussent droit de recevoir le payement par la mairie; — Qu'un des moyens les plus efficaces pour satisfaire à la charge d'alimenter les troupes était évidemment d'employer à cet usage les marchandises en nombre considérable déposées dans les docks de la ville, occupés tout d'abord, comme les édifices publics de la cité, par les soldats allemands; — Qu'aussi, des le 13 janv. 1871, un des adjoints, le sieur Vétillard, agissant pour le maire, remit au sieur Lambert, directeur des docks de la ville, un écrit ainsi conçu : « Le maire du Mans prie les autorités militaires de vouloir bien laisser M. Lambert pénétrer dans ses magasins à l'effet de pouvoir fournir aux troupes allemandes celles des fournitures dont elles ont besoin. — Pour le maire, Vétillard, adjoint »; — Que, malgré la hâte de rédaction, facile à concevoir dans de telles circonstances, cette pièce énonce clairement le dessein dans lequel elle est écrite et remise par le maire; — Que ce dessein commença aussitôt à se réaliser; — Qu'au pillage, qui avait signalé l'envahissement des docks par les Prussiens, succédèrent, dès le lendemain, des livraisons régulières; que, d'accord avec les officiers allemands, qui prenaient le double de son travail, le sieur Lambert, dépositaire des marchandises, notait de sa main sur un carnet, qui est aux pièces, et n'a porte pour titre : « Carnet tenu par le sieur Lambert pour les livraisons journalières prises par les Allemands »; — Que, presque jour par jour, le sieur Lambert a rendu compte à la ville des quantités fournies, et qu'il a déposé plus tard entre les mains de l'administration municipale l'état détaillé de ces fournitures; — Qu'en présence de ces circonstances, il est impossible de ne pas voir dans le sieur Lambert, autorisé par la ville à fournir les subsistances aux Allemands, et qui, sans cette autorisation, n'aurait eu aucune qualité pour faire les fournitures demandées, puisqu'il n'était nullement propriétaire des objets mis sous sa garde, et n'avait aucun pouvoir de leurs possesseurs, un délégué de la ville, un véritable mandataire dont les actes engagent celle-ci; — Considérant, sous un autre rapport, et en faisant abstraction des circonstances ci-dessus rappelées, que les livraisons de substances alimentaires déposées dans les docks et livrées par le sieur Lambert, ont incontestablement été faites en l'acquit de la charge de nourrir les troupes imposées à la ville du Mans; — Que l'acquittement de ces prestations considérables présentait une difficulté extrême, ainsi que les membres du conseil municipal l'ont plusieurs fois déclaré; — Que, d'une autre part, leur non-acquittement dans les courts délais prescrits pouvait appeler sur la ville les plus désastreux sinistres; — Qu'il est établi par tous les documents de la cause que les substances alimentaires prises aux docks ont réellement servi à nourrir les troupes occupant la ville, notamment le 3e corps formant leur portion la plus importante; — Qu'en ce cas, les propriétaires dépossédés ont évidemment procuré à la ville un grand bénéfice, et contribué à éloigner d'elle un grand danger; qu'il y a bien là une charge collective, acquittée en partie par des particuliers dans l'intérêt commun; et qu'en l'absence si grande, et avec une connaissance si entière, profité de ces sacrifices, se trouverait encore obligée par un quasi-contrat de gestion d'affaire indéniable; — Condamne la ville à payer au sieur Des-

4 mars 1874, aff. Michol, D. P. 74. 2. 132; Angers, 7 mai 1874 (1); Nancy, 9 janv. 1875,aff.Rogié-Labbé,D.P.77.5.211).

Il a été jugé, dans le même sens, que lorsque les habitants d'une commune envahie ont été contraints de livrer du bétail à l'ennemi, en présence du maire et de conseillers municipaux accompagnant l'officier ennemi pour obtenir plus de régularité et d'humanité dans l'exécution, ils ont, bien qu'il ne s'agisse pas d'une gestion d'affaires volontaire, une action en indemnité contre la commune ainsi exonérée d'une charge qui devait peser sur elle (Dijon, 25 févr. 1874, aff. Commune d'Epagny, D. P. 74. 2. 151, et sur pourvoi, Req. 5 juill. 1875, D. P. 76. 1. 78).

Toutefois, une commune ne serait pas indéfiniment responsable des réquisitions faites par l'ennemi en dehors de son territoire, alors même que ces réquisitions auraient servi à la nourriture des troupes ennemies qui occupaient cette commune (Arrêt précité du 7 mai 1874).

1278. Lorsque l'administration d'une commune a pu rejeter sur d'autres communes, au moyen de fausses réquisitions, le payement d'une contribution de guerre qui lui était imposée, cette commune doit indemniser les autres communes des sommes indûment payées qui ont servi à acquitter sa dette, et elle ne peut se prévaloir pour échapper à toute responsabilité, du défaut d'autorisation et de l'absence de pouvoir spécial de son représentant (Req. 13 juill. 1875) (2).

1279. Une commune ne peut être déclarée responsable de l'arrestation d'un de ses habitants emmené comme otage par l'ennemi, lorsque cette arrestation ne résulte ni d'une désignation faite par l'autorité municipale, ni d'une faute imputable à cette dernière (Trib. Gray, 9 juin 1874) (3).

---

portes 195490 fr. 25 cent., et aux sieurs Dallemagne et consorts 49832 fr. 55 cent., etc.
Du 20 juin 1872.-C. d'Angers, ch. civ.-MM. Maillard, pr.-Batbedat, av. gén.-Fairé et Colmet d'Aâge (du barreau de Paris), av.

(1) (Ligneul C. Ville du Mans.) — LA COUR; — Attendu que pendant l'occupation de la ville du Mans par l'armée allemande, et après quelques actes de pillage, bientôt réprimés, l'autorité militaire ennemie s'est emparée, pour l'entretien de ses troupes, de blés et de farines appartenant à Ligneul et évalués par lui à 7,147 fr.; — Que Ligneul a actionné la ville en payement de cette somme; que la ville a résisté, et que, par jugement du tribunal civil du Mans, du 19 août 1873, la demande de Ligneul a été rejetée; — Attendu que les marchandises livrées par Ligneul à l'armée allemande étaient disposées ainsi : 274 sacs de blé dans la gare du Mans; 20 sacs de farine au Moulin-l'Evêque, situé commune de Saint-Pavace; 6 sacs de farine, rue Bretonnière, au Mans; — Attendu que les lois de la guerre autorisent les armées envahissantes à vivre sur le territoire conquis par voie de réquisitions; que cette lourde charge incombe à la généralité des habitants, et que, alors même qu'elle frappe individuellement un ou plusieurs d'entre eux, elle est réputée faite sur la communauté, qu'elle exonère d'autant, et que cette communauté doit légalement et équitablement une indemnité aux particuliers dépossédés dans l'intérêt général; — Attendu que la ville prétend que Ligneul a été victime d'un pillage dont elle ne peut être responsable; — Mais attendu que, pour une grande partie de ses marchandises, Ligneul a été frappé de réquisitions dont les récépissés sont produits; que, pour les céréales déposées à la gare, il y a si peu de pillage que, sur la réclamation de Ligneul, l'autorité allemande lui a restitué 115 sacs; — Attendu que les récépissés de réquisitions conservent leur autorité quoique délivrés après la livraison des marchandises, et que ces récépissés, contenant l'indication des choses saisies, sont une nouvelle preuve que ces choses n'ont pas disparu dans un pillage irrégulier et violent, mais qu'elles ont été méthodiquement appréhendées par l'ennemi; — Attendu qu'il importe peu que la ville ait autorisé ou non les réquisitions; qu'elle subissait la loi inexorable de la force; qu'elle avait dû se résigner, sous menaces de bombardement et de pillage général, à nourrir l'ennemi, et que les réquisitions exercées sur les particuliers à l'acquit de cette obligation équivalaient à des réquisitions qui auraient été exercées sur la ville elle-même; — Attendu, d'ailleurs, que les réquisitions allemandes étaient de notoriété publique; que la ville les a connues et en a discuté les conséquences dans diverses délibérations de son conseil municipal et dans ses débats financiers avec les commandants prussiens; — Attendu que Ligneul est donc bien fondé à réclamer de la ville la valeur des marchandises qu'il démontre avoir été réquisitionnées sur lui et prises sur le territoire de la commune, c'est-à-dire à la gare et dans le magasin de la rue Bretonnière; — Attendu que, pour 42 des 271 sacs pris à la gare, Ligneul ne produit pas de récépissé et ne fait pas preuve suffisante de la réquisition;
Que, pour les 20 sacs de farine réquisitionnés et pris au Moulin-l'Evêque, commune de Saint-Pavace, la solidarité de la commune du Mans ne peut être invoquée; que Ligneul prétend que ces farines ont servi à la nourriture des troupes ennemies; que cet emploi est incertain, et que, fût-il démontré, la commune du Mans ne peut être indéfiniment responsable de faits accomplis hors de son territoire; — Par ces motifs, infirme le jugement du tribunal civil du Mans du 19 août 1873, condamne la ville du Mans à indemniser Ligneul de la valeur des marchandises réquisitionnées sur lui dans la gare du Mans et dans le magasin de la rue Bretonnière et qui ne lui ont pas été restituées, avec les intérêts de droit; le déclare mal fondé dans sa demande en indemnité pour les 20 sacs réquisitionnés dans la commune de Saint-Pavace et pour les 42 sacs de blé pris dans la gare du Mans, et pour lesquels il ne produit pas de récépissé, etc.
Du 7 mai 1874.-C. d'Angers, 1re ch.-MM. Métivier, 1er pr.- Batbedat, av. gén.-Fairé et Guitton aîné, av.

(2) (Commune de Pesmes C. Commune de Bard-les-Pesmes et Cadenat.) — La commune de Pesmes s'est pourvue en cassation contre un arrêt de la cour de Besançon du 4 août 1874, ainsi motivé : — « Considérant qu'il ressort des documents de la cause, sans qu'il soit besoin d'une enquête, d'ailleurs inadmissible, en raison de la non-pertinence et de l'invraisemblance des faits articulés, que la réquisition allemande visait directement et spécialement la commune de Pesmes; que l'adjoint Cadenat n'a obtenu les fonds qui lui ont été versés par la commune de Bard que par subterfuge, à l'aide d'une réquisition émanée non des Allemands, mais de lui-même et sans pouvoir, sous menace d'incendie immédiat en cas de non-payement; qu'une telle réquisition portait sur une fausse cause et était, dès lors, nulle; que la commune de Bard a dû croire, en outre, d'après les termes captieux de cet acte arbitraire, que la somme de 16000 fr. réclamée était indépendante de la somme de 16000 fr. imposée à Pesmes; qu'on peut d'autant moins admettre que cette commune ait été frappée comme chef-lieu de canton, sauf répartition entre les autres communes, que Cadenat lui-même avait pris soin de limiter sa réquisition à trois communes, celles de Bard, de Montagnay et de Breuilley; que cette dernière s'est refusée à tout payement sans avoir été inquiétée ni recherchée; que tout écarte dans le débat la supposition d'un payement volontaire de la part de la commune de Bard; que celle de Pesmes ayant obtenu de l'autorité allemande, et à l'insu des autres communes; la réduction de 16000 fr. à 6000 fr. environ de son amende de guerre, serait presque entièrement couverte de cette amende par les versements que l'adjoint Cadenat a imposés aux deux autres communes et sa prétention était admise; qu'il est juste, néanmoins, de réduire du montant de la réclamation de la commune appelante la somme qu'elle a pu toucher comme indemnité de guerre; que Cadenat n'ayant agi que dans l'exercice de ses fonctions, en l'absence du maire, ne saurait l'atteindre », etc. — Pourvoi. — Arrêt.
LA COUR; — Sur le moyen unique, tiré de la violation de la loi du 18 juill. 1837, de celle du 24 juill. 1867 et des principes en matière d'administration communale; — Attendu que le payement de la contribution de guerre, frappée par l'ennemi sur la commune de Pesmes, s'imposait à ses habitants, en dehors des conditions prévues par les lois du 18 juill. 1837 et du 24 juill. 1867, pour assurer la régularité des engagements des communes et de leur comptabilité; — Qu'il appartenait aux représentants de l'administration municipale de pourvoir à la libération de la commune menacée, à défaut de payement, des violences de l'armée d'occupation, et que l'accomplissement de cette mission ne pouvait les exposer à un désaveu basé uniquement sur le défaut de pouvoir spécial, l'absence d'autorisation ou l'irrégularité des payements; — Attendu que si les efforts de l'adjoint Cadenat pour rejeter sur la commune de Bard une partie de la dette qui devait lui rester étrangère, ont été accompagnés de manœuvres qui autorisent cette commune à réclamer un remboursement, la commune de Pesmes, au contraire, n'est nullement fondée à se prévaloir des agissements de son représentant ou negotiorum gestor pour essayer d'échapper à la responsabilité qui résulte pour elle de ce que les sommes indûment perçues, au préjudice de la commune de Bard, ont tourné à son profit et servi à acquitter sa dette; — Attendu que, bien loin d'exagérer cette responsabilité, l'arrêt n'a condamné la demanderesse à restitution que sous la déduction des sommes que l'Etat avait accordées à la commune de Bard à titre d'indemnité, et dont la commune de Pesmes réclame le bénéfice définitif le bénéfice; — Qu'en statuant ainsi, l'arrêt dénoncé n'a pu violer les principes et les lois invoqués par le pourvoi; — Rejette, etc.
Du 13 juill. 1875.-Ch. req.-MM. de Raynal, pr.-Babinet, rap.- Godelle, av. gén., c. conf.-Brugnon, av.

(3) (Lambert C. Commune de La Chapelle Saint-Killain.) — LE TRIBUNAL; — Attendu que s'il résulte de la jurisprudence des cours et tribunaux, jurisprudence aujourd'hui unanime et ratifiée par la cour suprême, que les communes sont responsables des

Art. 2. — *Quelle est l'autorité compétente pour décider si la dette est communale* (*Rép.* n⁰ˢ 2606 à 2613).

1280. Conformément aux règles exposées au *Rép.* n⁰ˢ 2606 et suiv., il appartient à l'autorité judiciaire de connaître des obligations réclamées contre les communes soit en vertu de contrats proprement dits, soit en vertu de quasi-contrats ou de quasi-délits, sous la seule exception résultant de l'art. 4 de la loi du 28 pluv. an 8, en ce qui concerne les marchés de travaux publics (Civ. rej. 9 févr. 1874) (1).

1281. Compétents pour statuer sur la demande en payement de fournitures faites à une commune, les tribunaux civils le sont, par cela même, pour apprécier si, et dans quelle mesure, la commune a profité desdites fournitures (Req. 15 juill. 1873, aff. Commune de Saint-Chinian, D. P. 73. 1. 457; 19 déc. 1877, aff. Ville de Bordeaux, D. P. 78. 1. 204).

L'autorité administrative n'en reste pas moins maîtresse exclusive du budget communal; et le titre délivré par l'autorité judiciaire ne pourrait, ainsi que nous le verrons, être exécuté contre la commune qu'en vertu d'une inscription faite volontairement ou d'office au budget communal.

Les arrêts qui viennent d'être cités ne sont pas en contradiction avec un arrêt du conseil d'Etat du 28 févr. 1827, cité au *Rép.* n° 2609, qui décide que l'autorité administrative est compétente pour connaître d'une action récursoire dirigée par des particuliers contre une commune et qui a pour objet, par exemple, le payement d'une somme qu'ils prétendent avoir avancée dans l'intérêt de la commune, à l'époque où ils en étaient administrateurs. Ce dernier arrêt, en effet, a été rendu dans une espèce où un maire réclamait de la commune le remboursement d'une dépense qu'il prétendait avoir faite comme maire; la question était de savoir s'il avait agi et pu agir comme maire et s'il avait fait un bon ou mauvais acte d'administration: elle était donc purement administrative.

Art. 3. — *Quelle est l'autorité chargée d'ordonner le payement des dettes des communes* (*Rép.* n⁰ˢ 2614 à 2621).

1282. On a vu au *Rép.* n° 2614 que les tribunaux civils ne peuvent que reconnaître l'existence et fixer le chiffre de la dette d'une commune; mais que, pour en obtenir le payement, le créancier doit se pourvoir devant l'Administration à qui appartient exclusivement le droit de régler ou de modifier le budget communal (Req. 19 déc. 1877, aff. Ville de Bordeaux, D. P. 78. 1. 204).

En effet, les communes sont, en ce qui concerne le payement de leurs dettes, placées en dehors du droit commun. Le créancier qui a en mains un titre exécutoire, soit qu'il lui ait été volontairement consenti, soit qu'il résulte d'un jugement, ne peut en poursuivre judiciairement l'exécution; cette exécution dépend, non du bon ou du mauvais vouloir de la commune, mais de la décision de l'administration supérieure, sans l'agrément de laquelle la commune ne peut rien payer, et qui, au contraire, en vertu de son droit de tutelle, peut toujours l'imposer d'office (Braff, *Administration communale*, 2ᵉ éd., v⁰ *Dettes*, p. 304).

1283. Il y a lieu, en conséquence, de distinguer, dans l'exercice des actions des créanciers des communes, la faculté qu'ils ont d'obtenir contre elles une condamnation en justice, et les actes qui ont pour but de mettre leur titre à exécution (Dufour, *Droit administratif*, 3ᵉ éd., t. 3, n°524). C'est ce qui résulte d'un arrêt du conseil d'Etat du 12 août 1807 (*Rép.* v⁰ *Saisie-arrêt*, p. 490), qui décide que la Caisse des dépôts et consignations ne peut recevoir de saisie-arrêt sur les fonds des communes, et qui a servi de base à la jurisprudence rapportée au *Rép.* n° 2617 (V. conf. Circ. min. int. 15 mai 1884).

Art. 4. — *Mode de libération.* — *Répartition* (*Rép.* n⁰ˢ 2622 à 2635).

1284. En règle générale, ainsi qu'on l'a vu au *Rép.* n° 2629, les sommes dont une commune a été déclarée débitrice doivent être inscrites à son budget par l'autorité compétente, et après l'accomplissement des formalités exigées pour la confection régulière de ce budget. Les moyens coercitifs dont l'administration supérieure dispose à l'égard des communes, pour les contraindre à se libérer de leurs dettes, lorsqu'elles disposent ou peuvent disposer de ressources suffisantes, consistent, soit en des allocations portées au budget des communes débitrices ou en des impositions extraordinaires,

---

fournitures faites par un ou plusieurs de leurs habitants pour la nourriture et l'entretien de l'ennemi, soit sur la réquisition directe des municipalités ou de leurs représentants, soit sur la réquisition de l'ennemi lui-même, il en résulte également qu'elles ne sont pas et ne peuvent pas être déclarées responsables des violences commises en dehors du droit des gens, par l'envahisseur sur les personnes et sur les propriétés ; — Attendu, en droit, que l'arrestation d'un individu inoffensif, désarmé, étranger à tout conflit actuel ou antérieur, et sa séquestration sous la dénomination d'otage, ne dérivent nullement du droit des gens, mais en sont, au contraire, la violation la plus flagrante, ainsi que de la proclamation par laquelle, à l'origine de la guerre, le roi de Prusse avait promis le respect des personnes et des propriétés, et constituent, dès lors, un fait dont les communes ne pourraient être déclarées responsables que si elles l'avaient occasionné par une désignation spéciale, libre et dolosive de leur municipalité; — Attendu, en fait, que non seulement Lambert n'allègue pas que la municipalité de La Chapelle Saint-Killain l'ait désigné à la vindicte des Prussiens, mais, encore, qu'il énonce littéralement, dans ses conclusions, que la commune n'ayant qu'imparfaitement satisfait à une réquisition, ce l'a été, et le pillage avec, à été la conséquence et le demandeur a été arrêté comme otage », ce qui établit avec netteté qu'il n'a été l'objet d'aucune désignation, et que le fait dont il demande réparation est un fait de guerre; — Attendu, sur ses conclusions additionnelles, que les faits articulés par lui n'établiraient pas non plus, fussent-ils prouvés, le fait et la faute de la commune, puisqu'ils énoncent purement et simplement : — 1° Que, le 12 déc. 1870, les francs-tireurs français ayant tiré sur des Prussiens aux environs de La Chapelle Saint-Killain, les Prussiens firent une réquisition de 2,800 francs au maire de cette commune; — 2° Que celui-ci ne voulut pas déférer à cette réquisition, et que les Prussiens se livrèrent au pillage dans le village, mais que, n'ayant pas une garantie suffisante, ils emmenèrent le sieur Lambert comme otage; — 3° Que celui-ci est resté à la sous-préfecture pendant l'espace de seize jours; — 4° Que les otages des communes voisines ont tous été régulièrement payés par ces communes et largement indemnisés; — Attendu, dès lors, que ces faits ne sont ni pertinents, ni concluants, ni admissibles;—Par ces motifs, déboute purement et simplement Lambert de ses conclusions tant principales que subsidiaires, etc.

Du 9 juin 1874.-Trib. civ. de Gray.-MM. Vannesson, pr.-Bosc, proc. de la Rép.-Renaud et Barat, av.

(1)(Ville d'Aix C. Fouque et Sée.) — La cour; — Sur le moyen unique de cassation: — Attendu que, pour admettre l'action en responsabilité formée par Sée contre la ville d'Aix, le jugement de première instance s'était fondé : 1° sur ce que la ville d'Aix est propriétaire de l'aqueduc en question, et qu'en cette qualité, elle était responsable du dommage causé à la maison Sée par la rupture de cet aqueduc; 2° sur ce que la ville d'Aix avait précédemment fait exécuter des travaux de voirie qui auraient modifié l'état des lieux et aggravé la servitude ; — Attendu qu'en appel la ville d'Aix a excipé de ce que la demande de Sée, en tant qu'elle reposerait sur les conséquences des travaux publics exécutés par l'autorité municipale sur la voie publique, ne serait pas de la compétence civile et aurait dû être portée devant le conseil de préfecture; — Attendu que, pour confirmer la décision des premiers juges, en ce qu'elle rend la ville d'Aix responsable du dommage dont il s'agit, l'arrêt attaqué s'est exclusivement fondé sur ce que la ville d'Aix est propriétaire de cet aqueduc, et que, loin de considérer, comme l'avaient fait les premiers juges, que les dommages éprouvés par Sée auraient pu être la conséquence de travaux publics exécutés par la ville, il a déclaré expressément dans ses motifs qu'il n'est pas établi que ces travaux aient aggravé la servitude ; — Attendu que l'action en responsabilité circonscrite en ces termes, et fondée exclusivement sur une obligation civile que le droit commun impose à tout propriétaire était de la compétence des tribunaux judiciaires ; — Que l'exception d'incompétence, tirée de ce que la demande de Sée reposerait sur les conséquences de travaux publics exécutés par la ville, devenait sans application dans l'ordre de considérations adopté par l'arrêt attaqué, et que cet arrêt a déclaré, avec raison, qu'en l'état de sa décision, il était inutile d'examiner les questions que pouvait soulever cette exception d'incompétence ; — Que sa décision ainsi motivée ne porte aucune atteinte au principe de la séparation des pouvoirs, et satisfait aux prescriptions de l'art. 7 de la loi du 20 avr. 1810;

Par ces motifs, rejette, etc.

Du 9 févr. 1874.-Ch. civ. MM.-Devienne, 1ᵉʳ pr.-Mercier, rap.- Blanche, 1ᵉʳ av. gén., c. conf.-de Saint-Malo et Bosviel, av.

établies d'office, soit en des ventes autorisées également d'office sur la demande des créanciers porteurs de titres exécutoires (Circ. min. int. 15 mai 1884).

1285. Aux termes de l'art. 110 de la loi du 5 avr. 1884, la vente des biens mobiliers ou immobiliers des communes, autres que ceux servant à un usage public, peut être autorisée, sur la demande de tout créancier porteur de titre exécutoire, par un décret du président de la République qui détermine les formes de la vente. Cette disposition est empruntée à l'art. 46 de la loi de 1837; mais, sous l'empire de cette loi, on s'était demandé si le décret de décentralisation n'avait pas donné aux préfets le droit d'autoriser une vente de cette nature. Cette question est tranchée par le texte de l'art. 110.

1286. L'administration peut également, conformément à ce qui a été exposé *suprà*, n°s 411 et suiv., inscrire d'office au budget le montant des dettes de la commune. Toutefois, à cet égard, le préfet a un pouvoir discrétionnaire pour apprécier les mesures d'exécution qu'il convient d'autoriser, de manière à préserver les services communaux et même les services publics de la désorganisation à laquelle ils seraient exposés si tous les fonds des communes se trouvaient absorbés par le payement de leurs dettes; et il peut, notamment, se refuser à inscrire d'office à un même budget la totalité des sommes formant l'arriéré des dettes communales (D. P. 76. 3. 21, note 3).

Le refus par le préfet d'inscrire d'office une dépense au budget de la commune peut donner lieu à un recours devant le ministre de l'intérieur par la voie hiérarchique. Mais l'acte constatant ce refus n'est pas susceptible d'être déféré au conseil d'État par le créancier de la commune (Cons. d'Et. 29 mars 1853, aff. Giraud, D. P. 53. 3. 50; 16 mai 1873, aff. Crédit foncier colonial, D. P. 74. 3. 41; 15 janv. 1875, aff. de Larralde, D. P. 75. 3. 94; 4 août 1876, aff. Ville de Besançon, D.P. 76. 3. 100; 17 avr. 1885, aff. Consistoire de Nîmes et de Paris, D. P. 86. 3. 131; 1er mai 1885, aff. Consistoire de Lyon et fabriques d'Aix,*ibid.*). Toutefois, dans le cas où il appartient au préfet non seulement d'apprécier s'il y a lieu de procéder à l'inscription d'office d'une dépense obligatoire, mais encore de statuer sur l'existence et le montant de la dette de la commune, sa décision, en tant qu'elle statue sur ce dernier point, est susceptible d'être déférée au conseil d'État (Arrêt précité du 15 janv. 1875; Cons. d'Et. 15 janv. 1880, aff. Fabrique d'Astaffort, D. P. 80. 3. 49).

1287. Nous avons indiqué au *Rép.* n° 2630 les règles à suivre pour la répartition des dettes contractées par plusieurs communes. L'art. 72 de la loi du 18 juill. 1837 donnait au préfet le droit de répartir entre plusieurs communes les dépenses d'intérêt commun et d'inscrire, au besoin, d'office au budget de chaque commune la somme mise à sa charge, et la jurisprudence interprétait cet article en ce sens que, lorsque la répartition avait été faite, la dépense devenait obligatoire, alors même que son caractère était facultatif à l'origine (Circ. min. int. 15 mai 1884). L'art. 46, § 23, de la loi du 10 avr. 1871, a transféré au conseil général le droit de statuer définitivement sur la répartition des dépenses des travaux qui intéressent plusieurs communes du département; cet article ne reproduisant pas les dispositions de l'art. 72 de la loi de 1837, relatives à l'inscription d'office et la loi de 1884 ne considérant comme obligatoires que les dépenses auxquelles ce caractère a été expressément reconnu, l'art. 46 s'applique qu'aux dépenses obligatoires.

1288. Sous l'empire de la loi de 1837, le préfet ayant le double pouvoir d'opérer la répartition des dépenses et de procéder à l'inscription d'office, le conseil d'État décidait que l'acte de répartition ne pouvait lui être déféré tant qu'il n'avait été procédé à aucune inscription d'office (Cons. d'Et. 29 nov. 1851, aff. Commune de Lorige, D. P. 78. 3. 51, notes; 23 mars 1872, aff. Commune d'Esboz-Brest, D. P. 73. 3.·2). Aujourd'hui la délibération par laquelle le conseil général opère cette répartition constitue une véritable décision qui peut être attaquée pour excès de pouvoirs devant le conseil d'État (Cons. d'Et. 25 janv. 1878, aff. Commune de Nuaillé, D. P. 78. 3. 51; 3 juill. 1885, aff. Communes de Chemin d'Aisey et autres, D. P. 87. 3. 27). Mais si aucun recours n'a été formé en temps utile contre cette délibération, l'arrêté préfectoral qui, en vertu de la décision du conseil

général, inscrit d'office une dépense au budget de la commune n'est qu'un acte d'exécution à l'occasion duquel le conseil d'État ne peut être saisi de la question de savoir si cette décision était entachée d'excès de pouvoir (Arrêté précité du 25 janv. 1878).

CHAP. 3. — Créances des communes
(Rép. n°s 2636 à 2639).

1289. Le recouvrement des créances des communes, alors du moins qu'elles ne sont pas constatées par un titre, s'opère comme toutes les recettes municipales, conformément à l'art. 154 de la loi du 5 avr. 1884, sur des états dressés par le maire et rendus exécutoires au moyen du visa du préfet ou du sous-préfet (V. *suprà*, n° 443; Civ. rej. 2 juill. 1850, aff. Bouillaud, D. P. 50. 1. 268). Mais il est inutile de recourir à cette voie, lorsque la créance est constatée par un titre exécutoire, tel qu'un jugement ou un acte notarié. La poursuite se fait alors en vertu de l'acte même (Inst. gén. fin. 20 juin 1859, art. 852; Morgand, t. 2, p. 486).

TIT. 9. — RESPONSABILITÉ DES COMMUNES
(Rép. n°s 2640 à 2782).

CHAP. 1er. — Dispositions sur la responsabilité des communes *(Rép.* n°s 2641 à 2658).

1290. Nous avons analysé au *Rép.* n°s 2640 et suiv., les dispositions du décret du 10 vend. an 4 sur la responsabilité des communes dans le cas de crimes ou délits commis à force ouverte et par attroupements sur leur territoire. On a vu *ibid.*, n° 2655, que ce décret avait survécu aux nécessités exceptionnelles qui l'avaient provoqué. Il a été abrogé par la loi du 5 avr. 1884 et remplacé par les dispositions des art. 106, 107, 108 et 109 qui, tout en maintenant le principe, en atténuent considérablement la rigueur. Nous nous bornerons ici à l'examen des questions que soulèvent ces dispositions, nous réservant, ainsi que nous l'avons dit *(Rép.* n°2650) d'étudier ailleurs (V. *Responsabilité*) tout ce qui a trait à la responsabilité des communes à raison des actes de leurs représentants et agents.

1291. Aux termes de l'art. 106, les communes sont civilement responsables des dégâts et dommages résultant des crimes ou délits commis à force ouverte ou par violence sur leur territoire par des attroupements ou rassemblements armés ou non armés soit envers les personnes, soit contre les propriétés publiques ou privées. « Le maire de toute commune, dit le ministre de l'intérieur dans la circulaire du 15 mai 1884, est chargé par ses attributions de police du soin de prévenir les attroupements ou rassemblements qui peuvent se former sur le territoire de la commune, et, lorsqu'ils ont lieu, de mettre la force publique en mouvement pour les dissiper. S'il ne remplit pas ce devoir, il est naturel que la responsabilité de la commune soit engagée par la faute ou la négligence de son mandataire élu ».

Le principe même de cette disposition a été très vivement combattu au Sénat par M. Batbie. Il a rappelé l'origine révolutionnaire du décret du 10 vend. an 4, qui ne précéda que de trois jours les événements du 13 vendémiaire, et qui ne fut qu'une loi de circonstance. Le principe de cette loi d'exception, accepté par la loi nouvelle, lui a paru ne pouvoir être rattaché ni à l'idée de solidarité ni à l'idée de réparation d'une négligence commise : suivant lui le projet, aussi bien que le décret de vendémiaire, manquait de logique en appesantissant ses sévérités sur les communes, alors que rien n'était proposé et que rien n'avait jamais été fait en ce qui concernait l'État, le département ou autres personnes morales qui pouvaient être en faute.

M. Barne, en répondant à ces critiques, au nom de la commission, a reconnu que plusieurs dispositions du décret de l'an 4 étaient excessives; mais il a fait observer qu'elles étaient tombées en désuétude et qu'elles n'avaient pas été reproduites dans le projet de la loi nouvelle. Ce qu'on avait maintenu dans le projet, c'était, dans l'intérêt de l'ordre public, le lien de solidarité des membres d'une même commune, ce qui avait pour but d'activer et de sanctionner le devoir de vigilance des municipalités: il a ajouté que les dispositions du projet étaient équitables, et qu'elles n'attachaient

de responsabilité aux fautes qu'en permettant toujours aux intéressés d'en contester l'existence. Le ministre de l'intérieur a fait observer, de son côté, que la disposition qui faisait supporter aux communes la responsabilité des dommages causés par des attroupements n'était que la sanction des pouvoirs de police confiés aux communes dans la personne de leurs maires, dans le but de prévenir de semblables désordres. A la suite de ces explications, le Sénat a adopté le premier paragraphe de l'art. 106 par 190 voix contre 51 (D. P. 84. 4. 57, note 106, § 1er).

1292. La loi de 1884 n'a pas reproduit la rédaction de l'article unique du titre 1er du décret de vendémiaire an 4, dont nous avons signalé l'inexactitude (*Rép.* n° 2654), et d'après lequel *tous les citoyens* étaient déclarés garants civilement des attentats commis sur le territoire de la commune. C'est que la commune elle-même, et non sur les habitants, que l'art. 106 fait peser la responsabilité civile des dégâts commis.

1293. Nous avons dit au *Rép.* n° 2657 que la cour de cassation avait déclaré le décret de vendémiaire an 4 inapplicable à la ville de Paris. La cour suprême a persisté dans cette jurisprudence, antérieurement à la loi de 1884, par un arrêt du 4 mai 1881, rendu contrairement aux conclusions de M. l'avocat général Desjardins (Civ. rej. 4 mai 1881, aff. Comp. de l'Est, D. P. 81. 1. 471). Mais elle a décidé que ce décret était applicable sans exception à toutes les autres communes, même aux villes où la police municipale est exercée par les agents du pouvoir central, spécialement à celle de Lyon (Req. 10 août 1869, aff. Ville de Lyon, D. P. 70. 1. 193). Cette jurisprudence était étendue au cas même où la municipalité avait été dessaisie, par la mise en état de siège, des pouvoirs rendus pour réprimer l'émeute, alors du moins qu'elle n'avait pas même usé dans ce but des pouvoirs que lui avait laissés l'état de siège (Civ. rej. 23 févr. 1875, aff. Ville de Lyon, D. P. 75. 1. 201).

---

(1) (Sarlin C. Ville de Marseille.)— Le tribunal ; — Attendu que par ses conclusions signifiées le 10 juillet dernier, Sarlin demandait contre la ville de Marseille condamnation au payement de la somme de 20000 fr. à titre de dommages-intérêts en réparation des pertes et préjudices à lui occasionnés par le bombardement du 4 avr. 1871 ; — Attendu que ce chiffre a été élevé par les secondes conclusions versées au procès le 13 novembre dernier, à 21567 fr., double de la valeur des dommages soufferts par son immeuble et à titre à la somme de 10773 fr., à titre de dommages-intérêts, le tout conformément aux dispositions des art. 1er, tit. 4, et 1er, 4, tit. 5, de la loi du 10 vend. an 4; qu'il y a donc lieu de rechercher si cette loi est applicable dans l'espèce de la cause, et, en cas d'affirmative, sur quelles bases et dans quelles proportions doivent être calculés les réparations civiles et les dommages-intérêts que le demandeur est fondé à réclamer contre la ville de Marseille; — Attendu qu'il n'est pas contesté que la loi de vendémiaire an 4 soit toujours en vigueur pour tout ce qui est relatif à la responsabilité des communes dans les cas déterminés par les tit. tit. 4 et 5, ce dernier spécial au taux des condamnations; — Attendu que cette loi édictée dans des temps de troubles politiques et d'agitations sociales a eu pour but d'intéresser directement les habitants de chaque commune à protéger tous ses membres en les rendant responsables des attentats commis sur leur territoire contre les personnes, soit contre les propriétés; — Attendu qu'elle est basée sur les principes généraux du droit en matière de responsabilité, car elle considère une communauté d'habitants comme formant une association civile dont chacun des membres est tenu de garantir son coassocié de tout dommage occasionné à sa personne ou à ses biens; que, d'ailleurs, la commune constituant un corps moral auquel est confiée la police de son territoire, commet une faute lorsqu'elle ne prévient pas les désordres qui peuvent s'y commettre et ne s'oppose point à ce que des attroupements ou des bandes armées molestent les citoyens et portent atteinte à leurs propriétés; — Attendu que les dispositions de la loi sont générales et ne distinguent pas entre les propriétés dont elle garantit l'inviolabilité; qu'il suit de là que toutes sont sous sa protection, tant les propriétés immobilières que les mobilières, les grains et marchandises dont le législateur a principalement en vue d'empêcher le pillage et qu'il a voulu protéger par une double responsabilité;

Attendu qu'on ne peut non plus prétendre que la loi cesse d'être applicable lorsque les troubles ont un caractère politique ; que non seulement l'époque à laquelle remonte la loi prouve le contraire, mais que son esprit et la généralité de ses termes ne laissent aucun doute à cet égard ; — Attendu qu'il serait immoral que des attentats coupables, que des faits délictueux et domma-

1294. Ces questions sont aujourd'hui législativement tranchées par le paragraphe 2 de l'art. 108, qui déclare inapplicables les dispositions des articles précédents dans les communes où la municipalité n'a pas la disposition de la police locale ni de la force armée. Cette exception comprend les villes qui ont, comme Paris et Lyon, un service de police indépendant de la municipalité, et les communes où l'état de siège a été proclamé (Circ. min. int. 15 mai 1884; Morgand, t. 2, p. 164). M. de Lareinty, invoquant l'unité des garanties dues au droit de propriété sur le sol français, a présenté au Sénat un amendement tendant à déclarer l'État responsable dans les villes où il a conservé la disposition de la police et de la force armée. Cette proposition, combattue par le ministre de l'intérieur, a été repoussée par le Sénat (D. P. 84. 4. 51, note 108).

CHAP. 2. — **Dans quels cas les communes sont-elles responsables** (*Rép.* n°s 2659 à 2702).

1295. L'art. 106 de la loi du 5 avr. 1884 suppose, pour que la responsabilité de la commune soit engagée, la réunion des trois conditions suivantes : 1° il faut qu'il y ait eu dégât ou dommage, c'est-à-dire préjudice causé soit aux personnes, soit aux propriétés publiques ou privées. Le Sénat a substitué le mot *publiques* au mot *nationales*, qui se trouvait dans la loi de l'an 4 et dans le texte voté par la Chambre des députés, et qui ne comprenait pas les propriétés des départements ni celles des établissements publics (Morgand, t. 2, p. 156). Les expressions dont s'est servi le législateur comprennent les dommages de toute nature qui ont pu être éprouvés dans les circonstances prévues par l'art. 106. Aucune distinction ne doit être faite, ainsi que nous l'avons dit (*Rép.* n°2667), entre les dommages causés aux immeubles et les dégâts mobiliers (Trib. Marseille, 21 déc. 1872 (1). V. conf. Sourdat, t. 2, n° 1408).—Il a été décidé, sous l'empire de la loi de l'an 4,

---

geables pour les propriétés publiques ou privées, que la loi de l'an 4 a eu pour but de protéger, ne donnassent ouverture à aucune action en responsabilité contre les communes qui les ont tolérés ou qui n'auraient pas pris toutes les mesures qui étaient en leur pouvoir pour les prévenir; que le législateur de l'an 4 n'a point créé un droit nouveau; qu'il a réuni et coordonné des textes épars dans divers actes législatifs, en a précisé les termes et déterminé l'application directe aux habitants des communes sur le territoire desquelles des actes délictueux et dommageables se produisent dans les conditions indiquées, mais il ne s'est point préoccupé des intentions des agitateurs ou des résultats plus ou moins politiques que les attroupements ou les bandes voulaient atteindre; les tribunaux doivent donc s'attacher aux faits, vérifier l'importance des dommages dont la réparation est demandée, car tout habitant qui a souffert doit obtenir une réparation et le but insurrectionnel des auteurs du dommage aggrave la responsabilité au lieu de la faire disparaître, les délits et les crimes ne peuvent être excusés par des actes qui sont eux-mêmes condamnés par les lois;

Attendu qu'il importe peu que les dommages aient été produits par la répression militaire, puisque cette répression par la voie des armes a été la conséquence nécessaire du triomphe de l'insurrection, que la commune n'avait su ni prévoir, ni réprimer; — Qu'il faut, en effet, se reporter au 23 mars pour expliquer les faits du 4 avril; — Que, le 23 mars, la garde nationale convoquée dans la matinée par un ordre malheureusement émané de l'autorité préfectorale, se trouvait encore dans l'après-midi sur les diverses places d'armes et dans les locaux assignés à quelques-uns de ses bataillons, lorsqu'à l'instigation de quelques meneurs se trouvant dans les rangs ou en dehors des rangs de la garde nationale, les corps spéciaux formés en partie d'anciens gardes civiques et deux ou trois bataillons connus par leurs opinions et leur politique se dirigèrent simultanément sur la place de la Préfecture, cernèrent l'hôtel, l'envahirent sans résistance, séquestrèrent le préfet, le général de brigade et quelques autres fonctionnaires, et, se substituant à l'autorité légale, établirent, sous le nom de comité départemental, un véritable gouvernement insurrectionnel; — Attendu que ce mouvement avait été annoncé dès la veille dans les clubs; que la municipalité n'a cessé de siéger et de délibérer à l'hôtel de ville jusqu'à la fin de mars et n'a cessé ces fonctions que lorsque la direction du mouvement insurrectionnel a passé entre les mains des délégués de la commission de Paris, laquelle l'insurrection de Marseille pactisait ouvertement; — Attendu que les corps des gardes nationaux qui se sont emparés de la préfecture et ont continué à l'occuper jusqu'au 4 avril, n'étaient plus des corps réguliers, puisqu'ils n'obéissaient plus aux autorités légales, qu'ils ne constituaient que de véri-

et l'on doit décider sous l'empire de la loi nouvelle, qu'une commune est responsable envers la veuve et les enfants d'un individu qui s'est donné lui-même la mort, lorsque ce suicide est la conséquence des mauvais traitements que les gens attroupés lui avaient fait subir (Req. 8 févr. 1876, aff. Ville de Marseille, D. P. 76. 1. 300).

1296. 2° Il faut que le dommage ait été causé par des attroupements ou rassemblements. La responsabilité de la commune n'existe donc qu'autant que les dévastations n'ont pas été le résultat de délits individuels (Rouen, 27 mai 1873, aff. de Maupassant, D. P. 74. 2. 29). Il a même été décidé, conformément à un arrêt rapporté au *Rép.* n° 2661, qu'il n'y avait attroupement que lorsque la réunion comptait au moins quinze personnes (Même arrêt). Mais, ainsi que nous l'avons dit (*Rép.* n° 2662) cette fixation d'un nombre minimum de quinze personnes, d'après la loi martiale des 26-27 juill. 1791, ne nous paraît pas devoir être adoptée; et nous pensons qu'il appartient aux tribunaux d'apprécier, dans chaque espèce

et d'après les circonstances, s'il y a eu attroupement ou rassemblement dans les termes de l'art. 106 (V. conf. Sourdat, t. 2, n° 1383).

La responsabilité de la commune s'applique aux dommages résultant de crimes ou délits commis par tous rassemblements ou attroupements, sans distinction, quels que soient le mode et la cause de leur formation, et alors même qu'ils auraient eu lieu d'abord dans un but inoffensif et même licite, et spécialement aux dommages résultant de délits commis à force ouverte par un rassemblement formé dans une enceinte destinée à un spectacle public et pour assister à ce spectacle (Civ. rej. 10 août 1869, aff. Ville de Lyon, D. P. 70. 1. 193). Ainsi une commune peut être déclarée responsable envers un particulier dont les magasins ont été envahis par un attroupement qui s'est emparé des armes et munitions contenues dans ses magasins sous prétexte de s'en servir pour la défense de la ville menacée par l'ennemi (Amiens, 29 juin 1874) (1). On doit consi-

tables bandes armées composées en grande partie de gens du pays et renforcées à la fin par un certain nombre d'étrangers garibaldiens ou autres; — Attendu que la commune ne se trouve point dans le cas d'exception prévu par l'art. 5, tit. 4, de la loi de vendémiaire, puisque les étrangers n'ont grossi les bandes que plusieurs jours après le 23 mars, et qu'elle ne justifie point avoir pris toutes les mesures en son pouvoir pour prévenir ou réprimer les désordres qui ont eu lieu, quoique quelques mois apparavant, et dans les journées des 3 et 4 nov. 1870, il eût suffi du mouvement spontané de toute la garde nationale et de son attitude énergique pour faire cesser le désordre, disparaître la commune révolutionnaire et rétablir l'autorité légale; — Attendu que, le 23 mars et jours suivants, rien de sérieux n'a été fait pour obtenir le même résultat; que ce n'était point en pactisant avec l'émeute triomphante, même dans un but de conciliation impossible, que l'autorité municipale pouvait obtenir le concours des bons citoyens; — Attendu que par ses agissements et son inertie la commune a rendu nécessaire et indispensable l'action de l'autorité militaire; qu'elle doit, en conséquence, supporter la responsabilité des dommages causés par l'énergie inévitable de la répression; . .

Par ces motifs, déclare la commune de Marseille civilement responsable des dommages soufferts par l'immeuble que le demandeur possède sur la place de la Préfecture, à Marseille, par l'effet du bombardement du 4 avr. 1871, etc.

Du 21 déc. 1872.-Trib. civ. de Marseille, 1re ch.-MM. Gamel, pr.-Maille, subst.-Aicard et Barne, av.

(1) (Fontvielle C. Ville de Saint-Quentin.) — Le 14 janv. 1874, le tribunal de Saint-Quentin a rendu le jugement suivant : — « Attendu que si, le 8 oct. 1870, un certain nombre d'individus, dans le but de concourir à la défense de la ville menacée par l'ennemi, ont envahi le magasin de Fontvielle, armurier à Saint-Quentin, et enlevé les armes et munitions qui s'y trouvaient, le demandeur reconnaît lui-même dans son exploit d'instance, et a même offert de prouver, que ces individus agissaient en vertu d'une autorisation qui avait été publiquement donnée par M. Anatole de la Forge, alors préfet de l'Aisne; que le fait de cette autorisation résulte, en effet, de plusieurs témoignages de l'enquête et de la contre-enquête; — Attendu que, le 8 oct. 1870, le département de l'Aisne et la ville de Saint-Quentin étaient soumis à l'état de siège; que le chef-lieu de la préfecture avait été déplacé et transporté de Laon à Saint-Quentin; que le préfet de l'Aisne avait été investi de pleins pouvoirs par le Gouvernement de la Défense nationale et qu'il concentrait dans ses mains l'autorité administrative et l'autorité militaire; qu'à ce double titre et par l'effet de l'état de siège, toutes attributions de police lui étaient dévolues; que la commission municipale en était dessaisie et que lui seul avait le pouvoir de prévenir ou de réprimer les troubles et les désordres qui auraient se produire; — Attendu qu'en cet état de la cause, le tribunal se trouve appelé à statuer sur un acte de l'autorité administrative et militaire dont un agent du Gouvernement était seul dépositaire, et qu'il ne pourrait le faire sans violer le principe de la séparation des pouvoirs; — Attendu enfin que l'ordre des juridictions est d'intérêt public et que l'exception d'incompétence *ratione materiæ* doit être déclarée d'office; —... Se déclare incompétent, etc. » — Appel. — Arrêt.

La cour; — Sur la compétence : — Considérant que, dans la journée du 8 oct. 1870, lorsque la ville de Saint-Quentin se trouvait menacée par un détachement prussien, la boutique d'armurier de Fontvielle, sise en cette ville, a été envahie par un certain nombre d'individus qui, alléguant tous, disaient-ils, le pouvoir concourir à la défense à laquelle on se préparait; — Considérant qu'à raison de ce fait, Fontvielle a fait assigner la ville de Saint-Quentin devant le tribunal de l'arrondissement,

prétendant que la ville en est responsable, et lui demande, à titre de réparation du préjudice qu'il en éprouve, une somme aujourd'hui fixée par lui à 5544 fr. 40 cent.; — Considérant que cette demande n'étant autre chose qu'une action civile en dommages-intérêts intentée par un particulier contre une commune, la justice ordinaire, à quelque point de vue que l'on se place, était compétente pour en connaître; — Que les parties sont d'accord pour le reconnaître en appel, comme elles l'avaient reconnu par leur silence en première instance; que c'est donc à tort que, d'office, le tribunal de Saint-Quentin s'est déclaré incompétent;

Au fond : — Considérant que les faits, tels qu'ils sont ci-dessus précisés, ne sont contestés par aucune des parties en cause ; — Qu'il résulte de plus de l'enquête et de la contre-enquête auxquelles il a été procédé, que l'envahissement de la boutique de Fontvielle et l'enlèvement des armes et munitions qui s'y trouvaient, ont eu lieu par 200 individus environ, en état de rassemblement ou d'attroupement, auxquels Fontvielle était hors d'état de résister; ce qui fait rentrer ce fait dans la catégorie de ceux dont les communes sont responsables d'après la loi du 10 vend. an 4, et particulièrement aux termes de l'art. 6 du titre 4 de ladite loi ; — Considérant que, pour échapper à cette responsabilité, la ville de Saint-Quentin allègue vainement que les individus qui se sont emparés des armes et munitions appartenant à Fontvielle y avaient été autorisés par le préfet de l'Aisne, lequel, par suite de l'état de siège et des pleins pouvoirs qui lui avaient été conférés, présent d'ailleurs dans la ville, concentrait alors dans ses mains l'autorité administrative et l'autorité militaire ; — Considérant que, sans qu'il y ait lieu de rechercher la portée de la prétendue autorisation dont la ville entend se prévaloir, il suffit de constater que, si quelques témoins ont déclaré que le préfet courait dans les groupes que M. Anatole de la Forge avait autorisé à s'emparer des armes partout où on en trouverait, l'existence même de cette autorisation plus qu'improbable n'a été démontrée ni par l'enquête ni autrement ; — Considérant, d'un autre côté, que, loin d'augmenter les pouvoirs du préfet, l'état de siège aurait eu plutôt pour résultat de les diminuer, puisque son premier effet est de faire passer les attributions des autorités civiles entre les mains de l'autorité militaire dont n'a jamais été investi M. Anatole de la Forge ; — Que, quant aux pleins pouvoirs que, comme préfet, il tenait du Gouvernement de la Défense nationale, ils ne pouvaient aller jusqu'à lui permettre de se substituer à l'autorité municipale ; — Que dans la circonstance, du reste, le préfet de l'Aisne n'avait usé de son autorité que pour suspendre le maire et le conseil municipal de Saint-Quentin et leur substituer une commission administrative, laquelle était en fonctions et dans la plénitude de ses attributions, le 8 oct. 1870 ; — Considérant enfin que, quand bien même, dans le fait qu'il s'agit d'apprécier, il ne faudrait voir qu'un armement irrégulier, inspiré par le patriotisme, et dont l'irrégularité serait rendue excusable par l'urgence et le péril des circonstances, les frais de cet armement devraient encore être supportés par la ville de Saint-Quentin ; d'une part, parce que ceux qui se sont ainsi distribué les armes et munitions trouvées chez Fontvielle, n'auraient pu avoir d'autre but que d'aller grossir les rangs de la garde nationale, seule force armée disponible alors à Saint-Quentin, et dont les dépenses sont mises par la loi à la charge de la commune; d'autre part, parce que si la défense de Saint-Quentin, résolue dans ces conditions, lui a permis de revendiquer légitimement l'honneur par l'organe de ceux qui avaient mission et autorité pour la représenter, il serait contradictoire que dans les mêmes conditions elle pût se soustraire à l'obligation d'en supporter les charges;

Par ces motifs, dit qu'à tort le tribunal de Saint-Quentin s'est déclaré incompétent; — Evoquant le fond aux termes de l'art. 473 c. pr. civ.; — Condamne la ville de Saint-Quentin à payer à Fontvielle la somme de 5544 fr. 40 cent. pour les causes susénoncées.

Du 29 juin 1874.-C. d'Amiens, 1re ch.-M. Saudbreuil, 1er pr.

dérer également comme un rassemblement séditieux, et non comme une troupe irrégulière, une bande qui s'est recrutée elle-même en prenant le nom de garde civique, qui s'est maintenue pendant deux mois à la préfecture contre le gré de l'autorité, et qui, en accomplissant des faits dommageables pour des particuliers, n'obéissait pas à un ordre donné librement par l'autorité (Aix, 2 mars 1874, aff. Ville de Marseille, D. P. 74. 2. 218). Mais on ne saurait assimiler à un rassemblement ou attroupement, dans le sens de la loi de vendé-

miaire ou de l'art. 106 de la loi de 1884, un détachement de garde nationale régulièrement convoqué par ses chefs ayant à sa tête un officier et trois adjoints de la commune et venant mettre à exécution une délibération du conseil municipal approuvée par le préfet. La commune ne peut donc être déclarée responsable des dommages causés par ce détachement dans l'accomplissement de sa mission (Lyon, 22 juill. 1875) (1).

1297. 3° Il faut que le délit ait été commis à force ouverte

---

(1) (Commune de Caluire et autres C. Frères de la Doctrine chrétienne.) — La cour; — Considérant qu'il est constant, en fait, que le 28 sept. 1870, le vaste établissement du noviciat des frères de la Doctrine chrétienne, situé à Caluire, a été envahi par un piquet de la garde nationale de cette commune, commandé par un officier et accompagné de trois adjoints, agissant en exécution d'une délibération du conseil municipal, approuvée par le préfet du Rhône, Challemel-Lacour, délibération dont les adjoints étaient porteurs, et qui, sous prétexte ou en vue des nécessités de la défense nationale, mettait cet établissement à la disposition du comité de la défense; — Que le 2 octobre, quatre-vingt-dix-huit novices ont été expulsés de la maison; qu'il en a été de même des frères valides, et que, quant aux vieillards et infirmes, ils ont été transportés dans les hôpitaux sur un ordre du préfet Challemel-Lacour; — Que, le même jour, le nommé Denis Brack était installé dans l'établissement par le maire Vassel, avec le titre de régisseur et des appointements de 250 fr. par mois; — Considérant que, du 28 septembre au 8 octobre, un poste de garde nationale, renouvelé chaque jour, a été nourri aux frais et sur les provisions de l'établissement; — Mais qu'après le 8 octobre, date de l'expulsion des frères, et avant la clôture de l'inventaire confié au commissaire-priseur Guel, commencé le 10 octobre, n'a été terminé que le 20, un grand nombre d'objets mobiliers, des animaux et des denrées, ont disparu, soit qu'ils aient été vendus par Denis Brack, sans contrôle, soit qu'à la faveur de l'incurie ou de la complicité de ce prétendu régisseur, des habitants de Caluire les aient soustraits, sous prétexte de prendre possession d'objets acquis par eux; — Considérant que la valeur de ces objets a été estimée par le sieur Bissuel, expert, à la somme de 21492 fr. 36 cent.; — Considérant que, le 19 octobre, les francs-tireurs des Vosges ont pris possession de la maison des frères, et qu'ordre a été donné à la garde nationale de retirer le poste qu'elle avait établi; — Que cependant Denis Brack est resté au nom de la commune; — Que, depuis cette époque, un très grand nombre de troupes appartenant à des corps francs, à l'armée active ou à l'armée auxiliaire, ont successivement occupé l'établissement des frères, jusqu'au commencement de janvier 1871, époque à laquelle le préfet l'a mis à la disposition du général commandant le camp de Sathonay; — Que celui-ci a chargé un officier du génie de prendre des mesures pour l'occuper; que des travaux d'aménagement ont été faits; — Qu'enfin, le 17 mars 1871, le nouveau préfet du Rhône Valentin a écrit au maire pour lui faire officiellement connaître que le ministre de la guerre avait prescrit de faire cesser les travaux commencés, d'abandonner un projet d'hôpital qui avait été conçu, et de remettre aux frères des écoles chrétiennes l'établissement de Caluire; — Que, cependant, le nommé Benoît Rivière, nommé régisseur le 20 décembre, à la place de Denis Brack, continuant à rester dans la maison, les frères obtinrent, à la date du 28 mars 1871, une ordonnance les autorisant à se remettre en possession et à faire expulser les occupants; — Que les frères n'ont repris possession de la maison que le 19 avril, par procès-verbal de l'huissier Borgat, constatant la présence, sur les lieux, de Rivière, qui a enfin déclaré être prêt à cesser ses fonctions; — Considérant, toutefois, qu'un vaste clos de 13 hectares, consistant en vignes, prés et jardins, attenant à la maison des frères, avait été affermé à divers cultivateurs de Caluire, en exécution d'un arrêté du préfet Challemel-Lacour, en date du 15 déc. 1870; — Que ce n'est qu'en vertu d'une nouvelle ordonnance de référé, en date du 23 avr. 1871, rendue contre les fermiers, que les frères ont pu reprendre possession de leurs terres, par procès-verbal d'expulsion en date du 8 mai suivant; — Considérant que l'expert Bissuel a estimé à la somme de 104734 fr. 55 cent. le montant total des dommages causés aux frères de Caluire; — Considérant que la commune de Caluire. Challemel-Lacour, Vassel, quatorze des cosignataires de la délibération du 27 septembre, enfin deux autres conseillers municipaux, Simon Rivière et Brunier ont interjeté appel du jugement du 19 juin 1872, et que toutes les parties ont respectivement repris devant la cour les conclusions prises en première instance : — 1° En ce qui touche la question de savoir s'il y a lieu d'appliquer aux habitants de Caluire les dispositions de la loi du 10 vend. an 4 : — Considérant qu'aux termes de l'art. 1er, du tit. 4 de cette loi, chaque commune est responsable des délits commis à force ouverte ou par violence, sur son territoire, par des attroupements ou rassemblements armés ou non armés; — Considérant que ces expressions supposent une réunion à la fois tumultueuse et irré-

gulière d'individus qui, sous l'influence de passions ardentes et d'excitations coupables, se livrent spontanément à des désordres et à des attentats contre les personnes et les propriétés; — Qu'on ne saurait assimiler à un rassemblement ou attroupement, dans le sens juridique attaché à ces mots, un détachement de la garde nationale régulièrement convoqué par ses chefs, ayant à sa tête un officier, et accompagné des trois adjoints de la commune, venant mettre à exécution une délibération du conseil municipal visée et approuvée par le préfet; — Considérant qu'il n'appartenait pas à des gardes nationaux, requis pour un service public, de contrôler et de discuter la légalité et l'opportunité d'une délibération revêtue de l'approbation du préfet qu'ils étaient chargés de mettre à exécution, et de rechercher si le préfet Challemel-Lacour n'avait pas excédé ses pouvoirs en ordonnant la prise de possession de l'établissement et le départ des frères; — Qu'on ne saurait confondre, en effet, les attentats commis par une bande insurrectionnelle, avec les abus de pouvoirs qui peuvent être commis par un représentant de l'autorité dans l'exercice de ses fonctions, et pour l'exécution d'actes qui rentrent dans l'ordre de ses attributions; que s'il en était autrement, il faudrait admettre que la loi de vendémiaire an 4 pourrait être applicable toutes les fois qu'un fonctionnaire, à l'occasion d'un acte rentrant dans l'ordre de ses fonctions, commet un excès ou abus de pouvoirs; — Considérant que la loi de vendémiaire a eu pour but de prévenir et d'empêcher les attentats contre les personnes et les propriétés, par la menace d'une indemnité pécuniaire à la charge des communes, et de punir la faiblesse et l'inaction des citoyens qui, en présence d'une sédition ou d'une émeute, seraient restés dans une coupable inertie; — Que cet élément essentiel de la responsabilité des communes disparaît si les habitants n'ont rien pu empêcher et s'ils sont restés inactifs en présence d'une manifestation qui ne pouvait avoir à leurs yeux le caractère d'un attroupement insurrectionnel; — Considérant qu'on ne saurait reprocher aux habitants de la commune de Caluire de ne pas s'être mis en lutte ouverte avec les agents chargés d'exécuter les ordres du représentant de l'autorité centrale; que l'occupation de la maison des frères avait, au moins en apparence, pour objet les nécessités de la défense nationale, et qu'ils ne pouvaient se constituer juges des motifs qui avaient amené le préfet Challemel-Lacour à en faire prendre possession par la force armée; — Que, tout au moins, il faudrait, pour engager leur responsabilité, qu'il fût constant qu'ils n'ont pu ignorer que sous le masque de la légalité se cachait la pensée d'attentats et d'excès de toute nature; mais que, dans les faits extérieurs qui ont accompagné, le 28 septembre, l'exécution de la délibération, il n'a été relevé aucun acte apparent de violence ou de déprédation, ni de la part des gardes nationaux, ni de la part des citoyens; que si, plus tard, il a été commis d'odieux attentats contre les personnes et les propriétés, ces faits, bien qu'ils aient été la suite et la conséquence de cette prise de possession, ne peuvent être pris en considération, au point de vue de l'application de la loi de vendémiaire, pour apprécier le caractère de l'occupation qui a eu lieu le 28 septembre; — Considérant que, dès lors, l'impossibilité où se trouvaient les habitants de Caluire de connaître le véritable caractère de l'ordre d'occupation et d'en apprécier les conséquences est l'explication et l'excuse de leur inaction, alors même que cette inaction n'aurait pas sa raison suffisante dans l'impossibilité de résister; — Considérant, au surplus, que la loi de vendémiaire est une loi d'exception, contenant de véritables dispositions pénales, qui doit être appliquée dans des limites rigoureuses, et ne saurait être étendue par analogie à des cas pour lesquels elle n'a pu être édictée;

En ce qui touche la question de savoir si la commune de Caluire est responsable d'autres titres : — Considérant que si la responsabilité de la commune de Caluire ne dérive pas de la loi de vendémiaire an 4, inapplicable à l'espèce, cette commune n'est pas moins responsable envers les frères de la Doctrine chrétienne, victimes de dilapidations, de pillage et de spoliations que le devoir de ses représentants était d'empêcher, tandis qu'ils en ont été, au contraire, les auteurs ou les complices; — Considérant que s'il est de principe que le fait des agents municipaux ne peut engager une commune qu'autant qu'ils ont agi dans le cercle et les limites de leurs attributions légales, et si, en dehors de ces attributions, les délits ou quasi-délits qu'ils peuvent commettre ne sauraient engager la responsabilité de la commune qui est censée avoir borné son mandat aux actes que la loi leur commandait ou leur permettait d'accomplir en leur qualité, il en est

ou par violence (*Rép.* n° 2671). Il a été jugé, en conséquence, que l'atteinte portée à la jouissance du fermier d'un pont à péage par les travaux des habitants d'une commune, exécutés

illégalement mais sans violence et sans aucune dégradation des objets loués, n'est pas susceptible d'engager la responsabilité de la commune (Req. 13 nov. 1871, aff. Grulet, D. P.

---

autrement alors qu'agissant dans l'exercice de leurs fonctions, faisant des actes qui rentrent dans leurs attributions, ils les exécutent de manière à nuire, volontairement ou non, à des tiers, sauf son recours contre ses administrateurs coupables d'incurie, de négligence ou de faits intentionnels plus graves ; — Considérant que le logement des troupes, les soins à donner à ce service public, les précautions à prendre en pareille matière dans l'intérêt des habitants, rentrent, aux termes du tit. 5 de la loi du 8 juill. 1791, dans les attributions légales des municipalités ; — Que le principe qui se dégage de l'ensemble de ce titre, c'est qu'à défaut ou en cas d'insuffisance des bâtiments de l'Etat, ce sont les municipalités qui doivent le logement des troupes ; — Que c'est à elles qu'est réservé le soin de fournir ces logements, soit chez l'habitant, soit dans des bâtiments spéciaux ; — Que c'est aussi à l'autorité municipale qu'est confié le soin de veiller à ce que les habitants ne soient pas *foulés*, à ce que leur domicile, leurs propriétés soient sauvegardés ; — Considérant qu'on ne peut dire que, dans ces circonstances, les officiers municipaux soient les agents du Gouvernement et agissent comme officiers de police ; qu'ils sont les représentants de la commune, agissant dans son intérêt, et n'interviennent que pour prévenir tout abus ou toute injustice ; — Que c'est par les commissaires des guerres remplacés aujourd'hui soit par les intendants militaires, soit par le préfet, que l'Etat est représenté ; — Considérant que si, à la suite de la désignation faite, dans la délibération du 27 sept. 1870, de la maison des frères, pour y établir un vaste casernement, l'autorité municipale devait, par ses soins et son intervention, faciliter le logement des troupes, elle devait aussi concilier ces exigences avec les intérêts des frères, placés comme habitants et comme propriétaires sous sa sauvegarde et sa protection ; — Que si, au lieu des soins et précautions dont la loi lui a confiance de ses concitoyens lui faisaient un devoir, elle a laissé piller et dévaster la propriété des frères ; si, au lieu d'éviter qu'ils fussent foulés, elle les a vexés, séquestrés, expulsés ; il est évident qu'elle a, par son incurie, sa négligence, son quasi-délit, et, à plus forte raison, par des agissements plus coupables, engagé la responsabilité de la commune ; — Que l'autorité municipale a engagé cette responsabilité parce que c'est en exécutant le mandat qu'elle avait reçu qu'elle a causé aux frères de la Doctrine chrétienne le préjudice dont ils demandaient la réparation ;
Considérant, d'ailleurs, qu'en dehors de l'application de la loi du 8 juill. 1791, et sous un autre rapport, la commune devrait être déclarée responsable ; — Considérant, en effet, qu'on ne saurait méconnaître que la délibération du 27 sept. 1870 avait pour objet de mettre à la disposition de l'autorité l'établissement des frères de Caluire pour les besoins de la défense nationale ; que le préfet Challemel-Lacour, en approuvant cette délibération et en la revêtant de sa signature, a accepté l'offre de la commune, y a apposé le sceau de son autorité et a ainsi autorisé la commune à en prendre possession ; — Considérant que la commune, en occupant cet établissement, en substituant sa surveillance à celle des propriétaires, a engagé sa responsabilité pour tous les dommages qui ont été la conséquence de cette occupation ; — Qu'il est certain que la commune a occupé cet établissement par ses représentants légaux ou par les préposés par eux nommés, depuis le 28 sept. 1870 jusqu'au 19 avr. 1871 ; — Qu'elle doit être tenue d'indemniser les propriétaires aux termes de l'art. 1382 c. civ., de tout le préjudice que cette occupation a pu leur causer ; — Qu'il reste à déterminer dans quelle mesure la commune doit être responsable ; — Considérant qu'autant l'entrée des troupes dans l'établissement des frères et l'occupation de l'Etat, la responsabilité de la commune a pu seule être engagée par le fait ou l'incurie des agents municipaux qui la représentaient ; — Qu'à cette période s'appliquent les dommages estimés par l'expert Bissuel à la somme de 21492 fr. 36 cent. ; que ce chiffre ne paraît pas exagéré et qu'il y a lieu de l'admettre ; — Considérant que c'est encore par la faute des représentants de la commune que les trousseaux des novices n'ont pas été compris dans l'inventaire de Guel, et que les mesures conservatoires ont été négligées ; — Que la commune doit être déclarée responsable de la valeur de ces trousseaux, estimés 3000 fr. ; — Qu'elle doit être également tenue des dégâts commis dans le clos et des récoltes perdues, estimées 5113 fr. ; — Ces trois sommes réunies formant la somme totale de 31605 fr. 36 cent. ; — Considérant que le montant des dégâts mobiliers, provisions enlevées, objets mobiliers disparus, postérieurement au 19 octobre, époque de l'entrée des troupes, s'élève à la somme de 53763 fr. ; — Que, dans cette somme, figurent les provisions de toute nature qui ont disparu depuis le 20 octobre, pour une valeur de 25342 fr. 90 cent. ; — Considérant que les représentants légaux de la commune ayant conservé, par les régisseurs qu'ils y ont placés, la possession de l'établissement, la commune doit être responsable jusqu'à concurrence de la valeur réelle des objets vendus à vil prix, irrégulièrement et sans enchères, sans officiers publics, et

de la valeur de ceux qui, à l'occasion du désordre de cette vente, ont pu être dilapidés ou soustraits ; — Qu'il y a donc lieu de mettre à sa charge la somme de 25343 fr. 90 cent. ; — Qu'il y a lieu également de mettre à sa charge le surplus de la somme de 53763 fr. 61 cent., soit 28419 fr. 71 cent. dont elle est également responsable pour avoir substitué sa surveillance à celle des propriétaires, en plaçant dans l'établissement de Caluire Denis Brack, jusqu'au 20 déc. 1870, et ensuite Rivière, jusqu'au 19 avr. 1871, comme agents chargés de la conservation des propriétés mobilières et immobilières ; — Considérant que, par les mêmes motifs, la commune doit être déclarée responsable soit du loyer des bâtiments estimés 10000 fr., soit de la somme de 6055 fr. 58 cent., montant de l'estimation des dégâts immobiliers commis par le génie militaire, ou qui ont été la suite du casernement des troupes ; soit enfin de la somme de 3310 fr., montant des frais de déplacement des frères et des novices ; soit au total 104734 fr. 55 cent. ; — Mais qu'il y a lieu de réserver le recours de la commune contre l'Etat, si elle se croit fondée à l'exercer, pour le remboursement des quatre dernières sommes, montant ensemble à 47785 fr. 29 cent. ;
En ce qui touche la demande des frères contre Vassel et les seize conseillers municipaux, cosignataires de la délibération du 27 sept. 1870 : — Considérant que ce sont eux qui ont pris l'initiative de toutes les mesures violentes, vexatoires et spoliatrices dont les frères ont été victimes ; — Que, sous le prétexte mensonger de l'intérêt de la défense nationale, ils ont donné libre carrière à leurs mauvaises passions ; — Que leur but était d'expulser les frères, de détruire leur établissement et de faire de leur propriété une propriété communale ; — Que l'intention de cette ridicule et odieuse confiscation est nettement révélée par les délibérations prises par le conseil municipal les 3 et 9 oct. 1870, délibérations tenues secrètes et qui n'ont point été soumises à l'approbation du préfet ; — Considérant que Vassel et les seize conseillers municipaux doivent personnellement aux frères la réparation du dommage qu'ils leur ont causé par leurs agissements coupables ; — Qu'il y a lieu toutefois de distinguer entre les conseillers municipaux ; — Que si Vassel, Razuret, Pierrot, Benoît Rivière, Faure, Chatelet, Truchet, Ducotté, Montfalcon, Combe et Crassard doivent être condamnés à réparer solidairement la totalité du dommage s'élevant à la somme de 104734 fr. 55 cent., il convient de tenir compte, dans une certaine mesure, des protestations formulées par Simon Rivière, Brunier, Chabaud, Bouvet, Colomb et Bertrand ; — En ce qui touche Simon Rivière et Brunier : — Considérant qu'il est établi qu'ils ont protesté, dès le 9 oct. 1870, contre les actes du conseil municipal ; qu'ils ne peuvent être responsables que des dommages causés aux frères jusqu'à ce jour ; que la cour possède les éléments nécessaires pour les fixer à la somme de 5000 fr. comprise dans celle de 21492 fr. 36 cent., mise à la charge de la commune ; — Considérant que les quatre autres conseillers municipaux, Chabaud, Bouvet, Colomb et Bertrand, n'ont songé à protester qu'à la date du 16 oct. 1870, alors que le 14 octobre les frères avaient fait signifier aux vingt-trois conseillers municipaux de Caluire une énergique protestation, avec sommation d'avoir à s'abstenir de procéder à la vente annoncée, leur déclarant qu'ils les rendaient personnellement responsables ; — Que leur protestation, quelque tardive qu'elle ait été, prouve du moins qu'ils ont voulu et ont dû rester étrangers à tout ce qui a été fait depuis ; — Qu'ils doivent être condamnés solidairement avec les dix premiers conseillers municipaux et Vassel à réparer le dommage accompli jusqu'au 16 octobre, s'élevant à la somme de 29802 fr. 36 cent. composée : 1° de 21492 fr. 36 cent., représentant la valeur des objets mobiliers disparus avant la clôture de l'inventaire Guel ; 2° de 5000 fr., montant des trousseaux des novices ; 3° de 3310 fr., montant des frais de déplacement des frères et novices ;
En ce qui touche la demande des frères contre Challemel-Lacour : — Considérant que si Challemel-Lacour ait pu approuver une délibération du conseil municipal, qui permettait de mettre à la disposition du comité de défense nationale pour une caserne, une ambulance, ou toute autre destination militaire, le vaste établissement des frères, en admettant que dans sa pensée cette approbation pouvait équivaloir à la réquisition qu'il avait le droit de faire, et dont il lui appartenait d'apprécier la nécessité et l'opportunité, il est impossible qu'il se soit mépris sur le caractère arbitraire et vexatoire et sur la complète illégalité de mesures telles que l'ordre de départ des frères et l'expulsion des novices et des frères et l'ordre de faire nourrir à leurs frais les piquets des gardes nationaux qui se sont succédé dans l'établissement jusqu'à l'arrivée des troupes ; — Qu'il en est de même de l'autorisation donnée au maire de Caluire, sous prétexte qu'il s'agissait d'objets périssables ou susceptibles de détérioration, de vendre les animaux, farine et autres provisions, et cela au mépris d'une ordonnance de référé du 22 oct. 1870, rendue par défaut contre Vassel, qui faisait défense de procéder à la

72. 1. 175). De même, cette responsabilité ne saurait être engagée par les accidents auxquels donnerait lieu une manifestation bruyante (Montpellier, 22 janv. 1873) (1).

1298. C'est, comme on l'a vu au *Rép.* n° 2675, une question controversée que celle de savoir si une commune est tenue de réparer le dommage qu'elle cause aux propriétés en dispersant les attroupements et les rassemblements. Pour exonérer en pareil cas les communes de toute responsabilité, on a fait observer que la doctrine contraire irait contre le

but poursuivi par le législateur, qui est d'intéresser les communes au maintien de l'ordre. Ce but, a-t-on dit, ne pourrait être atteint si la commune était responsable des dommages qu'elle a causés par les mesures prises pour réprimer les désordres et empêcher les rassemblements, comme elle l'aurait été des dommages causés par les rassemblements eux-mêmes : cette interprétation, ajoute-t-on, serait d'ailleurs peu conciliable avec la disposition qui exonère la commune de toute responsabilité dans le cas où elle aurait

---

(1) (Pagès *C.* Lafitte et autres.) — Le 30 avr. 1872, le tribunal de Limoux a rendu le jugement suivant : — « Considérant en droit, qu'aux termes de l'art. 1382 c. civ., tout fait quelconque de l'homme qui cause à autrui un dommage, oblige celui par la faute duquel il est arrivé à le réparer ; que d'après l'art. 1383 du même code, chacun est responsable du dommage qu'il cause non seulement par son fait, mais encore par sa négligence ou son imprudence...; — En fait, considérant qu'il résulte des débats et des faits et circonstances de la cause, ainsi que des documents soumis au tribunal, que le 7 mai 1871, la voiture qui fait le trajet de Limoux à Quillan appartenant à la Société dite des *Messageries de Limoux*, arriva à Alet, venant de Limoux, vers neuf heures du soir ; que Marsan fils, qui conduisait cette voiture comme postillon et sans conducteur, l'arrêta devant le café Carbou, descendit de son siège et entra dans le café pour rallumer sa lanterne qui s'était éteinte par le chemin ; qu'au même moment une foule considérable, composée d'hommes, de femmes et d'enfants, venant de la mairie d'Alet, est débouchée sur la route nationale qui traverse cette localité, s'est dirigée vers la maison

vente ; enfin de l'autorisation de gérer ce qu'il appelait l'ex-propriété des frères, et d'affermer les terres dépendant de cet établissement, dont les revenus seraient déposés à la trésorerie générale pour être appliqués aux dépenses de la défense nationale ; que ces diverses mesures constituaient une véritable confiscation ; — Considérant que Challemel-Lacour, en ordonnant l'expulsion des frères et en prescrivant que les gardes nationaux fussent nourris aux frais de l'établissement, excédait la limite de ses droits ; qu'il doit réparation des dommages qui ont été la conséquence de ces mesures ; qu'il doit donc être déclaré responsable de la valeur des provisions et denrées consommées ou enlevées et des objets mobiliers disparus dans l'intervalle du 28 sept. au 20 oct. 1870, soit de la somme de 21492 fr. 36 cent. ; — Qu'il doit être aussi tenu des conséquences de la vente des provisions et denrées qu'il a autorisée par son arrêté du 28 octobre ; qu'en effet, dans le même cas où il n'aurait ordonné cette vente, ainsi qu'il l'a prétendu, que pour éviter le dépérissement de ces objets, aucune raison ne l'autorisait à dépouiller les propriétaires, même en faveur du Trésor public ; — Qu'il faut donc mettre à la charge de Challemel-Lacour, non seulement le prix des objets vendus, qui n'a pas été déposé à la trésorerie générale, ainsi que le prescrivait l'arrêté, mais leur valeur réelle ; qu'il y a lieu de la fixer à la somme de 10000 fr., lesquels sont compris dans la somme de 25348 fr. 90 cent., représentant la totalité des provisions et denrées disparues depuis le 20 oct. 1870, et dont la commune de Caluire vient d'être déclarée responsable ; — Considérant qu'il est également juste que Challemel-Lacour soit condamné à payer aux frères la somme de 2074 fr. que ceux-ci ont dû payer aux divers amodiataires de leurs terrains, avant d'en reprendre possession, à titre de remboursement de dépenses ; ladite somme comprise dans celle de 5310 fr. représentant les frais de déplacement des frères et novices, soit au total de la somme de 36676 fr. 36 cent., qui, en cas de payement, viendra d'autant à la décharge de la commune ;

En ce qui touche le recours de la commune de Caluire contre Vassel, les seize conseillers municipaux et Challemel-Lacour : — Considérant qu'il résulte de tout ce qui précède que la responsabilité de la commune ne se trouve engagée que par la faute de Vassel, des conseillers municipaux et de Challemel-Lacour, dans la mesure qui vient d'être déterminée ; — Qu'il y a donc lieu de lui accorder recours contre Vassel et les dix premiers conseillers municipaux ci-dessus désignés pour le montant total des condamnations qui seront prononcées contre lui, contre les six autres, jusqu'à concurrence des sommes mises à leur charge et contre Challemel-Lacour, de la somme de 36676 fr. 36 cent., à laquelle il est personnellement condamné ; — En ce qui concerne les conclusions en garantie de Vassel et consorts contre la commune de Caluire : — Considérant qu'elles se trouvent virtuellement repoussées par les motifs qui précèdent, et le recours accordé, au contraire, contre eux ; — En ce qui concerne le recours que Vassel et consorts prétendent exercer contre Challemel-Lacour : — Considérant que les motifs qui déterminent la condamnation de Vassel et des seize conseillers municipaux qui se sont associés à ces actes coupables excluent la possibilité de ce recours ;... — Par ces motifs, etc.

Du 22 juill. 1875.-C. de Lyon, 1re ch.-MM. Millevoye, 1er pr.- Robinet de Cléry, proc. gén.

de l'ancien maire, puis s'est retournée du côté du café Carbou, en chantant, criant, tirant des coups de pistolet, précédée de tambours et éclairée par des chandelles et des torches enflammées ; que par intervalles on entendait l'explosion des boîtes de réjouissance ; qu'une de ces boîtes éclata peu de temps après que Marsan fut entré dans le café, qu'il vint sur la porte pour voir si les chevaux n'étaient pas effrayés, et les voyant encore tranquilles, il rentra après avoir confié la garde desdits chevaux à la femme Carbou ; mais que presque aussitôt les chevaux, épouvantés par la lumière des torches, les coups de feu, les roulements de tambours et les chants de la foule, qui n'était plus qu'à quelques mètres, se retournèrent brusquement et s'élancèrent à toute vitesse dans la direction de Limoux ; que le sieur Lafitte, qui était monté sur la voiture, alors qu'elle était à l'abandon au milieu de la route voulut éviter le danger qui le menaçait, sauta de voiture au moment où elle allait s'engager sur le pont, et tomba si malheureusement qu'il resta sur le coup, qu'il fut relevé sans connaissance et atteint de blessures et de lésions si graves à l'épaule, à la jambe et au bras droit, qu'elles lui ont occasionné une incapacité absolue de travail qui a duré jusqu'au mois d'octobre ; que, pendant tout ce temps-là, il a été l'objet de soins et de traitements dispendieux, que ses membres ne sont pas entièrement rétablis, qu'il ne le seront probablement pas de longtemps, et qu'il n'a pu reprendre ses travaux habituels ; — Considérant qu'il ressort de ce dessus, que ledit Lafitte a éprouvé et éprouve un préjudice dont réparation lui est due ; que le tribunal a sous les yeux des éléments suffisants pour apprécier le dommage éprouvé, tout en faisant la part de l'imprudence qu'a commise ledit Lafitte lui-même, en montant, comme il vient d'être dit, sur une voiture où il ne voyait ni postillon ni conducteur, et qu'il convient, dès lors, de rechercher quelles sont les personnes qui doivent répondre de ces faits et de ces dommages, et dans quelles mesures elles doivent en répondre ; — ... Considérant qu'en descendant de sa voiture et en abandonnant ses chevaux, Marsan fils a manqué aux devoirs qui lui étaient imposés par les lois et règlements sur les messageries, et même par la prudence la plus vulgaire, et qu'en agissant ainsi il a commis une négligence et une imprudence qui le rendent responsable, dans une certaine mesure, des suites de l'accident survenu ;... — Considérant, en ce qui touche le recours en garantie exercé au nom de Marsan, que ce recours étant dirigé contre le sieur Pagès, d'abord comme maire d'Alet, et puis en son nom propre, il convient d'examiner et de traiter cette demande à ces deux points de vue ; — Considérant, en ce qui est de la commune d'Alet, que les communes ne peuvent encourir la responsabilité que dans les cas prévus par la loi du 10 vend. an 4 ; que les faits qui donnent lieu à l'instance actuelle ne rentrent dans aucun de ces cas, et que, par conséquent, la commune d'Alet doit être relaxée ; — Considérant, quant au sieur Pagès personnellement, que la responsabilité de l'accident donnant lieu au litige ne peut atteindre le corps moral de la commune, il n'en saurait être de même à son égard, car il résulte aussi des débats et des faits et circonstances de la cause, qu'au moment de l'accident, la population d'Alet célébrait la récente nomination du sieur Pagès comme maire ; qu'il avait autorisé la manifestation bruyante qui a effrayé les chevaux, qu'il suivait lui-même et encourageait par sa présence la foule qui s'était précipitée en désordre sur la route nationale et s'approchait du café Carbou ; qu'il aurait dû s'empresser de l'arrêter et de faire cesser le bruit qu'elle faisait, alors surtout qu'il avait pu voir que la voiture stationnait sans postillon ni conducteur sur la voie publique ; qu'en ne faisant rien de ce qu'il aurait dû faire pour calmer cette foule, il a commis une faute de négligence et d'imprudence personnelle qui justifie par partie seulement le recours dont il est l'objet ; — Par ces motifs, déclare mal fondée la demande en garantie formée par Marsan contre la commune d'Alet, et en relaxe celle-ci ; condamne Marsan fils à payer audit Lafitte la somme de 1000 fr. à titre de dommages-intérêts en réparation de tout le préjudice qu'il lui a occasionné le 7 mai 1871, avec les intérêts depuis la demande ; — Condamne ledit Pagès, personnellement, à relever et garantir Marsan des condamnations qui viennent d'être prononcées contre lui, mais seulement jusqu'à concurrence de 400 fr. de capital et des intérêts de cette somme ». Appel. — Arrêt.

La cour ; — Adoptant les motifs des premiers juges ; — Confirme.

Du 22 janv. 1873.-C. de Montpellier, 1re ch.-MM. Sigaudy, 1er pr.-Petiton, av. gén.-Lisbonne, Février et Gervais, av.

pris toutes les mesures qui étaient en son pouvoir pour prévenir les rassemblements (Rendu, *Responsabilité des communes*, nᵒˢ 15 et 16.) La jurisprudence, ainsi que nous l'avons dit (*Rép.* nᵒ 2679), ne s'est pas arrêtée à ces objections et a décidé qu'il n'y a pas lieu de distinguer, au point de vue de la responsabilité des communes, entre les dommages causés par les insurgés et ceux qui sont causés par les troupes employées contre eux, les uns et les autres ayant également l'émeute pour cause (Civ. rej. 23 févr. 1875, aff. Ville de Lyon, D. P. 75. 1. 201; Req. 27 avr. 1875, aff. Ville de Marseille, D. P. 76. 5. 112; Trib. Marseille, 21 déc. 1872, V. *suprà*, nᵒ 1295). En effet, la distinction proposée entre les dommages faits par les insurgés et ceux qui sont causés par les troupes chargées de la répression de l'insurrection, souvent impossible en fait, ne repose en droit sur aucun fondement, et les uns comme les autres ont également pour cause, médiate ou immédiate, mais majeure, les rassemblements et attroupements séditieux que la commune avait le devoir de prévenir, et qu'elle n'a pas su empêcher. On doit remarquer d'ailleurs que, si la commune avait pris dès la première heure les mesures nécessaires pour faire avorter les tentatives de désordre, elle serait fondée à soutenir qu'elle doit être exonérée de toute responsabilité, comme ayant fait tout ce qui était en son pouvoir pour s'opposer aux rassemblements. Mais sa responsabilité ne peut être dégagée lorsqu'elle n'a opposé, aux débuts de l'émeute, aucune résistance, et elle doit, dans ce cas, être responsable de toutes les suites dommageables qu'a pu entraîner la répression.

1299. Ainsi qu'on l'a exposé au *Rép.* nᵒ 2682, la responsabilité de la commune disparaissait, sous l'empire de la loi de vendémiaire, lorsqu'elle pouvait établir ce double fait : 1ᵒ que le crime ou le délit commis sur son territoire l'avait été par des individus étrangers à la commune ; — 2ᵒ Qu'elle avait fait tout ce qui était en son pouvoir pour prévenir ou réprimer ce crime et ce délit. Nous avons indiqué les variations de la jurisprudence sur la question de savoir si la réunion de ces deux conditions était indispensable pour exonérer la commune, ou si, au contraire, dans le cas où les dévastations commises étaient le fait des habitants, il suffisait que la commune eût fait tout ce qui était en elle pour dissiper les rassemblements et empêcher les dégâts (*Rép.* nᵒ 2678). Cette dernière opinion, repoussée par la plupart des auteurs et par la jurisprudence des cours d'appel (V. notamment : Orléans, 30 juin 1849, aff. Commune de Sury, D. P. 49. 2. 145; Aix, 15 nov. 1853, aff. Tardieu, D. P. 55. 2. 9; Lyon, 12 déc. 1867, aff. Ville de Lyon, D. P. 70. 1. 193; Rouen, 27 mai 1873, aff. de Maupassant, D. P. 74. 2. 29), avait été adoptée par plusieurs arrêts de la cour de cassation, depuis l'arrêt des chambres réunies du 15 mai 1841 (Req. 14 janv. 1852, aff. Ville de Lyon, D. P. 52. 1. 155; 12 juill. 1852, aff. Commune de Nibelle, D. P. 52. 5. 116). Toutefois, les termes d'arrêts plus récents (Civ. rej. 10 août 1869, aff. Ville de Lyon, D. P. 70. 1. 193; 1ᵉʳ déc. 1875, aff. Commune de la Rivière-Pilote, D. P. 76. 1. 73), semblaient indiquer une tendance à abandonner cette doctrine repoussée par la plupart des auteurs (Rendu, nᵒ 28; Foucart, *Éléments de droit public et administratif*, nᵒˢ 25 et suiv.; Sourdat, *De la responsabilité*, t. 2, nᵒ 1104. V. Dissertation sur l'arrêt du 10 août 1869, D. P. 70. 1. 193).

1300. L'art. 108 de la loi de 1884 met fin à cette controverse, en déclarant inapplicables les dispositions des art. 106 et 107, lorsque la commune pourra prouver que toutes les mesures qui étaient en son pouvoir ont été prises à l'effet de prévenir les attroupements et rassemblements et d'en faire connaître les auteurs. C'est aux tribunaux qu'il appar-

tient d'apprécier si une commune a pris toutes les mesures en son pouvoir, ainsi que l'ont déclaré dans la discussion le rapporteur de la loi au Sénat et le président de cette assemblée. « La commune, a dit ce dernier, répondant au général Robert, dans la séance du 12 mars 1884, est sous une présomption de faute; c'est à elle à faire la preuve qu'elle n'en a pas commis. Qui peut être juge de cela? Évidemment les tribunaux ordinaires. Si donc, vous êtes victime d'une émeute, vous pourrez dire à la commune : vous êtes responsable. Ce sera à elle de démontrer que l'émeute a éclaté bien qu'elle ait pris toutes les mesures qui étaient en son pouvoir pour la réprimer » (D. P. 84. 4. 57, note 108).

1301. Il a été décidé, sous l'empire de la loi de l'an 4, que l'on ne pouvait considérer comme ayant fait tout ce qui était en son pouvoir, une commune dont le conseil municipal et le maire auraient fait tous leurs efforts pour prévenir le désordre, si, loin de l'empêcher, un grand nombre de ses habitants avaient pris part au pillage (Orléans, 30 juin 1849, aff. Commune de Sury, D. P. 49. 2. 145). Une commune ne pourrait décliner la responsabilité que la loi lui impose, sous prétexte que le pouvoir municipal désorganisé, par suite d'une révolution, était exercé par un comité de citoyens qui s'en était emparé, si, d'ailleurs, l'autorité de ce comité n'était pas contestée et que l'insuffisance des moyens de prévention et de répression ne fût pas établie (Trib. Lyon, 17 août 1849, aff. Comp. des hirondelles, D. P. 49. 3. 79; Req. 14 janv. 1852, aff. Ville de Lyon, D. P. 52. 1. 155; Req. 16 mars 1852, aff. Ville de Vaise, D. P. 52. 5. 115).

1302. L'art. 108, § 3, consacrant une solution que nous avions adoptée (*Rép.* nᵒ 2695), déclare les communes irresponsables des dommages résultant de faits de guerre. Suivant M. Morgand, t. 2, p. 165, la loi ne distinguant pas entre la guerre étrangère et la guerre civile, on doit admettre qu'une insurrection armée qui aurait pris le caractère d'une véritable guerre civile ne laisserait pas place à la responsabilité communale. Cette opinion, ainsi que nous l'avons reconnu (*Rép.* nᵒ 2694), était déjà généralement suivie sous l'empire de la loi de l'an 4 (V. Choppard, *Responsabilité des communes*, p. 169).

1303. La question est plus délicate dans le cas d'une tentative d'insurrection ayant pour but de changer la forme et la nature du Gouvernement. Nous avons indiqué (*Rép.* nᵒ 2694) la controverse à laquelle a donné lieu cette question et les divergences des arrêts : depuis la publication du *Répertoire*, la jurisprudence de la cour de cassation s'est prononcée en faveur de l'opinion que nous avions nous-même adoptée, et elle a décidé que la loi de vendémiaire, ayant eu manifestement en vue de prévenir les insurrections, n'a fait aucune distinction entre les causes qui ont pu occasionner les rassemblements (Civ. rej. 23 févr. 1875, aff. Ville de Lyon, D. P. 75. 1. 201; Req. 27 avr. 1875, aff. Ville de Marseille, D. P. 76. 5. 112; 27 juill. 1875, 5 arrêts (1); Civ. rej. 1ᵉʳ déc. 1875, aff. Commune de la Rivière-Pilote, D. P. 76. 1. 73; Trib. Marseille, 21 déc. 1872; V. *suprà*, nᵒ 1295). Il a été jugé, en conséquence, que, par application de cette loi, une commune pouvait être déclarée responsable de dommages causés par une émeute, ayant pour objet, non de commettre des délits contre les personnes et les propriétés, mais d'empêcher le vote et d'entreprendre une lutte contre le Gouvernement (Arrêt précité du 23 févr. 1875), et qu'il n'y avait pas à examiner si la commune pouvait résister à une insurrection générale qui avait éclaté dans le département (Arrêt du 15 nov. 1853, cité *suprà*, nᵒ 1299).

1304. Conformément à l'art. 3, tit. 4, de la loi de l'an 4,

(1) (Ville de Marseille *C.* de Jocas et autres.) — La cour ; — Sur le moyen unique du pourvoi, fondé sur la violation et la fausse application des art. 1ᵉʳ, 2 et 5, de la loi du 10 vend. an 4, et des art. 1382 et suiv. c. civ. : — Attendu que, d'après la formule de ce moyen, la commune de Marseille n'aurait encouru aucune responsabilité : 1ᵒ parce que les dommages dont il s'agit au procès auraient été causés au cours d'un mouvement politique ; — 2ᵒ parce que la ville de Marseille était sous l'empire de l'état de siège ; — Sur le premier point : — Attendu qu'en déclarant les communes responsables des délits comme des attroupements et des dommages qui peuvent en résulter, la loi du 10 vend. an 4 n'a fait aucune distinction entre les diverses causes qui ont pu occasionner ces rassemblements ; que la date de cette loi et les circonstances qui en ont accompagné la promulgation montrent

suffisamment que ses auteurs ont eu le soin de prévenir les séditions politiques aussi bien que toute autre sédition ; — Sur le second point : — Attendu qu'il résulte des faits constants au procès et des déclarations de l'arrêt attaqué, d'une part, que malgré la proclamation de l'état de siège, la municipalité de Marseille n'avait pas cessé d'exercer ses pouvoirs, et, d'autre part, que la commune n'a pas même allégué qu'elle eût pris des mesures afin d'empêcher les désordres qui ont eu lieu sur son territoire ; — Rejette, etc.
Du 27 juill. 1875.-Ch. req.-MM. de Raynal, pr.-Alméras-Latour, rap.-Reverchon, av. gén., c. conf.-Hérisson, av.
Du même jour. — Quatre arrêts identiques, aff. Villeneuve et consorts; aff. Fenelli et consorts; aff. Barthélemy; aff. Viterbo.
— Mêmes magistrats et av.

l'art. 107 de la loi de 1884 dispose que, si les attroupements ou rassemblements ont été formés d'habitants de plusieurs communes, chacune d'elles est responsable des dégâts et dommages causés, dans la proportion qui sera fixée par les tribunaux. Les communes qui n'ont rien fait pour empêcher leurs habitants de prendre part au pillage commis par des attroupements sur le territoire d'une commune voisine sont soumises, pour leur part, à la responsabilité civile, alors même qu'il ne serait pas constaté que les habitants de ces communes en étaient partis en état de rassemblement : il suffit qu'ils aient contribué par leur nombre à former le rassemblement qui s'est livré à la perpétration du délit (Req. 14 janv. 1852, aff. Ville de Lyon et Ville de Vaise, D. P. 52. 1. 155; 17 févr. 1852, aff. Commune de Beauchamp, D. P. 52. 1. 155; 12 juill. 1852, aff. Commune de Nibelle, D. P. 52. 5. 116; Orléans, 14 août 1851, aff. Commune de Sury, D. P. 51. 2. 187). Les communes appelées en garantie articuleraient vainement qu'elles n'ont pas connu le départ de leurs habitants, car la loi leur faisait un devoir de le prévenir et de l'empêcher. Elles articuleraient vainement aussi que leurs habitants n'ont pris les objets pillés que lorsqu'ils avaient été déposés à terre et lorsque le bateau qui les contenait avait été entièrement pillé, alors, d'ailleurs, que ces habitants ont empêché les mariniers d'arrêter le pillage (Arrêt précité du 14 août 1851).

1305. La rédaction de l'art. 107 a été adoptée, conformément à un amendement de M. Bernard accepté par la commission, afin de permettre aux tribunaux, en cas d'attroupements formés d'habitants de plusieurs communes, de proportionner la part de chaque commune dans l'indemnité totale à la gravité de la faute commise par ses habitants. Il résulte de la discussion devant la Chambre des députés (Séance du 27 oct. 1883) que l'on a tenu à éviter toute rédaction qui eût lié le juge dans cette appréciation équitable de la faute et de la réparation. Dans le cas où les attroupements auraient été exclusivement composés de personnes étrangères à la commune sur le territoire de laquelle ont eu lieu les désordres et où aucun des habitants de celle-ci n'y aurait pris part, cette commune ne pourrait cependant être exonérée de toute responsabilité, si elle ne prouvait qu'elle était dans un des cas d'exception limitativement spécifiés dans l'art. 107. Mais les tribunaux devront tenir grand compte, dans l'appréciation qu'ils feront de la responsabilité de chaque commune, de ce fait que les habitants de la commune envahie n'ont pris aucune part aux désordres, et ils ne devront lui faire supporter que la responsabilité de la négligence de ses administrateurs (Morgand, t. 2, p. 163).

CHAP. 3. — Personnes qui peuvent agir en responsabilité contre la commune (*Rép.* n°s 2703 à 2711).

1306. On a vu au *Rép.* n° 2704, que, dans le cas d'homicide, la loi du 10 vend. an 4 désignait, comme pouvant intenter l'action prévue par cette loi, la veuve et les enfants, et que la jurisprudence avait, en conséquence, refusé l'action aux ascendants (Arrêt du 27 avr. 1875, cité *supra*, n° 1303). La loi nouvelle ne contenant à cet égard aucune restriction, nous croyons que l'action doit appartenir aujourd'hui à toute partie lésée (V. conf. Morgand, t. 2, p. 158).

CHAP. 4. — Personnes sur lesquelles pèse la responsabilité (*Rép.* n°s 2712 à 2724).

1307. Nous avons dit au *Rép.* n° 2713, que la répartition qu'il convient de faire entre les communes dont les habitants ont pris part aux attroupements et rassemblements n'oblige pas les personnes, qui ont souffert des crimes et délits, à diviser leur action et à agir contre chacune des communes pour la part qu'elles doivent supporter. Aujourd'hui, comme sous l'empire de la loi de l'an 4, la commune sur le territoire de laquelle ont été commis les excès dont la réparation est demandée, est responsable et peut être assignée pour le tout, sauf à elle à appeler en garantie les autres communes également responsables. Il a été jugé, conformément à un arrêt de la cour de Riom, rapporté au *Rép.* n° 2716, que plusieurs communes déclarées civilement responsables des dommages causés par une réunion de leurs habitants peuvent être condamnées solidairement au paye-

ment des dommages-intérêts par application des art. 55 c. pén., 1200 et 1217 c. civ. (Orléans, 9 août 1850, aff. Quinard, D. P. 51. 2. 145).

1308. Quant à la répartition entre les communes, nous avons vu précédemment qu'il appartient aux tribunaux de proportionner la part de chaque commune dans l'indemnité totale à la gravité de la faute commise par ses habitants. En l'absence d'une base légale et obligatoire de répartition, la contribution peut être calculée d'après le nombre respectif des délinquants de chacune des communes responsables (Req. 14 janv. 1852, aff. Commune d'Oullins, D. P. 52. 1. 155).

1309. A défaut d'éléments suffisants pour apprécier le degré de culpabilité des communes, la faute doit être réputée égale de part et d'autre, sauf à tenir compte dans la répartition de la richesse relative de chaque commune (Orléans, 9 août 1850, aff. Quinard, D. P. 51. 2. 145); et le juge peut en pareil cas, comme nous l'avons vu (*Rép.* n° 2718), prendre pour base de la répartition les quatre contributions directes (Même arrêt; Orléans, 14 août 1851, aff. Commune de Sury, D. P. 52. 2. 187; Req. 17 févr. 1852, aff. Commune de Beauchamp, D. P. 52. 1. 158).

Il appartient aux tribunaux d'apprécier, d'après les circonstances, si le contingent fourni par chaque commune était assez considérable pour prêter à l'attroupement une force dangereuse (Arrêt précité du 14 août 1851).

1310. La loi du 5 avr. 1884 n'a pas reproduit la disposition de l'art. 8, tit. 5, de la loi de l'an 4, qui portait que le montant des dommages-intérêts que la commune serait condamnée à payer devrait être avancé par les vingt plus forts contribuables résidant dans la commune, disposition déjà considérée par la jurisprudence comme abrogée par les lois postérieures qui ont réglé ce mode d'exécution des condamnations pécuniaires prononcées contre les communes (Cons. d'Et. 22 avr. 1858, aff. Coquelin, D. P. 59. 3. 17). La commune devra donc payer, soit au moyen des fonds libres, soit au moyen d'un emprunt, soit au moyen de l'aliénation des biens communaux, les dommages-intérêts dont elle sera déclarée responsable; et le montant de ces réparations sera ensuite réparti, aux termes de l'art. 106, § 2, entre tous les habitants domiciliés dans la commune, en vertu d'un rôle spécial comprenant les quatre contributions directes.

1311. Ce sont, en effet, les habitants domiciliés dans la commune qui sont légalement présumés en faute, et qui doivent par suite supporter en dernière analyse les dommages-intérêts payés directement par la commune. Cette disposition a été critiquée, devant le Sénat, à un double point de vue, par M. Bathie. Il a fait observer, d'une part, que l'article ne disait pas que c'était à défaut de ressources disponibles dans la caisse communale qu'on recourrait contre les habitants par voie de contributions directes, d'autre part, que c'était à tort que l'on faisait peser la responsabilité sur les habitants domiciliés dans la commune, et non sur les propriétaires forains, alors que ces derniers peuvent être conseillers municipaux et avoir concouru à l'élection du maire. Sur le premier point, le rapporteur a déclaré que la commission n'hésitait pas à se prononcer pour le système contraire à celui de M. Bathie; que, dans toute hypothèse, soit que la commune possédât soit qu'elle ne possédât pas de ressources disponibles, soit qu'elle pût, soit qu'elle ne pût pas s'acquitter immédiatement de sa dette, les habitants domiciliés dans la commune devaient être responsables, selon leurs facultés personnelles, du montant des condamnations.

Sur le deuxième point, il a été répondu que les propriétaires forains sont électeurs hors de la commune et n'ont point été appelés à constituer le conseil municipal; que si les conseillers municipaux sont responsables, ils ne le sont pas comme conseillers, mais uniquement comme habitants de la commune, et comme ayant contribué à constituer l'administration municipale qui a été en faute. A la suite de ces explications, le système de M. Bathie a été rejeté par 162 voix contre 72 (D. P. 84. 4. 25, note 106, § 2).

1312. La répartition doit être faite entre les habitants de la commune dans les formes usitées pour les autres impositions (Sol. impl., Cons. d'Et. 22 avr. 1858, aff. Coquelin, D. P. 59. 3. 17). Une imposition d'office peut donc être établie à la suite d'une condamnation prononcée contre la

commune, et il n'y a lieu de porter sur les rôles que les domiciliés dans la commune au moment où ont eu lieu les faits qui ont motivé la condamnation (V. à titre d'exemple le décret du 9 févr. 1852, relatif au payement des condamnations judiciaires prononcées contre la ville de Saint-Etienne, en exécution de la loi de vendémiaire an 4, D. P. 58. 4. 60).

1313. Lorsque le montant de semblables condamnations doit, au moyen d'une imposition extraordinaire ajoutée au principal des quatre contributions, être acquitté par les habitants qui étaient domiciliés dans la commune à l'époque des faits qui ont motivé la condamnation, c'est aux tribunaux administratifs à décider, en cas de réclamation, si un habitant avait, ou non, son domicile dans la commune à l'époque indiquée (Sol. impl., Cons. d'Et. 20 juin 1855, aff. Flachat Peyron, D. P. 56. 3. 1). M. Morgand, t. 2, p. 160, estime, au contraire, que les tribunaux civils sont compétents pour juger non seulement les questions relatives à l'état et à la capacité des personnes, mais aussi les questions de domicile. On doit comprendre parmi les habitants sur lesquels pèse la responsabilité tous ceux qui, de fait, vivent et exercent leur profession dans l'enceinte de la commune, sans qu'il soit besoin de rechercher s'ils y ont acquis ou non leur domicile légal (Orléans, 30 juin 1849, aff. Commune de Sury, D. P. 49. 2. 145). Ceci n'est donc pas, à proprement parler, une question de domicile qu'il s'agit de résoudre, et c'est peut-être sur ce motif que repose la solution admise implicitement par le conseil d'Etat (V. toutefois la note sur cet arrêt, D. P. 56. 3. 1).

1314. Nous avons dit au Rép. n° 2721, que l'art. 4, tit. 4, de la loi de vendémiaire attribuait aux habitants qui justifieraient n'avoir pris aucune part aux faits délictueux un recours contre les auteurs et complices de ces faits. La loi du 5 avr. 1884 ne contient aucune disposition analogue ; mais elle accorde ce recours à la commune elle-même (art. 109), et elle fait ainsi cesser la controverse qui existait, sous l'empire de la loi de l'an 4, relativement à la recevabilité de l'action de la commune (V. en faveur de la recevabilité de cette action : Orléans, 9 août 1850, aff. Quinard, D. P. 51. 2. 145 ; Rouen, 27 mai 1873, aff. de Maupassant, D. P. 74. 2. 29. — *Contrà :* Req. 8 févr. 1876, aff. Ville de Marseille, D. P. 76. 1. 300).

Le système consacré par l'art. 109 n'est pas à l'abri de la critique. Il semble, en effet, que la commune étant désintéressée par la répartition entre ses habitants du montant des condamnations prononcées contre elle, c'était aux habitants et non à la commune que le recours devait être ouvert. Cette anomalie s'explique par ce fait que, dans le projet primitif, la commune était seule responsable et devait seule payer ; mais les modifications apportées sur ce point par le Sénat au projet primitif auraient dû entraîner un changement dans la rédaction de l'art. 109 (Morgand, t. 2, p. 167). Quoi qu'il en soit, le maire, agissant au nom de la commune, peut aujourd'hui, en vertu de cet article, intenter l'action récursoire pour le compte des habitants domiciliés ; et il nous paraît incontestable que ces derniers pourraient exercer, en vertu de l'art. 123, l'action que la commune refuserait d'intenter.

1315. La question de savoir si, en l'absence d'une disposition qui leur reconnaisse ce droit, les habitants pourraient individuellement exercer une action contre les auteurs des faits délictueux, est beaucoup plus délicate ; et l'on peut soutenir qu'en substituant l'action de la commune à celle des particuliers, l'art. 109 a eu pour objet de prévenir la multiplicité de procédures pouvant aboutir à des solutions inconciliables. Toutefois, M. Morgand, t. 2, p. 167, est d'avis que les habitants pourraient agir en leur nom personnel, en vertu de ce principe du droit civil que quiconque a causé par un fait illicite un préjudice à un tiers est tenu de le réparer. Dans la séance du Sénat du 11 mars 1884, le rapporteur a été amené à s'expliquer sur la question de savoir si la commune ou ses habitants, condamnés à raison de désordres imputables à une faute grave du maire, ne pourraient pas exercer un recours contre ce dernier. « Il est certain, a-t-il dit, que toute faute personnelle commise par quelqu'un oblige celui qui l'a commise à la réparer. Par conséquent, le maire, par un de ces abus de pouvoirs évidents, par une négligence qu'on ne pourrait excuser, par une lâcheté honteuse en de pareilles circonstances, n'a pas rempli le devoir qui lui était imposé, nous

ne disons pas que la commune n'aura pas de recours contre lui ; nous ne préjugeons pas cette question, elle reste du ressort de l'autorité judiciaire, et quand le maire sera ainsi actionné par les intéressés, les tribunaux prononceront : nous n'avons rien à y voir ».

CHAP. 5. — Nature et qualité des réparations civiles, des dommages-intérêts et de l'amende dont les communes sont tenues (Rép. n° 2725 à 2744).

1316. La loi de l'an 4 imposait aux communes, comme on l'a vu (Rép. n° 2725), trois sortes de réparations : 1° une réparation principale consistant dans la restitution des objets pillés ou volés, lorsque ces objets se retrouvaient en nature ou lorsqu'il s'agissait de choses fongibles, et à défaut de la chose volée ou détruite, dans le payement d'une somme égale au double de sa valeur d'après le cours du jour où le pillage avait été commis ; 2° une réparation accessoire consistant dans des dommages-intérêts qui ne pouvaient jamais être moindres que la valeur entière des objets ; 3° une réparation pénale consistant dans le payement à l'Etat d'une amende égale au montant de la réparation principale. La loi de 1884 n'ayant reproduit aucune de ces dispositions, il n'y a plus lieu d'infliger à la commune déclarée responsable une amende au profit de l'Etat, et les dommages-intérêts doivent être évalués par le juge d'après les règles du droit commun.

CHAP. 6. — Par qui l'action peut-elle être dirigée contre la commune ? Procédure (Rép. n° 2645 à 2715).

1317. La procédure spéciale organisée ainsi qu'on l'a vu au Rép. n° 2745 et suiv. par la loi de l'an 4 ne doit plus être suivie aujourd'hui, et, la loi de 1884 ne contenant à cet égard aucune disposition particulière, il y a lieu de se conformer aux règles établies pour toutes les actions civiles intentées par les particuliers contre les communes. Le ministère public ne peut plus agir contre la commune, puisque l'amende infligée au profit de l'Etat est supprimée et que les communes ne sont assujetties qu'à une responsabilité purement civile.

Quant à l'action des parties lésées, elle est désormais soumise au droit commun, et nous pensons, comme M. Morgand, t. 2, p. 159, qu'il n'y a aujourd'hui aucun motif pour exempter ces actions de l'autorisation de plaider et du dépôt préalable du mémoire imposée par les art. 121 et 124 de la loi du 5 avr. 1884.

1318. Les voies de recours sont également celles du droit commun. Il n'est pas douteux que l'autorité judiciaire est seule compétente pour connaître des actions en responsabilité dirigées contre les communes dans le cas de l'art. 106 de la loi de 1884. Il en est ainsi, spécialement, de la demande d'indemnité formée contre une ville à raison de dommages causés par des rassemblements tumultueux à l'établissement d'une congrégation non autorisée ; et l'on invoquerait en vain, pour attribuer la connaissance de l'affaire à la juridiction administrative, la corrélation qui aurait existé entre les troubles constatés et l'expulsion des religieux ordonnée et exécutée par mesure administrative (Trib. confl. 19 févr. 1881, aff. Mas, D. P. 82. 3. 69. V. aussi Amiens, 29 juin 1874, *suprà,* n° 1296).

1319. Les parties peuvent, sans violer le principe qui veut que le criminel reste sans influence sur le civil, puiser la preuve, soit de la participation des habitants de la commune au pillage, soit de leur inaction, dans les procédures criminelles suivies à l'occasion dudit pillage (Orléans, 30 juin 1849, aff. Commune de Sury, D. P. 49. 2. 145).

1320. La jurisprudence avait décidé, sous l'empire de la loi de vendémiaire, que la responsabilité civile encourue par les communes pour faits qualifiés crimes ou délits par les lois pénales était soumise à la même prescription que l'action publique pour la répression de ces crimes ou délits (Civ. cass. 14 mars 1853, aff. Juret, D. P. 53. 1. 83 ; 6 mars 1855, aff. Commune de Bauvry, D. P. 55. 1. 84 ; Req. 28 févr. 1855, aff. Commune d'Altkirch, D. P. 55. 1. 343). Cette solution ne peut être contestée sous l'empire de la loi de 1884, l'action en responsabilité étant incon-

testablement l'accessoire de l'action pénale dirigée contre les auteurs des crimes et délits.

CHAP. 7. — Payement des condamnations. — Répartition des sommes dues (*Rép.* nos 2776 à 2782).

1321. Les dispositions de la loi de l'an 4 sur le payement des condamnations encourues par les communes en vertu de cette loi (*Rép.* n° 2776) sont abrogées. Le recouvrement du montant de ces condamnations se poursuit donc conformément au droit commun.

La répartition ainsi, que nous l'avons dit *suprà*, n° 1312, se fait entre les habitants dans les formes usitées pour les autres impositions.

Table sommaire

des matières contenues dans le Supplément et le Répertoire.

(Les chiffres précédés de la lettre *S* renvoient au Supplément; les chiffres précédés de la lettre *R* renvoient au Répertoire.)

— biens indivis entre plusieurs commu- nes S. 1253 s. ; R. 2549.
— commission intercom- munale S. 1256 s. ; (dissolution d'offi- ce) S. 1263.
— commission syndicale S. 1254 ; R. 301
— compétence S. 1264 ; R. 2525.
— conseil général, ré- partition de la dé- pense S. 1260.
— conseil municipal, dé- libérations S. 1246 ; R. 2541.
— préfet (approbation) S. 1247 s. ; (répar- tition de la dé- pense) S. 1261.
— V. Dettes communales.
Triage
— origine S. 1022 s. ; R. 1944 s.
— révocation S. 1022 s. ; R. 1944 s. ; (éten- due, effets) R. 1954 s.
Tribunaux civils. V. Acquisition com- munale- compéten- ce, Aliénation commu- nale- compétence, Biens communaux- compétence, Biens communaux - par- tage, Circonscrip- tion, Délimitation de commune, Jouis-

sance communale- compétence.
Tribunal de police
— arrêté municipal S. 508 s. ; R. 735 s.
— compétence, arrêtés municipaux S. 474 s. ; R. 558.
— règlement ancien de police S. 306.
Trois-Évêchés. V. Biens communaux- partage.
Trottoir
— dépense obligatoire R. 457.
— taxe, recouvrement S. 444.
Troupe armée. V. Sé- curité publique.
Troupeau communal
S. 544 s. ; R. 813 s.
— nombre de têtes par habitant S. 546 ;
— taxe, reproduction S. 353.
Usage communal
— compétence S. 1017 ; R. 1909.
— V. Action des habi- tants, Cantonne- ment.
Vacant S. 1037 s. ; R. 2060 s.
— Bretagne, règles spé- ciales S. 1047 s. ; R. 2091 s. ; (droit de communer) S. 1047 s. ; R. 2091 ;

(droit de motoyer) S. 1047 ; R. 2091 ; (exceptions) S. 1048 ; (partage) S. 1054 s. ; R. 2093 s. ; (transformation du droit de commu- ner) S. 1049 s. ; R. 2093.
— Savoie, réintégration S. 1083.
— V. Terres vaines et vagues.
Vaine pâture
— anciens usages, exclu- sion de certaines cultures S. 548 ; R. 822.
— atteinte au droit de propriété S. 536 ; R. 798.
— cantonnement S. 537 ; R. 798.
— conseil municipal (classement des diverses espèces de bétail) S. 547 ; R. 820 ; (conditions de dépaissance) S. 553 ; (fixation de l'époque) S. 543 ; R. 812 ; (qualité) S. 535 s. ; R. 793 s. ; (quantité de bé- tail, détermination) S. 541 ; R. 806.
— déclaration préalable, contravention S. 351.
— habitant de la com- mune, obligations S. 542 ; R. 811.

— maire (excès de pou- voir) S. 550 ; (fixa- tion de l'ouver- ture) S. 551 ; (in- terdiction sur les chemins vicinaux S. 552 ; (pouvoirs) S. 549 s. ; R. 827 ; (qualité) S. 538 ; R. 801.
— prairie artificielle S. 540 ; R. 803.
— propriétaire forain S. 553.
— réglementation, ap- probation S. 273 ; R. 373.
— restriction S. 537, 543.
— terrain clos S. 539 s. ; R. 802 s.
— terrain ensemencé ou chargé de récoltes S. 540 ; R. 804.
— troupeau collectif S. 545 ; R. 814.
— V. Pâtre communal, Troupeau commu- nal.
Vente. V. Aliénation communale.
Vente à la criée. V. Halles et marchés, Tranquillité publi- que.
Vente aux enchères
— réglementation S. 689 s. ; R. 1134 s.
Vente de marchan- dises.
— fraude, amende S. 382 s. ; R. 529.

Viatique. V. Tranquil- lité publique.
Vidange. V. Salubrité publique.
Ville de Lyon.
— adjoint, nombre S. 118.
— arrêté de police, qua- lité S. 466.
— conseil municipal, membres, nombre S. 60.
— dépenses de police S. 306.
— responsabilité civile en cas d'attroupe- ment S. 1293 s.
Ville de Paris.
— asphyxie, mesures de police S. 797.
— balayage S. 386.
— débit de boissons, heure d'ouverture S. 705.
— dépenses de police S. 306.
— fille publique S. 667.
— incendie, mesures préventives S. 794.
— organisation admi- nistrative spéciale S. 200 ; R. 309.
— pièces d'artifice S. 639.
— porte des maisons, fermeture S. 637.
— profession bruyante S. 639.
— recettes ordinaires S. 396.
— responsabilité civile en cas d'attroupe-

ments S. 1293 s. R. 2057.
Visite sanitaire. V. Fille publique.
Voie de recours. V. Arrêté municipal.
Voirie.
— autorisations (déli- vrance) S. 557 ; (qualité) S. 555 s. ; R. 835 s.
— maire, attributions S. 225.
— préfet, attributions S. 225.
— voirie communale, autorisation, per- missions S. 225.
— V. Droits de voirie.
Voiture.
— abords des théâtres S. 812 ; R. 1338.
— circulation (interdic- tion de certains lieux) S. 571 ; (sta- tionnement) S. 569 ; R. 914 s.
— éclairage S. 633.
— tarif des prix S. 570.
— taxe des chevaux et voitures, recette ordinaire S. 398.
— V. Sécurité publique.
Voiture publique
— mesures de police S. 750 ; R. 1209.
— monopole, privilège S. 374.
— registre S. 750 ; R. 1209.
— V. Droits de station- nement

Table des articles de la loi du 5 avril 1884.

Table chronologique des Lois, Arrêts, etc.

23 nov. Cons. d'Et. 420 c.
30 nov. Cons. d'Et. 1157 c.
5 déc. Trib. confl. 1157 c.
6 déc. Loi. 15 c., 916 c., 1054 c., 1055 c., 1056 c., 1057 c., 1058 c., 1059 c., 1060 c., 1061 c., 1062 c., 1064 c., 1065 c., 1038 c.
10 déc. Loi. 381 c.
28 déc. Crim. 526 c., 529 c.

1851
18 janv. Cons. d'Et. 51 c.
27 janv. Civ. 56 c., 931 c., 1016 c.
27 janv. Rennes. 1172 c., 1205 c.
1er févr. Cons. d'Et. 1150 c.
15 févr. Bourges. 956 c.
1er mars. Crim. 592 c., 610 c.
14 mars. Crim. 219 c.
21 mars. Crim. 786 c.
22 mars. Crim. 776 c.
22 mars. Loi. 382 c., 382 c., 605 c., 752 c., 767 c., 769 c.
5 avr. Loi. 336 c.
5 avr. Cons. d'Et. 1157 c.
30 avr. Civ. 1039 c., 1081 c.
15 mai. Crim. 731 c.
24 mai. Cons. d'Et. 853 c.
30 mai. Loi. 382 c.
8 juin. Req. 1038 c.
16 juin. Req. 828 c., 881 c.
18 juin. Req. 1031 c., 1032 c., 1034 c., 1036 c.
21 juin. Crim. 723 c.
22 juin. Loi. 240 c.
25 juin. Ch. réun. 684 c.
22 juill. Req. 970 c.
28 juill. Req. 834 c.
1er août. Rennes. 244 c.
7 août. Loi. 460 c., 911 c.
9 août. Cons. d'Et. 1157 c.
14 août. Orléans. 1304 c., 1309 c.
4 sept. Décr. 306 c.
20 sept. Crim. 480 c., 519 c., 709 c.
27 sept. Crim. 484 c.
2 oct. Crim. 609 c., 730 c.
3 oct. Crim. 637 c., 805 c.
10 oct. Crim. 617 c.
11 oct. Crim. 1152 c.
14 oct. Crim. 561 c.
7 nov. Crim. 754 c., 757 c., 759 c.
8 nov. Crim. 481 c.
8 nov. Trib. confl. 1243 c., 1244 c.
11 nov. Cons. d'Et. 292 c.
13 nov. Cons. d'Et. 282 c., 1164 c.
29 nov. Cons. d'Et. 1261 c., 1288 c.
27 déc. Crim. 351 c., 480 c.

29 déc. Décr. 602 c., 606 c., 724 c.

1852
14 janv. Req. 1299 c., 1301 c., 1304 c., 1308 c.
21 janv. Civ. 1101 c., 1113 c., 1121 c.
24 janv. Crim. 478 c.
2 févr. Décr. 78 c.
7 févr. Civ. 1077 c., 1089 c.
9 févr. Décr. 1312 c.
13 févr. Décr. 298 c.
17 févr. Req. 1304 c., 1309 c.
26 févr. Crim. 516 c.
5 mars. Crim. 804 c.
13 mars. Crim. 562 c., 564 c.
16 mars. Req. 1301 c.
17 mars. Décr. 332 c.
20 mars. Cons. d'Et. 1009 c., 1126 c.
25 mars. Décr. c., 227 c., 228 c., 286 c., 303 c., 308 c., 309 c., 324 c., 326 c., 376 c., 441 c., 751 c., 986 c., 1110 c., 1122 c., 1147 c., 1149 c., 1150 c., 1198 c., 1216 c., 1240 c.
28 mars. Décr. 377 c.
8 avr. Crim. 482 c., 571 c., 623 c.
8 avr. Cons. d'Et. 367 c., 375 c., 1242 c.
20 avr. Trib. Vannes. 1055 c.
28 avr. Req. 1074 c.
30 avr. Crim. 582 c.
5 mai. Circ. 1150 c., 1184 c., 1235 c.
6 mai. Crim. 784 c.
12 mai. Civ. 1031 c., 1032 c., 1038 c.
25 mai. Décr. 1246 c.
28 mai. Cons. d'Et. 1157.
17 juin. Crim. 562 c.
25 juin. Décr. 385 c.
3 juill. Ch. réun. 662 c., 663 c.
7 juill. Loi. 4 c.
7 juill. Civ. 915 c.
8 juill. Loi. 383 c.
8 juill. Crim. 521 c.
12 juill. Req. 1299 c., 1304 c.
15 juill. Crim. 712 c.
16 juill. Metz. 1134 c.
24 juill. Crim. 460 c., 583 c.
10 août. Décr. 750 c., 633 c.
12 août. Crim. 573 c.
14 août. Crim. 862 c., 757 c., 762 c., 791 c.
25 août. Décr. 819 c.
12 sept. Crim. 723 c.

2 oct. Crim. 703 c.
2 oct. Cons. d'Et. 870 c.
7 oct. Crim. 664 c., 576 c.
25 nov. Toulouse. 1140 c.
26 nov. Crim. 762 c.
3 déc. Crim. 663 c.
4 déc. Crim. 521 c., 517 c.
11 déc. Ord. 788 c.
17 déc. Crim. 491 c., 739 c.

1853
1er févr. Crim. 1031 c., 1032 c., 1079 c.
4 févr. Crim. 759 c.
3 mars. Cons. d'Et. 1157 c.
14 mars. Req. 1033 c., 1071 c.
14 mars. Civ. 1320 c.
16 mars. Civ. 890 c.
23 mars. Req. 1136 c., 573 c.
14 juin. Loi. 311 c.
16 juin. Crim. 452 c., 677 c.
21 avr. Caen. 697 c.
26 avr. Civ. 874 c., 887 c., 969 c.
3 mai. Civ. 890 c.
14 mai. Crim. 809 c., 1036 c., 1072 c.
21 mai. Décr. en Cons. d'Et. 939 c.
25 mai. Ch. réun. 405 c.
3 juin. Crim. 738 c.
10 juin. Loi. 15 c., 306 c., 465 c.
17 juin. Crim. 585 c.
1er juill. Crim. 782 c.
21 juill. Cons. d'Et. 81 c.
29 juill. Crim. 573 c.
4 août. Crim. 485 c., 639 c., 642 c.
10 août. Req. 1055 c.
11 août. Crim. 564 c.
12 août. Crim. 709 c.
5 sept. Décis. 1202 c.
9 sept. Crim. 543 c.
16 sept. Crim. 632 c.
23 sept. Crim. 456 c., 663 c.
7 oct. Crim. 619 c., 546 c., 674 c., 680 c.
17 nov. Rouen. 292 c.
25 nov. Crim. 598 c.
29 déc. Cons. d'Et. 1267 c.
26 déc. Crim. 538 c., 540 c., 550 c.

1854
5 janv. Cons. d'Et. 5242 c.
6 janv. Crim. 487 c., 565 c., 697 c., 1236 c.
10 janv. Cons. d'Et. 353.
23 janv. Crim. 456 c.

30 janv. Pau. 1017 c.
30 janv. Décr. en Cons. d'Et. 904 c.
2 févr. Crim. 1164 c.
8 févr. Civ. 1175 c.
10 févr. Crim. 496 c.
18 févr. Paris. 984 c.
3 mars. Crim. 662 c.
9 mars. Crim. 480 c., 517 c.
10 mars. Crim. 543 c., 808 c.
25 mars. Crim. 763 c.
30 mars. Cons. d'Et. 886 c., 1222 c.
20 avr. Crim. 584 c.
20 avr. Cons. d'Et. 980 c.
28 avr. Cons. d'Et. 870 c.
10 mai. Metz. 1159 c., 688 c.
18 mai. Cons. d'Et. 55 c., 292 c.
26 mai. Crim. 638 c., 766 c.
2 juin. Crim. 757 c., 573 c.
14 juin. Crim. 311 c.
16 juin. Crim. 452 c., 677 c.
21 juin. Req. 1075 c., 1065 c.
22 juin. Loi. 658 c., 1085 c.
22 juin. Grenoble. 1031 c., 1032 c., 1034 c., 1035 c., 1036 c., 1072 c.
7 juill. Crim. 472 c., 577 c., 655 c.
8 juill. Crim. 438 c.
2 août. Cons. d'Et. 375 c., 445 c.
12 août. Cons. d'Et. 412 c.
6 sept. Circ. 422 c., 532 c.
8 nov. Cons. d'Et. 870 c.
15 nov. Av. Cons. d'Et. 772 c.
16 nov. Cons. d'Et. 367 c., 1158 c.
23 nov. Crim. 770 c.
29 nov. Req. 1080 c.

1855
4 janv. Crim. 492 c.
22 janv. Décis. 1202 c.
17 févr. Crim. 688 c., 709 c., 720 c., 721 c.
23 févr. Crim. 490 c., 546 c., 674 c.
24 févr. Crim. 234 c.
27 févr. Décr. 305 c.
28 févr. Req. 1320 c.
6 mars. Civ. 1320 c.
11 mars. Décr. en Cons. d'Et. 927 c.
15 mars. Crim. 717 c., 725 c.
17 mars. Crim. 561 c.
21 mars. Req. 1049 c.
22 mars. Crim. 530 c., 631 c.
16 avr. Req. 1078 c., 1079 c., 1081 c.

25 avr. Civ. 979 c., 981 c.
27 avr. Crim. 709 c.
2 mai. Loi. 300 c.
5 mai. Loi. 4 c., 5 c., 6 c., 60 c., 62 c., 65 c., 66 c., 77 c., 89 c., 115 c., 140 c., 145 c., 146 c., 150 c., 154 c., 165 c., 170 c., 242 c., 243 c., 249 c., 252 c., 261 c., 266 c., 288 c., 417 c., 767 c.
10 mai. Cons. d'Et. 395 c.
14 mai. Circ. 753 c., 1114 c., 1124 c.
21 mai. Loi. 64 c.
24 mai. Crim. 610 c.
25 mai. Crim. 686 c., 688 c.
2 juin. Crim. 472 c.
6 juin. Req. 1211 c.
14 juin. Cons. d'Et. 1147 c.
16 juin. Crim. 713 c.
20 juin. Cons. d'Et. 1313 c.
27 juin. Cons. d'Et. 1158 c.
17 juill. Civ. 764 c.
28 juill. Crim. 643 c.
3 août. Crim. 487 c., 715 c.
20 sept. Crim. 561 c.
13 oct. Ord. 658 c.
17 nov. Crim. 718 c.
24 nov. Crim. 635 c., 650 c.
8 déc. Crim. 909 c., 1075 c., 1078 c.
1 déc. Crim. 408 c., 532 c.
15 déc. Crim. 616 c.
24 déc. Req. 879 c.
27 déc. Av. Cons. d'Et. 1179 c.
31 déc. Civ. 844 c., 884 c., 953 c.

1856
5 janv. Crim. 351 c.
10 janv. Bordeaux. 1073 c.
10 janv. Cons. d'Et. 1265 c., 1266 c. 1269 c.
19 janv. Crim. 456 c., 584 c.
24 janv. Cons. d'Et. 502 c., 979 c., 1146 c., 1150 c.
26 janv. Crim. 456 c., 716 c., 718 c.
31 janv. Crim. d'Et. 89 c.
1er févr. Toulouse. 1140 c.
2 févr. Crim. 635 c.
9 févr. Crim. 568 c.
13 févr. Crim. 1320 c., 79 c.
14 févr. Crim. 496 c.
15 févr. Crim. 480 c.
21 févr. Cons. d'Et. 1344 c.
22 févr. Crim. 754 c., 764 c.
29 févr. Circ. 400 c.
1er mars. Crim. 637 c.
7 mars. Crim. 481 c., 510 c.
13 mars. Cons. d'Et. 1010 c., 1116 c.

28 mars. Crim. 697 c.
29 mars. Crim. 677 c.
3 avr. Crim. 625 c.
4 avr. Cons. d'Et. 437 c.
10 avr. Crim. 573 c., 609 c., 753 c.
16 avr. Cons. d'Et. 99 c., 113 c.
18 avr. Crim. 403 c., 767 c.
24 avr. Crim. 837 c., 1132 c., 1157 c.
30 avr. Bourges. 915 c.
8 mai. Crim. 561 c., 572 c., 578 c.
8 mai. Cons. d'Et. 415 c.
14 mai. Cons. d'Et. 69 c.
15 mai. Crim. 741 c.
23 mai. Crim. 763 c., 766 c.
30 mai. Crim. 617 c.
3 juin. Civ. 1078 c.
6 juin. Crim. 812 c.
29 août. Crim. 489 c., 496 c.
2 oct. Crim. 749 c.
7 juin. Ord. 642 c., 643 c., 795 c.
13 juin. Crim. 601 c.
25 juin. Décr. en Cons. d'Et. 911 c., 564 c.
7 juill. Circ. 400 c.
28 juill. Civ. 952 c., 955 c.
29 juill. Req. 981 c., 1014 c., 1117 c.

1858
7 janv. Cons. d'Et. 504 c.
8 janv. Crim. 503 c.
20 janv. Décr. 450 c.
21 janv. Cons. d'Et. 1297 c.
27 janv. Civ. 1275 c., 1297 c.
5 déc. Crim. 500 c.
13 déc. Cons. d'Et. 637 c.

1857
8 janv. Crim. 542 c., 551 c., 717 c., 729 c.
9 janv. Crim. 485 c., 584 c., 635 c., 639 c.
23 janv. Crim. 706 c., 374 c., 474 c., 560 c., 1239 c.
31 janv. Crim. 463 c., 716 c., 718 c.
3 févr. Req. 1035 c., 1036 c., 1039 c., 1046 c., 1080 c.
20 févr. Crim. 535 c.
26 févr. Crim. 707 c., 730 c.
2 mars. Req. 1062 c.
4 mars. Civ. 1008 c., 681 c.
6 mars. Crim. 676 c.
7 mars. Crim. 213 c., 480 c.
17 mars. Cons. d'Et. 487 c., 824 c., 979 c., 1150 c.
28 mars. Crim. 010 c.
15 avr. Cons. d'Et. 435 c.
4 mai. Circ. 1203 c.
14 mai. Crim. 561 c., 322 c.

16 mai. Crim. 376 c., 766 c.
22 mai. Crim. 519 c.
10 juin. Civ. 1075 c.
13 juin. Crim. 760 c.
19 juin. Loi. 1090 c., 1006 c.
19 juin. Crim. 487 c., 500 c.
25 juin. Cons. d'Et. 1010 c., 1116 c.
26 juin. Crim. 408 c., 546 c.
2 juill. Crim. 749 c.
3 juill. Crim. 746 c.
23 juill. Cons. d'Et. 1132 c., 1157 c.
29 juill. Agen. 1078 c.
21 août. Crim. 681 c.
26 août. Crim. 1144 c.
20 août. Crim. 489 c., 496 c.
6 nov. Crim. 610 c.
10 nov. Crim. 728 c.
17 déc. Crim. 562 c., 564 c.
28 déc. Req. 905 c., 1080 c., 1081 c.

1859
4 janv. Civ. 906 c., 969 c.
7 janv. Crim. 489 c., 540 c.
15 janv. Crim. 562 c.
18 janv. Crim. 715 c.
22 janv. Crim. 537 c.
27 janv. Cons. d'Et. 395 c.
28 janv. Crim. 640 c.
5 févr. Crim. 486 c., 543 c., 678 c.
10 févr. Cons. d'Et. 853 c., 970 c., 981 c.
16 févr. Civ. 829 c., 848 c.
24 févr. Cons. d'Et. 206 c., 429 c.
25 févr. Crim. 703 c.
3 mars. Crim. 714 c., 719 c.
4 mars. Cons. d'Et. 349 c.
10 mars. Crim. 562 c.
4 avr. Civ. 828 c., 848 c.
4 avr. Cons. d'Et. 860 c.
26 avr. Req. 1057 c.
5 mai. Crim. 288 c., 853 c., 979 c., 981 c.
10 mai. Crim. 715 c.
27 mai. Crim. 548 c.
9 juin. Cons. d'Et. 666 c.
20 juin. Instr. 199 c., 439 c., 441 c., 452 c., 454 c., 1289 c.
28 juin. Crim. 794 c., 583 c., 593 c.
30 juin. Cons. d'Et. 505 c., 773 c.
9 juill. Crim. 717 c., 720 c.
9 juill. Cons. d'Et. 841.
11 juill. Besançon. 1028 c.

15 juill. Crim. 610 c.
22 juill. Crim. 560 c., 562 c., 564 c., 681 c.
23 juill. Décr. en Cons. d'Et. 959 c.
3 août. Besançon. 666 c.
11 août.Cons.d'Et. 212 c., 507 c.
19 août. Crim. 549 c., 550 c.
20 août Circ. 460 c.
1er sept. Crim. 709 c.
13 oct. Crim. 561 c.
19 nov. Crim.530 c.
25 nov.Crim.215 c.
3 déc. Crim. 488 c.
23 déc. Crim. 678 c.
24 déc.Crim.562 c.

1860

5 janv.Cons.d'Et. 853 c.
10 janv. Civ. 848 c.
19 janv. Cons.d'Et. 1009, 1010 c., 1126 c.
27 janv. Crim. 554 c., 773 c.
2 févr. Cons. d'Et. 285 c., 979 c., 981 c., 1219 c.
9 févr.Cons.d'Et. 1128, 1132 c., 1157 c.
16 févr.Cons.d'Et. 1161.
18 févr. Crim. 488 c., 743 c., 745 c.
24 févr. Crim. 499 c.
5 mars.Req.681 c.
7 mars. Civ. 958 c.
9 mars. Crim. 728
10 mars. Crim. 474 c., 482 c.
14 mars. Trib. Aix. 801 c.
14 mars.Cons.d'Et. 1017 c., 1114 c.
16 mars. Crim. 637 c., 732 c.
30 mars. Crim. 766
12 avr. Cons. d'Et. 606 c., 607.
26 avr. Crim. 792.
27 avr. Crim. 1148 c.
16 mai.Pau.1104 c.
16 mai. Décr. en Cons. d'Et. 959 c.
4 juill. Cons.d'Et. 1008 c., 1207 c., 1209 c.
12 juill. Crim. 484 c.
10 juill. Douai. 870 c., 906 c.
11 juill. Civ. 822 c.
12 juill.Cons.d'Et. 285 c., 1219 c.
21 juill. Crim. 679 c.
28 juill. Loi. 15 c., 338 c., 1090 c., 1091 c., 1090 c.
8 août. Crim. 505 c.
16 août.Cons.d'Et. 148 c.
30 août. Crim. 635 c., 641 c.
1er sept.Cons.d'Et. 957 c., 959 c., 963 c.
15 nov.Crim.219 c.
17 nov. Crim. 376 c., 735 c., 785 c.
23 nov.Crim.460 c.
28 nov. Bourges. 913 c.

8 déc. Req. 666 c.
6 déc.Crim. 782 c.
6 déc. Cons. d'Et. 922 c.
21 déc. Crim.709 c.
29 déc. Crim.621 c.

1861

10 janv.Cons.d'Et. 910 c.
24 janv. Crim. 528 c., 531 c., 532 c.
30 janv.Cons.d'Et. 841 c.
2 févr. Crim. 713 c.
6 févr. Décr. 15 c.
27 févr. Bourges. 915 c.
28 févr. Crim. 591 c.
1er mars. Crim.709 c.
15 mars. Crim. 595 c., 596 c.
20 mars. Cbns. d'Et. 101 c.
30 mars.Crim.585 c., 595 c., 596 c.
4 avr. Cons. d'Et. 284 c.
6 avr. Crim. 724 c.
12 avr. Crim. 469 c.
13 avr. Décr. 227 c., 376 c., 1149 c., 1151 c., 1234 c.
16 avr.Crim.572 c.
18 avr. Cons.d'Et. 283 c.
25 avr. Chambéry. 666 c.
25 avr. Cons. d'Et. 113 c.
2 mai. Crim. 730 c., 732 c., 734 c.
2 mai.Cons.d'Et. 1268.
3 mai. Crim. 572 c.
4 mai. Crim. 713 c.
17 mai. Crim. 462 c.
25 mai. Crim. 652 c.
3 juin. Req. 953 c.
20 juin.Cons.d'Et. 1004 c., 1245 c.
20 juin. Décr. en Cons. d'Et. 879 c.
21 juin. Crim. 1130 c.
27 juin. Crim. 609 c.
28 juin. Crim. 619 c.
3 juill.Cons.d'Et. 881 c.
18 juill. Crim. 718 c.
18 juill. Req. 981 c.
20 juill. Civ. 909 c.
14 août. Aix. 666 c.
29 août. Crim. 568 c., 679 c., 683 c.
9 nov. Crim. 474 c., 621 c.
14 nov. Crim. 488 c., 605 c., 607 c., 670 c., 745 c.
21 nov. Crim. 573 c.
23 nov. Crim. 553. c., 488 c., 605 c., 708 c., 742 c., 745 c., 782 c., 784 c., 786 c.

7 déc. Crim. 503 c.
31 déc. Civ.1130 c.

1862

4 janv. Crim. 472 c.,702 c., 704 c.
11 janv.Cons.d'Et. 1243 c.
17 janv.Crim.669 c.
23 janv. Crim. 549 c.
3 févr. Trib. paix Dun-le-Roi.363 c.
15 févr.Crim.473 c.
17 févr.Cons.d'Et. 154 c.
27 févr. Cons.d'Et. 1157 c.
13 mars.Crim.482 c., 619 c.
15 mars. Crim. 549 c.
27 mars. Crim. 742 c.
28 mars. Crim. 488 c.
17 mai. Crim. 711 c., 713 c., 715 c.
23 mai.Crim.723 c.
31 mai. Décr. 426 c., 436 c., 440 c., 446 c., 447 c., 448 c., 451 c., 452 c., 453 c., 454 c.
31 mai. Ord.432 c.
31 mai. Décr. en Cons.d'Et.959 c.
5 juin.Crim.641 c.
2 juill.Req.879 c.
19 juill.Crim.749 c.
22 juill.Crim.737 c.
23 juill.Ord.642 c., 794 c.
31 juill.Crim.713 c.
31 juill.Cons.d'Et. 1157 c.
1er août. Crim. 472 c., 595 c., 596 c.
16 août.Cons.d'Et. 35,1218 c.,1219 c.
18 août. Crim. 460 c.
21 août.Crim. 470 c.
2 sept.Cons.d'Et. 1209.
18 oct. Décis.1192 c.
6 nov.Ord.639 c.
10 nov.Req.997 c., 998 c., 1119 c.
15 nov.Crim.742 c.
29 nov.Crim.688 c.
29 nov.Crim.720 c.
4 déc. Crim. 493 c.
12 déc. Crim. 717 c., 720 c.
18 déc.Lyon.666 c.
18 déc.Cons.d'Et. 366 c.

1863

9 janv. Besançon. 836 c.
10 janv. Crim. 584 c.
22 janv. Crim. 292 c., 944 c.
24 janv. Crim. 742 c., 782 c.
24 janv.Besançon. 828 c., 836 c.
7 févr. Crim. 595 c., 596 c.
10 févr. Bordeaux. 906 c.
12 févr.Cons.d'Et. 1217 c.
26 févr. Crim.751 c.
28 févr. Ord. 661 c.

12 mars. Cons. d'Et. 1005 c.
19 mars. Cons. d'Et. 185 c.
24 mars. Req. 981
27 mars. Crim. 756 c.
6 avr. Cons. d'Et. 588 c.
7 avr. Req. 1075 c., 1076 c.
11 avr. Crim.376 c.
16 avr. Crim. 213 c., 480 c., 520 c., 622 c., 708 c., 712 c., 728
30 avr. Cons. d'Et. 1164 c.
1er mai. Crim. 483 c.
4 mai. Req. 1040 c., 1086 c., 290 c.
12 mai. Dijon.1273 c.
16 mai. Crim. 716 c.
9 juin. Req. 1052 c., 1063 c..
13 juin. Crim. 495
22 juin. Décr. 777 c., 779 c.
25 juin. Crim. 702 c.
26 juin. Crim. 578 c.
1er juill. Bordeaux. 1044 c.,1075 c., 1076 c.
6 juill.Crim.641 c.
17 juill. Crim. 234 c., 586 c.
31 juill. Crim. 729 c.
13 août.Trib. Metz. 1134 c.
24 août. Crim. 680 c.
29 août. Crim. 727 c.
31 août.Cons.d'Et. 394 c., 397 c., 398 c.
31 oct.Décr.625 c.
5 nov. Crim. 496 c., 674 c., 709 c., 731 c.
6 nov. Crim. 460 c.
20 nov. Civ. 220 c., 885 c., 915 c.
19 déc. Crim. 550 c.
22 déc.Cons.d'Et. 164 c., 347 c.
28 déc. Civ.860 c., 861 c., 896 c.

1864

21 janv. Crim. 679 c., 715 c.
6 janv. Décr. 811 c., 814 c., 815 c.
8 janv. Crim. 490 c.
23 janv.Cons.d'Et. 55 c.
31 janv. Civ. 828 c., 829 c., 848 c., 944 c.
4 févr. Crim. 716 c.
13 févr. Req. 663 c., 638 c.
13 févr. Grenoble. 900 c., 905 c.
24 févr. Circ. 1202 c.
5 mars. Crim. 742 c.
10 mars. Cons. d'Et. 179 c., 180 c.

11 mars. Crim. 709 c.
31 mars. Cons. d'Et. 164 c.
2 avr. Crim. 716 c.
7 avr.Crim.610 c.
8 avr. Trib. Lec-toure. 1202 c.
15 avr. Crim. 476 c., 814 c.
28 avr. Circ. 813 c.
11 mai. Circ. 1170 c., 1232 c.
10 juin. Crim. 476 c., 709 c.
16 juin. Montpel-lier. 827 c.
17 juin. Crim. 679 c.
7 juill. Crim. 634 c., 791 c.
12 juill.Crim.679 c., 1157.
15 juill. Dijon. 1095 c.
19 juill. Req. 1048 c.
23 juill. Crim. 602 c., 604 c.
27 juill. Bourges. 828 c.
28 juill.Cons.d'Et. 1008 c., 1202 c., 1209 c.
31 août. Crim. 687 c.
1er août. Décr. 388 c.
4 août. Crim. 213 c., 480 c., 520 c., 1016 c., 1095 c., 1209 c.
16 août. Crim. 460 c., 679 c., 681 c.
10 sept.Cons.d'Et. 1111 c., 1122 c.
27 oct.Circ.1202 c.
4 nov.Crim.711 c.
12 nov. Crim. 772
15 nov. Req. 866 c., 1013 c.,1202 c.
26 nov. Crim. 541 c.
28 nov. Req. 918 c.
2 déc. Crim. 664 c.
3 déc. Cons.d'Et. 284 c.
6 déc.Req.1165 c.
8 déc.Req.d'Et. 188.
11 déc. Besançon. 1200 c.
14 déc. Req. 1137 c., 1138 c.
21 déc. Besançon. 1043 c.
27 déc. Crim. 770 c., 774 c.

1865

16 janv. Civ. 1047 c., 670 c.
28 janv.Cons.d'Et. 979.
1er févr. Req. 974 c., 1045 c.
10 févr. Crim. 862 c., 864 c.
23 févr. Crim. 560 c.
24 févr. Crim. 533 c.
1er mars. Req. 539 c., 638 c.
6 mars. Req. 885 c.
25 mars. Crim. 487 c., 489 c., 562 c., 565 c.
25 mars. Cons. d'Et. 348 c.
26 avr. Req. 48 c.
28 avr.Crim.498 c.

5 mai. Cons.d'Et. 595 c., 602 c.
12 mai. Crim. 581 c.
13 mai. Crim.547, 355 c.
17 mai.Douai.238, 293 c.
19 mai.Cons.d'Et. 375 c., 445 c.
2 juin. Crim. 584 c., 97 c., 98 c., 113
15 juin. Metz.1134 c.
21 juin. Loi. 436 c., 1242 c.
23 juin. Crim. 790 c.
6 juill.Crim.461 c., 348 c., 350 c.
21 juill. Crim. 570 c.
9 août. Pau. 1100 c.
9 août.Crim.488 c., 1009, 1126 c.
14 août.Cons.d'Et. 780 c., 1232 c.
21 août. Douai. 985 c.
29 août.Cons.d'Et. 1110 c., 1122 c.
1er sept. Circ. 481 c.
17 nov. Crim. 747 c., 1209 c.
20 nov.Civ. 1015 c.
23 nov. Cons.d'Et. 1182 c., 1194 c.
24 nov. Crim. 669 c., 670 c.
6 déc. Bordeaux. 1141 c.
8 déc. Crim. 474 c., 599 c.
15 déc. Crim. 1179 c., 679 c., 681 c.
27 déc. Chambéry. 1141 c.
29 déc. Crim. 713 c., 729 c.

1866

9 janv.Civ.1275 c., 944 c.
15 janv.Civ.1275 c.
23 janv.Chambéry. 1141 c.
27 janv. Civ. 461 c.
27 janv. Crim. 488 c.
30 janv.Circ.448 c.
1er févr.Cons.d'Et. 1006 c., 1213 c.
7 févr. Cons.d'Et. 585 c.
16 févr.Cons.d'Et. 111.
26 févr. Req. 1002 c., 858 c.
2 mars. Crim. 709 c., 785 c.
7 mars. Paris. 696 c.
8 mars. Crim. 669 c., 670 c.
17 mars. Crim. 489 c.
20 mars. Cons. d'Et. 109.
24 mars. Crim. 737 c., 789 c.
24 mars. Nancy. 1100, 1120 c.
27 mars. Cons. d'Et. 104 c.
28 mars. Crim. 713 c., 747 c.
17 avr. Paris. 744 c.
439 c.
107 c.
397 c.
1er mai. Crim. 525 c.
4 mai. Crim. 525 c.,733 c.,1237 c.

8 mai.Cons. d'Et. 99 c.
16 mai.Cons. d'Et. 41 c., 113 c.
25 mai. Bourges.
25 mai Cons.d'Et. 1006 c., 1173 c.
1er juin.Cons.d'Et.
6 juin.Cons.d'Et. 104 c.
7 juin. Crim. 461 c., 97 c.
13 juin. Paris. 697 c.
15 juin.Cons.d'Et. 99 c.
29 juin. Crim. 719 c.
3 juill.Cons.d'Et. 160 c.
6 juill. Paris. 696 c.
6 juill. Crim. 461 c.

2 mars. Crim. 602 c., 800 c.
9 mars. Crim. 529 c.
13 mars. Cons. d'Et. 415 c.
14 mars. Douai. 841.
16 mars. Crim. 604 c.
18 mars. Civ. 1192 c.
22 mars. Civ. 497 c.
26 mars. Req. 1100 c.
30 mars. Cons. d'Et. 461 c.
3 avr. Ch. réun. 220 c., 885 c., 915 c.
5 avr. Crim. 489 c., 815 c., 316 c.
30 avr. Cons. d'Et. 445 c.
4 mai. Décr. en Cons. d'Et.959 c., 961 c.
7 mai.Cons.d'Et. 257 c., 1004 c., 1108 c., 1175 c., 1207 c., 1209 c.
12 juill. Crim. 792 c.
13 juill. Crim. 589. c., 1173 c.
14 juill. Déc. 15 c., 1173 c.
19 juill.Crim.488 c., 107 c.
2 août. Crim. 488 c., 480 c., 517 c., 672 c.
3 août. Crim. 475 c., 482 c., 498 c., 630 c., 681 c.
14 août.Cons.d'Et. 402 c.,1166 c., 292 c.
23 août. Crim. 562 c.

1867

2 janv.Civ.1044 c.
6 janv. Req. 957 c.
9 janv.Cons.d'Et. 1209 c.
23 janv. Civ. 833 c.
26 janv. Crim. 662 c.
27 janv.Cons.d'Et. 1147 c.
28 janv. Orléans. 494 c., 508 c., 744 c.
31 janv. Crim. 727 c., 354 c.
4 févr. Civ. 824 c.
7 févr. Crim. 668 c.
9 août. Dijon.
24 juill. Loi. 5 c., 6 c., 45 c., 46 c., 47 c., 77 c., 233 c., 253 c., 270 c., 272 c., 274 c., 286 c., 361 c., 373 c., 378 c., 391 c., 405 c., 408 c., 417 c., 433 c., 1161 c.,1177 c., 1223 c.,1224 c., 1226 c.,1227 c., 1234 c.,1246 c., 1268 c.
31 juill.Caen.1103.
1er août.Cons.d'Et. 1240.
3 août. Crim. 456 c., 731 c.
3 août. Circ. 6 c., 47 c., 373 c., 409 c., 433 c., 1169 c.,1183 c., 1202 c.
9 août. Req. 870 c.
9 août. Dijon. 1100 c.
26 août.Cons.d'Et. 1183 c.
3 nov. Circ. 206 c., 456 c.
7 nov. Crim. 675 c.
8 nov. Circ. 730 c.
15 nov. Paris. 696 c.
21 nov.Crim. 687 c.
20 nov. Crim. 770 c.
11 déc. Civ. 1059 c.
14 juin.Crim.1299
14 déc.Crim.456 c., 460 c.
21 déc. Crim. 713 c., 718 c.
21 déc. Rennes. 1067 c., 1086 c.

24 déc. Ch. réun. 764 c.
27 déc. Crim. 542.

1868

15 janv. Cons.d'Et. 831 c., 942 c., 959 c., 960 c.
17 janv. Crim. 456 c., 490 c.
8 févr. Cons. d'Et. 222 c.
19 févr. Cons.d'Et. 445 c., 637 c.
20 févr. Cons.d'Et. 959 c., 900 c., 1219 c.
27 févr. Cons.d'Et. 74 c.
29 févr. Crim. 767 c.
5 mars. Cons. d'Et. 1157 c.
7 mars. Crim. 472 c.
10 mars. Av. Cons. d'Et. 1179 c.
12 mars. Crim. 219 c., 084 c.
13 mars. Crim. 475 c., 582 c.
18 mars. Cons. d'Et. 47 c.
23 mars. Req. 892 c.
26 mars. Crim.676 c.
27 mars. Crim. 709 c.
30 mars. Cons. d'Et. 526 c.
9 avr. Crim. 475 c., 503 c.
9 avr. Cons.d'Et. 160 c., 172 c., 173 c., 1004, 1209 c., 1212 c.
15 avr. Cons. d'Et. 1219.
24 avr. Crim. 576 c.
25 avr. Cons. d'Et. 154 c.
1er mai. Crim. 627 c., 797 c.
1er mai. Toulouse. 1196 c.
12 mai. Cons.d'Et. 349.
20 mai. Décr. en Cons. d'Et. 947 c.
25 mai. Civ. 824 c.
27 mai. Cons.d'Et. 1149.
30 mai.Cons.d'Et. 922.
19 juin. Crim. 572 c., 711 c.
22 juin. Req. 1120 c.
24 juin. Req. 1030 c.
24 juin. Civ. 1038 c., 1039 c.
24 juin. Cons.d'Et. 922 c.
27 juin. Paris. 865 c., 903 c.
29 juin. Req. 849 c.
10 juill. Crim. 475 c., 498 c.
11 juill. Crim. 621 c.
31 juill. Crim. 589 c.
5 août.Cons.d'Et. 627 c.
6 août. Crim.509.
12 août. Civ. 828 c., 832 c.
20 août. Crim. 697 c.
21 août. Paris. 495 c.
22 août.Cons.d'Et. 33, 438, 443.
4 nov. Req. 110.
14 nov. Crim. 509 c., 1239 c.
18 nov. Civ. 1038 c.

20 nov. Crim. 687 c., 805 c.
28 nov.Crim.612 c.
30 nov. Décr. en Cons. d'Et. 898 c., 899 c.

1869

2 janv. Crim. 635 c.
27 janv. Riom. 884 c., 1221 c.
4 févr. Cons. d'Et. 505 c., 1208 c.
10 févr.Cons.d'Et. 185 c., 412 c.
13 févr. Cons.d'Et. 179 c.
22 févr. Montpellier. 949 c.
17 mars. Req. 1113
17 mars.Besançon. 838 c., 832 c.
31 mars. Av. Cons. d'Et. 1173 c.
8 avr. Cons. d'Et. 331 c.
18 avr. Décr. 15 c.
28 avr. Cons. d'Et. 394 c., 397 c.
28 avr. C. comptes 439.
5 mai. Loi. 319 c.
19 mai.Cons.d'Et. 57.
24 mai.Req.1159 c.
25 mai. Metz. 1022
26 mai.Req.1101 c.
8 juin. Civ. 954 c.
10 juin.Crim.624 c.
12 juin.Crim.772 c.
20 juin. Crim. 625 c.
25 juin. Crim. 602 c., 610 c.
29 juin. Cons.d'Et. 260 c., 1232 c.
1er juill. Crim. 1239 c.
5 juill. Civ. 827 c.
10 juill.Cons.d'Et. 399 c.
12 juill. Civ. 195 c.
17 juill. Rouen. 843.
21 juill.Cons.d'Et. 165 c.
24 juill.Crim.580 c.
5 août. Req. 362 c., 366 c., 367 c.
10 août. Civ. 1293 c., 1296 c., 1299
11 août. Dijon. 902 c.
11 août.Cons.d'Et. 394 c., 396 c., 397 c., 398 c.
17 août. Civ. 1064 c., 1055 c.
19 août. Crim. 658 c.
20 nov.Cons. 498 c., 709 c.
26 nov.Cons.d'Et. 1308.
9 déc. Besançon. 973 c.
15 déc.Cons.d'Et. 310 c.
28 déc. Civ.1100 c.

1870

26 janv. Trib. Clermont. 982.
26 janv. Crim. 588 c.
1er févr. Civ. 918 c.
2 févr. Cons. d'Et. 1207 c.
16 févr.Cons. d'Et. 1212 c.
22 févr. Req.996 c.
5 mars. Crim. 469 c.

14 mars. Civ. 1273 c., 1275 c.
16 mars.Crim.d'Et. 1158.
22 mars. Limoges. 1005 c., 1006 c., 1167 c.
23 mars.Crim.d'Et. 83 c.
6 avr. Cons. d'Et. 1207 c., 1209 c.
21 avr.Crim.562 c.
30 avr. Cons. d'Et. 837 c.
4 mai. Agen. 996 c.
18 mai. Cons. d'Et. 1115 c., 1133 c.
21 mai. Const. 7 c.
25 mai.Cons.d'Et. 292 c.
1er juin.Cons.d'Et. 260 c., 959 c., 962 c., 1157, 1207 c.
15 juin. Cons. d'Et. 1157 c.
24 juin. Cons.d'Et. 82 c.
1er juill.Crim.479 c.
2 juill.Crim.722 c.
13 juill.Cons.d'Et. 1194 c.
14 juill. Crim. 589 c., 716 c.
22 juill. Loi. 7 c.
25 juill. Bordeaux. 1042 c.
2 août.Cons. d'Et. 569 c.
3 août.Loi. 15 c., 1054 c.
8 août.Req.973 c.
20 sept. Décr. 8 c.
19 nov. Décr. 15 c.
22 nov. Rennes. 1205 c.

1871

20 janv. Loi. 9 c.
1er févr.Cons.d'Et. 1125 c.
2 févr.Lyon.913 c.
2 mars. Req. 943 c.
10 avr. Loi. 320 c., 1287 c.
14 avr. Loi. 8 c., 9 c., 62 c., 65 c., 66 c., 71 c., 74 c., 80 c., 82 c., 84 c., 96 c., 121 c., 126 c., 142 c.
7 mai.Cons.d'Et. 292 c.
10 mai. Traité. 80 c.
29 mai. Rouen. 1299 c.
17 juin. Loi. 6 c.
19 juin. Loi. 80 c.
24 juill. Req. 828 c., 944 c., 949 c., 1003 c.
10 août. Loi. 38 c., 45 c., 46 c., 74 c., 75 c., 82 c., 85 c., 167 c., 280 c., 286 c., 824 c., 875 c., 1253 c., 1257 c., 1260 c., 1261 c., 1263 c.
12 août. Crim. 583 c.
25 août. Loi. 338 c.
29 août.Trib.Gray. 1277 c.
30 août.Cons.d'Et. 260 c., 1175 c., 1207 c.
13 nov. Décr. 1297 c.
18 nov. Décr. en Cons. d'Et. 872 c., 948.
18 nov. Paris. 1197 c.

20 nov. Civ. 897 c.
21 nov. Cons. d'Et. 126 c.
5 déc. Req. 1075 c.
9 déc.Cons. d'Et. 97 c.
11 déc. Civ. 828 c., 836 c.
27 déc. Décr. 298 c.
29 déc. Cons.d'Et. 81.

1872

3 janv. Req. 996 c., 998 c.
6 janv. Décr. 148 c.
9 janv. Aix. 1003 c.
10 janv. Pau. 956 c.
10 janv.Cons.d'Et. 98 c.
17 janv. Req. 1170 c.
20 janv. Crim. 772 c., 800 c.
23 janv.Cons.d'Et. 93 c.
25 janv.Cons.d'Et. 412 c.
30 janv. Req. 1208 c.
30 janv. 5 Rouen. 1277 c.
1er févr. Crim. 626 c.
3 févr. Lyon. 238 c.
3 févr. Décr. en Cons. d'Et. 928 c.
9 févr.Cons.d'Et. 1132 c.
10 févr. Cons. d'Et. 720 c.
14 févr. Cons. d'Et. 93 c.
24 févr. Nancy. 1277 c.
28 févr. Req. 374 c.
8 mars.Décr.61 c.
8 mars. Orléans. 1277 c.
18 mars. 180 c.
18 mars. Paris. 1011 c., 1014 c., 1117 c., 1119 c.
22 mars. Crim. 669 c., 679 c.
23 mars. Cons. d'Et. 1261 c., 1288 c.
3 mars.Cons.d'Et. 366 c., 1244 c., 375 c.
4 avr. Trib. pol. Bolbec. 561 c.
6 avr. Décr. en Cons. d'Et. 946 c.
10 avr. Req.902 c.
11 avr. Cons. d'Et. 403 c.
1er mai. Décis.41 c.
1er mai. Pau 845 c.
7 mai. Ord. 797 c.
18 mai. Civ. 1005 c., 1006 c.
18 mai.Cons.d'Et. 292.
3 juin.Civ.828 c., 836 c.
6 juin. Cons. d'Et. 98 c.
20 juin. Angers. 1277.
3 juill. Dijon. 292 c.
23 juill. Loi. 358 c.
25 juill.Cons.d'Et. 1115 c., 1132 c., 1157 c.
27 juill. Civ. 796 c.
29 juill. Civ. 1075 c., 1303 c.
3 août. Décr. en Cons. d'Et. 901 c.

5 août. Req. 1142 c.
21 nov. Cons. d'Et., 126 c.
14 août. Req. 1102 c.
12 oct. Décr. en Cons.d'Et.933c.
17 oct. Av. Cons. d'Et. 45 c.
9 nov.Crim.675c.
22 nov. Crim. 476 c., 725 c., 735 c.
27 nov. Req. 970 c.
29 nov.Cons. d'Et. 55 c.
7 déc. Crim. 582 c., 635 c.
17 déc.Req.1101 c.
20 déc. Loi. 369 c.
30 déc.Cons.d'Et. 505 c., 615 c.
31 déc. Nancy. 1277 c.
31 déc. Trib. Marseille.1295,1298 c., 1303 c.

1873

10 janv.Cons.d'Et. 332 c.
22 janv. Montpellier. 1297.
23 janv. Loi. 698 c.
26 janv. Lyon.890 c.
31 janv. Dijon. 1276.
31 janv. Poitiers. 348 c.
1er févr. Crim. 602 c., 702 c., 707 c.
6 févr. Crim. 590 c.
10 févr. Civ. 377 c.
10 févr. Riom. 951 c., 956 c.
14 févr.Cons.d'Et. 126 c., 266,422
20 févr. Décr. 753 c.
27 févr. Crim. 628 c.
28 févr.Dijon.1274
10 mars. Trib. Aueh. 668 c.
11 mars. Civ. 889 c.
13 mars. Limoges. 1105 c.
22 mars. Nancy. 1277 c.
24 mars. Montpellier. 525 c., 944 c., 945 c., 949 c.
26 mars. Loi. 285 c., 387 c.
28 mars. Cons. d'Et. 402 c.
4 avr. Loi. 60 c.
10 avr. Dijon. 1005 c., 946 c.
19 avr. Crim. 716 c., 719 c.
24 avr. Crim. 540 c.
25 avr. Crim. 234 c.
28 avr. Req. 548 c.
9 mai.Cons.d'Et. 151 c., 1183 c., 1194 c.
13 mai. Req. 1277 c.
13 mai. Civ. 839 c., 843 c., 942 c.
14 mai. Req. 1277 c.
14 mai. Décr. en Cons. d'Et. 936 c.
16 mai. Cons.d'Et. 420 c., 1184 c., 1194 c., 1286.c.
17 mai. Crim. 289 c.
17 mai. Trib. confl. 1004 c.

19 mai. Décr. 793 c.
21 mai. Loi. 240 c., 251 c.
21 mai. Crim. 1240 c.
24 mai. Crim. 709 c.
27 mai. Rouen. 1296 c., 1314 c.
7 juin. Loi. 191 c., 246 c.
17 juin. Req. 884 c., 1221 c.
23 juin. Loi. 726 c.
27 juin. Agen. 668 c.
30 juin. Civ. 1042 c., 1084 c.
11 juill. Cons.d'Et. 157 c.
15 juill. Req. 1273 c., 1281 c.
25 juill. Cons.d'Et. 230 c.
30 juill. 828 c., 836 c.
1er août. Req. 1038 c., 1051 c.
1er août Trib. Villefranche. 238
8 août. Cons. d'Et. 126 c.
11 août. Décr. en Cons.d'Et.936c.
18 août. Civ. 1005 c.
7 nov. Cons.d'Et. 348 c.
8 nov. Décr. 289 c.
10 nov. Décr. 289 c.
12 nov. Cons. d'Et. 265 c.
21 nov. Cons. d'Et. 979 c., 1150 c.
1er déc. Req. 1004 c.
5 déc. Cons. d'Et. 157 c., 505 c., 591 c.
8 déc. Crim. 681 c.
12 déc. Cons. d'Et. 431 c.
19 déc. Lyon. 888 c.
21 déc. Bordeaux. 209.

1874

6 janv. Civ. 1270 c.
9 janv.Cons.d'Et. 61 c.
12 janv. Crim. 456 c.
12 janv. Req. 1168 c.
15 janv. Crim. 711 c.
17 janv. Crim. 562 c.
20 janv. Loi. 0 c., 10 c.
22 janv.Loi. 210 c.
23 janv.Cons.d'Et. 1129 c.
26 janv. Cons.d'Et. 156 c.
3 févr.Req.890 c., 913 c.
8 févr. Civ. 1280 c., 596 c.
14 févr. Crim. 518 c., 430 c.
25 févr. Civ. 365 c., 366 c., 367 c., 1242 c.
28 févr. Dijon. 1277
2 mars. Aix. 1296
4 mars. Angers. 1296
20 mars. Cons. d'Et. 437 c.

25 mars. Loi. 9 c.
25 mars. Civ. 919 c.
21 avr. Crim. 1277 c., 1242 c.
28 mars. Trib. confl. 367 c., 74 c.
10 avr. Crim. 742 c.
17 avr.Crim.573 c.
17 avr. Cons. d'Et. 1194 c.
20 avr. Req. 1277 c.
24 avr. Crim. 562 c., 862 c.
7 mai. Angers. 1277.
19 mai. Loi. 240 c.
2 juin. Civ. 1276 c.
9 juin.Trib.Gray. 1279.
12 juin. Cons.d'Et. 231 c.
25 juin. Loi. 1136 c.
25 juin. Cons. d'Et. 140 c.
29 juin. Amiens. 1296, 1318 c.
29 juin.Cons.d'Et. 131 c.
30 juin. Req. 1045 c., 1077 c.
7 juill. Loi. 11 c., 84 c.
10 juill. Lyon. 238 c.
10 juill. Cons.d'Et. 184 c.
13 juill. Cons. d'Et. 871 c.
12 août. Civ. 1276 c.
14 août. Limoges. 289 c.
20 août. Rouen. 980.
13 nov. Cons. d'Et. 262 c.
17 nov. Cons. préf. Seine. 387 c., 388 c.
19 nov.Crim.131 c.
21 nov. Crim. 667 c.
8 déc. Req. 1050 c., 1053 c., 1054 c.
28 déc. Req. 1029

1875

8 janv. Cons. d'Et. 567 c.
8 janv. Décis. 41 c.
9 janv. Nancy. 1277 c.
13 janv. Crim. 610 c.
15 janv. Cons. d'Et. 420 c., 1296 c.
16 janv. Crim. 711 c.
23 janv. Crim. 487 c., 702 c.
29 janv.Cons.d'Et. 1184 c.
12 févr. Poitiers. 195 c.
12 févr.Cons.d'Et. 430 c.
13 févr. Crim. 763 c.
22 févr.Cons.d'Et. 840 c.
22 févr. Décr. en Cons. d'Et. 941 c.
23 févr. Civ. 1293 c., 1298 c., 1303

2 mars. Req. 840 c.
19 mars.Crim.488, 404 c., 744 c., 74 c.
12 avr. Civ. 1276 c.
10 avr. Crim. 543 c.
16 avr. Cons.d'Et. 103 c.
27 avr. Req. 1298 c., 1303 c.,1305 c.
30 avr.Cons.d'Et. 504 c.
3 mai. Civ. 412 c.
8 mai. Besançon. 845 c.
2 juin. Cons. d'Et. 274 c., 373 c.
4 juin. Cons. d'Et. 61 c., 180 c.
18 juin. Cons. d'Et. 394 c., 398 c.
20 juin. Arrêté.306 c.
24 juin. Crim.649 c.
25 juin. Cons. d'Et. 104 c., 262 c., 284 c., 397 c.
30 juin. Req. 51 c., 1215 c.
2 juill. Cons.d'Et. 74 c.
5 juill. Req. 1277 c.
7 juill. C. compt. 436 c.
8 juill. Décr. 148 c.
13 juill. Req. 1278. 75 c., 103 c., 413 c., 416 c.
11 juill. Crim. 728 c.
19 juill. Loi. 315 c., 318 c., 387 c.
21 juill. Décr. 15 c.
22 juill.Lyon.1296 c.
23 juill. Cons. d'Et. 82 c., 908 c.
25 juill. Req. 809 c.
27 juill. Req. 1303 c.
7 août.Cons.d'Et 74 c., 416 c.
15 sept. Ord. 788 c., 794 c.
20 sept. Instr. 384 c.
4 nov. Av. Cons. d'Et. 49 c.
5 nov. Cons.d'Et. 99 c.
11 nov. Crim. 702 c.
17 nov. Lyon. 695.
22 nov. Nancy. 292 c.
26 nov. Cons.d'Et. 1157 c.
1er déc. Civ. 877 c., 1299 c., 1303 c.
8 déc. Cons.d'Et. 97 c., 505 c., 672 c., 689 c.
6 déc. Req. 1004 c.
17 déc. Cons.d'Et. 107 c.
27 déc. Décr. en Cons.d'Et.946.
20 déc. Loi. 338 c.

1876

20 janv. Crim. 550 c.
21 janv.Cons.d'Et. 398 c., 412 c., 1273 c.

18 janv. . Cons. d'Et. 808 c., 650 c. — 25 janv. Cons. d'Et. 437 c. — 1er févr. Crim. 768 c. — 4 févr. Décr. 1190 c. — 8 févr. Cons. d'Et. 78 c. — 22 févr.Cons. d'Et. 350 c. — 27 févr. Loi. 442 c. — 6 mars. Crim. 561 c., 565 c. — 22 mars. Trib. confl. 292 c. — 24 mars.Décr.1190 c. — 29 mars. Crim. 471 c. — 4 avr. Cons. d'Et. 437 c. — 10 avr. Circ. 61 c., 77 c., 79 c., 92 c., 104 c., 109 c., 116 c., 120 c., 125 c., 129 c., 133 c., 134 c. — 3 mai. Décr. 1190 c. — 12 mai. Circ. 318 c. — 15 mai. Circ. 33 c., 35 c., 36 c., 38 c., 41 c., 44 c., 54 c., 55 c., 58 c., 68 c., 72 c., 76 c., 120 c., 143 c., 148 c., 159 c., 161 c., 163 c., 164 c., 165 c., 166 c., 169 c., 174 c., 183 c., 185 c., 217 c., 219 c., 221 c., 222 c., 223 c., 225 c., 237 c., 244 c., 251 c., 255 c., 256 c., 265 c., 274 c., 280 c., 286 c., 293 c., 298 c., 301 c., 309 c., 323 c., 326 c., 328 c., 337 c., 359 c., 368 c., 369 c., 371 c., 373 c., 386 c., 391 c., 392 c., 399 c., 432 c., 459 c.

c., 535 c., 555 c., 593 c., 648 c., 825 c., 907 c., 916 c., 980 c., 1169 c., 1178 c., 1179 c., 1180 c., 1187 c., 1196 c., 1198 c., 1215 c., 1227 c., 1229 c., 1231 c., 1230 c., 1246 c., 1248 c., 1249 c., 1251 c., 1259 c., 1260 c., 1263 c., 1283 c., 1284 c., 1287 c., 1291 c., 1294 c. — 23 mai. Crim. 579 c. — 26 mai. Req. 283 c., 380 c. — 27 mai.Cons. préf. Pas-de-Calais. 1128 c. — 30 mai. Poitiers. 221 c. — 30 mai. Cons. d'Et. 154 c., 164 c., 399 c., 4240 c. — 20 juin. Décr. en Cons. d'Et. 893 c. — 25 juin. Av. Cons. d'Et. 1225 c. — 26 juin. Décr. 201 c. — 4 juill. Cons. d'Et. 693 c., 699 c. — 8 juill. Civ. 370 c. — 11 juill. Crim. 488 c., 490 c., 491 c., 494 c., 744 c. — 11 juill. Cons. d'Et. 909 c., 921 c., 932 c., 1214 c. — 23 juill. Cons. d'Et. 262 c. — 25 juill. Av. Cons. d'Et. 1195 c. — 30 juill. Av. Cons. d'Et. 230 c., 231 c. — 1er août. Crim. 561 c. — 8 août.Cons.d'Et. 88 c. — 12 août. Civ. 1029 c.

16 août. Crim. 597 c. — 17 août. Circ. 646 c. — 20 août. Décis. 220 c. — 23 oct. Décis. 1233 c. — 6 nov.Décis. 1250 c. — 7 nov. Cons. d'Et. 93 c., 97 c., 105 c., 122 c., 157 c. — 13 nov. Crim. 614 c., 615 c. — 14 nov. Cons. d'Et. 89 c., 97 c., 104 c. — 21 nov. Cons. d'Et. 97 c., 98 c., 105 c., 156 c. — 28 nov. Cons. d'Et. 89 c., 97 c., 102 c. — 3 déc. Circ. 300 c. — 4 déc. Chambéry. 292 c. — 4 déc. Décr. en Cons. d'Et. 898 c., 104 c., 126 c. — 12 déc. Cons. d'Et. 103 c. — 13 déc. Crim. 570 c. — 19 déc. Cons. d'Et. 90 c. — 23 déc. Cons. d'Et. 88 c., 100 c., 129 c., 156 c. — 29 déc. Décr. en Cons. d'Et. 884 c., 934 c. — 31 déc. Décr. 298 c.

1885

3 (et non 9) janv. Crim. 681 c. — 9 janv.Cons.d'Et. 79 c., 89 c., 100 c., 123 c., 126 c., 156 c. — 10 janv. Crim. 561 c., 562 c., 563 c. — 15 janv.Cons.d'Et. 123 c.

16 janv.Cons.d'Et. 98 c., 126 c. — 20 janv. Av. Cons. d'Et. 136 c. 137 c., 138 c., 243 c. — 21 janv. Ch. réun. 477. — 23 janv.Cons. d'Et. 79 c., 94 c., 123 c., 156 c. — 24 janv. Décis. 324 c. — 29 janv. Crim. 470 c. — 30 janv.Cons. d'Et. 61 c., 79 c., 97 c., 129 c., 130 c. — 30 janv,Décis.1233 c. 97 c., 98 c., 105 c. — 6 févr.Cons. d'Et. 82 c., 89 c., 97 c., 129 c. — 13 févr. Cons. d'Et. 123 c., 126 c., 132 c., 135 c., 141 c. — 20 févr. Cons. d'Et. 100 c., 123 c., 124 c., 126 c., 128 c., 135 c., 151 c. — 28 févr. Req. 1026 c., 1097 c. — 27 févr. Cons. d'Et. 82 c., 123 c. — 4 mars. Décr. en Cons. d'Et. 870 c. — 6 mars. Cons. d'Et. 122 c., 157 c., 375 c. — 11 mars. Cons. d'Et. 133 c., 262 c., 505 c., 526 c. — 20 mars.Décr. 793 c. — 20 mars. Cons. d'Et. 129 c. — 24 mars. Req. 828 c. — 27 mars. Cons. d'Et. 111 c., 123 c., 125 c., 129 c., 130 c., 151 c. — 28 mars. Cons. d'Et. 505 c., 588 c. — 1er avr. Décr. en Cons. d'Et. 898, 897 c. — 17 avr. Cons. d'Et. 123 c.

29 avr. Amiens. 326 c. — 1er mai. Cons. d'Et. 129 c., 130 c., 141 c., 420 c., 1286 c. — 8 mai.Cons. d'Et. 100 c., 123 c., 129 c. — 15 mai. Cons. d'Et. 129 c. — 22 mai. Circ. 134 c. — 26 mai. Req. 1005 c., 1006 c. — 27 mai.Cons. d'Et. 135 c. — 6 juin.Cons. d'Et. 923 c. — 12 juin.Cons. d'Et. 129 c., 135 c. — 13 juin. Crim. 690 c. — 19 juin. Crim. 463 c. — 19 juin.Cons. d'Et. 111 c., 294 c. — 3 juill.Cons. d'Et. 1262 c., 1288 c. — 10 juill. Crim. 244 c. — 10 juill.Cons. d'Et. 51 c., 126 c., 1097 c. — 11 juill. Décr. en Cons. d'Et. 947. — 15 juill. Douai. 1128 c. — 16 juill.Cons. d'Et. 375 c. — 17 juill.Cons. d'Et. 120 c., 123 c. — 24 juill. Paris. 339 c., 1275 c. — 24 juill.Cons. d'Et. 222 c. — 25 juill.Cons.d'Et. 604 c. — 31 juill. Cons. d'Et. 78 c. — 6 août. Av. Cons. d'Et. 324 c. — 7 août.Cons.d'Et. 126 c., 316 c., 411 c., 416 c. — 8 août. Loi. 318 c. — 26 août. Circ.1226 c. — 30 oct. Cons. d'Et. 651 c. — 6 nov.Cons. d'Et. 1252 c.

6 nov. Décr. en Cons. d'Et. 939 c. — 7 nov. Crim. 547 c. — 12 nov. Crim. 714 c., 716 c. — 13 nov. Cons. d'Et. 231 c., 419 c. — 20 nov.Cons.d'Et. 137 c., 152 c., 603 c. — 27 nov.Cons. d'Et. 322 c., 412 c., 417 c. — 2 déc. Décr. en Cons. d'Et.873c. — 3 déc. Rennes. 244 c. — 5 déc. Cons.d'Et. 418 c. — 8 déc. Civ. 824 c. — 9 déc. Civ. 274 c., 373 c. — 11 déc. Cons. d'Et. 119 c., 124 c., 126 c., 259 c., 261 c. — 26 déc. Cons.d'Et. 305 c., 430 c.

1886

8 janv.Cons.d'Et. 77 c. — 15 janv.Cons.d'Et. 139 c., 850 c. — 22 janv.Cons.d'Et. 180 c., 231 c., 257 c., 258 c. — 29 janv.Cons.d'Et. 463 c. — 5 févr.Cons. d'Et. 164 c. — 12 févr.Circ.300 c. — 22 févr. Décr. en Cons. d'Et. 934 c. — 5 mars.Cons.d'Et. 124 c. — 13 mars. Cons. d'Et. 107 c. — 19 mars Cons.d'Et. 137 c., 139 c. — 23 mars.Circ.219 c. — 26 mars. Crim.480 c. — 26 mars. Cons.d'Et. 445 c. — 2 avr. Cons. d'Et. 1222 c. — 7 avr. Instr. 299 c.

9 avr. Cons. d'Et. 180 c., 257 c., 396 c., 486 c., 506 c. 690 c. — 16 avr. Cons.d'Et. 168 c., 259 c. — 17 avr. Crim.598 c. — 7 mai. Cons.d'Et. 604 c., 981 c., 1016 c. — 14 mai.Cons.d'Et. 122 c. — 18 mai.Req.1201c. — 21 mai,Crim.607 c. — 21 mai.Cons.d'Et. 216 c., 284 c. — 25 mai. Cons.d'Et. 356 c., 396 c. — 26 mai. Cons.d'Et. 418 c. — 4 juin. Cons.d'Et. 125 c., 506 c., 615 c. — 11 juin. Cons.d'Et. 129 c., 137 c., 164 c. — 3 juill. Montpellier. 168 c. — 9 juill. Cons.d'Et. 124 c. — 16 juill.Cons.d'Et. 122 c., 158 c., 221 c., 222 c., 231 c., 305 c. — 30 juill.Cons.d'Et. 123 c. — 6 août. Crim. 687 c. — 6 août.Cons.d'Et. 396 c. — 17 août. Décr. en Cons. d'Et. 654 c., 656 c. — 23 oct.Crim.481 c. — 23 oct. Cons.d'Et. 907 c. — 30 oct. Loi. 195 c. — 2 nov. Décr. en Cons.d'Et. 914c. — 5 nov. Cons. d'Et. 124 c., 126 c., 395 c. — 19 nov. Cons.d'Et. 110 c., 112 c., 123 c., 231 c. — 24 nov. Décr. en Cons. d'Et. 893 c. — 30 nov. Av. Cons. d'Et. 197 c. — 4 déc. Cons. d'Et. 155 c. — 8 déc.Crim.806 c. — 24 déc. Cons. d'Et.

465 c., 626 c., 627 c. — 27 déc. Req.163 c.

1887

3 févr. Amiens. 819 c. — 22 févr. Civ. 873 c. — 26 févr. Crim. 654 c. — 4 mars. Cons. d'Et. 257 c. — 9 mars. Civ. 880 c. — 10 mars. Circ. 182 c. — 11 mars. Cons. d'Et. 375, 411. — 18 mars. Cons. d'Et. 486 c., 506 c., 681 c. — 1er avr. Cons. d'Et. 657. — 29 avr. Cons. d'Et. 156 c., 1129. — 20 mai. Crim. 700 c. — 17 juin.Cons. d'Et. 989 c. — 7 juill. Av. Cons. d'Et. 127. — 15 juill. Cons.d'Et. 50. — 24 juill. Cons.d'Et. 156 c. — 5 août.Cons.d'Et. 122 c. — 6 août.Cons.d'Et. 122 c., 306 c. — 11 nov. Cons.d'Et. 188. — 14 nov. Req. 1212 c. — 18 nov. Cons.d'Et. 221, 337 c. — 25 nov. Cons. d'Et. 262 c. — 2 déc. Cons. d'Et. 637 c. — 16 déc. Cons. d'Et. 262 c.

1888

3 févr.Cons. d'Et. 141, 259. — 4 févr. Loi. 460 c. — 17 févr.Cons.d'Et. 259. — 13 mars, Av.Cons. d'Et. 135. — 20 avr. Cons.d'Et. 231.

COMMUNE RENOMMÉE. — V. *Contrat de mariage; Enquête;* — *Rép.* v^{is} *Contrat de mariage,* n°s 940 et suiv., 1596, 2216, 4439; *Enquête,* n°s 115, 126.

V. aussi *Enregistrement; Notaire-notariat.*

COMMUNICATION AU MINISTÈRE PUBLIC. — V. *Ministère public;* — *Rép.* eod. v°, n°s 114 et suiv.

COMMUNICATION AVEC LES ACCUSÉS, LES JURES OU LES TÉMOINS. — V. *Instruction criminelle;* — *Rép.* eod. v°, n°s 1967 et suiv.

COMMUNICATION DE PIÈCES OU DE TITRES OU DE REGISTRES. — V. *Enregistrement; Exceptions et fins de non-recevoir; Notaire-notariat;* — *Rép.* v^{is} *Enregistrement,* n°s 5322 et suiv.; *Exceptions et fins de non-recevoir,* n°s 21, 283 et suiv.; *Notaire-notariat,* n° 324 et suiv.

V. aussi *Appel civil,* n°s 64, 153, 200; *Cassation,* n° 449; *Expropriation pour cause d'utilité publique; Frais et dépens; Instruction criminelle; Organisation administrative; Organisation des colonies.* — Sur la communication des livres de commerce, V. *Commerçant,* n°s 127 et suiv.; — *Rép.* eod. v°, n°s 258 et suiv.

COMMUNION-COMMUNISTE. — V. *Société;* — *Rép.* eod. v°, n°s 109 et suiv., 154, 279, 514, 538.

COMMUTATION DE PEINE. — V. *Rép.* v° *Amnistie,* n°s 20 et suiv.

COMPARAISON D'ÉCRITURES. — V. *Faux incident; Vérification d'écritures;* — *Rép.* v^{is} *Faux incident,* n°s 224 et suiv.; *Vérification d'écritures,* n°s 102 et suiv.

COMPARUTION PERSONNELLE. — V. *Instruction civile; Interrogatoire sur faits et articles;* — *Rép.* v^{is} *Instruction civile,* n°s 93 et suiv.; *Interrogatoire sur faits et articles,* n° 81 et suiv.

V. aussi *Abus de confiance,* n° 171; *Compétence criminelle; Discipline judiciaire; Divorce et séparation de corps; Enquête; Exception et fin de non-recevoir; Exploit; Expropriation pour cause d'utilité publique; Frais et dépens; Garde nationale; Instruction criminelle; Jugement; Jugement par défaut; Louage; Obligations; Prescription civile; Presse-outrage-publication.*

COMPENSATION. — V. *Obligations;* — *Rép.* eod. v°, n°s 2612 et suiv.

V. aussi *Bourse de commerce,* n°s 141, 216; *Commissionnaire,* n°s 272, 335; *Compétence commerciale; Compte courant; Conclusions; Contrat de mariage; Degré de juridiction; Demande nouvelle; Dispositions entre vifs et testamentaires; Droits civils; Droit maritime; Effets de commerce; Enregistrement; Expropriation pour cause d'utilité publique; Faillite et banqueroute; Forêts; Frais et dépens; Honoraires; Instruction criminelle; Jugement; Loi; Louage; Mandat; Notaire-notariat; Octroi; Office; Ordre entre créanciers; Prescription civile; Privilèges et hypothèques; Société; Succession; Tra-*

vaux publics; Usure; Vente; Vente publique d'immeubles; Voirie par chemin de fer.

COMPÉTENCE.

Division.

Art. 1. — **Règles générales sur la séparation des pouvoirs sociaux et sur leurs attributions respectives** (n° 1).

Art. 2.— **Règles de compétence communes à tous les tribunaux** (n° 12).

Art. 1ᵉʳ. — *Règles générales sur la séparation des pouvoirs sociaux et sur leurs attributions respectives* (*Rép.* nᵒˢ 2 à 31).

1. — I. Division des pouvoirs. — Les lois constitutionnelles actuellement en vigueur (L. 25-28 févr. 1875, relative à l'organisation des pouvoirs publics, D. P. 75. 4. 30; L. 16-18 juill. 1875, sur les rapports des pouvoirs publics, D. P. 75. 4. 114) n'ont apporté aucune modification à la règle de la division des pouvoirs exécutif et législatif telle qu'elle a été exposée au *Rép.* n° 2.

2. — II. Pouvoir législatif. — Les attributions du pouvoir législatif sont également restées conformes aux indications données au *Rép.* n° 3; il a encore aujourd'hui pour mission de fixer le régime général administratif de la France, d'autoriser les recettes et les dépenses, de régler l'état des personnes, etc., etc.; il doit toujours rester étranger à l'exercice du pouvoir judiciaire. Cette dernière règle souffre toutefois une exception, consacrée par l'art. 12 de la loi du 16 juill. 1875 (D. P. 75. 4. 114) laquelle ne fait guère que reproduire les dispositions analogues des constitutions antérieures qui, dans des cas déterminés, érigeaient le Sénat, ou,antérieurement,la Chambre des pairs,en haute cour de justice. Aux termes de cet art. 12 « le président de la République ne peut être mis en accusation que par la Chambre des députés et ne peut être jugé que par le Sénat. — Les ministres peuvent être mis en accusation par la Chambre des députés pour crimes commis dans l'exercice de leurs fonctions ; en ce cas ils sont jugés par le Sénat — Le Sénat peut être constitué en cour de justice par un décret du président de la République, rendu en conseil des ministres, pour juger toute personne prévenue d'attentat commis contre la sûreté de l'Etat...».

Mais l'exception formulée par l'art. 12 est plus apparente que réelle: le Sénat exerce les fonctions de haute cour de justice dans des conditions tout autres que celles où il exerce ses fonctions législatives. Il agit seul, en effet, même hors session, indépendamment de la Chambre des députés, tandis que, comme partie du pouvoir législatif, il ne peut se réunir lorsque la Chambre des députés n'est pas en session (L. 16-18 juill. 1875, art. 4, D. P. 75. 1. 116). En outre, le Sénat jouit, en qualité de cour de justice, d'un pouvoir propre qu'il n'a pas lorsqu'il exerce le pouvoir législatif, puisque, dans ce dernier cas, ses décisions n'ont de valeur légale qu'autant qu'elles sont conformes à celles de la Chambre des députés, ou qu'elles sont ensuite approuvées par cette Chambre. Le Sénat, dans le cas prévu par l'art. 12 de la loi du 16 juill. 1875, est donc un véritable tribunal, et l'art. 12 ne constitue pas à proprement parler une dérogation au principe de la séparation des pouvoirs législatif et judiciaire. On peut, dès lors, affirmer que ce principe reste, dans l'état actuel de notre législation, sans exception.

3. On ne saurait, non plus, voir l'exercice du pouvoir judiciaire dans les Chambres législatives dans l'application qu'elles font, soit directement, soit au moyen de la délégation confiée à leur président, des peines disciplinaires édictées par leurs règlements à ceux de leurs membres qui en enfreignent les dispositions. Les règlements ont bien, à l'égard de ceux qui les ont votés, l'effet des lois, en ce sens qu'ils sont obligatoires pour eux (Poudra et Pierre, *Traité pratique de droit parlementaire*, n° 875),mais ils ne revêtent pas, pour cela, le caractère juridique des lois. Mesures d'ordre intérieur, destinés à assurer, au moyen de leurs dispositions disciplinaires, la dignité des séances et le respect des décisions de la majorité, les règlements tiennent indirectement leur autorité des lois constitutionnelles qui autorisent sinon expressément, au moins implicitement, les

Chambres à assurer l'ordre de leurs discussions. Les peines qu'ils édictent ont donc un caractère exclusivement disciplinaire, et les décisions qui les appliquent n'ont à aucun titre le caractère d'un jugement (V. sur ces questions : Poudra.et Pierre, nᵒˢ 854 et suiv.).

4. — III. Pouvoir exécutif. — Les règles relatives au pouvoir exécutif (*Rép.* n° 4) ont subi, à plusieurs reprises, d'importantes modifications correspondant aux changements de régime constitutionnel qui se sont produits depuis la publication du *Répertoire*. Actuellement, les attributions du Président de la République, comme chef du pouvoir exécutif, sont réglées par les art. 2, 3, 5, 6, § 2, 7 de la loi du 25 févr. 1875 (D. P. 75. 4. 30), et par les art. 2, 6, 7, 8, 9 de la loi du 16 juill. 1875. 1875 (D. P. 75. 4. 114). — Le Président de la République, élu à la majorité absolue des suffrages, pour une période de sept ans, par le Sénat et la Chambre des députés réunis en Assemblée nationale, a l'initiative des lois, concurremment avec les membres des deux Chambres; il promulgue les lois, il en surveille et assure l'exécution, il a le droit de faire grâce; il dispose de la force armée, nomme à tous les emplois civils et militaires, préside aux solennités nationales. Il peut, sur l'avis conforme du Sénat, dissoudre la Chambre des députés avant l'expiration légale de son mandat; il convoque les deux Chambres pour les sessions extraordinaires et prononce la clôture de la session ordinaire ; il peut ajourner les Chambres pour un mois. Il négocie et ratifie les traités autres que les traités de paix, de commerce, ceux qui engagent les finances de l'Etat et ceux qui sont relatifs à l'état des personnes et au droit de propriété des Français à l'étranger : ces traités ne sont définitifs qu'après avoir été votés par les deux Chambres. Enfin, le Président de la République, s'il a le droit et le devoir de prendre toutes les mesures exigées par les circonstances pour sauvegarder la sécurité du territoire, ne peut déclarer la guerre sans l'assentiment préalable des deux Chambres.

5. Les attributions du Président de la République sont donc, en tenant compte de la différence d'origine de ses pouvoirs, analogues à celles qui, suivant ce qui a été dit au *Rép.* n° 4, appartenaient au roi en vertu de la charte de 1830. Le Président de la République est, comme autrefois le roi, investi de la plénitude du pouvoir exécutif, mais il n'est pas, au même degré que lui, indépendant du pouvoir législatif, puisqu'il est nommé par les deux Chambres et qu'il en reçoit en quelque sorte une délégation de pouvoirs. Cependant le Président de la République a conservé, dans leur ensemble, les attributions du pouvoir exécutif, telles qu'elles ont été exposées au *Rép.* n° 5, et qui constituent le *pouvoir gouvernemental* et le *pouvoir administratif*, suivant la division proposée, *ibid.* n° 6.

6. On a examiné au *Rép.* nᵒˢ 7 et 8 la question de savoir si le pouvoir judiciaire est compris dans le pouvoir exécutif, ou s'il ne faut pas plutôt le considérer comme un troisième pouvoir entièrement distinct des deux autres. C'est la première solution qui a été adoptée, et elle nous paraît encore exacte aujourd'hui. Il importe peu que les jugements et arrêts ne soient plus rendus, comme autrefois, au nom du chef du pouvoir exécutif, mais au nom du peuple français : tout ce qui en résulte, c'est que le pouvoir de rendre la justice est actuellement délégué directement par le peuple français, au lieu de l'être par le chef de l'Etat, qui n'est investi que des deux autres branches de la puissance exécutive : le pouvoir gouvernemental et le pouvoir administratif; mais, au fond, son caractère n'a pas changé. C'est là, d'ailleurs, une discussion d'ordre purement théorique.

7. Depuis la révolution du 24 févr. 1848, les actes par lesquels s'exerce le pouvoir exécutif ont perdu la qualification d'*ordonnances*, sous laquelle ils ont été énumérés au *Rép.* n° 10. Ces actes sont actuellement qualifiés de décrets. Les décrets se divisent, comme autrefois les ordonnances, en *décrets portant règlement d'administration publique, décrets rendus dans la forme des règlements d'administration publique*, et *décrets* proprement dits. Il n'existe plus, dans l'état actuel de notre législation politique, de décrets en matière contentieuse; le conseil d'Etat, jouissant d'un pouvoir propre de juridiction (L. 24 mai 1872, art. 9, D. P. 72. 4. 99), statue souverainement sur les recours en matière contentieuse administrative et sur les demandes d'annulation pour excès

de pouvoirs formées contre les actes des diverses autorités administratives, sans intervention du pouvoir exécutif proprement dit (V. *Conseil d'Etat*).

8. Les règles exposées au *Rép.* n°ˢ 11 à 13, relatives à *l'action et la juridiction administrative*, la défense faite à la puissance exécutive d'empiéter sur le domaine du pouvoir législatif (*Rép.* n° 14) et aux moyens à employer pour annuler les effets d'un décret illégal (*ibid.* n° 15), sont toujours applicables, sous la réserve des modifications déjà signalées ; mais il faut ajouter que les parties lésées par un décret pris en dehors des pouvoirs attribués au Président de la République, peuvent déférer ce décret au conseil d'Etat pour excès de pouvoirs, et en obtenir l'annulation.

9. — IV. Pouvoir judiciaire. — Le pouvoir judiciaire est toujours seul chargé, comme on l'a vu au *Rép.* n° 17, de statuer sur l'état des personnes, sur les contestations relatives au droit de propriété et à ses démembrements, etc., à l'exclusion de l'autorité administrative, sauf les exceptions signalées au *Rép.* n°ˢ 18 et 19, qui transfèrent à cette dernière autorité la compétence dans un certain nombre de matières. Quant aux conflits d'attribution entre les autorités judiciaires et administratives, ce n'est plus au chef de l'Etat, comme à l'époque de la publication du *Répertoire* (n° 21), qu'il appartient d'y mettre fin. Ces conflits sont jugés par un tribunal spécial, qui les tranche d'une manière souveraine, et qui a pris le nom de tribunal des conflits (V. *Conflit*).

10. En l'état actuel de notre droit public, et d'après ce qui a été dit (*suprà*, n° 6), la distinction que nous avons présentée au *Rép.* n° 24 entre la *juridiction propre* ou *retenue* et la *juridiction déléguée* n'a plus d'application, puisque le contentieux administratif est, comme le contentieux en matière civile, commerciale et criminelle, soumis à des tribunaux spéciaux, qui statuent directement sur les contestations portées devant eux, sans aucune intervention du chef de l'Etat ; celui-ci ne serait, d'ailleurs, lui-même qu'un délégué du souverain dont est réputée émaner toute justice. Toute la juridiction est donc aujourd'hui déléguée. — Quant aux observations présentées au *Rép.*, n°ˢ 26 et suiv., elles ont conservé toute leur application.

11. Dans certains cas (V. *Compétence civile des tribunaux d'arrondissement*), les parties peuvent soumettre d'un commun accord leurs différends à des tribunaux qui, sans cet accord, seraient incompétents pour y statuer. Mais c'est bien entendu à la condition que l'incompétence du tribunal ne tienne pas à la loi de son organisation ; il est, en effet, de principe que les parties ne peuvent déroger à l'ordre des juridictions, ni étendre la compétence d'un juge d'exception à une matière qui lui est complètement étrangère (Req. 14 févr. 1866, aff. de Châtillon, D. P. 66. 1. 447 ; 5 janv. 1875, aff. Chemin de fer de Jougne, D. P. 75. 1. 468). — Décidé également que l'ordre des juridictions étant établi par la loi dans un intérêt général, il ne saurait y être dérogé par les conventions particulières des parties, ni par des règlements administratifs ;... alors surtout qu'on prétendrait dessaisir la juridiction française au profit d'une juridiction étrangère (Paris, 11 juin 1877, aff. Coignet, D. P. 78. 2. 209. V. Bioche, *Dictionnaire des juges de paix*, v° *Prorogation*, n° 7 ; Jay, *De la compétence des juges de paix*, n° 1242 ; Bourbeau, *De la justice de paix*, n° 14).

Art. 2. — *Régles de compétence communes à tous les tribunaux* (*Rép.* n°ˢ 32 à 61).

12. — I. Diverses espèces de compétence. — On a exposé au *Rép.* n°ˢ 33 et 34 ce qu'il faut entendre par l'*incompétence absolue* ou *matérielle*, et par l'incompétence *dite personnelle* ou *relative*. — On verra (V. *Compétence civile des tribunaux d'arrondissement*) que la jurisprudence postérieure à la publication du *Répertoire* a confirmé l'opinion que nous avons émise *ibid.* n° 35, sur la nature purement relative de l'incompétence des tribunaux d'arrondissement, saisis d'une demande dont la loi défère la connaissance à un juge de paix ou à un tribunal de commerce ; mais on continue à admettre qu'il n'en est pas de même des matières dont la connaissance a été attribuée aux tribunaux administratifs (*Rép.* n° 36), pour lesquelles les tribunaux civils sont incompétents d'une incompétence absolue, pouvant être opposée en tout état de cause (V. *Compétence administrative*).

13. — II. Défense au juge d'exercer ses fonctions hors de son siège. — V. *Rép.* n°ˢ 40 et 41.

14. — III. Obligation pour le tribunal saisi de statuer. — V. *Rép.* n°ˢ 42 à 44.

15. — IV. Impossibilité ou est le juge de déléguer sa juridiction. — V. *Rép.* n°ˢ 45 à 47.

16. — V. Autorité de la chose jugée sur la compétence. — Comme on l'a établi au *Rép.* n° 48, la compétence d'une certaine classe de tribunaux pour connaître d'une affaire ne peut plus être contestée après qu'elle a été reconnue par un jugement passé en force de chose jugée.

Ainsi, l'incompétence de l'autorité judiciaire, relativement à des questions du ressort exclusif de l'autorité administrative, ne peut être proposée à l'égard d'une contestation qui n'est que la conséquence d'un litige sur lequel l'autorité judiciaire s'était déclarée compétente par une décision antérieure passée en force de chose jugée, et notamment d'un litige qui avait pour objet le droit aux dommages-intérêts à évaluer dans le nouveau débat (Req. 18 juill. 1861, aff. Commune de Poussay, D. P. 62. 1. 86 ; 4 avr. 1866, aff. Banque suisse, D. P. 67. 1. 33). On a jugé encore, d'après ce principe, qu'à l'égard d'une cour d'appel qui, sous l'empire de la loi sarde, a déclaré l'autorité judiciaire compétente pour résoudre une question de propriété élevée entre une compagnie de chemin de fer et un propriétaire par elle exproprié, a acquis sur ce point, s'il n'a pas été attaqué, l'autorité de la chose jugée : dès lors, l'arrêt ultérieur qui, statuant sur cette question, décide que le terrain litigieux n'a pas été compris dans l'expropriation, ne peut être annulé comme empiétant sur les pouvoirs de l'autorité administrative (Req. 5 mai 1862, aff. Chemin de fer Victor-Emmanuel, D. P. 62. 1. 542).

17. — VI. Comment il doit être statué quand le déclinatoire est proposé (*Rép.* n°ˢ 50 à 54). — Tout ce qui se réfère à cette question a été étudié plus en détail au *Rép.* v° *Exceptions et fins de non-recevoir*, n° 2 ; on y reviendra, *infrà*, cod. v°.

18. — VII. Obligation pour le juge de rester saisi malgré les changements de condition ou de domicile des parties (*Rép.* n°ˢ 55 à 59). — On a exposé au *Rép.* n° 55 qu'un tribunal reste saisi des affaires qui ont été portées devant lui nonobstant tout changement survenu soit dans la condition ou de domicile des parties en cause, soit dans les lois relatives à la compétence. Par exemple, en ce qui concerne le changement de domicile, on ne saurait reconnaître au défendeur devant le tribunal duquel, en principe, doit être portée toute demande en matière personnelle, le droit de se soustraire à ses juges naturels en changeant de domicile et de forcer ainsi le demandeur à renouveler indéfiniment les poursuites. S'agit-il de modifications aux lois relatives à la compétence, les lois nouvelles, n'ayant pas, en vertu de l'art. 2 du code civil, d'effet rétroactif et ne disposant que pour l'avenir (Aubry et Rau, *Cours de droit civil français*, t. 1, § 30, p. 62, note 15), ne pourront être invoquées pour décliner la compétence du tribunal. Jugé en ce sens : 1° que le tribunal saisi d'une demande en interdiction reste compétent pour statuer sur cette demande, alors même que le défendeur aurait changé de domicile en cours d'instance (Caen, 30 avr. 1879) (1) ; — 2° Qu'un tribunal ne cesse pas d'être compétent pour connaître

---

(1) (De Pardieu C. de Pardieu.) — La cour ; — Attendu qu'il résulte des documents de la cause qu'avant 1878, Gaston de Pardieu avait son domicile réel à Orbec ; qu'il y possédait une maison grandement organisée avec chevaux et voitures ; que, jusqu'à la requête du 19 déc. 1878, présentée par Louis de Pardieu au président du tribunal civil de Lisieux, conformément aux art. 492 c. civ., 890 et suiv. c. pr. civ., Gaston de Pardieu n'avait manifesté ni par des actes, ni par des déclarations passées à la mairie d'Orbec, sa volonté de changer de domicile ; que, dès lors, le tribunal civil de Lisieux a été compétemment saisi ; qu'en

effet, l'interdiction et la dation d'un conseil judiciaire sont soumises à une procédure particulière dont le premier acte est la requête tendant à faire ordonner la convocation du conseil de famille ; que c'est le tribunal au président duquel cette requête est présentée, qui reste compétent pour connaître de la demande, lors même que postérieurement le défendeur changerait de domicile, parce que la requête dont il s'agit est attributive de juridiction, et qu'il ne peut pas dépendre de celui contre lequel l'interdiction ou la dation d'un conseil judiciaire sont poursuivies de se soustraire à ses juges naturels ; mais qu'en fût-il autrement,

d'une demande en nullité de vente d'immeubles, bien que, postérieurement à cette demande, le territoire où se trouve l'immeuble litigieux vienne à être placé sous la juridiction d'un autre tribunal (Trib. Constantine, 19 juin 1883, aff. Ben Ali Chaouch, D. P. 83. 5. 103 ; — *Rép.* n° 57) ; — 3° Que le tribunal civil qui a été compétemment saisi d'une action en revendication ou en indemnité de dépossession alors qu'il n'avait pas été procédé à la formation d'un jury d'expropriation demeure compétent pour statuer sur cette demande, bien que, postérieurement à l'assignation, les formalités de l'expropriation aient été remplies jusqu'à la convocation du jury (Civ. rej. 10 août 1868, aff. Chemin de fer de l'Ouest, D. P. 68. 1. 477).

19. — VIII. DROIT DES TRIBUNAUX D'ORDONNER LES MESURES D'INSTRUCTION NÉCESSAIRES ET D'EXERCER LA POLICE DE LEURS AUDIENCES. — On a vu au *Rép.* n° 60 qu'en général les tribunaux ont le droit d'ordonner les mesures autorisées par la loi, et qu'ils jugent nécessaires à l'instruction des affaires qui leur sont soumises, mais que les juges de paix et les tribunaux de commerce sont tenus de renvoyer aux juges ordinaires l'instruction de toute demande à raison de laquelle ils seraient incompétents *ratione materiæ*. Cette règle s'applique évidemment aussi aux tribunaux civils ; ainsi ces tribunaux doivent renvoyer les parties à se pourvoir devant les tribunaux administratifs lorsqu'une question préjudicielle de la compétence de ces tribunaux s'élève devant eux au cours d'une instance rentrant dans leur propre compétence. Ils doivent, en pareil cas, surseoir à statuer jusqu'à ce que le tribunal administratif ait résolu la question préjudicielle qu'il doit trancher (V. *Compétence administrative*).

Cependant si, en thèse générale, le tribunal devant lequel s'élève une contestation qui n'est pas de sa compétence, ne doit pas se dessaisir de tout le litige, mais seulement surseoir jusqu'à ce qu'il ait été statué sur cette contestation par les juges compétents, il cesse d'en être ainsi, lorsque cette même contestation se confond nécessairement avec le fond même du procès. Tel est, par exemple, le cas où un tribunal de commerce a été saisi d'une demande en payement d'une dette commerciale dirigée tout à la fois contre le débiteur, à l'égard duquel ce tribunal est compétent, et contre un tiers qui aurait, le demandeur, cautionné verbalement cette dette, mais qui dénie se cautionnement, et qui, en tous cas, ne l'ayant consenti ni en une forme commerciale, ni dans un but de spéculation, ne peut, à raison d'un tel engagement, être lui-même justiciable de ce tribunal ; en pareil cas, le tribunal de commerce doit, non pas prononcer un sursis, mais se dessaisir du litige, qui sera tranché par la juridiction civile (Caen, 28 janv. 1857, aff. Fortin, D. P. 57. 2. 107).

20. — IX. COMPÉTENCE DES TRIBUNAUX QUANT AUX DOMMAGES-INTÉRÊTS RÉCLAMÉS EN CAS DE POURSUITES VEXATOIRES. — Le juge peut condamner la partie qui succombe à payer, outre les frais de l'instance, des dommages-intérêts à raison des faux frais qu'elle a inutilement occasionnés à l'autre partie par ses agissements injustes (V. *Frais et dépens*). Mais cette règle ne saurait s'appliquer lorsque le juge, se déclarant incompétent, n'a pas à apprécier le fond de l'affaire et ne peut, par conséquent, reconnaître si la demande présente ou non le caractère vexatoire que lui impute le défendeur (Req. 23 juill. 1879, aff. Granger, D. P. 80. 1. 423).

---

il ne saurait être contesté que l'assignation tendant à faire prêter interrogatoire est introductive de l'instance ; que, dans l'espèce, cette assignation a été donnée à Gaston de Pardieu, le 20 déc. 1878 ; qu'à cette date, son domicile était encore à Orbec, puisque sa maison n'était pas vendue ; que ce n'a été que le 26 déc. 1878 qu'il a fait procéder à la vente de son mobilier, et que c'est le lendemain 27 du même mois qu'il a passé à la mairie d'Orbec une déclaration de changement de domicile, indiquant sa volonté de s'établir à Paris, rue de l'Université, 37 ; — Attendu qu'il n'a pas fait, à Paris, une déclaration semblable à celle passée à la mairie d'Orbec, et que, sous ce rapport, il n'a pas satisfait aux prescriptions de l'art. 105 c. civ. ; que, de plus, il n'a pas encore, à Paris, de domicile certain, puisque, devant le tribunal civil de Lisieux, il soutenait que son nouveau domicile était rue de l'Université, 37, qu'il en a indiqué un second rue de Varennes, et

qu'aujourd'hui, devant la cour, il a prétendu, dans des conclusions motivées dont son avoué a donné lecture, que son vrai domicile était rue du Faubourg-Poissonnière, 29 ; — Attendu que, quoi qu'il en soit, le tribunal civil de Lisieux a été compétemment saisi, soit par la requête du 19 déc. 1878, soit par l'assignation du 20 décembre de la même année, et qu'il est seul compétent pour statuer sur l'instance en dation d'un conseil judiciaire ; — Par ces motifs, et en donnant acte à Louis de Pardieu de ce que, dans ses conclusions motivées lues à l'audience de ce jour par l'avoué de Gaston de Pardieu, celui-ci a déclaré que son nouveau domicile était à Paris, rue du Faubourg-Poissonnière, 29 ; — Confirme le jugement dont est appel. Du 30 avr. 1879.-C. de Caen, aud. sol.-MM. Champin, 1er pr.-Soret de Boisbrunet, av. gén.-Carel, av.

Table sommaire

des matières contenues dans le Supplément et le Répertoire.

(Les chiffres précédés de la lettre S renvoient au Supplément ; les chiffres précédés de la lettre R renvoient au Répertoire.)

Table chronologique des Lois, Arrêts, etc.

COMPÉTENCE ADMINISTRATIVE.

Division.

Sect. 1re — Historique et législation (Rép. n°s 1 à 5).

1. Il n'est traité dans le présent article, comme son titre l'indique d'ailleurs, que des questions qui concernent la compétence administrative envisagée, soit d'une manière générale et dans ses rapports avec la compétence de l'autorité judiciaire, soit à l'égard des différentes juridictions de l'ordre administratif. On exposera ailleurs (V. *Conseil d'Etat ; Organisation administrative*) les modifications qu'a successivement subies, depuis cette époque, l'organisation de ces juridictions, le développement qu'ont reçu leurs attributions, et les améliorations qui ont été apportées à leur procédure.

2. Le principe même de la juridiction administrative a été, à plusieurs reprises, l'objet de vives attaques. Dans un article, qui parut en 1828 dans la *Revue française* et qui eut un très grand retentissement, le duc Victor de Broglie soutint que cette juridiction n'avait été organisée que par suite d'une interprétation abusive du principe de la séparation des pouvoirs. D'après lui, « toute réclamation élevée contre un acte quelconque du Gouvernement, statuant de puissance à sujet, devait être portée devant le Gouvernement lui-même. Mais toute plainte qui se fondait sur les termes exprès d'une loi, d'un décret, d'une ordonnance, d'un arrêté, toute question dont la solution se trouvait d'avance écrite dans un texte, était du ressort des tribunaux civils ». Nommé, après la révo-

lution de Juillet, ministre de l'instruction publique et des cultes et président du conseil d'Etat, le duc de Broglie institua, dès le 20 août 1830, une commission chargée de préparer un projet de loi sur les réformes à apporter à l'organisation du conseil d'Etat. Mais le projet, rédigé par M. de Vatimesnil, qui sortit des délibérations de cette commission et qui réduisait notablement les attributions des tribunaux administratifs, fut abandonné par le Gouvernement ; et dans les discussions qui précédèrent le vote de la loi du 19 juill. 1845 sur le conseil d'Etat, le rapporteur de la loi à la Chambre des députés, M. Dalloz, déclara que la commission au nom de laquelle il parlait « avait été unanime pour repousser l'idée de renvoyer aux tribunaux le contentieux de l'administration en tout ou en partie » (V. Aucoc, *Le conseil d'Etat avant et depuis 1789*, et *Conférences sur le droit administratif*, 3e éd., t. 1, n° 448).

3. Les attaques contre la juridiction administrative se renouvelèrent sans plus de succès après la révolution de Février. En 1849, un amendement au projet de loi sur le conseil d'Etat, tendant à soumettre le contentieux administratif aux tribunaux civils, réunit à peine quelques voix. L'Assemblée législative fut saisie d'un projet de loi sur les conseils de préfecture dont l'exposé des motifs, rédigé par M. Boulatignier, contenait un historique très complet de la juridiction administrative. Le rapporteur de ce projet, M. de Larcy, conclut au maintien des conseils de préfecture, en proposant de modifier jusqu'à un certain point leur organisation. « Le principe d'une juridiction spéciale pour les questions administratives, dit-il, est universellement accepté ; mais, en admettant sa spécialité, on voudrait aussi que cette juridiction présentât les garanties de suffisante indépendance qui sont inhérentes à toute justice. »

4. Ces sages appréciations ont prévalu à l'assemblée nationale de 1871, comme dans les Chambres qui l'avaient précédée. La loi du 24 mai 1872 a maintenu au conseil d'Etat son rôle de juridiction suprême en matière administrative et le rapport de M. Amédée Lefèvre-Pontalis sur la proposition de M. Raudot tendant à la suppression des conseils de préfecture n'a jamais été mis en discussion. Les réformes qui ont étendu de plus en plus aux juridictions administratives les formes et les garanties de la justice ordinaire ont fait mieux apprécier par les justiciables les services rendus par ces juridictions, et les juges les plus autorisés reconnaissent, comme l'a fait M. Bareste, que ce serait faire fausse route que de les attaquer au nom des principes libéraux. La justice administrative, qui « est une invention du despotisme, dit ce savant magistrat, est devenue avec le temps une garantie constitutionnelle contre les abus de l'administration. Dans tous les pays où il existe un pouvoir administratif hiérarchiquement organisé, avec toutes les ressources de la centralisation et ses innombrables armées de fonctionnaires que nous voyons dans tous les Etats du continent, la justice administrative est assurément la garantie la plus efficace qui puisse être donnée à l'administré contre l'administrateur ; ce n'est pas seulement la plus efficace, c'est la seule qui puisse lui être donnée » (*Justice administrative*, p. 677).

5. — I. Législation comparée. — La question des juridictions administratives est l'une de celles qui ont été le plus diversement résolues par les législations étrangères. On peut rattacher ces différentes législations à trois systèmes : le système anglais dans lequel la fonction judiciaire peut se confondre avec la fonction administrative, et est réunie dans les mêmes mains ; le système belge, dans lequel il n'existe pas de tribunaux administratifs, mais qui admet la séparation des deux pouvoirs ; et le système français, dont se rapprochent les principaux Etats du continent.

6. — 1° Angleterre. — Le système anglais est absolument contraire à celui qui existe dans notre pays. La séparation des pouvoirs administratif et judiciaire est inconnue en Angleterre. « C'est dans l'autorité judiciaire, a dit M. Gustave de Beaumont, l'Irlande, t. 1, p. 305, que réside la suprême puissance exécutive. Elle est la fin de tous les pouvoirs. » Tout citoyen a un recours devant l'autorité judiciaire contre tout acte du Gouvernement qui l'atteint dans sa personne ou dans ses biens : « Les magistrats ,qui sont conservateurs de la *paix de la reine*, sont en même temps des administrateurs supérieurs, qui puisent dans les prescriptions ou dans le simple vœu de la loi le droit d'intervenir, à la requête de

tout intéressé, dans les affaires administratives, de prescrire un acte légal négligé par l'administrateur, d'interdire ou de suspendre une mesure jugée contraire à la loi, d'exercer, en un mot, des pouvoirs analogues à ceux d'un supérieur hiérarchique » (Laferrière, *Traité de la juridiction administrative*, t. 1, p. 83).

Mais, à côté de l'ancien organisme du *self government* local, qui est la base des institutions britanniques, des besoins nouveaux ont fait naître, depuis un demi-siècle, une organisation hiérarchique de services administratifs centralisés, et le législateur anglais s'est trouvé amené à confier à ces nouvelles administrations le droit de juger certaines contestations. Cette organisation, qui a son principe dans la loi des pauvres de 1834, a été complétée et étendue par les lois du 14 août 1871 et du 11 août 1875, qui ont divisé l'Angleterre en districts du Gouvernement local, administrés par des bureaux électifs, sous l'autorité d'un bureau central (*local government board*) présidé par un membre du cabinet et composé du lord président du conseil, du garde du sceau privé et des cinq principaux secrétaires d'Etat. Ces bureaux exercent, à l'égard des administrations comprises dans leur circonscription, les pouvoirs d'un supérieur hiérarchique, et notamment les droits d'injonction et de coercition qui appartiennent aux juges supérieurs dans les matières administratives ordinaires (Laferrière, *op. cit.*, p. 91). On peut donc constater en Angleterre, avec la création d'une administration centralisée, l'institution d'une sorte de juridiction administrative. Il convient d'ajouter que plusieurs questions sur lesquelles en France le conseil d'Etat serait appelé à statuer sont portées, en Angleterre, devant les comités du Parlement, qui prononcent après avoir entendu les avocats des parties.

7. — 2° *Etats-Unis.* — De même que l'Angleterre, les Etats-Unis n'admettent pas la séparation de l'autorité administrative et de l'autorité judiciaire, et la prééminence du pouvoir judiciaire est un trait essentiel de leurs institutions. Mais le Gouvernement fédéral, qui peut agir comme demandeur devant la cour suprême, ne peut s'être actionné sans l'autorisation du Congrès; et il en est résulté que, pendant longtemps, les citoyens lésés n'ont eu d'autres moyens de faire valoir leurs griefs que de s'adresser au Congrès par voie de pétition. Cet état de choses a été modifié en 1855 par l'institution d'une cour spéciale dite *Court of claims*, composée de cinq juges inamovibles nommés par le président d'accord avec le Sénat, et chargée de juger toutes les réclamations dirigées contre le Gouvernement de l'Union. « C'est, dit un avocat de la Nouvelle-Orléans, M. Magne, *Bulletin de la société de législation comparée*, 1873, p. 60, une espèce de tribunal administratif qui siège à Washington ». M. Laferrière fait toutefois observer avec raison que, malgré la nature spéciale de ses attributions, cette cour ne saurait être assimilée à une juridiction administrative puisque, comme les autres cours fédérales, elle relève de la cour suprême des Etats-Unis auquel sont portés les appels (*op. cit.* p. 104).

8. — 3° *Belgique.* — Un certain nombre d'Etats européens, au premier rang desquels on doit placer la Belgique, ont adopté un système qui n'est ni le système des juridictions administratives tel qu'il existe en France, ni le système de la prééminence absolue de l'autorité judiciaire en vigueur en Angleterre et aux Etats-Unis. La Belgique n'a point de tribunaux administratifs ; en principe, l'autorité judiciaire est compétente pour statuer sur les litiges de toute nature ; mais la loi maintient une séparation entre l'autorité judiciaire et l'administration active. Elle interdit aux tribunaux tout empiétement sur le domaine de la puissance exécutive, et elle assure au moyen du conflit le respect de cette interdiction. Le contentieux administratif se réduit aux difficultés qui peuvent s'élever au sujet des élections, de la comptabilité publique, des contributions directes, du recrutement militaire et du service de la garde civique. La plupart de ces contestations étaient autrefois portées devant les députations permanentes des conseils provinciaux ; mais une loi du 5 mai 1869 a transféré aux cours d'appel le contentieux des listes électorales, et une loi du 30 juill. 1881 a dépouillé les députations permanentes de leurs autres attributions. Les réclamations en matière de contributions directes et de redevances de mines sont soumises aux directeurs provinciaux des contributions, sauf recours devant la cour d'appel; les réclamations en matière de recrutement à un con-

seil de revision institué dans chaque province sauf recours également devant la cour d'appel. Les élections des tribunaux de commerce et des conseils de prud'hommes sont déférées directement aux cours d'appel. Les élections municipales et provinciales sont vérifiées par les assemblées provinciales (*Annuaire de législation étrangère*, 1882, p. 427). La Belgique n'a pas de conseil d'Etat ; le jugement des conflits est déféré à la cour de cassation.

9. — 4° *Pays-Bas.* — Les institutions des Pays-Bas sont à peu près les mêmes que celles de la Belgique. Cependant, les députations des Etats provinciaux sont compétentes pour statuer en matière d'impôt direct, d'élections, de recrutement de l'armée, de recensement de la garde urbaine, de voirie, et de domicile de secours.

10. — 5° *Danemark.* — Aux termes de la constitution de 1866, la justice doit être séparée de l'administration, d'après les règles qui seront établies par une loi. Les tribunaux ont le droit de juger toute question relative aux limites des attributions des autorités ; toutefois, celui qui soulève une question de ce genre ne peut, en la portant devant les tribunaux, se soustraire à l'obligation de se conformer provisoirement aux ordres des autorités.

11. — 6° *Grèce.* — La constitution des 16-28 déc. 1864 porte que les affaires du contentieux sont du ressort des tribunaux ordinaires qui statuent d'urgence, et que la cour de cassation prononce sur les conflits d'attributions (Dareste, *Bulletin de la société de législation comparée*, 1873, p. 277).

12. — 7° *Italie.* — La loi du 20 mars 1865 a supprimé le contentieux administratif et consacré en principe la compétence des tribunaux judiciaires dans les litiges de toute nature (V. E. Dubois, *Bulletin de la société comparée*, 1873, n° 4). Cette loi laisse toutefois subsister la compétence : 1° de la cour des comptes en ce qui concerne la comptabilité publique et le contentieux des pensions; 2° du conseil d'Etat en matière ecclésiastique ; 3° des conseils de levée et de discipline pour l'armée de terre et de mer; 4° des conseils de discipline et de revision pour la garde nationale ; 5° des juridictions disciplinaires, universitaires et professionnelles ; 6° des préfets et des commissaires répartiteurs, (du moins à titre transitoire) en matière de partage des communaux ou de réintégration des communes dans leurs biens usurpés ou aliénés. Enfin, la loi exclut du renvoi à l'autorité judiciaire toutes les contestations relatives aux impôts directs jusqu'à la publication des rôles (Dareste, *loc. cit.*, p. 276).

Aux termes de l'art. 4 de cette loi, quand la contestation porte sur un droit que l'on prétend lésé par un acte de l'autorité administrative, les tribunaux se bornent à connaître des effets de cet acte par rapport à l'objet du procès. L'acte administratif ne peut être modifié que sur le recours aux autorités administratives compétentes, lesquelles doivent se conformer au jugement porté en l'espèce par les tribunaux.

Depuis 1877, le jugement des conflits d'attribution entre l'administration et les tribunaux, qui avait été primitivement maintenu au conseil d'Etat, appartient à la cour de cassation de Rome (*Annuaire de législation étrangère*, 1878, p. 334).

On s'accorde aujourd'hui à reconnaître que le système consacré par la loi de 1865 n'a pas assuré aux justiciables les garanties que leur promettaient les promoteurs de cette réforme. Une partie seulement des attributions des anciennes juridictions a été transférée aux tribunaux judiciaires ; le surplus n'a profité qu'à l'administration active, dont le domaine s'est ainsi trouvé étendu outre mesure. Un conseiller d'Etat italien, M. Mantellini, a reconnu que beaucoup d'affaires qui, en France, ont un juge administratif, n'ont aujourd'hui plus de juge en Italie (*Archivio juridico*, janv. 1872); et M. Depretis, président du conseil des ministres, a présenté, le 18 févr. 1884, au Sénat italien un projet de loi tendant à restituer au conseil d'Etat des attributions de juridiction contentieuse « non pour envahir, dit l'exposé des motifs, le domaine réservé à l'autorité judiciaire, mais pour donner un juge à des affaires qui aujourd'hui n'en ont plus » (Laferrière, p. 80).

13. — 8° *Espagne.* — Comme l'Italie, l'Espagne a supprimé en 1868 la juridiction administrative. Mais l'expérience a promptement mis en lumière les inconvénients de cette suppression, et un décret-loi du 27 janv. 1875 (*Ordonnances de législation étrangère*, 1876, p. 605) a rétabli la juri-

diction contentieuse du conseil d'Etat et remis en vigueur l'ancienne législation. La juridiction administrative est exercée par les commissions provinciales, qui sont des délégations des députations provinciales électives, et qui prononcent en premier ressort sur le contentieux de l'administration provinciale et communale, par le conseil d'Etat, qui statue en appel sur le recours formé contre les décisions de ces commissions et en premier et dernier ressort sur le contentieux de l'administration centrale (Laferrière, p. 28).

14. — 9° *Suisse.* — La plupart des cantons suisses avaient autrefois des tribunaux administratifs. Ces tribunaux n'ont été maintenus que dans le canton du Valais. Les nouvelles constitutions cantonales ont déféré soit aux tribunaux ordinaires, soit au conseil d'Etat en petit conseil, c'est-à-dire, au Gouvernement lui-même, la connaissance du contentieux administratif, qui comprend principalement les contestations relatives aux élections, à la jouissance des biens communaux et à l'acquisition du droit de bourgeoisie dans les communes (Dareste, p. 287). Dans les contestations qui intéressent la confédération, ou dans lesquelles un ou plusieurs cantons sont en cause, la compétence appartient au tribunal fédéral ; mais la loi organique du 27 juin 1874 a excepté de la compétence de ce tribunal un certain nombre de contestations dont la connaissance est attribuée au conseil fédéral, investi par l'art. 85, § 12, de la constitution « de l'autorité directoriale et exécutive supérieure de la confédération ». Ces contestations sont celles qui portent sur les matières suivantes : droits des Suisses établis ; liberté de conscience et exercice des cultes, état civil, sépultures, liberté du commerce et de l'industrie, monnaies et billets de banque, poids et mesures, validité des élections et des votations cantonales, droits de consommation et droits d'entrée sur les boissons, péages internationaux, patentes, écoles primaires publiques des cantons, diplômes et certificats de capacité (Laferrière, p. 63).

15. — 10° *Allemagne.* — Avant 1871, les divers Etats de l'Allemagne n'avaient pas de tribunaux administratifs. Certaines contestations intéressant les services publics étaient portées devant les tribunaux ordinaires ; le plus grand nombre relevaient uniquement de l'administration active. Dans la plupart des Etats et spécialement en Prusse, les conflits étaient jugés par un tribunal spécial dont les membres appartenaient pour moitié à la magistrature et pour moitié à l'administration ; ce tribunal décidait si la voie de droit était ou non ouverte (*ob der Rechtsweg statt findet oder nicht*), et renvoyait l'affaire, en conséquence, soit aux tribunaux, soit à l'administration. Ce système a reçu, depuis 1871, des modifications importantes. Le *Code d'organisation judiciaire allemand, du* 27 *janv.* 1877, trad. Dubarle, 1855, pose en principe, dans son art. 13, que « les tribunaux ordinaires connaissent de toutes les affaires contentieuses et criminelles qui ne sont pas de la compétence des autorités administratives. » En parlant d'affaires contentieuses, dit M. Laferrière, la loi fédérale se réfère à la distinction que le droit public allemand a consacrée de tout temps entre les réclamations qui sont dirigées contre l'Etat considéré comme *fisc*, c'est-à-dire, contre l'Etat, personne civile, l'Etat partie contractante, l'Etat débiteur, ou contre l'Etat comme *puissance publique*. La *voie de droit* n'est pas ouverte contre l'Etat considéré comme puissance publique.

La législation fédérale n'impose pas aux Etats l'institution des tribunaux administratifs, mais elle les laisse libres d'en établir. Les petits Etats n'ont pas usé de cette faculté, et la compétence continue à s'y partager entre les tribunaux judiciaires et l'administration active. Dans les grands Etats, au contraire, des tribunaux administratifs ont été créés ; la juridiction de premier ressort y appartient d'ordinaire à un tribunal unique, qui porte dans les divers Etats des noms différents.

16. — 11° *Prusse.* — Les dispositions qui régissent l'organisation de l'administration et des tribunaux administratifs de Prusse ont été revisées et codifiées par les lois du 30 juillet et du 1ᵉʳ août 1883 (*Annuaire de législation étrangère*, 1884, p. 219 et 262). Aux termes de ces lois, la justice administrative est rendue en première instance par le comité du cercle (*Kreisausschuss*), et en appel par le comité de district (*Bezirkausschuss*). Ces deux comités ne sont pas seulement des tribunaux administratifs ; ils participent à l'administration active, et se composent en majorité des membres élus par

les assemblées de cercle et de district. Un tribunal administratif supérieur qui siège à Berlin, et qui se compose de membres nommés par le roi, connaît en appel de la plupart des décisions des comités de district ; il prononce comme tribunal de cassation sur les demandes de revision formées contre les décisions en dernier ressort ; enfin, il statue en premier et dernier ressort sur les recours formés contre les décisions administratives rendues par le président de Gouvernement ou par le président supérieur à l'occasion de recours contre les arrêtés de police des autorités locales ; sur les recours des présidents supérieurs des provinces contre les décisions de l'assemblée provinciale ou du comité provincial qui seraient entachées d'excès de pouvoir ; sur les conflits de compétence entre l'administration et les tribunaux administratifs. La compétence des tribunaux administratifs ne s'étend ni au contentieux des impôts, ni aux affaires qui intéressent l'administration centrale (Laferrière, p. 51).

17. — 12° *Bavière.* — La cour de justice administrative de Bavière, organisée par la loi du 8 août 1878 (*Annuaire de législation étrangère*, 1879, p. 179), statue sur les recours formés contre les décisions des *régences de cercle* et des *conseils de district* qui sont des tribunaux administratifs de première instance et ont des attributions analogues à celles des comités prussiens.

18. — 13° *Wurtemberg.* — La cour de justice administrative a été organisée par la loi organique du 16 sept. 1876 (*Annuaire de législation étrangère*, 1877, p. 311). Elle connaît en appel des décisions des *régences de cercle* et de diverses juridictions spéciales, et statue en premier et dernier ressort sur diverses matières, notamment sur les demandes d'annulation formées contre certains actes de l'autorité administrative.

19. — 14° *Bade.* — Les *conseils de district* exercent en premier ressort la juridiction administrative ; l'appel de leurs décisions est porté devant la cour de justice administrative, régie par la loi du 24 févr. 1880.

20. — 15° *Saxe royale.* — La Saxe n'a pas de cour de justice administrative permanente. Les décisions rendues en première instance par les *comités* de *district* peuvent être déférées en appel aux *conseils de cercle*. La juridiction supérieure est exercée par les ministres compétents, assistés d'un tribunal composé de quatre assesseurs, dont deux appartiennent à l'ordre administratif et deux à l'ordre judiciaire.

21. — 16° *Autriche-Hongrie.* — Avant 1867, la justice et l'administration étaient réunies en première instance dans les mains des *Bezirksæmter*. Leurs décisions en matière administrative pouvaient être déférées aux *Kreispræsidenten*, aux *statthalter*, enfin aux ministres (Dareste, p. 283). Cet état de choses a été modifié par la loi du 21 déc. 1867 (*Annuaire de législation étrangère*, 1875, p. 238 et suiv.), qui a posé les principes suivants : la justice et l'administration sont séparées à tous les degrés ; lorsqu'une autorité administrative est appelée à statuer sur des contestations entre particuliers, la partie qui serait lésée dans ses droits par la décision administrative est libre de recourir contre son adversaire par les voies judiciaires de droit commun ; en outre, quiconque se prétend lésé dans ses droits par une décision ou une mesure de l'autorité administrative a le droit de porter sa réclamation devant la cour de justice administrative qui statue après débat public et oral. C'est pour assurer l'application de ces principes qu'ont été institués à Vienne le tribunal de l'Empire (*Reichsgericht*) et la cour de justice administrative (*Verwaltungsgerichtshof*). Le premier de ces tribunaux est appelé par la loi du 21 déc. 1867 à trancher tous les conflits d'attributions qui peuvent s'élever soit entre les autorités administratives, soit entre celles-ci et l'autorité judiciaire, et à connaître les questions contentieuses de droit public dans les royaumes et pays représentés au Reichsrath. La cour de justice administrative statue sur les recours formés devant elle par toute personne qui se prétend lésée dans ses droits par une décision ou mesure illégale d'une autorité administrative centrale, provinciale ou communale. Elle statue comme cour de cassation, et les recours dont elle est saisie ne peuvent être fondés que sur la violation de la loi. Les difficultés de compétence qui peuvent naître entre le tribunal de l'Empire et la cour de justice administrative sont tranchées par un tribunal mixte, dans lequel chacune de ces juridictions est représentée par quatre membres, et dont la présidence appartient au président de la cour suprême.

Les lois qui viennent d'être analysées sont exclusivement applicables à la Cisleithanie. La Hongrie n'a pas eu jusqu'à ces derniers temps de juridiction administrative. Toutes les contestations étaient soumises en premier ressort aux comités d'administration chargés de l'administration active, et en dernier ressort aux ministres. Cet état de choses a provoqué de vives réclamations, du moins en ce qui concernait les contestations en matière d'impôts; et deux lois du 21 juill. 1883 (*Annuaire de législation étrangère*, 1884, p. 410) ont institué à Budapest un tribunal administratif financier, qui connaît en dernier ressort du contentieux des contributions publiques. Ce tribunal statue sur les recours formés soit par les contribuables, soit par l'administration, contre les décisions des agents des contributions et des commissions administratives. D'après M. Laferrière, p. 62, cette création n'est qu'un premier pas vers le régime juridictionnel qui semble se généraliser dans toute l'Europe centrale; et il est question de remettre à l'étude l'organisation d'un conseil d'État, qui ferait fonction de cour de justice administrative.

SECT. 2. — DES ACTES ADMINISTRATIFS ET DES MATIÈRES ADMINISTRATIVES (*Rép.* nᵒˢ 6 à 68).

22. Les contestations qui doivent être exclusivement soumises à la juridiction administrative peuvent être rangées dans trois catégories : 1º les affaires qui, à raison de leur nature, et en l'absence d'un texte formel, sont soumises à cette juridiction par application du principe de la séparation des pouvoirs; 2º celles dont la connaissance lui a été attribuée par une disposition de loi spéciale; 3º les recours qui tendent à l'interprétation des actes administratifs par la voie contentieuse, dans le cas où cette interprétation est nécessaire pour la solution d'un litige administratif ou judiciaire, ou qui ont pour objet de faire statuer, à titre de question préjudicielle, sur la validité et la régularité d'actes produits devant les tribunaux. Nous exposerons ailleurs (V. *Conseil d'État*) la théorie du recours pour excès de pouvoirs et les questions qui s'y rattachent, l'autorité spéciale qu'exerce en cette matière le conseil d'État ne devant pas être confondue avec le contentieux administratif (Aucoc, *Conférences sur le droit administratif*, 3ᵉ éd., t. 1, p. 472).

23. Conformément à l'ordre suivi au *Répertoire*, nous traiterons d'abord des matières qui, à raison de leur nature et dans le silence de la loi, rentrent dans la compétence des tribunaux administratifs. Cette compétence suppose avant tout, ainsi qu'on l'a vu (*Rép.* nᵒ 6), un litige suscité par un *acte administratif* proprement dit. Les autres conditions exigées pour donner ouverture à un recours contentieux seront indiquées *infrà*, nᵒˢ 102 et suiv.

ART. 1ᵉʳ. — *Des actes administratifs* (*Rép.* nᵒˢ 6 à 23).

24. Les dispositions des lois des 16-24 août 1790 et du 16 fruct. an 3 défendent aux tribunaux, comme on l'a vu (*Rép.* nᵒ 4), de troubler d'une manière quelconque les opérations des corps administratifs, et de connaître des actes d'administration de quelque espèce qu'ils soient. Mais, ainsi que nous l'avons dit au *Rép.* nᵒ 6, on donnerait à ces dispositions une portée exagérée, si l'on en concluait que tous les actes des autorités administratives, sans distinction, doivent être soustraits à la compétence judiciaire. « Dans l'état actuel de la jurisprudence du conseil d'État et du tribunal des conflits, dit M. Aucoc, t. 1, p. 486, on admet comme une conséquence nécessaire du principe de l'indépendance de l'administration à l'égard de l'autorité judiciaire, que la juridiction administrative est compétente, de plein droit, pour reconnaître les droits et les obligations qui dérivent, soit pour l'administration, soit pour les particuliers, des lois et règlements qui ont organisé les services publics, et pour statuer sur les litiges que soulèvent les actes faits par l'administration en exécution de ces lois et règlements. Que s'il s'agit, au contraire, des droits ou des obligations qui dérivent d'un contrat proprement dit passé par l'administration, c'est à l'autorité judiciaire qu'il appartient en principe de les apprécier, alors même que le contrat serait passé, non pour la gestion des propriétés publiques dans les conditions du droit civil, mais en vue d'un service public ». En d'autres termes, on doit distinguer les actes qui se rattachent à l'exercice de la puissance publique, et les actes contractuels. Les premiers seuls sont des *actes administratifs* dans le sens des lois de 1790 et de l'an 3.

25. Nous avons dit au *Rép.* nᵒ 6, que pour qu'un acte ait le caractère d'acte administratif il faut : 1º qu'il émane d'une autorité administrative; 2º qu'il se rapporte à un objet d'administration. Les lois, comme on l'a vu au *Rép.* nᵒ 7, ne sauraient être qualifiées d'actes administratifs. Il en est même des décrets rendus par le chef de l'État à une époque où il était investi de la puissance législative, et, par suite, il appartient à l'autorité judiciaire d'en déterminer les effets (Civ. rej. 19 janv. 1853, aff. Préfet de la Haute-Garonne, D. P. 53. 1. 78).

26. Les cahiers des charges annexés à des lois ont le même caractère d'acte que les lois elles-mêmes et ne peuvent, dès lors, être assimilés à des actes administratifs échappant à la compétence judiciaire. La jurisprudence a appliqué cette règle aux cahiers des charges annexés à des lois de concessions de chemins de fer (Req. 5 févr. 1861, aff. Contet-Muiron, D. P. 61. 1. 41), au cahier des charges annexé à une loi autorisant la mise en adjudication de la construction d'un théâtre (Civ. rej. 7 nov. 1865, aff. Crosnier, D. P. 66. 1. 263).

Les règlements d'administration publique, faits en vertu d'une délégation de la loi et participant du caractère de la loi pour l'exécution de laquelle ils interviennent, ne sont pas non plus des actes administratifs.

27. Quant aux actes réglementaires émanés soit du chef de l'État, soit des préfets ou des maires, ils ne doivent pas être confondus avec les actes législatifs ; mais ils doivent être considérés comme des actes administratifs d'une nature particulière, à l'égard desquels l'interdiction faite aux tribunaux de connaître des actes de la puissance publique comporte une exception importante. En effet, si l'annulation de ces actes ne peut appartenir qu'à l'autorité ou à la juridiction administrative, les tribunaux peuvent exceptionnellement en déterminer le sens et en apprécier la légalité lorsqu'ils sont appelés à leur assurer une sanction pénale (Laferrière, *Traité de la juridiction administrative*, t. 1, p. 435).

28. Un acte n'est administratif qu'autant que son auteur était investi d'une fonction ou d'un mandat administratif au moment où il l'a accompli. Il a été jugé, en conséquence, que le tribunal civil est compétent pour connaître d'une action en dommages-intérêts intentée contre un préfet à raison d'actes, tels que l'ordre d'arrestation d'un particulier, accomplis par lui avant qu'il eût été régulièrement investi de ses fonctions (Req. 8 févr. 1876, aff. Labadié, D. P. 76. 1. 289). De même, un acte n'est administratif qu'autant qu'il a été accompli par le fonctionnaire duquel il émane dans l'exercice de ses attributions administratives; les tribunaux civils sont donc seuls compétents pour connaître des actes faits par des fonctionnaires administratifs dans l'exercice d'attributions non administratives. Tels sont les actes faits par un commissaire de police, en qualité d'officier de police judiciaire (Trib. confl. 15 déc. 1883, aff. Daille, D. P. 85. 3. 58), ou par un maire ou un adjoint, soit en qualité d'officier de police judiciaire, soit en qualité d'officier de l'état civil. Il appartient, notamment, à l'autorité judiciaire d'apprécier la régularité de la délégation donnée par le maire à un conseiller municipal à l'effet de remplir les fonctions d'officier d'état civil (V. *Commune*, nᵒ 249).

29. La juridiction administrative est également incompétente pour apprécier l'usage que fait le ministre de la justice des pouvoirs de haute surveillance judiciaire qui lui appartiennent, et particulièrement du droit d'injonction prévu par l'art. 274 c. instr. crim. (Cons. d'Ét. 26 déc. 1867, aff. Petitpied, D. P. 68. 3. 56). De même, les décisions prises par les consuls de France à l'étranger, en vertu de la mission d'arbitrage que leurs nationaux peuvent leur conférer, rentrant dans l'exercice de leurs attributions judiciaires, il n'appartient pas au conseil d'État de connaître du recours formé, même pour excès de pouvoirs, contre ces décisions (Cons. d'Ét. 19 déc. 1868, aff. Ridel, D. P. 69. 3. 57).

30. Il a été décidé, par application du même principe, que l'autorité administrative est incompétente pour connaître des difficultés auxquelles un contrat passé par un consul français en pays étranger, en vue d'opérer le sauvetage

d'un navire naufragé dans l'intérêt des propriétaires ou assureurs, peut donner lieu entre ceux-ci et l'entrepreneur des travaux de sauvetage (Cons. d'Et. 31 mars 1882, aff. Comité des assureurs maritimes de Bordeaux, D. P. 83. 3. 77). Le ministre de la marine soutenait que, lorsqu'à raison de l'absence des intéressés les agents de services maritimes ou les consuls intervenaient pour faire procéder au sauvetage et en régler les conditions, cette intervention donnait un caractère administratif aux opérations de sauvetage et aux contestations qui en résultaient. Le conseil d'Etat a repoussé avec raison cette théorie. Les dispositions de l'ordonnance du 29 oct. 1833 (*Rép.* v° *Consul*, p. 268) montrent en effet clairement que, si les consuls ont à exercer des pouvoirs de police dans un intérêt général, ils agissent pour le compte des propriétaires quand ils président au sauvetage dans l'intérêt de ceux-ci ; c'est une véritable gestion d'affaires organisée par la loi, et aucune disposition n'attribue à l'autorité administrative la connaissance des difficultés auxquelles elle peut donner naissance. Il a été jugé, dans le même sens, que l'arrêté ministériel qui, sur la provocation ou avec l'assentiment de l'ancien gérant d'une caisse commerciale à la liquidation de laquelle l'Etat se trouve intéressé en qualité de créancier, nomme un nouveau liquidateur auquel cet ancien gérant, d'abord choisi lui-même comme liquidateur, délègue volontairement ses pouvoirs, n'a pas le caractère d'un acte d'administration mais constitue un acte purement officieux, émané du ministre dans un intérêt privé, et que, par suite, la demande formée par les créanciers de la caisse à fin de révocation du liquidateur désigné par un tel acte est de la compétence des tribunaux, et non de celle de l'autorité administrative (Civ. cass. 6 août 1862, aff. Thoury, D. P. 62. 1. 405).

31. Ainsi que nous l'avons dit au *Rép.* n° 10, les engagements personnels pris par les fonctionnaires, même dans l'intérêt du service dont ils sont chargés, n'ont pas le caractère d'actes administratifs et rentrent dans la compétence des tribunaux civils. Il en est ainsi, notamment, des contestations auxquelles donnent lieu les conventions par lesquelles les fonctionnaires traitent de fournitures à faire dans un intérêt public, alors qu'ils n'ont traité qu'en leur nom privé, et que l'action ne peut toucher les intérêts de l'Administration.

32. Un acte peut être considéré comme administratif quoiqu'il n'émane pas d'un fonctionnaire, lorsque l'auteur de cet acte a agi en vertu de réquisitions administratives. Le tribunal des conflits a jugé, par application de ce principe, que l'autorité judiciaire était incompétente pour connaître d'une action intentée, non seulement contre les fonctionnaires qui avaient pris part à l'exécution de l'arrêté de dissolution d'une congrégation religieuse en vertu des décrets du 29 mars 1880, mais contre les auxiliaires, tels que serruriers, menuisiers ou charpentiers requis pour prêter leur concours à cette exécution (Trib. confl. 26 févr. 1881, aff. Chocarne, D. P. 81. 3. 81 ; 5 févr. 1881, aff. Millon, *ibid.* ; 19 févr. 1881, aff. Mas, aff. Bonnet, *ibid.* ; 26 févr. 1881, aff. Denis, *ibid.* ; 12 févr. 1881, aff. de Sauve, *ibid.*). Mais cette solution semble ne devoir être adoptée que dans le cas où il y a eu *réquisition*, au sens légal de ce mot, c'est-à-dire lorsqu'un particulier a reçu l'ordre de prêter son concours pour un service public et lorsqu'il était tenu d'obtempérer à cet ordre sous peine d'infraction à la loi pénale (V. *Rép.* v° *Réquisition*, n° 29). Or, aucun texte de loi n'autorise l'Administration à requérir le concours obligatoire des particuliers pour triompher de la résistance passive apportée à l'exécution d'ordres administratifs par des personnes qui en contestent le caractère obligatoire et légal.

33. On a exposé au *Rép.* n° 13 que tous les actes de tutelle administrative sont des actes administratifs, et échappent, en conséquence, à la compétence des tribunaux civils. Mais les décisions qu'ils autorisent ou qu'ils approuvent conservent leur nature propre ; et lorsqu'il s'agit d'engagements régis par le droit civil, l'autorité judiciaire, seule compétente pour connaître de ces engagements, l'est également pour décider si l'autorité compétente a habilité la partie qui s'en prévaut (Laferrière, t. 1, p. 436). Toutefois, lorsque, pour contester un contrat de droit commun, une partie soutient que les actes de tutelle qui ont autorisé ou approuvé ce contrat sont irréguliers, et lorsqu'un doute

s'élève sur le mérite de ce moyen, l'autorité judiciaire est tenue de renvoyer les parties devant l'autorité administrative pour y être statué sur cette question préjudicielle (Cons. d'Et. 9 janv. 1867, aff. Verdier, D. P. 68. 5. 85 ; 13 nov. 1874, aff. Commune de Sainte-Marie-du-Mont, D. P. 75. 3. 73 ; 25 juin 1875, aff. Abribat, D. P. 76. 3. 19 ; Civ. cass. 16 juin 1879, aff. Comte de Caupenne, D. P. 79. 1. 370 ; Req. 26 mai 1884, aff. Rolland, 2° arrêt, D. P. 85. 1. 123).

Mais cette solution est contestée par MM. Chauveau et Tambour, *Instruction administrative*, 4° éd., t. 2, n° 1136, qui reconnaissent aux tribunaux civils le droit d'apprécier si les arrêtés du conseil de préfecture en matière d'autorisation de plaider sont réguliers en la forme.

34. Les actes émanés de l'autorité administrative étrangère, dans des pays actuellement réunis à la France, conservent le caractère administratif (Cons. d'Et. 31 janv. 1856, aff. arrosants d'Eus, D. P. 57. 3. 8 ; Civ. cass. 17 mars 1873, aff. Comp. gén. des asphaltes, D. P. 73. 1. 471 ; Trib. confl. 24 nov. 1877, aff. Frèrejean, D. P. 78. 3. 30).

35. Il serait difficile d'énumérer tous les actes auxquels la jurisprudence a reconnu le caractère d'*actes administratifs* et qui échappent, comme tels, de plein droit à la compétence judiciaire. On peut dire, avec M. Laferrière, t. 1, p. 429, et conformément à ce qui a été exposé *suprà*, n°s 27 et suiv., que l'on ne doit comprendre dans cette catégorie que les actes et les opérations qui se rattachent à l'exercice de la puissance publique, et qui excèdent à ce titre les facultés des citoyens. Il en est autrement, ainsi que nous l'avons dit (*Rép.* n° 8), des actes de gestion, tels que les marchés passés par l'administration pour assurer le fonctionnement des services publics ou l'exécution des travaux d'intérêt général, les engagements pécuniaires contractés par l'Etat ou les administrations locales. Tandis qu'une loi est nécessaire pour attribuer exceptionnellement cette compétence aux tribunaux civils sur un acte de la puissance publique, une disposition générale ou spéciale de la loi est, au contraire, nécessaire pour soustraire à leur compétence un acte de gestion (Laferrière, t. 1, p. 437).

Il y a lieu, toutefois, de faire observer que certains actes qui concourent à la gestion des services publics, à l'administration des biens possédés ou surveillés par l'Etat, se rattachent en même temps si étroitement à l'exercice de la puissance publique, comme si cette puissance était seule en jeu. Telles sont les concessions faites à des particuliers sur le domaine public, les affectations qui consacrent des biens domaniaux ou communaux au service du culte. Par cela seul, dit M. Laferrière, p. 438, que la puissance publique se manifeste dans ces décisions, elles relèvent exclusivement de la juridiction administrative, et échappent de plein droit à la compétence des tribunaux. Il a été décidé en ce sens qu'un arrêt du conseil constitutif d'une concession de rivages et grèves de la mer, un procès-verbal d'arpentage dressé par un trésorier général de France pour la mise en possession de cette concession, et un arrêt du conseil déboutant de l'opposition à cette concession constituent non des contrats de droit commun, mais des actes administratifs qu'il est interdit aux tribunaux civils d'interpréter et surtout de modifier (Civ. cass. 2 avr. 1878, et sur renvoi, Rouen, 21 juill. 1880, aff. Pallix, D. P. 82. 1. 353).

36. Tous actes portant affectation à un service public proprement dit ou concession à des établissements d'utilité publique d'immeubles appartenant à l'Etat sont également des actes administratifs, et l'autorité judiciaire est incompétente soit pour les interpréter, soit pour en apprécier la validité et les effets (V. *Rép.* v° *Concession administrative*, n° 15 ; Cons. d'Et. 13 janv. 1847, aff. Ministre des finances, D. P. 47. 3. 81 ; 1er déc. 1853, aff. Ministre des finances, D. P. 54. 3. 42 ; 12 mars 1875, aff. Asile de Bailleul, D. P. 76. 3. 7 ; Civ. cass. 24 juin 1851, aff. Département de la Corse, D. P. 51. 1. 196 ; Trib. confl. 22 déc. 1880, aff. Evêque de Moulins, D. P. 82. 3. 25). Il n'appartient, en pareil cas, à l'autorité judiciaire ni d'entraver l'exécution de l'acte intervenu, ni même de la suspendre en ordonnant un sursis (Décision précitée du 22 déc. 1880). Il en est ainsi notamment dans le cas où un décret a retiré l'affectation précédemment faite à un petit séminaire d'un immeuble appartenant à l'Etat pour

l'affecter à un service d'instruction publique, alors même que le directeur invoque les règles du droit civil pour exercer le droit de rétention jusqu'au payement de ses impenses (Même décision).

37. L'autorité administrative, compétente pour décider si l'État est lié par une transaction consentie par un ministre et par une sentence arbitrale, rendue en exécution de cette transaction, est, par voie de conséquence, compétente pour décider si le ministre, en imposant à une partie un compromis nul, a commis une faute lourde à raison de laquelle les frais et honoraires exposés devraient être mis à la charge soit du Trésor, soit du ministre personnellement (Cons. d'Ét. 3 juill. 1886, aff. Evêque de Moulins, D. P. 87. 3. 121). Il a été décidé, dans le même sens, que l'on doit considérer comme des actes administratifs: 1° un décret modifiant un arrêté consulaire qui, en cédant un immeuble national aux hospices, leur avait imposé l'obligation d'y maintenir un service public d'apprêt des étoffes dans l'intérêt du commerce et autorisant, en conséquence, les hospices à supprimer cet établissement à la charge de le rétablir dans un autre local: 2° un arrêté préfectoral autorisant l'aliénation de l'immeuble dans les conditions prévues par le décret (Trib. confl. 28 nov. 1885, aff. Chambre de commerce de Tours, D. P. 87. 3. 37). Dès lors, l'autorité judiciaire est incompétente pour connaître d'une action tendant à faire déclarer que l'immeuble était affecté d'un droit réel qui en interdisait l'aliénation, et à faire prononcer l'annulation de la vente dudit immeuble (Même arrêt).

38. On doit ranger, de même, dans la classe des actes administratifs, un décret rendu en exécution de celui du 23 avr. 1810 qui a fait donation aux villes en toute propriété des bâtiments militaires (V. *Rép.* v° *Organisation militaire,* p. 1878), ainsi que les procès-verbaux de remise de ces bâtiments (Civ. cass. 4 mars 1874, aff. Ville de Bapaume, D. P. 74. 1. 366). En conséquence, il n'appartient qu'à l'autorité administrative d'interpréter ces actes, et la cour d'appel qui, en statuant sur un débat entre l'État et une commune au sujet de la propriété desdits bâtiments, se livre à cette interprétation, au lieu de surseoir jusqu'à ce qu'elle ait été donnée par l'autorité compétente, enfreint la règle de la séparation des pouvoirs (Même arrêt).

39. Le caractère d'actes administratifs a été également reconnu : 1° à la décision par laquelle un ministre met fin à la mission donnée à un explorateur et les détails d'exécution de cette mesure (Trib. confl. 22 avr. 1882, aff. Soleillet, D. P. 83. 3. 94); — 2° Aux instructions données par le commandant sous l'autorité duquel est placé un corps de troupes, à un médecin de la marine faisant partie de ce corps, et notamment à l'interdiction faite à ce médecin de donner des soins à un particulier jusqu'à ce que celui-ci se soit conformé à certaines formalités (Même arrêt) ; — 3° A l'acte par lequel un préfet interdit au secrétaire greffier du conseil de préfecture qui est placé sous son autorité de délivrer une expédition des procès-verbaux d'une enquête administrative à laquelle le conseil de préfecture a fait procéder (Trib. confl. 23 nov. 1878, aff. de Parcevaux, P. P. 79. 3. 38);—4° A l'arrêté qui prononce la substitution d'un séquestre à un comité d'organisation d'une loterie autorisée, dont les attributions et les membres ont été désignés par l'autorité administrative (Nancy, 31 oct. 1885, aff. Bussienne, D. P. 87. 2. 4).

40. Le maire qui nomme ou révoque un employé municipal en vertu des pouvoirs qui lui sont conférés par la loi fait un acte essentiellement administratif, et, par suite, l'autorité judiciaire ne peut être appelée à examiner la régularité de l'acte, même à l'occasion d'une demande en dommages-intérêts. Mais une question plus délicate est celle de savoir si l'autorité judiciaire est également incompétente pour statuer sur une demande d'indemnité, alors que l'employé congédié ne conteste pas le pouvoir dont le maire a usé à son égard et se borne à soutenir qu'il existe entre lui et l'administration municipale un contrat de louage d'ouvrage, dont la rupture intempestive lui cause un préjudice. Elle a été examinée v° *Commune,* n° 238, et l'on a vu que, d'après la doctrine qui a prévalu dans la jurisprudence, l'autorité judiciaire est incompétente pour connaître de l'action en indemnité dirigée contre une commune par d'anciens employés municipaux à raison du préjudice que leur aurait causé un arrêté du maire les relevant de leur emploi ; cette jurisprudence

est fondée sur ce que la solution d'une semblable demande implique l'examen d'un acte accompli par le maire dans la limite de ses pouvoirs administratifs, et dont l'appréciation ne saurait appartenir aux tribunaux civils.

41. La même doctrine a été appliquée à une demande de dommages-intérêts formée par un architecte voyer communal, nommé à la suite d'un concours, à l'occasion duquel les conditions de traitement proposées par la ville avaient été annoncées (Trib. confl. 7 août 1880, aff. Le Goff, D. P. 82. 3. 27). M. Hallays-Dabot (Dissertation insérée dans le *Recueil des arrêts du Conseil d'État,* 1879, p. 506), fait observer que cette décision semble aggraver la jurisprudence antérieure et que « c'est aller beaucoup trop loin que de reconnaître à un maire le droit de se soustraire administrativement et impunément à l'exécution d'une promesse faite par lui dans l'intérêt et au nom de sa commune, promesse sous la foi de laquelle l'architecte désigné a pu abandonner une autre situation ou négliger d'autres offres (*Rec. Cons. d'État,* 1880, p.754). On peut craindre, en effet, que cette jurisprudence n'ait pour résultat de priver les fonctionnaires municipaux de tout recours efficace contre les atteintes portées aux conventions intervenues entre eux et les communes au moment de leur nomination (V. *Commune,* n° 238).

42. Antérieurement aux arrêts qui viennent d'être rapportés, il avait été décidé : 1° que le traité conclu entre le maire d'une commune et les personnes appelées à titre d'employés auxiliaires à établir le recensement de la population constituait un louage de service, et que, dès lors, l'autorité judiciaire était compétente pour statuer sur la demande en payement de déboursés et d'honoraires dirigée par ces personnes contre la commune (Trib. confl. 17 mai 1873, aff. Michallard, D. P. 74. 3. 4); — 2° Qu'il appartient à l'autorité judiciaire de statuer sur la question de savoir si un maire a pu à bon droit opérer une retenue sur le traitement du secrétaire de la mairie (Trib. confl. 14 juin 1879, aff. Labrebis, D. P. 79. 3. 67, cité v° *Commune,* n° 238). Pour concilier ces décisions avec celles qui ont été précédemment citées, on a fait observer que, dans le premier cas, les auxiliaires chargés d'un travail spécial à des conditions librement débattues n'avaient pas le caractère de véritables employés communaux, et que, dans la seconde espèce, aucun texte de loi ne conférant à l'autorité municipale le pouvoir de retenir à titre disciplinaire tout ou partie des appointements dus par la commune à ses employés, l'arrêté par lequel un maire avait opéré cette retenue n'était pas un acte administratif (Conclusions de M. le commissaire du Gouvernement Cazalens, D. P. 80. 3. 89).

43. Le décret du 23 prair. an 12, dont les dispositions ont été maintenues par l'art. 97, n° 6, de la loi du 5 avr. 1884, charge les maires de la police des cimetières et lieux de sépulture (*Rép.* v° *Culte,* n°s 817 et suiv.). Les actes faits par ces magistrats dans l'exercice de ce pouvoir de police sont des actes administratifs, et échappent à l'appréciation de l'autorité judiciaire. Les tribunaux civils ne peuvent prescrire aucune des mesures qui rentrent dans la police des sépultures et notamment ordonner, sans l'intervention de l'autorité administrative, qu'il sera procédé à une inhumation ou une exhumation (Poitiers, 11 août 1873, aff. Bouteleau, D. P. 74. 2. 206; Trib. confl. 7 mars 1874, aff. Mingam, D. P. 75. 3. 3). Il a été jugé, par application de ce principe, que l'ouverture d'un chemin dans un cimetière, ordonnée par le maire, pour assurer, au moyen d'une circulation plus facile, la conservation des sépultures, constitue non un fait de gestion intéressant la fortune communale, mais un acte de police, et que, dès lors, une telle mesure ne peut être soumise à l'appréciation de la juridiction civile par un particulier troublé dans la possession de la grille d'un monument funèbre dont la création du chemin a nécessité le déplacement (Civ. rej. 24 août 1864, aff. Lefèvre, D. P. 64. 1. 366). — V. toutefois Ducrocq, Dissertation insérée D. P. 84. 1. 185 et suiv., § 3.

44. Le maire qui refuse de délivrer un permis d'inhumation et de remettre la clef du cimetière de la commune agit également dans l'exercice de ses pouvoirs de police, et l'autorité judiciaire est, dès lors, incompétente pour statuer sur l'action en dommages-intérêts formée contre le maire à raison de ce refus (Paris, 18 juill. 1879, aff. Crosse, D. P. 81. 2. 200).

De même, l'acte par lequel un maire ordonne à un ouvrier de cesser, dans le cimetière de la commune, des fouilles et travaux concernant une concession faite par arrêté municipal, rentre dans le cercle des attributions de police et de surveillance que lui confère le décret du 23 prair. an 12. L'autorité judiciaire est donc incompétente pour statuer sur l'action en dommages-intérêts formée par le concessionnaire contre le maire à raison d'un pareil acte, alors même que le demandeur excipe d'un prétendu droit de propriété résultant de la concession et d'un trouble à ce droit (Bordeaux, 25 août 1798, aff. Aymen, D. P. 81. 2. 24; Trib. confl. 26 mars 1881, même affaire, D. P. 82. 3. 59).

45. Mais si les actes faits par les maires, dans l'exercice des pouvoirs qu'ils tiennent du décret de l'an. 12, échappent au contrôle des tribunaux civils, ces tribunaux sont, au contraire, compétents, dans le cas où, sous prétexte d'user de ses pouvoirs, le maire prend des mesures non justifiées par la nécessité d'assurer l'ordre public ou la sécurité des habitants. Ces actes n'ont plus, en effet, le caractère d'actes administratifs, mais constituent de sa part une faute personnelle (Req. 4 août 1880, aff. Delcassé, D. P. 81. 1. 434).

46. L'art. 8 du décret du 22 déc. 1812 (*Rép.* vᵒ *Culte*, nᵒ 444), donne aux procureurs près les cours et tribunaux, préfets, maires et autres officiers de police le droit de faire fermer les chapelles dont l'ouverture n'a pas été autorisée par le Gouvernement. L'acte par lequel le préfet, agissant en vertu des pouvoirs que lui confère cette disposition, opère la fermeture d'une chapelle avec apposition des scellés, constitue un acte administratif qui échappe à la compétence judiciaire. Les tribunaux sont dès lors incompétents pour connaître d'une demande en levée de scellés et en réintégration formée par les propriétaires de la chapelle dont la fermeture a été opérée (Crim. cass. 9 déc. 1880, Intérêt de la loi, D. P. 80. 1. 473; Req. 26 janv. 1881, aff. l'*Union immobilière d'Amiens*, D. P. 81. 1. 49; Trib. confl. 5 et 13 nov. 1880, aff. Bouffier et de Nolhac, D. P. 80. 3. 121; Nancy, 31 juill. 1880, aff. Godfroy, D. P. 80. 2. 177; Trib. Seine, 9 juill. 1880, aff. Ravignan, D. P. 80. 3. 81; Trib. Nantes, 18 juill. 1880, aff. Derice, D. P. 80. 3. 80; Trib. Toulouse, 2 août 1880, aff. -Comp. de Jésus, D. P. 80. 3. 73; en sens contraire, Présidents des tribunaux de Grenoble et d'Avignon, 6 et 10 juill. 1880, D. P. 80. 2. 177, notes 1 et 2).

47. Le commissaire de police qui, sur l'ordre du préfet, procède à la fermeture par l'apposition des scellés ne fait que prêter son concours à cet acte administratif. Les tribunaux civils sont donc également incompétents pour connaître de l'action dirigée contre lui (Arrêt précité du 26 janv. 1881, cité *suprà*, nᵒ 46).

L'autorité judiciaire ne pouvant, sans excès de pouvoir, contester ni contrôler l'acte par lequel un préfet a prescrit cette fermeture, le juge d'instruction saisi par le ministère public d'une plainte en bris de scellés apposés sur une chapelle en exécution d'un arrêté préfectoral ne peut motiver un refus d'informer sur ce que, l'arrêté étant illégalement pris, il n'y aurait ni crime, ni délit (Arrêt du 9 déc. 1880, cité *suprà*, nᵒ 46).

48. On s'est demandé si une distinction ne devait pas être établie entre l'*apposition* des scellés qui serait autorisée par le décret de 1812, par le motif qu'elle porte sur un local servant à l'exercice du culte, et le maintien de ces mêmes scellés, nonobstant l'engagement du propriétaire de changer la destination de la chapelle, maintien qui après cet engagement, semblerait, a-t-on dit, manquer de base légale. Mais cette distinction a été implicitement repoussée par les arrêts des 31 juill. 1880 et 26 janv. 1881, cités *suprà*, nᵒ 46 : on a fait observer que l'engagement pris par les propriétaires de la chapelle de ne plus y exercer le culte ne peut changer le caractère et la valeur de l'acte administratif qui en a prescrit la fermeture, qu'il appartient à l'autorité administrative seule de rapporter ou de modifier les mesures qu'elle a ordonnées, mais que l'autorité judiciaire ne saurait, sans violer le principe de la séparation des pouvoirs, détruire ce qui a été fait administrativement par un préfet dans la limite de ses pouvoirs (V. anal. *Rép.* nᵒ 296).

49. Une décision du tribunal des conflits, tirant les plus extrêmes conséquences de cette doctrine, a décidé que tant

qu'une ancienne chapelle fermée par mesure administrative n'a pas été complètement désaffectée et continue d'être garnie de tous les objets servant au culte, l'autorité administrative conserve sur cet immeuble les droits que lui confère le décret de 1812, alors même qu'elle a consenti à la levée des scellés et remis ledit immeuble aux propriétaires, et que l'autorité judiciaire ne peut contrôler la manière dont l'autorité administrative exerce ses droits (Trib. confl. 25 nov. 1882, aff. Lapène, D. P. 84. 3. 38).

50. Les actes par lesquels les biens ecclésiastiques non aliénés ont été restitués ou abandonnés aux communes ou aux fabriques dans l'intérêt du culte sont des actes de haute administration, dont l'appréciation appartient exclusivement à l'autorité administrative (Cons. d'Ét. 23 mars 1867, aff. Commune de Monoblet, D. P. 68. 3. 35; Req. 6 juill. 1869, aff. Commune de Moyenmoutier, D. P. 71. 1. 318). Ainsi, l'autorité judiciaire est incompétente pour statuer sur l'action par laquelle une commune revendique contre une fabrique la propriété d'un terrain dépendant du presbytère, en se fondant sur les lois et décrets qui ont mis à la disposition des communes les biens non aliénés du clergé (Arrêt précité du 23 mars 1867);... Sur la demande d'une commune tendant à la restitution d'un buffet d'orgues tiré d'une ancienne église abbatiale qui, après avoir été réunie au domaine national en 1789, est devenue église communale, lorsqu'un arrêté préfectoral a ordonné la translation de ce buffet dans une autre église (Arrêt précité du 6 juill. 1869).

51. Il a été décidé que le *Bulletin des communes* destiné, aux termes du décret du 12 févr. 1852 à remplacer pour les communes le *Bulletin des lois*, aux termes du décret du 27 déc. 1871, à faire connaître aux populations les lois, décrets et instructions du Gouvernement et les travaux de l'Assemblée nationale, constituant dans ses parties officielles un acte de l'Administration, et qu'il y avait lieu de comprendre dans ces parties officielles les communications insérées audit *Bulletin* par les soins du ministre de l'intérieur, et notamment le compte rendu d'une revue passée par le chef de l'Etat (Trib. confl. 29 déc. 1877, aff. Viette, et 12 janv. 1878, aff. Bousquet et autres, D. P. 78. 3. 20). Il a été jugé, en conséquence, que l'autorité judiciaire était incompétente pour statuer sur l'action en diffamation intentée contre l'imprimeur et l'éditeur du *Bulletin* et contre le ministre de l'intérieur à raison de la publication de ce compte rendu faite dans ce journal par ordre du ministre (Mêmes arrêts). Ces décisions ont donné lieu à de sérieuses critiques : M. l'avocat général Charrins, contrairement aux conclusions duquel elles ont été rendues, a fait observer que, si l'acte administratif échappe à l'appréciation de l'autorité judiciaire, alors même qu'il peut contenir un abus de pouvoir, l'application de cette règle implique nécessairement l'existence d'un acte administratif plus ou moins régulier, et qu'il ne semble pas possible d'appliquer à un article politique, une règle qui ne protège l'acte administratif qu'à raison de son caractère.

52. Un arrêt de la cour de Bourges du 11 févr. 1878 (aff. Girerd, D. P. 80. 4. 105), paraît avoir été plus loin encore dans cette voie que le tribunal des conflits, en attribuant à la publication du *Bulletin des communes*, sans distinguer entre ses différentes parties, le caractère d'un acte administratif, et en décidant que l'autorité judiciaire ne pouvait connaître des poursuites en diffamation exercées à fins civiles contre le rédacteur d'un journal qui avait reproduit un article inséré au *Bulletin* avec indication de son origine.

53. Le tribunal des conflits a également reconnu, sous l'empire des lois sur le colportage et sur la presse, antérieures à celle du 29 juill. 1881, le caractère d'actes administratifs échappant à l'appréciation des tribunaux civils : 1ᵒ aux instructions administratives données par un préfet, et à la suite desquelles des officiers de police judiciaire, agissant comme auxiliaires du procureur de la République, avaient pratiqué des saisies de journaux (Trib. confl. 15 déc. 1877, aff. Figarède, D.P. 78. 3. 17); — 2ᵒ Aux instructions données aux agents de police par un maire, à l'effet de faire constater et poursuivre les contraventions imputées aux colporteurs et en vertu desquelles des saisies de journaux avaient été opérées (Trib. confl. 29 déc. 1877, aff. Camoin, D. P. 78. 3. 17).

54. Le caractère des décrets du 29 mars 1880 et des

mesures prises en exécution de ces décrets pour assurer la dissolution des congrégations religieuses non autorisées a donné lieu à une vive controverse. D'après une première opinion, consacrée par de nombreuses décisions judiciaires, les tribunaux civils étaient compétents pour connaître des demandes formées par les membres des congrégations à l'effet d'obtenir la levée des scellés apposés sur leurs immeubles, leur réintégration dans leur domicile et des dommages-intérêts contre les préfets et les commissaires de police qui avaient procédé à l'expulsion. On soutenait, en effet, que ces demandes soulevaient des questions de propriété et de liberté individuelle placées par les principes fondamentaux de notre droit sous la sauvegarde de l'autorité judiciaire, et que si, en principe, les actes administratifs et gouvernementaux échappaient à tout recours devant la juridiction ordinaire, c'était sous la réserve du droit dont les tribunaux ne pouvaient être dépouillés, de garantir l'état civil, la liberté et la propriété des citoyens contre toutes les voies de fait qui ne rentreraient pas dans l'exercice des pouvoirs constitutionnels ou légaux de l'Administration ou du Gouvernement (V. en ce sens: Glasson, *Revue critique*, 1881, p. 511). Cette doctrine était également développée dans

de savantes consultations de MM. Rousse et Demolombe, dont les conclusions portaient: « qu'aucune loi actuellement en vigueur ne prohibe la vie en commun des personnes appartenant à des congrégations religieuses non reconnues; que dans le cas où le Gouvernement voudrait dissoudre ces associations, il n'aurait pas le droit de le faire par voie administrative, mais que les tribunaux ordinaires devraient d'abord en connaître » (V. en ce sens : Bourges, 16 mars 1881(1); Montpellier, 16 juill. 1881 (2); Ord. réf. prés. Trib. de Lille, 1er juill. 1880, aff. Marquigny, D. P. 80. 3. 57; d'Angers, 3 juill. 1880, *ibid.*,note; de Grenoble, 3 juill. 1880, *ibid.*; d'Avignon, 6 juill. 1880, *ibid.*; de Lyon, 6 juill. 1880, *ibid.*; du Puy, 8 juill. 1880, *ibid.*; d'Aix, 12 juill. 1880, *ibid.*; de Marseille, 13 juill. 1880, *ibid.*; de Pau, 13 juill. 1880, *ibid.*; de Douai, 23 juill. 1880, *ibid.*; Trib. de Bourges, 9 juill. 1880, *ibid.*; de la Seine, 9 juill. 1880, *ibid.*; de Nancy, 15 juill. 1880, *ibid.*; de Lille, 16 juill. 1880, *ibid.*; de Nantes, 18 janv. 1880, aff. Derice, D. P. 80. 3. 80; de Quimper, 21 et 27 juill. 1880, D. P. 80. 3. 57, note; de la Seine, 10 déc. 1880 (3). V. conf. Dissertation sous l'ordonnance précitée du président du trib. de Lille, 1er juill. 1880.

(1) (Chevalier et Piperon C. Préfet de l'Indre.) — LA COUR; — Considérant que M. le Préfet de l'Indre, par un arrêté en date du 5 nov. 1880, a déclaré dissoute « l'agrégation formée à Issoudun par les membres de l'association non autorisée dite des Missionnaires du Sacré-Cœur », et prescrit l'évacuation de l'établissement par les membres de cette agrégation ; que cet arrêté a été exécuté le même jour, malgré la protestation des personnes qui furent trouvées dans l'établissement et qui prétendirent ne plus faire partie de l'association dissoute ; que deux d'entre elles, MM. Chevalier et Piperon, se disant propriétaires de l'immeuble où était établie l'agrégation dissoute, demandent aujourd'hui à être provisoirement réintégrés dans la propriété et possession de l'immeuble dont ils ont été expulsés lors de l'exécution de l'arrêté du 5 nov. et de la dispersion des personnes ayant fait partie de la communauté dissoute ; que M. le préfet de l'Indre oppose à cette demande un déclinatoire basé sur ce que le fait dont se plaignent les demandeurs est la conséquence d'un acte administratif accompli en exécution des lois que l'administration est chargée de faire respecter, acte qui échappe à l'appréciation de la juridiction ordinaire ; — Considérant que, quelque rigoureuses que soient la règle de la séparation des pouvoirs et ses conséquences au point de vue de la compétence, et sans qu'il soit besoin de déterminer le point où s'arrête le droit de la juridiction civile en cette matière, cette règle ne saurait trouver son application au procès actuel ; qu'en effet, la solution de la question posée à la cour n'entraîne aucunement la nécessité de l'examen de la légalité de l'arrêté de M. le préfet de l'Indre, ni celui de l'existence des lois sur lesquelles s'appuie cet arrêté ou des dispositions qu'elles prescrivent ; que l'arrêté de M. le préfet de l'Indre, ainsi que les lois qui y sont visées et dont ledit arrêté a pour objet d'assurer l'exécution, sont absolument muets sur les questions de propriété que peut faire naître leur exécution ; que ni les uns ni les autres de ces documents ne prescrivent ni même n'autorisent soit la confiscation, soit la mise sous séquestre des locaux où se seraient établies des congrégations non autorisées; que les questions de propriété ainsi soulevées restent donc soumises aux règles du droit commun et à la juridiction ordinaire en matière de propriété et de possession ; que la réintégration des propriétaires dans leurs propriétés précédemment occupées par les congrégations ne porterait aucunement atteinte aux arrêtés de dissolution et laisserait absolument intacts les droits de l'Etat pour le passé et pour l'avenir ; que ces propriétaires, remis en possession de leur chose, ne pourraient évidemment en user que sous la réserve de la disposition finale de l'art. 544 c. civ., et que, s'ils contrevenaient aux arrêtés de dissolution régulièrement pris, ils s'exposeraient à des poursuites, absolument comme si la décision qu'ils sollicitent ne les avait pas remis en possession régulière ; qu'à la suite de la condamnation des délinquants, l'administration pourrait même provoquer des mesures de nature à empêcher le délit de se perpétuer, mesures qui ne peuvent en aucun cas résulter d'une occupation sans caractère ni limites et qui équivaudraient à une confiscation ; que la démonstration devient évidente dans l'hypothèse où les réclamants seraient étrangers à la communauté dissoute et viendraient revendiquer leur propriété pour en faire un autre usage qu'ils spécifieraient ; — Par ces motifs; — Dit mal jugé, bien appelé ; — Infirme l'ordonnance de référé en date du 15 novembre dernier, par laquelle M. le président du tribunal d'Issoudun se déclare incompétent, et renvoie les parties à se pourvoir ; — Emendant ; — Déclare la juridiction civile bien saisie ; la déclare compétente.
Du 16 mars 1881.-C. de Bourges, ch. civ.-MM. Boivin-Cham-

peaux, 1er pr.-Simonnet, av. gén., c. contr.-Huart de Verneuil et Beurdeley (du barreau de Paris), av.

(2) (Bayle, Auvray et Hant C. Préfet de l'Hérault.) — LA COUR; — Vu le déclinatoire de M. le préfet de l'Hérault, en date du 15 juill. 1881 : — Attendu que Jean Bayle, Pierre Auvray et Paul-Ernest Hant, prêtres, agissant en leur qualité de propriétaires de deux maisons situées à Montpellier, rue Fabre, ci-devant couvent des Carmes déchaussés, demandent au juge du référé d'être autorisés à habiter ces deux maisons, à y pénétrer à toute heure du jour et de la nuit et à y recevoir qui il leur plaira ; — Attendu qu'une telle demande, réduite à l'exercice des droits de propriétaire, rentre dans les attributions de l'autorité judiciaire, compétente pour l'apprécier, sans méconnaître le principe de la séparation des pouvoirs ; qu'elle ne saurait être repoussée par le motif que les demandeurs, en leur qualité de membre de la congrégation des Carmes, association non autorisée, ont été expulsés des maisons où ils demandent à rentrer, en vertu d'un arrêté préfectoral du 16 oct. 1880 ; qu'ils agissent pas au référé comme membres d'une association dissoute et supprimée, mais bien comme de simples particuliers qui demandent à être autorisés à rentrer dans les maisons qui leur appartiennent, pour y exercer les droits inhérents à ce genre de propriété ; que leur demande peut être accueillie ou rejetée par le juge du référé sans qu'il soit nécessaire d'apprécier la légalité ou de rechercher la portée de l'arrêté d'expulsion, et, par suite, sans empiéter sur le pouvoir administratif ; que d'ailleurs, en cas d'abus de la part des demandeurs, s'il était fait droit à leur demande bornée aux droits de propriété, l'administration resterait suffisamment armée pour les faire cesser ou les réprimer ; — Par ces motifs ; — Sans s'arrêter au déclinatoire de M. le préfet de l'Hérault, disant droit à l'appel, réformant, dit que le juge du référé est compétent pour statuer sur la demande des sieurs Bayle, Auvray et Hant ; — Ce faisant, annule l'ordonnance rendue par le président du tribunal de Montpellier, le 21 oct. 1880.
Du 16 juill. 1881.-C. de Montpellier.-M. Sadde, pr.

(3) Chapotin et Leroy C. Préfet de police.) — LE TRIBUNAL ; — Statuant sur le déclinatoire proposé par le préfet de police aux termes de l'art. 6 de l'ordonnance du 1er juin 1828, ensemble sur les conclusions du préfet de police à fin d'incompétence : — Attendu que le demandeur poursuit par la voie du référé sa réintégration dans un immeuble séant à Paris, rue Jean-de-Beauvais, numéro 9, d'où il a été expulsé le 3 novembre dernier, en exécution d'un arrêté du préfet de police; qu'il procède comme membre de la société civile des Prédicateurs, laquelle a été constituée par acte authentique du 6 sept. 1865 et est propriétaire dudit immeuble, aux termes de deux actes également authentiques du 14 sept. 1865 et des 15 et 16 oct. 1869 ; qu'il a dès lors en vertu d'un droit de propriété qu'il prétend, muni d'un titre auquel provision serait due, exercé son droit tel qu'il est déterminé par l'art. 544 c. civ. ; — Attendu qu'une semblable demande rentre, par sa nature, dans le domaine de l'autorité judiciaire à qui il appartient, suivant les principes généraux de la législation française, de sauvegarder le droit de propriété sous quelque forme qu'il se manifeste ; — Attendu qu'il importe peu que, par l'arrêté en exécution duquel le demandeur a été expulsé, le préfet de police n'ait prétendu aucun droit de propriété ni de jouissance sur l'immeuble sis à Paris, rue Jean-de-Beauvais, 9; que la voie de l'action ne saurait en être modifiée, le droit de propriété invoqué par le demandeur impliquant, à peine de rester inefficace, la faculté de disposer librement de sa chose et de réclamer judiciairement contre les

Il a été également jugé, en ce sens, que l'autorité judiciaire était compétente pour connaître d'une plainte dirigée par les membres d'une congrégation dispersée contre le préfet et le commissaire de police qui avaient procédé à leur expulsion et fondée sur ce que ces actes constituaient le crime d'attentat à la liberté individuelle prévu par l'art. 114 c. pén., et qu'il lui appartenait de résoudre les questions préjudicielles susceptibles d'être soulevées tant sur l'existence même des lois en vertu desquelles le pouvoir exécutif aurait agi que sur leur interprétation, et, notamment, sur le point de savoir si l'emploi des moyens administratifs au lieu de la voie judiciaire ne constituerait pas une violation de ces mêmes lois (Poitiers, 19 sept. 1880, aff. Taupin, D. P. 81. 2. 33).

55. Un second système a été développé devant le tribunal des conflits par M. le commissaire du gouvernement Ronjat (D. P. 80. 3. 127). Il consiste à soutenir que les décrets du 29 mars 1880 sont des actes de gouvernement et que, par suite, la légalité de ces décrets et des actes accomplis pour en assurer l'exécution ne peut être discutée ni devant les tribunaux civils, ni devant la juridiction contentieuse (V. conf. Trib. Toulouse, 2 août 1880, aff. Comp. de Jésus, D. P. 80. 3. 73 ; Graux, *Les congrégations religieuses devant la loi*, p. 103 ; Jeanvrot, *De l'application des décrets du 29 mars 1880*, p. 130). Mais, alors même que l'on reconnaîtrait aux mesures dont il s'agit le caractère d'actes de gouvernement, il serait excessif, ainsi que nous le verrons *infra*, n° 84, d'en conclure à l'incompétence absolue de l'autorité judiciaire. Car, si les tribunaux civils n'ont pas compétence pour annuler un acte gouvernemental, il leur appartient, lorsqu'un acte de cette nature porte atteinte à la propriété ou aux droits individuels d'un citoyen, de reconnaître le droit contesté, une voie de fait ne pouvant, ainsi que le déclare M. Ducrocq, *Cours de droit administratif*, 5° éd., t. 1, p. 181, n° 194, rentrer dans l'exercice des pouvoirs constitutionnels ou légaux du Gouvernement (V. conf. Dareste, *Justice administrative*, p. 222 ; Aucoc, t. 1, p. 495 ; Glasson, p. 505).

56. M. le commissaire du Gouvernement Gomel, a développé un troisième système dans une autre affaire soumise au tribunal des conflits (D. P. 80. 3. 128). Il a très justement fait observer que les actes qualifiés par la jurisprudence d'actes gouvernementaux sont ceux qui rentrent dans la mission du pouvoir exécutif, en tant qu'il est chargé de diriger les affaires extérieures du pays et d'exercer à l'intérieur la part de souveraineté que lui donnent les lois : or, il n'a

pas cru possible d'attribuer ce caractère ni aux décrets du 29 mars 1880, pris pour rappeler les congrégations à ce que le Gouvernement considérait comme l'application des lois existantes, ni aux mesures prises en vue de la dissolution des congrégations non autorisées bien qu'elles eussent été qualifiées de mesures de haute police par l'administration qui les avait prises. Suivant M. Gomel, la demande des propriétaires en réintégration de leurs immeubles et en mainlevée des scellés sur les parties de ces immeubles autres que les chapelles rentrait, en principe, dans la compétence judiciaire ; mais la solution de ces questions dépendait de la validité de l'arrêté préfectoral qui avait prescrit l'expulsion des religieux et l'apposition des scellés, et cet arrêté, présentant tous les caractères d'un acte administratif, le juge civil devait surseoir jusqu'à ce que l'autorité administrative eût statué sur toutes les difficultés que soulevait cette question préjudicielle.

57. Le tribunal des conflits a adopté un quatrième système ; il a décidé que les décrets du 29 mars 1880, ayant été rendus pour l'application des lois des 13-19 févr. 1790, 18 août 1792 et 18 germ. an 10 et du décr. du 3 mess. an 12, constituaient des mesures de police dont le ministre de l'intérieur était chargé d'assurer l'exécution, et que les actes d'exécution accomplis par le préfet et le commissaire de police, en vertu des ordres de leurs chefs, avaient le caractère d'actes administratifs dont il n'appartenait pas à l'autorité judiciaire de connaître (V. conf. Ducrocq, *Cours de droit administratif*, t. 2, n° 1548) ; mais il a répudié la théorie de l'acte gouvernemental, en déclarant expressément que, si les personnes à l'égard desquelles avaient été prises les mesures destinées à effectuer la dispersion de la congrégation se croyaient fondées à soutenir que ces mesures n'étaient autorisées par aucune loi, et que, par suite, le décret et l'arrêté préfectoral étaient entachés d'excès de pouvoirs, elles pouvaient s'adresser à l'autorité administrative soit pour faire prononcer l'annulation de ces actes, soit pour agir contre l'Etat, et réclamer leur réintégration, la levée des scellés ou des dommages-intérêts (Trib. confl. 4 nov. 1880, aff. Marquigny, D. P. 80. 3. 124 ; 5 nov. 1880, même affaire, et aff. Bouffier, *ibid.* ; 13 nov. 1880, aff. Gautrelet, aff. de Nolhac, aff. Joyard, *ibid.* ; 17 nov. 1880, aff. de Saune, aff. Rival, *ibid.* ; 20 nov. 1880, aff. Thierry, *ibid.* ; 20 nov. 1880, aff. de Guilhermy, D. P. 81. 3. 21-22 ; 27 nov. 1880, aff. Le Quinio, aff. Rot, *ibid.* ; 4 déc. 1880, aff. Le Bèle, *ibid.* ; 15 janv. 1881 (1) ;

---

actes qui lui font grief, quelque soit le caractère du trouble qui en résulte ; — Attendu qu'il n'importerait pas davantage que la propriété du demandeur sur de la société civile des Prédicateurs, dont il est membre, ne fût qu'apparente, et que les contrats qui l'ont établie renfermassent une simulation destinée à couvrir l'existence d'une association religieuse non autorisée ; que l'examen de ce point tient au fond du procès, le juge devant apprécier alors si le droit de propriété, qui avait été lésé, est ou non reconnu par la loi ; mais qu'il est sans influence sur la compétence, l'appréciation du droit de propriété, dans sa nature et dans ses effets, appartenant toujours en principe à l'autorité judiciaire ; — Attendu qu'en cet état, les règles de la compétence ordinaire ne devraient fléchir qu'autant que l'arrêté du préfet de police, à la suite duquel a eu lieu l'expulsion du demandeur, constituerait un acte administratif, c'est-à-dire un acte accompli par ce fonctionnaire en vertu des pouvoirs que la loi lui confère ; — Attendu qu'aucune des lois invoquées dans le déclinatoire et dans les conclusions qui ont été visées ci-dessus, que ces lois soient ou non demeurées en vigueur, n'attribue expressément aux fonctionnaires de l'ordre administratif le pouvoir de dissoudre les associations religieuses non autorisées par les mesures dont le demandeur se plaint, comme ayant fait grief à son droit de propriété ; que la loi des 13-19 févr. 1790 a eu pour unique objet d'enlever aux congrégations religieuses le caractère d'être collectif jouissant des droits civils, et de relever leurs membres des incapacités qu'entraînait alors le lien légal résultant des vœux monastiques ; que la loi du 18 août 1792, en prononçant l'extinction et la suppression de toutes corporations religieuses et congrégations séculières, ecclésiastiques et laïques, n'a formellement attaché à ces prohibitions qu'une sanction judiciaire pour un cas particulier, le port des costumes ecclésiastiques et religieux ; que la loi du 18 germ. an 10 ne renferme aucune disposition qui soit directement applicable aux congrégations religieuses ; qu'enfin, le décret du 3 mess. an 12, après avoir déclaré dissoutes toutes les congrégations ou associations formées sous prétexte de religion et non autorisées,.

et interdit pour l'avenir la formation de sociétés semblables, sans l'autorisation du Gouvernement, porte dans son art. 6 : « Nos procureurs généraux près nos cours et nos procureurs impériaux sont tenus de poursuivre ou faire poursuivre, même par la voie extraordinaire, suivant l'exigence des cas, les personnes de tout sexe qui contreviendraient directement ou indirectement au présent décret » ; — Attendu, dès lors, que l'arrêté du préfet de police, en exécution duquel le demandeur a été expulsé de l'immeuble de la rue Jean-de-Beauvais, 9, ne saurait être considéré comme un acte administratif de telle nature qu'il échapperait, en lui-même et dans toutes ses conséquences, à l'appréciation de l'autorité judiciaire ; que dès lors aussi la règle générale qui attribue à l'autorité judiciaire la connaissance des litiges relatifs au droit de propriété conserve tout son empire dans la cause, et que le tribunal peut connaître de la demande qui lui est soumise, sans porter atteinte au principe supérieur de la séparation des pouvoirs ; — Par ces motifs, se déclare compétent, etc.

Du 10 déc. 1880.-Trib. civ. de la Seine, 1re ch.-MM. Aubépin, pr.-Quesnay de Beaurepaire, subst.-Durier et Choppin d'Arnouville, av.

(1) (Fauqueux et autres prêtres dominicains C. Préfet de la Côte-d'Or et Commissaire central de Dijon.) — Le tribunal des conflits ; — Vu l'art. 13, tit. 2, de la loi des 16-24 août 1790 et la loi du 16 fruct. an 3 ; — Vu les lois des 13-19 févr. 1790 et 18 août 1792, le décret du 3 mess. an 12, la loi du 18 germ. an 10, art. 11, et le décret du 29 mars 1880 ; — Vu la loi des 7-14 oct. 1790 et celle du 24 mai 1872 ; — Vu les ordonnances des 1er juin 1828 et 12 mars 1831, le règlement d'administration publique du 26 oct. 1849 ; — Considérant que, par son arrêté en date du 4 nov. 1880, le préfet du département de la Côte-d'Or a ordonné la dissolution de l'agrégation formée à Dijon, rue Turgot, n° 22, par des membres de la congrégation non autorisée dite des *Dominicains*; qu'il a prescrit la fermeture et l'évacuation immédiate de l'établissement et l'apposition des scellés sur toutes ouvertures donnant accès à la voie publique; qu'enfin, il a spécialement chargé de l'exécution

Ordonnance de référé du président du tribunal de Bordeaux,

de cet arrêté le commissaire central de Dijon; — Considérant que cet arrêté a été exécuté le jour même par M. Dignat, commissaire central; — Considérant que, suivant exploit du 4 nov. 1880, le sieur Fauqueux prêtre, domicilié à Dijon, rue Turgot, n° 22, a assigné M. Duval, préfet du département de la Côte-d'Or, et M. Dignat, commissaire central à Dijon, devant le juge des référés du tribunal civil de Dijon, à l'effet de faire ordonner sa réintégration immédiate dans le domicile dont il avait été expulsé en qualité de membre de l'agrégation des Dominicains, et ce, au besoin, avec l'assistance de la force armée, ce qui serait exécuté par provision et nonobstant appel; — Considérant que le préfet du département de la Côte-d'Or soutient que le juge des référés était incompétent pour connaître de l'action intentée par le sieur Fauqueux, qui tendait à empêcher l'exécution de l'arrêté du 4 nov. 1880; — Considérant que le décret du 29 mars 1880, qui donnait aux congrégations non autorisées un délai de trois mois pour faire les diligences nécessaires à l'effet d'obtenir la vérification et l'approbation de leurs statuts et règlements, et la reconnaissance légale de leurs établissements, sous peine d'encourir l'application des lois en vigueur, a été rendu pour l'application des lois des 13-19 févr. 1790, du 18 août 1792, du 18 germ. an 10 et du décret du 3 mess. an 12, et qu'il constituait une mesure de police dont le ministre de l'intérieur était chargé d'assurer l'exécution; — Considérant que le préfet du département de la Côte-d'Or, en prenant l'arrêté du 4 nov. 1880, et en le faisant exécuter par le commissaire central, d'après les ordres du ministre de l'intérieur, a agi, en vertu du décret précité du 29 mars 1880, dans le cercle de ses attributions comme délégué du pouvoir exécutif; que le commissaire, agent de police administrative, et placé sous les ordres du préfet, n'a fait qu'exécuter les prescriptions de l'arrêté précité, par suite de la délégation spéciale qu'il avait reçue à cet effet; — Considérant, d'ailleurs, que ni le préfet ni le commissaire central ne prétendaient aucun droit de propriété ni de jouissance sur l'immeuble dont il s'agit, à l'encontre de ceux que le sieur Fauqueux pouvait tenir de ses titres; — Considérant qu'il ne saurait appartenir à l'autorité judiciaire d'annuler les effets et d'empêcher l'exécution de cet acte administratif; que sans doute, par une exception formelle au principe de la séparation des pouvoirs, cette autorité peut apprécier la légalité des actes de police quand elle est appelée à prononcer une peine contre les contrevenants, mais que cette exception est sans application dans la cause; — Considérant que, si le sieur Fauqueux se croyait fondé à soutenir que la mesure prise contre lui n'était autorisée par aucune loi, et que, par suite, le décret et l'arrêté précités étaient entachés d'excès de pouvoirs, c'était à l'autorité administrative qu'il devait s'adresser pour faire prononcer l'annulation de ces actes; — Considérant que le président du tribunal de Dijon, en se déclarant compétent, a méconnu le principe de la séparation des pouvoirs édicté par les lois susvisées des 16-24 août 1790 et 16 fruct. an 3: — Art. 1er. L'arrêté de conflit est confirmé. — Art. 2. Sont considérés comme non avenues : l'assignation du 4 nov. 1880 et l'ordonnance de référé rendue le 8 nov. 1880 par le président du tribunal civil de Dijon.

Du 15 janv. 1881.-Trib. des confl.-MM. Barbier, rap.-Gomel, concl.

Du même jour.-Deux décisions conformes (aff. Nicolas et autres prêtres dominicains C. Préfet du Nord et Commissaire central de Lille; aff. Foucheyran et autres prêtres maristes C. Préfet de l'Ain et Commissaire de police de Bellay.) — Mêmes rapporteur et commissaire du Gouvernement.

Du même jour.-Décision conforme (aff. Augé et Ormières, carmes, C. Préfet des Hautes-Pyrénées, Commissaire central de Tarbes et Commissaire de police de Bagnères.)-MM. Collet, rap.-Rivière, concl.

(1) (De Grangeneuve C. Préfet de la Gironde.) — Nous, Président; — Attendu que Lafargue de Grangeneuve, porteur d'un bail qui lui a été souscrit par les propriétaires en nom des immeubles de la rue Margaux, demande au préfet de la Gironde de faire dresser un état des lieux qui lui ont été loués, et, à cet effet, la levée des scellés apposés sur ces immeubles; que la demande d'un état des lieux est un prétexte imaginé pour colorer le véritable objet de l'action, car M. le préfet de la Gironde n'a point qualité pour faire constater l'état des lieux avec le preneur, et que les bailleurs, seuls intéressés dans ce contrat, n'ont pas même été appelés au référé; que le but poursuivi par Lafargue de Grangeneuve est d'obtenir une ordonnance de justice autorisant la levée des scellés, et qu'il reproduit devant le juge des référés l'action introduite devant le tribunal et dont ils se sont désistés; que Lafargue de Grangeneuve n'a et ne peut avoir des droits plus étendus que les propriétaires eux-mêmes, soit qu'il se présente comme leur mandataire, soit qu'il agisse comme leur locataire; qu'il est soumis à toutes les exceptions qui peuvent être opposées à ces propriétaires; — Attendu que le préfet de la Gironde n'a jamais élevé aucune prétention à la propriété ou à la jouissance des immeubles de la rue Margaux, qu'il ne les a jamais revendiqués comme biens de mainmorte acquis au domaine de l'Etat,

26 oct. 1880 (1); Trib. Agen, 31 déc. 1880 (2); Trib. Nontron, 7 janv.

par suite de la dissolution de la congrégation des Jésuites; qu'il n'a même pas eu la pensée de les placer sous séquestre, puisque, dès le premier moment, il a offert aux mandataires des propriétaires de leur abandonner les immeubles, sous la condition de n'y pas recevoir la congrégation dissoute; que cette offre a été réitérée lors de l'instance engagée devant le tribunal, et qu'elle est reproduite dans l'arrêté préfectoral signifié à M. de Grangeneuve; qu'aucune difficulté n'est donc soulevée sur le droit de propriété ni sur le droit de jouissance des immeubles; que le préfet de la Gironde, en vertu des instructions du ministre de l'intérieur, par mesure de haute police, a fermé la chapelle et dispersé la congrégation religieuse qui, sans autorisation, s'était établie dans les immeubles de la rue Margaux; que, par conséquent, la seule question en litige consiste à rechercher si l'autorité administrative est autorisée à disperser les congrégations religieuses non autorisées; — Attendu que la loi du 13 févr. 1790 a interdit les vœux perpétuels et prononcé, en conséquence, la suppression des ordres et congrégations religieuses régulières dans lesquels on fait de pareils vœux, sans qu'il puisse en être établi de semblables à l'avenir; que la loi du 18 août 1792 a supprimé toutes les congrégations séculières et toutes les confréries; que l'exécution de ces lois est exclusivement confiée par les mesures diverses que nécessiteraient ces suppressions, aux diverses autorités administratives qui existaient alors, et que l'autorité judiciaire n'est appelée à appliquer qu'une seule des dispositions de la loi de 1792, celle qui prohibe et punit le port du costume de divers ordres supprimés; que le décret du 3 mess. an 12 rappelle et consacre les lois prohibitives des ordres et congrégations religieuses; mais qu'il admet quelques exceptions, et ouvre ainsi aux congrégations la perspective d'une autorisation légale, pour le cas où leur fonctionnement prouverait qu'elles sont utiles à la société et inoffensives pour l'ordre public; que, par contre, il ajoute à l'action administrative la menace de poursuites judiciaires contre les récalcitrants; qu'ainsi, ces lois successives ont décrété l'interdiction des ordres et congrégations religieuses et ont remis à l'Administration le soin d'en surveiller et d'en assurer l'exécution; — Attendu que tous les documents contemporains de ces lois, tous les décrets postérieurs reproduisent la même volonté de confier à l'action administrative l'exécution des lois sur les congrégations, qu'il s'agisse d'étendre aux départements annexés à l'empire les lois prohibitives des ordres religieux, de dissoudre des congrégations hospitalières de femmes non régulièrement autorisées, de disperser des congrégations d'hommes momentanément autorisées, et que le décret du 22 déc. 1812 confie aux préfets le droit absolu d'autoriser ou de fermer des chapelles et oratoires, sans lesquels il est difficile de comprendre le fonctionnement régulier d'une congrégation religieuse; et toujours la police des cultes est remise à l'Administration; que les assemblées politiques ont, dans tous les temps, reconnu l'existence de la constitutionnalité de ces lois, ainsi que le droit pour l'Administration de les exécuter directement, après les débats solennels, la Chambre des députés en 1845 et 1880, et sur des actes particuliers d'exécution, la Chambre des députés en 1831, le Sénat en 1861 et 1865; que sous tous les gouvernements qui se sont succédé, sous le premier Empire, sous la Restauration et le gouvernement de Juillet, sous le second Empire, ces principes ont été constamment appliqués, et les congrégations dispersées par voie administrative; que les chefs les plus autorisés du clergé, le cardinal Mathieu en 1861, le cardinal de Bonnechose en 1865, tout en blâmant quelques applications de ces lois, ont eux-mêmes formellement reconnu la légalité de leur exécution; qu'enfin, la cour de Paris, dans son arrêt du mois d'août 1826, rendu toutes chambres réunies, a consacré les mêmes principes, ainsi que l'atteste le ministre de l'intérieur, dans un mémoire récemment publié, tous les premiers présidents, et tous les procureurs généraux consultés par le garde des sceaux, répondaient unanimement qu'il appartient à l'Administration seule de disperser par mesure de police les congrégations non autorisées; que le droit de haute police de l'Administration pour la dispersion des congrégations religieuses non autorisées paraît donc incontestable sous l'empire de nos lois; — Attendu que M. le préfet de la Gironde, en faisant apposer les scellés sur la chapelle de la rue Margaux, a usé du droit que lui donne la loi de 1812; qu'en dispersant la congrégation établie dans les maisons de ladite rue Margaux, il a exécuté les lois de 1790-1792, messidor an 12, et le décret du 29 mars 1880; que l'apposition des scellés a été une conséquence de cette exécution; que le préfet a donc agi dans les limites de ses attributions administratives; — Attendu que les lois des 16-24 août 1790 et fructidor an 3 interdisent aux tribunaux civils de connaître des actes de l'Administration; — Par ces motifs, faisant droit au déclinatoire présenté par M. le préfet de la Gironde; Nous déclarons incompétent; — Renvoyons Lafargue de Grangeneuve à se pourvoir ainsi qu'il avisera.

Du 26 oct. 1880.-Trib. de Bordeaux.-Ord. réf.-M. Bretenet, pr.

(2) (Carmes d'Agen C. Préfet du Lot-et-Garonne.) — Le tribunal;

1881) (1). L'une des décisions précitées précise le recours devant le conseil d'Etat par application de la loi des 7-14 oct. 1790, et 24 mai 1872, art. 9 (Trib. confl. 13 nov. 1880, aff. de Nolhac, D. P. 80. 3. 121. V. conf. Laferrière, t. 1, p. 483).

58. Des arrêts postérieurs reconnaissent en termes formels que ce recours peut avoir pour objet non seulement les actes d'exécution, mais la légalité même de ces décrets (Trib.

— Attendu que, le 16 octobre dernier, les carmes d'Agen ont été chassés du monastère par la force publique, après effraction des portes, en vertu d'un ordre préfectoral à l'exception de deux d'entre eux, laissés comme gérants sur l'immeuble, en l'absence de leurs copropriétaires expulsés ; qu'à l'action formée contre lui à raison desdites effraction et expulsion, ainsi que contre certains exécuteurs de ses ordres, le préfet de Lot-et-Garonne oppose un déclinatoire, fondé sur ce que les faits dont les demandeurs prennent grief, n'étant que l'exécution d'un arrêté pris par lui, en vertu des décrets rendus le 29 mars dernier par le Président de la République pour assurer l'exécution des lois qu'y sont visées, le tribunal ne pourrait se livrer à l'appréciation de ces actes sans violer le principe de la séparation des pouvoirs ; — Attendu que, pour se faire une juste idée de ce principe constitutionnel de la séparation des pouvoirs, il convient de ne pas oublier dans quel esprit il a été établi ; qu'il ne faut pas perdre de vue que le procédé, aussi simple qu'efficace, qui fut adopté pour assurer à l'institution un fonctionnement exempt d'obstacle, consiste à assurer l'administration du droit de revendiquer contre les tribunaux judiciaires, parmi les causes portées devant ceux-ci, celles dont la solution lui paraissait intéresser ses attributions, en prenant à cet effet, en cas de résistance, des arrêtés de conflit sur lesquels il était souverainement statué par le chef de l'exécutif ; qu'il ne faut pas oublier davantage que les précautions prises contre le pouvoir judiciaire furent complétées par l'interdiction, faite à celui-ci, d'intenter aucune poursuite ou de recevoir aucune action contre les fonctionnaires publics à raison de faits relatifs à leurs fonctions, sans autorisation préalable du Conseil d'Etat; qu'il est évident que, sous l'empire de ce système, supposé maintenu dans son intégrité primitive, la non-recevabilité de l'action des demandeurs ne saurait être douteuse ; qu'elle devrait être déclarée non recevable en toute hypothèse, quel que fût le caractère qu'on croirait devoir reconnaître aux faits qui lui servent de base, voulût-on même les considérer comme des faits personnels aux fonctionnaires à qui ils sont reprochées, car ils seraient tout au moins relatifs à leurs fonctions ; — Mais qu'on ne saurait disconvenir que cette question ne se présente plus aujourd'hui dans les mêmes conditions qu'autrefois ; — Attendu, en effet, que l'état de la législation sur la matière a été successivement modifié, soit par l'ordonnance du 1er juin 1828, qui a pour but de remédier à l'arbitraire illimité des conflits, soit par l'attribution à un tribunal spécial de la mission, remplie jusque-là par le chef suprême de l'Administration, de juger les conflits élevés par cette Administration, soit par le décret du 19 sept. 1870, qui en faisant rentrer les fonctionnaires publics dans le droit commun, a eu pour but de permettre à tout particulier lésé par un fonctionnaire public d'en obtenir réparation, tant par la voie civile que par la voie criminelle ; qu'enfin on a vu la jurisprudence administrative, obéissant aux tendances qui s'accusaient dans la législation, devenir progressivement de plus en plus discrète dans la fixation des bornes du domaine administratif; qu'ainsi les tribunaux judiciaires, qui, conformément au but de leur institution, appliquent la loi surtout avec le sentiment des droits des particuliers, se sont vu peu à peu abandonner du terrain, pour le plus grand respect des droits individuels, sur les limites de l'Administration, qui, conformément à sa mission, applique la loi, avec la préoccupation de l'intérêt général qu'elle se propose ; — Attendu, d'un autre côté, que les mesures contre lesquelles réclament les demandeurs ne peuvent s'autoriser aujourd'hui, comme à d'autres époques, du droit que l'on ne contestait pas au Gouvernement de prendre, quand il le jugeait nécessaire, et en dehors de toute loi, des mesures de haute police ; que, sous ce régime, les congrégations religieuses auraient vainement cherché à faire statuer soit sur le sens et la portée, soit sur l'existence des lois invoquées contre elles, car il n'y a pas de discussion possible sur un acte de souveraineté; que les mesures de dissolution et de dispersion prises dans divers temps contre certaines congrégations ont toujours été si bien considérées comme plus ou moins corrélatives à l'acte gouvernemental ou à des mesures de haute police, que l'on y a cherché, dans les circonstances présentes, et jusque devant le tribunal des conflits, une base qui rendît indiscutables ces mêmes mesures, actuellement généralisées, sans s'apercevoir que cette doctrine était désormais inconciliable avec nos principes constitutionnels, ce qui ne lui laisse pas de défenseurs autorisés ; — Attendu que l'action des demandeurs ne peut plus être écartée, comme elle l'aurait été autrefois, soit par le défaut d'autorisation, en tant que dirigée contre les fonctionnaires, soit comme se heurtant à un acte de gouvernement ; — Mais que, suivant le déclinatoire proposé, le tribunal ne doit pas moins se dessaisir par une autre raison, à savoir le caractère administratif des faits qui motivent

confl. 19 févr. 1884, aff. Leroy, D. P. 81. 3. 90; 5 mars 1881, aff. Chapotin, *ibid.*; 12 mars 1881, aff. Ducoudray, *ibid.*; 19 mars 1881, aff. Boyer, *ibid.*; V. conf. Paris, 20 janv. 1881, aff. Cochin, D. P. 83. 2. 212). Dans le cas de contestation sur la qualité des demandeurs, l'autorité judiciaire aurait à statuer préjudiciellement sur le sens et sur la validité des contrats de droit commun invoqués par les parties (Trib.

cette action; qu'en tenant compte de l'évolution libérale s'accomplissant depuis cinquante ans dans notre droit public, cette solution n'est certainement pas exempte de difficultés ; — Mais que, quoi qu'il en soit, depuis l'introduction de la présente instance, le tribunal des conflits a confirmé les revendications de l'Administration dans une foule de cas semblables à la cause actuelle ; que, dès lors, c'est vainement que les demandeurs continuent à soutenir qu'on ne saurait, par des décrets et des arrêtés, donner vie à des lois qui n'existent pas, dans le sens qu'on leur attribue, ni, dans tous les cas, exécuter leurs dispositions par contrainte personnelle contre de prétendus délinquants qui n'ont pas été individuellement condamnés pour les avoir enfreintes, ni convertir en actes administratifs des voies de fait sans légalité, résistant par leur nature même au caractère administratif, et qu'il est dérisoire de les renvoyer à se pourvoir devant le conseil d'État, comme en matière administrative, tandis qu'au contraire, l'inviolabilité du domicile, de la liberté individuelle et de la propriété a été essentiellement placée, par l'ensemble de notre législation, sous la sauvegarde des tribunaux ordinaires ; — Attendu que cette dernière proposition, invoquée à tort comme une vérité absolue, ne doit être admise que sous la réserve de la séparation des pouvoirs; que le tribunal des conflits a déclaré, par une série de décisions multipliées, que les mesures prises contre les congrégations religieuses rentraient dans les attributions de l'Administration ; que, par suite, les tribunaux ordinaires n'ont plus qu'à se rappeler la défense qui leur est faite par la loi de troubler en quoi que ce soit les corps administratifs, en se pénétrant de l'esprit qui l'a dictée ; — Par ces motifs; se déclare incompétent et condamne les demandeurs aux dépens.

Du 31 déc. 1880-Trib.civ.d'Agen.-MM. Capot de Barrastin, pr.-Dubuc, proc.

(1) (Prémontrés de Nontron *C.* Sous-préfet de Nontron et Préfet de Dordogne.) — Le tribunal ; — Attendu que par deux exploits enregistrés, portant la date du 16 novembre dernier, M. Pabot-Chatelard, sous-préfet de Nontron, et M. Drouin, secrétaire général de la préfecture de la Dordogne, ont été assignés en référé pour s'entendre condamner à réintégrer les demandeurs dans la propriété de leurs immeubles situés au lieu dit de Bonis,commune de Saint-Jean-de-Côle, prétendant avoir été abusivement troublés dans l'exercice de leur droit de propriété par l'expulsion violente, de leur domaine, des personnes qui s'y trouvaient par leur volonté, notamment le sieur Moreau leur représentant; qu'à cette demande, MM. Pabot, Drouin, et M. le préfet de la Dordogne ont répondu par un déclinatoire d'incompétence, fondé sur ce qu'il s'agissait d'un acte administratif que l'autorité judiciaire ne pouvait apprécier; — Attendu qu'en cet état il y a pour le tribunal, avant de dire s'il est ou n'est pas compétent, nécessité d'examiner si l'expulsion dont s'agit constitue le trouble dont se plaignent les demandeurs, ou l'acte administratif que les assignés disent avoir accompli; — Attendu, en fait, qu'il résulte du procès-verbal dressé par l'officier de gendarmerie, agissant sous les ordres des assignés, que cinq des six prêtres qui habitaient les immeubles des demandeurs ont été expulsés le 9 novembre dernier; qu'il est certain que ces cinq prêtres constituaient la société non autorisée des Pères Prémontrés; que cette société n'est pas niée,qu'elle est, au contraire ouvertement avouée par ses membres, dont trois sont venus à l'audience revêtus du costume de leur ordre; — Attendu que, pour opérer l'expulsion de cette société, on a dû, à cause de la résistance opposée, employer la force, faire ouvrir deux portes et en enfoncer une troisième, celle de la chambre du Père prieur ; — Attendu qu'en remplissant la mission qui leur était confiée par arrêté préfectoral du 8 novembre dernier, les assignés n'ont expulsé que les membres de la société non autorisée, faisant même exception pour le père Moreau, qui a été maintenu dans la possession des immeubles comme représentant des propriétaires; que c'est donc à tort que les demandeurs réclament leur réintégration dans la possession de leur domaine, n'en ayant pas été dépouillés; — Attendu que le seul fait de trouble que l'on puisse relever dans l'expulsion dont s'agit est l'obstacle mis au libre exercice du droit de propriété des demandeurs; mais que, pour ce seul fait de trouble, le tribunal ne peut se rendre compétent sans faire la censure de l'acte des assignés, acte qui devait nécessairement entraîner ce trouble, puisqu'il s'agissait de faire cesser l'usage que les demandeurs prétendaient leur propriété en faveur des Pères Prémontrés; qu'il importe, dès lors, de rechercher si les assignés pouvaient faire cesser cet usage et faire, malgré cela, un acte administratif régulier; qu'il est certain qu'ils le pouvaient, si les demandeurs faisaient de leur chose un usage défendu; — Attendu qu'aux termes des

confl. 4 déc. 1880, aff. Rot, D. P. 81. 3. 21; et 19 févr. 1881, aff. Leroy, D. P. 81. 3. 90).

59. Mais il appartient exclusivement à l'autorité administrative de statuer sur la réclamation de personnes qui, sans dénier leur qualité de membres d'une congrégation, soutiennent que, dans l'établissement d'instruction d'où elles ont été expulsées en vertu d'un arrêté préfectoral, elles ne

---

art. 537 et 544 c. civ., le propriétaire ne peut faire de son bien un usage prohibé par la loi; que les demandeurs, en disposant de leurs immeubles en faveur d'une congrégation non autorisée, faisaient évidemment de leur propriété un usage défendu par les lois prohibitives de cette société; que ce serait, en effet, aller ouvertement contre ces lois s'il était permis à un propriétaire d'abriter des sociétés prohibées derrière son droit de propriété en les recueillant sur son fonds et en leur en donnant la jouissance; que les difficultés du procès se réduisent donc à savoir: 1° s'il existe encore des lois prohibitives des sociétés religieuses; 2° si l'exécution de ces lois appartient au Gouvernement et à ses représentants; 3° enfin si, dans l'espèce, les agents du Gouvernement ont réellement exécuté ces lois et accompli ainsi un acte administratif ne pouvant être soumis à l'examen des juges ordinaires; — Sur le premier point, les lois prohibitives des congrégations religieuses: — Attendu que les lois des 13-19 févr. 1790, 18 août 1792, 18 germ. an 10, 3 mess. an 12, prononcent formellement la dissolution des congrégations religieuses; celle des 13-19 févr. 1790, en abolissant «les vœux monastiques solennels», et en déclarant supprimés les ordres et congrégations réguliers dans lesquels on fait de pareils vœux; celle du 18 août 1792, en déclarant ceci dans son article premier : « Les corporations et congrégations séculières d'hommes et de femmes ecclésiastiques ou laïques, même celles uniquement vouées aux services des hôpitaux et au soulagement des malades, sous quelque dénomination qu'elles existent en France, soit qu'elles ne comprennent qu'une maison, soit qu'elles en comprennent plusieurs ensemble, les familiarités, confréries, les pénitents de toute couleur, les pèlerins et toutes autres associations de piété et de charité, sont éteintes et supprimées à partir de la publication du présent décret »; — celle du 18 germ. an 10, en disant dans son art. 11 : « Les archevêques et évêques pourront, avec l'autorisation du Gouvernement, établir dans leurs diocèses des chapitres cathédraux et des séminaires; tous autres établissements ecclésiastiques sont supprimés »; — enfin celle du 3 mess. an 12, en déclarant dans son art. 3 : « Les lois qui s'opposent à l'admission de tout ordre religieux dans lequel on se lie par des vœux perpétuels continueront d'être exécutées selon leur forme et teneur »; — Et dans son art. 4 : « Aucune agrégation d'hommes ou de femmes ne pourra se former, à l'avenir, sous prétexte de religion, à moins qu'elle n'ait été formellement autorisée par un décret impérial, sur le vu des statuts et règlements pour être vérifiés en conseil d'Etat »; — Attendu qu'en présence de ces textes il ne peut y avoir le moindre doute sur le premier point; que, néanmoins, on essaye de le faire naître à l'aide de plusieurs objections, notamment en soutenant : 1° que ces lois sont surannées et tombées en désuétude; 2° qu'elles ont été abrogées par l'art. 291 c. pén.; 3° que, si elles existent encore, elles ne sont pas applicables aux sociétés de fait; — Sur la première objection : — Attendu que ces lois sont toujours en vigueur, qu'elles ont été visées par les tribunaux et appliquées par le Gouvernement depuis leur promulgation jusque dans ces derniers temps; qu'il suffit, pour le prouver, de rappeler, comme exécution par le Gouvernement, les nombreux arrêts de dissolution rendus depuis 1811 jusqu'en 1861, et, comme jurisprudence: 1° un arrêt de la cour de cassation du 17 nov. 1818; 2° les arrêts des cours de Douai du 29 mars 1826, joint à l'arrêt de la cour de cassation du 8 août 1826; de Paris du 18 août 1826; de Caen du 20 juill. 1846, maintenu par la cour de cassation du 26 févr. 1849, enfin d'Alger du 21 mai 1868, maintenu par la cour de cassation le 1er juin 1869, ces arrêts visant non seulement la législation de la Révolution et de l'Empire, mais encore les édits et arrêts rendus sous l'ancienne monarchie; — Sur la deuxième objection : — Attendu que l'art. 291 c. pén. n'a nullement abrogé l'ancienne législation sur les congrégations religieuses; que cet article n'a, en effet, pour but que de réprimer les sociétés secrètes, sociétés temporaires, périodiques, et essentiellement différentes des associations religieuses, vivant au grand jour, et permanentes, quand elles sont tolérées; que cette non-abrogation est, du reste, parfaitement reconnue par la jurisprudence, notamment par un arrêt de la cour de Caen du 20 juill. 1846, confirmé par la cour de cassation, le 26 févr. 1849, et qui déclare : « que le décret de messidor an 12 (lequel rappelle les lois antérieures) n'est abrogé ni par l'art. 291 c. pén., ni par la Charte de 1830 »; — Sur la troisième objection : — Attendu qu'il est dit à l'appui de cette objection : 1° que la loi de 1790 reconnaît elle-même les sociétés de fait, puisqu'elle permet aux religieux dont les couvents sont supprimés de vivre en commun dans de certaines de leurs maisons; 2° qu'on trouve, en outre, la preuve d'une reconnaissance quasi légale, non seulement dans les actes du pouvoir législatif, mais

---

vivaient pas à l'état de congrégation et qu'elles étaient placées sous la juridiction de l'autorité épiscopale (Trib. confl. 2 avr. 1881, aff. Larrieu-Estellé, D. P. 81. 3. 81 ; 28 mai 1881, aff. Chevalier, D. P. 82. 5. 108).

60. L'autorité judiciaire est donc, d'après cette jurisprudence, absolument incompétente pour connaître des actes qui se rattachent à l'exécution des arrêtés pris par les préfets

---

encore dans ceux du pouvoir exécutif, le premier leur ayant permis d'enseigner par les lois de 1850 et 1875, le second ayant traité avec ces sociétés en faisant avec elles des délimitations de propriété et même en leur accordant des concessions de terrain en Algérie; — Attendu que ces objections ne peuvent résister à un examen réfléchi; qu'il est, en effet, facile de voir, d'une part, que la disposition de la loi de 1790, qui permet aux membres des congrégations dissoutes de se retirer dans certains de leurs couvents n'est qu'une disposition transitoire, une mesure prise pour la circonstance, un acte d'humanité envers des religieux incapables de vivre isolés après avoir passé la plus grande partie de leur existence dans la prière et la vie en commun; de voir, d'autre part, que les congrégations n'ont pas obtenu le droit d'enseigner, puisque ce droit n'a été accordé à leurs membres qu'à titre particulier, et non en leur qualité de congréganistes, mais en leur qualité de citoyens; qu'on est forcé, en outre, de convenir que, si des actes de faveur ou de justice envers des sociétés existant sans permission ont été accomplis, ces actes n'impliquent pas la reconnaissance légale de ces sociétés qui n'ont, jusqu'ici, vécu que sous un régime de pure tolérance; — Attendu que c'est la une existence précaire que le Gouvernement peut faire cesser quand il le juge utile à l'Etat; que c'est du reste ainsi que l'ont entendu et les magistrats et les législateurs eux-mêmes : la cour de Caen, par arrêt du 20 juill. 1846, maintenu le 26 févr. 1849, en déclarant que les congrégations non autorisées n'existent que par tolérance; — Martin, du Nord, ancien garde des sceaux, en disant : « Ces communautés ne sont pas autorisées, mais tolérées, elles peuvent être dissoutes aussitôt que le Gouvernement le juge nécessaire »; — Le cardinal Bonnechose lui-même, disant à la tribune que les congrégations non autorisées ne vivaient que par la tolérance de l'Empereur; — Attendu, d'ailleurs, que les congréganistes eux-mêmes ont reconnu, depuis 1811 jusqu'à ce jour, ce régime de tolérance et la précarité de leur existence, en ne protestant jamais contre les actes souvent répétés du Gouvernement qui les dispersait; qu'il est certain, au surplus, que la loi avait proscrit et ces sociétés légales d'autrefois et les sociétés de fait; que cela résulte clairement des termes de l'art. 2 du décret du 3 mess. an 12, qui oblige les membres des sociétés dissoutes à se disperser sans retard, cet article s'exprimant ainsi : « Les ecclésiastiques composant lesdites congrégations ou associations se retireront dans le plus bref délai dans leurs diocèses, pour y vivre conformément à la loi, sous la juridiction de l'ordinaire »; — Attendu qu'on ne comprend pas, d'ailleurs, une distinction possible entre la société de fait et la société légale, si l'on considère les inconvénients et les dangers que l'une et l'autre peuvent comporter; qu'il est incontestable que celles-ci peuvent toutes deux devenir dangereuses, la société de fait surtout, au point de vue de la fortune publique; qu'elle peut, en effet, faire des acquisitions sans limites, soit à titre onéreux, soit à titre gratuit, par donation ou testament, n'étant pas tenue, pour faire ses acquisitions, d'obtenir, comme la société légale, une autorisation du Gouvernement, que ces périls et d'autres ont été reconnus et signalés par des hommes politiques éminents, notamment par Thiers et Billault, ce dernier disant en 1861 au Sénat : « Nous avons emprunté à l'expérience de nos pères les dispositions qui mettent l'Etat, la société civile, en garde contre les continuelles tentatives d'envahissement de certaines sociétés religieuses, essayant de pénétrer partout et créant souvent de sérieux embarras »; — Attendu qu'il demeure donc bien établi que les lois visées par les décrets sont des lois existantes et applicables aux sociétés de fait d'aujourd'hui comme aux sociétés légales d'autrefois;

Sur la deuxième point, l'exécution des lois : — Attendu que les lois précitées ont le caractère de lois de haute police; qu'elles ont pour but d'empêcher, comme le dit Merlin, que des corps réguliers embarrassent et croisent les vues du Gouvernement; de protéger l'ordre public, étant contre l'ordre public, d'après Portalis, « qu'il puisse se former dans un Etat des associations et des ordres sans l'autorisation du Gouvernement »; que c'est pour atteindre ce double but : conserver son indépendance, la liberté de ses vues et protéger l'ordre public, que le Gouvernement s'est réservé le droit d'autoriser les agrégations ou associations religieuses, et partant de dissoudre celles qui se forment contre son gré, au mépris de la loi; qu'il est, en effet, évident que, si ce dernier droit lui était refusé, il ne posséderait pas le premier sans partage, puisque le pouvoir à qui appartiendrait le droit de dissoudre pourrait donner une autorisation indirecte en n'exerçant pas son droit de dissolution; que ce droit de dissolution pour le Gouvernement est au reste formellement reconnu par l'art. 7 du décret du 3 mess. an 12 et l'art. 1er de la loi du 17 août 1790, qui

pour la dissolution des congrégations non autorisées, alors qu'il n'est allégué contre les agents d'exécution aucun fait personnel dont ils seraient responsables dans les termes du droit commun, ainsi qu'on le verra plus loin (V. *infrà*, n°° 67 et suiv.); et elle ne doit pas se borner à surseoir à toute information jusqu'à ce que la légalité des actes incriminés ait été appréciée à la diligence des plaignants par l'autorité compétente (Trib. confl. 12 mars 1881, aff. Bayle et Gimet, D. P. 81. 3. 81).

Elle est incompétente non seulement pour statuer sur le fond, mais pour ordonner même des mesures d'instruction ou de conservation, telles que la nomination d'experts chargés

d'évaluer les dégâts causés aux immeubles lors de l'exécution des arrêtés de dissolution, ou de faire procéder aux réparations urgentes (Trib. confl. 12 févr. 1881, aff. Petit, D. P. 81. 3. 81 ; 5 mars 1881, aff. Fabre, *ibid.*).

61. Il a été décidé, par application du même principe : 1° qu'il n'appartient qu'à l'autorité administrative de statuer sur une action intentée contre le préfet ou contre les agents ayant contribué à la dispersion d'une congrégation non autorisée par des personnes étrangères à cette congrégation, alors que la sortie volontaire ou forcée de ces personnes rentrait essentiellement dans l'exécution de l'arrêté qui prescrivait l'évacuation complète de l'établissement (Trib. confl.

---

donnent l'ordre au conseiller d'Etat chargé des affaires des cultes d'exécuter le décret de dissolution de l'an 12, et aux *corps administratifs* de faire évacuer les maisons occupées par les religieux et religieuses ; — Attendu que l'art. 1er de la loi du 17 août 1790 est encore en vigueur, puisqu'il est rappelé par l'art. 3 du décret de messidor an 12, qui dit : « Les lois qui s'opposent à l'admission de tout ordre religieux, dans lequel on le par des vœux perpétuels, seront exécutées selon leur forme et teneur »; qu'il est donc certain que les textes ci-dessus donnent au Gouvernement le droit de dissoudre les sociétés prohibées, droit qu'il tiendrait du reste, à défaut de textes, de la logique des choses; qu'il est rationnel de croire que, s'il possède seul le droit d'autoriser la formation des sociétés, un autre ne peut le partager avec lui, même indirectement, ce qui arriverait pourtant, ainsi qu'on l'a déjà remarqué, si l'on accordait au pouvoir judiciaire le droit de dissoudre les sociétés formées sans permission; ne les dissoudre serait évidemment autoriser tacitement leur existence; — Attendu que cette interprétation de la loi est celle de la cour de Paris qui, dans un arrêt du 18 août 1826, se déclare incompétente, en décidant qu'il appartient, aux termes de l'ancienne législation et du décret du 3 mess. an 12, qu'à la haute police du royaume de dissoudre tout établissement, agrégation ou association qui sont ou seront formés au mépris des arrêts, édits, lois et décrets; que telle est aussi l'opinion de la cour d'Alger, qui, dans un arrêt du 27 mai 1868, maintenu par la cour de cassation, 1er juin 1869, s'exprime ainsi : « Attendu qu'à côté de la non-existence légale des communautés religieuses dépourvues d'autorisation, il y a leur existence de fait; qu'à la haute police de l'Etat appartient de pourvoir aux mesures que peut provoquer cette existence effective, de la tolérer si elle la juge inoffensive, de la faire cesser si elle y aperçoit des dangers » ; — Que c'est encore l'interprétation adoptée par tous les auteurs, notamment par Ducrocq et Batbie, ce dernier disant « que l'autorité a le droit de dissoudre les congrégations non autorisées; que ce pouvoir lui appartient en vertu des lois de 1790 et 1792 sur la police municipale et les congrégations »; que c'est aussi l'interprétation adoptée en 1845 par les chefs de parquet et par les premiers présidents de cour consultés à cette époque par le Gouvernement; qu'enfin c'est ainsi que l'Administration l'a toujours entendu et pratiqué sous tous les régimes, sous la première République, sous le premier Empire, sous la Monarchie et sous le dernier Empire; qu'il suffit pour s'en convaincre de rappeler les décrets des 12 nov. 1811, 3 janv. 1812, ordonnant la suppression des établissements monastiques qui se trouvaient dans les départements réunis à l'empire; une ordonnance royale du 25 déc. 1830, qui ordonne la suppression des missions de France; une ordonnance de 1831, ordonnant la dispersion des Trappistes de la Meilleraie, près Nantes; une autre ordonnance de 1832 supprimant les Trappistes du Tarn; un décret du 29 déc. 1853, ordonnant la suppression des jésuites de Saint-Michel établis à Montaud, près Saint-Etienne; un dernier décret de 1861, qui prononce la dissolution des Rédemptoristes de Douai, de Lille, de Dunkerque et celle des Capucins de Hazebrouck; — Mais qu'on essaye d'attaquer ce droit du Gouvernement en droit que la nécessité de procéder judiciairement résulte de la loi elle-même, de l'art. 3 du décret du 3 mess. an 12, ainsi conçu : « Les procureurs généraux et les procureurs impériaux seront tenus de poursuivre les personnes du sexe qui *contreviendraient* directement ou indirectement au présent décret »; — Attendu que par cet article le Gouvernement n'a pas voulu se dépouiller en faveur de l'autorité judiciaire du pouvoir qu'il s'est réservé dans l'article suivant (art. 7) et dans l'art. 3 qui rappelle l'art. 1er de la loi du 17 août 1790, cités plus haut, que l'apparence de contradiction entre ces articles et l'art. 6 disparaît pour peu que l'on veuille réfléchir et se rappeler que deux voies sont ouvertes pour la dissolution d'une société prohibée : la voie judiciaire et la voie administrative; la première prise par le parquet, s'il s'agit de contraventions, comme l'art. 6 lui-même le déclare, et qu'une peine est appliquée; la seconde, prise par les agents de l'Administration, quand il ne s'agit que d'une mesure d'ordre, de police, de simple dissolution; — Attendu, au surplus, que, si l'on accordait à l'autorité judiciaire le pouvoir de dissoudre les sociétés non autorisées, il y aurait un double inconvénient que la loi a voulu éviter : le premier, déjà signalé, de permettre au juge

d'apprécier le droit de dissolution et d'arriver par là, indirectement, en ne dispersant pas la société prohibée, au pouvoir d'autorisation tacite qui ne lui appartient pas; le second, de mettre le juge requis de statuer sur la dissolution dans la nécessité de prononcer cette dissolution sans tenir compte des circonstances ne pouvant pas faire fléchir la loi devant elles, comme le peut faire l'Administration, en vertu de la maxime : Gouverner c'est transiger;

Sur le troisième point, si les représentants de l'administration ont accompli un acte administratif : — Attendu que l'acte administratif est celui que le fonctionnaire fait en vertu de la loi et dans les limites tracées par elle; qu'il résulte des termes des lois susrappelées que les sociétés religieuses non autorisées peuvent être dissoutes à la diligence du Gouvernement ou de ses représentants; — Attendu que les assignés n'ont fait qu'appliquer ces lois à la congrégation non autorisée des Pères Prémontrés de Saint-Jean-de-Côle, et ce en vertu d'un des décrets des 29 mars et de l'arrêté préfectoral susrappelé; qu'en agissant ainsi ils ont donc fait un acte administratif et accompli un devoir; — Attendu qu'on objecte : 1° que priver quelqu'un de la libre disposition de sa chose ne peut être un acte administratif; 2° que défoncer les portes d'une maison, violer le domicile du citoyen, attenter à sa liberté, sont choses ne pouvant pas, non plus, constituer un acte administratif; 3° que tous les auteurs enseignent que le prétendu acte administratif qui viole la propriété et la liberté n'est qu'une voie de fait justiciable des tribunaux ordinaires; — Attendu que toutes ces choses sont incontestables et incontestées; qu'il est, en effet, aujourd'hui de principe qu'il n'y a pas, en France, d'autorité supérieure à la loi; — Mais attendu que, dans l'espèce, aucune violence n'a été faite à la loi, ni aux intérêts légitimes des demandeurs, qui ne sont pas fondés à se plaindre d'avoir été troublés dans la libre disposition de leurs immeubles, puisque leur droit de disposer de leur propriété était limité par les lois prohibitives des sociétés religieuses non autorisées; que c'est, en effet, sans droit, qu'ils ont recueilli sur leur domaine la société non autorisée des Pères Prémontrés; — Attendu qu'ils ne peuvent pas non plus se plaindre du mode d'expulsion employé; qu'il est certain que cette expulsion pouvait être faite *manu militari*, en pénétrant de vive force dans le domicile des personnes qu'il s'agissait d'expulser, puisque ces personnes refusaient d'ouvrir leurs portes; qu'il est, en effet, impossible d'admettre qu'on puisse paralyser l'effet d'une loi ordonnant l'expulsion en s'enfermant chez soi et en invoquant simplement des droits de propriété et de liberté individuelle; — Attendu que ce mode d'expulsion, quelque rigoureux qu'il soit, est nécessaire si l'on veut arriver à une dissolution effective; que c'est du reste ainsi que le comprennent les auteurs, notamment Graux, qui s'exprime ainsi : « Le droit de dissolution permet de s'introduire, même par la force et par bris de clôtures, dans les immeubles possédés en commun par les religieux; cette expulsion n'est pas une atteinte à leurs droits de citoyens, puisque c'est pour n'avoir pas vécu comme de simples citoyens qu'ils sont obligés de cesser leur cohabitation »; — Attendu qu'il demeure donc bien établi que les assignés ont accompli un acte administratif, même en procédant *manu militari*; qu'il n'y a du reste aucun danger à accorder un pareil droit aux représentants de l'administration, puisque, au cas d'abus ou d'exagération, les parties ont le droit de quereller leurs actes et d'en poursuivre le redressement, non devant les juges administratifs, mais devant les tribunaux administratifs; — Attendu que de tout ce qui précède résulte la démonstration des différents points qu'il s'agissait d'établir; qu'il est dès lors prouvé que l'expulsion dont s'agit au procès ne constitue pas le trouble dont se plaignent les demandeurs, mais bien un acte administratif régulièrement accompli par les assignés; qu'il n'appartient pas aux tribunaux ordinaires d'annuler, de censurer un tel acte sans violer ouvertement les lois des 16-24 août 1790 et 16 fruct. an 3 sur la séparation des pouvoirs; — Par ces motifs; — Jugeant en référé, joint les causes, et statuant par une seule décision, après avoir entendu le ministère public et les parties, les assignés et M. le préfet de la Dordogne dans leur déclinatoire, se déclare incompétent, renvoie les demandeurs à se pourvoir ainsi qu'ils aviseront, etc.

Du 7 janv. 1881.-Trib. civ. de Nontron.-M. Lacroix-Dufresne, pr.-

2 avr. 1881, aff. Chartier, D. P. 82. 5. 108; 7 mai 1881, aff. Forest, *ibid.* ; 28 mai 1881, aff. Wilkens, *ibid.*); — 2° Que cette solution doit être étendue même à l'expulsion d'un huissier qui, d'après ses énonciations, se trouvait dans le couvent pour remplir une fonction de son ministère (Trib. conf. 7 mai 1881, aff. Girault, D.P. 82. 5. 108) ;—3° Que, dans le cas où l'exécution d'un arrêté de dissolution a nécessité l'investissement militaire d'un couvent et, par suite, l'occupation d'un immeuble situé dans les dépendances du monastère dans lequel un membre de la congrégation déclare exercer en vertu d'un bail la profession d'aubergiste, celui-ci doit diriger contre l'Etat et devant l'autorité administrative l'action en indemnité qu'il prétend lui appartenir à raison des dommages causés soit à l'immeuble dont il serait locataire, soit à son commerce d'aubergiste (Trib. conf. 5 févr. 1881, aff. Maunier, D. P. 82. 5. 108).

62. Les mesures qui ont pour objet l'application des lois et règlements relatifs aux services publics constituent des actes administratifs et échappent à la compétence judiciaire. Il appartient notamment à l'autorité administrative de décider, par appréciation des actes administratifs : 1° si un hospice appartenant à une commune peut être considéré comme départemental au point de vue de l'application de l'art. 26 de la loi du 30 juin 1838 (Cons. d'Et. 6 juill. 1877, aff. Département du Rhône, D. P. 77. 3. 109);—2° Si un asile est la propriété exclusive d'un hospice (Cons. d'Et. 11 juill. 1845, aff. Hospices et Ville de Rennes, D. P. 77. 3. 109, note 2),

63. L'ordre donné par l'administration de transférer d'un lieu à un autre une école qui, bien que fondée par un particulier, a le caractère d'un établissement public, est un acte administratif, et dès lors il n'appartient pas aux tribunaux de connaître des difficultés élevées à l'occasion de cette translation par des individus qui, sans revendiquer aucun droit particulier sur l'établissement dont il s'agit, prétendent en empêcher la translation comme contraire à l'acte de fondation (Cons. d'Et. 17 déc. 1847, aff. Nivert, D. P. 48. 3. 50).

64. On s'est demandé si l'interdiction faite aux tribunaux judiciaires de connaître des actes administratifs n'a reçu aucune atteinte par suite du décret du Gouvernement de la défense nationale, du 19 sept. 1870, qui a, comme nous le verrons *infrà*, n° 341, abrogé l'art. 75 de la constitution de l'an 8 et toutes les autres « dispositions des lois générales ou spéciales ayant pour objet d'entraver les poursuites dirigées contre les fonctionnaires publics de tout ordre ». La jurisprudence n'a pas résolu sans hésitation cette délicate question. D'après l'opinion qui a d'abord prévalu devant la cour de cassation, ce décret aurait eu pour effet de donner compétence aux tribunaux judiciaires pour interpréter et apprécier les actes administratifs discutés au cours d'une poursuite contre un fonctionnaire. Cette interprétation a été consacrée par un arrêt de la chambre des requêtes du 3 juin 1872 (aff. Meyère, D. P. 72. 1. 385), rendu sur les conclusions de M. l'avocat général Reverchon. Cet arrêt déclare que, si les tribunaux saisis devaient surseoir à statuer sur le fond jusqu'à ce que l'acte imputé eût été soumis à l'examen de l'autorité administrative, ce serait faire revivre sous une autre forme, en faveur des agents poursuivis, la garantie que le décret du 19 sept. 1870 a eu pour but de faire entièrement disparaître; et il décide, en conséquence, que, lorsque le commandant d'une place, en état de siège a fait incarcérer un citoyen qualifié pour lui de garde mobile ou mobilisé, le juge civil est compétent pour apprécier la légalité de cette mesure et pour statuer sur la demande en dommages-intérêts formée par la personne qui en a été l'objet (Même arrêt).

65. La commission faisant fonction de conseil d'Etat paraissait avoir déjà admis implicitement la même doctrine par deux arrêts du 7 mai 1871 (aff. Dune et aff. de Cumont, D. P. 72. 3. 17), en déclarant, sans distinction ni réserves, l'autorité judiciaire compétente pour connaître des diffamations contenues dans des actes administratifs, lorsque les conclusions tendaient uniquement à la condamnation des fonctionnaires à des dommages-intérêts sans porter atteinte à l'autorité de l'acte administratif. Cette première jurisprudence a été suivie par deux arrêts de la chambre criminelle, l'un du 25 janv. 1873 (aff. Engelhard, **D. P.** 73. 1. 289), l'autre du 20 juin suivant (aff. Petit, D. P. 73. 1. 390). Le premier de ces arrêts décide que

le principe de la séparation des pouvoirs administratif et judiciaire ne met point obstacle à ce que le juge saisi de la poursuite d'un délit commis par un fonctionnaire public, dans l'exercice de ses fonctions, apprécie les faits qui se rattachent à l'acte incriminé, les motifs qui leur ont servi de base et la responsabilité qui peut en résulter ; que le décret du 19 sept. 1870 n'a pas eu pour effet d'enlever à l'autorité judiciaire ce pouvoir d'appréciation, mais au contraire de restituer aux citoyens le droit de porter directement devant les tribunaux les demandes en réparation du préjudice que les procédés arbitraires ou excessifs des fonctionnaires ont pu leur faire éprouver; qu'en conséquence, une cour d'appel a pu, sans empiéter sur le domaine de l'autorité administrative, déclarer un préfet convaincu du délit de diffamation pour avoir fait afficher dans toutes les communes du département un arrêté par lequel, en prononçant la suspension d'un journal, il motivait cette mesure sur ce que ledit journal avait excité à la guerre civile et s'était rendu coupable de connivence avec l'ennemi et de trahison envers la patrie en danger (V. conf. Boulatignier, *Dictionnaire général d'administration*, 2e éd., v° *Conflit*, p. 521, Burin des Roziers, *Revue critique*, 1872, p. 202 et suiv. ; Ducrocq, *Cours de droit administratif*, 6e éd., p. 644 et suiv.).

66. Le tribunal des conflits, saisi de la question peu de de temps après son institution, l'a résolue dans un sens opposé. Par un arrêt du 30 juill. 1873 (aff. Pelletier, D. P. 74. 3. 5), rendu au rapport de M. Mercier, alors président de la chambre civile de la cour de cassation, et sur les conclusions de M. le commissaire du Gouvernement David, il a été décidé que l'abrogation de l'art. 75 de la Constitution de l'an 8 n'a porté aucune atteinte au principe de la séparation des pouvoirs et que, si elle a eu pour effet de rendre aux tribunaux judiciaires toute leur liberté d'action dans les limites de leur compétence, elle n'a pu avoir également pour conséquence d'étendre les limites de leur juridiction, de supprimer, la prohibition qui leur est faite, par d'autres dispositions que celles spécialement abrogées par le décret, de connaître des actes administratifs, et d'interdire, dans ce cas, à l'autorité administrative le droit de proposer le déclinatoire et d'élever le conflit d'attribution.

D'après cette interprétation, le décret du 19 sept. 1870 a simplement supprimé la prohibition de poursuivre les agents du Gouvernement sans autorisation préalable, prohibition qui ne constituait pas une règle de compétence, mais une fin de non-recevoir formant obstacle à toutes poursuites dirigées contre ces agents pour des faits relatifs à leurs fonctions, lors même que ces faits n'avaient pas un caractère administratif ; mais elle a laissé subsister la prohibition faite aux tribunaux judiciaires de connaître des actes d'administration de quelque espèce qu'ils soient, prohibition qui constitue une règle de compétence et d'ordre public destinée à protéger l'acte administratif (V. conf. Laferrière, t. 1, p. 589; Aucoc, t. 1, p. 756 et suiv. ; Blanche, article publié dans le *Droit* du 24 janv. 1875, et rapporté D. P. 76. 1. 289, notes 1, 2 et 3). Le tribunal des conflits a décidé, en conséquence, que, lorsque le propriétaire d'un journal saisi par l'ordre du général commandant l'état de siège dans un département a formé devant le tribunal civil, contre ce général, et contre les fonctionnaires qui ont agi sous sa direction, une action en nullité de la saisie, en restitution des exemplaires saisis, et en dommages-intérêts, le tribunal ne peut statuer sur les deux derniers chefs de cette demande qu'autant que la validité de la saisie a été préalablement appréciée par l'autorité administrative (Arrêt précité du 30 juill. 1873). Depuis cette époque, le tribunal des conflits a constamment persisté dans cette jurisprudence (Trib. conf. 28 nov. 1874, aff. Plassan, D. P. 75. 3. 75 ; 24 nov. 1877, aff. Gounouilhou, D. P. 78. 3. 17; 8 déc. 1877, aff. de Douville-Maillefeu, *ibid.* ; 15 déc. 1877, aff. de Roussen, aff. Camoin, aff. Della-Rocca, *ibid.* ; 29 déc. 1877, aff. Buisson, aff. Roussin, *ibid.* ; 12 janv. 1878, aff. About, aff. Hébrard, *ibid.* ; 13 mars 1886, aff. Mathieu, D. P. 87. 3. 78). La cour de cassation ne s'est point mise en opposition avec cette doctrine par ses arrêts ultérieurs (Civ. rej. 3 août 1874, aff. Valentin, D. P. 76. 1. 289 ; Req. 8 févr. 1876, aff. Labadié, D. P. 1. 292). Elle s'y est même complètement ralliée par un arrêt de la chambre criminelle du 9 déc. 1880 (aff. Intérêt de la loi, D. P. 80. 1. 473) et par un arrêt de la chambre des requêtes du 26

janv. 1881 (aff. Union immobilière d'Amiens, D. P. 81. 1. 49). Plusieurs cours d'appel se sont prononcées dans le même sens (Rennes, 31 déc. 1878, aff. Pério, D. P. 79. 2. 101 ; Bourges, 10 févr. 1879, aff. Colas, D. P. 79. 2. 164 ; Rennes, 8 déc. 1879, aff. de Rorthays, D. P. 80. 2. 200).

67. Il résulte de cette jurisprudence que l'autorité judiciaire est compétente pour connaître des fautes personnelles commises par les fonctionnaires dans l'exercice de leurs fonctions, mais qu'elle est incompétente pour connaître de leurs actes administratifs. Le tribunal saisi d'une demande de cette nature peut, lorsqu'il n'a pas été élevé d'arrêté de conflit, vérifier le caractère de l'acte imputé au fonctionnaire (Dijon, 15 déc. 1876, aff. Chamoy, D. P. 78. 2. 31 ; Civ. cass. 10 déc. 1879, aff. Goullin, D. P. 80. 1. 33 ; Cons. d'Et. 8 août 1884, aff. Anaclet, D. P. 86. 3. 41). S'il reconnaît que cet acte constitue une faute personnelle il doit retenir l'affaire ; s'il reconnaît que cet acte a incontestablement le caractère d'un acte administratif, il doit se déclarer incompétent ; si le caractère de l'acte présente certains doutes, il doit renvoyer les parties devant l'autorité administrative pour faire décider, à titre de question préjudicielle, si l'acte incriminé constitue un acte administratif.

68. La distinction entre l'acte administratif et le fait personnel du fonctionnaire est, dans certains cas, délicate à établir. La base de cette distinction a été indiquée dans les termes suivants, en 1877, par M. Laferrière, alors commissaire du Gouvernement devant le tribunal des conflits, à l'occasion de l'affaire Laumonnier-Carriol (D. P. 78. 3. 13 ; V. *infrà*, n° 73).

« Si l'acte dommageable est impersonnel, s'il révèle un administrateur, un mandataire de l'État, plus ou moins sujet à erreur, et non l'homme avec ses faiblesses, ses passions, ses imprudences, l'acte reste administratif et ne peut être déféré aux tribunaux ; si, au contraire, la personnalité de l'agent se révèle par des fautes de droit commun, par une voie de fait, une imprudence, alors la faute est imputable au fonctionnaire, non à la fonction, et ne fait plus obstacle à la compétence judiciaire ».

69. De nombreux arrêts ont décidé, par application de ces principes, que l'autorité judiciaire est incompétente pour connaître d'une demande en dommages-intérêts formée contre un fonctionnaire public, et ayant pour base un acte accompli par ce dernier dans l'exercice de ses fonctions et en qualité de représentant de la puissance publique. Les tribunaux ne pourraient, en effet, statuer sur une demande de cette nature sans apprécier un acte administratif, sans décider que le fonctionnaire s'est bien ou mal acquitté de ses fonctions (Trib. confl. 29 nov. et 13 déc. 1879, aff. de Boislinard et Bernard de la Frégeolière, D. P. 80. 3. 96 ; Trib. confl. 20, 27 nov., 4 déc. 1880, aff. de Guilhermy, aff. Le Quinio, aff. Le Bèle, D. P. 81. 3. 21 ; 22 déc. 1880, aff. Roucanières et autres, D. P. 81. 3. 17 ; 21 mai 1881, aff. Cuneo d'Ornano, D. P. 82. 3. 57 ; 22 avr. 1882, aff. Soleillet, D. P. 83. 3. 94 ; Amiens, 8 juill. 1878, aff. Maire de Chigny, D. P. 80. 2. 147 ; Aix, 27 déc. 1882, aff. Albano, D. P. 84. 1. 220 ; Civ. cass. 25 mars 1884, aff. Marc, D. P. 84. 1. 326. — V. aussi Cons. d'Et. 11 févr. 1887, aff. De Lamare, D. P. 88. 3. 63).

70. Cette règle s'applique aussi bien lorsque le fait incriminé constitue une abstention, un refus d'agir, que dans le cas où il s'agit d'un fait positif. En effet, le manquement au devoir, quand il se rattache à l'exercice des fonctions, se confond avec l'acte administratif qui aurait pu être accompli (Arrêts et décisions des 29 nov. et 13 déc. 1879 ; 25 mars 1884 cités *supra*, n° 69 ; Trib. confl. 23 nov. 1878, aff. de Parcevaux, D. P. 79. 3. 38 ; 10 avr. 1880, aff. Gorry, D. P. 81. 3. 91 ; Grenoble, 13 févr. 1880, aff. Chauvin, D. P. 81. 2. 167).

Ainsi un tribunal civil est incompétent pour statuer sur l'action intentée contre un maire en réparation du préjudice résultant d'un incendie que les membres d'une société musicale ont allumé en lançant des fusées dans une fête publique, alors que ladite action est fondée sur ce que le maire, chargé de la police municipale, après avoir autorisé cette société à circuler en corps le soir dans les rues du village, n'aurait pris aucune mesure pour prévenir le danger d'incendie (Arrêt précité du 25 mars 1884).

71. Une question délicate est celle de savoir si un acte qui a, par sa nature, le caractère administratif, perd ce caractère et devient justiciable des tribunaux civils lorsqu'il est illégal, soit au fond, soit en la forme. Le tribunal des conflits a décidé, par plusieurs arrêts, que les vices dont cet acte peut être entaché ne lui enlèvent pas son caractère administratif, qu'ils affectent sa validité mais non sa nature, et que, par suite, ils laissent subsister à son égard l'interdiction prononcée par les lois de 1790 et de l'an 3 (Trib. confl. 24 nov. et 15 déc. 1877, aff. Gounouilhou et autres, D. P. 78. 3. 17 ; 29 déc. 1877, aff. Viette et autres, D. P. 78. 3. 20 ; 23 nov. 1878, aff. de Parcevaux, D. P. 79. 3. 38 ; 5 nov. 1880, aff. Marquigny, D. P. 80. 3. 121 ; 27 nov. et 4 déc. 1880, aff. de Guilhermy, D. P. 81. 3. 22 ; 2 avr. et 7 mai 1881, aff. Chartier et autres, D. P. 82. 5. 108. V. conf. Laferrière, t. 1, p. 430).

72. Cette solution doit être admise en principe ; si grave que soit l'illégalité dont l'acte administratif est entaché, alors même qu'elle aurait les caractères d'une faute lourde, elle n'autoriserait pas les tribunaux civils à se déclarer compétents pour connaître d'une demande en dommages-intérêts fondée sur le préjudice causé par cet acte. En effet, comme le dit très justement M. Aucoc, t. 1, n° 426, « laisser à l'autorité judiciaire le soin d'apprécier si une illégalité est plus ou moins manifeste, c'est lui laisser le droit absolu de statuer sur la légalité de l'acte incriminé, et, d'autre part, l'excès de pouvoir reproché à un acte administratif ne peut le dépouiller nécessairement de ce caractère pour le transformer en un fait personnel ».

73. D'après une importante décision, l'acte administratif conserve son caractère même après qu'il a été annulé pour excès de pouvoir par le conseil d'État. Il en a été ainsi, spécialement, lorsque l'acte, qui avait été accompli dans l'intérêt d'un service financier de l'État, a été annulé par le conseil d'État à raison d'une irrégularité de forme ; et, dès lors, l'autorité judiciaire est incompétente pour en apprécier les conséquences (Trib. confl. 5 mai 1877, aff. Laumonnier-Carriol, D. P. 78. 3. 13). « De même, a dit M. Laferrière, dans ses conclusions sur cette affaire, déjà citées *supra*, n° 67, que le juge dont l'arrêt est cassé par la cour de cassation ne tombe pas pour cela sous le coup de la prise à partie, de même l'administration dont la décision est cassée par le conseil d'État n'encourt pas de plein droit une responsabilité personnelle. La responsabilité civile ne s'attache à la responsabilité administrative que si l'illégalité reconnue par le conseil d'État constitue, en même temps qu'une erreur de droit, une faute personnelle de l'agent. »

74. Mais si un administrateur usurpait un pouvoir qui ne lui appartient en aucune façon, pour statuer sur un objet absolument étranger à ses attributions, un pareil acte n'aurait, en effet, que les apparences d'un acte administratif ; il ne porterait pas sur un objet d'administration ; il constituerait un fait personnel à l'administrateur, que la justice pourrait librement apprécier. Tel serait le cas d'une détention arbitrairement prolongée par ordre d'un préfet, aucune disposition de loi ne donnant à ce fonctionnaire un pareil pouvoir sur la liberté des citoyens naturellement placés sous la sauvegarde de la justice (Civ. rej. 3 août 1874, aff. Valentin ; Req. 8 févr. 1876, aff. Labadié, D. P. 76. 1. 277).

La jurisprudence n'a pas considéré davantage comme un acte administratif le fait d'un maire qui avait placardé les affiches du candidat officiel, affiches que lui avait envoyées le préfet, sur celles du candidat opposé. La cour de cassation a reconnu que l'affichage des documents transmis à un maire par le préfet est un acte administratif, mais qu'il n'en est pas de même du fait d'avoir recouvert les affiches du candidat combattu par le Gouvernement avec les affiches du candidat officiel (Civ. cass. 10 déc. 1879, aff. Goullin, D. P. 80. 1. 33, et 12 mai 1880, aff. Goullin, D. P. 80. 5. 91).

75. Cette distinction est professée par tous les auteurs (Aucoc, p. 758 ; Dareste, *Traité de la justice administrative*, p. 204 et suiv. ; Ducrocq, *Cours de droit administratif*, 5e éd., t. 1, p. 648 et suiv. ; Chauveau, *Principes de compétence administrative*, t. 1, n° 482 ; Dissertation de M. Blanche, D. P. 76. 1. 291, note). Elle peut se résumer dans les deux propositions suivantes : lorsque, dans une matière qui lui est confiée, l'administrateur, agissant dans l'exercice légitime de ses pouvoirs, se trompe sur leur étendue précise, ses actes ne perdent pas le caractère

administratif; ils sont entachés d'excès de pouvoir, et il n'appartient qu'à la juridiction administrative d'en prononcer l'annulation. Au contraire, lorsque l'acte d'un administrateur s'applique à un objet qui n'est pas placé dans ses attributions ou qui lui est expressément interdit par la loi, cet acte constitue une usurpation de pouvoirs et constitue une faute personnelle à l'administrateur, qui doit répondre devant la justice civile des dommages qu'il a causés aux tiers (Conclusions de M. le commissaire du gouvernement, D. P. 78. 3. 17). C'est en ce sens seulement que doit être entendu le principe formulé dans un arrêt de la cour de Dijon du 15 déc. 1876 (aff. Chamoy, D. P. 78. 2. 31) que l'acte administratif proprement dit « est non celui que le fonctionnaire fait, mais celui que la loi l'autorise à faire. »

76. Si l'excès de pouvoir contenu dans un acte émané d'un fonctionnaire administratif ne suffit pas pour faire perdre à cet acte le caractère administratif, alors qu'aucune faute personnelle n'est relevée à l'encontre de son auteur, la solution est la même à plus forte raison lorsque le fonctionnaire ne s'est rendu coupable d'aucun excès de pouvoir, et qu'il a simplement commis en fait une erreur d'appréciation dans l'exercice de son autorité. Ainsi l'autorité judiciaire est incompétente pour statuer sur l'action en dommages-intérêts dirigée, soit contre un fonctionnaire pour avoir exigé d'un armateur des droits de douane supérieurs à ceux dont il était débiteur et pour avoir ainsi rendu nécessaire la vente de ses marchandises, alors que le fonctionnaire a agi en vertu des lois et règlements et que le demandeur ne précise aucun fait duquel il résulterait que ledit fonctionnaire ait commis une faute personnelle (Trib. confl. 5 juin 1886, aff. Augé, D. P. 87. 3. 115); soit contre un ingénieur des ponts et chaussées pour avoir causé l'emprisonnement du chef de service d'un entrepreneur accusé à tort d'agissements frauduleux en procédant d'une manière défectueuse aux vérifications dont il était chargé et en transmettant au ministère public les résultats de l'enquête dont il avait été chargé et les renseignements qui avaient déterminé l'arrestation du demandeur, ces faits ne constituant pas une faute personnelle se détachant nettement de l'exercice des fonctions (Trib. confl. 31 juill. 1886, aff. Coley, D. P. 87. 3. 115).

77. L'illégalité de l'acte administratif qui a porté préjudice à un tiers n'ayant pas nécessairement pour effet de faire dégénérer cet acte en faute personnelle, l'autorité judiciaire, saisie d'une demande en dommages-intérêts fondée sur le préjudice causé à un tiers par un acte administratif, doit se déclarer immédiatement incompétente et non pas se borner à surseoir jusqu'à ce que l'autorité compétente ait statué sur la régularité de l'acte incriminé (Trib. confl., décisions des 8 et 15 déc. 1877 citées *suprà*, n° 66; 17 déc. 1881, aff. Comp. parisienne des vidanges et engrais, D. P. 83. 3. 34). C'est donc à tort qu'un tribunal, après avoir constaté le caractère des actes incriminés, renvoie les parties devant l'autorité administrative pour faire déclarer s'ils sont entachés d'excès de pouvoirs (Cons. d'Et. 8 août 1884, aff. Anaclet, D. P. 86. 3. 41). Mais il en serait autrement, si le renvoi posait sur cette question préjudicielle : l'acte incriminé est-il un fait de la fonction? Constitue-t-il, au contraire, un fait personnel à l'agent? L'autorité administrative saisie par ce renvoi aurait à décider si l'acte qui lui est déféré est entaché, non d'un simple excès de pouvoirs, mais d'un vice de nature à lui donner le caractère de faute personnelle (Sol. impl., Cons.d'Et. 1er févr. 1884, aff. Marquez, D. P. 85. 3. 108.—V. *infrà*, n° 91).

78. Si l'acte administratif, quelque excessif qu'il puisse être, ne peut être ni censuré, ni réformé par les tribunaux civils, la compétence judiciaire reprend son empire lorsqu'un acte de cette nature a été l'occasion d'un acte personnel au fonctionnaire qui l'a accompli et que ce fait personnel se distingue de l'acte administratif, qui reste intact malgré la plainte à laquelle donne lieu l'acte concomitant. La jurisprudence est, en effet, aujourd'hui fixée en ce sens que l'autorité judiciaire peut connaître des actions en diffamation contenues dans les documents administratifs, lorsque l'appréciation des faits prétendus diffamatoires peut avoir lieu sans porter atteinte à l'autorité des actes administratifs et sans les soumettre au contrôle des tribunaux.

79. Le tribunal des conflits a jugé, par application de ce principe, qu'il appartient à l'autorité judiciaire de connaître :

1° d'une action en dommages-intérêts dirigée contre un commissaire de police à raison de paroles injurieuses adressées à un particulier, alors même que ces paroles ont été prononcées à l'occasion de l'exécution, par ce fonctionnaire, d'un arrêté préfectoral prescrivant la dissolution d'une congrégation non autorisée (Trib. confl. 2 avr. 1881, aff. Catta, D. P. 82. 3. 58); — 2° D'une action en dommages-intérêts intentée par un particulier contre un préfet et contre le président d'une commission municipale, à raison du préjudice que lui auraient causé les appréciations de ses actes contenues dans une lettre écrite par le préfet pour être transmise au président de la commission et dont celui-ci avait adressé une copie au demandeur, cette action étant fondée sur des faits personnels à ces fonctionnaires et n'impliquant l'appréciation d'aucun acte administratif (Trib. confl. 11 déc. 1880, aff. de Rubelles, D. P. 82. 3. 57); — 3° D'une action en dommages-intérêts dirigée contre un préfet et fondée sur les explications considérées comme diffamatoires, données par lui à un comité de vigilance contre le phylloxera à l'occasion d'un arrêté déclarant démissionnaire un des membres de ce comité, explications déduites de circonstances étrangères aux motifs de cet arrêté et non relatées au procès-verbal officiel de la séance (Trib. confl. 5 juill. 1884, aff. Vimont, D. P. 86. 3. 14).

80. Il a été également admis, après de longues controverses, que l'autorité judiciaire est compétente pour connaître de l'action en dommages-intérêts intentée par un particulier à raison d'énonciations diffamatoires contenues dans une délibération d'un conseil municipal, cette action n'impliquant l'examen d'aucun acte administratif (Cons. d'Et. 7 mai 1871, aff. Taxil, D. P. 72. 3. 17; Trib. confl. 28 déc. 1878, aff. Mollis, D. P. 79. 3. 56; 13 déc. 1879, aff. Anduze, D. P. 80. 3. 102; Nancy, 22 nov. 1875, aff. Humbert, D. P. 78. 2. 28; Poitiers, 31 janv. 1873, aff. Laprade, D. P. 75. 2. 77; Alger, 7 mars 1877, aff. M..., D. P. 77. 2. 86; Req. 7 juill. 1880, aff. Cancalon, D. P. 82. 1. 71. — *Contrà* : Aix, 8 août 1878, aff. Ville de Marseille, D. P. 79. 2. 161).

Mais il a été jugé que l'autorité judiciaire est incompétente pour connaître de l'action en diffamation intentée contre un fonctionnaire à raison de l'insertion d'une note faite dans une publication officielle par les ordres du fonctionnaire auquel les règlements donnaient le droit de la prescrire, alors que dans la note ainsi insérée il n'est relevé aucun passage pouvant être détaché pour être apprécié isolément (Trib. confl. 22 avr. 1882, aff. Soleillet, D. P. 83. 3. 95).

81. De nombreux arrêts précédemment rapportés (V. *suprà*, n° 51), et dont la doctrine a donné lieu à de vives critiques, ont décidé, dans un sens analogue, que l'autorité judiciaire est incompétente pour statuer sur l'action en diffamation fondée sur une publication faite par l'ordre du ministre dans la partie officielle du *Bulletin des communes*, alors que les passages faisant l'objet de la plainte ne peuvent être détachés de cette publication, avec laquelle ils se confondent, pour être appréciés isolément (Trib. confl. 29 déc. 1877, aff. Viotte et autres, D. P. 78. 3. 20.) Il a été également décidé que le principe de la séparation des pouvoirs met obstacle à ce que l'autorité judiciaire, saisie de la plainte d'un particulier qui se prétend diffamé par les motifs d'un arrêté préfectoral, apprécie ces motifs qui servent de base à l'arrêté et sont indissolublement liés au dispositif (C. d'ass. de l'Ariège, 19 avr. 1883, aff. Léotard, D. P. 84. 2. 80).

82. D'après un arrêt de la cour de Bourges du 10 févr. 1879 (aff. Colas, D. P. 79. 2. 164), il n'appartient pas à l'autorité judiciaire de connaître d'une action en dommages-intérêts dirigée contre un maire à l'occasion d'un rapport qu'il a adressé au préfet par la voie hiérarchique pour signaler les mauvais services d'un préposé de l'octroi et provoquer la révocation dudit préposé, ce rapport rentrant dans le cercle régulier de l'exercice des fonctions du maire; mais il appartiendrait à cette autorité de connaître d'une action de cette nature, si elle était fondée sur ce que le rapport contiendrait des imputations fausses, calomnieuses et de mauvaise foi.

Peut-être la distinction sur laquelle repose cet arrêt n'est-elle pas formulée avec toute la précision désirable. Il n'y a pas lieu de s'arrêter, pour déterminer la compétence, aux termes plus ou moins violents dont a pu se servir l'auteur du rapport; mais on doit rechercher si le grief articulé, en le supposant fondé, aurait ou non les caractères d'un délit de

droit commun, car la perpétration d'un délit ne peut jamais constituer l'exercice d'un pouvoir administratif (V. Trib. confl. 7 mars 1874, aff. Desmolles, D. P. 74. 3. 54; 31 juill. 1875, aff. Pradines, D. P. 76. 3. 51).

83. Le principe que l'autorité judiciaire est compétente toutes les fois que le fait à raison duquel une action en dommages-intérêts est intentée contre un fonctionnaire constituerait, s'il était prouvé, un fait délictueux, a reçu de fréquentes applications. Indépendamment des décisions qui viennent d'être citées en matière de diffamation, la compétence des tribunaux ordinaires a été reconnue: 1° pour connaître du délit d'outrage par écrit adressé à des magistrats de l'ordre administratif ou judiciaire, alors même que les écrits dans lesquels le délit est relevé constituent des actes administratifs (Crim. rej. 19 mars 1885, aff. Picquet, D. P. 85. 1. 426); — 2° Pour connaître de l'action en responsabilité dirigée contre un maire fondée sur ce que des ouvriers travaillant sous sa direction auraient commis des faits qui, s'ils étaient prouvés, constitueraient le délit de violation de sépulture (Trib. confl. 13 nov. 1875, aff. Bertrand Lacombe, D. P. 76. 3. 51). — De même, lorsqu'un maire chargé par arrêté préfectoral d'organiser dans des conditions déterminées une battue pour la destruction des animaux nuisibles, s'affranchit des conditions prescrites, le fait de chasse qu'il accomplit constitue non un acte administratif, mais un acte personnel du maire dont il appartient à l'autorité judiciaire d'apprécier la nature et les conséquences (Rouen, 14 août 1886, aff. Foucher, D. P. 87. 5. 56, et sur pourvoi, Crim. rej. 25 mars 1887, D. P. 88. 1. 139. V. *Chasse*, n° 1657).

84. Les tribunaux de l'ordre judiciaire sont compétents pour statuer sur les actions dirigées exclusivement contre des agents de l'administration, et tendant à la réparation de dommages causés par des actes de négligence, d'imprudence ou des voies de fait (Aucoc, p. 762). Cette compétence s'applique à toutes les actions en dommages-intérêts intentées contre les fonctionnaires publics à raison de faits qui leur sont personnels, en vertu de l'art. 1382 c. civ. lorsque la responsabilité qu'ils peuvent avoir encourue doit s'apprécier uniquement d'après les principes du droit commun (Trib. confl. 19 nov. 1881, aff. Bouhier, D. P. 83. 3. 23).

Il en est ainsi des demandes de dommages-intérêts dirigées: 1° contre des agents de l'administration des postes et télégraphes pour retard dans la distribution des lettres et dépêches (Trib. confl. 7 juin 1873, aff. Godart, D. P. 74. 3. 5; 4 juill. 1874, aff. Bertrand, D. P. 75. 3. 68); — 2° Contre un ingénieur à raison de l'écroulement d'un pont attribué à un défaut de surveillance (Trib. confl. 31 juill. 1875, aff. Pradines, D. P. 76. 3. 51); — 3° Contre un sous-préfet qui avait rendu nulles des opérations de tirage au sort en négligeant de vérifier si le nombre des numéros mis dans l'urne était égal à celui des conscrits (Décision précitée du 19 nov. 1881); — 4° Contre un maire qui, avant toute décision sur un litige engagé entre la commune et les frères chargés de la direction des écoles publiques communales, a fait enlever les appareils à gaz que les frères prétendaient avoir été placés dans l'école en vertu d'une convention avec la commune (Trib. confl. 3 mai 1879, aff. Ladegrin, D. P. 79. 3. 67).

85. Il a été décidé, au contraire, que l'autorité judiciaire est incompétente pour connaître d'une action en dommages-intérêts: 1° contre un maire qui avait refusé à tort de recevoir la déclaration d'ouverture d'une école libre (Trib. confl. 11 déc. 1880, aff. Marty, D. P. 82. 3. 56); — 2° Contre un maire qui avait refusé de délivrer le récépissé de la déclaration exigée par la loi pour le colportage des journaux (Trib. confl. 21 mai 1881, aff. Cunéo d'Ornano, D. P. 82. 3. 57).

Cette dernière décision a été rendue sous l'empire de la loi du 17 juin 1880 (D. P. 80. 4. 89) aux termes de laquelle le maire devait délivrer un récépissé à tout individu qui déclarerait vouloir colporter des journaux, sous la seule condition qu'il justifierait être Français et n'avoir pas encouru de condamnation emportant privation des droits civils et politiques. Elle serait à l'abri de toute critique, si elle se bornait à déclarer que le refus du maire fondé sur l'absence de justifications légales échappait au contrôle de l'autorité judiciaire. Mais elle est conçue en termes absolus, et la doctrine qu'elle consacre trouverait encore son application sous le régime de l'art. 18 de la loi du 29 juill. 1881 (D. P. 81. 4. 65), qui n'exige plus aucune justification du

déclarant. L'attention de la Chambre des députés a été appelée, dans le cours de la discussion de cette loi, sur cette décision et sur les faits qui y avaient donné lieu. Le ministre de l'intérieur n'a pas répondu d'une manière précise à la question qui lui était adressée par M. Cunéo d'Ornano. Mais l'un des membres de la commission, M. Franck-Chauveau, s'est prononcé dans un sens opposé à la doctrine du tribunal des conflits. Prévoyant le cas où le maire refuserait le récépissé, il a émis l'avis que le déclarant devrait faire constater le refus, qu'il ne serait passible d'aucune pénalité, et qu'il pourrait même réserver la question de dommages-intérêts contre le fonctionnaire qui aurait porté atteinte à son droit. « C'est, a-t-il ajouté, purement et simplement l'application du droit commun » (D. P. 81. 4. 73, note 1). Cette opinion semble conforme à l'esprit de la loi, qui a voulu soustraire absolument le colportage au pouvoir discrétionnaire de l'administration. Aujourd'hui qu'aucune justification n'est exigée du déclarant, le préfet où le maire n'a d'autre attribution que de recevoir la déclaration et d'en délivrer immédiatement récépissé. Le refus de se conformer à cette prescription légale ne peut donc être considéré comme un acte administratif, et ne saurait constituer qu'une faute personnelle rentrant dans la compétence de l'autorité judiciaire.

86. Un maire, en donnant un certificat de bonne vie et mœurs, sous l'autorité de ses supérieurs hiérarchiques, agit en sa qualité d'agent du pouvoir central; en conséquence, la décision par laquelle il délivre, ajourne ou refuse ce certificat constitue un acte administratif, dont les tribunaux civils ne peuvent apprécier les motifs ni la légalité. Ces tribunaux sont, dès lors, incompétents pour connaître d'une demande en dommages-intérêts formée contre un maire à raison du refus d'un semblable certificat (Trib. confl. 10 avr. 1880, aff. Gorry, D. P. 81. 3. 91).

87. La même solution a été étendue par la jurisprudence au cas où le maire a refusé de légaliser une signature (Rennes, 8 déc. 1879, aff. de Rorthays, D. P. 80. 2. 200; Trib. de Versailles de Sarlat, 25 et 31 juill. 1879, D. P. 80. 3. 96, note 1; Trib. confl. 29 nov. et 13 déc. 1879, aff. de Boislinard et Bernard de la Frégeolière, D. P. 80. 3. 96). On peut se demander, toutefois, si le refus de légalisation a bien réellement, comme le décident ces arrêts, le caractère d'un acte administratif. Ce caractère ne résulte pas de la nature même de l'acte, puisque la légalisation est donnée, suivant les cas, par des fonctionnaires appartenant à l'ordre administratif ou à l'ordre judiciaire, et que le président du tribunal légalise les actes notariés et les actes de l'état civil, tandis que les préfets et sous-préfets légalisent les actes des agents inférieurs de l'administration (*Rép.* v° *Légalisation*, n° 6). Si l'on cherche la raison de décider dans le texte qui a conféré aux maires le droit de légalisation, on doit observer qu'il se trouve dans la loi du 6 mars 1791 relative au *nouvel ordre judiciaire*. L'art. 9 de cette loi dispose que la légalisation des actes ne sera point faite par les juges de paix, mais que dans les chefs-lieux où sont établis soit les tribunaux, soit les administrations de district, les maires feront les légalisations concurremment avec les présidents des tribunaux. Or, il est difficile de comprendre que la légalisation change de caractère suivant qu'elle émane du maire ou du président, et qu'un tribunal compétent pour statuer sur la validité d'une légalisation donnée par un président soit tenu de renvoyer à l'autorité administrative la question préjudicielle de savoir si la légalisation donnée par un maire est régulière (V. dans le sens de la compétence judiciaire : Trib. com. Seine, 30 janv. 1830, *Rép.* v° *Huissier*, n° 18).

88. Le maire qui participe aux travaux de la commission chargée de dresser les listes électorales fait incontestablement un acte administratif rentrant dans l'exercice de ses fonctions (Grenoble, 13 févr. 1880, aff. Chauvin, D. P. 81. 2. 167). En conséquence, l'autorité judiciaire est incompétente pour statuer sur l'action en dommages-intérêts formée contre le maire par un électeur dont le nom a été omis sur les listes, bien que son inscription eût été ordonnée par une décision passée en force de chose jugée, et il doit en être ainsi quoique la réclamation soit fondée sur ce que le maire aurait substitué son action personnelle à celle de la commission et fait dresser lui-même la liste définitive où l'omission aurait été effectuée; il serait impossible, en effet, de déterminer, dans l'œuvre de la commission, le rôle personnel qu'a pu y jouer le maire

sans contrôler la formation de la liste, c'est-à-dire sans apprécier un acte administratif (Même arrêt).

89. Des arrêtés préfectoraux qui, conformément aux ordres ministériels, prescrivent le pavoisement et l'illumination d'un palais épiscopal à l'occasion d'une fête nationale constituent des actes administratifs que les tribunaux civils n'ont pas le droit d'apprécier (Trib. confl. 14 avr. 1883, aff. Evêque d'Angers, D. P. 83. 3. 85); et l'autorité judiciaire est également incompétente pour connaître d'une action en dommages-intérêts formée contre l'entrepreneur qui a fait pavoiser et illuminer le palais épiscopal et fondée sur ce que cet entrepreneur aurait commis une faute personnelle, alors qu'il n'est précisé aucun fait qui ne se rattache directement à l'exécution même des arrêtés préfectoraux, et qui puisse être considéré comme engageant la responsabilité personnelle de l'entrepreneur (Même décision; V. en sens contraire : Angers, 25 janv. 1883, même affaire, D. P. 83. 2. 174).

90. Le droit de jouissance que les desservants ont sur les presbytères appartenant aux communes ne fait pas obstacle à ce que le maire ordonne valablement la décoration extérieure du presbytère à l'occasion de la fête nationale; et, par suite, l'arrêté qui prend à cet effet constitue un acte administratif dont il n'appartient pas à l'autorité judiciaire de connaître (Trib. confl. 15 déc. 1883, aff. Fonteny, D. P. 85. 3. 57). Mais on ne saurait considérer comme un acte administratif le fait du maire qui pénètre de vive force dans un presbytère dont le desservant avait la possession paisible et publique, et qui fait démolir des constructions élevées par ce desservant. Un acte de cette nature n'est qu'une voie de fait, dont il appartient à l'autorité judiciaire de statuer sur la demande en réintégration formée par le desservant (Civ. cass. 17 déc. 1884, aff. Dupont, D. P. 85. 1. 289).

91. Lorsque la question de savoir si un agent ou fonctionnaire a commis une faute personnelle rend nécessaire la solution de questions préjudicielles de la compétence administrative, les tribunaux civils doivent, non se déclarer incompétents (Paris, 18 avr. 1877, aff. Billard, D. P. 77. 2. 206), mais renvoyer à l'autorité administrative l'examen de ces questions préjudicielles. Tel est le cas notamment où la faute imputée à un agent consiste à avoir outrepassé les ordres de ses supérieurs hiérarchiques. L'autorité judiciaire, ne pouvant interpréter en pareil cas les ordres donnés par un fonctionnaire administratif à un subordonné, est tenue de surseoir jusqu'à ce que l'autorité administrative ait statué sur l'interprétation des instructions données, sur leur régularité, ainsi que sur la question de savoir si le prévenu en a excédé les termes (Trib. confl. 15 nov. 1879, aff. Sicart, D. P. 80. 3. 93).

De même, le tribunal saisi d'une demande en dommages-intérêts contre un agent voyer chargé de l'exécution d'un arrêté qui ordonne la démolition d'une maison menaçant ruine, doit renvoyer les parties devant l'autorité administrative pour y faire décider, à titre de question préjudicielle et par voie d'interprétation de cet arrêté, si le propriétaire l'avait suffisamment exécuté, et si l'exécution dudit arrêté nécessitait les mesures prises d'office par l'agent voyer (Trib. confl. 29 juill. 1876, aff. Lecoq, D. P. 77. 3. 17).

92. Il n'y a pas de question préjudicielle lorsqu'il est constant que l'agent poursuivi a agi, soit conformément aux ordres de son supérieur pour l'exécution d'une mesure administrative, soit en dehors des instructions qui lui avaient été données. Dans le premier cas, le tribunal doit se déclarer incompétent; dans le second, il doit statuer immédiatement. Ainsi l'autorité judiciaire ne peut décider qu'un préfet est responsable d'actes de spoliation commis contre les propriétaires d'un immeuble à la suite de mesures prises en temps de guerre, lorsqu'un arrêté ministériel a déclaré que ce fonctionnaire a agi au nom de l'Etat et en vue de la défense nationale (Civ. cass. 23 févr. 1881, aff. Challemel-Lacour, D. P. 81. 1. 325). D'un autre côté, lorsqu'il est certain qu'un employé a dépassé, sans motif légitime, les ordres qu'il avait reçus pour l'exécution d'une mesure de police, il y a lieu de décider que cet employé a fait un acte personnel qui engage sa responsabilité, et l'autorité judiciaire peut statuer sur l'action en dommages-intérêts intentée contre lui par un particulier se prétendant lésé, sans avoir aucune question préjudicielle à renvoyer à l'examen de l'autorité administrative. Il en est ainsi, notamment, dans le cas où un employé, chargé de répandre des boulettes empoisonnées dans l'intérieur d'une manufacture dépendant du ministère de la guerre, en exécution d'un ordre donné par le commandant en vertu des pouvoirs de police que lui conférait le titre 3 du décret du 10 juill. 1791, au lieu de se borner à exécuter cet ordre dans les conditions où il avait été donné, a attiré un chien et lui a jeté directement la substance vénéneuse (Trib. confl. 13 déc. 1879, aff. Requité, D. P. 80. 3. 98).

93. L'autorité judiciaire peut statuer directement lorsque la question de savoir si un agent a commis une faute personnelle dépend du point qu'il y ait à apprécier aucun acte administratif. Ainsi, elle peut connaître d'une action en dommages-intérêts dirigée contre un cantonnier pour avoir élagué d'office des arbres plantés sur une propriété voisine d'un chemin vicinal sans s'être conformé aux prescriptions du règlement général sur les chemins vicinaux, alors que les termes du règlement général qu'il s'agit d'appliquer ne présentent aucune ambiguïté, et qu'il n'est justifié d'aucun acte administratif relevant le cantonnier de l'observation des formalités prescrites par ce règlement (Trib. confl. 7 juill. 1883, aff. Pougault, D. P. 85. 3. 27; 13 mars 1886, aff. Mathieu, D. P. 87. 3. 78).

94. Au contraire, les tribunaux administratifs sont seuls compétents pour connaître des faits accomplis par des agents de l'administration en conformité des ordres et instructions à eux donnés, alors qu'il n'est relevé contre eux aucun fait de nature à constituer une faute personnelle; et notamment pour connaître d'une action tendant à faire déclarer un conducteur des ponts et chaussées personnellement responsable d'engagements pris par lui au nom de l'Etat devant le jury d'expropriation, alors que, dans les actes qui ont précédé et suivi l'expropriation, il n'a figuré que comme agent de l'administration sous le contrôle et sous l'autorité de ses chefs hiérarchiques (Trib. confl. 7 juill. 1883, aff. Dalmassy, D. P. 85. 3. 27).

95. La jurisprudence n'admet pas que tout acte qu'un fonctionnaire a considéré comme rentrant dans l'exercice de ses fonctions ait par cela seul un caractère administratif. Un tel acte peut ne constituer qu'un fait personnel lorsque le fonctionnaire a commis une faute lourde en s'attribuant un pouvoir qui était manifestement en dehors de ses attributions. Ainsi l'injonction donnée par un maire à un conseiller municipal de sortir de la salle des séances, par le motif qu'il a manqué à trois convocations successives, alors que le préfet n'a pas déclaré ce conseiller municipal démissionnaire, ne rentre pas dans l'exercice des attributions du maire comme président du conseil et ne constitue pas un acte administratif; par suite, l'autorité judiciaire est compétente pour connaître de l'action en dommages-intérêts intentée contre le maire par le conseiller expulsé (Trib. confl. 15 déc. 1883, aff. Dezettère, D. P. 85. 3. 59). Il a été décidé, dans le même sens, que l'expulsion d'un membre du conseil municipal ne rentrant pas dans les attributions du maire et ne constituant pas un acte administratif, mais un fait personnel du maire, il appartient à l'autorité judiciaire de statuer sur la plainte formée par le conseiller expulsé (Montpellier, 3 juill. 1886, aff. Fournès, D. P. 87. 3. 24). De même, lorsqu'un maire, sans qu'il apparaisse que l'intérêt de la commune soit engagé, fait fracturer la porte de la sacristie et y fait poser une nouvelle serrure dont il retient la clef, de tels faits ne peuvent être considérés comme des actes d'administration et lui sont personnels; dès lors, il appartient au juge des référés de prescrire d'urgence les mesures nécessaires pour faire cesser le trouble apporté au droit du curé (Trib. confl. 2 avr. 1881, aff. Beaupertuis, D. P. 82. 3. 74).

96. L'autorité judiciaire est également compétente : 1° pour connaître de la demande intentée par une commune contre son ancien maire et ayant simplement pour objet la réparation d'un dommage souffert par elle dans ses propriétés mobilières par le fait ou la négligence de cet ancien maire, alors qu'il exerçait ses fonctions (dans l'espèce, pour connaître de l'action en payement de la valeur d'un buste de la République mutilé, et de rideaux de la salle de la mairie perdus pendant l'administration de ce maire) (Trib. confl. 26 mars 1881, aff. Commune de Pézilla-la-Rivière, D. P. 82. 3. 58); — 2° Pour statuer sur l'action intentée contre un

maire qui s'est emparé d'un terrain dépendant d'un presbytère dans le but de faire procéder à des travaux publics sans que ce terrain ait été détaché du presbytère en les formes exigées par les lois et règlements (Cons. d'Et. 18 mars 1882, aff. Daniel, D. P. 83. 3. 83); — 3° Pour condamner un maire qui a muré par voie de fait une fenêtre du presbytère, à rétablir les lieux dans leur état primitif avec dommages-intérêts (Req. 29 mars 1882, aff. Alcime Roch, D. P. 82. 1. 225); — 4° Pour statuer sur une demande en dommages-intérêts formée par une commune contre un maire à raison de dépenses que ce fonctionnaire a faites pour le compte de la commune, alors qu'il n'est pas contesté qu'il a ordonné ces dépenses sans y être régulièrement autorisé (Dijon, 28 févr. 1873, aff. Commune de Chaigney, D. P. 75. 5. 90); — 5° Et sur l'action en dommages-intérêts formée par un particulier contre un maire et un commissaire de police, à raison de la destruction de poteaux et barrières que le demandeur avait plantés sur un chemin dont la possession légale lui avait été reconnue par décision judiciaire, bien que l'acte incriminé ait été fait en exécution d'un arrêté par lequel le maire, postérieurement à cette décision, avait prescrit l'enlèvement de tous les obstacles sur les chemins publics y compris les chemins litigieux (Amiens, 18 févr. 1878, aff. Maire, D. P. 80. 2. 145).

Toutefois, cette dernière décision a été critiquée comme contraire aux principes qui ont été précédemment exposés. On a fait observer que, bien que, dans l'espèce, l'arrêté du maire fût illégal comme ayant tranché une question de propriété, cette illégalité, quelque évidente qu'elle fût, ne pouvait être déclarée que par l'autorité administrative, et que le juge civil aurait dû, sinon se dessaisir absolument, du moins surseoir à statuer jusqu'à ce que l'excès de pouvoirs reproché à l'arrêté eût été reconnu par l'autorité compétente (V. observations sous l'arrêt précité).

97. Il a été jugé, dans le même sens, qu'il appartient à l'autorité judiciaire : 1° de statuer sur l'action en dommages-intérêts formée par un entrepreneur de monuments funèbres contre un agent voyer communal qui, sous le prétexte qu'en construisant un caveau l'entrepreneur aurait commis des malfaçons et n'aurait pas suivi l'alignement et le nivellement à lui donnés, lui a interdit l'entrée du cimetière et lui a refusé toute autorisation d'y exercer son industrie (Cons. d'Et. 9 août 1884, aff. Trombert, D. P. 86. 3. 43); — 2° De condamner à des dommages-intérêts un maire pour avoir pris des mesures, non justifiées par la nécessité d'assurer l'ordre public ou la sécurité des habitants, qui tendaient à interdire l'entrée par la porte du cimetière d'un corps devant être inhumé civilement et qui avaient rendu nécessaire l'ouverture d'une brèche pour y faire passer le cercueil (Req. 4 août 1880, aff. Delcassé, D. P. 81. 1. 454); — 3° De connaître d'une demande en dommages-intérêts dirigée contre un sous-intendant militaire, à l'occasion d'une réquisition d'objets mobiliers par lui faite pour le compte de l'État, alors que cette action est intentée par un tiers étranger à la réquisition et qui prétend qu'elle a été le résultat d'une collusion établie entre le défendeur et le propriétaire des objets réquisitionnés, en vue d'empêcher l'exécution du marché qu'il avait, lui-même, précédemment conclu pour les mêmes objets avec le propriétaire (Paris, 29 nov. 1872, aff. Fraisse, D. P. 74. 2. 14). Dans ces diverses hypothèses, en effet, l'action a pour cause non un acte rentrant dans les attributions du fonctionnaire, mais un quasi-délit, ou une faute personnelle de cet agent.

Il a été décidé également que le ministre de l'intérieur est incompétent pour connaître d'une demande d'indemnité dirigée contre un maire personnellement, à raison du dommage causé à une industrie privée par un arrêté municipal dont l'illégalité a été reconnue par l'autorité judiciaire (Cons. d'Et. 4 déc. 1885, aff. Lefevez, D. P. 87. 3. 47).

98. Les tribunaux civils sont, au contraire, incompétents, ainsi que nous l'avons dit *supra*, n° 94, pour connaître des faits imputés à un fonctionnaire public, lorsque ces faits constituent des actes légitimes de sa fonction (Civ. cass. 15 déc. 1874, aff. Verlaguet, D. P. 76. 1. 289). C'est ce qui a été décidé, notamment, dans le cas d'une action dirigée contre un capitaine de gendarmerie, pour avoir saisi et brisé le fusil d'un particulier dans une émeute, parce que les mesures à prendre en pareille occurrence pour couper court au désordre

rentraient dans l'exercice des fonctions de cet officier (Même arrêt).

Il en est de même d'une demande en dommages-intérêts intentée contre un officier qui, en prenant part à une revue passée sur une place publique et en se portant rapidement à cheval pour le service d'un point à un autre de cette place, a renversé un spectateur (Aix, 27 sept. 1882, aff. Albano, D. P. 84. 1. 220).

Il a été jugé, dans le même sens, que le principe de la séparation des pouvoirs s'oppose à ce que l'autorité judiciaire connaisse des peines disciplinaires prononcées par les commandants des milices coloniales contre les miliciens et des demandes d'indemnités formées contre ces officiers à raison de l'exécution desdites peines (Trib. confl. 31 oct. 1885, aff. Francomme, D. P. 87. 3. 31).

99. D'après un jugement du tribunal de Saint-Nazaire, du 31 mars 1882 (aff. Guilloux, D. P. 85. 3. 103), l'autorité judiciaire est également incompétente pour connaître d'une demande en dommages-intérêts formée contre une commune, et fondée sur ce que l'insalubrité d'une chambre de sûreté et la négligence des agents de la police municipale ont causé la mort d'un individu détenu dans cette chambre de sûreté, la police des prisons relevant exclusivement de l'autorité administrative, et les agents n'étant que les délégués du maire qui ne doit lui-même rendre compte qu'à l'autorité supérieure de l'exercice des pouvoirs de police municipale dont il est investi par la loi. Ce jugement se fonde sur ce que, pour vider le débat, il faudrait examiner si les autorités investies de la police municipale, de la surveillance et de la police de la chambre de sûreté ont commis une faute dans l'exercice de leurs fonctions, « ce qui, dit-il, rentre dans les attributions de la juridiction administrative ».

100. Il a été également jugé que c'est à l'autorité administrative qu'il appartient de statuer sur l'action en dommages-intérêts formée par une commune contre son ancien maire, à raison de ce qu'il n'aurait pas exercé le droit de préemption qu'elle s'était réservé, lors de la vente de certaines parcelles communales, pour le cas où l'acquéreur viendrait à les revendre (Chambéry, 20 janv. 1873, aff. Commune de Pontamafrey, D. P. 74. 2. 47). Mais cette décision ne paraît pas à l'abri de la critique : il semble, en effet, qu'au lieu de se déclarer incompétent, le juge civil devait se borner à surseoir jusqu'à ce que le fait imputé au maire eût été apprécié par l'autorité administrative.

101. On a critiqué également un jugement par lequel le tribunal de Versailles s'est déclaré incompétent pour statuer sur une action en dommages-intérêts formée contre un officier de l'armée par la veuve d'un individu qui aurait été fusillé, sur l'ordre de cet officier, au cours des opérations militaires exécutées pour la répression d'une insurrection (Trib. Versailles, 6 août 1873, aff. Millière, D. P. 76. 3. 64). En effet, l'autorité administrative ne pouvait être compétente que pour statuer sur la question de savoir si l'officier avait agi en exécution des ordres de ses chefs; et, le fait étant établi dans l'espèce, le tribunal aurait dû, non se déclarer incompétent, mais rejeter la demande au fond.

Art. 2. — *Du contentieux administratif* (*Rép.* n°ˢ 24 à 68).

102. Le *contentieux administratif* comprend, suivant M. Laferrière, t. 1, p. 8, l'ensemble des réclamations fondées sur un droit ou sur la loi, et qui ont pour objet soit un acte de puissance publique émané de l'autorité administrative, soit un acte de gestion des services publics déféré à la juridiction administrative par des dispositions de loi générales ou spéciales.

Nous avons indiqué au *Rép.* n° 26 quels sont les cas dans lesquels les réclamations dirigées contre les actes de l'administration ne peuvent être formées que par la voie gracieuse et ceux dans lesquels elles peuvent l'être par la voie contentieuse. Pour que le recours contentieux soit ouvert, il faut, d'après M. Aucoc, t. 1, p. 475, la réunion de deux conditions: 1° que l'acte attaqué ait porté atteinte à un droit fondé sur une disposition de loi, de règlement ou de décret; 2° que l'acte attaqué ait pour effet immédiat de léser le droit du citoyen et emporte pour lui une obligation ou lui impose un préjudice actuel.

103. Il ne suffit pas, en effet, pour apprécier s'il y a lieu ou non d'agir par la voie contentieuse, d'opposer, comme on le fait communément, l'intérêt froi ssé au droit lésé. Dans un certain nombre de cas, l'administration peut faire éprouver aux citoyens un préjudice ou même porter atteinte au droit de propriété, sans qu'un recours contentieux soit ouvert à la partie lésée.

C'est ainsi que la déclaration d'utilité publique qui oblige un propriétaire à céder sa propriété moyennant indemnité ne peut être attaquée par la voie contentieuse (Cons. d'Et. 26 avr. 1847) (1). Il en est de même : 1° de la déclaration d'urgence qui, dans certains cas, peut enlever au propriétaire la garantie du payement préalable de l'indemnité (Cons. d'Et. 8 janv. 1863, aff. Bernon de Rochetaillée, D. P. 63. 3. 78) ; — 2° De la désignation d'un terrain pour l'extraction des matériaux nécessaires à l'exécution des travaux publics en vertu des arrêts du conseil des 7 sept. 1755 et 20 mars 1780 (Cons. d'Et. 30 juill. 1863, aff. Mauté, D. P. 67. 5. 447) ; — 3° Des prescriptions imposées par les préfets aux riverains des cours d'eau non navigables ni flottables comme conditions de l'autorisation d'y établir des barrages (Cons. d'Et. 2 mai 1866 (2) ; 28 févr. 1867, aff. Laforgue, *Rec. Cons. d'Etat*, p. 231 ; 9 févr. 1883, aff. Leid, D. P. 83. 3. 100. V. conf. Aucoc, t. 1, p. 287).

104. On vient de dire qu'il faut, en outre, pour que le recours contentieux soit recevable, que l'acte administratif contre lequel la réclamation est dirigée impose au réclamant une obligation ou un préjudice actuel. Il en résulte que l'on ne peut attaquer par la voie contentieuse, ni les actes préparatoires, tels que les instructions données par un ministre ou un préfet à ses subordonnés, ou les mises en demeure adressées à un particulier, ni les actes faits par un administrateur en qualité de contractant, et non dans l'exercice de son pouvoir de commandement, ni les actes de tutelle administrative (Aucoc, t. 1, p. 478). On verra ailleurs (V. *Conseil d'Etat*), de nombreuses applications de cette règle.

105. Nous avons recherché (*Rép.* n° 27) comment les principes qui viennent d'être exposés doivent être appliqués aux divers actes par lesquels se manifeste le pouvoir exécutif.

106. — I. Actes de gouvernement. — Ainsi qu'on l'a exposé au *Rép.* n° 28, les actes qui se rattachent à l'exercice de l'action gouvernementale ne peuvent donner lieu à un recours devant la juridiction administrative. « On entend par *actes de gouvernement*, suivant M. Dareste (*De la justice administrative*, p. 221), les actes que la Constitution et les lois réservent à la puissance souveraine, sans autre contrôle que celui des grands corps politiques et de l'opinion publique. On peut citer comme exemples les faits de guerre, les traités et capitulations avec les puissances étrangères » (V. conf. Aucoc, t. 1, p. 12).

Conformément à cette définition, et ainsi que nous l'avons dit au *Rép.* n° 33, les actes faits par le Gouvernement ou ses agents dans l'exercice des pouvoirs qui leur appartiennent en ce qui concerne les relations avec les nations étrangères ne peuvent être assimilés à des actes administratifs et échappent à tout recours contentieux. En conséquence, il n'appartient aux tribunaux administratifs ni de connaître de la validité d'engagements diplomatiques, ni de statuer sur des réclamations qui ont pour unique fondement des droits résultant de conventions diplomatiques (Cons. d'Et. 18 nov. 1869, aff.

Jecker, *Rec. Cons. d'Etat*, p. 891 ; 23 juill. 1875, aff. de Villebrun, D. P. 76. 3. 29 ; 14 nov. 1884, aff. Szaniawski, D. P. 86. 3. 40).

107. Il en est de même des questions auxquelles peuvent donner lieu les réunions de territoires et l'exécution des traités diplomatiques (Cons. d'Et. 31 déc. 1861, aff. Corso, D. P. 62. 3. 36 ; 5 déc. 1884, aff. Société belge des chemins de fer, D. P. 86. 3. 83). Il n'appartient pas davantage à la juridiction administrative de connaître des mesures prises par le Gouvernement pour assurer l'exécution d'une convention diplomatique, et spécialement d'un arrêté par lequel un maire, agissant en vertu d'instructions des ministres de la guerre, de l'intérieur et des affaires étrangères, a requis un particulier de mettre à la disposition de l'autorité militaire une maison dont il est propriétaire, pour y loger, en exécution des clauses d'une convention diplomatique, des officiers d'une armée étrangère d'occupation (Cons. d'Et. 14 mars 1873, aff. Goulet, D. P. 73. 3. 76 ; 23 juill. 1875, cité *suprà*, n° 106).

L'autorité judiciaire est également incompétente pour statuer sur les réclamations tendant à entraver des mesures de cette nature ou à obtenir des indemnités à raison des dommages qu'elles ont causés (Trib. confl. 14 déc. 1872, aff. Goulet, D. P. 73. 3. 10 ; 30 juin 1877, aff. de Villebrun, D. P. 78. 3. 15).

108. Par les mêmes motifs, comme on l'a vu au *Rép.* n° 34, les mesures prises pendant la guerre ou à la suite de la guerre ne peuvent être l'objet d'un recours contentieux. Il en est ainsi notamment des capitulations militaires (Cons. d'Et. 6 juill. 1854, aff. Bacri, D. P. 55. 3. 9) ; et du dommage qu'a pu causer à un étranger l'exécution d'une mesure prise par le commandant d'une escadre française devant l'ennemi (Cons. d'Et. 18 août 1857, aff. Calliga, D. P. 58. 3. 36). De même, un particulier n'est pas recevable à réclamer, par la voie contentieuse, une indemnité du Gouvernement français à raison du préjudice que lui aurait causé un blocus maritime ou l'état d'hostilités entre la France ou une nation étrangère (Cons. d'Et. 18 janv. 1851 (3) ; 14 déc. 1854, aff. Blancard, *Rec. Cons. d'Etat*, p. 978). Il a été jugé, dans le même sens, qu'un négociant appartenant à une nation neutre ne peut demander par la voie contentieuse le payement de céréales existant dans des magasins situés sur le territoire ennemi, et dont l'armée française a disposé pour son usage (Cons. d'Et. 19 mai 1864, aff. Heraclidis, D. P. 87. 3. 73, note 2).

109. Il n'appartient pas à la juridiction contentieuse de connaître de la demande en indemnité formée par un particulier à raison de dommages éprouvés par lui à l'occasion d'une expédition de l'armée française, soit qu'on admette que la France agissait comme puissance belligérante exécutant une opération militaire en territoire étranger, soit qu'on admette qu'elle agissait comme substituée au Gouvernement national en vertu d'un traité diplomatique (Cons. d'Et. 26 févr. 1886, aff. Saccoman, D. P. 87. 3. 73).

110. On ne peut soumettre davantage à l'examen de la juridiction contentieuse les questions relatives soit à la protection que les agents consulaires français doivent accorder aux résidents français en pays étranger, soit à l'obligation qui existerait pour le Gouvernement français de réclamer auprès des gouvernements étrangers la réparation du préjudice causé à des résidents par les agents ou les sujets de ce

---

(1) Boncenne.) — Louis-Philippe, etc. ; — Vu la loi du 3 mai 1841 ; — Considérant que notre ordonnance du 7 juill. 1846, par laquelle nous avons déclaré d'utilité publique le dégagement des façades du palais de la cour royale de Poitiers est un acte de pure administration qui a été précédé de toutes les formalités prescrites par les lois et règlements sur la matière ; qu'ainsi ladite ordonnance n'est pas susceptible d'être attaquée par la voie contentieuse : — Art. 1er. La requête du sieur Boncenne est rejetée.

Du 26 avr. 1847.-Cons. d'Et.-MM. Baron-Lucas, rap.-Hély d'Oissel, concl.

(2) (Joset.) — Le conseil d'Etat, etc. ; — Vu les lois des 12-20 août 1790 et 6 oct. 1791, l'arrêté du Gouvernement du 19 vent. an 6 et le décret du 25 mars 1852 ; — Au fond : — En ce qui touche l'art. 1er de l'ordonnance du 6 mai 1847 portant que le propriétaire de l'usine d'Hannapes sera tenu d'établir dans son déversoir un nouveau vannage de décharge : — Considérant qu'il résulte de l'instruction que cette disposition a été prise, après enquête, en

vue d'assurer le libre écoulement des eaux, et que la question de savoir si l'établissement d'un nouveau vannage de décharge était nécessaire pour assurer cet écoulement n'est pas de nature à nous être déférée par la voie contentieuse... (Rejet.)

Du 2 mai 1866.-Cons. d'Et.-MM. Aubernon, rap.-Aucoc, concl.

(3) (Despouy.) — Le conseil d'Etat, etc. ; — Considérant que la demande du sieur Blaise Despouy, concessionnaire en 1845, 1846, 1847 d'une fourniture de tabacs au Paraguay, tend à obtenir tant à raison des pertes que lui aurait fait éprouver l'expédition française dans la Plata que du préjudice à lui occasionné par ladite expédition, soit une nouvelle fourniture de tabacs, soit une indemnité de 10000 fr.; — Considérant que ledit sieur Blaise Despouy ne justifie pas de pertes par lui éprouvées, et que les conséquences du fait auquel il attribue le prétendu préjudice à lui causé ne sauraient être appréciées par la voie contentieuse : — Art. 1er. La requête du sieur Blaise Despouy est rejetée.

Du 18 janv. 1851.-Cons. d'Et.-MM. de Saint-Aignan, rap.-Vuitry, concl.

gouvernement (Cons. d'Et. 26 avr. 1855, aff. de Penhoët, D. P. 55. 3. 63; 4 juill. 1862 (1); 12 janv. 1877, aff. Dupuy, D. P. 77. 3. 27). Cette juridiction serait notamment incompétente pour statuer: 1° sur la réclamation formée contre l'Etat par un négociant français à raison du dommage que lui aurait fait éprouver l'arrestation de son navire par un croiseur étranger (Cons. d'Et. 8 févr. 1864, aff. Chevalier, D. P. 64. 3. 27);— 2° Sur le recours dirigé contre l'acte par lequel un agent diplomatique a enjoint à un Français de quitter un pays étranger (Cons. d'Et. 8 déc. 1882, aff. Laffon, D. P. 84. 3. 69); ou contre l'acte par lequel le ministre des affaires étrangères a confirmé la décision d'un conseil interdisant à des étrangers naturalisés Français le séjour dans leur ancienne patrie (Cons. d'Et. 15 mars 1855, aff. Yomtob Lévy, D. P. 55. 3. 54).

111. Lorsqu'une convention diplomatique a mis à la disposition du gouvernement français une somme à répartir entre les Français qui ont éprouvé des dommages par suite d'événements arrivés dans un pays étranger, et qu'un décret a institué, pour en faire la répartition, une commission dont les décisions ne seraient exécutoires qu'après approbation du ministre des affaires étrangères, aucun recours contentieux n'est ouvert contre les décisions ministérielles qui approuvent celles de la commission (Cons. d'Et. 30 avr. et 7 mai 1867, aff. Dubois, D. P. 68. 3. 28).

Il en est de même des décisions d'une commission instituée par le Gouvernement pour procéder à une semblable répartition, dans le cas où le décret qui a institué cette commission n'a pas déclaré que ses décisions seraient susceptibles d'appel (Cons. d'Et. 12 févr. 1870, aff. Legrand et autres, D. P. 70. 3. 72). Elles ne peuvent, en pareil cas, être déférées par voie d'appel ni au conseil d'Etat (Même arrêt), ni même au ministre auprès duquel la commission a été instituée (Cons. d'Et. 12 févr. 1870, aff. Limantour, D. P. 70. 3. 73).

112. Pour qu'un recours contentieux fût ouvert contre les décisions d'une commission de cette nature, il faudrait qu'il eût été expressément établi par l'acte du Gouvernement qui a institué la commission ou par un acte postérieur. C'est ainsi qu'une ordonnance royale du 21 mai 1836, relative à la liquidation des créances fondées sur le traité conclu en 1831 entre la France et les Etats-Unis, avait établi le droit de recours au conseil d'Etat contre les décisions de la commission instituée pour opérer la répartition des indemnités (D. P. 68. 3. 28, note 2). Mais cette pratique est depuis longtemps abandonnée (Aucoc, t. 1, p. 494).

113. L'autorité judiciaire n'est pas plus compétente que la juridiction administrative pour connaître des mesures ordonnées par le Gouvernement en vue d'assurer l'exécution d'un traité diplomatique (Arrêts du 14 déc. 1872 et du 30 juin 1877, cités *suprà*, n° 107; Trib. confl. 15 nov. 1879, aff. Sicart, D. P. 80. 3. 95). Mais, ainsi que nous l'avons dit au *Rép.* n° 35, elle est compétente lorsqu'il s'agit d'appliquer les traités à des questions qui rentrent par leur nature dans sa compétence, telles que les questions de successibilité ou de propriété privée (Sol. impl. Montpellier, 10 juill. 1872, aff. Couve, D. P. 72. 2. 240).Elle l'est également pour appliquer les décisions d'une commission chargée de répartir les indemnités allouées en vertu de conventions diplomatiques, lorsque ces décisions ne présentent aucune ambiguïté (Req. 16 août 1870, aff. Delarbre, D. P. 71. 1. 279).

114. Un arrêt de la chambre des requêtes du 11 août 1841, rapporté au *Rép.* n° 35, décide en termes généraux que les traités, n'étant pas des actes administratifs, mais ayant le caractère de lois, peuvent être interprétés et appliqués par l'autorité judiciaire chargée d'interpréter les lois. Au contraire, d'après un autre arrêt de la chambre des requêtes du 24 juill 1861, rendu sur les conclusions de M. le procureur général Dupin (aff. Trouttmann, D. P. 61. 1. 342), l'interprétation des traités internationaux dont le sens est obscur ou ambigu serait de la compétence exclusive de l'autorité

administrative. La vérité n'est, croyons-nous, ni dans l'une ni dans l'autre de ces propositions absolues. Ainsi que l'a décidé un arrêt de la chambre civile du 30 juin 1884 (aff. Durand, D. P. 85. 1. 302), l'autorité judiciaire, compétente pour interpréter les traités internationaux en tant qu'ils s'appliquent à un litige d'intérêt privé, cesse de l'être lorsqu'il s'agit d'en fixer le sens et la portée au point de vue international public (V. conf. *Rép.* v° *Traité international,* n° 52; Req. 6 janv. 1873, aff. Balestrini, D. P. 73. 1. 116). Et l'on doit poser en principe, conformément aux conclusions développées par M. le commissaire du Gouvernement de Belbeuf devant le conseil d'Etat (D. P. 69. 3. 59), et par M. l'avocat général Reverchon devant la cour de cassation (D. P. 73. 1. 116), que les contestations qui peuvent découler d'un traité international sont du ressort de l'autorité judiciaire, de l'autorité administrative ou du Gouvernement, selon que la nature de la contestation est judiciaire, administrative ou politique.

115. En matière criminelle, où l'ordre public est toujours intéressé, les traités diplomatiques ne sauraient être interprétés par les tribunaux. Ainsi ces traités constituent, relativement aux mesures de protection stipulées par les puissances contractantes en faveur de leurs nationaux respectifs, des actes de gouvernement qui ne peuvent être interprétés que par les gouvernements eux-mêmes (Crim. cass. 27 juill. 1877, aff. Yter, D. P. 78. 1. 137).

116. On a vu au *Rép.* n° 28, que les règlements d'administration publique ne peuvent être attaqués par la voie contentieuse : ils ne peuvent même être déférés au conseil d'Etat pour excès de pouvoirs (Cons. d'Et. 20 déc. 1872, aff. Fresneau, D. P. 74. 3. 42). Mais un particulier, poursuivi pour contravention à un règlement de cette nature, peut soutenir devant les tribunaux compétents que la disposition invoquée contre lui n'est pas obligatoire (Même arrêt). Il n'en est pas de même des décrets qui, en vertu de lois spéciales, doivent être pris en la forme des règlements d'administration publique.La voie du recours pour excès de pouvoirs est ouverte contre les décrets de cette catégorie aux parties dont ils lèsent les intérêts (Cons. d'Et. 10 mai 1851, aff. d'Inguimbert, D. P. 52. 3. 20 ; 27 mai 1863, aff. Drillet de Lannigon, D. P. 63. 3. 63).

117. Les actes d'une commission instituée par l'Assemblée nationale et prise dans son sein à l'effet de statuer souverainement sur une question déterminée, et spécialement de la *commission des grades,* créée par la loi du 8 août 1871, sont des actes de gouvernement qui échappent à tout recours contentieux (Cons. d'Et. 15 nov. 1872, aff. Carrey de Bellemare, D. P. 73. 3. 73 ; 3 janv. 1873, aff. Lépaulle, *ibid.;* 25 juill. 1873, aff. Simonin, D. P. 74. 3. 21 ; 2 juill. 1880, aff. Valentin, D. P. 81. 3. 75).

Il en est de même des décisions prises par les présidents des chambres législatives, pour assurer l'ordre des séances et régler l'admission du public et des représentants de la presse (Cons. d'Et. 24 nov. 1882, aff. Merley, D. P. 84. 3. 40).

118. On doit également considérer comme des actes d'autorité souveraine, ne pouvant être attaqués par la voie contentieuse, les collations de titres nobiliaires (Cons. d'Et. 28 mars 1866, aff. de Montmorency, D. P. 66. 3. 49; 11 avr. 1866, aff. Abercorn, D. P. 69. 3. 2). Toutefois, ainsi que le déclarait M. Aucoc, qui portait la parole dans cette dernière affaire comme commissaire du Gouvernement, dans l'hypothèse où le chef de l'Etat croirait pouvoir disposer d'un titre actuellement porté par un citoyen qui en serait régulièrement investi, et l'attribuerait à un autre citoyen, il appartiendrait aux tribunaux civils non pas d'annuler le décret, mais de statuer à côté du décret et de reconnaître le droit contesté.

119. La jurisprudence considère également comme des

ou les sujets de ces gouvernements ; que ces questions se rattachent à l'exercice du pouvoir souverain dans les matières de gouvernement et dans les relations internationales et ne sont pas de nature à être portées devant nous par la voie contentieuse : — Art. 1er. La requête du sieur Simon est rejetée.
Du 4 juill. 1862.-Cons. d'Et.-MM. Gaslonde, rap.-L'Hopital, concl.

actes de Gouvernement qui ne sauraient être assimilés à des actes administratifs, et qui ne peuvent être attaqués devant les juridictions administratives, certaines mesures de sûreté publique et d'ordre politique. Telle est, d'après un arrêt, la mesure par laquelle, après les événements de décembre 1851, un commissaire du Gouvernement, agissant dans l'exercice des pouvoirs politiques à lui conférés, a retiré à un maître de poste son brevet (Cons. d'Et. 28 juill. 1853, aff. Rat, D. P. 55. 3. 59). De même, ainsi que nous l'avons dit (*Rép.* n° 37), on ne peut attaquer par la voie contentieuse la décision du ministre de l'intérieur qui ordonne l'expulsion d'un étranger (Cons. d'Et. 22 janv. 1867) (1); alors même que l'on allèguerait une erreur touchant la nationalité de l'expulsé (Cons. d'Et. 8 déc. 1853, aff. de Solms, D. P. 54. 3. 85). Toutefois, la formule de ce dernier arrêt a donné lieu à des critiques fondées, la mesure d'expulsion ne rentrant pas dans la catégorie de celles qui échappent au recours pour excès de pouvoir (V. *Conseil d'Etat*). — Il appartient, d'ailleurs, à l'autorité judiciaire, saisie d'une poursuite pour infraction à un arrêté ministériel enjoignant à un étranger de quitter le territoire français, de statuer sur le moyen de défense tiré de l'illégalité de cet arrêté (Cons. d'Et. 4 mars 1884, aff. Morphy, D. P. 85. 3. 9).

120. Mais comme on l'a dit, *suprà*, n° 57, le tribunal des conflits a refusé de considérer comme des actes de gouvernement les mesures prises pour assurer la dispersion des congrégations non autorisées, et il a expressément reconnu que les décrets et arrêtés pris à cet effet pouvaient être attaqués devant le conseil d'Etat par la voie du recours pour excès de pouvoir (Trib. confl. 4, 5, 13, 17 et 20 nov. 1880, cités *suprà*, n° 57).

Le conseil d'Etat, a également décidé que la décision par laquelle le ministre de la guerre a refusé de faire figurer sur la liste d'ancienneté un prince de la famille impériale, revêtu par décret du titre et du rang de général de division, ne constitue pas un acte de gouvernement échappant à tout recours contentieux, mais un acte administratif susceptible de recours devant le conseil d'Etat (Cons. d'Et. 19 févr. 1875, aff. prince Napoléon, D. P. 75. 3. 18).

Il a été décidé dans le même sens que le recours pour excès de pouvoirs est recevable contre les décisions prises par le ministre de la guerre pour assurer l'exécution d'une loi politique au regard de ses subordonnés, ces décisions constituant non des actes de gouvernement, mais des actes administratifs. En conséquence, le conseil d'Etat a déclaré recevables les recours formés par les princes de familles ayant régné en France contre les décisions ministérielles qui les ont rayés des contrôles de l'armée, par application de la loi du 22 juin 1886 (Cons. d'Et. 20 mai 1887, aff. duc d'Aumale et prince Murat, *Rec. Cons. d'Etat*, p. 409).

121. Il a été décidé également que les dommages causés à une propriété privée par l'exécution d'un ordre ministériel ayant le caractère d'une mesure de haute police, ne pouvaient donner ouverture à une demande d'indemnité devant la juridiction contentieuse, et le conseil d'Etat a, en conséquence, repoussé comme non recevable une demande d'indemnité formée contre l'Etat à raison des dommages causés au matériel d'une imprimerie dans l'exécution de l'ordre donné par le ministre de l'intérieur, au milieu d'une émeute, d'empêcher, par tous les moyens, l'impression d'un journal s'imprimant dans cet établissement (Cons. d'Et. 5 janv. 1855, aff. Boulé, *Rec. Cons. d'Etat*, p.18; 10 janv.1856, aff. Dautreville, D. P. 56. 3. 57).

Enfin le conseil d'Etat a considéré comme des actes politiques ne pouvant être attaqués par la voie contentieuse la mesure par laquelle le préfet de police avait opéré la saisie des exemplaires d'un ouvrage composé par un prince appartenant à une dynastie ayant régné, et la décision par laquelle le ministre de l'intérieur avait confirmé cette mesure (Cons. d'Et. 9 mai 1867, aff. duc d'Aumale, D. P. 67. 3. 49).

122. Après avoir rappelé les principaux monuments de cette jurisprudence, M. Aucoc se demande s'il est permis d'en conclure que le Gouvernement pourrait, en dehors des pouvoirs qui lui sont conférés par la constitution et les lois, prendre des décisions qui, sous le nom de mesures d'ordre public, de haute police, d'actes gouvernementaux, porteraient atteinte à la liberté, à l'état civil ou à la propriété des citoyens que ces actes échapperaient également à la compétence de la juridiction administrative et des tribunaux de l'ordre judiciaire (t.1, p.495, n° 289). L'éminent auteur proteste contre une semblable interprétation, et il estime, comme M. Dareste, p.222, que les tribunaux ne peuvent être dépouillés du droit de garantir l'état civil, la liberté et la propriété des citoyens contre des voies de fait qui ne rentrent pas dans l'exercice des pouvoirs constitutionnels du Gouvernement. Cette doctrine lui paraît avoir été implicitement consacrée par l'arrêt précité du 9 mai 1867; en effet, en se déclarant incompétent pour connaître des questions relatives à la validité de la saisie d'un livre et au mérite de l'action en restitution de ce livre, le conseil d'Etat a virtuellement reconnu la compétence judiciaire. M. Aucoc, sur les conclusions duquel a été rendu cet arrêt, s'était d'ailleurs très nettement expliqué en ce sens; il avait fait très justement observer que si l'administration, pour l'exécution d'un travail public, s'emparait d'une propriété privée sans remplir les formalités exigées par la loi, l'autorité judiciaire serait compétente pour faire respecter la propriété, et que la situation ne changerait pas selon qu'il y aurait ou qu'il n'y aurait pas une décision ministérielle pour ordonner cette mesure (V. Aucoc, *Revue critique*, 1883, p. 266).

123. Le conseil d'Etat a consacré, il est vrai, la doctrine contraire, par l'arrêt rendu sur conflit, le 18 juin 1852, qui a enlevé aux tribunaux civils la connaissance de la réclamation introduite par les princes de la famille d'Orléans contre les décrets du 22 janv. 1852, en vertu desquels une partie de leurs biens était attribuée à l'Etat (D. P. 52. 3. 17). Mais il est difficile d'attribuer une autorité doctrinale à cet arrêt, rendu dans des circonstances dont le souvenir n'est point effacé, et contre lequel se sont élevés les jurisconsultes les plus autorisés (V. Reverchon, *Les décrets du 22 janv.* 1852, 1871). Nulle disposition constitutionnelle ou légale n'avait donné au président de la République le droit de prononcer la réunion d'un bien quelconque au domaine de l'Etat, ni de statuer en pareille matière sur une revendication du domaine; et, ainsi que l'avait décidé le jugement du tribunal de la Seine contre lequel avait été élevé le conflit, « les tribunaux ordinaires sont exclusivement compétents pour statuer sur les questions de propriété, de validité de contrat, de prescription ».

124. La cour de Paris s'est également déclarée incompétente pour connaître d'une action en dommages-intérêts, intentée à raison de l'expulsion d'un prince appartenant à une dynastie déchue, ladite expulsion prononcée par un arrêté du ministre de l'intérieur, d'après les ordres du président de la République, le conseil d'Etat entendu (Paris, 29 janv. 1876, aff. prince Jérôme Napoléon, D. P. 76. 2. 41). Le pourvoi formé contre cet arrêt a été admis par la chambre des requêtes; mais la chambre civile n'a pas encore statué sur ce pourvoi.

125.—II. Actes de pure administration.—Nous avons dit au *Rép.* n° 42 que les actes d'administration pure ne peuvent être attaqués que par la voie gracieuse. Le recours dont ces actes sont l'objet, au lieu de saisir les juges administratifs, est porté devant les dépositaires de l'action administrative; il n'est soumis ni à des formes de procédure, ni à des délais de déchéance, ni à l'application du principe de la chose jugée (Ducrocq, t. 1, p. 236). Mais, ainsi que nous l'avons fait observer (*Rép.* n° 63), ces actes peuvent, comme

_____

(1) (Radziwill.) — Le conseil d'Etat ; — Vu la loi du 3 déc. 1849 ; — Considérant qu'aux termes de l'art. 7 de la loi du 3 déc. 1849, notre ministre de l'intérieur peut, par mesure de police, enjoindre à tout étranger voyageant ou résidant en France de sortir immédiatement du territoire français; qu'en enjoignant au requérant, étranger résidant en France, de sortir du territoire français, notre ministre de l'intérieur n'a fait qu'user du droit qu'il tient des dispositions ci-dessus énoncées de la loi du 3 déc. 1849; que, dès lors, ledit requérant n'est pas recevable à se pourvoir pour excès de pouvoir devant nous, en notre conseil d'Etat, contre la décision ci-dessus visée :

Art. 1er. La requête du prince Guillaume Radziwill est rejetée.

Du 22 janv. 1867.-Cons. d'Et.-MM. Perret, rap.-Bayard, concl.

tous les autres actes de l'administration, être déférés au conseil d'Etat pour incompétence ou excès de pouvoirs (V. aussi *Conseil d'Etat*).

126. Conformément à ce qui a été exposé au *Rép.* n° 43, l'arrêté par lequel un préfet prescrit, d'accord avec les propriétaires riverains, le bornage de terrains dépendant du domaine de l'Etat, et l'arrêté par lequel il homologue les opérations du bornage, sont des actes purement administratifs, qui ne peuvent, dès lors, être déférés au conseil d'Etat, par la voie contentieuse. Ces actes ne font pas d'ailleurs obstacle à ce que les propriétaires riverains fassent valoir leurs droits devant l'autorité judiciaire (Cons. d'Et. 30 juill. 1863) (1). Il a été également décidé que l'on ne peut attaquer par la voie contentieuse la décision par laquelle le ministre des travaux publics annule un arrêté préfectoral portant surélévation de la hauteur d'eau attribuée à une usine par une ordonnance royale, alors qu'il se borne à proscrire l'exécution de cette ordonnance, sauf aux intéressés à se pourvoir, si bon leur semble, devant l'autorité compétente pour faire statuer sur leurs droits privés (Cons. d'Et. 4 avr. 1856, aff. Fournet, D. P. 56. 3. 61). De même, le refus fait par le ministre, lors de l'approbation d'une adjudication de travaux publics, de reconnaître comme résultant des stipulations du cahier des charges tels effets que l'adjudicataire prétend y être implicitement compris ne donne pas ouverture à un recours contentieux, sauf à l'adjudicataire à faire valoir devant l'autorité compétente les droits qui lui paraissent résulter en sa faveur desdites dispositions du cahier des charges (Cons. d'Et. 26 juill. 1854, aff. Malboz, D. P. 55. 3. 44).

127. La décision par laquelle le ministre de la guerre refuse d'allouer une indemnité extraordinaire à un attaché militaire près d'une ambassade, à raison des frais que cet officier prétend résulter pour lui d'une circonstance particulière (dans l'espèce, l'ouverture de l'exposition de Vienne) et le refus du ministre de prendre à son égard, pour la conversion de l'indemnité variable qui lui est allouée en une indemnité fixe, une décision semblable à celle qui a été prise à l'égard des attachés militaires près les autres ambassades, sont des actes rentrant dans l'exercice du pouvoir discrétionnaire qui lui appartient pour la fixation desdites indemnités et ne sont pas susceptibles d'être déférés au conseil d'Etat par la voie contentieuse (Cons. d'Et. 12 févr. 1875, aff. de Vatry, D. P. 75. 5. 113).

128. La réclamation d'une société anonyme tendant à être exonérée du payement du traitement alloué au commissaire de surveillance institué auprès d'elle, à raison de ce que les fonctions de celui-ci seraient inutiles, ne peut être portée devant la juridiction contentieuse : c'est, en effet, à l'administration active seule qu'il appartient de décider si ces fonctions doivent être maintenues, et dans quelle mesure elles doivent être exercées (Cons. d'Et. 3 juin 1869, aff. Société des Houillères de Rive-de-Gier, D. P. 71. 3. 25).

129. Nous avons dit au *Rép.* n° 45 que la nomination aux fonctions publiques, étant un acte discrétionnaire du pouvoir exécutif, ne saurait être l'objet d'un recours contentieux. Mais, aujourd'hui que la jurisprudence admet le recours pour excès de pouvoir contre les actes administratifs qui violent les droits conférés à une partie par les lois et règlements, cette voie de recours est ouverte dans les cas où l'administration a renoncé à disposer discrétionnairement de certaines fonctions publiques et est obligée d'en investir les candidats qui remplissent certaines conditions (Cons. d'Et. 21 mars 1873, aff. Trubert, D. P. 73. 3. 85). Il en est ainsi spécialement des emplois donnés au concours (Même arrêt).

130. En ce qui concerne les promotions dans l'armée, le conseil d'Etat, ainsi qu'on l'a vu (*Rép.* n° 17), considère comme recevables les recours pour excès de pouvoir,

dirigés par des officiers contre des nominations qui lui paraissent porter atteinte à leurs droits d'ancienneté (V. *Rép.* v° *Organisation militaire*, n° 156 ; Cons. d'Et. 25 avr. 1867, aff. Collot, D. P. 69. 3. 45 ; 12 mai 1868, aff. Renno, D. P. 69. 3. 44). Mais les nominations dévolues au tour du choix ne peuvent donner lieu à un recours au conseil d'Etat, par la voie contentieuse, de la part des officiers qui prétendent avoir droit aux emplois à la vacance desquels il a été pourvu (Cons. d'Et. 9 janv. 1868, aff. de Vittré, D. P. 68.3. 85).

131. Dans le cas où la loi donne à l'administration le droit d'agréer une nomination faite par un tiers, l'appréciation des circonstances qui peuvent la déterminer à accorder ou à refuser son agrément est abandonnée à son pouvoir discrétionnaire ; et l'exercice qu'elle fait de ce pouvoir ne peut donner ouverture à un recours contentieux. Ainsi, l'acte par lequel le chef de l'Etat, agissant en vertu de l'art. 24 de l'ordonnance du 25 mai 1844, donne ou refuse son agrément à la nomination des membres laïques des consistoires israélites ne peut être attaqué devant le conseil d'Etat par la voie contentieuse (Cons. d'Et. 10 janv. 1867, aff. Lunel, D. P. 67. 3. 91). Il en est de même dans le cas où un sous-préfet, agissant en vertu de l'art. 4 de la loi du 20 mess. an 3 et de l'art. 9 de la loi du 28 pluv. an 8 combinés, refuse d'agréer un individu comme garde particulier (Cons. d'Et. 13 déc. 1878, aff. Rogerie, D. P. 79. 3. 105) ; et dans le cas où un préfet refuse d'agréer un instituteur adjoint désigné par l'instituteur, sous le régime de l'art. 34 de la loi du 15 mars 1850 et de l'art. 8 de la loi du 14 juin 1854 combinés (Cons. d'Et. 21 mai 1880, aff. Cazaneuve, D. P. 80. 3. 100).

Les décisions par lesquelles les commissions chargées de réorganiser les corps de sapeurs-pompiers, conformément au décret du 29 déc. 1875, refusent d'admettre un particulier dans ces corps, sont des actes de pure administration qui échappent à tout recours contentieux (Cons. d'Et. 7 déc. 1877, aff. Leblanc, D. P. 78. 3. 45).

132. Ainsi que nous l'avons dit au *Rép.* n° 48, en l'absence de toute disposition contraire, la révocation d'un fonctionnaire amovible, par l'autorité à laquelle la loi a conféré le droit de la prononcer, ne peut donner ouverture à un recours contentieux (Cons. d'Et. 17 janv. 1879, aff. Spindler, D. P. 79. 3. 46 ; 31 janv. 1879, aff. Duperray, *ibid.* ; 28 nov. 1879, aff. de Laage, D. P. 80. 3. 51 ; 9 déc. 1879, aff. Alleau, D. P. 80. 3. 9 ; 14 déc. 1883, aff. Lequeux, D. P. 85. 3. 75), alors même que la révocation entraîne pour le fonctionnaire révoqué la perte du droit à pension (Cons. d'Et. 30 déc. 1858, aff. Vaissié, D. P. 74. 5. 92).

Il en est de même, comme on l'a vu au *Rép.* n° 48, de la décision qui admet un fonctionnaire à faire valoir ses droits à la retraite (Cons. d'Et. 9 juin 1882, aff. du Bois de Romand, D. P. 83. 5. 126).

Il a même été décidé que le retrait, par le ministre des finances, des commissions données à des agents d'une compagnie concessionnaire de l'Etat (dans l'espèce, la compagnie générale des allumettes) à l'effet de leur confier le rang et les prérogatives d'agents supérieurs de la régie des contributions indirectes, n'est pas susceptible d'être déféré au conseil d'Etat, comme constituant une violation des conventions intervenues entre l'Etat et cette compagnie (Cons. d'Et. 29 mars 1878, aff. Comp. des Allumettes, 1er arrêt, D. P. 78. 3. 57).

133. Une ancienne jurisprudence avait exagéré les conséquences de ce principe : elle était allée jusqu'à décider, conformément à ce qui a été exposé au *Rép.* n° 52, que les révocations prononcées par le Gouvernement contre des officiers ministériels, dans l'exercice de son pouvoir de discipline judiciaire, ne pouvaient être attaquées devant le conseil d'Etat même pour violation des formes exigées par la loi (Cons. d'Et. 10 déc. 1846, aff. Maillard, D. P. 47. 3. 66 ; 9 avr. 1849, aff. Cornibert, D. P. 49. 3. 50). Il avait été jugé, sous l'empire

---

(1) (Leboeuf et commune de Mers.) — LE CONSEIL D'ETAT ; — Vu l'ordonnance de la marine de 1681 ; — Vu la loi des 7-14 oct. 1790 ; celle des 9-22 juill. 1791 et le décret du 21 févr. 1852 ; — En ce qui touche le pourvoi du sieur Leboeuf : — Considérant que le préfet de la Somme, en prescrivant, d'accord avec les propriétaires riverains des terrains dépendant du domaine de l'Etat, situés dans la commune de Mers, le bornage de ces terrains, et notre ministre des finances, en confirmant les arrêtés préfectoraux des 11 févr. et 8 sept. 1859, se sont bornés à prendre pour

la délimitation desdits terrains des mesures qui ne pouvaient être attaquées devant nous en notre conseil d'Etat par la voie contentieuse, et qui ne faisaient d'ailleurs pas obstacle à ce que le sieur Charles Leboeuf réclamât devant l'autorité judiciaire contre les conséquences du bornage auquel il serait été procédé en exécution de l'arrêté du 11 févr. 1859 : — Art. 1er. Il n'y a lieu à statuer sur le pourvoi du sieur Leboeuf et de la commune de Mers. — Art. 2. La requête du sieur Leboeuf est rejetée.
Du 30 juill. 1863.-Cons.d'Et.-MM. Perret, rap.-Robert, concl.

de la même jurisprudence, que l'arrêté par lequel un préfet avait remplacé les membres d'un conseil de fabrique n'était pas susceptible de recours devant le conseil d'Etat, alors même que le recours serait fondé sur une violation de la loi, le remplacement ayant eu lieu avant l'époque fixée pour le renouvellement des conseils de fabrique (Cons. d'Et. 21 juill. 1849, aff. Lefèvre, D. P. 50. 3. 2).

134. Mais ces solutions sont en contradiction avec les principes qui, d'après la jurisprudence actuelle, régissent les recours pour excès de pouvoirs. Le conseil d'Etat décide aujourd'hui que dans les cas où les règlements portent que la révocation d'un fonctionnaire ne peut être prononcée qu'après l'accomplissement de certaines formalités préalables, l'acte prononçant la révocation sans l'accomplissement de ces formalités peut être attaqué pour excès de pouvoirs (Cons. d'Et. 19 févr. 1886, aff. Dussert, D. P. 87. 3. 78).

Il a été également décidé que le décret portant révocation d'un maire qui n'a pas encore accepté ses fonctions peut être déféré au conseil d'Etat pour excès de pouvoirs (Cons. d'Et. 26 juin 1874, aff. Trépagne, D. P. 75. 3. 64). En effet, si les révocations sont des actes de pure administration contre lesquels aucun recours n'est ouvert par la voie contentieuse, il faut, pour être soumis à ce pouvoir discrétionnaire, être investi de fonctions publiques; sinon la révocation manque de base légale et est entachée d'excès de pouvoirs.

135. Si, en règle générale, et sauf les exceptions qui viennent d'être indiquées, la révocation d'un fonctionnaire amovible échappe à tout recours contentieux, à plus forte raison cette règle doit-elle s'appliquer au refus d'user du droit de révocation (Cons. d'Et. 17 févr. 1882, aff. Granger, D. P. 83. 3. 53).

136. En ce qui concerne les fonctionnaires inamovibles, nous avons dit au *Rép.* n° 49 que la jurisprudence a constamment reconnu qu'une destitution prononcée sans les formalités prescrites, et hors les cas prévus par la loi, porte atteinte à des droits acquis et donne ouverture à un recours pour excès de pouvoirs. Nous avons indiqué au *Rép.* n° 50 les applications qui ont été faites de cette règle aux actes portant atteinte aux droits des officiers et à la propriété de leur grade (Cons. d'Et. 13 mars 1852, *Rép.* v° *Organisation militaire*, n° 161-5°). L'ancienneté fait également partie de l'état de l'officier, et par suite, le décret qui, en dehors des causes déterminées par la loi, reporte à une date plus récente le rang d'ancienneté résultant d'un décret antérieur peut également être déféré au conseil d'Etat pour excès de pouvoir (Cons. d'Et. 6 févr. 1874, aff. Hounau, D. P. 75. 3. 17).

137. De même, l'officier mis en réforme ou en non-activité par retrait d'emploi à la suite d'un avis du conseil d'enquête est recevable à attaquer devant le conseil d'Etat, pour vices de forme, le décret qui prononce sa mise en réforme ou en non-activité (Cons. d'Et. 11 déc. 1848 et 16 août 1860, *Rép.* v° *Organisation militaire*, n° 186-2° ; 23 juin 1869, aff. Cullat, D. P. 71. 3. 14; 20 nov. 1874, aff. X..., D. P. 75. 3. 73 ; 17 juill. 1885, aff. Boullerot, D. P. 87. 3. 21 ; 27 nov. 1885, aff. Le Cadre, D. P. 87. 3. 52).

Mais la décision par laquelle le chef de l'Etat met un officier en non-activité pour infirmités temporaires est un acte qui n'est pas de nature à donner lieu à un recours devant le conseil d'Etat (Cons. d'Et. 2 juin 1876, aff. L..., D. P. 76. 3. 93).

138. Le droit d'accorder discrétionnairement un agrément n'entraînant pas celui de le retirer de la même manière, l'acte par lequel un sous-préfet révoque un garde particulier est susceptible d'être déféré au conseil d'Etat pour excès de pouvoirs (Cons. d'Et. 13 juin 1879, aff. Grollier, D. P. 79. 3. 105 ; 23 janv. 1880, aff. Doumeyron, D. P. 80. 3. 62 ; 12 mai 1882, aff. Picard, D. P. 83. 5. 278 ; 23 nov. 1883, aff. Godefroy, D. P. 85. 5. 263 ; Sol. impl., Cons. d'Et. 30 mai 1884, aff. Trinquet, *Rec. Cons. d'Etat*, p. 467).

139. Nous avons dit au *Rép.* n° 60, que les actes de tu-

telle administrative ne sont pas susceptibles de recours au conseil d'Etat par la voie contentieuse. Une distinction avait été établie à cet égard par la jurisprudence : tandis qu'il était généralement reconnu que les communes, qui peuvent se pourvoir par la voie administrative contre les arrêtés leur refusant l'autorisation de plaider, sont non recevables à attaquer ces arrêtés par la voie de recours pour excès de pouvoirs, plusieurs arrêts avaient admis la recevabilité des recours pour excès de pouvoirs formés par les adversaires des communes contre les arrêtés d'autorisation (Cons. d'Et. 5 déc. 1860, aff. de Talleyrand-Périgord, *Rec. Cons. d'Etat*, p. 728; 24 juin 1868, aff. Plaisance, D. P. 69. 3. 81). Mais la jurisprudence paraît s'être modifiée sur ce point; il a été décidé, en effet, d'une manière absolue, que les décisions des conseils de préfecture en matière d'autorisation de plaider ne sont pas susceptibles de recours au conseil d'Etat par la voie contentieuse (Cons. d'Et. 11 juill. 1884, aff. Commissions syndicales de Mazel et de la Prade, D. P. 86. 3. 9. V. *Commune*, n° 922).

140. De même, un particulier ne peut attaquer par la voie contentieuse un arrêté par lequel le préfet autorise une commune à vendre un chemin considéré comme inutile (Cons. d'Et. 24 janv. 1856, aff. Denizet, D. P. 57. 3. 15 ; 18 déc. 1856, aff. Glandaz, D. P. 57. 3. 48 ; 10 mars 1864) (1). En effet, l'autorisation donnée à la commune ne tranche pas la question de propriété et n'empêche pas le particulier qui prétend avoir des droits sur le chemin litigieux de les faire valoir (V. conf. Aucoc, p. 480).

141. Les particuliers qui se croient fondés à contester la régularité d'une délibération du conseil municipal, qui a voté un emprunt et une imposition extraordinaire, ne seraient pas non plus recevables à attaquer par la voie contentieuse l'arrêté préfectoral ou le décret qui a approuvé ladite délibération, ces actes, ne faisant pas obstacle à ce qu'ils demandent devant le conseil de préfecture décharge des cotisations qui leur seraient imposées (Cons. d'Et. 30 nov. 1877, aff. de Seré, D. P. 78. 3. 52; 8 févr. 1878, aff. Bizet, *ibid.* ; 2 mai 1880, aff. Poujaud, D. P. 81. 3. 63 ; 12 janv. 1883, aff. Guicheux, D. P. 84. 3. 76).

142. Dans les cas où la loi soumet à l'approbation de l'administration supérieure les délibérations des conseils municipaux, le refus d'approbation ne peut jamais donner lieu à un recours contentieux (Cons. d'Et. 7 juill. 1853, aff. Commune de Moutiers, D. P. 55. 5. 105 ; 14 nov. 1873, aff. Commune de Sarrians, D. P. 74. 3. 86; 17 avr. 1874, aff. Commune de Manlay, D. P. 75. 3. 29). Lorsque le préfet approuve la délibération, son arrêté ne peut être déféré au conseil d'Etat que pour excès de pouvoirs (Cons. d'Et. 1er mai 1874, aff. Bonnet, D. P. 75. 3. 42). Il a été décidé, en ce sens, que l'arrêté par lequel le préfet, homologuant une délibération du conseil municipal, classe un chemin rural parmi les voies urbaines d'une commune, est un acte de pure administration, qui n'est pas susceptible en lui-même d'être déféré au conseil d'Etat par la voie contentieuse, alors même que cet arrêté fixe l'alignement de la rue nouvelle en en augmentant la largeur, pourvu, toutefois, que l'approbation donnée à cet alignement ne contienne pas, pour la commune, l'autorisation de prendre possession sans indemnité préalable des parcelles de terrains appartenant aux riverains et comprises dans ledit alignement (Cons. d'Et. 30 juin 1866, aff. Chailly, D. P. 69. 3. 88).

143. En ce qui concerne les actes de tutelle administrative autorisant l'acceptation de libéralités faites à des établissements publics, le conseil d'Etat a constamment décidé que les héritiers étaient non recevables à les lui déférer pour excès de pouvoirs, lorsque le recours était fondé sur l'atteinte portée à leurs droits privés soit par le fait même de l'acceptation, soit par les termes dans lesquels elle était libellée (Cons. d'Et. 1er déc. 1852, aff. Lasserre, D. P. 53. 3. 20 ; 13 juill. 1870, aff. Fabrique de Vieil-Baugé, D. P. 73. 3.

---

(1) (Jolly.) — LE CONSEIL D'ETAT, etc.; — Vu les lois des 16-24 août 1790, 28 juill. 1824 et 21 mai 1836, art. 19 ; — Considérant que si le sieur Jolly prétend avoir des droits de propriété ou de préemption à exercer sur le sol de la sente dite des Sablons-Martin, dont le conseil municipal de la commune de Montmorency a décidé l'aliénation, c'est à l'autorité judiciaire qu'il appartient de prononcer sur ses prétentions; que l'arrêté pris par le préfet du département de Seine-et-Oise sur la délibération du conseil muni-

cipal est un acte de tutelle administrative qui ne peut porter préjudice aux droits du sieur Jolly et à l'exercice de ces droits devant l'autorité compétente ; que, dès lors, le sieur Jolly n'est pas recevable à attaquer cet arrêté devant nous en notre conseil d'Etat par la voie contentieuse pour excès de pouvoir : — Art. 1er. La requête du sieur Jolly est rejetée.

Du 10 mars 1864.-Cons. d'Et.-MM. Paixhans, rap,-L'Hôpital, concl.

100). Mais il a, pendant longtemps, admis la recevabilité des recours fondés sur l'incompétence de l'autorité qui avait donné l'autorisation, ou sur la violation des formes prescrites par les lois ou règlements (Cons. d'Et. 22 janv. 1857, aff. Brunet, D. P. 57. 3. 61 ; 15 déc. 1865, aff. Bureau de bienfaisance de Meaux, D. P. 66. 3. 86 ; 1ᵉʳ mars 1866, aff. Barni, D. P. 67. 3. 3 ; 11 déc. 1871, aff. Blanc, D. P. 72. 3. 45 ; 9 mai 1873, aff. Boudier, D. P. 74. 3. 52). Cette jurisprudence a été récemment abandonnée, et le conseil d'Etat décide que, dans aucun cas, les arrêtés autorisant des établissements publics à accepter des libéralités ne peuvent lui être déférés par les héritiers, l'acte d'autorisation ne faisant pas obstacle à ce que les héritiers contestent devant l'autorité judiciaire soit la légalité de la donation, soit la validité de l'acceptation (Cons. d'Et. 4 août 1882, aff. Dougier, D. P. 84. 3. 29 ; 22 mai 1885, aff. Bonjean, D. P. 87. 3. 8).

144. Nous avons dit au *Rép.* n° 61 que les actes administratifs qui ont un caractère purement préparatoire ne donnent point ouverture à un recours contentieux. Telles sont, suivant M.Aucoc, p. 478, les instructions soit générales, soit spéciales, données par un ministre ou un préfet à ses subordonnés et les mises en demeure ou injonctions adressées à un particulier. Ainsi, une circulaire par laquelle un ministre donne des instructions, ou une dépêche dans laquelle il formule les prétentions de son administration relativement au mode d'exécution d'un marché de fournitures, ne constitue pas une décision et ne peut être attaquée par la voie contentieuse (Cons. d'Et. 7 janv. 1869, aff. Lafitte, D. P. 70. 3. 6 ; 16 juin 1882, aff. Grisnoult, D. P. 83. 3. 128).

145. Il en est de même : 1° d'une dépêche par laquelle le ministre des travaux publics adresse au préfet des instructions au sujet de l'interprétation qu'il entend donner à un article du cahier des charges d'une concession (Cons. d'Et. 30 mai 1884, aff. Chambre de commerce de Brest, *Rec. Cons. d'Etat,* p. 477) ; — 2° D'une lettre par laquelle un ministre se borne à donner à un de ses collègues son avis sur une réclamation formée par une commune (Cons. d'Etat 4 janv. 1878) (1) ; — 3° D'une lettre par laquelle le ministre de la guerre se borne à donner à un intendant militaire des instructions pour l'examen de réclamations formulées par un fournisseur (Cons. d'Et. 23 juin 1876) (2) ; — 4° D'une lettre par laquelle le ministre de l'instruction publique se borne à exprimer son avis sur l'incompétence du conseil supérieur de l'instruction publique relativement à un recours qui lui est transmis (Cons. d'Et. 20 juin 1884, aff. Poux-Berthe, D. P. 85. 5. 114) ; — 5° D'une dépêche du ministre de l'intérieur contenant des instructions au préfet sur une demande d'inscription d'office au budget d'une commune, formée par la fabrique pour l'indemnité de logement du curé et le traitement du vicaire (Cons. d'Et. 16 janv. 1880) (3).

146. Un recours contentieux est également non recevable contre les actes qui n'ont d'autre caractère que celui de simples mises en demeure ne pouvant léser aucun droit, Ainsi, un usinier ne peut attaquer par la voie contentieuse l'injonction qui lui est faite de produire les titres qui lui donnent droit à une prise d'eau, et de démolir les ouvrages qui retiennent les eaux d'une rivière s'il n'établit pas par cette production que sa situation est régulière (Cons. d'Et. 4 mars 1858) (4).

147. L'arrêté par lequel un préfet met un maire en demeure de mandater une somme en faveur d'un créancier de la commune ne constitue pas davantage un acte susceptible d'être déféré au conseil d'Etat (Cons. d'Et. 7 août 1885, aff. Ville de Mayenne, D. P. 87. 3. 29).

Il en est de même : 1° de la dépêche par laquelle un préfet annonce à un particulier qu'il a prescrit les mesures nécessaires pour l'occupation de son terrain, alors que cette occupation ne peut avoir lieu qu'en vertu d'une décision de l'autorité judiciaire (Cons. d'Et. 4 févr. 1876, aff. de Vesins, D. P. 76. 3. 70) ; — 2° De celle par laquelle le ministre des travaux publics fait connaître à un particulier qu'il sera poursuivi, devant le conseil de préfecture, s'il n'abat pas, dans un délai déterminé, des arbres dont le ministre estime que la plantation constitue une contravention de grande voirie (Cons. d'Et. 17 déc. 1875, aff. Béhic, D. P. 76. 3. 39). — 3° De celle par laquelle le ministre des travaux publics enjoint de supprimer une pêcherie, alors qu'il appartient aux tribunaux de décider si l'interdiction de pêcher pendant toute l'année dans une partie de la rivière, prononcée par l'administration, en vertu de l'art. 1ᵉʳ de la loi du 31 mai 1865, s'applique à cette pêcherie (Cons. d'Et. 13 juin 1873, aff. Dufaur, D. P. 74. 3. 42) ; — 4° De l'arrêté par lequel un préfet se borne à prescrire à une compagnie concessionnaire d'une mine de sel de lui présenter, dans un délai de trois mois, un nouveau projet d'organisation de ses travaux, cette mise en demeure ne portant aucune atteinte au droit que la compagnie prétend avoir d'exploiter les trous de sonde qu'elle a précédemment ouverts à moins de 500 mètres du chemin de fer (Cons. d'Et. 4 mars 1881, aff. Salines de Sainte-Valdrée, D. P. 82. 5. 120) ; — 5° De l'acte par lequel un préfet met un particulier en demeure de former une demande en autorisation pour l'exécution des travaux entre-

---

(1) (Ville de Lyon.) — LE CONSEIL D'ETAT, etc. ; — Vu le décret du 11 juin 1806 et la loi du 24 mai 1872 ; — Considérant que si la délibération ci-dessus visée de la commission municipale de Lyon du 20 nov. 1874 porte que les ponts sur la Saône, à l'exception du pont de la Feuillée et de la passerelle Saint-Vincent, et les ponts Napoléon sur le Rhône, seront remis à l'Etat pour être entretenus par celui-ci, aucune réclamation n'a été adressée par la ville de Lyon au ministre des travaux publics à l'effet de faire décider que l'entretien desdits ponts incombait à l'Etat ; que, par la lettre du 1ᵉʳ juill. 1876, le ministre des travaux publics, auquel le ministre de l'intérieur avait communiqué la délibération précitée, s'est borné à émettre un avis contraire aux prétentions de la commission municipale, ne constitue pas une décision susceptible d'être déférée au conseil d'Etat (Rejet). Du 4 janv. 1878. - Cons. d'Et. - MM. Mayniel, rap. - David, concl.

(2) (Vergnon C. Ministre de la guerre.) — LE CONSEIL D'ETAT, etc. ; — Vu le décret du 11 juin 1806 ; — Vu le décret du 22 juill. 1806 ; — Considérant que le ministre de la guerre, dans sa dépêche du 6 févr. 1874, se borne à donner à l'intendant militaire des instructions pour l'examen des réclamations formulées par le sieur Vergnon ; qu'ainsi cette dépêche ne constitue pas une décision susceptible d'être déférée au conseil d'Etat, statuant au contentieux ; que le ministre de la guerre a d'ailleurs reconnu, dans les observations en défense qu'il a présentées devant le conseil d'Etat, que la vérification à faire des souliers et gibernes, que le sieur Vergnon aurait été empêché de livrer par suite de la résiliation et à raison de la non-livraison desquels il réclame une indemnité pour pertes éprouvées et privation de bénéfice, devrait être contradictoire, et que le sieur Vergnon y serait représenté ; — Sur les conclusions du ministre de la guerre à fin de dépens : — Considérant que les ministres peuvent défendre sans frais au conseil d'Etat ; que, dès lors, il ne peut leur être alloué de dépens

(Requête du sieur Vergnon rejetée. Conclusions du ministre à fin de dépens rejetées). Du 23 juin 1876.-Cons. d'Et.-MM. Le Vavasseur de Précourt, rap.-Laferrière, concl.

(3) (Fabrique d'Astaffort.) — LE CONSEIL D'ETAT ; — Vu le décret du 30 déc. 1809 et l'art. 30 de la loi du 18 juill. 1837 ; — Vu la loi des 7-14 oct. 1790 et l'art. 9 de la loi du 24 mai 1872 ; — En ce qui concerne la dépêche ministérielle du 29 oct. 1879 : — Considérant qu'il résulte des lettres du préfet des 16-24 nov. 1878 que la dépêche du ministre du 29 oct. 1878, qualifiée de décision dans la dépêche du 5 nov. 1878, ne contient que des instructions adressées par le ministre au préfet et ne constitue pas une décision opposable à la fabrique, à laquelle elle n'a d'ailleurs jamais été communiquée... (Rejet). Du 16 janv. 1880.-Cons. d'Et.-MM. Vacherot, rap.-Chante-Grellet, concl.

(4) (de Colmont.) — LE CONSEIL D'ETAT, etc. ; — Vu les lois des 12-20 août 1790 et 6 oct. 1791 ; — Vu l'arrêté du Gouvernement du 19 vent. an 6 ; — Considérant que par l'arrêté susvisé du 11 mai 1854, le préfet de l'Aube a mis la dame de Colmont en demeure de produire les titres en vertu desquels elle jouit de prises d'eau dans le bief du moulin de Sainte-Maure et lui a enjoint, dans le cas où elle ne produirait aucun titre, de détruire les ouvrages au moyen desquels ses prises d'eau sont établies, sous peine d'être poursuivie pour contravention de grande voirie ; que cet arrêté, ainsi que la décision ministérielle qui l'a confirmé, ne constituent qu'une simple mise en demeure qui ne peut être attaquée par la voie contentieuse, mais qui ne fait pas obstacle à ce que, dans le cas où il serait donné suite auxdits arrêté et décision, la dame de Colmont fasse valoir devant l'autorité compétente tous les droits qu'elle prétend avoir à la jouissance des eaux du bief du moulin de Sainte-Maure (Rejet). Du 4 mars 1858.-Cons. d'Et.-MM. Aubernon, rap.-Baroche, concl.

pris dans le périmètre de protection d'une source d'eau minérale (Cons. d'Et. 15 déc. 1876, aff. Dubois, D. P. 77. 3. 22 ; 19 juill. 1878, aff. Millet, D. P. 79. 3. 6) ; — 6° De l'injonction faite à un notaire, par ordre du ministre de la justice, d'avoir à opter, sous peine de poursuites disciplinaires, entre la conservation de ses fonctions et la continuation d'un commerce tenu par sa femme (Cons. d'Et. 2 août 1854, aff. Farradesche, D. P. 55. 3. 26) ; — 7° De la dépêche, par laquelle le ministre enjoint à une compagnie d'exécuter un travail aux abords d'une gare (Cons. d'Et. 8 févr. 1878, aff. Chemin de fer de Lyon, D. P. 78. 3. 55) ; — 8° De l'arrêté par lequel un préfet met en demeure le conseil municipal d'une commune en demeure d'inscrire à son budget une dépense qu'il considère comme obligatoire (Cons. 23 nov. 1850, aff. Ville de Chinon, D. P. 51. 3. 37) ; — 9° De la décision par laquelle le ministre de la guerre enjoint à une société d'eaux minérales de procurer à l'administration de la guerre les avantages stipulés dans une convention d'échange passée entre l'Etat et ladite société sous peine de payer à l'Etat des dommages-intérêts (Cons. d'Et. 30 mai 1884, aff. Lalaque, et Société des eaux de Barèges C. Ministre de la Guerre, Rec. Cons. d'Etat, p. 463) ; — 10° De l'arrêté par lequel le préfet de la Seine se borne à mettre un propriétaire en demeure d'exécuter un branchement en maçonnerie destiné à conduire dans l'égout public les eaux pluviales et ménagères provenant de sa propriété (Cons. d'Et. 10 juill. 1869) (1).

148. L'arrêté préfectoral qui déclare approbative du ministre qui déclarent la domanialité de marais riverains de la mer échappent également à tout recours contentieux, ces décisions ne mettant pas obstacle à ce que les intéressés fassent valoir devant l'autorité compétente les droits qu'ils prétendent avoir à la propriété de ces marais (Cons. d'Et. 30 juin 1853, aff. de Blois, D. P. 54. 3. 10).

149. Plusieurs arrêts ont jugé que les décisions ministérielles prononçant la déchéance des concessionnaires pour cause d'inexécution de leurs obligations ne sont pas susceptibles d'être attaquées par la voie contentieuse (Cons. d'Et. 14 janv. 1869, aff. Guerre, D. P. 70. 3. 7 ; 21 déc. 1877, aff. The Credit Company, et 15 nov. 1878, aff. de Preigne, D. P. 86. 3. 87, notes 2 et 3 ; 27 févr. 1885, aff. Comp. des canaux agricoles, D. P. 86. 3. 87). Il est également admis par la jurisprudence que les actes administratifs prononçant la résiliation des marchés de travaux publics ne peuvent être attaqués devant le conseil d'Etat (Cons. d'Et. 20 févr. 1868, aff. Goguelat, D. P. 69. 3.18). Ces deux solutions ne reposent pas sur les mêmes motifs. En cas de déchéance, la fin de non-recevoir est tirée de ce que cette décision ne met aucun obstacle à ce que le conseil de préfecture décide que la mesure n'est pas justifiée et maintienne le concessionnaire en jouissance. En cas de résiliation, la fin de non-recevoir est tirée de ce que cette mesure, émanant du maître de l'ouvrage, n'est qu'un acte de pure administration, et les entrepreneurs sont renvoyés devant le conseil de préfecture uniquement pour faire régler l'indemnité à laquelle ils peuvent avoir droit.

150. Mais, si les actes émanés d'un fonctionnaire administratif ne peuvent être attaqués par la voie contentieuse, lorsqu'ils ne constituent qu'une mise en demeure et non un titre opposable au particulier auquel ils s'adressent, la solution est différente lorsque le préfet ou le ministre entend donner à sa prétendue décision une sanction qui serait exécutée sans l'intervention du juge auquel la loi a réservé la connaissance du litige ; car, dans ce cas, il commet un excès de pouvoir manifeste qui doit être réformé. Ainsi, la décision par laquelle le ministre des travaux publics signifie à un

propriétaire que, faute par lui d'abattre dans un délai déterminé des arbres dont la plantation constituerait une contravention de grande voirie, il fera procéder d'office à l'abatage, peut être déférée par ce propriétaire au conseil d'Etat (Cons. d'Et. 2 juill. 1875, aff. Fouques de Wagnonville, D. P. 76. 3. 39).

151. Il en est de même de l'arrêté par lequel un préfet met un usinier en demeure de supprimer un ouvrage établi sur un cours d'eau, dans des conditions autres que celles qui avaient été autorisées, et décide que, faute par l'usinier d'obéir à cette injonction dans un délai déterminé, l'usine sera mise en chômage (Cons. d'Et. 24 déc. 1880, aff. Besnard Beaupré, D. P. 82. 3. 36).

De même encore, l'injonction faite par le préfet et le ministre des cultes à un conseil de fabrique de procéder à l'évacuation de la sacristie de l'église dans un délai déterminé, à l'expiration duquel cette mesure recevra son exécution, constitue non une mise en demeure, mais une décision susceptible d'être déférée au conseil d'Etat (Cons. d'Et. 21 nov. 1884, aff. Fabrique de Saint-Nicolas-des-Champs, D. P. 86. 3. 49).

152. — III. ACTES QUI SE RATTACHENT A LA GESTION DU DOMAINE DE L'ÉTAT. — Conformément à ce qui a été exposé au Rép. n° 64, l'autorité judiciaire est compétente, à l'exclusion de l'autorité administrative, pour connaître des difficultés relatives à l'exécution ou à l'interprétation des actes dans lesquels le Gouvernement ou ses agents figurent, non comme pouvoir administratif procurant ou assurant l'exécution des lois par des règlements ou des mesures d'autorité, mais comme représentant l'Etat propriétaire et disposant en son nom, par une convention de droit civil, d'une partie de son domaine (Civ. cass. 8 janv. 1861, aff. Azema, D. P. 61. 1. 116; Civ. rej. 28 mai 1866, aff. Ali-ben-Hamoud, aff. Bakir-ben-Oman, aff. Mohamed-bon-El, aff. Hamoud-ben-Soliman, D. P. 66. 1. 301).

153. De même, ainsi que nous l'avons dit au Rép. n° 68, les tribunaux civils sont seuls compétents pour statuer sur les contestations auxquelles peut donner lieu un contrat de droit commun passé soit par une commune (Req. 6 déc. 1875, aff. Ville de Roanne, D. P. 76. 1. 131; Cons. d'Et. 5 janv. 1877, aff. Blanc, D. P. 77. 3. 35; 26 janv. 1877, aff. Compans, ibid. ; 2 févr. 1877, aff. Soubry, ibid ; Req. 13 juin 1877, aff. Ville de Pamiers, D. P. 78. 1. 415; Cons. d'Et. 6 juill. 1877, aff. Commune de l'Etang-Vergy, D. P. 77. 3. 102; Req. 31 mars 1886, aff. Commune de Fuveau, D. P. 87. 1. 251; Cons. d'Et. 5 févr. 1886, aff. Bernard-Escoffier, D. P. 87. 3. 70); soit par un hospice (Cons. d'Et. 2 mars 1877, aff. Institut catholique de Lille, D. P. 77. 3. 35).

154. On a vu au Rép. nos 64 et 68 qu'il en est ainsi, alors même que ces actes sont passés en la forme administrative; et le tribunal civil, devant lequel sont produits des actes translatifs de propriété passés en cette forme par une commune, a le droit de les apprécier, de les interpréter et même de les considérer comme nuls pour inobservation des formalités exigées par la loi civile (Limoges, 22 mars 1870, aff. Desproges, D. P. 72. 2. 117).

Le traité en vertu duquel divers avantages sont consentis à une commune par un particulier, moyennant la concession faite à celui-ci de la portion des eaux d'une source communale qui ne serait pas employée pour les besoins domestiques des habitants, constitue un contrat de droit civil, bien qu'il ait dû être précédé ou suivi de formalités administratives (Req. 26 mai 1884, aff. Rolland, 2e arrêt, D. P. 85. 1. 123). En conséquence, l'autorité judiciaire est

---

(1) (Pijon.) — NAPOLÉON, etc. ; — Vu la sommation avec frais et la contrainte délivrées contre le sieur Pijon pour le recouvrement d'une taxe de 1343 fr. 49 cent., à laquelle il a été imposé pour le remboursement des frais de construction d'un branchement d'égout ; — Vu notre décret du 26 mars 1852 et l'arrêté du préfet de la Seine, du 9 juin 1863; — Vu les lois des 28 pluv. an 8 et 7-14 oct. 1790 ; — Considérant que le préfet de la Seine, par son arrêté du 22 mai 1862, s'était borné à mettre le sieur Pijon en demeure d'exécuter, à ses frais et dans des conditions déterminées, un branchement en maçonnerie destiné à conduire dans l'égout public les eaux pluviales et ménagères provenant de sa propriété; que, dès lors, cet arrêté et la décision du 28 nov. 1863, par laquelle le ministre de l'intérieur a refusé de l'annuler, n'étaient pas susceptibles de nous être déférés par application de la loi des

7-14 oct. 1790; que si, postérieurement à cet arrêté et à cette décision, il a été émis par le préfet, dans la forme usitée pour le recouvrement des contributions directes, un rôle sur lequel le sieur Pijon était porté pour le montant des frais de construction du branchement d'égout établi au droit de sa propriété par les soins de l'administration, et si le sieur Pijon se croit fondé à contester soit le montant de cette taxe, soit même la légalité des actes en vertu desquels elle lui a été imposée, c'est devant le conseil de préfecture qu'il doit porter sa réclamation aux termes de la loi du 28 pluv. an 8; et que, dès lors, il n'est pas recevable à la présenter directement devant nous; — Art. 1er. La requête présentée par le sieur Pijon est rejetée.

Du 10 juill. 1869.-Cons. d'Et.-MM. de Baulny, rap.-Aucoc, concl.-Housset, av.

seule compétente pour statuer sur la validité d'une semblable convention, sauf à prononcer un sursis dans le cas où elle reconnaîtrait que sa décision est subordonnée à la solution d'une question préjudicielle, concernant, par exemple, la régularité des formalités légales (Même arrêt).

SECT. 3. — DE LA COMPÉTENCE DE L'AUTORITÉ ADMINISTRATIVE CONSIDÉRÉE DANS SES RAPPORTS AVEC LA COMPÉTENCE DE L'AUTORITÉ JUDICIAIRE (*Rép.* nos 69 à 308).

ART. 1er. — *Nécessité pour chacune des autorités de ne statuer que sur les matières qui lui sont réservées* (*Rép.* nos 70 à 180).

§ 1er. — Défense aux tribunaux de disposer par voie réglementaire (*Rép.* nos 71 à 82).

155. Ainsi que nous l'avons dit au *Rép.* n° 71, l'art 5 c. civ., qui consacre les défenses déjà écrites dans l'art. 12, tit. 2, de la loi des 16-24 août 1790, interdit aux juges de statuer d'une manière générale et réglementaire. Cette règle, qui a eu pour but de prévenir les abus qui résultaient du cumul par les anciens Parlements des pouvoirs administratif et judiciaire, a été très rigoureusement appliquée, à une époque voisine de la chute de ces grands corps judiciaires, par de nombreux arrêts qui ont été rapportés au *Répertoire*. Quoique la jurisprudence actuelle ne soit pas empreinte de la même rigueur, elle a plus d'une fois consacré le principe énoncé dans l'art. 5 c. civ., soit que l'injonction ou la défense contenue dans une décision judiciaire fût applicable à d'autres qu'aux parties en cause (*Rép.* nos 71 et suiv.), soit, ainsi qu'on en a rapporté des exemples (*Rép.* n° 77), que le juge eût, à l'égard des parties en cause, réglé des actes à venir (Aix, 25 févr. 1847, aff. Courtiers de Marseille, D. P. 47. 2. 85; Civ. cass. 7 juill. 1852, aff. Chemin de fer de Strasbourg, D. P. 52. 1. 204).

156. Il résulte de cette jurisprudence qu'il y a lieu d'annuler, comme ayant statué par voie réglementaire : 1° le jugement qui décide qu'il ne sera plus fait mention de la présence du ministère public dans les jugements commerciaux rendus par un tribunal civil (Req. 12 juill. 1847, aff. Tribunal de Schlestadt, D. P. 47. 1. 255); — 2° La décision d'un tribunal de commerce qui condamne la partie perdante au payement des honoraires dus au défenseur de l'autre partie, en annonçant que tel est l'usage constant suivi par le tribunal (Req. 12 juill. 1847, aff. Tribunal de Gray, D. P. 47. 1. 255); — 3° La délibération prise en assemblée générale par un tribunal de commerce, dans le but de créer un corps d'agréés près ce tribunal, de régler leur nombre, leurs attributions, l'organisation de leur chambre syndicale, leur costume, le serment qu'ils doivent prêter et le tarif de leurs émoluments (Req. 25 juin 1850, aff. Tribunal de commerce d'Alger, D. P. 50. 1. 228); — 4° La délibération d'un tribunal de commerce qui détermine les droits à allouer aux agréés ou défenseurs qui représentent les parties devant lui (Req. 16 mars 1852, aff. Tribunal de Sarlat, D. P. 52. 1. 127); — 5° La délibération d'un tribunal portant qu'en matière correctionnelle, le ministère des avoués représentant les parties civiles est nécessaire (Req. 29 juill. 1851, aff. Tribunal d'Aix, D. P. 51. 1. 202).

157. De même, un tribunal ne peut, sans prononcer par voie de disposition générale et réglementaire : 1° faire défense à une partie de s'immiscer dans une certaine fonction, sous peine d'une somme déterminée pour chaque infraction (Aix, 25 févr. 1847, aff. Courtiers de Marseille, D. P. 47. 2. 85); — 2° Faire défense à une compagnie de chemins de fer d'exploiter à l'avenir les transports « en dehors de la ligne

des stations du chemin de fer, sur les routes collatérales et incidentes » (Civ. cass. 7 juill. 1852, aff. Chemins de fer de Strasbourg, D. P. 52. 1. 204); — 3° Interdire à une compagnie de chemins de fer de créer à l'avenir un second récépissé d'une expédition contre remboursement (Trib. Seine, 16 juill. 1872, aff. Chemin de fer de l'Est, D. P. 74. 1. 165).

158. Mais s'il n'appartient pas aux tribunaux de réglementer d'une manière générale les formes de la procédure, rien ne s'oppose à ce qu'un tribunal de commerce contrôle les pouvoirs produits par ceux qui demandent à représenter les parties non comparantes et s'assure de la sincérité de ces pouvoirs; et la décision que rend un tribunal à cet égard dans une espèce spéciale, sans s'appuyer sur un règlement général, ne contrevient pas aux prohibitions de l'art. 5 c. civ. (Paris, 6 mars 1880, aff. Esmard, D. P. 81. 2. 97; 22 juin 1880, aff. Jannin, *ibid.*).

On ne saurait davantage considérer comme ayant statué par voie de disposition générale ou réglementaire l'arrêt qui interprète une charte-partie en se référant exclusivement à la jurisprudence de la cour (Req. 11 mars 1884) (1).

159. Plusieurs arrêts ont été rendus à l'occasion des transports par chemins de fer. Il a été jugé que l'arrêt qui fait défense à une compagnie de chemin de fer de soumettre d'office à la vérification de la douane, en ses bureaux frontières, toute marchandise de provenance étrangère adressée à des destinataires spécialement désignés, ne statue pas par voie de disposition générale et réglementaire, lorsque la décision intervient sur l'objet précis d'un litige (Civ. rej. 11 nov. 1884, aff. Belval, D. P. 85. 1. 241). Il en est de même de l'arrêt qui, interprétant une convention intervenue entre une compagnie de chemin de fer et un expéditeur, pose en principe, pour le cas d'expédition à échéances successives, la nécessité d'un délai moral pour l'enlèvement des marchandises, s'il a été rendu en vue des faits de la cause et des conventions particulières des parties (Civ. rej. 21 févr. 1866, aff. Chemin de fer de Lyon, D. P. 66. 1. 104); et de celui qui condamne une compagnie de chemins de fer dont le personnel et le matériel de gare sont reconnus insuffisants à suppléer à cette insuffisance dans un délai déterminé à peine de dommages-intérêts par chaque jour de retard (Req. 27 mai 1862, aff. Chemin de fer de l'Est, D. P. 62. 1. 432).

160. On ne doit pas considérer davantage comme renfermant une disposition réglementaire l'arrêt qui déclare, même d'une façon générale, l'étendue des droits résultant pour l'une des parties des titres qu'il a mission d'interpréter, alors que cet arrêt ne statue qu'à l'égard des parties en cause, et qu'il se borne à tirer la conséquence de la décision rendue sur le litige (Req. 24 nov. 1873, aff. Comp. de fer de Lyon, D. P. 74. 1. 125. V. conf. Civ. rej. 5 juill. 1865, aff. Chemin de fer de l'Est, D. P. 65. 1. 348). De même, le jugement qui indique les principes généraux sur lesquels reposent les dispositions qu'il viole, ne viole pas la règle d'après laquelle il est défendu aux tribunaux de prononcer par voie générale et réglementaire, bien que cette indication se trouve dans le dispositif, si elle n'a d'autre but que de justifier les décisions qui la suivent et qui statuent exclusivement sur les différends des parties en cause (Req. 1er févr. 1882, aff. Heitz, D. P. 82. 1. 113). De même encore l'arrêt qui ordonne la destruction d'obstacles apportés à la navigation, et autorise le demandeur à les détruire lorsqu'ils se renouvelleront, ne statue pas par voie réglementaire (Req. 2 avr. 1845, aff. de Souhy, D. P. 45. 1. 244).

161. Il en est de même : 1° du jugement qui,

(1) (Laurette et comp. *C.* Sicard.) — LA COUR; — Sur le moyen unique du pourvoi, pris de la violation des art. 5 et 1351 c. civ., 7 de la loi du 20 avr. 1810, 271, 297 et 302 c. com. : — Attendu, en fait, que, par charte-partie intervenue à Marseille le 30 juin 1880, Laurette et comp., aujourd'hui demandeurs en cassation, ont affrété à la dame veuve Martinengo le navire *Saint-Roch* pour un voyage de Marseille à Rio Janeiro, moyennant la somme de 14000 fr.; que l'art. 11 de cette charte-partie porte que les affréteurs avanceront, avant le départ du navire de Marseille, la somme de 7000 fr. moyennant 7 et demi pour 100 pour intérêts, assurances, tous frais compris »; que Sicard a pratiqué, le 4 août 1880, une saisie-arrêt entre les mains de Laurette et comp.; — Attendu que l'arrêt attaqué, après avoir déclaré que la clause

contenue dans l'art. 11 de la charte-partie équivaut à la stipulation que les avances ne seront pas remboursées en cas de perte du navire, décide que les avances à faire par les affréteurs étant dues purement et simplement, la saisie-arrêt de 4 août 1880 était valable jusqu'à concurrence des 7000 fr. qui devaient être ainsi avancés; que si la cour d'Aix, en statuant ainsi, s'est référée à sa jurisprudence, elle n'a pas entendu prononcer par voie de disposition générale et réglementaire; qu'elle s'est bornée à faire usage du pouvoir souverain d'interprétation qui appartient au juge du fait, et n'a violé aucun des articles cités;

Par ces motifs, rejette, etc.

Du 11 mars 1884.-Ch. req.- MM. Bédarrides, pr.-Demangeat, rap.-Chévrier, av. gén., c. conf.-Carteron, av.

après avoir ordonné la restitution des droits d'octroi, indûment perçus par une ville, fait défense à cette ville de percevoir les mêmes droits à l'avenir (Req. 6 mai 1862, aff. Ville de Périgueux, D. P. 62. 1. 482) ; — 2° Du jugement qui fait une défense à l'une des parties, et la condamne à payer une somme déterminée à titre de dommages-intérêts par chaque contravention dûment constatée (Civ. rej. 6 juin 1859, aff. Tournachon, D. P. 59. 1. 248; Req. 13 déc. 1886, aff. Philip, D. P. 87. 1. 386); — 3° De l'arrêt qui, après avoir rappelé qu'en matière de cantonnement, la capitalisation des droits d'usage se fait le plus habituellement au denier vingt, déclare adopter ce mode d'évaluation parce qu'il ne se rencontre dans la cause aucune circonstance exceptionnelle de nature à en faire préférer un autre (Civ. rej. 16 juill. 1867, aff. Commune de la Grande Loye, D. P. 67. 1. 255; Req. 11 janv. 1869, aff. Commune d'Arc, D. P. 72. 1. 127).

Il a été jugé, dans le même sens, que la partie qui réclame pour l'avenir la suppression de mesures précises et déterminées dont l'application a déjà eu lieu à son égard, ne sollicite pas une décision qui présenterait le caractère d'une disposition réglementaire (Trib. com. Seine, 12 mai 1875, aff. Galbrun, D. P. 77. 3. 107).

162. Quant à l'arrêt qui confirme un jugement ayant prononcé par voie générale et réglementaire, mais sans en adopter les motifs, et en statuant seulement sur les faits de la cause et entre les parties engagées dans le débat, il ne commet ni excès de pouvoirs, ni violation de la règle de l'art. 5 c. civ. (Civ. rej. 1er mars 1883, aff. Jannin, D. P. 83. 1. 441).

§ 2. — Défense aux tribunaux de s'immiscer dans la police administrative (*Rép.* nos 83 à 95).

163. Conformément à ce qui a été exposé au *Rép.* n° 83, il y a deux sortes de police : « celle qui consiste à empêcher le mal; le désordre, par des mesures de précaution et de surveillance, et celle qui consiste à constater les infractions à la loi pour en livrer les auteurs aux tribunaux chargés de les punir; la première s'appelle la police administrative, la seconde est la police judiciaire » (Aucoc, t. 1, p. 112).

164. Les tribunaux civils ne peuvent, sans excéder la limite de leurs pouvoirs, prendre aucun arrêté, ni faire aucun acte du ressort de la police administrative. L'arrêté par lequel un préfet, d'après les instructions du ministre du commerce, ordonne la fermeture provisoire d'une manufacture insalubre et les mesures prises pour l'exécution de cet arrêté ont essentiellement le caractère d'actes de police administrative. Il n'appartient donc qu'à l'autorité administrative de prononcer l'annulation de ces actes lorsqu'ils sont entachés d'excès de pouvoir, et c'est uniquement devant cette autorité que le propriétaire de la fabrique peut poursuivre la réparation du dommage éprouvé par lui. En conséquence, le tribunal devant lequel cet industriel appelle le ministre, le préfet et le maire en garantie des condamnations qui pourront être prononcées contre lui, à raison de l'inexécution des traités passés avec ses fournisseurs, doit, non surseoir à statuer jusqu'à ce que l'autorité administrative se soit prononcée sur la légalité des actes émanés d'elle, mais se déclarer immédiatement incompétent (Trib. confl. 17 déc. 1884, aff. Comp. parisienne des vidanges, D. P. 83. 3. 34).

165. L'arrêté préfectoral qui a ordonné la démolition d'une maison exclusivement en vue de la sûreté publique, constitue également un acte de police administrative. Par suite, le tribunal, saisi d'une demande en dommages-intérêts contre un agent voyer chargé de l'exécution d'un arrêté ordonnant la démolition d'une maison menaçant ruine, doit renvoyer les parties devant l'autorité administrative pour y faire décider, à titre de question préjudicielle, et par voie d'interprétation de cet arrêté, si le propriétaire l'avait suffisamment exécuté, et si l'exécution dudit arrêté nécessitait les mesures prises d'office par l'agent voyer (Trib. confl. 29 juill. 1876, aff. Lecocq, D. P. 77. 3. 17).

166. La désignation de l'emplacement des concessions temporaires ou perpétuelles dans les cimetières dépend de l'autorité administrative, chargée de la police et de la surveillance des lieux consacrés aux sépultures. Par suite, les tribunaux civils sont incompétents pour statuer sur l'action d'un particulier tendant à la revendication d'un terrain dans un cimetière, concédé à un autre particulier, terrain que le demandeur prétend lui avoir été antérieurement concédé à lui-même (Poitiers, 17 févr. 1864, aff. Bonneau, D. P. 64. 2. 38).

167. Mais c'est à l'autorité judiciaire qu'il appartient de statuer, soit sur les contestations qui s'élèvent entre deux concessionnaires de terrains dans un cimetière au sujet des anticipations que l'un d'eux impute à l'autre, soit sur l'action en garantie intentée contre la commune pour faire respecter la concession qu'elle a accordée. En conséquence, le refus qu'a pu faire l'administration municipale d'user de ses pouvoirs de police pour réprimer l'usurpation alléguée ne fait pas obstacle à ce que le réclamant saisisse la juridiction compétente, et ne saurait donner lieu à un recours devant le conseil d'État par la voie contentieuse (Cons. d'Ét. 19 mars 1863, aff. Castangt, D. P. 63. 3. 35).

168. L'arrêté préfectoral qui, dans un intérêt de sécurité publique, prescrit les mesures nécessaires pour prévenir les inondations dont une ville est menacée par le voisinage d'un cours d'eau, échappe, comme tous les actes de police administrative, au contrôle des tribunaux civils; l'autorité judiciaire commet donc un excès de pouvoirs lorsqu'elle déclare cette ville passible de dommages-intérêts envers les particuliers auxquels l'exécution d'un tel arrêté a causé un préjudice en faisant refluer sur leurs propriétés les eaux détournées du territoire menacé d'inondation (Civ. cass. 30 août 1865, aff. Ville d'Alais, D. P. 65. 1. 354).

169. L'établissement de barrières, par ordre de l'autorité municipale, sur une place publique à usage de marché, constitue également une mesure de police administrative, et, par suite, le jugement qui ordonne la suppression de ces barrières viole le principe de la séparation des pouvoirs administratif et judiciaire (Civ. cass. 17 juill. 1867, aff. Ville de Creil, D. P. 67. 1. 312).

170. Les tribunaux civils ne peuvent, d'une manière générale, ordonner des mesures d'administration. Ainsi, ils sont incompétents pour prescrire à une commune la réparation ou le rétablissement d'une voie publique, et par exemple d'un pont, et dès lors pour la condamner à des dommages-intérêts à raison du préjudice soit éventuel, soit même consommé, que peut causer à des particuliers l'inaccomplissement de son devoir d'entretenir la voie publique en bon état et de la réparer avec soin (Nancy, 31 août 1867, aff. Ville de Commercy, D. P. 68. 2. 150).

De même, le juge de police, bien qu'il puisse admettre la preuve contraire à la présomption résultant de l'inscription d'une femme sur le registre des filles publiques, excède ses pouvoirs et empiète sur les attributions de l'autorité administrative, lorsqu'il ordonne la radiation d'une fille inscrite par ordre du maire sur ce registre (Crim. cass. 16 nov. 1876, aff. R..., D. P. 77. 1. 331).

171. Il n'appartient pas aux tribunaux d'interdire à une partie de recourir à l'autorité administrative et de la solliciter de prendre des mesures rentrant dans la limite de ses pouvoirs; cette autorité est seule compétente pour apprécier le caractère des demandes qui lui sont adressées, et pour les accueillir ou les rejeter suivant qu'elles lui paraissent ou non justes et légitimes (Bordeaux, 1er mars 1876, aff. Charpentier, D. P. 78. 2. 191). Spécialement, le tribunal ne peut défendre à un propriétaire, condamné avec son voisin par jugement de simple police à démolir le mur mitoyen séparant leurs propriétés, de s'adresser à l'autorité municipale pour réclamer la mise à exécution de ce jugement: l'autorité judiciaire n'aurait que le droit de condamner l'auteur de cette réclamation à des dommages-intérêts, s'il ne l'avait formée que par pure malice et au mépris d'engagements formels, et si la prise en considération de sa demande avait eu pour résultat de faire ordonner des mesures dommageables pour son voisin (Même arrêt).

§ 3. — Défense aux tribunaux de connaître des actions résultant des actes et des contrats administratifs (*Rép.* nos 96 à 137).

172. — I. Actions en dommages-intérêts. — Nous avons dit au *Rép.* n° 98, qu'en général les actions en dommages-intérêts sont de la compétence de l'autorité judiciaire quand elles sont dirigées contre l'État lui-même comme simple propriétaire de son domaine privé (Cons. d'Ét. 25 févr. 1864,

aff. Rouault, D. P. 64. 3. 83 ; Trib. Espalion, 23 févr. 1882, aff. Combes, D. P. 84. 1. 301). L'Etat est, en effet, à ce titre, soumis à l'application des règles du droit civil, et la compétence judiciaire résulte de la qualité purement civile dans laquelle l'Etat est assigné (Laferrière, t. 1, p. 629). Considéré comme propriétaire, il peut avoir des préposés qui, bien que rétribués sur les fonds de l'Etat, n'ont pas le caractère de fonctionnaires, et des agissements desquels il est responsable en vertu de l'art. 1384 c. civ. ; il pourrait être également déclaré responsable en vertu de l'art. 1386 c. civ. de la chute d'un édifice lui appartenant, en cas de défaut d'entretien ou de vice de construction. Son obligation relèverait alors du droit commun, et l'autorité judiciaire serait compétente (Trib. confl. 24 mai 1884, aff. Linas, D. P. 85. 3. 110).

Les tribunaux civils seraient également compétents pour connaître d'une demande de dommages-intérêts formée contre l'Etat, en qualité de locataire, en vertu d'un traité de droit commun (Trib. confl. 23 mai 1851, aff. Lapeyre, D. P. 51. 3. 51 ; Req. 14 nov. 1853, aff. Département de l'Isère, D. P. 54. 1. 56).

173. Toutefois, même dans le cas où l'action en dommages-intérêts est fondée sur la prétendue violation d'un contrat de droit commun (par exemple, d'un contrat de vente), l'autorité judiciaire est incompétente lorsqu'il y a indivisibilité entre les conclusions à fin de dommages-intérêts et d'autres conclusions tendant à créer à l'administration proprement dite des obligations sur lesquelles les actes administratifs sont muets, notamment celle de créer des rues, et à lui faire enjoindre d'exécuter ces obligations (Req. 7 mars 1859, aff. Audureau, D. P. 59. 1. 484).

174. Mais de graves divergences se sont produites entre le conseil d'Etat et la cour de cassation sur le point de savoir à quelle autorité il appartient de connaître, d'une manière générale, des actions tendant à faire déclarer l'Etat débiteur, et plus spécialement des actions dirigées contre l'Etat comme responsable des dommages causés par son fait ou par celui de ses agents. Nous avons analysé (*Rép.* v° *Trésor public*, p. 568) le point de départ de cette controverse et les premiers monuments de la jurisprudence.

Le conseil d'Etat a, dès l'origine et dans une longue série de décisions, réservé à l'autorité administrative le droit général de connaître des contestations que soulèvent les réclamations formées par ceux qui se prétendent créanciers de l'Etat; il ne reconnaissait aux tribunaux le droit de prononcer sur ce point qu'autant qu'un texte ou un principe formel leur aurait expressément déféré le jugement de la contestation. Cette théorie a été contredite par de nombreux auteurs, qui lui ont reproché de confondre les actions tendant à faire déclarer l'Etat débiteur avec la liquidation des dettes de l'Etat, seule opération réservée à l'administration par la loi du 17 juill. 1790, des 24 août et 26 sept. 1793, du 1er flor. an 3, et par l'arrêté du 2 germ. an 5 sur lesquels se fondait la jurisprudence du conseil d'Etat, et la cour de cassation a déclaré les tribunaux civils compétents pour frapper l'Etat de responsabilités civiles dans les conditions de l'art. 1382 et suiv. c. civ., notamment lorsque les délits ou quasi-délits de ses agents avaient causé d'injustes dommages aux réclamants. Les défenseurs de cette doctrine soutenaient que, si les tribunaux civils étaient incompétents pour connaître des suites d'un acte de la puissance publique, il n'en devait pas être de même pour les crimes, délits ou contraventions que commettraient les agents de l'administration dans leurs différents services, ni pour les quasi-délits ou fautes dommageables pouvant donner lieu à des réparations aux termes du droit commun : « l'Etat, disaient-ils, doit, conformément au principe posé dans l'art. 1384 c. civ., en répondre comme commettant, et les tribunaux ordinaires sont compétents pour reconnaître sa charge cette qualité et pour statuer sur la responsabilité qui en résulte » (Sourdat, *Traité de la responsabilité*, t. 2, p. 482). Cette jurisprudence a reçu ses principales applications à l'occasion d'actions en dommages-intérêts intentées contre l'Etat à raison d'actes accomplis par ses agents dans des services publics ou lorsque l'exercice d'un monopole enlevé par l'Etat à l'industrie privée, et notamment dans le service des postes.

175. Le tribunal des conflits, institué par la Constitution de 1848, a été appelé à son tour à statuer sur la question et

s'est rangé à la jurisprudence du conseil d'Etat. Mais le principe sur lequel il s'est appuyé est différent de celui sur lequel reposaient les décisions antérieures, et, laissant de côté les arguments tirés des lois sur la liquidation de la dette publique, il s'est borné à invoquer la règle qui interdit aux tribunaux de s'immiscer dans l'examen et l'interprétation des règlements administratifs (*Rép.* v° *Trésor public*, n° 572).

Malgré les décisions du tribunal des conflits, la cour de cassation a persisté dans sa jurisprudence ancienne et, par un arrêt de rejet de la chambre civile du 19 déc. 1854 (aff. Administration des postes, D. P. 55. 1. 37; et *Rép.* v° *Trésor public*, n° 573), elle a décidé que l'autorité judiciaire, essentiellement compétente pour connaître des actions en réparation des dommages causés à autrui, ne cesse pas de l'être par le motif que ces dommages auraient été causés par des agents d'administrations publiques et constitueraient, d'après les principes du droit commun, des infractions aux règlements de ces administrations, alors surtout que ces règlements ne sont pas contestés, et qu'il en est ainsi même au cas où l'action réagit contre l'Administration elle-même comme responsable du fait de ses agents.

176. La jurisprudence du conseil d'Etat, après la suppression du tribunal des conflits, a été conforme à celle de ce tribunal. Toutefois, le conseil d'Etat ne s'est pas borné à établir sa thèse sur cette règle que les tribunaux sont incompétents pour se livrer à l'examen des règlements administratifs; il a de nouveau invoqué le principe de son ancienne jurisprudence, à savoir, qu'à l'autorité administrative seule il appartient de connaître des actions qui tendent à déclarer l'Etat débiteur (V. les arrêts rapportés *Rép.* v° *Trésor public*, n°s 574 et suiv., et notamment : Cons. d'Et. 6 déc. 1855, aff. Rothschild, D. P. 59. 3. 34).

Il a décidé, en conséquence, que c'est devant l'autorité administrative que doivent être portées les demandes en dommages-intérêts dirigées contre l'Etat : 1° à raison du dommage causé à un particulier dont le cheval a été renversé sur la voie publique par une voiture du train des équipages militaires (Cons. d'Et. 1er juin 1861, aff. Baudry, D. P. 61. 3. 42); — 2° A raison des blessures éprouvées par un particulier dans une chute de voiture qu'aurait occasionnée l'imprudence d'un militaire conduisant des prolonges d'artillerie (Cons. d'Et. 22 nov. 1867, aff. Ruault, D. P. 68. 3. 41); — 3° A raison des blessures occasionnées par un cheval de l'armée (Cons. d'Et. 17 mai 1862, aff. Vincent, D. P. 62. 3. 83).

177. Il a également été jugé que l'autorité administrative est seule compétente pour connaître : 1° de l'action ayant pour objet de faire condamner l'administration des lignes télégraphiques à répondre du défaut de transmission d'un télégramme déposé dans l'un de ses bureaux (Cons. d'Et. 21 janv. 1871, aff. Dietrich, D. P. 71. 3. 25); — 2° De l'action en responsabilité du dommage résultant pour un navire d'un abordage attribué à la faute du commandant d'un bâtiment de l'Etat (Cons. d'Et. 11 mai 1870, aff. Metz, D. P. 71. 3. 62); — 3° De l'action en responsabilité contre l'Etat du fait du capitaine et de l'équipage du bâtiment lui appartenant, lorsque deux navires se sont abordés, et qu'il est prouvé qu'il y a eu faute de la part des deux capitaines (Cons. d'Et. 15 févr. 1872, aff. Valéry, D. P. 73. 3. 57; 15 avr. 1873, aff. Maurel, *ibid.*); — 4° De l'action intentée dans une colonie, contre l'administration de la marine, par le capitaine d'un navire marchand qui prétend que cette administration s'est, à tort, opposée au départ dudit navire (Cons. d'Et. 6 août 1861, aff. Cardin, D. P. 62. 3. 5); — 5° De l'action intentée par un propriétaire contre l'Etat, à l'effet de faire condamner celui-ci à exécuter les ouvrages et à prendre les dispositions nécessaires dans un polygone pour mettre la propriété du demandeur à l'abri de l'atteinte des projectiles et, de plus, à lui payer des dommages-intérêts pour le préjudice déjà causé (Cons. d'Et. 4 déc. 1867, aff. de Panat, D. P. 68. 3. 44); — 6° De l'action tendant à faire condamner l'administration des postes à répondre de la perte de valeurs non déclarées contenues dans des lettres chargées ou recommandées (Cons. d'Et. 6 août 1861, aff. Dekeister, D. P. 62. 3. 4).

Deux arrêts de cour d'appel ont décidé, conformément à cette jurisprudence, qu'il appartient à l'autorité administrative de statuer sur l'action en responsabilité formée par le capitaine d'un navire marchand contre l'administration de

la marine, à raison d'avaries causées à ce navire par les manœuvres du commandant d'un bâtiment de l'Etat (Aix, 15 janv. 1856, aff. Administration de la marine, D. P. 57. 2. 13; Paris, 9 juill. 1872, aff. Valéry, D. P. 74. 2.193).

178. Le tribunal des conflits, constitué en vertu de la loi du 24 mai 1872, a, par ses premières décisions, affirmé la compétence administrative, en se fondant sur ce que, dans les espèces qui lui étaient soumises, la responsabilité de l'Etat ne pouvait être déterminée que par l'examen et l'appréciation d'actes d'un caractère purement administratif. Ainsi, il a décidé que l'autorité administrative est seule compétente pour connaître des actions intentées par des particuliers contre l'Etat à l'effet de le faire déclarer responsable soit d'un accident provenant de l'explosion des poudres transportées par un chemin de fer dans des conditions déterminées par les instructions de l'administration ou par les ordres de ses agents (Trib. confl. 25 janv. 1873, aff. Chemin de fer de Lyon, D. P. 73. 3. 17); soit des dommages provenant de l'envahissement d'une propriété et de l'expulsion du propriétaire par des bandes qu'on prétend avoir agi en vertu d'ordres de l'autorité, ou en vertu d'actes émanés des municipalités qui auraient été autorisées à agir ainsi par le préfet (Trib. confl. 25 janv. 1873, aff. Planque, D. P. 73. 3. 17; 8 févr. 1873, aff. Dugave, *ibid.*).

179. Cette compétence de l'autorité administrative, dans le cas où l'action en responsabilité se fondait directement sur les actes ou règlements administratifs dont le fait dommageable aurait été la conséquence, n'était pas contestée par l'autorité judiciaire et elle avait été formellement reconnue par un arrêt de la cour de Paris du 10 juill. 1870 (aff. Vitte, D. P. 71. 2. 149). Mais le tribunal des conflits a été bientôt saisi de la question de principe qui a donné lieu entre la cour de cassation et le conseil d'Etat à la dissidence qui vient d'être indiquée; et il a été appelé, à l'occasion d'un accident causé par les ouvriers d'une manufacture de tabacs, à décider si la responsabilité de l'Etat du fait des agents qu'il emploie peut être appréciée d'après les règles posées dans le code civil et par l'autorité judiciaire. Par une décision rendue après partage le 8 févr. 1873 (aff. Blanco, D. P. 73. 3. 17), sous la présidence de M. Dufaure alors garde des sceaux, il s'est prononcé en faveur de la compétence administrative. Mais il s'est uniquement fondé sur ce que la responsabilité de l'Etat, du fait des personnes qu'il emploie dans le service public n'est pas régie par les principes du droit civil, qu'elle n'est ni générale ni absolue, qu'elle a ses règles spéciales variant suivant les besoins des services et la nécessité de concilier les droits de l'Etat avec les droits privés; et il a ainsi implicitement écarté la théorie d'après laquelle la législation de 1790 à l'an 3 réservait à l'autorité administrative le droit de déclarer l'Etat débiteur.

M. le commissaire du Gouvernement David, sur les conclusions duquel a été rendue cette décision, a fait observer que la portée de ces textes législatifs a donné lieu à des controverses, et qu'on peut se demander s'ils n'ont pas eu uniquement en vue la liquidation des créances arriérées. La règle qui s'y trouve formulée, et d'après laquelle il n'appartiendrait qu'à l'autorité administrative de constituer l'Etat débiteur, ne reposerait donc pas sur une base absolument solide, et elle aurait, en outre, le grave inconvénient de confondre, dans la généralité de ses termes, les actions formées contre l'Etat puissance publique et les actions dirigées contre l'Etat personne civile. Si on la restreint, comme on doit le faire, aux actions de la première catégorie, elle n'est plus que l'application à une certaine classe d'actions de cette règle plus générale, qui place dans le domaine de la compétence administrative toutes les réclamations formées contre l'Etat à l'occasion des services publics. M. David a également réfuté, dans ses conclusions, la doctrine adoptée par la cour de cassation, d'après laquelle l'art. 1384 c. civ. serait applicable à l'Etat. Il a établi avec beaucoup de force que, si les dispositions de cet article doivent être appliquées à l'Etat propriétaire ou personne civile, l'Etat puissance publique n'est pas soumis aux règles du droit civil, et qu'il ne l'est pas davantage, si une loi ne l'a formellement déclaré, à la compétence judiciaire (V. conf. Laferrière, p. 622; Aucoc, t. 1. p. 487).

180. La jurisprudence du tribunal des conflits et celle du conseil d'Etat n'ont pas varié depuis cette époque. Il a été décidé, en conséquence, que l'on doit porter devant l'autorité administrative : 1° l'action intentée contre l'Etat à l'effet de le faire déclarer responsable des dommages résultant, pour les propriétaires d'un navire et pour les personnes qui y étaient embarquées, de l'abordage qui a eu lieu entre ledit navire et un bâtiment de l'Etat, et qui aurait été causé par la faute du commandant de ce bâtiment (Trib. confl. 17 janv. 1874, aff. Ferrandini, D. P. 75. 3. 2); — 2° L'action en indemnité dirigée contre l'Etat par un propriétaire à raison des dommages que lui cause la chute dans un étang lui appartenant des obus lancés pendant des exercices de tir (Trib. confl. 7 juill. 1883, aff. Grisez, D. P. 85. 3. 27); — 3° La demande en dommages-intérêts formée contre l'Etat par un particulier atteint d'une balle partie d'un détachement militaire qui s'exerçait au tir sous la conduite de ses chefs (Sol. impl., Cons. d'Et. 25 févr. 1881, aff. Desvoyes, D. P. 82. 3. 83; 11 mai 1883, aff. Dusart, D. P. 85. 3. 3); — 4° La demande en indemnité formée par un particulier, à raison du préjudice à lui causé par des manœuvres militaires exécutées sur sa propriété en dehors des cas prévus par la loi du 24 juill. 1873 (Sol impl., Cons. d'Et. 25 juill. 1884, aff. Rabourdin, D. P. 86. 3. 5); — 5° L'action en responsabilité dirigée contre l'Etat, considéré comme personne publique, à raison des dommages causés à un particulier par un agent des contributions indirectes (Trib. confl. 29 mai 1875, aff. Ramel, D. P. 76. 3. 45; 20 mai 1882, aff. de Divonne, D. P. 83. 3. 115), alors même que l'acte commis par l'employé a le caractère d'une faute personnelle et que, par suite, l'autorité judiciaire est compétente pour connaître de l'action dirigée contre lui (Arrêt précité du 20 mai 1882); — 6° L'action en responsabilité contre l'Etat à raison d'un dommage causé à des particuliers par le fait d'une personne concourant à l'exécution d'un service public, notamment à raison de la soustraction, par l'entrepreneur d'un service de transport de dépêches, de valeurs insérées dans des lettres chargées sans déclaration préalable (Trib. confl. 4 juill. 1884, aff. Riusciti, D. P. 75. 3. 68); ou de la remise faite par le facteur d'une lettre recommandée à un autre que le destinataire (Trib. confl. 4 août 1877) (1); — 7° La demande formée par des propriétaires qui, à la suite de la non-réalisation d'un projet d'établissement entre eux et l'Etat, réclament une indemnité à raison du préjudice que leur auraient causé les fautes commises par les agents du ministère de la guerre et ayant eu pour conséquence de les priver, pendant la durée des

---

(1) (Gaillardon.) — LE TRIBUNAL DES CONFLITS; — Vu la loi des 16-24 août 1790, tit. 2, art. 13, et la loi du 16 fruct. an 3; — Vu la loi du 5 niv. an 5, art. 14 et 16; — Vu la loi du 4 juin 1859, notamment les art. 1er, 3 et 7, et celle du 25 janv. 1873; — Vu les ordonnances du 1er juin 1828 et du 12 mars 1831; — Vu la loi du 24 mai 1872, art. 25 et 28; — Considérant qu'il résulte des documents produits que les conclusions du sieur Gaillardon, tendant à faire ordonner par le tribunal la mise en cause de l'administration des postes, et l'assignation, en date du 6 avr. 1877, ont pour objet et pour but de faire déclarer l'Etat civilement responsable du préjudice que pourrait avoir causé au sieur Gaillardon la remise faite, le 12 mars 1875, par le facteur chargé de desservir la commune de Roubia, à une personne autre que le destinataire, d'une lettre recommandée sans déclaration des valeurs qu'elle pouvait contenir, et expédiée de Paris par ledit sieur Gaillardon à la dame veuve Sicard; — Considérant que la responsabilité qui peut incomber à l'Etat, à raison d'un dommage causé à des particuliers par le fait d'une personne concourant à

l'exécution d'un service public, ne peut être régie par les principes qui sont établis pour le code civil pour les rapports de particulier à particulier; qu'elle a ses règles spéciales qui varient suivant les besoins du service et la nécessité de concilier les droits de l'Etat avec les droits privés; qu'ainsi les tribunaux civils ne peuvent en connaître que dans le cas où la connaissance leur en aurait été spécialement attribuée par une loi qui n'existe pas dans l'espèce; — Qu'en effet, si l'art. 3 de la loi du 4 juin 1859 a disposé que, dans le cas spécial où des valeurs ont été déclarées conformément aux art. 1er et 2 de la même loi, les actions en responsabilité contre l'administration des postes sont du ressort des tribunaux civils, l'art. 7 porte que la perte des lettres chargées continuera de n'entraîner que cette administration que la responsabilité déterminée par l'art. 14 de la loi du 5 niv. an 5, et n'étend point à ce cas la compétence de l'autorité judiciaire; — Que, dès lors, c'est avec raison que le préfet du département de l'Aude a revendiqué, pour l'autorité administrative, la connaissance de l'action en responsabilité dirigée subsidiairement par le sieur Gaillardon

négociations, de la libre jouissance de leur immeuble (Trib. confl. 12 mai 1883, aff. Calmels, D. P. 84. 3. 126) ; — 8° La réclamation formée par le détenteur de bons du Trésor falsifiés, tendant à faire déclarer l'État responsable des fautes qu'auraient commises les employés du Trésor, d'une part en affirmant la validité de ces bons, d'autre part en les escomptant sans les vérifier préalablement (Cons. d'Et. 12 juill. 1882, aff. Cordier, D. P. 84. 3. 9) ; — 9° L'action, intentée contre l'État, en responsabilité du fait d'un agent qui aurait opéré une perception illégale (Trib. confl. 1er mai 1875, aff. Colin, D. P. 76. 3. 50) ; — 10° L'action en responsabilité dirigée contre l'État par l'expéditeur d'un mandat télégraphique qui, au lieu d'être payé au destinataire, a été touché frauduleusement par un tiers (Trib. confl. 20 déc. 1884, aff. Maillé, D. P. 86. 3. 85).

181. La cour de cassation s'est ralliée à la jurisprudence du tribunal des conflits. Elle a jugé, en conséquence, qu'il appartient à l'autorité administrative de rechercher si l'administration ou ses agents ont agi dans la limite des instructions qu'ils ont reçues et quelle peut être la responsabilité de l'État à raison de fautes commises dans un service public (dans l'espèce la perception de l'impôt sur les allumettes) (Civ. cass. 4 avr. 1876, aff. Larre-Brusset, D. P. 77. 1. 69 ; 13 juin 1876, aff. Vigoureux, *ibid.*). Elle a décidé, dans le même sens, que les tribunaux sont incompétents pour statuer : 1° sur la demande en dommages-intérêts dirigée contre l'État par le propriétaire d'un hôtel voisin d'un établissement public d'instruction, à raison du préjudice que lui auraient causé les préposés soit à l'administration de cet établissement, soit à l'enseignement qui y est donné, en ne prenant pas les précautions nécessaires pour empêcher d'entendre du dehors les cris et hurlements des animaux soumis à des expériences de vivisection (Civ. cass. 17 mars 1884, aff. Gelyot, D. P. 84. 1. 327) ; — 2° Sur la demande en responsabilité civile contre une administration pénitentiaire, basée sur la négligence que les agents auraient apportée dans l'accomplissement de leur service réglementaire (Civ. cass. 26 août 1884, aff. Administration pénitentiaire de la Guyane, D. P. 85. 1. 72) ; — 3° Sur la demande tendant à faire déclarer l'État civilement responsable de la perte d'un canot, imputée à l'incurie des préposés de l'administration de la marine, chargés de la surveillance du port dans le quel cette embarcation s'est perdue ; en pareil cas, le tribunal de commerce est incompétent (Civ. cass. 19 nov. 1883, aff. Administration de la marine, D. P. 84. 1. 246).

Toutefois, dans une affaire où la régie des contributions indirectes était actionnée en dommages-intérêts comme responsable du fait d'agents qui avaient pratiqué une saisie illégale, la cour de cassation a déclaré, conformément à son ancienne jurisprudence, que les règles de responsabilité écrites dans les art. 1382, 1383 et 1384 c. civ. sont générales et s'appliquent aux administrations publiques, à moins qu'il n'y ait été dérogé par des lois spéciales (Req. 14 août 1877, aff. Page, D. P. 78. 1. 420).

182. La jurisprudence du tribunal des conflits a été adoptée par la plupart des cours et tribunaux, qui ont reconnu l'incompétence des tribunaux civils pour statuer notamment : 1° sur l'action en responsabilité dirigée contre l'État à raison d'un accident causé par l'imprudence d'un cavalier appartenant à l'armée ou par le vice de son cheval (Alger, 12 févr. 1877, aff. Préfet d'Oran, D. P. 79. 2. 17) ; — 2° Sur l'action intentée contre le directeur général des postes, en remboursement d'un mandat qui aurait été payé par erreur à une autre personne que le bénéficiaire par un employé de l'administration, alors qu'aucune faute personnelle n'est alléguée contre ce dernier, et qu'au contraire, l'action est dirigée contre l'État (Trib. Seine, 13 déc. 1873, aff. Gauthier, D. P. 74. 5. 120) ; — 3° Sur la demande d'indemnité formée par le voisin d'un champ de tir établi par l'autorité militaire en vertu d'une décision administrative, à raison du préjudice causé à sa propriété par les projectiles qui mettraient en danger les personnes et les animaux (Trib. Evreux, 20 avr. 1881, aff. Renoult, D. P. 81. 3. 83).

183. Ainsi qu'on l'a vu au *Rép.* n° 103, lorsqu'il y a lieu à action en garantie, cette action ne peut être soumise à l'autorité judiciaire compétente pour connaître de la demande principale, si cette même autorité est incompétente à l'égard du garant ; il en est ainsi notamment lorsqu'il s'agit d'une demande en garantie dirigée contre l'État, et que cette demande est, par sa nature, de la compétence administrative.

Ainsi le fonctionnaire traduit à raison d'un fait de ses fonctions devant l'autorité judiciaire ne peut appeler l'État en garantie devant cette juridiction (Trib. confl. 8 févr. 1873, aff. Dugave, D. P. 73. 3. 17). — De même l'autorité administrative est seule compétente pour connaître de l'action en garantie que forme contre l'État une compagnie de chemins de fer actionnée devant l'autorité judiciaire par un particulier blessé par l'explosion de poudres transportées dans les conditions déterminées par l'Administration (Trib. confl. 25 janv. 1873, aff. Chemin de fer de Lyon, D. P. 73. 3. 17).

Il en est de même dans le cas où une compagnie de chemins de fer, condamnée par l'autorité judiciaire à payer une indemnité à un employé des postes blessé par suite d'un déraillement qui a entraîné la chute du wagon-poste dans lequel cet employé se trouvait, forme un recours en garantie contre l'administration des postes en se fondant sur ce que les dispositions particulières du wagon-poste, réglées exclusivement par ladite administration, auraient causé ou aggravé les blessures de l'employé dont il s'agit (Cons. d'Et. 13 déc. 1866, aff. Chemin de fer d'Orléans, D. P. 67. 3. 57).

184. Réciproquement, lorsqu'une action entre parties est, de sa nature, judiciaire, le fait qu'elle peut donner lieu à un recours en garantie contre l'État ne suffit pas pour lui faire perdre son caractère. Ainsi, l'autorité judiciaire est seule compétente pour connaître de l'action intentée par les victimes d'un abordage contre le propriétaire du navire, alors même que celui-ci forme contre l'État une demande en garantie qui devra être portée devant l'autorité administrative (Trib. confl. 17 janv. 1874, aff. Ferrandini, D. P. 75. 3. 2).

185. L'attribution de compétence pour les questions accessoires au principal est subordonnée aux principes relatifs aux effets de la connexité, lorsque ces questions se présentent dans une affaire où l'État est en cause. Il a été décidé, par application de cette règle, que l'action en nullité de la saisie pratiquée par l'administration des postes, pour contravention aux lois postales, est du ressort exclusif des tribunaux, et que la compétence qui appartient à l'autorité judiciaire, relativement à l'action principale en nullité, attire à elle la connaissance de la demande accessoire de dommages-intérêts (Cons. d'Et. 20 avr. 1847, aff. Dubochet, D. P. 48. 3. 76 ; Trib. confl. 30 mai 1850, aff. Dion Lambert, D. P. 50. 3. 66).

Mais si l'action formée contre l'État, comme l'accessoire d'une action dirigée contre un tiers, doit être jugée exclusivement par l'application des règlements administratifs, elle constitue une sorte d'action principale à laquelle les règles de la connexité ne sont pas applicables (Cons. d'Et. 26 avr. 1847, aff. Brunet, D. P. 47. 3. 113 ; Trib. confl. 20 mai 1850, aff. Manoury, D. P. 50. 3. 65).

186. Suivant M. Laferrière, t. 1, p. 630, les règles de compétence qui viennent d'être exposées, en ce qui concerne les actions en responsabilité dirigées contre l'État, seraient également applicables aux actions en responsabilité dirigées contre les départements et les communes, à raison des fautes commises par leurs agents. Il s'appuie, pour justifier cette solution, sur ce que la jurisprudence actuelle repose, non sur les lois de 1790 et de 1793 relatives à la liquidation des dettes de l'État, mais sur cette considération, également applicable aux administrations locales, que les rapports des administrations publiques avec leurs agents ne sont pas des rapports de commettant à préposé, régis par l'art. 1384 c. civ., mais des rapports d'ordre administratif ; et il en conclut que les tribunaux judiciaires seraient incompétents pour connaître des actions en responsabilité dirigées

---

contre l'État ; — Art. 1. L'arrêté de conflit du 4 juin 1877 est confirmé.—Art. 2. Sont considérés comme non avenus, en ce qui concerne l'administration des postes, les conclusions subsidiaires prises devant le tribunal civil de Narbonne, le 8 déc. 1876, par le

sieur Gaillardon, le jugement rendu le même jour, l'assignation en date du 6 avr. 1877, et les jugements des 1er et 15 mai suivants. Du 4 août 1877.-Trib. confl.-MM. Grouallé, rap.-Desjardins, concl.-Nivard, av.

soit contre un département à raison de fautes imputées au préfet ou aux fonctionnaires préposés aux services départementaux, soit contre une commune à raison de décisions irrégulières du maire ou du conseil municipal, ou de fautes commises par les agents de la commune dans l'exercice de leurs fonctions.

Mais cette interprétation nous paraît en opposition avec une décision du tribunal des conflits du 7 mars 1874 (aff. Desmolles, D. P. 74. 3. 54) qui, après avoir visé dans ses motifs l'art. 1384 c. civ., formule en termes exprès cette proposition que « les règles relatives à la responsabilité de l'Etat ne sont point applicables à celles des communes » (V. Aucoc, t. 1, p. 487, note 2).

187. Les art. 106 et suiv. de la loi municipale du 5 avr. 1884 ont maintenu la compétence judiciaire expressément consacrée par la loi du 10 vend. an 4, pour statuer sur la responsabilité des communes dans le cas de dommages causés aux personnes et aux propriétés par des attroupements séditieux (V. *Commune*, nᵒˢ 1290 et suiv.).

188. Nous avons dit au *Rép.* nᵒ 100 que les demandes en réparation du dommage causé aux propriétés voisines par l'établissement d'un atelier insalubre ou d'une usine doivent être portées devant les tribunaux ordinaires, bien que cet établissement ait été formé avec l'autorisation de l'administration. En effet, cette autorisation n'est, ainsi que le dit M. Serrigny (*Traité de la compétence administrative*, t. 3, nᵒ 1172), « qu'une permission de police donnée dans un intérêt collectif ». Elle laisse intacts les droits privés qui demeurent sous l'empire du droit commun; et, par suite, les contestations auxquelles ils peuvent donner lieu doivent être tranchées par l'autorité judiciaire (V. *Rép.* vᵒ *Manufactures, fabriques et ateliers dangereux*, nᵒˢ 169 et suiv.). Ce principe a été consacré par de nombreux arrêts (Civ. cass. 26 mars 1873, aff. Sénac, D. P. 73. 1. 353; Req. 11 juin 1877, aff. Decroix, D. P. 78. 1. 409; 18 nov. 1884, aff. Demouy, D. P. 85. 1. 71).

189. L'autorité judiciaire est également compétente pour ordonner les mesures nécessaires à la cessation du préjudice, et notamment pour prescrire des travaux supplémentaires, pourvu que ces travaux ne soient pas en contradiction avec les mesures prescrites par l'autorité administrative (Arrêts des 11 juin 1877 et 18 nov. 1884, cités *supra*, nᵒ 188). Mais elle ne pourrait, sans violer le principe de la séparation des pouvoirs, ni ordonner la suppression de l'établissement, si ce n'est par application des clauses d'un contrat intervenu entre les parties, ni modifier les prescriptions d'actes d'autorisation (V. conf. Serrigny, nᵒ 1174; Aubry et Rau, *Cours de droit civil*, t. 2, § 194, note 10).

190. L'autorité judiciaire est, à plus forte raison, compétente pour connaître d'une action en dommages-intérêts intentée contre l'exploitant d'une maison de tolérance autorisée par l'administration, cette permission de police, qui n'a que le caractère d'une tolérance, ne pouvant porter aucune atteinte aux droits des tiers (Cons. d'Et. 9 juin 1859, aff. Cuénot, D. P. 59. 3. 33; Besançon, 3 août 1859, aff. Cuénot, D. P. 60. 2. 4, et sur pourvoi, Req. 3 déc. 1860, D. P. 61. 1. 331; Chambéry, 25 avr. 1861, aff. Pertuiset, D. P. 61. 2. 128, et sur pourvoi, Civ. rej. 27 août 1861, D. P. 61. 1. 334; Req. 8 juill. 1884, aff. Frémont, D. P. 85. 1. 231). Mais les tribunaux n'ont pas le droit d'ordonner la suppression d'une maison de tolérance autorisée par l'administration (Arrêt précité du 25 avr. 1861; Caen, 11 déc. 1862)(1).

191. — II. Contrats administratifs. — On a exposé au *Rép.* nᵒ 107, que le principe de la séparation des pouvoirs ne permet pas de laisser à l'appréciation des tribunaux civils les contrats administratifs, c'est-à-dire les contrats passés par un administrateur pour un service public. Ce principe absolu, admis par une ancienne jurisprudence, est aujourd'hui aban-

donné, et l'on s'accorde à reconnaître que le fait que l'administration contracte pour assurer un service public n'exclut pas par lui-même la compétence judiciaire. « Lorsqu'il s'agit d'un contrat, même passé en vue d'un service public, dit M. Aucoc, t. 1, p. 488, il faut une disposition expresse attribuant compétence à la juridiction administrative pour que l'autorité judiciaire soit dessaisie. » En effet, ainsi que le fait observer M. Laferrière, t. 1, p. 544, les marchés et les autres conventions passées en vue de services publics sont presque tous de simples actes de gestion et non des actes de puissance publique; or, les actes de puissance publique sont les seuls qui échappent de plein droit à la compétence judiciaire.

192. La jurisprudence a consacré cette règle et reconnu la compétence de l'autorité judiciaire pour connaître, non seulement des conventions conclues par l'administration dans les conditions du droit civil pour la gestion des biens du domaine privé de l'Etat ou des revenus du domaine public, mais encore de celles qui ont été passées en vue des services publics, et dont la connaissance n'a pas été réservée par des lois spéciales à l'autorité administrative (Cons. d'Et. 18 janv. 1855, aff. Bourgoin, *Rec. Cons. d'Etat*, p. 48; 30 avr. 1868, aff. Richard, D. P. 69. 3. 41; Trib. confl. 11 janv. 1873, aff. Péju, D. P. 73. 3. 23; 2 mai 1873, aff. Barthélemy, *ibid.*; Cons. d'Et. 30 avr. 1875, aff. Société des deux cirques, D. P. 75. 3. 101; 10 nov. 1876, aff. Bourgeois, D. P. 77. 3. 13; Civ. cass. 16 août 1876, aff. Fressenjeas, D. P. 77. 1. 456).

Il a été décidé, par application de ce principe, que les tribunaux civils sont compétents : 1° pour connaître de l'action en responsabilité formée en vertu de l'art. 1733 c. civ. contre l'Etat locataire de bâtiments affectés à un service militaire (Trib. confl. 23 mai 1851, aff. Lapeyre, D. P. 51. 3. 51; Req. 14 nov. 1853, aff. Département de l'Isère, D. P. 54. 1. 56) ; — 2° Pour statuer sur les difficultés relatives à l'exécution d'un bail d'une propriété privée consenti à l'administration de la marine, suivant les règles ordinaires du droit civil, alors même que les parties ont stipulé la compétence de l'autorité administrative, et que le contrat a été enregistré gratis (Cons. d'Et. 8 juin 1854, aff. Saurin, D. P. 54. 3. 84); — 3° Pour connaître de l'action en règlement des avaries communes éprouvées par un navire en cours de voyage, même à l'égard de l'Etat figurant au nombre des chargeurs (Civ. cass. 28 août 1864, aff. Boone, D. P. 66. 1. 486).

193. Faut-il en conclure, comme on l'a fait, que la juridiction administrative ne statue que sur les actes administratifs, qu'il n'existe pas à proprement parler de *contrats administratifs*, et que toutes les contestations relatives aux conventions dans lesquelles figure l'administration doivent, à défaut de dispositions spéciales de la loi, être déférées aux tribunaux civils? (Concl. de M. l'avocat général Desjardins, D. P. 79. 1. 113).

Nous croyons que cette doctrine, qui n'est pas généralement suivie, doit être repoussée comme trop absolue, et qu'il y a lieu d'établir la distinction suivante, qui a été admise par la jurisprudence : lorsque l'acte, synallagmatique ou non, pour lequel aucune loi n'a établi de règles spéciales de compétence, est soumis aux règles du droit civil et ne suppose point une qualité ou l'exercice des pouvoirs spéciaux, les tribunaux judiciaires sont compétents ; au contraire, le contrat rentre dans la classe des actes administratifs lorsqu'il suppose l'exercice de la puissance publique et des pouvoirs spéciaux réglementés par les lois particulières et étrangères au droit civil.

Il existe, en effet, ainsi que le reconnaît M. Laferrière, t. 1, p. 549, des contrats qui sont administratifs par leur nature, et qui échappent de plein droit à la compétence judiciaire en vertu des dispositions générales des lois des 16-24 août

---

(1) (Cadiou C. Duchesne et Lagrée.) — Le 18 mars 1862, jugement du tribunal d'Avranches qui renferme les motifs suivants : — Considérant que le tribunal, en appréciant que le voisinage d'une maison de prostitution peut être une cause de préjudice, ne rencontre dans la cause rien qui puisse justifier la demande en déguerpissement formée contre les époux Lagrée, puisque cette mesure aurait pour premier effet d'infirmer, sinon d'annihiler l'approbation légalement donnée par M. le maire d'Avranches à l'ouverture de l'établissement des époux Lagrée, ce qui ne peut avoir lieu, pas plus que cette approbation administrative n'est

susceptible d'enchaîner ou d'entraver l'action des tiers; que c'est donc le cas en déclarant mal fondée la demande du sieur Cadiou, en tant qu'elle a pour objet le déguerpissement par les époux Lagrée de la maison que leur a louée le sieur Duchesne, de dire à bonne cause l'action dudit Cadiou tendant à faire condamner le sieur Duchesne et les époux Lagrée en des dommages-intérêts... ». — Appel. — Arrêt.

La cour; — Adoptant les motifs des premiers juges, etc.

Du 11 déc. 1862.-C. de Caen, 1ʳᵉ ch.-MM. Dagallier, 1ᵉʳ pr.-Olivier, 1ᵉʳ av. gén.-Berthault et Toutain, av.

1790 et du 16 fruct. an 3. Ces contrats ne sont pas des actes de gestion, mais de véritables actes de puissance publique, auxquels s'ajoute un élément contractuel. Telles sont les concessions administratives, que M. Ducrocq, *Traité des ventes domaniales*, n° 31, qualifie de « contrat *sui generis* propre au droit administratif » (V. conf. Dareste, *Justice administrative*, p. 332 ; Concl. de M. le commissaire du Gouvernement David devant le tribunal des conflits, D. P. 75. 3. 89). M. Laferrière, *loc. cit.*, y ajoute les affectations d'immeubles à un service public, la collation des fonctions publiques, les enrôlements par voie d'engagements volontaires.

194. Les *concessions* faites par l'Etat peuvent être de diverse nature (V. *infra*, v° *Concession administrative*). Quelques-unes, telles que les concessions de lais et relais de mer, ou celles des îles qui se sont formées dans un cours d'eau navigable, sont de véritables ventes domaniales ; ce sont des contrats de droit civil, des actes de gestion du domaine privé de l'Etat dans lesquels n'intervient pas la puissance publique.

On désigne également sous le nom de *concession* certaines autorisations données sur le domaine public inaliénable et imprescriptible, telles que l'autorisation de pratiquer une prise d'eau sur un cours d'eau navigable. Ces autorisations ne constituent que des actes d'administration et non des contrats.

Mais, dit M. Laferrière, *op. cit.*, p. 550, en dehors de ces deux espèces de concessions dont la première n'est qu'un contrat, la seconde qu'un acte d'administration, il en est d'autres où l'on trouve réunis l'acte d'administration et le contrat. Cet auteur fait rentrer dans cette troisième catégorie : 1° les concessions de mines ; — 2° Les concessions de travaux publics que la jurisprudence assimile aux marchés de travaux publics, et dont elle attribue par suite la connaissance aux conseils de préfecture ; — 3° Les concessions de biens de l'Etat faites à des administrations particulières dans l'intérêt des services publics : telles sont celles qui ont été faites à l'Université par le décret du 11 déc. 1808, et qui ont pour objet les biens non aliénés des anciennes universités ; celles des édifices occupés pour le service de l'administration, des cours et tribunaux et de l'instruction publique faites aux départements, arrondissements ou communes, par le décret du 9 avr. 1811, et celles des bâtiments militaires, faites aux villes par le décret du 23 avr. 1810. La jurisprudence a

reconnu le caractère administratif de ces concessions et l'incompétence de l'autorité judiciaire pour en connaître (Civ. cass. 24 juin 1851, aff. Département de la Corse, D. P. 51. 1. 196 ; 2 mars 1870, aff. Ville de Bapaume, D. P. 74. 1. 366 ; Cons. d'Et. 4 mai 1843, *Rép.* v° *Domaine de l'Etat*, n° 159 ; 7 déc. 1854, aff. Guépratte, D. P. 55. 3. 74 ; 17 janv. 1868 (1) ; Trib. conf. 12 déc. 1874, aff. Ville de Paris, D. P. 75. 3. 91) ; —4° Les concessions gratuites de terres domaniales faites à des particuliers, telles que celles qui ont été faites en Algérie (Cons. d'Et. 21 juin 1878, aff. Jumel de Noireterre, D. P. 78. 3. 83) ; — 5° La concession de créments futurs, c'est-à-dire de lais ou relais de mer ou d'alluvions fluviales, non encore parvenus à maturité. Suivant M. Laferrière, p. 553, cette concession contient deux éléments : une autorisation d'occuper des portions du domaine public et la cession d'une chose future ; le premier élément est un acte administratif, le second, un contrat à terme ou sous condition ; leur réunion forme un contrat administratif d'une nature spéciale, dans lequel l'exercice de la puissance publique vient à l'appui des conventions passées avec le domaine, et dont la connaissance ne peut, par conséquent, appartenir à l'autorité judiciaire. C'est en ce sens que s'est prononcé le tribunal des conflits (Trib. conf. 1er juill. 1850, aff. de Gouvello, D. P. 51. 3. 17 ; 31 mai 1851) (2). Mais la cour de cassation a décidé, au contraire, que, lorsque le Gouvernement concède régulièrement une partie du domaine de l'Etat, il ne figure pas dans l'acte comme pouvoir administratif procurant l'exécution des lois par des règlements ou des décisions, mais qu'il stipule comme représentant l'Etat propriétaire et aliénant par une convention du droit civil une partie de son domaine ; que cet acte n'est pas un acte d'autorité, mais un contrat formé par le concours de deux volontés, et que les questions de propriété auxquelles donnent lieu les rapports de cet acte avec les droits des tiers sont de la compétence exclusive des tribunaux (Civ. cass. 2 mai 1848, aff. de Gouvello, D. P. 48. 1. 85 ; 8 janv. 1861, aff. Azéma, D. P. 61. 1. 116. V. conf. Cabantous, *Revue critique*, 1857, p. 257). Toutefois, un arrêt plus récent a décidé qu'un arrêt du conseil, constitutif d'une concession de rivages et grèves de la mer, un procès-verbal d'arpentage dressé par un trésorier général de France pour la mise en possession de cette concession et un arrêt du conseil déboutant de l'opposition à ladite concession consti-

---

(1) (Ville de Paris.) — Le conseil d'État ;... — Considérant que le recours formé devant nous par la Ville de Paris par suite du renvoi prononcé devant le tribunal civil de la Seine tend à nous faire déclarer que le décret ci-dessus visé du 9 avr. 1811 a eu pour effet de concéder à ladite Ville la propriété des bâtiments de la clinique de l'école de médecine de Paris ; — Considérant que l'Etat soutient que, par l'effet du décret ci-dessus visé du 11 déc. 1808, tous les bâtiments de l'Ecole de médecine étaient devenus la propriété de l'Université, et que, par suite, le décret précité du 9 avr. 1811 n'avait pu concéder les bâtiments de la clinique à la Ville de Paris ; — Considérant que le décret précité du 11 déc. 1808 n'a donné à l'Université que les biens ayant appartenu au ci-devant prytanée français, aux universités, académies et collèges ; que si, parmi les immeubles affectés à l'Ecole de médecine de Paris par la loi ci-dessus visée du 14 frim. an 3, une partie provenait de l'ancienne académie de chirurgie, l'autre partie dans laquelle était installée la clinique provenait d'un ancien couvent des Cordeliers, devenu propriété nationale ; que, dès lors, les bâtiments de ladite clinique n'étaient pas de ceux qui avaient été donnés à l'Université par le décret du 11 déc. 1808 ; — Considérant que le décret précité du 9 avr. 1811 a concédé gratuitement aux communes les bâtiments occupés par elles pour le service de l'instruction publique et dont l'Etat avait conservé la propriété ; — Considérant que la partie de l'ancien couvent des Cordeliers où était installée la clinique était encore, en 1811, la propriété de l'Etat ; que ces bâtiments affectés à l'un des services dépendant de l'Ecole de médecine de Paris, rentraient dans la catégorie des bâtiments occupés pour le service de l'instruction publique, qui ont été concédés aux communes par le décret précité du 11 avr. 1811 ; que, dès lors, c'est avec raison que la Ville de Paris soutient qu'elle en est devenue propriétaire par l'effet dudit décret : — Art. 1er. Il est déclaré que, par l'effet du décret du 9 avr. 1811, la Ville de Paris est devenue propriétaire des bâtiments provenant de l'ancien couvent des Cordeliers et où a été installée la clinique de l'Ecole de médecine de Paris. Du 17 janv. 1868.-Cons. d'Et.-MM. Thureau-Dangin, rap.-de Belbœuf, concl.-Jagerschmidt, av.

(2) (Duhamel.) — Le tribunal des conflits ; — Vu l'ordonnance

de 1669, la loi des 22 déc. 1789-8 janv. 1790, celle des 12-20 août 1790 et l'arrêté du 19 vent. an 6, les lois des 16-24 août 1790, 16 fruct. an 3 et 28 pluv. an 8 ; — Vu la Constitution de 1848, la loi du 3 mars 1849, celle du 4 févr. 1850, le règlement du 26 oct. 1849, les ordonnances des 1er juin 1828 et 12 mars 1831 ; — Considérant que le sieur Duhamel invoque, soit les principes du code civil, soit un arrêt de l'ancien conseil du Roi rendu le 12 juill. 1763, à l'appui de la demande qu'il a formée à l'effet d'être déclaré propriétaire des divers terrains qui seraient compris dans les limites de la Garonne, telles qu'elles se trouvent reconnues et fixées par l'arrêté préfectoral du 15 oct. 1844 ; — Considérant que cette question de propriété privée, en tant qu'elle est fondée sur les dispositions du code civil, est subordonnée à la reconnaissance et à la fixation des limites anciennes ou nouvelles du fleuve ; mais que cette reconnaissance et détermination de l'étendue de cette portion du domaine public appartient, aux termes des lois susvisées, exclusivement à l'autorité administrative, qui est chargée de maintenir et d'assurer le libre cours des eaux et de la navigation ; — Considérant, en ce qui touche le moyen tiré de l'arrêt du conseil de 1763, que le tribunal de Bazas a reconnu que le sens et la portée de l'arrêt étant contestés entre le sieur Duhamel et l'Etat, il y a lieu de l'interpréter, et qu'il s'est déclaré compétent pour faire l'interprétation ; mais que l'arrêt dont il s'agit contenant une concession faite par l'autorité administrative supérieure, sous certaines conditions relatives au service de la navigation, est un acte administratif dont l'interprétation ne peut appartenir qu'à l'autorité de laquelle il est émané ; — Art. 1er. L'arrêté de conflit pris le 24 févr. 1851 par le préfet de la Gironde est confirmé en ce qu'il revendique pour l'autorité administrative : 1° le droit exclusif de reconnaître et de fixer les limites tant anciennes que nouvelles de la Garonne et de déterminer les terrains qui se trouvent compris dans ces limites ; — 2° le droit d'interpréter à titre de question préjudicielle l'arrêt du conseil du 12 juill. 1763, portant concession de l'île de Barie. — Art. 2. Sont considérés comme non avenus, en ce qu'ils ont de contraire à la présente décision, l'exploit introductif d'instance du 3 sept. 1850, les conclusions en date du 11 janv. 1851 et le jugement du 11 févr. 1851. Du 31 mai 1851.-Trib. conf.-MM. Boulatignier, rap.-Rouland, concl.

tuent non des contrats de droit commun, mais des actes administratifs qu'il est interdit aux tribunaux civils d'interpréter et surtout de modifier (Civ. cass. 9 avr. 1878, aff. Pallix, D. P. 82. 1. 353. — V. *Concession administrative*).

195. L'affectation d'un immeuble domanial à un service public ou d'utilité publique se distingue de la concession. Elle n'a pour objet que la jouissance; elle est « essentiellement temporaire, révocable par de simples actes administratifs, sans que l'affectataire puisse invoquer aucune prescription, quand même il serait une personne privée, car nul ne prescrit contre son titre, et ici le titre transfère seulement une jouissance précaire » (Gaudry, *Traité du domaine*, t. 2, p. 530). L'acte d'affectation est un acte *sui generis* propre au droit administratif, et qui n'a pas d'analogue dans les contrats de droit civil : l'appréciation et l'interprétation des actes d'affectation d'immeubles domaniaux doivent donc être réservées à la juridiction administrative (Laferrière, p. 556. V. conf. Trib. confl. 22 déc. 1880, aff. Evêque de Moulins, D. P. 82. 3. 25; 14 avr. 1883, aff. Evêque d'Angers, D. P. 83. 3. 85).

196. La question de savoir si cette solution peut être étendue aux affectations d'immeubles communaux est controversée. On a soutenu qu'il était dans le rôle des communes, comme dans celui de l'Etat, d'avoir des biens et de les affecter d'une manière plus ou moins permanente à des usages utiles à la commune, et que ces affectations avaient, comme celles des biens domaniaux, un caractère purement administratif (Laferrière, p. 556). Mais cette interprétation n'a pas été consacrée par la jurisprudence. D'après l'opinion qui a prévalu devant la cour de cassation, et qui a été développée devant le conseil d'Etat dans de remarquables conclusions de M. le commissaire du Gouvernement Gomel (D. P. 84. 3. 89), les seules affectations permises aux communes sont celles qui consistent à consacrer leurs immeubles à un service communal. Lorsqu'une commune cède à un tiers la jouissance d'une de ses propriétés, elle n'accomplit pas une affectation analogue à celle que l'Etat peut effectuer; elle réalise une véritable convention irrévocable et soumise aux règles du droit commun; par suite, l'autorité judiciaire est seule juge des contestations que peut soulever l'exécution de ladite convention, sauf renvoi, s'il y a lieu, devant le conseil d'Etat pour interprétation préalable des actes administratifs invoqués dans la cause (V. conf. Req. 17 août 1880, aff. Ville de Foix, D. P. 81. 1. 453; 24 juill. 1882, aff. Ville de Chambéry, D. P. 84. 1. 185; Cons. d'Et. 17 juin 1887, aff. Ville de Paris *C*. Frères des Ecoles chrétiennes, D. P. 88, 3ᵉ partie).

197. La collation des fonctions publiques a été considérée par quelques auteurs comme un contrat administratif. « Le contrat, dit M. Dareste, *Justice administrative*, p. 372, qui se forme entre l'Etat et le fonctionnaire est un mandat salarié, mais un mandat *sui generis*. Le caractère politique y prédomine, et c'est pourquoi, presque en tout pays, les contestations auxquelles il peut donner lieu sont réservées à la juridiction administrative (V. conf. Perriquet, *Contrats de l'Etat*, p. 435 et suiv.). Mais cette opinion nous paraît avoir été justement critiquée. On a objecté que les obligations réciproques du fonctionnaire et de l'Etat dérivent, non d'un contrat, mais de la loi, et que cette règle ne comporte d'exception que pour certaines missions données par l'Etat dans un intérêt public ou scientifique, ou pour des tâches confiées à des employés auxiliaires. Dans ces cas il intervient un contrat analogue au louage de service ou d'ouvrage (Laferrière, p. 564. V. *supra*, nᵒ 47). Il en serait autrement des contestations auxquelles donnerait lieu une mission confiée par un ministre pour le service de son département; elles auraient pour objet une dette de l'Etat, et devraient à ce titre être portées devant la juridiction administrative (D. P. 83. 3. 94, notes 1, 2 et 3).

198. On s'est demandé si une distinction ne devrait pas être faite entre les fonctionnaires et les simples employés d'une administration départementale ou municipale: les premiers étant investis d'une délégation de pouvoirs publics, il est incontestable que leur nomination a le caractère d'un acte de la puissance publique; mais il semble qu'entre les simples employés et l'administration qui les nomme, il se forme un contrat de louage d'ouvrage rentrant dans la compétence judiciaire (D. P. 79. 2. 161, notes 1, 2, 3 et 4). Cette distinction a été repoussée par la jurisprudence qui, ainsi que nous

l'avons exposé *suprà*, nᵒ 40, a considéré comme des actes administratifs aussi bien les collations d'emplois que les collations de fonctions : et nous avons dit que le tribunal des conflits et la cour de cassation ont été d'accord pour reconnaître qu'un employé communal ne peut porter devant les tribunaux civils une demande en dommages-intérêts à raison d'une révocation non justifiée, en assimilant cette révocation à la résiliation d'un contrat de louage d'ouvrage.

199. Mais si les nominations des fonctionnaires et employés départementaux et communaux sont des actes de la puissance publique, il peut intervenir à l'occasion de ces nominations des traités ayant pour objet le logement, le traitement, la durée prévue de l'emploi; et ces conventions, régies par les principes du droit civil, rentrent dans la compétence de l'autorité judiciaire. C'est ainsi que des traités ont été fréquemment passés entre les communes et les instituteurs congréganistes qui ne tenaient leur nomination que de l'autorité préfectorale. Lorsque les préfets, pour opérer la laïcisation des écoles, ont relevé de leurs fonctions les instituteurs congréganistes, de nombreuses contestations se sont élevées entre ces derniers et les communes au sujet de l'exécution des conventions intervenues. Il a été reconnu que l'autorité judiciaire ne peut apprécier la légalité de l'arrêté par lequel le préfet retire à un instituteur la direction d'une école (Trib. confl. 28 déc. 1878, aff. Demorgny, D. P. 79. 3. 65; 11 janv. 1879, aff. Institut des frères des écoles chrétiennes, *ibid.*), ni entraver ou retarder l'exécution de cet arrêté en maintenant temporairement l'instituteur remplacé en possession de l'immeuble qui lui était fourni par la commune pour servir de maison d'école (Mêmes arrêts; Trib. confl. 27 déc. 1879, aff. Sœurs de l'instruction chrétienne de Nevers, D. P. 80. 3. 91; 14 janv. 1880, aff. Frères des écoles chrétiennes, D. P. 80. 3. 91; 13 nov. 1880, aff. Frères des écoles chrétiennes, D. P. 81. 3. 89; 13 janv. 1883, aff. Muller, D. P. 84. 3. 73; 14 avr. 1883, aff. Millard, *ibid.*).

200. Mais la jurisprudence a en même temps décidé que cette autorité est compétente pour connaître des conventions passées entre les congrégations et les communes et pour réprimer toutes les atteintes portées à l'exécution de ces contrats, sous la seule réserve de ne pas s'opposer à ce que l'instituteur nouvellement nommé exerce ses fonctions (Dijon, 10 avr. 1873, aff. Ville de Mâcon, D. P. 74. 2. 49; Toulouse, 11 août 1873, aff. Frères des écoles chrétiennes, D. P. 74. 2. 31; Req. 1ᵉʳ déc. 1873, aff. Ville de Toulouse, D. P. 74. 1. 59; 9 nov. 1874, aff. Ville de Perpignan, D. P. 75. 1. 60; 21 mars 1876, aff. Ville de Nantes, D. P. 77. 1. 503; Civ. cass. 18 août 1874, aff. Sœurs de la Charité de Nevers, D. P. 75. 1. 257; Cons. d'Et. 6 déc. 1878, aff. Ville de Grenoble, D. P. 79. 3. 29; Arrêts précités des 28 déc. 1878 et 11 janv. 1879; Trib. confl. 26 mars 1881, aff. Monnier, D. P. 82. 3. 60). Il lui appartient, en conséquence, de statuer, s'il y a lieu, sur l'indemnité qui peut être due pour le préjudice causé à la congrégation (Arrêts précités des 28 déc. 1878, 11 janv. 1879, 27 déc. 1879 et 14 janv. 1880; Nîmes, 27 déc. 1880, aff. Cazaneuve, D. P. 81. 2. 132; Trib. confl. 18 mars 1882, aff. Cazaneuve, D. P. 83. 3. 84; Req. 7 juill. 1883, aff. Petits frères de Marie, D. P. 84. 5. 234; 23 mars 1885, aff. Ville de Prades, D. P. 85. 1. 309); et même de maintenir la congrégation en possession de la maison où est établie l'école, si elle prétend en être propriétaire (Aix, 9 janv. 1872, aff. Ville de Toulon, D. P. 72. 2. 200, et sur pourvoi, Req. 26 févr. 1873, D. P. 73. 5. 390; Arrêt précité du 28 déc. 1878), ou d'une partie de l'immeuble communal distinct des locaux scolaires, que l'école prétend que la commune lui a cédé la jouissance en vertu d'une convention de droit commun (Arrêt précité du 11 janv. 1879).

201. C'est une question très controversée que celle de savoir si l'on doit considérer comme un contrat administratif l'acte d'engagement militaire. Conformément à l'opinion que nous avons exprimée au *Rép.* nᵒ 17, M. Laferrière résout affirmativement cette question. Suivant lui, le contrat qui se forme entre l'engagé et l'Etat se lie étroitement à l'enrôlement; il en est une condition nécessaire, puisque l'Etat ne pourrait pas imposer au titre de la loi le service librement offert par l'engagé volontaire ou par le militaire qui contracte un rengagement. En contractant, l'Etat fait une opération de recrutement qui est au premier chef un acte de la puissance publique, et qui reste telle nonobs-

tant les éléments contractuels qui viennent s'y associer. Il y aurait donc lieu de réserver à l'administration la connaissance des difficultés relatives à l'exécution, à l'interprétation et à la validité de l'engagement, en laissant aux tribunaux civils la connaissance des questions d'état et de capacité (*op. cit.*, p. 558. V. conf. Chauveau, *Principes de compétence administrative*, t. 2, p. 254, n° 413, et note sous Civ. cass. 10 déc. 1878, D. P. 79. 1. 113). Toutefois, la cour de cassation a repoussé cette opinion, par l'arrêt précité rendu dans l'intérêt de la loi le 10 déc. 1878. Cet arrêt décide que le contrat d'engagement militaire est une convention librement consentie de la part de l'engagé qui s'oblige envers l'Etat, et dans laquelle l'administration stipule comme simple partie contractante sans statuer ni disposer par voie de commandement comme autorité publique; qu'aucune disposition spéciale de la loi n'a dessaisi les juges civils du droit d'en connaître; qu'il est régi, quant à la forme, par l'art. 50 de la loi du 27 juill. 1872, lequel se borne à emprunter au code civil les principales formalités dont ledit contrat doit être entouré, sans déroger en rien aux règles spéciales de la compétence; qu'enfin, le décret du 30 nov. 1872, qui n'a pu ni voulu créer une juridiction exceptionnelle au profit du ministre de la guerre, laisse intacte la compétence des tribunaux ordinaires pour vider entre l'autorité militaire et l'engagé les questions contentieuses concernant la validité du contrat dont il s'agit.

202. L'engagement décennal, contracté par les membres de l'enseignement, en vue d'obtenir la dispense militaire prévue par l'art. 20, § 1er et 5, de la loi du 27 juill. 1872, ne peut être assimilé à un contrat du droit civil, les contestations auxquelles peut donner lieu la réalisation de cet engagement échappent à la compétence judiciaire. Le juge de ces contestations est le conseil de revision qui ne peut, d'ailleurs, être saisi qu'incidemment d'une question de recrutement et de dispense (Cons. d'Et. 6 juill. 1883, aff. Filhol, D. P. 85. 3. 41). Toutefois, la question de la validité de l'engagement pourrait être portée devant les tribunaux de répression, dans le cas où un engagé serait traduit devant ces tribunaux, comme n'étant plus dans le cas de dispense et n'ayant pas fait la déclaration prescrite par l'art. 21 de la loi du recrutement (Conclusions de M. le commissaire Le Vavasseur de Précourt dans l'affaire précitée).

203. En dehors des diverses hypothèses qui viennent d'être examinées, l'autorité administrative est compétente toutes les fois qu'un contrat passé par l'administration dans l'intérêt d'un service public présente, par la nature des dispositions qu'il contient et des règles dont il nécessite l'application, le caractère d'un acte administratif. Ainsi, c'est à la juridiction administrative qu'il appartient de statuer sur des contestations relatives à l'exécution d'une convention approuvée par décret, par laquelle une colonie (la Martinique) s'est obligée à réparer, dans des proportions déterminées, les pertes que pourrait éprouver une société (le Crédit foncier colonial) instituée pour effectuer des prêts à la colonie, aux communes et aux particuliers, alors que ce contrat engage les finances de l'Etat, qui est tenu de venir en aide aux colonies au moyen d'une subvention en cas d'insuffisance des ressources du budget local (Sol. impl., Cons. d'Et. 16 mai 1873, aff. Crédit foncier colonial, D. P. 74. 3. 41; Civ. cass. 8 avr. 1874, aff. Crédit foncier colonial, D. P. 74. 1. 196).

La cour de cassation a également considéré comme un contrat administratif l'adjudication qui a pour objet le recouvrement, dans une commune coloniale, de la taxe établie sur les spiritueux au profit de la colonie, et qui impose à l'adjudicataire l'obligation de se soumettre aux conditions déterminées par un arrêté du gouverneur réglementant la concession et l'exploitation de la ferme des spiritueux, ainsi que l'installation et la police des débits. Il a été jugé, en conséquence, que les contestations auxquelles peut donner lieu cette adjudication sont de la compétence exclusive de l'autorité administrative (Civ. rej. 6 avr. 1870, aff. Montabel-Sarrotte, D. P. 71. 1. 93).

204. Il a été implicitement décidé, par un arrêt du conseil d'Etat du 25 janv. 1878 (aff. du Châtel, D. P. 78. 3. 60), qu'il appartient à l'autorité administrative de statuer sur la demande en indemnité qu'un particulier, qui avait acquis de l'Etat les étalons d'une station, à la charge de les em-

ployer dans cette station et de ne pouvoir les revendre sans autorisation, a formée contre l'Etat, à raison du préjudice que lui aurait causé le rétablissement ultérieur d'une station dans la même localité. En la forme, le contrat intervenu entre l'Etat et le réclamant était une vente, et l'autorité judiciaire pouvait sembler compétente pour statuer sur la demande d'indemnité. Mais le conseil d'Etat a pensé que le véritable objet de la convention avait été de pourvoir à un service public en confiant à l'industrie privée l'exploitation de ce service, et que les difficultés qui pouvaient s'élever sur l'exécution des mesures prises pour organiser le service des stations d'étalons présentaient un caractère éminemment administratif.

205. Ainsi qu'on l'a vu au *Rép.* n°s 99 et 110, la connaissance des contestations relatives à deux importantes catégories de contrats passés pour la gestion des services publics a été attribuée par des dispositions expresses de nos lois à la juridiction administrative : les marchés de travaux publics ressortissent aux conseils de préfecture, aux termes de la loi du 28 pluv. an 8; les marchés de fournitures aux ministres, sauf recours au conseil d'Etat, en vertu du décret du 11 juin 1806. On examinera ailleurs (V. *Marchés de fourniture; Travaux publics*), les questions qui se rattachent à ces deux classes de contrats.

206. — III. DETTES DE L'ÉTAT; PAYEMENTS ET REMBOURSEMENTS ADMINISTRATIFS. — Nous avons dit (*Rép.* n°s 121 et suiv., et v° *Trésor public*, n°s 371 et suiv.), que les lois du 17 juill. 1790 et du 26 sept. 1793, suivant sur ce point les traditions de l'ancien régime, ont revendiqué pour l'autorité administrative le droit exclusif de liquider les dettes de l'Etat, et de connaître des actions tendant à faire déclarer l'Etat débiteur. « Ce principe, dit M. Dareste, p. 277, n'est pas sans exception, mais on peut dire que les exceptions confirment la règle. La jurisprudence n'est pas moins formelle que les textes. Depuis son rétablissement en l'an 8, le conseil d'Etat n'a pas hésité à trancher les questions de compétence comme elles étaient tranchées avant 1789. La formule dont il s'est servi a pu varier; mais, en réalité, il a toujours jugé de même depuis soixante ans ».

Cette jurisprudence n'a pas été modifiée par les décisions du tribunal des conflits rendues sur des questions de responsabilité de l'Etat et dans lesquelles, ainsi que nous l'avons dit *supra*, n° 179, le tribunal s'est abstenu de viser les lois de 1790 et de 1793. S'il suffit, en effet, d'invoquer le principe de la séparation des pouvoirs pour justifier, en cette matière spéciale, la compétence administrative, les lois de 1790 et de 1793 s'appliquent à un grand nombre d'autres questions qui ne pourraient, en dehors d'un texte formel, être enlevées à la compétence judiciaire; telles sont les questions relatives au règlement des créances provenant de contrats ou de quasi-contrats de l'Etat : soldes, traitements, pensions, émissions de rentes, opérations de trésorerie, comptes-courants des trésoriers payeurs généraux (Laferrière, p. 383). Les lois précitées sont les seules qui permettent d'attribuer à la juridiction administrative le contentieux de ces engagements pécuniaires du Trésor, et elles n'ont pas cessé d'être en vigueur.

207. Nous examinerons v° *Trésor public*, ainsi que nous l'avons fait au *Rép. eod.* v°, n°s 549 et suiv., les applications qu'a reçues cette règle de compétence et les dérogations qui y ont été apportées par des lois spéciales ou par la jurisprudence.

208. Quant aux dettes des départements, des communes et des établissements publics, c'est à l'autorité judiciaire qu'il appartient d'en connaître, lorsqu'il n'existe pas de lois qui aient fait rentrer l'objet de la contestation dans le contentieux administratif (Cons. d'Et. 17 juill. 1862, aff. Maman, D. P. 63. 3. 33). Il a été décidé par suite que l'autorité judiciaire était seule compétente pour connaître de l'action intentée par un boulanger contre la caisse de la boulangerie de Paris, pour avoir payement des sommes qu'il prétendait lui être dues par cette caisse en exécution des décrets des 27 déc. 1853 et 7 févr. 1854 qui l'ont organisée (Même arrêt).

§ 4. — Défense à l'autorité administrative de statuer sur les questions d'état, de domicile, de capacité, de propriété, de dommages-intérêts, sur les contrats civils, etc.(*Rép.* n°s 138 à 170).

209. — I. QUESTIONS D'ÉTAT, DE DOMICILE, DE CAPACITÉ. — Nous avons dit au *Rép.* n° 138, qu'il appartient exclusivement

aux tribunaux civils de statuer sur les questions d'état, de qualité, de capacité civile ou de domicile. La juridiction administrative est incompétente pour trancher directement ou indirectement des questions de cette nature, et, lorsqu'elles sont soulevées dans un litige administratif qui en nécessite la solution, elles constituent des questions préjudicielles dont l'examen doit être renvoyé à l'autorité judiciaire. Ce renvoi est formellement prescrit par des lois spéciales, notamment en matière de recrutement militaire (L. 27 juill. 1872, art. 29) ou d'élection (L. 31 juill. 1875, art. 16; L. 5 mai 1884, art. 39). La loi du 19 mai 1834 sur l'état des officiers dispose également que, lorsque la perte de la qualité de Français doit avoir pour effet la perte d'un grade dans l'armée, la question de nationalité doit être préalablement tranchée par un jugement (art. 1er, § 2).

210. Mais, alors même qu'aucun texte législatif n'a prescrit ce renvoi, l'autorité administrative est tenue de surseoir à statuer et de renvoyer aux tribunaux civils la solution préjudicielle de ces questions, toutes les fois qu'elles sont soulevées dans un litige administratif quelle qu'en soit la nature. C'est ainsi qu'en matière de pensions, lorsque le conseil d'Etat est appelé à statuer sur l'application de la déchéance résultant de la privation de la qualité de Français, il doit, si la question de nationalité est douteuse, en renvoyer l'examen à l'autorité judiciaire (Cons. d'Et. 19 févr. 1886, aff. Siégel, D. P. 87. 3. 76).

211. La propriété des noms patronymiques touche de près à l'état civil des citoyens, et la juridiction civile est seule compétente pour connaître les questions qui s'y rattachent (V. Rép. v° Nom, n° 46). Toutefois, la loi du 11 germ. an 11 a reconnu au Gouvernement le droit de statuer dans la forme des règlements d'administration publique sur les demandes de changement de nom, et c'est devant l'autorité administrative qu'aux termes de l'art. 7 de cette loi doit être formée l'opposition des intéressés au décret qui autorise un changement ou une addition de nom. Des oppositions peuvent être formées également devant le garde des sceaux au cours de l'instruction de la demande ; et l'art. 4 de l'arrêté ministériel du 25 juin 1828 porte que, lorsqu'une opposition de ce genre aura été formée, « il sera sursis à toute instruction et à toute décision jusqu'à ce que les parties intéressées se soient entendues pour faire cesser l'opposition, ou qu'il ait été statué sur cette opposition en justice réglée ». La cour d'Aix avait décidé, conformément à cette disposition, que la personne qui s'est pourvue près du garde des sceaux à fin d'addition de nom est recevable à réclamer devant le tribunal civil contre l'opposition formée par un tiers à cette demande, et que le juge civil est compétent, non pour prononcer la mainlevée de l'opposition, mais pour la déclarer mal fondée et pour enjoindre à l'opposant de la retirer dans un délai déterminé (Aix, 10 juin 1869, aff. d'Isoard, D. P. 70. 2. 42. V. ibid. les conclusions données dans cette affaire par M. l'avocat général Desjardins).

Mais cet arrêt a été cassé, par le motif que les dispositions de la loi du 11 germ. an 11 constituent dans leur ensemble une instance unique, exclusivement administrative, qui n'admet à aucun moment le concours ni l'intervention de l'autorité judiciaire, si ce n'est dans le cas prévu par l'art. 9 qui maintient les lois existantes relatives aux questions d'état entraînant changement de nom, lesquelles doivent continuer à se poursuivre devant les tribunaux ordinaires, et que, sans qu'il y ait lieu d'examiner si l'arrêté ministériel du 25 juin 1828 a été ou non abrogé, cet arrêté n'a pu changer des règles de compétence établies par une loi et qui sont d'ordre public (Civ. cass. 9 avr. 1872, aff. d'Isoard, D. P. 72. 1. 299).

212. Une question controversée est celle de savoir si les tribunaux civils sont compétents pour statuer sur l'opposition formée à un changement de nom autorisé par un décret, lorsque ce décret n'a pas été rendu dans la forme prescrite par la loi du 11 germ. an 11. Cette question, soulevée par la demande de la famille de Montmorency, qui contestait au comte Adalbert de Talleyrand-Périgord le droit de prendre le nom de Montmorency en vertu d'un décret rendu en dehors des formes prescrites par la loi précitée, n'a été résolue ni par l'arrêt de la cour de Paris du 8 août 1865 (D. P. 65. 2. 121), ni par celui de la chambre des requêtes du 30 déc. 1867, qui

a rejeté le pourvoi dirigé contre cet arrêt (D. P. 68. 1. 49), ces arrêts ayant décidé que le décret dont il s'agissait contenait non la concession d'un nom, mais la collation d'un titre. L'arrêt de la cour de Paris déclare, toutefois, dans un de ses motifs « qu'il est incontestable que les noms, titres et armes constituent des propriétés et que les difficultés qui s'élèvent à cet égard entre les justiciables doivent être réglées par les tribunaux ordinaires » ; et M. l'avocat général de Vallée, sur les conclusions duquel a été rendu cet arrêt, s'est exprimé en ces termes sur la question soulevée par les demandeurs: « Je suppose un décret qui confère un nom sans que les formalités de la loi de germinal aient été observées et que ce nom soit celui d'une famille qui se plaint. Vous pouvez, jugeant que le décret n'est pas régulier en la forme, consacrer la propriété exclusive du nom, sauf le droit ultérieur du souverain de conférer le nom régulièrement » (V. conf. dissertation de M. Alfred Levesque sous l'arrêt précité du 30 déc. 1867). Mais cette solution, que nous croyons conforme aux véritables principes, est combattue par M. Laferrière, qui refuse à l'autorité judiciaire le droit de paralyser un décret de changement de nom argué d'illégalité ou de vices de formes. « Ces irrégularités, dit-il, fussent-elles bien établies, n'enlèveraient pas à l'acte son caractère administratif et ne donneraient pas compétence aux tribunaux judiciaires : elles ne pourraient que motiver une opposition devant la juridiction administrative, seule compétente pour apprécier ces griefs » (p. 471).

213. Les questions d'état et de capacité civile, réservées à la compétence judiciaire, ne doivent pas être confondues avec les questions d'aptitude, d'incapacité, de déchéance, qui ne relèvent que de la juridiction administrative. Nous verrons plusieurs applications de cette distinction dans les questions d'éligibilité (V. Organisation administrative) et dans les questions d'aptitude personnelle en matière d'affouage et de jouissance des autres bien communaux (V. Forêts).

214. — II. Questions de propriété; — Conformément à ce qui a été exposé au Rép. n° 143, l'autorité judiciaire est seule compétente pour prononcer sur les questions de propriété, toutes les fois qu'elles doivent trouver leur solution dans des titres privés ou dans l'application des principes du droit civil (Req. 24 juill. 1871, aff. Gaillard, D. P. 71. 1. 349). Il en est ainsi alors même qu'elles touchent à l'intérêt public, et qu'elles ont pour objet, notamment, des immeubles que l'administration soutient être des dépendances du domaine public. Ainsi, c'est aux tribunaux civils, et non à l'autorité administrative, qu'il appartient de statuer sur la demande en revendication des eaux d'une rivière navigable que le demandeur prétend avoir été valablement distraites du domaine public et être comprises dans la concession à lui faite d'un canal alimenté par ces eaux (Civ. cass. 24 août 1857, aff. de Graves, D. P. 57. 1. 321).

215. Il appartient aux tribunaux civils, par application de cette règle, de statuer : 1° sur la prétention élevée par une commune, actionnée en délaissement d'un terrain, de faire considérer ce terrain comme dépendant du régime immémorial de la place communale, sans qu'elle produise d'ailleurs aucun acte administratif qu'il y ait lieu d'interpréter (Cons. d'Et. 27 nov. 1856, aff. Massot, D. P. 57. 3. 33) ; — 2° Sur la revendication par une commune d'une parcelle dont le préfet, dans la croyance qu'il pouvait en disposer comme d'une dépendance du domaine de l'Etat, a fait l'abandon par un arrêté à un particulier, en échange d'une portion de terrain appartenant à celui-ci, et déclarée nécessaire à la rectification d'une route nationale (Cons. d'Et. 18 mai 1854, aff. Commune de Brives-Charensac, D. P. 54. 3. 83) ; — 3° Sur la question de savoir si l'Etat a le droit de réclamer à une compagnie de chemins de fer une indemnité d'expropriation, à raison de terrains domaniaux affectés à l'établissement de ce chemin de fer (Civ. rej. 8 mai 1865, aff. Chemin de fer de Lyon, D. P. 65. 1. 293) ; — 4° Sur l'action intentée par un propriétaire à l'effet d'obtenir le prix de terrains qu'il aurait appartenu, et que l'Etat posséderait sans les avoir achetés et payés, encore que le demandeur laisse à l'Etat la faculté de les restituer dans le cas où il ne lui conviendrait pas d'en payer le prix (Rennes, 11 août 1858, aff. Duclos, D. P. 59. 2. 210) ; — 5° Sur l'opposition faite par un tiers, se prétendant propriétaire de tout ou partie d'un immeuble, à ce qu'une commune qui en a la posses-

sion légale en jouisse de telle ou telle manière (Riom, 9 janv. 1849, aff. Teilhard, D. P. 49. 2. 43); — 6° Sur la question de savoir si le mausolée érigé par souscription sur une tombe est un monument public ou une propriété privée (Civ. rej. 19 janv. 1875, aff. Lamm, D. P. 75. 1. 321); — 7° Sur la question de propriété des bâtiments d'une école communale, revendiqués par une congrégation à laquelle a été retirée la direction de cette école (Aix, 9 janv. 1872, aff. Ville de Toulon, D. P. 72. 2. 100).

216. Les questions de propriété mobilière sont, comme celles de propriété immobilière, de la compétence de l'autorité judiciaire. Aussi, s'il appartient à l'autorité administrative de statuer sur les questions relatives au sens, à la portée et à la régularité des inscriptions de rentes sur l'Etat, les tribunaux civils sont compétents pour connaître des questions de propriété relatives aux inscriptions de rentes ; et le jugement qui, statuant sur une question de cette nature, ordonne que la rectification aura lieu suivant les droits reconnus des parties et les formes prescrites par la loi n'est pas contraire au principe de la séparation des pouvoirs (Civ. cass. 20 juin 1876, aff. *Caisse paternelle*, D. P. 77. 1. 378).

217. L'autorité judiciaire est également compétente pour connaître de l'action dirigée par l'Etat contre une commune en restitution des redevances perçues par celle-ci à raison d'un établissement de bains de mer par elle autorisé sur la grève de son port (Rennes, 17 nov. 1851, aff. Commune de Pornic, D. P. 54. 5. 148).

218. La combinaison du droit appartenant à l'autorité judiciaire de statuer sur les questions de propriété et du droit appartenant à l'autorité administrative de délimiter le domaine public a donné lieu à de nombreuses difficultés. Les limites des rivages sont déterminées par des décrets, et celles des cours d'eaux navigables par des arrêtés préfectoraux. Il peut arriver qu'en fixant des limites inexactes entre le domaine public et les propriétés privées qui lui confinent, ces actes comprennent dans le lit des fleuves ou dans les rivages de la mer des terrains susceptibles de propriété privée, et qu'ils en enlèvent la disposition aux riverains. Pendant longtemps le conseil d'Etat a considéré les actes de délimitation du domaine public comme des actes de pure administration ne pouvant donner ouverture à un recours contentieux (Cons. d'Et. 4 avr.1845, *Rép.* v° *Voirie par eau*, n°s 62, 68 et 73 ; 31 mars 1847, aff. Balias de Soubran, D. P. 48. 3. 4).

219. Mais cette jurisprudence réservait aux propriétaires qui se trouveraient dépossédés une action en indemnité devant l'autorité judiciaire. La cour de cassation reconnaissait, en effet, le droit d'apprécier ces réclamations, sans s'attribuer le pouvoir d'annuler ou de modifier l'acte de délimitation, et elle décidait que l'incorporation des propriétés privées au domaine public en résultait valait expropriation pour cause d'utilité publique à l'égard des propriétaires, et avait pour effet de résoudre le droit des riverains en un droit à indemnité (Req. 23 mai 1849, aff. Combalot, D. P. 50. 1. 313; 20 mai 1862, aff. Perrochon, D. P. 63. 1. 230; Civ. cass. 21 nov. 1865, aff. de Hédouville, D. P. 66. 1. 113 ; Civ. rej. 14 mai 1866, aff. Aurousseau, D. P. 66. 1. 394). Ainsi, d'après ces arrêts, l'autorité administrative avait le droit de tracer, en vue des nécessités ou des intérêts du service public de la navigation, les limites *administratives* ; mais il appartenait à l'autorité judiciaire de rechercher les limites *naturelles*, et, lorsqu'elle reconnaissait le terrain litigieux se trouvait entre les deux tracés, de fixer l'indemnité de dépossession due au propriétaire.

220. Cette jurisprudence avait l'inconvénient de reconnaître à l'administration un droit exorbitant d'expropriation

indirecte, qui ne reposait sur aucune base légale. Aussi le conseil d'Etat, frappé de ces dangers, renonça-t-il à opposer une fin de non-recevoir absolue aux recours formés contre les délimitations abusives. Il posa en principe que le pouvoir dont l'administration est investie a uniquement pour but de conserver intactes les dépendances naturelles du domaine public, et qu'il doit, par conséquent, se borner à en constater les limites naturelles. Il en conclut que, lorsque l'administration use de ce pouvoir pour arriver à une expropriation déguisée, elle commet un excès de pouvoirs donnant ouverture à un recours contentieux. Par application de cette règle, il a, par de nombreux arrêts, annulé des actes de délimitation qui, sous prétexte de fixer les limites du domaine public, avaient incorporé au domaine des propriétés privées qui n'en faisaient pas naturellement partie (Cons. d'Et. 23 mai 1861, aff. Coquard, D. P. 62. 3. 11 ; 27 mai 1863, aff. Drillet de Lannigou, D. P. 63. 3. 63 ; 9 janv. 1868, aff. Archambault, D. P. 68. 3. 67 ; 21 juill. 1870, aff. Bertrand-Lemaire, D. P. 72. 3. 32).

221. Il résultait implicitement de cette jurisprudence que la délimitation une fois opérée, et non réformée par l'autorité compétente, ne pouvait être remise en question devant les tribunaux civils, même dans le but d'arriver à une simple condamnation pécuniaire qui, reposant sur la déclaration d'un droit préexistant de propriété contredit par l'acte de délimitation, serait inconciliable avec cet acte (V. la controverse engagée sur cette question entre MM. Christophle, Aucoc, Serrigny, Batbie et Reverchon, dans la *Revue critique de législation et de jurisprudence*, t. 32, p. 385 ; t. 34, p. 121 et 353 ; t. 35, p. 101 et 297; *Nouvelle série*, t. 1, p. 275). Cette conséquence logique a été expressément formulée dans deux arrêts rendus sur conflit le 17 mai 1871 (aff. Jabouin, D. P. 72. 3. 82) et le 12 mars 1872 (aff. Patron, *ibid.*). Il est dit dans le second de ces arrêts que « les dispositions qui consacrent et qui circonscrivent tout à la fois le droit de l'administration excluent pour les tribunaux civils tout pouvoir de reviser la délimitation administrative, aussi bien au point de vue d'une indemnité à accorder aux riverains qu'au point de vue de la possession des terrains et par suite la compétence que supposerait un tel pouvoir ».

222. Le changement de jurisprudence du conseil d'Etat ne permettait plus à l'autorité judiciaire de reconnaître à l'administration le droit d'expropriation indirecte qu'elle avait pris pour base de ses décisions antérieures ; mais elle refusa d'accepter la doctrine qui lui déniait toute compétence pour statuer sur une question de propriété. Un arrêt de la cour de cassation (Civ. cass. 6 nov. 1872, aff. Ouizille, D. P. 73. 1. 363) décida, en conséquence, que les tribunaux civils sont compétents pour connaître des questions de propriété ou de possession annale que les propriétaires riverains peuvent soulever à l'occasion de terrains d'alluvions compris dans un arrêté de délimitation, et dont ils prétendent avoir acquis la propriété ou la possession annale, en vertu des art. 556 et 557 c. civ., sous cette restriction toutefois qu'au lieu d'ordonner le délaissement immédiat des terrains que ces propriétaires auraient été dépossédés par cet arrêté et de s'opposer ainsi à l'exécution de cet acte administratif, les tribunaux civils doivent se borner à reconnaître et déclarer le droit de propriété ou de possession annale réclamé par les propriétaires riverains, sauf à eux à invoquer ultérieurement le bénéfice de cette décision, soit à l'effet de demander à l'autorité administrative l'annulation de l'arrêté de délimitation, soit à l'effet de réclamer devant l'autorité judiciaire une indemnité d'expropriation, si cet arrêté était maintenu (V. conf. Pau, 1er mars 1876) (1).

223. Le tribunal des conflits, saisi à son tour de la ques-

(1) (L'Etat C. Darrigal.) — La cour ; — Attendu qu'aux termes de l'art. 538 c. civ., les fleuves et rivières navigables sont une dépendance du domaine public ; qu'il appartient à l'autorité administrative de constater les limites de ce domaine, sauf aux parties qui se prétendent lésées dans leur droit de propriété par l'arrêté de l'administration, à se pourvoir, soit devant le conseil d'Etat pour faire annuler cet arrêté, soit devant l'autorité judiciaire pour se faire indemniser du préjudice que leur a causé une délimitation inexacte ; — Attendu que les dépendances du domaine public étant imprescriptibles, l'acte administratif, contenant une délimitation exacte de ce domaine, a pour effet d'interdire à ceux qui sont dépossédés du terrain délimité, non seulement toute reven-

dication de ce terrain, mais encore toute réclamation d'indemnité, sauf, quant à l'indemnité, le cas où la possession s'étant exercée légitimement sur un terrain sis au delà des limites du domaine public, c'est par un fait de l'Etat (par exemple, des travaux dans une rivière navigable) que ces limites auraient été reculées et auraient englobé ledit terrain ; — Attendu que, pas plus que la possession, un acte d'acquisition ne pourrait prévaloir contre un arrêté contenant une délimitation exacte du domaine public, sauf le cas où cet acte, émanant de l'Etat lui-même, aurait été régulièrement consenti à une époque où les dépendances de ce domaine n'étaient pas frappées d'indisponibilité, c'est-à-dire, antérieurement à 1566 ou postérieurement à 1789 ; — Attendu donc que, sous la

tion, s'est prononcé dans le sens de ce dernier arrêt (Trib. confl. 11 janv. 1873, aff. Paris de la Brosse, D. P. 73. 3. 65; 1er mars 1873, aff. Guillié, *ibid.*). Il résulte de ces deux décisions, qui paraissent devoir mettre un terme à cette longue controverse, que les actes de délimitation sont des actes d'administration, à l'occasion desquels l'autorité administrative ne peut ni se constituer juge des droits de propriété qui appartiendraient aux riverains, ni s'attribuer le pouvoir d'incorporer au domaine public, sans remplir les formalités exigées par la loi du 3 mai 1841, les terrains dont l'occupation lui semblerait utile aux besoins de la navigation; que les tiers dont les droits sont réservés peuvent se pourvoir soit devant l'autorité administrative pour faire rectifier sa délimitation, soit devant le conseil d'Etat à l'effet d'obtenir l'annulation pour cause d'excès de pouvoir des arrêtés de délimitation qui porteraient atteinte à leurs droits; qu'ils ne peuvent, en aucun cas, s'adresser aux tribunaux de l'ordre judiciaire pour faire rectifier ou annuler les actes de délimitation du domaine public et se faire remettre en possession des terrains dont ils se prétendent propriétaires; mais qu'il appartient à l'autorité judiciaire, lorsqu'elle est saisie d'une demande en indemnité formée par un particulier qui soutient que sa propriété a été englobée dans le domaine public par une délimitation inexacte, de reconnaître le droit de propriété invoqué devant elle, de vérifier si le terrain litigieux a cessé, par le mouvement naturel des eaux, d'être susceptible de propriété privée, et de régler, s'il y a lieu, une indemnité de dépossession dans le cas où l'administration maintiendrait une délimitation contraire à sa décision.

224. Ces deux décisions du tribunal des conflits apportent au système consacré par la cour de cassation deux tempéraments qu'il convient de remarquer. D'une part, elles portent que, lorsque l'autorité judiciaire décidera que le terrain litigieux fait partie du domaine public, elle n'aura à régler une indemnité de dépossession que dans le cas où l'administration maintiendrait une délibération contraire à sa décision; l'administration pourra donc, à son choix, restituer le terrain ou en payer le prix. En second lieu, il résulte de la seconde décision que, lorsque les limites actuelles du domaine public seront discutées avant toute délimitation devant l'autorité judiciaire, celle-ci devra surseoir à statuer jusqu'à ce qu'il ait été procédé à la délimitation par l'autorité administrative (V. conf. Trib. confl. 27 mai 1876, aff. Commune de Sandouville, D. P. 77. 3. 42).

225. La jurisprudence du tribunal des conflits a été critiquée par M. Ducrocq, *Cours de droit administratif*, 6e éd., t. 2, p. 151, et par M. Schlemmer, *Annales des ponts et chaussées*, 1874. Mais elle nous paraît avoir concilié, dans une juste mesure, les droits respectifs de l'administration et de l'autorité judiciaire. M. Laferrière, p. 502, fait très justement observer que la délimitation est une opération unilatérale, qui ne vise et ne peut viser que le domaine public, sans s'imposer à la propriété privée, et que celle-ci a droit, elle aussi, à sa délimitation propre qu'elle peut demander au juge de la propriété, comme le domaine public demande la sienne à l'autorité administrative. « Lorsqu'un désaccord, dit-il, se produit entre les deux pouvoirs, le seul moyen de respecter leur mutuelle indépendance est de laisser à l'une le droit de tracer et de rectifier la délimitation du domaine public, à l'autre le droit de vérifier les limites de la propriété privée et de compenser en argent les emprises qui auraient été faites sur elle. »

226. La réclamation élevée par un particulier contre l'exécution d'un arrêté du maire prescrivant, par mesure de salubrité, le comblement d'un fossé riverain de sa propriété est de la compétence du tribunal civil, en tant qu'elle a pour objet de faire reconnaître les droits que ce particulier aurait au maintien du fossé en vertu de traités passés avec la commune (Cons. d'Et. 13 juin 1858, aff. Sablayrolles, D. P. 59. 3. 2). Mais ces droits une fois reconnus, il appartient à l'autorité administrative de déterminer en quoi l'exécution de cet arrêté peut engager la commune, et de régler, au cas où un préjudice aurait été souffert, l'indemnité due à titre de réparation (Même arrêt).

227. Les questions de propriété échappent à la compétence de l'autorité judiciaire, lorsqu'elles doivent être tranchées uniquement par l'application d'actes dont la connaissance est réservée par la loi à l'autorité administrative. Tels sont, notamment, les actes par lesquels les biens ecclésiastiques non aliénés ont été restitués ou abandonnés aux communes ou aux fabriques dans l'intérêt du culte (V. *suprà*, n° 50).

228. Le principe d'après lequel toutes les questions de propriété sont réservées à l'autorité judiciaire reçoit également exception lorsqu'il s'agit d'une transmission de propriété qui a lieu en vertu d'un contrat soumis à la compétence administrative pour toutes les difficultés relatives à son exécution, tel qu'un marché de travaux publics et, par conséquent, une concession de chemin de fer. Il en est ainsi, par exemple, de l'action par laquelle l'Etat revendique une gare ou un embranchement supprimés à la suite de modifications régulièrement approuvées (Civ. cass. 24 août 1870, aff. Chemin de fer du Midi, D. P. 71. 1. 161), et de l'action par laquelle l'Etat revendique une portion de route abandonnée à la suite d'une déviation opérée par les soins et aux frais de la compagnie concessionnaire (Civ. cass. 24 août 1870, aff. Chemin de fer d'Orléans, D. P. 71. 1. 162; Cons. d'Et. 26 mai 1872, aff. Ministre des finances, D. P. 72. 3. 33; Cons. de préf. Seine, 14 juill. 1870, aff. Chemin de fer du Nord, *ibid.*). — Il en est de même de la demande qui a pour objet le revenu du prix de terrains compris dans la concession et aliénés postérieurement (Cons. d'Et. 26 janv. 1870, aff. Chemin de fer de Lyon, D. P. 72. 3. 33), ou le prix de vente de parcelles dépendant d'un canal concédé par l'Etat et aliénées comme inutiles depuis la concession (Civ. cass. 1er févr. 1871, aff. Chemin de fer du Midi, D. P. 72. 1. 69.)

229. On a vu au *Rép.* n° 146 que les questions de possession, étant de même nature que les questions de propriété, rentrent, comme ces dernières, dans la compétence de l'autorité judiciaire. Toutefois, cette règle doit se combiner avec celle qui déclare le domaine public imprescriptible; par suite, le trouble dans la possession d'une dépendance du domaine public ne peut donner ouverture à une action en complainte d'un particulier contre l'Etat (V. *Action possessoire*, n° 68).

Mais il appartient à l'autorité judiciaire de connaître d'une action en réintégrande intentée contre l'Etat par un particulier qui a été troublé de vive force dans sa possession par les agents de l'administration, et cela encore bien que celle-ci soutienne que le terrain dont il s'agit a été usurpé au préjudice de l'Etat. Il doit du moins en être ainsi quand le terrain n'est pas revendiqué par l'administration

---

réserve des cas ci-dessus spécifiés, l'arrêté de délimitation du domaine public, quand il est exact, classe irrévocablement et sans indemnité dans les dépendances de ce domaine les terrains délimités; — Or, attendu, en fait, que le 2 mai 1861, le préfet des Basses-Pyrénées a pris un arrêté portant que le domaine public est limité, sur la rive gauche du port de Berce, à Urt, le long de la rivière l'Aran, par la ligne pointillée ABCDEFGHIJKLM du plan visé par ledit arrêté et y annexé; que, sur la réclamation des parties intéressées, cet arrêté, après une nouvelle instruction, a été confirmé par un arrêté subséquent du 12 avr. 1862; — Attendu que cet arrêté pris pour délimiter le domaine public le long de l'Aran, présuppose d'abord la navigabilité de cette rivière; que cette navigabilité est d'ailleurs incontestable, dans la partie, du moins, qui, confluant à l'Adour, forme le port du Bern, car elle résulte de l'établissement même d'un port et de chantiers de construction en cet endroit; — Attendu, d'un autre côté, que la délimitation tracée par cet arrêté est justifiée par les documents versés au

procès; qu'elle est conforme à la règle qui comprend dans le lit d'une rivière les terrains submersibles par les plus hautes eaux non débordées; que, qu'une expertise dans ces circonstances est inutile; qu'il suit de là que les demandeurs n'ont aucun droit ni aux terrains compris dans la délimitation préfectorale reconnue exacte, ni à une dépossession de ces terrains, s'ils ne produisent un titre légitime d'acquisition émanant de l'Etat, ou n'établissent que c'est artificiellement que les limites de l'Aran ont été reculées jusque sur leur propriété; — Or, attendu que les demandeurs ne produisent aucun titre de l'Etat ou de ses représentants;... — Par ces motifs, disant droit de l'appel interjeté par l'Etat envers le jugement du tribunal de Bayonne du 23 févr. 1875, réforme ce jugement et, procédant par décision nouvelle, déboute les consorts Darrigal de toute leurs demandes, fins et conclusions, etc.

Du 1er mars 1876.-C. de Pau.-MM. Daguilhon, 1er pr.-Lespinasse, 1er av. gén. - Cassou et Forest, av.

comme faisant partie d'une route actuellement existante, ou d'un port dans le voisinage duquel il est situé, mais seulement comme n'ayant pas été aliéné par l'Etat avec le surplus d'un ancien port dont il aurait formé une dépendance avant 1790, et comme étant resté confondu depuis cette époque avec une place publique livrée à l'usage de tous (Cons. d'Et. 14 déc. 1862, aff. Lamy, D. P. 63. 3. 3).

230. Le juge du possessoire est compétent pour statuer sur l'exception de domanialité du terrain litigieux opposée à l'action en complainte (Civ. cass. 8 janv. 1884, aff. Chemin de fer d'Orléans, D. P. 84. 1. 71; Trib. confl. 6 déc. 1884, aff. Lacombe Saint-Michel, D. P. 86. 3. 44). Mais il est tenu de surseoir à statuer lorsque cette appréciation ne peut être faite sans trancher des questions préjudicielles de la compétence administrative (Décision précitée du 6 déc. 1884). En conséquence, lorsque devant le juge saisi d'une action de cette nature une contestation s'élève sur le point de savoir si le terrain litigieux a été compris par un arrêté de classement dans les limites d'un chemin vicinal, le juge doit ajourner sa décision jusqu'à ce que cette question ait été tranchée par l'autorité administrative (Trib. confl. 12 mai 1883, aff. Faget, D. P. 85. 3. 10).

231. Conformément à ce qui a été dit au *Rép.* nº 147, l'autorité judiciaire est compétente pour statuer sur les contestations élevées au sujet du bornage de leurs propriétés respectives entre l'Etat et un particulier (Lyon, 21 déc. 1848, aff. Préfet de l'Ain, D.P. 49. 2. 219), ou entre une commune et un particulier (Req. 19 avr. 1880, aff. Commune de Rochefort, D. P. 80. 1. 416).

232. Nous avons dit au *Rép.* nº 148 que les tribunaux judiciaires sont également compétents pour connaître des contestations qui portent sur des droits incorporels immobiliers, et spécialement de celles qui sont relatives à des droits de pêche, même sur les rivières navigables, quand elles doivent être résolues par des moyens de droit commun (V. *Rép.* vº *Pêche fluviale*, nºˢ 65 et suiv.; Cons. d'Et. 14 déc. 1864, aff. Boutillié, D. P. 65. 3. 81).

233. Les contestations relatives aux servitudes rentrent aussi, comme on l'a vu au *Rép.* nº 150, dans le domaine des tribunaux. Il a été décidé, en ce sens, qu'il appartient à l'autorité judiciaire: 1º de connaître de la demande du propriétaire d'un terrain enclavé tendant à faire usage d'un chemin, alors même que ce chemin est la propriété d'une commune (Req. 10 avr. 1872, aff. Commune Gatti di Vivario, D. P. 73. 1. 12) ; — 2º De prononcer sur la réclamation d'un particulier qui prétend que le conduit par lequel les lessives de son usine s'écoulent à la mer constitue une servitude légale à son profit (Cons. d'Et. 21 mai 1867, aff. Rampal, D. P. 68. 3. 98) ; — 3º De statuer sur la validité des servitudes que le propriétaire d'un canal de navigation, construit en vertu d'une concession de l'Etat, a constituées sur ce canal au profit de particuliers, lorsque la contestation s'élève en dehors de toute intervention de l'Etat au nom du domaine public (Req. 7 nov. 1865, aff. Chemin de fer du Midi, D. P. 66. 1. 254) ; — 4º De décider qu'une servitude a été acquise par prescription au profit d'une usine, bien qu'il y ait instance administrative sur le point de savoir si cette usine a été régulièrement autorisée, une telle décision n'ayant qu'un jugement sur une question d'intérêt privé et ne portant nulle atteinte au droit qu'a l'administration d'autoriser ou non dans l'intérêt public le maintien de l'usine (Req. 20 janv. 1845, aff. de Pennautier, D. P. 45. 1. 119) ; — 5º De déclarer entre particuliers si un acte administratif produit au procès comme impliquant l'existence d'une servitude sur un immeuble depuis vendu par l'Etat, offre les caractères légaux d'un acte constitutif ou récognitif de servitude, ou n'est que le résultat de la part de l'Etat d'une simple tolérance (Civ. rej. 17 août 1857, aff. Danau, D. P. 57. 1. 324); — 6º De décider si une servitude de passage existait sur un terrain avant son affectation au domaine public, et si elle a été maintenue par les clauses du contrat d'acquisition (Cons. d'Et. 1ᵉʳ juin 1861, aff. Ratier, D. P. 61. 3. 59). Mais, dans ce dernier cas, l'administration étant chargée de la conservation du domaine public, l'autorité judiciaire serait incompétente pour décider que le particulier dont elle a reconnu les droits sera maintenu en possession de la faculté de passer sur ce terrain (Même arrêt).

234. L'autorité judiciaire étant seule compétente en

matière de servitudes, la réserve d'un droit d'usage au profit d'une commune dans un acte de tutelle administrative ne peut être invoquée comme constituant une décision et, par suite, un titre en sa faveur (Dijon, 5 avr. 1871, aff. Commune de Fixin, D. P. 73. 2. 183).

235. Nous examinerons ailleurs (vº *Forêts*) les questions auxquelles donne lieu la compétence relative aux droits en nature que les particuliers exercent sur les biens communaux.

236. On a vu au *Rép.* nº 157 que les questions de privilèges et d'hypothèques se résolvent par les règles du droit civil, et sont comprises, dès lors, dans le cercle de la compétence judiciaire. Les tribunaux civils sont donc compétents pour statuer sur la demande en radiation d'une hypothèque prise en vertu d'une condamnation prononcée par l'autorité administrative (Cons. d'Et. 7 août 1875, aff. Chérel, D. P. 76. 3. 31), sauf renvoi devant l'autorité administrative si le fond du droit est contesté (Même arrêt).

Mais, quoiqu'il appartienne à l'autorité judiciaire de statuer sur les questions de privilèges et, par suite, sur les questions de préférence qui peuvent se présenter, il a été décidé qu'en vertu des droits attribués par les lois au Trésor public sur les cautionnements de ses comptables, le ministre des finances est compétent pour décider qu'il sera prélevé sur un cautionnement la somme nécessaire pour couvrir l'Etat des effets de la responsabilité qu'il a encourue envers un tiers par suite du détournement commis par un comptable, et cela encore bien que ce comptable ait été déclaré en faillite et que ce prélèvement ait été contesté par les autres créanciers (Cons. d'Et. 27 juin 1867, aff. Desbordes, D. P. 68. 3. 97). — Ce qui, dans l'espèce, a pu déterminer le conseil d'Etat à déroger au principe qui vient d'être formulé, c'est que le Trésor ne paraissait pas se trouver en présence de créanciers privilégiés ou prétendant l'être et pouvant à ce titre contester utilement le droit exercé par l'administration; en d'autres termes, la question du fond a pu paraître tellement facile à résoudre qu'il n'y avait pas lieu de s'arrêter à la question de compétence.

237. — III. CONTRATS CIVILS. — Comme on l'a dit au *Rép.* nº 158, l'autorité judiciaire est compétente pour apprécier les contrats qui règlent des droits privés, alors même que ces contrats ont pour objet les biens du domaine de l'Etat, ou les revenus des biens du domaine public qui entrent dans le domaine privé de l'Etat. C'est à elle seule, en conséquence, qu'il appartient de connaître des difficultés relatives à l'exécution ou à l'interprétation des actes dans lesquels le gouvernement ou ses agents figurent, non comme pouvoir administratif procurant ou assurant l'exécution des lois par des règlements ou des mesures d'autorité, mais comme représentant l'Etat propriétaire et disposant en son nom, par une convention de droit civil, d'une partie de son domaine (Civ. cass. 8 janv. 1861, aff. Azema, D. P. 61. 1. 116; Civ. rej. 28 mai 1866, aff. Ali-ben-Hamoud et autres, 4 arrêts, D. P. 66. 1. 301. V. *suprà*, nº 152). Ainsi c'est aux tribunaux civils, et non à l'autorité administrative, qu'il appartient de statuer sur le point de savoir si la concession faite par l'Etat à un particulier, même dans la forme administrative, pour un établissement de bains, d'eaux dérivées des aqueducs publics d'une ville et dépendant du domaine public, emporte la jouissance gratuite de ces eaux, et affranchit, par conséquent, le concessionnaire de toute redevance envers cette ville (Arrêts précités du 28 mai 1866).

238. L'autorité judiciaire est également compétente, en vertu des principes généraux du droit, confirmés d'ailleurs par l'art. 63 c. for., pour connaître de l'action par laquelle une commune demande contre l'Etat pour cause de lésion et d'erreur la rescision d'un cantonnement amiable intervenu entre elle et l'administration des forêts (Cons. d'Et. 20 mars 1862, aff. Commune de Gœtzembruck, D. P. 62. 3. 82).

Compétente pour connaître des actions en partage de bois indivis entre l'Etat et des particuliers, l'autorité judiciaire l'est aussi pour liquider les sommes que se doivent respectivement les copartageants, à raison des produits de ces bois et des dépenses faites pendant l'indivision, sauf renvoi à l'autorité administrative des difficultés qui pourraient s'élever, soit à raison de l'application des lois relatives aux déchéances établies contre les créanciers de l'Etat, soit sur la régularité et la portée des actes administratifs produits

dans le cours de la liquidation (Cons. d'Et. 14 sept. 1852, aff. de Luscan, D. P. 53. 3. 12).

239. Il a été décidé, par application du même principe, que les tribunaux civils sont compétents : 1° pour apprécier les droits et obligations dérivant de la cession faite par l'Etat à la ville de Paris des murs et barrières de cette ville en vertu de la loi du 29 vent. an 12, alors que cette cession a eu lieu par acte notarié (Cons. d'Et. 22 janv. 1857, aff. Gilbert, D. P. 57. 3. 63); — 2° Pour connaître des difficultés auxquelles peut donner lieu un marché par lequel l'Etat a vendu à un particulier des armes hors de service (Cons. d'Et. 2 juill. 1875, aff. Maury, D. P. 76. 3. 31).

240. Il est également constant, ainsi qu'on l'a vu au *Rép.* n° 158, que l'autorité judiciaire est compétente pour connaître des baux des biens domaniaux, ou même des baux des produits du domaine public (Cons. d'Et. 12 mai 1853, aff. Bérenguier, D. P. 54. 3. 66), et spécialement de la location des droits de chasse et de pêche dans les biens domaniaux (19 mars 1851, aff. Dutour, D. P. 53. 3. 2; 19 févr. 1868, aff. Portalupi, D. P. 69. 3. 1; 12 janv. 1870, aff. Morel, D. P. 70. 3. 58). En conséquence, c'est aux tribunaux civils qu'il appartient de statuer : 1° sur la demande en indemnité formée contre le ministre des travaux publics par l'adjudicataire d'un droit de pêche, à raison du préjudice que lui aurait causé, pendant le siège de Paris, un arrêté du ministre du commerce portant réquisition du poisson se trouvant dans son cantonnement et la liberté absolue laissée à la pêche à partir de cet arrêté (Cons. d'Et. 29 mai 1874, aff. Duval, D. P. 75. 3. 47); — 2° Sur la demande en résiliation formée par le fermier de la pêche dans un cours d'eau navigable ou flottable; alors même que la demande serait fondée sur ce que le fermier aurait été privé de la jouissance de la chose louée par suite de l'exécution de travaux autorisés par l'administration (Trib. conff. 11 déc. 1875, aff. Maissonnabe, D. P. 76. 3. 39); — 3° Sur la demande de l'adjudicataire du droit de chasse dans une forêt domaniale se prétendant troublé dans sa jouissance par suite des manœuvres militaires et exercices de tir opérés dans cette forêt, en résiliation de son bail ou au moins en réduction de la redevance annuelle (Cons. d'Et. 29 nov. 1884, aff. Jacquinot, D. P. 85. 3. 50); — 4° Sur les contestations qui s'élèvent entre l'Etat et le fermier d'une île située dans une rivière navigable (Cons. d'Et. 14 août 1865, aff. Dubourg, D. P. 68. 3. 54. V., pour les exceptions apportées à cette règle par des lois spéciales, *Rép.* v° *Louage administratif*, n°ˢ 18 et 19).

241. Les règles de compétence relatives aux contrats passés par l'Etat sont applicables aux quasi-contrats.

242. Conformément à ce qui a été dit au *Rép.* n° 160, la défense faite aux tribunaux judiciaires d'interpréter les actes administratifs ne s'applique pas aux actes contractuels où une commune figure comme partie intéressée, alors surtout qu'il s'agit d'apprécier, d'après les principes du droit commun, les obligations qui peuvent résulter pour la commune des contrats passés par elle (Req. 15 juill. et 14 nov. 1853, aff. Département de l'Isère, D. P. 54. 1. 56; 20 janv. 1873, aff. Chemin de fer de Lyon, D. P. 73. 1. 188; Civ. cass. 18 août 1874, aff. Sœurs de la charité de Nevers, D. P. 75. 1. 257; Req. 6 déc. 1875, aff. Ville de Roanne, D. P. 76. 1. 131; 23 janv. 1877, aff. Commune d'Oradour, D. P. 77. 1. 180; 13 juin 1877, aff. Ville de Pamiers, D. P. 78. 1. 415; 6 août 1883, aff. Maury, D. P. 85. 1. 16; Trib. conff. 17 mai 1873, aff. Michallard, D. P. 74. 3. 4).—V. aussi *Commune*, n° 1004, et les arrêts cités *ibid.*

243. La compétence judiciaire est donc la règle relativement aux procès qui intéressent les communes. Elle ne reçoit exception que dans les cas où la solution du litige exige qu'il soit statué préjudiciellement sur l'interprétation ou la régularité d'un acte administratif, et dans celui où la compétence administrative résulte d'un texte formel, par exemple, en matière de travaux publics. La jurisprudence du conseil d'Etat décide, par application de ce principe, que les tribunaux civils connaissent seuls des difficultés soulevées par l'exécution des marchés de fournitures passés avec les communes (Cons. d'Et. 10 janv. 1861, aff. Lamothe, D. P. 61. 3. 14; 12 déc. 1868, aff. Clément, D. P. 69. 3. 100; 3 janv. 1879, aff. Ville de Champagnole, D. P. 73. 3. 55).

244. C'est devant l'autorité judiciaire que doit être portée la demande en nullité des contrats consommés, alors même que la demande est motivée sur l'irrégularité des actes administratifs qui ont précédé, accompagné ou suivi le contrat (Cons. d'Et. 1ᵉʳ févr. 1866, aff. Catusse, D. P. 68. 3. 18; 26 mai 1866, aff. Moly, D. P. 67. 3. 39; 29 juin 1869, aff. Prieur, D. P. 71. 3. 14; 5 et 26 janv., 2 févr. et 2 mars 1877, aff. Blanc, D. P. 77. 3. 35. V. conf. Aucoc, *Ecole des communes*, 1864, p. 80 et 250; et 1865, p. 113 et 252; Serrigny, *Organisation et compétence administrative*, 2°. éd., n°ˢ 1013 et suiv.).

Il a été jugé, en ce sens, que lorsque l'omission d'une formalité administrative n'est pas contestée, que, d'après le droit commun, elle doit entraîner la nullité du contrat, le tribunal peut prononcer cette nullité (Civ. rej. 13 mai 1872, aff. Aulhac, D. P. 72. 1. 317). Ainsi, un tribunal a pu annuler comme non régulièrement autorisée, la transaction passée au nom d'une commune par le maire, alors que plusieurs arrêtés préfectoraux avaient annulé les délibérations du conseil municipal et rapporté l'arrêté d'autorisation primitif (Même arrêt). De même, c'est à l'autorité judiciaire qu'il appartient de décider si une adjudication de biens communaux est nulle à raison de ce que le préfet aurait admis à enchérir, contrairement aux conditions indiquées par le conseil municipal, non seulement les propriétaires de la commune, mais toute personne (Cons. d'Et. 9 janv. 1867, aff. Verdier, D. P. 68. 5. 85).

245. Quoique la juridiction administrative soit seule compétente pour connaître des contestations relatives aux taxes imposées aux riverains des voies publiques pour frais de viabilité, cependant, lorsqu'un contrat intervenu entre une ville et un particulier contient cession ou échange de terrains et règle le montant desdits frais qui sont à la charge de l'acquéreur, les difficultés relatives au payement de ces frais portant sur l'interprétation et l'exécution d'une convention de droit civil, sont rentre tranchées que par l'autorité judiciaire (Req. 30 janv. 1872, aff. Pédeucoig, D. P. 72. 1. 413; Paris, 12 mai 1876, aff. Jolly, D. P. 77. 2. 160; Req. 8 janv. 1878, aff. Bleuart, D. P. 79. 1. 344; Cons. d'Et. 4 févr. 1869, aff. Dassier, *Rec. Cons. d'Etat*, p. 99; 26 nov. 1869, aff. Jolly, *ibid.*, 923).

246. C'est également aux tribunaux civils qu'il appartient de trancher la question de savoir si une surenchère peut être admise après une adjudication de biens communaux faite devant notaire; et le préfet ne pourrait sans excès de pouvoirs, ni accueillir les offres de surenchère faites par des tiers, ni ordonner qu'il sera procédé à une adjudication nouvelle, ni déclarer valable la première adjudication (Cons. d'Et. 18 août 1856, aff. Duclos, D. P. 57. 3. 19, 4 juill. 1860, aff. Bandy de Nalèche, D. P. 60. 3. 52; 28 juill. 1864, aff. Bandy de Nalèche, D. P. 65. 3. 42).

247. Les mêmes règles de compétence sont applicables aux acquisitions faites par les communes et les établissements publics (V. *Commune*, n° 1175).

248. L'autorité judiciaire est également compétente pour connaître des échanges consentis par les communes (V. les arrêts cités, v° *Commune*, n° 1212; *Adde:* Cons. d'Et. 16 févr. 1870, aff. Templier, D. P. 73. 3. 84), et spécialement pour interpréter un contrat d'échange comme ayant confirmé un particulier dans la jouissance d'une servitude qu'il exerçait antérieurement à l'effet de l'indemniser de la cession d'un terrain par lui consenti (Req. 23 janv. 1877, aff. Commune d'Oradour, D. P. 77. 1. 180).

249. Il en est de même des actes ayant pour objet la gestion et l'administration du domaine communal (Civ. rej. 26 juill. 1871, aff. Ville d'Avignon, D. P. 71. 1. 324), et spécialement des actes par lesquels une commune a accordé à un particulier la concession temporaire de ses eaux surabondantes (Cons. d'Et. 24 nov. 1879, aff. Rolland, D. P. 80. 3. 51; Civ. cass. 15 mai 1882, aff. Rolland, D. P. 83. 1. 165; Req. 26 mai 1884, aff. Rolland, 2° arrêt, D. P. 85. 1. 123; Cons. d'Et. 5 févr. 1886, aff. Bernard Escoffier, D. P. 87. 3. 70).

250. Les contestations entre les communes ou établissements publics et leurs locataires ou fermiers rentrent également dans la compétence des tribunaux civils. Il appartient donc à ces tribunaux de connaître : 1° de la convention par laquelle la commission administrative des hospices d'une ville a mis un hôpital à la disposition d'un institut libre pour ses salles de clinique et son enseignement (Cons. d'Et. 2 mars

1877, aff. Institut catholique de Lille, D. P. 77. 3. 35); — 2° Des difficultés auxquelles peut donner lieu l'exécution d'un bail de carrières appartenant à une commune, bien que, s'agissant de carrières situées dans une forêt communale soumise au régime forestier, les clauses de ce bail aient été rédigées sous le contrôle de l'administration forestière à laquelle il appartenait également d'en assurer l'exécution (Civ. rej. 21 mai 1873, aff. Cantet, D. P. 75. 1. 70); — 3° De l'action intentée par le maire contre un ancien pâtre communal à l'effet de faire décider que celui-ci doit délaisser la maison appartenant à la communauté et affectée à la jouissance du pâtre commun, alors que le litige porte sur la question de savoir si, d'après le contrat de louage d'ouvrage intervenu entre les parties, le bail, qui était la conséquence de ce contrat, avait pris fin ou avait été renouvelé par tacite reconduction, et que, d'ailleurs, il n'est produit aucun acte du maire nommant ou révoquant le pâtre commun en vertu du droit que la loi lui confère sur les agents municipaux (Trib. confl. 16 déc. 1882, aff. Feltin, D. P. 84. 3. 57); — 4° Des difficultés relatives à la résiliation du bail d'un abattoir communal en l'absence de toute clause de nature à en changer le caractère (Cons. d'Et. 30 mai 1884, aff. Laval, D. P. 85. 3. 108).

251. Le maire et le trésorier d'un conseil de fabrique, en contestant à un curé la jouissance d'un presbytère communal, agissent, non comme représentants du pouvoir central, mais comme administrateurs d'un des biens de la commune, et, par suite, la circonstance qu'ils ont agi conformément à des instructions de l'autorité supérieure ne peut avoir pour effet de donner à leurs actes le caractère d'actes administratifs dont il n'appartiendrait pas à l'autorité judiciaire d'empêcher l'exécution (Trib. confl. 13 mars 1886, aff. Gléna, D. P. 87. 3. 85).

252. Les règles que nous avons précédemment exposées (V. *suprà*, n°ˢ 206 et suiv.), et d'après lesquelles l'autorité administrative est, en principe, seule compétente pour constituer l'État débiteur, ne sont pas applicables aux contrats passés par les départements, communes et établissements publics, alors même qu'ils ont pour objet l'exécution d'un service public. Ainsi, c'est à l'autorité judiciaire qu'il appartient de statuer sur les difficultés qui peuvent s'élever entre une commune ou un département et les souscripteurs à un emprunt contracté par cette commune ou ce département (Cons. d'Et. 29 juin 1870, aff. Olivier, D. P. 72. 3. 50; Civ. cass. 16 août 1876, aff. Fressengeas, D. P. 77. 1. 456, et sur renvoi, Bordeaux, 21 août 1877, D. P. 80. 1. 38).

Il a été décidé, dans le même sens, que le contrat intervenu entre une commune et un banquier, aux termes duquel celui-ci s'oblige à fournir à la commune les fonds nécessaires pour payer une subvention promise par elle au département pour concourir aux dépenses d'établissement d'un chemin de fer et la commune s'engage à s'acquitter envers ce banquier au moyen du payement d'un certain nombre d'annuités, constitue une opération essentiellement financière et, par suite, un traité de droit commun dont la validité ne peut être appréciée que par l'autorité judiciaire (Cons. d'Et. 5 janv. 1883, aff. Hainque, D. P. 84. 3. 70).

253. Mais l'autorité administrative est seule compétente pour connaître de la demande, formée par un particulier contre un département, en payement de fournitures faites, dans l'intérêt de la défense nationale, pour l'équipement d'un corps de volontaires, si la livraison de ces fournitures s'est opérée en vertu d'un arrêté verbal passé avec le préfet agissant sur l'ordre du ministre compétent, un tel traité constituant un marché de fournitures contracté pour le service de l'État (Cons. d'Et. 21 oct. 1871) (1).

254. On doit considérer comme des actes de droit civil, dont il appartient aux tribunaux civils d'apprécier les effets et d'ordonner l'exécution, l'acte d'adjudication par lequel une commune de l'ancien comtat Venaissin, représentée par les consuls de la communauté, les députés des habitants et les syndics des forains, et procédant sous l'autorité du vice-légat d'Avignon, a aliéné à perpétuité le *dix-huitain* des fruits de son territoire, ainsi que les actes contemporains par lesquels l'adjudicataire a payé son prix entre les mains des créanciers de ladite commune (Civ. rej. 6 janv. 1874, aff. Monier des Taillades, D. P. 75. 1. 435). Il en est de même de l'acte de cautionnement consenti au profit d'un hospice civil, pour garantie de la gestion du receveur, soit par celui-ci, soit par un tiers (Cons. d'Et. 21 déc. 1854, aff. Hospices de Bordeaux, D. P. 55. 3. 74).

255. Ainsi que nous l'avons dit *suprà*, n° 242, l'autorité judiciaire est également seule compétente pour statuer sur la validité et l'exécution d'une convention intervenue entre une commune et une congrégation enseignante, sauf à surseoir à statuer dans le cas où la décision à intervenir serait subordonnée à la solution des questions préjudicielles de la compétence administrative (Cons. d'Et. 19 déc. 1873, aff. Chevaux, D. P. 74. 3. 95; 6 déc. 1878, aff. Ville de Grenoble, D. P. 79. 3. 29; Trib. confl. 28 déc. 1878, aff. Frères des écoles chrétiennes, D. P. 79. 3. 65; 11 janv. 1879, aff. Frères des écoles chrétiennes, D. P. *ibid.*; 27 déc. 1879, aff. Sœurs de la charité de Nevers, D. P. 80. 3. 91; 14 janv. 1880, aff. Frères des écoles chrétiennes, D. P. 80. 3. 91–94; Req. 17 août 1880, aff. Ville de Foix, D. P. 81. 1. 453; Trib. confl. 18 mars 1882, aff. Cazeneuve, D. P. 83. 3. 84; Req. 23 mars 1885, aff. Ville de Prades, D. P. 85. 1. 309). Il lui appartient notamment de connaître de l'exécution d'un traité intervenu entre une commune et les frères des écoles chrétiennes, par lequel ceux-ci s'obligent à recevoir gratuitement dans leurs écoles les enfants pauvres moyennant une subvention annuelle de la commune (Dijon, 10 avr. 1873, aff. Ville de Mâcon, D. P. 74. 2. 49; Req. 1ᵉʳ déc. 1873, aff. Ville de Toulouse, D. P. 74. 1. 59).

256. L'autorité judiciaire est également seule compétente pour statuer sur les actions relatives aux dettes des communes résultant de quasi-contrats (Req. 15 juill. 1873, aff. Commune de Saint-Chinian, D. P. 73. 1. 457; 19 déc. 1877, aff. Ville de Bordeaux, D. P. 78. 1. 205); et spécialement pour apprécier l'utilité des fournitures faites à une commune, sans autorisation du conseil municipal et de l'autorité supérieure, au point de vue des obligations qui peuvent être mises à la charge de la commune par application de l'art. 1375 c. civ. Il a été décidé, dans le même sens, que l'autorité administrative était incompétente pour connaître de l'action dirigée contre la Ville de Paris à raison de l'enlèvement des chevaux pour l'armement d'un corps franc pendant le siège de 1870 (Cons. d'Et. 23 nov. 1877, aff. Cézard, D. P. 78. 3. 73).

Sur les applications de cette règle de compétence au cas où un particulier, obligé de satisfaire aux réquisitions

---

(1) (Moreteau et Sylvestre C. Département du Rhône.) — Le Président de la République française; — Vu la loi des 16-24 août 1790, titre 2, art. 13; la loi du 16 fruct. an 3; l'arrêté du 19 therm. an 9; le décret du 11 juin 1806, art. 14; le décret du 22 oct. 1870; — Vu les ordonnances du 1ᵉʳ juin 1828 et du 12 mars 1831; — Considérant qu'aux termes de l'art. 14 du décret du 11 juin 1806, c'est au conseil d'État qu'il appartient de connaître de toutes contestations ou demandes relatives soit aux marchés passés avec les ministres ou en leur nom, soit aux fournitures faites pour le service de leurs départements respectifs; — Considérant que le marché verbal passé entre les sieurs Moreteau et Sylvestre et le préfet du département du Rhône, agissant sur l'ordre des ministres de l'intérieur et de la guerre, donné à la date du 25 oct. 1870 pour l'équipement d'un certain nombre d'hommes devant former un corps désigné sous le nom d'éclaireurs républicains, a eu lieu dans l'intérêt de la défense nationale; — Considérant qu'un tel marché constitue un marché de fournitures, contracté pour le service de l'État, ainsi que cela résulte, d'ailleurs, du décret du

gouvernement de la défense nationale en date à Tours du 22 oct. 1870 et de la loi du 11 sept. 1871, et qu'en outre le même marché émane de l'un des agents du gouvernement, dans le sens du décret précité du 11 juin 1806; — Que, dès lors, c'est à tort que le tribunal civil de Lyon, par son jugement du 19 juill. 1871, s'est déclaré compétent pour statuer sur la contestation élevée entre les parties à l'occasion de la convention dont il s'agit, par l'unique motif que la demande était dirigée contre le département du Rhône et sans même examiner s'il s'agissait d'un marché passé pour l'État ou pour le département; — Art. 1ᵉʳ. L'arrêté de conflit pris par le préfet du département du Rhône, le 2 août 1871, dans l'instance pendante entre ledit préfet et les sieurs Moreteau et Sylvestre, est confirmé; — Art. 2. Sont considérés comme non avenus l'exploit introductif d'instance du 16 mars 1871, les conclusions du 8 juin suivant et le jugement du tribunal de Lyon du 19 juill. 1871.

Du 21 oct. 1871.-Comm. f. f. de Cons. d'Et.-MM. Brésillion, rap., David, concl.

dé l'ennemi, réclame à la commune le prix des fournitures qu'il prétend avoir faites à sa décharge (V. *Commune*, n° 1277).

257. Nous avons dit au *Rép.* n° 182 que les contrats entre simples particuliers appartiennent toujours à la compétence judiciaire, alors même que certains faits administratifs sont intervenus, si ces faits sont étrangers à la solution à intervenir. Ainsi l'autorité judiciaire est compétente pour statuer sur les difficultés relatives à l'établissement ou à l'usage des fosses d'aisance et résultant des relations de voisinage entre divers propriétaires ou des rapports des propriétaires avec leurs locataires, bien qu'au point de vue de la salubrité publique les fosses d'aisance puissent faire l'objet de prescriptions de police (Req. 26 nov. 1878, aff. Leriche, D. P. 79. 1. 348). Par suite, un tribunal civil peut, en se fondant sur les conventions intervenues entre un propriétaire et un locataire, ordonner l'exécution de travaux pour l'établissement ou l'entretien d'une fosse d'aisance, sans empiéter sur les attributions de l'autorité administrative.

258. Mais le droit qui appartient aux tribunaux de statuer sur les difficultés relatives aux contrats ne peut avoir pour effet de les autoriser, pour assurer l'exécution des contrats, à prescrire des mesures du domaine exclusif de l'administration. Ainsi l'autorité judiciaire, étant incompétente pour prescrire la suppression d'un travail public, ne peut ordonner la suppression de la clôture d'un chemin de fer, en exécution d'une convention par laquelle la compagnie concessionnaire a concédé aux exploitants d'une carrière un accès sur la voie ferrée pour le chargement et le transport de leurs produits (Civ. cass. 21 juill. 1874, aff. Chemin de fer du Midi C. Noël, D. P. 75. 1. 184).

259. — IV. Dommages-intérêts. — Comme on l'a dit au *Rép.* n° 164, l'autorité judiciaire est compétente pour connaître des actions en dommages-intérêts toutes les fois qu'elles doivent être tranchées par l'application des règles du droit commun et notamment des art. 1382 et suiv. c. civ., et qu'elles peuvent être jugées sans porter atteinte à la séparation des pouvoirs.

Il lui appartient, en conséquence, de statuer sur l'action en dommages-intérêts intentée contre une compagnie de chemin de fer, à raison d'un fait se rattachant à son exploitation commerciale, alors d'ailleurs que le jugement n'a rien défendu, autorisé ni prescrit qui puisse être considéré comme une immixtion dans la direction ou l'exécution d'un travail public (Req. 10 mai 1870, aff. Chemin de fer de Lyon C. Duranton, D. P. 71. 1. 140 ; 13 déc. 1871, aff. Chemin de fer de Lyon C. Michel, D. P. 72. 1. 360. V. *Rép.* v° *Voirie par chemin de fer*, n°s 159 et suiv.).

De même, il appartient à l'autorité judiciaire de connaître de l'action en dommages-intérêts dirigée contre l'Etat par la veuve d'un ouvrier qui, en remisant des fourrages dans un parc appartenant à l'Etat, a été blessé mortellement par la chute de l'un des vantaux du portail de ce parc, alors que la demande est fondée sur ce que l'accident a été la conséquence d'un vice de construction et qu'elle est dirigée contre l'Etat comme propriétaire et responsable, à ce titre, d'après l'art. 1384 c. civ. (Trib. confl. 24 mai 1884, aff. Linas, D. P. 85. 3. 110).

260. Les tribunaux sont également compétents pour statuer sur l'action en restitution de frais que le demandeur a été obligé d'avancer à l'occasion d'une instruction administrative à laquelle il a été procédé sur la plainte d'un autre particulier, et qui a été déclarée plus tard mal fondée par un arrêté préfectoral, cette action ayant le caractère d'une véritable demande en dommages-intérêts (Douai, 17 nov. 1854, aff. de France, D. P. 55. 2. 169); il en est ainsi quoique le défendeur oppose un acte administratif, duquel il prétend inférer que les frais dont il s'agit doivent être supportés par le demandeur, sauf à surseoir jusqu'à ce que cet acte ait été interprété par l'autorité administrative (Même arrêt).

261. Mais cette règle de compétence reçoit exception toutes les fois que la demande en dommages-intérêts a, en réalité, pour objet de faire apprécier des actes d'administration. Ainsi, il appartient au ministre des finances d'apprécier la part de responsabilité pouvant incomber, non seulement à l'Etat et au trésorier général, mais aussi à la Banque de France, relativement à un vol commis à une succursale de la Banque par un employé de la trésorerie générale (Sol. impl., Cons. d'Et. 9 mars 1883, aff. Banque de France, D. P.

84. 3. 105). De même, l'autorité judiciaire étant incompétente pour connaître des demandes en changement de nom, ne peut, sans excès de pouvoirs, connaître d'une demande en dommages-intérêts fondée sur ce que l'opposition à une demande en changement de nom constituerait un fait illégitime et préjudiciable (Civ. cass. 9 avr. 1872, aff. d'Isoard, D. P. 72. 1. 299).

262. On a exposé précédemment les règles de compétence relatives aux actions en responsabilité dirigées contre l'Etat et contre les fonctionnaires publics à raison de faits relatifs à leurs fonctions (V. *suprà*, n°s 74 et suiv., 172 et suiv.).

263. D'une manière générale, ainsi qu'on l'a vu au *Rép.* n° 170, la compétence des tribunaux civils s'étend à tous les genres de contestations qui n'ont pas été expressément distraits de leur juridiction. Il a été jugé, en conséquence, qu'ils sont compétents pour connaître: 1° d'une action intentée par une société adjudicataire de la construction d'un pont, en payement de la plus-value donnée par elle à des atterrissements qui se sont formés par suite de la construction de ce pont et qui ont été depuis cédés par l'Etat à un tiers riverain, bien que pour résoudre la question il y eût lieu d'interpréter des actes administratifs (Civ. cass. 27 juin 1853, aff. Société du pont de Saint-Thibault, D. P. 54. 1. 18); — 2° De la question de savoir dans quelles proportions doivent être réparties entre le département, comme usufruitier et la commune, comme nu-propriétaire, les dépenses nécessaires pour approprier à leur destination des bâtiments qui leur ont été concédés par l'Etat pour être affectés à des services publics, alors qu'il n'est pas nécessaire d'interpréter des actes administratifs (Riom, 8 janv. 1862, aff. Ville de Moulins, D. P. 63. 5. 77); — 3° De la demande d'une commune tendant à faire supporter par un propriétaire riverain l'obligation de réparer les ouvrages d'art dépendant d'un chemin communal, en se fondant uniquement sur des moyens de droit commun sans exciper d'aucun acte administratif (Cons. d'Et. 2 févr. 1860, aff. Carbonnel, D. P. 60. 3. 85); — 4° D'une contestation entre une loterie légalement constituée et son gérant, soit sur les conditions du prêt, soit sur le règlement des autres intérêts respectifs (Cons. d'Et. 15 mai 1856, aff. Langlois, D. P. 57. 3. 2); — 5° D'une contestation entre un Mont-de-Piété et un commissaire-priseur, au sujet de l'étendue des droits appartenant exclusivement à celui-ci (Cons. d'Et. 15 janv. 1863, aff. Pelatan, D. P. 63. 3. 10 ; 16 avr. 1863, aff. Mont-de-Piété d'Avignon, D. P. 63. 3. 36).

§ 5. — Obligation pour l'une des autorités judiciaire ou administrative, saisie d'une affaire de sa compétence, de surseoir à y statuer, s'il vient à s'élever un incident placé en dehors de ses attributions, et obligation pour l'autorité appelée à juger cet incident de ne pas prononcer sur le fond (*Rép.* n°s 171 à 180).

264. Nous avons dit au *Rép.* n° 171, que lorsqu'une des autorités est saisie d'une affaire de sa compétence, mais qu'il vient à s'élever une question incidente dont il ne lui appartient pas de connaître, elle doit, sans se dessaisir de l'affaire, surseoir à y statuer jusqu'à la solution de cette question par l'autorité compétente. Cette obligation de surseoir existe, soit lorsqu'il se présente une question préjudicielle proprement dite, soit, ainsi qu'on le verra *infrà*, n° 266, lorsqu'il y a lieu d'interpréter un acte de l'autre autorité produit devant elle, et dont le sens et la portée sont contestés.

265. La règle d'après laquelle « le juge de l'action est le juge de l'exception » s'efface donc, en principe, ainsi que le fait observer M. Laferrière, p. 447, devant la règle constitutionnelle de la séparation des pouvoirs. Cet auteur reconnaît que, dans aucun cas, la juridiction administrative ne peut statuer sur des questions du ressort des tribunaux judiciaires en se fondant sur ce que le juge de l'action est le juge de l'exception. Mais il se demande si la réciproque est également vraie, et s'il n'existe aucun cas où les tribunaux puissent exceptionnellement retenir et juger les difficultés d'ordre administratif impliquées dans un débat judiciaire. La raison de douter est, suivant lui, qu'en certaines matières, l'autorité judiciaire semble posséder une plénitude de juridiction qui exclut tout partage. Ainsi, il est constant que l'état civil des citoyens, leur nationalité, la validité des actes constitutifs de la famille ne peuvent être appréciés que par

les tribunaux civils, et, dans le cas même où la contestation se fonde sur l'irrégularité d'un acte administratif, tel qu'un décret de naturalisation ou le titre en vertu duquel un officier municipal a célébré un mariage, la juridiction administrative ne serait pas fondée à revendiquer la connaissance de la question d'ordre administratif à laquelle est subordonné le jugement de fond.

Nous croyons, en effet, comme M. Laferrière, qu'en ces matières, de même qu'en matière criminelle, la compétence de l'autorité judiciaire est une garantie d'ordre constitutionnel, que, devant ce principe supérieur, la règle de la séparation des pouvoirs peut exceptionnellement s'effacer, et que les questions préjudicielles d'ordre administratif peuvent rester unies au jugement du fond.

266. Sauf cette exception, l'autorité saisie doit surseoir à statuer toutes les fois que, pour résoudre le litige, il est nécessaire de trancher préjudiciellement une question qui appartient à l'autre autorité, soit en vertu des principes généraux sur la séparation des pouvoirs, soit en vertu des lois spéciales. Ainsi, bien que l'autorité judiciaire soit seule compétente pour connaître des contestations entre un entrepreneur de travaux publics et un sous-traitant, elle doit surseoir à statuer quand il s'élève une question préjudicielle sur le point de savoir si l'ouvrage a été reçu par l'administration et si l'entrepreneur se trouve déchargé vis-à-vis d'elle de toute responsabilité (Trib. confl. 23 nov. 1878, aff. Sebelin, D. P. 79. 3. 29). Il en est de même quand l'administration, actionnée au possessoire par un particulier pour avoir établi un aqueduc sur une portion de terrain joignant une route et dont le demandeur se prétend possesseur, soutient que ce terrain fait partie de la route (Cons. d'Et. 13 janv. 1853, aff. Gouhenans, D. P. 53. 3. 18). De même encore, dans une poursuite contre le médecin en chef d'un hospice en responsabilité d'une opération mal exécutée par un interne, la question de savoir si l'opération a pu être confiée à cet interne, d'après les règlements, doit être résolue préjudiciellement par l'autorité administrative (Cons. d'Et. 10 mars 1858, aff. Gilles, D. P. 58. 3. 68).

267. Les juridictions administratives doivent, de leur côté, renvoyer à l'examen de l'autorité judiciaire les questions qui rentrent dans la compétence de cette autorité. Ainsi, le ministre des finances ne peut déclarer un officier déchu de ses droits à la retraite comme ayant perdu la qualité de Français; mais il doit surseoir à statuer jusqu'à ce qu'un jugement ait résolu la question de savoir si la perte de la qualité de Français a été encourue (Cons. d'Et. 10 août 1844, aff. Clouet, D. P. 45. 3. 70). Les tribunaux administratifs doivent également surseoir à statuer sur les questions d'état et de domicile qui peuvent s'élever au sujet de l'élection des membres des corps administratifs (V. *infrà*, v° *Droit politique*).

268. Le conseil de préfecture doit renvoyer à l'autorité judiciaire l'examen de la question de propriété, lorsqu'un individu poursuivi pour contravention de voirie résultant d'un fait de passage avec bestiaux sur les levées d'un canal, prétend n'avoir fait qu'user du droit de passage réservé par son auteur dans une vente à l'État de parcelles sujettes à expropriation pour cause d'utilité publique (Cons. d'Et. 19 juill. 1855, aff. Reullon, D. P. 56. 3. 11). Il a été également jugé par le tribunal des conflits que, bien que l'autorité administrative soit compétente pour statuer sur les demandes en réintégration ou en levée de scellés formées à la suite des décrets des 29 mars 1880, il appartient à l'autorité judiciaire de statuer préjudiciellement, en cas de contestation, sur le sens et la validité des contrats de droit commun invoqués par les parties (Trib. confl. 4 déc. 1880, aff. Le Bèle, D. P. 81. 3. 21; 19 févr. 1881, aff. Leroy, D. P. 81. 3. 90).

269. Lorsque la demande d'autorisation d'accepter un legs, soumise au préfet par un établissement public, soulève des réclamations de la part d'un individu se disant héritier du donateur, il y a lieu, pour le préfet, si cette qualité est contestée, de surseoir jusqu'à ce que l'autorité judiciaire ait résolu cette question préjudicielle (Cons. d'Et. 23 nov. 1865, aff. Lemaire, D. P. 66. 3. 86).

270. Ainsi que nous l'avons dit au *Rép.* n° 173, l'autorité compétemment saisie ne doit pas se dessaisir du fond, lorsqu'il se présente une question préjudicielle sortant de ses attributions, mais elle doit se borner à surseoir jusqu'au jugement de cette question par l'autorité à laquelle il appar-

tient d'en connaître (Rouen, 28 mai 1845, aff. d'Epinay Saint-Luc, D. P. 46. 4. 76; Civ. cass. 24 août 1857, aff. de Grave, D. P. 57. 1. 321; Riom, 8 janv. 1862, aff. Ville de Moulins, D. P. 63. 5. 77; Civ. cass. 18 août 1874, aff. Sœurs de la charité de Nevers, D. P. 75. 1, 257; Civ. cass. 30 juin 1875, aff. Syndicat de Cabédan-Neuf, D. P. 76. 1. 106; Civ. cass. 2 avr. 1878, aff. Pallix, D. P. 82. 1. 353).

271. Conformément à ce qui a été exposé au *Rép.* n° 176, lorsqu'un tribunal civil est saisi d'une demande dont le premier chef conclut à l'annulation d'un contrat civil et le second à l'annulation d'un acte administratif, le juge civil ne peut se déclarer incompétent sur l'ensemble de la demande et il lui appartient de statuer sur le premier chef (Civ. cass. 2 mars 1885, aff. Azoulay, D. P. 85. 1. 251).

272. L'arrêt qui renvoie les parties devant l'autorité administrative pour l'interprétation d'actes administratifs doit, à peine de cassation, spécifier quels sont les actes à interpréter, préciser leur caractère et leur nature (Civ. cass. 8 nov. 1876, aff. Lagrandville, D. P. 77. 1. 73); mais il doit, ainsi que nous l'avons dit (*Rép.* v° *Question préjudicielle*, n° 210), s'abstenir de désigner celle des autorités administratives devant laquelle l'affaire devra être portée.

273. On a vu au *Rép.* n° 177 que lorsqu'un litige est tout entier de la compétence d'un tribunal, celui-ci ne peut s'abstenir de statuer, sous prétexte que le débat doit, dans l'intention du demandeur, influer sur la solution d'une affaire dont il ne lui appartiendrait pas de connaître. Mais, lorsque deux parties en cause devant un tribunal de l'ordre judiciaire ont formé devant l'autorité administrative un pourvoi dont la décision peut avoir une influence décisive sur la question soumise au tribunal, et même faire disparaître cette question, il y a lieu pour le tribunal de surseoir à statuer sur la demande qui lui est soumise, et non de prononcer en principe le bien fondé de cette demande (Rennes, 2 mai 1861, aff. Martine, D. P. 62. 2. 66).

274. Lorsque le juge civil décide qu'il n'y a lieu à renvoi d'une question préjudicielle à l'autorité administrative, il peut statuer sur le fond par le même jugement (Bordeaux, 4 août 1856, aff. Landes de Gascogne, D. P. 57. 2. 207).

Dans le cas, au contraire, où il ordonne un sursis jusqu'à la solution d'une question préjudicielle, il peut impartir un délai après lequel il sera passé outre au jugement (Civ. rej. 30 nov. 1857, aff. Préfet de la Gironde, D. P. 57. 1. 427), et si la partie qui a invoqué l'exception préjudicielle ne justifie pas de ses diligences dans le délai fixé, elle est présumée avoir renoncé à cette exception. De son côté, la partie qui a introduit l'action dans laquelle le sursis a été ordonné a qualité pour saisir l'autorité compétente de la question préjudicielle (Cons. d'Et. 3 janv. 1881, aff. Soubry, D. P. 82. 3. 45).

275. La partie qui a élevé devant l'autorité administrative une exception de propriété et obtenu un délai dans lequel elle devra faire statuer sur cette exception, ne remplit pas la condition qui lui a été imposée lorsqu'elle se borne à exercer une action possessoire (Cons. d'Et. 10 janv. 1856, aff. Anglade, D. P. 56. 3. 53).

Il résulte implicitement d'un arrêt du conseil d'Etat du 13 mai 1881 (aff. Chemin de fer de Lyon *C.* Reynaud, D. P. 82. 3. 108) que le délai court pendant même que, en faveur de laquelle le conseil de préfecture avait admis l'exception nonobstant le pourvoi formé par elle devant le conseil d'Etat, à l'effet de faire décider que les termes de la décision du jury d'expropriation étaient assez clairs pour faire rejeter immédiatement la demande d'indemnité, sans renvoi préalable à l'autorité judiciaire.

276. Si, à l'expiration du délai imparti, l'autorité devant laquelle a été renvoyée la question préjudicielle n'a pas statué, le tribunal qui a ordonné le sursis peut statuer au fond et rejeter les conclusions de la partie qui avait soulevé l'exception (Cons. d'Et. 20 mars 1852, aff. Marthiens, D. P. 77. 3. 60, note 1; 16 mars 1877, aff. El. de Prades, D. P. 77. 3. 60; 13 mai 1881, aff. Chemin de fer de Lyon *C.* Reynaud, D. P. 82. 3. 108. V. conf. Chauveau et Tambour, t. 1, p. 389).

Mais le juge du fond ne pourrait résoudre lui-même la question préjudicielle que le juge compétent aurait refusé ou négligé de trancher. En effet, ainsi que le fait observer M. Laferrière, p. 452, les erreurs d'une juridiction ou des parties qui sont devant elle ne peuvent avoir pour

effet d'étendre les attributions légales d'une autre juridiction, et il faut décider que, dans ce cas, le juge du fond doit se borner à débouter la partie à laquelle avait été imparti le délai, comme n'ayant pas apporté la justification de son moyen. Il a été décidé, en ce sens, que le conseil de préfecture qui avait sursis jusqu'au jugement d'une exception de propriété, est incompétent, à défaut d'une décision de l'autorité judiciaire dans le délai imparti, pour se prononcer lui-même sur cette exception, alors qu'elle est fondée sur des moyens de droit commun, tels que la prescription (Arrêt du 10 janv. 1856, cité *suprà*, n° 275).

277. La juridiction à laquelle a été renvoyée une question préjudicielle ne peut refuser de statuer sur cette question, sous prétexte que le juge du fond, aurait à tort considéré comme préjudicielle une question qui ne serait pas nécessaire au jugement du fond, ou qui serait résolue d'avance par les documents de la cause, ou qui aurait pu être appréciée par le juge du fond lui-même. Celui-ci était, en effet, le seul juge de la recevabilité de l'action portée devant lui et de l'intérêt que pouvaient présenter, au point de vue de la solution de l'affaire, les vérifications réclamées (Laferrière, p. 452.V. conf. Cons. d'Et. 23 févr. 1883, aff. Bourdon, Jodocius et Gérard, *Rec. Cons. d'Etat*, p. 213 ; 8 janv. 1886, aff. Ville de Paris, D. P. 87. 3. 69). Le conseil d'Etat a cependant, par un arrêt isolé (Cons. d'Et. 8 août 1884, aff. Anaclet, D. P. 86. 3. 41), refusé de statuer sur une question de légalité d'acte administratif, par le motif qu'elle aurait été renvoyée à tort par le tribunal judiciaire. M. Laferrière, p. 453, note 1, fait avec raison toutes réserves sur la doctrine de cet arrêt qui apprécie, comme pourrait le faire le tribunal des conflits, la décision judiciaire qui pose la question préjudicielle, au lieu de se borner à résoudre cette question.

278. Si la juridiction devant laquelle a été renvoyée la question préjudicielle estime que cette question échappe à sa compétence, elle doit se déclarer incompétente (Cons. d'Et. 15 févr. 1884, aff. Jurie, D. P. 85. 3. 95); et, dans le cas où cette déclaration fait naître un conflit négatif, il appartient au tribunal des conflits de le trancher.

279. Nous avons dit au *Rép.* n° 180 que le juge du fond ne peut statuer contrairement à la décision de l'autorité qui a prononcé sur la question préjudicielle qui lui avait été renvoyée. Ainsi, lorsqu'une commission départementale a été appelée à interpréter un arrêté de classement en vertu d'une sentence par laquelle un juge de paix déclarait surseoir à statuer sur une action possessoire jusqu'à ce que l'autorité administrative eût déterminé l'assiette et les limites d'un chemin vicinal, il y a lieu d'annuler comme entachée d'excès de pouvoirs la décision des juges civils qui écarte l'interprétation de la commission départementale sous le prétexte qu'elle donnait une extension arbitraire à l'arrêté de classement et qu'elle constituait un simple avis dénué de caractère légal et de force obligatoire (Civ. cass. 19 juill. 1880, aff. Commune de Noyelles, D. P. 80. 1. 413).

Toutefois si, après avoir provoqué le jugement d'une question préjudicielle, le juge reconnaissait qu'elle ne doit pas exercer sur l'issue du procès l'influence décisive qu'il lui avait d'abord attribuée et que le différend peut et doit être tranché par un autre moyen, il pourrait, sans porter atteinte au principe de la séparation des pouvoirs, laisser de côté la décision préjudicielle et statuer en se fondant sur ce moyen nouveau (Laferrière, p. 451).

Art. 2. — *Nécessité pour chacune des autorités administrative et judiciaire de respecter et d'appliquer les actes émanés de l'autre (Rép. n°s 181 à 225).*

280. — I. Nécessité pour l'autorité judiciaire de respecter les actes et les jugements administratifs. — Suivant une règle générale, formulée au *Rép.* n° 182, les tribunaux ne doivent ni s'immiscer dans la connaissance des actes administratifs, ni mettre virtuellement obstacle à leur exécution ; ils sont tenus au contraire de s'y conformer et d'en faire, le cas échéant, l'application.

Il a été décidé, en vertu de cette règle : 1° que l'autorité judiciaire est incompétente pour statuer sur la validité d'un arrêté du préfet portant nomination de l'administrateur provisoire d'une congrégation religieuse de femmes (Civ. cass. 13 avr. 1858, aff. de Meillac, D. P. 58. 1. 152) ; — 2° Que

lorsqu'une association syndicale a été constituée administrativement par arrêté préfectoral, l'autorité judiciaire ne peut, tant que l'irrégularité de cet arrêté n'a pas été reconnue par l'autorité supérieure, opposer à une action intentée par les syndics un défaut de qualité tiré de ce que l'association n'aurait pu être constituée que par un règlement d'administration publique (Civ. cass. 21 mai 1851, aff. Palluel, D. P. 51. 1. 244) ; — 3° Qu'un tribunal empiète sur la compétence de l'autorité administrative, lorsqu'il déclare qu'une commune, autorisée à faire une acquisition d'immeubles par un arrêté préfectoral rendu à la suite d'une décision judiciaire qui lui ordonnait de se munir de cette autorisation, ne peut cependant être considérée comme régulièrement autorisée, sous prétexte qu'un arrêté du ministre, antérieur à l'arrêté préfectoral, aurait refusé de l'autoriser (Civ. cass. 8 févr. 1854, aff. Commune de Neuvilley, D. P. 54. 1. 87) ; — 4° Que, sous le régime du décret du 17 févr. 1852, les communiqués adressés aux journaux par un dépositaire de l'autorité publique (dans l'espèce, un maire), ayant le caractère d'actes administratifs, il était interdit aux tribunaux de les interpréter, critiquer ou modifier, mais qu'ils avaient le droit de les appliquer et de leur reconnaître force obligatoire en réprimant les refus d'insertion régulièrement constatés (Crim. cass. 20 nov. 1879, aff. Macé, D. P. 81. 1. 396, et sur renvoi, Angers, 23 déc. 1879, D. P. 81. 2. 182). La même solution serait applicable aux notifications que les dépositaires de l'autorité publique ont le droit d'exiger sous le régime de la loi du 29 juill. 1881.

281. À plus forte raison l'autorité judiciaire ne peut-elle prononcer directement l'annulation d'un acte administratif. Et, lorsqu'un acte administratif est intervenu à l'effet de pourvoir à un service public, il n'appartient à l'autorité judiciaire ni d'en entraver les effets et l'exécution, ni même, ainsi qu'on l'a vu au *Rép.* n° 190, d'en suspendre l'exécution en ordonnant un sursis. Il en est ainsi dans le cas où un décret a retiré l'affectation précédemment faite à un petit séminaire d'un immeuble appartenant à l'Etat pour l'affecter à un service d'instruction publique, alors même que le détenteur invoque les règles du droit civil pour exercer le droit de rétention jusqu'au payement de ses impenses (Trib. Moulins, 7 sept. 1880, aff. Evêque de Moulins, D. P. 82. 3. 25 ; Trib. confl. 22 déc. 1880, même affaire, D. P. 82. 3. 25).

282. Une question très controversée est celle de savoir si l'autorité judiciaire peut, sans apprécier les actes émanés de l'administration, prescrire des mesures provisoires qui, pour garantir des droits privés placés sous sa sauvegarde, feraient obstacle à ce que les actes administratifs reçussent leur plein et entier effet.

D'après une première opinion, l'autorité judiciaire, compétente pour connaître de la réclamation d'un particulier qui prétend avoir la jouissance d'un immeuble en vertu de droits résultant de contrats de droit commun, est compétente pour prescrire telles mesures provisoires qu'il appartiendra quant à la possession de cet immeuble jusqu'à ce qu'elle ait statué au fond, alors même que les mesures ainsi prescrites auraient pour effet de rendre impossible l'exécution d'actes par lesquels l'administration avait disposé de cet immeuble pour un service public (Req. 26 févr. 1873, aff. Ville de Toulon, D. P. 73. 5. 391 ; Trib. d'Alais, 28 oct. 1879, aff. Frères des écoles chrétiennes, D. P. 80. 3. 94 ; Ord. réf. prés. Trib. Brignoles, 30 sept. 1879, aff. Frères des écoles chrétiennes, D.P. 80. 3. 91; Ord. réf. prés. Trib. Seine, 11 oct. 1882, aff. Muller, D. P. 84. 3. 73 ; Conclusions de M. le commissaire du Gouvernement Gomel, D. P. 80. 3. 92). Ainsi, une congrégation à laquelle appartient un ancien instituteur, remplacé dans ses fonctions par un laïque, peut être maintenue provisoirement par l'autorité judiciaire en possession de l'immeuble où est établie l'école, lorsqu'elle soutient qu'elle a le droit d'en conserver la jouissance, malgré ce remplacement, en vertu des titres qui ont fait donation à la commune dudit immeuble (Mêmes décisions), et il en est ainsi alors même que la délibération du conseil municipal qui ordonne l'expulsion est l'objet d'une instance pendante devant l'autorité administrative (Aix, 9 janv. 1872, aff. Ville de Toulon, D. P. 72. 2. 100).

Mais l'opinion contraire a été adoptée, après partage, par le tribunal des conflits, qui a décidé que l'autorité judiciaire ne peut connaître de la demande de la congrégation tendant à être maintenue en possession provisoire, sans porter at-

teinte au principe de la séparation des pouvoirs, les stipulations de la donation et les droits qui peuvent en résulter ne pouvant faire obstacle ni à l'exercice du pouvoir appartenant au préfet de nommer l'instituteur, ni aux conséquences de ses décisions relatives à l'immeuble qui est affecté à l'école communale et qui conserve son affectation jusqu'au jugement définitif à intervenir sur les droits prétendus de la congrégation, et tant que la propriété n'en aura pas été retirée à la commune (Trib. confl. 14 janv. 1880, aff. Frères des écoles chrétiennes, D. P. 80. 3. 94 ; 14 avr. 1883, aff. Millard, D. P. 84. 3. 73).

283. Nous avons dit au *Rép.* n°s 191 et 193 que la nécessité pour l'autorité judiciaire d'appliquer les actes administratifs suppose qu'ils ont été rendus suivant les formalités voulues par la loi, et qu'elle ne pourrait être étendue à des actes viciés d'illégalité. Dans certains cas, la loi reconnaît expressément à l'autorité judiciaire le droit de vérifier la légalité des actes administratifs produits devant elle, et de refuser de les appliquer lorsqu'elle reconnaît qu'ils sont illégaux. Ce serait à tort, en effet, que l'on poserait en principe, comme l'ont fait quelques jurisconsultes et quelques arrêts (V. notamment : Civ. cass. 13 avr. 1858, aff. de Meillac, D. P. 58. 1. 152), que les tribunaux ne peuvent apprécier la légalité des actes administratifs. « Dans ces termes absolus, dit M. Reverchon (D. P. 77. 1. 9, note), ce prétendu principe constitue une grave erreur. Ce qui d'abord n'appartient pas à l'autorité judiciaire, c'est d'apprécier le mérite, l'utilité des actes de l'administration par la raison fort simple que, si elle se livrait à cette appréciation, elle ne jugerait pas, elle administrerait. Ce qui ne lui appartient pas non plus, c'est d'interpréter les actes administratifs, même dans les litiges qui, au fond, sont de sa compétence. Ce qui ne lui appartient pas davantage, c'est d'apprécier, isolément du fond, une action -qui contesterait la légalité d'un acte administratif dans une matière dont la connaissance serait réservée à la juridiction administrative... et, en effet, la question de légalité, dans ce cas, est ou peut être une des questions du fond ; le jugement doit dès lors en être laissé à la juridiction que le législateur a instituée pour en connaître. Mais, par là même il appartient à l'autorité judiciaire de vérifier la légalité des actes administratifs invoqués dans les litiges dont le jugement lui est attribué ; elle ne la vérifiera pas pour prononcer l'annulation de ces actes ; elle décidera seulement s'ils sont de nature à faire légalement obstacle au droit à l'encontre duquel il en sera excipé, ou bien à servir de base légale aux obligations pour l'exécution desquelles l'intervention et la sanction judiciaires seront réclamées. »

284. C'est ainsi qu'en matière de contributions indirectes, c'est-à-dire, pour les impôts dont le contentieux appartient aux tribunaux, les parties peuvent discuter devant l'autorité judiciaire la légalité de l'acte en vertu duquel des impôts ont été établis (Cons. d'Et. 28 févr. 1866, aff. Lavenant, D. P. 67. 3. 11. V. *Rép.* v° *Impôts indirects*, n° 459). De même, si l'administration, pour l'exécution d'un travail public, s'emparait d'une propriété privée sans remplir les formalités exigées par la loi, l'autorité judiciaire, comme le dit très justement M. Aucoc, dans des conclusions rapportées D. P. 67. 3. 51, serait seule compétente pour faire respecter la propriété, et la situation ne changerait pas suivant que la mesure aurait été ou non ordonnée par une décision ministérielle. En outre, ainsi qu'on l'a vu (V. *Commune*, n°s 474 et suiv.), en ce qui concerne les règlements administratifs qui ont leur sanction dans l'art. 491, §15, c. pén. les tribunaux de répression doivent refuser d'appliquer la peine lorsque le règlement est illégal.

285. Lorsqu'un individu qui aurait pu être poursuivi en simple police pour infraction à un arrêté municipal et qui aurait été admis à en contester la légalité se trouve obligé de prendre l'initiative par la voie civile, les tribunaux ont également dans ce cas le droit et le devoir d'apprécier la légalité de l'acte administratif invoqué comme étant la base de l'obligation dont on leur demande de reconnaître l'existence et d'assurer l'exécution. Ainsi, lorsqu'un arrêté municipal prescrit aux propriétaires d'une mare bordant un chemin de la combler, sans qu'il soit même allégué qu'une clôture n'aurait pas suffi dans l'intérêt de la sécurité du passage, l'autorité judiciaire est compétente pour déclarer, sur l'action possessoire, l'illégalité dudit arrêté, et pour

ordonner le rétablissement des lieux dans leur état primitif (Req. 11 déc. 1876, aff. Commune de Corbon, D. P. 77. 1. 9).

De même, en matière de mines, il appartient aux tribunaux civils de rechercher si un arrêté préfectoral imposant à un concessionnaire certaines conditions pour la vente des produits de la mine est légal et obligatoire (Req. 24 nov. 1874, aff. Méjasson, D. P. 76. 1. 135).

286. D'une manière plus générale, et en vertu des principes qui viennent d'être exposés, les tribunaux civils ont, dans toutes les matières de leur compétence, le droit de refuser d'appliquer un acte administratif qui manque évidemment des conditions nécessaires à sa validité. Il a été jugé, en ce sens, qu'un tribunal saisi des difficultés relatives aux indemnités à payer par des officiers ministériels en exécution d'un décret qui a supprimé une charge est compétent pour apprécier si ce décret a été rendu dans les limites du pouvoir réglementaire qui appartient au chef de l'Etat (Trib. Cusset, 23 août 1877, aff. Avoués de Cusset, D. P. 79. 1. 197).

287. L'autorité judiciaire est également compétente pour statuer sur le moyen de défense qu'un étranger, poursuivi pour infraction à un arrêté ministériel lui enjoignant de quitter le territoire français, tire de l'illégalité prétendue de l'arrêté pris contre lui en vertu de la loi du 3 déc. 1849 (Crim. cass. 7 déc. 1883, aff. Gillebert, D. P. 84. 1. 209 ; Paris, 6 févr. 1884, aff. Frischnecht, D. P. 85. 2. 44 ; Cons. d'Et. 14 mars 1884, aff. Morphy, D. P. 85. 3. 9). Toutefois, dans le cas où la validité de l'acte administratif qu'il s'agit d'appliquer donne lieu à contestation, le tribunal doit renvoyer les parties devant l'autorité administrative pour ensuite appliquer ou refuser d'appliquer ledit acte, suivant ce qu'il aura été statué sur cette question préjudicielle.

288. Ce qui vient d'être dit au sujet de l'obligation pour l'autorité judiciaire de respecter les actes administratifs s'applique, à plus forte raison, comme on l'a vu au *Rép.* n° 205, aux actes de la juridiction administrative, tant en vertu du principe de la séparation des pouvoirs, qu'en vertu de la règle du droit commun sur l'autorité de la chose jugée. Ainsi, il n'appartient pas aux tribunaux civils de connaître d'une question qui est un des éléments d'une instance jugée au fond par un arrêté du conseil de préfecture, alors même que cet arrêté a été l'objet d'un recours sur lequel le conseil d'État n'a pas encore statué (Chambéry, 15 janv. 1879, aff. Chemin de fer de Lyon, D. P. 81. 2. 40). De même, ce qui a été jugé en fait par un conseil de préfecture sur une contravention de grande voirie, ne peut être remis en question devant les tribunaux civils par les tiers qui se plaignent du préjudice à eux causé par la contravention (Angers, 26 mai 1864, aff. Concessionnaire du pont de Saint-Mathurin, D. P. 64. 2. 129).

289. Les décisions contentieuses peuvent seules produire la chose jugée, à l'exclusion des actes de juridiction gracieuse ou de tutelle administrative. En conséquence, elle ne saurait résulter : 1° d'un arrêt de l'ancien conseil d'Etat autorisant, sur la requête de communes cousagères, la vente d'arbres de réserve ou de délimitation (Civ. rej. 28 déc. 1869, aff. Commune de Sexfontaines, D. P. 70. 1. 150) ; — 2° De l'autorisation accordée à une commune d'intenter une action contre le maire, cette autorisation ne pouvant être considérée comme ayant la valeur d'une décision administrative sur la responsabilité encourue par le maire (Chambéry, 20 janv. 1873, aff. Commune de Pontamafrey, D. P. 74. 2. 47) ; — 3° De l'avis donné par un sous-préfet à son supérieur à propos d'un procès engagé entre une commune et un particulier (Req. 5 déc. 1871, aff. Guilbert, D. P. 72. 1. 136).

290. Si les tribunaux civils doivent respecter les décisions rendues par les juridictions administratives, il leur est, à plus forte raison, interdit de connaître de l'appel dirigé contre ces décisions. Il a été jugé, en ce sens, qu'une cour d'appel est incompétente pour connaître de l'appel dirigé contre une décision d'un conseil de préfecture qui a condamné un avocat pour outrages commis à l'audience envers les membres de ce conseil (Crim. rej. 18 avr. 1885, aff. Legré, D. P. 85. 1. 377).

291. — II. Nécessité pour l'administration d'appliquer les jugements des tribunaux. — Ainsi que nous l'avons dit au *Rép.* n° 217, de même que les tribunaux sont tenus de respecter les actes de l'administration, de même celle-ci doit

respecter les décisions de l'autorité judiciaire. Par suite, il n'appartient pas à l'autorité administrative d'apprécier la régularité et les conséquences d'une ordonnance du président d'un tribunal civil qui a ordonné le transfert des minutes d'un notaire destitué dans l'étude d'un autre notaire (Cons. d'Et. 20 févr. 1885, aff. Malosse, D. P. 86. 3. 91).

292. Il a été décidé, dans le même sens : 1° que lorsque l'autorité judiciaire a statué définitivement sur les dépens d'une instance entre l'Etat et un fournisseur, le ministre ne peut décider ultérieurement que les dépens auxquels l'Etat a été condamné lui seront remboursés par le fournisseur (Cons.d'Et. 22 déc. 1876, aff. Tarride, D. P. 78. 5. 285); — 2° Que lorsqu'une décision judiciaire ayant acquis l'autorité de la chose jugée a tranché, entre deux particuliers, la question de propriété d'un immeuble, la partie qui a succombé ne peut plus demander au conseil de préfecture de décider, par interprétation d'un acte de vente nationale, que l'immeuble n'a pas été vendu à son adversaire (Cons. d'Et. 10 sept. 1864, aff. Héïd, D. P. 65. 3. 84); — 3° Que, dans le cas où l'autorité judiciaire a condamné un usinier à modifier des ouvrages en rivière, établis dans son intérêt particulier, comme portant atteinte aux droits privés d'un autre usinier, l'autorité administrative ne peut les faire rétablir dans leur état ancien (Cons. d'Et. 4 févr. 1876, aff. Turcat, D. P. 76. 3. 71).

293. De même, comme on l'a vu au *Rép.* n° 221, l'autorité de la chose jugée s'oppose à ce qu'un particulier, relaxé par le tribunal de police des fins d'un procès-verbal dressé contre lui, soit poursuivi devant le conseil de préfecture pour contravention de grande voirie à raison du même fait (Cons. d'Et. 5 févr. 1875, aff. Ministre des travaux publics, D. P. 76. 3. 8). Nous pensons, toutefois, comme M. Laferrière, p. 463, que toute décision de l'autorité judiciaire devenue définitive ne s'impose pas, quelle que soit sa nature, à l'autorité administrative, et qu'un jugement qui édicterait ou annulerait un acte de puissance publique, fût-il passé en force de chose jugée, serait non avenu pour l'administration, par application de la loi du 8 janv. 1790.

Il est d'ailleurs évident qu'aucun recours ne peut être ouvert devant l'autorité administrative contre les décisions judiciaires; en conséquence, il n'appartient en aucun cas à la juridiction administrative de statuer sur la recevabilité d'une tierce opposition, quelle qu'elle soit, formée contre une décision de l'autorité judiciaire (Trib. confl. 6 déc. 1884, aff. Lacombe-Saint-Michel, D. P. 86. 3. 44).

294. — III. CAS OU IL Y A CONTRADICTION ENTRE DES DÉCISIONS SOUVERAINES ÉMANÉES DES DEUX AUTORITÉS. — Comme on l'a vu au *Rép.* n° 220, toute décision souveraine émanée de l'une des deux autorités a force de chose jugée, bien que la contestation ne fût pas de sa compétence. Et il importe peu que l'autre autorité, saisie ultérieurement du même litige, ait statué en sens contraire. Ainsi lorsque, sur l'action intentée par un particulier dont la propriété est voisine d'un champ de tir, l'autorité judiciaire a condamné incompétemment l'Etat à payer une indemnité à ce particulier, et que celui-ci a ensuite adressé au ministre de la guerre une nouvelle demande en indemnité à raison des nouveaux dommages qu'il prétend éprouver, la décision par laquelle le ministre rejette cette demande ne fait pas obstacle à ce que le réclamant se retire devant l'autorité judiciaire pour faire reconnaître si l'administration a exécuté les engagements qu'elle aurait pris dans la première instance, et pour faire interpréter l'arrêt alors intervenu (Cons. d'Et. 25 avr. 1868, aff. Rivet, D. P. 69. 3. 39).

295. Il existe des actes administratifs dont les tribunaux judiciaires et administratifs peuvent être appelés à apprécier la valeur légale, chacun de leur côté, et des points de vue différents. Tels sont les règlements administratifs, dont la légalité peut être contestée devant le conseil d'Etat saisi d'un recours pour excès de pouvoirs, et devant le tribunal de police appelé à réprimer une contravention. En pareil cas, dit M. Laferrière, p. 455, les décisions des deux juridictions ont nécessairement un dispositif différent; mais elles résolvent en réalité une même question, celle de savoir si le règlement est ou non légal.

Chacune des juridictions devant agir dans les limites de sa compétence avec une indépendance absolue, il peut arriver que la légalité d'un arrêt soit affirmée par l'une et niée par l'autre. C'est ainsi que, dans une même affaire, la chambre criminelle de la cour de cassation a rejeté le pourvoi formé contre un jugement du tribunal de police qui avait condamné un industriel pour contravention à un arrêté préfectoral lui interdisant d'exploiter son usine comme dépourvue de l'autorisation exigée pour les établissements insalubres de première classe, par le motif que cet arrêté avait été pris légalement par le préfet dans les limites des attributions qui lui sont conférées par le décret du 25 mars 1852 (Crim. rej. 6 mars 1875, aff. Pariset, D. P. 75. 1. 495), et que le conseil d'Etat, saisi par la même partie d'un recours pour excès de pouvoirs contre cet arrêté, en a prononcé l'annulation, par le motif que « le préfet avait usé des pouvoirs de police qui lui appartenaient sur les établissements insalubres pour un objet autre que celui à raison duquel ils lui étaient conférés » (Cons. d'Et. 26 nov. 1875, aff. Pariset, D. P. 76. 3. 41).

296. Ces décisions contradictoires ne portent point atteinte au principe de la séparation des pouvoirs; mais ce principe serait méconnu par l'autorité judiciaire, si elle réprimait comme une contravention punissable l'infraction à un arrêté déjà annulé pour excès de pouvoirs par le conseil d'Etat. M. Laferrière se demande (p. 457) s'il en serait de même dans le cas où l'annulation pour excès de pouvoir aurait été prononcée antérieurement à la condamnation, mais postérieurement au fait incriminé. Il pense que la stricte application du principe de l'indépendance des juridictions devrait conduire à une solution négative, l'annulation de l'arrêté, postérieurement à l'infraction, ne pouvant avoir pour effet de l'anéantir rétroactivement. Mais la cour de cassation a décidé, au contraire, que lorsque l'annulation a été prononcée avant que la condamnation soit devenue définitive, elle a pour conséquence nécessaire d'enlever toute base légale à la poursuite et à la condamnation intervenue, et de faire perdre au fait qui a motivé la poursuite le caractère de contravention (Crim. cass. 25 mars 1882, aff. Darsy, D. P. 82. 1. 486). Il a été jugé, dans le même sens, que, lorsque, depuis la condamnation à l'amende et à la démolition pour construction en anticipation sur la voie publique contre laquelle un propriétaire s'est pourvu, l'arrêté a été annulé, il y a lieu pour la cour de cassation de casser le jugement pour le tout avec renvoi devant un nouveau juge, pour être statué sur la poursuite après délivrance d'un nouvel et régulier alignement (Crim. cass. 29 juill. 1864, aff. Layrolle, D. P. 65. 1. 41, et 15 déc. 1866, aff. Berryer, D. P. 66. 5. 494.)

ART. 3. — *Défense à l'une des autorités d'interpréter les actes de l'autre (Rép. n°s 226 à 294).*

297. Conformément à ce qui a été exposé au *Rép.* n° 226, lorsque le sens d'un acte émané de l'autorité administrative est contesté devant l'autorité judiciaire, celle-ci doit surseoir jusqu'à ce que l'interprétation en ait été donnée par l'autorité de laquelle émane cet acte, attendu qu'en vertu du principe de la séparation des pouvoirs l'autorité judiciaire ne peut pas infirmer les actes de l'autorité administrative (Aucoc, t. 1, p. 498).

Cette règle, comme on l'a déjà indiqué *suprà*, n° 265, comporte d'assez nombreuses exceptions : elle n'est pas applicable ni aux règlements faits par l'autorité administrative, ni aux actes réglementaires qui fixent les tarifs de certaines taxes assimilées aux contributions indirectes, ni aux contrats dont le contentieux appartient à l'autorité judiciaire.

298. Les actes émanant du pouvoir législatif ne constituent jamais des actes administratifs, l'autorité judiciaire est compétente pour les interpréter; il a été jugé, en conséquence, qu'il lui appartient d'interpréter le point général par lequel le paragraphe 1er de l'art. 5 de la loi du 5 mai 1859 répartit les dépenses du service des enfants assistés (Req. 7 juill. 1884, aff. Département du Rhône, D. P. 85. 1. 153).

On a soutenu, cependant, que cette règle souffre exception à l'égard des actes du pouvoir législatif qui ont le caractère d'actes de haute administration. Ainsi, le conseil d'Etat a reconnu à l'autorité administrative le droit d'interpréter un acte de concession domaniale fait en vertu d'une loi (Cons. d'Et. 24 déc. 1845, aff. de Nazelles *C.* Ville de Paris, *Rec. Cons. d'Etat,* p. 601); et un arrêt plus récent semble avoir implicitement admis cette théorie, à l'égard de décrets de l'Assemblée constituante et de la Convention, relatifs aux

limites de deux communes situées dans des départements différents (Cons. d'Et. 7 août 1883, aff. Commune de Meudon, D. P. 85. 3. 37. V. toutefois Observations sous ce dernier arrêt).

299. L'interprétation des règlements d'administration publique faits en vertu d'une délégation du pouvoir législatif, et qui tiennent du caractère de la loi elle-même, appartient également à l'autorité judiciaire (Crim. cass. 8 févr. 1845, aff. Vidal, D. P. 45. 1. 156; 30 mars 1876, aff. Ville de Marseille, D. P. 76. 1. 407; Civ. rej. 14 août 1877, aff. Laffitte, D. P. 78. 1. 9).

300. Ce qui vient d'être dit s'applique, par les mêmes motifs, aux tarifs de certaines taxes fixés par des actes du pouvoir exécutif en vertu d'une délégation de la loi, comme les droits d'octroi (Cons. d'Et. 17 juill. 1862, aff. Trotrot, D. P. 62. 3. 82; 21 mai 1867, aff. Noël-Martin, *Rec. Cons. d'Etat*, p. 496), et les droits de péage perçus par les fermiers des bacs, les concessionnaires des ponts à péage (Cons. d'Et. 29 mars 1855, aff. Pointurier, D. P. 55. 3. 59; 17 mai 1855, aff. Mahé, D. P. 55. 5. 323) ou les concessionnaires de chemins de fer (Cons. d'Et. 17 avr. 1866, aff. Houillères de Montrambert, D. P. 69. 3. 3), et de tramways (Cons. d'Et. 15 févr. 1884, aff. Jurie, D. P. 85. 3. 95). L'autorité judiciaire peut donc connaître des difficultés qui s'élèvent au sujet de l'interprétation de ces tarifs entre les concessionnaires et les particuliers. Toutefois, en matière de concessions de travaux publics, si le débat s'élève entre le concessionnaire et l'Administration, ce n'est plus devant les tribunaux civils, mais devant le conseil de préfecture, que la contestation doit être portée (V. *infrà*, v° *Travaux publics*).

301. En ce qui concerne les contrats passés par l'administration avec les tiers, l'autorité judiciaire n'est obligée de surseoir à statuer, lorsqu'il s'élève un doute sur le sens d'une clause de ces contrats, que dans le cas où les difficultés auxquelles pourrait donner lieu leur exécution ne rentreraient pas dans sa compétence (Aucoc, p. 503). Ainsi, lorsque dans une contestation pendante devant un tribunal il s'élève une question relative à l'interprétation d'un acte de vente nationale, le tribunal doit surseoir à statuer (Cons. d'Et. 26 avr. 1860, aff. Gaudeau, D. P. 60. 3. 55; Trib. confl. 1er mai 1875, aff. Tarbé des Sablons, D. P. 76. 3. 7; 8 déc. 1877, aff. Abat, D. P. 78. 3. 36; 6 déc. 1884, aff. Lacombe Saint-Michel, D. P. 86. 3. 44). Il doit également renvoyer à l'autorité administrative l'appréciation d'un acte de concession émané de l'Etat, afin d'apprécier si des biens revendiqués par un ancien émigré sont compris dans cette concession (Civ. cass. 27 févr. 1855, aff. duc d'Uzès, D. P. 55. 1. 295). Il en est de même lorsqu'il y a lieu de déterminer le sens et la portée de décrets ayant disposé en faveur de départements ou de communes, d'immeubles appartenant au domaine (Trib. confl. 12 déc 1874, aff. Ville de Paris, D. P. 75. 3. 89).

302. Mais il est reconnu par la jurisprudence constante de la cour de cassation, du conseil d'Etat et du tribunal des conflits, que l'obligation de renvoyer les parties devant la juridiction administrative ne s'applique pas aux actes contractuels dans lesquels une commune figure comme partie intéressée, surtout lorsqu'il s'agit uniquement d'apprécier, d'après les règles du droit commun, les obligations qui peuvent résulter pour cette commune du contrat passé par elle (Cons. d'Et. 12 mai 1853, aff. Bérenguier, D. P. 54. 3. 66; 8 juin 1854, aff. Saurin, D. P. 54. 3. 84; Trib. confl. 17 mai 1873, aff. Michallard, D. P. 74. 3. 4; Req. 1er déc. 1873, aff. Ville de Toulouse, D. P. 74. 1. 59; Req. 6 déc. 1875, aff. Ville de Roanne, D. P. 76. 1. 131; Civ. cass. 15 mai 1882, aff. Rolland, D. P. 83. 1. 164; Req. 6 août 1883, aff. Maury, D. P. 85. 1. 16). Il en est ainsi, spécialement, pour l'acte par lequel une commune a cédé un tronçon d'ancien chemin déclassé par la commission départementale en stipulant que le cessionnaire ne pourrait entrer en jouissance de ce tronçon que lorsqu'une voie d'intérêt commun, établie sur les terrains dudit cessionnaire, serait livrée à la circulation et que le raccordement de la voie à l'ancien chemin serait en bonne condition de viabilité; en conséquence, une cour d'appel peut valablement décider que, les conditions de l'acte ayant été exécutées, le cessionnaire a acquis la jouissance du tronçon litigieux (Arrêt précité du 6 août 1883).

303. Les tribunaux doivent, au contraire, renvoyer à l'autorité administrative l'interprétation : 1° d'un acte administratif autorisant un officier de santé à exercer dans un département autre que celui où il a été reçu (Crim. rej. 24 avr. 1856, aff. Lecharpentier, D. P. 56. 1. 222); — 2° D'une soumission, pour la construction d'un marché communal présentée par un particulier, acceptée par le conseil municipal, et approuvée par le Gouvernement qui a autorisé la commune à traiter avec ce particulier (Req. 10 janv. 1859, aff. Eclancher, D. P. 59. 1. 405); — 3° D'un acte par lequel l'Etat a fait abandon au profit d'un hospice, comme compensation de ses biens aliénés, d'une rente emphytéotique (Cons. d'Et. 30 juin 1846, aff. Hospices de Poitiers, D. P. 47. 3. 18); — 4° De l'acte administratif qui a autorisé une loterie et réglé les conditions de cette autorisation (Cons. d'Et. 15 mai 1856, aff. Langlois, D. P. 57. 3. 2); — 5° Des actes qui ont déterminé les limites du domaine public militaire (Civ. cass. 1er avr. 1845, aff. Ville de Besançon, D. P. 45. 1. 195; 20 déc. 1854, aff. Préfet d'Alger, D. P. 55. 1. 36; Trib. confl. 6 déc. 1884, aff. Lacombe-Saint-Michel, D. P. 86. 3. 44); — 6° D'une ordonnance royale qui a mis la fabrique d'une église cathédrale en possession d'une chapelle dépendant de cette église à l'effet de décider si cette ordonnance qui érigeait ladite chapelle en chapelle de secours s'est bornée à l'affecter à l'exercice du culte ou si, de plus, elle en a transféré la propriété de l'Etat à la fabrique (Cons. d'Et. 17 mai 1866, aff. Fabrique de la cathédrale de Grenoble, D. P. 67. 3. 40); — 7° D'un arrêté préfectoral qui a permis de commencer l'exploitation d'un chemin de fer dont la construction a soulevé le litige (Civ. cass. 7 févr. 1883, aff. Chemin de fer d'intérêt local de la Meuse, D. P. 84. 1. 108); — 8° Des lettres émanées d'un préfet et relatives à l'autorisation d'accepter une donation faite à une commune, par exemple, à l'effet d'apprécier si ces lettres contiennent un refus définitif ou un simple refus provisoire d'acceptation de cette donation (Civ. cass. 16 juin 1879, aff. de Caupenne, D. P. 79. 1. 370); — 9° D'un arrêté qui a prononcé, en vertu de l'ordonnance du 31 oct. 1845, le séquestre d'un immeuble en Algérie (Cons. d'Et. 12 déc. 1863, aff. Cély, D. P. 65. 3. 34); — 10° Du cahier des charges qui a précédé l'acte de vente consenti par une commune à un particulier, alors du moins que ce cahier des charges, bien que dressé eu vue d'un contrat civil, n'en est pas moins intervenu dans un intérêt général de voirie urbaine (Pau, 13 déc. 1886, aff. Frogé, D. P. 87. 2. 231). Il appartient également à l'autorité administrative de déclarer, sur le renvoi qui lui est fait par le tribunal civil, si une délibération d'un conseil municipal a fait passer un terrain du domaine public dans le domaine privé de la commune (Cons. d'Et. 19 déc. 1879, aff. Javet, D. P. 80. 3. 49).

304. Lorsqu'à la demande formée devant un tribunal civil par des indigènes de l'Algérie contre l'Etat en délaissement avec dommages-intérêts des terres dont ils se prétendent propriétaires, le domaine oppose que ces terres, conquises sur une tribu insoumise, ont été distribuées aux tribus qui ont fait leur soumission pour en jouir à titre précaire, cette prétention soulève la question préjudicielle de sdvoir à quel titre l'autorité française, à la suite de l'expédition militaire dont il s'agit, a pris possession des terres litigieuses et en a disposé au profit des tribus, et cette question ne peut être résolue que par l'autorité administrative (Cons. d'Et. 7 août 1856, aff. Mohamed-ben-Abdel-Kerim, D. P. 57. 3. 18).—De même l'autorité judiciaire, compétente pour connaître des contestations qui s'engagent entre les capitaines ou armateurs de navires employés au transport de *coolies* de l'Inde aux colonies françaises, est tenue, si la solution du litige est subordonnée à l'appréciation du sens, de la portée et de la validité des actes administratifs qui ont réglé les conditions de ce transport et qui, au dire de l'une des parties, auraient conféré à celle-ci le droit exclusif dont elle se prévaut, de surseoir à statuer jusqu'à ce que l'autorité administrative ait résolu la question préjudicielle qu'une telle prétention fait naître (Cons. d'Et. 10 mai 1860, aff. Granier de Saint-Mangon, D. P. 60. 3. 73).

Par application du même principe, lorsque l'autorité judiciaire est saisie d'une demande en dommages-intérêts pour inexécution de travaux, et que, devant elle, le défendeur excipe d'un acte administratif qui aurait eu pour effet d'interdire ces travaux, elle doit, si le sens de cet acte est débattu entre les parties, en renvoyer l'interprétation devant

l'autorité administrative (Civ. cass. 7 déc. 1858, aff. Bachelet, D. P. 59. 1. 73).

305. Un tribunal de commerce est également incompétent pour décider en quelle qualité le capitaine d'un navire a reçu un secours du ministre du commerce à titre d'indemnité de la perte de son navire et pour ordonner la répartition de ce secours entre tous les copropriétaires de ce bâtiment, s'il est nécessaire de rechercher quelle a été l'intention du ministre en accordant l'indemnité et de déterminer la portée de sa décision (Civ. cass. 22 mars 1882, aff. Roso, D. P. 83. 1. 125).

306. Il a été décidé dans le même sens : 1° qu'une cour d'appel excède ses pouvoirs et statue hors des limites de sa compétence lorsque, à l'occasion de difficultés survenues relativement aux dispositions d'un décret qui autorisait un usinier à tendre les eaux d'un cours d'eau non navigable à 30 centimètres en contre-haut de son barrage, elle recherche le but et la portée de ces dispositions et tire de cet examen, constituant une véritable interprétation, la conclusion que l'usinier ne peut, sans s'exposer à une action en dommages-intérêts de la part des riverains, se servir d'une hausse mobile pour tendre les eaux en contre-haut de son barrage (Civ. cass. 5 juill. 1881, aff. Viellard-Migeon, D. P. 81. 1. 462) ; — 2° Que l'arrêt qui déclare que le mot *carrière* employé dans un arrêté préfectoral s'applique, selon le langage usuel et l'usage des lieux, non seulement à l'ouverture par laquelle le banc a été attaqué, mais encore au banc sur lequel l'ouverture a été pratiquée, quelles qu'en soient les dimensions en longueur, largeur et profondeur, contient une interprétation d'un acte administratif qui n'appartient pas à l'autorité judiciaire (Civ. cass. 17 nov. 1869, aff. Commune de Félines-d'Hautpoul, D. P. 70. 1. 22) ; — 3° Que l'on doit aussi considérer comme entaché d'excès de pouvoir l'arrêt qui, interprétant l'arrêté du conseil de préfecture homologatif d'un procès-verbal de délimitation de terres en Algérie, décide que cet arrêté n'attribue qu'une partie que la moitié d'un domaine (Civ. cass. 13 juill. 1870, aff. Javal, D. P. 70. 1. 344) ; — 4° Qu'il appartient exclusivement à l'autorité administrative d'interpréter, sur le renvoi de l'autorité judiciaire, les actes administratifs qui ont déterminé les limites de deux départements (Caen, 20 mai 1850, aff. Delarue, D. P. 50. 2. 118), ou de deux communes (Cons. d'Et. 7 août 1883, aff. Commune de Meudon, D. P. 85. 3. 37).

307. Il suffit qu'un acte ait le caractère administratif pour que la connaissance en appartienne à l'autorité administrative ; et, spécialement, c'est à cette autorité et non à l'autorité judiciaire qu'il appartient de statuer sur l'admissibilité de l'inscription de faux dirigée contre des actes destinés à la formation du rôle des impôts (Douai, 6 juin 1853, aff. Commune d'Aubin-Saint-Vaast, D. P. 55. 2. 314). Et il importe peu que ces actes n'aient pas la force de titre et ne vaillent que comme renseignements (Même arrêt).

308. De la compétence exclusive qui appartient à l'autorité administrative pour déterminer le sens et la portée des actes émanés d'elle, résulte pour elle le droit de décider si les actes administratifs ont le caractère d'actes administratifs (Cons. d'Et. 17 déc. 1847, aff. de Galiffet, D. P. 48. 3. 49 ; Cons. d'Et. 31 janv. 1856, aff. Arrosants d'Eus, D. P. 57. 3. 8).

309. Les tribunaux civils sont incompétents pour interpréter des actes administratifs, alors même qu'ils en sont saisis par voie de garantie, accessoirement à une demande principale qui rentre dans leur juridiction (Paris, 27 févr. 1880, aff. Caussemille, D. P. 80. 2. 172).

310. Ainsi que nous l'avons dit au *Rép.* n° 245,"cette incompétence s'étend même au cas où la contestation porte uniquement sur des intérêts privés. Ainsi l'autorité judiciaire, saisie d'une contestation relative à un contrat de droit commun passé entre deux entrepreneurs de transports, doit, s'il s'élève une difficulté sur la légalité, la portée et les conséquences d'un arrêté préfectoral, renvoyer avant faire droit, les parties à se pourvoir devant l'autorité administrative pour l'interprétation, tant dudit arrêté, que des actes de concession et cahier des charges concernant les deux entreprises (Paris, 22 mai 1876, aff. Compagnie des omnibus, D. P. 77. 2. 108).

Mais il n'y a pas lieu de renvoyer à l'autorité administrative l'examen d'une question préjudicielle dont la solution n'exige l'interprétation d'aucun acte administratif, mais dépend de circonstances de fait dont l'appréciation appartient au juge civil. Dans le cas, par exemple, où un architecte municipal et un autre employé d'une ville sont poursuivis en dommages-intérêts devant le tribunal civil par un particulier blessé dans l'écroulement d'une construction élevée pour un spectacle public, et que cette action est basée sur ce que les défendeurs ont négligé, malgré les ordres de l'autorité municipale, de vérifier sérieusement la solidité de la construction, il appartient à l'autorité judiciaire de trancher, sans sursis ni renvoi, la question de savoir si, dans ces circonstances, l'architecte et l'employé ont agi comme préposés de la mairie ou comme préposés de la préfecture (Req. 10 juin 1884, aff. Ville de Marseille, D. P. 84. 1. 365).

311. Si l'autorité judiciaire doit, sous peine de commettre un excès de pouvoir, renvoyer à l'autorité administrative l'interprétation des actes administratifs produits devant elle, lorsque cette interprétation est nécessaire pour le jugement du fond, les tribunaux civils sont compétents pour déclarer qu'il n'y a pas lieu d'interpréter un acte administratif et que,quel qu'en soit le sens, il ne peut former un titre pour la partie qui l'invoque (Req. 24 mai 1870, aff. Mondot de Lagorce, D. P. 71. 1. 15). En conséquence, un tribunal ne commet pas d'excès de pouvoir quand il déclare que l'autorité administrative serait seule compétente pour statuer sur la déchéance des droits résultant d'une concession administrative dans le cas où elle serait invoquée par les parties, et qu'il ne statue pas lui-même sur cette déchéance (Req. 21 févr. 1872, aff. Vié, D. P. 72. 1. 237).

312. De même, la défense faite aux juges d'interpréter les actes administratifs n'est pas méconnue par l'arrêt qui, statuant sur l'opposition faite par une compagnie de tramways à la demande de payement d'une taxe de stationnement, se borne à constater que les traités de concession, muets sur ladite taxe, émanent de l'autorité supérieure et non de l'autorité municipale qui n'y a pas été partie, et que, dès lors, ils ne sont pas opposables à la commune (Req. 13 nov. 1882, aff. Compagnie des tramways-sud, D. P. 85. 1. 23).

Il a été jugé, dans le même sens, que, si l'autorité administrative, juge du contentieux des domaines nationaux, est seule compétente pour interpréter les actes administratifs qui ont préparé et consommé une vente nationale et ceux auxquels ils se réfèrent, la compétence des tribunaux civils reprend son empire lorsqu'il est nécessaire de recourir soit à d'autres actes antérieurs ou postérieurs, soit aux règles et moyens du droit civil (Req. 14 mai 1873) (1).

313. L'autorité judiciaire, ainsi qu'on l'a vu au *Rép.* n° 246,

---

(1) (Lenepveu C. Société des eaux de Sceaux.) — Arrêt (après délib.). — La cour ; — Sur le premier moyen, pris de la violation du principe de la séparation des pouvoirs administratif et judiciaire, des lois des 24 août 1790, 16 fruct. an 3 et 28 pluv. an 8 : — Attendu que si, par son art. 4, la loi du 28 pluv. an 8 range dans les attributions des conseils de préfecture le contentieux des domaines nationaux, ce n'est qu'autant que la contestation trouve sa solution dans les actes administratifs qui ont préparé et consommé la vente ou dans ceux auxquels il se réfèrent ; mais que toutes les fois qu'il est nécessaire de recourir, soit à d'autres actes, antérieurs ou postérieurs, soit aux règles et moyens du droit civil, la compétence des tribunaux ordinaires reparaît et reprend son empire ; — Attendu que, suivant la vente administrative de l'an 6, après la confiscation de la baronnie de Sceaux sur la duchesse douairière d'Orléans, le sieur Lecomte, représenté au procès par la compagnie défenderesse, se rendit adjudicataire tant du château que du parc et de la ménagerie qui

en dépendaient ; qu'il est stipulé dans l'acte que les eaux provenant de l'étang du Plessis-Piquet appartiendront à l'acquéreur, mais que la jouissance des eaux ne comprendra ni la propriété foncière de l'étang, ni la pêche, ni les francs bords ; que l'arrêt du 24 mars 1820, en ordonnant l'interlocutoire qui n'a été vidé qu'en 1872, a décidé que ce n'est point des eaux contenues dans l'étang que la compagnie de Sceaux est propriétaire, mais seulement de celles qui en sortent pour se répandre au dehors ; que, sur le pourvoi formé contre cette décision, qui n'était que l'application littérale du titre litigieux, il a été jugé, par l'arrêt de la chambre civile du 16 janv. 1832, que la cour de Paris, en statuant ainsi, n'avait point entrepris sur l'autorité administrative ; et que l'affaire étant revenue devant les juges du fond, après le rapport des experts, il s'est agi de savoir, à raison de la diminution des sources qui alimentent l'étang et de son envasement progressif, quelle profondeur il était indispensable de conserver à cet étang pour en prévenir la suppression, à quelle hauteur

n'est pas obligée de s'arrêter et de surseoir à statuer jusqu'après l'interprétation d'un acte administratif, par cela seul qu'une des parties allègue que le sens de cet acte est douteux. Si la contestation élevée à cet égard n'est pas sérieuse, et si le sens de l'acte ne présente en réalité aucune ambiguïté, elle peut en faire l'application (Req. 17 juill. 1849, aff. Préfet de la Nièvre, D. P. 49. 1. 315 ; Caen, 21 nov. 1851, aff. Commune de Bricqueville, D. P. 54. 5. 145 ; Req. 11 janv. 1853, aff. Préfet des Deux-Sèvres, D. P. 54. 1. 407 ; Civ. rej. 4 janv. 1854, aff. Commune de Tinchebray, D. P. 54. 1. 25 ; Req. 7 févr. 1854, aff. Guestier, D. P. 54. 1. 55 ; Civ. rej. 17 août 1858, aff. Commune de Courcôme, D. P. 58. 1. 367 ; Civ. rej. 25 avr. 1860, aff. Roux, D. P. 60. 1. 230 ; 14 août 1861, aff. Mirès, D. P. 61. 1. 307 ; 19 nov. 1861, aff. Seyve, D. P. 61. 1. 486 ; Req. 12 févr. 1862, aff. Montariol, D. P. 62. 1. 187 ; Angers, 4 mai 1866, aff. d'Andigné, D. P. 66. 2. 126; Req. 26 déc. 1866, aff. Commune de Baudéan, D. P. 68. 1. 112; Civ. rej. 2 déc. 1868, aff. Ville de Nice, D. P. 69. 1. 30 ; Req. 18 janv. 1869, aff. Commune de la Chavanne, D. P. 69. 1. 121; 18 janv. 1869, aff. Joliot, D. P. 72. 1. 61; Caen, 22 févr. 1869, aff. Morice, D. P. 70. 2. 21 ; Civ. rej. 26 juill. 1871, aff. Ville d'Avignon, D. P. 71. 1. 324 ; Req. 9 janv. 1872, aff. Ville de Philippeville, D. P. 72. 1. 56; 8 mai 1872, aff. Syndicat du canal de Crillon, D. P. 73. 1. 30 ; 4 juin 1872, aff. de Grave, D. P. 74. 1. 160 ; 30 juill. 1872, aff. Béal, D. P. 74. 1. 164 ; Civ. rej. 23 juill. 1873, aff. Morel, D. P. 74. 1. 71 ; 15 mars 1875, aff. Roques, D. P. 75. 1. 202 ; Req. 10 nov. 1875, aff. Aubry, D. P. 76. 1. 328 ; Civ. cass. 8 nov. 1876, aff. Lagrandville, D. P. 77. 1. 73 ; 22 mai 1878, aff. Dangla, D. P. 78. 1. 266 ; Req. 15 janv. 1879, aff. Lambert,

D. P. 79. 1. 104; Crim. rej. 27 nov. 1880 (1); Req. 28 févr. 1883, aff. Moutte, D. P. 83. 1. 209; 6 mars 1883, aff. Massart, D. P. 83. 5. 105 ; Crim. rej. 5 mai 1883, aff. Mosnin, D. P. 83. 1. 484; Req. 28 mai 1883, aff. Société des chemins de fer du Calvados, D. P. 83. 1. 310 ; Civ. rej. 27 juin 1883, aff. Delerue, D. P. 84. 1. 300 ; Req. 25 mars 1884, aff. Crance, D. P. 85. 1. 215 ; Req. 5 nov. 1884, aff. Commune de Saint-Emilien, D. P. 85. 1. 72 ; Req. 25 nov. 1884, aff. Ville de Paris, D. P. 85. 1. 35 ; Orléans, 28 nov. 1884, aff. Ville de Tours, D. P. 86. 2. 285; Req. 21 avr. 1885, aff. Mancion, D. P. 86. 1. 54 ; Req. 29 avr. 1885, aff. Valette, D. P. 86. 1. 239 ; Amiens, 29 avr. 1885, aff. Ville d'Amiens, D. P. 86. 2. 212; Req. 3 nov. 1885, aff. Ville de Marseille, D. P. 86. 1. 397 ; Trib. confl. 12 déc. 1885, aff. Compagnie parisienne du gaz, D. P. 87. 3. 52).

314. Mais si le principe est certain, l'application en est souvent délicate, et il peut y avoir de sérieuses difficultés sur le point de savoir si l'acte est suffisamment clair ou s'il a besoin d'être interprété. C'est là une question d'appréciation qu'il semble impossible de résoudre d'une manière précise. Toutefois, à cet égard, ainsi que nous l'avons dit au *Rép.* n° 247, le pouvoir des juges du fond n'est pas souverain, et la cour de cassation se réserve de contrôler leur appréciation (Civ. cass. 27 févr. 1835, aff. duc d'Uzès, D. P. 35. 1. 215 ; 5 avr. 1865, aff. Jeanney, D. P. 65. 1. 427 ; Req. 28 déc. 1874, aff. de Maynard, D. P. 75. 1. 228 ; Arrêt du 8 nov. 1876, cité *supra*, n° 313). Il est arrivé que, dans une même affaire, la chambre civile de la cour de cassation a d'abord cassé un arrêt de cour impériale pour avoir interprété un acte administratif dont le sens contesté, puis rejeté le pourvoi

---

devait être fixée la prise d'eau, afin de concilier entre eux les droits respectifs des parties, et aux frais de qui il y avait lieu de mettre les travaux d'aménagement et d'entretien à exécuter; — Attendu que la vente de l'an 6 était muette sur les questions du litige; qu'il ne suffisait point de son interprétation pour les résoudre, qu'elles ne pouvaient être décidées et qu'elles ne l'ont été, en effet, pour le régime de l'étang comme pour les frais de son aménagement et de son entretien, que par des moyens et des règles de droit dont l'application rentrait exclusivement dans le domaine des tribunaux ordinaires; — D'où il suit qu'en retenant la connaissance de la cause, et en prononçant, comme il l'a fait, sur les questions qui divisaient les parties, l'arrêt dénoncé n'a point violé le principe de la séparation des pouvoirs et s'est renfermé dans les bornes de sa compétence;... — Rejette, etc.
Du 14 mai 1873.-Ch. req.-MM. de Raynal, pr.-Guillemard, rap.-Reverchon, av. gén., c. conf.-Bellaigue, av.

(1) (De Lambertye.) — La cour ; — Sur le premier moyen, pris d'une violation prétendue des art. 1351 c. civ. et 182 c. for., en ce que le jugement attaqué, pour motiver la condamnation prononcée contre le demandeur, aurait, à tort, admis comme dépendance de la voie publique un fossé dont la propriété avait été reconnue à son profit, par un jugement rendu au civil, sur une exception préjudicielle par lui soulevée, jugement devenu définitif faute de recours dans les délais de droit : — Attendu que le sieur de Lambertye, traduit devant le tribunal de simple police du canton de Longuyon pour avoir, sans autorisation préalable de l'Administration, et en deçà de la distance réglementaire, planté des arbres forestiers sur un terrain à lui appartenant, longeant le chemin vicinal de Cons-la-Granville à Raucourt, ayant excipé de son droit de propriété sur le fossé séparatif dudit chemin et d'un pré dépendant de son domaine ; — Attendu qu'à la date du 5 sept. 1879, un jugement rendu au possessoire a statué sur l'exception préjudicielle soulevée par le demandeur, et n'a été frappé d'appel par aucune des parties en cause ; — Attendu que, d'après les prétentions du sieur de Lambertye, ce jugement l'aurait maintenu en possession et jouissance du fossé litigieux, et que, dès lors, le juge de police, et, après lui, le tribunal correctionnel, n'ont pu, sans violer le respect dû à la chose jugée, déclarer que ce fossé était une dépendance du chemin vicinal, et que la distance que le demandeur était tenu d'observer pour sa plantation devait être calculée à partir de la limite extérieure ; — Attendu que le jugement possessoire, eût-il la portée que lui assigne le demandeur, ne saurait constituer à son profit l'exception de la chose jugée sur la question de propriété du fossé en litige ; qu'en effet, par arrêté préfectoral du 21 sept. 1869, dûment publié, le chemin de Granville à Raucourt a été classé parmi les chemins vicinaux, avec une largeur de 8 mètres comprenant le fossé en question ; qu'aux termes de l'art. 15 de la loi du 21 mai 1856, l'arrêté de classement du préfet portant fixation de la largeur d'un chemin vicinal attribue définitivement au chemin le sol compris dans les limites qu'il détermine, et convertit le droit des propriétaires riverains en une indemnité réglée à l'amiable ou par

le juge de paix du canton ; qu'en vertu de cette disposition le fossé contesté s'est trouvé incorporé au chemin vicinal dont il est devenu une dépendance imprescriptible comme le chemin lui-même, et que la sentence du juge paix n'aurait pu, sans violation flagrante de la loi, reconnaître à cette partie de la voie publique le caractère d'une propriété privée ; — Mais attendu, d'ailleurs, que telle n'est point la portée du jugement possessoire du 5 septembre ; que, devant le juge de paix saisi de la question préjudicielle, le sieur de Lambertye, modifiant et rectifiant ses conclusions premières qui tendaient à le faire déclarer propriétaire du fossé litigieux, a reconnu qu'en vertu de l'arrêté préfectoral de 1869, devenu inattaquable, la largeur du chemin vicinal se trouvait définitivement fixée ; que l'action possessoire par lui intentée ne saurait avoir pour effet de restreindre cette largeur et de la faire maintenir ou réintégrer dans la partie de la voie contestée, possession qu'il s'invoquait, du reste, qu'en vue d'une indemnité ultérieure à obtenir, et comme moyen d'échapper aux conséquences de la contravention relevée à sa charge ; — Attendu que le juge du possessoire s'est borné à donner acte aux parties de ce que la commune de Granville reconnaissait bien fondées les prétentions du demandeur ; que, par sa référence aux conclusions rectificatives de ce dernier, la sentence du juge de paix est nécessairement exclusive de toute attribution de propriété à son profit ; et qu'ainsi le juge correctionnel, en déclarant que le fossé litigieux faisait partie intégrante du chemin vicinal, n'a porté aucune atteinte à l'autorité de la chose jugée ni violé les articles prérappelés du code civil et du code forestier ;
Sur le deuxième moyen, pris d'une violation du principe de la séparation des pouvoirs administratif et judiciaire, en ce que le jugement attaqué se serait livré à l'interprétation d'actes dont le sens ne pouvait être fixé que par l'autorité administrative : — Attendu que, s'il est interdit aux tribunaux d'interpréter les actes administratifs quand leurs clauses en sont obscures ou ambiguës, leur devoir est de faire l'application quand ils ne comportent nul doute, ni ambiguïté ; — Attendu que du tableau de classement des chemins vicinaux de Cons-la-Granville, dressé par le préfet de la Moselle, le 21 sept. 1869, il résulte que le chemin allant de cette commune à celle de Raucourt, d'une largeur de 8 mètres, était délimité par d'anciennes bornes, entre lesquelles se trouve compris le fossé litigieux, joutant le terrain du sieur de Lambertye, mais se prolongeant au delà jusqu'à l'extrémité de la commune ; — Attendu que tel est encore l'état des lieux, ainsi qu'il résulte de deux procès-verbaux de constat dressés au cours de l'instance ; qu'au vu de ces actes dont « les énonciations », d'après le jugement attaqué, sont claires et « précises », le juge de police et, après lui, le juge d'appel n'ont eu, pour résoudre la question qui leur était soumise, qu'à en faire l'application à la partie contestée de la voie publique, sans recourir à une interprétation qui n'aurait point été de leur domaine ; qu'ainsi le deuxième grief du pourvoi n'est pas mieux fondé que le premier. etc.-Rejette, etc.
Du 27 nov. 1880.-Ch. crim.-MM. de Carnières, pr.-Robert de Chenevière, rap.-Ronjat, av. gén.-Dupont, av.

formé contre l'arrêt de la cour qui avait été appelée à statuer de nouveau sur l'affaire, bien qu'elle eût prononcé au fond, sans renvoyer à l'autorité administrative l'interprétation de l'acte qui avait paru douteux dans la première phase du procès (Arrêt du 2 déc. 1868, cité *suprà*, n° 313. V. Observations sous cet arrêt; Aucoc, p. 504).—Le droit de contrôle qui appartient en pareil cas à la cour de cassation peut être également exercé par le tribunal des conflits.

315. Il ne dépend pas des tribunaux de s'attribuer compétence en qualifiant d'actes clairs des actes ambigus et en prétendant les appliquer lorsque, en réalité, ils se livrent à l'interprétation de ces actes (Arrêts des 27 févr. 1855 et 28 déc. 1874, cités *suprà*, n° 314; Civ. cass. 5 juill. 1881, aff. Viellard-Migeon, D. P. 81. 1. 462). Ainsi, un tribunal ne peut se soustraire à l'obligation de renvoyer à l'autorité administrative l'interprétation d'un acte émané de cette autorité en déniant l'existence d'une difficulté sur cette interprétation, alors que des articulations même des parties il résulte que le sens dudit acte ne peut être déterminé qu'en le comparant à d'autres actes et en recherchant dans quelles circonstances ces actes ont été exécutés (Trib. confl. 12 mai 1883, aff. Faget, D. P. 85. 3. 10); ou alors que le sens qu'elle attribue à l'acte administratif est contesté par une des parties en cause, par le ministère public et par le préfet dans son déclinatoire (Trib. confl. 20 mai 1882, aff. Rodier, D. P. 83. 3. 114).

Il a été décidé, dans le même sens, que si le préfet, dans un mémoire en déclinatoire soumis au tribunal, déclare, au nom de l'administration, contester le sens et la portée d'actes administratifs invoqués devant l'autorité judiciaire, cette autorité ne peut passer outre en déclarant que le sens des actes est clair et ne prête à aucun doute (Cons. d'Et. 8 avr. 1865, aff. Mines d'Anzin, D. P. 66. 3. 6).

316. On doit considérer, ainsi que nous l'avons dit au *Rép.* n° 272, comme une application, et non comme une interprétation d'un acte administratif, le fait de tirer les conséquences légales de ses dispositions précises et d'apprécier la portée et l'influence d'actes administratifs qui ne présentent aucune ambiguïté sur le règlement d'intérêts privés tout à fait indépendants d'un intérêt public (Arrêt du 28 mai 1883, cité *suprà*, n° 313).

317. Cette règle a reçu, comme on l'a vu au *Rép.* n°s 250 et suiv., de nombreuses applications en matière de ventes nationales (Douai, 28 juin 1845, aff. Maizière, D. P. 45. 4. 523). Il a été décidé, notamment, que l'autorité judiciaire ne commet pas un excès de pouvoirs : 1° lorsqu'elle statue sur les difficultés qui s'élèvent relativement à la contenance d'un terrain vendu par l'État et au point de savoir si une parcelle litigieuse dépend de ce terrain, alors que le sens de l'acte d'adjudication est clair et précis (Req. 5 avr. 1876, aff. Bonnigal, D. P. 78. 1. 11); — 2° Lorsqu'elle invoque un acte de vente consenti par l'Etat, non pour l'interpréter, mais pour déclarer que ce titre est conforme aux constatations d'une expertise (Arrêt du 10 nov. 1875, cité *suprà*, n° 313); — 3° Quand elle constate les limites d'une vente domaniale clairement déterminée par la convention (Arrêt du 12 févr. 1862, cité *suprà*, n° 313); — 4° Lorsqu'elle déclare l'existence d'une servitude, en se fondant sur un plan annexé à un acte de vente d'un bien du domaine national où était figurée cette servitude, et sur lequel ne s'élevait aucun doute sérieux (Arrêt du 15 janv. 1879, cité *suprà*, n° 313); — 5° Quand elle décide si les rues indiquées comme limites de propriétés vendues par l'Etat, ont été ou non comprises dans ces ventes, alors que les termes des actes administratifs sont clairs (Req. 9 janv. 1866, aff. Rethoré, D. P. 66. 1. 395).

318. Il a été jugé, par application des mêmes principes : 1° qu'un tribunal civil ne doit pas renvoyer à l'autorité administrative la question de savoir dans quel sens un préfet a approuvé les délibérations d'un conseil municipal relatives à un contrat de droit commun et quelle portée il a entendu donner à cette approbation, lorsqu'elle est formulée en termes clairs et précis, et lorsque sa régularité ainsi que celle des délibérations ne sont pas contestées (Civ. cass. 15 nov. 1881, aff. Commune d'Eaux-Bonnes, D. P. 82. 1. 467); — 2° Qu'il ne viole pas la séparation des pouvoirs en se bornant à appliquer une délibération d'un conseil municipal dont le sens et la portée n'étaient point contestés (Arrêt du 27 juin 1883, cité *suprà*, n° 313), ou à en déterminer les conséquences et la valeur légale (Req. 13 juin 1877, aff. Ville de Pamiers, D. P. 78. 1. 415); — 3° Qu'il ne commet aucun excès de pouvoirs, lorsqu'il se borne à appliquer l'arrêté préfectoral qui, après avoir visé une proposition d'échange entre une commune et un particulier, autorise cette proposition sans restriction ni réserve, cette autorisation emportant nécessairement approbation de toutes les clauses et conditions de l'échange (Req. 6 juin 1855, aff. de la Chataigneraie, D. P. 55. 1. 417); — 4° Qu'un tribunal civil, saisi de la question de savoir si une compagnie d'éclairage au gaz a droit d'obtenir une indemnité allouée éventuellement par le jury, à raison des colonnes montantes établies par elle dans la maison d'un tiers ultérieurement exproprié, doit juger la cause sans sursis, bien que la ville prétende que le traité intervenu entre elle et la Compagnie lui permette d'enlever sans indemnité les conduites de gaz, puisqu'il résulte clairement du texte du traité que la clause dont il s'agit ne s'applique pas aux conduites montantes établies dans l'intérieur des habitations en vertu de conventions purement privées (Arrêt de la chambre des requêtes du 25 nov. 1884 et décision du tribunal des conflits du 12 déc. 1885, cités *suprà*, n° 313).

319. L'autorité judiciaire ne viole pas davantage le principe de la séparation des pouvoirs : 1° lorqu'elle applique, sans l'interpréter, un décret de concession, en décidant que les travaux nécessités par la jouissance abusive des eaux d'un canal ne sont pas à la charge de la compagnie concessionnaire de ce canal, par le motif que l'acte portant règlement de la concession n'oblige ladite compagnie qu'à fournir aux terres à arroser toute l'eau qui leur est nécessaire, et attribue au syndicat des propriétaires riverains la mission de veiller à l'observation des règlements sur l'usage des eaux (Arrêt du 8 mai 1872, cité *suprà*, n° 313); — 2° Lorsqu'elle fonde sa décision sur des pièces extraites d'un dossier administratif sans avoir à interpréter ces pièces, dont le sens n'est ni obscur, ni ambigu (Arrêt du 22 mai 1878, cité *suprà*, n° 313); — 3° Lorsqu'elle décide, d'après d'anciens arrêts du conseil ne présentant pas d'ambiguïté, si la propriété d'un marais appartient aux représentants d'un engagiste qui la revendiquait contre une commune en prétendant qu'elle est simple usagère (Arrêt du 28 déc. 1874, cité *suprà*, n° 314); — 4° Lorsqu'elle décide que l'acte de concession perpétuelle d'une rivière canalisée, clair par lui-même, n'a pas eu pour conséquence légale et virtuelle d'affranchir le canal de la charge de recevoir des eaux autres que celles dont il est question dans l'art. 640 c. civ. (Arrêt du 4 juin 1872, cité *suprà*, n° 313); — 5° Lorsqu'elle décide que le tracé de deux rangées d'arbres figurées le long d'une voie publique en teintes circulaires vertes, sans lignes arrêtées, ne constitue pas une extension de cette voie au delà de la largeur indiquée sur le plan et dans la légende explicative (Arrêt du 2 déc. 1868, cité *suprà*, n° 313); — 6° Lorsqu'elle recherche l'influence qu'un décret, autorisant une commune à acquérir un terrain destiné à une voie publique et dont les termes n'offrent aucune obscurité, a pu exercer sur le point de savoir si le terrain litigieux a été employé à l'établissement de cette voie publique (Arrêt du 8 nov. 1876, cité *suprà*, n° 313); — 7° Lorsqu'elle déclare que l'autorisation donnée à une commune de faire un échange n'emporte pas celle de faire un abandon du droit d'usage (Req. 30 nov. 1852, aff. Girardin, D. P. 54. 5. 144); — 8° Lorsqu'elle applique les peines portées par les art. 23 et 25 combinés de la loi du 15 avr. 1829, sur la pêche fluviale, à un usinier qui a déversé, dans une rivière navigable, des eaux contenant des matières de nature à donner la mort aux poissons, sans demander à l'administration l'interprétation d'un arrêté préfectoral invoqué par le contrevenant et qui autorisait le déversement, alors qu'il résulte des termes clairs et précis de cet arrêté qu'il avait eu uniquement en vue l'intérêt de la navigation (Arrêt du 5 mai 1883, cité *suprà*, n° 313); — 9° Quand elle connaît d'une contestation relative à la jouissance à titre privé des eaux d'une rivière non navigable ni flottable, bien que, pour régler cette jouissance, le tribunal se trouve dans la nécessité de recourir à des actes administratifs invoqués par les parties si d'ailleurs il n'a point à les interpréter (Req. 24 août 1852, aff. Dutheil, D. P. 53. 1. 97); — 10° Lorsqu'elle statue sur la demande du propriétaire d'une maison située sur la voie publique, tendant à la destruction de travaux faits, en vertu d'une autorisation de

l'administration municipale, à une maison contiguë à la sienne, si l'arrêté de l'autorité administrative n'a été l'objet d'aucun recours légal, et si ses termes sont clairs et précis (Angers, 11 juill. 1855, aff. Pelé, D. P. 55. 5. 90); — 11° Lorsqu'elle déclare qu'un terrain revendiqué par une commune, comme faisant partie d'un chemin qu'un arrêté préfectoral reconnaît appartenir à cette commune, est la propriété d'un simple particulier d'après ses titres, si des termes de cet arrêté simplement appliqués, il résulte que le terrain litigieux est en dehors du chemin dont le caractère communal a été ainsi reconnu (Arrêt du 17 août 1858, cité *suprà*, n° 313); — 12° Lorsqu'elle reconnaît un caractère définitif à un acte en forme de transaction dans les conditions prescrites par l'ancien droit, qui a fixé les limites de deux communes de la Corse, si cet acte ne présente aucune ambiguïté (Req. 30 juin 1875, aff. Commune de Bastelica, D. P. 76. 1. 261); — 13° Quand elle décide qu'un majorat a été déclaré transmissible à une personne désignée, et notamment au gendre du titulaire, sans condition de retour aux héritiers de ce dernier en cas de décès du donataire sans enfants mâles, lorsque l'existence d'une pareille condition ne résulte ni expressément, ni implicitement des termes des décrets ou ordonnances et lettres patentes qui ont constitué le majorat et en ont autorisé la transmissibilité (Arrêt du 25 avr. 1860, cité *suprà*, n° 313); — 14° Quand elle statue sur l'action en revendication formée par un particulier propriétaire de terrains que le domaine prétend lui avoir été cédés par le précédent propriétaire, si les actes administratifs, produits par le domaine à l'appui de sa prétention, ne présentent ni ambiguïté, ni obscurité (Arrêt du 4 mai 1866, cité *suprà*, n° 313); — 15° Lorsque, dans le cas où un propriétaire s'est engagé envers un autre particulier à céder une parcelle de terrain nécessaire à une rectification de clôture pour le cas où l'administration l'exigerait, elle déclare, sur la production d'une lettre du préfet annonçant l'intention de l'administration d'user de ses droits et, alors même qu'il y aurait contestation sur les droits dont il s'agit, que le cas prévu s'est réalisé et, par suite, qu'elle ordonne entre les parties contractantes l'exécution de l'engagement (Req. 1er juill. 1857, aff. Monpelas, D. P. 57. 1. 431).

320. La question de savoir si une transaction avec l'administration des forêts, dont un prévenu excipe en défense à une poursuite pour délit de chasse dans un bois soumis au régime forestier, a éteint ou non l'action publique, serait à tort considérée comme ne pouvant être résolue qu'à l'aide d'une interprétation de cet acte qu'il appartiendrait à l'administration seule de donner. En pareil cas, il s'agit de prononcer non sur le sens de l'acte, qui ne saurait présenter d'ambiguïté, mais sur les effets qui en découlent au point de vue des principes généraux, spécialement du principe sur lequel est fondée l'autorité de la chose jugée; et cette question rentre exclusivement dans la compétence judiciaire (Crim. cass. 7 avr. 1866, aff. Henrys, D. P. 66. 1. 359, et sur renvoi, Metz, 4 juill. 1866, D. P. 66. 2. 165; Cons. d'Et. 7 déc. 1866, même affaire, D. P. 67. 3. 90).

Il a été décidé, par application des mêmes principes, que le conseil de préfecture saisi d'une demande d'indemnité, pour dommages causés par des travaux publics, formée par un propriétaire et par un locataire, n'est pas tenu de renvoyer les parties devant l'autorité judiciaire pour faire décider à qui doit être attribué le montant de l'indemnité, lorsque les clauses du bail ne laissent aucun doute à ce sujet (Cons. d'Et. 23 janv. 1883, aff. Hachette, D. P. 84. 3. 102).

321. Il n'y a pas lieu de renvoyer à l'autorité administrative l'interprétation d'actes dont le sens et le caractère ont été fixés par cette autorité soit dans une décision intervenue sur conflit (Req. 11 janv. 1853, aff. Préfet des Deux-Sèvres, D. P. 54. 1. 407), soit dans des arrêts du conseil d'Etat statuant au contentieux (Cons. d'Et. 28 juill. 1864, aff. Pallix, D. P. 65. 3. 36).

Toutefois, l'autorité judiciaire qui, jugeant obscure et ambiguë la clause d'une ordonnance portant concession d'une mine, en a renvoyé l'interprétation à l'autorité administrative, doit, si cette dernière ne lui paraît pas avoir suffisamment fixé le sens et la portée de la disposition litigieuse, surseoir de nouveau à statuer jusqu'à ce que ce sens et cette portée aient été élucidés par l'autorité compétente (Req. 11 juin 1883, aff. Jumel de Noireterre, D. P. 84. 1. 352).

322. Les tribunaux devant lesquels sont produits des actes administratifs contenant des dispositions obscures ou ambiguës doivent surseoir et renvoyer les parties à se pourvoir en interprétation même d'office, et malgré l'opposition de celles-ci ; il s'agit, en effet, d'une incompétence *ratione materiæ* et d'ordre public. Par le même motif, le moyen tiré de cette incompétence peut être invoqué pour la première fois devant la cour de cassation, et par celui-là même qui a saisi le tribunal civil ou qui a plaidé contre le sursis (Civ. cass. 7 juin 1869, aff. Javal, D. P. 69. 1. 301; Req. 28 févr. 1883, aff. Moutte, D. P. 83. 1. 209).

323. Dans le cas où, à la suite du refus d'un tribunal de surseoir à statuer, le préfet élève le conflit, le juge du conflit apprécie en fait s'il y avait lieu à appliquer les actes administratifs invoqués, ou si une interprétation préalable était nécessaire (Cons. d'Et. 28 juill. 1864, aff. Pallix, D. P. 65. 3. 36). Mais lorsque, sur une action en revendication ou en dommages-intérêts intentée contre l'Etat par un individu qui prétend que sa propriété a été irrégulièrement occupée, le préfet oppose l'existence d'un séquestre qui grèverait cette propriété et que, devant le juge de la validité du conflit, il est constaté que le prétendu séquestre n'existe pas, il n'y a pas lieu de retenir la connaissance d'une question préjudicielle qui n'existe pas dans l'espèce (Cons. d'Et. 12 déc. 1863, aff. Cély, D. P. 65. 3. 34). Même dans les affaires où l'Etat n'est pas en cause, il n'est pas nécessaire qu'une des parties ait contesté le sens d'un acte administratif (spécialement d'un acte de vente nationale) pour que le préfet puisse élever le conflit, s'il considère que cet acte a besoin d'être interprété (Cons. d'Et. 22 mars 1860, aff. Ville d'Avignon, D. P. 60. 3. 75).

324. L'obligation de renvoyer à l'autorité administrative l'interprétation des actes émanés d'elle n'existe, pour les tribunaux civils, que lorsqu'ils reconnaissent que ces actes peuvent avoir de l'influence sur la solution des questions qu'ils ont à juger (Req. 3 févr. 1857, aff. Coste-Clavel, D. P. 57. 1. 193; 11 mars 1868, aff. Massart, D. P. 83. 5. 105; Crim. rej. 21 août 1874, aff. Allios, D. P. 76. 1. 89 ; Rouen, 23 janv. 1877, aff. de Condé, D. P. 78. 2. 20 ; Req. 6 mars 1883, aff. Commune de Saint-Servan, D. P. 83. 1. 265; 8 août 1883, aff. Compagnie d'éclairage de la Ville de Tours, D. P. 84. 1. 81 ; 25 nov. 1884, aff. Ville de Paris, D. P. 85. 1. 35). En conséquence, les tribunaux peuvent, ainsi qu'on l'a vu au *Rép.* n° 274, statuer sur les contestations d'intérêt privé nées à l'occasion d'un acte administratif, lorsqu'elles trouvent leur solution non dans les dispositions de cet acte, mais dans des titres ordinaires, antérieurs ou postérieurs, ou, à défaut de titres, dans les principes du droit commun. (V. *suprà*, n° 311).

Ainsi, la décision qui, pour reconnaître l'existence d'une servitude, rappelle les termes d'un acte de vente nationale dont le sens est obscur, ne peut être attaquée pour incompétence, comme s'étant livrée à une interprétation rentrant dans les attributions exclusives de l'autorité administrative, si elle fonde, d'autre part, cette servitude sur une disposition de droit commun et notamment sur la règle établie par l'art. 694 c. civ. (Req. 19 juin 1861, aff. Laloy, D. P. 62. 1. 461). De même, en cas de contestation sur le caractère d'un chemin qu'une commune prétend être une voie publique et que des particuliers soutiennent être une dépendance de leur propriété achetée comme bien national, un tribunal ne viole pas le principe de la séparation des pouvoirs en recherchant le caractère du chemin litigieux dans les faits et actes privés, en dehors de l'acte de vente nationale (Req. 26 janv. 1881, aff. Commune de Chatenois, D. P. 81. 1. 376).

Il a été décidé, par application du même principe : 1° qu'il n'y a pas lieu pour l'autorité judiciaire d'ordonner un sursis lorsqu'un terrain qu'une commune prétend faire partie d'un chemin vicinal est situé bien au delà des limites assignées à ce chemin par l'arrêté de classement (Req. 5 nov. 1884, aff. Commune de Saint-Emilion, D. P. 85. 1. 72) ; — 2° Que l'arrêt qui rejette une demande en revendication de biens immeubles formée par une ville et la commission des hospices de cette ville, sans tenir compte des actes administratifs produits par les parties et en se fondant uniquement sur des dispositions législatives ainsi que sur les droits généraux de la puissance souveraine relatifs aux biens hospitaliers, ne viole pas le principe de la séparation des pouvoirs (Civ.

cass. 12 nov. 1879, aff. Ville et hospices de Bordeaux, D. P. 80. 1. 86) ; — 3° Qu'il en est de même de l'arrêt qui, sans se livrer à l'interprétation d'aucun acte administratif, déclare qu'un hospice constitue un établissement indépendant du service des enfants assistés (Civ. rej. 19 févr. 1878, aff. Préfet des Pyrénées-Orientales, D. P. 79. 1. 73).

325. La même règle s'applique en sens inverse au cas où l'on invoque devant l'autorité administrative un acte dont l'interprétation ne saurait être faite que par les tribunaux judiciaires. — Ainsi il a été décidé 1° : qu'un conseil de préfecture est compétent pour statuer sans renvoi sur une demande d'indemnité formée par le riverain d'une voie ferrée, alors même que le réclamant invoque à l'appui de ses prétentions un contrat de droit civil par lequel la compagnie, en acquérant un terrain, aurait pris l'engagement d'établir une clôture dans des conditions déterminées, s'il est constant en fait que la convention, s'appliquant à un terrain autre que celui où le fait dommageable s'est produit, est sans intérêt dans l'espèce (Trib. confl. 22 avr. 1882, aff. Boulery, D. P. 83. 3. 60) ; — 2° Qu'un conseil de préfecture n'est pas tenu davantage de renvoyer les parties devant l'autorité judiciaire pour faire interpréter un jugement émané d'elle, lorsqu'il est établi que le litige sur lequel elle a statué est complètement différent de celui dont ce conseil est saisi (Cons. d'Et. 30 nov. 1883, aff. Pelletier, D. P. 85. 3. 48).

326. L'interprétation d'un acte administratif doit être donnée par l'autorité de laquelle émane cet acte (Cons. d'Et. 6 juill. 1865, aff. Ménard, D. P. 66. 3. 7). Ainsi, c'est au préfet qu'il appartient d'interpréter ses arrêtés (Même arrêt; Cons. d'Et. 6 févr. 1846, aff. Labbey, D. P. 46. 3. 81), et les arrêtés ministériels, ainsi qu'on l'a vu (Rép. n° 226) ne peuvent être interprétés que par le ministre (Cons. d'Et. 23 déc. 1858 (1); 16 déc. 1881, aff. Ville d'Alger, D. P. 83. 3. 34).

Il en est du moins ainsi, suivant l'observation de M. Aucoc, p. 505, pour les actes administratifs autres que les contrats ; car, pour les contrats, il n'est pas possible qu'une des parties en cause vienne seule déclarer quel est le sens d'un acte qui n'a été complet que par l'accord des deux parties. Dans ce dernier cas, c'est au juge appelé à statuer sur les difficultés relatives à l'exécution du contrat qu'il appartient de prononcer (Cons. d'Et. 24 févr. 1865, aff. Commune de Martigny, D. P. 65. 5. 393; 19 juin 1867, aff. Lenoir, D. P. 68. 5. 97; Trib. confl. 1er mai 1875, aff. Tarbé des Sablons, D. P. 76. 3. 7).

327. Dans tous les cas, l'interprétation doit être donnée dans les formes et avec les garanties attachées au jugement des litiges administratifs. Alors même que l'acte qu'il s'agit d'interpréter a été rendu dans l'exercice du pouvoir discrétionnaire, la décision interprétative ne constitue pas un acte de pure administration et peut être attaquée par la voie contentieuse. Il a été décidé, en ce sens, que c'est par lequel un préfet interprète un de ses arrêtés peut toujours être déféré au ministre, puis au conseil d'Etat (Cons. d'Et. 9 févr. 1854, aff. Botillot C. Savary, Rec. Cons. d'Etat, p. 101 ; 18 mai 1854, aff. Follet, D. P. 54. 3. 77; 28 mars 1862, aff. Commune de Ranville, D. P. 63. 3. 53 ; 31 mars 1864, aff. Crestin, D. P. 64. 3. 88; 6 juill. 1865, cité suprà, n° 326). Dans ce cas, les tribunaux judiciaires ne peuvent statuer au fond en s'appuyant sur l'interprétation donnée par le préfet, alors que l'arrêté interprétatif de ce dernier est attaqué par les voies légales et, par conséquent, susceptible d'être réformé par l'autorité administrative supérieure (Civ. cass. 19 avr. 1887, aff. Jaugeac, D. P. 87. 1. 420). Pour l'interprétation des décisions ministérielles, la ministre prononce sauf recours au conseil d'Etat (Cons. d'Et. 23 déc. 1858, V. suprà, n° 326 ; 29 déc. 1858, aff. Tulin, Rec. Cons. d'Etat, p. 764).

Ce recours par la voie contentieuse peut sembler au premier abord contraire à la règle d'après laquelle c'est celui qui a fait un acte qui doit en déterminer le sens. Il est ce-

pendant nécessaire : car, sous prétexte d'interprétation, on pourrait altérer le sens de l'acte à interpréter et porter atteinte aux droits qui en découlent pour l'une des parties en cause.

328. Antérieurement à la loi du 24 mai 1872, alors que les décisions contentieuses, en vertu de la fiction de la justice retenue, émanaient du chef de l'Etat, le conseil d'Etat entendu, les demandes d'interprétation des actes du chef de l'Etat étaient portées devant le conseil d'Etat par application de la règle qu'il appartient à l'auteur d'un acte administratif d'en déterminer le sens et la portée (Cons. d'Et. 31 janv. 1856, aff. Arrosants d'Eus, D. P. 57. 3. 8). « Il semble, dit M. Aucoc, p. 507, que cette procédure ne devrait plus être suivie aujourd'hui et que l'autorité qui a rendu l'acte à interpréter devrait, dans ce cas aussi bien que dans les autres, être appelée à rendre une décision qui serait susceptible d'un recours devant le conseil d'Etat. » Toutefois, la pratique ancienne n'a pas été modifiée et, par d'assez nombreuses décisions, le conseil d'Etat a donné l'interprétation d'actes souverains (Cons. d'Et. 12 mars 1875, aff. Asile des aliénés de Bailleul, D. P. 76. 3. 7; 23 juin 1876, aff. Chrétien et Durand, Rec. Cons. d'Etat, p. 598 ; 4 août 1876, aff. Dupuis, ibid., p. 772 ; 14 mai 1880, aff. Foria, D. P. 81. 3. 29). On peut trouver la justification du maintien de cette jurisprudence dans l'art. 8 de la loi du 24 mai 1872, aux termes duquel le conseil d'Etat exerce, jusqu'à ce qu'il en soit autrement ordonné, toutes les attributions qui étaient conférées à l'ancien conseil d'Etat par les lois ou règlements qui n'ont pas été abrogés. C'est également au conseil d'Etat qu'il appartient de déterminer le sens et la portée des actes des différents chefs du pouvoir exécutif qui se sont succédé depuis 1789 (Cons. d'Et. 7 déc. 1854, aff. Ville d'Alger, Rec. Cons. d'Etat, p. 946; 17 janv. 1868, aff. Ville de Paris, ibid., p. 36; Trib. confl. 12 déc. 1874, aff. Ville de Paris, D. P. 75. 3. 89).

329. Il en est de même pour les actes des pouvoirs souverains antérieurs à 1789 ; mais il y a lieu de distinguer, parmi ces actes, ceux qui sont émanés du pouvoir souverain dans l'exercice de l'autorité administrative telle qu'on l'entend aujourd'hui, et ceux qui ont un caractère différent (Aucoc, p. 508). Les premiers seuls peuvent être interprétés par la voie contentieuse (Cons. d'Et. 24 juill. 1856, aff. de Gallifet et aff. Commune de Lattes, Rec. Cons. d'Etat, p. 477 et 483; Trib. confl. 25 juill. 1874, aff. Hospices de Vichy, D. P. 75. 3. 89). Tels sont, notamment, les arrêts du conseil du roi rendus sur l'avis des commissaires chargés de la vérification des titres des particuliers qui prétendaient avoir droit à la jouissance de certaines parties du domaine public maritime (Arrêt précité du 24 juill. 1856), les arrêts des maîtres rationaux des comptes et des archives royales des comtes de Provence et de Forcalquier portant autorisation de dessécher des terrains à l'état d'étang ou de marais (Cons. d'Et. 4 sept. 1856, Dessèchement du Citis, Rec. Cons. d'Etat, p. 559); l'arrêt du conseil relatif à la hauteur légale d'une ancienne chaussée de moulin (Cons. d'Et. 25 mars 1867, aff. Galtier, Rec. Cons. d'Etat, p. 303), et les lettres patentes du roi de Sardaigne relatives à la concession de mines (Cons. d'Et. 6 août 1868, aff. Frèrejean, Rec. Cons. d'Etat, p. 738).

330. Lorsqu'une loi postérieure a transféré à une autorité une matière rentrant antérieurement dans les attributions d'une autre, c'est l'autorité actuellement compétente pour statuer qui est également compétente pour interpréter les actes émanés de l'autre autorité avant ce changement d'attributions. En conséquence, les commissions départementales auxquelles l'art. 86 de la loi du 10 août 1871 a transmis les pouvoirs que les préfets tenaient des art. 15 et 16 de la loi du 21 mai 1836 en matière de classement des chemins vicinaux ordinaires, sont seules compétentes pour reconnaître la largeur et les limites de ces chemins, et par suite, pour interpréter les arrêtés de classement antérieurs à la loi de 1871 (Cons. d'Et. 9 mars 1877, aff. Brescon, D. P. 78. 3. 1;

_____

(1) (Julienne.) — LE CONSEIL D'ETAT, etc.; — Vu l'ordonnance royale du 31 oct. 1845 portant règlement sur le séquestre; — Vu la loi des 7-14 oct. 1790 ; — Sur les conclusions du sieur Julienne, tendant à ce qu'il soit déclaré que le ministre de la guerre n'était pas compétent pour donner l'interprétation de ses deux décisions en date des 22 juin 1847 et 11 août 1854, et qu'il n'appartenait qu'à nous, en notre conseil d'Etat, de donner cette interprétation : — Considérant que les deux décisions du 22 juin 1847 et du 11 août

1854, dont l'interprétation avait été renvoyée à l'autorité administrative par le tribunal civil d'Alger, avaient été prises par le ministre de la guerre en vertu des pouvoirs qui lui étaient attribués par l'ordonnance royale du 31 oct. 1845 suivant lequel, c'est à notre dit ministre qu'il appartient de donner l'interprétation de ces deux décisions.

Du 23 déc. 1858.-Cons. d'Et.-MM. de Sandrans, rap.-Leviez, concl.

27 juill. 1877, aff. Briant, *ibid.*; 20 déc. 1878, aff. Robert, D. P. 79. 5. 79; Civ. cass. 19 juill. 1880, aff. Commune de Noyelles, D. P. 80 1. 412; Cons. d'Et. 4 avr. 1884, aff. Rivier, D. P. 85. 3. 91).

Par suite, il y a lieu d'annuler pour incompétence l'arrêté par lequel le préfet, sur le renvoi de l'autorité judiciaire, a donné l'interprétation de l'arrêté litigieux et la décision ministérielle confirmative (Arrêt précité du 20 déc. 1878) ou la décision du conseil général qui s'est substitué aux commissions départementales pour donner cette interprétation (Cons. d'Et. 16 mai 1884, aff. Commune des Rouges-Truites, D. P. 85. 3. 91).

331. Les actes émanés des commissions départementales n'ont aucun caractère contentieux, et, par suite, leurs décisions ne sont pas susceptibles d'être attaquées par la voie contentieuse. Il y a lieu d'excepter, toutefois, celles qui ont pour objet d'interpréter des délibérations antérieures ; ce sont là des décisions contentieuses qui ne sauraient échapper à tout recours. Il a été décidé, en conséquence, qu'il appartient au conseil d'Etat de statuer sur le recours formé contre des décisions et de substituer, le cas échéant, une interprétation nouvelle à celle qui avait été donnée par la décision attaquée (Arrêts des 9 mars et 27 juill. 1877, cités *suprà*, n° 330). Par une décision postérieure (23 juill. 1880, aff. Robert, D. P. 82. 3. 9), le conseil d'Etat a jugé que les délibérations de cette nature ne pouvaient lui être déférées que par application de l'art. 88 de la loi du 10 août 1871, c'est-à-dire pour violation de la loi ou d'un règlement d'administration. Mais cette décision, qui enlevait aux parties tout recours pour les erreurs de fait commises en une matière où ces erreurs pouvaient porter une grave atteinte aux droits de propriété des parties, peut être considérée comme isolée, et, par un arrêt postérieur (Cons. d'Et. 4 avr. 1884, aff. Rivier, D. P. 85. 3. 91) le conseil d'Etat est revenu à la jurisprudence résultant des décisions de 1877.

332. L'autorité administrative devant laquelle un tribunal renvoie les parties pour faire interpréter un acte émané de cette autorité, peut donner à cet acte une interprétation différente de celle qui est proposée dans les conclusions prises devant elle par les parties (Cons. d'Et. 2 févr. 1883, aff. Borel, D. P. 84. 3. 91). Par suite, lorsque le ministre est saisi d'un recours formé par une des parties contre l'arrêté par lequel un préfet a interprété un précédent arrêté émanant de lui, il lui appartient, même en l'absence de conclusions prises par la partie adverse, de modifier l'arrêté qui lui est déféré dans un sens défavorable à l'auteur du recours. Cette dérogation au principe que le juge ne peut statuer que sur les questions qui lui sont soumises par les conclusions des parties, si ce n'est dans le cas où l'ordre public est intéressé, se justifie par le caractère spécial des décisions en matière d'interprétation. La nature même de l'attribution qu'exerce l'autorité chargée de déclarer le sens d'un acte antérieur émané d'elle s'oppose à ce qu'aucune restriction soit mise à l'exercice de ce droit; elle ne peut être contrainte de choisir entre les interprétations proposées devant elle par les parties lorsqu'elle estime qu'aucune de ces interprétations n'est conforme au sens véritable de l'acte.

333. Les particuliers ne peuvent se pourvoir en interprétation d'un acte administratif, ainsi que nous l'avons dit au *Rép.* n° 337, qu'en cas de renvoi ordonné par l'autorité saisie d'une contestation (Aucoc, p. 509; Cons. d'Et. 1er déc. 1853, aff. Ville de Bordeaux, D. P. 54. 3. 42). On conçoit, en effet, que le conseil d'Etat ne peut être appelé à statuer sur des demandes qui n'auraient que le caractère de simples consultations, ou qui l'exposeraient à se mettre en contradiction avec des décisions émanées du juge du fond dans le cas où celui-ci aurait cru pouvoir statuer sans ordonner le renvoi. Toutefois, le conseil d'Etat n'oppose pas aux ministres la même fin de non-recevoir lorsqu'ils forment des demandes d'interprétation avant d'engager un litige dans l'intérêt de l'Etat ou de prendre une décision (Arrêt précité du 1er déc. 1853; Cons. d'Et. 22 avr. 1865, aff. Canal de Craponne, *Rec. Cons. d'Etat*, p. 470; 12 mars 1875, aff. Asile des aliénés de Bailleul, D. P. 76. 3. 7). Cette exception s'explique par la législation sous laquelle elle a été établie. C'était au chef de l'Etat, le conseil d'Etat entendu, que les ministres s'adressaient pour faire déterminer le sens et la portée des actes émanés de lui et dont ils avaient eu à faire

l'application. Depuis la loi du 24 mai 1872, la situation n'est plus la même ; mais il a toujours été entendu, comme nous l'avons dit *suprà*, n° 328, que cette loi, en donnant un pouvoir de juridiction au conseil d'Etat statuant au contentieux, n'a modifié ni les attributions de cette assemblée, ni son mode de procéder.

334. Si l'interprétation des actes administratifs peut être donnée dans les conditions qui viennent d'être indiquées par la juridiction administrative, cette juridiction est incompétente, conformément à ce qui a été dit *suprà*, n° 106, pour déterminer le sens et la portée des actes de Gouvernement, et spécialement des traités diplomatiques dans leurs rapports avec le droit national et l'intérêt public (Cons. d'Et. 31 déc. 1861, aff. Corso, D. P. 62. 3. 36). L'autorité judiciaire n'est pas non plus compétente pour se livrer à l'interprétation de ces actes (Crim. rej. 18 juill. 1851, aff. Viremaître, D. P. 51. 5. 248; 23 déc. 1852, aff. Dareau, D. P. 53. 5. 215); et c'est au Gouvernement seul qu'il appartient d'en déterminer le sens et la portée lorsque le contrôle des corps politiques (Aucoc, p. 510. V. conf. *Rép.* v° *Traité international*, n° 152). Mais il appartient à l'autorité judiciaire, comme à l'autorité administrative, de faire l'application des traités diplomatiques, lorsque le sens n'en est pas douteux (V. *suprà*, n° 113; Cons. d'Et. 12 déc. 1868, aff. Compagnie générale des asphaltes, D. P. 69. 3. 59).

Art. 4. — *Compétence de l'autorité administrative pour statuer sur les difficultés que fait naître l'exécution de ses actes* (*Rép.* n°s 295 à 302).

335. Nous avons dit au *Rép.* n° 295, que l'autorité judiciaire est incompétente pour connaître des réclamations que soulève l'exécution des actes administratifs. Il a été décidé, par application de cette règle, que l'instruction des demandes de pension de retraite et la décision qui intervient sur ces demandes étant des mesures et des actes de pure administration, l'autorité judiciaire est incompétente pour régler les honoraires dus au médecin qui a constaté les infirmités du fonctionnaire et leur cause, et pour statuer sur les difficultés auxquelles le payement de ces honoraires peut donner lieu, alors même qu'il s'agit d'un médecin désigné par le procureur général au cours de l'instruction d'une demande de pension formée par un magistrat, le procureur général agissant alors comme délégué du ministre de la justice dans l'exercice de ses pouvoirs purement administratifs (Civ. cass. 5 août 1874, aff. Caron, D. P. 75. 1. 58).

336. Mais, conformément à ce qui a été exposé au *Rép.* n° 298, il appartient à l'autorité judiciaire de prononcer sur l'exécution de décisions des autorités ou des juridictions administratives lorsque les contestations élevées sur cette exécution sont fondées sur des moyens tirés du droit commun. Ainsi, elle est seule compétente pour statuer sur une contestation relative à la répartition entre un concessionnaire de pont à péage et son fermier du montant d'une indemnité allouée audit concessionnaire par une décision administrative, alors que cette contestation porte uniquement sur l'étendue des droits appartenant au fermier en vertu de son bail (Cons. d'Et. 22 déc. 1882, aff. Molinary, D. P. 84. 3. 88).

Elle est également compétente pour statuer, à la suite de la réadjudication après folle enchère d'une entreprise de travaux communaux, sur la difficulté qui s'élève, lors du règlement du décompte entre la commune et le syndic de la faillite de l'entrepreneur, au sujet de la question de savoir si la commune peut opposer la compensation aux autres créanciers pour retenir les sommes qu'elle a en sa possession ; c'est là une question de répartition de l'actif de la faillite entre les créanciers qui doit être résolue par application de l'art. 446 c. com. (Cons. d'Et. 15 mai 1869, aff. Ville d'Auch, D. P. 70. 3. 72).

337. De même, lorsque l'autorité militaire a fixé les sommes dues soit pour indemnité du logement fourni à des soldats dans un édifice, par exemple dans un théâtre, soit pour dégradations commises pendant leur séjour dans cet édifice, et a ordonnancé lesdites sommes au nom du maire de la ville, il appartient au tribunal civil de déclarer que le propriétaire du théâtre touchera ladite indemnité et que le directeur d'une troupe qui y donnait des représentations au jour le jour n'y a aucun droit (Civ. rej. 15 mars 1875, aff. Roques, D. P. 75. 1. 202). Il en est ainsi, alors même que des

indemnités ayant été simultanément demandées par le propriétaire du théâtre et le directeur de la troupe, l'état de payement dressé par l'administration porte, à la colonne d'observations, la mention qu'il appartiendra au maire, par l'intermédiaire duquel les indemnités de cette nature doivent être payées, de régler la somme revenant à chacun des indemnitaires (Même arrêt).

338. On a dit au *Rép.* n° 298 que lorsque l'opposition aux poursuites exercées en vertu d'une décision administrative a uniquement pour objet les actes mêmes d'exécution, tels que les contraintes, les saisies qu'on soutient n'être pas permises ou avoir été illégalement pratiquées, l'autorité judiciaire est compétente pour connaître de cette opposition, mais qu'elle est, au contraire, incompétente pour connaître des oppositions fondées sur l'illégalité de l'acte en vertu duquel elles sont exercées. Ainsi, c'est à l'autorité administrative qu'il appartient de connaître de l'opposition d'un particulier qui a souscrit une subvention pour l'exécution d'un travail public, lorsque celui-ci ne conteste pas la régularité des poursuites, mais prétend que le payement de la somme promise ne peut être exigé de lui (Trib. confl. 16 mai 1874, aff. Dubois, D. P. 75. 3. 38).

Au contraire, l'autorité judiciaire est compétente pour statuer sur l'opposition au commandement et à la saisie qu'un maire a pratiquée contre le curé, afin d'arriver au recouvrement d'une quête faite dans l'église (Caen, 12 janv. 1881, aff. Gouville, D. P. 82. 2. 57), ainsi que sur l'opposition aux contraintes décernées par l'administration des domaines à la suite des condamnations prononcées par les conseils de préfecture, quand cette opposition est fondée sur le défaut de notification desdites condamnations (Sol. impl., Trib. Rethel, 18 déc. 1862, aff. Demolen, D. P. 63. 3. 48).

339. Le visa donné par le sous-préfet pour rendre exécutoire un état dressé par le maire ne constitue pas une décision administrative contre l'exécution de laquelle on ne puisse se pourvoir que devant l'autorité administrative. En conséquence, si les poursuites sont exercées en vertu d'un jugement de simple police pour avoir payement du prix de travaux ordonnés, c'est là une contestation civile dont la connaissance appartient aux tribunaux ordinaires (Orléans, 22 mars 1851, aff. Batailler, D. P. 51. 2. 72).

Art. 5. — *De la connaissance des conflits élevés entre l'autorité administrative et l'autorité judiciaire* (*Rép.* nos 303 à 306).

340. L'art. 25 de la loi du 24 mai 1872 confie le règlement des conflits d'attribution entre l'autorité administrative et l'autorité judiciaire à un tribunal spécial composé : 1° du garde des sceaux président ; 2° de trois conseillers d'Etat en service ordinaire, élus par les conseillers en service ordinaire ; 3° de trois conseillers à la cour de cassation nommés par leurs collègues ; 4° de deux membres et deux suppléants élus par la majorité des autres juges.

Nous examinerons ailleurs (V. *Conflit*) les questions relatives à la matière des *conflits*.

Art. 6. — *Des poursuites exercées contre les agents de l'administration à raison des actes relatifs à leurs fonctions* (*Rép.* nos 307 et 308).

341. L'art. 75 de la constitution de l'an 8, qui subordonnait à une autorisation préalable du conseil d'Etat les poursuites dirigées contre les fonctionnaires publics autres que les ministres « pour les faits relatifs à leurs fonctions », a été abrogé par le décret du 19 sept. 1870. Ce décret abroge également toutes les dispositions des lois générales ou spéciales ayant pour objet d'entraver les poursuites dirigées contre les fonctionnaires publics de tout ordre. Il annonçait qu'il serait ultérieurement statué sur les peines civiles qu'il pourrait y avoir lieu d'édicter, dans l'intérêt public, contre ceux qui auraient dirigé des poursuites téméraires contre les fonctionnaires. Mais aucune disposition de ce genre n'a, depuis cette époque, été introduite dans la législation, et la commission de l'assemblée nationale chargée de l'examen des décrets législatifs du gouvernement de la défense nationale a refusé d'entrer dans cette voie (*Journ. off.* du 18 avr. 1872).

342. Nous avons examiné *suprà*, nos 64 et suiv., la question de savoir si le décret du 19 sept. 1870 a mo-

difié les limites de la compétence judiciaire en ce qui concerne l'appréciation des actes à l'occasion desquels des poursuites sont dirigées contre des agents du Gouvernement, et nous avons fait connaître la solution qui a réglé, dans le dernier état de la jurisprudence, cette délicate question. M. Batbie, *Traité théorique et pratique de droit public et administratif*, 2° éd., t. 2, p. 492, se demande, en présence de cette jurisprudence, à quoi se réduit l'abrogation de l'art. 75. « La poursuite judiciaire contre les agents, dit-il, pourra être portée directement devant les tribunaux quand il s'agira de faits commis par le fonctionnaire dans l'exercice et à l'occasion d'un acte de ses fonctions, mais qui n'étaient nullement nécessaires à l'acte administratif. Par exemple, si dans un arrêté, un préfet injurie un particulier ou le diffame, les tribunaux seront compétents et l'action sera régulièrement portée devant eux. L'autorisation qui était exigée par l'art. 75 ne l'est plus, et d'un autre côté, le principe de la séparation des pouvoirs n'oblige pas à saisir l'autorité administrative. Aussi la situation n'est-elle pas sensiblement modifiée, la poursuite fondée sur les faits personnels de l'agent ne pouvant être que fort rare. La portée du décret est d'autant plus restreinte et le nombre des poursuites d'autant plus petit que la jurisprudence a fort étendu le sens des mots : *actes administratifs*. »

Le Sénat a été saisi, le 26 mai 1879, d'une proposition de loi qui a été, le 31 juillet suivant, l'objet d'un rapport favorable d'une commission d'initiative parlementaire et qui tendait à compléter ainsi qu'il suit le décret du 19 sept. 1870 : « Lorsque les tribunaux seront saisis d'actions dirigées contre des fonctionnaires à raison d'actes illégaux accomplis par eux dans l'exercice ou à l'occasion de leurs fonctions, si le caractère administratif de ces actes est allégué, les parties seront renvoyées à se pourvoir au préalable devant le conseil d'Etat. La section du contentieux appréciera le caractère de ces actes. Lorsque ces actes auront été reconnus constituer des actes administratifs et auront été déclarés illégaux ou arbitraires, l'action reprendra son cours conformément au droit commun ». Cette proposition n'est pas venue en discussion.

343. L'art. 1er, § 2, du décret du 19 sept. 1870, ayant abrogé, comme nous l'avons dit, toutes les lois et tous les règlements ayant pour objet d'entraver les poursuites dirigées contre les fonctionnaires publics de tout ordre, on doit considérer comme compris dans cette abrogation, les lois, décrets et ordonnances qui, tout en maintenant la nécessité d'une autorisation pour la mise en jugement, conféraient, dans un but de rapidité et de simplification, à une autorité moins élevée que le conseil d'Etat le droit de donner cette autorisation pour les agents de certaines administrations publiques relevant du ministère des finances : agents des forêts (Ord. 1er août 1824, art. 7 et 39), agents des postes (Arrêté du 9 pluv. an 10), agents de l'enregistrement et des domaines (Arrêté du même jour), percepteurs des contributions directes (Arrêté du 10 flor. an 10), préposés d'octroi (Arrêté du 19 therm. an 10) (Ducrocq, t. 1, p. 632).

344. La garantie qui résultait pour les conseillers d'Etat de l'art. 121 c. pén. a également cessé d'exister en vertu du décret du 19 sept. 1870. Mais on verra ailleurs (V. *Mise en jugement des fonctionnaires*), que ce décret a laissé subsister les garanties d'ordre purement judiciaire qu'assurent aux magistrats des cours et tribunaux et aux officiers de police judiciaire l'art. 505 c. proc. civ. et l'art. 483 c. instr. crim., ainsi que le privilège de juridiction consacré par les art. 479 et 483 c. instr. crim. et l'art. 10 de la loi du 20 avr. 1810. »

Sect. 4. — De la compétence respective des divers tribunaux administratifs (*Rép.* nos 309 à 543).

§ 1er — Compétence du conseil d'Etat (*Rép.* nos 309 à 346).

345. Nous exposerons ailleurs (V. *Conseil d'Etat*) ce qui a trait à l'organisation, aux diverses attributions et à la compétence du conseil d'Etat.

§ 2. — Compétence des conseils de préfecture (*Rép.* nos 347 à 488).

346. On a vu au *Rép.* n° 347 que la compétence du conseil de préfecture s'exerce, soit en matière non contentieuse,

soit en matière contentieuse. Ces diverses attributions·ont été exposées au *Rép.* v[is] *Compétence administrative,* n°s 347 et suiv., et *Organisation administrative,* n°s 382 et suiv.

347. — I. COMPÉTENCE EN MATIÈRE NON CONTENTIEUSE. — L'avis du conseil de préfecture est, ainsi que nous l'avons dit (*Rép.* v° *Organisation administrative,* n° 406), obligatoire pour le préfet dans les matières les plus importantes, intéressant le département et les communes. Ainsi, aux termes de la loi du 5 avr. 1884, le préfet doit prendre en conseil de préfecture les arrêtés qui ont pour objet : 1° la déclaration de nullité ou l'annulation des délibérations prises par les conseils municipaux dans les cas prévus par les art. 65, 66, et 72 de ladite loi ; — 2° L'approbation des délibérations des conseils municipaux portant sur les matières énumérées dans les paragraphes 1er, 2, 4, 6 de l'art. 68 et dans le paragraphe 1er de l'art. 111 de la même loi ; — 3° L'inscription au budget des communes des fonds nécessaires pour une dépense obligatoire, si le conseil municipal a refusé de les voter ou n'a alloué qu'une somme insuffisante, et l'ordonnancement d'office en cas de refus du maire ; — 4° L'établissement du budget de la commune dans les cas prévus par l'art. 150 de cette loi.

348. Conformément à ce qui a été exposé au *Rép.* n°s 348 et 500, le préfet, dans les cas où il doit statuer en conseil de préfecture, est tenu à peine de nullité de prendre l'avis de ce conseil, sans être d'ailleurs obligé de s'y conformer (Cons. d'Et. 14 mai 1854, aff. Commune de Bruyères-le-Chalet, D. P. 80. 3. 119).

349. Le conseil de préfecture est appelé à statuer sur les autorisations de plaider demandées soit par les communes (V. *Commune,* n°s 867et suiv.),soit par les établissements publics. Mais cette autorisation n'est pas exigée pour les établissements d'utilité publique tels que les caisses d'épargne (Caen, 18 mai 1854, aff. Granguillot, D. P. 54. 2. 263, et sur pourvoi, Req. 3 avr. 1854, D. P. 54. 1. 244), et les monts-de-piété (Cons. préf. Seine, 26 avr. 1880, aff. Mont-de-Piété de Paris, D. P. 80. 3. 72. V. conf. Ducrocq, t. 2, n° 1338 ; Aucoc, t. 1, p. 365 ; Reverchon, *Ecole des communes,* 1854, p. 145 et suiv.).

350. On s'est demandé si l'obligation imposée aux communes de se munir d'une nouvelle autorisation pour plaider devant un nouveau degré de juridiction doit être étendue aux établissements publics. Nous avons dit au *Rép.* v° *Organisation administrative,* n° 461, que cette question avait été résolue affirmativement en ce qui concerne les hospices. Il en est de même des bureaux de bienfaisance, qui sont, au point de vue de l'autorisation, soumis aux mêmes règles que les communes (Civ. cass. 20 déc. 1864, aff. Bureau de bienfaisance de Miélan, D. P. 65. 1. 85). Mais les établissements publics ne sont astreints à cette obligation qu'autant qu'elle leur est expressément imposée par la loi. Ainsi, un consistoire israélite, pourvu de l'autorisation de plaider à laquelle l'astreint l'art. 64 de l'ordonnance du 25 mai 1844, peut, sans autorisation nouvelle, interjeter appel du jugement de première instance (Civ. rej. 27 déc. 1864, aff. Pionnier, D. P. 65. 1. 213).

351. Les décisions des conseils de préfecture en matière d'autorisation de plaider ne constituent pas des décisions contentieuses, ainsi que nous l'avons constaté (*Rép.* v° *Organisation administrative,* n° 405), et, dès lors, elles ne peuvent acquérir l'autorité de la chose jugée (V. Reverchon, *Autorisation de plaider,* 2° éd., n°s 42 et suiv.). En conséquence, lorsque le conseil de préfecture, appelé à décider s'il y a lieu d'autoriser une commune à défendre à l'action qu'un particulier se propose de former contre elle, ne se borne pas à accorder ou à refuser l'autorisation, mais se saisit du fond du litige qu'il considère comme rentrant dans sa compétence, cette première décision, rendue dans l'exercice des attributions de tutelle administrative du conseil, malgré les dispositions accessoires qu'elle renferme, ne fait pas obstacle à ce que l'arrêté rendu ultérieurement sur le fond soit attaqué devant le conseil d'Etat pour cause d'incompétence *ratione materiæ* (Cons. d'Et. 10 janv. 1861, aff. Lamothe, D. P. 61. 3. 14).

352. Par le même motif, le conseil de préfecture est incompétent pour connaître par la voie contentieuse des réclamations formées contre les arrêtés pris par lui en matière d'autorisation de plaider (Cons. d'Et. 11 juill. 1884,

aff. Commission syndicale de Mazel, D. P. 86. 3. 9). Le même arrêt décide également qu'un arrêté rendu en matière d'autorisation de plaider par un conseil de préfecture n'est pas susceptible de recours devant le conseil d'Etat par la voie contentieuse, et il semble, à raison des circonstances dans lesquelles il est intervenu, avoir entendu exclure encore le recours pour excès de pouvoirs. Cette solution contredit la jurisprudence antérieure qui reconnaissait aux adversaires de la partie autorisée à ester en justice le droit d'attaquer pour excès de pouvoirs l'arrêté d'autorisation (Cons. d'Et. 5 déc. 1860, aff. de Talleyrand-Périgord, V. *supra,* n° 139; 24 juin 1868, aff. Plaisance, D. P. 69. 3. 81. V. *Commune,* n° 922).

353. — II. COMPÉTENCE EN MATIÈRE CONTENTIEUSE. — Quoique les attributions des conseils de préfecture en matière contentieuse soient fort étendues, nous avons dit (*Rép.* v° *Organisation administrative,* n° 409) que le conseil de préfecture ne saurait être considéré comme le juge de droit commun en matière administrative, et qu'il n'est jamais compétent que lorsque sa compétence peut s'appliquer sur une disposition spéciale (Trib. confl. 26 mars 1881, aff. Aymen, D. P. 82. 3. 59. Conf. Serrigny, *Compétence administrative,* 2° éd., t. 4, p. 3 ; Dufour, *Droit administratif,* 3° éd., t. 2, p. 27 ; Batbie, t. 7, p. 421). C'est pour ce motif qu'il a été déclaré incompétent pour connaître, en l'absence d'un texte formel, des contestations élevées contre l'élection des membres des commissions syndicales chargées d'administrer les biens indivis entre plusieurs communes (Cons. d'Et. 3 juill. 1866, aff. Forcamidan, D. P. 67. 3. 84; 7 août 1875, aff. Vignalat, D. P. 76. 3. 23) et contre l'élection des syndics des associations autorisées en vertu de la loi du 21 juin 1865 (Cons. d'Et. 18 déc. 1874, aff. Toutain, D, P. 75. 3. 84 ; 19 févr. 1875, aff. Syndicat de Saint-Hilaire-la-Palud, *ibid.* V. toutefois, en sens contraire : Cons. d'Et. 4 juill. 1867, aff. Syndicat de Langres, D. P. 75. 3. 81, note 3).

354. Nous indiquerons sommairement dans l'ordre suivi au *Rép.* n°s 355 et suiv., les principales attributions conférées aux conseils de préfecture en matière contentieuse par l'art. 4 de la loi du 28 pluv. an 8, et par un certain nombre de lois spéciales (V., sur ces questions, Arsène Périer, *Traité de l'organisation et de la compétence des conseils de préfecture*).

355. — 1° *Contributions directes.* — Les conseils de préfecture sont appelés à prononcer sur les demandes en décharge ou réduction de contributions directes et d'un certain nombre de taxes assimilées aux contributions directes au point de vue de leur recouvrement (Aucoc, p. 557. V. *Rép.* v° *Impôts directs,* n°s 592 et suiv.).

On a indiqué au *Rép.* n° 360 la différence qui existe entre les demandes en *décharge* et en *réduction,* fondées sur un droit et qui rentrent seules dans la compétence des conseils de préfecture, et les demandes en *remise ou modération,* par lesquelles les contribuables se bornent à faire appel à la bienveillance de l'administration à raison d'événements imprévus qui les ont privés de leurs ressources, et sur lesquelles il appartient au préfet de statuer sauf recours au ministre des finances en vertu de l'arrêté du 24 flor. an 8.

356. Les conseils de préfecture sont compétents, ainsi que nous l'avons dit au *Rép.* n° 363, pour apprécier, à l'occasion d'une demande en décharge ou en réduction, si l'impôt est établi conformément à la loi, et, par suite, pour vérifier la légalité des actes administratifs intervenus ou des opérations administratives accomplies pour l'établissement de l'impôt (Aucoc, p. 560; Cons. d'Et. 26 juill. 1854, aff. Laurentie, D. P. 55. 3. 48; 12 févr. 1863, aff. Grelleau, D. P. 63. 3. 13; 22 déc. 1863, aff. Piquemal, D. P. 65. 3. 11; 23 juin 1864, aff. Giraud, D. P. 65. 3. 27; 9 déc. 1864, aff. Ville de Nancy, *Rec. Cons. d'Etat,* p. 969; 16 déc. 1868, aff. Mourchou, D. P. 70. 3. 43; 21 oct. 1871, aff. Lacave-Laplagne, D. P. 72. 3. 61).

357. Nous avons dit au *Rép.* n° 360, qu'à partir du commandement, les poursuites administratives font place aux poursuites judiciaires, et que la solution de la question de savoir par qui doivent être jugées les contestations que font naître ces poursuites dépend de la nature des moyens invoqués contre elles. Si le contribuable poursuivi conteste sa dette, il doit demander la décharge au conseil de préfecture, qui décidera s'il y a lieu de suspendre les poursuites (Cons.

d'Et. 9 déc. 1858, aff. Association syndicale de la Chalaronne, D. P. 59. 3. 43; 21 déc. 1858, aff. Pebernard, *ibid.;* 15 juin 1866, aff. Cavex, D. P. 67. 5. 106). Mais, s'il conteste la régularité de la poursuite en la forme, on doit distinguer. Le conseil de préfecture est compétent pour apprécier la régularité des actes de poursuites préliminaires, c'est-à-dire de la sommation avec frais. Au contraire, la question de validité des actes de poursuites judiciaires à partir du commandement doit être portée devant les tribunaux civils (Cons. d'Et. 19 déc. 1861, aff. Fruitet, D. P. 62. 3. 75; 26 déc. 1862, aff. Dufour, D. P. 63. 3. 10; 5 mai 1876, aff. Mosnier, D. P. 76. 3. 81; 2 août 1878, aff. de Béarn, D. P. 79. 3. 37; 14 nov. 1879, aff. Entrepôts et magasins généraux, D. P. 80. 3. 29; 30 juill. 1880, aff. Maurel, D. P. 81. 3. 95).

358. Il appartient également aux tribunaux civils, comme on l'a dit au *Rép.* n° 369, de statuer sur l'application du privilège réservé au Trésor public par la loi du 12 nov. 1808, c'est-à-dire du droit de préférence accordé au Trésor, à l'exclusion des autres créanciers du contribuable qui ne s'est pas acquitté (Cons. d'Et. 19 févr. 1863, aff. Calvière, D. P. 63. 3. 19; 4 juin 1867, aff. Ehrmann, D. P. 68. 3. 55; 4 juin 1870, aff. Christophe, D. P. 71. 3. 76; 30 juill. 1880, aff. Maurel, D. P. 81. 3. 95; 22 déc. 1882, aff. Percepteur de Lille, D. P. 84. 3. 87).

359. Enfin l'autorité judiciaire est également compétente pour connaître des actions en répétition, autorisées par la disposition finale des lois annuelles de finance, contre les receveurs, percepteurs ou individus qui auraient fait la perception d'impôts illégalement établis (Cons. d'Et. 14 déc. 1862, aff. Grelleau, D. P. 63. 3. 11; 21 oct. 1871, aff. Lacave-Laplagne, D. P. 72. 3. 61).

360. La compétence du conseil de préfecture s'étend, comme l'a vu au *Rép.* n° 375, aux réclamations individuelles concernant les taxes assimilées aux contributions directes et perçues, les unes au profit de l'État, d'autres au profit des communes ou établissements publics, d'autres enfin au profit de la généralité des propriétaires intéressés à un travail d'utilité collective (Aucoc, p. 563). Indépendamment des taxes qui ont été énumérées au *Rép.* n° 375, on doit comprendre : 1° parmi celles qui sont perçues au profit de l'État, les taxes sur les chevaux et voitures (L. 2 juill. 1862; 23 juill. 1872), sur les cercles, sociétés et lieux de réunion (L. 16 sept. 1871, art. 9), sur les billards publics et privés (L. 16 sept. 1871, art. 8; 18 déc. 1871, art. 5), pour la vérification des poids et mesures (L. 1er vend. an 4 et lois annuelles des finances), pour l'inspection des officines des pharmaciens et des magasins des droguistes (Arrêté du 25 therm. an 11; L. 15 mai 1818, art. 87; et lois annuelles de finances); — 2° Parmi celles qui sont perçues au profit des communes, les subventions spéciales imposées aux industriels et aux propriétaires de mines et de forêts qui ont causé par leurs transports des dégradations extraordinaires aux chemins vicinaux (L. 21 mai 1836, art. 14), la taxe sur les chiens (L. 2 mai 1855), les taxes de balayage (L. 26 mars 1873; 5 avr. 1884, art. 133-13°); — 3° Parmi celles qui sont perçues au profit des établissements publics, le droit des pauvres sur les billets d'entrée dans les spectacles et dans les lieux de réunion et de fête où l'on est admis en payant (L. 7 mess. an 8; Décr. 8 fruct. an 13, art. 3; 21 août 1806, art. 3), et les taxes pour les chambres des bourses et chambres de commerce (L. 23 juill. 1820; 14 juill. 1838, art. 4; 25 avr. 1844, art. 33); — 4° Parmi les taxes établies pour faire face aux frais de travaux d'intérêt collectif et supportées spécialement par les propriétaires qui profitent de ces travaux, celles qui sont établies pour subvenir aux dépenses des travaux prévus par la loi du 14 flor. an 11, la loi du 16 sept. 1807 et la loi du 21 juin 1865, quand ces travaux sont exécutés par une association syndicale autorisée dans les conditions de cette dernière loi ou par l'Administration à défaut d'association syndicale. Ce sont les travaux : 1° de défense contre la mer, les fleuves, les torrents et rivières navigables ou non navigables; — 2° De curage, approfondissement, redressement et régularisation des canaux et cours d'eaux non navigables et des canaux de dessèchement et d'irrigation; — 3° De dessèchement des marais; — 4° Des étiers et ouvrages nécessaires à l'exploitation des marais salants; — 5° D'assainissement des terres humides et insalubres (Aucoc, p. 565). Mais s'il appartient au conseil de préfecture,

aux termes de la loi ci-dessus visée du 14 flor. an 11, de statuer sur les réclamations relatives à la taxe de curage et à la confection des travaux, il serait incompétent pour statuer sur les conclusions d'un particulier tendant à faire décider qu'un cours d'eau dont le curage a été ordonné ne traverse pas sa propriété (Cons. d'Et. 19 janv. 1877, aff. Michaux, D. P. 77. 3. 39). — On doit ajouter aux taxes syndicales qui viennent d'être indiquées celles qui sont établies, conformément aux art. 26 et 27 de la loi du 20 août 1881 (D. P. 82. 4. 1), par les syndicats institués pour l'ouverture, le redressement, l'élargissement, la réparation et l'entretien des chemins ruraux.

361. Avant la loi du 21 juin 1865, les réclamations relatives à la fixation du périmètre des terrains compris dans l'association, à la division de ces terrains en différentes classes, et à la répartition des propriétés entre ces classes en raison de leur intérêt aux travaux étaient portées devant des commissions spéciales ; aux termes de l'art. 16 de la loi de 1865, c'est aujourd'hui le conseil de préfecture qui statue sur les difficultés relatives aux opérations préliminaires de la formation du rôle ; puis, lorsque le rôle est rédigé, c'est encore le conseil de préfecture qui prononce sur les réclamations qui peuvent s'élever. A l'occasion des demandes en décharge, le conseil de préfecture est compétent, comme en matière de contributions directes, pour statuer sur la légalité de la taxe et la régularité des actes administratifs qui l'ont établie (V. *Associations syndicales*, n° 225, et les décisions citées; *adde* Cons. d'Et. 17 août 1866, aff. Riverains du Petit-Odon, *Rec. Cons. d'Etat*, p. 1023 ; 13 mai 1881, aff. Arrezat, D. P. 82. 5. 158).

362. Nous avons dit au n° 377 qu'en matière de contributions indirectes le contentieux appartient en principe aux tribunaux judiciaires. Toutefois, aux termes de l'art. 11 de la loi du 21 juin 1865, le conseil de préfecture est compétent pour connaître : 1° de quelques contestations relatives au recouvrement de l'impôt des boissons, qui étaient précédemment jugées par le préfet en conseil de préfecture; — 2° Des contestations entre les villes et les régisseurs de leur octroi, et des contestations sur l'interprétation des baux d'octroi, qui devaient être également jugées par le préfet en conseil de préfecture. La jurisprudence assimile, au point de vue de la compétence, les difficultés qui s'élèvent sur l'interprétation des baux relatifs à la perception des droits de place dans les marchés à celles qui s'élèvent sur l'interprétation des baux passés pour la perception des droits d'octroi (Cons. d'Et. 8 avr. 1852, aff. Istria, D. P. 53. 3. 1 ; Trib. confl. 28 mars 1874, aff. Jamat, D. P. 75. 3. 14).

363. — 2° *Travaux publics.* — Nous avons exposé au *Rép.* n°s 379 et suiv. les importantes attributions des conseils de préfecture en matière de travaux publics. En premier lieu, cette juridiction est compétente pour connaître des difficultés qui s'élèvent entre les entrepreneurs de travaux publics et l'administration, concernant le sens ou l'exécution des clauses de leurs marchés. Le sens des mots « *travaux publics* » qui avait été longtemps controversé (*Rép.* n° 383) est aujourd'hui parfaitement déterminé par la jurisprudence. On comprend sous cette dénomination, suivant M. Aucoc, p. 569, tous les travaux qui sont exécutés par les divers organes des intérêts collectifs en vue d'un service public, c'est-à-dire les travaux exécutés par l'État, les départements, les communes, les établissements publics, hospices, fabriques et autres, non en vue de l'amélioration de leur patrimoine privé, mais dans un but d'utilité publique, en vue de satisfaire un des besoins communs des citoyens, la circulation publique, la protection contre les débordements des fleuves, le culte, etc.

364. On a indiqué au *Rép.* v° *Travaux publics,* n°s 1264 et suiv. les nombreux arrêts qui ont consacré cette interprétation. Il a été décidé, en ce sens, que l'on doit reconnaître le caractère de travaux publics aux travaux de construction d'une halle et d'un marché pour le compte d'une commune (Cons. d'Et. 24 juin 1870, aff. Couturier, D. P. 71. 3. 85), d'une maison d'école (Cons. d'Et. 12 déc. 1868, aff. Clément, D. P. 69. 3. 100 ; Civ. cass. 12 juill. 1871, aff. Fabre, D. P. 71. 1. 324), d'un presbytère (Trib. confl. 28 févr. 1880, aff. Chagrot, D. P. 82. 3. 29) d'une mairie (Même décision), et aux travaux exécutés dans une église soit pour le compte d'une commune (Pau, 26 nov.

1873, aff. Malherby, D. P. 74. 5. 512), soit pour le compte d'une fabrique (Req. 31 déc. 1860, aff. Neyret, D. P. 61. 1. 395; Agen, 11 juill. 1865, aff. Fabrique de Puissérampion, D. P. 67. 2. 191; Cons. d'Et. 21 févr. 1873, aff. Grenier, D. P. 73. 3. 71).

365. On doit également regarder comme des travaux publics: 1° les travaux de distribution des eaux dans une commune (Cons. d'Et. 30 janv. 1868, aff. Brocard et Pradier, D. P. 69. 3. 19); — 2° Les excavations pratiquées par une commune sur un chemin privé, avec l'assentiment du propriétaire, pour l'établissement de tuyaux destinés à conduire les eaux d'un aqueduc à un abattoir public (Civ. rej. 27 févr. 1872, aff. Genella, D. P. 72. 1. 76); — 3° Les travaux exécutés par une commune pour la construction d'un chemin rural (Req. 6 janv. 1873, aff. Royer, D. P. 74. 1. 97; Cons. d'Et. 20 févr. 1874, aff. Dubuisson, D. P. 74. 3. 17); — 4° Les travaux de nivellement et de pavage exécutés sur une voie communale (Trib. confl. 26 juin 1880, aff. Valette, D. P. 82. 3. 29). Il en est ainsi, alors même que ces travaux ont été commandés par le maire de sa propre autorité et sans l'approbation du conseil municipal (Cons. d'Et. 6 juill. 1858, aff. Commune de Saint-Projet, *Rec. Cons. d'Etat*, p. 493; Nancy, 7 mars 1868, aff. Bastien, D. P. 68. 2. 213; Cons. d'Et. 2 juill. 1880, aff. Commune de Saint-Sauveur, D. P. 81. 3. 46; 21 nov. 1877, aff. Pastré, D. P. 81. 3. 77).

366. Mais le travail fait par un géomètre pour la délimitation et l'aménagement d'une forêt communale ne constitue pas un travail public dans le sens de l'art. 4 de la loi du 28 pluv. an 8 et, par suite, le conseil de préfecture n'est pas compétent pour connaître de l'action de ce géomètre en payement de ses honoraires (Cons. d'Et. 15 janv. 1886, aff. Gillet, D. P. 87. 3. 66) : cette action est de la compétence exclusive de l'autorité judiciaire (Trib. confl. 23 avr. 1887, même affaire, D. P. 87. 3. 66).

367. L'art. 16 de la loi du 21 juin 1865 assimile aux travaux publics les travaux exécutés par les associations syndicales autorisées en vertu de cette loi, et attribue compétence au conseil de préfecture pour connaître des contestations relatives à ces travaux.

Mais les travaux exécutés par un établissement d'utilité publique (dans l'espèce, une société savante) ne peuvent être considérés comme des travaux publics dans le sens de l'art. 4 de la loi du 28 pluv. an 8, encore bien qu'ils aient pour objet un musée destiné à être ouvert au public (Cons. d'Et. 19 janv. 1860, aff. Schultess, D. P. 63. 3. 62). Il en est de même pour les travaux d'une église qui a été construite au moyen de souscriptions volontaires sous la direction des membres d'une commission librement constituée à cet effet, et avant que ladite église fût érigée en succursale (Cons. d'Et. 12 mai 1868, aff. Fabrique de Saint-Vincent-de-Paul, D. P. 69. 3. 43).

368. La compétence du conseil de préfecture ne doit pas être restreinte aux difficultés qui s'élèvent en cours d'exécution d'un marché de travaux publics ou à celles qui devraient se résoudre par application des dispositions de ce marché (Aucoc, p. 571). Cette compétence, ainsi que nous l'avons dit (*Rép.* n° 386), a un caractère plus général; d'après la jurisprudence, elle s'applique à toutes les difficultés qui peuvent s'élever entre l'administration et les entrepreneurs de travaux publics, soit au sujet du sens et de l'exécution de leurs marchés, soit que les travaux aient été reçus, soit que la réception n'en ait pas été faite, et elle s'étend notamment à l'appréciation de la responsabilité que l'entrepreneur a pu encourir en vertu des art. 1792 et 2270 c. civ. (V, *Rép.* v° *Travaux publics*, n° 577).

369. Les contestations dont il appartient au conseil de préfecture de connaître ne sont pas seulement celles qui s'élèvent entre l'administration et les entrepreneurs; les difficultés entre l'administration et les architectes soit au sujet de la responsabilité de ces derniers, soit au sujet du règle-

ment de leurs honoraires, doivent être portées devant la même juridiction (Cons. d'Et. 30 nov. 1862, aff. Brunet, *Rec. Cons. d'Etat*, p. 741; 22 janv. 1863 (1); 14 mai 1883, aff. Bourdais, D. P. 85. 3. 4). La même solution a été étendue aux contestations entre les villes et les ingénieurs des ponts et chaussées avec lesquelles elles ont traité dans les mêmes conditions qu'avec les architectes, par exemple, pour l'établissement d'un service de distribution d'eau (Cons. d'Et. 30 juill. 1863, aff. Commune de Champlive, D. P. 64. 3. 107; 26 déc. 1867, aff. Ville du Mans, D. P. 68. 3. 56).

370. La jurisprudence du conseil d'Etat assimile aux marchés de travaux publics certaines conventions qui présentent avec ces marchés quelque analogie. Tels sont les marchés passés pour le nettoyage des rues des villes (Cons. d'Et. 10 févr. 1865, aff. Ville de Marseille, *Rec. Cons d'Etat*, p. 189) et les marchés pour les services généraux et le travail des détenus dans les prisons, bien qu'on puisse à certains égards les assimiler aux marchés de fournitures (D. P. 79. 2. 7, note; Cons. d'Et. 7 févr. 1867, aff. Vidal, D. P. 69. 3. 1; 20 févr. 1868, aff. Goguelat, D. P. 69. 3. 18; 1er mai 1874, aff. Hyrvoix, D. P. 75. 3. 38; 23 déc. 1881, aff. Alléguen et Beaubreuil, D. P. 83. 3. 33; Paris, 3 août 1877, aff. Kahn, D. P. 79. 2. 7); et il ne peut être dérogé à cette compétence par une clause du cahier des charges qui l'attribuerait au ministre (Arrêt précité du 7 févr. 1867).

Il en est de même du traité par lequel un particulier se charge de construire des kiosques devant contribuer à l'éclairage public, moyennant concession de la possession et des produits de ces kiosques pendant un certain nombre d'années (Cons. d'Et. 19 déc. 1873, aff. Compagnie de publicité diurne et nocturne, D. P. 74. 3. 70).

371. L'entreprise d'éclairage d'une ville constitue à la fois un marché de fournitures et une entreprise de travaux publics en ce qui concerne les travaux à exécuter et l'éclairage à fournir. A ce dernier point de vue, les concessionnaires sont assimilés par la jurisprudence à des entrepreneurs. Comme le marché ne peut être soumis tantôt à l'autorité judiciaire, tantôt au conseil de préfecture suivant qu'il s'agit d'une clause relative à la fourniture du gaz ou d'une clause relative à l'exécution des travaux imposés à l'entrepreneur, il a été décidé que les conseils de préfecture doivent connaître de l'exécution des différentes clauses du marché (Aucoc, p. 573. V. *Rép.* v° *Travaux publics*, n° 1280; Cons. d'Et. 7 août 1863, aff. Compagnie parisienne du gaz, D. P. 64. 3. 12; Trib. confl. 16 déc. 1876, aff. Ville de Lyon, D. P. 77. 3. 57; Cons. d'Et. 4 janv. 1884, aff. Ville de Bordeaux, D. P. 85. 3. 484; 5 avr. 1884, aff. Compagnie parisienne du gaz, D. P. 85. 5. 271; Req. 24 juill. 1867, aff. Compagnie grenobloise, D. P. 68. 1. 33; Civ. cass. 29 nov. 1881, aff. Carbon-Ferrière, D. P. 84. 1. 81; Req. 8 août 1883, aff. Compagnie d'éclairage de la ville de Tours, *ibid.*). Mais cette règle de compétence ne s'applique qu'aux contestations entre les concessionnaires et l'administration, à l'exclusion des litiges avec des particuliers, relativement à l'exploitation ou à l'application des tarifs.

372. D'après un arrêt du conseil d'Etat du 20 mars 1862 (aff. Compagnie grenobloise d'éclairage au gaz, *Rec. Cons. d'Etat*, p. 241), et d'après l'arrêt du 24 juill. 1867, cité *suprà*, n° 371, les contestations qui auraient pour objet, entre la ville et la compagnie adjudicataire, de simples intérêts privés ou l'interprétation à donner aux clauses du cahier des charges qui concernent uniquement des intérêts de cette nature, rentreraient dans les attributions des tribunaux civils. Ainsi, ces tribunaux seraient compétents pour connaître des difficultés auxquelles pourraient donner lieu l'interprétation et l'application des dispositions du cahier des charges qui déterminent les droits respectifs de la ville et de l'adjudicataire et les bénéfices de l'entreprise dont la ville s'est réservé une partie. Mais cette distinction a été repoussée comme man-

(1)(Lenormand.) — LE CONSEIL D'ETAT, etc.; — Vu la loi du 28 pluv. an 8 ; — Considérant que le refus par notre ministre d'Etat d'allouer aux requérants la somme qu'ils prétendaient être due par l'Etat au sieur Lenormand, à titre d'honoraires pour les études et plans de divers projets de construction relatifs aux bâtiments de la cour de cassation, ne fait pas obstacle à ce que les requérants puissent, s'ils s'y croient fondés, porter leur réclamation devant

le conseil de préfecture auquel il appartient, conformément à l'art. 4 de la loi du 28 pluv. an 8, de statuer sur les difficultés qui peuvent s'élever entre l'Administration et les architectes à raison de travaux publics, soit qu'il s'agisse de la préparation des plans et devis de ces travaux, soit qu'il s'agisse de l'exécution de ces plans et devis (Rejet).
Du 22 janv. 1863.-Cons. d'Et.-MM. Perret, rap.-Robert, concl.

quant de base légale par la décision du tribunal des conflits du 16 déc. 1876, citée *suprà*, n° 371.

373. Un traité entre une ville et une compagnie portant concession d'un tramway à établir constitue un marché de travaux publics, l'établissement d'un tramway exigeant des travaux à exécuter sur la voie publique (Cons. d'Et. 1er mai 1885, aff. Compagnie des tramways de Nice, D. P. 87. 3. 4). Mais le traité conclu entre une ville et une compagnie d'omnibus ne constitue pas un marché de travaux publics : et, par suite, le conseil de préfecture est incompétent pour connaître d'une contestation relative à l'exécution de ce traité (Cons. d'Et. 5 déc. 1884, aff. Ville de Paris, D. P. 86. 3. 83).

374. La jurisprudence assimile également aux marchés de travaux publics, sous le rapport de la compétence, les marchés pour le service des pompes funèbres qui, aux termes de l'art. 15 du décret du 18 mai 1806, doivent être adjugés dans les mêmes formes que les marchés de travaux publics (V. conf. Aucoc, t. 1, p. 574 ; Serrigny, *Organisation et compétence administrative*, t. 2, n° 702 ; Sol. impl., Cons. d'Et. 18 mars 1858, aff. Pector, D. P. 59. 3. 10 ; 7 avr. 1864, aff. Pompes funèbres, *Rec. Cons. d'Etat*, p. 322 ; 26 janv. 1877, aff. Fabriques de Montpellier, D. P. 77. 3. 59 ; 11 mars 1881, aff. héritiers Vafflard, *Rec. Cons. d'Etat*, p. 272 ; 2 déc. 1881, aff. Fabriques et consistoires de Paris *C*. héritiers Vafflard, *ibid.*, p. 944). — Toutefois, cette jurisprudence a été critiquée, et l'on a fait observer que, bien que les adjudications des services de pompes funèbres soient faites dans la même forme que les adjudications des travaux publics, les entreprises de travaux publics diffèrent essentiellement par leur objet des entreprises de pompes funèbres, qui sont de véritables marchés de fournitures (V. en ce sens : Paris, 6 août 1869, aff. Falcony, D. P. 70. 2. 87).

375. Enfin, on doit considérer comme un contrat relatif à l'exécution de travaux publics, la convention par laquelle un particulier s'engage envers une administration publique à fournir une subvention pour l'exécution d'un travail public ; et, par suite, les contestations auxquelles donne lieu une convention de ce genre doivent être portées devant le conseil de préfecture (Cons. d'Et. 5 mars 1864, aff. Christofini, D. P. 65. 3. 33 ; 26 nov. 1866, aff. Bizet, D. P. 72. 5. 450 ; 7 mai 1867, aff. Delamarre-Thouron, D. P. 72. 5. 450 ; 21 mai 1867, aff. Audibert, D. P. 72. 5. 451 ; 20 févr. 1874, aff. Dubuisson, D. P. 74. 3. 17 ; Trib. confl. 16 mai 1874, aff. Dubois, D. P. 75. 3. 38 ; 13 mars 1875, aff. Estancelin, D. P. 76. 5. 451 ; 27 mai 1876, aff. de Chargère, D. P. 77. 3. 15 ; 2 juin 1883, aff. Cotelle, D. P. 85. 5. 470 ; Cons. d'Et. 14 mars 1879, aff. Ministre des finances, D. P. 79. 3. 53 ; Civ. cass. 20 avr. 1870, aff. Roblin, D. P. 71. 1. 41 ; 4 mars 1872, aff. de la Guère, D. P. 72. 1. 440). La jurisprudence étend cette compétence au cas où le concours offert a consisté dans une cession gratuite de terrains (Trib. confl. 27 mai 1876, aff. de Chargère, D. P. 77. 3. 15 ; Douai, 25 juin 1877, aff. Comp. du Nord-Est, D. P. 78. 2. 226. V. *infrà*, v° *Travaux publics*).

376. Si, comme on vient de le voir, les conseils de préfecture sont compétents pour connaître de l'interprétation et de l'exécution des marchés de travaux publics, l'autorité judiciaire est seule compétente pour statuer sur les contestations auxquelles donnent lieu les contrats de droit commun qui se rattachent à l'exécution de travaux publics, et notamment les cessions amiables passées avec un concessionnaire et les ventes consenties par celui-ci (Trib. confl. 11 janv. 1873, aff. Damours, D. P. 73. 3. 9). Il en est ainsi, à plus forte raison, lorsque la contestation porte uniquement sur les conséquences de l'adhésion donnée par une commune à un traité de droit civil passé entre des entreprises et un établissement de crédit à la suite d'un marché de travaux publics, et sur l'appréciation des circonstances dans lesquelles un débiteur a pu se libérer envers son créancier (Civ. cass. 17 juin 1885, aff. Ville de Paris, D. P. 86. 1. 215).

377. On a vu au *Rép.* n° 389 que, d'après l'art. 4 de la loi du 28 pluv. an 8, le conseil de préfecture est aussi chargé de prononcer sur les réclamations des particuliers qui se plaignent de torts et dommages procédant du fait personnel des entrepreneurs de travaux publics, et sur les contestations concernant les indemnités dues aux particuliers à raison des terrains pris ou fouillés pour la confection des chemins, canaux et autres ouvrages publics. Les règles relatives à l'application de ces dispositions ont été exposées au *Rép.* v° *Travaux publics*, n°s 1138 et suiv. Nous nous bornerons à constater que, d'après une jurisprudence aujourd'hui constante, l'attribution de compétence qui résulte pour les conseils de préfecture des dispositions précitées s'applique, hors les cas d'expropriation, à toute espèce de dommage résultant soit du fait personnel des entrepreneurs, soit du fait ou de la faute de l'administration elle-même, mais que l'autorité judiciaire est seule compétente pour connaître des dommages résultant de travaux qui n'ont pas été régulièrement autorisés, ou causés par un entrepreneur qui a dépassé les limites de son autorisation (Cons. d'Et. 25 févr. 1867, aff. Sol, D. P. 68. 3. 12 ; Trib. confl. 1er mars 1873, aff. Deyrolles, D. P. 73. 3. 71 ; 29 nov. 1879, aff. Balos, D. P. 80. 3. 108 ; 19 nov. 1881, aff. Duru, D. P. 83. 3. 22 ; Civ. rej. 2 juin 1875, aff. Ville de Lons-le-Saulnier, D. P. 75. 1. 418 ; Civ. cass. 15 mars 1881, aff. Commune de Vaison, D. P. 81. 1. 355. V. conf. Aucoc, p. 575 ; Christophle, *Traité des travaux publics*, t. 2, n° 430).

378. — 3° *Voirie*. — Les questions relatives aux attributions des conseils de préfecture en cette matière ont été traitées avec le développement qu'elles comportent au *Rép.* v° *Voirie par terre*, n°s 274, 1128, etc. Ainsi que nous l'avons dit (*Rép.* n° 399) les attributions répressives s'exercent les conseils de préfecture en matière de contravention de grande voirie (notamment en vertu des dispositions de la loi du 30 mai 1851 sur la police du roulage et de celles du décret du 27 déc. 1851 sur la police des lignes télégraphiques), leur ont été conférées par la loi du 29 flor. an 10, et non par la disposition de la loi de pluviôse an 8 qui les charge de statuer sur les difficultés qui s'élèveraient en matière de grande-voirie. M. Aucoc fait observer (p. 582) que cette dernière disposition, qui n'a reçu dans la pratique qu'un très petit nombre d'applications, a toujours été entendue dans un sens très différent. Il cite, comme rendus par application de l'art. 4, al. 5, de la loi de pluviôse an 8 : 1° les arrêts par lesquels le conseil d'Etat a confirmé un conflit élevé au sujet d'une contestation sur l'exécution d'un marché passé avec la ville de Paris pour l'arrosement de la route de Neuilly, jusqu'à l'entrée du bois de Boulogne par la porte Maillot (Cons. d'Et. 17 oct. 1834, *Rép.* v° *Travaux publics*, n° 710) et un autre conflit élevé au sujet d'une demande d'indemnité formée par l'entrepreneur du délestage des navires dans un port de commerce (Cons. d'Et. 1er avr. 1840, aff. *Giraud* et *Denis C.* Préfet de la Loire-Inférieure, *Rec. Cons. d'Etat*, p. 98) ; — 2° L'arrêt par lequel le conseil d'Etat a décidé qu'il appartenait au conseil de préfecture de statuer sur la question de savoir si les riverains des routes sont tenus de supporter le rejet sur leurs propriétés des terres provenant du curage des fossés des routes (Cons. d'Et. 14 juill. 1849, aff. Guillaume, D. P. 50. 3. 24).

379. — 4° *Biens nationaux et domaines engagés*. — Nous avons dit au *Rép.* n° 444, que la juridiction exceptionnelle attribuée aux conseils de préfecture par des motifs politiques en ce qui concerne le contentieux des domaines nationaux avait été étendue par la jurisprudence aux ventes actuellement consenties par le domaine. Cette doctrine a été constamment maintenue par le conseil d'Etat et confirmée plus récemment par le tribunal des conflits (V. *Rép.* v° *Vente administrative*, n° 292 ; Cons. d'Et. 26 avr. 1860, aff. Gaudeau, D. P. 60. 3. 55 ; 19 juin 1867, aff. Lenoir, D. P. 68. 5. 97 ; Trib. confl. 1er mai 1875, aff. Tarbé des Sablons, D. P. 76. 3. 7). Dans le cours de la discussion de la loi du 21 juin 1865, relative aux conseils de préfecture, M. Josseau avait déposé un amendement tendant à abroger la disposition de l'art. 4 de la loi de pluviôse an 8 qui attribue aux conseils de préfecture la connaissance du contentieux des ventes nationales. Mais cet amendement n'a pas été pris en considération, par le motif que l'on ne pouvait soulever à l'occasion de la loi en discussion toutes les questions relatives à la compétence des conseils de préfecture, et que la question pourrait être soumise à la Chambre lorsqu'elle serait saisie de projets d'aliénation de biens de l'Etat (V. les explications échangées à ce sujet entre M. Josseau et M. Boulatignier, D. P. 65. 4. 68, note 7).

Sur la compétence des conseils de préfecture en ces

matières, V. *Rép.* v^{le} *Domaines engagés*, n°s 115 et suiv.; *Vente administrative*, n°s 115 et suiv.

380. — 5° *Servitudes militaires.* — Les conseils de préfecture sont chargés, ainsi que nous l'avons dit au *Rép.* n° 447, de réprimer les contraventions aux servitudes qui grèvent les terrains joignant les places de guerre (V. *Rép.* v° *Places de guerre*, n°s 111 et suiv.). La forme des poursuites tendant à la répression de ces contraventions est réglée par les art. 41 et suiv. du décret du 10 août 1853 (D. P. 53. 4. 216), qui déterminent le mode d'exécution de l'art. 32 de la loi du 17 juill. 1819, et qui ont remplacé les art. 32 et suiv. de l'ordonnance du 1er août 1821. Ils connaissent également, aux termes de l'art. 20 du décret précité du 10 août 1853, des réclamations dirigées par des particuliers contre le bornage des zones extérieures des places de guerre (V. *Rép.* eod. v°, n°s 66 et suiv.).

381. — 6° *Servitudes autour des magasins à poudre de la guerre et de la marine.* — Une loi du 22 juin 1854 (D. P. 54. 4. 122) a comblé une lacune de la législation antérieure en donnant à l'administration de la guerre les moyens de maintenir l'isolement autour des magasins à poudre. Cette loi attribue compétence aux conseils de préfecture : 1° pour allouer une indemnité dans le cas de suppression de clôtures en bois, plantations d'arbres, dépôts de matières combustibles existant dans la zone de servitude au moment de l'établissement de ladite servitude (le jury d'expropriation est compétent pour statuer sur les indemnités dues dans le cas de suppression de constructions et usines); 2° pour fixer, en cas de contestations, les limites de la zone; 3° pour réprimer les contraventions constatées par procès-verbaux de gardes d'artillerie ou gardiens de batterie.

382. — 7° *Zone frontière; Travaux mixtes.* — On doit rapprocher des servitudes qui précèdent celle qui concerne la *zone frontière*, et qui se rattache également à un intérêt de défense nationale. Dans les limites de la zone frontière de terre ou de mer, fixée par des décrets portant règlement d'administration publique, les travaux qui intéressent les routes et les communications sur les frontières et les ouvrages à faire dans les ports ne peuvent être exécutés qu'après avoir été soumis à l'examen d'une commission mixte des travaux publics. Les travaux qui sont de la compétence de la commission mixte et donnent lieu à l'application des lois et règlements sur les travaux mixtes sont énumérés dans l'art. 3 du règlement d'administration publique du 8 sept. 1878 (D. P. 79. 4. 16).

383. L'art. 7 de la loi du 7 avr. 1851 (D.P. 51. 4. 64) a attribué compétence aux conseils de préfecture pour connaître des contraventions en cette matière, comme des contraventions en matière de servitudes de places de guerre et de magasins à poudre (V. *Rép.* v° *Voirie par terre*, n°s 490 et suiv.; Ducrocq, 6e éd., t. 1, p. 353).

384. — 8° *Lignes télégraphiques.* — Le conseil de préfecture est également compétent, aux termes des art. 2, 7 et 12 du décret-loi du 27 déc. 1851 (D. P. 52. 4. 24), pour statuer sur les contraventions aux lois et règlements sur la police des lignes télégraphiques (V. *Rép.* v° *Télégraphe*, n° 131; Ducrocq, p. 355).

385. — 9° *Bois de l'Etat et des communes; Droits d'affouage.* — Les questions relatives à la compétence des conseils de préfecture et à celle des tribunaux civils en matière forestière ont été traitées au *Rép.* v° *Forêts*, n°s 1435, 1895 et suiv.) V. *infrà,* eod. v°).

386. — 10° *Baux des biens domaniaux, départementaux et communaux.* — Nous avons dit *suprà*, n° 152, qu'en règle générale, les tribunaux civils sont compétents pour connaître des contestations relatives aux baux des biens domaniaux ainsi que des biens départementaux et communaux. Il appartient notamment aux conseils de préfecture, conformément à l'opinion exprimée au *Rép.* n° 459, de statuer sur les contestations entre l'administration et les fermiers de bacs et bateaux établis pour le passage des rivières (Sol. impl., Cons. d'Et. 22 déc. 1859, aff. Canouet, *Rec. Cons. d'État*, p. 761). Il en est de même des contestations entre l'Etat et les fermiers des sources minérales qui lui appartiennent (Cons. d'Et. 25 mars 1881, aff. Commune de Vichy, D. P. 82. 3. 105).

Mais la règle générale qui vient d'être formulée reçoit certaines exceptions. Ainsi, la compétence des conseils de préfecture ne s'étend pas aux eaux thermales qui appartiennent aux communes et auxquelles est inapplicable l'arrêté du 3 flor. an 8 (Cons. d'Et. 20 juin 1861, aff. Morel, D. P. 61. 3. 43).

387. Les difficultés relatives aux baux d'octroi et aux droits de place qui devaient, ainsi que nous l'avons dit (*Rép.* n° 464), être portées devant le préfet en conseil de préfecture, rentrent aujourd'hui dans la compétence des conseils de préfecture en vertu de l'art. 11 de la loi du 21 juin 1865. Il leur appartient également, comme on l'a vu (*Rép.* n° 463), de statuer sur les difficultés auxquelles peuvent donner lieu les baux administratifs des halles appartenant à des particuliers.

388. — 11° *Partages et usurpations de biens communaux.* — Les attributions des conseils de préfecture relativement aux partages et usurpations des biens communaux ont été exposées v° *Commune*, n°s 1009 et suiv.; — *Rép.* eod. v°, n°s 1897 et suiv., 2292 et suiv.

389. — 12° *Comptabilité des communes et établissements publics.* — Le conseil de préfecture est chargé d'apurer les comptes des receveurs des communes, des receveurs d'octroi, d'hospices et autres établissements de bienfaisance, des économes des écoles normales primaires, lorsque le revenu des communes ou établissements n'excède pas 30000 fr. Il est aussi chargé par l'art. 16 de la loi du 21 juin 1865 d'apurer, dans les mêmes conditions, les comptes des receveurs des associations syndicales autorisées. Il reçoit également les comptes de tous ceux qui, sans être comptables, se sont ingérés dans le maniement des deniers communaux (Décr. 31 mai 1862, art. 427).

Par dérogation à la règle générale, les affaires de cette nature ne sont pas jugées en audience publique (L. 21 juin 1865, art. 10). Les arrêtés des conseils de préfecture en cette matière sont revêtus de la formule exécutoire (Décr. 31 mai 1862, art. 434, § 1er). L'appel de ces arrêtés est soumis à la cour des comptes, qui doit être saisie dans le délai de trois mois de la notification de l'arrêté.

390. Il est incontestable, et il a toujours été reconnu que le recours devant la cour des comptes est seul ouvert contre ceux de ces arrêtés qui statuent sur les comptes de comptables soit réguliers, soit de fait (Cons. d'Et. 4 avr. 1856, aff. Delaunay, D. P. 56. 3. 60; 17 mars 1857, aff. Joly, D. P. 57. 3. 84; 20 mars 1874, aff. Duchemin, D. P. 75. 3. 21; 21 déc. 1877, aff. Reveau, D. P. 78. 3. 43; 4 avr. 1884, aff. Commune d'Escouloubre, D. P. 85. 3. 84). Toutefois, la jurisprudence avait admis longtemps que l'arrêté par lequel un conseil de préfecture déclare un maire ou un particulier comptable de fait pouvait être déféré au conseil d'Etat pour excès de pouvoirs (Cons. d'Et. 12 août 1848, aff. Antony, D. P. 50. 3. 23; 15 avr. 1857, aff. Chervaux, D. P. 58. 3. 1; Arrêt précité du 20 mars 1874). Mais cette jurisprudence n'a pas été maintenue, et le conseil d'Etat décide aujourd'hui que, dans aucun cas, les arrêtés pris en cette matière par le conseil de préfecture ne sont susceptibles d'être attaqués par la voie du recours pour excès de pouvoirs (Cons. d'Et. 19 mai 1882, aff. Commune de Berlaincourt, D. P. 83. 3. 107; 25 janv. 1884, aff. Taillefer, D. P. 85. 3. 85. V. *infrà*, v° *Conseil d'Etat*).

391. — 13° *Droit des pauvres sur les billets de spectacles et fêtes; Hospices d'aliénés; Revenus des cures et menses épiscopales.* — En ce qui concerne le *droit des pauvres*, V. *Rép.* n° 471, et v° *Hospices*, n°s 119 et suiv.

392. Sur la compétence du conseil de préfecture pour connaître des contestations auxquelles peut donner lieu le règlement des indemnités dues par les hospices pour la dépense des aliénés, V. *Aliéné*, n° 101; — *Rép.* eod. v°, n° 223.

393. Quant aux attributions du conseil de préfecture relativement aux menses curiales et épiscopales, V. *Rép.* v° *Culte*, n° 504.

394. — 14° *Mines et dessèchements de marais.* — Ainsi que nous l'avons dit au *Rép.* n°s 474 et 475, le conseil de préfecture statue, comme juge du contentieux des contributions directes : 1° sur les demandes en dégrèvement de la redevance que les concessionnaires de mines sont tenus de payer à l'Etat; — 2° Sur les réclamations des concessionnaires contre les rôles de recouvrement des taxes d'assèchement; comme juge du contentieux des travaux publics, il connaît: 1° des réclamations des concessionnaires relatives à l'exécution

des travaux d'assèchement ; — 2° Des indemnités à payer par les propriétaires des mines à raison des recherches ou travaux antérieurs à l'acte de concession. D'après la jurisprudence, les conseils de préfecture sont compétents pour connaître de toutes les demandes d'indemnités pour recherches et travaux autorisés, faits antérieurement à la concession, tant celles dues par les concessionnaires aux inventeurs ou aux explorateurs non inventeurs pour travaux utiles, que celles dues aux propriétaires de la surface par les explorateurs (Cons. d'Et. 18 févr. 1846, aff. Ponelle, D. P. 46. 3. 65); mais les mêmes demandes d'indemnités des propriétaires de la surface, ainsi que leurs oppositions aux travaux des mines, doivent, au contraire, être portées devant les tribunaux civils, lorsqu'il s'agit de travaux postérieurs à la concession de la mine et effectués par le concessionnaire en vertu des droits de propriété qu'il tient de ladite concession (Arrêt précité du 18 févr. 1846; Cons. d'Et. 12 août 1854, *Rec. Cons. d'Etat*, p. 778). — Sur la compétence des conseils de préfecture en matière de mines, V. *Rép.* v° *Mines*, n°s 492 et suiv.

395. On a exposé au *Rép.* v° *Marais*, n°s 76 et suiv., les attributions conférées aux conseils de préfecture en matière de dessèchement des marais par la loi du 16 sept. 1807. La loi du 21 juin 1865 a, ainsi que nous l'avons dit *suprà*, n° 361, étendu ces attributions, en transférant au conseil de préfecture, par son art. 16, la compétence que la loi de 1807 attribuait à une commission spéciale pour toutes les contestations relatives à la fixation du périmètre des terrains intéressés à une opération de dessèchement ou d'endiguement, au classement des propriétés en raison de leur intérêt aux travaux, à la répartition des taxes (V. Ducrocq, t. 1, n° 421).

396. — 15° *Ateliers dangereux, incommodes ou insalubres.* — Nous avons dit au *Rép.* n°s 480 et 482 qu'aux termes des art. 7 et 8 du décret du 15 oct. 1810, le conseil de préfecture statuait sur les recours des industriels contre les arrêtés des sous-préfets qui avaient refusé d'autoriser des établissements de 3° classe, et sur les oppositions aux arrêtés des sous-préfets et préfets autorisant des établissements de 3° et de 2° classes. Le décret du 25 mars 1852 (art. 2, tabl. B-8°), en conférant aux préfets le droit de statuer sur les demandes d'autorisation des établissements de 1° classe, que le décret de 1810 avait réservé au chef de l'Etat, a rendu applicables leurs arrêtés préfectoraux de cette catégorie les règles écrites dans l'art. 7 du décret de 1810. Le recours devant le conseil de préfecture est donc ouvert contre les arrêtés qui autorisent les établissements de 1° classe comme contre ceux qui autorisent les établissements de 2° et de 3° classes (V. *Rép.* v° *Manufactures*, n° 35).

397. — 16° *Logements insalubres.* — Le conseil de préfecture prononce, en vertu de l'art. 6 de la loi du 13 mars 1850 (D. P. 50. 4. 74), sur les recours formés contre les décisions des conseils municipaux qui déclarent un logement insalubre et prescrivent des mesures d'assainissement. Il peut même, aux termes de l'art. 10 de cette loi, interdire complètement l'habitation d'un logement qu'il est impossible d'assainir. L'art. 10 porte que, *dans ce dernier cas*, il y aura recours de la décision du conseil de préfecture devant le conseil d'Etat, et l'intention du législateur semble avoir été d'exclure ce recours dans le cas prévu par l'art. 6. Mais cette dérogation au principe général d'après lequel, en toute matière, les arrêtés rendus au contentieux par les conseils de préfecture peuvent être attaqués devant le conseil d'Etat, ne pourrait résulter que d'un texte formel; et, en l'absence de ce texte, il a été décidé que le recours au conseil d'Etat contre les arrêtés rendus dans le cas de l'art. 6 de la loi du 13 mars 1850 est recevable (Cons. d'Et. 7 avr. 1865, aff. de Madre, D. P. 66. 3. 1).

398. — 17° *Elections.* — Les attributions des conseils de préfecture en matière électorale sont assez étendues. Aux termes des art. 7 et 8 de la loi organique du 2 août 1875 (D. P. 75. 4. 117), ils statuent sur les protestations dirigées contre l'élection des délégués choisis par les conseils municipaux pour procéder à la nomination des sénateurs. Ils n'ont plus aujourd'hui aucune compétence pour statuer sur les élections des membres des conseils généraux, dont ils ont connu de 1833 à 1871; l'appréciation de la validité de ces élections qui, d'après la loi du 10 août 1871, appartenait aux conseils généraux eux-mêmes, est aujourd'hui directe-

ment soumise, aux termes de la loi du 31 juill. 1875 (D. P. 76. 4. 25), à la juridiction du conseil d'Etat.

399. Mais les conseils de préfecture sont, au contraire, compétents pour statuer sur la validité des élections aux conseils d'arrondissement et des élections communales, qui peuvent être attaquées devant eux soit par les électeurs et les candidats, soit par le préfet (L. 22 juin 1833, art. 50, 51 et 52; L. 5 avr. 1884, art. 38 et 39). Ils doivent seulement surseoir à statuer lorsque l'éligibilité du candidat est contestée, et que cette question ne peut se résoudre que par l'appréciation d'une question d'âge, de domicile, de nationalité, de jouissance des droits politiques, de parenté ou d'alliance rentrant dans la compétence des tribunaux civils. Mais l'autorité judiciaire ne peut être légalement saisie que par le renvoi du conseil de préfecture, et non par l'action directe des parties (Cons. d'Et. 8 août 1865, aff. El. de Guérande, D. P. 66. 3. 52 ; 31 mai 1866, aff. El. de la Teste, D. P. 66. 3. 67 ; Civ. cass. 22 août 1866, aff. Sassias, D. P. 66. 1. 487.)

400. Les conseils de préfecture statuent également : 1° sur les réclamations des membres des conseils municipaux qui ont été déclarés démissionnaires par le préfet (L. 5 avr. 1884, art. 36);—2° Sur les réclamations relatives aux élections des maires et adjoints (L. 5 avr. 1884, art. 79) ; — 3° Sur les difficultés relatives aux élections des membres des commissions syndicales instituées pour représenter les sections de commune (L. 5 avr. 1884, art. 129) ; — 4° Sur les contestations auxquelles peuvent donner lieu la formation des listes électorales pour l'élection des membres des conseils des prud'hommes, et les opérations électorales elles-mêmes (Décr. 15 oct. 1810, art. 7 et 8; 25 mars 1852, art. 2, tabl. B-7°).

401. Aux attributions des conseils de préfecture qui viennent d'être énumérées, on peut encore en ajouter quelques-unes résultant de diverses lois spéciales. C'est ainsi qu'il leur appartient de connaître : 1° des réclamations des planteurs de tabac contre le décompte établi par l'administration des contributions indirectes (L. 28 avr. 1816, art. 201); — 2° Des demandes d'indemnités pour mesures relatives à la conservation du poisson (L. 21 mai 1865, art. 42) ; — 3° De certaines contestations intéressant les monts-de-piété (Décr. 10 mars 1807, art. 128).

402. Nous avons dit au *Rép.* n° 487, que le décret du 6 févr. 1811 relatif au commerce de la boucherie dans le département de la Seine attribuait au conseil de préfecture la connaissance des contestations entre la caisse de Poissy et les bouchers, herbagers, forains, employés et autres agents des marchés ou de la caisse. Cette caisse a été supprimée par le décret du 28 févr. 1858 (V. *Boucher*, n° 49); mais la compétence du conseil de préfecture subsiste pour la caisse de service de la boulangerie qui, aux termes de l'art. 16 du décret du 7 janv. 1854 (D. P. 54. 4. 26), est soumise aux formes suivies pour la caisse de Poissy (Ducrocq, t. 1, p. 390).

403. Le conseil de préfecture a été investi par l'art. 11 de la loi du 21 juin 1865 des attributions contentieuses antérieurement exercées par le préfet en conseil de préfecture. Il lui appartient, en conséquence, de statuer : 1° sur les difficultés relatives aux délibérations des conseils municipaux concernant le changement de mode de jouissance des biens communaux dans le cas prévu par le décret du 9 brum. an 13 ; — 2° Sur les contestations élevées, au sujet de l'administration ou la perception des octrois en régie intéressée, entre les communes et les régisseurs, et sur celles qui peuvent naître entre les communes et les fermiers des octrois sur le sens des clauses des baux (Décr. 17 mai 1809); — 3° Sur les contestations entre les débitants de boissons et la régie relativement au taux des abonnements (L. 28 avr. 1816, art. 70 et 78); — 4° Sur les contestations entre la régie et la commune relativement à l'abonnement destiné à remplacer soit l'inventaire sur les vins nouveaux, soit le payement immédiat ou par douzième du droit sur la vendange (L. 21 avr. 1832, art. 40).

404. On exposera *infrà*, v° *Organisation administrative*, les règles relatives à l'organisation et à la procédure des conseils de préfecture d'après le décret du 30 déc. 1862 et la loi du 21 juin 1865. En exécution de l'art. 14 de cette dernière loi, le Sénat avait été saisi, le 10 juin 1870, d'un projet de loi sur la procédure à suivre devant les conseils de préfecture

qui devait, suivant l'exposé des motifs, « augmenter les garanties que les parties trouvent déjà devant cette juridiction, et leur procurer une justice à la fois prompte, éclairée et peu coûteuse ». Le projet de loi, divisé en six titres, contenait 67 articles, il était précédé d'un remarquable exposé de motifs signé à la minute par M. Aucoc, conseiller rapporteur. On en trouvera le texte à la fin du 1er volume des *Conférences sur le droit administratif*. Les événements politiques ont fait perdre de vue, depuis cette époque, l'importante réforme que ce projet était destiné à réaliser.

§ 3. — Des ministres comme juges du contentieux administratif
(*Rép.* nos 489 à 501).

405. Nous avons dit au *Rép.* n° 489 que plusieurs dispositions législatives ont attribué aux ministres dans certaines matières contentieuses un pouvoir de juridiction. A celles de ces matières qui ont été indiquées au *Répertoire* on doit ajouter les suivantes. L'arrêté du 3 niv. an 11 ayant donné au ministre du commerce le droit de statuer par voie d'approbation ou de non-approbation sur l'élection des membres des chambres de commerce, la jurisprudence en a fait dériver pour lui le droit de prononcer, par des décisions contentieuses, sur les protestations dirigées contre ces élections (Cons. d'Et. 22 août 1853, aff. de Rochetaillée, *Rec. Cons. d'Etat*, p. 838; 26 févr. 1875, aff. Delhomel, D. P. 75. 3. 116; 9 nov. 1877, aff. Bertrand et Binet, D. P. 78. 3. 9; 23 mai 1879, aff. Bertagna, D. P. 79. 3. 107; Civ. rej. 7 mai 1877, aff. Bertrand et Binet, D. P. 77. 1. 447).

406. Il appartient au ministre des cultes de prononcer en dernier ressort, en vertu de l'art. 29 de l'ordonnance du 25 mars 1844, sur l'élection des membres des consistoires israélites (Cons. d'Et. 5 juin 1862, aff. Lang, D. P. 67. 3. 91; 10 janv. 1867, aff. Lunal, *ibid.*), et de statuer en premier ressort sur les contestations relatives à la validité des élections aux conseils presbytéraux et consistoires protestants (Cons. d'Et. 11 août 1866, aff. Fabre, D. P. 68. 3. 70). En ce qui concerne ces dernières élections, la compétence du ministre a été expressément reconnue par les art. 12, 13, 14 et 15 du décret du 12 avr. 1880 (D. P. 81. 4. 96).

407. Enfin les art. 12 et 13 du décret du 16 mars 1880 (D. P. 80. 4. 45) donnent au ministre de l'instruction publique le droit de statuer, sauf recours au conseil d'Etat, sur les protestations formées contre l'élection des membres du conseil supérieur de l'instruction publique.

408. M. Ducrocq, t. 1, p. 398, est d'avis que cette juridiction doit encore être étendue à un certain nombre de cas prévus par des lois suivantes. Telles sont suivant lui : 1° la loi du 18 juill. 1860 (D. P. 60. 4. 92) sur l'émigration, qui donne au ministre de l'agriculture et du commerce le droit de régler les indemnités dues aux émigrants par les agences d'émigration dans le cas où celles-ci n'auraient pas rempli depuis le départ du navire leurs engagements envers les émigrants ; — 2° L'art. 24 du règlement du 19 août 1857, modifié le 16 nov. 1874, d'après lequel le ministre de l'instruction publique prononce sur une demande d'annulation pour vices de forme d'un concours d'agrégation. — Mais on peut se demander, avec M. Laferrière, p. 417, si, dans ces divers cas, le ministre fait bien acte de juridiction, ou si ses décisions ne rentrent pas plutôt dans l'exercice de la fonction administrative.

409. Indépendamment de ces attributions qui résultent des dispositions spéciales de la loi, la jurisprudence a décidé qu'il appartient au ministre de la justice, sous le contrôle duquel sont placées les délibérations des chambres des notaires, de prononcer sur la validité de l'élection des membres de ces chambres et sur la capacité des élus, sauf recours au conseil d'Etat par la voie contentieuse (Cons. d'Et. 29 janv. 1857, aff. Goulley, D. P. 57. 3. 73). Elle a également reconnu la compétence du ministre des cultes pour statuer sur les contestations relatives à la validité des élections des membres des conseils de fabrique (Cons. d'Et. 11 août 1859, aff. Lagineste, D. P. 72. 5. 235).

410. Mais ces dernières solutions, qui ne s'appuient pas sur des textes formels, semblent se rattacher à la théorie longtemps admise par la doctrine et la jurisprudence d'après laquelle, ainsi que nous l'avons exposé (*Rép.* v° *Organisation administrative*, n° 151), le ministre serait le juge du droit commun en matière administrative toutes les fois qu'une loi spéciale n'indique pas une autre juridiction, et par conséquent, statuerait comme juge, sauf appel au conseil d'Etat, toutes les fois qu'il rendrait une décision sur des objets rentrant dans le contentieux administratif (V. conf. Serrigny, *Traité de la compétence administrative*, t. 3, p. 186; Cabantous, *Répétitions écrites*, nos 609 et suiv.).

Cette opinion, qui avait longtemps prévalu, a été, pour la première fois, combattue en 1863 par M. Bouchené-Lefer, ancien conseiller d'Etat, qui ne s'est pas borné à contester au ministre la qualité de juge du droit commun en matière administrative, mais qui a dénié d'une façon absolue aux agents de l'Administration le caractère de juge (*Revue pratique de droit français*, 1863, p. 354, et *Principes et notions élémentaires de droit public et administratif*, p. 610). Vivement combattue par M. Reverchon (D. P. 67. 3. 89, note 1), la thèse de M. Bouchené-Lefer a été reprise dans une étude approfondie sur la juridiction administrative, publiée en 1870 par M. Quentin-Bauchart, ancien président de la section du contentieux, qui représente la doctrine contraire comme « une tradition funeste fondée sur une longue suite de malentendus » (*Revue critique*, t. 37, p. 130). La théorie du ministre *juge* est généralement écartée aujourd'hui. Elle est abandonnée par M. Ducrocq, *Cours de droit administratif*, 6e éd., t. 1, n° 431, qui l'avait professée dans les premières éditions de cet ouvrage. M. Laferrière la combat avec une grande force. M. Aucoc, t. 1, n° 621, et *Gazette des tribunaux* du 24 déc. 1886, l'abandonne nettement en ce qui concerne les actes de gestion, mais il persiste à l'admettre pour les décisions prises par les ministres lorsqu'ils sont saisis d'un recours dirigé contre une décision non contentieuse d'un préfet comme violant un droit. Comme on le verra, *infrà*, n° 414, la jurisprudence du conseil d'Etat s'est implicitement associée à ces dernières années à l'évolution qui, sur cette question, s'est produite dans la doctrine. Cette évolution s'était, d'ailleurs, déjà manifestée à une époque antérieure, et, dans la rédaction des art. 5 et 7 du décret du 2 nov. 1864 relatif aux décisions des ministres en matière contentieuse et aux voies de recours ouvertes contre ces décisions (D. P. 64. 4. 120), le conseil d'Etat, au témoignage de M. Aucoc, p. 626, avait eu soin de ne pas qualifier de jugements les actes auxquels il faisait allusion, « précisément parce qu'il ne voulait pas consacrer la théorie qui attribue aux ministres les pouvoirs d'un juge dans les cas où leurs décisions sont susceptibles de recours au conseil d'Etat ».

411. La doctrine nouvelle nous paraît fondée au moins en tant qu'elle s'applique, ainsi qu'on vient de le voir, à une certaine catégorie de décisions ministérielles.

Ainsi que le fait observer M. Aucoc, p. 606, pour bien apprécier quels sont les actes des agents de l'administration active, et spécialement des ministres, auxquels on doit attribuer le caractère de jugement, il ne faut pas considérer comme acte de juridiction toute décision qui lèse un droit et peut donner lieu à une réclamation par la voie contentieuse. Les droits des citoyens peuvent être atteints par des actes d'autorité, c'est-à-dire par des ordres à l'exécution desquels ils sont contraints au besoin par la force publique, ou par des actes de gestion, c'est-à-dire par des actes qui établissent la situation respective d'une personne publique, Etat, département ou commune, et d'un particulier qui se trouve en rapports juridiques avec cette personne publique (Aucoc, *loc. cit.*). Or, peut-on voir dans ces divers actes des actes de juridiction? C'est ce que contestent absolument les partisans de l'opinion qui tend à prévaloir aujourd'hui. «Un jugement, dit le savant auteur, est une décision sur un litige, et pour qu'il y ait litige, il faut deux parties en cause ayant chacune des prétentions opposées; il n'y a donc acte de juridiction que de la part de l'autorité qui prononce sur la réclamation dirigée contre le commandement ou l'acte de gestion, puisque c'est devant elle seulement qu'il y a deux parties en présence. » L'acte par lequel un préfet autorise ou refuse d'autoriser la création d'un établissement insalubre, celui par lequel il interdit un puits ou une galerie de mine ouverte en contravention à la loi, ne tranche pas un litige : c'est un ordre à l'exécution duquel les citoyens sont contraints au besoin par la force publique. En ce qui concerne les actes de gestion, les réclamations formées contre ces actes peuvent être, suivant les cas, soumises aux tribunaux civils, par exemple,

pour les actes de gestion du domaine privé de l'Etat, des départements, des communes; aux conseils de préfecture, notamment, pour les contestations relatives aux marchés de travaux publics ; enfin au conseil d'Etat, pour les contestations telles que celles relatives aux fournitures faites à l'Etat. Or, il n'est pas plus exact de considérer comme un acte de juridiction l'acte de gestion qui donne lieu à un recours devant le conseil d'Etat, que celui qui donne lieu à une réclamation soit devant le conseil de préfecture, soit devant l'autorité judiciaire. Lorsqu'un ministre agit comme liquidateur de la dette publique ou d'une pension de retraite, lorsqu'il applique à un fournisseur de l'Etat les mesures prévues par son marché, il statue non comme juge, mais comme administrateur, et il en résulte que, dans ces divers cas, le conseil d'Etat statue, non comme juge d'appel, mais comme juge en premier et dernier ressort.

412. Cette distinction entre les décisions ministérielles rendues en matière contentieuse et celles qui ont pour objet de liquider les pensions civiles et militaires, d'arrêter les créances contre l'Etat, de régler les difficultés soulevées par l'exécution des marchés de fournitures, a été soutenue devant le conseil d'Etat par les commissaires du Gouvernement toutes les fois qu'ils ont eu à se prononcer sur ce point de doctrine (Cons. d'Et. 17 janv. 1867, aff. Boulingre, D. P. 67. 3. 89; 20 févr. 1880, aff. Carrière, D. P. 81. 3. 24; 13 avr. 1881, aff. Bansais, D. P. 82. 3. 49; 24 juin 1881, aff. Bougard, D. P. 82. 3. 51). Elle a notamment été très nettement formulée dans les termes suivants par M. le commissaire du Gouvernement Gomel (D. P. 82. 3. 51) : « Les ministres font des actes de gestion dans certaines matières où l'on a longtemps admis qu'ils rendaient des jugements. Spécialement, en ce qui concerne les pensions, nous estimons que c'est en qualité d'administrateur que chaque ministre procède à leur liquidation, et la décision qu'il prend n'est pas plus un jugement que ne l'est le décret du chef de l'Etat qui accorde une pension après avis de la section des finances du conseil d'Etat. Au moment où s'effectue la liquidation de la pension, il n'y a pas encore de litige né, ce litige ne naîtra que si la liquidation faite lèse ce que la partie intéressée croit être son droit, et alors elle s'adressera à vous, messieurs, et vous prononcerez en premier et dernier ressort sur la contestation. Il en est de même en matière de fournitures faites à l'Etat : la décision prise par le ministre est un simple acte de gestion, il agit en qualité de liquidateur des créances contre l'Etat, il ne rend pas un jugement et, si un procès s'engage, la contestation est portée, non pas en appel, mais en premier et dernier ressort, devant le conseil d'Etat que le décret de 1806 désigne comme le juge souverain de ces sortes d'affaires... Cette opinion a deux grands avantages... Elle restreint le nombre des cas où l'administration serait à la fois juge et partie... en outre, elle est conforme à l'esprit de la loi du 28 pluv. an 8 qui sépare, en principe, l'action administrative de la juridiction administrative. »

413. Les partisans de l'opinion contraire ne méconnaissent pas ce qu'il y a d'anormal à qualifier d'actes de juridiction des décisions de la nature de celles dont il vient d'être question ; mais ils soutiennent, comme M. Serrigny, t. 3, p. 186, que « ces décisions empruntent de leur nature, de la voie du recours admissible contre elles, et des effets qu'elles produisent, une apparence, une couleur de jugement qui a fait dire que les ministres exerçaient, en certains cas, une juridiction analogue à celle des juges administratifs en premier ressort». Aucun de ces motifs ne justifie la thèse à l'appui de laquelle on les invoque. Il est vrai que, comme les jugements, les décisions ministérielles sont exécutoires, qu'elles emportent hypothèque, et l'avis du conseil d'Etat du 16 therm. an 12, qui attache ces effets aux condamnations et contraintes émanées des administrateurs dans les matières de leur compétence, est motivé sur ce que ces administrateurs sont « de véritable juges ». Mais cette assimilation est manifestement inexacte, car on ne saurait considérer comme de « véritables juges » les receveurs de l'enregistrement, des douanes, qui décernent également des contraintes rendues exécutoires par le visa du juge de paix et empor-

tant hypothèque. On ajoute que les décisions ministérielles ne peuvent plus être attaquées et ont, par conséquent, force de chose jugée, lorsqu'elles n'ont pas été attaquées dans le délai de trois mois, conformément à l'art. 11 du décret du 22 juill. 1806. Mais l'obligation de réclamer dans le délai de trois mois contre un acte administratif n'implique pas que cet acte ait le caractère de jugement. Cette obligation existe, en effet, pour les rôles des contributions directes, contre lesquels aucune réclamation devant le conseil de préfecture n'est admise après le délai de trois mois; pareillement, aux termes de l'art. 11 précité, aucun recours pour excès de pouvoir ne peut être exercé après le même délai contre les actes de pure administration, tels notamment que les arrêtés d'inscription d'office, les plans d'alignement, etc.

Les principes généraux semblent, au contraire, comme M. Laferrière s'attache à l'établir (p. 403), devoir faire écarter l'assimilation qu'on chercherait à créer entre l'office du juge et celui du ministre qui fait un acte de gestion. « Il est de principe, dit cet auteur, que le juge ne prononce pas d'office et ne peut statuer que sur un différend soumis à son arbitrage, le ministre peut susciter lui-même le différend en prenant d'office, à l'égard des parties, les décisions qu'il croit conformes à l'intérêt et au droit de l'Etat. Le juge ne peut être lui-même une partie; le ministre est une partie lorsqu'il écarte une demande d'indemnité, de payement, de résiliation, dont il est saisi comme représentant de l'Etat. Le juge de première instance ne plaide pas devant le juge d'appel; le ministre, au contraire, doit être mis en cause toutes les fois que ses décisions sont attaquées; c'est lui qui conclut et qui plaide pour les défendre. Le juge ne peut pas revenir sur ses décisions, le ministre peut rapporter ou modifier les siennes sur la demande de la partie, et même d'office, si elles n'ont pas créé de droit à des tiers. Enfin, il est de principe que le juge inférieur relève d'une même juridiction supérieure pour tous les jugements qu'il rend en première instance; le ministre relève soit du conseil d'Etat, soit du conseil de préfecture, soit des tribunaux civils, suivant la nature du contrat ou de la créance qui donne lieu à sa décision.

414. Le conseil d'Etat n'a pas formellement tranché la question doctrinale que nous examinons; mais il paraît avoir implicitement admis la distinction que nous avons précédemment indiquée en cessant d'appliquer, aux décisions ministérielles qui ont le caractère d'actes de gestion, certaines règles relatives aux actes de juridiction. C'est ainsi qu'il a été décidé, contrairement à une ancienne jurisprudence (V. *Rép.* v° *Organisation administrative*, n° 159), qu'à la différence des décisions juridictionnelles, les décisions du gouverneur de l'Algérie, assimilées à celles des ministres, ne sont pas susceptibles d'opposition lorsqu'elles prononcent sur des difficultés existant entre l'Etat et des particuliers (Cons. d'Et. 20 févr. 1880, aff. Carrière, D. P. 81. 3. 24).

La règle qui veut que toute sentence soit motivée n'a pas été appliquée non plus à des décisions rendues par les ministres en matière de fournitures (Cons. d'Et. 30 avr. 1880, aff. Harouel, D. P. 81. 3. 9 ; 2 juill. 1880, aff. Maillard, *ibid.*). Toutefois, cette solution semble difficile à concilier, quel que soit le caractère de ces décisions, avec les dispositions de l'art. 6 du décret du 2 nov. 1864, qui exige que les ministres statuent par des décisions spéciales sur les affaires pouvant être l'objet d'un recours par la voie contentieuse et que ces décisions soient notifiées administrativement aux intéressés.

La jurisprudence considère également comme inapplicable à des décisions ministérielles de même nature la règle d'après laquelle les jugements ne peuvent être modifiés par le juge qui les a rendus. Il a été décidé, en conséquence, que le ministre, après avoir repoussé une demande d'indemnité, opposé la déchéance quinquennale à un créancier de l'Etat, ou pris un arrêté de débet, peut rapporter ou modifier cette décision, soit sur la demande de la partie, soit d'office (Cons. d'Et. 29 août 1867, aff. Calvo et Matheron, *Rec. Cons. d'Etat*, p. 840 ; Sol. impl., Cons. d'Et. 12 août 1879) (1).

415. A côté des décisions des ministres qui ont le carac-

(1) (Esquino.)—Le conseil d'Etat, etc.; — Vu le décret du 11 juin 1806 ; — Considérant que depuis l'introduction du pourvoi le ministre de la guerre a rapporté à la date du 4 avr. 1877 la décision

du 30 sept. 1876 par laquelle il avait opposé aux réclamations du sieur Esquino la déchéance résultant des art. 9 et 10 de la loi du 21 janv. 1831 et a décidé qu'une somme de 10,722 fr. 94, représ-

tère d'actes de commandement ou de gestion, et auxquels nous croyons que l'on doit refuser le caractère juridictionnel, se placent les décisions prises par les ministres sur le recours formé contre les actes émanés d'autorités qui leur sont subordonnées. En ce qui concerne cette catégorie de décisions, des divergences subsistent dans la doctrine, et la jurisprudence ne paraît pas nettement fixée.

Il n'est pas douteux que le ministre statue comme juge lorsqu'il est saisi du recours dirigé contre une décision d'un préfet, soit qu'elle émane directement de ce dernier, soit que celui-ci ait statué sur la décision contentieuse d'un sous-préfet ou d'un maire (Ducrocq, t. 1, p. 398). Mais la question est très délicate lorsque la décision déférée au ministre n'a pas le caractère contentieux. Suivant M. Aucoc, p. 621, lorsque le ministre statue sur une réclamation formée contre un acte qui a lésé les droits d'un citoyen, il fait ce que fait le conseil de préfecture, ce que fait le conseil d'Etat, et la décision rendue dans ces circonstances peut être considérée comme un jugement prononçant sur un litige. C'est par application de ce principe qu'il avait été décidé que le ministre de l'intérieur était compétent pour statuer sur la régularité des délibérations d'un conseil municipal relatives à l'acquisition d'une maison ou à l'aliénation d'une propriété communale et de l'arrêté du préfet qui approuvait ces mesures, et que cette contestation ne pouvait être portée directement devant le conseil d'Etat lorsqu'elle était renvoyée à la juridiction administrative par l'autorité judiciaire (Cons. d'Et. 25 juin 1875, aff. Abribat, D. P. 76. 3. 19; 26 janv. 1877, aff. Compans, D. P. 77. 3. 36; 2 févr. 1877, aff. Soubry, *ibid*). M. Aucoc trouve dans cette jurisprudence l'affirmation de deux principes : l'un que le ministre, quand il statue sur la régularité de l'arrêté du préfet qui approuve les actes du pouvoir municipal, agit comme juge, et non comme supérieur hiérarchique ; l'autre, que c'est bien le ministre qui, en l'absence d'une désignation de la loi, est le juge du droit commun en matière administrative. Un autre arrêt, tirant de ces principes des conséquences parfaitement juridiques, avait déclaré que le ministre épuise sa compétence en statuant sur la question préjudicielle renvoyée à son examen, et qu'il ne peut plus rapporter sa décision, qui est acquise aux parties, et dont le conseil d'Etat seul peut prononcer l'annulation (Cons. d'Et. 3 janv. 1881, aff. Soubry, D. P. 82. 3. 46). Mais un arrêt postérieur a modifié cette jurisprudence et décidé que, dans le cas où l'autorité judiciaire renvoie les parties devant l'autorité administrative à l'effet de faire statuer sur la validité d'un acte administratif (dans l'espèce, la question de savoir si une approbation donnée par un secrétaire général de préfecture est régulière), la question peut être portée directement devant le conseil d'Etat (Cons. d'Et. 28 avr. 1882, aff. Ville de Cannes, D. P. 83. 3. 89). On reviendra, *infrà*, n° 418, sur la portée juridique de ce dernier arrêt.

416. La doctrine qui reconnaît aux ministres le caractère de juges lorsqu'ils sont saisis d'un recours dirigé contre une décision non contentieuse violant un droit, est combattue par M. Ducrocq, t. 1, n° 434, et par M. Laferrière, p. 443, qui soutiennent que c'est comme administrateur, et non comme juge, que le ministre connaît des actes non contentieux de ses subordonnés. Ils estiment que la décision à intervenir ne change pas plus de caractère et de nature par l'effet du recours hiérarchique, en passant du troisième au second degré de la hiérarchie administrative que lorsque le recours s'adresse d'abord à l'auteur de l'acte lui-même et que l'acte ministériel, qui maintient ou annule l'arrêté préfectoral, n'est pas plus un jugement que le premier arrêté préfectoral ou le second qui confirme le premier. M. Laferrière fait observer que, si les ministres avaient le caractère de juges, les actes ou décisions des autorités inférieures ne pourraient jamais être attaqués devant le conseil d'Etat avant d'avoir été déférés au ministre. En dehors même du cas d'excès de pouvoirs, il en est plusieurs dans lesquels la jurisprudence a autorisé un recours direct au conseil d'Etat contre les décisions d'autorités inférieures,

et a ainsi écarté l'idée d'une juridiction ministérielle du premier ressort. Cette jurisprudence, qui n'avait d'abord été qu'implicite, a été formellement consacrée par un arrêt du conseil d'Etat du 24 juin 1881 (aff. Bougard, D. P. 82. 3. 51). Le ministre de l'intérieur avait, dans cette affaire, demandé au conseil d'Etat de déclarer non recevable un recours formé contre un arrêté préfectoral liquidant une pension par le motif que la décision du préfet n'ayant pas été déférée au ministre n'était pas définitive et ne pouvait être déférée directement au conseil d'Etat. Mais l'arrêt a écarté cette fin de non-recevoir et a décidé que « si l'arrêt attaqué pouvait être déféré au ministre de l'intérieur, il n'en avait pas moins à l'égard du requérant le caractère d'une décision de nature à être déférée directement au conseil d'Etat par la voie contentieuse ».

417. Un arrêt du conseil d'Etat du 13 avr. 1884 (aff. Bansais, D. P. 82. 3. 49), adoptant la théorie développée dans les conclusions de M. le commissaire du Gouvernement Le Vavasseur de Précourt, reconnaît implicitement un caractère contentieux au recours formé devant un ministre contre un acte émané d'un de ses subordonnés à raison de l'excès de pouvoirs dont cet acte serait entaché. Par une sorte de fiction légale, il voit dans ce recours le recours même au conseil d'Etat exercé par une voie indirecte, et il en tire cette conséquence que le recours n'est recevable que s'il a été formé conformément à l'art. 11 du décret du 22 juill. 1806, soit directement devant le conseil d'Etat, soit indirectement devant le ministre. D'après les conclusions du commissaire du Gouvernement, il ne s'ensuit pas que le ministre ne pourra pas annuler l'acte de son subordonné sur le vu d'une réclamation tardive ; mais alors, s'il refuse de donner suite à la réclamation, son refus n'est susceptible de donner lieu à aucun recours devant le conseil d'Etat au contentieux.

Peut-être cette théorie, ingénieuse et équitable dans son application, ne serait-elle pas à l'abri de la critique au point de vue du droit pur. Si l'on admet, conformément à l'opinion qui vient d'être développée, que les ministres, lorsqu'ils statuent sur les recours formés en matière non contentieuse contre les actes de leurs subordonnés, ne font pas acte de juridiction, mais qu'ils usent simplement du droit de contrôle que leur confèrent les règles de la hiérarchie sur les fonctionnaires placés sous leur autorité, il semble logique de en conclure que les particuliers, lésés par un acte administratif, ont le choix entre deux voies distinctes : s'ils veulent suivre la voie contentieuse, ils doivent s'adresser au conseil d'Etat par la voie du recours pour excès de pouvoirs ; s'ils préfèrent en appeler de l'administrateur à l'administrateur mieux informé, ils peuvent s'adresser au ministre. Mais le ministre, qui n'a aucune juridiction comme juge des recours pour excès de pouvoirs, est libre d'user ou de ne pas user du droit qui lui appartient de modifier les actes de ses subordonnés, et le refus d'user de ce droit d'ordre purement administratif ne peut donner ouverture à un recours devant le conseil d'Etat. Le recours ne serait ouvert que dans le cas où le ministre annulerait ou modifierait l'acte antérieur (D. P. 82. 3. 49, note 2). Un arrêt plus récent du conseil d'Etat paraît se rapprocher sensiblement de ce système. Il décide que le refus du ministre de faire droit à une demande à lui présentée comme supérieur hiérarchique d'un préfet, à l'effet de faire prononcer l'annulation d'un arrêté préfectoral, ne constitue pas une décision susceptible d'être déférée au conseil d'Etat par la voie contentieuse, et que le recours au conseil d'Etat contre un arrêté préfectoral, formé plus de trois mois après la notification, est non recevable nonobstant le recours formé devant le ministre par la voie hiérarchique (Cons. d'Et. 27 nov. 1885, aff. Société générale des abattoirs, D. P. 87. 3. 37).

418. La jurisprudence admet également aujourd'hui qu'en matière d'interprétation préjudicielle des actes administratifs, il y a lieu de s'adresser d'abord à l'autorité qui a fait l'acte, puis au conseil d'Etat, mais que, dans ce cas comme dans le précédent, le recours au ministre n'est que facultatif, tandis qu'il serait obligatoire si le ministre était

sentant le prix en principal de fournitures faites en 1866 à l'armée française du Mexique, serait liquidée au profit du requérant pour lui être payée sur le crédit des exercices périmés ; qu'il suit de là que le pourvoi du sieur Esquino est devenu sans objet, en

tant qu'il est dirigé contre la décision du 30 sept. 1876... (Non-lieu à statuer) : Art. 1er... — Art. 2...

Du 12 août 1879.-Cons. d'Et.-MM. Mathéus, rap.-Gomel, concl.-Arbelet, av.

juge. C'est ce qui résulte de l'arrêt du 28 avr. 1882 (V. *supra*, n° 415) et d'un arrêt du 7 août 1883 (aff. Commune de Meudon, D. P. 85. 3. 37). M. Le Vavasseur de Précourt dit, avec raison, à l'occasion du premier de ces arrêts, que cette décision peut être retenue comme une preuve de la tendance du conseil d'Etat à réagir contre la théorie absolue qui considère le ministre comme le juge ordinaire en matière contentieuse (*Revue générale d'administration*, 1882, p. 317). Mais la solution adoptée par le conseil nous paraît aller beaucoup plus loin et, rapprochée de celle de l'arrêt du 24 juin 1881, cité *supra*, n°416, elle semble, ainsi que le fait remarquer M. Aucoc, p. 623, indiquer une tendance à poser un nouveau principe d'après lequel le conseil d'Etat serait le juge ordinaire en matière de contentieux administratif. Toutefois, l'éminent auteur se demande si le conseil a entendu poser une règle générale et modifier d'une manière aussi profonde toute la jurisprudence antérieure, et si, dans le cas où cette doctrine devrait passer dans la pratique, on devrait admettre la compétence directe du conseil d'Etat pour les contestations à l'égard desquelles la compétence du ministre ne résulte pas d'un texte formel, telles que celles qui sont relatives à la validité des élections des membres des chambres de commerce ou des membres des conseils de fabrique.

M. Laferrière, p. 413, se prononce en faveur de la juridiction ordinaire du conseil d'Etat, tout en reconnaissant qu'elle n'a pas été jusqu'ici nettement consacrée par la jurisprudence. Il fait observer cependant que le contentieux administratif ne comporte pas un juge ordinaire dans le sens que l'on donne à ce mot dans les matières judiciaires ; en effet, les parties ne peuvent pas se présenter devant la juridiction administrative pour faire juger *de plano* leurs prétentions ; elles ne peuvent que lui déférer les actes ou les décisions de l'administration qu'elles prétendent contraires à leurs droits. Il estime, en conséquence, que, pour être exact, on doit dire, non que le conseil d'Etat est le « juge ordinaire du contentieux administratif », mais « le juge ordinaire des décisions administratives donnant lieu à des réclamations contentieuses ». « Ainsi comprise, dit-il, cette fonction juridictionnelle générale appartient au conseil d'Etat, qui est le véritable juge des actes de gestion et des actes de jouissance publique émanés de l'administration, toutes les fois qu'un autre juge n'a pas reçu mission d'en connaître. »

419. Un décret du 2 nov. 1864 (D. P. 64. 4. 120) a déterminé les formes de la procédure à suivre devant les ministres en matière contentieuse. Aux termes de l'art. 5 de ce décret, il doit être délivré aux parties intéressées qui le demandent un *récépissé* constatant la date de la réception et de l'enregistrement au ministère de leur réclamation. L'art. 6 impose aux ministres l'obligation de statuer par des décisions spéciales sur les affaires qui peuvent être l'objet d'un recours par la voie contentieuse. Suivant M. Aucoc, n° 339, il résulte de cette disposition que les ministres sont tenus d'indiquer les motifs de leurs décisions : on a vu, toutefois, que des arrêts récents du conseil d'Etat se sont prononcés en sens contraire.

420. Aux termes de l'art. 7, lorsque les ministres statuent sur des recours contre les décisions d'autorités qui leur sont subordonnées, leur décision doit intervenir dans le délai de quatre mois à dater de la réception de la réclamation au ministère. Si des pièces sont produites ultérieurement par le réclamant, le délai ne court qu'à dater de la réception de ces pièces. Après l'expiration de ce délai, s'il n'est intervenu aucune décision, les parties peuvent considérer leur réclamation comme rejetée et se pourvoir devant le conseil d'Etat.

En présence des termes limitatifs de cet article, la jurisprudence décide que la faculté qu'il accorde aux parties ne peut être invoquée lorsque le ministre n'est pas saisi d'une réclamation contre la décision d'une autorité qui lui est subordonnée, mais qu'il s'agit d'une difficulté dont il appartient au ministre de connaître directement, sauf recours au conseil d'Etat (Cons. d'Et. 20 avr. 1877, aff. Wittersheim, D. P. 77. 3. 73 ; 12 avr. 1878, aff. Villain-Moisnel, D. P. 78. 3. 92 ; 21 mars 1879, aff. Mercier, D. P. 79. 3. 75 ; 27 mai 1881, aff. Ville de Beauvais, D. P. 82. 3. 100).

Il a été jugé : 1° que le directeur général des contributions indirectes n'étant pas une autorité subordonnée au ministre des finances dans le sens de l'art. 7 du décret du 2 nov.

1864, les parties ne sauraient considérer comme rejetées les réclamations dirigées contre ses décisions auxquelles le ministre n'a pas répondu dans le délai de deux mois (Arrêt précité du 27 mai 1881) ; — 2° Qu'il en est de même pour les réclamations formées contre les décisions des commissions scolaires, ces commissions n'étant pas des autorités subordonnées au ministre de l'instruction publique (Cons. d'Et. 8 août 1884, aff. Anaclet, D. P. 86. 3. 41).

421. Lorsque le ministre déclare que les observations qu'il a fournies en réponse au pourvoi introduit à tort *de plano* devant le conseil d'Etat, constituent une décision, le recours formé contre cette décision est recevable (Cons. d'Et. 8 août 1873, aff. Robert, D. P. 79. 3. 75, note 6 ; 21 mars 1879, aff. Mercier, D. P. 79. 3. 75). Il en est de même lorsque le ministre, dans les observations en réponse à un pourvoi formé directement devant le conseil d'Etat par une fausse application de l'art. 7 du décret de 1864, a déclaré ne pas insister sur la fin de non-recevoir et a conclu au fond au rejet de la demande ; ces observations peuvent être considérées comme constituant une décision (Sol. impl., Cons. d'Et. 20 janv. 1882, aff. Fournier, D. P. 83. 3. 50).

422. La faculté accordée aux parties par l'art. 7 s'applique au cas où l'abstention du ministre a été déterminée par celle de son subordonné. Ainsi le particulier auquel un préfet a négligé de répondre peut porter sa plainte devant le ministre, et si ce dernier laisse lui-même écouler le délai de quatre mois sans répondre, l'intéressé est en droit de considérer sa demande comme rejetée et de se pourvoir devant le conseil d'Etat (Cons. d'Et. 11 janv. 1866, aff. Chabanne, D. P. 66. 3. 70 ; 19 nov. 1868, aff. Abeille, D. P. 69. 3. 84 ; 23 janv. 1868, aff. Vogt, D. P. 68. 3. 69). Mais l'intéressé ne pourrait déférer directement au conseil d'Etat l'excès de pouvoirs qu'il prétendrait résulter du silence du préfet (Cons. d'Et. 6 mars 1869, aff. Hervé, D. P. 70. 3. 70).

§ 4. — Compétence des préfets et des sous-préfets en matière contentieuse (*Rép.* n°s 502 à 511).

423. — I. COMPÉTENCE DES PRÉFETS. — Le préfet statue en général sur les recours formés contre les actes de l'autorité municipale qui peuvent léser les droits des citoyens. En dehors de cette attribution, il existe, ainsi qu'on l'a vu au *Rép.* n° 503, un petit nombre de cas dans lesquels il tient le droit de juger d'une disposition formelle de la loi. Nous avons indiqué parmi ces textes le décret du 4 juill. 1806, art. 27 et 28, qui porte que les difficultés en matière de courses de chevaux sont jugées provisoirement par le maire, et définitivement par le préfet. Un arrêté du ministre de l'intérieur du 17 mai 1853 a institué cette juridiction à une commission des courses dans laquelle siège le préfet. Mais la légalité de cet arrêté est contestable (Aucoc, p. 620).

424. Comme on l'a vu *supra*, n° 403, les attributions que le préfet exerçait en conseil de préfecture et que nous avons énumérées (*Rép.* n° 504) ont été transférées aux conseils de préfecture par l'art. 11 de la loi du 21 juin 1865.

425. Toutes les fois qu'en vertu des pouvoirs qui leur sont conférés par la loi les préfets prennent des décisions de nature à porter atteinte à un droit privé, ces décisions, alors même qu'elles ont plutôt le caractère de faits de gestion que de juridiction contentieuse proprement dite, produisent les mêmes effets que des actes de juridiction, et peuvent, par suite, être déférées au conseil d'Etat par la voie contentieuse. Cette solution est applicable, notamment, aux arrêtés qui statuent sur les liquidations de pensions des employés communaux (Cons. d'Et. 12 août 1868, aff. Pétiaux, *Rec. Cons. d'Etat*, p. 913 ; 7 avr. 1869, aff. Ville de Nîmes, *ibid.*, p. 326 ; 16 janv. 1874, aff. Ville de Lyon, D. P. 74. 3. 101 ; 15 janv. 1875, aff. de Larralde, D. P. 75. 3. 94 ; 24 juin 1881, aff. Bougard, D. P. 82. 3. 51).

426. — II. COMPÉTENCE DES SOUS-PRÉFETS. — Suivant M. Aucoc, n° 619, et conformément à ce qui a été dit au *Rép.* n° 511, le sous-préfet n'a aucune attribution juridictionnelle. L'art. 15 de l'arrêté du 8 prair. an 11 avait chargé de juger certaines contestations relatives à l'octroi de navigation ; la loi du 9 juill. 1836, art. 24, a attribué, en cette matière, aux tribunaux civils la connaissance des questions de fond. D'après la plupart des auteurs, les sous-préfets resteraient compétents pour statuer sur les questions de

forme; mais cette distinction est repoussée par M. Aucoc, *loc. cit.*, et par M. Ducrocq, p. 401.

Ce dernier auteur estime qu'une véritable juridiction contentieuse a été dévolue au sous-préfet par les art. 20 c. for. et 86 de l'ordonnance du 1er août 1827 qui lui ont conféré, comme président de la séance d'adjudication des coupes de bois des forêts domaniales, le pouvoir de décider immédiatement sur toutes les contestations pouvant s'élever pendant les opérations d'adjudication, soit sur la validité des dites opérations, soit sur la solvabilité de ceux qui auront fait des offres et celle de leurs cautions.

427. Il n'existe aucune règle de procédure pour les actes de juridiction des préfets et sous-préfets.

§ 5. — Compétence des maires (*Rép.* nos 512 à 519).

428. Nous avons indiqué au *Rép.* nos 512 et suiv., les rares attributions des maires en matière contentieuse. M. Aucoc estime qu'ils ne peuvent être considérés comme juges administratifs que lorsqu'ils statuent; sur les indemnités dues par les officiers et fonctionnaires militaires employés dans les cantonnements et rassemblements, aux particuliers qui ont été forcés de leur fournir le logement.

§ 6. — Compétence de la cour des comptes (*Rép.* nos 520 à 532).

429. Les questions relatives à cette juridiction seront examinées *infrà*, v° *Cour des comptes.*

§ 7. — Compétence des diverses commissions et conseils chargés du contentieux administratif (*Rép.* nos 533 à 537).

430. Ainsi que nous l'avons dit au *Rép.* n° 533, des commissions ont été instituées à plusieurs reprises pour liquider des droits privés à la répartition d'une indemnité allouée par une loi. On doit placer dans cette catégorie les commissions administratives instituées par les lois des 6 sept. 1871 (D. P. 71. 4. 154), et du 7 avr. 1873 (D. P. 73. 4. 58). Ces commissions, prises dans le sein du conseil général et fonctionnant avec le préfet, n'exerçaient pas, à proprement parler, une juridiction contentieuse. Leur rôle se bornait à classer les réclamants dans la catégorie des victimes les plus nécessiteuses de la guerre ou dans celle des victimes ordinaires et à assurer dans ces deux catégories une répartition proportionnelle aux droits de chacun. Il a été décidé que ces commissions avaient seulement pour mission de constater les pertes, de les évaluer et de fixer le montant de l'indemnité, mais qu'il appartenait à l'autorité judiciaire de décider en droit à qui devait profiter cette indemnité (Paris, 19 avr. 1875, aff. Billion du Rousset, D. P. 76. 2. 156).

431. Comme on l'a vu *suprà*, nos 111 et suiv., les commissions qui ont été formées à plusieurs reprises pour la liquidation des indemnités obtenues des gouvernements étrangers à la suite de conventions diplomatiques ne sauraient être considérées comme des juridictions administratives. Il en est de même du conseil des prises.

432. La loi du 16 sept. 1807 avait institué des commissions spéciales pour statuer sur le règlement des sommes dues par les propriétaires qui profiteraient des travaux d'endiguement ou de desséchement; les attributions de ces commissions ayant été transférées aux conseils de préfecture par la loi du 21 juin 1865 (V. *suprà*, n° 395), il ne subsiste plus de commissions spéciales ayant le pouvoir de juridiction que dans les cas prévus par les art. 30, 31 et 32 de la loi de 1807, c'est-à-dire, dans le cas où il y a lieu de régler l'indemnité qui peut être due à l'administration à raison de la plus-value que des travaux publics ont fait acquérir à des propriétés privées. Il est reconnu par la jurisprudence et par les auteurs que ces dispositions n'ont pas cessé d'être en vigueur, et que la suppression des commissions spéciales doit être limitée aux cas prévus par la loi de 1865 (Cons. d'Et. 1er juin 1870, aff. Morin, D. P. 72. 3. 2. V. conf. Aucoc, t. 1. p. 633; Ducrocq, t. 1, p. 498; Batbie, t. 7, p. 447; Chauveau et Tambour, p. 531. V. aussi *infrà*, v° *Travaux publics*).

433. Il existait autrefois une *commission* dite *des monnaies et médailles*, appelée à vérifier, en premier et dernier ressort, le titre et le poids des monnaies fabriquées et constituant à cet égard une véritable juridiction. Cette commission a été supprimée par un décret du 10 janv. 1871, et le système de la fabrication des monnaies a été considérablement modifié par la loi du 31 juill. 1879 (D. P. 81. 4. 7). Mais le directeur général, auquel ont été transférées plusieurs des attributions de l'ancienne commission, peut être considéré comme ayant un pouvoir de juridiction, quand il statue sur les difficultés qui peuvent s'élever entre le bureau du change et les particuliers qui apportent des matières d'or et d'argent à transformer en monnaies et sur les difficultés relatives au titre et à la marque des lingots et des ouvrages d'or et d'argent (Aucoc, p. 631).

434. Une commission a été instituée par la loi du 5 déc. 1814 relative à la restitution aux émigrés de leurs biens non vendus, pour recevoir les réclamations des émigrés et y faire droit (V. *Rép.* v° *Emigré*, n° 205). Cette commission fonctionne encore, et plusieurs de ses décisions ont été, dans ces dernières années, déférées au conseil d'Etat par la voie de l'appel (V. Cons. d'Et. 1er déc. 1876, aff. Grand-chancelier de la Légion d'honneur, D. P. 77. 3. 14; 12 avr. 1879, aff. Grand-chancelier de la Légion d'honneur, D. P. 80. 3. 28).

435. Les *conseils de revision* sont des tribunaux administratifs chargés, aux termes de l'art. 27 de la loi du 27 juill. 1872, de statuer sur toutes les difficultés contentieuses relatives au recrutement de l'armée. Leurs attributions seront exposées v° *Organisation militaire*. Leurs décisions ne peuvent être attaquées devant le conseil d'Etat que pour incompétence ou excès de pouvoirs. Toutefois, la loi de 1872 confère au ministre de la guerre seul un droit de recours pour violation de la loi et dans l'intérêt de la loi, en ajoutant que, dans ce cas, l'annulation profite aux parties lésées.

436. Les *préfets maritimes* exercent également, en matière d'inscription maritime, une juridiction contentieuse que l'art. 21 de la loi du 3 brum. an 4 attribuait à l'autorité municipale, et qui leur a été implicitement transmise par l'arrêté du 7 flor. an 8, qui a placé dans leurs attributions ce mode de recrutement, spécial à l'armée de mer. Ils statuent sur les réclamations des matelots appelés au service, sauf recours au ministre de la marine et, au besoin, devant le conseil d'Etat (Aucoc, p. 630; Ducrocq, p. 466).

437. La juridiction spéciale à l'instruction publique est exercée par trois conseils : 1° dans chaque département, le *conseil départemental*, dont les attributions ne concernent que l'enseignement primaire public ou libre; 2° au siège de chaque académie, le *conseil académique*, qui a compétence en matière d'enseignement secondaire et libre; 3° pour toute la France, le *conseil supérieur de l'instruction publique* qui connaît, sauf quelques distinctions, des recours formés contre les décisions des conseils départementaux et des conseils académiques. L'organisation et les attributions de ces conseils seront étudiées en détail v° *Organisation de l'instruction publique*. Nous nous bornerons à indiquer sommairement leurs attributions en matière contentieuse.

438. Les affaires contentieuses sur lesquelles statuent les conseils départementaux sont les oppositions auxquelles peut donner lieu la déclaration d'ouverture d'un établissement libre d'enseignement primaire, oppositions qui peuvent être formées par le maire ou l'inspecteur d'académie (L. 30 oct. 1886, art. 37 et 38). Cette loi, sanctionnant la jurisprudence antérieure du conseil d'Etat, dispose que les décisions rendues par le conseil départemental, en matière contentieuse, sont susceptibles d'appel devant le conseil supérieur de l'instruction publique dans les dix jours à partir de la notification.

439. Les conseils académiques connaissent, aux termes de l'art. 11 de la loi du 27 févr. 1880, des affaires contentieuses relatives à l'enseignement secondaire ou supérieur, public ou libre. Les plus importantes de ces affaires sont les oppositions à l'ouverture des établissements libres. Il n'est pas douteux que les oppositions faites à l'ouverture des établissements d'enseignement secondaire relèvent du conseil académique; mais, en ce qui concerne l'opposition à l'ouverture d'un établissement d'enseignement supérieur, l'art. 20 de la loi du 12 juill. 1875 consacre expressément la compétence judiciaire. En l'absence d'une disposition de la loi du 27 févr. 1880, qui modifie sur ce point la législation antérieure, nous croyons, comme M. Laferrière, p. 376, malgré la généralité des termes de l'art. 11 de cette loi, que les

affaires contentieuses de l'enseignement supérieur libre sont restées en dehors de la compétence des conseils académiques.

En matière contentieuse comme en matière disciplinaire, toutes les décisions du conseil académique peuvent être déférées en appel au conseil supérieur dans la quinzaine de la notification. Cet appel est suspensif à moins que le conseil académique n'ait ordonné l'exécution provisoire.

440. Le *conseil supérieur de l'instruction publique* est, d'après l'art. 7 de la loi du 27 févr. 1880, le tribunal administratif supérieur chargé de juger le contentieux de l'enseignement et les questions disciplinaires déférées par la loi au second degré de juridiction, par voie d'appel des décisions rendues soit par les conseils académiques, soit par les conseils départementaux (Ducrocq, p. 442). Le recours au conseil d'Etat contre les décisions du conseil supérieur n'est prévu par aucun texte. Il en résulte qu'il ne peut s'exercer que pour incompétence ou excès de pouvoirs (Cons. d'Et. 23 janv. 1864, aff. Petit-Colas, D. P. 64. 3. 28; 9 déc. 1864, aff. Leroy, D. P. 66. 3. 33; 14 août 1866, aff. Rey, D. P. 66. 3. 97; 25 févr. 1876, aff. Dubuc, D. P. 76. 3. 68; 4 août 1882, aff. Fillion, D. P. 84. 3. 5).

441. Il nous reste, pour terminer cette énumération des différentes juridictions administratives, à indiquer l'organisation des tribunaux administratifs spéciaux institués dans les colonies sous le nom de *conseils du contentieux;* cette institution qui d'abord avait été limitée à la Martinique, la Guadeloupe et la Réunion (Décr. 5 août 1881) a été étendue à toutes les colonies par le décret du 7 sept. 1881.

442. Les conseils du contentieux se composent du *conseil privé,* ou, dans les colonies moins importantes, du *conseil d'administration* et, en outre, de deux magistrats de l'ordre judiciaire désignés chaque année par le gouverneur. Leur organisation et leur procédure ont été réglées en dernier lieu par le décret du 7 sept. 1881.

443. Nous avons exposé au *Rép.* v° *Organisation des colonies,* n°s 286 et suiv., 321 et suiv., les attributions et la compétence de ces conseils d'après les lois et ordonnances antérieures au décret précité. Les textes qui énumèrent ces attributions, se terminent par une disposition portant qu'ils connaissent « en général du contentieux administratif ». Il en résulte qu'il existe aux colonies une juridiction ordinaire du premier ressort devant laquelle sont portées, sauf dispositions contraires, toutes les affaires administratives contentieuses (Laferrière, p. 340). En vertu de cette attribution générale de compétence, la jurisprudence a compris parmi les affaires dont les conseils du contentieux doivent connaître : 1° les réclamations en matière de contributions directes (Cons. d'Et. 19 mars 1880, aff. Jablin, D. P. 81. 3. 5); — 2° Les réclamations relatives aux traitements des fonctionnaires coloniaux (Cons. d'Et. 3 mars 1876, aff. d'Esménard, D. P. 76. 3. 73); — 3° Et généralement toutes les réclamations pécuniaires formées contre la colonie par ses agents (Cons. d'Et. 20 juill. 1877, aff. Garnier, D. P. 77. 3. 104; 28 juill. 1882, aff. Rampant, D. P. 83. 5. 86-87).

Cette compétence a également été reconnue applicable à des contrats administratifs autres que les marchés de travaux publics ou de fournitures, déjà prévus par l'ordonnance du 9 févr. 1827 (Cons. d'Et. 11 mai 1883, aff. Dussoutour, D. P. 84. 3. 80).

L'art. 3 du décret du 5 août 1881 a confirmé l'attribution de compétence faite aux conseils du contentieux administratif des colonies par l'art. 160 de l'ordonnance du 21 août 1825 en matière de répartition d'eaux (V. Cons. d'Et. 27 févr. 1885, aff. Cabane de Laprade, D. P. 86. 3. 87).

444. Mais le contentieux administratif dont ces conseils sont appelés à connaître est exclusivement le contentieux colonial ; c'est devant le ministre, sauf recours au conseil d'Etat, que doivent être portées les réclamations qui tendent à faire déclarer l'Etat débiteur, et spécialement les réclamations qui ont pour objet de rendre l'Etat pécuniairement responsable des fautes de ses agents (Cons. d'Et. 12 déc. 1884, aff. Puech, D. P. 86. 3. 54) ou de faire infirmer des condamnations en responsabilité prononcées contre des comptables (Cons. d'Et. 31 mars 1876, aff. Veyrières, D. P. 76. 3. 77).

M. Laferrière ajoute (p. 342) qu'une autre restriction doit être faite à la juridiction ordinaire des conseils coloniaux : lorsque les ordonnances de la Restauration ont déféré à ces conseils « tout le contentieux administratif », elles n'ont pu prendre ces mots que dans l'acception limitée qu'ils avaient alors ; elles ne les ont appliqués qu'au contentieux de pleine juridiction, et non au contentieux de l'annulation. En conséquence, ce n'est pas devant les conseils du contentieux des colonies mais exclusivement devant le conseil d'Etat que doivent être formés les recours pour excès de pouvoirs contre les actes des autorités coloniales.

445. Les décisions contentieuses rendues par les conseils des colonies peuvent toujours être déférées au conseil d'Etat. Antérieurement au décret de 1881, cette règle recevait exception, dans les cas prévu par l'art. 164 de l'ordonnance de 1825, où ces conseils jugeaient comme tribunaux d'appel à l'égard des tribunaux judiciaires de première instance statuant sur quelques contraventions spéciales. Mais cette attribution étant expressément supprimée par l'art. 4 du décret du 5 août 1881, le droit de recours au conseil d'Etat ne comporte plus aucune exception (Laferrière, p. 343).

446. On a indiqué (*Rép.* v°*Organisation des colonies,* n° 342) les formes du recours au conseil d'Etat contre les décisions des conseils du contentieux, d'après les prescriptions de l'ordonnance du 31 août 1828. Ces formes ont été modifiées pour le décret du 5 août 1881. Le recours se décompose en deux actes : 1° la déclaration en recours, qui se fait à la colonie au secrétariat du conseil du contentieux. L'appelant, auquel une expédition de sa déclaration doit être délivrée dans la huitaine, doit lui-même signifier cette expédition dans un nouveau délai de huit jours, soit par ministère d'huissier, soit en la forme administrative ; — 2° Le dépôt de la requête au secrétariat du conseil d'Etat dans les trois mois de la notification. L'art. 90 du décret du 5 août 1881 exige, à peine de nullité, que le demandeur en annulation d'une décision rendue par le conseil du contentieux joigne à sa requête l'original de la signification de la déclaration de recours ou le récépissé de la notification de cette déclaration ; et cette disposition est applicable alors même que le recours est dirigé contre l'Etat (Cons. d'Et. 23 nov. 1883, aff. Béziat, D. P. 85. 3. 47).

447. Dans les affaires dispensées du ministère d'avocat, le recours est déposé au gré de la partie, soit au conseil d'Etat, soit, dans la colonie, au secrétariat du conseil du contentieux. Mais l'art. 93 du décret de 1881, qui contient cette disposition, n'indique pas si, dans ce cas, la déclaration et la requête doivent être confondues dans un seul et même acte. La question n'a pas été définitivement résolue par la jurisprudence, et M. Laferrière est d'avis que les parties agiront sagement en se conformant, pour les affaires dispensées du ministère d'avocat, aux formes ordinaires du pourvoi, et en n'empruntant à l'art. 93 que la faculté de déposer directement la requête, s'ils le jugent convenable, au secrétariat de la colonie (p. 346).

Table sommaire

des matières contenues dans le Supplément et le Répertoire.

(Les chiffres précédés de la lettre S renvoient au Supplément ; les chiffres précédés de la lettre R renvoient au Répertoire.)

Table chronologique des Lois, Arrêts, etc.

1755
7 sept. Arrêt Cons. 103 c.

1780
20 mars. Arrêt Cons. 103 c.

1790
8 janv.Loi. 293 c.
13 févr. Loi. 57 c.
17 juill. Loi.174 c., 206 c.
16 août.Loi.24 c., 71 c., 155 c., 186 c., 193 c.
7 oct. Loi. 58 c.

1791
6 mars. Loi. 87 c.
10 juill. Décr. 92 c.

1792
18 août. Loi. 57 c.

1793
24 août. Loi.174 c.
26 sept. Loi.174 c., 186 c., 205 c.

An 3
1er flor. Loi.174 c.
20 mess.Loi.131 c.
16 fruct. Loi.24 c., 71 c., 193 c.

An 4
1er vend. Loi. 360 c.
10 vend.Loi.187 c.
3 brum.Loi.436 c.

An 5
2 germ. Arrêté. 174 c.

An 8
22 frim. Const. 64 c., 66 c., 341 c.
28 pluv.Loi.131 c., 205 c., 354 c., 366 c., 367 c., 377 c., 378 c., 379 c., 412 c.
3 flor.Arrêté. 386 c.
7 flor. Arrêté. 436 c.
24 flor. Arrêté.355 c.
7 mess.Loi. 360 c.

An 10
9 pluv. Arrêté.343 c.
18 germ. Loi.57 c.
10 flor. Arrêté. 343 c.
29 flor. Loi. 378 c.
19 therm. Arrêté. 343 c.

An 11
3 niv. Arrêté. 405 c.
11 germ.Loi.211 c.
14 flor. Loi. 304 c.
8 prair. Arrêté. 634 c.
25 therm. Arrêté. 630 c.

An 12
29 vent. Loi. 239 c.
23 prair. Décr. 43 c., 44 c., 45 c.
3 mess.Décr.57 c.
16 therm.Av.Cons. d'Et. 418 c.

An 13
9 brum. Décr. 403 c.
8 fruct. Décr. 360 c.

1806
18 mai. Décr. 374 c.
11 juin. Décr. 205 c.
4 juill. Décr. 423 c.
22 juill. Décr. 412 c., 413 c., 417 c.
21 août. Décr. 360 c.

1807
10 mars. Décr. 401 c.
16 sept. Loi.360 c., 395 c., 432 c.

1808
12 nov. Loi. 358 c.
11 déc. Décr. 194 c.

1809
17 mai. Décr. 403 c.

1810
20 avr. Loi. 344 c.
23 avr. Décr.38 c., 194 c.
15 oct.Décr.396 c., 400 c.

1811
6 févr. Décr. 402 c.
9 avr. Décr.194 c.

1812
22 déc. Décr. 46 c., 48 c., 49 c.

1814
5 déc. Loi. 434 c.

1816
28 avr. Loi. 401 c., 403 c.

1818
15 mai. Loi. 360 c.

1819
17 juill. Loi. 380 c.

1820
23 juill.Loi. 360 c.

1821
1er août. Ord. 380 c.

1824
1er août. Ord. 343 c.

1825
21 août. Ord. 443 c., 445 c.

1827
9 févr. Ord. 443 c.
1er août. Ord. 426

1828
25 juin. Arrêté.214
31 août. Ord. 446 c.

1829
15 avr. Loi. 319 c.

1830
30 janv. Trib.com. Seine. 87 c.

1832
21 avr. Loi. 403 c.

1833
22 juin. Loi. 399 c.
29 oct. Ord. 30 c.

1834
19 mai. Loi. 209 c.
17 oct. Cons. d'Et. 378 c.

1836
21 mai. Ord. 112 c.
21 mai. Loi. 330 c.
9 juill. Loi. 426 c.

1838
30 juin. Loi. 62 c.
14 juill. Loi. 360 c.

1840
1er avr. Cons. d'Et. 378 c.

1841
3 mai. Loi. 223 c.
11 août. Req. 114 c.

1843
4 mai. Cons.d'Et. 194 c.

1844
25 mars. Ord. 406 c.

1845
20 janv. Req. 233 c.
8 févr. Grim. 299 c.
4 juill. Cons. d'Et. 303 c.
2 avr. Req.160 c.

4 avr. Cons. d'Et. 218 c.
28 mai. Rouen. 270 c.
28 juin.Douai. 317 c.
11 juill.Cons.d'Et. 62 c.
19 juill. Loi. 2 c.
31 oct. Ord. 303 c.
24 déc. Cons. d'Et. 298 c.

1846
6 févr. Cons.d'Et. 326 c.
18 févr. Cons.d'Et. 394 c.
30 juin.Cons.d'Et. 185 c.
10 déc.Cons.d'Et. 133 c.

1847
13 janv.Cons.d'Et. 36 c.
25 févr. Aix. 155 c., 157 c.
20 mars. Cons. d'Et. 185 c.
26 avr. Cons.d'Et. 103, 185 c.
31 mai. Cons.d'Et. 218 c.
12 juill.Req.156 c.
17 déc.Cons. d'Et. 63 c., 303 c.

1848
2 mai. Civ. 194 c.
4 nov.Const.175 c.
11 déc. Cons. d'Et. 137 c.
11 déc.Lyon.231 c.

1849
9 janv. Riom. 215 c.
9 avr. Cons. d'Et. 133 c.
23 mai. Req. 219 c.
14 juill. Cons.d'Et. 378 c.
17 juill.Req.313 c.
21 juill.Cons.d'Et. 133 c.
3 déc. Loi. 287 c.

1850
13 mars.Loi.397 c.
15 mars. Loi.131 c.
20 mai.Caen.306 c.
20 mai.Trib. confl. 185 c.
30 mai.Trib. confl. 185 c.
1er juill.Trib. confl. 194 c.
23 nov. Cons.d'Et. 147 c.

1851
18 janv.Cons.d'Et. 108.
22 mars. Orléans. 339 c.
29 mars. Trib. confl. 240 c.
7 avr. Loi. 383 c.
10 mai.Cons.d'Et. 116 c.
21 mai. Civ. 280 c.
23 mai.Trib.confl. 172 c., 192 c.
30 mai. Loi. 378 c.

31 mai. Trib.confl. 194 c.
24 juin. Civ. 36 c., 194 c.
18 juill.Crim.334c.
17 nov.Rennes.217 c.
21 nov.Caen.313 c.
27 déc. Décr. 378 c., 384 c.

1852
22 janv.Décr.123c.
12 févr.Décr. 51 c.
13 mars. Cons. d'Et. 130 c.
16 mars. Req. 156 c.
20 mars. Cons. d'Et. 276 c.
25 mars. Décr. 295 c., 396 c., 400 c.
8 avr. Cons. d'Et. 362 c.
7 juill. Civ.155 c., 110 c.
24 août.Req.319 c.
14 sept.Cons.d'Et. 238 c.
1er nov. Req. 319 c.
23 déc.Crim.334c.

1853
11 janv. Req. 313 c., 321 c.
19 janv.Cons.d'Et. 266 c.
19 janv. Civ. 25 c.
12 mai.Cons. d'Et. 240 c., 302 c.
6 juin. Douai. 307 c.
27 juin. Civ. 263 c.
30 juin.Cons.d'Et. 146 c.
7 juill.Cons.d'Et. 142 c.
15 juill. Req.242 c.
23 juill.Cons.d'Et. 119 c.
10 août. Décr. 380 c.
22 août.Cons.d'Et. 303 c.
14 nov. Req. 172 c.
1er déc.Req.242c., 192 c.

1854
4 janv.Civ. 313 c.
7 janv. Décr. 402 c.
7 févr.Décr.208 c.
7 févr. Civ.313 c.
8 févr. Civ. 280 c.
9 févr.Cons.d'Et. 327 c.
3 avr. Req. 349 c.
18 mai.Caen.349 c.
18 mai.Cons.d'Et. 215 c., 327 c.
8 juin.Cons.d'Et. 192 c., 302 c.
14 juin.Loi.131 c.
6 juill.Cons.d'Et. 116 c.
15 avr.Cons. d'Et. 390 c.
26 juill.Cons.d'Et. 126 c., 356 c.
23 août.Cons.d'Et. 147 c.

12 août.Cons.d'Et. 394 c.
17 nov. Douai. 260 c.
7 déc. Cons.d'Et. 194 c., 328 c.
14 déc. Cons. d'Et. 108 c.
19 déc.Civ. 175 c.
20 déc. Civ. 303 c.
21 déc.Cons.d'Et. 254 c.

1855
5 janv.Cons.d'Et. 121 c.
18 janv.Cons.d'Et. 192 c.
27 févr. Civ. 301 c.,314 c., 315 c.
15 mars. Cons. d'Et. 110 c.
29 mars. Cons. d'Et. 300 c.
26 avr. Cons.d'Et. 110 c.
2 mai. Loi. 360 c.
17 mai.Cons.d'Et. 300 c.
6 juin. Req. 318 c.
11 juill. Angers. 319 c.
19 juill.Cons.d'Et. 208 c.
6 déc. Cons.d'Et. 176 c.

1856
10 janv.Cons.d'Et. 121 c., 275 c.
15 janv. Aix. 177 c.
24 janv.Cons.d'Et. 140 c.
31 janv.Cons.d'Et. 34 c., 308 c., 148 c.
15 mars. Cons. d'Et. 263 c.
4 avr. Cons.d'Et. 215 c., 390 c.
24 avr. Crim. 303 c.
15 mai. Cons.d'Et. 303 c.
19 juin. Cons. d'Et. 329 c.
24 juill.Cons.d'Et. 329 c.
4 août.Bordeaux. 274 c.
7 août.Cons.d'Et. 304 c.
18 août.Cons.d'Et. 246 c.
4 sept.Cons.d'Et. 215 c.
27 nov. Cons.d'Et. 139 c., 352 c.
31 déc. Req. 364 c.

1857
8 janv. Civ. 152 c., 194 c.,237 c.
10 janv. Cons.d'Et. 243 c.
22 janv.Cons.d'Et. 143 c., 289 c.
29 janv.Cons.d'Et. 409 c.
16 mars. Req. 324 c.

19 août. Décr. 408 c.
24 août. Civ. 214 c., 270 c.
30 nov. Civ. 274 c.

1858
28 févr.Décr.402 c.
4 mars. Cons. d'Et. 146.
10 mars. Cons. d'Et. 266 c.
18 mars. Cons. d'Et.
13 avr. Civ. 280 c.
13 juin. Cons. d'Et. 225 c.
5 juill.Cons. d'Et. 365 c.
11 août. Rennes. 215 c.
17 août. Civ. 313 c., 319 c.
7 déc. Civ. 304 c.
9 déc. Cons.d'Et. 357 c.
21 déc. Cons. d'Et. 357 c.
23 déc. Cons. d'Et. 326, 327 c.
29 déc. Cons. d'Et. 327 c.
30 déc. Cons. d'Et. 132 c.

1859
10 janv.Req.303 c.
7 mars.Req.473c.
5 mai. Loi. 298 c.
6 juin. Civ. 161 c.
9 juin. Cons.d'Et. 190 c.
3 août. Besançon. 190 c.
11 août.Cons.d'Et. 409 c.
22 déc. Cons.d'Et. 386 c.

1860
19 janv. Cons. d'Et. 367 c.
2 févr. Cons. d'Et. 263 c.
22 mars. Cons. d'Et. 323 c.
25 avr. Civ. 313 c., 319 c.
26 avr. Cons. d'Et. 301 c., 379 c.
10 mai.Cons.d'Et. 304 c.
4 juill. Cons. d'Et. 246 c.
16 août.Cons.d'Et. 137 c.
3 déc. Req. 190 c.
5 déc. Cons.d'Et. 263 c.

20 juin. Cons.d'Et. 386 c.
24 juill.Req.114 c.
6 août.Cons.d'Et. 177 c.
14 août.Civ. 313 c.
27 août.Civ. 190 c.
19 nov. Civ. 313 c.
19 déc. Cons.d'Et. 357 c.
31 déc. Cons.d'Et. 107 c., 334 c.

1862
8 janv. Riom.263 c., 270 c.
12 févr. Req. 313 c., 317 c.
20 mars. Cons. d'Et. 238 c.,372 c.
28 mars. Cons. d'Et. 327 c.
6 mai. Req. 161 c.
17 mai.Cons. d'Et. 176 c.
30 mai. Req. 219 c.
27 mai. Req. 159 c.
31 mai. Décr. 389 c.
5 juin. Cons.d'Et. 406 c.
2 juill. Loi. 360 c.
4 juill.Cons.d'Et. 110.
17 juill.Cons.d'Et. 208 c., 300 c.
6 août. Civ. 30 c.
7 août.Cons.d'Et. 371 c.
30 nov.Cons. d'Et. 369 c.
11 déc. Caen. 190 c.
14 déc.Cons.d'Et. 229 c., 359 c.
18 déc. Trib. Rethel. 338 c.
26 déc. Cons. d'Et. 357 c.
30 déc. Décr. 404 c.

1863
8 janv.Cons.d'Et. 103 c.
8 janv.Cons.d'Et. 263 c.
15 janv.Cons.d'Et. 263 c.
22 janv.Cons. d'Et. 369.
17 févr.Cons.d'Et. 356 c.
18 févr.Cons.d'Et. 358 c.
19 mars. Cons. d'Et. 167 c.
16 avr. Cons.d'Et. 263 c.
27 mai.Cons.d'Et. 116 c., 220 c.
22 juill.Cons.d'Et. 103 c., 115 c.
12 déc.Cons.d'Et. 303 c., 323 c.
22 déc. Cons. d'Et. 356 c.

1864
23 janv.Cons.d'Et. 440 c.
8 févr.Cons.d'Et. 356 c.
17 févr. Poitiers. 166 c.
25 févr.Cons.d'Et. 172 c.

5 mars. Cons.
d'Et. 375 c.
10 mars. Cons.
d'Et. 140.
31 mars. Cons.
d'Et. 327 c.
7 avr. Cons. d'Et.
374 c.
19 mai. Cons.d'Et.
106 c.
26 mai.Angers 288
c.
23 juin.Cons.d'Et.
350 c.
28 juill. Cons.d'Et.
246.c., 321 c.,
323 c.
29 juill. Crim. 296
c.
30 juill. Cons.d'Et.
369 c.
24 août. Req. 43 c.
10 sept.Cons.d'Et.
292 c.
2 nov. Décr. 410
c., 414 c., 419
c., 420 c., 421
c., 422 c.
9 déc.Cons.d'Et.
350 c., 440 c.
14 déc. Cons.d'Et.
232 c.
20 déc. Civ. 350 c.
27 déc. Civ. 350 c.

1865
10 févr.Cons.d'Et.
370 c.
24 févr.Cons.d'Et.
326 c.
5 avr. Civ. 314 c.
7 avr. Cons. d'Et.
397 c.
8 avr. Cons.d'Et.
315 c.
23 avr. Cons. d'Et.
333 c.
8 mai. Civ. 215 c.
21 mai. Loi. 401 c.
31 mai. Loi. 147 c.
21 juin.Loi.353 c.,
360 c., 361 c.,
362 c., 367 c.,
379 c., 387 c.,
389 c., 395 c.,
402 c., 404 c.,
424 c., 432 c.
5 juill. Civ. 160 c.
6 juill. Cons.d'Et.
326 c., 327 c.
11 juill. Agen. 364
c.
8 août. Paris. 242
c.
8 août.Cons.d'Et.
399 c.
14 août.Cons.d'Et.
240 c.
30 août. Civ. 168 c.
7 nov. Req. 233 c.
7 nov. Civ. 26 c.
21 nov. Civ. 219 c.
23 nov. Cons.d'Et.
269 c.
15 déc.Cons.d'Et.
143 c.

1866
9 janv.Req.317 c.
11 janv.Cons.d'Et.
422 c.
1er févr.Cons.d'Et.
244 c.
21 févr. Civ. 189 c.
28 févr.Cons.d'Et.
284 c.
1er mars. Cons.
d'Et. 143 c.
28 mars. Cons.
d'Et. 118 c.
7 avr.Crim.350 c.
11 avr. Cons. d'Et.
118 c.
17 avr. Cons. d'Et.
300 c.
2 mai. Cons. d'Et.
103.
4 mai.Angers.313
c., 319 c.
14 mai. Civ. 219 c.
17 mai. Trib. confl.
303 c.

26 mai.Cons.d'Et.
244 c.
28 mai.Civ.152 c.,
237 c.
31 mai. Cons. d'Et.
399 c.
15 juin.Cons.d'Et.
357 c.
20 juin.Cons.d'Et.
142 c.
3 juill.Cons.d'Et.
353 c.
4 juill.Metz.320 c.
11 août.Cons.d'Et.
406 c.
14 août.Cons.d'Et.
440 c.
17 août.Cons.d'Et.
361 c.
22 août. Civ. 399 c.
28 août. Civ. 192 c.
26 nov. Cons.d'Et.
375 c.
7 déc. Cons. d'Et.
119.
13 déc. Cons. d'Et.
183 c.
15 déc.Crim.296 c.
26 déc.Req. 313 c.

1867
9 janv.Cons.d'Et.
33 c., 244 c.
10 janv.Cons.d'Et.
131 c., 406 c.
17 janv.Cons.d'Et.
412 c.
22 janv.Cons.d'Et.
119.
7 févr.Cons.d'Et.
370 c.
25 févr.Cons.d'Et.
377 c.
28 févr. Cons. d'Et.
103 c.
23 mars. Cons.
d'Et. 50 c.
25 mars. Cons.
d'Et. 329 c.
30 avr.Cons.d'Et.
111 c.
7 mai.Cons.d'Et.
111 c., 375 c.
9 mai.Cons.d'Et.
121 c., 122 c.
21 mai.Cons.d'Et.
233 c., 300 c.,
373 c.
5 juin.Cons.d'Et.
358 c.
20 juin.Cons.d'Et.
320 c., 379 c.
20 juin.Cons.d'Et.
236 c.
4 juill.Cons.d'Et.
353 c.
16 juill. Civ. 161 c.
17 juill. Civ. 160 c.
24 juill.Req.371c.,
372 c.
29 août.Cons.d'Et.
414 c.
31 août.Nancy. 170
c.
22 nov. Cons. d'Et.
176 c.
4 déc.Cons. d'Et.
177 c.
20 déc. Cons.d'Et.
29 c., 369 c.

1868
9 janv.Cons.d'Et.
130 c., 220 c.
17 janv.Cons.d'Et.
194, 328 c.
23 janv.Cons.d'Et.
422 c.
30 janv.Cons.d'Et.
365 c.
19 févr.Trib.confl.
240 c.
24 févr.Cons.d'Et.
149 c., 370 c.
7 mars. Nancy.
365 c.
11 mars. Req. 324
c.
25 avr.Cons. d'Et.
294 c.

30 avr. Cons.d'Et.
192 c.
12 mai.Cons. d'Et.
130 c., 367 c.
24 juin.Cons.d'Et.
139 c., 352 c.
12 août.Cons. d'Et.
425 c.
19 nov. Cons. d'Et.
482 c.
2 déc.Civ. 213 c.,
314 c., 319 c.
13 déc. Cons.d'Et.
243 c., 334 c.,
364 c.
16 déc.Cons. d'Et.
356 c.
18 déc.Cons. d'Et.
29 c.

1869
7 janv.Cons.d'Et.
144 c.
11 janv. Req. 161
c.
14 janv.Cons.d'Et.
149 c.
18 janv.Req. 313c.
4 févr.Cons.d'Et.
245 c.
22 févr. Caen. 313
c.
6 mars. Cons.
d'Et. 422 c.
7 avr. Cons. d'Et.
425 c.
15 mai.Cons.d'Et.
338 c.
3 juin.Cons.d'Et.
126 c.
7 juin.Civ. 322 c.
10 juin. Aix. 211
c.
26 juin.Cons.d'Et.
137 c.
29 juin.Cons.d'Et.
241 c.
6 juill.Req. 50 c.
10 juill.Cons.d'Et.
147.
6 août. Paris. 374
c.
17 nov. Civ. 306c.
18 nov. Cons.d'Et.
100 c.
26 nov. Cons. d'Et.
245 c.
26 déc. Civ. 289 c.

1870
12 janv.Trib.confl.
240 c.
26 janv.Cons.d'Et.
228 c.
12 févr.Cons.d'Et.
111 c.
19 févr.Cons.d'Et.
248 c.
2 mars. Civ.194c.
22 mars. Limoges.
154 c.
6 avr. Civ. 203 c.
20 avr. Civ. 373 c.
11 mai. Req.259 c.
11 mai. Cons. d'Et.
177 c.
4 juin. Cons.d'Et.
432 c.
3 août.Cons.d'Et.
364 c.
29 juin.Cons.d'Et.
252 c.
10 juill. Paris.
179 c.
13 juill. Civ. 306 c.
13 juill.Cons.d'Et.
143 c.
14 juill. Cons.
préf. Seine. 228
c.
21 juill.Cons.d'Et.
320 c.
16 août. Req. 113
c.
26 août. Civ. 228 c.
19 sept. Décr. 64
c., 65 c.,66 c.,
341 c., 342 c.,
343 c., 344 c.

1871
10 janv. Décr. 65
c.
21 janv.Cons.d'Et.
177 c.
5 avr. Dijon. 234
c.
7 mai. Cons. d'Et.
65 c., 80 c.
17 mai.Trib. confl.
221 c.
12 juill. Civ. 364 c.
24 juill. Req. 214 c.
26 juill. Civ. 249
c., 313 c.
10 août. Loi. 117 c.
10 août. Loi. 330
c.
6 sept. Loi. 430 c.
10 sept. Loi. 360 c.
21 oct. Cons. d'Et.
253, 356 c.,
359 c.
5 déc. Req 289 c.
11 déc. Cons. d'Et.
143 c.
13 déc. Req. 280c.
14 déc. Civ. 360 c.
27 déc. Décr. 51 c.

1872
9 janv. Req. 313
c.
3 janv. Aix. 200
c., 215 c., 282
c.
30 janv. Req. 245
c.
15 févr. Cons.d'Et.
177 c.
24 févr. Req. 311
c.
27 févr. Civ. 365
c.
4 mars. Civ. 375
c.
12 mars. Trib.
confl. 221 c.
9 avr. Civ. 211
c., 261 c.
10 avr. Req. 233
c.
8 mai. Req. 313
c., 319 c.
13 mai. Civ. 244
c.
24 mai. Loi. 4 c.,
57 c.,178 c.,328
c., 333 c., 340
c.
26 mai.Cons.d'Et.
228 c.
3 juin. Req. 64 c.
4 juin. Req. 313
c., 319 c.
10 juill. Paris. 177
c.
10 juill. Montpel-
lier 113 c.
16 juill. Trib. Sei-
ne. 157 c.
18 juill. Loi. 360
c.
27 juill. Loi. 201
c., 202 c., 209
c., 435 c.
30 juill. Req. 313
c.
6 nov. Civ. 222
c.
15 nov. Cons. d'Et.
117 c.
29 nov. Paris. 97
c.
30 nov.Décr.201 c.
14 déc. Trib.confl.
107 c., 113 c.
20 déc. Cons.d'Et.
116 c.

1873
3 janv.Cons.d'Et.
117 c.
6 janv. Req. 114
c., 365 c.
11 janv. Trib.
confl. 192 c.,
223 c., 376 c.
20 janv. Req. 242
c.

20 janv.Chambéry.
100 c., 289 c.
25 janv. Crim. 65
c.
25 janv.Trib.confl.
178 c., 183 c.
31 janv. Poitiers.
80 c.
8 févr.Trib.confl.
176 c., 179 c.,
183 c.
21 févr.Cons.d'Et.
364 c.
26 févr. Req. 200
c., 262 c.
28 févr. Dijon.96 c.
1er mars. Trib.
confl. 223 c.,
377 c.
14 mars. Cons.
d'Et. 107 c.
17 mars. Civ. 34 c.
21 mars. Cons.
d'Et. 129 c.
26 mars. Loi. 360
c.
26 mars. Civ. 188
c.
7 avr. Loi. 430 c.
10 avr. Dijon. 200
c., 255 c.
15 avr. Cons.d'Et.
177 c.
2 mai.Trib.confl.
192 c.
9 mai.Cons.d'Et.
143 c.
14 mai. Req. 312.
16 mai.Cons.d'Et.
203 c.
17 mai.Trib.confl.
42 c., 242 c.;
302 c.
21 mai. Civ. 250c.
7 juin.Trib.confl.
84 c.
13 juin.Cons.d'Et.
147 c.
20 juin.Crim. 65 c.
25 juill. Req. 256
c.
22 juill. Civ. 313c.
24 juill. Loi. 180 c.
25 juill.Cons.d'Et.
117 c.
30 juill.Trib.confl.
66 c.
6 août.Cons.d'Et.
421 c.
14 août. Poitiers.
43 c.
14 août. Toulouse.
200 c.
24 nov. Req. 160
c.
26 nov. Req.364 c.
1er déc. Req. 200
c., 255 c., 302
c.
20 déc.Trib.Seine.
182 c.
20 déc. Cons. d'Et.
255 c., 370 c.

1874
6 janv. Civ. 254 c.
17 janv.Trib.confl.
180 c., 184 c.
6 févr.Cons.d'Et.
136 c.
19 févr. Cons. d'Et.
365 c., 375 c.
4 mars. Civ. 38 c.
7 mars. Trib.
confl. 43 c., 62
c., 186 c.
20 mars. Cons.
d'Et. 390 c.
28 mars Trib.
confl. 362 c.
8 avr. Civ. 203 c.
17 avr.Cons.d'Et.
143 c.
1er mai.Cons.d'Et.
142 c., 370 c.
10 mai.Trib.confl.
338 c., 375 c.

29 mai. Cons.d'Et.
240 c.
26 juin.Cons.d'Et.
434 c.
4 juill.Trib.confl.
84 c., 180 c.
21 juill. Civ. 255 c.
21 juill.Trib.confl.
329.
3 août. Civ.60 c.,
74 c.
5 août. Civ. 335 c.
18 août.Civ.200 c.,
242 c., 270 c.
21 août. Crim. 324
c.
9 nov. Req.200 c.
16 nov. Décr.408 c.
20 nov. Cons. d'Et.
137 c.
24 nov. Req. 285 c.
28 nov. Trib.confl.
66 c.
16 déc. Trib.confl.
194 c., 301 c.,
328 c.
18 déc. Cons.d'Et.
353 c.
26 déc.Req.314 c.,
315 c., 319 c.

1875
15 janv.Cons.d'Et.
425 c.
19 janv. Civ. 215 c.
5 févr.Cons.d'Et.
393 c.
12 févr.Cons.d'Et.
127 c.
15 févr. Civ. 98 c.
18 févr. Cons. d'Et.
181 c.
23 juin. Civ. 216c.
23 juin.Cons.d'Et.
145, 328 c.
29 juill.Trib.confl.
91 c., 165 c.
4 août.Cons.d'Et.
328 c.
16 août.Civ.192 c.,
252 c.
8 nov. Civ. 272
c., 313 c., 314
c., 319 c.
10 nov. Çons.d'Et.
193 c.
16 nov.Crim.170 c.
1er déc. Cons.d'Et.
405 c.
6 mars. Crim. 295
c.,75 c.
15 déc. Dijon. 67
c.
16 déc.Trib. confl.
371 c., 372 c.
22 déc.Cons. d'Et.
292 c.

1877
5 janv.Cons.d'Et.
153 c., 244 c.
13 janv.Cons.d'Et.
110 c.
19 janv.Cons.d'Et.
360 c.
23 janv. Req. 242
c.
23 janv. Rouen 324
c.
26 janv.Cons.d'Et.
153 c., 244 c.
2 juill.Cons.d'Et.
374 c., 415 c.
23 juill.Cons.d'Et.
415 c.
12 févr.Alger.182
c.
31 juill.Loi.200 c.,
398 c.
2 mars. Cons.
d'Et. 153 c., 244
c., 250 c.
3 mars. Alger.
80 c.
9 mars. Cons.
d'Et. 330 c., 331
c.
16 mars. Cons.
d'Et. 270 c.
20 avr. Cons. d'Et.
420 c.
5 mai.Trib. confl.
73 c.
7 mai. Civ. 405 c.
11 juin. Req. 188
c., 189 c.
13 juin. Req. 153
c., 242 c.,318 c.
25 juin. Douai.375
c.
30 juin.Trib.confl.
107 c., 113c.
6 juill.Cons.d'Et.
62 c., 153 c.

8 févr. Req.26 c.,
60 c., 74 c.
25 févr.Cons.d'Et.
440 c.
1er mars. Bor-
deaux. 171 c.
3 mars. Cons.
d'Et. 443 c.
21 mars. Req. 200
c.
30 mars. Crim.
299 c.
31 mars. Cons.
d'Et. 444 c.
4 avr. Cons. d'Et.
181 c.
8 avr. Req. 317 c.
5 mai. Cons.d'Et.
357 c.
12 mai. Paris. 245
c.
22 mai. Trib.confl.
224 c., 375 c.
2 juin.Cons.d'Et.
137 c.
16 juin. Civ. 246c.
23 juin.Cons.d'Et.
181 c.
29 juill.Trib.confl.
91 c., 165 c.
4 août.Cons.d'Et.
328 c.
5 nov. Civ., Cons.
d'Et. 80 c., 199
c., 200 c., 255 c.
31 déc. Rennes.
66 c.

20 juill.Cons.d'Et.
443 c.
27 juill. Crim. 115
c.
27 juill. Cons.
d'Et.330 c., 331
c.
3 août. Paris. 370
c.
4 août.Trib.confl.
180.
14 août. Civ. 299 c.
14 août. Civ. 299 c.
21 août.Bordeaux.
252 c.
23 août. Trib. Cus-
set 286 c.
9 nov. Cons.d'Et.
405 c.
21 nov.Cons.d'Et.
365 c.
23 nov. Cons.d'Et.
250 c.
24 nov.Trib.confl.
34 c., 66 c., 71
c.
30 nov.Cons.d'Et.
141 c.
7 déc. Cons. d'Et.
131 c.
8 déc.Trib.confl.
66 c., 77 c., 301
c.
15 déc.Trib.confl.
53 c., 66 c., 71
c., 77 c.
19 déc. Req. 256
c.
31 déc. Cons.d'Et.
390 c.
29 déc.Trib.confl.
51 c., 53 c., 66
c., 71 c., 81 c.

1878
145.
8 janv. Req. 245
c.
12 janv. Trib.
confl. 51 c., 66
c.
25 janv.Cons.d'Et.
204 c.
8 févr.Cons.d'Et.
141 c., 147 c.
11 févr. Bourges.
93 c.
15 févr. Amiens.
96 c.
19 févr. Civ. 324
c.
29 mars. Cons.
d'Et. 132 c.
2 avr. Civ. 35 c.,
270 c.
12 avr. Civ. 194 c.
12 avr. Cons. d'Et.
420 c.
22 mai. Civ. 313
c., 319 c.
21 juin. Cons.d'Et.
194 c.
8 juill. Amiens.
69 c.
19 juill.Cons.d'Et.
147 c.
2 août.Cons.d'Et.
357 c.
4 août. Aix. 80 c.
3 sept. Décr. 382
c.
16 déc.Trib. confl.
80 c., 199 c.,
200 c., 255 c.
31 déc. Rennes.
66 c.

COMPÉTENCE CIVILE DES TRIBUNAUX D'ARRONDISSEMENT ET DES COURS D'APPEL.

Division.

CHAP. 1. — **Compétence des tribunaux civils d'arrondissement** (n° 1).

ART. 1. — Historique et législation (n° 1).

ART. 2. — Compétence d'attribution des tribunaux civils d'arrondissement (n° 2).

ART. 3. — Compétence territoriale (n° 7).

§ 1. — Compétence en matière d'actions personnelles, réelles et mixtes (n° 8).

§ 2. — Compétence en matière de succession, de société et de faillite (n° 27).

§ 3. — Compétence en matière de garantie, d'élection de domicile, de payement de frais, de reddition de compte (n° 90).

§ 4. — Compétence en matière d'exécution de jugements et actes, d'offres réelles et de cession de biens (n° 116).

§ 5. — Compétence en matière de contestations entre étrangers, et entre Français et étrangers (n° 125).

§ 6. — Compétence en matière d'opposition à un mariage, de désaveu, de responsabilité du conservateur des hypothèques (n° 133).

ART. 4. — Prorogation de la juridiction des tribunaux civils. Demandes reconventionnelles, en compensation, en garantie; demandes incidentes et connexes (n° 136).

ART. 5. — Compétence respective des diverses chambres des tribunaux d'arrondissement, et compétence particulière du président (n° 153).

CHAP. 2. — **Compétence des cours d'appel** (n° 155).

CHAP. 1er. — Compétence des tribunaux civils d'arrondissement (*Rép.* nos 2 à 282).

ART. 1er. — *Historique et législation* (*Rép.* nos 2 à 10).

1. Les règles fondamentales de la compétence des tribunaux d'arrondissement en matière civile n'ont pas subi de modifications depuis la publication du *Répertoire*. La valeur des contestations que les tribunaux jugent soit en dernier, soit en premier ressort, est toujours fixée par la loi du 11 avr. 1838. Mais les difficultés d'application de cette loi et des principes qui régissent soit la compétence d'attribution, soit la compétence territoriale des tribunaux, n'ont pas cessé d'être nombreuses.

2. On examinera *infrà*, v° *Organisation judiciaire*, les modifications qu'a pu recevoir à l'étranger, au cours de ces dernières années, la législation relative aux tribunaux ordinaires. Nous nous bornerons ici à signaler les principales dispositions de la *loi belge* du 25 mars 1876 (*Annuaire de législation étrangère*, 1877, p. 468 et suiv.), qui a trait à la compétence des diverses juridictions. Cette loi fait partie du nouveau code de procédure civile, dont elle a été détachée pour être immédiatement appliquée, par exception à la règle qui avait été fixée tout d'abord, et d'après laquelle les diverses parties du code, successivement adoptées, ne devaient être mises en vigueur que simultanément et après achèvement complet de l'œuvre entreprise.

La loi précitée, qui élève à 2500 fr. le taux du dernier ressort pour les jugements des tribunaux de première instance, des tribunaux de commerce et pour les ordonnances de référé (art. 16), consacre législativement un certain nombre de règles qui, simplement dégagées jusque là par la jurisprudence, font encore en France, où la législation n'a pas été remaniée, matière à controverse. — Elle dispose notamment (art. 1er) que la juridiction ne peut être prorogée par les parties, sauf les cas où la loi en dispose autrement, et pose en principe (art. 8) que les tribunaux de première instance connaissent de toutes matières à l'exception de celles qui sont spécialement attribuées aux juges de paix, aux tribunaux de commerce et aux conseils de prud'hommes, etc. Quant à la compétence territoriale, elle est minutieusement réglée dans un chapitre spécial (art. 39 à 54).

ART. 2. — *Compétence d'attribution des tribunaux civils d'arrondissement* (*Rép.* nos 11 à 21).

3. Le rôle des tribunaux civils d'arrondissement, comme juges du premier et du second degré, est resté tel que nous l'avons fait connaître au *Rép.* n° 11 : ces tribunaux sont investis de la compétence générale pour statuer sur toutes les contestations dont la connaissance n'a pas été attribuée à une autre juridiction par un texte de loi. Mais si telle est toujours la règle, les difficultés d'application n'ont nullement diminué depuis la publication du *Répertoire*, et la détermination des limites respectives entre la compétence des tribunaux civils et celle des tribunaux administratifs et consulaires est restée fort délicate. Ces questions sont d'ailleurs examinées vis *Compétence administrative ; Compétence commerciale*.

4. La distinction entre les attributions des tribunaux d'arrondissement, suivant qu'ils siègent comme juges d'appel ou comme juges du premier degré, qui a été examinée au *Rép.* n° 12, a été soigneusement maintenue par la jurisprudence. Spécialement, lorsque les tribunaux d'arrondissement sont juges d'appel des décisions des juges de paix, leur compétence, tant au point de vue de la matière que du taux de la demande, n'excède pas celle du juge de paix (V. *Compétence civile des juges de paix*). Il faut également, ainsi qu'on l'a fait remarquer au *Rép.* n° 15, distinguer le cas où le tribunal civil siège en cette qualité de celui où il siège comme tribunal de commerce, et où, par conséquent, il doit se conformer aux règles de la procédure commerciale (Orléans, 25 juin 1850, aff. Delétang, D. P. 52. 2. 75). — V. *infrà*, vis *Défense ; Organisation judiciaire*.

5. La compétence des tribunaux civils, comme celle des autres tribunaux, est réglée par la loi ; et, si les tribunaux civils d'arrondissement ont la plénitude de juridiction, en ce sens qu'à défaut d'une disposition légale qui confie à un tribunal d'exception la connaissance de telle ou telle question, c'est

aux tribunaux civils qu'il appartient d'en connaître, il ne s'ensuit pas qu'ils puissent, même du consentement des parties, être saisis des matières réservées par la loi aux autres juridictions ; il est, en effet, de règle absolue que, l'ordre des juridictions étant établi par la loi dans un intérêt général, il ne saurait y être dérogé par les conventions particulières des parties (V., sur cette question, *infrà*, v° *Compétence civile des juges de paix*).

6. Comme on l'a vu au *Rép.* n° 18, l'art. 88 de la loi du 5 vent. an 12 confère aux tribunaux civils le droit de statuer sur les contestations purement civiles relatives aux contributions indirectes. Par exemple, lorsqu'un marchand en gros, contre lequel un manquant a été constaté, fonde son opposition à la contrainte sur des circonstances de prétendue force majeure, desquelles il induit qu'il n'est rien dû sur ce manquant, la contestation qu'il élève porte sur le fond du droit, et c'est, par suite, aux tribunaux civils qu'il appartient d'en connaître (Civ. cass. 9 mars 1852, aff. Branger, D. P. 52. 1. 84-85). — Les tribunaux civils sont également seuls compétents pour connaître des difficultés relatives à la perception des taxes indirectes (Cons. d'Et. 26 juin 1874, aff. Lacampagne, D. P. 75. 3. 50) et des oppositions à contrainte (Conf. Trib. Pontarlier, 21 déc. 1871, aff. Grenier, D. P. 75. 1. 326 ; Lyon, 3 juill. 1874, aff. Rolland, D. P. 75. 2. 173).

ART. 3. — *Compétence territoriale* (*Rép.* nos 22 à 29).

7. La compétence territoriale des tribunaux se détermine toujours en tenant compte des considérations qui ont été exposées au *Rép.* n° 24, les dispositions du code de procédure civile sur lesquelles est fondée la répartition des affaires entre les différents tribunaux n'ayant subi aucune modification. Quant au caractère de l'infraction à ces règles de répartition, on semble toujours d'accord pour reconnaître qu'il est purement relatif, et que ce tribunal n'est pas celui du lieu où l'affaire aurait dû être portée est une incompétence relative que l'acquiescement ou le silence des parties peut faire disparaître, et qui doit être proposée préalablement à toutes autres exceptions ou défenses (Req. 5 janv. 1859, aff. Reusse, D. P. 59. 1. 403 ; Douai, 22 juin 1854, aff. Dubois, D. P. 55. 2. 254 ; Req. 15 juill. 1875, aff. Lefèvre, D. P. 76. 5. 226. V. *Exceptions et fins de non-recevoir* ; — *Rép.* eod. v°, nos 122 et suiv.). Cette règle reçoit toutefois exception dans les cas exposés au *Rép.* nos 28 et 29.

§ 1er. — Compétence en matière d'actions personnelles, réelles et mixtes (*Rép.* nos 30 à 60).

8. Le tribunal du domicile, ou, à défaut de domicile connu, de la résidence du défendeur, est, ainsi qu'on l'a vu au *Rép.* n° 32, compétent d'une manière générale pour statuer en *matière personnelle*. — Cette dernière expression ne doit pas, on l'a dit au *Rép.* n° 33, être interprété restrictivement ; elle comprend toutes les actions autres que celles qui sont réelles immobilières. Peu importe qu'à l'origine de cette action se rencontre un droit réel ; l'action n'en est pas modifiée dans son essence, si ce droit réel préétabli n'est pas contesté, et s'il n'y a pour le juge qu'à en déduire les conséquences. Ainsi la demande en dommages-intérêts formée par le nu-propriétaire d'un immeuble contre l'usufruitier, pour abus de jouissance qui auraient été commis sur cet immeuble par ce dernier, dont il ne conteste point le droit d'usufruit, est purement personnelle ; par suite, elle est de la compétence du tribunal du domicile du défendeur, et non de celle du tribunal de la situation des biens. En effet, une action dérivant d'un engagement qui n'oblige que la personne est purement personnelle et non mixte, encore qu'elle devrait avoir pour effet de mettre en question le mode d'exercice d'un droit réel (Bourges, 15 déc. 1852, aff. de Courvol, D. P. 56. 2. 82).

9. De même, comme on l'a indiqué au *Rép.* n° 33, les actions ayant pour objet des questions d'état, bien qu'elles puissent être assimilées à des actions réelles, ne sont pas régies, au point de vue de la compétence, par l'art. 59 § 3, c. proc. civ., relatif aux actions réelles immobilières, mais par la règle générale *actor sequitur forum rei*. Ainsi, une action en contestation d'état, alors même qu'elle est sou-

levée à l'occasion d'un partage de succession et qu'elle peut être considérée comme une véritable exception à l'action en partage, n'est pas exclusivement de la compétence du tribunal du lieu où s'ouvre la succession; et l'héritier qui, au cours de l'instance en partage, conteste l'état de son cohéritier peut, à son choix, agir par voie d'exception devant le tribunal du lieu où la succession s'est ouverte, ou, par voie d'action principale, devant le tribunal du domicile du défendeur. On admet même qu'il peut porter son action isolément devant ce dernier tribunal, alors même qu'il a déjà formulé des réserves au sujet de l'état de son cohéritier devant le tribunal saisi de l'action en partage, ces réserves ne constituant pas une demande, n'ayant pas eu pour effet de saisir ce dernier tribunal (Toulouse, 4 juin 1879, aff. Gonzalve de Cordoue, D. P. 80. 2. 113.)

Mais si la question d'état est intimement liée à la question de quotité des droits du défendeur dont le tribunal du lieu de la succession demeure saisi, et si de la connexité de ces deux instances peuvent résulter des décisions contradictoires, il y a lieu de renvoyer la décision de la question d'état au tribunal saisi de la demande en partage (Même arrêt).

C'est, en effet, le seul moyen d'éviter des décisions contradictoires. Un exemple permettra de le comprendre facilement : la part de l'enfant dans la succession de ses parents variant suivant qu'il est légitime ou naturel, il importe que la question de légitimité, lorsqu'elle est soulevée, soit tranchée avant le partage. Aussi le tribunal saisi tout à la fois de la demande en partage et de l'action en contestation d'état doit statuer d'abord sur la légitimité de l'enfant et lui attribuer ensuite la part qui lui revient, soit comme enfant légitime, soit comme enfant naturel. Au contraire, lorsque l'action en contestation d'état a été portée devant un tribunal autre que le tribunal déjà saisi de la demande en partage, ce dernier tribunal n'en doit pas moins tenir pour légitime l'enfant dont l'état n'est pas contesté devant lui et le traiter comme tel. On ne saurait, pour prévenir un conflit, l'obliger à surseoir jusqu'à ce que la question préjudicielle soit vidée. Il n'y a lieu à sursis, en effet, que lorsque les parties opposent, devant le tribunal saisi, de l'action principale, une exception dont il ne peut connaître, ce qui le met dans l'obligation de leur accorder le temps nécessaire pour faire statuer sur cette exception devant la juridiction compétente (V. Rép. vº Question préjudicielle, nº 10). Mais il n'en est pas ainsi dans le cas que nous supposons. Dès lors, le seul moyen de prévenir les contradictions possibles entre les décisions des tribunaux saisis, de l'action en partage, laquelle et la contestation d'état, est de dessaisir l'un de ces tribunaux au profit de l'autre. Mais comment atteindre ce but? Lorsque deux tribunaux sont saisis d'affaires qui sont de leur compétence, l'un d'eux ne peut se dessaisir, à raison de l'instance engagée devant l'autre, que lorsqu'il y a litispendance ou connexité. Bien que l'art. 171 c. proc. civ. ne définisse pas la connexité, on s'accorde à reconnaître qu'elle existe lorsque la deuxième demande est l'accessoire de la première ou lorsque la solution de l'une doit influer sur celle de l'autre (V. Rép. vº Exception, nº 202). Or, c'est bien là ce qui se présente dans l'hypothèse que nous envisageons, la solution de la question d'état ayant une influence décisive sur la détermination de la part qui doit être attribuée à l'un des copartageants.

10. — 2º Domicile du défendeur. — Le domicile où une partie doit être assignée est, suivant ce qui a été exposé au Rép. nº 34, au lieu où cette partie a son principal établissement. C'est au tribunal qu'il appartient de déterminer, d'après les circonstances, où gît le principal établissement. Souvent le domicile de la partie qui doit être assignée se confond avec celui d'un tiers sous la dépendance, sous l'autorité duquel elle se trouve ; c'est ce qui a lieu notamment pour le mineur et la femme mariée. Le tribunal compétent est alors celui du domicile de ce tiers. Spécialement, comme le domicile de la femme se confond avec celui du mari, tant qu'il n'en a pas été autrement ordonné par justice, c'est devant le tribunal de ce dernier domicile que doit être portée la demande formée contre la femme en réintégration du domicile conjugal (Alger, 6 juin 1870, aff. Perths, D. P. 70. 2. 214).

11. Lorsque l'action est dirigée contre une personne qui n'a ni domicile, ni résidence en France, elle peut, sauf pour les cas dans lesquels la loi attribue juridiction, être portée par le demandeur devant le tribunal de son choix. — Elle peut aussi, et à plus forte raison, lorsqu'elle a trait à des immeubles possédés en France par des étrangers, être portée devant le tribunal de la situation de ces immeubles (Douai, 2 août 1854, aff. del Campo, D. P. 55. 2. 4). Cette règle est même applicable à l'égard du Français défendeur établi en pays étranger, et si celui-ci prétend avoir été assigné devant les juges autres que ceux devant lesquels il aurait dû être appelé, c'est à lui qu'il incombe d'établir quel tribunal eût été en France compétent à son égard ; s'il ne fait pas cette justification et qu'il n'ait aucun domicile légal connu en France, le demandeur a régulièrement procédé en l'assignant devant le tribunal français le plus rapproché de sa résidence à l'étranger et dans le ressort duquel s'était passée une partie des faits de la contestation (Colmar, 30 avr. 1863, aff. Chemin de fer de l'Est C. Dorcy, D. P. 63. 2. 172).

12. L'assignation est, d'ailleurs, régulièrement donnée devant le tribunal du domicile apparent du défendeur, si le demandeur a pu être induit en erreur par cette apparence même. Ainsi, une demande en payement du prix de fournitures faites par un marchand pour l'usage personnel de celui auquel elles ont été livrées ne saurait être portée devant le tribunal du lieu où ce dernier résidait au moment de la commande, si le fournisseur n'a pu croire qu'il y était domicilié, en ce que, par exemple, il y logeait dans un hôtel garni où il ne faisait qu'un séjour passager (Req. régl. jug. 17 févr. 1862, aff. Staps, D. P. 62. 1. 276-277).

13. La compétence du tribunal est déterminée par la situation des parties au moment où l'instance s'engage, et elle se perpétue jusqu'à ce que l'instance introduite par l'exploit d'assignation ait été terminée par un jugement. Par conséquent, si l'instance a été suspendue pendant un temps plus ou moins long, puis reprise, le tribunal compétent est, non pas celui du domicile du défendeur au moment où l'instance reparaît au rôle, mais celui où cette instance a été commencée. En effet, il ne s'agit pas en ce cas d'une action nouvelle, mais seulement de celle qui a été primitivement introduite. Il n'en serait autrement que dans le cas où, sous couleur d'une reprise d'instance, le demandeur intenterait une nouvelle action, par exemple, s'il changeait l'objet de sa demande ou ajoutait à son action primitive une autre demande indépendante de la première. La compétence serait alors déterminée par le domicile du défendeur au moment de l'assignation en prétendue reprise d'instance (V. Rép. vº Reprise d'instance, nºˢ 74 et 82; Req. 30 déc. 1884, aff. Elie Delhaye, D. P. 85. 1. 421).

14. La règle générale de compétence, suivant laquelle le défendeur doit être assigné devant le tribunal de son domicile, reçoit exception lorsque la difficulté porte sur l'exécution d'un jugement rendu par un tribunal civil. Il est, en effet, de règle que les tribunaux civils sont, à la différence des tribunaux d'exception, compétents pour connaître des difficultés que soulève l'exécution de leurs jugements; ils peuvent en connaître, même si leur décision a été confirmée sur appel. D'autre part, il est également de principe que les tribunaux peuvent interpréter leurs jugements sans contrevenir à la règle latâ sententiâ judex desinit esse judex, et que le droit d'interprétation d'un jugement appartient uniquement aux juges qui l'ont rendu.

Mais si, dans ces deux cas, il y a lieu de déroger à la règle générale édictée par l'art. 59, § 1ᵉʳ, ce sont là des exceptions qui ne doivent jamais être étendues. Par conséquent, lorsqu'il ne s'agit pas réellement soit de l'interprétation, soit de l'exécution d'un jugement antérieur, la demande doit nécessairement être portée, suivant le droit commun, devant le tribunal du domicile du défendeur. Ainsi, l'action en payement des frais d'éducation d'un enfant, formée par l'un des époux séparés de corps contre son conjoint, doit être portée devant le tribunal du domicile du défendeur, et non devant le tribunal qui a rendu le jugement de séparation de corps, si elle ne soulève, d'ailleurs, aucune difficulté d'interprétation ou d'exécution de ce jugement (Caen, 30 mai 1876, aff. Lehomme, D. P. 78. 2. 122).

15. L'attribution de compétence au tribunal du domicile du défendeur est absolue, et il n'appartient en aucun cas au demandeur de la modifier par des voies détournées. Par exemple, un créancier ne peut, de sa propre autorité, en faisant traite sur son débiteur, opérer une novation qui ait

pour effet d'enlever ce dernier à ses juges naturels. Et le tiré qui n'a point accepté la traite est fondé, s'il est assigné devant un tribunal autre que celui de son domicile, à décliner la compétence de ce tribunal, alors même que, dans le protêt dressé pour défaut d'acceptation, il se serait reconnu débiteur (Lyon, 30 juill. 1858, aff. Piaget et Roux, D. P. 59. 2. 215). De même, celui qui n'a ni souscrit, ni accepté, ni autorisé une traite faite sur lui, et qui, par suite, est resté étranger au contrat de change, ne peut être distrait de ses juges ordinaires, soit par une demande principale, soit par une demande en garantie; spécialement, il ne peut être appelé en garantie par le tireur devant le tribunal de commerce du domicile de ce dernier (Limoges, 17 févr. 1860, aff. Fouque, D. P. 60. 2. 54). — Il a été jugé pourtant, contrairement à la règle que nous venons de poser, que le tiré qui a reçu provision pour acquitter une traite qu'il a laissé protester peut, bien qu'il n'ait pas accepté cette traite, être assigné en garantie par l'un des endosseurs devant le tribunal où l'action principale en payement est portée (Rouen, 6 janv. 1849, aff. Lehideux, D. P. 51. 2. 104).

La désignation, dans le contrat, d'un lieu de payement autre que le domicile du défendeur n'aurait pas non plus pour effet de détourner celui-ci de ses juges naturels. En effet, en matière civile, l'indication d'un lieu de payement n'est pas attributive de juridiction, l'art 420 c. proc. civ. s'appliquant seulement aux matières commerciales. Spécialement l'indication d'un lieu de payement dans un billet à ordre ne constituant qu'une obligation civile, c'est-à-dire ne portant aucune signature de négociants, pour l'une des causes prévues par l'art. 636 c. com., n'a pas pour effet de rendre le tribunal de ce lieu compétent pour connaître de l'action en payement du billet, et cette action reste soumise aux règles ordinaires de compétence (Req. 10 avr. 1861, aff. Roux, D. P. 61. 1. 315).

16.—3° *Pluralité de défendeurs.*—Les auteurs et la jurisprudence interprètent toujours, conformément aux règles qui ont été exposées au *Rép.* nos 38 et suiv., les dispositions de l'art. 59, 2e al.; en d'autres termes, on persiste à reconnaître que lorsqu'il y a plusieurs défendeurs en matière personnelle, le demandeur peut les assigner au domicile de l'un d'eux, mais qu'il en est autrement si l'action dirigée contre celui dont le domicile est choisi ne paraît fondée que pour le domicile et n'a d'autre objet que de distraire les autres défendeurs de leurs juges naturels; en pareil cas, le tribunal doit se déclarer incompétent et renvoyer la cause devant le tribunal du véritable défendeur (V. Carré et Chauveau, *Lois de la procédure civile*, 1, quest. 257). Il est donc nécessaire que le demandeur, pour user de la faculté, qui lui est accordée par l'art. 59, § 2, c. proc. civ. d'assigner à son choix les défendeurs multiples devant le tribunal du domicile de l'un d'eux, soit en opposition sérieuse d'intérêts avec celui devant le tribunal duquel il porte le litige (Agen, 20 févr. 1852, aff. Chibret et Penicault, D. P. 52. 2. 105; Civ. cass. 15 nov. 1871, aff. Compagnie d'assurances le *Crédit viager*, D. P. 72. 1. 54, et sur renvoi, Toulouse, 27 juill. 1872, D. P. 76. 1. 395-396). Mais pour permettre au tribunal d'apprécier s'il existe réellement entre le demandeur et celui des défendeurs dont il a choisi le tribunal, une opposition sérieuse d'intérêts, il faut examiner le fond du procès. Cela est surtout indispensable lorsque l'action est dirigée conjointement et solidairement contre les défendeurs, ce qui semble indiquer que ceux-ci sont tous également intéressés au procès.

17. Les cas dans lesquels l'opposition d'intérêts ne peut être considérée comme sérieuse sont nécessairement difficiles à préciser, et il faut reconnaître à cet égard une entière liberté d'appréciation aux tribunaux (*Rép.* n° 45). Il a été jugé, par exemple, qu'il n'y avait pas une opposition suffisante d'intérêts dans le cas où des relations d'affaires, et même un traité d'association pour une exploitation commune, auraient existé entre le demandeur et le prétendu défendeur principal réunis en société, d'une part, et les individus cités comme codéfendeurs, formant une société distincte d'autre part,... le litige existant réellement, dans une telle espèce, entre les deux sociétés prises séparément dans leur ensemble (Arrêt du 20 févr. 1852, cité *suprà*, n° 16). Il a été jugé, de même, qu'on ne saurait considérer comme une partie sérieuse celui qui a été assigné dans une instance,

sans qu'aucunes conclusions soient prises contre lui personnellement, et qui n'est mis en cause que pour fournir des renseignements sur les faits du procès, spécialement, l'agent local d'une compagnie d'assurances, assigné en même temps que le directeur de cette compagnie, aux fins de voir déclarer valable un contrat d'assurances contracté par cet agent (Arrêt du 15 nov. 1871, cité *suprà*, n° 16). — V. aussi Req. 17 déc. 1856 (aff. Barreto, D. P. 57. 1. 167); 27 déc. 1880 (aff. Ephrussi, D. P. 81. 1. 421); 9 mai 1883 (aff. Grimaldi, D. P. 84. 1. 358).

18. Mais la demande formée contre un défendeur, tant en son nom personnel qu'en sa qualité de directeur d'une société civile, dans le seul but d'obtenir l'exécution d'un traité passé avec ladite société, peut être portée devant le tribunal dans l'arrondissement duquel cette société a son unique établissement, quand les juges constatent que la société a des intérêts considérables dans le litige, et que l'assignation n'a point pour but de distraire la partie citée de ses juges naturels (Req. 9 mai 1883, aff. de Grimaldi, D. P. 84. 1. 358). De même, le syndic peut saisir d'une demande en nullité d'actes passés par le failli le tribunal du domicile du failli personnellement intéressé à la cause, et y appeler la partie avec laquelle les actes argués ont été passés, bien que cette partie soit domiciliée dans le ressort d'un autre tribunal (Req. 10 mars 1879, aff. Jacob, 1re et 2e espèces, D. P. 79. 1. 354). Le même tribunal peut être saisi par le syndic lorsqu'il s'agit de faire statuer en référé sur la demande en nomination d'un séquestre pour gérer et administrer la société dont la nullité est demandée (Req. 10 mars 1879, aff. Jacob, 2e espèce, D. P. 79. 1. 354).

19. La disposition de l'art. 59, § 2, c. proc. civ. s'applique-t-elle alors même que, parmi les défendeurs, il se trouve pas seulement des Français, mais des étrangers? On sait que, d'après l'art. 14 c. civ., l'étranger, même non résidant en France, peut être cité devant les tribunaux français pour l'exécution des obligations par lui contractées, soit en France, soit à l'étranger, envers un Français ou envers un étranger admis à la jouissance des droits civils en France conformément à l'art. 13 c. civ. Mais cette faculté constitue un droit privé et individuel, au bénéfice duquel le Français, ou l'étranger admis à établir son domicile en France, peut renoncer (Req. 28 févr. 1877, aff. Chemins de fer du Nord-Ouest d'Autriche, D. P. 77. 1. 474; 9 déc. 1878, aff. Van der Zée, D. P. 79. 1. 176) soit expressément, soit tacitement, pourvu que son intention soit formelle. Si cette renonciation a eu lieu de la part du demandeur, il reste à savoir si l'art. 59, § 2, doit être appliqué à l'étranger défendeur. On a soutenu que la renonciation au bénéfice de l'art. 14 doit entraîner nécessairement la renonciation à l'art. 59 c. proc. civ.; qu'en effet, en stipulant que l'art. 14 ne lui serait pas applicable, l'étranger défendeur a clairement manifesté sa volonté de ne point se soumettre à plaider soit en demandant, soit en défendant, devant une juridiction étrangère. — Mais ce système n'a point été admis par la cour de cassation. Suivant cette cour, la renonciation au bénéfice de l'art. 14 c. civ. n'enlève pas au Français le droit de se prévaloir de la disposition de l'art. 59, § 2, c. proc. civ.: cette disposition, étant générale, doit recevoir son application non seulement entre Français, mais encore lorsqu'un ou plusieurs défendeurs sont étrangers. En effet, il est évident qu'en renonçant au privilège créé par l'art. 14, le Français n'a pas entendu se dépouiller du droit qui lui est conféré par l'art. 59, § 2, c. proc. civ., quand la demande est formée contre plusieurs personnes, car ce droit est général et ne comporte aucune exception. L'art. 59, § 2, a pour but d'empêcher qu'il y ait des décisions contradictoires, que les mêmes faits soient différemment appréciés par divers juges appelés à en connaître, et que, par suite d'un désaccord dans leurs appréciations, la même demande, dirigée contre plusieurs défendeurs, ne soit ici accueillie et là repoussée. C'est pour ce motif que le débat doit s'agiter entre toutes les parties intéressées devant le même juge. Ainsi le destinataire français d'une marchandise transportée par chemin de fer a le droit de citer devant les tribunaux français, saisis par lui d'une action dirigée contre des compagnies françaises de transport, la compagnie étrangère par laquelle la marchandise transportée a été assurée (Civ. cass. 14 mars 1883, aff. Busch, D. P. 83, 1. 377).

20. On a vu au *Rép.* nº 40, que le paragraphe 2 de l'art. 59 cesse d'être applicable au cas où les défendeurs ne sont pas tous obligés d'une manière égale et semblable. Mais il n'est pas nécessaire, pour que l'art. 59, § 2, reçoive son application, que la demande repose sur le même titre vis-à-vis de chacun des défendeurs. C'est l'unité de la demande, et non l'unité du titre qui est exigée (V. Paris, 8 mai 1863, aff. Orbelin, D. P. 63. 2. 73). Il y a lieu de réserver seulement le cas où le demandeur aurait compris tous les défendeurs dans la même instance, afin de modifier arbitrairement l'ordre des juridictions : les défendeurs qui seraient ainsi distraits de leurs juges naturels seraient fondés à demander leur renvoi devant le tribunal de leur domicile (Même arrêt).

Par application de cette règle, il a été jugé : 1º que les offres faites par un commettant, comme civilement responsable du fait de son préposé, à un tiers auquel celui-ci a causé un préjudice, n'empêchent pas que l'action en dommages-intérêts du tiers qui a souffert le dommage ne puisse être dirigée tout à la fois contre le préposé qui en est l'auteur, et accessoirement contre le commettant, et qu'elle ne puisse, dès lors, par application de l'art. 59, § 2, c. proc. civ., être portée, même vis-à-vis du commettant, devant le tribunal du domicile du préposé. Ces offres, en effet, si elles n'ont pas été acceptées, n'affranchissent pas le préposé de sa responsabilité personnelle envers les tiers. On dirait à tort qu'en pareil cas la contestation portant exclusivement sur la validité ou la nullité des offres faites par le commettant, l'action ne doit être formée que contre ce dernier, et devant le tribunal de son domicile : ici ne s'applique point l'exception que reçoit le paragraphe 1er de l'art. 59 c. pr. civ., lorsque le défendeur devant le tribunal du domicile duquel l'action est portée n'est pas sérieux (Req. 29 déc. 1856, aff. Rhodes, D. P. 57. 1. 224) ; — 2º Que l'action formée par un mandant contre son mandataire direct et contre celui que ce dernier s'est substitué dans l'exécution du mandat peut être portée, au choix du mandant, devant le tribunal du domicile de l'un des défendeurs : par exemple, celui qui a chargé une maison de commerce d'opérer un recouvrement de créance, que cette maison a elle-même confié à une autre maison, peut assigner en restitution son mandataire et le mandataire substitué ,devant le tribunal du mandataire direct (Req. 25 avr. 1849, aff. Delamarre Martin Didier, D. P. 49. 1. 151) ; — 3º En matière d'assurances maritimes, que l'action en délaissement formée contre plusieurs assureurs, même souscripteurs de polices distinctes, peut être portée devant le tribunal du domicile de l'un d'eux (Aix, 16 févr. 1871, aff. Assureurs de Marseille et de Paris, D. P. 72. 2. 53), et cela par le motif « que les objets assurés sont les mêmes, bien que les polices soient distinctes, et que le fait qui donne lieu à l'action contre tous les assureurs étant le même également, ces circonstances font naître un débat qui est connexe à tous les assureurs ; que, pour statuer sur le délaissement, il faut d'abord apprécier dans quel ordre les polices doivent sortir à effet, les valeurs assurées pouvant être moindres que le total des assurances ; que, par conséquent, un tel débat ne peut être discuté qu'en présence de tous les assureurs ; et qu'il est nécessaire que tous soient appelés devant le même tribunal ».

21. La connexité des deux demandes peut suffire, comme on l'a vu au *Rép.* nºˢ 37, 49, pour justifier l'application de l'art. 59-2º. C'est ainsi qu'il a été jugé : 1º que lorsque le défendeur soutient que la dette en payement de laquelle il est actionné a été éteinte au moyen d'un arrangement pris avec un tiers qui était son garant, la demandeur est recevable à appeler ce tiers devant le même tribunal, encore qu'il soit domicilié dans un autre ressort, si non seulement il conteste l'extinction prétendue, mais encore s'il déclare réclamer à celui-ci, pour le cas où le moyen proposé serait admis, une nouvelle somme qui serait due par lui exclusivement (Req. 17 févr. 1868, aff. Marc Lévy, D. P. 68. 1. 279). Du moins, la décision par laquelle, en pareil cas, le juge saisi retient l'affaire est suffisamment justifiée par la déclaration que la présence du tiers est nécessaire dans la cause, ce qui implique, d'ailleurs, que la demande originaire n'a pu avoir été formée exclusivement en vue de traduire celui-ci hors de son tribunal (Même arrêt) ; — 2º Que lorsqu'une vente de marchandises a été

passée par un courtier pour le compte d'un négociant qui nie avoir donné mandat de la conclure, l'acheteur qui actionne à la fois le courtier à l'effet de faire valoir le marché, et le négociant à l'effet de l'exécuter, peut assigner les deux défendeurs devant le tribunal du domicile du courtier, le point de savoir si le mandat a été donné ne pouvant être jugé à l'écart de l'un ou de l'autre ; ... alors, d'ailleurs, qu'il est constant que le défendeur dont le domicile a déterminé le choix du tribunal saisi est un défendeur sérieux, qui n'a pas été arbitrairement mis en cause pour soustraire son codéfendeur à ses juges naturels (Douai, 20 juin 1877, aff. Cornille, D. P. 79. 2. 208).

22. Il est sans difficulté que la caution peut être assignée, en même temps que le débiteur principal, devant le tribunal du domicile de ce dernier. Il en est ainsi dans le cas même où le créancier ne poursuit que la reconnaissance de la dette, en vue de la validité d'une saisie-arrêt pratiquée sur un tiers (Orléans, 7 janv. 1859, aff. Richaud, D. P. 59. 2. 20). En outre, l'art. 59 c. proc. civ. ne s'applique pas seulement au cas où tous les défendeurs sont actionnés conjointement, mais s'applique également au défendeur (une caution) assigné par le demandeur durant l'instance déjà engagée contre son codéfendeur (Req. 8 nov. 1859, aff. Richault, D. P. 59. 1. 507).

On a encore jugé que celui qui, pour arrêter les poursuites exercées par un créancier contre un débiteur, se *porte fort et expromisseur* de ce dernier, déclarant faire de la dette ainsi garantie sa propre dette, devient, par l'effet d'un tel engagement, non un débiteur nouveau, mais simplement le codébiteur solidaire du premier ; dès lors, le créancier peut les assigner tous devant le tribunal du domicile de l'un d'eux (Besançon, 14 déc. 1860, aff. Choulet, D. P. 61. 2. 72). Mais la partie assignée en déclaration de jugement commun, et qui a vis-à-vis du défendeur un intérêt identique à celui du demandeur, ne saurait être réputée codéfendeur à l'action principale, et sa présence ne saurait autoriser à assigner à son domicile le défendeur principal (Req. 20 mai 1873, aff. Compagnie *d'assurances générales*, et aff. Compagnie *le Phénix*, D. P. 73. 1. 469-470).

23. Au reste, la faculté, pour le demandeur, d'assigner les défendeurs, à son choix, devant le tribunal du domicile de l'un d'eux, n'est applicable qu'au cas où ils appartiennent tous à la même juridiction ; en conséquence, lorsque l'un des défendeurs, commerçant, a été appelé devant le tribunal de commerce, ou ne peut appeler devant cette même juridiction un autre défendeur qui n'est justiciable que du tribunal civil (Rennes, 13 janv. 1851, aff. Martel, D. P. 52. 2. 29).

24. On a vu au *Rép.* nº 41 que, lorsque l'un des défendeurs n'est obligé qu'éventuellement tandis que les autres le sont principalement, on ne peut assigner ceux-ci devant le tribunal du domicile de celui-là. Cette doctrine a été adoptée par la cour de cassation, qui décide que l'exception consacrée par l'art. 59, § 2, à la règle que nul ne peut être distrait de ses juges naturels, n'est applicable qu'autant que tous les défendeurs sont également obligés, et non pas lorsque les uns sont obligés principalement et les autres éventuellement ; par exemple, on ne saurait assigner devant le même tribunal que le défendeur principal, celui contre lequel il n'est pris que des conclusions éventuelles, s'il n'est pas domicilié dans le ressort de ce tribunal (Req. 18 déc. 1883, aff. la *Nationale*, D. P. 85. 5. 100). Il a été jugé, de même, que l'art. 59, § 2, est sans application quand l'un des défendeurs se trouve être l'objet d'une demande distincte et principale, tandis qu'à l'égard des autres il ne s'agit que de demandes accessoires et subsidiaires (Dijon, 2 août, 1858, aff. d'Artenn, D. P. 58. 2. 166).

25. — II. ACTIONS RÉELLES. — En matière réelle immobilière, le tribunal compétent est celui de la situation de l'immeuble qui fait l'objet du litige ou lui sert de base. — De nouvelles décisions de jurisprudence ont appliqué cette règle (*Rép.* nº 51). Ainsi, il a été jugé que la demande en résolution d'une vente immobilière doit être portée devant le tribunal de la situation de l'immeuble, alors même qu'elle est intentée, pendant le cours du litige, et comme conséquence des poursuites exercées devant un autre tribunal contre le vendeur par un créancier auquel l'acquéreur s'était engagé à payer (Toulouse, 28 mai 1831, aff. Salibas, D. P. 52. 5. 122). — On doit également porter devant le tribunal de la situation de l'im-

meuble l'action en revendication de cet immeuble, alors même que le demandeur y aurait joint des conclusions en reddition d'un compte de fruits, cette circonstance ne donnant point à l'action dont il s'agit le caractère d'action mixte (Req. 3 août 1847, aff. Thomas Varenne, D. P. 47. 1. 321). C'est encore en raison du caractère réel de l'instance que la vente judiciaire d'un immeuble, poursuivie à la fois, par des créanciers différents, devant le tribunal du domicile du débiteur et devant le tribunal de la situation de l'immeuble, doit être renvoyée devant ce dernier tribunal (Req. 28 mai 1867, aff. Société des ports de Brest, D. P. 67. 1. 335-336); et que l'acquéreur de bois sur pied vendus pendant la guerre par l'ennemi dans une forêt domaniale, qui a été dépossédé d'une partie de ces bois par les agents français, en vertu des ordres du directeur général des forêts, doit porter sa demande en dommages-intérêts devant le tribunal du département où la forêt est située (Paris, 25 avr. 1874, aff. Verschaer, D. P. 74. 2. 177).

26. —III. Actions mixtes. — Tandis que l'action réelle immobilière ne peut être portée que devant le tribunal de la situation de l'immeuble, l'action *mixte*, ainsi qu'on l'a exposé au *Rép.* n° 56, peut être portée indifféremment devant le tribunal du domicile du défendeur ou devant celui de la situation des biens. — Sur la question de savoir à quelles actions on doit attribuer le caractère d'actions mixtes, V. *suprà*, v° *Action*, n°s 6, 8, 10 et suiv., 14 à 19, 24.

§ 2. — Compétence en matière de succession, de société et de faillite (*Rép.* n°s 61 à 146).

27. — I. Compétence en matière de succession et de licitation; Demandes entre héritiers jusqu'au partage inclusivement. — L'expression *jusqu'au partage inclusivement*, employée par l'art. 59, al. 6, embrasse non seulement le partage lui-même, mais tout ce qui en est la conséquence, et, comme on l'a vu au *Rép.* n° 65, la pétition d'hérédité, alors surtout qu'elle a pour objet qu'une partie de la succession. Il en résulte que la demande en pétition d'hérédité formée, même après le partage de la succession entre les héritiers, par un tiers qui prétend avoir aussi la qualité d'héritier est de la compétence du tribunal de l'ouverture de la succession. On objecterait vainement que la compétence de ce tribunal a pris fin dès que le partage a eu lieu; que, d'ailleurs, l'acte de partage ne peut être opposé au demandeur qui n'y a pas figuré. Il faut, en effet, rapprocher ici de l'art. 59 l'art. 822 c. civ., qui défère au même tribunal les demandes en *rescision de partage*. Or, cette expression comprend non seulement les demandes en rescision formées par les copartageants, mais toutes celles qui tendent à faire tomber le partage. Si, en effet, l'acte de partage ne met pas fin à la compétence du tribunal du lieu de l'ouverture de la succession pour celui des copartageants qui le remet en question, à plus forte raison doit-il laisser subsister cette compétence pour le tiers qui lui est demeuré complètement étranger à cet acte, et à l'égard duquel le partage est, dès lors, réputé non avenu. L'action en pétition partielle d'hérédité, et en partage nouveau de la succession est donc de la compétence du tribunal de l'arrondissement où cette succession s'est ouverte, aux termes des dispositions combinées des art. 822 c. civ. et 59 c. proc. civ. (Req. 21 févr. 1860, aff. Cornu, D. P. 60. 1. 94).

D'après un arrêt de la cour de Paris, du 6 juill. 1887 (aff. Maria, D. P. 87. 2. 187), le tribunal du lieu où la succession s'est ouverte serait également seul compétent pour connaître des actions relatives à certains biens restés dans l'indivision entre les cohéritiers, quoique l'ensemble de la succession ait fait l'objet d'un partage définitif. Mais cette décision paraît contestable; il est difficile d'admettre, en présence du texte de l'art. 59, que le tribunal de l'ouverture de la succession reste compétent alors que le partage de la succession est définitivement terminé et que l'indivision ne subsiste qu'en ce qui concerne certains biens laissés en dehors de ce partage.

28. Lorsque deux successions se trouvent à partager entre les mêmes héritiers, ceux-ci peuvent, d'un commun accord, en demander la liquidation simultanée devant le tribunal dans l'arrondissement duquel ces successions se sont ouvertes (V. *Rép.* v° *Succession*, n°s 1788, 1789), ou

même devant le tribunal du lieu de l'ouverture de l'une d'elles, si elles se sont ouvertes dans des arrondissements différents. Mais cette solution suppose que les héritiers sont tous majeurs et maîtres de leurs droits. Il a cependant été jugé que le partage des successions de deux époux représentés par les mêmes héritiers, et de la communauté ayant existé entre eux, peut, même lorsqu'il y a des mineurs parmi ces héritiers, être demandé simultanément devant le tribunal dans l'arrondissement duquel s'est ouverte l'une des deux successions, encore que l'autre se soit ouverte dans un arrondissement différent (Poitiers, 17 juin 1856, aff. Brissonnet, D. P. 57. 2. 105). — Cette décision ne nous paraît pas exacte : la règle établie par les art. 822 c. civ. et 59 c. pr. civ., que le partage de toute succession doit être demandé devant le tribunal du lieu où elle s'est ouverte, est, en effet, d'une application rigoureuse dès que, parmi les héritiers, se trouvent des incapables (V. en ce sens : *Rép. loc. cit.*, n° 1672; Dutruc, n° 318).

29. Parmi les actions qui doivent être portées devant le tribunal du lieu de l'ouverture de la succession, il faut ranger les demandes qui ont pour objet la revendication d'effets, titres ou valeurs dépendant de la succession. Il a été jugé notamment qu'une demande en remise de titres de rentes, lorsque ces titres dépendent d'une communauté et d'une succession dont la liquidation est encore pendante devant le tribunal de l'ouverture de la succession et lorsqu'ils doivent être rapportés à la masse à liquider, constitue un litige en matière de succession, et, par suite, doit être portée devant ce tribunal (Req. 15 mars 1880, aff. Lepage, D. P. 81. 1. 208). En outre, en pareil cas, il y a fréquemment litispendance et connexité entre les deux instances, et c'est une raison de plus pour que le renvoi soit ordonné devant le tribunal saisi de la demande en partage de la succession (Paris, 8 févr. 1879, même affaire, D. P. 81. 1. 208). Mais l'exception fondée sur ce que le demandeur en revendication d'un immeuble doit être déclaré héritier de l'auteur de l'aliénation et garant, par conséquent, de cette aliénation, malgré sa renonciation à la succession, est de la compétence du juge saisi de l'action en revendication; il n'y a pas lieu d'en déférer connaissance au tribunal du lieu de l'ouverture de la succession (Req. 14 mars 1831, aff. de Binos-Guran, D. P. 51. 1. 261).

30. Le tribunal français dans l'arrondissement duquel une succession s'est ouverte a seul compétence pour en ordonner la liquidation et toutes les opérations qui s'y rattachent, notamment la licitation des immeubles, lors même qu'une partie des immeubles est située à l'étranger (Besançon, 23 juill. 1875, aff. Vierry-Miég, D. P. 76. 2. 158). En cette matière, en effet, comme le dit l'arrêt précité, l'égalité des partages doit prévaloir sur les règles du statut réel, et cette égalité exige l'unité dans la liquidation. Il en est surtout ainsi pour des immeubles situés en Alsace-Lorraine, le traité de Francfort ayant provisoirement étendu à cette province la convention franco-badoise de 1846, qui autorise l'exécution réciproque des jugements rendus par les deux Etats (Même arrêt). Il a encore été décidé, d'après les mêmes principes, qu'un tribunal français est compétent pour connaître de la demande en nullité d'une vente faite entre époux français, d'immeubles situés en pays étranger, lorsque cette demande est formée incidemment à une instance portée devant lui, à fin de liquidation de la communauté dont dépendaient les immeubles vendus (Req. 19 avr. 1852, aff. de la Roche-Aymon, D. P. 52. 1. 245).

31. On a dit au *Rép.* n° 78 que l'art. 59, § 6, n'est applicable qu'aux successions ouvertes en France; toutefois, les tribunaux français restent compétents pour connaître de la demande en partage des immeubles situés en France, alors même qu'ils proviendraient d'une succession ouverte en pays étranger (*Rép. ibid.*), par le motif que l'art. 3 c. civ. soumet tous les immeubles situés en France à la juridiction française, et que la disposition de l'art. 59 c. proc. civ. ne saurait avoir pour résultat de déférer le sort d'immeubles français à un tribunal étranger.

32. En ce qui concerne les valeurs mobilières, la solution est différente. Ainsi, la succession d'un Français domicilié en pays étranger s'ouvrant au lieu de ce domicile, c'est devant le tribunal du même lieu que la liquidation doit en être poursuivie quant aux valeurs mobilières qu'elle renferme (Req.

21 juin 1865, aff. Gautier, D. P. 65. 1. 418). Mais il n'en est ainsi que s'il est établi d'une manière certaine que le Français avait transporté son domicile à l'étranger ; il est, en effet, de règle que le Français, qui a formé des établissements de commerce à l'étranger, conserve son domicile d'origine en France, alors qu'aucune circonstance particulière ne vient détruire cette présomption (V. *infrà*, v° *Droits civils*). C'est donc, en principe, à ce domicile d'origine que s'ouvre sa succession, bien qu'il soit décédé à l'étranger, et le tribunal de ce domicile est compétent pour connaître du partage de sa succession, alors qu'aucune de ses cohéritiers sont Français (Toulouse, 7 déc. 1863, aff. Mouret, D. P. 64. 2. 41). Il est vrai que ce tribunal, compétent pour opérer le partage des meubles, dont l'assiette est toujours censée au domicile du défunt, en quelque lieu qu'ils se trouvent, ne peut avoir d'action sur les immeubles situés à l'étranger ; il lui appartient de réunir fictivement les uns et les autres en une seule masse et de partager le tout, afin de déterminer les prélèvements auxquels certains héritiers peuvent avoir droit en vertu de l'art. 2 de la loi du 14 juill. 1819 (Même arrêt). — V. aussi *suprà*, n° 31.

33. Si, comme on l'a vu plus haut, on doit comprendre dans l'expression *jusqu'au partage inclusivement* employée par l'art. 59, les actions qui sont une conséquence du partage telles que les actions en garantie des lots entre cohéritiers, etc., il n'en n'est pas de même de l'action qui, après le partage consommé, serait dirigée contre l'héritier qui se serait rendu coupable de détournement ou de recel de valeurs ou effets dépendant de la succession. Suivant un arrêt, cette action doit être portée devant le tribunal du domicile

du défendeur et non devant celui de l'ouverture de la succession (Rouen, 10 mars 1880) (1).

34. — II. Demandes intentées par les créanciers du défunt jusqu'au partage. — Ainsi qu'on l'a exposé au *Rép.* n° 85, les demandes des créanciers d'une succession ne doivent pas être portées devant le tribunal du lieu de l'ouverture de cette succession lorsqu'il n'y a qu'un seul héritier. La jurisprudence persiste, en effet, conformément à ce qui a été exposé au *Rép.* n° 85, à décider que la disposition de l'art. 59 c. pr. civ. qui attribue compétence au tribunal du lieu de l'ouverture de la succession pour statuer sur les demandes intentées par les créanciers du défunt avant le partage, est inapplicable lorsqu'il n'y a pas lieu au partage de la succession. En conséquence, celui qui, à titre de légataire universel ou d'héritier soit pur et simple, soit bénéficiaire, recueille seul la succession du défunt, doit être assigné par un créancier de ce dernier devant ses juges naturels, c'est-à-dire devant le tribunal de son domicile (Req. 11 juin 1879, aff. Weiss, D. P. 80. 1. 21). On en a conclu que le créancier d'une succession bénéficiaire qui a formé saisie-arrêt sur le prix de vente d'un mobilier ayant appartenu au défunt, et sur lequel il prétend avoir privilège, malgré l'aliénation de ce mobilier faite antérieurement par le défunt à un tiers, peut assigner en validité de cette saisie-arrêt, devant le tribunal du lieu de l'ouverture de la succession, soit l'héritier bénéficiaire, soit même le tiers dont il entend faire annuler l'acquisition à son égard, encore bien que ce dernier soit domicilié dans le ressort d'un autre tribunal (Rouen, 16 févr. 1856, aff. Buron, D. P. 56. 2. 290).

35. D'ailleurs, on reconnaît unanimement que la règle

(1) (Prételle C. Camus.) — La cour ; — Attendu que les époux Ancelin demeurant ensemble à Mésangueville, arrondissement de Neufchâtel, après avoir, le 26 mai 1852, fait entre leurs filles, les dames Prételle et Camus, le partage anticipé des divers immeubles et valeurs mobilières dont ils se réservaient l'usufruit, sont décédés, le mari, le 14 mars 1878, à leur domicile, et la femme, le 14 juin suivant, en la commune du Tonquay, chez Camus, son gendre, où elle s'était retirée après le décès de son mari ; que suivant acte reçu par Me Nasse, notaire à Arguiel, le 21 oct. de la même année 1878, les époux Prételle et les époux Camus, seuls héritiers des époux Ancelin, ont procédé à la liquidation et au partage des biens dépendant de ces deux successions ; que c'est en cet état que les époux Prételle ont, le 15 mars 1879, après tentative de conciliation, fait assigner les époux Camus devant le tribunal civil des Andelys, tribunal du domicile des défendeurs, pour les faire condamner à leur payer et restituer la somme principale de 2700 fr. suivant eux dissimulée et détournée de la succession Ancelin par les époux Camus, et faire déclarer la dame Camus déchue et privée de son droit héréditaire dans ladite somme ; qu'à peine avoir constitué avoué, le 24 mars, les époux Camus ont, par acte du palais du 14 mai, fait sommation à l'avoué de Prételle de communiquer tous les titres et pièces dont il entendait faire usage dans la cause, et que le 14 juin une nouvelle sommation a été faite par les mêmes de communiquer notamment les exploits de ministère Quatrenoix, huissier à Forges-les-Eaux, du 30 déc. 1878, interpellation au sieur Lieufray et au sieur de Monchy ; que c'est après cette double sommation de communiquer et des conclusions au fond déposées à l'audience du 14 mai, et retirées depuis, que, par de nouvelles conclusions signifiées le 14 juin, les époux Camus prétendirent que le tribunal des Andelys, n'étant pas celui du lieu de l'ouverture de la succession Ancelin, était incompétent parce qu'il s'agissait de procéder à un supplément de partage ; qu'il convient donc de rechercher si le renvoi demandé par les époux Camus a été préalablement formé à toutes exceptions et défenses ; et dans tous les cas, si l'incompétence devait être admise par les premiers juges ;
Sur le premier moyen : — Attendu qu'aux termes des art. 168 et 169 c. proc. civ., la partie appelée devant un tribunal incompétent *ratione loci* ne peut demander son renvoi devant les juges compétents qu'en formant sa demande avant toute exception et défense ; qu'avant de proposer le déclinatoire, les époux Camus ont par des actes d'avoué demandé la communication des titres et pièces employés contre eux, notamment les interpellations adressées à Lieufray et de Monchy relativement au prétendu détournement qui leur serait reproché ; que cette demande en communication n'était point formulée dans le but d'apprécier la nature de l'action et par suite le mérite de l'exception d'incompétence, mais qu'elle avait trait directement au fond ; que le débat était, dès lors, volontairement engagé entre les parties ; qu'exiger, comme l'ont fait les premiers juges, des conclusions tendant à faire ordonner cette communication, c'est ajouter aux termes des art. 169 et 188 du même code ; — Attendu qu'au sur-

plus il est constaté par le jugement qu'indépendamment de leurs demandes en communication, les époux Camus ont, le 14 mai, déposé devant le tribunal des conclusions au fond sans réserve contre l'action formée par les époux Prételle, ce qui élève une nouvelle et décisive fin de non-recevoir contre leur déclinatoire ; que vainement le jugement ajoute que les époux Camus avaient repris ces conclusions et qu'il n'en restait au procès aucune trace juridique ; que cette constatation, loin d'être contredite par les intimés, est admise dans leurs conclusions lorsqu'ils demandent, par adoption des motifs, la confirmation du jugement ; qu'il est regrettable qu'une fois déposées, ces conclusions qui lient le débat aient pu être reprises ; mais que, malgré cet abus, il reste déclaré que les premiers juges eux-mêmes, et de l'aveu des époux Camus, les sommations de communiquer ont été accompagnées de conclusions au fond prises contradictoirement avant que l'exception d'incompétence ne fût proposée ;
Sur le second moyen : — Attendu, dans tous les cas, que si les art. 822 c. civ. et 59 c. proc. civ. portent qu'en matière de succession, l'action en partage et les contestations qui s'élèvent dans le cours des opérations sont soumises au tribunal du lieu de l'ouverture de la succession, cette compétence relative est limitée à tout ce qui concerne le partage entre héritiers jusqu'au jugement définitif ; qu'il en est ainsi tant qu'il y a encore indivision entre les copartageants ; mais qu'une fois le partage consommé, la compétence générale du domicile du défendeur reprend son empire ; que la cause le partage a été effectué entre les héritiers Ancelin suivant l'acte authentique du 21 oct. 1878 ; que les parties reconnaissent dans cet acte que les successions à elles échues sont entièrement et définitivement réglées ; qu'elles y déclarent n'avoir plus aucune réclamation à se faire l'une à l'autre ; qu'elles n'ont seulement modifié le caractère définitif du partage, lorsque le notaire a dit, à la suite de ces reconnaissances, que leurs droits étant entièrement réglés, toute valeur qui viendrait à se découvrir serait partagée par moitié, et que réciproquement toute dette qui pourrait surgir leur incomberait à chacun pour moitié ; que ces clauses ne changeraient rien à la situation acquise ; que tout au plus fixeraient-elles par avance le partage de toute valeur qui se découvrirait ultérieurement ; qu'il ne s'agit donc point dans l'espèce d'un supplément au partage de 1878 ; qu'il s'agit plutôt d'une exclusion, de la privation d'une somme déterminée par suite de la dissimulation ou du détournement imputé aux intimés ; qu'en matière de quasi-délit, la restitution de la chose détournée, après le partage consommé, constitue une demande purement personnelle qui, aux termes du premier paragraphe de l'art. 59 c. proc. civ., doit être portée devant le tribunal du domicile du défendeur ; qu'ainsi l'exception d'incompétence proposée par les époux Camus doit être rejetée ; — Par ces motifs ; — Infirme ; — Déclare non recevable et mal fondée l'exception d'incompétence élevée par les époux Camus.
Du 10 mars 1880.-C. de Rouen, 1re ch.-MM. Neveu-Lemaire, 1er pr.-Gaultier de la Ferrière, av. gén., c. conf.-Marais et Manchon, av.

suivant laquelle la demande intentée par le créancier du défunt avant le partage doit être portée devant le tribunal du lieu où la succession s'est ouverte, n'est pas d'ordre public; il peut donc y être dérogé par des stipulations particulières, et c'est ce qui a lieu, notamment, en cas d'élection de domicile. La stipulation contenue à cet égard dans un contrat forme la loi des parties, qui ne sauraient s'y soustraire sans modifier et aggraver la condition de celui au profit de qui elle a été écrite. En outre, elle conserve son effet après la mort des contractants à l'encontre de leurs héritiers, qui représentent leur auteur et sont tenus de remplir ses engagements dans les termes où ils ont été pris. De là cette conséquence que, si un domicile a été élu dans l'acte renfermant les engagements du défunt envers ses créanciers, c'est devant le tribunal de ce domicile que les demandes des créanciers doivent être portées (Poitiers, 22 mai 1856, aff. de Vertillac, D. P. 56. 2. 191). Et il en est ainsi quelle que soit la qualité de l'héritier, fût-il bénéficiaire, puisqu'il s'agit de l'exécution d'un contrat (Même arrêt).

36. — III. DEMANDES RELATIVES A L'EXÉCUTION DES DISPOSITIONS A CAUSE DE MORT, JUSQU'AU JUGEMENT DÉFINITIF. — Les principes qui ont été exposés au *Rép.* nos 96 et suiv. ont reçu de nouveau la consécration de la jurisprudence. Ainsi il a été jugé que la demande en nullité du testament doit être formée, non devant le tribunal du domicile du légataire, mais devant le tribunal du lieu où la succession s'est ouverte (Trib. Lyon, 13 févr. 1869, aff. Merle, D. P. 71. 3. 70). En effet, le tribunal du lieu où la succession s'est ouverte reste naturellement désigné comme juge de toutes les difficultés qui se rapportent au testament : c'est au président de ce tribunal que le testament olographe doit être présenté (c. civ. art. 1007) ; c'est à lui que le légataire doit demander l'envoi en possession (*Rép.* vo *Dispositions entre vifs et testamentaires*, nos 2782 et 3640).

37. On persiste également à admettre que la compétence de ce tribunal n'est pas restreinte aux contestations qui portent uniquement sur la validité des dispositions à cause de mort, et qu'elle s'étend notamment à la demande en délivrance de legs formée contre l'héritier. — Il a été décidé que le tribunal du lieu de l'ouverture de la succession qui a rejeté par un premier jugement, la demande en délivrance d'un legs conditionnel, par le motif que la condition n'était pas remplie, demeure compétent, comme tribunal saisi, jusqu'au jugement définitif, de la connaissance des demandes relatives à l'exécution des dispositions à cause de mort faites par le défunt, pour statuer sur l'action formée de nouveau par le légataire, afin de délivrance de son legs, après l'événement de la condition (Civ. cass. 19 mai 1847, aff. Ruillier-Beaufond, D. P. 47. 4. 94. V. *Rép.* no 104). De même, l'action tendant, de la part du demandeur, à obtenir le bénéfice d'un testament, conjointement avec les défendeurs par voie, notamment, d'interprétation de testament, est compétemment portée devant le tribunal du lieu de l'ouverture de la succession, quoique les défendeurs se soient mis en possession exclusive de la succession testamentaire en vertu *d'un jugement définitif* qui avait résolu en leur faveur une question d'interprétation, si le demandeur n'a point été partie à ce jugement (Req. 21 févr. 1860, aff. Cornu, D. P. 60. 1. 94).

38. La compétence du tribunal du lieu où s'ouvre la succession pour connaître des difficultés auxquelles le testament du *de cujus* peut donner lieu, s'étend-elle aux testaments faits en pays étranger par un Français ou par un étranger, alors que les parties en cause sont toutes ou Françaises ou domiciliées en France, de telle sorte que le tribunal français de leur domicile soit incompétent et que les questions litigieuses relatives au testament doivent être portées devant le tribunal étranger? La question est fort délicate. L'art. 59 c. proc. civ. ne concerne que les successions qui s'ouvrent dans les limites du territoire français, car il est de toute évidence que la loi française n'a pu songer à créer une compétence à l'étranger. Ce point ne saurait être douteux (Toulouse, 7 déc. 1863, aff. Mouret, D. P. 64. 2. 41). C'est donc à d'autres principes qu'il faut recourir pour trancher la difficulté.

En ce qui concerne les immeubles situés à l'étranger, on peut concevoir que la justice française s'abstienne, par une juste réciprocité du statut réel posé dans l'art. 3 c. civ., lequel assujettit à la loi française tous les immeubles situés en France. Quant aux meubles, la cour de cassation, par son arrêt du 22 mars 1865 (aff. Mavrocordato, D. P. 65. 1. 127), a déclaré toujours subsistante la règle d'après laquelle ils suivent la personne de leur propriétaire, et sont réputés exister au lieu de l'ouverture de la succession, sauf le cas prévu par l'art. 2 de la loi du 14 juill. 1819. C'est le statut étranger qui doit être appliqué à leur égard, et, conséquemment, c'est la juridiction étrangère qui est en général compétente pour cette application. Ces motifs sont assurément très juridiques ; mais il faut reconnaître que la solution à laquelle ils conduisent soulève, au point de vue pratique, de graves objections. Si le procès s'agite uniquement entre héritiers français domiciliés en France, sur une question purement personnelle et mobilière ou entre cohéritiers acceptant la juridiction française, il nous paraît inadmissible de renvoyer les demandeurs à se pourvoir devant les tribunaux étrangers. En pareil cas, en effet, l'action qui est intentée est purement personnelle et n'intéresse que des parties qui acceptent la juridiction française. C'est donc avec raison, suivant nous, qu'il a été décidé que les tribunaux français sont compétents pour connaître des difficultés auxquelles donne lieu l'interprétation d'un testament fait en pays étranger par un étranger dont la succession s'est ouverte en ce pays, alors que la demande est purement personnelle et que les parties en cause ont leur domicile en France (Chambéry, 25 juin 1867, aff. Arnaud, D. P. 67. 2. 137).

39. L'interprétation de l'art. 59, § 6, no 3, c. proc. civ. d'après lequel le défendeur doit être assigné « sur les demandes relatives à l'exécution des dispositions à cause de mort, *jusqu'au jugement définitif*, devant le tribunal du lieu où la succession s'est ouverte, » a donné lieu, dans la jurisprudence et parmi les auteurs, à des divergences que nous avons exposées au *Rép.* nos 96 et suiv.

La question de savoir si la loi a voulu parler du jugement qui met fin aux opérations du partage, ou s'il s'agit ici du jugement qui statue sur les droits du légataire, et si, par conséquent, cette disposition reste applicable soit après le partage consommé, soit dans le cas où il n'existe qu'un seul héritier, est aujourd'hui généralement résolue dans le sens de cette dernière opinion. La loi a employé au no 3 de l'art. 59 une formule différente de celle dont elle s'est servie aux nos 1 et 2. On en conclut qu'elle a certainement voulu subordonner la compétence du tribunal du lieu d'ouverture de la succession à des conditions distinctes pour chacune des hypothèses qu'elle prévoit. En ce qui concerne les demandes entre héritiers, cette compétence ne subsiste que jusqu'à ce qu'un partage ait fixé leurs droits. En présence des légataires, le législateur ne s'est plus occupé de partage, sa pensée a été tout autre. L'exécution des dispositions à cause de mort nécessite un règlement et pour ainsi dire une sorte de partage entre les légataires et les héritiers. Alors même que ces derniers se seraient partagé la succession, il suffit que l'espèce de partage auquel ont droit les légataires n'ait pas été fait pour que l'attribution de compétence au tribunal de l'ouverture de la succession reçoive son application. Qu'importe, dès lors, qu'il n'y ait qu'un seul héritier? Il y a toujours lieu entre lui et le légataire à une sorte de partage, et l'expression *jugement définitif* doit s'entendre du jugement qui règle définitivement les droits respectifs de l'héritier et du légataire (V. en ce sens : Aubry et Rau, *Droit civil français*, 4e éd., t. 6, p. 271, § 590, note 8; Demolombe, *Traité des successions*, t. 15, no 635; Laurent, *Principes de droit civil*, t. 8, no 529.— *Contrà :* Boitard et Colmet-Daâge, *Leçons de procédure*, 14e éd., t. 1, no 140; Garsonnet, *Cours de procédure*, p. 715).

40. De même, on est généralement d'accord pour admettre que dans l'art. 59, al. 6, les expressions *jusqu'au jugement définitif* doivent s'entendre, non pas seulement du jugement définitif sur la validité et la nullité de la disposition, mais du jugement qui clôt définitivement les contestations auxquelles cette disposition a donné lieu (Req. 21 févr. 1860, cité *suprà*, no 37; 11 juill. 1864, aff. de Roissy, D. P. 64. 1. 425). Ainsi, le tribunal du lieu de l'ouverture de la succession est seul compétent, même après le jugement qui a prononcé l'annulation d'un legs, pour connaître de l'action formée par les héritiers légitimes contre celui

au profit de qui le legs annulé avait été fait, à fin de reddition du compte de l'administration des biens héréditaires (Arrêt précité du 21 févr. 1860. V. également sur cette question : Aubry et Rau, t. 6, § 590, p. 271 ; Demolombe, t. 15, n°⁵ 635 et 636. V. aussi Dutruc, *Partage de succession*, n° 382 ; Chauveau sur Carré, *Lois de la procédure*, t. 1, quest. 263 *bis;* Rodière, *Compétence et procédure*, t. 1, p. 90).

41. Faut-il étendre aux difficultés concernant les dispositions à cause de mort la règle exposée *suprà*, n° 35, suivant laquelle la disposition de l'art. 59 c. proc. civ., qui attribue au tribunal du lieu de l'ouverture d'une succession le droit de statuer sur les demandes des créanciers du défunt, cesse d'être applicable, lorsqu'une élection de domicile a été faite dans un autre arrondissement par le contrat même qui sert de titre au créancier? — En est-il ainsi, par exemple, dans le cas d'une action en partage entre le légataire de l'usufruit de la moitié de la succession et l'héritier, lorsque l'objet principal de la demande est l'exécution d'un pacte de famille pour laquelle élection de domicile a été faite au lieu de la situation des biens? L'affirmative nous paraît devoir être admise par les motifs qui ont été exposés *suprà*, n° 35 (V. en ce sens : Angers, 16 déc. 1873, aff. Turgis, D. P. 76. 2. 176).

42. L'action en nullité d'une transaction que l'héritier aurait consenti pour l'exécution d'un testament litigieux, en fraude des droits de son créancier, peut-elle, en vertu de l'art. 59, être portée par celui-ci devant le tribunal du lieu où la succession s'est ouverte ? — Nous ne le pensons pas. En effet, il ne s'agit pas ici d'un procès entre cohéritiers, ni entre un créancier du défunt et les héritiers, mais d'une contestation qui a son origine dans un fait postérieur à l'ouverture de la succession. Dès lors, il n'y a place, à aucun point de vue, pour l'application des règles de compétence établies par l'art. 59 c. proc. civ. en matière de succession, qui ne peuvent être étendues au delà de leurs limites. Spécialement, l'action paulienne intentée par la femme d'un héritier contre son mari et d'autres héritiers doit être portée devant le tribunal du domicile du défendeur et non devant le tribunal de l'ouverture de la succession... lors même que la demanderesse réclamerait en même temps l'exercice des droits successoraux de son mari, si elle n'entend les exercer que dans la mesure de ses droits de créancière (Civ. rej. 30 juill. 1884, aff. de Longpré, D. P. 85. 1. 62).

43. — IV. COMPÉTENCE EN MATIÈRE DE SOCIÉTÉ. — On a exposé au *Rép.* n° 109, que l'art. 59, § 5, s'applique aux sociétés civiles comme aux sociétés commerciales, de telle sorte qu'une société civile, tant qu'elle existe, doit être assignée devant le juge du lieu où elle est établie. Ainsi, c'est devant le tribunal du lieu où une société civile a son siège que doivent être assignés ceux de ses membres ou leurs ayants droit qui sont redevables de leur part dans les dépenses sociales dont le prix a été avancé par les autres associés (Lyon, 22 juill. 1858, aff. Salveton, D. P. 59. 2. 80). — Toutefois, comme on l'a d'ailleurs déjà dit au *Rép. ibid.*, si la société n'a pas de siège connu, le demandeur peut porter son action devant le juge de l'un des défendeurs, à son choix. C'est ce qui a lieu notamment pour les sociétés en participation qui, en général, n'ont pas une personnalité et un domicile social distincts de ceux des associés (Orléans, 16 nov. 1859, aff. Gerault-Bonne, D. P. 60. 5. 370 ; Bordeaux, 29 mars 1887, aff. Condemine, D. P. 88, 2° partie). Il en résulte, par exemple, que les contestations qui s'élèvent entre les associés d'une société en participation sont soumises aux règles ordinaires de la compétence ; que vainement on prétendrait, pour attribuer la compétence au tribunal d'une certaine localité, que l'association aurait eu à ses principaux intérêts, et que les parties s'y seraient réunies pour en effectuer le règlement, la loi n'ayant pas fait de ces circonstances l'objet d'une exception (Arrêt précité du 16 nov. 1859). — De même, lorsque deux négociants ont stipulé que l'un d'eux ferait des achats de marchandises destinées à être expédiées à l'autre négociant qui se chargerait de les vendre, avec partage des bénéfices et des pertes, l'action formée par le négociant chargé des achats contre son associé en payement de la part de ce dernier dans le prix des achats doit être portée devant le tribunal du domicile du défendeur, conformément à la règle établie par l'art. 59, al. 1er, c. proc. civ. applicable aux sociétés en participation,

le contrat ainsi intervenu entre les deux négociants constituant une association en participation et non un contrat de commission, alors surtout que chacun d'eux a renoncé à tout droit de commission pour les achats et les ventes faisant l'objet de la convention (Civ. cass. 4 juin 1860, aff. Desmarais, D. P. 60. 1. 268).

Mais si, en principe, la société en participation n'a pas de siège social, ce n'est pas là une circonstance essentielle ; le contraire peut arriver, et alors la règle consacrée par les arrêts qui viennent d'être rapportés cesse d'être applicable. Il est admis, en effet, que par une convention formelle dans l'acte de société, les associés peuvent se constituer un domicile social distinct du domicile réel des associés et attributif de juridiction pour les difficultés pouvant surgir entre eux (Req. 16 août 1865, aff. Nicolas, D. P. 66. 1. 200 ; Arrêt précité du 29 mars 1887). Une stipulation expresse n'est même pas nécessaire, et la preuve de la convention intervenue à cet égard peut être établie, soit par un acte synallagmatique ordinaire, soit par les autres modes de preuve admis par l'art. 49 c. com. pour la constitution des sociétés de cette espèce. En outre, les juges du fond peuvent décider, par une interprétation souveraine des faits, que le siège social, ainsi constitué pour une première association en participation, s'applique par une extension naturelle aux diverses opérations qui s'y sont successivement rattachées (Req. 6 mars 1877, aff. Sarlin, 2e arrêt, D. P. 77. 1. 103).

44. La disposition de l'art. 59 c. proc. civ., qui attribue au tribunal du siège de la société la compétence en matière de société ne peut évidemment s'appliquer qu'aux sociétés établies en France, cette disposition n'altérant en aucune façon les dispositions de l'art. 14 c. civ. (Conf. Massé, *Droit commercial*, 3e éd., t. 1, n° 687 ; Demangeat sur Fœlix, *Droit international privé*, t. 1, p. 359, note 4 ; Lyon-Caen, *De la condition des sociétés étrangères en France*, n° 37 ; Aubry et Rau, t. 8, § 748 *bis*, p. 138, notes 8 et 11). En conséquence, les créanciers français d'une société étrangère ont le droit d'actionner cette société devant les tribunaux français, bien que cette société n'ait pas de domicile en France (Aix, 30 nov. 1880, aff. Thomassin, D. P. 82. 2. 64). De même, les liquidateurs d'une société commerciale formée à l'étranger entre Français, et le syndic de la faillite de l'un des associés peuvent assigner cette société devant les tribunaux français, bien qu'elle ait son siège social hors de France, l'étranger, même non résidant en France, pouvant être cité devant les tribunaux français pour l'exécution des engagements contractés envers un Français (Rouen, 1er avr. 1884, aff. Crédit industriel, D. P. 82. 2. 92). Mais le Français peut renoncer expressément ou tacitement à la faculté qui lui est conférée par l'art. 14 c. civ. (Lyon, 1er juin 1872, aff. Fermo-Conti, D. P. 73. 5. 242 ; Req. 28 févr. 1877, aff. Chemins de fer du Nord-Ouest d'Autriche, D. P. 77. 1. 474).

45. Nous avons exposé au *Rép.* n° 110 que les sociétés commerciales doivent être assignées devant le tribunal du lieu de leur siège social fixé par les statuts. C'est là un principe qui, posé par le paragraphe 5 de l'art. 59, ne saurait donner lieu à discussion. Mais la règle que nous venons de rappeler doit-elle être interprétée strictement et appliquée d'une manière rigoureuse? S'il ne s'agissait que des opérations restreintes faites par les sociétés commerciales ordinaires, qui étaient les plus fréquentes lors de la rédaction de nos codes, l'application rigoureuse du principe posé par le paragraphe 5 de l'art. 59 c. pr. civ. ne présenterait pas d'inconvénient. Mais lorsqu'il s'agit de sociétés dont les opérations s'étendent sur une partie importante du territoire, comme les compagnies de chemins de fer et les compagnies d'assurances, il semble difficile d'exiger des demandeurs qui ont traité avec ces compagnies, qu'ils les poursuivent exclusivement devant le tribunal du lieu où est fixé leur siège social, c'est-à-dire, pour la plupart, devant le tribunal de la Seine. La difficulté est d'autant plus grande que la plupart du temps les litiges auront pour point de départ des affaires qui n'auront pas été traitées au siège social de la société, mais avec les agents qu'elle entretient dans un certain nombre de localités. On a donc été conduit naturellement à rechercher si les sociétés ne pouvaient être assignées devant les tribunaux de l'arrondissement dans lesquels elles ouvrent des établissements où se traitent, par l'intermédiaire de leurs agents, les affaires en vue desquelles elles ont été

créées, et si ce n'était pas le cas de combiner avec les dispositions des art. 59, § 6, et 69-6° c. pr. civ., les dispositions de l'art. 420 du même code qui, en matière commerciale, donne au demandeur le choix d'assigner, soit devant le tribunal du domicile du défendeur, soit devant celui dans l'arrondissement duquel la promesse a été faite et la marchandise livrée, soit devant celui dans l'arrondissement duquel le payement devait être effectué. On s'était déjà placé à ce point de vue lors de la publication du *Répertoire*, et on avait admis, ainsi que nous l'avons signalé au n° 110, ce tempérament à la rigueur de la règle de l'art. 59 c. proc. civ. On reconnaissait que l'art. 420 c. proc. civ. est applicable à toute convention ayant pour objet des marchandises à livrer, et, par exemple, aussi bien au transport qu'à la vente (*Rép.* v° *Compétence commerciale*, n°s 509 et suiv.). Il en résultait, comme nous l'avons signalé également au *Rép.* n° 110-2°, que lorsqu'une société possède à la fois un établissement principal et des établissements secondaires ou succursales, elle peut être considérée comme ayant fait dans chacun de ces établissements secondaires élection de domicile, de telle sorte que ces succursales ou établissements soient attributifs de juridiction pour les engagements souscrits par les personnes préposées à leur direction ou pour ceux qui ont été indiqués comme devant y être exécutés. Cette question n'a rien perdu de son importance depuis la publication du *Répertoire*, et si elle peut actuellement être considérée comme définitivement résolue, cela n'a pas été sans de nombreuses fluctuations et hésitations dans la jurisprudence.

46. Suivant un premier système, une société commerciale anonyme ne saurait être assignée que devant le tribunal du lieu qui a été déterminé par ses statuts comme le siège social de l'entreprise, et ne peut être assignée aux lieux où elle possède des agents qui n'auraient pas reçu mandat spécial de représenter la compagnie, et de recevoir les assignations qui la concernent. Par exemple, une compagnie de chemin de fer ne pourrait pas être assignée aux bureaux de ses chefs de gare, ni en la personne des chefs de stations où s'est faite la délivrance de marchandises réclamées par un destinataire, à moins que ceux-ci n'aient reçu mandat de représenter la compagnie en justice, et de répondre aux actes d'exécution dirigés contre elle (Bordeaux, 22 juill. 1857, aff. Chemin de fer d'Orléans *C.* Capucin, D. P. 58. 2. 59; Civ. cass. 27 juill. 1858, aff. Chemin de fer de Lyon *C.* Beauvois, D. P. 58. 1. 397; 5 avr. 1859, aff. Chemin de fer de Lyon *C.* Deschet, D. P. 59. 1. 147). — Il en résulte, notamment, qu'une compagnie de chemin de fer, actionnée en dommages-intérêts pour retard dans la livraison des bagages d'un voyageur, devrait être assignée, non en la personne du chef de la gare où s'est formé le contrat et devant le tribunal du lieu de cette gare, mais en la personne de son directeur et au lieu de son siège social, s'il n'est pas constaté qu'elle ait délégué à ce chef de gare la mission spéciale de recevoir les assignations à elle adressées, et de défendre aux actions qui pourraient être intentées contre elle (Arrêt précité du 5 avr. 1859), et qu'elle ne saurait être assignée au lieu où elle possède des établissements, quelle que soit l'importance de ces derniers (Req. 4 mars 1845, aff. Chemin de fer de Paris à Rouen *C.* Duchemin, D. P. 46. 1. 208; 4 mai 1857, aff. Gendrot, D. P. 57. 1. 401). En d'autres termes, dans ce système,

les compagnies de chemin de fer ayant toutes pris, dans leurs statuts, Paris pour siège social, toute action dirigée contre une compagnie de chemin de fer, en quelque point du territoire qu'elle ait pris naissance, devrait être intentée devant les tribunaux du département de la Seine (*Rép.* v° *Voirie par chemin de fer*, n° 498).

47. Dans un second système, qui a définitivement prévalu, on reconnaît qu'une société de commerce peut avoir plusieurs maisons sociales, à titre de principal établissement, et, par suite, avoir plusieurs domiciles sociaux ou succursales; que, spécialement, une société anonyme créée pour l'exploitation d'un chemin de fer peut avoir un principal établissement dans un lieu autre que celui où son siège social a été fixé par ses statuts et les décrets qui l'ont constituée, et que, dès lors, elle est régulièrement assignée au lieu de ce principal établissement (Civ. rej. 4 mars 1857, aff. Chemin de fer du Midi *C.* Parage, D. P. 57. 1. 124; Bordeaux, 11 août 1857, aff. Chemin de fer du Midi *C.* Lartigue, D. P. 58. 2. 59; Req. 30 juin 1858, aff. Chemin de fer de l'Est *C.* Oswald, D. P. 58. 1. 424; Toulouse, 6 août 1860, aff. Chemin de fer d'Orléans *C.* Ville de Montauban, D. P. 62. 1. 33-34; Req. 17 avr. 1866, aff. Chemin de fer d'Orléans et du Midi *C.* Ricaud et Jean, et aff. Chemin de fer d'Orléans *C.* Morand, D. P. 66. 1. 279; 17 avr. 1866, aff. Chagot, D. P. 66. 1. 280; Chambéry, 1er déc. 1866, aff. Chemin de fer Victor-Emmanuel, D. P. 66. 2. 246; Dijon, 1er avr. 1874, aff. Compagnie des houillères de la Saône et du Rhône, D. P. 75. 2. 81; Req. 17 févr. 1885, aff. Georgi, D. P. 86. 1. 14).

Ainsi, par exemple, une compagnie de chemin de fer peut être citée devant le tribunal du lieu où elle possède une gare, qui, à raison des services et des services qui y sont organisés, doit être considérée comme un centre principal d'opérations. Dans ces localités, en effet, il existe un agent de la société ou de la compagnie ayant qualité pour la représenter et pour l'obliger à l'égard des tiers (Pau, 13 déc. 1864, aff. Mariès Ricaud, D. P. 65. 2. 228; Orléans, 20 nov. 1868, aff. Chemin de fer d'Orléans *C.* X..., D. P. 69. 2. 21; Poitiers, 28 déc. 1868 (1); Lyon, 29 juill. 1869, aff. Chemin de fer de Lyon *C.* Damour, D. P. 70. 2. 72; Req. 2 juill. 1872, aff. Chemin de fer de l'Ouest, D. P. 74. 5. 122; Aix, 21 août 1872, aff. Chemin de fer de Lyon *C.* Duchemin, D. P. 72. 2. 182; Req. 19 juin 1876, aff. Chemin de fer d'Orléans *C.* syndic Van den Brouck, D. P. 77. 1. 134; 7 août 1876, aff. Chemin de fer de l'Est *C.* Devautoy, D. P. 77. 1. 80; Orléans, 19 mars 1886, aff. Chemin de fer d'Orléans *C.* Bourget, D. P. 87. 2. 107; 7 août 1886, aff. Chemin de fer d'Orléans *C.* Breton, *ibid.*; Boitard, Colmet Daâge et Glasson, *Leçons de procédure civile*, 14e éd., t. 1, n° 137, p. 125, texte et note).

48. Les solutions qui précèdent s'étendent aux compagnies d'assurances qui, comme les compagnies de chemins de fer, ont, au moins pour les principales, leur siège social établi à Paris, tandis que leurs opérations s'étendent à toute la France et qu'elles y ont un grand nombre de succursales où elles sont représentées par des agents spéciaux (V. *Rép.* v° *Assurances terrestres*, n° 295; Caen, 12 mai 1846, aff. l'*Agricole*, D. P. 47. 2. 139; Req. 30 déc. 1846, aff. l'*Agricole*, D. P. 47. 1. 80; Bordeaux, 24 juin 1852, aff. Hilpert, D. P. 54. 5. 158; Req. 10 nov. 1852,

---

(1) (Chemin de fer d'Orléans *C.* Gibouleau.) — Le 2 juill. 1868, jugement du tribunal civil de La Rochelle ainsi conçu : — « Attendu que la compagnie d'Orléans, société anonyme, a, dans différents centres, des agents chargés de la représenter; que, notamment, à La Rochelle, la gare ayant une importance qu'on ne saurait dénier, elle y a établi un nombreux personnel, sous la direction d'un chef et d'un sous-chef de gare; que les obligations qui incombent à cette administration doivent engager dans certains cas la responsabilité de la compagnie; — Attendu que si le siège social de cette compagnie est établi à Paris, l'existence de ce domicile n'est point incompatible avec celui d'un autre domicile social; que l'établissement où se sont accomplis les faits qui donnent lieu à l'action, doit être considéré comme un centre principal, et rend, par conséquent, la compagnie justiciable du tribunal civil de La Rochelle, dans le ressort duquel existe ce centre; — Attendu que la demande de Gibouleau a pour cause, des faits qui se sont produits dans le lieu même de l'exploitation et à l'occasion de cette exploitation; que le demandeur s'est

conformé aux prescriptions de l'art. 59 c. proc. civ.; — Par ces motifs, se déclare compétent. » — Appel par la compagnie du chemin de fer d'Orléans. — Arrêt.

LA COUR; — Adoptant les motifs des premiers juges; — Attendu, en outre, qu'il n'y a pas lieu de rechercher à quel titre Gibouleau pouvait être attaché à la compagnie au moment où l'accident dont il se plaint aurait eu lieu; — Qu'il est évident, à raison de la nature du travail dont il était chargé à cette époque, qu'il se trouvait sous les ordres directs, la surveillance et la direction des agents supérieurs de la compagnie du chemin de fer d'Orléans à la gare de La Rochelle; — Que cette circonstance, établissant des relations immédiates entre ces agents et l'intimé, justifie encore la compétence du tribunal saisi dans l'étendue de la juridiction duquel se serait produit l'accident, cause de la demande;

Par ces motifs, confirme, etc.

Du 28 déc. 1868.-C. de Poitiers.-MM. Fortoul, 1er pr.-Camoin de Vence, av. gén.-Périvier et Deloynes, av.

aff...Assurances mutuelles contre les faillites, D. P. 53. 1. 105; Paris, 20 nov. 1852, aff. Comp. *l'Exemption*, D. P. 54. 5. 157; Besançon, 4 févr. 1854, aff. Comp. *l'Agricole*, D. P. 54. 2. 238; Nîmes, 9 déc. 1872, aff. Comp. d'assurances générales, D. P. 73. 5. 122).

49. La question à l'égard des compagnies d'assurances a même présenté moins de difficultés qu'à l'égard des compagnies de chemins de fer, car il arrive fréquemment que l'existence des succursales est révélée par les statuts qui disposent des agents y seront placés pour traiter avec les tiers, recevoir les cotisations, etc.; en pareil cas, la présomption d'élection de domicile est en quelque sorte commandée. Ainsi, à une époque où la jurisprudence se refusait encore à admettre que les compagnies de chemins de fer pussent être assignées devant un autre tribunal que celui du siège social, on avait reconnu à l'égard des compagnies d'assurances, que la règle d'après laquelle une société doit être assignée devant le tribunal du lieu où elle est établie est susceptible de dérogation, et que cette dérogation peut résulter notamment des statuts portant que la société aura, dans chaque département, des centres d'opérations et des succursales, avec des directeurs représentant la société, etc. (Req. 10 nov. 1852, aff. Assurances mutuelles contre les faillites, D. P. 53. 1. 105; Besançon, 4 févr. 1854, aff. Comp. *l'Agricole*, D. P. 54. 2. 238). Par exemple, une compagnie d'assurances qui a établi, dans un lieu autre que celui du siège de la société, une succursale à la tête de laquelle elle a placé un sous-directeur chargé de traiter avec les tiers, de recevoir les cotisations et de procéder à la vérification et à l'estimation des sinistres, peut être actionnée devant le tribunal de ce lieu pour ceux qui ont traité avec cet agent, pour assurer des objets qui y sont situés (Req. 26 nov. 1849, aff. Comp. *la Prudence*, D. P. 50. 1. 59; 17 févr. 1851, aff. la *Ligérienne-Tourangelle*, 2 arrêts, D. P. 51. 1. 119; Paris, 8 déc. 1852, aff. Comp. *la Sécurité commerciale*, D. P. 54. 5. 157; Req. 22 mai 1854, aff. Comp. *le Soleil*, D. P. 54. 1. 262).

50. La même règle est encore applicable évidemment à la Compagnie générale des allumettes chimiques, qui a dans chaque chef-lieu de département un concessionnaire départemental et un dépôt, et qui peut être assignée en la per-

sonne de ce dépositaire devant le tribunal du lieu du dépôt, par exemple, à raison des difficultés élevées entre ce dépositaire et un marchand, à propos de l'échange des anciennes allumettes contre des produits similaires à la marque de la Compagnie (Req. 30 mai 1876, aff. Comp. des allumettes chimiques, D. P. 76. 1. 372). Elle est enfin applicable à toute société qui a un établissement dans un lieu autre que celui où son siège social à raison des engagements contractés à cet établissement (Paris, 22 juin 1855, aff. Tur, D. P. 55. 2. 218; Sol. impl., Civ. cass. 16 mars 1858, aff. Compagnie des bateaux à vapeur du Rhône, D. P. 58. 1. 130; Dijon, 20 nov. 1865, aff. Compagnie houillère de Blanzy, D. P. 65. 2. 228; 1er avr. 1874, aff. Compagnie des Houillères de la Saône et du Rhône, D. P. 75. 2. 81; Req. 10 août 1875, aff. Duché, D. P. 77. 1. 110; Sol. impl., Lyon, 15 juin 1882, aff. Poncet, D. P. 83. 2. 100). Ainsi une partie qui a reçu au directeur de la succursale d'une société financière mandat de faire vendre un titre en bourse, porte valablement sa demande en payement du montant de cette vente devant le tribunal de commerce du lieu où ladite succursale est établie; et ce tribunal est compétent pour connaître aussi de la prétention, émise par la même partie, de faire annuler sa souscription à des actions de la société financière dont il s'agit, du moment où cette annulation n'est sollicitée qu'accessoirement à la demande principale en payement susindiquée, et pour répondre d'avance à l'exception de compensation qui pourrait être opposée, par la société financière, du chef de la souscription, à la réclamation de faire compte formant l'objet direct de l'action intentée (Req. 30 juin 1885, aff. Planque, D. P. 86. 1. 262. V. encore: Lyon, 19 juin 1883, aff. *Crédit provincial*, D. P. 83. 2. 185; Aix, 15 janv. 1884, aff. Comp. le *Patrimoine*, D. P. 85. 2. 49).

On peut rapprocher de ces arrêts les trois décisions suivantes qui reconnaissent la validité d'une assignation faite à la succursale d'une société commerciale. D'après la première, une compagnie de paquebots est valablement assignée devant le tribunal du lieu d'une de ses succursales, distincte du siège social, pour toutes les obligations contractées par les agents de cette succursale ou payables en ce lieu (Bordeaux, 23 févr. 1863) (1). La seconde et la troisième

---

(1) (Flornoy C. Roturier.) — La cour; — Sur l'exception d'incompétence *ratione materiæ* prise de ce qu'il s'agirait, dans l'espèce, d'un abordage fluvial ressortissant aux tribunaux civils ordinaires : — Attendu que l'abordage dont il s'agit au procès est survenu dans des eaux maritimes; qu'il a eu lieu entre deux navires, le *Paris et Londres* et le *Jacques-Paul*, tous deux bâtiments de mer, dont l'un, venant du Havre à Bordeaux, et l'autre, se rendant de Bordeaux à Nantes, faisaient un service maritime entre ces divers ports; d'où il résulte que cet abordage est essentiellement maritime et ressortit comme tel aux tribunaux de commerce;

Sur l'incompétence *ratione loci*, prise de ce que le tribunal de commerce de Bordeaux n'aurait pas juridiction territoriale pour connaître dudit incident : — Attendu que l'action en réparation d'avaries causées par un abordage a, comme résultant d'un quasi-délit, tous les caractères d'une action personnelle; — Attendu, en fait, que l'appelant Flornoy a son domicile à Nantes, et que la Société des paquebots de l'Ouest, dont il est le directeur, y a également son siège; — Attendu qu'en règle générale, tout défendeur doit être assigné, en matière personnelle, devant les juges de son domicile, et, en matière de société, devant les juges du lieu où elle est établie, aux termes de l'art. 59 c. proc. civ. ; — Attendu qu'en admettant que l'établissement formé à Bordeaux par la Compagnie des Paquebots de l'Ouest réunisse l'importance, les attributions et les véritables caractères d'une succursale, il n'en résulterait pas que l'établissement principal, et, par conséquent, le siège de la société ait cessé d'être à Nantes, ni qu'elle puisse être régulièrement assignée devant les juges de Bordeaux pour obligations autres que celles contractées par les agents de la succursale ou stipulées payables en cet endroit; — Attendu qu'il n'est pas justifié au procès que le directeur de ladite succursale ait mandat de représenter la société en dehors de ces spécialités; — Attendu que pour déroger, à propos d'abordage, aux règles posées par l'art. 59 c. proc. civ., il faudrait trouver l'exception écrite dans la loi en termes aussi formels, aussi précis que le principe, comme il l'a été dans certains cas particuliers dans les art. 420 c. proc. civ., 415 et 416 c. com. ; mais qu'il n'est pas possible de l'induire de prétendues assimilations avec les cas spéciaux énumérés auxdits articles; qu'il n'existe, en effet, entre ceux-ci et le cas d'abordage qu'une analogie lointaine et trop incomplète pour être décisive au point de faire fléchir la règle générale; — Attendu que si dans le cas de jet à la mer pour le salut commun, le code

de commerce, art. 414 et 416, attribue en termes exprès juridiction au tribunal du lieu de déchargement du navire pour le règlement de la contribution qui doit s'ensuivre, cette disposition exceptionnelle prend son origine dans l'intérêt commun qu'ont toutes les personnes engagées dans une même expédition maritime à régler le plus tôt possible les avaries dont chacune doit supporter sa part, là où elles peuvent être le mieux constatées et appréciées, là aussi où chacune des parties a presque toujours, outre le capitaine, un correspondant chargé de veiller à ses affaires; que, dans de telles circonstances, tous les cointéressés à la même expédition maritime peuvent facilement être réputés avoir, par un accord tacite, accepté d'avance, à raison de la nature et du but de l'entreprise, une juridiction dont la compétence les sert au mieux de leurs intérêts; — Attendu qu'un tel quasi-contrat ne peut être supposé entre les armateurs de deux navires qui ne se rapprochent que par hasard et qui, d'ordinaire, sont de provenances et ont des destinations différentes; qu'en effet, entre ces armateurs, dont l'un aura rarement un représentant au port où l'autre a expédié son navire, le fait de l'abordage, évidemment imprévu de part et d'autre, ne fait naître qu'une obligation unilatérale, procédant d'un quasi-délit, sans se rattacher directement ni indirectement à aucun autre intérêt commun; qu'il n'y a donc point analogie de situation, et qu'on n'aperçoit nullement la parité de raison indispensable pour étendre au navire abordé la compétence exceptionnelle établie pour le premier; — Attendu que les art. 435 et 436, uniquement relatifs aux protestations à faire en cas d'abordage, ne peuvent être étendus au delà de leur objet, ni avoir pour effet de déplacer la compétence; que leur silence même sur ce point essentiel, alors qu'il se présentait naturellement à l'attention du législateur, démontre bien que celui-ci n'a voulu rien modifier aux principes, au contraire de ce qu'il a fait en s'occupant du jet et de la mer; — Attendu que l'art. 420 c. proc. civ. ne peut non plus être invoqué utilement pour attribuer juridiction aux juges du lieu où le navire arrive à l'effet de se réparer; — Que, s'il autorise le demandeur en matière de commerce à assigner le défendeur devant le juge du lieu où le payement doit être fait, c'est qu'il suppose que ce dernier, en contractant l'engagement de payer dans un lieu autre que celui de son domicile, a nécessairement pris les mesures pour y défendre aussi sur les difficultés que ce payement pourrait amener; qu'en effet, ce contrat implique par lui-même élection de domicile, et justifie ainsi la compétence *in loco contractus*; mais qu'au contraire, il

décisions reconnaissent qu'une société commerciale peut être assignée en dehors de son siège social partout où elle possède un établissement principal (Aix, 4 avr. 1862 et 18 févr. 1863) (1).

Le principe de la validité d'une telle assignation a même été reconnu dans une espèce où il s'agissait d'une société ayant un siège social à l'étranger. Il a été décidé, en effet, qu'une assignation est valablement faite au directeur de la succursale française d'une société étrangère devant le tribunal du lieu de cette succursale pour l'exécution des contrats passés dans ce lieu (Req. 10 août 1875) (2).

51. On peut donc considérer actuellement comme définitivement admis et comme constant en jurisprudence que si, en principe, les sociétés commerciales doivent être assignées devant le tribunal du lieu de leur siège social fixé par les statuts, elles peuvent avoir plusieurs domiciles sociaux et être assignées valablement devant les tribunaux de ces domiciles. En est-il de même des sociétés civiles ou tout au moins des sociétés qui, bien que n'ayant aucun caractère commercial, ont cependant la personnalité civile comme les sociétés religieuses ou congrégations ?

52. Si les sociétés commerciales peuvent avoir plusieurs domiciles, ou un domicile et plusieurs résidences où elles sont valablement assignées, c'est parce qu'elles constituent un être moral et que, sans perdre le bénéfice de l'individualité, elles comportent une existence multiple. Or, pourquoi en serait-il autrement des congrégations religieuses autorisées ? Au point de vue de la pluralité de leurs succursales, il n'existe aucune raison de distinguer entre elles et les sociétés anonymes, puisque, comme celles-ci, elles peuvent, à

côté de leur établissement principal, former des établissements secondaires, complets par eux-mêmes, s'administrant eux-mêmes sous la surveillance de l'administration centrale, et traitant avec les tiers. Elles sont, au contraire, mieux que toute autre association, le type parfait de l'être moral à existence multiple, et, par conséquent, à domicile multiple. L'essentiel, pour qu'elles puissent acquérir un second domicile à côté de leur établissement central, c'est que la succursale, tout en se rattachant à celui-ci, tout en étant soumise aux mêmes statuts, exerce son activité dans sa sphère locale de manière à y représenter véritablement la maison mère, vis-à-vis des tiers qui contractent avec la succursale.

Dès que ces conditions sont réunies, il n'y a aucune raison de ne pas assimiler les congrégations religieuses autorisées aux associations commerciales au point de vue de l'existence de domiciles attributifs de juridiction. Dès lors, elles sont valablement assignées devant le tribunal de ces succursales en exécution des obligations contractées par elles à l'occasion des actes accomplis pour l'administration de ces maisons (Civ. rej. 7 déc. 1886, aff. de Monseignat, D. P. 87. 1. 101). — Est-il indispensable que la succursale de la congrégation autorisée soit elle-même autorisée ? Nous ne le pensons pas; sans doute, les congrégations autorisées ont besoin d'une nouvelle autorisation du Gouvernement pour fonder des maisons séparées, distinctes de la maison mère et leur faire acquérir la personnalité civile (V. *Rép.* v° *Culte*, n° 419); l'absence d'autorisation implique l'inexistence au point de vue légal, mais n'empêche pas l'existence de fait. Or, cette existence de fait, à laquelle la jurisprudence a reconnu cer-

---

n'est pas possible d'admettre, même par hypothèse, ni une prévision, ni un engagement tacite de cette nature de la part d'un armateur de navire, pour le cas tout à fait accidentel et dès lors inattendu où ce navire en aborderait un autre; — Attendu que la variété et l'antagonisme des solutions multiples fournies sur la question par la jurisprudence et par la doctrine, quand elles avouent se les donner à titre d'exception au principe général et dominant, sont encore une raison pour s'attacher fortement à celui-ci ; — Par ces motifs, dit que le tribunal de commerce de Bordeaux était incompétent pour connaître de l'action portée devant lui par le capitaine Roturier, etc.
Du 23 févr. 1863.-C. de Bordeaux, 1re ch.-MM. Raoul Duval, 1er pr.-Peyrot, 1er av. gén.-Monteaud et Faye, av.

(1) 1re *Espèce :* — (De Lahante C. Dupré.) — La cour; — En fait : — Attendu que les statuts de la Compagnie lyonnaise des omnibus, voitures et voies ferrées, fixent son siège social à Paris ; — Que parmi les établissements les plus importants de cette compagnie, il faut sans doute placer celui de Marseille, qui est administré par un sous-directeur ; mais que, si important qu'il soit, cet établissement de Marseille n'est pas le principal établissement ou un principal établissement de la compagnie, en ce que les opérations qui se font à Marseille par l'administration d'un sous-directeur sont subordonnées à l'administration du directeur qui est à Paris, et en ce que les opérations de l'établissement de Marseille, comme celles des autres établissements de la compagnie dans les départements sont centralisées à Paris, chef-lieu de cette société commerciale ; — Attendu que la compagnie n'a aucun agent judiciaire à Marseille, et que ses statuts ne l'obligent pas à un domicile d'élection à Marseille;
En droit: — Attendu que les sociétés commerciales peuvent être assignées devant le juge du lieu où elles sont établies, les sociétés étant des personnes dont les conditions domiciliaires sont déterminées par l'art. 102 c. nap. ; que pour les sociétés commerciales, de même que pour les simples citoyens, ce qui caractérise le domicile, c'est le principal établissement; qu'il ne faut pas confondre le principal établissement ou un principal établissement avec l'un des établissements, si considérable qu'il soit, de la société; — Que le signe du principal établissement est d'avoir sa direction propre, de l'être et d'être indépendant d'un autre établissement ; que la subordination d'un établissement à un autre montre que l'un est principal et l'autre secondaire ; — Attendu que la faculté pour les sociétés de commerce d'avoir plus d'un domicile n'altère en rien les conditions constitutives de chacun de ces domiciles, à savoir : que chacun d'eux sera un établissement indépendant, se régissant et se gouvernant lui-même, ou en d'autres termes, un établissement principal ; — Et dans l'espèce : — Attendu que la compagnie défenderesse à l'action de Dupré est établie à Paris, où est fixé son siège social selon ses statuts publiés dans les formes légales, et qu'elle a été citée devant le tribunal civil de Marseille, où elle n'a ni un agent judiciaire, ni un domicile élu ; que, dès lors, le tribunal de Marseille était incompétent; — Par ces motifs, infirme, etc.

Du 4 avr. 1862.-C. d'Aix, 2e ch.-MM. Clappier, pr.-Gabrielly, av. gén.-Arnaud et Mistrac, av.

2e *Espèce:* — (Rousseau C. Courtet.) — Le 27 nov. 1862, jugement du tribunal civil de Tarascon ainsi conçu : — « Attendu qu'il est de principe qu'une compagnie peut être valablement assignée par les tiers à chacun des lieux où elle possède un établissement principal; que chacun de ces établissements est constitutif d'un domicile distinct pour la compagnie ; — Attendu que la Compagnie Courtet, concessionnaire d'un canal d'arrosage dans l'arrondissement de Tarascon, a actuellement son établissement principal à Saint-Rémy ; — Que c'est là que réside le percepteur qui reçoit la cotisation des arrosants; que c'est là aussi que se trouvent ses bureaux et l'agent Jacoby, chargé de la surveillance du canal, de recevoir les plaintes des intéressés et de représenter sur les lieux le directeur vis-à-vis des tiers; — Qu'il importe peu que le statut social fixe le domicile de la société à Paris, rue des Martyrs, 47; que cet acte, destiné à régler les relations des associés entre eux, ne saurait prévaloir contre les faits par lesquels la compagnie Courtet se manifeste au public; qu'il est inadmissible que des arrosants, la plupart simples cultivateurs, soient tenus de subir les lenteurs et les frais d'un déplacement considérable pour faire valoir des intérêts d'une importance très minime; — D'où il suit que c'est à bon droit que Courtet a cité en conciliation devant le juge de paix du canton de Saint-Rémy et assigné au fond devant le tribunal de céans ; — Par ces motifs, se déclare compétent, etc. » — Appel. — Arrêt.
La cour; — Attendu qu'il résulte des documents du procès et de la force même des choses que le bureau placé par la Compagnie à Saint-Rémy, dans l'arrondissement de Tarascon, où est construit son canal, constitue son principal établissement pour tous ses rapports avec les arrosants;-Adoptant, d'ailleurs, les motifs des premiers juges; — Confirme, etc.
Du 18 févr. 1863.-C. d'Aix, 2e ch.-MM. Castellau, pr.-Gabrielly, av. gén.

(2) (Duché et fils et consorts.) — La cour; — Sur le premier moyen, pris de la violation des art. 68 et 69, § 6 et 9, c. proc. civ. : — Attendu que s'il n'est pas contesté que le siège social de la Société Raymond et comp. fût établi à Londres, il n'est pas moins certain que cette même société avait à Nantes un établissement dans lequel elle était représentée par le sieur Boutin, chargé du service maritime entre cette ville et Londres, et consignataire des navires de cette société; qu'il est également constaté que Duché et fils, négociants français, mais résidant à Londres, participaient à la direction de cette entreprise; qu'il suit de là que les demandeurs ont été valablement assignés devant le tribunal de commerce de Nantes dans l'arrondissement duquel les parties ont contracté, et pour les exploits laissés au domicile et à la personne de Boutin, représentant dans cette ville les intérêts de l'association...
Du 10 août 1875.-Ch. req.-MM. de Raynal, pr.-d'Oms, rap.-Reverchon, av. gén.,-c. conf.-Bozérian, av.

tains effets au point de vue civil (V. *infrà*, v° *Culte*), suffit pour qu'au point de vue de la compétence et de l'attribution de juridiction, le juge puisse reconnaître l'existence d'un domicile de fait pour la communauté mère.

53. La faculté de porter devant les juges du lieu où une société commerciale a une succursale les contestations relatives aux affaires traitées par cette succursale, cesse lorsqu'une clause du contrat réserve expressément au tribunal du siège principal de la compagnie l'attribution de juridiction (Civ. cass. 30 juin 1874, aff. Comp. *le Crédit viager*, D. P. 76. 1. 395; 6 avr. 1886, aff. Comp. *l'Ancienne assurance mutuelle*, D. P. 86. 5. 97). Par exemple, la clause d'une police d'assurances par laquelle l'assuré déclare expressément faire élection de domicile au siège principal de la compagnie pour l'exécution du contrat, attribue juridiction aux tribunaux de ce siège, aussi bien pour les difficultés relatives au règlement des sinistres que pour celles qui pourraient s'élever au sujet du payement des primes (Dijon, 24 juill. 1877, aff. Comp. d'assurances *la Prudence*, D. P. 78. 2. 114). Mais, pour que le juge soit tenu de se conformer à cette clause, il est nécessaire que des conclusions formelles aient été prises en ce sens à l'audience (Req. 25 mai 1886, aff. Comp. d'assurances mutuelles *l'Etable*, D. P. 87. 1. 376). — V. *infrà*, v° *Conclusions*.

54. L'attribution de juridiction au tribunal du lieu où une compagnie a une succursale ne résulte pas de la seule existence d'un établissement dans une localité donnée; quelque large que la jurisprudence se montre à cet égard depuis quelques années, elle n'en a pas moins soumis l'attribution de juridiction à certaines conditions déterminées. Il faut, en premier lieu, que l'établissement présente certains caractères particuliers; en second lieu, qu'il s'agisse au débat d'opérations qui aient leur source dans la localité où l'on prétend que la société possède un domicile. La coexistence de ces deux circonstances est nécessaire pour que la dérogation à la règle de l'art. 59, al. 3, puisse être admise.

55. Les conditions d'existence d'une succursale, telle qu'il y ait en ce lieu attribution de juridiction au tribunal de l'arrondissement où l'établissement est installé, diffèrent suivant la nature de la société dont il dépend. Les conditions, à certains égards identiques, varient, sous d'autres rapports, suivant qu'il s'agit d'une compagnie de chemins de fer, d'une compagnie d'assurances ou d'une autre société; il est évident, par exemple, que les conditions que doit remplir une gare de chemin de fer pour constituer une succursale ne peuvent être les mêmes que celles que doit remplir une maison religieuse dépendant d'une congrégation autorisée. Cependant, dans les différents cas, nous le répétons, il se dégage, des diverses décisions de la jurisprudence, certaines conditions communes; la jurisprudence, notamment, exige, d'une manière générale, que l'établissement ait une importance suffisante pour constituer un centre d'opérations et que la société y soit représentée par un agent qui ait, sinon mandat exprès de la représenter en justice, au moins le pouvoir de l'engager en contractant en son nom. Nous allons examiner successivement les principales conditions exigées.

56. Le domicile attributif de juridiction ne résulte pas, pour les compagnies de chemins de fer, de l'existence seule d'une gare dans la localité où on prétend qu'une assignation peut être valablement faite (Civ. 30 juin 1858, aff. Chemin de fer de l'Est C. Bernard, D. P. 58. 1. 396). Mais ce domicile d'attribution peut résulter de ce que les statuts de la compagnie lui imposent l'obligation de faire, dans ladite gare, élection de domicile. Par suite, elle peut être actionnée devant le tribunal du lieu où est située cette gare, par les tiers qui ont contracté avec elle en ce lieu (Colmar, 26 août 1857, aff. Dolfus, D. P. 58. 2. 128; Arrêt précité du 30 juin

1858). Et l'obligation, ainsi imposée à la compagnie par ses statuts, d'élire domicile dans certaines localités, continue à subsister malgré la fusion ultérieure de cette compagnie avec une autre compagnie (Mêmes arrêts).

57. Le domicile d'attribution peut également être considéré comme existant soit dans une localité où convergent toutes les lignes du chemin de fer exploité par cette société, où siège un comité directeur choisi parmi les administrateurs de la société, où elle a ses bureaux et ses agents, et où se trouve le centre de ses opérations et du mouvement commercial par lequel elle se manifeste au public (Civ. rej. 4 mars 1857, aff. Chemin de fer du Midi C. Parage, D. P. 57. 1. 124); — ... Soit dans la ville où se trouve le siège de son administration et où elle a un comité administratif, alors d'ailleurs que cette ville forme la tête de la ligne, encore bien que le siège de la société soit dans une autre ville (Trib. com. Bordeaux, 24 mai 1858, aff. Chemin de fer du Midi C. Forrest, D. P. 58. 2. 132); — ... Soit dans le lieu où il existe, non une simple station, mais une gare, alors surtout qu'auprès du chef de gare se trouvent placés un avocat et un avoué, agréés et désignés par la compagnie (Pau, 13 déc. 1864, aff. Mariès-Ricaud, D. P. 65. 2. 229).

58. Le domicile d'attribution existe encore dans une localité où se trouve une gare qui, par son importance et par les services qui y sont organisés, est un véritable centre d'opérations (Req. 30 juin 1858, aff. Chemin de fer de l'Est C. Oswald, D. P. 58. 1. 424; Colmar, 11 juin 1862, aff. Chemin de fer de l'Est C. Petitjean, D. P. 63. 2. 121; Colmar, 30 avr. 1863, aff. Paclet, D. P. 63. 2. 122; Bordeaux, 28 août 1867, aff. Chemin de fer d'Orléans C. Lemaire, D. P. 67. 5. 407; Orléans, 20 nov. 1868, aff. Chemin de fer d'Orléans C. X..., D. P. 69. 2. 21; Lyon, 29 juill. 1869, aff. Chemin de fer de Lyon C. Damour, D. P. 70. 2. 72; Req. 15 déc. 1869, aff. Chemin de fer du Midi C. Duffort, D. P. 71. 1. 48; Req. 2 juill. 1872, aff. Chemin de fer de l'Ouest C. Duchemin, D. P. 74. 5. 122; Aix, 21 août 1872, aff. Chemin de fer de Lyon C. Mayer, D. P. 72. 2. 182; Req. 19 juin 1876, aff. Chemin de fer d'Orléans C. syndic Van den Brouck, D. P. 77. 1. 134; 7 août 1876) (1).

59. On peut encore considérer comme constituant des succursales des compagnies de chemins de fer, les gares situées dans les grands centres de population où elles ont de nombreux intérêts à débattre, et où elles sont représentées par des agents d'un ordre élevé, assistés d'officiers ministériels agréés par la compagnie (Paris, 12 mars 1858, aff. Chemin de fer de l'Est C. Collet, D. P. 58. 2. 131. V. sur cette question : Féraud-Giraud, *Code des transports par chemin de fer*, t. 2, n°ˢ 1022 et suiv.).

60. Les notifications et significations doivent, dans tous les cas, être adressées à un agent qui ait qualité pour représenter la compagnie en justice : elles sont valablement faites notamment en la personne du chef d'une gare qui, par son importance, constitue une succursale de la compagnie (Req. 7 août 1876, *suprà*, n° 58). En effet, le chef d'une gare de chemin de fer qui peut être considérée comme une succursale, a les pouvoirs nécessaires pour défendre à toutes les actions concernant l'exploitation de cette succursale (Orléans, 19 juin 1867, aff. Duffort, D. P. 68. 2. 134-135). Jugé qu'il en est ainsi alors que le contrat de transport qui a donné lieu à l'accident faisant l'objet de l'assignation a été formé dans la gare dont le chef est assigné, et que c'est là aussi que se sont produites et ont pu être constatées les conséquences de l'accident (Req. 15 déc. 1869, aff. Chemin de fer du Midi, D. P. 71. 1. 48). Il y a, en pareil cas, présomption que l'agent de la compagnie qui dirige la succursale a reçu d'elle la mission de la représenter pour tout ce qui a trait aux opérations spéciales à la

(1) (Chemin de fer de l'Est C. Devautoy.) — La cour; — Sur le moyen unique tiré de la violation des art. 583 et 69 c. proc. civ. et des art. 102, 1988, 1989 c. civ. : — Attendu qu'il est constaté, en fait, par l'arrêt attaqué que la gare de Belfort est, par sa situation et son importance, une véritable succursale de l'administration de la comp. des chemins de fer de l'Est; qu'elle est le centre d'un service et d'un mouvement d'affaires considérables; qu'elle constitue pour l'ensemble des opérations qui s'y font une maison de commerce agissant par elle-même, ayant une existence propre et un domicile spécial; — Que la cour de Besançon a pu légitimement conclure de ces faits que le chef de la gare de Belfort avait qualité pour

répondre aux actes d'exécution dirigés contre la compagnie à raison des affaires traitées dans cette localité; que, dès lors, en décidant qu'un commandement à fin de saisie pour l'exécution d'un jugement rendu par le tribunal de commerce de Belfort à raison de faits qui se sont accomplis dans ladite ville avait été valablement signifié à la comp. des chemins de fer de l'Est en la personne du chef de ladite gare, la cour de Besançon n'a violé ni l'art. 583 c. proc. civ., ni les autres articles invoqués par le pourvoi; — Rejette, etc.

Du 7 août 1876.-Ch. req.-MM. de Raynal, pr.-Onofrio, rap.-Reverchon, av. gén.-Devin, av.

succursale, et, faut-il ajouter, pour les contestations qui prennent naissance dans des faits rentrant par leur nature dans ses attributions : en effet, une compagnie de chemin de fer ne peut être régulièrement assignée en la personne du chef de gare que si le litige a son principe et sa cause dans le service même de la gare auquel il se rattache par une relation directe et nécessaire (Civ. rej. 20 nov. 1867, aff. Chemin de fer de Lyon C. Simonnet, D. P. 67. 1. 452). Par exemple, le chef de gare n'aurait pas qualité pour défendre à une action intentée par un ouvrier blessé dans les travaux de construction d'une ligne, aboutissant à cette gare ; par conséquent, l'assignation qui lui serait donnée serait irrégulière, et l'action devrait être portée devant le tribunal du siège social de la compagnie (Orléans, 19 juin 1867, aff. Duffort, D. P. 68. 2. 134-135). De même, l'exploit adressé à une compagnie de chemin de fer ne peut être valablement signifié à un chef de section qui n'est chargé que de diriger ou de surveiller certains travaux sur la voie, qui n'a aucune mission à l'effet de recevoir des actes judiciaires, et qui, par conséquent, n'est nullement réputé représenter la compagnie (Grenoble, 6 déc. 1873, aff. Chemin de fer de Lyon C. Creizat, D. P. 74. 5. 121).

61. En ce qui concerne les compagnies minières, il a été jugé qu'on doit considérer comme leur principal établissement le lieu où les mines sont situées, où sont installés les ateliers et le personnel de l'exploitation, où se traitent toutes les affaires relatives à l'extraction, telles que la fixation et le payement des salaires des ouvriers (Dijon, 20 nov. 1865, aff. Houillères de Blanzy, D. P. 65. 2. 229, et sur pourvoi, Req. 17 avr. 1866, D. P. 66. 1. 280). — Au reste, d'une manière générale, quand une société établit dans une ville autre que celle du son siège social un établissement pourvu de bureaux organisés et formant une entreprise sinon distincte, du moins susceptible de fonctionner à côté de la société principale, cette entreprise forme un établissement principal et distinct dans l'exploitation en vue de laquelle elle a été créée, et le tribunal de la ville où existe cette entreprise est compétent pour connaître des actions intentées contre elle, en raison de conventions passées dans cette ville (Req. 17 févr. 1885, aff. Georgi, D. P. 86. 1. 14).

62. On a vu *suprà*, n° 52, à quelles conditions une maison religieuse peut être considérée comme une succursale de la maison mère. Il reste à examiner les conditions auxquelles doivent répondre les établissements créés par les compagnies d'assurances pour constituer des succursales. La question présente une certaine difficulté.

La première condition, commune en quelque sorte à ces compagnies et aux autres sociétés, est que la compagnie soit représentée dans la localité où elle a une succursale par un agent ayant mandat de la représenter, c'est-à-dire de traiter en son nom avec les tiers, de recevoir les cotisations, etc., avec des pouvoirs assez étendus pour engager la compagnie en signant lui-même les contrats en son nom, et même pour la représenter en justice. Ainsi, la compagnie d'assurances qui a établi seulement dans une ville un agent chargé de remettre aux assurés les polices et quittances de primes, signées par les administrateurs et le directeur de la société à Paris, ne saurait être considérée comme ayant établi dans cette ville ; en conséquence, elle ne peut être assignée devant le tribunal de l'arrondissement où est établi cet agent (Req. 20 mai 1873, aff. Compagnie d'assurances générales, D. P. 75. 1. 469 ; 25 juin 1878, aff. Fontaine, D. P. 79. 1. 212).

63. Devrait-on considérer comme succursale l'agence générale établie en permanence dans un grand centre de population, et ayant à sa tête un directeur autorisé à débattre et arrêter les conditions de l'assurance, à signer la police, à toucher le montant des primes, et à faire procéder, le cas échéant, aux constatations intéressant la compagnie, si la validité de la police signée par le directeur de l'agence était subordonnée à la ratification du conseil d'administration fonctionnant au siège principal de la société? Nous ne le pensons pas, bien que l'affirmative ait été adoptée par certains arrêts (V. notamment : Toulouse, 27 juill. 1872, aff. *Crédit viager*, D. P. 76. 1. 395).

En effet, la jurisprudence d'après laquelle une société peut être actionnée devant le tribunal du lieu où elle a une succursale, n'est pas aussi absolue qu'on pourrait le penser ; son

esprit, pour qui l'étudie attentivement, ne s'écarte pas du principe posé par l'art. 59. La solution qui se dégage des nombreux arrêts dont elle se compose, c'est que la succursale est tout simplement un fractionnement du siège principal de la société. Le préposé qui est mis à la tête de cet établissement secondaire doit nécessairement être investi des mêmes pouvoirs, quant aux contrats à former, aux polices à recueillir, que l'établissement principal ; il doit être un représentant complet de la compagnie ; il doit, comme le déclare expressément un arrêt (Civ. cass. 11 juin 1845, aff. Comp. *le Soleil*, D. P. 45. 1. 362), être investi du pouvoir de traiter avec les tiers et de faire tout ce que la compagnie serait dans le cas de faire elle-même. Si le préposé n'est qu'un agent, un intermédiaire chargé d'amener des traitants à la société dont il est le mandataire, sans pouvoir engager lui-même définitivement la société, son bureau ne saurait être considéré comme un fractionnement du siège social, et le juge de son domicile ne peut être compétent pour connaître des actions dirigées contre la société. Il en est surtout ainsi lorsque la société défenderesse est une ancienne société anonyme qui ne pouvait, comme telle, changer son siège sociale ou le multiplier par des fractionnements et des succursales sans l'autorisation du Gouvernement, si, d'ailleurs, cette autorisation non seulement ne résulte pas du pacte social originaire, mais y est même contraire.

En étudiant la jurisprudence, on voit, ainsi qu'on l'a fait remarquer ci-dessus, que si, dans certains cas, elle admet comme attributif de juridiction le domicile d'un préposé, ce n'est que lorsque, aux termes des statuts, il a été établi des centres d'opérations avec des préposés représentant tellement la compagnie qu'ils l'engagent *ipso facto* par leurs contrats ou traités, ou lorsque les statuts obligent la compagnie à faire élection de domicile dans les bureaux de ces agents. Et encore, dans ce cas, ce domicile n'est-il attributif de juridiction qu'à raison des engagements souscrits par l'agent lui-même, et non pour ceux qu'il n'aurait fait que proposer à la compagnie et qui ne deviendraient définitifs que par l'approbation directe du conseil d'administration. Or, la délégation de pouvoirs qui habiliterait l'agent à engager la compagnie n'est pas possible lorsque les statuts réservent au conseil d'administration seul le pouvoir de former un contrat, et au directeur et à un administrateur désigné *ad hoc* celui de signer l'instrument. Et de tels statuts ne permettent évidemment pas l'établissement d'une succursale, c'est-à-dire d'un préposé investi du pouvoir de traiter avec les tiers pour le compte de la société.

On objecte bien, dans le système contraire, que la nécessité de faire approuver, par le conseil d'administration siégeant au domicile social de la compagnie le contrat passé par l'agent, ne saurait empêcher l'existence d'une succursale, alors que la ratification du conseil d'administration est une condition imposée à tous les agents de la compagnie, quelle que soit l'importance des directions, et au directeur même de Paris, c'est-à-dire du siège de la société, et alors que les éléments du contrat sont préparés et arrêtés par l'agent, qui appose sa signature sur la police, et la laisse dans les mains de l'assuré, comme titre provisoire ; la compagnie s'est sans doute réservé le droit de vérifier si ses agents n'ont pas dépassé les limites de leur mandat et d'approuver leurs engagements ; mais ce droit de contrôle n'est pas exclusif de l'existence d'une succursale, lorsque les autres caractères de la succursale, tels que l'importance de l'établissement, sa permanence, les pouvoirs généraux de l'agent s'appliquant à la formation des traités et à leurs conséquences, etc. se trouvent réunis. — Ces arguments sont assurément très puissants ; cependant, il est bien certain qu'un agent dont les pouvoirs se bornent à préparer le contrat qui n'obligera la société qu'après ratification du conseil d'administration central, n'engage pas la société ; et, lorsque l'agent n'a pas de pouvoirs suffisants pour engager la société, il est évident, qu'à supposer même qu'on donne à l'établissement qu'il dirige, le titre de succursale, les affaires n'y sont pas traitées, puisque le contrat ne s'y forme pas, et l'on ne saurait admettre qu'il y ait, au lieu de la succursale, promesse faite et marchandise livrée et, par conséquent, attribution de compétence conformément à l'art. 420 c. proc. civ. (Req. 20 mai 1873, aff. Comp. d'assurances générales, D. P. 75. 1. 469 ; 25 juin 1878,

aff. Fontaine, D. P. 79. 1. 212 ; Nîmes, 18 avr. 1882, *infrà*, n° 64).

64. La compétence exclusive du tribunal du siège social des compagnies d'assurances est d'autant plus certaine, lorsque les statuts en prévoient pas l'établissement de succursales. Dans tous les cas, une compagnie d'assurance ne peut être présumée avoir renoncé au droit qu'elle tient de la loi et de ses statuts d'être assignée devant le tribunal du lieu de son siège social, en raison de simples agissements, et, par exemple, par cela seul que, pour donner des facilités à l'assuré, elle fait toucher les primes au domicile de celui-ci, établi dans le ressort d'un autre tribunal (Req. 17 déc. 1879, aff. Caisse générale des familles, D. P. 80. 1. 262; Nîmes, 18 avr. 1882) (1).

65. La seconde condition de l'attribution de compétence aux tribunaux des localités dans lesquelles les sociétés ont des succursales est, comme on l'a déjà dit, qu'il s'agisse d'actions relatives aux opérations des succursales, et non pas seulement aux opérations générales de la société. Ainsi, un voyageur ne peut pas actionner en dommages-intérêts une compagnie de chemin de fer devant le juge du lieu où elle a une gare succursale hors de l'arrondissement de laquelle il a effectué en entier le voyage au cours duquel il a été victime d'un accident (Orléans, 7 août 1886, aff. Chemin de fer d'Orléans *C.* Breton, D.P. 87. 2. 107). Mais on doit regarder comme se rattachant à une opération de la gare succursale l'action intentée à raison d'un accident survenu à un voyageur dans un autre arrondissement, si c'est dans cette gare que le contrat de transport s'est formé (Orléans, 19 mars 1886, aff. Chemin de fer d'Orléans *C.* Bourget, D. P. 87. 2. 107).

66. On ne saurait non plus assigner une compagnie en la personne du chef de gare de son réseau, à raison d'une expédition étrangère à cette gare, sous le prétexte que celle-ci est la plus importante de l'arrondissement judiciaire dans lequel se trouve le lieu de destination. C'est ce qui a été jugé par un arrêt de la cour de cassation (Civ. cass. 3 févr. 1885, aff. Chemin de fer de l'Ouest *C.* Vautier, D. P. 86. 1. 304). Sur quelle base, en effet, établir une prétendue hiérarchie entre les diverses gares du même réseau? Comment déterminer le rayon dans lequel les principales d'entre elles seraient considérées comme les centres, comme les chefs-lieux ?

L'arrêt précité du 3 févr. 1885 a décidé qu'il en serait de même encore bien que, depuis plusieurs années, la compagnie, assignée dans ladite gare pour toutes opérations ayant eu lieu ou s'étant terminées dans cet arrondissement, se serait abstenue d'opposer la nullité des ajournements qui lui étaient ainsi notifiés. Sans doute le défendeur est tou-

jours libre de renoncer à une exception qui serait de nature à faire écarter la demande, pourvu qu'elle ne soit pas d'ordre public; mais l'effet d'une pareille renonciation est nécessairement limité à l'instance où elle est intervenue, et il ne pourrait être étendu même à une autre affaire engagée entre les mêmes parties. — La solution ne serait différente que si l'on pouvait induire des agissements de la compagnie l'intention d'élire un domicile dans la gare en question et d'y constituer un mandataire spécial, dont les pouvoirs devraient alors subsister tant qu'ils n'auraient pas été l'objet d'une révocation portée à la connaissance des tiers.

67. Il est également admis que le droit d'actionner une société devant le tribunal du domicile des agents qui la représentent ne s'applique pas à la demande en réparation d'un sinistre survenu dans la circonscription de l'agent, mais auquel il est demeuré étranger (Civ. cass. 16 mars 1858, aff. Bateaux à vapeur du Rhône, D. P. 58. 1. 130; Req. 2 juill. 1872, aff. Chemin de fer de l'Ouest *C.* Duchemin, D. P. 74. 5. 122 ; Nîmes, 9 déc. 1874, aff. Comp. d'assurances générales, D. P. 73. 5. 122 ; Req. 19 juin 1876, aff. Chemin de fer d'Orléans *C.* syndic Van den Brouck, D. P. 77. 1. 134; Féraud-Giraud, *Code des transports par chemins de fer*, t. 2, n°s 988 et 1022, et t. 3, n° 465).

68. La jurisprudence a décidé que la dérogation au principe de l'art. 59 pouvait être étendue même aux contestations relatives aux restitutions ou transferts de titres de la compagnie, si, dans la succursale, se trouve un bureau établi pour le service de ces titres; dans ce cas, en effet, on peut considérer que cette succursale crée, pour la compagnie, un véritable domicile, en ce qui concerne le service auquel ce bureau est affecté, comme en ce qui concerne le service de la ligne elle-même (Lyon, 29 juill. 1869, aff. Chemin de fer de Lyon *C.* Damour, D.P. 70.2.72).

La même solution s'appliquerait à l'action formée par les liquidateurs d'une société d'assurances mutuelles (maritimes), contre des assurés, à fin de payement des obligations contractées envers eux. Cette action peut être considérée comme de la compétence du tribunal, non du siège de la société, mais du lieu où ces assurés ont traité avec les agents de la compagnie; il ne s'agit pas là d'un débat concernant la liquidation entre les assurés, débat qui, comme on le verra dans la suite, est de la compétence exclusive du tribunal du siège de la société (Req. 21 juill. 1856, aff. Maze et Roby, D. P. 56. 1. 323).

69. On s'est demandé si la solution admise pour les sociétés ne devait pas être appliquée d'une manière générale à tous les commerçants, en d'autres termes, si le commerçant qui fonde une succursale dans une ville avec un rayon déterminé ne s'y constitue pas un domicile attributif de

---

(1) (Amic *C.* Comp. d'assur. terr. le *Gresham*.) — LA COUR ; — Attendu qu'Amic a contracté avec la comp. The *Gresham*, sous la date du 6 janv. 1861, une assurance sur la vie, aux termes de laquelle elle s'est engagée à lui payer, le 8 mai 1881, jour auquel il aurait accompli sa quarante-huitième année, une somme de 10000 fr. laquelle serait payable à son décès, au cas où il surviendrait avant cette date, et en outre une part proportionnelle dans les bénéfices ; que, de son côté, Amic a pris l'engagement de payer chaque trimestre, à partir du 6 janvier, une prime de 130 fr. 70 ; — Attendu que la police souscrite à Londres, le 6 janv. 1861, porte quittance de la première prime de 130 fr. 70, et que les autres primes ont été payées à Avignon trimestriellement, contre les traites tirées de Londres, par l'actuary secretary general ; — Attendu qu'à chaque répartition des bénéfices, Amic a été avisé par la compagnie des sommes attribuées à la police, lesquelles, suivant l'affirmation de cette dernière, se seraient élevées, à l'expiration du contrat, à la somme de 11104 fr. 20 ; — Attendu que des difficultés s'étant élevées entre l'assuré et l'assureur au sujet de cette dernière somme que celui-ci prétend devoir être plus forte, Amic a actionné la compagnie devant le tribunal de commerce d'Avignon, en payement de 11104 fr. 20, et en outre, pour se voir condamner à fournir toutes justifications nécessaires pour établir que la part dans les bénéfices n'est pas supérieure à la somme offerte de payer ; — Attendu que la compagnie a décliné la compétence du tribunal d'Avignon, et demande son renvoi devant le tribunal qui doit en connaître ; — Attendu qu'aux termes de l'art. 59 c. proc. civ. le défendeur doit être assigné en matière personnelle devant le tribunal de son domicile ; — Attendu que la comp. The *Gresham* a son siège spécial à Londres, mais qu'elle possède en France, rue de Provence, 30, à

Paris, une succursale, qu'elle n'a pas de succursale en province et spécialement à Avignon ; qu'à ce premier point de vue, le tribunal d'Avignon était incompétent ; — Attendu, il est vrai, qu'en matière commerciale, le demandeur peut assigner le défendeur soit devant le tribunal du lieu de la promesse et de la livraison, soit devant le tribunal du lieu où le payement devait être effectué (c. proc. civ. art 420, § 2 et 3) ; — Attendu que les conditions d'application du paragraphe 2 de l'art. 420 ne se rencontrent pas dans l'espèce, Avignon ne pouvant, sous aucun rapport, être considéré comme le lieu de la promesse et de la livraison ; — Mais qu'Amic soutient que le payement des primes ayant été effectué à Avignon, cette ville a été, par la convention, considérée comme étant le lieu où le payement devait être fait ; d'où la conséquence qu'il pouvait, conformément aux prescriptions du paragraphe 3 de l'art. 420, porter son action devant le tribunal d'Avignon ; — Attendu, à cet égard, que la somme de 10000 fr. et toute autre que la compagnie s'est engagée à verser à l'expiration de la vingtième année du jour du contrat, ou au décès d'Amic, a été stipulée payable à Paris par l'art. 2 de sa police; que c'est le payement de ces sommes qui est réclamé par Amic et qui fait l'objet de l'instance ; — Attendu que si, pour donner des facilités à l'assuré, la compagnie a fait toucher les primes au domicile de celui-ci par les mains de son agent, on ne saurait induire de cette circonstance qu'elle ait renoncé, dans le cas particulier de l'espèce, aux droits qu'elle tient de la loi, et des clauses de ses statuts ; — Par ces motifs, infirme; — Dit que le tribunal d'Avignon était incompétent pour connaître de la demande.

Du 18 avr. 1882.-C. de Nîmes, 1re ch.-MM. Gouazé, 1er pr.-Pironneau, av. gén.-du Buit (du barreau de Paris) et Balmelle, av.

juridiction pour tous les actes de commerce consentis dans ce même rayon. L'affirmative a été admise par un arrêt de la cour de Dijon du 26 févr. 1873 (aff. Abel Pilon, D. P. 74. 2. 83), et cette décision paraît à l'abri de la critique. Il n'y a, en effet, aucune raison sérieuse pour ne pas étendre la doctrine appliquée aux sociétés au cas où une succursale est établie par un commerçant faisant seul le commerce. L'opinion contraire ne pourrait se soutenir que si l'on admettait d'une façon générale qu'une personne ne peut avoir plusieurs domiciles, parce qu'elle ne peut avoir qu'un principal établissement (c. civ. art. 101). Mais cette objection serait également opposable en cas de société. Et, d'ailleurs, n'est-il pas certain qu'au point de vue de la compétence on peut avoir plusieurs domiciles, autant peut-être qu'on a passé de contrats, puisque chacun d'eux peut contenir une élection de domicile ?

70. Cependant, si une société de commerce qui a des succursales où elle est représentée par des agents peut être assignée, dans la personne d'un de ces agents, devant le tribunal civil du lieu où est établie la succursale, cette dérogation aux règles de la compétence n'a été introduite qu'en faveur des tiers ; elle ne saurait être invoquée par les agents et préposés des compagnies qui, traitant directement et sans intermédiaire, n'ont de rapport avec elles qu'au siège principal de leur établissement (Req. 22 mai 1854, aff. Comp. le Soleil, D. P. 54. 1. 262 ; 3 janv. 1870, aff. Comp. des lits militaires, D. P. 72. 1. 251). C'est ce qui a été décidé, spécialement pour le cas où une action est formée contre la société par le directeur même d'une succursale : l'assignation doit être donnée au siège social et devant le tribunal de ce siège (Req. 28 mai 1877) (1). — Il a été jugé, cependant, que la compagnie de chemin de fer qui possède dans une ville un établissement considérable peut être assignée devant le tribunal de commerce de cette ville par un de ses employés dans une contestation relative aux appointements que cet employé y recevait (Paris, 1er févr. 1875, aff. Imbert, D. P. 77. 5. 110).

71. La doctrine admise par la jurisprudence, et que l'on vient d'exposer, est-elle bien juridique ? Plusieurs auteurs le contestent (V. notamment : Garsonnet, Cours de procédure, 2e partie, p. 721 ; Glasson, dissertation insérée D. P. 85. 2. 49). « Cette jurisprudence, dit ce dernier auteur, est fort utile en pratique. Mais il est peut-être difficile de la justifier au point de vue de la rigueur des principes. En effet, elle repose sur une présomption d'élection de domicile : or, si cette élection peut être expresse ou implicite, il n'en est pas moins vrai que dans le doute, elle ne se présume pas » (Conf. Aubry et Rau, Cours de droit civil, 4e éd., t. 1, § 146, p. 587 ; Boitard, Colmet-Daàge et Glasson, Leçons de procédure civile, 14e éd., t. 1, § 146, p. 125, note 2). Mais cette critique, fort juste en elle-même, nous paraît s'adresser plutôt aux motifs d'un certain nombre des décisions qui constituent la jurisprudence dont nous parlons, et qui se fondent le plus souvent sur la présomption d'élection de domicile, tandis qu'on ne saurait présumer une telle élection. On peut donner compétence au tribunal du lieu de la succursale par une raison plus simple et plus directement fondée sur le texte même du code de procédure. Il suffit de faire remarquer qu'une succursale est un principal établissement et qu'une société peut, sans aucun doute, être établie dans plusieurs localités différentes ; dès lors, en donnant compétence au tribunal du lieu de la succursale, on reste dans les termes mêmes de l'art. 59 c. pr. civ. Dans tous les cas, la discussion est purement doctrinale, et nous estimons que la jurisprudence a fort heureusement comblé une lacune que le développement des affaires des sociétés modernes rendait sensible dans notre législation.

72. Il y a certaines actions qui, ainsi qu'on l'a vu au Rép. n° 110-2° in fine, ne peuvent être portées que devant le tribunal du siège social. Ce sont celles qui concernent l'intérêt général des sociétés. Par exemple, c'est au tribunal du lieu du domicile d'une société, c'est-à-dire du lieu où le siège de cette société est fixé par ses statuts, quelle que soit l'importance des établissements possédés par elle dans un autre lieu, qu'il appartient de la déclarer en faillite (Req. 4 mai 1857, aff. Gendrot, D. P. 57. 1. 401. V. aussi Req. 16 mars 1874 (2);

---

(1) (Beghin C. Vennin.) — La cour ; — Sur la fin de non-recevoir : — Attendu que le déclinatoire proposé devant la cour de Poitiers ne se fondait point sur les clauses du contrat intervenu entre Vennin et la Compagnie française pour l'industrie du gaz ; qu'il ne s'agit point d'interpréter ce contrat, mais de faire aux faits de la cause application des règles générales du droit sur la compétence ; que, dès lors, la demande en règlement de juges est recevable ; — Au fond : — Attendu qu'aux termes de l'art. 59 c. pr. civ., les sociétés de commerce doivent être assignées devant le juge du lieu où elles sont établies ; qu'en fait la Compagnie française pour l'industrie du gaz a son siège à Paris ; — Attendu que s'il est admis qu'une société qui a des succursales où elle est représentée par des agents peut être assignée devant le juge du lieu où la succursale est établie, cette compétence doit être limitée aux actions intentées par les tiers qui ont traité avec l'agent placé en ce lieu pour la facilité des relations commerciales de la compagnie ; qu'il n'en saurait être ainsi dans l'espèce où il s'agit d'une action formée contre la Compagnie française par le directeur même de l'une de ses succursales ; — Attendu que les dispositions de l'art. 420 c. pr. civ. ne peuvent non plus attribuer à l'action intentée par le directeur d'une succursale contre la compagnie dont il est le représentant, une autre compétence que celle du lieu où cette compagnie a son siège social ; que la nature même du mandat qu'il a reçu fait de ce siège le centre de ses rapports personnels avec l'administration de la société ; que les motifs qui ont fait admettre la compétence exceptionnelle de l'art. 420 n'ont, en ce cas, aucune application ; — Statuant par voie de règlement de juges, aux termes des art. 19 et 20, tit. 2, de l'ordonnance d'août 1737, met à néant l'arrêt de la cour de Poitiers en date du 22 nov. 1876, ensemble tout ce qui peut en avoir été la conséquence ; renvoie les parties à se pourvoir ainsi qu'elles aviseront devant le tribunal de commerce du lieu où la Compagnie française a son siège social, etc.
Du 28 mai 1877.-Ch.req.-MM. Alméras-Latour pr.-Onofrio, rap.-Godelle, av. gén.-Chambareaud et Housset, av.

(2) (Boursetty et comp.) — La cour ; — Attendu que le tribunal de commerce de la Seine et le tribunal de commerce de Honfleur se trouvent simultanément saisis des affaires de la faillite Boursetty et comp. par la déclaration qu'ils ont respectivement faite de ladite faillite par jugement des 9 et 12 déc. 1873 ; que ces deux tribunaux ne ressortissant pas à la même cour d'appel, il y a lieu, par la cour, aux termes de l'art. 363, § 4, c. proc. civ. de

déterminer celle des deux juridictions devant laquelle devront être portées les opérations de la faillite ; — Attendu que la société en commandite par actions de Boursetty et comp., ayant pour objet l'exploitation de la raffinerie de Honfleur, a été constituée, le 9 sept. 1871, par acte public aux minutes de Me Lefèvre, notaire à Honfleur ; que les art. 6 et 39 statuts portent le premier, que le siège social est fixé à Honfleur dans les bureaux de la société qui pourra avoir une succursale à Paris ; le second, que, chaque année, il y aura à Honfleur une assemblée générale des actionnaires ; — Attendu que des sommes considérables ont été dépensées, soit pour reconstruire ou réparer les bâtiments de la raffinerie, soit pour installer de nouveaux appareils et de nouvelles machines et mettre ainsi l'usine en mesure de se livrer à une grande fabrication ; — Attendu que si l'assemblée générale extraordinaire du 12 févr. 1873 a modifié l'art. 6 des statuts et décidé que le siège social serait à Paris dans les bureaux de la société, cette décision n'a reçu, en fait, aucune exécution ; que rien n'a été changé à l'état de choses existant ; que la seule affaire qui ait été traitée depuis à Paris consiste dans un emprunt hypothécaire contracté par le gérant en vertu d'une autorisation donnée le 12 février précédent par l'assemblée générale ; que Honfleur est resté le lieu de l'exploitation et le centre des opérations commerciales ; que la comptabilité et les bureaux qui y avaient été primitivement installés y ont été maintenus, et que c'est là que l'existence de la société a continué à se manifester ; — Attendu que, du 15 févr. au 26 nov. 1873, il a été inscrit au rôle du tribunal de commerce de Honfleur dix-huit affaires contre « de Boursetty et comp., négociants, raffineurs de sucre, demeurant à Honfleur » ; que le tribunal civil de Pont-l'Évêque, par deux jugements en date des 3 juill. et 2 déc. 1873, a désigné des administrateurs pour la raffinerie en remplacement du gérant arrêté ou en fuite ; que le président de ce tribunal a rendu, le 2 oct. 1873, une ordonnance de référé à la requête des sieurs de Boursetty, « négociants, raffineurs de sucre, demeurant à Honfleur » ; — Attendu que, en conformité des statuts confirmés, quant à cet, par la délibération des actionnaires du 12 févr. 1873, les assemblées générales devaient se réunir, chaque année, à Honfleur ; que les mêmes que les assemblées générales extraordinaires ont continué à se réunir ; — Attendu que les immeubles composant la raffinerie forment la plus grande partie de l'actif de la société ; — Attendu qu'il résulte de ces faits que le siège et le principal établissement de cette société ont toujours été à Honfleur, et que, dès lors, il

Nancy, 8 mai 1875, (1). D'ailleurs, s'il en était autrement, la faillite pourrait être déclarée à la fois par plusieurs tribunaux, ce qui nécessiterait un règlement de juges (Rouen, 11 juill. 1874 (2). — V. *infrà*, v° *Faillite; Règlement de juges.*

73. Lorsque la demande intéresse à la fois une société et un ou plusieurs autres défendeurs, les règles qui viennent d'être exposées entrent en concurrence avec celle qui permet au demandeur, lorsqu'il y a plusieurs défendeurs, de les assigner, à son choix, devant le tribunal du domicile de l'un d'eux (V. *suprà*, n° 16). Il est certain, par exemple, que la demande en dommages-intérêts, poursuivie à l'occasion d'une souscription d'actions obtenue par dol, contre une compagnie ayant son siège à Paris, et contre son agent local, auteur direct des faits reprochés, peut être valablement portée devant le tribunal du domicile de ce dernier (Req. 8 déc. 1884, aff. Comp. *l'Indemnité*, D. P. 85. 5. 102).

74. Pour que la solution des difficultés qui s'élèvent en matière de société doive nécessairement soumise, conformément à l'art. 59, § 5, c. proc. civ., au juge du lieu où la société est établie, il faut que la demande, par sa cause ou par son objet, touche soit à l'existence de la société, soit à ses opérations, soit à l'ensemble de ses rapports avec les actionnaires. Dans toute autre hypothèse, le litige ne constitue pas une contestation sociale qui doive être portée devant le juge du lieu où la société est établie (Civ. rej. 4 déc. 1871,

aff. Laffite, 2 arrêts, D. P. 72. 1. 121; Req. 26 mars 1873, aff. Schaken, D. P. 75. 1. 29). Ainsi l'action en dommages-intérêts intentée par un actionnaire contre le gérant d'une société anonyme, à raison du préjudice qu'il lui aurait causé en déterminant l'assemblée générale des actionnaires, par des manœuvres dolosives et frauduleuses, à s'engager dans une entreprise ruineuse pour la société; ou bien la demande en dommages-intérêts contre plusieurs personnes à raison de manœuvres frauduleuses consistant à attribuer faussement à quelques-unes d'entre elles la qualité d'actionnaires, afin de les faire concourir aux votes de l'assemblée générale d'une société et d'entraîner des mesures dommageables aux demandeurs, sont des actions purement personnelles qui doivent être portées devant le juge du domicile du défendeur, et non devant le tribunal du siège social (Arrêts précités des 4 déc. 1871 et 26 mars 1873). — Mais il en serait autrement d'une instance par laquelle d'anciens associés poursuivraient le redressement des comptes établis lors de la dissolution, afin de réduire les sommes dont l'un d'eux se prétend créancier, par suite, de modifier la répartition des bénéfices et des pertes; c'est là une instance en matière de société, de la compétence du juge du lieu où la société était établie (Civ. rej. 11 mars 1884, aff. Cail, D. P. 84. 1. 199).

75. Les contestations entre associés pour raison de la société, dont l'art. 631 c. com. nouveau attribue la connais-

---

(1) (Touglet C. Syndic de la faillite des hauts fourneaux de Stenay.) — LA COUR; — En ce qui touche le jugement du 16 févr. 1875 : — Attendu qu'il résulte de la combinaison des art. 102 c. civ. et 438 c. com., que la faillite d'une société commerciale doit être déclarée par le tribunal dans l'arrondissement duquel cette société a son principal établissement, c'est-à-dire là où elle est connue, où les intéressés et le ministère public ont pu suivre la marche de ses affaires, surveiller tous ses actes, apprécier sa situation, ses embarras, leur nature et leur cause; — Attendu qu'ici le fait soulève encore moins d'incertitude que le droit, si l'on prend garde que la société avait son unique établissement à Stenay où se trouvaient toutes ses usines, hauts-fourneaux, forges, laminoirs, où se trouvaient aussi ses marchandises, ses matières premières, ses titres de créance, son administration, ses bureaux, ses livres, sa caisse, son directeur-gérant; — Qu'en présence de ces manifestations de la vie commerciale et industrielle concentrées en un même lieu de l'arrondissement de Montmédy, le tribunal de Montmédy était, pour tous deux et aux yeux de tous, le seul tribunal compétent; — Attendu qu'on objecte en vain que l'art. 1er des statuts indiquait Namur comme siège de la société; — Que cette indication, purement fictive et nominale, n'a pu prévaloir contre la vérité des faits, modifier les règles de la compétence et soustraire une société anonyme aux mesures de sage contrôle que la loi française a organisées avec le plus grand soin, dans un intérêt d'ordre public; — Que d'ailleurs, pour le bien comprendre et ne pas en exagérer la valeur, il convient de rapprocher l'art. 1er des statuts des autres documents versés au procès; qu'ainsi, notamment, les procès-verbaux, délibérations des assemblées générales et autres, prouvent que ces assemblées se tenaient à Stenay et non à Namur, où la société ne possédait aucun local destiné à ces réunions, ni même un signe extérieur qui y révélât son existence; qu'ainsi encore les lettres et factures portaient toutes cette mention très significative : « Toutes les affaires étant censées traitées au siège de la société à Stenay, les contestations qui surviendraient à l'occasion de l'interprétation ou de l'exécution d'un marché seront portées devant le tribunal du ressort de la société qui sera seul compétent pour juger lesdites contestations »; — Qu'en lisant une mention aussi claire, aussi formelle, aussi souvent répétée, on s'explique avec peine comment aujourd'hui la société, ou quelqu'un pour elle, songe à tenir un autre langage et à substituer arbitrairement le tribunal de Namur au tribunal de Montmédy;

En ce qui touche le jugement du 4 févr. 1875 : — Attendu qu'après avoir affirmé sa propre compétence, le tribunal de Montmédy n'a été que logique lorsqu'il a refusé de reconnaître celle du tribunal de Namur et d'accorder l'exéquatur aux jugements des 19, 21 et 27 janv. 1875; — Mais attendu que l'idée d'un cosyndic belge serait une idée heureuse, pratique, utile, conforme aux relations de bon voisinage entre deux peuples depuis longtemps amis, et que les conclusions subsidiaires de l'appelant donnent le moyen

appartenait au tribunal de commerce de cette ville de déclarer la faillite; — Déclare nul le jugement du tribunal de commerce de la Seine du 9 déc. 1873, etc.

Du 16 mars 1874.-Ch. req.-MM. de Raynal, pr.-Petit, rap.-Reverchon, av. gén., c. conf.-Bosviel et Bidoire, av.

(2) (Syndic Mouriot C. Arnaud.) — LA COUR; — Attendu que la faillite doit être déclarée au tribunal du lieu du domicile du défendeur; — Que, dès lors, un commerçant n'ayant qu'un domicile, quoiqu'il puisse avoir plusieurs résidences, ne peut être l'objet que d'une seule mise en faillite; — Qu'en effet, la faillite est indivisible et implique la centralisation des opérations qu'elle entraîne; — Que la coexistence de plusieurs faillites, qu'elle conduirait à une aggravation de frais ruineux, ferait naître des complications inextricables et des contrariétés de jugements; — Qu'aussi plusieurs ouvertures simultanées de faillite obligeraient à se pourvoir en règlement de juges, à faire déterminer le véritable lieu du domicile du failli et à faire prévaloir la compétence exclusive du tribunal de ce lieu; — Attendu qu'au mois de janvier 1874, le tribunal de commerce de Lisieux a déclaré Mouriot en état de faillite; qu'aujourd'hui le jugement est passé en force de chose jugée et que la vente du mobilier et les opérations de la vérification sont en cours d'exécution; — Qu'il est vrai qu'en octobre 1873, la même faillite avait été déclarée par le tribunal du Havre, mais que le jugement frappé d'appel n'a reçu aucun commencement d'exécution; — Attendu que Mouriot, qui ne paraît pas être originaire du Havre, a vendu, dès le mois de septembre 1872, le fonds de café-restaurant qu'il y possédait; — Qu'il a quitté cette ville sans esprit de retour et, vers le mois d'avril 1873, est allé se fixer à Lisieux; que là il a acheté un nouveau fonds de café-restaurant, et a commencé l'exploitation dès le 15 juin 1873; — Qu'il avait loué pour vingt années la maison dans laquelle existait cet établissement; — Qu'évidemment, aux époques de la double déclaration de faillite, c'est à Lisieux qu'il avait son domicile, et qu'en effet, c'est là que se trouve la presque totalité à vrai dire, la masse de ses créanciers; — Qu'Arnaud a reconnu lui-même, puisque dans les assignations qu'il a fait délivrer à Mouriot, les 11 et 23 oct. 1873, il l'indique comme ayant depuis son domicile à Lisieux;

Attendu qu'Arnaud objecte que Mouriot aurait dû décliner la compétence du tribunal du Havre préalablement à toute autre défense; — Mais qu'une pareille exception intéresse non seulement le failli, mais encore la masse de ses créanciers, la bonne administration de la justice et même la police judiciaire; — Qu'à cause de cela la loi attribue juridiction spéciale au tribunal du lieu du domicile du failli; — Qu'alors, s'agissant d'une exception à raison de la matière, elle peut être déclarée en tout état de cause; — Par ces motifs; — Dit à tort la prétention d'Arnaud de faire rejeter en appel, comme tardive, l'exception d'incompétence proposée par Desmares; — Dit que le tribunal de commerce du Havre était incompétent pour connaître de l'action d'Arnaud; — Par suite, infirme le jugement dont est appel.

Du 11 juill. 1874.-C. de Rouen, 2e ch.-MM. Jardin, pr.-Pouyer, av. gén.-Henry et Gosset, av.

de l'adopter; — Par ces motifs, confirme, etc.; maintient, toutefois, son titre et ses fonctions de cosyndic à Me Touglet, avocat à Namur, lequel, avec Me Benoist, syndic désigné par le tribunal de Montmédy, concourra dans la mesure du possible et de l'utile aux opérations et à la liquidation de la faillite.

Du 8 mai 1875.-C. de Nancy, 1re ch.-MM. Leclerc, 1er pr.-Pierrot, av. gén.-Lombard et Doyen, av.

sance au tribunal de commerce, lorsqu'il s'agit de sociétés commerciales, sont aussi des contestations en matière de société dans le sens de l'art. 59 c. pr. civ.; il semble donc qu'elles doivent être également portées devant le tribunal du lieu où siège la société, lorsqu'elles portent sur l'existence même de la société. Cependant il s'est élevé sur ce point une controverse dont les éléments ont été exposés au *Rép.* n°s 117 et 118. Elle ne paraît point avoir, depuis la publication du *Répertoire*, reçu une solution définitive en jurisprudence. Ainsi, il a été jugé, d'une part, que l'action formée contre une société, pour en faire prononcer la nullité, doit être portée devant le tribunal du siège de cette société (Caen, 23 janv. 1844, aff. Comp. d'assurances mutuelles, D. P. 45. 4. 483); d'autre part, que l'action en nullité d'une société pour dol de l'un des associés doit être intentée devant le tribunal du défendeur (Lyon, 26 août 1848, aff. Fossone, D. P. 49. 2. 197).

76. On persiste à admettre la doctrine exposée au *Rép.* n° 120, et suivant laquelle une société dissoute continuant d'exister pour les besoins de sa liquidation, le tribunal du lieu où elle avait son siège social reste compétent tant que la liquidation n'est pas terminée pour statuer sur toutes les contestations qui s'élèvent relativement à cette société ou à l'occasion des engagements qu'elle avait contractés. Il en est ainsi tant que le partage n'a pas été effectué, le partage continuant, bien que dissoute, à subsister au moins à l'état de liquidation (Lyon, 22 juill. 1858, aff. Salveton, D. P. 59. 2. 80). Et même une liquidation ne doit pas être considérée comme terminée, malgré le partage, lorsque la convention avait réservé à l'une des parties un délai pour faire rectifier les bases du partage; qu'avant l'expiration de ce délai l'instance a été introduite et que, dès lors, le partage, de provisionnel qu'il était, n'est pas devenu définitif (Civ. rej. 11 mars 1884, aff. Cail, D. P. 84. 1. 199). De même, nonobstant le décès de l'un des associés concessionnaires d'une mine, c'est au tribunal du lieu du siège social qu'il appartient de statuer sur l'action dirigée par les associés survivants, contre l'héritier ou représentant d'un associé décédé, en contribution aux dépenses avancées pour l'exploitation (Lyon, 22 juill. 1858, aff. Salveton, D. P. 59. 2. 80).

Mais, lorsque la liquidation d'une société est terminée, les actions relatives à cette société ne doivent plus, comme nous l'avons exposé au *Rép.* n° 125, être portées devant le tribunal du lieu où elle était établie, mais devant celui du domicile de l'un des défendeurs. Ainsi, lorsqu'une demande tendant à la reconnaissance d'une créance contre la société ayant existé entre le failli et un tiers et à payement de cette créance sur l'actif de la société, de préférence aux autres créanciers de la faillite, est formée contre le syndic, il n'y a pas lieu d'attribuer compétence au tribunal du lieu où la société était établie, si l'action est postérieure à la liquidation de cette société (Req. 21 janv. 1873, aff. Dugourd, et aff. Roquel, D. P. 73. 1. 483).

77. — V. Compétence en matière de faillite. — On a exposé au *Rép.* n°s 128 et suiv. les trois systèmes qui avaient cours, dans la doctrine et la jurisprudence, relativement au sens et à la portée qu'il convient d'attribuer à la disposition de l'art. 59 c. proc. civ. qui décide que « en matière de faillite, le défendeur sera assigné devant le juge du domicile du failli ». Le premier système soumettait au tribunal du domicile du failli toute action intéressant la liquidation de la faillite, sans distinguer entre les actions in-

tentées par la faillite ou contre elle, ni entre celles qui sont nées de la faillite, ou dont l'origine est indépendante de cet événement. Suivant la seconde opinion, le tribunal du failli ne serait compétent que pour statuer sur les actions intentées par les tiers contre la faillite, et n'aurait point qualité pour prononcer sur les actions intentées par la faillite contre les tiers. Enfin suivant le troisième système, le tribunal du failli est compétent pour statuer aussi bien sur les actions dirigées par la faillite contre les tiers que sur celles qu'intentent des tiers contre la faillite, pourvu d'ailleurs que toutes ces actions naissent du fait même de la faillite.

Bien que depuis la publication du *Répertoire* la question de savoir quelles sont les actions qui doivent être considérées comme des actions *en matière de faillite*, ait continué à être discutée, c'est en définitive ce dernier système auquel nous nous étions ralliés qui a fini par prévaloir.

78. Il est fort difficile de trouver une formule qui embrasse, d'une manière générale, tous les cas dans lesquels le législateur a entendu attribuer compétence au tribunal du domicile du failli; on peut cependant poser en règle générale, d'après les derniers monuments de la jurisprudence qui vont être analysés, que ce tribunal est compétent pour connaître de toutes les actions nées de la faillite ou qui se rattachent directement et essentiellement aux opérations de la faillite (Orillard, *De la compétence et de la procédure des tribunaux de commerce*, n° 602; Pardessus, *Cours de droit commercial*, t. 5, n° 1186; Esnault et Planquette, *Traité des faillites et banqueroutes*, t. 3, n° 658; Boitard, Colmet-Dâage et Glasson, *Leçons de procédure civile*, 14e éd., t. 1, p. 129, note 1; Lyon-Caen et Renault, *Précis de droit commercial*, t. 2, p. 953, n° 3179; Nouguier, *Des tribunaux de commerce*, t. 2, p. 306; Rousseau et Laisney, *Dictionnaire de procédure civile*, v° *Faillite*, n°s 490 et suiv.). Par exemple, une action formée par les syndics d'une faillite en nullité d'un nantissement à défaut d'enregistrement de l'acte constatant ce nantissement, et en restitution des valeurs qui en sont l'objet, ne constitue pas une demande en matière de faillite, et par suite, cette action doit être portée devant le tribunal du domicile du défendeur et non devant le tribunal de l'ouverture de la faillite (Req. 4 août 1847, aff. Bouchardier, D. P. 47. 1. 337). Il s'agit là, en effet, d'une restitution que le failli aurait pu poursuivre lui-même, si la faillite ne s'était pas produite, et qui, dès lors, n'était pas une conséquence de la faillite (Douai, 8 janv. 1877) (1). En pareil cas, d'ailleurs, l'action suppose la discussion d'opérations remontant à une époque antérieure à l'ouverture de la faillite, tandis que l'art. 59, § 7, c. pr. civ. ne s'applique qu'aux actions nées de faits postérieurs à l'ouverture de la faillite ou aux dix jours qui l'ont précédée. Par suite, les actions intentées par la faillite à raison d'actes antérieurs à cette période doivent être portées devant le tribunal du domicile du défendeur (Nancy, 17 févr. 1844, aff. Houdelaire, D. P. 48. 5. 196; Req. 9 mars 1858, aff. Maëndl, D. P. 58. 1. 303; Civ. rej. 8 déc. 1884, aff. Faillite de la Compagnie des omnibus de Marseille, D. P. 85. 1. 286; Req. 2 juin 1885, aff. Faillite Sallery, D. P. 86. 1. 212; Orillard, *Compétence commerciale*, n° 602; Pardessus, *Droit commercial*, t. 5, n° 1186; Esnault, *Faillites*, t. 3, n° 658). Peu importerait que les actes incriminés fussent de nature à être attaqués comme entachés de fraude au préjudice des créanciers, comme s'ils consistaient, par exemple, dans des ventes fictives faites par le failli pour détourner une partie

(1) (Nevollon C. Framezelle.) — La cour ; — Attendu que le 8 juin 1876, l'intimé en sa qualité de syndic à la faillite Pluviot, a assigné l'appelant, domicilié à Paris, devant le tribunal de commerce de Saint-Omer, lieu de l'ouverture de la faillite, en remise de titres achetés par ce dernier pour compte de Pluviot en décembre 1875, janvier et février 1876, ou en payement de leur valeur ; — Attendu, qu'en principe, tout défendeur doit être assigné devant le tribunal de son domicile ; que si, par exception, et aux termes du paragraphe 7 de l'art. 59 c. proc. civ. le défendeur doit être assigné devant le tribunal du domicile du failli, cette disposition n'emporte pas que la faillite attribue invariablement juridiction au tribunal du lieu de son ouverture pour toutes les actions en recouvrement de l'actif du failli ; — Attendu que la compétence établie en matière de faillite s'applique exclusivement aux actions qui procèdent du fait de la faillite elle-même ; — Attendu que l'action, intentée par le syndic intimé, n'est point

née du fait de la faillite Pluviot, que celui-ci aurait pu l'intenter personnellement avant sa faillite, et qu'il avait déjà adressé à l'appelant une sommation tendant à la remise des titres même réclamés par le syndic avant que sa faillite fût déclarée ; que l'action a, dès lors, une origine antérieure à la faillite et en était indépendante ; — Attendu que l'éventualité d'une défense à l'action, par des moyens opposables au débiteur *integri status*, non opposables à sa faillite, est un élément trop incertain pour déterminer la compétence, laquelle doit être fixée uniformément par le fait même qui engendre l'action, et par le but exprimé dans l'assignation ; que cette interprétation qui ne blesse en rien le texte du paragraphe 7 de l'art. 59 c. proc. civ., concilie exactement les dispositions de ce paragraphe avec celles édictées par le paragraphe 1er du même article ; — Par ces motifs, dit que le tribunal de Saint-Omer était incompétent, etc.

Du 8 janv. 1877.-C. de Douai.

de son actif, l'action étant fondée en ce cas, non sur les règles spéciales de la faillite, mais sur la disposition générale de l'art. 1167 c. civ. (Même arrêt du 9 mars 1858).

79. On a décidé également que la compétence du tribunal de la faillite ne devait pas être étendue à l'action formée par un commissionnaire à l'effet d'être autorisé à vendre les marchandises du failli formant son gage, pour se rembourser de ses avances : une telle action peut être portée devant le tribunal du domicile de ce commissionnaire, comme ayant pour cause des faits antérieurs à la faillite ou des contrats passés avant son ouverture (Bordeaux, 2 juin 1871, aff. Syndic Vié, D. P. 72. 2. 195; Douai, 8 janv. 1877, *suprà*, n° 78). De même, l'art. 59, § 7, n'est pas applicable à une action qui procède de rapports directs entre le négociant, depuis tombé en faillite, et des tiers, spécialement à la demande relative à une obligation constatée par des actes sous seing privé émanés du failli avant l'ouverture de la faillite (Rennes, 22 juill. 1879, aff. Langlais, D. P. 81. 2. 31). — De même encore et pour les mêmes motifs, cet article n'est pas applicable à la demande formée par le syndic de la faillite d'une société commerciale contre un des actionnaires, à l'effet de le contraindre à compléter le versement du montant des actions par lui souscrites : cette demande doit être portée devant le tribunal du siège social de la compagnie, alors même qu'un jugement passé en force de chose jugée aurait déclaré ouverte la faillite et constaté le tribunal compétent pour prononcer la faillite (Req. 1er déc. 1884, aff. Péreyre, aff. Paz, et aff. Godemont, D. P. 85. 1. 372); — Ou à une contestation purement civile se rattachant à une collocation obtenue dans un ordre, et dont la cause réside dans des faits antérieurs à la cessation des payements (Req. 9 févr. 1886, aff. faillite Morel-Chanteau, D. P. 86. 1. 453-454); — Ou à une demande intentée à l'occasion d'un compte entre le commerçant depuis tombé en faillite et un autre commerçant, alors surtout que l'instance était déjà engagée au moment de la déclaration de la faillite (Req. 3 août 1864, aff. Devaux, D. P. 64. 1. 464). — Il a été jugé aussi, que l'action des syndics en règlement des profits et pertes résultant de l'exploitation, postérieure à la faillite, d'un navire indivis entre le failli et les défendeurs, doit être portée devant le tribunal du domicile des défendeurs, et non devant celui du domicile du failli, car en ce cas, l'action n'a point son fondement dans la faillite, laquelle n'a pu exercer aucune influence juridique sur les faits qui lui servaient de cause, et n'a pu, non plus, modifier juridiquement les bases d'après lesquelles les droits respectifs des communistes devaient être réglés (Civ. cass. 26 avr. 1875, aff. Closmadeuc, D. P. 75. 1. 300. V. aussi Civ. rej. 1er févr. 1888, aff. Bellamy, D. P. 88. 1. 213).

Il en est de même : 1° de l'action intentée par un commissionnaire à raison des avances par lui faites à un commerçant, depuis tombé en faillite : dans ce cas, le commissionnaire peut actionner les syndics devant les juges de son domicile (Lyon, 23 juin 1848, aff. Reynard, D. P. 49. 2. 33); — 2° De l'action formée par un consignataire de marchandises contre les syndics de la faillite de l'expéditeur, en payement du solde du compte courant qui existait entre lui et ce dernier, à fin d'autorisation de vendre les marchandises consignées;... alors surtout que les parties avaient, dans leurs conventions, fait élection de domicile au lieu même du domicile du consignataire (Metz, 23 mai 1855, aff. Tronchon, D. P. 56. 2. 5); — 3° De l'action que le porteur d'une lettre de change, souscrite à son profit par le failli avant sa faillite, a intentée contre le tiré à l'effet, par exemple, de faire déclarer qu'au moment de l'échéance de la traite il y avait provision entre les mains de ce dernier (Lyon, 24 avr. 1850, aff. Elia, D. P. 54. 2. 119).

80. Au contraire, le tribunal du lieu d'ouverture de la faillite est compétent pour connaître de l'action en restitution de marchandises intentée par le syndic contre le vendeur qui, après livraison faite au failli, a repris lesdites marchandises, postérieurement à l'époque à laquelle a été reportée l'ouverture de la faillite (Besançon, 16 mars 1860, aff. Delbende, D. P. 61. 2. 81). En pareil cas, en effet, il s'agit, entre le syndic et le vendeur des marchandises, des conséquences légales de la décision qui avait fixé l'époque à laquelle la faillite s'était ouverte, et un pareil litige ne peut naître que de la faillite. De même, l'action formée contre le syndic d'une faillite, à fin de reconnaissance d'un privilège

résultant, notamment, d'un gage régulièrement constitué, est réputée intentée en matière de faillite, dans le sens de l'art. 59, § 7, c. proc. civ., lorsque l'existence du privilège réclamé est subordonnée à la vérification préalable de la créance à laquelle il serait attaché; cette action est de la compétence exclusive du tribunal du domicile de la faillite, et ne peut, dès lors, être portée, lorsqu'elle est exercée contre la faillite et contre plusieurs autres codéfendeurs, devant le tribunal du domicile de l'un de ces derniers, au choix du demandeur, en vertu de la règle écrite dans l'art. 59, § 2 (Req. 15 ju ill. 1862, aff. Hourdequin, D. P. 62. 1. 520).

81. Il a été jugé que l'action du syndic tendant à ce qu'un directeur de magasins généraux soit condamné à tenir compte à la faillite d'un prix de vente de marchandises qu'il aurait à tort employé au payement d'un warrant autre que ceux auxquels ces marchandises étaient affectées par privilège, doit être considérée comme une action en matière de faillite, et est, dès lors, soumise à la règle de compétence édictée par l'art. 59 c. proc. civ. (Grenoble, 18 août 1866, aff. Hébert, D. P. 67. 2. 132). Le litige qui a donné lieu à cette décision rentre, en effet, dans la catégorie des contestations ayant leur cause dans la faillite, car, sans cette faillite, la contestation ne serait pas née; un principe de droit relatif à la faillite et à la répartition à faire entre les créanciers était mis en jeu, et il était évident que la faillite déclarée devait exercer une influence sur la solution du procès.

82. Le tribunal du domicile du failli est encore exclusivement compétent pour connaître de l'action à fin de main-levée des scellés apposés par le syndic de la faillite sur des marchandises du failli, dans le cas même où cette action serait intentée en vue d'arriver à l'exécution d'un jugement de condamnation du tribunal de commerce autorisant le demandeur à faire saisir et mettre en vente ces marchandises, en vertu d'une créance privilégiée à laquelle elles étaient spécialement affectées; l'action cesse, en ce cas, d'être de la compétence du tribunal du lieu de l'exécution du jugement, quoique ce jugement soit antérieur à la déclaration de la faillite, la demande à fin de levée des scellés apposés à la requête du syndic se rattachant essentiellement au fait de la faillite, dans le sens de l'art. 59, § 7 (Civ. cass. 28 déc. 1864, aff. Syndic Roche, D. P. 65. 1. 36). De même, l'action directement intentée, en vertu de l'art. 1798 c. civ., par les ouvriers ou sous-entrepreneurs, après la faillite de l'entrepreneur général, contre le propriétaire pour lequel les ouvrages ont été faits, doit être portée devant le tribunal de la faillite, et non devant le tribunal du domicile de l'entrepreneur, alors que les syndics de la faillite de l'entrepreneur ont été assignés devant ce dernier tribunal en déclaration de jugement commun, et que le propriétaire se déclare prêt à payer ce qui par justice sera ordonné, d'où il suit qu'il n'y a réellement de contestation qu'entre les demandeurs et les syndics (Paris, 11 déc. 1861, aff. Letermelier, D. P. 62. 2. 49).

83. On doit également considérer comme des actions en matière de faillite celles qui tendent à faire prononcer la nullité des actes du failli postérieurement à la faillite puisque la nullité de ces actes tient précisément à la faillite, même (Civ. cass. 12 janv. 1864, aff. Roche, D. P. 64. 1. 130), soit qu'il s'agisse d'actes passés par le failli (Même arrêt); — Ou de la réclamation de marchandises que l'on prétend avoir été données en payement depuis la faillite, lors même que les défendeurs allèguent qu'ils en étaient devenus propriétaires avant la faillite; cette allégation n'est qu'une exception opposée à la demande principale, et ne soulève pas une question préjudicielle qui doive être jugée isolément par un autre tribunal (Req. 24 juin 1872, aff. Barau, D. P. 73. 1. 123); — Ou d'un transport d'une créance fait en fraude aux droits des créanciers; les cessionnaires et le débiteur cédé sont valablement assignés en même temps devant le tribunal de commerce du domicile du failli (Req. 7 déc. 1881, aff. Chemin de fer du Vieux Port de Marseille, D. P. 83. 1. 79). De même encore, c'est au tribunal du lieu de la faillite, et non au tribunal du domicile du défendeur, qu'il appartient de connaître de la demande en restitution de titres dont la remise a été consentie par le failli, au préjudice de ses créanciers, dans l'intervalle entre l'époque de la cessation des payements et celle de la déclaration de faillite (Metz, 21 avr. 1858, aff. Aubé, D. P. 59. 2. 104).

84. Le tribunal du domicile du failli étant seul compétent pour connaître des actions qui sont nées de la faillite ou qui s'y rattachent directement, l'action des syndics de la faillite du créancier d'une société tombée elle-même en faillite, qui a pour objet d'obtenir l'exécution d'un traité qu'ils ont passé avec les liquidateurs de ladite société, doit être portée devant le tribunal du domicile social (Req. 1er févr. 1870, aff. Syndics Hasselbrink, D. P. 71. 1. 256).
Il en est de même de la demande tendant à la reconnaissance d'une créance contre la société ayant existé entre le failli et un tiers, et au payement de cette créance sur l'actif de la société, de préférence aux autres créanciers de la faillite (Req. 21 janv. 1873, aff. Dugourd, et aff. Roquel, D. P. 73. 1. 483).

85. C'est devant le tribunal du lieu où la faillite s'est ouverte que doit être portée l'action qui a pour but la reddition du compte de gestion de la faillite, action qui a évidemment sa source dans la faillite (Civ. 8 avr. 1884, aff. Bourjuge, D. P. 84. 1. 439). De même enfin, les syndics d'une faillite doivent intenter l'action en payement de leurs honoraires devant le tribunal de l'ouverture de la faillite; et non devant celui du domicile personnel de l'un des créanciers (Dijon, 7 mars 1873, aff. Finot, D. P. 74. 2. 40).

86. On a vu au *Rép.* n° 133, que la question de savoir si la règle de l'art. 59, § 7, est applicable au cas où l'action serait intentée postérieurement au concordat, avait fait l'objet d'une vive controverse. La jurisprudence ne paraît pas encore définitivement fixée à cet égard. — Dans le sens du premier système, exposé au *Répertoire*, et suivant lequel le tribunal du domicile du failli ne cesse pas d'être compétent pour connaître des actions qu'intente ce dernier, et qui ont pris naissance pendant la faillite, quoiqu'il ait recouvré l'administration de ses affaires par l'effet d'un concordat homologué, on peut citer encore quelques arrêts. Ainsi il a été jugé que le tribunal du domicile du failli reste compétent pour connaître : de l'action en rapport de sommes touchées par un créancier depuis la faillite et contrairement au concordat (Req. 13 janv. 1845, aff. Ouvrard, D. P. 48. 5. 198); ... De l'action en payement de marchandises formée contre un failli, postérieurement au concordat, par un créancier dont la créance n'a été ni vérifiée ni affirmée (Rouen, 6 févr. 1847, aff. Charpentier, D. P. 48. 5. 197), ... Alors d'ailleurs que ce concordat contient abandon d'actif au profit des créanciers (Bordeaux, 27 août 1850, aff. Jalama, D. P. 51. 2. 28; Besançon, 28 mars 1855, aff. Robbe, D. P. 55. 2. 324).
Mais il a été jugé, en sens contraire, que l'action en rapport à la masse active de sommes ou valeurs touchées par l'un des créanciers après la cessation des payements du failli, n'est point une action en matière de faillite, dans le sens de l'art. 59 c. proc. civ., et, dès lors, n'est pas de la compétence du tribunal du domicile du failli (Civ. cass. 14 avr. 1856, aff. Provin, D. P. 56. 1. 203). — Ce second système nous paraît plus juridique, et c'est en définitive celui auquel la cour de cassation paraît ralliée. Elle a jugé, il est vrai, que l'action en nullité, pour cause de simulation d'une obligation souscrite par le failli, après son concordat, est de la compétence du tribunal de la faillite lorsque cette obligation a eu pour effet de paralyser l'exécution du concordat et d'amener la réouverture de la faillite (Civ. rej. 7 nov. 1848, aff. Sengelin, D. P. 48. 1. 236). Mais, dans l'espèce de cet arrêt, la nouvelle instance naissait en réalité du fait même de la faillite, elle en était une conséquence, et les faits qui la motivaient n'existaient pas en dehors du fait de la faillite. Les obligations dont la nullité était demandée avaient leur origine dans l'intention frauduleuse prêtée au débiteur qui les avait souscrites, de paralyser, de concert avec le prétendu créancier, les effets de son concordat. L'action tendant à constater cette fraude devait avoir pour résultat d'assurer l'exécution du concordat, et il y avait lieu, par conséquent, de regarder cette action comme née de la faillite, puisque, abstraction faite de la faillite, le concert frauduleux, supposé existant entre le débiteur et son créancier; aurait été sans objet.

87. On a vu au *Rép.* n° 135 que le tribunal du domicile auquel l'art. 59 c. proc. civ. attribue compétence en matière de faillite est celui où avait le failli à l'époque où le désordre de ses affaires a éclaté, quand même il aurait, depuis cette époque, et avant la déclaration de la faillite,

transporté son domicile ailleurs, et quand même la faillite aurait été déclarée par le tribunal du nouveau domicile avant toute poursuite devant celui du premier. — Il a été jugé cependant, depuis la publication du *Répertoire*, que si le commerçant, ayant quitté une localité sans esprit de retour et s'étant établi dans une autre, vient à être déclaré en état de faillite dans les deux localités à la fois, c'est le tribunal du lieu où il a actuellement son domicile qui seul est compétent (Rouen, 11 juill. 1874, *suprà*, n° 72). Cette décision est conforme à un arrêt de la chambre des requêtes rapporté au *Rép.* n° 136-2°.

88. Quelle est la nature de l'incompétence qui résulte de l'inobservation de l'art. 59, § 7 ? — Suivant l'arrêt du 11 juill. 1874, rapporté *suprà*, n° 72, l'incompétence de tout tribunal autre que celui qui est désigné par l'art. 59, § 7, serait une incompétence *ratione materiæ*, qui pourrait être proposée en tout état de cause. Mais cette doctrine nous paraît inexacte. En effet, il résulte du rapprochement des art. 59 c. proc. civ. et 635 c. com., que c'est seulement ce dernier article qui règle la compétence *ratione materiæ*, pour les actions nées de la faillite, en les attribuant toutes à la juridiction consulaire, le tribunal de commerce appelé à en connaître devant d'ailleurs être celui du domicile du failli. Mais une action, déjà commerciale par sa nature, ne tombe, quand elle s'exerce en matière de faillite, que sous l'application de l'art. 59, § 7, c. proc. civ., qui se borne à déroger à la règle générale, d'après laquelle le défendeur doit être assigné devant les juges de son propre domicile, et qui, par conséquent, n'a trait qu'à la compétence *ratione personæ*. — Il a été jugé spécialement que, si la demande en payement d'une lettre de change due à une faillite, demande commerciale par sa nature, est portée devant un tribunal de commerce qui n'est pas celui du défendeur, mais qui est celui du domicile du failli, sous le prétexte que l'on se trouve en matière de faillite, l'exception prise de ce que cette dernière condition ne serait pas réalisée, soulève, non pas une question d'incompétence *ratione materiæ*, mais une simple question d'incompétence relative, qui ne peut, dès lors, être proposée pour la première fois en appel (Req. 20 mars 1883, aff. Chaulan, D. P. 83. 1. 202).

89. L'art. 59, § 7, c. proc. civ., qui attribue compétence au tribunal de la faillite, ne s'applique qu'aux tribunaux français et ne s'oppose pas à ce que le demandeur cite devant le tribunal de son propre domicile une société étrangère dont la faillite ou la liquidation est poursuivie devant un tribunal étranger. L'art. 59, en effet, ne déroge pas, ainsi qu'on l'a vu *suprà*, n° 44, aux dispositions de l'art. 14 c. civ. qui autorise le demandeur français à porter devant un tribunal de France les actions qu'il dirige contre les étrangers, même pour les obligations contractées à l'étranger (Aix, 30 nov. 1880, aff. Thomassin, D. P. 82. 2. 64). Il en est surtout ainsi lorsque l'action a une cause antérieure à la faillite et est indépendante de celle-ci (Même arrêt).

§ 3. — Compétence en matière de garantie, d'élection de domicile, de payement de frais, de reddition de comptes (*Rép.* n°s 147 à 175).

90. — I. COMPÉTENCE EN MATIÈRE DE GARANTIE. — On a vu au *Rép.* n° 147, qu'en principe le tribunal saisi de la demande originaire est compétent pour statuer sur la demande en garantie, et que le défendeur doit être assigné devant ce tribunal quelle que soit la partie qui exerce le recours, et quand bien même il dénierait qu'il fût garant (V. aussi *Rép.* v° *Exceptions et fins de non-recevoir*, n°s 212 et 378). Cette règle est toujours appliquée par la jurisprudence. Il est à remarquer, toutefois, que l'action en garantie ne peut être portée devant le tribunal saisi de la demande principale, par exception à la règle *actor sequitur forum rei*, qu'autant qu'elle est connexe à cette dernière, c'est-à-dire qu'elle s'y rattache d'une manière intime et nécessaire, et qu'elle peut être considérée comme l'accessoire et la dépendance de cette même demande originaire (Pau, 29 déc. 1857, aff. Lecomte, D. P. 58. 2. 144; Civ. cass. 21 janv. 1863, aff. Compagnie d'assurances de Marseille, D. P. 63. 1. 46; 24 janv. 1865, aff. Comp. *la Seine*, D. P. 65. 1. 72). Au contraire, lorsqu'il ressort des circonstances que la demande originaire n'a été formée qu'en vue de distraire de leurs

juges naturels les prétendus garants, et que les deux actions, envisagées en elles-mêmes, sont l'une et l'autre principales, les défendeurs en garantie doivent être renvoyés devant le tribunal de leur domicile conformément aux dispositions de l'art. 181 c. proc. civ. (*Rép.* n° 151; Dijon, 25 janv. 1872, aff. Samuel, D. P. 73. 2. 99; Req. 10 nov. 1884, aff. Comp. d'assurances *la Caisse paternelle*, D. P. 85. 1. 460-461).

91. La jurisprudence a eu souvent l'occasion de faire la distinction qui vient d'être signalée. Il a été décidé, par exemple, que lorsque les liquidateurs d'une société d'assurances mutuelles poursuivent un assuré en payement de sommes qu'il doit à la société, cet assuré n'est pas fondé à appeler devant le tribunal saisi les anciens membres du conseil d'administration, comme responsables des fraudes et malversations qu'il impute au directeur, encore bien qu'il qualifierait cette demande d'action en garantie, et que, pour justifier en apparence cette qualification, il élèverait la prétention de faire condamner lesdits administrateurs à payer en son lieu et place les sommes dont il serait reconnu débiteur envers la compagnie : ces deux actions, en effet, sont distinctes et indépendantes l'une de l'autre, car il ne s'agit pas de débats entre associés ni de liquidation d'une société qui aurait existé entre les parties, mais d'une simple demande en payement formée individuellement par les liquidateurs contre quelques-uns des assurés, assureurs eux-mêmes, à raison des obligations qu'ils ont contractées; or, le débat ainsi restreint est sans rapport avec l'action dirigée contre les anciens membres du conseil d'administration de la société, et n'a pas pour objet direct une défense ou un recours contre la demande principale (Pau, 29 déc. 1857, aff. Lecomte, D. P. 58. 2. 141). — De même, le commissionnaire de transport, actionné par le destinataire comme responsable des pertes ou des avaries souffertes par les marchandises transportées, ne peut intenter devant le tribunal saisi de cette action une action récursoire contre l'assureur des mêmes marchandises; car les deux actions, quoique nées du même sinistre, dérivent d'obligations sans connexité entre elles, et constituent, dès lors, deux actions principales, distinctement soumises à la règle de compétence établie par l'art. 59 c. proc. civ. (Civ. cass. 21 janv. 1863, aff. Comp. d'assurances de Marseille, D. P. 63. 1. 46; Nîmes, 11 févr. 1880, aff. Comp. *la Seine*, D. P. 80. 2. 148). En effet, l'action dérivant d'un contrat d'assurances contre les accidents n'a pas le caractère d'une demande en garantie de l'indemnité à payer à la victime de l'accident assuré; elle constitue une action principale et directe soumise aux règles de compétence qui lui sont propres. — Il a été jugé encore, d'après les mêmes principes, que l'action dirigée par un ouvrier contre son patron, à raison d'un accident dont il a été victime, et l'action en garantie formée par le patron contre la compagnie qui l'a assuré à raison des risques d'accidents dont il pourrait être civilement responsable, dérivent, quoiqu'elles soient exercées en fait à l'occasion d'un accident qui est leur cause commune, de deux obligations sans connexité entre elles, et constituent deux actions principales

et distinctes, auxquelles la règle de compétence établie en matière de garantie par l'art. 181 c. proc. civ. est inapplicable lorsque le défendeur originaire intente une action principale en vertu de l'assurance (Req. 3 janv. 1882, aff. Fontenilles, D. P. 83. 1. 120. — V. en matière d'abordage : Rouen, 4 mai 1880, aff. Levigoureux, D. P. 81. 2. 121).

92. La situation, toutefois, ne serait plus la même si les parties avaient usé de la faculté, qui leur appartient incontestablement, d'introduire dans la police une clause laissant l'assureur soumis à la règle spéciale sur la compétence, en matière de garantie, du juge saisi de l'action principale; c'est ce qui se produirait, par exemple, si la compagnie d'assurances s'était obligée vis-à-vis de l'assuré à suivre et à diriger, au nom de celui-ci, les procès qui lui seraient faits à raison des risques couverts par l'assurance (Dijon, 2 juill. 1885, aff. la *France industrielle*, D. P. 86. 2. 256). La clause dont il s'agit ne produirait cependant pas tout son effet dans le cas où la compagnie d'assurances opposerait à la demande formée contre elle une fin de non-recevoir tirée de ce que l'assuré, n'ayant pas rempli les formalités prescrites par le contrat, est déchu du bénéfice de l'assurance. Si cette prétention était reconnue fondée, l'obligation de la compagnie de prendre le fait et cause de l'assuré disparaîtrait complètement, car il y aurait là une question préalable à résoudre, celle de la déchéance de l'assuré, qui n'aurait aucune connexité, ni même aucun rapport avec la demande principale en dommages-intérêts formée par la victime de l'accident, et à laquelle, par conséquent, le principe de l'art. 181 c. proc. civ. ne serait pas applicable (Nîmes, 11 févr. 1880, aff. Comp. la *Seine*, D. P. 80. 2. 148).

93. Les principes qui ont été appliqués (V. *suprà*, n°s 91 et suiv.) en matière d'assurance doivent-ils être étendus à tous les cas où l'auteur d'un quasi-délit, assigné en dommages-intérêts par la victime de ce quasi-délit, assigne à son tour un tiers que l'on demande à réparer ce dommage en vertu d'un contrat antérieur ? L'affirmative n'est pas douteuse dans le cas où la partie qui a souffert du quasi-délit, au lieu d'agir directement contre l'auteur du dommage, assigne un tiers à l'effet de réparer ce dommage en vertu d'un contrat qui l'y oblige; ce tiers ne peut, en l'absence de tout engagement ou de tout consentement, appeler, par voie d'action récursoire, devant le tribunal où il a été cité, l'auteur du quasi-délit, à intervenir en vertu d'une action en garantie. Le quasi-délit, en effet, engendre, dans tous les cas, une action personnelle principale, qui ne peut être portée compétemment que devant les juges du domicile des personnes auxquelles il est imputé, en dehors bien entendu de conventions spéciales et non contestées comme on l'a vu ci-dessus. Spécialement, lorsque le cessionnaire du droit d'exploiter un brevet fait assigner son cédant à l'effet de lui procurer le libre exercice du brevet qu'il lui a cédé, ce dernier ne peut appeler en garantie dans les conditions de l'art. 181 c. proc. civ. les auteurs de l'entrave au libre exercice du brevet, devant le tribunal saisi de l'action principale (Req. 15 mars 1875 (1). — V. toutefois en sens contraire : Limoges, 9 mars 1872, aff. Dubos, D. P. 72. 2. 141). Aux termes de cet arrêt, le tribu-

---

(1) (Abadie C. Sabaton.) — La cour; — Attendu que les sieurs Abadie et comp. se sont pourvus en règlement de juges contre l'arrêt de la cour de Toulouse du 4 juin 1874, et subsidiairement en cassation dudit arrêt, au cas où la cour jugerait la demande en règlement de juges non recevable; — Au fond : — Attendu, en droit, que l'obligation imposée par la loi, à l'auteur d'un quasi-délit, de réparer le préjudice qu'il a causé soit directement, soit indirectement, engendre une action personnelle, principale, qui doit être portée devant les juges du domicile du défendeur; — Qu'au cas où la partie qui souffre directement de ce préjudice, au lieu de s'en prendre à l'auteur du dommage, assigne un tiers à l'effet de réparer ce dommage, en vertu d'un contrat qui l'y oblige, ce tiers ne peut, en l'absence de tout engagement ou de tout consentement, appeler récursoirement, devant le tribunal où il a été cité, l'auteur du quasi-délit à intervenir en vertu d'une action en garantie; — Attendu, en fait, que le sieur Lejeune, cessionnaire, suivant acte du 25 févr. 1870, du droit d'exploiter un brevet, pour la fabrication d'un papier à cigarettes avec du riz, obtenu par le sieur Sabaton père, ayant annoncé, par lettre chargée du 10 mai 1870, aux sieurs Abadie et comp., son intention de mettre en vente un papier à cigarettes sous la dénomination de vrai papier de riz breveté, ceux-ci lui firent signifier, le 24 du même mois, un acte extrajudiciaire

lui déclarant qu'en mettant dans le commerce pour enveloppe de son papier à cigarettes, une étiquette couleur saumon, impression dorée, avec la dénomination principale de papier de riz, il se placerait à leur égard dans une situation de contrefaçon et de concurrence déloyale contre laquelle ils faisaient toutes leurs réserves; — Attendu que, le 28 mai, le sieur Lejeune a fait assigner son cédant, le sieur Sabaton, devant le tribunal civil de Toulouse, pour qu'il eût à lui procurer le libre exercice de l'exploitation du brevet qu'il lui avait cédé, avec dommages-intérêts pour le préjudice souffert et à souffrir; — Attendu que, le 2 juin suivant, Sabaton a fait dénoncer cet exploit aux sieurs Abadie et comp. avec assignation à l'effet d'intervenir dans l'instance pendante entre lui et Lejeune « pour s'entendre condamner à le garantir des condamnations qui pourraient être prononcées contre lui, voir dire qu'ils sont sans droit ni qualité pour donner à l'un de leurs papiers à cigarettes la dénomination de papier de riz qui est exclusivement la propriété de Sabaton, voir ordonner qu'ils cesseront immédiatement de faire usage de cette dénomination ou de toute autre qui laisserait supposer à l'acheteur que ce papier contient du riz »; — Attendu qu'une pareille action, sans lien nécessaire avec l'action du sieur Lejeune, fondée sur l'exécution du contrat de cession du 25 févr. 1870, auquel Abadie et comp. sont demeurés étrangers, repose sur l'allégation d'un

nal saisi de l'action principale serait compétent pour statuer sur la demande en garantie formée par le défendeur contre un tiers étranger à des conventions intervenues entre les parties en cause, et assigné comme responsable d'un quasi-délit se rattachant directement au fait qui a donné lieu au débat.

94. Mais lorsqu'il y a connexité entre l'action principale et l'action récursoire, lorsque celle-ci constitue réellement une demande en garantie dans le sens de l'art. 181 c. proc. civ., c'est-à-dire une demande tendant à faire déclarer la personne assignée comme garante responsable des suites de la réclamation d'un tiers, le garant ne peut, sous aucun prétexte, décliner la compétence du tribunal saisi de cette réclamation. Il ne serait pas recevable, notamment, à exciper d'une pareille clause d'élection de domicile que renfermerait le contrat intervenu entre lui et le défendeur à l'action principale : une pareille clause ne saurait évidemment s'appliquer à une contestation soumise, à raison de sa connexité avec une autre instance, à une compétence exceptionnelle. Ainsi le tribunal saisi de la demande en dommages-intérêts formée contre un entrepreneur de travaux, par ses sous-traitants, à raison de l'interruption des travaux, est compétent pour connaître de la demande en garantie que, de son côté, l'entrepreneur a exercée incidemment contre le propriétaire pour le compte duquel ont été faits les travaux, et à qui il impute la responsabilité de cette interruption, alors même que, dans le traité passé entre l'entrepreneur et le propriétaire, il aurait été stipulé que les contestations qui pourraient s'élever entre eux seront portées devant le juge du domicile de ce dernier (Req. 18 août 1864, aff. Chemin de fer du Midi C. Leverrier, D. P. 65. 1. 62).

95. Ainsi qu'on l'a exposé au *Rép.* nos 147 et suiv., le tribunal saisi de la demande originaire ne peut statuer sur la question de garantie s'il est incompétent *ratione materiæ* pour en connaître. — Ce principe a été de nouveau confirmé par la jurisprudence (V. notamment : C. cass. Belgique, 14 nov. 1844, aff. l'Etat belge, D. P. 46. 2. 4; Rennes, 13 janv. 1851, aff. Martel, D. P. 52. 2. 29; Civ. cass. 20 avr. 1859, aff. Miquelard, D. P. 59. 1. 170; Paris, 3 mai 1881, aff. Syndicat des fabriques et consistoires de Paris, D. P. 81. 2. 193). Mais le garant n'est pas également fondé à demander son renvoi quand le tribunal est seulement incompétent *ratione personæ*, si le défendeur en a accepté la juridiction. L'art. 181 ne dit pas, en effet, que le garant devra procéder devant le tribunal où la demande originaire a été *régulièrement* portée ; il parle du tribunal où la demande originaire *sera pendante*. L'incompétence *ratione personæ*, en outre, ne touche pas à l'ordre public comme l'incompétence *ratione materiæ;* si la partie qui a appelé le garant consent à accepter la juridiction saisie, le fait seul de son consentement motive la compétence du tribunal devant lequel a été portée la demande principale, sauf le cas de fraude ou de collusion, qui doit être excepté, conformément à la disposition finale de l'art. 181. Pour que le garant pût opposer l'exception d'incompétence, il faudrait que le défendeur qui l'a assigné eût lui-même proposé cette exception *in limine litis.* Une autre considération puisée dans l'esprit de la loi motive cette décision. Pourquoi la demande en garantie est-elle soumise à la même juridiction que la demande principale? C'est parce qu'elle s'y rattache par un lien intime, et que dans une pensée de célérité et d'économie, aussi bien que pour éviter une contrariété possible de décisions, il a semblé naturel et sage de la soumettre au même juge que l'instance primitive; or, si l'on permettait au garant de repousser la compétence d'un tribunal qui a été accepté par le défendeur, ce vœu de la loi ne serait pas respecté (Conf. Chauveau sur Carré, *Lois de la procédure civile,* quest. 774 *bis;* Rodière, *Cours de compétence et de procédure civile,* 4e éd., t. 1, p. 340; *Rép.* vo *Exceptions et*

fins de non-recevoir, no 120; Angers, 30 mai 1849, aff. Blet, D. P. 54. 2. 180; Req. 16 nov. 1881, aff. Boor-Petit, D. P. 82. 1. 121. — V. encore anal. Req. 15 févr. 1882, aff. Kowachiche, D. P. 82. 1. 401).

96. On a vu au *Rép.* no 147 que le principe en vertu duquel le tribunal saisi de la demande en garantie ne peut statuer sur la demande en garantie s'il est incompétent *ratione materiæ* produit cette conséquence, qu'un tribunal de commerce qui annule un exploit pour vice de forme ne peut prononcer sur l'action en garantie formée contre l'huissier rédacteur. — Cette solution, qui ne peut faire difficulté, lorsque c'est un juge d'exception qui est saisi du débat, ne saurait à notre avis s'appliquer au cas où la cause est portée devant un tribunal ayant la plénitude de juridiction. Il a été jugé, en ce sens, que la demande en garantie formée contre un huissier à raison de la nullité d'un acte d'appel qu'il avait été chargé de signifier, est compétemment portée devant la cour saisie de l'appel (Nancy, 27 déc. 1854, aff. Dauphin, D. P. 55. 2. 203; Nîmes, 10 févr. 1859, aff. Dupinet, D. P. 59. 2. 139). On a objecté, en sens contraire, qu'en vertu de l'art. 73 du décret du 14 juin 1813, toute condamnation des huissiers à l'amende, à la restitution des frais et à des dommages-intérêts pour des faits relatifs à leurs fonctions, doit être prononcée par le tribunal de première instance du lieu de leur résidence (V. *Rép.* vis *Degré de juridiction,* no 634 ; *Exceptions et fins de non-recevoir,* nos 378 et suiv.). Mais l'art. 73 du décret du 14 janv. 1813 ne déroge point au principe en vertu duquel le tribunal régulièrement saisi de la demande originaire l'est également de la demande en garantie, lorsqu'elle en est un incident et un accessoire (c. proc. civ. art. 71, 181, 1031). Cet article n'est applicable que dans le cas spécial où l'officier ministériel est actionné directement, et comme partie principale, en réparation de la faute qu'il a commise. Telle est, d'ailleurs, la doctrine qu'a consacrée la cour de cassation à l'égard des avoués; elle a décidé que ceux-ci, assignés en garantie, sont tenus de procéder devant le tribunal saisi de la demande originaire, alors même que ce tribunal ne serait pas celui auquel ils sont attachés (Civ. rej. 23 juill. 1872, aff. B..., D. P. 73. 1. 69). Or, la même solution paraît applicable aux huissiers : en effet, en ce qui concerne les avoués, un argument analogue à celui que fournit la disposition précitée du décret du 14 juin 1813, pourrait être tiré de l'arrêté consulaire du 13 frim. an 9, qui a institué les chambres d'avoués. Ce dernier texte permettrait de soutenir que la demande en garantie formée contre un avoué à raison de faits de charge doit être soumise à la chambre des avoués, et au tribunal près duquel cet avoué exerçait. Mais, suivant l'arrêt précité, si les chambres d'avoués ont été investies d'une mission de conciliation relativement aux plaintes et réclamations formées par les tiers contre les avoués à raison de leurs fonctions, l'arrêté consulaire du 13 frim. an 9 ne contient aucune disposition d'où l'on puisse induire qu'il ait entendu soustraire à l'empire du droit commun les demandes en garantie exercées par voie d'action récursoire contre les avoués devant la juridiction civile. En second lieu, à la différence des tribunaux d'exception, les tribunaux civils ont plénitude de juridiction pour statuer sur les actions en dommages-intérêts dirigées contre les officiers ministériels, et il s'ensuit que, conformément à l'art. 181 c. proc. civ., en l'absence de tout texte spécial qui les en dispense, les avoués assignés en garantie sont tenus de procéder devant le tribunal saisi de la demande originaire, lors même que ce tribunal ne serait pas celui auquel ils sont attachés. Il nous semble que la même règle doit être appliquée aux huissiers.

97. — II. Compétence en cas d'élection de domicile pour l'exécution d'un acte. — La plupart des questions relatives à la compétence en cas d'élection de domicile ont été traitées au *Rép.* vo *Domicile élu;* on y reviendra *infrà, eod.* vo.

---

quasi-délit résultant de la part d'Abadie et comp., d'une usurpation de marque de fabrique et d'une atteinte aux droits privatifs de Sabaton; que ce quasi-délit engendre, ainsi qu'il a été dit ci-dessus, une action personnelle principale qui ne pouvait être portée complètement que devant les juges du domicile de ceux à qui il était imputé; — Attendu que Lejeune, quoique régulièrement cité par exploit du 29 août dernier, n'a produit aucun mémoire en défense, ainsi que le

constate un certificat du greffe, en date du 25 janvier dernier; — Rejette l'exception proposée par le sieur Sabaton contre la demande en règlement de juges, et, procédant par voie de règlement de juges..., ordonne que les sieurs Sabaton et Abadie et comp. procéderont sur litige qui les divise devant le tribunal civil de la Seine.

Du 15 mars 1875.-Ch. req.-MM. de Raynal, pr.-Nachet, rap.-Babinet, av. gén., c. conf.-Mimerel et Sabatier, av.

On se bornera ici, comme on l'a fait au *Répertoire*, à rappeler les principales applications du principe posé par l'art. 111 c. civ., telles qu'elles résultent de la jurisprudence. On a vu notamment au *Rép.* n° 153 que l'art. 111 c. civ. permet au demandeur d'assigner, à son choix, le défendeur devant le tribunal du domicile élu, ou devant le tribunal du domicile réel de ce défendeur. La jurisprudence respecte scrupuleusement cette faculté. Il a été jugé, par exemple, que le créancier conserve la faculté de signifier ses actes de poursuite au domicile réel du débiteur, malgré l'élection de domicile faite dans le contrat qui sert de titre à la créance (Req. 12 août 1868) (1). En effet, le droit de faire au domicile élu dans un acte les significations relatives à cet acte est une pure faculté, dont on est libre de ne pas user, et malgré laquelle il est toujours permis de faire les significations au domicile réel.

98. L'élection de domicile, pour produire les effets spéciaux dont elle est susceptible au point de vue de la compétence, n'a pas besoin d'être expresse : elle peut résulter notamment, en matière commerciale, de la désignation d'un lieu pour le payement ou de la constitution d'un établissement dans une localité. Par exemple, le commerçant qui fonde une succursale dans une ville avec un rayon déterminé, s'y constitue un domicile attributif de juridiction pour tous les actes de commerce consentis dans ce même rayon (Dijon, 26 févr. 1873, aff. Abel Pilon, D. P. 74. 2. 83, et *suprà*, n° 69) ; et lorsque les compagnies de chemins de fer ou d'assurances ont des succursales importantes, l'établissement de ces succursales vaut élection de domicile, et est attributif de juridiction au tribunal du lieu pour l'exécution des contrats passés avec les représentants de l'entreprise attachés à ces succursales (V. *suprà*, n°s 45 et suiv.).

99. Si, comme on l'a exposé au *Rép.* n° 155, l'élection de domicile, dérogation au droit commun, doit être restreinte quant à ses effets, aux objets que les parties ont eus en vue, il n'en est pas moins vrai que cette élection, lorsqu'elle a lieu pour l'exécution d'un acte, autorise au domicile convenu toutes les significations, demandes et poursuites relatives à cet acte. Spécialement, l'action en nullité de la vente constatée par l'acte dans lequel un domicile a été désigné est au nombre des actions qui sont relatives à cet acte, et elle est par suite comprise dans les poursuites autorisées au domicile élu (Rouen, 30 avr. 1870) (2).

100. — III. Compétence en matière de payement des frais. — La question de savoir si la compétence établie par l'art. 60 c. proc. civ. doit être restreinte aux demandes que les officiers ministériels forment pour obtenir le payement de ce qui leur est dû à raison des actes de leur ministère, et si elle ne doit pas être étendue aux réclamations relatives aux peines et soins qu'ils auraient pris à titre de mandataires, est toujours controversée. Certaines décisions, s'inspirant d'une doctrine conforme à celle de l'arrêt de la chambre des requêtes du 10 août 1831 rapporté au *Rép.* n° 158-2°, admettent

que le tribunal compétent pour liquider les frais ordinaires l'est également pour connaître de la demande en payement des frais extraordinaires réclamés par l'avoué comme faits dans le même procès. Dans ce système, le tribunal qui a statué sur le litige doit connaître d'une demande en remboursement des frais d'impression, de lithographie, de plans, de rédaction de mémoires, etc., dont l'avoué aurait fait l'avance sur la demande de son client, bien qu'ils soient en dehors du tarif (Montpellier, 7 juin 1850, aff. Arnal, D. P. 52. 2. 141. V. aussi : *Rép.* v° *Frais et dépens*, n° 955). — Il appartient également à ce tribunal de statuer sur les honoraires réclamés accessoirement aux frais dus à l'officier ministériel (Paris, 24 août 1869, aff. Albrecht, D. P. 70. 1. 307). — D'après un autre système, la règle de compétence fixée par l'art. 60 devrait être rigoureusement restreinte aux frais des actes nécessaires pour la marche du procès ; elle ne serait pas applicable à l'action en remboursement des honoraires de l'avocat, avancés par l'avoué (Chambéry, 11 mars 1863, aff. Laperrière, D. P. 64. 5. 196).

De ces deux systèmes le premier nous paraît préférable, à la condition qu'il s'agisse de frais faits en vue de la bonne marche du procès. S'il n'est pas aussi rigoureusement juridique que le second, il est certain qu'il offre d'importants avantages au point de vue du bon règlement des frais. Il paraît évident, d'une part, que les motifs qui ont déterminé le législateur à édicter l'art. 60 c. proc. civ., s'appliquent aussi bien lorsqu'il s'agit de frais extraordinaires relatifs au procès, et que l'officier ministériel a dû avancer pour le mener à bien, qu'aux frais ordinaires susceptibles d'être taxés. D'autre part, le tribunal qui a statué sur le procès est mieux placé que tout autre pour évaluer avec équité les frais qui, sans être indispensables, pouvaient être utiles au procès, tels que ceux d'impression de plans, etc. Nous pensons donc que le tribunal devant lequel le procès a été plaidé est compétent pour statuer sur les frais extraordinaires qui, sans être susceptibles d'être taxés, sont avancés par l'avoué en qualité d'officier ministériel, mais qu'il ne faudrait pas faire rentrer dans les frais de cette catégorie les frais que l'avoué a pu avancer à titre de simple mandataire de sa partie, tels, par exemple, que les frais d'honoraires de l'avocat, comme l'a d'ailleurs jugé l'arrêt précité du 11 mars 1863.

101. Dans tous les cas, la compétence spéciale établie par l'art. 60 c. proc. civ. doit être appliquée aux seules personnes que la loi a entendu désigner ; elle serait sans application au cas où la contestation s'élèverait, non entre le client et l'officier ministériel, mais entre le client et le mandataire qu'il a chargé de régler les honoraires de l'officier ministériel, si elle avait pour objet ; par exemple, le remboursement à ce mandataire des sommes par lui payées en exécution du mandat (Grenoble, 24 déc. 1868) (3).

102. La jurisprudence avait reconnu (*Rép.* n° 158), que le payement des frais d'une instance d'appel doit être pour-

---

(1) (Combarel de Leyval C. Blatin-Mazeiller.) — La cour ; — Sur la première branche du moyen : — Attendu que les termes de l'art. 111 c. nap. impliquent avec évidence que le droit de faire au domicile élu dans un acte les significations relatives à cet acte, est une pure faculté dont on peut ne pas user et nonobstant laquelle il est toujours permis de faire les significations au domicile réel, surtout quand il est déclaré par les juges du fond, comme cela existe dans l'espèce, que l'élection originaire du domicile a eu lieu, non dans l'intérêt du débiteur qui plus tard a reçu les significations, mais dans le seul intérêt du créancier dont ces significations émanent ; — Attendu que dans les divers actes de la procédure et notamment dans l'opposition du 2 févr. 1867, le sieur Combarel de Leyval a déclaré que son domicile réel était établi à Paris, boulevard du Prince-Eugène, n° 118 ; — Attendu que l'arrêt attaqué, en décidant que le commandement du 29 août 1866 avait pu être notifié au domicile réel du demandeur en cassation, a fait une juste application des principes de la matière ;

Sur la deuxième branche du moyen : — Attendu que l'huissier chargé de notifier le commandement du 29 août 1866, s'est présenté au domicile réel du débiteur menacé de saisie immobilière, il lui a été déclaré par le concierge de la maison que Combarel de Leyval avait déménagé depuis neuf mois et qu'on ignorait sa résidence actuelle ; qu'en cet état, la signification pouvait et devait être faite dans la forme déterminée par le n° 8 de l'art. 68 c. proc. civ., avec d'autant plus de raison que l'arrêt attaqué constate, en fait, que c'est par artifice que le demandeur dissimulait son véritable domicile ; — Rejette, etc.

(2) (Langlois C. Delapille.) — La cour ; — Adoptant les motifs des premiers juges et qui sont tirés de la nature mixte de l'action ; — Attendu, d'ailleurs, que les actes de vente passés au profit de Delapille et Péchard contiennent élection de domicile à Louviers pour leur exécution ; qu'aux termes de l'art. 111 c. civ., l'élection de domicile pour l'exécution d'un acte autorise à ce domicile convenu les significations, demandes et poursuites relatives à cet acte ; — Que l'action en nullité de la vente contenue en l'acte est évidemment une demande y relative et comprise dans les poursuites autorisées au domicile élu ; — Confirme, etc.
Du 30 avr. 1870.-C. de Rouen.

(3) (Girier C. Baud.) — La cour ; — Attendu que l'art. 60 c. proc. civ. n'était nullement applicable à la demande sur laquelle le tribunal de première instance de Bourgoin a statué par le jugement frappé d'appel ; que cette demande n'avait point en réalité pour objet une dette de Girier envers un officier ministériel à raison de frais et dépens faits par lui devant le tribunal de Bourgoin, parce que cette dette ayant été réglée et soldée pour le compte de Girier par Baud, son mandataire, procédant en cette qualité, avait été éteinte et ne pouvait revivre dans les conditions de son origine ; que Baud, en réclamant, par l'assignation introductive d'instance, le remboursement de la somme qu'il avait avancée dans cette circonstance, n'exerçait point, dès lors, l'action qui aurait pu, avant le payement reçu, appartenir aux

Du 12 août 1868.-Ch. req.-MM. Bonjean, pr.-Woirhaye, rap.-Savary, av. gén.-Bozérian, av.

suivi directement devant la cour d'appel qui a jugé l'affaire. Cette cour juge en premier et dernier ressort (*Rép.* v° *Degré de juridiction*, n° 520). — Mais cette règle n'est applicable que lorsque le litige porte sur le payement des frais proprement dits, et non lorsqu'il porte sur des difficultés relatives au mode de payement. Ainsi lorsque les frais faits devant la cour par un avoué d'appel lui ont été réglés en un billet à ordre souscrit par le client sans novation, le tribunal civil est compétent pour statuer sur la demande en reconnaissance de la signature du billet, mais non pour juger la demande en payement des frais (Caen, 28 août 1871, aff. Eude, D. P. 72. 5. 256).

103. Le principe établi par l'art. 60 c. proc. civ. est applicable à la demande des frais faits par un avoué dans plusieurs instances qu'il a suivies devant la cour d'appel, pour le compte d'un agent d'affaires, au nom de divers clients de ce dernier : peu importe que le chiffre de ces frais ait été réglé par une transaction intervenue entre l'agent d'affaires et l'avoué (Paris, 14 mars 1861, aff. Grenet, D. P. 61. 5. 249).

104. On a vu au *Rép.* n° 159 que l'art. 60 est applicable aux greffiers, officiers publics, rangés dans la classe des officiers ministériels. Mais il s'est élevé à propos des greffiers des justices de paix une difficulté qui a été examinée au *Rép.* v° *Greffier*, n° 187, celle de savoir si les actions qu'ils forment en vue d'obtenir le payement de leurs émoluments et le remboursement des frais et avances qu'ils ont faits pour les parties, doivent être portées devant le juge de paix du lieu où ils ont été exposés quel que soit le taux de la somme réclamée, ou seulement lorsque le litige est inférieur à 200 fr.; ou enfin si le tribunal civil n'est pas seul et exclusivement compétent. Tout en renvoyant à l'article correspondant (V. *infrà*, v° *Greffier*) pour une nouvelle étude de cette question, nous ferons remarquer que la jurisprudence paraît se prononcer en faveur de la compétence exclusive du tribunal civil (Civ. cass. 26 avr. 1848, aff. de Pecqueult, D. P. 48. 1. 81 ; Trib. Seine, 14 mars 1873, aff. Poulet, D. P. 73. 5. 276), ce qui reviendrait à décider que l'art. 60 n'est applicable qu'aux seuls greffiers des tribunaux civils d'arrondissement.

105. Les notaires, comme on l'a vu au *Rép.* n° 159, sont des officiers ministériels dans le sens de l'art. 60 c. proc. civ.; cet article leur est donc aussi bien applicable qu'aux avoués et aux huissiers (Paris, 21 juill. 1856, aff. Vincent, D. P. 57. 5. 186). La jurisprudence n'offre plus d'hésitations à cet égard, non plus qu'en ce qui concerne la question de savoir s'ils peuvent invoquer le bénéfice de l'art. 60 aussi bien dans le cas où ils ont instrumenté par suite du libre choix des parties que dans celui où ils l'ont fait par suite d'un renvoi ou d'une commission du tribunal : elle résout cette dernière question dans le sens le plus large, conformément à la doctrine de l'arrêt de la cour d'Orléans du 15 mars 1832, rapporté au *Rép.* n° 159. Les notaires peuvent donc réclamer les honoraires qui leur sont dus pour tous les actes professionnels qu'ils accomplissent à la requête des parties, en usant du

bénéfice de l'art. 60 c. proc. civ. et en appelant devant le tribunal du lieu de leur résidence les clients domiciliés dans un autre arrondissement. Ils le peuvent même lorsqu'il s'agit d'actes projetés entre les parties, qu'ils ont été chargés de préparer, et auxquels il n'a pas été donné suite. En effet, en se prêtant, par la préparation d'actes de son ministère, actes de donation, de vente, contrats de mariage, etc., aux projets des particuliers, le notaire agit dans l'exercice de ses fonctions (Trib. Louviers, 21 déc. 1882, aff. Lemaître, D. P. 84. 3. 127); l'art. 173 du décret du 16 févr. 1807 ne doit pas être interprété dans un sens tellement restrictif qu'on ne l'applique qu'aux actes définitivement terminés. Il convient, au contraire, d'en faire application chaque fois que les honoraires réclamés ont eu pour cause des soins et des démarches qui ne sont pas étrangers aux attributions officielles du notariat. Les honoraires réclamés dans ce cas par un notaire doivent être fixés par le tribunal de la résidence de cet officier public (Dijon, 3 janv. 1884, aff. Ducoin, D. P. 85. 2. 232), comme dans tous les cas où il s'agit des demandes de frais et honoraires des notaires, quel que soit le chiffre de la réclamation, fût-il inférieur au taux de la compétence des juges de paix (Civ. cass. 7 déc. 1847, aff. Duval, D. P. 47. 1. 360; 25 janv. 1859, aff. Sorrel, D. P. 59. 1. 76. V. *infrà*, v° *Compétence civile des tribunaux de paix; — Rép.* eod. v°, n°s 25 et suiv.). — On décide même que la taxe des honoraires d'un notaire demandée incidemment à une instance en règlement de compte engagée entre le notaire et son client, peut, au lieu d'être renvoyée devant le président du tribunal, être valablement faite par les juges saisis de cette instance (Req. 13 mars 1866, aff. Dubois, D. P. 66. 1. 341).

106. Mais il en serait autrement si le notaire avait agi non plus en qualité d'officier ministériel, mais comme mandataire, par exemple, s'il réclamait le payement de commissions ou de salaires pour négociations ou le remboursement d'avances faites à ce même titre de mandataire. Ces demandes formées par le notaire ne seraient plus de la compétence du tribunal dans l'arrondissement duquel il réside; elles devraient être portées devant le tribunal d'arrondissement du domicile du défendeur, et même, si la somme réclamée ne dépassait pas 200 fr., elle serait de la compétence du juge de paix. Il en serait ainsi, par exemple, de la demande formée par un notaire en remboursement des frais d'une expédition qu'il aurait été chargé par son client de lever chez un autre notaire; cette demande devrait être portée devant le juge de paix si elle n'excédait pas 200 fr. (Req. 24 juin 1863, aff. Parelon, D. P. 63. 1. 343). L'art. 60 est même inapplicable lorsque la demande comprenant à la fois et des honoraires réclamés pour l'exécution d'un mandat et des frais faits par le notaire en cette qualité, ces derniers n'y entrent qu'accessoirement et pour une faible proportion (Paris, 12 mars 1860, aff. Chemin de fer de l'Est C. Losther, D. P. 61. 5. 257. V. également *Rép.* v° *Notaire*, n°s 937 et suiv.).

cessionnaires ou successeurs de l'officier ministériel, mais seulement l'action dérivant, pour le mandataire, du fait de sa gestion, et tendant au remboursement des sommes avancées ou dépensées par lui pour l'exécution de sa mission; que cette action du droit commun étant soumise aux règles de la compétence ordinaire et de la juridiction civile proprement dite, ne pouvait être portée devant le tribunal de Bourgoin qui n'aurait été compétent que dans le cas exceptionnel de l'art. 60 précité; qu'elle ne devait être déférée qu'au tribunal civil ou au juge de paix du domicile du défendeur, suivant le taux de la demande; — Attendu que l'incompétence du tribunal de Bourgoin, dans l'espèce, n'était point cependant du nombre de celles qui, intéressant l'ordre public et la séparation des juridictions et des pouvoirs, ne sont couvertes par aucune adhésion, par aucun consentement exprès ou tacite; qu'elle pouvait, au contraire, cesser ou être écartée, soit par la défense au fond, soit par la volonté constatée des parties, soit par toute prorogation de juridiction qui, sans soustraire le litige aux attributions civiles, ne ferait que le transporter d'un tribunal à un tribunal du même ordre; mais que Girier n'a pas accepté le débat devant le tribunal de Bourgoin, où il a d'abord fait défaut et où il a ensuite, après opposition, décliné constamment, dans ses conclusions, la juridiction saisie; — Attendu que ce tribunal s'est fondé, pour retenir la cause et la juger, sur ce que, dans l'instance d'abord introduite devant un juge de paix d'un autre ressort, qui était le véritable juge de la demande au premier degré, Girier aurait, contrairement à ses prétentions actuelles, réclamé son renvoi devant le tribunal de

Bourgoin, comme ayant seul compétence à raison de l'objet de la demande, et sur ce qu'à la suite de cette réclamation, Baud, acceptant la juridiction ainsi revendiquée, aurait immédiatement assigné Girier dans le tribunal de Bourgoin, en se désistant par le même acte de la citation précédente; — Mais attendu que le fait de cette déclaration et de ce consentement anticipé de la partie défenderesse, provoquant de la part de l'autre partie la détermination qui les aurait liées, n'est ni suffisamment ni juridiquement établi; que les premiers juges le présentent comme résultant des explications que les parties ont données devant eux, sans reproduire ces explications elles-mêmes dans leurs détails significatifs, et sans constater ni même indiquer aucun aveu, aucune déclaration dont l'existence est prétendue d'un côté et déniée de l'autre; que les qualités du jugement ne font aucune mention de ces explications, énoncées seulement dans les motifs; que ce défaut de constatation ne permet pas de vérifier si l'appréciation du tribunal procède de faits prouvés, et elle en a été justement déduite; qu'il n'est pas possible, en pareille occurrence, de faire couvrir par une renonciation présumée et plus ou moins vraisemblable, une incompétence évidente et formellement demandée; qu'il y a lieu, dès lors, faisant ce que les premiers juges auraient dû faire, d'accueillir l'exception proposée et de renvoyer la cause et les parties devant le tribunal qui doit en connaître; — Par ces motifs, déclare que le tribunal de Bourgoin était incompétent, etc.

Du 24 déc. 1868.-C. de Grenoble, 2° ch.-MM. Gauthier, pr.-Mengin de Bionval, av. gén.-Benoît et Farge, av.

107. L'action en payement des frais faits devant un tribunal de commerce, par un huissier ou un greffier, n'a aucun caractère commercial, et ne peut, par conséquent, suivant la doctrine exposée au *Rép*. n° 162, être portée devant le tribunal de commerce; elle doit être soumise au tribunal d'arrondissement. C'est, du moins, ce qui paraît résulter encore de la jurisprudence postérieure au *Répertoire*, bien qu'un système tendant à reconnaître aux tribunaux de commerce le droit d'apprécier la validité et de liquider le coût des actes de procédure signifiés dans les instances de leur compétence, ait été proposé (V. *Rép*. v° *Compétence commerciale*, n° 374). Ainsi la demande formée par un huissier à l'effet d'obtenir le payement des frais faits à l'occasion d'une procédure devant un tribunal de commerce ne peut être portée que devant le tribunal civil auquel est attaché cet officier ministériel (Montpellier, 20 mai 1863, aff. Hostale, D. P. 65. 5. 208 ; Paris, 14 mars 1874) (1). Il en est ainsi, à plus forte raison, lorsque la demande est complexe et porte à la fois sur des frais faits devant le tribunal de commerce et sur des frais faits devant le tribunal civil (Paris, 22 janv. 1874) (2). — Il a été jugé aussi que la demande en remboursement de frais avancés par un avoué pour ses mandants devant un tribunal de commerce est de la compétence du juge de paix lorsque ces frais ne dépassent pas 200 fr. (Trib. paix Orange, 6 oct. 1851, aff. Boisset, D. P. 51. 5. 283).

108. Il est évident, d'autre part, comme on l'a déjà remarqué au *Rép*. n° 161-2°, que les contestations relatives aux honoraires et déboursés des arbitres près les tribunaux de commerce ne sont pas de la compétence des tribunaux consulaires devant lesquels les rapports de ces arbitres ont été faits; car, d'une part, ces tribunaux sont incompétents pour statuer en matière de frais, et, d'autre part, les arbitres ne sont pas officiers ministériels et ne peuvent, par suite, invoquer le bénéfice de l'art. 60 c. proc. civ.

109. L'incompétence des tribunaux de commerce en matière de frais nous paraît devoir faire rejeter la jurisprudence d'un arrêt de la cour de Rennes du 15 mars 1864 (aff. Lachambre, D. P. 64. 5. 197), suivant laquelle l'action en payement des honoraires des courtiers maritimes, qui sont officiers ministériels, devrait être portée devant le tribunal de commerce du lieu de leur résidence. Nous admettons, à la rigueur, que le tribunal de commerce puisse être compétent à leur égard en raison, non de leur qualité d'officiers ministériels, mais, comme l'a jugé la cour de Bordeaux, le 11 mai 1864 (aff. Constantin, D.P. 65. 2. 111), en raison des usages commerciaux en vigueur dans la localité et de la convention tacite qui en résulte, lorsque les parties n'ont pas exprimé l'intention d'y déroger; mais il nous semble impossible d'invoquer en faveur de cette compétence l'art. 60 c. proc. civ.

110. L'art. 60, comme on l'a vu au *Rép*. n° 163, reste applicable alors même que l'officier ministériel a cessé de remplir ses fonctions : il continue à l'être, non seulement en faveur de l'officier ministériel, mais contre lui; ainsi l'action en restitution de frais indûment perçus par un officier ministériel doit être portée devant le tribunal où les frais ont été faits (lorsque l'officier ministériel ait cessé ses fonctions et fixé son domicile dans un autre arrondissement (Paris, 13 mars 1854, aff. Pitte, D. P. 55. 2. 35-36; Aix, 3 mars 1865, aff. Joseph, D. P. 65. 5. 208).

111. Comme on l'a exposé au *Rép*. n° 165-2°, la règle de compétence établie par l'art. 60 c. proc. civ. ne s'applique pas à la demande formée, non plus par l'officier ministériel qui a exposé les frais, mais par la partie qui, ayant dû en faire l'avance, les répète contre celle qui doit définitivement les supporter. Spécialement, le remboursement des frais avancés par le vendeur, en matière de licitation, peut être poursuivi accessoirement au recouvrement du prix de vente, et devant le tribunal compétent pour statuer sur cette demande principale, avec cette réserve toutefois qu'il doit être justifié d'une taxe desdits frais par les juges devant lesquels ils ont été faits (Nancy, 10 mars 1858, aff. Stequely, D. P. 59. 2. 95). — L'art. 60 est également inapplicable à l'action en remboursement de frais exercée contre la partie qui a été chargée de les régler et de les solder (Req. 5 janv. 1869, aff. Triaire Brun, D. P. 69. 1. 127). Dans ce cas, en effet, l'action dérive d'un mandat ordinaire en vue duquel l'art. 60 n'a pas été édicté; le tribunal du domicile du défendeur reste donc compétent.

112. On a vu au *Rép*. n° 165 que, suivant plusieurs arrêts, la demande d'un officier ministériel en payement de frais à lui dus doit être portée devant le tribunal devant lequel ces frais ont été faits, bien qu'elle soit dirigée non contre le client, mais contre la caution de ce dernier. La jurisprudence se prononce encore en ce sens, et décide toujours que l'art. 60 est applicable, non seulement au cas où, comme on vient de le voir, le payement est demandé à la caution du débiteur principal (Req. 10 juin 1856, aff. Legrand, D. P. 56. 1. 424; Rouen, 4 mai 1863, aff. Bourdon, D. P. 64. 5. 196), mais aussi, lorsqu'il est réclamé de l'adversaire de la partie dans l'intérêt de laquelle ces frais ont été faits (Metz, 15 janv. 1857, aff. Detraigne, D. P. 57. 2. 115).

113. Mais, comme nous l'avons exposé au *Rép*. v° *Frais et dépens*, n° 956, l'art. 60 n'est pas applicable entre officiers publics, lorsque la demande en payement est relative à des frais faits par l'un deux sur la réquisition de l'autre et à l'occasion de l'un de leurs clients. Cette règle, admise par un arrêt de la cour de Bourges le 5 juin 1844 (aff. Lalande, D. P. 46. 4. 316), a été appliquée par la cour de Rouen, qui a refusé d'appliquer la disposition de l'art. 60 au cas d'une demande formée contre un huissier chargé par un de ses confrères d'une autre ville de signifier certains actes de son ministère (Rouen, 30 juin 1856, aff. Chardine, D. P. 58. 2. 71-72), à moins, toutefois, que l'huissier défendeur ne se soit constitué caution envers le demandeur des clients pour le compte desquels les frais ont été faits.

Cependant, il a été jugé, en sens contraire, que la compétence édictée par l'art. 60 c. proc. civ. est absolue, et qu'en conséquence, cet article doit recevoir son application, sans qu'il y ait à distinguer si le payement des frais est demandé contre la partie même dans l'intérêt de laquelle ils ont été faits, ou contre un tiers qu'on prétend obligé à un titre quelconque ; spécialement, que l'huissier chargé par un de ses confrères d'une autre ville de signifier certains actes de son ministère pourrait valablement actionner celui-ci, en remboursement du coût de ces actes devant le tribunal de son propre domicile (Grenoble, 10 déc. 1853, aff. Mayousse, D. P. 56. 2. 115; Paris, 19 mai 1855, aff. Ficquenet, D. P. 55. 2. 215).

114. De ce que les demandes en payement de frais for-

---

(1) (Huchard C. Rouzé.) — La cour; — Considérant que Rouzé demande à Huchard le payement des frais faits par lui sur la réquisition dudit Huchard et rentrant dans l'exercice de sa profession d'huissier; Considérant que s'agissant au regard de l'officier ministériel du payement de ses frais, il tombe sous l'application de l'art. 60 c. proc. civ., qui crée une compétence spéciale pour les actions en payement de frais de justice; que le tribunal de commerce était donc incompétent pour connaître de ladite demande; et que le tribunal civil auquel est attaché l'officier ministériel était seul compétent; — Déclare la juridiction consulaire incompétente.
Du 14 mars 1874. -C. de Paris, 5° ch.-MM. Rohault de Fleury, pr.-Vavasseur et Dupuy, av.

(2) (Devalence C. Lagorce.) — La cour; — Considérant que la demande portée par Lagorce devant le tribunal de commerce a pour objet de faire condamner Devalence au payement de la somme de 5300 fr. 90 montant des frais de justice faits à la requête de Devalence et dans son intérêt, par le ministère de Lagorce,

alors huissier à Paris; — Sans qu'il soit besoin d'examiner la question de savoir si l'action exercée par un huissier, pour le payement des frais devant le tribunal de commerce ou à l'occasion d'agissements commerciaux, peut être régulièrement portée devant le tribunal de commerce; — Considérant qu'il est constant au procès, et d'ailleurs reconnu par les parties, que les frais faits par Lagorce, dont il demande le payement, ont été faits devant le tribunal civil et devant le tribunal de commerce; — Que l'action judiciaire exercée contre Devalence, en raison des frais faits devant la juridiction civile, n'est pas recevable devant la juridiction commerciale; — Que la demande de Lagorce étant complexe, ne pouvait être régulièrement soumise qu'au tribunal civil ayant plénitude de juridiction; — Que c'est donc à tort que le jugement a reconnu la compétence du tribunal de commerce; — Infirme; — Dit que la juridiction commerciale est incompétente pour statuer sur la demande de l'intimé, etc.
Du 22 janv. 1874.-C. de Paris, 4° ch.-MM. Falconnet, pr.-Ducreux, av. gén.-Chenal et Trolley de Roques, av.

mées par les officiers ministériels sont de la compétence du tribunal où les frais ont été faits, il suit que ce tribunal est compétent pour connaître du mode d'exécution de la condamnation au payement desdits frais. Ainsi une cour d'appel, saisie par un avoué d'une demande en payement de frais qu'il aurait exposés devant cette cour pour une femme dotale, peut, en condamnant la femme à ce payement, décider que la condamnation sera exécutoire sur les biens dotaux (Grenoble, 10 mai 1852, aff. Brun, D. P. 55. 2. 270). Cependant, dans le cas où un officier ministériel poursuit par voie de saisie-arrêt le payement de ses frais, le tribunal devant lequel ils ont été faits est bien compétent pour prononcer la condamnation à ce payement, mais non pour statuer sur la demande en validité de la saisie-arrêt; le jugement de cette dernière demande doit être renvoyé devant le tribunal du domicile de la partie saisie (Req. 10 juin 1856, aff. Legrand, D. P. 56. 1. 424; Metz, 15 janv. 1857, aff. Detraigne, D. P. 57. 2. 115).

115. — IV. COMPÉTENCE EN MATIÈRE DE REDDITION DE COMPTES. — Lorsqu'un compte courant a existé entre deux parties, et que l'apurement de ce compte, avec payement du solde résultant de la balance, est demandé en justice, quel est le tribunal compétent pour connaître de la demande? Après une longue controverse, la doctrine a fini par adopter la solution suivant laquelle c'est le tribunal du domicile du défendeur qui est compétent en principe, et en vertu de la règle générale de l'art. 59 c. proc. civ., pour connaître de la demande tendant à l'apurement d'un compte courant et au payement du solde provenant de la balance, sans qu'il y ait à faire acception, pour la compétence, du lieu où ont été réalisées les opérations commerciales comprises dans ledit compte courant (Conf. Lyon-Caen, *Précis de droit commercial*, t. 1, nº 1458; Nouguier, *Des tribunaux de commerce*, t. 2, nº 377; Feitu, *Du compte courant*, nºs 199 et 314). La même solution a également prévalu en jurisprudence (Req. 1er mars 1887, aff. Maccary, D. P. 87. 1. 161). — Elle est, d'ailleurs, conforme à la nature et aux caractères juridiques du contrat de compte courant. Les opérations diverses qui entrent dans ce compte doivent, en effet, par suite d'une sorte de novation, être considérées comme perdant leur individualité propre; elles ne sont plus que les parties d'un même compte qui, par la force des choses, forme un ensemble indivisible lorsqu'il s'agit de l'apurer, puisque l'apurement consiste dans l'établissement d'une balance et la détermination d'un solde, comme résultat final de toutes les affaires combinées entre elles. Assurément, il a été souvent jugé (V. notamment : Req. 2 juin 1885, aff. faillite Salery, D. P. 86. 1. 212), que l'art. 420 c. proc. civ., qui fait acception, pour la compétence, soit du lieu de la convention et de la délivrance, soit du lieu du payement, trouvait son application dans les opérations faites pour le compte d'un correspondant, notamment dans les opérations de commission. Mais, dans les espèces où ces décisions ont été rendues, il ne s'agissait nullement de *comptes courants* dans lesquels seraient confondues les opérations diverses intervenues entre les parties. Lorsqu'au contraire un compte courant est venu englober ces opérations, il ne peut plus être question de les envisager en elles-mêmes; les diverses opérations accomplies de part et d'autre ont disparu pour faire place à des inscriptions de valeurs au passif et à l'actif réciproques, il ne reste plus, en définitive, que des articles de doit et d'avoir destinés à se neutraliser mutuellement *parte in quâ*. La seule convention demeurant à régler entre les deux négociants, c'est désormais celle du compte courant lui-même et lui seul. L'art. 420 n'est donc plus applicable; et, à défaut de toute dérogation conventionnelle au droit commun, il en faut nécessairement revenir à la règle générale de l'art. 59 c. proc. civ. : *Actor sequitur forum rei*. Cette doctrine confirme pleinement, d'ailleurs, l'opinion exprimée *Rép.* vº *Compétence commerciale*, nº 461, contrairement aux tendances d'un arrêt de la chambre des requêtes du 15 juill. 1834, rapporté *ibid*. (V. aussi *infrà*, vº *Compte courant*).

§ 4. — Compétence en matière d'exécution de jugements et actes, d'offres réelles et de cession de biens (*Rép.* nºs 176 à 195).

116. L'incompétence des tribunaux d'exception, tribunaux de paix, tribunaux administratifs et de commerce pour connaître de l'exécution de leurs jugements, qui a été signalée au *Rép.* nº 117, a pour effet de conférer au tribunal civil de l'arrondissement où se poursuit l'exécution, le pouvoir de trancher les questions accessoires qui se rattachent à cette exécution. Ainsi, lorsqu'un tribunal de commerce a prononcé une condamnation avec dommages-intérêts par chaque jour de retard, c'est devant la juridiction civile que doit être portée la question de savoir si ces dommages-intérêts sont dus même pour le cas où l'exécution du jugement serait rendue impossible par un événement de force majeure, tel que la résiliation par l'administration du contrat à exécuter (Req. 31 déc. 1860, aff. Ravoux, D. P. 61. 1. 463).

117. Quant aux difficultés relatives à l'exécution des jugements des tribunaux civils et des cours d'appel, elles sont toujours, ainsi qu'il a été exposé au *Rép.* nº 179, jugées en principe par le tribunal ou la cour d'appel qui a rendu la sentence, sauf exception pour le cas où il s'agit d'un jugement confirmé, en appel, les cours ne connaissant pas de l'exécution des jugements qu'elles confirment. Ces décisions, en effet, produisent leur plein et entier effet; il est naturel que les premiers juges connaissent de l'exécution de leur jugement, comme s'il n'y avait pas eu appel. Mais si le jugement a été infirmé, l'art. 472 c. proc. civ. veut que les difficultés de l'exécution soient portées devant la cour ou devant un autre tribunal désigné par elle dans son arrêt, la loi ne permettant pas que l'exécution soit confiée aux juges dont la décision a été infirmée, parce qu'elle craint qu'ils ne soient plus ou moins portés à revenir indirectement à leur propre jugement, et que, d'un autre côté, il serait contraire aux règles de la hiérarchie judiciaire de soumettre, même quant à l'exécution, un arrêt de cour d'appel à un tribunal d'arrondissement.

118. L'art. 472 c. proc. civ. ne prévoit pas le cas où l'arrêt de la cour a infirmé la décision sur certains chefs et l'a confirmée sur d'autres. On décide, en général, par interprétation, que les difficultés d'exécution doivent, en ce cas, être portées à la cour ou au tribunal de première instance, selon qu'elles ont trait à des chefs de jugement infirmés ou confirmés (V. notamment : Paris, 28 avr. 1883, aff. Société financière de Paris, D. P. 84. 2. 119-120). Mais il peut arriver que tous les chefs d'un même jugement ou arrêt soient liés d'une manière indivisible entre eux, de telle sorte que, l'exécution ne pouvant pas être scindée, la solution précédente ne saurait s'appliquer. — A notre avis, en l'absence de tout texte, il faut abandonner la question à la souveraine décision de la cour d'appel qui, selon les circonstances, se chargera de toutes les difficultés d'exécution ou les renverra au tribunal, bien qu'une partie de son jugement ait été infirmé, ou même en chargera un autre tribunal (V. *Rép.* vº *Jugement*, nºs 568, 572 et suiv.; Rousseau et Laisney, *Dictionnaire de procédure civile*, vº *Appel*, nºs 487 et suiv.).

119. Le tribunal qui a prononcé la décision, compétent pour en régler l'exécution, l'est même, dans certains cas, pour faire les modifications ou rétractations devenues postérieurement nécessaires. En matière de séparation de corps, notamment, le tribunal qui a prononcé la séparation et statué sur la garde des enfants est compétent, malgré le changement de domicile du mari, pour connaître de la demande de la femme ayant trait à des modifications à apporter aux mesures prises relativement à cette garde (Civ. cass. 25 août 1884, aff. Gérardin et Favier, D. P. 85. 1. 206). En effet, il ne s'agit alors que d'une continuation de la précédente instance, et non d'une instance nouvelle, la première instance n'aboutissant à l'égard des enfants, suivant une jurisprudence constante, qu'à des mesures d'un caractère essentiellement provisoire et toujours révocables (V. Paris, 16 févr. 1829, *Rép.* vº *Séparation de corps*, nº 317; Req. 22 janv. 1867, aff. de Saint-Meleuc, D. P. 67. 1. 333; 18 mars 1868, aff. Riottot, D. P. 68. 1. 420); dès lors, c'est au tribunal qui les a ordonnées et qui peut seul, aux termes des art. 472 et 554 c. proc. civ., statuer sur leur exécution, qu'il appartient de les rétracter ou de les modifier au besoin.

De même, c'est au tribunal qui a pourvu un prodigue d'un conseil judiciaire qu'il appartient de pourvoir au remplacement de la personne qui a été chargée de ses fonctions, alors même que le prodigue aurait changé de domicile (Nîmes, 25 janv. 1876, aff. Despaux-Ader, D. P. 77. 2. 187).

120. Dans le même ordre d'idées, il faut décider que la

demande en nullité d'une transaction intervenue au cours d'un procès doit être portée devant le tribunal où ce procès était pendant, car la transaction a incontestablement, en pareil cas, le caractère de la contestation à laquelle elle met un terme, et elle n'est, à proprement parler, qu'une suite du procès qu'elle avait pour objet de terminer (Paris, 10 févr. 1862, aff. de Pontalba, D. P. 62. 2. 127).

121. On a exposé au *Rép.* n°s 180 et suiv. les règles édictées par les art. 558 et suiv., relativement à la compétence en matière de saisie-arrêt; la jurisprudence a confirmé l'opinion exposée *ibid.* n° 182, suivant laquelle le tribunal civil est exclusivement compétent, alors même qu'il s'agit de demandes en validité ou en mainlevée de saisies-arrêts pratiquées pour des créances commerciales (*Rép.* v^is *Compétence commerciale*, n°s 393, 395; *Saisie-arrêt*, n°s 276, 277, 394; Riom, 10 janv. 1853, aff. Sirven, D. P. 55. 2. 44; Orléans, 3 déc. 1859, aff. Pinsard, D. P. 60. 2. 9) ou pour des créances inférieures au taux de la compétence des juges de paix (Rennes, 15 nov. 1851, aff. Grivel, D. P. 54. 5. 170; Limoges, 4 juin 1856, aff. Lavaud, D. P. 57. 2. 4; Alger, 8 févr. 1860, aff. Levêque, D. P. 61. 2. 159. V. *infrà*, v° *Compétence civile des tribunaux de paix*).

122. En cas de contestations sur la déclaration affirmative du tiers saisi, on a dit au *Rép.* n° 183, qu'il y a lieu à renvoi devant le tribunal du domicile du tiers saisi, à la condition que ce renvoi soit proposé avant toute exception; le tiers saisi, notamment, ne serait plus recevable à demander son renvoi devant le tribunal de son domicile, s'il avait conclu au fond dans l'acte d'appel du jugement qui l'a déclaré débiteur pur et simple des causes de la saisie (Toulouse, 29 nov. 1861, aff. Bordes, D. P. 62. 2. 15). — Sur la question examinée au *Rép.* n° 183-2°, de savoir si le tiers saisi est tenu d'acquérir son renvoi devant son juge naturel quelle que soit la contestation élevée sur sa déclaration, V. *Rép.* v° *Saisie-arrêt*, n°s 385 et 386.

123. La règle suivant laquelle toutes les difficultés qui peuvent s'élever en matière de saisie immobilière à partir du procès-verbal de saisie doivent être soumises au juge de la situation des biens (*Rép.* n°s 190 et suiv.) reste toujours applicable : cette règle, en effet, tient à ce que l'action dont il s'agit est une action réelle immobilière, ce qui entraîne la compétence du tribunal du lieu de la situation des biens. — Ainsi la demande en résolution d'une vente immobilière doit être portée devant le tribunal de la situation de l'immeuble, alors même qu'elle est intentée pendant le cours, et comme une conséquence des poursuites exercées devant un autre tribunal contre le vendeur par un créancier que l'acquéreur s'était engagé à payer (Toulouse, 28 mai 1831, aff. Salibas, D. P. 52. 5. 122). — De même, on a jugé que la demande en discontinuation des poursuites antérieures à une saisie immobilière peut être portée devant le tribunal de la situation des biens, qu'elle soit fondée sur une nullité de forme ou de fond, et cela encore bien que le titre contiendrait élection de domicile dans le ressort du tribunal du créancier (Paris, 8 mai 1851, aff. Deleuze, D. P. 52. 2. 262).

124. — Compétence en matière d'offres et de cession de biens. — V. *infrà*, v° *Obligations* ; — *Rép.* eod. v°, n°s 2047 et suiv.

§ 5. — Compétence en matière de contestations entre étrangers, et entre Français et étrangers (*Rép.* n°s 196 à 203).

125. Les tribunaux français sont, ainsi qu'on l'a exposé au *Rép.* n° 196, compétents pour statuer sur toutes les contestations que les étrangers autorisés à établir leur domicile en France peuvent avoir entre eux ou avec des Français. Et, sous ce rapport, il n'y a pas à distinguer entre le Français de naissance et celui qui l'est devenu par naturalisation : ce dernier est, aussi bien que le premier, justiciable des tribunaux français, et il peut, par exemple, être traduit devant les tribunaux français pour des engagements qu'il aurait contractés en pays étranger envers un Français ou envers un étranger, sans qu'il y ait à distinguer entre les obligations nées avant la naturalisation et celles dont la date serait postérieure (Req. 16 janv. 1867, aff. Mahmoud-ben-Ayard, D. P. 67. 1. 308). En effet, l'art. 15 c. civ. ne comporte aucune distinction entre le Français d'origine et celui qui n'a acquis cette qualité que par l'effet de la naturalisation; d'autre part, ses dispositions sont conçues en termes généraux et absolus : enfin, il est de principe qu'en matière de compétence et de procédure, c'est le temps de l'action qu'il faut exclusivement considérer, et non l'époque à laquelle se reporte l'origine du droit exercé. — Bien plus, on admet que l'étranger autorisé à établir son domicile en France peut actionner devant les tribunaux français son débiteur étranger, sans qu'il y ait à distinguer suivant que le créancier et le débiteur sont ou non de nationalité différente. On fonde cette solution sur la combinaison des art. 13 et 14 c. civ., et sur ce que le premier de ces articles attribuant à l'étranger admis à établir son domicile en France la jouissance de tous les droits civils, lui confère par là même le droit de citer, à l'instar des Français, devant les tribunaux de France, un étranger, pour l'exécution des engagements contractés envers lui; en outre, que ce que toute distinction relative à la nationalité des deux parties serait contraire aux dispositions des art. 13 et 14 c. civ. (Req. 12 nov. 1872, aff. *The imperial Land Company of Marseille*, D. P. 74. 1. 168).

126. Quant aux différends entre étrangers non autorisés à fixer leur domicile en France, ou entre eux et des Français, ils restent soumis aux règles de compétence particulière qui ont été exposées au *Rép.* n°s 197 et suiv., sauf pour les cas assez nombreux, où des traités internationaux sont venus régler ces questions de compétence (V. *infrà*, v^in *Droits civils; Traité international*).

127. Le principe de l'art. 14 c. civ. suivant lequel l'étranger même non résidant en France peut être cité devant les tribunaux français pour l'exécution des obligations par lui contractées envers un Français, soit en France, soit même à l'étranger (*Rép.* n° 197), s'applique aux sociétés civiles et commerciales étrangères. Il a été jugé, notamment, que les tribunaux français sont compétents pour connaître des obligations contractées envers un Français en pays étranger par une société civile étrangère (Civ. rej. 26 juill. 1853, aff. Léveil, D. P. 53. 1. 233); — Que les créanciers français d'une société commerciale étrangère ont le droit d'assigner cette société devant les tribunaux français (Req. 12 nov. 1872, aff. *The imperial Land Company of Marseille*, D. P. 74. 1. 168; Paris, 11 mars 1873) (1).

128. Toutefois, si l'art. 14 c. civ. constitue une dérogation à la règle *actor sequitur forum rei*, celle-ci n'en reste pas moins la règle fondamentale en matière de compétence internationale et l'on doit s'y conformer à défaut de disposition contraire. L'art. 14 c. civ., en permettant aux Français de citer l'étranger devant les tribunaux français pour l'exécution des obligations qu'il a contractées envers eux, a donné ainsi à nos nationaux une marque de haute sollicitude pour leurs intérêts; mais il s'est gardé de déclarer que le Français pourrait être, contre son gré, traduit par les étrangers de-

___

(1) (Compagnie des messageries maritimes *C.* Compagnie universelle du canal maritime de Suez.) — La cour ; — Considérant que la Compagnie des messageries maritimes a eu à acquitter aux mains de la Compagnie universelle du canal de Suez, pour le passage de ses navires dans le canal, des droits de navigation déterminés par un firman de concession du gouvernement égypto-ottoman; — Qu'elle actionne la Compagnie de Suez, laquelle est une société égyptienne, en restitution de sommes perçues par celle-ci au delà du taux légitime des droits de navigation; — Que, sur le déclinatoire opposé par la Compagnie de Suez, la cour doit, en premier lieu, examiner sa compétence; — Sur la compétence : — Considérant que, si la Compagnie de Suez avait perçu des péages dépassant le taux du maximum fixé par le firman de la concession, elle aurait manqué à une obligation qui lui était imposée envers les tiers; — Que cette perception illégitime aurait constitué de sa part un quasi-délit; — Qu'ainsi se serait formé entre les parties le lien de droit par suite duquel la Compagnie des messageries aurait action selon l'art. 14 c. civ., pour poursuivre la Compagnie étrangère de Suez devant les tribunaux français en exécution d'obligations ayant pris naissance à l'étranger; — Considérant que la Compagnie de Suez excipe à tort de l'art. 16 du firman du 22 févr. 1866, portant que les différends soulevés en Egypte entre la Compagnie et des particuliers de toute nationalité seront déférés à la justice égyptienne; — Considérant que cette disposition du firman n'a pu enlever aux Français le droit qu'ils tiennent de l'art. 14 c. civ. de pouvoir citer l'étranger devant les tribunaux français; — Que ce droit ne pourrait être perdu pour eux que s'ils y avaient volontairement renoncé; — ... Au fond, etc. Du 11 mars 1873.-C. de Paris.

vant les tribunaux étrangers. En lui attribuant la prérogative d'être jugé par les tribunaux français, lors même qu'il jouerait le rôle de demandeur vis-à-vis de l'étranger, le législateur a clairement laissé voir qu'il n'entendait pas livrer le Français défendeur à la merci des tribunaux étrangers. Il est donc certain que le Français, défendeur en matière personnelle et mobilière, est toujours en droit de décliner la compétence de toute juridiction autre que celle d'un tribunal français et même autre que le tribunal de son domicile (V. Henri Bonfils, *Compétence des tribunaux français à l'égard des étrangers*, n° 105 ; Massé, *Droit commercial*, 2ᵉ éd., t. 1, n° 679). — Il n'est dérogé à cette règle, ni par l'art. 59 c. proc. civ., aux termes duquel, en matière de société, le défendeur peut être assigné devant le juge du lieu où la société est établie, ni par l'art. 420 du même code aux termes duquel, en matière commerciale, le défendeur peut être assigné devant le tribunal dans l'arrondissement duquel le payement doit être effectué, ces articles réglant exclusivement la compétence entre tribunaux français et ne fixant pas l'ordre des juridictions dans les rapports d'un tribunal français et d'un tribunal étranger (Rennes, 26 déc. 1879, aff. Fitch-Kemps, D. P. 80. 2. 52).

129. Mais l'art. 14, en autorisant le Français à traduire les étrangers devant les tribunaux de France pour les obligations par eux contractées en pays étranger envers un Français, confère au Français, ainsi qu'on l'a vu au *Rép.* n° 198, une faculté d'intérêt purement privé, qui n'est pas d'ordre public, et à laquelle, par conséquent, il est toujours maître de renoncer expressément ou même tacitement (Conf. Civ. rej. 21 nov. 1860, aff. Couillard-Fautrel, D. P. 61. 1. 166; Paris, 11 janv. 1865, aff. Migout, D. P. 65. 2. 188; Chambéry, 1ᵉʳ déc. 1866, aff. Comp. du chemin de fer Victor-Emmanuel, D. P. 66. 2. 246; Civ. cass. 24 août 1869, aff. Chemin de fer Victor-Emmanuel, D. P. 69. 1. 500; Req. 28 févr. 1877, aff. Comp. des chemins de fer du Nord-Ouest d'Autriche, D. P. 77. 1. 474; Req. 9 déc. 1878, aff. Van der Zée, D. P. 79. 1. 176 ; Rennes, 26 déc. 1879, aff. Fitch-Kemps, D. P. 80. 2. 52). Mais cette renonciation ne saurait se présumer ; elle ne peut résulter que de faits manifestant à cet égard une intention formelle, intention qu'il appartient d'ailleurs aux tribunaux d'apprécier souverainement (Arrêts précités des 28 févr. 1877 et 9 déc. 1878). On peut, par exemple, décider que cette renonciation ne résulte pas du fait par le Français d'avoir cité son adversaire devant un tribunal étranger, s'il n'a donné postérieurement aucune suite à cette citation (Arrêt précité du 9 déc. 1878). Il a été jugé encore que la qualité d'actionnaire d'une société étrangère, dont les statuts attribuent juridiction à un tribunal arbitral étranger pour les contestations au sujet des affaires sociales, n'emporte pas pour un Français renonciation au bénéfice de l'art. 14, alors que la souscription des actions et l'acceptation des titres définitifs desdites actions ont eu lieu avant la publication des statuts (Arrêt précité du 28 févr. 1877). Mais la souscription d'actions émises par une société étrangère dont les statuts, fixés et connus, dérogeraient à l'art. 14 c. civ., serait susceptible de produire un autre effet; le souscripteur serait alors réputé adhérer aux dispositions des statuts et par là renoncer au bénéfice de l'art. 14 c. civ. (Civ. cass. 24 août 1869, aff. Chemin de fer Victor-Emmanuel, D. P. 69. 1. 500). Les mêmes solutions cesseraient d'être applicables si le Français avait librement saisi la justice étrangère et poursuivi le jugement de l'affaire. On doit admettre qu'en pareil cas il se forme entre les parties un contrat judiciaire créant un lien dont les Français, pas plus que les étrangers, ne peuvent se délier en saisissant ensuite les tribunaux français, pour faire juger de nouveau ce qui a été déjà jugé à l'étranger par leur libre consentement (Req. 13 févr. 1882, aff. Dreyfus, D. P. 82. 1. 129).

130. La faculté de traduire l'étranger, obligé envers un Français, devant les tribunaux français, quelle que soit l'origine de l'obligation qui le lie, est admise depuis la publication du *Répertoire*, comme elle l'était auparavant; la doctrine exposée à cet égard *ibid.* n° 199 a continué à être appliquée (V. notamment : Caen, 6 juin 1882, aff. Bossière, D. P. 84. 2. 13). On reconnaît également que l'art. 14 est applicable aussi bien lorsque l'obligation dérive d'un contrat et d'un quasi-contrat que d'un délit ou d'un quasi-délit. Ainsi, les tribunaux français sont compétents pour connaître

de l'action que les héritiers français d'une femme étrangère ont formée contre le mari de celle-ci à l'effet d'obtenir la révocation pour cause d'ingratitude de la donation faite à la femme au mari dans leur contrat de mariage (Civ. rej. 17 févr. 1873, aff. Otto-Stern, D. P. 73. 1. 483; Req. 2 août 1876, aff. Denève, D. P. 77. 1. 107-108; Paris, 12 mai 1882, aff. Housset, D. P. 83. 2. 23). — Nous avons, il est vrai, combattu (en note sous l'arrêt précité du 17 févr. 1873) cette doctrine, qui paraît définitivement admise aujourd'hui par les deux chambres de la cour de cassation; nous croyons devoir résumer ici les observations qu'elle nous avait suggérées. L'art. 14 c. civ., disions-nous, déroge au principe que le défendeur doit être assigné devant le juge de son domicile, en faveur des seuls Français et seulement lorsqu'il s'agit d'obligations contractées par un étranger vis-à-vis d'un Français. Or, l'obligation dont la violation, qui nous occupe, donne ouverture à l'action, a été contractée à l'égard d'une personne devenue étrangère par son mariage qui elle-même n'aurait pu la faire valoir que devant les tribunaux étrangers. Qu'importe que l'action ait été intentée par l'héritier français de la donatrice : ce n'est pas envers cet héritier qu'avait été prise et qu'a été violée l'obligation de gratitude légale; c'est envers la donatrice elle-même, et le droit d'action conféré à l'héritier suppose l'ingratitude commise envers le donateur seul. C'est ce qu'explique très bien M. Demolombe, *Donations et testaments*, t. 3, n° 684, lorsqu'il dit que « l'action en révocation ne peut jamais appartenir aux héritiers du donateur que du chef de leur auteur et par voie de transmission; d'où il suit qu'elle ne peut pas naître en leur personne, que l'injure commise par le donataire envers la mémoire du donateur ne pourrait pas devenir une cause de révocation. »

131. On a vu au *Rép.* n° 201, que l'action personnelle dirigée par un Français contre un étranger doit être portée devant le juge de la résidence que cet étranger a en France, et s'il n'a pas de résidence devant le juge du lieu où le contrat a été passé. En effet, la disposition exceptionnelle de l'art. 14 c. civ. n'a d'autre but que de dispenser le demandeur français d'aller porter son action contre un défendeur étranger devant les tribunaux étrangers; comme toutes les exceptions elle *doit* être interprétée restrictivement. Il faut donc, dans le silence de l'art. 14 c. civ., recourir au droit commun lorsqu'il s'agit de déterminer le tribunal français devant lequel un défendeur étranger doit être assigné en matière personnelle. En d'autres termes, il y a lieu d'appliquer les règles de compétence édictées par l'art. 59 c. pr. civ. Si donc l'étranger défendeur a un domicile ou une résidence légale en France, c'est devant le tribunal de ce domicile, ou de cette résidence qu'il devra être assigné; il ne peut être actionné devant le tribunal du domicile du demandeur qu'à défaut de domicile ou de résidence sur le territoire français (Fœlix, *Condition des étrangers*, éd. Demangeat, t. 1, p. 350; Massé, *Droit commercial*, 2ᵉ et 3ᵉ éd., t. 1, n° 705 : Devilleneuve et Massé, *Dictionnaire du contentieux commercial*, 6ᵉ éd., vᵒ *Étranger*, nᵒˢ 10 et suiv.; Demolombe, *Domicile*, t. 1, n° 252; Rép. vᵒ *Droits civils*, n° 355; Douai, 10 nov. 1854, aff. Denis, D. P. 55. 2. 104; Civ. rej. 9 mars 1863, aff. Formann, D. P. 63. 1. 176; Req. 7 juill. 1874, aff. Specht, D. P. 75. 1. 271; 2 août 1876, aff. Denève, D. P. 77. 1. 107; Civ. cass. 4 mars 1885, aff. Banque ottomane, D. P. 85. 1. 353. V. aussi Trib. com. Marseille, 16 mars 1875, *Recueil de la jurisprudence civile de Marseille*, 1875, p. 217; Rouen, 1ᵉʳ avr. 1881, aff. Crédit industriel, D. P. 82. 2. 92).

Il a été décidé, en conséquence, que lorsqu'une société étrangère, ayant, d'après ses statuts, son siège social à l'étranger, possède une agence ou succursale en France, l'existence de cette succursale suffit, si elle présente d'ailleurs les caractères d'une résidence légale, pour que le demandeur français, agissant en vertu de l'art. 14 c. civ., doive saisir le tribunal du lieu où cette agence est établie en France (Civ. cass. 4 mars 1885, aff. Banque ottomane, D. P. 85. 1. 353).

132. Quant aux contestations qui s'élèvent entre étrangers non autorisés à établir leur domicile en France, la règle que nous avons exposée au *Rép.* n° 202, d'après laquelle il est facultatif aux tribunaux français de retenir ces contestations ou de s'en dessaisir, est généralement admise, quoique les auteurs restent assez divisés sur le principe

même de la compétence des tribunaux français, et que la question ait soulevé, dans ces derniers temps, de graves controverses. Ces difficultés seront examinées *infrà*, v°*Droits civils*.

§ 6. — Compétence en matière d'opposition à un mariage, de désaveu, de responsabilité du conservateur des hypothèques (*Rép.* n°s 204 à 210).

133. En matière d'opposition à mariage, la jurisprudence a pleinement confirmé l'opinion que nous avons adoptée au *Rép.* n° 204, et suivant laquelle la demande en mainlevée de cette opposition doit être portée devant le juge du lieu où le mariage doit être célébré, parce que la loi a exigé que l'opposant fît élection de domicile en ce lieu (Orléans, 28 août 1845, aff. Van Merris, D. P. 46. 4. 364; Req. 5 juill. 1859, aff. de Rainneville, D. P. 59. 1. 316; Paris, 26 déc. 1859, aff. Souchon, D. P. 60. 5. 233; Trib. Seine, 10 janv. 1872, aff. Tourmal, D. P. 72. 3. 40; Bourges, 19 févr. 1872, aff. Maire, D. P. 72. 5. 315; Rouen, 13 nov. 1878 (1). V. *Rép.* v° *Mariage*, n° 305).

134. La compétence du tribunal du lieu de l'élection de domicile, en matière d'opposition à mariage, est-elle forcée ou facultative? L'arrêt du 5 juill. 1859, cité *suprà*, n° 133, paraît la considérer comme forcée, lorsqu'il dit « qu'il résulte de l'ensemble des dispositions des art. 177 et 178, des motifs qui les ont déterminées et des règles générales sur les conséquences de l'élection de domicile en matière de procédure civile que la demande en mainlevée d'opposition au mariage doit être portée devant le tribunal du domicile élu. » Cependant, la faculté pour le futur époux de porter sa demande devant le tribunal du domicile réel de l'opposant a été admise par un certain nombre d'auteurs, conformément à l'opinion émise au *Rép.* v° *Mariage*, n° 306 (V. *infrà*, eod. v°).

135. En matière de désaveu (*Rép.* n° 205), d'opposition et requête civile (*ibid.* n° 206), de recouvrement des droits d'enregistrement (*ibid.* n° 207), etc., les règles exposées au *Répertoire* n'ont pas subi de modifications essentielles; elles seront d'ailleurs examinées d'une manière complète aux articles correspondants (V. *infrà*, v*ls* *Désaveu-tierce opposition*; *Enregistrement*; *Requête civile*). — Il en est de même en ce qui concerne la responsabilité des conservateurs des hypothèques (*Rép.* n° 208) et les actions en responsabilité contre les notaires et huissiers (*ibid.* n°s 209 et 210).

Art. 4. — *Prorogation de la juridiction des tribunaux civils. Demandes reconventionnelles, en compensation, en garantie; demandes incidentes et connexes* (*Rép.* n°s 211 à 270).

136. — I. Prorogation volontaire. — On a exposé, au *Rép.* n°s 212 et suiv., qu'il y a deux sortes de prorogations volontaires: celle qui a pour objet de porter une contestation devant un tribunal autre que celui du domicile des parties ou de la situation des biens litigieux, et celle qui tend à soumettre à un juge un différend de la nature de ceux dont la loi lui défend la connaissance. — En ce qui concerne la première, on admet sans difficulté comme à l'époque de la publication du *Répertoire*, qu'un tribunal peut valablement statuer sur un différend que lui soumettent des parties qui ne sont pas ses justiciables, si ce différend n'est point par sa nature hors de ses attributions. — Cette règle est même admise à l'égard des tribunaux étrangers: l'art. 2

de l'édit de juin 1778, qui défendait aux Français se trouvant ou faisant le commerce en pays étranger de traduire, pour quelque cause que ce soit, des Français devant les juges des puissances étrangères, est, en effet, abrogé par l'art. 15 c. civ., dont la disposition a implicitement enlevé à la juridiction française, dans le cas prévu par l'édit, son caractère obligatoire. D'ailleurs, à supposer même que l'édit de 1778 soit toujours en vigueur, des Français contractant entre eux en pays étranger, pourraient, d'un commun accord, se soumettre à la juridiction étrangère, cet édit défendant seulement aux Français d'attirer devant des juges étrangers d'autres Français contre le gré de ces derniers (Req. 19 déc. 1864, aff. Falguières et Bal, D. P. 65. 1. 423; Nîmes, 20 août 1866, aff. Sauzay, D. P. 68. 2. 18). Et cet accord pourrait s'induire de la formation, en pays étranger, d'une société dont le siège serait fixé dans ce pays; ici s'appliquerait l'attribution de compétence établie par l'art. 59 c. proc. civ., lequel régit les sociétés formées entre Français même à l'étranger; en conséquence, le Français actionné par son coassocié français devant un tribunal de France, à fin, par exemple, de résolution de la société, serait recevable à décliner la compétence de la juridiction française à laquelle les parties auraient ainsi renoncé, et à demander son renvoi devant les juges étrangers (Mêmes arrêts).

137. On persiste également à reconnaître que la seconde espèce de prorogation, qui renverse l'ordre des compétences établi par la loi, est interdite, en ce sens, par exemple, que la juridiction du tribunal de commerce ne saurait être valablement prorogée à une affaire civile, non plus que la juridiction d'un tribunal militaire ou administratif à un tribunal civil (*Rép.* n° 214, et v° *Exceptions et fins de non-recevoir*, n° 112).

Mais la controverse dont les éléments ont été exposés au *Rép.* n°s 215 et suiv., sur la question de savoir si les parties peuvent proroger la juridiction des tribunaux civils d'arrondissement, pour les affaires dont la connaissance appartient à un tribunal d'exception, et lui soumettre, par exemple, des affaires attribuées par la loi aux juges de paix ou aux tribunaux de commerce, paraît définitivement tranchée dans le sens que nous avions adopté au *Rép.* n° 216.

138. Il est certain tout d'abord que la compétence des tribunaux civils d'arrondissement embrasse les affaires commerciales lorsqu'il n'existe pas de tribunal de commerce dans le ressort. On a d'abord conclu de là que, lorsqu'un arrondissement se trouve momentanément privé de son tribunal de commerce, le tribunal civil peut et doit, s'il y a urgence, statuer même sur les demandes qui sont attribuées par des lois spéciales à la juridiction consulaire, par exemple, sur la demande que formerait un commerçant à l'effet d'être autorisé à faire vendre aux enchères des marchandises neuves qui garnissent ses magasins (Trib. Auxerre, 26 mai 1852, aff. Tuloup, D. P. 52. 3. 48); — Que lorsque tous les membres d'un tribunal de commerce s'abstiennent par suite de récusation, la situation est la même que si ce tribunal n'existait pas; qu'en conséquence, les parties doivent être renvoyées devant le tribunal civil de l'arrondissement (Rouen, 4 nov. 1836, aff. Partou-Albert, D. P. 52. 5. 125.— V. toutefois, en sens contraire: Rouen, 23 mai 1844, aff. Rousseau, D. P. 52. 5. 125).

139. Mais on a été plus loin, et l'on a fini par reconnaître que l'incompétence des tribunaux civils pour connaître des affaires commerciales n'est point *ratione materiæ*, et que le commerçant est présumé avoir renoncé à l'exception d'incom-

(1) (Dupont C. Dupont.) — Le 17 août 1878, jugement du tribunal civil du Havre, ainsi conçu : — « Attendu qu'aux termes de l'art. 176 c. civ., tout acte d'opposition à mariage doit notamment contenir élection de domicile dans le lieu où le mariage devra être célébré, et ce à peine de nullité; que le législateur, en édictant cette disposition, n'a eu évidemment d'autre but que de donner au futur époux contre lequel l'opposition est dirigée la faculté d'assigner l'opposant devant le tribunal du domicile élu; qu'autrement, on ne comprendrait pas que l'acte d'opposition doit contenir cette élection de domicile à peine de nullité; — Attendu, d'ailleurs, que, d'après les art. 177 et 178 du même code, le tribunal de première instance doit prononcer dans les dix jours sur la demande en mainlevée, et s'il y a appel, il doit être statué dans les dix jours de l'acte d'appel; qu'il résulte donc de l'ensemble des dispositions précitées, des motifs qui les ont déterminées, que la demande en mainlevée d'opposition au

mariage peut être portée devant le tribunal du domicile élu; qu'il y a lieu, en conséquence, de rejeter le déclinatoire d'incompétence proposé; — Attendu que la dame Dupont n'a pas constitué avoué sur le défaut profit-joint; que le cas de donner contre elle itératif défaut; — ...Rejette le déclinatoire d'incompétence proposé par Dupont père; se déclare compétent; retient la cause), renvoie l'affaire au 29 août présent mois, pour conclure au fond, etc. ». — Appel par Dupont père. — Arrêt par défaut. — Opposition. — Arrêt.

La cour, — Adoptant les motifs des premiers juges; — Déclare mal fondée l'opposition formée par Dupont père à l'arrêt par défaut contre lui rendu le 20 septembre dernier; rejette cette opposition; ordonne que ce dont est appel sortira effet; condamne Dupont père aux dépens, etc.

Du 13 nov. 1878.-C. de Rouen, 1re ch.-MM. Neveu-Lemaire, 1er pr.-Raynaud, av. gén.-Marais, av.

pétence par cela seul qu'il ne l'a pas invoquée (Colmar, 19 juin 1841, aff. Christiani, D. P. 52. 2. 75 ; Bordeaux, 6 mai 1848, aff. Mousson-Létang, D. P. 50. 2. 11 ; Req. 20 nov. 1848, aff. Albrecht, D. P. 48. 1. 233 ; Orléans, 25 juin 1850, aff. Deletang, D. P. 52. 2. 75 ; Bourges, 3 janv. 1859, aff. Bertrand, D. P. 59. 5. 161 ; Paris, 10 févr. 1862, aff. de Pontalba, D. P. 62. 2. 127-128 ; Bordeaux, 20 mai 1863, *Journal des avoués*, t. 88, p. 296 ; Trib. civ. Marseille, 7 déc. 1864, *Journal de jurisprudence de Marseille*, 1865, 2. 52 ; Paris, 14 juill. 1869, *Journal des tribunaux de commerce*, t. 19, p. 349 ; Rennes, 4 juin 1870, *Journal de Nantes*, 1870, 1. 143 ; Trib. civ. Nancy, 1er mai 1877, *Journal de Marseille*, 1878, 2. 15 ; Req. 17 juin 1884, aff. Franck, D. P. 84. 1. 416 ; Merlin, *Répertoire*, vo *Tribunaux de commerce*, no 5 ; Pardessus, *Droit commercial*, no 1347 ; Orillard, *Compétence des tribunaux de commerce*, p. 115 ; Chauveau sur Carré, *Lois de la procédure civile*, quest. 128 ; Dutruc, *Supplément aux lois de la procédure civile*, vo *Exception*, no 51 ; Nouguier, *Des tribunaux de commerce*, t. 2, p. 89 et suiv. ; Rousseau et Laisney, *Dictionnaire de procédure*, vo *Compétence*, no 20 ; Alauzet, *Commentaire du code de commerce*, 3e éd., no 2951 ; Glasson, *De l'incompétence absolue*, dans la *Revue critique de législation*, 1881, p. 232 et suiv. — *Contrà*: Boitard et Colmet-Daâge, *Leçons de procédure civile*, 13e éd., t. 1, p. 330 ; Rodière, *Traité de la compétence et de la procédure*, 4e éd., t. 1, p. 113 et 127 ; Garsonnet, *Cours de procédure*, t. 1, p. 654 et suiv., § 154 ; Boistel, *Précis du cours de droit commercial*, 3e éd., no 1469). — L'incompétence des tribunaux civils pour connaître des affaires commerciales ne tient pas, en effet, à la loi de leur institution puisqu'ils sont appelés à y statuer toutes les fois qu'il n'existe pas de tribunal de commerce dans l'arrondissement ; et, par conséquent, leur incompétence pour connaître d'une affaire commerciale, lorsqu'il existe un tribunal de commerce, est purement relative. Le tribunal de commerce, comme on l'a dit, juge des affaires commerciales par priorité, mais non par exclusion du tribunal civil. Au contraire, l'incompétence des tribunaux de commerce à raison des affaires civiles est *ratione materiæ*, et peut, dès lors, en principe, être proposée en tout état de cause, même pour la première fois devant la cour de cassation lorsque le jugement a été rendu en dernier ressort (Civ. cass. 15 nov. 1881, aff. Commune d'Eaux-Bonnes, D. P. 82. 1. 467 ; Rennes, 12 déc. 1881, aff. Dubos, D.P. 82. 2. 197). Mais si le jugement était en premier ressort et si l'exception d'incompétence n'avait pas été soulevée en appel, le moyen ne serait pas recevable en cour de cassation, par le motif que le pourvoi est dirigé non contre le jugement, mais contre l'arrêt, et que la cour d'appel a plénitude de juridiction (Req. 19 juin 1876, aff. Lami-Sarrazin, D. P. 77. 5. 49 ; Civ. rej. 15 avr. 1874, aff. Pons, D. P. 79. 1. 169).

140. Les tribunaux belges semblent, avant la loi de 25 mars 1876, comme depuis cette loi, obéir à une tendance contraire à celle de la jurisprudence française, et considérer l'incompétence des tribunaux civils pour statuer en matière commerciale comme une incompétence *ratione materiæ*. C'est en ce sens, notamment, que s'est prononcé un arrêt de la cour de Bruxelles du 7 févr. 1883 (aff. Société Félix Dehaynin et comp., D. P. 84. 2. 25). D'après cet arrêt, l'incompétence est matérielle lorsqu'elle a sa base dans la nature même du fait sur lequel il s'agit de statuer ; elle est personnelle, si elle a sa raison d'être dans la qualité des parties en cause. En conséquence, l'incompétence du tribunal civil pour connaître d'une contestation est matérielle, si la contestation naît d'un acte qui, par sa nature, est commercial, même s'il a été passé entre non-commerçants ; et, au contraire, l'incompétence du tribunal civil est purement personnelle, si l'acte n'est commercial qu'à raison de la qualité des personnes entre lesquelles il est intervenu. Mais comme l'a fort bien exposé M. Glasson dans une dissertation insérée en note de cet arrêt, cette solution offre prise à la critique, tant au point de vue du véritable sens juridique des expressions *matérielle* et *personnelle* appliquées à l'incompétence, qu'au point de vue de la définition des actes commerciaux.

141. En ce qui concerne les juges de paix, la jurisprudence repousse également le système de l'incompétence absolue, qui aurait pour résultat d'interdire aux tribunaux civils de connaître, lorsque le défendeur ne s'y oppose pas, des actions dont la loi a attribué la connaissance aux juges de paix (V. Pau, 4 août 1859, aff. Labarrère, D. P. 61. 1.

197 ; Paris, 4 juill. 1873, aff. Richard, D. P. 74. 5. 241. — *Contrà*: Bastia, 3 juill. 1862, aff. Rhil, D. P. 62. 2. 144-145). Sur le droit des parties de conférer au tribunal civil le pouvoir de prononcer sans appel sur une contestation dont la loi ne lui attribue le jugement qu'en premier ressort, V. *suprà*, vo *Appel civil*, no 23.

142. — II. PROROGATION LÉGALE ; RECONVENTION. — On a établi au *Rép.* nos 236 et suiv. que les demandes reconventionnelles ne sont admises que lorsqu'elles tirent leur principe de la même cause que la demande primitive ou qu'elles procèdent de la même affaire ou de la même convention (*Rép.* no 240) ; en d'autres termes, elles doivent être une défense à l'action principale et tendre, sinon à la neutraliser entièrement, du moins à en paralyser les effets. Par exemple, on ne devrait pas considérer comme une demande reconventionnelle devant être soumise au tribunal saisi d'une demande en restitution de pièces formée par un avoué contre une partie, la demande de cette partie tendant à ce que le compte des frais faits pour elle par l'avoué lui soit soumis (Metz, 27 avr. 1869, aff. Goutant, D. P. 71. 2. 186). De même, lorsque le vendeur d'un immeuble non payé l'a revendu à un tiers et que le premier acheteur, poursuivi en délaissement par le second, cite son vendeur en garantie, celui-ci ne peut lui opposer reconventionnellement une demande en payement du prix de vente ; il doit se pourvoir à cette fin par action principale (Trib. Autun, 3 mars 1871, aff. Giboulot, D. P. 73. 2. 97). On ne doit pas non plus considérer comme reconventionnelle la demande qu'un tiers, qui a été appelé dans une instance, mais contre lequel aucunes conclusions n'ont été prises, forme contre l'une des parties en cause, relativement à un chef distinct de l'instance engagée entre celles-ci (Lyon, 29 juin 1855, aff. De Mac-Carthy, D. P. 55. 2. 351).

143. Le tribunal mis en présence d'une demande reconventionnelle est tenu d'y statuer ; il ne peut la renvoyer au juge qui devrait en connaître comme action principale (*Rép.* no 238). Ainsi lorsque, sur l'action en revendication d'un fonds, le défendeur, tout en prétendant qu'il est propriétaire, réclame subsidiairement un droit de servitude, les juges doivent prononcer sur ce dernier chef aussi bien que sur le premier, et ils ne leur est pas permis de refuser d'y statuer, tous droits réservés, sous prétexte que la réclamation relative à la servitude est indépendante de la question de propriété et doit être formée par action principale (Bordeaux, 26 avr. 1849, aff. Labrousse, D. P. 50. 2. 175). Il faudrait, pour qu'il en fût autrement et pour que les tribunaux pussent disjoindre la reconvention de l'action principale, que cette reconvention engageât une difficulté à l'égard de laquelle le tribunal serait incompétent *ratione materiæ*, comme si, par exemple, devant un tribunal civil, on formait une demande reconventionnelle dont la connaissance appartiendrait aux tribunaux administratifs (V. *Rép.* vo *Degré de juridiction*, no 359). — Les tribunaux peuvent encore refuser de statuer sur la demande reconventionnelle lorsque celle-ci n'offre aucun caractère sérieux et ne constitue qu'un simple moyen dilatoire, comme, par exemple, lorsqu'à la demande en attribution de prix, formée par le créancier, en vertu de titres authentiques et en payement d'une créance liquide et exigible, le débiteur oppose la compensation et une demande reconventionnelle qu'il n'appuie d'aucun titre, et que le créancier conteste formellement ; en pareil cas, les juges peuvent ne statuer que sur la demande principale et renvoyer le défendeur à faire valoir ses droits, qui lui sont réservés (Req. 22 juill. 1872, aff. Puech, D. P. 73. 1. 350).

144. — III. DEMANDES INCIDENTES ET CONNEXES. — La compétence des tribunaux, quels qu'ils soient, pour connaître des demandes incidentes ou connexes aux actions dont ils sont saisis est toujours admise par la jurisprudence. Ainsi, il a été jugé que l'une action réelle formée contre un tiers détenteur est seul compétent pour connaître de tous les incidents relatifs à cette action, même des contestations s'y rattachant, que le débiteur personnel élèverait devant un autre tribunal (Dijon, 3 févr. 1852, aff. Prudent, D. P. 54. 5. 155). Et, par exemple, lorsque le cessionnaire d'une créance, après avoir fait signifier au débiteur un commandement, a actionné en délaissement le tiers détenteur d'immeubles affectés à la garantie de ladite créance, c'est au tribunal saisi de cette action qu'il appartient de statuer

sur l'opposition formée par le débiteur cédé au commandement et soumise par lui au tribunal de son domicile (Même arrêt). — Il a été décidé encore : qu'un tribunal français est compétent pour connaître de la demande en nullité d'une vente faite entre époux français, d'immeubles situés en pays étranger, lorsque cette demande est formée incidemment à une instance portée devant lui, à fin de liquidation de la communauté dont dépendent les immeubles vendus (Req. 19 avr. 1852, aff. de la Roche-Aymon, D. P. 52. 1. 245); — Que la demande en nullité d'une transaction intervenue au cours d'un procès doit être portée devant le tribunal où ce procès était pendant (Paris, 10 févr. 1862, aff. Pontalba, D. P. 62. 2. 127-128).

145. Le tribunal compétent pour statuer sur l'action principale est valablement saisi de l'action en garantie, lorsqu'il existe entre elles un lien de connexité, pourvu que l'action primitive n'ait pas été l'effet d'une collusion tendant à distraire le garant de ses juges naturels. Spécialement, le tribunal civil saisi d'une demande en livraison d'une voiture commandée à un forgeron est compétent pour statuer sur le recours en garantie formé par celui-ci contre le fabricant qui aurait dû lui livrer en temps utile les ferrures nécessaires (Dijon, 18 févr. 1874, aff. Frémont et Hannoyer, D. P. 76. 2. 207). De même, le juge saisi d'une demande en garantie fondée sur l'inexécution d'une convention est compétent pour statuer sur des demandes en résolution de la convention, en dommages-intérêts et en restitution d'un cautionnement, qui ont également pour cause l'inexécution de la même convention, et qui doivent, en conséquence, être considérées comme connexes (Civ. rej. 22 déc. 1869, aff. Riche, 2ᵉ espèce, D. P. 70. 1. 55). — Il a été jugé également qu'en matière commerciale, les contestations qui naissent de deux traités distincts intervenus entre les mêmes parties et dont l'un, suivant les règles de l'art. 420 c. proc. civ., attribuerait compétence au tribunal du domicile du demandeur, tandis que pour l'autre, d'après les mêmes règles, le tribunal compétent serait celui du domicile du défendeur, peuvent, à raison de la connexité qui existe soit entre les deux conventions, soit entre les difficultés qu'elles soulèvent, être portées devant le tribunal du domicile du demandeur qui, dans ce cas, est compétent pour juger tout le litige (Angers, 20 juin 1860, aff. Lemarchand, D. P. 60. 2. 206).

146. La connexité qui relie les deux demandes permet, comme on l'a vu au Rép. nº 253, de les soumettre au même tribunal, alors même que, sans la circonstance de la connexité, elles auraient dû être soumises à des tribunaux différents, en vertu, non pas seulement des règles générales de compétence, mais bien d'une dévolution conventionnelle. — Ainsi, la clause par laquelle les parties, au nombre desquelles figure un étranger, ont stipulé que les contestations qui s'élèveraient entre elles au sujet de l'exécution d'un contrat seraient portées devant un tribunal français déterminé, peut être considérée, par une interprétation souveraine de la volonté des parties, comme dérogeant uniquement aux règles ordinaires de la compétence relative aux étrangers, et non pas à l'exception qui s'étend à ces règles elles-mêmes en matière de garantie (Civ. rej. 22 déc. 1869, aff. Riche, 1ʳᵉ et 2ᵉ espèces, D. P. 70. 1. 55).

147. L'incompétence de la juridiction ordinaire relativement aux matières attribuées à une juridiction d'exception cesse au cas de connexité (c. proc. civ. art. 171), et les tribunaux de première instance, saisis d'une demande rentrant dans leur compétence, deviennent également compétents pour connaître d'une autre demande indivisiblement liée à la première, quand même, à raison de sa nature, cette autre demande serait de la compétence d'une juridiction d'exception, telle que le tribunal de commerce ou le juge de paix. C'est ce qui a lieu lorsqu'une demande comprend plusieurs chefs dont les uns rentrent dans les attributions spéciales du juge de paix et les autres dans la compétence exclusive du tribunal civil, mais qui sont unis entre eux par les liens d'une étroite connexité ; le tribunal peut alors statuer sur le tout, sans dépasser les limites de sa compétence (Req. 13 janv. 1869, aff. Rampant, D. P. 72. 1. 198; Bourges, 26 déc. 1871, aff. Devilliers, D. P. 72. 5. 106; Civ. rej. 28 juill. 1873, aff. Maillard, D. P. 74. 1. 22). Spécialement, lorsqu'un juge de paix, saisi d'une demande en payement de loyers, a renvoyé la cause devant le tribunal

civil pour la vérification de l'écriture de quittances arguées de faux, si le locataire forme une demande en rachat de l'immeuble loué, le tribunal peut, après avoir joint les deux instances, prononcer à la fois sur la demande de loyers et sur la demande de rachat (Arrêt précité du 13 janv. 1869).

148. Une action qui comprend des chefs distincts unis entre eux par un lien d'indivisibilité ou de connexité, alors même que l'un de ces chefs pris isolément soulèverait une contestation de nature commerciale.

A plus forte raison en est-il ainsi lorsque l'action est restreinte à un seul chef, renfermant simplement des éléments connexes de nature différente : la juridiction civile est alors compétente, à l'exclusion de la juridiction commerciale, par cela seul que l'un de ces éléments, d'ailleurs sérieux, d'appréciation, rentre dans le domaine des tribunaux de droit commun. Spécialement, les tribunaux civils sont compétents pour connaître de la demande en dommages-intérêts formée par un associé contre son coassocié, à titre de réparation du préjudice qui lui aurait été causé par des faits qualifiés d'imputations mensongères de nature à nuire au crédit et à la considération du demandeur, alors même que ce dernier exciperait, en outre, d'irrégularités que le défendeur aurait commises dans les écritures de la société de commerce existant entre les parties, la nature purement civile de la première cause de dommage suffisant pour placer tout entière l'action dans les attributions des juges civils, en l'absence de preuve du caractère commercial des faits allégués. Les mêmes faits ne sauraient, d'ailleurs, à défaut d'articulations précises, être considérés comme ayant le caractère des délits ou contraventions de diffamation verbale et d'injures publiques ou non publiques, à raison desquels l'action civile est exceptionnellement attribuée aux juges de paix (L. 25 mai 1838, art. 5) (Civ. rej. 24 avr. 1866, aff. Frantz, D. P. 66. 1. 258). — Il en serait de même au cas où la demande incidente eût été de la compétence d'un tribunal arbitral (Civ. cass. 18 août 1864, aff. Chemin de fer du Midi C. Leverrier, D. P. 65. 1. 62).

149. Mais il a été jugé, en sens contraire, qu'une demande formée par le même exploit qu'une autre action ressortissant à une juridiction différente ne peut être jugée par le même tribunal que celle-ci, qu'autant qu'elle est indivisiblement liée à cette dernière demande, ou qu'elle n'en est que l'accessoire; c'est dans ces seulement qu'il y a exception au principe que l'on ne peut déroger, même du consentement du défendeur, à l'ordre des juridictions. Ainsi une demande en payement de dommages-intérêts inférieurs à 1500 fr. pour dégradations aux lieux loués, de la compétence du juge de paix, aux termes de l'art. 4 de la loi du 25 mai 1838, ne peut être jugée par le tribunal de première instance devant lequel elle a été portée cumulativement avec une demande en payement de loyers s'élevant annuellement à plus de 400 fr., laquelle rentre dans les attributions de ce tribunal, suivant les art. 3 de la loi précitée de 1838 et 3 de la loi du 25 mai 1855, la première de ces demandes n'étant ni l'accessoire de la seconde, ni indivisiblement liée à celle-ci (Bastia, 28 janv. 1856, aff. Rossi, D. P. 56. 2. 87).

150. Si les tribunaux civils sont compétents pour connaître à raison de la connexité, des demandes incidentes portées devant eux dès qu'ils ne sont pas incompétents ratione materiæ pour en connaître, il en est autrement d'un tribunal d'exception; celui-ci ne peut connaître des demandes connexes rentrant dans la compétence des tribunaux de droit commun. Cette règle s'applique notamment aux tribunaux de commerce (Civ. cass. 8 nov. 1847, aff. Bonnin, D. P. 47. 4. 99-100; Orléans, 20 déc. 1848, aff. Duval-Vaucluze, D. P. 54. 2. 89; Lyon, 9 mars 1867, aff. Voirin, D. P. 67. 2. 85; Demangeat sur Bravard, Droit commercial, t. 6, p. 440; Bédarride, Juridiction commerciale, nº 153). Dès lors, si deux demandes connexes sont formées en même temps, l'une de la compétence d'un tribunal exceptionnel, comme un tribunal de commerce, l'autre ressortissant à la juridiction ordinaire, c'est celle-ci qui doit seule être appelée à statuer (Pau, 4 mars 1873, aff. Chemin de fer du Midi C. Abbadie, D. P. 75. 2. 221). Et notamment le tribunal civil, ayant plénitude de juridiction, doit connaître de l'action intentée tout à la fois contre un commerçant et un non-commerçant, lorsque cette action tend à obtenir des condamnations solidaires contre les deux

défendeurs à raison d'un engagement solidaire de leur part (Poitiers, 20 juin 1883, aff. de Martel, D. P. 84. 2. 128. V. aussi *Rép.* v[is] *Acte de commerce*, n°s 395 et suiv., 398 ; *Compétence commerciale*, n° 141, et *Exceptions et fins de non-recevoir*, n° 197 ; Douai, 11 juin 1868, aff. Ducoroy, D. P. 69. 2. 18 ; Chambéry, 11 mars 1874, aff. Bocquin, D. P. 77. 2. 62 ; Rousseau et Laisney, *Dictionnaire*, v° *Compétence des tribunaux civils*, n°s 12 et suiv. — V. toutefois, en sens contraire : Metz, 4 déc. 1855, aff. Giraud, D. P. 56. 2. 223.— V. aussi, pour la Belgique, avant la loi du 25 mars 1876 : Gand, 24 avr. 1874, *Pasicrisie belge*, 1874, 2. 228, et la note). Depuis cette loi, qui, suivant un système, aurait enlevé aux tribunaux civils de Belgique la plénitude de juridiction, mais qui leur a conservé le caractère de tribunaux ordinaires, et a laissé à la juridiction commerciale celui de juridiction d'exception, la jurisprudence et la doctrine ont persisté à admettre que s'il y a plusieurs débiteurs solidaires dont les uns sont obligés commercialement et les autres civilement, ces derniers ne peuvent être poursuivis devant la juridiction commerciale, à moins que la loi ne contienne une disposition expresse en sens contraire (V. Gand, 11 mars 1880, aff. Hospices de Nieukerke C. Serrure, *Pasicrisie belge*, 1880, 2. 185 ; Liège, 27 juill. 1881, aff. Dupont, C. Kegeljan *ibid.*, 1881, 2. 384 ; Comp. Bruxelles, 9 nov. 1882, aff. Léglize, D. P. 84. 2. 141 ; 15 déc. 1882, aff. Pysonnier C. Gurné, *Pasicrisie belge*, 1883, 2. 87).

151. Comme on l'a vu au *Rép.* n° 264, le juge compétent pour connaître d'une action l'est également pour statuer sur les exceptions qu'on y oppose. Pour que cette règle bien constante soit applicable, il est nécessaire, mais il suffit que le tribunal saisi d'une demande à laquelle une exception est opposée ne soit pas incompétent *ratione materiæ* pour connaître de cette exception. Ainsi, un tribunal civil ne serait pas compétent pour statuer sur l'exception invoquée devant lui, si cette exception rendait nécessaire l'interprétation d'un acte administratif. Au contraire, le tribunal pourrait connaître de l'exception proposée, alors même que la question qu'elle soulève serait, si elle faisait l'objet d'une demande principale, de la compétence du juge de paix ou du tribunal de commerce, parce que la juridiction civile a plénitude de juridiction relativement aux matières rentrant dans les attributions soit du juge de paix, soit du tribunal de commerce (Bordeaux, 6 mai 1848, aff. Mousson Létang, D. P. 50. 2. 11). Il lui appartiendrait notamment de résoudre la question de savoir si un débiteur a cessé ses payements, et si, par suite, les effets légaux de la faillite doivent lui être appliqués, alors que ce n'est que par voie d'exception que ce moyen est proposé (V. en ce sens : Caen, 26 janv. 1857, aff. Fortin, D. P. 57. 2. 107 ; Metz, 20 déc. 1865, aff. Morel, D. P. 66. 2. 10 ; Dufruc, *Dictionnaire du contentieux commercial*, v° *Faillite*, n° 1342 ; Alauzet, *Commentaire du code de commerce*, 3° éd., t. 7, n° 2425 ; Rousseau et Laisney, *Dictionnaire de procédure civile*, v° *Compétence des tribunaux civils*, n° 22 et suiv. — *Contrà* : Massé, *Droit commercial*, 2° éd., t. 2, n°s 1166 et 1167 ; Demangeat sur Bravard, *Traité des faillites et banqueroutes*, 1re partie, p. 40, note). — Par la même raison, lorsqu'à une demande portée devant le tribunal civil par une personne agissant comme membre ou liquidateur d'une société commerciale, le défendeur oppose une fin de non-recevoir, tirée de ce que le demandeur serait sans qualité pour intenter cette action à raison de la nullité de la société dont il allègue l'existence, les juges civils ont le droit d'examiner et de résoudre cette question de nullité de la société, afin d'apprécier le mérite de la fin de non-recevoir proposée (Req. 26 avr. 1880, aff. Schmitz et Lumière, D. P. 80. 1. 425).

Mais la règle que le juge de l'action est le juge de l'exception ne peut être invoquée devant les juridictions spéciales, lorsque la question à laquelle l'exception donne naissance ne rentre pas dans les attributions limitées de ces juridictions. Ainsi un tribunal de commerce n'est pas compétent pour prononcer sur les questions d'état ou de propriété que présentent à résoudre les exceptions élevées devant lui (*Rép.* v° *Compétence commerciale*, n°s 347, 355 et suiv. — V. sur la portée de la règle dont il s'agit : Nîmes, 27 mars 1876, aff. Fulachier, D. P. 77. 2. 6).

D'ailleurs, c'est par la nature, l'objet ou la valeur de la demande, et non par les moyens de la défense, alors sur-

tout que ces moyens sont contestés, que la loi détermine la compétence des tribunaux en matière civile ; ainsi, un tribunal civil saisi d'une demande tendant à établir qu'un immeuble n'est pas grevé d'une servitude de passage reste compétent pour statuer sur cette action, bien que le défendeur soutienne qu'il a eu le droit de passer sur l'immeuble en vertu de la disposition de l'art. 41, tit. 2, de la loi du 28 sept. 1791, qui permet aux voyageurs de passer sur les propriétés voisines d'un chemin public impraticable, question qui, suivant le défendeur, serait de la compétence des juges de paix (Rennes, 31 janv. 1880, aff. Barbedor, D. P. 80. 2. 205-206 ; Rodière, *Cours de compétence et de procédure en matière civile*, 4° éd., t. 1, 1re part., chap. 7, p. 127).

152. Toutefois, suivant laquelle le juge de l'action est compétent pour statuer sur les exceptions qu'on y oppose, alors même que, prises isolément, ces exceptions soulèveraient des contestations tombant sous la compétence d'un autre juge, et pourvu, bien entendu, que ce juge ne soit pas incompétent *ratione materiæ*, n'est pas absolue. Elle a pour but d'éviter les retards et les complications qu'occasionnerait la nécessité de faire, entre les divers moyens opposés par une partie, d'ailleurs compétemment actionnée, une distinction prise de ce que le débat engagé par les uns serait de la compétence de tel juge, tandis que la contestation soulevée par les autres serait de la compétence d'un juge différent. On conçoit, en ce cas pareil, l'indivisibilité de la compétence. Mais il n'en est plus ainsi, lorsque l'exception est produite par un codéfendeur à l'égard duquel le juge saisi de l'action n'est pas compétent ; le moyen forme alors une contestation toute spéciale, et en elle-même, et quant à la partie avec laquelle elle est agitée. Dès lors, s'il n'y a pas indivisibilité entre les deux contestations, il est loisible au juge de se dessaisir de cette exception (Req. 25 juill. 1854, aff. Aguado, D. P. 54. 1. 429).

ART. 5. — *Compétence respective des diverses chambres des tribunaux d'arrondissement, et compétence particulière du président* (*Rép.* n°s 271 à 282).

153. — I. COMPÉTENCE RESPECTIVE DES DIVERSES CHAMBRES. — Depuis la publication du *Répertoire*, aucune modification n'a été apportée aux règles exposées *ibid.* n°s 271 et suiv. ; en ce qui concerne la distribution des affaires entre les chambres, le décret du 30 mars 1808 est toujours en vigueur. — On continue spécialement à décider, comme on l'a indiqué au *Rép.* n° 275, que la chambre des vacations est incompétente pour connaître des matières ordinaires (Nancy, 19 févr. 1850, aff. Jacquot, D. P. 50. 5. 79), qu'elle n'est compétente que pour statuer sur les matières sommaires et sur celles qui requièrent célérité, comme, par exemple, les poursuites disciplinaires contre les officiers ministériels (Civ. rej. 6 août 1867, aff. X..., D. P. 67. 1. 319), mais non sur la contestation relative à l'opposition à l'ordonnance d'exécution d'une sentence arbitrale, motivée sur ce qu'il a été statué sur choses non demandées (Trib. civ. Seine, 27 sept. 1843, aff. N..., D. P. 45. 4. 517. V. d'ailleurs *infra*, v° *Organisation judiciaire*).

154. — II. COMPÉTENCE DU PRÉSIDENT.— V. *Rép.* n°s 279 et suiv.

CHAP. 2. — Compétence des cours d'appel

(*Rép.* n°s 283 à 308).

155. Comme on l'a vu au *Rép.* n° 284, une cour ne peut être saisie de l'appel d'un jugement en dernier ressort, bien que les parties y consentent ; elle serait incompétente d'une manière absolue pour se prononcer sur cet appel, car les règles de compétence, quant au premier et au dernier ressort, sont d'ordre public. La fin de non-recevoir contre un appel, tirée de ce que le jugement est en dernier ressort, peut donc être proposée en tout état de cause, et ne serait pas couverte par la défense au fond (V. *suprà*, v° *Appel civil*, n° 22 ; — *Rép.* eod. v°, n° 220). Elle peut être proposée *d'office* par le juge d'appel (Civ. cass. 29 mai 1850, aff. Vidal, D. P. 50. 1. 237 ; Douai, 21 janv. 1854, aff. Pisson, D. P. 54. 5. 163 ; Civ. rej. 10 janv. 1854, aff. Huot, D. P. 54. 1. 35 ; Bourges, 6 juill. 1857, aff. Grimault, D. P. 57. 2. 140 ; Civ. cass.

7 mars 1866, aff. Lefaure, D. P. 66. 1. 119; 22 juin 1870, aff. de la Marlier, D. P. 70. 1. 408), et présentée pour la première fois devant la cour de cassation (Arrêts précités des 29 mai 1830, 10 janv. 1854, 7 mars 1866; Civ. rej. 24 mai 1869, aff. Ville de Rouen, D. P. 69. 1. 275). La cour, cependant, n'excède pas ses pouvoirs si elle se borne à statuer sur la question de compétence dont elle est saisie et ne statue pas sur la question du fond jugée en dernier ressort (Req. 24 déc. 1879) (1).

156. La compétence du juge d'appel ne saurait être plus étendue que celle du tribunal dont la décision lui est déférée. Ainsi, une cour d'appel ne peut, sur l'appel de la partie civile, retenir la connaissance d'une demande en dommages-intérêts à raison d'imputations diffamatoires sur laquelle le tribunal a statué sans être compétent, alors même que, par suite du défaut d'appel, tant du prévenu que du ministère public, l'action publique est éteinte (Paris, 23 févr. 1883, aff. Rameau, D. P. 83. 2. 135. V. d'ailleurs, *supra*, v° *Appel civil*, n°ˢ 205 et suiv.).

157. Comme on l'a vu au *Rép.* n° 285, les cours d'appel ne connaissent, en principe, que des affaires sur lesquelles il a déjà été statué en première instance. Mais les parties ne peuvent-elles valablement renoncer aux deux degrés de juridiction? Cette question semble tranchée par la jurisprudence dans le sens de l'opinion que nous avons proposée au *Rép.* n° 285, et qui reconnaît aux parties la faculté, d'un commun accord, tacite ou exprès, de franchir le premier degré de juridiction et de porter *de plano* leur contestation devant la cour d'appel. — Aux arrêts ce sens qui ont été rapportés au *Rép.* v° *Degré de juridiction*, n°ˢ 494 et suiv., il y a lieu d'ajouter plusieurs décisions nouvelles qui les confirment. Il a été jugé, notamment, que les parties peuvent renoncer à la règle des deux degrés de juridiction soit expressément, soit en procédant au fond sans protestation; et que la cour d'appel, saisie d'une instance non soumise au premier degré de juridiction, n'est pas tenue de relever d'office cette irrégularité (Req. 18 juill. 1848, aff. de Saint-Vincent, D. P. 48. 5. 95; 12 août 1874, aff. Laperrine, D. P. 76. 1. 501; 13 juill. 1875, aff. Hericé, D. P. 76. 1. 118-119. V., d'ailleurs, *infrà*, v° *Degré de juridiction*).

Il en est de même, ainsi qu'on l'a exprimé au *Rép.* n° 288, de la règle qu'aucune demande nouvelle ne doit être formée en cause d'appel; cette règle n'est pas d'ordre public et les juges ne sont pas tenus de l'appliquer d'office (Paris, 5 févr. 1872, aff. Latruffe, D. P. 74. 2. 236;

Req. 13 mars 1876, aff. Siméon Lévy, D. P. 76. 1. 342, et les arrêts cités ci-dessus).

158. Les principes exposés au *Rép.* n°ˢ 290 et suiv., en ce qui concerne la compétence territoriale des cours d'appel et les attributions respectives des chambres des cours d'appel, n'ont pas été essentiellement modifiés. La loi du 30 août 1883, sur la réforme de l'organisation judiciaire (D. P. 83. 4. 59), a supprimé la distinction qui existait entre les chambres civiles des cours d'appel et les chambres des appels correctionnels. Aux termes de l'art. 1er de cette loi, les arrêts des cours d'appel sont, en toute circonstance, valablement rendus par cinq juges au moins, président compris. Il n'y a donc plus d'hésitation possible sur la question de savoir si les chambres correctionnelles peuvent statuer sur les affaires civiles, et, pour ces affaires elles n'ont plus, comme autrefois (*Rép.* n° 293), à se compléter au nombre de sept juges. Et cela, d'autant plus que, dans une partie des cours d'appel (7 sur 23), il n'y a qu'une seule chambre qui statue à la fois sur les affaires civiles et les affaires correctionnelles. La validité d'un arrêt est donc incontestable s'il est rendu par cinq magistrats au moins, ou par un nombre plus considérable, pourvu qu'ils soient en nombre impair (L. 30 août 1883, art. 1er).

159. Pour les audiences solennelles, les magistrats doivent être au minimum au nombre de neuf. — On a vu à ce propos au *Rép.* n° 296, que, jugeant le plus souvent en audience ordinaire, les cours d'appel doivent statuer en audience solennelle sur les questions relatives à l'état des personnes. Toutefois, cette règle ne s'applique pas aux demandes en séparation de corps; ces demandes doivent être jugées en audience ordinaire. De là, lors du rétablissement du divorce, une certaine hésitation, qui a donné lieu à des décisions contradictoires. — Il a été mis fin à ces hésitations par le décret du 1er mai 1885 (D. P. 85. 4. 25): d'après ce décret et le nouvel art. 248 c. civ. (L. 18 avr. 1886, D. P. 86. 4. 30), l'instance d'appel s'instruit à l'audience ordinaire et comme affaire urgente (V. *infrà*, v° *Divorce*).

160. La loi du 30 août 1883 ne modifie en réalité les règles exposées au *Répertoire* qu'en ce qui concerne le nombre des magistrats dont la participation au jugement d'une affaire est nécessaire à la validité de l'arrêt; elle ne change en rien les règles qui ont été exposées au *Rép.* n°ˢ 298 et suiv. sur les assemblées générales des cours et les audiences des chambres réunies, les attributions du premier président, etc. (V., d'ailleurs, *infrà*, v° *Organisation judiciaire*).

(1) (Roger C. Conard et consorts.) — Le sieur Roger a été condamné, par défaut, le 15 nov. 1877 par jugement du tribunal de commerce de Pont-Audemer, à payer aux héritiers Conard la somme de 751 fr. 44 cent. Le sieur Roger fit opposition à ce jugement et soutint que la demande formée par les héritiers Conard ne pouvait avoir pour cause que des fournitures de marchandises faites à une époque qui remontait à plus de trente-cinq ans, alors qu'il habitait Rouen; qu'il est domicilié à Paris; que, dès lors, ce tribunal ne pouvait, à aucun titre, connaître de la demande, et que, d'ailleurs, la dette se trouve prescrite aux termes de l'art. 2462 c. civ. Sur cette opposition nouveau jugement du 16 mars 1878 qui sur l'exception d'incompétence : « Attendu que le sieur Roger a été déclaré en état de faillite, à Rouen, en l'année 1843; que, peu de temps après, il a quitté la France, et n'y a conservé aucun domicile; qu'il a habité l'étranger pendant trente ans et qu'il a reparu à Pont-Audemer, vers 1874, où il a demeuré à divers intervalles pendant plusieurs mois; — Attendu que le sieur Roger ne justifie pas qu'il ait fait nulle part de déclaration de domicile; que depuis son retour de l'étranger il peut être considéré tout aussi bien comme domicilié à Pont-Audemer, où il est resté presque constamment, que partout ailleurs; — Attendu, en effet, que dans une précédente affaire introduite devant le tribunal par les héritiers Bougourd-Lambert, banquiers à Pont-Audemer, le 27 juill. 1877, le sieur Roger se prétendait alors domicilié à Asnières, sans pouvoir le justifier; qu'il se prétend aujourd'hui domicilié à Paris, sans pouvoir en justifier davantage; — Attendu que, depuis son retour de l'étranger, le sieur Roger a mené un genre de vie errante; que, lors de la demande formée par les héritiers Conard, il résidait à Pont-Audemer depuis sept à huit mois; que, dans l'ignorance du lieu de son domicile où se trouvaient les demandeurs, ils ont pu valablement l'assigner devant ce tribunal, celui de sa résidence, conformément à l'art. 59 c. proc. civ.; que, d'ailleurs, en ne se conformant pas aux prescriptions de l'art. 104 c. civ., le sieur Roger s'est constitué en faute; qu'il n'est pas possible à ses créanciers de reconnaître un vrai domicile; que, par suite, les poursuites faites par ceux-ci au lieu

qui était à leur égard le domicile apparent du sieur Roger doivent être considérées comme valables; — En ce qui concerne l'exception de prescription, etc.: — Par ces motifs...; — Dit à tort les exceptions d'incompétence et prescription soulevées par le sieur Roger, ainsi que sa demande en dommages-intérêts...; et statuant sur son opposition, la dit mal fondée..., etc. ». — Appel par Roger et le 7 févr. 1879, arrêt de la cour de Rouen ainsi conçu : — « Attendu qu'il résulte des documents de la cause et des faits du procès que Roger a résidé successivement à Rouen, à l'étranger, à Asnières, à Paris, à Pont-Audemer; qu'il n'établit pas par des justifications suffisantes que son domicile se soit trouvé réellement et juridiquement, lors de l'instance, fixé à Paris, comme il l'affirme aujourd'hui par sa nouvelle et dernière prétention; — Attendu qu'il résulte, au contraire, des documents et faits de la cause que Pont-Audemer est le domicile d'origine de Roger; que, de plus, lors du procès est actuellement, Pont-Audemer était son seul domicile connu, et, en réalité, le lieu de sa résidence; qu'à bon droit, en l'état, le tribunal de Pont-Audemer a affirmé sa compétence; — Et, d'ailleurs, adoptant les motifs des premiers juges et les appliquant aux conclusions en cause d'appel...; — Confirme le jugement dont est appel; — Déclare que le tribunal de Pont-Audemer s'est, à bon droit, déclaré compétent...; — Rejette, en conséquence, les conclusions de l'appelant ». — Pourvoi en cassation par M. Roger. — Arrêt.

LA COUR; — Sur le premier moyen tiré de la violation de l'art. 1er de la loi du 11 avr. 1838 et de la fausse application des art. 453 et 454 c. proc. civ. : — Attendu qu'il s'agissait dans la cause du payement d'une somme de 751 fr.; qu'ainsi le jugement, au fond, était rendu en dernier ressort; que, dans cette situation, l'arrêt attaqué s'est borné à résoudre l'unique question de compétence dont il était saisi par les conclusions expresses de l'appelant, ce qui fait qu'on ne peut lui reprocher à lui la faute d'avoir excédé ses pouvoirs; — Sur le deuxième moyen :... — Rejette, etc.

Du 24 déc. 1879.-Ch. req.-MM. Bédarrides, pr.-Crépon, rap.-Robinet de Cléry, av. gén., c. conf.-Bidoire, av.

Table sommaire

des matières contenues dans le Supplément et le Répertoire.

(Les chiffres précédés de la lettre S renvoient au Supplément; les chiffres précédés de la lettre R renvoient au Répertoire.)

Table chronologique des Lois, Arrêts, etc.

1855
. c.
28 mars.Besançon. 86 c.
19 mai. Paris. 113 c.
23 mai. Metz.79 c.
25 mai. Loi. 149 c.
22 juin.Req. 50 c.
29 juin. Lyon. 142 c.
4 déc. Metz. 150 c.

1856
28 janv. Bastia.149 c.
16 févr. Rouen. 34 c.
14 avr. Civ. 80 c.
22 mai. Poitiers. 35 c.
4 juin. Limoges. 121 c.
10 juin. Req. 112 c., 114 c.
17 juin. Poitiers. 25 c.
30 juin. Rouen. 112 c.
21 juill. Req. 68 c.
21 juill. Paris. 105 c.
17 déc. Req. 17 c.
29 déc. Req. 20 c.

1857
15 janv. Metz. 112 c., 114 c.
28 janv. Caen. 151 c.
4 mars. Civ. 47 c., 57 c.
4 mai. Req. 46 c., 72 c.
6 juill. Bourges. 155 c.
22 juill. Bordeaux. 46 c.
11 août. Bordeaux. 47 c.
26 août. Colmar. 56 c.
29 déc. Pau. 90 c., 91 c.

1858
9 mars.Req.78 c.
10 mars. Nancy. 111 c.
12 mars. Paris. 50 c.
16 mars. Civ. 50 c., 67 c.
21 avr. Metz. 83 c.
24 mai. Trib. com. Bordeaux. 57 c.
30 juin. Req. 47 c. 56 c., 58 c.
22 juill. Lyon. 43 c., 76 c.
27 juill. Civ. 46 c.

---

30 juill. Lyon. 15 c.
2 août. Dijon. 24 c.

1859
3 janv. Bourges. 139 c.
5 janv. Req. 7 c.
7 janv. Orléans. 22 c.
25 janv. Civ. 105 c.
10 févr. Nîmes. 96 c.
5 avr. Civ. 46 c.
20 avr. Civ. 95 c.
5 juill. Req. 133. c., 134 c.
4 août. Paris. 141 c.
8 nov. Req. 22 c.
10 nov. Orléans. 43 c.
3 déc. Orléans. 121 c.
26 déc. Paris. 133 c.

1860
8 févr. Alger. 121 c.
17 févr. Limoges. 15 c.
21 févr. Req. 27 c., 37 c., 40 c.
12 mars. Paris. 106 c.
16 mars.Besançon. 80 c.
14 juin. Civ. 43 c. 145 c.
6 août. Toulouse. 47 c.
21 nov. Civ. 129 c.
14 déc. Besançon. 22 c.
31 déc. Req. 116 c.

1861
14 mars. Paris. 103 c.
10 avr. Req. 15 c.
29 nov. Toulouse. 122 c.
11 déc. Paris. 22 c.

1862
10 févr. Paris. 120 c., 139 c., 144 c.

1863
21 janv. Civ. 90 c., 94 c.
18 févr. Aix. 50.
23 févr. Bordeaux. 50.
9 mars. Civ. 131 c.
11 mars. Chambéry. 100 c.
30 avr. Colmar. 11 c., 58 c.
4 mai. Rouen.112 c.
8 mai. Paris. 20 c.
20 mai. Bordeaux. 139 c.
7 déc. Toulouse. 32 c., 38 c.

1864
12 janv.Civ. 83 c.
15 mars. Rennes. 109 c.
11 mai. Bordeaux. 109 c.
11 juill. Req. 40 c.
3 août. Req. 79
18 août. Req. 94 c.
18 août.Civ. 148 c.
7 déc. Trib. Marseille. 139 c.
14 juin. Civ. 43 c., 57 c.
19 déc. Req.136 c.
28 déc. Civ. 82 c.

1865
11 janv. Paris. 129 c.
24 janv. Civ. 90 c.
3 mars. Aix. 110 c.
22 mars. Cass. 38 c.
20 mai. Montpellier. 107 c.
21 juin. Req. 32 c.
10 août. Req. 43 c.
20 nov. Dijon. 50 c., 61 c.
20 déc. Metz. 151 c.

1866
7 mars. Civ. 155 c.
13 mars. Req. 105 c.
17 avr. Req. 47 c., 61.c.
24 août. Civ. 148 c.

---

16 août. Grenoble. 81 c.
20 août. Nîmes. 186 c.
1er déc. Chambéry. 47 c., 129 c.

1867
16 janv. Req. 125 c.
22 janv. Req. 119 c.
9 mars.Lyon. 150 c.
28 mai. Req. 25 c.
19 juin. Orléans. 60 c.
25 juin.Chambéry. 38 c.
6 août. Civ. 153 c.
28 août.Bordeaux. 58 c.
20 nov. Civ. 60 c.

1868
17 févr. Req. 21 c.
18 mars. Req. 49 c.
11 juin. Douai. 150 c.
12 août. Req. 97 c.
20 nov. Orléans. 47 c., 58 c.
24 déc. Grenoble. 101.
28 déc. Poitiers. 47.

1869
5 janv. Req. 111 c.
13 janv. Req. 147 c.
13 févr.Trib.Lyon. 36 c.
27 avr. Metz. 142 c.
24 mai. Civ. 155. c.
14 juill. Paris. 139 c.
29 juill. Lyon. 47 c., 58 c., 68 c.
24 août. Civ. 129 c.
24 août. Paris.100 c.
15 déc. Req. 58 c., 60 c.
22 déc. Civ. 145 c., 146 c.

1870
3 janv. Req. 70 c.
1er févr. Req. 84 c.
30 avr. Rouen. 99 c.
4 juin. Rennes. 139 c.
6 juin.Alger.10 c.

---

22 juin. Civ. 155 c.

1871
16 févr. Req. 20 c.
3 mars. Trib. Auton. 142 c.
2 juin. Bordeaux. 79 c.
28 août. Caen. 102 c.
15 nov. Civ. 16 c., 17 c.
4 déc. Civ. 74 c.
26 déc. Bourges. 147 c.

1872
10 janv. Trib. Seine. 133 c.
25 janv.Dijon.90 c.
5 févr. Paris. 157 c.
19 févr. Bourges. 133 c.
16 déc. Angers. 41 c.

1873
14 janv.Req. 76 c., 84 c.
17 févr. Civ. 130 c.
26 févr. Dijon. 69 c., 98 c.
14 mars.Pau.150 c., 44 c., 120 c.
1er mai. Nancy. 104 c.
26 mars.Req.74 c.
20 mai.Req. 22 c., 62 c.; 63 c.
4 juill. Paris. 141 c.
28 juill. Civ. 147 c.
6 déc. Grenoble. 60 c.

1874
22 janv. Paris.107. c.
18 févr. Dijon. 145 c.
11 mars. Chambéry. 150 c.
14 mars.Paris.107. c.
16 mars. Req. 72 c.

1er avr.Dijon.47 c., 50 c.
25 avr. Paris.25 c.
26 juin. Cons.d'Et. 6 c.
30 juin. Civ. 53 c.
3 juill. Lyon. 6 c.
7 juill. Req.131 c.
11 juill. Rouen.73. 87 c., 88 c.
12 août.Req.157 c.

1875
31 janv. Rennes. 151 c.
1er févr.Paris.70 c.
15 mars. Req. 93. c.
16 mars. Trib. com. Marseille. 131 c.
26 avr. Civ. 79 c.
8 mai. Nancy. 72.
12 juill.Req.157 c.
15 juill. Req. 7 c.
23 juill. Besançon. 30 c.
26 avr. Req. 151 c.
4 mai. Rouen. 91 c.

1876
25 janv. Nîmes. 119 c.
12 mars.Req.143 c.
25 mars.Loi.130 c.
27 mars. Nîmes. 151 c.
30 mai. Req. 50 c.
30 mai. Caen. 14 c.
19 juin. Req. 47 c., 53 c., 67 c., 139 c.
2 août. Req. 130 c., 131 c.
7 août. Req. 47 c., 58, 60 c.

1877
8 janv. Douai. 78, 79 c.
28 févr. Req. 19 c., 44 c., 120 c.
14 mai. Nancy. 42 c.
28 mai. Req. 70. c.
24 juill. Dijon. 53 c.

1878
15 avr. Civ. 139 c.
25 juin. Req. 62 c., 63 c.
13 nov.Rouen.133.
9 déc. Req. 19 c., 129 c.

1879
8 févr. Paris. 29 c.

---

10 mars. Req. 18 c.
4 juin. Toulouse. 9 c.
11 juin. Req. 34 c.
23 juill. Rennes. 79 c.
17 déc. Req. 64 c.
24 déc. Req. 155.
26 déc. Rennes. 128 c.,129 c.

1880
31 janv. Rennes. 151 c.
15 janv. Nîmes. 91 c., 92.
10 mars. Rouen. 33.
11 mars. Gand. 150 c.
15 mars. Req. 29 c.
26 avr. Req. 151 c.
4 mai. Rouen. 91 c.
30 nov. Aix. 44 c., 89 c.
27 déc. Req. 17 c.

1881
1er avr. Rouen. 44 c., 131 c.
3 mai. Paris. 95 c.
27 juill. Liège. 150 c.
15 nov. Civ. 139 c.
19 nov. Req. 47 c., 139 c.
7 déc. Req. 83 c.
12 déc. Rennes. 139 c.

1882
3 janv. Req. 91 c.
13 févr. Req. 129 c.
15 févr. Req. 95 c.
18 avr. Nîmes. 63 c., 64.
12 mai. Paris. 130 c.
6 juin. Caen. 130 c.
15 juin. Lyon. 50 c.
9 nov. Bruxelles. 150 c.
15 déc. Bruxelles. 150 c.
21 déc. Trib. Louviers. 105 c.

1883
7 févr. Bruxelles. 140 c.
23 déc. Paris. 156 c.
14 mars. Civ. 19 c.
20 mars. Req. 88 c.

---

28 avr. Paris. 118 c.
9 mai. Req.17 c., 18 c.
19 juin. Lyon. 50 c.
20 juin. Poitiers. 150 c.
30 août. Loi. 138 c., 160 c.
18 déc. Req. 24 c.

1884
3 janv. Dijon.105 c.
15 janv. Aix. 50 c.
11 mars. Civ. 74 c., 76 c.
8 avr. Civ. 85 c.
17 juin. Req. 139 c.
30 juill. Civ. 42 c.
25 août. Civ. 119 c.
10 nov. Req. 90 c.
1er déc. Req. 79 c.
8 déc. Req. 78 c.
30 déc. Civ. 78 c.

1885
3 févr. Civ. 66 c.
17 févr. Req. 47 c., 61 c.
4 mars. Civ. 131 c.
1er mai. Décr. 159 c.
2 juin. Req. 78 c., 115 c.
30 juin. Req. 50 c.
2 juill. Dijon. 92 c.

1886
9 févr. Req. 79 c.
22 févr. Chambéry. 16 c.
19 mars. Orléans. 47 c., 65 c.
6 avr. Civ. 53 c.
25 mai. Req. 53 c.
7 août. Orléans. 47 c., 65 c.
7 déc. Civ. 52 c.

1887
1er mars. Req. 115 c.
29 mars. Bordeaux. 43 c.
6 juill. Paris. 27 c.

1888
1er févr. Civ. 79 c.

COMPÉTENCE CIVILE DES TRIBUNAUX DE PAIX.

Division.

ART. 1. — **Historique et législation** (n° 1).

ART. 2. — **Des actions dont les juges de paix connaissent en dernier ressort jusqu'à 100 fr., et à charge d'appel, jusqu'à 200 fr. (actions personnelles et mobilières)** (n° 8).

ART. 3. — **Des actions dont les juges de paix connaissent en dernier ressort jusqu'à 100 fr., et, à charge d'appel, à quelque somme que s'élèvent les demandes** (n° 35).

§ 1. — Actions en payement de loyers, congés, résiliations de baux, expulsions de lieux, validité de saisie-gagerie (n° 35).

§ 2. — Actions pour dommages aux champs, fruits et récoltes (n° 43).

§ 3. — Actions relatives à l'élagage des arbres et au curage des fossés (n° 60).

§ 4. — Actions relatives aux réparations locatives des maisons et fermes (n° 62).

§ 5. — Actions relatives aux engagements respectifs des maîtres et des gens de travail, domestiques, ouvriers (n° 63).

§ 6. — Actions relatives au payement des nourrices (n° 74).

§ 7. — Actions pour diffamation, injures et voies de fait (n° 75).

ART. 4. — **Des actions dont les juges de paix connaissent en dernier ressort jusqu'à 100 fr., et, à charge d'appel, jusqu'à 1500 fr.** (n° 82).

§ 1. — Contestations entre les voyageurs et les hôteliers, voituriers, carrossiers (n° 82).

§ 2. — Actions du preneur en indemnité pour non-jouissance, et actions du bailleur pour dégradations et pertes (n° 90).

§ 3. — Actions en payement d'indemnités à raison de réquisitions ordonnées par l'autorité militaire ou de dommages causés aux propriétés dans les exercices et manœuvres (n° 93).

ART. 5. — Des actions dont les juges de paix ne connaissent jamais qu'en premier ressort (n° 94).

§ 1. — Actions possessoires (n° 94).

§ 2. — Actions en bornage et actions relatives à la distance voulue pour les plantations (n° 97).

§ 3. — Actions relatives aux travaux énoncés dans l'art. 674 c. civ. (n° 124).

§ 4. — Demandes de pensions alimentaires (n° 127).

ART. 6. — De la prorogation de la compétence des juges de paix (n° 128).

§ 1. — Prorogation légale (demandes reconventionnelles; demandes réunies dans la même instance) (n° 128).

§ 2. — Prorogation volontaire (n° 135).

ART. 7. — De l'exécution des jugements des juges de paix (n° 139).

ART. 8. — De leur compétence extrajudiciaire (n° 140).

Art. 1er. — *Historique et législation* (*Rép.* n°s 2 à 14).

1. — I. Historique. — La législation relative à la compétence des juges de paix en matière civile, n'a subi, depuis la publication du *Répertoire*, que des changements peu importants.

La loi du 25 mai 1838, qui est toujours en vigueur, n'a été modifiée que sur un point par les lois des 20 mai 1854 (D. P. 54. 4. 83), et 2 mai 1855 (D. P. 55. 4. 52). La compétence attribuée au juge de paix par l'art. 3 de la loi du 25 mai 1838, en matière de payement de loyers, était restreinte au cas où la location n'excédait pas annuellement à Paris 400 fr., et partout ailleurs, 200 fr. La loi du 20 mai 1854 avait élevé le taux de la compétence du juge de paix à 400 fr. dans les villes de Lyon, Marseille, Bordeaux, Rouen, Nantes, Lille, Saint-Etienne, Nîmes, Reims et Saint-Quentin (D. P. 54. 4. 83). La loi du 2 mai 1855 l'a étendue à la somme de 400 fr. pour toute la France (1).

A la suite de la guerre de 1870 et du siège de Paris, plusieurs lois et décrets ont conféré momentanément aux juges de paix une compétence et des attributions spéciales relativement aux contestations sur le payement des loyers à Paris et dans les cantons du département de la Seine (Décr. 30 sept. 1870, D. P. 70. 4. 94; 9 oct. 1870, D. P. 70. 4. 95; 3 janv. 1871, D. P. 71. 4. 1; L. 21 avr. 1871, D. P. 71. 4. 47; 6 janv. 1872, D. P. 72. 4. 7). Mais ces mesures, dont le caractère était transitoire, ont pris fin en même temps que les circonstances qui les avaient motivées.

Certaines lois, d'un autre côté, ont spécialement attribué aux juges de paix la connaissance de difficultés qui jusque là ne leur avaient pas été confiées. Parmi ces lois nous citerons celle du 22 févr. 1851 (D. P. 51. 4. 43) relative aux contrats d'apprentissage, dont le tit. 2 confère au juge de paix, à défaut de conseil de prud'hommes, la connaissance des difficultés relatives à l'exécution et à la résolution des contrats d'apprentissage et les demandes en dommages-intérêts qui s'y rattachent. Nous citerons également la loi du 3 juill. 1877 (D. P. 77. 4. 53) relative aux réquisitions militaires et aux dommages causés aux propriétés privées par le passage ou le stationnement des troupes dans les marches, manœuvres et opérations d'ensemble prévues par la loi du 24 juill. 1873; cette loi confère aux juges de paix compétence pour statuer en dernier ressort jusqu'à 200 fr., et en premier ressort jusqu'à 1500 fr., sur les demandes d'indemnités pour réquisitions exercées par l'autorité militaire (art. 26).

En dehors de ces cas spéciaux, la loi du 25 mai 1838 reste, ainsi qu'on vient de le dire, la loi fondamentale de la compétence des juges de paix en matière civile. — Il est

cependant, depuis de longues années, question de la reviser, et de nombreux projets ont été proposés dans ce but.

2. — Dès 1864, lorsqu'une revision générale du code de procédure civile fut examinée par une commission organisée au ministère de la justice, on fut d'avis que la compétence des juges de paix devait être notablement étendue. Cependant, ce ne fut qu'en 1878 qu'une première proposition, due à MM. Floquet et Parent, prit en considération par la Chambre des députés; elle fut suivie de projets de loi déposés, l'un le 17 janv. 1880 par M. Goblet, l'autre le 15 mars 1881 par M. Cazot, alors garde des sceaux. Mais la fin de la législature ne permit pas à la commission chargée d'examiner ces projets d'en faire un examen approfondi. Toutefois, M. Goblet déposa le 23 juill. 1880 un rapport qui concluait à l'extension de la compétence civile des juges de paix jusqu'à 1500 fr. Dans la législature suivante (3e législature 1881-1885), l'idée de l'extension de la compétence des juges de paix fut reprise par le Gouvernement. Le 10 mars 1883, M. Martin-Feuillée, ministre de la justice, déposa un nouveau projet (V. *Journ. off.* 17 mars 1883, *Documents parlementaires*, année 1883, p. 384; 24 mars 1883, *ibid.*, p. 404).

Ce projet, indépendamment de dispositions relatives à la compétence des juges de paix en matière pénale et au mode de recrutement de ces magistrats, étendait leur compétence en matière civile non seulement quant aux chiffres, mais encore quant à la nature des demandes. Il élevait à 200 fr. en dernier ressort la compétence des juges de paix; en premier ressort, il la fixait, tant en matière mobilière qu'immobilière, au taux de la compétence actuelle en dernier ressort des tribunaux de première instance, c'est-à-dire à 1500 fr. Le projet permettait, en outre, aux juges de paix, de connaître des contestations sur l'exécution de leurs jugements, sur les offres et saisies-arrêts et des questions de servitudes. Les pouvoirs du juge de référé leur étaient conférés. Enfin, l'auteur du projet s'était efforcé de refondre en une seule loi les diverses dispositions sur la compétence des juges de paix en matière civile, éparses dans des textes spéciaux, et les articles de la loi du 25 mai 1838, en les complétant sur les points que la pratique et la jurisprudence avaient signalés comme offrant des lacunes.

La commission de la Chambre des députés, chargée de l'examen du projet, y apporta d'importantes modifications de détail (V. le rapport déposé le 4 févr. 1884 par M. Ferdinand Dreyfus, *Documents parlementaires*, Chambre des députés, 3e législature, session de 1884, n° 2601). Les valeurs de 200 fr. pour la compétence en dernier ressort et 1500 fr. en premier ressort furent vivement discutées : tout en reconnaissant la nécessité d'élever le taux de la compétence civile des juges de paix, soit en premier, soit en dernier ressort, plusieurs commissaires soutinrent que l'augmentation de compétence qui était proposée altérait complétement la nature de l'institution des juges de paix; qu'elle faisait de cette juridiction de véritables tribunaux ayant plénitude de juridiction; qu'avant d'accomplir une pareille réforme, il faudrait créer un personnel capable et à la hauteur de sa tâche nouvelle, sans quoi on aggraverait le danger, toujours considérable, de soumettre à un juge unique des intérêts relativement importants. La majorité de la commission accepta cependant les chiffres proposés par le Gouvernement ; elle pensa que, si on était d'accord sur la nécessité d'une extension de la compétence, il fallait résolument aller jusqu'à 1500 fr. ; on ne ferait ainsi que généraliser celles des dispositions de la loi de 1838 qui ont déjà donné au juge de paix le droit de statuer, à charge d'appel, sur certaines contestations, jusqu'au taux de la compétence en dernier ressort des tribunaux d'appel. En outre, on effacerait de notre législation une anomalie difficile à expliquer : aujourd'hui, en effet,

---

(1) 2-5 mai 1855. — *Loi qui modifie celles des 25 mai 1858 et 20 mai 1854, sur les justices de paix* (D. P. 55. 4. 52).

Art. 1er. L'art. 3 de la loi du 25 mai 1858, modifié par la loi du 20 mai 1854, est remplacé par la disposition suivante :

« Art. 3. Les juges de paix connaissent, sans appel, jusqu'à la valeur de 100 fr., et, à charge d'appel, à quelque valeur que la demande puisse s'élever, des actions en payement de loyers ou fermages, des congés, des demandes en résiliation de baux, fondées sur le seul défaut de payement des loyers ou fermages, des expulsions de lieux et des demandes en validité de saisie-gagerie,

---

le tout lorsque les locations verbales ou par écrit n'excèdent pas annuellement 400 fr. — Si le prix principal du bail consiste en denrées ou prestations en nature appréciables d'après les mercuriales, l'évaluation sera faite sur celle du jour de l'échéance, lorsqu'il s'agira du payement des fermages. Dans tous les autres cas, elle aura lieu suivant les mercuriales du mois qui aura précédé la demande. — Si le prix principal du bail consiste en prestations non appréciables d'après les mercuriales, ou s'il s'agit de baux à colons partiaires, le juge de paix déterminera la compétence, en prenant pour base du revenu de la propriété le principal de la contribution foncière de l'année courante, multiplié par cinq.

en matière personnelle et mobilière, les demandes de la valeur de 100 à 200 fr. peuvent être soumises à deux degrés de juridiction ; les demandes de 200 à 1500 fr. sont tranchées définitivement par les tribunaux de première instance et les demandes au-dessus de 1500 fr. bénéficient comme les premières d'une juridiction à deux degrés. Il n'en serait plus ainsi dans le système du projet ; *toute demande*, quel qu'en fût le chiffre, pourrait être soumise à deux juridictions successives.

La commission proposait encore d'étendre la juridiction des juges de paix aux actions immobilières : ces actions ne présentent pas plus de difficultés que les autres, et, d'autre part, l'ancienne distinction entre les intérêts mobiliers et les intérêts immobiliers ayant, aux yeux de la commission, perdu de son importance par suite du développement toujours croissant de la richesse mobilière, elle espérait que l'intervention peu coûteuse du juge de paix, dès le début des litiges, permettrait souvent de les arrêter et rendrait tout au moins inutiles certains actes fort onéreux de la procédure. Mais la commission rejetait la disposition du projet du Gouvernement confiant aux juges de paix le jugement des contestations relatives aux servitudes. Tout en reconnaissant qu'il y aurait avantage à confier à des juges résidant sur les lieux le règlement immédiat des difficultés auxquelles peut donner naissance l'exercice de ces droits réels et à éviter ainsi le circuit du possessoire et du pétitoire, la commission jugeait que l'interprétation des règles du code relatives aux servitudes soulève des questions juridiques d'une trop haute gravité pour ne pas être soumise à des magistrats présentant des garanties de savoir plus complètes que celles qu'on peut exiger des juges de paix. En outre, la détermination de la compétence des juges de paix, en pareille matière, présenterait d'inextricables difficultés ; bien que les actions concernant les servitudes n'aient souvent qu'un intérêt minime, elles mettent parfois en jeu des intérêts considérables, dont l'importance, nécessairement indéterminée, ne peut être évaluée avec précision. Pour le surplus, le projet de la commission, comme celui du Gouvernement, tendait à compléter et à perfectionner, conformément à la pratique et à la jurisprudence, la loi du 25 mai 1838. On examinera dans la suite et aux numéros correspondants aux changements proposés, les principales modifications que le projet préconisait.

3. Le projet de loi du 10 mars 1883 n'avait pas encore été soumis aux délibérations de la Chambre, lorsqu'il en fut déposé un nouveau, à la séance du 26 nov. 1885, par M. Henri Brisson, garde des sceaux, au nom du Gouvernement. Comme les précédents, il avait pour but l'extension de la compétence des juges de paix, qui paraissait à ses auteurs une voie sûre et rapide pour parriver à la diminution des frais de justice, mais il n'étendait en dernier ressort la compétence du juge de paix que jusqu'à 150 fr. croyant imprudent d'aller, de prime abord, jusqu'au chiffre de 200 fr., qui avait été généralement admis par les projets antérieurs. Mais, à charge d'appel, les juges de paix devaient statuer sur les actions tant personnelles ou mobilières qu'immobilières dans les limites de la compétence en dernier ressort des tribunaux de première instance. En dehors de ces dispositions fondamentales, le projet étendait la compétence du juge de paix aux matières d'ordre, de saisie-arrêt, d'exécution de titres exécutoires (V. *Documents parlementaires*, Chambre des députés, 4e législature, session extraordinaire de 1885, n° 111).

Le chiffre de 200 fr. en dernier ressort était, comme dans le projet du Gouvernement de 1883, celui que proposait M. Emile Brousse (séance du 6 févr. 1886, *Documents parlementaires*, Chambre des députés, 4e législature, session de 1886, n° 410). Mais en premier ressort, l'honorable député ne portait la compétence du juge de paix qu'à 500 fr. trouvant que les avantages d'une trop grande extension de compétence sont très problématiques et les inconvénients nombreux.

4. — II. DROIT COMPARÉ. — A l'étranger, la compétence des juges qui correspondent, dans l'organisation judiciaire des divers pays, à nos juges de paix, est, comme chez nous, limitée. Le remarquable rapport de M. Ferdinand Dreyfus au nom de la commission qui avait examiné le projet gouvernemental du 10 mars 1883 fournit à cet égard d'intéressants renseignements relatifs à l'Italie, l'Allemagne et l'Autriche. En Italie, les préteurs, dont le rôle est à peu près celui de

nos juges de paix, connaissent, en matière civile et commerciale, de toutes les actions personnelles et réelles, mobilières et immobilières, dont la valeur n'excède pas 1500 fr. ; ils statuent sur les actions possessoires, et ont les pouvoirs qui, chez nous, appartiennent au président du tribunal civil, statuant en référé. Mais les préteurs ne forment pas le premier degré de juridiction ; ce rôle appartient aux conciliateurs qui, en dehors des attributions que leur titre indique, connaissent, en matière contentieuse, de toutes les affaires personnelles et mobilières, civiles ou commerciales au-dessous de 30 fr., et des actions relatives aux locations des biens immeubles dont le loyer n'excède pas cette valeur pour toute la durée de la location.

5. La loi du 27 janv. 1877, en *Allemagne*, attribue aux tribunaux cantonaux les demandes civiles ou commerciales, mobilières ou immobilières d'une valeur moindre de 300 marks (375 fr.). Ils connaissent, en outre, sans limite de valeur, des contestations relatives aux contrats de louage, aux salaires, aux transports, aux dommages causés par le gibier, etc., et des demandes formées dans le cas de la procédure dite de sommation, qui doit être suivie lorsqu'il y a perte de titres ou de valeurs.

6. En *Autriche*, la compétence du juge de district s'élève à 25 florins, et jusqu'à 500 florins, lorsque les parties prorogent sa compétence, ou s'il s'agit de se procurer un titre pour une créance exigible.

7. En *Belgique*, l'extension de la compétence des juges de paix est, depuis longtemps, œuvre faite. Le 25 mars 1876, il a été promulgué une loi (*Annuaire de législation étrangère*, 6e année, p. 467), comprenant le tit. 1er du livre préliminaire du nouveau code de procédure civile, et traitant de la compétence en matière contentieuse. Elle contient un certain nombre d'articles relatifs aux juges de paix. Malgré la décision prise de ne mettre en vigueur que simultanément et après l'achèvement complet de l'œuvre, les diverses parties du code successivement adoptées, le tit. 1er du livre préliminaire a été rendu immédiatement applicable, afin de combler les lacunes et d'étendre les nombreuses controverses que présentait la loi de 1841. D'après l'art. 2, les juges de paix connaissent de toutes les actions civiles jusqu'à la valeur de 100 fr. en dernier ressort et en premier ressort jusqu'à 300 fr. — Le taux du dernier ressort ne dépasse jamais 100 fr., mais la compétence du juge de paix s'élève en premier ressort au chiffre entier de la demande, quelle qu'en soit la valeur dans les cas énumérés par l'art. 3 (*Annuaire de législation étrangère*, 1877, p. 468). — Cependant, quand la valeur de la demande dépasse 300 fr., les juges de paix sont incompétents, aux cas prévus par les n° 1, 2, 3, 4, 9, 10 et 11 de l'art. 3, si le titre, la propriété et les droits de servitude ou de mitoyenneté sont contestés.

ART. 2. — *Des actions dont les juges de paix connaissent en dernier ressort jusqu'à 100 fr., et à charge d'appel, jusqu'à 200 fr. (actions personnelles et mobilières)* (Rép. n° 15 à 50).

8. Ainsi qu'on l'a exposé au Rép. n° 16, le juge de paix est absolument incompétent pour statuer sur toute action mixte ou immobilière (Curasson, *Traité de la compétence des juges de paix*, 4e éd., t. 1, p. 258). Il faut toutefois se garder de donner à cette règle une portée trop absolue : de même que le juge de paix ne cesse pas d'être compétent pour statuer sur une action personnelle et mobilière d'une valeur inférieure à 200 fr., bien que le défendeur y oppose une exception tirée d'un contrat de vente d'immeubles (Rép. n° 19), de même le juge de paix ne cesse pas d'être compétent par cela seul que l'action formée devant lui est relative à une chose immobilière. Dans ce cas même, en effet, la demande peut conserver un caractère mobilier ; elle peut, par exemple, avoir pour objet le payement d'une somme d'argent, ou des travaux qu'il avait été convenu entre les parties d'exécuter à un immeuble (Curasson, n° 259). Il en est encore ainsi de la demande ayant pour objet l'exécution d'une transaction par laquelle une partie, reconnaissant l'existence d'une servitude de passage, s'est obligée à effectuer certains travaux, ou à payer une somme d'argent inférieure à 200 fr. (Civ. rej. 27 mai 1878, aff. Fleury, D. P. 79. 1. 122). Une telle demande, en effet, portant uniquement sur l'exécution d'une

convention précédemment intervenue, ne soulève aucunement un litige de nature immobilière; elle n'a nullement trait à l'étendue ou au mode d'exercice de la servitude qui est réglé par la transaction; elle tend uniquement à obtenir l'accomplissement d'une obligation de faire ou à l'application de l'art. 1142 c. civ., et à l'obtention de dommages-intérêts. Les actions de cette nature sont donc bien des actions purement personnelles et mobilières et rentrent comme telles dans les limites de la compétence du juge de paix fixées par l'art. 1er de la loi du 25 mai 1838. — Elles pourraient cependant échapper à sa compétence comme indéterminées (*Rép.* no 33, et *infrà*, no 28), au cas, par exemple, où le demandeur se serait borné à réclamer l'exécution de certains travaux sans joindre à cette réclamation une demande pécuniaire qui vienne préciser la valeur en argent que présente pour lui l'exécution de ces travaux; mais, dans tous les cas, l'action resterait mobilière, car le caractère de l'action tient au but que le demandeur a voulu atteindre en l'intentant, et non à la forme qu'il lui a donnée ou qu'elle aurait reçue dans la suite. Il importerait peu, par exemple, dans le cas sur lequel a statué l'arrêt du 27 mai 1878, que le tribunal de première instance eût confirmé la sentence du juge de paix par des motifs tirés de l'étendue et des conditions d'exercice de la servitude; car les motifs de la décision rendue par un tribunal d'appel ne peuvent modifier le caractère de la demande, telle qu'elle a été formulée devant le premier juge. D'ailleurs, il ne peut dépendre du juge d'appel de porter atteinte aux règles de la compétence et de faire que le juge de paix n'ait pas connu valablement d'une affaire dont il a été saisi à bon droit (Même arrêt).

Les deux principaux projets de loi relatifs à l'extension de la compétence des juges de paix supprimaient, comme on l'a exposé, *suprà*, nos 2 et 3, toute distinction entre les actions mobilières d'une valeur supérieure à 200 fr., et les actions immobilières : les juges de paix devaient statuer en premier ressort et à charge d'appel sur toutes celles de ces actions qui sont, aux termes de la loi du 11 avr. 1838, de la compétence en dernier ressort des tribunaux civils de première instance, sauf les actions relatives aux servitudes.

9. La contestation sur le titre en vertu duquel la demande est formée ne rend pas non plus le juge de paix incompétent, d'une manière absolue, pour statuer sur la demande d'une somme qui n'excède pas le taux de sa compétence. L'opinion contraire, émise par Carré, et combattue au *Rép.* no 18, a été définitivement rejetée par la jurisprudence. On décide unanimement que les juges de paix, compétents aux termes de l'art. 1er de la loi du 25 mai 1838, pour connaître de toutes les actions purement personnelles ou mobilières en dernier ressort jusqu'à la valeur de 100 fr. et à charge d'appel jusqu'à la valeur de 200 fr., sont par voie de conséquence, compétents sur une demande qui se renferme dans ces limites, pour connaître de toutes exceptions et moyens de défense dont la connaissance ne leur a pas été interdite par une disposition spéciale de la loi, car la règle que le juge de l'action est juge de l'exception est aussi bien applicable à la juridiction des justices de paix qu'à celle des autres tribunaux (Req. 4 nov. 1857, aff. Drouet, D. P. 57. 1. 442; 22 juill. 1861, aff. Comp. d'assurances *la Lyonnaise*, D. P. 61. 1. 306; 23 juill. 1868, aff. Gaillard, D. P. 69. 1. 87). Sans doute, les art. 4, 5 et 6 de la loi de 1838 écartent la compétence du juge de paix, pour les cas spéciaux qu'ils régissent lorsque le droit ou le titre sur lesquels repose la demande sont contestés. Ainsi, le juge de paix est incompétent lorsqu'il y a contestation sur le droit à une indemnité, sur les droits de propriété ou de servitude ou sur les titres. Mais aucune restriction semblable n'a été formulée, pour des cas analogues, à l'occasion du droit attribué au juge de paix par l'art. 1er de connaître des actions purement personnelles ou mobilières jusqu'au taux déterminé par la loi. Il en résulte que le juge de paix a tout pouvoir pour connaître de l'action personnelle et mobilière qui n'excède pas le taux de sa compétence, malgré la contestation élevée contre le titre qui sert de base à la demande, lorsque cette contestation n'est soulevée devant lui qu'à titre d'exception, c'est-à-dire de moyen de défense à apprécier dans les seuls motifs de la sentence, de telle sorte qu'il n'ait, dans le dispositif de sa sentence, qu'à statuer sur la demande au sujet de laquelle cette question lui a été

soumise et qui, en elle-même, rentre dans ses attributions.

10. Mais il cesse d'en être ainsi lorsque les conclusions du défendeur sont telles que la contestation sur le titre doive être tranchée dans le dispositif du jugement à intervenir, de telle manière que l'autorité de la chose jugée s'attache à la solution qu'elle aura reçue. Il ne s'agit plus, en effet, en pareil cas, d'une simple exception : on se trouve en présence d'une véritable demande reconventionnelle qui peut excéder les limites de la compétence du juge de paix, et en présence de laquelle il devrait, soit surseoir au jugement de la demande principale jusqu'à ce que le juge compétent se fût prononcé sur la demande reconventionnelle, soit renvoyer les parties à se pourvoir devant qui de droit pour la solution de la contestation tout entière (L. 25 mai 1838, art. 8).

11. Ainsi de deux choses l'une : ou la contestation sur le titre constitue un simple moyen de défense qui sera uniquement apprécié dans les motifs du jugement à intervenir, de telle sorte que toute contestation sur le droit lui-même ou sur le titre puisse encore être intégralement soumise à la juridiction compétente, et alors le juge de paix devra retenir l'affaire; ou la contestation sur le titre se présentera dans des conditions telles que le juge de paix devrait la trancher dans le dispositif du son jugement, et alors on devra se conformer aux règles applicables aux demandes reconventionnelles : le juge de paix ne pourra trancher la contestation qu'autant qu'elle rentre par sa nature et son chiffre dans les limites de sa compétence.

La jurisprudence postérieure à la publication du *Répertoire* offre de nombreux exemples d'application de cette règle. Ainsi, un juge de paix saisi d'une action qui n'excède pas sa compétence, est également compétent pour statuer sur une demande en garantie formée devant lui par le défendeur, bien que cette dernière demande nécessite l'interprétation d'une clause contractuelle portant sur une valeur supérieure au taux de sa juridiction; on prétendrait à tort que la décision du juge de paix sur la demande en garantie peut avoir une influence dépassant les limites de l'action principale, en ce qu'elle est susceptible d'être opposée au garant à propos d'autres demandes qui viendraient être ultérieurement formées contre lui, cette décision ne pouvant avoir l'autorité de la chose jugée que jusqu'à concurrence de la chose demandée (Req. 4 nov. 1857, aff. Drouet, D. P. 57. 1. 442). Il appartient encore au juge de paix de statuer sur l'action en payement d'une somme rentrant dans le taux de sa compétence, encore que le défendeur élève contre cette action une exception tirée de la résolution du contrat en vertu duquel elle a été formée (Civ. cass. 15 mai 1865, aff. Vuibout, D. P. 65. 1. 159).

12. En matière d'assurances, la solution est semblable. Ainsi, le juge de paix saisi de la demande formée par une compagnie d'assurances contre un assuré, en payement de cotisations dues par ce dernier, reste compétent pour statuer sur l'exception prise de ce que le contrat d'assurance aurait été irrégulièrement résilié, une telle exception constituant un simple moyen de défense, et non une demande reconventionnelle (Req. 27 juin 1860, aff. Comp. *la Bretagne*, D. P. 61. 1. 106; Civ. cass. 22 juill. 1861, aff. Comp. d'assurances *la Lyonnaise*, D. P. 61. 1. 306). De même, le juge de paix est compétent pour connaître de la demande en payement de deux primes annuelles d'assurance, s'élevant à une somme de moins de 200 fr., alors même que l'assuré soutient que le temps pour lequel la police a été souscrite est expiré, sans former d'ailleurs contre la compagnie aucune demande reconventionnelle (Civ. cass. 27 avr. 1875, aff. Comp. d'assurances *l'Aigle*, D. P. 75. 1. 423).

13. En matière de loyers, il a été décidé que le juge de paix, saisi de l'action en payement de loyers réclamés en vertu d'un bail écrit, est compétent pour connaître de l'exception tirée d'une prétendue résiliation verbale de bail, alors surtout qu'elle n'est appuyée ni par des preuves ni par des présomptions, et qu'elle est même dépourvue de toute vraisemblance; spécialement, lorsque l'une des parties présente un bail écrit et que l'autre partie, pour refuser le payement des loyers, se borne à prétendre qu'il y a eu résiliation verbale (Req. 23 juill. 1868, aff. Gaillard D. P. 69. 1. 87). Il a été jugé encore que l'action en payement d'un reliquat de créance inférieur au taux de la juridiction du juge de paix

est de la compétence de ce magistrat, encore que la créance primitive excéderait ce taux, si le titre constitutif de la créance n'est en lui-même l'objet d'aucune contestation, et si, par exemple, le défendeur se borne à soutenir qu'il a payé la somme réclamée (Req. 28 nov. 1859, aff. Cécile, D. P. 60. 1. 174). De même, la demande en payement d'une somme inférieure à 200 fr. est de la compétence du juge de paix, alors même que cette somme serait réclamée comme restant due, notamment par suite de compensation, sur une créance plus forte, dont le défendeur contesterait l'existence pour la totalité (Civ. cass. 23 août 1858, aff. Campet, D. P. 58. 1. 358); ... alors que le défendeur n'a point demandé reconventionnellement la restitution des sommes que le demandeur voudrait compenser avec cette créance (L. 25 mai 1838, art. 7) (Même arrêt).

14. En sens inverse, et toujours par application de la même règle, on a décidé que le juge de paix doit se déclarer incompétent, lorsqu'il est saisi d'une demande rentrant dans sa compétence, à laquelle le défendeur oppose, par voie de conclusions reconventionnelles à résoudre dans le dispositif de la sentence, une prétention sortant des limites de cette compétence, en ce qu'elle soulève, par exemple, une question de résolution de contrat (Civ. cass. 25 févr. 1867, aff. Maupinot-Labassi, D. P. 67. 1. 79). Le juge de paix saisi d'une action en payement de primes d'assurance, dont la connaissance lui est attribuée par une clause de la police, est également incompétent pour statuer sur la demande reconventionnelle formée incidemment à cette action et tendant, d'une part, à faire restreindre la portée du contrat, d'autre part, à en obtenir la résiliation (Civ. cass. 9 févr. 1880, aff. Muller et fils, D. P. 81. 1. 296).

15. C'est par le même motif et parce que le litige soulevait une question de propriété qu'on a jugé qu'à supposer que le décret du 6 pluv. an 2, qui autorisait les juges de paix à statuer sur la demande en restitution de titres, sentences ou procédures, soit encore en vigueur, le juge de paix ne peut connaître de la demande en remise d'un titre lorsque le détenteur prétend que la pièce lui a été remise, soit à titre de propriété, soit après payement de sa part, et qu'il en est ainsi le légitime possesseur (Req. 15 avr. 1874, aff. Seguin, D. P. 75. 1. 160).

16. Dans ces différents cas, le juge de paix doit, ou bien retenir le jugement de la cause principale, s'il peut y être statué séparément de la demande reconventionnelle, ou bien renvoyer, sur le tout, les parties à se pourvoir devant le tribunal civil, si la liaison intime des deux demandes lui paraît exiger qu'il y soit statué par une seule décision (Arrêts des 25 févr. 1867 et 9 févr. 1880, cités *supra*, n° 14).

17. Il est admis en jurisprudence que la règle attribuant au juge de paix, juge de l'action, la compétence nécessaire pour statuer sur toute exception opposée à la demande qui lui est soumise, s'applique en matière d'offres réelles. On a décidé, notamment, que le juge de paix est compétent pour connaître d'une demande en validité d'offres réelles qui n'excèdent pas le taux de sa compétence en dernier ressort et qui n'ont pas lieu en exécution de l'un de ses jugements, alors que ces offres ont été faites par voie d'exception à une demande dont il était saisi et qui rentrait dans les limites de sa compétence (Pau, 7 juin 1862, aff. Berge-

ron, D. P. 63. 5. 80). Sans doute, les dispositions des art. 49 et 813 c. proc. civ. semblent prescrire que les contestations sur des offres réelles soient portées uniquement devant les tribunaux ordinaires, puisque l'art. 49 dispense ces sortes d'affaires du préliminaire de la conciliation, et que l'art. 813 dispose qu'elles doivent être instruites comme les demandes principales; mais les dispositions de ces deux articles n'ont d'autre effet que de régler la procédure à suivre dans les demandes sur offres réelles qui sont portées devant les tribunaux de première instance; elles ne sauraient avoir pour effet de soustraire à la compétence des juges de paix des affaires que la loi leur attribue, et de leur enlever le droit de statuer sur une exception à une demande qui rentrerait dans les limites de leur compétence. Il ne semble donc pas que la solution de l'arrêt de la cour de Pau puisse être sérieusement contestée.

18. Mais la difficulté est plus grande quand la demande en validité se présente comme action principale : le juge de paix a-t-il qualité pour connaître d'une demande de ce genre, en supposant, bien entendu, qu'elle soit de sa compétence par sa quotité, et qu'elle ait pour objet d'éteindre une créance y rentrant également, par sa nature et son *quantum*?

La question divise profondément les auteurs et la jurisprudence. La négative, enseignée par Carou, *Juridiction civile des juges de paix*, t. 1, p. 85 et 86, n° 75 ; Chauveau sur Carré, *Lois de la procédure*, Supplément, n° 2790 *bis* ; Bioche, *Dictionnaire de procédure*, v° *Offres réelles*, n° 156; Jay, *Compétence des juges de paix*, p. 362, n° 1092; Girardot, *Annales des justices de paix*, 1864, p. 184 , a été consacrée par un arrêt de la cour de Caen du 28 déc. 1870 (aff. Thomine, D. P. 72. 2. 56). Au contraire, Augier, *Encyclopédie des juges de paix*, v° *Offres réelles*, n° 21 ; Bourbeau, *Traité de procédure civile*, t. 7, n°ˢ 39, 93 et suiv.; Curasson, *Compétence des juges de paix*, 4° éd., t. 2, p. 779, sont d'avis qu'il n'y a aucune raison pour refuser au juge de paix le droit de statuer sur la validité des offres, dans les limites de sa compétence, lorsque la demande n'est pas portée devant lui en exécution d'un jugement qu'il aurait rendu. Les considérations sur lesquelles est fondé ce dernier système ont une grande valeur; en effet, comme nous l'avons remarqué à propos de l'arrêt de la cour de Pau, pour le cas où la demande en validité d'offres réelles est présentée comme exception en défense à l'action principale, aucun texte ne modifie en ce qui touche les demandes en validité d'offres réelles, les règles générales en vertu desquelles les juges de paix sont compétents pour statuer sur les actions personnelles et mobilières inférieures à 100 fr. en dernier ressort, et à 200 francs en premier ressort. Attribuer, dans ces conditions, les demandes de cette nature, quelque minime qu'en puisse être le chiffre, exclusivement aux tribunaux de première instance, ce serait fournir à la mauvaise foi des plaideurs un moyen trop facile de supprimer un degré de juridiction, et de déplacer, selon leur caprice, la limite des compétences. Cette solution a été consacrée par la cour de Nîmes dans un arrêt fortement motivé et où sont nettement exposées les considérations décisives qui doivent, à notre avis, faire triompher ce second système (Nîmes, 19 déc. 1868) (1).

---

(1) (Dugrenot C. Mailhebiau.) — La cour ; — Attendu que le litige existant entre les parties a pour cause une vente verbale de fourrages d'une valeur inférieure à 100 fr., et que les offres réelles faites par Dugrenot à Mailhebiau sont inférieures à cette somme; — Que le débat appartient, dès lors, à la juridiction du tribunal de paix; et qu'il ne ressort d'aucun texte que l'intention du législateur ait été de modifier les règles de la compétence des justices de paix en ce qui touche les demandes en validité d'offres; — Attendu qu'attribuer exclusivement les demandes de cette nature, quelque minime qu'en puisse être le chiffre, aux tribunaux de première instance, serait fournir à la mauvaise foi des plaideurs un moyen trop facile de supprimer un degré de juridiction et de déplacer selon leur caprice la limite des compétences ; — Que ces considérations d'un ordre supérieur ne permettent pas de s'arrêter aux moyens plus spéciaux que juridiques dont les art. 49 et 813 c. proc. civ. ont fourni la matière à l'appelant; — Qu'en effet, le premier de ces articles déclare les demandes en validité d'offres dispensées du préliminaire de la conciliation, et si l'art. 813 indique, pour l'introduction de ces demandes, lorsqu'elles sont incidentes, une voie, celle de la re-

quête, qui n'est pas en usage devant les justices de paix, l'on ne doit pas en induire autre chose, sinon que ces articles réglementent les demandes destinées, à raison de leur chiffre, à être portées devant la juridiction ordinaire, mais qu'ils laissent en dehors de leurs prévisions celles dont le chiffre n'excède pas les limites de la compétence des tribunaux de paix;

Attendu, enfin, qu'au moment des offres, un billet d'avertissement avait été remis à Dugrenot au nom de son adversaire; que si l'on ne peut, comme l'a fait à tort la décision dont est appel, regarder le tribunal de paix comme saisi, au principal, par l'effet de ce simple billet d'avertissement, et si les considérations empruntées par les premiers juges à cet ordre d'idées ne peuvent être, dès lors, acceptées par la cour, l'on peut voir au moins, dans le fait de la délivrance de ce billet d'avertissement, une indication de juridiction et de compétence dont il aurait été opportun pour Dugrenot de tenir quelque compte;

Par ces motifs, etc.
Du 19 déc. 1868.-C. de Nîmes, 3° ch.-MM. Pelon, pr.-Serre, av. gén.-Girard et Balmelle, av.

Le projet de loi préparé par la commission de la Chambre des députés et rapporté par M. Ferdinand Dreyfus (V. *suprà*, n° 2), aussi bien que le projet de M. Henri Brisson, consacraient par une disposition spéciale cette dernière doctrine et étendaient la compétence des juges de paix aux demandes en validité et en nullité d'offres réelles, même quand ces demandes sont introduites par action principale.

19. On a signalé au *Rép.* n° 21 certaines actions qui, bien que personnelles et mobilières, échappent cependant à la compétence des juges de paix. Depuis la publication du *Répertoire* plusieurs dispositions législatives sont venues restreindre le nombre de ces actions. Spécialement, en ce qui concerne les actions relatives au payement des droits que l'administration de la régie est chargée de recouvrer, la loi du 23 août 1871 (D. P. 71. 4. 54) a donné compétence au juge de paix au cas de poursuites pour dissimulation dans le prix d'une vente et dans la soulte d'un échange ou d'un partage, lorsque le montant de la réclamation n'excède pas le taux de la compétence de ce magistrat (art. 12 et 13).

20. L'incompétence des juges de paix pour juger les affaires commerciales reste incontestable (*Rép.* n°s 22 et 23). Le juge de paix, en effet, est un juge d'exception et pour ce motif, il ne peut connaître que des affaires qui lui ont été expressément attribuées par le législateur; il ne saurait donc connaître des matières commerciales, pour lesquelles la loi non seulement ne lui a pas donné, mais a, au contraire, formellement refusé de lui attribuer compétence (Conf. Glasson, *De l'incompétence absolue, Revue critique*, 1881, p. 231 et suiv.; Civ. rej. 4 nov. 1863, aff. Chemin de fer d'Orléans *C.* Bernard, D. P. 63. 1. 473; Civ. cass. 14 févr. 1883, aff. Clément, D. P. 83. 1. 190. V. cependant: Trib. Lyon, 28 déc. 1867, aff. Guillet, D. P. 68. 5. 90).

21. Cette incompétence absolue du juge de paix en matière commerciale s'étend naturellement au tribunal civil d'arrondissement, saisi par voie d'appel d'une sentence incompétemment rendue par le juge de paix. Ce tribunal ne saurait trancher le fonds du débat ni directement, puisqu'il est saisi comme tribunal d'appel, ni par voie d'évocation, car il est de principe qu'un tribunal d'appel n'a le droit d'évoquer qu'autant qu'il est lui-même compétent comme juge du second degré; or, les affaires commerciales sont en appel de la cour (Conf. Glasson, *op. et loc. cit.*, p. 419; Carou, n° 77; Bourbeau, n° 35; Civ. cass. 14 févr. 1883, cité *suprà*, n° 20).

22. L'incompétence du juge de paix, pour statuer en matière commerciale, a pour effet de soustraire à sa juridiction, lorsque le litige s'élève entre commerçants, certaines questions qu'il devrait trancher en toute autre hypothèse. Par exemple, l'action rédhibitoire, qui, en matière de vente d'un animal domestique entre parties non commerçantes, est de la compétence du juge de paix, lorsque le prix n'excède pas 200 fr. (Trib. paix Melisey, 11 mars 1864, aff. Marotel, D. P. 64. 3. 201), ne peut plus être jugée par le juge de paix, lorsqu'elle est formée entre commerçants (V. *Rép.* v° *Vices rédhibitoires*, n°s 120 et suiv.).

23. Enfin cette incompétence, comme pour toutes les matières qui ne sont pas spécialement attribuées par la loi au juge de paix, est d'ordre public, et peut être opposée en tout état de cause (Civ. rej. 30 nov. 1881 (1). V. conf. Civ. cass. 18 août 1884, *infrà*, n° 59).

24. On a vu au *Rép.* n°s 24, 25 et 26 que si le juge de paix est compétent pour statuer sur la demande d'honoraires, inférieure à 200 fr., qu'un avocat formerait devant

lui, il est incompétent *ratione materiæ* pour statuer sur les demandes d'honoraires des notaires. Le juge de paix est également incompétent pour statuer sur les demandes de frais des divers officiers ministériels, alors même que le chiffre de demande serait inférieur au taux de la compétence des juges de paix, et que les frais auraient été faits devant eux, ces demandes doivent être portées devant le tribunal civil (Civ. cass. 25 janv. 1859, aff. Sorrel, D. P. 59. 1. 76. V. *suprà*, v° *Compétence civile des tribunaux d'arrondissement*, n°s 102 et suiv.; *Rép.* eod. v°, n°s 159 et suiv.).

La solution contraire avait été admise par les projets de 1883 et de 1885; on avait considéré qu'il était inutile d'obliger les parties, pour des sommes généralement très modiques, d'aller plaider devant le tribunal d'arrondissement, et qu'il était plus logique de se conformer, vis-à-vis des juges de paix, au principe général de notre droit, qui remet à chaque tribunal compétence pour connaître des frais faits devant lui. — Toutefois, les juges de paix ne devaient être admis à connaître des actions en payement des frais faits devant eux qu'en premier ressort et à charge d'appel.

25. Il faut remarquer qu'actuellement, sous l'empire de la loi du 25 mai 1838, cette incompétence du juge de paix n'a trait qu'aux frais et aux honoraires que les officiers ministériels peuvent réclamer en cette qualité même, et qui leur sont dus en raison de l'exécution du mandat légal qui résulte de leur qualité d'officiers ministériels (V. *suprà*, v° *Compétence civile des tribunaux d'arrondissement*, n° 159. V. aussi les décisions citées en ce sens, *ibid.*, n° 104). — Il a été jugé également que le juge de paix est compétent pour statuer sur une demande personnelle et mobilière de 50 fr., formée par un avoué, en sa qualité de mandataire ordinaire du défendeur, pour des démarches accomplies en dehors d'une instance judiciaire (Civ. rej. 19 nov. 1884, aff. Ponsignon, D. P. 85. 1. 308).

26. Si, comme on vient de le voir *suprà*, n° 9, lorsqu'une action est purement personnelle et mobilière et qu'elle n'excède pas le taux de la compétence du juge de paix, la contestation élevée sur le titre qui lui sert de base ne suffit pas par elle-même pour que ce magistrat cesse de pouvoir en connaître, il en est autrement quand, à une action personnelle et mobilière, est jointe une demande tendant à faire interpréter une convention qui porte sur un droit réel; la loi de 1838 refuse, en effet, comme on l'a vu *suprà*, n° 8, toute compétence au juge de paix pour connaître des actions immobilières autres que les actions possessoires. Incompétent pour déclarer l'existence du droit immobilier, le juge de paix ne peut évidemment interpréter la convention qui le consacre. Il ne peut, par exemple, connaître de la demande tendant à obtenir l'exécution d'une convention par laquelle un propriétaire a établi sur son héritage un droit de passage au profit de l'héritage voisin, ou à la faire interpréter en ce sens que la porte ou barrière devrait être tenue constamment fermée à clef, car une pareille demande a le caractère d'une action réelle, bien qu'elle soit accompagnée d'une demande accessoire en dommages-intérêts (Civ. cass. 9 mai 1870, aff. Sebire, D. P. 71. 1. 44).

27. Il faut en dire autant du cas où la demande a pour objet tout à la fois d'obtenir le payement d'une somme inférieure à 200 fr. et de faire fixer le sens, contesté par le défendeur, du titre constitutif d'un droit d'usage sur lequel est basée la réclamation du demandeur, car cette demande a le caractère d'une action réelle, et est, en outre, d'une valeur indéterminée. Spécialement, la demande tendant, d'une part, au payement de la portion contributive des défendeurs dans les dépenses

(1) (Favre *C.* Michelet.) — LA COUR; — Sur le premier moyen : — Attendu que l'incompétence du juge de paix dans les matières qui ne lui sont pas spécialement attribuées par la loi est d'ordre public, et, dès lors, peut être opposée en tout état de cause; — Attendu que Michelet, après avoir conclu au fond devant le juge de paix, avait demandé son renvoi devant la juridiction commerciale; que le juge de paix avait à tort repoussé cette exception comme tardive, et qu'en annulant cette décision, le jugement attaqué, loin de violer l'art. 169 c. proc. civ., a fait, au contraire, une juste application des règles de la compétence;
Sur le deuxième moyen, tiré de la violation de l'art. 633 c. com., en ce que le jugement attaqué avait décidé que le tribunal de commerce était seul compétent, à l'exclusion du juge de paix, pour connaître de la demande en payement de la somme de 85 fr.,

montant de réparations faites à un bateau, demande formée par un marin qui, après avoir été patron et copropriétaire du bateau, avait été, antérieurement à son action, et sur la demande de son copropriétaire, le défendeur, déclaré déchu du droit de la commander, mesure par suite de laquelle il avait renoncé à son droit de copropriétaire, dans les termes de l'art. 219 c. com. : — Attendu qu'il résulte du jugement que les travaux dont le prix était réclamé avaient été faits par le patron du navire et pour l'armement dudit navire; que, dès lors, la compétence appartenait au tribunal de commerce, aux termes de l'art. 633 c. com., et qu'en décidant ainsi, le jugement attaqué, loin de violer ledit article, en a fait, au contraire, une juste application : — Rejette, etc. — Dé 30 nov. 1881-Ch. civ.-MM. Mercier, 1er pr.-Dareste, rap.-Desjardins, av. gén., c. conf.-Demasure et Chambareaud, av.

occasionnées par la prolongation d'un aqueduc dont l'usage a été concédé à ces derniers, à titre onéreux, par le demandeur, et, d'autre part, à faire décider que les réparations de cet aqueduc seront supportées par ceux qui en tirent parti, n'est pas de la compétence du juge de paix, bien que le chiffre de la somme réclamée n'excède pas le taux de cette compétence, alors que le sens de la convention intervenue entre les parties est contesté par les défendeurs et que la demande a pour but de le faire déterminer (Req. 23 juill. 1879, aff. Granger, D. P. 80. 1. 423). — Pour les mêmes motifs, il faut décider que le juge de paix est incompétent pour connaître d'une demande en dommages-intérêts fondée sur l'inexécution d'une promesse verbale de vente d'immeuble, lorsque cette promesse est contestée ; en effet, une telle contestation, portant sur l'existence même de la promesse, revêt par cela même un caractère immobilier, puisque la solution du litige dépend, dès qu'elle est soulevée, de la question préjudicielle de savoir si la vente verbale d'immeubles, alléguée et contestée, a réellement eu lieu (Civ. cass. 3 juill. 1850, aff. Sarrabezoles, D. P. 50. 1. 343 ; 9 avr. 1879, aff. Gayrard, D. P. 79. 1. 261. V. sur les caractères de cette action, *suprà*, v° *Action*, n° 22).

Par les mêmes motifs, l'action tendant au payement des arrérages d'une rente foncière échappe à la compétence du juge de paix, si le titre lui-même est contesté (V. *Rép.* v° *Action*, n° 141). Mais s'il n'y a aucune contestation sur le titre, et si l'action a simplement pour objet le payement d'arrérages, cette action devient purement personnelle et mobilière; en conséquence, il appartient au juge de paix d'en connaître, si la somme réclamée n'excède pas 200 fr. (*Rép.* v° *Action*, n° 92). Et il en serait de même, encore bien que le titre fût contesté, si cette contestation n'était pas sérieuse, comme dans le cas, par exemple, où elle aurait été antérieurement tranchée par un jugement passé en force de chose jugée (Req. 26 janv. 1863, aff. Benac, D. P. 63. 1. 425).

Il faut remarquer, toutefois, conformément à ce qui a été exposé au *Rép.* n° 29, que la solution qui précède ne saurait être appliquée au cas où l'action serait hypothécaire, cette action conservant son caractère d'action réelle, même en l'absence de toute contestation de titre (V. *suprà*, v° *Action*, n° 23).

28. Si la loi du 25 mai 1838 attribue au juge de paix la connaissance des actions personnelles jusqu'à concurrence de 100 et 200 fr., cet article est sans application lorsque l'objet de la demande, consistant non à obtenir le payement d'une somme d'argent, mais à obliger une partie soit à faire, soit à ne pas faire une certaine chose, se trouve indéterminée quant à sa quotité. L'indétermination de la demande est exclusive de la compétence du juge de paix, alors même qu'à la demande principale seraient jointes des conclusions tendant à faire condamner le défendeur à des dommages-intérêts, à titre de peine, pour le cas où il ne voudrait pas se soumettre à cette demande. En pareil cas, en effet, la demande accessoire de dommages-intérêts n'offre pas une évaluation assez précise de l'intérêt du demandeur à l'accomplissement de la chose demandée au principal, pour que cette dernière demande puisse être considérée comme déterminée. C'est ainsi que l'action formée contre un conservateur des hypothèques, à fin de remise d'un certificat d'inscription, à peine de condamnation à 100 fr. de dommages-intérêts, constitue une demande indéterminée qui excède la compétence du juge de paix (Civ. cass. 31 juill. 1850, aff. Boyer, D. P. 50. 1. 244); — Que le juge de paix est incompétent pour connaître de la demande en suppression d'une boîte aux lettres placée par un locataire sur la porte d'une maison et en rétablissement de cette porte dans son premier état: cette demande serait d'une valeur indéterminée, alors même que le demandeur aurait joint à son action, pour le cas où le défendeur refuserait d'exécuter lui-même cette suppression, une demande accessoire de dommages-intérêts n'excédant pas le taux de la compétence du juge de paix, si cette demande n'emporte point estimation de l'intérêt que le demandeur pouvait avoir à la suppression requise, et ne détermine pas la valeur du chef principal de ses conclusions (Civ. cass. 30 avr. 1879, aff. Guérin, D. P. 79. 1. 268); — Que l'action formée par le locataire d'une maison contre un autre locataire, à fin d'être rétabli dans la jouissance d'un pilastre qu'il prétend être l'accessoire de sa boutique, cons-

titue une demande personnelle d'une valeur indéterminée, qui n'est point de la compétence du juge de paix, alors même que, pour le préjudice qu'il prétendrait avoir éprouvé, le demandeur n'aurait sollicité qu'une condamnation inférieure à 100 fr. de dommages-intérêts (Civ. cass. 30 juill. 1877, aff. Ressayrès, D. P. 78. 1. 384); — Que la demande en restitution d'une lettre missive, étant d'une valeur indéterminée, ne saurait être portée devant le juge de paix, même lorsque le demandeur conclut à ce que le défendeur soit, à défaut de cette restitution, condamné à 200 fr. de dommages-intérêts (Civ. cass. 23 mai 1887, aff. Horoy, D. P. 88. 1. 31).

29. Il en est autrement lorsque l'action est intentée de telle façon que la demande, considérée dans son ensemble, présente l'alternative de la restitution d'un droit mobilier d'une valeur indéterminée ou du payement d'une somme d'argent : la demande de dommages-intérêts, présentée sous cette forme, confère à l'action un caractère de détermination suffisant pour que le juge de paix acquière compétence afin de statuer sur le tout, à la condition, bien entendu, que la demande rentre, d'autre part, dans les limites pécuniaires de compétence déterminées par la loi du 25 mai 1838, art. 1er. — En effet, le demandeur, en formulant une demande alternative, précise évidemment la mesure d'intérêt que présente pour lui la demande principale, et permet ainsi d'apprécier si cette demande reste dans les limites qui ont été fixées par la loi pour la compétence d'exception du juge de paix. C'est ce qui a lieu, notamment, au cas d'une demande tendant à obtenir l'exécution de certains travaux, ou le payement d'une somme d'argent. Bien qu'elle soit indéterminée quant à l'importance des travaux à accomplir, cette demande rentre cependant dans la limite de la compétence du juge de paix, si la somme d'argent stipulée comme déût ne dépasse pas le taux de cette compétence (Civ. rej. 27 mai 1878, aff. Fleury, D. P. 79. 1. 122).

30. L'incompétence du juge de paix pour statuer sur une demande dont la valeur indéterminée n'intéresse cependant point l'ordre public à un tel point qu'elle puisse être invoquée en tout état de cause, et devant tous les degrés de juridiction : les parties qui ne la proposent point sont réputées y renoncer : ainsi elles ne seraient pas recevables à l'invoquer pour la première fois devant la cour de cassation (Req. 6 mars 1872, aff. Noncher, D. P. 72. 1. 326).

31. On a dit au *Rép.* n° 35 que la règle d'après laquelle la valeur de la demande, et non le montant de la condamnation, sert à déterminer si le juge de paix est compétent et s'il a statué en premier ou en dernier ressort, a cette conséquence qu'une demande qui n'excède pas 200 fr. est de la compétence du juge de paix, bien que la somme demandée soit le reliquat d'une somme plus forte, et que le juge ait à examiner un titre qui contenait une obligation originaire excédant sa compétence. — Cette solution reste toujours incontestée, à la condition, s'il y a lieu à examen du titre de créance, que le débat ne porte pas sur la validité même de ce titre et qu'il ne s'agisse que d'apprécier un fait d'extinction par payement ou autrement. Tel est du moins le sens qui doit être, à notre avis, donné à une jurisprudence qu'on a quelquefois interprétée différemment. On invoque notamment deux arrêts qui semblent admettre que la compétence du juge de paix doive se régler par le chiffre de la demande, alors même que la créance, dont la somme demandée forme le reliquat, serait tout entière contestée (Civ. cass. 29 nov. 1846, aff. Opéron, D. P. 48. 5. 63 ; 23 août 1858, aff. Campet, D. P. 58. 1. 358). Mais il est à remarquer que, dans les espèces de ces arrêts, la créance était contestée, en ce sens que le défendeur prétendait, non qu'elle n'avait jamais existé, ou que jamais elle ne s'était élevée au chiffre allégué, mais qu'elle se trouvait intégralement éteinte par payement ou autrement; il ne s'agissait que d'apprécier un fait d'extinction de l'obligation. Or, du moment que le demandeur ne réclamait qu'un reliquat, il se montrait d'accord avec son adversaire sur l'extinction de sa créance quant au surplus. La difficulté se concentrait tout entière sur le point de savoir si ce reliquat était encore dû, ou si le débiteur en était libéré comme du reste de la créance ; la contestation ne portait donc pas, à proprement parler, sur le titre même. D'ailleurs, la cour de cassation a elle-même confirmé l'opinion que nous adoptons dans un arrêt postérieur où elle constate « que, dans la cause, le demandeur réclamait le

payement d'une somme inférieure à 100 fr. ; que s'il avait déclaré, dans l'exploit, qu'elle était le reliquat d'une somme de 150 fr., pour fournitures, le défendeur, en soutenant avoir payé la somme réclamée, n'avait point contesté la réalité de la convention ; — Que la contestation ne portait donc que sur le payement d'une somme inférieure à 100 fr., et qu'ainsi la cause se présentait dans les termes de l'art. 1er de la loi de 1838 (Req. 28 nov. 1859, aff. Cécile, D. P. 60. 1. 174. V. Jay, *Dictionnaire des justices de paix*, v° *Compétence civile*, n°s 26 et suiv.).

32. Comme on l'a exposé au *Rép.* n°s 40 et suiv., le demandeur a essentiellement le droit de rectifier ses conclusions ; de sorte que le juge de paix resterait valablement saisi d'une demande que la citation portait à plus de 200 fr., si, au jour de la comparution, le demandeur réduisait à ce taux sa réclamation par des conclusions expresses ; car, la demande pouvant être modifiée et restreinte jusqu'au jugement définitif, c'est par la valeur de la demande, lors du jugement, que l'on doit se régler. — Mais le principe d'après lequel le taux du ressort se règle par le dernier état de la demande, et non par le chiffre des conclusions de l'exploit introductif d'instance, ne doit pas être étendu à la détermination de la juridiction elle-même. Ainsi, le tribunal civil saisi d'une demande supérieure au taux de la compétence du juge de paix, demeure compétent pour connaître de cette demande quoique, par des conclusions postérieures, elle ait été réduite à une somme inférieure à ce taux (Toulouse, 27 juin 1868, aff. Bonafous, D.P. 68. 2. 210). Et cette solution est applicable même dans le cas où la réduction a eu lieu en l'absence du défendeur (Civ. rej. 9 juill. 1850, aff. Guibert, D. P. 50. 1. 221. V. aussi *Rép.* v° *Degré de juridiction*, n° 26). En conséquence, le tribunal doit statuer sur l'opposition formée par ce dernier au jugement par défaut qui l'a condamné au payement de la somme ainsi réduite, sans qu'il y ait lieu à renvoi devant le juge de paix (Même arrêt).

33. Le juge de paix, comme tout autre juge, est compétent pour connaître des demandes accessoires à celles qui rentrent dans ses attributions ; ainsi, il est compétent pour statuer sur les dommages-intérêts réclamés devant lui accessoirement à une action de sa compétence, et, par exemple, à une action possessoire, quel que soit le chiffre de ces dommages-intérêts (Civ. cass. 15 avr. 1857, aff. Escuyer, D. P. 57. 1. 165) ; il en est de même pour les dommages-intérêts demandés reconventionnellement par le défendeur et fondés exclusivement sur la demande principale (Curasson, t. 1, n° 182 ; Bourbeau, t. 7, n° 78).

Toutefois, en ce qui concerne les dommages-intérêts réclamés par le demandeur, il y a lieu, comme on l'a dit au *Rép.* n° 49, de distinguer entre ceux qui sont dus pour cause antérieure à la demande et ceux dont la cause est postérieure ; ces derniers rentrent dans la compétence du juge de paix, quelle que soit la somme réclamée, tandis qu'il faut, au contraire, joindre les premiers à la demande principale pour apprécier si la contestation excède ou non, la compétence du juge de paix.

34. Cette distinction semble avoir été méconnue par un arrêt aux termes duquel le tribunal d'arrondissement est incompétent pour statuer sur une demande personnelle et mobilière de moins de 200 fr., bien qu'à la demande originaire et principale ait été jointe depuis, sous prétexte d'omission, une demande en dommages-intérêts supérieure au taux de la compétence du juge de paix (Montpellier, 19 déc. 1878, aff. Camps, D. P. 80. 2. 19). Cet arrêt a considéré que les deux demandes, introduites séparément, avaient un objet différent, et que la demande additionnelle devait être considérée comme une demande nouvelle et principale qui n'était pas affranchie du préliminaire de conciliation, bien que la première à laquelle elle se référait en eût été dispensée. — Nous ne croyons pas devoir accepter sans réserves la doctrine de cet arrêt. La demande en dommages-intérêts formée postérieurement à la demande principale, sous prétexte d'omission dans cette dernière, a nécessairement une cause antérieure à la demande principale ; elle doit donc entrer en ligne de compte pour la détermination du degré de juridiction. D'autre part, il n'est nullement nécessaire que le demandeur ait réclamé ces dommages-intérêts dans l'exploit introductif d'instance pour qu'ils puissent augmenter

le chiffre de la demande principale et déterminer le taux de la compétence, car il est admis que les conclusions peuvent être modifiées par les parties, qu'elles peuvent être restreintes ou amplifiées de manière à rendre l'appel recevable ou non, à la condition qu'elles soient fondées sur une cause antérieure à l'exploit introductif (V. *Rép.* v° *Degré de juridiction*, n° 204). Il semble donc que le tribunal civil devait se déclarer compétent dès l'instant que les conclusions prises devant lui tendaient dans leur dernier état à l'allocation d'une somme supérieure à 200 fr. C'est ce qui avait été jugé dans la même affaire par le tribunal de Perpignan.

ART. 3. — *Des actions dont les juges de paix connaissent en dernier ressort jusqu'à 100 fr., et, à charge d'appel, à quelque somme que s'élèvent les demandes* (Rép. n°s 51 à 197).

§ 1er. — Actions en payement de loyers, congés, résiliations de baux, expulsions de lieux, validité de saisie-gagerie (Rép. n°s 51 à 104).

35. On a vu *suprà*, n° 1, que le texte de l'art. 3, tel qu'il a été reproduit au *Rép.* n° 51, a subi en 1854 et 1855 de profonds remaniements. Le texte définitif, arrêté par la loi du 2 mai 1855, dispose que les juges de paix connaissent sans appel, jusqu'à la valeur de 100 fr., et, à charge d'appel, à quelque valeur que l'on réclame puisse s'élever, des actions en payement de loyers ou fermages ; des congés ; des demandes en résiliation de baux, fondées sur le seul défaut de payement des loyers ou fermages ; des expulsions de lieux et des demandes en validité de saisie-gagerie : le tout, lorsque les locations verbales ou par écrit n'excèdent pas annuellement 400 fr. Si le prix principal du bail consiste en denrées ou prestations en nature, appréciables d'après les mercuriales, l'évaluation sera faite sur celles du jour de l'échéance, lorsqu'il s'agira du payement des fermages ; dans tous les autres cas, elle aura lieu suivant les mercuriales du mois qui aura précédé la demande. Si le prix principal du bail consiste en prestations non appréciables d'après les mercuriales, ou s'il s'agit de baux à colons partiaires, le juge de paix déterminera la compétence, en prenant pour base du revenu de la propriété le principal de la contribution foncière de l'année courante, multiplié par cinq.

Il n'y a donc plus, d'après ce nouveau texte, de différence entre la ville de Paris ou même les autres grandes villes qui avaient été assimilées à la capitale par la loi de 1854, et une localité quelconque, en ce qui concerne le taux du loyer, fixé d'une manière générale à 400 fr. — Les projets de loi sur la compétence des juges de paix soumis aux Chambres en 1883 et 1885 proposaient d'élever ce chiffre uniformément à 800 fr., en raison de l'augmentation à peu près générale du prix des locations.

36. — I. ACTION EN PAYEMENT DE LOYERS OU FERMAGES. — On a vu au *Rép.* n°s 54 et suiv. que les termes de l'art. 3 de la loi du 25 mai 1838 ne permettent pas d'appliquer cet article au louage d'ouvrage, de services, aux devis et marchés, etc. Nous avons admis, en outre (*Rép.* n° 56), que cet article n'est pas applicable aux contestations sur les baux à loyer d'objets mobiliers. Mais cette solution, comme on l'a vu *ibid.*, n'était pas admise par tous les auteurs, et la controverse paraît s'être perpétuée. Certains auteurs, notamment M. Bourbeau, n° 125, se rangent à l'avis qui avait été émis par Curasson, et suivant lequel les mots *bail, loyer, location* employés par la loi, envisageraient le louage des choses tel qu'il est défini par l'art. 1716 c. civ. ; ce qui conduirait à comprendre dans les contestations auxquelles l'art. 3 de la loi du 25 mai 1838 est applicable, celles qui ont trait à la location des objets mobiliers. — Nous croyons devoir d'autant plus persister dans l'opinion adoptée au *Répertoire*, que, lors de la révision de l'art. 3 de la loi de 1838, en 1854 et 1855, on n'a envisagé, soit dans les exposés de motifs, soit dans les rapports et dans la discussion, que les locations d'immeubles, sans faire aucune allusion aux locations d'objets mobiliers (V. D. P. 54. 4. 83, note 1, et D. P. 55. 4. 52, Rapport, n° 2). Cette considération a, d'ailleurs, frappé les annotateurs de la 4e édition de l'ouvrage de M. Curasson, MM. Poux-Lagier et Paul Pla-

lat, qui paraissent abandonner en partie l'opinion que le savant auteur avait émise. « Ne peut-on pas dire, écrivent-ils (t. 1, p. 398, note a), que l'art. 3 par son contexte et ses modes d'évaluation ne s'applique qu'aux immeubles? De plus, n'a-t-il pas été expliqué dans tous les rapports aux Chambres que l'article était introduit pour lever les difficultés qu'éprouvaient les propriétaires à faire payer les petites locations et à se débarrasser des mauvais locataires». Les projets relatifs à l'extension de la compétence des juges de paix dont nous avons parlé ci-dessus prenaient soin de faire cesser toute équivoque sur ce point en ajoutant au texte actuel de l'art. 3 de la loi du 25 mai 1838 le mot *habitation* (art. 2 du projet. V. les rapports de M. F. Dreyfus, p. 13).

37. Faut-il entendre dans un sens absolu les dispositions restrictives de l'art. 3 de la loi du 25 mai 1838, et décider notamment que le juge de paix ne peut se prononcer en matière de louage, au cas où il s'agit de baux n'excédant pas 400 fr., quand la demande soulève une question relative au titre sur lequel elle est fondée, spécialement qu'il ne peut juger les demandes en résiliation qui ne seraient pas fondées sur le seul défaut de payement des loyers ou fermages?

Nous avons émis au *Rép.* n° 61 l'avis que la disposition de l'art. 3 ne devait pas être interprétée d'une manière restrictive, et nous persistons entièrement dans cette opinion. Ici comme dans les cas examinés *suprà*, n°ˢ 10 et suiv., nous pensons qu'il y a lieu d'appliquer la règle que le juge de l'action est le juge de l'exception, même quand cette dernière soulève une question placée hors de sa compétence, pourvu que la connaissance ne lui en ait pas été interdite par une disposition spéciale de la loi; cette solution, toutefois, suppose que l'exception, lorsqu'elle sort des limites de la compétence du juge de paix, est présentée comme un moyen à apprécier dans les motifs de la décision à intervenir. Si, au contraire, elle était formulée par voie de conclusions reconventionnelles à résoudre au dispositif de cette décision, et avec l'autorité de la chose jugée, le juge de paix serait incompétent et pourrait se dessaisir de la demande principale, aussi bien que de la demande reconventionnelle. Mais il ne serait pas exact de poser en principe que le juge de paix cesse d'être compétent pour statuer sur un litige en matière de louage, par cela seul que la solution de ce litige peut donner lieu à l'interprétation du bail. En réalité, le juge de paix n'est tenu de se dessaisir que lorsqu'il est nécessairement appelé à rendre, quant au fond du droit en litige, une sentence destinée à produire l'autorité de la chose jugée relativement à d'autres demandes d'une valeur indéterminée qui pourraient être formées dans la suite entre les mêmes parties, ou lorsque l'exception proposée est de celles dont la connaissance lui a été interdite par une disposition spéciale de la loi. C'est d'ailleurs la solution qui paraît admise par la majorité des auteurs (Curasson, *Traité de la compétence des juges de paix,* 4ᵉ éd., t. 1, p. 389; Foucher, *Commentaire des lois relatives aux justices de paix,* n°ˢ 114 et 117; Rousseau et Laisney, *Dictionnaire de procédure,* vᵒ *Compétence des tribunaux de paix,* n° 319. V. cependant Carré, *Compétence judiciaire des juges de paix en matière civile et pénale,* t. 1, p. 166), et par la jurisprudence. Ainsi, on a décidé que le juge de paix, saisi de l'action en payement de loyers réclamés en vertu d'un bail écrit, est compétent pour connaître de l'exception tirée d'une prétendue résiliation verbale de bail, alors surtout qu'elle n'est appuyée ni par des preuves ni par des présomptions, et qu'elle est même dépourvue de toute vraisemblance (Req. 23 juill. 1868, aff. Gaillard, D. P. 69. 1. 8). Dans l'espèce sur laquelle a statué cet arrêt il ne s'agissait que d'une exception tirée d'une simple allégation, d'un véritable moyen de défense qui n'avait à aucun degré le caractère d'une demande reconventionnelle.—Il en est de même au cas où le défendeur à une action personnelle relative à l'exécution d'une location verbale soulève une question d'interprétation du bail (Req. 6 mars 1872, aff. Noncher, D. P. 72. 1. 326).

38. Au contraire, le juge de paix est incompétent pour connaître d'une demande en résiliation de bail, lorsqu'il y a contestation sur l'existence même du bail ou sa prolongation par tacite reconduction (Civ. cass. 16 août 1854, aff. Giraudeau, D. P. 54. 1. 274). Dans ce cas, en effet, on peut, comme le remarque M. Curasson, t. 1, p. 390, considérer la contestation sur l'existence du bail comme faisant surgir

un chef de demande légalement placé en dehors de la compétence du juge de paix, puisque l'art. 3 déclare que le juge de paix n'est appelé à statuer sur les demandes en résiliation des baux d'une valeur inférieure à 400 fr. qu'autant qu'elles sont fondées sur le non-payement des loyers ou fermages. Il en est de même d'une demande en payement de loyers et en validité de congé, si, d'une part, cette demande est contestée par le motif que les loyers réclamés ne sont point échus et que le bail n'est pas encore expiré, et si, d'autre part, le prix annuel de la location dépasse 400 fr. (Civ. cass. 26 août 1857, aff. Ferry, D. P. 57. 1. 346). De même, le juge de paix est incompétent lorsque le demandeur, outre le payement des loyers, poursuit encore la nullité du bail (Civ. cass. 6 janv. 1886, aff. Chappelet, D. P. 86. 1. 339); il ne s'agit pas, en effet, en pareil cas, d'une exception tirée du bail, mais d'une demande principale qui ne rentre nullement dans la compétence du juge de paix. — Par les mêmes motifs, ce juge est incompétent pour statuer sur une demande en résiliation de bail fondée à la fois sur le défaut de payement des loyers et sur l'abandon, par le preneur, de la chose louée (Bordeaux, 11 juill. 1861, aff. Cassang, D. P. 63. 5. 79).

39. Toutefois, un arrêt de la chambre des requêtes du 23 mars 1869 (aff. Pizzera, D. P. 70. 1. 104) semble avoir été plus loin et avoir posé en thèse générale que la demande formée par le propriétaire contre son locataire excède la compétence du juge de paix, dès que le jugement sur cette demande nécessite l'interprétation du bail. Spécialement, d'après cet arrêt, la demande formée par un propriétaire contre son locataire, en payement de la contribution des portes et fenêtres, est de la compétence du tribunal d'arrondissement et non de celle du juge de paix, quoique la somme demandée n'excède pas 200 fr., si le locataire oppose qu'en vertu de son bail il n'est pas tenu de supporter cette contribution, et soulève ainsi une question d'interprétation de bail qui sort des attributions du juge de paix.

Nous ne croyons pas cependant qu'on doive tirer de cet arrêt une règle aussi absolue : c'est, en effet, un arrêt de rejet, et la décision sur laquelle il statue (un jugement du tribunal civil de Mâcon) n'est nullement en contradiction avec les principes qui viennent d'être exposés. En effet, le jugement invoquait formellement la règle, exposée *suprà*, n° 9 et suiv., que le juge de l'action est aussi juge de l'exception toutes les fois que la décision à intervenir sur l'exception ne peut être d'aucune influence sur les difficultés qui peuvent ultérieurement survenir entre les mêmes parties : « Attendu, disait le tribunal, qu'en thèse générale... il est vrai de dire que le juge de l'action l'est aussi de l'exception; — Que toutefois l'application de ce principe doit être restreinte au cas où le jugement de l'exception ne serait d'aucune influence sur d'autres difficultés qui pourraient se présenter entre les mêmes parties », et il constatait qu'en l'espèce, malgré l'intérêt minime du litige, la décision à intervenir entraînerait l'autorité de la chose jugée pour l'interprétation du bail; que la question d'interprétation du titre, c'est-à-dire du bail convenu entre les parties, était donc le principal objet du litige. De plus, la demande portant sur toute la durée du bail, le jugement à intervenir pouvait donner naissance à l'exception de la chose jugée relativement à d'autres demandes qui auraient pu être formées dans la suite entre les mêmes parties. Dans ces conditions, l'arrêt du 23 mars 1869 ne paraît pas contraire à la doctrine précédemment exposée.

Le projet de loi sur la compétence des juges de paix, de la commission de 1884, et celui du Gouvernement du 26 nov. 1885, soumettaient aux juges de paix les demandes en résiliation, non seulement lorsqu'elles étaient fondées sur le défaut de payement des loyers ou fermages, mais aussi sur l'insuffisance de meubles, de bestiaux et d'ustensiles nécessaires à l'exploitation (c. civ. art. 1752 et 1766), et sur la destruction en totalité de la chose louée par cas fortuit.

40. — II. Demandes en validité de saisie-gagerie, etc. — L'incompétence du juge de paix, en cas de saisie-arrêt pratiquée par le propriétaire entre les mains des tiers (*Rép.* n° 81), a été de nouveau reconnue en jurisprudence. — Aux termes de plusieurs arrêts, cités *suprà*, vᵒ *Compétence civile des tribunaux d'arrondissement,* n° 120, la demande en validité d'une saisie-arrêt ne peut être portée devant le

juge de paix, quelque minime que soit la créance pour laquelle cette saisie a été pratiquée; le tribunal civil est seul compétent pour connaître d'une pareille demande (Rennes, 15 nov. 1851, aff. Grivel, D. P. 54. 5. 170).

41. Les projets relatifs à l'extension de la compétence des juges de paix (V. *suprà*, n°s 2 et 3) proposaient d'attribuer à ces magistrats la connaissance, non seulement des demandes en validité, mais aussi des demandes en nullité des saisies-gageries. — On avait pour but de réparer ainsi une omission commise par le législateur en 1838 et en 1855, l'art. 3 de la loi du 25 mai 1838, modifié par la loi du 2 mai 1855, n'ayant attribué aux juges de paix que la demande en validité de saisie-gagerie. On proposait, en outre, d'étendre cette attribution au cas où les meubles auraient été déplacés sans le consentement du propriétaire, afin de trancher une question très controversée. Un arrêt de la cour de Bordeaux du 18 août 1851 (1), contrairement à l'opinion généralement consacrée par la doctrine, restreignait la compétence des juges de paix en cette matière au seul cas où les meubles n'auraient pas été l'objet d'un déplacement. Il s'agissait donc de l'introduction d'un droit nouveau; aussi proposait-on d'insérer dans le projet le mot *saisie-revendication* qui est employé par les art. 826 et suiv. c. proc. civ.

42. On a exposé au *Rép.* n° 82 que la compétence attribuée aux juges de paix par l'art. 3 de la loi du 25 mai 1838 est applicable aux baux à longues années comme aux baux à court terme, et même au bail à vie, excepté lorsque l'acte, quoique qualifié *de bail à vie*, renferme des clauses appartenant plutôt à la constitution d'usufruit qu'à une simple location. Il en est de même, comme on l'a vu également au *Rép.* n° 86, des contrats qui, sous l'apparence de baux, transfèrent la propriété au preneur. Ainsi, la compétence du juge de paix, en matière de louage, ne s'étend pas aux baux *à convenant* ou *à domaine congéable*, maintenus et régis par la loi du 6 août 1791, et qui confèrent un droit réel sur l'immeuble. Il s'agit, en effet, dans ces différents cas, d'apprécier un droit réel. Par exemple, et pour ce motif, le bail à complant conférant un droit réel sur l'immeuble, le juge de paix n'est pas compétent pour statuer sur la demande en résiliation d'un pareil bail, fondée sur le défaut de payement de la redevance (Trib. Fontenay-le-Comte, 9 mars 1866, aff. des Nouhes, D. P. 70. 1. 279). — Il faut remarquer, toutefois, que sur la question de savoir si le bail à complant transfère la propriété au locataire, on est généralement moins affirmatif que le jugement précité, et l'on admet que cette question doit être résolue d'après les termes du contrat ou l'usage des lieux (V. *Rép.* v°*Louage à complant*, n°s 4 et suiv. *Adde* : Civ. cass. 27 janv. 1868, aff. Favart, et aff. Achard, D. P. 68. 1. 200-205; 10 mars 1868, aff. Terrade, *ibid.*).

§ 2. — Actions pour dommages aux champs, fruits et récoltes (*Rép.* n°s 105 à 118).

43. Nous avons fait ressortir au *Rép.* n° 106 le sens qu'il faut attribuer au mot *champs*, employé par l'art. 5 de la loi du 25 mai 1838. On persiste, sous ce rapport, à donner à

cette expression la portée que nous avions indiquée et à y comprendre non seulement les terres labourables, mais toutes celles qui sont productives de fruits naturels. Quant à la cause du dommage, il n'y a pas lieu de s'en préoccuper. Ainsi, on admet à la fois que le juge de paix est compétent pour connaître du dommage causé à des récoltes pendantes par les émanations d'une usine voisine (Req. 24 janv. 1866, aff. Prat, D. P. 66. 1. 275) et pour statuer sur une action en réparation de dommages aux champs, fondée sur ce que, par le creusement de rigoles dans son propre fonds, le voisin déverse les eaux découlant de ses terres dans le fossé qui les sépare de l'héritage inférieur. ... Peu importe, en ce cas, que le voisin soutienne du droit de déverser ses eaux dans le fossé séparatif, la situation antérieure, à supposer qu'elle pût être considérée comme constitutive d'une servitude dérivant de l'état des lieux, n'étant pas l'objet du procès, mais bien les nouveaux travaux qui auraient modifié et aggravé cette situation antérieure (Civ. rej. 27 avr. 1853, aff. Nicolas, D. P. 53. 1. 146). — Le juge de paix est encore compétent pour statuer sur la demande de dommages-intérêts fondée sur le dommage causé aux champs du demandeur par l'écoulement d'eaux pluviales par suite du défaut de curage des fossés (Req. 4 juin 1877, aff. Bodin, D. P. 78. 1. 293).

44. Si l'expression *champs* employée par l'art. 5 de la loi du 25 mai 1838 désigne tous les terrains productifs de fruits naturels, elle ne doit cependant pas être étendue aux propriétés bâties, qu'elles soient situées à la ville ou à la campagne. L'art. 5, en effet, qui étend indéfiniment, quant à la quotité de la somme demandée, la compétence en premier ressort des juges de paix, est une disposition exceptionnelle à la règle générale posée en l'art. 1er, et, comme telle, elle doit être restreinte strictement aux objets énumérés audit art. 5, c'est-à-dire aux champs, fruits et récoltes, termes qui ne sauraient, à aucun point de vue, comprendre les bâtiments. Faut-il ajouter que le motif de cette extension de compétence, en matière de dommages faits aux champs, fruits et récoltes, soit par l'homme, soit par les animaux, ne se rencontre pas lorsque les dommages sont causés à une maison, ou à tout autre édifice? La dérogation que l'art. 5 apporte à l'art. 1er provient de la facilité et de la nécessité de constater et de réprimer à l'instant ces dommages dont les traces peuvent promptement disparaître, circonstance qui ne se produit pas lorsqu'il s'agit d'un édifice. Aussi le juge de paix est-il incompétent pour connaître de l'action en dommages-intérêts fondée sur la destruction partielle et la dégradation d'un pont et d'un chemin communal par suite de la rupture de la chaussée d'un étang (Limoges, 1er avr. 1862, aff. de Gain, D. P. 62. 2. 94).

45. C'est encore parce que le motif de la dérogation consacrée par l'art. 5 n'existe pas lorsque le dommage est causé, non pas aux fruits et récoltes, mais au fonds lui-même, que les tribunaux civils peuvent seuls statuer sur l'action en réparation du dommage causé au fonds de la propriété, et que l'action ne rentre pas dans la compétence des juges de paix, non plus que celle qui a pour objet le dommage causé à la fois aux récoltes et au fonds lui-même (Civ. rej. 25 août 1869, aff. Beudin, D. P. 69. 1. 432 ; Pau, 24 déc. 1872) (2).

---

(1) (Létu *C.* Simonet.) — LA COUR; — Attendu que, sans examiner, au droit, si, pour ressaisir les meubles que son locataire avait transportés dans un autre logement, l'intimé devait prendre la voie de la saisie-gagerie ou celle de la saisie-revendication, en fait, il avait agi par saisie-revendication et après avoir obtenu conformément à l'art. 826 c. proc. civ., l'ordonnance du président du tribunal de première instance ; — Attendu que le tribunal de première instance était seul compétent pour prononcer sur la nullité de la validité d'une saisie ainsi pratiquée; que l'appelante la elle-même compris, puisque c'est devant ce tribunal qu'elle a porté sa demande en nullité; qu'il suit de là que le jugement ne peut être attaqué que pour mal jugé et non pas pour cause d'incompétence, et qu'il n'est pas susceptible d'appel, s'il a statué dans les limites du dernier ressort; — Qu'à la vérité l'appelante a soutenu devant les premiers juges que l'ordonnance du président était incompétemment rendue, parce que c'était le cas de la saisie-gagerie et non de la saisie-revendication, et qu'aux termes des art. 3 et 10 de la loi du 25 mai 1838, la location étant inférieure à 200 fr., l'autorisation de saisir devait être demandée au juge de paix; mais que ce n'était là qu'un moyen de nullité proposé contre la saisie et sur lequel les premiers juges ont compétemment prononcé; que l'art. 454 c. proc. civ. ne doit pas être

entendu en ce sens que toutes les fois qu'une question de compétence a été agitée devant les premiers juges, leur décision, quoique rendue en dernier ressort, est susceptible d'appel ; il faut que leur pouvoir même soit mis en question et que l'appel soit relatif à leur propre compétence; — Attendu qu'en matière de saisie de meubles, la limite en dernier ressort se détermine par la somme demandée, la saisie n'étant qu'un moyen et une voie d'exécution pour en obtenir le payement; que par le commandement qui a précédé la saisie, le saisissant demandait à l'appelante une somme de 118 fr., savoir 18 fr. pour trois mois de loyers, 100 fr. pour les frais auxquels elle avait été condamnée par un précédent jugement du juge de paix, ainsi que pour les frais exposés depuis; que, même en ajoutant à cette somme celle de 500 fr. que l'appelante réclamait à titre de dommages-intérêts en demandant la nullité de la saisie, on est loin d'atteindre la limite du dernier ressort; — Par ces motifs, déclare la demoiselle Létu non recevable dans son appel.
Du 18 août 1851.-C. de Bordeaux.

(2) (Bonnard *C.* Labat et commune de Biscarosse.) — Le 5 juill. 1872, jugement du tribunal de Mont-de-Marsan ainsi conçu : — « Sur la première branche du moyen d'incompétence : — Attendu

Enfin, le juge de paix est incompétent lorsque le dommage prétendu consiste en une atteinte portée à l'exercice d'un droit de servitude, le dommage étant alors causé au fonds lui-même (Req. 15 mars 1858, aff. Coëffier, D. P. 58. 1. 201).

46. Une question qui se rattache à celle que nous venons d'examiner, et qui a été fort controversée en jurisprudence, est celle de savoir si la compétence exceptionnelle attribuée au juge de paix, en matière de dommages faits aux champs, fruits et récoltes, quelle que soit la quotité de la demande, ne s'étend pas au dommage résultant d'une extraction de matériaux opérée sous des bâtiments. Mais la cour de cassation s'est prononcée à plusieurs reprises pour la négative, notamment à propos du dommage causé à un bâtiment rural par l'extraction de matériaux , faite au moyen d'un puits creusé par l'auteur de l'extraction dans son propre terrain (Civ. cass. 5 janv. 1858, aff. Lebret, D. P. 58. 1. 36).— Il a été jugé également que la compétence du juge de paix ne s'étend pas à l'occupation de terrains pour la construction d'un chemin de fer et aux travaux entrepris sur ce terrain, lorsque les formalités administratives prescrites par les règlements n'ont pas été remplies, et que les contestations relatives à l'occupation de ce terrain par l'entrepreneur et aux dommages qui ont été causés, présentent ainsi le caractère de voies de fait (Poitiers, 18 juill. 1881, aff. Hollier, D. P. 82. 2. 232). Dans ces différents cas, l'action rentre dans les termes de la compétence générale du juge de paix, et, en conséquence, elle ne peut être jugée par lui, si le taux de la demande excède la somme déterminée par l'art. 1er de la loi du 25 mai 1838 (Arrêt précité du 5 janv. 1858).

47. Si, malgré la généralité de ses termes, la loi ne comprend pas les dommages faits au sol lui-même, elle comprend du moins ceux qui sont causés à tous les produits du sol, quels qu'en soient l'espèce et le mode de culture. Il n'y a donc pas lieu de distinguer entre les diverses natures de fruits; et, par exemple, les règles de la compétence des juges de paix, en matière de dommages aux champs, sont applicables aux pépinières, et spécialement aux demandes en dommages-intérêts formées pour dommages causés à ces établissements par les lapins d'une forêt voisine (Req. 22 avr. 1873, aff. de Montigny, D. P. 73. 1. 476) (V. *suprà*, v° *Chasse*, n°s 1428 et suiv.).

48. Les dommages qui peuvent être soumis à la juridiction des juges de paix sont, comme on l'a exposé au *Rép.* n° 107, les seuls dommages faits aux champs, fruits et récoltes, soit par l'homme, soit par les animaux, et résultant soit d'une simple contravention, soit de délits ou de quasi-délits, soit même de crimes. En d'autres termes, la disposition de l'art. 5 de la loi du 23 mai 1838 est applicable, quelle que soit la gravité du fait d'où dérive le dommage, mais à la condition que la poursuite prenne sa source dans le principe de l'art. 1382 c. civ. Il est, au contraire, inapplicable, lorsqu'il s'agit d'un préjudice ayant pour cause l'inexécution d'une obligation ou la réparation d'un dommage prévu dans une stipulation contractuelle. Ainsi, le juge de paix est incompétent pour connaître de la demande formée par un fermier contre son bailleur, en réparation du dommage que le gibier entretenu dans les bois de ce dernier a causé aux récoltes de l'immeuble affermé, lorsque le bailleur conteste, en vertu

de l'une des clauses du bail, le droit à l'indemnité réclamée (Civ. cass. 13 févr. 1863, aff. Ledoux, D. P. 65. 1. 78); ou de l'action en réparation de dommages poursuivie en exécution d'un bail de droit de chasse, qui a imposé au fermier la responsabilité de tout dommage causé soit à la forêt louée, soit aux propriétés riveraines, par les lapins ou autres animaux nuisibles dont la chasse était l'objet de ce bail (Req. 17 déc. 1861, aff. de Pontalba, D. P. 62. 1. 486); ou encore de la demande intentée contre le locataire d'un droit de chasse par le propriétaire qui lui a affermé ce droit sur son héritage, à l'effet d'obtenir l'exécution de l'engagement contracté par le preneur, dans l'acte de bail, de payer tous les dégâts qui pourraient être causés par le gibier aux récoltes du bailleur (Civ. cass. 21 janv. 1879, aff. de Rothschild, D. P. 79. 1. 84). Même solution dans le cas où le fermier d'un domaine réclame contre le bailleur qui s'est réservé la chasse des terres affermées la réparation du dommage causé à ses récoltes par le gibier, alors surtout qu'une clause du bail dispose que ce dommage sera réglé à dire d'experts (Req. 11 mars 1868, aff. de Beaumont, D. P. 68. 1. 332); ou lorsqu'un recours en garantie est formé par le propriétaire du bois contre son fermier, en vertu d'une clause du bail qui rend celui-ci responsable des dommages causés par les lapins, ce qui a lieu *a fortiori* lorsqu'il s'agit d'une somme excédant le taux de la compétence du juge de paix en matière personnelle et mobilière (Civ. cass. 28 juin 1870, aff. d'Andigné de Resteau, D. P. 70. 1. 311).

49. Il est évident que la clause d'un bail de bien rural, par laquelle le preneur s'est interdit de réclamer à son bailleur des indemnités pour les dégâts que le gibier occasionnerait aux récoltes, ne met point obstacle à ce que ledit preneur actionne en dommages-intérêts le propriétaire voisin, lorsque le gibier nuisible provient des bois qui appartiennent à ce dernier. Par suite, si le propriétaire des bois voisins a acheté le bien rural, il ne peut exciper utilement de la clause stipulée dans le bail par son vendeur, pour s'exonérer de l'action en indemnité, que le fermier vient à intenter contre lui en l'envisageant, non comme bailleur, mais comme propriétaire des bois qui renferment le gibier, et, dans ces conditions, le juge de paix est compétent pour connaître de la demande en réparation de dommages aux champs dont il s'agit, nonobstant la prétention du défendeur d'appliquer au litige la clause prérappelée du bail, le fond du droit ne se trouvant pas par là sérieusement contesté (Req. 12 mai 1886, aff. de Larochefoucauld-Doudeauville, D. P. 87. 1. 323).

50. Enfin, le juge de paix est incompétent lorsque, sur l'action en réparation du dommage causé dans un champ par les travaux de construction d'un chemin, le défendeur prétend que le demandeur est tenu de souffrir l'établissement du chemin entrepris sur son fonds, en vertu d'une convention d'abornement général dans laquelle il a figuré comme partie contractante, la contestation soulevant alors une question de servitude conventionnelle (Civ. cass. 5 mai 1868, aff. Habitants et communauté de Briculles-sur-Meuse, D. P. 68. 1. 315). Il faut, toutefois, se garder d'appliquer d'une manière trop rigoureuse la règle consacrée par la jurisprudence qui vient d'être indiquée et de poser en principe absolu

---

qu'il ne s'agit évidemment pas d'une entreprise sur un cours d'eau dont la connaissance est attribuée aux juges de paix par l'art. 6 de la loi du 25 mai 1838, mais d'actes qui s'attaquent à une pécherie distincte et indépendante du lit de l'étang dans lequel elle était établie ; — Sur la huitième branche du déclinatoire : — Attendu que l'art. 5 de la loi précitée qui étend indéfiniment à charge d'appel, quant à la quotité de la somme demandée, la compétence des juges de paix pour les dommages aux champs, fruits et récoltes, est une disposition exceptionnelle à la règle générale tracée par l'art. 1er de la même loi, d'après lequel les juges de paix ne connaissent en premier ressort que jusqu'à 200 fr. des actions purement personnelles et mobilières ; — Que, comme toutes les exceptions, celle que détermine l'art. 5 de ladite loi doit être restreinte aux objets énumérés dans cet article; que la cour de cassation a fait de nombreuses applications de ce principe; — Attendu, quelque générales que soient les dispositions de l'art. 5, qu'elles ne parlent que de dégâts aux fruits et ne sauraient être étendues aux dommages qui attaquent le fonds lui-même; que, dans ce dernier cas, ainsi que l'a jugé la cour de cassation, si la somme demandée excède 200 fr., le litige rentre dans la compétence des tribunaux ordinaires; — Attendu, dans

l'espèce, que l'action en 300 fr. de dommage formée par Bonnard dérive du principe général de responsabilité consacré par l'art. 1382 c. civ.; — Qu'elle est fondée sur la destruction complète de deux pécheries appartenant audit Bonnard et dont toutes les parties ont été brisées à coups de hache; que, dans ce fait ainsi précisé, il ne s'agit pas d'un simple dommage, mais de l'entière destruction d'une propriété; — Attendu qu'il importe peu que le défendeur ait signalé accessoirement le dommage causé aussi aux francs-bords de son canal; — Que, dans son arrêt du 25 août 1869, la cour suprême a formellement déclaré la compétence des tribunaux civils pour la réparation des dommages qui s'attaquent au fonds, alors même qu'il s'y joindrait accessoirement une demande relative aux fruits et récoltes endommagés, parce que, dans le concours de deux juridictions, l'une ordinaire, l'autre exceptionnelle, c'est à la première que doit rester la connaissance du litige; — Par ces motifs, etc. ». — Appel par le maire de Biscarosse. — Arrêt.

La cour; — Adoptant les motifs des premiers juges; — Confirme, etc.

Du 24 déc. 1872.-C. de Pau, ch. civ.-MM. Daguilhon, 1er pr.-Lespinasse, 1er av. gén.-Duprat et Touret, av.

que le juge de paix est incompétent à l'égard de tout dommage aux champs prévu dans une stipulation contractuelle. Il ne suffit pas, en effet, pour qu'un fait dommageable perde le caractère de délit ou de quasi-délit, que l'éventualité en ait été prévue dans une convention; il faut encore que la convention ait rendu ce fait licite en quelque sorte, en en réglant, dores et déjà, les conséquences pécuniaires. Lorsqu'il en est ainsi, l'action en indemnité ne se fonde plus sur le fait générateur du dommage, elle ne procède plus de l'art. 1382 c. civ., mais elle est fondée sur les stipulations contenues dans la convention, et le juge de paix ne peut en connaître en vertu de l'art. 5 de la loi du 25 mai 1838.

Cette doctrine ne nous paraît nullement contraire à la jurisprudence qui vient d'être étudiée. Dans les espèces des arrêts des 11 mars 1868 et 21 janv. 1879, cités *suprà*, n° 48, l'instance en dommages-intérêts était fondée sur une convention, qui avait prévu le fait dommageable, l'avait en quelque sorte rendu licite, moyennant indemnité, et n'avait laissé en suspens que le chiffre de cette indemnité. Dans l'espèce de l'arrêt du 11 mars 1868, notamment, en se réservant la chasse des terres affermées, le bailleur s'était réservé le droit d'y entretenir du gibier à la charge de payer le dommage que ce gibier pourrait causer au fermier. Le fermier qui réclamait une indemnité en vertu de cette clause ne reprochait et ne pouvait reprocher aucune faute au bailleur; il invoquait l'obligation contractée à son égard au cas où il résulterait pour lui un dommage de l'exécution de la convention pour laquelle le bailleur s'était réservé le droit de chasse. On peut donc poser en principe que la connaissance de l'action en réparation d'un dommage aux champs n'appartient pas au juge de paix, en vertu de l'art. 5, n° 1, de la loi du 25 mai 1838, toutes les fois que le dommage résulte de l'inexécution ou de l'exécution d'un contrat.

Mais, pour que le juge de paix cesse d'être compétent, il ne suffit pas qu'il existe entre les parties une convention; il faut que l'action en indemnité soit fondée sur des stipulations contenues dans cette convention. En l'absence de stipulations semblables, l'action en dommages-intérêts du propriétaire des récoltes reste soumise à la compétence spéciale établie par l'art. 5, n° 1, de la loi de 1838; et c'est ainsi quand bien même le défendeur se prévaudrait du contrat intervenu entre lui et le demandeur pour contester à celui-ci le droit de réclamer une indemnité; c'est tout simplement ce qui paraît résulter d'un arrêt de la chambre des requêtes aux termes duquel l'action formée par un fermier contre son bailleur, à fin de réparation du dommage que cause à ses récoltes le gibier entretenu sur les terres à lui affermées, est de la compétence du juge de paix, alors même que le bailleur contesterait le droit à l'indemnité réclamée, en excipant de ce que le bail lui donnait la faculté d'avoir du gibier sur le terrain loué, et lui en réservait exclusivement la chasse : ici s'applique l'art. 5, § 1er, et non l'art. 4, § 1er, de la loi du 25 mai 1838 (Req. 5 août 1858, aff. de Lorges, D. P. 58. 1. 373).

51. Comme on l'a vu au *Rép.* n° 108, le juge de paix est compétent pour statuer en matière de dommages aux champs, fruits et récoltes, sans qu'on ait à distinguer si les faits reconnus dommageables sont l'œuvre médiate ou immédiate de l'homme (Civ. rej. 26 janv. 1847, aff. Delorme, D. P. 47. 1. 148; Req. 24 janv. 1866, aff. Prat, D. P. 66. 1. 275). — Il n'y a pas davantage à se préoccuper de la question de savoir si la cause du dommage est accidentelle ou permanente. La cour de cassation persiste à repousser la jurisprudence de certaines cours d'appel, et notamment des cours d'Aix et de Nancy, qui, suivant ce qui a été dit au *Rép.* n° 111, avaient déclaré que le juge de paix n'est compétent que lorsqu'il s'agit de demande pour dommages accidentels causés aux fruits et aux récoltes dans des circonstances qui ne permettent pas d'en différer l'appréciation. La cour régulatrice juge que la loi de 1790, en attribuant au juge de paix la connaissance des dommages causés par le fait de l'homme aux fruits et récoltes, n'a pas distingué la cause permanente de la cause accidentelle, et que, la loi du 25 mai 1838 n'ayant elle-même rien innové à cet égard, le juge de paix connaît des actions pour dommages aux champs, fruits et récoltes, aussi bien lorsque la cause en est permanente que lorsqu'elle est accidentelle, qu'il ne cesse d'être compétent qu'au cas où la demande aurait pour objet

la réparation d'un préjudice causé au fonds lui-même (Req. 24 janv. 1866, aff. Prat, D. P. 66. 1. 275).

52. Le juge de paix cesse encore d'être compétent dans tous les cas prévus par le n° 1 de l'art. 5 de la loi du 25 mai 1838, lorsque les droits de propriété ou de servitude sont contestés; en d'autre termes, lorsque, à une demande en réparation d'un dommage causé aux champs, le défendeur oppose une exception tirée d'un droit de propriété ou d'un droit de servitude, le juge de paix est incompétent, et le tribunal d'arrondissement doit connaître du litige en première instance (Curasson, *Compétence des juges de paix*, 4e éd., t. 1, n° 373). Ainsi le juge de paix n'est pas compétent pour statuer sur la réparation de dommages aux champs causés par les débordements d'une pièce d'eau, alors que le défendeur, propriétaire de cette pièce d'eau, soutient que, d'après ses titres, il a le droit de tenir la bonde d'écoulement constamment fermée, hors les cas de réparations, de pêche ou de déblaiement des vases (Civ. cass. 5 juill. 1870, aff. Marais, D. P. 70. 1. 312); car, en prétendant qu'il avait eu le droit de maintenir sa pièce d'eau au niveau qui avait occasionné l'inondation, parce qu'il était autorisé par son titre à laisser la bonde constamment fermée, le défendeur avait, en réalité, invoqué l'existence d'une véritable servitude à son profit, et le juge de paix était incompétent aux termes de l'art. 5 de la loi du 25 mai 1838, puisque cet article ne l'autorise à statuer que lorsque les droits de propriété ou de servitude ne sont pas contestés (V. Civ. cass. 5 mai 1868, aff. Habitants et communauté de Brieulles-sur-Meuse, D. P. 68. 1. 315; 5 juin 1872, aff. Segaud, D. P. 72. 1. 231). Il a été décidé, de même, que le juge de paix n'est pas compétent pour connaître d'une action relative aux dommages faits aux champs par suite du pâturage abusif d'un troupeau, lorsque l'existence d'une servitude de vaine pâture, sur laquelle le défendeur fonde sa défense, est contestée par le demandeur (Civ. cass. 11 juill. 1882, aff. Coutret, D. P. 83. 1. 350).

53. L'incompétence du juge de paix nous paraît devoir être reconnue au cas où une demande en maintenue dans la possession annale d'une servitude de passage est présentée reconventionnellement comme défense à une action principale pour dommages aux champs. Nous ne croyons pas, en effet, qu'on ne puisse voir dans une défense, tirée d'une prétendue possession du défendeur, qu'une simple exception à l'action en dommages-intérêts fondée sur des faits de passage, dont l'examen rentrerait, comme celui de l'action principale elle-même, dans les attributions du juge de paix. La demande en maintenue de possession soulève, en pareil cas, implicitement mais nécessairement, la question de propriété ou de servitude, car la possession ne peut, par elle-même, faire obstacle à la demande en dommages-intérêts que si elle est conforme au droit, et il n'est possible de savoir si elle est bien telle qu'en examinant la question de propriété ou de servitude. Le débat porterait donc nécessairement sur cette dernière question, et il excéderait, par conséquent, la compétence du juge de paix.

Pour qu'il en fût autrement, il faudrait admettre que la décision du juge de paix sur l'action en dommages n'aurait qu'un caractère purement provisoire; que ce magistrat se bornerait à vérifier l'existence de la possession alléguée et que, par cela seul qu'elle lui paraîtrait démontrée, il devrait rejeter la demande principale, sans que ce rejet puisse faire obstacle à l'exercice d'une nouvelle action s'il venait à être reconnu ultérieurement, par le juge du pétitoire, que le droit, dans la possession duquel l'auteur du dommage avait été maintenu, ne lui appartenait pas en réalité. Mais ce système, qui paraît conforme à l'opinion de quelques auteurs (V. notamment : Curasson, *Traité de la compétence des juges de paix*, 4e éd., n° 377; Carou, *De la juridiction civile des juges de paix*, n° 319; Bourbeau, *De la justice de paix*, n°s 228 et 339), est formellement condamné par la cour de cassation, dont la jurisprudence confirme entièrement l'opinion que nous venons d'exposer. Elle a jugé, notamment, qu'une action en dommages-intérêts pour faits de passage exercés sur un champ, n'est pas de la compétence du juge de paix lorsque le défendeur se prévaut de la possession annale du passage dont il prétend jouir sur le fonds voisin pour la desserte de son fonds voisin (Civ. cass. 14 mai 1879, aff. Frileux, D. P. 81. 1. 29); — Que lorsqu'à une action en dommages-intérêts pour dommages faits à un champ le dé-

fendeur répond par une demande reconventionnelle dans laquelle il invoque à son profit l'existence d'une servitude, et que ce droit de servitude est contesté, le juge de paix est incompétent(Civ.cass. 7 juin 1886, aff. Maurel, D.P.87. 1.107; 28 févr. 1887, aff. Martin, *ibid.*; 22 mars 1887, aff. Couhard, D. P. 87. 1. 444; 25 mai 1887, aff. Perret, D. P. 88. 1. 480).

54. Le juge de paix est encore incompétent pour connaître des actions pour dommages aux champs, fruits et récoltes, lorsque, d'une part, l'auteur de ces dommages soutient qu'il n'a fait qu'user d'un droit, résultant, par exemple, d'une servitude de passage, et que, d'autre part, il est, au contraire, articulé que les faits allégués ne constituent qu'un exercice abusif de ce droit; car la contestation porte alors sur la nature, l'étendue et le mode d'exercice d'un droit de servitude (Civ. cass. 5 mars 1860, aff. Goujon, D. P. 60. 1. 177).

55. Il est de même incompétent lorsqu'il est saisi d'une action pour dommages aux champs, fondée sur l'exécution par le défendeur de travaux sur un chemin dont le demandeur prétend être propriétaire exclusif, si l'auteur des travaux conteste le droit de son adversaire à la propriété du chemin en soutenant que cette voie appartient à la commune, et si celle-ci, régulièrement mise en cause, déclare revendiquer la propriété du chemin (Req. 9 févr. 1876, aff. de Raveneau, D. P. 78. 1. 66). En pareil cas, en effet, il s'élève une contestation sur la propriété, un véritable débat de droit commun, qui transforme la nature du litige et échappe à la compétence exceptionnelle du juge de paix.

Mais le juge de paix resterait compétent s'il ne s'élevait aucune contestation sur la propriété du chemin, comme au cas, par exemple, où le propriétaire riverain d'un chemin communal intenterait une action en réparation du dommage que les travaux exécutés sur ledit chemin auraient causé à ses champs, fruits et récoltes, et où l'auteur des travaux exciperait du droit de propriété de la commune sur ce que droit fût contesté par le demandeur : dans cette hypothèse, en effet, il ne s'élèverait aucune question de propriété entre les parties, et, par conséquent, il n'y aurait aucune raison d'écarter la compétence du juge de paix (Civ. cass. 10 mai 1865, aff. Jordany, D. P. 65. 1. 157. V. aussi Req. 4 juin 1877, aff. Bodin, D. P. 78. 1. 293).

56. Il n'est pas sans difficulté de distinguer les cas où il y a absence de contestation sur la propriété de ceux où cette contestation existe. Dans l'espèce de l'arrêt du 10 mai 1865, cité *suprà*, n° 55, par exemple, le demandeur soutenait que des travaux exécutés sur le sol d'un chemin dont la propriété venait d'être reconnue à la commune par une décision judiciaire, avaient eu pour résultat « l'élargissement du chemin, l'ébranlement de murs de clôture, le défoncement de terrains, le déversement des eaux, la projection d'éclats de pierre » et poursuivait, devant le juge de paix, la réparation du dommage causé à sa propriété par ces travaux. — Le défendeur ayant excipé du droit de la commune sur le chemin dont il s'agit, la décision attaquée en avait conclu que le litige prenait le caractère d'une contestation sur la propriété, et, sortait, dès lors, de la compétence du juge de paix. C'était là une erreur manifeste : de toutes les voies de fait articulées, aucune ne soulevait une question de propriété proprement dite. Une des voies de fait, il est vrai, consistait dans un prétendu élargissement du chemin; et, si l'on veut, dans un empiétement sur la propriété riveraine. Mais cette articulation elle-même n'aurait pu donner naissance à une question de propriété que s'il y avait eu débat entre les parties sur l'étendue respective du chemin et de la propriété riveraine du demandeur; or, aucune contestation de cette nature ne s'était produite. Le juge de paix n'avait à rechercher qu'un fait purement matériel, celui de l'élargissement allégué, en vérifiant les limites non contestées du chemin et de la propriété riveraine; il n'y aurait eu au procès une question de propriété que si, pour repousser l'exception du défendeur, le demandeur avait nié le droit de la commune à la propriété du chemin qui faisait l'objet des travaux dont il se plaignait. Or, loin qu'il en fût ainsi, le droit de la commune était, au contraire, formellement reconnu. Il ne s'agissait donc plus que de l'appréciation des conséquences dommageables produites par de simples

voies de fait; et si ces voies de fait constituaient des dommages aux champs, fruits et récoltes, dans le sens de l'art. 5 de la loi du 25 mai 1838, la compétence du juge de paix ne pouvait pas être mise en doute.

57. Toute contestation sur la propriété ou sur l'existence d'une servitude ne suffit pas, d'ailleurs, à rendre le juge de paix incompétent pour statuer sur le litige à l'occasion duquel elle est élevée. Il faut, avant tout, que cette contestation soit sérieuse. Il est, en effet, hors de doute, que toute disposition de loi qui subordonne la compétence d'un juge à l'absence de contestation sur le titre ou sur le droit, doit être interprétée en ce sens qu'elle exige, pour qu'il y ait incompétence, un débat réel et sérieux. Cette règle, depuis longtemps appliquée au juge de paix saisi : 1° d'une action en élagage d'arbres ou en curage de fossés (V. *Rép.* n° 125); 2° de l'action du preneur en indemnité pour non-jouissance (*Rép.* n° 227, et *infrà*, n° 90 et suiv.); 3° d'une action en bornage (*ibid.* n° 267. V. aussi Req. 10 avr. 1866, aff. Rivière, D. P. 66. 1. 380), l'est également en matière de dommages aux champs; ainsi, l'action en dommages-intérêts formée par le propriétaire d'une forêt pour arrachage d'arbres ou de souches commis par un usager, sans délivrance préalable, reste de la compétence du juge de paix, si la nécessité de cette délivrance préalable, exigée par le droit commun, n'est combattue par aucun titre ni par aucune raison de nature à la mettre sérieusement en question (Req. 13 nov. 1867, aff. Desclaux, D. P. 68. 1. 213; Curasson, t. 1, n° 375). De même, lorsqu'en défense à une action en dommages-intérêts pour dommages causés par le passage d'un troupeau, à un champ, à ses fruits ou à ses récoltes, le défendeur se borne à invoquer un prétendu droit de passage sur ce terrain, mais sans l'appuyer sur aucun titre, cette exception constitue, non une demande reconventionnelle possessoire, mais la revendication d'une servitude discontinue qui ne peut s'établir que par titre, et, n'étant pas susceptible d'être acquise par prescription, ne peut donner lieu à une question préjudicielle. Dès lors, si le chiffre de la demande principale est inférieur à 100 fr., la sentence du juge de paix qui a repoussé l'exception et condamné le défendeur à des dommages-intérêts, est en dernier ressort et ne peut être déférée au juge supérieur par la voie de l'appel (Civ.cass. 23 nov. 1886, aff. Fargier, D. P. 87. 1. 184). Il faut, enfin, que le défendeur excipe d'un droit de propriété ou de servitude qui lui soit personnel. Ainsi une action pour dommages aux champs reste de la compétence du juge de paix, quoique le défendeur prétende que le terrain où le dommage a été commis est une dépendance du domaine public, une telle allégation, alors qu'elle ne vient pas de l'Etat, ne pouvant faire obstacle aux droits résultant de la possession du demandeur (Civ. rej. 2 août 1859, aff. Tronchon, D. P. 59. 1. 319).

58. Lorsque le juge de paix est saisi d'une action pour dommages aux champs qui soulève une question de propriété ou de servitude contestée par les parties, il ne doit pas se borner à surseoir à statuer jusqu'à ce que les parties aient fait trancher la question de propriété ou de servitude; il doit se dessaisir, et le litige entier appartient aux tribunaux civils (Req. 9 févr. 1876, aff. de Raveneau, D. P. 78. 1. 66).

59. Le juge de paix doit également se dessaisir du litige lorsque la demande en réparation des dommages aux champs, fruits et récoltes, est fondée sur une convention (V. *suprà*, n°s 35 et suiv.). Ajoutons qu'il doit se dessaisir, alors même que sa compétence ne serait pas contestée par les parties. En effet, l'incompétence du juge de paix pour statuer sur des actions personnelles ou mobilières excédant la valeur de 200 fr., en dehors des cas spécialement déterminés par les art. 5 et suiv. de la loi du 25 mai 1838, est une incompétence d'ordre public, qui ne peut se couvrir que par un consentement exprimé dans la forme déterminée par l'art. 7 c. proc. civ. — Il a été jugé, en conséquence, que cette incompétence peut être opposée en appel, même par la partie qui s'est bornée à conclure au fond devant le juge de paix (Civ. cass. 5 janv. 1858, aff. Lebret, D. P. 58. 1. 36); elle peut aussi être proposée pour la première fois devant la cour de cassation (Civ. cass. 18 août 1880 (1); 11 juill. 1882, aff. Coutret, D. P. 83. 1. 350).

(1) (Jesson C. Dejean.) — La cour; — Sur l'unique moyen du pourvoi : — Vu l'art. 5, § 1er, de la loi du 25 mai 1838; — Attendu, d'une part, que les jugements interlocutoires, qui préjugent le fond, sont susceptibles d'appel; — Attendu, d'autre part, que l'exception d'incompétence *ratione materiæ* tient à l'ordre des juridictions et, par conséquent, à l'ordre public, et peut, dès lors,

§ 3. — Actions relatives à l'élagage des arbres et au curage des fossés (*Rép.* n°s 119 à 132).

60. Les règles qui viennent d'être exposées, et suivant lesquelles le juge de paix cesse d'être compétent pour statuer sur les matières dont la connaissance lui est attribuée par le n° 1 de l'art. 5 de la loi du 25 mai 1838, lorsqu'à la demande, le défendeur oppose une exception tirée d'un droit de propriété ou de servitude, sont applicables aussi bien, au cas où il s'agit d'élagage d'arbres et de curage des fossés que de dommages aux champs. Par exemple, ainsi qu'on l'a exposé au *Rép.* n° 123, le juge de paix cesse d'être compétent lorsque la demande de curage est fondée par le demandeur sur la mitoyenneté du fossé et que le défendeur prétend en être propriétaire exclusif. Il a été décidé aussi que le juge de paix cesse d'être compétent pour statuer sur l'action par laquelle le demandeur, pour assurer l'écoulement du canal de sa maison, veut faire ordonner le curage du canal correspondant de la maison voisine, si le propriétaire de cette dernière maison s'y refuse, en déniant tout droit de propriété ou de servitude quelconque sur son fonds, au demandeur, et en concluant, par suite, à son renvoi pour incompétence. Il ne saurait appartenir au juge de paix, pour conserver la connaissance de la cause, de la transformer en une action possessoire, et de déclarer que, s'il ordonne le curage demandé, ce n'est « qu'au point de vue de l'état ancien et actuel des choses », et avec « toutes réserves au point de vue des servitudes et de la propriété», alors qu'il est constant que l'action du demandeur ne tendait pas au maintien ou à la réintégration d'une possession, mais impliquait la reconnaissance du droit même de faire écouler les eaux de son canal, par le canal de son voisin (Civ. cass. 27 juill. 1887, aff. Juif, D. P. 88. 1. 13). — Le juge de paix est encore incompétent non seulement lorsque le défendeur soulève devant lui une exception de propriété ou de servitude, mais lorsque l'action est fondée sur la construction d'ouvrages portant atteinte au droit de propriété lui-même ou à l'exercice d'une servitude. Dans ce cas, en effet, le débat est porté sur un terrain qui, par sa nature, est absolument en dehors de la compétence du juge de paix (Conf. Curasson, t. 1, n°s 412 et 413).

61. On a exposé au *Rép.* n° 130 qu'au cas où l'action en indemnité pour dommages faits aux champs, fruits et récoltes se rattacherait à une autre demande principale de la compétence du tribunal d'arrondissement, ce tribunal saisi de l'une et de l'autre demande aurait juridiction pour statuer sur les deux. Le principe a été de nouveau appliqué par la jurisprudence, qui reconnaît toujours que dans le concours de deux juridictions, l'une exceptionnelle, l'autre ordinaire et de droit commun pour statuer sur les divers chefs ou éléments d'une même action, on doit attribuer à cette dernière la connaissance de l'action tout entière. Ainsi, comme il n'appartient qu'aux tribunaux civils de statuer sur l'action en réparation du dommage causé au fonds de la propriété, et que cette action ne rentre pas dans la compétence des juges de paix en matière de dommages aux champs, fruits et récoltes, c'est le tribunal civil qui est compétent pour statuer sur l'action en réparation d'un dommage causé à la fois aux fruits et récoltes et au fonds d'une même propriété (Civ. rej. 25 août 1869, aff. Beudin, D. P. 69. 1. 432). Mais il faut que le tribunal civil soit saisi directement et comme tribunal de première instance ; car s'il n'était saisi que comme tribunal d'appel, et par voie d'appel, de la décision

---

être proposée en tout état de cause ; —Attendu que Jesson, cité devant le juge de paix pour réparation d'un dommage causé par le gibier des bois dont il avait la chasse, à une parcelle de bois appartenant à Dejean, avait dénié toute responsabilité et avait invoqué pour sa défense une location de la parcelle litigieuse à lui faite par celui-ci ; —Attendu que le juge de paix a ordonné, avant faire droit et tous moyens réservés, une visite de lieux, une expertise et une enquête pour constater l'état de la parcelle, le dégât qui pourrait exister, ses causes et son importance ; que cette décision, qui, malgré le désaccord des parties, subordonnait le jugement définitif aux vérifications prescrites sur l'existence, l'origine et la quotité des dommages prétendus, présentait tous les caractères d'un jugement interlocutoire préjugeant le fond et, dès lors, susceptible d'appel ; — Attendu que, si l'art. 14 de la loi du 25 mai 1838 déclare non recevable, avant le jugement définitif, l'appel d'une décision du juge de paix qui se déclare compétent, cette disposition n'est relative qu'au cas où le juge de paix

---

du juge de paix, il n'aurait pas une compétence plus étendue que ce magistrat, et ne pourrait pas statuer valablement sur les questions à tort jugées par ce dernier (Civ. cass. 28 juin 1882, aff. de Saint-Pol, D. P. 83. 1. 408; 14 mars 1883, aff. Lochon, D. P. 83. 1. 445; 7 juin 1886, aff. Maurel, D. P. 87. 1. 107; 28 févr. 1887, aff. Martin, *ibid.*).

§ 4. — Actions relatives aux réparations locatives des maisons et fermes (*Rép.* n°s 133 à 147).

62. Les règles exposées au *Répertoire* n'ont pas varié, et il n'y a rien à ajouter aux explications que nous avons fournies *ibid.* n°s 133 et suiv.

§ 5. — Actions relatives aux engagements respectifs des maîtres et des gens de travail, domestiques, ouvriers (*Rép.* n°s 148 à 179).

63. Une des principales difficultés que soulève le n° 3 de l'art. 5 de la loi du 25 mai 1838, est relative au sens qu'il faut attribuer aux expressions par lesquelles cet article désigne les personnes dont il s'occupe. Comme on l'a exposé au *Rép.* n° 150, on doit entendre par l'expression *gens de travail*, sous l'empire de la loi de 1838, tous les artisans, tous ceux qui travaillent manuellement, tels que menuisiers, maçons, tailleurs, etc., lorsqu'ils sont employés à tant par jour, par mois ou par an; mais cette expression ne comprend pas les entrepreneurs d'ouvrages pour des usines, tels que les voituriers employés par les maîtres de forge à l'exploitation des mines, etc. Il en résulte que les engagements des artisans, qui travaillent moyennant un prix convenu pour chaque ouvrage, ne rentrent dans la compétence du juge de paix que lorsque la demande à laquelle ils donnent lieu n'excède pas, dans son chiffre, la compétence ordinaire de ce magistrat en matière personnelle et mobilière (*Rép.* n° 150 et suiv.). La jurisprudence postérieure au *Répertoire* confirme pleinement cette interprétation du n° 3 de l'art. 5 de la loi du 25 mai 1838. — On a, par exemple, refusé de considérer comme un ouvrier l'individu qui, se qualifiant maître briquetier, et étant patenté comme tel, se serait engagé à fabriquer pour des cultivateurs des briques au mille, bien que les accessoires nécessaires à cette fabrication lui fussent fournis par le maître de l'ouvrage (Bruxelles, 15 mars 1851, aff. Loriaux, D. P. 51. 5. 89; Trib. Charleroi, 7 avr. 1860, *Rép.* v° *Ouvrier*, n° 21). On ne doit pas non plus considérer comme ouvrier celui qui s'engage à faire une certaine espèce de travaux nécessaires au commerce d'un autre, et envers qui ce dernier, commerçant, s'est lui-même engagé à prendre tout ce qui serait fabriqué au delà des stipulations de la convention (Orléans, 25 févr. 1845, aff. Gibon, D. P. 45. 4. 95).

64. Une seconde condition, qui paraît devoir être exigée, est que le travail auquel se livre la personne partie au litige, soit un travail manuel. En effet, l'expression *ouvrier* employée par l'art. 5, § 3, paraît ne désigner que ceux qui font exclusivement œuvre de leurs bras, et non pas ceux qui joignent à un travail quelconque certaines fonctions accessoires qui n'ont rien de manuel et qui sont la source d'une certaine responsabilité. C'est du moins en ce sens que la cour de cassation semble interpréter cette expression. Elle a, en effet, contrairement à ce qui avait été décidé par la cour de Paris, dans un arrêt du 6 janv.

---

a statué sur sa compétence, et, dans tous les cas, ne peut avoir pour résultat d'interdire l'appel d'un jugement ordonnant des mesures préjugeant le fond et, par conséquent, interlocutoires;

Attendu que, sur l'appel par lui interjeté de la sentence du juge de paix du 5 févr. 1878, Jesson a proposé devant le tribunal supérieur une exception d'incompétence basée sur ce que la contestation soulevait l'interprétation des conventions intervenues entre les parties au sujet de la location du droit de chasse sur la parcelle litigieuse; que le jugement attaqué a refusé de recevoir l'appel de Jesson, sous prétexte qu'en concluant au fond en première instance, il avait renoncé à l'exception d'incompétence qu'il proposait pour la première fois en appel; — En quoi, il a faussement appliqué et, partant, violé l'article de loi susvisé;

Par ces motifs, casse, etc.

Du 18 août 1880.-Ch. civ.-MM. Massé, pr.-Rohault de Fleury, rap.-Charrins, 1er av. gén.-Brugnon et Chambareaud, av.

1841, rapporté au *Rép.* n° 168, refusé de comprendre au nombre des ouvriers et gens de travail visés par l'art. 5 de la loi de 1838, les mécaniciens conducteurs de locomotives des compagnies de chemins de fer (Req. 13 mai 1857, aff. Chemin de fer de Lyon *C.* Cuisset, D. P. 57. 1. 393). L'arrêt déclare que le mécanicien de chemin de fer, à raison de cette qualité, ne peut être rangé dans la classe des gens de travail, c'est-à-dire des artisans travaillant au jour, au mois et à l'année, et ne peut l'être non plus dans celle des ouvriers ; qu'en effet, le mot *ouvriers*, expliqué par son rapprochement dans l'art. 5, § 3, de la loi du 25 mai 1838 avec le mot *apprentis*, et par le renvoi que fait cet article aux lois et règlements relatifs à la juridiction des prud'hommes, ne saurait s'appliquer à un conducteur de locomotives qui ne se livre à aucun travail manuel, ne fait partie d'aucun atelier, mais exerce des fonctions séparées et individuelles ; le mécanicien directeur du convoi est chargé d'en régler la marche et d'en assurer l'heureuse arrivée ; or, ces fonctions, par leur nature, leur importance, l'élévation du prix qui y est attaché d'ordinaire, les connaissances qu'elles exigent, surtout par les devoirs et la responsabilité qu'elles imposent, diffèrent essentiellement du service secondaire et sans cesse soumis à la surveillance et au contrôle des chefs, sous-chefs ou contremaîtres et du travail purement mécanique des simples ouvriers ou gens de travail; — L'arrêt enfin conclut de ces prémisses que le louage d'une telle industrie à une compagnie essentiellement commerciale constitue, de la part de cette compagnie, un engagement de commerce, et que les contestations qui peuvent s'élever, au sujet de ce contrat, doivent être portées devant la juridiction commerciale. — La même solution s'applique évidemment aux autres agents commissionnés et assermentés des compagnies de chemin de fer : c'est du moins ce qui a été jugé pour les aiguilleurs. D'après un arrêt de la cour de Toulouse, rendu le 9 mars 1863 (aff. Chemin de fer du Midi *C.* Henry, D. P. 63. 5. 79), un aiguilleur d'une compagnie de chemin de fer, assermenté, et jouissant d'un traitement mensuel, ne doit pas être rangé dans la catégorie des ouvriers ou gens de travail mentionnés dans le paragraphe 3 de l'art. 5 de la loi du 25 mai 1838 ; sa véritable qualité est celle d'employé de la compagnie. Dès lors, il paut assigner la compagnie devant le tribunal de commerce, à l'effet d'obtenir le payement de son traitement.

65. On a vu au *Rép.* n°ˢ 157 et 158 que la question de savoir ce qu'il faut entendre par les expressions de la loi *domestiques ou gens de service à gages* n'était pas moins délicate à résoudre. Faut-il entendre par domestiques, non seulement les serviteurs attachés au service proprement dit de la personne du maître ou de sa maison, mais aussi les précepteurs, commis et autres différents préposés du maître? Nous avons exposé au *Répertoire* tous les éléments de la controverse élevée à ce sujet; elle nous paraît actuellement sans objet, et l'opinion que nous avions adoptée, qui ne range parmi les domestiques et gens de service à gages que les personnes attachées au service proprement dit de la personne ou du maison du maître, ne paraît plus faire difficulté. C'est ce que pensent un grand nombre d'auteurs, notamment les partisans de M. Curasson, 4° éd.; ils reconnaissent qu'actuellement l'opinion contraire du savant auteur est généralement abandonnée (t. 1, p. 647), et se rangent à celle que nous avons exprimée. D'un autre côté, la jurisprudence, en décidant que les engagements d'un commis envers son patron et réciproquement, bien qu'ils n'aient pas un caractère commercial, peuvent être soumis à la juridiction commerciale, exclut par là même le commis du nombre des domestiques justiciables du juge de paix, et condamne, par conséquent, l'interprétation étymologique qu'on voulait donner à ce mot dans la loi de 1838 (V. Req. 20 mars 1865, aff. Angrand, D. P. 66. 1. 268; Paris, 3 juill. 1851, aff. Hauteterre, D. P. 53. 2. 48; 21 janv. 1854, aff. Dilschneider, D. P. 55. 2. 38; Lyon, 21 août 1856, aff. Voindrot, D. P. 57. 2. 85). — En définitive, comme on l'a exposé au *Rép.* n° 157, il faut entendre par *domestiques* ceux qui ne sont attachés qu'à la personne du maître, tels que les cuisiniers, valets de chambre, etc., ou ceux qui sont principalement occupés aux travaux de la campagne.

Les projets de loi de 1883 et de 1885 proposaient, afin de faire cesser toute hésitation, d'ajouter dans la rédaction du

n° 3 de l'art. 5 le mot *employé;* ils pensaient ainsi déterminer avec plus de précision le sens du mot *domestique;* mais, en même temps, l'expression nous paraîtrait s'appliquer aux commis des commerçants et pourrait ainsi donner lieu à des difficultés nouvelles en présence de la jurisprudence qui vient d'être indiquée.

66. Il a été jugé que le concierge d'une maison est un homme de services à gages (Trib. paix Paris, 27 déc. 1870, aff. Mahaut, D. P. 70. 3. 120). Il en est évidemment de même d'un jardinier, et le juge de paix est compétent pour connaître de la demande de salaires que celui-ci formerait contre son maître, alors même que sa réclamation serait justifiée par un acte écrit (Caen, 3 juill. 1871, aff. Pépin, D. P. 73. 2. 206). En effet, le mode de preuve ne peut changer la nature de la demande. Il en est évidemment de même des moyens par lesquels le défendeur prétend la repousser, car il ne saurait être douteux que le juge de paix, valablement saisi de l'action, est par cela même compétent pour examiner les exceptions opposées par le défendeur (Même arrêt. V. *suprà*, n°ˢ 9 et suiv.). Mais on a jugé que l'employé à la fabrication des fromages, connu sous le nom de fromager ou fruitier, n'est ni le domestique, ni le serviteur des gérants ou des membres de la société fromagère dont il dirige la fabrication, et n'est pas non plus au nombre des gens de travail ou de service à gages. Le fromager, en effet, n'est pas placé, dans l'exercice de son industrie, sous les ordres ni sous la surveillance des gérants ou des associés de la société fromagère; il préside seul à la fabrication des fromages, en dirige tous les détails techniques, contrôle la qualité et mesure la quantité du lait apporté par les sociétaires, et est, en outre, préposé à la conservation du matériel et à la garde des marchandises; ses véritables attributions sont donc celles d'un employé mandataire des associés, et n'ont rien de commun avec celles d'un domestique ou travailleur à gages. Il s'ensuit que l'action qu'il intente en payement de son salaire ne rentre pas dans les termes de l'art. 5, § 3, de la loi du 25 mai 1838, sur la compétence civile des juges de paix (Besançon, 17 nov. 1862, aff. Tissot, D. P. 62. 2. 207).

67. Une question assez délicate et qui a donné lieu à des décisions divergentes en jurisprudence, est celle de savoir si les fonctions de garde particulier sont incompatibles avec l'état de domesticité et si, en conséquence, les contestations qui peuvent s'élever entre un propriétaire et son garde particulier, à raison de leurs engagements réciproques, sont de la compétence, non du juge de paix, mais du tribunal civil. L'affirmative a été adoptée par un arrêt de la cour de Bourges du 29 juill. 1853 (aff. de Gain, D. P. 54. 2. 41), dans une espèce où le demandeur, investi des fonctions de garde particulier, était, en outre, homme d'affaires du maître qui l'employait. Le tribunal civil ne s'était pas arrêté, pour retenir la cause, à la qualité de garde particulier qu'avait le demandeur, mais à celle de régisseur, d'homme de confiance, qui, dans l'opinion des premiers juges, le plaçait à un rang plus élevé que les simples domestiques; mais la cour, au contraire, avait tenu surtout compte des fonctions de garde particulier dont il était investi. Il semble bien que, si le demandeur n'eût été que l'homme d'affaires du défendeur, aux gages de 300 fr. par an, la cour eût incliné, à raison de ses attributions restreintes et de sa dépendance, à ne voir en lui qu'un serviteur, justiciable, par conséquent, du juge de paix, pour les contestations s'élevant entre son maître et lui. Mais elle a pensé que les fonctions de garde particulier qu'il cumulait avec l'emploi de régisseur lui conféraient un caractère public qui ne permettait plus de le confondre avec les gens de service. « Comme garde particulier, disait nous raison l'organe du ministère public devant la cour, il a été revêtu, par la puissance publique, de toutes les attributions conférées aux gardes champêtres. Il est devenu agent de la force publique et officier de police judiciaire. Ses procès-verbaux font foi jusqu'à preuve contraire. Il est justiciable de la cour, en cas de délit commis par lui dans l'exercice de ses fonctions. Les violences exercées contre sa personne sont punies de peines plus sévères. Il a, sous certaines conditions, le droit de recherche et de perquisition dans le domicile des délinquants, et même d'arrestation de leur personne... Or, que l'on consulte tous les documents de notre droit public; que l'on interroge nos anciennes constitutions, et l'on verra que les

fonctions de garde ont toujours été reconnues incompatibles avec l'état de domesticité... ». — Cette doctrine nous paraît parfaitement exacte ; la qualité de garde particulier donne à celui qui en est investi des fonctions et une situation qui ne sont pas celles d'un serviteur à gages proprement dit. Il n'est, dès lors, pas nécessaire qu'il se joigne à la convention relative à ces fonctions un contrat accessoire qui ne soit pas de la compétence du juge de paix, pour que le tribunal civil doive rester saisi du litige. Le tribunal est compétent par cela seul que la contestation a pour cause l'engagement d'un garde particulier, indépendamment des conventions accessoires qui peuvent être intervenues entre le propriétaire et le garde. En d'autres termes, il n'y a pas lieu de restreindre la compétence du tribunal civil au cas où la convention de servir comme garde est accompagnée d'une convention rentrant nécessairement dans les matières de la compétence de ce tribunal, et où, par conséquent, on peut invoquer le principe suivant lequel, le concours d'une juridiction exceptionnelle et d'une juridiction ordinaire pour statuer sur les différents éléments d'une action, c'est la dernière qui doit rester saisie. Aussi pensons-nous qu'il faut rejeter la jurisprudence de la cour d'Angers, suivant laquelle les contestations relatives à l'exécution de l'engagement de servir en qualité de garde particulier moyennant une somme annuelle, un logement gratuit et la jouissance gratuite de fonds de terre, ne sont de la compétence du tribunal civil que lorsque cette convention contient, en outre, l'engagement de cultiver un jardin et de partager les récoltes avec le propriétaire (Angers, 13 mai 1868, aff. M..., D. P. 71. 2. 176) ; un garde particulier est un homme de service à gages, qui ne peut assigner son maître en payement de ce qui peut lui être dû pour location de ses services que devant le juge de paix, et cela dans le cas même où la rétribution qui lui est promise comprendrait, outre un émolument annuel de gratifications et du logement le produit de quelques parcelles de terre dépendant de l'habitation, et où la contestation porterait sur la perception des récoltes existant sur ces parcelles (Angers, 19 févr. 1869, aff. Balleur, D. P. 69. 2. 159) ; la compétence du tribunal civil ne saurait être admise que dans le cas où à l'engagement de servir dans de pareilles conditions, en qualité de garde particulier, viendrait se joindre celui de cultiver un jardin et de partager les récoltes avec le propriétaire, cette clause, qui constitue une location à colonage partiaire, modifiant le caractère du contrat (Angers, 13 mai 1868, aff. M..., D. P. 71. 2. 176).

68. On a exposé au *Rép.* nos 166 et suiv. comment la compétence attribuée aux juges de paix par l'art. 5 de la loi du 25 mai 1838 pour statuer sur les difficultés entre les maîtres et leurs ouvriers et apprentis à l'occasion de leurs engagements respectifs se concilie avec la compétence des conseils de prud'hommes (V. également : *Rép.* vo *Ouvrier*, no 10), et l'on a rapporté, *Rép.* vo *Compétence civile des juges de paix*, nos 169 et suiv., et *supra*, no 64, un certain nombre de décisions qui déterminent le sens qu'il faut attribuer à l'expression *ouvriers* employée dans la loi. On a vu également (*Rép.* no 170) que, suivant un arrêt de la cour de Limoges du 8 juill. 1842, la compétence des juges de paix, quand il n'y a pas sur les lieux de conseil de prud'hommes, s'appliquait aux contestations entre maîtres et ouvriers, en matière de commerce aussi bien qu'en matière civile.

69. Depuis lors, il a été généralement admis tant en doctrine qu'en jurisprudence, quoiqu'il y ait encore sur ce point une controverse qui ne semble pas définitivement tranchée, que les juges de paix sont exclusivement compétents pour statuer sur les actions formées par des gens de travail contre ceux qui les emploient, alors même que ces derniers seraient commerçants (Besançon, 5 déc. 1843, aff. Fayolle, D. P. 45. 4. 95 ; Riom, 3 janv. 1846, aff. N..., D. P. 49. 2. 139 ; Caen, 14 nov. 1849, aff. Bizé, D. P. 50. 5. 80 ; Nancy, 2 juill. 1873, aff. Thiriet, D. P. 74. 2. 77), ou quand même le contrat de louage de services intervenu présenterait, en ce qui concerne les patrons, le caractère d'un acte commercial (Même arrêt de 1873). — V. aussi Carré, *Compétence judiciaire des juges de paix*, t. 1, no 397 ; Rousseau et Laisney, *Dictionnaire de procédure civile*, vo *Compétence des juges de paix*, no 474 ; Bourbeau, no 198 ; Curasson, 4e éd., t. 1, p. 676, note *b*.

D'autre part, suivant un arrêt qui, se fondant sur la règle, d'ailleurs elle-même controversée (V. *infrà*, vo *Compé-*

tence commerciale), d'après laquelle, lorsqu'un acte n'est commercial qu'à l'égard de l'une des parties, celle de ces parties qui n'a pas fait acte de commerce peut actionner l'autre à son choix, soit devant la juridiction civile, soit devant la juridiction consulaire, on a admis l'ouvrier qui, dans un cas semblable, poursuivait son patron, à l'option entre ces deux juridictions (Poitiers, 20 févr. 1851, aff. Debrousse, D. P. 52. 2. 129). Mais ce système qui laisserait aux ouvriers ou gens de travail le choix entre la juridiction consulaire et la justice de paix soulève de graves objections. Il paraît tout d'abord en contradiction avec le texte même de la loi, l'art. 5, § 3, précité, qui désigne tout à la fois les gens de travail et ceux qui les emploient, les ouvriers et leurs maîtres, dans les termes les plus généraux, et sans faire parmi ceux qui emploient les gens de travail aucune différence ou distinction, suivant qu'ils seraient ou ne seraient pas commerçants. En outre, il n'est pas moins contraire à l'esprit qu'à la lettre de la loi, l'intention manifeste du législateur ayant été, lorsqu'il a, à plusieurs reprises, élargi la compétence du juge de paix, d'assurer aux gens de travail et ouvriers, dans leurs rapports avec leurs maîtres, une justice aussi prompte qu'économique, et de leur épargner les déplacements, les lenteurs et les frais qu'entraîne la procédure devant les tribunaux d'arrondissement, soit civils, soit consulaires. Sans doute, la doctrine et la jurisprudence permettent en général à toute personne qui n'a pas fait acte de commerce d'assigner à son choix le négociant avec lequel elle a contracté, soit devant la juridiction civile proprement dite, c'est-à-dire devant les tribunaux civils d'arrondissement, soit devant la juridiction consulaire ; mais cette doctrine qui, d'ailleurs, donne lieu à controverse (V. *infrà*, vo *Compétence commerciale*), ne saurait être d'aucune application au cas de contestations du genre de celles qui nous occupent.

En effet, comme l'a dit la cour de Nancy, dans l'arrêt du 2 juill. 1873, l'option entre les deux juridictions ne se comprend et n'est justifiée qu'autant qu'elle s'exerce entre les tribunaux civils d'arrondissement et les tribunaux consulaires, parce que les premiers, investis de la plénitude de juridiction, sont à la fois les juges naturels des deux parties, et que les seconds peuvent être saisis, en pareil cas, en vertu de la loi qui fixe leur compétence, c'est-à-dire des art. 631 à 638 c. com., auxquels ne déroge aucune disposition plus spéciale attribuant la connaissance de la matière à une autre juridiction. Mais il en est tout autrement alors que le choix devrait se faire entre deux tribunaux qui n'ont ni l'un ni l'autre la plénitude de juridiction, mais seulement une compétence spéciale ou d'attribution ; en pareil cas, la connaissance des contestations dont la loi a pris soin de déterminer la nature, appartient nécessairement et sans partage à celle des deux juridictions qu'elle a investie par une disposition expresse et à l'exclusion de toute autre ; or le tribunal de commerce n'ayant, comme les tribunaux de paix, qu'une compétence exceptionnelle et restreinte, ne pourrait être saisi qu'en vertu d'un texte précis et formel qui n'existe pas ici. — Ce ne pourrait être, en effet, l'art. 634 c. com.; car il ressort de la discussion de la loi de 1838 que les ouvriers et gens de travail désignés par l'art. 5, § 3, forment une catégorie de personnes distincte des facteurs, commis et serviteurs énumérés dans cet art. 634, et que ses dispositions ne leur sont pas applicables. On ne trouverait pas non plus le texte attributif de juridiction aux tribunaux consulaires dans l'art. 631 c. com., car, en supposant qu'un entrepreneur de travaux publics fasse acte de commerce en engageant des ouvriers terrassiers à la journée ou à l'heure pour déplacer des terres, il ne serait pas moins, quant aux contestations survenant entre lui et ces journaliers, régi par les dispositions générales de cet article, mais bien par les dispositions plus récentes et beaucoup plus spéciales de la loi du 25 mai 1838, qui y ont nécessairement dérogé, en créant, à côté et en dehors de la compétence ordinaire des tribunaux de commerce, une juridiction particulière, spécialement investie du droit de juger en premier ressort, et quelque valeur qu'ils s'élèvent, les litiges nés des engagements au jour, au mois ou à l'année, entre ouvriers ou gens de travail et ceux qui les emploient, quelles que soient d'ailleurs la qualité de ces derniers et la nature des actes auxquels ils se livrent en traitant avec ces journaliers.

70. Il semble donc bien que les juges de paix soient seuls compétents, à l'exclusion des tribunaux de commerce, pour connaître des actions intentées par des gens de travail contre ceux qui les emploient, alors même que ces derniers seraient commerçants, ou que le contrat de louage de services intervenu présenterait, en ce qui les concerne, les caractères d'un acte commercial. C'est en ce sens que la jurisprudence paraissait fixée, et cette doctrine n'était pas seulement adoptée en France, mais aussi dans le grand-duché de Luxembourg où la question se pose dans les mêmes termes, l'art. 7 de la loi du 27 déc. 1842, qui régit la matière dans ce pays, n'étant que la reproduction de l'art. 5, § 2, de la loi du 25 mai 1838 et disposant, comme cette dernière, que les juges de paix connaissent des contestations relatives aux engagements respectifs des maîtres ou de leurs ouvriers ou apprentis. On y a spécialement décidé que le juge de paix est seul compétent pour connaître de l'action intentée à son patron par un ouvrier, qui a subi sur ses salaires une retenue destinée à lui procurer une indemnité en cas d'accident, dans le but d'obtenir cette indemnité (C. sup. Luxembourg, 1er juin 1882) (1). Mais un arrêt de la cour de cassation est venu complètement modifier la jurisprudence dont nous venons de citer les principaux monuments. Elle a jugé, en effet, que la disposition de l'art. 5, n° 3, de la loi du 25 mai 1838 a eu pour but unique d'étendre, dans le cas prévu, la compétence à charge d'appel des juges de paix, et n'a nulle-

ment eu pour effet de modifier les règles générales de la compétence et d'y déroger ; que les justices de paix sont des juridictions purement civiles ; et que par cela même l'attribution qui leur est faite, dans les termes indiqués, par la disposition précitée de la loi du 25 mai 1838, de la connaissance des contestations relatives aux engagements entre gens de travail et ceux qui les emploient s'applique spécialement aux actions civiles, et ne saurait être étendue à celles qui, se rattachant à des transactions commerciales, sont de la compétence des tribunaux de commerce (Civ. cass. 23 mai 1882, aff. Buffard, D. P. 83. 1. 289). — Il en résulte que c'est le tribunal de commerce, et non le juge de paix, qui est compétent pour connaître de la demande formée par un ouvrier contre un entrepreneur de travaux publics, en payement d'une somme due pour extraction de pierres destinées à être employées dans les travaux entrepris et pour réparation du préjudice causé par la résiliation sans cause du marché conclu entre les parties (Même arrêt). — La cour de Rouen, saisie de la question, par suite du renvoi prononcé dans la même affaire, l'a résolue conformément à l'arrêt de cassation précité (Rouen, 21 févr. 1883) (2). Il a été jugé, dans le même sens, que les litiges qui interviennent entre les commerçants et leurs employés au sujet des engagements intervenus entre eux, sont de la compétence du tribunal de commerce (Chambéry, 3 déc. 1883, *infrà*, n° 71 ; Paris, 26 janv. 1884) (3).

71. En définitive, d'après le système déjà adopté par la disposition étant générale et absolue comprend, sans distinction, toutes les parties civiles ou commerciales ; — Mais attendu que la juridiction du juge de paix est exclusivement civile ; que la nature de ses attributions ne peut être modifiée sans un texte formel ; que la loi du 25 mai 1838 n'a eu pour but, notamment dans son art. 5, que d'élargir la compétence du juge dans les limites de cette même compétence ; qu'elle n'a nullement dérogé à l'ordre public des juridictions ; qu'on chercherait vainement une pareille dérogation dans ses dispositions ; qu'à la vérité, la commission de la Chambre des pairs avait proposé, en 1837, de soumettre les affaires commerciales de minime importance aux juges de paix dans les lieux où le tribunal de première instance remplirait les fonctions de tribunal de commerce ; mais que cette innovation fut repoussée en 1838 par la commission de la Chambre des députés et celle de la Chambre des pairs qui refusèrent de confondre les attributions différentes de deux tribunaux d'exception et firent prévaloir le maintien du respect absolu des juridictions ; que la même question s'étant reproduite lors de la discussion de l'art. 5 lui-même, au sujet des contestations entre les négociants et leurs commis, la proposition fut encore rejetée, notamment à raison du caractère commercial des conventions qui interviennent entre eux ; qu'au surplus, cette pensée persistante s'est fait jour dans la dernière partie de cet article et dans son texte même ; que le législateur a si peu voulu changer les attributions respectives des tribunaux, qu'en réservant la connaissance des contestations entre fabricants et ouvriers aux conseils des prud'hommes dans les lieux où ils sont institués, il a nettement manifesté sa volonté de conserver intacte la compétence de chacun ; que cette exception n'a été insérée que pour éviter toute confusion, la juridiction des prud'hommes étant tout à la fois civile, commerciale et de police, en ce qui concerne les diverses industries auxquelles elle s'applique ; que l'argument tiré de ces expressions, loin d'être contraire au système adopté par le législateur, ne fait donc que le confirmer ; — Par ces motifs ; — Statuant, en exécution de l'arrêt de la cour de cassation du 23 mai 1882, sur l'appel interjeté par Féant du jugement rendu le 18 oct. 1879 par le tribunal de commerce de Versailles ; — Met ladite appellation à néant ; ordonne que le jugement dont est appel sortira effet.

Du 21 févr. 1883.-C. de Rouen, aud. sol.-MM. Neveu-Lemaire, 1er pr.-Richard, av. gén.-d'Estaintot et Lehucher, av.

---

(1) (Société Reuter et Nosswelde C. Leder.) — LA COUR ; — Sur le moyen tiré de l'incompétence du tribunal de commerce, et spécialement sur l'exception d'incompétence soulevée par le ministère public : — Attendu que le juge de paix connaît, en premier ressort, sans limitation de taux, aux termes de l'art. 7 de la loi du 27 déc. 1842 sur la compétence des juges de paix, des différends qui peuvent s'élever sur les obligations réciproques des patrons et des ouvriers au jour, à la semaine, au mois ou à l'année ; — Attendu que c'est bien en qualité d'ouvrier mineur, engagé à la journée par la société appelante pour lui donner son travail manuel contre un salaire déterminé, que l'intimé figure dans la cause ; — Attendu qu'il ressort de l'exploit introductif de l'instance primitive qu'il s'agit, dans l'espèce, d'une contestation entre patron et ouvrier sur leurs obligations respectives ; que, en effet, la demande se fonde sur ce que « il a été fait par la société appelante sur le salaire de Leder, comme sur celui des autres ouvriers, une retenue de 2 pour 100 sous l'engagement exprès de faire servir cette somme à s'assurer contre les accidents pouvant résulter de l'exercice de sa profession », et sur ce que « un accident étant survenu à l'ouvrier, la société est tenue de lui compter une indemnité proportionnelle à la somme des retenues faites sur son salaire » ; que, par suite, l'intimé réclame l'exécution d'une promesse expresse, résultant des retenues faites sur son salaire, et qui n'est que l'accessoire de celui-ci ; — Attendu que les termes de la demande la font tomber, d'après les dispositions de la loi précitée, sous la compétence des juges de paix ; — Attendu que cette compétence, en vertu de son caractère spécial, est absolue et exclusive de toute autre juridiction, notamment de celle également exceptionnelle des tribunaux de commerce ; que le tribunal de commerce n'a pas pu se fonder, pour connaître de la cause, sur ce que l'entreprise de l'une des parties étant commerciale il aurait eu le droit de statuer sur tous les différends, en dehors d'un texte spécial d'attributions ; — Attendu que l'incompétence dont s'agit, tenant à l'ordre des juridictions et relative à la matière, est d'ordre public ; qu'elle peut, à ce titre, être soulevée par le ministère public ou prononcée d'office par le juge ; — Attendu que, par suite, la nullité du jugement doit être prononcée pour incompétence, sans qu'il y ait lieu d'examiner les autres moyens présentés par la société appelante ; — Par ces motifs ; — Reçoit l'appel, etc.

Du 1er juin 1882.-C. sup. just. de Luxembourg.-MM. Bilges, pr.-Vannerus, proc. gén., c. conf.-Leibfried et Brincour, av.

(2) (Féant C. Buffard.) — LA COUR ; — Attendu qu'il s'agit de rechercher si le tribunal de commerce de Versailles était compétent pour connaître de la contestation portée devant lui ; que l'action, prenant sa source dans une entreprise de travaux publics, est relative à un acte de commerce ; que Féant s'étant rendu adjudicataire de ces travaux, c'est à raison de l'extraction de pierres, à laquelle Buffard a été employé au mois, comme maître carrier, dans la carrière du Bois-d'Arcy, qu'il réclame le payement du salaire et les dommages-intérêts qui lui sont dus ; que les parties reconnaissent d'ailleurs elles-mêmes que l'engagement qu'elles ont réciproquement contracté est commercial ; que Féant soutient seulement qu'aux termes de l'art. 5 de la loi du 25 mai 1838, § 3, le juge de paix seul doit connaître des contestations relatives aux engagements respectifs des gens de travail au jour, au mois et à l'année et de ceux qui les emploient ; que cette

(3) (Lecomte-Humbert C. Mouillon.) — M. Lecomte-Humbert a été assigné par M. Mouillon, son employé, en payement d'une somme de 850 fr. tant pour appointements que pour commissions sur différentes affaires, devant le tribunal de commerce. M. Lecomte-Humbert prétendit devant ce tribunal qu'il n'était pas commerçant, et qu'aux termes de l'art. 5, § 3, de la loi du 25 mai 1838, le juge de paix était seul compétent pour statuer sur le litige. — Le 21 juill. 1883, jugement ainsi conçu : — « Attendu que Lecomte-Humbert oppose qu'il ne serait pas commerçant, et que, par suite, le tribunal serait incompétent ; — Mais attendu qu'il appert des explications des parties que le défendeur s'agite au sujet des appointements d'un employé qualifié garçon de recettes par Lecomte-Humbert lui-même ; que, par suite, la cause est commerciale, et le tribunal compétent pour en connaître, etc. ». — Appel par le sieur Lecomte-Humbert. — Arrêt.

cour de cassation, à propos des contestations entre voya-geurs et voituriers, par un arrêt du 4 nov. 1863 (V. *infrà*, n° 83), la compétence des juges de paix serait exclusive-ment civile ; la loi de 1838 n'aurait point entendu déroger à la règle qui leur enlève, en principe, la connaissance des affaires commerciales : elle n'aurait nullement modifié les règles générales de la compétence. Quand elle a parlé des contestations relatives aux engagements entre gens de travail et ceux qui les emploient, elle a seulement voulu désigner les actions civiles et a laissé en dehors toutes les contesta-tions qui se rattachent à des transactions commerciales. Par suite, le tribunal de commerce conserve, même relative-ment aux contestations entre gens de travail, ouvriers et patrons, la compétence exclusive qui lui appartient en matière commerciale. Il n'y a plus, en ce cas, de droit d'op-tion au profit du demandeur, il y a nécessité de saisir la juridiction consulaire : toute autre est incompétente. Ce système offre l'avantage de trancher bien des difficultés d'espèces assez délicates ; mais ne limite-t-il pas trop l'ap-plication de la loi de 1838 et est-il, à cet égard, bien conforme à la pensée du législateur? Il est permis d'en douter en présence des motifs juridiques si puissants sur lesquels est fondé le système contraire exposé ci-dessus. — Le doute dans tous les cas n'est possible qu'à l'égard des ouvriers et gens de travail, au sens que la loi de 1838

attribue à ces mots. On sait, en effet, qu'on ne doit compren-dre sous cette appellation que les artisans travaillant ma-nuellement, qui sont employés et payés à tant par jour, par mois, par année, et non les entrepreneurs d'ouvrages, les ouvriers qui se chargent de faire un travail sous des con-ditions et pour un prix convenus, et les commis et préposés du patron. Ceux-ci ne rentrent pas dans la dénomination de *gens de travail*, par conséquent, les contestations qui s'élèvent entre eux et les personnes qui les emploient cessent d'appartenir à la compétence des juges de paix (V. Bourges, 5 therm. an 12, *Rép.* n° 151 ; Civ. cass. 28 nov. 1821 et Bordeaux, 24 nov. 1829, *ibid.*, n° 152 ; Douai, 3 avr. 1841, *ibid.*, n° 154). Ces contestations peuvent être sou-mises au tribunal de commerce si le défendeur est com-merçant, puisqu'en admettant comme constante la juris-prudence citée plus haut (V. *supra*, n° 69) quand un non-commerçant a fait avec un commerçant une opération qui n'a le caractère d'acte commercial qu'à l'égard de ce dernier, il lui est loisible de l'actionner à son gré, soit devant le tribunal de commerce, soit devant le tribunal civil. Mais le juge de paix est incompétent, la loi de 1838 ne lui ayant attribué que la connaissance des contestations entre patrons et ouvriers, maîtres et gens de travail, non celle des litiges entre propriétaires et entrepreneurs, et entre commerçants et leurs commis (Chambéry, 3 déc. 1883) (1).

La cour ; — Sur l'exception d'incompétence : — Considérant qu'il ressort des documents de la cause que Lecomte-Humbert est commerçant ; que le débat s'agite entre lui et son ancien employé au sujet des engagements intervenus entre eux ; que la justice de paix, juridiction purement civile, n'avait donc point à en con-naître, la loi du 25 mars 1838 n'ayant point modifié les règles générales de la compétence en matière commerciale ; que le tri-bunal de commerce a donc eu raison d'affirmer sa compétence, etc. — Du 26 janv. 1884.—C. de Paris, 7e ch.—MM. Fauconneau-Dufresne, rap.-Banaston, subst.-Weber et Ledebt, av.

(1) (Milesi *C.* Dagand.) — Milesi, ouvrier charbonnier, avait été chargé par Dagand, marchand de charbons à Aix-les-Bains, de gérer à Rumilly un dépôt de marchandises, moyennant le logement, la nourriture et son entretien, plus un salaire en argent à régler entre les parties. Un premier règlement avait donné lieu à une reconnaissance de 600 fr. de Dagand à Milesi lorsque Dagand le congédia et ferma son établissement de Rumilly. Sur assignation donnée à Dagand, devant le tribunal civil d'Annecy jugeant commercialement, en payement de la recon-naissance de 600 fr. et du montant des salaires depuis le règle-ment intervenu, ce tribunal rendit, le 2 mars 1883, le jugement suivant : « Sur le déclinatoire de compétence *ratione materiæ* : — Attendu que, par sa lettre, adressée le 17 janv. 1883 à son mandataire spécial, Me Brunier, avoué, Dagand, marchand de bois et de charbon à Aix-les-Bains, a reconnu que le demandeur n'a jamais été son domestique, mais qu'il était à Rumilly « comme représentant, commis pour la vente des marchandises de même nature dont il tient un dépôt dans cette ville » ; — Attendu que la nature des fonctions, attribuées par son patron à Milesi, range celui-ci dans la catégorie des commis de commerce, spécifiés par l'art. 634 c. com. ; — Attendu qu'il est constant, en doctrine comme en jurisprudence, que les dispositions de la loi du 25 mai 1838, qui soumettent à la juridiction des juges de paix les contestations relatives aux engagements respectifs des gens de travail, au mois ou à l'année, n'ont point enlevé aux tribunaux de commerce la connaissance des contestations de même nature entre les négociants et leurs commis, ou réciproquement ; qu'il est également admis par la généralité des auteurs et par une jurisprudence invariable fixée sur ce point, que le commerçant, qui a pris à son service un facteur ou commis, peut le traduire ou être traduit par lui devant la juridiction con-sulaire pour le fait ou les conséquences de ces engagements, notamment pour le payement des salaires promis ; que l'on ne saurait utilement opposer la disposition restrictive de l'art. 634 susvisé, qui n'attribue à la juridiction commerciale la connaissance des actions contre les facteurs, commis et serviteurs des négociants qu'autant qu'il s'agit de faits se rapportant au trafic du marchand auquel ils sont attachés ; que, partant, le contrat intervenu entre un commis et son patron, ne constituant qu'un louage d'industrie purement civil, ne saurait dépendre que de la juridiction purement civile ; — Attendu, en effet, que le négociant qui loue les services d'un tiers pour les appliquer à son commerce, contracte réellement avec celui-ci un engagement relatif à son commerce ; que si, dès lors, il a le droit d'actionner celui avec qui a traité devant les tribunaux de commerce, à plus forte raison le commis peut-il assigner devant ces mêmes tribunaux son patron qui, d'une part, est commerçant, et qui, d'autre part, à agi en traitant avec lui dans l'intérêt de son commerce ; — Sur le déclinatoire de

compétence *ratione personæ :* — Attendu que la convention intervenue primitivement entre Dagand et Milesi étant de sa nature commerciale, la reconnaissance souscrite par Dagand, le 2 nov. 1875, à Rumilly, de devoir à Milesi la somme de 600 fr. pour solde de son travail au 31 décembre de la même année, est bien une obligation commerciale soumise à l'appréciation de la juridiction consulaire ; d'où suit que les règles de compétence, définies dans l'art. 420 c. proc. civ. lui sont applicables ; — Mais attendu que, pour que le demandeur puisse, en vertu dudit article, alinéa 3, assigner devant le tribunal dans l'arrondissement duquel la promesse a été faite, il faut le concours des deux conditions prévues dans ledit alinéa, ce qui ne se rencontre pas dans l'espèce ; que, d'autre part, le demandeur ne peut pas mieux invoquer la disposition prévue à l'alinéa 4 dudit article, dès lors que le billet souscrit par Dagand n'indiquait pas le lieu où le payement doit être effectué ; ce payement doit être fait, aux termes de l'art. 1247 c. civ., deuxième alinéa, au domicile du débiteur ; d'où suit que Dagand, étant domicilié à Aix-les-Bains, localité dépendant d'un arrondissement autre que celui d'Annecy, c'est à tort que le tribunal de commerce de cet arrondissement a été saisi de cette contestation ; — Par ces motifs ; — Sans s'arrêter à la première exception soulevée par Dagand ; — Admet l'exception d'incompé-tence soulevée *ratione personæ* ; — Se déclare incompétent, etc. ». — Appel par le sieur Milesi, et appel incident par le sieur Dagand. — Arrêt.

La cour ; — Sur l'appel incident émis par Dagand, et l'excep-tion d'incompétence *ratione materiæ* proposée par lui contre l'attribution à la juridiction commerciale du litige engagé par la demande de Milesi : — Adoptant les considérations qui ont dé-terminé les premiers juges ; — Sur l'appel principal de Milesi, et la question de compétence *ratione personæ* soulevée par cet appel : — Attendu, en droit, que l'art. 420 c. proc. civ., n'est pas seule-ment applicable aux ventes et livraisons de marchandises ou aux promesses de payements qui s'y rattachent, mais doit également recevoir son application lorsqu'il s'agit de l'exécution d'un contrat ayant pour objet une opération commerciale ; — Attendu, en fait, qu'il est constant et démontré par tous les éléments de la cause, qu'en vertu du contrat verbal formé entre Dagand et Milesi, la ville de Rumilly avait été fixée comme lieu du domicile et de la résidence de ce dernier, et comme celui où devaient être accom-plis tous les actes constituant la mission commerciale dont il était chargé, et devaient être exécutées toutes les opérations, objet dudit contrat ; que les mêmes éléments démontrent égale-ment que c'est à Rumilly que Milesi était payé de son salaire, habituellement retenu par lui sur le montant des recouvrements qu'il opérait pour le compte de Dagand, et que, notamment, c'est au même lieu qu'est intervenu le règlement verbal relatif aux sommes dues à ce titre par Dagand à Milesi, et arrêté entre les parties le 2 nov. 1875 ; — Attendu que, dans ces circonstances, le tribunal de commerce d'Annecy, à la circonscription duquel appar-tient Rumilly, était compétent pour connaître de la contestation ; que c'est mal à propos et contrairement aux dispositions de la loi, que ce tribunal a décliné cette compétence, et que son juge-ment doit de ce chef être réformé ; — Sur le fond...; — Par ces motifs ; — Dit et prononce qu'il a été bien jugé par le jugement du tribunal d'Annecy, jugeant commercialement, du 2 mars 1883, en ce qu'il a déclaré la juridiction commerciale compétente pour statuer sur l'action de Milesi ; mal jugé en ce qu'il a accueilli l'exception d'incompétence *ratione personæ* proposée par Dagand ;

72. Enfin, comme on l'a déjà établi au *Rép.* n° 172, la compétence du juge de paix vis-à-vis des personnes désignées au paragraphe 3 de l'art. 5 de la loi du 25 mai 1838 ne doit pas être étendue à toutes les contestations quels qu'en soient la nature et le caractère. Ainsi de même que, suivant ce qui a été jugé par un arrêt de la cour de Douai du 15 oct. 1843, rapporté au *Rép.* n° 172, l'action en dommages-intérêts formée par un ouvrier contre son maître, à raison d'un fait préjudiciable au demandeur (tel que la suppression d'une lettre à lui adressée, et la fausse inscription sur son livret d'un renouvellement d'engagement), rentre dans la compétence des tribunaux civils d'arrondissement, et non dans celle des juges de paix. De même, le juge de paix n'a point compétence pour statuer sur les réclamations qui peuvent être formées par un patron créancier d'un ouvrier contre le patron qui a reçu cet ouvrier sans exiger de lui la représentation de son livret revêtu du congé d'acquit; lors donc que le patron contre lequel une telle réclamation est élevée a la qualité de commerçant, que l'ouvrier a été employé par lui dans un établissement industriel, l'action introduite par le patron créancier est de la compétence exclusive du tribunal de commerce, quel que soit, d'ailleurs, le chiffre de la somme demandée, 36 fr., par exemple (Trib. paix Raon-l'Etap , 14 août 1858, *Rép.* v° *Ouvriers*, n° 78).

73. La loi du 22 févr. 1851, relative au contrat d'apprentissage, est venue modifier la règle que nous avons exposée au *Rép.* n° 176, suivant laquelle, lorsqu'un contrat d'apprentissage a été passé, non entre l'apprenti et le maître, mais entre celui-ci et le père de l'apprenti, le juge de paix serait compétent, à l'exclusion du conseil des prud'hommes, pour statuer sur les contestations relatives à l'exécution de ce contrat. Suivant l'art. 18 de cette loi, toute demande à fin d'exécution ou de résolution du contrat d'apprentissage est jugée par le conseil des prud'hommes dont le maître est justiciable, et, à défaut, par le juge de paix du canton. D'autre part, les réclamations qui pourraient être dirigées contre des tiers en vertu de l'art. 13 de la même loi, c'est-à-dire pour détournement d'un apprenti, doivent être portées devant le conseil des prud'hommes, ou devant le juge de paix du lieu de leur domicile. On en a conclu que la compétence du juge de paix du lieu de la manufacture ou de l'atelier pour connaître, à défaut du conseil des prud'hommes, de toute demande à fin d'exécution ou de résolution d'un contrat d'apprentissage, s'applique non seulement au cas de contestation entre le maître et l'apprenti, mais aussi au cas de contestation entre le maître et un tiers (le père de l'apprenti, par exemple), sauf le cas où ce tiers est un maître précédent se plaignant du détournement de l'apprenti (Trib. Agen, 11 févr. 1869, aff. Demathieu, D. P. 69. 3. 91), et spécialement, à la demande en résolution du contrat d'apprentissage (Trib. paix Sauve, 8 nov. 1858, et Trib. Lyon, 24 avr. 1866 ; *Rép.* v° *Ouvriers*, n° 41. V. Féraud - Giraud, *Législation concernant les ouvriers*, p. 76 et 77 ; Jay, *Compétence des juges de paix*, n° 394; Guilbon, *ibid.*, n° 516). — Toutefois, cette solution incontestable quand il s'agit de contestations entre le maître et l'apprenti ou ceux qui sont les représentants légaux de celui-ci, tels que ses frère et mère, nous paraît ne pouvoir être étendue à ceux qui sont véritablement des tiers, et, par exemple, à celui qui serait intervenu au contrat pour s'obliger au payement du prix d'apprentissage, surtout s'il s'agissait de plaider devant le conseil des prud'hommes. Il s'agit ici d'une exception, et toute exception doit être interprétée et appliquée d'une manière restrictive (*Rép.* v° *Industrie*, n° 95).

§ 6. — Actions relatives au payement des nourrices
(*Rép.* n°s 180 à 184).

74. V. *Rép.* n°s 180 et suiv.

§ 7. — Actions pour diffamation, injures et voies de fait
(*Rép.* n°s 185 à 197).

75. Les auteurs et la jurisprudence postérieure à la publication du *Répertoire* s'accordent pour appliquer la doc-

trine qui y a été exposée au n° 186, et d'après laquelle la défense d'agir au civil après s'être pourvu au criminel ne s'applique pas au cas où la partie lésée, avant qu'il ait été statué sur sa plainte, a renoncé à la voie criminelle pour prendre la voie civile (Curasson, 4ᵉ éd., t. 1, p. 698, note 2 ; Montpellier, 10 mai 1875, aff. Dayde, D. P. 76. 2. 107).

76. On a enseigné au *Rép.* n° 189, contrairement à l'opinion de certains auteurs, que la compétence spéciale attribuée aux juges de paix par l'art. 5, § 5, de la loi du 25 mai 1838 en matière de diffamation verbale, est applicable aussi bien au cas où la diffamation est non publique qu'au cas où elle est publique. La loi, en effet, ne distingue pas : il suffit donc que l'imputation sur laquelle repose l'action rentre dans les termes de la loi du 17 mai 1819, qui définit la diffamation : toute allégation ou imputation d'un fait qui porte atteinte à l'honneur ou à la considération de la personne à laquelle il est imputé. A la vérité, la diffamation ne prend les caractères d'un délit punissable qu'autant qu'il y a publicité (V. *Rép.* v° *Presse-outrage*, n° 814); dans le cas contraire, ce fait ne constitue qu'un quasi-délit, dont la réparation pécuniaire ne peut être poursuivie que conformément aux règles ordinaires de la compétence ; mais il n'en résulte pas que les attributions du juge de paix, en ce qui concerne les diffamations verbales, soient renfermées dans les mêmes limites. Que la diffamation soit ou non punissable, elle n'en constitue pas moins le fait de diffamation défini par l'art. 13 de la loi du 17 mai 1819, et prévu par la loi de 1838. C'est ce qu'a reconnu la jurisprudence de la cour de cassation ; la doctrine que nous avions adoptée résultait déjà des motifs d'un arrêt de la chambre des requêtes du 14 janv. 1861 (aff. Vuidepot, D. P. 61. 1. 372); elle a été formellement consacrée par un autre arrêt de la même chambre (Req. 31 mai 1864, aff. Bernard, D. P. 64. 1. 361). « La loi de 1838, dit cet arrêt, ne distingue pas entre la diffamation publique et la diffamation non publique; l'art. 14 de la loi de 1819 en règle la publicité dans les cas de publicité qu'il définit ; mais quand il n'y a pas de publicité, l'art. 5, § 5, de la loi de 1838 est toujours applicable, et il suffit alors que l'imputation renferme le caractère légal de la diffamation » (V. dans le même sens : Paris, 19 mars 1885, aff. Chaigneau, D. P. 85. 2. 150).

77. Quant à la diffamation écrite, la disposition spéciale de l'art. 5, § 5, ne s'y applique pas (*Rép.* n° 188). Les juges de paix peuvent sans doute connaître des actions en dommages-intérêts pour diffamation écrite (commise autrement que par la voie de la presse) lorsqu'elles n'excèdent pas le taux ordinaire de leur compétence, tel qu'il est déterminé par l'art. 1ᵉʳ de la loi du 25 mai 1838, c'est-à-dire deux cents francs; mais, au-dessus de ce taux, c'est devant les tribunaux civils que les demandes doivent être portées. — Une distinction a cependant été proposée entre la diffamation publique et la diffamation non publique, en sens inverse de celle que l'on avait voulu faire admettre à l'égard de la diffamation verbale. Bien que l'art. 5 ne parle que de la diffamation verbale, des auteurs ont prétendu que le juge de paix n'était pas moins compétent pour connaître de l'action civile formée à raison d'une diffamation écrite, lorsqu'il n'y a pas eu publicité ; les diffamations écrites ne seraient exclues de la compétence de ce magistrat qu'autant qu'elles seraient publiques. Ainsi la non-publicité de la diffamation qui, d'après une opinion, condamnée par la jurisprudence (V. *suprà*, n° 76) devrait, pour la diffamation verbale, faire fléchir la règle de compétence écrite dans l'art. 5, ferait au contraire, suivant un autre système, cesser l'incompétence dont est frappé le juge de paix pour la diffamation écrite. La diffamation non publique devrait être assimilée à une simple injure, dans le sens de la disposition finale de l'art. 5, laquelle défère aux juges de paix le jugement de l'action civile pour injure, soit verbale, soit écrite (V. en ce sens : Guilbon, *Traité de la compétence des juges de paix*, n° 552; Molinier, *Sur l'étendue de la compétence des juges de paix en matière de diffamation*). Mais la cour de cassation a rejeté ce système ; elle a décidé que le juge de paix est incompétent pour connaître d'une demande en

---

—Réformant sur ce point; — Déclare, au contraire, ledit tribunal compétent pour prononcer sur l'instance engagée par cette action, etc.

Du 3 déc. 1883.-C. de Chambéry.-MM. Roë, 1ᵉʳ pr.-Molines, av. gén.-Coppier et Roch, av.

dommages-intérêts excédant le taux de sa compétence ordinaire (200 fr.) lorsqu'elle est fondée sur une diffamation écrite *même non publique*; qu'il importe peu qu'une pareille diffamation soit, au point de vue de la répression, frappée d'une peine rentrant dans les attributions du juge de simple police, les règles de compétence relatives à l'action civile étant indépendantes de celles concernant l'action publique (Req. 14 janv. 1861, aff. Vuidepot, D. P. 61. 1. 372; 22 nov. 1865, aff. Hubert, D. P. 66. 1. 251. V. aussi conf. Bordeaux, 22 févr. 1866, aff. Lespinasse, D. P. 66. 2. 244; Bioche, *Dictionnaire de procédure*, v° *Compétence des juges de paix*, n° 351 ; Jay, *Compétence des juges de paix*, n° 409; Bourbeau, *De la justice de paix*, n° 214). — Jugé, dans le même sens, que c'est au tribunal civil, et non au juge de paix qu'il appartient de connaître de l'action en dommages-intérêts formée par un arbitre que l'allégation dans un acte extrajudiciaire, par lequel l'une des parties qui ont choisi cet arbitre le récuse, qu'il a donné conseil à son adversaire, bu et mangé avec lui; cette allégation constitue une diffamation par écrit, et non une simple injure dans le sens de l'art. 5, § 5, de la loi du 25 mai 1838 (Limoges, 14 déc. 1848, aff. Blanchard, D. P. 49. 2. 70).

78. Les actions en dommages-intérêts pour diffamation verbale étant de la compétence en premier ressort du juge de paix, et en dernier ressort de celle du tribunal civil, ce tribunal, saisi d'une pareille demande reconventionnellement à une action portée devant lui, statue sans appel, à quelque somme que s'élèvent les dommages-intérêts réclamés, alors d'ailleurs que l'action principale est aussi en dernier ressort (Req. 30 déc. 1846, aff. Meynadier, D. P. 47. 4. 150).

79. On a exposé au *Rép.* n° 192, que la connaissance de l'action civile pour injures ou diffamation verbale appartient au juge de paix, quelle que soit la qualité de la personne injuriée, et que c'est devant le juge de paix que devraient être poursuivis les fonctionnaires publics pour la réparation civile des injures dont ils se seraient rendus coupables dans l'exercice de leurs fonctions. Cette règle est toujours exacte avec cette différence que l'autorisation du conseil d'Etat n'est plus aujourd'hui nécessaire préalablement aux poursuites, en raison de l'abrogation de l'art. 75 de la Constitution de l'an 8 par le décret du 19 sept. 1870 (D. P. 70. 4. 91).—Elle est d'ailleurs réciproque en ce sens que l'action en dommages-intérêts, intentée par un fonctionnaire à raison de propos diffamatoires tenus contre lui dans les lieux publics, est compétemment portée devant le juge de paix (Civ. rej. 2 juill. 1872, aff. Lejay et Alessandri, D. P. 74. 1. 398)... A moins que ces propos n'aient été tenus dans les conditions prévues par la loi du 17 mai 1819: il y a lieu en ce cas d'appliquer l'art. 46 de la loi du 29 juill. 1881 d'après lequel l'action civile résultant d'un délit de diffamation commis envers un fonctionnaire doit, comme l'action publique, être portée devant la cour d'assises : le juge de paix doit se déclarer incompétent (V. *infrà*, v° *Presse-outrage*).

80. On a jugé de nouveau, conformément aux principes exposés au *Rép.* n° 193, que l'action civile réservée aux tiers qui se prétendent diffamés ou injuriés dans des discours prononcés ou des écrits produits devant les tribunaux est de la compétence, non pas du tribunal devant lequel le délit ou la contravention aurait eu lieu, mais du juge de paix, conformément à la disposition générale de l'art. 5, § 5, de la loi du 25 mai 1838 (Req. 9 déc. 1863, aff. Viet-Dubourg, D. P. 64. 1. 144). — Décidé aussi que la réserve que peut faire le tribunal, au profit des parties, de l'action en diffamation, est applicable aux discours prononcés ou écrits produits devant le juge de paix tenant son bureau de conciliation (Aix, 30 avr. 1845, aff. Charabot, D. P. 46. 4. 414).

81. En ce qui concerne la compétence des juges de paix relative aux voies de fait, une décision de la justice belge confirme la doctrine des arrêts exposés au *Rép.* n° 197; elle décide que les voies de fait pour réparation desquelles les parties agissant par l'action civile ne peuvent s'adresser qu'aux juges de paix, doivent s'entendre des violences légères, par opposition aux coups et aux blessures qui sont de la compétence des tribunaux civils (Trib. Huy (Belgique), 16 mars 1853, aff. Meunier, D. P. 53. 3. 24).

§ 1er. — Contestations entre les voyageurs et les hôteliers, voituriers, carrossiers (*Rép.* n°s 198 à 216).

82. On a examiné au *Rép.* n°s 199 et suiv., la question de savoir si l'art. 2 de la loi du 25 mars 1838 déroge ou non au principe que les matières commerciales sont exclues de la compétence des juges de paix, de telle sorte que les contestations entre les hôteliers, les carrossiers, les voituriers et les voyageurs puissent être portées devant le juge de paix alors même que le litige aurait, à l'égard de l'une des parties, un caractère commercial. La solution de cette question reste douteuse, elle se présente dans des conditions identiques à celle que nous avons examinée ci-dessus à propos des engagements entre ouvriers et maîtres, commerçants (V. *suprà*, n° 69). La plupart des décisions que nous avons exposées et des arguments que nous avons développés sont également applicables ici.

83. Suivant une jurisprudence consacrée par deux arrêts (Civ. rej. 4 nov. 1863, aff. Chemin de fer d'Orléans C. Bernard, D. P. 63. 1. 473; Civ. cass. 23 mai 1882, aff. Buffard, D. P. 83. 1. 289, et *suprà*, n° 71), il faudrait admettre que les art. 1 et 2 de la loi de 1838 se sont bornés, pour les contestations qu'ils énumèrent, à étendre le taux de la compétence du juge de paix, sans changer la nature purement civile de la juridiction de ce magistrat. Le tribunal de commerce conserverait donc, même relativement à ces contestations, la compétence qui lui appartient en matière commerciale, et les attributions respectives des juges de paix et du tribunal de commerce seraient réglées comme il suit : si le contrat était commercial tant de la part du voyageur que de celle du voiturier, l'action ne pourrait être exercée que devant le tribunal de commerce ; s'il s'agissait d'une opération mixte, c'est-à-dire d'une convention dans laquelle le voiturier aurait fait seul un acte de commerce, le voyageur pourrait opter entre le tribunal de commerce et le juge de paix, conformément à la règle déjà citée, qui accorde au non-commerçant cette faculté d'option entre la juridiction commerciale et la juridiction civile.

Nous ne croyons pas, ainsi que nous l'avons déjà exprimé *suprà*, n° 69, que ce système doive être accueilli sans réserves. Nous avons déjà exposé *suprà*, n° 70, les motifs de cette opinion en ce qui concerne l'art. 5 de la loi du 25 mai 1838; on peut ajouter que le but de la loi du 25 mai 1838 a été de terminer sans frais et sans retard, et souvent au moyen d'un arbitrage équitable, des différends nés de faits d'une solution simple et facile. Or, ce but serait-il atteint si on laissait au voyageur le choix de saisir, à son gré, soit le tribunal de commerce, soit le juge de paix, et si on limitait la compétence obligée des juges de paix au cas où le fait qui donne lieu à la difficulté ne constitue un acte de commerce pour aucune des deux parties ? L'objet que la loi a eu en vue ne paraît pas devoir laisser de doutes sérieux sur le sens de l'art. 2, et, d'un autre côté, les termes de cet article, qui ne fait aucune distinction, sont d'une netteté qui ne laisse place à aucune équivoque.

84. Quoi qu'il en soit, les auteurs et la jurisprudence continuent à être divisés à cet égard, et d'importantes décisions ont été rendues dans le sens de chacun des systèmes qui viennent d'être exposés, même pour le cas où le litige s'élève entre commerçants. Ainsi on a jugé, dans le sens de l'arrêt de la cour de Caen que nous avons rapporté au *Rép.* n° 201, que les contestations entre les aubergistes et les consommateurs pour dépenses d'hôtellerie cessent d'être de la compétence du juge de paix et doivent être portées devant les tribunaux de commerce, lorsque ces contestations ont un caractère commercial; qu'il en est ainsi spécialement de l'action formée par un aubergiste en payement des fournitures qu'il a faites à un marchand pour la nourriture des voituriers et des chevaux que ce marchand emploie (Lyon, 21 août 1858, aff. Gaucher, D. P. 59. 2. 80-81); et en sens contraire, que le tribunal de commerce est incompétent pour connaître de l'action intentée par un aubergiste en payement des fournitures par lui faites à des ouvriers contre le patron commerçant qui a cautionné ce payement : l'appréciation d'une

telle demande rentre dans les attributions du juge de paix (Chambéry, 14 juill. 1866, aff. Galetto, D. P. 66. 2. 207. V. encore : Trib. paix Villefranche, 30 avr. 1864, aff. Delclaux, D. P. 71. 5. 86).

85. Pour le cas où une seule des parties est commerçante, il a été jugé, dans le sens du système que nous avions exposé au *Rép.* n° 201 et que nous croyons devoir maintenir, que le juge de paix est compétent, à l'exclusion du tribunal de commerce, pour statuer sur une action en responsabilité formée par un voyageur contre le voiturier (Limoges, 2 mai 1862, aff. Chemin de fer d'Orléans *C.* Degorce, D. P. 62. 2. 137; Trib. com. Nantes, 17 juin 1863, aff. Brevet, D. P. 64. 3. 24; Paris, 20 juin 1863, aff. Compagnie des voitures de Paris, D. P. 63. 2. 177). — Il a été jugé que l'art. 2 de la loi du 25 mai 1838, qui place certaines contestations, notamment celles entre voyageurs et voituriers, dans les attributions des juges de paix, et qui, à l'égard de ces contestations, étend la compétence de ce magistrat jusqu'au taux, en dernier ressort, de la compétence des tribunaux d'arrondissement, est inapplicable aux matières commerciales; qu'ainsi l'action en dommages-intérêts intentée par un voyageur contre une compagnie de chemin de fer, à raison du retard apporté à la livraison d'effets accompagnant le voyageur, est de la compétence exclusive du tribunal de commerce (Angers, 3 mai 1855, aff. Chemin de fer d'Orléans *C.* Marais, D. P. 55. 2. 205; Civ. rej. 4 nov. 1863, aff. Chemin de fer d'Orléans *C.* Bernard, D. P. 63. 1. 473; Metz, 28 mars 1867, aff. Chemin de fer de l'Est *C.* Visetti, D. P. 68. 2. 31); — Et si le demandeur n'est pas commerçant, il a la faculté de porter son action, à son choix, devant le tribunal de commerce ou devant le juge de paix (Arrêts précités des 3 mai 1855 et 28 mars 1867).

86. Suivant un troisième système, le juge de paix est seul compétent, à l'exclusion du tribunal de commerce, pour connaître de l'action intentée par un voyageur contre un voiturier pour perte de bagages, alors que le chiffre de la demande n'excède pas le taux de la compétence en premier ressort des tribunaux de première instance (Paris, 9 déc. 1864, aff. Compagnie des petites voitures, D. P. 65. 2. 28), et c'est au tribunal de commerce qu'il appartient de connaître de l'action en dommages-intérêts formée par un voyageur contre un voiturier pour perte d'effets, lorsque la demande excède le taux du dernier ressort des tribunaux de première instance (Paris, 13 févr. 1864, aff. Compagnie impériale des petites voitures, D. P. 64. 2. 224).

87. On a exposé au *Rép.* n° 211 qu'il faut entendre par dépenses d'hôtellerie tout ce qui a été la conséquence du séjour du voyageur dans l'hôtellerie et lui a été fourni par l'hôtelier, l'aubergiste ou ses préposés; on doit comprendre dans cette expression non seulement les frais de nourriture, de couchage, d'éclairage, mais aussi les frais de service, les voitures ou chevaux ou autres moyens de transport fournis par l'hôtelier ou l'aubergiste, ainsi que les frais d'entretien ou de remise en état des moyens de transport appartenant au voyageur et des personnes qui l'accompagneraient, si c'est l'aubergiste qui les a payés ou qui s'en est chargé. On ne fait donc aucune différence entre les diverses sortes de dépenses que le voyageur peut faire dans l'hôtellerie. De même, au cas de perte ou d'avarie des effets du voyageur, prévu par l'art. 2 de la loi du 25 mai 1838, cet article est applicable dans le cas où la perte porterait sur une somme d'argent aussi bien que s'il s'agissait de vêtements, linge, etc., et sans distinction entre le cas où les effets perdus ont été remis aux mains de l'hôtelier et celui où ils ne l'ont pas été (Nîmes, 9 mars 1865) (1).

88. Mais il ne faut pas perdre de vue que la première condition pour que l'art. 2 soit applicable, est qu'il s'agisse de dépenses d'hôtellerie faites par un voyageur, c'est-à-dire par une personne de passage dans la localité; il est, en effet, dans l'esprit de la loi du 25 mai 1838 que le litige présente un caractère d'urgence qu'il ne saurait avoir s'il s'agissait, par exemple, d'un différend survenu entre un hôtelier et une personne habitant la même ville qui aurait établi sa demeure dans l'hôtel, ou y prendrait pension, et qu'il a tout au contraire, lorsque le voyageur est de passage. Cependant, aux yeux de certains auteurs, l'application de l'art. 2 de la loi du 25 mai 1838 ne serait pas subordonnée absolument à cette circonstance que l'une des parties fût un voyageur, et l'expression *locataires en garni* comprendrait non seulement les voyageurs qui descendent dans des maisons meublées autres que les hôtels proprement dits, mais encore les habitants qui se logent en garni, comme le font ordinairement les jeunes gens ou les officiers en garnison. Cette opinion, que nous avons combattue au *Rép.* n° 206, nous paraît toujours inexacte; aussi est-ce avec raison, croyons-nous, qu'il a été jugé que les dépenses faites dans une pension de chevaux ne sont pas assimilables à des dépenses d'hôtellerie, alors que le propriétaire des chevaux habite la ville où la pension est établie; et, par conséquent, si elles excèdent 200 fr., les contestations auxquelles elles donnent lieu ne sont pas de la compétence du juge de paix (Aix, 20 mars 1879, aff. Paul, D. P. 80. 2. 168). — Il semble, toutefois, que la solution devrait être différente si les chevaux placés dans la pension appartenaient à un voyageur, c'est-à-dire à une personne ne résidant pas dans la commune (*Rép.* n° 207). La seule raison de doute est l'hésitation qu'on peut avoir sur la question de savoir si le maître d'une pension de chevaux doit être mis au nombre des fournisseurs que vise l'art. 2 de la loi précitée. Mais il est difficile d'admettre une pareille hésitation; l'individu qui fait profession de loger et de nourrir des chevaux est assimilé au logeur en ce qui concerne la patente (V. *Rép.* v° *Patente*, n° 48); pourquoi ne le serait-il pas également au point de vue de la compétence spéciale dont il s'agit? Le législateur de 1838 n'a pas restreint cette compétence aux contestations relatives au logement ou à la nourriture des personnes; il a, au contraire, expressément déféré à la juridiction expéditive des juges de paix la plupart de celles qui peuvent naître dans le cours et par le fait d'un voyage, par exemple, à propos de fournitures ou de travaux de carrosserie, et il n'a évidemment pas entendu distinguer entre le carrossier qui remet en état la voiture d'un voyageur et l'individu qui fournit aux chevaux attelés à cette voiture la nourriture et le logement : telle est l'opinion de MM. Curasson, *Compétence des juges de paix*, 4e éd., t. 1, n° 209; Carré, *Compétence judiciaire des juges de paix*, t. 1, n° 181.

89. On a vu au *Rép.* n° 211 qu'il faut entendre par *voituriers* non pas seulement ceux qui conduisent les voitures, mais les entrepreneurs de ces voitures. Parmi ceux-ci figurent les compagnies de chemins de fer; la compétence à l'égard de ces dernières, qui sont commerçantes, doit, à notre avis, être réglée d'après les principes admis par la jurisprudence et exposés ci-dessus (V. aussi *suprà*, v° *Commissionnaire*, n° 202 et suiv.).

§ 2. — *Actions du preneur en indemnité pour non-jouissance, et actions du bailleur pour dégradations et pertes (Rép. n° 217 à 253).*

90. Les explications qui ont été fournies au *Rép.* n° 217 et suiv. sur les limites que l'art. 4 de la loi du 25 mai 1838

---

(1) (Gelly *C.* Lamotte.) — LA COUR ; — Attendu que l'art. 2 de la loi de 1838 attribue aux juges de paix le droit de prononcer sur les contestations entre aubergistes et voyageurs pour perte de leurs effets; — Attendu que le mot *effets* comprend évidemment l'argent; — Attendu que les motifs qui ont fait attribuer aux juges de paix le droit de statuer soit en premier, soit en dernier ressort, suivant l'importance de la somme demandée, sur les contestations de cette nature, ne permettent pas de distinguer, et que, d'ailleurs, la loi ne distingue pas entre le cas où les effets ont été déposés, c'est-à-dire remis aux mains de l'aubergiste, et le cas où ils ne lui ont pas été livrés; que dans cette dernière hypothèse, l'aubergiste est devenu responsable de la perte des effets par suite du dépôt nécessaire résultant du fait que le voyageur loge dans son auberge; d'où il suit que la distinction faite par le

tribunal est arbitraire et illégale, et qu'il y a lieu d'infirmer la décision à laquelle elle sert de base, en déclarant que c'est mal à propos que les premiers juges se sont déclarés compétents; — Réforme le jugement rendu le 3 déc. 1864 par le tribunal civil de Nîmes; dit et déclare que les juges étaient incompétents pour statuer sur la demande formée par Lamotte contre Gelly; — Et statuant sur l'évocation demandée par Lamotte : — Attendu que la demande formée par Lamotte a pour objet le payement d'une somme de 405 fr., valeur des objets qui lui auraient été volés dans *l*'auberge de Gelly; que cette demande est de la compétence du juge de paix, dont la décision en cas d'appel doit être soumise au tribunal de l'arrondissement; que, par suite, la cour est incompétente; — Rejette la demande en évocation, etc.

Du 9 mars 1865.-C. de Nîmes, 1re ch.

a assignées à la compétence du juge de paix ont conservé toute leur valeur et nous dispensent de nouveaux développements. La jurisprudence, d'ailleurs, n'a guère eu à s'occuper, à cet égard, que de la détermination des cas où le droit à une indemnité est contesté au locataire ou fermier qui la réclame et où, par conséquent, le juge de paix cesse d'être compétent, et elle a pleinement confirmé les règles exprimées au *Rép.* n° 227. Pour qu'il y ait contestation sur le droit à une indemnité entraînant l'incompétence du juge de paix, il ne suffit pas que le propriétaire, auquel le fermier ou locataire demande une indemnité pour non-jouissance, réponde que cette jouissance n'a pas été troublée ou qu'il ne doit pas cette indemnité ; il faut que la défense du propriétaire constitue une fin de non-recevoir contre la demande du fermier. On n'a, du reste, qu'à faire ici application des règles qui ont été exposées *suprà,* n°s 10 et suiv. Spécialement, le droit à indemnité ne peut être considéré comme contesté lorsque le défendeur se borne à conclure, en termes généraux, à ce que le demandeur soit déclaré mal fondé dans sa demande, et que, sans contester l'application à faire à la cause des conventions invoquées par ce dernier, il se borne à soutenir qu'il n'y a pas lieu d'indemniser le fermier ou, en d'autres termes, lorsque le débat porte exclusivement sur la preuve du préjudice causé (Civ. rej. 11 avr. 1860, aff. d'Oysonville, D. P. 60. 1. 166). Il n'y a pas non plus contestation sur le droit à l'indemnité lorsque le propriétaire, actionné par le locataire en payement d'une indemnité pour cause de non-jouissance, après avoir déclaré qu'il croit avoir donné satisfaction au locataire par les travaux qu'il a fait exécuter, ajoute que, s'il en est autrement, il est prêt à payer l'indemnité qui sera fixée par qui de droit (Orléans, 10 janv. 1865, aff. Porcher, D. P. 65. 2. 23). Au contraire, le juge de paix est incompétent, lorsque la question principale est de savoir s'il y a eu tacite reconduction ; car, en pareil cas, le litige porte sur l'existence même du bail (Civ. cass. 16 août 1854, aff. Giraudeau, D. P. 54. 1. 276).

91. On a vu au *Rép.* n° 230, que lorsqu'il y a contestation sur le droit à l'indemnité, l'incompétence du juge de paix est absolue, et, par suite, proposable en tout état de cause. Il s'ensuit que l'action en indemnité formée par un locataire ou fermier, pour non-jouissance, sort de la compétence du juge de paix, en cas de contestation sur le fond du droit, bien que cette contestation n'ait été élevée qu'en appel ; qu'en conséquence, le juge d'appel, dont les attributions sont subordonnées à la compétence du juge du premier degré, doit, en présence d'une telle contestation, se dessaisir, comme celui-ci eût été tenu de le faire si le droit à l'indemnité réclamée avait été contesté devant lui (Civ. cass. 12 août 1851, aff. Naud, D. P. 51. 1. 232).

92. Les actions dérivant du contrat de bail doivent, en principe, être portées devant le juge du domicile du défendeur, lorsqu'elles ont un objet purement personnel ou mobilier ; en conséquence, l'action en indemnité intentée par un fermier contre son bailleur pour de prétendues améliorations et fondée sur une interprétation des clauses du bail, est de la compétence, non du juge de la situation de l'immeuble loué, mais du juge du domicile du bailleur (Civ. cass. 17 déc. 1867, aff. Veuve Aulanier, D. P. 67. 1. 486). En effet, comme l'a exprimé la cour dans les motifs de cet arrêt, aux termes de l'art. 2 c. proc. civ., toute citation en matière purement personnelle ou mobilière doit être donnée devant le juge du domicile du défendeur ; c'est là une règle générale qui s'applique, non seulement à la juridiction des tribunaux de paix, mais aussi, suivant l'art. 59 du même code, à la juridiction des tribunaux ordinaires, et qui, sauf les exceptions formellement écrites dans un texte de loi, exclut toute distinction entre les actions dérivant d'un bail et les actions dérivant de tout autre contrat. Les seules dérogations, en vertu desquelles une action purement personnelle ou mobilière dérivant d'un bail puisse être portée devant le juge de paix de la situation de l'immeuble loué, sont expressément limitées par l'art. 3 c. proc. civ. aux actions, soit pour réparations locatives, soit pour indemnités de non-jouissance prétendues par le fermier ou locataire lorsque le droit n'est pas contesté, soit pour dégradations alléguées par le propriétaire ; en dehors de ces exceptions, la règle conserve son empire, et le défendeur ne peut, sous aucun prétexte, être obligé d'accepter la compétence d'un juge autre que

celui de son domicile. — Or, une action en indemnité intentée par un fermier contre son bailleur pour de prétendues améliorations et fondée sur une interprétation des clauses du bail, a tous les caractères d'une action personnelle, comme toute action qui naît d'un contrat et tend à l'accomplissement d'une obligation personnellement contractée par celui contre qui elle est dirigée ; elle n'a donc rien de commun, si ce n'est ce caractère même de personnalité, avec les actions dont l'objet est limitativement prévu et déterminé par l'art. 3 c. proc. civ. ; elle est, par conséquent, de la compétence, non du juge de la situation de l'immeuble loué, mais du juge du domicile du défendeur (V. Req. 6 mars 1861, aff. Vollot, D. P. 61. 1. 417 ; Civ. cass. 21 févr. 1865, aff. Courtivron, D. P. 65. 1. 132. — *Contrà :* Paris, 8 juill. 1861, aff. Piche, D. P. 61. 2. 198).

§ 3. — *Actions en payement d'indemnités à raison de réquisitions ordonnées par l'autorité militaire ou de dommages causés aux propriétés dans les exercices et manœuvres.*

93. La compétence du juge de paix pour statuer sur les actions en indemnité formées à raison des réquisitions militaires ou de dommages causés aux propriétés par les troupes dans les marches, manœuvres et opérations d'ensemble, prévues à l'art. 28 de la loi du 24 juill. 1873, ne dérive pas de la loi du 25 mai 1838. Elle résulte de la loi du 3 juill. 1877 (V. *suprà,* n° 1) relative aux réquisitions militaires (D. P. 77. 4. 53). En cette matière, la compétence des juges de paix en dernier ressort est plus étendue que dans les cas prévus par la loi du 25 mai 1838 ; elle s'élève jusqu'à 200 fr. En premier ressort, elle demeure soumise à la même restriction que dans les cas examinés aux deux paragraphes qui précèdent, c'est-à-dire qu'elle est limitée à 1500 fr.

La loi du 3 juill. 1877 accorde au Gouvernement, en cas de mobilisation partielle ou totale de l'armée, ou même de rassemblement de troupes, le droit de requérir les prestations nécessaires pour suppléer à l'insuffisance des moyens ordinaires d'approvisionnement de l'armée (art. 1er). Les indemnités dues pour ces réquisitions sont fixées, d'après les propositions d'une commission d'évaluation, par l'autorité militaire (art. 24 et 25). Si les habitants n'acceptent pas les offres qui leur sont faites, ils notifient ce refus au maire, qui le transmet au juge de paix. — Celui-ci donne connaissance des refus à l'autorité militaire et envoie de simples avertissements sans frais, pour une date aussi prochaine que possible, à l'autorité militaire et au réclamant. — S'il ne parvient pas, sur cet avertissement, à concilier les parties, il peut prononcer immédiatement ou ajourner les parties pour être jugées dans le plus bref délai.

Il est à remarquer que le juge de paix est saisi par le maire et non pas directement par la partie réclamante, et qu'il ne peut statuer qu'autant que le litige est inférieur à 1500 fr. Pour toute demande supérieure à ce chiffre, le juge de paix n'en connaît que comme tribunal de conciliation ; la connaissance de l'affaire appartient en premier ressort aux tribunaux de première instance, et au second degré, aux cours d'appel.

ART. 5. — *Des actions dont les juges de paix ne connaissent jamais qu'en premier ressort* (*Rép.* n°s 254 à 294).

§ 1er. — *Actions possessoires* (*Rép.* n°s 255 à 262).

94. On a traité dans un article spécial, au *Supplément* comme au *Répertoire,* de tout ce qui a trait aux actions possessoires proprement dites, et spécialement à la compétence des juges de paix pour statuer sur ces actions (V. *suprà,* v° *Action possessoire,* n°s 157 et suiv.). On se bornera donc ici à rappeler que le juge de paix est compétent pour statuer sur les dommages-intérêts réclamés devant lui accessoirement à une action possessoire fondée sur le trouble matériel résultant d'une voie de fait (Req. 11 mai 1885, aff. Chemin de fer du Nord-Est et Barreau, D. P. 86. 1. 299) en vertu du principe qui a été déjà rappelé *suprà,* n° 33, que les tribunaux connaissent des demandes accessoires à celles qui rentrent dans leurs attributions.

95. On a vu au *Rép.* n°s 257 et suiv., que l'art. 6, n° 1,

de la loi du 25 mai 1838, en plaçant dans la compétence des juges de paix la connaissance des entreprises commises dans l'année sur les cours d'eau « servant à l'irrigation des propriétés et au mouvement des usines et moulins », ne fait qu'appliquer, en matière d'entreprise sur les cours d'eau, le principe général de compétence établi par le même article à l'égard des actions possessoires. Cette compétence n'est donc pas exclusive de celle qui appartient aux juges de paix, au cas de trouble apporté à la jouissance d'eaux privées, employées à des usages domestiques. Aussi a-t-on jugé, conformément à la règle adoptée sous l'empire de la loi de 1790, que, bien que l'art. 6, n° 1, de la loi du 25 mai 1838 suppose une entreprise commise sur des eaux courantes, cependant, en cas d'entreprise sur les eaux d'une source dont la possession est contestée entre deux voisins, le juge de paix est compétent, en vertu des règles générales de son institution, pour connaître au possessoire de la contestation, alors même que les eaux litigieuses seraient employées à des usages privés (Req. 22 août 1859, aff. Pestel, D. P. 60. 1. 221). Tout ce qu'il faut, en effet, pour que le juge de paix soit compétent, c'est que l'on se présente dans les conditions d'une action possessoire et que l'on rentre dans les cas prévus par les art. 23 et suiv. c. proc. civ. (*Rép.* n° 257). — Mais lorsque cette condition n'est pas réalisée, le juge de paix ne saurait être compétent. Ainsi on a jugé que l'action tendant à faire reconnaître au demandeur un droit sur un cours d'eau dont le défendeur prétend avoir la jouissance exclusive en vertu d'une ancienne possession que le demandeur combat par l'articulation de titres et d'une possession contraires, constitue une action pétitoire de la compétence du tribunal civil, et ne peut, dès lors, être renvoyée devant le juge de paix sur le motif que la demande aurait, pour le défendeur, les caractères d'un trouble de droit ou d'une entreprise sur un cours d'eau dans le sens de l'art. 6 de la loi du 25 mai 1838 (Chambéry, 22 févr. 1864, aff. Cabaud, D. P. 66. 1. 375).

96. Toutefois, il existe d'importantes différences entre les actions possessoires proprement dites et les actions pour entreprises sur les cours d'eau prévues par l'art. 6 de la loi de 1838. Spécialement, les actions tendant à la répression des entreprises commises dans l'année sur les cours d'eau servant à l'irrigation des propriétés ou au mouvement des usines ne sont pas subordonnées à la preuve d'une possession annale, comme en matière de complainte ; il suffit qu'il y ait entreprise troublant le demandeur dans sa jouissance, et que cette entreprise ait eu lieu dans l'année (Civ. cass. 19 nov. 1866, aff. Cabanes, D. P. 67. 1. 179). Ainsi, le juge de paix saisi, par le riverain des deux côtés d'un cours d'eau, d'une action en dommages-intérêts fondée sur ce que le défendeur aurait, depuis moins d'une année, détruit un barrage que le demandeur avait établi sur ce cours d'eau pour arroser sa propriété en vertu des droits qu'il tenait de l'art. 644 c. civ., ne peut déclarer cette action non recevable, par le motif que la possession plus qu'annale du barrage dont il s'agit ne serait pas justifiée, et cela dans le cas même où le demandeur aurait offert de rapporter la preuve de cette possession, une telle offre étant surabondante et ne pouvant changer la nature de l'action. Il n'importe non plus que la preuve ainsi offerte ait été ordonnée par une décision interlocutoire, si cette décision a été frappée d'appel en même temps que la décision du fond (Même arrêt).

§ 2. — Actions en bornage et actions relatives à la distance voulue pour les plantations (*Rép.* n° 263 à 277).

97. — I. ACTIONS EN BORNAGE. — La difficulté que présente l'exacte détermination de la compétence du juge de paix en

matière de bornage a donné lieu depuis la publication du *Répertoire* à un nombre considérable de décisions et à d'importantes discussions en doctrine. Le principe même de la limitation de la compétence du juge de paix au cas où la *propriété ou les titres qui l'établissent ne sont pas contestés*, exposé au *Rép.* n° 264, et inscrit dans la loi, ne saurait donner lieu à discussion : il est reconnu sans hésitation (Req. 21 nov. 1874, aff. Chevalier, D. P. 72. 1. 190 ; Civ. cass. 29 juill. 1884, aff. Le Marouille, D. P. 85. 1. 52 ; Req. 16 juin 1885 (1) ; Rousseau et Laisney, *Dictionnaire de procédure*, v° *Bornage*, n° 29 et suiv. ; Bourbeau, *Traité de la justice de paix*, p. 432, n° 250 ; Aubry et Rau, *Cours de droit civil français*, 4ᵉ éd., t. 2, § 199, p. 230 ; Curasson, *Traité de la compétence des juges de paix*, t. 2, n° 753 et suiv.). Mais la difficulté est de déterminer quand il y a contestation, soit sur la propriété, soit sur le titre.

98. Il faut écarter tout d'abord le cas où un simple désaccord s'élève entre les parties en ce qui concerne le lieu de plantation des bornes ; voir dans ce fait la contestation prévue par l'art. 6-2° de la loi du 25 mai 1838 équivaudrait à réduire le rôle du juge de paix en matière de bornage à celui d'un certificateur de l'accord des parties, en ne lui confiant que le soin de procéder à une simple opération matérielle, dont il ne serait chargé que pour imprimer au bornage un caractère officiel et permettre au besoin à l'un des voisins d'amener l'autre à un consentement que, par indifférence ou incurie, ce dernier ne donnerait pas spontanément. — Bien que certains auteurs n'aient pas hésité à préconiser ce système et qu'il semble avoir été, dans le principe, adopté par la cour de cassation, il ne pouvait prévaloir et n'a point prévalu ; il est, en effet, contraire à l'esprit de la loi de 1838, qui, il ne faut pas l'oublier, s'est efforcée d'étendre dans les limites jugées alors possibles la compétence du juge de paix. Dans le système de cette loi, la compétence du juge de paix ne se réduit pas au fait matériel du placement des bornes sur une limite convenue ; mais il appartient à ce magistrat de rechercher la limite devenue incertaine de deux propriétés à borner, en interrogeant les titres, les traces de la propriété ancienne, la possession actuelle, ainsi que tous les documents qui peuvent l'éclairer sur la décision qu'il a à rendre (Req. 10 avr. 1866, aff. Rivière, D. P. 66. 1. 380). Le juge de paix ne cesserait d'être compétent que si les titres et les propriétés étaient contestés d'une manière sérieuse, si bien que le caractère de l'instance en fût changé. En d'autres termes, il cesse d'être compétent, lorsque le débat se complique d'une véritable question de propriété et se transforme ainsi en une action en revendication. Sinon, le juge de paix doit considérer les titres comme incontestés, et en faire l'application aux propriétés à borner.

Il ne suffit donc pas, pour que le juge de paix doive se déclarer incompétent, que la contestation du titre ou de la propriété se limite à de vagues allégations ; mais il faut, comme nous l'avons exprimé au *Rép.* n° 267, et v° *Bornage*, n° 38, qu'elle constitue un moyen sérieux. Par exemple, le juge de paix, saisi d'une action en bornage, reste compétent, malgré la déclaration du défendeur qu'il conteste les titres produits, si aucun motif n'est articulé à l'appui de cette contestation, alors surtout que, la contenance des deux propriétés à borner ayant été constatée dans un jugement passé en force de chose jugée, toute contestation est désormais impossible (Req. 28 mars 1855, aff. Delmonte, D. P. 55. 1. 242). — De même, il n'y a pas contestation sérieuse, et le juge de paix n'est pas tenu de se dessaisir, lorsque le défendeur à l'action en bornage prétend seulement, en appel, qu'il résulte d'un rapport d'expert que la question de propriété est la seule véritablement posée (Req. 2 janv. 1884, aff. El-Hadj-Ahmed-Blidi, D. P. 84. 5.

(1) (Aubert C. Cardon.) — LA COUR ; — Sur le premier moyen ;... — Sur le deuxième moyen, pris de la violation des règles de la compétence, et de la fausse application de l'art. 6 de la loi du 25 mai 1838 ; — Attendu qu'il résulte des déclarations du jugement attaqué et de ses qualités que, ni devant le juge de paix, ni devant le tribunal civil statuant sur appel, le demandeur en cassation n'a contesté les droits de propriété de son adversaire ou les titres les établissant ; qu'il n'a pas contesté davantage un acte sous seings privés, du 14 mars 1881, contenant procès-verbal de bornage entre les parties, et stipulant dans ses clauses qu'il y aurait une réparé de 0ᵐ50 entre la haie du sieur Aubert et le centre de ses bornes, et qu'elle devrait toujours se trouver

libre ; que toute la contestation a porté sur le point de savoir si les infractions à cette clause, qui motivaient l'action du sieur Aubert, et qu'il avait fait constater par un procès-verbal d'huissier, existaient réellement ; — Attendu qu'en déclarant que le juge de paix était compétent pour statuer sur cette contestation, et en y statuant lui-même comme juge d'appel, le tribunal de Pont-Audemer, loin de violer les règles de compétence visées au pourvoi, n'a fait qu'une juste application de l'art. 6, § 2, de la loi du 25 mai 1838 ;

Par ces motifs, rejette, etc.

Du 16 juin 1885.-Ch. req.-MM. Bédarrides, pr.-George-Lemaire, rap.-Chévrier, av. gén., c. conf.-Bonnet, av.

104) ; — Ou bien lorsqu'aucune des parties ne produit de titres de propriété et n'invoque la prescription, qu'elles sont divisées seulement sur le point de savoir si le bornage aura lieu tout à la fois d'après la possession et les indications du cadastre, ou seulement d'après la possession actuelle (Civ. cass. 2 août 1875) (1) ; — Ou encore lorsque le défendeur à l'action en bornage se contente de dénier à son adversaire la propriété de la parcelle litigieuse, sans spécifier la nature de ses prétendus droits ni les titres qui devaient leur servir de base (Civ. cass. 16 mars 1880, aff. de Polignac, D. P. 80. 1. 232) ; — Ou enfin lorsque l'une des parties réclame une contenance supérieure à celle portée à son titre, alléguant qu'elle en a la possession, si elle n'articule aucun fait à l'appui de cette allégation, et se borne à en puiser la preuve dans les énonciations du cadastre (Civ. rej. 16 mai 1860, aff. de Beaumetz, D. P. 60. 1. 226. V. aussi Jay, Traité du bornage, p. 55 ; Demolombe, Servitudes, t. 1, n° 253 ; Aubry et Rau, t. 2, p. 230).

99. Toutefois, le motif que la contestation n'est pas sérieuse, ne peut autoriser le juge de paix à statuer sur l'action en bornage qu'autant que cette contestation est absolument dénuée de justification, et n'est fondée ni sur un titre quelconque, ni sur la prescription. Dès que l'une des parties invoque en termes exprès un titre ou la prescription, il n'est pas permis au juge de paix de déclarer que la contestation n'est pas sérieuse ; autrement, il statuerait sur la validité du titre ou sur l'existence de la prescription, ce qui lui est interdit (Civ. cass. 28 févr. 1870, aff. Gibert, D. P. 70. 1. 98). En effet, comme le dit M. Jay, op. cit., p. 55, « la contestation de propriété n'est assujettie à aucune formule obligatoire, et il n'est même pas nécessaire qu'elle soit exprimée en termes formels, Il suffit, pour que le juge de paix soit incompétent, que l'action en bornage doive aboutir à des résultats qui ne pourraient être légitimement attendus que d'une action en revendication ». Or, c'est précisément

ce qui arriverait si le juge de paix était en droit de déclarer que la contestation dans laquelle une des parties invoque un titre, ou la prescription, n'est pas sérieuse, car il déciderait ainsi implicitement, soit que le titre invoqué est nul ou sans effet, soit que la prescription n'est pas acquise dans les termes de la loi, solutions qui, portant en réalité sur la question de propriété, excèdent la compétence du juge de paix. Par exemple, il y a contestation sérieuse lorsque l'une des parties repousse, d'une part, les titres produits par la partie adverse, en ce qu'ils attribueraient à l'héritage de celle-ci une contenance supérieure à la contenance réelle, et formule, d'autre part, la prétention d'être reconnue propriétaire, en vertu soit des titres, soit de la prescription, de la totalité d'un terrain compris dans le bornage (Comp. en ce sens : Demolombe, Servitudes, t. 1, n°s 248 et 250 ; Aubry et Rau, t. 2, § 199, p. 225) ; ou bien lorsqu'au moment où le juge de paix se dispose à procéder au bornage, la vue d'un plan contradictoire, l'une des parties déclare que sa signature apposée sur ledit plan est fausse, et annonce l'intention de s'inscrire en faux contre l'acte qui la renferme (Civ. cass. 24 févr. 1875) (2).

100. Si toute contestation sur le titre est, aux termes de l'art. 6, une cause d'incompétence du juge de paix, il ne s'ensuit pas que ce magistrat soit incompétent dès l'instant qu'un titre est invoqué par les parties. On admet, au contraire, qu'il appartient au juge saisi de l'action en bornage, pour rechercher la limite des héritages des parties, d'interroger leurs titres respectifs, de les interpréter au besoin, et de consulter le cadastre ou autres documents de nature à l'éclairer (Req. 10 avr. 1866, aff. Rivière, D. P. 66. 1. 380 ; 2 janv. 1884, aff. El-Hadj-Ahmed-Blidi, D. P. 84. 1. 204), et l'action en bornage est de la compétence du juge de paix, quoique les parties soient en désaccord sur la ligne séparative des propriétés à borner, si le juge de paix peut statuer par voie de simple application des titres respectifs des parties, sans qu'aucune des parties

(1) (Lauque C. Delon.) — La cour ;... — Vu l'art. 6, § 2, de la loi du 25 mai 1838 ; — Attendu que l'action en bornage, dont cet article attribue la connaissance au juge de paix, n'a pas seulement pour objet la plantation des pierres bornes sur des limites certaines et reconnues, mais encore la recherche et la fixation des limites devenues incertaines ; — Que ce magistrat ne cesse d'être compétent pour statuer sur l'action ainsi définie que lorsque la propriété ou les titres qui l'établissent sont contestés ; — Que, dans l'espèce, aucune des parties n'avait produit de titres de propriété et n'invoquait la prescription ; qu'elles n'étaient divisées que sur un point : l'une demandant que le bornage se fît tout à la fois d'après la possession et les indications du cadastre, l'autre prétendant qu'il devait être opéré suivant sa possession actuelle ; — Que ce différend ne constituait pas une contestation sur la propriété ou sur les titres qui l'établissent ; — Qu'il rentrait dans les attributions du juge de paix de consulter le plan cadastral comme tous autres documents pour s'éclairer dans la mission qui lui était dévolue de rechercher et de fixer la ligne séparative des héritages des parties ; — Que c'est à tort que le tribunal de Narbonne a déclaré l'incompétence du juge de paix de Ginestes, et qu'il s'est abstenu de prononcer sur le fond de la contestation dont il se trouvait saisi par l'effet dévolutif de l'appel ; — Casse, etc.
Du 2 août 1875.-Ch. civ.-MM. Devienne, 1er pr.-Aubry, rap.-Charrins, av. gén., c. conf.-Sabatier et Bozérian, av.

(2) (Margueritte C. Mathey-Mazoyer.) — Le 4 mars 1873, jugement du tribunal de Chalon-sur-Saône, sur l'appel formé contre un jugement du juge de paix de Saint-Martin-en-Bresse, le 10 juill. 1872 : — « Attendu que l'action en bornage formée par Mathey-Mazoyer contre Margueritte était fondée sur un acte sous seing privé du 18 janv. 1848, revêtu des signatures des deux parties, déposé au rang des minutes de Me Rollet, notaire à Domeray, suivant acte du 17 février suivant ; — Attendu que si, devant le premier juge, Margueritte a annoncé l'intention de s'inscrire en faux contre cet acte, il ne l'a pas fait dans le délai qui lui avait été accordé à cet effet par le juge de paix ; — Attendu que, dans cet état, le juge de paix a compétemment statué sur l'action en bornage qui lui était soumise ; qu'il ne suffit pas, en effet, pour dessaisir le juge de paix, qu'une partie annonce l'intention de contester l'acte qui forme la base de la demande ; qu'il faut évidemment, pour la contester sérieusement ; qu'autrement, il suffirait du caprice d'une partie pour écarter en toute circonstance le juge de paix en matière de bornage ; qu'en conséquence, l'exception d'incompétence doit être rejetée ; — Au fond, le jugement confirme la sentence du juge de paix, etc. ». — Pourvoi en cassation par le sieur Margueritte,

pour violation des règles de compétence et de l'art. 6, § 2, de la loi du 25 mai 1838, en ce qu'il a été statué par le juge de paix sur l'action en bornage dont il était saisi, bien que les titres devant servir de base à cette opération fussent contestés... — Arrêt.
La cour ;... — Vu l'art. 6, n° 2, de la loi du 25 mai 1838, et l'art. 7 de la loi du 20 avr. 1810 ; — Attendu que le juge de paix n'est compétent pour connaître de l'action en bornage que lorsque la propriété et les titres qui l'établissent ne sont pas contestés ; — Attendu que lors du transport du juge de paix sur les lieux, le 23 mars 1872, et au moment où il allait procéder au bornage à vue d'un plan contradictoire, Margueritte, après avoir pris connaissance de ce plan et des signatures des parties y apposées, déclara que sa signature était fausse et qu'en son intention était de s'inscrire en faux contre ledit acte ; — Attendu que cette contestation qui mettait en question la validité du titre pour une cause précise et déterminée de nullité, faisait cesser la compétence du juge de paix qui se trouvait dessaisi de la connaissance du litige, non seulement en ce qui touche le titre, mais encore en ce qui touche l'action en bornage elle-même ; que cependant, au lieu de déclarer purement et simplement son incompétence devant une contestation qu'il considérait comme sérieuse, puisqu'elle la déterminait à suspendre ses opérations, le juge de paix s'est borné à remettre l'affaire au 1er juillet pour qu'il pût être statué sur l'incident, et qu'à l'expiration de ce délai il a lui-même statué au fond, en quoi il a méconnu les règles de sa compétence ; — Attendu, d'un autre côté, que devant le tribunal de Chalon-sur-Saône, saisi comme juge d'appel, Margueritte ne s'est pas borné à exciper de l'incompétence du juge de paix, fondée sur la contestation relative au titre ; que, de plus, il a conclu à ce que le juge de paix fût déclaré incompétent pour connaître du litige, le débat soulevant une question de propriété ; et qu'il résulte des conclusions signifiées à sa requête, que cette exception était motivée sur ce qu'il n'avait pas concouru au bornage de 1848, qu'il ne pouvait, dès lors, détruire le bornage antérieur et contradictoire de 1834, et infirmer la possession conforme à ce dernier bornage pendant plus de 30 années ; — Que cependant, et malgré cette double contestation, tant sur le titre que sur la propriété, le jugement attaqué a déclaré le juge de paix compétent, a lui-même statué au fond, sans donner d'ailleurs aucun motif sur le rejet de l'exception d'incompétence qu'elle était fondée sur la contestation relative à la propriété ; qu'en donc violé l'art. 6, n° 2, de la loi du 25 mai 1838 et l'art. 7 de la loi du 20 avr. 1810 ; — Sans qu'il soit nécessaire de statuer sur le deuxième moyen ; — Casse, etc.
Du 24 févr. 1875.-Ch. civ.-MM. Mercier, pr.-Massé, rap.-Blanche, 1er av. gén., c. conf.-Bozérian et Arbelet, av.

conteste celui de la partie adverse, ou élève contre celle-ci une question de propriété, en excipant d'un autre titre acquisitif, ou de la prescription (Civ. rej. 26 avr. 1865, aff. Pelotier, D. P. 65. 1. 269).

101. Mais l'interprétation des titres n'est permise au juge de paix qu'autant que le dissentiment des parties porte seulement sur l'application qu'il y a lieu d'en faire aux limites recherchées, et non pas sur leur substance même ou sur la question de savoir si les titres sont applicables au litige soumis au juge de paix. Le juge de paix est compétent, par exemple, pour traduire en mesures nouvelles les quantités indiquées aux actes produits sous les anciennes dénominations, alors même qu'il y aurait dissentiment entre les parties sur le rapport des anciennes et nouvelles mesures, car ce dissentiment, étranger à la substance des titres, ne constitue pas un litige sur les titres ou la propriété dans le sens de l'art. 6 de la loi du 25 mai 1838 (Req. 11 juin 1861, aff. Marchand, D. P. 61. 1. 437). Au contraire, il est incompétent lorsque l'action en bornage nécessite l'appréciation de titres dont l'application à la cause est contestée, et porte sur la propriété d'une bande de terrain dont la possession a été précédemment attribuée au défendeur (Req. 26 mars 1879, aff. Vallet, D. P. 81. 1. 83). — On verra d'ailleurs, *infrà*, nos 110 et suiv., d'autres cas où la jurisprudence a vu une contestation sur le titre, suffisante pour interdire au juge de paix de connaître de l'action en bornage qui lui est soumise; on se borne, pour le moment, à faire cette règle générale qu'en matière d'action en bornage le juge de paix est compétent, non pas seulement lorsqu'il s'agit du simple fait matériel du placement de bornes sur une limite convenue, mais encore lorsqu'il y a lieu de rechercher la limite, devenue incertaine, des deux propriétés à borner, alors que, dans cette recherche, le juge de paix n'a qu'à interroger des titres non contestés, même en les interprétant, ou à consulter les possessions respectives actuelles, les traces des anciennes délimitations, et tous les documents anciens ou nouveaux, tels que papiers terriers, livres d'arpentement, cadastre, de nature à l'éclairer sur la décision qu'il est appelé à rendre : cette compétence ne cesse que si l'action en bornage se transforme, au cours de l'instance, en une action en revendication d'une parcelle de terrain précise et déterminée, ou lorsque l'une des parties invoque contre l'autre, à l'appui de son allégation qu'elle est propriétaire de la parcelle de terrain qu'elle veut faire comprendre dans les limites de son héritage, la prescription ou un titre contesté.

102. La compétence du juge de paix en matière de bornage n'existe pas seulement lorsqu'il s'agit de fixer la ligne séparative de deux fonds contigus qui ne sont pas encore séparés ou délimités; elle existe encore lorsque ce magistrat est appelé à statuer sur une demande en rétablissement de bornes, et qu'il est constaté, d'une part, qu'il s'agit uniquement de replacer en leur lieu les bornes accidentellement disparues ou renversées, et, de l'autre, qu'il ne s'élève pas de contestation sérieuse de propriété à l'encontre de cette demande (Civ. rej. 15 déc. 1885, aff. Peigné, D. P. 86. 1. 367). Ce sont, en pareil cas, les règles de l'action en bornage qui doivent être appliquées et non celles de l'action prévue par l'art. 3 c. proc. civ., qui est fondée sur un déplacement de *bornes commis dans l'année* (V. *suprà*, v° *Bornage*, n° 3).

103. Le juge de paix, comme on l'a vu, cesse d'être compétent aussi bien lorsque la propriété est contestée que lorsque la contestation porte sur le titre, et il n'est pas nécessaire pour cela, que la qualité même de propriétaire du fonds que l'on veut faire délimiter soit l'objet de la contestation soulevée par le défendeur; il suffit que la dénégation s'applique à une ou à quelques-unes des parcelles de ce fonds. Ainsi, le juge de paix ne peut rester saisi de l'action en bornage quand un litige met en question entre les parties la propriété de parcelles précises et déterminées des terrains à délimiter, revendiquées soit en vertu de la prescription (Civ. cass. 24 juin 1879, aff. Lecerf, D. P. 79. 1. 288).

104. Ces principes posés, et ce qu'il faut entendre par contestation sur le titre étant établi, il nous reste à déterminer en détail dans quels cas et sous quelles conditions il y a une contestation telle que le juge de paix doive se dessaisir. La question est des plus délicates alors qu'on se

trouve obligé de discerner la contestation de propriété des incidents de l'opération du bornage, en présence de parties qui discutent non leurs qualités de propriétaires, mais l'étendue respective de leurs propriétés. Le problème est tout entier dans l'appréciation des conclusions des parties et des moyens invoqués par elles. — La demande à fin d'abornement, accompagnée de productions ou articulations respectives, place nécessairement le juge en présence de l'une des trois situations suivantes : — 1° les parties produisent respectivement des titres ; — 2° l'une d'elles invoque des titres, et l'autre des faits de possession ou tous autres documents n'ayant pas la valeur de titres de propriété, comme, par exemple, des traces d'anciennes délimitations, des papiers terriers, des livres d'arpentement, le cadastre, etc. ; — 3° aucune des parties ne produit de titres, et toutes demandent que l'opération du bornage soit conforme à leurs possessions ou à des documents de la nature de ceux dont on vient de parler. — On examinera successivement ces trois hypothèses.

105. — *Première hypothèse.* — *Des titres sont respectivement produits par toutes les parties.* — Au cas de production de titres, trois situations différentes peuvent se présenter suivant que la contenance révélée par les titres, qui ne sont d'ailleurs l'objet d'aucune contestation, est *égale, inférieure* ou *supérieure* à celle que présentent les héritages à délimiter.

106. Lorsque les titres soumis au juge de paix constatent, pour chacun des héritages, une étendue égale à leur contenance réelle, et que les parties n'élèvent aucune réclamation contre les énonciations des mêmes titres, et ne soutiennent pas qu'une modification doive y être apportée par l'effet d'actes de possession contraires, l'action est alors incontestablement une action en bornage. Le juge n'a qu'à donner satisfaction aux titres, en faisant la plantation des bornes, soit immédiatement lorsque les limites des héritages à borner sont connues et certaines, soit après avoir recherché préalablement ces limites, lorsqu'elles sont inconnues et incertaines. L'opération rentre alors exactement dans la définition même de l'action en bornage, c'est-à-dire :« celle qui a pour objet de fixer contradictoirement entre des propriétaires contigus les limites de leurs héritages, soit que ces limites étant, dès à présent, connues et certaines, il n'y ait plus qu'à faire la plantation matérielle des bornes, soit que ces limites étant inconnues et incertaines, il soit nécessaire de les rechercher et de les découvrir préalablement » (Demolombe, *Servitudes*, t. 1, n° 245 ; Civ. rej. 26 avr. 1865, aff. Pelotier, D. P. 65. 1. 269).

107. Les parties produisent des titres renfermant des énonciations de contenance qui en rendent l'application impossible, parce que la contenance indiquée pour les terrains à borner excède la contenance réelle de ces terrains. En l'absence de contestation, il est manifeste qu'ici encore le juge du bornage aura le pouvoir de régler le sort du déficit et de faire subir aux fonds à borner une diminution soit proportionnelle, soit fixée d'après l'état des lieux et les documents de la cause, bien qu'en réalité chacune des parties veuille faire opérer le bornage conformément à son titre sans se préoccuper des titres de la partie adverse. En d'autres termes, lorsque ni le demandeur ni aucune des parties ne proteste contre l'existence constatée d'un déficit de contenance, ni ne prétend qu'il doive porter plutôt sur telle propriété que sur telle autre, il n'y a lieu qu'à un simple bornage, dans lequel le déficit sera pris en considération pour la fixation des bornes de chaque propriété, opération qui rentre dans les limites de la compétence du juge de paix déterminées par l'art. 6 de la loi du 25 mai 1838. Le juge de paix est donc compétent pour procéder au bornage de propriétés contiguës, alors même qu'il résulterait de l'état des lieux, comparé à l'ensemble des titres produits, un déficit de contenance rendant impossible l'application pure et simple de ces titres aux héritages à borner : il n'y a pas là contestation de titres, dans le sens de l'art. 6 de la loi du 25 mai 1838, si aucune des parties n'a protesté contre l'existence du déficit constaté, ni prétendu qu'il devait porter sur telle propriété plutôt que sur telle autre (Req. 19 juill. 1852, aff. Baudot, D. P. 54. 1. 432; Civ. rej. 6 août 1860, aff. Lucas, D. P. 60. 1. 328). — En pareil cas, en effet, le juge de paix ne tranche nullement une question de propriété, en privant une des parties du bénéfice de son titre, car rien ne constate que la contenance qui y est indiquée

u voisin. Si le juge de paix ne conforme pas son opération à tous les titres, sous le rapport de la contenance qu'ils mentionnent, c'est, comme le dit l'arrêt précité du 6 août 1860, parce qu'il y a été contraint par une force majeure, à savoir par « l'insuffisance de la masse à partager ». Pour qu'une partie puisse demander utilement que le bornage soit fait conformément à son titre, sans se préoccuper de celui du voisin, et que sa prétention de faire fléchir le titre du voisin devant le sien soit réputée soulever une contestation de propriété, il faut qu'elle offre d'établir son droit sur toute la contenance portée à son titre, ou qu'elle demande à prouver, d'une manière spéciale et directe, l'exactitude de la mention relative à cette contenance. C'est ce qui arriverait si elle offrait de justifier de l'origine du défaut de contenance constaté dans l'ensemble des propriétés à borner, à l'effet de conclure de la preuve par elle proposée que le déficit provient d'empiétements commis au détriment de son voisin (V. notamment : Civ. cass. 24 juill. 1860, aff. Lefranc, D. P. 60. 1. 320). — Dans ce cas, le juge de paix devra se dessaisir si le fait allégué est dénié. Son dessaisissement ne serait évité que par l'appel en cause des prétendus auteurs des empiétements, soit à la diligence du demandeur en bornage (Req. 20 juin 1855, aff. Petit, D. P. 56. 1. 312), soit d'office par le juge de paix, investi du pouvoir d'exiger le bornage de tout le tènement dont dépendent les propriétés comprises dans l'action portée devant lui (Req. 9 nov. 1857, aff. Marquis, D. P. 58. 1. 31).

108. Maintenant, que décider au cas où la partie qui demande l'application complète de son titre argumente d'une possession conforme à ce titre? Il nous semble qu'en pareil cas, le litige dépasse les limites de la compétence du juge de paix. Il est, en effet, difficile de ne pas reconnaître que celui qui soutient être propriétaire de tout ce que lui donne son titre, parce qu'il en a la possession, conteste sérieusement la prétention du voisin à la propriété d'une portion, quelle qu'elle soit, de l'héritage à l'égard duquel il a un titre et une possession conformes. Si le propriétaire voisin lui dispute cette portion, en vertu de son propre titre, ne résulte-t-il pas d'un pareil débat un conflit entre deux titres contraires dont l'un, accompagné de la possession, est invoqué comme préférable à l'autre, privé du secours de toute possession? Il y a là une véritable question de propriété, et non pas un simple incident du bornage. — Sans doute, lorsqu'on, quand elle n'est pas appuyée sur un titre, n'a pas toujours la puissance d'entrer en lutte avec le titre qui lui est opposé par l'adversaire, et de faire naître une contestation de propriété que le juge du bornage doive renvoyer au juge du pétitoire. Dans ce cas, des distinctions sont nécessaires. Nous les examinerons plus bas. Mais lorsque, d'un côté, se trouve un titre, et, de l'autre, un titre joint à une possession conforme, que le possesseur invoque pour enlever au juge de paix le droit d'appliquer et de concilier les deux titres, au moyen d'une réduction à faire subir aux deux titres soit proportionnellement à leur étendue réciproque, soit d'après les documents particuliers de la cause, l'exception de propriété nous paraît suffisamment caractérisée pour entraîner l'incompétence du juge du bornage.

109. Lorsque la contenance totale des fonds contigus est supérieure à celle résultant des titres, que l'application littérale de ces titres laisserait, par conséquent, subsister un certain excédent et qu'aucune des parties ne prétend avoir sur la totalité ou sur une partie de cet excédent un droit exclusif, le juge devra le répartir entre elles proportionnellement à l'étendue de leurs fonds. — Si l'une des parties en réclame l'attribution intégrale ou partielle, sans se soumettre à la proportionnalité, qui, en principe, forme la base de l'attribution de l'excédant dont on s'occupe, il n'y a là évidemment qu'un incident du bornage, quand cette prétention n'est appuyée sur un titre, ni sur des faits de possession, ni sur des pièces ou documents quelconques. En serait-il de même au cas où l'une réclamant aurait la possession de l'excédent litigieux? Ici encore la compétence du juge de paix ne nous paraît pas douteuse; il y a lieu, en effet, suivant nous, d'appliquer les règles qui concernent l'hypothèse où il n'existe aucun titre, et où la pos-

session est seule invoquée, de part et d'autre, devant le juge du bornage (V. infrà, n°s 113 et suiv.). Ainsi, on a jugé qu'une action en bornage est de la compétence du juge de paix, comme ne soulevant aucune contestation ni sur les titres, ni sur la propriété, lorsque, d'une part, l'un des voisins réclame l'attribution exclusive d'un excédent de mesure à l'égard duquel les titres gardent le silence, en se fondant sur ce que son voisin aurait fait disparaître la ligne séparative des héritages contigus, à une époque où il les exploitait tous deux comme fermier de l'un et comme propriétaire de l'autre, et que, d'autre part, ce dernier n'excipe, pour garder cet excédent de terrain, que de sa possession actuelle; en conséquence, le juge de paix peut, sans sortir des limites de sa compétence, décider que celle des parties qui, par son fait, a rendu impossible la constatation de l'emplacement des anciennes bornes, rendra le terrain dépassant la contenance indiquée par son titre à l'autre partie, quoique aucun manque de mesure ne résulte du titre de cette dernière (Civ. cass. 27 févr. 1860, aff. Isambert, D. P. 60. 1. 137). — On objecterait vainement qu'il s'agissait, en pareille hypothèse, d'une véritable action en revendication de la compétence des tribunaux d'arrondissement. Il est à remarquer, en effet, que le possesseur de l'excédent de contenance en litige ne se défendait pas en soutenant que cet excédent, qui ne pouvait lui appartenir en vertu de son titre complètement muet à cet égard, lui était acquis par la prescription. Il se bornait à argumenter de sa possession actuelle et du silence des titres de la partie adverse, qui ne parlaient pas plus que les siens de l'excédent dont il s'agit. Dans une telle situation, une distinction devient nécessaire: ou il n'y a jamais eu de bornes, et alors s'engage une revendication proprement dite, placée en dehors des attributions du juge du bornage, et dans laquelle le possesseur doit triompher, faute par le demandeur d'établir son droit de propriété; ou il a existé des bornes, enlevées par le fait illicite du défendeur : alors toute la difficulté consiste à retrouver l'ancien emplacement de ces bornes, et comme le défendeur n'oppose que la possession actuelle, sans soulever d'exception préjudicielle de propriété fondée sur des titres ou sur la prescription, le litige est ramené à un pur procès de bornage, dont le juge de paix est fondé à garder la connaissance. S'il y a des restitutions à ordonner, elles ne sont que la conséquence forcée de l'opération du bornage, et dès que, pour les prononcer, le juge de paix ne touche qu'à une possession née à la faveur de la suppression, par la partie qui l'invoque, des bornes séparatives des héritages, il est manifeste que, malgré cette possession, non conforme aux titres du possesseur et non alléguée comme constitutive d'une prescription accomplie, il a le droit d'ordonner le rétablissement des bornes supprimées. En cela, le juge de paix ne fait qu'user de la latitude qui lui appartient en matière de bornage, et sans laquelle serait rendue illusoire l'attribution qui lui a été conférée par la loi de 1838, puisqu'il devrait s'arrêter devant toute possession contraire au bornage à rétablir (V. encore Req. 2 mai 1866, aff. Labriet, D. P. 67. 1. 387).—Il a été jugé encore, par application des mêmes principes, qu'il appartient au juge de l'action en bornage de répartir l'excédent de contenance entre les deux propriétaires d'un terrain divisé en lots, et de modifier à cet effet les limites des lots, alors qu'aucun d'eux ne revendique la propriété d'une parcelle précise et déterminée, en s'appuyant sur un titre spécial ou sur la prescription (Civ. rej. 14 févr. 1872, aff. Hédouin-Lobez, D. P. 72. 1. 140).

110. Les titres produits révèlent que l'une des parties possède plus et l'autre moins que ne lui attribue son titre, et la première prétend que le bornage doit être effectué, non d'après son titre, mais d'après les possessions actuelles, alors que la seconde demande l'application pure et simple des titres. — Cette hypothèse se distingue des précédentes; il ne s'agit plus de se conformer aux titres ou à la possession des parties; la possession alléguée tend à la fois à faire obtenir au prétendu possesseur un excédent sur la contenance résultant de son titre, et à faire subir au voisin un déficit sur la sienne. L'action en bornage n'a d'autre but que de rétablir l'harmonie entre les possessions et les titres. Cette demande n'est-elle pas une véritable revendication, formée en vertu d'un titre contre le possesseur, et soumise

tant à la juridiction qu'au mode de preuve établis en matière de revendication ? — La question a un grand intérêt. Si le possesseur doit être attaqué par voie de revendication, son *voisin en déficit, alors que lui a un excédent, ne sera autorisé à réclamer cet excédent, pour combler son déficit,* que devant le juge de l'action en revendication et qu'à la condition de prouver non seulement qu'il a été victime d'un empiétement, mais, en outre, que l'empiétement commis à son préjudice doit être imputé au défendeur. Le demandeur en bornage, au contraire, n'est soumis ni à une telle juridiction ni à une telle preuve. « Il n'a rien à prouver, si ce n'est qu'il lui manque du terrain et que son voisin en a trop. » (V. un rapport de M. le conseiller Mesnard devant la chambre des requêtes, lors d'un arrêt du 2 avr. 1850, aff. Bellot, D. P. 50. 1. 155, qui énonce cette règle). Nous estimons que l'instance reste, en principe, une instance en bornage. Le voisin qui excipe de sa possession pour accroître d'une certaine portion de terrain l'étendue que son titre donne à son héritage, alors qu'il est en face d'un voisin en déficit par rapport au sien, n'est pas dans la condition du possesseur qu'un tiers actionnerait en revendication. La possession qu'il invoque, en contradiction avec son titre, n'est pas de nature à créer à son profit la présomption de propriété qui protège le possesseur, et la circonstance que l'excédent trouvé chez lui correspond à un déficit constaté chez le voisin, conduit presque forcément à la présomption d'une usurpation commise au préjudice de ce dernier, à la faveur d'empiétements successifs et insensibles qu'il est nécessaire d'arrêter et de réprimer par la voie rapide et facile du bornage, et contre lesquels le voisin n'avait pas même la ressource de la complainte, à raison précisément de leur caractère latent. En d'autres termes, la partie actionnée en bornage, qui se prévaut d'une possession que contrarie l'application pure et simple non seulement du titre produit contre elle mais aussi de celui qu'elle produit elle-même, n'est pas admise à se servir d'une telle possession comme d'un simple moyen de défense; elle doit justifier de la cause de cette possession que contredit son titre, et à laquelle le titre de l'adversaire imprime toutes les apparences d'une usurpation accomplie au détriment de ce dernier. Il faut qu'elle prouve son droit de propriété sur l'excédent en litige, par la raison que cet excédent n'est pas réputé lui appartenir. Elle est tenue, nonobstant sa possession d'articuler l'existence à son profit d'une cause acquisitive de propriété. Sa qualité de défenderesse ne la décharge pas, d'ailleurs, de cette obligation, car, dans une instance en bornage, les parties sont « respectivement demanderesse et défenderesse, et l'obligation de prouver est également à la charge de l'une et de l'autre » (Req. 29 juill. 1856, aff. Section de Marzenay, D. P. 56. 1. 411). — Ainsi le juge de paix ne devra donc pas se dessaisir si, pour échapper au bornage réclamé devant lui, l'une des parties se contente de prétendre que sa possession actuelle, d'une contenance plus considérable que celle désignée dans son titre, doit la faire présumer propriétaire de la totalité de cette contenance, sans alléguer une possession, ayant « le caractère nécessaire pour en faire un élément d'acquisition de la propriété ». Peu importe que l'action puisse aboutir au délaissement de l'excédent de terrain que possède l'un des voisins; c'est là la conséquence inévitable de tout bornage pour lequel les parties ne sont pas d'accord quant aux limites respectives de leurs propriétés.

111. Le juge de paix ne cessera donc d'être compétent, dans l'hypothèse qui nous occupe, que si l'un des voisins, pour se faire déclarer propriétaire du terrain que l'autre voisin lui dispute en vertu de ses titres, excipe de la prescription. C'est ainsi qu'on a jugé qu'en matière d'action en bornage, la propriété est réputée contestée dans le sens de l'art. 6 de la loi du 25 mai 1838, lorsque le défendeur conclut au maintien de bornes existantes, en se fondant sur ce qu'il a acquis par prescription tout le terrain compris dans la limite de ces bornes; qu'en conséquence, le juge de paix doit se déclarer incompétent pour statuer sur cette action, et qu'il ne peut en retenir la connaissance, sous prétexte notamment que l'existence des bornes, matériellement reconnue, ne serait pas légalement justifiée, que la plantation en aurait eu lieu à une époque récente, que ces bornes auraient pu subir des déplacements, et qu'enfin elles

ne marquaient la ~~plète de tels moyens~~ ~~propriété possedeen~~ dehors de la compétence (Douai, 10 janv. 1848, aff. Daumale, D. P. 49. 5. 60; Civ. cass. 16 mai 1859, aff. Maillard et Prévost, D. P. 59. 1. 193; 8 août 1859, aff. Rommier, D. P. 59. 1. 344; 15 déc. 1868, aff. Joyaux, D. P. 69. 1. 80; 24 juin 1879, aff. Lecerf, D. P. 79. 1. 288; 15 juin 1880, aff. Minot, D. P. 80. 1. 262-263). — Conformément aux mêmes principes, il a été décidé que lorsque, sur la poursuite en homologation d'un procès-verbal de bornage dressé par des experts choisis à l'amiable, l'une des parties critique l'abornement proposé, en se fondant sur ce qu'elle aurait depuis plus de trente ans la possession d'une parcelle attribuée à son voisin, le juge de paix ne peut, sans sortir des limites de sa compétence, rester saisi et apprécier le caractère de la possession ainsi invoquée devant lui (Civ. cass. 10 févr. 1873, aff. Lorel, D. P. 73. 1. 380). — Il en serait de même si l'une des parties invoquait un ancien bornage soutenu d'une longue possession (Req. 11 août 1851, aff. Haudecœur, D. P. 51. 1. 206; Civ. cass. 10 déc. 1862, aff. Thiébaut, D. P. 63. 1. 29). Ces décisions, d'ailleurs, reposent sur ce principe, formellement admis en jurisprudence, qu'il n'appartient pas au juge de paix, saisi d'une demande en bornage, d'apprécier si une possession, dont se prévaut une partie, réunit les conditions exigées par la loi pour fonder une prescription (Civ. cass. 25 août 1880, aff. Jeanpierre, D. P. 81. 1. 64). Ainsi, lorsque, dans une instance en bornage, une des parties a formellement articulé qu'elle était en possession d'un terrain sur lequel elle avait ouvert une carrière depuis plus de trente ans, le juge de paix ne peut repousser ces conclusions en se fondant sur ce que le moyen proposé était dépourvu d'articulation de faits précis pouvant caractériser ou la possession actuelle, ou la prescription, et servir de base à l'une et à l'autre, et sur ce qu'un jugement antérieur, rendu entre les mêmes parties sur une action en complainte intentée au sujet du même fonds, a déclaré que la possession du terrain était indécise aussi bien pour l'une que pour l'autre (Même arrêt du 25 août 1880).

112. — *Deuxième hypothèse. — L'une des parties produit un titre et l'autre n'a que sa possession.* — Le juge de paix reste évidemment compétent lorsqu'il peut faire l'opération du bornage, en se conformant au titre de l'une des parties et à la possession de l'autre, sans ordonner aucun délaissement. Mais en est-il de même lorsque l'un des propriétaires, muni d'un titre, soutient que la possession de son voisin empiète sur son fonds, et conclut au rétablissement de la contenance ou des limites qui résultent du titre dont il est investi? — La règle est facile à poser, après les développements qui viennent d'être donnés. Ici encore le juge de paix n'est incompétent que si la possession a un caractère acquisitif de propriété. Si le possesseur se contente de discuter l'exactitude des énonciations de contenance ou de limites que renferme le titre de propriété de son adversaire, s'il argumente simplement de leur exagération possible ou probable, le juge de paix restera compétent. Le possesseur soutient-il qu'il a prescrit ou, invoquant la doctrine admise en matière de preuve du droit de propriété, prétend-il que sa possession, même d'une durée insuffisante pour la prescription, doit l'emporter sur le titre de l'autre partie parce qu'elle remonterait à une époque antérieure à ce titre (V. *infra*, v° *Propriété*), le débat prendra toutes les proportions d'une question de propriété, et devra être porté devant le juge du pétitoire.

113. — *Troisième hypothèse. — Toutes les parties sont dépourvues de titres et n'excipent que de leur possession ou de documents ne constituant pas des titres de propriété.* — La règle à suivre est fort simple. — Si les parties discutent sur l'étendue respective de leur possession actuelle, et lorsque le juge de paix n'aura qu'à consulter l'état des lieux ou tous autres documents propres à l'éclairer sur le fait matériel des possessions réciproquement invoquées, sa compétence ne saurait être mise en doute. Le juge de paix devrait, au contraire, incontestablement se dessaisir, si, contre la possession actuelle, un ancien possesseur invoquait la prescription. Alors, en effet, les parties se trouveraient dans toutes les conditions d'un débat dont la solution serait subordonnée aux vérifications et à l'examen du juge de la propriété. Y a-t-il, pour l'une d'elles, prescription accomplie l'empor-

tant sur la possession non acquisitive de l'autre? Au contraire, demandeur et défendeur n'ont-ils que de simples possessions dépourvues, d'un côté comme de l'autre, de tout caractère acquisitif, et entre lesquelles le fait actuel de la possession est prédominant? Le désaccord des parties sur ce point soulève une question de propriété des mieux définies, et le juge de paix est, par conséquent, tenu de se déclarer incompétent, en vertu des règles tracées par la jurisprudence. On a jugé, par exemple, qu'il y a contestation sur la propriété, et, en conséquence, nécessité pour le juge de l'action en bornage de se déclarer incompétent, dans le cas où une commune, assignée en bornage, revendique la propriété des terrains litigieux, en soutenant qu'ils lui ont été attribués comme terres vaines et vagues par les lois des 28 août 1792 et 10 juin 1793, et en excipant, en tout cas, de la prescription résultant d'une possession trentenaire dans les conditions légales, les prétentions contradictoires des parties sur ces prétendus titres de la commune constituant un débat précis et une contestation sérieuse (Civ. cass. 3 janv. 1872, aff. Commune d'Avillers, D. P. 72. 1. 141. V. encore Civ. cass. 28 févr. 1870, aff. Gibert, D. P. 70. 1. 98). — D'autre part, il a été jugé que la demande en maintien de la possession ne constitue une contestation de la propriété ou des titres que lorsque cette possession est invoquée comme une cause acquisitive de la propriété, pouvant servir de fondement à la prescription, et que la demande tendant à ce que le bornage soit effectué selon la possession actuelle des parties ne soulève pas de question de propriété ou d'interprétation de titres contestés; que, par suite, elle ne sort pas de la compétence du juge de paix (Req. 12 févr. 1879, aff. Platret, D. P. 79. 1. 463).

114. Quelle est, en définitive, la doctrine générale qui peut être déduite des règles particulières que l'on vient d'exposer suivant les diverses situations dans lesquelles le litige peut se présenter? M. Brésillion, dans une étude très complète et très approfondie des difficultés que présente la question, étude insérée D. P. 66. 1. 97, et à laquelle nous avons emprunté une grande partie des observations qui précèdent, a déduit, comme conclusion de son étude, les deux propositions suivantes, qui résument toute la question.

115. — *Première proposition.* — L'action a les caractères d'une simple action en bornage de la compétence du juge de paix, toutes les fois qu'aucune des parties ne peut se plaindre d'un empiétement, ou lorsqu'il n'est pas articulé que l'empiétement, commis au moyen d'actes d'usurpation successifs et insensibles, soit couvert par l'effet d'une cause

acquisitive de propriété. Aussi le juge de paix, compétent, sans difficulté, quand les parties se contentent de demander l'application littérale de leurs titres accompagnés de possession conforme (Civ. rej. 26 avr. 1865, aff. Pelotier, D. P. 65. 1. 269, V. *suprà*, n° 106) conserve-t-il encore sa mission : — 1° Quand l'impossibilité de donner satisfaction aux titres respectifs, à raison de l'insuffisance de contenance des immeubles à partager, n'est combattue qu'au moyen d'articulations dont l'unique effet est de rendre nécessaire l'extension du bornage à d'autres propriétés, ou par la comparaison des dates de chacun des titres, comparaison décisive peut-être lorsque le juge est forcé d'opter entre des titres s'appliquant à un immeuble unique, mais insignifiante si la conciliation est possible, parce qu'il n'y a qu'une simple contradiction de limites. Tel est, par exemple, le cas où il s'agit simplement d'appliquer des titres aux propriétés soumises au bornage, pour faire subir à ces propriétés, dont la contenance totale est inférieure à celle résultant des titres produits, une réduction soit proportionnelle (Req. 19 juill. 1852, aff. Baudot, D. P. 54. 1. 432), soit fixée d'après l'état des lieux et les documents de la cause (Civ. rej. 6 août 1860, aff. Lucas, D. P. 60. 1. 328, V. *suprà*, n° 107) ; — 2° Quand le voisin auquel on reproche de posséder plus que ne lui accorde son titre, par suite d'actes d'envahissement répétés, alors que son voisin possède moins que ne lui donne son propre titre, veut faire maintenir l'excédent dans les limites de son héritage, en s'armant contre le titre du voisin de sa seule possession, sans soutenir qu'il a prescrit. Le juge de paix ne saurait, en effet, se trouver dessaisi parce que, pour échapper au bornage réclamé devant lui, l'une des parties se contente de prétendre que sa possession actuelle, portant sur une contenance plus considérable que celle désignée dans son titre, doit la faire présumer propriétaire de la totalité de cette contenance, sans alléguer en faire un élément d'acquisition de la propriété » (Req. 19 nov. 1845, aff. Lesueur, D. P. 46. 1. 150; 19 juill. 1852, précité; 23 avr. 1873) (1). Peu importe que l'action puisse alors aboutir au délaissement ou au dessaisissement de l'excédent de terrain que possède l'un des voisins. C'est la conséquence naturelle de l'action en bornage ; — 3° Quand l'un des propriétaires contigus, accusé d'envahissement, refuse d'accepter les limites réclamées par son voisin fondé en titre, et qui sont conformes à ce titre, alors que lui n'en produit pas, et n'excipe non plus d'aucune prescription ; — 4° Quand, à défaut, par toutes les parties, de production de titres, le juge

---

(1) (Cherbuy C. Breuillé.) — Sur l'appel formé contre une sentence du juge de paix de Courson, le 29 nov. 1871, le tribunal civil d'Auxerre a rendu le 26 juin 1872 le jugement suivant : — « Sur la compétence : — Attendu que le juge de paix avait été saisi par la veuve Breuillé d'une demande en bornage; que cette action n'a pas le caractère de l'action pétitoire, mais qu'elle est, de sa nature, essentiellement possessoire, conformément à la loi du 25 mai 1838, art. 6, § 2; qu'en effet, elle a pour conséquence de déterminer la ligne séparative formant la limite d'immeubles appartenant à deux propriétaires limitrophes; que la compétence du juge de paix doit toujours cesser, lorsque la propriété ou les titres qui l'établissent sont contestés par l'une des parties; — Attendu que dans l'espèce, Cherbuy n'a pas contesté les droits de propriété de la dame Breuillé, en sa qualité d'héritière de François Guillodod, son père, ainsi que les divers documents relatifs au cadastre de la commune de Chatenay fournis par ladite dame à l'appui de sa propriété; — Attendu que la veuve Breuillé ne conteste pas davantage le titre remis par Cherbuy à l'expert, nommé par le juge de paix, relatif à la maison achetée par Cherbuy, le 7 mai 1860; — Qu'ainsi les débats sur lesquels roule le différend des parties ne portent pas évidemment sur le fond du droit de propriété des immeubles limitrophes, mais sur la fixation de la ligne de démarcation de leurs limites; que le juge de paix avait qualité pour fixer cette limite, bien que Cherbuy eût déclaré contester la ligne de démarcation proposée par l'expert et, par suite, la compétence du juge de paix; ... — Au fond : — Attendu que le titre présenté par Cherbuy ne contient aucune énonciation utile, relativement à l'immeuble soumis au bornage; que les faits par lui invoqués étaient insuffisants pour établir même un simple droit de possession en sa faveur au delà de la limite proposée par l'expert; — Attendu que la démarcation adoptée par le juge de paix repose sur le rapport de l'expert, l'examen des lieux fait par le magistrat, la déposition de divers témoins entendus par lui, l'existence d'une haie;... — Que ce magistrat a fait une juste appréciation des droits des parties, etc. ». — Pourvoi en cassation par le sieur Cherbuy, pour violation de l'art. 5, § 2, de la loi du 25 mai 1838 et des règles de la compétence, en ce que le jugement attaqué, sur une action en bornage, alors que l'exposant contestait expressément la propriété et, par suite, la compétence du juge de paix, a néanmoins retenu la connaissance du litige et a statué au fond. — Arrêt.

La cour; — Sur le moyen unique de cassation, pris de la violation de l'art. 6, § 2, de la loi du 25 mai 1838 : — Attendu que l'action portée par la défenderesse éventuelle devant le juge de paix de Courson n'a eu pour objet que le bornage des héritages contigus des parties, dont les limites étaient devenues incertaines; — Attendu qu'il appartenait à ce magistrat d'examiner, en vue de l'opération à laquelle il était appelé à procéder, si le titre produit par le demandeur justifiait à la portion de terrain que celui-ci prétendait se faire attribuer au delà de la limite indiquée par l'expert; — Que le débat qui a pu s'élever, à ce sujet, entre les parties, ne constituait point une contestation sur les titres, de nature à faire cesser la compétence du juge de paix; — Attendu, d'un autre côté, que le demandeur n'a pas invoqué la prescription, à son profit, du terrain dont il s'agit; qu'il ne s'est prévalu que de sa possession actuelle dans laquelle il demandait à être maintenu; — Qu'il n'y a donc pas eu davantage de contestation sur la propriété, et que le débat n'a porté en réalité que sur les limites des héritages des parties; — Que le juge de paix, en déterminant ces limites, tant d'après la possession respective des parties, telle qu'il l'a appréciée, et d'après l'état matériel des fonds, que d'après les traces d'anciennes délimitations et les indications du cadastre, s'est renfermé dans l'objet et les termes de sa mission légale; — D'où il suit que le jugement attaqué, qui a confirmé la sentence du premier juge, loin d'avoir violé le texte de loi invoqué par le pourvoi, en a fait, au contraire, une juste application; — Rejette, etc.

Du 23 avr. 1873.-Ch. req.-MM. de Raynal, pr.-Rau, rap.-Babinet, av. gén., c. conf.-Godin, av.

de paix n'a qu'à consulter et vérifier les possessions actuelles, préalablement fixées au possessoire, s'il y a lieu, ou tous documents de nature à l'éclairer, sans que l'un des voisins demande à faire prévaloir sur la possession actuelle de son voisin une précédente possession, à l'aide de laquelle il soutiendrait qu'au moment de sa dépossession, il était déjà devenu propriétaire, par suite de prescription (Civ. cass. 27 févr. 1860, aff. Isambert, D. P. 60. 1. 137, V. *suprà*, n° 109; Req. 12 févr. 1879, aff. Platret, D. P. 79. 1. 463). — Dans tous ces cas, le juge du bornage appliquera les titres ou les possessions respectivement invoqués devant lui, en ordonnant les délaissements rendus nécessaires par les empiétements qu'il aura constatés.

116. — *Deuxième proposition.* — Le tribunal civil est seul compétent lorsque, d'une part, des empiétements sont reprochés à l'un des voisins, et que, d'autre part, il arrive soit que le prétendu usurpateur excipe d'actes acquisitifs de la propriété de tout l'héritage qu'il possède, y compris la portion qu'il aurait usurpée, soit que le demandeur lui-même s'est constitué véritable revendiquant. Il en est ainsi: 1° lorsque l'une des parties, poursuivant sa réintégration dans une portion de son héritage, qu'elle prétend avoir été envahie par l'autre, veut faire prévaloir son titre soit contre une possession confirmée par le titre du prétendu usurpateur (Civ. cass. 28 févr. 1870, aff. Gibert, D. P. 70. 1. 98-99, V. *suprà*, n° 95; Civ. rej. 16 mars 1870, aff. Neudin, D. P. 71. 1. 132; Civ. cass. 3 janv. 1872, aff. Commune d'Avillers, D. P. 72. 1. 141; 17 mai 1882, aff. Cretin, D. P.83. 1. 412; Req. 19 oct. 1885 (1), soit contre des articulations propres à expliquer l'origine du déficit dont elle souffre (Civ. cass. 24 juill. 1860, aff. Lefranc, D. P. 60. 1. 320; 19 août 1878, aff. Montier, D. P. 79. 1. 131) — ; 2° Lorsque le titre de l'une des parties entre en lutte avec une possession que contredit, il est vrai, le titre même du possesseur, mais que celui-ci cherche à placer sous la protection soit de son antériorité sur le titre produit contre lui, par exemple, en invoquant un ancien bornage soutenu par une longue possession (Req. 11 août 1851, aff. Haudecœur, D. P. 51. 1. 206; Civ. cass. 10 déc. 1862, aff. Thiébaut, D. P. 63. 1. 29), soit de la prescription (Douai, 19 janv. 1848, aff. Daumalle, D. P. 49. 5. 60; Civ. cass. 18 mai 1859, aff. Maillard, D. P. 59. 1. 193; 8 août 1859, aff. Rommier, D. P. 59. 1. 344; 15 déc. 1868, aff. Joyaux, D. P. 69. 1. 80; 24 juin 1879, aff. Lecerf, D. P. 79. 1. 288; Demolombe, t. 11, n° 250; Bench, *Des justices de paix*, n° 274; Aubry et Rau, t. 2, p. 229 *b*. V. *suprà*, n° 110); — 3° Lorsque le titre de l'une des parties rencontre, soit une possession adverse non accompagnée d'un titre, mais que le possesseur soutient être préférable au titre invoqué en se fondant sur les mêmes raisons d'antériorité ou de durée, soit une possession que le demandeur reconnaît lui-même n'être pas la conséquence d'empiétements indéterminés (Civ. cass. 10 févr. 1873, aff. Lorel, D. P. 73. 1. 380, V. *suprà*, n° 111; Req. 26 mars 1879, aff. Vallet, D. P. 81. 1. 83-84); — 4° Lorsqu'il y a conflit entre deux possessions, dont l'une aurait été acquisitive pour celui qui l'a perdue, alors que l'autre ne créerait qu'une simple présomption de propriété pour celui qui s'en trouve investi. Ce conflit soulève, en effet, une question de propriété dont la solution est subordonnée aux vérifications et à l'examen du juge de la propriété (Civ. cass. 15 déc. 1868, aff. Joyaux, D. P. 69. 1. 80; 25 août 1880, aff. Jeanpierre, D. P. 81. 1. 64). — Dans ces différentes hypothèses, la partie qui demande sa réintégration dans la portion de terrain qu'elle dit avoir été usurpée sur elle, devra

prouver que le déficit dont elle se plaint est imputable au défendeur, si celui-ci est suffisamment protégé par sa seule possession; au contraire, le défendeur sera tenu de justifier de sa propriété, si sa possession ne lui est utile (et n'a amené le dessaisissement du juge du bornage) que parce qu'il a articulé qu'elle était acquisitive.

117. En dehors des cas qui viennent d'être examinés nous citerons quelques espèces particulières, dans lesquelles la jurisprudence a eu à faire application des règles qui viennent d'être exposées.

Le juge de paix est certainement incompétent, lorsque le défendeur revendique lui-même une portion déterminée des terrains à borner; il s'agit bien, en effet, en pareil cas, d'une contestation sur la propriété. Mais lorsque la revendication est exercée non par le défendeur au bornage mais par un tiers, le juge de paix doit-il se déclarer incompétent?

En principe, il ne semble pas que l'opération du bornage doive être arrêtée par la circonstance qu'une personne étrangère à l'instance se prétendrait propriétaire de tout ou partie de l'un des immeubles dont le bornage est demandé. La décision du juge de paix laisse entière cette prétention, que le tiers sera toujours libre de faire juger par les tribunaux compétents, et qui ne portera pas plus atteinte à l'opération du bornage, que ne la remettrait en question toute autre action tendant, de la part d'un tiers, à enlever à l'une des parties la propriété de quelque parcelle de l'immeuble dont elle se trouve être détentrice par suite de ce bornage. — Toutefois, il n'en est plus ainsi quand la contestation élevée par le tiers, et sur laquelle se fonde le défendeur à l'action en bornage pour faire déclarer l'incompétence du juge de paix, peut intéresser la détermination même des limites que le magistrat a appelé à fixer. C'est ce qui arrive toutes les fois que le succès de l'action exercée par le tiers est de nature à entraîner dans l'ensemble des propriétés soumises au bornage une différence de contenance à répartir entre ces diverses propriétés. Le juge de paix ne peut pas alors procéder à une constatation de limites dont la fixation dépend de l'issue du procès en revendication, et il doit, ou surseoir, pour statuer après le jugement de l'action en revendication, si les parties ne joignent pas l'instance en bornage à l'instance engagée sur cette action et si aucune contestation ne s'élève sur la nécessité de la répartition du déficit entre les propriétaires des immeubles à borner (V. *suprà*, n° 110), ou, dans le cas contraire, se déclarer incompétent. Par exemple, une instance en bornage de deux terrains contigus, dont l'un doit avoir, en vertu d'un acte de partage passé entre les propriétaires des deux terrains, une contenance déterminée, sous la garantie du propriétaire de l'autre, cesse d'être de la compétence du juge de paix, si les limites à partir desquelles ce terrain doit être mesuré sont, de la part d'un tiers, l'objet d'une contestation, le succès de cette contestation pouvant donner lieu à une demande en garantie et à de nouveaux abandons de terrains, et le juge de paix ne pouvant procéder à une opération de bornage de nature à créer de telles éventualités (Civ. cass. 27 nov. 1860, aff. de Forestier, D. P. 61. 1. 10). — De même, lorsque dans une instance en bornage introduite devant le juge de paix, en vertu de l'art. 6 de la loi du 25 mai 1838, il est reconnu que le bornage proposé par l'expert ne peut recevoir d'exécution que du consentement des propriétaires voisins, sur le terrain desquels le défendeur doit reprendre, à son tour, la portion de son héritage à restituer au demandeur, le refus du défendeur d'adhérer au bornage, à raison de l'absence de ces voisins au procès,

(1) (Vernerte C. Lantier.) — LA COUR; — Sur le moyen unique du pourvoi, tiré de la violation et fausse application de l'art. 6 de la loi du 25 mai 1838: — Attendu qu'aux termes de la loi ci-dessus visée, le juge saisi d'une action en bornage cesse d'être compétent lorsque, pendant le cours de l'instance, il s'élève une contestation sérieuse sur la propriété des terrains contigus, de telle sorte que l'attribution faite à l'une des parties puisse porter atteinte aux droits prétendus par l'autre; que la compétence du magistrat cesse également si, pour la fixation de la ligne divisoire de ces terrains, les parties s'appuient respectivement sur des titres dont il est nécessaire d'apprécier la valeur probante; — Attendu qu'il résulte tant du jugement attaqué que des divers documents de la cause, notamment de l'expertise ordonnée par le juge de paix et homologuée par lui, d'un côté, que les parties

étaient en complet désaccord sur les points où se rencontraient leurs propriétés, et que la détermination de ces points devait attribuer à l'une ou à l'autre une zone de terrain à bâtir, à laquelle chacune d'elles prétendait droit; que d'un autre côté, elles fondaient leurs prétentions sur des titres de diverses dates et origines, dont il était impossible de faire l'application aux lieux, avant d'en avoir apprécié la valeur et décidé lequel devait prévaloir; — Attendu que, dans ces conditions de droit et de fait, c'est avec raison que le jugement attaqué a déclaré que le juge de paix de Béziers était incompétent pour statuer sur le litige qui lui avait été soumis;
Par ces motifs, rejette, etc.
Du 19 oct. 1885.-Ch. req.-MM. Bédarrides, pr.-Bécot, rap.-Chévrier, av. gén., c. conf.-Sabatier, av.

soulève une question de propriété qui sort de la compétence du juge de paix (Civ. cass. 22 juin 1859, aff. Cottin, D. P. 59. 1. 295).

118. Le juge de paix est encore incompétent pour statuer sur une action en délimitation intentée par les défendeurs à une poursuite correctionnelle pour avoir coupé des arbres sur le terrain d'autrui, et tendant à faire déclarer que les arbres ont été coupés sur leurs terrains. En effet, l'instance qui, dans un tel cas, s'exerce au civil, constitue, non une action possessoire en bornage, mais une action pétitoire en revendication d'immeuble qui est, dès lors, étrangère à la juridiction du juge de paix (Req. 21 mai 1884, aff. Bourqueney, D. P. 84. 1. 446).

119. Quand le juge de paix doit se déclarer incompétent, c'est à titre d'action en bornage que l'action est portée devant les tribunaux ordinaires, et non pas seulement pour la solution de la question de propriété. Il y a donc lieu, en ce cas, de la part du juge de paix, à une déclaration d'incompétence, et non pas à un simple sursis au bornage jusqu'à la décision à intervenir sur la question de propriété. La compétence exceptionnellement accordée au juge de paix en matière de bornage est, en effet, subordonnée à la condition qu'aucune contestation ne soit élevée sur la propriété ou sur les titres. Si une contestation quelconque de cette nature s'élève, cette compétence doit cesser d'une façon complète (Rép. n° 26; Civ. cass. 8 août 1859, aff. Rommier, D. P. 59. 1. 344; 24 juill. 1860, aff. Lefranc, D. P. 1. 320; 28 févr. 1870, aff. Gibert, D. P. 70. 1. 98-99; 3 janv. 1872, aff. Commune d'Avillers, D. P. 72. 1. 141; Req. 4 mars 1872, aff. Peyret, D. P. 74. 1. 23-24; Civ. cass. 10 févr. 1873, aff. Lorel, D. P. 73. 1. 380 ; 24 févr. 1875, cité *suprà*, n° 99 ; 20 juin 1877, aff. Dodet, D. P. 77. 1. 392; 18 juin 1884, aff. Barbarant, D. P. 85. 1. 213 ; Carou, t. 1, n° 499 ; Curasson, t. 2, p. 456; Jaccotton, *Actions civiles*, n° 37; Aubry et Rau, t. 2, p. 230. — V. cependant : Motifs, Civ. cass. 17 mai 1882, aff. Cretin, D. P. 83. 1. 412. — V. en sens contraire : Masson, *Commentaire de la loi sur les justices de paix*, n° 242; Millet, *Traité théorique et pratique du bornage*, p. 500; Benech, p. 275; Jay, n° 151).

120. La contestation sur la propriété ou sur les titres, qui rend le juge de paix incompétent, peut être élevée en tout état de cause, notamment après une descente sur les lieux contentieux et une expertise (Civ. cass. 25 juill. 1848, aff. Tastemain, D. P. 52. 5. 55)... ou même le jugement ordonnant le dépôt des titres de propriété des parties ainsi que l'arpentage de leurs héritages respectifs, le jugement ne constituant qu'une simple mesure préparatoire sans autorité en ce qui concerne la compétence du juge de paix (Civ. cass. 10 déc. 1862, aff. Thiébaut, D. P. 63. 1. 29-30)... et même en appel : le tribunal, juge d'appel, à qui une telle contestation est soumise doit immédiatement se déclarer incompétent; les mêmes causes d'incompétence existent, en effet, pour lui que pour le juge de paix, juge du premier degré (Civ. rej. 16 mars 1870, aff. Neudin, D. P. 71. 1. 132; Civ. cass. 24 févr. 1875, cité *suprà*, n° 99 ; 19 août 1878, aff. Montier, D. P. 79. 1. 131; 24 juin 1879, aff. Lecerf, D. P. 79. 1. 288, 17 mai 1882, aff. Cretin, D. P. 83. 1. 412; 29 juill. 1884, aff. Le Marouille, D. P. 85. 1. 52; Jay, n° 62; Aubry et Rau, t. 2, p. 230. Conf. Dissertation de M. Glasson, D. P. 84. 2. 201). — La même règle est appliquée en matière d'actions possessoires (V. *Rép.* v° *Action possessoire*, n°s 802 et suiv.).

121. L'incompétence du juge de paix, et du tribunal civil comme juge d'appel, pour trancher une question de cette nature, est, d'ailleurs, radicale et ne saurait être couverte par le consentement que les parties pourraient donner à ce que la juridiction du juge de bornage fût prorogée sur ce point (Civ. cass. 20 juin 1877, aff. Dodet, D. P. 77. 1. 392). Ainsi, il y a lieu d'annuler la sentence d'un juge de paix qui, saisi d'une instance en bornage, au cours de laquelle s'est produite une contestation fondée sur un acte de partage, après avoir sursis au jugement de l'affaire, a, le délai expiré sans que ladite contestation ait été portée devant les tribunaux compétents, décidé que l'acte de partage invoqué devant lui contenait une erreur dans l'indication d'une pièce de terre attribuée par ledit acte à l'une des parties (Même arrêt).

122. — **II.** ACTIONS RELATIVES AUX DISTANCES PRESCRITES POUR LES PLANTATIONS. — Comme on l'a vu au *Rép.* n° 274,

la compétence du juge de paix pour connaître de ces actions cesse non seulement quand il y a contestation sur les limites des héritages contigus, et par suite, sur la propriété même du sol, mais toutes les fois que le défendeur s'appuie sur des titres qui lui attribueraient le droit de maintenir ses plantations en deçà de la distance légale et qui sont contestés par le demandeur. Cette solution, qui résultait déjà d'un arrêt de cassation du 20 juill. 1847, rapporté au *Rép. ibid.*, a été confirmée par de nouveaux arrêts. Elle a été appliquée, notamment, dans une espèce où le défendeur à l'action en suppression d'arbres plantés à la distance légale se prévalait « pour faire maintenir l'état des choses, d'une servitude par lui acquise au regard du demandeur et résultant tout à la fois d'un titre et de la destination du père de famille » (Civ. cass. 19 août 1878, aff. Montier, D. P. 79. 1. 131). Il a été décidé, de même, que le juge de paix n'est pas compétent pour connaître d'une demande en suppression de souches d'arbres qui ne seraient pas à la distance légale des limites d'un bois taillis, lorsque le propriétaire de ce bois prétend les conserver à titre de servitude résultant de la destination du père de famille constatée dans son acte d'acquisition (Civ. cass. 9 mars 1880, aff. Faure, D. P. 80. 1. 295). — Mais le juge de paix, compétent pour connaître des actions relatives à la distance prescrite pour les plantations d'arbres de haute tige, l'est aussi pour statuer sur toutes les exceptions opposées à cette action autres que celles tirées de la propriété ou des titres, et notamment sur l'exception tirée de l'acquisition, par la prescription, du droit de s'affranchir de la distance légale (Civ. cass. 13 mars 1850, aff. Bureau, D. P. 50. 1. 88).

123. Il est constant que la compétence des juges de paix pour connaître des actions concernant la distance à observer dans les plantations d'arbres s'applique non seulement aux plantations faites de main d'homme, mais encore aux arbres formant un produit naturel du sol. C'est ce que décide l'arrêt du 13 mars 1850, cité *suprà*, n° 122. En effet, comme le dit cet arrêt, il n'y aurait aucune raison de distinguer, et, d'ailleurs, le mot *plantations* est employé par l'art. 6 dans le sens le plus général.

§ 3. — Actions relatives aux travaux énoncés dans l'art. 674 c. civ. (*Rép.* n°s 278 à 283).

124. La question de savoir si le juge de paix n'est compétent que pour les actions tendant à faire appliquer aux constructions et travaux mentionnés dans l'art. 674 c. civ. les prescriptions des règlements et usages locaux, ou s'il peut, en général, connaître de toutes les contestations relatives à ces travaux, notamment des demandes d'indemnités réclamées, alors même qu'il est certain que les usages locaux ont été observés (*Rép.* n° 279), reste controversée. L'opinion la plus généralement suivie par les auteurs est que les juges de paix doivent connaître de toutes les difficultés qui peuvent surgir à l'occasion des travaux énoncés dans l'art. 674 c. civ. (Curasson, 4° éd., t. 2, p. 680, n° 791 ; Carou, p. 529; Bourbeau, n° 263).

Mais, du moins, faut-t-il pour que la disposition de l'art. 6, n° 3, soit applicable, que la contestation ait pour cause l'exécution de travaux prévus par l'art. 674. C'est ce qui résulte de la jurisprudence la plus récente de la cour de cassation. Ainsi, il a été décidé que le juge de paix est incompétent pour connaître d'une demande motivée par la construction d'un puisard, non sur ce que ce puisard aurait été creusé trop près du mur séparant le fonds du demandeur de celui du défendeur, et endommagerait ce mur, mais sur ce que, par suite d'infiltrations, il amènerait des eaux dans une cave du demandeur (Civ. cass. 30 avr. 1873, aff. Broussignac, D. P. 73. 1. 384); — Ou d'une demande d'une valeur indéterminée, fondée uniquement sur ce que des infiltrations malsaines, provenant de la propriété du défendeur, causent un dommage à celle du demandeur (Trib. Châtillon-sur-Seine; 13 juill. 1881, aff. Faucillon, D. P. 82. 3. 94); — ... Ou enfin d'une demande tendant à faire ordonner les travaux nécessaires pour faire cesser les infiltrations provenant d'une fosse commune à deux maisons en rendant cette fosse étanche (Req. 6 déc. 1886, aff. Paul, D. P. 87. 1. 223).

125. On a vu au *Rép.* n° 282 que le juge de paix ne peut statuer sur une demande qui mettrait en question le caractère mitoyen du mûr auquel seraient adossés, ou dans lesquels seraient pratiqués les travaux. Il en serait ainsi, par exemple, si l'auteur des constructions faites, sans les précautions requises, contre le mur séparatif de deux héritages, prétendait être propriétaire exclusif de ce mur, cas dans lequel ne s'appliquerait pas l'art. 674 c. civ. Il a été jugé, par application de cette règle, que l'action en démolition de travaux opérés dans un mur mitoyen où se trouvent des latrines appartenant au demandeur, latrines que ces travaux rendraient impropres à leur destination, et la demande reconventionnellement formée par le défendeur en démolition des mêmes latrines, contrairement à la prétention du demandeur de les conserver, comme les ayant établies sur son terrain, et en tous cas par l'effet de la prescription, soulèvent une question de propriété de la compétence des tribunaux civils, et non de celle du juge de paix (Req. 13 nov. 1860, aff. Labarrère, D. P. 61. 1. 197. — V. toutefois la note sur cet arrêt, *ibid.*).

126. L'incompétence des tribunaux civils à l'égard des actions relatives aux constructions et travaux énoncés dans l'art. 674 c. civ., lorsque la propriété ou la mitoyenneté du mur ne sont pas contestées, actions qui doivent être, en ce cas, portées devant le juge de paix, est-elle couverte par le silence des parties? Cette question fort controversée et examinée au *Rép.* v° *Compétence civile des tribunaux d'arrondissement*, n° 215 et suiv., où sont exposés les systèmes divers auxquels elle a donné lieu, a été résolue affirmativement par un arrêt de la cour de Pau le 4 août 1859 (aff. Labarrère, D. P. 61. 1. 197).

§ 4. — Demandes de pensions alimentaires (*Rép.* n° 284 à 294).

127. On a exposé au *Rép.* n° 284 et suiv. dans quelles conditions les demandes de pensions alimentaires sont de la compétence des juges de paix. Aux termes de l'art. 6 de la loi du 25 mai 1838, elles doivent ne pas excéder 150 fr. et être formées en vertu des art. 205, 206 et 207 du code civil. — Les projets de loi relatifs à l'extension de la compétence des juges de paix (V. *supra*, n° 2 et 3) de 1883 et de 1885 élevaient le montant des pensions alimentaires pour lesquelles les juge de paix sont compétents au chiffre total de 500 fr.

La portée de la condition suivant laquelle ces demandes doivent être formées en vertu des art. 205, 206 et 207 c. civ. donne toujours lieu à des difficultés en doctrine; mais la rareté des demandes de cette nature n'a pas permis à la jurisprudence de faire cesser les hésitations qui se sont produites au sujet de certaines questions qui ont été examinées au *Répertoire*. — On y a dit (n° 286 et 287) que les demandes en pensions alimentaires sont de la compétence des juges de paix, lors même qu'elles sont formées par ou contre des enfants naturels, à moins qu'il n'y ait contestation sur la qualité d'enfant naturel et qu'il en soit de même à l'égard des enfants adoptifs à la condition que l'existence ou la validité de l'adoption ne soit pas disputée. Cette doctrine a été contestée par certains auteurs, notamment par Curasson, 4° éd., t. 2, n° 806. « Pour ce qui concerne les enfants illégitimes, dit-il, ce n'est point dans les art. 205 et suiv. concernant le mariage que l'obligation alimentaire peut être puisée, mais bien dans le droit naturel et les rapports que le chapitre 4 du code, relatif aux successions irrégulières, établit entre ces enfants et leur père et mère. Si la loi nouvelle a cru devoir attribuer aux juges de paix la connaissance des pensions alimentaires en ce qui concerne les enfants nés du mariage, c'est qu'il ne peut s'élever aucune discussion sur le titre de créance : il ne s'agit que d'une appréciation de faits, de constater les besoins de celui qui réclame la pension et les ressources de celui qui la doit. En ce qui concerne les enfants naturels, au contraire, la demande d'aliments peut présenter de graves questions à résoudre, etc. ». Mais cette argumentation repose sur une erreur : les questions qui préoccupent le savant auteur ne peuvent être soulevées, puisque le juge de paix cesserait d'être compétent dès que la qualité de l'enfant naturel ferait l'objet d'une contestation, et qu'il devrait surseoir à statuer jusqu'à ce que le tribunal civil eût statué au fond. Nous croyons donc que la compétence du juge de paix existe alors même que la demande de pension alimentaire est formée entre parents naturels. Il en est de même en ce qui concerne les enfants adoptifs; en effet, l'art. 349, qui dispose que l'adoptant et l'adopté se doivent réciproquement des aliments, exprime trop nettement que c'est au même titre qu'entre le père et la mère et leurs enfants légitimes pour que le doute soit possible.

ART. 6. — *De la prorogation de la compétence des juges de paix* (*Rép.* n° 295 à 334).

§ 1er. — Prorogation légale (demandes reconventionnelles ; demandes réunies dans la même instance) (*Rép.* n° 295 à 317).

128. On a vu au *Rép.* n° 295 et suiv. quelle est en principe l'étendue que le législateur a entendu assigner à la compétence du juge de paix en ce qui concerne les demandes reconventionnelles ou en compensation et les demandes en dommages-intérêts fondées exclusivement sur la demande principale elle-même. On a vu que les demandes reconventionnelles ne sont recevables qu'autant qu'elles n'excèdent pas elles-mêmes le taux de la compétence des juges de paix et qu'elles rentrent par leur nature dans les matières dont il appartient aux magistrats de connaître. — Ainsi, le juge de paix, saisi d'une demande formée par une compagnie d'assurances en payement des cotisations dues par l'assuré est compétent pour connaître de la demande reconventionnelle formée, de son côté, par l'assuré contre la compagnie, en restitution de frais d'administration et de primes d'assurances payées, depuis la résiliation du contrat, si la somme répétée est inférieure au taux de la compétence du juge de paix (Req. 27 juin 1860, aff. Comp. *la Bretagne*, D. P. 61. 1. 106). Au contraire, le juge de paix, saisi d'une action en complainte formée par le propriétaire d'un fonds enclavé, troublé dans l'exercice de son droit de passage sur le fonds du voisin, est incompétent pour connaître de la demande incidente ou reconventionnelle de ce dernier, tendant au payement, pendant la durée indéfinie de la servitude, d'une indemnité annuelle, quelque faible qu'en soit le chiffre, ou d'un droit de pacage de valeur équivalente (Civ. cass. 30 mars 1864, aff. Rohaut, D. P. 64. 1. 159).

129. Mais il faut se garder de confondre avec les demandes reconventionnelles les exceptions qui peuvent être opposées à la demande principale. Pour ces dernières on admet que le juge de l'action est le juge de l'exception présentée comme défense, alors même que cette exception soulèverait une question ne rentrant pas dans sa compétence, à moins toutefois que la connaissance ne lui en ait été interdite par une disposition formelle de la loi. On applique, en pareil cas, cette règle qu'on a déjà eu occasion de signaler *supra*, n° 10 et suiv., et suivant laquelle le juge de paix est compétent lorsque la question soulevée devant lui ne l'est qu'à titre de moyen de défense à apprécier dans les motifs de la sentence, et qu'il n'a, par conséquent, à statuer dans le dispositif que sur la demande primitive qui est supposée rentrer dans ses attributions. Si, au contraire, la question incidente est soulevée par le défendeur au moyen de conclusions reconventionnelles, à résoudre dans le dispositif de la sentence, le juge de paix est incompétent et peut soit statuer sur la demande principale seule, soit renvoyer les parties devant le juge compétent pour connaître à la fois de la demande principale et de la demande reconventionnelle (Civ. cass. 25 févr. 1867, aff. Maupinot-Labassi, D. P. 67. 1. 79). La jurisprudence que nous avons recueillie a fait de nombreuses applications de cette règle. En matière d'assurances notamment, elle a déclaré le juge de paix compétent pour connaître de la question de résolution du contrat d'assurance, en vertu duquel des primes inférieures à 200 fr. étaient réclamées parce que cette question n'était soulevée qu'à titre de moyen de défense (Civ. cass. 22 juill. 1861, aff. Compagnie d'assurances *la Lyonnaise*, D. P. 61. 1. 306 ; 27 avr. 1875, aff. Compagnie d'assurances *l'Aigle*, D. P. 75. 1. 423). — Au contraire, elle a jugé le juge de paix était incompétent dans les cas où la question de résolution mettait en question l'existence et la portée du titre (Civ. cass. 25 févr. 1867, aff. Maupinot-Labassi, D. P. 67. 1. 79; 9 févr. 1880, aff. Muller, D. P. 81. 1. 296).

130. L'art. 7 de la loi du 25 mai 1838 dispose que les juges de paix connaîtront, quel qu'en soit le chiffre, des

demandes reconventionnelles en dommages-intérêts fondées *exclusivement* sur la demande principale elle-même. Mais la loi n'a pas dit si les juges de paix connaîtraient de ces demandes, fondées uniquement sur la demande principale, en premier ou en dernier ressort, lorsqu'elles excèdent le taux de leur dernier ressort. En jurisprudence, la négative, qui refuse au juge de paix le droit de statuer en dernier ressort, lorsque les deux demandes ne rentrent pas également dans les limites de sa compétence en dernier ressort, déjà adoptée par la cour de cassation dans un arrêt du 10 janv. 1847 (*Rép.* n° 303), semble définitivement admise, et c'est avec raison à notre avis.

En principe, en effet, le juge, saisi d'une demande principale et d'une demande reconventionnelle, ne peut statuer sur les deux demandes qu'à charge d'appel, lorsque l'une d'elles est supérieure au taux du dernier ressort. Ce principe est établi, pour les tribunaux de première instance, par l'art. 2 de la loi du 11 avr. 1838, et, pour les justices de paix, par l'art. 8 de le loi du 25 mai 1838.—L'art. 2 de la loi du 11 avr. 1838 y fait bien exception pour les tribunaux de première instance, lorsqu'il s'agit d'une demande en dommages-intérêts fondée exclusivement sur la demande principale elle-même : la compétence en premier et en dernier ressort se règle alors uniquement d'après le taux de la demande principale, dont la demande en dommages-intérêts n'est, en ce cas, qu'un simple accessoire. Mais c'est là une exception, l'on ne saurait être étendue aux justices de paix ; une telle extension est repoussée tout à la fois par la nature exceptionnelle de cette disposition et par le texte formel de l'art. 8 de la loi du 25 mai 1838 (V. en ce sens : Civ. cass. 27 juill. 1858, aff. Milleret, D. P. 58. 1. 317 ; Req. 10 mai 1865, aff. Louis, D. P. 65. 1. 334 ; Civ. cass. 26 mars 1867, aff. Bloch, D. P. 67. 1. 102 ; 26 mai 1873, aff. Cruves, D. P. 74. 1. 120). — C'est cette doctrine que l'on s'était proposé de consacrer législativement dans les projets de 1883 et de 1885 sur l'extension de la compétence des juges de paix.

131. Il a été jugé de nouveau, conformément aux principes exposés au *Rép.* n° 302, que la décision rendue par un juge de paix, sur une demande principale ne dépassant pas le taux du dernier ressort, et sur une demande reconventionnelle supérieure à ce taux, est susceptible d'appel, alors même qu'il serait déclaré que la demande reconventionnelle n'était pas sérieuse et n'a été formée que pour échapper à la juridiction en dernier ressort à laquelle eût été soumise la demande principale (Civ. cass. 6 mai 1872, aff. Maisonnave, D. P. 72. 1. 170).

132. Une demande reconventionnelle en dommages-intérêts, formée par le défendeur à l'action possessoire, à raison de la dépréciation qui serait résultée, pour son usine, soit de l'autorisation obtenue par le demandeur d'abaisser le niveau des eaux, soit des procès qui en ont été la suite, ne peut être considérée comme fondée exclusivement sur la demande principale ; en conséquence, si cette demande excède 200 fr., le juge de paix, en première instance, et le tribunal civil, en appel, sont incompétents pour en connaître (Civ. cass. 7 nov. 1876, aff. Hocloux, D. P. 77. 1. 225 ; Carré, *Compétence judiciaire des juges de paix*, t. 1, n° 552).

133. On a vu au *Rép.* n° 309 que lorsque plusieurs demandeurs forment, par le même exploit, des demandes dont aucune, considérée isolément, n'excède 200 fr., mais qui, réunies, dépassent ce taux, il appartient au juge de paix d'en connaître, dans le cas où les diverses demandes ne reposent pas sur un même titre. Mais on a vu *ibid.* n° 310 que lorsque les divers demandeurs agissent en vertu d'un titre commun, ces demandes doivent, quand elles se trouvent réunies, être considérées, sous le rapport de la compétence, comme ne formant qu'une seule demande. On admet toutefois, en l'état actuel de la jurisprudence, que si les demandes sont formées par plusieurs personnes qui, n'étant point solidaires entre elles, n'y ont chacune qu'un intérêt inférieur au taux du dernier ressort, le juge de paix jugera sans appel, en vertu du principe que le montant des demandes collectives formées par plusieurs demandeurs à l'égard desquels il n'existe ni solidarité, ni indivisibilité d'obligation, s'évalue en raison de l'intérêt de chacun d'eux dans la demande. C'est en vertu de ce principe que, suivant une jurisprudence aujourd'hui définitivement établie,

les tribunaux de première instance jugent en dernier ressort la demande, formée collectivement par plusieurs héritiers, d'une somme de plus de 1500 fr. qui leur est due sans solidarité ni indivisibilité, si la part de chacun d'eux dans cette créance n'est pas supérieure à ce chiffre. — Il a été décidé également que le juge de paix statue en dernier ressort sur une demande reconventionnelle en dommages-intérêts supérieure à 100 fr. et formée, même conjointement et solidairement par plusieurs personnes, alors que, d'une part, cette demande est exclusivement fondée sur la demande principale, et que, d'autre part, ceux qui l'ont introduite (des associés en participation, dans l'espèce) n'étant unis par aucun lien de solidarité, l'intérêt de chacun d'eux dans ladite demande est inférieur à 100 fr. (Req. 30 mai 1877, aff. Lenoble, D. P. 78. 1. 278).

134. On a examiné au *Rép.* n° 317 la question de savoir si le juge de paix peut connaître d'une demande en reconnaissance d'écriture, formée par action séparée avant l'échéance de l'obligation, et l'on a émis l'avis qu'il pourrait donner acte, dans les affaires de sa compétence, de la reconnaissance d'écriture non déniée. Mais il n'en saurait être de même en cas de dénégation. Il est, en effet, de principe, dans notre droit, que les juridictions d'exception ne doivent jamais connaître des faux incidents et des vérifications d'écriture. C'est par application de cette règle que les art. 14 et 427 c. proc. civ. imposent tant aux juges de paix qu'aux tribunaux de commerce l'obligation de surseoir au jugement de la demande principale, en cas d'inscription de faux, de dénégation ou de non-reconnaissance d'écriture, et de renvoyer, de ce chef, devant les juges compétents, c'est-à-dire devant le tribunal civil (V. *Rép.* v^s *Faux incident*, n°s 44 et suiv. ; *Vérification d'écriture*, n° 41 ; Carré et Chauveau, *Lois de la procédure civile*, t.1, quest. 55). Les dispositions de ces deux articles sont impératives et absolues, et, en présence de leurs termes, ne comportent aucune réserve ni exception, il est assez difficile d'admettre que le juge de paix ou le juge consulaire conserve le pouvoir d'apprécier si la dénégation d'écriture opposée devant lui est sérieuse, et de passer outre dans le cas où elle lui paraîtrait ne constituer qu'un moyen dilatoire. La plupart des auteurs lui reconnaissent, néanmoins, la faculté d'examiner si la vérification d'écriture est nécessaire à la décision de la cause, en faisant observer qu'il serait inutile de renvoyer devant le tribunal civil pour une mesure d'instruction qui serait sans influence sur le fond du droit (V. notamment : Carré et Chauveau, quest. 56 ; Thomine-Desmazures, *Commentaire sur le Code de procédure civile*, t. 1, p. 69 ; Rousseau et Laisney, *Dictionnaire de procédure civile*, v° *Juge de paix*, n° 72 ; Rennes, 26 nov. 1834, *Rép.* v° *Compétence commerciale*, n° 366). Mais cette doctrine ne semble pas admise par la cour de cassation, qui ne reconnaît pas au juge de paix le pouvoir de modifier les limites de sa compétence et de statuer au fond dans le cas d'une dénégation d'écriture, sous le prétexte que la demande en vérification n'apparaîtrait pas comme sérieuse (Civ. cass. 24 août 1881, aff. Berthier, D. P. 83. 1. 26). En effet, sous prétexte d'une allégation d'esprit de chicane ou de procédure moratoire, il pourrait étouffer arbitrairement une exception fondée en fait et en droit, et donner effet à des actes sans valeur. Si la dénégation d'écriture ou l'inscription de faux est vexatoire, le remède se trouvera dans les art. 213 et 246 c. proc. civ., qui prononcent, en pareil cas, une condamnation à l'amende et à des dommages-intérêts. Sans doute, le tribunal civil, qui a la plénitude de juridiction, peut juger le fond sans s'arrêter à une inscription de faux ou à une demande en vérification d'écriture, parce qu'il lui appartient de statuer sur l'incident comme sur l'instance principale ; mais le juge d'exception est tenu de renvoyer les parties à la juridiction compétente, dans tous les cas, sans distinction.

§ 2. — De la prorogation volontaire (*Rép.* n°s 318 à 334.)

135. Les règles qui ont été exposées au *Rép.* n°s 318 et suiv. n'ont subi aucune modification ; la jurisprudence toutefois semble admettre définitivement que la faculté de proroger la juridiction du juge de paix, résultant de l'art. 7 c. proc. civ., peut s'exercer « en lui conférant le pouvoir de statuer sur une somme supérieure au taux de sa compétence

ordinaire ou de prononcer en dernier ressort sur une contestation dont il ne peut connaître qu'à charge d'appel (Motifs, Req. 15 juin 1869, aff. Guillin et Ségogne, D. P. 71. 1. 331. V. aussi Civ. cass. 9 mars 1857, aff. Bourdier, D. P. 57. 1. 125; 5 janv. 1858, aff. Lebret, D. P. 58. 1. 36; Curasson, t. 1, p. 52, note *a*; Thomine-Desmasures, t. 1, p. 61; Boncenne, t. 1, p. 94; Bourbeau, p. 15 et suiv.). Cette jurisprudence tranche donc, dans le sens le plus large, la controverse signalée au *Rép.* n° 318 sur la question de savoir dans quelles conditions la prorogation volontaire peut s'exercer *de quantitate ad quantitatem.*

136. Quant à la prorogation *de re ad rem*, on s'accorde toujours à reconnaître qu'elle ne peut s'exercer valablement. Ainsi qu'il a été exposé au *Rép.* n° 319, la jurisprudence et les auteurs persistent à décider que les parties ne peuvent déroger à l'ordre des juridictions, ni étendre la compétence d'un juge d'exception à une matière qui lui est complètement étrangère (Bioche, *Dictionnaire des juges de paix*, v° *Prorogation*, n° 7; Jay, *De la compétence des juges de paix*, n° 1242; Bourbeau, *De la justice de paix*, n° 14), et en pareil cas l'incompétence du juge de paix est une incompétence d'ordre public proposable après les défenses au fond, et qui doit même être prononcée d'office (Civ. cass. 24 juin 1863, aff. Bonnet Gérard, D. P. 64. 1. 25). Il en résulte, par exemple, que le juge de paix, saisi de l'action en bornage d'une pièce de terre enclavée dans la propriété du défendeur, ne peut, même du consentement des parties, fixer le passage dû à raison de l'enclave, ni, par conséquent, ordonner à cet effet une opération d'expertise sur le résultat de laquelle il serait tenu de prononcer ultérieurement. Bien plus, ce magistrat doit se dessaisir même de l'action en bornage, si les consentements relatifs au bornage et à l'enclave étaient, dans la volonté des parties, corrélatifs et indivisibles (Req. 14 févr. 1866, aff. Châtillon, D. P. 66. 1. 447).

137. Le consentement des parties est la base et la condition *sine quâ non* de toute prorogation de juridiction; et l'on a vu au *Rép.* n° 324 et suiv. les hésitations que fait naître le texte de l'art. 7 c. proc. civ. en ce qui concerne la question de savoir si le consentement des parties doit être constaté par écrit; l'art. 7 c. proc. civ. veut que la déclaration portant que les parties consentent à la prorogation de la compétence du juge de paix soit signée par elles, ou que mention soit faite de l'impossibilité où elles se trouvent de signer. — Cette exigence de la loi semble bien démontrer la nécessité d'une prorogation par écrit. A la vérité, l'article se place dans l'hypothèse d'une comparution volontaire des parties devant le juge de paix; mais la précaution d'un écrit doit, à plus forte raison, être imposée à ces parties en cas de comparution forcée ou sur assignation. La jurisprudence postérieure à la publication du *Répertoire* décide d'une manière constante que la prorogation de la compétence du juge de paix, autorisée par l'art. 7 c. proc. civ., ne peut résulter que d'un consentement écrit de la part des parties en cause, et que l'assignation, non plus que les conclusions respectives des parties, ne saurait suppléer à ce consentement écrit, condition substantielle exigée par la loi (Civ. cass. 9 mars 1857, aff. Bourdier, D. P. 57. 1. 125). — Mais cette disposition de l'art. 7, comme la cour de cassation l'a déclaré, « n'est plus applicable lorsque le demandeur, ayant par erreur cité son adversaire en conciliation, rectifie cette erreur à l'audience et substitue à sa citation une demande possessoire relative au même objet, que la partie adverse acquiesce à cette rectification, et qu'enfin le juge de paix, après avoir constaté cet acquiescement, ordonne un interlocutoire, qui est exécuté par les deux parties; dans une telle situation, le contrat judiciaire formé à l'audience est suffisamment constaté par la sentence du juge de paix, sans qu'il soit besoin de la déclaration signée des parties, prescrite par l'art. 7 précité » (Req. 15 juin 1869, aff. Guillin et Ségogne, D. P. 71. 1. 331).

138. Il a été décidé, conformément au principe exposé au *Rép.* n° 327, que le juge de paix siégeant comme juge ne peut constater valablement un accord intervenu entre les parties à l'audience et qui ne serait pas signé par elles; il ne peut donc recevoir les conventions des parties qu'autant qu'il siège comme magistrat conciliateur; or, il n'a pas cette qualité lorsqu'il est saisi, comme juge, d'une affaire de sa compétence, spécialement d'une action possessoire; et le procès-verbal qu'il dresse en ce dernier cas, à l'effet de constater un arrangement conclu en sa présence, est sans valeur légale, s'il n'est pas revêtu de la signature des parties (Limoges, 28 juill. 1877, aff. Monty, D. P. 79. 2. 140). Cependant, le contraire avait été décidé par la cour de Poitiers, dans un arrêt du 7 août 1861 (aff. Roy, D. P. 62. 2. 56). Suivant cet arrêt, le juge de paix saisi d'une action de sa compétence, à laquelle le défendeur oppose une exception préjudicielle dont la connaissance appartient au juge du pétitoire et pour laquelle les parties seraient dans la nécessité de revenir devant lui en conciliation, peut, au lieu de se déclarer incompétent, proposer auxdites parties de terminer leur différend par une transaction dont il leur indique les bases, sauf à en faire dresser acte ultérieurement par un notaire désigné; dès lors, le procès-verbal par lequel ce magistrat a constaté le consentement qu'elles ont donné à cette transaction est valable, bien qu'il ne porte pas leur signature. A l'appui de ce système on peut dire que rien ne s'oppose à ce que le juge de paix siège successivement, et sans désemparer, comme juge et comme conciliateur, et qu'il n'y a pas de raison pour qu'il soit tenu de renvoyer à une audience ultérieure, où il siégerait dès le principe en cette dernière qualité, les parties qui manifesteraient l'intention de se concilier (V. Laurent, *Principes de droit civil*, t. 28, n° 372; Pont, *Petits contrats*, t. 2, n° 696). En effet, la citation en conciliation n'est pas nécessaire; il résulte de l'art. 48 c. proc. civ. que les parties peuvent se présenter volontairement à cet effet devant le juge de paix. Or, lorsque, se trouvant déjà devant lui, elles acceptent les conditions d'arrangement qu'il leur propose, le procès-verbal par lequel il constate leur mutuel consentement ne remplit-il pas le vœu de la loi? La jurisprudence admet que, bien qu'un tribunal entier ne puisse être constitué arbitre dans une affaire dont il lui appartient de connaître comme juge (V. notamment: Paris, 2 févr. 1861, aff. Lottin, D. P. 62. 2. 47), un juge de paix peut accepter le titre d'arbitre dans une contestation portée devant lui (V. Civ. cass. 26 mai 1852, aff. Désaphix, D. P. 52. 1. 152. V. aussi Carré n° 3260; Bioche, v° *Arbitrage*, n° 216; *Rép.* v° *Arbitrage*, n° 355). Or, s'il peut accepter le titre d'arbitre, on ne voit pas pourquoi il ne pourrait pas prendre de lui-même le rôle de conciliateur, alors, du reste, que les parties y ont consenti en adhérant aux propositions d'arrangement qu'il leur a faites.

Art. 7. — *De l'exécution des jugements des juges de paix* (*Rép.* n°s 335 à 337).

139. V. *Rép.* n°s 335 et suiv.

Art. 8. — *De leur compétence extrajudiciaire* (*Rép.* n°s 338 à 342).

140. V. *Rép.* n°s 338 et suiv.

Table sommaire

des matières contenues dans le Supplément et le Répertoire.

(Les chiffres précédés de la lettre *S* renvoient au Supplément; les chiffres précédés de la lettre *R* renvoient au Répertoire.)

Table des articles de la loi du 25 mai 1838.

Table chronologique des Lois, Arrêts, etc.

COMPÉTENCE COMMERCIALE.

Division.

CHAP. 1er. — Historique et législation (Rép. nos 2 à 14).

1. — I. HISTORIQUE. — La seule innovation qui ait été introduite, depuis la publication du Répertoire, dans la législation relative à la compétence commerciale résulte de la loi du 17 juill. 1856, qui a supprimé l'arbitrage forcé et attribué aux tribunaux de commerce la connaissance des contestations entre associés pour raison d'une société de commerce (c. com. art. 631-2°) (V. suprà, v° Arbitrage-arbitre, n° 1). Plus récemment, des modifications ont été apportées aux règles concernant l'élection des juges consulaires; mais ce sont là des dispositions qui ont trait à la constitution, et non à la compétence des tribunaux de commerce; aussi seront-elles exposées infrà, v° Organisation judiciaire.

2. — II. DROIT COMPARÉ. — En Belgique, la compétence des juridictions commerciales est actuellement régie par la loi du 25 mars 1876. Les art. 12 à 16 et 38 sont relatifs à la compétence d'attribution. Parmi ces dispositions, nous signalerons l'art. 12, aux termes duquel « les tribunaux de commerce connaissent : 1° des contestations relatives aux actes réputés commerciaux par la loi, et spécialement des actions dirigées par des tiers contre les facteurs ou commis de marchands, à raison de leur trafic ; 2° des contestations entre associés, pour raison d'une société de commerce ; 3° des contestations relatives au transport des marchandises et objets de toute nature par les chemins de fer de l'Etat ; 4° de tout ce qui concerne les faillites» ; l'art. 13, qui, tranchant une question encore controversée dans notre jurisprudence (V. infrà, n° 10), porte que, « si la contestation a pour objet un acte qui n'est pas commercial à l'égard des deux parties, la compétence se détermine par la nature de l'engagement du défendeur ». Quant à la compétence territoriale, elle est régie par les art.39 et suiv., cités suprà, v° Compétence civile des tribunaux d'arrondissement, n° 2, et dont les dispositions sont, en général, applicables à la fois aux tribunaux civils et aux tribunaux de commerce. Il y a lieu de remarquer, notamment l'art. 42, qui, remplaçant l'art. 420 c. proc. civ., dispose qu'« en matière mobilière, l'action pourra être portée devant le juge du lieu dans lequel l'obligation est née ou dans lequel elle doit être ou a été exécutée ». — On trouvera le commentaire des dispositions précitées dans Namur, Le code de commerce belge revisé, t. 3, nos 2245 et suiv. — Les autres législations étrangères offrent, en cette matière, peu d'éléments de comparaison avec la nôtre. On a cité suprà, v° Acte de commerce, n° 7, les dispositions relatives aux actes de commerce, contenues dans plusieurs codes promulgués à l'étranger depuis la publication du Répertoire. Mais ces codes ne renferment pas de dispositions précises en ce qui touche la compétence. — Il est à remarquer, d'ailleurs, que la plupart des nations de l'Europe et de l'Amérique, notamment les plus commerçantes, telles que l'Angleterre et les Etats-Unis, n'ont pas de tribunaux de commerce (V. infrà, v° Organisation judiciaire).

CHAP. 2. — Caractères généraux de la compétence des tribunaux de commerce (Rép. nos 15 à 43).

3. La compétence commerciale a été définie au Rép. n° 1 ; et la distinction entre les juridictions civile et commerciale y a été suffisamment indiquée (ibid. n° 15). Le principe qui domine la matière, et que nous avons signalé au Rép. n° 17, c'est que les tribunaux de commerce sont des juges d'exception, et qu'à ce titre, ils ne doivent connaître que des affaires qui leur sont expressément réservées par la loi.

4. Rappelons loi que les tribunaux civils sont compétents, à l'exclusion de la juridiction commerciale, pour connaître même des affaires commerciales, dans les localités où il n'existe pas de tribunaux de commerce (V. infrà, v° Organisation judiciaire).

5. Les tribunaux de commerce étant incompétents ratione materiæ pour juger les questions de droit civil, cette incompétence peut être invoquée en tout état de cause, même pour la première fois en appel, et le moyen qui en résulte doit être suppléé d'office (Rép. n° 18 ; Civ. cass. 6 juill. 1853, aff. Jousselin, D. P. 53. 1. 269 ; Cons. d'Et. 2 mai 1873, aff. Barliac, D. P. 74. 3. 1). Ainsi, il a été jugé : 1° que l'incompétence des tribunaux de commerce pour statuer sur les questions de pur droit civil, telles que demandes en reconnaissance de privilège et nullité de transport, étant une incompétence à raison de la matière, doit être déclarée d'office par le tribunal (Civ. cass. 21 juill. 1851, aff. Catherine, D. P. 51. 1. 199) ; — 2° Que les juges de commerce étant

incompétents *ratione materiæ* pour apprécier si l'acte invoqué par une partie, afin de faire décider, après la mort de celui qui l'a rédigé, que le défunt lui a transmis ses droits d'associé dans une société commerciale, constitue ou non un testament, dont l'effet a pu être détruit par une révocation postérieure, le tribunal de commerce devant lequel s'élève une pareille contestation doit se dessaisir, même d'office, de l'action tendant à faire exécuter l'acte litigieux, alors du moins que cet acte présente, dans sa forme extérieure, les caractères d'un testament olographe (Rouen, 6 déc. 1877, aff. Deparis, D. P. 78. 2. 146); — 3° Qu'en matière commerciale, le défendeur qui, après avoir opposé une exception d'incompétence, a pris des conclusions sur le fond du litige, n'en est pas moins recevable à interjeter appel de la décision sur la compétence, alors surtout qu'il a fait à cet égard des réserves expresses (Douai, 26 déc. 1876, aff. Agard, D. P. 78. 2. 46);

Le tribunal de commerce est frappé d'une incompétence de même nature pour connaître d'une affaire dont la connaissance est déférée au juge de paix; il y a là une incompétence *ratione materiæ* qui tient à l'ordre des juridictions, que le ministère public peut toujours invoquer, ou sur laquelle le juge doit statuer d'office (C. sup. just. Luxembourg, 1er juin 1882, V. *suprà*, v° *Compétence civile des tribunaux de paix*, n° 70). — C'est ce qui a été jugé, spécialement, en ce qui concerne l'action intentée par un aubergiste en payement des fournitures par lui faites à des ouvriers contre le patron

qui a cautionné la dette résultant de ces fournitures (V. *infrà*, n° 51), laquelle rentre dans les attributions du juge de paix (Chambéry, 14 juill. 1866, aff. Galetto, D. P. 66. 2. 207.)

6. Il y a lieu de noter ici diverses décisions qui tendent à restreindre la compétence des juges consulaires. Ainsi un arrêt leur a refusé le droit de prononcer des peines disciplinaires contre les personnes qui font profession de représenter les parties devant eux. En conséquence, cet arrêt a annulé comme entachée d'excès de pouvoirs la délibération d'un tribunal de commerce prononçant contre un agréé la peine de la suspension (Chambéry, 27 août 1873) (1). — De même, bien qu'un tribunal de commerce puisse ordonner la suppression de discours ou écrits injurieux ou diffamatoires produits devant lui, il ne peut statuer sur l'action civile d'un tiers qui demanderait réparation du préjudice à lui causé par le discours ou l'écrit dont s'agit (Paris, 4 mars 1882) (2). — Jugé également que c'est à l'administration de la marine, et non aux tribunaux de commerce, qu'il appartient de vérifier les titres de propriété de ceux qui réclament des marchandises sauvetées, et de statuer sur les réclamations (Arr. 17 flor. an 9, art. 1er) (Montpellier, 16 mai 1845, aff. Administration de la Marine, D. P. 46. 4. 83). Toutefois, la demande en remise d'objets sauvetés, formée contre l'Administration maritime par le capitaine du navire naufragé agissant, soit dans son intérêt, soit dans celui de tous autres intéressés, est de la compétence des tribunaux de commerce et non de celle

---

(1) (Ruissel frères.) — Le 11 juill. 1873, le tribunal de commerce de Chambéry a pris en chambre du conseil et en assemblée générale une décision ainsi conçue : « — Vu l'attitude prise à l'audience du 4 juillet par MM. Ferdinand et Hubert Ruissel frères, arrête : à partir de ce jour, les offices de M. Ruissel aîné, agent d'affaires, et M. Hubert Ruissel, avoué, ne seront plus admis comme mandataires agréés près ce tribunal. Ils ne pourront prendre la parole à la barre que pour la solution des questions pendantes. Cette suspension durera jusqu'au 1er juill. 1874 ; le présent arrêté leur sera notifié immédiatement par lettre du greffier de céans et porté sur le registre des délibérations ». — Appel par les frères Ruissel. — Arrêt.

La cour ; — Attendu que, sauf les exceptions spécialement prévues par la loi, quelle que soit la forme de la décision rendue par un tribunal contre une personne qui y est portée en qualité, quelle que soit la qualification donnée à cette décision, que le tribunal ait ou non statué dans les limites de sa compétence, elle n'en est pas moins un jugement ; — Qu'ainsi l'arrêté du 11 juillet dernier, par lequel le tribunal de commerce a prononcé une peine contre les appelants, constitue un jugement dont ils ont le droit de poursuivre la réparation ; — Attendu que cet arrêté, pris en la chambre du conseil, en l'absence des frères Ruissel, qui n'ont point été appelés à y comparaître pour fournir leurs explications et faire valoir leurs moyens de défense, leur interdit, pendant un an, de se présenter comme mandataires agréés par le tribunal et de prendre la parole à la barre si ce n'est pour la solution des affaires pendantes ; — Attendu que, pour prononcer cette peine, le tribunal s'est borné à viser l'attitude prise à l'audience du 4 juillet par MM. Ferdinand et Hubert Ruissel, attitude qu'il n'a pas autrement qualifiée ; — Que l'on ne saurait donc voir, dans la décision déférée, la répression de l'un de ces délits d'audience prévus par les art. 88 et suiv. c. proc. civ. et que tout tribunal peut prononcer ; — Attendu, d'ailleurs, que l'attitude des frères Ruissel, eût-elle eu les caractères constitutifs de l'un de ces délits, le tribunal n'aurait pu exercer son droit de répression que par un jugement prononcé à la même audience, au plus tard dans les vingt-quatre heures, sur le vu du procès-verbal rédigé séance tenante et constatant le délit ; — Attendu que ce jugement n'aurait été et n'aurait pu être l'œuvre que des juges seuls présents à l'audience où les faits délictueux se seraient produits, tandis que l'arrêté déféré a été délibéré en la chambre du conseil et en assemblée générale des membres du tribunal ; — Attendu qu'en adoptant cette forme de procédure et en appliquant aux appelants la peine qu'ils ont prononcée, les premiers juges se sont évidemment attribué une juridiction disciplinaire que la loi ne leur a nulle part conférée ; — Attendu, en effet, que le pouvoir disciplinaire implique l'existence d'officiers ministériels placés sous la dépendance des tribunaux qui en sont investis ; — Attendu qu'il n'en existe pas près des tribunaux de commerce où la procédure se fait sans ministère d'avoués, et où les mandataires par lesquels les parties sont autorisées à se faire représenter, doivent être munis d'un pouvoir spécial, qui prend fin avec l'affaire pour laquelle il a été donné ; — Attendu qu'aussi la loi ne reconnaît aucun caractère public à ces mandataires, que le tribunal leur ait ou non donné le titre d'agréés ; — Attendu qu'il suit de là que le tribunal de commerce ne pourrait, sans porter

atteinte au droit des justiciables de se choisir tel mandataire auquel il leur convient de confier leurs intérêts, interdire par anticipation à telle ou telle personne l'exercice du mandat qui pourrait lui être donné ; — Qu'il y a donc excès de pouvoir dans l'arrêté déféré à la censure de la cour ; — Que, de plus, les premiers juges ont méconnu les règles de la procédure, même disciplinaire, en prononçant une peine contre les appelants sans les entendre, sans les mettre à même de se défendre, et sans même énoncer les motifs sur lesquels ils ont fondé leur décision ; — Attendu qu'à ces différents points de vue, la voie de recours la plus régulière à suivre pour en obtenir la réparation était bien celle de l'appel ; — Attendu, en effet, que s'agissant d'une décision rendue par un tribunal de commerce contre de simples mandataires, les dispositions contenues dans l'art. 103 du décret du 30 mars 1808 ne pouvaient en l'espèce recevoir leur application ; — Attendu, d'autre part, qu'aux termes de l'art. 645 c. com., l'appel des jugements rendus par les tribunaux consulaires peut être interjeté le jour même du jugement, qu'il ait été rendu contradictoirement ou par défaut, qu'il n'y avait donc pas nécessité pour les appelants de se pourvoir par opposition ; — Attendu que la préférence donnée à la voie de l'appel était d'autant plus convenable qu'il s'agit d'une décision émanant exclusivement de l'initiative des juges qui l'ont rendue, qu'elle devait être attaquée pour cause d'incompétence, d'excès de pouvoir, de violation des règles de la procédure, et que, de plus, le ministère public n'est point appelé à intervenir aux audiences des tribunaux de commerce ; — Par ces motifs ; — Déclare nulle la décision déférée du 11 juillet dernier, sa fin à néant, en déclarant nulle la déclaration faite par les deux frères Ruissel qu'ils n'ont jamais eu l'intention de s'écarter du respect qu'ils doivent au tribunal de commerce, les décharge de la peine prononcée contre eux sans dépens.

Du 27 août 1873.-C. de Chambéry.-MM. Dupasquier, 1er pr.-Maurel, 1er av. gén.-Roissard et Laracine, av.

(2) (Spezzechino C. Pierre.) — Le sieur Pierre ayant formé tierce opposition à un jugement du tribunal de commerce de la Seine rendu entre les sieurs Langlois et Bury, accusait Spezzechino, employé de Bury, de s'être prêté à une fraude destinée à soustraire l'actif de Bury à ses créanciers. Spezzechino intervint alors dans l'instance pour faire demander la suppression de l'exploit de Pierre et réclamer des dommages-intérêts. Le 4 juin 1879, le tribunal de commerce de la Seine rendit un jugement ainsi conçu : « Attendu que les conclusions de Spezzechino tendent à faire déclarer diffamatoires et calomnieuses les imputations qu'il prétend dirigées contre lui ; que sa demande n'a aucun caractère commercial ; qu'il y a lieu, pour le tribunal, d'office, de se déclarer incompétent ; — Par ces motifs, d'office, se déclare incompétent ». — Appel par le sieur Spezzechino. — Arrêt.

La cour ; — Considérant que l'art. 23 de la loi du 17 mai 1819, ou l'art. 41 de la loi du 29 juill. 1881, qui n'en est que l'exacte reproduction, déclare que les faits diffamatoires produits devant les tribunaux pourront donner lieu à l'action civile des tiers ; — Considérant que les tribunaux de commerce, simples tribunaux d'exception, ne connaissent pas des actions civiles ; que, s'ils peuvent, comme les autres tribunaux, prononcer la suppression

de l'administration maritime. Cela résulte de la loi du 9 août 1791, dont l'art. 8, qui n'a pas été abrogé, attribue à la juridiction des tribunaux de commerce « les demandes et actions civiles des personnes intéressées aux navires et marchandises » (Rennes, 17 févr. 1849, aff. Guillevie, D. P. 50. 2. 20).

7. Si les tribunaux de commerce sont incompétents *ratione materiæ* pour statuer sur les affaires qui ne leur sont pas spécialement attribuées, il n'en est pas de même des tribunaux civils; ces tribunaux ont, d'après une opinion généralement admise, et que nous avons constatée au *Rép.* n° 20, la plénitude de juridiction. Leur incompétence n'est que *relative;* elle est purement *personnelle* et peut être couverte (Ruben de Couder, *Dictionnaire de droit commercial,* v° *Compétence,* n° 64; Alauzet, *Code de commerce,* 3° éd., t. 8, n° 2951; Lyon-Caen, *Droit commercial,* t. 2, n° 3100; Nouguier, *Traité des agents de commerce,* 2° éd., t. 2, p. 89 et suiv.; Orillard, *Compétence des tribunaux de commerce,* p. 117). Il a été jugé à cet égard, outre l'arrêt de la chambre des requêtes du 20 nov. 1848, cité au *Rép.* n° 20 : 1° que cette incompétence ne peut plus être opposée par la partie qui a conclu au fond (Bourges, 3 janv. 1859, aff. Bertrand, D. P. 59. 5. 161), ou au nom de laquelle il a été fait une demande en communication de pièces (Paris, 10 févr. 1862, aff. de Pontalba, D. P. 62. 2. 127-128); — 2° Que l'incompétence des tribunaux civils pour prononcer sur les affaires commerciales n'est ni absolue, ni susceptible d'être prononcée d'office (Req. 15 mai 1876, aff. Comp. des houilles de l'Escarpelle, D. P. 76. 1. 376); — 3° Qu'elle n'est point *ratione materiæ ;* le commerçant est présumé avoir renoncé à l'exception d'incompétence par cela seul qu'il ne l'a pas invoquée, et le moyen est, dès lors, non recevable devant la cour de cassation (Req. 17 juin 1884, aff. Franck, D. P. 84. 1. 416; 17 juin 1884, aff. Olympe Flips, D. P. 85. 1. 302); — 4° Qu'un tribunal civil connaît valablement d'une contestation commerciale dont il est saisi, toutes les fois que son incompétence n'a pas été invoquée devant lui par les parties, cette incompétence n'étant que relative et nullement d'ordre public (Colmar, 19 juin 1841, aff. Christiani, D. P. 50. 2. 74; Orléans, 25 juin 1850, aff. Delétang, *ibid.* V, également Trib. civ. Marseille, 7 déc. 1864, *Journal de Marseille,* 1865. 2. 52; Paris, 14 juill. 1869, *Journal des tribunaux de commerce,* t. 19, n° 349; Rennes, 4 juin 1870, *Journal de Nantes,* 1870. 1. 143; Lyon, 22 févr. 1872, V. *suprà,* v° *Chose jugée,* n° 158).

Cependant, par trois jugements successifs, le tribunal d'Anvers a décidé, en sens contraire, que les tribunaux civils sont incompétents *ratione materiæ* pour connaître des affaires commerciales; cette incompétence pouvant être prononcée d'office (Trib. Anvers, 27 mai 1848, aff. Van den Eynde, et aff. Montenaeken, D. P. 49. 3. 77-78; 15 juill. 1848, aff. Fontaine, *ibid.*). Ce sont, à notre connaissance, les seules décisions qui aient refusé aux tribunaux civils en matière commerciale la plénitude de juridiction qui leur appartient en matière civile. Cette plénitude de juridiction, ainsi consacrée par la jurisprudence française et également reconnue par les nombreux auteurs cités plus haut, est cependant combattue par quelques interprètes (V. Boistel, *Précis de droit commercial,* 3° éd., n° 1469; Boistel, dissertation insérée dans le *Journal des Avoués,* t. 56, p. 265 et suiv.; Bravard et Demangeat, *Traité de droit commercial,* t. 6, p. 309 et suiv.). — Ce dernier auteur invoque l'opinion de Henrion de Pansey, qui s'exprime en ces termes : « Il faut convenir qu'en lisant la loi de 1790, on a peine à se défendre de l'idée qu'il ait été dans l'intention du législateur moderne d'élever un mur de séparation entre les tribunaux ordinaires et les tribunaux extraordinaires, et de rendre les premiers incompétents *à raison de la matière* pour les affaires attribuées aux autres ».

8. La juridiction civile étant la juridiction de droit commun, les parties peuvent y soumettre par avance leurs contrats commerciaux. Au contraire, il leur est interdit d'étendre

des discours ou écrits diffamatoires ou injurieux produits devant eux, lorsqu'ils statuent au fond, ils sont incompétents pour apprécier l'action civile d'un tiers, étranger à l'instance, en réparation du dommage à lui causé par une diffamation contenue dans une assignation introduite devant eux ; — Adoptant, au surplus, les

la compétence exceptionnelle des tribunaux de commerce à une matière qui lui est complètement étrangère. — Il a été décidé en ce sens : 1° qu'il ne peut appartenir aux parties de se soumettre par leurs conventions à une juridiction exceptionnelle, et, par exemple, de déférer au tribunal de commerce une contestation qui doit être soumise aux tribunaux ordinaires (Paris, 2 mai 1850, aff. Comp. l'*Arc-enciel,* D. P. 50. 2. 187) ; — 2° Que la stipulation portant que les contestations à naître sur l'exécution d'un contrat qui n'est commercial qu'à l'égard de l'un des contractants seront déférées au tribunal de commerce est nulle, à l'encontre de la partie non commerçante, en tant que portant renonciation à exciper d'une incompétence matérielle (Paris, 5 août 1848, aff. Bœhler, D. P. 49. 2. 244 ; Caen, 5 déc. 1848, aff. Bœhler, *ibid.*) ; — 3° Que les parties ne peuvent, par leurs accords, déroger à l'ordre des juridictions en étendant la compétence d'un juge d'exception à une matière absolument étrangère à ses attributions (Req. 11 janv. 1875, aff. Chemin de fer de Jougne, D. P. 75. 1. 468); — 4° Que la nullité de l'engagement pris par des négociants, dans un contrat passé entre eux, de soumettre à des arbitres les difficultés à naître (V. *suprà,* v° *Arbitrage,* n°s 70 et suiv.), les replace sous l'empire des règles relatives aux juridictions; par suite, si l'une des parties a contracté dans un intérêt purement civil, c'est devant les tribunaux ordinaires, et non devant la juridiction commerciale, qu'elle doit être poursuivie en exécution de l'engagement dont il s'agit (Colmar, 28 nov. 1849, aff. Kiener, D. P. 52. 2. 201) ; — 5° Que le tribunal de commerce saisi de l'action intentée par une compagnie de chemins de fer en payement d'une lettre de voiture, contre un non-commerçant, doit se déclarer incompétent, quoique le défendeur ait écrit, dans une lettre missive adressée au demandeur, qu'on devait lui assigner devant la juridiction commerciale (Chambéry, 11 mars 1874, aff. Bocquin, D. P. 77. 2. 62). — Il est, d'ailleurs, hors de doute que la partie pour laquelle le contrat n'est commercial n'est pas recevable à exciper de la nullité de la clause de ce contrat qui en attribue la connaissance aux juges de commerce, à l'effet, par exemple, d'en faire tomber les stipulations accessoires, sous prétexte qu'elles ne sont pas obligatoires pour l'autre partie. Décidé ainsi que la stipulation, dans un contrat qui n'est commercial qu'à l'égard de l'un des contractants, par exemple, dans un contrat d'assurance, que les contestations à naître seront portées devant un tribunal de commerce *autre que* celui des parties, bien qu'elle ne soit pas obligatoire pour le non-commerçant, à l'égard duquel l'incompétence du tribunal est matérielle, est valable à l'égard du commerçant, lequel est compétemment assigné devant le tribunal indiqué (Caen, 24 janv. 1849, aff. Bœhler, D. P. 51. 2. 118).

Toutefois, l'attribution conventionnelle aux juges consulaires de la connaissance d'un contrat n'est pas dépourvue de tout effet : elle fait présumer le caractère commercial de ce contrat. Jugé, en ce sens, que lorsque dans une transaction les parties attribuent compétence aux juges consulaires, on doit présumer jusqu'à preuve contraire que les intérêts réglés par la transaction étaient de nature commerciale, et que, par suite, c'est à la partie qui propose plus tard l'incompétence du tribunal de commerce qu'il incombe de prouver qu'en réalité il ne s'agissait pas d'acte de commerce, et que, dès lors, la convention était nulle comme contraire à une loi d'ordre public (Req. 4 nov. 1885, aff. Darquié, D.P. 86. 1.333).

9. La règle que le *compétent attire l'incompétent* n'est pas applicable aux tribunaux de commerce. Ainsi, lorsqu'une demande intentée devant la juridiction consulaire renferme à la fois des chefs civils et des chefs commerciaux, elle revêt alors un caractère mixte qui ne permet pas au tribunal de commerce de retenir l'affaire tout entière: il doit, comme nous l'avons dit au *Rép.* n° 19, et v° *Compétence civile,* n° 269, renvoyer les chefs civils devant la juridiction ordinaire et, surseoir, s'il y a lieu, jusqu'à ce qu'il ait statué à leur égard, et même se dessaisir de toute l'affaire s'il y a entre ces divers chefs connexité ou indivisibilité. Quelques décisions

motifs des premiers juges ; — Par ces motifs, ordonne que le jugement du 4 juin 1879 sera exécuté selon sa forme et teneur, etc.

Du 4 mars 1882,-C. de Paris, 3° ch.,-MM. Try, pr.-Godart, av. gén.-Sick et Lefèvre, av.

contraires sont rapportées au *Rép.* n°s 19, 150 et 156, et v° *Acte de commerce*, n°s 70 et 320; mais la jurisprudence s'est fixée dans le sens de la règle ci-dessus. Décidé, en effet : 1° qu'une action qui comprend des chefs distincts unis entre eux par un lien d'indivisibilité ou de connexité, est de la compétence des tribunaux civils, alors même que l'un de ces chefs pris isolément, soulèverait une contestation de nature commerciale; qu'il en est ainsi, à plus forte raison, lorsque l'action est restreinte à un seul chef renfermant simplement des éléments connexes de nature différente : la juridiction civile est alors compétente, à l'exclusion de la juridiction commerciale, par cela seul que l'un de ces éléments, d'ailleurs sérieux d'appréciation, rentre dans le domaine des tribunaux de droit commun (Civ. cass. 24 avr. 1866, aff. Frantz, D. P. 66. 1. 258); — 2° Que lorsque deux demandes connexes sont formées en même temps, l'une de la compétence d'un tribunal exceptionnel, comme un tribunal de commerce, l'autre ressortissant à la juridiction ordinaire, c'est celle-ci qui doit seule être appelée à statuer (Pau, 4 mars 1873, aff. Chemin de fer du Midi *C.* Abbadie, D. P. 75. 2. 224); — 3° Que lorsqu'un même contrat renferme deux conventions corrélatives, toutes les deux principales, l'une commerciale et l'autre civile, la connaissance des difficultés auxquelles il donne lieu n'appartient pas à la juridiction commerciale, mais à la juridiction civile (Bordeaux, 22 nov. 1854, aff. Ladevic, D. P. 55. 5. 96). — Sur les actions dirigées contre *plusieurs défendeurs* obligés, les uns commercialement et les autres civilement, V. *suprà*, v° *Compétence civile des tribunaux d'arrondissement*, n° 150.

10. Il arrive fréquemment que le même acte est commercial à l'égard de l'une des parties et non commercial à l'égard de l'autre. Comment, dans ce cas, la compétence se déterminera-t-elle? Nous avons exposé au *Rép.* n°s 22 à 25 la controverse soulevée à cet égard tant dans la doctrine que dans la jurisprudence. Deux systèmes sont en présence. L'un de ces systèmes attribue compétence au tribunal civil ou au tribunal de commerce, selon que l'acte litigieux est civil ou commercial par rapport au *défendeur*. C'est celui que nous avons adopté *loc. cit.*, n° 22, et qu'ont également admis depuis MM. Bédarrides, *De la juridiction commerciale*, n° 193; Orillard, p. 216; Demangeat sur Bravard, t. 6, p. 388; Lyon-Caen, n° 3174 *bis*. Il a été consacré par de nombreux arrêts de cours d'appel, rapportés au *Rép.* n° 23. La jurisprudence belge s'est prononcée dans le même sens (V. Bruxelles, 23 avr. 1853, aff. Hausman, D. P. 53. 2. 138 ; 21 juin 1871, *Jurisprudence du port d'Anvers*, 1872. 2. 29; 11 nov. 1872, *ibid.*, 1873. 2. 118, cités par Lyon-Caen, n° 3174 *bis*). Et cette solution a été consacrée par la loi du 25 mars 1876, sur la compétence (art. 13) (V. *suprà*, n° 2).

Dans l'autre système, au contraire, la partie qui n'a pas fait acte de commerce a la faculté d'actionner l'autre partie à son choix, devant le tribunal de commerce, dont celle-ci est justiciable à raison de la nature commerciale de son engagement, ou devant le tribunal civil. La juridiction commerciale devient ainsi facultative pour le *demandeur*, quand il n'y a eu pour lui qu'une opération civile. Elle n'est obligatoire que lorsque, selon les termes de l'art. 631 c. com., la contestation est élevée à l'occasion d'actes de commerce *entre commerçants*, ou *entre toutes autres personnes* à l'égard desquelles l'opération est indistinctement commerciale (V. outre Pardessus, cité au *Rép.* n° 22 : Alauzet, t. 8, n° 2949; Nouguier, *Des tribunaux de commerce*, t. 1, n° 727; Boistel, n° 1467; Ruben de Couder, v° *Compétence*, n° 62; Acremant, *Exposé théorique de la compétence d'attribution des tribunaux de commerce;* n° 36; Rousseau et Laisney, *Dictionnaire de procédure*, v° *Compétence des tribunaux de commerce*, n° 65). — La jurisprudence de la cour de cassation s'est constamment montrée favorable à ce second système, que la majorité des cours d'appel a pareillement adopté. Décidé, depuis les arrêts rapportés au *Rép.* n° 24, et v^{is} *Acte de commerce*, n°s 20, 216 et 347 ; *Bourse de commerce*, n° 31 : 1° que lorsqu'un acte n'est commercial qu'à l'égard de l'une des parties, celle de ces parties qui n'a pas fait acte de commerce peut, en cas de contestation relative à cet acte, actionner à son choix l'autre partie, soit devant le tribunal civil, soit devant le tribunal de com-

merce; spécialement, que le commis ou directeur d'une société de commerce, qui n'a pas fait personnellement un acte de commerce, peut porter devant les tribunaux civils la demande par lui formée contre cette société, à fin de remboursement de la somme qu'il lui a versée à titre de cautionnement (Req. 22 févr. 1859, aff. Guérin-Menneville, D. P. 59. 1. 268); — 2° Que le propriétaire qui a vendu à un commerçant des avoines provenant de sa récolte peut poursuivre ce dernier en payement du prix de la vente devant le tribunal civil aussi bien que devant le tribunal de commerce (Req. 26 juin 1867, aff. Chassenoix, D. P. 67. 1. 424); — 3° Que le tuteur, qui vend des créances et marchandises dépendant d'un fonds de commerce recueilli par le mineur, peut actionner les acheteurs commerçants devant le tribunal civil ou devant le tribunal de commerce, une telle vente étant purement civile (Req. 21 juill. 1873, cité *suprà*, v° *Acte de commerce*, n° 140); — 4° Que le non-commerçant, au profit duquel un commerçant a souscrit des billets à ordre causés pour prêt d'argent, sans stipulation de l'intérêt commercial, peut, à son gré, citer ce dernier soit devant la juridiction civile, soit devant la juridiction commerciale : le débiteur commerçant n'est pas fondé, dans ce cas, à décliner la compétence du tribunal civil (Aix, 21 juill. 1859, aff. Aubert, D. P. 60. 2. 3); — 5° Qu'en cas de contestation entre deux personnes dont l'une seulement est commerçante, ou à propos d'une opération qui n'est commerciale que pour l'une des parties, la partie non commerçante, et qui n'a pas fait acte de commerce, a le droit de porter sa demande, à son choix, devant le tribunal civil ou devant le tribunal de commerce (Metz, 28 mars 1867, aff. Chemins de fer de l'Est *C.* Visetti, D. P. 67. 2. 79; Douai, 5 mai 1869, aff. Dilliès frères, D.P. 69. 2. 155); — 6° Que lorsqu'un débat s'élève entre deux parties dont l'une seulement est commerçante, ou à propos d'une opération qui n'était commerciale que pour l'une des parties, celle des parties qui n'est pas commerçante et n'a pas fait acte de commerce peut actionner à son choix le défendeur commerçant, soit devant le tribunal civil, soit devant le tribunal de commerce (Orléans, 9 mars 1869, aff. Péghaire, D. P. 69. 2. 55 ; Paris, 24 janv. 1874, aff. Pereire, D. P. 76. 2. 216 ; Angers, 3 juin 1875, aff. Guilmin, D. P. 76. 2. 166; Aix, 15 janv. 1884, aff. Comp. le *Patrimoine*, D. P. 85. 2. 49; Limoges, 3 mars 1885, rapporté *suprà*, v° *Acte de commerce*, n° 428).

11. Si les tribunaux de commerce sont incompétents *ratione materiæ* pour statuer sur les questions de droit civil (V. *suprà*, n° 5), ils le sont également, comme nous l'avons fait observer au *Rép.* n° 26, pour connaître des affaires *même commerciales* qui sont déférées par la loi à d'autres juridictions (V. *infrà*, v^{is} *Consuls; Prud'hommes*).

12. L'art. 1er de la loi du 25 mai 1838, relative à la compétence des juges de paix, et d'après lequel ces magistrats connaissent de toutes actions purement personnelles et mobilières jusqu'à la valeur de 200 fr., est inapplicable aux *contestations commerciales*. Les tribunaux de commerce sont compétents pour connaître des affaires commerciales, quelque minime que soit le chiffre de la demande (V. *suprà*, v° *Compétence civile des tribunaux de paix*, n°s 20 et suiv.). — Par exception, l'art. 2 de la même loi attribue aux juges de paix la connaissance de certaines contestations, jusqu'à concurrence de 1500 fr., entre les hôteliers, voituriers, carrossiers et voyageurs, bien que les premiers soient, en principe, des commerçants (V. *suprà*, v° *Acte de commerce*, n° 184). Dès lors, les tribunaux de commerce sont incompétents pour statuer sur ces différends, lorsque la demande n'excède pas 1500 fr. Lorsqu'au contraire, la demande excède 1500 fr., le droit commun reprend son empire, et, dès lors, l'action est de la compétence des tribunaux de commerce (Bourges,17 déc.1877,aff.Bernard frères, D.P. 78. 2.39).

Cette compétence des juges de paix est-elle ici *exclusive* de celle des tribunaux de commerce, c'est-à-dire *ratione materiæ*, ou bien doit-elle être considérée comme étant simplement *ratione personæ*, c'est-à-dire comme établie en faveur des voyageurs dont parle l'art. 2 de la loi de 1838, en ce sens qu'ils ont le droit d'opter entre le tribunal de commerce et le juge de paix? — Dans un premier système, la compétence des juges de paix est exclusive de celle des tribunaux de commerce (V. outre l'arrêt rapporté au *Rép.* v° *Compétence civile des tribunaux de paix*, n° 200 : Li-

moges, 2 mai 1862, aff. Chemin de fer d'Orléans C. Degorce, D. P. 62. 2. 137; Trib. com. Nantes, 17 juin 1863, aff. Brevet, D. P. 64. 3. 24; Paris, 20 juin 1863, aff. Comp. impér. des voitures de Paris, D. P. 63. 2. 177; 9 déc. 1864, aff. Comp. des Petites voitures, D. P. 65. 2. 28). — Dans un autre système, au contraire, la loi de 1838 a laissé subsister la compétence des tribunaux de commerce à l'égard des actions dont il s'agit, et les voyageurs ont l'option entre le tribunal de commerce et le juge de paix (V. en ce sens : Angers, 3 mai 1855, aff. Chemin de fer d'Orléans C. Marais, D. P. 55. 2. 205; Paris, 21 août 1855, aff. Messageries générales, D. P. 55. 2. 305; Poitiers, 12 févr. 1861, aff. Chemin de fer d'Orléans C. Bernard, P. 61. 2. 59; Civ. rej. 4 nov. 1863, aff. Chemin de fer d'Orléans C. Bernard, D. P. 63. 1. 473; Paris, 13 févr. 1864, aff. Compagnie des Petites voitures, D. P. 64. 2. 224; Pau, 13 déc. 1864, aff. Ricaud, D. P. 65. 2. 229; Metz, 28 mars 1867, aff. Chemins de fer de l'Est C. Visetti, D. P. 67. 2. 79; Aix, 27 juin 1868) (1). — M. Demangeat, sur Bravard, adversaire de la jurisprudence qui accorde à la partie pour laquelle un acte est non commercial, la faculté d'actionner, à son choix, devant la juridiction civile ou devant le tribunal de commerce, le défendeur obligé commercialement (V. suprà, n° 10), combat, à plus forte raison, cette interprétation de la loi de 1838, qui, d'après lui, a entendu dessaisir d'une manière absolue les tribunaux de commerce et les tribunaux civils des contestations qu'elle place exceptionnellement dans les attributions des juges de paix (t. 6, p. 353 et suiv.).

13. Il est de principe que les juridictions exceptionnelles, comme les juridictions de droit commun, sont juges de leur compétence, sauf les voies de recours ouvertes contre leurs décisions. — Sur les applications qui ont été faites de ce principe aux tribunaux de commerce, lorsqu'il s'agit, notamment, de l'appréciation de l'existence ou des causes de nullité des actes invoqués devant eux par le demandeur qui, dans sa demande, leur attribue un caractère commercial, V. infrà, n°s 103 et suiv.

CHAP. 3. — **Compétence d'attribution** (*Rép.* n°s 44 à 402).

Art. 1er. — *Actions résultant d'actes de commerce*
(*Rép* n°s 44 à 106).

14. Les caractères généraux de l'acte de commerce ont été exposés *suprà*, v° *Acte de commerce*, n°s 1 à 8. Nous examinerons brièvement, au seul point de vue de la compétence, les principaux actes de commerce dont parlent les art. 632 et 633, en ajoutant quelques décisions intéressantes à celles qui ont été rapportées ou analysées soit au *Répertoire*, soit au *Supplément*.

15. — I. Achat de marchandises pour les revendre ou les louer. — Un achat n'est commercial qu'autant qu'il porte sur des denrées ou marchandises (V. *suprà*, v° *Acte de commerce*,

n°s 10 et suiv.), et qu'il a eu lieu avec l'intention de revendre ou de louer la chose achetée (V. *ibid.*, n°s 27 et suiv.). Néanmoins, on tient pour constant que l'achat d'un *fonds de commerce* pour l'*exploiter* est un acte commercial (V. *ibid.*, n°s 31 et suiv.), et qu'il en est de même de la vente de ce fonds par le commerçant qui s'est livré à son exploitation (V. *ibid.*, n° 38). — Un arrêt rapporté *ibid.*, n° 32, a été jusqu'à déclarer commercial l'achat d'un fonds de commerce pour en faire donation à un tiers. Nous avons critiqué cet arrêt qui confond l'achat pour revendre avec l'achat pour donner. Signalons ici un autre arrêt décidant, dans le sens de notre observation, qu'il n'y a pas acte de commerce de la part de celui qui achète un fonds de commerce pour en faire l'objet d'une libéralité ou pour se livrer à des expériences scientifiques (Paris, 6 mars 1858) (2).

16. Est également commercial l'achat de matières premières pour les revendre après les avoir travaillées et mises en œuvre (V. *suprà*, v° *Acte de commerce*, n°s 61 et suiv.). En formulant cette règle, écrite dans l'art. 632-1° c. com., nous avons insisté sur la distinction qui doit être faite suivant que le travail auquel une chose achetée se trouve soumise est, ou non, l'accessoire de l'achat. De nombreux arrêts, rendus dans des espèces où il a été admis que l'intervention accessoire du travail laissait à l'achat pour revendre son caractère commercial, sont rapportés *ibid.*, n° 62. La spéculation faite par l'acheteur rend donc, en pareil cas, ce dernier justiciable des tribunaux de commerce, quant aux contestations nées soit de ces achats, soit des reventes qui les ont suivis.

17. Nous avons été ainsi amenés à déterminer la nature des engagements résultant du louage d'industrie ou de travail, tant pour l'*artisan* qui travaille sur commande, sans fabriquer à l'avance des produits destinés au public, que de l'*ouvrier* qui travaille sous la direction d'un maître ou d'un patron (V. *suprà*, v° *Acte de commerce*, n°s 64 et suiv.). Ce contrat est, de la part de l'artisan ou de l'ouvrier, un contrat purement civil. Il n'est commercial que de la part de l'industriel ou du commerçant qui loue le travail d'un artisan ou d'un ouvrier pour l'exercice de son industrie ou de son commerce (V. *ibid.*, n° 387). Il suit de là que la juridiction compétente est, pour l'artisan, la juridiction civile, et pour l'industriel ou le commerçant auquel il a loué son travail, la juridiction commerciale. — Quant aux contestations entre les maîtres ou patrons et leurs ouvriers, la compétence est régie par des lois exceptionnelles. Aux termes de l'art. 5-3° de la loi du 25 mai 1838, la connaissance des engagements respectifs des maîtres et de leurs ouvriers ou apprentis est attribuée aux juges de paix (V. *suprà*, v° *Compétence civile des tribunaux de paix*, n° 69), et, d'après l'art. 40 du décret du 11 juin 1809, aux prud'hommes, dans les localités où il existe des conseils de prud'hommes (V. *infrà*, v° *Prud'hommes*).

18. A raison du caractère civil des engagements de l'ar-

---

(1) (Outtins C. Chemin de fer de Lyon.) — Le 14 juin 1868, le tribunal de commerce de Toulon avait décidé le contraire dans les termes suivants : — « Attendu que le sieur Outtins a fait citer la Compagnie du chemin de fer de Paris à Lyon et à la Méditerranée par-devant le tribunal de céans, en payement d'un colis par lui remis à la gare de Nice, avec deux autres bagages qui devaient l'accompagner à Toulon, lequel aurait été réclamé. — Attendu qu'aux termes de l'art. 2 de la loi du 25 mai 1838, les contestations entre les voyageurs et les voituriers ou batteliers, pour retard, frais de route et pertes ou avaries d'effets accompagnant les voyageurs, doivent être portées devant le juge de paix; — Attendu que les entreprises de chemins de fer doivent être rangées dans ces catégories; — Attendu, dès lors, que l'action du sieur Outtins, n'étant pas de la compétence des tribunaux consulaires, il y a nécessité pour le tribunal de se déclarer incompétent, etc. ». — Appel par le sieur Outtins. — Arrêt. La cour; — Attendu que la loi du 25 mai 1838, art. 2, en attribuant aux juges de paix les contestations entre les voyageurs et les entrepreneurs de transport, pour retard, frais de route, pertes et avaries d'effets accompagnant les voyageurs, n'a voulu que donner à ces derniers une facilité de plus pour faire juger ces contestations, le plus souvent peu importantes, sans abolir le principe d'après lequel les entrepreneurs de transport, qui sont rangés parmi les commerçants, peuvent être appelés devant les tribunaux de commerce; qu'ils ne pourraient se plaindre de ce qu'ils sont traduits devant la juridiction qui leur est spécialement

affectée; — Attendu, par suite, que le tribunal de commerce ne devait pas, d'office, se déclarer incompétent, mais qu'il devait, au contraire, retenir le litige; — Infirme, etc. Du 27 juin 1868.-C. d'Aix, 1re ch.-MM. Mouret-Saint-Donat, pr.-Guillibert et Morel, av.

(2) (Blanchat C. de Montfort.) — Le sieur de Montfort avait acheté un fonds de boulangerie pour l'expérimentation d'un nouveau système de panification, qui devait permettre de fabriquer à bon marché le pain destiné à la classe indigente. Ce fonds a été exploité, pendant quelque temps par un tiers que le sieur de Montfort y avait préposé. Plus tard, ce dernier a revendu le même fonds au sieur Blanchat. N'ayant pas été payé du prix, il a introduit devant le tribunal civil une demande en résolution du contrat de vente. Le sieur Blanchat a demandé le renvoi devant le tribunal de commerce. — Jugement du tribunal de la Seine qui rejette le moyen d'incompétence par les motifs suivants : — « Attendu que de Montfort n'a pas commerçant; qu'il n'a acheté le fonds dont s'agit au procès que pour faire des expériences scientifiques; qu'il ne l'a pas exploité par lui-même; qu'en le vendant il n'a pas fait acte de commerce, etc. ». — Appel par le sieur Blanchat. La cour; — Adoptant les motifs des premiers juges, confirme, etc. Du 6 mars 1858.-C. de Paris, 3e ch.-MM. Partarieu-Lafosse, pr.-Roussel, av. gén.-Moulin et Jaybert, av.

tisan et surtout de la compétence exceptionnelle établie à l'égard des maîtres et de leurs ouvriers, il importe de préciser ce qu'on doit entendre par ces expressions: *artisan* et *ouvrier*. Le sens en a été fixé, pour les artisans, dans des arrêts cités *suprà*, v° *Acte de commerce*, n°s 64 et suiv., et pour les ouvriers, dans des décisions rapportées au *Rép.* v° *Compétence civile des tribunaux de paix*, n°s 150 et suiv.; *Ouvrier*, n°s 11, 12, 19 et suiv.; *Prud'hommes*, n°s 20 et suiv., 81 et suiv. — Ici encore s'est élevée, comme pour l'action intentée par les voyageurs contre les hôteliers ou voituriers (V. *suprà*, n° 12), la question de savoir si l'ouvrier peut, à son choix, poursuivre son maître ou patron devant le tribunal de commerce ou devant soit le juge de paix, soit le conseil des prud'hommes. L'affirmative a été adoptée, conformément à la jurisprudence exposée *loc. cit.* et à la règle générale posée dans les décisions énumérées *suprà*, n° 10, pour tout contrat commercial à l'égard de l'une des parties, et civil à l'égard de l'autre, par un arrêt de la cour de Poitiers, du 20 févr. 1851 (aff. Debrousse, D. P. 52. 2. 129).

19. En ce qui concerne les commis, facteurs et serviteurs de marchands, V. *infrà*, n°s 56 et suiv.

20. Les professions libérales, dans lesquelles le travail intellectuel est la source principale et quelquefois exclusive du profit que recherchent ceux qui les exercent, n'ont pas pour objet des actes de commerce et, dès lors, ne sont pas des professions commerciales, bien que quelques-unes soient soumises à la patente, telles que celles d'avocat, médecin, officier ministériel, etc. (V. à cet égard, *suprà*, v° *Acte de commerce*, n°s 72 et suiv.). Aussi les tribunaux de commerce ne sont-ils pas compétents pour connaître des contestations qui s'y réfèrent. Aux décisions rapportées *loc. cit.* on doit ajouter un arrêt mentionné *suprà*, v° *Commerçant*, n° 26, qui décide que la juridiction commerciale est incompétente pour connaître des difficultés relatives à la cession d'une clientèle attachée à l'exercice de la profession de vétérinaire, et un autre arrêt où il est jugé que l'exploitation d'un brevet d'invention ou d'un procédé industriel par son auteur n'étant pas non plus un acte de commerce (V. *ibid.*, n°s 91 et suiv.), la cession de son brevet par l'inventeur ne le rend pas justiciable du tribunal de commerce (Paris, 16 nov. 1852) (1). Mais il en est autrement de l'achat du brevet qui a été fait dans le but de créer et de vendre des produits essentiellement industriels. Un tel achat, comme nous l'avons dit en critiquant un arrêt contraire, ne peut être qu'un acte commercial (V. *Rép. loc. cit.*). Jugé, en ce sens, que les contestations sur l'exécution de conventions ayant pour objet l'exploitation d'un brevet d'invention ne sont pas des contestations relatives à la propriété du brevet, dans le sens de l'art. 34 de la loi du 5 juill. 1844; qu'en conséquence, elles sont, entre parties commerçantes, compétemment portées devant la juridiction commerciale (Paris, 4 déc. 1872, aff. de Laire de la Brosse, D. P. 73. 2. 138).

21. L'exploitation du sol n'a, par elle-même, rien de commercial; aussi l'art. 638 dit-il expressément que le propriétaire qui vend les produits de son fonds ne fait point acte de commerce, à moins qu'il ne se livre à de véritables opérations commerciales dans un but de pure spéculation (V. *suprà*, v° *Acte de commerce*, n°s 102 à 127).

Outre les arrêts mentionnés *loc. cit.* qui ont appliqué cette règle, il a été décidé que le tribunal de commerce est compétent pour connaître de l'action intentée par un acheteur de denrées agricoles contre son vendeur qui en fait commerce, alors même qu'elles proviendraient de sa propre récolte (Req. 5 juin 1882) (2).

22. Il n'y a pas davantage acte de commerce de la part du propriétaire d'un établissement thermal qui exploite les eaux jaillissant sur son sol, alors même que, dans ce but, il construit des hôtels et un casino (V. outre les arrêts mentionnés *suprà*, v° *Acte de commerce*, n° 124: Dijon, 19 mars 1868) (3).

---

(1) (Martin C. Fastier.) — LA COUR; — Considérant qu'un brevet d'invention est, par sa nature, une chose civile et non une marchandise; qu'en effet, les contestations relatives à la propriété de la découverte et au privilège que confère le brevet sont du domaine des tribunaux ordinaires, et non des tribunaux de commerce; que la cession de cette chose civile ne saurait constituer, dès lors, un acte de commerce, et qu'on ne peut le classer parmi les actes énumérés dans l'art. 632 c. com.; qu'à la vérité il pourrait en être autrement si l'opération intervenait entre deux négociants ou marchands (c. com. art. 631); mais que, dans l'espèce, Fastier n'est pas commerçant; qu'il a figuré expressément dans l'acte comme propriétaire; que la vente a été faite par acte notarié; qu'il importe peu que Charles Martin ait acheté le brevet dont il s'agit au procès, pour en faire ultérieurement la matière d'une exploitation commerciale; qu'au moment du contrat, la chose vendue n'était pas encore marchandise, et que la destination industrielle qui pouvait lui être donnée plus tard par le fait de l'acheteur ne change pas la nature de l'acte au regard du vendeur, qui n'a fait qu'une vente civile, en sa qualité de non-commerçant; que c'est ainsi que le propriétaire qui vend à un commerçant le produit de ses récoltes, ne fait pas un acte de commerce, bien que la chose achetée doive être ensuite vendue ou livrée à l'exploitation commerciale par l'acheteur; qu'il est vrai que l'acte de vente porte que le vendeur aidera l'acheteur dans l'emploi du brevet s'il en est requis; mais que cette clause n'était pas de nature à associer à l'opération commerciale; qu'elle ne constituait qu'une obligation éventuelle qui s'est évanouie faute de réquisition dans le temps prescrit, et que, d'ailleurs, il ne s'agit au procès de cette partie de l'acte qui est devenue sans objet; — Confirme, etc.

Du 16 nov. 1852.-C. de Paris, 1re ch.-MM. Troplong, pr.-Barbier, av. gén.-Horson et Dufaure, av.

(2) (Delhaye C. Lémont.) — Delhaye, propriétaire et marchand de houblons en gros, avait vendu à Lémont, négociant en grains, une certaine quantité d'escourgeons (orge hâtive). A la suite de difficultés sur la qualité de la marchandise livrée, Lémont assigna Delhaye devant le tribunal de commerce de Vervins. Delhaye prétendait qu'il avait, en sa qualité de propriétaire et de cultivateur, vendu les denrées provenant de ses récoltes et n'avait pas, en agissant ainsi, fait acte de commerce, déclina la compétence du tribunal de commerce. Celui-ci, par jugement du 27 janv. 1880, se déclara compétent : « Attendu qu'il est constant qu'en vendant, par l'entremise de Painvin, commissionnaire salarié, des escourgeons à Lémont, Delhaye a fait un acte de commerce. » — Sur l'appel de Delhaye, la cour d'Amiens, par arrêt du 12 nov. 1880, a confirmé ce jugement par le motif « qu'il résulte des documents de la cause et de la signification même faite par Delhaye à Lémont, que Delhaye est commerçant, et que les escourgeons vendus pour lui par le commissionnaire Painvin étaient des marchandises faisant l'objet de son commerce ». — Pourvoi en cassation par Delhaye. — *Moyen unique* pour violation de l'art. 638 c. com., l'arrêt attaqué décidant que la vente de denrées agricoles par un propriétaire cultivateur ressortit à la juridiction commerciale, lorsqu'elle a été réalisée par un commissionnaire salarié, une pareille vente n'ayant jamais ce caractère par elle-même, et l'accession d'un contrat de commission ou de mandat salarié ne pouvant modifier le caractère naturel de la convention à laquelle elle accède. — Arrêt.

LA COUR; — Sur l'unique moyen du pourvoi, tiré de la violation de l'art. 638 c. com.: — Attendu que l'arrêt attaqué constate en fait que les escourgeons vendus par Delhaye à Lémont étaient des marchandises faisant l'objet du commerce du vendeur; — Et attendu qu'il suit de là qu'en décidant que l'action intentée par Lémont était de la compétence du tribunal de commerce, l'arrêt attaqué n'a point violé l'article cité, mais a fait, au contraire, une juste application des principes de la matière; — Rejette, etc.

Du 5 juin 1882.-Ch. req.-MM. Bédarrides, pr.-Demangeat, rap.-Chévrier, av. gén., c. couf-Boivin-Champeaux, av.

(3) (Société de Bonnevie C. Cochet.) — LA COUR; — Sur le chef relatif à la compétence commerciale: — Considérant que si la souscription d'actions peut constituer une opération de commerce dont la connaissance doit appartenir aux tribunaux consulaires, c'est à la condition que la société elle-même sera commerciale; — Qu'il n'en est point ainsi de la société anonyme des eaux minérales de Bonnevie; que la division du capital par actions ne lui imprime pas nécessairement le caractère commercial, caractère qui dépend non de la forme, mais de l'objet même qui la constitue; qu'il en est d'un établissement thermal qui vend et distribue les eaux jaillissant du sol, comme du propriétaire qui vend les denrées provenant de son cru, fût-il obligé de les transformer pour les livrer à la consommation; qu'il n'y a point là achat de denrées pour les revendre, mais en nature, soit après les avoir travaillées et mises en œuvre; que la construction des hôtels et casino par la société n'a eu lieu que dans le but et par la nécessité d'utiliser les produits naturels du fonds, dont ils ne sont que l'accessoire et ne peut, d'après les circonstances de la cause, modifier en rien le caractère civil de l'exploitation; que ce second moyen n'est pas mieux fondé que le premier;

Par ces motifs, etc.

Du 19 mars 1868.-C. de Dijon, 1re ch.-MM. Neveu-Lemaire, 1er pr.-Proust, 1er av. gén.-Pommier et Gonget, av.

23. — II. Entreprises de manufacture, de commission et de transport. — Les caractères généraux qui distinguent une *entreprise commerciale* d'une opération accidentelle de commerce sont retracés *suprà*, v° *Acte de commerce*, n°ˢ 148 et 149.

On rappelle ici, quant aux entreprises de *manufactures*, définies *ibid.*, n°ˢ 150 et suiv., l'arrêt de la cour de Paris, du 6 mars 1858, rapporté *suprà*, n° 15, et duquel il résulte que, si un établissement qualifié de manufacture n'est destiné qu'à faire des essais ou peut être assimilé à un laboratoire, l'art.632-2° ne serait pas applicable, et il n'y aurait pas lieu de considérer le propriétaire dudit établissement comme faisant acte de commerce.

24. Sur ce qu'on doit entendre par entreprise de *commission*, V. *suprà*, v° *Acte de commerce*, n°ˢ 165 et suiv. — Nous avons établi *ibid.*, n° 168, contrairement à l'opinion de MM. Delamarre et Lepoitvin, mais avec tous les autres auteurs, qu'un *fait accidentel* de commission ne constitue pas un acte de commerce, de la part du commissionnaire qui, dès lors, n'est, à l'exemple d'un simple mandataire, engagé que civilement envers son commettant. — Toutefois, si ce commissionnaire est intervenu en son nom dans une opération commerciale, il sera obligé commercialement envers les tiers, comme au cas où il aurait agi pour son propre compte (V. *ibid.*). Le tiers avec lequel il a contracté pourra donc l'actionner devant le tribunal de commerce.

25. Sur les caractères de l'*entreprise de transport*, V. *suprà*, v° *Acte de commerce*, n°ˢ 175 et suiv.

Sur la compétence attribuée aux juges de paix par l'art. 2, § 3, de la loi du 25 mai 1838, relativement aux contestations entre les voyageurs et les voituriers, notamment pour perte ou avarie d'effets accompagnant les voyageurs, V. *suprà*, n° 12.

26. L'État qui se livre lui-même à une entreprise de transport ne fait point, avons-nous dit *suprà*, v° *Acte de commerce*, n° 179, acte de commerce; mais, ainsi que nous l'avons ajouté, et qu'il a été décidé par les arrêts rapportés aux différents mots cités *ibid.*, il n'en est pas de même de ceux qui exécutent pour son compte des entreprises de transport, notamment une entreprise de transports militaires, et l'entrepreneur est justiciable des tribunaux de commerce pour l'exécution des traités qu'il a faits avec des particuliers relativement au transport.

27. — III. Entreprises de fournitures, d'agence, bureaux d'affaires, établissements de ventes a l'encan, spectacles publics. — Sur les caractères de l'entreprise de *fournitures*, V. *suprà*, v° *Acte de commerce*, n°ˢ 187 et suiv. — La compétence des tribunaux de commerce à l'égard de l'entrepreneur de fournitures reçoit, en ce qui concerne les marchés de fournitures passés avec l'État, une importante exception que nous avons indiquée *ibid.*, n° 197.

28. L'entreprise d'*agences et bureaux d'affaires* est définie, avec ses conséquences, notamment, au point de vue de la compétence, *suprà*, v° *Acte de commerce*, n°ˢ 212 et suiv. V. aussi en ce qui touche la patente, *infrà*, v° *Patente*. Aux arrêts qui ont décidé que l'agent d'affaires fait acte de commerce, même lorsqu'il s'entremet dans les opérations civiles (V. *suprà*, v° *Acte de commerce*, n°ˢ 215 et suiv.), on peut ajouter une décision mentionnée *suprà*, v° *Agent d'affaires*, n° 2.

Le prêt verbal fait entre commerçants étant de la compétence des tribunaux de commerce, il en est de même du prêt d'argent fait à un agent d'affaires (Paris, 20 août 1877,

le *Droit* du 9 nov.). — Sur la compétence relativement à l'action formée par un agent d'affaires contre son mandant en payement de ses honoraires, V. *suprà*, v° *Acte de commerce*, n° 408. — Aux arrêts qui déclarent que, à la différence des entreprises d'agences, les sociétés d'assurances mutuelles sont purement civiles, et qui en concluent que ces sociétés et leurs membres sont exclusivement justiciables des tribunaux civils (V. *suprà*, v°ˢ *Acte de commerce*, n° 224; *Assurances terrestres*, n° 14), ajoutons une décision récente aux termes de laquelle la police consentie par une compagnie d'assurances mutuelles contre l'incendie constitue un contrat purement civil, et conserve ce caractère, bien que l'assuré ait contracté postérieurement, avec des sociétés commerciales, une autre assurance pour une somme supplémentaire, formant risque commun. Et il importe peu, d'une part, que ladite compagnie, loin de résilier la première assurance après avoir reçu notification de la seconde, ait consenti à la proroger au delà de la période en cours; d'autre part, qu'après un sinistre survenu, elle ait fait choix d'un expert amiable, de concert avec ses coassureurs. En conséquence, elle n'est pas devenue justiciable de la juridiction commerciale, et ne peut, sous prétexte de connexité, être citée devant cette juridiction, concurremment avec les autres compagnies, en payement de l'indemnité d'assurance (Req. 15 juill. 1884, aff. Comp. *la Mutuelle*, D. P. 85. 1. 173).

29. Sur les *établissements de ventes à l'encan*, V. *suprà*, v° *Acte de commerce*, n°ˢ 236 à 239.

30. La loi mentionne parmi les actes de commerce l'*entreprise de spectacles publics* (V. *suprà*, v° *Acte de commerce*, n°ˢ 239 et suiv.). La question de savoir si les artistes dramatiques font ou non un acte de commerce et si, en conséquence, ils se trouvent soumis à la compétence des tribunaux civils ou à celle des tribunaux de commerce, est exposée avec détail *ibid.*, n°ˢ 253 et suiv. Elle a divisé la jurisprudence. — Dans le sens de la commercialité, V. les arrêts rapportés *ibid.*, n° 254. Jugé encore que l'acteur engagé dans la troupe d'un théâtre peut être actionné par le directeur, notamment, en résiliation de son engagement, devant la juridiction commerciale, et doit être réputé avoir fait acte de commerce (Trib. com. Seine, 21 juin 1865, aff. de la Rounat, D. P. 66. 5. 83). — Mais, dans le sens de la non-commercialité de la profession théâtrale, V. les auteurs et les arrêts mentionnés *ibid.*, n°ˢ 256 et 260, arrêts auxquels il faut ajouter une décision de la cour de Paris, du 25 févr. 1865 (aff. Lamy, D. P. 66. 2. 230). C'est ce dernier système que la cour de cassation a consacré par un arrêt de la chambre civile, du 8 déc. 1875 (aff. Paola Marié, analysé *ibid.*, n° 261, et rapporté D. P. 76. 1. 359), en annulant un arrêt contraire de la cour de Paris, du 16 juin 1874. — Les mêmes arrêts ont également écarté l'assimilation que les auteurs et les arrêts cités *ibid.*, n°ˢ 258 et 259, ont voulu établir, au point de vue seulement de la compétence et sans nier le caractère civil de l'engagement théâtral, entre l'acteur et les commis de marchands, lesquels, malgré la non-commercialité du louage de leur travail, sont soumis par l'art. 634 c. com. à la juridiction commerciale (V. *infrà*, v° n° 60). Un premier arrêt de la cour de cassation, du 24 févr. 1864 (aff. Lesage, cité *ibid.*, n° 261, et rapporté D. P. 64. 1. 135), ainsi que diverses décisions également citées *ibid.*, n° 260, *in fine*, avaient pareillement repoussé cette assimilation, en ce qui concerne le privilège attribué par l'art. 549 c. com. aux commis du commerçant failli (V. aussi Aix, 10 mars 1861) (1).

31. — IV. Opérations de change, banque et courtage;

(1). (Girel *C.* Synd. Chabrillat et Tronchet.) — Le tribunal de commerce d'Aix a rendu, le 10 mai 1860, le jugement suivant : — « Attendu que le sieur Girel, comme régisseur et comme cessionnaire du sieur Berlingard, acteur du théâtre du Gymnase, demande, à titre de créancier privilégié des sieurs Chabrillat et Tronchet, anciens directeurs, faillis, un solde d'appointements ; — Que la question par lui soulevée est celle de savoir si les acteurs jouissent du privilège que le code de commerce accorde dans les faillites aux gens de service, aux commis et aux ouvriers ; — Attendu que les acteurs font, avec un directeur de théâtre, un contrat de louage d'industrie ; que ce contrat ne peut être classé dans aucune des trois catégories indiquées par l'art. 1779 c. nap., un article qui n'est point limitatif, puisqu'il déclare ne désigner que les principales espèces de louage d'ouvrage ; — Attendu, en effet, que la seule des trois espèces dénommées par cet article à

laquelle on puisse rapporter l'engagement des acteurs est celle du louage des gens de travail qui s'engagent au service de quelqu'un ; — Attendu que les articles suivants, qui traitent de cette espèce de contrat sont placés sous la rubrique du louage des domestiques et ouvriers, où la loi indique quelle est l'application qu'aux domestiques ; — Attendu qu'à l'égard des domestiques et ouvriers, la loi a établi en faveur du maître le droit d'être cru sur son affirmation pour la quotité des gages, le payement du salaire de l'année échue et les acomptes donnés pour l'année courante ; que l'on comprendrait difficilement l'extension de cette disposition aux artistes, dont en réalité les relations et la position sociale à l'égard d'un chef de maison diffèrent de celles des domestiques et ouvriers à l'égard du chef de maison qui les emploie ; — Attendu que le législateur, quand il a eu à distinguer des professions sociales pour déterminer les droits et les obligations de

BANQUES PUBLIQUES. — Sur les caractères de l'opération de *change*, V. *suprà*, v° *Actc de commerce*, n°⁵ 263 et suiv.

32. Quant aux opérations de *banque*, V. *suprà*, v° *Acte de commerce*, n°⁵ 266 et suiv.

33. Les caractères du *courtage* sont retracés *suprà*, v° *Acte de commerce*, n° 272. Il est dit, *ibid.*, n° 277, que le courtage des immeubles n'est pas plus un acte de commerce de la part du courtier que de la part de ceux entre lesquels il s'est entremis pour en préparer l'achat ou la revente. — On s'occupe *ibid.*, n°⁵ 279 et suiv., des *agents de change*. Ces intermédiaires sont incontestablement des tribunaux de commerce justiciables à raison de leurs engagements envers leurs clients, lesquels, de leur côté, sont soumis à la compétence des tribunaux civils ou des tribunaux de commerce, selon que l'opération faite pour leur compte est, quant à eux, civile ou commerciale (V. *ibid.*, n°⁵ 288 et 407. V. aussi Req. 9 mars 1885) (1). Cet arrêt réserve le cas où il s'agirait de jeux de bourse. Toute distinction entre les jeux de bourse et les spéculations sérieuses sur les valeurs de bourse a été supprimée par la loi du 28 mars 1885, qui donne force obligatoire aux marchés à terme, alors même que ces marchés ne devraient aboutir qu'à un simple payement de différences (V. *ibid.*, n° 36).

34. — V. LETTRES DE CHANGE OU REMISES D'ARGENT FAITES DE PLACE EN PLACE. — V. *infrà*, n°⁵ 68 et suiv.

35.—VI. NAVIGATION ET COMMERCE MARITIMES.—L'art. 633 c. com. s'occupe spécialement de tous les contrats concernant le commerce de mer, des expéditions maritimes et les répute actes de commerce, à moins qu'ils ne soient entrepris par l'Etat. Tout ce qui se rattache à cette question est traité avec détails *suprà*, v° *Acte de commerce*, n°⁵ 344 et suiv.; nous n'y reviendrons pas. V. pour ce qui a trait : aux constructions navales, *ibid.*, n° 346; à la vente et revente des navires, *ibid.*, n° 349; aux achats ou ventes d'agrès, aux apparaux et avitaillement, *ibid.*, n° 351; au contrat d'affrétement ou de nolissement, *ibid.*, n°⁵ 353 et 354; au contrat de transport maritime intervenu entre le capitaine ou l'armateur d'un

navire et les passagers, *ibid.*, n°⁵ 355 et 356; au contrat d'assurances maritimes, *ibid.*, n°⁵ 359 à 362; aux salaires et loyers d'équipage, aux engagements de gens de mer, *ibid.*, n° 363; aux courtiers interprètes et conducteurs de navires, *ibid.*, n° 366.

36. En ce qui concerne plus spécialement la question de compétence commerciale, il a été jugé, outre les décisions auxquelles on renvoie, *suprà*, v° *Acte de commerce*, n° 350, et *Commerçant*, n° 25 : 1° que, toute expédition maritime étant un acte de commerce, des contestations qui s'élèvent à propos des sommes dues pour le logement fourni au second d'un navire, sur la recommandation du capitaine, dans un port autre que celui d'armement, sont de la compétence du tribunal de commerce (Trib. com. Marseille, 8 mai 1867, *Journal de Marseille*, 1867. 1. 201); — 2° Que le tribunal de commerce est seul compétent pour statuer sur la demande en payement de travaux exécutés pour l'armement du navire par son ancien patron et son ancien copropriétaire (Civ. rej. 30 nov. 1881, V. *suprà*, v° *Compétence civile des tribunaux de paix*, n° 23).

37. — VII. ENTREPRISES DE CONSTRUCTIONS TERRESTRES. — Dans le silence de l'art. 632 et en présence du texte de l'art. 633 qui ne parle que d'entreprises de constructions pour la navigation intérieure et extérieure, on s'est demandé si les entreprises de constructions terrestres constituent ou non des actes de commerce. La controverse qui s'est élevée à cet égard tant dans la doctrine que dans la jurisprudence est exposée *suprà*, v° *Acte de commerce*, n°⁵ 199 et suiv. Un grand nombre d'arrêts rapportés *ibid.*, n° 199, s'en tenant au texte même des art. 632 et 633, ont refusé de voir dans l'entreprise de construction, même avec fournitures de matériaux par l'entrepreneur, un acte de commerce. Mais, comme il y avait là un but évident de spéculation, l'opinion contraire a fini par prévaloir et a été définitivement consacrée par la cour de cassation dans plusieurs décisions (V. *ibid.*, n°⁵ 200 à 203). — Jugé à cet égard, que les entreprises de travaux et fournitures pour la construction des

---

ceux qui les exercent, a dû se conformer, à moins qu'il ne fasse d'autres classifications, aux distinctions généralement admises; — Que, dans les relations de la société et dans le langage usuel, un artiste n'est point rangé parmi les domestiques, les ouvriers et les commis; qu'il loue bien son travail, mais qu'il loue un travail d'un autre genre, et que les distinctions des professions s'établissent d'après la nature du travail auquel on se livre; — Attendu que la loi n'a pas suivi d'autres errements; qu'indépendamment de la preuve tirée du rapprochement des premiers articles du titre du contrat de louage, la loi a encore indiqué par l'art. 549 c. com. que le terme *gens de service*, employé par l'art. 2101 c. nap., ne comprenait ni les ouvriers, ni les commis, et était forcément restreint ainsi aux domestiques; — Que le code Napoléon n'a fait que substituer ce terme de *gens de service* à ceui de *domestiques* employé dans la loi précédente; — Attendu que les artistes ne peuvent donc invoquer ni l'art. 2101 c. nap. qui n'est fait que pour les domestiques, ni l'art. 549 c. com. qui n'a été établi qu'en faveur des ouvriers et des commis; — Attendu que d'après les décomptes produits, le sieur Berlingard est resté créancier de 666 fr. et le sieur Girel de 1066 fr.; que le montant de ces deux créances dues au sieur Girel de 1732 fr.; — Par ces motifs, etc. » — Appel. — Arrêt.

LA COUR; — Adoptant les motifs, etc. — Confirme, etc. Du 10 mars 1861.-C. d'Aix.-MM. Bédarrides, pr.-Arnaud et Thourel, av.

(1) (Dufau C. Galichon.) — Le 15 mars 1882, le tribunal de commerce de la Seine a rendu un jugement condamnant Dufau à payer à Galichon, agent de change, 70538 fr. 50 cent., pour solde de compte d'opérations de bourse. — Sur l'appel de Dufau, la cour de Paris a rendu l'arrêt suivant : — « Sur l'exception d'incompétence : — Considérant que les opérations intervenues entre les parties avaient pour but des spéculations sur des valeurs de bourse, et faisaient suite à de nombreuses opérations de même nature; que, conséquemment, la juridiction consulaire était compétente; — Sur l'exception de jeu : — Considérant que, si Dufau a entendu se livrer à des opérations de jeu, il n'est pas établi que Galichon lui ait sciemment prêté son ministère; que les marchés n'étaient point des marchés fictifs, devant se régler uniquement par des payements de différences; que les opérations, à l'exception de la dernière, ont été intégralement soldées; que, sur les trois cent cinquante titres de Banque impériale achetés en octobre 1882, Dufau s'est, une première fois, libéré de cent cinquante titres, une seconde, de soixante-quinze; qu'il n'avait plus, à la fin de décembre, qu'un reliquat de cent vingt-cinq titres à lever;

lesquels titres ont été, de sa part, l'objet de reports successifs, et, en dernier lieu, d'un refus de prendre livraison; que Galichon qui connaissait la situation de fortune de Dufau, et qui avait fait antérieurement pour son compte des opérations importantes, qui avaient été régulièrement soldées et avaient abouti à des livraisons de titres, n'avait aucune raison de croire que la dernière opération n'était pas sérieuse; — Sur l'exception tirée de l'ordonnance de 1681, de l'arrêté du 27 prair. an 10, et des art. 85, 86 et 87 c. com. : — Considérant que l'agent de change a droit de recouvrer envers son client les avances qu'il a faites pour son compte, encore bien qu'il ait commis une infraction à ses devoirs professionnels, en n'exigeant point la provision des sommes nécessaires à l'exécution des opérations dont il se charge; que les opérations n'en produisent pas moins leurs effets juridiques entre les parties; que, conséquemment, Dufau ne saurait se soustraire à l'exécution de ses engagements; — Considérant qu'il n'est pas douteux que Galichon a payé les cent vingt-cinq titres dont s'agit, puisqu'il justifie de leur possession légitime entre ses mains; — Par ces motifs, ». — Pourvoi en cassation par Dufau. — Arrêt.

LA COUR; — Sur le moyen pris de la violation des art. 631 et 632 c. com. : — Attendu que l'arrêt attaqué constate, en fait, que les opérations intervenues entre Dufau et l'agent de change Galichon avaient pour but des spéculations sur les valeurs de bourse, et faisaient suite à de nombreuses opérations de même nature; qu'il suit de là qu'en décidant, comme il l'a fait, que la demande formée par Galichon contre son commettant en payement d'une somme de 70538 fr., pour solde de compte desdites opérations, était de la compétence du tribunal de commerce, l'arrêt attaqué n'a point violé les articles cités, et a fait, au contraire, une juste application des principes de la matière; que, du reste, les marchés n'étaient point des marchés fictifs devant se régler par des payements de différences; — Sur le deuxième moyen, pris d'un excès de pouvoirs ainsi que de la violation des art. 1965 c. civ., 85 et 86 c. com., et 13 de l'arrêté du 27 prair. an 10 : — ... Attendu que si l'agent de change commet une infraction à ses devoirs professionnels en faisant des avances à ses clients, il n'en conserve pas moins le droit de se faire rembourser par eux le montant de ces avances; — Attendu, enfin, qu'il est déclaré par l'arrêt attaqué que, si Dufau a entendu se livrer à des opérations de jeu, il n'est pas établi que Galichon lui ait sciemment prêté son concours; qu'il suit de ce qui précède que l'arrêt attaqué, en condamnant Dufau, n'a commis aucun excès de pouvoirs, et n'a violé aucun des articles cités; — Rejette.

Du 9 mars 1885.-Ch. req.-MM. Bédarrides, pr.-Dèmangeat, rap.-Chévrier, av. gén., c. conf.-Chambareaud, av.

maisons constituent des actes de commerce ; et que ce caractère appartient aux actes d'un entrepreneur qui, ayant acheté des terrains pour y élever des constructions et les revendre, se pourvoit à cet effet de matériaux acquis commercialement, ou traite avec des sous-entrepreneurs et garantit les fournisseurs de ceux-ci par des engagements commerciaux, alors surtout qu'il est constaté que la spéculation sur les constructions a été l'objet principal de l'opération dont l'achat des terrains n'était que l'accessoire (Req. 20 avr. 1868, aff. Curtil, D. P. 69. 1. 160). — *Adde* les arrêts cités *supra*, v° *Acte de commerce*, n° 18, et rendus dans des espèces où il s'agissait, comme dans celui qu'on vient d'indiquer, d'un achat d'immeuble pour le revendre après y avoir élevé des constructions). Jugé, de même encore, que le tribunal de commerce est compétent pour connaître des contestations relatives à des travaux de maçonnerie, de peinture et de décoration qu'un industriel a commandés pour son établissement (Trib. com. Marseille, 15 avr. 1862, *Journal de Marseille*, 1862. 1. 163).

38. — VIII. EXPLOITATION DE MINES, MINIÈRES ET CARRIÈRES. — L'exploitation des *mines* est régie par la loi de 1810, qui la déclare non commerciale lorsqu'elle est faite par le concessionnaire lui-même ou son ayant cause (V. *supra*, v° *Acte de commerce*, n°s 320 et 321). — Mais la société formée pour l'exploitation d'une mine devient-elle commerciale par cela seul qu'elle s'est constituée sous la forme d'une société commerciale? La controverse à laquelle cette question a donné lieu est exposée en détail, *ibid.*, n°s 322 à 326. — Au point de vue de la patente, V. *ibid.*, n° 330. — En ce qui concerne les travaux de recherche d'une mine, V. *ibid.*, n° 332.

39. Quant à l'exploitation des *minières*, V. *ibid.*, n°s 333 à 337; à celle des *carrières*, V. *ibid.*, n°s 337 et suiv., et à celle des mines de sel et des marais salants, V. *ibid.*, n°s 34 et suiv.

ART. 2. — *Contestations résultant d'actes présumés commerciaux à raison de la qualité des personnes* (*Rép.* n°s 107 à 142).

40. Il s'agit ici des faits dont la commercialité découle, pour celui qui est obligé, d'une part de sa qualité de *commerçant*, et d'autre part de la relation que ces faits ont avec son commerce.

41. — I. ENGAGEMENTS ENTRE COMMERÇANTS (*Rép.* n°s 108 à 134). — L'art. 631-4° attribue compétence aux tribunaux de commerce pour toutes contestations ou obligations *entre commerçants*, pourvu qu'elles aient trait à des faits relatifs à leur commerce. — A cette disposition correspond l'art. 632-6° du même code, qui range au nombre des actes de commerce « toutes obligations *entre commerçants* », en prenant le soin d'ajouter, toutefois, que ces obligations ne sont commerciales que lorsqu'elles ont pour cause des « faits relatifs au commerce ». La compétence édictée par l'art. 631-1° est manifestement subordonnée à la même condition. La loi semblerait exiger, en outre, qu'il s'agisse d'obligations *entre commerçants*. Nous avons fait remarquer, *supra*, v° *Acte de commerce*, n°s 368 et 376, que tout engagement d'un commerçant pour un fait de commerce soit envers un autre commerçant, soit envers un non-commerçant, doit être réputé commercial, l'art. 638 ne considérant comme civils que les actes du commerçant que lorsqu'ils sont étrangers à son commerce. L'observation s'applique également à la règle de compétence édictée par l'art. 631-1°. Il est hors de doute que les actes qui se rapportent au commerce de l'une des parties la rendent justiciable des tribunaux de commerce, quelle que soit la qualité de l'autre partie. La seule conséquence qu'il serait permis de tirer des expressions restrictives employées par l'art. 631-1°, c'est qu'entre commerçants, la compétence de la

juridiction commerciale est *obligatoire*, en ce sens que le défendeur commerçant a le droit d'en revendiquer le bénéfice s'il ne consent pas à être jugé par les tribunaux civils en vertu de leur plénitude de juridiction, tandis que, au cas de contestations entre commerçant et non-commerçant, elle devient *facultative* pour le *demandeur* non-commerçant qui est libre de s'adresser aux tribunaux de commerce ou aux tribunaux civils, bien que son adversaire soit obligé commercialement. Et encore, cette faculté d'option, que pourrait justifier, comme on le voit, le texte de l'art. 631-1°, est-elle, elle-même, controversée (V. *supra*, n° 10). — Il résulte de ce qui précède, d'une part, que, même dans les contestations entre commerçants, et se reliant à leur commerce, la juridiction commerciale ne peut être dessaisie que du consentement de toutes les parties, et, d'autre part, que lorsque le débat ne se rattache qu'au commerce de l'une d'elles, celle pour laquelle ce débat est purement civil est assimilée à un non-commerçant. De là une distinction : si elle est demanderesse, elle doit porter son action devant la juridiction commerciale, ou peut opter pour la juridiction civile, selon qu'on rejetera ou qu'on adoptera le système qui vient d'être rappelé. Si elle est défenderesse, elle ne peut être assignée que devant le juge civil, quoique les deux parties soient commerçantes. Jugé, spécialement, que le commerçant qui a loué à un autre commerçant une usine et son mobilier industriel, ne peut être actionné par le preneur sur les difficultés nées à l'occasion de ce bail, que devant le tribunal civil, une telle convention n'étant commerciale qu'à l'égard du preneur, c'est-à-dire du demandeur, et n'ayant aucune relation avec le commerce du bailleur contre qui l'action est exercée (V. *supra*, v° *Acte de commerce*, n° 419. Bastia, 11 févr. 1852, aff. Castellini, D. P. 52. 2. 201).

42. Nous avons examiné *supra*, v° *Acte de commerce*, n°s 376 et suiv., au point de vue de leur relation avec l'exercice, par un commerçant, de sa profession commerciale, tous les contrats dénommés et réglés par le code civil. Après avoir déterminé le caractère des conventions intervenues en vue de l'exploitation d'un *commerce futur* (V. *ibid.*, n°s 372 et suiv.), nous avons précisé, avec la jurisprudence et la doctrine, et en nous conformant à la classification adoptée par la loi, les conditions d'application de l'art. 632-6° c. com., et dès lors, de l'art. 631-1° du même code, aux contrats dans lesquels un commerçant, *accessoirement* à son commerce, ... fait des *achats* mobiliers ou immobiliers (V. *ibid.*, n°s 380 et suiv., 417); — ... Prend à *location* des choses mobilières ou immobilières (V. *ibid.*, n°s 384, 419 et 420); — ... Fait, au moyen d'un *louage d'industrie*, exécuter des travaux (V. *ibid.*, n°s 385 et 422), ou loue le travail personnel de ceux qu'il emploie dans son commerce ou dans son industrie (V. *ibid.*, n°s 387 et suiv.); — ... Fait des *emprunts* ou des *prêts* (V. *ibid.*, n°s 390 et suiv., 423); — ... Souscrit le *contrat* qui, sous le nom d'*assurance*, vient s'ajouter aux *contrats aléatoires* prévus par le code civil (V. *ibid.*, n°s 395 et suiv.); — ... Reçoit un *dépôt* (V. *ibid.*, n° 401); — ... Accepte ou donne un *mandat* (V. *ibid.*, n°s 404 et suiv.); — ... Fait une transaction (V. *ibid.*, n° 402); — ... Constitue un nantissement (V. *ibid.*, n° 403). — Quant au cautionnement, V. *infra*, n° 51, et aux contestations en matière de privilèges et d'hypothèques, V. *infra*, n° 109.

43. La commercialité du contrat passé en vue d'un commerce futur est controversée (V. *ibid.*, n°s 372 et suiv.). Jugé à cet égard que l'individu non encore commerçant, qui s'engage envers un tiers à lui payer une certaine somme pour le cas où ce dernier lui procurerait un associé à l'effet de fonder une société commerciale, est obligé commercialement (Douai, 31 janv. 1876) (1).

Aux nombreuses décisions citées à propos de l'appréciation

---

(1) (Cochoteux C. Debucquoy.) — Le tribunal de commerce de Roubaix avait rendu un jugement ainsi conçu : — « Attendu que le sieur Debucquoy réclame au sieur Cochoteux la somme de 1100 fr., en exécution de l'engagement pris par ce dernier de lui payer ladite somme, si le demandeur lui procurait une association ; — Attendu que le sieur Cochoteux décline la compétence du tribunal de commerce de Roubaix, prétendant qu'il n'était pas commerçant lorsqu'il a pris l'engagement de payer au demandeur la somme ci-dessus énoncée, au cas où il s'établirait par son intermédiaire et ajoutant qu'à ladite époque le sieur Debucquoy n'avait

pas non plus qualité de commerçant ; — Attendu qu'aux termes de l'art. 631 c. com., les tribunaux consulaires connaissent, entre toutes personnes, des contestations relatives aux actes de commerce; qu'il y a donc lieu de rechercher si la convention dont il s'agit présente le caractère constitutif d'un acte de commerce ; — Attendu qu'il y a acte de commerce toutes les fois que cet acte est accompagné de certaines circonstances déterminées par la loi, indépendamment de la qualité de la personne qui s'est livrée à ces opérations ; — Attendu que la convention dont excipe Debucquoy, laquelle résulte de l'engagement pris par Cochoteux,

des faits qui doivent être considérés comme relatifs au commerce, on peut aussi ajouter d'autres arrêts qui ont jugé, conformément à la jurisprudence rapportée *ibid.*, n° 424, que le non-commerçant qui fait construire une maison pour y établir ultérieurement un commerce ou une industrie ne fait pas un acte de commerce, et n'est pas, dès lors, à raison de son marché de construction, justiciable du tribunal de commerce (Dijon, 15 avr. 1879) (1); et qu'il en est de même de celui qui a fait exécuter des travaux de construction d'une usine sur un terrain dont il n'était que locataire, et qu'il a sous-loué à un tiers après la construction (Aix, 1er mai 1879) (2).

44. Les obligations résultant pour les commerçants de simples *quasi-contrats* sont commerciales, quand les faits d'où elles découlent se rattachent à leur commerce (V. *suprà*, v° *Acte de commerce*, n° 427 à 430). Aussi a-t-il été jugé, d'une manière générale, que les tribunaux de commerce sont compétents pour connaître entre commerçants des engagements qui se forment sans convention, lorsque ces engagements procèdent

de faits prenant leur source dans des actes que la loi répute commerciaux (Chambéry, 5 juill. 1878, *Le Droit* du 20).

45. La question est plus délicate en ce qui concerne les *quasi-délits.* — La controverse qu'elle a soulevée est retracée *suprà*, v° *Acte de commerce*, n° 431 et suiv. En faveur du système qui considère les engagements résultant pour un commerçant de ses *quasi-délits* comme étrangers par leur essence au commerce de l'auteur du fait illicite dont la responsabilité lui est imputée (*Adde* Trib. civ. Alger, 31 mai 1843, aff. N..., D. P. 54. 5. 162; Bordeaux, 13 déc. 1860, *Journal de Marseille*, 1861. 2. 112; Trib. com. Marseille, 8 juill. 1863, *ibid.*, 1863. 1. 192; 29 janv. 1864, *ibid.*, 1864. 1. 68; 12 oct. 1876, *ibid.*, 1877. 1. 18). Jugé, notamment, et conformément à une décision rapportée *loc. cit.*, n° 439, que la juridiction consulaire est incompétente pour statuer sur la demande en dommages-intérêts d'un chauffeur d'une compagnie de chemins de fer blessé dans l'exercice de ses fonctions par la faute des agents de la compagnie (Caen, 15 juill. 1884) (3). Mais, dans le sens de l'opinion qui a prévalu, d'après

---

à la date du 4 mars 1873, avait pour objet et pour but précis la recherche d'un associé apportant à Cocheteux les capitaux nécessaires à la fondation d'une société commerciale ; — Attendu, en outre, que si l'on considère le sieur Debucquoy comme mandataire du défendeur à l'effet de rechercher l'association désirée, il y a lieu d'observer qu'en ce cas son mandat devient commercial, et que, dès lors, les difficultés relatives à ce mandat sont de la compétence de la juridiction commerciale ; — Attendu qu'il s'agit, en conséquence, d'une contestation entre deux personnes non commerçantes, relatives à un acte de commerce, et qu'aux termes de l'art. 631 c. com., le tribunal est compétent pour en connaître ; — Par ces motifs, se déclare compétent, retient la cause, ordonne qu'il sera plaidé au fond à l'audience du 23 juillet, présent mois, à laquelle la cause est prorogée à l'égard des parties, condamne le sieur Cocheteux aux frais du présent jugement ». — Appel. — Arrêt.
LA COUR ; — Adoptant les motifs des premiers juges ; — Confirme, etc.
Du 31 janv. 1876.-C. de Douai, 1re ch.-MM. Bardon, 1er pr.-Carpentier, 1er av. gén.-Merlin et de Beaulieu, av.

(1) (Muller C. Truchetet.) — Le 21 févr. 1879, jugement du tribunal de commerce de Dijon ainsi conçu : — « Sur l'exception d'incompétence : — Attendu que l'objet de la contestation n'est pas un immeuble ou des dépendances ; — Attendu qu'il s'agit d'un compte relatif à une construction légère destinée spécialement à l'exploitation d'un commerce et élevée sur un terrain qui n'appartient pas à l'une ou l'autre des parties ; — Attendu qu'il n'est pas contesté que Muller était commerçant à la date de l'assignation ; — Par ces motifs ; — Se déclare compétent, retient la cause ». — Appel. — Arrêt.
LA COUR ; — Considérant que les tribunaux de commerce sont des tribunaux d'exception dont la juridiction est expressément restreinte par la loi aux contestations entre commerçants et à celles relatives aux actes de commerce ; — Considérant que Truchetet réclame devant la juridiction commerciale le payement des travaux de charpente par lui exécutés dans une maison destinée à l'établissement d'un cabaret, qu'Henri Muller a fait construire près de la gare d'Is-sur-Tille ; — Considérant qu'Henri Muller n'était pas commerçant à l'époque où il a traité avec Truchetet ; que la construction d'une maison, lors même qu'elle est destinée à l'exploitation d'un commerce ou d'une industrie, ne constitue pas, par elle-même, un acte de commerce ; qu'il n'importe que Muller, aussitôt après la construction de sa maison, y ait établi un cabaret qu'il exploite lui-même et soit ainsi devenu commerçant ; que cette nouvelle qualité ne peut rétroagir au jour de la convention intervenue avec Truchetet, pour lui imprimer le caractère commercial dont elle était alors dépourvue ; que c'est donc à tort que les premiers juges ont rejeté le déclinatoire opposé par Muller à la demande de Truchetet, etc.
Du 15 avr. 1879.-C. de Dijon, 3e ch.-MM. Saverot, pr.-Cardot, av. gén.-Coquegnot et Baudin, av.

(2) (Caillol C. Aubert.) — Le tribunal de commerce de Marseille avait statué en ces termes, par jugement du 20 juill. 1878 :— « Attendu que le but de la demande est d'avoir payement de divers travaux de nivellement d'un plan relatif à l'établissement d'une minoterie, faits par Caillol frères pour compte ou d'ordre du défendeur ; que celui-ci prétend que cette construction n'aurait pas été un acte commercial, mais purement civil ; que n'étant pas commerçant, il ne pouvait avoir en vue une exploitation commerciale de cette minoterie ; — Attendu que ces allégations ne sauraient être accueillies ; que Félix Aubert, en effet, a été obligé de convenir que ce n'est pas sur un terrain à lui appartenant que ladite minoterie aurait été construite, mais bien sur un terrain appartenant à sa mère ; que, si en principe la construction d'un im-

meuble n'est pas un acte commercial, il n'en saurait être ainsi décidé dans l'espèce, en l'état de la circonstance ci-dessus signalée ; qu'il s'agit, en effet, d'un établissement destiné nécessairement à une exploitation commerciale, et que Félix Aubert, qui le faisait édifier lui-même pour son compte, ne peut prétendre qu'il avait en vue d'utiliser son terrain, puisqu'il n'était pas propriétaire du sol sur lequel il l'a fait construire ; qu'il s'est donc livré à un acte véritablement commercial, puisqu'il n'a pu avoir en vue et se proposer qu'une exploitation commerciale de ladite minoterie par lui installée ; — Par ces motifs, se déclare compétent ». — Appel par le sieur Aubert. — Arrêt.
LA COUR ; — Sur la compétence : — Attendu qu'Aubert, après avoir été commerçant pendant un certain nombre d'années, a cessé de l'être et a été rayé de la liste des patentés depuis 1876 ; — Attendu, en outre, que l'objet du litige ne constitue pas un acte de commerce ; — Attendu, en effet, qu'Aubert n'était pas propriétaire du terrain sur lequel il se proposait de faire construire une minoterie ; que ce terrain appartenait à sa mère, et qu'il n'avait pas l'intention d'exploiter lui-même cette minoterie, puisqu'au cours des travaux l'usine a été affermée à un tiers par un bail enregistré ; — Attendu qu'Aubert n'étant plus commerçant et n'ayant pas fait un acte de commerce en demandant aux frères Caillol un plan pour la minoterie de Saint-Barnabé à Marseille, le tribunal de commerce n'était pas compétent, et que, dès lors, sa décision doit être réformée, etc.
Du 1er mai 1879.-C. d'Aix, 2e ch.-MM. Rolland, pr.-Gourdez, subst.-Paul Rigaud et Abram, av.

(3) (Chemin de fer de l'Ouest C. Amédée.) — LA COUR ; — Considérant que, le 2 oct. 1877, une collision a eu lieu sur la ligne du chemin de fer de Mézidon au Mans, entre le train facultatif n° 425, allant d'Argentan à Mézidon, et un train de ballast sortant des carrières de Nécy ; que, par suite de cette collision, la machine du train n° 425, montée par Pierre Amédée, en qualité de chauffeur, fut renversée sur le côté ; que celui-ci eut la jambe gauche coupée par une traverse de la machine, la jambe droite fracturée et plusieurs côtes du côté gauche fracassées ; que cet accident a eu pour cause, soit la négligence de l'aiguilleur, qui n'aurait pas tourné le disque, soit celle du conducteur du train de ballast qui, n'ayant pas suffisamment examiné la voie où il devait s'engager, n'aurait pas vu le signal d'arrêt du train de marchandises ; qu'une information entreprise par le ministère public n'a pu prouver le fait de négligence, soit à la charge de l'un, soit à la charge de l'autre de ces deux agents, et qu'elle a été close par une ordonnance de non-lieu ; mais qu'il ne reste pas moins acquis que la collision doit être attribuée à l'imprudence, l'inattention ou la négligence de l'un ou de ces deux agents, et que, si le fait eût été prouvé à la charge de l'un ou d'eux, il l'eût rendu passible des peines portées en l'art. 320 c. pén. ; — Considérant, au point de vue du droit civil, que la victime de cet accident aurait eu plusieurs voies pour venir devant la justice, si le coupable eût été découvert : elle pouvait intenter son action directement à l'auteur de l'imprudence, ou s'adresser directement à la compagnie, sauf à elle à recourir en garantie contre son agent, si elle le jugeait à propos (c. civ. art. 1382, 1384) ; que Pierre Amédée qui, depuis l'accident du 2 oct. 1877 jusqu'au 1er avr. 1882, avait touché son traitement intégral, était resté dans l'inaction ; mais que, rayé du contrôle, il le 11 févr. 1884, assigné la compagnie des chemins de fer de l'Ouest devant le tribunal de commerce d'Argentan, pour avoir payement d'une indemnité de 40000 fr. ; que la compagnie, sans décliner la compétence du tribunal de commerce, et admettant le principe de sa responsabilité, a été laissée condamner en une indemnité de 22000 fr., plus 1200 fr. de provision, avec dépens ; que, sur l'appel par elle interjeté, la compagnie des chemins de fer de l'Ouest a conclu : « dire et juger que le tribunal de commerce

laquelle les engagements dérivant des délits et quasi-délits sont au nombre de ceux que l'art. 632-6° déclaré commerciaux et dont l'art. 631 attribue la connaissance aux tribunaux de commerce, toutes les fois que le fait dommageable émane d'un commerçant et se rattache à son commerce ou à son industrie, sans même qu'il y ait lieu de se préoccuper du point de savoir si son auteur l'a commis à l'occasion de relations commerciales engagées avec la partie lésée; on peut ajouter d'autres arrêts qui ont jugé qu'on doit regarder comme créant une obligation commerciale, de la compétence des tribunaux de commerce :

était incompétent pour connaître de la demande »; et, prévoyant le cas d'évocation, « lui donner acte de ce qu'elle déclare offrir à l'intimé une rente annuelle et viagère de 800 fr. »; que Pierre Amédée, se portant incidemment appelant, a demandé le rejet de l'exception d'incompétence, et, au fond, l'élévation à 27000 fr. de la condamnation prononcée à son profit; que c'est en cet état que l'affaire se présente à l'examen de la cour; — Sur les conclusions aux fins d'incompétence du tribunal de commerce : — Considérant que les tribunaux de commerce sont des tribunaux d'exception, et que leur compétence doit être resserrée dans les limites fixées par la loi; — Considérant que l'action a pour cause la réparation d'un délit, mais qu'elle est intentée contre une compagnie exploitant un chemin de fer, entreprise essentiellement commerciale (art. 632 c. com.); qu'aux termes de l'art. 631 du même code, les tribunaux de commerce connaissent de toutes contestations relatives aux engagements et transactions entre négociants, marchands et banquiers; qu'il n'est plus douteux maintenant que, par ce mot *engagement*, le législateur a compris aussi bien ceux résultant d'un délit ou quasi-délit, que ceux qui naissent d'une convention; que Pierre Amédée soutient que, quoique non-commerçant, il pouvait, conformément à une jurisprudence certaine, actionner son adversaire commerçant, soit devant la juridiction civile, soit devant la juridiction consulaire; que la compagnie ne méconnaît pas le bien fondé de cette jurisprudence, mais qu'elle objecte que, pour qu'elle soit applicable à l'espèce, il eût fallu que, commerçante, elle fût actionnée à raison d'un acte de commerce, et qu'au contraire, elle est actionnée à raison d'un délit; que l'art. 632 c. com. énumère tous les actes qui constituent des actes de commerce; qu'il est impossible, même par voie d'assimilation forcée, d'y faire rentrer un délit, un quasi-délit ou une contravention, fussent-ils commis pendant l'exécution d'un acte commercial, puisque le délit, le quasi-délit ou la contravention ont juridiquement une nature spéciale qu'on ne peut pas confondre avec l'acte de commerce; que, dans ce cas, si on détache le fait délictueux de l'acte commercial, on voit de suite que ce fait, et non l'acte de commerce, qui est le principe générateur de l'action; que les raisons alléguées en ce point par la compagnie sont conformes au texte, à l'esprit de la loi et à une pratique constante; que la cour doit les adopter, et, se fondant sur elles, accueillir les conclusions aux fins d'incompétence prises par la compagnie; — Mais considérant que l'affaire est en état de recevoir jugement; qu'il y a lieu d'évoquer et de statuer au fond par jugement nouveau; — Par ces motifs, met à néant le jugement dont est appel comme rendu par un juge incompétent; — Evoquant, et statuant par jugement à nouveau, etc.

Du 15 juill. 1884. — C. de Caen, 1re ch. — MM. Godon, f. f. pr. — Villey-Desmézerets, subst. — Desruisseaux, av.

(1) 1re *Espèce* : — (Coulange et fils C. Noël.) — Le tribunal de commerce d'Elbeuf, le 6 janv. 1882, a rendu le jugement suivant : — « Attendu qu'il résulte des documents du procès, de l'audition des parties en chambre du conseil et des déclarations des défendeurs, que l'accident dont le sieur Noël a été victime, le 28 déc. 1880, n'est dû ni à sa faute, ni à son imprudence; que, plusieurs fois déjà, l'opération à laquelle il se livrait ce jour-là, d'après les ordres de Coulange et fils, avait été par lui faite avec succès; qu'on lui saurait lui reprocher d'avoir négligé de prendre toutes les précautions usitées en pareil cas; — Attendu qu'il est établi que, par suite de cet accident, Noël a eu le bras gauche fracturé, et que cette blessure le met dans l'impossibilité presque absolue de remuer le bras et l'empêche, par conséquent, de se livrer à son métier habituel et de gagner le salaire qu'il recevait auparavant; — Attendu que, dans de telles conditions, le demandeur a droit à une indemnité dont le tribunal, avec les éléments d'appréciation qu'il possède, fixe la quotité à la somme de 1000 fr. — Par ces motifs, etc. » — Appel par Coulange et fils, qui, devant la cour, soulèvent une exception, tirée de ce que, la demande étant purement civile, il n'appartenait pas au tribunal de commerce d'en connaître. — Arrêt.

LA COUR; — Sur la compétence : — Attendu que Coulange et fils sont entrepreneurs de travaux publics, et, par conséquent, commerçants; que, pour répondre des conséquences d'un quasi-délit qu'ils auraient commis dans l'exercice de leur industrie, ils

1° l'action en dommages-intérêts formée par l'ouvrier d'un entrepreneur de travaux publics contre son patron par le fait duquel il a été victime d'un accident dans l'exécution de son travail (Rouen, 8 juill. et 29 nov. 1882) (1); — 2° La demande formée par un commerçant à l'effet d'obtenir des dommages-intérêts pour dégâts causés à sa voiture de commerce par une autre voiture de commerce (Paris, 31 mars 1882 (2). V. également : Paris, 26 févr. 1877, *Le Droit* du 30 mars); — 3° L'action en dommages-intérêts relative aux propos malveillants tenus dans un but de concurrence déloyale (Bruxelles, 18 mai 1881) (3); — 4° L'usurpation ou ont incontestablement pu être appelés devant la juridiction commerciale; — Au fond : — (Sans intérêt); — Par ces motifs, etc.

Du 8 juill. 1882. — C. de Rouen, 2e ch. — MM. Lebucher, pr. — Chrétien, av. gén. — Thiéblin (du barreau de Paris) et Marais, av.

2e *Espèce* : — (Boissière-Morainville C. Fouchet.) — Le 10 nov. 1882, jugement du tribunal de commerce d'Elbeuf, ainsi conçu : — Attendu que Boissière-Morainville est entrepreneur de couverture et de plomberie, et, par conséquent, commerçant; que l'accident à l'occasion duquel il est assigné par les époux Fouchet, représentants de Georges Fouchet, leur fils mineur, serait le résultat d'une faute ou d'une imprudence commise par le défendeur, alors qu'il faisait exécuter pour les besoins de son commerce, des travaux de couverture à la gare d'Orléans; — Attendu qu'il est de jurisprudence constante que les tribunaux de commerce sont compétents pour connaître des conséquences civiles des quasi-délits dont les commerçants se rendent coupables dans l'exercice de leur industrie; qu'il a été également décidé (Rouen, 8 juill. 1882) qu'un non-commerçant peut actionner devant le tribunal de commerce un commerçant à l'occasion d'un quasi-délit commis par ce dernier dans l'exercice de son commerce, le fonctionnement commercial réciproque de la part des parties en cause n'étant pas nécessaire pour déterminer la compétence; — Attendu qu'il n'y a donc pas lieu de s'arrêter à l'exception d'incompétence soulevée par Boissière-Morainville; — Par ces motifs, etc. ». — Appel par Boissière-Morainville. — Arrêt.

LA COUR; — Adoptant les motifs des premiers juges; — Confirme.

Du 29 nov. 1882. — C. de Rouen, 2e ch. — MM. Marye, f. f. pr. — Reynaud, av. gén. — Vermont et Martin, av.

(2) (Bachelet C. Lapostôlet et Certeux.) — LA COUR; — Sur la compétence : — Considérant qu'aux termes de l'art. 631 c. com., les tribunaux consulaires connaissent de toutes contestations relatives aux engagements entre commerçants; que la généralité de ces expressions, l'article comprend non seulement les obligations conventionnelles, mais encore celles qui se forment sans convention par l'effet d'un quasi-contrat ou d'un quasi-délit, lorsque l'engagement dérive de faits qui, se rattachant à l'exercice du commerce ou de l'industrie des parties, présentent le caractère d'agissements commerciaux; — Considérant que tel était bien, d'après la demande, le caractère des faits sur lesquels l'intimé fondait son action en dommages-intérêts, puisqu'il s'agissait de la responsabilité d'un accident causé par une voiture de commerce de Lapostolet frères et Certeux à la voiture de commerce de Bachelet; que, par conséquent, les premiers juges ont été compétents pour connaître du litige; — Par ces motifs; — Dit que le tribunal de commerce était compétent.

Du 31 mars 1882. — C. de Paris, 6e ch. — MM. Collette, f. f. pr. — Harel, av. gén. — Maugras et Louis Perrin, av.

(3) (Siegerist-Sterckx C. Veuve Mescart.) — LA COUR; — Sur l'exception d'incompétence : — Attendu que les parties en cause sont commerçantes; que ces parties étaient associées en participation pour l'achat et la revente des laines, lorsque des discussions survinrent entre elles; que l'intimée a, le 22 juill. 1880, assigné l'appelant en payement de dommages-intérêts, pour avoir, dans le but de nuire à l'intimée, dit à un négociant avec lequel elle était en relations d'affaires que lui, appelant, avait obtenu contre elle un jugement à la suite duquel il allait saisir les marchandises de celle-ci, et que ces renseignements mensongers inexacts, ont eu pour conséquence de priver l'intimée du crédit que lui accordait ce négociant en lui occasionner un préjudice considérable; — Attendu que le fait qui sert de base à l'action tel qu'il est spécifié dans l'exploit introductif d'instance, et tel qu'il a été établi, constitue un acte de concurrence déloyale posé par l'appelant à l'occasion du négoce respectif des parties, en vue de discréditer son ancienne associée dans l'intérêt du commerce de l'appelant; que, dans ces conditions, le quasi-délit dont il s'agit, comme l'engagement qui en dérive pour son auteur, est d'une nature commerciale dans l'espèce, la compétence de la juridiction consulaire; — Par ces motifs; — Déclare non fondée ladite exception; — Au fond :

Du 18 mai 1881. — C. de Bruxelles, 2e ch. — MM. Constant Casier, pr. — Van Schoor, av. gén. — Beaulieu et Vander Aa, av.

la contrefaçon, par un fabricant, de la marque de fabrique d'un autre fabricant, lorsqu'elle présente le caractère d'un acte de concurrence déloyale (Orléans, 20 janv. 1864, aff. Charnaux, D. P. 64. 5. 303 ; Paris, 28 avr. 1866, aff. Villain, D. P. 66. 2. 128 ; Paris, 9 juill. 1867, aff. Hiraux, D. P. 67. 2. 196 ; Alger, 2 juill. 1877, *Bulletin de la cour d'Alger*, 1877. 245) ; — 5° L'action en dommages-intérêts dirigée contre un commerçant pour réparation du dommage causé, dans l'exercice ou à l'occasion de l'exercice de son commerce, par le quasi-délit de son préposé dont il est responsable (Bruxelles, 12 mai 1883, aff. Van Holen, D. P. 84. 2. 167) ; — 6° L'action en dommages-intérêts intentée par un matelot contre son capitaine à raison des mauvais traitements qu'il aurait subis pendant le voyage (Trib. com. Marseille, 10 sept. 1863, *Journal de Marseille*, 1863. 1. 268. V. dans le même sens : Rouen, 23 mai 1860, *ibid.*, 1861. 2. 176 ; Lyon, 18 févr. 1875, *Moniteur judiciaire* du 16 octobre ; Paris, 9 nov. 1876, *Gazette des tribunaux* du 5 janv. 1877 ; Trib. Seine, 15 févr. 1877, *Gazette des tribunaux* du 18 mars).

46. En ce qui concerne les dommages-intérêts à allouer par suite d'un abordage de bateaux employés par des commerçants sur les fleuves, rivières, et autres eaux non maritimes, M. Alauzet paraît écarter la compétence des tribunaux de commerce. « Si les contestations qui sont survenues à la suite d'un abordage, dit cet auteur, *Commentaire du code de commerce*, t. 8, n° 2959, sont nées à raison de l'industrie des entrepreneurs de transport par eau, le fait dommageable ne s'est point, à coup sûr, produit à l'occasion des rapports commerciaux existant entre les parties » (V. dans le même sens : Lyon, 12 mars 1852, *Gazette des tribunaux* du 18 mai). — Mais la jurisprudence applique même aux engagements

qui ont ainsi leur cause dans un fait de nature à engager la responsabilité du commerçant, fût-il involontaire, la règle qu'elle a posée sur la commercialité des obligations nées de tout quasi-délit se rapportant au commerce de son auteur (V. *suprà*, v° *Acte de commerce*, n° 435, *in fine*; *adde :* Amiens, 4 mai 1858) (1).

47. Mais si, comme on vient de le dire, l'obligation qui naît du quasi-contrat, quasi-délit ou de tout autre engagement ne se rattache ni directement, ni indirectement à l'exercice du commerce ou de l'industrie des parties, ou de celle des deux qui est commerçante, alors la juridiction ordinaire reprend son empire. — Jugé, à cet égard, outre les arrêts cités, *suprà*, v° *Acte de commerce*, n° 440, que les contestations, même entre commerçants, relatives à la propriété d'un nom patronymique, sont de la compétence exclusive des tribunaux civils (Lyon, 18 août 1881) (2).

48. Selon l'observation que nous avons faite, *suprà*, v° *Acte de commerce*, n° 438, le commerçant est justiciable des tribunaux de commerce à raison des engagements résultant d'un quasi-contrat ou d'un quasi-délit, même envers un non-commerçant, aussi bien que lorsqu'il s'agit d'obligations *contractuelles*. C'est ce qui résulte implicitement des arrêts mentionnés *loc. cit.* Cette règle est également admise, toujours d'une manière implicite, par d'autres arrêts qui ont décidé que le tribunal de commerce est compétent : 1° pour connaître de l'action en dommages-intérêts qu'un non-commerçant a formée contre un brasseur comme responsable des blessures que lui a faites le préposé de ce dernier en conduisant imprudemment une charrette chargée de tonneaux de bière (Bruxelles, 26 nov. 1880) (3) ; — 2° Lorsqu'il y a lieu d'évaluer les dommages-intérêts récla-

---

(1) (Picau *C.* de Guisser.) — La cour ; — Considérant qu'aux termes de l'art. 631 c. com., les tribunaux consulaires sont appelés à connaître de toutes contestations relatives aux engagements et transactions entre négociants, marchands et banquiers ; que ces expressions sont générales et ne permettent pas d'exclure les engagements formés sans convention, par l'effet d'un quasi-contrat ou d'un quasi-délit ; — Considérant, d'ailleurs, que le fait de dommage allégué par le demandeur aurait eu lieu entre deux commissionnaires de transport, à l'occasion et dans l'exercice même de leur industrie ;

Sur la fin de non-recevoir : — Considérant que le code de commerce, après avoir dans la sect. 2, tit. 6, du liv. 1er, réglé les commissions de transport par terre et par eau, a réuni dans un livre spécial tout ce qui a trait au commerce et à la navigation maritimes ; — Que ces matières étaient, en effet, distinctes par leur nature et ne pouvaient être régies par les mêmes dispositions ; — Considérant que si des raisons d'analogie peuvent, en certains cas, autoriser à étendre d'une matière à une autre des dispositions légales, lorsqu'elles se fondent sur un principe de droit commun ou d'équité, il ne saurait en être ainsi des fins de non-recevoir, comme celles des art. 435 et 436, lesquelles étant à ce titre même, de droit étroit et rigoureux, reposent, en outre sur des motifs propres et se justifient par les exigences particulières de la navigation maritime ; — Par ces motifs, sans s'arrêter à l'exception d'incompétence et à la fin de non-recevoir invoquées par les appelants ; adoptant, au surplus, en fait, les motifs des premiers juges, met l'appellation à néant, ordonne que le jugement dont est appel sortira effet, etc.

Du 4 mai 1858.-C. d'Amiens.

(2) (Bruel *C.* Petit-Ducard.) — Le tribunal de commerce de Lyon a rendu, le 15 nov. 1880, un jugement ainsi conçu : — « Attendu que, par exploit en date du 4 août dernier, le demandeur a assigné la dame Bruel, séparée de biens, et le sieur Bruel, son mari, pour la validité seulement, aux fins de s'entendre condamner : 1° à effacer les mots « Ancienne maison Ducard » qui figurent sur son enseigne, ou à ajouter le nom de « Bruel, successeur » ; 2° à lui payer la somme de 1000 fr. à titre de dommages-intérêts pour le préjudice causé ; — Attendu que, par exploit en date du 1er sept. 1880, la dame Bruel conclut au rejet de cette prétention ; que, reconventionnellement, elle demande que Petit-Ducard soit condamné à supprimer dans le plus bref délai sur son enseigne le nom de Ducard, qui fait suite à son nom patronymique, et, faute par lui de ce faire, à lui payer la somme de 2000 fr. à titre de dommages-intérêts pour le préjudice causé jusqu'à ce jour, plus 25 fr. par chaque jour de retard ; — Sur la demande principale : (Sans intérêt) ; — Sur la demande reconventionnelle : — Sur le premier chef : — Attendu que Petit-Ducard, gendre d'une dame Girard, est devenu, dans le courant de l'année 1877, acquéreur du fonds de marchand d'objets funéraires que cette dernière exploitait aussi, avenue des Ponts, en face du nouveau cimetière de la Guillotière, et à côté de celui exploité par

la dame Bruel ; qu'il a alors inscrit sur l'enseigne son nom Petit-Ducard ; qu'il soutient que le nom de Petit-Ducard figurant sur son enseigne est le sien ; — Mais attendu que la demanderesse lui conteste le droit de porter le nom de Ducard ; qu'elle articule, à cet effet, qu'elle-même et Petit sont les enfants issus de relations adultères avec une dame Pillet, née Petit, et un sieur Ducard, lequel a épousé ensuite la veuve Pillet après la mort de son premier mari ; qu'aux termes de la loi, ils n'ont pu être ni légitimés ni reconnus ; — Attendu que Petit-Ducard ne conteste pas ces faits ; qu'il prétend toutefois que, si le nom de Ducard ne figure pas en son acte de naissance, il peut s'établir par la notoriété publique et par des actes authentiques dans lesquels il a toujours été appelé Petit-Ducard, mais qu'il ne produit aucune preuve à l'appui de cette allégation ; — Attendu qu'il n'appartient pas à la juridiction consulaire de statuer sur la propriété d'un nom patronymique, propriété civile ; qu'il y a donc lieu de renvoyer de ce chef la cause et les parties devant les juges qui doivent en connaître ; — Sur le deuxième chef : (Sans intérêt) ; — Par ces motifs, etc. ». — Appel par la dame Bruel. — Arrêt.

La cour ; — Adoptant les motifs des premiers juges. — Confirme.

Du 18 août 1881.-C. de Lyon, 2e ch.-MM. Baudrier, pr.-Tallon, av. gén.-Garcin et Palmarini, av.

(3) Carlier *C.* Lhoir.) — La cour ; — Attendu que l'action tend au payement d'une somme de 10000 fr. à titre de réparation du dommage souffert par l'intimé, par le fait et la faute du domestique ou préposé de l'appelant dans les fonctions auxquelles celui-ci l'employait à la date du 13 déc. 1879 ; — Attendu que, si les deux parties sont en désaccord sur la nature des objets qui formaient la charge de la charrette à laquelle était attelé le cheval qui a causé l'accident, il est néanmoins constant que c'est le cheval de la charrette, conduit par Sérout, domestique de l'appelant, qui a blessé l'intimé : — Attendu que des deux charrettes, chargées l'une de tonneaux de bière et l'autre d'un comptoir et d'un rayon destinés à un cabaretier, contenaient incontestablement des objets du commerce de l'appelant, qui exerce la profession de brasseur ; qu'on ne peut, dès lors, considérer ces charriages, comme ayant une cause étrangère au commerce de l'appelant ; qu'il s'ensuit que l'acte dommageable posé par Sérout dans l'exercice des fonctions auxquelles son maître l'avait commis, est un acte posé à l'occasion du commerce de l'appelant et qui engage au même titre la responsabilité de son maître ; — Attendu que la faute commise à l'occasion d'un acte de commerce engendre une responsabilité commerciale, et que la réparation du dommage que cette faute a occasionné revêt le même caractère commercial ; que, d'ailleurs, on ne peut prétendre que cette réparation ait une cause étrangère au commerce de l'appelant ; que c'est conséquemment à bon droit que le premier juge s'est déclaré compétent ; — Par ces motifs ; — Met l'appel au néant, etc.

Du 26 nov. 1880.-C. de Bruxelles, 4e ch.-MM. Jamar, pr.-Laurent, av. gén., c. conf.

més à un entrepreneur de messageries dont le cheval, abandonné sans surveillance par son conducteur, a blessé le demandeur (Bruxelles, 1er juill. 1881) (1); — 3° Pour statuer sur la responsabilité d'une compagnie de voitures

actionnée par un non-commerçant victime d'un accident dû à la faute d'un cocher de cette compagnie (Paris, 19 mars 1885) (2).

49. Il est, d'ailleurs, manifeste qu'il n'y a pas d'engage-

(1) (Gilles et comp. C. Manteau.) — Le 6 avr. 1881, jugement du tribunal civil de Bruxelles ainsi conçu : — « Attendu que l'art. 12 de la loi du 25 mars 1876 attribue aux tribunaux de commerce la connaissance des contestations relatives aux actes réputés commerciaux par la loi ; que l'art. 2 de la loi du 15 déc. 1872 répute actes de commerce toutes obligations des commerçants, « à moins qu'il ne soit prouvé qu'elles aient une cause étrangère au commerce » ; — Attendu que cette dernière disposition et les discussions parlementaires qui s'y rapportent établissent, quant à la compétence, une distinction entre les engagements purement civils des négociants et leurs obligations commerciales ; que cette distinction, indépendante de la qualité des personnes entre lesquelles existe le lien juridique, ne repose pas sur la nature de l'objet du droit, lequel peut être identique dans les relations civiles et les relations commerciales, mais, comme l'indique le texte même, sur la cause de l'obligation ; — Attendu que la cause d'une obligation est la considération juridique qui détermine une personne à contracter un engagement, ou qui, dans les engagements formés sans convention, justifie la disposition légale imposant aux citoyens certaines prestations ; — Attendu que les obligations contractuelles ne sont donc soumises à la compétence des tribunaux de commerce que lorsque la considération juridique qui a porté le débiteur à s'obliger est de nature commerciale, lorsqu'il a en vue de favoriser les opérations de son commerce, de réaliser le bénéfice qui est le but de ces opérations ; — Attendu que l'art. 2 de la loi du 15 déc. 1872, dans son paragraphe final, n'ayant établi aucune distinction entre les obligations contractuelles et celles qui dérivent de la loi, il faut donc admettre aussi que les actions à raison de quasi-contrats, de délits ou de quasi-délits, ne sont de la compétence des tribunaux de commerce que lorsque le fait qui donne lieu à la réparation a été posé dans le but de favoriser le commerce de l'obligé et implique une pensée de lucre, la volonté de réaliser un bénéfice commercial ; — Attendu que l'art. 1383 c. civ. repose sur ce principe d'équité, posé dans l'art. 1382, que celui qui cause à autrui un préjudice est tenu de réparer les conséquences de sa faute ; que cette disposition n'établit aucune distinction entre les divers modes suivant lesquels le dommage peut être causé, ne tient aucun compte de la nature des objets dont l'emploi a contribué au fait qui donne lieu à la responsabilité, ni des circonstances dans lesquelles ce fait s'est produit ; qu'elle embrasse dans sa généralité tous les cas où une faute commise par une personne quelconque a lésé les droits d'un tiers ; qu'à ce titre la prescription de l'art. 1383 ne comporte, par son texte et son esprit, aucune différence, tirée de circonstances étrangères à la volonté des personnes responsables, entre les obligations des commerçants et celles des non-commerçants ; — Attendu que ces considérations ne permettraient pas d'envisager comme ayant une nature commerciale l'obligation d'un commerçant de réparer le préjudice causé involontairement par sa faute, si cette obligation repose uniquement sur les art. 1382 et 1383 c. civ., alors même que la faute aurait été commise à l'occasion ou pendant le cours d'opérations commerciales et par l'usage imprudent d'objets affectés à ces opérations ; — Attendu que l'on aboutirait encore à la même conséquence si l'on admettait que les obligations naissant de délits ou de quasi-délits n'ont pas de cause juridique proprement dite, puisqu'il serait évident alors que le législateur, en n'attribuant aux tribunaux de commerce que les seules obligations ayant une cause commerciale, n'aurait eu en vue que les obligations contractuelles et n'aurait pas entendu, par l'art. 2 de la loi du 15 déc. 1872, réputer « actes de commerce », des engagements formés sans convention ; — Attendu que l'action actuellement soumise au tribunal a pour but la réparation du préjudice causé à la partie demanderesse par un accident imputable à l'imprudence d'un ouvrier du défendeur, préposé par celui-ci au transport de marchandises et pendant le cours de ce transport; que cette action se fonde, non sur l'art. 1383, mais sur l'art. 1384 c. civ.; que l'obligation établie par cette dernière disposition ne peut être de la compétence des tribunaux de commerce; — Attendu, en effet, que cette obligation repose, non sur un fait directement imputable à la personne responsable, mais sur le fait d'un tiers; que ce tiers simple ouvrier, non commerçant, ne pose aucun acte de commerce, quel que soit son concours aux opérations commerciales de son patron; que l'obligation principale contractée par lui n'est donc pas de nature commerciale, et que, dès lors, l'obligation accessoire du patron responsable n'a pas elle-même un caractère commercial; — Attendu que, sous la rubrique « Actes de commerce », le législateur n'a pu comprendre que des faits imputables directement au défendeur commerçant, et non des engagements dérivant de la force seule du droit, à raison de faits posés par des tiers; que, dans l'espèce, le lien obligatoire consiste uniquement dans la solidarité légale établie par l'art. 1384 c. civ., entre l'agent auteur du fait, et le patron, responsable de la conduite de cet agent; que

ce lien juridique ne peut, en fait ni en droit, être réputé un acte, ni, à fortiori, un acte de commerce ; — Attendu que, pour la compétence, le législateur belge s'est attaché au caractère des obligations contractées, et non exclusivement à la qualité de l'obligé ; que l'art. 1384 c. civ. ne tient aucun compte de la nature des faits qui engendrent la responsabilité ; que, par suite, l'application de l'art. 1384 ne comporte pas la distinction établie par la loi du 15 déc. 1872, dans son art. 2 ; — Attendu que l'action civile à raison d'un délit ou d'un quasi-délit imputable à un ouvrier échappe à la connaissance des tribunaux de commerce ; que le législateur n'a pu vouloir soumettre à des juridictions différentes l'obligation principale de l'ouvrier et l'obligation accessoire et solidaire du patron, à raison d'un fait unique et étranger au commettant ; — Attendu que la présomption de commercialité attachée aux obligations des commerçants disparaît lorsque, comme dans l'espèce, le seul énoncé des faits servant de base à l'action démontre que l'obligation dérive de la loi seule, à raison d'un fait posé par un tiers dont un commerçant est responsable, à l'insu ou contre la volonté de ce commerçant, alors même que le préposé a causé le dommage en participant aux opérations de commerce de son patron et par une imprudence commise dans l'emploi d'objets affectés à ces opérations ; — Attendu que les défendeurs doivent donc succomber dans l'exception d'incompétence proposée ; — Par ces motifs ; — Rejetant comme non fondées les conclusions prises par les défendeurs, se déclare incompétent ». — Appel. — Arrêt.

La cour. — Attendu que l'art. 2 de la loi du 15 déc. 1872 répute actes de commerce toutes obligations des commerçants, à moins qu'il ne soit prouvé qu'elles aient une cause étrangère au commerce ; — Attendu que l'action en dommages-intérêts intentée contre les appelants est fondée sur ce que leurs conducteurs auraient abandonné sans surveillance, dans la cour du Palais des Beaux-Arts, deux chevaux entiers attelés à un de leurs camions, qui auraient blessé et contusionné l'intimé en s'élançant sur le cheval d'un camion conduit par ce dernier ; que Gilles et comp. sont entrepreneurs de messageries, et que le dommage aurait été causé par l'imprudence et la négligence de leurs préposés, au cours d'un transport entrepris par les appelants ; que leur obligation aurait donc pour cause une faute commise dans l'exercice de leur industrie ; qu'il importe peu qu'ils aient été assignés comme civilement responsables du fait de leurs conducteurs dans les fonctions auxquelles ils les employaient ; que la responsabilité qui pèserait sur eux serait la conséquence d'une présomption légale de faute personnelle dans le choix et la surveillance de leurs conducteurs ; que cette surveillance et ce choix rentrent parmi les devoirs de leur industrie d'entrepreneurs de transports, qu'ils exercent par l'intermédiaire de leurs préposés ; que c'est donc à tort que le premier juge n'a pas accueilli l'exception d'incompétence proposée ; — Par ces motifs ; — Met le jugement dont appel à néant ; — Emendant, dit que le premier juge était incompétent pour connaître de l'action intentée contre les appelants ; renvoie l'intimé à se pourvoir comme de droit. Du 1er juill. 1884.-C. de Bruxelles, 2e ch.-MM. Constant Casier, pr.-Van-Schoor, av. gén.-Hérouet et Parisel, av.

(2) (Comp. générale des voitures C. Goudchaux.) — Le tribunal de commerce de la Seine a rendu, le 10 oct. 1884, le jugement suivant : — « Sur le renvoi : — Attendu que, par ses conclusions motivées, la compagnie défenderesse soutient que le tribunal serait incompétent à raison de la matière ; — Attendu qu'il est de jurisprudence qu'un non-commerçant peut assigner devant les tribunaux de commerce un commerçant pour les faits relatifs à sa profession et à son industrie ; — Attendu que la compagnie générale des voitures à Paris est une société commerciale ; que le fait de transporter des voyageurs constitue pour elle un acte de commerce ; que c'est même sa seule industrie ; — Attendu que, dans l'espèce, il s'agit des conséquences d'un accident qui a été causé au demandeur par un des cochers de la compagnie défenderesse, dans l'exercice de ses fonctions et sur son travail, et que la faute incriminée constitue à la charge de la compagnie générale des voitures à Paris un quasi-délit, dont la connaissance appartient aux tribunaux de commerce ; que, dès lors, le tribunal est compétent pour connaître du litige ; que l'exception opposée doit donc être repoussée ; — Par ces motifs, retient la cause, etc. ». Appel par la compagnie générale des voitures. — Arrêt.

La cour. — Considérant que l'art. 631 c. com. attribue aux tribunaux consulaires la connaissance des contestations relatives, non seulement aux transactions, mais encore aux engagements qui ont un caractère commercial ; que la généralité de ses termes le rend applicable, aussi bien aux engagements résultant d'un quasi-contrat ou d'un quasi-délit, qu'à ceux qui naissent d'un contrat, à la condition toutefois qu'ils procèdent de faits ayant pris leur source dans des actes que la loi répute commerciaux,

ment commercial, à quelque titre que ce soit, de la part du commerçant, et notamment, d'une société commerciale, qu'un non-commerçant actionne en revendication de valeurs au porteur, par lui remises au caissier de cette société, à l'effet de compléter son cautionnement ; une telle action est donc incontestablement de la compétence des tribunaux civils (Alger, 20 janv. 1879) (1).

50. Lorsque la relation des engagements d'un commerçant avec son commerce ne résulte ni de la nature de ces engagements, ni de la cause énoncée dans les actes qui les constatent, la commercialité en est présumée. — Sur cette présomption de commercialité, qui s'applique à toute obligation contractée par un commerçant, soit envers un autre commerçant, soit envers un non-commerçant, V. *suprà*, v° *Acte de commerce*, n°ˢ 445 et suiv., où on commente l'art. 638, § 2, c. com.

51. — III. OBLIGATIONS DANS LESQUELLES DES COMMERÇANTS ET DES NON-COMMERÇANTS PROMETTENT ET STIPULENT CONJOINTEMENT. — Il s'agit ici des engagements qu'un individu a contractés conjointement avec un autre individu à l'occasion d'une spéculation commerciale propre à ce dernier. La question est de savoir si un engagement qui n'a pas sa cause dans un acte de commerce personnel à l'obligé, doit être qualifié d'engagement commercial par l'unique motif qu'il se rattache *accessoirement* à une spéculation faite pour le compte et dans l'intérêt d'autrui. C'est surtout à propos du cautionnement, fait par un non-commerçant, d'une obligation commerciale qu'elle s'est présentée. Malgré quelques décisions contraires, la non-commercialité de ce cautionnement peut être considérée comme constante en doctrine et en jurisprudence (V. *suprà*, v° *Acte de commerce*, n°ˢ 464 et suiv. *Adde*, dans le même sens : Rouen, 4 nov. 1858 (2) ; Pau, 28 mai 1859 (3); Bourges, 9 juill. 1860, aff. Descloux, D. P. 61. 5. 108). — La caution serait au contraire obligée

---

et, spécialement que, lorsqu'il s'agit d'un quasi-délit, il y ait eu faute commise dans l'exercice d'une industrie et portant préjudice à autrui ; qu'il importe peu, d'ailleurs, que le tiers lésé soit ou non commerçant, l'obligation de la partie responsable de la faute conservant toujours son caractère commercial ; — Considérant, dans l'espèce, que l'accident qui a motivé la demande de Gouduchaux est imputé à un cocher de la compagnie appelante dans l'exercice de ses fonctions ; que la faute incriminée constitue donc un quasi-délit qui engage la responsabilité de ladite compagnie, et dont la connaissance appartient à la juridiction consulaire ; que c'est donc à bon droit que les premiers juges ont retenu la cause ; — Par ces motifs, — Confirme, etc. Du 19 mars 1885.-C. de Paris, 6ᵉ ch.-MM. Choppin, pr.-Martinet, subst.-Busson-Billaut et Droz, av.

(1) (Armynot du Châtelet *C.* Société algérienne.) — LA COUR ;... — Sur l'exception d'incompétence : — Attendu, en fait, que le sieur Armynot du Châtelet paraît avoir remis au sieur Louis Pélissier du Besset, alors caissier de la Société générale algérienne, onze obligations du chemin de fer de Paris à-Lyon et à la Méditerranée pour compléter son cautionnement ; qu'après une saisie-arrêt pratiquée à la requête d'un sieur Perret-Dubois, créancier de Louis du Besset, entre les mains de la Société générale et le jugement de validité de cette saisie-arrêt, le sieur Armynot du Châtelet a actionné la Société générale devant le tribunal de commerce en restitution des onze obligations précitées ; que, dans cette instance, le sieur Henri Pélissier du Besset est intervenu, se prétendant également propriétaire de ces titres, aux termes d'une cession à lui consentie par Perret-Dubois ; qu'en cette qualité de cessionnaire, il a formellement décliné la compétence du tribunal de commerce sans conclure au fond ; que c'est dans ces conditions que les premiers juges ont été appelés à statuer ; — Attendu que la compétence des tribunaux de commerce doit être renfermée dans les limites qui ont été tracées par le législateur ; qu'il résulte de l'ensemble des dispositions du code de commerce que la compétence des tribunaux consulaires est fondée ou sur la nature commerciale des actes ou sur la commercialité des engagements présumée en raison de la qualité des personnes ; — Mais que cette dernière présomption, *juris tantum*, cède devant la preuve contraire, et que la compétence des tribunaux civils ressaisit nécessairement le litige dès que la nature purement civile de l'engagement ou de l'acte apparaît ; — Attendu qu'Armynot du Châtelet qui, dans les actes de la procédure, est qualifié d'employé des douanes, agit en qualité de propriétaire et exerce une action en revendication ; qu'il n'invoque et ne saurait invoquer aucun engagement intervenu entre la Société générale et lui ; qu'il poursuit, en réalité, contre un tiers détenteur la restitution de valeurs qu'il avait prêtées pour un temps et dans un esprit de pure bienveillance ; que sous ce premier rapport, et quelle que soit la qualité personnelle de la Société générale, la contestation n'aurait aucun caractère commercial ; — Attendu enfin que l'intervention d'un cessionnaire invoquant les droits d'un créancier, non-commerçant, pour des causes purement civiles et se prévalant d'un jugement de validité, concourrait encore à faire ressortir l'incompétence du tribunal de commerce;... — Par ces motifs, — infirme le jugement déféré,... dit que le tribunal de commerce était incompétent pour statuer sur l'action en revendication d'Armynot du Châtelet et l'intervention de Pélissier du Besset, décharge les appelants des condamnations prononcées, etc. Du 20 janv. 1879.-C. d'Alger, 1ʳᵉ ch.-M. Bazot, 1ᵉʳ pr.

(2) (Barcq *C.* Motte et consorts.) — LA COUR ; — Attendu que Dillard s'est rendu acquéreur du fonds de commerce de Maillon père, que lui ont vendu Motte et Cendré-Gellé, liquidateurs de l'actif de ce dernier ; qu'à la suite d'une convention ayant pour objet d'accorder à Dillard une remise sur le prix originaire de la vente et de lui donner quittance de la première moitié de ce prix réduit,

la demoiselle Dillard, aujourd'hui femme Barcq, s'est portée caution solidaire de la deuxième moitié de la dette de son frère ; — Attendu que l'obligation principale est indépendante du cautionnement, qui est une obligation accessoire ; que l'une et l'autre sont réglées par les principes qui leur sont propres ; que, dans l'espèce, l'engagement de Dillard a bien le caractère commercial ; mais que le cautionnement consenti en sa faveur par sa sœur, qui n'était pas commerçante, et qui n'a contracté que dans une vue de pure bienfaisance, est un acte purement civil ; — Que la solidarité de la caution n'a d'autre effet que de lui enlever le bénéfice de discussion, aux termes de l'art. 2021 c. nap., sans altérer d'ailleurs les autres conditions de son engagement ; qu'ainsi une obligation civile ne pouvant donner lieu qu'à une action de même nature, la juridiction commerciale était incompétente à l'égard des époux Barcq; que vainement on voudrait argumenter de la simultanéité de l'action contre le débiteur et la caution et de l'économie de frais qu'elle procurerait ; que ces considérations ne sauraient prévaloir contre les règles de la compétence matérielle, qui tiennent à l'ordre des juridictions et partant à l'ordre public; qu'enfin l'art. 181 c. proc. civ. est sans application dans la cause, cette disposition ne concernant que l'appel du garant devant un tribunal compétent, d'ailleurs, pour juger son obligation, et l'unique effet de cet article se réduisant à priver le garant du droit d'opposer l'incompétence *ratione personæ*, sans proroger jamais la compétence *ratione materiæ* ; — Par ces motifs, il met et l'appellation et ce dont il appel à néant ; corrigeant et réformant, déclare le tribunal de commerce de Rouen incompétent pour connaître de l'action formée par Motte et Cendré-Gellé contre les époux Barcq, etc. Du 4 nov. 1858.-C. de Rouen, 2ᵉ ch.-MM. Le Tendre de Tourville, pr.-Moreau, subst.-Deschamps et Desseaux, av.

(3) (Daguerre *C.* Roby et Brie.) — LA COUR ; — Attendu que le droit commercial est un droit exceptionnel, pour une classe de personnes exerçant une profession déterminée, et en raison d'actes qui constituent ou sont réputés par la loi des opérations de commerce ; que ce droit entraîne des privilèges et des contraintes qui ne sauraient s'appliquer aux conventions purement civiles; qu'on ne peut étendre ni les compétences, ni la contrainte en dehors des cas déterminés et prévus par le législateur ; — Attendu qu'en fait d'obligations, la loi a réputé actes de commerce, par leur nature, les lettres de change seulement ; que, quant aux billets à ordre, ils empruntent un caractère commercial à la qualité de celui qui les souscrit : s'il n'est pas négociant, le billet demeure une simple obligation privée, qui n'entraîne ni la compétence, ni la contrainte commerciale ; — Attendu, quant au billet à domicile, qu'il n'a point été classé au nombre des actes de commerce ; que lors de la discussion au conseil d'État sur le projet du code de commerce, on fut appelé à une discussion approfondie qu'on déclara n'avoir pas à s'en occuper ; que, dès lors, ces billets sont restés dans la classe des obligations ordinaires, et qu'ils ne peuvent entraîner la contrainte par corps, qu'autant qu'ils ont pour objet une affaire commerciale ; mais qu'alors c'est l'opération elle-même qui détermine la compétence, et non la forme du billet ; — Attendu que la désignation du lieu où le payement doit être fait ne constitue pas une opération de commerce; que les obligations sont susceptibles de toutes les conditions, sans pour cela changer de nature : dans les contrats de prêt, de vente, de rente viagère ou perpétuelle, on impose au débiteur l'obligation de payer dans un lieu déterminé; aussi la remise de place en place ne constitue une opération commerciale qu'autant qu'elle est effectuée par le titre que le législateur a créé dans ce but, par la lettre de change, ou qu'elle est faite entre négociants, dans le cours de leurs relations de crédit. Vainement on argumente du paragraphe final de l'art. 632 c. com.; c'est en méconnaître l'esprit et faire de l'un des caractères de la lettre de change la règle de toutes les obligations. La remise de place en place, ou le payement indiqué dans un lieu autre que celui où l'obligation est contractée est si peu par lui-même un

commercialement et soumise, par la nature même de son engagement, à la juridiction commerciale, si elle était elle-même intéressée dans l'opération à un degré quelconque (V. *ibid.*, n° 468).

52. La même distinction doit-elle être faite en ce qui concerne le cautionnement d'une dette commerciale par un commerçant ? (V. *suprà*, v° *Acte de commerce*, n°s 469 et suiv.).

53. Quant à la nature du cautionnement donné dans la forme commerciale d'un *aval* sur un effet de commerce, V. *suprà*, v° *Acte de commerce*, n°s 474 et suiv. — La compétence relative au donneur d'aval est déterminée *infrà*, n°s 76 et suiv., où on s'occupe des actions exercées en matière de lettres de change et de billets à ordre.

ART. 3. — *Actions exercées par ou contre les commis et serviteurs des marchands* (*Rép.* n°s 143 à 156).

54. L'art. 634 c. com. règle la juridiction compétente à l'égard de ceux qui, sous le nom de facteurs, commis ou serviteurs, sont attachées au trafic d'autrui. Les personnes ainsi désignées diffèrent notablement de divers autres agents qui opèrent également pour le compte d'autrui, et sont justiciables des tribunaux de commerce, aux termes de l'art. 632, qui comprend leurs opérations dans l'énumération qu'il renferme des actes réputés commerciaux. On s'en est occupé *suprà*, v° *Acte de commerce*, où il est parlé des entreprises de commission (n°s 165 et suiv.), des entreprises ou bureaux d'agence (n°s 212 et suiv.), des opérations de courtage (n°s 272 et suiv.), c'est-à-dire, de ceux qui se livrent à des actes de commission, ou se chargent des affaires d'autrui, ou se constituent les intermédiaires des intéressés dans des contrats passés directement entre ces derniers. — Le commissionnaire de profession est un commerçant. Obligé envers les tiers, aussi bien qu'envers son commettant, il est lié commercialement vis-à-vis de celui dont il est comptable et de ceux avec lesquels il a contracté. Il n'y a même pas lieu de se préoccuper de la nature du contrat, soit pour le commettant, soit pour les tiers. L'opération est commerciale pour le commettant, dès qu'elle a, quant à lui, un caractère professionnel (V. *ibid.*, n° 68). Il n'en est autrement que si le commissionnaire a agi au nom de son commettant et se trouve ainsi réduit à la situation d'un simple mandataire. Il n'est alors obligé qu'envers son mandant, l'eût-il représenté dans une opération commerciale (V. *ibid.*, n°s 172 et 407 et suiv.). En ce qui touche l'acte accidentel de commission, accompli par tout autre que par un commissionnaire de profession, on y retrouve encore une obligation civile envers le commettant, et la responsabilité personnelle du commissionnaire; la nature de cet acte varie avec celle de l'opération (V. *ibid.*, n° 70). — Est pareillement commerçant l'individu qui crée une entreprise d'agence et accepte ainsi, pour toute affaire civile ou commerciale, un mandat professionnel. Il est donc comptable commercialement envers son mandant, quelle que soit la na-

ture de l'affaire confiée à ses soins; et, comme il n'est jamais engagé envers les tiers par les actes où il a simplement représenté le mandant, on n'a pas à rechercher, comme pour le commissionnaire, si les tiers ont contre lui une action civile ou commerciale (V. *ibid.*, n°s 213 et suiv.). Au contraire, le mandat accidentel est toujours civil de la part du mandataire, à moins qu'il ne soit accepté par un commerçant et pour un fait relatif à son commerce (V. *ibid.*).— Reste le courtage. Les opérations de courtage sont essentiellement commerciales, encore qu'elles n'émanent pas d'un courtier de profession, et que l'acte qui en est l'objet ne soit pas un acte de commerce, pourvu qu'il porte sur une chose susceptible d'entrer dans la catégorie des marchandises, ce qui implique notamment la non-commercialité du courtage des immeubles, fût-il professionnel (V. *ibid.*, n°s 273 et 277, et *suprà*, n° 33).

Tout autre est la situation juridique des facteurs, commis ou serviteurs, que vise l'art. 634 c. com. A l'exemple des ouvriers de l'industrie manufacturière, ils louent leur travail à un marchand ou négociant, au trafic duquel ils sont exclusivement attachés, et reçoivent, comme prix de ce travail, une rémunération qui, fût-elle augmentée d'une remise proportionnelle aux bénéfices de la maison de commerce qui les emploie, ne comporte ni clientèle personnelle, ni responsabilité envers les tiers, ni, dès lors, les chances inséparables de toute entreprise ou de toute spéculation commerciale. Ils se bornent à suppléer leur patron dans les opérations qui leur sont confiées, avec obligation d'en rendre compte sous la sanction pénale de l'art. 438 c. pén. (V. *suprà*, v° *Abus de confiance*, n°s 131 et suiv.).

55. Les préposés dont il s'agit ne doivent pas être confondus non plus avec les auxiliaires du commerce qui, en qualité de *représentants de commerce* ou de *facteurs en marchandises*, donnent soit à un seul, soit à plusieurs établissements commerciaux, un concours qui suppose une clientèle personnelle, une installation à eux propre, l'aide de sous-agents *dont ils répondent*, l'initiative et la liberté de leur action, enfin des intérêts séparés, leur rémunération consistât-elle uniquement dans des remises proportionnelles, et fussent-ils les représentants d'une seule maison. Ces auxiliaires sont de véritables commissionnaires, quand ils s'obligent personnellement (V. *suprà*, v° *Acte de commerce*, n° 171), et de simples mandataires, quand ils n'ont de responsabilité qu'envers la maison ou les maisons qu'ils représentent (V. *ibid.*, n° 172). Ce qu'on a dit plus haut sur la commercialité des engagements de l'entrepreneur de commission et sur la non-commercialité des engagements des mandataires reçoit son application en ce qui les concerne.

56. Le conseil d'État a eu l'occasion, au point de vue de l'impôt de la patente, de mettre en relief les nuances souvent délicates qui distinguent le commis auquel cet impôt est étranger du commissionnaire ou du représentant de commerce, qui y sont, au contraire, l'un et l'autre assujettis; et sa jurisprudence vient, de la sorte, utilement

acte de commerce que l'art. 112 c. com. répute simple promesse toute lettre de change contenant supposition de la qualité ou du domicile des parties, encore qu'il y ait remise de place en place ; — Attendu que la jurisprudence, loin de modifier ces principes, les a au contraire consacrés ; — Attendu que Daguerre n'est point commerçant; qu'il n'a point fait avec Roby une opération commerciale, et que le titre qu'il a souscrit n'est qu'un billet à domicile; que, dès lors, il n'a souscrit qu'une obligation civile qui ne peut entraîner la contrainte par corps ; — Attendu que si, en fait, entre Roby et Brie, il y avait une question de commerce, et par suite, une dette contractée par le second envers le premier, laquelle constituait une obligation commerciale, de la part de Daguerre il n'y avait qu'un cautionnement, une garantie donnée à Roby pour l'exécution des engagements de Brie. Mais le cautionnement d'une dette commerciale n'est qu'une obligation privée, régie par les lois civiles ; elle ne peut perdre son caractère qu'autant qu'elle affecte les formes qui entraînent une autre compétence; si Roby avait voulu que la caution fût obligée par corps, il aurait adopté la forme de la lettre de change et non celle du billet à domicile, ce qui explique l'intention des parties ; — Attendu que l'objection prise de ce que Roby serait un tiers porteur de bonne foi ne change pas la question. Roby, comme tiers, n'a reçu qu'un effet, qui de sa nature ne constituait pas un acte de commerce, ne pouvant emprunter ce caractère que de l'opération ou de la

profession des personnes qui l'auraient souscrit ; or, en fait, Roby a reconnu, ainsi que cela résulte de toute sa correspondance, que ce n'était qu'une garantie donnée par Daguerre pour cautionner l'obligation de Brie ; dès lors, en fait et en bonne foi, cette qualité de tiers porteur de bonne foi ne modifie par la solution ; — Attendu que l'objection prise de ce que Daguerre se serait engagé à l'occasion d'une opération de commerce n'est pas mieux fondée. L'art. 637 c. com. ne se préoccupe que des parties traitant entre elles de l'opération commerciale à laquelle elles se livrent, et non des tiers étrangers à l'opération elle-même, et qui viennent cautionner la solvabilité du débiteur. Dès lors, il faudrait soutenir que tout cautionnement d'une dette commerciale, par billet ou par hypothèque, constitue un acte de commerce. Pour repousser ce système, il suffit de réfléchir que la caution ne s'est pas immiscée dans l'opération, qu'elle ne connaît pas le plus souvent la cause de la dette, et qu'elle ne fait par le cautionnement qu'un acte de bienfaisance, pour lequel elle n'attend ni n'obtient aucune compensation ; — Infirme les jugements du tribunal de commerce de Bayonne, en ce qu'ils prononcent la contrainte par corps contre Daguerre; déclare que la condamnation contre lui ne sera exécutée que par les voies ordinaires; maintient pour le surplus, etc.

Du 28 mai 1859.-C. de Pau.-MM. Amilhau, 1er pr.-Lespinasse, av. gén.

compléter les décisions dans lesquelles l'autorité judiciaire a défini ce qu'il faut entendre par le mot *commis*, dans son rapprochement avec l'art. 634 c. com. De cette jurisprudence il résulte, suivant ce qui a été dit au numéro précédent *in fine*, que la solution de la difficulté réside tout entière dans l'appréciation des rapports de la maison de commerce avec celui qu'elle emploie. Lorsque ce dernier ne fait qu'exécuter les ordres qui lui sont donnés, les instructions qu'il reçoit, sans être exposé à une autre responsabilité que celle dérivant de l'inexécution de ces ordres ou de l'inobservation de ces instructions, c'est un commis; lorsqu'au contraire il conserve une indépendance d'action qui tient à ce que ses intérêts ne s'identifient pas, d'une manière absolue, aux intérêts de la maison à laquelle il donne son concours, il doit être considéré comme sortant de l'état de subordination où se trouve un simple commis, et on doit tantôt le faire rentrer dans la classe des individus qui exercent un commerce personnel, tantôt le traiter comme un mandataire civil ordinaire. De nombreuses décisions du conseil d'État, analysées au *Rép.* v° *Patente*, n°s 279 et suiv., ont été rendues dans ce double ordre d'idées (V. aussi *infrà*, v° *Patente*).

57. L'art. 634 ne parle que des facteurs, commis ou serviteurs des *marchands* ou négociants. L'application en est donc limitée à ceux qui louent leur travail à un commerçant proprement dit. Il laisse en dehors de ses prévisions les ouvriers attachés à l'industrie manufacturière (V. *Rép.* n° 144), industrie qui se distingue du commerce des marchandises (Sur cette distinction, V. *Rép.* v^ls *Économie politique*, n°s 91 et suiv.; *Industrie et commerce*, n° 1). La compétence relativement aux ouvriers est déterminée *suprà*, n°s 17 et suiv.

58. En ce qui concerne la question de savoir ce qu'il faut entendre par commis, dans le sens de l'art. 634 c. com., il a été jugé: 1° que cette qualification s'applique non seulement aux commis proprement dits qui reçoivent un salaire ou traitement en rémunération de leur travail, mais encore aux commis apprentis, que leurs patrons rémunèrent en leur apprenant le commerce et en leur fournissant le logement et la nourriture (Rouen, 10 mai 1878) (1); — 2° Que l'artiste qui a loué ses son talent d'une manière exclusive au directeur d'une entreprise industrielle, et s'est chargé, par exemple, de retoucher des portraits photographiés, est un véritable employé de commerce, et se trouve, par suite, justiciable du tribunal consulaire pour les contestations relatives à l'exécution de ses engagements (Paris, 20 févr. 1857, aff. Herlisch, D. P. 58. 5. 81). Mais, comme on l'a dit au *Rép.* n° 151, celui qui se charge, pour le compte d'au-

trui, de la gérance d'un fonds de commerce sous sa responsabilité personnelle, cesse d'être un simple commis pour devenir lui-même commerçant, et est, dès lors, obligé commercialement envers les tiers, et à raison de sa gestion (Paris, 17 déc. 1859, aff. Verbeck, D.P. 60. 5. 6). — Un arrêt rapporté, *suprà*, v° *Acte de commerce*, n° 172, *in fine*, fournit un exemple remarquable d'individus auxquels ont été refusées à la fois la qualification de commis et celle de commerçant, et qui n'ont été considérés que comme de simples mandataires civils des maisons de commerce qu'ils représentaient. — Quant au gérant, à l'administrateur salarié et aux membres du conseil de surveillance d'une société commerciale, V. *infrà*, n°s 94 et suiv. — En ce qui concerne les artistes dramatiques, V. *suprà*, v° *Acte de commerce*, n°s 253 et suiv.

59. Le louage de travail des facteurs, commis et serviteurs des marchands, n'étant pas rangé par l'art. 632 c. com. dans la classe des actes de commerce, ne pouvait être soumis à la règle de compétence écrite dans l'art. 631 du même code. Pour rendre ces préposés justiciables des tribunaux de commerce, bien qu'en principe les engagements du travailleur manuel ou intellectuel n'aient rien de commercial, une disposition spéciale était nécessaire. Tel est l'objet de l'art. 634-1° qui attribue exceptionnellement à la juridiction commerciale les actions formées contre ceux qui concourent au commerce d'autrui en l'une des qualités que nous avons comparées *suprà*, n°s 54 et suiv., à celle d'entrepreneur de commission, et à la qualité parfois équivalente de représentant de commerce. Mais les engagements nés de ce concours produisent-ils, en outre, tous les autres effets d'un acte de commerce, tels qu'ils sont spécifiés *suprà*, v° *Acte de commerce*, n° 6 ? L'affirmative s'induit de trois arrêts de la cour de cassation, qui ont décidé soit que le versement, par eux fait à un commis, d'une somme d'argent que ce dernier aurait détourné, peut être établi par témoins, comme en matière commerciale (V. les arrêts cités au *Rép.* v° *Obligations*, n° 4966), soit, avant l'abolition de la contrainte par corps, qu'aucune disposition de loi sur la contrainte par corps ne s'opposait à ce que cette voie d'exécution fût prononcée contre un commis négociant pour une dette contractée envers son patron (Req. 23 août 1853, aff. Advenant, D. P. 54. 1. 364). Décidé aussi, mais en termes plus nets, qu'un commis voyageur qui vend des marchandises, dans l'intérêt du trafic de son mandant, fait des actes de commerce même à l'égard de ce dernier, et peut être poursuivi par corps en recouvrement des sommes qu'il a touchées pour les lui remettre (Rouen, 5 janv. 1855, aff. Pouchet, D. P. 56. 2. 50).

Il est difficile de s'expliquer l'interprétation que ces

---

(1) (Lapôtre C. Halingre.) — Le 31 déc. 1877, jugement du tribunal de commerce de Rouen ainsi conçu: « Sur l'exception d'incompétence: — Attendu qu'il est constant que Lapôtre fils n'est entré chez Halingre que pour apprendre le commerce d'épicerie; — Mais attendu qu'il n'est pas moins constant que, pour faire cet apprentissage, il devait remplir et a rempli chez ce dernier l'office d'un véritable commis; — Or, attendu que l'art. 634 c. com., en disposant que les tribunaux de commerce sont compétents pour connaître des contestations entre les patrons et leurs commis n'a fait aucune distinction entre les commis proprement dits, c'est-à-dire ceux qui reçoivent des gages pour rémunération de leur travail, et les commis apprentis, c'est-à-dire les employés particuliers qui ne reçoivent pas de gages, mais auxquels, pour tenir compte de leur travail, leur patron doit apprendre son commerce; — Attendu que, dans ces conditions, le tribunal de commerce est compétent pour connaître de la contestation qui divise les parties; — Par ces motifs, jugeant en premier ressort, se déclare compétent ». — Appel par le sieur Lapôtre. — Arrêt.

La cour; — Attendu que Lapôtre, fils d'un épicier de Charleval, à la suite d'une convention intervenue entre lui et Halingre, est entré à l'âge de vingt-quatre ans chez celui-ci pour apprendre le commerce d'épicerie; — Attendu que des difficultés étant survenues entre lui et son patron relativement à l'exécution du contrat, il soutient que ces contestations doivent être renvoyées au conseil des prud'hommes; — Attendu qu'aux termes de l'art. 18 de la loi de 1851, toute demande à fin d'exécution ou de résolution du contrat ne peut être jugée par le conseil des prud'hommes que si le maître est justiciable; que si les épiciers ne sont pas au nombre des commerçants que le décret du 17 juill. 1854 soumet à la juridiction des prud'hommes; — Attendu qu'à défaut du conseil des prud'hommes, le juge de paix n'est pas non plus compétent; que, si la loi du 25 mai 1838, dans son art. 5, a placé

sous la juridiction de la justice de paix les contestations relatives aux engagements passés entre les maîtres et leurs ouvriers ou apprentis, il est incontestable qu'il ne s'agit que des apprentis ouvriers exerçant un travail manuel et nullement des apprentis commis; que Lapôtre proteste lui-même contre toute assimilation entre un travail manuel et l'emploi qu'il remplissait chez Halingre; — Attendu que l'appelant demande encore l'infirmation du jugement, parce que le tribunal civil serait seul compétent; — Attendu qu'il est certain, en fait, qu'il a rempli chez Halingre l'office d'un véritable commis; qu'il n'y a pas à distinguer entre les commis proprement dits qui reçoivent des gages pour rémunération de leur travail, et les commis apprentis que les patrons doivent, pour rémunération de leur travail, apprendre le commerce et fournir la nourriture et le logement; — Attendu qu'aux termes de l'art. 634 c. com., les actions contre les commis des marchands, pour le fait de leur trafic, sont de la compétence des tribunaux de commerce; que le texte de la loi est clair et formel, qu'il est évident que l'emploi exercé par Lapôtre chez Halingre avait un rapport direct avec le trafic de celui-ci et avait pour but de l'aider dans son commerce; — Attendu que l'art. 634 a spécialement prévu le cas de l'action intentée par le patron contre son commis qui, d'après les principes généraux du droit, ne fait pas un acte de commerce en louant son industrie, et qu'il a voulu, dans l'intérêt du commerce, assimiler de tels engagements aux opérations commerciales; — Attendu d'ailleurs, que l'art. 634 n'est que la reproduction de l'art. 5 de l'ordonnance de 1673 qui contenait à cet égard une disposition expresse; — Attendu, en conséquence, que le tribunal de commerce est seul compétent pour connaître des contestations qui divisent les parties; — Adoptant, au surplus, les motifs qui ont déterminé les premiers juges; — Par ces motifs, confirme le jugement.

Du 10 mai 1878.-C. de Rouen, 4° ch.-MM. Gesbert, pr.-Reynaud, av. gén.-Gosset et Homais, av.

arrêts ont donnée à l'art. 634 c. com. Outre que cet article eût été inutile, si la compétence des tribunaux de commerce à l'égard des personnes qui y sont spécifiées découlait de la nature de leurs engagements, puisque la disposition générale de l'art. 631 l'eût alors suffisamment justifiée, on serait conduit à faire de ces personnes, dont le travail est professionnel, de véritables commerçants, à l'égal du négociant, au trafic duquel ils sont attachés, ce qui est manifestement inadmissible. Les deux arrêts de la chambre des requêtes qui ont emprunté à la loi commerciale le mode de preuve des remises de sommes d'argent, ou autres objets que le patron soutenait avoir faites à son commis, eussent été plus exactement motivés, comme un arrêt de cassation du 18 juill. 1862, mentionné *suprà*, v° *Abus de confiance*, n° 165, sur ce que les conventions qui sont la suite forcée des relations de patron à commis excluent la nécessité de la preuve écrite exigée, en principe, par la loi civile. On ne saurait accorder plus d'autorité à cette assertion vague, contenue dans le troisième arrêt, que nulle disposition de loi ne soustrait à la contrainte par corps les commis qui sont comptables envers leurs patrons, assertion qui n'est même pas accompagnée d'une déclaration formelle de la commercialité de la dette du commis ; et si le dernier des arrêts précités, qui émane de la cour de Rouen, est plus explicite, on n'y rencontre pas davantage une démonstration juridique du caractère commercial des faits de *préposition* qu'il avait à qualifier. — Un autre arrêt de la chambre des requêtes semble mériter le même reproche. La cour de cassation y juge, conformément à l'art. 634 c. com., en se fondant sur ce que l'action reposait sur une convention commerciale entre les parties, que la demande en reddition de compte formée par un patron contre son commis à raison de la gestion de celui-ci est de la compétence du tribunal de commerce (Req. 18 janv. 1882, aff. Couteau, D. P. 82. 1. 416). Elle constate, il est vrai, qu'il s'agissait d'un commis intéressé. Mais en quoi consistait son intérêt, et qu'eût décidé la cour s'il s'était agi d'un commis rémunéré dans les conditions ordinaires ? L'arrêt ne le fait pas connaître. — Il est, selon nous, hors de doute que l'art. 634, en attribuant aux tribunaux de commerce le jugement des actions contre les facteurs, commis et serviteurs des marchands, n'a pas perdu de vue le caractère non commercial du louage d'ouvrage, et entendu transformer ce contrat en un contrat commercial pour les préposés des commerçants. Tous les auteurs enseignent que le législateur, pour appeler la juridiction commerciale à statuer sur de telles actions, s'est fondé exclusivement sur des considérations d'utilité pratique tirées de la position particulière où se trouvent les préposés d'un commerçant, de leur aptitude à résoudre des questions qui se rattachent à l'exercice du commerce, et du besoin de trancher promptement et à peu de frais les débats qu'elles soulèvent. Il y a là une extension de la compétence commerciale, analogue à l'extension de la compétence des juges de paix, pour les ouvriers (V. *suprà*, n° 17). On ne saurait en faire résulter une extension corrélative des actes que l'art. 632 répute commerciaux. La doctrine des auteurs est fixée en ce sens (V. notamment ; Massé, *Droit commercial*, t. 3, n°s 7 et suiv.; Bravard et Demangeat, *Traité de droit commercial*, t. 6, p. 440 ; Lyon-Caen et Renault, *Précis de droit commercial*, n° 3481; Ruben de Couder, *Dictionnaire du droit commercial*, v° *Compétence commerciale*, n° 121).

Les cours d'appel, renfermant dans les limites étroites d'une simple réglementation exceptionnelle de compétence la disposition de l'art. 634, ont maintenu le contrat de louage intervenu entre les commis et leurs patrons dans le domaine des conventions civiles, d'où l'on s'efforçait fréquemment de les faire sortir sous la législation qui autorisait le recours à la contrainte par corps en matière commerciale (Douai, 23 mars 1848, aff. Lambert, D. P. 50. 2. 203 ; Montpellier, 24 janv. 1851, aff. Bougette, D. P. 52. 2. 267; Paris, 21 janv. 1854, aff. Dilscheider, D. P. 55. 2. 38 ; Paris, 19 déc. 1855, aff. Decaux, D. P. 56. 2. 177; Lyon, 21 août 1856, aff. Voindrot, D. P. 57. 2. 85).

60. La non-commercialité du louage d'ouvrage des préposés dont s'occupe l'art. 634 produit certains effets, même au point de vue de la compétence. — Ainsi le commis d'un marchand n'étant lié que civilement envers son patron, qui seul est obligé commercialement, jouit de la faculté de l'ac-

tionner devant le tribunal de commerce en vertu du droit d'option généralement accordé à la partie pour laquelle un contrat est purement civil contre la partie de la part de laquelle le contrat est commercial (V. *suprà*, n° 10) (V. en ce sens : Orléans, 9 mars 1869, aff. Peghaire, D. P. 69. 2. 55). Une pareille faculté devrait, au contraire, être refusée au commis, si le contrat était commercial pour lui comme pour son patron, à moins que l'action du commis n'eût sa cause dans un fait ne constituant pas, de son côté, un acte de commerce, parce qu'il serait étranger aux fonctions dont il a été chargé, bien qu'il eût trait au commerce de son patron, et dérivât de sa qualité de commis. C'est ainsi que la cour de cassation a décidé elle-même que la faculté dont il s'agit appartient au commis poursuivant le remboursement d'une somme versée par lui à titre de cautionnement, versement qui a été regardé comme non commercial (V. *suprà*, v° *Acte de commerce*, n° 46) (Req. 22 févr. 1859, aff. Guérin-Menneville, D. P. 59. 1. 268). — Jugé encore, à plus forte raison, que le commis qui, pour faciliter à son patron un traité amiable avec ses créanciers, s'engage envers ces derniers, ne contracte qu'un engagement purement civil, dont l'exécution ne peut être poursuivie contre lui devant le tribunal de commerce, sa qualité de commis faisant alors place à la qualité de caution, et la caution même d'une dette commerciale n'étant obligée que civilement (V. *suprà*, n° 51, et v° *Acte de commerce*, n° 466) (Civ. cass. 26 janv. 1852, aff. Thorel jeune, D. P. 52. 1. 55).

61. Suivant un système, le commis ne serait justiciable du tribunal de commerce qu'à l'égard des *tiers* envers lesquels les actes de sa gestion l'obligeraient personnellement, et non quand il est actionné par son patron. C'est ce qui résulte d'arrêts cités au *Rép.* n° 145 et 147. Mais cette interprétation restrictive de l'art. 634, qui en limiterait l'application aux rares hypothèses où le commis, en traitant avec les tiers comme représentant son patron, aurait contracté une obligation personnelle, est rejetée par tous les auteurs, et la jurisprudence l'a depuis longtemps repoussée, ainsi que l'attestent les nombreux arrêts mentionnés au *Rép.* n° 147. On peut ajouter à ces arrêts les décisions citées *suprà* n° 59, qui, tout en admettant que les engagements des commis envers leurs patrons n'ont pas un caractère commercial, ont déclaré que les tribunaux de commerce sont compétents pour connaître des actions exercées contre ces commis, sans qu'il y ait lieu de faire entre celles émanées des tiers et celles du patron une distinction qui serait contraire à la généralité des termes de l'art. 634.— Il a été décidé encore : 1° que les tribunaux de commerce sont compétents pour connaître des contestations que soulève l'exécution du contrat intervenu entre un commis voyageur et son patron ; il leur appartient, notamment, de statuer sur la question de savoir si le commis a manqué à ses engagements, et s'il doit lui être fait application de la clause d'interdiction de faire le commerce stipulée dans le contrat (Bordeaux, 22 août 1883, aff. Bounaud, D. P. 84. 2. 225) ; — 2° Que l'action des maîtres contre leurs commis, par exemple, en payement de sommes par eux touchées au delà de leurs appointements, est, de même que l'action dirigée contre ceux-ci par des tiers, de la compétence des tribunaux de commerce (Douai, 23 mars 1848, V. *suprà*, n° 59) ; — 3° Que l'action d'un marchand contre son commis voyageur pour le fait du trafic de celui-ci est de la compétence du tribunal de commerce, et, par exemple, ce tribunal est compétemment saisi de l'action en dommages-intérêts intentée par un commerçant contre son commis voyageur, en ce qu'il a, contrairement aux conventions arrêtées entre eux, abandonné le voyage entrepris (Montpellier, 24 janv. 1851, *ibid.*) — 4° Que l'action formée par un négociant contre son commis à l'occasion de ses fonctions, et spécialement l'action en restitution des sommes que celui-ci aurait encaissées pour le compte de son patron, est de la compétence des tribunaux de commerce (Paris, 21 janv. 1854, *ibid.*) — 5° Que la compétence attribuée par l'art. 634 c. com. aux tribunaux consulaires à l'égard des actions contre les facteurs, commis ou serviteurs des marchands pour le fait du trafic du marchand auquel ils sont attachés, existe aussi bien dans le cas où l'action est intentée par le patron lui-même que dans celui où elle l'est par un tiers ; et que, spécialement, le tribunal de commerce est compétent pour

connaître de la demande formé par un négociant contre son commis, en restitution d'une somme qu'il lui avait confiée pour un emploi déterminé, et que celui-ci prétend avoir perdue (Lyon, 21 août 1856, *ibid.*). — Jugé enfin, d'une manière générale, que l'action d'un marchand contre ses commis pour tout ce qui est relatif à leur gestion est de la compétence du tribunal de commerce (Paris, 3 juill. 1851, aff. Hauteterre, D. P. 53. 2. 48).

62. L'art. 634 a fait naître une autre difficulté. Il ne parle que des actions *contre* les serviteurs, commis et facteurs des marchands. On vient de voir qu'il embrasse les actions des patrons comme celles des tiers. Que décider à l'égard des actions exercées par les préposés que vise cet article soit contre les tiers, soit contre leurs patrons? L'art. 634 n'avait pas à s'en occuper, parce que le droit commun reprend ici son empire. Ces actions sont donc de la compétence des tribunaux civils ou de celle des tribunaux de commerce, selon qué les tiers ou le patron devront être considérés comme engagés civilement ou commercialement. Cependant, nous avons eu à relever au *Rép.* n° 152 à 155 la controverse qui s'est élevée sur cette question au sujet des actions du commis contre son patron. On a contesté que le patron fût obligé commercialement envers ses commis par l'effet du contrat de louage d'ouvrage intervenu entre eux. De nombreux arrêts se sont prononcés en ce sens. L'opinion contraire a définitivement triomphé. Le louage d'ouvrage du commis est incontestablement commercial de la part du patron, qui ne l'a contracté que dans l'intérêt de son commerce (V. *supra*, v° *Acte de commerce*, n° 387 et suiv.). — Jugé, à cet égard, depuis la publication du *Répertoire*, et conformément à l'opinion de MM. Alauzet, t. 8, n° 3009; Lyon-Caen, n° 3182; Ruben de Couder, n° 125; Orillard, n° 479; Bédarride, *De la juridiction commerciale*, n° 328; Bravard et Demangeat, t. 6, p. 411 : 1° que l'action exercée par un commis contre son patron, en payement de ses salaires, est de la compétence du tribunal de commerce, lorsque ce salaire a pour cause une convention relative au trafic du patron; et qu'il en est ainsi, alors même que le commis serait chargé d'une simple surveillance dans les ateliers ou dans l'usine du patron (Civ. cass. 10 févr. 1851, aff. Liard, D. P. 54. 5. 161); — 2° Que toute action d'un employé de commerce contre son patron, relativement aux engagements qui l'attachaient au négoce de celui-ci, comme par exemple, l'action en payement d'appointements arriérés ou, dans le cas de rupture de ses engagements par le fait du patron, l'action en payement du dédit convenu ou de dommages-intérêts pour le préjudice causé, est de la compétence de la juridiction commerciale (Rouen, 12 janv. 1853, aff. Wolodkowicz, D. P. 53. 2. 47; Lyon, 7 déc. 1854, aff. Lemaire et Fabre, D. P. 55. 5. 96); — 3° Que l'action d'un employé d'une compagnie de chemin de fer contre cette compagnie en payement de son salaire est de la compétence de la juridiction commerciale, alors surtout qu'une partie de ce salaire consiste en un dividende sur les bénéfices mêmes de la société (Poitiers, 12 juill. 1854, aff. Didion, D. P. 55. 2. 93); — 4° Que la compétence attribuée aux tribunaux de commerce en ce qui concerne les actions des marchands contre leurs facteurs ou commis s'étend réciproquement aux actions de ces derniers contre leurs patrons; et spécialement, que les tribunaux de commerce sont compétents pour connaître de l'action formée par un commis contre son patron en remboursement du cautionnement qu'il a versé à ce dernier ou des avances qu'il lui a faites (Bordeaux, 17 juill. 1840, aff. Chambry, D. P. 48. 2. 167); ... Sauf le droit réservé au commis pour lequel le versement d'un cautionnement n'a rien de commercial, d'opter entre la juridiction commerciale et la juridiction civile (V. *supra*, n° 60); — 5° Que l'action en payement de salaires, intentée par le chef de l'exploitation d'une société commerciale contre le directeur de cette société est de la compétence de la juridiction commerciale (Dijon, 1er avr. 1874, aff. Comp. des Houillères de la Saône et du Rhône, D. P. 75. 2. 81); — 6° Que l'engagement pris par un commerçant de faire à ses employés une pension de retraite est commercial, aussi bien que celui de leur payer leurs salaires d'activité, et qu'en conséquence, il appartient à la juridiction commerciale de statuer sur les contestations relatives à cet engagement (Trib. Marseille, 23 août 1875, *Journal de Marseille*, 1875. 1. 311; Aix, 6 mai 1876, *ibid.*, 1877. 1. 38.

V. dans le même sens : Trib. com. Havre, 14 nov. 1871, *Recueil du Havre*, 1871. 1. 189; Caen, 30 juin 1874, *Recueil de Caen*, 1874. 213). — Décidé, en tous cas, que le tribunal de commerce est compétent pour connaître de l'action exercée par un commis contre son patron lorsqu'elle a pour objet un règlement de compte provenant d'opérations relatives au commerce du patron, encore que le salaire du commis en soit l'un des éléments (Rouen, 13 mars 1847, aff. Rivière, D. P. 48. 2. 167).

63. Tout ce qui précède ne concerne, comme on l'a dit *supra*, n° 59, que les rapports respectifs qui naissent du contrat de louage de travail entre les marchands et les préposés à leur trafic. Quant à la juridiction compétente pour connaître des contestations entre patrons et ouvriers, et sur le point de savoir ce qu'on doit entendre par cette dernière expression rapprochée de celles de marchands et facteurs, commis ou serviteurs de marchands, V. *supra*, v° *Compétence civile des tribunaux de paix*, n° 68 et suiv.

ART. 4. — *Actions résultant des billets souscrits par les comptables des deniers publics* (*Rép.* n° 157 à 169).

64. La disposition de l'art. 634 c. com. qui attribue aux tribunaux de commerce la connaissance « des billets faits par les receveurs, payeurs, percepteurs ou autres comptables des deniers publics » bien qu'il soit hors de doute que les opérations de ces comptables ne sont pas commerciales, a été traitée au *Répertoire* avec tous les développements qu'elle comporte. Cette attribution exceptionnelle de compétence à l'égard de billets qu'on reconnaîtrait n'avoir aucun rapport avec le négoce, avait sa cause dans une considération qui, depuis, a disparu. L'art. 1er, tit. 7, de l'ordonnance de 1673 assujettissant à la contrainte par corps les signataires de lettres ou billets de change, avait été étendu par l'art. 1er, tit. 7, de l'édit du 26 févr. 1692 au payement des billets que feraient pour valeur reçue les comptables de deniers publics, pendant qu'ils seraient pourvus de leurs charges et chargés du recouvrement de ces deniers, et la même voie d'exécution a été successivement maintenue contre eux par l'art. 3, tit. 1er, de la loi du 15 germ. an 6, et par l'art. 9 de la loi du 17 avr. 1832. L'intérêt qu'avait le Trésor public à ce que les comptables publics fussent contraignables par corps a déterminé l'adoption, quant à la compétence des juges commerciaux, du paragraphe 2 de l'art. 634. Ainsi les personnes désignées par cette disposition n'ont été déclarées justiciables des tribunaux de commerce que parce qu'elles étaient soumises à la contrainte par corps, ce qui les distinguait profondément des facteurs, commis ou serviteurs des marchands, du moins dans le système d'après lequel la compétence commerciale édictée à leur égard n'entraînait pas contre eux, en l'absence d'une loi spéciale, l'admissibilité d'un moyen de contrainte incompatible avec la nature civile des engagements nés de leur louage de services (V. *supra*, n° 59). La compétence exceptionnelle de l'art. 634, en ce qui concerne les comptables publics, est restée en vigueur même depuis que la contrainte par corps, ayant été abolie en matière civile et commerciale par la loi du 22 juill. 1867, n'est plus applicable aux comptables publics (V. *infra*, v° *Contrainte par corps*).

65. Suivant la définition de M. Pardessus, relevée au *Rép.* n° 159, « on doit considérer comme comptables publics ceux qu'une administration financière créée par l'Etat prépose aux *recettes* dont elle est chargée, et qui versent dans les caisses publiques leurs recettes en deniers ou effets souscrits ou endossés par eux ». M. Demangeat sur Bravard, *Traité de droit commercial*, t. 6, p. 420, a critiqué avec raison cette définition, d'une part, en ce que l'art. 634 s'applique, comme l'art. 638, n° 2, à tous administrateurs comptables, à quelque titre que ce soit, dont les immeubles sont grevés de l'hypothèque légale de l'art 2121 c. civ. (V. *infra*, v° *Privilèges et hypothèques*), et en ce que, d'autre part, l'expression *deniers publics* employée dans le même article s'entend de tous deniers autres que ceux appartenant à des particuliers, conformément à l'art. 1er du règlement général sur la comptabilité publique, du 31 mai 1862, qui, dans son art. 1er, qualifie de deniers publics les deniers de l'Etat, des départements, des communes et des établissements publics et de bienfaisance. — La question de savoir si l'art. 634

s'applique aux fermiers de l'octroi a soulevé une controverse que nous signalons au *Rép.* n° 60. — Depuis la publication du *Répertoire*, on s'est également demandé si les débitants de tabacs, qu'on s'accorde à ne pas classer parmi les commerçants, ne doivent pas, au point de vue de la compétence, être rangés dans la catégorie des comptables publics de l'art. 634 c. com. La négative a été adoptée par un arrêt de la cour de Caen, du 10 juin 1862, rapporté *suprà*, v° *Acte de commerce*, n° 58, arrêt qu'approuve M. Demangeat, sur Bravard, t. 6, p. 422.

66. Le mot *billets* dont se sert l'art. 634, se réfère, selon les auteurs cités au *Rép.* n° 161, à tous engagements constatés par un acte écrit. *Adde* M. Demangeat, p. 423, qui repousse l'opinion contraire de M. Molinier, *Droit commercial*, n° 106, d'après laquelle les comptables de deniers publics ne seraient justiciables des tribunaux de commerce qu'à raison des obligations contractées sous la forme d'effets négociables. Mais cette expression ne doit pas être étendue à des engagements verbaux, même dans l'opinion qui n'admet pas de distinction entre les engagements verbaux et les engagements écrits, lorsqu'il s'agit de la présomption de commercialité établie par l'art. 638, relativement aux billets émanés d'un commerçant (V. *suprà*, v° *Acte de commerce*, n° 452 et suiv.). Aux auteurs cités en ce sens au *Rép.* n° 161, adde Demangeat, *loc. cit.*

67. L'art. 638-2°, qui crée cette présomption de commercialité pour les engagements des commerçants, pose également en règle que les billets des comptables de deniers publics sont censés faits pour leur gestion quand une autre cause n'y est pas énoncée. — Ce que nous avons dit *suprà*, v° *Acte de commerce*, n° 460, sur le caractère de cette présomption reçoit ici son application (V. aussi Alauzet, n° 304; Lyon-Caen, n° 3183; Orillard, n° 480 et suiv.; Ruben de Couder, n° 111 et suiv., et Demangeat, p. 425, qui combat l'opinion de M. Bédarride, n° 337 et suiv., en ce qu'elle paraîtrait faire de cette dernière présomption une présomption *juris et de jure*, ne comportant pas la preuve contraire en dehors des énonciations du billet).

Art. 5. — *Actions en matière de lettre de change* (*Rép.* n° 170 à 197).

68. Aux termes de l'art. 632, § 7, c. com., l'effet négociable qui, sous les conditions de forme énumérées dans l'art. 110 c. com., est qualifié de *lettre de change*, constitue un acte de commerce, alors même que la cause n'en est pas commerciale, et sans qu'on ait davantage à se préoccuper de la question de savoir si les personnes qui, en apposant leurs signatures sur cet effet, se sont valablement engagées à en payer le montant à quelque titre que ce soit, sont ou ne sont pas des commerçants (V. *suprà*, v° *Acte de commerce*, n° 296 et suiv.). En conséquence, tous ceux qui se trouvent obligés, à un titre quelconque, en vertu de la lettre de change, sont justiciables de la juridiction consulaire. — Jugé à cet égard, outre les arrêts cités *ibid.* : 1° que l'accepteur d'une lettre de change, assigné avec le souscripteur devant le tribunal de commerce du domicile de ce dernier, ne peut pas contester la compétence de ce tribunal à raison de ce que les jugements rendus par défaut contre lui auraient mis le souscripteur hors de cause par suite du désistement du porteur (Douai, 21 déc. 1871, aff. Debu, D.P. 72. 2. 37);— 2° Que le tiré peut être valablement assigné devant le tribunal de l'un des codébiteurs de la lettre de change, s'il l'a acceptée purement et simplement : et l'on ne saurait voir une condition de l'acceptation dans la demande de marchandises faite par le tiré au tireur en lui envoyant son acceptation, pour une époque postérieure à l'échéance de la lettre de change (Grenoble, 26 mars 1863, aff. Faure, D.P. 63. 5. 81).

69. La compétence des tribunaux de commerce en matière de lettres de change dérivant du droit commun, le législateur n'avait pas à la consacrer par une disposition spéciale. Il ne la règle que quand il s'agit de la lettre de change à laquelle l'art. 112 donne la qualification de *simple promesse*, c'est-à-dire, d'une lettre de change *simulée*, en ce qu'elle contient une supposition soit de nom, soit de qualité, soit de domicile, soit du lieu de sa création ou du payement (V. *infrà*, v° *Effets de commerce*). Les art. 636 et 637 c. com. font alors une distinction entre le cas où la lettre de change

ne porte que des signatures de non-commerçants et n'a pas pour cause une opération de commerce, et celui où les signataires sont les uns commerçants et les autres non-commerçants. La lettre de change dégénérée en simple promesse par l'effet de sa simulation est dans ces deux cas assimilée à un billet à ordre. Ce qu'on dit *infrà*, n° 76 et suiv., quant aux billets à ordre, est donc commun à l'effet dont il s'agit ici. — La même distinction s'applique-t-elle aux lettres de change qui, bien que non simulées et régulières dans leur forme, sont pareillement réputées simples promesses, aux termes de l'art. 113, en faveur des femmes ou des filles non marchandes qui les ont signées? La question est traitée avec les développements qu'elle comporte *suprà*, v° *Acte de commerce*, n° 301 et suiv. — Les lettres de change souscrites par des mineurs non autorisés à faire le commerce, ou à s'obliger commercialement, sont, à leur égard, frappées de nullité par l'art. 114 c. com. (Sur les effets de cette nullité, V. *suprà*, v° *Commerçant*, n° 72 et suiv. V. aussi : Toulouse, 9 août 1860, aff. Lasaygues, D. P. 61. 5. 96). — Il en est de même pour la femme mariée non autorisée par son mari (V. *ibid.*, n° 79 et suiv.).—Restent les lettres de change non conformes aux prescriptions de l'art. 110. Elles ne sauraient avoir le caractère exceptionnellement commercial de la lettre de change. C'est donc d'après leur cause ou la qualité de l'obligé que les engagements qui peuvent en naître seront commerciaux ou civils, et par suite, de la compétence des tribunaux civils ou de celle des tribunaux de commerce (V. *suprà*, v° *Acte de commerce*, n° 299. *Adde* : Toulouse, 21 mars 1854, aff. Delmas, D. P. 54. 2. 219). Aux termes de ce dernier arrêt, une lettre de change, bien qu'irrégulière, n'en conserve pas moins le caractère commercial, lorsqu'elle se rattache à une opération de change intervenue antérieurement entre les parties : le litige auquel donne lieu cette lettre de change est, dès lors, de la compétence du tribunal de commerce. Au contraire, s'il était établi que la lettre de change irrégulière ne contenait pas en réalité une convention de change, la juridiction commerciale serait incompétente (Agen, 29 janv. 1873, aff. Dubernet, D. P. 74. 2. 35).

70. Comme on l'a vu au *Rép.* n° 187, l'incompétence des tribunaux de commerce dans le cas prévu par l'art. 636 est purement relative ; elle ne peut donc être prononcée d'office par le juge, et elle doit être invoquée avant toutes autres exceptions ou défenses (V. en ce sens : Toulouse, 21 mars 1854, cité *suprà*, n° 69).

Art. 6. — *Actions en matière de billets à ordre et autres billets* (*Rép.* n° 198 à 239).

71. — I. BILLET A ORDRE PROPREMENT DIT. — Comme on l'a vu *suprà*, n° 68, et v° *Acte de commerce*, n° 296, la lettre de change, lorsqu'elle a été créée conformément à l'art. 110 c. com., oblige commercialement toute personne dont elle porte la signature, quelle que soit la cause de l'engagement qu'elle a pris sous cette forme essentiellement commerciale. Le billet à ordre, au contraire, quoique régi exclusivement, quant à sa forme et à ses effets, par le code de commerce, demeure soumis au droit commun quant à la nature des engagements qui en résultent ; ces engagements doivent, au point de vue de leur caractère commercial ou civil, être envisagés distinctement. Comme nous l'avons fait également remarquer *suprà*, v° *Acte de commerce*, n° 304, l'obligation de chacun des signataires d'un billet à ordre est ou n'est pas commerciale selon que l'opération à laquelle elle se rattache a, ou n'a pas, pour ce signataire personnellement, le caractère d'un acte de commerce.

72. Il peut donc arriver que tous les signataires d'un billet à ordre soient obligés civilement, ou que les obligations qui en naissent soient commerciales pour les uns et civiles pour les autres. Les actions exercées en pareille matière devront-elles, dans le premier cas, être nécessairement portées devant le juge civil, à l'exclusion des tribunaux de commerce dont l'incompétence resterait ainsi une incompétence d'ordre public, malgré la qualification d'*effets de commerce* donnée par la loi elle-même à l'acte constitutif de l'obligation? Le demandeur sera-t-il tenu, dans le second cas, de porter son action devant le juge civil et devant le juge commercial, par application de la règle, relevée *infrà*,

n° 51, qui veut que les codébiteurs, même solidaires, soient poursuivis devant la juridiction dont ils sont justiciables d'après la nature de leur obligation? Les art. 636 et 637 c. com. répondent à cette double question. L'incompétence des tribunaux de commerce cesse d'être une incompétence d'ordre public, à l'égard des billets à ordre ne contenant que des obligations civiles; elle est le principe de l'unité de juridiction est posé, dans l'art. 637, relativement aux billets à ordre qui renferment à la fois des obligations commerciales et des obligations civiles.

Cette dérogation aux règles générales sur la compétence respective des juges civils et des juges commerciaux est commentée au *Rép.* n°s 199 et suiv. Les dispositions qui l'édictent ont soulevé certaines difficultés que la jurisprudence a eu l'occasion de trancher de nouveau dans les arrêts qui vont être analysés.

73. — 1° *Billets à ordre n'ayant une cause commerciale pour aucun des signataires* (*Rép.* n°s 199 à 224). — Aux termes de l'art. 636 c. com., lorsque « les billets à ordre ne porteront que des signatures d'individus non négociants et n'auront pas pour cause des opérations de commerce, le tribunal de commerce sera tenu de renvoyer au tribunal civil *s'il en est requis par l'une des parties* ». C'est de ces dernières expressions que résulte, pour les billets à ordre dont les signataires sont tous obligés civilement, la dérogation que nous avons signalée au numéro précédent à l'incompétence d'ordre public qui, en matière civile, frappe les tribunaux de commerce. Un déclinatoire étant nécessaire, on en a tiré au *Rép.* n° 213, et v° *Effets de commerce*, n° 955, cette première conséquence que le juge de commerce saisi de poursuites exercées en vertu de semblables effets ne peut se déclarer incompétent d'office, par exception à la règle formulée *suprà*, n° 72. De nombreux arrêts rapportés au *Rép.* n°s 187 et 213, et v° *Effets de commerce*, n° 885, en ont conclu également que l'incompétence du tribunal de commerce se trouve alors assimilée, quoiqu'il s'agisse d'une obligation sortant, par sa nature civile, des attributions de la juridiction consulaire, à une incompétence *ratione personæ* qui n'est proposable que *in limine litis* (V. aussi *Rép.* n°s 189 et 342, et v° *Acte de commerce*, n° 56, et tous les commentateurs du code de commerce, art. 636). — Décidé, depuis, dans le même sens, que le tribunal de commerce n'est tenu de se déclarer incompétent, en matière de billets à ordre ne portant que des signatures de non-commerçants et n'ayant pas pour cause des opérations de commerce, que s'il en est requis par les parties; et que, par suite, l'incompétence de ce tribunal est couverte quand le défendeur ne l'a pas proposée et a accepté le débat au fond (Req. 16 juin 1863, aff. Poissonnier, D. P. 64. 1. 471). — Et l'acceptation de la juridiction commerciale peut s'induire, suivant un arrêt rapporté au *Rép.* n° 199, de la fausse qualification de commerçant prise, dans un billet à ordre, par le souscripteur. — Toutefois, comme le décide un autre arrêt rapporté *ibid.* n° 188, le renvoi ne peut être requis que par le *défendeur*; et, lorsque le défendeur le requiert, il doit être prononcé, encore que le porteur de l'effet, duquel émane la poursuite, soit commerçant (Paris, 31 août 1860, aff. Oldofredi, D. P. 60. 5. 75).

74. Il est hors de doute que l'art. 636 s'applique même aux billets à ordre portant des signatures de commerçants, s'ils sont étrangers au commerce de ces signataires. Au point de vue des engagements qu'il a ainsi contractés, le commerçant appartient à la catégorie des non-commerçants; sa signature est, en réalité, celle d'un non-commerçant, et rentre dans les prévisions de l'art. 636.

75. Le caractère exceptionnel de l'incompétence des tribunaux de commerce en matière de billets à ordre n'obligeant ses signataires que civilement est limité aux billets qui ont été créés dans la forme prescrite par l'art. 188 c. com. Dépourvu de cette forme, le titre retombe sous l'empire du droit commun, aussi bien quant à la compétence qu'en ce qui concerne la nature de l'engagement qu'il constate. On n'est plus alors qu'en présence d'un billet à ordre *imparfait*; il sort d'une façon absolue des attributions de la juridiction commerciale, dont l'incompétence redevient une incompétence d'ordre public, comme en matière de lettre de change imparfaite (V. *suprà*, n° 69).

L'art. 636 ne s'étend pas davantage aux billets à ordre

souscrits, endossés ou avalisés par des *incapables*, ceux-ci souscrits-ils déclarés obligés jusqu'à concurrence du profit qu'ils ont tiré du contrat qui a servi de base au billet. Ici encore, l'incompétence du tribunal de commerce pour rechercher ce profit et condamner l'incapable à en rembourser le montant est d'ordre public, comme au cas d'une lettre de change (V. *suprà*, n° 69), et nonobstant la coexistence des signatures d'individus commercialement obligés (V. *infrà*, n°s 176 et suiv.).

76. — 2° *Billets à ordre dont les signataires sont obligés les uns commercialement et les autres civilement* (*Rép.* n°s 215 à 233). — La loi commerciale ne s'est pas bornée à permettre aux signataires d'un billet à ordre dont la cause est purement civile pour tous les obligés, d'accepter la compétence du tribunal de commerce devant lequel ils sont poursuivis en payement de ce billet. Après avoir, dans l'art. 636 c. com., investi la juridiction commerciale d'une compétence que les parties défenderesses sont libres de décliner ou de ne pas décliner, elle rend, dans l'art. 637, cette compétence obligatoire même pour les débiteurs civils de l'effet, par cela seul qu'il porte, en outre, des signatures de commerçants ou d'autres coobligés commercialement, et elle pose ainsi, quant aux billets à ordre, le principe d'unité de juridiction que nous avons signalé *suprà*, n° 72. — Ce principe a été fréquemment appliqué, par des décisions rapportées au *Rép.* n°s 226 et suiv., soit aux souscripteurs de billets à ordre, créés pour une cause non commerciale, mais endossés par des commerçants dans l'intérêt de leur commerce, soit aux endosseurs de billets souscrits pour une cause commerciale, encore qu'ils ne soient que civilement obligés, soit enfin aux donneurs d'aval qui ont cautionné sous cette forme des signataires obligés civilement. La même règle serait applicable au cas où les signataires, dont l'obligation est garantie par l'aval, sont tenus commercialement, dans l'opinion, admise par quelques arrêts, suivant laquelle l'aval conserve, dans cette hypothèse, le caractère civil généralement reconnu au cautionnement ordinaire d'une dette commerciale; mais cette opinion n'a pas prévalu dans la jurisprudence, qui considère l'aval d'un engagement commercial comme ayant un caractère également commercial, et comme étant soumis dès lors, par sa nature, à la compétence du tribunal de commerce (V. *suprà*, v° *Acte de commerce*, n° 476 et suiv.). — Jugé, depuis: 1° que le souscripteur d'un billet à ordre endossé par des commerçants est justiciable du tribunal de commerce, encore qu'il ne soit pas commerçant (Lyon, 3 janv. 1848, aff. Cognard, D. P. 49. 2. 209), ou qu'il conteste cette qualité (Besançon, 14 janv. 1868, aff. Cretin, D. P. 68. 2. 208); — 2° Que le donneur d'aval sur un billet à ordre est compétemment poursuivi devant le tribunal de commerce, en vertu de l'art. 637, lorsque son obligation ne soit pas commerciale (Bordeaux, 10 déc. 1850, aff. Chaumot, D. P. 54. 4. 280). Et il n'importe qu'il ne soit pas signataire de l'effet, mais qu'il l'ait avalisé par *acte séparé*, le donneur d'aval étant, aux termes de l'art. 142 c. com., tenu *par les mêmes voies* que le signataire cautionné (V. *infrà*, v° *Effets de commerce*). — Le donneur d'aval ne cesserait d'être justiciable du tribunal de commerce que si son aval ne concernait pas l'effet à raison duquel il est poursuivi. Jugé, sur ce point, que le tribunal de commerce est incompétent à l'égard du non-commerçant, qui a donné son aval, en blanc, par acte séparé, pour un usage déterminé, si cet aval a été employé pour un usage différent et abusif (Paris, 15 mars 1872, aff. Vital Clouet, D. P. 73. 2. 24).

Dans une autre espèce, le débat portait sur le point de savoir si le défendeur était actionné en sa qualité de souscripteur d'un billet à ordre. Il s'agissait d'un non-commerçant qui avait versé le montant de sa commandite dans une société commerciale au moyen de deniers qu'il avait empruntés d'un tiers contre un billet à ordre avalisé par le gérant, et dont ce dernier réclamait le remboursement, après l'avoir payé au tiers porteur. Dans le système d'après lequel le commanditaire fait un acte de commerce en versant son fonds dans une société en commandite (V. *suprà*, v° *Acte de commerce*, n° 43), un tel billet a une cause commerciale, et soumet, dès lors, son souscripteur à la compétence du tribunal de commerce. Mais c'est là une question fort controversée (V. *ibid.*). L'arrêt intervenu a pu se dispenser de la résoudre. Le défendeur était pour-

suivi, en effet, non en sa qualité de commanditaire, puisque sa mise était versée, mais comme souscripteur du billet à ordre au moyen duquel il s'était procuré les deniers qui la composaient. Ce billet portant, indépendamment de la signature du souscripteur, des signatures de commerçants, et notamment, celle du gérant, donneur d'aval, il a été décidé que l'action récursoire de celui-ci tombait sous le coup de la disposition exceptionnelle de l'art. 637, à supposer même que le commanditaire qui l'avait souscrit pour se libérer de sa commandite en espèces eût fait une opération purement civile (Req. 14 août 1862, aff. Samuel Alexandre, D. P. 62. 1. 458).

77. L'attribution exceptionnelle de compétence résultant, en faveur des tribunaux de commerce, de la disposition de l'art. 637, ne s'applique, comme la compétence facultative, pour les défendeurs, établie par l'art. 636, qu'aux billets à ordre qui réunissent les conditions de forme prescrites par l'art. 188. Lorsque l'effet ne remplit pas ces conditions, et n'énonce pas, par exemple, la valeur fournie, la compétence se règle, pour chaque signature, conformément au droit commun. De nombreux arrêts rapportés au *Rép.* nᵒˢ 137 et 216, et vᵒ *Effets de commerce*, nᵒˢ 84 et suiv., 958, en ont conclu que les signataires d'un tel effet ne sont justiciables des tribunaux de commerce que s'ils sont obligés commercialement, et que ces tribunaux sont frappés d'une incompétence d'ordre public à l'égard de ceux dont l'obligation n'a pas une cause commerciale. — Il faut, de plus, pour que les billets soient rangés parmi les effets portant des signatures de débiteurs commerciaux, dans le sens de l'art. 637, que ces signatures les obligent directement comme débiteurs principaux ou comme garants. On ne devrait donc pas tenir compte de la négociation faite par un commerçant qui ne détenait le billet qu'en vertu d'un endossement irrégulier émané d'un individu à qui il serait interdit, s'il était resté détenteur de l'effet, de saisir la juridiction commerciale, l'endossement non conforme aux prescriptions de l'art. 137 ne valant, d'après l'art. 638, que comme procuration, et celui qui l'a obtenu se confondant, dès lors, avec la personne de son endosseur. La signature que le même individu a ensuite apposée sur le billet, quand il l'a endossé à son tour, fût-ce régulièrement, n'est pas attributive de compétence au tribunal de commerce, et s'il ne s'y trouve aucune autre signature commerciale, on retombe sous l'application de l'art. 636, relatif aux billets à ordre, qui ne renferment que des engagements civils. Les arrêts rapportés au *Rép.* nᵒˢ 221 et suiv., et vᵒ *Effets de commerce*, nᵒ 954, ont fixé la jurisprudence en ce sens. — Décidé, depuis, que l'individu qui a souscrit au profit d'un commerçant un billet à ordre n'ayant pas une cause commerciale, peut user du droit qu'il aurait eu contre le bénéficiaire de demander son renvoi devant le tribunal civil, même après l'endossement irrégulier de l'effet, et quoique cet endossement soit signé d'un commerçant, l'exception d'incompétence qu'il aurait été fondé à opposer à l'endosseur irrégulier pouvant également être opposée à un porteur qui n'est que son représentant (Orléans, 9 juin 1853, aff. Ballot, D. P. 54. 5. 159; Rouen, 24 juill. 1874, aff. Soudey, D. P. 77. 5. 111. V. aussi dans le même sens : Orléans, 27 juill. 1864) (1); — Et il en est ainsi même au cas où ce porteur justifierait avoir fourni à son endosseur la valeur du billet qu'il lui a été irrégulièrement endossé, cette circonstance laissant subsister sa qualité de mandataire (Paris, 17 juill. 1885, aff. Jollivet, D. P. 87. 2. 104). — Décidé, au contraire, sur ce dernier point, que le porteur en vertu d'un endossement irrégulier reste, en principe, passible des exceptions opposables à son endosseur, bien qu'en réalité,

il lui ait fourni la valeur de l'effet, la preuve qu'il en rapporte lui ouvre contre cet endosseur un recours en garantie dont le tribunal de commerce est appelé à connaître dès que son garant est commerçant, et qu'on doit conclure de là que le même tribunal est compétent, par application de l'art. 637, à l'égard de tous les autres signataires de l'effet (Req. 4 mars 1845, aff. Conard, D. P. 45. 1. 193). Cette solution nous paraît sujette à critique. Le porteur d'un billet à ordre ne peut saisir la juridiction commerciale des poursuites qu'il exerce en vertu d'un effet signé à la fois par des obligés civils et par des obligés commerciaux, qu'autant que les uns et les autres sont ses obligés directs. Il ne saurait avoir contre les premiers un droit que n'aurait pas l'endosseur dont l'arrêt ci-dessus reconnaît lui-même qu'il n'est que le représentant, passible, à ce titre, des exceptions qui lui seraient opposables. Peu importe que le tribunal de commerce soit compétent entre l'auteur de l'endossement irrégulier et le porteur qui lui réclame le remboursement de la valeur qu'il lui a fournie. Cette compétence est celle du droit commun : on ne saurait la puiser dans l'art. 637, et l'étendre à des débiteurs que l'endossement irrégulier, seul invoqué contre eux, comme contenant une signature de commerçant, ne peut priver de la faculté qu'ils tiennent de l'art. 636, de demander leur renvoi devant les tribunaux civils.

78. L'art. 637 c. com. a soulevé une grave difficulté d'interprétation. La compétence commerciale exceptionnelle qui y est édictée est-elle subordonnée à la condition que l'action du porteur, ou le recours en garantie du garant devenu porteur de l'effet à la suite d'un remboursement, seront exercés conjointement contre les débiteurs commerciaux et non commerciaux de cet effet? La controverse que s'est produite sur cette question est exposée au *Rép.* nᵒˢ 228 et 229. Elle n'a pas encore pris fin. MM. Horson, *Questions sur le code de commerce*, quest. 201 ; Despréaux, *Compétence des tribunaux de commerce*, nᵒ 490; Orillard, *Compétence des tribunaux de commerce*, nᵒ 433, et Bédarride, *De la juridiction commerciale*, nᵒˢ 374 et suiv., se rangeant au système adopté par les arrêts de cours d'appel rapportés *loc. cit.* nᵒ 228, font retomber dans le droit commun le créancier qui, au lieu d'agir simultanément contre les débiteurs commerciaux et civils du billet, divise son action. D'après eux, lorsqu'il s'adresse uniquement aux débiteurs non commercialement obligés, l'effet dont il poursuit le payement se réduit à un titre purement civil, dans le sens de l'art. 636, et la compétence du tribunal de commerce peut, dès lors, être déclinée. L'art. 637 lui permet simplement d'éviter cette division d'actions : le législateur n'a pas voulu que le créancier agissant à la fois contre tous les débiteurs de l'effet, fût tenu de saisir la juridiction civile à l'égard des uns et la juridiction commerciale à l'égard des autres. La juridiction commerciale devient alors seule compétente, par dérogation à la règle que devant les tribunaux de commerce le compétent n'attire pas l'incompétent (V. *infrà*, nᵒ 9). — Jugé, conformément à ce système, depuis la publication du *Répertoire* : 1ᵒ que le souscripteur non-commerçant d'un billet à ordre ne peut être actionné devant le tribunal de commerce qu'autant que l'un des endosseurs commerçants y est également appelé (Paris, 17 févr. 1844, aff. Marchand, D. P. 49. 2. 209); — 2ᵒ Que lorsqu'un effet de commerce porte des signatures de négociants et de non-négociants, les tribunaux de commerce ne sont compétents pour connaître de l'action en payement du billet, formée contre ces derniers, qu'autant que les signataires négociants ont été mis en cause (Nancy, 4 juill. 1846, aff. Royer, D. P. 46. 2. 236); — 3ᵒ Que lors-

(1) (Vinon *C.* Robert.) — La cour ; — Attendu que le billet à ordre souscrit Vinon, au profit de Robert, n'a pas eu pour cause une opération commerciale de la part de Vinon souscripteur ; — Que ce billet, passé d'abord à l'ordre de Lamare, banquier, et protesté par celui-ci, a été remboursé par Robert qui en demande le payement à Vinon ; — Attendu que Vinon assigné seul par Robert devant le tribunal de commerce de Montargis a demandé son renvoi devant le tribunal civil ; — Que Robert a soutenu que le billet en question portant la signature de Lamare, commerçant, le tribunal de commerce avait été compétemment saisi, aux termes de l'art. 637 c. com., qui dispose que « le tribunal connaîtra des demandes concernant les billets à ordre qui portent tout à la fois des signatures d'individus négociants et d'individus non négociants » ; — Attendu qu'il est évident que si Lamare avait

été approprié du billet à ordre en question par un endos régulier et fût devenu ainsi partie au contrat, le tribunal de commerce eût été compétent pour connaître du litige ; mais attendu que l'endossement passé par Robert à Lamare n'est pas daté ; qu'aux termes des art. 137, 138 et 187 c. com. combinés, l'endossement irrégulier, notamment celui qui n'est pas daté, n'opère pas le transport et n'est qu'une procuration ; que, dès lors, à l'égard de Vinon, Lamare n'ayant jamais été saisi de la propriété du billet à ordre en question, il n'est pas possible de dire que la signature Lamare, commerçant, figure au billet dans le sens de l'article précité ; que le tribunal de commerce devait donc se déclarer incompétent ; — Par ces motifs, infirme, etc.

Du 27 juill. 1864.-C. d'Orléans, 2ᵉ ch.-MM. Renaud, pr.-Boullé, av. gén.-Lafontaine et Dubec, av.

qu'un billet à ordre porte des signatures de commerçants et de non-commerçants, c'est le tribunal civil qui est compétent pour connaître de l'action en payement du billet formée contre les non-commerçants, si les signataires commerçants ne sont pas mis en cause (Aix, 5 avr. 1873, aff. Alekan, D. P. 74. 2. 79).

79. La nécessité où serait le créancier qui poursuit le payement d'un billet à ordre portant des signatures d'individus obligés les uns commercialement et les autres civilement, de mettre en cause les premiers pour profiter à l'égard des seconds du bénéfice de la compétence exceptionnelle résultant de l'art. 637, n'est pas écrite dans la loi. Le droit, qui appartient à tout créancier d'une dette solidaire, d'actionner celui de ses débiteurs qu'il croit le plus utile de choisir en recevrait une sérieuse atteinte, puisqu'il ne serait permis à ce créancier de limiter son action aux débiteurs dont l'obligation est civile, qu'à la charge de subir les complications et les frais d'une procédure civile à laquelle le législateur a voulu le soustraire, en matière de billets à ordre, par cela seul que son titre est partiellement commercial, quelque usage qu'il en fasse. Le système restrictif indiqué plus haut est repoussé par la majorité des auteurs (V. notamment : Vincens, *Législation commerciale*, t. 1, p. 138; Alauzet, *Commentaire du code de commerce*, 3ᵉ éd., t. 8, n° 3019; Demangeat sur Bravard, *Traité de droit commercial*, t. 6, p. 433 ; Nouguier, *Traité des lettres de change et des effets de commerce*, 4ᵉ éd., t. 2, p. 248 ; Lyon-Caen et Renault, *Précis de droit commercial*, n° 3175). La cour de cassation et de nombreux arrêts de cours d'appel l'ont pareillement répudié, comme on le voit au *Rép.* n° 229.

La jurisprudence ne pouvait que persister à ne pas renfermer l'attribution de compétence édictée par l'art. 637 dans les limites étroites qu'on n'a tenté de lui assigner qu'en en méconnaissant les termes et l'esprit. Décidé, en effet, par de nouveaux arrêts : 1° que par cela seul qu'un billet à ordre porte en même temps des signatures de négociants et de non-négociants, l'action en payement est compétemment formée devant le tribunal de commerce, encore qu'elle ait été exclusivement dirigée contre le souscripteur non négociant, et que le billet n'ait pas, de sa part, une cause commerciale, cette circonstance, qui n'avait d'intérêt que pour l'application de la contrainte par corps, restant sans influence sur la question de compétence (Civ. cass. 20 déc. 1847, aff. Husson, D. P. 48. 1. 25); — 2° Que le non-commerçant peut être poursuivi devant le tribunal de commerce à raison d'un billet à ordre par lui souscrit pour une cause purement civile, si, sur cet effet, il se trouve à la fois des signatures de commerçants et de non-commerçants, et qu'en pareil cas, l'action en payement est compétemment portée devant le tribunal de commerce, bien qu'elle ne soit dirigée que contre les signataires non-commerçants, et que la cause du billet n'ait pas un caractère commercial entre le souscripteur et le bénéficiaire, lorsque l'action est introduite à la requête d'un endosseur commerçant (Pau, 16 févr. 1874, aff. Layré, D. P. 75. 2. 98). — Il n'importe, d'ailleurs, que l'action ne puisse plus être exercée que contre les signataires obligés civilement, soit parce que le porteur a, en l'absence d'un protêt, perdu son recours contre les endosseurs obligés commercialement, soit parce que le billet, remboursé par ce derniers, est revenu aux mains d'un garant qui n'en était tenu que civilement, et qui n'a pour débiteurs qu'un souscripteur ou de précédents endosseurs non commercialement engagés (V. outre les arrêts rapportés au *Rép.* n° 229 : Besançon, 23 juin 1868, aff. Jurand, D. P. 68. 2. 206). Décidé, toutefois, sur ce dernier point, que le commerçant qui a remboursé un billet à ordre souscrit à son profit par un de ses clients non-commerçants pour payement de fournitures, ne peut actionner ce dernier que devant les tribunaux civils, alors même qu'il aurait fait ce remboursement sur l'action formée, à l'échéance, par le tiers porteur, devant la juridiction commerciale, contre les commerçants et les non-commerçants signataires de l'effet : il n'est pas admis, en ce cas, à se faire subroger, par voie de reprise d'instance; dans des poursuites commerciales complètement éteintes par l'effet du payement de la créance du demandeur (Alger, 5 nov. 1860, aff. Delmonte, D. P. 61. 2. 19).

80. — II. Lettre de change simulée. — Les art. 636 et 637 c. com. soumettent aux mêmes règles de compétence que les billets à ordre les lettres de change qui renferment l'une des suppositions prévues par l'art. 112, et que cet article qualifie de *simples promesses* (V. *infrà*, v° *Effets de commerce*). Les art. 636 et 637 ne visent pas les lettres de change pareillement qualifiées de simples promesses par l'art. 113 c. com., pour les femmes ou les filles non marchandes publiques que les ont signées. Doit-on appliquer à ces signataires la compétence commerciale établie, comme on l'a vu *suprà*, n° 68, pour tout signataire, ou celle qui concerne les billets à ordre? La question est traitée *suprà*, v° *Acte de commerce*, nᵒˢ 300 et suiv. — Quant aux lettres de change, irrégulières dans leur forme, ou signées par des incapables, elles sortent manifestement des prévisions des art. 636 et 637 (V. *suprà*, n° 69).

81. — III. Billet a domicile ; Mandat ou autres billets divers ; Chèque. — Le *billet à domicile* se distingue du simple billet à ordre en ce qu'il est payable dans un lieu autre que celui où il a été souscrit, et renferme ainsi, comme la lettre de change, une remise d'argent de place en place (V. *infrà*, v° *Effets de commerce*). La juridiction qui doit en connaître est-elle celle édictée en matière de lettre de change, ou celle déterminée à l'égard des billets à ordre par les art. 636 et 637 c. com.? Sur cette question, qui se rattache au point de savoir si le billet à domicile, envisagé en lui-même, constitue un acte de commerce quelque qu'en soit la cause, et abstraction faite de la qualité des signataires, ou s'il conserve les caractères d'un billet à ordre ordinaire, V. *suprà*, v° *Acte de commerce*, nᵒˢ 306 et suiv. — Les valeurs négociables créées sous la dénomination de *mandat, assignation* ou *rescription*, de *lettres de crédit*, de *billets de change*, de *billet en marchandises*, sont également étrangères aux dispositions des art 636 et 637 c. com. (V. ce qui en est dit, *ibid.*, nᵒˢ 311 et suiv.) — On ne doit pas davantage étendre ces dispositions aux *chèques*, dont la nature commerciale ou civile est précisée *ibid.*, n° 315, et qui sont régis par la législation spéciale retracée *infrà*, v° *Warrants et chèques*.

Art. 7. — *Actions en matière de faillite* (*Rép.* nᵒˢ 240 à 289).

82. A l'exemple de l'art. 634 c. com. concernant les actions contre les commis et serviteurs de marchands (V. *suprà*, nᵒˢ 54 et suiv.), des art. 636 et 637 relatifs aux actions en matière de billets à ordre et de lettres de change simulées (V. *suprà*, n° 80), l'art. 635 attribue exceptionnellement aux tribunaux de commerce, en matière de faillite, la connaissance des contestations qui, si elles étaient restées sous l'application de la règle générale de compétence posée par l'art. 631, n'auraient pu, à raison de leur nature purement civile, être portées devant les tribunaux. De quelle action l'art. 635 a-t-il entendu parler? Le principe qui se dégage de la doctrine et de la jurisprudence exposées au *Rép.* nᵒˢ 242 et suiv., 442, et v° *Faillite*, nᵒˢ 1315 et suiv., peut être formulé dans des termes très simples. Cet article place dans les attributions exclusives des tribunaux de commerce, sans se préoccuper du caractère civil ou commercial du débat engagé avec l'être moral de la faillite, toute action *née du fait même de la faillite* ou se rattachant à son administration, et qui a sa cause dans cet événement, en dehors duquel elle n'eût pu être exercée ; le droit commun reprend, au contraire, son empire, à l'égard des contestations dont la solution est indépendante de la faillite et qui doivent être jugées d'après les règles ordinaires. Ce principe a toujours été et continue à être proclamé par les commentateurs de notre législation commerciale ; il sert de base à tous les arrêts qui ont eu à en faire l'application aux difficultés nées de l'état de cessation de payements, d'un commerçant.

83. Il est constant d'abord que le tribunal de commerce est seul compétent pour prononcer la déclaration judiciaire de la faillite d'un commerçant, et pour fixer l'époque de la cessation de ses payements, sauf toutefois le pouvoir qui appartient à la juridiction civile de constater cet état de cessation de payements, même en l'absence d'une faillite déclarée, à l'effet d'en tirer les conséquences légales dans les contestations civiles qui lui sont soumises, en vertu du droit commun, ou à la juridiction criminelle, de faire la même constatation, lorsqu'elle est saisie soit d'une accusation de banqueroute frauduleuse, soit de crimes ou délits commis dans une faillite par d'autres que par le failli (V. *infrà*, v° *Faillite*). Sont incontestablement aussi de la compétence du

tribunal de commerce, comme basées sur les dispositions spéciales qui régissent la faillite, les actions en nullité ou en réintégration à la masse, qui sont exercées en vertu des art. 446, 447 et 448 c. com., alors même que les contestations soulevées par ces actions sont purement civiles. Jugé à cet égard, outre les arrêts rapportés au *Rép.* nos 260 et suiv., et vo *Faillite*, nos 1314 et suiv., que c'est au tribunal de commerce qu'est réservé le droit de statuer : 1o sur l'action en nullité de payements faits autrement qu'en espèces ou effets de commerce par un failli depuis la cessation de ses payements ou dans les dix jours qui l'ont précédée, quelle que soit la nature de la créance qui a fait l'objet des payements attaqués (Civ. rej. 29 juin 1870, aff. Aubé, D. P. 71. 1. 289; Req. 24 juin 1872, aff. Barau, D. P. 73. 1. 123); et cela, alors même que les défendeurs allégueraient qu'ils étaient devenus propriétaires, avant la faillite, des marchandises revendiquées comme leur ayant été données en payement contrairement à la prohibition de l'art. 446, cette allégation n'étant qu'une exception opposée à la demande principale, et non une question préjudicielle qui doive être jugée isolément par un autre tribunal (Arrêt précité du 24 juin 1872); — 2o Sur la demande en nullité d'un transport de droits successifs consenti à titre de dation en payement par le failli depuis la cessation de ses payements (Alger, 21 déc. 1865) (1); — 3o Sur la demande en nullité d'une hypothèque constituée par le failli après l'époque où doit être reportée la cessation de ses payements (Req. 15 avr. 1878) (2); — 4o Sur l'action en nullité d'une vente d'immeubles, faite par le failli, après la cessation de ses payements, à un acheteur qui avait connaissance de cet état de cessation de payements (Civ. cass. 19 avr. 1853, aff. Pigache, D. P. 53. 1. 147, cassant un arrêt en sens contraire de Rouen, 18 janv. 1851, D. P. 51. 2. 186); — 5o Sur la demande en nullité d'un bail d'immeubles consenti par le failli, quand elle est fondée par le syndic sur l'art. 447 c. com. (Paris, 4 mars 1873, aff. Paque-

let, D. P. 75. 5. 240); — 6o Sur la demande en nullité d'une inscription hypothécaire prise par un créancier du failli antérieurement à la déclaration de faillite, mais postérieurement à la date de la cessation de payements (Caen, 11 juin 1872, aff. Pinot, D. P. 73. 2. 233); — 7o Sur la demande en nullité de transports de créances commerciales, consentis par le failli au profit d'un autre commerçant, depuis l'époque de la cessation de ses payements (Nancy, 20 juin 1857, aff. Delangre, D. P. 57. 2. 187).

84. Dérive également du fait de la faillite dans le sens de l'art. 635 la demande formée en vertu des art. 597 et 598 c. com. à fin de nullité des traités particuliers prohibés par ces articles (Trib. com. Seine, 6 janv. 1870, aff. Bauchot, D. P. 75. 1. 172). Jugé, notamment, que le tribunal de commerce est compétent pour connaître de l'action en nullité de la convention par laquelle un failli qui a obtenu de ses créanciers un concordat en leur abandonnant tous ses biens, s'est obligé envers l'un d'eux à lui payer dans un certain délai la totalité de sa créance (Paris, 24 avr. 1858, aff. Bayle-Dezeaux, D. P. 58. 2. 157).

Sont également de la compétence des tribunaux de commerce comme naissant de la faillite : 1o l'action en payement des frais d'éducation d'un enfant formée par l'un des époux séparés de corps contre son conjoint tombé en faillite, cette action se rattachant à l'art. 414 c. com. (Caen, 30 mai 1876, aff. Lehomme, D. P. 78. 2. 122, et la note critiquant cet arrêt); — 2o Conformément à ce qui est dit au *Rép.* no 245, et vo *Faillite*, no 1313, l'action des syndics de la faillite en payement de leurs honoraires (Dijon, 7 mars 1873, aff. Pinot, D. P. 74. 2. 40). — 3o L'action formée par les syndics d'une faillite, à fin de nullité des actes que le failli a passés avec des tiers, à raison d'une industrie nouvelle par lui créée (Civ. rej. 12 janv. 1864, aff. Roche, D. P. 64. 1. 130. Conf. Rouen, 30 juill. 1870, aff. Ville d'Aumale, D. P. 72. 5. 240).

---

(1) (Carentène *C.* syndic Carentène.) — La cour; — Attendu, en fait, que par acte au rapport de Me Didier, en date du 23 avr. 1864, le sieur Jean-Baptiste Carentène fils, traitant avec sa mère, à l'occasion de la succession de la demoiselle Carentène, sa sœur, a fait cession et transport en faveur de sadite mère de tous les droits mobiliers et immobiliers lui revenant dans ladite hérédité, et ce moyennant, entre autres charges, la somme de 11250 fr. qui a été compensée avec pareille somme, que ladite dame Carentène lui dit dans l'acte, lui avait avancée, tant depuis le décès de la demoiselle Carentène précédemment; — Attendu que, depuis lors, ledit sieur Carentène a été déclaré en faillite, et que l'ouverture en a été reportée au 30 avr. 1864; que c'est en cet état que le sieur Paologgi, agissant comme syndic, a assigné la dame Carentène par-devant le tribunal de commerce à l'effet d'y voir annuler le susdit acte de cession, comme fait en violation des dispositions de l'art. 446 c. com.; — Attendu qu'en réponse à cette action, ladite dame a opposé uniquement l'incompétence du tribunal de commerce; — Attendu que cette exception ayant été repoussée par les premiers juges, il s'agit en appel d'examiner s'il a été bien ou mal jugé; — Attendu, à cet égard, que le législateur s'est occupé de cette question à deux points de vue : 1o au point de vue du domicile, par l'art. 59, § 7, c. proc. civ.; 2o au point de vue du fond, par l'art. 635 c. com. ; — Que la compétence *ratione loci* n'est pas contestée; il n'y a à examiner dans la cause que le point de savoir quelle doit être *ratione materiæ* la portée dudit art. 635; — Attendu que cet article est ainsi conçu : « Les tribunaux de commerce connaîtront de tout ce qui concerne les faillites conformément à ce qui est prescrit au livre 3 du présent code »; qu'il suit de la teneur de ces dispositions que la compétence des juges consulaires est acquise toute les fois, d'une part, la contestation concerne la faillite, et que, d'autre part, le principal de la contestation est puisé dans le susdit liv. 3 dudit code; — Attendu, cela posé, que s'agissant de la validité d'un acte contracté dans les dix jours qui ont précédé l'ouverture de la faillite et de la valeur duquel le législateur s'est occupé dans l'un des articles compris audit liv. 3, c'est le tribunal de commerce d'Alger qui a dû être saisi de la contestation; que sans doute la dame veuve Carentène oppose qu'il s'agit, dans l'espèce, d'un acte purement civil; que, par suite, il s'agit surtout qu'elle n'est pas commerçante elle-même, il ne peut être soumis à la juridiction commerciale; que sans cette objection n'est pas fondée; qu'effectivement, s'il est vrai que les juges de commerce sont les juges d'exception, et que, dès lors, leur compétence est nécessairement restreinte, il faut, d'un autre côté, reconnaître que s'agissant, dans l'espèce, d'une compétence exceptionnelle introduite par le législateur dans un but particulier et en vue d'éventualités presque d'ordre public, le principe invoqué n'est pas applicable; qu'il

importait, en effet, qu'il était même d'une impérieuse nécessité que toutes les difficultés que, dans certaines conditions le fait même de la faillite ferait naître, et notamment tous les actes qui contractés durant la faillite, se rattacheraient ainsi directement à ses intérêts et à son administration, fussent soumis aux juges qui avaient à apprécier la faillite même; que telle est la situation puisque l'acte dont il s'agit, valable en lui-même, obligatoire même en ce qui touche les parties contractantes, n'est aujourd'hui attaqué dans l'intérêt de la masse que parce que, vu l'époque où la faillite est arrivée, il est susceptible d'être critiqué; — Qu'il est indifférent que ledit acte règle des intérêts purement civils; qu'en effet, les dispositions de l'art. 635 sont tellement générales et absolues que dès le moment que ledit acte se trouve dans les conditions voulues, aucune distinction n'est permise quant à sa nature; qu'on en sera convaincu, si on considère qu'avec les systèmes contraires, l'article du code de commerce invoqué aurait été en quelque sorte inutile; qu'effectivement, s'il n'eût eu pour but de ne donner compétence aux tribunaux de commerce que tout autant qu'il se fût agi d'un acte ayant un caractère commercial ou se rattachant à des opérations commerciales, il n'y avait aucune nécessité de le dire, cela devant être ainsi de plein droit; que le législateur, en édictant l'art. 635, ne l'a fait évidemment que parce que, dans un cas exceptionnel sans doute, mais pour ce cas néanmoins, il fallait que la compétence fût étendue; qu'il suffit, au reste, de lire l'art. 446 dont le sieur Paologgi demande au fond l'application, pour voir qu'en déterminant la compétence, le législateur a sciemment voulu que tous les actes, civils ou non, survenus dans les conditions précitées, fussent soumis à la juridiction commerciale; qu'il est, en effet, à remarquer que les actes dont il prononce, au cas voulu, la nullité, ont tous ou presque tous le caractère civil; que rien ne saurait donc justifier l'appel de la dame veuve Carentène; qu'elle doit, dès lors, en être démise; — Confirme, etc.
Du 21 déc. 1865.-C. d'Alger, 3e ch.

(2) (Becquet *C.* Bonvoisin.) — La cour; — Attendu que les contestations qui sont nées de la faillite et qui l'intéressent directement sont, aux termes de l'art. 635 c. com., soumises à la juridiction commerciale, alors même qu'elles seraient par leur nature et de la compétence des tribunaux civils; — Attendu que la contestation élevée par le demandeur en cassation sur la validité de l'hypothèque conférée à Bonvoisin était fondée, notamment, sur ce que la faillite devait être reportée à une date où la faillite n'aurait pu conférer une hypothèque valable; — Qu'elle dérivait donc de la faillite et l'intéressait directement; — Rejette, etc.
Du 15 avr. 1878.-Ch. req.-MM. Bédarrides, pr.-Lépelletier, rap.-Robinet de Cléry, av. gén., c. conf.-Lesage, av.

85. La question de savoir si les contestations portant sur l'existence d'un privilège, au profit d'un créancier admis à la faillite, sont de la compétence du tribunal de commerce, a fait naître une difficulté qui a sa source dans l'art. 551 c. com. Cet article, après avoir chargé le syndic de présenter au juge-commissaire l'état des créanciers se prétendant privilégiés sur les biens meubles du failli, et autorisé le juge commissaire à faire payer ces créanciers sur les premiers deniers rentrés, ajoute : « Si le privilège est contesté, le *tribunal* prononcera. » Le privilège dont sont frappés les meubles du failli peut être attaché tantôt à des créances commerciales, et tantôt à des créances civiles (V. *infrà,* v° *Faillite*). Le tribunal dont il est parlé, est-il dans ces deux cas le tribunal de commerce, quelle que soit la nature de la créance? L'affirmative ne paraît pas douteuse, quand le privilège est contesté par application d'une disposition spéciale à la matière de la faillite. Ainsi, il a été jugé que, dans le cas où le cessionnaire d'un office s'est livré à des actes de commerce qui lui ont imprimé la qualité de commerçant (V. *suprà,* v^is *Acte de commerce,* n° 268, et *Commerçant,* n° 40), et a été déclaré en faillite, il appartient à la juridiction commerciale de décider s'il y a lieu d'appliquer au vendeur de cet office l'art. 550 c. com., d'après lequel le privilège du vendeur d'objets mobiliers cesse d'exister lorsque le débiteur est en faillite (Paris, 14 févr. 1868) (1). La compétence des tribunaux de commerce doit-elle être étendue à toute demande d'un privilège, bien que, d'une part, la créance ne soit pas commerciale, et que, d'autre part, il s'agisse d'un privilège exclusivement régi par le droit civil ?

Nous avons indiqué au *Rép.* n° 271, et v° *Faillite,* n°s 1063 et 1312, la controverse qui s'est produite sur ce point. Plusieurs arrêts mentionnés *loc. cit.* ont jugé que l'art. 551 a, par ces expressions le *tribunal,* entendu le tribunal de commerce, sans se préoccuper de la nature civile ou commerciale de la créance, son but ayant été de concentrer dans une juridiction unique toutes les contestations qui peuvent s'élever de la part des créanciers qui prétendent avoir droit à un privilège sur les deniers de la faillite, afin d'arriver à se faire payer plus promptement en vertu de cet article. Jugé pareillement, depuis, que la réclamation d'un privilège, sur l'actif mobilier d'une faillite, doit être appréciée par le tribunal de commerce, quoique ce privilège n'ait rien de commercial, et qu'il soit exclusivement régi par une disposition de la loi civile, telle que l'art. 2102, n° 7, c. civ. (Paris, 31 mars 1848, aff. Lehon, D. P. 49. 2. 236). Cette doctrine est trop absolue. La faillite n'est attributive de juridiction au tribunal de commerce, en matière de droits de préférence dont la cause est purement civile, comme en toute autre matière, que si le débat soulevé entre la faillite et le créancier tient exclusivement à l'état de cessation de payements du débiteur. La contestation retombe dans le droit commun, si la question à résoudre avait dû se présenter même abstraction faite de toute faillite. Il n'importe qu'elle s'engage à l'occasion de la vérification de la créance. L'art. 500 c. com. dispose en termes formels que, si l'existence d'une créance purement civile est contestée lors de la vérification, les parties doivent se retirer devant la juridiction civile. Il ne saurait en être autrement lorsqu'il s'agit de juger, d'après les seules règles

de la loi civile, si la créance est ou non garantie par un privilège qui n'en est que l'accessoire. C'est l'opinion que notre avons soutenue au *Rép.* n° 271, et v° *Faillite,* n° 1312, avec les auteurs cités, auxquels on peut' joindre tous les autres commentateurs du code de commerce. C'est aussi ce qu'a jugé la chambre des requêtes par un arrêt rapporté au *Rép.* v^is *Faillite,* n°s 1312 et 233-3°, et *Priviléges et hypothèques,* n° 568, à l'égard du privilège réclamé par le Trésor public sur les biens d'un comptable tombé en faillite, ce privilège, créé par la loi du 5 sept. 1807, étant étranger aux dispositions du code de commerce relatives aux faillites. A plus forte raison, le tribunal de commerce est-il incompétent quand la faillite est désintéressée, en ce que le différend s'agite entre créanciers civils se disputant respectivement un rang de priorité, qu'elle doit subir de la part de l'un ou de l'autre. Décidé, dans cette dernière hypothèse, que le tribunal civil est compétent à l'exclusion du juge de commerce, malgré la faillite du débiteur : 1° pour déterminer le rang respectif des privilèges réclamés sur le cautionnement d'un officier comptable chargé du service des fourrages, par un fournisseur et par le bailleur des fonds qui ont servi à constituer ce cautionnement (Civ. cass. 17 juill. 1849, aff. Doré, D. P. 51. 1. 131, et sur renvoi, Angers, 23 janv. 1850, D. P. 50. 2. 86) ; — 2° Pour statuer sur le débat élevé entre les ouvriers d'un entrepreneur de travaux publics exerçant le privilège établi à leur profit par la loi du 26 pluv. an 2, et le cessionnaire de la créance résultant de ces travaux (Civ. cass. 21 juill. 1851, aff. Catherine, D. P. 51. 1. 199); — 3° Pour fixer l'étendue du privilège accordé aux propriétaires pour six mois de loyers, par l'art. 47 de la loi du 1er germ. an 13, quand ce privilège est en conflit avec celui de la régie des contributions indirectes, sur les meubles d'un redevable (Nancy, 13 juill. 1853, aff. Guérin, D. P. 54. 2. 68, arrêt où la portée de l'art. 551 rapproché de l'art. 635 est définie avec un soin remarquable).—Le tribunal de commerce redeviendrait, au contraire, compétent pour statuer sur la demande formée par le syndic de la faillite, contre un créancier civil, en restitution du montant de sa créance, qu'il lui aurait intégralement payée, dans la supposition que ce créancier se trouvait investi d'un privilège qui ne lui appartient pas, la validité d'un tel payement ne pouvant être remise en question qu'à raison de l'état de faillite où était le débiteur, lorsqu'il a eu lieu; — Et spécialement, la compagnie générale des Eaux de Paris, créancière de fournitures d'eaux antérieures à la faillite de son débiteur, qui s'en est fait payer le payement intégral, sur sa déclaration qu'elle ne continuerait pas l'exécution de son traité, si elle n'était point payée de toute la somme à elle due, est compétemment actionnée en répétition devant le tribunal de commerce quoiqu'elle soit une société purement civile (V. *suprà,* v° *Acte de commerce,* n° 124); l'action soulevait alors le point de savoir si un créancier du failli avait pu être payé sur les deniers du failli, de la totalité de sa créance, ou s'il devait subir le sort des autres créanciers, et naissait ainsi nécessairement de la faillite sans laquelle elle n'aurait pas pu être exercée (Civ. cass. 16 juin 1874, aff. Belloir, D.P. 74. 1. 443).

86. Ainsi qu'on en a fait l'observation au *Rép.* v° *Faillite,* n°s 1063 et 1312, l'art. 635 c. com. ne concerne pas les pri-

(1) (Syndic Brunel *C.* Lauvray.) — La cour ; — Sur l'exception d'incompétence : — Considérant, en fait, que Lauvray, notaire à Gargenville, canton de Limay, a été déposé pour minute à Me Caron, notaire à Chantilly, le 16 févr. 1853, vendu son office à Brunel, moyennant un prix sur lequel il lui reste dû un solde de 20000 fr., exigible depuis le 1er janv. 1861 ; — Que par acte reçu par Me Durville, notaire à Epône, le 13 oct. 1858, Brunel a cédé son office à d'Hardivilliers, moyennant le prix de 98000 fr. dont 20000 fr. payables le 1er janv. 1861; que le 14 sept. 1860, Lauvray a formé opposition, pour sûreté de sa créance entre les mains d'Hardivilliers; que Brunel, après avoir cessé ses fonctions de notaire le 26 mars 1859, s'est livré à des opérations de commerce, à la suite desquelles il a été déclaré en état de faillite, le 8 mai 1861; que Lauvray a produit à la faillite, en demandant son admission par privilège pour la somme de 28055 fr. 10 cent. formant en principal et accessoires le solde du prix de la cession de son office; qu'Auger, syndic de la faillite de Brunel, se fondant sur l'art. 550 c. com., a repoussé la prétention de Lauvray au privilège pour la totalité de la somme demandée, et l'a admis à titre de créancier ordinaire pour la somme de 24168 fr. 28 cent. et par privilège pour 1252 fr. 32 cent. seulement ; que, par suite de ce refus

d'admission, Lauvray a, le 26 avr. 1867, assigné Auger, en sa qualité de syndic, devant le tribunal civil de Versailles, pour voir déclarer privilégiée, conformément aux dispositions de l'art. 2102 c. nap., la créance produite par lui à la faillite Brunel, et voir ledit Auger, ès-noms, qu'il serait tenu d'admettre par privilège Lauvray au passif de la faillite Brunel dans les termes du bordereau présenté ; — En droit, et sur la compétence : — Considérant que l'existence de la créance de Lauvray n'est pas contestée; qu'il en est de même du privilège s'attachant à cette créance, aux termes de l'art. 2102 c. nap., antérieurement à la faillite Brunel; que la seule question à décider, en l'état, est celle de savoir si ce privilège s'est trouvé anéanti par la déclaration de faillite du débiteur, conformément aux dispositions de l'art. 550 c. com.; — Que cette question est évidemment née de l'état de faillite; qu'elle en dérive; qu'elle s'y rattache directement et n'aurait évidemment pas été soulevée sans lui; qu'il résulte, dès lors, de la combinaison des art. 498, 550, 551 et 635 c. com. que le tribunal de commerce était seul compétent pour statuer sur l'action introduite par Lauvray; — Par ces motifs, etc.

Du 14 févr. 1868.-C. de Paris, 3e ch.-MM. Roussel, pr.-Merveilleux-Duvignaux, av. gén.-Da et Lacan, av.

vilèges sur les immeubles, ces privilèges ne couvrant jamais que des créances civiles, et ne pouvant tomber sous le coup des dispositions du code de commerce en matière de faillite. — Quant aux *hypothèques*, on a vu au contraire, *suprà*, n° 83, qu'elles se trouvent, en cas de faillite, frappées de certaines nullités, que le tribunal de commerce est appelé à prononcer en vertu de l'art. 635. Mais en principe elles restent, à raison de leur caractère immobilier, dans le domaine de la loi civile et, dès lors, dans la compétence des tribunaux civils, sans même qu'on doive en excepter, d'après un arrêt rapporté au *Rép.* n° 265, les contestations auxquelles donnerait lieu l'exercice, par la femme du failli, de l'hypothèque légale soumise, par l'effet de la faillite du mari, aux restrictions que lui fait subir l'art. 563 c. com. Tout cela est constant, et n'a plus été mis en question depuis la publication du *Répertoire*.

87. Le créancier d'un failli excipe parfois, afin de se faire reconnaître un droit de priorité à l'encontre des autres créanciers, du transport judiciaire résultant en sa faveur d'un jugement qui, antérieurement au jugement déclaratif de la faillite, a validé une saisie-arrêt par lui pratiquée sur son débiteur. En principe, la juridiction commerciale est incompétente pour statuer sur la validité d'une saisie-arrêt, même opérée en vertu d'une créance commerciale, et eût-elle été autorisée par le président du tribunal de commerce conformément aux art. 417 c. proc. civ. et 172 c. com. (V. *infrà*, n° 119 et suiv.). Ce principe reçoit-il exception à l'égard des saisies-arrêts dont la nullité est demandée par application des règles de la faillite? L'affirmative est incontestable lorsqu'il s'agit d'une saisie-arrêt non encore validée au jour où est intervenue la déclaration judiciaire de la faillite. La mainlevée devrait alors, sans aucun doute, en être prononcée par le tribunal de commerce, cette saisie-arrêt tombant alors par l'effet de la disposition de l'art. 443 c. com. qui interdit aux créanciers chirographaires toutes poursuites individuelles sur les biens du failli. Il n'en saurait être autrement de l'action par laquelle le syndic conteste l'effet attributif d'un jugement de validité de la saisie-arrêt, dans l'intérêt de la masse, et à raison de l'obstacle que la faillite aurait apporté au droit exclusif invoqué par le saisissant, en ce que, par exemple, la décision qui a validé sa saisie-arrêt ne serait pas encore passée en force de chose jugée à la date de celle qui a déclaré la faillite. Ici encore, c'est au tribunal de commerce qu'il appartiendrait de statuer sur la question controversée de savoir s'il est ou non nécessaire, pour que le jugement de validité d'une saisie-arrêt emporte attribution au profit du saisissant et jusqu'à la concurrence de sa créance intégrale de la somme saisie-arrêtée, qu'il ait acquis l'autorité de la chose jugée avant la déclaration de la faillite (V. *infrà*, v° *Faillite*). Jugé, en ce sens, dans une espèce où le syndic contestait, devant le tribunal de la faillite, les effets, à l'égard de la masse, d'une saisie-arrêt pratiquée en pays étranger, conformément à la législation de ce pays qui n'exigeait pas de jugement de validité, et en réclamait la mainlevée, avec restitution des sommes payées comme ayant eu lieu après l'époque où avait été reportée la cessation des payements du failli, que l'art. 567 c. proc. civ. qui confère au tribunal civil la connaissance de contestations élevées en matière de saisie-arrêt, « doit se combiner avec l'application de la règle que le tribunal de commerce connaît de toute demande ayant pour cause la faillite, et qui n'aurait pu naître sans l'événement de cette faillite et si le failli était resté à la tête de ses affaires » (Limoges, 29 juin 1885, aff. Chemin de fer du Nord de l'Espagne, D. P. 85. 2. 264. *Adde* les conclusions de M. le procureur général Baudouin, *ibid.*, où la compétence relative aux litiges nés d'une saisie-arrêt est rapprochée de celle concernant les privilèges réclamés dans une faillite).

88. L'état de liquidation judiciaire créé par la loi du 22 avr. 1871, pour le commerçant en état de cessation de payements, est régi, quant à la compétence, par l'art. 635 c. com., les dispositions du liv. 3 du code de commerce demeurant applicables à ces commerçants, aux termes de l'art. 2 de la même loi (Civ. rej. 24 janv. 1887, aff. Tocbe frères, D. P. 87. 1. 215).

89. Mais l'art. 635 c. com. est inapplicable au cas où la faillite a été déclarée en pays étranger (Motifs, Lyon, 24 avr. 1850, aff. Elia, D. P. 54. 2. 119).

90. De tout ce qui précède, il résulte que les règles ordinaires sur la compétence respective des tribunaux civils et des tribunaux de commerce doivent être observées, à l'exclusion de l'art. 635, lorsqu'il s'agit d'actions qui échappent à l'influence du fait de la faillite. De nombreux exemples en sont rapportés au *Rép.* n° 250 et suiv., et v° *Faillite*, n° 1310 et suiv. — Jugé depuis que la juridiction civile est seule compétente pour statuer : 1° sur les actions en reprises matrimoniales exercées par la femme contre la faillite de son mari (Lyon, 23 déc. 1844, aff. Bèchetoille, D. P. 48. 5. 193); — 2° Sur l'action formée contre le failli par le père de sa femme décédée en reprise de la dot constituée à celle-ci, en vertu d'un droit de retour stipulé au contrat de mariage (Orléans, 9 mars 1852, aff. Chicoisneau, D. P. 52. 2. 219); — 3° Sur la demande de séparation des patrimoines intentée par le créancier d'une succession contre la faillite de l'héritier (Caen, 28 mars 1871, aff. Coletta, D. P. 72. 2. 63); — 4° Sur l'exactitude d'un compte de tutelle qui a fait l'objet d'un contredit dans la faillite du tuteur (Besançon, 9 déc. 1872, aff. Jouart, D. P. 73. 2. 77); — 5° Sur l'action intentée contre le bailleur de l'usine exploitée par le failli, en exécution des clauses du bail (Colmar, 28 nov. 1849, aff. Kiener, D. P. 52. 2. 201; Bastia, 11 févr. 1852, aff. Castellini, *ibid.*); — 6° Sur l'action relative à des réparations à faire au logement occupé par le failli (Rennes, 23 nov. 1846, aff. Bonhomme, D. P. 47. 4. 99); — 7° Sur l'action en payement de loyers formée contre le failli (Caen, 24 mars 1846, aff. Sehier, D. P. 49. 2. 229; Req. 27 avr. 1874, aff. Perrette, D. P. 76. 1. 393); — 8° Sur l'action en validité de la saisie-arrêt dont le bailleur a frappé le produit de la vente du mobilier du locataire en faillite, opérée par le syndic (Rouen, 8 mai 1866, aff. Chaudet, et aff. Heugé, D. P. 88. 2. 111-112); — 9° Sur l'action directe intentée par un ouvrier, en vertu de l'art. 1798 c. civ., contre le propriétaire pour le compte duquel les travaux ont été faits, bien que l'entrepreneur de ces travaux soit tombé en faillite (Trib. Seine, 31 août 1866, aff. Benassy, D. P. 67. 2. 167); — 10° Sur la demande tendant à faire annuler, comme faite en fraude des droits des créanciers, une vente d'immeubles consentie par un failli avant le jugement déclaratif de la faillite et à l'époque de la cessation des payements (Lyon, 15 déc. 1881, aff. Delolme, D. P. 82. 2. 134); — 11° Sur la demande du syndic à fin de nullité d'une saisie-revendication opérée par le vendeur d'objets mobiliers avant la déclaration de la faillite de l'acheteur, en vertu de l'art. 550 c. com. qui enlève au vendeur son droit de revendication et l'art. 635 qui attribue la connaissance des difficultés auxquelles peut donner lieu l'application de cet article, spécial au cas de faillite, ne s'étendant pas à une revendication antérieure à la faillite (Douai, 17 juin 1875, aff. Darras, D. P. 76. 2. 66); — 12° Sur la demande formée par un entrepreneur de travaux, contre le syndic d'une faillite, à fin de maintien, notamment par voie de référé, d'un gardien préposé à la surveillance du matériel que le demandeur avait déposé dans les chantiers d'un failli, avant sa faillite, le demandeur agissant alors comme propriétaire de ce matériel, et son action, qui ne peut être confondue avec l'action en revendication qu'autorisaient exceptionnellement les art. 575 et 576 c. com. ne se rattachant pas directement à l'événement de la faillite (Req. 20 avr. 1868, aff. Chemin de fer de Libourne, D. P. 69. 1. 291); — 13° Sur toute action en exécution d'obligations civiles contractées par le failli antérieurement à sa faillite, et, par exemple, sur l'action en payement d'une vente d'immeubles, encore que la créance ait subi dans un concordat la même réduction que les créances commerciales, cette circonstance n'ayant pas pour effet de la faire considérer comme une nouvelle créance née de la faillite (Alger, 19 sept. 1851, aff. Cohen-Solal, D. P. 54. 5. 163). — A plus forte raison, la juridiction civile est-elle compétente pour connaître de l'action dirigée contre le complice, par recel, d'un détournement de valeurs qui a motivé contre le failli une condamnation pour banqueroute frauduleuse (Arrêt précité du 11 févr. 1852).

Et le droit commun reprenant son empire à l'égard des conventions non atteintes par la faillite, la partie à l'égard de laquelle l'acte n'est pas commercial peut, malgré la commercialité de l'obligation contractée par le failli, saisir de son action le tribunal civil ou le tribunal de commerce, en vertu

du droit d'option dont il est parlé *suprà*, n° 10. Jugé, spécialement, que le particulier qui a donné à un agent de change le mandat de souscrire pour lui à un emprunt, conserve, après la faillite de l'agent de change, la faculté de le poursuivre pour la livraison des titres devant la juridiction civile ou devant la juridiction commerciale ; il peut donc saisir le tribunal civil de son action en revendication des titres lui appartenant, et dont l'agent était détenteur lors de la déclaration de faillite (Req. 11 janv. 1869, aff. Duquesnoy, D. P. 74. 5. 125).

91. Dans les espèces qu'on vient d'énumérer, l'action était exercée dans des termes qui ne permettaient pas de la rattacher aux dispositions du code de commerce concernant la faillite. — Suffirait-il, pour que l'art. 635 c. com. devînt applicable, que le demandeur lui donnât pour base l'une de ces dispositions? La question s'est présentée dans une autre espèce, où le syndic demandait le rapport à la faillite d'une somme d'argent qu'il prétendait avoir été payée par le failli contrairement à la prohibition édictée par l'art. 446 c. com. C'est donc sur cet article que son action en nullité était fondée. L'arrêt intervenu n'en a pas moins déclaré l'incompétence de la juridiction commerciale. Il y est décidé, spécialement, que le tribunal de commerce est incompétent pour connaître de l'action intentée par un syndic en nullité de l'abandon que le failli a fait à ses cohéritiers lors du partage de la succession de sa mère, et après la cessation de ses payements, d'une somme qu'il avait reçue de sa mère, comme prix de la cession de ses droits successifs dans la succession paternelle, bien que cette nullité ait été demandée par application de l'art. 446 c. com., lorsqu'il résulte de l'examen du fond que l'abandon argué de nullité avait eu lieu en exécution d'une convention qui avait suivi le transport, et que le failli avait passée avec le cessionnaire à l'époque où il était encore *in bonis* (Paris, 10 janv. 1877, aff. Heurtey, D. P. 77. 2. 227).

92. L'art. 59, § 7, c. proc. civ. complète l'art. 635, en attribuant au tribunal de commerce saisi des opérations de la faillite les actions en matière de faillite, sans distinguer si la faillite est défenderesse ou demanderesse. Cet article est commenté v° *Compétence des tribunaux d'arrondissement*, n°s 77 et suiv. ; — *Rép. cod.* v°, n°s 128 et suiv.

Art. 8. — *Actions en matière de sociétés commerciales* (Rép. n°s 290 à 322).

93. Les sociétés commerciales formant un *être moral*, il en résulte, comme il est dit au *Rép.* n° 190, que les règles de compétence qui leur sont applicables sont les mêmes que celles qui doivent être appliquées aux particuliers commerçants ; la question de compétence est donc subordonnée à la détermination du caractère de la société : si la société est commerciale, c'est le tribunal de commerce qui est compétent, à l'égard de cette société et des associés personnellement obligés envers les tiers ; si la société est civile, elle est, ainsi que ses membres, justiciable des tribunaux civils. — La question de savoir à quels caractères on reconnaît qu'une société est civile ou commerciale est examinée au *Rép.* v° *Société*, n°s 197 et suiv., eod. v°.

94. D'après les art. 51 et suiv. c. com., les contestations *entre associés*, pour raison d'une société de commerce, étaient soumises à l'arbitrage forcé, et il résulte de la jurisprudence rapportée au *Rép.* n° 311 que les tribunaux de commerce étaient incompétents *ratione materiæ* pour en connaître. — La loi du 17 juill. 1856 a fait rentrer ces contestations dans le droit commun par une disposition ajoutée à l'art. 631 c. com. Les actions exercées au nom d'une société commerciale contre quelques-uns de ses membres sont donc de la compétence des tribunaux de commerce par application de l'art. 631, comme soulevant une contestation entre commerçants s'il s'agit d'une action formée par le gérant d'une société en nom collectif contre l'un des associés qui en font partie (V. *infrà*, v° *Société*), ou de celle dirigée par l'associé chargé de la gestion d'une société en commandite contre l'un des associés *commandités*, ceux-ci étant de véritables associés en nom collectif (V. *ibid.*). Les *commanditaires* ou *actionnaires* d'une société en commandite, et les *actionnaires* d'une société anonyme sont-ils également justiciables du tribunal de commerce, lorsque le gérant

ou l'administrateur de la société les poursuit en payement du montant de la commandite ou des actions par eux souscrites? La question se confond avec celle de savoir si l'obligation résultant de la souscription d'une commandite ou d'actions dans une société de commerce est ou n'est pas commerciale. Sur la grave controverse qu'a fait naître cette question, V. *suprà*, v° *Acte de commerce*, n°s 42 et suiv., où il est également parlé du caractère de l'obligation, pour les actionnaires d'une société en commandite par actions ou d'une société anonyme, de restituer les dividendes qui leur ont été indûment distribués. — Reste l'*association en participation*. Il est sans difficulté que l'opération qui fait l'objet de ce genre de convention est essentiellement commerciale tant de la part de l'associé qui y a figuré, que pour ses coparticipants, et que, dès lors, le compte des bénéfices et pertes auxquels elle se réduit entre les intéressés (V. *infrà*, v° *Société*), est de la compétence du tribunal de commerce.

95. A côté des engagements dont les membres d'une société commerciale peuvent être tenus soit envers les tiers, soit dans leurs rapports avec la société, selon la qualité qu'ils y ont prise, se placent les obligations dérivant du *mandat*, donné à un associé ou à une personne étrangère à la société, de la gérer, ou d'en contrôler la gestion. Le gérant d'une société en nom collectif ou en commandite ne saurait, non plus que l'administrateur d'une société anonyme, être assimilé à un simple commis, dans le sens de la disposition de l'art. 634 c. com., qui attribue aux tribunaux de commerce la connaissance des engagements contractés par eux comme conséquence du louage d'ouvrage qu'ils ont passé avec leur patron, bien qu'un tel contrat soit de nature purement civile (V. *suprà*, n° 59). A la différence des individus qui se bornent à louer leur industrie, ils agissent au nom d'autrui, et les actes par eux faits pour le compte de la personne qu'ils représentent obligent cette personne, sous l'unique réserve, quant à eux, de la *responsabilité* des fautes qu'ils commettraient dans l'exécution de leur mission. Ils sont donc des mandataires proprement dits (V. *infrà*, v°s *Louage d'ouvrage et d'industrie ; Mandat*), et leur mandat ne peut les soumettre à la juridiction commerciale qu'en vertu du droit commun, et qu'à la condition, par suite, qu'on devra y voir un mandat commercial. Cette condition se rencontre manifestement chez l'associé gérant d'une société en commandite ou directeur d'une société anonyme, cet associé agissant à la fois dans l'intérêt de la société et dans son intérêt individuel. Leur mandat est incontestablement commercial dès qu'il a pour objet des opérations de commerce dans lesquelles ils sont intéressés (V. *suprà*, v° *Acte de commerce*, n°s 414 et suiv., où on traite du caractère qu'a le mandat portant sur une opération commerciale, selon que le mandataire, salarié ou non salarié, a ou n'a pas un intérêt direct dans cette opération). — Il en est de même du mandat conféré aux membres du conseil de surveillance d'une société en commandite par actions, ce conseil ne pouvant être composé que d'actionnaires, c'est-à-dire, d'associés également intéressés dans les affaires de la société. Les responsabilités par eux encourues découlent donc aussi d'un mandat essentiellement commercial, et doivent, dès lors, être appréciées par les tribunaux de commerce (Civ. cass. 26 mai 1869, aff. Roussel, D. P. 69. 1. 35; 23 juill. 1877, aff. Chartier, D. P. 78. 1. 455). Et c'est à raison de la commercialité de leur mandat que, sous la loi du 17 juill. 1856, antérieure à l'abolition de la contrainte par corps, les actionnaires faisant partie du conseil de surveillance d'une société en commandite étaient déclarés passibles de cette voie d'exécution (Angers, 11 janv. 1867, aff. Ackermann, D.P. 67. 2. 19).

Les commissaires de surveillance institués par l'art. 32 de la loi de 1867, en matière de société anonyme, peuvent n'être pas au nombre des associés, et deviennent alors des mandataires ordinaires, qui, salariés ou non salariés, n'ont pas un intérêt direct dans les affaires sociales qu'ils ont la mission de surveiller. Faut-il en conclure qu'ils cessent d'êtres soumis à la juridiction commerciale, lorsqu'ils sont étrangers à la société, et, à ce titre, agissent exclusivement dans l'intérêt d'autrui. C'est en termes absolus qu'il a été jugé que les membres du conseil d'administration et les censeurs d'une société anonyme, remplacés, depuis la loi de 1867, par les commissaires de surveillance, sont commercialement responsables[1] de leur défaut de surveillance

(Req. 13 janv. 1869, aff. Diemer, D. P. 70. 1. 67). La question est moins douteuse encore, depuis que la loi de 1867 a organisé la surveillance des sociétés anonymes, et en a fait l'un des éléments constitutifs de ces sociétés, où elle l'a rendue obligatoire. Le mandat d'exercer cette surveillance est un mandat spécial, qui sort nécessairement du domaine de la loi civile, pour revêtir le caractère commercial de la législation qui l'impose et le régit.

Il y aurait plus de difficulté en ce qui concerne le gérant non associé d'une société en nom collectif ou en commandite, ou le directeur que les administrateurs d'une société anonyme ont le droit, en vertu de l'art. 27 de la loi de 1867, de se substituer tout en demeurant responsable de ses actes, avec faculté de le prendre en dehors de la société, si les statuts les y autorisent. Cependant, et à supposer que la responsabilité que ces personnes peuvent encourir par suite de leur gestion ne soit pas commerciale, il paraît difficile de les soustraire à la compétence des tribunaux de commerce à laquelle de simples commis seraient assujettis.

Lorsque la compétence du tribunal de commerce est déterminée pas la nature commerciale de la responsabilité du mandataire, chargé de la gestion de la société ou de la surveillance des opérations sociales, on se trouve en présence d'un débat commercial tant pour la société envers laquelle cette responsabilité est engagée que pour le mandataire qui l'a encourue. Il ne saurait donc y avoir lieu à l'exercice de la faculté accordée par la jurisprudence à la partie qui n'a pas fait acte de commerce, d'assigner, à son choix, devant le tribunal civil ou devant le tribunal de commerce la partie qui seule est obligée commercialement (V. suprà, nº 10). C'est que la cour d'Angers avait perdu de vue dans une espèce où le syndic d'une société en commandite par actions, tombée en faillite, prétendait user de cette faculté d'option, en excipant de ce qu'il agissait au nom des créanciers qui, pour la plupart, s'étaient bornés à faire à la société des prêts d'argent qui, de leur chef, n'avaient rien de commercial. L'exception d'incompétence du tribunal civil avait, en conséquence, été repoussée (Angers, 2 juin 1875, aff. Guilmin, D. P. 76. 2. 166). La cour de cassation a cassé cet arrêt par le motif que le syndic ne pouvait agir qu'en qualité de représentant d'une société en faillite où était absorbé l'ensemble de tous les intérêts atteints par cette faillite, bien que les actionnaires de qui les défendeurs tenaient leur mandat ne fussent pas en cause; dès lors la demande était, par suite, commerciale tant vis-à-vis du syndic demandeur que vis-à-vis des défendeurs, et la compétence du tribunal de commerce était obligatoire pour la partie seulement facultative, pour la partie demanderesse (Civ. cass. 23 juill. 1877, même affaire, D. P. 78. 1. 455). — En l'absence d'une déclaration de faillite, la faculté d'option consacrée par la jurisprudence appartiendrait, au contraire, aux créanciers agissant individuellement en vertu d'une créance non commerciale contre la société, ou contre les mandataires investis du pouvoir de la gérer ou d'en surveiller la gestion, et même aux actionnaires dont la poursuite serait également individuelle, ou qui useraient du droit de poursuite collective autorisé par l'art. 17 de la loi de 1867, dans le système d'après lequel la souscription d'actions dépendant d'une société commerciale ne constitue pas un acte de commerce (V. suprà, vº Acte de commerce, nº 43).

96. L'art. 59, § 5, c. proc. civ. dispose que le tribunal compétent, en matière de société, est le juge du lieu où la société est établie. A la différence de l'attribution de compétence faite, en matière de faillite, par le paragraphe 7 du même article, au tribunal de commerce du domicile du failli, cette disposition est limitée au cas où la société est défenderesse. Lorsqu'elle est demanderesse, l'action est soumise, quant au défendeur, aux règles générales de la compétence ratione loci. — Sur les applications de l'art. 59, § 5, aux sociétés commerciales, V. suprà, vº Compétence civile des tribunaux d'arrondissement, nºs 45 et suiv.; — Rép. eod. vº, nºs 110 et suiv.

Art. 9. — *Actions contre les veuves et héritiers des commerçants* (Rép. nºs 323 à 332).

97. La compétence relative à ces actions est réglée non par le code de commerce, mais par le code de procédure civile, dans l'art. 426 c. com. qui soumet à la juridiction consulaire les veuves et héritiers de toutes les personnes qui étaient justiciables de cette juridiction. Ainsi qu'il a été dit au Rép. nº 326, cet article, se bornant à appliquer la disposition générale de l'art. 631 c. com. à la veuve tenue en qualité de femme commune des dettes commerciales du mari, ou aux représentants du débiteur commercialement obligé, ne comporte aucune distinction entre la veuve et les héritiers d'un commerçant et la veuve et les héritiers d'un non-commerçant qui a fait accidentellement un acte de commerce. La compétence *ratione materiæ* du tribunal de commerce est acquise aux parties qui sont en droit de l'invoquer, à quelque titre que ce soit, et elle doit subsister malgré le décès de la personne originairement obligée. — La même règle s'étend, par identité de raison, à l'attribution exceptionnelle de compétence édictée par l'art. 634 c. com., à l'égard des actions contre les facteurs et commis des marchands (V. suprà, nº 54), par l'art. 635, à l'égard des actions en matière de faillite (V. suprà, nº 82), et par les art. 637 et 638 à l'égard des actions concernant les billets à ordre ou les lettres de change dégénérés en simples promesses par l'effet de l'une des suppositions énumérées dans l'art. 112 (V. suprà, nº 80).

Le principe posé par l'art. 426 c. civ. n'a soulevé, dans la pratique, que de rares difficultés, comme l'atteste le petit nombre des décisions que nous avons eu à rapporter au Rép. nºs 313 et suiv. Depuis la publication du Répertoire, un arrêt de la cour de Rennes, du 12 juin 1872, confirmant un jugement du tribunal de commerce de Nantes, du 5 août 1871, a jugé que l'art. 426 ne doit pas être appliqué à l'action en payement d'une dette commerciale formée contre l'héritier du débiteur qui n'a accepté sa succession que sous bénéfice d'inventaire, la succession devenant alors seule débitrice. Cette interprétation restrictive du mot *héritiers* employé dans l'article précité n'a pas été sanctionnée par la cour suprême qui a cassé la décision où elle avait été adoptée (Civ. cass. 16 nov. 1874, aff. Nicolas, D. P. 75. 1. 150. V. aussi l'arrêt rapporté au Rép. nº 362).

La loi ne mentionne, dans l'art. 426 c. proc. civ., que la veuve, et non pas le mari survivant. Le mari, en effet, ne peut être poursuivi à propos des obligations commerciales de sa femme, comme cobligé ou comme héritier de celle-ci. Dans le premier cas, il est soumis personnellement à la compétence du tribunal de commerce, et, dans le second cas, il appartient à la catégorie des héritiers que vise l'article ci-dessus. Il n'était donc besoin de spécifier que la veuve qui, en effet, peut être tenue des dettes du mari, en dehors de toute obligation personnelle, sur son émolument dans la communauté qu'elle a acceptée.

L'art. 426 ne règle la compétence qu'à l'égard des actions intentées *contre* la veuve ou les héritiers de la personne engagée commercialement. Quant aux actions intentées *par* eux, aussi bien que par tout demandeur, la compétence en est subordonnée à la nature commerciale ou civile de l'objet de la contestation par rapport au défendeur (V. ce qui est dit, sur ce point, au Rép. nºs 331 et suiv.).

Il peut arriver que les qualités en vertu desquelles une action est dirigée contre la veuve ou les héritiers d'un commerçant ou de toute personne, qui a fait un acte de commerce, soient contestées. La question de savoir si le tribunal de commerce est compétent pour statuer sur cette contestation est alors tranchée par l'art. 426 c. proc. civ. qui la renvoie aux tribunaux ordinaires (V. Rép. nºs 331 et suiv.).

Art. 10. — *Actions reconventionnelles et en garantie* (Rép. nºs 333 à 346).

98. — I. PLURALITÉ DE DÉFENDEURS; CAUTION. — Nous avons vu suprà, nº 9, que la règle d'après laquelle le *compétent attire l'incompétent* ne peut être invoquée devant les tribunaux de commerce, et nous avons rapporté ibid., les arrêts qui, outre ceux indiqués au Répertoire ont conclu de là qu'un tribunal de commerce, saisi d'une demande renfermant plusieurs chefs dont les uns sont commerciaux et les autres civils, doit renvoyer ces derniers chefs à la juridiction civile, fût-il obligé de surseoir au jugement de ceux qu'il retient, et qu'il est même tenu de se déclarer incompétent sur les chefs commerciaux si le lien d'indivisibilité

ou de connexité qui les unit aux chefs civils ne permet pas de les en séparer.

La même règle est, à plus forte raison, inapplicable, sauf les exceptions qui y ont été apportées en matière de billets à ordre et de lettres de change par l'art. 637 c. com., au cas où la demande soumise au tribunal de commerce est intentée contre *plusieurs défendeurs* qui sont obligés les uns commercialement et les autres civilement. Ce tribunal, il est vrai, a été considéré comme compétent à l'égard d'un débiteur civil assigné conjointement avec le débiteur commercial, par un arrêt rapporté au *Rép.* v° *Acte de commerce*, n° 72 ; mais, depuis, il a été, au contraire, décidé plus exactement que le tribunal de commerce appelé à statuer sur une demande formée contre plusieurs défendeurs n'est compétent qu'à l'égard de la partie pour laquelle le débat est commercial, et spécialement, que le tribunal de commerce saisi de l'action formée contre un libraire et contre un auteur en revendication d'ouvrages que ce dernier a vendus au premier n'est pas compétent à l'égard de l'auteur (Rennes, 13 janv. 1851, aff. Martel, D. P. 52. 2. 29), encore que le codéfendeur commerçant mis en faillite (Même arrêt), et que le défendeur non-commerçant ait acquiescé à un jugement de jonction de la demande le concernant avec celle relative à la partie compétemment actionnée, l'incompétence du juge de commerce étant, quant à lui, d'ordre public (Même arrêt). — Il n'importe d'ailleurs, que l'action soit dirigée contre des codébiteurs solidaires d'une même dette, la solidarité qui, aux termes de l'art. 1201 c. civ., peut exister entre obligations de natures différentes, n'ayant pas davantage pour effet d'enlever à chacun des coobligés le bénéfice de la juridiction qui lui est propre. Jugé, sur ce point, et conformément à ce qui est dit au *Rép.* n° 141, que le tribunal de commerce est incompétent pour connaître de la demande intentée par une compagnie de chemin de fer contre un non-commerçant, en payement d'une lettre de voiture, alors même que la compagnie demanderesse conclurait à la condamnation solidaire d'une entreprise commerciale de messageries également partie [dans la cause (Chambéry, 11 mars 1874, aff. Bocquin, D. P. 77. 2. 62).

Un arrêt rendu en Belgique, par application de la loi belge du 25 mars 1876, a jugé, pareillement, que lorsqu'il y a plusieurs défendeurs à une action et que l'obligation des uns est commerciale tandis que, pour les autres, elle reste purement civile, chacun doit être assigné devant la juridiction qui lui est propre, sans même, ajoute l'arrêt, « qu'on puisse élargir le cercle des attributions du juge consulaire ou civil, sous prétexte de connexité ou de solidarité ». Cet arrêt en tire la conséquence que l'action en responsabilité solidaire d'un fait dommageable, dirigée à la fois contre l'ouvrier qui l'a commis et contre le patron qui en est responsable en vertu de l'art. 1384 c. civ., doit être portée, pour le premier, devant le tribunal civil, et pour le second, devant le tribunal de commerce (Bruxelles, 12 mai 1883, aff. Van Holen, D. P. 84. 2. 167). On le voit, la cour de Bruxelles ne s'est bornée à écarter la circonstance qu'il y avait solidarité entre les défendeurs ; elle n'a pas davantage tenu compte de la connexité des poursuites exercées contre chacun d'eux, connexité qui résultait de ce que la demande avait sa cause, non dans les contrats liant distinctement les coobligés, mais dans un quasi-délit dont l'appréciation était indivisible pour les deux défendeurs. Elle n'a pas reculé devant l'éventualité de décisions contradictoires de la part des deux juridictions appelées à se livrer à cette appréciation. N'y avait-il pas lieu d'appliquer ici la règle que nous avons signalée *suprà*, n° 78, à propos des demandes renfermant des chefs commerciaux et civils qui soulèvent un débat indivisible, règle d'après laquelle un tel débat doit être renvoyé devant la juridiction civile, en vertu de la maxime, non susceptible d'être invoquée devant un juge d'exception, que le compétent attire l'incompétent. C'est ce qu'a fait un autre arrêt rendu en France, sur une action semblable à celle formée dans l'espèce de l'arrêt belge précité, en décidant que lorsqu'une demande introduite à la fois contre un commerçant et contre un non-commerçant tend à obtenir des condamnations solidaires contre les deux défendeurs, à fin de réparation d'un quasi-délit, et notamment, de faits de concurrence déloyale qui

leur sont communs, quoique commerciaux pour l'un et civils pour l'autre, le litige doit être porté tout entier devant la juridiction civile (Douai, 11 juin 1868, aff. Ducoroy, D. P. 69. 2. 18). — La même indivisibilité a été constatée à l'égard de la femme commune qui, ayant accepté la communauté après séparation de corps, est poursuivie conjointement avec son mari, en payement d'une dette commerciale de communauté, dans une espèce où, toutefois, c'est le tribunal de commerce qui a été déclaré seul compétent même vis-à-vis de la femme, et quoiqu'on ne pût la regarder comme obligée commercialement, par le motif qu'elle se trouvait dans une situation analogue à celle de la veuve actionnée avec les héritiers du mari en vertu de l'art. 426 c. proc. civ. (Metz, 6 déc. 1853, aff. Giraud, D. P. 56. 2. 223). — Un autre arrêt, sans se préoccuper de cet article qui ne concerne que la veuve, a plus exactement jugé, ce nous semble, au sujet d'une obligation contractée solidairement par deux époux que, dès qu'il y a « connexité et même indivisibilité entre l'action dirigée contre la femme et celle dirigée contre le mari, à raison tant de l'origine de la dette et de la solidarité stipulée que de la communauté d'intérêts existant entre les époux », cette action doit être portée, dans son ensemble, devant la juridiction ordinaire des matières civiles (Bruxelles, 9 nov. 1882, aff. Léglize, D. P. 84. 2. 141. V. aussi Poitiers, 20 juin 1883, aff. de Martel, D. P. 84. 2. 128).

Lorsque la poursuite simultanée devant le tribunal de commerce est dirigée contre le débiteur principal obligé commercialement, et contre une *caution*, solidaire ou non solidaire, de l'obligation, le caractère accessoire du cautionnement a déterminé un certain nombre d'arrêts à attribuer exclusivement au tribunal de commerce la connaissance de cette poursuite, même quant à la caution, et bien que, conformément à la jurisprudence qui a prévalu (V. *suprà*, v° *Acte de commerce*, n°s 464 et suiv.), l'obligation de la caution d'une dette commerciale y ait été considérée comme purement civile (V. outre les décisions rapportées au *Rép.* n° 142, et v° *Acte de Commerce*, n°s 396 et 403 et suiv.; *Cautionnement*, n° 48 : Angers, 15 févr. 1844, aff. Guérin, D. P. 45. 2. 64 ; Caen, 23 avr. 1845, aff. Aubert, D. P. 46. 4. 85 ; Bordeaux, 17 juin 1852, aff. de Puységur, D. P. 54. 5. 160 ; Dijon, 16 août 1853, aff. Vessiot, D. P. 53. 5. 95 ; 18 août 1853, aff. Bourgeois, *ibid.*). — Au *Rép. loc. cit.* nous avons combattu ces arrêts en ce qu'ils étendent à tort la compétence exceptionnelle des tribunaux de commerce à une obligation civile qui peut faire l'objet d'une demande séparée de celle exercée contre le débiteur principal, outre qu'en admettant même qu'il y eût indivisibilité entre la dette principale et l'obligation accessoire de la caution, la juridiction civile deviendrait alors seule compétente à l'égard des deux coobligés. — Le système ci-dessus est reproduit par les arrêts rapportés au *Rép.* n°s 124 et 142, et v°s *Acte de commerce*, n°s 397 et 406, et *Cautionnement*, n° 49. Décidé, depuis, que la caution d'une dette commerciale n'étant en principe que civilement obligée, malgré la commercialité de l'obligation principale, ne peut être actionnée devant le tribunal de commerce, même conjointement avec le débiteur principal, soit qu'il s'agisse d'un cautionnement simple (Douai, 16 déc. 1848, aff. Vaillant, D. P. 49. 2. 212 ; 21 mars 1849, aff. Duthoit, D. P. 49. 2. 182 ; Lyon, 2 mars 1850, aff. Reyre, D. P. 50. 2. 142 ; Orléans, 6 mars 1850, aff. Siroux, D. P. 50. 2. 62 ; Lyon, 26 juin 1851, aff. Bonnabeau, D. P. 53. 2. 157 ; Paris, 24 avr. 1854, aff. Promsy, D. P. 55. 2. 68 ; Besançon, 21 mai 1860, aff. Morel, D. P. 60. 2. 180 ; Trib. civ. Lyon, 28 déc. 1867, aff. Guillet, D. P. 68. 5. 92) ; soit qu'il s'agisse d'une caution solidaire, la solidarité, ainsi qu'on l'a déjà fait remarquer, n'ayant pas plus d'influence sur la juridiction que sur le caractère de cette obligation (Douai, 16 déc. 1848, aff. Vaillant, D. P. 49. 2. 212 ; Paris, 24 avr. 1854, aff. Promsy, D. P. 55. 2. 68). La cour de cassation s'est prononcée dans le même sens (Civ. rej. 16 mai 1866, aff. Gardye, D. P. 66. 1. 209 ; 16 mai 1866. aff. Boisnard, D. P. 66. 1. 210 ; Civ. cass. 27 août 1867, aff. Cler, D. P. 67. 1. 490). — Deux arrêts antérieurs également émanés de la cour suprême, et rendus dans des espèces où la caution était poursuivie séparément du débiteur principal, paraissaient, tout en écartant pareillement la compétence commerciale dans son application à

l'obligation civile de la caution, réserver le cas où l'action serait intentée à la fois contre le débiteur principal et contre la caution (Civ. cass. 26 janv. 1852, aff. Thorel, D. P. 52. 1. 55, et sur renvoi, Grenoble, 6 avr. 1854, D. P. 55. 5. 8 ; Civ. cass. 21 nov. 1855, aff. Christofari, D. P. 55. 1. 459). M. Demangeat, sur Bravard, *Traité de droit commercial*, t. 6, p. 438, regrette cette réserve, qui n'avait, pour la caution actionnée séparément du débiteur principal, que la valeur d'un argument *à fortiori*, comme l'attestent les arrêts de 1866 et de 1867, précédemment cités.

99. — II. Demande reconventionnelle. — Il arrive fréquemment que la partie poursuivie devant le tribunal de commerce en exécution d'une obligation ayant pour elle un caractère commercial, se porte, de son côté, *demanderesse*, en prenant, contre le demandeur principal, des *conclusions reconventionnelles* dont la cause est purement civile. Le demandeur principal devenant dans le débat ainsi soulevé reconventionnellement contre lui un véritable défendeur à une demande civile, il résulte des principes ci-dessus exposés que cette demande reconventionnelle sort des attributions de la juridiction commerciale, par assimilation à la demande de même nature qui serait formée contre l'un des défendeurs principaux. La jurisprudence rappelée au *Rép.* n° 134 n'est pas moins constante à cet égard. — Jugé, depuis : 1° que la juridiction commerciale devant laquelle est portée une demande en payement d'une créance commerciale n'est pas compétente pour statuer sur une demande en compensation opposée reconventionnellement par le défendeur et ayant pour objet des frais de nourriture (Paris, 2 mars 1850, aff. Manière, D. P. 52. 2. 62) ; — 2° Que le tribunal de commerce, saisi d'une demande à fin de règlement d'un compte courant entre négociants, n'est pas compétent pour statuer sur des conclusions reconventionnelles tendant à faire porter au crédit du défendeur diverses sommes à lui dues pour des causes complètement étrangères à ce compte courant (Civ. cass. 2 avr. 1862, aff. Vayson, D. P. 63. 1. 454) ; — 3° Que le tribunal de commerce est incompétent pour connaître de conclusions prises par le défendeur commerçant, reconventionnellement à une demande introduite contre lui devant le tribunal contre ce commerçant, à fin de réparations à faire à son logement (Rennes, 23 nov. 1846, aff. Bonhomme, D. P. 47. 4. 99).

100. Les demandes reconventionnelles formées devant un tribunal de commerce n'ont été laissées dans ses attributions que lorsqu'il était constaté qu'elles rentraient, par leur nature, dans sa compétence *ratione materiæ*, aussi bien que la demande principale. C'est dans ce dernier ordre d'idées qu'il a été jugé, outre les arrêts rapportés au *Rép.* n°s 335 et suiv. : 1° que le tribunal de commerce saisi d'une demande en payement de marchandises est compétent pour statuer sur la compensation opposée par le défendeur, et qu'il fonde sur la fourniture d'autres marchandises (Riom, 26 févr. 1849, aff. Constant, D. P. 50. 2. 111) ; — 2° Que le tribunal de commerce, saisi d'une action en payement de la valeur d'ustensiles destinés à l'exploitation d'une entreprise commerciale, peut compétemment statuer sur une demande reconventionnelle en restitution d'autres ustensiles qui auraient été remis pour modèle au demandeur principal (Orléans, 31 août 1852, aff. Compagnie orléanaise du gaz, D. P. 55. 2. 316) ; — 3° Que la juridiction commerciale, compétente pour connaître de l'action d'un agent d'affaires en payement d'une commission stipulée pour rémunération de ses peines et soins, dans la négociation de la vente d'un fonds de commerce, l'est aussi pour connaître de la demande reconventionnelle formée par le propriétaire du fonds, à l'effet d'obtenir remboursement de sommes payées par lui à compte sur cette commission (Req. 15 déc. 1856, aff. Mehl, D. P. 57. 1. 170) ; — 4° Que le tribunal de commerce, saisi de l'action d'un commis contre son patron en payement de ses salaires est compétent pour statuer sur l'action reconventionnelle formée par le patron en vertu de l'art. 634 c. com., à fin d'imputation sur les salaires réclamés de sommes lui appartenant, que le commis aurait employées à son profit personnel, lorsque le patron fait de ces sommes un simple élément du compte de gestion de son commis, compte à raison duquel le commis est, aux termes de l'art. 634 c. com., justiciable du tribunal de commerce (V. *supra*, n° 62) (Req. 20 mars 1865, aff. Angrand, D. P. 66. 1. 268).

Il a même été jugé que le tribunal de commerce est compétent pour connaître de demandes reconventionnelles qui par leur nature échapperaient à sa compétence, si elles se rattachent à la demande principale par un lien d'indivisibilité qui les en rend inséparables. — Jugé, notamment, que lorsque les deux demandes rendent nécessaire l'examen d'une série d'opérations réciproques qui donnent lieu entre les parties à un compte dont les éléments sont indivisibles, le commerçant actionné devant le tribunal de commerce, par un non-commerçant, en payement du prix de la vente que ce dernier lui a faite de produits de sa propriété, peut conclure reconventionnellement, devant le même tribunal, contre le demandeur, quoique celui-ci ne soit pas commerçant, à l'établissement d'un compte résultant de ventes réciproquement intervenues entre les parties, et au payement du reliquat qu'il prétend exister à son profit (Req. 8 août 1860, aff. Sureau, D. P. 60. 1. 497). Il semble, toutefois, que si le débat est indivisible, il y a plutôt lieu de le renvoyer pour le tout au tribunal civil par application de la règle formulée *supra*, n° 98, à moins que les conclusions reconventionnelles du défendeur ne soient considérées comme de simples moyens de défense rentrant dans ce qui est dit *infrà*, n°s 102 et suiv. (V. la note qui accompagne l'arrêt précité).

101. — III. Demande incidente en garantie. — Aux termes de l'art. 181 c. proc. civ., l'appelé en garantie est tenu de procéder devant le tribunal où la demande originaire a été portée. Cette règle dont il est parlé *infrà*, v° *Exceptions et fins de non-recevoir*, ne concerne que la compétence *territoriale* des tribunaux, tandis que la compétence *ratione materiæ* n'est pas en question. Elle laisse subsister, pour les tribunaux d'exception, tels que les tribunaux de commerce, auxquels il faut joindre les justices de paix, l'interdiction qui leur est faite de statuer sur des contestations sortant, par leur nature, des attributions de ces tribunaux. Le tiers, appelé incidemment en garantie par le défendeur dans une instance valablement engagée devant un tribunal de commerce, n'est donc justiciable de ce tribunal que lorsque l'obligation de garantie invoquée contre lui a, en elle-même, une cause commerciale. Il ne peut pas plus être distrait de ses juges naturels, auxquels il a droit en sa qualité de défendeur à l'action en garantie, et comme conséquence du caractère de son obligation, que s'il était assigné à titre de défendeur principal. Les auteurs sont unanimes à cet égard, et la jurisprudence est fixée dans le même sens. Elle a été consacrée par de nombreux arrêts rapportés au *Rép.* n°s 336 et suiv. — Décidé, dans le même sens, depuis la publication du *Répertoire*, que la juridiction commerciale est incompétente, même incidemment à l'instance dont elle est saisie au principal pour connaître : 1° du recours en garantie d'un commissionnaire de transport actionné comme responsable de la perte des marchandises qu'il était chargé de faire transporter, contre l'entreprise d'un chemin de fer employé par l'État, et, dès lors, non commerciale (C. cass. Belgique, 14 nov. 1844, aff. l'État Belge, D. P. 46. 4. 4) ; — 2° Des recours en garantie d'un voiturier contre l'individu, qui se bornant à la traversée d'un fleuve dans une ville, ne fait pas acte de commerce (Lyon, 9 mars 1867, aff. Voisin, D. P. 67. 2. 84) ; — 3° Du recours en garantie du vendeur actionné pour l'acheteur en nullité d'une vente commerciale contre le non-commerçant auquel il avait acheté la chose faisant l'objet de la vente attaquée (Limoges, 21 juin 1845, aff. Joyeux, D. P. 46. 4. 84) ; — 4° Du recours en garantie de l'individu poursuivi en payement d'une créance commerciale contre le non-commerçant auquel il avait donné le mandat civil d'en remettre le montant à son créancier (Civ. cass. 8 nov. 1847, aff. Bonnin, D. P. 47. 4. 99) ; — 5° Du recours en garantie du liquidateur d'une société commerciale, poursuivi en résiliation d'une vente par lui faite dans l'intérêt de la société, contre l'un des associés auquel il impute les malfaçons alléguées par le demandeur, un tel recours étant, avant la suppression de l'arbitrage forcé, de la compétence des arbitres (Orléans, 20 déc. 1848, aff. Duval-Vaucluze, D. P. 54. 2. 89). — On lit également dans les motifs d'un autre arrêt, qui a accueilli le déclinatoire proposé par un défendeur civilement obligé, qu'à supposer que ce défendeur ne fût qu'un simple garant du défendeur principal « le garant non-commerçant et qui n'a pas fait acte de commerce ne peut être traduit devant

la juridiction commerciale » (Rennes, 13 janv. 1851, aff. Martel, D. P. 52. 2. 29). — Le tribunal de commerce est, au contraire, compétent à l'égard d'un appelé en garantie dont l'obligation serait commerciale. — Décidé, à cet égard, que le banquier assigné en remise d'un certain nombre d'actions par un de ses clients peut appeler en garantie devant le tribunal de commerce saisi de la demande le non-commerçant qui a agi comme mandataire du demandeur, et contre lequel il conclut à la reddition d'un compte embrassant à la fois, sans qu'on puisse les diviser, les opérations qui se rattachent à son entremise, et de nombreuses spéculations de bourse qui lui sont personnelles, la commercialité de ces spéculations suffisant à rendre le tribunal de commerce compétent pour apprécier l'ensemble du compte d'où on ne peut détacher la partie qui sert de base à la garantie réclamée.(Rennes, 13 juin 1882, aff. Malraison, D. P. 83. 2. 229).

Art. 11. — *Compétence des tribunaux de commerce relativement aux moyens de défense opposés aux demandes dont ils sont saisis (Rép.* nos 347 à 364).

102. Dans les débats qui s'engagent devant un tribunal de commerce entre les parties qui conservent leur situation respective de demandeur et de défendeur, les moyens de défense opposés par ce dernier à la demande, si divers qu'ils soient, sont susceptibles, cependant, d'une certaine classification. Il peut arriver que le défendeur conteste: 1° l'existence de l'engagement à raison duquel il est poursuivi, soit qu'il soutienne que cet engagement n'a jamais pris naissance, soit qu'il en invoque l'extinction; 2° la nature commerciale de la dette; 3° sa validité; 4° les sûretés accessoires que le demandeur prétend y attacher. — La compétence du tribunal consulaire se trouve alors fréquemment en échec. Les questions que soulève la défense demeurent soumises à la juridiction commerciale saisie de l'action, ou sortent de ses attributions, selon que la solution devra en être empruntée à la législation commerciale ou à la législation civile. Telle est la règle qui paraît avoir servi de base à la jurisprudence dans les arrêts nombreux intervenus avant et depuis la publication du *Répertoire* sur cette délicate matière.

103. — I. Moyens pris de l'inexistence ou de l'extinction d'une obligation commerciale. — 1° *Dénégation de l'obligation.* — Il est manifeste que le tribunal de commerce devant lequel une demande est formée en vertu d'une convention que le demandeur qualifie de commerciale, n'est pas tenu de se dessaisir par cela seul que le défendeur nie cette convention. Mais sa compétence étant subordonnée à la condition que l'obligation soit réellement commerciale, elle dépend forcément de la preuve préalable de l'existence de la convention déniée, preuve qui ne peut être faite que conformément aux règles du droit civil, dès que l'engagement sur lequel elle porte est contesté en lui-même, et, par conséquent, dans sa commercialité. Le demandeur ne saurait donc être recevable à s'adresser à la juridiction commerciale, si l'obligation déniée est supérieure à 150 fr., et s'il n'a à sa disposition qu'une preuve par témoins; l'allégation que la créance, supposée prouvée, serait commerciale, est indifférente, la compétence des tribunaux de commerce et le genre de preuve réservé aux engagements commerciaux ne pouvant découler d'une affirmation non accompagnée d'une offre régulière de preuve. — C'est ce qui résulte très nettement de deux arrêts rapportés au *Rép.* n° 32, et depuis, la question ne paraît plus s'être présentée. La preuve testimoniale ne serait utilement offerte que contre un commerçant, et quant aux engagements réputés relatifs à son commerce (V. *supra,* v° *Acte de commerce,* n° 460) ; le tribunal de commerce redeviendrait alors compétent pour ordonner cette preuve et statuer ultérieurement au fond.—D'après certains arrêts cités *supra,* n° 51, la caution peut, malgré le caractère civil de son obligation, être assignée devant le tribunal de commerce, lorsqu'elle est poursuivie conjointement avec le débiteur principal. En cas pareil, il est interdit d'y faire la preuve par témoin d'un cautionnement excédant 150 fr. qui serait dénié. Cette dernière hypothèse se distingue, toutefois, de la précédente, en ce que, pour la caution, le défaut d'écrit laisse subsister la compétence du tribunal de commerce, et détermine seulement le rejet de la demande intentée contre elle,

tandis que, pour le défendeur qui n'est justiciable du même tribunal que lorsque l'engagement invoqué est commercial par sa nature, l'absence d'une preuve écrite de cet engagement aboutit, comme on l'a vu plus haut, à une simple déclaration d'incompétence.

104. Il est d'autres cas où, sans nier l'existence de l'engagement formant la cause de la demande, le défendeur conteste sa qualité de débiteur ou la qualité de créancier en laquelle agit le demandeur. La créance n'étant pas déniée, la commercialité peut en être constante. En principe, le tribunal de commerce saisi d'une demande certainement commerciale a compétence pour décider si le défendeur est obligé. Des espèces analysées au *Rép.* n° 362 en fournissent plusieurs exemples. Décidé, depuis, que l'exception tirée de ce que la partie assignée devant le tribunal de commerce, comme personnellement obligée au payement d'une dette commerciale, ne l'a contractée qu'en qualité de mandataire, et n'en est pas, dès lors, tenue, est de la compétence de ce tribunal (Paris, 4 déc. 1872, aff. de Laire, D. P. 73. 2. 138). Mais, si les moyens de défense dont on s'occupe soulèvent des questions de pur droit civil ou rendent nécessaire l'interprétation de contrats civils, la solution doit en être soumise préjudiciellement à la juridiction civile. Jugé, à cet égard, outre les arrêts rapportés au *Rép.* nos 349 et 361, et v° *Mandat,* n° 497, que le tribunal de commerce est incompétent pour statuer : 1° sur l'exception opposée par le mari à l'action en payement d'une dette commerciale contractée par la femme avant son mariage, et tirée de ce que cette dette, n'ayant pas une date certaine antérieure au mariage, n'est point à la charge de la communauté (Civ. cass. 6 juill. 1853, aff. Jousselin, D. P. 53. 1. 269, et sur renvoi, Poitiers, 26 févr. 1856, D. P. 56. 2. 176); — 2° Sur l'exception que la femme, actionnée en payement d'une dette provenant d'une société commerciale par elle contractée avec son mari, tire de la nullité de cette société, si la solution en est subordonnée à l'interprétation du contrat de mariage (Paris, 21 févr. 1846, aff. Desflache, D. P. 46. 4. 89); — 3° Sur les proportions dans lesquelles deux époux obligés solidairement à raison d'engagements commerciaux sont tenus de les supporter entre eux, lorsque cette question, soulevée notamment par la femme dans une instance engagée contre elle par le mari devant le tribunal de commerce, est subordonnée à l'interprétation du contrat de mariage, et à une liquidation des reprises de la femme après séparation de corps (Caen, 20 avr. 1846, aff. Legay, D. P. 49. 2. 233); — 4° Sur la question de savoir si le demandeur agissant aux droits, dans une société commerciale, d'une personne décédée, a été investi de ces droits, non par un titre incommutable, mais par un simple acte testamentaire révoqué par un testament postérieur, alors, d'ailleurs, que le titre produit a la forme extérieure d'un testament olographe (Rouen, 6 déc. 1877, aff. Deparis, D. P. 78. 2. 146), décision qui rentre dans la jurisprudence rapportée au *Rép.* nos 355 et suiv., d'après laquelle les contestations relatives aux qualités, chez l'une des parties en cause, d'héritier, de légataire, de femme commune en biens, et, à plus forte raison, à des questions d'état, sortent des attributions du juge de commerce appelé à connaître de l'action commerciale où ces contestations ont été élevées.

Toutefois, le tribunal de commerce, même lorsqu'il constate la nature civile des moyens de défense ou des exceptions présentées par le défendeur, peut refuser de se dessaisir, si ces moyens de défense ou ces exceptions ne lui paraissent pas soulever une contestation sérieuse. Jugé, sur ce dernier point, indépendamment des décisions rapportées au *Rép.* nos 31, 362, et v° *Effets de commerce,* n° 821, que le tribunal de commerce est libre de ne pas s'arrêter aux exceptions que le syndic d'une faillite, actionné par les héritiers d'un créancier en payement de dividendes provenant de la répartition de l'actif, tire contre ces héritiers de ce qu'ils ne justifieraient pas de leur droit à recevoir divisément les dividendes réclamés et de ce que l'un d'eux, femme séparée de biens, n'aurait pas capacité pour toucher sans autorisation de son mari, et en dehors de certaines conditions d'emploi, s'il lui est démontré que ces exceptions manquent en fait, et que le syndic ne les a opposées à la demande que pour abriter sa responsabilité (Lyon, 18 avr. 1874, aff. David, D. P. 76. 2. 195). — Une jurisprudence qui ne permet pas d'entraver, par

des contestations préjudicielles de pure forme, la marche des procédures commerciales dont le législateur a voulu assurer à la fois la rapidité et la simplicité, ne peut qu'être approuvée, bien qu'elle soit difficile à concilier avec la rigueur du droit.

105. — 2° *Causes d'extinction de la dette.* — Les causes d'extinction qui sont propres aux dettes commerciales, ou communes à ces dettes et aux dettes civiles, doivent évidemment être appréciées par le tribunal de commerce, saisi de l'action du créancier. Ce principe, formulé au *Rép.* n° 347, et appliqué *ibid.* n° 351, échappe à toute controverse, et c'est au tribunal de commerce qu'il appartient de déclarer qu'une dette commerciale est éteinte par l'effet d'une compensation légale ou conventionnelle même avec une dette commerciale ou civile, la compensation équivalant alors à un véritable payement. Ce tribunal ne devrait se dessaisir que si la compensation était opposée dans des conclusions reconventionnelles, à raison de la coexistence d'une dette civile contestée. Le débat constituerait alors un débat civil distinct, qui devrait être renvoyé au tribunal civil (V. *suprà,* n° 98). — Le tribunal de commerce, étant compétent pour statuer sur l'exception de prescription d'une dette commerciale, a le droit d'apprécier les causes d'interruption de la prescription invoquée. Aussi, bien qu'il lui soit interdit de connaître de l'exécution de ses jugements (V. *infrà,* n° 115), et, notamment, de la question de savoir si une décision par défaut émanée de lui est ou non périmée, lorsque la péremption est invoquée comme obstacle à des poursuites d'exécution, il peut statuer sur une exception de péremption qui aurait pour unique but d'enlever à la décision périmée son effet interruptif de la prescription de la créance (Civ. rej. 27 nov. 1848, aff. Audubert, D. P. 49. 1. 25). V. *infrà,* n° 120, d'autres cas où la compétence commerciale a été également admise à l'égard de moyens de péremption ne se rapportant pas à l'exécution du jugement qui serait frappé de cette péremption.

106. — II. Dénégation de la nature commerciale de l'obligation. — Lorsque le défendeur, sans contester l'existence de l'engagement invoqué contre lui par le demandeur, en nie seulement la commercialité, le débat soulevé par ce moyen de défense est du domaine exclusif de la législation qui régit les actes de commerce. La compétence du tribunal de commerce devant lequel il est présenté ne saurait donc être mise en question. Des arrêts rapportés au *Rép.* n° 364 et v^is *Acte de commerce,* n° 170, et *Exceptions,* n° 53b, ont décidé, notamment, que ce tribunal est compétent pour rechercher si le défendeur a ou n'a pas, par application en droit ou en fait de l'art. 1er c. com., la qualité de *commerçant* qui lui donne la demande introduite devant lui, qualité dont la preuve incombe au demandeur (Civ. cass. 7 mars 1877, aff. Germain, D. P. 77. 1. 112) ; et il est également sans difficulté que le même tribunal a compétence pour déclarer que l'acte invoqué par le demandeur rentre ou ne rentre pas dans la catégorie des actes de commerce que définissent les art. 632 et 633 c. com. Jugé, notamment, que le tribunal de commerce est compétent pour connaître de la question de savoir si un engagement se rapporte ou non au commerce du défendeur et si, dès lors, il tombe ou non sous l'application du paragraphe 6 de l'art. 632, bien que, s'agissant d'un mineur commerçant, un acte déclaré étranger à son commerce doive être à la fois considéré comme non commercial et annulé pour cause de minorité (Civ. cass. 23 mars 1857, aff. Gautier, D. P. 57. 1. 126). On ne saurait enfin contester davantage que le tribunal de commerce soit compétent pour rechercher si l'acte qui lui est soumis est ou n'est pas de nature à entraîner l'une des attributions spéciales de compétence qui résultent pour les facteurs ou commis des marchands, ou en matière de faillite, ou en matière de billets à ordre et de lettres de change simulées, des art. 634 à 637 c. com.

107. Mais il peut arriver qu'en fait la nature civile ou commerciale de l'engagement ne soit pas susceptible d'être reconnue. Le tribunal de commerce est-il alors tenu de renvoyer l'affaire devant la juridiction civile? Il faut distinguer. Si le défendeur est commerçant, l'obligation à raison de laquelle il est poursuivi, est réputée se rattacher à son commerce (V. *suprà,* v° *Acte de commerce,* n° 459). Dans le doute sur le véritable caractère de la demande, le juge commercial doit donc en demeurer saisi, faute par le défen-

deur d'avoir détruit la présomption légale de commercialité qui pèse sur lui. Si, au contraire, la partie assignée commercialement n'est pas commerçante, son obligation est présumée purement civile ; en l'absence d'une preuve directe de la commercialité de cette obligation, c'est donc au tribunal civil qu'il appartient exclusivement d'en connaître, encore que le demandeur ait qualifié de commerciale la convention qui sert de base à son action. Une semblable qualification n'a pas, à elle seule, la puissance d'enlever le défendeur à ses juges naturels. Ce que nous avons dit *suprà,* n° 103, à propos d'une obligation déniée, s'applique au cas où il y a impossibilité de préciser la nature civile ou commerciale d'une obligation non contestée. Ainsi décidé dans une espèce où un non-commerçant était cité devant le tribunal de commerce en vertu d'une convention passée entre lui et un commerçant, sans que rien fît connaître s'il avait entendu ou non faire une spéculation commerciale. Le caractère de son obligation étant alors nécessairement incertain, « ce doute, lit-on dans l'arrêt, doit être interprété en faveur du défendeur dans le sens de l'attribution de la juridiction civile ordinaire » (Poitiers, 7 janv. 1856, aff. Fradin, D. P. 56. 2. 92).

108. — III. Moyens de nullité. — Les conditions prescrites pour la validité des conventions en général sont communes aux conventions civiles et aux conventions commerciales. L'exception de nullité tirée de ce qu'un contrat commercial ne réunit pas toutes ces conditions est donc incontestablement de la compétence du tribunal de commerce, qui se trouve ainsi appelé à statuer sur les nullités résultant de vices du consentement, de la cause illicite de l'obligation, et du défaut de capacité des contractants. La jurisprudence, sur ces divers points, est exposée au *Rép.* n°s 120, 352 et suiv. Décidé, depuis, que le tribunal de commerce est compétent pour connaître : 1° des moyens de nullité pris de ce qu'une lettre de change aurait été extorquée par dol ou par fraude (Civ. cass. 23 mars 1857, aff. Gauthier, D. P. 57. 1. 126) ; — 2° Du moyen de nullité tiré de la cause illicite d'une obligation commerciale, et, notamment, de ce qu'une lettre de change a été souscrite en payement d'un supplément de prix stipulé dans une contre-lettre par le cessionnaire d'un office (Req. 30 juill. 1855, aff. d'Autun, D. P. 55. 1. 422) ; ou de ce que les achats et ventes de marchandises, dont le prix est réclamé devant le tribunal de commerce à raison du caractère commercial de ces achats et de ces ventes, dissimuleraient des opérations illicites de jeu sur les denrées et marchandises (Aix, 16 juill. 1861, aff. Audin, D. P. 63. 2. 71 ; Req. 8 août 1864, aff. Devaux, D. P. 64. 1. 464). Cette dernière solution n'a plus d'application depuis que la loi du 28 mars 1885 (D. P. 85. 4. 25) a déclaré licites les opérations faites dans de pareilles conditions. Elle était admise, antérieurement à cette loi, même dans l'opinion, généralement consacrée par la jurisprudence, qui refusait le caractère d'actes commerciaux aux marchés fictifs ayant pour objet des denrées ou marchandises, et d'après laquelle les tribunaux civils étaient seuls compétents pour statuer sur les conséquences de ces marchés (V. *suprà,* v° *Acte de commerce,* n° 56); — 3° De l'exception de nullité d'une lettre de change, fondée sur ce qu'elle a été souscrite par un incapable, et, notamment, par un mineur (Toulouse, 9 août 1860, aff. Lasaygues, D. P. 61. 5. 96), solution commune à tout autre acte de commerce émané d'un mineur non habilité conformément aux art. 2 et 3 c. com. (V. l'arrêt du 23 mars 1857 précité). Il faut remarquer, toutefois, que le tribunal, après avoir prononcé la nullité de l'obligation, ne peut retenir la connaissance de l'action qui, en vertu de l'art. 1312, reste au créancier, jusqu'à concurrence du profit que l'acte annulé aurait procuré à l'incapable, l'appréciation de ce profit étant exclusivement du ressort de la juridiction civile, dès que l'acte a disparu comme acte commercial (Arrêt du 9 août 1860 précité).

109. Le tribunal de commerce pourrait-il également connaître d'une nullité de droit civil invoquée contre une convention commerciale, non par voie d'*exception,* mais par voie d'*action principale,* et, notamment, de celle dérivant d'une incapacité qui, loin d'exister en la personne du défendeur, se rencontrerait en la personne du demandeur? Si l'acte attaqué était commercial pour les deux parties, l'affirmative ne serait pas douteuse. Mais que décider lorsque

cet acte est civil pour la partie qui en poursuit l'annulation, et commercial pour le défendeur seulement? Cette circonstance ne saurait autoriser le défendeur à décliner la compétence du tribunal dont il est justiciable à raison de la nature même que revêt, quant à lui, la convention litigieuse. La seule conséquence à tirer du caractère mixte de cette convention, c'est que le demandeur, pour lequel elle est purement civile, est libre de porter son action devant la juridiction civile ou devant la juridiction commerciale. Le défendeur ne saurait se plaindre d'une option qui le laisse à ses juges naturels. C'est ce qui a été jugé dans une espèce où le tuteur d'un mineur poursuivait la nullité d'une vente, par lui faite, de marchandises recueillies par son pupille dans une succession en liquidation, en se fondant sur ce que cette vente lui était interdite par l'art. 452 c. civ. La vente étant commerciale pour l'acheteur, le demandeur avait saisi de son action le tribunal de commerce, qui, en l'absence d'un déclinatoire, avait apprécié au fond cette action, et l'avait déclarée mal fondée, par le motif que l'art. 452 c. civ. n'est pas applicable à une vente de marchandises. Le ministère public a pris en appel des conclusions d'incompétence ratione materiæ, qui ont successivement échoué devant la cour d'appel : « Attendu que si le débat était civil par rapport à l'appelante demanderesse, il n'était pas commercial par rapport aux intimés défendeurs, et qu'en ce cas .a compétence est déterminée par la nature de l'engagement de celui qui défend à l'action » ; puis, devant la cour de cassation : « Attendu, est-il dit dans l'arrêt de rejet que le tribunal de commerce, saisi par la dame veuve Ducharne (en vertu de son droit d'option), était parfaitement compétent pour statuer sur la question de nullité qui lui était soumise » (Req. 21 juill. 1873, aff. Ducharne, D. P. 74. 1. 264).

Le tribunal de commerce, devant lequel est invoquée une exception de droit civil rentrant dans sa compétence, doit en retenir la connaissance, alors même que la question soulevée par cette exception serait ultérieurement l'objet d'une action principale devant un tribunal civil (Arrêt du 23 mars 1857, cité suprà, n° 108).

110. — IV. Privilèges et autres suretés accessoires de la créance. — La compétence des tribunaux de commerce relativement aux contestations qui peuvent s'élever à propos d'une créance commerciale dont l'existence n'est pas contestée, soit sur sa nature civile ou commerciale (V. suprà, n° 106), soit sur sa validité (V. suprà, n° 108), s'étend manifestement à celles concernant les suretés accessoires, et, par exemple, les privilèges qui en garantissent le payement, alors qu'elles ne sont pas liées à une procédure de distribution par contribution (V. infrà ce mot), procédure essentiellement placée dans les attributions des tribunaux civils, qui sont seuls compétents en matière d'exécution forcée des actes et des jugements (V. infrà, n° 121), et qui, par suite, peuvent seuls, comme on le dit au Rép. n° 72, ordonner une distribution de deniers entre les créanciers, privilégiés ou non, d'un même débiteur. Cette règle de compétence, qui n'a jamais été mise en question, est nettement énoncée dans un arrêt de la cour de Rouen, du 24 mars 1872 (1). — On la retrouve aussi, en ce qui touche le nantissement consenti pour sureté d'une obligation commerciale, dans des arrêts rapportés au Rép. n° 125, et vis Acte de commerce, n° 334 et suiv.; Nantissement, n° 38, 80 et 181. Il ne saurait, d'ailleurs, être question ici ni des privilèges immobiliers créés par les art. 2101 et suiv. c. civ., pour des créances ayant toutes un caractère civil, ni des suretés hypothécaires, même couvrant une créance commerciale, leur caractère immobilier ne permettant de les faire rentrer ni dans le domaine que régit la législation commerciale, ni de soumettre à la juridiction exceptionnelle des tribunaux de commerce les contestations dont elles peuvent être l'objet, fussent-elles étrangères à la procédure civile de l'ordre, dans laquelle les créanciers hypothécaires sont appelés à exercer respectivement leurs droits (V. infrà, v° Ordre entre

créanciers). — L'incompétence des tribunaux de commerce, quant aux hypothèques, ne cesse qu'au cas où la nullité en est demandée par application des règles spéciales à la faillite (V. suprà, n° 86).

111. Les contestations relatives à la propriété des immeubles ou aux droits réels immobiliers ne sont pas davantage, ainsi qu'on l'a fait remarquer au Rép. n° 129, de la compétence des tribunaux de commerce, les immeubles ne pouvant faire la matière d'une spéculation commerciale (V. suprà, v° Acte de commerce, n° 11 et suiv.).

Art. 12. — *Compétence en matière d'incidents de procédure et de payement de frais* (Rép. n° 365 à 377).

112. — I. Incidents de procédure (Rép. n° 365 à 370). — Les tribunaux de commerce, a-t-il été dit au Rép. n° 365, sont juges de la validité des actes de procédure et d'instruction faits dans les instances dont ils sont compétemment saisis.

Mais leur compétence ne s'étend pas aux vérifications d'écriture (Rép. n° 366) et au faux incident civil (Rép. n° 366 et 367); les procédures spéciales que nécessitent ces voies d'instruction impliquent essentiellement l'intervention du juge civil et l'observation des formes à suivre devant les tribunaux civils (V. infrà, vis Faux incident; Vérification d'écritures). Le tribunal de commerce devant lequel a été formée une demande incidente à fin de renvoi pour une vérification d'écriture ne peut donc, à peine de nullité, trancher le fond, sans avoir, par une décision formelle, statué préalablement sur cette demande : le rejet implicite résultant du jugement par lui rendu au fond ne suffit pas (Paris, 4 juin 1869, aff. Cotté, D. P. 70. 2. 62). En effet, si les juges de commerce ne croient pas qu'il y ait lieu, dans les circonstances de la cause, de recourir à une inscription de faux ou à une vérification d'écritures, parce qu'ils considèrent comme inutile à la solution de l'affaire, ou comme n'étant qu'un expédient dilatoire, le renvoi préjudiciel réclamé, il faut qu'ils s'en expliquent. C'est à cette condition seulement qu'il leur est permis de ne pas accueillir les conclusions en sursis. Jugé, à cet égard, que le tribunal de commerce devant lequel une partie actionnée en exécution d'un engagement dénie sa signature, n'est pas tenu de surseoir pour la vérification préalable de la pièce par la juridiction civile, si l'exception lui paraît n'être pas sérieuse, mais imaginée seulement pour les besoins de la cause (Aix, 22 févr. 1870, aff. Falavigna, D. P. 70. 2. 190).

113. Les *demandes incidentes*, c'est-à-dire, selon la définition qui en est donnée au Rép. v° Incident, n° 16, les demandes nouvelles formées au cours d'une instance par l'une ou l'autre des parties, se distinguent profondément des simples incidents de procédure. Sauf les exceptions qu'on vient de signaler, les incidents de procédure appartiennent trop étroitement à la contestation où ils se produisent, pour que le tribunal, appelé à statuer au fond, n'ait pas le pouvoir de les juger. Les demandes incidentes, au contraire, se confondent, lorsqu'elles émanent du demandeur, avec les demandes qui seraient ajoutées accessoirement à la demande principale au début même de l'instance, et, lorsqu'elles émanent du défendeur, avec les demandes reconventionnelles. Les tribunaux de commerce ne peuvent donc en connaître que si le débat incidemment engagé devant eux rentre dans leur compétence ratione materiæ : telle est, en effet, comme on l'a vu suprà, n° 98, la règle admise à l'égard des demandes reconventionnelles; et il en est de même, évidemment, des chefs additionnels à la demande principale. — La même règle s'étend aux demandes que formerait un tiers par voie d'intervention. On en a cité un exemple, suprà, n° 6. Jugé également que lorsque, sur une action commerciale en payement du prix de marchandises, des tiers interviennent au procès pour revendiquer ces marchandises, en soutenant qu'elles n'étaient pas la pro-

---

(1) (Devaux et Voruz C. Synd. Pinet.) — La cour ; — Sur la compétence : — Considérant que si le tribunal, dans ses motifs, nie sa compétence pour connaître d'une question de privilège, alors qu'il était régulièrement saisi d'une demande en condamnation pour une créance commerciale à laquelle était attaché un privilège ayant nécessairement le caractère et devant suivre, quant à la compétence, le sort de la créance dont il est l'accessoire, cette erreur juridique des premiers juges n'a été consacrée par aucune partie du dispositif du jugement ; qu'après avoir relevé l'erreur des motifs, il n'y aura donc pas lieu de réformer autrement, sur ce point, le jugement dont est appel ;...

Par ces motifs, etc.

Du 24 mars 1872.-C. de Rouen, 1re ch.-MM. Lehucher, pr Hardouin, subst.-Godreuil (du barreau du Havre) et Deschamps, av

priété du demandeur, quand il les a vendues, et qu'elles n'avaient pas cessé d'appartenir à leur débiteur, cette revendication n'ayant rien de commercial, le tribunal de commerce est tenu de surseoir à statuer sur la demande, jusqu'après la décision à rendre sur l'incident par la juridiction civile (Douai, 1er juill. 1846, aff. Saint-Gest, D. P. 49. 2. 232).

114. — II. Payement de frais. (*Rép.* nos 370 à 378). — La question de savoir si la disposition de l'art. 60 c. proc. civ., aux termes de laquelle les demandes pour frais faits par les officiers ministériels sont portées devant le tribunal où ces frais ont été faits, doit être étendue aux juridictions d'exception, et notamment, aux tribunaux de commerce, a été examinée *suprà*, vo *Compétence civile des tribunaux d'arrondissement*, nos 107 et suiv.

Art. 13. — *Incompétence des tribunaux de commerce pour connaître de l'exécution de leurs jugements* (*Rép.* nos 378 à 402).

115. Les tribunaux de commerce, comme les autres tribunaux d'exception, n'ont pas, a-t-il été dit plus haut (no 3), la plénitude de juridiction. Leur compétence est épuisée dès que les juges ont rendu leur décision: c'est pourquoi la loi, non dans le code de commerce, mais dans le code de procédure civile (art. 442), interdit aux tribunaux de commerce de connaître de l'exécution de leurs jugements. De nombreuses applications de cette interdiction sont faites dans des arrêts rapportés au *Rép.* nos 385 à 403. — Mais elle ne concerne que l'exécution des jugements définitifs et ne s'applique pas à l'instruction à suivre en exécution d'un jugement préparatoire ou interlocutoire (Req. 6 juill. 1863, aff. Dury, D. P. 64. 1. 27). Comme on le fait remarquer au *Rép.* no 380, si l'on renvoyait aux tribunaux civils la connaissance des incidents qui s'élèveraient sur l'exécution des jugements préparatoires, on nuirait à la rapide expédition des affaires commerciales, c'est-à-dire qu'on irait contre le but même que s'est proposé le législateur en instituant les tribunaux de commerce.

116. L'art. 442 c. com. ne doit pas non plus être étendu aux décisions qui ne sont que le complément indispensable du jugement rendu par un tribunal de commerce. Ainsi il a été jugé, outre les arrêts rapportés au *Rép.* no 385 et 386, que le tribunal de commerce est compétent pour statuer sur une demande qui a plutôt pour but l'interprétation que l'exécution d'un jugement antérieur (Civ. rej. 29 avr. 1873, aff. Martin, D. P. 73. 1. 304).

De même, lorsqu'une compagnie de chemin de fer, condamnée par un premier jugement à des dommages-intérêts pour retard dans l'expédition de marchandises, est actionnée à fin de condamnation à de nouveaux dommages-intérêts pour continuation de ce retard, le second jugement ne statuant pas sur l'exécution du premier peut, comme celui-ci, être rendu par un tribunal de commerce (Req. 15 févr. 1870, aff. Chemin de fer d'Orléans C. Gosselin, D. P. 71. 1. 170). Il y a bien ici deux affaires connexes, mais elles sont distinctes; et la seconde n'est pas la continuation de la première; aussi l'art. 442 n'est-il pas applicable.

117. Mais le président du tribunal civil est exclusivement compétent pour autoriser la délivrance des secondes grosses des jugements des tribunaux de commerce (Civ. rej. 11 août 1847, aff. Ruffin, D. P. 47. 1. 307). Les grosses ne sont, en effet, nécessaires dans ce cas, que pour assurer l'exécution des jugements.

118. Sont également hors de la compétence du tribunal de commerce, en ce que, comme on le dit au *Rép.* no 388, elles se rattachent à un mode d'exécution de ses jugements, les demandes en validité ou en nullité d'offres réelles faites en exécution de la condamnation qui y est prononcée et qui a dessaisi ce tribunal; à la différence du cas où un débiteur ferait des offres réelles avant tout jugement, pour se libérer d'une dette commerciale par lui contractée; une semblable contestation rentre, en effet, par sa nature, dans les attributions du tribunal de commerce (Ruben de Couder, no 55-6o; Orillard, no 66; Trib. civ. Seine, 25 juin 1877, *Gazette des tribunaux* du 28 septembre; *Droit* du 2 octobre).

119. Les difficultés que soulèvent les saisies, pratiquées en vertu de jugements des tribunaux de commerce, appartiennent plus manifestement encore à la classe des contestations

que l'art. 442 c. proc. civ. exclut des attributions de ces tribunaux, sans qu'il y ait à distinguer entre la saisie-exécution, qui n'a pour objet que des choses mobilières, et la saisie immobilière. — Quant aux saisies-arrêts qui ont aussi pour but et pour résultat d'arriver soit à une distribution forcée entre le saisissant des deniers qui en sont frappés ou qui proviennent de la vente de la chose saisie-arrêtée, soit à une attribution judiciaire des mêmes deniers, au profit du saisissant qui a fait valider sa saisie, elles sortent pareillement du domaine du juge commercial, dont les pouvoirs sont limités à la condamnation en exécution de laquelle la saisie-arrêt a été opérée. Il en est de même, à plus forte raison, lorsqu'il s'agit de saisies-arrêts non précédées d'une condamnation commerciale. Des applications nombreuses de cette règle sont faites dans des décisions rapportées au *Rép.* nos 393 et suiv. Jugé, depuis : 1o que les tribunaux civils sont exclusivement compétents pour statuer sur la validité d'une saisie-arrêt, encore bien que cette saisie aurait été pratiquée pour une créance commerciale (Limoges, 4 juin 1856, aff. Lavaud, D. P. 57. 2. 4); — 2o Que le tribunal civil, saisi de la demande en validité de la saisie-arrêt formée en vertu d'un jugement du tribunal de commerce, est seul compétent pour statuer sur les exceptions et moyens présentés par le saisi et tirés, soit d'un vice de forme de la saisie-arrêt, soit, au fond, de l'exécution par lui donnée au jugement en vertu duquel il est poursuivi : c'est là une contestation sur l'exécution d'un jugement du tribunal de commerce (Orléans, 3 déc. 1859, aff. Pinsard, D. P. 60. 2. 9); — 3o Qu'un tribunal de commerce, valablement saisi d'une demande en payement d'honoraires fondée sur l'exécution d'un mandat, ne peut, lorsque le demandeur s'est réservé les effets d'une demande précédemment introduite en validité de saisie-arrêt, déclarer cette saisie-arrêt non justifiée, et condamner le demandeur à en payer les frais. Cette condamnation aux frais ne pourrait même être prononcée par le tribunal de commerce à titre de dommages-intérêts au profit du défendeur, puisqu'elle ne serait que la conséquence nécessaire de l'appréciation faite par ce tribunal, en dehors des règles de sa compétence, sur la question de validité de la saisie-arrêt (Civ. cass. 13 mai 1884, aff. Cabaret, D. P. 85. 1. 21); — 4o Qu'il appartient exclusivement aux tribunaux civils de statuer sur les oppositions instituées par la loi du 15 juin 1872 relativement aux titres au porteur volés ou perdus, lesquelles ne sont qu'une spécialité de la saisie-arrêt, comme sur toutes les contestations auxquelles ces oppositions peuvent donner lieu (Paris, 28 févr. 1885, aff. Wolff, D. P. 86. 2.118).—Mais les tribunaux civils, bien que compétents pour connaître de la demande en validité d'une saisie-arrêt pratiquée en vertu d'engagements commerciaux, ne le sont pas pour statuer sur la demande formée en même temps en payement de la somme qui fait l'objet de la saisie; par suite, ils doivent, en pareil cas, surseoir à prononcer jusqu'à ce que la juridiction commerciale ait statué sur cette dernière demande (Douai, 18 nov. 1854, aff. Nicaise, D. P. 55. 2. 50).

Au surplus, les juges de commerce ne sont incompétents que lorsque la contestation sur la validité et les effets de la saisie-arrêt s'élève entre le créancier saisissant et le débiteur saisi. Le tiers auquel on oppose cette saisie-arrêt, et qui en repousse les effets, en ce qu'il ne s'appliquerait pas, par exemple, à la chose qui fait l'objet du contrat intervenu entre eux et celui aux mains duquel elle a été pratiquée, sont en droit de porter leur action devant les juges commerciaux, si le contrat a un caractère commercial; — Et spécialement, le tribunal de commerce est compétent pour statuer sur l'action formée par un expéditeur de marchandises contre la compagnie du chemin de fer chargée de les transporter, quoique le refus par cette compagnie d'exécuter le contrat de transport soit fondé sur une saisie-arrêt émanée d'un créancier du destinataire, alors, notamment, que l'expéditeur conteste l'application de cette saisie-arrêt aux marchandises à transporter (Paris, 30 déc. 1871, aff. Chemin de fer d'Orléans, D. P. 73. 2. 28).

L'incompétence de la juridiction commerciale ne s'applique, d'ailleurs, qu'au cas où il s'agit d'une véritable saisie-arrêt, et on ne saurait considérer comme telle la déclaration faite par simple lettre que l'on s'oppose au payement (Req. 5 janv. 1875, aff. Chemin de fer de Jougne, D. P. 75. 1. 468).

120. Il est certains actes d'exécution des jugements des tribunaux de commerce à l'égard desquels l'incompétence de ces tribunaux a fait naître une difficulté. Ce sont les actes d'exécution qui, propres aux décisions rendues par défaut, les mettent à l'abri de la péremption établie par l'art. 156 c. proc. civ. L'appréciation de ces actes tombe manifestement sous le coup de l'art. 442 c. proc. civ., lorsqu'ils sont invoqués et contestés à l'occasion des poursuites ultérieures d'exécution dont la validité est subordonnée à la non-péremption du jugement par défaut qui leur sert de base. Mais il peut arriver que les mêmes actes soient soumis aux juges de commerce comme fermant à la partie condamnée la voie de l'opposition, abstraction faite de toute procédure d'exécution forcée. La compétence du tribunal saisi de l'opposition a été alors consacrée par la cour de cassation, qui limite l'incompétence des tribunaux de commerce relative à l'exécution de leurs jugements aux contestations qui peuvent naître de l'exécution considérée en elle-même et formant une procédure distincte, et refuse de l'étendre au cas où ces tribunaux sont appelés à apprécier de tels actes, envisagés comme élément de solution d'une procédure d'opposition régulièrement portée devant eux (Req. 4 mai 1869, aff. Labarth, D. P. 69. 1. 518). C'est également ce qu'a décidé, depuis, un arrêt de la cour de Lyon, du 29 mai 1874 (aff. Périgaud, D. P. 76. 2. 128). A plus forte raison, le tribunal de commerce est-il compétent pour déclarer dans une instance d'opposition qu'un jugement par défaut est périmé faute d'exécution, dans le délai légal, si la partie qui a obtenu ce jugement n'excipe d'aucun acte d'exécution qu'il soit nécessaire de caractériser (Civ. rej. 27 nov. 1848, aff. Audubert, D. P. 49. 1. 25; Bourges, 31 janv. 1873, aff. Laffitti, D. P. 74. 2. 67). — Un autre arrêt de cour d'appel rapporté au *Rép.* n° 387 restreint la compétence du juge de l'opposition à cette dernière hypothèse (V. aussi Chauveau sur Carré, *Lois de la procédure*, t. 3, quest. 158 *bis*).

121. C'est aux tribunaux civils, qui possèdent la plénitude de juridiction, qu'il appartient de connaître de l'exécution des jugements des tribunaux de commerce (V. sur ce point *suprà*, v° *Compétence civile des tribunaux d'arrondissement*, n° 416). — Ils sont, notamment, comme on l'a vu *suprà*, n° 119, exclusivement compétents pour statuer sur les difficultés relatives aux saisies-arrêts, pratiquées soit à la suite d'un jugement émané de la juridiction commerciale, soit, à plus forte raison, sans condamnation préalable. Mais en ce dernier cas, ils ne peuvent statuer sur la demande, formée simultanément, en payement de la somme qui fait l'objet de la saisie; ils doivent surseoir à prononcer jusqu'à ce que la juridiction commerciale ait statué sur cette dernière demande (Douai, 18 nov. 1854, aff. Nicaise, D. P. 55. 2. 50). La question de savoir si la règle d'après laquelle la juridiction consulaire est incompétente pour connaître des contestations que soulèvent les saisies s'applique à la saisie que le président du tribunal de commerce peut autoriser en tant que mesure conservatoire, est controversée (V. *Rép.* n° 394 et suiv.). Elle a été résolue dans le sens de l'affirmative, soutenue au *Répertoire* par deux arrêts de la cour de cassation (Civ. cass. 28 août 1882, aff. Accomito, D. P. 83. 1. 215; 11 nov. 1885, aff. Mayer, D. P. 86. 1. 68). Ce dernier arrêt écarte la distinction qu'on a voulu faire entre la demande en mainlevée, qui serait de la compétence des tribunaux de commerce, et la demande en validité, dont les juges civils pourraient seuls connaître (V. Carré et Chauveau, *Supplément aux lois de la procédure*, 4° éd., t. 7, quest. 1496).

CHAP. 4. — **Compétence territoriale** (*Rép.* n° 403 à 524).

Art. 1er. — *Règles communes aux matières commerciales et aux matières civiles* (*Rép.* n° 404 à 431).

122. Aux termes de l'art. 59 c. proc. civ., le défendeur doit être assigné devant le tribunal de son domicile, et, s'il n'a pas de domicile, devant celui de sa résidence (*Rép.* n° 404). Mais cette règle souffre plusieurs exceptions, qui sont exposées en détail, en ce qui touche la question de compétence commerciale, tant au *Répertoire* qu'au *Supplément*. V. notamment : en ce qui touche les *sociétés commerciales*, v° *Compétence civile des tribunaux d'arrondissement*, n° 45 et suiv. ; — *Rép.* eod. v°, n° 109 à 128, et v° *Compétence commerciale*,

n° 412 à 414; ... Les *faillites*, v° *Compétence civile des tribunaux d'arrondissement*, n° 77 et suiv.; — *Rép.* eod. v°, n° 128 à 147, et v° *Compétence commerciale*, n° 414 à 416; ... L'*action en garantie*, v° *Compétence civile des tribunaux d'arrondissement*, n° 90 et suiv.; — *Rép.* eod. v°, n° 147 à 153, et v° *Compétence commerciale*, n° 420 à 432; ... L'*élection de domicile*, v° *Compétence civile des tribunaux d'arrondissement*, n° 97 et suiv., — *Rép.* eod. v°, n° 153 à 157, et v° *Compétence commerciale*, n° 416 à 420.

Art. 2. — *Règles particulières à la juridiction commerciale* (*Rép.* n° 432 à 516).

123. L'art. 420 c. proc. civ. porte que le demandeur pourra assigner à son choix : devant le tribunal du domicile du défendeur; devant celui dans l'arrondissement duquel la promesse a été faite et la marchandise livrée; devant celui dans l'arrondissement duquel le payement devait être effectué. — Le demandeur a le choix entre les trois tribunaux indiqués par l'art. 420; il est maître d'exercer son option dans tous les cas; elle constitue pour lui le droit commun en matière commerciale. Mais son choix, une fois fait, est irrévocable; le demandeur ne pourrait plus saisir un autre tribunal que par un désistement qui, d'après les principes généraux, supposerait l'acceptation du défendeur (Lyon-Caen, *Précis de droit commercial*, n° 3198). — Nous étudierons successivement, comme on l'a fait au *Répertoire*, la seconde et la troisième disposition de l'art. 420, sans nous occuper de la première qui ne fait que reproduire la règle générale édictée par l'art. 59-1° c. proc. civ., après avoir examiné, toutefois, la question de savoir, en général, dans quels cas l'art. 420 est applicable.

124. — I. Cas dans lesquels s'applique l'art. 420. — 1° *Quels marchés tombent sous l'application de l'art.* 420. — Il est certain tout d'abord que l'art. 420 s'applique exclusivement aux matières commerciales. Par suite, l'indication d'un lieu de payement en matière civile n'est pas attributive de juridiction (Req. 10 avr. 1861, aff. Roux, D. P. 61. 1. 315). Et spécialement, l'indication d'un lieu de payement dans un billet à ordre ne constituant qu'une obligation civile, c'est-à-dire dans un billet à ordre ne portant aucune signature de négociants, et non souscrit pour l'une des causes prévues par l'art. 636 c. com., n'a pas pour effet de rendre le tribunal de ce lieu compétent pour connaître de l'action en payement du billet, action qui reste soumise aux règles ordinaires de compétence (Même arrêt). — Il a été jugé, de même, que l'art. 420 ne s'étend pas aux actions purement personnelles et civiles en réparation de quasi-délit. Par suite, l'action en réparation d'un fait dommageable doit être portée devant le tribunal du domicile de l'auteur de ce fait, et non devant le tribunal dans la circonscription duquel le fait dommageable se serait accompli (Civ. cass. 16 mars 1858, aff. Comp. des bateaux à vapeur du Rhône les *Aigles*, D. P. 58. 1. 130).

125. Mais, ce point admis, que l'art. 420 n'a trait qu'aux contestations en matière commerciale, il reste à savoir quelle en est exactement la portée. La disposition de cet article doit-elle être interprétée restrictivement, en d'autres termes, l'application doit-elle en être limitée au cas de vente, le seul qu'elle vise expressément? Un certain nombre d'arrêts ont consacré cette interprétation et posé en principe que l'art. 420 cesse d'être applicable toutes les fois qu'il ne s'agit pas de vente, de livraison ou de payement de marchandises (V. notamment : Bordeaux, 17 juill. 1846, aff. Chambry, D. P. 48. 2. 167; Req. 22 mai 1854, aff. Comp. le *Soleil*, D. P. 54. 1. 262; Bastia, 15 janv. 1855, aff. Tesnière-Beaulieu, D. P. 55. 2. 37; Poitiers, 24 janv. 1856, aff. Duvigier, D. P. 56. 2. 84; Req. 18 févr. 1862, aff. Salvaja, D. P. 62. 1. 237; Lyon, 10 août 1883, aff. Hennequin, D. P. 84. 2. 204). — D'après un autre système, plus généralement admis dans la doctrine et la jurisprudence, l'art. 420 n'est pas limitatif; il s'applique à toute contestation commerciale ayant pour objet un payement ou une livraison à effectuer (Demangeat sur Bravard, *Traité de droit commercial*, t. 6, p. 452; Orillard, *De la compétence des tribunaux de commerce*, n° 614; Boistel, *Précis de droit commercial*, 3° édit., n° 1470; Lyon-Caen, n° 3196; Dutruc, *Supplément aux lois de la procédure* de Chauveau et Carré, v° *Tribunal*

de commerce, n° 44; Orléans, 31 mai 1848, aff. Lemaire, D.P. 49. 5. 54; Bourges, 5 févr. 1853, aff. Gendarme, D. P. 55. 2. 286; Metz, 27 févr. 1856, aff. Chemin de fer de l'Est *C.* Schlacter, D. P. 58. 1. 83; Req. 13 mai 1857, aff. Chemin de fer de Lyon *C.* Cuisset, D. P. 57. 1. 393; 21 févr. 1887, aff. Compagnie Algérienne, D. P. 88. 1. 39). Dans ce système, en effet, l'expression *marchandise*, employée par l'art. 420, doit s'entendre non pas seulement de tout ce qui se vend et s'achète, mais de tout ce qui peut faire l'objet d'une spéculation commerciale (Lyon, 14 mai 1867, aff. Bachelier, D. P. 67. 2. 134; Req. 29 janv. 1883, aff. Gougoltz, D. P. 83. 1. 314; 1er déc. 1884, aff. Comp. l'*Assurance française*, D. P. 85. 1. 195). Ainsi cet article a été déclaré applicable aux contestations relatives à l'achat d'un procédé industriel (Arrêt précité du 5 févr. 1853);... à la cession d'une industrie d'hôtelier-restaurateur (Arrêt précité du 29 janv. 1883).

126. L'application de ces deux systèmes a été faite, dans diverses hypothèses, par de nombreux arrêts rendus depuis la publication du Répertoire. Ainsi il a été jugé :

1° En matière de *mandat :* — D'une part, que l'art. 420 n'est pas applicable à l'action tendant à l'exécution d'un mandat (Req. 5 mai 1880) (1) ou au payement d'une indemnité pour révocation d'un mandat salarié (Req. 18 févr. 1862, et Lyon, 10 août 1883, cités *suprà*, n° 125); spécialement, que l'agent d'une compagnie d'assurance qui réclame une indemnité à raison de la révocation de son emploi, doit porter son action devant le tribunal du domicile de la compagnie, conformément aux art. 59 et 69 c. proc. civ., et non devant le tribunal du lieu où a été passé le contrat intervenu entre lui et cette compagnie, et où il remplissait ses fonctions (Même arrêt du 18 févr. 1862. — Comp. Agen, 6 mai 1824, *Rép.* n° 467); — D'autre part, que l'art. 420 s'applique aux actions résultant du contrat de mandat (Paris, 3 juill. 1851, aff. Hauteterre, D. P. 52. 2. 48; Req. 7 mars 1860, aff. Tesnière, D. P. 60. 1. 190; Dijon, 21 avr. 1865, aff. Regneau, D. P. 65. 2. 115; 11 déc. 1883, aff. Aubry, D. P. 84. 2. 228; Req. 21 févr. 1887, aff. Comp. Algérienne, D. P. 88. 1. 39); spécialement à la demande en règlement de compte formée par un patron contre son commis voyageur (Rennes, 13 mars 1847, aff. Rivière, D. P. 48. 2. 167); qu'une société commerciale peut être assignée par l'individu auquel elle a donné un mandat, devant le tribunal du lieu où le contrat s'est formé, et où il devait être mis à exécution (Req. 3 janv. 1870, aff. Comp. des lits militaires, D. P. 72. 1. 252).

2° En matière de contrat de *commission*, contrairement à plusieurs arrêts rapportés au *Rép.* n°s 504 à 506, mais conformément à la jurisprudence exposée *ibid.* n°s 500 à 502 et 507 : — Que l'art. 420, est applicable aux actions nées de ce contrat (Bordeaux, 17 juill. 1846, cité *suprà*, n° 123; Orléans 31 mai 1848, aff. Lemaire, D. P. 49. 5. 54; Lyon, 23 juin 1848, aff. Reynard, D. P. 49. 2. 33; Civ. rej. 9 mars 1863, aff. Formann, D. P. 63. 1. 176; Pau, 24 mai 1869, *infrà*, n° 149 ; Req. 2 juin 1885, aff. Salery, D. P. 86. 1. 212).

3° En matière de *louage de services :* — D'une part, que les règles de compétence édictées par l'art. 420 ne s'appliquent:... ni à l'action formée par un commis contre son patron en exécution d'un louage de contrat intervenu entre eux (Bordeaux, 17 juill. 1846, aff. Chambry, D. P. 48. 2. 167);... Ni à une demande fondée sur les rapports existant entre une société et ses préposés (Req. 22 mai 1854, aff. Compa-

gnie le *Soleil*, D. P. 54. 1. 262); par exemple, à l'action intentée contre une société par son agent général, soit en payement d'appointements, soit en dommages-intérêts à raison de la rupture du contrat ;... Ni à l'action formée contre un entrepreneur de transports par un de ses agents en remboursement des avances faites par celui-ci en payement de ses salaires (Bastia, 15 janv. 1855, aff. Tesnière-Braulieu, D. P. 55. 2. 37); — Que les dispositions de l'art. 420, se référant à un marché intervenu entre commerçants, ne sauraient s'appliquer au cas où il s'agit du règlement d'intérêts entre un commerçant et son mandataire, commis ou employé (Orléans, 27 mars 1885, aff. Société de Cinq-Mars, D. P. 87. 2. 27); — En sens contraire, que l'art. 420 est applicable d'une façon générale aux contestations relatives au contrat de louage de services (Arrêt précité du 21 févr. 1887); et spécialement, aux contestations entre un commerçant et ses employés relatives aux appointements de ceux-ci (Besançon, 3 août 1844, aff. L'Unité, D. P. 45. 4. 98; Rouen, 12 janv. 1853, aff. Volodkowicz, D. P. 53. 2. 47; Poitiers, 12 juill. 1854, aff. Didion, D. P. 55. 2. 93; Paris, 1er avr. 1875, aff. Imbert, D. P. 77. 5. 110; Civ. cass. 8 janv. 1884, aff. Administration de la Marine, D. P. 84. 1. 110); à la demande formée par l'employé d'un commerçant contre celui-ci à fin de dommages-intérêts pour réparation du préjudice résultant de sa révocation (Req. 13 mai 1857, aff. Chemin de fer de Lyon *C.* Cuisset, D. P. 57. 1. 393); enfin aux contestations entre le directeur d'un théâtre et un artiste dramatique, à raison de l'engagement contracté par celui-ci (Nîmes, 14 mars 1870, aff. Castex, D. P. 70. 2. 163).

4° Que l'art. 420 régit les contestations dérivant du contrat de *transport* (Bordeaux, 4 mai 1848, aff. Bresson, D. P. 48. 2. 166; Paris, 31 juill. 1850, aff. Cremel, D. P. 51. 2. 111; Angers, 29 juill. 1853, aff. Duribert, D. P. 54. 2. 198; Toulouse, 26 juill. 1860, aff. Dardes, D. P. 61. 2. 163. V. aussi Bourges, 26 avr. 1854, aff. Chemin de fer d'Orléans *C.* Tachard, D. P. 55. 2. 75; Req. 15 mai 1854, aff. Noblecourt, D. P. 54. 1. 249; 20 juin 1854, aff. Dervillé, D. P. 54. 1. 229; Rouen, 21 juin 1855, aff. Chemin de fer de Rouen, D. P. 55. 2. 336, et sur pourvoi, Req. 29 avr. 1856, D. P. 56. 1. 290; Poitiers, 12 févr. 1861, aff. Chemin de fer d'Orléans *C.* Bernard, D. P. 61. 2. 59; Metz, 28 mars 1867, aff. Chemin de fer de l'Est *C.* Visetti, D. P. 67. 2. 79). — Spécialement, il a été jugé que, la marchandise consistant en pareil cas dans l'exercice de l'industrie de l'entrepreneur du transport et dans la location des choses qui doivent servir à l'opérer, le défendeur peut être assigné devant le tribunal du lieu où le louage a été convenu et où l'entrepreneur a mis à disposition du négociant ses moyens de transport (son bateau, par exemple) et son industrie (Arrêt précité du 26 juill. 1860); — Que lorsqu'il a été traité pour un transport de marchandises sur une ligne de chemin de fer avec les préposés d'une station intermédiaire du parcours, qui ont reçu livraison des objets à expédier, le tribunal de commerce du lieu de cette station est compétent, comme étant celui de l'arrondissement où la promesse a été faite et les marchandises livrées, pour connaître de l'exécution du traité vis-à-vis de la compagnie exploitante, bien que celle-ci ait son siège principal dans un autre ressort (Arrêt précité du 26 avr. 1854); — Que l'action formée par un expéditeur contre une administration de chemin de fer en restitution de sommes qu'il prétend avoir été

---

(1) (Claparède et comp. *C.* Compagnie de remorquage de Calais.) — LA COUR; — Vu l'art. 420 du règlement du mois d'août 1737 et les art. 59 et 420 c. proc. civ. ; — Attendu que la Société de remorquage de Calais ne comparaît pas, et qu'il y a lieu de donner défaut contre elle ; — Attendu que les sieurs Claparède et comp. sont domiciliés à Saint-Denis (Seine), que le tribunal de commerce de Calais n'est donc pas celui de leur domicile ; — Attendu qu'aux termes de l'art. 420 c. proc. civ., § 2 et 3, le défendeur peut, il est vrai, en matière commerciale, assigner le défendeur soit devant le tribunal dans l'arrondissement duquel la promesse a été faite et la marchandise livrée, soit devant le tribunal du lieu de payement; — Mais attendu, d'une part, que Claparède et compagnie ont, à la date du 26 août 1875, demandé à la Société de remorquage de leur envoyer un capitaine et un mécanicien pour conduire un navire de Saint-Denis à Calais, que la Société a consenti à cet envoi; qu'il s'agit aujourd'hui du payement des frais et débours avancés, pour l'exécution de ce mandat, par la Société de remorquage; d'autre part, que les frais et débours de gardiennage

et d'entretien du navire, depuis son retour de Dunkerque jusqu'à son départ pour Saint-Denis, ont été faits par ladite Société, sur l'ordre donné par le capitaine du port de Calais, en vue de la conservation du navire, en vertu, par conséquent, d'un quasi-contrat de gestion d'affaires ; — Attendu que l'art. 420, § 2 et 3, c. proc. civ. n'était pas applicable au litige actuel, puisque l'action de la Société de remorquage ne dérivait d'aucune des causes prévues par cet article, mais de l'exécution soit d'un mandat, soit d'un quasi-contrat de gestion d'affaires, qui rentrait dans les dispositions générales de la loi en ne pouvait modifier les règles de la compétence ; — Sans qu'il soit besoin d'examiner le pourvoi subsidiairement formé par Claparède et comp... ; — Procédant par voie de règlement de juges, annule l'ordonnance rendue devant le tribunal de commerce de Calais ;... renvoie la Société de remorquage, défenderesse, à se pourvoir ainsi qu'elle avisera devant les juges du département de la Seine, etc.

Du 5 mai 1880.-Ch. req.-MM. Bédarrides, pr.-Voisin, rap.- Lacointa, av. gén., c. conf.-Sabatier, av.

perçues en trop par celle-ci sur le prix du transport, et en payement de dommages-intérêts à raison du préjudice que cette perception illégale lui aurait fait éprouver, est compétemment portée devant le tribunal du lieu où le contrat s'est formé, comme étant celui du lieu où la promesse a été faite et la marchandise livrée;... alors surtout que c'est aussi dans ce lieu que le marché a reçu son exécution par le payement. Et c'est à tort qu'on prétendrait qu'une telle action naît seulement d'un quasi-contrat, et que, par suite, l'art. 420 lui est inapplicable (Arrêt précité du 21 juin 1855);

5° En ce qui concerne les *avances de fonds faites par les banquiers :* — Que l'on doit considérer comme des marchandises livrées, dans le sens de l'art. 420, § 3, les espèces fournies par un banquier à un commerçant pour les besoins de son commerce; et que, par suite, le tribunal de commerce du domicile de ce banquier est compétent pour connaître de l'action en remboursement des sommes dont il s'agit, si c'est au lieu de ce domicile qu'elles ont été livrées et que la promesse de les fournir a été faite (Bourges, 19 janv. 1866, aff. Gillain, D. P. 66. 2. 64, et sur pourvoi, Req. 6 août 1867, D. P. 68. 1. 35).

6° En matière d'*effets de commerce*, conformément aux arrêts des 4 oct. 1808, 12 janv. 1833 et 9 févr. 1838, rapportés au *Rép.* n° 458, mais conformément à d'autres décisions (Metz, 22 nov. 1811, et Req. 11 févr. 1834, *Rép. ibid.*), qu'on ne peut, pour le payement d'une lettre de change, assigner le tireur devant le tribunal de commerce du lieu où elle a été tirée. Vainement prétendrait-on, pour étendre à cette hypothèse l'art. 420, § 2, que la somme énoncée en numéraire dans un effet de commerce doit être assimilée à une marchandise, et que, sous ce rapport, le lieu où l'effet a été souscrit est celui dans lequel la promesse a été faite et la marchandise livrée (Toulouse, 15 mai 1852, aff. Gourg, D. P. 52. 5. 128); — Que l'art. 420 ne s'applique qu'au cas où il y a eu réellement vente ou échange de marchandises suivis de livraison, et qu'on ne saurait assimiler à une vente de

cette nature la négociation d'un billet à ordre; que, par suite, l'action en payement d'un tel billet, formée contre l'endosseur par celui à qui il a été transmis, ne peut être portée devant le tribunal de commerce du lieu où ce billet a été endossé et la valeur fournie; c'est là une action personnelle qui doit être soumise au tribunal du domicile de l'endosseur (Poitiers, 24 janv. 1856, aff. Duvigier, D. P. 56. 2. 84);

7° En matière d'*assurances*, contrairement à deux arrêts de la cour de Caen, cités au *Rép.* n° 460 : — Que la compagnie d'assurances qui a établi dans une ville un agent chargé de remettre aux assurés les polices et quittances de primes, signées par les administrateurs et le directeur de la société à Paris, ne peut être assignée devant le tribunal de l'arrondissement où est établi cet agent, sous prétexte que ce tribunal est celui du lieu où la promesse a été faite et la marchandise livrée; car les primes ne sauraient être considérées comme une marchandise vendue par l'assuré (Req. 20 mai 1873, aff. Comp. d'*Assurances générales*, D. P. 75. 1. 469.V. conf. Req. 25 juin 1878, aff. Fontaine, D. P. 79. 1. 212).

127. Les dispositions de l'art. 420 régissent-elles exclusivement les obligations contractuelles, ou peuvent-elles être étendues aux engagements de nature commerciale, qui dériveraient d'une autre source, par exemple, d'un quasi-contrat ou d'un quasi-délit? — La négative est généralement enseignée par les auteurs (Lyon-Caen, n° 3196; Boitard, Colmet-Daâge et Garsonnet, *Leçons de procédure*, t. 1, n° 728; Garsonnet, *Cours de procédure civile*, t. 1, p. 733), et cette opinion paraît justifiée par les termes mêmes de l'article qui supposent l'existence d'une *promesse*. Elle paraît, d'ailleurs, confirmée par la jurisprudence. Aussi il a été décidé que l'art. 420 ne s'applique pas aux contestations relatives à l'exécution d'un quasi-contrat de gestion d'affaires (Arrêt du 5 mai 1880, cité *suprà*, n° 126); — Ni à l'action en responsabilité intentée contre une agence qui a fourni des renseignements commerciaux erronés (Bordeaux, 19 août 1879 et 31 janv. 1882) (1).

---

(1) 1re *Espèce* : — (Eckel C. Depas.) — LA COUR; — Attendu que, pour trancher la question de compétence qui fait l'objet du procès, il importe de déterminer la nature et le but de l'action intentée par Depas contre Eckel; — Attendu que, le 2 déc. 1876, le sieur Depas, négociant à Bordeaux, s'adressa au sieur Eckel, directeur d'une agence de renseignements commerciaux dont le siège est à Bâle, pour obtenir, moyennant une rétribution déterminée, des renseignements sur la solvabilité d'un sieur Courtens, demeurant à Gand (Belgique); que ces renseignements furent immédiatement transmis par Eckel et reçus par Depas qui acquitta la rétribution convenue; — Attendu que, sur la foi des indications qui lui avaient été fournies, Depas expédia, le 16 déc. 1876 et le 12 févr. 1877, à Courtens, pour 1250 fr. de marchandises payables, partie à 90 jours sans escompte, et partie à 30 jours avec escompte; que, pour en recouvrer la valeur, il tira sur Courtens deux traites à l'échéance du 15 mars 1877; mais qu'avant leur présentation, Courtens avait quitté Gand furtivement, et que, par suite, les deux effets sont revenus impayés; que Depas, prétendant avoir été induit en erreur par Eckel, a intenté contre lui, aux termes de l'art. 1382 c. civ., une action qui fait l'objet du procès actuel; — Attendu que cette action, qui a pour fondement la faute qu'Eckel aurait commise et pour objet la réparation du préjudice souffert par Depas, ne saurait rentrer sous l'application des paragraphes 2 et 3 de l'art. 420 c. proc. civ.; qu'en effet le traité conclu entre Eckel et Depas a été exécuté, puisque les renseignements demandés avaient été fournis, et que le prix en avait été payé; que le procès n'a donc pas pour objet l'exécution du traité, mais la réparation du préjudice que Depas aurait souffert par suite de la faute qu'il impute à Eckel; que cette action reste soumise, quant à la compétence, à la règle ordinaire tracée par l'art. 59 c. proc. civ., et doit, dès lors, être portée devant le tribunal du domicile du défendeur; — Par ces motifs; — Faisant droit de l'appel interjeté par le sieur Eckel, met à néant le jugement et renvoie les parties à se pourvoir devant le tribunal compétent.
Du 19 août 1879.-C. de Bordeaux, 1re ch.-MM. Izoard, 1er pr.-Bourgeois, av. gén.-Méran et Habasque, av.

2e *Espèce* : — (Wys, Muller et comp. C. Novel et comp.). — Le 28 févr. 1881, jugement du tribunal de commerce de Bordeaux, ainsi conçu : — « Attendu que les sieurs Novel et comp. réclament à Wys, Muller et comp. le remboursement d'une somme de 888 fr. 90 cent. représentant la valeur de marchandises expédiées à un sieur Thévenin, sur la foi des renseignements qui leur étaient fournis par lesdits Wys, Muller et comp., et qui sont demeurées impayées par suite de l'insolvabilité dudit sieur Thévenin; — Attendu qu'en réponse à cette demande, les sieurs Wys, Muller et comp. se bornent à soulever l'incompétence du

tribunal, en raison de l'action purement personnelle soulevée contre eux, et demandent, par suite, leur renvoi devant leurs juges naturels, conformément aux dispositions de l'art. 59 c. proc. civ.; — Attendu que Novel et comp. objectent que l'achat qu'ils ont fait à Bordeaux, du représentant de Wys, Muller et comp., d'un carnet de renseignements, constitue un acte essentiellement commercial, puisque ce carnet n'est autre chose qu'une marchandise se vendant à des prix et dans des conditions déterminées; — Attendu que Novel et comp. produisent, en effet, au tribunal, un carnet de renseignements qui leur a été vendu par le sieur Treilhard, représentant des sieurs Wys, Muller et comp., et qu'ils ont payé comptant à Bordeaux audit sieur Treilhard; qu'il y a lieu, par suite, de les faire bénéficier du paragraphe 3 de l'art. 420 c. proc. civ., qui attribue compétence au tribunal du lieu où se fait le payement; que le tribunal doit donc se déclarer compétent; — Par ces motifs; — Déclare les sieurs Wys, Muller et comp. non recevables et, dans tous les cas, mal fondés dans leur exception d'incompétence; — Se déclare, par suite, compétent, retient la cause, etc. ». — Appel par Wys, Muller et comp. — Arrêt.
LA COUR; — Attendu qu'en appliquant à l'espèce le paragraphe 3 de l'art. 420 c. proc. civ., et en se déclarant compétents pour connaître de l'action dirigée par Novel et comp. contre Wys, Muller et comp., les premiers juges ont méconnu le véritable caractère de la demande qui leur était soumise; — Attendu qu'il ne s'agit pas, entre les parties, d'une difficulté sur l'exécution de la convention du 19 nov. 1878 (achat du carnet); que ce contrat a été pleinement exécuté par la livraison de la marchandise et le payement du prix convenu; mais que Novel et comp. prétendent que Wys, Muller et comp. leur ont fourni des renseignements inexacts sur la solvabilité d'un sieur Thévenin, et leur ont ainsi causé un préjudice dont ils demandent la réparation; — Attendu qu'une pareille action, fondée sur la foi des renseignements et la responsabilité établies par les art. 1382 et suiv. c. civ., est essentiellement personnelle, et que la compétence du tribunal appelé à l'apprécier doit être fixée, non par l'art. 420 c. proc. civ., mais par l'art. 59 même code; que, dans l'espèce, Wys, Muller et comp. étaient fondés à décliner la compétence du tribunal de commerce de Bordeaux et à demander le renvoi de l'action devant les juges de leur domicile; que le jugement par lequel les premiers juges se sont déclarés compétents doit être réformé; — Par ces motifs; — Disant droit de l'appel de Wys, Muller et comp.; — Dit que le tribunal de commerce était incompétent pour connaître de l'action; — Renvoie Novel et comp. à se pourvoir devant les juges compétents.
Du 31 janv. 1882.-C. de Bordeaux, 2e ch.-MM. Bourgade, pr.-Thézard, subst., c. conf.-Faure et Archaimbaud, av.

128. — 2° *Contestation sur l'exécution du marché.* — Il est hors de doute que les contestations qui portent, non sur l'existence même du marché (V. *infrà*, n° 129), mais seulement sur la question de savoir comment la convention conclue doit être exécutée, sont soumises à l'application de l'art. 420. C'est un point constant en jurisprudence. — Jugé, à cet égard, que la compétence attribuée par l'art. 420 c. proc. civ. au tribunal du lieu où le payement doit être effectué a un caractère général et qu'elle est applicable non seulement à l'action qui tend à faire obtenir ce payement ou la résolution du marché, mais encore à toute contestation se rattachant à l'exécution du marché (Req. 15 mai 1854, aff. Noblecourt, D. P. 54. 1. 249)..., quel que soit celui des contractants qui l'a soulevée (Même arrêt). — Ainsi, le tribunal du lieu du payement est compétent pour connaître de la demande en dommages-intérêts formée par l'acheteur, pour défaut de livraison des marchandises vendues (Arrêt précité du 15 mai 1854). Ce tribunal connaît aussi de l'action en réduction de prix formée par l'acheteur contre un vendeur, pour avaries survenues pendant le transport, par la faute de ce dernier (Req. 20 juin 1854, aff. Derviļlé, D. P. 54. 1. 229). On objecterait vainement qu'une telle action constitue une simple action en responsabilité soumise aux règles ordinaires de la compétence (Même arrêt. V. aussi Rouen, 21 juin 1855, aff. Chemin de fer de Rouen, D. P. 55. 2. 336). — Jugé de même qu'en matière commerciale le tribunal du lieu où le marché proposé a été accepté par correspondance, où la marchandise doit être livrée et où le payement doit être effectué comptant, est compétent pour connaître des contestations qui s'élèvent non sur l'existence de la vente, mais sur son exécution (Rennes, 21 mars 1879, aff. Quintard-Besson, D. P. 81. 2. 175).

La règle de l'art. 420 est applicable, non seulement aux actions qui tendent à l'*exécution* de la convention elle-même, mais encore à toute action qui s'y rattache essentiellement, encore qu'elle ait été formée après une exécution complète des obligations respectives des parties (Arrêt du 21 juin 1855, cité *supra*, n° 126, et sur pourvoi, Req. 29 avr. 1856, D. P. 56. 1. 290). Et spécialement, ce tribunal est compétent pour connaître de l'action formée contre la compagnie d'entreprise de transports (une compagnie de chemin de fer) à fin de réduction d'un prix de transport, et à fin de répétition de l'excédant indûment perçu, en ce que, notamment, il a été perçu conformément au tarif ordinaire, tandis que, en vertu des statuts de la compagnie, il aurait dû l'être suivant un tarif exceptionnel (Mêmes arrêts).

129. — 3° *Contestation sur l'existence ou la validité du marché.* — L'option laissée au demandeur par l'art. 420 ne saurait lui appartenir qu'autant qu'il n'y a pas contestation sur l'existence même du contrat litigieux ou sur le lieu du payement (*Rép.* nos 454, 464 et 468; Lyon-Caen, n° 3197; Boistel, n° 1470; Orillard, n° 611; Ruben de Couder, *Dictionnaire de droit commercial*, v° *Compétence commerciale*, n° 141; Demangeat sur Bravard, t. 6; Garsonnet, t. 1, p. 733). La règle générale reprend alors son empire et le défendeur doit être assigné, conformément à l'art. 59 c. proc. civ., devant le tribunal de son domicile. C'est ce qui résulte d'une jurisprudence constante. — Jugé, en ce sens, que: 1° l'art. 420 c. proc. civ. ne s'applique qu'au cas où le lieu du payement est indiqué dans un acte écrit, non au cas où l'existence de la convention n'est pas reconnue, et où l'on demande à la prouver par témoins (Nancy, 9 août 1852, aff. Morisot, D. P. 52. 2. 261); — 2° Il n'est pas applicable au cas où la promesse est contestée. En conséquence, lorsqu'un négociant au nom duquel une vente a été opérée par un commis voyageur conteste cette vente et se refuse à l'exécuter, par le motif, par exemple, que le commis aurait excédé son mandat, la demande en dommages-intérêts formée contre lui par l'acheteur à raison de ce défaut d'exécution ne peut être portée devant le tribunal du lieu où la promesse a été faite et où le payement devait être effectué; elle doit l'être devant le tribunal du domicile du défendeur, et l'action dirigée en même temps contre le commis voyageur comme garant de l'exécution de cette même vente, dont il conteste lui-même la validité, doit être également soumise au tribunal du domicile de ce commis (Poitiers, 8 juin 1854, aff. Patrier, D. P. 55. 2. 97); — 3° Le tribunal du lieu du payement est incompétent pour connaître d'une demande en livraison de marchandises, si la validité de la vente ou de la promesse de vente de ces marchandises est déniée, en ce que, par exemple, elle ne rentrait pas dans les pouvoirs du commis voyageur par qui elle a été faite (Civ. cass. 27 févr. 1856, aff. Bastide, D. P. 56. 1. 59; Motifs, Req. 24 juin 1868) (1); — 4° Le marchand au nom de qui un commis voyageur a vendu des vins ne peut être assigné à fin de livraison que devant le juge de son domicile, lorsqu'il y a débat sérieux sur la question de savoir s'il y a eu vente obligatoire (Rouen, 18 nov. 1859, aff. Arnaud, D. P. 60. 5. 77); — 5° L'application de l'art. 420 cesse lorsque l'existence de la convention est sérieusement contestée, et que, par exemple, l'étendue des pouvoirs de celui qui l'a passée non d'un commettant, est l'objet d'un débat qui a pour effet de mettre en question la validité de cette convention, et dont la gravité ressort de la circonstance qu'elle forme l'unique objet du fond du procès (Civ. cass. 15 juill. 1862, aff. Tondut-Moissonet, D. P. 62. 1. 353); — 6° L'art. 420 est également inapplicable lorsque le marché n'est établi que par une prétendue commission inscrite sur feuille volante, ne portant ni date, ni signature, et ne résulte pas de la correspondance des parties (Toulouse, 11 juin 1881, aff. Berdou, D. P. 82. 2. 206); — 7° Il en est de même quand les pouvoirs du commissionnaire qui a fait la promesse de vente sont, de la part du committant, l'objet d'un débat ayant pour effet de mettre en question l'existence de cette vente elle-même (Req. 13 juill. 1881, aff. Trintignan, D. P. 82. 1. 447. V. dans le même sens: Poitiers, 2 juin 1857, aff. Marais, D. P. 58. 2. 168; Civ. cass. 17 avr. 1860, aff. Dubucq, D. P. 60. 1. 159; Trib. com. Seine, 27 janv. 1863, aff. Choime, D. P. 64. 5. 69; Agen, 8 mars 1865, aff. Fabre, D. P. 65. 2. 165; Limoges, 10 mars 1877, aff. Libert, D. P. 78. 2. 16; Bourges, 8 août 1877, aff. Compagnie générale des omnibus, D. P. 78. 2. 212; Sol. impl., Req. 27 déc. 1880, aff. Ephrussi, D. P. 81. 1. 421; Ruben de Couder, nos 141 et suiv.). — L'attribution de compétence faite par l'art. 420 c. proc. civ. au tribunal du lieu du payement est subordonnée à la condition que le payement à effectuer, et, dès lors, la demande en règlement d'un compte, sur les éléments duquel les parties ne sont pas d'accord, n'est pas de la compétence du tribunal du lieu où le défendeur devrait payer le reliquat au cas où il aurait à en payer un, la contestation élevée entre les parties rendant incertaine la

---

(1) (Maurel et Candy C. Sériot et synd. Corne.) — La cour; — Attendu, en droit, que la disposition de l'art. 420 c. proc. civ. qui, par dérogation au droit commun formulé dans l'art. 59 même code, permet au demandeur en matière commerciale d'assigner le défendeur soit devant le tribunal dans l'arrondissement duquel la promesse a été faite et la marchandise livrée, soit devant celui où le payement devait être effectué, suppose nécessairement que l'existence de la convention ou de la promesse n'est pas sérieusement contestée; — Attendu, dans l'espèce, que pour justifier le déclinatoire qu'il proposait contre la juridiction exceptionnelle du tribunal de commerce de Besançon, Maurel affirmait que la prétendue vente que Sériot et Corne lui opposaient, et qui était la condition même de la compétence du tribunal de commerce de Besançon, n'existait pas; que cette vente n'avait pas un caractère définitif, puisque le voyageur Candy qui l'avait consenti n'avait pouvoir de vendre pour la maison Maurel qu'à la commission; — Attendu que la contestation qui de la part du commettant met en question les pouvoirs mêmes du commis qui a

fait la promesse de vente, met par cela même en question l'existence de la vente elle-même; que la contestation était dans l'espèce tellement sérieuse que le tribunal de commerce avait par un jugement interlocutoire ordonné une enquête pour prouver l'existence même de la convention; que le caractère sérieux de la contestation résulte encore tout à la fois des conclusions formelles prises devant la cour par Maurel en dénégation de la convention, et de l'argumentation laborieuse à laquelle s'est livrée la cour de Besançon pour démontrer l'existence de la vente contestée; — D'où il suit qu'en décidant, dans l'espèce, que le tribunal de commerce de Besançon était compétent, l'arrêt attaqué a faussement appliqué l'art. 420 c. proc. civ. et violé l'art. 59 même code; — Annule l'assignation du 11 janv. 1867, ensemble le jugement du tribunal de commerce de Besançon, et l'arrêt de la cour impériale du même ville en date du 13 déc. 1867, ainsi que tout ce qui s'en est suivi, etc.

Du 24 juin 1868.-Ch. req.-MM. Bonjean, pr.-d'Oms, rap.-Pau Fabre, av. gén.-Costa, av.

nécessité de ce payement : cette demande doit, conformément au droit commun, être portée devant le tribunal du domicile du défendeur (Req. 18 juin 1861, aff. Comp. l'*Abeille bourguignonne*, D. P. 61. 1. 424).

130. Mais il faut que la contestation sur l'existence ou la validité du marché soit *sérieuse* (*Rép.* n° 468), c'est-à-dire qu'elle ne soit pas une simple allégation sans fondement, émise par le demandeur pour éluder l'art. 420. Les auteurs sont unanimes sur ce point (Demangeat, t. 6, p. 455; Ruben de Couder, n°s 147 et suiv.; Dutruc, n°s 87 et suiv.; Orillard, n° 611; Lyon-Caen, n° 3199; Garsonnet, t. 1, p. 733, note 4), et la jurisprudence s'est prononcée dans le même sens. De nombreux arrêts ont reconnu que les règles spéciales de compétence édictées par l'art. 420 restent applicables bien que l'existence du marché soit contestée, si cette contestation n'a pas le caractère d'un débat sérieux et engageant le fond du droit (Civ. cass. 14 déc. 1857, aff. Chemin de fer de l'Est *C.* Schlacter, D. P. 58. 1. 83; Civ. rej. 24 déc. 1861, aff. Parrey, D. P. 62. 1. 71; Req. 29 janv. 1862, aff. Tardy, *ibid.*; Civ. rej. 12 mars 1867, aff. Lesne-Laude, D. P. 67. 1. 125; Agen, 4 janv. 1875, aff. Lagache, D. P. 78. 2. 212). Il a été jugé, spécialement, par application de ce principe : 1° que le tribunal du lieu où une marchandise a été vendue par mandataire et où elle doit être livrée, est compétent pour connaître de l'action de l'acheteur en exécution de la vente, quoique le vendeur nie l'existence du mandat en vertu duquel elle aurait été faite, s'il est constaté que ce mandat résultant d'une lettre reconnue et non suivie de contre-ordre, n'a été contesté que pour éluder la loi (Arrêt précité du 29 janv. 1862); — 2° Qu'il en est de même dans le cas où le vendeur, tout en ne contestant pas l'existence de la vente faite par son voyageur, nie les pouvoirs qu'il lui avait conférés à l'effet de traiter définitivement, et se refuse à l'exécution du marché en excipant d'instructions restrictives qu'il aurait adressées à son mandataire, sans qu'il soit prouvé ni même allégué que l'acheteur en ait eu connaissance (Arrêt précité du 24 déc. 1861); — 3° Que la simple dénégation du défendeur d'avoir participé au marché peut être considérée comme insuffisante pour faire fléchir l'attribution de compétence résultant de l'art. 420, lorsque cette dénégation est contredite par les livres d'un officier public, par exemple, d'un courtier de commerce (Arrêt précité du 12 mars 1867); —4° Que lorsqu'un voyageur accrédité a vendu sur échantillon et à un prix déterminé une certaine quantité de marchandises, il ne suffit pas au négociant qu'il représente de nier, sans motifs sérieux, la validité de la convention, sous prétexte que le mandataire a excédé ses pouvoirs, et que la vente n'était valable que sauf ratification, pour décliner utilement la compétence facultative attribuée au tribunal du lieu du payement par l'art. 420 (Besançon, 13 nov. 1870, aff. Noblet, D. P. 70. 2. 99).

En présence de la contestation élevée par le défendeur sur l'existence du marché qui fait l'objet de la demande ou sur sa participation à ce marché, il appartient au tribunal de commerce d'apprécier la valeur de cette prétention en s'éclairant sur ce point, notamment, au moyen des documents produits dans la cause (Civ. rej. 12 mars 1867, cité *suprà*, n° 28). Et il doit admettre le demandeur à prouver les faits articulés par lui, afin d'apprécier le mérite de la contestation (Civ. rej. 6 nov. 1871) (1).

Il importe peu, d'ailleurs, que l'examen du juge sur cette question de compétence se confonde avec la question du fond. Ainsi, lorsque la partie, actionnée devant le tribunal du lieu de la promesse et de la livraison, élève un déclinatoire motivé sur ce que la convention alléguée serait sans effet contre elle, comme ayant été conclue par un de ses agents en dehors des limites de son mandat, ce tribunal ne

peut se déclarer compétent sans examiner la contestation, sous prétexte qu'elle se rattache à la question du fond; il doit, avant de statuer sur le déclinatoire, vérifier l'existence et la validité de la convention déniée (Arrêt précité du 14 déc. 1857). — Jugé, de même, que l'art. 420 donne au juge saisi, dont la compétence est déniée par le motif que le marché allégué n'existerait pas, le droit de rechercher par toutes les voies d'instruction la réalité des faits qui forment la base de sa compétence, alors même qu'en faisant cet examen, il serait conduit nécessairement à former sa conviction en même temps sur la compétence et sur le fond (Orléans, 16 juin 1858, aff. Breton-Lorion, D. P. 58. 2. 187).

131.—4° *Cas où il y a plusieurs défendeurs.* — Ainsi qu'on l'a rapporté au *Rép.* n° 512, l'art. 420 peut également être applicable dans cette hypothèse par dérogation à la règle générale édictée par l'art. 59-1° c. proc. civ. — Il a été jugé à cet égard qu'en cas de pluralité de défendeurs, le tribunal dans le ressort duquel la promesse a été faite et exécutée par l'un des codéfendeurs n'est compétent à l'égard des autres qu'autant qu'ils ne contestent pas sérieusement leur participation à l'engagement et à son exécution (Civ. rej. 11 mars 1884, aff. Comptoir du Finistère, D. P. 84. 1. 313). Mais la question ainsi résolue n'était pas sans difficulté (V. la note insérée *ibid.*, où sont indiquées les objections que peut soulever la solution admise par la cour suprême).

132. — II. DU LIEU OÙ LA PROMESSE A ÉTÉ FAITE ET LA MARCHANDISE LIVRÉE (*Rép.* n°s 434 à 465). — L'art. 420 c. proc. civ., qui permet au demandeur de porter, en matière commerciale, son action devant le tribunal dans l'arrondissement duquel la promesse a été faite et la marchandise livrée, doit être entendu en ce sens que le concours de ces deux conditions est nécessaire pour qu'elles soient attributives de compétence (Outre les arrêts cités au *Rép.* n° 434, V. dans le même sens : Civ. cass. 1er mars 1847, aff. Lemort, D. P. 47. 1. 148; Bastia, 15 janv. 1855, aff. Tesnière-Beaulieu, D. P. 55. 2. 37; Grenoble, 25 févr. 1856, aff. Brénier, D. P. 57. 2. 176; Lyon, 1er juin 1857, aff. Ayral, D. P. 58. 2. 21; Grenoble, 9 janv. 1864, aff. Akar, D. P. 64. 2. 146; Req. 12 déc. 1864, aff. Lemaître et aff. Joly, D. P. 65. 1. 282; Dijon, 24 avr. 1865, aff. Regneau, D. P. 65. 2. 115; Req. 18 juin 1879, aff. Courtet, D. P. 84. 1. 33; 24 juin 1882, aff. Bonfante, D. P. 83. 1. 472). Ainsi l'action en payement du prix de vente ne peut être portée devant le tribunal du lieu de la livraison que si ce lieu est en même temps celui de la promesse (Arrêt précité du 12 déc. 1864; Lyon, 7 mars 1872, aff. Thévenin, D. P. 72. 2. 175).

133. — 1° *Détermination du lieu de la promesse.* — Cette détermination n'offre aucune difficulté lorsque le marché a été passé par les parties contractantes elles-mêmes, en présence l'une de l'autre (*Rép.* n° 435). — La question est, au contraire, assez délicate, lorsqu'il s'agit d'un marché conclu par correspondance. Suivant l'opinion générale, le lieu de la promesse est, en pareil cas, celui où a été accepté le marché, car c'est l'acceptation qui a rendu parfaite la convention (*Rép. ibid.;* Pardessus, *Droit commercial*, n° 1354; Rousseau, *Traité de la correspondance*, n° 132; Rousseau et Laisney, *Dictionnaire de procédure*, v° *Compétence commerciale*, n° 192). Jugé, en ce sens, outre les arrêts cités au *Rép.* n° 436 et suiv., que, dans les marchés liés par correspondance, la promesse doit être réputée faite, dans le sens de l'art. 420 c. proc. civ. : 1° au lieu où le marché a été accepté et non à celui où il a été proposé. En conséquence, si le lieu de l'acceptation est aussi celui où la marchandise a été livrée, le tribunal de ce lieu est compétent pour connaître de l'action en résiliation du marché intentée par l'acheteur contre le vendeur (Lyon, 1er juin 1857, cité *suprà*, n° 132. V. dans le même sens : Douai, 15 mars 1886, aff. Duhamel, D. P. 88.

(1) (Duffour *C.* Justin.) — LA COUR; — Attendu qu'aux termes de l'art. 420 c. proc. civ., le demandeur peut, en matière commerciale, assigner, à son choix, devant le tribunal du domicile du défendeur, ou devant celui dans l'arrondissement duquel la promesse a été faite et la marchandise livrée; — Attendu que cette disposition, destinée à faciliter les transactions entre commerçants, ne saurait être éludée par de simples dénégations, et qu'il appartient au tribunal saisi d'apprécier si la contestation est sérieuse; — Attendu que Justin père, en réponse aux dénégations de son adversaire, affirmait et offrait de prouver que la

vente avait eu lieu dans l'arrondissement de Villeneuve, que les marchandises y avaient été livrées et la plus grande partie du prix payée; — Attendu qu'en de semblables circonstances, l'arrêt attaqué (Agen, 31 juill. 1868) a pu, sans violer aucune disposition de loi, autoriser, avant dire droit sur la question de compétence proprement dite, la preuve des faits générateurs de sa compétence.

Par ces motifs, rejette, etc.

Du 6 nov. 1871.-Ch. civ.-MM. Devienne, 1er pr.-Hély d'Oissel, rap.-Blanche, 1er av. gén., c. conf.-Diard, av.

2. 37) ; — 2° Au lieu d'où a été expédiée la lettre d'acceptation ; en conséquence, c'est ce lieu qu'on doit considérer pour déterminer la compétence, en vertu de l'art. 420 (Rennes, 6 févr. 1873, aff. Lehoux , D. P. 75. 2. 224. Conf. Angers, 20 juin 1860, aff. Lemarchand, D. P. 60. 2. 206; Rouen,28 févr. 1874, aff. Sornet, D. P. 77. 2. 222 ; Chambéry, 8 juin 1877, aff. Uzel, D. P. 78. 2. 113); — 3° Au lieu d'où part l'acceptation définitive du marché (Caen, 15 juin 1871, aff. Aron, D. P. 72. 5.. 111) ; — 4° Au lieu où, sur la demande de l'acheteur, le vendeur a effectué l'envoi de la marchandise commandée (Req. 13 mars 1878, aff. Arnould Drappier, D. P. 78. 1. 311). Jugé aussi que lorsque, dans un marché par correspondance, le vendeur l'accepte en l'exécutant, son domicile doit être regardé à la fois comme le lieu de la promesse et le lieu de la livraison, c'est le tribunal de ce domicile qui doit être compétent (Nancy, 9 févr. 1874) (1).

Cependant il a été décidé, contrairement à cette doctrine, qu'une convention conclue par lettres missives entre deux négociants habitant des villes différentes n'est réputée formée qu'au moment et au lieu où parvient à son destinataire la réponse à des propositions antérieurement faites ; en conséquence, c'est à ce lieu qu'il faut s'attacher pour l'application de l'art. 420, qui, en matière commerciale, attribue compétence au tribunal dans l'arrondissement duquel la promesse a été faite et la marchandise livrée (Bourges, 19 janv. 1866, aff. Gillain, D. P. 66. 2. 64. V. dans le même sens : Hœchster et Sacré, Droit commercial français et étranger, t. 2, p. 1341). Jugé aussi qu'au cas de vente par correspondance, le lieu de la promesse peut être considéré comme étant celui où le vendeur, après avoir adressé à l'acheteur le tarif de ses prix, a reçu de celui-ci l'ordre de lui expédier une certaine quantité de marchandises aux conditions de ce tarif (Civ. rej. 30 mars 1881, aff. Arnould Drappier, D. P. 81. 1. 359) ; — Qu'en cas d'ouverture de crédit subordonnée à des conditions dont le créditeur a donné avis au crédité par lettre missive, le lieu de la promesse peut être considéré comme étant, non celui du domicile du crédité d'où est partie la lettre d'acceptation de ces conditions, mais celui du domicile du créditeur, où cette lettre a été reçue, et où la convention s'est complétée par l'adhésion du créditeur. Ce dernier arrêt reconnaît, d'ailleurs, en cette matière, un pouvoir souverain d'appréciation aux juges du fond (V. aussi dans le même sens : Req. 6 août 1867, aff. Gillain, D. P. 68. 1. 35; 1er déc. 1873, aff. Arnault, D. P. 77. 1. 450; Ruben de Couder, v° Compétence, n° 175. — Contrà : Rousseau et Laisney, v° Compétence commerciale, n° 190).

134. Dans le commerce, les achats et les ventes se font souvent par des intermédiaires, qui agissent avec ou sans l'assentiment des parties. Dans cette dernière hypothèse, les commissions sollicitées et obtenues pour un commerçant par un individu qui n'est pas son agent et n'a reçu de lui aucun mandat ne produisent leur effet qu'après l'acceptation formelle de ce commerçant ; dès lors, c'est seulement au domicile de ce dernier que le contrat devient parfait, et si les marchandises ont été livrées en gare au même lieu, l'action en payement peut être compétemment portée, en vertu de l'art. 420 c. proc. civ., devant le tribunal de commerce du domicile du vendeur. Peu importe que le vendeur ait eu, dans une ville voisine du domicile de l'acheteur, un courtier de l'aveu duquel la commande avait été sollicitée et obtenue (Dijon, 21 avr. 1865, aff. Regneau, D. P. 65. 2. 115).

135. Lorsque les achats et ventes se font par commis voyageur, en quel lieu la promesse doit-elle être réputée faite ? Les difficultés auxquelles cette question a donné lieu ont été exposées au Rép. nos 443 et suiv. Lorsque le commis voyageur a agi en vertu d'une procuration expresse, il est certain qu'on doit réputer lieu de la promesse, pour l'application de l'art. 420 c. proc. civ., celui où il a contracté (Rép. n° 443 ; Rouen, 7 janv. 1845 et 12 mars 1847; Lyon, 26 févr. 1846, et Limoges, 22 janv. 1848, cités ibid. n° 446; Grenoble, 9 janv. 1864, aff. Akar, D. P. 64. 2. 146; 13 févr. 1864, aff. Lyon, ibid.);... Encore bien que les conditions du marché aient été mentionnées dans la correspondance ultérieure de l'acheteur, non pour les soumettre à une nouvelle acceptation du vendeur, mais pour assurer davantage l'exécution ponctuelle d'une négociation déjà arrêtée et convenue (Arrêt précité du 9 janv. 1864). Et le vendeur actionné par l'acheteur en exécution du marché ne peut décliner la compétence du tribunal du lieu où il a été conclu par le commis voyageur sous le prétexte que ce dernier aurait excédé ses pouvoirs (Grenoble, 24 juin 1880) (2).

136. Dans le cas où le commis-voyageur n'a reçu aucun pouvoir exprès, il est décidé que c'est le lieu de la ratification qui est attributif de compétence, parce que le contrat n'est définitivement conclu qu'au moment où il est ratifié par le committant (Bordeaux, 8 avr. 1845, et Montpellier, 21 mai 1847, cités au Rép. n° 446). Jugé, dans le même sens, que lorsque le marché négocié par un commis voyageur n'est devenu définitif que par la ratification du patron, qui a déclaré par lettre accepter l'offre d'achat transmise par son employé, c'est par le tribunal du domicile de

---

(1) (Jeannin-Gérard C. Bernard.) — La cour; — Attendu que, sur la demande à lui adressée les 2 et 17 juin 1870, Jeannin-Gérard, brasseur à Bar-le-Duc, a expédié à Brunoy (Seine-et-Oise) dix hectolitres de bière en douze fûts ;... — Sur l'exception d'incompétence : — Attendu qu'en matière commerciale, aux termes de l'art. 420 c. proc. civ., le demandeur peut assigner devant le tribunal dans l'arrondissement duquel la promesse a été faite et la marchandise livrée, ou dans celui où le payement devait être effectué; que cette double circonstance se rencontre dans la cause pour attribuer compétence au tribunal de Bar-le-Duc; — Qu'en effet, c'est dans cette ville que le marché a été conclu par la réception de la commande suivie de l'exécution qui en a été l'acceptation ; que c'est également à Bar que la livraison a eu lieu, puisque, aux termes de l'art. 100 c. com., la marchandise expédiée par chemin de fer voyageait aux risques et périls de l'acheteur; que de plus, la mention insérée dans les factures que le prix était payable dans Bar, factures que le destinataire a acceptées, ainsi que la marchandise, sans protestation ni réserve, avait pour effet d'attribuer compétence au juge du lieu déterminé pour le payement; — Que la facilité offerte à l'acheteur de se libérer au moyen de traites qui lui seraient présentées n'a pas eu pour effet, dans la pensée commune des parties, de déroger à l'attribution de compétence résultant de l'indication d'un lieu de payement; — Que c'est en vain que l'appelant voudrait séparer la convention relative aux fûts de celle concernant l'obligation principale et distinguer entre le lieu où la convention spéciale se serait formée et celui où le marché principal a pris naissance; que le tout ne constitue qu'un seul et unique marché, comprenant des conditions accessoires qui doivent suivre, quant à la compétence, le sort de la convention principale; — Par ces motifs, dit que les premiers juges étaient compétents pour connaître du litige...
Du 9 févr. 1874.-C. de Nancy, 2e ch.-MM. d'Hannoncelle, pr.-Lombard père et Mengin fils, av.

(2) (Gilibert-Tezier C. Chancel). — La cour; — Attendu que Martinon, voyageur de Chancel, a vendu, le 23 nov. 1879, à Valence, au sieur Gilibert-Tezier, négociant en cette ville, une certaine quantité de papier livrable franco en gare de Valence, et payable à 60 jours de terme; — Attendu que, sur le refus de Chancel d'exécuter ce marché, Gilibert-Tezier, usant de la faculté accordée par l'art. 420 c. proc. civ., l'a fait assigner devant le tribunal de commerce de Romans; — Attendu que Chancel, pour décliner la compétence de ce tribunal, soutient que le marché consenti à Gilibert-Tezier n'est pas valable; que Martinon a fait erreur, qu'il a vendu au-dessous de sa valeur un papier dont sa maison ne lui avait remis aucun échantillon ; que, cependant, Chancel ne conteste ni l'existence du marché, lequel d'ailleurs constaté par écrit, ni que Martinon fût son commis voyageur, ni qu'il ait été présenté en cette qualité à Gilibert-Tezier par Bouvier, correspondant à Valence de la maison Chancel; — En droit : — Attendu que la compétence établie par l'art. 420 précité en faveur du tribunal du lieu où la promesse aurait été faite et la marchandise livrée, ou celui du lieu convenu pour le payement, suppose l'existence d'un marché qui détermine cette compétence, mais que, attendu qu'il ne suffit pas au demandeur d'alléguer simplement un pareil marché pour saisir la juridiction exceptionnelle, il ne suffit pas au défendeur, pour y échapper, de contester d'une manière quelconque sa participation à la convention dont la preuve est rapportée; — Attendu qu'il s'agit donc de rechercher préjudiciellement, non pas si la demande est juste et fondée, mais uniquement si le demandeur a réellement conclu un marché qui le place dans le cas de l'exception édictée par l'art. 420, car autrement, à ce prétexte, d'un prétexte pour distraire le défendeur de ses juges naturels; — Attendu que la jurisprudence exige une contestation sérieuse, non pas une contestation qui porte sur le fond du procès, sur la validité du marché, mais bien et uniquement sur l'existence même d'un marché qui engagerait le défendeur; que, s'il en était autrement, le fond se trou-

ce patron, surtout s'il a été convenu que la marchandise serait livrée à ce même domicile, que doivent être jugées les contestations relatives à son exécution. Et il en est ainsi encore bien que le prix aurait été réglé en une traite payable au domicile de l'acheteur, si cette traite a été tirée en vertu d'une stipulation de la facture qui portait : « payable dans le lieu du domicile du vendeur avec faculté de tirer sans novation à cette condition », et contre laquelle l'acheteur n'a élevé aucune réclamation (Trib. com. Havre, 12 janv. 1870, aff. Scol-Masse, D. P. 71. 3. 24. V. dans le même sens: Aix, 27 juill. 1878 (1). Conf. Massé, *Droit commercial*, t. 1, n° 582 ; Ripert, *De la vente commerciale*, p. 45 et suiv. ; Carré et Chauveau, *Lois de la procédure*, quest. 1507 *bis* et 1508 *bis* ; Rousseau et Laisney, v°. *Compétence commerciale*, n° 194).

Mais la doctrine contraire a prévalu dans la jurisprudence. Il a été décidé que : 1° lorsqu'une vente a été opérée par un commis voyageur sans procuration spéciale, le lieu du contrat est celui où la vente a été opérée et non celui où elle a été ratifiée, la ratification rétroagissant au jour de l'engagement ; en conséquence, le lieu de la ratification ne peut servir à déterminer, comme lieu de la promesse et de la livraison, le tribunal compétent pour connaître des contestations élevées entre les parties (Civ. cass. 31 août 1852, aff. Badois, D. P. 52. 1. 225 ; Nîmes, 13 mai 1871, aff. Migeon, D. P. 72. 2. 69) ; — 2° Dans le cas où une vente de marchandises est consentie au domicile de l'acquéreur par un commis voyageur représentant le vendeur, le lieu de la promesse, dans le sens de l'art. 420 c. proc. civ., doit être considéré comme étant celui où la convention estintervenue entre l'acquéreur et le mandataire ; et il serait ainsi, lors même que le commis voyageur, n'ayant pas mandat de traiter définitivement, la vente aurait un besoin d'être ratifiée par le mandant, l'effet de cette ratification rétroagissant au jour de la convention (Lyon, 14 mars 1872, aff. Raddez, D. P. 74. 2. 15) ; — 3° La ratification du commettant, lorsqu'elle est nécessaire pour rendre définitif le marché conclu par le représentant d'une maison de commerce, rétroagit au jour de la convention qui en est l'objet, et dont la date ainsi fixée détermine le lieu où cette convention a été passée ; dès lors, le lieu où la ratification est intervenue ne peut servir à déterminer, comme lieu de la promesse et de la livraison, le tribunal compétent pour connaître des contestations relatives audit marché (Civ. cass. 25 févr. 1879, aff. Bonnotte, D. P. 79. 1. 102) ; — 4° La vente faite par un commis voyageur sous la condition de la ratification de son patron se forme dans le lieu où le contrat est passé par le commis, et non dans le lieu où le patron donne sa ratification ; en conséquence, l'acheteur ne peut être assigné devant le tribunal de ce dernier lieu, quoique la marchandise y ait

été livrée (Toulouse, 27 mars 1884, aff. Chazal, D. P. 85. 2. 52. V. dans le même sens: Orillard, n° 609 ; Boncenne et Bourbeau, *Théorie de la procédure civile*, t. 6, p. 166 ; Boitard, Colmet Daâge et Glasson, *Leçons de procédure civile*, 14° éd., t. 1, n° 648 .

Quant à la question de savoir à quoi l'on reconnaîtra qu'un commis voyageur a agi comme mandataire ou comme simple solliciteur de commissions, elle doit êtreabandonnée à l'appréciation des tribunaux (*Rép.* n° 446).

137. La règle de compétence établie par l'art. 420-2° s'applique, d'après le système le plus généralement admis, même aux obligations de faire (*Rép.* n° 462). Cette solution a été appliquée notamment au contrat de commission, qui offre un des exemples les plus fréquents d'obligations de faire (V. *suprà*, n° 124). La jurisprudence admet que le tribunal du domicile du commissionnaire est compétent comme étant celui du lieu de la promesse. Spécialement, pour les avances qu'il a faites sur des marchandises à lui expédiées, le commissionnaire peut actionner son committant devant les juges de son propre domicile, c'est-à-dire du lieu où ces avances ont été faites (Lyon, 23 juin 1848, aff. Reynard, D. P. 49. 2. 33). De même, doit être considéré comme lieu de la promesse et de la livraison, dans le sens de l'art. 420 c. proc. civ., le lieu où a été faite la convention par laquelle l'une des parties s'est engagée à faire pour l'autre partie, au même lieu, moyennant un droit de commission, des marchés avec certaines entreprises industrielles, et, par exemple, avec des compagnies de chemins de fer; en conséquence, l'action en payement de ce droit de commission peut être portée devant le tribunal du lieu où la convention a été ainsi faite et exécutée (Civ. rej. 9 mars 1863, aff. Formann, D. P. 63. 1. 176). Décidé également que le commissionnaire peut actionner le committant devant le juge de son propre domicile, à raison des avances qu'il a faites, parce qu'il a le droit d'en être remboursé à son domicile;... lors même que celles-ci seraient comprises dans le solde d'un compte, s'il est reconnu que ce compte comprend uniquement des avances faites par suite d'opérations de commission (Aix, 5 janv. 1872, aff. Vito, D. P. 74. 2. 8). — Décidé également que le courtier peut poursuivre le payement de ses honoraires devant le tribunal du lieu où le contrat a été formé et doit être exécuté (Aix, 18 janv. 1873) (2).

138. En ce qui concerne les contrats de transport, il a été décidé que le lieu où le transporteur a mis à la disposition de l'expéditeur son industrie et les bateaux sur lesquels le transport doit être opéré, constitue le lieu de livraison de la marchandise, dans le sens de l'art. 420 c. proc. civ. ; que, par suite, le tribunal de commerce de ce lieu est compétent pour connaître des contestations élevées

---

(1) (Courtet *C.* Spont et comp.). — LA COUR ; — Attendu que le 26 oct. 1877, Ress, commis voyageur de Spont et comp., a vendu à Courtet une partie de haricots de couleur *trialle* ; que cette vente n'est devenue parfaite que par la ratification des mandants du sieur Ress; que cette ratification a été donnée, le 29 octobre, à Marseille; que c'est dans cette ville qu'elle devait être donnée; que de la correspondance des parties résulte, en effet, que c'est à la maison que Spont et comp. a établie à Marseille qu'ils réservent, à l'exclusion de celle de Paris, la conclusion et l'exécution des marchés de la nature de celui sur lequel il s'agit de statuer; qu'il résulte de ce qui précède que Marseille a été le lieu du marché ; qu'il a été aussi celui de la livraison, puisque Courtet reconnaît dans ses conclusions que la vente était faite *franco en gare de Marseille* ; qu'à ce double titre le tribunal consulaire

verait préjugé en même temps que le déclinatoire, en violation des art. 425 et 172, lesquels exigent qu'il soit rendu deux décisions distinctes : la première sur la compétence, et, ensuite, la seconde sur le fond ; — Attendu que dans le procès actuel la promesse est certaine, constatée par écrit et non déniée; qu'elle contient un marché ferme et sérieux qui a été contracté et doit être exécuté dans le ressort du tribunal de commerce de Romans; que c'est donc à bon droit que Gilibert-Tezier, usant de la faculté que lui accorde l'article 420, a saisi la compétence de ce tribunal, ce qui n'empêche pas plus tard, lorsque la contestation sera engagée sur le fond, de prononcer la nullité du marché et de rejeter les prétentions du demandeur, si le défendeur vient à prouver que Martinon, son commis, a excédé ses pouvoirs et n'a pas engagé son mandant; — Confirme, etc.

Du 24 juin 1880.-C. de Grenoble, 4° ch.

de cette ville était compétent; — Attendu que cette compétence résulte encore de ce que Marseille était le lieu de payement; ... — Par ces motifs, confirme, en tant qu'ils statuent sur la compétence, les jugements rendus par le tribunal consulaire de Marseille, les 14 et 23 mai dernier, etc.

Du 27 juill. 1878.-C. d'Aix, 2e ch.-MM. Germond, pr.-Poneytier, subst.-Roux et Abram, av.

(2) (Vidès *C.* Alibert). — Le sieur Alibert, courtier à Marseille, fut chargé par Vidès, négociant établi à Marseille, d'y faire l'achat d'une collection d'objets d'art. Vidès s'étant établi plus tard à Bagnères-de-Luchon, Alibert lui réclama 1050 fr. pour courtage, et le cita devant le tribunal de commerce de Marseille, par application de l'art. 420 c. proc. civ. Vidès soutint que ce tribunal était incompétent, l'art. 420 étant inapplicable au courtage, et que l'action devait être portée devant le juge de son domicile actuel, en vertu du droit commun. Le 26 juill. 1872, jugement du tribunal de commerce de Marseille, ainsi conçu : « Attendu que le sieur Alibert a demandé au sieur Vidès le payement d'une commission de censerie, à raison d'un achat effectué par le sieur Vidès à Marseille, et dans lequel le sieur Alibert aurait été intermédiaire; que le sieur Vidès a décliné la compétence du tribunal; — Attendu que le sieur Vidès était lui-même établi à Marseille, lorsqu'il a fait traiter cet achat, et que c'est à Marseille qu'il devait payer le sieur Alibert de son courtage ; — Par ces motifs, se déclare compétent sur la demande du sieur Alibert ». — Appel par Vidès. — Arrêt.

LA COUR ; — Adoptant les motifs des premiers juges ; — Confirme, etc.

Du 18 janv. 1873.-C. d'Aix.

entre les parties, si c'est au même lieu que la promesse a été faite; et la promesse est réputée avoir été faite au même lieu, lorsque l'expéditeur a traité dans ce lieu avec l'agent publiquement accrédité de l'entrepreneur de transport, sans nécessité d'une ratification postérieure, ratification qui aurait, d'ailleurs, un effet rétroactif au jour du traité (Lyon, 14 mai 1867, aff. Bachelier, D. P. 67. 2. 134). — Décidé, cependant, qu'en matière de transport de marchandises par une compagnie de chemin de fer, la livraison au destinataire, dans le sens de l'art. 420 c. proc. civ., est réputée faite, non à la gare d'expédition, mais au lieu de destination; qu'en conséquence, l'action en payement du prix du transport ne peut être portée devant le tribunal du lieu d'expédition, ce lieu, s'il est celui où la promesse a été faite, n'étant pas celui où la marchandise a été livrée (Req. 18 juin 1867, aff. Chemin de fer d'Orléans C. Breuillac, D. P. 67. 1. 330).

139. — 2° *Détermination du lieu de la livraison* (*Rép.* n°ˢ 447 à 455). — Comme on l'a vu au *Rép.* n° 447, le lieu de la livraison des marchandises, lorsqu'il n'y a pas de stipulation entre les parties, est en principe celui d'où elles ont été expédiées; car c'est de là qu'elles ont été livrées pour être transportées au domicile de l'acheteur, et dès lors, elles voyagent à ses risques et périls (*Rép.* n° 447). — Il a été jugé en ce sens, depuis la publication du *Répertoire*, que la livraison d'une marchandise vendue est réputée faite au domicile du vendeur, quand la marchandise est expédiée de ce lieu aux risques et périls de l'acheteur (Req. 12 déc. 1864, aff. Lemaître, et aff. Joly, D. P. 65. 1. 282-284; Douai, 15 mars 1886, aff. Duhamel, D. P. 88. 2. 37).

140. Toutefois, la livraison de marchandises achetées sur échantillons n'étant parfaite qu'au moment où l'acheteur a reconnu la conformité des marchandises expédiées avec les échantillons, celle-ci doit être réputée effectuée au domicile de ce dernier; en conséquence, si c'est aussi dans l'arrondissement de ce domicile que la promesse a été faite, l'acheteur peut assigner le vendeur devant le tribunal de cet arrondissement (Grenoble, 25 févr. 1856, aff. Brenier, D. P. 57. 2. 176. V. conf. Angers, 17 déc. 1847, aff. Guillet, D. P. 48. 2. 52). — Le lieu de la livraison est également celui du domicile de l'acheteur lorsque, d'après les conventions intervenues, la marchandise devait être livrée franco de port en gare de ce domicile (Req. 7 déc. 1881, aff. Izombard, D. P. 82. 1. 400), et cela encore bien que la facture porte, dans la partie imprimée, la mention que la marchandise voyage aux risques de l'acheteur (Même arrêt). — Il en est de même encore, lorsque les marchandises n'ont été remises au chemin de fer à destination de l'acheteur que pour être livrées contre remboursement (Lyon, 7 mars 1872, aff. Thévenin, D. P. 72. 2. 175 ; Amiens, 4 déc. 1875, aff. Gérard, D. P. 77. 5. 113 ; ... Et cela quand bien même la facture contiendrait, dans sa partie imprimée, la stipulation d'un payement au lieu du domicile du vendeur, ladite stipulation se trouvant annulée par la mention manuscrite portant que ce payement sera fait aux agents de la compagnie dans le lieu de destination (Même arrêt). — Décidé, toutefois, en sens contraire, que l'attribution de compétence au tribunal du domicile du vendeur, résultant des conventions des parties dans un marché à livrer, n'est pas modifiée par la circonstance que le vendeur a consenti à expédier la marchandise contre remboursement (Paris, 12 juill. 1873, aff. Brard, D. P. 74. 5. 123).

141. Il a été jugé encore : 1° qu'en cas de vente par correspondance, on doit considérer comme lieu de la livraison celui où la marchandise a été remise au chemin de fer par le vendeur (Req. 13 mars 1878, aff. Arnould Drapier, D. P. 78. 1. 311) ; — 2° Que dans une contestation entre une société concessionnaire d'abattoirs, halles et marchés et l'adjudicataire des constructions nécessaires à l'installation de ces

établissements, on doit considérer comme étant le lieu de la promesse et de la délivrance celui où l'adjudication des travaux a été fait et où il a été procédé à la livraison des constructions (Poitiers, 14 févr. 1884, aff. Société générale des abattoirs, D. P. 85. 2. 257) ; — 3° Que dans le cas d'un emprunt fait par un banquier, pour les besoins de son commerce, le lieu de la livraison est celui où les espèces ont été remises à banquier ; qu'en conséquence, le tribunal de ce lieu est compétent pour statuer sur les contestations relatives audit emprunt, si, en outre, c'est dans le même lieu que le contrat est intervenu (Douai, 28 mars 1877, *Recueil de cette cour*, 1877, p. 282).

142. — III. Du lieu du payement (*Rép.* n°ˢ 465 à 517). — On a examiné au *Rép.* n° 467 quelle est la signification du mot *payement* dans l'art. 420, et l'on a émis l'avis que cette expression ne désigne pas, d'une façon générale, tout acte par lequel on satisfait à un engagement, mais un payement proprement dit en numéraire ou équivalent (V. dans le même sens : Orillard, n° 616; Nouguier, t. 2; p. 370). Les auteurs les plus récents estiment, au contraire, que l'expression a été employée dans un sens large, qu'elle comprend toute prestation quelconque faite en exécution d'une obligation (V. notamment Ruben de Couder, v° *Compétence*, n° 189 ; Bédarride, *De la juridiction commerciale*, n°ˢ 166 et suiv. ; Boistel, n° 1470; Rodière, *De la compétence*, t. 1, p. 116; Rousseau et Laisney, v° *Compétence commerciale*, n° 207), et cette interprétation est confirmée par plusieurs arrêts (Paris, 3 juill. 1851, aff. Hauteterre, D. P. 53. 2. 48 ; Chambéry, 11 févr. 1880) (1). — La question s'est présentée spécialement en matière de transport, elle a été diversement résolue. D'après certaines décisions, le lieu du payement, en matière de transport, est celui où le *prix du transport* est payable, et non celui où l'objet transporté on doit être délivré (Conf. Rouen, 21 juin 1855, cité *suprà*, n° 128). Par suite, la disposition de l'art. 420 c. proc. civ. qui, en matière commerciale, attribue compétence au tribunal du lieu où le payement doit être effectué, ne peut être invoquée, dans une action en dommages-intérêts formée contre une compagnie de chemin de fer pour perte de bagages, à l'effet d'établir la compétence du tribunal du lieu d'arrivée (Pau, 13 déc. 1864, aff. Ricaud, D. P. 65. 2. 229). — Mais suivant d'autres arrêts plus nombreux, le mot *payement* employé dans l'art. 420 s'entend, non seulement de la prestation d'un prix, mais encore de l'accomplissement de toute espèce d'obligations. Décidé, en conséquence : 1° qu'en matière de transport, le tribunal du lieu où l'objet à transporter doit être livré, est compétent pour connaître des contestations entre le transporteur et le destinataire (Paris, 31 juill. 1850, aff. Cremel, D. P. 51. 2. 111 ; Angers, 29 juill. 1853, aff. Duribert, D. P. 54. 2. 198); et spécialement, que le tribunal du lieu d'arrivée d'un voyageur, dont les bagages ont été perdus, est valablement saisi de la demande en dommages-intérêts formée par ce voyageur contre la compagnie, et notamment contre une compagnie de chemin de fer, qui s'était chargée du transport de ces bagages (Même arrêt du 29 juill. 1853); — 2° Que le voyageur dont les bagages ont été perdus ou égarés a le droit d'actionner la compagnie de chemin de fer devant le tribunal de commerce du lieu de sa destination (Poitiers, 12 févr. 1861, aff. Chemin de fer d'Orléans C. Bernard, D. P. 61. 2. 59).

143. Quant à la détermination du lieu du payement, elle résulte du contrat lui-même, s'il contient une clause à cet égard. Et il appartient aux juges du fond d'interpréter souverainement à ce point de vue les conventions des parties. Ainsi la décision par laquelle un tribunal de commerce se déclare compétent par application de l'art. 420, 3° alin.,

---

(1) (Sandino, Regalio et Bove.) — La cour ; — Sur l'exception d'incompétence :... — Attendu, à cet égard, que l'action dirigée contre F. Sandino, Regalio et Bove a pour objet l'exécution d'engagements commerciaux ; que l'art. 420 c. proc. civ. a édicté une compétence spéciale pour les affaires de commerce dont il a attribué la connaissance, non seulement au tribunal du lieu où l'obligation a été contractée et la marchandise livrée, mais encore au tribunal du lieu où le payement doit être effectué ; que la jurisprudence, s'inspirant des intérêts du commerce, a largement interprété ces expressions, en admettant que le lieu où l'obliga-

tion doit recevoir son exécution doit, au regard de la compétence être assimilé à celui du paiement ; que, dans l'espèce, il n'est pas même certain que c'était dans le ressort du tribunal de Bonneville que devaient se réaliser les engagements contractés par les défendeurs, soit par le versement des sommes promises, soit par le concours personnel des associés à l'exécution des travaux ; que l'on se trouve ainsi dans un des cas prévus par l'art. 420...
Du 11 févr. 1880.-C. de Chambéry.-MM. Rosset de Tours, pr. Maréchal, av. gén.-Perrier de la Bathie, Fernex, Roissard et Machard, av.

par le motif qu'il résulte du contrat litigieux que le payement devait avoir lieu dans son ressort, échappe au contrôle de la cour de cassation (Req. 27 nov. 1883, aff. Bergeyron, D. P. 83. 1. 384). De même, est souveraine la décision par laquelle le juge du domicile du vendeur reconnaît sa compétence en se fondant sur ce que le marché n'avait rien déterminé quant au lieu du payement, et sur ce qu'une facture indiquant que ce payement serait effectué au domicile du vendeur avait été reçue ultérieurement par l'acheteur sans protestation (Req. 9 nov. 1885, aff. Oustalet, 2º arrêt, D. P. 86. 1. 8). — Jugé également que le lieu de réception des deniers ou traites envoyés par une maison de commerce à son préposé, pour les payements qu'il a à faire en exécution de son mandat, et notamment pour l'acquit des lettres de voiture accompagnant les transports de marchandises dont la surveillance lui est confiée à leur arrivée, doit être considéré comme étant aussi le lieu de payement des droits de commission dus à ce préposé, lorsqu'il est constaté que ces droits lui sont soldés par voie de prélèvement sur les mêmes valeurs ; qu'en conséquence, le tribunal de ce lieu est compétent pour connaître des contestations relatives à la quotité de ces droits de commission (Req. 7 mars 1860, aff. Tesnière et Faure-Beaulieu, D. P. 60. 1. 190).

144. En l'absence de toute convention, on applique la règle de l'art. 1247 c. civ., d'après lequel le lieu du payement est, en principe, au domicile du débiteur (Bastia, 15 janv. 1855, aff. Tesnière-Beaulieu, D. P. 55. 2. 37). Toutefois l'application de cette règle comporte des restrictions. En effet, comme on l'a exposé au *Rép.* nº 469, il faut distinguer entre les *marchés au comptant* et les *marchés à terme.*

145. Lorsque le marché est fait *au comptant*, le lieu du payement et celui de la livraison se confondent (Bédarride, nº 171 ; Lyon-Caen, nº 3195), s'il n'y a stipulation contraire (*Rép.* nº 473). Ainsi, lorsque, dans une vente de marchandises, le lieu et le temps du payement n'ont pas été spécialement désignés, ce payement devant être effectué au lieu et à l'époque de la délivrance, le tribunal de commerce du domicile de l'acheteur est compétent pour connaître de la demande de livraison, et il y a lieu de renvoyer l'acheteur, par voie de règlement de juges, à se pourvoir devant le tribunal du domicile du vendeur (Req. 30 nov. 1880, aff. Omer Grandjean, D. P. 81. 1. 423-424). — Une vente de marchandises dont le prix est stipulé *payable à livraison* doit être réputée faite au comptant, et, dès lors, le lieu de payement est celui du domicile du vendeur, quoique celui-ci ait tiré sur l'acheteur une traite payable à une époque postérieure à la livraison, et qu'il l'ait négociée le jour même de la livraison. En conséquence, le tribunal du domicile du vendeur est compétent, comme tribunal du lieu de payement, dans le sens de l'art. 420 c. proc. civ., pour connaître de l'action en remboursement de cette traite non payée au porteur lors de son échéance (Besançon, 10 févr. 1858, aff. Gauthier, D. P. 58. 2. 222).

146. Si le prix de vente a été stipulé payable *à terme* sans indication du lieu de payement, la règle de droit commun posée par l'art. 1247 c. civ. redevient applicable ; c'est donc au domicile de l'acheteur que le payement doit être effectué (Grenoble, 11 févr. 1870, aff. Laigner-Villain, D. P. 71. 2. 56). En conséquence, l'acheteur peut valablement assigner le vendeur devant le tribunal de commerce de son propre domicile à fin d'exécution ou de résiliation

du marché (Orléans, 7 juin 1853, aff. Lefort, D. P. 54. 5. 165 ; Req. 19 févr. 1884, aff. Fuzier frères, D. P. 85. 1. 238). Et il doit en être ainsi, a-t-on dit au *Rép.* nº 470, non seulement lorsqu'il a été expressément stipulé un terme pour le payement, mais encore lorsque le bénéfice du terme résulte tacitement des faits qui ont accompagné ou suivi la vente.

147. En ce qui concerne les *marchés par intermédiaires*, c'est-à-dire ceux qui, soit au comptant, soit à terme, sont conclus généralement par les commis voyageurs ou les représentants de commerce (*Rép.* nº 474), V. ce qui a été dit *suprà*, nos 135 et suiv., sur les achats et ventes faits par les commis voyageurs à propos de la détermination du lieu de la promesse. — Décidé, à ce sujet, que lorsqu'une vente faite par l'intermédiaire d'un commis voyageur a été consentie à terme, qu'il a été convenu que la délivrance se ferait au domicile du vendeur, et que le contrat garde le silence sur le lieu du payement, c'est au domicile de l'acheteur que doit se faire ce payement, conformément à l'art. 1247 c. civ., et non au lieu de la délivrance, en vertu de l'art. 1651 c. civ. En conséquence, le tribunal du domicile de l'acheteur est compétent, comme tribunal du lieu du payement, pour connaître des contestations élevées sur l'exécution de cette vente (Paris, 20 janv. 1846, aff. Sarran fils, D. P. 46. 2. 17).

148. Le tribunal du lieu indiqué dans la convention, comme celui où le payement doit être effectué, est seul compétent en vertu du 3e alinéa de l'art. 420, et l'exécution du contrat ne peut, sous aucun prétexte, être poursuivie devant un autre tribunal par application de la même disposition. — Jugé, en ce sens, que l'impossibilité, par suite de l'investissement d'une ville en temps de guerre, d'y faire le payement convenu dans un contrat commercial, n'autorise pas l'une des parties à actionner l'autre devant le tribunal d'une autre ville sous prétexte que le payement pourrait être fait dans celle-ci (Trib. com. Nantes, 25 janv. 1871, aff. Charpentier, D. P. 72. 5. 109).

149. La disposition de l'art. 420 qui attribue compétence au tribunal du lieu où le payement devait être effectué, a été appliquée à divers contrats qui, d'après l'opinion la plus généralement admise, sont, de même que les achats et ventes de marchandises, régis par cet article (V. *suprà*, nº 126). Ainsi, il a été jugé : 1º que la demande formée par l'employé d'un commerçant contre celui-ci, à raison de ses fonctions, et à fin notamment de dommages-intérêts pour réparation du préjudice résultant de sa révocation, peut être portée devant le tribunal de commerce du lieu d'exercice des fonctions, du demandeur, et de payement de ses appointements (Req. 13 mai 1857, cité *suprà*, nº 126) ; — 2º Que la demande formée contre une société commerciale par un de ses employés en payement de ses appointements et de dommages-intérêts à raison de sa brusque destitution, est compétemment portée par cet employé devant le tribunal du lieu où, d'après les conventions des parties, le payement du prix de louage de services devait s'effectuer (Req. 21 févr. 1887, aff. Comp. Algérienne, D. P. 88. 1. 38-39) ; — 3º Que le commettant peut assigner devant le tribunal du lieu où le payement doit se faire le commissionnaire qui achète des marchandises en son nom, lors même que la demande a trait à la restitution de sommes que le commettant soutient avoir été touchées indûment par le commissionnaire (Pau, 24 mai 1869) (1).

---

(1) (Ponaderis C. Barrieu.) — LA COUR ; — Attendu que Barrieu et Ponaderis ont eu, le premier comme négociant, le second comme commissionnaire, des relations d'affaires dont le caractère commercial n'est point contesté ; — Qu'il y a compte à faire pour régler le résultat de ces relations, et que ce règlement est, en réalité, l'objet de l'instance engagée par Barrieu ; — Attendu que Ponaderis excipe de l'incompétence du tribunal de commerce de Dax, parce que ce tribunal n'est pas celui de son domicile et que l'art. 420 c. proc. civ. ne serait pas, d'après lui, applicable à l'espèce ; — Qu'il soutient que la nature de la demande ne comporte pas l'application de cet article : 1º parce qu'il s'agit d'un compte à régler par suite de mandat et non d'achats et de ventes et d'une répétition de sommes prétendues indûment payées par le mandant ; 2º parce que les conditions de faits indiqués par l'art. 420 ne se rencontrent pas dans la cause ; — Attendu que la demande de Barrieu tendant au payement d'un solde de compte

ne saurait être isolée des agissements qui sont les éléments de ce compte ; — Que ces agissements dérivent d'un contrat formé entre les parties, et qu'on ne voit pas en quoi la nature de ce contrat pourrait exclure l'application des deux derniers paragraphes de l'art. 420 ; — Attendu, en fait, que s'il n'est pas suffisamment établi que les parties se trouvent dans les conditions prévues par le deuxième paragraphe de ce contrat, il résulte de la correspondance qu'elles sont du moins dans le cas prévu par le troisième ; — Qu'en effet, d'après cette correspondance, c'est à Dax que les parties devaient régler leurs comptes et que, par suite, le payement du solde de ces comptes devait être opéré ; — Que c'est donc à bon droit que le tribunal de commerce de Dax s'est déclaré compétent ; — Par ces motifs, confirme, etc. — Du 24 mai 1869.-C. de Pau, ch. civ.-MM. Daguilhon, 1er pr. Lespinasse, 1er av. gén.-Soulé et Gaston Lamaighère, av.

150. L'art. ° s'applique également au contrat de transport en ce concerne le lieu du payement. Le voiturier doit, e èse générale, être payé du prix du transport au lieu u déchargement. Le tribunal de cet arrondissement sera donc compétent pour juger toutes les contestations auxquelles donnera lieu la marchandise voiturée, entre lui, l'expéditeur et le destinataire ou leurs représentants. Ces solutions indiquées au *Rép.* n°ˢ 509 à 511 ont pris, par suite de l'établissement des chemins de fer, une importance considérable.

151. La question de savoir quels sont, au point de vue de la compétence, les effets de l'indication, dans la facture, d'un lieu de payement déterminé, notamment du lieu où le vendeur a son domicile, a été fréquemment discutée devant les tribunaux, et comme on l'a vu au *Rép.* n°ˢ 475 et suiv., elle a été diversement résolue. — Ces divergences se sont perpétuées depuis la publication du *Répertoire.* Conformément à la jurisprudence retracée au *Rép.* n° 476, de nombreux arrêts ont décidé que le tribunal du lieu de payement désigné dans la facture est compétent par application de l'art. 420, 3° alin., si l'acheteur a reçu la facture sans réclamation, et comme on le suppose impliquant de sa part une adhésion. — C'est ainsi qu'il a été décidé que la déclaration, insérée dans une facture, que le payement des marchandises achetées devra être fait au domicile du vendeur, attribue compétence au tribunal de commerce de ce domicile, si l'acheteur a reçu la facture sans réclamation (Toulouse, 24 nov. 1855, aff. Gacon, D. P. 56. 2. 80; Req. 12 déc. 1864, cité *suprà*, n° 139). Il en est également ainsi lorsque l'acheteur, qui a reçu cette facture sans protestation ni réserves, l'a renvoyée en ne protestant que contre d'autres points spéciaux, donnant ainsi son assentiment implicite au surplus (Nancy, 21 nov. 1868, aff. Deflin-Schmidt, D. P. 70. 2. 105), ou n'a réclamé qu'au sujet d'énonciations différentes contenues sur la facture, par exemple, sur l'omission du détail des marchandises, alors surtout que c'est au même lieu du domicile du vendeur que la marchandise a été livrée, au moyen du dépôt de celle-ci à la gare du chemin de fer, pour être expédiée aux frais de l'acheteur conformément aux conditions du marché (Agen, 25 mai 1870, aff. Buisson, D. P. 70. 2. 191), ou si sa réclamation n'a porté que sur la qualité de la marchandise livrée (Req. 4 juill. 1883, aff. Jacquet, D. P. 84. 5. 107; 9 juin 1885, aff. Weiller, D. P. 87. 1. 384). — V. encore : Douai, 2 juill. 1856, aff. Bertheau, D. P. 56. 2. 295 ; Dijon, 21 avr. 1865, cité *suprà*, n° 134 ; Req. 15 janv. 1866, aff. Long et comp., D. P. 66. 1. 439 ; Lyon, 19 juill. 1866, aff. Leboyer, D. P. 66. 2. 223 ; Req. 4 mai 1869, aff. Aubin et Duhomme, D. P. 70. 5. 81 ; Lyon, 31 juill. 1869, aff. Sanoner, D. P. 70. 2. 20 : Req. 7 févr. 1872, aff. Duplessis, D. P. 72. 1. 208 ; Nancy, 9 févr. 1874, cité *suprà*, n° 133 ; Req. 18 juin 1879, aff. Courtet, D. P. 81. 1. 33 ; 14 janv. 1880, aff. Roumieu, *ibid.* ; 13 avr. 1880, aff. Nugue, *ibid.* ; 5 avr. 1880, V. *infrà*, n° 155; Req. 21 juin 1882, aff. Bonfante, D. P. 83. 1. 472 ; Toulouse, 27 mars 1884, aff. Chazal, D. P. 85. 2. 52; Req. 10 déc. 1884, aff. Pariente, D. P. 85. 1. 117-118).

152. La même solution reste applicable bien qu'il ait été convenu, lors de la vente, que le vendeur pourrait se couvrir du prix en traites sur l'acheteur (*Rép.* n° 476). C'est ce qui résulte de la plupart des arrêts cités au numéro qui précède. — Ainsi il a été décidé, en règle générale, que le lieu du payement du prix de marchandises vendues est celui du domicile du vendeur, lorsque c'est à ce domicile que le prix dont il s'agit est déclaré payable, dans la facture adressée à l'acheteur et acceptée par lui sans protestation, encore qu'il y soit ajouté que le payement sera effectué en traites tirées sur un autre lieu. Par suite, le tribunal du domicile du vendeur est compétent, en ce cas, comme tribunal du lieu de payement, pour connaître de l'action en payement du prix (Req. 12 déc. 1864, cité *suprà*, n° 139. Conf. Req. 4 mai 1869 et 7 févr. 1872, cités *suprà*, n° 151). Peu importe que l'avis donné par le vendeur à l'acheteur qu'il fera traite sur lui soit mentionné sur la facture elle-même ou contenu dans une lettre imprimée (ou manuscrite) faisant suite à celle-ci : en cas de non-payement de la traite, l'acheteur n'en est pas moins compétemment cité devant le tribunal de commerce du lieu indiqué sur la facture (Lyon, 31 juill. 1869,

cité *suprà*, n° 151). Et il en est ainsi alors même que, conformément à la convention, la facture porterait, en même temps, que le payement sera fait en valeurs tirées sur le lieu du domicile du débiteur et sur d'autres lieux désignés, le prix de la vente n'en devant pas moins être considéré comme payable au lieu désigné dans la facture, et tacitement accepté, puisqu'on n'ait à se préoccuper du lieu de payement des valeurs au moyen desquelles ce prix a été réglé (Nancy, 21 nov. 1868, cité *suprà*, *ibid.*); s'il est établi que la traite n'ayant pour but que de faciliter le payement du prix n'impliquait aucune dérogation aux énonciations de la facture (Req. 15 janv. 1866 et 10 déc. 1884, cités *suprà*, *ibid.*); et ne changeait pas les conditions du payement (Req. 18 juin 1879, 14 janv. et 13 avr. 1880, 21 juin 1882, cités *suprà*, *ibid.*); — Quand bien même la traite n'aurait pas été payée à l'échéance (Lyon, 19 juill. 1866, cité *suprà*, *ibid.*); — Surtout si la convention qu'une traite sera tirée sur l'acheteur n'est qu'une simple faculté, et si la facture déclare expressément ne point déroger à l'attribution de compétence résultant de l'indication du lieu de payement (Arrêt précité du 4 mai 1869). — Jugé, de même, que le fait que, faute par l'acheteur d'avoir payé à l'échéance primitivement fixée, une nouvelle traite aurait été tirée sur lui à son domicile, n'a pu avoir pour effet de changer la compétence (Dijon, 21 avr. 1865, cité *suprà*, n° 134). Vainement l'acheteur prétendrait-il faire considérer comme renonciation implicite à la stipulation de la facture sur le lieu de compétence, la circonstance que, plus tard, le vendeur aurait tiré sur lui un mandat payable en un autre lieu, si d'ailleurs il a refusé d'acquitter ce mandat (Agen, 25 mai 1870, cité *suprà*, n° 151). — Enfin, d'après un arrêt (Req. 13 mars 1878, aff. Arnould Drappier, D. P. 78. 1. 312), la question de savoir si la traite fournie par le vendeur sur l'acheteur a eu pour effet d'annuler la stipulation de la facture aux termes de laquelle le payement devait être fait au domicile du vendeur, est laissée à l'appréciation des juges du fond, auxquels il appartient de la résoudre souverainement d'après les circonstances de la cause.

153. Contrairement à la jurisprudence que l'on vient d'analyser, un certain nombre d'arrêts ont admis que la simple énonciation sur la facture ne suffisait pas pour attribuer compétence au tribunal du domicile du vendeur, nul ne pouvant, disent-ils, se créer un titre à soi-même ni étendre les privilèges que ce titre lui confère (*Rép.* n° 478). Il a été jugé, notamment, en ce sens : 1° que le contrat de vente de marchandises dont le prix est stipulé payable à terme sans indication du lieu de payement doit être interprété, conformément à la règle de droit commun posée par l'art. 1247 c. civ., en ce sens que le payement doit se faire au domicile du débiteur; la mention en caractères imprimés dans la facture que le prix sera payé au domicile du vendeur, alors même que cette facture aurait été acceptée sans protestation, est insuffisante pour modifier le contrat, et, dès lors, ne peut être considérée comme attributive de juridiction au tribunal du domicile du vendeur (Toulouse, 11 mars 1868, aff. Lefebvre et comp., D. P. 68. 2. 81 ; Grenoble, 11 févr. 1870, aff. Duru, D. P. 71. 2. 120); — 2° Que la mention imprimée d'un lieu de payement, dans une facture, n'est attributive de juridiction pour le tribunal du lieu désigné que si la facture a été acceptée par le destinataire ; cette acceptation ne peut s'induire du silence gardé par le destinataire jusqu'à l'arrivée des marchandises (Nîmes, 13 mai 1871, aff. Migeon, D. P. 72. 2. 69); — 3° Que l'énonciation imprimée dans une facture de marchandises vendues que « le prix sera payé comptant au domicile du vendeur », ne peut être considérée comme emportant attribution de compétence au tribunal du lieu de ce domicile, lorsque sur la même facture existe une mention manuscrite et signée du vendeur, aux termes de laquelle celui-ci se créditte du prix en traites payables au lieu de résidence de l'acheteur, sans autre avis. En pareil cas, c'est dans ce dernier lieu que doivent être jugées les contestations relatives au marché, alors surtout que le remboursement en voie de traites payables ainsi qu'il a été indiqué sur la facture, n'a pas été contesté par l'acheteur et a été considéré comme emportant dérogation absolue à l'obligation de payer comptant au lieu du domicile du vendeur (Lyon, 18 nov. 1869, aff. Guttmann, D. P. 70. 2. 192); — 4° Qu'il en est de même

lorsque le vendeur a informé l'acheteur de l'époque à laquelle la traite lui serait présentée (Toulouse, 27 mars 1874) (1); — 5° Que la clause imprimée sur la facture attribuant compétence au tribunal du domicile du vendeur doit être considérée comme non avenue, bien que l'acheteur n'ait pas protesté contre elle, s'il ne l'a pas acceptée d'une manière formelle, alors que le contraire avait été convenu entre les parties et que le vendeur avait fait traite sur l'acheteur. En d'autres termes, le silence de celui-ci ne peut être considéré comme une renonciation tacite à ce qui a été convenu entre les parties (Metz, 8 mai 1861) (2).

154. Il n'est pas douteux que l'énonciation de la facture qui attribue compétence au tribunal du domicile du vendeur doive rester sans effet lorsque l'acheteur a formellement protesté contre cette énonciation. C'est ce qui résulte de plusieurs arrêts cités au *Rép.* nos 479 et 480. — Décidé, dans le même sens : 1° que la clause d'une facture portant que le payement aura lieu au domicile du vendeur n'est pas obligatoire pour l'acheteur qui a expressément refusé cette facture dès sa réception à l'arrivée des marchandises, et qui, dans une lettre antérieure à leur envoi, avait stipulé que le prix serait payable à son domicile (Req. 18 juin 1879, aff. Tisseron, D. P. 81. 1. 33); — 2° Que bien que la facture de marchandises vendues indique le domicile du vendeur comme lieu du payement, il n'y a pas attribution de compétence au tribunal de ce lieu lorsque l'acheteur a refusé les marchandises, retourné la facture et déclaré protester

contre ses stipulations (Req. 29 déc. ', aff. Méléague, D. P. 86. 1. 418-419); — 3° Que la m on dans une facture que le payement sera fait au icile du vendeur n'emporte pas dérogation à la règle générale suivant laquelle l'acheteur n'est tenu de payer qu'à son propre domicile, lorsque l'acheteur n'a accepté cette facture ni tacitement, ni explicitement, et, qu'au contraire, il a refusé les marchandises et les traites émises pour le recouvrement du prix. En conséquence, le tribunal du domicile de l'acheteur est seul compétent pour statuer sur les contestations auxquelles le marché donne lieu (Angers, 2 déc. 1878, aff. Spont et comp., D. P. 79. 2. 214. V. aussi Aix, 29 mars 1867, aff. Viallon, D. P. 67. 5. 89).

155. Quant au refus, par l'acheteur, de recevoir les marchandises, il a été jugé par plusieurs arrêts rapportés au *Rép.* n° 479 qu'il enlève tout effet à la clause attributive de compétence insérée dans la facture, alors que celle-ci n'a pas été définitivement acceptée par l'acheteur (*Adde* dans le même sens: Grenoble, 9 janv. 1864, aff. Akar, D. P. 64. 2. 146; 13 févr. 1864, aff. Lyon, *ibid.*; Besançon, 10 mars 1873, aff. Roch, D. P. 73. 2. 88). — Jugé, de même, que le refus des marchandises implique, de la part de l'acheteur, le refus de la facture ou de la clause qu'elle renferme (Nîmes, 13 mai 1871, aff. Migeon, D. P. 72. 2. 69). — V. aussi Angers, 2 déc. 1878, et Req. 29 déc. 1885, cités *suprà*, n° 154.

Toutefois, d'après d'autres arrêts, le refus de la marchandise par l'acheteur n'entraînerait pas les conséquences

---

(1) (Wolf *C.* Bardou et Barrau.) — La cour ; — Attendu que, pour se déclarer compétent, le tribunal de Castres, faisant application du paragraphe 3 de l'art. 420 c. proc. civ., s'est fondé en fait sur ce que le payement de la somme réclamée devait s'effectuer à Castres ; — Attendu qu'en attribuant exceptionnellement et en matière de commerce juridiction au tribunal du lieu du payement, l'art. 420 précité n'a nullement modifié le principe général d'après lequel, à défaut de convention, le payement d'une somme d'argent doit être fait au domicile du débiteur ; — Qu'il s'agit d'examiner si Wolf, qui est domicilié à Paris, s'est réellement engagé à payer à Castres le prix des marchandises à lui expédiées par Bardou et Barrau de Castres ; — Attendu que cet engagement résulterait, d'après les premiers juges, de ce que Wolf ayant reçu la facture énonçant par une formule imprimée que les marchandises étaient payables à Castres, n'a pas protesté contre cette énonciation, et qu'en annonçant qu'il avait reçu la facture, il s'était borné à réclamer le droit de vérifier les marchandises, avant de les accepter, et à demander une époque plus éloignée pour le payement ; — Attendu que, d'après le jugement lui-même, aussi bien que d'après la correspondance échangée entre parties, la réception de la facture par Wolf n'avait pas réglé définitivement les conditions du marché intervenu ; qu'il est difficile d'admettre que Wolf qui ne voulait encore s'engager ni pour la réception des marchandises, ni pour l'époque du payement, ait cependant voulu se lier irrévocablement quant au lieu où le payement serait effectué ; — Attendu, dans tous les cas, qu'il n'y aurait eu de sa part qu'un engagement tacite qui ne peut lui être imposé d'autant qu'il n'existerait aucun doute sur son intention de s'engager ; — Attendu que si la facture contient en lettres imprimées la mention, aujourd'hui devenue de style, *payable à Castres*, l'effet en est immédiatement atténué par cette autre mention que le payement sera réalisé à l'aide d'une traite tirée sur le débiteur et par cela même payable à son domicile ; — Que cette mention sur le mode de payement se trouve répétée en lettres manuscrites au bas de la facture où l'échéance et le montant de la traite sont indiqués ; — Attendu que, dans ces circonstances, le débiteur, averti que le payement se ferait à son domicile, n'avait aucun intérêt à protester contre une première indication banale et devenue sans portée par l'effet d'une seconde énonciation contradictoire et plus conforme à l'intention présumée de toute partie ; — Que la facture avait été expédiée le 1er octobre ; que, plusieurs jours après, et par la lettre du 21 du même mois, Bardou et Barrau écrivaient à Wolf qu'ils allaient tirer sur lui une traite indiquant ainsi comment ils entendaient exécuter pour le mode et le lieu du payement les conventions mentionnées dans la facture ; — Attendu que les énonciations contradictoires déjà signalées étaient tout au moins de nature à faire naître le doute et l'équivoque et à rendre incertaine de la part de Bardou et Barrau l'intention d'imposer un autre lieu de payement que celui du domicile du débiteur, et de la part de Wolf la volonté d'accepter une condition dérogeant au droit commun et pouvant être onéreuse ou tout au moins embarrassante pour lui ; — Par ces motifs, déclare que c'est à tort que, par son jugement du 19 décembre dernier, le tribunal de commerce de Castres s'est déclaré compétent et a retenu la cause, réforme ledit jugement pour cause d'incompétence, renvoie les parties à se pourvoir devant qui de droit.

Du 27 mars 1874.-C. de Toulouse.-MM. Fort, pr.-Sarrut, av. gén.-Rozy et Tournayre, av.

(2) (Lallié et Henry *C.* Venthalac.) — La cour; — Attendu que le droit commun veut que le payement ait lieu au domicile du débiteur; que la correspondance antérieure à la facture du 19 nov. 1860 ne mentionne aucune dérogation ce droit; que cette facture énonce que les vendeurs disposeront, sans autre avis, sur Venthalac par un mandat de 600 fr.; que ce langage signifie clairement que le payement aura lieu à Avignon; que l'exécution a été conforme à l'intention exprimée dans la facture, le jour même de cette facture, les appelants ont créé un mandat qui a été lancé plus tard dans la circulation; — Attendu que Venthalac, informé qu'il payerait à son propre domicile, a répondu, le 22 novembre, qu'il ferait bon accueil à une traite ainsi formulée; — Attendu que l'art. 420 c. proc. civ., dans son dernier paragraphe, donne au demandeur le droit d'assigner le défendeur au lieu où le payement devait être effectué; qu'il est manifeste, dans la cause, que les parties ont entendu que le payement serait, en fait, effectué à Avignon, et que les vendeurs ont agi pour que la convention ne s'exécutât qu'en ce sens; — Attendu que les appelants excipent en vain de la partie de la facture qui, en caractères imprimés, a la prétention de détruire l'effet de la partie manuscrite en stipulant qu'encore bien que le prix de la vente soit payable à Avignon, il doit néanmoins être considéré comme payable dans Metz; — Attendu que l'art. 420 précité fait résulter la juridiction du fait de la convention telle qu'elle s'est exécutée, et qu'il est douteux qu'il soit licite aux parties de déroger à la règle établie par le législateur, en choisissant une juridiction qui n'est plus la suite de la convention, mais seulement une création de la volonté des contractants contraire aux conséquences que la loi a attachées, sous le rapport de la compétence, à la convention telle qu'elle a été arrêtée et exécutée; — Attendu qu'en supposant qu'une pareille dérogation soit légale et valable en soi, il est au moins nécessaire pour que les tribunaux en ordonnent l'exécution, qu'il apparaisse avec une suprême évidence qu'elle a été comprise et acceptée en connaissance de cause par les deux intéressés; — Attendu qu'il n'est nullement établi que les intimés aient donné cette sorte d'acceptation; qu'ils auraient pu sans doute, dans leur lettre du 22 novembre, protester contre la clause imprimée, si toutefois ils l'ont lue avec une attention suffisante, mais que l'absence de protestation contre cette clause étrange n'équivaut pas à une acceptation positive; que les acheteurs ont pu juger la protestation inutile, soit parce qu'ils n'ont prévu aucune contestation, soit parce que, voyant la clause imprimée en opposition avec la clause écrite et l'exécution de cette clause, ils ont jugé que la clause imprimée n'était pas capable de produire un effet légal, soit enfin parce que, la traite étant déjà créée et allant être jetée dans la circulation, ils ont cru qu'il n'était pas opportun de quereller un mode de payement qui par la façon dont il s'essayait, n'était que la consécration du droit commun; — Attendu qu'il est peu raisonnable de faire plaider à Metz une cause dont tous les éléments de décision se trouvent à Avignon; — Adoptant les motifs des premiers juges, met l'appel au néant, etc.

Du 8 mai 1861.-C. de Metz, 1re ch. — MM. Voirhaye, 1er pr.-Leclerc, 1er av. gén., c. contr.-Limbourg et Leneveux, av.

juridiques que lui attribue la jurisprudence qu'on vient d'analyser. — Ainsi il a été décidé : 1° que la mention, insérée dans la facture, que le prix est payable au domicile du vendeur a pour effet d'attribuer compétence au tribunal du lieu où est situé ce domicile, si l'acheteur reçoit la facture sans protestation, et si, tout en refusant la marchandise, il demande le maintien et l'exécution du marché (Req. 5 avr. 1880) (1) ; — 2° Qu'il en est de même dans le cas où l'acheteur a refusé une partie de la marchandise comme n'étant pas acceptable, alors que le vendeur n'a pas répondu à la proposition par lui faite de payer à son domicile la valeur de celle dont il a pris livraison : peu importe également que le vendeur ait fait traite payable au domicile de l'acheteur (Douai, 2 juill. 1856, aff. Bertheau, D. P. 56. 2. 295) ; — 3° Que l'acheteur qui a reçu la facture sans protestation ni réclamation, et n'a fait aucune observation au sujet des mentions de cette facture, est lié par la clause portant que le prix est payable au domicile du vendeur, bien qu'il ait refusé la marchandise à son arrivée (Req. 18 juin 1879, 14 janv. et 13 avr. 1880, cités *suprà*, n° 154) ; — 4° Que dans une vente de marchandises entre négociants, lorsque le lieu de payement n'a pas été fixé, l'acheteur qui reçoit une facture portant que le montant sera payable au domicile du vendeur sans que la création de traites puisse changer en rien cette condition, et qui ne proteste pas contre ces indications, ne peut ultérieurement, même au cas de refus de la marchandise, soutenir utilement que le payement devait avoir lieu au domicile du débiteur, à défaut de stipulation expresse ; dès lors, le tribunal du domicile du vendeur est compétent pour connaître des difficultés auxquelles donne lieu l'exécution du traité (Req. 12 févr. 1883, aff. Spont et comp., D. P. 83. 1. 257).

156. Il n'est pas douteux, au surplus, que la clause de la facture qui attribue compétence au tribunal du domicile du vendeur est sans effet lorsqu'il résulte des circonstances de la cause que cette attribution serait contraire à la volonté des parties. Un arrêt qui consacre cette solution a été cité au *Rép.* n° 481. Depuis, il a été jugé, dans le même sens, que : 1° le commerçant qui, par l'entremise de son voyageur, a vendu des marchandises à un autre commerçant, avec cette condition que le prix serait payable au passage dudit voyageur, ne peut assigner l'acheteur en payement devant le tribunal de son propre domicile, encore que la facture adressée depuis la vente à l'acheteur et reçue par ce dernier sans protestation porte que le payement sera fait au domicile du vendeur. Vainement invoquerait-on l'usage local pour prétendre que le payement devait avoir lieu au domicile du vendeur ; un tel usage, à supposer que son existence pût être établie, ne saurait prévaloir contre les termes exprès de la convention (Nîmes, 9 févr. 1857, aff. Bonnet, D. P. 60. 2. 50) ; — 2° Le fait, par un acheteur, d'avoir reçu sans protestation une facture indiquant, en caractères imprimés, que le payement aura lieu au domicile du vendeur, n'emporte pas attribution de compétence pour le tribunal de ce domicile, alors qu'il résulte de la correspondance échangée entre les parties que, dans leur commune intention, le payement devait être effectué dans un autre lieu (Angers, 22 mars 1867, aff. Bostch, D. P. 67. 2. 138) ; — 3° La mention, dans une facture de marchandises vendues, que le payement aura lieu au domicile du vendeur n'emporte attribution de compétence qu'autant qu'il n'est

point établi que, d'après la commune intention des parties, le payement dût être effectué dans un autre lieu (Toulouse, 11 mars 1868, aff. Lefebvre et comp., D. P. 68. 2. 81).

157. Lorsqu'un négociant remet en payement de marchandises achetées par lui des effets de commerce qu'il a tirés, acceptés ou endossés, le lieu du payement est-il celui de la remise des effets ou celui du lieu où ils sont payables ? On a exposé au *Rép.* n° 484 et suiv. les trois systèmes qui ont été soutenus sur ce point par les auteurs, et relaté les nombreux arrêts qui ont consacré chacun de ces systèmes (*ibid.* n° 485 à 491). — Dans le sens de l'opinion qui admet la compétence du tribunal du lieu où les traites sont exigibles, il a été jugé que : 1° le lieu d'un payement qui doit être effectué au moyen de billets ou de traites est celui où les billets doivent être acquittés et non celui où ils ont été remis au créancier : on dirait vainement que cette remise constitue le payement lui-même ; par suite, lorsque le payement d'un prix de vente de marchandises a été réglé en billets, c'est au tribunal du lieu où ils sont payables, et non au tribunal du lieu où la remise en a été faite, qu'il appartient de connaître des contestations élevées à l'occasion du marché (Req. 16 juin 1856, aff. Bienaimé, D. P. 56. 1. 300) ; — 2° Lorsque le payement a été réglé par la remise au domicile du vendeur d'un chèque accepté par celui-ci, mais payable en un autre lieu, ce n'est pas le tribunal du lieu de la remise, mais celui du lieu où le chèque doit être acquitté qui est compétent pour connaître des contestations élevées à l'occasion du marché (Toulouse, 11 mars 1868, cité *suprà*, n° 156). — Dans le sens de la doctrine qui, voyant dans la remise des traites une sorte de novation par changement de créance, se prononce pour la compétence du tribunal du lieu où cette remise a été faite, il a été décidé que le débiteur qui a accepté le règlement en un billet à ordre du prix de marchandises, peut, nonobstant ce règlement, si le billet, stipulé payable au domicile du débiteur, n'est pas acquitté à l'échéance, assigner ce dernier devant le tribunal du lieu où devait être payée la marchandise vendue (Metz, 27 août 1852, aff. Quittard, D. P. 54. 2. 46). — La jurisprudence ne semble pas s'être prononcée, depuis la publication du *Répertoire*, dans le sens de la troisième opinion, qui admet l'une ou l'autre des solutions précitées, suivant que les effets auront été donnés et acceptés comme simple garantie, ou qu'il y aura eu, au contraire, novation, et qu'ils auront été reçus en payement du prix des marchandises vendues (*Rép.* n° 484 ; Orillard, n° 620).

ART. 3. — *Compétence des tribunaux de commerce en matière de contestations commerciales entre étrangers (Rép.* n° 517 à 524).

158. Les questions qui font l'objet de cet article ont été traitées plus en détail au *Rép.* v° *Droits civils,* tit. 1er, chap. 2, art. 4. On y reviendra *infra,* eod. v°.

CHAP. 5. — Compétence en matière non contentieuse
(Rép. n° 525 à 531.)

159. Nous n'avons rien à ajouter à ce qui a été dit sur ce sujet au *Rép.* n° 525 à 531.

---

(1) (Aubert C. Barthez.) — LA COUR ; — Vu la requête des sieurs Aubert et Brunello, tendant à ce qu'il soit réglé de juges sur le conflit existant entre les tribunaux de Toulouse et de Marseille et entre les cours de Toulouse et d'Aix, saisis du différend pendant entre lesdits sieurs Aubert et Brunello et le sieur Barthez ; — Sur la recevabilité : — Sur la question de savoir auquel de ces tribunaux saisis doit être attribuée la connaissance du litige : — Attendu qu'il n'est pas dénié que le marché a été conclu et que la marchandise a été livrée à Marseille ; qu'à ce point de vue la compétence du tribunal de commerce de cette ville ne saurait être contestée ; que, d'un autre côté, lorsque la facture adressée au sieur Brunello indiquait Marseille comme lieu

de payement, il n'apparaît point que l'acheteur qui, tout en refusant la marchandise, demandait le maintien et l'exécution du marché, ait élevé aucune protestation contre les conditions de payement ;

Par ces motifs, reçoit la demande formée par les sieurs Aubert et Brunello, et, réglant de juges, annule les jugements rendus par le tribunal de commerce de Toulouse les 3 juill. et 12 août 1879, ainsi que l'arrêt de la cour de Toulouse, ensemble... ; — Dit que le tribunal de Marseille et la cour d'Aix ont été seuls compétemment saisis, etc.

Du 5 avr. 1880.-Ch. req.-MM. Bédarrides, pr.-Crépon, rap.-Lacointa, av. gén., c. conf.-Housset et Bellaigue, av.

Table sommaire
des matières contenues dans le Supplément et le Répertoire.

(Les chiffres précédés de la lettre S renvoient au Supplément; les chiffres précédés de la lettre R renvoient au Répertoire.)

Table chronologique des Lois, Arrêts, etc.

31 juill. Lyon. 151 c., 152 c.
18 nov. Lyon. 153 c.

1870
3 janv. Req. 126 c.
6 janv. Trib. com. Seine. 84 c.
12 janv. Trib. com. Havre. 136 c.
11 févr. Grenoble. 146 c., 153 c.
15 févr. Req. 116 c.
22 févr. Aix. 112 c.
14 mars. Nîmes. 126 c.
13 avr. Besançon. 130 c.
25 mai. Agen. 151 c., 153 c.
4 juin. Rennes. 7 c.
29 juin. Civ. 83 c.,
30 juill. Rouen. 84 c.

1871
25 janv. Trib. com. Nantes. 148 c.
4 mars. Caen. 90 c.
22 avr. Loi. 88 c.
13 mai. Nîmes. 186 c., 153c., 155 c.
15 juin. Caen. 133 c.
21 juin. Bruxelles. 10 c.

5 août. Trib.com. Nantes. 97 c.
6 nov. Civ. 130.
14 nov. Trib. com. Havre. 63 c.
21 déc. Douai. 68 c.
30 déc. Paris. 119 c.

1872
5 janv. Aix. 137 c.
7 févr. Req. 151 c., 152 c.
22 févr. Lyon, 7 c.
7 mars. Lyon. 132 c., 140 c.
14 mars. Lyon. 136 c.
15 mars. Paris. 76 c.
24 mars. Rouen 110.
11 juin. Caen. 83 c.
12 juin. Rennes. 97 c.
15 juin. Loi. 119 c.
24 juin. Req. 83 c.
11 nov. Bruxelles. 10 c.
4 déc. Paris. 20 c., 104 c.
9 déc. Besançon. 90 c.

1873
18 janv. Aix. 137.
29 janv. Agen. 69 c.
31 janv. Bourges. 120 c.

6 févr. Rennes. 133 c.
4 mars. Paris 83 c.
4 mars. Pau. 9 c.
7 mars. Dijon. 84 c.
10 mars. Besançon. 155 c.
5 avr. Aix. 78 c.
29 avr. Civ. 116c.
2 mai. Cons. d'Et. 5 c.
20 mai.Req. 126 c.
12 juill. Paris. 140 c.
21 juill. Req. 10 c., 109 c.
27 août. Chambéry. 6.

1874
24 janv. Paris. 10 c.
9 févr.Nancy.133, 151 c.
16 févr. Pau. 79 c.
28 févr.Rouen. 133 c.
11 mars. Chambéry. 8 c., 98 c.
27 mars. Toulouse. 153.
1er avr. Dijon. 62 c.
18 avr. Lyon. 104 c.
27 avr. Caen. 90c.
29 mai.Lyon.120c.
16 juin. Civ. 85 c.
16 juin.Paris.30c.
24 juill. Rouen. 77 c.
16 nov. Civ. 97 c.

1875
3 janv. Angers. 10 c.
4 janv. Agen. 130 c.
5 janv. Req. 8 c., 119 c.
18 févr. Lyon, 45 c.
1er avr. Paris. 126 c.
2 juin. Angers. 95 c.
17 juin. Douai. 90 c.
23 août. Trib. Marseille. 62 c.
1er déc.Req.133 c.
4 déc. Amiens. 140 c.
8 déc. Civ. 30 c.

1876
31 janv.Douai. 43.
6 mai. Aix. 62 c.
15 mai. Req. 7 c.
30 mai.Caen. 84 c.
12 oct. Trib. com. Marseille. 45 c.
9 nov. Paris.45c.
28 déc.Douai. 5 c.

1877
10 janv. Paris. 91 c.
15 févr. Trib. Seine. 45 c.
7 mars.Civ.106c.
16 juin.Paris.30c.
28 mars. Douai. 141 c.

8 juin. Chambéry. 133 c.
25 juin. Trib. civ. Seine. 118.
2 juill. Alger. 45 c.
23 juill. Civ. 95 c.
8 août. Bourges. 129 c.
20 août. Paris. 28 c.
6 déc. Rouen. 5 c., 104 c.
17 déc. Bourges. 12 c.

1878
13 mars. Req. 133 c., 141 c., 152
15 avr. Req. 83.
10 mai. Rouen. 58.
25 juin. Req. 126
5 juill. Chambéry. 44 c.
27 juill. Aix. 136.
2 déc. Angers. 154 c., 155 c.

1879
20 janv.Alger. 49.
25 févr. Civ. 136 c.
15 mars. Rennes. 128 c.
15 avr. Dijon. Aix. 43.
18 juin. Req. 132 c., 151 c., 152 c., 154c., 155c.
19 août. Bordeaux. 127.

1880
14 janv. Req. 151 c.,152 c.,155 c.
11 févr. Chambéry.142.
5 avr. 151c., 155.
13 avr. Req. 151 c.,152 c., 155 c.
20 mai. Req. 126, 127 c.
24 juin. Grenoble. 135.
26 nov. Bruxelles. 98 c.
30 nov. Req. 145 c.
27 déc. Req. 129 c.

1881
29 janv. Req. 125 c.
12 févr. Req. 155 c.
30 mars. Civ. 153 c., 45 c., 98 c.
11 juin. Toulouse. 129 c.
1er juill.Bruxelles. 48.
13 juill. Req. 129 c.
18 août. Lyon. 47. c.
30 nov. Civ. 36 c.
7 déc. Req. 140 c.
15 déc. Lyon. 90 c.

1882
18 janv. Req. 132 c., 151 c., 152 c., 154 c.,155 c.
31 janv. Bordeaux. 127.
4 mars. Req. 146 c.

31 mars. Paris. 45 c.
1er juin. C. sup. just. Luxembourg. 5 c.
5 juin. Req. 21.
13 juin. Rennes. 101 c.
21 juin. Req. 132 c.
8 juill. Rouen.
22 août. Civ. 122 c.
9 nov. Bruxelles. 98 c.
29 nov. Rouen. 45.

1883
29 janv. Req. 125 c.
12 févr. Req. 155 c.
12 mai. Bruxelles. 45 c., 98 c.
20 juin. Poitiers. 98 c.
11 août. Req. 151 c.
10 août. Lyon. 125 c.
22 août. Bordeaux. 61 c.
27 nov. Req. 143 c.
11 déc. Dijon. 126 c.

1884
8 janv.Civ. 126 c.
14 janv. Req. 59 c.
14 févr. Poitiers. 141 c.
27 févr.Req. 146 c.

11 mars.Civ.131 c.
27 mars.Toulouse. 136 c., 151 c.
17 juin. Req. 7 c.
15 juill. Req. 28 c.
15 juill. Caen. 45.
1er déc.Req.125 c.
10 déc. Req. 151 c., 152 c.

1885
28 févr. Paris. 119 c.
3 mars. Limoges. 10 c.
9 mars. Req. 33.
19 mars. Paris.48.
27 mars. Orléans. 126 c.
28 mars. Loi.33 c., 108 c.
2 juin. Req. 126 c.
9 juin. Req. 151 c.
29 juin. Limoges.
17 juill.Paris.77 c.
4 nov. Req. 8 c.
9 nov. Req. 143 c.
11 nov. Civ. 121 c.
29 déc. Req. 154 c., 155 c.

1886
15 mars.Douai.133 c.

1887
24 janv. Civ. 88 c.
21 févr.Req.125 c., 126 c., 149 c.

COMPÉTENCE CRIMINELLE.

Division.

CHAP. 1. — Historique et législation (n° 1).

CHAP. 2. — Bases de détermination de la compétence criminelle. — Principes généraux (n° 4).

Art. 1. — Circonscription territoriale de la compétence des tribunaux criminels (n° 21).
§ 1. — Compétence à raison du lieu soit du délit, soit du domicile des prévenus ou accusés, soit de leur arrestation (n° 21).
§ 2. — Nationalité des parties en cause. — Étranger. — Juridiction française. — Crimes et délits commis à l'étranger, etc. (n° 63).

Art. 2. — De la compétence déterminée par la connexité des crimes et délits (n° 106).

Art. 3. — De la compétence par suite de la qualité des prévenus et accusés (n° 132).

Art. 4. — Compétence déterminée par la complicité (n° 137).

CHAP. 3. — Compétence des diverses juridictions criminelles (n° 151).

Art. 1. — Compétence des tribunaux de simple police (n° 151).
§ 1. — Règles générales de la compétence du tribunal de police (n° 152).
§ 2. — Comment le tribunal de police est saisi (n° 175).
§ 3. — Pouvoir des tribunaux de police en ce qui concerne les intérêts civils se rattachant aux contraventions qui leur sont déférées (n° 208).
§ 4. — Règles sur la compétence des tribunaux de police en ce qui touche les contraventions aux règlements administratifs, en matière de voirie (n° 214).
5. — Incompétence du juge de simple police en matière civile; questions préjudicielles (n° 240).
§ 6. — Du taux de la compétence des tribunaux de police (n° 244).

Art. 2. — Compétence des tribunaux de police correctionnelle. — Règles générales (n° 251).
§ 1. — Délits de la compétence des tribunaux correctionnels. — Prohibition de connaître de toute action et de toute question préjudicielle civile (n° 261).
§ 2. — Comment le tribunal correctionnel est saisi. — Est-il lié par la qualification des faits? (n° 275).
§ 3. — Mode de statuer dans le cas où le fait ne présente qu'une contravention de police. — Quelle partie peut demander le renvoi (n° 310).

§ 4. — Mode de statuer dans le cas où le fait constitue un crime. — Cas dans lesquels le tribunal peut ou non renvoyer devant le juge d'instruction (n° 314).
§ 5. — Mode de statuer du tribunal d'appel. — Évocation (n° 326).
§ 6. — Du taux de la compétence des tribunaux correctionnels (n° 327).

Art. 3. — Compétence des cours d'assises (n° 330).
§ 1. — Crimes divers de la compétence des cours d'assises. — Dommages-intérêts. — Restitutions. — Incidents (n° 330).
§ 2. — Comment la cour d'assises est saisie. — Est-elle liée par les arrêts de renvoi; en quel sens? — Qualification des faits (n° 362).

CHAP. 4. — Compétence des juridictions supérieures et des tribunaux d'exception. — Sénat (n° 374).

CHAP. 1er. — Historique et législation (Rép. nos 2 à 49).

1. Nous n'ajouterons rien aux notions historiques très étendues données au *Répertoire* sur la compétence criminelle, mais il nous paraît utile de signaler ici les principaux ouvrages, ou réédités depuis la publication de ce recueil, qui peuvent être utilement consultés relativement à cette partie de l'histoire du droit criminel.

On consultera avec profit, pour l'étude de l'organisation et de la compétence des tribunaux égyptiens : Thonissen, *Études sur l'histoire du droit criminel des peuples anciens*, 1er vol., liv. 2, chap. 1er, p. 90 et suiv. ; François Lenormant, *Histoire ancienne de l'Orient*, t. 1, chap. 5, n° 2 ; — Pour les tribunaux des Hébreux : Thonissen, 1er vol., chap. 1er, § 2 et 3, p. 207 et suiv. ; Hoffmann, *Procès de notre Seigneur Jésus-Christ devant le Sanhédrin et Ponce-Pilate*, 1re part., p. 3 et suiv.; — Pour ceux d'Athènes : Faustin Hélie, *Traité de l'instruction criminelle*, 2e éd., t. 1, n° 10; Perrot, *Essai sur le droit public d'Athènes*, chap. 3, p. 189 et suiv. ; — Pour ceux de Rome : Faustin Hélie, t. 1, nos 23 à 30, 31 à 32, 68 à 79 ; P. Willems, *Le droit public romain*, 3e éd., p. 78 et suiv., 212, 329 et suiv. ; Ed. Laboulaye, *Essai sur les lois criminelles des Romains concernant la responsabilité des magistrats*, p. 78 et suiv.; Mispoulet, *Les institutions politiques des Romains*, t. 2, p. 517 et suiv. ; Bouché-Leclercq, *Manuel des institutions romaines*, p. 450 et suiv.; Ferd. Walter, *Histoire du droit criminel des Romains*, traduction Picquet-Damesme,

n°ˢ 828 et suiv.; Ch. Maynz, *Esquisse historique du droit criminel de l'ancienne Rome*, *passim*; Griolet, *De l'autorité de la chose jugée*, p. 182 et suiv. ; Glasson, *Histoire du droit et des institutions de la France*, t. 1, p. 530 et suiv.; Madvig, *L'Etat romain, sa constitution et son administration*, traduit du danois par Ch. Morel, t. 3, p. 323 et suiv.

Quant à l'ancien droit français, nous citerons les ouvrages suivants : — Pour la période barbare : Faustin Hélie, t. 1, n°ˢ 103 à 115, 131 à 134 ; Albert du Boys, *Histoire du droit criminel des peuples européens*, t. 2, p. 177 et suiv., 341 et suiv.; Thonissen, *L'organisation judiciaire, le droit pénal et la procédure pénale dans la loi salique*, p. 382 et suiv. ; J. Tardif, *Etudes sur les institutions politiques et administratives de la France*, chap. 5, p. 159-198 ; Fustel de Coulanges, *Recherches sur quelques problèmes d'histoire*, 4ᵉ part., *De l'organisation judiciaire dans le royaume des Francs*, p. 359 et suiv. ; L. Beauchet, *Histoire de l'organisation judiciaire en France, époque franque*; Glasson, *Histoire du droit et des institutions de la France*, t. 2, p. 76 à 87, 331 et suiv., 444 et suiv. ; — Pour la période féodale : Faustin Hélie, t. 1, chap. 10, 12, 14, 15, § 6 ; Jacques Flach, *Les origines de l'ancienne France*, t. 1, *Le régime seigneurial*, *passim*; Ad. Tardif, *La procédure civile et la loi criminelle aux* 13ᵉ *et* 14ᵉ *siècles*, p. 31 et 32 ; L. Tanon, *Histoire des justices des anciennes églises et communautés monastiques de Paris*, chap. 1ᵉʳ, t. 7 ; Esmein, *Histoire de la procédure criminelle en France*, 1ʳᵉ part., tit. 1ᵉʳ, p. 3 et suiv. ; — Pour les juridictions ecclésiastiques : Paul Fournier, *Les officialités au moyen âge*, 2ᵉ part., chap. 1ᵉʳ, p. 64 et suiv., et surtout sect. 2 de ce chapitre, p. 82 et suiv. ; Faustin Hélie, t. 1, n°ˢ 135 et 136, 186, 197 ; Allard, *Histoire de la justice criminelle au* 16ᵉ *siècle*, p. 118 et suiv. ; — Pour les juridictions royales : Faustin Hélie, t. 1, chap. 14 et 16 ; Esmein, 2ᵉ part., p. 212 et suiv. ; Allard, p. 54 et suiv., 82 et suiv.; Alb. Desjardins, *Les cahiers des Etats généraux* en 1789 *et la législation criminelle*, p. 246 et suiv. — Enfin, pour ce qui concerne les lois de la Révolution, V. surtout Faustin Hélie, t. 1, chap. 20, et Esmein, 3ᵉ part., p. 399 et suiv.

2. Le texte de notre code d'instruction criminelle, en ce qui concerne les règles de la compétence, a subi, depuis la publication du *Répertoire*, deux importantes modifications. — La juridiction des maires comme juges de simple police a été supprimée par la loi du 27 janv. 1873 (V. *infrà*, n° 151, le texte de cette loi). Les art. 5, 6 et 7 c. instr. cr., relatifs à la poursuite des délits commis à l'étranger, ont été modifiés par la loi du 27 juin 1866 (V. *infrà*, n° 82 et suiv.).

En Algérie, ainsi qu'on l'a dit au *Rép.* n° 48, il n'existait pas encore de cours d'assises à l'époque de la publication de ce recueil. Ces cours y ont été instituées par décret du 19 août 1854 (D. P. 54. 4. 138). Elles ont d'abord jugé sans l'assistance des jurés (art. 4) ; mais un décret du Gouvernement de la défense nationale du 24 oct. 1870 (D. P. 70. 4. 124) a assimilé les institutions judiciaires de l'Algérie à celles de la métropole et introduit le jury dans les cours d'assises algériennes. Depuis, le décret de 1870 a été modifié, dans quelques-unes de ses dispositions, par la loi du 30 juill. 1881 (D. P. 82. 4. 60). — Pour l'organisation des tribunaux algériens en général, V. *infrà*, v° *Organisation de l'Algérie*.

Quant aux colonies, l'organisation des juridictions criminelles et leur compétence y sont réglées par des lois et décrets particuliers. Les actes législatifs intervenus sur cet objet depuis la publication du *Répertoire* sont fort nombreux. On indiquera les plus importants *infrà*, v° *Organisation des colonies*.

Il n'existe plus aujourd'hui en France qu'une seule juridiction d'exception : le Sénat, dans les cas déterminés par l'art. 9 de la loi constitutionnelle du 24 févr. 1875 et par l'art. 12 de la loi constitutionnelle du 16 juill. 1875. *La haute cour de justice*, dont il est parlé au *Rép.* n° 49, a été abolie (V. *infrà*, n° 375).

Quant à la compétence des diverses juridictions criminelles dans les différents États de l'Europe, on en trouvera l'exposé *infrà*, v° *Organisation judiciaire*.

3. La jurisprudence a pris, en matière de compétence criminelle, depuis la publication du *Répertoire*, un assez grand développement; on trouvera analysées dans les chapitres suivants les décisions judiciaires qui présentent quelque importance à cet égard. Quant aux ouvrages de doctrine, nous citerons comme ayant particulièrement traité de la compétence des juridictions criminelles, outre Mangin, *Traité de l'action publique*, et *Traité de l'instruction écrite et du réglement de la compétence*, t. 2 : Le Sellyer, *Traité de la compétence et de l'organisation des tribunaux chargés de la répression*, 2 vol. ; Faustin Hélie, *Traité de l'instruction criminelle*, t. 2, p. 76, p. 161 ; t. 4, chap. 5, n°ˢ 1657 et suiv. ; t. 5, chap. 8, § 7, n°ˢ 2170 et suiv., chap. 13, n°ˢ 2328 et suiv., chap. 14, n°ˢ 2353 et suiv., et chap. 15, n° 2396; Morin, *Répertoire du droit criminel*, v° *Compétence* ; Bertauld, *Cours de code pénal*, 9ᵉ leçon, et *passim*; Trébutien, *Cours de droit criminel*, t. 2, n°ˢ 397 et suiv., 657 et suiv., 695, 705 et 706; Ortolan, *Eléments de droit pénal*, t. 2, liv. 2, tit. 2; Garraud, *Précis de droit criminel, passim* ; Villey, *Précis d'un cours de droit criminel, passim*.

CHAP. 2. — Bases de détermination de la compétence criminelle. — Principes généraux (*Rép.* n°ˢ 50 à 229).

4. Une première question, qui a été indiquée au *Rép.* n° 52, a donné lieu à de nombreux arrêts depuis la publication de cet ouvrage ; c'est celle de savoir si le principe de la non-rétroactivité qui régit, en matière criminelle, les lois de fond, mais non les lois de pure forme, s'applique aux lois de compétence. En d'autres termes, lorsque dans l'intervalle qui s'est écoulé entre l'époque de l'infraction et l'époque où il s'agit d'en juger les auteurs, il est survenu une loi qui investit une autre juridiction de la connaissance des infractions de la nature de celle qui est à réprimer, est-ce le nouveau tribunal qui sera compétent, ou bien est-ce l'ancien? Deux arrêts de la cour de cassation des 10 mai 1822 et 16 avr. 1831, rapportés au *Rép.* n° 52, et v° *Lois*, n° 350, ont jugé que le procès doit être fait devant le tribunal nouvellement établi, « attendu que les juridictions sont d'ordre public, et qu'en cette matière il ne peut y avoir de droit acquis ». Cette doctrine de la rétroactivité des lois de compétence a été depuis consacrée par de nombreux arrêts de la cour suprême (Crim. rej. 12 oct. 1848, aff. Legénissel, D. P. 48. 1. 245 ; Crim. cass. 13 mars 1850, aff. Capanna, D. P. 50. 1. 95; Crim. rej. 12 juill. 1850, aff. Isery, D. P. 50. 1. 254; Crim. règl. jug. 5 nov. 1852, aff. Duhourg, D. P. 52. 5. 353; Crim. rej. 27 janv. 1855 (1); Crim. cass. 12 sept. 1856, aff. Rulhière, D. P. 56. 1. 447; 7 déc. 1863, aff. Miloud-Ould-El-Arbi-Bel-Hadj, D. P. 66. 1. 188; Crim. rej. jug. 10 janv. 1873, aff. X...., D. P. 74. 5. 311; 11 déc. 1873, aff. Ahmed-Ould-Djaba, D. P. 74. 1. 181. Conf. Haute cour de justice, 8 mars 1894, aff. Raspail, D. P. 49. 1. 53).

Et il n'y a point de distinction à faire, à cet égard, entre les affaires non encore introduites au moment de la promulgation de la loi nouvelle, et celles déjà en cours d'instance ; dans les deux cas, d'après la jurisprudence, il y a rétroactivité. Les lois de procédure et de compétence, a dit l'arrêt de la haute cour précité du 8 mars 1849, du moment où elles ont force d'exécution, régissent indistinctement *les procès nés et les procès à naître*, « attendu que la juridiction n'est qu'un mode d'exercice de la puissance publique; que le législateur étant toujours le maître de modifier cet exercice suivant les besoins des temps, restreindre aux procès non encore existant l'effet des changements qu'il y apporte, ce serait entraver dans sa sphère d'action la souveraineté nationale qu'il représente, consacrer l'inégalité là où un principe commun appelle une

---

(1) (Turrel.) — LA COUR;... — Sur le deuxième moyen, fondé sur ce que le décret du 26 mars 1852 serait, en tous cas, inapplicable aux faits incriminés, parce que la plupart auraient été consommés avant sa promulgation : — Attendu qu'il est de principe que les lois de procédure et de compétence saisissent les délits et les prévenus, au moment où elles sont promulguées, et que la règle de la non-rétroactivité ne s'applique qu'au fond du droit; qu'ainsi la déclaration d'incompétence faite par l'arrêt attaqué, même quant aux faits antérieurs au décret, est régulière et légale; — Qu'aux

termes de l'avis du conseil d'Etat du 25 mars 1811, il y a lieu à l'application du code pénal ordinaire, dans le cas où les auteurs et complices des vols commis dans les ports et arsenaux sont étrangers au service de la marine; — Qu'au surplus, toutes les exceptions relatives au fond du droit doivent être réglées d'après les lois existantes au moment de la perpétration des faits; — Rejette.

Du 27 janv. 1855.-Ch. crim.-MM. Faustin Hélie, rap.-Bresson, av. gén.

action commune, reconnaître des droits acquis contre les juridictions qui sont d'ordre public » (Conf. arrêts précités des 12 sept. 1856, 7 déc. 1865, 10 janv. et 11 déc. 1873).

5. Toutefois la jurisprudence admet que la règle de la rétroactivité des lois de compétence en matière criminelle comporte exception au cas où il est intervenu, sur le fond, un jugement en premier ressort. Par quatre arrêts, rendus en matière de délits de presse, l'un du 7 juill. 1871 (aff. Lapeyre, D. P. 71. 1. 263), deux autres du 18 févr. 1882 (aff. Genay, D. P. 82. 1. 135, et aff. Périnet, D. P. 82. 1. 139), le quatrième du 17 mars 1882 (aff. Ronanet, D. P. 83. 1. 141), la cour de cassation a jugé que la juridiction dont la compétence est supprimée doit cependant rester saisie lorsque la prévention, jugée en premier ressort, était déjà, au moment où est intervenue la loi nouvelle, soumise au juge du second degré, soit que le juge de première instance ait condamné le prévenu, soit qu'il l'ait acquitté. Spécialement, ces arrêts ont décidé que la loi qui attribue à la cour d'assises la connaissance des délits de presse (L. 15 avr. 1871, dans la première espèce, et L. 29 juill. 1881 dans les trois autres), ne dessaisit pas la juridiction correctionnelle de ceux de ces délits qui, au moment de sa promulgation, se trouvaient déférés au juge d'appel. Ce tempérament paraît nécessaire, en effet, si l'on ne veut pas que la rétroactivité des lois de compétence lèse des droits véritablement acquis. Dans le cas d'un premier jugement — comme l'a très bien dit l'arrêt du 7 juill. 1871 — « les choses ne sont plus entières, puisque le tribunal usant de ses pouvoirs et les épuisant, a reconnu l'innocence ou la culpabilité du prévenu; cette situation commande d'admettre que le législateur, s'inspirant du principe posé dans l'art. 2 du code civil, a entendu ne pas dépouiller la juridiction déjà saisie des affaires qui avaient été jugées au fond, afin d'éviter des contrariétés de décision, et de ne point léser des intérêts engagés, en tenant compte des faits accomplis et des éventualités nées d'un jugement dont l'effet n'est suspendu que par l'appel » (V. sur cette question le remarquable rapport de M. le conseiller Dupré-Lasale, D. P. 82. 1. 139, qui a précédé l'arrêt du 18 févr. 1882, aff. Périnet).

6. Les auteurs sont partagés sur la question de savoir si les lois criminelles de compétence sont rétroactives. Blanche, *Etudes sur le code pénal*, t. 1, n° 38; Trébutien, t. 1, n°s 224 à 226, et Le Sellyer, t. 1, n° 605, tiennent pour la rétroactivité dans tous les cas. Mangin, *Instruction écrite*, t. 2, n°s 178 et 179, considérant que les juges naturels du prévenu sont ceux qui fonctionnent au moment de la perpétration du délit, applique la règle de la non-rétroactivité aux lois modificatives de la compétence. Chauveau et Hélie, qui avaient soutenu cette opinion, dans la première édition de leur *Théorie du code pénal*, t. 1, p. 44 et suiv., dans les éditions nouvelles (n°s 33 et 34), ont émis, sur l'exactitude de leur première doctrine, des doutes qui équivalent à un abandon. Merlin, *Répertoire*, v° *Compétence* n° 3, distingue entre les affaires non encore introduites et celles en cours d'instance. Suivant lui, lorsqu'une juridiction a été complètement saisie et qu'une loi survient qui change la compétence, le procès doit suivre son cours là où il a été commencé, et la loi nouvelle est inapplicable. Tel est aussi l'avis de Bertauld, 9e leçon, p. 179.

7. Ainsi qu'on l'a dit au *Rép.* n°s 54 et 55, les règles de la compétence criminelle sont *d'ordre public*. Fondées sur l'intérêt général, ces règles sont irrévocables et, dans aucun cas, elles ne peuvent fléchir, à moins que la loi elle-même n'ait autorisé une dérogation. Ce principe, admis déjà à l'époque de la publication du *Répertoire* par la jurisprudence (Crim. rej. 13 mai 1826, *Rép.* n° 76; Crim. cass. 15 oct. 1829, *ibid.*, n° 403; 7 févr. 1834, *ibid.* v° *Mise en jugement de fonctionnaires publics*, n° 321); et par la doctrine (Mangin, t. 2, n°s 222 et suiv.), est aujourd'hui au-dessus de toute contestation (Crim. cass. 7 août 1851, aff. Davory, D. P. 51. 1. 278; 4 nov. 1853, aff. Félix, D. P. 53. 5. 99; 17 janv. 1861, aff. Adoué, D. P. 61. 1. 143; 12 févr. 1864, aff. Beauvais, D. P. 64. 1. 97; 14 févr. 1868, aff. Mas, D. P. 68. 1. 353; 2 déc. 1881 (1); 12 mars 1885 (2); 25 juill. 1885 (3); 22 oct. 1886 (4). Conf. Faustin Hélie, t. 4, n° 1693; Morin, v° *Compétence*, n° 12; Garraud, n° 436; Trébutien, t. 2, n°s 497 et 705).

8. Etant d'ordre public, l'exception d'incompétence peut être soulevée en *tout état de cause*, et doit être examinée

---

(1) (Ducrou.) — LA COUR; — Sur le moyen tiré de la violation de l'art. 427 c. instr. cr., en ce que Ducrou, qui ne s'était pas pourvu contre le premier jugement, puisqu'aucune condamnation n'avait été prononcée contre lui, et qui, conséquemment, n'avait pas été renvoyé devant le tribunal de Bergues par l'arrêt de cassation, a cependant été condamné en même temps que Duchesne, à l'égard duquel seul le renvoi avait été prononcé : — Attendu que l'infraction dont Ducrou se serait rendu coupable, avait eu lieu à Dunkerque; que le tribunal de simple police de cette ville était donc seul compétent pour en connaître; — Attendu que les lois de compétence en matière criminelle sont d'ordre public; — Attendu, à la vérité, que Ducrou a volontairement comparu devant le tribunal de renvoi (tribunal de simple police de Bergues); qu'il n'a proposé aucun moyen d'incompétence; qu'il a même conclu au fond; qu'il y a donc eu de sa part consentement implicite à être jugé par ce tribunal; — Mais attendu qu'il ne peut appartenir aux parties de donner, en matière criminelle, compétence à un tribunal auquel la loi ne l'a pas attribuée; que le juge du renvoi ne pouvait être régulièrement saisi par le consentement de la partie, lequel n'a aucun titre ne pouvait être son justiciable; — Attendu, en conséquence, qu'il y a lieu, de ce chef, et en ce qui touche Ducrou, de casser le jugement attaqué et ce sans renvoi, aucune condamnation n'ayant pu être légalement prononcée contre lui par un tribunal qui n'était pas compétent et qui n'avait pas été régulièrement saisi ; — Casse. Du 2 déc. 1881.-Ch. crim.-MM. Bertrand, rap.-Ronjat, av. gén.

(2) (Rocaché.) — LA COUR ;.... — Sur le troisième moyen, excès de pouvoir, violation des art. 311 c. pén., 137 et 160 c. instr. cr., fausse application de l'art. 605, § 8, c. brum. an 4 : — Attendu que la plainte portée par Rocaché inculpait un adversaire de lui avoir porté un coup de bâton qui avait occasionné une contusion à la tête; que cette plainte a servi de base aux poursuites et qu'il en est fait mention en tête du jugement; — Attendu que ce coup, s'il eût été prouvé, aurait constitué le délit prévu par l'art. 311 c. pén.; — Attendu que le jugement, en se fondant pour acquitter sur diverses considérations, reconnaît néanmoins que ledit coup a été porté; — Attendu que les questions d'incompétence *ratione materiæ* sont d'ordre public; peu importe, pour que le magistrat soit obligé de se déclarer incompétent, que des conclusions aient été prises en ce sens, soit par le ministère public, soit par le prévenu; qu'aux termes de l'art. 160 c. instr. cr., le tribunal de police eut donc dû se

déclarer incompétent; qu'en statuant au fond, et en prononçant l'acquittement de Sidobre, il a commis une violation des règles de la compétence et des articles ci-dessus visés ; — Casse. Du 12 mars 1885.-Ch. crim.-MM. Auger, rap.-Loubers, av. gén.

(3) (Pont et autres.) — LA COUR; — Sur le deuxième moyen, tiré de la violation des règles de la compétence et de la fausse application de l'art. 330 c. pén., en ce que les faits relevés par l'arrêt attaqué constituent le crime d'attentat à la pudeur avec violence et auraient dû, dès lors, être déférés à la juridiction criminelle: — Attendu qu'en matière criminelle les lois de compétence sont d'ordre public; — Que l'art. 408 c. instr. cr. qui ouvre l'action en nullité contre les jugements prononcés par un tribunal est conçu en termes généraux et absolus; — Qu'il en résulte que toutes les incompétences déclarées par la loi sont péremptoires et ne sauraient conséquemment être couvertes par le silence ou l'acquiescement des parties; qu'ainsi le moyen d'incompétence, invoqué par les demandeurs, aurait été proposé ni devant le tribunal de Chalon-sur-Saône, ni devant la cour d'appel de Dijon saisie, la fois par l'appel des parties et par l'appel *à minima* du ministère public; — Attendu que l'arrêt attaqué a constaté...; que, dès lors, la juridiction correctionnelle était incompétente, et que la cour de Dijon, en retenant la cause et en appliquant aux demandeurs la peine de l'outrage public à la pudeur, a méconnu les règles de la compétence; — Casse. Du 25 juill. 1885.-Ch. crim.-MM. Auger, rap.-Chévrier, av. gén.

(4) (Tourné.) — LA COUR; — Attendu qu'en matière criminelle les juridictions sont d'ordre public; que, si le demandeur poursuivi et condamné pour délit de vol simple devant le tribunal correctionnel de Limoux, n'a point, devant les juges du second degré, opposé l'exception d'incompétence, et si, sous ce rapport, il serait non recevable à la proposer pour la première fois devant la cour de cassation, la chambre correctionnelle de la cour de Montpellier se trouvait, par l'appel *à minima* du procureur général, saisie de la cause entière telle qu'elle s'était présentée devant le tribunal de première instance; qu'elle devait donc d'office vérifier sa propre compétence et, dans le cas où ces faits auraient été du ressort de la juridiction criminelle, se déclarer incompétente; qu'ainsi le demandeur est recevable à proposer devant la cour l'exception d'incompétence; Par ces motifs, casse... Du 22 oct. 1886.-Ch. crim.-MM. Sevestre, rap.-Loubers, av. gén.

tant qu'il n'y a pas de décision définitive. Et il importe peu que l'incompétence soit à raison de la matière, ou à raison du lieu, ou à raison de la personne. Ainsi qu'on l'a dit au *Rép.* n° 76, la distinction admise, en matière civile, entre l'incompétence *ratione materiæ* et l'incompétence *ratione loci* n'existe point en matière criminelle (Conf. Mangin, *Instruction écrite* t. 2, n°s 202 et 222 ; Faustin Hélie, t. 4, n° 1694, t. 5, n°s 2386 à 2389, t. 6, n° 2871 ; Trébutien, t. 2, n° 705). A la vérité, on a cité au *Rép.* n° 270, un arrêt, du 3 mai 1811, aux termes duquel l'incompétence du tribunal de simple police, prise de ce qu'il n'est pas celui dans le ressort duquel la contravention a eu lieu, n'est pas absolue, et peut être couverte par le consentement des parties à plaider devant ce tribunal ; mais cette jurisprudence est depuis longtemps abandonnée. La cour de cassation a proclamé, dès le 13 mai 1826 (*Rép.* n° 76), « que les juridictions sont d'ordre public, et qu'il n'est pas au pouvoir des parties de se choisir des juges et de leur conférer une compétence et des attributions qu'ils ne tiendraient pas de la loi ;... que le code d'instruction criminelle ne distingue pas entre l'incompétence à raison du lieu du domicile du prévenu, ou du lieu où le crime a été commis, et toute autre incompétence ». Elle a consacré de nouveau cette doctrine par plusieurs arrêts (Crim. cass. 7 août 1851, 4 nov. 1853, et 17 janv. 1861, cités *supra*, n° 7), qui ont été rendus en matière d'incompétence *ratione loci*, et qui s'accordent à déclarer que toutes les incompétences édictées par la loi sont, quant à leurs effets légaux, péremptoires et absolues, et, dès lors, ne sauraient être couvertes par le consentement ou le silence de la partie (Conf. Dijon, 22 mai 1878) (1).

9. Proposable en tout état de cause, l'exception d'incompétence peut être soulevée pour la première fois en appel (Crim. cass. 7 févr. 1834 ; 12 févr. 1864, cités *supra*, n° 7 ; Dijon, 22 mai 1878, cité *supra*, n° 8), et même pour la première fois devant la cour de cassation (Crim. cass. 2 août 1825, *Bull. crim.*, n° 166 ; 3 janv. 1829, *Rép.* v° *Douanes*, n° 900 ; 4 nov. 1853, 17 janv. 1861, cités *supra*, n° 7 ; 5 déc. 1862, aff. Petit-Perrot, D. P. 67. 5. 93 ; 12 févr. 1864 précité ; 9 déc. 1864, aff. Hanicotte, D. P. 67. 5. 95 ; 14 févr. 1868, 2 déc. 1881, 12 mars et 25 juill. 1885, et 22 oct. 1886, cités *supra*, n° 7). Il a même été implicitement reconnu qu'elle peut être proposée pour la première fois devant la cour de cassation, même par le plaignant qui, en matière de diffamation, a saisi lui-même la juridiction dont il allègue ensuite l'incompétence en cassation (Crim. rej. 13 nov. 1875) (2).

10. L'incompétence ne serait. pas couverte par l'acquiescement ou le silence de la partie (Crim. cass. 7 oct. 1809, *Rép.* v° *Presse-outrage*, n° 1388-5° ; 7 août 1851, 17 janv. 1861, 12 févr. 1864, et 25 juill. 1885, V. *supra*, n° 7). Dans notre droit, la prorogation de la juridiction criminelle n'est pas admise, et ni la volonté de l'accusé, ni celle du ministère public, fussent-elles simultanées, ne pourraient proroger la compétence d'un juge au delà de ses limites (Crim. cass. 2 déc. 1881, cité *supra*, n° 7).

11. Si la partie n'a pas proposé l'exception d'incompétence, le juge peut et doit la suppléer d'office, car, ainsi qu'on l'a rappelé au *Rép.* n° 56, c'est un principe général que le juge a toujours le droit d'examiner sa compétence et de retenir ou de refuser la connaissance de l'affaire par une décision préalable.

12. Il y a cependant des exceptions à la règle qui permet de décliner la compétence en tout état de cause. L'une est relative à la cour d'assises, les deux autres à la police correctionnelle. — En premier lieu, les arrêts des chambres des mises en accusation qui saisissent les cours d'assises étant attributifs, et non pas seulement indicatifs de juridiction, il s'ensuit que les cours d'assises ne peuvent pas se déclarer incompétentes pour connaître d'une affaire qui leur a été renvoyée par un arrêt d'accusation non attaqué dans les délais légaux. Il y a chose jugée sur la compétence, même *ratione loci*, par l'arrêt d'accusation, et il n'est plus possible à l'accusé de mettre cette compétence en question ni devant la cour d'assises, ni plus tard devant la cour de cassation (Crim. cass. 19 juill. 1816, *Rép.* n° 649 ; Crim. rej. 24 déc. 1840, *ibid.* n° 86 ; 9 mai 1852, *Bull. crim.*, n° 150 ; 20 juin 1856, aff. Comboulives, D. P. 56. 1. 374 ; 22 mai 1862, aff. Giraud, D. P. 67. 5. 93 ; 12 mars 1885, aff. Chervin et Mondière, D. P. 85. 1. 331).

La seconde exception concerne le prévenu qui, traduit en police correctionnelle, demande son renvoi devant le tribunal de simple police, en se fondant sur ce que le fait à raison duquel il est poursuivi ne constitue qu'une simple contravention. Aux termes des art. 192 et 213 c. instr. cr., l'inculpé ne peut former cette demande qu'*avant toute instruction, à peine de déchéance*.

En troisième lieu, d'après le principe que la situation d'un prévenu ne peut être aggravée sur son seul appel, la chambre des appels de police correctionnel ne peut, en l'absence d'un appel du ministère public, et sans conclusions

---

(1) (Didier.) — La cour ; — Considérant que, sur l'appel émis par le ministère public d'un jugement du tribunal de police correctionnelle de Chaumont, qui a renvoyé Didier des poursuites dirigées contre lui pour outrages à un garde forestier, l'inculpé soulève devant la cour un déclinatoire fondé sur ce que le tribunal de Chaumont n'était ni celui de son domicile, ni celui du lieu du délit ; — Considérant, en droit, que, si la compétence, à raison de la matière qui touche à l'ordre de juridiction, peut paraître d'un intérêt public supérieur à la compétence à raison du lieu, il ne s'ensuit pas que celle-ci dépende, en matière criminelle, de la volonté des parties, comme en matière civile ; — Qu'en effet, lorsqu'il s'agit d'intérêts privés, sur lesquels les parties peuvent transiger, celles-ci peuvent abandonner ou soumettre à des arbitres de leur choix, on conçoit qu'elles puissent renoncer à la juridiction de leur domicile et choisir ou accepter celle d'un autre lieu ; — Qu'il n'en saurait être de même en matière criminelle, où il s'agit d'assurer et d'accélérer la répression des infractions à l'ordre social, où la partie poursuivante représente l'intérêt général sur lequel on ne transige pas, et où le prévenu défend des biens autrement chers que l'argent, son honneur, sa liberté, son existence ; — Qu'en face d'intérêts aussi graves, la loi ne pouvait autoriser la partie publique, pas plus que l'inculpé, à choisir ses juges ; — Qu'aussi, loin de reproduire la distinction du code de procédure civile, entre l'incompétence *ratione materiæ* qui peut être invoquée en tout état de cause, même d'office, et l'incompétence *ratione loci* qui doit l'être sous peine de forclusion *in limine litis*, l'art. 69 c. instr. crim. enjoint au contraire au juge d'instruction qui ne serait ni celui du lieu du délit ni du domicile ou de l'arrestation de l'inculpé, de renvoyer la plainte au juge d'instruction qui pourrait en connaître à l'un de ces titres ; — Que la règle étant la même pour les tribunaux, c'est donc par erreur que Didier a été cité devant le tribunal de Chaumont, et qu'il est fondé à demander pour la première fois en appel son renvoi devant le tribunal de Langres qui est celui de son domicile et du lieu du délit ; — Qu'on ne pourrait lui opposer un défaut d'intérêt fondé soit sur l'acquittement prononcé en sa

faveur par les premiers juges, soit sur ce que le tribunal de renvoi ressort de la même cour que le premier, puisque, menacé par l'appel du ministère public, il peut avoir intérêt à obtenir de ses juges naturels une décision nouvelle de nature à désarmer la poursuite ; — Par ces motifs, statuant sur l'appel émis par le ministère public du jugement rendu par le tribunal de police correctionnelle de Chaumont, le 13 avr. 1878, et faisant droit au déclinatoire soulevé par Didier, annule ledit jugement, et renvoie la cause devant les juges qui doivent en connaître, etc.

Du 22 mai 1878.-C. de Dijon, 3e ch.-MM. Klié, pr.-Poux-Franklin, av. gén.-Frémiet, av.

(2) (Griffe.) — La cour ; — Sur le moyen tiré de la violation des art. 2 et 3 de la loi du 15 avr. 1871, en ce que la diffamation aurait été dirigée contre un fonctionnaire public et serait, à ce titre, de la compétence de la cour d'assises : — Attendu que les articles publiés, les 12 et 13 av. 1875, dans le journal le *Messager du Midi*, et qui ont fait l'objet de la plainte, signalent le changement survenu dans les opinions politiques de Griffe, changement qui, en présence de sa nomination aux fonctions de président du tribunal de Nîmes, au lendemain du 4 sept. 1870, est qualifié de conversion intéressée ; — Attendu que cette imputation est étrangère aux fonctions remplies par ce magistrat ; qu'aucun acte de sa vie judiciaire n'est attaqué ; que l'intérêt qui aurait accompagné ou déterminé sa conversion, ayant reçu satisfaction par l'obtention des fonctions auxquelles il s'attachait, est nécessairement antérieur à leur exercice ; que, conséquemment, c'est comme simple particulier, et non comme fonctionnaire public, que le plaignant aurait été diffamé, et que dès lors, c'est à juste titre qu'il a saisi de sa plainte la juridiction correctionnelle, *dont il est mal fondé à décliner la compétence*, les dispositions de l'art. 2 de la loi du 15 avr. 1871 attribuant, en termes formels, aux tribunaux correctionnels la connaissance des délits de diffamation et d'injures concernant les particuliers ; — Sur le moyen, etc. — Rejette.

Du 13 nov. 1875.-Ch. crim.-MM. Gast, rap.-Desjardins, av. gén.

formelles du prévenu, se déclarer incompétente à raison de ce que le fait constituerait non pas un simple délit, mais un crime, et ressortirait, dès lors, à la cour d'assises. En conséquence, le condamné ne pourrait reprocher, devant la cour de cassation, au juge correctionnel du second degré, de ne pas s'être déclaré d'office incompétent à raison du caractère criminel du fait poursuivi, si lui seul avait appelé du jugement, ce qui obligeait le juge à s'abstenir de toute décision de nature à aggraver sa situation (V. les arrêts cités en ce sens *suprà*, v° *Appel en matière criminelle*, n° 106 ; — *Adde :* Crim. rej. 13 févr. 1875 (1) ; 7 juill. 1876) (2). — Il n'en serait pas de même, évidemment, si la cour était saisie par l'appel du ministère public. L'effet de cet appel étant absolu, le juge du second degré aurait alors le droit de décliner d'office la compétence de la juridiction correctionnelle, et le prévenu serait fondé à lui reprocher de ne l'avoir pas fait, si l'objet de la poursuite était réellement un crime et non un délit (Crim. cass. 14 févr. 1868, et 22 oct. 1886, V. *suprà*, n° 7).

13. La mise d'une ville en état de siège peut-elle avoir pour effet de déroger au principe que « nul ne peut être distrait de ses juges naturels », principe proclamé par les chartes de 1814 et de 1830, et par la Constitution de 1848 ? La question a été posée au *Rép.* n° 54 et 670. Nous renvoyons pour son examen et sa solution *infrà*, v° *Place de guerre*. Il nous suffira de dire ici que les règles de l'état de siège ont fait l'objet de deux lois postérieures à la publication du *Répertoire*, savoir la loi du 9 août 1849 (D. P. 49. 4. 135), et celle du 3 avr. 1878 (D. P. 78. 4. 27).

14. Une autre conséquence, déjà signalée au *Rép.* n° 62, de la règle que les compétences sont d'ordre public au criminel, est que la reconvention n'est pas admise en matière criminelle, c'est-à-dire que le tribunal de répression, compétent pour connaître d'un délit imputé à une partie, ne cesse pas d'être compétent pour statuer sur ce délit, par cela seul que la partie demanderesse se serait rendue coupable envers le défendeur d'un délit qui ne serait pas de la compétence du tribunal, et que ce défendeur en aurait demandé la répression. A l'arrêt de règlement de juges du 5 juin 1835, cité *Rép.* n° 62, et transcrit *ibid.* n° 243, on peut ajouter, dans le même sens, l'arrêt de cassation du 14 avr. 1827, rapporté *ibid.* n° 554.

15. Ainsi qu'on l'a dit au *Rép.* n°s 56 et 57, la question de compétence doit être décidée *préalablement*, c'est-à-dire que tout tribunal dont la compétence est déclinée doit juger *d'abord* cette exception, et y statuer immédiatement, avant de procéder au fond. En effet, si le juge reconnaît son incompétence, son pouvoir cesse au même moment, et il ne peut ni connaître du fond du procès, ni même ordonner aucune mesure d'instruction (Faustin Hélie, t. 5, n° 2390, et t. 6, n° 2870 ; Mangin, *Instruction écrite*, t. 2, n° 230 ; Morin, v° *Compétence*, n° 12). C'est par ce motif que l'art. 172 c. proc. civ. dispose que « toute exception en renvoi sera jugée sommairement, sans qu'elle puisse être réservée *ni jointe au principal* ». Et cet article s'applique à la procédure criminelle comme à la procédure civile, « car, dit Mangin, *loc. cit.*, la raison indique qu'un tribunal criminel ne peut forcer à s'expliquer devant lui un prévenu qui soutient n'être pas son justiciable, et, conséquemment, ne lui devoir aucune justification ; qu'il ne peut non plus entamer des débats tant qu'il est possible qu'il ne puisse pas statuer sur leurs résultats ». L'applicabilité de l'art. 172 c. proc. civ. au criminel et la règle que le juge doit la compétence est contesté ne peut procéder au fond, ne font plus aucun doute en jurisprudence (Crim. cass. 25 juin 1825, *Bull. crim.*, n° 341 ; 3 juin 1837, *ibid.*, n° 172 ; 4 mai 1839, *ibid.*, n° 147 ; 4 mai 1843, *ibid.*, n° 96 ; Crim. rej. 3 juill. 1880 (3) ; Crim. cass. 10 juill. 1886, aff. Baudot, D. P. 87. 1. 191 ; 17 juill. 1886 (4) ; 24 nov. 1887, aff. Miégeville, D. P. 88. 1. 331).

(1) (Eugène Legrand.) — La cour ; — Sur le moyen tiré d'une prétendue violation des art. 193 et 214 c. instr. cr. et de la fausse application des art. 401 et 408, § 1er, c. pén., en ce que le fait dont le demandeur a été déclaré complice, aurait constitué le crime prévu et puni par l'art. 408, § 2, c. pén., et que, par conséquent, la juridiction correctionnelle était incompétente ; — Attendu que Legrand a été condamné pour complicité d'abus de confiance à six mois d'emprisonnement en vertu des art. 406 et 408, § 1er, c. pén. par le tribunal correctionnel de Cambrai ; qu'il a seul interjeté appel de ce jugement, qui a été confirmé par la cour sans que l'appelant eût pris des conclusions à fin d'incompétence ; que, dès lors, en vertu du principe résultant de l'avis du conseil d'Etat du 12 nov. 1806, qui défend d'aggraver la situation d'un appelant sur son seul appel, sans conclusions formelles de sa part, la cour ne pouvait se déclarer incompétente, même quand elle aurait aperçu des indices du crime, qui d'ailleurs n'existaient pas dans l'espèce ; qu'ainsi l'arrêt attaqué a été rendu conformément à la loi, et n'aurait pu, sans excès de pouvoir, se saisir d'office de la question de compétence ; que cet arrêt ne peut encourir la cassation pour n'avoir pas fait ce qu'il n'aurait pu faire sans violer les droits de la défense ; qu'en pareille circonstance c'est tardivement que le moyen d'incompétence a été présenté pour la première fois devant la cour de cassation ; que, dès lors, il n'y a aucune violation des articles précités ; — Rejette.

Du 13 févr. 1875.-Ch. crim.-MM. Camescasse, rap.-Thiriot, av. gén.

(2) (Constant Gonant.) — La cour ; — Sur le moyen tiré d'une prétendue violation des art. 147, 150 et 405 c. pén., en ce que le demandeur aurait été condamné correctionnellement pour tentative d'escroquerie par la cour d'appel de Nancy quoiqu'il résulte des constatations de l'arrêt que cette tentative a été commise au moyen d'un billet portant la fausse signature de Pierron, entrepreneur ; — Attendu que si les moyens d'incompétence peuvent en général être présentés pour la première fois devant la cour de cassation, il en est autrement dans la situation particulière où s'est placé le demandeur ; — Que, condamné par le tribunal de Saint-Dié, il avait seul interjeté appel ; qu'en vertu du principe posé par l'avis du conseil d'Etat, du 12 nov. 1806, la cour d'appel de Nancy ne pouvait, sans conclusions formelles du demandeur, aggraver sa position en se déclarant incompétente à raison du caractère criminel que celle-ci aurait pu reconnaître aux faits poursuivis ; qu'elle s'est donc exactement conformée à la loi, en ne prononçant pas son incompétence ; que par voie de conséquence, la cour de cassation ne peut annuler un arrêt parfaitement régulier quant aux circonstances dans lesquelles il a été rendu ; — Que, dès lors, il n'y a pas de violation des articles précités ; — Rejette.

Du 7 juill. 1876.-Ch. crim.-MM. Camescasse, rap.-Robinet de Cléry, av. gén.

(3) (Prudence-Désirée Françoise.) — La cour ; — Sur le moyen unique, tiré de la violation des art. 137, 138, 192 et 215 c. instr. cr., 13 et 20 de la loi du 17 mai 1819 et 376 c. pén., en ce que l'arrêt attaqué aurait à tort refusé de faire droit aux conclusions prises par la prévenue avant tout débat, et tendant à ce que la juridiction correctionnelle se déclarât incompétente pour connaître d'une diffamation au sujet de laquelle aucune circonstance de publicité n'était relevée, ni dans l'ordonnance de renvoi, ni dans la citation : — Attendu que si, effectivement, ni l'ordonnance de renvoi au correctionnel rendue par le juge d'instruction ni l'assignation donnée à la prévenue n'énonçait en termes exprès que la diffamation faisant l'objet de la prévention avait été publique, ces documents affirmaient implicitement la publicité des propos diffamatoires en visant les dispositions des art. 13 et 18 de la loi du 17 mai 1819, qui prévoient le délit de diffamation publique envers les particuliers ; — Attendu que, bien que la juridiction correctionnelle se trouvât ainsi régulièrement saisie, il appartenait assurément à la prévenue de décliner la compétence de cette juridiction, en déniant à la diffamation incriminée tout caractère de publicité ; — Mais attendu que, si en principe général le juge doit statuer sur une exception d'incompétence immédiatement et sans pouvoir la joindre au fond, il en est différemment lorsque, comme dans l'espèce, l'appréciation du moyen d'incompétence est indivisible avec l'examen du fond — Que, dans les conditions où se présentait la cause, le juge ne pouvait vérifier la compétence que par l'appréciation même des éléments du fait, dont la production devenait indispensable pour le mettre à même de décider, en connaissance de cause, s'il était appelé à statuer sur un délit, ou s'il se trouvait en présence d'une simple contravention ; — Que c'est, dès lors, à juste titre, que l'arrêt attaqué a décidé qu'il y avait lieu de passer outre aux débats, sauf à en apprécier ensuite les conséquences au point de vue de l'existence ou de la non-existence du caractère de publicité ; — Que rapproché de ce motif, le dispositif de l'arrêt qui évoque le fond laisse entière la question de compétence sur laquelle il pourra être ultérieurement statué, conformément à la loi ; — Attendu qu'il résulte de ce qui précède que l'arrêt attaqué n'a violé aucun des textes de loi précités ; — Rejette.

Du 3 juill. 1880.-Ch. crim.-MM. Gast, rap.-Ronjat, av. gén.

(4) (Hillairet.) — La cour ;... — Sur le deuxième moyen, pris de ce que le tribunal a statué par un seul et même jugement sur une question de compétence soulevée par les prévenus, et sur le fond même de la prévention de diffamation : — Attendu qu'Hillairet et Larade prétendaient n'être pas justiciables du tribunal supérieur de Nouméa, statuant sur appel en matière correction-

16. La règle d'après laquelle le juge dont la compétence est contestée ne peut procéder au fond, admet cependant une exception pour le cas où l'appréciation du moyen d'incompétence est indivisible avec l'examen du fond. Dans ce cas, il faut bien, par la force des choses, que le fond soit examiné (Crim. cass. 7 déc. 1844, *Bull. crim.*, n° 392; Crim. rej. 26 avr. 1856, aff. Cazeneuve, D. P. 56. 1. 268; Crim. rej. 3 juill. 1880, Crim. cass. 17 juill. 1886, et 24 nov. 1887, cités *suprà*, n° 15). Il a été aussi jugé que si la partie qui propose un déclinatoire d'incompétence concluait également au fond, elle renoncerait par là même au bénéfice de l'art. 172, et le juge pourrait prononcer par un seul et même jugement sur l'exception d'incompétence et sur le fond (Crim. rej. 30 janv. 1885) (1).

17. Le juge peut-il, avant de statuer sur la compétence, prendre un jugement préparatoire pour vérifier quelque circonstance du procès? Oui, pourvu que cette vérification n'ait d'autre objet que la question même de compétence, car un tribunal qui veut éclaircir les faits sur lesquels devra se baser son appréciation relative à la question même de compétence, n'entre pas pour cela dans l'examen du fond, et c'est là seulement ce qui lui est interdit (Crim. cass. 27 janv. 1854, aff. de Pons, cité par Faustin Hélie, t. 6, n° 2870).

18. Ainsi qu'on l'a dit au *Rép.* n° 57, si la question de compétence doit être décidée préalablement, elle n'est point pour cela une question *préjudicielle*, dans le sens exact du mot (Hoffmann, *Questions préjudicielles*, t. 1, n° 207, p. 340; Morin, v° *Question préjudicielle*, n° 2; Le Sellyer, t. 2, n° 609). — Nous ajouterons avec ce dernier auteur (*Traité de l'exercice des actions publique et privée*, t. 2, n° 683) et avec M. Griolet, *De l'autorité de la chose jugée*, p. 320, qu'elle devrait même être décidée avant l'exception de chose jugée. « En effet, dit avec raison M. Griolet, le juge ne peut statuer sur l'exception de chose jugée sans déclarer implicitement qu'il est compétent, puisqu'il examine la recevabilité de la poursuite. Le juge doit donc d'abord statuer sur la question de compétence. »

19. L'exception d'incompétence peut cependant être éteinte par l'autorité de la chose jugée. « Une partie propose un déclinatoire, il est rejeté, elle ne se pourvoit pas contre le jugement; les délais pendant lesquels il est permis de l'attaquer et de poursuivre sa réformation sont expirés; le tribunal qui a rendu ce jugement, ni le tribunal supérieur auquel l'affaire est déférée sur le fond, ne peuvent remettre en question l'exception d'incompétence. En effet, si l'ordre public est intéressé à ce que l'ordre des juridictions ne soit pas violé, il l'est encore à ce que les jugements intervenus sur la compétence demeurent stables quand ils n'ont pas été attaqués dans le délai utile, à ce que la compétence ne reste pas perpétuellement incertaine » (Mangin, *Instruction écrite*, t. 2, n° 233. Conf. Morin, v° *Compétence*, p. 506; Faustin Hélie, t. 4, n° 1694; Crim. rej. 24 déc. 1840, *Rép.* n° 86; 23 juill. 1868) (2). Il est d'ailleurs évident que les effets de la chose jugée sont, dans ce cas comme dans tout autre, limités à ce qui a fait l'objet du jugement.

20. Enfin, comme on l'a dit au *Rép.* n° 63, lorsqu'il se déclare incompétent, un tribunal doit se borner à faire cette simple déclaration : il ne peut renvoyer l'affaire devant la juridiction qui lui paraît compétente, et la saisir ainsi de la poursuite: car il ne lui appartient point, sauf le cas où la loi lui en a donné la mission, de régler la compétence d'une autre juridiction et de prescrire à l'action publique la marche qu'elle doit suivre, après qu'il est dessaisi. Cette désignation constituerait l'usurpation d'un pouvoir formellement délégué à une autre autorité (Faustin Hélie, t. 5, n° 2392. Aux arrêts de cassation du 6 mars 1824 et du 18 juin 1824, cités à cet égard, *Rép.* n° 63, il faut ajouter les suivants : 4 août 1827, 11 août 1827, 1er déc. 1827, cités par Faustin Hélie, *ibid.*; 24 juin 1843, aff. Rageau, *Bull. crim.*, n° 160; 4 nov. 1880, aff. Vasselin, D. P. 81. 1. 44).

Art. 1er. — *Circonscription territoriale de la compétence des tribunaux criminels (Rép. n°s 65 à 145).*

§ 1er. — Compétence à raison du lieu soit du délit, soit du domicile des prévenus ou accusés, soit de leur arrestation (*Rép.* n°s 66 à 106).

21. La compétence *ratione loci* est la condition fondamentale de l'exercice de la juridiction. Elle est réglée, ainsi qu'on l'a rappelé au *Rép.* n° 69, par les art. 23, 29, 30 et 63 c. instr. cr., suivant lesquels trois juges différents sont compétents pour connaître d'un crime ou d'un délit, savoir : le juge du lieu du crime ou du délit, celui de la résidence du prévenu, et celui du lieu où le prévenu pourra être trouvé. Les articles précités n'établissent, il est vrai, cette règle de compétence que pour les officiers de police judiciaire,

---

nelle, et qu'ils fondaient leur exception d'incompétence sur ce que les articles incriminés qu'ils avaient publiés dans le journal *le Progrès de Nouméa*, étaient dirigés contre le sieur Simon, à raison de ses fonctions de maire de Nouméa; — Attendu que le moyen d'incompétence n'apparaît pas comme étant indivisible avec l'examen de la prévention du délit de diffamation reproché aux demandeurs; que ces derniers, aux termes de l'art. 416 c. instr. cr., déclaré applicable dans la Nouvelle Calédonie par l'art. 24 du décret du 27 mars 1879, pouvaient se pourvoir contre le jugement rendu sur l'exception d'incompétence; que le tribunal, en joignant l'incident au fond, sans déclarer leur indivisibilité, et en statuant par un seul et même jugement sur la compétence et sur le délit de diffamation, a privé les demandeurs du droit que la loi leur accordait, et violé les dispositions de l'art. 416 précité; — Casse.

Du 17 juill. 1886.-Ch. crim.-MM. Lescouvé, rap.-Loubers, av. gén.

(1) (Buteau.) — La cour ; — Sur le premier moyen, tiré de la prétendue violation de l'art. 172 c. proc. civ., en ce que le tribunal d'Oran, saisi d'une question d'incompétence *ratione materiæ*, a statué sur l'incompétence et sur le fond par un seul et même jugement, contrairement audit article, applicable en matière correctionnelle : — Attendu, en fait, que Buteau ayant fait citer Roussel devant le juge de paix de Sig, comme ayant prononcé contre lui des paroles diffamatoires, le tribunal d'Oran, statuant en appel, a déclaré mal fondée une exception d'incompétence soulevée par Roussel, en ce que la diffamation aurait été proférée contre Buteau comme président du syndicat des eaux de l'Habra et devait ainsi entraîner la juridiction de la cour d'assises, et par le même jugement, a prononcé au fond; — Attendu que Roussel prévenu avait, en prévision du déclinatoire proposé, conclu au fond, et avait accepté entièrement le débat; qu'il avait ainsi renoncé au bénéfice des dispositions de l'art. 172 c. proc. civ.; — Rejette ce premier moyen.

Du 30 janv. 1885.-Ch. crim.-MM. Falconnet, rap.-Loubers, av. gén.

(2) (Foulupt.) — La cour ; — Sur l'unique moyen tiré de la violation des règles de la compétence : — Attendu qu'Antoine Foulupt, poursuivi devant le tribunal correctionnel de Saint-Amand, sous prévention d'abus de confiance, comme mandataire salarié de Jean Foulupt, son oncle, après avoir excipé de sa qualité prétendue de commis ou homme de service à gages de ce dernier, et demandé à ce titre son renvoi devant la juridiction criminelle, n'a point relevé appel du jugement du 7 avr. 1868 par lequel le tribunal, rejetant son exception, s'est déclaré compétent et a renvoyé les parties à l'audience du 12 mai pour statuer sur le fond de la cause; que le ministère public n'a de son côté formé aucun appel de cette décision; — Attendu qu'à la date indiquée, le tribunal a statué, en effet, sans nouvelle protestation de la part de l'inculpé sur le fond de la prévention et a prononcé contre ledit Foulupt, déclaré coupable, la peine de treize mois d'emprisonnement; que, sur l'appel par lui interjeté, le 22 du même mois, de cette décision, Foulupt n'a point remis en question le jugement définitif sur la compétence; que c'est seulement devant la chambre des appels correctionnels, alors que le débat était déjà engagé, que, par des conclusions prises à la barre, il a reproduit la déclaration par lui précédemment proposée et rejetée par les premiers juges, et demandé à la cour qu'elle se déclarât incompétente *ratione materiæ*;

Mais attendu qu'à cette phase du procès, la question de compétence définitivement résolue par le jugement du 7 avril ne pouvait plus faire l'objet d'une discussion; — Que, devant cette décision, passée en force de chose jugée à défaut de tout recours utile de la part du prévenu, la cour, saisie exclusivement du fond de la prévention, n'avait plus ni qualité pour pouvoir discuter sa compétence, ni pouvoir réformer le jugement pour lequel le fait incriminé avait été définitivement attribué à la juridiction correctionnelle; — Qu'en déclarant, en l'état, que la question d'incompétence soulevée par le prévenu ne pouvait plus lui être soumise, la cour de Bourges, loin de méconnaître ses attributions et fait infraction à la loi, n'a fait qu'une saine application de l'art. 1351 c. nap., commun à toutes les matières;

Par ces motifs, rejette.

Du 23 juill. 1868.-Ch. crim.-MM. Robert de Chenevière, rap.-Blanche, av. gén.

chargés de la recherche et de l'instruction des crimes et délits, et pour les parties plaignantes, mais il est hors de doute qu'elle concerne également les tribunaux (A l'arrêt du 7 janv. 1830, cité au *Rép.* n° 69, et rapporté n° 81, *Adde*, dans ce sens : Crim. rej. 25 janv. 1849, aff. Blanchet, D. P. 49. 5. 58. Conf. Mangin, *Instruction écrite*, t. 2, n° 203 ; Faustin Hélie, t. 5, n° 2341 ; Le Sellyer, t. 2, n° 784 ; Morin, v° *Compétence*, n° 28).

22. Pour les contraventions de police, il n'existe qu'une seule compétence *ratione loci*, celle du lieu de la perpétration, ainsi qu'on l'a dit au *Rép.* n° 75. Cette règle, admise par toute la doctrine (V. outre les auteurs cités *ibid.* : Faustin Hélie, t. 6, n° 2558 ; Le Sellyer, t. 2, n° 821), est devenue plus certaine encore depuis que la loi du 27 janv. 1873 a modifié le texte de l'art. 138 c. instr. cr., désormais ainsi conçu : « La connaissance des contraventions de police est attribuée exclusivement au juge de paix du canton dans l'étendue duquel elles ont été commises ». Elle ne comporte pas d'exception, et deux arrêts ont décidé qu'un juge de paix ne peut jamais être compétent pour connaître comme juge de police, d'une contravention commise hors de son canton, alors même que l'inculpé serait domicilié dans la commune chef-lieu du canton du juge de paix saisi (Crim. rej. 14 déc. 1843, rapporté au *Rép.* n° 75 ; Crim. cass. 4 nov. 1853, aff. Léonard Félix, D. P. 53. 5. 99).

23. De ce que la loi a attribué compétence, en matière de crimes et de délits, aux trois tribunaux du lieu de l'infraction, du lieu de la résidence du prévenu et du lieu où celui-ci pourra être trouvé, il suit qu'un tribunal qui n'est ni celui de la résidence du prévenu, ni celui du lieu de son arrestation, ni celui du lieu de la perpétration du délit, est nécessairement incompétent. C'est ce qui a été jugé par plusieurs arrêts (Crim. règl. jug. 26 mars 1857 (1) ; Crim. cass. 3 janv. 1862) (2). — Spécialement, il a été jugé depuis la loi du 17 juill. 1856, modificative de l'art. 230 c. instr. cr., que les chambres des mises en accusation ne peuvent plus, comme sous l'empire de l'ancien art. 230, renvoyer un prévenu devant tel tribunal de leur ressort qu'il leur plaît d'indiquer, mais qu'elles doivent prononcer le renvoi à l'un des tribunaux auxquels l'art. 2 c. instr. cr. attribue la compétence *ratione loci* (Crim. cass. 23 avr. 1857, aff. Letolle, D. P. 57. 1. 231. Conf. Faustin Hélie, t. 5, n° 2174). De même, le renvoi d'une juridiction à une autre, prononcé par une cour, dans le cas prévu par l'art. 214 c. instr. cr., ne fait pas cesser

les règles générales de compétence établies par les art. 23 et 63 du même code. C'est ce qui a déjà été établi au *Rép.* n° 85.

24. On a rappelé au *Rép.* n°[os] 66 et 67 que, dans l'ancienne jurisprudence française, le juge du lieu du délit était préféré au juge du domicile, et que cette *prévention* lui donnait, en cas de conflit avec un autre juge, le droit de requérir que l'affaire lui fût renvoyée (Sur ces règles de l'ancien droit, V. Le Sellyer, t. 2, n° 782). Existe-t-il encore aujourd'hui quelque préférence au profit d'une des trois compétences *ratione loci* indiquées dans les art. 23 et 63 c. instr. cr. ? La question était controversée à l'époque de la publication du *Répertoire* ; elle divise encore la doctrine. M. Faustin Hélie, t. 4, n°[os] 1669 et 1670, pense que la compétence du lieu où le délit a été commis est celle qui est le plus en rapport avec la mission de la justice pénale, parce que c'est là qu'on rencontre en général les preuves et les témoins, et que l'exemplarité du jugement peut produire son effet salutaire. Il estime que si la loi a posé en principe la concurrence des trois compétences, cette concurrence ne doit pas être appliquée dans les termes absolus, et il croit que le juge du lieu du délit doit être préféré au juge du domicile, et celui-ci au juge de la capture. Tel était l'ordre tracé par les art. 78 et 79 c. brum. an 4 (du moins, pour les deux premières compétences, car le code n'attribuait aucune compétence au juge du lieu de l'arrestation). Le Sellyer, t. 2, n°[os] 818 et 819, est du même avis, ainsi que Mangin, *Instruction écrite*, t. 2, n° 37 (V. aussi sur cette question : Ortolan, t. 2, n° 2131 ; Trébutien, t. 2, n° 409 ; Morin, v° *Compétence criminelle*, n° 32). Quant à la distinction faite par Carnot entre les crimes et les délits, distinction rappelée au *Rép.* n° 82, elle est aujourd'hui complètement abandonnée. Dans la pratique, l'instruction demeure généralement au juge par qui le premier mandat a été délivré, ainsi que le prescrivait l'art. 77 du code de brumaire, ainsi conçu : « En cas de concurrence, l'instruction demeure à celui (au juge de paix) qui a le premier délivré le mandat d'amener » (Conf. Le Graverend, t. 1, p. 161 et 162, et t. 2, p. 22 et 23 ; Rauter, t. 2, n° 678 ; Ortolan, *loc. cit.* ; Trébutien, *loc. cit.*). — La jurisprudence n'offre que trois arrêts sur la question, dont lesquels la cour de cassation a décidé que le juge du lieu où le prévenu a pu être trouvé est, tout aussi bien que le juge du lieu du délit, compétent pour l'instruction et le jugement de l'affaire (Crim. rej. 27 août 1847 (3) ; 25 janv. 1849, aff. Blanchet, D. P. 49. 5. 58 ; 17 nov. 1866, aff. Pourtauborde, D. P. 68. 1. 142).

---

(1) (Perrache.) — La cour ; — Vu la demande en règlement de juges, formée par le procureur général près la cour impériale de Nîmes, dans l'affaire instruite contre le sieur Sauveur-Perrache, négociant en denrées coloniales, demeurant à Marseille, prévenu d'avoir, par des mentions frauduleuses, tendant à faire croire à un pesage ou mesurage antérieur et exact, trompé divers acheteurs sur la quantité de la marchandise vendue ; — Dit qu'il y a lieu à règlement de juges ; Et, attendu que le sieur Perrache n'a point été arrêté, et que les faits à lui imputés auraient été commis à Marseille, où ledit Perrache est domicilié ; — Attendu, dès lors, que le juge d'instruction près le tribunal de Carpentras était incompétent pour informer sur les faits formant l'objet de la prévention, laquelle ne pouvait être compétemment déférée qu'au tribunal de Marseille, d'après les art. 23, 63 et 69 c. instr. cr. ; — Sans s'arrêter à l'ordonnance du juge d'instruction de Carpentras... Renvoie le sieur Perrache devant le juge d'instruction du tribunal de Marseille pour être procédé conformément à la loi sur l'inculpation qui existe contre le susnommé ; — Ordonne, etc. Du 26 mars 1857.-Ch. crim.-MM. Caussin de Perceval, rap.-d'Ubexi, av. gén.

(2) (Thévenin et Petit-Perrot.) — La cour ; — Sur le moyen pris d'une violation des règles de la compétence, en ce que les demandeurs auraient été jugés par un tribunal qui n'était ni celui du délit, ni celui de la résidence du prévenu, ni celui du lieu où ils auraient pu être trouvés : — Attendu que le tribunal de Châteaudun a condamné : 1° Thévenin par jugement du 5 janv. 1861, à quinze mois d'emprisonnement et à 300 fr. d'amende, pour délits d'escroquerie et d'abus de confiance commis de complicité avec Salmon, et par jugement du 4 mai suivant, à trois mois d'emprisonnement et à 300 fr. d'amende, pour délits d'abus de confiance, commis de complicité avec Petit-Perrot ; 2° Petit-Perrot à trois mois d'emprisonnement et à 300 fr. d'amende, pour ces derniers délits ; — Qu'à la suite de ces condamnations, Thévenin et Petit-Perrot ayant interjeté appel, la cour impériale de Paris a ordonné la jonction des instances par

un arrêt dont le véritable caractère est d'être un règlement de procédure qui a laissé entière la question de compétence soumise à la cour ; Attendu que, si le tribunal de l'arrondissement de Châteaudun était compétent pour juger Thévenin, à raison des faits qui lui étaient communs avec Salmon, domicilié dans cet arrondissement, et à raison des faits connexes, privatifs à Thévenin, ce tribunal était radicalement incompétent pour statuer sur les délits d'abus de confiance imputés à Thévenin et à Petit-Perrot ; — Qu'en effet, ces délits auraient été commis hors de l'arrondissement de Châteaudun, puisque, suivant la constatation de l'arrêt attaqué, ils se seraient accomplis par la remise en demeure résultant de la sommation judiciaire faite à Petit-Perrot, le 7 nov. 1860, au lieu de sa résidence, à Thoury, arrondissement de Chartres ; — Qu'aucun des prévenus ne résidait dans l'arrondissement de Châteaudun, et que tous deux, se trouvant à l'état de liberté au moment de la poursuite, n'avaient été inculpés qu'en vertu de mandats de comparution notifiés à leur résidence ; — Que le tribunal de Châteaudun n'avait donc pu être saisi, à aucun titre, des faits reprochés à Thévenin et à Petit-Perrot ; — Que, dès lors, la cour impériale de Paris, en retenant la connaissance desdits faits, s'est rendue propre le vice d'incompétence dont le jugement du 4 mai 1861 était entaché, et que, par suite, le dispositif de son arrêt, en cette partie, doit être annulé ; — Casse. Du 3 janv. 1862.-Ch. crim.-MM. du Bodan, rap.-Savary, av gén.

(3) (Servais-Dodat Févelas.) — La cour ; — Sur le premier moyen tiré de l'incompétence : — Attendu que, d'après les art. 23 et 63 c. instr. cr., le juge du lieu où le prévenu peut être trouvé est tout aussi compétent que celui du lieu du délit ; que les dispositions de ces articles sont générales, et qu'aucune loi n'y déroge en matière de faux ; qu'en fait le demandeur a été trouvé et arrêté à Toulon où il a été compétemment jugé par la cour d'assises du Var ;... — Rejette. Du 27 août 1847.-Ch. crim.-MM. Vincens-Saint-Laurens, rap.-Nicias-Gaillard, av. gén.

Dans plusieurs législations étrangères (V. Code d'instruction criminelle autrichien de 1873, art. 51 et suiv.), le tribunal du lieu de l'infraction est seul compétent en principe ; le tribunal du domicile et celui du lieu de l'arrestation ne le sont qu'exceptionnellement, par exemple, lorsqu'il s'agit d'infractions commises à l'étranger. — Aux termes de l'art. 12 du code de procédure pénale allemand de 1877, « dans le cas où plusieurs tribunaux seraient à la fois compétents, celui d'entre eux qui aura le premier commencé l'instruction demeurera saisi de l'affaire ». — Les dispositions du code de procédure pénale du royaume d'Italie de 1865 sur la compétence sont remarquables. Art. 14 : « La compétence est déterminée par le lieu où le fait a été commis, ou par celui de la demeure de l'inculpé, ou bien par celui où l'on a procédé à son arrestation ; sauf pourtant les exceptions établies par le présent code, ou par les autres lois ». Art. 15 : « Cependant le juge du lieu où le fait incriminé est commis sera préféré à tout autre juge, tant pour l'instruire que pour le juger. Les actes et les informations émanant d'un autre juge, ou d'un autre officier de police judiciaire, les corps du délit et l'inculpé, s'il a été arrêté, seront remis au juge du lieu où le délit a été commis, quoiqu'ils n'aient pas été réclamés ». Art. 16 : « Si le lieu du délit commis est resté inconnu, le juge du lieu où l'on aura procédé à l'arrestation sera préféré à celui où demeure l'inculpé, à moins que ce dernier magistrat n'ait déjà lancé un mandat d'amener ou de comparution ». Art. 17 : « Si le délit a été commencé en un lieu et consommé en un autre, la connaissance appartiendra au juge du lieu où le délit a été consommé ». Art. 18 : « Si le délit a été commis sur les confins des deux juridictions, la prévention aura lieu. La prévention restera fixée par l'exécution du mandat de prise de corps, ou par la notification du mandat de comparution ».

25. Au reste, si plusieurs tribunaux compétents *ratione loci* se trouvent simultanément saisis du même procès, et si chacun croit devoir retenir la connaissance de l'affaire, il y a lieu, comme on l'a dit au *Rép.* n° 105, à règlement de juges, conformément aux art. 526 et suiv. c. instr. cr. — Dans ce cas, les tribunaux à qui appartient le droit de régler le juges statueront en consultant surtout, dans le silence de la législation, les intérêts d'une bonne administration de la justice (Garraud, n° 444).

26. Des trois compétences *ratione loci* établies par les art. 23, 63 et 69 c. instr. cr., la première, celle du lieu du délit (*forum commissi delicti*), est la plus importante, en ce sens que c'est elle qui détermine le plus souvent, en fait, l'attribution du tribunal saisi. A première vue, il semble que cette compétence doive être toujours facilement réglée, puisque la juridiction du juge du lieu du délit s'étend jusqu'aux limites du territoire de son ressort, de telle sorte que celui-ci n'a, pour vérifier sa compétence, qu'à vérifier si le fait incriminé a été commis sur ce territoire. Cependant, la question de savoir *quel est le lieu du délit* a donné lieu dans la pratique à un certain nombre de difficultés dont quelques-unes ont été examinées au *Répertoire* sous les n° 72, 73, 74, 79, 80, 86 et 87.

27. Le premier cas est celui où le lieu du délit est incertain, par exemple si l'on découvre un cadavre, sans savoir où l'homicide a été commis. Jusqu'à preuve contraire, le lieu où il gît doit être présumé lieu du crime, ainsi que l'a décidé l'arrêt de cassation du 20 flor. an 13, cité au *Rép.* n° 80 (Conf. Le Sellyer, t. 2, n° 792 ; Merlin, v° *Cadavre*, p. 11 ; Morin, v° *Compétence*, n° 30). — D'une façon plus générale, M. Faustin Hélie enseigne, avec raison, suivant nous (t. 4, n° 1672), que si le lieu de la perpétration d'un crime n'est pas connu, un juge ne peut instruire sur la plainte qu'autant qu'il y a lieu de présumer, d'après les circonstances énoncées dans la plainte, que le fait a été commis dans son ressort ; mais s'il résulte, au contraire, de la plainte et des circonstances de fait que le lieu de la perpétration du crime, quoique non connu, est en dehors du territoire de sa juridiction, le juge ne doit pas commencer l'information, car il n'a pas de pouvoir.

Il est, d'ailleurs, évident que le lieu où la victime a été frappée ne cesse pas d'être le lieu du délit, parce que cette victime a succombé aux suites de l'attentat sur le territoire d'une autre commune ; par suite, c'est à tort que le juge d'instruction de ce dernier territoire se saisirait de l'information, s'il n'est, d'ailleurs, ni le juge du lieu de

l'arrestation, ni celui du domicile du prévenu (Pau, 5 août 1859, aff. Cestac, D. P. 59. 2. 207).

28. Lorsque le délit a été commis sur les confins du territoire de deux juridictions, de sorte qu'il peut être réputé avoir été accompli dans les deux à la fois, il est clair que les juges des deux juridictions sont compétents, sauf règlement de juges, s'il y a lieu (Faustin Hélie, t. 4, n° 1673). Tel est le cas, cité au *Rép.* n° 79, d'un fait commis sur une rivière séparative de deux juridictions, à moins — ajouterons-nous — qu'on sache que l'exécution du fait a eu lieu sur tel côté des eaux, car alors le juge du territoire auquel ce côté est adjacent devient exclusivement compétent comme juge du lieu du délit (Faustin Hélie, *loc. cit.* ; Le Sellyer, t. 2, n° 792). On sait d'ailleurs que, quand un département ou une commune sont limités par une rivière, c'est le milieu de la rivière qui marque la limite (L. 26 févr.-4 mars 1790, tit. 1er, art. 5). Que si un cadavre vient à être trouvé sur la limite de deux juridictions de telle sorte qu'il repose en partie sur le territoire de l'une de ces juridictions, et en partie sur le territoire de l'autre, M. Faustin Hélie dit avec raison (*loc. cit.*) que la situation matérielle du corps ne doit être considérée que comme un fait indicateur du lieu où le crime a été commis, et qu'elle serait insuffisante à elle seule pour attribuer la connaissance du crime à telle ou telle juridiction.

Au sujet des infractions accomplies sur les confins de deux territoires, il faut noter un arrêt de rejet postérieur au *Répertoire*, rendu à propos d'une contravention de péage commise sur un pont aboutissant à deux communes différentes (Crim. rej. 7 févr. 1851, aff. Lapayrolerie, D. P. 51. 5. 193). La loi du 6 frim. an 7, art. 32 et 33, attribue compétence, pour ces sortes de contraventions, à l'administration départementale, et, par suite, à l'autorité judiciaire de la commune la plus rapprochée du bac ou du pont. Cette exception s'étend-elle au cas où le bac ou le pont aboutissent à des communes dépendant du *même département*? L'arrêt a jugé la négative, et décidé qu'une contravention commise dans le bureau de péage ressortit au tribunal dans le ressort duquel se trouve ce bureau d'après les règles du droit commun sur la compétence judiciaire.

29. Un cas moins rare est celui de l'individu qui, placé sur le territoire d'une commune, a, de cette commune, tiré un coup de fusil sur un autre individu placé sur le territoire d'une autre commune ou d'une autre juridiction, et l'a tué ou blessé. Nous avons dit au *Rép.* n° 73, et nous persistons dans cette opinion, que le tribunal du lieu où le coup a été tiré et le tribunal du lieu où la victime a été frappée sont également compétents. Il y a là, en effet, un fait indivisible dont partie s'est accomplie sur un territoire, et partie sur l'autre ; cela suffit pour que chaque territoire soit *le lieu du délit* (Conf. Villey, p. 139). Faustin Hélie, t. 4, n° 1674, et Mangin, *Instruction écrite*, t. 2, n° 37, enseignent que le lieu du délit est celui d'où le coup a été tiré ; M. Trébutien, au contraire (t. 2, n° 399), et M. Le Sellyer, t. 2, n° 789, donnent compétence exclusive au tribunal du lieu où l'homme a été frappé. — Comp. Le Sellyer, t. 2, n° 975, pour le cas où le coup de fusil a été tiré à la *frontière*, de l'étranger en France, ou réciproquement.

30. Les difficultés prennent plus de gravité lorsque les faits constitutifs d'un crime ou d'un délit ont été commis successivement dans plusieurs juridictions. — S'il s'agit de délits véritablement successifs (ou plutôt continus), tels que la séquestration, le recélé, les associations de malfaiteurs, les réunions illégales, le vagabondage, il est certain que les juges de tous les lieux où les faits qui les constituent se perpétuent sont également compétents pour en connaître, puisque la continuation du fait suffit pour l'existence du délit (Faustin Hélie, t. 4, n° 1675). Le délit, en effet, s'exécute dans chacune de ces localités diverses. Mais en est-il de même des délits *collectifs* ou *d'habitude*, qui exigent la répétition des mêmes actes pour être punissables, comme le délit d'habitude d'usure, réprimé par la loi du 19 déc. 1850, et celui d'excitation habituelle de mineurs à la débauche, puni par l'art. 334 c. proc. civ.? Quand les faits commis dans chaque arrondissement ne suffisent pas, isolés les uns des autres, pour constituer l'habitude, où est le lieu du délit? Rigoureusement, on ne peut réputer lieu du délit que celui dans lequel se sont produits assez de faits pour constituer

l'habitude. Aussi Mangin estime-t-il (*Instruction écrite*, t. 2, n° 37) qu'en pareil cas le juge du lieu n'existe pas. Trébutien, t. 2, n°ˢ 399 et 400, et Morin, *Journal de droit criminel*, 1857, art. 6301, p. 52, sont du même avis. Nous pensons, au contraire, avec Faustin Hélie, t. 4, n° 1676, Le Sellyer, t. 2, n° 793, et Villey, *op. cit.*, p. 139, qu'on doit attribuer compétence à la juridiction du lieu où s'est produit le fait qui, par sa relation avec d'autres faits antérieurs, constitue le délit d'habitude. Ce dernier fait opère la consommation du délit, parce qu'il se rattache aussitôt à tous les faits qui l'ont précédé. Ce n'est plus un fait isolé, il se réunit nécessairement aux faits antérieurs, et il apparaît, dès lors, avec le caractère d'un délit. Il s'ensuit que le lieu où se consomme le dernier fait peut être réputé le lieu du délit.

31. En cas de rapt, ainsi que nous l'avons dit au *Rép.* n° 74, en citant Pothier, *Procédure criminelle*, sect. 1ʳᵒ, art. 22, c'est le lieu où s'est fait l'enlèvement qui est le seul lieu du délit, quand bien même la personne enlevée aurait été conduite au loin, dans une autre juridiction. Ce crime, en effet, d'après les termes de l'art. 354 c. pén., consiste tout entier dans le fait de l'enlèvement; il est consommé aussitôt que l'enlèvement est opéré, et conséquemment le lieu du crime ne peut être autre que celui de l'enlèvement même (Faustin Hélie, t. 4, n° 1675; Mangin, *Instruction écrite*, t. 2, n° 37; Morin, *Journal de droit criminel*, 1857, art. 6301, p. 52 et 53. V. aussi Le Sellyer, t. 2, n° 670, qui reconnaît la compétence des lieux traversés par le ravisseur, à défaut du juge du lieu du rapt). — Il est, d'ailleurs, évident que si le ravisseur avait violé, sur un autre territoire, la personne ravie, il y aurait deux crimes, et le juge du lieu du viol serait compétent pour connaître de celui-ci. — Pour le cas d'adultère, nous maintenons la règle donnée au *Rép.* n° 74 : ce délit doit être jugé là où il a été commis, car la loi ne fait aucune exception en matière d'adultère à la règle générale sur la compétence (Faustin Hélie, t. 4, n° 1677; Le Sellyer, t. 2, n° 791).

32. Nous avons dit au *Rép.* n° 72, que, lorsqu'un crime a été comploté (ou préparé) dans un lieu et exécuté dans un autre, c'est celui-ci qui est le lieu du délit, car le projet du crime, mon seul d'exécution, échappe à la justice humaine, et c'est l'exécution seule qui constitue le crime (Conf. Faustin Hélie, t. 4, n° 1675; Le Sellyer, t. 2, n° 787; Morin, *Répertoire*, vᵒ *Compétence*, n° 30). Mais il en serait autrement, nous l'avons dit aussi au *Rép. ibid.*, si le complot constituait par lui-même un crime, indépendamment de tout acte d'exécution, comme dans le cas de l'art. 89 c. pén.; le juge du lieu où le complot a été formé serait évidemment compétent comme juge du lieu du délit (Le Sellyer, t. 2, n° 788). M. Faustin Hélie, *loc. cit.*, estime que si, dans cette dernière hypothèse, l'exécution de l'attentat préparé par le complot avait suivi dans un autre lieu, le lieu de l'exécution serait le véritable lieu du crime, parce que le complot n'aurait été qu'un acte préparatoire de l'attentat; et, toutefois, il croit qu'il serait difficile de refuser au juge du complot le droit de commencer une information, puisqu'il peut ignorer encore si le complot se rattache à l'attentat, sauf son dessaisissement ultérieur par voie de règlement de juges (Conf. Merlin, vᵒ *Compétence*, § 2, n° 2).

33. En matière de banqueroute frauduleuse, il a été dit au *Rép.* n° 88, que le lieu du délit est le lieu du domicile du prévenu ou (ce qui est la même chose), le lieu de la faillite. Mais cette formule nous paraît trop absolue. Il a été jugé par la cour de cassation, dès le 1ᵉʳ sept. 1827 (*Rép.* vᵒ *Faillite*, n° 1394-2°), que la faillite est un fait moral qui n'a pas de lieu déterminé, qu'il se reproduit partout où le failli a contracté des engagements qu'il ne tient pas;... que le crime de banqueroute ne gît pas dans la fraude dont le failli se rendrait coupable; que ce crime n'est point nécessairement et par sa nature commis au lieu de domicile du failli ; que si les faits de fraude se sont passés ailleurs, le domicile de ce failli ne peut plus déterminer exclusivement, comme en matière

civile, la compétence des tribunaux. C'est donc le juge du lieu où les faits de fraude se sont accomplis qui peut et doit en connaître. — Conformément à cette doctrine, il a été jugé depuis (Crim. rej. 21 août 1856, aff. Renault, D. P. 56. 1. 414) que le lieu où a été exprimé, même par l'entremise de mandataires, le vote à raison duquel des créanciers d'un failli sont prévenus d'avoir fait des stipulations illicites, étant celui du délit, le tribunal de ce lieu est compétent pour connaître de la prévention, bien que les créanciers contre lesquels elle est dirigée résident dans le ressort d'un autre tribunal. — Jugé aussi qu'en matière de banqueroute frauduleuse, le jugement de la poursuite peut être compétemment déféré au juge du domicile du complice (Crim. rej. 15 juin 1866, aff. Renoux, D. P. 67. 5. 93).

34. En cas de crime d'usage d'une pièce fausse (*Rép.* n° 87), le lieu du délit est le lieu qui a fait usage de la pièce (Crim. cass. 28 déc. 1848, *Bull. crim.*, n° 332); ce point est hors de doute.

Quel est le tribunal du lieu du délit en matière d'escroquerie? Les éléments constitutifs de l'escroquerie sont 1° les manœuvres frauduleuses ayant pour but de déterminer la remise des valeurs ou effets escroqués, et 2° cette remise elle-même. L'escroquerie est donc un délit complexe. Nous concluons de là, avec M. Villey, *op. cit.*, p. 139, que, si les manœuvres frauduleuses ont été opérées sur un territoire et le versement des espèces effectué sur un autre, l'un et l'autre territoire peuvent être considérés comme lieu du délit. — M. Faustin Hélie, t. 1, n° 688, et t. 4, n° 1676, objecte que les manœuvres frauduleuses isolées du fait de l'escroquerie, ne constituent aucun délit; pour cet auteur, c'est le lieu de la remise des valeurs qui faut seul considérer. Il ne nous paraît pas que les manœuvres puissent être isolées du délit, dont elles sont la circonstance constitutive, et, suivant l'expression de M. Le Sellyer, t. 2, n° 794, « l'élément caractéristique le plus important ». De nombreux arrêts ont jugé que la poursuite du délit d'escroquerie peut se faire au lieu où été accomplies les manœuvres frauduleuses (Crim. rej. 20 août 1852, aff. Cochard, D. P. 52. 5. 132; 9 déc. 1864, aff. Hanicotte, D. P. 67. 5. 95; 6 janv. 1872, aff. Merlen, D. P. 72. 1. 142; 11 mars 1880 (1); 11 août 1882, aff. Du Breil de Rays, D. P. 83. 1. 96); — et cela, encore bien que la remise de fonds qui a définitivement consommé l'escroquerie n'ait pas été réalisée en France, car il suffit, à raison de la *nature complexe* du délit d'escroquerie, que les manœuvres aient été accomplies en France pour que les tribunaux français aient compétence pour en connaître (Même arrêt du 11 août 1882). — D'un autre côté, la cour de Colmar, par son arrêt du 27 janv. 1824, cité au *Rép.* n° 140-1°, a déclaré les tribunaux français compétents pour connaître d'un délit d'escroquerie consommé par des actes passés en France, encore bien que les manœuvres frauduleuses aient été commises en pays étranger.

35. Pour l'abus de confiance, comme il est constitué par le *détournement* ou la *dissipation* des objets (c. pén. art. 406), il est clair que le lieu du délit est celui où le détournement ou la dissipation ont été accomplis (Le Sellyer, t. 2, n° 795). Aussi a-t-il été jugé, depuis la publication du *Répertoire*, que, lorsque l'infidélité du mandataire ne s'est révélée qu'au moment de la mise en demeure de restituer, c'est dans le lieu où cette mise en demeure a été faite, et non celui où avait été contractée la convention de dépôt ou de mandat qui doit être considéré comme le lieu du délit (Crim. cass. 5 déc. 1862, aff. Petit-Perrot, D. P. 67. 5. 94). A plus forte raison, la ville dans laquelle le prévenu d'abus de confiance a reçu, à titre de mandat, la somme dont le détournement lui est reproché, a dissipé cette somme et a formellement refusé de la rendre, doit-elle être considérée comme le lieu du délit (Crim. rej. 13 août 1868, aff. Piel-Desruisseaux, D. P. 69. 1. 486). — Il est d'ailleurs manifeste que si, en matière d'abus de confiance, le lieu où les sommes ont été confiées au

---

(1) (Pellegrini). — La cour ; — Sur le moyen unique du pourvoi pris : 1° de ce que les faits sur lesquels est fondée la condamnation prononcée par l'arrêt attaqué se seraient accomplis, non en France, mais en Suisse, à Berne; 2° de ce que le demandeur...: — En ce qui touche la première branche du moyen : — Attendu, en fait, que si Pellegrini a encaissé en Suisse les fonds dont il avait provoqué l'envoi par des appels et des promesses constitutifs du délit prévu et puni par l'art. 405 c. pén., il est

constaté par l'arrêt attaqué que les manœuvres frauduleuses à l'aide desquelles il avait préparé le résultat ont été par lui pratiquées en France, et que c'est de France que lesdits fonds lui ont été expédiés, de sorte que c'est avec raison qu'il a été jugé que les délits qui lui étaient imputés ont été commis en France; — Rejette.
Du 11 mars 1880.-Ch. crim.-MM. Henry Didier, rap.-Ronjat, av. gén. .

mandataire infidèle n'est pas nécessairement le lieu du délit, il en est autrement lorsque des circonstances précises démontrent que l'intention du mandataire de s'approprier ces sommes s'est manifestée dans le lieu où elles ont été reçues par lui (Crim. rej. 28 août 1879) (1).

Pour l'abus de blanc-seing, nous n'avons rien à ajouter à ce qui a été dit au *Rép.* n° 86.

36. L'application si fréquente aujourd'hui de la loi du 27 mars 1851, promulguée depuis la publication du *Répertoire*, pour *la répression plus efficace de certaines fraudes dans la vente des marchandises* (D. P. 51. 4. 57), a été l'occasion de nombreux arrêts sur la compétence en matière de *fraude.* L'expédition des marchandises se fait souvent à distance, par chemin de fer ou autrement. Si celles-ci sont falsifiées ou s'il y a tromperie sur la quantité livrée, où est le lieu du délit? Est-ce celui de l'expédition, de la livraison, ou encore quelque autre lieu?

A l'égard des marchandises *falsifiées*, la jurisprudence tend à faire une distinction fort légitime, suivant nous, entre les marchandises qui sont vendues *au poids*, et celles qui se *goûtent.* Pour ces dernières la consommation de la vente étant expressément subordonnée par l'art. 1587 c. civ. à la condition potestative de la *dégustation*, le délit de vente ou de mise en vente de substances ou denrées alimentaires ou médicamenteuses falsifiées ou corrompues (art. 1er, § 2, de la loi du 27 mars 1851, rendue applicable aux boissons par la loi du 5 mai 1855) se commet dans la localité où les marchandises sont présentées à l'acheteur pour en prendre livraison après dégustation. C'est ce qui a été jugé, au cas de vente de *vins falsifiés*, par cinq arrêts de la cour suprême (Crim. rej. 10 août 1861, aff. Eustache, D. P. 61. 5. 99; 26 févr. 1875 (2), 5 janv. 1877, aff. Trintignan, D. P. 77. 1. 464; 24 mars 1877 (3); 27 juill. 1877) (4), et par un arrêt de la cour de Dijon du 22 août 1877 (aff. Iché, D. P. 79. 5. 89).

(1) (Trabaud.) — La cour; — Sur le premier moyen, tiré d'une prétendue violation des art. 23, 63 et 69 c. instr. cr. en ce que le tribunal correctionnel de Nice et la cour d'appel d'Aix auraient été incompétents *ratione loci* pour statuer sur la poursuite: — Attendu qu'il est souverainement constaté par l'arrêt attaqué que Trabaud, se trouvant à Nice, a reçu d'un notaire de cette ville, pour le compte d'un sieur Cézanne, dont il était le fondé de pouvoir, une somme de 5,165 fr., à la charge de verser immédiatement cette somme à la trésorerie générale des Alpes-Maritimes; — Qu'il est, en outre, constaté par l'arrêt, qu'au lieu de faire le versement auquel l'obligeait son mandat, Trabaud a précipitamment et furtivement quitté la ville de Nice pour passer dans la principauté de Monaco où il a été arrêté, après avoir dissipé la plus grande partie des fonds appartenant au sieur Cézanne; — Attendu qu'en présence de ces constatations de faits l'arrêt attaqué a pu, à bon droit, décider que le détournement avait eu lieu à Nice même, et que, par suite, le juge d'instruction et le tribunal correctionnel de cette ville avaient été compétents soit pour instruire, soit pour statuer sur la poursuite; — Attendu, en effet, que si, en matière d'abus de confiance, le lieu où les sommes ont été confiées au mandataire infidèle n'est pas nécessairement le lieu du délit, il en est autrement lorsque des circonstances précises démontrent que l'intention du mandataire de s'approprier ces sommes s'est manifestée dans le lieu même où elles ont été reçues par lui; — D'où il suit que la cour d'Aix, en retenant la connaissance du délit imputé à Trabaud, n'a ni méconnu, ni violé les dispositions des art. 23, 63 et 69 c. instr. cr., et en a fait, au contraire, une saine application; — Rejette.
Du 28 août 1879.-Ch. crim.-MM. de Carnières, pr.-de Larouverade, rap.-Benoist, av. gén.

(2) (Gallet.) — La cour; — Sur l'unique moyen de cassation, pris de la violation des art. 23 et 179 c. instr. cr., en ce que l'arrêt attaqué a déclaré le tribunal correctionnel de Baume-les-Dames compétent pour connaître d'un délit qui aurait été commis dans l'arrondissement de Nîmes: — Attendu qu'il importe peu que le demandeur en cassation soit domicilié à Beaucaire, arrondissement de Nîmes, s'il est d'ailleurs certain que le délit à raison duquel il était poursuivi a été commis à Baume-les-Dames; — Attendu que Gallet n'était pas poursuivi pour avoir falsifié des vins, mais pour avoir vendu ou mis en vente des vins qu'il savait être falsifiés, délit prévu, non par le paragraphe 1er, mais par le paragraphe 2 de l'art. 1er de la loi du 27 mars 1851 rendue applicable aux boissons par la loi du 5 mai 1855; — Attendu que, d'après les réclamations textuelles de l'arrêt attaqué, « les trois cents hectolitres de vin achetés par Roussey au nommé Gallet comme provenant de la récolte du sieur Ancet, propriétaire à Beaucaire, devaient, d'après les conventions des parties, être livrés à la gare de Baume-les-Dames, après dégustation, conformément aux usages du commerce; qu'aux termes de l'art. 1587 c. civ., la vente ne devait se réaliser que par l'acceptation de la marchandise, après dégustation; que le fait imputé au prévenu a eu lieu à la gare de Baume, où il a effectué la vente et la mise en vente du vin dont il s'agit »; — Attendu qu'en tirant de ces constatations de fait qui sont souveraines la conséquence que le tribunal de Baume-les-Dames était compétent pour connaître du délit imputé au demandeur en cassation, l'arrêt attaqué, loin de violer les textes invoqués à l'appui du pourvoi, en a fait une saine application; — Rejette.
Du 26 févr. 1875.-Ch. crim.-MM. Barbier, rap.-Thiriot, av. gén.

(3) (Thierry.) — La cour; — Sur le moyen unique, tiré d'une prétendue violation de l'art. 23 c. instr. cr., de la loi du 5 mai 1855, de la loi du 22 mars 1853 et des art. 1134 et 1587 c. civ., en ce que la cour de Nancy aurait à tort déclaré le tribunal de Nancy compétent pour connaître des délits relevés contre le demandeur, le tribunal de cette ville n'étant ni celui du lieu du délit, ni celui de la résidence du prévenu, ni celui du lieu où

ce dernier a été trouvé: — Attendu que l'arrêt attaqué constate, en fait, que les ventes des vins querellés de falsification, dont s'agit au procès, ont été faites à la vérité sur échantillon, mais que ledit arrêt déclare, en même temps, qu'il résulte des documents de la cause que les parties avaient soumis la vérification de ces ventes à la dégustation de la marchandise, dégustation qui était dans le droit des acheteurs; que cette dégustation devait s'opérer à Nancy, que c'est à Nancy qu'elle a eu lieu, et que c'est en cette ville que les vins en question ont été acceptés par certains des acheteurs et refusés par d'autres; — Attendu que cette déclaration est souveraine, et qu'elle échappe à la censure de la cour de cassation; — Qu'il en résulte que les ventes n'ont été parfaites qu'au moment et au lieu où la dégustation a été opérée; que c'est donc à ce moment et en ce lieu que les délits imputés au prévenu ont été consommés; qu'il suit que le tribunal de Nancy, lieu de la consommation des délits, était compétent pour en connaître, et qu'en le déclarant ainsi l'arrêt attaqué n'a violé aucune loi; — Rejette.
Du 24 mars 1877.-Ch. crim.-MM. Berthelin, rap.-Robinet de Cléry, av. gén.

(4) (Sautet.) — La cour; — Sur l'unique moyen, pris d'une violation prétendue des art. 63, 69 c. instr. cr., et d'une fausse application de l'art. 1587 c. civ., en ce que l'arrêt attaqué a déclaré le tribunal correctionnel de Saint-Mihiel compétent pour connaître d'un délit de vente de vins falsifiés qui aurait été commis dans l'arrondissement d'Avignon: — Attendu qu'il est constaté en fait que les vins expédiés par Sautet, négociant à Sorgues, sur une commande faite par le sieur Bienaimé, négociant à Saint-Mihiel et qui ont été reconnus falsifiés, n'avaient été ni dégustés, ni acceptés dans la ville de Sorgues par Bienaimé ou par son mandataire; que c'est à Saint-Mihiel, à défaut de vérification au lieu de l'expédition, que devait s'opérer et s'est effectivement opérée la dégustation suivie d'acceptation: — Attendu qu'aux termes de l'art. 1587 c. civ., à l'égard des boissons qu'on est dans l'usage de goûter avant d'en faire l'achat, il n'y a pas de vente tant que l'acheteur ne les a pas goûtées et agréées; que, sans doute, l'acheteur peut renoncer à l'exercice de ce droit, que sa renonciation peut résulter tacitement des termes de la convention, de la nature du marché, des circonstances qui l'ont accompagné et des usages qui ont présidé à sa formation, mais qu'il n'appartient qu'au juge du fait de rechercher et d'affirmer les actes, circonstances ou usages qui seraient de nature à établir cette renonciation; — Attendu que l'arrêt attaqué n'a pas méconnu ces principes; qu'on ne saurait induire des expressions dont il s'est servi qu'il ait voulu exclure la renonciation tacite; qu'en effet, il ne se borne pas à déclarer que, dans la cause, la renonciation ne résultait pas de la convention, ce qui s'entend de la convention étudiée dans sa nature comme dans ses termes, mais il ajoute que cette renonciation ne résultait pas non plus des actes d'exécution, c'est-à-dire des circonstances extrinsèques au contrat et qui auraient pu révéler l'intention tacite des parties; qu'à la vérité l'arrêt ne parle pas de l'usage commercial, mais qu'il n'apparaît pas qu'aucunes conclusions aient été prises devant la cour pour invoquer un pareil usage, et que la juge n'avait pas à s'expliquer sur un moyen qui n'avait pas été posé; — Attendu que l'arrêt attaqué ayant déclaré ainsi en fait que les parties n'avaient pas entendu déroger à la règle de l'art. 1587 c. civ., cette déclaration souveraine échappe au contrôle de la cour de cassation; — Attendu, dès lors, qu'en appliquant l'art. 1587 c. civ., et en décidant que la vente dont il s'agit n'avait été parfaite qu'à Saint-Mihiel, et que le tribunal correctionnel de cette ville était compétent pour juger le délit consommé par cette vente, l'arrêt attaqué n'a violé ni ledit art. 1587, ni les autres dispositions de la loi susvisée;
Par ces motifs, rejette.
Du 27 juill. 1877.-Ch. crim.-MM. Dupré-Lasale, rap.-Robinet de Cléry, av. gén.

37. S'il s'agit, au contraire, de marchandises qui se vendent au poids, ces sortes de choses étant d'ordinaire pesées chez le vendeur, c'est là que la vente devient parfaite (c. civ. art. 1585), et c'est là aussi, en général, qu'est le lieu du délit. Aussi a-t-il été jugé que la vente est parfaite dès l'instant où les marchandises ont été pesées et remises au voiturier ou à tout autre mandataire de l'acheteur; en conséquence, le vendeur inculpé d'avoir falsifié les marchandises ainsi pesées et expédiées doit être, à raison de ce fait, poursuivi devant le tribunal correctionnel du lieu où le pesage a été effectué, et non devant celui de l'acheteur (Paris, 15 janv. 1875, aff. Cazabau, D. P. 75. 2. 87; Alger, 21 oct. 1875, D. P. 76. 1. 91, note; Crim. cass. 24 déc. 1875, aff. Chantrier, D. P. 76. 1. 91. V. les remarquables conclusions de M. l'avocat général Desjardins, *ibid.*). — Jugé toutefois que si l'acheteur n'avait pas envoyé de mandataire, pas même un simple messager, pour assister au pesage de la marchandise, la translation de propriété et le délit n'auraient légalement lieu qu'au moment de la réception par l'acheteur dans ses magasins (Paris, 13 juin 1873, aff. Ripaux, D.P.74. 2. 119). — V. sur ces questions : Million, *Traité des fraudes*, p. 396 et suiv.

38. A l'égard du *lait falsifié*, il a été jugé que l'agent chargé par une société de recueillir le lait de sa région et de l'expédier dans des récipients clos et scellés de son cachet, pour être introduit et vendu dans une ville autre que celle où il a son domicile, n'est pas fondé à décliner la compétence du tribunal de cette ville devant lequel il a été cité pour répondre à l'inculpation de mise en vente de lait falsifié (Crim. rej. 3 avr. 1886) (1).

39. En matière de tromperie sur la *quantité* des choses livrées (L. 27 mars 1851, art. 1er, § 3), les mêmes règles doivent être appliquées. C'est le lieu de la vente qui fixe la compétence, et, pour déterminer celle-ci, il faut rechercher en quel lieu la vente est devenue parfaite. Aussi a-t-il jugé que le lieu de la perpétration du délit de tromperie dans une livraison d'eau-de-vie est, non celui où la fraude a été constatée, mais celui où a été opéré le mesurage inexact de la marchandise et où la livraison a été effectuée (Crim. rej. 3 juill. 1857, aff. Letellier, D. P. 57. 1. 377). Un autre arrêt (Crim. rej. 13 déc. 1872, aff. Bernard, D. P. 73. 5. 127) a décidé que le tribunal compétent pour connaître du délit de tromperie sur la quantité des choses vendues (l'arrêt n'indique pas la nature de la marchandise) est celui du lieu où la livraison a été effectuée.

40. Enfin, et par exception à la règle de l'art. 1585 c. civ., qui veut que les choses qui se vendent au poids soient d'ordinaire pesées et livrées chez le vendeur, la cour de cassation a jugé qu'en matière de tromperie sur *le dosage des engrais* vendus (L. 22 juill. 1867, D. P. 67. 4. 137), il appartient au juge du fait de décider souverainement, d'après l'ensemble des circonstances de la cause, qu'en vertu d'une convention spéciale des parties, le pesage et la livraison desdits engrais, nécessaires à la perfection de la vente, devaient être effectués au domicile de l'acheteur, et, dans ce cas, ce dernier domicile est le lieu du délit (Crim. rej. 8 mai 1879, aff. Abraham Lévy, D. P. 79. 1. 487).

41. Signalons un dernier arrêt sur la matière de tromperie. La cour de Nancy a jugé, le 10 janv. 1877 (aff. Vigne-Benoît et Rebstock, D. P. 77. 2. 209) que le tribunal compétent pour connaître d'un fait de vente et de livraison de substances falsifiées (vins) accompli dans son ressort, l'est aussi, à raison de la connexité, pour connaître du fait antérieur de falsification de ces substances, même commis en dehors du ressort, en tant qu'il se rapporte à l'exécution de la vente délictueuse.

42. En matière de *contrefaçon*, il a été jugé que l'industriel poursuivi comme contrefacteur ne peut décliner la compétence du tribunal dans le ressort duquel ont été saisis les objets fabriqués en contrefaçon, sous prétexte que sa fabrique et son domicile sont situés en dehors de ce ressort, s'il est actionné tout à la fois à raison de la fabrication et de la vente desdits objets, considérés comme faits connexes, et s'il n'est pas dénié par lui qu'il ait vendu dans le ressort un certain nombre de ces objets (Crim. cass. 1er mai 1862, aff. Lepée, D. P. 63. 1. 201). En effet, le tribunal du lieu des faits de vente est évidemment compétent pour juger les délits résultant de ces faits de vente, et, par suite, des faits de fabrication qui leur sont connexes.

43. Jugé aussi que le prévenu de *vagabondage et de mendicité*, dont le domicile est inconnu, doit être traduit devant le tribunal dans le ressort duquel le *délit a été commis*, et l'arrestation opérée (Crim. rej. 9 nov. 1854, aff. Daniel, D. P. 54. 5. 168). Cela ne pouvait faire, ce semble, aucune difficulté.

44. Nous en dirons autant de l'arrêt de cassation du 27 mars 1857 (aff. Pagny, D. P. 57. 1. 223) décidant que le chef d'un établissement industriel qui ne s'est pas conformé aux prescriptions de la loi *sur les livrets d'ouvriers* est justiciable du tribunal de police dans le ressort duquel le siège de son établissement, encore bien que les ouvriers résident en dehors de sa circonscription. Il est clair que c'est cet établissement qui est le lieu de la contravention.

45. En matière de *presse*, la loi du 29 juill. 1881 ne s'expliquant pas sur la compétence territoriale, cette compétence est celle du droit commun; elle est donc réglée par l'art. 63 c. instr. cr. (Fabreguettes, *Traité des infractions de la parole*, t. 1, nos 1876 et suiv.). Le lieu du délit, c'est *tout lieu* dans lequel l'ouvrage délictueux aura été *publié, vendu ou distribué, mis en vente, exposé*, etc. (L. 29 juill. 1881, art. 23). Spécialement, il a été jugé que la personne qui, usant du droit de réponse conféré par l'art. 13, n'a pas obtenu l'insertion de sa lettre rectificative, peut assigner, à son choix, le journal devant le tribunal du tout lieu où il a été distribué, etc. (Pau, 24 janv. 1883, aff. Justère, gérant de l'*Adour*, D. P. 83. 2. 117; Crim. rej. 10 nov. 1883, même affaire, D. P. 84. 1. 370. — V. toutefois, en sens contraire : Chassan, *Délits de la presse*, 2e éd., p. 665, no 959; Schuermans, *Code de la presse*, éd. 1882, t. 2, p. 369, et nos observations sous l'arrêt de Pau, D. P. 83. 2. 117). — De même, en matière de *contravention* de presse, aussi bien qu'en matière de *délit* de presse, la partie lésée peut poursuivre le gérant devant le tribunal correctionnel dans le ressort duquel a eu lieu la publication. Elle n'est pas tenue d'introduire son action seulement devant le tribunal du lieu où s'imprime le journal (Fabreguettes, no 1880). La cour de cassation a jugé que cette règle de compétence s'applique, notamment, à la poursuite exercée contre un journal à raison de la publication anticipée d'un acte de procédure criminelle ou correctionnelle, par exemple, le texte d'une assignation renfermant l'exposé de faits injurieux déférés à la justice; en cas pareil, le tribunal dans la circonscription duquel le journal a été *publié* est compétent, et la partie lésée n'est pas tenue d'introduire son action devant le tribunal du domicile du gérant (Crim. rej. 6 mars 1884, aff. Bayard, gérant du journal le *Ralliement*, D. P. 84. 1. 135).

46. Terminons ce qui concerne la matière de la compétence du lieu du délit par l'indication de deux arrêts de la cour suprême qui ont décidé : le premier (Crim. rej. 13 oct. 1865, aff. Mickitschenkoff, D. P. 66. 1. 234) que les tribunaux français sont compétents pour juger le crime commis par un étranger dans l'hôtel de son ambassadeur, soit sur un sujet de sa nation, soit sur tout autre, l'immunité accordée par le droit des gens étant restreinte strictement à la personne de l'ambassadeur ou à celle de ses subordonnés revêtus d'un

---

(1) (Leblond.) — LA COUR; — Vidant son délibéré en chambre du conseil prononcé le 27 mars; — Attendu que Leblond, poursuivi sous prévention de mise en vente à Paris de lait falsifié, a décliné la compétence du tribunal de la Seine, prétendant qu'il n'y a pas eu mise en vente à Paris, et que, dès lors, il ne pouvait être distrait du tribunal de son domicile dans l'arrondissement de Rambouillet; — Attendu que cette exception a été écartée par le tribunal saisi et, plus tard, sur l'appel, par l'arrêt attaqué; — Attendu que la cour constate, en fait, que Leblond, agent de la Société des fermiers réunis, est chargé de recueillir le lait de sa région; que le lait ainsi recueilli est expédié à la Société dans des récipients clos et scellés du cachet du collecteur; que le lait saisi dans ces conditions a été introduit à Paris pour être livré en cet état à des marchands ou à des consommateurs résidant à Paris; — Attendu que, dans cet état des faits constatés, la cour a pu décider que la mise en vente a été effectuée à Paris et, par conséquent, affirmer sa compétence; — Qu'il n'y a donc eu violation des art. 23, 63, 69 c. instr. cr., ni d'aucun autre texte de loi;

Par ces motifs, rejette.

Du 3 avr. 1886.-Ch. crim.-MM. Chauffour, rap.-Loubers, av. gén.

caractère public; le second (Crim. rej. 1er juin 1867, aff. Pantalacci, D. P. 67. 1. 412), que la compétence territoriale d'un tribunal correctionnel n'a d'autres bornes que l'arrondissement tel qu'il a été limité par les lois de l'Etat, et qu'il n'est pas possible à un prévenu de contester la compétence du tribunal qui l'a jugé, en se fondant sur ce que le lieu où le délit a été commis aurait été, par un arrêté du préfet, distrait de l'arrondissement formant le ressort du tribunal et réuni à un arrondissement voisin.

47. La seconde compétence territoriale est celle qui est attribuée à la *résidence* du prévenu (c. instr. cr. art. 23, 63, 69), *forum domicilii*. Ce n'est pas du *domicile*, mais de la *résidence* que la loi fait résulter cette compétence; conséquemment, il n'y a pas lieu d'appliquer ici les règles du droit civil. Les arrêts et les auteurs sont unanimes sur ce point (Crim. rej. 9 déc. 1859, aff. Closquinet, D. P. 59. 5. 90; 14 avr. 1870, aff. Balu, D. P. 72. 1. 204. Conf. Faustin Hélie, t. 4, n° 1679; Le Sellyer, t. 2, n° 786; Mangin, *Instruction écrite*, t. 1, n° 38; Ch. Berriat-Saint-Prix, *Cours de procédure criminelle*, t. 1, n° 200; Trébutien, t. 2, n° 400). — Si le prévenu a deux résidences, il peut être poursuivi dans l'une ou dans l'autre, pourvu que le fait de l'habitation ordinaire soit certain (Faustin Hélie, *loc. cit.*).

48. Dans le cas où le prévenu a changé de résidence depuis l'époque où le crime a été commis, quelle est, de l'ancienne ou de la nouvelle résidence, celle qui détermine la compétence? On a dit au *Rép.* n° 71 que la résidence à considérer est celle que l'accusé avait au temps de la plainte ou des poursuites, et non celle qu'il pouvait avoir antérieurement. Ce point est également hors de doute (Faustin Hélie, t. 4, n° 1680; Le Sellyer, t. 2, n° 786).

49. On sait que les militaires sont justiciables des tribunaux ordinaires pour les crimes et délits qu'ils commettent en état de désertion. Il a été jugé, par application de cette règle, que le tribunal correctionnel du lieu de la garnison d'un militaire déclaré en état de désertion demeure compétent, en tant que lieu de la dernière résidence du militaire, pour statuer sur les délits par lui commis depuis sa désertion, si le militaire n'e s'est pas créé ailleurs une nouvelle résidence (Grenoble, 11 juin 1874) (1).

50. En troisième lieu, est compétent le juge du lieu où le prévenu *aura pu être trouvé* (c. instr. cr. art. 23, 63, 69), *forum deprehensionis*. A l'arrêt cité au *Rép.* n° 83, il y a lieu

de citer plusieurs décisions relatives à cette troisième cause de compétence. Il a été jugé que le juge du lieu où le *prévenu pourra être trouvé* est investi de la même compétence que le juge du lieu du délit ou celui de la résidence. Ainsi, la cour de cassation a déclaré à plusieurs reprises qu'il suffit qu'un prévenu ait été trouvé et arrêté dans un lieu pour qu'il ait pu être compétemment jugé par la juridiction répressive de ce lieu, quoique le fait incriminé eût été commis dans un autre ressort (Crim. rej. 27 août 1847, cité *supra*, n° 24; 25 janv. 1849, aff. Blanchet, D. P. 49. 5. 58; 17 nov. 1866, aff. Pourtauborde, D. P. 68. 1. 142. Conf. Morin, v° *Compétence*, n° 32; Ch. Berriat-Saint-Prix, *op. cit.*, t. 1, n° 203).

51. Le lieu où le prévenu est déjà en état de détention au moment où les faits qui sont l'objet de la poursuite ont été révélés à la justice peut-il être considéré, sous le rapport de la compétence, comme le lieu où il est trouvé? La négative a été consacrée par deux arrêts de la cour de cassation, l'un, déjà cité au *Rép.* n° 83, du 29 mai 1847 (aff. Barraud, D. P. 47. 4. 103), l'autre du 18 janv. 1851 (aff. Hervé, D. P. 51. 5. 110); et aussi par un arrêt de la cour d'Amiens du 18 janv. 1877 (2). Par suite, la connaissance de ces faits n'est pas de la compétence du tribunal du lieu de la détention, et le jugement des délits doit être renvoyé au tribunal dans le ressort duquel ils ont été commis (Conf. Faustin Hélie, t. 4, n° 1683). En matière de presse, la compétence du lieu de l'arrestation n'existe pas, puisqu'aux termes de l'art. 49, § 2, de la loi du 29 juill. 1881, l'arrestation n'est pas permise, sauf le cas de crime.

52. Comme nous l'avons dit au *Rép.* n° 92, il y a plusieurs exceptions aux règles sur la compétence à raison du lieu. La jurisprudence a de nouveau affirmé celle qui résulte de l'art. 518 c. instr. cr., relativement à la reconnaissance d'identité des individus condamnés, évadés et repris, ou qui ont enfreint leur ban. C'est au tribunal dont émane la condamnation qu'il appartient, *dans tous les cas*, de statuer sur l'identité, et il n'y a aucune distinction à faire entre le cas où le délit d'évasion ou la rupture de ban ont été commis dans le ressort de ce tribunal, et le cas contraire; non plus qu'entre le cas où l'arrestation de l'individu évadé aurait été faite dans ce ressort, et le cas où elle aurait été faite hors de ce ressort (Aux arrêts de cassation des 6 sept. 1833 et 17 sept. 1834, cités à cet égard au *Rép.* n°s 92 et 93, il conviendrait d'ajouter également: Crim. cass. 18 juill. 1874 (3);

---

(1) (Nivollet.) — La cour; — En ce qui touche les faits d'escroquerie commis par le prévenu dans l'arrondissement de Grenoble au préjudice de la dame Brun, de la dame veuve Guignet, du sieur Berthet, du sieur Guillaudin et du sieur Tillot : — Attendu qu'il résulte de l'information que les faits sont antérieurs au 11 juin 1873, date à laquelle Nivollet, 2e conducteur à la 2e batterie du 2e régiment d'artillerie, en garnison à Grenoble, a été déclaré en état de désertion, et qu'ils ont été commis lorsque Nivollet appartenait à ce corps; qu'ils relèvent, dès lors, de la juridiction du conseil de guerre; que sur ces chefs de prévention, le tribunal correctionnel de Grenoble, en prononçant son incompétence, a bien statué; — En ce qui touche les faits qualifiés escroqueries commis par Nivollet, postérieurement au 11 juin 1873, dans les arrondissements de Bourgoing et de Belley, au préjudice de la dame Huot et des sieurs Buisson et Peysson : — Attendu qu'aux termes des art. 23, 63 et 69 c. instr. crim., le tribunal correctionnel compétent pour connaître des délits qui lui sont départis est celui du lieu où le délit a été commis, celui de la résidence du prévenu et celui du lieu où le prévenu pourra être trouvé; — Attendu que Nivollet, artilleur au 2e régiment d'artillerie en garnison à Grenoble, avait sa résidence à Grenoble; que, dès lors, le tribunal de police correctionnelle de cette ville était compétent pour connaître des délits que Nivollet pouvait commettre; que, poursuivi pour crime de faux, Nivollet a été condamné par la cour d'assises de l'Isère, le 24 févr. 1874, à la peine de trois années d'emprisonnement; que, dans les actes de cette procédure criminelle, dans l'arrêt de la chambre des mises en accusation, dans l'arrêt de la cour d'assises, Nivollet est toujours qualifié de résidant en dernier lieu à Grenoble; que rien n'établit que, du 11 juin 1873 au 30 du même mois, intervalle dans lequel ont été perpétrés, sans discontinuité, les derniers actes d'escroquerie qui lui sont imputés, Nivollet ait fixé ailleurs une nouvelle résidence, les courts passages effectués par lui à cet époque dans diverses localités ne pouvant sérieusement constituer ces résidences; que c'est à tort, dès lors, que le tribunal s'est déclaré incompétent pour connaître des faits d'escroquerie reprochés au prévenu dans les arrondissements de Bourgoing et de Belley, alors que la dernière résidence de Nivollet était à Grenoble; que le jugement sur ce point doit être réformé; — Par ces motifs, réforme, etc.

Du 11 juin 1874.-C. de Grenoble, ch. corr.-MM. Petit, pr.-Berger, av. gén.-du Boys, av.

(2) (Mazarelli.) — La cour; — Considérant que Mazarelli a été écroué le 28 juin 1876 dans la maison d'arrêt de Saint-Quentin, en vertu d'un mandat de dépôt décerné par le juge d'instruction près ledit siège, sous l'inculpation de faux et d'escroquerie commis dans l'arrondissement de Saint-Quentin; — Que l'information ouverte à raison de ces faits en a révélé d'autres accomplis à Lyon en 1875, et pouvant constituer contre Mazarelli des indices de banqueroute frauduleuse, sans connexité de leste avec le faux et l'escroquerie susrelatés; — Que si les art. 23 et 63 c. instr. cr. attribuent compétence au procureur de la République comme au juge d'instruction du lieu où le prévenu d'un crime ou d'un délit pourra être trouvé, cette disposition légale, examinée dans son but et dans son esprit, exclut l'hypothèse d'une détention antérieure, motivée par une inculpation absolument distincte de l'inculpation nouvelle qui vient de se produire; — Considérant, d'ailleurs, qu'avant son arrestation, Mazarelli ne résidait pas dans l'arrondissement de Saint-Quentin; que l'état des choses rendait conséquemment inapplicables à la procédure instruite contre lui les art. 23 et 63 c. instr. cr.; — Considérant, relativement au crime de faux et au délit d'escroquerie imputés à Mazarelli, qu'il n'existe pas contre lui charges suffisantes; — Dit qu'il n'y a lieu à suivre, quant à ce; — Dit aussi que le juge d'instruction de Saint-Quentin était incompétent pour informer sur les faits de banqueroute frauduleuse dont s'agit; ordonne que Mazarelli soit mis immédiatement en liberté, etc.

Du 18 janv. 1877.-C. d'Amiens, ch. d'acc.-MM. de Cassières, pr.

(3) (Edward Baynten.) — La cour; — Sur le moyen tiré de la violation des art. 33 c. pén., 518, 519 et 520 c. instr. cr., en ce que l'arrêt attaqué, en confirmant l'ordonnance du juge d'instruction du tribunal de Belfort, aurait méconnu les règles de la compétence spéciale créée par les articles précités pour la reconnaissance d'identité et l'application de la peine : — Vu l'art. 33 c. pén., et les art. 518 et 519 c. instr. cr.; — Attendu qu'il résulte de ces dispositions combinées que, lorsqu'il s'agit de reconnaître l'identité d'un individu condamné à la déportation et au bannis-

Crim. rej. 27 juill. 1876 (1). Conf. Faustin Hélie, t. 4, n° 1691 ; Le Sellyer, t. 2, n° 796).

53. Si l'individu arrêté reconnaissait lui-même son identité, la compétence exceptionnelle attribuée au tribunal qui a prononcé la condamnation cesserait-elle? Nous avons admis au *Rép.* n° 93 la négative, qui a contre elle plusieurs arrêts déjà anciens de la cour de cassation (Crim. cass. 5 juin 1834, *Rép.* v° *Evasion*, n° 74 ; 23 juill. 1835, *Rép.* n° 93 ; 8 oct. 1835, *ibid.* ; 14 avr. 1836, *ibid.*), et l'autorité de MM. Le Sellyer, t. 2, n° 797 ; Morin, v° *Identité*, n° 1, et Blanche, *Etudes sur le code pénal*, t. 1, n° 225. Nous persistons dans cette opinion qui a été consacrée depuis par l'arrêt du 18 juill. 1874, cité *suprà*, n° 52 (Conf. Carnot, *Instruction criminelle*, sur l'art. 518, n° 3 ; Rodière, *Eléments de procédure criminelle*, p. 524 ; Bourguignon, *Jurisprudence des codes criminels*, t. 2, p. 464).

54. Il est aujourd'hui hors de doute que, bien que l'art. 518 ne parle que du cas où la condamnation a été prononcée par une *cour*, la reconnaissance doit être faite par le *tribunal*, quel qu'il soit, qui a prononcé la condamnation, fût-il même tribunal d'exception. C'est ce qui a été admis au *Rép.* n° 95 et 96, et jugé, pour un tribunal correctionnel, par arrêt de la cour de cassation du 11 juill. 1834 (*Rép.* v° *Evasion*, n° 74).

55. Si le tribunal qui a prononcé la condamnation avait cessé d'exister, on a dit au *Rép.* n° 94 qu'il faudrait faire déclarer l'identité par le tribunal qui l'aurait remplacé. La cour de cassation l'a ainsi jugé par l'arrêt du 27 juill. 1876 rapporté *supra*, n° 52.

56. Enfin et si le tribunal était devenu étranger à la France, nous persistons dans l'opinion émise au *Rép.* n° 97, et partagée par M. Le Sellyer, t. 2, n° 802, d'après laquelle le tribunal à qui la loi avait accordé une compétence exceptionnelle, ayant cessé d'exister pour la France, et n'ayant été remplacé par aucun autre, les règles ordinaires de la compétence *ratione loci* doivent reprendre leur empire.

57. Ainsi qu'on l'a signalé au *Rép.* n° 98, 99 et 100, d'autres exceptions aux règles générales de compétence *ratione loci* existent : 1° pour le cas où, après la cassation d'un jugement ou arrêt, la cour suprême prononce, conformément aux art. 427, 428 et 429 c. instr. cr., le renvoi de l'affaire devant d'autres juges (V. *Rép.* v° *Cassation*, n°s 2131 et suiv.) ; — 2° Pour le cas où cette même cour dessaisit, pour cause de sûreté publique ou de suspicion légitime (c. instr. cr. art. 542, 543 et 544), le tribunal qui était compétent et renvoie devant un autre (V. *infrà*, v° *Renvoi*) ; —

3° Pour le cas où il y a renvoi par la cour suprême parce qu'il est impossible au tribunal saisi de se compléter suivant les règles prescrites par la loi (V. *ibid.*). — La jurisprudence n'offre aucune décision nouvelle. Quant à la doctrine, on en trouvera un exposé très complet dans Le Sellyer, t. 2, n°s 803-806, et l'on pourra consulter les autorités citées en note par cet auteur.

58. D'autres exceptions encore aux principes généraux sur la compétence *ratione loci* sont puisées dans la nature particulière de certaines infractions, et résultent de lois spéciales. Il en est ainsi : 1° de la possession d'ouvrages d'or et d'argent, marqués d'un faux poinçon, qui constitue, quelque courte qu'elle soit, une contravention dont la connaissance appartient nécessairement au tribunal correctionnel du lieu où les objets ont été trouvés et déposés au greffe du tribunal (Crim. cass. 14 févr. 1840, *Rép.* n° 102) ; — 2° Des faits relatifs aux ateliers et manufactures qui, d'après la loi du 22 germ. an 11, art. 21, appartiennent à la juridiction du lieu de la situation des manufactures et ateliers, ainsi qu'on l'a dit au *Rép.* n° 104 ; — 3° Des contraventions relatives aux dépôts de tissus prohibés, lesquelles sont (L. 28 avr. 1816, art. 65) du tribunal correctionnel dans le ressort duquel le dépôt des marchandises a été effectué (V. Faustin Hélie, t. 4, n° 1691, p. 229) ; — 4° Du délit d'insoumission des jeunes soldats appelés sous les drapeaux (ou des engagés volontaires), depuis le moment où ils ont reçu leur ordre de route jusqu'à celui de leur réunion en détachement ou de leur arrivée au corps ; ce délit d'insoumission, aux termes des art. 58 et 61 combinés du code de justice militaire de 1857, est de la compétence du conseil de guerre dans le ressort duquel il a été commis, ou du conseil dans le ressort duquel l'arrestation est effectuée.

59. Quant à l'exception signalée au *Rép.* n° 101, qui résultait, en matière de *presse*, de l'art. 12, § 1er, de la loi du 26 mai 1819, et plus tard de l'art. 8 de la loi du 29 déc. 1875, elle n'existe plus. La loi du 29 juill. 1881, qui a abrogé toutes les lois antérieures de la *presse*, ne s'explique pas sur la compétence territoriale ; il en résulte qu'en matière de *presse*, les règles de la compétence sont aujourd'hui celles du droit commun (Fabreguettes, t. 2, n°s 1876 et suiv.). Toutefois, ainsi qu'on l'a fait remarquer, *supra*, n° 51, la compétence du lieu de l'arrestation n'existe pas en cette matière.

60. Les règles générales rappelées ci-dessus subissent également des modifications en cas de connexité, d'indivisibilité et de complicité (V. *infrà*, n°s 106 et suiv.)

---

sement, qui a rompu son ban et qui a été repris, cette reconnaissance doit être faite dans les formes prescrites par les art. 518 et suiv., et cela en toute hypothèse, soit que l'identité soit déniée ou reconnue par le prévenu, ou qu'elle soit établie par l'information ou demeurée douteuse ; — Attendu que cette identité ne peut devenir une vérité légale et déterminer l'application de l'art. 33 c. pén. qu'autant qu'elle a été reconnue et constatée dans les formes et par la juridiction exclusivement déterminées par les art. 518 et 519 précités ; — Attendu, dès lors, que la juridiction militaire qui avait, le 22 mars 1872, condamné Baynten à la peine de la déportation, commuée depuis par décision gracieuse en bannissement, était seule compétente pour procéder à la reconnaissance de l'identité du prévenu et à la répression du crime d'infraction de ban commis par lui ; — Attendu cependant que l'arrêt attaqué en déclarant qu'il n'y avait lieu de réformer l'ordonnance du juge d'instruction de Belfort, sur le motif que l'identité du prévenu n'était ni déniée, ni douteuse, a maintenu la compétence de la cour d'assises de la Haute-Saône pour constater l'identité de Baynten et lui faire application de l'art. 33 c. pén. ; — Qu'en statuant ainsi et en refusant, contrairement aux conclusions du ministère public, de décider que le prévenu serait remis à l'autorité militaire, qui statuerait à son égard comme de droit, l'arrêt attaqué a méconnu la compétence du conseil de guerre qui avait prononcé la première condamnation et violé les dispositions des art. 518 et 519 c. instr. cr. et 33 c. pén. ;

Attendu, en outre, que l'ordonnance du juge d'instruction, confirmée par l'arrêt attaqué, avait institué contre Baynten, indépendamment de la prévention du crime de rupture de ban, une autre prévention suffisamment établie de vagabondage, prévue et punie par les art. 270 et 271 c. pén. ; — Attendu que la juridiction militaire, saisie par une disposition exceptionnelle de la reconnaissance de l'identité et de l'application de la peine prononcée par l'art. 33 c. pén., ne peut, même sous motif de connexité, connaître du délit de vagabondage imputé au prévenu ; que cette

connaissance appartient à la juridiction ordinaire ; — Attendu, cependant, que l'arrêt attaqué ne fait aucune distinction entre les deux chefs de prévention imputés à Baynten, et a renvoyé l'un et l'autre devant une même juridiction ; qu'il suit, néanmoins, de ce qui précède que le conseil de guerre est seul compétent pour statuer sur le crime, et la juridiction de droit commun seule compétente pour connaître du délit de vagabondage ; — Casse.

Du 18 juill. 1874.-Ch. crim.-MM. Roussel, rap.-Reverchon, av.

(1) (Gallué.) — La cour ; — Attendu que le nommé Gallué n'étant ni militaire, ni assimilé aux militaires, son pourvoi est non recevable, mais pour incompétence seulement ; — Attendu qu'il est constaté pour le jugement attaqué que Gallué, précédemment condamné par le 5e conseil de guerre de la 1re division militaire, à cinq années de bannissement pour faits insurrectionnels, avait été conduit à la frontière, et que, postérieurement à son expulsion, il a été trouvé et arrêté à Paris, en état d'infraction de ban ; — Attendu que, dans ces circonstances, il appartenait à la juridiction militaire qui avait prononcé la condamnation de statuer tout à la fois sur la reconnaissance de l'identité du condamné repris et sur l'application de la peine encourue pour l'infraction de son ban ; — Attendu que depuis la condamnation, le 5e conseil de guerre, qui l'avait prononcée, a été régulièrement supprimé ; que, dès lors, aux termes de l'art. 180 du code de justice militaire, le condamné devait être traduit devant un des conseils de guerre de la division dont le territoire de laquelle il a été repris ; que c'est ainsi qu'il a été procédé ; d'où il suit que le 30e conseil de guerre du gouvernement militaire de Paris était compétent ; — Par ces motifs, admet en la forme et rejette au fond.

Du 27 juill. 1876.-Ch. crim.-MM. Dupré-Lasale, rap.-Godelle, av. gén.

61. Enfin la triple compétence édictée par le code d'instruction criminelle ne peut naturellement recevoir son application en ce qui concerne les infractions commises hors du territoire français. Aux termes de l'art. 6 nouveau du code d'instruction criminelle (modifié par la loi du 27 juin 1866), la poursuite des crimes et délits commis à l'étranger appartient au ministère public du lieu où réside le prévenu ou du lieu où il peut être trouvé, sauf le droit pour la cour de cassation de renvoyer la connaissance de l'affaire devant une cour ou un tribunal plus voisin du lieu du crime ou du délit (V. *infrà*, n° 88).

62. Lorsqu'un des tribunaux compétents *ratione loci* se trouve saisi de la connaissance d'un crime ou délit, a-t-il le droit de renvoyer l'affaire devant un autre tribunal sous prétexte que l'instruction s'y fera plus facilement? Cette question a été prévue au *Rép.* n° 104, et résolue dans le sens de la négative, conformément à deux arrêts de cassation des 20 sept. 1834 et 29 mars 1838. On peut noter, dans le même sens, un troisième arrêt de la même cour (Crim. régl. jug. 16 avr. 1840, *Rép.* v° *Instruction criminelle*, n° 805-2°), qui a jugé que la chambre du conseil régulièrement saisie d'un délit de vagabondage et de mendicité, ne peut, sans violer les règles de la compétence, alors que ce délit a été commis et le prévenu arrêté dans le ressort de sa juridiction, se dessaisir et renvoyer l'affaire devant le juge du domicile légal de l'inculpé, sous prétexte qu'il est plus à portée d'apprécier sa conduite et sa moralité (Conf. Faustin Hélie, t. 4, n° 1702; Le Sellyer, t. 2, n° 813). — On sait, d'ailleurs, qu'il est de principe, en matière criminelle, que le juge qui se reconnaît incompétent ne peut désigner le juge auquel l'affaire doit être renvoyée (V. *suprà*, n° 20); il doit se borner à déclarer sa propre incompétence; dans la pratique, il renvoie l'affaire « devant les juges qui doivent en connaître ».

§ 2. — Nationalité des parties en cause. — Étranger. — Juridiction territoriale. — Crimes et délits commis à l'étranger, etc. (*Rép.* n°s 106 à 145).

N° 1. — *Juridiction territoriale* (*Rép.* n°s 107 à 109, 122 à 125, 137 à 139, 140, 144).

63. Ainsi qu'on l'a rappelé au *Rép.* n° 107, les lois de police et de sûreté obligent tous ceux qui habitent le territoire (c. civ. art. 3); en conséquence, les étrangers, comme les Français eux-mêmes, y sont soumis. L'étranger est justiciable des tribunaux français, à raison des crimes et délits par lui commis en France (Crim. rej. 27 févr. 1880, aff. Crocius, D. P. 80. 1. 434), alors même qu'il ne serait que *transiens*, comme, par exemple, un marin appartenant à l'équipage d'un navire de guerre étranger, descendu dans un port français (Crim. cass. 29 févr. 1868, aff. Machel Der, D. P. 68. 1. 412). Et cette compétence existe pour les tribunaux français, quelle que soit la nationalité de la victime, ou sa résidence (*Rép.* n°s 107 et 108. Conf. Mangin, *Action publique*, t. 1, n°s 59 et 60; Faustin Hélie, t. 2, n° 629). — Jugé qu'elle existait, pendant l'occupation du sol français par l'armée allemande, même dans la zone mise par l'autorité militaire allemande en état de siège, à l'égard d'un délit d'abus de confiance commis par un Français au préjudice de cette armée (détournement de farines réquisitionnées), si cette autorité étrangère n'a pas revendiqué le jugement de l'affaire (Crim. rej. 14 juin 1872, aff. Roger et Jeannot, D. P. 73. 5. 6).

Il importerait peu, d'ailleurs, que le bénéfice frauduleux dût se réaliser à l'étranger, si le délit lui-même a été commis en France par un étranger. Dans ce cas, le tribunal français n'en est pas moins compétent (Crim. rej. 3 mai 1867) (1).

64. Mais quand doit-on dire qu'une infraction a été *com-*

mise sur le territoire français? La question, très simple en apparence, peut être délicate en certains cas, par exemple, lorsqu'on se trouve en présence de faits complexes exécutés partiellement sur le sol français et partiellement sur le sol étranger. Pour savoir, en cas pareil, où s'est accompli le délit, il faut considérer les faits qui *constituent* l'infraction, sans se préoccuper des actes qui l'ont préparée ou des conséquences qui l'ont suivie. Ces actes préparatoires et ces conséquences peuvent, sans doute, former des délits spéciaux, mais ils n'entrent pas dans la composition même de l'infraction, qui n'est formée que des actes qui la constituent. Si les actes constitutifs ont eu lieu en France, celle-ci a été accomplie sur le territoire français; elle a été commise à l'étranger, dans le cas contraire. On peut considérer comme des applications de cette règle cinq arrêts rendus par la cour de cassation de 1872 à 1883. Cette cour a jugé (Crim. rej. 24 févr. 1883, aff. Holden, D. P. 84. 1. 92-93) que la fabrication, à Londres, par un sujet anglais, de fausses acceptations de lettres de change tirées par lui sur des tiers, échappe à la compétence des tribunaux français; mais que l'envoi de ces fausses acceptations de Londres à un coaccusé qui en connaissait la fausseté et qui en a fait usage pour escroquer à des banquiers des sommes importantes, constitue la complicité de faits d'usage de pièces fausses consommés en France, justiciable, en conséquence, de la juridiction française. Le crime d'usage de faux avait été, évidemment, dans l'espèce, accompli en France. En vain dirait-on que la transmission des fausses acceptations n'avait été qu'un acte préparatoire; c'est en France, par la réception des pièces et par leur usage, que le crime s'était accompli et que, par suite, s'était produite la complicité, qui légalement n'existe que lorsque le crime auquel elle se rattache a été commis (Même arrêt). — La cour de cassation a jugé aussi (Crim. rej. 11 août 1882, aff. Du Breuil de Rays, D. P. 83. 1. 96) que les contraventions à la loi du 18 juill. 1860 sur l'émigration, commises à l'occasion d'opérations d'engagements d'émigrants, accomplies en France, et de l'embarquement des émigrants dans des ports de France, sont de la compétence des tribunaux français, alors même que certaines opérations de même nature auraient été accomplies par le prévenu à l'étranger; elle a jugé, par le même arrêt, qu'il en est de même du délit d'escroquerie lorsqu'il est constitué à l'aide de manœuvres frauduleuses caractérisées par des publications mensongères faites en France, encore bien que la remise des fonds qui a définitivement consommé l'escroquerie n'ait pas été réalisée en France. — Par un second arrêt rendu dans la même affaire (Du Breuil de Rays, D. P. 83. 1. 139) la cour de cassation a encore décidé que le tribunal français affirme à bon droit sa compétence lorsque, en matière d'escroquerie, il constate, contrairement aux allégations du prévenu suivant lequel les faits qui lui sont imputés auraient été accomplis à l'étranger, que les éléments constitutifs du délit, savoir : les manœuvres frauduleuses et les remises de fonds qui en ont été la conséquence, ont eu lieu à Paris et dans d'autres localités françaises. — Dans le même sens, la cour suprême avait déjà jugé : que le délit d'escroquerie résultant de ce qu'un individu aurait, à l'aide de lettres adressées de l'étranger en France, et rédigées de manière à persuader au destinataire l'existence d'une entreprise qui se trouvait fausse, obtenu de celui-ci qu'il lui fit passer, par l'entremise de la poste française, pour l'engager dans cette entreprise, des sommes ou valeurs dont il a effectué le détournement, doit être considéré comme ayant été consommé en France, et comme rentrant, par suite, dans la compétence du tribunal français (Crim. rej. 6 janv. 1872, aff. Merlen, D. P. 72. 1. 142) ; — Que l'auteur de faux connaissements est justiciable de la juridiction française, bien que ces connaissements aient été signés à l'étranger, si

---

(1) (Piper.) — La cour ; — Sur le deuxième moyen, tiré de la violation et de la fausse application de l'art. 7 c. instr. cr. en ce que Piper étant étranger, et s'agissant d'un *délit* commis à l'étranger, les tribunaux français étaient incompétents pour en connaître : — Attendu que, s'il est certain que Piper est un étranger et que les faits à lui reprochés ne constituent qu'un *délit*, il est également certain que Piper est domicilié en France, et que c'est en France que le délit a été commis, puisque c'est à Bordeaux que les étiquettes du plaignant ont été frauduleusement imitées ; — Attendu que, dans cet état des faits, il importait peu

que les produits sur lesquels les étiquettes frauduleuses ont été apposées, fussent destinés à être vendus en pays étranger, et qu'il ne faut pas confondre le lieu où le délit a été perpétré avec le lieu où ce délit ou peut amener le résultat frauduleux recherché par l'inculpé ; — Attendu, dès lors, que c'est à bon droit que le tribunal correctionnel de Bordeaux et, par suite, la cour impériale de cette ville ont retenu la connaissance des faits incriminés ; — Rejette.

Du 3 mai 1867.-Ch. crim.-MM. Lascoux, rap.-Bédarrides, av. gén.

c'est en France qu'ils ont été négociés et qu'il en a été fait usage, la perprétation du crime étant alors réputée accomplie en France ; et l'instruction est régulièrement faite par le juge du lieu où il a été fait usage des faux connaissements (Crim. rej. 24 août 1876) (1).

65. Le principe que les lois de police et de sûreté qui régissent la France obligent tous ceux qui s'y trouvent s'étend à tout territoire sur lequel s'exerce la souveraineté de la France. En conséquence, il a été jugé que le ministère public peut poursuivre devant les tribunaux français le crime commis par un Français dans la vallée d'Andorre, dont le territoire est soumis au droit de suzeraineté de la France (Crim. rej. 12 mai 1859, aff. Vivès, D. P. 59. 5. 89). — Jugé aussi que le crime commis même par des étrangers sur un étranger dans une factorerie française (Benty, au Sénégal), établie dans un territoire cédé au gouvernement français par un souverain étranger, et placée sous la protection directe d'un poste militaire français, est justiciable des tribunaux français (Crim. cass. 23 févr. 1884, aff. Rolland, D. P. 84. 1. 431).

66. L'annexion à la France d'une province nouvelle a pour effet immédiat et nécessaire de transférer à la France le droit de souveraineté appartenant sur cette province à l'État que la conquête ou les traités dépossèdent. Spécialement, il a été jugé, à la suite de l'annexion de la Savoie à la France, que le nouveau souverain réunit en lui, en ce qui concerne *la compétence et la répression territoriale*, les droits de la souveraineté qui n'existe plus et de celle qui la remplace en la continuant. Par suite, un crime commis par un Français en cette province avant l'annexion, et dont la poursuite avait abouti à une condamnation par contumace, est compétemment déféré, en cas d'arrestation du condamné, postérieure à l'annexion, à la cour d'assises française qui a remplacé le tribunal duquel émanait l'arrêt de contumace ; et cette cour doit appliquer la loi française, non seulement quant à la forme, mais aussi quant à la qualification du crime (Chambéry, 23 févr. 1863, aff. Falcoz, D. P. 63. 2. 25 ; Crim. rej. 17 avr. 1863, aff. Ginhoux, D. P. 63. 1. 389).

67. Dans sa signification littérale, dit M. Faustin Hélie, t. 2, n° 630, le *territoire* d'un pays comprend toutes les contrées soumises à sa souveraineté et se termine à ses frontières, c'est-à-dire aux limites, soit conventionnelles, soit naturelles, que ses rapports avec les autres peuples ou la nature lui ont données. Mais, dans la langue juridique, ces limites matérielles ne sont pas les véritables limites du territoire. La législation, par une fiction de droit, les prolonge, dans plusieurs circonstances, au delà même des frontières en supposant que tous les lieux où la souveraineté du pays se manifeste par des signes ostensibles font, en quelque sorte, partie du pays lui-même. — Ces fictions sont au nombre de quatre. Elles considèrent, en général, comme une portion ou une prolongation du territoire : 1° les rivages de la mer jusqu'à une certaine distance, qui portent le nom de *mer territoriale ; —* 2° Les vaisseaux et navires français en mer ou dans les ports étrangers ; — 3° Les lieux occupés, hors des frontières, par une armée française ; — 4° Les lieux où siègent en pays étranger les consuls français.

68. Dans la partie de la mer que les publicistes ont appelée, avec raison, *territoriale (Rép.* v° *Droit naturel et des gens,* n° 75), parce qu'elle continue et prolonge le territoire auquel elle est assimilée, la souveraineté de la nation s'étend sans contestation, et, par suite, la juridiction lui appartient dans les mêmes eaux. En conséquence, les crimes et les délits qui y sont commis sont considérés comme ayant été commis sur le territoire même et sont justiciables des tribunaux établis sur le territoire. — Jusqu'où s'étend cette portion de la mer ? Aussi loin que la mer peut être dominée par des moyens d'action établis sur le rivage. La limite qui la sépare de la haute mer est donc déterminée par la plus forte portée de canon des côtes (Faustin Hélie, t. 2, n° 633 ; Trébutien, t. 1, n° 180 ; Le Sellyer, t. 2, n° 1009, note 1 ; Ortolan, t. 1, n° 927 ; Haus, *Principes du code pénal belge,* t. 1, n° 200 ; Théodore Ortolan, *Règles internationales de diplomatie de la mer,* t. 1, chap. 7 et 8 ; Eugène Ortolan, *Des moyens d'acquérir le domaine international et de l'équilibre européen,* p. 25 et suiv.).

69. Le règlement des questions de compétence que soulève la poursuite des crimes et délits commis sur les *navires* est moins simple. On en a traité au Rép. n° 122 et 123 (V. aussi *ibid.* v° *Traité international,* n° 310 et suiv.). C'est aujourd'hui un principe universellement reconnu, en droit des gens, que chaque navire est comme une partie détachée du sol, comme une portion du territoire de la nation à laquelle il appartient. Mais, dans l'application de cette règle, une distinction est à faire entre les vaisseaux de guerre et les navires de commerce.

70. En *pleine mer,* les uns et les autres sont exclusivement soumis aux lois et à la police de la nation ; ils maintiennent la souveraineté sur leur bord, ils sont indépendants de toute juridiction étrangère (Conf. Bordeaux, 31 juin 1838, *Rép.* n° 123). Par conséquent, les crimes et délits commis en pleine mer à bord des vaisseaux français sont punis par la loi française et jugés par les tribunaux français (V. pour les vaisseaux de guerre, le code de justice militaire pour l'armée de mer, du 4 juin 1858, D. P. 58. 4. 90, et pour les navires marchands, le décret, qui a force de loi, du 24 mars 1852, sur la discipline de la marine marchande, D. P. 52. 4. 127. V. aussi *Rép.* v° *Organisation maritime,* n° 883 et suiv.).

71. Mais si le navire entre dans les eaux soumises à une autre puissance (port, rade ou mer territoriale), quelle est sa situation ? Le souverain du port, de la rade, de la mer territoriale possède un droit de juridiction plein et absolu sur toutes les parties de son territoire et sur tous les hommes qui s'y trouvent ; d'autre part, le navire a conservé sa qualité de territoire étranger et est resté soumis aux lois de son propre pays. En réalité deux souverainetés se rencontrent ; comment régler le conflit ? À l'égard des vaisseaux de guerre, ils conservent, dans tous les cas, l'indépendance du territoire ; ils sont affranchis de toute juridiction et même de toute police étrangère sur leur bord. La nation propriétaire du port ou de la rade peut interdire aux bâtiments de guerre l'entrée de ses eaux ; elle ne peut faire à bord acte de puissance et de souveraineté, elle ne peut régir les personnes qui s'y trouvent ni les fautes qui s'y passent (Th. Ortolan, *op. cit.,* t. 1, p. 227 et 228 ; Faustin Hélie, t. 2, n° 634 ; Trébutien, t. 1, n° 182). Quant aux navires marchands, la difficulté est réglée, en France, par l'avis du conseil d'État du 28 oct. 1806, rapporté au *Rép.* n° 122, qui a décidé que ces navires demeurent, dans les eaux territoriales, régis par la loi de leur pays, en ce qui concerne leur régime intérieur, mais que la connaissance des délits accomplis à bord peut être revendiquée par la juridiction territoriale : 1° si le délit a été commis par une personne étrangère à l'équipage ou *contre* une personne étrangère à l'équipage ; — 2° Si, même pour des délits entre gens de l'équipage, le secours de l'autorité locale est réclamé ; — 3° Si la sécurité du port est compromise (Conf. Crim. rej. 25 févr. 1859, aff. Jally, D. P. 59. 1. 88, et la dissertation en note ; Alger, 19 août 1873, aff. Mitras, D. P. 74. 5. 16. V. aussi Faustin Hélie, t. 2, n° 635 et suiv. ; Trébutien, t. 1, n° 182 ; Le Sellyer, t. 2, n° 1076).

---

(1) (Stuur.) — Sur le premier moyen, tiré de ce que la justice française ne serait pas compétente pour connaître du crime d'incendie commis en mer par le sieur Stuur, Hollandais, sur son navire : — Attendu que Stuur a été renvoyé par la chambre d'accusation de la cour de Rouen devant la cour d'assises de la Seine-Inférieure, pour le crime de faux et le crime d'incendie ; — Attendu que le juge du lieu où le crime a été commis est compétent ; que quelques-uns des faux connaissements signés à Bahia (Brésil) ont produit leur résultat au Havre où ils ont été négociés ; que c'est là qu'on en a fait usage et que la perpétration du crime a été accomplie ; que, par conséquent, le juge du Havre était compétent pour instruire sur l'usage du faux et sur les faits qui s'y rattacheraient ; — Attendu qu'il résulte de l'ensemble des faits tels qu'ils sont exposés dans l'arrêt de renvoi, que l'incendie du navire de Stuur avait pour but de faire disparaître les constatations utiles pour reconnaître l'existence du faux ; — Qu'il forme ainsi un tout indivisible avec le crime de faux dont il assurait l'exécution et devait servir à réaliser le profit ; — Attendu, surabondamment, que le gouvernement hollandais a déclaré abandonner Stuur à la juridiction française ; — Sur le deuxième moyen : ...

Par ces motifs, rejette.

Du 24 août 1876.-Ch. crim.-MM. Falconnet, rap.-Desjardins, av. gén.

72. On a dit au *Rép.* n° 137, que le territoire étranger qui est occupé par les *armées françaises* est réputé, au point de vue de l'application de la loi pénale, territoire français. Le sens et l'étendue de cette fiction ont été précisés par la jurisprudence depuis la promulgation du code de justice militaire de 1857 (art. 63 et 77). Il a été jugé, par la cour de cassation, qu'en pays étranger les tribunaux d'un corps expéditionnaire français sont compétents pour connaître : 1° durant l'état de guerre, et alors surtout que le pays (le Mexique) où se fait l'expédition n'a pas de justice organisée, de tous crimes ou délits, même non prévus par le code de justice militaire, qui compromettent la sûreté de l'armée, les principes du droit naturel justifiant au besoin, en pareil cas, le jugement des coupables par la juridiction militaire en vue d'assurer la protection du corps expéditionnaire (Crim. cass. 24 août 1865, aff. Gonzalès, D. P. 65. 1. 501) ; — 2° Même après que l'état de guerre a fait place à une simple occupation d'un caractère protecteur (États-Romains), ce qui n'empêche pas de considérer l'armée comme étant en *territoire ennemi*, des crimes et délits prévus par le titre 2 du livre 4 du code de justice militaire, encore bien qu'ils auraient été commis par des non-militaires et quelle que soit la nationalité de ceux-ci (Crim. cass. 19 janv. 1865, aff. Graziani, D. P. 65. 1. 500; 23 janv. 1865, aff. Mariani, D. P. 65. 1. 501); et même des délits qui ne rentrent pas dans les prévisions du titre précité, s'ils portent atteinte à la sûreté de l'armée (Crim. rej. 14 déc. 1865, aff. Tribuzio, D. P. 66. 1. 46; Crim. cass. 28 déc. 1865, aff. Colderoni, D. P. 66. 1. 46 ; 11 janv. 1866, aff. d'Ambrosio, D. P. 66. 5. 84; 31 mars 1866, aff. Fracassa, D. P. 66. 5. 84; Crim. rej. 13 sept. 1866, aff. Rocchi, D. P. 67. 5. 278); ou même encore des crimes de droit commun lorsqu'ils sont connexes à ceux dont les tribunaux militaires sont appelés à connaître, par exemple, à des vols qualifiés commis au préjudice d'habitants par des malfaiteurs armés et réunis en association (Même arrêt du 14 déc. 1865. V. Faustin Hélie, t. 2, n° 631; Garraud, n° 92. V. aussi *Rép.* v° *Organisation militaire*, n° 885).

73. En ce qui concerne la quatrième extension du territoire, celle en vertu de laquelle, *dans les Échelles du Levant et de Barbarie*, les consuls sont compétents pour juger les délits et les contraventions et pour instruire sur les crimes commis par des Français habitant ces pays, V. *Consul*, — *Rép.* eod. v°, n°s 57 et suiv.

74. La règle qui soumet aux lois de police et de sûreté toutes les personnes qui se trouvent sur le territoire comporte une exception qui a été indiquée au *Rép.* n° 144. Les ambassadeurs et autres représentants des puissances étrangères, ainsi que le personnel officiel de leurs légations, échappent à la juridiction territoriale (V. *suprà*, v° *Agent diplomatique*, n°s 29 et suiv.). Les consuls n'y participent point ; ils n'ont droit qu'à la protection nécessaire à l'exercice de leurs fonctions et aux immunités stipulées par les traités (Crim. rej. 23 déc. 1854, aff. Featherstonhaugh, D. P. 59. 1. 185). On se bornera à noter ici un arrêt de la cour suprême qui a décidé, avec raison, que l'étranger auteur d'un crime, en France, dans l'hôtel et sur la personne de l'ambassadeur de sa nation, ou sur celle de gens de l'ambassade, n'en est pas moins justiciable de l'autorité judiciaire française, s'il ne fait pas, quant à lui, partie du personnel de cet ambassade, et alors surtout que l'intervention des autorités françaises a été requise au moment du crime (Crim. rej. 13 oct. 1865, aff. Mikitschenkoff, D. P. 66. 1. 234).

N° 2. — *Crimes et délits à l'étranger (Rép.* n°s 110 à 121, 126 à 136, 142 et 143).

75. La loi du 27 juin 1866 (V. l'exposé des motifs de cette loi et les rapports, D. P. 66. 4. 75 et suiv.), a totalement modifié le texte des art. 5, 6 et 7 c. instr. cr. qui régissaient, à l'époque de la publication du *Répertoire*, la poursuite en France des infractions commises à l'étranger, et qui, d'ailleurs, dans leur texte nouveau, régissent encore aujourd'hui cette matière (1). Ces modifications enlèvent une grande partie de leur intérêt aux observations présentées au *Rép.* n°s 110 à 121, 126 à 136, 142 et 143.

La question de compétence pour les infractions commises à l'étranger doit être envisagée : 1° en ce qui concerne les Français; 2° en ce qui concerne les étrangers.

76. — I. Infractions commises par les Français a l'étranger. — Pour les infractions commises par les *Français*, il faut distinguer les crimes, les délits et les contraventions.

À l'égard des *crimes*, ceux-ci peuvent être poursuivis en France à la double condition : 1° que le Français auteur du crime soit de retour en France; 2° qu'il n'ait pas été jugé définitivement à l'étranger.

La condition du retour en France est exigée par le dernier alinéa de l'art. 5, pour tous les crimes « sauf ceux énoncés en l'art. 7 », c'est-à-dire sauf les crimes attentatoires à la sûreté et à la fortune de l'État. « La seule raison de la compétence de la juridiction française sur les crimes commis à l'étranger est, dit M. Faustin Hélie, t. 2, n° 679, la présence de l'agent sur le territoire, présence qui trouble l'ordre et donne à la cité intérêt à la répression. » Néanmoins, il est à remarquer que la condition du retour dans la patrie n'est exigée ni par le code pénal allemand de 1870, ni par le code pénal hongrois de 1878, ni par le code pénal hollandais de 1881. Au contraire, la loi belge du 25 avr. 1878 (art. 12) ne permet de poursuivre le Belge pour les crimes et délits commis à l'étranger que s'il se trouve en Belgique.

Le retour en France est nécessaire, d'après la loi nouvelle ; il s'ensuit qu'aucune procédure par *contumace* ne peut être intentée à l'égard des crimes commis par des Français à l'étranger si ce n'est dans les cas spécialement prévus par l'art. 7 c. instr. cr., c'est-à-dire dans les cas de crimes attentatoires à la sûreté et à la fortune de l'État (Faustin Hélie, t. 2, n° 2347); et aussi, ajouterons-nous, dans le cas de prévarication commise par des agents du gouvernement français en pays étranger, parce que ceux-ci étant toujours censés présents et domiciliés en France, ils doivent y être poursuivis et jugés comme tous les autres Français prévenus de crime. C'est ce que nous avons établi au *Rép.* n° 136 (Conf. Le Sellyer, t. 2, n° 1006; Merlin, *Répertoire*, v° *Compétence*, § 2, n° 8; Mangin, *Action publique*, t. 1, n° 71).

Art. 1er. Les art. 5, 6, 7 et 187 c. instr. cr. sont abrogés et seront remplacés ainsi qu'il suit :
« Art. 5. Tout Français qui, hors du territoire de la France, s'est rendu coupable d'un crime puni par la loi française, peut être poursuivi et jugé en France. — Tout Français qui, hors du territoire de France, s'est rendu coupable d'un fait qualifié délit par la loi française, peut être poursuivi et jugé en France, si le fait est puni par la législation du pays où il a été commis. — Toutefois, s'il s'agisse d'un crime ou d'un délit, aucune poursuite n'a lieu, si l'inculpé prouve qu'il a été jugé définitivement à l'étranger. — En cas de délit commis contre un particulier français ou étranger, la poursuite ne peut être intentée qu'à la requête du ministère public; elle doit être précédée d'une plainte de la partie offensée ou d'une dénonciation officielle à l'autorité française par l'autorité du pays où le délit a été commis. — Aucune poursuite n'a lieu avant le retour de l'inculpé en France, si ce n'est pour les crimes énoncés en l'art. 7 ci-après. »
« Art. 6. La poursuite est intentée à la requête du ministère

public du lieu où réside le prévenu, ou du lieu où il peut être trouvé. — Néanmoins, la cour de cassation peut, sur la demande du ministère public ou des parties, renvoyer la connaissance de l'affaire devant une cour ou un tribunal plus voisin du lieu du crime ou du délit. »
« Art. 7. Tout étranger qui, hors du territoire de la France, se sera rendu coupable, soit comme auteur, soit comme complice, d'un crime attentatoire à la sûreté de l'État, ou de contrefaçon du sceau de l'État, de monnaies nationales ayant cours, de papiers nationaux, de billets de banque autorisés par la loi, pourra être poursuivi et jugé d'après les dispositions des lois françaises, s'il est arrêté en France ou si le Gouvernement obtient son extradition. »
« Art. 187... ».
2. Tout Français qui s'est rendu coupable de délits et de contraventions en matière forestière, rurale, de pêche, de douanes ou de contributions indirectes sur le territoire de l'un des États limitrophes, si cet État autorise la poursuite de ses régnicoles pour les mêmes faits commis en France.
La réciprocité sera légalement constatée par des conventions internationales ou par un décret publié au *Bulletin des lois*.

77. Le retour doit-il être volontaire? La question est controversée, mais la majorité des auteurs tient pour l'affirmative (Faustin Hélie, t. 2, n° 679; Le Sellyer, t. 2, n° 993; Trébutien, t.1, n° 203. — *Contrà :* Carnot, *Instruction criminelle*, t. 1, p. 124; Bourguignon, *Jurisprudence des codes criminels*,t.1, p. 78; Mangin, *Actionpublique*,t.1, n°70). Le retour volontaire a, en quelque sorte, le caractère d'un défi jeté à la loi française; rien de semblable ne se trouve dans le cas de force majeure. Ainsi, si l'agent du crime est jeté par un naufrage sur les côtes de France (V. l'arrêté des consuls du 18 frim. an 8, rendu en faveur des naufragés de Calais, *Rép.* n°120), si quelque accident lui a fait franchir involontairement la frontière, s'il a été arrêté en pays étranger et livré à la France à raison d'un autre crime, ou s'il a été renvoyé en France sur ordre d'un consul français, la justice est sans pouvoir (Crim. rej. 5 févr. 1857, aff. Arnoux, D. P. 57. 1. 132; Aix, 28 avr. 1868) (1). Il résulte encore de là que l'extradition de l'agent ne pourrait être demandée à raison du crime même qu'il a commis en pays étranger, puisque, tant qu'il réside dans ce pays, les tribunaux français ne peuvent être saisis (Faustin Hélie, t. 2, n° 679. — *Contrà :* C. d'ass. Seine, 20 mars 1846, aff. de Prou, D. P. 47. 1. 53). Cette dernière solution est pour nous moins douteuse encore depuis la loi de 1866, car il résulte de la combinaison des art. 5, *in fine*, et 7, que le cas de *retour* doit être distingué de celui de l'*extradition* (Le Sellyer. t. 2, n° 994). Au reste, la jurisprudence a décidé que la demande d'extradition formée n'ôtait pas au retour son caractère spontané, lorsque le coupable avait consenti à être ramené dans son pays pour y être jugé (Crim. rej. 8 nov. 1860, aff. Decolange, D. P. 61. 1. 46).— Ajoutons que, pour mettre fin aux difficultés d'interprétation qui viennent d'être signalées, le projet sur l'instruction criminelle récemment adopté par la Chambre des députés et en ce moment (1888) soumis aux délibérations du Sénat, a introduit dans l'art. 5 le mot *volontaire*, tranchant ainsi par l'affirmative la question de savoir si la justice ne peut saisir ce prévenu que quand son retour a été spontané.

La cour de Paris a jugé, le 17 juin 1870 (aff. Picard, D. P. 70. 2. 177), que le retour autorisait la poursuite, encore que la résidence en France ne se fût pas prolongée jusqu'au moment de cette poursuite. On a objecté à cette décision que la présence du coupable ayant cessé, l'intérêt qu'il y avait à réprimer le crime a cessé également (Dutruc, *Journal du ministère public*, 1870, art. 1376)); mais cela n'est point exact, suivant nous. La rentrée en France du Français qui s'est déshonoré par un crime que nos lois répriment, a produit un scandale que son départ ne saurait effacer, et la demeure toujours utile, au point de vue français, qu'une condamnation intervienne, ne fût-ce que pour fermer à ce coupable l'entrée de son pays; aussi estimons-nous que pour que le Français puisse être poursuivi en France en vertu de l'art. 5 nouveau c. instr. cr., il n'est pas nécessaire que son retour en France soit définitif (Faustin Hélie, t. 2, n° 679 ; Le Sellyer, n° 996).

78. La seconde condition pour la poursuite en France d'un crime commis à l'étranger par un Français est que l'agent n'ait pas été *jugé définitivement* à l'étranger. Cette condition qui résulte encore de l'art. 5 c. instr. cr. n'est que l'application de la règle *non bis in idem*. Il suffit, d'ailleurs, qu'il y ait jugement, et il n'est pas nécessaire que le coupable ait

subi ou prescrit sa peine. Il n'est pas exigé non plus qu'une condamnation soit intervenue : l'agent acquitté ou absous à l'étranger ne pourrait pas être repris en France, puisqu'il a été jugé, et que la loi n'exige pas autre chose. Mais il faut que le jugement soit *définitif;* s'il ne l'était pas, la situation serait la même que s'il y avait simplement poursuite, et l'action de la justice française ne pourrait être entravée (Crim. rej. 21 déc. 1861, aff. Gay, D. P. 62. 1. 200; Faustin Hélie, t. 2, n°s 680 et 1042, t. 5, n° 2347; Le Sellyer, t. 2, n° 985; Garraud, n° 102). — On a dit avec raison (Garraud. *loc. cit.*), que la règle posée à cet égard par le nouvel art. 5, bien que rationnelle, est incomplète et par là même imprévoyante. Il peut se faire, en effet, et cela est arrivé dans la pratique, qu'un Français condamné à l'étranger, par jugement rendu *par défaut*, mais *devenu définitif*, se réfugie en France. D'après le texte de l'art. 5, ce Français, ayant été jugé définitivement à l'étranger, ne pourra, être poursuivi en France, et l'impunité lui sera ainsi assurée. La loi belge du 25 avr. 1878 est plus prévoyante quand elle dit dans son art. 13, alinéa 2 : « Il en sera de même (c'est-à-dire, la poursuite n'aura pas lieu) lorsque, après avoir été condamné, l'inculpé aura *subi ou prescrit sa peine*, ou qu'il aura été *gracié* ». Le code pénal allemand de 1870 exige, pour que la loi allemande cesse d'être applicable, que le coupable ait été acquitté ou *qu'il ait subi sa peine* (art. 5).

79. Tous les auteurs admettent, conformément à ce qui a été dit au *Rép.* n° 132, que si le Français, après avoir été condamné en pays étranger, s'était réfugié en France, on ne pourrait évidemment songer à faire exécuter cette condamnation dans notre pays, car, pas plus qu'aucune autre nation, la France n'admet l'exécution, sur son territoire, des jugements étrangers rendus en matière répressive, et n'organise, pour ces jugements, une procédure *d'exequatur* (Mangin, *Actionpublique*, t.1, n°70; Faustin Hélie, t.2, n°1042; Bertauld, p. 129; Rauter, *Code pénal,* n° 54; Le Sellyer, t. 2, n° 988; Bard, *Précis de droit international*, p. 123; Garraud, n° 102).

80. Quant à la question, aussi indiquée au *Rép.* n° 132, de savoir si le Français ou l'étranger lésés pourraient poursuivre en France l'exécution des condamnations *civiles* prononcées à leur profit par le tribunal étranger, V. *infrà*, v° *Jugement*.

81. A l'égard des *crimes* attentatoires à la sûreté ou à la fortune de l'État, indiqués en l'art. 7 c. instr. cr., la poursuite, ainsi qu'on l'a déjà fait remarquer *suprà*, n° 76, peut être faite en France avant le retour de l'inculpé (art. 5), et conséquemment par contumace; mais elle ne pourrait avoir lieu si l'inculpé prouvait qu'il a été déjà jugé définitivement à l'étranger. A cet égard, l'art. 5 ne fait pas d'exception pour les crimes de l'art. 7, lesquels, du reste, seront, en fait, et à raison de leur nature spéciale, rarement poursuivis à l'étranger, puisqu'ils sont indifférents au repos des autres nations.

82. Au sujet des *délits* commis à l'étranger par des Français, la loi du 27 juin 1866 a considérablement innové. Alors que le code de 1808 ne permettait en aucun cas la poursuite de ces infractions en France, cette loi autorise la poursuite des simples délits de police correctionnelle devant les tribunaux français, d'abord à la double condition (de même que pour les crimes) du retour en France et du non-

---

(1) (Reboul.) — LA COUR; — Attendu, en fait, que Reboul, Français d'origine, inculpé d'un crime commis à Buenos-Ayres et puni par la loi française, a été arrêté à Rio-Janeiro à la diligence de M. le consul général de France, amené à Marseille par ses ordres sur un transport français, où, son arrivée dans cette ville, mis à la disposition du procureur impérial ; — Que ce magistrat a requis contre lui une instruction criminelle à raison du crime ci-dessus spécifié ; mais que Reboul a excipé de son incompétence, en se fondant sur une fausse application de l'art. 5 c. instr. cr., et que le juge d'instruction ayant repoussé cette exception préjudicielle, Reboul a formé opposition à son ordonnance dans le délai voulu par la loi;

Attendu, en droit, que le Français inculpé d'un crime commis en pays étranger ne peut être poursuivi et jugé par les tribunaux français que sous certaines conditions, et notamment celle de son *retour* en France ; — Attendu que le sens littéral du mot *retour* implique le concours de la volonté de l'inculpé, et non pas seulement le fait matériel de sa présence sur le territoire fran-

çais; — Attendu que la cour ne saurait hésiter sur cette interprétation, en l'état de son arrêt en date du 11 mars 1868, par lequel elle a décidé que le mot *trouvé*, employé dans l'art. 23 c. instr. cr., ne peut s'appliquer au cas où l'inculpé se trouve dans un arrondissement par suite d'une instruction judiciaire ou administrative ; — Qu'il y a, en effet, similitude entre cette hypothèse et l'espèce actuelle, où ce mot *trouvé* est employé dans l'art. 6 comme équipollent du *retour* dont parle l'art. 5 ; — Que, de plus, les deux questions soulèvent la même difficulté, celle de savoir si l'arrivée en France ou la présence dans un arrondissement doivent être volontaires de la part de l'inculpé ; mais que, d'autre part, dans le cas actuel, il s'agit de constituer une exception au droit commun, qui est la compétence territoriale, de créer une juridiction, tandis que l'art. 23 réglemente seulement une compétence dont le principe n'est pas contesté;

Par ces motifs, etc.
Du 28 avr. 1868.-C. d'Aix, ch. d'acc.-M. Rigaud, 1er pr.

jugement à l'étranger (art. 5, al. 3 et 5), et, de plus, aux trois autres conditions suivantes, spéciales aux délits : 1° qu'il y ait une *plainte* de la partie offensée ou une *dénonciation officielle* de l'autorité étrangère (art. 5, al. 4) ; — 2° Que le délit soit *puni par la législation du pays où il a été commis* (art. 5, al. 2) ; — 3° Que le ministère public se charge de la poursuite (art. 5, al. 4).

La *plainte* de la partie offensée (ou la dénonciation officielle) n'est, d'après le texte même de l'alinéa 4, nécessaire qu'au cas de délit commis contre un particulier français ou étranger (et non pour les délits contre la chose publique). — Sur l'appréciation de cette disposition, V. Faustin Hélie, t. 5, n° 2347, p. 517.

Le plaignant, ainsi qu'on l'a dit au *Rép.* n° 133, n'a d'ailleurs pas besoin de se constituer partie civile, puisque cette condition n'est pas exigée par l'article (V. conf. Le Sellyer, t. 2, n° 999 ; Mangin, *Action publique*, t. 1, n° 70). — Son désistement pourrait-il empêcher le ministère public de continuer les poursuites? En étudiant l'ancien art. 7, qui exigeait, avant la loi de 1866, la même plainte pour la poursuite des crimes, nous avons soutenu l'affirmative au *Rép.* n° 134, avec Carnot et Mangin. La doctrine contraire a été consacrée dès avant la loi de 1866 par deux arrêts (C. d'ass. Seine, 20 mars 1846, aff. de Prou de la Maisonfort, D. P. 47. 1. 155 ; Crim. rej. 2 oct. 1852, aff. Berthonneau, D. P. 52. 1. 312) ; elle est adoptée par Faustin Hélie, t. 2, n° 682 ; Morin, v° *Compétence*, n° 27 ; Le Sellyer, t. 2, n° 1001.

83. A l'égard de la dénonciation officielle de l'autorité étrangère, qui est requise par l'art. 5 à défaut de plainte, il a été jugé que la cour d'assises, saisie d'un crime puni par la loi française, et commis à l'étranger, demeure compétente, encore que par la déclaration du jury écartant les circonstances aggravantes, le crime ait été réduit aux proportions d'un simple délit, lorsque le fait incriminé a préalablement été l'objet d'une dénonciation officielle à l'autorité française par l'autorité du pays où il a été commis (Crim. rej. 22 juin 1882, aff. Yon, D. P. 82. 1. 436). — Et cette dénonciation saisit la justice française de la connaissance du délit tant contre les auteurs principaux que contre les complices alors même que les faits de complicité (recel d'objets volés) ont été commis dans un autre pays, et qu'aucune dénonciation n'a été faite par le gouvernement de ce pays au gouvernement français (Même arrêt). Il est, en effet, de jurisprudence comme de doctrine, que le tribunal compétent pour juger les auteurs principaux, l'est également pour juger les complices (V. *Rép.* n° 202).

84. Il faut, en second lieu, pour la poursuite en France, que le délit soit puni *par la législation du pays où il a été commis* (art. 5, al. 2). « Il a semblé à la commission, disait le rapporteur de la loi de 1866 au Corps législatif, qu'il fallait tenir compte à l'homme du milieu dans lequel il avait vécu, des habitudes, des mœurs qui l'environnaient au moment du fait commis, de cette sécurité que lui donnait la législation étrangère à laquelle il s'était passagèrement soumis. Il lui a semblé qu'on ne pouvait, sans dépasser la mesure d'une humanité raisonnable, punir en France le fait extérieur qui n'est pas également puni à l'étranger. » Quoi qu'il en soit de la valeur de ces motifs et du mérite de la disposition en elle-même, disposition que M. Faustin Hélie critique énergiquement dans son t. 5, n° 2350, il est certain que l'obligation où elle place les magistrats français de connaître les textes des lois étrangères et même leur interprétation pourra être parfois embarrassante. — Au reste, pour qu'il y ait lieu à l'application de l'art. 5, il faut que la loi étrangère punisse, non pas le fait *similaire*, mais le fait *identique* (Discours de M. Mège, membre de la commission, dans la séance du Corps législatif du 21 mai 1866) ; mais il n'est pas nécessaire qu'il y ait, entre les deux législations, *identité de peine*. Peu importerait aussi que le fait ne fût plus punissable à l'étranger par suite d'une *amnistie* promulguée avant jugement ou de la souveraineté étrangère ou d'une *prescription* acquise d'après la loi du pays où le délit a été commis ; l'art. 5 n'exige qu'une chose : que le fait soit *puni par la loi étrangère*, et non qu'il *puisse être encore puni à l'étranger* (Garraud, n° 101 ; Villey, p. 77).

85. En troisième lieu, c'est *ministère public* seul que la loi de 1866 (art. 5, al. 4) donne la faculté de poursuivre les délits commis à l'étranger ; la partie lésée n'a pas ici le droit de citation directe. La loi a voulu laisser au magistrat le soin d'apprécier la gravité du délit et la difficulté de la procédure.

86. Au surplus, qu'il s'agisse de crimes ou de délits, il est évident que c'est à la loi française qu'il faut demander la qualification de l'infraction et la quotité de la peine (Garraud, n° 102, p. 147 ; Villey, p. 77). C'est dire assez que la plupart des infractions contre la *chose publique étrangère* ne tomberont pas sous le coup de la loi française, ou ne subiront pas l'aggravation attachée au caractère *public* de la personne objet du délit. Ainsi, les art. 222 et suiv. c. pén. qui punissent les outrages et violences envers les magistrats et autres dépositaires de l'autorité resteraient inapplicables à de pareils actes commis contre des dépositaires de l'autorité étrangère. Ces faits ne pourraient constituer, en France, que des injures ou des violences envers des particuliers.

87. Un Français peut-il être poursuivi en France pour avoir émis à l'étranger des monnaies étrangères contrefaites et qui n'ont pas cours légal en France? La cour de Pau a, le 18 avr. 1883 (aff. Etchéverry, D. P. 86. 2. 166), jugé la négative, en se basant sur les termes de l'art. 133 c. pén., qui punit l'émission, en *France*, de fausses monnaies étrangères, et qui, dès lors, ne paraît pas applicable au crime d'émission de fausses monnaies étrangères, commis ailleurs que sur le territoire français. Cette solution peut soulever des doutes (V. la note *ibid.*). — Jugé, d'ailleurs, que l'art. 5 n'établit aucune distinction entre les infractions punies de peines correctionnelles résultant d'un acte purement matériel, par exemple, une infraction aux lois de douanes, et celles qui impliquent en même temps un élément intentionnel, et que les tribunaux français sont, dans les conditions que ledit art. 5 détermine, compétents pour statuer sur les deux sortes d'infractions (Crim. rej. 14 avr. 1883, aff. Devy, D. P. 84. 1. 95).

88. Il reste à indiquer devant quels juges seront poursuivis les crimes et les délits commis à l'étranger. L'art. 6 nouveau c. instr. cr. porte : « La poursuite est intentée à la requête du ministère public du lieu où réside le prévenu ou du lieu où il peut être trouvé. Néanmoins, la cour de cassation peut, sur la demande du ministère public ou des parties, renvoyer la connaissance de l'affaire devant une cour ou un tribunal plus voisin du lieu du crime ou du délit ». La cour de cassation n'hésite pas à user de cette faculté, toutes les fois qu'elle y trouve un avantage pour le bien de la justice (V. Crim. règl. jug. 7 nov. 1872, *Bull. crim.*, n° 259 ; 8 avr. 1875, *ibid.*, n° 115 ; 16 mars 1876, *ibid.*, n° 79 ; 8 janv. 1885, *ibid.*, n° 19).

89. — **II. Contraventions et délits spéciaux commis en pays étranger.** — L'art. 2 de la loi du 27 juin 1866, dont le texte est en dehors du code d'instruction criminelle, autorise, en ces termes, la poursuite en France de certains délits et contraventions commis en pays étranger : « Tout Français qui s'est rendu coupable de délits et contraventions en matière forestière, rurale, de pêche, de douanes ou de contributions indirectes, sur le territoire de l'un des Etats limitrophes, peut être poursuivi et jugé en France, si la loi française, si cet Etat autorise la poursuite de ses régnicoles pour les mêmes faits commis en France. La réciprocité sera légalement constatée par les conventions internationales ou par un décret publié au *Bulletin des lois* ». On lit dans le rapport au Corps législatif : « La commission a pensé qu'il était utile d'arrêter les déprédations et les dommages respectifs qui se commettent respectivement aux frontières. Sans doute, ces faits n'ont pas, au point de vue moral, une gravité pareille à celle des délits ordinaires, mais ils sont dangereux par leur fréquence et par leurs conséquences. Ils entraînent des rivalités, des inquiétudes, des collisions que les gouvernements sages et prudents doivent faire cesser ». — Bien que le texte de l'art. 2 ne s'explique pas, nous croyons que la poursuite de ces contraventions et délits spéciaux ne pourra avoir lieu en France qu'à la suite d'un retour volontaire de l'inculpé, et s'il n'a pas été jugé définitivement à l'étranger. Nous croyons aussi que les mots « Etats limitrophes » dépassent le but de la loi, qui n'a entendu punir, en France, les infractions énumérées par l'art. 2, que lorsqu'elles sont commises dans le *rayon frontière* des Etats limitrophes.

90. L'art. 2 de la loi de 1866 n'a reçu son application

qu'en ce qui concerne la Belgique et la Bavière. A l'égard de ce dernier pays, la convention conclue entre le gouvernement bavarois et le gouvernement français, le 22 févr. 1869, promulguée par décret du 21 avr. 1869 (D. P. 69. 4. 46), a nécessairement perdu toute valeur par l'effet du traité de Francfort (V. la loi de ratification de ce traité en date du 18 mai 1871, D. P. 71. 4. 25), puisque la Bavière n'est plus *limitrophe* de la France. — Pour la Belgique, à la suite d'un accord intervenu entre le gouvernement français et le gouvernement belge, un décret, en date du 2 nov. 1877 (D. P. 78. 4. 1), a autorisé, sur les bases d'une complète réciprocité, la poursuite en France des délits et contraventions commis en Belgique par des Français en matière forestière, rurale et de pêche. Plus tard, les deux gouvernements ont reconnu l'utilité d'assurer, dans les mêmes conditions, la répression des délits de *chasse* commis par les nationaux de l'un des deux États sur le territoire de l'autre. Une convention diplomatique du 6 avr. 1885 est intervenue pour ce dernier objet, et une loi du 21 avr. 1886 (D. P. 86. 4. 86) l'a ratifiée.

Le code pénal allemand de 1870 pose une règle plus générale que la nôtre : aux termes de l'art. 6 « les contraventions commises en pays étranger ne peuvent être punies que dans les cas où il existerait à cet égard des lois spéciales ou des traités ». Le projet de code pénal autrichien contient une disposition analogue. La loi belge du 25 avr. 1878, art. 9, exige la plainte de la partie lésée ou un avis officiel donné à l'autorité belge.

91. — III. Infractions commises par les étrangers a l'étranger. — De même que sous l'empire du code de 1808, les étrangers échappent, depuis la promulgation de la loi du 27 juin 1866, à la juridiction française pour les infractions qu'ils ont commises à l'étranger (sauf la disposition particulière de l'art. 7 nouveau à l'égard des crimes attentatoires à la sûreté ou à la fortune de l'État français). Cet affranchissement est rationnel : à quel titre les étrangers seraient-ils, pour des faits accomplis à l'étranger, soumis à nos lois ? Ces faits ne nous appartiennent pas *ratione loci*, et leurs agents ne sont pas nos sujets. Pourtant, on ne saurait méconnaître qu'ils peuvent nous intéresser lorsqu'ils ont été accomplis *contre la personne* ou *les biens d'un Français;* aussi un projet de loi, voté par le Corps législatif en 1852, investissait-il la souveraineté française du droit de punir les crimes commis par les étrangers à l'étranger au préjudice des *nationaux*, quand le coupable venait chercher un abri sur notre sol ; mais, sur les réclamations des puissances étrangères, la loi ne fut pas soumise à la sanction du Sénat. Même dans le cas qui vient d'être indiqué, le législateur de 1866 n'a pas cru pouvoir atteindre les infractions des étrangers à l'étranger, de sorte que, si leurs auteurs paraissent sur le sol français, notre gouvernement, dans l'état actuel de la législation, a simplement le droit de les extrader lorsque l'extradition est demandée, et, dans tous les cas, le droit de les *expulser* par simple mesure administrative, en vertu de l'art. 7 de la loi du 3 déc. 1849 sur le séjour des étrangers en France.

92. Comme on vient de le dire, l'incompétence des tribunaux français à l'égard des infractions commises par les étrangers à l'étranger est, sauf le cas de l'art. 7, générale et sans exception. Dès 1825, la cour de cassation (Crim. rej. 2 juin 1825, *Rép.* n° 114) en a tiré cette conséquence qu'un étranger ne pourrait être poursuivi en France à raison d'un crime autre que ceux prévus par l'art. 5 (aujourd'hui l'art. 7), et, par exemple, un assassinat commis en pays étranger, au préjudice d'un Français, alors même que le coupable se présenterait sur notre territoire, qu'il aurait pour complice un Français, et que la partie lésée aurait porté plainte contre ce dernier. Il en serait de même aujourd'hui (sauf, bien entendu, le droit, pour l'autorité française, d'extrader ou d'expulser cet étranger). — A ce point de vue, il convient de signaler aussi un arrêt de la cour de Paris du 29 nov. 1850 (aff. Jouvin, D. P. 51. 2. 15), qui a décidé que le délit d'usurpation du nom d'un fabricant, commis à l'étranger et par un étranger, ne peut être poursuivi en France sur la plainte du fabricant français contre l'auteur étranger, alors que les objets portant le faux nom, quoique saisis en France, s'y trouvaient simplement en transit et étaient destinés à être vendus à l'étranger. — Enfin un récent arrêt de la cour de cassation a proclamé qu'à l'exception des cas prévus par l'art. 7 c. instr. cr., l'incompé-

tence des tribunaux français pour juger les étrangers à raison des crimes commis en pays étranger est absolue, et qu'elle ne peut être couverte ni par le consentement de la puissance sur le territoire de laquelle le fait a été commis, ni par l'extradition qu'elle a accordée (Crim. cass. 19 avr. 1888, aff. Packe, D. P. 88. 1. 234).

93. Au reste, l'étranger peut être poursuivi devant les tribunaux français pour réparation du préjudice qu'il a causé à un Français par un crime ou un délit commis en pays étranger ; mais l'action a alors le caractère d'une action en dommages-intérêts ordinaire, intentée et poursuivie devant les juridictions civiles. C'est ce qui a déjà été dit au *Rép.* n° 143. — Jugé que l'art. 14 c. civ. s'applique à toutes les obligations, quelles qu'en soient la nature et la cause, et aussi bien à celles qui sont le résultat d'un fait, comme un délit, qu'à celles qui sont nées d'une convention (Civ. cass. 12 août 1872, aff. l'*Industrie française*, D. P. 72. 1. 293 ; Aix, 12 mai 1857, aff. Gauthier, D.P. 58. 2. 13 ; Paris, 20 févr. 1864, aff. duc de Brunswick, D. P. 64. 2. 102).

94. Ainsi qu'on l'a dit au *Rép.* n° 115, il n'y a pas d'exception à la règle qui interdit de poursuivre en France le crime commis à l'étranger par un étranger, pour le cas où, à l'époque du crime, le territoire sur lequel il a eu lieu était occupé par les troupes françaises et administré par celles-ci (Crim. cass. 22 janv. 1818, *Rép. ibid.* Conf. Mangin, *Action publique*, t. 1, n° 64 ; Le Sellyer, t. 2, n° 1010. — V., toutefois, ce qui a été dit concernant la compétence des tribunaux militaires attachés à l'armée française expéditionnaire, *suprà*, n° 72).

95. Au reste, comme on l'a fait remarquer au *Rép.* n° 119, il est sans difficulté que les actes faits par un étranger, dans sa patrie, au préjudice de la France, en cas de guerre entre les deux pays, ne sauraient lui être imputés à crime, quand ces actes sont de ceux que le droit des gens autorise entre nations en état de guerre (Conf. Mangin, *Action publique*, t. 1, n° 65 ; Le Sellyer, t. 2, n° 1020 et suiv.). Mais si les moyens employés étaient contraires au droit des gens, ceux qui en auraient fait usage seraient, sans aucun doute, soumis à l'application de l'art. 7 ; ils ne sauraient se justifier d'avoir eu recours à de semblables moyens.

96. L'incompétence des tribunaux français pour juger les crimes et délits commis à l'étranger par les étrangers résulte de ce double fait : 1° que l'infraction a eu lieu à l'étranger ; 2° que son auteur est étranger ; on conçoit que nos tribunaux ont dû être assez souvent saisis par la défense soit de la question de savoir si le fait poursuivi comme accompli en France n'a pas été en réalité accompli à l'étranger, soit de l'exception d'extranéité. — Au premier point de vue, il a été jugé, avant la loi de 1866, par la cour de Douai, le 23 avr. 1849 (aff. Malequin, D. P. 50. 5. 84) que le recelé, fait en France, d'objets volés à l'étranger, ne peut être poursuivi criminellement devant les tribunaux de France. C'est ce que la cour de cassation avait déjà décidé par arrêt du 17 oct. 1834 (*Rép.* n° 142) ; et cela est parfaitement juridique, car le recéleur, aux yeux du législateur du code pénal, n'est qu'un complice du vol et non l'auteur d'un délit *sui generis*. Il ne peut donc être poursuivi en France lorsque le crime, fait principal dont le recelé n'est que l'accessoire, a été commis en pays étranger par un étranger, et échappe, par là même, à la juridiction française. La cour de cassation a confirmé récemment cette jurisprudence, en décidant que le recel en France d'objets volés à l'étranger par un individu resté inconnu échappe à la compétence des tribunaux français (Crim. cass. 19 avr. 1888, aff. Packe, D. P. 88. 1. 234. Conf. Faustin Hélie, t. 2, p. 167; Blanche, t. 2, n° 143, p. 245; Dutruc, *Mémorial du ministère public*, v° *Action publique*, n° 56 et suiv.; Le Sellyer, t. 2, n° 979; Morin, v° *Compétence*, n° 24 ; Ortolan, t. 1, n° 984).

97. La cour suprême a jugé aussi, en matière de banqueroute frauduleuse, que les tribunaux français sont incompétents pour connaître de ce crime, lorsque le détournement a été perpétré en pays étranger, encore bien que l'achat des marchandises détournées en fraude des créanciers ait eu lieu en France avec des stipulations même frauduleuses, le crime de banqueroute frauduleuse consistant tout entier dans le

détournement.(Crim. rej. 5 févr. 1857, aff. Arnoux, D. P. 57. 1. 132). A ce même point de vue, nous devons signaler un jugement du tribunal de Boulogne-sur-Mer, en date du 25 févr. 1858 (aff. Glass, D. P. 58. 3. 39) dont nous ne saurions approuver la doctrine. Ce jugement, assez faiblement motivé d'ailleurs, a décidé que l'individu étranger qui, à l'étranger, se fait délivrer un passeport sous un nom supposé par un consul français, commet un délit justiciable des tribunaux français ; mais c'est une erreur, car la maison d'un consul n'ayant jamais joui du privilège de l'exterritorialité, un délit qui y a été commis ne peut être considéré comme accompli en France.

98. Enfin, il convient de mentionner encore un arrêt de la cour de cassation du 3 janv. 1873 (1), qui a décidé que la chambre d'accusation, souveraine pour apprécier les éléments des informations qui lui sont soumises, peut renvoyer devant les assises un accusé pour faux commis en France, malgré les allégations de cet accusé, qui, en avouant son crime, prétend l'avoir commis à l'étranger. — Aux assises, c'est évidemment au jury qu'il appartient de prononcer sur le lieu du délit, et, s'il déclare que le fait a été accompli à l'étranger, sa déclaration est souveraine (Crim. rej. 17 avr. 1873) (2).

99. Au second point de vue (question d'extranéité), la cour de cassation a jugé par trois arrêts (Crim. rej. 11 juill. 1850, aff. Ducasse, D. P. 50. 5. 212; Crim. cass. 10 janv. 1873, aff. Raymond Fornage, D. P. 73. 1. 41; Crim. rej. 22 mars 1873) (3), que la règle, suivant laquelle la cour d'assises ne peut se déclarer incompétente pour connaître d'une affaire dont elle a été saisie par un arrêt de renvoi, non attaqué dans les délais fixés par la loi, ne s'étend pas au cas où l'accusé se prétend justiciable d'une juridiction étrangère. « En effet, dit l'arrêt du 10 janv. 1873, l'incompétence des tribunaux français pour juger les étrangers à raison des faits par eux commis en pays étranger, est absolue, permanente; elle ne peut être couverte ni par le silence, ni par le consentement de l'inculpé ; elle existe toujours la même, à tous les degrés de juridiction, et la chambre des mises en accusation, par son arrêt de renvoi, ne peut donner à la cour d'assises le droit qu'elle n'a pas elle-même, de statuer sur un fait non soumis à la loi française. » — Par suite, la cour d'assises devant laquelle l'accusé oppose le crime ayant été com-

mis en pays étranger au préjudice d'un sujet de ce pays, il aurait, lui aussi, quoique né en France, la qualité d'étranger, déclare à tort être sans pouvoir pour statuer sur la question préjudicielle soulevée par cette exception (Même arrêt du 10 janv. 1873). — Et d'autre part, la cour d'assises peut rejeter l'exception d'incompétence pour la première fois proposée devant elle par l'accusé poursuivi pour crime commis à l'étranger et qui se prétend lui-même étranger, lorsqu'elle trouve dans les documents de la cause une preuve suffisante que les allégations de l'accusé sont un mensonge inventé par lui pour se soustraire aux poursuites (Même arrêt du 22 mars 1873). — Ajoutons que, suivant l'arrêt de la cour d'assises de la Savoie, devant laquelle l'accusé avait été renvoyé par l'arrêt de cassation du 10 janv. 1873, l'accusé né en France, qui se prétend justiciable d'une juridiction étrangère, est tenu d'établir la nationalité étrangère qu'il invoque (C. d'ass. Savoie, 11 févr. 1873, aff. Raymond Fornage, D. P. 73. 1. 41, note).

100. Par exception, les tribunaux français sont, aux termes de l'art. 7 nouveau c. instr. cr., compétents pour connaître des crimes attentatoires à la sûreté et à la fortune de l'Etat français, commis hors du territoire de la France. Cet art. 7, qui n'est que la reproduction de l'ancien art. 5, est ainsi conçu : « Tout étranger qui, hors du territoire de la France, se sera rendu coupable, soit comme auteur, soit comme complice, d'un crime attentatoire à la sûreté de l'Etat, ou de contrefaçon du sceau de l'Etat, de monnaies nationales ayant cours, de papiers nationaux, de billets de banque autorisés par la loi, pourra être poursuivi et jugé d'après les dispositions des lois françaises, s'il est arrêté en France, ou si le gouvernement obtient son extradition ».

101. Pas plus qu'avant la loi de 1866 (V. Rép. no 118), il n'est exigé, pour que l'art. 7 soit applicable, que le crime commis par l'étranger en pays étranger, ait eu quelques suites en France ou s'y soit manifesté par des actes d'exécution (Le Sellyer, t. 2, no 1012; Faustin Hélie, t. 2, nos 672 et 673). — Mais puisqu'il est nécessaire (V. Rép. no 120) que l'étranger ait été arrêté en France ou que le gouvernement ait obtenu son extradition (art. 7), on ne pourrait le juger par contumace (Le Sellyer, t. 2, no 1013; Mangin, Action publique, t. 1, no 66; Faustin Hélie, t. 2, no 674; Bertauld, p. 141). Il va sans dire qu'il faut que l'ar-

---

(1) (Schweitzer.) — La cour; — Sur le moyen tiré de la prétendue violation des art. 5, 6 et 7 c. pén., en ce que le demandeur, tout en avouant le crime de faux à lui imputé, aurait allégué l'avoir commis en Suisse ; que son aveu devait, à cet égard, être considéré comme indivisible ; que, pourtant, la cour, sans en tenir compte dans son ensemble, l'aurait renvoyé devant les tribunaux français : — Attendu que le jury a été interrogé sur « le point de savoir si le demandeur était coupable d'avoir fabriqué en France un faux testament »; qu'il a répondu affirmativement, et à la majorité, à cette question, et que sa déclaration sur le lieu où aurait été commis ledit faux est à l'abri de tout recours ;... — Rejette.
Du 3 janv. 1873.-Ch. crim.-MM. Zangiacomi, rap.-Dupré-Lasale, av. gén.

(2) (Jacqueline Bouvard et Joseph Schweitzer.) — La cour; — Sur le moyen présenté par Schweitzer, et tiré de la violation de l'art 7 c. instr. cr. en ce que le crime de faux à lui imputé aurait été commis à l'étranger et ne tombait pas sous la compétence de la juridiction française : — Attendu que le jury a été interrogé sur « le point de savoir si le demandeur était coupable d'avoir fabriqué en France un faux testament »; qu'il a répondu affirmativement, et à l'effet de déterminer la compétence de la juridiction française, et que le principe de l'indivisibilité de l'aveu au civil ne peut pour elle d'aucune considération dans la cause;... — Rejette.
Du 17 avr. 1873.-Ch. crim.-MM. Zangiacomi, rap.-Bédarrides, av. gén.

(3) (Alphonse Fornage.) — La cour ; — Attendu, en droit, qu'aux termes de l'art. 5 c. instr. cr., l'auteur d'un vol qualifié commis à l'étranger, ne peut être poursuivi en France qu'autant qu'il est Français; que c'est au ministère public, partie poursuivante, qu'incombe la charge de recueillir tous les renseignements propres à éclairer la cour d'assises, tant sur la nationalité de l'accusé que sur sa culpabilité; mais que la loi, en matière criminelle, n'a pas déterminé la nature des preuves qui peuvent servir de base à la conviction du juge; que la cour d'assises appelée à statuer sur l'exception d'incompétence proposée par l'accusé, a le droit de puiser les éléments de sa conviction dans l'ensemble des documents fournis par l'instruction et de rejeter cette exception, lorsqu'elle trouve dans ces documents une preuve suffisante que l'allégation d'extranéité produite par l'accusé n'est qu'un mensonge inventé par lui pour se soustraire aux poursuites ; — Attendu, en fait, que le demandeur, renvoyé devant la cour d'assises de la Savoie, comme accusé d'un vol qualifié, commis en Suisse, a prétendu que la juridiction française était incompétente pour le juger, par le motif qu'étant né à Paris de parents étrangers, et n'ayant pas réclamé la nationalité française, il serait lui-même étranger, et qu'il ne peut, en conséquence, être poursuivi en France pour un crime commis hors du territoire français ; — Attendu que l'arrêt attaqué constate que le demandeur a déclaré, au moment de son arrestation, qu'il était né dans le département de la Haute-Savoie ; que, plus tard, il a dit être né à Paris, sans alléguer seulement que le cours de l'instruction, que ses parents fussent d'origine étrangère ; que c'est seulement le 6 mai 1872, après l'arrêt de renvoi, qu'il a excipé pour la première fois de son extranéité, en prétendant que son père était né en Suisse, dans le canton du Valais ; mais que les renseignements recueillis dans ce canton, loin de justifier cette déclaration, en ont démontré la fausseté ; — Attendu qu'en se fondant sur les faits ainsi constatés pour déclarer mensongère l'allégation d'extranéité tardivement produite par l'accusé, et pour rejeter l'exception d'incompétence fondée sur cette allégation, la cour d'assises n'a fait qu'apprécier, comme elle en avait le droit, la question préjudicielle qui lui était soumise, et qu'elle n'a violé ni l'art. 5 c. instr. cr., ni l'art. 9 c. civ. ; — Rejette.
Du 22 mars 1873.-Ch. crim.-MM. Réquier, rap.-Bédarrides, av. gén.

restation ait été loyale (*Rép.* n° 120; Le Sellyer, *op. cit.*, n° 1015; Mangin, *loc. cit.*; Bertauld, n°ˢ 141 et 142).

102. — IV. Infractions commises sur deux territoires — Nous n'aurons que peu de chose à ajouter à ce qui a été dit au *Rép.* n°ˢ 138, 139 et 140 sur cet objet. La distinction faite par Mangin, n° 72, entre le cas où les actes faits en France et qui ont commencé le délit consommé en pays étranger, ou au contraire, consommé le délit commencé en pays étranger, constituent par eux-mêmes, indépendamment de ce qui a été fait en pays étranger, un délit puni par la loi française et le cas contraire a été admis par tous les auteurs (Faustin Hélie, t. 2, n° 686; Le Sellyer, *Traité de la compétence*, t. 2, n° 974; Morin, *v° Compétence*, n° 24; Ortolan, t. 1, n°ˢ 950 et suiv.). Ce dernier auteur nous paraît avoir heureusement précisé la distinction en disant (*loc. cit.*) que lorsque le délit présente un ensemble de faits multiples depuis le projet, la préparation, les actes d'exécution, jusqu'aux actes postérieurs ayant pour but de procurer l'impunité du délinquant ou de réaliser les profits du délit, ceux de ces faits auxquels il faut s'attacher pour savoir où le délit a été commis sont ceux qui, par eux-mêmes, suffisent *pour constituer le délit* qu'il s'agit de poursuivre. Les projets, les résolutions arrêtées, même les actes préparatoires, s'ils ne forment déjà par eux-mêmes un acte puni par notre loi pénale, ne pourront pas être qualifiés de délits commis en France, du moment que les *actes d'exécution* se seront passés au dehors. Et quant à ces actes d'exécution, s'ils sont multiples, il suffira que l'un d'entre eux ait eu lieu chez nous pour que le délit puisse être qualifié de délit commis en France. Ainsi le meurtre commis par un coup de feu tiré d'un territoire étranger sur une personne en France, ou du territoire français sur une personne à l'étranger, est, dans les deux cas, commis en France. Même solution pour la menace d'assassinat, d'empoisonnement ou d'incendie, avec ordre de déposer une somme d'argent dans un lieu déterminé, adressée par écrit soit de France à une personne à l'étranger, soit de l'étranger à une personne en France. Même solution encore pour la publication d'un écrit diffamatoire en France, bien que la personne diffamée se trouve en pays étranger; mais on n'en saurait dire autant du cas inverse, c'est-à-dire de la publication en pays étranger d'un écrit diffamatoire contre une personne demeurant en France, tant que cette publication n'aurait pas franchi notre frontière, parce qu'alors il n'y aurait eu en France aucun fait matériel d'exécution. — Quant aux faits postérieurs, tels que le recel, survenus après l'entier achèvement du délit, ils ne peuvent faire que le délit lui-même ait été commis en France et y puisse être traité comme tel (V. Crim. cass. 17 oct. 1834, Douai, 23 avr. 1849, cités *suprà*, n° 96. V. aussi Crim. cass. 5 févr. 1857, cité *suprà*, n° 97).

103. C'est surtout en matière d'escroquerie, délit essentiellement complexe, et dont la nature se prête à une division d'éléments pouvant être accomplis en différents pays, que la question de compétence s'est posée depuis la publication du *Répertoire.* La cour de cassation a jugé (Crim. rej. 6 janv. 1872, aff. Merlen, cité *suprà*, n° 34), que le délit d'escroquerie résultant de ce qu'un individu aurait, à l'aide de lettres adressées de l'étranger en France et rédigées de manière à persuader au destinataire l'existence d'une entreprise qui se trouvait fausse, obtenu de celui-ci qu'il lui fît passer, par l'entremise de la poste française, pour les engager dans cette entreprise, des sommes ou valeurs dont il a effectué le détournement, doit être considéré comme ayant été consommé en France et comme rentrant, par suite, dans la compétence des tribunaux français. — Elle a décidé par deux autres arrêts (Arrêts des 11 mars 1880 et 11 août 1882, cités *suprà*, n° 34), qu'encore bien que la remise des fonds qui a définitivement consommé l'escroquerie n'ait pas été réalisée en France, il suffit, à raison de la nature complexe de ce délit, que les manœuvres frauduleuses qui en sont l'un des éléments essentiels aient été accomplis en France, pour que les tribunaux français aient compétence pour en connaître.

104. En matière d'usage de faux, la cour suprême a aussi jugé dans, la fabrication à Londres, par un sujet anglais, de fausses acceptations de lettres de change tirées par lui sur Paris, échappe à la compétence des tribunaux français, l'envoi de ces fausses acceptations de Londres en France à un coaccusé qui en connaissait la fausseté et qui en a fait

usage pour escroquer à des banquiers des sommes importantes, constitue la complicité de faits d'usage de pièces fausses consommés en France, justiciable, en conséquence, de la juridiction française (Crim. rej. 24 févr. 1883, aff. Holden, D. P. 84. 1. 92-93). — Sur la théorie des délits commis sur deux territoires, en général, V. Haus, *Principes du droit pénal belge*, t. 1, n°ˢ 247 et suiv., où la question est traitée en détail.

105. — V. Extradition. — V. *infrà*, v° *Traité international.*

Art. 2. — *De la compétence déterminée par la connexité des crimes et délits (Rép.* n°ˢ 146 à 217).

106. De même qu'au *Répertoire*, la connexité n'est ici examinée qu'au point de vue de ses effets sur la compétence. — En ce qui concerne la procédure à suivre en cas de poursuites de crimes, délits ou contraventions connexes, V. *Instruction criminelle; — Rép.* eod. v°, n°ˢ 1102 et suiv.

107. La connexité, quand elle est constatée, autorise, aux termes de l'art. 226 c. instr. cr., la *jonction des procédures* instruites à raison des faits connexes, et, par conséquent, la réunion des prévenus ou accusés dans un seul et même débat. Il s'ensuit que le juge compétent pour connaître de l'un de ces faits puise dans la connexité une *prorogation de compétence* relativement aux autres faits, quoique ces derniers faits ne rentrent pas dans ses pouvoirs de juge soit *ratione loci* (V. *infrà*, n° 116), soit *ratione qualitatis* (V. *infrà*, n° 121). — Sur l'application de cette règle au cas d'incompétence *ratione materiæ*, V. *infrà*, n°ˢ 117, 120 et suiv.

108. Dans quels cas y a-t-il connexité ? L'art. 227 c. instr. cr., rappelé au *Rép.* n° 147, définit ce qu'il faut entendre par délits connexes. — Il fait rentrer dans cette catégorie, en premier lieu, les délits commis en *même temps par plusieurs personnes réunies.* Est-il nécessaire, dans cette première hypothèse, que les délits aient été commis dans un but commun? C'est une question controversée. Mangin, *Instruction écrite*, t. 2, n° 206; Haus, t. 1, n° 409, tiennent pour l'affirmative. Faustin Hélie, t. 5, n° 2361; Le Sellyer, t. 2, n° 1093; Nouguier, *La cour d'assises*, t. 2, n° 895, admettent la négative, qui nous paraît préférable parce que la condition du but commun n'est aucunement exigée par le texte. Telle est, d'ailleurs, l'interprétation de la jurisprudence (V. outre l'arrêt de la cour de cassation cité au *Rép.* n° 149 : Crim. cass. 13 août 1836, *Bull. crim.*, n° 276; 8 déc. 1837, *ibid.*, n° 247). — Il est, d'autre part, bien entendu que, en ce qui concerne les infractions commises en même temps par plusieurs individus réunis, qu'il n'est pas besoin qu'elles aient été *concertées à l'avance*, car autrement elles seraient comprises dans la seconde catégorie des délits connexes. Jugé que le concert préalable n'est aucunement nécessaire pour qu'il y ait connexité entre les faits définis par la première disposition de l'art. 227, et que, bien que les infractions imputées à plusieurs prévenus aient été commises sans concert, il y a lieu, si elles sont de même nature et si elles ont été accomplies dans le même temps et dans le même lieu, de joindre les poursuites pour statuer par une seule et même décision (Crim. cass. 13 janv. 1863, aff. Michel Léon, D. P. 63. 1. 322 ; 34 déc. 1864, aff. N..., D.P. 65. 1. 397).

109. Le second cas de connexité s'entend des délits commis par différentes personnes, même en différents temps et en différents lieux, mais par suite d'un *concert formé à l'avance entre elles.* La jurisprudence nouvelle ne présente aucune décision relative aux deux arrêts de cassation cités au *Rép.* n° 153-2° et 3°.

110. Les délits connexes de la troisième catégorie sont ceux que les coupables ont commis pour se procurer les moyens d'accomplir d'autres délits, pour en faciliter ou en consommer l'exécution, ou pour en assurer l'impunité. La connexité naît ici d'une *relation de cause à effet.* — Outre les arrêts rapportés au *Rép.* n°ˢ 152 et 153-1°, nous signalerons trois nouveaux arrêts de la cour de cassation. Le premier a décidé que, dans une affaire où il est constaté par l'arrêt d'accusation qu'un crime d'incendie a eu pour but d'assurer l'impunité d'un délit d'abus de confiance, c'est à bon droit que la cour d'assises est saisie de ce délit en même temps que du crime d'incendie à raison de la connexité qui existe entre eux (Crim. rej. 16 déc. 1869, aff. Guérin, D. P. 70. 5. 82). Le second a jugé que, pour cons-

tituer la connexité légale entre deux faits délictueux, il ne suffit pas qu'ils se soient réalisés dans le même trait de temps et dans le même lieu ; il faut, en outre, que ces faits se relient par un rapport de cause à effet (Crim. rej. 16 juill. 1874, aff. Renauld, D. P. 75. 5. 261). Suivant le troisième arrêt, l'identité de *mobile* ne suffit pas pour créer, entre un crime et un délit, le lien de connexité dont parle la troisième disposition de l'art. 227 c. instr. cr.(Crim. rej. 20 juill. 1882, aff. Castel, D. P. 83. 1. 46).

111. Ainsi qu'on l'a constaté au *Rép.* n°s 150, 162 et suiv., malgré la rédaction de l'art. 227, la pluralité des *délinquants* n'est pas nécessaire pour qu'il y ait connexité, dans le troisième cas de cet article. L'unité de poursuites paraît même encore bien plus naturelle à l'égard d'un seul et même coupable qu'à l'égard de plusieurs(V. Faustin Hélie, t. 5, n° 2358; Le Sellyer, t. 2, n° 1091; Ortolan, t. 1, n°s 1239, 1240, 1246; Nouguier, t. 2, n° 902; Morin, v° *Connexité*, n° 8. V. aussi, outre les arrêts cités dans ce sens au *Rép.* n° 162 : Crim. rej. 10 avr. 1852, aff. Millelot, D. P. 52. 1. 188).

112. Mais l'art. 227 suppose forcément la pluralité des délits. Il est étranger au cas où une même *infraction* a été commise par plusieurs individus qui y ont participé, les uns comme *auteurs principaux*, et les autres comme *complices*, ou tous comme *coauteurs*. — Sur la compétence relative à ces codélinquants, V. *infra*, n°s 137 et suiv.

113. Quel que soit celui des trois cas de connexité dans lequel on se trouve, il est évident que le juge doit constater dans sa décision les éléments de la connexité dont il reconnaît l'existence. Jugé, toutefois, que, dans le cas où la connexité ressort des faits eux-mêmes, il n'est pas nécessaire qu'elle soit textuellement affirmée dans le dispositif de l'arrêt de renvoi, alors surtout qu'elle est constatée dans les ordonnances du juge d'instruction, contre lesquelles l'accusé ne s'est pas pourvu (Crim. cass. 10 janv. 1873, V. *supra*, n° 99).

114. Encore bien qu'en dehors des trois hypothèses de l'art. 227 c. instr. cr., il n'y ait plus de connexité strictement légale, la doctrine et la jurisprudence s'accordent à reconnaître que les prévisions de cet article sont *indicatives* et non *limitatives*, et qu'en conséquence, rien n'empêche le juge de considérer comme connexes des faits qui se rattachent entre eux par des circonstances autres que celles que prévoit le texte, lorsque ces circonstances rendent nécessaire l'unité de la poursuite. Il ne suffit pas, toutefois, pour faire cette application de l'art. 227, qu'elle paraisse utile à la bonne administration de la justice; il faut qu'il soit constaté qu'on se trouve dans un cas *analogue* à ceux que prévoit l'art. 227 (Crim. rej. 3 avr. 1847, aff. Sausset, *Bull. crim.*, n° 72; Crim. cass. 18 avr. 1857, *ibid.*, n° 160; Crim. rej. 7 déc. 1860, aff. Chaussaud, D. P. 61. 5. 269; 19 sept. 1861, aff. Malaterre, D. P. 61. 5. 268; 9 juin 1866 [1]. Conf. Faustin Hélie, t. 5, n° 2365; Trébutien, t. 2, n° 403; Haus, t. 2, n° 411; Garraud, n° 446; Le Sellier, t. 2, n° 1132; Nouguier, t. 2, n°s 887 et suiv.).

115. Le principe de l'unité de compétence, quant aux crimes, délits ou contraventions connexes, étant ainsi posé, reste à déterminer le tribunal qui sera appelé à statuer sur l'ensemble des infractions ainsi unies par un lien de con-

nexité sans lequel elles eussent dû être poursuivies devant des tribunaux différents. Le conflit peut s'élever : 1° entre des tribunaux de droit commun ; 2° entre des tribunaux de droit commun et des tribunaux d'exception ; 3° entre des tribunaux d'exception.

116. — I. CONFLIT ENTRE TRIBUNAUX DE DROIT COMMUN. — Les tribunaux de droit commun ont été soumis à une classification hiérarchique correspondant aux trois catégories d'infractions que l'art. 1er c. pén. désigne, selon la nature de la peine édictée par la loi, sous les qualifications diverses de contraventions de simple police, de délits et de crimes (V. *Rép.* v° *Délit*). Le code d'instruction criminelle a établi entre les tribunaux chargés de réprimer ces infractions la même gradation que le code pénal a organisée entre elles-mêmes, en déférant les contraventions de simple police aux juges de simple police (art. 138) (V. *infra*, n°s 151 et suiv.), les délits aux tribunaux correctionnels (art. 179) (V. *infra*, n°s 251 et suiv.), et les crimes aux cours d'assises, avec adjonction du jury (art. 217) (V. *infra*, n°s 330 et suiv.). — Lorsque des infractions connexes appartiennent toutes à la même classe d'infractions, et rentrent dans les attributions de tribunaux du même degré, il ne peut y avoir conflit entre ces tribunaux qu'au point de vue de leur compétence *ratione loci*, c'est-à-dire, de la compétence à raison du lieu où chacune des infractions aura été commise, du lieu soit du domicile, soit de la résidence de l'individu ou des individus à qui elles sont imputées, ou du lieu de leur arrestation (V. *supra*, n° 21). Le juge compétent *ratione loci*, à l'égard de l'un des faits connexes compris dans la poursuite, le sera également pour tous les autres faits, ces derniers fussent-ils du ressort de tribunaux différents. — Jugé ainsi, outre les arrêts rapportés au *Rép.* n° 157: 1° que le tribunal correctionnel, légalement saisi d'un délit, attire à lui les délits connexes, quoique ceux-ci aient été commis hors de son territoire (Crim. cass. 14 mai 1847, aff. Baltet, *Bull. crim.*, n° 102 ; Crim. cass. 7 déc. 1860, aff. Chaussand, D. P. 61. 5. 269); — 2° Que, dans le cas d'une insurrection s'étendant à plusieurs départements, la chambre d'accusation peut, s'il y a connexité et doit, s'il y a indivisibilité, renvoyer les accusés devant une cour d'assises de l'un ou de l'autre de ces départements (Crim. rej. 10 janv. 1873) [2].

117. Lorsque les faits connexes n'appartiennent pas à la même classe d'infractions et doivent, dès lors, être jugés par des tribunaux ordinaires de degrés différents, la juge *ratione loci* du *degré le plus élevé* devra en connaître. Dans la hiérarchie judiciaire que nous avons signalée plus haut, il est constant, en effet, que, du juge inférieur au juge supérieur, l'incompétence du premier à l'égard des faits attribués au second est une incompétence absolue, et qu'au contraire, le juge supérieur a plénitude de juridiction sur tous les faits attribués au juge inférieur (V. ce qui concerne les tribunaux correctionnels saisis des contraventions de police, *Rép.* n°s 534 et suiv., et les cours d'assises saisies de contraventions de police ou de délits, *ibid.* n° 600). — C'est donc aux cours d'assises à statuer sur un délit connexe à un crime (V. outre les arrêts cités au *Rép.* n° 159 et 161: Crim. rej. 16 déc. 1869, aff. Guérin, D. P. 70. 5. 82); et c'est

---

(1) (Leroy et autres.) — LA COUR ; — Sur le moyen tiré de la violation des art. 226, 247 et 307 c. instr. cr., en ce que deux groupes d'accusés distincts, accusés de faits distincts, n'ayant entre eux aucun lien de connexité de temps, de lieu ou autres, auraient été abusivement jugés en même temps, soumis à un unique débat et condamnés par un seul et même arrêt: — Attendu que les cas de connexité définis par l'art. 227 c. instr. cr. ne sont pas limitatifs; que la jonction des procédures peut être ordonnée toutes les fois qu'elle peut être utile à la manifestation de la vérité; qu'à plus forte raison, la cour d'assises doit juger tous les faits dont la connaissance, comme dans l'espèce, lui a été déférée par l'arrêt de mise en accusation; — Rejette.
Du 9 juin 1866.—Ch. crim.-MM. de Gaujal, rap.-Charrins, av. gén.

(2) (Si Mohammed-Saïd et autres.) — LA COUR ; — Sur la seconde branche du moyen, prise de ce que, les faits délictueux ayant été commis dans le territoire d'Alger, où le demandeur a d'ailleurs sa résidence, c'était, dans tous les cas, devant la cour d'assises de ce département, et non devant celle de Constantine, qu'en l'absence d'une connexité légalement établie le renvoi de l'accusé

aurait dû être prononcé : — Attendu qu'il résulte des motifs de la décision attaquée que les faits insurrectionnels auxquels le demandeur a pris part se rattachent d'une manière connexe et indivisible à l'insurrection qui, dans le cours de 1871, après avoir pris naissance dans le cercle de Constantine, a étendu ses ravages sur deux des départements de l'Algérie; que la connexité ressortant des faits eux-mêmes n'avait pas besoin d'être textuellement affirmée dans le dispositif de l'arrêt de renvoi; qu'elle se trouvait d'ailleurs formellement constatée dans les ordonnances, soit de dessaisissement, soit de jonction, rendues au cours de l'information par les juges d'instruction des tribunaux d'Alger et de Sétif, ordonnances acceptées sans opposition de la part de l'accusé, à qui elles avaient été régulièrement notifiées; que de cette indivisibilité des faits ainsi constatée résultait, pour la chambre d'accusation, non seulement la faculté, mais le devoir de les soumettre dans leur ensemble à l'appréciation de la même cour d'assises, et qu'en le faisant elle s'est conformée aux prescriptions de la loi, loin de les avoir méconnues; — Par ces motifs, rejette.
Du 10 janv. 1873.-Ch. crim.-MM. Faustin Hélie, pr.-Robert de Chenevière, rap.-Bédarrides, av. gén.

aux tribunaux correctionnels à connaître d'une contravention connexe à un délit (V. les arrêts cités au *Rép.* n° 164, et de plus : Crim. rej. 4 nov. 1864, aff. Guillerme, D. P. 66. 1. 354; Crim. cass. 8 mai 1874 (1). V. aussi, indépendamment des auteurs cités au *Rép.* n° 159 : Faustin Hélie, t. 5, n° 2373; Mangin, *Instruction écrite*, t. 2, n° 211). — La même règle de compétence doit être étendue aux infractions connexes à des délits placés exceptionnellement dans les attributions des cours d'assises. Jugé, spécialement, qu'en cas de diffamation concernant *à la fois* la vie publique et la vie privée des personnes publiques désignées en l'art. 31 de la loi du 29 juill. 1881, il appartient à la cour d'assises de connaître en même temps de toutes les imputations, aussi bien de celles relatives à la vie privée (qui, prises isolément, seraient de la compétence du tribunal correctionnel) que des imputations relatives aux fonctions, si les allégations diffamatoires forment entre elles un tout connexe et indivisible (Grenoble, 23 janv. 1884, aff. Gerbout, D. P. 84. 2. 117. Conf. Fabreguettes, *Traité des infractions de la parole*, t. 1, n° 1323). — Jugé déjà, avant la loi de 1881, et sous l'empire de la loi du 15 août 1871 sur la presse, que, lorsqu'un fonctionnaire public (un juge de paix) a compris dans une même plainte des diffamations dirigées contre lui à raison de sa vie publique et d'autres concernant sa vie privée, le tribunal correctionnel, incompétent pour connaître des premières, ne peut retenir la connaissance des secondes, et doit se déclarer incompétent pour le tout, alors surtout que la division n'est pas demandée (Grenoble, 27 avr. 1872, aff. Bermond, D. P. 72. 2. 209).

118. Une difficulté peut se présenter pour l'hypothèse où les infractions de la compétence correctionnelle seraient connexes à un délit de presse de la compétence des cours d'assises commis par un mineur de seize ans. Si ce mineur reste également justiciable du tribunal correctionnel, en vertu de l'art. 68 c. pén., tous les faits poursuivis échapperont à la juridiction de la cour d'assises, puisqu'elle serait étrangère à tous les prévenus. Cette solution n'a pas été admise. La juridiction de la cour d'assises est considérée, en matière de presse, comme une garantie pour l'accusé, dont on ne doit pas priver le mineur (V. outre ce qui est dit au *Rép.* n° 168 : Chauveau et Hélie, *Théorie du code pénal*, t. 1, n° 341; Le Sellyer, t. 2, n° 1110; Garraud, n° 133). On doit conclure de là, en cas de connexité avec d'autres infractions de presse de la compétence correctionnelle, que la cour d'assises attirerait à elle la connaissance de celles-ci, même si l'inculpé était mineur de seize ans.

119. Si les prévenus sont justiciables de divers tribunaux ordinaires de *degrés différents*, à raison de la *qualité* de l'un de ces prévenus, le tribunal du degré le plus élevé devra également être saisi de la poursuite à l'égard de tous les inculpés (V. *infrà*, n°s 141 et 142).

120. — II. Conflit entre tribunaux de droit commun et tribunaux d'exception. — Notre organisation judiciaire comprend, en dehors des tribunaux compétents pour statuer sur les crimes, délits et contraventions de droit commun ou sur les infractions prévues par des lois spéciales et laissées dans les attributions de ces tribunaux, des tribunaux d'exception qui, depuis la suppression des juridictions extraordinaires dont il est parlé au *Rép.* n°s 667 et suiv., et v° *Organisation judiciaire*, n° 527, et de la compétence des chambres à l'égard de leurs membres (V. *infrà*, n° 132), ne comprennent plus que les juridictions investies du pouvoir de juger : 1° le chef de l'État et les ministres (V. *infrà*, n° 131); 2° les militaires et les marins (V. *infrà*, n° 135); 3° les membres du corps enseignant (V. *infrà*, *ibid.*). — Lorsque des infractions de la compétence des tribunaux d'exception sont connexes à des faits de la compétence des tribunaux ordinaires, et se trouvent, à raison de leur connexité, être réunies dans la

même poursuite, le juge appelé à les réprimer dans leur ensemble sera-t-il le juge de droit commun ou le juge d'exception? L'opinion de Merlin, suivant laquelle le juge d'exception doit toujours être préféré (*Répertoire*, v° *Connexité*, § 4, et *Questions de droit*, v° *Incompétence*, § 3), opinion qui reproduit celle exprimée par le président Barris, dans une note insérée au *Rép.* n° 170, et que nous avons critiquée *ibid.* n° 171, est aujourd'hui complètement abandonnée. Plusieurs auteurs distinguent : si le tribunal d'exception offre plus de garanties par le nombre des juges et par les formes de la procédure, il devra être préféré; sinon l'affaire devra être portée devant les tribunaux ordinaires. Tel est l'avis de MM. Le Sellyer, t. 2, n° 1111 ; Garraud, n° 448. — D'autres estiment que quand le tribunal exceptionnel tient son pouvoir de la constitution politique, il doit prévaloir sur tous autres, parce que tel a dû être le vœu du pacte fondamental; mais qu'autrement les tribunaux ordinaires doivent être préférés à moins d'une loi positive attribuant compétence au tribunal d'exception (Mangin, *Instruction écrite*, t. 2, n°s 212 à 217 ; Morin, v° *Connexité*, n° 11. Conf. les arrêts de la cour des pairs et l'arrêt de la cour de Paris, cités au *Rép.* n° 176). D'après cette doctrine, le Sénat, qui est aujourd'hui la seule juridiction politique d'exception, prévaudrait, le cas échéant, sur toute juridiction. — Une dernière opinion attribue, dans tous les cas, compétence aux juges du droit commun. Eux seuls, en effet, ont la plénitude de juridiction qui les investit de la compétence *ratione materiæ*, sans laquelle, nul tribunal ne peut être légalement saisi de la connaissance et du jugement d'une affaire quelconque, même sous prétexte de connexité ; les tribunaux d'exception, en jugeant des faits ou des personnes qui sont en dehors de leurs attributions, *créeraient* leur compétence, qui ne peut être que *prorogée*. « Lorsqu'un juge, a dit M. Henrion de Pansey, *Du pouvoir judiciaire*, chap. 21, est circonscrit dans un certain genre d'affaires, toutes les autres lui sont absolument étrangères ; les lui soumettre, ce ne serait pas étendre sa juridiction, ce serait bien réellement en créer une et la lui conférer ». Il est, d'ailleurs, de règle générale que les exceptions ne doivent pas être étendues, et, entre deux compétences contraires, celle du droit commun doit être préférée (Faustin Hélie, t. 5, n°s 2378 et suiv. ; Mangin, t. 2, n° 212; Villey, p. 177). — Cette règle a été législativement consacrée en faveur de *complices civils* d'un crime ou délit militaire ou maritime. Ces complices attirent devant les tribunaux de droit commun, dont ils sont justiciables, les auteurs principaux de l'infraction spéciale à laquelle ils ont concouru (V. *infrà*, n° 144). Si le concours accessoire que de simples complices ont donné à un fait déféré à un juge d'exception et qui est seul l'objet de la poursuite, a été considéré comme suffisant pour entraîner le dessaisissement de ce juge, à plus forte raison, le même résultat doit-il être produit par la réunion, dans la poursuite, de faits demeurés distincts malgré leur connexité, qui sont, en partie, de la compétence du juge ordinaire appelé à les réprimer (V. les arrêts rapportés au *Rép.* n°s 173 et suiv.).

121. La plénitude de juridiction des tribunaux ordinaires n'est pas restreinte à celle des infractions connexes que le législateur, tout en les attribuant à un juge d'exception à cause de la *qualité* de leurs auteurs, a empruntées au droit commun ; elle s'étend aux infractions qu'une loi spéciale a tout à la fois créées et réservées à un juge qui leur est propre. Sous le régime des juridictions extraordinaires dont nous avons plus haut constaté la disparition, la jurisprudence s'était d'abord prononcée pour l'attribution au juge d'exception de ces dernières infractions et des autres infractions connexes, conformément à l'opinion de M. Bourguignon citée au *Rép.* n° 190 (V. les arrêts rapportés *ibid.* n°s 191 à

<hr/>

(1) (Peyron et autres.) — La cour; — Attendu que le procès-verbal constatait, à la charge des quatre inculpés, des injures proférées contre un commissaire de police dans l'exercice de ses fonctions; que ces faits, s'ils sont juridiquement établis, caractériseraient le délit d'outrages, prévu soit par l'art. 222 c. pén., soit par l'art. 6 de la loi du 25 mars 1822, et passible de peines correctionnelles; que, dès lors, la juridiction correctionnelle était seule compétente pour en connaître; qu'il suit de là que, en se déclarant pas incompétent, le juge de police a violé l'art. 160

c. instr. cr. et les dispositions ci-dessus visées; — Et attendu que la juridiction correctionnelle, seule compétente pour connaître du délit, l'est également pour connaître de la contravention connexe de tapage nocturne; ...

Par ces motifs, casse; ... — Renvoie la cause et les inculpés devant le tribunal de police correctionnelle de Saint-Marcellin.

Du 8 mai 1874.-Ch. crim.-MM. Dupré-Lasale, rap.-Bédarrides, av. gén.

192). Mais, depuis, elle a proclamé la prépondérance, sur tout juge exceptionnel, de la juridiction de droit commun, la seule qui soit investie de la plénitude de juridiction (V. outre les arrêts cités *ibid.* n°s 193 et suiv., les auteurs mentionnés *suprà*, n° 120). — Notons, toutefois, ici un arrêt de la chambre criminelle du 14 mai 1825 (*Bull. crim.*, n° 271), concernant un marin de l'Etat accusé d'avoir commis un crime de meurtre sur un gendarme pour favoriser et assurer l'accomplissement d'un fait de désertion. En même temps que ce meurtre était connexe à la désertion, selon les termes de l'art. 226 c. instr. crim., la circonstance qu'il avait eu lieu dans le but de faciliter l'exécution d'un délit en constituait, d'après l'art. 304 c. pén., une cause d'aggravation, et un arrêt de la chambre des mises en accusation avait renvoyé son auteur devant la cour d'assises, comme tombant sous l'application de ce dernier article. La cour de cassation a annulé cet arrêt par le motif que « la cour royale avait nécessairement appelé soit la cour d'assises, soit le jury, à prononcer, au moins implicitement, sur le fait de l'existence d'un crime de désertion que rien ne justifiait avoir été ni reconnu, ni jugé par l'autorité compétente ; qu'elle avait, dès lors, tiré une circonstance aggravante d'un fait incertain, dont la connaissance n'entre pas dans les attributions de la juridiction ordinaire, et qu'en cela, elle a excédé les bornes de sa compétence et violé les art. 1er et 22 du décret du 5 germ. an 11 ». Merlin, *Questions de droit*, v° *Connexité*, § 4, a vivement critiqué cette décision, et c'est, suivant nous, avec raison. En admettant qu'un fait aussi essentiellement militaire que le crime ou délit de désertion ne puisse être jugé par l'autorité judiciaire ordinaire, fût-il connexe à d'autres faits de droit commun, et qu'on doive appliquer alors la disposition de l'art. 60 du code de justice militaire qui, sans parler du cas de connexité, veut que l'individu justiciable en même temps des tribunaux militaires et des tribunaux ordinaires soit traduit d'abord devant le juge de l'infraction la plus grave, puis renvoyé, pour l'autre, s'il y a lieu, devant le juge compétent, il nous paraît que le juge ordinaire, quand c'est lui qui est le premier saisi, a le pouvoir d'apprécier l'infraction réservée, sinon pour lui infliger la peine spéciale qu'elle entraîne, du moins, pour en faire un élément de la peine qui rentre dans ses attributions, élément sans lequel la répression serait forcément insuffisante (V. aussi Faustin Hélie, t. 5, n° 2384 ; Mangin, *Instruction écrite*, t. 2, n° 214).

122. — III. Conflit entre tribunaux d'exception. — Quelle est la règle de compétence à suivre lorsqu'il s'agit d'infractions connexes qui sont toutes de la compétence des tribunaux d'exception ? Lequel d'entre ces tribunaux, dont aucun n'a la plénitude de juridiction, prévaudra sur l'autre ? C'est à cette hypothèse que se rattache l'arrêt de la cour de cassation du 7 févr. 1840, rapporté au *Rép.* n° 182, arrêt qui a décidé, conformément au réquisitoire de M. le procureur général Dupin, que, lorsqu'un individu appartenant à l'armée de mer, et d'autres individus appartenant à l'armée de terre sont poursuivis simultanément pour des faits connexes de rébellion envers la gendarmerie, aucun texte n'attribuant supériorité aux tribunaux maritimes sur les tribunaux militaires, la juridiction saisie la première ne peut se dispenser de juger. Les codes de justice militaire de l'armée de terre et de l'armée de mer des 9 juin 1857 (art. 79) et 4 juin 1858 (art. 105) ont tranché la question, pour le cas de crimes ou délits commis de complicité par des individus justiciables des tribunaux militaires et par des individus justiciables des tribunaux maritimes. Sauf certains cas qui y sont énumérés, c'est la compétence de l'armée de terre

qui doit l'emporter (V. *Rép.* v^is *Organisation maritime*, n°s 1067 et suiv. ; *Organisation militaire*, n° 902). La plénitude de juridiction ainsi attribuée à l'armée de terre doit, ce semble, être étendue du cas de complicité au cas d'infractions connexes.

123. — IV. Conditions de simultanéité des poursuites. — Le juge saisi d'une infraction connexe à d'autres infractions ne doit renvoyer ces infractions diverses à la juridiction compétente pour en connaître, d'après les principes exposés *suprà*, n°s 115 et suiv., que si les auteurs en sont simultanément poursuivis. Cette règle, commune au cas de complicité où il en a été fait de nouvelles applications (V. *infrà*, n° 146) est consacrée par une jurisprudence constante. — Jugé, notamment : 1° que lorsque l'instruction commencée contre plusieurs inculpés de délits connexes au lieu du *domicile* de l'un d'eux aboutit, à l'égard de celui-ci, à une ordonnance de non-lieu, la juridiction du ressort ne peut connaître de l'affaire à l'égard des autres, le lien qui les rattachait à leur coinculpé ayant été détruit par l'effet de cette ordonnance de non-lieu (Crim. cass. 17 janv. 1861, aff. Adoué, D. P. 61. 1. 143) ; — 2° Qu'un tribunal de police, régulièrement saisi par le ministère public de la connaissance d'une infraction constituant une contravention, ne peut se dessaisir par le motif que la contravention était connexe à un délit, et qu'en subordonnant la décision de l'action publique dont il était compétemment saisi à la poursuite et à la décision d'une action qui n'était point intentée relativement à un autre fait, sous prétexte d'une prétendue connexité, le juge de police méconnaît les règles de sa compétence (Crim. cass. 22 févr. 1844, *Bull. crim.*, n° 62) ; — 3° Que le juge de police qui, saisi de deux faits (voies de fait et dommages aux propriétés mobilières d'autrui), ne reconnaît qu'à un seul des deux le caractère de délit, ne peut se dessaisir de l'un et de l'autre sous prétexte de connexité ; en pareil cas, et alors qu'aucun tribunal n'est saisi de ce dernier fait, le juge de police est obligé de retenir, pour y statuer, celui des chefs de prévention qui, quoique connexe à l'autre, rentre dans sa compétence (Crim. cass. 30 avr. 1869, aff. Eve, D. P. 69. 5. 80-81) ; — 4° Que le juge de simple police, saisi d'une contravention de bruits injurieux et de tapage nocturne, ne peut, sans méconnaître les règles de sa compétence, renvoyer le prévenu devant le procureur de la République, en se fondant sur ce que les faits reprochés à ce prévenu constitueraient un crime ou tout au moins un délit, et que, s'il s'y trouvait une contravention, elle devait, par connexité, être jugée par le tribunal correctionnel (Crim. cass. 8 juin 1882) (1) ; — 5° Que le juge correctionnel, saisi par la partie plaignante de chefs d'inculpation dont l'un concerne une imputation de crime, ne peut, en se déclarant incompétent sur ce chef, étendre, sous prétexte de connexité, cette déclaration aux autres chefs, alors qu'aucune poursuite n'est encore engagée par le ministère public sur l'inculpation de crime ; que, par exemple, dans le cas où un citoyen impute à un inspecteur de police, en même temps qu'un fait criminel d'arrestation arbitraire, des délits de voies de fait et d'injures publiques, le juge correctionnel ne doit se dessaisir du chef de demande relatif à l'arrestation, alors même que ce serait à l'occasion de celle-ci qu'auraient eu lieu les voies de fait et les injures (Crim. rej. 18 avr. 1868, aff. Parent, D. P. 69. 1. 377, et sur nouveau pourvoi, Ch. réun. cass. 22 avr. 1869, D. P. 69. 1. 377) ; — 6° Qu'en cas de connexité, dans les termes des art. 226 et 227 c. instr. cr., entre des chefs de prévention entrant dans la compétence des tribunaux correctionnels et d'autres

(1) (Thérèse Soulès.) — La cour ; — Attendu qu'aux termes du billet d'avertissement, en date du 10 févr. 1882, qui lui avait été délivré, la fille Soulès était traduite devant le tribunal de simple police de Lectoure, pour avoir contrevenu à l'art. 479, § 8, c. pén., par bruits injurieux et tapage nocturne ayant troublé la tranquillité des habitants ; que les faits ainsi qualifiés constituaient une contravention de simple police, sur laquelle ledit tribunal, régulièrement saisi, était compétent pour statuer ;

Attendu que le jugement attaqué, en se fondant sur les dispositions de l'art. 160 c. instr. cr., a renvoyé la prévenue devant le procureur de la République, par le motif que les faits reprochés à la fille Soulès constituaient un crime, ou, tout au moins, un délit de la compétence du tribunal correctionnel, et que, s'il

s'y trouvait une contravention, elle devait, par connexité, être jugée par ce tribunal ; — Mais attendu qu'en subordonnant la décision de l'action publique dont il avait été compétemment saisi à la poursuite et à la décision d'une action qui n'était point intentée relativement à un autre fait, et ce, sous le prétexte d'une prétendue connexité, le juge de simple police, par le jugement attaqué, a, tout à la fois, méconnu les règles de sa propre compétence, faussement appliqué l'art. 160 c. instr. cr., et violé expressément, en refusant de l'appliquer, l'art. 479, § 8, c. pén. ;

Par ces motifs, casse.

Du 8 juin 1882.-Ch. crim.-MM. Etignard de Lafaulotte, rap.; Tappie, av. gén.

entrant dans celle de la cour d'assises, la juridiction correctionnelle ne peut refuser de statuer sur les chefs dont l'examen lui est dévolu par la loi, lorsque la cour d'assises n'est pas encore saisie des autres chefs (Crim. rej. 24 juill. 1875) (1) ; — 7° Que c'est à bon droit que la juridiction correctionnelle, en se déclarant incompétente pour connaître d'un des faits qui lui étaient déférés, ce fait présentant le caractère de crime, retient la connaissance d'un délit dont elle était en même temps saisie, et ce malgré la connexité de ces faits, s'ils ne sont pas indivisibles, et alors que la poursuite n'est pas encore introduite à raison du crime (Crim. rej. 1er mars 1884) (2).

124. En est-il de même au cas où les faits sont indivisibles, et non pas seulement connexes? Par exemple, un tribunal correctionnel devrait-il connaître de faits qui, pris isolément, seraient de la compétence correctionnelle, s'ils forment un tout indivisible avec d'autres faits dont la connaissance appartient à la cour d'assises, bien que ces derniers faits n'aient donné lieu à aucune poursuite? Par arrêt du 24 janv. 1868 (aff. Parent, D. P. 68. 2. 4), la cour de Paris a jugé la négative. Mais la cour de cassation, assimilant, sous ce rapport, l'indivisibilité à la connexité, a décidé que les juges correctionnels ne peuvent refuser de statuer sur des faits qui sont de leur compétence, sous prétexte de l'*indivisibilité* ou de la connexité de ces faits avec d'autres faits distincts susceptibles d'être qualifés crimes, qui ne leur sont pas déférés (Crim. cass. 24 avr. 1874, aff. Chapuis, D. P. 75. 1. 491); elle a jugé, spécialement, que le tribunal correctionnel, saisi d'une prévention de délits de société secrète, d'association illicite et de provocation à des crimes et délits, ne peut pas se déclarer incompétent à raison d'une prétendue indivisibilité entre les faits constitutifs de ces délits et les éléments essentiels du crime de complot sur lequel est intervenue une ordonnance de non-lieu (Même arrêt). — La cour d'Aix a aussi jugé (sur renvoi dans la même affaire), qu'un tribunal correctionnel ne peut, sans commettre un déni de justice, refuser de statuer sur les délits dont la connaissance lui appartient, sous prétexte d'indivisibilité avec un crime dont l'existence n'est pas démontrée (Aix, 25 juill. 1874, aff. Chapuis, D. P. 75. 2. 229-230).

---

(1) (Jean, dit Fallour.) — La cour ; — Sur la deuxième branche du premier moyen : — Attendu que l'indivisibilité entre les éléments d'une prévention suppose qu'ils sont dans un rapport mutuel de dépendance, et rattachés entre eux par un lien tellement intime que l'existence des uns ne se comprendrait pas sans l'existence des autres ; — Que tel n'est pas le caractère des différents faits compris dans la poursuite, faits distincts par le temps et par le lieu, sans rapport nécessaire des premiers aux seconds, et constituant chacun individuellement un délit parfaitement défini et caractérisé ; — Que, loin d'être indivisibles, ces faits ne sont pas même connexes, d'après la règle posée dans les art. 226 et 227 c. instr. cr., et qu'eussent-ils présenté ce caractère, la cour n'aurait pu, sans méconnaître ses attributions, refuser de statuer sur le chef de la prévention rentrant dans sa compétence, sous prétexte de la connexité de ces chefs avec d'autres faits susceptibles d'être poursuivis devant une autre juridiction qui n'était point encore saisie ;... — Rejette.
Du 24 juill. 1875.-Ch. crim.-MM. Robert de Chenevière, rap.-Desjardins, av. gén.

(2) (Marie Culté, veuve Fabiani.) — La cour ; — Sur le premier moyen, tiré de la violation des art. 226 et 227 c. instr. cr.: — Attendu que la cour d'appel ayant reconnu à certains faits, parmi ceux qui lui étaient déférés, le caractère du crime de séquestration, prévu et puni par les art. 341 et suiv. c. pén., s'est, de ce chef, déclarée incompétente ; — Attendu que, indépendamment de ces faits, la cour d'appel ayant été saisie d'un délit d'outrage envers des fonctionnaires de l'ordre administratif et de l'ordre judiciaire, dans l'exercice ou à l'occasion de l'exercice de leurs fonctions, délit relevant de la juridiction correctionnelle, elle en a légalement conservé la connaissance ; — Attendu, en effet, que si ces divers faits étaient connexes, comme s'étant accomplis dans le même lieu et dans un trait de temps rapproché, ils n'étaient rattachés l'un à l'autre par aucun lien d'indivisibilité ; qu'ils étaient absolument distincts et n'étaient pas de nature à se succéder nécessairement ; — Que la cour d'appel, compétemment saisie du délit d'outrage, ne pouvait s'abstenir d'en connaître, en dehors des cas spécifiés dans les art. 213 et 214 c. instr. cr., la poursuite du crime à raison duquel elle s'est déclarée incompétente, ne pouvant, d'ailleurs, être exercée que par le ministère public et n'ayant pas encore été introduite ; — Que, dès lors, en retenant le jugement de ce délit, l'arrêt attaqué, loin d'avoir violé les

125. — V. Jonction facultative. — La jonction des procédures connexes n'est pas strictement obligatoire pour les tribunaux, mais *facultative*. « La connexité des délits, lit-on dans un arrêt de la cour de cassation rapporté au *Rép.* n° 200, est sans doute un motif légitime de la réunion des procédures ; mais elle ne doit pas la faire opérer, lorsque, de cette réunion, pourraient résulter des retards qui amèneraient le dépérissement des preuves et nuiraient à l'action de la justice ». C'est ce qu'une jurisprudence nombreuse a reconnu depuis la publication du *Répertoire*, aussi bien en matière correctionnelle qu'en matière criminelle, et pour les chambres d'accusation comme pour les cours d'assises (Crim. rej. 11 oct. 1855, aff. Pellault, D. P. 55. 1. 446; 3 sept. 1858, aff. Thouet, D. P. 58. 5. 82; 19 sept. 1861, aff. Malaterre, D. P. 61. 5. 268; 8 août 1873) (3). Les auteurs, sauf peut-être Mangin, *Action publique*, t. 2, n° 3 37, sont unanimes dans le même sens (Faustin Hélie, t. 5, n°s 2368, 2369 et 2371; Le Sellyer, t. 2, n° 1124; Morin, v° *Connexité*, n° 15; Ortolan, t. 1, n°s 1248 et 1251; Trébutien, t. 2, n° 405; Garraud, n° 447; Nouguier, t. 2, n°s 887 et suiv.; Haus, t. 1, n° 407).

126. La décision qui ordonne la jonction peut-elle être attaquée par l'accusé? D'après l'arrêt du 19 sept. 1861, cité *suprà*, n° 125, elle ne peut l'être que dans le cas où elle a porté atteinte à son droit de défense. Jugé, à cet égard, que la jonction a été ordonnée par le président des assises, si les accusés n'ont élevé aucune réclamation à cet égard, il y a lieu de présumer que la jonction des accusations n'a apporté aucune entrave à leur défense, et, dès lors, ils sont non recevables à se faire ultérieurement grief de cette mesure (Crim. rej. 11 mars 1853, aff. Trabaud, D. P. 53. 5. 259).

127. La disjonction est également facultative. Ainsi, il a été jugé par la cour de cassation (Crim. rej. 19 déc. 1884) (4) que la règle de la connexité ne fait point obstacle à ce que le juge saisi de poursuites successivement dirigées contre divers contrefacteurs d'un produit breveté, ne disjoigne les causes et ne renvoie quelques-uns d'entre eux devant les juges de leur domicile, alors que la disjonction ne préjudicie à aucun des prévenus, et que, en raison de l'état des

---

dispositions de loi invoquées par le pourvoi, en a fait une légale application ; — Rejette.
Du 1er mars 1884.-Ch. crim.-MM. Vételay, rap.-Roussellier, av. gén.

(3) (Si-Ahmed-Sghir-ben-Ilès.) — La cour ; — Sur la première branche du pourvoi : — Attendu que les dispositions des art. 307 et 308 c. instr. cr. ne sont ni limitatives, ni absolues, mais simplement énonciatives, et qu'elles n'ont point, d'ailleurs, été prescrites à peine de nullité ; — Attendu que, s'il n'est pas permis de faire infraction au principe de l'indivisibilité des procédures et de disjoindre des faits qui, à raison de leurs rapports de dépendance, ne peuvent être sainement appréciés qu'à un point de vue d'ensemble, il en est autrement quand il s'agit de faits qui, bien que connexes, sont néanmoins distincts par le temps et les lieux, et peuvent être débattus et jugés séparément ; que tel est le caractère de ceux sur lesquels a statué l'arrêt de disjonction ; que, s'ils étaient connexes en ce sens qu'ils se rattachaient à une pensée commune, à un concert arrêté entre les chefs de l'insurrection, et si l'arrêt de renvoi les a qualifiés d'indivisibles au point de vue de l'arrêt de juridiction, ils n'étaient pas moins distincts eu égard aux circonstances de temps et de lieu dans lesquelles ils avaient été commis et à la diversité des agents qui avaient concouru à leur perpétration ; — Que sous ce premier rapport, le président des assises a donc pu, sans excéder les pouvoirs qu'il tenait de la loi, et en vue d'éviter, dans l'intérêt d'une bonne administration de la justice, la confusion qu'aurait amenée la présence d'un si grand nombre d'accusés (145) devant un même jury, distribuer les accusés par groupes, suivant l'ordre des faits imputables à chacun d'eux, à l'effet d'être jugés à des phases successives de la même session, et non, comme le prétend le pourvoi, à des sessions séparées ; — Rejette.
Du 8 août 1873.-Ch. crim.-MM. Robert de Chenevière, rap.-Reverchon, av. gén.

(4) (Société *la Lessive Phénix*.) — La cour ; — Attendu, en fait, que la société *la Lessive Phénix*, titulaire d'un brevet d'invention pour un produit destiné au lessivage du linge, a fait saisir des produits prétendus contrefaits, dans les magasins des sieurs Chicot et Devaux, marchands de produits chimiques, domiciliés dans l'arrondissement de Versailles, et les a cités, comme contrefacteurs, devant le tribunal correctionnel de cette ville ; que, deux

procédures, les prévenus ne peuvent plus figurer dans le même débat. — Jugé également que le tribunal correctionnel saisi, à l'égard du même individu, de divers faits d'abus de confiance compris dans la procédure du juge d'instruction, a pu, s'il reconnaît que quelques-uns de ces faits ont le caractère d'un crime, retenir ceux qui constituent de simples délits (Crim. rej. 17 déc. 1858, aff. N..., D. P. 58. 2. 213). — Décidé de même que des coups portés à la victime d'un attentat à la pudeur par l'auteur de cet attentat, peuvent, alors qu'ils se distinguent par leur caractère et leur objet, des violences exercées dans un but d'impudicité, être poursuivis séparément devant la juridiction correctionnelle, après que l'accusation d'attentat à la pudeur a été purgée (Crim. rej. 3 sept. 1858, aff. Thouet, D. P. 58. 5. 82). — Mais nous croyons, suivant l'opinion exprimée au *Rép.* n° 212, que lorsque divers délits connexes se trouvent une fois réunis dans un *même acte d'accusation*, la disjonction n'en peut plus être opérée (Conf. Le Sellyer, t. 2, n° 1125).

128. De ce que les tribunaux ont un pouvoir discrétionnaire pour admettre ou refuser la jonction des délits connexes, faut-il en conclure qu'ils puissent, à leur gré, et sans suivre aucune règle, joindre les procédures, sans se préoccuper de la connexité ou de la non-connexité des faits? Tel n'est pas notre sentiment. Sans doute, ainsi que nous l'avons dit *suprà*, n° 114, les tribunaux peuvent ordonner la jonction des causes dont ils sont saisis, même hors des cas prévus par les art. 226, 227 et 307 c. instr. cr. Mais il faut que ce soit dans des cas analogues à ceux que ces articles ont prévus ; ce qui résulte de l'art. 226, c'est que les juges peuvent exercer la faculté que la loi leur a donnée, suivant qu'ils le jugent utile à l'administration de la justice, pourvu qu'ils n'excèdent pas les limites que la loi leur a tracées. Ainsi il a été jugé que la jonction d'actes d'accusation dressés contre plusieurs accusés, à raison de crimes distincts, ne peut être ordonnée par le président de la cour d'assises, s'il n'existe *entre ces crimes aucun lien de connexité* (Crim. rej. 11 mars 1853, aff. Trabaud, D. P. 53. 5. 259). Jugé aussi qu'il n'y a pas connexité et, dès lors, qu'il n'y a pas lieu à la jonction des poursuites, lorsque des délits commis à l'égard d'une même personne (délits de contrefaçon) n'ont de commun que la qualification et la similitude du préjudice causé, mais résultent de faits distincts et personnels à chacun des prévenus (Crim. rej. 24 août 1854, aff. Gaudet, D. P. 54. 1. 293. Conf. Faustin Hélie, t. 5, n° 2374, et t. 7, n° 3385).

129. « Le principe de l'indivisibilité des procédures n'a pour but que de protéger le droit de la défense et de la rendre plus efficace » (Crim. rej. 18 mai 1850, aff. Buvignier, D. P. 50. 5. 83). Il suit de là que les accusés qui ont accepté les débats après la disjonction prononcée par la cour d'assises à l'égard d'un ou de plusieurs de leurs coaccusés, sont non recevables à se plaindre de cette disjonction (même arrêt. Conf. Crim. rej. 23 nov. 1849, aff. Picard, *ibid.*).

130. La question de savoir si les règles de compétence en cas de connexité sont applicables en matière de *contravention* a été résolue au *Rép.* n° 215 par l'affirmative. Nous persistons dans cette opinion qui s'appuie sur le paragraphe 2 de l'art. 540 c. instr. cr. et qui est adoptée par Faustin Hélie, t. 5, n° 2363 ; Le Sellyer, *Traité de la compétence*, t. 2, n° 1138; Ortolan, t. 1, n° 1250; Morin, v° *Connexité*, n° 5. — *Contra :* Rauter, n° 708 ; Carnot, sur l'art. 526, n° 6.

mois plus tard, elle appelait devant le même tribunal, comme contrefacteurs et vendeurs de ces produits, les sieurs Cauvain et Hiernaux ; que ceux-ci ont décliné la compétence du tribunal correctionnel de Versailles, par le double motif qu'ils étaient domiciliés à Paris et que c'était à Paris qu'ils avaient fabriqué, vendu et livré les produits argués de contrefaçon ; — Attendu que le tribunal correctionnel de Versailles s'est, en effet, déclaré incompétent ; qu'appel de ce jugement ayant été interjeté par la compagnie *la Lessive Phénix*, elle a soutenu qu'à raison de l'indivisibilité et, dans tous les cas, de la connexité des délits imputés aux défendeurs, les deux instances engagées devaient être jugées par le même tribunal ; mais que la cour de Paris a repoussé cette prétention et confirmé la décision des premiers juges, par cette raison que, s'il ne résulte du débat aucune indivisibilité entre la connexité des délits, la procédure ne pouvait être jointe ; — Attendu que cette indivisibilité n'existe pas et que, s'il pouvait, par suite de la connexité des délits imputés aux défendeurs, les deux instances engagées devaient être jugées par le même tribunal ; mais que la cour de Paris a repoussé cette prétention et confirmé la décision des premiers juges, par cette raison que, s'il ne résulte infirmait cette décision, soit qu'elle évoquât conformément à l'art. 215 c. instr. cr., soit qu'elle renvoyât les parties devant le tribunal correctionnel de Versailles, ces instances ne pourraient plus être jointes ; — Attendu que la règle de la connexité, établie en vue de prévenir le fractionnement

Art. 3. — *De la compétence par suite de la qualité des prévenus et accusés (Rép. n°s 218 à 224).*

131. Les modifications aux règles générales de la compétence produites par la qualité d'un prévenu ou accusé sont traitées au *Rép.* v° *Mise en jugement des fonctionnaires publics.* — Bornons-nous à dire ici, en ce qui concerne le *mode de poursuite*, relativement à certaines personnes publiques : 1° que le Président de la République ne peut être mis en accusation que par la Chambre des députés (L. 24 févr. 1875, art. 12) ; — 2° Que les ministres peuvent être mis en accusation par cette même Chambre pour crimes commis dans l'exercice de leurs fonctions (*ibid.*) ; — 3° Qu'aucun membre de l'une ou de l'autre Chambre (Sénat et Chambre des députés), ne peut, pendant la durée de la session, être poursuivi ou arrêté en matière criminelle ou correctionnelle qu'avec l'autorisation de la Chambre dont il fait partie, sauf le cas de flagrant délit (L. 24 févr. 1875, art. 14). — Quant à la *juridiction compétente*, le Président de la République, autrefois justiciable de la haute cour de justice (*Rép.* n° 220), ne peut être jugé que par le Sénat (L. 24 févr. 1875, art. 9), du moins en cas de haute trahison (L. 25 févr. 1875, art. 6), car, en tant qu'homme privé, il reste soumis au droit commun, et la loi peut l'atteindre comme le dernier des citoyens » (Exposé des motifs de la proposition de loi sur la responsabilité présidentielle présentée par M. Pascal Duprat, député, *Journ. off.* du 3 févr. 1878, p. 4023). — A l'égard des ministres, ils sont aussi jugés par le Sénat quand la Chambre des députés les met en accusation pour crimes commis dans l'exercice de leurs fonctions (L. 16 juill. 1875, art. 12). — Sur tous ces points, V. *infrà*, v° *Souveraineté*.

132. Ajoutons qu'il n'existe plus en faveur des sénateurs ou députés aucun privilège de juridiction analogue à celui mentionné au *Rép.* n° 221, qui rendait les pairs de France justiciables en matière criminelle de la seule Chambre des pairs. Le sénateur ou député coupable d'un crime ou d'un délit quelconque est jugé par les tribunaux ordinaires.

133. Rappelons aussi, d'une part, que la garantie constitutionnelle de l'art. 75 de la constitution du 22 frim. an 8 ayant été abolie par un décret du 19 sept. 1870, les conseillers d'État, les autres fonctionnaires publics et agents du Gouvernement peuvent être aujourd'hui poursuivis pour faits relatifs à leurs fonctions sans autorisation du conseil d'État.

134. Relativement aux magistrats de l'ordre judiciaire et aux officiers de police judiciaire (*Rép.* n°s 222 et 223), les lois de compétence n'ont reçu aucune modification depuis la publication du *Répertoire*, (V. *infrà*, v° *Mise en jugement des fonctionnaires publics*).

135. Quant aux militaires, V. *Rép.* v° *Organisation militaire*, n° 818, aux marins, V. *ibid.* v° *Organisation maritime*, n°s 1064 et suiv., 1085 et suiv., et aux membres des corps enseignants, V. *ibid.* v° *Organisation de l'instruction publique*, n°s 473 et suiv.

Art. 4. — *Compétence déterminée par la complicité (Rép. n°s 225 à 229).*

136. Sous les n°s 106 à 131, on s'est occupé de l'influence qu'exerce sur la compétence des juges de répres-

des juridictions et d'empêcher qu'une même poursuite ne soit scindée et dévolue à des juges différents, ne fait point obstacle à ce que le juge, saisi de la poursuite d'un délit auquel ont concouru plusieurs agents, ne disjoigne les causes et ne renvoie quelques-uns d'entre eux devant les juges de leur domicile, alors que la disjonction ne préjudicie à aucun des prévenus et que, à raison de l'état des procédures, les prévenus ne peuvent plus figurer dans le même débat ; — Attendu que, dans l'espèce, les prévenus avaient sollicité eux-mêmes la disjonction des deux instances et leur renvoi devant le tribunal de leur domicile ; — Attendu, d'autre part, qu'ainsi que l'exprime l'arrêt attaqué, la jonction des instances était désormais inefficace, puisque, soit devant le tribunal correctionnel, soit devant la cour, les parties, à raison de l'état des procédures, ne pouvaient pas, en effet, se trouver réunies dans le même débat ; qu'en statuant ainsi la cour de Paris, loin d'avoir violé les dispositions de loi susvisées, en a fait, au contraire, une saine application ; — Rejette.

Du 19 déc. 1884.-Ch. crim.-MM. Le Blond, rap.-Roussellier, av. gén.

sion le lien de connexité qui peut exister entre *plusieurs infractions* commises par un seul ou par plusieurs agents. Le principe posé relativement à l'ensemble de ces infractions est celui de l'unité de la juridiction appelée à en connaître, bien que, envisagées isolément soit en elles-mêmes, soit dans la personne de leurs auteurs, elles aient été déférées, par le droit commun ou par des lois spéciales, à des juges dont la compétence diffère au point de vue de leur ressort territorial, de leurs attributions ou de la qualité des individus simultanément poursuivis. — Le même principe est, à plus forte raison, applicable à la répression d'une *infraction unique*, à laquelle plusieurs individus ont concouru, les uns comme auteurs principaux et les autres comme complices, ou tous comme coauteurs (*Rép.* n° 202). « C'est quelque chose de plus fort qu'un principe, dit Merlin, *Répertoire*, v° *Connexité*, § 2, n° 1, qui détermine l'indivisibilité de la procédure, lorsqu'il s'agit d'un seul et même délit : c'est la nécessité des choses... Est-il besoin, en effet, qu'une loi déclare qu'une même chose ne peut exister à la fois en des lieux différents? Voilà pourtant la base du principe qui ne permet pas que, sur un seul délit, plusieurs personnes soient poursuivies en même temps dans différents tribunaux. Divisez la procédure, instruisez-la en divers tribunaux, isolez les accusés, le débat n'a plus d'intérêt, les incertitudes se multiplient, les lumières s'affaiblissent, et la vérité reste obscurcie. » — La règle qui veut que tous les complices d'un même délit soient enveloppés dans une même procédure et soumis à un même jugement est, dit M. Faustin Hélie, t. 5, n° 2354, plus qu'une règle de procédure, c'est une règle de justice. Elle était déjà nettement formulée dans notre ancien droit : « Qui est juge d'un accusé, dit Ayrault (*De l'ordre, formalité et instruction*, p. 216) l'est, par conséquent, des complices ». Jousse, t. 1, p. 518, indique également que « le juge qui connaît d'un accusé connaît aussi de ses complices, participes, fauteurs et adhérents » (Conf. Muyart de Vouglans, p. 186). — Diverses dispositions de la législation intermédiaire (Décr. 22 sept. 1790, art. 82; 30 sept. 1791, art. 5; 3 pluv. an 2, art. 4; 4 brum. an 4, art. 15; L. 18 germ. an 4, art. 1er; 22 mess. an 4) consacrèrent de même le principe de l'indivisibilité des procédures. — Il n'était donc pas besoin que le législateur consacrât un tel principe en termes formels, comme il a cru devoir le faire pour le cas de connexité (V. *suprà*, n°s 107 et 108). Plusieurs dispositions du code d'instruction criminelle supposent, d'ailleurs, clairement ce principe (V. notamment les art. 226, 307, 501, 526, 527 et 540).

137. L'infraction poursuivie étant identique pour l'auteur, les complices ou les coauteurs, il ne peut y avoir conflit de juridiction quant au tribunal du *lieu* où elle a été commise. Ce lieu est forcément le même pour tous les coauteurs. Il ne saurait varier non plus quant à l'auteur principal et à son complice. A l'égard du complice, en effet, ce lieu doit s'entendre de celui où a été exécutée l'infraction, et non pas celui où les actes de complicité ont été accomplis. Car ces actes, par eux-mêmes, ne sont pas punissables; ils empruntent leur criminalité au crime ou au délit principal dont ils font en quelque sorte partie. On ne peut donc dire que le lieu où ils ont été commis soit « le lieu du crime ou du délit » (V. outre ce qui est dit au *Rép.* n° 142, et v° *Complicité*, n° 221 : Crim. rej. 22 juin 1882, aff. You, D. P. 82. 1. 436; 24 févr. 1883, aff. Pivert, D. P. 84. 1. 92-93).

138. Aucun conflit de juridiction ne peut naître, non plus, des distinctions de compétence qui correspondent à la division des faits punissables soit en crimes, délits et contraventions, soit en faits soumis par leur nature aux tribunaux de droit commun et aux tribunaux d'exception, puisque l'acte incriminé a forcément la même caractère pour tous ceux qui y ont concouru, à la différence des cas d'infractions simplement connexes (V. *suprà*, n° 116).

139. Ce conflit est donc limité : 1° à l'hypothèse où, entre tribunaux de droit commun, la compétence sera sus-

ceptible de varier avec le lieu du *domicile*, de l'*arrestation*, ou avec la *qualité* de l'un ou plusieurs des accusés ou prévenus ; 2° à celle où cette qualité soumettrait les uns à la compétence des tribunaux ordinaires et les autres à la compétence des tribunaux d'exception ; 3° à celle où elle les rendrait tous justiciables de tribunaux d'exception différents.

140. — I. Conflit entre tribunaux de droit commun. — En dehors du juge du lieu du délit, qui ne peut varier (V. *suprà*, n° 137), le juge compétent *ratione loci* est celui du domicile ou du lieu d'arrestation, soit de l'auteur principal, soit de l'un des coauteurs (Crim. rej. 11 mai 1877) (1).

141. Il peut arriver que l'auteur principal soit, à raison de sa qualité, justiciable d'une juridiction différente de celle qui, d'après le droit commun, est compétente à l'égard des complices. On en trouve un exemple dans l'art. 68 c. pén. d'après lequel le mineur de seize ans, prévenu d'un crime autre que ceux que la loi punit de la peine de mort, des travaux forcés à perpétuité, de la déportation ou de la détention, doit être traduit devant les tribunaux correctionnels (V. *infrà*, n° 266). La loi a réglé le conflit auquel cette disposition pouvait donner lieu dans le cas où le mineur aurait eu des complices ; il résulte, en effet, du même article que tous les prévenus, y compris le mineur, devront, en pareil cas, être traduits devant la cour d'assises. Ainsi c'est à la juridiction la plus élevée qu'est donnée la préférence, conformément à la règle admise en matière de connexité (V. *suprà*, n° 117).

142. Une situation analogue dérive de la compétence exceptionnelle attribuée à la première chambre civile de la cour d'appel, en matière de délits correctionnels, à l'égard des personnes énumérées dans les art. 479, 483 et 484 c. instr. crim., et dans l'art. 10 de la loi du 20 avr. 1810. On a soutenu que les coprévenus ne rentrant pas dans cette énumération devaient être renvoyés devant le tribunal correctionnel, parce que les rendre justiciables *omisso medio* de la cour d'appel, même en leur qualité d'auteurs principaux, de complices ou de coauteurs, ce serait les priver du bénéfice du double degré de juridiction. Cette opinion, rappelée au *Rép.* n° 177, aurait pour résultat nécessaire la disjonction de la poursuite ou la suppression du privilège de juridiction résultant des dispositions précitées pour le cas où l'affaire serait renvoyée tout entière au tribunal correctionnel. Elle est repoussée par une jurisprudence constante qui, appliquant ici la règle rappelée au numéro précédent, déclare tous les prévenus justiciables de la première chambre de la cour (V. outre les arrêts rapportés au *Rép.* n° 178, et v° *Mise en jugement de fonctionnaires*, n° 270 : Crim. règl. jug. 14 oct. 1842, aff. Cahier, *Bull. crim.*, n° 276 ; Crim. cass. 30 janv. 1845, aff. Jeannin, D. P. 45. 1. 146 ; Crim. règl. jug. 7 oct. 1847, aff. Marin, *ibid.*, n° 251 ; 11 sept. 1851, aff. Robert-Michon, *ibid.*, n° 377 ; C. cass. belge, 8 mai 1871, aff. Brédart, D. P. 71. 2. 159 ; Motifs, Crim. cass. 9 févr. 1872, aff. Guignon, D. P. 72. 1. 202 ; 11 mai 1872, aff. Perre, D. P. 72. 1. 203 ; Besançon, 23 juin 1873, aff. Perrin, D. P. 74. 2. 145 ; Crim. règl. jug. 5 nov. 1874, aff. Proc. gén. de Bastia, D. P. 76. 1. 510 ; Civ. cass. 14 juin 1876, aff. Perrin, D. P. 76. 1. 302 ; Crim. rej. 11 août 1881, aff. Doudeauville, D. P. 84. 5. 279 ; Amiens, 30 sept. 1882, aff. Demolon, D. P. 83. 5. 278 ; Bourges, 11 janv. 1886, aff. Hénard, D. P. 87. 2. 20 ; Crim. règl. jug. 13 mai 1886, aff. Nadault, D. P. 86. 1. 342 ; 28 oct. 1886, aff. Miégeville, D. P. 88. 1. 48 ; Paris, 13 déc. 1887, aff. Gragnon, D. P. 88. 2. 57). — Elle est également combattue par MM. Mangin, *Instruction écrite*, t. 2, n° 211 ; Le Sellyer, *Traité de la criminalité*, t. 2, n°s 1111, 1119 et 1120; Morin, v°s *Complicité*, n° 13; *Connexité*, n° 10; Faustin Hélie, *Traité de l'instruction criminelle*, t. 5, n°s 2377 et suiv.; Villey, *Précis de droit criminel*, p. 177.

143. — II. Conflit entre tribunaux de droit commun et tribunaux d'exception. — Nous avons fait connaître, à pro-

---

(1) (Cloquet.) — La cour; — Attendu que l'auteur principal du délit de diffamation, déféré au tribunal correctionnel par l'ordonnance du juge d'instruction, avait son domicile et sa résidence dans l'arrondissement de Saint-Jean-de-Maurienne ; que, par application du principe d'indivisibilité de la procédure à l'égard des agents qui ont participé au même fait, l'abbé Cloquet, pour-

suivi devant le même tribunal comme complice, avec l'auteur principal de ce délit, devait être jugé par le tribunal correctionnel de cet arrondissement ;...

Par ces motifs, rejette.

Du 11 mai 1877.-Ch. crim.-MM. Saint-Luc Courborieù, rap.-Robinet de Cléry, av. gén.

pos de la connexité, *suprà*, n° 120, les divers systèmes qu'avait soulevés la question de savoir si le tribunal d'exception compétemment saisi d'un crime ou d'un délit, à raison de la qualité de son auteur, est également compétent à l'égard des crimes ou délits connexes de la compétence des tribunaux de droit commun. Nous avons constaté que, d'après l'opinion qui a prévalu, ces derniers tribunaux doivent alors être appelés à juger l'ensemble des faits poursuivis, en vertu de leur plénitude de juridiction.

144. En est-il de même, quand le fait déféré par la loi à un tribunal d'exception est un fait unique dont on voudrait enlever la connaissance à ce tribunal par le seul effet du concours d'un coauteur, ou d'un complice justiciable des tribunaux ordinaires? La jurisprudence et la doctrine ne distinguent pas entre la connexité et la complicité; d'ailleurs, le retour à la juridiction du droit commun est formellement consacré, en matière de crimes et délits militaires ou maritimes, par l'art. 76 c. just. mil. pour l'armée de terre, du 9 juin 1857, et par l'art. 103 c. just. mil. pour l'armée de mer, du 4 juin 1858, qui portent que lorsque la poursuite d'un crime, d'un délit ou d'une contravention comprend des individus non justiciables des tribunaux militaires ou maritimes, et d'autres individus justiciables de ces tribunaux, tous les prévenus indistinctement sont traduits devant les tribunaux ordinaires, sauf l'exception apportée par l'article suivant à l'égard des étrangers, des faits commis aux armées en pays étranger, ou de ceux commis sur le territoire français, en présence de l'ennemi. Cette règle, que renfermait déjà la loi du 22 mess. an 4, restée en vigueur, jusqu'au nouveau code militaire de 1857, a été fréquemment appliquée (V. outre ·les arrêts rapportés au *Rép.* v^ts *Organisation maritime*, n° 1066, et *Organisation militaire*, n°s 893 et suiv. : Crim. cass. 17 juill. 1873, aff. Réorda, *Bull. crim.*, n° 196).

145. — III. Conflit entre tribunaux d'exception. — V. *suprà*, n° 122.

146. — IV. Condition de simultanéité des poursuites. — Comme au cas de connexité, les individus qui ont participé à une même infraction ne peuvent être distraits de leurs juges naturels, pour subir la compétence du juge de l'un d'eux, qu'autant qu'ils sont compris dans la même poursuite (V. outre ·les arrêts rapportés au *Rép.* n°s 187 et 188,

et v^ts *Organisation maritime*, n° 1057, et *Organisation militaire*, n° 899 : Crim. rej. 10 août 1854, aff. Plançon, D. P. 54. 1. 386; Crim. cass. 8 sept. 1859, aff. Dahaman, D. P. 59. 1. 546; 30 avr. 1863, aff. Gras, D. P. 63. 1. 440; Bourges, 6 juill. 1871, aff. Besson, D. P. 71. 2. 35; Crim. rej. 12 mai 1877) (1).

147. Il a été décidé, à cet égard, que lorsqu'un individu justiciable du tribunal correctionnel même à raison d'un crime (un mineur de seize ans) a un complice justiciable de la cour d'assises, les deux accusés doivent être renvoyés devant la cour d'assises (V. *suprà*, n° 141), bien que le complice du crime ait été arrêté en pays étranger, à raison d'une infraction aux lois fiscales de ce pays, s'il y est en même temps détenu en vertu d'un mandat de l'autorité judiciaire française, jusqu'à ce qu'il soit remis à cette autorité conformément aux traités d'extradition; ce complice est alors réputé compris dans la poursuite (Douai, 5 déc. 1872, aff. Ducarne, D. P. 74. 5. 126).

148. — V. Jonction obligatoire. — D'après ce qui a été dit *suprà*, n° 125, la jonction est facultative en matière de connexité; elle est, au contraire, *forcée* en cas de poursuites exercées contre les coauteurs ou les complices d'une même infraction. Ici l'unité de l'infraction entraîne l'indivisibilité de la procédure. Les codélinquants, coauteurs ou complices, *doivent* être poursuivis par les mêmes magistrats et traduits devant la même juridiction, à moins qu'un obstacle de fait ou de droit n'empêche de les comprendre tous dans la même poursuite. Cette règle, établie au *Rép.* n° 202, est unanimement adoptée par la doctrine (Faustin Hélie, t. 4, n° 1688, et t. 5, n°s 2354 et 2355; Le Sellyer, t. 2, n° 1126; Ortolan, t. 1, n°s 1294 et 1307; Mangin, *Instruction écrite*, t. 2, n° 209; Haus, t. 1, n° 590 et 591; Morin, v° *Complicité*, n°s 11 et 17; Trébutien, t. 2, n° 405; Garraud, n° 447), et une jurisprudence constante l'a consacrée (V. outre les arrêts cités au *Rép.* n° 161 : Crim. rej. 20 juin 1856, aff. Comboulives, D. P. 56. 1. 374; Crim. règl. jug. 6 nov. 1856, aff. Ferlin, D. P. 56. 1. 406).

149. Toutefois, il a été jugé que lorsqu'une participation au même délit est attribuée à plusieurs prévenus, la connexité qui unit ces prévenus ne fait nul obstacle à une disjonction et au jugement immédiat du seul prévenu dont la cause paraisse en état (Crim. rej. 19 déc. 1868) (2).

150. Décidé aussi, en cas de complicité, que le juge

---

(1) (Marcelin Combes.) — La cour, — Sur la deuxième branche du premier moyen, tirée d'une prétendue violation des règles de la compétence et des art. 226 et 227 c. instr. cr. : — Attendu, en fait, que Combes, demandeur au pourvoi, lequel est domicilié à Cazouls-les-Béziers, avait été assigné devant le tribunal correctionnel de Nancy comme prévenu : 1° d'avoir, en 1875 et 1876, en France, falsifié une certaine quantité de vin destiné à être vendu, avec la circonstance que ce vin contenait des mixtures nuisibles à la santé ; 2° d'avoir, en 1875 et 1876, à Nancy, vendu ou mis en vente une certaine quantité de vin qu'il savait être falsifié, avec la circonstance que ce vin contenait des mixtures nuisibles à la santé ; 3° en tous cas, de s'être rendu coupable du délit de vente et mise en vente de vin falsifié, imputé au sieur Tribout (Anatole), négociant à Nancy, en lui procurant les moyens qui ont servi à l'action, sachant qu'ils devaient y servir ; — Attendu que, par jugement contradictoire du 19 août 1876, le tribunal, après avoir rejeté un déclinatoire de compétence proposé par Combes, a prononcé l'acquittement de Tribout, quant au délit ci-dessus spécifié, par le motif qu'il n'était pas suffisamment prouvé qu'en vendant des vins falsifiés il avait eu connaissance de leur falsification ; — Que le même jugement, statuant ensuite par défaut sur le fond, à l'égard de Combes, l'a condamné à des peines d'emprisonnement et d'amende, à raison tant du délit que des autres chefs d'inculpation le concernant ; — Que ce jugement a acquis l'autorité de la chose jugée à l'égard de Tribout, et a été frappé d'appel par Combes, quant à la disposition sur la compétence, et d'opposition, quant à la disposition sur le fond ; — Que l'arrêt attaqué a repoussé à son tour le déclinatoire du demandeur, en se fondant, après d'autres motifs, sur celui que le tribunal saisi avait été compétent pour statuer sur l'ensemble de la prévention, à raison, tout au moins, du délit simultanément imputé aux deux prévenus ; — Attendu, en droit, que la compétence des tribunaux correctionnels se détermine, soit par le lieu de la perpétration des délits qui leur sont déférés, soit par le lieu du domicile ou de l'arrestation des individus auxquels ils sont reprochés ; — Que lorsque cette compétence existe au moment de l'assignation, à l'égard de l'auteur principal, l'acquittement de celui-ci ne la modifie pas à l'égard de son complice ; — Que, dans l'espèce, Tribout était domicilié à Nancy, et que c'est à Nancy également qu'avait eu lieu le fait à raison duquel il avait été poursuivi conjointement

avec Combes ; — Qu'il suit de là que le tribunal saisi l'avait été valablement, et que sa décision négative touchant l'auteur principal n'a pu avoir pour effet de lui enlever le pouvoir de statuer à l'égard du complice ; — Que ce motif particulier de compétence continuant d'exister, la cour d'appel a conclu, avec juste raison, que ledit tribunal avait été compétent aussi pour connaître des autres faits délictueux imputés à Combes ; — Attendu, en effet, qu'il ressort des constatations de l'arrêt que ces faits ont eu une origine commune, un objet commun aussi, et se trouvaient liés les uns aux autres par une évidente connexité ;— Rejette.

Du 12 mai 1877.-Ch. crim.-MM. Pierrey, rap.-Robinet de Cléry, av. gén.

(2) (Jean Casabella). — La cour, — Sur le premier moyen tiré de la violation du principe d'indivisibilité en ce que l'arrêt attaqué aurait à tort disjoint la cause du demandeur de celle de deux femmes poursuivies comme complices du vol qui lui était imputé : — Attendu que les causes sont purement connexes ; — Attendu que la règle de la connexité établie en vue de prévenir le fractionnement des juridictions et d'empêcher qu'une même accusation ne soit scindée et dévolue à des juges différents ne fait point obstacle à ce que le juge saisi de la poursuite d'un délit auquel ont concouru plusieurs agents ne disjoigne la cause de l'un des prévenus de celle des autres, alors que la procédure, en état à l'égard du premier, exige encore certains délais à l'égard des seconds, et que la disjonction, sans préjudicier à ceux-ci, tourne au profit de celui-là dont elle abrège la détention préventive ; — Que l'arrêt attaqué constate que tel était l'état des choses en ce qui touche le demandeur et les coïnculpés ; qu'en statuant donc sur la prévention portée contre Casabella dont la situation judiciaire et la culpabilité étaient dûment établies, et en remettant à prononcer ultérieurement sur le sort de ses complices dont l'identité n'était pas suffisamment constatée, la cour impériale d'Orléans n'a porté aucune atteinte aux principes de la matière, mais n'a fait qu'user d'un moyen d'instruction qui rentrait dans ses attributions ;.... — Par ces motifs, rejette le pourvoi du nommé Casabella contre l'arrêt de la cour d'Orléans, chambre des appels correctionnels, en date du 12 août dernier.

Du 19 déc. 1868.-Ch. crim.-MM. Robert de Chenevière, rap.-Charrins, av. gén.

peut, sans violer aucunement le principe de l'indivisibilité des procédures, apprécier si une partie qui, en vue d'être soumise au même débat, demande à intervenir dans une poursuite correctionnelle, comme ayant donné des ordres pour l'exécution du fait incriminé (la publication d'écrits poursuivis comme diffamatoires) a réellement participé à ce fait d'une manière directe ou indirecte, et que, par suite, il peut rejeter l'intervention, s'il reconnaît que cette participation n'a pas été sérieuse. On dirait vainement que c'est là violer la règle de l'indivisibilité des procédures, dès qu'une double poursuite n'était pas et ne pouvait pas être engagée Crim. rej. 26 avr. 1856, aff. Cazeneuve, D. P. 56. 1. 268).

CHAP. 3. — Compétence des diverses juridictions criminelles (*Rép.* n°s 230 à 666).

Art. 1er. — *Compétence des tribunaux de simple police* (*Rép.* n°s 231 à 414).

151. Depuis la publication du *Répertoire*, la loi du 27 janv. 1873 (1) a aboli la juridiction de simple police des maires, et l'art. 138 c. instr. rectifié par cette loi, porte que « la connaissance des contraventions de police est attribuée exclusivement au juge de paix du canton, dans l'étendue duquel elles ont été commises ». Il suit de là que la subdivision, adoptée au *Répertoire*, de la première partie de l'art. 1er en trois paragraphes n'a plus sa raison d'être.

§ 1er. — Règles générales de la compétence du tribunal de police (*Rép.* n°s 234 à 285).

152. — I. Ratione materiæ. — Le juge de police est compétent pour connaître de toutes les contraventions de police, c'est-à-dire de toutes les infractions dont la peine n'excède pas cinq jours d'emprisonnement et 15 fr. d'amende (c. instr. cr. art. 137). — Par exception, il est incompétent relativement aux contraventions forestières poursuivies à la requête de l'administration, lesquelles sont déférées par la loi à la juridiction correctionnelle (c. instr. cr. art. 139-4° (2) ; c. for. art. 171 et 190); et aux contraventions à la police de la médecine et de la chirurgie (L. 19 vent. an 11, art. 35 et 36), qui, punies d'une *amende pécuniaire envers les hospices*, c'est-à-dire d'une amende de police, sont déférées aussi aux tribunaux correctionnels; aux contraventions de grande voirie (L. 29 flor. an 10, art. 1er et 4; 15 juill. 1845, art. 11; 30 mai 1851, art. 17); aux contraventions relatives aux fortifications (L. 10 juill. 1791, tit. 1er, art. 22), et aux dégradations sur les canaux, fleuves, ports et travaux de mer (Décr. 16 déc. 1811, art. 114; 10 avr. 1812), lesquelles sont également de la compétence du conseil de préfecture. — Nous ne parlons pas ici des nombreuses infractions qualifiées contraventions par des lois spéciales, mais qui sont punies de peines correctionnelles, comme les contraventions de police rurale, les contraventions fiscales, les contraventions de presse, etc. Ces infractions, souvent appelées contraventions-délits, échappent nécessairement à la compétence des tribunaux de simple police, parce que leur peine est correctionnelle.

153. — II. Ratione loci. — Toutes les contraventions, commises dans l'étendue du canton, quel que soit le lieu du domicile ou de la résidence des contrevenants, sont portées devant le tribunal de simple police du lieu où elles ont été commises (c. instr. cr. art. 138, modifié par la loi du 27 janv. 1873). La règle générale de compétence posée par les art. 23, 63 et 69 du même code, qui déclare également compétent le juge du lieu du délit, celui de la résidence du prévenu et celui du lieu où le prévenu peut être trouvé n'est pas applicable en matière de contraventions de police. Il n'y a donc

point de concurrence en cette matière entre les juges; celui du lieu de la perpétration est seul et exclusivement, compétent. — Si deux tribunaux de police venaient à être saisis de la même contravention ou de contraventions connexes, il serait procédé à un règlement de juges, aux termes de l'art. 540, § 2, c. instr. cr. par le tribunal de l'arrondissement auquel les tribunaux ressortissent l'un et l'autre, ou par la cour d'appel; s'ils ne ressortissent pas au même tribunal.

154. — III. Ratione personæ. — La compétence du tribunal de simple police s'étend à toutes personnes, à l'exception des militaires. Aux termes de l'art. 271 c. just. mil. pour l'armée de terre, du 4 août 1857, et de l'art. 369 c. just. mil. pour l'armée de mer, du 4 juin 1858, la connaissance et la répression des contraventions de police commises par les militaires sont réservées aux autorités militaires ; sauf cette exception unique, les tribunaux de simple police ont, à ce point de vue, une compétence plus étendue que celle des tribunaux correctionnels et des cours d'assises dans la poursuite des délits et des crimes, car les privilèges de juridiction, attachés à la qualité de certaines personnes, n'existent pas en matière de contraventions déférées aux tribunaux de simple police. C'est ainsi que la garantie établie pour les membres de l'ordre judiciaire par les art. 479 et 483 c. instr. cr., et par l'art. 10 de la loi du 20 avr. 1810 en faveur des personnes publiques énumérées audit article, ne s'applique qu'à la poursuite des faits qui ont le caractère d'un délit ou d'un crime, nullement aux contraventions de police.

155. A l'égard des militaires, il faut même ajouter que, si la contravention a été commise à la fois par des individus militaires et des individus non militaires, elle appartient au tribunal de police, conformément à la prescription de l'art. 76 c. just. mil., qui attribue, dans ce cas, compétence au tribunal ordinaire pour tous les auteurs de l'infraction (Crim. cass. 30 avr. 1863, aff. Servat et autres, D. P. 63. 1. 440). — Il en est de même si le contrevenant est un militaire *en congé* ou *hors de son corps* (c. just. mil. art. 57) (Faustin Hélie, t. 6, n° 2562).

Ajoutons encore que l'art. 271 c. just. mil., qui attribue à l'autorité militaire la répression des contraventions de police commises par les militaires présents au corps, est applicable aux *gendarmes*, même pour les contraventions commises par eux dans l'exercice de leurs fonctions relatives à la police judiciaire (Crim. rej. 21 nov. 1873, aff. Confoulens, D. P. 74. 1. 321).

156. — IV. Injures verbales (*Rép.* n°s 241 à 253). — La contravention d'injures, punie de un franc à cinq francs d'amende par l'art. 471, § 11, c. pén., est toujours de la compétence du tribunal de simple police, en vertu de la règle générale de l'art. 138 c. instr. cr., confirmé à cet égard par le dernier paragraphe de l'art. 45 de la loi du 29 juill. 1881 sur la presse. — L'art. 29, § 2, de la loi précitée définit l'injure : « toute expression outrageante, terme de mépris ou invective qui ne renferme l'imputation d'aucun fait ». Mais l'injure n'est une contravention que quand elle n'est *pas publique*. « Si l'injure n'est pas publique, dit le dernier alinéa de l'art. 33 de la loi de 1881, elle sera punie que de la peine prévue par l'art. 471 du code pénal. » Elle cesse d'être contravention, et devient délit de police correctionnelle si elle est publiquement adressée à des particuliers (L. 29 juill. 1881, art. 33, § 2, et 45, § 2) ; elle devient délit d'outrages, réprimé par les art. 222 et suiv. c. pén., et justiciable aussi de la police correctionnelle, si elle est adressée, quoique non publiquement, à des personnes qualifiées (magistrats, officiers ministériels et autres), dans l'exercice de leurs fonctions ou à raison de leur qualité (Amiens, 19 janv. 1883, aff. Lefebvre, D. P. 83. 2. 214). Ce dernier point a déjà été indiqué au *Rép.* n° 243 (V. outre les autorités citées *ibid.* : Fabreguettes, *Traité des infractions de la parole*, t. 2, n°s 1472 et suiv.).

---

(1) 27 janv.-4 févr. 1873. — *Loi portant modification et abrogation de divers articles du code d'instruction criminelle en ce qui concerne l'organisation des tribunaux de police* (Extrait) (D. P. 73. 4. 21).

Art. 1er. Les art. 138, 144 et 178 c. instr. cr. sont modifiés ainsi qu'il suit :
« Art. 138. La connaissance des contraventions de police est

attribuée exclusivement au juge de paix du canton dans l'étendue duquel elles ont été commises ».

. . . .

2. Sont abrogés les art. 139, 140, 166, 167, 168, 169, 170, 171 c. instr. cr.

(2) Cet article a, du reste, été abrogé par la loi du 27 janv. 1873.

157. Toutefois, comme on l'enseignait déjà au *Rép.* n° 244, le fait d'injure simple n'est pas punissable lorsqu'il a été provoqué. Le texte de l'art. 471, § 11, est formel à cet égard et n'a pas été modifié par la loi de 1881 qui, au contraire, a étendu aux injures publiques (art. 33, § 2) l'excuse de la provocation, admise par cet article quant aux injures non publiques. — Mais ce n'est qu'entre particuliers que la provocation peut être une excuse, non en matière d'outrages à des personnes publiques.

158. L'art. 139-5° c. instr. cr. (abrogé par la loi du 27 janv. 1873) donnant compétence exclusive aux juges de paix pour connaître des injures *verbales*, on a autrefois conclu de cette expression que les injures *par écrit* n'étaient pas de la compétence du tribunal de simple police (V. dans ce sens au *Rép.* n° 249, plusieurs arrêts de date déjà ancienne). La règle n'était pourtant pas admise d'une façon absolue. Ainsi un arrêt cité au *Rép.* n° 250 a admis la compétence du tribunal de simple police à l'égard d'une injure par écrit, ne contenant pas l'imputation d'un vice déterminé, et n'étant pas de nature à exposer celui qui en est l'objet à la haine ou au mépris. Il est aujourd'hui reconnu que la portée de l'art. 471, § 1er, est générale, et que, malgré l'expression *proférées* dont il se sert, il comprend les injures *écrites* comme les injures verbales (Crim. cass. 29 avr. 1846, aff. Sauvageot, D. P. 46. 1. 143 ; Crim. rej. 30 août 1851, aff. Allain, D. P. 51. 1. 303. V. aussi Req. 10 févr. 1851, aff. La Châtaigneraye, D. P. 54. 5. 592. Conf. Fabreguettes, t. 1, n° 1225).

159. On a cité au *Rép.* n° 247 un arrêt d'après lequel la compétence *ratione loci* d'un juge de police pourrait, en matière d'injures, être couverte par le consentement des parties. Nous croyons qu'en cette matière comme en toute autre, et par les motifs donnés *supra*, n° 8, l'incompétence aussi bien *ratione loci* que *materia* est d'ordre public et peut être proposée en tout état de cause.

160. L'art. 471, § 11, c. pén. est applicable à la *diffamation* non publique, verbale ou écrite, comme à l'injure. La diffamation non publique rentre, en effet, dans la classe des injures. Par conséquent, cette diffamation est de la compétence du tribunal de simple police (V. dans ce sens, outre les arrêts cités au *Rép.* n° 252, et v° *Presse-outrage*, n° 872 : Crim. 23 nov. 1843, *ibid.*, n° 934 ; Crim. cass.4 juill. 1856 (1) ; Civ. rej. 19 janv. 1875, aff. Lamm, D. P. 75. 1. 321 ; Crim. rej. 26 févr. 1875 (2). Conf. Fabreguettes, t. 1, n° 1155 et 1226).

161. — V. VENTES, ANNONCES, ETC., D'OUVRAGES. — La législation sur le colportage et la vente sur la voie publique a été considérablement modifiée par la loi du 29 juill. 1881. Aujourd'hui la profession de colporteur ou de distributeur est libre, sauf déclaration préalable (art. 18 et 19). L'exercice de cette profession sans déclaration préalable, la fausseté de la déclaration, le défaut de présentation à toute réquisition du récépissé, constituent des contraventions passibles d'une amende de 5 fr. à 15 fr., avec emprisonnement facultatif d'un à cinq jours (art. 21), et par suite de la compétence du tribunal de simple police. — Les art. 287 et 288 c. pén., cités au *Rép.* n° 254, sont abrogés (art. 68 de la loi).

162. L'affichage est également libre, depuis la loi du 29 juill. 1881, sauf les prescriptions exceptionnelles et spéciales des art. 15, 16 et 18 de cette loi. Dès lors, les n° 255 et 256 du *Répertoire* ont perdu leur intérêt. — Quant à la disposition du décret du 18 mai 1791, qui portait une amende

de 100 fr. contre ceux qui apposent des affiches privées aux endroits désignés pour l'affiche des lois et actes de l'autorité publique, elle a été abrogée et remplacée par l'art. 15 de la loi de 1881 qui prononce, en pareil cas, « les peines portées en l'art. 2 », c'est-à-dire la peine de l'amende de 5 à 15 fr. (avec emprisonnement facultatif en cas de récidive). Le fait se trouve donc aujourd'hui, sans contestation possible, de la compétence du tribunal de police, de même que le fait d'apposer des affiches particulières imprimées sur papier blanc, cette couleur étant réservée aux affiches de l'autorité (Même article).

163. Ajoutons, pour résumer tout ce qui, dans la loi du 29 juill. 1881, est relatif à la compétence du tribunal de simple police, qu'aux termes de l'art. 45, 3° al., « sont exceptées (de l'attribution générale aux cours d'assises) et renvoyées *devant les tribunaux de simple police* les contraventions prévues par les art. 2, 15, 17, § 1er et 3 ; 21 et 33, § 3, de la présente loi ». — L'art. 2 est relatif à l'obligation d'indiquer, sur tout imprimé, à l'exception des ouvrages dits de ville ou bilboquets, le nom et le domicile de l'imprimeur ; l'art. 17 punit de 5 à 15 fr. d'amende ceux qui auront enlevé, déchiré, recouvert ou altéré d'un procédé quelconque, de manière à les travestir ou à les rendre illisibles, les affiches apposées par ordre de l'administration et les affiches électorales émanant de simples particuliers.

164. — VI. RÈGLES DIVERSES. — Sous les n° 269 à 285, le *Répertoire* a réuni quelques règles générales de compétence concernant plus particulièrement les tribunaux de police. — La première (n° 269), d'après laquelle le juge de police ne peut prononcer par voie de *disposition générale et réglementaire*, et spécialement qu'il ne peut, en déclarant un prévenu coupable, lui faire défense de *récidiver*, n'a donné lieu à aucun arrêt nouveau depuis celui du 6 juill. 1826, cité *Rép.* n° 269, et transcrit *ibid.* v° *Compétence administrative*, n° 77. — Quant à la distinction, rappelée au *Rép.* n° 270 et 271, entre l'incompétence relative et l'incompétence absolue, les motifs précédemment donnés (V. *supra*, n° 8) ne nous permettent pas de l'admettre, pas plus en simple police qu'en police correctionnelle ou au grand criminel. Nous estimons, au contraire, que la compétence *ratione loci* est d'ordre public en simple police comme l'incompétence *ratione materia*, et qu'elle ne peut être couverte ni par le silence des parties, ni par celui du ministère public (V. aussi *supra*, n° 159).

165. Ainsi qu'on l'a dit au *Rép.* n° 273, il est évident que le juge de police a, comme tout tribunal, le droit d'ordonner toutes les mesures d'instruction nécessaires pour arriver, sur le fait qui lui est soumis, à la manifestation de la vérité, par exemple, une expertise (V. outre l'arrêt du 11 sept. 1840, cité au *Répertoire* : Crim. rej. 12 janv. 1856, aff. Grandjean, D. P. 56. 1. 109 ; 19 mars 1858, aff. Duclos, D. P. 58. 5. 293). « Le juge de police, dit l'arrêt de 1856, peut, comme le juge civil, correctionnel ou criminel, ordonner toute mesure interlocutoire, telle qu'expertise, descente et vue des lieux, dès qu'il les croit nécessaires pour éclairer sa religion. » Toutefois, il est clair que les expertises ne doivent être ordonnées que dans les cas où les autres preuves seraient admissibles (Faustin Hélie, t. 6, n° 2618). — Sur renvoi après cassation, le juge de police a évidemment les mêmes pouvoirs d'instruction, même hors du territoire soumis à sa juridiction (V. outre l'arrêt du 25 juin 1830, cité au *Rép. ibid.* : Crim. rej. 25 janv. 1821, *Rép.* v° *Cassation*, n° 2203-4°).

---

(1) (Robert.) — LA COUR ; — Vu les art. 376, 471, n° 11, c. pén., 13, 14 et 20 de la loi du 17 mai 1819 ; — Attendu qu'il résulte de la combinaison des articles précités que la diffamation envers les particuliers, qui n'est pas publique, est assimilée à l'injure ; qu'aux termes de l'art. 14 de la loi du 26 mai 1819, la diffamation et l'injure qui ne sont pas publiques sont de la compétence des tribunaux de simple police ; — Attendu que, les propos diffamatoires tenus par François Robert, et constatés par le jugement attaqué, n'avaient point été accompagnés de publicité et ne pouvaient ainsi constituer le délit de diffamation, ils conservaient néanmoins, dans leur gravité, le caractère d'une injure que la loi réprime ; qu'aucun renvoi n'ayant été demandé, etc. — Casse. Du 4 juill. 1856.-Ch. crim.-MM. Bresson, rap.-Sevin, av. gén.

(2) (Génevois.) — LA COUR ; — Sur le quatrième moyen : — Attendu

que, si l'art. 20 de la loi du 17 mai 1819 ne vise, comme punissables des peines de simple police, que les injures non publiques, l'art. 14 de celle du 26 du même mois, de tout point corrélative à la première, en renvoyant pour certains cas à la juridiction de simple police, comprend visiblement dans ce renvoi aussi bien la diffamation que l'injure, lorsqu'elles n'ont pas été publiques ; — Attendu que l'identité du sort auquel sont soumises, dans ce cas, les deux infractions, apparaît d'une manière non moins manifeste dans l'art. 376 c. pén. ; — Qu'en effet, aux termes de cette disposition, ce ne sont pas seulement les injures sans gravité et sans publicité qui donnent lieu à des peines de simple police, mais encore toutes les expressions outrageantes, dénomination qui embrasse incontestablement dans sa généralité les paroles diffamatoires ; — Rejette. Du 26 févr. 1875.-Ch. crim.-MM. Pierrey, rap.-Thiriot, av. gén.

166. C'est une règle commune à toutes les juridictions répressives qu'un tribunal a épuisé sa juridiction lorsqu'il a définitivement prononcé sur l'infraction qui lui était soumise. Plusieurs arrêts ont appliqué cette règle aux tribunaux de police (V. outre l'arrêt du 25 juill. 1846, cité au *Rép.* n° 276 : Crim. cass. 8 déc. 1860, aff. Havet, D. P. 61. 5. 536, qui a décidé, en matière de voirie, que la démolition des travaux faits en contravention ne devant être ordonnée qu'accessoirement à la condamnation à l'amende, le juge ne peut plus, lorsqu'il a prononcé cette condamnation, surseoir régulièrement pour la décision à prendre relativement au rétablissement des lieux. — V. aussi Crim. cass. 7 juill. 1860, aff. Duplessis, D. P. 60. 1. 417).

167. — VII. Excès de pouvoir. — Aux exemples d'excès de pouvoir commis par les tribunaux de simple police, qui ont été donnés au *Rép.* n°s 278 à 283, il y a lieu d'ajouter un assez grand nombre d'arrêts nouveaux.

En premier lieu, il a été plusieurs fois jugé par la cour de cassation que le tribunal de police ne peut instruire sur les faits compris dans la prévention, que s'ils lui sont déférés en des termes ne comportant qu'une qualification de simple police ; il doit, à ce sujet, combiner les énonciations de la citation avec celles de la plainte, soit avec les indications données à l'audience par les parties (c. instr. cr. art. 145 et 152) (Crim cass.. 6 juin 1856, aff. Rousselle, D. P. 56. 1. 311 ; 10 janv. 1857, aff. Caraux, D. P. 57. 5. 74 ; Crim. rej. 21 août 1863, aff. Communeau, D. P. 63. 5. 84 ; 4 nov. 1864, aff. Guillerme, D. P. 66. 1. 354). — Et cette règle est obligatoire pour le juge d'appel comme pour le juge du premier degré (Crim. cass. 13 avr. 1866, aff. Vignau, D. P. 66. 1. 414 ; Bourges, 22 juill. 1882, aff. Maurin, D. P. 83. 2. 128).

Spécialement, il a été décidé, dans le même sens : 1° que le tribunal de simple police ne peut compétemment retenir la connaissance de faits qui sont articulés par la citation en des termes tels que, s'ils étaient prouvés, ils constitueraient un délit ; et c'est abusivement que, pour rejeter en pareil cas le déclinatoire du prévenu, il se fonde sur ce que, après vérification, celles des articulations qui donnent au fait un caractère délictueux manqueraient d'exactitude (Crim. cass. 9 août 1872, aff. Sicard, D. P. 72. 1. 336); — 2° Que le juge de simple police devant lequel un prévenu est poursuivi pour propos injurieux tenus publiquement, doit, lorsque la citation présente ces propos comme ayant porté atteinte à l'honneur et à la considération du plaignant, c'est-à-dire comme pouvant constituer un délit, se déclarer d'office incompétent (Crim. cass. 8 mars 1866, aff. Corne, D. P. 68. 5. 94); — 3° Que si le tribunal de police, sans avoir égard aux termes de la plainte, qui reprochait au prévenu des coups et non des violences légères, a statué sur celles-ci, et, par exemple, a prononcé l'acquittement du prévenu, le ministère public est fondé à en poursuivre la cassation (Crim. cass. 26 janv. 1866, aff. Chédron, D. P. 66. 5. 89) ; — 4° Que le juge de simple police saisi, sous la qualification de vente en surtaxe, d'un fait que le procès-verbal dénonce comme vente de pains n'ayant pas le poids indiqué par leur forme et par leur volume, ne peut, si le ministère public prend des conclusions tendant à l'incompétence en ce qu'un tel fait paraît constituer le délit de tromperie sur la quantité, à l'aide d'indications frauduleuses, retenir la connaissance de l'affaire, pour décider soit que le fait n'existe pas, soit qu'il ne constitue pas un délit ; dès lors, est nul, en pareil cas, l'acquittement prononcé en considération de ce que le préjudice causé serait minime ou compensé par un excédent de poids sur la livraison antérieure (Crim. cass. 22 nov. 1862, aff. Agard, D. P. 67. 5. 94); — 5° Que lorsque le fait, tel qu'il est constaté dans le procès-verbal dont le juge de simple police est saisi, constitue un délit, comme dans le cas où le fait dénoncé consiste à avoir publiquement injurié une personne et l'avoir renversée par terre, fait qui tombe évidemment sous l'application de l'art. 311 c. pén., ce juge se déclare avec raison incompétent sans débat préalable (Crim. rej. 7 déc. 1872, aff. Thomas, D. P. 72. 1. 480).

168. Confirmant ses précédents arrêts rapportés au *Rép.* n°s 280 et 283, la cour de cassation a plusieurs fois cassé des décisions de simple police parce qu'elles contenaient des injonctions ou des censures illégales. — Ainsi, elle a dé-

cidé à diverses reprises que le juge de police ne peut se livrer en aucune façon à la censure des actes de l'autorité administrative. — Il a été décidé notamment, que le juge de police, saisi d'un procès-verbal dressé contre un cafetier pour défaut de fermeture à l'heure réglementaire, ne peut, sans empiéter sur le droit disciplinaire de l'autorité administrative, énoncer dans son jugement, que « l'agent de police rédacteur aurait eu le tort de ne pas prévenir tous les débitants de la localité qu'ils devaient fermer à l'heure fixée par le règlement, et que la tolérance envers l'un d'eux aurait induit les autres en erreur » (Crim. cass. 26 nov. 1869, aff. Basset, D. P. 70. 1. 439). Jugé aussi qu'il y a excès de pouvoir dans le fait d'un juge de police de placer, à la suite d'un jugement par lui rendu, des observations contenant un blâme à l'adresse du commissaire de police, rédacteur du procès-verbal, et par lesquelles il le signale, par exemple, comme apportant dans l'exercice de ses fonctions administratives des exigences que rien ne justifie, et qui soulèvent un mécontentement général d'une partie de la population (Crim. cass. 19 août 1869, aff. Martin, D. P. 70. 1. 96); ... Ou dans cette appréciation, émise par le tribunal de police en acquittant des prévenus d'un âge avancé, poursuivis pour refus de service ou de secours, que l'on ne peut pas s'expliquer comment le commissaire de police a pu requérir deux vieillards incapables de donner, au cas particulier, le secours qui leur était demandé (Crim. cass. 17 févr. 1865, aff. Augustin, D. P. 65. 1. 320)... Ou dans la qualification d'abus de pouvoir sujet à répression, appliquée au fait du commissaire de s'être introduit dans un logement privé dans la fausse supposition qu'il dépendait d'un lieu public (Crim. cass. 4 mai 1861, aff. Héraud, D. P. 61. 5. 317).

Mais il a été reconnu que ce n'est pas discuter abusivement les droits et les devoirs du commissaire de police, en matière de prostitution, que d'énoncer, dans un jugement de simple police, que ce fonctionnaire n'a pu recourir à la voie de la répression judiciaire plutôt qu'à celle de la répression administrative, sans se mettre dans l'obligation de justifier que la fille poursuivie est véritablement une fille publique (Crim. rej. 25 avr. 1873, aff. Isabelle J..., D. P. 73. 1. 314).

169. Décidé aussi qu'il y a excès de pouvoirs de la part du juge de simple police qui censure : 1° le maire, rédacteur du procès-verbal en arguant celui-ci de partialité, et en qualifiant l'acte de vexatoire (Crim. rej. 23 févr. 1847, aff. Juge de paix de Limay, D. P. 47. 1. 156); — 2° La gendarmerie, en qualifiant d'inconvenante la conduite par elle tenue dans la dénonciation d'une contravention (Crim. cass. 21 mai 1858, aff. Lallemand, D. P. 58. 1. 289) ; — 3° Le garde champêtre rédacteur, en le représentant « comme n'ayant pas été impartial, comme n'ayant pas compris son devoir, comme n'ayant pas constaté les faits tels qu'il les avait remarqués, comme ayant rédigé un des procès-verbaux après coup » (Crim. cass. 6 avr. 1865, aff. Marchetti, D. P. 67. 5. 189); — 4° L'agent de police rédacteur d'un procès-verbal en matière de police des cabarets, en critiquant son intervention comme vexatoire et partiale (Crim. cass. 23 mars 1865, aff. Kunty, D. P. 65. 1. 316; 26 nov. 1869, aff. Basset, D. P. 70. 1. 439) ; — 5° Le commissaire de police, en l'accusant d'avoir adressé au prévenu dans les réquisitions auxquelles celui-ci n'a pas obéi, des paroles grossières autant que déplacées, et de les avoir même accompagnées d'une voie de fait sans motif ni prétexte (Crim. cass. 11 déc. 1863, aff. Pomier, D. P. 64. 1. 139).

170. Quant au ministère public, de nombreux arrêts ont rappelé aux tribunaux de police qu'il leur est interdit de lui adresser des *reproches.* Ainsi un tribunal de simple police commet un excès de pouvoirs lorsqu'il se permet de *censurer* la conduite du ministère public (Crim. cass. 12 févr. 1848, aff. Calmels, D. P. 48. 5. 263); ... Par exemple, lorsqu'il lui reproche d'avoir donné lieu à des plaintes (Crim. cass. 14 févr. 1845, aff. Hézard, D. P. 45. 4. 349). ... Ou lorsqu'il qualifie l'acte du ministère public de vexatoire pour les citoyens (Crim. cass. 27 mars 1845, aff. Berland, D. P. 46. 4. 427), et déclare, notamment, que les poursuites exercées contre le prévenu sont suscitées par un esprit de tracasserie et de vexation (Crim. cass. 17 déc. 1847, aff.

Rouchon, D. P. 48. 5. 264; Crim. cass. 17 févr. 1876 (1), 11 mars 1880 (2); 21 mars 1884) (3).

Mais il a été jugé : 1° que la déclaration du juge de simple police qu'il y aurait surprise à frapper le prévenu d'une condamnation, sans qu'il eût été préalablement averti, à raison d'un fait jusque là toléré, ne peut être considérée comme renfermant un blâme à l'adresse du ministère public, si elle a eu pour objet unique de motiver l'acquittement prononcé en faveur du prévenu (Crim. rej. 28 janv. 1859, aff. Bescond, D. P. 60. 5. 240); — 2° Que l'éloge, même intempestif, du brigadier de gendarmerie, dans les motifs d'un jugement d'acquittement rendu par le tribunal de simple police, ne constitue ni un blâme, ni une critique des actes du commissaire de police remplissant les fonctions du ministère public à l'audience (Crim. rej. 5 mars 1870, aff. Lebret, D. P. 71. 5. 267).

171. Les tribunaux de simple police ne peuvent pas davantage adresser des injonctions au ministère public. Spécialement, il a été jugé : 1° qu'ils n'ont pas le droit d'enjoindre au ministère public de poursuivre des individus contre lesquels il ne croit pas devoir procéder, et qu'ils commettent un excès de pouvoir lorsqu'ils prononcent un sursis, jusqu'à ce que ces individus aient été cités à comparaître (Crim. cass. 20 déc. 1843, aff. Delort, D. P. 46. 1. 80; 7 mars 1857, aff. Vaubrun, D. P. 57. 1. 181; 14 déc. 1867, aff. Sursol, D. P. 69. 1. 488); — 2° Que l'injonction, même indirecte, d'exercer des poursuites leur est interdite, et que, par suite, il y a lieu d'annuler la disposition d'un jugement qui, accordant un sursis au défendeur en diffamation jusqu'après l'instruction sur la plainte déposée par lui au sujet de faits prétendus diffamatoires, donne pour motif que le ministère public ne peut, sur le reçu de la plainte, se dispenser de provoquer cette instruction (Montpellier, 24 mars 1851, aff. F..., D. P. 52. 2. 195).

172. Dans un autre ordre d'idées, le tribunal de simple police commet aussi un excès de pouvoir s'il transforme en prévenu un témoin et le condamne pour une contravention dont il n'est saisi par aucune poursuite de la part soit du ministère public, soit d'une partie civile (Crim. cass. 20 févr. 1857, aff. Bont, D. P. 57. 1. 110; Crim. rej. 2 déc. 1869, aff. Oudin, D. P. 70. 1. 374; Crim. cass. 23 avr. 1875 (4); 28 août 1884, aff. Dutour, D. P. 85. 1. 328; 31 janv. 1885) (5). — Jugé de même, qu'un individu qui ne comparait devant le tribunal de simple police qu'en qualité de partie civile, et contre lequel le ministère public n'a pris aucune réquisition, ne peut être reconnu coupable d'une contravention et condamné à une peine (Crim. cass. 6 mai 1847, aff. Haran, D. P. 47. 4. 10); — Et aussi qu'il n'appartient

pas au juge de police de substituer d'office au prévenu cité devant lui par le ministère public, un tiers qui viendrait à l'audience se déclarer l'auteur de la contravention, et de prononcer contre ce dernier, dans une telle situation, les peines édictées par la loi (Crim. cass. 15 juill. 1859, aff. Caillon, D. P. 59. 1. 427).

173. Le tribunal de police peut-il, sans excès de pouvoir, ordonner l'impression, la publication et l'affiche de son jugement? Il ne pourrait le faire, à *titre de peine*, qu'autant que la loi s'en serait formellement expliquée: telle est la règle qui s'impose à tous les tribunaux répressifs (V. outre les arrêts du 8 therm. an 8 et 11 niv. an 8, cités *Rép.* n° 281 : Crim. rej. 12 juill. 1838, *Rép.* v° *Affiche*, n° 98; Crim. cass. 28 févr. 1839, *ibid.*). Mais, s'il y a partie civile, il appartient au tribunal d'ordonner ces mesures à titre de réparations civiles et comme complément de dommages-intérêts. C'est ce qui a été jugé en matière d'injures simples (Crim. rej. 3 juin 1858, aff. d'Asnière de la Châtaigneraye, D. P. 58. 1. 381).

174. — VIII. Exécution des jugements. — C'est une règle commune à tous les tribunaux répressifs, qu'ils ne peuvent connaître de l'exécution de leurs jugements. Les tribunaux de simple police, ainsi qu'on l'a rappelé au *Rép.* n° 284, y sont soumis comme les autres. Aux autorités citées, on peut ajouter : Mangin, *Instruction écrite*, t. 2, n° 200; Sourdat, *Traité de la responsabilité*, t. 2, n° 241. Il leur est également interdit, comme aux tribunaux correctionnels, d'ordonner l'exécution provisoire de leurs jugements. Cette faculté ne leur est conférée par aucune disposition de la loi ; l'appel et le pourvoi en cassation sont toujours suspensifs (Sourdat, n° 270 *quater*).

§ 2. — Comment le tribunal de police est saisi (*Rép.* n°s 286 à 306).

175. — I. Saisine. — Ainsi qu'on l'a dit au *Rép.* n°s 286 à 288, le tribunal de simple police est saisi: 1° soit par la *citation directe* (art. 145 c. instr. cr.) donnée par le plaignant ou le ministère public aux prévenus et aux personnes responsables; — 2° Soit par la comparution *volontaire* des parties à l'audience, après un simple avertissement (c. instr. cr. art. 147); — 3° Soit par le *renvoi* que prononcent tantôt le juge d'instruction (c. instr. cr. art. 129) et la chambre d'accusation (c. instr. cr. art. 230), tantôt le tribunal correctionnel (c. instr. cr. art. 192); — 4° Soit encore par un *arrêt de renvoi* de la cour suprême après cassation (c. instr. cr. art. 427).

176. Au sujet de la citation, nous rappellerons que celle qui est donnée par la partie civile devant le juge de police,

---

(1) (Risteracci.) — La cour ; — Statuant sur le pourvoi formé à l'audience et dans l'intérêt de la loi par le procureur général en la cour : — Attendu qu'on lit dans les motifs du jugement attaqué (tribunal de simple police du canton de Sermano) « que, bien que tous les enfants Abzi aient commis la même contravention, seul l'inculpé est poursuivi en justice, ce qui fait présumer que l'on eût voulu plutôt exercer des vengeances que réprimer un abus »; — Attendu que cette censure de la poursuite ne peut s'interpréter que comme s'adressant au ministère public, alors qu'il s'agissait de sa propre initiative, et en l'absence de toute plainte, provocation ou intervention des parties lésées ; — Attendu qu'en blâmant ainsi l'acte d'un magistrat qui ne relève pas de son autorité, le juge de simple police a violé les règles de sa compétence et commis un excès de pouvoir ; — Casse.
Du 17 févr. 1876.-Ch. crim. -MM. Pierrey, rap.-Desjardins, av. gén.

(2) (Santini.) — La cour ;... — Sur le moyen proposé d'office et tiré de ce que le tribunal de simple police aurait méconnu la règle posée dans l'art. 61 de la loi du 20 avr. 1810 et commis un excès de pouvoir, en censurant un acte du ministère public : — Attendu que, pour motiver le refus d'un délai demandé par le ministère public, le jugement attaqué s'appuie sur cette considération « qu'accorder un nouveau délai, ce serait exposer les prévenus à des tracasseries qui pourraient être prises pour abusives »; — Que ces expressions renferment, sous une forme plus ou moins explicite, un véritable blâme à l'adresse du ministère public et constituent de la part du juge un excès de pouvoir de nature à entraîner la cassation *partie in quâ* du jugement dénoncé; — Casse.
Du 11 mars 1880.-Ch. crim.-MM. de Larouverade, rap.-Ronjat, av. gén.

(3) (Courbouleix.) — La cour ; — Sur le second moyen, relevé

d'office et tiré de la violation de l'art. 60 de la loi du 20 avr. 1810: — Attendu qu'on lit dans les motifs du jugement attaqué : « Que le ministère public, en présence de tous les motifs de relaxe et malgré les observations personnelles du juge, a, par un entêtement inconcevable, requis jugement sans requérir l'application d'aucun article de loi édictant une peine applicable » ; — Attendu qu'en déversant ainsi le blâme sur la conduite d'un magistrat qui ne relève en aucune façon de son autorité, le juge de police a méconnu le principe de la séparation des pouvoirs, violé les règles de sa compétence et commis un excès de pouvoir ; — Casse.
Du 21 mars 1884.-Ch. crim.-MM. Leblond, rap.-Ronjat, av. gén.

(4) (Fournié, dit Catinat.) — La cour ; — Attendu que le nommé Fournié, dit Catinat, après avoir porté plainte contre divers individus auxquels il reprochait des actes de violence légère commis sur sa personne, a été cité comme témoin devant le tribunal de simple police, et a fait sa déposition en cette qualité, sous la foi du serment, à l'audience du 30 janv. 1875 ; — Attendu cependant que le juge de police, considérant ledit Fournié comme prévenu, sans que celui-ci eût consenti à être jugé en cette qualité, et sans même que le ministère public eût pris des conclusions contre lui, l'a déclaré coupable de violences légères, et l'a condamné à une peine d'amende ; — Attendu qu'en statuant ainsi, le juge de police a commis un abus de pouvoir manifeste ; — Casse.
Du 23 avr. 1875.-Ch. crim.-MM. Lascoux, rap.-Bédarrides, av. gén.

(5) (Pierre Bœuf.) — La cour ; — En ce qui touche Pierre Bœuf : — Sur le moyen pris de la violation des art. 1er, 145, 153 c. instr. cr. en ce que le tribunal de simple police a prononcé une condamnation contre Pierre Bœuf, alors qu'il n'était l'objet d'aucune poursuite: — Attendu que Pierre Bœuf avait été appelé

sauf les réquisitions du ministère public, suffit à saisir légalement ce tribunal et de l'action publique et de l'action en réparation du dommage (V. Crim. cass. 8 sept. 1837, cité au *Rép.* n° 296). Il a été jugé depuis que, lorsque le tribunal de police est saisi d'une contravention par la citation de la partie civile, il suffit, pour que la peine encourue puisse être appliquée, que le ministère public déclare s'en rapporter à la sagesse du tribunal (Crim. rej. 28 août 1873) (1). Au reste, dès que le tribunal est régulièrement saisi, l'absence de conclusions du ministère public et même le refus fait par celui-ci de les donner est évidemment sans influence sur la compétence du juge (V. à cet égard *Rép.* n°s 300 et 301).—Il a été jugé aussi par la cour de cassation que, lorsque le juge de police a été saisi par la partie, en matière d'injures, « l'abstention du ministère public qui se serait retiré des débats, et la présomption d'une poursuite ultérieure à intenter directement par lui dans l'intérêt de la vindicte publique, ne pourraient enlever au fait incriminé son caractère délictueux qui seul constituait la compétence du tribunal, et autoriser le juge à séparer l'action publique de l'action civile qui, devant les tribunaux de police, ne peut être exercée qu'avec elle et accessoirement à elle » (Crim. cass. 29 août 1857) (2).

177. Au sujet de *l'avertissement volontaire*, nous ferons remarquer : 1° que cette forme économique de citation est toujours *facultative* aujourd'hui, et que l'art. 169 c. instr. cr. qui l'imposait obligatoirement devant le maire jugeant en tribunal de simple police (*Rép.* n° 286) a été abrogé par la loi même du 27 janv. 1873 qui a supprimé la juridiction des maires ; — 2° Qu'en fait la pratique y recourt exclusivement, sauf le cas de défaut qui nécessite une citation (c. instr. cr. art. 149). — Jugé, à cet égard, qu'il y a lieu d'annuler le jugement qui condamne un prévenu appelé par un simple avertissement et qui n'a pas comparu ; dans ce cas, le juge de police doit surseoir à statuer jusqu'à ce que le prévenu ait été régulièrement cité (Crim. cass. 10 sept. 1857) (3); — 3° Que la comparution volontaire devant le tribunal de simple police sur simple avertissement et l'acceptation des débats par le prévenu suffisent pour rendre régulier le jugement qui intervient sur la prévention, et pour enlever audit prévenu tout droit de se plaindre de l'insuffisance ou de l'irrégularité de l'avertissement (Crim. rej. 25 janv. 1873, aff. Georges, D. P. 73. 1. 168); — 4° Que le droit de citation pouvant toujours être exercé, le jugement qui, après avoir condamné un prévenu à l'amende, refuserait de mettre à sa charge les frais de la citation, en se fondant sur l'usage établi d'appeler les prévenus par un avertissement en simple police, devrait être cassé (Crim. cass. 24 janv. 1852, aff. Doutre, D. P. 52. 5. 294; 14 août 1852,

aff. Mollard, *ibid.* ; 1er juill. 1864, aff. Martel, D. P. 64. 1. 455).

178. Quant aux ordonnances ou arrêts de *renvoi* rendus par le juge d'instruction ou la chambre d'accusation, ils ne peuvent intervenir, dans les matières de simple police, qu'au cas où l'instruction préalable a été le résultat d'une fausse appréciation des faits, d'une qualification erronée ; car, en cette matière, l'instruction n'a pas lieu. Il faut supposer que les faits avaient pris à la première vue les apparences d'un délit et que l'instruction a vérifié qu'ils n'avaient que le caractère d'une simple contravention ; c'est alors que le juge d'instruction ou la chambre d'accusation renvoient l'inculpé devant le tribunal qui doit en connaître, c'est-à-dire devant le tribunal de simple police du lieu où la contravention a été commise. — Ce tribunal, ainsi qu'on l'a dit au *Rép.* n° 288, conserve d'ailleurs la faculté de décliner sa compétence si le fait, aux débats de son audience, prend des proportions qui en excèdent les limites, car les ordonnances, et arrêts de renvoi en simple police (comme en police correctionnelle) ne sont qu'*indicatifs* et point *attributifs* de juridiction (Faustin Hélie, t. 6, n° 2565 ; Mangin, *Instruction écrite*, t. 2, n° 126).

179. Relativement au *renvoi après cassation*, on a cité, *Rép.* n° 288, un arrêt de cassation du 16 août 1834 (rapporté *ibid.* v° *Cassation*, n° 2199) qui a décidé que le tribunal de renvoi ne saurait déclarer son incompétence. Nous ne croyons pas que la cour suprême ait rendu d'arrêt plus récent sur cette question en matière de simple police ; mais elle a jugé, par deux arrêts du 2 févr. 1850 (aff. Veyrier, et aff. Pascal, D. P. 50. 1. 63), rendus en matière *criminelle* « que tout tribunal a le droit de vérifier sa propre compétence ; que ce droit subsiste même dans le cas d'un renvoi après cassation, les arrêts de renvoi ne liant les juges de renvoi que lorsqu'ils sont émanés de chambres réunies ou lorsqu'ils interviennent sur une demande en règlement de juges ». Cette jurisprudence nous paraît devoir être suivie également en matière de simple police.

180. Ainsi qu'on l'a constaté au *Rép.* n° 290, il est évident qu'il n'est pas au pouvoir du juge de changer la nature de l'action qui lui est déférée et, par suite, de statuer comme juge de police lorsqu'il a été saisi comme juge civil (V. dans ce sens : Crim. cass. 24 févr. 1837, *Rép.* n° 290). — Jugé, toutefois, que la citation, donnée par la partie civile, à comparaître devant le juge de paix indique suffisamment que ce magistrat est saisi comme juge de simple police, quand elle énonce, outre la demande en dommages-intérêts, que le défendeur aura à répondre aux *réquisitions* du ministère public (Crim. rej. 28 août 1873 (4). V. aussi Crim. rej. 22 vend. an 11, cité au *Rép.* n° 291).

---

(1) (Lenci.) — La cour ;... — Sur le quatrième moyen, tiré de ce que, la citation ne visant aucune contravention, et le ministère public ne prenant aucunes conclusions, le juge ne pouvait appliquer aucune peine : — Attendu que la citation énonce les faits constitutifs des deux contraventions dont l'existence a été reconnue par le tribunal de police ; — Que le ministère public a déclaré s'en rapporter à la sagesse du tribunal, en ce qui concerne l'action publique; — Que le ministère public a ainsi donné ses conclusions, et que le juge a été légalement autorisé à qualifier les faits et à appliquer la peine : — Rejette.
Du 28 août 1873.-Ch. crim.-MM. Saint-Luc Courborieu, rap.-Bédarrides, av. gén.

(2) (Femme Billaud.)—La cour; — Vu les art. 139, 161 c. instr. cr. et 471, n° 11, c. pén.; —Attendu que la femme Billaud avait été citée devant le tribunal de simple police pour avoir, sans provocation, proféré contre la femme Jaume des injures verbales, ce qui constitue une contravention à l'art. 471, n° 11, c. pén.; — Attendu que le fait reproché à la femme Billaud a été déclaré constant

par le jugement attaqué; — Attendu qu'aux termes de l'art. 161 c. instr. cr., la prévenue ayant été convaincue d'une contravention de police, le tribunal devait prononcer la peine édictée par la loi et statuer par voie de conséquence sur les dommages-intérêts; — Que l'abstention du ministère public, qui se serait retiré des débats, et la présomption d'une poursuite ultérieure à intenter directement par lui dans l'intérêt de la vindicte publique, ne pouvaient enlever au fait incriminé son caractère délictueux qui, seul, constituait la compétence du tribunal, et autorisait le juge à séparer l'action publique de l'action civile qui, devant les tribunaux de police, ne peut être exercée qu'avec elle et accessoirement à elle; — Qu'en omettant de prononcer contre la femme Billaud l'amende édictée par la loi, le jugement attaqué a formellement violé l'art. 161 c. instr. cr. et, par suite, l'art. 471, n° 11 c. pén.; — Casse.
Du 29 août 1857.-Ch. crim.-MM. Le Sérurier, rap.-Sevin, av. gén.

(3) (Giraud.) — La cour ;... — Attendu que le prévenu Giraud fils n'ayant pas été à comparaître par acte d'huissier, le tribunal n'était pas régulièrement saisi de la poursuite ; — Que, dès lors, en refusant, malgré les réquisitions du ministère public, de surseoir à l'examen et au jugement du fait reproché au prévenu absent et en condamnant celui-ci à l'amende dont la contravention entraîne l'application, le tribunal de simple police a commis un excès de pouvoir et violé les dispositions des articles précités (145 et 149) c. instr. cr. ; — Casse.
Du 10 sept. 1857.-Ch crim.-MM. Lascoux, rap.-Renault d'Ubexi, av. gén.

(4) (Lenci.)—La cour;...—Sur le deuxième moyen, pris de ce que, aux termes de la citation, le juge de paix de Bocognano n'aurait été saisi que comme juge civil et non comme juge de simple police : — Attendu que la citation, après avoir indiqué l'objet de la demande de dommages-intérêts pour réparation du préjudice

181. — II. SUR QUELLES PERSONNES ET SUR QUELS FAITS LE TRIBUNAL DE POLICE SAISI PEUT STATUER. — Cette importante question des limites dans lesquelles le juge saisi doit se renfermer a donné lieu à d'assez nombreux arrêts depuis la publication du *Répertoire*.

182. Quant aux *personnes*, la règle générale est que le tribunal de simple police ne peut statuer qu'à l'égard des personnes citées devant lui par le ministère public ou la partie civile, ou appelées par un simple avertissement, et qu'il est incompétent à l'égard de toutes autres (Faustin Hélie, t. 6, n° 2584). C'est ainsi qu'il a été jugé : 1° que lorsqu'un individu étant poursuivi pour avoir contrevenu à un arrêté local concernant le service des portefaix, en faisant décharger par des gens de service de son frère des marchandises qui lui étaient adressées, au lieu d'employer les portefaix, le jugement du tribunal de police qui, statuant à l'égard du frère, qui n'était pas en cause, l'a renvoyé de la poursuite et a omis de statuer à l'égard du prévenu lui-même, encourt la cassation (Crim. cass. 4 mars 1848, aff. Debray, *Bull. crim.*, n° 58) ; — 2° Que le jugement d'un tribunal de police qui renvoie des fins de la plainte une femme prévenue de contravention, laquelle n'avait pas été citée régulièrement à l'audience et n'y avait pas comparu, doit être annulé « attendu qu'à raison du défaut de citation et en l'absence de la femme, le tribunal n'était pas régulièrement saisi de la poursuite, et qu'en refusant de surseoir à l'examen et au jugement des faits qui étaient personnels à l'inculpée et en la relaxant de la plainte, le tribunal a commis un excès de pouvoir » (Crim. cass. 12 mai 1854, *Bull. crim.*, n° 151 ; *adde :* Crim. cass. 6 déc. 1861, aff. Vigoureux, D. P. 66. 5. 15) ; — 3° Qu'un individu appelé comme *témoin* devant le tribunal ne peut, alors qu'il n'a été l'objet d'aucune poursuite soit de la part du ministère public, soit d'une partie civile, être considéré comme prévenu, et condamné en cette qualité (V. les arrêts cités *suprà*, n° 172).
— Toutefois, si l'individu appelé comme témoin avait consenti a être transformé en prévenu à l'audience, et si sa volonté d'accepter le débat en cette qualité était formellement constatée, il n'y aurait pas nullité (Crim. rej. 1er juill. 1869, aff. Louis, D. P. 69. 1. 381-382).

183. De même, le tribunal de police ne peut d'office substituer au prévenu cité devant lui par le ministère public et condamner un tiers qui viendrait à l'audience se déclarer l'auteur de la contravention (Crim. cass. 15 juill. 1859, aff. Caillon, D. P. 59. 1. 427 ; 26 nov. 1859, aff. Guillaume et fille Simon, D. P. 68. 5. 12 ; 22 févr. 1866, aff. Quilichini, D. P. 67. 1. 86). — Mais il est complètement saisi, dans une semblable situation, lorsque le ministère public a accepté l'intervention et pris des conclusions contre le tiers intervenant (Crim. cass. 15 juill. 1859, aff. Bailly, D. P. 59. 1. 427).

184. Quant au *mandataire* qui se présente devant le tribunal de simple police, et déclare se porter fort au nom d'un contrevenant, il est évident qu'il ne peut être condamné personnellement, au lieu et place de celui-ci, à la peine encourue pour le fait de la contravention (Crim. cass. 7 nov. 1879, aff. Durieux, D. P. 80. 1. 94).

185. Il n'est pas moins évident que l'individu qui comparaît comme *plaignant* devant le tribunal de simple police, ne saurait être considéré comme prévenu et condamné en cette qualité, alors que la citation ne contient à sa charge aucun grief, qu'il n'a été l'objet d'aucune poursuite, et que

le ministère public n'a eu à prendre et n'a pris aucune réquisition contre lui (Crim. cass. 6 mai 1847, aff. Haran, D. P. 47. 4. 10 ; 7 janv. 1881, aff. Rovery, D. P. 81. 1. 278). Il en est de même, à plus forte raison, de la personne qui n'est intervenue dans l'instance qu'en qualité de *partie civile* ; en prononçant contre elle une peine, le juge commettrait un excès de pouvoir manifeste (Crim. cass. 6 févr. 1886) (1).

186. A l'égard des parties *civilement responsables*, c'est aussi la citation ou l'avertissement qui, en les mettant en cause, indique les parties sur lesquelles le tribunal peut faire porter la responsabilité du dommage causé par la contravention. — Mais la règle admet une exception. Les personnes responsables, même non citées ni averties, peuvent intervenir dans une poursuite commencée et prendre le fait et cause des prévenus, car elles ont intérêt à débattre le fait qui a causé le dommage et à en contester les conséquences civiles (Faustin Hélie, t. 6, n° 2585). Il a même été jugé, que lorsque le propriétaire dont le char, conduit par son domestique, a été rencontré sans plaque sur une route impériale, se présente volontairement sur la citation donnée à ce dernier et accepte le débat, le juge de police doit, à peine de nullité, le condamner comme personnellement prévenu de la contravention, et non pas seulement comme civilement responsable du fait de son domestique (Crim. cass. 13 janv. 1865, aff. Desblancs-Meylonga, D. P. 69. 5. 416).
A cette occasion, nous signalerons un autre arrêt, également relatif à la responsabilité civile en matière de contraventions de simple police. Cet arrêt a jugé que, lorsque l'individu cité à raison d'une contravention reconnaît avoir donné des ordres pour la commettre et en être responsable, le défaut de mise en cause du coupable ne met pas obstacle à la condamnation de cet individu à des réparations civiles ; il n'en est autrement qu'en matière de poursuites pour crime ou délit (Crim. rej. 24 mars 1848, aff. Abonneau, D. P. 48. 5. 324).

187. De même que le juge de simple police n'est saisi de l'action publique qu'à l'égard des individus *cités* devant lui (ou avertis), de même il n'est saisi de cette action que quant aux *faits compris dans la citation*. On a vu des applications de cette règle au *Rép.* n° 294, 295 et 297. La jurisprudence nouvelle en offre de très nombreuses. Ainsi il a été jugé : 1° que le tribunal de police ne peut, sans une nouvelle citation et sans conclusions ou réquisitions de la partie lésée ou du ministère public, constater et réprimer d'office un fait qui n'est pas au nombre de ceux dont le plaignant avait demandé la réparation en citant devant lui le prévenu (Crim. cass. 14 avr. 1848, *Bull. crim.*, n° 117. Conf. Crim. cass. 29 févr. 1828, *Rép.* n° 294) ; — 2° Que le tribunal de simple police, dans une espèce où la citation ne mentionnait que l'ouverture d'un café après l'heure fixée par un arrêté, n'avait pu constater des infractions relatives à la profession de cafetier, « attendu qu'aucune citation ou conclusion du ministère public ne saisissait le tribunal de la connaissance d'une contravention qui serait résultée de l'exercice de la profession d'aubergiste sans autorisation, ni d'une autre contravention pour défaut de tenue du registre de police » (Crim. cass. 25 janv. 1850, *Bull. crim.*, n° 30) ; — 3° Que le tribunal de police ne peut statuer d'office sur une usurpation de la voie communale, lorsque le fait qui la constituerait n'a pas été constaté par le procès-verbal et qu'elle n'a fait l'objet d'aucune réquisition à l'audience (Crim. rej. 31 janv. 1855) (2).

---

résultant des contraventions reprochées, a suffisamment désigné la juridiction devant laquelle le demandeur en cassation était appelé, en lui déclarant qu'il aurait aussi à répondre aux réquisitions du ministère public ; — D'où il suit que le moyen manque en fait ; — Rejette.
Du 28 août 1873.-Ch. crim.-MM. Saint-Luc Courborieu, rap.-Bédarrides, av. gén.

(1) (Femme Demont.) — LA COUR ; — Sur le moyen proposé d'office, pris de la violation des art. 1er et 145 c. instr. cr., en ce que le tribunal de simple police de Sétif a prononcé une condamnation contre la femme Demont, alors qu'elle n'était l'objet d'aucune poursuite ; — Attendu que la femme Demont est intervenue en qualité de partie civile dans l'instance suivie à la requête du ministère public contre le nommé Ahmed-ben-El-Aouès, inculpé de coup volontaire ; — Attendu que, relativement à cette femme, le tribunal n'avait été saisi ni par une citation émanée du ministère public ou d'une partie civile, ni par sa comparution volontaire ; — Attendu, en conséquence, que le juge, en prononçant une peine contre une personne qui n'avait point été mise en cause, a commis un excès de pouvoir et formellement violé les articles susvisés ; — Casse.
Du 6 févr. 1886.-Ch. crim.-MM. Poux-Franklin, rap.-Roussellier, av. gén.

(2) (Chemin de fer de l'Ouest.) — LA COUR ; — Attendu que, dans un procès-verbal du 5 août dernier, dressé contre le nommé Berthellier, surveillant au chemin de fer de l'Ouest, le commissaire de police de Meudon a constaté le déplacement de la barrière haute du chemin de fer, servant à clore la voie sur la rue de Velizy, le scellement de plusieurs poteaux ayant pour résultat d'en diminuer la largeur, et d'autres travaux consistant dans l'ouverture d'une tranchée destinée à la construction d'un aqueduc, travaux faits sans autorisation ; — Attendu que, par suite de ce procès-verbal, le sieur Baude, directeur du chemin de fer de l'Ouest, fut traduit devant le tribunal de simple police de Sèvres ; — Attendu qu'avant faire droit le juge de paix ordonna la visite des lieux ; que, dans cette visite, faite en présence de toutes les

188. Décidé aussi : 1° que le juge de simple police saisi de la prévention d'avoir servi à boire dans un débit de boissons à un individu manifestement ivre, ne peut pas statuer sur la prévention, non mentionnée dans la citation, d'avoir servi, à une autre date, des boissons alcooliques à un enfant de sept ans (Crim. rej. 4 avr. 1874, aff. Hébert, D. P. 75. 1. 191); — 2° Que le juge de police requis, par le ministère public, à l'occasion du jugement d'une affaire de voirie venant à l'audience après plusieurs remises, de statuer sur une nouvelle contravention résultant d'une résistance du prévenu à l'injonction du maire d'avoir à démolir les travaux poursuivis en vertu du premier procès-verbal, déclare avec raison ne pouvoir faire droit à cette réquisition, si le prévenu, n'ayant reçu aucune citation pour le nouveau fait, a refusé de le laisser comprendre dans le débat (Crim. rej. 28 juin 1873, aff. Forgues, D. P. 73. 1. 446); — 3° Que ce juge méconnaît les droits de la défense et prononce une condamnation entachée de nullité lorsqu'il réprime, par son jugement, des faits autres que ceux relevés par le procès-verbal qui sert de base à la poursuite ; spécialement, que le prévenu d'avoir élevé, sans autorisation, un monument existant sur un terrain lui appartenant, ne peut être condamné pour avoir établi dans son enclos des constructions nouvelles et pratiqué des ouvertures sur la voie publique (Crim. cass. 24 mai 1873, aff. de Boissieu, D. P. 73. 1. 317); — 4° Que le prévenu ne peut être condamné par le tribunal de police à raison d'un fait pour lequel il n'a pas été cité et à raison duquel il n'a pas accepté le débat (Crim. cass. 5 janv. 1878, aff. Baué, D. P. 79. 5. 88); — 5° Que, lorsqu'à l'audience l'existence d'une contravention paraît résulter des explications du prévenu rapprochées du procès-verbal, aucune condamnation ne doit intervenir sur ce chef non relevé dans la citation et sur lequel le prévenu refuse d'accepter le débat (Crim. rej. 17 déc. 1869)(1); — 6° Que lorsqu'un chef d'inculpation nouveau, non compris dans la citation, est proposé verbalement par le ministère public à l'audience, et que le prévenu, loin d'accepter le débat sur ce point, le décline formellement, c'est à bon droit que le juge de simple police refuse de statuer sur cette contravention, dont il n'est pas régulièrement saisi (Crim. rej. 18 août 1875 (2). V. encore dans le même sens : Crim. rej. 22 janv. 1870 (3) et 14 mai 1870 (4); Crim. cass. 7 janv. 1888, aff. Perrain, D. P. 88. 1. 335).

189. Mais le tribunal de police pourrait compétemment

statuer sur la prévention nouvelle, si le prévenu acceptait le débat (Crim. rej. 7 mai 1868, aff. Godard, D. P. 69. 1. 71). Ce consentement du prévenu à être jugé sur le fait non cité est tout à fait indispensable, et il ne suffirait aucunement que le ministère public eût requis à l'audience la répression de ce fait (Crim. rej. 20 nov. 1880, aff. Bousquet, D. P. 81. 1. 277). — Un autre arrêt a jugé avec raison qu'à défaut du consentement, le juge de police n'est saisi que de l'inculpation relevée dans la citation, et non des autres inculpations qui pourraient, à certains égards, s'y rattacher. Ainsi, lorsque la citation ne relève, contre un prévenu exerçant la profession de fripier, que l'inculpation de n'avoir pas tenu le registre prescrit par un règlement local, l'acquittement du prévenu est suffisamment justifié par la déclaration du juge de police, souveraine à cet égard, qu'il résulte d'un document émané de la police que le prévenu est nanti du registre exigé ; il n'échet, dès lors, pour la cour de cassation d'examiner, alors surtout que le prévenu a été jugé par défaut, si une autre inculpation, savoir celle de n'avoir pu représenter son registre hors de son domicile à la réquisition de la police, a été légalement purgée (Crim. rej. 7 avr. 1865, aff. Sandler, D. P. 66. 5. 87).

190. Si le juge de police ne doit, en règle générale, statuer que sur les faits compris dans la citation, il est évident qu'il conserve l'obligation d'y statuer alors même que les débats révéleraient une autre prévention, sur laquelle il ne serait pas compétent, et qu'il doit, en pareil cas, prononcer sur la première prévention, sauf à renvoyer la seconde devant qui de droit, et non se dessaisir de la connaissance de l'une et de l'autre (Crim. cass. 28 nov. 1856, aff. Bernardi, D. P. 57. 1. 26). — De même, il a été décidé que le juge de police se déclare à bon droit compétent à raison du fait d'ivresse manifeste, alors même que le procès-verbal constate des actes de violence, si la citation n'a relevé que le premier fait à la charge du prévenu (Crim. rej. 8 août 1874) (5).

191. La jurisprudence admet quelques restrictions à la règle qui veut que le juge de police ne soit saisi qu'à l'égard des faits compris dans la citation (Faustin Hélie, t. 6, n° 2587). Elles se réfèrent aux cas : 1° d'une qualification erronée ; 2° d'un procès-verbal plus explicite auquel la citation se réfère ; 3° de faits accessoires.

192. En premier lieu, le tribunal est saisi du fait lui-même, et non de la *qualification* que lui donne la citation ; il peut donc rejeter cette qualification lorsqu'elle est erronée,

---

parties, ce magistrat constata qu'une partie des travaux avait eu lieu dans l'intérieur des bornes limitant la propriété de l'administration ; que deux poteaux avaient été dressés en dehors de ces limites, et qu'enfin des tranchées avaient été pratiquées sur la voie publique, à l'effet de construire des aqueducs destinés au libre écoulement des eaux ;...

Attendu, sur le second chef relatif à la construction de deux poteaux sur la rue de Velizy, que le procès-verbal du commissaire de police ne fait pas mention de cette usurpation sur la voie communale ; qu'il n'a été pris aucune conclusion à l'audience pour en demander la répression ; que le tribunal ne pouvait, dès lors, relever d'office un fait qui ne se trouvait compris ni dans le procès-verbal, ni dans la poursuite du commissaire de police ; — Rejette le pourvoi sur ces deux chefs.
Du 31 janv. 1855.-Ch. crim.-MM. Jallon, rap.-Bresson, av. gén.

(1) (Carroyer.) — LA COUR ; — Attendu que Carroyer était cité devant le tribunal de simple police sous l'unique prévention d'avoir cueilli des raisins dans une pièce de vigne appartenant à Dorlins ; — Attendu à l'audience, ce chef de prévention n'étant pas justifié, le ministère public a déclaré abandonner la poursuite ; — Attendu que si du procès-verbal constatant les faits relatifs à cette prévention, ainsi que des explications fournies à l'audience par Carroyer, il pouvait résulter une présomption que le prévenu avait le même jour enlevé des herbes sur le terrain d'autrui, Carroyer n'avait point été cité pour ce chef, et qu'il résulte des qualités du jugement qu'il s'était refusé à accepter le débat sur ce point ; — Attendu qu'en s'abstenant de le condamner pour ce dernier fait, le tribunal de police, loin de violer les dispositions des articles 154 c. instr. crim. et 475, n° 15, c. pén., a, au contraire, fait une juste application de la loi et des principes de la matière ;... — Rejette, etc.
Du 17 déc. 1869.-Ch.crim.-MM. Roussel, rap.-Connelly, av. gén.

(2) (Mathieu Bauffet.) — LA COUR ; — Attendu que c'est verbalement, à l'audience, que l'organe du ministère public a proposé la nouvelle inculpation, et que, loin d'accepter le débat, l'inculpé

a déclaré le décliner formellement ; que, dès lors, le juge a été bien fondé à se considérer comme n'étant pas saisi de la nouvelle inculpation ; qu'en conséquence, il n'y a pas eu violation de l'art. 154 c. instr. cr. ; — Rejette.
Du 19 août 1875.-Ch. crim.-MM. Camescasse, rap.-Desjardins, av. gén.

(3) (Mathieu Fos et consorts.) — LA COUR ; — Sur le second moyen :... — Attendu que ce chef d'incrimination, ne résultant ni du procès-verbal ni de la citation, ne pouvait être relevé au cours du débat, en dehors du consentement formel du prévenu, sans qu'il en résultât une atteinte aux droits de la défense ; — Rejette.
Du 22 janv. 1870.-Ch. crim.-MM. Robert de Chenevière, rap.-Bédarrides, av. gén.

(4) (Florian Erard.) — LA COUR ; — Sur le moyen tiré de ce que le jugement attaqué n'aurait pas statué sur les injures adressées au commissaire de police rédacteur du procès-verbal : — Attendu qu'aucune réquisition de ce chef n'a été prise à l'audience par le ministère public ; que, dès lors, le juge de police qui n'a pas été saisi de ce fait n'avait pas à statuer ; — Rejette.
Du 14 mai 1870.-Ch. crim.-MM. Roussel, rap.-Bédarrides, av. gén.

(5) (Moussu.) — LA COUR ; — Attendu que s'il résulte du procès-verbal dressé le 29 mai 1874 par les gendarmes de la résidence d'Arc-en-Barrois, que ledit sieur Moussu a usé de violences envers un individu, et a été trouvé en état d'ivresse manifeste, il résulte également de la citation à lui donnée qu'il n'a été déféré au tribunal de simple police que pour le fait d'ivresse ; — Que ce fait constitue une contravention dont la connaissance était de la compétence du tribunal de simple police ; que c'est donc à bon droit que ce tribunal a reconnu sa compétence, et qu'il a statué sur cette contravention ; — Que le moyen d'incompétence soulevé par le demandeur ne saurait être admis ; — Rejette.
Du 8 août 1874.-Ch. crim.-MM. Berthelin, rap.-Babinet, av. gén.

et, sans s'écarter de ce fait, lui reconnaître sa qualification légale. Il a été jugé en ce sens, dans une espèce où le titre de la prévention était une dégradation commise sur un chemin par l'écroulement d'un mur, que le prévenu avait pu être condamné pour embarras de la voie publique par dépôt de matériaux sans nécessité : « Attendu que l'art. 159 c. instr. cr. ne permet de renvoyer le prévenu de la plainte que lorsque le fait, reconnu constant, ne se trouve prévu par aucune loi pénale; que si le fait dont il s'agit n'est pas prévu par l'art. 479 c. pén., il présente les caractères déterminés par l'art. 471, nᵒ 4 » (Crim. cass. 6 févr. 1845, aff. Gineste, D. P. 45. 4. 547).

193. En second lieu, le tribunal de police peut statuer sur des faits qui ne sont pas énoncés dans la citation, si cette citation se réfère à un procès-verbal dans lequel ils sont constatés, et si le procès-verbal a été notifié ou au moins communiqué au prévenu (Faustin Hélie, t. 6, nᵒ 2587, et Crim. rej. 9 nov. 1843, Rép. nᵒ 296). — Jugé aussi depuis, par deux arrêts, que, bien qu'une contravention n'ait pas été comprise dans la citation adressée au prévenu, le tribunal de police en est légalement saisi par la lecture à l'audience du rapport de l'agent de police, qui la constate, et par les conclusions du ministère public, sauf le droit du prévenu de demander un délai pour préparer sa défense (Crim. cass. 20 févr. 1862, aff. Mouchez-Nana, D. P. 63. 1. 271; 17 juill. 1863, aff. Fleury, D. P. 64. 1. 45). À défaut par le prévenu d'user de ce droit, et alors qu'il accepte le débat en fournissant des explications, le tribunal de police se trouve appelé à statuer immédiatement sur la contravention (Même arrêt du 17 juill. 1863).

194. En troisième lieu, le tribunal de simple police peut tenir compte, dans certains cas, de faits accessoires au fait principal dont il est saisi, quoique ces faits ne soient pas mentionnés dans la citation. Ainsi, dans une espèce où le prévenu était cité pour avoir élevé une construction sur la voie publique, sans se conformer à l'autorisation qui lui avait été accordée, le tribunal de police a pu le condamner non seulement à cause de l'infraction constatée par le procès-verbal, mais encore à raison d'une autre infraction, résultant de la même construction, et ultérieurement relevée dans un rapport d'experts fait contradictoirement dans le cours de l'instance (Crim. cass. 27 sept. 1851, aff. Guyot, D. P. 51. 5. 113. Conf. Faustin Hélie, t. 6, nᵒ 2587).

195. Une autre règle de compétence, très importante, et d'ailleurs applicable à la matière correctionnelle comme à la juridiction de simple police, est l'obligation pour le juge saisi de *statuer dans les limites de la citation.* — C'est un principe incontestable que la compétence d'un tribunal se détermine par la nature de la demande. Il s'ensuit qu'un tribunal de police ne peut compétemment instruire sur les faits compris dans la citation, que s'ils lui sont déférés en des termes ne comportant qu'une qualification de police; et que si, au contraire, les faits paraissent constitutifs d'un délit, il doit se déclarer incompétent (Crim. cass. 6 juin 1856, aff. Rousselle, D. P. 56. 1. 311; 10 janv. 1857, aff. Caraux, D. P. 57. 5. 74; 18 nov. 1858, aff. Mauboussin, D. P. 58. 5. 84; 13 mars 1862, aff. Moricard, D. P. 62. 5. 76; 24 janv. 1863, aff. Launay, D. P. 63. 5. 402; 21 août 1863, aff. Communeau, D. P. 63. 5. 84; 19 déc. 1863, aff. Ory, D. P. 63. 5. 402; 1ᵉʳ juill. 1864, aff. Barase, D. P. 64. 5. 381; Crim. rej. 4 nov. 1864, aff. Guillermé, D. P. 66. 1. 354; Crim. cass. 8 mars 1866, aff. Corne, D. P. 68. 5. 94; 13 avr. 1866, aff. Vignau, D. P. 66. 1. 414; 9 août 1872, aff. Sicard, D. P. 72. 1. 336; Crim. rej. 7 déc. 1872, aff. Thomas, D. P. 72. 1. 480. Conf. Le Sellyer, t. 1, nᵒ 4). Et le tribunal doit se déclarer incompétent, sans débat préalable, sur le vu de la citation (Arrêts précités des 8 mars 1866, 9 août et 7 déc. 1872); il doit se déclarer incompétent et non acquitter le prévenu (Arrêts précités des 6 juin 1856, 10 janv. 1857, 18 nov. 1858 et 13 mars 1862).

Cette règle est obligatoire pour le juge d'appel comme pour le juge du premier degré (Arrêt précité du 13 avr. 1866). Et l'incompétence doit être prononcée, non seulement quand elle est proposée par le prévenu, mais même d'office (Même arrêt).

196. La compétence se déterminant par la nature de la demande, c'est-à-dire, en matière répressive, par le titre de la prévention, il s'ensuit que le tribunal de police ne peut compétemment retenir la connaissance de faits qui sont articulés par la citation en des termes tels que, s'ils étaient prouvés, ils constitueraient un délit; et c'est abusivement que, pour rejeter en pareil cas le déclinatoire du prévenu, il s'appuierait sur ce que, après vérification, celles des articulations qui donnent au fait un caractère délictueux manqueraient d'exactitude (Crim. cass. 9 août 1872, aff. Sicard, D. P. 72. 1. 336). Spécialement, le juge de police ne peut se déclarer compétent pour connaître d'une diffamation verbale qui, *après examen du fond,* lui paraîtrait n'avoir eu lieu que devant trois ou quatre personnes, alors qu'il est *articulé dans la citation* que les propos ont été tenus devant une foule nombreuse (Même arrêt).

197. Ce n'est pas à dire pourtant que le tribunal doive s'en rapporter aveuglément à la qualification donnée par le ministère public au fait poursuivi, car il est de principe que la juridiction répressive n'est jamais liée par la qualification de la citation. Ainsi, la cour de cassation a décidé que le tribunal de simple police est compétent pour connaître des voies de fait et violences légères prévues et punies par les art. 600 et 605 de la loi du 3 brum. an 4, alors même que les contraventions ont été qualifiées de délits dans la citation, comme elles le sont dans le texte des articles précités (Crim. rej. 30 janv. 1885, aff. Marmier, D. P. 86. 1. 348). Il a même été jugé auparavant par cette cour que le tribunal de police saisi d'une poursuite qui, d'après la qualification donnée par le ministère public au fait poursuivi, ne serait pas de sa compétence, ne peut se déclarer incompétent qu'après avoir vérifié et reconnu si les faits, tels qu'ils sont articulés, comportent effectivement cette qualification (Crim. cass. 18 févr. 1854, aff. Vincent, D. P. 54. 1. 298).

198. Il suit encore de la règle posée *suprà,* nᵒ 197, que le juge de police méconnaît sa compétence lorsque, saisi d'une dénonciation de délit, il procède à une instruction pour vérifier au fond le caractère du fait dénoncé et que, sur la preuve ainsi obtenue que ce fait ne serait qu'une contravention, il déclare qu'il lui appartient d'en connaître (Crim. rej. 21 août 1863, aff. Communeau, D. P. 63. 5. 84); ... ou que le prévenu n'est pas coupable (Crim. cass. 13 mars 1862, aff. Moricard, D. P. 62. 5. 76);... ou encore que le fait n'est réprimé par aucune loi (Crim. cass. 6 juin 1856, aff. Rousselle, D. P. 56. 1. 311).

De même le tribunal de simple police méconnaît sa compétence lorsque le fait dénoncé ne pouvant comporter, s'il était établi, qu'une qualification correctionnelle (par exemple, celle d'outrage ou violences envers un magistrat à l'occasion de l'exercice de ses fonctions), il surseoit, au lieu de se dessaisir, jusqu'à la décision d'une question préjudicielle soulevée par le prévenu (Crim. cass. 5 juin 1856, aff. Delort, D. P. 56. 1. 309). — Et il n'importe que la citation, dans une partie de son libellé, ait pu paraître manquer de précision et laisser incertain si le fait reproché constituait un délit ou une contravention, si, pour le surplus, l'appréciation de la poursuite était incontestablement en dehors de ses attributions (Crim. cass. 13 avr. 1866, aff. Vigneau, D. P. 66. 1. 414). Spécialement, le juge de police ne peut statuer sur une citation dans laquelle un garde champêtre impute à la partie poursuivie d'avoir publiquement tenu contre lui, à l'occasion de l'exercice de ses fonctions, certains propos déterminés, dont quelques-uns renferment des imputations de nature à porter atteinte à son honneur et à sa considération (Même arrêt).

De même encore il a été jugé que le tribunal de police refuse avec raison, pour cause d'incompétence, d'entendre les témoins cités à l'appui d'une prévention de violences légères, si, aux termes de la plainte et des déclarations des parties à l'audience, il résulte que les violences dénoncées ont consisté en coups de canne qui ont occasionné une blessure au plaignant (Crim. rej. 4 nov. 1864, aff. Guillermé, D. P. 66. 1. 354).

199. Quel est le devoir du juge de police si, à la contravention dont il est saisi, se trouve lié un délit connexe? Nul doute qu'il doive se déclarer incompétent pour le tout au cas où l'un des auteurs du fait serait déjà poursuivi en

police correctionnelle (Crim. rej. 28 août 1874) (1). Si la juridiction correctionnelle n'est pas encore saisie, il se déclarera à bon droit incompétent pour statuer sur le délit; mais il devra statuer malgré la connexité sur le chef spécial de la contravention (Crim. cass. 24 avr. 1829,. Rép. n° 353; 22 févr. 1844, Bull. crim., n° 30 ; 15 janv. 1859, ibid., n° 24 ; 13 juin 1863, aff. Laillet, D. P. 63. 1. 486 ; Crim. rej. 5 avr. 1867, aff. Tournery, D. P. 67. 5. 96; 30 avr. 1869, aff. Eve, D. P. 69. 5. 80-81 ; 8 août 1874, suprà, n° 190. Conf. Faustin Hélie, t. 6, n° 2529).

Et le juge ne pourrait, sous le prétexte d'une prétendue connexité, subordonner sa décision sur l'action publique dont il a été compétemment saisi, à la poursuite et à la décision à intervenir sur une autre action qui n'était point intentée relativement à un autre fait. C'est ainsi qu'il a été jugé que le tribunal de police, saisi d'une contravention de tapage injurieux et de tapage nocturne, ne peut, sans méconnaître les règles de sa propre compétence, renvoyer le prévenu devant le procureur de la République, par le motif que les faits reprochés à ce prévenu constitueraient un crime ou tout au moins un délit, et que, s'il s'y trouvait une contravention, elle devait, par connexité, être jugée par le tribunal correctionnel (Crim. cass. 8 juin 1882, cité suprà, n° 120).

200. S'il y a non seulement connexité, mais indivisibilité entre le délit et la contravention, d'autres termes si la contravention ne constitue pas un fait indépendant et distinct du délit, mais se confond avec lui pour ne constituer qu'un seul et même fait, la solution qui s'impose est tout autre : le juge doit, dans ce cas, déclarer son incompétence pour connaître de ce fait unique dont la connaissance lui échappe

nécessairement. Cette règle a été appliquée à diverses reprises en matière de cris séditieux indivisiblement liés à des faits de tapage injurieux et nocturne (Crim. cass. 21 août 1873, aff. Delsart, D. P. 74. 1. 43 ; 6 févr. 1886 (2) ; 6 mars 1886) (3). Jugé aussi avec raison qu'en cas pareil, lorsque le moyen d'incompétence est soulevé par les prévenus, le juge ne peut passer outre sans s'expliquer sur l'exception proposée. C'est seulement lorsqu'elle ne lui paraît pas fondée en fait qu'il peut retenir la cause et statuer ; mais il ne peut écarter le moyen par une simple prétérition, et, s'il le fait, la cassation doit nécessairement s'ensuivre (Crim. cass. 31 déc. 1886, aff. Fournieux, D. P. 87. 1. 460).

201. Ainsi qu'on l'a rappelé au Rép. n° 303, si le fait est un délit qui emporte une peine correctionnelle ou plus grave, le tribunal de simple police doit renvoyer les parties devant le procureur de la République (c. instr. cr. art. 160). Dans ce cas, le juge doit se borner à prononcer le renvoi; il n'a pas le droit de saisir directement la juridiction qu'il estimerait compétente. — Il a été jugé, par application de cette règle : 1° que lorsqu'un tribunal de police reconnaît son incompétence pour connaître d'un fait qui rentre dans les attributions d'une autre juridiction, spécialement dans les attributions du conseil de préfecture, il doit, non pas relaxer le prévenu des poursuites, mais le renvoyer devant qui de droit (Crim. cass. 16 juin 1848) (4) ; — 2° Que le juge de police, qui renvoie devant qui de droit pour être statué sur le fait résultant du procès-verbal, qu'il reconnaît constituer le délit d'outrage envers des agents de la force publique, et non la contravention à l'art. 479, § 8, c. pén., se conforme aux règles de la compétence, et reste dans les limites de ses attributions (Crim. cass. 18 mars

1854) (1); — 3° Que le tribunal de police à qui ont été déférés des faits, qui constituent le délit de vol de récoltes prévu par l'art. 388, § 3, c. pén., doit se déclarer incompétent et renvoyer les parties devant le procureur de la République (Crim. cass. 4 nov. 1880, aff. Vasselin, D. P. 81. 1. 44).

202. Cette règle a été maintenue par la jurisprudence avec une grande fermeté. Dans une plainte pour injures, un tribunal de police, ayant reconnu les caractères d'une dénonciation calomnieuse, avait renvoyé devant qui de droit *l'appréciation du caractère de la dénonciation;* il en résultait que, tout en déclarant son incompétence, il retenait virtuellement la cause ; son jugement a été cassé (Crim. cass. 9 août 1844, *Rép.* v° *Dénonciation calomnieuse,* n° 115).

203. Ajoutons, avec Faustin Hélie, t. 6, n° 2708, que le tribunal doit se dessaisir aussitôt qu'il s'est assuré que la prévention n'est pas de sa compétence, et qu'il ne peut procéder à aucun acte ultérieur, même à une vérification (Crim. cass. 6 oct. 1837, *Rép.* n° 398); qu'il ne peut réserver l'exception et continuer le débat (Crim. cass. 6 mars 1847, *Bull. crim.,* n° 55); que son jugement doit être une simple déclaration; qu'il ne doit ni contenir une appréciation du fait ni à plus forte raison, porter renvoi des fins de la plainte (Crim. cass. 24 juin 1843, *Bull. crim.,* n° 60 ; 8 févr. 1855 (2); 18 avr. 1856 (3); 3 mars 1866, aff. Saux, D. P. 67. 5. 221).

204. Est-ce seulement au cas où le fait est passible d'une peine supérieure aux peines de simple police, que le tribunal doit se déclarer incompétent? On serait tenté de le décider si l'on interprétait littéralement l'art. 160; mais cette disposition n'est qu'indicative, et le tribunal doit se dessaisir toutes les fois qu'il lui paraît que l'affaire n'est pas de sa compétence, pour quelque cause que ce soit (Faustin Hélie, t. 6, n° 2707). Ainsi, l'incompétence doit être déclarée : 1° si la peine est indéterminée, parce qu'elle peut excéder les limites de la compétence de simple police ; — 2° Lorsque la contravention, à raison de sa nature spéciale, est déférée par la loi à la police correctionnelle, bien qu'elle ne soit passible que de peines de police, ou à la juridiction administrative ; — 3° Lorsque le fait, quoique qualifié contravention, est passible d'une peine supérieure aux peines de police ; — 4° Lorsque la contravention a été commise en dehors du territoire du tribunal ; — 5° Lorsqu'elle est imputée à un militaire en activité de service (C. just. mil. art. 271). Dans toutes ces hypothèses, soit que l'exception

d'incompétence ait été soulevée, soit qu'elle ne l'ait pas été, le juge, saisi par des conclusions ou d'office, doit immédiatement se dessaisir.

205. En est-il de même lorsque le fait n'a pas le caractère d'une contravention et n'est passible d'aucune peine? M. Faustin Hélie, t. 6, n° 2707, le pense; mais plusieurs arrêts ont décidé, avec raison suivant nous, que lorsque le juge de police reconnaît que le fait qui lui est déféré ne tombe sous l'application d'aucun règlement ou d'aucune disposition pénale, il doit renvoyer le prévenu de la poursuite, en exécution de l'art. 159 c. instr. cr., et non se déclarer incompétent (V. outre Crim. cass. 4 août 1838, 5 janv. 1839 et 2 déc. 1842, cités au *Rép.* n° 311 : Crim. cass. 22 mai 1856, aff. Simon, D. P. 56. 1. 373).

206. Au reste, il est clair que c'est au juge dont la compétence est déclinée d'apprécier les faits et circonstances sur lesquels est fondé le déclinatoire ; c'est à lui de juger. Le n° 305 du *Répertoire* a donné, à cet égard, un exemple qui ne pourrait plus être cité aujourd'hui, la loi du 27 mars 1851 ayant abrogé le paragraphe 5 de l'art. 479 c. pén. relatif à *l'usage* des faux poids et fausses mesures. Jugé, toutefois, que lorsque le fait constaté par un procès-verbal peut constituer un délit, et que le ministère public conclut à l'incompétence, le tribunal de simple police doit se dessaisir ; il ne peut décider que les faits n'existent pas, ou qu'ils ne constituent pas un délit (Crim. cass. 22 nov. 1862, *Bull. crim.,* n° 254. V. Conf. Crim. cass. 27 janv. 1838, *Rép.* n° 304).

207. On a dit au *Rép.* n° 306 qu'un tribunal de police qui s'est déclaré incompétent ne peut plus connaître de la même affaire, et cela, alors même qu'elle lui serait renvoyée par le directeur du jury (aujourd'hui le juge d'instruction) (V. Crim. cass. 27 prair. an 9, *Rép.* n° 306). Un récent arrêt de la cour de cassation a confirmé cette doctrine en décidant que le juge de simple police qui s'est déclaré incompétent à l'effet de connaître de faits poursuivis sous l'inculpation de cris séditieux, a épuisé ses pouvoirs, et ne peut être valablement saisi de nouveau de ces mêmes faits, quoique leur auteur soit cité devant lui sous l'inculpation de tapage nocturne; en se déclarant compétent dans cet état, le juge de police commet un excès de pouvoir (Crim. cass. 13 févr. 1886) (4). — Jugé de même que, lorsqu'un tribunal de police a définitivement prononcé sur une contravention, s'il arrive

---

(1) (Chopy frères.) — La cour ; — Sur le troisième moyen, fondé sur la violation des art. 479, § 8, c. pén., et 154 c. instr. cr., en ce qu'en présence des faits constatés par le procès-verbal, le jugement attaqué n'aurait pas condamné les prévenus à la peine édictée par ledit art. 479 : — Attendu que les injures retenues par le procès-verbal ont été qualifiées par le jugement comme constituant, non la contravention prévue par ledit article, mais un délit d'outrage envers un agent de la force publique, délit prévu et puni par la loi de peines correctionnelles ; — Qu'en cet état, et en renvoyant les prévenus devant qui de droit, ce jugement s'est exactement conformé aux limites de ses attributions et aux règles de la compétence; — Mais sur le second moyen : ... — Casse.
Du 18 mars 1854.-Ch. crim.-MM. Nouguier, rap.-Plougoulm, av. gén.

(2) (Krist.) — La cour ; — Attendu que, devant le tribunal de simple police de Troyes, saisi des poursuites dirigées contre le nommé Krist, berger du sieur Dosseur Breton, et ce dernier comme civilement responsable, le ministère public a pris des conclusions tendant à ce que le tribunal se déclarât incompétent, parce que le fait qui leur était reproché présentait les caractères du délit prévu par l'art. 459 c. pén., et était de nature à entraîner l'application de peines correctionnelles ; — Qu'au lieu de faire droit à ces réquisitions, le tribunal a renvoyé les prévenus des poursuites, en se fondant sur ce que le sieur Dosseur Breton avait prévenu le maire que quelques moutons faisant partie de son troupeau étaient atteints d'une maladie contagieuse et qu'en attendant que le maire les fît visiter, il avait fait conduire le troupeau au parcours en retenant chez lui les bêtes qui lui paraissaient douteuses ; — Qu'en motivant ainsi sa décision, le tribunal a écarté l'application de l'art. 459 c. pén., et a statué sur un délit dont la connaissance appartenait à la juridiction correctionnelle ;
Attendu, d'ailleurs, que Krist était prévenu d'avoir fait paître son troupeau de moutons sur des terres autres que celles qui lui avaient été désignées comme cantonnement, ainsi qu'il résultait du procès-verbal ; — Que l'art. 23, tit. 2, de la loi du 28 sept.-

6 oct. 1791 prononce pour ce fait une amende de la valeur d'une journée de travail par tête de bête à laine ; — Que le procès-verbal n'ayant pas énoncé le nombre de bêtes à laine menées au parcours, il en résultait que l'amende était indéterminée, qu'elle pouvait s'élever de 15 fr. à cent, et que, dès lors, la connaissance du délit excédait la compétence du tribunal de simple police ; — Casse.
Du 8 févr. 1855.-Ch. crim.-MM. Auguste Moreau, rap.-Bresson, av. gén.

(3) (François Pin.) — La cour ; — Sur le moyen relevé d'office : — Vu les lois des 5 mai 1855 et 27 mars 1851 ; — Attendu que François Pin a été cité, à la requête du ministère public, devant le tribunal de simple police du canton d'Arles, comme prévenu d'avoir falsifié son vin et, par conséquent, trompé l'acheteur, délit prévu par l'art. 475, n° 6, c. pén. ; — Attendu que ce fait rentrait expressément dans les termes de la loi du 5 mai 1855, qui a branché le numéro 6 de l'art. 475 c. pén., et pouvait donner lieu à l'application de peines correctionnelles ; — Que le tribunal de simple police était, dès lors, incompétent pour en connaître ; — Que ce tribunal a néanmoins statué au fond, et renvoyé le prévenu des fins de la plainte ; — Qu'en décidant ainsi, il a méconnu les règles de la compétence et commis un excès de pouvoir ; — Casse.
Du 18 avr. 1856.-Ch. crim.-MM. Sénéca, rap.-Renault d'Ubexi, av. gén.

(4) (Bénathendy.) — La cour ; — Sur le moyen tiré d'un excès de pouvoir : — Attendu que, par procès-verbal de la gendarmerie, il avait été constaté que, pendant la nuit du 17 octobre dernier, Bénathendy (Jean-Baptiste) avait, dans les rues de la commune de Caresse, proféré les cris de *Vive le roi! A bas la République!* qu'à raison de ce fait, il a été cité devant le tribunal de simple police de Salies, sous l'inculpation d'avoir proféré des cris séditieux; que, par jugement du 12 nov. le juge s'est déclaré incompétent, et que ce jugement a acquis l'autorité de la chose jugée; — Attendu que, le 14 nov. le commissaire de police a fait citer de nouveau Bénathendy devant le tribunal de

que le juge d'appel annule ce jugement sans statuer sur la contravention, le tribunal de simple police auquel la même contravention est de nouveau déférée, par voie de citation, doit se déclarer incompétent (Crim. rej. 25 juill. 1846, aff. Hesse, D. P. 46. 4. 92). — Ajoutons que le tribunal de police qui acquitte le prévenu devient incompétent pour statuer sur l'action civile (V. *Rép.* v° *Action civile*, n°s 25 et suiv.).

§ 3. — Pouvoir des tribunaux de police en ce qui concerne les intérêts civils se rattachant aux contraventions qui leur-sont déférées (*Rép.* n°s 307 à 322).

208. Quand le tribunal de simple police prononce un acquittement (c. instr. cr. art. 159), il est néanmoins compétent pour statuer sur les dommages-intérêts réclamés *par le prévenu* contre la partie civile pour l'indemniser du préjudice que lui a causé une poursuite mal fondée. Cette règle, d'ailleurs commune à tous les tribunaux de répression, a été exposée au *Rép.* n°s 307 à 309 ; elle 'est hors de contestation (Faustin Hélie, t. 6, n° 2721). — Au reste, ainsi qu'on l'a dit au *Rép.* n° 322, le tribunal ne peut statuer sur les dommages-intérêts du prévenu que par le *même jugement* (art. 159), d'où la conséquence que, si ce prévenu avait négligé de former sa demande, il ne pourrait plus, après le prononcé du jugement, en saisir le tribunal de police par action nouvelle. — En aucun cas, d'ailleurs, il ne peut être formé par le prévenu de demandes en dommages-intérêts contre le *ministère public*, qui ne fait qu'exercer une fonction et qui pourrait seulement être pris à partie en cas de malversation (V. *Rép.* v° *Ministère public*, n° 59-1°, et *Responsabilité*, n° 286) ; .... ni contre le plaignant qui n'a point donné de citation et ne s'est point constitué partie civile, puisque, s'étant borné à porter plainte, il n'a point exercé d'action et n'est point en cause (V. *Rép.* v° *Instruction criminelle*, n° 506).

209. Quant aux dommages réclamés par la *partie civile* à raison du préjudice que lui a causé le fait incriminé, ils ne peuvent être alloués par le tribunal de police qu'en cas de condamnation, nullement en cas d'acquittement. C'est une application, déjà faite au *Rép.* n°s 310, 312 et 313, de la règle suivant laquelle le tribunal de répression ne peut connaître de l'action civile que l'*accessoire* de l'action publique dont il est saisi. L'acquittement éteint cette dernière action et, dès lors, le tribunal de police (ou le tribunal correctionnel) qui n'est, en général, compétent que pour statuer sur l'action publique, n'a plus aucun titre à connaître de l'action en dommages-intérêts (c. instr. cr. art. 159, 191, 212). — On sait, et cela a été rappelé au *Rép.* n° 320, qu'il en est autrement des cours d'assises, celles-ci ayant reçu des art. 358 et 366 c. instr. cr. attribution spéciale pour statuer sur les dommages-intérêts même en cas d'acquittement (V. *infrà*, n°s 238 et suiv.).

Sur la règle que le tribunal de simple police est incompétent pour allouer des dommages-intérêts à la partie civile, lorsqu'il relaxe le prévenu, V. outre les arrêts cités au *Rép.* n°s 310 et 313 : Crim. cass. 8 sept. 1843, *Bull. crim.*, n° 237; 7 nov. 1873, aff. Mariani et aff. Delaplesse, D. P. 74. 1. 96; Crim. rej. 23 mai 1884, aff. Bailly, D. P. 85. 1. 271. Conf. Faustin Hélie, t. 6, n°s 2533 et 2722 ; Sourdat, *Traité de la responsabilité*, t. 1, n° 225. Spécialement, il a été jugé par l'arrêt précité du 7 nov. 1873 (aff. Mariani), que le juge de simple police ne peut pas condamner le prévenu à des dommages-intérêts envers le plaignant, lorsqu'il déclare éteinte par prescription l'action publique pour dommage causé aux champs (Conf. Sourdat, *Traité de la responsabilité*, n° 229; Mangin, *Action publique*, t. 1, n° 34).

210. Du principe que le tribunal de répression ne peut connaître de l'action civile qu'accessoirement à l'action publique, et aussi du texte même de l'art. 161 c. instr. cr., il suit que le tribunal de police doit statuer sur les dommages-intérêts par le *même jugement* que sur l'action pénale (V. Arrêt du 28 mars 1807, *Rép.* n° 314) ; et qu'il n'y pourrait statuer par un jugement *postérieur* (V. outre l'arrêt de 1845, cité *Rép.* n° 316 : Crim. rej.7 juill. 1860, aff. Duplessis, D. P. 60. 1. 417). Conséquemment, le juge de police qui a prononcé sur l'action publique a épuisé entièrement sa juridiction, et il ne peut plus être saisi ultérieurement de l'action civile lorsqu'il a omis d'y statuer, ou lorsqu'il s'est mal à propos abstenu d'y faire droit. — Ainsi, en matière de voirie, il a été décidé que le juge de police qui a statué sur le fait d'usurpation de la voie publique, mais a omis d'ordonner le rétablissement des lieux dans leur état primitif, ne peut plus être ultérieurement saisi d'une demande en rétablissement des lieux ; il a épuisé ses pouvoirs, à moins qu'il ne soit allégué un fait nouveau d'anticipation (Même arrêt du 7 juill. 1860).

211. Toutefois, l'art. 161 c. instr. cr. ne s'oppose pas à ce que le juge de police, après avoir admis l'action publique en même temps que l'action civile, et reconnu la légitimité de la demande en dommages, ordonne les mesures d'instruction propres à éclairer sa conscience, et, par suite, surseoie à fixer la quotité des dommages-intérêts, c'est lorsque là que déterminer les conséquences du jugement (Crim. rej. 7 juill. 1855, aff. Pommier, D. P. 55. 1. 376. — Conf. Faustin Hélie, t. 6, n° 2729).

Au surplus, il a été jugé que l'irrégularité résultant de ce que, dans une instance de police, il aurait été, contrairement à l'art. 161 c. instr. cr., statué par jugements séparés sur l'action publique et sur l'action civile, ne peut être considérée comme une nullité touchant à la compétence et étant à ce titre d'ordre public. C'est un simple vice de forme qui, s'il n'a été relevé en appel, ne peut être invoqué pour la première fois en cassation (Crim. rej. 16 févr. 1855, aff. Escaraguel, D. P. 55. 1. 350).

212. Une autre conséquence de la règle que les tribunaux de police ne peuvent s'occuper des intérêts civils qui se rattachent aux contraventions dont ils sont saisis qu'accessoirement à l'action publique et en même temps qu'ils prononcent sur celle-ci, c'est que si le fait, quoique qualifié contravention, n'est passible d'aucune peine, le juge de police est incompétent pour connaître de l'action en réparation du dommage (Crim. cass. 12 févr. 1840, *Bull. crim.*, n° 68 ; 2 mars 1844, *ibid.*, n° 77 ; 22 août 1845, *ibid.*, n° 267 ; 26 mars 1847, *ibid.*, n° 66 ; 24 janv. 1852, aff. Brunton Pilté, D. P. 52. 1. 62 ; Crim. rej. 7 mars 1857, aff. Drevet, D. P. 57. 1. 184 ; 13 août 1858, aff. Aubert, D. P. 59. 1. 96; 16 avr. 1863, aff. Clerc, D. P. 65. 1. 44). — A plus forte raison, le tribunal de police ne peut-il statuer, si le fait qui motive la poursuite n'a ni les caractères, ni la qualification d'une contravention, comme au cas où il ne serait saisi par le plaignant que d'une demande en payement d'une place dans une voiture-messagerie (Crim. cass. 7 déc. 1854) (1); — Ou d'une action en payement d'un droit d'abattoir (Crim. cass. 22 mai 1857, aff. Delalonde, D. P. 57. 1. 316) ; — Ou d'un droit de place dans un marché (Crim. rej. 22 nov. 1866, aff. Sentenac, D. P. 66. 5. 405 ; 27 juin 1867, aff. Blanchard, D. P. 69. 5. 324) ; — Ou d'un droit de stationnement sur la voie publique (Crim. cass. 16 avr. 1863, aff. Clerc, D. P. 65. 1. 44). — Conf. Faustin Hélie, t. 6, n° 2534.

213. Une autre conséquence encore a été tirée, en ma-

---

tière de simple police, du principe que les tribunaux répressifs ne sont compétents pour connaître de l'action civile qu'accessoirement à l'action pénale. Elle concerne les personnes civilement responsables. On a cité au *Rép.* n° 318 un arrêt du 24 déc. 1830 qui a décidé que le tribunal de simple police ne peut condamner la personne civilement responsable au payement des réparations civiles sans que le prévenu ait été mis en cause. Cette doctrine, contraire à celle de Legravrerend, *Législation criminelle*, t. 2, p. 272, a été depuis confirmée, avec raison, par un arrêt (Crim. rej. 17 août 1878, aff. Cordier, D. P. 79. 1. 234. Conf. Sourdat, t. 2, n° 801 ; Faustin Hélie, t. 6, n° 2729).

§ 4. — Règles sur la compétence des tribunaux de police en ce qui touche les contraventions aux règlements administratifs, en matière de voirie, etc. (*Rép.* n°s 333 à 363).

214. C'est une règle incontestable, rappelée au *Rép.* n° 323, que les tribunaux de police ne peuvent être saisis que des faits constituant des *contraventions ;* et par là il faut entendre les infractions dont la peine n'excède pas 5 jours d'emprisonnement et 15 fr. d'amende (c. instr. cr. art. 1er, 137, 138). — Au premier rang des contraventions sont les faits énumérés au 4e livre du code pénal, art. 471 à 482 ; il y faut ajouter, ainsi qu'on l'a dit au *Rép.* n° 330, les infractions non prévues par le code pénal, mais réprimées par des lois spéciales, telles que la loi sur la police rurale, ou par des règlements administratifs ou municipaux légalement établis, quand d'ailleurs les peines dont ces infractions sont passibles ne dépassent pas la compétence des tribunaux de police.
215. En ce qui concerne les contraventions aux règlements, plusieurs règles importantes concernant la compétence ont été posées par la jurisprudence et la doctrine depuis la publication du *Répertoire.* — On sait que, depuis la réforme du code pénal faite en 1832, la sanction des règlements légalement faits par l'autorité administrative et par l'autorité municipale en vertu des art. 3 et 4, tit. 11, de la loi du 16-24 août 1790 et de l'art. 46, t. 1er, de la loi du 19-22 juill. 1791 (aujourd'hui art. 90 et suiv. de la loi municipale du 5 avr. 1884) se trouve dans l'art. 471, § 15, c. pén. qui édicte une amende de 1 fr. à 5 fr. contre les contrevenants. Cette sanction s'applique-t-elle aux règlements antérieurs aux lois précitées de 1790 et de 1791 qui, intervenus soit sur des matières de 1790, soit sur des matières spéciales, ont été maintenus par la législation nouvelle, et n'ont pas été abrogés depuis ? Suivant une doctrine aujourd'hui fermement établie, les anciens règlements se divisent en deux catégories comprenant : la première, les règlements de police sur des matières attribuées par la législation actuelle au pouvoir réglementaire de l'administration ; la seconde, les règlements spéciaux relatifs aux matières non réglées par le code pénal ou les lois postérieures, qui sont maintenus en vigueur par l'art. 484 c. pén. (V. sur cette distinction : Faustin Hélie, t. 6, n°s 2466 et suiv. ; Blanche, *Études sur le code pénal*, t. 7, n° 264 ; Ch. Berriat-Saint-Prix, *Tribunaux de simple police*, n°s 64 et suiv. ; de Champagny, *Traité de la police municipale*, t. 1, p. 306 et suiv.). Or, aux termes d'une jurisprudence désormais bien fixée, les contraventions aux anciens règlements de la première catégorie ne sont plus passibles, quelle que soit la peine édictée par ces règlements, que de l'amende de 1 à 5 fr. portée par l'art. 471, § 15, c. pén., et, par conséquent, elles sont justiciables des tribunaux de simple police (Crim. cass. 19 janv. 1837, *Rép.* v° *Commune*, n° 1178; 17 déc. 1841, *ibid.* v° *Revendeur*, n° 3; 11 oct. 1851, aff. Chiffre, D. P. 51. 1. 312 ; 17 déc. 1852, aff. Dillais, D. P. 53. 1. 53 ; 1er déc. 1866, aff. Saint-Blancat, D. P. 67. 1. 142, et sur renvoi, Orléans, 28 janv. 1867, D. P. 67. 2. 205 ; Crim. cass. 9 juin 1877, aff. Delaya, D. P. 78. 1. 187, et sur renvoi, Nîmes, 1er sept. 1877, D. P. 78. 2. 87; Crim. cass. 11 juill. 1884, aff. X..., D. P. 85. 1. 333 ; Trib. corr. Seine, 19 déc. 1866, aff. Drevet, D. P. 67. 3. 21.) Au contraire, les contraventions aux anciens règlements de la seconde catégorie demeurent passibles des peines édictées par ces mêmes règlements (Ch. réun. 23 avr. 1853, aff. Joys et Martin, D. P. 54. 1. 47 ; Crim. rej. 13 juin 1863, aff. Michel Léon, D. P. 63. 1. 322; 1er févr. 1878, aff. Delion, D. P. 78. 1. 489; Crim. cass. 17 févr. 1883, aff. Chauvet,

D. P. 83. 1. 488. Conf. Faustin Hélie, t. 6, n° 2471); — Sauf, bien entendu, le cas où ces peines ne seraient pas en harmonie avec les principes de notre droit criminel (Crim. cass. 14 févr. 1856, aff. Mathieu, D. P. 56. 1. 346; 26 mai 1876, aff. Daoud Guigne, D. P. 76. 1. 509. V. aussi *Rép:* v° *Commune*, n° 708). — Dès lors, les contraventions aux règlements de la seconde catégorie sont justiciables, ou non, des tribunaux de simple police, suivant que la peine n'excède pas ou excède le taux de la simple police.
216. Quel est le pouvoir du juge de police relativement aux règlements qu'il est chargé de faire appliquer? Un premier principe général, énoncé au *Rép.* n° 344, c'est que les règlements faits par l'autorité administrative, dans la sphère de ses attributions, sont obligatoires pour les tribunaux, qui ne peuvent, sous aucun prétexte, se dispenser d'en faire l'application.
Un second, non moins certain, c'est que le juge de police est investi du droit de vérifier la *légalité* du règlement de police. Rendus en vertu d'une délégation du pouvoir législatif, ces règlements participent, en effet, de la nature de la loi ; ils ont sur les matières de police tous les effets et toute la force des lois pénales (Faustin Hélie, t. 6, n° 2549 ; Blanche, 7e *Étude*, n° 261). En vérifiant leur légalité, le tribunal de police ne fait autre chose qu'exercer, à leur égard, le droit que tous les tribunaux exercent à l'égard des lois. Aussi a-t-il été jugé « que les juges de police, quand on leur demande de punir une infraction aux règlements de police, ont le droit d'examiner si ces règlements sont dans la sphère des attributions de l'autorité dont ils sont émanés et sont conformes aux lois qui déterminent la nature, l'étendue et les limites de leurs pouvoirs, et que ce n'est qu'alors qu'il est reconnu que cette autorité a agi légalement et sur des objets confiés à sa surveillance, que ces juges ne peuvent refuser la sanction pénale qui leur est demandée au nom des lois » (Crim. cass. 9 août 1828, *Rép.* v° *Commune*, n° 659. V. aussi *suprà*, v° *Commune*, n° 474).
217. Le droit de vérifier la légalité des règlements comporte, en premier lieu, le pouvoir d'examiner s'ils émanent d'une autorité compétente (Crim. rej. 24 avr. 1845, aff. Esnault, D. P. 45. 4. 47; Crim. cass. 12 mai 1848, *Bull. crim.*, n° 147), mais non celui de rechercher la légalité du titre et de l'exercice de l'autorité dont le règlement émane (V. à cet égard l'arrêt cité au *Rép.* n° 345).
218. En second lieu, le juge de police doit vérifier si l'arrêté a été pris dans le cercle des attributions de l'autorité dont il émane, car il ne peut appliquer les contraventions de l'art. 471, n° 15 c. pén., qu'aux règlements qui sont *légalement faits*, c'est-à-dire qui ont été faits en vertu d'une délégation directe de la loi. On trouvera au *Rép.* v° *Règlements administratifs* de nombreux exemples d'arrêtés municipaux ou préfectoraux et de règlements du pouvoir exécutif pris en dehors de la délégation du pouvoir législatif, et que la cour de cassation a, dès lors, déclarés non obligatoires pour les tribunaux (V. aussi *infrà*, v° *Règlements administratifs ;* Faustin Hélie, t. 6, n° 2551).
219. Si le règlement dont l'application est demandée devant le tribunal de simple police contient à la fois des dispositions obligatoires et des dispositions excessives, le tribunal doit appliquer les unes et défendre aux autres toute sanction pénale. C'est ainsi qu'il a été reconnu « qu'il importe peu que des dispositions illégales soient mêlées à des dispositions légales dans un règlement porté sur une matière soumise au pouvoir réglementaire; que chaque disposition dont on veut demander que la sanction pénale doit être examinée dans sa valeur intrinsèque et dans ses rapports de conformité avec la loi qui a conféré à l'autorité administrative le droit de faire des règlements sur des matières déterminées » (Crim. cass. 18 janv. 1838, *Rép.* v° *Commune*, n° 943. Conf. Crim. cass. 31 mai 1856, aff. Grangier, D. P. 56. 1. 370; 14 nov. 1868, aff. Roux, D. P. 69. 1. 382; 20 janv. 1872, aff. Champy, D. P. 72. 1. 82).
220. Au reste, si le tribunal de police doit vérifier la légalité du règlement, il n'a pas à examiner s'il a été rendu dans les formes voulues, les irrégularités de forme ne pouvant être appréciées que par l'autorité supérieure. Ainsi, le juge de police ne peut acquitter un individu prévenu de contravention à un arrêté municipal compétemment pris (ordonnant, par exemple, la démolition d'une cons-

truction à raison de ce qu'elle menacerait ruine), sur le motif que cet arrêté n'aurait pas été précédé des formalités prescrites par les règlements administratifs (d'une expertise contradictoire et d'une sommation) (Edit de déc. 1607 ; L. 24 août 1790, tit. 2, art. 23, n° 1; c. pén., art. 471, § 5) (Crim. cass. 7 mars 1857, aff. Hemon, D. P. 57. 1. 181).

Mais cette incompétence pour l'appréciation des irrégularités de forme ne concerne pas la question de savoir si les formalités de l'approbation et de la publication ont été remplies.

221. Le juge doit aussi dénier toute sanction à l'arrêté s'il n'a pas les formes extérieures d'un acte réglementaire. Il a été décidé « qu'un arrêté de police est, lorsqu'il est légalement pris dans le cercle du pouvoir réglementaire, une véritable loi locale, qu'il a les effets de l'autorité de la loi, puisqu'il oblige tous les citoyens; qu'il doit être, en conséquence, accompagné des formes et des solennités qui sont les caractères extérieurs de la loi; qu'une simple instruction administrative, lors même qu'elle serait rendue publique, ne peut avoir aucun effet obligatoire » (Crim. cass. 23 sept. 1853) (1). Conf. Faustin Hélie, t. 6, n° 2555.

222. Le juge de police qui dénie à un règlement municipal la sanction de l'art. 471, n° 15, c. pén. est-il tenu de déclarer d'une manière expresse l'illégalité dudit règlement ? Il a été décidé que le refus du juge doit être tenu pour justifié, lorsqu'il explique d'une manière suffisante, dans sa sentence, les causes de cette illégalité (Crim. rej. 24 mars 1866, aff. Courtois, D. P. 67. 1. 85-86).

223. En ce qui concerne le droit et le devoir des tribunaux de police d'*interpréter*, le cas échéant, les règlements de police des préfets et des maires, aussi bien que les lois pénales auxquelles ils s'incorporent, V. les arrêts suivants, qui les ont consacrés : Crim. cass. 15 avr. 1864, aff. Gide, D. P. 65. 1. 402; 10 juin 1864, aff. Guerre, *ibid.* ; 22 nov. 1872, aff. Giraud, D. P. 72. 1. 429 ; Crim. rej. 21 nov. 1884, *Bull. crim.*, n° 314; Crim. cass. 29 janv. 1885, aff. Duclou, D. P. 86. 1. 43. — V. au surplus : *Rép.* v° *Commune*, n°s 660 et suiv., 712 et suiv.). — Mais l'interprétation abusive qui, sous prétexte d'appliquer les arrêtés, les détruirait, doit être évidemment proscrite, et « il est du devoir rigoureux des tribunaux de police d'assurer la pleine exécution des règlements sans qu'il leur soit permis de les modifier, conséquemment d'en changer, étendre ou restreindre les dispositions » (Crim. cass. 24 avr. 1855, cité par Faustin Hélie, t. 6, n° 2557. V. aussi *suprà*, v° *Commune*, n° 476).

224. Le devoir des tribunaux de police étant d'appliquer les arrêtés administratifs quand ils sont légalement pris, il s'ensuit que les tribunaux ne sont aucunement compétents pour apprécier l'opportunité, l'utilité, la justice ou l'efficacité des mesures prescrites par ces arrêtés, sauf aux particuliers intéressés à se pourvoir devant l'autorité administrative supérieure pour obtenir que ces mesures soient modifiées ou retirées (Crim. cass. 10 mars 1860, aff. Dajon, D. P. 60. 5. 322; 8 déc. 1865, aff. Desguy, D. P. 69.5. 335; 3 août 1866, aff. Aymès, D. P. 66. 1. 460; 9 avr. 1868, aff. Cannes, D. P. 69. 1. 534; 11 janv. 1878, aff. Abdallah-bel-Arbi, D. P. 79. 1. 140. Conf. Blanche, t. 7, n° 262; Faustin Hélie, t. 6, n° 2557). — Le tribunal de police ne pourrait pas davantage, ainsi qu'on l'a dit au *Rép.* n° 346, blâmer les mesures prises, en déclarant, par exemple, que

l'arrêté a été fait dans l'intérêt particulier du maire (V. l'arrêt cité *ibid.*).

Jugé aussi, conformément à la doctrine du *Rép.* n° 348, que les difficultés que soulève l'application d'un règlement de police ne peuvent jamais être considérées par le tribunal de police comme un cas de force majeure susceptible de suspendre l'exécution du règlement, et que ces difficultés ne sauraient être prises en considération que par l'autorité administrative elle-même qui peut, ou modifier son arrêté, ou prendre les mesures nécessaires pour en faciliter l'exécution (Crim. cass. 1861, aff. Sedillot, D. P. 63. 5. 45; Crim. rej. 3 août 1866, aff. Aymes, D. P. 66. 1. 460; Crim. cass. 10 juill. 1868, aff. Raboteau, D. P. 69. 1. 119-120; 24 févr. 1884, aff. Moreau, D. P. 84. 1. 336. V. aussi *suprà*, v° *Commune*, n°s 474 et 475).

225. Au reste, il faut noter que l'art. 471, § 15, c. pén. qui punit les contraventions aux règlements, est exclusivement applicable aux mesures prescrites en vertu de lois qui n'ont point elles-mêmes édicté la peine de leur infraction. Quant aux actes de l'autorité qui ont pour objet de faire exécuter ce que des dispositions législatives ont ordonné, ils emportent de plein droit l'application de la peine prononcée par ces dispositions (Crim. cass. 15 févr. 1856, aff. Joly, D. P. 56. 1. 349). Jugé, par exemple, que le fait de bêcher ou combler le fossé d'un chemin vicinal constituant une dégradation de ce chemin, punie par l'art. 479, § 11, c. pén., la contravention à un arrêté préfectoral qui défend un tel fait, donne lieu à l'application de la peine prononcée par ce même article, et non pas seulement à celle édictée par l'art. 471 (Même arrêt). — Il en résulte que si les dispositions législatives que le règlement a pour objet de faire exécuter, ont édicté une sanction correctionnelle, le juge de simple police est incompétent pour connaître des contraventions à ce règlement. C'est ainsi qu'il a été jugé que la contravention à un arrêté du préfet qui défend de s'introduire dans les gares pour y obséder les voyageurs, tombe sous la sanction correctionnelle de l'art. 21 de la loi du 15 juill. 1845, et est par suite en dehors de la compétence du tribunal de simple police (Crim. cass. 17 mars 1866, aff. Hanon, D. P. 66. 1. 354).

226. Mais lorsqu'un règlement, bien que pris en vue d'assurer l'exécution d'une loi, ne rentre pas formellement dans ses prévisions, les mesures qu'il édicte peuvent, à défaut de la sanction que cette loi a indiquée, être obligatoires sous les peines portées par l'art. 471, n° 15, c. pén., et les contraventions à ce règlement rentrent alors dans la compétence du tribunal de simple police. Ainsi, il a été jugé, en matière de chasse, que lorsqu'un arrêté préfectoral, pris en exécution de la loi du 3 mai 1844, après rappel de la défense d'employer les lévriers pour quelque chasse que ce soit, enjoint de ne laisser sortir ces animaux dans la campagne que muselés et tenus en laisse, le tribunal de simple police, saisi de la connaissance d'une infraction à cette injonction de l'arrêté, déclaration de contravention par la poursuite elle-même, ne peut déclarer son incompétence; il doit seulement rechercher si la prohibition dont la violation est reprochée au prévenu a été légalement édictée, et si l'infraction à cette disposition trouve sa sanction dans l'art. 471, n° 15, c. pén. (Crim. cass. 4 déc. 1862, aff. Brière, D. P. 63. 1. 108).

227. Ajoutons aussi que si un arrêté municipal s'était référé par les mesures qu'il prescrit à une disposition pénale

---

(1) (Constant Binet.) — La cour; — En ce qui touche l'arrêté du 18 mai 1853 par lequel le préfet défend, dans toute l'étendue du département, de couvrir les bâtiments neufs ou reconstruits à neuf en chaume ou toute autre matière combustible : — Attendu que cet arrêté, qui a pour objet une mesure de sûreté générale, et s'étend à toutes les communes du département, pris par le préfet, mandataire du pouvoir exécutif, dans le cercle de ses attributions administratives, est légalement obligatoire; — Que le préfet, après l'avoir rendu public, avait le droit, s'il le jugeait convenable, d'en modifier les dispositions par un nouvel arrêté pris et publié suivant les mêmes formes; — Que le jugement attaqué n'allègue point qu'un nouvel arrêté ait été pris postérieurement à celui du 18 mai 1853; — Que ce jugement, pour autoriser un sursis à l'application de ce dernier arrêté, se fonde uniquement sur une circulaire émanée du préfet, le 5 août 1853, qui accorderait un délai aux propriétaires de bâtiments couverts en chaume qui avaient commencé des travaux de construction

ou de réparation, pour achever les travaux commencés et mettre en œuvre les matériaux préparés ou achetés par eux; — Que cette circulaire n'a pu modifier l'arrêté auquel elle se réfère; — Qu'un arrêté de police, lorsqu'il est légalement pris dans le cercle du pouvoir réglementaire, une véritable loi locale; qu'il a l'autorité et les effets de la loi, puisqu'il oblige tous les citoyens; qu'il doit être, en conséquence, accompagné des formes et des solennités qui sont les caractères extérieurs de la loi; — Qu'une simple instruction administrative, lors même qu'elle serait rendue publique, ne peut avoir aucun effet obligatoire; — Que, par conséquent, le jugement attaqué en se fondant sur la circulaire précitée pour suspendre l'application de l'arrêté du 18 mai 1853, a commis une violation des dispositions de cet arrêté, et, par suite, contrevenu à l'art. 471, n° 15, c. pén.; — Casse.

Du 23 sept. 1853.-Ch. crim.-MM. Faustin Hélie, rap.-Bresson, av. gén.

abrogée ultérieurement, il ne s'ensuivrait point qu'il fût dépourvu de sanction; l'infraction à ses prescriptions resterait encore soumise à l'application de l'art. 471, § 15, c. pén., qui punit toute contravention en général aux arrêtés de l'autorité municipale (Crim. cass. 18 avr. 1856, aff. Gicquel, D. P. 56. 1. 200).

228. Il faut remarquer encore que si un règlement de police avait visé à tort une loi étrangère à la matière réglée, cette erreur ne pourrait avoir pour effet de faire tomber sous la sanction édictée par cette loi les infractions à ce règlement ; de telle sorte que si la loi visée à tort prononçait une peine correctionnelle, le juge de police, appelé à faire respecter les dispositions du règlement, ne pourrait se déclarer incompétent qu'après avoir vérifié si la loi est effectivement applicable. Spécialement, la cour de cassation a décidé que, le visa de la loi du 13 avr. 1850 sur les logements insalubres ne pouvant s'expliquer dans un règlement qui a pour objet de défendre d'établir des latrines sur un cours d'eau, c'est à tort que le juge de police déclare son incompétence eu égard au caractère correctionnel des peines prononcées par cette loi, alors surtout que le règlement vise en même temps la loi des 16-24 août 1790, dans laquelle il trouve sa justification, et se réfère ainsi implicitement à la sanction générale qu'édicte l'art. 471, n° 15 (Crim. cass. 5 avr. 1867, aff. Manuit, D. P. 67. 1. 461).

229. Quelle compétence ont les tribunaux de simple police en matière de voirie? On a cité au *Répertoire*, sous les n°⁵ 356 à 363, quelques arrêts relatifs à cette question, qui est amplement traitée, sous toutes ses faces, *ibid.* v° *Voirie* n°⁵ 1123 et suiv., 1423 et suiv., 1911 et suiv., 2314 et suiv. — Nous nous bornerons à mentionner ici quelques règles que la jurisprudence a mises en pleine lumière depuis la publication du *Répertoire*.

230. En premier lieu, il est de principe que les contraventions de grande voirie sont déférées aux conseils de préfecture, et les contraventions en matière de petite voirie aux tribunaux de simple police, qui leur appliquent la peine édictée par l'art. 479 c. pén. Il ne faut pas conclure de là que les contraventions commises sur les *routes nationales* ou *départementales* soient toujours de la compétence des conseils de préfecture. La connaissance de ces contraventions peut, au contraire, dans beaucoup de cas, appartenir aux tribunaux ordinaires, c'est-à-dire au tribunal de simple police (Faustin Hélie, t. 6, n° 2540; Crim. rej. 16 févr. 1855, aff. Escaraguel, D. P. 55. 1. 350; Cons. d'Et. 28 juin 1865, aff. Marchal, D. P. 66. 3. 61; 15 mai 1874, aff. Sauvignon, D. P. 75. 3. 42). — En ce qui concerne les contraventions de grande voirie commises sur les chemins de fer et leurs dépendances, V. *infrà*, v° *Voirie par chemin de fer*.

231. À l'égard des contraventions à la loi du 9 vent. an 13, relatives aux *usurpations* ou *anticipations* commises sur les *chemins vicinaux*, il est aujourd'hui reconnu par la jurisprudence que cette loi attribue au conseil de préfecture compétence pour faire cesser les usurpations et anticipations et pour ordonner le rétablissement des lieux dans leur état primitif, mais que c'est au tribunal de police à prononcer les amendes (Trib. confl. 21 mars 1850, aff. Préfet de la Somme, D. P. 50. 3. 33; 17 mai 1873, aff. Desanti, D. P. 73. 3. 59; 13 mars 1875, aff. Gérentet, D. P. 75. 3. 108; Crim. rej. 19 juin 1851, aff. Bausseron, D. P. 51. 5. 547; Crim. cass. 7 janv. 1860, aff. Moret, D. P. 61. 5. 537; 7 juill. 1860, aff. Duplessis, D. P. 60. 1. 417; 14 févr. 1863, aff. Moreau, D. P. 63. 1. 271). Le conseil d'État a toujours statué dans ce sens (V. les nombreux arrêts cités au *Rép.* v° *Voirie par terre*, n°⁵ 1128, 1133. —*Contra :* Faustin Hélie, t. 6, n° 2542).

La jurisprudence la plus récente a précisé que la compétence attribuée au conseil de préfecture pour statuer sur la réparation des dommages cesse, s'il s'agit non pas d'usurpations ou anticipations, mais de *dégradations* (faits non permanents) ou de tous autres dommages, et que c'est au tribunal de police qu'il appartient alors de statuer accessoirement à l'application de l'amende (Crim. cass. 27 juill. 1872, aff. Fabre, D. P. 72. 1. 279 ; Trib. confl. 17 mai 1873 et 13 mars 1875, précités. V. aussi *Rép.* v° *Voirie par terre*, n°⁵ 1136 et suiv. — V. cependant *contrà :* Crim. cass. 30 déc. 1859, aff. Ricord, D. P. 63. 1. 383).

232. Enfin lorsque les contraventions d'usurpations et d'anticipations ont été commises sur tous autres chemins que sur les routes nationales et départementales et les chemins vicinaux, c'est-à-dire sur les chemins ruraux, la compétence des tribunaux de police devient entière et sans réserve, sauf les questions de propriété qui peuvent faire la matière de questions préjudicielles (Faustin Hélie, t. 6, n° 2543; Féraud-Giraud, *Voies rurales*, 2° éd., n° 189; Crim. cass. 14 févr. 1863, aff. Barre, aff. Daguin, D. P. 63. 1. 270; 7 avr. 1866, aff. Trotier, D. P. 68. 1. 287-288. Conf. Cons. d'Et. 13 juin 1845, aff. Poyelecot, D. P. 45. 3. 174; 13 mars 1856, aff. Luco, D. P. 56. 3. 58).

233. Quelle est la juridiction compétente pour connaître des contraventions commises sur les grandes voies de communication classées comme faisant' partie de la grande voirie, dans *la traversée des villes, bourgs et villages?* La question a été examinée au *Rép.* v° *Voirie par terre*, n° 1912 et suiv. On y reviendra *infrà*, eod. v°.

234. En ce qui concerne la compétence des tribunaux de simple police pour les contraventions relatives aux constructions dans les villes, bourgs et villages, à la démolition des édifices menaçant ruine, et à l'alignement, V. également *infrà*, v° *Voirie par terre*.

235. Le tribunal de simple police est-il compétent pour déclarer la publicité ou la non-publicité du chemin sur lequel la contravention a été commise? (V. *Rép.* v° *Voirie*, n°⁵ 1438 et suiv.).

236. Rappelons que les tribunaux de police, ainsi qu'on l'a dit au *Rép.* n° 362, n'ont pas le droit d'accorder un délai au prévenu pour exécuter les condamnations qu'ils prononcent en matière de petite voirie, telles que la démolition de constructions indûment faites ou l'enlèvement prescrit de celles qui encombraient la voie publique (V. à cet égard, outre l'arrêt cité du 18 déc. 1840 : Crim. cass. 17 févr. 1860, aff. Malga, D. P. 61. 5. 539; 18 févr. 1860, aff. Pillas, D. P. 60. 5. 420; 18 févr. 1860, aff. Chapeau rouge, D. P. 61. 5. 539).

237. On a cité au *Rép.* n° 332 un arrêt de 1833 qui a décidé que la tenue d'une école de filles, sans autorisation préalable, est passible de peines de police. Mais on sait que la législation de l'enseignement primaire a été profondément et plusieurs fois modifiée depuis cette époque. Aujourd'hui pour ouvrir une école privée, il n'est plus besoin d'autorisation ; mais des déclarations sont exigées, à défaut desquelles celui qui aura ouvert ou dirigé l'école doit être poursuivi devant le tribunal correctionnel du lieu du délit et condamné à une amende de 100 à 1000 fr. (L. 30 oct. 1880, art. 40). Le tribunal de simple police n'a plus aucune compétence en pareille matière (V. *infrà*, v° *Organisation de l'instruction publique*).

238. Sur la compétence du tribunal de simple police en matière de contravention forestière, V. *infrà*, v° *Forêts*.

239. Deux lois promulguées depuis la publication du *Répertoire* ont attribué aux tribunaux de simple police compétence à l'égard des contraventions créées par elles. Ce sont les lois du 22 juin 1854, sur les livrets d'ouvriers (art. 11, D. P. 54. 4. 117), et du 22 févr. 1851, sur les contrats d'apprentissage (art. 20, D. P. 51. 4. 43) (V. *infrà*, v° *Ouvriers*).

§ 5. — Incompétence du juge de simple police en matière civile; questions préjudicielles (*Rép.* n°ˢ 368 à 878).

240. Le principe que le juge de simple police ne peut se constituer *juge civil*, développé dans les n°⁵ 368 à 378 du *Répertoire*, est aujourd'hui admis sans contestation. L'incompétence du juge de police en matière d'action possessoire, signalée au *Rép.* n° 375, n'en est qu'une déduction également certaine (V. *Rép.* v° *Action possessoire*, n°ˢ 589 et suiv.).

241. Si l'inculpé oppose une exception préjudicielle de propriété immobilière, ou de servitude, d'usage ou de tout autre droit réel, le juge de police doit, conformément à la règle consacrée par l'art. 182 c. for. et l'art. 59 de la loi du 15 avr. 1829 sur la pêche fluviale, surseoir en imposant à la partie un délai pour faire statuer sur l'exception par les juges compétents. Il ne pourrait, ainsi qu'on l'a dit au *Rép.* n° 375, ni se dessaisir, ni se déclarer incompétent (V. *Rép.* v° *Question préjudicielle*, n°ˢ 81 et suiv., et les nombreux arrêts cités *ibid.* V. aussi Faustin Hélie, t. 6, n°ˢ 2666 et suiv.). Il est

d'ailleurs évident que si l'exception qui peut être soulevée ne fait pas disparaître le délit, le tribunal doit la repousser et statuer, sans sursis, sur l'existence de la contravention (Crim. cass. 8 mai 1841, *Rép.* n° 377). Et si ce fait incriminé ne constitue pas une infraction punissable, le tribunal devra refuser le sursis et se borner à prononcer le relaxe du prévenu (Crim. cass. 31 juill. 1845, aff. Balesoni, D. P. 46. 4. 433 ; Crim. rej. 7 mars 1874, aff. Betz, D. P. 74. 1. 180).

242. Il arrive très souvent aussi, en simple police, que le juge doit surseoir et renvoyer une question préjudicielle à la décision de l'administration. Cela se présente principalement en matière de petite voirie, de contraventions relatives aux chemins publics, de contraventions commises par des entrepreneurs de travaux publics et d'établissements insalubres (V. *Rép.* v^ls *Compétence administrative,* n°s 173 et suiv., 226 et suiv.; *Manufactures, fabriques et ateliers dangereux,* n° 191 ; *Question préjudicielle,* n°s 197 et suiv. ; *Voirie par terre,* n° 1124 ; Faustin Hélie, t. 6, n°s 2697 et suiv.). — Nous noterons seulement à ce sujet un arrêt de rejet du 13 févr. 1875 (1), qui a décidé avec raison que le juge de simple police ne peut ordonner qu'il sera sursis à statuer jusqu'après interprétation du cahier des charges par l'autorité administrative qu'autant qu'il est compétent, et que c'est à bon droit qu'il s'abstient de prononcer le sursis tant que la question de compétence n'a pas été définitivement réglée.

243. Il a été décidé avec raison que le juge de police est incompétent pour connaître des actions en dommages-intérêts qui prennent leur source dans l'infraction sous les clauses d'une transaction intervenue au sujet d'une contravention à l'égard de laquelle l'action publique se trouvait prescrite, par exemple une contravention en matière de voirie sur laquelle il est intervenu une transaction entre l'autorité municipale et le contrevenant (Crim. cass. 2 août 1856, aff. Heurley, D. P. 56. 1. 328).

§ 6. — Du taux de la compétence des tribunaux de police (*Rép.* n°s 378 à 414).

244. — I. AMENDE. — 1° *Cas où le maximum est fixé par la loi.* — Le principe établi au *Rép.* n° 387, que la compétence des tribunaux de police se règle *ab origine litis,* c'est-à-dire dès les premiers actes de poursuite, et sur le *maximum* de la peine applicable, suivant la nature ou le caractère du fait dénoncé, principe dont les n°s 388 à 396 au *Répertoire* ont présenté des applications, paraît n'avoir plus été contesté.

Il en est de même de la règle, posée au *Rép.* n° 391, suivant laquelle les tribunaux de police sont compétents, lors même que les contrevenants, inculpés de plusieurs contraventions, sont passibles de peines qui, accumulées, excèdent les peines de simple police. « Dans ce cas, dit fort justement Faustin Hélie, t. 6, n° 2518, l'accumulation des peines n'est pas le fait du juge, elle n'est que la conséquence du nombre de contraventions constatées à la charge du prévenu ». Aussi est-il aujourd'hui de pratique constante, pour les tribunaux de police, de cumuler, quand il y a lieu, les peines encourues pour diverses contraventions, sans se préoccuper aucunement de savoir si elles excèdent, par leur accumulation le chiffre des amendes de simple police.

245. De même, la question traitée au *Rép.* n°s 392 à 394, de savoir si, en cas d'infraction à des arrêtés ou règlements de l'autorité administrative qui portent des peines au-dessus de la compétence des tribunaux de police, ceux-ci peuvent néanmoins en connaître, ne fait plus aucune difficulté. La jurisprudence l'a résolue par l'affirmative (V. outre l'arrêt cité *Rép.* n° 393 : Crim. cass. 10 avr. 1819 et 17 juin 1825, cités *Rép.* v° *Commune,* n° 1142); et la peine doit être, dans ce cas, réduite au taux fixé pour les contraventions de simple police, par l'art. 471, n° 5, c. pén., aussi bien lorsqu'il s'agit d'un règlement ancien (Crim. cass. 1er déc. 1866, aff. Saint-Blancat, D. P. 67. 1. 142, et sur renvoi, Orléans, 28 janv. 1867, D. P. 67. 2. 203; Crim. cass. 9 juin 1877, aff. Delaya, D. P. 67. 1. 187, et sur renvoi, Nîmes, 1er sept. 1877, D. P. 78. 2. 87; Crim. cass. 11 juill. 1884, aff. X..., D. P. 85. 1. 333), que lorsqu'il s'agit d'un règlement nouveau. Il est bien entendu qu'on ne parle ici que des anciens règlements de police sur des matières attribuées par la législation actuelle au pouvoir réglementaire de l'administration, et non des anciens règlements relatifs aux matières non réglées par le code pénal ou les lois postérieures qui ont été maintenus en vigueur par l'art. 484 c. pén. Les peines portées par ces derniers règlements sont encore en vigueur, ainsi qu'on l'a dit *supra,* n° 215, et, par conséquent, les infractions qu'ils répriment sont, ou non, justiciables des tribunaux de simple police suivant que la peine n'excède pas ou excède le taux de la simple police. C'est ainsi que dans le cas prévu par la déclaration du roi du 30 mai 1731, relative à la pêche du goëmon et du varech, qui punit d'une amende de 50 livres au minimum les infractions à ses dispositions, le tribunal de simple police est, ainsi qu'on l'a dit au *Rép.* n° 394, incompétent (V. l'arrêt cité *ibid.*).

246. — 2° *Cas où le montant de l'amende, non déterminé par la loi, est proportionné au dommage causé.* — Les tribunaux de police sont-ils compétents pour connaître d'infractions dont la peine n'est point déterminée *a priori,* soit par un chiffre invariable, soit par un chiffre *maximum,* mais dépend d'une évaluation ultérieure, comme dans le cas de la loi rurale de 1791, tit. 2, art. 15, 24, 28, 34 et 36, et dans le cas de l'art. 457 c. pén.? La question a été traitée au *Rép.* n°s 398 à 404, et résolue, avec la jurisprudence, par la négative. « Quand l'amende est indéterminée, a dit avec raison l'arrêt de cassation du 20 janv. 1826, transcrit au *Rép.* n° 401-6°, et que sa fixation dépend de l'évaluation du dommage, c'est le tribunal ayant la juridiction supérieure qui doit être saisi ». C'est donc, en pareil cas, au tribunal correctionnel seul qu'il appartient de connaître de la poursuite. La cour de cassation l'a décidé de nouveau par arrêts des 8 févr. 1855 (*supra,* n° 203); 1er févr. 1856 (2); 3 mars 1866 (aff. Saux, D. P. 67. 5. 221). Conf. Faustin Hélie, t. 6, n° 2524; Le Sellyer, t. 1, n° 9; Trébutien, t. 2, n° 695; Merlin, *Questions de droit,* v° *Délits ruraux,* § 5, n° 2, p. 103; Henrion de Pansey, *De la police rurale,* chap. 20; Favard de Langlade, *Répertoire,* v° *Tribunal de simple police,* § 1er, n° 6.

247. Pour échapper à cette incompétence, le ministère public ou la partie lésée pourraient-ils requérir le juge de police de procéder préalablement à l'évaluation dont dépendra ultérieurement la fixation de l'amende? Nous nous sommes, au *Rép.* n° 398, prononcés pour la négative, qui est enseignée par Faustin Hélie, t. 6, n° 2522. Henrion de Pansey, *loc. cit.;* Favard de Langlade, *op. cit.;* Merlin, *loc. cit.;* et Le Sellyer,

---

(1) (Reinaud.) — LA COUR ;... — Sur le second moyen, pris de la violation de l'art. 11, tit. 2, de la loi des 16-29 août 1790, de la loi du 16 fruct. an 3 et de l'art. 4 de la loi du 28 pluv. an 8, en ce que le jugement attaqué n'a pas sursis à statuer jusqu'après l'interprétation, par l'autorité administrative, du cahier des charges concernant la rétrocession de la concession des docks qu'elle tenait de l'Etat : — Attendu que le juge de police ne pouvait examiner, qu'autant qu'il était compétent, la question de savoir s'il y avait lieu à interpréter le cahier des charges dont il s'agit, et à surseoir jusqu'à ce que cette interprétation eût été donnée par l'autorité administrative ; que la question de compétence était préalable; que celle de sursis reste entière, et que le demandeur pourra toujours la soulever, s'il le juge convenable ; — Rejette.

Du 13 févr. 1875.-Ch. crim.-MM. Salneuve, rap.-Thiriot, av. gén.

(2) (Bourdeau.) — LA COUR ; — Attendu que le premier fait de la prévention consistant à avoir conduit en même temps un bœuf, une vache et un veau dans un bois taillis d'un an de recrue, passible d'une amende, qui, quoique calculée à raison de 10 fr. par tête de bétail, ne constituait pas moins une seule amende de 30 fr., laquelle excédait, conséquemment, la compétence du tribunal de simple police, aux termes des art. 137 et 138 c. instr. cr.; — Attendu que le second fait de pâturage d'un bœuf, gardé à vue dans une prairie, laquelle est réputée en état de production permanente, n'était pas, d'ailleurs, encore dépouillée de son regain, constituait le délit puni par l'art. 26, tit. 2, de la loi des 28 sept.-6 oct. 1791, d'une amende indéterminée, et d'un emprisonnement qui peut être porté à une année; qu'une telle peine excédait aussi la compétence du juge de simple police; — Rejette.

Du 1er févr. 1856.-Ch. crim.-MM. Legagneur, rap.-Blanche, av. gén.

t. 1, n° 10, soutiennent l'opinion contraire. — Quant au ministère public, il paraît évident qu'il n'a pas le droit de faire une pareille estimation, qui serait, de sa part, tout à fait arbitraire (Crim. cass. 20 janv. 1826, *Rép.* n° 404-6°). Mais le plaignant, la partie poursuivante pourrait, croyons-nous, fixer la compétence du juge de simple police, en ne réclamant par sa citation ou par ses conclusions ultérieures, qu'une indemnité n'excédant pas 15 fr., puisqu'il est certain que, dès lors, la condamnation en dommages-intérêts ne pourra excéder 15 fr., et que, conséquemment, le taux le plus élevé de l'amende se trouvant, par cela même, déterminé à cette somme, l'amende sera de la compétence du tribunal de simple police (Conf. Le Sellyer, n° 11; Henrion de Pansey, *loc. cit.;* Favard de Langlade, *loc. cit.* — *Contrà:* Faustin Hélie, t. 6, n° 2522).

A l'inverse, il n'est pas douteux, comme on l'a dit au *Rép.* n° 404, que, si le dommage tel qu'il a été fixé par les conclusions de la partie poursuivante excède 15 fr., le juge de police doit se déclarer incompétent. — Mais il faut remarquer que cette incompétence n'existe que dans le cas où l'amende est subordonnée à l'évaluation du dommage, car la compétence du juge de police est déterminée par le taux de la peine encourue, et non par le chiffre des dommages-intérêts réclamés; de sorte que, si ce chiffre est resté indéterminé dans la citation donnée par la partie civile (alors que le chiffre de l'amende n'excède pas le taux de la simple police), il n'en résulte aucunement que le juge de police soit incompétent (Crim. rej. 28 août 1873) (1).

248. — II. Récidive. — Les tribunaux de simple police sont compétents dans tous les cas de récidive. Ainsi qu'on l'a dit au *Rép.* n° 407 *in fine*, toute difficulté a été levée à cet égard par l'addition faite par la loi du 28 avr. 1832 à l'art. 474, § 15, qui étend les peines de police prononcées par cet article à toutes les contraventions aux règlements de police. Aujourd'hui, il est certain que la circonstance de la récidive ne suffit pas pour faire sortir des attributions du juge de police la contravention qu'elle vient aggraver. Les détails contenus sur ce point au *Rép.* n° 405 à 408 n'ont donc plus qu'un intérêt rétrospectif (Faustin Hélie, t. 6, n° 2519).

249. — III. Voies de fait (*Rép.* n° 408 à 410). — Les auteurs de violences *légères*, pourvu qu'ils n'aient frappé ni blessé personne, sont punis de peines de simple police par l'art. 605, n° 8, c. 3 brum. an 4, et, par conséquent, de la compétence des tribunaux de simple police. Cette disposition est toujours en vigueur, même depuis la loi du 18 avr.-13 mai 1863 qui, dans l'art. 311 c. pén., a ajouté les mots : *ou autres violences ou voies de fait*, aux mots *blessures et coups*. On trouvera *infrà*, v° *Crimes contre les personnes*, le résumé de la jurisprudence sur la distinction des violences *légères*, justiciables des tribunaux de simple police, et des *autres violences*, justiciables des tribunaux correctionnels. — Nous nous bornerons à citer un arrêt qui a décidé, avec beaucoup de raison, que le tribunal de simple police est compétent pour connaître des voies de faits et violences légères prévues et punies par les art. 600 et 605 c. 3 brum. an 4, alors même que ces contraventions ont été qualifiées de *délits* dans la citation, comme elles le sont dans le texte des articles précités (Crim. rej. 30 janv. 1885, aff. Marmier, D. P. 86. 1. 348). En pareil cas, il n'y a qu'une erreur de qualification, qui ne saurait donner aux faits le caractère d'un délit, et

qui, dès lors, doit rester sans influence sur la compétence.

250. — IV. Dommages-intérêts. — Comme on l'a dit au *Rép.* n° 412, la compétence des tribunaux de police est *sans limites* quant au chiffre des dommages-intérêts. Quel que soit le taux de ces dommages, ils peuvent les prononcer : c'est là une condamnation accessoire qui ne sert point à régler la mesure de leur compétence. Ce point est acquis en jurisprudence et en doctrine (Faustin Hélie, t. 6, n° 2520).

Art. 2. — *Compétence des tribunaux de police correctionnelle. — Règles générales* (*Rép.* n° 415 à 582).

251. En vertu de la règle : *le juge de l'action est le juge de l'exception*, rappelée au *Rép.* n° 417, les tribunaux correctionnels sont compétents pour connaître des questions qui s'élèvent incidemment dans les procès dont ils sont saisis, lors même qu'ils eussent été incompétents pour en connaître au principal. Ce principe est formellement consacré par la loi belge du 17 avr. 1878, dont l'art. 15 dispose que « sauf les exceptions établies par la loi, les tribunaux de répression jugent les questions de droit civil qui sont soulevées devant eux incidemment, à l'occasion des infractions dont ils sont saisis ». — Il est permis de regretter que notre législation ne contienne pas un texte analogue.

Mais, comme le font justement remarquer Faustin Hélie, t. 6, n° 2652, et Dutruc, *Mémorial du ministère public*, v° *Question préjudicielle*, n° 6, cette attribution n'est point absolue, et le juge répressif peut seulement statuer sur les exceptions que les *formes* de la juridiction lui permettent d'apprécier. Il serait incompétent toutes les fois que son intervention enlèverait aux droits sur lesquels ces exceptions sont fondées des garanties nécessaires à leur appréciation.

252. Les monuments de la doctrine et de la jurisprudence relatifs à la règle que l'on vient de rappeler et à ses applications sont réunis v° *Question préjudicielle*, n° 36 et suiv. La matière, qui n'est pas exempte de difficultés, a été principalement traitée par Faustin Hélie, t. 6, n° 2662 et suiv., n° 2911; Le Sellyer, t. 2, n° 624; Bertauld, *Questions préjudicielles*, n° 55, 56, 58 et 59; Hoffmann, *Questions préjudicielles*, n° 325 à 329. — On se bornera à citer ici quelques arrêts rendus en matière de police correctionnelle, depuis la publication du *Répertoire*.

253. En matière d'abus de confiance et d'abus de blanc seing, le juge correctionnel peut être souvent appelé, par l'effet de la règle, à statuer sur des questions de droit civil, par exemple, sur l'existence de la convention dont la violation constitue le délit. Dans ce cas, il est hors de doute que la preuve ne pourra être faite par témoins que lorsque la loi civile autorise la preuve testimoniale, c'est-à-dire lorsque l'objet ne dépassera pas 150 fr., à moins qu'on ne se trouve dans l'un des cas exceptionnels prévus par les art. 1341 et suiv. c. civ. (V. sur ce point les arrêts et les auteurs cités v° *Abus de confiance*, n° 152 et suiv.).

254. Si l'on était en matière de commerce, il faudrait suivre les règles et les modes de preuve du droit commercial. C'est ce qui a été jugé à propos de la violation d'un dépôt qui avait pour objet un acte rentrant dans l'exercice de la profession d'agent d'affaires, attendu qu'un agent d'affaires est commerçant (Crim. rej. 11 mars 1882 (2). Conf. Faustin Hélie, t. 6, n° 2898).

---

(1) (Lenci.) — La cour ;... — Sur le troisième moyen, tiré de ce que le juge de police était incompétent, la demande de dommages-intérêts étant indéterminée : — Attendu que ce qui détermine la compétence du juge de police, ce n'est pas la demande de la partie civile, dont quel qu'en soit le chiffre, mais la peine appliquée par la loi au fait déterminé; — Qu'aux termes de l'art. 139 c. instr. cr., le juge de simple police connaît des contraventions à raison desquelles la partie qui réclame conclut, pour les dommages-intérêts, à une somme indéterminée; — Que l'art. 172 réserve, d'ailleurs, au prévenu, le droit d'interjeter appel des jugements qui prononcent des réparations civiles excédant 5 fr.; — Que le juge de police a donc statué dans la limite de sa compétence; — Rejette.
Du 28 août 1873.-Ch. crim.-MM. Saint-Luc-Courborieu, rap.-Bédarrides, av. gén.

(2) (Talbotier.) — La cour; — Sur le premier moyen, tiré de

la violation des art. 408 c. pén., 1341 et 1923 c. civ., en ce que l'arrêt attaqué a admis la preuve d'un dépôt formellement dénié, autrement que par écrit, dans une matière où l'intérêt pécuniaire excédait 150 fr. : — Attendu, d'une part, qu'il résulte des constatations de l'arrêt attaqué que Talbotier, agent d'affaires, est commerçant; que le dépôt dont la violation lui est imputée avait pour objet un acte rentrant dans l'exercice de sa profession; que le dépôt était donc essentiellement commercial, et que l'existence a pu en être établie par tous les moyens qu'autorise le code de commerce; — Attendu, d'autre part, que, pour admettre le dépôt, l'arrêt attaqué s'est fondé sur les documents écrits versés au procès et émanés de Talbotier lui-même; que, parmi ces documents auxquels l'arrêt se réfère, figure un reçu daté du 19 janv. 1881, portant la signature de Talbotier, et par lequel celui-ci reconnaissait que Guarin lui avait remis dix obligations russes; que ce reçu constitue un commencement de preuve par écrit, lequel, à la vérité, exigeait un complément de preuve; mais que

255. Sur l'application de la règle au cas de faux serment, il faut noter un arrêt qui a décidé que, dans une poursuite pour faux témoignage, la preuve testimoniale n'est pas admissible lorsque le serment a été prêté devant le juge civil à raison d'une somme ou du reliquat d'une somme supérieure à 150 fr. (Crim. cass. 22 mars 1878, aff. Barras, D. P. 78. 1. 442).

256. En matière de propriété littéraire, il a été jugé que le tribunal correctionnel saisi par un éditeur de musique d'une action en contrefaçon contre un directeur de théâtre, est compétent pour statuer sur l'étendue des droits concédés à ce dernier par la société des auteurs, compositeurs et éditeurs de musique dont le demandeur est membre (Paris, 25 janv. 1878, aff. Castellano, D. P. 79. 2. 51).

257. Toutefois, le tribunal correctionnel n'est juge des questions de droit civil opposées par le prévenu à titre d'exception que dans la mesure et dans les limites de l'action pénale dont il est saisi (Civ. cass. 29 avr. 1857, aff. Rohlfs, D. P. 57. 1. 137). Jugé, par suite, que le tribunal correctionnel saisi d'une exception sur sa compétence, ne peut, en prononçant le renvoi du prévenu, le déclarer investi du droit dont il a excipé; et spécialement, que le juge correctionnel devant lequel le prévenu d'un délit de défrichement a invoqué son droit de défricher, dépasse ses pouvoirs de juge de répression, lorsqu'en ordonnant le renvoi du prévenu par le motif qu'il a justifié de ce droit de défrichement, il le lui reconnaît dans le dispositif de son jugement (Crim. rej. 9 févr. 1849, aff. Binger, D. P. 49. 1. 183).

258. De même que le juge de simple police (V. *suprà*, n° 165), le tribunal correctionnel est, ainsi qu'on l'a constaté au *Rép.* n°s 424 à 426, compétent pour ordonner toutes les mesures qu'il croit nécessaires dans le but d'éclairer sa religion; par exemple, il peut ordonner d'office la citation de toutes les personnes dont les déclarations lui paraissent utiles (Faustin Hélie, t. 6, n° 2874), ou une visite de lieux, ou une expertise. Il est de principe général, a dit un arrêt de cassation, « que le juge de police, *correctionnel* ou criminel, peut ordonner toute \mesure interlocutoire, telle qu'expertise, descente et vue des lieux, dès qu'il les croit nécessaires pour éclairer sa religion » (Crim. rej. 12 janv. 1856, aff. Grandjean, D. P. 56. 1. 109; Faustin Hélie, t. 6, n°s 2902 et 2903).

259. Le tribunal correctionnel pourrait-il ordonner une information supplémentaire? Oui, sans aucun doute, car « aucune disposition de loi n'interdit aux tribunaux correctionnels la faculté d'ordonner une instruction supplémentaire et par écrit, lorsqu'ils ne trouvent pas que l'instruction déjà faite soit suffisante, et, dès lors, ils y sont autorisés par la loi même de leur institution, qui leur fait un devoir de ne rien négliger soit dans l'intérêt des prévenus, soit dans celui de la vindicte publique, pour arriver à la connaissance de la vérité (Crim. cass. 19 mars 1825, *Rép.* n° 524; Faustin Hélie, t. 6, n° 2921); mais cette information, le tribunal doit la confier à un de ses membres; il ne pourrait ordonner qu'il y serait procédé par le juge d'instruction (Crim. rej. 15 janv. 1853, aff. Ledoux, D. P. 53. 5. 269; Pau, 27 nov. 1872, aff. Barrère, D. P. 74. 2. 71; 8 janv. 1873, aff. Latapy, *ibid.*).

260. Le tribunal qui a statué sur une affaire a épuisé sa juridiction et ne peut en connaître une seconde fois. Cette règle a été consacrée en matière correctionnelle par deux arrêts, postérieurs à la publication du *Répertoire*. Le premier a jugé que le tribunal correctionnel qui, après avoir prononcé le renvoi du prévenu en accueillant une exception de chose jugée repoussée en première instance, se trouve ultérieurement saisi du fond, par suite de la cassation de son jugement sur l'exception, peut s'abstenir de connaître de l'affaire, par le motif qu'il a épuisé sa juridiction (Crim. règl. jug. 8 déc. 1848, aff. Gouëlo, D. P. 51. 5. 460). Le second a décidé que l'incompétence existerait alors même que le tribunal qui a déjà statué aurait été saisi de nouveau sur

renvoi prononcé par la cour de cassation; et spécialement que, lorsqu'un tribunal, saisi d'un délit correctionnel, s'est déclaré incompétent, et que le même délit a été, par suite de règlement de juges, porté devant un autre tribunal dont la décision, rendue au fond, a été ultérieurement cassée, le premier tribunal ne peut être appelé à connaître de la même affaire sur le renvoi ordonné par l'arrêt de cassation (Crim. cass. 4 janv. 1851, aff. de Bellaud, D. P. 52. 5. 119).

§ 1er. — Délits de la compétence des tribunaux correctionnels. — Prohibition de connaître de toute action et de toute question préjudicielle civile (*Rép.* n°s 431 à 479).

261. Ainsi qu'on le dit au *Rép.* n° 432, les tribunaux correctionnels ont une double compétence. Ils connaissent : 1° des appels des jugements de simple police (c. instr. cr. art. 172); — 2° Des délits dont la peine excède cinq jours d'emprisonnement et 15 fr. d'amende (c. instr. cr. art. 179).

262. — I. Appels de simple police. — V. *Appel en matière criminelle*, n°s 16 à 30; — *Rép.* eod. v°, sect. 4.

263. — II. Délits correctionnels. — 1° *Ratione materiæ.* — Les tribunaux correctionnels connaissent des *délits*, c'est-à-dire des faits punis de peines correctionnelles. — On peut voir dans Faustin Hélie, t. 6, n°s 2780 à 2795, une liste par catégories et très complète des délits que le code pénal n'a pas prévus, que les lois spéciales ont successivement établis, et qui rentrent dans la compétence des tribunaux correctionnels. Toutefois, cette liste, faite en 1867, comporte aujourd'hui des modifications importantes, notamment en ce qui concerne les délits commis par la voie de la publication, lesquels sont régis maintenant par la loi du 29 juill. 1881.

264. Il est des infractions qualifiées *délits* par la loi, mais qui, par exception, ne sont pas de la compétence des tribunaux correctionnels. Ainsi : 1° les délits de *presse* sont déférés aux cours d'assises (L. 29 juill. 1881, art. 45), sauf, toutefois, certains délits prévus par les art. 3, 4, 9, 10, 11, 12, 13, 14, 17, § 2 et 4, 28, § 2, 32, 33, § 2, 38, 39 et 40 de la même loi; — 2° Les délits de *grande voirie* appartiennent aux tribunaux administratifs (Faustin Hélie, t. 6, n°s 2434 et 2797); — 3° Certains délits sont attribués aux tribunaux civils, notamment : les délits relatifs à la tenue des registres de l'état civil, prévus par les art. 50, 53, 156, 192 et 193 c. civ.; les infractions aux lois sur le timbre et l'enregistrement (L. 13 brum. an 7, art. 32; 22 frim. an 7, art. 65); les infractions à la loi du 22 pluv. an 7 sur les ventes d'objets mobiliers; les infractions à la loi du 22 vent. an 11 sur le notariat (art. 53); les infractions aux lois sur les patentes (L. 1er brum. an 7, art. 37); les infractions prévues et punies d'amende par le code de procédure civile, et notamment par les art. 56, 246, 247, 263, 374, 390, 412, 432, 471, 479, 494, 512 et suiv., et 1039 de ce code.

265. A l'inverse, la juridiction correctionnelle connaît, dans certains cas, en premier ressort, de *contraventions* passibles de peines de simple police, notamment des contraventions forestières poursuivies à la requête de l'Administration (c. instr. cr. art. 139; c. for. art. 171 et 190); des contraventions à la police de la médecine et de la chirurgie (L. 19 vent. an 11, art. 36); des contraventions à la police des mines et carrières (L. 21 avr. 1810, art. 95) (V. en ce qui concerne l'assimilation des carrières aux mines, à ce point de vue : Crim. cass. 29 août 1851, aff. Roy dit Belleville, D. P. 51. 1. 279). — Les tribunaux correctionnels connaissent encore, en vertu de l'art. 192 c. instr. crim., des contraventions de police dont ils se trouvent accidentellement saisis lorsque le fait qualifié par la citation n'est qu'une contravention de police, et que les parties n'ont pas demandé le renvoi (V. *infrà*, n°s 310 et suiv.).

266. En troisième lieu, les tribunaux correctionnels connaissent des *crimes* commis par des mineurs de seize ans, lorsqu'ils n'ont pas de complices présents au-dessus de cet

l'arrêt attaqué a trouvé ce complément dans un exploit d'assignation, en date du 27 janv. 1881, rédigé par Talbotier et constatant que les dix obligations lui avaient été confiées à titre de dépôt; que, dès lors, en décidant, d'après ces écrits et d'après les faits de la cause, que les valeurs réclamées étaient venues entre

les mains de Talbotier par suite d'un contrat de dépôt, la cour d'appel n'a pas violé les dispositions de lois ci-dessus visées; — Rejette.
Du 11 mars 1882.-Ch. crim.-MM. Dupré-Lasale, rap.-Tappie, av. gén.

âge, et lorsque le crime n'est pas de nature à entraîner la mort, les travaux forcés à perpétuité, la déportation ou la détention (c. pén. art. 68).

267. — 2° *Ratione personæ*. — Les tribunaux correctionnels sont compétents à l'égard de toutes personnes, sauf les militaires et les personnes désignées aux art. 479 et suiv. c. instr. cr. (V. à cet égard, pour les militaires, *suprà*, v° *Organisation militaire*, et pour les autres, *infrà*, v° *Fonctionnaire public*).

268. — 3° *Ratione loci*. — La compétence du tribunal correctionnel est déterminée par celle du procureur de la République et du juge d'instruction : sont compétents, par conséquent, le tribunal du lieu où le délit a été commis, celui de la résidence du prévenu et celui du lieu où le prévenu aura été trouvé (V. *suprà*, n°s 21 et suiv.).

269. — III. ACTION CIVILE. - Le principe qui défend aux tribunaux de répression de connaître d'aucune action civile est applicable aux tribunaux correctionnels comme aux autres tribunaux. Cette règle a été développée au *Rép.* n°s 447 à 475. Elle est limitée, évidemment, par la compétence dont le tribunal correctionnel est investi relativement à l'action civile qui a pour objet la répression d'un délit et qui, en conformité de l'art. 3 c. instr. cr., est portée devant ce tribunal accessoirement à l'action publique exercée pour le délit. Sous ce rapport, les règles sont les mêmes qu'en simple police et qu'au grand criminel. Il est donc certain que le tribunal correctionnel ne peut connaître des actions en dommages-intérêts qui prennent leur source dans une faute à laquelle la loi n'a pas attaché de caractère délictueux, ou dans l'inexécution d'un contrat civil.

270. Toutefois il y a des faits civils qui s'identifient avec le délit, qui constituent une condition de son existence et qui, dès lors, peuvent être appréciés par le tribunal correctionnel. Ainsi le tribunal de police correctionnelle saisi d'une poursuite en banqueroute simple est compétent pour apprécier si le prévenu a la qualité de commerçant et s'il est en état de faillite (Crim. cass. 22 janv. 1847, aff. Balleydier, D. P. 47. 1. 298; 9 août 1851, aff. Gavelle, D. P. 52. 1. 160; 6 mars 1857, aff. Ortelszberger, D. P. 57. 1. 180; 1er mars 1862, aff. Boquier, D. P. 65. 5. 191; Crim. rej. 24 juin 1864, aff. Level, D. P. 64. 1. 450; 1er mars 1867, aff. Le Sueur, D. P. 67. 5. 205; 18 août 1878 (1). Conf. Le Sellyer, t. 2, n° 688; Bertauld, n°s 79 et suiv.; Blanche, *Études sur le code pénal*, t. 6, n° 100; Chauveau et Hélie, *Théorie du code pénal*, t. 5, n°s 2152 et suiv.; Faustin Hélie, t. 6, n° 2914; Griolet, *De l'autorité de la chose jugée*, p. 331; Mangin, *Action publique*, t. 2, n° 420. — *Contrà* : Hoffmann, *Questions préjudicielles*, t. 1, n° 230; t. 2, n°s 314 et suiv. — V. *suprà*, v° *Chose jugée*, n° 386).

271. En matière de contrefaçon, la question de savoir si le brevet est frappé de déchéance et tombé dans le domaine public est également de la compétence du tribunal correctionnel parce que ce fait est l'élément d'un délit et que la loi ne l'a pas distrait de sa compétence (Crim. cass. 7 juin 1851, aff. Jérosme, D. P. 51. 1. 246; Motifs, Crim. cass. 18 juin 1852, aff. Guillaume, D. P. 52. 5. 61). — De même, en matière d'escroquerie, la question de savoir si les faux titres et les faux noms usurpés par le prévenu peuvent être appréciés nonobstant les art. 326 et 327 c. civ. relatifs

aux réclamations d'état (Crim. rej. 14 oct. 1853, aff. André, D. P. 53. 5. 99); — De même encore, en matière de chasse, la question relative au consentement du propriétaire sur le terrain duquel le fait de chasse a été commis (Crim. rej. 3 mars 1854, aff. Beauséjour, D. P. 54. 1. 162). Dans tous ces différents cas, le tribunal correctionnel est certainement compétent (Faustin Hélie, t. 6, n° 2915). Et il a été jugé que le prévenu de contrefaçon de brevet d'invention n'est pas fondé à contester, devant le juge d'appel, la compétence de la juridiction correctionnelle, sous prétexte que, ayant transigé avec la partie poursuivante, il ne saurait plus être question entre elle et lui que de l'exécution d'un contrat civil; en pareil cas, le juge correctionnel retient avec raison la cause, en vertu du droit qui lui appartient de connaître des exceptions de l'action principale (Crim. rej. 22 janv. 1864, aff. Sauvageot, D. P. 66. 1. 356).

Au reste, comme on l'a dit *suprà*, n° 257, le tribunal correctionnel n'est juge de la question civile que dans la mesure et dans les limites de l'action pénale dont il est saisi (V. Arrêts des 9 févr. 1849 et 29 avr. 1857, cités *ibid.*).

272. Il est évident, ainsi qu'on l'a fait remarquer au *Rép.* n° 467, qu'un tribunal correctionnel ne peut annuler, sur la réquisition du ministère public, des conventions dans lesquelles il n'a reconnu ni délit, ni contravention ; mais il a été jugé, à l'inverse, que la juridiction correctionnelle peut et doit, dans une poursuite dirigée sous l'inculpation d'escroquerie contre le directeur d'une société d'assurance, prononcer, au profit des parties civiles, la nullité des polices dont la souscription a été obtenue à l'aide de manœuvres frauduleuses constitutives du délit (Crim. cass. 20 avr. 1882, aff. Crohin, D. P. 82. 1. 273). Cette annulation n'est, en effet, que la réparation civile de l'escroquerie dont le tribunal est saisi.

273. —IV. QUESTION PRÉJUDICIELLE (*Rép.* n°s 476 et 477). — Sur l'obligation de surseoir imposée au tribunal correctionnel en cas d'exception préjudicielle portant sur la propriété ou l'usage d'un droit immobilier, V. *Rép.* v° *Question préjudicielle*, n°s 81 et suiv., où les principes de la matière sont exposés avec détail.

274. — V. EXÉCUTION DES JUGEMENTS. — On a rappelé au *Rép.* n° 479 qu'en principe général le juge criminel ne peut connaître de l'exécution de ses jugements. Il est certain que la loi a chargé le ministère public du soin d'assurer l'exécution des jugements correctionnels (c. instr. cr. art. 179); toutefois, s'il y a réclamation de la part du condamné, s'il s'élève un incident contentieux, la seule interprétation du procureur de la République ne peut évidemment suffire, et la solution de la question doit appartenir aux tribunaux. Mais à quels tribunaux? La jurisprudence tend à admettre que la connaissance des incidents contentieux, qui s'élèvent à l'occasion de la mise à exécution des peines, appartient aux juges compétents pour décider le principal, c'est-à-dire, à ceux qui ont statué sur l'action publique, et, par conséquent, s'il s'agit de l'exécution d'un jugement correctionnel, au tribunal correctionnel qui a rendu ce jugement (Crim. rej. 23 févr. 1833, *Rép.* v° *Peine*, n° 242; Crim. cass. 27 juin 1845, aff. Hamelin, D. P. 45. 1. 288). Un arrêt plus récent de la chambre civile (Civ. cass. 9 mars 1859, aff. Denis, D. P. 59. 1. 119) a jugé que

---

(1) (Jacob.) — LA COUR ;... — Sur le deuxième moyen, pris d'une violation des art. 585, 586 c. com. et des principes sur l'autorité de la chose jugée, en ce que, en opposition avec un jugement en date du 16 juin 1875, devenu définitif, par lequel le tribunal de commerce de Charleville a rapporté un jugement précédent du 30 déc. 1874, lequel avait à tort déclaré la faillite du sieur Jacob, la juridiction correctionnelle a cependant décidé que ce dernier était commerçant failli, et l'a condamné aux peines de la banqueroute simple : — Attendu, en fait, que depuis le jugement du 30 déc. 1874, une autre décision du même tribunal de commerce, s'appuyant sur la notoriété publique, a affirmé la qualité de commerçant dudit Jacob, et l'a déclaré en état de cessation de payements; qu'ainsi le tribunal correctionnel a pu, sans se mettre en opposition avec la chose prétendue jugée, décider, comme il l'a fait, que le prévenu était commerçant failli;

Attendu, d'ailleurs, en droit, qu'il est de principe que les juridictions civile et criminelle sont indépendantes l'une de l'autre ; que cette indépendance est fondée, entre autres, sur ce motif que les décisions civiles ne peuvent jamais réunir, à l'encontre de l'action publique (sauf les exceptions réservées par la loi) les

conditions constitutives de l'autorité de la chose jugée; qu'en effet, il n'existe entre les deux instances ni identité de parties, puisque le ministère public, partie poursuivante au criminel, ne figure pas dans les instances civiles, ou il s'agit de la juridiction commerciale proprement dite, ou n'y figure qu'en qualité de partie jointe; ni identité d'objet, alors même que les deux actions portent sur le même fait, puisqu'elles ne l'envisagent ni sous le même rapport ni aux mêmes fins; — Attendu, dès lors, qu'il importe peu qu'un jugement du tribunal de commerce ait rapporté la décision par laquelle cette même juridiction avait précédemment déclaré le prévenu en état de faillite; que ce jugement était sans autorité pour le tribunal correctionnel; que la question de savoir si le prévenu était en état de cessation de payements, n'était point une question préjudicielle, excédant les limites de sa compétence, mais une simple question de fait; qu'il a donc pu, et la cour après lui, la résoudre librement, sans se préoccuper de ce qu'avait jugé, dans un ordre d'idées et d'intérêts différents, la juridiction commerciale ; — Rejette.

Du 18 août 1878.—Ch. crim.-MM. Robert de Chenevière, rap.-Benoist, av. gén.

les tribunaux de répression sont seuls compétents pour connaître des incidents qui s'élèvent au sujet soit de la nature d'une peine, soit de sa durée, à l'exclusion des tribunaux civils, qui doivent se dessaisir, même d'office, du jugement de ces incidents (Conf. Blanche, t. 1, n° 134 ; Chauveau et Hélie, t. 1, n° 173. — *Contrà :* Bertauld, 14° leçon, p. 314 ; Villey, p. 500, qui donnent compétence au tribunal civil du lieu de l'exécution). L'opinion de ces derniers auteurs trouve quelque appui dans un arrêt de la chambre des requêtes du 17 déc. 1850 (aff. Belon de Chassy, D. P. 50. 1. 343) rendu sur les conclusions conformes de M. le procureur général Dupin. — M. Garraud, n° 679, propose de faire décider la question par la *juridiction criminelle permanente* du lieu où se trouve le condamné, c'est-à-dire, par le *tribunal correctionnel* de l'arrondissement *où il est détenu.* En l'absence de textes, nous adopterions volontiers cette solution, qui offre l'avantage de donner au condamné un juge criminel à sa portée.

Ajoutons, en terminant, que les juges correctionnels ne peuvent jamais ordonner l'exécution provisoire de leur jugement, même lorsqu'il ne reste plus en cause que la partie civile (Orléans, 7 févr. 1855, aff. Thoinier-Desplaces, D. P. 55. 2. 159 ; Sourdat, *Traité de la responsabilité,* t. 1, n° 241).

§ 2. — Comment le tribunal correctionnel est saisi. — Est-il lié par la qualification des faits? (*Rép.* n°ˢ 480 à 512).

275. Le tribunal peut être saisi, aux termes de l'art. 182 c. instr. cr., en matière correctionnelle, de quatre manières différentes, rappelées au *Rép.* n° 480 : 1° le renvoi prononcé par la juridiction d'instruction (juge d'instruction ou chambre d'accusation), conformément aux art. 130 et 230 c. instr. cr. ; — 2° Le renvoi fait par le tribunal de simple police dans le cas de l'art. 160 du même code ; — 3° La citation directe du ministère public ou de la partie civile ; — 4° En matière forestière, par la citation des agents de cette administration ou par le ministère public. — Ajoutons qu'il est deux autres voies de saisir la juridiction que l'art. 182 n'a pas énoncées ; c'est la comparution volontaire des parties, c'est, en cas de flagrant délit, la conduite immédiate des inculpés devant le tribunal.

Il faut ajouter encore que le droit de citation directe appartient non seulement aux agents de l'administration forestière, mais à d'autres administrations publiques. A la vérité l'art. 182 c. instr. cr. ne fait mention que de l'administration forestière, mais le même droit avait déjà été étendu, par la loi du 1ᵉʳ germ. an 13, à l'administration des Contributions indirectes, et par l'art. 1ᵉʳ, tit. 12, de la loi des 6-22 août 1791, à l'administration des Douanes (Faustin Hélie, t. 6, n° 2817 ; t. 1, n°ˢ 503 et suiv.).

276. Ainsi qu'on l'a vu au *Rép.* n° 484, on a prétendu autrefois que le tribunal correctionnel ne pouvait être saisi légalement par la comparution volontaire des parties. Mais l'opinion contraire est consacrée aujourd'hui par une jurisprudence constante, et c'est avec raison, puisque cette forme de procéder permet au tribunal de statuer promptement sur l'action publique sans léser aucun intérêt (Crim. rej. 10 juin 1853, aff. Ferraci, D. P. 53. 1. 318-319 ; 4 oct. 1855, aff. N..., D. P. 55. 1. 454 ; Crim. cass. 16 juin 1881, aff. d'Harvent, D. P. 82. 1. 279 ; Faustin Hélie, t. 6, n° 2818). Cette comparution volontaire a lieu d'accord entre les parties, ou sur simple avertissement du ministère public.

277. La loi du 20 mai 1863 a créé un nouveau mode de comparution, la comparution immédiate des inculpés arrêtés en état de flagrant délit pour un fait puni de peines correctionnelles. Cette loi ouvre, en effet, au ministère public deux voies nouvelles : *la traduction directe,* et sans citation, de l'inculpé devant le tribunal (art. 1ᵉʳ) ; s'il n'y a point d'audience, *la citation directe et d'urgence, au délai d'un jour* (art. 2).

278. Lorsque le tribunal correctionnel est saisi, quel que soit d'ailleurs le mode employé pour le saisir, *de quoi est-il saisi?* En d'autres termes, sur quelles *personnes* et sur quels *faits* peut-il statuer?

Quant aux *personnes,* la règle générale est, comme en simple police, que le juge correctionnel ne peut statuer qu'à l'égard des inculpés qui lui ont été déférés, et qu'il est incompétent à l'égard de tous autres. Le *Répertoire* présente, dans

les n°ˢ 488, 489, 490, 497 et 498, des applications de cette règle. Nous n'avons à mentionner sur ce point aucune décision nouvelle, et il nous suffira de renvoyer aux indications qui ont été données *suprà,* n°ˢ 182 à 186, sur les personnes à l'égard desquelles le tribunal de simple police peut statuer, et qui s'appliquent également en matière correctionnelle.

279. La question de savoir de *quels faits* le tribunal correctionnel est saisi ne se présente pas dans des termes aussi simples. Elle a donné lieu, depuis la publication du *Répertoire,* à un assez grand nombre d'arrêts, à ajouter à ceux qui ont été relevés *ibid.* n°ˢ 487, 489, 490.

En règle générale, l'étendue de la prévention est déterminée, en cas de citation directe, par les termes de la citation ; en cas de renvoi, par les termes de l'ordonnance ou de l'arrêt de renvoi. Il est clair, en effet, que le tribunal correctionnel ne peut être saisi que des faits qui sont énoncés dans l'acte qui le saisit ; il ne peut juger que les faits qui sont déférés à sa juridiction. La jurisprudence nouvelle a fait de nombreuses applications de cette doctrine.

Ainsi, il a été successivement jugé : 1° que le tribunal correctionnel saisi par l'ordonnance de renvoi et par la citation donnée au prévenu des délits de vagabondage et de filouterie ne peut connaître d'un délit d'outrage public à la pudeur qui ne s'est révélé qu'à l'audience et dont le ministère public, abandonnant la prévention originaire, requiert la prévention (Montpellier, 24 nov. 1853, aff. Négrier, D. P. 55. 2. 171) ; — 2° Que le tribunal correctionnel saisi d'un délit d'adultère, ne peut, d'office, s'emparer d'une circonstance révélée aux débats pour constater, à la charge du prévenu, l'existence d'un délit distinct d'attentat aux mœurs et statuer sur ce dernier délit, sans mise en demeure de l'inculpé de se défendre sur ce nouveau chef de prévention (Caen, 1ᵉʳ févr. 1855, aff. Lecordier, D. P. 56. 2. 289) ; — 3° Que le tribunal saisi de la connaissance d'une tentative d'escroquerie ne peut y substituer le délit de vol, alors que les faits constitutifs de ce dernier délit sont distincts et auraient été commis envers d'autres personnes, dans des lieux différents et à des époques différentes (Poitiers, 23 janv. 1861, aff. Guicheteau, D. P. 61. 2. 77) ; — 4° Que le prévenu traduit pour un délit d'escroquerie envers un négociant désigné ne peut être condamné, sur des charges relevées à l'audience, comme complice également d'un second délit d'escroquerie envers un autre négociant, si ce second délit n'était imputé qu'à ses coprévenus par l'ordonnance du juge d'instruction (Crim. cass. 17 avr. 1863, aff. Heiriès, D. P. 63. 5. 15) ; — 5° Que le juge correctionnel, saisi d'une prévention ne concernant qu'un délit, refuse avec raison, par respect pour les droits de la défense, de statuer sur une prévention nouvelle relevée à l'audience par le ministère public, bien qu'à certains égards elle concerne le même fait, si d'ailleurs elle ne se rattache pas nécessairement à l'inculpation seule énoncée dans l'ordonnance de mise en prévention et dans la citation (Crim. rej. 23 août 1861, aff. Barthélemy, D. P. 61. 1. 448) ; — 6° Que le tribunal correctionnel et la chambre des appels correctionnels n'ont pas le droit d'introduire dans le procès un fait non compris dans la citation (Crim. rej. 21 mai 1874, aff. Peter-Lawson, D. P. 75. 1. 137-138) ; — 7° Que le tribunal correctionnel qui n'a été saisi par l'ordonnance du juge d'instruction que d'une prévention de contrefaçon ou d'imitation frauduleuse d'une marque de fabrique et d'usage de cette marque contrefaite ou imitée, ne peut pas condamner le prévenu pour tromperie sur la nature de la marchandise vendue, ni pour falsification de substances médicamenteuses (Crim. cass. 26 juill. 1873, aff. Torchon, D. P. 74. 5. 127) ; — 8° Que le juge correctionnel saisi, sans aucune spécification du fait incriminé, d'une prévention d'outrage public à la pudeur, n'a pu y substituer celle tout à fait distincte de violences et voies de fait volontaires, alors même que la scène à raison de laquelle le prévenu se trouvait poursuivi, aurait été, dans l'information, envisagée d'abord comme pouvant constituer le crime d'attentat à la pudeur avec *violence* (Toulouse, 8 févr. 1877, aff. Manadé, D. P. 77. 2. 159).

280. Par suite de la même règle, il n'appartient pas au tribunal correctionnel de substituer à la prévention qui lui est déférée une prévention nouvelle, si cette prévention s'appuie sur un fait nouveau. Ainsi, lorsque le ministère public, tant dans la citation que dans ses réquisitions

d'audience, en première instance et en appel, n'a demandé contre le prévenu que la répression d'un délit d'outrages par paroles, gestes ou menaces contre un agent de l'autorité dans l'exercice ou à l'occasion de l'exercice de ses fonctions, la cour d'appel (chambre des appels correctionnels) ne peut relever d'office, comme résultant des débats, un délit de *diffamation* envers cet agent, et affirmer la compétence du jury, alors surtout qu'elle n'énonce pas que le fait prétendu diffamatoire fût relatif à ses fonctions (Crim. cass. 15 mars 1883, aff. de Buor de la Voy, D. P. 83. 1. 225).

Jugé aussi qu'il n'appartient pas au tribunal de police correctionnelle de substituer à la prévention qui lui a été déférée, alors même qu'il l'écarte par un acquittement, une prévention nouvelle différente de la première, et qui serait basée sur des faits résultant de l'information ou révélée par les débats (Aix, 29 juin 1871, aff. Arnulf, D. P. 72. 2. 190; Crim. rej. 21 mai 1874, aff. Peter-Lawson, D. P. 75. 1. 137-138); par exemple, une prévention de tromperie sur la nature de la chose vendue, à la prévention, dont il a été saisi, de contrefaçon de marque de fabrique (Crim. rej. 5 mai 1883, aff. Saxlehner, D. P. 83. 1. 481). — De même, le tribunal qui est saisi d'une poursuite pour contravention à la loi du 24 juill. 1867 sur les sociétés, ne pourrait, en abandonnant cette prévention, la changer en une prévention d'escroquerie qui résulterait de faits qui n'ont été relevés ni dans l'ordonnance du juge d'instruction, ni dans les citations (Crim. rej. 1er juill. 1881) (1).

'281. Mais que décider si le prévenu déclare formellement consentir à être jugé sur le nouveau fait? Il faut distinguer si sa comparution a été volontaire ou si elle a été forcée. La comparution volontaire suffisant pour saisir le tribunal, il est rationnel d'admettre que le consentement donné à l'audience au sujet d'un fait qui s'y est révélé doit avoir le même effet; mais si le prévenu ne comparaît pas librement, s'il est dans les liens d'un mandat, la présomption que son consentement à être jugé sur le fait nouveau a été spontané s'affaiblit aussitôt, et la jurisprudence décide que le consentement donné dans de telles conditions n'est pas suffisant pour autoriser le tribunal à connaître du fait nouveau (Crim. rej. 10 juin 1853, aff. Ferraci, D. P. 53. 1. 318-319; 4 oct. 1855, aff. N..., D. P. 55. 1. 454; Aix, 29 juin 1871, aff. Arnulf, D. P. 72. 2. 190. Conf. Faustin Hélie, t. 6, no 2849).

282. Au reste, il ne faut pas confondre une qualification nouvelle avec une prévention nouvelle, et le tribunal correctionnel a incontestablement le droit de modifier la qualification des faits qui lui sont renvoyés (V. *infrà*, no 290).

283. Le juge correctionnel est évidemment compétent pour reconnaître et rectifier l'erreur commise dans la citation des lois applicables aux faits qui lui sont déférés. D'autre part, il est clair que le seul fait d'avoir, dans une ordonnance de renvoi, visé, avec d'autres articles de loi, une disposition légale qui n'a aucun rapport avec les faits relevés par l'ordonnance n'équivaut pas à l'articulation d'un chef de prévention en dehors des chefs qui ont été

énoncés et qualifiés. Un arrêt en a conclu, avec raison, que le prévenu, traduit en police correctionnelle, ne saurait se prévaloir de ce que la disposition de loi, ainsi visée par erreur dans l'ordonnance, se trouvait n'être applicable que par la cour d'assises, pour demander à être traduit devant cette cour; spécialement que la circonstance que le prévenu serait poursuivi, aux termes de l'ordonnance de renvoi, pour « diffamation et outrage envers M. le curé de telle paroisse », alors même que ladite ordonnance viserait l'art. 5 de la loi du 17 mai 1819, n'implique pas qu'elle ait entendu parler d'une diffamation à raison de la qualité de la partie lésée, si, visant en même temps les art. 18 et 19, relatifs à la diffamation envers les particuliers, elle ne relève que des imputations relatives à la vie privée de la personne diffamée (Poitiers, 20 juill. 1872, aff. Mesmin, D. P. 72. 2. 161).

284. Il convient, d'ailleurs, de remarquer que l'ordonnance de renvoi (ou la citation) qui spécifie le délit et énonce dans une formule générale le mode à l'aide duquel il a été commis, saisit le juge de répression de tous les faits ayant pu contribuer à la perpétration de ce délit. Spécialement, il a été jugé que l'ordonnance qui renvoie en police correctionnelle un inculpé sous la prévention d'avoir obtenu ou tenté d'obtenir des souscriptions d'actions à une société « par publication faite de mauvaise foi, de versements qui n'existaient pas *ou d'autres faits faux* » permet au juge de répression de viser, au nombre des griefs sur lesquels il fonde la condamnation, l'annonce mensongère répandue par ce prévenu, dans divers prospectus, que l'autorisation du gouvernement avait été accordée à la société dont il était le fondateur (Crim. rej. 9 mai 1879, aff. Cassin, D. P. 79. 1. 315). En cas pareil, en effet, le fait délictueux est nettement indiqué par l'ordonnance, et c'est tout ce que la loi exige; il n'est nullement nécessaire que les manœuvres frauduleuses, que les faits faux soient détaillés; une formule générale suffit pour les exprimer. Dès lors, le juge est saisi, comme éléments du délit qui lui est déféré, de tous les faits mensongers sans distinction qui ont pu être mis en avant par le prévenu et qui ont contribué à la perpétration du délit.

L'arrêt précité n'est qu'une application de cette règle générale « que les tribunaux correctionnels régulièrement saisis de la connaissance d'un délit sont autorisés à statuer sur toutes les circonstances qui sont résultées de l'instruction et des débats, lors même qu'elles ne seraient pas énoncées dans la plainte (Crim. rej. 18 juin 1813, *Rép.* no 427), règle très bien justifiée par ces quelques mots de Faustin Hélie, t. 6, no 2852 : « En effet, les circonstances d'un même fait sont indivisibles, et le prévenu, averti que ce fait lui est imputé, est par là même mis en demeure de préparer sa défense sur tous les éléments qui le constituent. »

285. Mais pour que des circonstances accessoires puissent être empruntées aux débats et ajoutées au fait incriminé, il faut, d'après la jurisprudence la plus récente, qu'elles se rattachent *nécessairement* à la prévention (Crim. cass. 28 mai 1887, aff. Guillermont, D. P. 87. 1. 353. V. *ibid.*, le rapport de M. le conseiller Poux-Franklin qui a précédé l'arrêt). C'est ainsi qu'il a été jugé par l'arrêt précité qu'encore que l'ordon-

(1) (Truchon.) — La cour; — Vu les art. 182 c. instr. cr., 15 de la loi du 24 juill. 1867, sur les sociétés, et 405 c. pén.; — Sur le premier moyen, pris d'une prétendue violation de l'art. 182 c. instr. cr., en ce que les faits relevés et qualifiés dans l'ordonnance du juge d'instruction et dans la citation, comme constitutifs du délit de simulation de souscriptions et de versements, prévu par l'art. 15, no 1, de la loi du 24 juill. 1867, renfermaient au moins implicitement les éléments caractéristiques du délit d'escroquerie, de telle sorte que ce serait à bon droit que le tribunal correctionnel d'Alençon, saisi de l'affaire, aurait substitué ce dernier délit au premier, et à tort que, sur l'appel des condamnés, la cour d'appel de Caen a rendu une décision contraire: — Attendu, en droit, que s'il appartient aux tribunaux de changer la qualification des faits et de substituer ainsi un délit nouveau à celui qui leur était déféré, ce n'est qu'à la condition qu'il ne soit rien changé à ces faits et qu'ils restent tels qu'ils ont été énoncés dans les actes de la procédure; — Et attendu que le délit d'escroquerie et le délit de simulation de souscriptions et de versements, bien que se rapprochant par certains côtés, constituent deux délits distincts, se composant et résultant d'éléments propres à chacun, et qui empêchent de les confondre l'un avec l'autre; — Attendu, aussi bien, que le préambule de l'art. 15 de la loi du 24 juill. 1867, spécialement relatif au délit de simulation de sous-

criptions et de versements, et à quelques autres de même sorte, dispose expressément que ces délits sont punis des peines portées par l'art. 405 c. pén., sans préjudice de l'application de cet article à tous les faits constitutifs du délit d'escroquerie; — Et attendu, en fait, que le tribunal correctionnel d'Alençon a déclaré par son jugement que les faits relatés dans l'ordonnance du juge d'instruction et dans la citation qui s'en est suivie, ne tombaient pas sous l'application dudit art. 15; qu'il a écarté cette prévention comme non fondée, puisque, par une interprétation arbitraire et exclusive des données générales de l'information à laquelle il avait été procédé, il l'a changée en une prévention d'escroquerie et qu'il l'a jugée comme telle; — Mais attendu que, sur l'appel des condamnés, la chambre correctionnelle de la cour d'appel de Caen, après avoir constaté qu'en effet les faits relevés à la charge de la veuve Richard et de Truchon ne justifiaient pas la prévention de simulation de souscriptions et de versements, a reconnu que ces mêmes faits étaient insuffisants pour constituer le délit d'escroquerie qu'avaient retenu les premiers juges; en quoi, elle a usé de son droit et elle a fait une saine et juste application des dispositions de l'art. 405 c. pén. et de l'art. 182 c. instr. cr.; — Sur le deuxième moyen :... (Sans intérêt); — Rejette.

Du 1er juill. 1881.-Ch. crim.-MM. Henry Didier, rap.-Tappie, av. gén.

nance de renvoi n'ait visé contre l'un des prévenus que l'infraction à l'art. 419 c. pén., la cour d'appel n'a pu écarter par une fin de non-recevoir la prévention d'escroquerie soutenue à l'audience par le ministère public, alors que des constatations de fait de l'arrêt attaqué, il ressort que les manœuvres auxquelles le prévenu s'était livré pour produire, dans les termes de l'art. 419, la hausse sur le cours des actions sur lesquelles il opérait, n'avaient d'autre but que de lui permettre d'écouler avantageusement et au détriment des acheteurs les titres dont il était détenteur. Si ce lien intime, nécessaire, n'existait pas avec le fait incriminé, le juge n'aurait certainement pas le droit de faire état d'une circonstance accessoire non relevée par la prévention.

286. En ce qui concerne les circonstances *aggravantes* non énoncées dans l'ordonnance ni dans la citation, il a été décidé que le juge peut en faire état au fait principal dont il est saisi (Crim. rej. 29 juin 1855, aff. Doudet, D. P. 55. 1. 319). — Mais il en serait autrement si la circonstance aggravante constituait un délit distinct, ayant ses éléments constitutifs à part; par exemple, le prévenu qui n'est cité que pour usure habituelle ne pourrait être jugé pour abus de confiance, car ce délit n'a pas seulement des éléments différents de l'usure, il ne se fonde pas sur les mêmes faits; il ne peut donc donner lieu à une poursuite entée sur la première, à moins de l'adhésion libre et spontanée du prévenu (Faustin Hélie, t. 6, n° 2853).

287. Le juge d'appel peut-il relever une circonstance que le jugement de première instance ne mentionne pas, et qui n'aurait été relevée contre le prévenu ni par l'ordonnance de mise en prévention, ni par la prévention? L'affirmative a été jugée en ce qui concerne les circonstances aggravantes, par l'arrêt du 29 juin 1855, cité *suprà*, n° 286, par un autre arrêt de la cour de cassation (Crim. rej. 28 déc. 1855, aff. Riotteau, D. P. 56. 1. 47), et par un arrêt de la cour de Poitiers du 11 mars 1858 (aff. Faucher, D. P. 58. 2. 95) (V. toutefois *contrà:* Faustin Hélie, t. 6, n° 3029). En ce qui concerne les circonstances accessoires intimement liées au fait de la prévention, V. l'arrêt du 28 mai 1887, cité *suprà*, n° 285.

288. Quand le tribunal correctionnel est saisi légalement d'une affaire, a-t-il le droit de suspendre soit sa décision sur la compétence, soit l'examen du fond, et d'ordonner le renvoi au juge d'instruction? La négative est certaine, ainsi qu'on l'a établi au *Rép.* n° 494. Si la citation laisse des doutes sur le caractère du fait incriminé, le moyen de les dissiper est d'ouvrir le débat; mais il n'appartient qu'au ministère public, jamais au tribunal, de saisir le juge d'instruction. A cet égard il a été jugé: 1° que le tribunal correctionnel ne peut point se dessaisir d'une poursuite dont il est régulièrement nanti, et provoquer dans la même affaire, en la renvoyant devant un nouveau juge, une nouvelle ordonnance par d'instruction (Pau, 8 janv. 1873, aff. Latapy, D. P. 74. 2. 71); — 2° Qu'il ne peut davantage surseoir au jugement, en déléguant au juge d'instruction chargé de procéder à une nouvelle information le droit de statuer sur la mise en liberté provisoire de l'un des prévenus (Pau, 27 nov. 1872, aff. Barrère, D. P. 74. 2. 71); — 3° Que le tribunal correctionnel qui déclare son incompétence pour connaître d'un fait à lui déféré par une ordonnance du juge d'instruction, en se fondant sur ce que les circonstances non relevées lui donneraient un caractère criminel, excède ses pouvoirs en renvoyant le prévenu devant le même magistrat pour être, par les soins de celui-ci, procédé à tous actes d'instruction qu'il appartiendrait (Crim. règl. jug. 12 déc. 1861, aff. Leguen, D. P. 63. 5. 325).

289. Sur la question posée au *Rép.* n° 495, de savoir si le tribunal correctionnel peut, tout en annulant la citation donnée au prévenu, faire droit aux réquisitions du ministère public tendant à la confiscation de l'instrument du délit, V. les distinctions posées au *Rép.* v° *Peine*, n°s 837 et suiv.

290. On a déjà dit (V. *suprà*, n°s 282 et suiv.) que le droit de modifier la qualification du fait dont il est saisi par une ordonnance ou par un arrêt de renvoi, soit par une citation directe, appartient incontestablement au tribunal correc-

tionnel. Cette règle, exposée au *Rép.* n°s 505 et suiv., a été consacrée depuis par de nombreux arrêts (Montpellier, 3 juill. 1848, aff. Julia, D. P. 48. 2. 178; 21 nov. 1853, aff. Négrier, D. P. 55. 2. 171; Agen, 17 janv. 1853, aff. Milhos, D. P. 55. 2. 151). Dans ce sens il a été jugé: 1° que le fait d'avoir organisé des loteries qui n'ont pas été tirées peut, après avoir été envisagé dans la citation comme constituant un délit d'escroquerie, être présenté à l'audience, et sans qu'il soit besoin de citation nouvelle, comme constituant, à défaut d'autorisation, le délit spécial prévu par la loi du 21 mai 1856 ; il importerait peu que le défaut d'autorisation n'ait pas été mentionné dans la citation (Crim. cass. 13 juin 1850, aff. Richard Moyse, D. P. 50. 5. 307); — 2° Que le tribunal correctionnel saisi d'une action directe en diffamation peut, sur les conclusions de la partie civile, et sans qu'il soit besoin d'une nouvelle citation, changer la qualification du fait et y voir seulement une délit de fausse nouvelle (Dijon, 24 août 1866, aff. Jobard, D. P. 67. 2. 29); — 3° Que bien qu'il ait été cité pour répondre à une prévention de vol, l'individu convaincu d'avoir frauduleusement touché un bon délivré au nom d'un autre, a pu, sur les preuves que la perte est retombée à la charge du caissier obligé de payer une seconde fois, être condamné comme coupable d'escroquerie envers celui-ci, le fait atteint par une telle condamnation n'étant autre que le fait poursuivi différemment qualifié (Crim. rej. 5 mars 1868, aff. Haebig, D. P. 69. 1. 71); — 4° Que le prévenu condamné comme coupable d'escroquerie pour s'être fait remettre, en vue d'une affaire purement mensongère, des fonds qu'il a immédiatement détournés à son profit, ne saurait se prévaloir pour soutenir qu'il a subi un fait autre que celui énoncé dans la citation,... ni de ce que l'exploit élevait une prévention de délit d'abus de confiance, s'il s'agit du même fait, autrement qualifié, ... ni de ce que le jugement de condamnation ferait mention, pour établir qu'il y a eu emploi de manœuvres frauduleuses, d'une lettre dont le même exploit ne parlait pas, si l'existence de cette lettre est révélée au jugement non comme élément nouveau de délit, mais seulement comme concourant à prouver la fraude imputée au prévenu dans la citation, et alors surtout que le prévenu n'a pas réclamé devant le juge d'appel (Crim. rej. 6 janv. 1872, aff. Merlen, D. P. 72. 1. 142); — 5° Que la prévention du délit de pêche avec engin prohibé, pour laquelle un individu a été cité devant la juridiction correctionnelle, peut régulièrement être ramenée à l'audience à celle de port du même engin en dehors du domicile, s'il s'agit du même fait et non d'un fait nouveau (Besançon, 24 déc. 1872, aff. Faucogney, D. P. 73. 2. 46); — 6° Qu'en cas de poursuite pour contravention aux règlements administratifs sur la mise en vente d'animaux provenant d'un pays où la maladie contagieuse est répandue, le juge correctionnel peut changer la qualification du fait incriminé et prononcer une condamnation pour le délit prévu par l'art. 459 c. pén. (Crim. rej. 30 janv. 1873, aff. Legeay, D. P. 74. 1. 501); — 7° Que le juge correctionnel peut déclarer que le fait poursuivi comme constituant une diffamation envers un dépositaire de l'autorité publique constitue un outrage envers un fonctionnaire public (Crim. rej. 24 juill. 1877, aff. Royer, D. P. 78. 1. 96); — 8° Que le prévenu condamné comme coupable d'avoir abusé des faiblesses et des passions d'un mineur, ne peut se faire un grief de ce que le délit motivant la poursuite avait été qualifié d'abus de blanc-seing par ladite ordonnance, alors, d'ailleurs, que sa défense a porté non seulement sur les faits qui lui étaient reprochés, mais encore sur la qualification nouvelle proposée par le ministère public (Crim. rej. 9 nov. 1878, aff. Sullerot, D. P. 79. 1. 316); — 9° Que le tribunal correctionnel légalement saisi de la prévention par l'ordonnance de renvoi n'est nullement lié par la qualification qui a été donnée à cette prévention, et qu'il a non seulement le droit mais même le devoir de caractériser le fait de la prévention et d'y appliquer la loi pénale, conformément à ce qui résulte de l'information faite devant lui (Crim. rej. 25 avr. 1884) (1); — 10° Que la juridiction correctionnelle saisie d'une pour-

(1) (Fourré.) — LA COUR.) — Sur le second moyen, tiré de la violation du droit de la défense, de la règle des deux degrés de juridiction, de l'art. 182 c. instr. cr. et de la fausse application des art. 379 et 401 c. pén., en ce que l'arrêt attaqué a condamné

pour délit de vol la demanderesse qui avait été renvoyée en police correctionnelle, uniquement sous la prévention de destruction de titre: — Attendu que le tribunal correctionnel saisi de la prévention portée à l'ordonnance de renvoi n'est nullement

suite pour escroquerie peut, sans modification illégale de la prévention, attribuer aux faits incriminés la qualification d'abus des besoins et des faiblesses d'un mineur (Crim. rej. 11 déc. 1885) (1); — 11° Que les juges correctionnels ont le droit de donner au fait qui leur est déféré sa qualification véritable, d'après les résultats du débat qu'il leur appartient d'apprécier; qu'ainsi l'inculpé prévenu de s'être, à l'aide des manœuvres frauduleuses spécifiées en l'art. 405 c. pén., fait remettre des brillants d'un certain prix, peut être condamné pour avoir, à l'aide de ces manœuvres, obtenu, non les brillants qui étaient antérieurement entre ses mains, mais un arrêté de compte contenant décharge des brillants qui lui avaient été remis pour les vendre (Crim. rej. 13 août 1886, aff. Baranès, D. P. 87. 1. 363). — Conf. Faustin Hélie, t. 5, n° 2315, et t. 6, n° 2854.

291. Si le droit de substituer une qualification à une autre est incontestable et unanimement reconnu, c'est à la condition, imposée au juge, de ne puiser que dans les faits de la prévention primitive les éléments de la qualification nouvelle. « Il faut prendre garde, dit Faustin Hélie, t. 6, n° 2854, que le fait incriminé ne se complique d'un fait nouveau, et qu'une poursuite ne soit substituée à une autre. Ce n'est que le fait qui a été l'objet de la prévention que le tribunal doit qualifier d'après l'instruction orale, il peut lui reconnaître un caractère nouveau, lui appliquer une autre disposition de la loi pénale; mais il ne peut, sous le voile d'une qualification nouvelle, faire entrer un fait qui n'était pas compris dans la prévention. » Il a été jugé, à cet égard, que la négociation des actions d'une société supposant la remise d'une somme d'argent par l'acquéreur et contenant ainsi virtuellement l'un des éléments essentiels du délit d'escroquerie, on ne saurait, pour critiquer la substitution, dans l'arrêt de condamnation, de la qualification d'escroquerie à celle d'émission et de négociation d'actions d'une société irrégulièrement constituée que l'ordonnance de renvoi avait adoptée, soutenir que l'arrêt a illégalement introduit dans le débat un élément étranger à la prévention originaire (Crim. rej. 28 janv. 1887, aff. de Laporte, D. P. 87. 1. 361). Cette décision semble très juridique, car la négociation des actions d'une société supposant nécessairement le versement du prix par l'acquéreur, le juge ne fait qu'envisager la prévention sous un point de vue nouveau, sans rien y ajouter, lorsque du fait de la négociation des actions d'une société irrégulièrement constituée, visé dans la poursuite, il dégage spécialement la remise d'une somme d'argent à l'auteur du délit pour y puiser l'un des éléments constitutifs de la prévention d'escroquerie, ainsi substituée à la prévention originaire.

292. Ainsi qu'on l'a dit au *Rép.* n° 507, le droit de modifier la qualification légale du fait appartient aussi bien aux juges d'appel qu'au tribunal correctionnel; c'est ce qui a été reconnu par plusieurs des arrêts cités *suprà*, n° 290, notamment, pour ne citer que les plus récents, par les arrêts

des 25 avr. 1884, 11 déc. 1885, et, de plus, par un arrêt de la chambre criminelle du 10 févr. 1888 (aff. Mamet, D. P. 88. 1. 192). Mais, pas plus qu'aux juges de première instance, il n'est permis aux juges d'appel de prendre pour base de la condamnation des faits nouveaux (V. outre l'arrêt du 16 janv. 1847, cité au *Rép.* n° 512 : Crim. cass. 14 sept. 1849, aff. Boussonie, D. P. 49. 5. 58 ; Crim. rej. 6 août 1855, aff. Ansart, D. P. 55. 5. 25 ; 16 août 1862, aff. Taule, D. P. 68. 5. 22).

293. Ajoutons que si l'appel n'a été porté que par le *seul* prévenu, le juge du second degré ne pourra rectifier la qualification inexacte donnée aux faits de la prévention par les premiers juges qu'autant qu'il n'en devra résulter aucune augmentation de peine, puisque la situation de l'appelant ne peut, dans ce cas, être aggravée (Crim. rej. 10 août 1855, aff. Cahen, D. P. 55. 5. 23 ; 13 déc. 1855, aff. Roussel, D. P. 56. 5. 24 ; 16 août 1862, aff. Taule, D, P. 68. 5. 22 ; 21 juill. 1877, aff. Royer, D. P. 78. 1. 96 ; Paris, 30 août 1877, *suprà*, v° *Appel en matière criminelle*, n° 108). Mais, pour concilier son droit de rectifier la qualification avec le devoir qui lui est imposé de ne pas aggraver la situation de l'appelant, il suffira au juge d'appel, après avoir restitué aux faits de la prévention leur qualification juridique, d'en circonscrire les conséquences légales dans les termes du jugement de première instance, et de maintenir la peine dans les limites fixées par ce jugement (Crim. cass. 14 juin 1872, aff. Picon, D. P. 74. 1. 94).

294. Enfin, et pour achever ce qui regarde la compétence des juges d'appel, il convient de noter un arrêt qui a décidé qu'il n'y a point omission de statuer de la part des juges d'appel qui, tout en écartant le délit retenu par les magistrats de première instance, ne se prononcent pas sur une contravention que ceux-ci avaient indiquée comme pouvant ressortir des faits, si on les considérait isolément et abstraction faite des particularités au milieu desquelles ils se sont produits (Crim. rej. 5 juill. 1884, aff. Saint-Jean et Glattard, D. P. 85. 1. 222-223). N'étant saisie de la contravention ni par la citation, ni par le jugement frappé d'appel, la cour n'est aucunement tenue d'y statuer.

295. Sur le droit et le devoir du tribunal correctionnel (et du juge d'appel) de se déclarer incompétent lorsqu'il lui apparaît que le fait incriminé constitue un crime (*Rép.* n°° 507 à 509), V. *infra*, n°° 314 et suiv..

296. Il peut se faire que la compétence du juge correctionnel soit déclinée, non parce que le fait constitue un crime, mais parce qu'il constitue un délit de la compétence de la cour d'assises, par exemple, un délit réprimé par la loi sur la presse (L. 29 juill. 1881, art. 45). Il appartient alors à ce juge d'apprécier le mérite de l'exception d'incompétence; et un arrêt de la cour de cassation (Crim. cass. 8 févr. 1884, aff. Lissagaray, D. P. 84. 1. 305) a décidé, avec raison qu'en pareil cas la juridiction correctionnelle, et spécialement la cour d'appel, a le droit de rechercher en dehors de

---

lié par la qualification qui a été donnée à cette prévention; que cette ordonnance, en saisissant le tribunal, a reçu la plénitude de son exécution; que le tribunal ainsi légalement saisi a, non seulement le droit, mais même le devoir de caractériser le fait de la prévention et d'y appliquer la loi pénale, conformément à ce qui résulte de l'information faite devant lui; que le juge d'appel est investi à cet égard, par l'effet dévolutif de l'appel, des mêmes pouvoirs que les juges du premier degré, et qu'appelé à se défendre sur l'imputation d'un fait, le prévenu est par cela même mis en demeure de présenter sa défense sur la qualification pénale légalement afférente à ce fait; — Et attendu, en fait, que, sans ajouter à la prévention aucune circonstance nouvelle, la cour d'appel s'est bornée à qualifier autrement que ne l'avaient fait les premiers juges, le fait unique établi à la charge de ce prévenu, consistant dans l'appréhension d'un titre appartenant à autrui, en décidant que de ce fait résultait la preuve, non d'une destruction de titre, mais d'une soustraction frauduleuse, et qu'en statuant ainsi elle n'a violé ni l'art. 182 c. instr. cr., ni la règle des deux degrés de juridiction, ni le droit de la défense, et qu'elle a fait une juste application à la prévenue des art. 379 et 401 c. pén.; — Rejette.

Du 25 avr. 1884.-Ch. crim.-MM. Gast, rap.-Roussellier, av. gén.

(1) (Hasenfield et autres) — LA COUR; — Sur le moyen proposé par la femme Miermont et tiré de la violation de l'art. 182 c. instr. cr., en ce que la demanderesse poursuivie sous inculpation d'escroquerie aurait été condamnée comme coupable du délit d'abus

des besoins ou des faiblesses d'un mineur, prévu par l'art. 406 c. pén.: — Attendu, dans l'espèce, que la femme Miermont, Moujon et Goldhurner étaient renvoyés devant la juridiction correctionnelle comme prévenus d'avoir, en employant des manœuvres frauduleuses pour persuader ou pour faire naître l'espoir d'un gain imaginaire, déterminé le sieur Paynaud à acheter au prix de 37000 fr. des tableaux qui valaient à peine quelques centaines de francs; — Qu'il résulte de l'arrêt : 1° qu'à l'époque où ces manœuvres ont eu lieu, le sieur Peynaud, alors en état de minorité, cherchait à emprunter de l'argent; que la femme Miermont agissant de concert avec Moujon et Goldhurner, a abusé des besoins et des faiblesses de ce jeune homme pour lui faire souscrire 37000 fr. de billets, en échange d'un lot de tableaux et de faïences dont la revente devait, disait-elle, lui procurer un bénéfice considérable; 2° que, pour prix de son intervention dans cette affaire de prêt usuraire, la femme Miermont a obtenu du mineur Peynaud deux valeurs à son ordre de mille francs chacune; 3° que de leur côté, Goldhurner et Moujon ont reçu, au même titre, le premier, neuf des valeurs souscrites par le mineur Peynaud en payement des tableaux, le second une somme de 1500 fr. ; — Que, dans ces circonstances, la cour d'appel, en décidant que le fait incriminé tombait sous l'application, non de l'art. 405 c. pén. mais de l'art. 406 du même code, n'a pas modifié ce fait et s'est borné à lui restituer sa valeur légale;

Par ces motifs, rejette.

Du 11 déc. 1885.-Ch. crim.-MM. de Larouverade, rap.-Roussellier, av. gén.

l'ordonnance du juge d'instruction et de la citation les éléments des faits qui servent de base à la poursuite, et de déclarer qu'ils constitueraient, s'ils étaient établis, non un délit de la compétence correctionnelle, mais une infraction justiciable de la cour d'assises (Conf. Caen, 10 mars 1886, aff. Marie, D. P. 87. 2. 45). En effet, bien que saisi seulement d'une question de compétence, le juge doit évidemment, pour statuer en pleine connaissance de cause, pouvoir entrer dans les détails de l'affaire sans s'arrêter aux termes de la citation, et, encore qu'il n'ait pas à juger le fond, il a incontestablement le droit d'y pénétrer assez pour déterminer les éléments de la poursuite, et se mettre à même d'apprécier, d'après leur caractère, quelle juridiction doit être appelée à en connaître.

297. On a constaté au *Rép.* n°s 514 et 525, l'unanimité de la jurisprudence pour décider qu'en cas d'acquittement du prévenu, c'est seulement en faveur de celui-ci, et non de la partie plaignante, que le tribunal correctionnel peut prononcer des dommages-intérêts. Cette règle n'est qu'une conséquence du principe suivant lequel l'action . qui a pour objet la réparation du dommage causé par l'infraction ne peut être portée devant la juridiction répressive qu'accessoirement à l'action qui a pour objet l'application de la peine. Elle résulte, de l'avis de tous les auteurs, des art. 191 et 212 combinés c. instr. cr. (Faustin Hélie, t. 2, n°s 612 et suiv.; t. 5. n° 2394; t. 6, n° 2980; Mangin, *Action publique*, t. 2, n° 435, et *Instruction écrite*, t. 2, n° 195; Sourdat, *Traité de la responsabilité*, t. 1, n°s 257 et 258; Henrion de Pansey, *Compétence*, p. 144; Haus, *Principes du droit pénal belge*, t. 2, n°s 1405 et 1406; Le Sellyer, *Actions publique et privée*, t. 2, n° 729; Merlin, *Répertoire*, v° *Tribunal de police*, sect. 2, § 3, p. 143, t. 18, sur l'art. 191; Hoffmann, *Questions préjudicielles*, t. 1, n° 82). Aux arrêts cités *Rép.* n° 525, on peut ajouter : Crim. cass. 2 mai 1851 (aff. d'Arlincourt, D. P. 51. 1. 143); 10 août 1860 (aff. Chemin de fer de Lyon C. Bergue, D. P. 60. 1. 513) ; Paris, 27 avr. 1872 (aff. Dupont-Poulet, D. P. 73. 2. 225).

Peu importe le motif de l'acquittement. Le tribunal correctionnel est incompétent pour statuer sur l'action civile aussi bien au cas où il reconnaît que le fait ne constitue ni délit, ni contravention, qu'au cas où il déclare que le prévenu n'est pas coupable ; et aussi, comme on l'a dit au *Rép.* n° 516, lorsqu'il se reconnaît incompétent pour statuer sur l'action publique. Il en est de même lorsque l'action publique est prescrite (Montpellier, 3 avr. 1848, aff. Galibert, D. P. 48. 2. 143). — En cas d'amnistie survenue au cours du procès pénal, il a été jugé (Crim. rej. 9 févr. 1849, aff. Léoutre, D. P. 49. 1. 125; 16 mars 1882, aff. Talon, D. P. 82. 1. 239; Lyon, 25 août 1880, aff. Mengin, D. P. 81. 2. 4), que le tribunal correctionnel peut retenir le jugement de l'action civile malgré l'extinction de l'action publique. En serait-il de même si l'amnistie était antérieure à la citation? Le tribunal de la Seine a décidé l'affirmative le 28 févr. 1861 (aff. Dunan-Mousseux, D. P. 62. 3. 7); mais le contraire a été jugé par le tribunal de Blois, le 14 janv. 1870 (aff. Carré, D. P. 70. 3. 76), et la cour de cassation a tranché la question dans ce dernier sens par un arrêt du 22 déc. 1870 (aff. Vezinhet, D. P. 71. 1. 192).

298. Sur la question de savoir quel est le sort de l'action civile lorsque le prévenu décède après le jugement correctionnel de première instance, V. *Rép.* v° *Instruction criminelle*, n°s 221 et suiv.

299. De ce que les tribunaux correctionnels ne peuvent, en cas d'acquittement du prévenu, le condamner à des dommages-intérêts, il ne faut pas conclure qu'ils ne peuvent prononcer sur l'action civile qu'en appliquant une peine (Blanche, *Etudes sur le code pénal*, t. 1, n°s 257 à 260). En effet, il y a des cas où, tout en constatant le délit et la culpabilité du prévenu, les tribunaux correctionnels sont dans l'impossibilité de lui appliquer aucune peine : par exemple, si, le prévenu étant acquitté, le ministère public n'interjette pas appel ; cela l'empêchera point la partie civile de l'interjeter pour ses intérêts civils (c. instr. cr. art. 202). Alors la cour saisie de l'appel n'aura à statuer que sur la question des dommages-intérêts; et elle sera compétente pour le faire (Blanche, n° 258), bien que le défaut d'appel de la part du ministère public ne lui per-

mette de prononcer aucune peine (Le Sellyer, *Actions publique et privée*, t. 2, n° 731). Il en est de même dans le cas, supposé au *Rép.* n° 519, où le tribunal correctionnel étant saisi, et une partie civile s'étant constituée devant lui, le prévenu vient à être traduit en cour d'assises et condamné à une peine plus forte que celle que pouvait entraîner le délit ; le tribunal correctionnel saisi antérieurement ne peut plus prononcer de peine, mais il ne cesse pas, pour cela, d'être compétent pour statuer sur .les dommages-intérêts de la partie civile (V. l'arrêt cité au *Rép. ibid.*; Blanche, n° 259).

300. Si la juridiction correctionnelle, tout en déclarant l'existence du délit et en allouant à la partie civile des dommages-intérêts, s'abstient pour des motifs erronés en droit (par exemple, parce que le ministère public n'a pas requis de peine à l'audience) d'appliquer aucune peine, l'allocation des dommages-intérêts peut-elle être considérée comme prononcée, en pareil cas, par un juge incompétent? La négative a été décidée par un arrêt de rejet qui a jugé qu'une pareille décision n'est pas une décision d'acquittement, et que, par suite, le juge du second degré peut, quoique saisi par l'appel seul du prévenu, statuer également sur la demande de dommages-intérêts, encore bien qu'aucune peine ne puisse plus être appliquée (Crim. rej. 15 avr. 1865, aff. Dufaure, D. P. 65. 1. 248).

301. De ce que l'acquittement du prévenu rend le juge correctionnel incompétent pour statuer sur l'action civile, il suit que ce juge ne peut retenir la cause entre le plaignant et la partie responsable (Crim. cass. 10 août 1860, aff. Chemin de fer de Lyon C. Bergue, D. P. 60. 1. 513).

302. Au reste, il va de soi qu'en cas d'acquittement prononcé en appel, le juge du second degré doit décharger le prévenu de la condamnation à des dommages-intérêts rendue au profit de la partie civile par les premiers juges. Cette décharge est l'application pure et simple du principe que la juridiction correctionnelle, lorsqu'elle acquitte, devient incompétente pour statuer sur l'action en dommages-intérêts du plaignant contre le prévenu (Crim. rej. 11 août 1877, aff. Thorain, D. P. 79. 1. 384).

303. On a signalé au *Rép.* n° 526 une conséquence de la règle qui ne permet aux tribunaux correctionnels de connaître des réparations civiles qu'accessoirement à un délit, à savoir : qu'en renvoyant le détenteur d'objets mobiliers d'une plainte en complicité de vol, le tribunal ne peut ordonner la restitution de ces objets, lesquels ne peuvent être revendiqués que par action civile. Cette doctrine a été confirmée par un arrêt qui a décidé que, lorsque le juge correctionnel prononce l'acquittement du prévenu poursuivi pour vol ou détournement, il n'a pas à rechercher à qui appartiennent les objets détournés, et qu'il n'est pas compétent pour faire droit aux conclusions à fin de restitution prises devant lui à cet effet, encore même qu'il s'agirait d'objets saisis et déposés au greffe, sauf à la partie plaignante à se retirer devant le juge civil pour intenter une demande en revendication (Crim. rej. 25 févr. 1869, aff. Bégis, D. P. 69. 1. 392. Conf. Le Sellyer, *Actions publique et privée*, t. 2, n° 730 ; Blanche, t. 1, n° 240).

Jugé, d'après les mêmes principes, que, dans le cas où une découverte industrielle qui, au moment de la faillite de l'inventeur, était encore à l'état de simple conception, a été cédée par le failli à l'un de ses créanciers, le juge correctionnel qui prononce l'acquittement du cessionnaire, poursuivi pour infraction aux art. 597 et 598 c. com., est incompétent pour statuer sur la demande des créanciers du failli en restitution du brevet pris pour l'exploitation de la découverte cédée et en dommages-intérêts (Paris, 27 avr. 1872, aff. Boilletot, D. P. 73. 2. 225).

304. Sur la question de savoir si l'individu renvoyé par le tribunal correctionnel peut être ensuite poursuivi en dommages-intérêts devant le tribunal civil, V. *supra*, v° *Chose jugée*, n°s 433 et suiv.

305. En ce qui concerne l'action en dommages-intérêts du prévenu acquitté contre la partie civile, nous devons noter un arrêt de la cour de Paris du 27 avr. 1872 (aff. Dupont, D. P. 73. 2. 225), aux termes duquel le tribunal correctionnel peut condamner la partie civile à des dommages-intérêts, lorsqu'il est constant que son action a été intentée dans un but diffamatoire et avec l'intention de nuire à la réputation du prévenu acquitté.

306. Les art. 191 et 212 c. instr. cr. ont-ils attribué aux tribunaux correctionnels la connaissance exclusive de l'action du prévenu acquitté contre la partie civile? Si le prévenu n'avait pas formé immédiatement cette action, pourrait-il la porter au tribunal civil? Un arrêt a décidé que la compétence du tribunal correctionnel n'est pas exclusive (Crim. rej. 2 déc. 1861, aff. Boilley, D. P. 62. 1. 171). Les auteurs se prononcent en sens contraire (Mangin, *Action publique*, t. 2, n° 196; Sourdat, t. 1, n° 259; Carnot, *Instruction criminelle*, sur l'art. 159). Cette dernière solution nous paraît préférable. L'art. 359 c. instr. cr., relatif aux actions suivies devant la cour d'assises, déclare le prévenu non recevable en pareil cas. Et les raisons de décider sont les mêmes en matière correctionnelle. D'une part, le tribunal qui a jugé de la nature des accusations est bien placé pour connaître de la réparation; d'autre part, c'est un moyen de couper court au procès.

307. Lorsque le tribunal correctionnel reconnaît l'existence d'un délit et qu'il est intervenu une condamnation, il doit accorder à la partie civile les réparations auxquelles elle a droit, cela est évident, et c'est ce qui a été constaté au *Rép.* n°ˢ 521 et 524. Ayant reçu de la loi mission pour prononcer sur les dommages-intérêts réclamés, ce tribunal ne pourrait se dessaisir et renvoyer à cette fin devant le tribunal civil (*Rép.* n° 522). Il y aurait là une sorte de déni de justice, une violation de la loi, qui entraînerait la cassation de ce jugement frustratoire (Sourdat, t. 2, n° 264). — Et non seulement le tribunal correctionnel est compétent pour allouer des dommages-intérêts, mais encore pour ordonner la restitution, et pour statuer sur l'annulation des actes frauduleux au moyen desquels les délits ont eu lieu. — En ce qui concerne la restitution, s'il n'y avait point de partie civile en cause, il est clair que les juges ne pourraient attribuer à la partie lésée des objets autres que ceux provenant du délit et retrouvés en nature; c'est ce qui a été dit au *Rép.* n° 527 (V. l'arrêt cité *ibid.*).

308. On a vu au *Rép.* n° 528 que les tribunaux de police correctionnelle, lorsqu'ils adjugent des dommages-intérêts, doivent le faire par le *même jugement* qui statue sur l'action publique (c. instr. cr. art. 159 et 189). Il est admis, néanmoins, par la jurisprudence, que si le juge, après avoir reconnu le prévenu coupable du délit qui lui est imputé, constate l'existence d'un préjudice causé à la partie civile, il peut surseoir à statuer sur la quotité des dommages-intérêts jusqu'à l'obtention des renseignements jugés nécessaires (Crim. rej. 16 déc. 1848, aff. Lebreton, D. P. 49. 5. 8; 7 juill. 1855, aff. Pommier, D. P. 55. 1. 376), et renvoyer, s'il y a lieu, devant un juge commissaire pour la déterminer (Crim. rej. 6 déc. 1855, aff. Manning, D. P. 56. 1. 143); ou dire qu'ils seront donnés par état (c. proc. civ. art. 128) (Orléans, 10 juill. 1854, aff. Thoisnier, D. P. 55. 2. 157; Arrêt précité du 7 juill. 1855).

309. L'irrégularité résultant de ce que le tribunal aurait statué par jugements séparés constitue-t-elle une nullité absolue et d'ordre public? On a cité au *Rép.* n° 531 un arrêt de cassation qui a décidé l'affirmative; mais la question est controversée. Un arrêt plus récent (Crim. rej. 16 févr. 1855, aff. Escaraguel, D. P. 55. 1. 350) a jugé que le fait de statuer par jugements distincts (d'abord sur l'action publique, et ensuite, quinze jours après, sur l'action civile) n'est qu'un simple vice de forme qui, s'il n'a été relevé en appel, ne peut être invoqué pour la première fois en cassation.

§ 3. — Mode de statuer dans le cas où le fait ne présente qu'une contravention de police. — Quelle partie peut demander le renvoi (*Rép.* n°ˢ 534 à 546).

310. La question de savoir si, dans le silence de l'art. 192 c. instr. cr., qui n'accorde expressément ce droit qu'à la partie publique et à la partie civile, le prévenu peut demander le renvoi en simple police, quand le fait poursuivi n'est qu'une contravention, a été traitée au *Rép.* n°ˢ 536 et suiv. La distinction suivant laquelle on a, *ibid.*, n° 542, proposé de la résoudre, est généralement abandonnée aujourd'hui. Si le fait, d'après la citation même, ne présente que les caractères d'une contravention, le prévenu, cité à tort, a le droit de demander son renvoi, du moins *in limine litis* (V. outre Crim. rej. 8 mars 1839, cité au *Rép.* n° 542 : Crim.

cass. 1ᵉʳ févr. 1821, *Bull. crim.*, n° 25; 17 oct. 1838, *ibid.*, n° 334; Toulouse, 3 juin 1841, *Rép.* n° 551; Angers, 22 juin 1863, aff. Waeyenburgh, D. P. 63. 2. 219; Trib. corr. Seine, 19 déc. 1866, aff. Drevet, D. P. 67. 3. 21); mais il n'a point ce droit, si le fait, dénoncé par la citation, avec indication de circonstances qui en faisaient un délit, n'a pris qu'au cours des débats le caractère de contravention, en d'autres termes, si c'est à l'audience seulement qu'il a dégénéré en contravention (Crim. rej. 3 juin 1858, aff. d'Asnière de la Chataigneraye, D. P. 58. 1. 381; Montpellier, 20 avr. 1874, aff. X..., D. P. 75. 2. 47. Conf. quant à cette distinction : Faustin Hélie, t. 6, n° 2531; Morin, v° *Compétence*, n° 52; Rodière, *Procédure criminelle*, p. 354; Garraud, n° 545; Villey, p. 356. — V. en sens contraire : Dutruc, *Mémorial du ministère public*, v° *Compétence*, n° 156).

311. Dans le premier cas de la distinction qui vient d'être rappelée, le prévenu ne peut-il demander son renvoi que *in limine litis?* Est-il tenu de former sa demande avant toute instruction, à peine de déchéance? Les arrêts du 8 mars 1839 et du 3 juin 1858, cités *suprà*, n° 310, ont jugé l'affirmative, qui est enseignée par Faustin Hélie, t. 6, n° 2531. Le Sellyer, t. 2, n° 42, estime, au contraire, que le prévenu doit pouvoir demander le renvoi dans tous les cas où le ministère public ou la partie civile le peuvent, par conséquent, soit avant l'ouverture des débats, soit après l'audition des témoins : « Dira-t-on avec la cour de cassation (arrêt de 1839), demande ce dernier auteur, qu'une fois les débats ouverts, il serait à craindre que le prévenu ne demandât le renvoi que pour retarder une condamnation qu'il verrait imminente? Mais ne pourrait-on pas dire, de même, qu'il serait à craindre que le ministère public, ou la partie civile, ne le demandassent dans l'espérance d'obtenir plus facilement du juge de simple police la condamnation qui leur paraîtrait ne plus pouvoir être obtenue du tribunal correctionnel? En quoi ce calcul de leur part devrait-il être plus facilement admis que celui du prévenu? » Cette observation nous paraît fondée.

312. Le refus ou l'omission de statuer sur la demande de renvoi du prévenu opèrent-ils nullité? M. Sourdat, *Traité de la responsabilité*, t. 1, n° 256, pense que la partie poursuivie pourrait toujours en s'appuyant sur les art. 408 et 413 c. instr. cr., tirer un moyen de nullité de l'incompétence du tribunal. Son opinion est combattue par M. Le Sellyer, n° 43. Il nous semble difficile de ne pas admettre la nullité comme sanction du droit de demander le renvoi, dans les cas où celui-ci est reconnu à l'inculpé.

313. Si c'est en appel qu'un fait, poursuivi correctionnellement, a pris les caractères d'une simple contravention, il a été jugé que le ministère public ne peut conclure au renvoi du prévenu devant le tribunal de simple police qu'avec le concours de la partie civile (Bastia, 9 oct. 1846, aff. P..., D. P. 46. 2. 233). Cela est conforme au texte de l'art. 213 c. instr. cr., dans lequel le législateur a employé la conjonction *et*, au lieu de la disjonction *ou* dont il s'était servi dans l'art. 192.

§ 4. — Mode de statuer dans le cas où le fait constitue un crime — Cas dans lesquels le tribunal peut ou non renvoyer devant le juge d'instruction (*Rép.* n°ˢ 547 à 564).

314. D'après l'art. 193 c. instr. cr., rappelé au *Rép.* n° 547, si le fait dont le tribunal correctionnel est saisi prend le caractère de crime, le tribunal est tenu de se dessaisir et de renvoyer l'affaire, car il est incompétent. Ce renvoi doit être prononcé d'office, dès que les faits d'aggravation se révèlent et sont constatés; il peut, d'ailleurs, être requis soit par la partie poursuivante, soit par le prévenu lui-même (Crim. cass. 27 déc. 1839, *Bull. crim.*, n° 393; 8 févr. 1844, *ibid.*, n° 39; 12 févr. 1864, aff. Beauvais, D. P. 64. 1. 97).

315. Le renvoi peut être prononcé en tout état de cause, en appel comme en première instance (V. outre l'arrêt du 12 mars 1812, cité au *Rép.* n° 549-6° : Crim. règl. jug. 20 mars 1856, aff. Bertrand, D. P. 56. 5. 390). — Toutefois, lorsque c'est le prévenu seul qui a interjeté appel, le juge d'appel ne peut se déclarer incompétent, puisqu'il est de principe général, en matière criminelle, que l'appel du prévenu ne peut jamais *aggraver* sa position, à moins que la compétence correctionnelle ne soit déclinée par l'appelant lui-même (V. *infrà*, n°ˢ 323 et 324).

Mais il a été jugé que l'incompétence de la juridiction correctionnelle pour connaître d'un fait susceptible d'une qualification criminelle à raison des circonstances relevées contre le prévenu, n'est pas absolue, et que, dès lors, elle ne saurait fournir au condamné un moyen de cassation, si la compétence du juge correctionnel n'a été déclinée ni par lui, ni par le ministère public (Crim. rej. 15 déc. 1871, aff. Duhamel, D. P. 72. 1. 273).

316. Au surplus, il ne peut dépendre d'un inculpé de forcer la juridiction correctionnelle à se déclarer incompétente par cela seul qu'il allègue des circonstances aggravantes non comprises dans la poursuite, lorsque le juge ne trouve pas qu'elles soient suffisamment indiquées par le débat (Crim. rej. 12 déc. 1863, aff. Favre, D. P. 67. 1. 361). — Il a été ainsi jugé que le tribunal correctionnel ne doit se dessaisir que lorsque le fait d'aggravation est, sinon prouvé, ce qui rentre dans les attributions de la cour d'assises, au moins fondé sur des indices et des charges assez graves pour constituer une prévention suffisante (Arrêt du 12 févr. 1864, cité *suprà*, nº 314); — Et que l'allégation par le prévenu que le délit à raison duquel il est poursuivi a été accompagné de circonstances aggravantes, et l'offre de prouver ces circonstances, ne sauraient obliger le tribunal à se déclarer incompétent, alors que les éléments de la procédure, plus probants que ceux que le prévenu offre d'apporter, laissent planer sur l'existence de ces circonstances des doutes qui ne permettent pas de les mettre à la charge de celui-ci (Grenoble, 17 mai 1872, aff. Peyronnard, D. P. 72. 5. 112). Mais, s'il ne peut dépendre du prévenu de forcer la juridiction correctionnelle à se déclarer incompétente, par cela seul qu'il allègue l'existence de circonstances aggravantes non comprises dans la poursuite et qui imprimeraient au fait le caractère d'un crime, cette juridiction doit se dessaisir dès que les allégations du prévenu sont fondées sur des indices et charges assez graves pour constituer une prévention suffisante (Crim. règl. jug. 29 juill. 1886) (1).

317. Au reste, s'il n'appartient pas au juge correctionnel de déclarer constant le fait d'aggravation allégué, il lui appartient de le vérifier, d'ordonner même, s'il y a lieu, un avant faire droit, et ce n'est qu'après vérification qu'il doit se dessaisir. S'il était autrement procédé, de perpétuels conflits ne cesseraient d'entraver la juridiction correctionnelle (Crim. cass. 27 janv. 1854, cité par Faustin Hélie, t. 6, nº 2924).

318. Si le fait déféré au tribunal correctionnel présente le double caractère de crime et de délit, s'il constitue à la fois, par exemple, un attentat à la pudeur et un outrage public aux mœurs, le tribunal est-t-il incompétent? Deux cours d'appel ont donné une réponse négative à cette question. La cour d'Aix a décidé le 22 déc. 1864 (aff. Chauvet, D. P. 65. 2. 223) qu'il ne résulte pas de ce que les éléments de la scène unique déférée à la juridiction correctionnelle sous la qualification d'outrage public à la pudeur puissent, envisagés sous un certain aspect, constituer un attentat à la pudeur, que cette juridiction doive se dessaisir. De même, la cour d'Amiens a jugé le 27 juill. 1866 (aff. P..., D. P. 68. 2. 106) que le tribunal correctionnel auquel est déféré un fait constituant à la fois un attentat à la pudeur et un outrage public aux mœurs, est compétent pour connaître de la poursuite, lorsque ce fait n'y est envisagé que dans celui de ces éléments qui permet de le qualifier de délit. Mais, par plusieurs arrêts plus récents, la cour de cassation a consacré la doctrine contraire. Ainsi, elle a jugé que lorsque les éléments d'une scène unique, à raison de laquelle un prévenu a été renvoyé devant le juge correctionnel sous la prévention d'outrage public à la pudeur, présentent dans leur ensemble principalement le crime d'attentat à la pudeur sur un mineur ayant moins de treize ans, ce juge se déclare avec raison incompétent, et n'excède pas, par cette décision, le droit qui lui appartient d'apprécier avec une entière liberté, en fait et en droit, l'objet de la poursuite (Crim. rej. 8 mai 1868, aff. Moreau, D. P. 68. 1. 281); et il en est ainsi, alors même que le ministère public prétendrait restreindre la prévention d'outrage public à la pudeur à un seul détail de la scène qui, envisagé en lui-même, ne ferait pas nécessairement partie des éléments du crime d'attentat à la pudeur, si, d'ailleurs, loin de constituer un fait distinct, il se rattache au fait principal d'une manière indivisible (Même arrêt); — et alors même que l'ordonnance du juge d'instruction aurait déclaré n'y avoir lieu à suivre sur le crime (Crim. rej. 14 mars 1868, aff. Donadey, D. P. 68. 1. 508-509).

319. La même cour a décidé que lorsque le fait dont un tribunal correctionnel est saisi constitue, envisagé d'après l'ensemble des circonstances dans lesquelles il a été perpétré, un crime en même temps qu'un délit, le tribunal décide avec raison qu'il rentre dans la compétence de la cour d'assises, c'est-à-dire de la juridiction appelée à prononcer la peine la plus forte (Crim. rej. 10 sept. 1868, aff. Dessilloud, D. P. 69. 1. 306). Jugé de même, dans une poursuite pour escroquerie, que le juge correctionnel devant lequel le prévenu élève une exception d'incompétence fondée sur ce que le fait incriminé constituerait le crime de faux ne peut rejeter cette exception s'il constate que le faux a été un des éléments principaux et constitutifs de l'escroquerie, et qu'il y est intimement lié (Crim. cass. 22 janv. 1881, aff. Michaud, D. P. 81. 1. 288).

320. Toutefois, le tribunal correctionnel saisi de la prévention d'abus de confiance contre un fournisseur qui a détourné au préjudice de l'État les deniers à lui remis à titre de mandat, ne peut se déclarer incompétent à raison de ce que les moyens employés constitueraient le crime de faux, si le prévenu n'est pas poursuivi pour ce crime, dont les éléments sont distincts de ceux du délit d'abus de confiance (Crim. rej. 12 déc. 1874, aff. Ferrand, D. P. 75. 1. 389). Et il en est

(1) (Dulac.) — La cour; — En ce qui touche le pourvoi du procureur général près la cour d'appel de Bordeaux, sur le moyen tiré de la violation de l'art. 179 c. instr. cr.: — Attendu qu'il est constaté, en fait, par l'arrêt attaqué, quant aux termes d'une ordonnance du juge d'instruction au siège de Bordeaux, en date du 26 janv. 1886, que François Dulac et Marie-Françoise Victorine Digue, sa femme, ont été envoyés en police correctionnelle comme prévenus « d'avoir ensemble et de concert, à Bordeaux, depuis moins de trois ans, frauduleusement soustrait un titre portant reconnaissance d'une dette de 22000 fr. au préjudice de la veuve Desmaisons »; et qu'il résulte des énonciations mêmes de la plainte adressée au procureur de la République par la veuve Laborde, au nom de sa sœur, que le titre dont la soustraction est imputée aux époux Dulac n'a pu être enlevé que dans l'appartement habité par la veuve Desmaisons; — Que, par conséquent, cette soustraction frauduleuse aurait été commise par deux personnes, dans une maison habitée ou servant d'habitation, et constituerait, si elle était établie, non un simple délit, mais le crime de vol qualifié, prévu et puni par l'art. 386 c. pén.; Attendu, en droit, qu'en matière criminelle les compétences sont d'ordre public; qu'elles se règlent non par la volonté des parties, mais uniquement par la qualification que la loi donne aux faits poursuivis, et qu'en matière correctionnelle, le juge saisi a le droit de décliner soit d'office, soit sur les réquisitions des parties, la compétence qui lui a été attribuée par l'acte de poursuite qui l'a saisi; — Que, s'il ne peut dépendre du prévenu de forcer la juridiction correctionnelle à se déclarer incompétente par cela seul qu'il allègue des circonstances aggravantes non comprises dans la poursuite, cette juridiction doit se dessaisir, dès que les allégations du prévenu sont fondées sur des indices et des charges assez graves pour constituer une prévention suffisante;

Attendu qu'après avoir constaté qu'il résultait des termes de l'ordonnance de renvoi que la soustraction frauduleuse imputée aux prévenus aurait été commise par deux personnes, et de la plainte de la partie civile que l'enlèvement du titre soustrait aurait été effectué dans une maison habitée, la cour d'appel de Bordeaux n'était pas tenue de procéder à l'examen du fond de l'affaire, avant de se déclarer incompétente, et de rechercher si comme le prétendaient le ministère public et la partie civile, il ne résultait pas de l'ensemble de l'information que le fait imputé aux deux prévenus aurait été commis, non par deux personnes agissant ensemble et de concert, mais par un auteur principal, assisté par un complice; — Qu'elle a pu, sans violer la disposition de loi susvisée, déclarer l'incompétence de la juridiction correctionnelle dès qu'elle a reconnu que les allégations du prévenu étaient fondées sur des indices assez graves pour constituer une prévention suffisante; et attendu qu'il suit de là qu'entre l'arrêt dénoncé devenu définitif, en vertu du présent arrêt, et l'ordonnance du juge d'instruction, également définitive, il existe une contradiction d'où résulte un conflit négatif de juridiction qui interrompt le cours de la justice et qu'il importe de faire cesser; — Vu les art. 525 et suiv. c. instr. cr.; — Convertissant en demande en règlement de juges, etc.; — Ordonne, etc.;

Du 29 juill. 1886.-Ch. crim. règl. jug.-MM. Vételay, rap.-Chévrier, av. gén.

de même à l'égard de la prévention de tentative d'escroquerie fondée sur l'existence de comptes du fournisseur où les dépenses sont exagérées et les prix d'achat surélevés, et sur la production de pièces justificatives destinées à dissimuler la fraude, s'il n'en résulte pas nécessairement que ces faits aient les caractères légaux du faux (Même arrêt).

321. Sur la question de savoir si le tribunal correctionnel saisi des poursuites dirigées contre un individu en même temps accusé de crime, peut soit prononcer avant que la cour d'assises ait statué, soit même retenir la poursuite après la condamnation criminelle, V. *infrà*, v° *Peine*.

322. En la forme, que doit faire le tribunal correctionnel qui se déclare incompétent parce que le fait est un crime? Doit-il, dans tous les cas, renvoyer « le prévenu devant le juge d'instruction compétent », ainsi que le prescrit l'art. 193 c. instr. cr.? Comme on l'a dit au *Rép.* n°s 556 et 557, il faut distinguer si le tribunal a été saisi par la citation directe ou par ordonnance du juge d'instruction. Dans le premier cas, l'article précité reçoit son entière application, et le tribunal peut après avoir décerné, si cette mesure d'instruction lui paraît nécessaire, le mandat de dépôt ou d'arrêt, renvoyer le prévenu devant le juge d'instruction compétent. Mais s'il a été saisi par une ordonnance, il ne pourrait, sans annuler indirectement celle-ci, renvoyer devant la juridiction qui s'est légalement dessaisie ; il doit se borner à déclarer purement et simplement son incompétence, et c'est alors à la cour de cassation qu'il appartient de statuer par voie de règlement de juges (V. outre les arrêts cités au *Rép.* n° 557: Crim. règl. jug. 13 juill. 1848, *Bull. crim.*, n° 198 ; 21 août 1852, *ibid.*, n° 294 ; 30 août 1855, aff. Ordioni, D. P. 55. 1. 415 ; 20 sept. 1855, aff. Pain, D. P. 55. 1. 428 ; 20 mars 1856, aff. Bertrand, D. P. 56. 5. 390 ; 12 déc. 1861, aff. Leguen, D. P. 63. 5. 321 ; 18 déc. 1873, aff. Langlois, D. P. 75. 1. 192. Conf. Faustin Hélie, t. 6, n° 2924).

323. Si le tribunal estime que l'affaire dont il est saisi est de la compétence de la juridiction militaire, il doit également se borner à déclarer son incompétence (Crim. rej. 1er déc. 1827, *Rép.* v° *Renvoi*, n° 195). Il ne lui appartient point, en effet, d'attribuer la poursuite à un conseil de guerre quelconque, puisque ces tribunaux ne peuvent être saisis que suivant les formes prescrites par le code de justice militaire (Faustin Hélie, t. 6, n° 2924 ; Mangin, *De la compétence*, t. 2, n° 232)... Et la première de ces formes, prescrite à peine de nullité par le code de justice militaire de 1857 (art. 99), consiste dans l'ordre d'informer du général commandant la division (aujourd'hui la région de corps d'armée).

324. On a dit au *Rép.* n° 559 qu'en cas d'appel par le prévenu seul, le juge d'appel correctionnel n'a pas le droit de se déclarer incompétent ni de renvoyer l'affaire par le motif que les faits de la prévention ont le caractère, non d'un simple délit, mais d'un crime justiciable de la cour d'assises. Ce point de doctrine a été consacré, depuis, par de nombreux arrêts (V. *suprà*, v° *Appel en matière criminelle*, n° 106. Conf. Faustin Hélie, t. 6, n° 3036). Mais il en serait autrement si le prévenu, soit qu'il ait cru trouver plus de garanties devant une autre juridiction, soit pour tout autre motif, avait formellement conclu à l'incompétence ; il est, en effet, le premier juge de son intérêt, et il n'y a point de motif de ne pas faire droit à sa demande, lorsque, d'ailleurs, les faits appartiennent par leur nature à la juridiction criminelle (V. outre les arrêts cités au *Rép.* v° *Appel en matière criminelle*, n° 359 : Crim. cass. 22 oct. 1840, *Rép.* n° 564 ; Crim. règl. jug. 23 déc. 1841, *Rép.* v° *Faux*, n° 399-5° ; Crim. rej. 8 févr. 1844, *Rép.* v° *Exceptions*, n° 573-1°. Conf. Faustin Hélie, t. 6, n° 3036).

325. A plus forte raison, ainsi qu'on l'a dit au *Rép.* n° 564, la déclaration d'incompétence serait-elle permise et légale si de cette déclaration aucune aggravation ne pouvait résulter ; il en serait ainsi, par exemple, au cas de poursuite pour délits de presse, lesquels délits sont, en général, de la compétence du jury (L. 29 juill. 1881, art. 45). — Lorsqu'il y a eu appel du ministère public, cet appel remettant tout en question, sauf ce qui concerne les intérêts civils, il n'y a plus aucune difficulté, et l'art. 214 c. instr. cr. peut alors recevoir toute son application. (*Rép.* n° 561.)

§ 5. — Mode de statuer du tribunal d'appel. — Evocation. (*Rép.* n°s 565 à 571).

326. — V. *Degré de juridiction ; — Rép.* eod. v°, n°s 653 et suiv.

§ 6. — Du taux de la compétence des tribunaux correctionnels (*Rép.* n°s 572 à 582).

327. Le taux de la compétence des tribunaux correctionnels n'a point changé depuis la publication du *Répertoire*. Pour l'emprisonnement, la compétence commence à six jours ; pour l'amende, à 16 fr.

328. En ce qui concerne l'amende, quand celle-ci n'est pas déterminée *a priori* par la loi, mais dépend d'une évaluation ultérieure, il est aujourd'hui constant, en doctrine et en jurisprudence, que la compétence appartient toujours au tribunal correctionnel. Cette règle était déjà admise au *Rép.* n°s 574 à 580. On trouvera *suprà*, n° 246, l'indication des arrêts nouveaux et des auteurs qui l'ont consacrée.

329. Quant aux dommages-intérêts, prononcés accessoirement à la peine et comme réparation civile (*Rép.* n°s 581 et 582), la compétence des tribunaux correctionnels n'a *pas de limites :* cela ne peut faire aucun doute.

ART. 3. — *Compétence des cours d'assises* (*Rép.* n°s 583 à 666).

§ 1er. — Crimes divers de la compétence des cours d'assises. — Dommages-intérêts. — Restitutions. — Incidents (*Rép.* n°s 584 à 634).

330. — I. RATIONE LOCI. — La compétence des cours d'assises est déterminée, sauf exception, par la compétence du procureur de la République et des juges d'instruction, en conformité des art. 23 et 63 c. instr. cr. Il y a exception : 1° dans le cas de l'art. 482 c. instr. cr. qui, lorsqu'une inculpation de crime ou de délit est portée contre les membres de l'ordre judiciaire désignés par les art. 480 et 481, donne à la cour de cassation le droit de renvoyer l'affaire à un juge d'instruction pris hors du ressort de la cour à laquelle appartient le membre inculpé, et, s'il s'agit de prononcer la mise en accusation, à une autre cour d'appel. Dans cette hypothèse, la désignation de la cour d'assises dépend de l'appréciation de la cour de cassation ; — 2° Dans le cas de l'art. 500 du même code, qui dispose que, à l'égard des crimes commis par certains membres de l'ordre judiciaire dans l'exercice de leurs fonctions, la cour de cassation, après avoir prononcé la mise en accusation, désignera la cour d'assises devant laquelle l'accusé sera traduit ; — 3° Dans le cas de l'art. 18 de la loi du 20 avr. 1810, qui porte que la connaissance des faits emportant peine afflictive ou infamante dont seraient accusés les grands officiers de la légion d'honneur, les généraux commandant une division ou un département, les archevêques, les évêques, les présidents de consistoire, les membres de la cour de cassation, de la cour des comptes et des cours d'appel, et les préfets, est attribuée à la cour d'assises du lieu où siège la cour d'appel. — Enfin les art. 214, 428, 429, 542, et suiv. c. instr. cr. consacrent encore, par les renvois qui y sont prévus, des dérogations aux règles de la compétence des cours d'assises *ratione loci*. — Pour les restrictions aux règles de la compétence dans le cas de crimes commis à l'étranger (c. instr. cr. art. 6), et dans le cas de crimes connexes ou indivisibles, V. *suprà*, n° 88, et n°s 107 et suiv.

331. — II. RATIONE PERSONÆ. — Les cours d'assises sont compétentes à l'égard de toutes personnes, sauf les militaires et les mineurs de seize ans dans les cas prévus par l'art. 68 c. pén.

332. — III. RATIONE MATERIÆ. — Les cours d'assises sont instituées pour juger les crimes ; elles ont aussi, d'après la loi du 29 juill. 1881, art. 45, compétence exclusive pour juger la plupart des délits de presse. Ainsi qu'on l'a dit au *Rép.* n° 585, ces cours ont également le droit de juger les *délits* « commis dans l'enceinte et pendant la durée de l'audience » (c. instr. cr. art. 181), et les crimes commis à leur audience (c. instr. cr. art. 507). Elles ont aussi, en vertu des dispositions générales des art. 504 et 505 du même code, compétence pour réprimer tous les *délits d'audience* contraires au respect dû à la justice. Enfin elles peuvent, en vertu de la loi du 9 sept. 1835, art. 12, « déclarer coupable de rébellion et punir d'un emprisonnement qui

n'excédera pas deux années tout prévenu ou toute personne présente à l'audience qui causerait du tumulte pour empêcher le cours de la justice » (V. sur cette matière des délits d'audience : Faustin Hélie, t. 7, n⁰ˢ 3588 et suiv., t. 6, n⁰ˢ 2927 et suiv.; Le Sellyer, t. 2, n⁰ˢ 873 et suiv.).

333. La question, traitée au *Rép.* n° 585, de savoir si, depuis que le nombre des juges qui composent la cour d'assises a été réduit à trois par la loi du 4 mars 1831, les cours d'assises peuvent condamner à la majorité de deux voix contre une les coupables de crimes ou délits d'audience, bien que l'art. 508 exige une majorité de plus de deux voix, a été résolue affirmativement, au cas de *délit*, par un arrêt (Crim. rej. 3 nov. 1854, aff. Admond, D. P. 54. 5. 452), conforme à l'arrêt de 1832 cité au *Répertoire*. — Au cas de *crime* d'audience, nous pensons avec MM. Le Sellyer, t. 2, n° 924, et Nouguier, *La cour d'assises*, t. 4, 2° vol., n° 3608, que la solution doit être la même. Ce dernier auteur fait remarquer avec raison que, s'il en était autrement, l'art. 507, qui n'a pas été abrogé, resterait (du moins pour les cours d'assises) à l'état de lettre morte. Il cite le cas d'un accusé qui, venant d'entendre sa condamnation à la réclusion, s'est précipité sur un témoin, et lui a porté des coups de couteau; condamné immédiatement, à la majorité simple de deux voix contre une, à la peine des travaux forcés à perpétuité, un arrêt du 13 sept. 1832 (cité par M. Parant, *Lois de la presse*, p. 266) a rejeté son pourvoi.

334. Les délits *politiques* ne sont plus, comme ils l'étaient sous la législation en vigueur lors de la publication du *Répertoire* (n⁰ˢ 586 et 587), de la compétence des cours d'assises. Abrogée par l'art. 1ᵉʳ du décret du 25 févr. 1852, la règle de l'attribution de ces délits au jury a, il est vrai, été rétablie par un décret du gouvernement de la défense nationale du 26 oct. 1870; mais ce décret, inséré seulement au *Journal officiel* (et non au *Bulletin des lois*) est demeuré sans effet, de sorte qu'à l'heure actuelle les délits de ce genre (sauf bien entendu les délits de presse), sont de la compétence correctionnelle. C'est qui a été décidé spécialement pour les délits électoraux, qui sont essentiellement des délits politiques (Crim. rej. 30 déc. 1871, aff. Piéri, D. P. 71. 1. 367). — Il en est de même des simples délits établis par la loi des 4-8 mars 1831 relative à la *traite des noirs*. Ces délits étaient justiciables de la cour d'assises aux termes des art. 13, 14 et 15 de la loi précitée. Mais ces dispositions exceptionnelles ont été abrogées par la disposition générale de l'art. 1ᵉʳ du décret du 25 févr. 1852 (Le Sellyer, t. 1, n° 73).

335. Les délits prévus par la loi du 14 mars 1872 établissant des peines contre les affiliés de l'*association internationale des travailleurs* sont-ils de la compétence des tribunaux correctionnels, lorsqu'ils ont été commis par la voie de la presse? Ne doivent-ils pas, à titre de délits de presse, être déférés à la cour d'assises en vertu de la disposition générale de l'art. 45 de la loi du 29 juill. 1881? La négative paraît certaine, car il n'y a pas ici de délits de presse, mais des délits spéciaux prévus par une loi spéciale encore en vigueur, l'art. 68 de la loi du 1881 n'ayant abrogé que les *lois sur la presse*. « La loi du 14 mars 1872, dit M. Fabreguettes, *Traité des infractions de la parole*, t. 1, n° 867, atteint non seulement ceux qui se servent de la parole, mais encore les journalistes. Il n'y a pas de distinction à faire entre les divers procédés de propagation ou de provocation, ni entre la propagation clandestine et la propagation ayant la publicité » (V. conf. Crim. cass. 6 déc. 1872, aff. Vigé, D. P. 73. 1. 165; Le Sellyer, t. 1, n° 67).

336. Ajoutons que la cour d'assises connaît encore des infractions disciplinaires commises par les conseils des accusés (c. instr. cr. art. 311; Décr. 30 mars 1808, art. 103).— Mais elle n'a plus compétence à l'égard du délit de compte rendu infidèle de ses séances, qui lui était attribué par l'art. 16 de la loi du 25 mars 1822, car cette loi a été abrogée par la loi du 29 juill. 1881. Aujourd'hui, devant quelque juridiction que se soient passés les débats, ce sont les tribunaux ordinaires qui déclarent le compte rendu inexact ou infidèle (Fabreguettes, t. 2, n° 1675).

337. Comme on l'a dit au *Rép.* n° 590, il est admis depuis longtemps par la jurisprudence que la cour d'assises est investie de la *plénitude de la juridiction* en matière criminelle. — Il suit de là : 1° qu'elle a qualité pour juger tous

les faits dont elle se trouve régulièrement saisie par l'arrêt de renvoi, et qu'elle demeure compétente à l'égard de ceux qui, dans les débats, perdent leur caractère de crime pour revêtir celui d'un délit ou d'une contravention. Telle est. d'ailleurs, la prescription formelle de l'art. 365, § 1ᵉʳ, c. instr. cr. rappelé au *Rép.* n° 600 (V. les arrêts cités *Rép.* n° 652, et *infrà*, n° 368 ; Faustin Hélie, t. 5, n° 2334 ; Le Sellyer, t. 1, n° 68); — 2° Qu'elle doit maintenir sa compétence lorsqu'elle reconnaît, d'après les débats, qu'elle n'est pas le juge du lieu du crime, du domicile de l'accusé ou du lieu de son arrestation, car les termes de l'art. 365 sont généraux, et ne distinguent pas entre l'incompétence *ratione loci* et l'incompétence *ratione materiæ* (Crim. cass. 19 oct. 1820, *Rép.* n° 651; 4 déc. 1823, *Rép.* v° *Cassation*, n° 168; 24 déc. 1840, *Rép.* n° 86 ; Faustin Hélie, t. 5, n° 2335); — 3° Qu'elle demeure compétente lors même qu'elle reconnaît que le fait dont elle est saisie est un délit spécial qui a été attribué par la loi à des juges spéciaux. De nombreux arrêts cités au *Rép.* n⁰ˢ 594 à 598 l'ont ainsi décidé au temps des *cours spéciales*. En serait-il de même aujourd'hui s'il s'agissait de faits spéciaux, tels que les délits purement *militaires*, pour le jugement desquels la loi a institué des juges spéciaux ? (V. *infrà*, n° 365).

338. La compétence des cours d'assises, relativement aux *dommages-intérêts* respectivement prétendus par les parties, a été étudiée au *Répertoire* dans les n⁰ˢ 601 à 620. Plusieurs arrêts sont intervenus depuis sur cet objet, qui a deux aspects : les dommages-intérêts demandés par l'accusé, et les dommages-intérêts demandés par la partie civile. Ce qui concerne le premier point (dommages-intérêts demandés par l'accusé) est réglé par les art. 358 et 359 c. instr. cr., dont le texte est rappelé *Rép.* n° 601. Il résulte de ces articles que l'accusé acquitté a le droit de demander des dommages-intérêts contre la partie civile, et aussi qu'il peut, pour fait de calomnie, en réclamer contre ses dénonciateurs, que le procureur général est tenu de lui faire connaître sur sa réquisition (art. 358). Rien de plus équitable que la règle qui autorise, en principe, l'accusé acquitté à demander une réparation à ses dénonciateurs; mais il faut reconnaître, avec M. Nouguier, t. 4, 2° vol., n° 3924, que « ce droit de prétendre à une indemnité est, le plus souvent, de pure théorie », et qu'en fait les condamnations obtenues en tel cas sont fort rares. Au reste, il est certain que l'art. 358, en disant que l'accusé *pourra* obtenir des dommages-intérêts, autorise leur allocation, mais ne l'impose pas et attribue à la cour d'assises un pouvoir discrétionnaire absolu pour apprécier la nature de la dénonciation (Crim. rej. 30 déc. 1813 ; Crim. cass. 23 mars 1824, *Rép.* v° *Chose jugée*, n° 571 ; Conf. Faustin Hélie, t. 8, n° 3826).

339. Si l'accusé acquitté a connu son dénonciateur, il est tenu de former sa demande en dommages-intérêts avant le jugement; plus tard il serait non recevable, il serait déchu (c. instr. cr. art. 359). S'il ne l'a connu que depuis le jugement, mais avant la fin de la session, il est tenu, à peine de déchéance, de porter sa demande à la cour d'assises (c. instr. cr. art. 359). Dans ces deux premières hypothèses, l'accusé ne pourrait pas introduire sa demande devant le tribunal civil. Il suffit, d'ailleurs, que la cour d'assises soit saisie, elle n'est point tenue de juger sur-le-champ; si elle ne peut statuer immédiatement, elle pourra renvoyer à un jour ultérieur ou à la session suivante. Si enfin l'accusé n'a connu son dénonciateur qu'après la clôture de la session, sa demande est portée au tribunal civil (Faustin Hélie, t. 8, n° 3827; Nouguier, n⁰ˢ 3926 et 3927; Sourdat, *Traité de la responsabilité*, t. 1, n° 248; Le Sellyer, t. 2, n° 1179).

340. Le cas de dommages-intérêts demandés par la partie civile à l'accusé est beaucoup plus fréquent. On sait que par une exception qu'une raison d'utilité pratique a apportée aux règles de la compétence, exception rappelée au *Rép.* n° 602, la cour d'assises est compétente pour statuer sur ces dommages-intérêts, même au cas d'acquittement (ou d'absolution) (c. instr. cr. art. 358. Comp. c. instr. cr. art. 169, 191 et 202). — La a été, depuis la publication du *Répertoire*, fait souvent application de cette règle qu'un arrêt (Crim. rej. 26 déc. 1863, aff. Petit, D. P. 64. 1. 319) a parfaitement justifiée, en disant que la déclaration du jury que l'accusé n'est pas coupable, il résulte seulement qu'il n'a commis aucun crime pouvant tomber sous l'application de la loi

pénale ; mais, en l'absence de tous motifs exprimés, on ne saurait en induire que le fait matériel n'existe pas, ou que l'accusé n'en serait pas l'auteur, ou n'y aurait pas participé; que, dès lors, cette déclaration, l'acquittement qui l'a suivie, ne font pas obstacle à ce que le même fait, dégagé de tout caractère de crime, et réduit aux proportions d'un quasi-délit, puisse, au point de vue civil, devenir la base d'une action en dommages-intérêts (Aux décisions rendues dans ce sens qui ont été citées au *Rép.* n°s 605 et 606, on peut ajouter les arrêts suivants: Crim. rej. 20 juin 1846, aff. Combe, D. P. 46. 1. 283; 12 nov. 1846, aff. Hennequin, D. P. 47. 4. 79; 18 nov. 1854, aff. Julien, D. P. 56. 1. 348; 27 nov. 1857, aff. Parot, D. P. 58. 1. 46; 5 déc. 1861, aff. Latrobe, D. P. 61. 1. 504; 14 févr. 1863, aff. Moretti, D. P. 64. 1. 46; 20 févr. 1863, aff. Gramont-Caderousse, D. P. 64. 1. 99; Crim. cass. 7 mai 1864, aff. Armand, D. P. 64. 1. 313 ; Crim. rej. 23 févr. 1865, aff. Fabre, D. P. 68. 5. 69; 17 févr. 1866, aff. Gaffney, *Bull. crim.*, n° 44; 6 mars 1868, aff. Rocas, *ibid.*, n° 65 ; Haute cour justice, 27 mars 1870, aff. Salmon, D. P. 71. 2. 79; Crim. rej. 17 juin 1870, aff. Lamiot, D. P. 71. 1. 182; Crim. cass. 8 nov. 1878, aff. Brisseaud, D. P. 79. 1. 387. — V. au surplus, v° *Chose jugée*, n°s 454 et suiv.; — *Rép.* eod. v°, n°s 556 et suiv.).

341. Mais la cour d'assises ne peut remettre en question au point de vue du dommage, aucun des faits affirmés ou déniés par la déclaration du jury, car cette déclaration est souveraine, elle n'est sujette à aucun recours, elle constitue la chose jugée, elle est la vérité judiciaire. Aussi la cour suprême exige-t-elle toujours que la décision de la cour d'assises sur les dommages-intérêts ne se trouve pas en contradiction évidente avec le verdict du jury et inconciliable avec lui. C'est ce qui a été rappelé déjà au *Rép.* n° 613. « Il ne faut pas, dit Nouguier, n° 3938, qu'on puisse voir dans l'arrêt une sorte de protestation indirecte et inconvenante contre la déclaration du jury. Si ces motifs impriment au fait le caractère de criminalité que cette déclaration avait écarté, si, par là, ils sont inconciliables avec elle, l'arrêt porte atteinte à la souveraineté d'appréciation du jury, et constitue, dès lors, un excès de pouvoir. » — Ainsi jugé par les arrêts ci-après dans le même sens que l'arrêt du 24 juill. 1841, cité au *Rép.* n° 613 : Crim. cass. 6 mai 1852 (aff. Touron, D. P. 52. 5. 94) ; Arrêts des 18 nov. 1854, 27 nov. 1857, 14 févr. 1863, 7 mai 1864, 6 mars 1868, 27 mars 1870 (cités *suprà*, n° 340) ; et l'arrêt du 26 mars 1885 (V. *infrà*, n° 343. V. conf. Faustin Hélie, t. 8, n° 3834; Mangin, *Action publique*, t. 2, n° 433). — Par application de cette règle, la cour suprême a cassé récemment, comme dépourvu de base légale, un arrêt qui, malgré le verdict du jury et l'ordonnance d'acquittement, rendus en faveur de l'accusé, avait condamné celui-ci aux dépens et à des dommages-intérêts envers la

partie civile, par le motif que la déclaration de non-culpabilité laissait subsister « des faits matériellement établis et dégagés de toute culpabilité écartée par la déclaration du jury », sans faire connaître ces faits et sans dire en quoi ils peuvent se distinguer de ceux compris dans la déclaration de non-culpabilité (Crim. cass. 7 mai 1886) (1).

342. En matière de presse, la doctrine admise au *Rép.* n° 607 ne peut plus être suivie. L'art. 58 de la loi du 29 juill. 1881 dispose, en effet, que « en cas d'acquittement par le jury, la cour ne pourra statuer que sur les dommages-intérêts réclamés par le prévenu et que « ce dernier devra être renvoyé de la plainte sans dépens ni dommages-intérêts au profit du plaignant ». Il y a donc, en cette matière, exception à la règle générale.

343. La compétence de la cour d'assises pour statuer sur les dommages-intérêts réclamés par la partie civile est évidemment limitée aux faits mêmes de l'accusation. Tout autre fait que ceux-là, lors même qu'il leur serait connexe, ne peut motiver une demande en dommages-intérêts; la compétence de la cour d'assises est étroitement circonscrite à cette seule cause de dommages. « La raison, en effet, de la jonction des deux actions, dit avec raison Faustin Hélie, t. 8, n° 3832, est l'identité des faits dont elles poursuivent la réparation. C'est parce qu'ils sont identiques que la cour d'assises peut les apprécier à la fois dans l'un et l'autre rapport; c'est parce qu'elle en est saisie criminellement qu'elle les juge civilement » (V. dans ce sens, outre les arrêts de 1817 et de 1831, cités au *Rép.* n°s 609 et 610: Crim. cass. 25 févr. 1869, aff. Bégis, D. P. 69. 1. 392; 26 mars 1885) (2). Ce dernier arrêt a jugé que, si la cour d'assises peut condamner l'accusé acquitté à des dommages-intérêts envers la partie civile, c'est à la condition que cette condamnation soit fondée sur les faits qui ont été l'objet de l'accusation, qu'elle puisse se concilier avec la déclaration de non-culpabilité et que l'arrêt précise les faits caractérisant la faute distincte du crime définitivement écarté (Conf. Nouguier, t. 4, 2e vol., n° 3941). Un autre arrêt a fait application de la même règle, en décidant qu'on ne pouvait arguer de nullité un arrêt de cour d'assises qui avait condamné à des dommages-intérêts envers le gouvernement égyptien les accusés acquittés de l'accusation de fausse monnaie, en constatant en fait que l'un avait remis à l'autre en France des quantités considérables de bijoux affectant la forme de monnaies égyptiennes, destinés à être réexpédiés et qui ont effectivement été réexpédiés en Egypte. On ne saurait prétendre, a dit la cour suprême, que cette décision ait retenu comme faute civile un fait autre que ceux qui avaient fait l'objet de la poursuite criminelle, ni qu'elle est inconciliable avec le verdict négatif du jury (Crim. cass. 1er déc. 1883) (2).

344. On peut ajouter, à ce point de vue, que la cour

---

(1) (Dumont.) — La cour ; — Attendu que Dumont a été déclaré par le jury de la cour d'assises du Nord non coupable « d'avoir, le 5 oct. 1885, entre Roubaix et Tourcoing, commis un attentat à la pudeur consommé ou tenté avec violence sur la personne de la femme Muylaert » ; que, malgré ce verdict et l'acquittement qui s'en est suivi, la cour d'assises du Nord a condamné Dumont à 1 franc de dommages-intérêts envers la femme Muylaert ; qu'elle a fondé sa décision sur ce qu'il résulte de l'instruction et des débats « que le 5 oct. 1885, Dumont a en chemin de fer, dans le trajet de Roubaix à Tourcoing, exercé des violences sur la femme Muylaert, en profitant de sa force, de la faiblesse de la dame Muylaert, de l'isolement dans lequel ils se trouvaient l'un et l'autre, commis des actes de nature à blesser la pudeur » ; — Quel arrêt a ainsi fait revivre, avec tous ses caractères, l'accusation purgée par le verdict du jury et par l'ordonnance d'acquittement ; qu'il ne suffit pas, pour échapper à une pareille contradiction, d'énoncer, comme le fait l'arrêt attaqué, que la déclaration de non-culpabilité laisse subsister « des faits matériellement établis et dégagés de toute culpabilité écartée par la déclaration du jury », sans faire connaître ces faits et sans dire en quoi ils peuvent se distinguer de ceux compris dans la déclaration de non-culpabilité ; d'où il suit qu'en l'état des faits, l'arrêt attaqué, en condamnant à des dommages-intérêts et aux dépens envers la partie civile l'accusé acquitté, n'a donné aucune base juridique à la condamnation qu'il prononce ; — Casse.
Du 7 mai 1886.-Ch. crim.-MM. Chambareaud, rap.-Rousseillier, av. gén.

(2) (François Maubert.) — La cour ; — Attendu que si la cour d'assises ne peut, sans violer l'autorité de la chose jugée, remettre

en question ce qui a été souverainement décidé par le jury, il est néanmoins de principe qu'elle peut, en vertu du droit que lui confèrent les art. 358, 359 et 366 c. instr. cr., condamner l'accusé acquitté à des dommages-intérêts vis-à-vis de la partie civile, à la condition que cette condamnation soit fondée sur les faits qui ont été l'objet de l'accusation, qu'elle puisse se concilier avec la déclaration de non-culpabilité et que l'arrêt précise les faits caractérisant la faute distincte du crime définitivement écarté, faute qui sert de base à l'action en réparation du dommage, conformément aux art. 1382 et 1383 c. civ. ; — Attendu, en fait, que le jury a déclaré Maubert coupable d'avoir volontairement porté un coup et fait une blessure au sieur Pierre Chaupin (lesquels coup et blessure ont occasionné la mort de ce dernier) ; que, statuant sur l'action civile formée par la veuve Chaupin, tant en son nom personnel que comme tutrice de ses enfants mineurs, la cour d'assises a condamné Maubert à lui payer une somme de 30000 francs, à titre de dommages-intérêts, en se bornant à déclarer « qu'il était l'auteur d'une blessure qui a occasionné la mort de Pierre Chaupin et qu'il en est résulté pour la veuve et ses enfants mineurs un préjudice dont il leur est dû réparation » ; — Attendu qu'il ne suffisait pas de constater que le dommage causé résultait d'un fait matériel imputable à l'accusé ; que l'arrêt attaqué aurait dû indiquer d'une manière précise si ce dommage était le résultat de la faute de l'auteur du fait et si cette faute était distincte du crime définitivement écarté par la déclaration négative du jury ; qu'en ne spécifiant pas sur ce point, l'arrêt attaqué a violé la disposition de l'art. 7 de la loi du 20 avr. 1810 et faussement appliqué les art. 1382 et 1383 c. civ. ; — Casse.
Du 26 mars 1885.-Ch. crim.-MM. Sallantin, rap.-Loubers, av. gén.

(3) (Amoretti.) — La cour ; — Sur le premier moyen tiré de la

d'assises serait tout à fait incompétente pour connaître d'une action en dommages-intérêts qui prendrait sa source dans une faute à laquelle la loi n'a pas attaché un caractère délictueux, et spécialement de l'action en responsabilité exercée contre les armateurs d'un navire, par les individus victimes d'actes criminels du capitaine, à raison du choix même irrégulier fait de celui-ci par les armateurs (Crim. rej. 25 juin 1853, aff. Tignol, D. P. 54. 5. 167).

345. D'autre part, ainsi qu'on l'a dit au *Rép.* n° 612, la condamnation aux dommages-intérêts ne peut avoir lieu que contre les personnes *parties au procès* ou à leur profit. — Ainsi, il est évident que ceux qui ne se sont pas constitués partie civile, seraient non recevables à demander en cour d'assises des dommages-intérêts : cela va de soi, puisque le dernier alinéa de l'art. 359 dispose que, « à l'égard des tiers qui n'auraient pas été parties au procès, ils s'adresseront au tribunal civil » (Nouguier, t. 4, 2° vol., n° 3930). — Il est un cas où la partie civile elle-même ne serait pas recevable : c'est celui où, usant de l'option que lui offrait l'art. 3 c. instr. cr., elle aurait, antérieurement à son intervention à la cour d'assises, porté son action devant la juridiction civile. L'action de cette partie serait, dans ce cas, repoussée par la maxime *und electâ viâ, non datur recursus ad alteram* (Crim. cass. 11 juin 1846, aff. Frigard, D. P. 46. 1. 281 ; Montpellier, 10 mai 1875, aff. Dayde, D. P. 76. 2. 107 ; Conf. Nouguier, t. 4, 2° vol., n° 3931).

346. D'un autre côté, la partie civile ne peut diriger son action que contre l'accusé condamné, absous ou acquitté. Toutefois, ainsi qu'on l'a établi au *Rép.* n° 616, elle peut actionner aussi les personnes qui, aux termes de l'art. 1384 c. civ., sont civilement responsables du dommage causé par le fait dont la cour d'assises est saisie. C'est ce que la cour de cassation a jugé par deux arrêts (Crim. rej. 18 juin 1847, aff. Lichstenstein, D. P. 47. 1. 223 ; 25 févr. 1848, aff. Cazaneuve, D. P. 48. 1. 74. Conf. Faustin Hélie, t. 8, n° 3835 ; Nouguier, t. 4, 2° vol., n° 3944).

347. Une autre règle certaine, c'est que la cour d'assises doit constater la faute ou le quasi-délit qui a causé le dommage et qui est la base de la réparation. La faute, en effet, quand l'acquittement a fait disparaître le crime ou le délit, est l'unique cause de la responsabilité de l'agent, et il importe de ne pas la confondre avec la criminalité qui n'existe plus, quoiqu'elle sorte des mêmes faits. La cour de cassation, dans une espèce où la cour d'assises s'était bornée, en allouant des dommages-intérêts, à relever un fait qui n'avait pas le caractère d'une faute, a cassé par le motif « que l'arrêt avait violé un principe porté dans l'art. 1382 c. civ., en

déclarant le fait imputable à l'agent sans avoir établi qu'il y avait faute de sa part » (Crim. cass. 10 juill. 1862, aff. Brand, D. P. 64. 1. 47). — De même, elle a jugé que, dans une accusation de meurtre, la cour d'assises ne doit pas se borner à motiver la condamnation civile, sur ce que l'accusé est l'auteur de la mort ; elle doit s'expliquer sur la question de savoir si la mort n'a pas été légitimement donnée, et spécialement dans le cas de légitime défense (Crim. cass. 12 déc. 1873, aff. Cantau, D. P. 74. 1. 230). — Elle a jugé encore par des arrêts récents que l'arrêt de la cour d'assises doit préciser les faits caractérisant la faute distincte du crime définitivement écarté (Crim. cass. 26 mars 1885, V. *supra*, n° 343 ; 18 juin 1885, aff. Ballerich, D. P. 87. 1. 94).

Au reste, après acquittement du crime de coups et blessures ayant occasionné la mort, acquittement fondé sur l'état de légitime défense de l'accusé, la cour d'assises ne peut condamner à des dommages-intérêts, car la légitime défense exclut toute faute (Crim. rej. 23 févr. 1865, aff. Fabre, D. P. 68. 5. 69).

348. Quant au mode de liquidation des dommages-intérêts, il résulte de la combinaison des art. 358 et 366 c. instr. cr., et il est admis par la jurisprudence (Crim. cass. 20 juill. 1844, *Bull. crim.*, n° 272 ; Crim. rej. 5 mai 1849, aff. Congot, D. P. 50. 1. 30 ; 6 oct. 1853, aff. Jalousée, D. P. 53. 5. 11) que la cour d'assises peut renvoyer à un autre jour de la session, soit qu'elle commette, soit qu'elle ne commette pas un jug pour prendre connaissance des pièces et faire le rapport. Elle peut aussi ne pas fixer de jour et renvoyer à la session suivante, lorsque le règlement des intérêts civils exige une instruction qui peut se prolonger au delà du trimestre (Crim. rej. 14 juin 1873) (1). Dans ce cas, ainsi qu'on l'a dit au *Rép.* n° 614 (V. l'arrêt du 24 juin 1825, *ibid.*), la cour n'est point dépouillée parce que le règlement de ces intérêts civils sera fait par des magistrats autres que ceux qui ont assisté aux débats criminels (Conf. arrêt précité du 6 oct. 1853 ; Nouguier, t. 4, 2° vol., n° 3918, Faustin Hélie, t. 8, n° 3823). — Enfin la cour d'assises peut, après avoir prononcé la condamnation à une partie des dommages-intérêts qui lui paraît, dès lors, liquide, renvoyer à statuer par état, pour le surplus, soit à une autre audience de la même session, soit même à la session suivante (Crim. rej. 12 févr. 1874) (2).

349. Sur les formalités et conditions de la constitution de partie civile, V. *infrà*, v° *Instruction criminelle.* — Bornons-nous à dire ici que la demande en dommages-intérêts formée par la partie civile ne peut être portée qu'à la cour d'assises. La demande, d'après l'art. 359, doit être formée avant le jugement ; plus tard, elle serait non recevable.

---

prétendue violation des art. 360, 366 c. instr. cr. et des règles de la compétence, et de la fausse application de l'art. 1382 c. civ., en ce que l'arrêt attaqué aurait retenu comme faute civile un fait autre que ceux qui avaient été l'objet de la poursuite criminelle, ou, tout au moins, inconciliable avec le verdict négatif du jury : — Attendu que des constatations souveraines de l'arrêt attaqué il résulte qu'en 1879 et 1880 Amoretti a livré à Curiel à Marseille des quantités considérables de bijoux affectant la forme de *roubiès*, *gazis*, *malmondiès* et *piastres* égyptiennes, destinés a être réexpédiés, et qui ont été effectivement réexpédiés en Egypte ; que ce fait, établi par les aveux de Curiel et d'Amoretti eux-mêmes, constitue à leur charge une faute lourde qui a porté préjudice au gouvernement égyptien, et que c'est en France qu'il s'est produit ; — Attendu que ce fait ainsi spécifié se rattache intimement à l'accusation dirigée contre les demandeurs, et qu'il n'est point inconciliable avec le verdict négatif du jury qui a pu le dépouiller du caractère délictueux que l'accusation lui attribuait, sans qu'il en résultât que ledit fait n'avait pas matériellement existé ; — Que, dès lors, aux termes de l'art. 366 c. instr. cr., la cour d'assises était compétente pour connaître de la demande de dommages-intérêts dont elle avait été saisie par les conclusions du gouvernement égyptien, et qu'en y statuant comme elle l'a fait, elle n'a violé ni l'art. 360 dudit code, ni les règles de la compétence, ni faussement appliqué l'art. 1382 c. civ. ; — Rejette.
Du 1er déc. 1883.-Ch. crim.-MM. Etignard de Lafaulotte, rap.-Ronjat, av. gén.

(1) (Veuve Auvray.) — LA COUR ; — Sur le moyen unique présenté en faveur de la veuve Auvray et tiré d'une prétendue violation de l'art. 366 c. instr. cr., en ce que, pour statuer sur les conclusions de la partie civile, réclamant des dommages-intérêts contre la veuve Auvray déclarée coupable, la cour d'assises aurait renvoyé l'affaire à la session suivante : — Attendu que la veuve Auvray a déclaré se pourvoir contre l'arrêt de la

cour d'assises du Calvados, du 13 mai 1873, qui la condamne à deux années d'emprisonnement et à 100 francs d'amende pour faux ; que cet arrêt est distinct de celui du même jour qui a prononcé une remise jusqu'à la session suivante pour statuer sur les conclusions de la partie civile ; qu'une pareille remise est dans les pouvoirs de la cour lorsqu'elle ne se trouve pas suffisamment éclairée pour statuer immédiatement ; qu'en tout cas l'annulation de l'arrêt sur les conclusions civiles ne saurait entraîner celle de l'arrêt de condamnation et du verdict ; — Rejette.
Du 14 juin 1873.-Ch. crim.-MM. Camescasse, rap.-Dupré-Lasale av. gén.

(2) (Cothenet.) — LA COUR ;... — Sur le deuxième moyen, tiré d'une prétendue violation des art. 358 et 366 c. instr. cr., en ce que la cour d'assises ne pouvait reconnaître le principe des dommages-intérêts en faveur de la partie civile sans en fixer le chiffre en même temps : — Attendu que, d'après les articles précités, la cour d'assises peut renvoyer à un autre jour que celui de l'arrêt de condamnation ou même à une autre session pour statuer sur les dommages-intérêts ; qu'en ordonnant par l'arrêt de condamnation le payement d'une partie des dommages-intérêts qui lui semblait, dès lors, liquide et la présentation d'états pour justifier du surplus, sauf à statuer dans le cours de la session, si cette production peut être faite en temps opportun, ou à remettre dans le cas contraire, la cour d'assises s'est conformée aux règles résultant des articles précités ; qu'il n'y a, d'ailleurs, aucune contradiction à déclarer que la cour a les éléments nécessaires pour statuer sur les dommages-intérêts sans en avoir fixé le total, puisque la déclaration de posséder les éléments nécessaires doit être entendue en ce sens que la cour a les éléments nécessaires pour statuer comme elle l'a fait ;
Par ces motifs, rejette.
Du 12 févr. 1874.-Ch. crim.-MM. Camescasse, rap.-Bédarrides, av. gén.

Ainsi la partie civile, quand même elle n'aurait pas pris de conclusions à fins de dommages-intérêts, ne serait pas admise à porter son action devant les tribunaux civils, postérieurement à l'arrêt de la cour d'assises. Mais cela ne veut pas dire que la partie lésée par un crime doive nécessairement se porter partie civile. Elle a le choix, dès le principe, de s'adresser aux tribunaux civils, conformément à l'art. 3 c. instr. cr. (Sourdat, t. 1, n° 247).

350. Il est à noter que, conformément au 4e alinéa de l'art. 429 c. instr. cr., si la cour de cassation annule un arrêt de cour d'assises, aux chefs seulement qui concernent les intérêts civils, elle doit renvoyer la cause et les parties devant un tribunal de première instance, et non devant une autre cour d'assises (Crim. cass. 10 janv. 1851, Bull. crim., n° 16 ; 7 avr. 1854, ibid., n° 99 ; 13 févr. 1862, ibid., n° 44 ; 27 août 1863, ibid., n° 232 ; 10 août 1865, ibid., n° 170 ; Faustin Hélie, t. 8, n° 4026).

351. Si, en cas pareil, la cour de cassation renvoyait par erreur devant un tribunal de répression, celui-ci devrait se déclarer incompétent ; car il ne pourrait retenir la cause sans violer formellement une loi et méconnaître l'ordre des juridictions, qui touche à l'ordre public (C. d'ass. Cher, 24 janv. 1842 (1). Conf. Sourdat, t. 1, n° 254). Il en serait évidemment de même s'il s'agissait de l'annulation d'un arrêt portant des condamnations civiles contre un accusé acquitté (Crim. cass. 10 juill. 1862, aff. Brand, D. P. 64. 1. 47).

352. Ainsi qu'on l'a dit au Rép. n° 621, la plénitude de juridiction de la cour d'assises la rend compétente pour statuer sur les questions de droit civil qui naissent des débats et de la défense, et à l'égard desquelles son incompétence eût été absolue si ces questions se fussent produites d'une manière principale et indépendamment du fait criminel. Cette cour statue alors comme tribunal civil, et elle en exerce les pouvoirs en ce qui concerne le jugement des intérêts civils (Faustin Hélie, t. 8, n° 3824). — A cet égard, trois décisions nouvelles peuvent être ajoutées aux arrêts cités au Rép. n°s 621 à 622. Il a été jugé que la cour d'assises peut prononcer, au profit d'une partie civile, la nullité d'un acte argué de faux (Crim. rej. 18 nov. 1854, aff. Julien, D. P. 56. 1. 348) ; qu'elle peut prononcer la nullité de la vente d'une maison dépendant d'une faillite (Crim. rej. 6 oct. 1853) (2) ; — Enfin que la cour d'assises est compétente

pour apprécier tous contrats ou actes passés par un Français à l'étranger, comme assurances ou transactions, et les nullités ou exceptions proposées par les parties en présence (Crim. rej. 17 févr. 1866 (3). Conf. Nouguier, t. 4, 2e vol., n° 3958).

Ajoutons que la cour d'assises peut statuer sur la propriété des pièces à conviction et autres objets saisis lorsque ce droit est contesté au plaignant par l'accusé (Crim. rej. 5 févr. 1858, aff. Coulmeau, D. P. 58. 1. 231. Conf. Faustin Hélie, t. 8, n° 3817 ; Sourdat, t. 1, n° 245).

353. La cour d'assises a qualité aussi pour juger les questions d'état incidentes qui se rattachent aux crimes et délits dont elle est saisie (Rép. n°s 623 à 625), et elle peut les juger à mesure qu'elles surgissent devant elle, sans sursis. Telle, dans une accusation d'attentat à la pudeur, la question de savoir si l'accusé est le père ou le beau-père de la victime ; telle encore, dans une accusation de parricide, la question de savoir si l'accusé est fils naturel ou légitime de la personne sur laquelle l'homicide a été commis (Conf. Faustin Hélie, t. 2, n°s 852 et 853, t. 7, n° 3566 et suiv. ; Le Sellyer, t. 2, n° 663 ; Mangin, Action publique, t. 1, n° 190 ; Bertauld, n°s 85 à 87 ; Morin, v° Questions préjudicielles, n° 19 ; Blanche, Études sur le code pénal, t. 4, n° 494 ; Chauveau et Hélie, t. 3, n° 1201 ; Merlin, Répertoire, v° Parricide, n° 3. — Contra : Hoffmann, Exceptions préjudicielles, t. 1, n° 170, et t. 2, n°s 512 et suiv. ; Trébutien, t. 2, n° 277). — Il a été jugé que, dans une poursuite pour crime de parricide, la contestation élevée par l'inculpé sur sa filiation ne constitue pas une question d'état préjudicielle ; que la chambre d'accusation est, dès lors, compétente pour renvoyer, sous inculpation de ce crime, un prévenu devant la cour d'assises, sans que la juridiction civile ait été préalablement appelée à se prononcer sur ladite contestation ; et que c'est au jury qu'il appartient de statuer définitivement sur ce moyen de défense, le rapport de filiation entre l'accusé et la victime étant l'un des éléments constitutifs du crime (Crim. cass. 6 mars 1879, aff. Baloche, D. P. 79. 1. 316. Conf. Crim. rej. 27 nov. 1812, Rép. n° 623 ; 19 sept. 1839, ibid. v° Instruction criminelle, n° 2454). — Jugé aussi que, dans une accusation de parricide, la filiation est une question de fait que le jury décide souverainement (Crim. rej. 16 janv. 1879, aff. Perrot, D. P. 79. 5. 116).

354. La distinction faite au Rép. n° 626, en matière de

---

(1) (Souesme C. Corbasson.) — L'arrêt de cassation, rendu dans cette affaire le 24 juill. 1841 (Rép. v° Chose jugée, n° 573), avait renvoyé les parties devant la cour d'assises du Cher. Le sieur Souesme a, en vertu d'une autorisation du président des assises, assigné devant cette cour les héritiers Corbasson, parties civiles. Mais ensuite il a invoqué l'incompétence de ladite cour, prétendant que la cassation ayant été prononcée seulement en ce qui concerne les intérêts civils, c'est devant un tribunal civil que la cause aurait dû être renvoyée. — Arrêt.

LA COUR ; — Considérant que sur les principes les juridictions sont d'ordre public ; que les cours d'assises ne sont que par exception et en vertu du texte formel de la loi, appelées à statuer sur des questions civiles ; — Qu'il conviendrait, dès lors, de rentrer dans les principes généraux du droit et de proclamer l'incompétence civile des cours d'assises toutes les fois qu'elles se trouvent en dehors de la disposition de la loi qui leur attribue par exception la connaissance de ces matières ; que ce principe, au surplus, est textuellement renfermé dans l'art. 429 c. instr. cr. sur la lettre et l'esprit duquel il ne saurait s'élever aucun doute ; que cet article même est en cela conforme à la législation criminelle antérieure et aux sages motifs qui l'avaient précédé ; qu'ainsi la cour d'assises du Cher, nonobstant l'arrêt de cassation qui renvoie devant elle, se trouve dans la nécessité de reconnaître et de proclamer son incompétence, à peine de méconnaître les principes généraux du droit et de violer textuellement les dispositions de la loi (c. instr. cr. art. 429) ; — Que les objections tirées de ce que Souesme aurait déjà comparu devant les dernières assises du Cher, sans réserves, et de ce qu'il aurait lui-même reconnu la compétence de la cour en obtenant de son président ordonnance à l'effet d'assigner les héritiers Corbasson devant elle, ne sauraient prévaloir en présence des principes qui, comme dans l'espèce, régissant une incompétence fondée sur un motif d'ordre public, permettraient en ce cas aux parties et feraient même une obligation aux magistrats de la soulever en tout état decause ; — Se déclare incompétente, renvoie les parties à se pourvoir, etc.

Du 24 janv. 1842.-C. d'ass. du Cher.-MM. Haton, pr.-Michel et Fravaton, av.

(2) (Jalousée.) — LA COUR ;... — Sur le troisième moyen, tiré de ce que l'arrêt attaqué a annulé la vente d'une maison dépendant de la faillite, en l'absence du tiers intéressé : — Attendu que cette annulation a été prononcée contradictoirement avec Jalousée, Colin et Righi, accusés de la banqueroute et de complicité d'icelle ; que la cour d'assises était compétente à leur égard, et qu'en ordonnant la réintégration de cet immeuble à la masse de la faillite, l'arrêt attaqué n'a fait que se conformer au deuxième paragraphe de l'art. 366 c. instr. cr.;

Par ces motifs, rejette.

Du 6 oct. 1853.-Ch. crim.-MM. Isambert, rap.-Plougoulm, av. gén.

(3) (Gaffney.) — LA COUR ;... — Sur le quatrième moyen, tiré soit de l'incompétence de la cour d'assises et de la violation des art. 2046 et 2052, soit de la fausse application de l'art. 2053, § 2, c. nap., en ce que les contrats d'assurances et la transaction à laquelle ils ont ultérieurement donné ouverture avaient été payés à Londres et que leur exécution ne pouvait être poursuivie devant les tribunaux français : — Attendu que l'art. 15 c. nap. dispose que le Français peut être traduit devant un tribunal de France pour obligation contractée en pays étranger, même avec un étranger ; qu'ainsi, et ce qu'il y ait lieu de s'en référer à la loi anglaise, dont il est argué et non justifié, la cour d'assises avait compétence pour apprécier les polices et les contrats versés au procès par les parties ; qu'investie de la plénitude de juridiction qui appartient aux juges civils, et valablement saisie de l'action des compagnies d'assurances, elle avait qualité pour connaître des exceptions opposées par Gaffney ; et qu'en décidant que du règlement transactionnel exigé par les uns, subi par les autres, il ne résultait pas que les assureurs eussent renoncé à se prévaloir des causes de nullité de la transaction, l'arrêt attaqué a usé d'un pouvoir d'appéciation qui échappe à la censure de la cour ;

Par ces motifs, rejette.

Du 17 févr. 1866.-Ch. crim.-MM. Meynard de Franc, rap.-Bédarrides, av. gén.

presse, entre le cas où la cour d'assises est saisie par citation directe et celui où elle est saisie par un arrêt de renvoi, distinction suivant laquelle il est permis au prévenu d'élever, dans la première hypothèse, toute question préjudicielle tirée de la compétence, de la prescription, des qualifications, de l'irrégularité de la procédure, de la citation, etc., doit encore être suivie aujourd'hui sous l'empire de la loi du 29 juill. 1881 (Fabreguettes, *Traité des infractions de la parole*, t. 2, n° 2047). — S'il y a eu information préalable, les questions de compétence, de qualification ou d'incrimination ne peuvent être soumises à la cour d'assises, pas plus que les moyens de nullité de la procédure antérieure à l'arrêt de renvoi. La voie du recours en cassation est seule ouverte au prévenu, et s'il ne l'a pas exercée, il ne peut présenter aucune exception devant la cour d'assises (Fabreguettes, n°s 2045, 1996 et 1997).

355. Au cas de citation directe, les moyens préjudiciels et dilatoires doivent être présentés, à peine de forclusion, avant l'appel des jurés (L. 29 juill. 1881, art. 54), c'est-à-dire, ainsi que l'a déclaré M. Lisbonne sur son rapport à la Chambre des députés, avant le tirage au sort : c'est seulement lorsque cette opération aura été commencée qu'il y aura forclusion (Fabreguettes, n° 2048).

356. Quant à la compétence de la cour d'assises relativement à la *restitution des objets*, qui a fait au *Répertoire* l'objet des n°s 630 à 634, plusieurs arrêts sont à signaler. — La cour peut ordonner la restitution soit sur la demande des parties intéressées, soit même d'office (Crim. cass. 21 févr. 1852, aff. Flessou, D. P. 52. 5. 575 ; Crim. rej. 12 févr. 1874 (1) ; Conf. Crim. rej. 3 avr. 1828, *Rép.* n° 632) ; dans le cas d'acquittement, comme dans le cas d'absolution ou de condamnation (Crim. rej. 30 mars 1843, *Rép.* n° 631 ; 5 févr. 1858, aff. Coulmeau, D. P. 58. 1. 231) ; même dans le cas ou la propriété des objets est contestée entre l'acquitté et la partie civile, et encore bien qu'un tiers élèverait des prétentions sur les valeurs à restituer (Même arrêt du 5 févr. 1858) ; même lorsque la restitution est réclamée en exécution d'un contrat de pur droit civil tel que le contrat de mandat ou de dépôt (Crim. cass. 5 déc. 1861, aff. Latrobe, D. P. 61. 1. 504).

357. Il faut, d'ailleurs, soigneusement distinguer, parmi les objets saisis, ceux qui proviennent du crime et ceux qui n'en proviennent pas, car la cour d'assises ne pourrait, sans excès de pouvoir, attribuer à la partie lésée des effets saisis autres que ceux provenant du crime commis à son préjudice et retrouvés en nature (Crim. cass. 6 juin 1845, aff. Affenaër, D. P. 45. 1. 287) ; mais elle pourrait décider que le numéraire saisi sur l'accusé et qu'elle déclare être le produit du vol qu'il a commis, sera restitué au marc le franc aux parties lésées par ces vols (Crim. cass. 26 avr. 1851, cité par Faustin Hélie, t. 8, n° 3818) ; elle pourrait aussi ordonner, dans une accusation de banqueroute frauduleuse la réintégration d'un immeuble à la masse de la faillite (Crim. cass. 6 oct. 1853, cité *suprà*, n° 352).

358. Toutefois, le débat relatif aux restitutions ne doit pas sortir des limites où l'art. 366 c. instr. cr. l'a enfermé. La cour d'assises ne pourrait admettre l'intervention des tiers étrangers au procès, et qui prétendraient, à l'occasion de pièces saisies, établir des droits autres que leur droit de propriété sur ces pièces. La règle, à cet égard, a été posée par un arrêt qui a déclaré « que les cours d'assises n'étant investies qu'exceptionnellement, et dans les limites des attributions qui leur sont conférées par les art. 358, 359 et 366 c. instr. crim., d'une compétence sur les intérêts civils, ne peuvent admettre dans un procès, pour crime de faux ou pour tout autre crime, une intervention qui serait exercée dans des intérêts étrangers ou même contraires à celui de la partie lésée, et en dehors de ceux dont la connaissance est limitativement attribuée à ces cours » (Crim. cass. 24 janv. 1850, aff. Desesquelle, D. P. 50. 1. 55). Ainsi, ne serait pas recevable dans le procès en faux dirigé contre son mari l'in-

tervention d'une femme pour y défendre les droits qu'elle prétendrait faire résulter en sa faveur de l'acte entaché de faux (Même arrêt. Conf. Faustin Hélie, t. 8, n° 3918). Cette doctrine nous paraît préférable à celle de l'arrêt cité au *Rép.* n° 633, qui accorde à la cour d'assises saisie d'une accusation de complicité de vol, compétence pour ordonner la restitution à une *tierce personne* d'un objet qui lui appartient, quoique cet objet n'ait pas été volé et ne se rattache pas au vol.

359. Lorsque les pièces saisies sont des actes authentiques, et lorsque ces actes sont déclarés faux en tout ou en partie, la cour ordonne, conformément à l'art. 463 c. instr. cr., « qu'ils seront rétablis, rayés ou réformés, et que du tout il sera dressé procès-verbal ». Mais ce mode de procéder ne porte aucune atteinte aux droits des tiers qui n'ont point figuré au procès criminel (Crim. cass. 28 déc. 1849, aff. James, D. P. 50. 1. 84 ; Crim. rej. 24 janv. 1850, aff. Desesquelle, *ibid*. Conf. Faustin Hélie, t. 8, n° 3918 ; Nouguier, t. 4, 2° vol., n° 3956).

Jugé, à cet égard, que la cour d'assises qui, en prononçant une condamnation pour crime de faux, a omis d'ordonner que les actes authentiques déclarés faux par le jury seront rétablis, rayés ou réformés, est compétente pour réparer elle-même cette omission, dans une session ultérieure, sur la requête du ministère public (Crim. cass. 20 févr. 1879, aff. Ferrieu, D. P. 79. 1. 484).

360. Si, en prononçant l'acquittement de l'accusé, la cour d'assises avait omis d'ordonner la restitution des pièces à conviction, la partie civile qui n'aurait point réclamé devant elle cette restitution, pourrait-elle la réclamer ensuite devant les tribunaux civils ? L'affirmative a été jugée par un arrêt de la cour de Bordeaux du 20 juin 1832, cité au *Rép*. n° 634. Le Sellyer, t. 2, n° 1180, adopte et justifie cette opinion qui nous paraît fondée, toutefois, avec cette réserve, également faite par le même auteur, que, si la partie civile avait obtenu des dommages-intérêts en cour d'assises et qu'il parût que, dans ces dommages-intérêts, les juges criminels ont fait entrer la valeur de l'objet volé, la partie civile ne pourrait plus ensuite, devant les tribunaux civils, réclamer la restitution de cet objet. Il y aurait alors chose jugée.

361. Sur toutes les questions que soulève la compétence des cours d'assises relativement aux restitutions, V. Faustin Hélie, t. 8, n°s 3815 à 3818 ; Nouguier, t. 4, 2° vol., n°s 3949 à 3958.

§ 2. — Comment la cour d'assises est saisie. — Est-elle liée par les arrêts de renvoi ? En quel sens ? — Qualification des faits (*Rép.* n°s 635 à 666).

362. Ainsi qu'on l'a dit au *Rép.* n°s 635 et 639, les cours d'assises ne peuvent connaître que des affaires dont elles sont saisies par un arrêt de renvoi des chambres d'accusation, et elles connaissent seulement des faits compris dans ledit arrêt. C'est ce qui résulte des art. 231 et 271 c. instr. cr. (Crim. rej. 7 mai 1852, aff. Semac, D. P. 52. 5. 314 ; 25 janv. 1872, *Bull. crim.*, n° 23 ; Crim. règl. jug. 14 juin 1883, aff. Lohier, D. P. 84. 1. 141). — Est nul, en conséquence, l'arrêt de condamnation rendu par une cour d'assises autre que celle qui avait été désignée dans l'arrêt de renvoi de la chambre des mises en accusation (Crim. cass. 28 juill. 1870, aff. Ahmed-ben-Mohamed, D. P. 72. 5. 112).

363. Du principe que la compétence de la cour d'assises est déterminée et limitée par l'arrêt d'accusation, il suit encore que la cour d'assises est incompétente pour connaître, en cas d'acquittement de l'accusé, des autres causes de détention qui, fondées sur des faits distincts de l'accusation portée devant elle, mettent obstacle à un élargissement immédiat, et il a été jugé qu'elle ne peut, notamment, prononcer cet élargissement, malgré l'opposition du ministère

---

(1) (Cothenet.) — La cour ;... — Sur le moyen tiré d'un prétendu excès de pouvoir, en ce que l'arrêt attaqué aurait ordonné la restitution à la compagnie du chemin de fer du Nord, partie civile, des sommes dont le détournement avait été opéré par le demandeur : — Attendu qu'il résulte des termes de l'art. 10 c. pén. que les cours d'assises, après avoir prononcé les peines portées par

la loi, ont à statuer sur les restitutions et dommages-intérêts qui peuvent être dus aux parties ; que, dès lors, en ordonnant la restitution des sommes détournées par le condamné, l'arrêt n'a fait qu'une juste application de la loi ; — Rejette.
Du 12 févr. 1874.-Ch. crim.-MM. Camescasse, rap.-Bédarrides, av. gén.

public, en déclarant irrégulière l'instruction relative aux faits nouveaux imputés à l'accusé (Crim. cass. 4 mars 1853, aff. Delhomel, D. P. 53. 1. 243).

Au reste, s'il est absolument interdit d'introduire dans le jugement un fait *nouveau* (c. instr. cr. art. 261), on peut, au contraire, interroger le jury sur les simples *circonstances* (aggravantes ou modificatives), non relevées dans l'arrêt et résultant des débats (V. *infrâ*, v° *Instruction criminelle*).

364. C'est aujourd'hui une règle fondamentale en jurisprudence, règle déjà signalée au *Rép.* n° 645, que les arrêts des chambres des mises en accusation qui saisissent les cours d'assises sont *attributifs* et non pas seulement *indicatifs* de juridiction, à la différence des arrêts de renvoi en police correctionnelle qui laissent au tribunal saisi le droit et le devoir de déclarer son incompétence, lorsqu'elle lui apparaît. Il en résulte que les cours d'assises ne peuvent se déclarer incompétentes, pour quelque motif que ce soit, lorsqu'elles ont été saisies par un arrêt de renvoi non utilement attaqué devant la cour de cassation. Nous croyons cette doctrine des arrêts fondée, bien qu'elle n'ait pas reçu l'approbation des auteurs les plus graves, notamment Merlin, *Questions de droit*, v° *Incompétence*, p. 559 ; Le Sellyer, *Actions publique et privée*, t. 1, n° 147 ; Griolet, *De l'autorité de la chose jugée*, p. 243 et suiv. Elle nous paraît justifiée, d'une part, par la compétence générale de la cour d'assises qui a plénitude de juridiction, d'autre part, par la nécessité, dans un intérêt supérieur, d'attacher à ses décisions un caractère irréfragable (Conf. Mangin, *Instruction écrite*, t. 2, n°127 ; Le Graverend, *Traité de la législation criminelle*, t. 2, p. 114 ; Faustin Hélie, t. 5, n°° 2335 et suiv., et t. 7, n° 3560). Quant à la jurisprudence, elle est unanime (Aux arrêts cités au *Rép.* n°° 647 à 651, *adde* dans le même sens : Crim. rej. 24 déc. 1840, *Rép.* n° 86 ; 9 mai 1852, *Bull. crim.*, n° 150 ; 20 juin 1856, aff. Comboulives, D. P. 56. 1. 374 ; 22 mai 1862, aff. Giraud, D. P. 67. 5. 93 ; 10 janv. 1873, aff. Fornage, D. P. 73. 1. 41 ; 12 mai 1885, aff. Chervin, D. P. 85. 1. 331).

365. Il résulte de cette jurisprudence qu'aucun déclinatoire ne peut être proposé devant la cour d'assises, et que ses arrêts ne peuvent, en aucun cas, être attaqués pour cause d'incompétence, quelle que soit la cause de cette incompétence, qu'elle soit *ratione loci, personæ, vel materiæ* (Faustin Hélie, t. 7, n° 3560). L'extension que la jurisprudence attribue à la compétence de la cour d'assises est donc sans exception. Ne devrait-elle pas pourtant s'arrêter aux faits communs, qui sont attribués aux juges ordinaires, et ne pas s'appliquer aux faits spéciaux que la loi a exclusivement attribués à des juges exceptionnels, comme, par exemple, aux faits purement militaires ? Telle est l'opinion de Faustin Hélie. « En se déclarant incompétente pour connaître de faits semblables, dit cet auteur, t. 5, n° 2337, que fait donc la cour d'assises, sinon se conformer à la loi spéciale qui attribue exclusivement les délits militaires aux conseils de guerre ? » On prétend qu'aucune loi ne lui ordonne de se dessaisir ; mais la loi qui saisit la juridiction spéciale ne dessaisit-elle pas par là même toutes les autres juridictions ? Il n'est-ce pas, d'ailleurs, éluder la volonté formelle du législateur que retenir devant un juge qui n'a pas les conditions nécessaires pour les juger des affaires qui ne peuvent être appréciées que par des hommes spéciaux ? » Mais cette doctrine est en désaccord avec la jurisprudence (V. *Rép.* n° 649 ; Crim. cass. 2 oct. 1818, *Bull. crim.*, n° 84 ; 5 févr. 1819, *ibid.*, n° 56).

366. Ainsi qu'on l'a dit au *Rép.* n° 661, Le Sellyer, *Traité de l'exercice des actions publique et privée*, n° 151, a fait, relativement à la question qui vient d'être rappelée, une distinction que nous repoussons, entre le cas où une loi attribue *impérativement* à un tribunal spécial la connaissance de telle espèce de crimes à laquelle appartient le crime objet des poursuites, et le cas où l'attribution au tribunal spécial ne serait que *facultative*, en ce sens qu'il dépendît de l'autorité à qui serait confiée la poursuite des crimes de cette espèce de saisir de leur connaissance ou la cour d'assises ou le tribunal spécial (comme au cas d'attribution facultative à la chambre des pairs et à la cour d'assises pour les crimes de haute trahison et les attentats à la sûreté de l'Etat, sous l'empire des chartes de 1814 et de 1830). Aujourd'hui « le Sénat peut être constitué en cour de justice par un décret du président de la République, rendu en conseil des ministres, pour juger toute personne prévenue d'attentat commis contre la sûreté de l'Etat » (L. const. 16 juill. 1875, art. 12). Cette attribution du Sénat étant facultative, il est évident qu'une cour d'assises ne pourrait aujourd'hui se déclarer incompétente, lorsqu'elle a été saisie de la connaissance d'un attentat contre la sûreté de l'Etat.

367. La règle suivant laquelle les arrêts d'accusation qui saisissent les cours d'assises sont attributifs de juridiction et règlent définitivement la compétence, entraîne d'autres conséquences pratiques, mises en lumière depuis la publication du *Répertoire*. — Il a été jugé que l'accusé traduit devant la cour d'assises à la fois pour banqueroute frauduleuse et pour banqueroute simple, qui n'a été reconnu coupable que sur ce dernier chef, doit, en cas de cassation limitée à ce même chef, être néanmoins renvoyé devant une autre cour d'assises, et non devant la juridiction correctionnelle (Crim. cass. 7 oct. 1869, aff. Aubin, D. P. 70. 1. 380). — Jugé aussi que, lorsqu'un arrêt de la chambre des mises en accusation a renvoyé un accusé devant la cour d'assises sous la double accusation d'un crime et d'un délit connexe, et que, la réponse du jury ayant été négative sur le crime et affirmative seulement sur le délit, l'arrêt de condamnation vient à être cassé, l'accusé doit être renvoyé devant une cour d'assises, pour purger la prévention relative au délit, encore qu'il reste seul à juger par suite de la déclaration négative du jury sur le chef de crime acquise à l'accusé (Crim. cass. 16 févr. 1884, aff. Gabriel Imbert, D. P. 84. 1. 480).

368. Si le fait dont elle est saisie ne constitue qu'un simple *délit* ou même une *contravention*, la cour d'assises demeure, aux termes de l'art. 365 c. instr. cr., compétente pour en connaître et prononcer la peine établie par la loi. On a recherché au *Rép.* n°° 652 à 657 le sens de l'article précité, et l'on a reconnu que cet article s'applique sans aucun doute au cas où le fait même de l'accusation a changé de nature aux débats, lorsqu'il a *dégénéré* (V. outre l'arrêt du 14 sept. 1827, cité *Rép.* n° 652 : Crim. cass. 17 janv. 1828, *Rép.* n° 648 ; 5 juill. 1832, *Bull. crim.*, n° 351. Conf. Faustin Hélie, t. 5, n° 2334). — Mais si, avant les débats, d'après les constatations mêmes de l'arrêt de renvoi, le fait paraît à la cour ne constituer qu'un délit ou une contravention, la cour ne pourra-t-elle pas se déclarer incompétente et se dessaisir ? M. Griolet, p. 249, le croit. Il en donne cette double raison, fort plausible, suivant nous, qu'il ne doit pas plus appartenir à la chambre d'accusation de faire juger par la cour d'assises un délit ou une contravention qu'il ne lui est permis de faire juger une contravention par le tribunal correctionnel, et que le prévenu peut avoir intérêt à n'être pas jugé par la juridiction criminelle, dont les débats, plus éclatants et plus retentissants, impriment une flétrissure plus durable. Il faut ajouter, avec le même auteur, que le texte même de l'art. 365 résiste à l'interprétation contraire, puisqu'il vise le cas où *d'après les débats*, le fait se trouverait n'être plus de la compétence de la cour d'assises.

369. Que faudrait-il décider si le président posait une question spéciale *ad hoc* sur les faits correctionnels ou de simple police qui lui auraient paru résulter des débats, mais qui ne seraient pas énoncés dans l'acte d'accusation ? On a exprimé au *Rép.* n° 659, l'opinion que ce cas rentre dans les prévisions de l'art. 365, et que la cour d'assises devrait connaître du fait. Mais cette doctrine peut paraître un peu trop absolue. Elle devrait certainement être admise si le fait découvert aux débats n'était qu'une circonstance ou une modification du fait principal porté dans l'accusation et se rattachait au temps et au lieu de ce fait ; mais si, au contraire, le nouveau fait constituait par lui-même une infraction essentiellement distincte et différente du fait relevé dans l'arrêt d'accusation, nous croyons qu'il ne pourrait devenir, de la part du président, l'objet d'une question isolée à soumettre aux jurés (Conf. Le Sellyer, t. 1, n° 69 ; Nouguier, *La cour d'assises*, t. 4, 2° vol., n°° 3768 et 3769).

370. Nous ajouterons avec Le Sellyer, n° 70, que non seulement le président ne peut poser de questions aux jurés qu'autant qu'elles se rattachent au fait sur lequel porte l'arrêt d'accusation, mais que la *cour* ne pourrait pas, par suite de sa conviction personnelle, et en déclarant cette conviction, prononcer contre l'accusé les peines attachées par la loi à un *délit* que cette cour regarderait comme établi par

les débats. Régulièrement, en effet, les cours d'assises ne sont établies que pour juger les crimes ; et, d'autre part, la cour est incompétente pour prononcer sur ce fait nouveau qui est un délit, parce qu'elle n'en est pas saisie.

371. L'accroissement de compétence concédé à la cour d'assises par l'art. 365 ne va pas jusqu'à lui permettre d'attirer à elle la juridiction disciplinaire sur des personnes qui ne lui sont attachées par l'exercice d'aucune fonction : « La juridiction de discipline est, en effet, personnelle ; elle dérive de l'autorité que les tribunaux doivent exercer sur les individus qui remplissent auprès d'eux des fonctions qui leur imposent des devoirs soit à leur égard, soit à l'égard du public ; elle est donc restreinte à ces individus, et elle ne peut être étendue par un tribunal sur des personnes, quelle que soit leur qualité, qui ne lui sont attachées par l'exercice permanent ou accidentel d'aucune fonction. » Un avoué d'Arles, traduit en qualité d'accusé de détournement de mineure devant la cour d'assises des Bouches-du-Rhône, fut déclaré non coupable, mais suspendu par la cour de ses fonctions d'avoué. La cour de cassation a annulé cette condamnation disciplinaire entachée d'incompétence (Crim. cass. 3 nov. 1820, *Rép.* v° *Cassation*, n° 2253 ; Nouguier, t. 4, 2° vol., n° 3770).

372. Il a été jugé aussi que la cour d'assises, compétente, aux termes de l'art. 103 du décret du 30 mars 1808, pour connaître de la faute d'un officier ministériel découverte à son audience, ne peut connaître, par voie de suite, de la participation d'un autre officier ministériel à la même faute, alors que cette participation ne s'est pas révélée à ladite audience et n'a été démontrée qu'ultérieurement par une enquête. Spécialement, quand une affaire criminelle est remise d'une session à une autre, parce qu'il est constaté à l'audience que l'huissier notificateur n'a pas signifié aux accusés la vraie liste du jury, la cour d'assises, à la nouvelle session, est compétemment saisie de la poursuite disciplinaire dirigée par le ministère public contre ledit huissier, et tendant à la condamnation de celui-ci aux frais occasionnés par le renvoi de la cause ; mais elle est incompétente pour connaître en même temps de la participation d'un second huissier à la faute du premier, alors que rien à l'audience où le renvoi avait été prononcé, n'était venu révéler cette participation et qu'elle n'a été établie que depuis au moyen d'une instruction faite par le parquet (Crim. rej. 7 mai 1880, aff. Bith, D. P. 80. 1. 477).

Le même arrêt a décidé, avec raison, que la condamnation aux frais d'une procédure à recommencer, spécialement autorisée par l'art. 415 c. instr. cr., ne peut être prononcée contre l'officier ministériel auteur de la nullité, que par la juridiction qui prononce l'annulation de la procédure viciée ; qu'en conséquence, la cour d'assises, qui n'est appelée à annuler aucune procédure dans le cas de renvoi d'une affaire à une autre session pour notification inexacte de la liste du jury, n'a point à statuer en vertu dudit art. 415 sur la responsabilité, quant aux frais, des officiers de justice qui ont pu participer à l'irrégularité dont il s'agit.

373. Ainsi qu'on l'a dit au *Rép.* n° 662, si les cours d'assises sont liées par les arrêts de renvoi, c'est seulement en ce sens qu'elles sont irrévocablement saisies par ces arrêts, mais nullement en ce sens qu'elles sont liées par la *qualification* donnée au fait par la chambre des mises en accusation (V. sur ce point, qui est hors de doute : Griolet, p. 236 ; Faustin Hélie, t. 5, n° 2323 ; Mangin, t. 2, n° 133 ; et, quant aux arrêts, V. outre ceux cités *Rép.* n° 662, 663, 664 à 665 : Crim. rej. 22 sept. 1831, *Rép.* v° *Faux et fausse monnaie*, n° 44 ; Crim. cass. 28 avr. 1854, aff. Coum, D. P. 54. 1. 165).

CHAP. 4. — Compétence des juridictions supérieures et des tribunaux d'exception. — Sénat (*Rép.* n°s 667 à 743).

374. Il n'existe plus en France qu'une seule juridiction d'exception : le Sénat. — Aux termes de l'art. 9 de la loi constitutionnelle du 24 févr. 1875 « le Sénat peut être constitué en cour de justice pour juger, soit le président de la République, soit les ministres, et pour connaître des attentats commis contre la sûreté de l'État ». — Une autre loi constitutionnelle, celle du 16 juill. 1875 (D. P. 75. 4. 114), a, dans son art. 12, réglé, ainsi qu'on le verra *infrà*, n°s 377, 379 et suiv., divers points relatifs à l'application de ce principe.

375. Ainsi qu'on l'a rappelé au *Rép.* n°s 669 et 672, les chartes de 1814, art. 62 et 63, et de 1830, art. 54, et la Constitution républicaine de 1848, art. 4, ont aboli tous les tribunaux extraordinaires. Ces textes constitutionnels ont établi comme principe général que « nul ne peut être distrait de ses juges naturels » ; qu'il ne peut, par conséquent, être créé de commissions ou tribunaux extraordinaires « *à quelque titre et sous quelque dénomination que ce puisse être* ». Néanmoins, il y a toujours eu en France, même depuis 1814, une haute juridiction instituée pour sauvegarder l'ordre social des attentats que les juges ordinaires seraient impuissants à réprimer. La Cour des pairs (V. *Rép.* n°s 711 à 734) a, de 1814 à 1848, rempli cette fonction, confiée depuis par la Constitution républicaine de 1848, art. 91 (*Rép.* n° 736) et par la Constitution impériale du 14 janv. 1852, art. 54 et 55 (D. P. 52. 4. 33) à la haute cour de justice.

376. La juridiction de la haute cour de justice, à laquelle ont été consacrés les n°s 735 à 741 du *Répertoire*, a été supprimée par un décret du Gouvernement de la défense nationale, en date du 4 nov. 1870, ainsi conçu : « Le Gouvernement, considérant que, malgré l'abrogation des constitutions impériales, des doutes se sont élevés relativement à l'existence de la haute cour de justice comme institution judiciaire, décrète : La haute cour de justice est abolie. » — Dans le rapport présenté à l'Assemblée nationale, le 24 févr. 1872, au nom de la commission chargée de l'examen des décrets législatifs rendus par le Gouvernement de la défense nationale (*Journ. off.* du 18 avr. 1872, p. 2620, 3° col.), par M. Taillefert, député, le décret précité du 4 nov. 1870 a été rangé parmi ceux que la commission a jugés devoir être *conservés* dans leur teneur actuelle. « Nous pensons, dit le rapport, que, dans la situation actuelle de la France, une sage réserve commande de ne pas rendre dès aujourd'hui une existence peut-être éphémère à une institution judiciaire d'un caractère exceptionnel, qui pourrait n'être pas en rapport avec l'esprit de notre Constitution future. » — Au surplus, il ne peut plus y avoir aucun doute sur la suppression de la haute cour, depuis que les pouvoirs de celle-ci ont été donnés au Sénat par l'art. 9 de la loi constitutionnelle du 24 févr. 1875.

377. Le Sénat est seul compétent pour juger le président de la République, mis en accusation par la Chambre des députés (L. 16 juill. 1875, art. 12, alin. 1er). Aux termes de l'art. 6 de la loi constitutionnelle du 25 févr. 1875, le président n'est responsable que dans le cas de haute trahison. Il suit de cette disposition que le crime de haute trahison est le seul cas de responsabilité criminelle du président de la République, du moins en tant que premier magistrat du pays. Mais quels tribunaux seraient compétents pour juger le chef de l'État, s'il venait à commettre des crimes ou des délits de l'ordre commun ? Suivant une opinion, qui s'appuie sur les termes généraux et absolus de l'art. 12 précité, le Sénat seul aurait compétence. D'après M. Pascal Duprat (proposition de loi sur la responsabilité présidentielle présentée par ce député, *Journ. off.* du 3 févr. 1878), en tant qu'homme privé, le président reste soumis au droit commun, et la loi peut l'atteindre comme le dernier des citoyens. Nous pensons que le président est, en effet, soumis au droit commun en ce sens qu'il n'a aucun privilège d'irresponsabilité en ce qui concerne les infractions ordinaires ; mais il nous paraîtrait impossible de le déférer, le cas échéant, à un simple tribunal correctionnel, lorsque les magistrats de l'ordre judiciaire, les préfets et les autres personnages dénommés en l'art. 10 de la loi du 20 avr. 1810 possèdent le privilège d'une juridiction plus élevée.

378. Qu'est-ce que le crime de haute trahison dont parle l'art. 6 de la loi du 25 févr. 1875 ? Il n'est défini par aucune loi. L'art. 68 de la Constitution de 1848 qualifiait de haute trahison « toute mesure par laquelle le président de la République dissout l'Assemblée nationale, la proroge ou met obstacle à son mandat » (D. P. 48. 4. 236). Aujourd'hui, en l'absence d'une loi spéciale, il appartiendrait au Sénat constitué en cour de justice de qualifier les faits, de déterminer la peine et de l'appliquer. Il est de tradition que la Chambre haute constituée en cour de justice n'a d'autres règles que celles qu'elle se donne (V. l'arrêt de la cour des pairs du 21 déc. 1830, *Rép.* v° *Responsabilité*, n° 271. Conf. Bard et Robiquet, *La constitution française* de 1875, p. 270).

379. Quant aux ministres, aux termes de l'art. 12 de la loi précitée du 16 juill. 1875, « ils peuvent être mis en accusation par la Chambre des députés pour crimes commis dans l'exercice de leurs fonctions. En ce cas, ils sont jugés par le Sénat. ». Les actes ministériels que la loi constitutionnelle qualifie de crimes échappent donc à la compétence des tribunaux judiciaires. Mais que décider à l'égard des délits? Nous pensons que les délits commis dans l'exercice de la fonction ministérielle échappent, comme les crimes, à la compétence des tribunaux judiciaires (Laferrière, *Traité de la juridiction administrative*, p. 601 et 602). — Certains jurisconsultes estiment que, pour les crimes aussi bien que pour les délits relatifs à leurs fonctions, les ministres sont soumis à une double action et à une double juridiction : l'action ordinaire devant les juridictions pénales, et l'action de la Chambre des députés devant le Sénat. Ils s'appuient sur ces expressions du paragraphe 2 de l'art. 12 : « les ministres *peuvent* être mis en accusation par la Chambre, etc. », ce qui laisse subsister le droit commun. Cette opinion a été soutenue à la Chambre par M. Ribot (*Journ. off.* du 17 nov. 1880, p. 11162. Conf. Garraud, p. 479). Nous inclinons à l'adopter comme plus conforme au texte. — En ce qui concerne les crimes et délits ordinaires, que les ministres peuvent commettre hors de l'exercice de leurs fonctions, et les contraventions, la poursuite de ces infractions n'appartient à la Chambre des députés, ni en vertu des lois constitutionnelles, ni en vertu des principes généraux ; elle doit être exercée conformément au droit commun.

380. Relativement aux formes à suivre pour l'instruction et le jugement des accusations portées devant le Sénat par la Chambre des députés (L. 16 juill. 1875, art. 12, al. 5), rien n'a été réglé jusqu'ici par la législation. L'exposé des motifs de la loi précitée, présenté par M. Dufaure, porte que, si une loi spéciale n'est pas faite « le Sénat réglera lui-même les formes à suivre, comme l'avait fait avec tant de mesure et de fermeté la Chambre des pairs de 1830. »

381. L'autorité judiciaire est-elle compétente pour connaître des poursuites à fins *civiles* intentées contre les ministres, à raison d'actes de leurs fonctions? La question est fort délicate. Par arrêt du 29 déc. 1830, la Cour des pairs a rejeté les conclusions à fins civiles prises devant elle contre les ministres de Charles X, mis en accusation par la Chambre des députés, et déclaré « qu'elle ne se trouvait pas constituée de manière à statuer sur des intérêts civils ». Cette réserve impliquait une reconnaissance de la compétence judiciaire. Cependant, toutes les fois que des actions en responsabilité ont été directement formées contre des ministres pour des actes de leurs fonctions, elles ont été déclarées non recevables, soit devant les tribunaux (Paris, 2 mars 1829, *Rép.* v° *Compétence administrative*, n° 103-13°), soit devant le conseil d'État, lorsqu'elles s'y sont présentées sous la forme d'une demande en autorisation de poursuites (Cons. d'Et. 28 janv. 1863, aff. Sandon *C.* Ministre de l'intérieur, *Rec. Cons. d'État*, p. 1006; 26 déc. 1868, aff. Barbat *C.* Ministre de l'agriculture et du commerce, *ibid.*, p. 1114). Parmi les auteurs, M. Batbie, *Traité de droit public*, t. 1, n° 84, et M. Ducrocq, *Cours de droit administratif*, t. 1, n° 693, estiment qu'en l'absence de dispositions spéciales de la loi constitutionnelle, les poursuites à fins civiles contre les ministres, pour des actes de leurs fonctions, ne sont soumises à aucune règle particulière. M. Laferrière, *op. cit.*, p. 610, estime que cette action peut être jugée par les tribunaux de droit commun, mais seulement quand le Parlement, ou tout au moins la Chambre, investie du droit d'accusation, leur a renvoyé cette action.

382. Enfin, le Sénat peut être constitué en *cour de justice*, par décret du président de la République rendu en conseil des ministres, pour juger toute personne prévenue d'*attentat commis contre la sûreté de l'État* (L. 16 juill. 1875, art. 12, al. 3). Ces attentats n'ayant été définis par aucune loi spéciale, on doit comprendre sous cette dénomination les crimes contre la sûreté publique prévus et punis par le livre 3 c. pén. (V. à cet égard : *Rép.* n°s 715 et 737, et Crim. rej. 17 févr. 1849, aff. Raspail, D. P. 49. 1. 51).

Cette compétence du Sénat est facultative, en ce sens que le chef de l'État la donne à la Chambre haute par un décret, quand il le juge nécessaire. Devant elle, la compétence ordinaire doit évidemment s'effacer. Mais jusqu'à quel moment un décret pourra-t-il dessaisir les tribunaux de droit commun ? L'art. 12, al. 4, répond : « Si l'instruction est commencée par la justice ordinaire, le décret de convocation du Sénat peut être rendu jusqu'à l'arrêt de renvoi. » Après l'arrêt de renvoi, la justice ordinaire est irrévocablement saisie.

383. Lorsque le Sénat est appelé à se constituer en cour de justice, il désigne la ville et le local où il entend tenir ses séances (L. 22 juill. 1879, art. 3, D. P. 79. 4. 64). — Pourrait-il, malgré le décret qui lui renvoie une affaire, ou même malgré l'acte de la Chambre qui le saisit, examiner s'il est compétent? Pareille question a été posée au *Rép.* n°s 733, 734, 740 et 741, pour la cour des pairs et pour la haute cour de justice. Nous croyons que l'affirmative doit être admise, par application de la règle générale qui accorde à tous les juges, quels qu'ils soient, le droit de reconnaître préalablement leur compétence.

384. Ajoutons, pour achever ce qui regarde la compétence criminelle du Sénat, qu'en cas de connexité ou de complicité, cette juridiction attirerait, comme autrefois la cour des Pairs (*Rép.* n° 726), tous les accusés, quels qu'ils fussent, privilégiés ou non privilégiés, et tous les crimes ou délits ordinaires connexes avec les crimes spéciaux.

385. La mise en état de siège d'une ville ou d'une portion du territoire français a pour effet de soumettre à la juridiction des tribunaux militaires les citoyens non militaires, pour certains crimes ou délits. C'est au mot *Place de guerre* ; — *Rép.* eod. v°, n°s 28 et suiv., que se trouvent exposées les règles relatives à cet objet.

386. Pour ce qui regarde la compétence des conseils de préfecture en matière répressive, et celle des conseils de prud'hommes, des prud'hommes-pêcheurs, des consuls en pareille matière, V. *Rép.* v^{is} *Consuls; Organisation administrative; Prud'hommes*.

387. Ce qui est relatif aux juridictions spéciales des pays étrangers trouvera sa place *infrà*, v° *Organisation judiciaire*.

Table sommaire

des matières contenues dans le Supplément et le Répertoire.

(Les chiffres précédés de la lettre *S* renvoient au Supplément; les chiffres précédés de la lettre *R* renvoient au Répertoire.)

Table chronologique des Lois, Arrêts, etc.

COMPLAINTE. — V. *suprà*, v° *Action possessoire*, n°ˢ 12 et suiv.

COMPLANT. — V. *infrà*, v° *Louage à complant*.

COMPLEXITÉ. — V. *Instruction criminelle ; — Rép.* eod. v°, n°ˢ 2791 et suiv.

COMPLICE. — COMPLICITÉ.

Division.

CHAP. 1ᵉʳ. — Historique et législation. — Droit comparé (*Rép.* n°ˢ 3 à 11).

1. Les législations étrangères ont, sauf quelques exceptions, abandonné la théorie pénale du code français sur la complicité, et rejettent le système d'assimilation absolue que ce code a établie entre la peine applicable au complice d'un crime ou d'un délit et celle édictée par la disposition de loi qui frappe l'auteur principal de ce crime ou de ce délit (V. *infrà*, n°ˢ 15 et suiv.). A l'identité de la responsabilité encourue par l'un et par l'autre, elles substituent une classification méthodique où elles se sont efforcées de proportionner la répression au degré de criminalité de la participation de l'agent principal et de son complice au fait incriminé. — On a déjà indiqué sommairement au *Rép.* n° 10 les dispositions de plusieurs de ces lois : il ne sera pas sans intérêt de compléter cet exposé par un examen plus détaillé des règles en vigueur dans quelques pays étrangers.

2. La *législation anglaise* qui se rapproche le plus de la loi française quant à la détermination des peines de la complicité, divise les agents de l'infraction en deux classes. Ceux de la première sont les *agents principaux*, qui se subdivisent eux-mêmes en agents principaux *du premier degré*, et agents principaux *du second degré.* Est agent principal au premier degré « quiconque commet effectivement l'infraction, ou prend part à son exécution effective », ou « quiconque fait commettre un crime par un agent irresponsable ». Est agent principal au second degré quiconque aide ou encourage l'agent du premier degré au moment de l'exécution du crime ou du délit. C'est ainsi que, « quand plusieurs personnes prennent part à l'accomplissement d'un projet criminel commun, chacune d'elles est agent principal du second degré, par rapport au crime commis par chacun de ceux qui ont pris part à l'exécution de ce projet », pourvu que ce crime rentre dans le plan de l'association (Stephen, *Digest of the criminal Law*, art. 35 à 38). — La seconde classe de participants est celle des complices secondaires. Leur action peut être antérieure ou postérieure à l'infraction. « Le complice avant le crime est celui qui, directement ou indirectement, conseille, mande ou ordonne de commettre un crime

capital ou un vol, qui est accompli par suite de ce conseil ou de cet ordre. » Si l'infraction est un délit moins grave, l'instigateur est considéré comme agent principal. Le contre-ordre, donné avant l'exécution du crime par le complice, suffit, d'ailleurs, pour faire disparaître en lui toute culpabilité, si l'auteur a eu à temps connaissance de ce contre-ordre (Stephen, art. 39 et 42). — « Les complices, avant le crime, les agents principaux, au second ou au premier degré, dans un crime capital, sont tous considérés comme ayant commis le crime, et chacun doit être accusé, jugé et puni comme s'il était seul auteur de l'infraction » (Stephen, art. 44). La même peine frappe donc indistinctement tous ces participants. Il en est encore de même des complices après le crime, c'est-à-dire de ceux qui, sachant qu'un crime capital a été commis, reçoivent le coupable, favorisent son évasion ou s'opposent à son arrestation (Stephen, art. 45 et 46). « Pourquoi, dit Blackstone, mettre une distinction entre le coupable et son complice, puisqu'on n'en met aucune dans leur punition ? A quoi l'on peut répondre : 1° que c'est pour que l'accusé, connaissant la nature de son crime, puisse employer, pour sa défense, les moyens convenables ; 2° parce que, anciennement, les complices ne devaient pas être examinés avant que le principal agent ne l'eût été, et même qu'il n'eût été convaincu ; mais cela ne s'observe plus ; 3° parce qu'un homme considéré d'abord comme simple complice, peut ensuite être poursuivi comme principal agent, après avoir été déchargé comme complice. »

3. Le *code belge* du 8 juin 1867 pose nettement la distinction entre les *coauteurs* et les *complices*. — Sont compris sous la première dénomination ceux qui ont exécuté le délit, ceux qui l'ont provoqué par dons, promesses, menaces, etc., enfin « ceux qui, par un fait quelconque, ont prêté, pour l'exécution une aide telle que sans leur assistance, le crime ou le délit n'eût pu être commis » (art. 66). — Sont, au contraire, simples complices ceux qui ont donné des instructions ou procuré les moyens nécessaires pour commettre l'infraction, ceux qui ont aidé, d'une façon accessoire, à l'accomplissement du fait (art. 67), et enfin ceux qui ont habituellement donné asile à certains malfaiteurs (art. 68, qui reproduit l'art. 61 c. de 1810). — Quant au recel des objets provenant d'un crime ou délit, il constitue une infraction *sui generis*, distincte de la complicité, et punie de peines spéciales, graduées toutefois d'après la gravité du fait principal (art. 505 et 506). Deux ordres de peines différents correspondent aux deux modes de participation. Aux coauteurs s'applique la peine de l'infraction, telle qu'elle est portée par la loi tandis que la peine applicable aux complices d'un délit ne peut excéder les deux tiers de celle qu'ils encourraient s'ils étaient auteurs (art. 69). — Une loi du 7 juill. 1875 édicte des peines spéciales contre la simple offre de commettre un crime, ou l'excitation à le commettre.

4. Le *code génevois* (29 sept. 1874) pose des distinctions analogues à celles de la loi belge. S'inspirant des principes enseignés par M. Rossi, il punit comme coauteurs tous « ceux qui exécutent l'infraction ou coopèrent directement à son accomplissement, » et les provocateurs par dons, promesses ou menaces, etc., provocateurs que l'on qualifie, dans la doctrine, d'auteurs intellectuels. — Sont poursuivis comme complices, ceux qui ont coopéré accessoirement au délit, ceux qui ont fourni les moyens nécessaires pour le commettre, ou « ceux qui, en dehors de toute instigation appuyée de dons, promesses, instructions, auront excité ou provoqué expressément et directement à commettre l'infraction, lorsque l'infraction a été commise et qu'elle a été la suite de la provocation. » — Le recel est passible de peines spéciales, inférieures à celles édictées contre l'auteur du délit, mais qui peuvent devenir plus élevées, par suite de l'habitude. — Une disposition particulière règle aussi la question de l'influence des circonstances d'aggravation ou d'atténuation, relativement aux divers participants, lesquels ne sont responsables des circonstances dérivant de l'exécution du fait lui-même que s'ils y ont concouru ou s'ils ont prévu ou dû prévoir que ces circonstances se produiraient ; les circonstances d'aggravation ou d'atténuation provenant de la qualité des délinquants restent, au contraire, toujours personnelles à ceux du chef de qui elles existent.

5. Le *code pénal portugais*, réformé par la loi du 14 juin 1884, considère également comme *auteurs* ceux qui, par

dons, promesses, violences, menaces, abus d'autorité ou de pouvoir, ont provoqué l'exécution du délit, et comme *complices* ceux qui l'ont provoquée par tout autre moyen ou qui, sans y participer, ont commis des actes qui l'ont préparée ou facilitée. La loi de 1884 motive la différence entre la responsabilité criminelle de l'auteur et du complice sur ce que la participation de l'auteur à la perpétration du délit est substantielle, et celle du complice accidentelle.

6. La théorie du *projet de code pénal japonais* (1877) est fondée sur les mêmes principes. — Sont *coauteurs* et punis des peines ordinaires de l'infraction, outre ceux qui l'ont consommée, ceux qui, par dons, menaces, etc., ont provoqué et déterminé l'auteur à la commettre (art. 118). — Sont *complices* et par suite passibles de la peine du délit abaissée d'un degré, ceux qui ont fourni les instructions ou moyens ayant servi à l'accomplissement de l'infraction, ceux qui l'ont aidée ou facilitée par des actes préparatoires, et ceux qui, postérieurement, « ont aidé le coupable dans les actes qui tendaient à en assurer les effets » (art. 122), particulièrement les receleurs (art. 444). — Les aggravations provenant des circonstances de l'exécution sont applicables à tous les auteurs et complices qui les ont connues ou prévues. Celles résultant de la qualité de l'un des participants lui sont toujours personnelles (art. 119 et 123).

7. Le *code pénal prussien* du 31 mai 1870 (rendu applicable à tout l'empire d'Allemagne par la loi du 15 mai 1871) distingue deux sortes de participation à un crime ou à un délit : la participation proprement dite (*Theilnahme*), et la complicité par assistance (*Begünstigung*). — Les participants proprement dits (*Theilnehmer*) sont ou des *coauteurs*, ou des *instigateurs*, ou des *complices par assistance*. Est coauteur (*Mitthäter*), quiconque a commis le crime (art. 47) ; est instigateur (*Anstifter*), quiconque a, par dons, menaces, etc., « volontairement déterminé un tiers à commettre une infraction » (art. 48). La peine portée contre ces deux premières classes de participants est celle qu'édicte la loi contre l'auteur du crime. — Est complice par assistance (*Gehülfe*), celui qui a assisté l'auteur « par des conseils ou des actes dans la préparation d'un crime ou d'un délit » ; la peine à prononcer contre lui est celle du délit, réduite d'après les règles posées en matière de tentative (art. 49). Dans ces trois cas, si la culpabilité de l'un des agents se trouve aggravée ou atténuée, par suite d'une qualité à lui propre, cette aggravation ou cette atténuation lui reste personnelle (art. 50). — La complicité par assistance subséquente ordinaire constitue un délit *sui generis*, puni d'une peine fixe. Est déclaré complice par assistance subséquente (*Begünstiger*, favorisateur), « celui qui, après la perpétration d'un crime ou d'un délit, prête sciemment assistance à l'auteur ou au complice pour le soustraire à l'action de la justice ou lui assurer le profit qu'il retire de l'infraction » (art. 257). Si cet individu, en aidant les auteurs du délit, a agi dans son propre intérêt, il est puni, comme recéleur (*Hehler*), de peines spéciales, mais variant suivant la gravité du fait principal (art. 258, 259) : l'habitude est une cause d'aggravation particulière au recéleur (art. 260). — Une loi du 25 févr. 1876 édicte, à l'exemple du code pénal belge (V. *supra*, n° 3), des peines spéciales contre la simple excitation à commettre un crime (V. *Annuaire de la législation étrangère*, 1876, p. 634).

8. Le *code pénal des crimes et des délits* du canton de Saint-Gall (janvier 1885) distingue également trois sortes de participants, les auteurs, les complices proprement dits et les complices par assistance subséquente. La peine prononcée contre les seconds peut être inférieure d'un degré à celle portée par la loi contre les premiers. Les derniers ne sont jamais punis que de peines correctionnelles.

9. Le *code russe* (5 mai 1866) pose entre les divers participants des distinctions semblables à celles de la législation allemande ; mais il reconnaît, en outre, comme cas de complicité, la non-révélation (E. Lehr, *La nouvelle législation pénale de la Russie*, p. 14).

10. Le *code pénal hongrois* du 29 mai 1878 se rapproche également de la législation allemande, en ce qu'il punit aussi le provocateur de la même peine que l'auteur principal, tandis que le participant accessoire est frappé d'une peine moindre (Conf. loi de révision du 18 juin 1879, du code pénal du grand duché de Luxembourg, art. 66, 69).

11. Le *code danois* établit, comme le code belge pour les délits, une sorte de proportion entre le châtiment porté par la loi contre l'auteur, et celui à infliger aux complices. Ces derniers sont punis d'une peine variant entre le tiers du minimum et les trois quarts du maximum. Celle à prononcer contre les recéleurs varie entre le quart du minimum et la moitié du maximum. L'auteur intellectuel est puni de la même peine que l'auteur matériel.

12. Dans le *projet de code italien* (1873), les cas de complicité sont à peu près ceux énumérés par l'art. 60 de notre code. Mais le principe pénal est différent. La peine est, à l'égard du complice, abaissée d'un ou même de deux degrés (art. 75), à moins que sa coopération ne soit telle que, sans elle, le délit eût été impossible. Les qualités aggravantes de chacun des participants lui restent d'ailleurs toujours personnelles et ne peuvent exercer aucune influence sur la situation de ses coaccusés, à moins que cette qualité (connue d'ailleurs de ceux-ci) n'ait été utile à la consommation du délit (par exemple, en cas de vol domestique)(art. 78). — L'aide fournie aux coupables pour les aider à s'assurer le fruit du délit doit être peine des peines de la complicité, si elle est le résultat d'une entente préalable ; sinon, elle est seulement frappée d'une peine égale au plus à la moitié de celle de l'auteur (art. 76). — Une théorie spéciale à la législation italienne est celle de la « complicité correspective. » Plusieurs personnes ont concouru à un homicide ou à un délit de coups et blessures : on ne sait laquelle est l'auteur de l'homicide ou des blessures. Le délit par suite de cette incertitude ne restera pas sans sanction pénale : tous les prévenus seront punis, mais la peine sera moins forte que celle qui frapperait l'auteur du délit s'il était connu ; l'abaissement pourra même aller jusqu'à trois degrés.

13. Nous avons exposé au *Rép.* n° 11 et 13 les critiques dont notre législation sur la peine applicable au complice a été l'objet de la part de ses commentateurs qui se sont inspirés des principes rationnels du droit tels que les enseignent, notamment, Beccaria, *Des délits et des peines*, § 14 ; Rossi, *Droit pénal*, t. 3, p. 23 et suiv. ; de Molènes, *De l'humanité dans les lois criminelles*, p. 507 ; de Pastoret, *Lois pénales*, 3° partie, p. 100. Nous y reviendrons en traitant particulièrement des controverses qu'a soulevées, même sous notre code pénal, la question de savoir si la responsabilité pénale du complice subit les causes d'aggravation des peines édictées par la loi contre le fait principal (V. *infra*, n° 24).

CHAP. 2. — De la complicité en général

(Rép. n° 12 à 184).

14. Le code pénal ne précise les caractères légaux de la complicité et les faits qui la constituent qu'après en avoir déterminé la peine. — Comme au *Répertoire*, nous continuerons à suivre l'ordre ainsi adopté par le législateur, et nous occupant, dans le chap. 2, d'abord des peines édictées par l'art. 59 contre les complices d'un crime ou d'un délit (V. *infra*, n° 15 et suiv.), puis des éléments constitutifs de la complicité, que définit l'art. 60 (V. *infra*, n° 67 et suiv.). — Le chap. 3 est consacré à la complicité spéciale qui résulte du recel soit de malfaiteurs (V. *infra*, n° 186 et suiv.), soit d'objets provenant d'un crime ou d'un délit (V. *infra*, n° 199 et suiv.). — Sur la compétence en matière de complicité, V. *supra*, v° *Compétence criminelle*, n° 136 et suiv.

ART. 1er. — *Peines de la complicité.* — *Circonstances aggravantes (Rép.* n° 13 à 46).

15. — I. PEINES DE LA COMPLICITÉ. — Ainsi qu'on l'a fait remarquer au *Rép.* n° 15 et suiv., l'art. 59 c. pén. en frappant le complice d'un crime ou d'un délit de la même peine que l'auteur principal, a par ces expressions *la même peine*, entendu infliger au complice la peine applicable *en droit* au fait principal à la perpétration duquel il s'est associé dans les conditions constitutives de la complicité, et non la peine appliquée *en fait* à l'auteur de ce fait principal. C'est là une règle que proclament tous les criminalistes, et qui permet au juge de répression de mesurer la responsabilité pénale du complice et de l'auteur principal sur la criminalité respective de l'un et de l'autre.

16. Une première application de cette règle a été faite aux

peines dont le *minimum* et le *maximum* ont été fixés par la loi. Il résulte d'arrêts nombreux rapportés au *Rép.* n° 19, que, sous la condition d'observer ce *minimum* et ce *maximum*, le juge peut condamner l'auteur principal et le complice à des peines d'*inégale durée*, et se montrer ainsi plus sévère pour le premier que pour le second, ou réciproquement. — Souvent aussi, un même fait est passible de peines multiples d'une nature différente, et, par exemple, d'un emprisonnement et d'une amende, avec faculté pour le juge d'appliquer l'une de ces peines seulement; cette faculté peut être exercée même dans un sens plus rigoureux à l'égard du complice qu'à l'égard de l'auteur principal, et le juge peut, notamment, condamner le complice à l'emprisonnement, bien qu'il ne prononce contre l'auteur principal qu'une simple amende (Crim. rej. 22 janv. 1863, aff. Deville, D. P. 67. 5. 97).

17. Les peines ordinaires édictées par la loi sont également soumises à des causes légales de *réduction* ou d'*aggravation*, dont l'application au complice doit être précisée avec soin. — Notons tout d'abord que les causes de réduction *personnelles* à l'auteur principal ne sauraient manifestement profiter au complice. Ainsi, il est hors de doute que le complice ne peut pas bénéficier des circonstances atténuantes déclarées en faveur de l'auteur principal, alors que le juge a fait connaître clairement sa volonté de ne les accorder qu'à ce dernier. De nombreux arrêts rapportés au *Rép.* n° 19, et v^is *Faillite*, n° 1501, et *Peine*, n° 533, ont fixé, sur ce point, la jurisprudence qui n'a plus été remise en question.

18. Le caractère essentiellement personnel du bénéfice de l'*âge* établi en faveur de l'individu qui a moins de seize ans par l'art. 67 c. pén. en matière criminelle, et par l'art. 69 en matière correctionnelle, n'est pas moins constant. Ce bénéfice ne peut être invoqué par celui qui, arrivé à l'âge du discernement, a concouru, fût-ce comme simple complice, à un crime ou à un délit qui, en vertu des deux articles précités, n'est atténué pour l'auteur principal qu'à cause de son jeune âge. La criminalité intrinsèque du fait principal reste entière pour le complice, dont la participation à l'acte criminel ou délictueux d'un enfant n'est que plus coupable encore. A plus forte raison, ce complice n'aurait-il pas droit à l'exonération complète de la peine encourue pour le même fait, si l'enfant en était affranchi, par application de l'art. 66 c. pén., comme ayant agi sans discernement (V. outre les arrêts rapportés au *Rép.* n° 33 et v^is *Attentat aux mœurs*, n° 135; *Peine*, n° 533: Crim. cass. 18 nov. 1834, aff. Hutchinson, *Bull. crim.*, n° 167).

19. L'art. 70 c. pén. et l'art. 5 de la loi du 30 mai 1854 renferment deux dispositions qui ont leur cause dans la *vieillesse* de l'individu déclaré coupable d'un crime passible de la déportation ou des travaux forcés. Ces articles remplacent: le premier, la peine de la déportation par celle de la détention à perpétuité, pour les individus âgés de soixante-dix ans accomplis au moment du jugement; le second, la peine des travaux forcés à perpétuité ou à temps, par celle de la réclusion, pour les individus âgés de soixante ans également accomplis au moment du jugement (V. *infra*, v° *Peine*). La personnalité de pareilles mesures d'humanité est hors de doute. Le bénéfice n'en peut être appliqué qu'à l'auteur principal ou au complice qui se trouve dans la situation prévue par le législateur. Il n'y a aucune raison pour le étendre de l'un à l'autre. Ici il est de toute évidence que la criminalité du fait principal n'est point modifiée.

20. D'autres causes de réduction des peines du droit commun consistent dans les *excuses légales* définies par les art. 321 et suiv. c. pén., qui déclarent excusables soit le meurtre ou les coups et blessures commis en repoussant certaines violences provocatrices ou une effraction ou escalade accomplie dans des conditions déterminées, soit le meurtre par un époux de l'autre époux et de son complice, au moment où il le surprend en flagrant délit d'adultère, dans la maison conjugale, soit le crime de castration immédiatement provoqué par un attentat à la pudeur. En ces divers cas, la criminalité du fait est diminuée, et la peine encourue est réduite par la considération que l'agent est réputé avoir obéi à un sentiment qui sans faire disparaître complétement la responsabilité d'un acte, lui enlevait, en partie, le discernement des conséquences que cet acte a pu produire. Une telle cause d'abaissement de la peine pro-

fite-t-elle à l'individu qui, en dehors de toute provocation personnelle, se serait constitué complice de l'auteur principal du crime ou du délit ainsi provoqué quant à ce dernier, et qui, par exemple, l'aurait aidé à le commettre, ou lui aurait fourni, au moment ou en prévision des violences provocatrices, l'instrument qui a servi à ce crime ou à ce délit? La raison de douter vient de ce que le complice, non personnellement violenté, doit être considéré comme ayant conservé l'intégrité de sa raison, et comme ayant gardé, dès lors, la responsabilité entière de son concours. L'argument serait exact si l'excuse légale de la provocation ne pouvait être invoquée que par la personne directement provoquée. Or, il est de règle que toute violence grave envers les personnes rend excusable le meurtre ou les blessures dont le provocateur a été victime, encore qu'elle ait été exercée sur autrui. L'exception qu'elle crée s'étendrait donc à un tiers qui, sans être individuellement en butte aux violences provocatrices, tuerait ou blesserait le provocateur (V. *infra*, v° *Peine*). La même excuse couvrirait incontestablement le tiers qui se serait joint comme coauteur du crime ou du délit à la personne provoquée. La raison, d'ailleurs, en est simple. On est ici en présence d'une réduction de peine qui a sa cause dans un fait imputable à la victime; un tel fait est intrinsèque à l'acte punissable, qui sort de la classe des crimes et délits ordinaires. Un simple complice bénéficie nécessairement d'une atténuation de peine inséparable de cet acte pour tous ceux qui y ont participé. La doctrine est constante en ce sens (V. notamment: Blanche, *Études sur le code pénal*, t. 2, n° 23 ; Garraud, *Droit pénal français*, t. 2, n° 282, note 19). C'est ce que la cour de cassation a également décidé, par deux arrêts où il est dit, en termes très nets: 1° que l'excuse de provocation soulevée dans l'intérêt de l'auteur principal doit, si elle est admise, profiter même au complice, dont la position est, en cela, solidaire de celle de l'auteur principal (Crim. cass. 20 juin 1861, aff. Paoli, D. P. 61. 5. 202) ; — 2° Que si certaines causes d'atténuation, personnelles à l'auteur principal, telles que celles résultant de l'âge, ou de la déclaration des circonstances atténuantes, peuvent ne pas profiter au complice, il n'en est pas de même de l'excuse de provocation *qui est inhérente au fait lui-même*, et dont le bénéfice est acquis au complice, lorsque cette excuse est admise par le jury (Crim. cass. 12 oct. 1882, aff. Aury, D. P. 83. 1. 280).

21. Et le meurtre ou les coups et blessures constituant un crime ou un délit ordinaire par cela seul qu'ils ont été provoqués à l'égard de l'un de ceux qui y ont concouru, il serait indifférent que la provocation eût été exercée non contre l'auteur principal, mais contre le complice, ainsi que cela arriverait si l'auteur principal provoqué, au lieu de réagir lui-même, avait fait appel et lui fournirait l'instrument du meurtre ou des blessures, au tiers qui seul aurait tué ou blessé le provocateur: le bénéfice de l'excuse n'en serait pas moins applicable en pareil cas.

22. Toutefois, le tiers non individuellement provoqué n'a droit à une atténuation de pénalité qu'autant que la provocation consiste dans des violences de nature à excuser son intervention. Il se manifeste que la provocation morale résultant, en faveur d'un époux, du flagrant délit d'adultère ne couvrirait pas le meurtre que le tiers aurait commis, même avec la complicité de l'époux outragé. Ce meurtre conserverait alors son caractère de meurtre ordinaire, tant pour l'individu qui a prêté son bras à l'époux, que pour cet époux lui-même, qui devrait alors être traité comme complice d'un meurtre non provoqué.

23. Tout ce qui a été dit jusqu'ici à propos de la détermination des peines encourues par l'auteur principal et par le complice d'un crime ou d'un délit se résume dans la proposition suivante : La *peine ordinaire* du crime ou du délit est commune à l'auteur principal et au complice, avec les causes d'*atténuation* inhérentes au fait punissable, et pour chacun d'eux exclusivement, avec celles qui lui sont personnelles.

24. Que décider à l'égard de l'*aggravation pénale* qui, en certains cas, a été ajoutée aux peines ordinaire des crimes ou des délits? Comme lorsqu'il s'agit de leur atténuation, les peines peuvent être augmentées soit à raison de circonstances de fait inhérentes au crime ou au délit, soit en considération d'une qualité ou d'une situation personnelles

à l'auteur principal. Dans la première hypothèse, il est hors de doute que le complice qui s'est associé sciemment aux circonstances aggravantes de la criminalité et de la peine du fait principal, sera passible de cette aggravation de pénalité. Il ne peut y avoir de difficulté que s'il a ignoré l'existence de la cause d'aggravation. Pour que le complice en subisse la responsabilité, faut-il qu'il ait eu connaissance du fait qui l'entraîne? Suffit-il, au contraire, que l'existence en ait été déclarée à l'égard de l'auteur principal? L'art. 63 c. pén. tranche la question pour le complice par recel. Cet article, en effet, après avoir disposé que la peine de mort, lorsqu'elle sera applicable aux auteurs des crimes, sera remplacée, quant aux receleurs, par celle des travaux forcés à perpétuité, et que, dans tous les cas, les travaux forcés à perpétuité et la déportation ne pourront être prononcés contre les receleurs « qu'autant qu'ils seront convaincus d'avoir eu, au temps du recélé, *connaissance* des circonstances auxquelles la loi a attaché les peines de mort, des travaux forcés à perpétuité et de la déportation » dit ensuite que si les receleurs n'ont pas connu ces circonstances, « ils ne subiront que la peine des travaux forcés à temps ».

25. Il résulte clairement de cette dernière partie de l'article que tout complice est, en principe, pénalement responsable des circonstances aggravantes qui ont accompagné le fait principal, encore qu'il les ait ignorées. Si le complice par simple recel est admis à exciper de l'ignorance où il serait de ces circonstances, ce n'est que pour le cas où il l'invoquera afin d'échapper soit à la peine des travaux forcés à perpétuité, déjà substituée pour tout receleur à la peine de mort, ou directement applicable au fait principal, soit à la peine de la déportation. Et encore l'art. 63 se borne-t-il alors à réduire la peine, non à celle qui serait encourue abstraction faite de la circonstance aggravante, mais aux travaux forcés à temps (V. *infrà*, nᵒ 227). Il y a là une faveur exceptionnelle, qui ne saurait être étendue aux actes de complicité prévus par l'art. 60 et punis par l'art. 59, la peine aggravée fût-elle la peine de mort. Le jury convaincu que le complice ignorait cette cause d'aggravation ne pourra le soustraire aux sévérités de la loi que par une déclaration de circonstances atténuantes.

26. Nous avons rappelé *suprà*, nᵒˢ 1 et suiv., en exposant le tableau des législations étrangères sur la complicité et les distinctions qui y sont faites entre les divers coparticipants à une même infraction, les critiques qui ont été formulées contre ce système rigoureux de notre code pénal. Mais ces critiques appartiennent à la théorie pure. Tout en les reproduisant, les auteurs s'accordent à reconnaître qu'elles ne peuvent prévaloir contre les termes formels de l'art. 59 rapprochés de la disposition de l'art. 63 et des observations de Target que nous avons indiquées au *Rép.* nᵒ 15. Ils tiennent pour constant que le complice est passible de la peine applicable au fait principal, avec l'aggravation résultant des circonstances qui en augmentent la criminalité par l'effet de son *mode de perpétration*, soit qu'il les ait connues, soit qu'il les ait ignorées (V., outre les auteurs cités au *Rép.* nᵒ 38 : Bourguignon, *Jurisprudence des codes criminels*, art. 59, nᵒ 1 ; Rauter, *Droit criminel français*, t. 1, nᵒ 119 ; Boitard, *Leçons de droit criminel*, nᵒ 140 ; Ortolan, *Éléments de droit pénal*, 4ᵉ éd., t. 1, nᵒ 1304 ; Bertauld, *Cours de code pénal*, 4ᵉ éd., p. 481. V. aussi : de Pastoret, *Lois pénales*, 3ᵉ part., p. 100 ; Le Sellyer, *Traité de la criminalité*, 2ᵉ éd., t. 2, nᵒ 425 ; Garraud, *op. cit.*, nᵒ 281 ; Trébutien, *Cours de droit criminel*, 2ᵉ éd., t. 1, p. 196 ; Blanche, *op. cit.*, t. 2, nᵒ 8 ; Chauveau et Hélie, *Théorie du code pénal*, 6ᵉ éd., t. 1, nᵒ 304 ; Sourdat, *De la responsabilité*, t. 1, nᵒ 153). La jurisprudence a donné à l'art. 59 la même interprétation, dans de nombreux arrêts rapportés au *Rép.* nᵒˢ 35 et 40 *in fine*, et vᵒ *Instruction criminelle*, nᵒˢ 2869 et suiv., arrêts rendus, notamment à propos de vols commis avec effraction, escalade, la nuit, ou par plusieurs auteurs principaux, et dans lesquels il a été décidé qu'il n'y a pas lieu d'interroger le jury sur la question de savoir si l'individu poursuivi comme complice de l'un de ces vols, avait connaissance des circonstances aggravantes constatées à la charge de l'auteur principal. — Jugé, depuis que les circonstances aggravantes de tortures corporelles et de menaces de mort déclarées contre l'auteur principal

du crime de séquestration prévu par l'art. 344 c. pén., s'étendent nécessairement au complice de ce crime, sans qu'il soit besoin que cette déclaration se trouve reproduite contre lui, « une nouvelle déclaration de complicité pour chacune de ces circonstances étant non seulement inutile, mais contraire à l'esprit comme au texte du code pénal » (Crim. rej. 9 janv. 1847, aff. Rolland, D. P. 47. 4. 121).

27. Ces dernières expressions sont à remarquer. Elles impliquent non seulement que la déclaration de complicité d'un crime ou d'un délit en comprend virtuellement les circonstances aggravantes, mais encore que la question de savoir si le complice a participé aux faits qui aggravent la criminalité du fait principal ne doit pas même être posée. De là, des arrêts ont conclu logiquement que des circonstances aggravantes admises à l'égard de l'auteur principal ne peuvent pas être écartées à l'égard du complice, même par une déclaration expresse du juge de répression (V. les décisions rapportées au *Rép.* nᵒˢ 35 et 37, et vᵒ *Instruction criminelle*, nᵒ 3549).

Jugé depuis, et conformément à un grand nombre des arrêts auxquels on vient de renvoyer, que, en cas d'accusation de vol avec l'une ou plusieurs des circonstances aggravantes prévues par l'art. 381 c. pén., la décision du jury qui admet l'aggravation à l'égard de l'auteur principal, et l'écarte à l'égard du complice, est nulle, et que la nullité s'étend même à l'auteur principal, une telle déclaration étant contradictoire avec celle intervenue contre ce dernier, et ne purgeant pas, dès lors, l'accusation (Crim. cass. 8 janv. 1848, aff. Généraux, D. P. 48. 5. 75 ; 21 mars 1857, aff. Schuty, D. P. 57. 1. 225 ; 28 mars 1861, aff. Reygondaud, D. P. 61. 1. 189).

28. On lit dans l'arrêt du 28 mars 1861, où il s'agissait d'un vol avec escalade, que, des termes de la déclaration concernant le complice « on ne peut induire qu'elle ait eu pour objet de décider que, tout en aidant au vol, le complice en ait ignoré la circonstance aggravante ». Il ne s'agit pas de ce motif que la déclaration du jury eût été régulière si elle avait pu être entendue en ce sens que le complice était déclaré non responsable de la circonstance aggravante par le seul motif qu'il ne l'avait pas connue. On ne saurait comprendre ainsi l'arrêt sans le mettre en opposition avec la jurisprudence et la doctrine rappelées *suprà*, nᵒ 26. Si la cour de cassation a relevé l'impossibilité de supposer que le jury n'avait écarté, quant au complice, l'aggravation pénale constatée à la charge de l'auteur principal qu'à raison de son ignorance du fait qui y donnait lieu, c'est uniquement pour en tirer la conséquence que sa déclaration, négative à l'égard du complice, ne reposait pas sur un fait qui lui fût personnel, et que, dès lors, elle était inconciliable avec la réponse affirmative concernant l'auteur principal, ce qui entraînait la nullité des deux déclarations. Une déclaration négative motivée sur l'ignorance du complice eût dû, au contraire, être seule annulée. De semblables irrégularités sont faciles à relever. Il suffit de rappeler que, comme le disent l'arrêt du 9 janv. 1847, cité *suprà*, nᵒ 26, et, après lui, l'arrêt du 21 mars 1857, cité *suprà*, nᵒ 27, on doit s'abstenir d'interroger le jury sur la question de participation du complice aux circonstances aggravantes qui sont inséparables du fait principal. Les vices de contradiction ou de nullité qu'on relève ici ne pourraient donc atteindre une déclaration émanée spontanément du jury.

29. La jurisprudence qu'on vient de retracer s'applique sans difficulté aux circonstances aggravantes qui se rattachent au mode matériel de perpétration du crime ou du délit commis avec le concours de complices. Et il a été jugé qu'on devait faire rentrer dans ce mode de perpétration l'emploi de la *violence*, cette cause d'aggravation, notamment en matière de vol, affectant, dans sa criminalité intrinsèque, le fait principal, d'où la conséquence que tous ceux qui ont concouru au vol encourent l'augmentation de la peine quoique la violence n'ait été constatée qu'à l'égard de l'un des accusés (Crim. rej. 30 déc. 1864, aff. Planix, D. P. 65. 1. 323).

30. La question est plus délicate en ce qui touche la circonstance purement intentionnelle de la *préméditation*. Il est dit, dans les motifs du même arrêt, que la circonstance morale et tout intentionnelle de la préméditation doit être, pour chaque accusé, l'objet d'une déclaration distincte de

culpabilité qui fasse connaître qu'il y a concouru de fait et d'intention ; mais il est à remarquer que cet arrêt ne concerne que des coauteurs principaux dont la culpabilité est, en effet, soumise à la condition qu'ils aient eu connaissance de l'aggravation de criminalité du fait principal (V. *infrà*, n° 177).

31. Avant le code pénal, on décidait de même que le complice d'un meurtre qualifié d'assassinat par suite de la circonstance aggravante de la préméditation, n'était passible que de la peine du meurtre ordinaire, s'il n'était pas déclaré qu'il en avait eu connaissance : il ne suffisait pas que la préméditation fût constatée contre l'auteur principal (V. les décisions rapportées au *Rép.* n° 40). Le système du code pénal a, en matière de complicité, déterminé l'adoption d'une jurisprudence contraire. Le complice assumant la responsabilité du crime ou du délit auquel il a participé, alors même qu'il n'aurait pas connu les circonstances de fait qui en aggravaient la criminalité, on n'a plus à se demander s'il a concouru à ce crime ou à ce délit avec connaissance des causes d'aggravation, ne fussent-elles unies au fait principal que par un lien intellectuel de la part de l'auteur principal (V. outre les arrêts mentionnés au *Rép. loc. cit :* Crim. rej. 9 juill. 1846, aff. Durandeau, D. P. 46. 4. 37 ; 22 févr. 1872, *Bull. crim.*, n° 43). Et, comme pour toute circonstance aggravante inhérente au fait principal, le complice n'est pas davantage admis à bénéficier d'une déclaration formelle de sa non-participation au fait aggravant de la préméditation. Ici s'applique ce qui a été dit *suprà*, n° 26, 27 et 28, au sujet des circonstances aggravantes autres que celle tirée de la préméditation. Jugé en ce sens que la déclaration du jury porte qu'un individu s'est rendu complice d'un assassinat en donnant des instructions pour commettre le crime, en aidant et assistant avec connaissance l'assassin dans les faits qui ont facilité ou consommé l'action, il en résulte nécessairement qu'il y a eu préméditation de la part de ce complice, et qu'en conséquence, si le jury ajoute que le complice a agi sans préméditation, sa déclaration doit être annulée comme étant contradictoire, tant à l'égard de l'auteur principal que du complice (Crim. cass. 20 juin 1861, aff. Paoli, D. P. 61. 5. 131 ; 4 avr. 1872, aff. Moussa, D. P. 72. 1. 276).

32. Restent les causes d'aggravation étrangères au mode de perpétration, matériel ou intellectuel, du crime ou du délit, et qui dérivent uniquement de l'existence, dans la *personne* de l'auteur principal, d'une *qualité* dont l'effet est d'augmenter la criminalité individuelle de cet agent. La question de savoir si ces causes d'aggravation, qui sont extrinsèques au fait principal, doivent, comme celles qui lui sont inhérentes, servir de base à la détermination de la peine encourue par le complice, a soulevé une vive controverse, sinon dans la jurisprudence, du moins entre les auteurs. — On sait que le complice ne peut pas bénéficier d'une diminution de peine qui aurait sa source dans une qualité personnelle à l'auteur principal (V. *suprà*, n° 17). N'est-il pas rationnel et logique qu'il ne puisse pas davantage souffrir de l'existence d'une telle qualité? Dans l'hypothèse d'une qualité atténuante, il est traité comme s'il était l'auteur principal. Ne doit-il pas en être de même quand il s'agit d'une qualité aggravante? S'il subit la responsabilité des causes d'aggravation inhérentes au fait incriminé, c'est parce qu'il est réputé en avoir accepté l'éventualité. Aussi ne se préoccupe-t-on du point de savoir s'il les a connues ou ignorées. Lorsqu'il s'agit, au contraire, d'une qualité essentiellement personnelle à l'un de ceux qui ont concouru à un crime ou à un délit, n'est-elle pas, par sa nature, nécessairement étrangère aux autres, aussi bien lorsqu'elle est aggravante que lorsqu'elle est atténuante? La connaissance même qu'en aurait le coparticipant serait indifférente. Si elle ne l'associe pas à cette qualité dans l'hypothèse d'une atténuation, pourquoi lui rendrait-elle commune dans l'hypothèse d'une aggravation ? Et quand le complice en a ignoré l'existence, ne peut-on pas dire qu'elle était en dehors de ses prévisions?

La doctrine d'après laquelle l'aggravation de peine résultant d'une qualité personnelle à l'auteur principal ne s'étend pas au complice, eût-elle été connue de lui, a de nombreux partisans (V. Morin, *Répertoire*, v° *Complicité*, n° 9; Boitard, n° 141; Chauveau et Hélie, t. 1, n° 302; Ortolan, n° 1281 et

suiv. ; Garraud, n° 394 et suiv.). — Décidé, dans le même sens (en Belgique), que l'aggravation de peine prononcée par la loi contre l'auteur d'un crime ou d'un délit, à raison d'une circonstance ou d'une qualité qui lui sont personnelles, n'est pas applicable au complice; et, spécialement, que le complice d'un faux commis par un fonctionnaire public dans l'exercice de ses fonctions n'est pas passible de la peine des travaux forcés à perpétuité infligée à ce fonctionnaire, mais encourt seulement la peine des travaux forcés à temps prononcée contre toutes personnes autres que les fonctionnaires publics : « Attendu, dit l'arrêt, que lorsque l'art. 59 c. pén. déclare que les complices d'un crime ou d'un délit seront punis de la même peine que les auteurs de ce crime ou de ce délit, il faut entendre cette disposition du cas où la peine n'est point soit légale, soit diminuée du chef d'une circonstance personnelle à l'auteur, cas auquel cette aggravation ou diminution ne peut atteindre le complice » (C. d'ass. Flandre orientale, 15 avr. 1856, aff. Van H..., D. P. 56. 2. 227).

33. Cependant, l'interprétation contraire, malgré la gravité des considérations invoquées en faveur du complice, nous paraît seule conforme au texte et à l'esprit de la loi. Le législateur, en rendant communes au complice et à l'auteur principal les peines édictées contre les crimes et délits, ordinaires ou aggravés, a été dominé par la pensée de proportionner la répression au péril que ces crimes ou ces délits font courir soit à la chose publique, soit aux particuliers, en ne tenant compte que des causes d'atténuation que chacun des coparticipants puisera dans une situation personnelle qui, bien qu'elle laisse subsister la nature et l'étendue du péril social que la loi pénale s'est proposé de prévenir, diminue équitablement leur responsabilité individuelle. On comprend que le complice du fait criminel ou délictueux frappé d'une peine ordinaire n'ait pas droit à une atténuation pénale qui n'a été accordée à l'auteur principal que par des considérations qui lui sont propres, et qui n'impliquent pas une atténuation corrélative du préjudice moral ou matériel à raison duquel ce fait a été classé et qualifié. La question est de savoir si les aggravations de peine qui ont leur source dans la personnalité de l'auteur principal ont le même caractère, ou si, au contraire, elles ne correspondent pas, comme celles qui dérivent du mode de perpétration du crime ou du délit, à une véritable aggravation de sa criminalité intrinsèque. Poser une semblable question, c'est la résoudre. On ne saurait admettre qu'un crime ou un délit aggravés, dans un intérêt public, par la qualité, existante chez son auteur, de fonctionnaire, d'enfant, d'ascendant, de domestique, etc., fussent considérés pour le complice comme ayant été commis sans l'une de ces qualités, alors surtout qu'on devrait logiquement le déclarer irresponsable d'une pareille cause d'aggravation, encore qu'elle eût été connue de lui.

34. Le système du code pénal est plus simple. Les peines applicables aux crimes et aux délits sont, avec leurs causes quelconques d'aggravation, communes à l'auteur principal et au complice, sauf l'influence sur la peine, ainsi aggravée, des causes d'atténuation propres à l'un ou à l'autre. Il n'y a pas lieu de distinguer entre les causes d'aggravation tirées des circonstances de fait qui ont accompagné le crime ou le délit, et celles dérivant de la qualité de leur auteur. La lettre et l'esprit de la loi ne comportent pas une distinction qui serait contraire au besoin de protection et de sécurité que le législateur a eu en vue lorsqu'il a édicté ces deux catégories d'aggravation des pénalités ordinaires qu'il a établies. On objecterait vainement que le complice ne peut être puni que comme s'il était l'auteur principal du crime ou du délit auquel il a concouru comme complice. Rien n'autorise une semblable fiction. — Les auteurs se prononcent en grand nombre dans le sens de la règle ci-dessus (V. outre ce qui est dit au *Rép.* n° 36 et 38 : Rauter, t. 1, n° 119 ; Bertauld, p. 437 ; Trébutien, t. 1, p. 198 ; Blanche, t. 2, n° 11 et suiv.; Le Sellyer, t. 2, n° 434). — Quant à la jurisprudence, elle l'a invariablement consacrée, ainsi que de nombreux arrêts rapportés au *Rép.* n° 21-3°, 36, 51, et v° *Attentat aux mœurs*, n° 164 ; *Faux*, n° 227 ; *Faillite*, n° 1501 et 1502). — Jugé depuis, en matière de crimes ou délits contre la chose publique, que l'aggravation de peine encourue par l'auteur d'un délit, à raison de sa qualité de fonctionnaire ou comptable public, est applicable à ses com-

plices, et spécialement que le commis d'un comptable public reconnu coupable d'un détournement de deniers de l'Etat, est passible, s'il a effectué ce détournement de concert avec le comptable, son supérieur, des peines prononcées par l'art. 169 c. pén., relatif aux soustractions commises par les dépositaires publics, bien que sa seule qualité de commis l'eût soumis à des peines moindres (Crim. rej. 15 juin 1860, aff. Peltey, D. P. 60. 1. 467). — Et la peine édictée contre le fait principal, à raison de la qualité de fonctionnaire appartenant à son auteur, a été également déclarée commune au complice, dans d'autres espèces où l'application du système opposé aurait conduit à l'impunité complète du complice. Décidé, en effet, que le simple particulier, complice du fait, par un fonctionnaire ou par un agent de l'administration des postes, d'avoir ouvert ou supprimé une lettre confiée à la poste, est passible de la peine portée contre ce fonctionnaire par l'art. 187 c. pén., bien que l'individu qui, sans être fonctionnaire ni agent de l'administration des postes, se rend coupable du fait prévu par cet article, ne commette aucun délit (Crim. rej. 9 janv. 1863, aff. Grégoire, D. P. 63. 1. 160). Le complice encourt alors, non seulement l'emprisonnement et l'amende prononcés par l'art. 187 c. pén., mais encore l'interdiction de toute fonction ou emploi public dont le même article frappe le fonctionnaire ou l'agent des postes, auteur principal du délit (Même arrêt).

35. Jugé pareillement, en ce qui concerne les crimes et délits contre les particuliers : 1° que l'aggravation de peine encourue par le médecin ou la sage-femme qui ont procuré l'*avortement* d'une femme enceinte, est applicable à l'individu qui, même n'exerçant pas l'art de guérir, s'est rendu son complice, et, notamment, à celui qui, par dons ou promesses, l'a provoquée au crime (Crim. rej. 16 juin 1855, aff. Frenel, D. P. 55. 5. 17; Crim. rej. 23 nov. 1872, aff. Hardy, D. P. 72. 1. 430; Motifs, Toulouse, 13 janv. 1881, aff. Avignon, D. P. 81. 2. 84); — 2° Que, quoique la circonstance aggravante de *domesticité* soit personnelle à l'auteur principal d'un vol (ou d'un abus de confiance), le complice doit encourir l'aggravation de peine applicable à ce vol (Crim. rej. 27 nov. 1845, aff. Hirch, D. P. 46. 4. 94).

36. Le crime de *parricide*, si sévère qu'en soit la peine pour l'auteur principal chez lequel se rencontre la qualité aggravante qui y donne lieu, n'échappe pas davantage à l'application de cette jurisprudence. Décidé, en effet, conformément aux arrêts rapportés au *Rép.* n° 21-3° et 26-6°, que le complice d'un parricide doit, comme l'auteur principal, subir l'aggravation introduite dans le mode d'exécution de la peine par l'art. 13 c. pén., et celle résultant de l'art. 302 du même code, qui assimile le parricide à un assassinat, quoiqu'il ait été commis sans préméditation; d'où la conséquence qu'il n'est pas plus besoin que la préméditation soit constatée à la charge du complice que contre l'auteur principal (V. Crim. rej. 11 sept. 1851, aff. Olive, D. P. 51. 5. 156; Crim. cass. 24 mars 1853, aff. Lucta, D. P. 53. 1. 145; Crim. rej. 30 sept. 1853, aff. Demangeon, D. P. 53. 5. 100; Crim. rej. 11 mai 1866, aff. Pernot, D. P. 68. 5. 96).

Une autre cause d'aggravation du crime de parricide est écrite dans l'art. 323 c. pén., qui porte que le parricide n'est jamais excusable. Le complice d'un parricide est-il privé, comme l'auteur principal, du droit d'invoquer l'excuse de la provocation qui, à l'égard d'un meurtre ordinaire, naîtrait des violences exercées contre son auteur, par la victime du meurtre? On a vu *suprà*, n° 20 et suiv., que la provocation constitue une cause légale d'atténuation de peine pour le complice, aussi bien que pour l'auteur principal. Ce bénéfice lui sera-t-il enlevé, parce que l'auteur principal en est dépouillé à raison de sa qualité personnelle? Nous ne le croyons pas. Dès qu'il s'agit d'une cause d'atténuation susceptible, en elle-même, d'être invoquée par le complice, en ce qu'elle est inhérente au fait principal, l'interdiction, pour l'auteur principal, de l'invoquer ne saurait s'étendre à ce complice, en faveur duquel elle prend alors le caractère d'une excuse personnelle inhérente au fait incriminé; elle n'est pas, selon nous, susceptible d'en être détachée pour tout autre que l'auteur du parricide qui, seul, a été l'objet de la rigueur exceptionnelle de la loi. Il en serait surtout ainsi, si la provocation s'était adressée au complice lui-même, dans l'hypothèse énoncée *suprà*, n° 21. — Une question identique se présenterait encore, à propos de

l'art. 324 c. pén., où il est dit que le meurtre de l'un des époux sur l'autre n'est pas davantage excusé par des violences provocatrices. Elle devrait, ce nous semble, recevoir la même solution.

37. Les arrêts qui font encourir au complice l'aggravation pénale produite par une qualité personnelle à l'auteur principal ne distinguent pas entre le complice qui a eu connaissance de cette qualité et celui qui ne l'a pas connue. Il paraît difficile de permettre au complice d'exciper de son ignorance d'une qualité aggravante, et de ne le soumettre, par suite, à une augmentation de pénalité que si sa culpabilité relativement à cette cause particulière d'aggravation a été l'objet d'une déclaration distincte de celle concernant l'auteur principal. On est toujours sous l'empire de la règle rappelée *suprà*, n° 26, règle d'après laquelle la déclaration affirmative d'une circonstance aggravante contre l'auteur principal s'étend virtuellement au complice, et est exclusive d'une déclaration négative en faveur de ce dernier, soit qu'elle doive être entendue en ce sens qu'il a ignoré la cause d'aggravation du fait principal, auquel cas elle serait nulle, soit qu'elle écarte purement et simplement la circonstance aggravante à l'égard du complice, après son admission contre l'auteur principal, auquel cas les deux déclarations doivent être annulées comme contradictoires (V. *suprà*, n° 28).

38. Les circonstances aggravantes ne peuvent entraîner une aggravation de peine à l'égard du complice que lorsque la déclaration relative au fait principal constate qu'il a été accompagné de ces circonstances. Si elles sont écartées vis-à-vis de l'auteur principal, le complice est nécessairement exempt, comme l'auteur principal, de toute aggravation pénale (*Rép.* n° 44 et 45). — Par application de cette règle, il a été décidé aussi qu'une circonstance aggravante *omise* dans la déclaration de culpabilité concernant l'auteur principal, est assimilée à celle qui aurait été rejetée, et demeure, dès lors, sans influence sur la peine encourue par le complice, encore qu'elle ait été admise contre ce dernier (Crim. cass. 4 avr. 1872, aff. Moussa, D. P. 72. 1. 276). — Pour le cas d'acquittement de l'auteur principal, V. *infrà*, n° 71.

39. Il est, d'ailleurs, évident, que la jurisprudence exposée *suprà*, n° 27 et suiv., cesse d'être applicable au cas où la poursuite, après avoir été vidée quant à l'auteur principal, est exercée postérieurement contre le complice seul. La décision antérieure ne lie pas le juge saisi de la nouvelle poursuite, même sur la question des circonstances aggravantes qui peuvent être rejetées en faveur du complice, quoiqu'elles aient été reconnues à l'égard de l'auteur principal. Décidé, sur ce point, outre les arrêts rapportés au *Rép.* v° *Instruction criminelle*, n°s 2539 et 2871, que le jury devant lequel le complice est seul traduit à la suite d'un renvoi après cassation, doit être interrogé sur ces circonstances, encore que, dans les débats antérieurs, elles aient été reconnues contre l'auteur principal par une décision passée, 1854, en force de chose jugée (Crim. cass. 31 août 1854, aff. Garos, D. P. 67. 5. 52).

40. La même jurisprudence est également étrangère à l'aggravation spéciale qui résulte de l'état de *récidive* de l'auteur principal. Cette cause d'augmentation de la peine ne se rattache plus, sous aucun rapport, au fait principal dont le complice est pénalement responsable; elle ne saurait donc être étendue au complice. C'est ce qui est dit au *Rép.* n° 41, et ce qui a été jugé par des arrêts rapportés *ibid.*, n° 42-1° et 2°, et v° *Forêts*, n° 356 (V. aussi Ortolan, t. 1, n° 1281 ; Trébutien, t. 1, p. 197 ; Le Sellyer, t. 2, n° 445; Bertauld, p. 439 ; Rauter, n° 131 ; Blanche, t. 2, n° 35 ; Chauveau et Hélie, t. 1, n° 306).

41. La loi du 27 déc. 1880 dispose que « lorsqu'à raison d'un crime commis dans une prison par un détenu la peine des travaux forcés à temps ou à perpétuité est appliquée, la cour d'assises ordonnera que cette peine sera subie dans la prison où le crime a été commis, à moins d'impossibilité, pendant la durée qu'elle déterminera et qui ne pourra être inférieure au temps de réclusion ou d'emprisonnement que le détenu avait à subir au moment du crime. » Elle ajoute que l'emprisonnement cellulaire pendant ce temps peut, en outre, être prononcé (D. P. 81. 4. 53). — Il est manifeste que l'aggravation pénale édictée par cet article ne saurait être étendue au complice du crime qui y est prévu, que s'il

se trouve dans la situation spéciale en vue de laquelle la loi précitée est intervenue.

42. En ce qui concerne les causes d'aggravation personnelles au complice, V. *infrà*, nᵒˢ 51 et suiv.

43. On a dit au *Rép.* nᵒˢ 16 et 84, que la règle d'après laquelle le complice est puni de la même peine que l'auteur principal s'applique aux complices des crimes et délits prévus par des lois spéciales : il importe peu que ces lois soient antérieures ou postérieures au code pénal. — Si donc une loi postérieure au code se borne à dire que les complices de certains faits seront punis, sans indication de la peine, on doit appliquer la règle de l'art. 59 c. pén. Décidé, à cet égard, outre les arrêts rapportés *loc. cit.* : 1° que le complice du délit de malversation commis par le syndic d'une faillite, soit par coopération aux actes délictueux du syndic, soit par provocation à ces actes au moyen de dons ou de promesses, est passible de la peine édictée par l'art. 596 c. com. (Crim. cass. 24 juin 1859, aff. Samuel, D. P. 59. 1. 473); — 2° Que l'individu qui s'est rendu complice du délit de stipulation, par un créancier, d'avantages particuliers dans une faillite, au moyen de dons ou promesses faits à ce créancier, encourt la peine prononcée contre ce délit par l'art. 597 c. com. (Toulouse, 27 févr. 1868, aff. Christaud, D. P. 69. 2. 61); — Que l'individu qui s'est rendu complice des délits prévus par les art. 15, 43 et 45 de la loi du 24 juill. 1867, sur les sociétés par actions, en aidant sciemment les administrateurs d'une société anonyme à commettre l'une de ces infractions, et en dressant, notamment, un bilan qu'il savait être destiné à couvrir des bénéfices fictifs, plus tard distribués entre les actionnaires, tombe sous l'application des peines portées par les articles précités (Crim. rej. 23 juin 1883, aff. Bontoux, D. P. 83. 1. 425).

44. L'art. 59 c. pén. après avoir posé, en principe, que le complice d'un crime ou d'un délit est passible de la même peine que l'auteur principal, c'est-à-dire, de la peine ordinaire ou aggravée applicable au fait principal, ajoute : « sauf les cas où la loi en aurait disposé autrement ». — Dans un grand nombre de cas, en effet, les peines édictées soit par le code pénal, soit par des lois spéciales, contre le complice ne sont pas les mêmes que celles applicables au crime ou au délit auxquels ce complice a concouru. On en trouve un premier exemple dans l'art. 63 c. pén. sur la complicité par recel (V. *infrà*, nᵒ 227).

45. D'autres dispositions du code pénal dérogent aussi à la règle générale écrite dans l'art. 59. Des peines particulières y sont prononcées contre :... 1° Les individus qui se sont rendus complices de *bandes armées* dans un but politique, en leur fournissant ou leur procurant des armes, munitions et instruments de crimes, et en leur envoyant des subsistances (art. 96, 97 et 98); — ... 2° Les fonctionnaires ou officiers publics qui auront *participé* à des crimes ou délits qu'ils étaient chargés de *surveiller* ou de *réprimer* (art. 198); — ... 3° Les individus qui se sont rendus complices d'une *évasion de détenu* (art. 237 à 246); — ... 4° Le complice de la femme adultère (art. 438). — V. aussi ce qui est dit *infrà*, nᵒˢ 194 et suiv., à propos du recel des malfaiteurs. — Certaines *provocations* non constitutives d'une véritable complicité ont été pareillement frappées par le code pénal de peines qui leur sont propres. Ce sont celles établies à l'égard :... du *ministre du culte* qui, dans l'exercice de son ministère, et en assemblée publique, ou dans un écrit public contenant des instructions pastorales, a provoqué à la *désobéissance* aux lois ou aux autres actes de l'autorité publique, ou bien a cherché à *armer* les citoyens les uns contre les autres (art. 202, 203, 205 et 206); — ... Des individus qui ont provoqué à des crimes ou délits dans une *association illicite* (c. pén. art. 293; L. 10 avr. 1834, art. 3); — ... Des individus coupables d'avoir provoqué une *opposition par voies de fait* à la confection de travaux autorisés par le Gouvernement (art. 438); — ... Des individus coupables de provocation au *pillage* des denrées énumérées dans l'art. 442.

46. Quant aux dérogations résultant de lois spéciales, il y a lieu de noter celles qui ont lieu à l'égard :... 1° Des individus coupables de provocation directe à un *attroupement* armé ou non armé, par des discours proférés publiquement ou par des écrits ou des imprimés, affichés ou distribués, provocation punie, si elle a été suivie d'effet, comme le crime ou le délit d'attroupement, et passible seulement,

si elle n'a pas été suivie d'effet, d'un emprisonnement de six mois à un an, ou d'un mois à trois mois, selon qu'il s'agit d'un attroupement armé ou d'un attroupement non armé (L. 7 juin 1848, art. 6); — ... 2° De ceux qui ont provoqué des réunions séditieuses coupables d'avoir détruit ou dérangé une *voie de fer*, ou employé tout moyen quelconque pour arrêter la marche des convois, ou pour les faire sortir de leurs rails, provocation punie en principe de la même peine que le fait principal, mais passible seulement des travaux forcés à perpétuité, lorsque les auteurs du crime sont passibles de la peine de mort, pourvu que la réunion séditieuse n'ait pas eu pour but la destruction de la voie de fer (L. 15 juill. 1845, art. 17); — ... 3° Des complices *civils* de crimes et délits *militaires* ou *maritimes*, lesquels sont passibles des peines édictées par le code pénal, encore que les auteurs principaux aient encouru des peines prononcées par les lois militaires ou maritimes (L. 9 juin 1857, art. 196; 4 juin 1858, art. 253); — ... 4° De l'individu non militaire qui provoque ou favorise la *désertion* de tout militaire (non-officier), et l'individu non marin ni militaire, embarqué, qui provoque ou favorise la désertion de tout individu (non-officier) faisant partie de l'équipage d'un bâtiment de l'Etat, lesquels sont punis d'un emprisonnement de deux mois à cinq ans, alors que les complices militaires ou marins embarqués sont punis, comme les déserteurs, de peines variant suivant qu'il s'agit de désertion à l'intérieur ou à l'ennemi (L. 9 juin 1857, art. 231 à 242; 4 juin 1858, art. 309 à 321); — ... 5° Des individus qui, n'étant pas gens de mer, se rendent complices du délit de désertion commis par les marins de la marine marchande, lesquels sont punis d'un emprisonnement de six jours à trois mois et d'une amende de 16 à 500 fr., alors que les complices gens de mer sont, comme les déserteurs, punis d'un emprisonnement variant, suivant les cas, de six jours à six mois (Décr. 24 mars 1852, art. 65 à 70); — ... 6° Des complices des crimes de *piraterie*, lesquels sont, suivant les cas, tantôt punis des peines encourues par les commandants, chefs et officiers, tantôt punis des peines moins élevées infligées aux gens de l'équipage (L. 10 avr. 1825, art. 9); — ... 7° Des médecins, chirurgiens, officiers de santé et pharmaciens, reconnus coupables de complicité du délit consistant, de la part de jeunes gens, à s'être rendus impropres au service militaire, lesquels sont punis d'un emprisonnement de deux mois à deux ans et d'une amende de 200 fr. à 1000 fr., alors que les autres complices de ce délit sont, comme les auteurs principaux, punis d'un emprisonnement d'un mois à un an (L. 27 juill. 1872, art. 63). — Signalons enfin le délit commercial de *banqueroute simple* qui par sa nature essentiellement personnel, est exclusif de toute complicité (V. notre arrêt rapporté au *Rép.* vᵒ *Fcillite*, nᵒ 1446 : Crim. rej. 10 oct. 1844, aff. Destouche, D. P. 45. 1. 25. — V. toutefois, Crim. rej. 8 août 1867, aff. Fournet, D. P. 68. 1. 41).

47. Dans certains cas, la loi exige, par dérogation à ce qui est dit *suprà*, nᵒ 24, que le complice ait eu connaissance de la circonstance aggravante qui modifie le délit, pour que l'aggravation de peine puisse lui être appliquée. L'art. 4 de la loi du 7 juin 1848 sur les attroupements décide, en effet, que l'aggravation de peine résultant de l'emploi d'armes n'est point applicable au individus non armés, qui n'ont point connaissance de la présence, dans l'attroupement, de personnes portant des armes cachées.

48. Il est enfin des circonstances où les peines de la complicité sont complètement remises par la loi elle-même, en faveur du complice. Ainsi les complices des crimes de *fausse monnaie* ou de *contrefaçon* mentionnés aux art. 132 et 139 c. pén. sont, aussi bien d'ailleurs que les coauteurs, exempts de peine si, avant la consommation de ces crimes, et avant toutes poursuites, ils en ont donné connaissance et révélé les auteurs aux autorités constituées, ou si, même après les poursuites commencées, ils ont procuré l'arrestation des autres coupables, sauf la faculté de les renvoyer sous la surveillance de la haute police (c. pén. art. 138). — Ne sont pas davantage punissables, en matière de *contributions indirectes*, les transporteurs d'alcools transportés en fraude, qui, par une désignation exacte et régulière de leurs commettants, mettent l'Administration en mesure d'exercer les poursuites contre les véritables auteurs de la fraude (L. 21 juin 1873, art. 13), alors, d'ailleurs, qu'ils ne se sont

pas rendus complices de la contravention par d'autres faits de participation. — En est-il de même de l'individu trouvé porteur de *tabac* de fraude? — V. *infrà*, v° *Impôts indirects*.

49. Il résulte de tout ce qui précède, que pour déterminer la peine applicable au complice d'un crime ou d'un délit, il faut uniquement se demander quelle est la disposition répressive de ce crime ou de ce délit, abstraction faite de la participation accidentelle d'un complice. Les actes de complicité ne constituent pas un crime ou un délit distinct, ayant une pénalité qui leur soit propre. On doit se borner à leur étendre accessoirement la peine du fait principal, d'une part, avec les variations qui peuvent résulter de l'article où elle est édictée, et d'autre part, avec ses causes d'atténuation, à moins qu'elles ne dérivent d'une qualité personnelle à l'auteur principal, et avec ses causes quelconques d'aggravation. Que décider quant aux qualités atténuantes ou aggravantes qu'on rencontrerait, non dans la personne de l'auteur principal, mais dans celle du *complice?* Il est manifeste que l'effet n'en saurait remonter à l'auteur principal dont la responsabilité pénale doit être appréciée, nous venons de le faire remarquer, comme s'il n'y avait pas eu de complicité.

50. Il est cependant certains cas où la présence d'un complice modifie cette responsabilité. C'est ainsi qu'en matière de contrefaçon d'objets brevetés, l'art. 43 de la loi du 5 juill. 1844 dispose que le contrefacteur qui a eu connaissance par un ouvrier du breveté, des procédés décrits au brevet et qu'il a contrefaits, est passible, aussi bien que cet ouvrier que la loi considère comme son complice, d'une peine plus forte que celle du délit ordinaire de contrefaçon (V. *Rép.* v° *Brevet d'invention*, n° 370).— En sens inverse, la qualité du complice détruit parfois la criminalité du fait principal, ou a pour résultat d'en atténuer la peine. On en trouve un exemple dans l'art. 434 c. pén. qui réprime le crime d'incendie. Aux termes de cet article, l'individu qui met volontairement le feu à des édifices non habités ou ne servant pas à l'habitation ou à des bois, forêts ou récoltes, n'est pas punissable quand les objets incendiés sont sa propriété, à moins qu'il n'ait causé volontairement un préjudice à autrui, cas auquel la peine est, d'après les paragraphes 4 et 6 de l'article précité, celle des travaux forcés à temps ou celle de la réclusion. Et le propriétaire est exempté de toute peine ou frappé de la peine édictée dans ces deux paragraphes, soit qu'il ait mis le feu lui-même, soit qu'il l'ait fait mettre par un tiers. Quant à ce tiers, auteur principal de l'incendie, il est assimilé au propriétaire, par l'ordre de qui il a agi, et échappe ainsi à la peine des travaux forcés à perpétuité ou à temps dont en l'absence d'un tel ordre il eût dû être frappé en vertu des paragraphes 3 et 5 de l'article précité. L'absence ou le degré de criminalité du fait principal est donc ici déterminée par la qualité de l'instigateur, c'est-à-dire, du complice de l'incendie. Jugé, par application du paragraphe 6 de l'art. 434, que l'individu qui, sur l'ordre du propriétaire, a mis le feu à l'un des objets désignés dans ce paragraphe, ne peut être déclaré coupable d'incendie de la chose d'autrui, et n'est, comme le propriétaire, son complice, passible que de la peine de la réclusion, et non de celle des travaux forcés à temps, si le feu a été mis dans le dessein de nuire à autrui (Crim. cass. 15 nov. 1862, aff. Raynaud, D. P. 64. 1. 51; 3 sept. 1863, aff. Labatut, D. P. 64. 1. 52).

51. Si, en dehors de ces cas exceptionnels, la qualité du complice demeure sans influence sur la peine qui doit être infligée à l'auteur principal, est-elle également sans effet sur celle encourue par le complice lui-même? Nous avons vu *suprà*, n° 23, que le complice bénéficie d'une qualité personnelle atténuante, la peine du fait principal ne pouvant lui être étendue que sous la réserve des atténuations dont sa responsabilité pénale est l'objet. La circonstance qu'il a à répondre d'actes de complicité et non de faits principaux est indifférente. Devra-t-il souffrir, réciproquement, des qualités qui, s'il était auteur principal du crime ou du délit auquel il a participé, aggraveraient la peine de ce crime ou de ce délit? Deux arrêts de la cour de cassation de France et de la cour de cassation de Belgique, rapportés au *Rép.* n°s 24 et 168. se sont prononcés affirmativement, en appliquant la peine du parricide ou l'aggravation pénale de l'art. 312 c. pén., à l'enfant complice du meurtre commis sur son père ou de

coups portés et blessures faites à celui-ci, par un individu non assujetti à ces causes d'aggravation. C'est encore dans le même sens qu'un troisième arrêt de la cour de cassation de France, rapporté *ibid.*, n° 27, a jugé, par application de la disposition exceptionnelle de l'art. 324 c. pén., que l'époux qui s'est rendu complice du meurtre de son conjoint ne peut exciper de l'excuse légale de provocation par coups et violences graves admise en faveur de l'auteur principal. La même doctrine est enseignée par Chauveau et Hélie, t. 1er, n° 210. — Une telle théorie est complètement inadmissible. La qualité aggravante qui existe dans la personne du complice rend assurément sa complicité plus répréhensible en morale. Mais la peine de cette complicité ne peut excéder celle applicable au fait principal. Le complice subit les aggravations qui pourraient se produire du chef de l'auteur principal (V. *suprà*, n°s 24 et suiv.) ; il n'est pas permis de le soumettre, en même temps, de son propre chef, à d'autres causes d'aggravation. Sa responsabilité pénale est épuisée dès qu'on lui rend commune la peine du crime ou du délit commis avec sa participation. Toute peine plus élevée serait dépourvue de base juridique, et dépasserait les exigences de l'intérêt social auxquelles la peine réservée au fait principal est réputée avoir donné satisfaction.

La jurisprudence ci-dessus que nous avons critiquée au *Rép.* n°s 25 et 27, parce qu'elle traite à tort le complice comme s'il était auteur principal, alors qu'on n'a à lui imputer que des faits de complicité, était déjà contraire à un précédent arrêt de la cour de cassation rapporté au *Rép.* n° 25. Elle est repoussée par la presque unanimité des auteurs (V. Ortolan, n° 1304 ; Bertauld, p. 439 ; Le Sellyer, t. 3, n° 435 ; Blanche, t. 2, n°s 25 et 36). « L'art. 59 c. pén., dit ce dernier auteur, posant en principe que la même peine est applicable au fait principal et au fait de complicité, et d'autre part que cette peine est celle dont la loi punit le fait principal, il en résulte que si, dans la détermination de la peine, on tenait compte de la circonstance aggravante personnelle au complice, l'une ou l'autre de ces deux règles serait nécessairement méconnue. » — Jugé, dans le même sens, outre les arrêts rapportés au *Rép.* n° 26, et v°s *Crimes et délits contre les personnes*, n° 188 ; *Forfaiture*, n°s 65-3° ; *Vol*, n° 223, que l'ascendant qui n'est ni auteur, ni coauteur, mais seulement complice d'un *viol* commis sur sa fille, n'est pas passible de l'aggravation de peine prononcée par l'art. 333 c. pén. ; et, spécialement, que la mère déclarée complice d'un viol sur sa fille, par aide et assistance dans les faits qui ont préparé, facilité ou consommé ce viol, est passible de la même peine que l'auteur principal, alors que le jury a reconnu qu'elle n'a point aidé l'auteur du viol dans l'exécution de son crime (Crim. cass. 2 oct. 1856, aff. Guittain, D. P. 56. 1. 431). V. également sur ce qui concerne le complice par recel, *infrà*, n° 225.

52. Les peines de la complicité dont nous venons de préciser la portée en les rapprochant, avec la doctrine des auteurs et la jurisprudence, de la peine applicable au fait principal, ne concernent que les complices d'un *crime* ou d'un *délit*. L'art. 59 relatif à la complicité ordinaire, comme l'art. 63 spécial à la complicité par recel, ne parlent que de ces deux classes d'infractions. Le législateur n'y prévoit pas les faits de complicité qui pourraient se rencontrer dans la troisième et dernière catégorie d'infractions que l'art. 1er c. pén. qualifie de contraventions, c'est-à-dire, des infractions que le code pénal frappe d'un emprisonnement n'excédant pas cinq jours et d'une amende n'excédant pas quinze francs (art. 465 et 466). Pour les infractions de cette nature, il n'y a donc pas, en principe, de complicité punissable. Cette règle, rappelée au *Rép.* n° 17, a été appliquée par un arrêt rapporté *ibid.*, au receleur d'objets provenant de la contravention de maraudage prévue par l'art. 471-9° c. pén. — Jugé, de même, depuis, qu'il n'y a lieu de frapper d'aucune peine :... ceux qui, par dons ou promesses, ont facilité la perpétration de la contravention de glanage en temps prohibé, prévue par l'art. 471-10° c. pén. (Crim. rej. 13 avr. 1861, aff. Leclercq, D. P. 61. 1. 235) ;... Celui qui a participé à la contravention d'injure non publique ou ne renfermant pas l'imputation d'un vice déterminé, que prévoit l'art. 471-11°, en envoyant directement et volontairement l'écrit injurieux, émané d'un tiers, à la personne à laquelle

cet écrit était adressé (Motifs, Crim. cass. 6 mars 1862, afl. Fourquet, D. P. 62. 5. 77); solution applicable aujourd'hui à toute injure même contenant l'imputation d'un vice déterminé, par cela seul qu'elle n'est pas publique (L. 29 juill. 1881, art. 33). Jugé pareillement que l'amende encourue, en vertu de l'art. 471-15° c. pén., pour contravention à un arrêté municipal déterminant l'approvisionnement de viande que les bouchers de ville doivent avoir dans leurs magasins, ne peut être prononcée solidairement contre eux, non plus que les frais, sous prétexte que les contrevenants seraient complices les uns des autres (Crim. cass. 26 déc. 1857, afl. Plaigne, D. P. 58. 1. 143).

53. En ce qui concerne les contraventions que des lois spéciales punissent aussi de l'une des peines de police spécifiées dans les art. 465 et 466 c. pén., il a été pareillement décidé, d'après la règle ci-dessus, que la complicité n'en est pas davantage punissable, et que, dès lors, sont exempts de toute peine ceux qui ont donné leur concours, fût-ce dans les conditions caractéristiques de la complicité définie par l'art. 60 c. pén., à des faits d'exercice illégal de la médecine, non accompagnés d'usurpation de titre (Lyon, 23 juin 1859, aff. Bernet-Joly, D. P. 60. 2. 77; Motifs, Crim. cass. 17 déc. 1859, aff. Despoux, D. P. 60. 1. 196; Crim. rej. 3 mai 1860, aff. Colandre, D. P. 66. 1. 360), la peine édictée au profit des hospices, contre une telle infraction, par l'art. 35 de la loi du 19 vent. an 11, ne pouvant être, à défaut de fixation de son chiffre, qu'une amende de simple police, et n'imprimant, dès lors, à cette infraction que le caractère d'une contravention (V. infrà, v° Médecine).

54. Décidé aussi que l'infraction à l'art. 4 du décret du 9 mars 1861, qui, rendu pour l'exécution de la loi du 18 juill. 1860 sur les entreprises d'émigration, exige que les agents employés par ces entreprises, en France ou à l'étranger, soient munis d'une procuration authentique, n'étant, en vertu de l'art. 10 de la même loi, punie que de la peine de police édictée par l'art. 471-15° c. pén., cette peine ne peut, au cas où l'un des agents de l'entreprise aurait constitué un sous-agent par acte sousseing privé, atteindre, comme complice, celui dont l'agent principal tenait un pouvoir authentique, et qui, dès lors, n'a pas contrevenu personnellement à la condition d'authenticité prescrite par le décret réglementaire précité (Pau, 6 août 1874, aff. Horgues, D. P. 75. 2. 53).

55. La règle sanctionnée par cette jurisprudence s'étend, sans difficulté, à toutes les autres infractions que des lois spéciales punissent de peines de simple police, et, par exemple, à celles concernant : — ... L'ivresse publique sans récidive ou avec une première récidive (L. 23 juill. 1873, art. 1er) (V. infrà, v° Ivresse publique); — ... Certaines infractions aux mesures de protection des enfants du premier âge (V. infrà, v° Enfant); — ... Les devoirs des maîtres envers leurs apprentis (L. 22 févr. 1851) (V. infrà, v° Industrie); — ... Les mauvais traitements envers les animaux (L. 2 juill. 1850) (V. infrà, v° Destruction-dommage); — ... La police rurale (V. infrà, v° Droit rural); — ... L'emploi des poids ou mesures autres que ceux établis par la loi des 18 germ. an 3 et 19 frim. an 8 (V. infrà, v° Poids et mesures); — ... Les infractions à la police de la presse, qui n'entraînent que des peines de police (V. infrà, v° Presse-outrage). — Le code forestier punit également certaines infractions à la police des bois et forêts soumis au régime forestier, de peines de police ne comportant pas l'application des peines de la complicité (V. infrà, v° Forêts).

56. En sens inverse de ce qui a lieu pour les crimes et les délits, la complicité n'est punissable en matière de contraventions passibles de peines de simple police, que lorsque la loi l'a déclaré expressément. C'est ce qui arrive à l'égard de la contravention de bruits ou tapages injurieux ou nocturnes (c. pén., art. 479-8°) (V. infrà, v° Contravention). La nature particulière d'une infraction qui implique la multiplicité des contrevenants justifie cette exception apportée par le législateur. Les deux arrêts de la cour de Lyon, du 23 juin 1859, et de la cour de cassation, du 13 avr. 1861, cités suprà, n°s 52 et 53, le signalent comme étant la seule que le législateur ait apportée à la règle qui considère la complicité comme affranchie de toute peine, quand il s'agit d'une simple contravention.

57. On comprend que la loi ait laissé complètement im-

punie une participation accessoire à des faits qui ne causent à l'ordre public qu'un dommage très restreint, qui consistent fort souvent dans l'inobservation de prescriptions purement réglementaires, et n'entraînent que des peines fort légères, puisque le maximum en est fixé, quant à l'emprisonnement, à cinq jours, et, quant à l'amende, à 15 fr. L'intérêt social est suffisamment sauvegardé par la responsabilité pénale des auteurs mêmes de l'infraction, sans qu'il soit besoin d'atteindre, en outre, ceux qui l'auraient seulement provoquée ou facilitée par leur aide ou leur assistance.

58. On a donné de l'impunité du complice d'une contravention une autre raison qui tiendrait aux éléments constitutifs de ce genre d'infractions, rapprochés des caractères juridiques de la complicité punissable. Les faits que la loi désigne sous le nom de contravention sont réprimés, à la différence des crimes et des délits, quoiqu'ils aient été commis en dehors de toute intention coupable, c'est-à-dire, de toute constatation, chez leur auteur, de la volonté d'enfreindre les dispositions légales ou réglementaires que sanctionnent des peines de police. Le fait matériel suffit (V. Rép. v° Délit, n° 11 ; Peine, n° 369 ; Volonté, n° 88). Cette règle fléchit, à la vérité, dans certain cas exceptionnels où la loi a fait de la volonté de désobéir à ses prescriptions de police une condition de la contravention. Telles sont les contraventions résultant : ... du jet volontaire de corps dur ou d'immondices sur quelqu'un (c. pén. art. 475-8°); — ... Du dommage volontairement causé aux propriétés mobilières d'autrui, qui ne présente pas la gravité des dommages prévus par les art. 432 à 464 c. pén. (c. pén. art. 479-1°); — ...De l'enlèvement ou de la lacération des affiches apposées par ordre de l'Administration dans les emplacements à ce réservés, lesquels n'étaient punis sous le code pénal qu'autant qu'ils auraient eu lieu méchamment (c. pén. art. 479-9°), et sont restés soumis à la condition d'une intention nuisible même depuis la loi du 29 juill. 1881, sur la presse, bien que cette loi en réprimant la même contravention et en y ajoutant de nouveaux modes de perpétration, n'ait pas reproduit l'expression méchamment du code pénal (V. infrà, v° Presse). Mais, sauf ces exceptions, il est constant que les faits qualifiés de contravention sont punissables malgré l'absence de tout élément intentionnel. La thèse d'après laquelle le silence gardé par l'art. 59 c. pén. à l'égard des contraventions s'explique par le caractère non intentionnel de l'infraction appartiendrait au domaine de la théorie pure, si on n'avait à l'appliquer qu'à des faits passibles de peines de simple police. L'irresponsabilité pénale du complice serait alors indiscutable, qu'on la rattachât à la nature ou à la peine de l'infraction. Mais la nécessité de se fixer sur la véritable cause de l'impunité du complice d'une contravention prend un intérêt pratique considérable lorsqu'on se trouve en présence des nombreuses infractions que les lois antérieures ou postérieures au code pénal ont frappées de peines correctionnelles, tout en leur conservant le caractère d'infractions matérielles, c'est-à-dire, d'infractions non subordonnées à une intention coupable. Le complice de ces faits spéciaux resterait impuni dans le système qui regarde la complicité légale comme incompatible avec toute infraction indépendante de l'élément intentionnel, sans se préoccuper du plus ou moins d'étendue de la répression ; il serait, au contraire, punissable, dans le système qui ne l'exempte des peines de la complicité qu'autant que le fait non intentionnel auquel il a concouru se trouve classé parmi les infractions qui, par suite de leur peu de gravité, n'entraînent qu'une peine de simple police.

59. Le problème a, surtout depuis la publication du Répertoire, soulevé une vive controverse. La complicité des crimes et des délits étant, d'après l'art. 59, seule punissable, à l'exclusion de celle des contraventions, on a dû se demander ce que c'est, dans le sens de cet article, qu'un crime, un délit et une contravention. L'art. 1er c. pén. semble répondre nettement à la question. Toutes les infractions soumises à la loi pénale y sont classées en trois catégories, qui correspondent à trois classes de peines. Elles constituent des crimes, des délits ou des contraventions, selon qu'elles sont punies de l'une des peines qu'énumèrent l'art. 6, en matière criminelle, l'art. 7, en matière correctionnelle, et les art. 464, 465 et 466 en matière de simple police. Si l'on s'en tenait à ces définitions, il est donc incontestable que toute infraction

frappée par les lois d'une peine correctionnelle serait un délit et non une contravention, et que, dès lors, la complicité devrait en être punie. D'où vient donc la difficulté de classement qui s'est élevée, surtout lorsqu'il s'agit de l'application des peines de la complicité, à l'égard des infractions non intentionnelles? L'art 64 c. pén. porte que : « Il n'y a ni crime, ni délit, lorsque le prévenu était en état de démence au temps de l'action, ou lorsqu'il a été contraint par une force à laquelle il n'a pu résister ». A côté de cette règle, qui est commune aux crimes, aux délits et aux contraventions, s'en est placée une autre que nous avons commentée au *Rép.* v^is *Peine*, n°s 369 et suiv., et *Volonté*, n° 86, règle qui n'est pas écrite dans la loi, et que la jurisprudence et la doctrine ont limitée aux crimes et aux délits : c'est celle qui subordonne tout crime ou tout délit à ce qu'on a appelé la condition de *culpabilité*, condition consistant dans la connaissance, chez l'agent, des circonstances de fait qui impriment à son action un caractère criminel ou délictueux. S'il est vrai qu'il ne peut y avoir ni crime, ni délit en l'absence d'une intention coupable, quelle qualification devra-t-on donner aux infractions que la loi pénale a frappées de la peine correctionnelle caractéristique du délit, selon l'art. 1er c. pén., sans exiger l'élément intentionnel à défaut duquel il ne saurait y avoir qu'une contravention? Pour donner satisfaction, d'une part, à la définition du délit que renferme l'art. 1er, et d'autre part, à cette particularité que l'infraction est punie comme contravention purement matérielle, on a imaginé la théorie des *délits-contraventions*. Cette théorie doit rester étrangère aux faits que le législateur a lui-même qualifiés de *délits*, tout en les réprimant dans leur matérialité. Ainsi s'explique l'extension admise par les arrêts et les auteurs des peines de la complicité aux infractions à la police de la chasse, l'art. 20 de la loi du 3 mai 1844 qualifiant formellement ces infractions de *délits*, quoiqu'elles ne soient pas couvertes par l'exception de bonne foi (V. *supra*, v° *Chasse*, n° 1083). Même observation quant aux infractions à la police des forêts (V. *infra*, v° *Forêts*) et de la pêche fluviale (V. *infra*, v° *Pêche fluviale*). Mais quand il s'agit d'une loi où sont réprimés des faits non intentionnels auxquels le législateur a conservé le nom de *contraventions*, surtout si d'autres infractions y sont qualifiées de délits à raison de leur nature d'infractions intentionnelles, les premières ne sauraient être confondues avec les secondes dans la catégorie des délits, par l'unique motif qu'elles seraient les unes et les autres frappées de peines correctionnelles.

Ce système est enseigné par MM. Chauveau et Hélie, *Théorie du code pénal*, 6° éd., t. 1, n° 316, et t. 6, n° 2273. « La complicité, disent-ils, suppose une intention criminelle, puisqu'elle suppose un accord, un concert préalable. Toutes les fois donc qu'il s'agit d'un fait purement matériel, que la loi saisit, abstraction faite de l'intention de son auteur, la complicité n'est pas admissible, puisqu'il y aurait contradiction à supposer à la fois que cette intention existe et qu'elle n'existe pas. La gravité de la peine ne peut rien changer à cette règle qui est puisée dans la nature des faits. L'art. 59, en limitant l'incrimination de la complicité aux délits, a entendu les délits intentionnels, et ce qui l'atteste, c'est que, à l'époque de la première rédaction du code, les délits-contraventions n'avaient pas encore, au moins pour la plupart, pris place dans la législation » (V. aussi Morin, *Journal du droit criminel*, 1863, art. 7568; Le Sellyer, *Traité de la criminalité*, t. 2, n° 432; Blanche, *Etudes sur le code pénal*, t. 2, n° 70; Giboulot, *Commentaire de la loi sur la presse* du 11 mai 1868, n° 332 *bis*). La cour de cassation a adopté le même système dans un arrêt rendu à propos d'une contravention d'immixtion dans le service des postes, contravention punie par l'art. 5 de l'ar-

rêté du 27 prair, an 9 d'une amende correctionnelle de 150 à 300 fr. (Crim. cass. 11 sept. 1845, aff. de Laparonge, D. P. 46. 1. 361. Conf. Douai, 28 nov. 1854, aff. Dagency, D. P. 55. 2. 98). — Décidé également que les complices de contraventions aux décrets portant règlement d'administration publique sur la police des chemins de fer, et aux arrêtés pris par les préfets, sous l'approbation du ministre des travaux publics pour l'exécution de ces décrets, contravention punie par la disposition générale de l'art. 21 de la loi du 15 juill. 1845, d'une amende correctionnelle de 16 à 3000 fr., n'encourent aucune peine (Angers, 7 févr. 1870, aff. Abrivard, D. P. 70. 2. 58; Caen, 9 mai 1877, aff. Jamot, D. P. 79. 2. 41, et le rapport de M. le conseiller Dupray de la Mahérie, *ibid.*; Rennes, 22 juin 1887) (1). — Décidé aussi que la complicité en matière de contraventions de grande voirie n'est pas punissable (Cons. d'Et. 4 juill. 1884, aff. Loup, D. P. 86. 3. 13). — Enfin, la cour de cassation s'est encore prononcée contre l'application de l'art. 59 c. pén. aux complices des contraventions matérielles à la police de la presse, bien qu'elles fussent punies des peines correctionnelles, et par exemple, à un individu qui avait fourni un compte rendu non officiel des séances du Corps législatif publié en infraction à la prohibition alors établie par la Constitution du 14 janv. 1852 et au sénatus-consulte du 2 févr. 1861 (Crim. cass. 18 janv. 1867, aff. Delavault, D. P. 67. 1. 233), ou au complice de l'introduction illicite en France d'un journal étranger alors prévue par l'art. 2 du décret du 17 févr. 1852, et aujourd'hui par l'art. 14 de la loi du 29 juill. 1881 (Crim. rej. 3 avr. 1869, aff. Barbieux, D. P. 69. 1. 529), ou au complice d'une publication faite sans mauvaise foi avec des pièces fabriquées ou falsifiées, que punissait l'art. 15 du décret de 1852 (Crim. rej. 11 févr. 1876, aff. Valabrègue, D. P. 76. 1. 403). — Jugé pareillement que la publication d'un article rendant compte d'un procès en diffamation, en contravention à l'interdiction résultant de l'art. 11 de la loi du 27 juill. 1849, et aujourd'hui, par l'art. 39 de la loi de 1881, ne comporte pas, par suite de son caractère d'infraction matérielle, l'existence d'une complicité punissable. — La même jurisprudence a dû être appliquée aux complices de la contravention de colportage ou de distribution d'écrits, sans autorisation, que l'art. 6 de la loi du 27 juill. 1849 punit d'un emprisonnement de six jours à six mois et d'une amende de 25 fr. à 500 fr., et c'est, en effet, conformément à la règle qui y est posée, que la cour de cassation a, dans un arrêt, refusé d'étendre l'art. 59 c. pén. au complice de cette contravention (Crim. cass. 11 avr. 1856, aff. Cazeneuve, D. P. 56. 1. 198), quoiqu'un arrêt antérieur ait maintenu une décision contraire, mais dans une espèce où le pourvoi n'avait pas soulevé la question (Crim. rej. 18 août 1849, aff. Chevalier, 2° arrêt, D. P. 49. 1. 261). Aussi, a-t-il été nécessaire, pour atteindre le complice des infractions à la police du colportage, de recourir à l'intervention du législateur. Une loi du 29 déc. 1875 (D. P. 76. 4. 30), spéciale à ce genre d'infractions, en a déclaré la complicité punissable, sans trancher, toutefois, le débat concernant les autres contraventions de presse. Il est même à remarquer que, sur la résistance que M. Bertauld opposait à la loi nouvelle, le ministre de la justice, s'inclinant devant la jurisprudence de la cour de cassation, a pris le soin de relever le caractère exceptionnel du projet présenté par le Gouvernement au Corps législatif (*ibid.*, note). — L'exception ainsi apportée par la loi de 1875 à la doctrine de la cour de cassation en matière d'infractions matérielles punies de peines correctionnelles a, d'ailleurs, pour la contravention de colportage, que visait seulement la loi de 1875, avec la loi du 9 mars 1878, qui a réduit cette infraction à une contravention ordinaire de simple police, exclusive de

<hr>

(1) (B...) — La cour; — En ce qui touche la prévention de complicité d'escroquerie : — Adoptant les motifs des premiers juges; — En ce qui concerne l'infraction sur les lois et ordonnances sur la police des chemins de fer relevée par M. l'avocat général : — Considérant qu'on ne saurait reprocher autre chose à B... que de s'être rendu complice de la contravention commise par la tierce personne inconnue à laquelle il a remis le permis de circulation dont elle a fait usage et qui ne devait servir qu'à lui seul; — Mais considérant que, bien que la peine édictée par l'art. 21 de la loi du 15 juill. 1845 soit supérieure aux peines de

simple police, il ne s'agit pourtant que d'une infraction matérielle à un règlement de police et d'un fait qualifié contravention par cet article lui-même; qu'il est de principe que les art. 59 et 60 c. pén., relatifs à la complicité, ne s'appliquent qu'aux crimes et délits ou à certaines contraventions assimilées, et qu'ainsi le prévenu échappe à toute répression pénale, quoique indélicat et quelque frauduleux que soit d'ailleurs l'acte qui lui est imputé.

Par ces motifs, confirme.

Du 22 juin 1887.-C. de Rennes, ch. corr.-M. Guillaumin, pr.

toute complicité légale, comme i'a fait depuis la loi du 29 juill. 1881, par son art. 21.

60. La cour de cassation, dans la voie où elle était entrée à l'égard des infractions matérielles punies correctionnellement, n'avait pas, ce semble, à s'arrêter même devant celles de ces infractions qui seraient prévues par le code pénal. Elle a cependant, par des arrêts rapportés au *Rép.* nos 91 et suiv., et vo *Crimes et délits contre les personnes*, no 211, admis la complicité d'un homicide ou de blessures par imprudence. Mais la doctrine qu'elle a consacrée, d'après laquelle il y aurait incompatibilité entre des actes de complicité punissables et toute infraction matérielle, quelle qu'en fût la répression, a conduit une cour d'appel à refuser d'appliquer l'art. 59 au complice de l'infraction résultant, en matière de surveillance de la haute police, de la désobéissance aux prescriptions de l'art. 44 c. pén., désobéissance punie par l'art. 45, sous le nom de rupture de ban, d'un emprisonnement pouvant aller jusqu'à cinq ans, et que ne couvre pas l'exception de bonne foi (Crim. cass. 25 janv. 1868, aff. Negroni, D. P. 69. 1. 216). Cet arrêt déclare que le complice de la rupture de ban n'est pas punissable, par des motifs que nous rapportons, parce qu'ils précisent et résument très nettement, à propos de la rupture de ban, le caractère *sui generis* qu'auraient les infractions dont nous nous occupons, dans leurs rapports, notamment, avec les règles de la complicité. On y lit : « que le législateur a lui-même classé la rupture de ban en dehors de tous les autres délits, puisque dans le code pénal, il l'a fait figurer à part et non sous la rubrique des délits concernant la chose publique, les personnes et les propriétés; qu'il est d'ailleurs, de principe général, que sauf quelques cas particuliers, on ne peut être réputé complice que d'un délit que l'on aurait pu commettre comme auteur principal; que la désobéissance aux obligations imposées au condamné placé sous la surveillance, quel que soit le châtiment qu'elle puisse entraîner constitue plutôt une contravention purement matérielle qu'un véritable délit; qu'en droit pénal, en effet, on ne considère pas uniquement comme contraventions les fautes contre la simple police punissables dans les limites des art. 465 et 466 c. pén.; que le seul caractère qui distingue le délit de la contravention, c'est la nécessité, pour l'existence d'un délit, de deux éléments, le fait matériel et l'intention coupable, tandis que, pour la contravention, le fait matériel suffit; que la rupture de ban existe indépendamment de toute intention coupable par le seul fait de l'infraction aux règles prescrites par l'art. 44 et par le décret du 8 déc. 1851 (remplacé, depuis la loi du 23 janv. 1874 qui a modifié l'ancien art. 44 c. pén., par le décret portant règlement d'administration publique du 30 août 1875); qu'il faut en conclure que la rupture de ban n'est qu'une contravention puisque la désobéissance à la *loi morale* constitue seule le délit; que si la rupture de ban ne constitue qu'une contravention, les art. 59 à 62 qui n'impliquent l'existence de la complicité que pour les crimes et délits ne sauraient la concerner » (Rennes, 2 janv. 1862, aff. Frelin, D. P. 62. 5. 78).

61. L'introduction, dans notre législation pénale, d'infractions mixtes, en ce que le législateur, tout en les frappant de la *peine* qui, aux termes de l'art. 1er c. pén., caractérise le délit, les aurait rangées, quant à leurs *éléments constitutifs* et leurs *effets légaux*, dans la classe des contraventions, s'écarte trop profondément de la règle fondamentale dont le législateur a fait la base de sa classification des actions punissables, et de leurs conséquences juridiques, pour que la règle si simple sur laquelle repose cette classification ne finit pas par prévaloir. Pour prévenir toute incertitude sur le point de savoir si un acte atteint par la loi pénale doit être traité comme crime, comme délit ou comme contravention, cet article a voulu qu'on s'attachât non pas aux conditions de sa répression, mais à cette répression elle-même. L'art. 64 c. pén. n'y ajoute pas un élément nouveau. Il se borne à déclarer irresponsables pénalement les individus qui ont agi en état de démence ou qui ont agi sous l'empire de la force majeure. L'exception tirée de la bonne foi n'est formulée dans aucune disposition générale de la loi. Elle ne protège les individus poursuivis pour un crime que par application de chacun des articles du code pénal ou des lois spéciales propres à chaque crime, et des articles du code d'instruction criminelle, qui veulent que le jury appelé à connaître des crimes soit interrogé à la fois sur l'existence du *fait matériel* et sur la *culpabilité* de l'agent (V. *infrà*, vo *Instruction criminelle*). Rien de pareil à l'égard des délits qui, à la différence des crimes, sont tantôt subordonnés au concours du fait matériel et d'une intention nuisible, et tantôt punissables, sans que le fait matériel soit accompagné d'une telle intention. Ce qui est seulement essentiel au délit, c'est une peine correctionnelle, et dès que le législateur a édicté cette peine, il est réputé avoir créé un délit, conformément à la définition qu'en donne l'art. 1er c. pén. Il n'importe que, n'entendant le punir que comme infraction matérielle, il lui ait étendu la qualification de contravention réservée aux infractions matérielles qui sont passibles de peines de simple police. L'emploi du mot *contravention* atteste la volonté du législateur de ne pas tenir compte de la bonne foi de l'agent. Il n'implique pas sa pensée d'enlever à la catégorie des délits une action qui s'y trouve classée par l'effet de la peine édictée. Supposer au législateur une semblable pensée, ce serait admettre que, par une innovation qui ne s'imposait pas à lui, il aurait arbitrairement bouleversé la classification qui domine tout notre droit pénal, en ajoutant aux trois branches de cette classification toute une série d'infractions que le système retracé au numéro précédent a été forcé de désigner par la dénomination antijuridique de délits-contraventions. Il y a là un expédient qui ne saurait trouver place dans une législation pénale, et on ne peut que s'associer aux critiques dont cet expédient a été l'objet de la part de M. Edmond Villey, professeur à la faculté de Caen, dans ses annotations de la 6e édition de la *Théorie du code pénal* de MM. Chauveau et Hélie, t. 6, no 316, et dans son article publié sur la *Fin des délits-contraventions* dans la *France judiciaire*, 1886, p. 365 (V. aussi Garraud, t. 2, no 241). De récents arrêts de la cour suprême en ont effectivement marqué le terme. Déjà M. le conseiller du Bodan, sur le rapport duquel a été rendu l'arrêt de la chambre criminelle du 18 janv. 1867, cité *suprà*, no 59, s'élevait avec l'arrêt attaqué, émané de la cour de Poitiers, et rapporté D. P. 67. 2. 69, contre un aussi grave écart de principes et de langage. Après avoir reconnu que les contraventions énumérées dans le liv. 4 c. pén. sont, en dehors du cas prévu par l'art 479, no 8, exclusives de la complicité, et constaté que ce livre est limité aux contraventions de simple police, qui non seulement existent sans intention coupable chez leurs auteurs, mais sont de la compétence du juge de paix et ne peuvent entraîner un emprisonnement supérieur à cinq jours ni une amende supérieure à 15 fr., ce magistrat se demandait si, lorsque ces circonstances viennent à faire défaut, la règle de justice, d'équité et de nécessité sociale, qu'édicte l'art. 59 c. pén., ne doit pas reprendre son empire. « Quand on est en présence lit-on dans son rapport, d'un acte qui n'est qualifié de *contravention* que parce qu'il ne comporte aucune intention coupable, quand un acte déféré à la juridiction correctionnelle peut entraîner des condamnations à un long emprisonnement que parce qu'il ne comporte aucune intention coupable, quand un acte déféré à la juridiction correctionnelle peut entraîner des condamnations à un long emprisonnement et à de lourdes amendes, sera-t-il permis aux tribunaux d'ajouter ces contraventions spéciales, qu'on pourrait appeler contraventions *sui generis* aux minimes contraventions inscrites au dernier livre du code pénal, et d'élargir ainsi le cercle de ses prescriptions? » Et ailleurs on y lit également : « Ce sera, comme on le voudra, une *contravention-délit* ou un *délit-contravention;* mais, aux termes du principe général réglant la classification des faits punissables et placé en tête du code pénal, *ce serait un délit* ». Contrairement à ces observations du rapporteur, la décision qu'elles tendaient à faire maintenir, a, comme on l'a vu, *loc. cit.*, été cassée par la chambre criminelle, alors favorable à l'assimilation des délits-contraventions aux contraventions de simple police pour tout ce qui ne se rapporterait pas à la peine, assimilation qu'on retrouve encore dans les deux autres arrêts mentionnés à la suite de celui dont on vient de parler.

62. La cour de cassation ne pouvait pas persister dans sa jurisprudence, et par de nouveaux arrêts, intervenus au sujet d'infractions à la police de l'art de guérir, et à la police des sociétés commerciales par actions, elle paraît l'avoir définitivement abandonnée. — La chambre criminelle avait aussi qualifié de délit, tombant sous l'application de l'art. 59 c. pén., le fait d'exercice illégal de la pharmacie (Crim. rej. 18 mai 1845, aff. Duvigneau, D. P.

45. 1. 18), ou le fait d'exercice illégal de la médecine, avec usurpation de titre (Crim. rej. 3 mai 1866, aff. Colandre, D. P. 66. 1. 360), par le motif que de telles infractions sont punissables d'amendes excédant le taux de l'amende de simple police et bien que l'existence d'une intention coupable n'y fût pas exigée (V. *infra*, v° *Médecine et pharmacie*); mais, dans les espèces où ces arrêts ont été rendus, il ne paraît pas que la question de savoir si les infractions non intentionnelles punies correctionnellement doivent être identifiées à de simples contraventions ou à des délits ait été soulevée. C'est seulement dans ces dernières années que la chambre criminelle a été appelée à appliquer sa jurisprudence à des contraventions concernant la police de l'art de guérir, sur des pourvois formés contre des décisions qui, conformément à cette jurisprudence, n'y voyaient que de simples agissements personnels et directs, ne comportant, à ce titre, aucun fait de complicité. Par deux arrêts de cassation du même jour, la cour ne se préoccupant plus, pour caractériser l'infraction, que de la peine encourue, a jugé que le fait d'exercer illégalement la pharmacie constitue un véritable délit et que la complicité en est, dès lors, punissable aux termes du droit commun : « Attendu, y est-il dit, que les infractions aux lois sur la pharmacie sont dangereuses pour la santé publique et la vie des hommes et qu'à raison de leur gravité, elles ont dû être punies par la déclaration du 25 avr. 1777 et par la loi du 29 pluv. an 8 d'amendes supérieures à celles de simple police » (Crim. cass. 23 févr. 1884, aff. Chauvin, et aff. Hortala, D. P. 86. 1. 427). Jugé de même que le pharmacien qui participe à la préparation de remèdes secrets opérée par un individu à qui il prête son nom doit être puni comme complice de l'infraction prévue par l'art. 36 de la loi du 21 germ. an 11, et punie par la loi du 29 pluv. an 13 d'une amende de 25 à 600 fr. (Paris, 18 sept. 1851, aff. Gabory, D. P. 54. 2. 192). — La nouvelle jurisprudence de la cour suprême s'est plus accentuée encore à l'occasion d'infractions à la police des sociétés par actions. Ces infractions sont les unes non intentionnelles et les autres intentionnelles. Les premières, prévues par l'art. 13, § 1er et 2, sont punies d'une amende de 500 fr. à 10000 fr.; les secondes, prévues par les paragraphes 3 et 4 du même article et par l'art. 15, sont passibles, celles de l'art. 13, de la même amende, et d'un emprisonnement facultatif de quinze jours à six mois, celles de l'art. 15, des peines édictées par l'art. 405 c. pén. contre le délit d'escroquerie. La complicité des faits punis par la loi de 1867 comme faits intentionnels n'est pas douteuse, et elle a été admise par l'arrêt du 23 juin 1883, cité *supra*, n° 43. Quant aux infractions non intentionnelles, infractions qui consistent dans l'émission d'actions ou de coupons d'actions d'une société constituée contrairement aux art. 1, 2 et 3 de la loi de 1867, et dans le fait, par le gérant, d'avoir commencé les opérations sociales avant l'entrée en fonctions du conseil de surveillance, deux arrêts de la cour de Paris, des 2 déc. 1884 et 13 janv. 1885, rendus à propos d'une émission d'actions, ont pareillement jugé que des individus qui avaient sciemment participé à cette émission en la préparant ou en la facilitant, encouraient les peines de la complicité d'un délit. La chambre criminelle, appliquant de nouveau le principe qu'elle a posé, contrairement à sa jurisprudence antérieure, dans ses arrêts de cassation précités du 23 févr. 1884, a maintenu ces deux décisions (Crim. rej. 28 févr. 1885, aff. Paz et Cordier, D. P. 85. 1. 239). La cour répudie formellement dans ce troisième arrêt la doctrine de l'irresponsabilité pénale du complice des contraventions matérielles même punies de peines correctionnelles. Elle range dans la classe des délits toute infraction qu'une loi spéciale a cru devoir atteindre d'une pénalité excédant les peines de simple police, en considération de la gravité des intérêts mis en péril par le fait seul de cette infraction. Il y est dit, en effet : « que si le législateur, en réglementant les conditions matérielles d'existence des sociétés en commandite, et d'émission d'actions de ces sociétés, en vue de donner aux capitalistes des garanties indépendantes du plus ou moins de bonne foi des fondateurs, a voulu que l'inobservation de ces conditions constituât par elle-même une infraction punissable en dehors de toute question d'intention frauduleuse, et si (à ce point de vue seulement) le fait d'émission d'actions d'une société constituée contrairement aux prescriptions des art. 1er, 2 et 3 de

la loi du 24 juill. 1867, a pu, dans le rapport qui a précédé le vote de cette loi, être qualifié de *contravention*, on ne saurait prétendre que ce fait doit, en ce qui concerne les règles de la complicité, être assimilé aux contraventions de simple police; que l'infraction dont les sieurs Paz et Cordier se sont rendus complices, quelque dénomination qu'on lui donne, constitue, au point de vue légal, un véritable délit ». L'arrêt ajoute, il est vrai, « que cela résulte non seulement de la nature de la peine et de la juridiction qui est appelée à en connaître, mais encore du caractère même de ladite infraction, laquelle a été considérée par le législateur comme exclusive, dans tous les cas, d'une entière bonne foi, et passible, à ce titre, d'une pénalité ». Mais ce n'est là qu'un motif subsidiaire qui laisse entière l'influence générale que la cour attribue à la nature de la peine sur la détermination du caractère de l'infraction. Aussi est-il immédiatement suivi de cet autre motif : « Attendu, d'ailleurs, qu'aux termes de l'art. 1er c. pén., l'infraction que les lois punissent des peines correctionnelles est un délit ». L'influence de la peine sur la qualification de l'infraction est ici exclusivement relevée. La corrélation entre l'une et l'autre sert donc manifestement de base à la décision d'où résulte le dernier état de la jurisprudence de la cour de cassation sur l'important controverse dont les phases diverses viennent d'être analysées.

On est autorisé à croire que ce changement de jurisprudence est commun à toutes les infractions spéciales que la cour suprême rangeait jusque là dans la catégorie des contraventions non susceptibles d'une complicité punissable, et, notamment, les contraventions à la police des postes, des chemins de fer et de la presse, les dangers que leur seule perpétration matérielle fait courir à la chose publique ayant déterminé le législateur à leur infliger une peine correctionnelle, aussi bien que lorsqu'il s'agit d'infraction à la police de l'art de guérir ou des sociétés par actions. La sanction de la cour de cassation serait donc aujourd'hui assurée à deux arrêts, qui, dans la période où cette cour plaçait sur la même ligne les délits non intentionnels et les contraventions de simple police, ont décidé, en ce qui concerne les infractions matérielles punies par l'art. 21 de la loi sur les chemins de fer du 15 juill. 1845, que la complicité doit en être réprimée comme complicité d'un délit, et ont appliqué cette solution, spécialement, au directeur d'une société chorale convaincu d'avoir aidé sciemment un individu à bénéficier d'une réduction du prix du transport, accordée aux membres de cette société, quoiqu'il n'en fît pas partie (Toulouse, 24 juill. 1862, aff. Bardes, D. P. 62. 2. 176; 26 juill. 1862, aff. Bardot, D. P. 63. 2. 82), fait qu'on a refusé de considérer comme une escroquerie, laquelle eût entraîné sans difficulté les peines de la complicité (V. *infra*, v° *Voirie par chemin de fer*).

63. Le retour de la cour suprême au procédé de classification des crimes, des délits et des contraventions, adopté par l'art. 1er c. pén., rétablit dans l'ensemble des arrêts où elle a eu à rapprocher les infractions spéciales non intentionnelles, mais punies correctionnellement, des dispositions de notre législation criminelle qui sont propres aux délits. Même à l'époque où en matière de complicité elle rejetait ces infractions de la classe des délits, elle leur appliquait, cependant, soit la règle prohibitive du cumul des peines établie exclusivement pour les crimes et les délits par l'art. 365 c. instr. crim. (V. *infra*, v° *Peine*), soit dans un arrêt du 3 sept. 1842, rapporté au *Rép.* v° *Presse*, n° 519-3°, et dans un autre arrêt, du 15 févr. 1843, rapporté au *Rép.* v° *Mines*, n° 298, la prescription de trois ans à laquelle l'art. 638 du même code soumet la poursuite des délits. L'arrêt de 1843 est remarquable. Il y est dit que tout fait entraînant une amende de plus de 15 fr. est un délit, sans qu'on eût à argumenter de l'emploi, par la loi répressive, du mot *contravention*, ce terme étant synonyme d'infraction, d'inobservation de la loi.

Le cas de concours, au point de vue de la récidive soit d'un crime ou d'un délit, avec l'une des infractions dont on s'occupe, soit de ces infractions entre elles, est ordinairement réglé par la loi spéciale qui les prévoit. C'est aussi par interprétation de la loi spéciale que doit être tranchée la question de savoir si l'art. 463 c. pén., relatif aux circonstances atténuantes qui y auraient été admises pour les délits, s'étend aux faits non intentionnels punis par cette loi.

La jurisprudence qui s'est formée sur ce point à l'égard particulièrement des délits de presse, a perdu son intérêt, depuis que l'art. 64 de la loi du 28 juill. 1881, reproduisant la disposition de l'art. 15 de la loi du 11 mai 1868, a déclaré l'art. 463 c. pén. commun aux crimes, aux délits et aux contraventions réprimés par cette loi.

64. En Belgique, une loi du 4 oct. 1867 ordonne le renvoi, devant le tribunal de simple police, de l'individu prévenu d'un fait qualifié délit, lorsque, par l'effet des circonstances atténuantes, la peine doit être abaissée au taux d'une peine de simple police. Ce fait n'en conserve-t-il pas moins son caractère de délit, et ne reste-t-il pas, dès lors, susceptible de la complicité que la législation belge, comme la législation française, limite aux crimes et aux délits? — Jugé, dans le sens de l'affirmative, que le complice de l'infraction délictueuse dont l'auteur est ainsi devenu justiciable du tribunal de simple police par suite d'une déclaration de circonstances atténuantes, demeure soumis aux peines de la complicité (C. cass. Belgique, 18 juill. 1881) (1). Cette décision peut être utilement rapprochée de la jurisprudence française que nous avons retracée en dernier lieu. Elle en confirme la solution.

65. — III. Amende; Dommages-intérêts; Frais. — Aux termes de l'art. 55 c. pén., tous individus condamnés pour un même crime ou pour un même délit sont tenus solidairement des amendes, des restitutions, des dommages-intérêts et des frais. Cet article, dans son application aux co-auteurs des infractions prévues par une loi pénale, et aux complices, pour celles de ces infractions qui comportent une complicité punissable, est commenté, en ce qui concerne :... l'amende *infrà*, v° *Peine*; — ... Les restitutions et dommages-intérêts, *infrà*, v° *Responsabilité*; —... Les frais, *infrà*, v° *Frais*.

Art. 2. — *Caractères constitutifs de la complicité* (*Rép.* nᵒˢ 47 à 184).

§ 1ᵉʳ. — Nécessité d'un fait principal pour qu'il puisse y avoir des complices (*Rép.* nᵒˢ 48 à 79).

66. Comme nous l'avons fait remarquer au *Rép.* nᵒˢ 48 et 84, la complicité n'est pas, en elle-même, un crime ou un délit, elle n'est qu'une qualification donnée à certains modes de participation à un fait dont elle forme un simple *accessoire*, et qui constitue, dès lors, le *fait principal*. La complicité ne saurait donc, par conséquent, exister sans qu'il y ait un fait principal punissable; là, en effet, où il n'y a point de crime ou de délit; il n'y a pas de participation possible à un crime ou à un délit, ni dès lors de complicité.

67. Dans un certain nombre de cas, il est vrai, la provocation à un crime ou à un délit, ou l'aide donnée à de simples actes préparatoires à des actions coupables, est punissable quoiqu'elle n'ait pas été *suivie d'effet;* mais c'est qu'alors la simple provocation est punie, non pas comme constituant un fait de complicité, mais bien comme délit spécial. Aussi est-elle réprimée sans qu'il soit besoin qu'elle

renferme les caractères de la complicité par provocation qu'exige l'art. 60 c. pén. (V. *infrà*, nᵒˢ 100 et suiv.).

68. Pour que la complicité soit punissable, il faut non seulement qu'il y ait un fait principal, mais encore que ce fait principal constitue une infraction prévue par la loi et susceptible de complicité. En conséquence, le complice ne peut être puni :... lorsque le fait principal ne constitue ni crime, ni délit;—... Ou lorsqu'il s'agit d'une infraction, même punissable, qui ne comporte pas de complicité. — Et il ne peut y avoir déclaration légale de complicité, s'il n'y a pas, en même temps, déclaration explicite ou implicite d'un fait principal punissable. — Jugé, à cet égard, outre les arrêts rapportés au *Rép.* nᵒ 48-1ᵒ, et v° *Faillite*, nᵒ 1484-3ᵒ : que la nullité de la déclaration du jury sur le fait principal entraîne celle de la déclaration relative à la complicité, lorsqu'il y a entre l'une et l'autre déclarations une relation nécessaire (Crim. cass. 13 janv. 1854, aff. Hugues, D. P. 54. 1. 134; 20 juin 1861, aff. Paoli, D. P. 61. 5. 202; 12 oct. 1882, aff. Aury, D. P. 83. 1. 280). Jugé aussi que lorsque la déclaration affirmative du jury sur le fait principal est nulle, parce que l'un des éléments essentiels à la criminalité de ce fait y a été omis, la déclaration affirmative de la complicité du même fait doit également être annulée, alors même qu'elle renfermerait l'énonciation de l'élément ainsi omis à l'égard de l'accusé principal (Crim. cass. 4 avr. 1872, aff. Mourra, D. P. 72. 1. 276).

69. Mais, comme nous en avons fait également l'observation au *Rép.* nᵒ 53, le sort du complice qui est poursuivi avec l'auteur principal est complètement indépendant du résultat de la poursuite exercée contre ce dernier. D'une part, en effet, il est hors de doute que l'individu poursuivi comme complice peut être acquitté et l'auteur principal condamné. Et, d'autre part, il n'est pas moins certain que le complice peut être *condamné* et l'accusé principal *acquitté*. Il suffit que le fait principal dont l'existence est une condition essentielle au fait accessoire d'où résulte la complicité soit reconnu à l'égard de son auteur, dans sa *matérialité*, abstraction faite de la culpabilité de ce dernier. Ces principes, qui sont qu'une application de la règle, énoncée *supra*, nᵒ 23, à propos de la détermination des peines respectivement encourues par l'auteur principal et son complice, règle d'après laquelle l'un et l'autre profitent distinctement des causes d'atténuation de peines qui leur sont *personnelles*, ne soulèvent aucune difficulté. Tous les auteurs les proclament (V. Mangin, *Traité de l'action publique*, nᵒ 400; Trébutien, *Cours élémentaire de droit criminel*, t. 1ᵉʳ, nᵒ 707; Legraverend, *Traité de la législation criminelle*, t. 1, p. 157; Bourguignon, *Jurisprudence des codes criminels*, sur l'art. 59 c. pén., nᵒ 5; Carnot, *Commentaire du code pénal*, sur l'art. 59, nᵒ 9; Rauter, *Traité du droit criminel*, t. 1, nᵒ 116; Bertauld, *Cours de code pénal*, nᵒˢ 113 et suiv.; Ortolan, *Éléments de droit pénal*, t. 1, nᵒˢ 1293 et 1307; Massabiau, *Manuel du ministère public*, 4ᵉ éd., t. 1, nᵒˢ 1228 et suiv.; Le Sellyer, *Traité de la criminalité*, t. 2, nᵒ 358; Chauveau et Hélie, *Théorie du code pénal*, 6ᵉ éd., t. 1, nᵒˢ 301 et suiv.; Blanche, *Études sur le code pénal*, t. 2, nᵒˢ 358, 436 et suiv.).

---

(1) (X...). — La cour; — Sur le troisième moyen, déduit de la violation de l'art. 66 c. pén., en ce que, le fait pour lequel le demandeur a été renvoyé au tribunal de police étant par cela même une contravention, la participation, qui n'est punissable qu'en cas de crime ou de délit, n'a pu le rendre passible d'une peine : — Considérant que, si le renvoi prononcé par la chambre du conseil au tribunal de police, à raison de circonstances atténuantes, a eu pour conséquence de reconnaître à l'infraction, au point de vue de la juridiction et de la peine à appliquer, les caractères d'une contravention, ce n'en est pas moins l'infraction, elle qu'elle a été définie par la loi, avec ses éléments constitutifs, qui a été soumise à l'appréciation du juge saisi; que ce juge a donc à constater l'existence des conditions légales du délit dans le fait envoyé à sa connaissance, pour ne voir ensuite dans ce fait qu'une contravention, tant au point de vue de la peine à appliquer que des conséquences qui en dérivent, comme la durée de la prescription, la nature de l'emprisonnement subsidiaire, etc. ; — Considérant que, s'il en était autrement, les faits de tentative, de complicité ou de participation, que la loi ne punit pas en matière de contraventions, échapperaient à toute répression du moment que le juge de police serait saisi de ces faits par la chambre du conseil à raison des circonstances atténuantes; qu'il en résulterait même que le tribunal correctionnel ne pourrait faire application, à des faits de

cette nature, de l'art. 85 c. pén., puisque, en leur reconnaissant le caractère de contravention, il les soustrairait à l'application de toute peine ; — Considérant que tout le système est inadmissible ; qu'en effet, l'art. 85 c. pén. est général et concerne tous les délits, les faits principaux comme les simples tentatives; que ce qui est vrai pour le juge correctionnel, en cas d'admission de circonstances atténuantes, doit être vrai pour le juge de police saisi par le renvoi de la chambre du conseil ; que, dans l'un et l'autre cas, les circonstances atténuantes amoindrissent la culpabilité et entraînent une réduction de peine, mais ne comportent pas la répression ; — Considérant, d'ailleurs, que l'art. 4 de la loi du 4 oct. 1867 est non moins général que l'art. 85 précité et autorise le renvoi au tribunal de police, quel que soit le délit, du moment que la chambre du conseil estime qu'il y a lieu de réduire les peines d'emprisonnement et d'amende aux taux des peines de police; que ce renvoi implique évidemment la nécessité d'une répression et non l'impunité ; que ce serait donc méconnaître l'esprit de la loi d'en induire les conséquences qui servent de base au système du pourvoi ; — Rejette, etc.

Du 18 juill. 1881. -C. cass. de Belgique, 2ᵉ ch.-MM. Vandenpeereboom, pr.-Lenaerts, rap.-Mesdach de ter Kiele, av. gén., c. conf.

70. La jurisprudence a appliqué ces principes dans de nombreux arrêts rapportés au *Rép.* n°ˢ 53 et suiv., et v° *Faux*, n° 526. — Jugé, pareillement, depuis, que l'acquittement de l'auteur principal fondé sur le défaut d'intention criminelle, n'est pas un obstacle à la condamnation du complice (Crim. rej. 27 juin 1846, aff. femme Mathieu, et aff. Naffrechoux, D. P. 46. 1. 325; 7 oct. 1858, aff. Marty, D. P. 58. 1. 474). — Jugé encore, par application des mêmes principes, que le jury qui a résolu négativement, à l'égard de l'auteur principal, la question de culpabilité d'un délit d'outrage aux bonnes mœurs commis par la voie de la presse, peut, sans contradiction, la résoudre affirmativement à l'égard du complice (V. outre un arrêt rapporté au *Rép.* v° *Presse-outrage*, n° 1132 : Crim. rej. 14 janv. 1864, aff. Thévenin, D. P. 66. 5. 89 ; 14 oct. 1880, aff. Coniac, D. P. 81. 1. 137; 3 juill. 1886, aff. Dubut, D. P. 86. 1. 473).

71. De même, l'acquittement de l'auteur principal n'emporte pas nécessairement l'acquittement du complice si l'accusation n'a été écartée, vis-à-vis de l'accusé principal, qu'à raison d'une *exception* qui lui était personnelle (Crim. rej. 23 janv. 1873, aff. Chaslot, D. P. 74. 5. 128) ; —... A moins qu'il ne s'agisse d'une immunité allant jusqu'à enlever au fait principal, envisagé en lui-même, tout caractère délictueux (V. *supra*, n° 20). Spécialement, l'acquittement d'un mineur, comme ayant agi sans discernement, ne forme qu'une exception personnelle à l'auteur du fait principal déclaré constant, et dès lors ne saurait empêcher la condamnation du complice (*Rép.* n° 23 ; Crim. rej. 27 nov. 1845, aff. Hirch, D. P. 46. 4. 94). — Il n'y a donc pas de contradiction dans la déclaration du jury qui acquitte l'auteur principal et condamne le complice par aide et assistance (Crim. cass. 19 févr. 1859, aff. Mariani, D. P. 59. 5. 178 ; Crim. rej. 3 sept. 1863, aff. François, D. P. 63. 5. 100; 17 sept. 1863, aff. Verrayon, *Bull. crim.*, n° 247).

72. C'est aussi parce que la constatation du fait principal, même réduit à un fait purement matériel, peut laisser subsister la culpabilité du complice, que les délits qui, sous la qualification de délits-contraventions, sont passibles d'une peine, par cela seul qu'ils ont été commis matériellement, ont été considérés dans le dernier état de la jurisprudence comme susceptibles d'une complicité punissable (V. *supra*, n° 63).

73. Il n'est même pas nécessaire, pour qu'une condamnation soit prononcée contre le complice d'un crime ou d'un délit, que l'auteur principal soit *poursuivi*. Les auteurs cités *supra*, n° 69, sont encore unanimes sur ce second point, qui n'a pas davantage rencontré de difficulté dans la jurisprudence (V. outre les arrêts rapportés au *Rép.* n°ˢ 65 et suiv., et v° *Instruction criminelle*, n°ˢ 2501, 3522 et 3544 et suiv. : Crim. rej. 18 sept. 1829, *Bull. crim.*, n° 226 ; 19 sept. 1839, *ibid.*, n° 299 ; 31 juill. 1847, *ibid.*, n° 170 ; 17 avr. 1851, *ibid.*, n° 145; Crim. cass. 19 févr. 1859, aff. Mariani, D. P. 59. 5. 178; Crim. rej. 31 juill. 1862, aff. Lesage, D. P. 62. 1. 546; 9 mars 1876, aff. Faicourt, D. P. 77. 1. 238; Sol. impl.; Crim. rej. 13 févr. 1879, aff. Ali-ben-Cherf, D. P. 79. 1. 187).

74. La règle ci-dessus reçoit son application, soit au cas où l'action publique n'est pas exercée contre l'auteur principal, parce que sa non-culpabilité est constante, soit, à plus forte raison, lorsque la poursuite serait impossible en fait, parce que l'auteur principal est inconnu ou décédé (V. outre les arrêts rapportés au *Rép.* n°ˢ 66 et 68, et v° *Instruction criminelle*, n°ˢ 208, 2410 : Crim. rej. 25 févr. 1843, aff. Ruelle, *Bull. crim.*, n° 46; 27 juin 1846, aff. Mathieu, D. P. 46. 1. 324; Crim. rej. 10 avr. 1853, aff. Messio, D. P. 51. 5. 556; 24 sept. 1852, aff. Bellière, D. P. 52. 5. 133 ; 12 déc. 1863, V. *Abus de confiance*, n° 46 ; Crim. cass. 2 sept. 1870, aff. Cahen, D. P. 71. 1. 76; Crim. rej. 23 janv. 1873, aff. Chaslot, D. P. 74. 5. 128 ; Crim. rej. 29 sept. 1887, aff. Milon, MM. Dupré-Lasale, pr.-Poux-Franklin, rap.-Roussellier, av. gén.-De Lalande, av.). — Il a été décidé, à cet égard : 1° que la question posée au jury, qui consiste à savoir si un individu s'est rendu complice d'un crime, suppose l'existence d'un auteur principal, mais que l'ignorance où le jury est resté de la personnalité de cet auteur principal ne peut faire annuler son verdict à l'égard du complice, comme entaché de contradiction (Crim. rej. 29 janv. 1852, aff. Fourneau, *Bull. crim.*, n° 42); — 2° Que lorsqu'on demande au jury si l'accusé est complice de tel ou tel accusé, les noms des accusés dési-

gnés sont purement indicatifs et non limitatifs de l'accusation de complicité, qui s'étend à tous autres auteurs ou co-auteurs du crime, pourvu que la preuve de la complicité soit acquise (Crim. cass. 21 mai 1827, aff. Rivière, *Bull. crim.*, n° 130).

75. Ainsi qu'il a été dit au *Rép.* n° 71, la *mise hors de cause* de l'auteur principal, d'abord poursuivi, n'empêche pas non plus la déclaration de culpabilité et la condamnation du complice. C'est ce qui a été jugé pour le cas de désistement d'une plainte en diffamation, envers l'auteur principal, par un arrêt rapporté au *Rép.* v° *Presse-outrage*, n° 1132-1°. — Décidé également que le prévenu de complicité d'un délit peut être condamné malgré le désistement de la partie civile à l'égard du prévenu principal, si le juge correctionnel a reconnu l'existence du fait matériel principal, et des faits délictueux de complicité (Crim. rej. 14 janv. 1864, aff. Thévenin, D. P. 66. 5. 89).

76. Il suit du même principe que, comme il est dit au *Rép.* v° *Bigamie*, n° 53, et comme il a été jugé par un arrêt rapporté *ibid.* v° *Chose jugée*, n° 503, le jugement qui, sur une poursuite antérieure à celle exercée contre le complice, a acquitté l'auteur principal, n'apporte l'obstacle de la chose jugée à une nouvelle poursuite contre le complice, et à la condamnation de ce dernier, qu'autant qu'il est fondé sur l'inexistence du fait principal.

77. Avant la loi du 29 juill. 1881 sur la presse, la même règle était appliquée aux infractions commises par la voie de la presse, ou par tous autres moyens de publication, dans des arrêts rapportés au *Rép.* n° 66-1°, et v° *Presse-outrage*, n° 1132-4°. L'art. 43 de la loi de 1881, concernant les délits de publication contenus dans des journaux ou tous autres écrits, porte que « lorsque les gérants ou les éditeurs *seront en cause*, les auteurs seront poursuivis comme complices ». Il ne laisse sous l'empire du droit commun que toutes autres personnes auxquelles l'art. 60 c. pén. pourrait s'appliquer. La loi nouvelle a-t-elle entendu ne permettre la poursuite de l'auteur d'un écrit délictueux qu'autant que le gérant ou l'éditeur de cet écrit sera en même temps poursuivi, ou faut-il l'interpréter en ce sens que si ces derniers ne sont pas en cause, l'auteur devra être poursuivi non plus comme complice, mais comme agent principal du délit? (V. *infrà*, v° *Presse-outrage*).

78. Il résulte de tout ce qui précède que l'individu poursuivi en qualité de complice d'un crime ou d'un délit cesse d'être punissable quand l'acquittement de l'auteur principal est fondé sur ce que le fait à lui imputé n'est pas établi dans sa matérialité, ou sur ce que ce fait n'est pas prévu par aucune loi pénale (V. *infrà*, n° 87). A la vérité, la provocation à un crime ou à un délit est parfois punissable, même lorsqu'elle n'a pas été *suivie d'effet*. Mais la peine l'atteint alors comme fait principal et non comme fait de complicité (V. *infrà*, n° 113).

79. Ici s'élève une difficulté. Une déclaration de *non-culpabilité* émanée du jury n'étant pas motivée, et ne faisant pas connaître si elle a été déterminée par des raisons tirées de l'inexistence du fait incriminé ou seulement d'un simple défaut d'intention criminelle chez son auteur, comment doit-elle être interprétée? D'après un arrêt rapporté au *Rép.* n° 45-1°, et v° *Instruction criminelle*, n° 3544, la déclaration de non-culpabilité en faveur de l'accusé principal est contradictoire avec la déclaration affirmative de culpabilité à l'égard du complice, et dès lors cette déclaration doit être annulée. Mais cet arrêt est demeuré isolé. Il est évident, en effet, que si le jury, après avoir nié la culpabilité de l'accusé principal du crime qui lui est déféré, déclare qu'il y a un complice, c'est qu'il reconnaît l'existence du fait principal auquel se lie sa déclaration d'un fait accessoire de complicité. Les deux déclarations n'ont donc rien de contradictoire. La jurisprudence s'est constamment prononcée en ce sens (V., outre les décisions rapportées au *Rép.* v°ˢ *Instruction criminelle*, n°ˢ 3545-2°, et *Témoignage faux*, n° 65 : Crim. rej. 3 sept. 1847, aff. Miliani, D. P. 47. 4. 123; 10 avr. 1851, aff. Messio, D. P. 51. 5. 556; Crim. cass. 21 août 1851, aff. Mathise, D. P. 51. 1. 131; Crim. rej. 7 oct. 1858, aff. Marty, D. P. 58. 1. 474; 3 sept. 1863, aff. François, D. P. 63. 5. 100; 3 sept. 1863, aff. Verragen, *Bull. crim.*, n° 247; 3 mars 1864, aff. Rolland, D. P. 64. 1. 406). — Il n'en serait autrement que si la réponse négative du jury sur

l'accusation dirigée contre l'auteur principal était forcément exclusive d'un acte de complicité. Jugé, notamment, que lorsqu'il s'agit d'un crime qui ne peut être commis par d'autres que par l'accusé principal, et, par exemple, de détournements imputés à un failli, un tiers ne peut en être déclaré complice, si la question relative à ces détournements a été résolue négativement, une telle réponse impliquant l'inexistence en fait du crime principal qui n'eût pu émaner d'un autre que d'un failli (Crim. cass. 19 avr. 1849, aff. Laguet, D. P. 49. 4. 188) (V. aussi *infrà*, n° 84).

80. On doit rapprocher de ce dernier arrêt un arrêt postérieur rendu à propos de complicité par provocation d'un faux témoignage en matière civile, faux témoignage qui constituait un crime avant la loi du 13 mai 1863. Après avoir déclaré l'accusé principal non coupable, le jury avait ajouté que l'individu poursuivi comme son complice était coupable de l'avoir provoqué « à porter un faux témoignage, soit en lui faisant croire qu'il avait un intérêt au procès, soit en lui souscrivant des billets payables après le gain du procès ». Cette seconde partie de la réponse du jury à la question de complicité était en contradiction avec une réponse subséquente portant que l'accusé de faux témoignage n'avait reçu ni dons ni promesses. Elle était, dès lors, incontestablement nulle. Restait la première partie de la même réponse relative à l'imputation consistant à avoir fait croire au témoin qu'il était intéressé au gain du procès. La cour de cassation a également annulée : « Attendu, lit-on dans son arrêt, que si, lorsqu'il s'agit de subornation de témoins, qui est un mode spécial de complicité de faux témoignage, la déclaration de non-culpabilité de l'auteur du faux témoignage n'implique pas contradiction avec la déclaration de culpabilité du suborneur, pourvu, toutefois, que le fait du faux témoignage ait été déclaré constant, il ne saurait en être ainsi au cas de complicité ordinaire prévue par l'art. 60; qu'en effet, il est de principe qu'il ne peut y avoir légalement complicité sans que le crime ait été déclaré constant, et que le crime n'existe que lorsque l'auteur du fait qui le constitue a été déclaré coupable; que, dans l'espèce, la veuve Bon ayant été acquittée du crime de faux témoignage, la déclaration de complicité à l'égard de Delatre n'a pu servir de base légale à la condamnation prononcée contre lui » (Crim. cass. 3 juill. 1851, aff. Delatre, D. P. 51. 5. 133-134). — Selon cet arrêt, le complice d'un faux témoignage bénéficierait, d'une manière absolue, d'une déclaration de non-culpabilité de l'auteur principal, à la différence du suborneur auquel s'appliquerait exclusivement la jurisprudence rappelée *suprà*, n° 79. Il est difficile de s'expliquer une pareille distinction. Sans doute, le fait de subornation de témoin, prévu par l'art. 365 c. pén., diffère de tous autres actes de complicité d'un faux témoignage en ce qu'il n'est pas subordonné à l'emploi de l'un des modes de perpétration énumérés dans l'art. 60. Le juge de répression en est l'appréciateur souverain, à la charge seulement de donner au fait poursuivi sa qualification légale de *subornation*. Mais, sous quelque nom que l'acte incriminé ait été désigné dans la poursuite, un témoignage réellement émis est essentiel à sa criminalité. Ces principes sont constants (V. *infrà*, v° *Témoignage faux*). L'arrêt ci-dessus le reconnaît; toutefois, plus favorable au complice par provocation qu'au suborneur, il ne soumet le premier à une condamnation pénale que si l'auteur principal a été déclaré coupable, et se contente, pour le second, du fait matériel d'une déposition renfermant en elle-même les caractères d'un faux témoignage, abstraction faite de la culpabilité de son auteur. On n'aperçoit pas pourquoi la jurisprudence qui refuse de subordonner la culpabilité du complice d'un crime ou d'un délit à l'affirmation de celle de l'agent principal fléchirait au profit du complice ordinaire d'un faux témoignage et ne pourrait être invoquée, en cette matière, que contre le complice par subornation de témoin. — C'est à un autre point de vue que ce mode spécial de complicité, envisagé dans ses rapports avec le fait principal de faux témoignage, ne doit pas être confondu avec la complicité de l'art. 60. On verra plus loin que l'affirmation de un des actes de complicité qui y sont définis renferme implicitement celle du fait principal et suffit à la constatation de la culpabilité du complice encore que l'auteur principal ait été acquitté (V. *infrà*, n° 181), tandis que lorsqu'il s'agit de subornation de témoin, la circonstance qu'un faux témoi-

gnage a été émis doit être expressément énoncée dans la déclaration de culpabilité du suborneur, surtout après acquittement de l'auteur principal. Dès que, dans l'espèce où est intervenu l'arrêt dont on s'occupe, la déclaration de complicité se rapportait à une complicité ordinaire, il n'était pas besoin qu'elle contînt la mention du faux témoignage. Aussi, pour l'annuler, la cour de cassation s'est-elle bornée à y relever un vice de contradiction que sa jurisprudence semblait devoir en faire écarter.

81. De ce que le complice peut être condamné malgré la déclaration de non-culpabilité intervenue en faveur de l'auteur principal, il suit, comme cela a été jugé par un arrêt rapporté au *Rép.* n° 57-2°, que, si la réponse négative du jury sur le fait principal est irrégulière dans la forme, le complice déclaré coupable ne peut se prévaloir de cette irrégularité. — Il en serait autrement si l'irrégularité portait sur une déclaration *affirmative* à l'égard de l'auteur principal, une telle irrégularité étant de nature à mettre en doute l'existence du fait principal lui-même ainsi irrégulièrement constaté.

82. L'individu qui, sur la poursuite d'un crime ou d'un délit, en a été déclaré complice malgré l'acquittement de l'auteur principal, peut-il être condamné non seulement à la peine de ce crime ou de ce délit, mais encore à l'aggravation de peine résultant des *circonstances aggravantes* relevées par la poursuite? On sait que les circonstances aggravantes constatées à la charge de l'auteur principal doivent être prises en considération pour la détermination de la peine applicable au complice, encore qu'elles aient pour cause une qualité personnelle à cet auteur principal (V. *suprà*, n° 33). En est-il de même au cas où l'auteur principal a été acquitté par l'effet d'une déclaration de non-culpabilité, et une telle déclaration peut-elle laisser subsister, quant au complice, la responsabilité pénale de causes d'aggravation non spécialement retenues à son égard? En principe, la déclaration de culpabilité du complice porte sur le fait qu'il est qualifié dans la poursuite, et, dès lors, sur les circonstances qui l'aggravent, dès que la réponse négative concernant l'auteur principal n'en exclut pas l'existence matérielle, et qu'elles n'ont pas été écartées en termes formels dans la réponse affirmative dont la question de complicité a été l'objet. Cependant la cour de cassation a d'abord refusé d'appliquer au complice déclaré coupable l'aggravation née d'une *qualité aggravante* personnelle à l'auteur principal acquitté, et, par exemple, de la qualité soit de fonctionnaire ou officier public, soit de domestique, cette qualité qui n'existe qu'en lui, ayant disparu d'une manière absolue, dès qu'il est réputé n'avoir été qu'un instrument inconscient du crime ou du délit. Le complice doit alors être puni comme s'il était l'auteur direct et unique de ce crime ou de ce délit (Aux arrêts rapportés au *Rép.* n°ˢ 45 et 51, *adde* Crim. cass. 21 juill. 1814, aff. Beaury, *Bull. crim.*, n° 33; 23 déc. 1825, aff. Lambert-Large, *ibid.*, n° 239. V. aussi Le Sellyer, t. 2, n° 439; Bertauld, p. 426; Chauveau et Hélie, t. 1, n°ˢ 305 et suiv.).

83. Mais cette jurisprudence, contraire à la règle d'après laquelle la peine des faits de complicité se mesure sur celle du fait imputé à l'auteur principal avec ses causes d'aggravation et sans que le complice puisse exciper ni de la bonne foi de ce dernier, pas plus que de toute autre exception qui lui serait personnelle, ni de l'acquittement qui en a été la conséquence, n'a pas tardé à être abandonnée par d'autres arrêts également rapportés au *Rép.* n° 58. A l'objection tirée de ce qu'il paraît inadmissible que ce soit la qualité d'une personne reconnue non coupable, ou sur la culpabilité de laquelle on n'a point à statuer, à raison, notamment, de sa mort ou de son décès, qui caractérise le fait reproché au complice, un arrêt postérieur répond que « dans le cas où le crime ne peut être commis que par une certaine personne dont la qualité est un des éléments caractéristiques, ou une des circonstances aggravantes du crime, le jury ne peut être, il est vrai, interrogé sur la culpabilité de cette personne; mais il peut l'être sur la question de savoir si elle est l'auteur du fait incriminé » (Crim. rej. 1er mars 1866, aff. Charvon, *Bull. crim.*, n° 50). Décidé en ce sens : 1° que le complice d'un vol doit encourir les peines portées par l'art. 386 c. pén., malgré l'acquittement du domestique auteur principal du vol, si cet acquittement, prononcé, par

exemple, pour défaut de discernement, laisse subsister le fait principal dans sa matérialité (Crim. rej. 27 nov. 1845, aff. Hirch, D. P. 46. 4. 94) ; — 2° Que la déclaration du jury portant qu'un officier public n'est pas coupable d'avoir frauduleusement inséré dans les actes de son ministère des renonciations fausses, ne détruit pas la nature ni le caractère public des actes incriminés à l'égard des individus déclarés coupables d'avoir pris part comme complices à leur rédaction (Crim. cass. 10 juill. 1851, aff. Lebobinnec, *Bull. crim.*, n° 272) ; — 3° Que dans le cas où la qualité de l'auteur principal du crime serait une cause d'aggravation de la peine, le jury, bien que cet auteur soit resté inconnu, peut être interrogé sur l'existence de cette qualité (Crim. cass. 24 sept. 1852, aff. Bellière, D. P. 52. 5. 133).

84. Le jugement qui déclare que le délit à raison duquel un individu a été poursuivi comme auteur principal, *n'a point existé*, rend-il le ministère public non recevable à remettre en question l'existence même de ce délit à l'égard d'un autre individu, et apporte-t-il, dès lors, l'obstacle de la chose jugée aux poursuites dirigées contre ce dernier et ses complices? Rappelons ici la distinction faite au *Rép.* v° *Chose jugée*, n° 500 : l'action sera recevable si le jugement n'implique pas nécessairement l'inexistence absolue du délit, ou, en d'autres termes, s'il s'agit d'un délit qui a pu être commis par un individu autre que celui qui a réussi à faire déclarer qu'il n'existait pas, une telle déclaration ne pouvant, en ce cas, profiter à ceux qui n'étaient point parties au jugement. Au contraire, comme l'ont jugé des arrêts rapportés *ibid.*, n° 501, l'action est non recevable, lorsque le délit est d'une nature telle qu'il ne pouvait être commis que par la personne avec laquelle son inexistence a été déclarée, comme cela arrive, par exemple, en matière de banqueroute (V. les arrêts rapportés au *Rép.* v^{is} *Chose jugée*, n° 501, et *Faillite*, n° 1484-2°. V. aussi *suprà*, n° 79) ; de bigamie (V. *Rép.* v° *Bigamie*, n° 53); de faux commis par un fonctionnaire public, etc.

85. La même distinction a été faite au *Rép.* v° *Chose jugée*, n° 499, pour les cas où l'acquittement de l'auteur principal serait fondé sur une *insuffisance de preuves*.

86. Jusqu'ici nous avons supposé que le complice était poursuivi à raison d'une infraction susceptible d'être déférée au juge de répression, c'est-à-dire, non couverte par la prescription ou par une amnistie. Sur les effets, quant au complice, de l'amnistie, V. *suprà*, v° *Amnistie*, n° 32, et de la prescription du fait principal, V. *infrà*, v° *Prescription criminelle*.

87. Quant aux faits qui ne tombent pas sous l'application de la loi pénale, ou dont le caractère criminel ou délictueux peut être mis en question, il est manifeste que la complicité en est ou n'en est pas punissable suivant qu'ils constituent ou ne constituent pas par eux-mêmes des crimes ou des délits. — En ce qui concerne, notamment:... le complice d'un suicide, V. *infrà*, v° *Crimes et délits contre les personnes*; — ... Les témoins d'un duel, V. *ibid.*; — ... Le complice d'une tentative d'avortement par la femme elle-même, V. *suprà*, v° *Avortement*, n°s 5 et suiv. ; — ... Les complices d'une excitation de mineurs à la débauche, selon qu'elle est ou qu'elle n'est pas habituelle, V. *suprà*, v° *Attentat aux mœurs*, n°s 62 et suiv. ; — ... Le complice d'un enlèvement de mineure, pour les cas où le ravisseur épouserait la mineure qu'il a enlevée, et où le fait cesserait ainsi, quant à lui, d'être punissable, V. *infrà*, v° *Crimes et délits contre les personnes*.

88. La *tentative* d'un crime étant toujours punissable, la complicité en rentre dans les termes de l'art. 59 c. pén. Au contraire, la tentative d'un délit n'est réprimée par cet article que lorsqu'elle est punie par une disposition expresse de loi. Ce principe a été appliqué par des arrêts rapportés au *Rép.* v^{is} *Instruction criminelle*, n° 1196-3°; *Tentative*, n°s 101 et 102.

89. A l'inverse, la tentative de complicité n'est jamais punissable (V. outre ce qui est dit au *Rép.* n° 77, et v° *Tentative*, n° 104 : Blanche, t. 2, n° 68 ; Le Sellyer, t. 1, n° 26 ; Garraud, t. 2, n° 240).

90. Parfois, le complice est punissable, quoique l'auteur principal ne le soit pas. — Ainsi les complices d'une *évasion de détenus* sont punissables, même au cas où il n'y aurait pas délit de la part de ces derniers (V. *infrà*, v° *Évasion*).

91. Sur les conditions particulières auxquelles est assujettie la complicité des vols dont les auteurs principaux jouissent de l'immunité établie par l'art. 380 c. pén., V. *infrà*, v° *Vol*.

92. Il est certaines infractions dont la poursuite est subordonnée à la plainte de la partie lésée. La poursuite contre le complice de ces infractions n'est recevable, de même que la poursuite contre l'auteur principal, qu'autant que cette plainte a été formée. — C'est ce qui arrive, notamment :... en cas de rapt d'une fille mineure que le ravisseur a épousée, cas dans lequel si le mariage est susceptible d'être annulé, le délit d'enlèvement de mineure ne peut, aux termes de l'art. 357 c. pén., être poursuivi que sur la plainte des personnes qui ont le droit de demander la nullité du mariage, et après que cette nullité a été prononcée (V. *infrà*, v° *Crimes et délits contre les personnes*) ; — ... En cas de délit commis en pays étranger contre un particulier, délit qui ne peut être poursuivi, d'après l'art. 5 c. instr. cr., que sur une plainte de la partie lésée ou une dénonciation officielle de l'autorité étrangère (V. *infrà*, v° *Instruction criminelle*); — ... En cas de chasse sur le terrain d'autrui, pourvu que le délit n'ait pas été commis dans un terrain clos et attenant à une habitation, ou sur des terres non encore dépouillées de leurs fruits, circonstances qui, selon l'art. 26 de la loi du 3 mai 1844, donneraient directement ouverture à l'action publique (V. *suprà*, v° *Chasse*, n°s 1191 et suiv.); — ... En matière de brevets d'invention (V. *suprà*, v° *Brevet d'invention*, n°s 298 et suiv.); — ... En cas de diffamation ou d'injure, suivant les distinctions posées par les art. 47 et 60 de la loi du 29 juill. 1881 (V. *infrà*, v° *Presse-outrage*).

93. Le délit d'*adultère* fournit un dernier exemple du cas où une plainte de la partie lésée est nécessaire pour que l'action publique puisse être mise en mouvement. L'application des règles spéciales établies par le code pénal, quant à la poursuite de cette infraction, soulève, dans la pratique, plusieurs questions dont la solution est particulièrement délicate. Elles ont été étudiées avec détail, *suprà*, v° *Adultère*, n°s 27 et suiv., 37, 46 et suiv., 55 et suiv., 75 et suiv., 88, 93.

94. Lorsqu'il s'agit de délits dont la poursuite est assujettie à la plainte de la partie lésée, des difficultés sérieuses s'élèvent sur la question de savoir quels doivent être, à l'égard du complice, les effets ... soit du désistement de la plainte formée à la fois contre l'auteur principal et le complice lorsqu'il est limité à l'auteur principal (V. *suprà*, v° *Adultère*, n°s 26 et suiv., et *infrà*, v° *Crimes et délits contre les personnes*) ; ... soit du décès du mari survenu après sa plainte en adultère, et avant qu'il n'y ait été statué par une décision passée en force de chose jugée (V. *suprà*, v° *Adultère*, n° 35).

95. La rétractation d'une dénonciation calomnieuse par son auteur peut-elle être opposée au complice comme équivalant, à son égard, à la reconnaissance préalable de la fausseté des faits dénoncés ? (V. *infrà*, v° *Dénonciation calomnieuse*).

§ 2. — Des faits qui constituent la complicité (*Rép.* n°s 80 à 132).

96. L'art. 60 c. pén. qui énumère les diverses catégories de faits d'où résulte, en matière de crimes et de délits, la complicité légale dont l'art. 59 détermine la peine (V. *suprà*, n°s 15 et suiv.), imprime les caractères constitutifs de cette incrimination à deux modes distincts de participation aux crimes et aux délits. — Le premier comprend les faits de complicité étrangers à la perpétration matérielle du fait principal qu'ils précèdent nécessairement. Ce sont : 1° les actes de provocation à un crime ou à un délit; 2° les instructions données pour le commettre; 3° le fait d'en procurer les moyens. — Le second consiste dans des faits d'aide ou d'assistance qui se rattachent matériellement à l'accomplissement même du crime ou du délit, en le préparant, le facilitant ou en assurant la consommation.

97. Comme nous l'avons fait remarquer au *Rép.* n°s 80 et 118 et suiv., les faits de complicité punissables sont des faits positifs, actifs, se reliant directement par leur but et la volonté qui y a présidé, à l'action principale. La complicité punissable ne saurait donc résulter d'un fait *négatif*, du silence, de l'abstention (Aux auteurs cités au *Rép.* n° 80, *adde*

Rauter, *Traité de droit criminel*, t. 1, p. 113; Trébutien, *Cours élémentaire de droit criminel*, t. 1, p. 184 Bertauld, *Cours de code pénal*, p. 124 ; Chauveau et Hélie, *Théorie du code pénal*, t. 1, n° 380 ; Blanche, *Etudes sur le code pénal*, t. 2, n° 80). Par application de la règle ci-dessus, il a été jugé par un arrêt rapporté au *Rép.* v° *Vol et escroquerie*, n° 891 : 1° qu'il n'y a pas complicité punissable de la part de celui qui s'est borné à ne pas empêcher un meurtre accompli en sa présence (Crim. cass. 27 mars 1846, aff. Jollivet, *Bull. crim.*, n° 32) ; — ... 2° Que la femme mariée, n'ayant aucun pouvoir pour arrêter les désordres et les dissipations du mari, ne peut davantage, à moins de circonstances particulières, être déclarée complice des détournements commis par celui-ci, soit au domicile conjugal, soit ailleurs (Douai, 23 août 1859, aff. Bendin, D. P. 60. 2. 33).

98. La complicité doit-elle pareillement être écartée dans le cas où l'abstention est obtenue à prix d'argent? — La question s'est présentée, spécialement, dans l'hypothèse du délit d'entraves à la liberté des enchères. La personne qui agrée les dons ou promesses pour s'abstenir d'enchérir est-elle complice du délit ? On dit, dans le sens de la négative, que cet individu ne saurait être considéré, ni comme complice de l'infraction, car il n'a, en réalité, commis aucun des actes énumérés par le code pénal comme constitutifs de la complicité, ni comme coauteur, car le délit prévu par l'art. 412 consiste à écarter les enchérisseurs par des dons ou promesses, et l'on ne peut considérer comme commettant l'infraction celui qui ne fait que céder à l'influence illicite de l'auteur des entraves. Il est juste qu'une peine soit portée contre ce dernier ; mais elle ne se comprendrait plus à l'égard de celui qui s'abstient d'enchérir, car rien ne le force à le faire ; il n'enfreint aucune obligation, en gardant le silence (Carnot, *Commentaire du code pénal*, sur l'art. 412; Chauveau et Hélie, t. 5, n° 2128; Rauter, t. 2, p. 540; Garraud, t. 2, n° 237). C'est dans le même sens que s'est prononcé un arrêt de la cour de Bordeaux du 17 nov. 1854 (aff. Dupony, D. P. 55. 2. 109). — Mais la solution contraire est adoptée par Morin, *Répertoire de droit criminel*, v° *Enchères*, n° 3, et dans un article de M. Bernard, inséré *Revue critique*, 1859, p. 145. Nous nous y sommes rangés au *Rép.* v° *Ventes publiques d'immeubles*, n° 2230. Elle a prévalu en jurisprudence (V. outre les arrêts rapportés *ibid.*: Crim. rej. 15 mai 1857, aff. Songer, D. P. 57. 1. 313; Aix, 31 août 1858, aff. Dauthier, D. P. 60. 5. 137; Crim. cass. 8 janv. 1863, aff. Rigot, D. P. 63. 1. 439 ; 14 août 1863, aff. Poitier, *ibid.*).

99. De même, la complicité supposant une *participation* à un fait délictueux, un fait *postérieur* au délit ne peut, en principe constituer une complicité punissable, sauf en cas de recel (V. *infrà*, n° 199). — Jugé, en conséquence, que l'on ne peut considérer comme complice d'un prétendu détournement de pièces saisies, commis par un fonctionnaire public, l'individu qui, pour aider l'auteur du crime à échapper aux poursuites dont il est menacé, fabrique de nouvelles pièces destinées à remplacer celles qui ont été détournées et détruites par l'agent principal (Paris, 13 déc. 1887, aff. Gragnon, D. P. 88. 2. 57).

100. — I. Complicité par provocations, instructions, ou fait de procurer des instructions ou autres moyens. — 1° *Provocation.* — Aux termes du premier alinéa de l'art. 60, les seules provocations qui puissent constituer la complicité sont celles qui ont lieu soit par *dons* ou *promesses*, soit par *menaces*, soit par *abus d'autorité* ou *de pouvoir*, soit par *machinations* ou *artifices coupables*. Ainsi ne doit pas être considéré comme un fait de complicité le simple conseil de commettre un crime ou un délit (V. les observations faites sur ce point au *Rép.* n° 108. V. aussi Bertauld, p. 419; Trébutien, t. 1, p. 185). La jurisprudence est constante en ce sens. Aux arrêts rapportés au *Rép.* n° 110, et v^is *Attentat aux mœurs*, n° 127; *Crimes et délits contre les personnes*, n° 273, on peut ajouter deux arrêts ainsi ont jugé : 1° qu'il n'y a pas complicité par provocation dans le fait de l'individu qui s'est borné à dire à un débiteur saisi qu'il pouvait enlever les objets saisis à son préjudice et qu'il n'avait rien à craindre (Lyon, 4 janv. 1860, aff. Amédée, D. P. 61. 5. 99); — 2° Que l'individu qui, ayant acheté à vil prix des objets qu'il savait avoir été volés, invite celui qui lui a vendu ces objets à lui en apporter de nouveau de semblables, et en aussi grande quantité que possible, ne se rend pas par

là complice du délit de vol, un tel fait ne constituant pas la provocation dont parle l'art. 60 c. pén. (Poitiers, 31 mai 1855, aff. Lapied, D. P. 55. 2. 267.)

101. — A. *Dons ou promesses.* — Il est parlé de ce mode de complicité au *Rép.* n° 102 et 103. — Décidé depuis : 1° que celui qui, sous forme de *pari*, s'engage à donner à un autre une somme d'argent pour le cas où ce dernier commettrait une action ayant le caractère de délit, doit être réputé complice de ce délit comme ayant provoqué par *promesses* à le commettre (Crim. cass. 1856, aff. Théodore, D. P. 57. 1. 28); — 2° Que l'arrêt qui constate que des promesses ou dons ont déterminé ou provoqué une personne astreinte au secret professionnel à commettre des indiscrétions réitérées et intéressées justifie suffisamment la condamnation de l'auteur de ces promesses et dons comme complice du délit prévu par l'art. 378 c. pén. (Crim. rej. 9 juill. 1886, aff. Mary-Raynaud, D. P. 86. 1. 475).

102. — B. *Menaces.* — V. *Rép.* n°s 91 et 110.

103. — C. *Abus d'autorité ou de pouvoir.* — L'abus d'autorité dont s'occupe au *Rép.* n°s 96 et suiv. se distingue non pas seulement du simple conseil (V. *suprà*, n° 100), mais même d'un ordre ou d'un commandement. L'autorité dont il s'agit ici doit s'entendre d'une *autorité légale*. Ainsi le propriétaire d'un établissement industriel doit être considéré comme complice des détournements de marchandises à lui confiées pour les travailler, et notamment des détournements de blés qui lui ont été remis pour les moudre, lorsque le délit a été commis par ses enfants avec lesquels il exploite son établissement : il est alors réputé avoir provoqué ces détournements par abus d'autorité, ou donné des instructions pour les commettre, et non pas seulement en avoir sciemment recélé les produits (Riom, 15 janv. 1862, aff. Chevalier, D. P. 62. 2. 82). Mais le maître n'ayant pas d'autorité légale sur son domestique, l'ordre par lui donné à ce dernier de commettre un crime ou un délit ne peut le faire considérer comme complice par provocation de ce crime ou de ce délit; il ne pourrait devenir alors que coauteur principal du crime ou du délit (V. *infrà*, n°s 157 et suiv.). Et, de son côté, le domestique n'est pas admis à exciper de son état de dépendance et de domesticité pour se soustraire à la peine du crime ou du délit qu'il a commis ou auquel il a participé comme complice sur l'ordre de son maître (Crim. rej. 10 déc. 1842, aff. Chevalier, *Bull. crim.*, n° 324). — Jugé, conformément, en matière de délit de pêche, que l'individu qui ordonne à son garde particulier de prendre un certain engin prohibé pour pêcher le lendemain, et qui assiste à la pêche ainsi préparée, se rend complice du délit commis par son préposé (Rouen, 26 déc. 1883, aff. Hamelet, D. P. 84. 5. 379).

Sur les cas où la complicité résulte d'une provocation non revêtue des caractères spécifiés dans l'art. 60 c. pén., V. *infrà*, n°s 113-6°, 114-5° et 6°, 121, 126, 127, 133, 140.

104. — D. *Machinations ou artifices coupables.* — On a dit au *Rép.* n°s 105 et suiv. que les *artifices* au moyen desquels un individu a provoqué à un crime ou un délit ne peuvent entraîner sa complicité qu'autant qu'ils sont reconnus et déclarés être des artifices *coupables*, tandis que la déclaration que le complice a provoqué au crime par des *machinations* est suffisante, quoiqu'elle n'énonce pas que ces machinations aient été coupables (V. dans le même sens, Rauter, n° 112; Le Sellyer, t. 2, n° 382. — V. toutefois, en sens contraire: Chauveau et Hélie, t. 1, n° 205, et Blanche, t. 2, n° 88, qui n'exigent pas plus cette déclaration pour les artifices que pour les machinations).

105. — 2° *Instructions.* — On a expliqué au *Rép.* n° 107 que les instructions données pour commettre un crime ou un délit constituent, par elles seules, un mode particulier de complicité. Il n'est nullement nécessaire qu'elles soient accompagnées de l'une des circonstances exigées pour que la complicité par provocation soit punissable (Chauveau et Hélie, t. 1, n° 296; Trébutien, t. 1, p. 185; Blanche, t. 2, n° 94; Le Sellyer, t. 2, n° 377). — Jugé, conformément à cette doctrine : 1° que le directeur d'une société qui donne à ses agents les instructions en exécution desquelles ceux-ci commettent des manœuvres frauduleuses constitutives du délit d'escroquerie, et qui touche le produit de la fraude, se rend complice de ce délit; et spécialement qu'il y a, de la part de ce directeur, complicité du délit d'escroquerie, lorsqu'il donne à ses agents

des instructions pour déterminer des pères de famille à verser une somme qui, dans les polices présentées à la souscription, était faussement déclarée être suffisante pour assurer à leurs fils le bénéfice de l'exonération du service militaire (Crim. cass. 19 déc. 1867, aff. Vernet, D. P. 68. 5. 192); — ... 2° Que le gérant d'un journal, sur les instructions et pour le compte duquel un individu a commis une escroquerie en se présentant faussement à la préfecture de la part et comme mandataire d'une personne, et en se faisant remettre, en cette qualité, des bulletins de vote qu'il n'aurait pas autrement obtenus, se rend complice de cette escroquerie (Crim. rej. 14 mars 1878, aff. Legadec, D. P. 78. 1. 397). V. aussi au *Rép.* v° *Faux*, n° 294, un arrêt d'où il résulte qu'on doit considérer comme complice d'un faux en écritures de commerce l'individu qui a donné sciemment des instructions pour le commettre. — Quant à la question de savoir s'il est nécessaire qu'il soit constaté que les instructions pour commettre un crime ou un délit ont été données avec la connaissance qu'elles devaient y servir, V. *infrà*, n° 130.

106. — 3° *Fait de procurer des armes, instruments ou autres moyens devant servir à l'action.* — Ce mode de complicité a été l'objet, dans la jurisprudence, d'applications fort diverses dont on trouve des exemples au *Rép.* n°s 120 et 124-2°, et v^is *Attentat aux mœurs*, n° 145, et *suprà*, eod. v°, n° 73; *Contravention*, n° 172; *Faux*, n°s 226, 243 et 349 et suiv.; *Vol et escroquerie*, n°s 580, 757 et 803. — Décidé, depuis, qu'il y a complicité punissable :... 1° de la part de l'individu qui négocie le passage d'une prostituée mineure d'une maison de tolérance dans une autre (Crim. rej. 5 mars 1863, aff. Sauron, D. P. 67. 5. 30); — ... 2° De la part de celui qui, malgré son insolvabilité, souscrit un billet de complaisance à l'aide duquel un délit d'escroquerie a été commis par le bénéficiaire, s'il connaissait l'usage qui devait en être fait (Paris, 19 juill. 1865, aff. Lorrain, D. P. 66. 5. 181); — ... 3° De la part de celui qui a procuré à un commerçant des billets fictifs que ce dernier a remis à ses créanciers pour faire retarder les poursuites dont il était menacé et obtenir de nouvelles livraisons de marchandises, s'il connaissait l'usage frauduleux et constitutif d'une escroquerie qui devait être fait des valeurs dont il s'agit, surtout s'il fait métier de créer des papiers fictifs (en faisant souscrire des billets à des gens insolvables ou à des mineurs) et d'en fournir, moyennant commission, à des marchands obérés (Lyon 25 mars 1867, aff. M... et N..., D. P. 67. 2. 173); — ... 4° De la part de l'individu qui, en cas de détournement par un fournisseur des deniers à lui remis à titre de mandat pour acheter des approvisionnements au compte de l'État, ajoute au prix réel, dans son compte de vente à l'État, une commission destinée à profiter au mandataire chargé des achats (Crim. rej. 12 déc. 1874, aff. Ferrand, D. P. 75. 1. 389); — ... 5° De la part de l'individu qui a recueilli et transmis, sur les antécédents d'un ouvrier, des renseignements à la suite desquels cet ouvrier a été frappé de l'interdiction de travail constitutive du délit puni par les art. 414 et 416 (Crim. rej. 5 avr. 1867, aff. Miaulle, D. P. 67. 1. 89); — ... 6° De la part de l'individu qui a vendu à des cabaretiers des préparations destinées à falsifier des boissons, alors, d'ailleurs, qu'il connaissait la composition malfaisante de ces préparations et leur destination (Motifs, Montpellier, 27 juill. 1877, aff. Fouquet, D. P. 79. 2. 72; Crim. rej. 30 nov. 1877, aff. Roux, D. P. 78. 1. 93; Dijon, 13 mars 1878, aff. Lireux, D. P. 78. 2. 227; Crim.

rej. 11 juill. 1879, aff. Caby, D. P. 79. 1. 380; 18 nov. 1880, aff. Briatte, D. P. 83. 1. 139); — ... 7° De la part de l'individu qui tolère dans son domicile un tapage nocturne qu'il peut empêcher (Crim. cass. 8 nov. 1855, aff. Audier, D. P. 55. 5. 431; 15 juin 1858, aff. Florent, D. P. 58. 5. 348; 24 déc. 1858, aff. Rojon, *ibid.*); — ... 8° De la part de celui qui, après avoir acheté au poids et comme marchandises ordinaires, à un marchand de métaux, des pièces étrangères n'ayant pas cours légal en France, les revend comme monnaies, à tant la pièce, à un débitant de vins, sachant que celui-ci les remettra en circulation comme monnaies, et se rendra ainsi coupable du délit d'abus de confiance (Trib. corr. Seine, 28 janv. 1888, aff. Génal, *Le Droit* du 29 janv. 1888).

107. L'individu qui remet à un tiers un blanc-seing à lui confié, pour y faire fabriquer par ce tiers une fausse convention ou décharge, devient-il complice du crime commis par ce tiers, à la différence du cas où il aurait lui-même rempli frauduleusement le blanc-seing qui lui a été confié, cas dans lequel il ne serait coupable que du délit d'abus de blanc-seing, prévu par l'art. 406 c. pén. ? (V. *suprà*, v° *Abus de confiance*, n°s 14 et suiv.).

108. En ce qui concerne le fait de procurer ou de charger les armes destinées à servir à un duel, V. *infrà*, v° *Duel*.

109. L'art. 60 exige que les armes, instruments ou tous autres moyens destinés à servir à une action criminelle ou délictueuse aient été procurés avec la connaissance de cette destination, condition qu'il n'exprime pas lorsqu'il s'agit de la complicité par provocation ou au moyen d'instructions, ces derniers faits impliquant nécessairement une intention criminelle (V. *infrà*, n°s 150 et suiv.).

110. — II. Complicité par aide et assistance. — On a indiqué au *Rép.* n° 121 que la complicité peut résulter de l'aide ou de l'assistance à l'action, soit dans les faits qui l'ont *préparée*, soit dans les faits qui l'ont *facilitée*, soit dans les faits qui l'ont *consommée*. Ce mode de complicité qu'on rapproche *infrà*, n°s 157 et suiv., de l'aide ou de l'assistance d'un coauteur se retrouve dans de nombreux arrêts rapportés au *Rép.* n°s 121 et suiv., et v^is *Crimes et délits contre les personnes*, n° 211; *Dénonciation calomnieuse*, n° 57; *Faux*, n°s 231 et 259; *Vol et escroquerie*, n°s 775, 891 et suiv. — Décidé, depuis, qu'on doit considérer comme complice par aide ou assistance : 1° l'officier ministériel qui, connaissant la fausseté d'une dénonciation, en a dicté le projet à son clerc, et l'a ensuite remise au dénonciateur pour être portée au procureur de la République (Crim. rej. 1er mai 1868, aff. Séguin, D. P. 68. 1. 506); — 2° L'individu qui, dans une vente de substances toxiques faite en contravention aux prescriptions de la loi du 19 juill. 1845, sert sciemment d'intermédiaire entre le vendeur et l'acheteur (Trib. corr. Seine, 28 juin 1887)(1). — Jugé encore :... que l'arrêt qui constate que certains prévenus, en participant comme fondateurs à la constitution d'une société d'assurances, ont connu l'irrégularité et la fraude qui ont présidé à la constitution de cette société, et qu'ils ont été initiés au caractère fictif des apports et au défaut de payement du quart du capital social, justifie suffisamment leur condamnation, pour complicité par aide et assistance, du délit prévu par l'art. 2 du décret du 22 janv. 1868 (Crim. rej. 2 juin 1883, aff. Lespinasse, D. P. 84. 1. 427); — ... Que lorsqu'un herboriste, après avoir simulé la vente de son fonds à un pharmacien, a apposé sur sa boutique une enseigne indiquant une pharmacie, et a continué à servir ses clients, le pharmacien qui,

(1) (Min. publ. *C. X...* et *B...*) — Le tribunal ; — Attendu qu'il résulte de l'instruction et des débats qu'en 1886 et 1887 à Paris, X... a contrevenu aux prescriptions de l'ordonnance du 29 oct. 1846, en vendant du phosphore, substance vénéneuse, au sieur B... et à un individu, ayant dit se nommer Traimois, lesquels n'avaient pas fait la déclaration prescrite par l'art. 2 de l'ordonnance susvisée; que Y... à la même époque et au même lieu, s'est rendu complice de la contravention à l'ordonnance du 29 oct. 1846, commise par un individu ayant dit se nommer Traimois, et ce, en l'aidant et assistant dans les faits qui ont préparé, facilité et consommé ladite contravention; — Attendu, en effet, que X... n'a consenti à livrer à Traimois, qui était inconnu de lui, la quantité importante de 50 kilog. de phosphore, que sur l'intervention personnelle et la demande écrite de Y..., lequel a déclaré se porter garant, a dit que l'opération était faite, de compte à demi, entre Traimois et lui, et a touché, après livraison et payement, une commission importante, représentant la différence entre le prix

facturé et celui qui lui était consenti à lui-même ; que le prétendu Traimois est inconnu dans la ville où son domicile avait été indiqué, et que les dénégations que Y..., contre toute évidence, oppose au fait même de son intervention dans cette négociation établissent surabondamment sa participation consciente à une opération irrégulière ; — Attendu que ces faits sont prévus et punis par les art. 1 et 2 de l'ordonnance du 29 oct. 1846, le décret du 8 juill. 1850, les articles de la loi du 19 juill. 1845, 59 et 60 c. pén. précité; — Et attendu que l'art. 1er de la loi du 19 juill. 1845 prononce cumulativement les peines de l'amende et de l'emprisonnement ; — Mais attendu qu'il existe dans la cause des circonstances atténuantes en faveur des prévenus ; — Vu l'art. 463 du code précité ; — Condamne X... à 500 fr. d'amende, Y... à 300 fr. d'amende ; substitue à la peine d'emprisonnement une autre amende de 19 fr. contre chacun des prévenus ; — Condamne, en outre, X... et Y... solidairement aux dépens.

Du 28 juin 1887.-Trib. corr. Seine, 9e ch.-M. Grehen, pr.

après avoir concouru au prétendu contrat de vente, n'a jamais pris part à la gestion du fonds, doit être puni comme complice, par aide et assistance, de l'infraction commise par l'herboriste à l'art. 25 de la loi du 21 germ. an 11 et à la déclaration du 25 avr. 1777 (Crim. rej. 3 mars 1888, aff. Poty, MM. Lœw, pr.-Vételay, rap.-Loubers, av. gén.,c. conf.-Morillot et Lesage, av.).

111. En matière d'escroquerie, jugé qu'il y a complicité par aide ou assistance : ... 1° de la part de l'individu qui a coopéré sciemment à des manœuvres frauduleuses au moyen desquelles un autre individu a commis une escroquerie en vendant, par exemple, comme véritable une marchandise d'imitation (Crim. rej. 11 févr. 1853, aff. Malpertuis, D. P. 54. 5. 321); — ... 2° De la part du pharmacien chez lequel des malades, trompés par les manœuvres frauduleuses d'un médecin ayant pour objet de leur donner des espérances chimériques de guérison, achètent les remèdes indiqués par ce dernier, s'il est établi qu'il agissait de concert avec l'auteur principal dont il connaissait les manœuvres, et que, sans son concours intéressé, le succès de la fraude eût été, sinon impossible, du moins incertain (Crim. rej. 4 juin 1859, aff. Chaudron, D. P. 59. 5. 157); — ... 3° De la part de la concubine du prévenu d'escroquerie, qui a pris part aux manœuvres frauduleuses constitutives de ce délit en se faisant faussement passer pour la femme légitime du prévenu (Crim. rej. 8 juin 1860, aff. Burrelot, D. P. 60. 5. 150 ; V. aussi Crim. rej. 8 août 1867, aff. Fournet, D. P. 68. 1. 41); — ... 4° De la part de l'individu qui, remplissant l'emploi de caissier dans une maison de banque qu'il savait n'être pas sérieuse, s'est prêté à l'exécution des manœuvres frauduleuses de son patron, en transmettant aux clients des réponses évasives sur leurs réclamations, ou des pièces mensongères, et en entretenant leurs espérances, notamment par le payement de dividendes et d'intérêts, après la disparition des valeurs qu'il aurait dû avoir en caisse (Crim. rej. 27 déc. 1862, aff. Parly, D. P. 63. 5. 153); — ... 5° De la part du tiers qui est intervenu pour faire croire à la sincérité d'une entreprise commerciale purement fictive, en simulant, dans ce but, des opérations d'achats et des règlements en effets de commerce avec les organisateurs de l'entreprise, en donnant sur eux de bonnes références, et en surprenant, à l'aide d'un tel concours, la bonne foi des vendeurs (Crim. cass. 24 déc. 1869, aff. Lehmann, D. P. 70. 1. 382); — ... 6° De la part de l'individu qui, en cas de présentation frauduleuse de prospectus indiquant une société anonyme d'assurances sur la vie comme légalement constituée, et d'une liste fausse de membres d'un comité de patronage, dans le but d'obtenir des souscriptions et des versements, adresse en connaissance de cause à ses agents et fait répandre et utiliser par eux, dans le but indiqué, les prospectus mensongers (Crim. rej. 28 nov. 1873, aff. Jarry, D. P. 74. 1. 441); — ... 7° De la part de l'individu qui a sciemment prêté son concours intéressé à des manœuvres de spiritisme ; et, par exemple, de la part de l'individu qui, en cas d'escroquerie commise au moyen de manœuvres frauduleuses et artifices matériels consistant à se présenter comme médium, avec pouvoir d'évoquer les esprits et de reproduire en photographie l'image de personnes décédées, prête sciemment son concours intéressé à ces manœuvres coupables, en publiant, dans une Revue, des photographies à spectre, en faisant l'éloge des facultés surnaturelles du prévenu, en l'aidant dans ses opérations et en lui recrutant des clients (Paris, 6 août 1875, aff. Buguet, D. P. 76. 2. 416); — ... 8° De la part du commissaire-vérificateur qui, chargé de contrôler les évaluations des apports en nature faits à une société, a, de concert avec ses organisateurs, participé aux manœuvres dolosives ayant présidé à la formation de cette société, et écarté systématiquement de son rapport tous les éléments susceptibles d'éclairer les actionnaires (Crim. rej. 6 févr. 1885, aff. Froteau, D. P. 86. 1. 41); — ... 9° De la part de l'individu qui, dans le but d'exploiter la crédulité publique, a fait imprimer et remis aux distributeurs, avec des instructions pour en opérer la vente, des placards portant, dans un intitulé en gros caractères, l'annonce d'une prétendue nouvelle, et ne contenant, en réalité, que des plaisanteries grossières (Crim. cass. 29 oct. 1886, aff. Lussel, D. P. 87. 1. 366; Crim. rej. 18 mai 1888, aff. Menier-Mehut, MM. Lœw, pr.-Lescouvé, rap.-Loubers, av. gén., c. conf.-Bazille, av.).

112. Ne saurait, au contraire, être condamné comme complice d'un enlèvement de bois coupé en délit, l'individu qui donne un coup de main au conducteur de la voiture chargée de ce bois, afin de l'aider à gravir une pente, s'il est constaté que cette assistance a été fortuite et de pure complaisance et n'a pas été fournie avec connaissance (Crim. rej. 19 oct. 1880, aff. Mestrallet, D. P. 84. 1. 141). — On ne doit point, de même, considérer comme complice d'un tapage injurieux ou nocturne :... ni l'individu qui, ayant passé fortuitement près d'un groupe de personnes faisant du tapage, s'est arrêté un instant pour boire un verre de vin que lui offrait une de ces personnes, et s'est immédiatement retiré (Crim. cass. 26 mai 1882, aff. Thomas, D. P. 82. 1. 438) ;... ni les artistes d'un théâtre qui, par leur refus de jouer, motivé par la saisie de la recette, ont causé un tapage dans la salle (Crim. rej. 3 févr. 1865, aff. Giraud, D. P. 65. 1. 198).

113. — III. Cas particuliers de complicité prévus par le code pénal. — Le code pénal renferme un grand nombre de dispositions relatives à des faits de complicité qui ne sont pas soumis aux exigences de l'art. 60 c. pén. Il est intéressant d'énumérer ici ces cas particuliers, dans l'ordre des articles du code. — En dehors de ceux prévus par les art. 61 et 62 c. pén. qui concernent le recel des malfaiteurs et le recel des objets obtenus à l'aide d'un crime ou d'un délit (V. infrà, nos 186 et suiv., 199 et suiv.), certains cas spéciaux de complicité se rapportent aux crimes et délits *contre la sûreté de l'Etat :* 1° le recel des espions ou soldats ennemis envoyés à la découverte, puni par l'art. 83 c. pén. (V. infrà, n° 194) ; — 2° Le complot formé pour commettre un attentat ayant pour but de changer la forme du Gouvernement, ou d'exciter les citoyens ou habitants à s'armer contre l'autorité du chef de l'Etat, attentat prévu par les art. 87 et 88 c. pén. (V. Rép. v° *Crimes et délits contre la sûreté de l'Etat,* nos 79 et suiv. ; *Délit politique,* n° 13), est, de la part de ceux qui sont restés étrangers à l'exécution ou aux actes préparatoires de cet attentat, un acte de complicité du crime, à la différence du cas où le complot n'aurait pas été suivi d'exécution, ou d'une tentative d'exécution de l'attentat, cas dans lequel ce complot constituerait le crime spécial de complot prévu et puni par l'art. 89 (V. *Crimes et délits contre la sûreté de l'Etat,* n° 83) ; — 3° La proposition de former un complot ayant pour but le même crime d'attentat constitue un délit, aux termes de l'art. 89, quand elle n'a pas été agréée. — Mais, si elle a été agréée, l'adhésion de celui à qui elle a été faite a pour effet de la transformer en complot, et, dans cette hypothèse, comme il ne s'agit plus que de concerter entre les conspirateurs les moyens d'exécution, le seul fait de cette *adhésion* suffit pour qu'on doive considérer ceux qui l'ont donnée comme complices de l'auteur de la proposition, et dès lors du crime qui en résulte (V. *ibid.,* n° 105). — Les mêmes règles sont applicables à la proposition de former un complot dont le but serait d'exciter à la *guerre civile* ou de porter la *dévastation,* le *massacre* et le *pillage* dans une ou plusieurs communes, fait prévu par l'art. 91 c. pén. (V. *ibid.,* n° 121) ; — 4° Le chef de corps qui défère à une réquisition de la force publique contre la levée des gens de guerre, par une personne ayant le droit d'en disposer, ne se rend pas complice du crime qui, aux termes de l'art. 94 c. pén., résulte de cette réquisition, si elle est régulière, c'est-à-dire si elle a été faite par écrit (Ord. 29 oct. 1820, art. 58). Il s'en rend au contraire le complice, s'il a obtempéré à une réquisition irrégulière, sauf le cas d'urgence (V. *ibid.,* n° 133) ; — 5° La complicité du crime d'organisation ou d'existence de bandes armées contre la sûreté intérieure de l'Etat, peut résulter d'actes de concours qui constituent la complicité ordinaire : l'art. 96 c. pén. punit comme complices non pas seulement ceux qui, conformément à l'art. 60, ont sciemment ou volontairement fourni ou procuré à ces bandes des armes, munitions et instruments de crimes, ou qui leur ont envoyé des convois de subsistances, mais encore ceux qui ont, *de toute autre manière,* pratiqué des intelligences avec les directeurs et commandants (V. *ibid.,* n° 138). Sont également déclarés complices de bandes armées, d'après l'art. 99 c. pén., ceux qui, connaissant le but et le caractère de ces bandes, leur ont, sans contrainte, fourni des logements, lieux de retraite ou de réunion (V. infrà, n° 195) ; 6° La simple *provocation* à des mesures concertées entre

les autorités civiles et des corps militaires, ou leurs chefs, contre l'exécution des lois, ou contre les ordres du Gouvernement, constitue la complicité du crime prévu par l'art. 124 c. pén. sans qu'il soit besoin qu'elle renferme les éléments constitutifs de la complicité ordinaire par provocation (V. *Rép.* v° *Forfaiture*, n°ˢ 12 et suiv.). Il en est de même, aux termes de l'art. 123 c. pén., quand la provocation aux mesures dont il s'agit a eu pour objet ou pour résultat un complot attentatoire à la sûreté intérieure de l'Etat (V. *ibid.*, n° 18).

114. Les cas spéciaux de complicité des crimes et délits *contre la chose publique* sont les suivants : — 1° Les art. 154 et 160 c. pén. punissent comme complices de faux commis dans des passeports ou certificats, celui qui, dans le cas où un individu s'est fait délivrer un passeport sous un *nom supposé*, a concouru comme témoin à faire délivrer ce passeport, et celui qui, au moyen d'acte de *corruption*, s'est fait délivrer, par un médecin, chirurgien ou autre officier de santé, un certificat attestant faussement des maladies ou des infirmités propres à dispenser d'un service public (V. *Rép.* v° *Faux*, n°ˢ 367 et 389) ; — 2° L'art. 174 c. pén., qui punit comme coupables du crime de concussion tous fonctionnaires ou tous officiers publics qui *ordonnent* des perceptions qu'ils savent être illégales (V. *Rép.* v° *Forfaiture*, n° 58), n'est pas exclusif, en ce qui concerne ces mêmes fonctionnaires, de la complicité, par simples *instructions* à leurs préposés, du délit que ceux-ci commettent lorsqu'ils prennent sur eux de faire de semblables perceptions. Jugé, par suite, que le tribunal correctionnel saisi de la poursuite d'un tel délit contre le préposé retient avec raison la connaissance des faits de complicité imputés au supérieur (Crim. rej. 24 avr. 1858, aff. Vaissié, D. P. 58. 5. 88); — 3° En cas d'*ingérence* par interposition de personne d'un fonctionnaire public dans une affaire ou un commerce incompatible *avec sa qualité*, délit prévu par l'art. 175 c. pén., la personne interposée peut être poursuivie comme complice de ce délit (V. *ibid.*, n° 89); — 4° L'art. 179 c. pén. qui, en matière de corruption de fonctionnaires publics, ne punit le corrupteur des mêmes peines que la personne corrompue, que lorsqu'il a agi par *promesses, offres, dons ou présents*, exclut, quant au corrupteur, tous autres modes de complicité du crime du fonctionnaire (V. *ibid.*, n° 148). Et le corrupteur, lorsqu'il a employé l'un des moyens de corruption déterminés dans l'art. 179, n'est pas considéré comme complice de l'agent corrompu, relativement à tout fait quelconque de corruption pour lequel ce dernier serait punissable : il ne peut être puni qu'à raison du fait spécial dont parle l'art. 179, c'est-à-dire dans le cas seulement où il s'est proposé d'obtenir de l'agent un *acte* de son ministère, bien qu'il y ait crime de la part du fonctionnaire, aux termes de l'art. 177, même quand il s'est laissé corrompre pour s'*abstenir* de faire un acte rentrant dans l'ordre de ses devoirs (Bourges, 31 juill. 1843, aff. Couturon, D. P. 47. 2. 46). Mais, comme le décide un arrêt de la cour de cassation rapporté *ibid.*, n° 109, cette dérogation aux règles générales sur les éléments constitutifs de la complicité n'est applicable qu'au corrupteur : elle ne peut être étendue aux autres individus complices du fonctionnaire qui s'est laissé corrompre. — Quant aux ordres ou réquisitions qui constituent un abus d'autorité contre la chose publique, prévus et réprimés par les art. 188, 189 et 190, ils peuvent, d'après l'art. 191 c. pén., devenir, pour les fonctionnaires, agents ou préposés desquels ils émanent, un cas de complicité des crimes qui seraient la *suite* de ces ordres ou réquisitions (V. *ibid.*, n°ˢ 167 et 186); — 5° Les provocations à certains crimes ou délits contenues dans les discours en assemblées publiques de ministres du culte, ou dans un écrit pastoral, sont punies par les art. 202 et 203 c. pén., quoiqu'elles ne renferment pas les éléments constitutifs de la complicité par provocation spécifiés dans l'art. 60 (V. *Rép.* v° *Culte*, n°ˢ 296 et suiv.); — 6° Il en est de même de la provocation au crime ou délit de rébellion, punie par les art. 215 et 216 c. pén. D'un autre côté, les individus coupables du crime ou du délit de rébellion peuvent être considérés comme complices des crimes et délits commis pendant le cours et à l'occasion de la rébellion, lorsqu'ils n'ont pas pris personnellement part à ces crimes ou à ces délits (V. *Rép.* v° *Rébellion*, n° 65) ; — 7° Les personnes chargées de la garde des détenus, qui ont procuré leur évasion, sont punissables, aux termes de l'art. 238 c. pén., même en cas de

simple *négligence* : il n'est pas nécessaire qu'il y ait, de leur part, une véritable complicité (V. *Rép.* v° *Evasion*, n° 47). Mais les personnes non chargées de cette garde ne doivent être punies que si elles ont préparé ou facilité l'évasion par de véritables actes de complicité consistant à en fournir les moyens. Et la complicité de l'évasion étant alors soumise aux règles ordinaires sur la complicité, on peut être complice d'une évasion, non seulement en la procurant ou en la facilitant, selon les termes de l'art. 238, mais en y assistant au moment où elle a lieu. Toutefois, la participation de ces personnes à l'évasion se distingue d'un acte proprement dit de complicité, en ce qu'elle est punissable, quoique le fait d'évasion ne le soit, pour le détenu évadé, que si l'évasion a eu lieu avec violence ou bris de prison. Aussi est-elle frappée d'une peine qui lui est propre dans les art. 238 à 241, et n'est-elle punie, par l'art. 242, des peines accessoires de la complicité, peines qui sont alors celles infligées aux préposés à la garde du détenu, que lorsque le tiers qui a procuré ou facilité l'évasion se sera rendu véritablement complice de ces derniers en les corrompant ou en agissant de connivence avec eux (V. *ibid.* n° 27) ; — 8° L'art. 268 considère comme complices du crime d'association de malfaiteurs, ceux qui ont sciemment et volontairement fourni à l'association ou à ses divisions des armes, munitions et instruments de crime : en cela il ne fait qu'appliquer l'une des dispositions de l'art. 60. Mais, en outre, il déclare complices du même crime ceux qui fournissent sciemment et volontairement à l'association ou à ses divisions des logements et lieux de retraite ou de réunion ; — 9° L'art. 276 punit le délit de mendicité en réunion, à moins que ce ne soient le mari et la femme , le père ou la mère et leurs jeunes enfants, l'aveugle et son conducteur, cas où il n'y a que mendicité simple tombant sous l'application de l'art. 274. Sous l'empire de cet article, le père ou la mère qui, sans se livrer personnellement à la mendicité, faisaient mendier leurs propres enfants, et les exploiteurs qui employaient des enfants à la mendicité, ne pouvaient être atteints comme complices du délit de mendicité, aucun de ces faits ne rentrant dans les termes de l'art. 60 c. pén. L'art. 3 de la loi du 7 déc. 1873 (D. P. 73. 4. 57) a mis fin à cette impunité. Il punit comme auteur ou complice du délit de mendicité en réunion, prévu par l'art. 276 c. pén., quiconque emploie des enfants âgés de moins de seize ans à la mendicité habituelle, soit ouvertement, soit sous l'apparence d'une profession (V. *infrà*, v° *Vagabondage-mendicité*); — 10° L'art. 1ᵉʳ de la même loi édicte également des peines spéciales contre les pères, mères, tuteurs ou patrons qui placeraient leurs enfants, pupilles ou apprentis, âgés de moins de seize ans, sous la conduite de gens faisant métier de la mendicité (V. *ibid.*).

115. Restent les cas spéciaux de complicité concernant les crimes et délits *contre les particuliers*. La complicité du crime de *viol* ou d'*attentat à la pudeur avec violence*, crime prévu par l'art. 332 c. pén., est régie par l'art. 60 c. pén. Elle résulte, par conséquent, sans difficulté des faits de *provocation* caractérisés par cet article, des *instructions* qui ont été données pour commettre le crime, et du fait d'avoir *procuré* des armes, instruments ou autres moyens ayant servi à son exécution, sachant qu'ils devaient y servir. — L'art. 333 c. pén. considère comme une aggravation du crime de viol ou d'attentat à la pudeur avec violence, la circonstance que le coupable a été *aidé* dans son crime par une ou plusieurs personnes. Mais il est généralement reconnu que l'aggravation dont il s'agit n'est encourue que par l'effet d'une aide donnée au crime en qualité de coauteur. De là l'importance, en cas de crime de viol ou d'attentat à la pudeur avec violence, de la question de savoir si le coupable a été aidé, dans la perpétration de ce crime, par un complice ou par un coauteur. Sur cette question qui s'est fréquemment élevée à propos d'actes d'assistance ou de coopération à la consommation du crime, V. *suprà*, v° *Attentat aux mœurs*, n°ˢ 60 et suiv.

La complicité du délit d'attentat aux mœurs consistant à exciter, *favoriser* ou *faciliter* habituellement la *débauche* ou la *corruption de la jeunesse* de l'un ou de l'autre sexe au-dessous de l'âge de vingt et.un ans, est également soumise aux règles générales énoncées dans l'art. 60. — Mais le fait principal ne se rencontre que chez l'individu qui agit

pour la satisfaction des passions *d'autrui*, et non chez celui qui ne recherche que la satisfaction de ses propres passions (V. *ibid.*, nᵒˢ 62 et suiv.); c'est donc uniquement au fait commis par l'individu agissant pour autrui, fait qui a reçu la qualification de *proxénétisme*, que peuvent se rapporter les actes constitutifs de la complicité. Et l'habitude étant un des éléments essentiels du délit principal, le concours donné à ce délit par un tiers qui agit aussi pour la satisfaction des passions d'autrui, ne constitue une complicité punissable que si on y rencontre la même condition. Décidé, en conséquence, que le fait, par une fille, d'avoir participé, dans l'intérêt des passions d'autrui, à un seul des actes d'excitation à la débauche imputés à l'auteur principal, ne peut être frappé des peines de la complicité (Crim. cass. 20 août 1875, aff. Malpel, D. P. 76. 1. 239). — Que décider à l'égard de celui qui s'est servi d'un proxénète pour la satisfaction de *ses propres passions?* S'il n'est pas personnellement punissable comme auteur principal, il peut le devenir comme complice de ce proxénète (V. *ibid.*, nᵒ 71). Ici encore, il faut pour entraîner contre lui les peines de la complicité, qu'il y ait eu, à la fois, provocation, dans les termes de l'art. 60, du délit commis par l'entremetteur, et réitération, dans son intérêt personnel, des faits d'excitation à la débauche qu'il a provoqués (V. *ibid.*). — Quant à la question de savoir si l'individu qui tient une maison à l'auteur d'un délit d'excitation à la débauche, dans le but de faciliter ce délit, doit en être déclaré complice, V. *ibid.*, nᵒ 73. Sur d'autres cas de complicité en matière d'excitation de mineurs à la débauche, V. *ibid.*, nᵒ 74.

116. On a expliqué au *Rép.* vᵒ *Adultère*, nᵒ 26, que la complicité du délit d'*adultère* est, quant à ses éléments constitutifs, soumise aux dispositions de l'art. 60 c. pén. (V. ce qui est dit à cet égard, *suprà*, vᵒ *Adultère*, nᵒˢ 15 et 47).

117. L'art. 340 considère comme complice du crime de *bigamie* l'officier public qui a prêté son ministère au second mariage connaissant l'existence du premier. La complicité peut-elle résulter de faits autres que la célébration du mariage? (V. *suprà*, vᵒ *Bigamie*, nᵒ 11).

118. La complicité du crime d'*arrestation illégale* ou de *séquestration* de personnes quelconques peut résulter de tous les faits qui caractérisent la complicité ordinaire prévue par l'art. 60 c. pén. (V. *Rép.* vᵒ *Liberté individuelle*, nᵒ 72). C'est par application du mode de complicité consistant à fournir l'instrument du crime, que l'art. 341 punit de la même peine que l'auteur principal de l'arrestation illégale ou de la séquestration, celui qui a prêté un lieu ayant servi à la détention ou à la séquestration.

119. L'art. 346 c. pén. punit les personnes qui, ayant assisté à une naissance, n'en font pas la déclaration conformément aux prescriptions de l'art. 56 c. civ. Si celui qui a omis la déclaration a eu pour but de favoriser l'enlèvement, le recélé ou la suppression de l'enfant, fait puni par l'art. 345 c. pén., doit-il être considéré comme le complice de ce crime ou de ce délit, par aide et assistance dans les faits qui l'ont préparé ou facilité? (V. *Rép.* vᵒ *Crimes et délits contre les personnes*, nᵒ 257).

L'art. 349 c. pén. punit l'*ordre* d'exposer et de délaisser dans un lieu solitaire un enfant au-dessous de sept ans accomplis; ce mode de complicité du crime ou du délit d'exposition d'enfant est distinct de la complicité ordinaire. Il n'implique pas, par suite, l'existence d'une provocation par abus d'autorité, dans le sens de l'art. 60 c. pén.: il suffit qu'il y ait simple *mandat* ou *commission*, même donné à un non-subordonné (V. *ibid.*, nᵒ 272). — L'art. 349 laisse subsister, d'ailleurs, en matière de crime ou de délit d'exposition d'enfant dans un lieu solitaire, les modes généraux de complicité. Ainsi le fait d'avoir donné des instructions et fait un don en argent pour la perpétration d'un crime ou délit d'abandon d'enfant dans un lieu solitaire, constitue la complicité de ce crime ou de ce délit (Crim. rej. 30 juill. 1868, aff. Rieux, D. P. 72. 5. 174). L'ordre d'exposer et de délaisser un enfant dans un lieu non solitaire n'étant pas punissable, le crime ou le délit résultant de cette exposition ou de ce délaissement ne comporte que les cas ordinaires de complicité (V.*Crimes et délits contre les personnes*, nᵒ 269).

120. Quant au crime ou au délit de *subornation de témoins* dans ses rapports avec la complicité d'un faux témoignage, V. *infrà*, vᵒ *Témoignage faux*, et *suprà*, nᵒ 80.

121. Les éléments constitutifs de la complicité du crime ou du délit de *vol* sont réglés par les dispositions de l'art. 60. Ainsi doivent être considérés comme de simples faits de complicité rentrant dans les termes de l'art. 60 c. pén. les *provocations* au vol par l'un des moyens énumérés dans cet article, les *instructions* données pour commettre le vol, le fait par un individu d'avoir *procuré* des armes, des instruments, ou tous autres moyens qui auront servi à l'action, sachant qu'ils devaient y servir (V. *Rép.* vᵒ *Vol*, nᵒ 472). Mais l'art. 381 considère comme une aggravation du délit de vol la circonstance que le vol a été commis par *deux* ou *plusieurs* personnes. De là l'intérêt, de même qu'en matière de viol ou d'attentat à la pudeur commis avec violence, du point de savoir si l'aide ou l'assistance vient d'un complice ou d'un coauteur (V. *infrà*, nᵒˢ 160 et suiv.) — Sur cette question, qui s'élève pour le cas où l'aide ou l'assistance a eu lieu dans les faits qui ont *consommé* le vol, cas dans lequel la participation doit être considérée tantôt comme constituant une simple complicité, tantôt comme donnée en qualité de coauteur, V. *infrà*, nᵒ 158.— Sur la complicité de vol de la part de l'individu qui a *contrefait* ou *altéré des clefs*, et s'est ainsi rendu coupable du délit prévu par l'art. 399 c. pén. V. *suprà*, vᵒ *Abus de confiance*, nᵒˢ 14, 28, 46, et *infrà*, vᵒ *Vol*.

Sous le code pénal de 1810, le débiteur qui enlevait et détournait les objets saisis n'était frappé d'aucune peine. Mais lorsque le détournement et l'enlèvement de ces objets étaient commis par le *tiers* auquel la garde en avait été confiée, il y avait là, de la part de ce tiers, un abus de confiance dont le débiteur saisi pouvait être déclaré complice, et qui le soumettait aux peines de l'art. 408 (V. *Rép.* vᵒ *Abus de confiance*, nᵒ 123). Depuis la loi de 1832, qui a édicté contre le saisi, auteur direct du détournement, la peine du vol simple (art. 400), sa participation comme complice à l'abus de confiance du gardien est-elle demeurée passible de la peine de l'art. 408, à l'exclusion de celle plus élevée de l'art. 401? (V. *suprà*, vᵒ *Abus de confiance*, nᵒ 74, et *infrà*, vᵒ *Vol*).

122. La provocation au délit d'*opposition* par *voies de fait* à la confection des travaux autorisés par le Gouvernement est punissable, en vertu de l'art. 438, § 2, c. pén., quoiqu'elle n'ait pas les caractères déterminés par l'art. 60 (V. *Rép.* vᵒ *Dommage-destruction*, nᵒ 177).

La complicité du crime de pillage ou de dégâts de denrées ou marchandises, effets, propriétés mobilières commis en réunion ou bande et à force ouverte, peut également résulter, aux termes de l'art. 440 c. pén., combiné avec les art. 441 et 442, de simples provocations ou sollicitations (V. *ibid.*, nᵒ 222).

123. Par dérogation à la règle d'après laquelle la complicité n'est pas admise en matière de *contravention*, l'art. 479-8ᵒ punit les auteurs et *complices* de bruits ou tapages injurieux ou nocturnes troublant la tranquillité des habitants. Sur les éléments constitutifs de cette complicité, V. *Rép.* vᵒ *Contravention*, nᵒ 480. V. aussi *suprà*, nᵒ 112).

124. — IV. Cas particuliers de complicité résultant de lois spéciales. — On a expliqué au *Rép.* nᵒˢ 12, 16, 84, 88, que la complicité, en matière d'infractions prévues par des lois spéciales, complicité punissable comme celle relative aux infractions de droit commun, est, quant aux faits qui la constituent, soumise à la disposition générale de l'art. 60, lorsqu'il n'en a pas été autrement ordonné. Si, d'après quelques lois, des circonstances autres que celles indiquées par l'art 60 peuvent devenir des actes de complicité, ces lois forment une exception aux règles générales et ne doivent pas être étendues en dehors des faits qu'elles prévoient. — Nous allons passer en revue les applications les plus intéressantes de ces principes, dans les cas de complicité relatifs à des infractions qui, par leur nature, sont de la compétence des tribunaux ordinaires, ou des tribunaux maritimes commerciaux.

125. — 1ᵒ *Association internationale des travailleurs.* — Sur le fait de prêter ou louer sciemment un local pour une réunion des associations de ce genre, fait prévu par l'art. 4 de la loi du 14 mars 1872, V. *suprà*, vᵒ *Associations illicites*, nᵒ 55.

126. — 2ᵒ *Attroupements.* — Sont considérés comme complices du crime ou délit d'attroupement armé ou non armé,

ceux qui ont provoqué l'attroupement par des discours proférés publiquement et par des écrits imprimés, affichés ou distribués, quoique cette provocation n'ait pas les caractères de la complicité par provocation spécifiés en l'art. 60 (L. 7 juin 1848, art. 6) (V. suprà, v° Attroupements, n° 20). — Sur la complicité exceptionnelle de l'imprimeur, V. infrà, n° 133.

127. — 3° Chemins de fer. — Sont considérés comme complices des crimes commis en réunion séditieuse et avec pillage soit de destruction volontaire ou dérangement de la voie de fer, soit d'entrave à la marche des convois pour les faire sortir de leurs rails, les instigateurs et provocateurs de ces réunions, sans qu'il soit besoin que la provocation ait les caractères énoncés dans l'art. 60 c. pén., sauf la substitution de la peine des travaux forcés à perpétuité à la peine de mort qui est édictée en certains cas contre les auteurs principaux du crime (L. 15 juill. 1845, art. 17) (V. Rép. v° Voirie par chemins de fer, n°s 546 et 547).

128. — 4° Douanes ; Contrebande. — La complicité relative aux faits de contrebande, en matière de douanes, est soumise aux règles ordinaires de la complicité. Mais l'art. 53 de la loi du 28 avr. 1816 déclare, en outre, complices du délit de contrebande, tous assureurs contre les chances de la contrebande, ou tous intéressés d'une manière quelconque à ce délit (V. Rép. v° Douanes, n°s 822 et 1007).

129. — 5° Espionnage (L. 18 avr. 1886). — V. infrà, n° 194.

130. — 6° Faillite ; banqueroute. — En matière de banqueroute, il est généralement admis que la complicité n'est punissable que lorsqu'il s'agit de banqueroute frauduleuse, et non lorsqu'il s'agit de banqueroute simple (V. Rép. v° Faillite, n° 1446). L'art. 597 du code de commerce de 1807 réduisait à deux cas spéciaux les faits constitutifs de complicité du crime de banqueroute frauduleuse. Il ne considérait comme complices punissables que les individus qui, de concert avec le banqueroutier, auraient soustrait tout ou partie de son actif, ou qui, à la vérification et affirmation, persistaient à faire valoir comme véritables des créances fausses (V. ibid., n°s 1483 et suiv.). Depuis la loi de 1838, ces faits sont, en vertu du nouvel art. 593 c. com., déterminés par le droit commun (V. ibid., n° 1493). — Sont pareillement soumis au droit commun les faits de complicité soit en matière de malversations commises par les syndics d'une faillite, malversations prévues par l'art. 596 (V. ibid., n° 1507, et infrà, n° 294), soit en matière de stipulations d'avantages particuliers ou de traités prohibés et punis par l'art. 597 c. com. (V. ibid., n° 1509, et infrà, cod. v°).

131. — 7° Or et argent. — Est considéré comme complice du crime prévu par l'art. 108 de la loi du 19 brum. an 6, relatif aux ouvrages d'or et d'argent sur lesquels les marques de poinçons se trouvent entées, soudées ou contretirées de quelque manière que ce soit, le possesseur avec connaissance de ces ouvrages (V. Rép. v°s Matières d'or et d'argent, n°s 133 et suiv. ; Monnaie, n°s 39 et suiv.).

132. — 8° Piraterie. — La complicité du crime de piraterie est prévue et punie par l'art. 9 de la loi du 10 avr. 1825. Cet article renvoie, quant aux éléments constitutifs de la complicité, aux dispositions de l'art. 60 c. pén. (V. Rép. v° Organisation maritime, n° 961).

133. — 9° Presse ; Publication. — L'art. 23 de la loi du 29 juill. 1881 considère comme constituant un cas de complicité la provocation à tout crime et délit quelconque, si elle a lieu par l'un des moyens de publicités énoncés par cet article. Et la disposition de l'art. 23 [est applicable même lorsque la provocation n'a été suivie que d'une tentative de crime (même article, § 2). — En dehors de ce cas, les conditions ordinaires de l'art. 60 demeurent applicables aux faits de complicité des crimes et délits prévus par la loi de 1881. Toutefois, il résulte des art. 42 et 43 de la même loi : 1° que les auteurs de l'article incriminé peuvent être poursuivis, à raison de cet article, tantôt comme auteurs principaux et tantôt comme simples complices de sa publication ; 2° qu'à l'égard de l'imprimeur, auquel s'étend également cette distinction, le seul fait de l'impression est insuffisant, eût-il eu lieu sciemment, pour caractériser la complicité, sauf en ce qui concerne la provocation au délit d'attroupement (V. suprà, n° 126).

L'art. 2 de la loi du 2 août 1882 punit de la même peine que les auteurs principaux les complices par l'un des moyens énoncés en l'art. 60 c. pén. du délit d'outrage aux bonnes mœurs commis par la vente, l'affichage, etc. dans les lieux publics, d'écrits, de gravures, d'imprimés autres que le livre, etc. (V. ibid.).

134. — 10° Propriété industrielle, artistique et littéraire. — La complicité en matière de contrefaçon d'objets brevetés résulte-t-elle exclusivement des faits de vente, recel ou introduction en France, spécifiés par l'art. 41 de la loi du 5 juill. 1844 sur les brevets d'invention ? (V. suprà, v° Brevet d'invention, n°s 298 et suiv.).

En ce qui concerne la complicité:... en matière de contrefaçon de marques de fabrique (L. 23 juin 1857, art. 7 et suiv.), V. Rép. v° Industrie et commerce, n°s 329 et suiv. ; — ... En matière de contrefaçon de dessins de fabrique (L. 18 mars 1806, art. 14, et c. pén. art. 425 et suiv.), V. Rép. ibid., n°s 287 et suiv., et infrà, eod. v°; — ... Et en matière de propriété littéraire ou artistique (L. 19 juill. 1793, art. 1er, ct art. 425 et suiv. c. pén.), V. infrà, v° Propriété littéraire et artistique.

135. — 11° Recrutement de l'armée. — Les cas de complicité relatifs aux infractions à la loi sur le recrutement de l'armée sont prévus par diverses dispositions de la loi du 27 juill. 1872, qui leur applique les règles du droit commun. Telles sont les dispositions de cette loi concernant : les complices des jeunes gens qui, à l'aide de fraudes ou manœuvres, se sont fait exempter ou dispenser par un conseil de revision (art. 60-2°) ; quiconque est reconnu coupable d'avoir recelé ou d'avoir pris à son service un insoumis (art. 62) ; quiconque est reconnu coupable d'avoir favorisé l'évasion d'un insoumis (art. 62) ; les complices des jeunes gens coupables de s'être rendus impropres au service militaire (art. 63) ; ceux qui, par dons ou promesses, ont obtenu des médecins, chirurgiens ou officiers de santé appelés au conseil de revision à l'effet de donner l'avis prescrit par les art. 16, 18 et 28 de la loi de 1872, un avis favorable aux jeunes gens que ceux-ci doivent examiner (art. 68) (V. infrà, v° Organisation militaire).

136. — 12° Sociétés commerciales par actions. — Sur la complicité en matière d'infractions aux dispositions pénales relatives aux sociétés par actions, V. infrà, v° Société.

137. — 13° Tromperies dans les ventes de marchandises, falsifications. — Sur les faits constitutifs de la complicité de ces délits qui sont prévus à la fois par l'art. 423 c. pén. et par les lois postérieures des 27 mars 1851, 5 mai 1855, 27 juill. 1857, 14 mars 1887, 4 févr. 1888, V. infrà, v° Ventes de substances falsifiées.

138. — 14° Usure. — Malgré le silence des lois du 3 sept. 1807 et du 15 juin 1850 sur la complicité du délit d'usure, et les doutes émis par certains auteurs, on peut tenir pour constant que ce délit comporte la participation accessoire et punissable d'un complice. Mais il faut que l'habitude, élément essentiel du délit d'usure, existe aussi bien chez le complice que chez l'auteur principal, comme en matière d'excitation de mineurs à la débauche (V. suprà, n° 115) (V. Prêt à intérêts ; Rép. eod. v°, n°s 294 et suiv.).

139. — 15° Crimes et délits prévus par le code de justice militaire pour l'armée de terre ou de mer. — Complices civils. — Lorsque la poursuite des crimes ou délits de la compétence des tribunaux militaires ou maritimes comprend à la fois des individus justiciables et des individus non justiciables de ces tribunaux, tous les prévenus ou accusés doivent indistinctement être traduits devant les tribunaux ordinaires, sauf un certain nombre d'exceptions. Le tribunal compétent applique aux non-militaires ou marins les peines prononcées par les lois ordinaires, à moins qu'il n'en soit autrement ordonné par une disposition expresse de loi. Les faits constitutifs de la complicité doivent donc être déterminés, à l'égard des individus non militaires ou marins, d'après les dispositions générales de l'art. 60, dispositions d'ailleurs applicables même devant les tribunaux militaires ou maritimes (L. 9 juin 1857, art. 202; 4 juin 1858, art. 260) (V. Rép. v°s Organisation maritime, n°s 900 et 1424, Organisation militaire, n° 732).

140. Les lois de 1857 et 1858 prévoient, toutefois, plusieurs cas de complicité particuliers à certains crimes ou

délits militaires, ou maritimes, crimes ou délits qui sont exposés dans leur ensemble au *Rép.* v° *Organisation militaire*, n°ˢ 754 et suiv. ; *Organisation maritime*, n°ˢ 901 et suiv. — Ainsi est considéré comme coupable du crime *d'embauchage* tout individu convaincu d'avoir provoqué des militaires ou des individus appartenant au service de la marine à passer à l'ennemi ou aux rebelles armés (L. 9 juin 1857, art. 208; 4 juin 1858, art. 264). — Est punissable comme complice du crime ou du délit de *désertion* tout individu qui, sans être embaucheur pour l'ennemi ou les rebelles armés, provoque ou favorise la désertion de tout militaire (non-officier) ou de tout individu (non-officier) faisant partie de l'équipage d'un bâtiment de l'Etat, quoique la provocation n'ait pas les caractères déterminés par l'art. 60 c. pén. (L. 9 juin 1857, art. 242; 4 juin 1858, art. 321). Le fait de receler des déserteurs est assimilé au fait de favoriser la désertion (*ibid.*)

141. En ce qui concerne l'individu qui *achète, recéle* ou reçoit en *gage* des armes, munitions, effets d'habillement de grand ou petit équipement, ou tout autre objet militaire, dans les cas autres que ceux où les règlements autorisent leur mise en vente, V. *infrà*, n° 210. Quant aux fauteurs ou complices d'*évasion* des prisonniers ou détenus, les lois de 1857 et de 1858 renvoient aux art. 237 et suiv. c. pén. (L. 9 juin 1857, art. 246 ; 4 juin 1858, art. 294). — L'art. 363 de la loi du 4 juin 1858 punit aussi celui qui, à l'aide d'une embarcation, favorise l'évasion du bord de marins ou autres individus embarqués sur un bâtiment de l'Etat.

142. Ajoutons que l'art. 23 de la loi sur la presse, du 29 juill. 1881, a déclaré punissable la *provocation* par l'un des moyens énoncés en l'art. 23, adressée aux militaires des armées de terre et de mer, dans le but de les détourner de leurs devoirs militaires et de l'obéissance qu'ils doivent à leurs chefs, en tout ce qu'ils commandent pour l'exécution des lois et règlements militaires (V. *infrà*, v° *Presse-outrage*).

143. — 16° *Crimes et délits prévus par la législation sur la marine marchande.* — Les crimes prévus par les art. 60 et suiv., et 89 et suiv. du décret du 24 mars 1852 sur la marine marchande sont de la compétence des cours d'assises (art. 22). La complicité de ces crimes est soumise aux règles générales édictées par le droit commun, sans qu'il y ait, d'ailleurs, à distinguer entre les complices qui appartiennent ou qui n'appartiennent pas à la marine marchande. — Quant aux *délits* prévus par le même décret, ils sont de la compétence des tribunaux maritimes commerciaux que ce décret institue et organise (art. 9 à 21). Les complices des délits maritimes commerciaux sont justiciables des tribunaux institués pour juger les auteurs principaux de ces délits, même s'ils sont étrangers à la marine marchande, à la différence des complices civils des crimes et délits prévus par les codes de justice militaire de l'armée de terre ou de mer (V. *infrà*, n° 139). — Les faits constitutifs de la complicité sont déterminés par le droit commun. — Sur tout ce qui concerne la justice maritime marchande, V. *Rép.* v° *Organisation maritime*, n°ˢ 1085 et suiv. — Quant à la complicité du crime de baraterie de patron, v° *ibid.*, n° 724.

144. L'art. 70 du décret de 1852 punit les *complices*, civils ou marins, du délit de *désertion* des marins de la marine marchande. La complicité de ce délit peut-elle résulter d'une simple provocation à la désertion, quoiqu'elle n'ait pas les caractères spécifiés dans l'art. 60 c. pén.? Les conditions ordinaires de la complicité semblent nécessaires, le décret de 1852 se servant de l'expression générale *complices* et non pas du mot *provocation*, comme le font les codes de justice militaire pour l'armée de terre et pour l'armée de mer (V. *suprà*, n° 139).

145. — V. Cas particuliers de complicité prévus par le code d'instruction criminelle. — Le code d'instruction criminelle (art. 616 et 648) prévoit, en matière d'attentats à la liberté individuelle (c. pén. art. 114 et suiv.), deux cas particuliers de complicité. Il dispose que lorsqu'un individu est *détenu* dans un lieu qui n'a pas été destiné à servir de maison d'arrêt, de justice ou de prison, tout juge de paix, tout officier chargé du ministère public, tout juge d'instruction doit, sous peine d'être poursuivi comme complice de détention arbitraire, s'y transporter aussitôt et faire mettre en liberté la personne détenue ou la faire conduire sur-le-champ devant le magistrat compétent, s'il est allégué quelque cause légale de détention. D'après le même code, peut également être considéré comme complice de détention arbitraire, tout gardien qui aura refusé ou de montrer au porteur de l'ordre de l'officier civil ayant la police de la maison d'arrêt, de justice ou de la prison, la personne du détenu, sur la réquisition qui lui en sera faite, ou de montrer l'ordre qui le lui défend, ou d'exhiber au juge de paix ses registres, ou de lui laisser prendre telle copie que celui-ci croira nécessaire de partie de ses registres (V. *Rép.* v° *Liberté individuelle*, n°ˢ 39 et suiv.).

146. —VI. Délits-contraventions.—V. *suprà*, n°ˢ 59 et suiv.

§ 3. — De la connaissance ou de l'intention qui sont nécessaires pour constituer la complicité (*Rép.* n°ˢ 133 à 150).

147. On a expliqué au *Rép.* n°ˢ 133 et suiv. qu'on ne peut être complice d'un crime ou d'un délit que si l'on a commis *sciemment* les actes constitutifs de la complicité. Ce principe est admis par tous les auteurs et la jurisprudence. — Il a été appliqué au simple manœuvre employé à une inhumation faite contrairement aux art. 358 et 359 c. pén., par un arrêt rapporté au *Rép.* v° *Culte*, n° 834-4°. — Jugé, depuis, conformément à la même règle :... 1° qu'on ne peut considérer comme complice du délit de tromperie sur la nature de la marchandise vendue, l'employé de commerce qui s'est prêté à l'exécution de mesures prises par son patron pour tromper les acheteurs, qu'autant qu'il est établi qu'il s'est rendu compte de la criminalité des actes auxquels il a coopéré (Poitiers, 13 déc. 1856, aff. Valentin, D. P. 58. 4. 476) ; — ... 2° Que doit être déclaré nul l'arrêt qui condamne un individu comme complice d'une dénonciation calomnieuse, tout en reconnaissant, par l'adoption des motifs des premiers juges, que le prévenu en écrivant la dénonciation n'a été qu'un instrument passif et inconscient (Crim. cass. 22 juin 1876, aff. Bernardi, *Bull. crim.*, n° 139) ; — ... 3° Que bien qu'un individu ait servi volontairement de prête-nom aux auteurs d'une escroquerie, et ait ensuite appuyé ceux-ci dans leur défense avec la mauvaise foi la plus évidente, s'il n'est pas cependant établi suffisamment qu'il ait connu, dès le principe, et au moment où l'escroquerie a été réalisée, le caractère frauduleux du but auquel tendaient les manœuvres employées, on ne saurait le condamner comme complice de l'escroquerie (Trib. corr. Seine, 14 juin 1888, aff. Gilles, *Le Droit* du 15 juin 1888).

148. La connaissance, chez le complice, du caractère criminel ou délictueux de l'action à laquelle il a concouru, est ce qui caractérise l'*intention coupable* dont l'existence est une condition essentielle de la responsabilité pénale du complice. Il n'est pas, toutefois, nécessaire que son but soit le même que celui recherché par l'auteur principal; il suffit que le complice ait participé à un fait qu'il savait être un crime ou un délit quel qu'ait été son mobile personnel. Deux arrêts rapportés au *Rép.* v^ˡ^ *Crimes et délits contre les personnes*, n° 27, et *Faux*, n° 146, l'ont ainsi jugé, le premier, en frappant des peines de la complicité la participation à un crime de meurtre, par aide et assistance, dans les faits qui ont causé la mort, quoique l'intention de tuer n'ait été constatée que contre l'auteur principal, et le second, le concours apporté à la perpétration d'un faux, bien qu'il ait eu lieu en vue d'un profit illicite et que l'auteur du faux ne l'ait commis que pour dissimuler un déficit. C'est aussi dans le même ordre d'idées que de nombreux arrêts ont décidé que le complice est passible de la peine attachée aux circonstances aggravantes du fait principal, encore qu'il ne s'y soit pas intentionnellement associé, et par cela seul qu'elles devaient entrer dans ses prévisions (V. *suprà*, n° 25). — Ajoutons qu'en matière d'homicide ou de blessures involontaires, la connaissance exigée pour qu'il y ait complicité, porte, selon l'observation faite au *Rép.* n° 91, sur la possibilité de l'accident constitutif de ce délit, aussi bien pour le complice que pour l'auteur principal lui-même, un tel délit n'ayant ni pour l'un ni pour l'autre un caractère intentionnel. Elle est également limitée au fait de l'infraction, en matière de délits-contraventions (V. *suprà*, n°ˢ 59 et suiv.).

149. La connaissance du caractère criminel ou délictueux

du fait principal, connaissance d'où naît l'élément intentionnel de tout fait de complicité, doit être constatée distinctement de ce fait soit dans la déclaration du jury, soit dans le jugement de condamnation en matière correctionnelle (V. outre ce qui est dit au *Rép.* nᵒˢ 121 et 133 : Le Sellyer, t. 2, nᵒ 386 ; Chauveau et Hélie, t. 1, nᵒ 295).

Et, ainsi qu'on l'a fait également observer, *ibid.* nᵒ 149, si la *connaissance* est la même chose que l'*intention* coupable, la *volonté* en diffère essentiellement : il peut arriver, en effet, qu'un individu donne la mort, voulant la donner, sans avoir eu l'intention criminelle de commettre un crime, par exemple, en cas de légitime défense. Un arrêt rapporté *loc. cit.* a conclu de là que le jury doit déclarer non seulement que le complice a agi *volontairement*, mais qu'il a participé au fait principal méchamment et à dessein de nuire.

150. Une difficulté s'est élevée pour le cas où la complicité résulte soit de *provocations* par l'un des moyens énumérés en l'art. 60, soit d'*instructions* données pour commettre le délit ; on s'est demandé si la complicité n'est pas suffisamment caractérisée par la simple mention de cette provocation ou de ces instructions, sans qu'il soit besoin d'ajouter que le complice a agi sciemment. Carnot, Chauveau et Hélie, Le Sellyer, cités au *Rép.* nᵒ 107, se sont prononcés dans le sens de la négative. Mais ce système, combattu par nous *ibid.*, n'a pas prévalu en jurisprudence. Un arrêt rapporté au *Rép.* nᵒ 105 avait déjà consacré formellement l'opinion inverse, qui a encore été sanctionnée, depuis lors, par plusieurs décisions de la cour suprême (V. Crim. rej. 23 mai 1844, aff. Manelère, *Bull. crim.*, nᵒ 179 ; 21 août 1845, aff. Menghy, *ibid.*, nᵒ 264; 19 juin 1857, aff. Bazèrque, D. P. 57. 1. 372 ; 27 déc. 1872, aff. Letulle, D. P. 72. 1. 475). L'arrêt du 23 mai 1844 établit très nettement la théorie à laquelle nous nous rallions : « Attendu que le paragraphe 1ᵉʳ de l'art. 60 c. pén., qui définit et punit le genre de complicité consistant à avoir donné des instructions pour commettre un crime, n'exige pas, comme les dispositions subséquentes, qu'il soit dit que l'accusé de ce genre de complicité a agi *avec connaissance*, ou *sciemment*, ou *sachant que ces instructions devaient servir à commettre un crime ;* — Qu'en effet, il eût été, pour ce cas particulier, très inutile de demander une telle explication, quand l'acte d'avoir donné des instructions pour commettre un crime et la déclaration que l'accusé est coupable de les avoir données ou fait donner ne laissent aucun doute sur son intention criminelle ».

151. Il n'est pas non plus nécessaire que la déclaration de complicité par provocation à l'aide de l'un des moyens déterminés par l'art. 60, mentionne que la provocation a été exercée envers celui par qui le crime a été commis, « s'il résulte, d'ailleurs, du rapprochement et de la combinaison des diverses questions et des réponses qui y ont été faites, que la provocation dont l'accusé a été déclaré coupable avec les caractères constitutifs de la complicité, a été suivie de la perpétration du crime qu'elle avait pour but de faire commettre » (Crim. rej. 3 oct. 1857, aff. Doineau, D. P. 57. 1. 455).

152. Mais la mention formelle de la connaissance constitutive de l'intention criminelle est indispensable, quand il s'agit des autres modes de complicité. — Ainsi est nul l'arrêt qui déclare un individu complice d'un crime ou d'un délit par aide ou assistance, sans constater que l'aide ou l'assistance a eu lieu avec connaissance (*Rép.* nᵒˢ 133 et 140; Crim. cass. 24 juill. 1847, aff. Valente, *Bull. crim.*, nᵒ 160 ; 14 oct. 1847, aff. veuve Martin, *ibid.*, nᵒ 255 ; Liège, 2 mars 1852, aff. Walraff, D. P. 55. 5. 101; Crim. cass. 18 août 1871, aff. Leplus, *Bull. crim.*, nᵒ 92 ; Motifs, Crim. rej. 27 déc. 1872, aff. Letulle, D. P. 72. 1. 475 ; Cons. rév. Paris, 9 juin 1887) (1). — De même, la condamnation pour complicité d'un délit manque de base légale, lorsque les motifs du jugement établissent seulement qu'il y a eu aide et assistance, sans spécifier en même temps que le concours a été donné avec connaissance de cause (V. outre l'arrêt rapporté au *Rép.* vᵒ *Vol et escroquerie*, nᵒ 892 : Crim. cass. 17 avr. 1863, aff. Héiriès, D. P. 63. 5. 84).

153. Toutefois, si l'on admet la théorie adoptée par la jurisprudence, en ce qui concerne la complicité par instructions ou provocations exposée *suprà*, nᵒ 151, il est évident que le défaut de mention, dans un jugement prononçant une condamnation pour complicité d'un délit par aide et assistance, que cette aide ou cette assistance ont été données *avec connaissance*, est une omission dépourvue d'intérêt, lorsqu'il est énoncé, en outre, que le prévenu a donné des instructions pour commettre le délit, cette dernière énonciation impliquant suffisamment qu'il connaissait le caractère coupable de l'acte à l'exécution duquel il s'associait (Crim. rej. 27 déc. 1872, aff. Letulle, D. P. 72. 1. 475).

154. L'arrêt de la cour de cassation, rapporté au *Rép.* nᵒ 147, avait également décidé qu'en matière de complicité de *viol*, même par aide et assistance, il n'est pas davantage besoin d'énoncer que celui qui s'est rendu complice du crime a agi avec connaissance, l'assistance qu'il prêtait aux auteurs du viol ne permettant pas de supposer l'ignorance du crime. Cette jurisprudence a été, comme on l'a vu *ibid.*, l'objet de critiques de la part de Carnot, Chauveau et Hélie, et Le Sellyer. La cour de cassation l'a, depuis lors, abandonnée, et a posé en principe, d'une façon générale, « que la déclaration du jury qui n'établit pas que l'accusé a aidé ou assisté avec connaissance l'auteur du crime dans les faits qui l'ont préparé et facilité, est une déclaration incomplète, à laquelle manque un des éléments essentiels et constitutifs de la complicité » (Crim. cas. 9 juin 1866, aff. Molyb, *Bull. crim.*, nᵒ 149).

155. On a indiqué au *Rép.* nᵒˢ 138 et suiv., 144 et suiv., que les mots *avec connaissance* ne sont pas sacramentels, et

---

(1) (Min. publ. *C.* Lavallette.) — LE CONSEIL ; — Statuant sur le moyen relevé d'office par le commissaire du gouvernement près le conseil de revision et tiré d'une violation de l'art. 60, § 3, et d'une fausse application de l'art. 405 c. pén. en ce que Lavallette ayant été déclaré coupable d'avoir aidé et assisté Compagnon dans les faits qui ont préparé ou facilité, ou dans ceux qui ont consommé l'escroquerie commise par lui, c'est à tort qu'il a été considéré comme complice de ladite escroquerie, puisqu'il n'est pas spécifié dans la question posée et répondu affirmativement qu'il avait agi « avec connaissance » ; — Attendu, en droit, que la déclaration des juges qui n'établit pas que l'inculpé a aidé ou assisté « avec connaissance » l'auteur principal dans les faits qui ont préparé ou facilité l'action objet de la poursuite, est une déclaration incomplète à laquelle manque un des éléments essentiels et constitutifs de la complicité ; — Attendu, sans doute, que les mots « avec connaissance » ne sont pas sacramentels et peuvent être suppléés par des équivalents ; mais que la question et la réponse relatives à la participation qu'aurait prise Lavallette dans l'escroquerie spécifiée dans la première question subsidiaire ne contiennent aucune indication pouvant impliquer qu'il a agi avec connaissance, et que sa participation avec connaissance ne résulte pas davantage de la nature même du fait incriminé ; — Attendu dès lors, que le fait déclaré constant à sa charge étant dénué de l'un des éléments essentiellement constitutifs de la criminalité, la peine prononcée contre lui ne repose sur aucune base légale ; — Par ces motifs ; — Le conseil de revision admet, à l'unanimité, le moyen proposé ;

Sur l'étendue de l'annulation : — Attendu que Lavallette était renvoyé devant le conseil de guerre séant à Tours, sous l'accusation de complicité de faux en écriture privée et de complicité d'usage de faux ; que, par ses réponses négatives aux deux questions qui lui ont été posées en suite de l'ordre de mise en jugement, le conseil de guerre l'a déchargé de cette accusation qui a été entièrement purgée ; — Attendu que la question subsidiaire de complicité d'escroquerie, arbitrairement introduite par le président, constitualt un fait nouveau sur lequel le conseil était sans doute compétent pour prononcer dans les termes de l'art. 142 c. just. mil., en renvoyant la cause devant le général qui avait donné l'ordre de mise en jugement ; mais qu'il ne pouvait, comme il l'a fait, statuer au fond sans commettre un excès de pouvoir et sans violer expressément les art. 99 et 100 du code précité ; — Attendu, enfin, que l'accusation originelle ayant été entièrement purgée, une question subsidiaire, d'ailleurs illégalement introduite, ne renfermant pas les caractères légaux de la complicité, n'échet de prononcer aucune peine ; — Par ces motifs, — Le conseil de révision annule, à l'unanimité, le jugement de condamnation prononcé le 20 mai 1887, par le conseil de la 9ᵉ région de corps d'armée, en ce qui touche Lavallette seulement ; le renvoie devant le conseil de guerre de la 4ᵉ région, séant au Mans, pour que ledit conseil prononce son acquittement, conformément aux art. 167 et 170 c. mil., sauf au général commandant le 9ᵉ corps d'armée, à introduire de nouvelles poursuites, à raison du délit de complicité d'escroquerie, s'il le juge convenable.

Du 9 juin 1887.-Cons. de rev. de Paris.-MM. le gén. Philbert, pr.-le comm. Marchal, rap.-le comm. Romain, commiss. gouv., c. conf.

peuvent toujours être suppléés par des termes équivalents, pourvu que ces termes ne laissent place à aucune incertitude. Ce principe est admis sans difficulté par la jurisprudence (Motifs, Crim. cass. 14 oct. 1847, aff. Martin, *Bull. crim.*, n° 255 ; Motifs, Liège, 2 mars 1852, aff. Walraff, D. P. 55. 5. 101 ; Motifs, Crim. cass. 9 juin 1866, aff. Molyb, *Bull. crim.*, n° 149 ; Crim. rej. 12 avr. 1873, aff. Roché, D. P. 73. 1. 223). — Jugé : 1° que « si, au cas de complicité par aide ou assistance, les juges doivent constater que le complice a agi *avec connaissance*, il n'est pas indispensable que cette constatation soit faite dans les termes mêmes de la loi ; il suffit qu'elle puisse s'induire clairement de l'ensemble des énonciations de l'arrêt » (Crim. rej. 20 avr. 1888, aff. D..., MM. Lœw, pr.-de Larouverade, rap.-Loubers, av. gén., c. conf.-Moret, av.); — 2° Que dans une poursuite pour détournement dans un abattoir de suifs devant revenir à l'Etat, la participation avec connaissance à ces détournements est suffisamment établie à l'égard du complice, lorsque le jugement constate qu'il avait formé avec l'auteur principal une association entachée de fraude pour faire sortir les suifs de l'abattoir, en vue d'un bénéfice à partager, et qu'il se servait, pour fondre les déchets et les convertir en suifs, d'un appareil qu'il savait appartenir à l'Etat et dont il n'ignorait point n'avoir pas le droit de disposer (Crim. rej. 12 avr. 1873, précité).

156. Il a été jugé, d'ailleurs, que la question alternative d'*avoir donné ou fait donner* des instructions pour commettre un crime n'a rien d'irrégulier, parce que « là où chacun des caractères alternatifs de la complicité constitue à un degré égal la criminalité du fait et détermine la même peine, la question qui les réunit ne présente aucun vice de complexité » (Crim. rej. 23 mai 1844, aff. Mauclère, *Bull. crim.*, n° 179). — V. ce qui est dit, à l'égard des questions complexes, *Rép.* v° *Instruction criminelle*, n°s 2787 et suiv.

§ 4. — Distinction entre les complices et les auteurs ou coauteurs (*Rép.* n°s 151 à 166).

157. La participation d'un individu à un crime peut, parfois, ne pas constituer, de sa part, un acte de complicité. Elle devient alors soit une infraction spéciale et distincte, soit une coopération en qualité de *coauteur* de l'infraction commise par plusieurs agents.

La distinction entre le coauteur et le complice a été établie avec beaucoup de précision et d'exactitude par Rauter, dont les observations sont rapportées au *Rép.* n° 151. — Il est universellement admis que le coauteur est celui qui commet matériellement l'acte même qui constitue l'infraction. Le complice, au contraire, ne coopère pas à l'infraction : il n'y participe que par l'un des moyens déterminés dans l'art. 60 ; il n'en est pas l'auteur direct et immédiat. Ceci posé, on doit, sans difficulté, considérer comme un simple complice, et non comme un coauteur, celui qui, par dons, promesses, menaces, etc., *provoque* à commettre l'action ; celui qui se borne à donner des *instructions* pour la commettre ; celui qui se borne à *procurer* des armes, des instruments ou tout autre moyen devant, à sa connaissance, servir à la commettre ; et même celui qui *aide* ou *assiste* l'auteur de l'infraction dans les faits qui l'ont seulement préparée ou facilitée.

158. Il ne s'élève de difficultés qu'à l'égard de ceux qui donnent aide ou assistance à l'action dans les faits qui l'ont *consommée*. Comment, lorsque plusieurs personnes prennent part, à la fois, à la même action, distinguer ceux qui aident et ceux qui coopèrent, ceux qui assistent et ceux qui coagissent? Il résulte des motifs d'un arrêt rapporté au *Rép.* n° 160-6° que l'individu qui assiste l'auteur d'un délit dans les faits qui le consomment, coopère nécessairement à la perpétration de ce délit et s'en rend coauteur. Et d'après d'autres arrêts rapportés *ibid.* n°s 157-4° et 168-4°, l'accusé doit encore être considéré non pas comme complice, mais comme coauteur, même lorsque la déclaration du jury porte, d'une manière générale, qu'il a aidé et assisté l'auteur principal du crime dans les faits qui l'ont préparé, facilité ou consommé. Cette doctrine ne saurait, semble-t-il, être admise; car le mode d'aide ou d'assistance ainsi constaté rentre précisément dans l'une des définitions données de la simple complicité par l'art. 60. Aussi la jurisprudence

s'est-elle généralement montrée avec raison plus exigeante : elle veut, pour que le concours apporté à la perpétration du crime ou du délit imprime à celui qui l'a prêté la qualité de coauteur, que ce concours ait été jusqu'à la simultanéité et à la réciprocité d'aide et d'assistance, laquelle implique seule une participation directe, immédiate et matérielle. C'est en cela que l'aide ou l'assistance du coauteur se distingue de l'aide ou de l'assistance du complice, laquelle ne saurait résulter que de faits extrinsèques à l'action. Cette règle est nettement formulée dans plusieurs arrêts : « Attendu, disent notamment deux arrêts (Crim. cass. 17 déc. 1859, aff. Depoulx, D. P. 60. 1. 196; Crim. rej. 9 nov. 1860, aff. Contour, D. P. 61. 1. 358), qu'il appartient toujours aux tribunaux de distinguer, dans les actes de complicité, ceux qui, extrinsèques à l'acte coupable, tendent à en préparer, faciliter et réaliser la consommation, et ceux qui, par la simultanéité d'action et l'assistance réciproque, constituent la perpétration même » (*Adde* Crim. cass. 6 mars 1862, aff. Fourquet, D. P. 62. 5. 77).

159. La qualité de coauteur résulte donc d'une aide ou d'une assistance réciproque. C'est sur cette distinction que reposent, en matière de faux, des décisions rapportées au *Rép.* n°s 32 et 155 et suiv., et v^is *Crimes et délits contre les personnes*, n° 211 ; *Faux*, n° 266-3° ; *Instruction criminelle*, n° 72. — Jugé, de même, depuis : ... 1° que celui qui fait fabriquer un écrit faux est coupable du crime de faux non comme complice, mais comme coauteur (Crim. rej. 28 janv. 1868, aff. Farrudjia, D. P. 69. 5. 83) ; — ... 2° Que l'associé d'une maison de commerce qui s'est concerté avec son coassocié pour l'accomplissement d'actes d'immixtion dans les attributions des courtiers maritimes, et notamment de démarches à faire en douane pour un armateur de navire, n'est pas seulement complice, mais coauteur de l'infraction commise par ce coassocié (Crim. rej. 27 déc. 1873, aff. Taylor, D. P. 75. 1. 89) ; — ... 3° Que ceux qui se sont réciproquement et simultanément aidés et assistés dans la perpétration du délit de dénonciation calomnieuse, ont pu, en présence de ces faits, d'ailleurs souverainement constatés et appréciés, être déclarés coauteurs du délit (Crim. rej. 9 nov. 1860, cité *suprà*, n° 158); — ... 4° Qu'on doit qualifier coauteur du délit de dénonciation calomnieuse l'individu qui a personnellement remis à l'officier de police judiciaire ou rédigé l'écrit portant la dénonciation, l'une ou l'autre de ces conditions étant un élément constitutif du délit (Crim. rej. 9 févr. 1888, arrêt même X...-MM. Lœw, pr.-Sevestre, rap.-Bertrand, av. gén., c. conf.-Carteron, av.).

160. Les caractères de l'aide ou de l'assistance, en ce qui touche le point de savoir si le concours qui en résulte a eu lieu à titre de coauteur ou de complice, ont surtout été débattus en matière d'*attentats aux mœurs* et de *vol*. — Si la participation au crime de *viol* ou au crime d'*attentat à la pudeur avec violence* consiste dans une aide ou assistance qui, en concourant à la perpétration du crime et en facilitant la consommation, ne constitue pas cependant une *contrainte violente et immédiate* exercée sur la victime, elle ne présente alors que les caractères de la complicité. Et dès que ce genre d'aide ou d'assistance provient d'un simple complice, il n'emporte pas l'aggravation de peine motivée, en pareille matière, par la pluralité des auteurs (c. pén. art. 333). (V. sur ce point, *suprà*, v° *Attentat aux mœurs*, n°s 60 et suiv. Conf. Crim. cass. 2 oct. 1856, aff. Guittain, *Bull. crim.*, n° 326). — Lorsque, au contraire, l'aide consiste dans une participation *directe et matérielle* donnée au crime de viol ou d'attentat à la pudeur avec violence, l'individu qui en est déclaré coupable doit être considéré non pas comme un complice, mais comme un coauteur, cette participation ne résultant plus d'actes extrinsèques à l'action. L'énonciation de l'aide ainsi donnée au crime est, dès lors, suffisante, sans qu'il soit besoin d'ajouter qu'elle a eu lieu dans les faits qui l'ont préparée, facilitée ou consommée, à la différence du cas où l'aide se rapporterait à des faits extrinsèques à l'action. Une telle participation entraîne l'aggravation de peine établie par l'art. 333 (V., sur ce second point, v° *Attentat aux mœurs, loc. cit.*).

161. La distinction qu'on vient de formuler n'a pas été appliquée avec la même rigueur en matière de *vol*. — Des arrêts rapportés au *Rép.* n°s 121 et 160 ont décidé, d'une part, qu'on ne peut voir qu'un simple acte de complicité

dans le fait d'un individu d'avoir aidé l'auteur d'un vol à le commettre et de l'avoir assisté dans les faits qui l'ont préparé ou facilité. Par suite, cette assistance ne constitue pas la circonstance aggravante, prévue par l'art. 381 c. pén., du concours de plusieurs personnes. Mais il a été jugé, d'autre part, par plusieurs autres arrêts également rapportés au *Rép.* n° 156, et v° *Vol,* n°s 475 et suiv., qu'on doit considérer comme coauteur du vol, dans le sens des art. 381 et 386 c. pén., et non pas seulement comme complice par aide et assistance, l'individu qui fait le guet à la porte d'une maison pendant qu'un autre individu commet un vol dans l'intérieur de cette maison, quoiqu'il n'ait pas participé matériellement à toutes les circonstances du fait principal, ou l'individu auquel l'auteur direct du vol d'une bourse appartenant à autrui l'a remise immédiatement après l'avoir soustraite, et qui l'aidait et l'assistait dans la consommation de cette soustraction ; et que, lorsqu'il est déclaré par le jury qu'un accusé a assisté un individu dans les faits qui ont consommé un vol dans une maison habitée, cet accusé doit être considéré comme coauteur du vol, et que, par suite, la cour d'assises a pu appliquer la peine comme si le vol avait été commis par deux individus.

162. Sur la question de savoir si la personne avec qui un individu encore marié contracte un nouveau mariage, doit être considérée comme coauteur ou comme complice du crime de *bigamie,* V. *suprà,* v° *Bigamie,* n° 11.

163. La distinction entre les coauteurs et les complices présente un intérêt particulier, lorsqu'il s'agit d'infractions qui ne comportent pas de complicité. — Jugé, notamment, en matière de contraventions passibles de peines de simple police où la complicité n'est pas admise (V. *suprà,* n° 53) et qui ne peuvent entraîner de peines que contre des coauteurs, que le médecin qui, abdiquant complètement sa qualité, couvre de son nom et de sa signature des faits d'exercice illégal de la médecine sans usurpation du titre, imputés, par exemple, à un magnétiseur qui fait donner des consultations médicales par une somnambule, doit être qualifié de coauteur de la contravention punie par l'art. 35 de la loi du 29 vent. an 11, et ne peut, dès lors, exciper de l'impunité dont jouit un simple complice (Crim. rej. 17 déc. 1859, cité *suprà,* n° 158). Et lorsqu'il y a participation à une contravention, le juge ne peut fonder l'acquittement sur ce que la complicité n'est pas punie en matière de contravention de simple police, s'il n'établit, en même temps, que la participation incriminée a été toute passive et n'a pas eu le caractère d'une participation comme coauteur (Crim. cass. 6 mars 1862, aff. Fourquet, D. P. 62. 5. 77). A plus forte raison en est-il ainsi lorsque les prévenus sont reconnus coupables de contraventions de même nature mais commises séparément, et, par exemple, lorsque plusieurs bouchers sont poursuivis pour n'avoir pas dans leurs magasins l'approvisionnement exigé par un arrêté municipal (Crim. cass. 26 déc. 1857, aff. Plaigne, D. P. 58. 1. 143). Jugé encore que l'entrepreneur de voitures publiques qui donne à ses conducteurs et cochers l'ordre d'emprunter les rails des tramways, contrairement aux dispositions d'un arrêté préfectoral interdisant l'usage de ces voies ferrées aux voitures étrangères au service des tramways, se rend personnellement coupable d'une contravention et la fait arrêté, et ne doit pas être considéré seulement comme complice de cette contravention (Crim. rej. 26 juin 1885, aff. Diard, D. P. 86. 1. 279).

164. En ce qui concerne les infractions de police qui sont punies de peines correctionnelles, et qu'on appelle délits-contraventions, la responsabilité pénale de celui qui y a concouru est ou n'est pas subordonnée à la nécessité d'une participation comme coauteur, selon qu'on se range au système d'après lequel ce genre d'infractions n'est pas susceptible de complicité, ou à l'opinion, plus généralement suivie, qui fait rentrer les délits-contraventions dans la classe des véritables délits, entraînant des peines de la complicité, par cela seul qu'ils sont frappés de peines correctionnelles (V. *suprà,* n°s 59 et suiv.). Dans une espèce où l'infraction résultait de l'achat, en temps d'épizootie, d'animaux atteints par la contagion ou suspectés d'être atteints, et de la revente de ces animaux sur le marché d'une localité non encore infectée, la cour de cassation, sans se prononcer sur le point de savoir si le caractère matériel du fait poursuivi était ou non exclusif d'une complicité punissable, a maintenu les peines infligées aux

prévenus, par le motif qu'ils s'étaient rendus coauteurs du fait poursuivi en formant entre eux une société pour l'achat et la revente des animaux atteints ou suspects (Crim. rej. 11 juill. 1873, aff. Lair, D. P. 73. 1. 393).

165. La distinction à établir entre les coauteurs et les complices a aussi une grande importance, lorsqu'on se trouve en présence d'un fait non légalement punissable pour l'un de ceux qui y ont concouru. Le complice d'un pareil fait échappe à toute peine (V. *suprà,* n°s 66 et suiv.). En est-il de même d'un coauteur? La question s'est élevée à l'égard de celui qui coopère :... à un vol avec un autre individu personnellement couvert par l'immunité établie dans l'art. 380 c. pén. (V. *Rép.* n°s 164 et suiv., et v° *Vol,* n° 175) ; — ... Ou à une tentative d'avortement commise par la femme enceinte sur sa propre personne (V. *suprà,* v° *Avortement,* n° 4) ; — ... Ou à un suicide, ce qui arrive, soit pour celui qui, au lieu d'aider simplement la personne qui veut se suicider, dans les actes préparatoires du suicide, lui a donné la mort avec son consentement, soit lorsque deux personnes se sont mutuellement frappées afin de mourir ensemble, et que l'une d'elles ou toutes deux ont échappé à la mort, soit lorsqu'il y a eu seulement tentative réciproque de suicide (V. *Rép.* v° *Crimes et délits contre les personnes,* n°s 127 et suiv.).

166. Le mode de *constatation* des faits de complicité diffère aussi du mode de constatation des faits de coopération d'un coauteur. On verra *infrà,* n° 178 et suiv., que la complicité n'est régulièrement établie que lorsque la déclaration qui en est faite spécifie en termes formels l'existence de l'un des cas de complicité limitativement énumérés dans l'art. 60 c. pén. La constatation du concours d'un coauteur résulte, au contraire, suffisamment de la mention qu'il est l'un des auteurs de l'action sur laquelle porte l'incrimination, sans qu'il soit même besoin d'une énonciation expresse des circonstances particulières d'où résulte sa coopération (V., outre les arrêts rapportés au *Rép.* n°s 157 et 158, et v° *Attentat aux mœurs,* n° 131 : Crim. rej. 24 mars 1853, aff. de Caux, D. P. 53. 1. 115 ; 30 déc. 1853, aff. Lamarque, *Bull. crim.,* n° 611 ; 9 nov. 1860, aff. Contour, D. P. 61. 1. 358 ; 28 avr. 1864, aff. Wood, D. P. 66. 5. 313 ; 16 juin 1864, aff. Ponsot, *Bull. crim.,* n° 157 ; 28 janv. 1868, aff. Cassar, D. P. 69. 5. 83 ; 11 déc. 1873, *Bull. crim.,* n° 303 ; Motifs, Crim. rej. 11 nov. 1882, aff. Bonnet, D. P. 83. 1. 363).

167. Parfois, la décision intervenue sur une poursuite dirigée contre les coauteurs d'un même crime ou d'un même délit porte que ce crime ou ce délit a été commis par chacun des accusés ou prévenus *de complicité* avec les autres. Une telle décision implique l'existence, de la part de tous les accusés ou prévenus, d'une véritable coopération comme coauteurs, et non celle d'une simple complicité pour quelques-uns. La régularité n'en est, dès lors, subordonnée, pour aucun d'eux, à l'énonciation de l'un des modes de complicité énumérés dans l'art. 60 c. pén. — Décidé, à cet égard, outre les arrêts rapportés au *Rép.* v°s *Attentat aux mœurs,* n°s 129 et suiv.; *Vol,* n° 649, qu'il y a constatation d'une coopération de coauteur, et non d'une participation à titre de complice, soumise à la spécification de l'un des faits de complicité de l'art. 60, dans cette déclaration que les prévenus ont « commis ensemble et de complicité » une tentative de vol (Crim. rej. 28 avr. 1864, aff. Wood, D. P. 66. 5. 313). Mais si la déclaration du jury sur le fait principal porte que ce fait a été commis sans coopération d'aucun individu, la même déclaration ne peut ajouter subsidiairement que ce fait a été commis avec complicité (Crim. cass. 23 avr. 1846, aff. Fortabret, D. P. 46. 4. 116 ; 11 févr. 1848, aff. Dejean, D. P. 48. 5. 76).

168. Lorsqu'un crime ou un délit a été commis par plusieurs, chacun des délinquants peut être déclaré auteur de ce crime ou de ce délit et complice du même fait par rapport à ses *coauteurs,* en ce que, notamment, il aurait commis de concert avec eux après l'avoir provoqué par l'un des moyens invoqués dans l'art. 60, outre les arrêts rapportés au *Rép.* v°s *Instruction criminelle,* n° 3329-1° et 2° ; *Faillite,* n°s 1499 et 505 : Crim. rej. 2 oct. 1845, aff. Perret, D. P. 45. 4. 117 ; 1er oct. 1846, aff. Milhès, D. P. 46. 4. 117 ; 8 janv. 1848, aff. Renaud, D. P. 48. 5. 76 ; 20 juin 1851, aff. Larcher, D. P. 51. 5. 425 ; 3 juill. 1856, aff. Beaumaire, *Bull. crim.,* n° 242).

169. Il est, d'ailleurs, manifeste que la qualité de complice peut être substituée à celle de coauteur donnée dans la poursuite à l'un de ceux qui ont participé au fait incriminé. — Décidé, notamment : 1° que l'individu accusé d'être l'auteur d'un meurtre avec préméditation peut être, au cours de la même poursuite, accusé de complicité de ce meurtre par aide ou assistance, ou au moyen d'instructions fournies pour le commettre, sans qu'il y ait substitution d'un crime à un autre (Crim. rej. 12 oct. 1843, aff. Chipponi, *Bull. crim.*, n° 263. Conf. Crim. rej. 10 juill. 1845, aff. Louis, *Bull. crim.*, n° 227 ; 8 oct. 1868, aff. Bentzen, *ibid.*, n° 214) ; — 2° Qu'il n'y a pas contradiction dans la réponse du jury qui, après avoir déclaré des accusés non coupables, comme coauteurs d'un vol, les déclare complices pour en avoir aidé et assisté les auteurs (Crim. rej. 31 juill. 1847, aff. Granger, *Bull. crim.*, n° 170 ; 17 avr. 1851 ; aff. Buis, *ibid.*, n° 145) ; — 3° Que l'individu condamné en première instance, comme auteur principal, peut être condamné comme complice sur son seul appel, pourvu que la peine prononcée contre lui ne soit pas aggravée, une telle aggravation ne pouvant lui être infligée que sur l'appel du ministère public (Crim. rej. 21 mai 1853, aff. Millet, D. P. 53. 5. 21).

170. Réciproquement, la qualité de coauteur peut être substituée à celle de complice, soit dans la poursuite, soit dans la condamnation. — Jugé, sur ce point, qu'il n'y a pas lieu de casser l'arrêt qui a condamné l'un des prévenus en qualité de complice d'une infraction dont il aurait dû être déclaré coauteur, si la peine prononcée contre lui, sous la qualification erronée de complice, est la même que celle qu'il aurait encourue sous celle de coauteur, qui aurait dû lui être donnée (Crim. rej. 27 déc. 1873, aff. Taylor, D. P. 75. 1. 89).

171. Toutefois, les qualités de coauteur et de complice d'un même crime ou délit ne peuvent être constatées simultanément chez la même personne que lorsque les faits de coopération constitutifs de la première, et les faits de complicité d'où résulte la seconde, ne sont pas inconciliables entre eux. Décidé, en ce sens, par les arrêts rapportés, au *Rép. v^te Instruction criminelle*, n° 3505 ; *Vol.* n° 472, que la déclaration du jury portant que des individus sont coupables d'un même crime est contradictoire avec celle qui, relativement à un autre accusé, ne les considère plus que comme complices du même crime, sans relever à leur charge aucun fait de complicité se rapportant à cet autre accusé, et qu'elle doit, par suite, être annulée (Crim. cass. 10 déc. 1852, aff. Puig, *Bull. crim.*, n° 399 ; 8 août 1872, *ibid.*, n° 213 ; Crim. rej. 26 févr. 1874, *ibid.*, n° 62. Conf. Motifs, Crim. rej. 7 mars 1873, *ibid.*, n° 63). — Mais lorsqu'un prévenu a été condamné, non comme complice d'un délit commis par un tiers, mais comme ayant participé au même délit en qualité de coauteur, et que par un arrêt postérieur, ce tiers a été renvoyé de la prévention à raison de l'incertitude qui régnait sur l'existence même du délit, celui contre lequel a été rendu le premier arrêt ne peut, en revendiquant le rôle de simple complice, prétendre que la condamnation prononcée contre lui est inconciliable avec la nouvelle décision, et manque, par suite, de base légale (Crim. rej. 28 juill. 1882, aff. Bagnoli, D. P. 83. 1. 42).

172. Les qualités de coauteur et de complice, si elles peuvent se rencontrer soit *simultanément*, soit *par substitution* l'une de l'autre, chez le même individu, ne peuvent pas être l'objet d'une déclaration *alternative*. La condamnation prononcée contre un individu comme auteur *ou* comme complice est nulle, en ce qu'elle ne suppose ni la simultanéité des deux qualités, ni la substitution de l'une à l'autre, mais implique qu'il y a incertitude sur l'existence de l'une et de l'autre (V. outre l'arrêt rapporté au *Rép. v° Vol*, n° 473 : Crim. cass. 18 nov. 1847, aff. Monlouis, D. P. 48. 5. 90 ; Montpellier, 3 avr. 1848, aff. Castan, D. P. 48. 2. 145).

173. Mais la question de complicité peut être posée subsidiairement devant le jury à l'égard de l'individu poursuivi seulement comme auteur principal, si elle résulte des débats. La déclaration aux termes de laquelle un individu est reconnu non coupable en tant qu'auteur principal, ne met donc pas obstacle à ce que cet individu soit déclaré complice du même fait (V. outre l'arrêt rapporté au *Rép. v° Instruction criminelle*, n° 3329 : Crim. rej. 31 juill. 1862, aff.

Lesage, D. P. 62. 1. 546 ; 18 mai 1865, aff. Arnault, D. P. 69. 1. 166).

174. Reste la détermination de la *peine* à appliquer aux coauteurs. — On sait que la peine du fait principal est commune à l'auteur principal et au complice, sous l'unique réserve des causes de diminution ou d'exonération de peine qui, personnelles à l'un ou à l'autre, laissent subsister, dans sa matérialité et sa criminalité, le crime ou le délit (V. *suprà*, n° 17). On a vu également que, contrairement à la doctrine de beaucoup d'auteurs, les causes d'aggravation de la peine doivent être étendues au complice, non seulement quand elles consistent dans des circonstances de fait intrinsèques au crime ou au délit, mais encore quand elles dérivent d'une qualité aggravante propre à l'auteur principal (V. *suprà*, n°s 32 et suiv.). — Lorsqu'il s'agit de coauteurs, la peine infligée au fait dont ils ont été déclarés coupables les atteint directement, et non par voie d'extension de cette peine s'opérant de l'un à l'autre des individus qui l'ont encourue. Chacun d'eux profite donc, sans difficulté, et à l'exclusion des autres, des exceptions qui lui sont personnelles, puisqu'on n'est plus en présence de peines à appliquer, d'une part à un fait principal et, d'autre part, à des faits accessoires de complicité. Mais que décider en ce qui concerne les causes d'aggravation pénale personnelles à l'un ou à plusieurs des coauteurs ? Les autres coauteurs auront-ils à en souffrir ? Les arrêts qui font subir au complice les conséquences de cette aggravation, bien qu'elle ne se rencontre que dans la personne de l'auteur principal, se fondent sur ce que le complice, par sa participation au fait principal, encourt, non la responsabilité pénale dont il serait passible s'il en était l'auteur, mais celle appliquée au crime ou au délit lui-même par la disposition de loi qui en a aggravé la peine pour quelque cause que ce soit. Les coauteurs d'un fait punissable ne doivent-ils pas, au contraire, être considérés comme autant d'auteurs principaux et être affranchis, dès lors, d'une augmentation de peine qui serait étrangère au crime ou au délit qu'ils auraient seuls commis ? La jurisprudence n'a pas cru pouvoir exonérer les coauteurs du même crime ou d'un même délit d'une aggravation pénale à laquelle elle soumet de simples complices. Pour assimiler ces coauteurs à des complices, quant à l'application de la peine ainsi aggravée du chef de l'un d'eux, elle pose en principe que les coauteurs d'un crime ou d'un délit s'aidant réciproquement dans les faits qui l'ont consommé, doivent être punis comme s'étant respectivement rendus complices les uns des autres, selon les termes de la disposition finale de l'art. 60. — Au point de vue de la *peine*, des faits de coopération deviennent, de la sorte, de véritables actes de complicité.

Décidé, conformément à ce principe : 1° que l'individu déclaré coauteur d'un crime, par exemple du crime de parricide, en est par cela même déclaré le complice, et est légalement condamné à la peine établie pour ce crime contre celui des autres coauteurs qui a la qualité de fils de la victime (V. outre les arrêts rapportés au *Rép.* n° 154 : Crim. rej. 9 juin 1848, aff. Igneux, D. P. 48. 1. 154 ; 11 sept. 1851, aff. Olive, D. P. 51. 5. 378 ; 24 mars 1853, aff. Lucta, D. P. 53. 1. 115 ; 11 mai 1866, aff. Pernot, D. P. 68. 5. 96) ; — 2° Que les individus qui s'entendent pour commettre un crime et concourent simultanément aux faits qui le préparent et le consomment sont, comme complices les uns des autres, passibles de l'aggravation de peine résultant, par exemple, de la qualité de domestique ou de préposé de la victime, qui existe chez l'un d'eux (V. outre l'arrêt rapporté au *Rép.* n°s 36 et 152, et v° *Vol*, n° 371 : Crim. rej. 22 janv. 1852, aff. Dubois, D. P. 52. 5. 133 ; Paris, 14 juin 1853, aff. P..., D. P. 54. 5. 171 ; Crim. rej. 15 juin 1860, aff. Peltey, D. P. 60. 1. 467).

175. On a vu *suprà*, n°s 34 et suiv., que les circonstances aggravantes déclarées à l'égard de l'auteur principal d'un crime ou d'un délit s'étendent au complice, sans qu'il y ait nécessité qu'elles soient, à l'égard de ce dernier, l'objet d'une déclaration distincte, ni, dès lors, d'une question spéciale dans les affaires soumises au jury. Il en est, à plus forte raison, de même à l'égard du coauteur. Jugé en ce sens, que la déclaration affirmative intervenue contre l'un des accusés sur les faits entraînant une aggravation pénale, « s'étend de droit à tous les coauteurs ou complices » (V. outre les arrêts rapportés au *Rép.* v° *Instruction crimi-*

nelle, n°s 2868 et suiv. : Crim. rej. 30 déc. 1864, aff. Planix, D. P. 65. 1. 323 ; 18 avr. 1873, aff. Rateau, D. P. 73. 1. 164 ; 6 nov. 1874, aff. Mareschal, D. P. 76. 5. 143).

176. Cette règle cesse, toutefois, d'être applicable, quand l'aggravation a sa cause dans un fait *intentionnel* formant un élément de la moralité individuelle de chaque agent. Le jury doit alors être interrogé sur ce fait pour chacun des accusés séparément (V. outre les arrêts rapportés au *Rép.* v° *Instruction criminelle*, n° 2867 : Nouguier, *La cour d'assises*, n° 2935 ; Faustin Hélie, *Traité de l'instruction criminelle*, t. 8, n° 3706). — Décidé, notamment, qu'en cas d'accusation de meurtre commis dans l'intention de préparer, faciliter et exécuter un vol, cette intention aggravante doit, si la poursuite est dirigée contre plusieurs accusés, en qualité de coauteurs, être l'objet d'une question distincte pour chacun d'eux (Crim. rej. 27 mai 1886, aff. Lunès, D. P. 86. 1. 425). — La situation du coauteur diffère, en cela, de celle du complice dont la responsabilité pénale s'étend même à la cause d'aggravation résultant d'une préméditation qui n'a été déclarée dans la réponse du jury relative au fait principal (V. *suprà*, n°s 30 et suiv.).

177. Si, en effet, il est admis que les circonstances aggravantes relevées à l'égard de l'auteur principal sont opposables même au complice qui les a ignorées, et si elles ne peuvent, par suite, être écartées en sa faveur, sous prétexte qu'il n'en aurait pas eu connaissance, dès que l'existence en a été constatée contre l'auteur principal (V. *suprà*, n° 37), le coauteur n'en subit, au contraire, les conséquences, que lorsqu'il les a connues. A la vérité, il est assimilé à un complice, quant à la peine et à ses causes d'aggravation, mais c'est à la condition qu'il ait coopéré au fait principal, sachant qu'il se trouvait accompagné de ces causes d'aggravation. Les circonstances d'où résulte l'aggravation pénale peuvent donc être écartées pour l'un des coauteurs, bien qu'elles aient été admises pour l'autre, à la différence de ce qui a lieu pour un complice (V. *suprà*, n° 34). — Jugé, conformément à cette règle, formulée au *Rép.* n° 45, que la déclaration du jury portant qu'un individu est coupable d'un fait de vol commis de concert avec un autre individu, dans une maison habitée, et accompagné de circonstances déterminées, telles que celles d'escalade et d'effraction, n'est pas inconciliable avec la déclaration de culpabilité qui, relativement au coauteur, écarte ces dernières circonstances (Crim. rej. 11 juin 1832, aff. Berger, D. P. 52. 5. 155).

§ 5. — Mention des faits constitutifs de la complicité. — Déclarations du jury (*Rép.* n°s 167 à 184).

178. La déclaration de culpabilité du complice doit énoncer les faits caractéristiques de la complicité qui lui sont imputés : il ne suffirait pas de dire que le prévenu ou l'accusé est complice; il faut nécessairement constater en quoi consiste cette complicité. — Cette règle, appliquée par les nombreux arrêts qui ont été rapportés au *Rép.* n°s 167 et suiv., et v° *Instruction criminelle*, n°s 2596 et 2761, a depuis été maintenue avec soin par de nouveaux arrêts (V. notamment: Crim. cass. 13 déc. 1832, aff. Gilberton, *Bull. crim.*, n° 394; 16 janv. 1834, aff. Soulié, *ibid.*, n° 18; 27 mars 1846, aff. Jolivet, *ibid.*, n° 82; 14 mai 1847, aff. Battet, *ibid.*, n° 102; 30 avr. 1853, aff. Klau, *ibid.*, n° 151; 30 sept. 1853, aff. Demangeon, D. P. 53. 5. 110). — Elle est enseignée par tous les auteurs (V. Legraverend, *Traité de l'instruction criminelle*, t. 1, p. 138; Carnot, *De l'instruction criminelle*, n°s 5 et suiv.; Trébutien, *Cours élémentaire de droit criminel*, t. 1, p. 183; Nouguier, *Cour d'assises*, n°s 2976 et suiv.; Le Sellyer, *Traité de la criminalité*, t. 2, n° 363; Chauveau et Hélie, *Théorie du code pénal*, t. 1, n° 293; Blanche, *Etudes sur le code pénal*, t. 2, n° 106).

179. Mais, ainsi qu'il est dit au *Rép.* n° 126, et que cela a été jugé par les arrêts rapportés au *Rép.* v° *Instruction criminelle*, n°s 2763 et 3194-1°, la mention de l'existence de l'un des modes de complicité prévus par la loi est suffisante, par cela seul qu'elle reproduit les expressions de la disposition spéciale de loi qui les a définis : il n'est pas nécessaire que le détail des faits constitutifs du mode de complicité constaté dans la déclaration de culpabilité du complice y soit également rappelé. Outre les arrêts rapportés au *Rép.* v° *Instruction criminelle*, n°s 2763 et 3194-1°, il a été décidé depuis : 1° que la déclaration, par le juge du fait, que le prévenu est coupable d'avoir aidé et assisté, *en connaissance de cause*, un coprévenu comme auteur principal d'un délit (celui d'escroquerie, par exemple), dans les faits qui l'avaient préparé et facilité, et dans ceux qui l'avaient consommé, suffit pour justifier la condamnation de ce prévenu comme complice, sans qu'il soit besoin de spécifier chacun des faits constituant les manœuvres frauduleuses auxquelles s'applique la complicité, alors surtout que le juge relève en outre des faits de recel (Crim. rej. 14 mai 1859, aff. Mayer, D. P. 59. 5. 262); — ... 2° Que la condamnation pour complicité du délit de falsification de boissons est suffisamment motivée lorsque l'arrêt qui la renferme porte que le prévenu de complicité a donné de mauvaise foi des instructions pour le commettre (Crim. rej. 20 mars 1885, aff. Bardou, D. P. 86. 1. 139). — Mais il est nécessaire que l'emploi de l'un des modes de complicité énumérés dans l'art. 60 c. pén. soit nettement spécifié. Ainsi le seul fait de la détention de clichés de photographies obscènes ne suffisant pas pour caractériser la complicité, par l'un des moyens énoncés dans l'art. 60, du délit d'outrage aux bonnes mœurs (aujourd'hui prévu et puni par les art. 28 de la loi du 29 juill. 1881 et 1er de la loi du 2 août 1882), l'arrêt qui condamne le détenteur de ces clichés comme complice, sans préciser les circonstances à raison desquelles cette détention pourrait constituer l'aide ou l'assistance, doit être cassé (Crim. cass. 1er mai 1874, aff. Pichat, D. P. 75. 1. 235).

180. La question de complicité peut même être posée purement et simplement dans les termes de l'art. 60 c. pén., sans qu'il y ait vice de complexité dans l'énumération des divers modes de perpétration de la complicité caractérisés par cet article (Crim. rej. 6 avr. 1854, aff. Rassat, D. P. 54. 5. 222; 11 janv. 1884, aff. Cyvoct, D. P. 84. 1. 379). — Mais il résulte d'arrêts rapportés au *Rép.* n°s 172 et suiv., et v° *Instruction criminelle*, n°s 2393 et suiv., que la question posée au jury est, au contraire, entachée de complexité, lorsque c'est sous une forme *alternative* que les modes divers de complicité énoncés dans l'art. 60 c. pén. y ont été compris.

181. Il n'est pas besoin que la question de complicité reproduise les circonstances que spécifie la question relative au fait principal (Crim. rej. 25 févr. 1843, aff. Ruelle, *Bull. crim.*, n° 46. Conf. Crim. rej. 30 sept. 1842, aff. Epin, *ibid.*, n° 253). — Mais, lorsque l'auteur principal a été jugé séparément du complice, la question de complicité posée pour celui-ci doit évidemment indiquer, en même temps que les éléments de la complicité, les éléments constitutifs du fait principal (Blanche, t. 2, n° 112). Il en est ainsi, notamment, en matière de délits de presse déférés au jury (Crim. cass. 4 mars 1882, aff. Albertini, D. P. 82. 1. 236).

182. Il est certain, d'ailleurs, qu'il doit être posé au jury autant de questions distinctes, relativement au complice, qu'il y a de faits principaux. Ainsi, est entachée de complexité la question posée en ces termes : Un tel est-il coupable d'avoir sciemment recélé tout ou partie des sommes détournées ou obtenues à l'aide des faux et usages de faux spécifiés dans toutes les catégories de faux qui précèdent? (Crim. cass. 29 déc. 1887) (1).

---

(1) (Ginily C. Min. publ.) — La cour; — Sur le moyen du pourvoi tiré de ce que la question unique concernant le demandeur contiendrait le vice de complexité interdit par la loi du 9 sept. 1835, ensemble les art. 1er, 2 et 3 de la loi du 13 mai 1836 : — Attendu que cette question est ainsi formulée : « L'accusé Ginily David est-il coupable d'avoir, depuis moins de dix ans, à Bône, sciemment recélé tout ou partie des sommes détournées ou obtenues à l'aide des faux et usages de faux spécifiés dans toutes les catégories de questions qui précèdent »; — Qu'il a été répondu : Oui, à la majo-

rité; — Attendu que ladite question se référait à plusieurs milliers de faux et usages de faux dont Ginily était accusé d'avoir été le complice; — Attendu que le jury doit être interrogé successivement et séparément sur chacun des faits principaux et sur chacune des circonstances aggravantes; que ces réponses doivent se produire par oui ou par non; que si deux faits distincts sont compris dans la même question, et que le jury doute de l'un et est convaincu de l'existence de l'autre, il se trouve dans l'impossibilité de fournir une réponse sincère, obligé ou de répondre affirmative-

183. Sur les mentions relatives aux conditions de la complicité dans ses rapports avec les circonstances aggravantes du fait principal, V. *suprà*, n°⁵ 24 et suiv. — Quant à l'individu déclaré coupable non comme complice, mais comme coauteur du crime ou du délit, V. *suprà*, n°⁵ 157 et suiv.

184. Sur la mention de l'intention criminelle, de la part du complice, V. *suprà*, n°⁵ 147 et suiv.

185. Aux termes de l'art. 60 de la loi du 29 juill. 1881, la citation devant le tribunal correctionnel pour délit de diffamation envers un particulier doit, à peine de nullité, « indiquer le texte de loi applicable à la poursuite ». Cet article est entendu en ce sens que les textes de loi dont la citation doit renfermer l'énonciation sont ceux qui édictent la *peine* applicable au fait poursuivi, sans qu'il soit besoin d'y ajouter le texte de l'article qui *définit* le délit (V. *infrà*, v° *Presse*). Quant au complice, décidé de même qu'il suffit d'indiquer, dans la citation, les articles de la loi de 1881 qui définissent le délit et ceux qui prononcent les peines, sans qu'il soit nécessaire d'indiquer, en outre, les articles de la loi de 1881 qui définissent la complicité (Trib. corr. Seine, 1er févr. 1888) (1).

CHAP. 3. — Recel des malfaiteurs et des objets volés
(*Rép.* n°⁵ 185 à 253).

Art. 1er. — *Recèlement des malfaiteurs, dans le sens de l'art. 61 c. pén.* (*Rép.* n°⁵ 188 à 202).

186. La complicité prévue et punie par l'art. 61 est subordonnée à diverses conditions qui sont énumérées au *Rép.* n°⁵ 193 et suiv., et qui se rapportent, les unes aux auteurs principaux et les autres à l'individu poursuivi comme complice en vertu de cet article.

Le mot *malfaiteurs* dont se sert l'art. 61 s'applique comme il est dit, *ibid.*, n° 187, à tous individus qui se répandent dans la société pour y commettre des crimes ou délits, contre la sûreté de l'Etat, la paix publique, les personnes ou les propriétés. — L'art. 61 c. pén. ne concerne que le *recel* des malfaiteurs isolés ou épars. Nous le rapprochons *infrà*, n° 194, du cas où il s'agit soit du recel de malfaiteurs organisés en *bandes*, soit du recel d'une *association de malfaiteurs*. La complicité spéciale prévue par l'art. 61 a été décidé de malfaiteurs pris individuellement, il a été décidé que lorsque le prévenu ou l'accusé de recel de malfaiteurs désignés dans l'acte d'accusation a été acquitté, il ne s'ensuit pas qu'il ne puisse être poursuivi de nouveau pour recel d'autres malfaiteurs (Crim. rej. 30 janv. 1846, aff. Justafié, D. P. 46. 4. 67.).

187. Le recel de malfaiteurs, puni comme acte de complicité par l'art. 61, consiste uniquement dans le fait de fournir à ces malfaiteurs des *logements, lieux de retraite* ou *de réunion*. On ne peut donc considérer comme complice celui qui leur fournit seulement *la nourriture* (V., outre les auteurs cités au *Rép.* n° 198 : Trébutien, *Cours élémentaire de droit criminel*, t. 1, p. 187; Blanche, *Etudes sur le code pénal*, t. 2, n°⁵ 128 et suiv.; Le Sellyer, *Traité de la criminalité*, t. 2, n° 398).

188. Pour qu'il y ait recel de malfaiteurs tombant sous l'application de l'art. 61 c. pén., il faut, comme il est dit également au *Rép.* n°⁵ 195 et 196, que le receleur ait agi avec connaissance de la conduite criminelle des malfaiteurs auxquels il a fourni logement, lieu de retraite ou de réunion. Cette connaissance constitue l'intention coupable, sans

laquelle le fait ne saurait avoir un caractère de criminalité. — La connaissance exigée par l'art. 61 doit être nettement établie. De simples soupçons ne sauraient en avoir le caractère, car ce n'est pas connaître que concevoir des doutes (V. outre ce qui est dit à cet égard *loc. cit.* : Crim. cass. 15 oct. 1853, aff. Saint-Preux, D. P. 54. 1. 85; Crim. rej. 27 juill. 1867, aff. Carcopino, D. P. 67. 1. 458).

189. Il faut, de plus, que le receleur ait fourni *habituellement* aux malfaiteurs logement, lieu de retraite ou de réunion (*Rép.* n° 193). — Jugé à cet égard qu'un individu ne peut être poursuivi pour avoir fourni habituellement une retraite à des malfaiteurs, lors qu'il a été précédemment condamné pour avoir donné asile, accidentellement, à une association de malfaiteurs, s'il est constant que la nouvelle poursuite porte sur le même fait que celui déjà frappé par la condamnation antérieure (Crim. cass. 24 janv. 1846, aff. Justafié, D. P. 46. 4. 66).

190. Enfin, et selon l'observation faite au *Rép.* n°⁵ 193 et 199, il faut que le receleur ait reçu les malfaiteurs *volontairement*, car, s'il avait été contraint de le faire, il ne pourrait être puni. — Et il a été jugé, sur ce point, que la femme mariée convaincue, ainsi que son mari, d'avoir habituellement donné asile à des malfaiteurs, n'est pas réputée, de plein droit, avoir agi sous l'influence de son mari et sans une liberté suffisante : il appartient au jury d'apprécier l'intention qui a dirigé cette femme (Crim. cass. 23 mars 1854, aff. Champion, D. P. 54. 5. 171).

191. L'art. 61 disposant que ceux qui fournissent habituellement à des malfaiteurs des logements, lieux de retraite ou de réunion, seront punis comme leurs complices, on en a conclu au *Rép.* n°⁵ 200 et suiv., que les conditions de la poursuite et de la condamnation du complice par recel de malfaiteurs, dans leurs rapports avec la poursuite et la condamnation de l'auteur principal, sont, ainsi que la *peine*, soumises aux règles qui concernent la complicité ordinaire (V. *suprà*, n°⁵ 15 et suiv.); sauf les dérogations apportées à cette règle par l'art. 63 qui concerne le recel de malfaiteurs prévu par l'art. 61, comme le recel de choses prévu par l'art. 62 (V. *infrà*, n°⁵ 199 et suiv.). C'est donc par une confusion évidente que Legraverend, dont l'opinion est relevée *loc. cit.*, a soutenu que, par application de la disposition de l'art. 99 c. pén., particulière à ceux qui fournissent des lieux de retraite ou de réunion aux bandes séditieuses dont il est parlé dans les articles précédents, la peine du recel de malfaiteurs ne peut jamais excéder celle des travaux forcés à temps. Cette opinion est combattue par M. Le Sellyer, pareillement cité *ibid.* (V. aussi Blanche, t. 2, n° 132).

192. Toutefois, la complicité née du recel de malfaiteurs se distingue en un point important, quant à ses éléments constitutifs, de la complicité ordinaire et même de la complicité par recel d'objets provenant d'un crime ou d'un délit. En principe, il n'y a de complicité punissable que lorsque le crime ou le délit imputés à l'auteur principal sont connus du complice, au moins en tant que fait principal (V. *suprà*, n°⁵ 147 et suiv.) la responsabilité pénale du complice s'étendant, d'après la jurisprudence, aux causes d'aggravation de la criminalité de ce fait encore qu'il les ait ignorées (V. *suprà*, n° 37). Au contraire, et comme la remarque en est faite au *Rép.* n° 196, l'individu déclaré coupable de recel de malfaiteurs est passible des peines applicables aux crimes ou délits commis par ces malfaiteurs, par cela seul qu'il les a favorisés ou facilités en fournissant à leurs auteurs un lieu

---

ment à une double question dont l'une des branches lui paraît cependant non prouvée, ou de repousser par une négation générale celui des deux faits qui lui semble juridiquement établi; que la division des questions est donc substantielle et se lie indissolublement aux nécessités de la manifestation de la vérité; d'où il suit que son omission doit entraîner la nullité de la question et de tout ce qui s'en est suivi; — Attendu que la question, telle qu'elle a été posée concernant le nommé Ginily David, n'a pas mis le jury dans la nécessité de voter d'une manière distincte et séparée sur chacun des faux et usages de faux dans lesquels il avait à reconnaître la complicité dudit accusé; qu'il est impossible de dire d'après la déclaration affirmative et que le jury lui-même a pu ignorer en se prononçant à la fois majeure, si la participation coupable de Ginily existait pour l'un des faux ou l'un des usages de faux, ou pour tous lesdits crimes à la fois; — Qu'il y a eu ainsi violation formelle de la loi; — Par ces motifs, casse, etc.

Du 29 déc. 1887.-Ch. crim.-MM. Lœw, pr.-Auger, rap.-Bertrand, av. gén.-Lehmann, av.

(1) (Ruhau-Donaden C. Caso et autres.) — Le tribunal : — Sur la nullité de la citation: — Attendu que Caso se fonde, pour demander la nullité de l'assignation, sur ce qu'elle n'a pas indiqué les articles de la loi du 29 juill. 1881 qui définissent la complicité; — Mais attendu qu'à supposer que cette exception puisse être proposée après que le débat s'engager sur le fond et y a pris part lui-même, il est constant, en droit, qu'en indiquant ainsi qu'elle l'a fait les articles de loi qui définissent les délits et ceux qui prononcent la peine, et ce après avoir précisé les articles incriminés et qualifié le fait, la citation a satisfait suffisamment aux prescriptions des art. 50 et 60 de la loi précitée et de manière à assurer à la défense toutes les garanties nécessaires...
Du 1er févr. 1888.-Trib. corr. Seine, 9e ch.-M. Gréhen, pr.

de retraite ou de réunion, alors même qu'il n'aurait pas eu connaissance des actes criminels ou délictueux auxquels ces peines sont attachées.

193. Nous ajoutons au *Rép.* n° 201 que, le receleur n'étant puni que des peines encourues par les malfaiteurs qu'il a recélés dans les conditions de l'art. 61, il ne peut être frappé d'une peine qu'autant que des crimes ou des délits sont constatés à la charge de ces malfaiteurs. — Sous le n° 202, on a cité un arrêt de cassation du 9 juill. 1841, qui va jusqu'à exiger que, si le receleur est seul poursuivi, la déclaration du jury désigne les noms des malfaiteurs auxquels asile a été donné, par le motif que « l'art. 61 n'est applicable qu'autant que les malfaiteurs ont été révélés à la justice et déclarés passibles des peines établies par les lois pour les crimes et délits dont ils sont reconnus coupables. » Nous ne pouvons que persister dans la critique que nous avons faite d'une semblable exigence. Aucune raison n'existe pour ne pas appliquer ici les règles générales de la complicité que l'on a exposées *suprà*, n° 15 et suiv., et d'après lesquelles le complice peut être puni, dès que l'existence et la criminalité du fait principal se trouvent établies, sans qu'il soit nécessaire que l'auteur de ce fait ait été condamné ou même poursuivi, et alors même qu'il serait inconnu. Si la complicité punie par l'art. 61 est d'une nature spéciale quant à ses éléments constitutifs (V. *suprà*, n° 187 et suiv.), elle retombe dans le droit commun quant à la constatation du fait principal qui consiste simplement dans l'existence, chez la personne recélée, de la qualification de malfaiteur, qualification impliquant, de sa part, le fait de se livrer habituellement à des crimes ou à des délits contre la chose publique ou contre des particuliers. Or, la constatation de ce fait peut avoir lieu en l'absence du malfaiteur aussi bien que contradictoirement avec lui. En outre, n'est-il pas contraire à une bonne administration de la justice d'exempter de toute peine l'individu qui, poursuivi pour recel de malfaiteurs, refusera de dévoiler les noms des malfaiteurs dont le recel a facilité les méfaits, et rendra ainsi impossible la condition qui serait mise à sa punition? (V. dans le sens de ces observations : Blanche, t. 2, n° 131; Le Sellyer, t. 2, n° 452). La jurisprudence paraît d'ailleurs s'être persisté dans le système que nous combattons (Crim. cass. 15 oct. 1853, aff. Saint-Preux, D. P. 54. 1. 85; Crim. rej. 27 juill. 1867, aff. Carcopino, D. P. 67. 1. 458; Bastia, 8 avr. 1875, aff. Pietri, D. P. 75. 2. 130, et le rapport, *ibid.*).

194. Certaines dispositions des lois pénales punissent des faits de recel analogues à ceux prévus et punis par l'art. 61. — C'est ainsi que l'art. 83 c. pén. punit « quiconque aura recélé ou fait recéler les espions ou soldats ennemis envoyés à la découverte ou qu'il aura connus pour tels ». Il y a là un mode spécial de complicité du crime d'espionnage en temps de guerre, crime prévu lors de la promulgation du code pénal par la loi du 21 brum. an 5, tit. 3 et 4, et réprimé, depuis, par l'art. 206 du code de justice militaire pour l'armée de terre, du 9 juin 1857, et par l'art. 264 du code de justice militaire pour l'armée de mer, du 4 juin 1858, dispositions qui régissent le recel imputable à des individus appartenant à l'armée de terre ou à l'armée de mer (V. *Rép.* v°° *Organisation maritime*, n° 904; *Organisation militaire*, n° 733). — L'espionnage, en temps de paix, échappait à toute pénalité jusqu'à la loi du 18 avr. 1886, qui a puni comme simples délits un certain nombre d'actes desquels elle l'a fait résulter (D. P. 86. 4. 58). L'art. 9 frappe comme complice « toute personne qui, connaissant les intentions des auteurs des délits prévus par la présente loi, leur aura fourni logement, lieu de retraite ou de réunion, ou aura sciemment recélé les objets et instruments ayant servi ou devant servir à commettre ces délits » (V. *infrà*, v° *Crimes et délits contre la sûreté de l'État*).

195. Les art. 99 et 268 c. pén. se rapprochent plus étroitement de l'art. 61. Ils punissent quiconque a sciemment et volontairement fourni logement, lieu de retraite ou de réunion à une bande organisée soit d'après le premier article, en vue d'accomplir l'un des crimes contre la sûreté de l'État qu'énumère l'art. 96 (V. *Rép.* v° *Crimes et délits contre la sûreté de l'État*, n° 160), soit, d'après le second, à l'effet de commettre des attentats contre les personnes ou les propriétés (V. *Rép.* v° *Associations de malfaiteurs*, n° 5 et suiv.). Plusieurs différences essentielles existent entre les hypothèses de ces articles et celles de l'art. 61. Ce dernier exige, pour son application, que le logement ait été fourni habituellement ; les deux autres articles, au contraire, gardent le silence sur cette condition, et l'on ne saurait l'y introduire (V. Chauveau et Hélie, t. 1, n° 288; Le Sellyer, t. 2, n° 457; Boitard, p. 305). D'autre part, il suffit d'avoir reçu habituellement des « malfaiteurs épars » (ce sont les expressions mêmes du rapport de M. Riboud au Corps législatif, n° 10, *Rép.* p. 450), pour tomber sous l'application de l'art. 61; au contraire, il faut, pour encourir les peines des art. 99 et 268, que les criminels auxquels on fournit un lieu de réunion soient organisés en bande. Enfin, les peines prononcées par ces derniers articles sont indépendantes de celles encourues par les individus recueillis, alors que l'art. 61 soumet les receleurs habituels de malfaiteurs non constitués en bande à la règle générale de l'art. 59. Ainsi, lorsque la division de la bande à laquelle un lieu de réunion a été fourni se compose uniquement des auteurs, directeurs et commandants de l'association, la peine à prononcer contre celui qui a procuré le local où ils se rassemblent ne sera que celle de la réclusion, tandis que les malfaiteurs reçus seront condamnés aux travaux forcés à temps ; et dans l'hypothèse de l'art. 99, la différence est encore plus sensible : tandis que la déportation, peine politique, frappe les membres de la bande (art. 98), cet article édicte les travaux forcés à temps, peine de droit commun, contre ceux qui leur donnent logement ou lieu de retraite. On doit donc comprendre les art. 99 et 268 c. pén. au nombre des dispositions auxquelles se réfère l'art. 59 c. pén., quand, après avoir posé en principe, que le complice est passible de la même peine que l'auteur principal, il réserve les cas où la loi en a autrement ordonné.

196. L'art. 248 c. pén. peut aussi être rapproché de l'art. 61. L'acte qu'il réprime consiste dans le fait de recéler ou de faire recéler sciemment les auteurs de crimes emportant une peine afflictive (V. *Rép.* v° *Évasion*, n° 59). Le rapport de M. Riboud, cité au numéro précédent, fait parfaitement ressortir les différences qui existent entre ce cas de recel et l'hypothèse de l'art. 61 : « Il faut bien se garder, dit-il, (n° 11) de confondre les individus dont il s'agit dans l'art. 61 avec ceux qui ont recélé sciemment des prévenus de crime emportant peine afflictive et infamante, dont il est fait mention dans l'art. 248. Ceux-ci ne sont punis que de peines correctionnelles, parce qu'il ne s'agit que du recèlement d'hommes qui cherchent à se soustraire aux poursuites, tandis que l'art. 61 ne s'occupe que de ceux dont les maisons sont le foyer des malfaiteurs ». Il ne concerne pas non plus diverses autres espèces de recèlement mentionnées dans le cours du code.

Parmi les autres cas de recèlement auxquels le même rapport fait aussi allusion, on peut citer notamment : 1° celui que prévoit et punit l'art. 345 où il est dit : « Les coupables de recèlement, de recélé ou de suppression d'un enfant... seront punis de la réclusion », ces trois faits constituant les trois manières différentes dont on peut commettre le crime de suppression (V. *Rép.* v° *Crimes et délits contre les personnes*, n° 244); — 2° Celui puni par l'art. 359 qui porte: « Quiconque aura recélé ou caché le cadavre d'une personne homicide ou morte des suites de coups et blessures, sera puni d'un emprisonnement de six mois à deux ans, et d'une amende de 50 fr. à 400 fr., sans préjudice de peines plus graves, s'il a participé au crime ». Ici, comme dans le cas précédent, on se trouve en présence d'un délit principal revêtu d'une criminalité qui lui est propre. La peine est toujours la même, que la mort soit le résultat d'un crime ou d'un délit, d'un homicide volontaire ou involontaire (V. *Rép.* v° *Culte*, n° 830).

197. La législation militaire prévoit deux hypothèses où le recel du coupable constitue un acte de complicité, puni cependant parfois de peines différentes de celles encourues par l'auteur principal : 1° l'art. 242 du code de l'armée de terre du 9 juin 1857 (que reproduit textuellement l'art. 321 du code de l'armée de mer du 4 juin 1858) concerne le crime ou le délit de provocation à la désertion (V. *suprà*, n° 46 et 140). Cet article ne prévoit pas expressément le cas de recel comme le faisait la législation antérieure (L. 21 brum. an 5, tit. 2, art. 7; 24 brum. an 6, art. 4). Cependant, les termes dans lesquels il est conçu nous semblent

embrasser également cette hypothèse. Le délit de désertion, en effet, est un fait successif; il se prolonge pendant toute la durée du recelement; c'est, en réalité, favoriser la désertion que donner un lieu de retraite au déserteur, même longtemps après qu'il a commencé à violer les règlements militaires. Le recelement est donc un acte de complicité; toutefois, ainsi que l'indique l'article, il n'y aura lieu à l'application du principe d'identité des peines et d'indivisibilité des poursuites que dans le cas où le complice sera lui-même un militaire (V. *Rép.* vis *Organisation maritime*, n° 923; *Organisation militaire*, n° 774); — 2° Le délit d'insoumission est prévu par l'art. 230 du code de l'armée de terre du 9 juin 1857, modifié, comme les art. 231, 234 et 235, relatifs au délit de désertion, par la loi du 18 mai 1875 (D. P. 75. 4. 127). Le recel d'insoumis n'est pas compris au nombre des délits réprimés par le code de justice militaire de 1857. C'est l'art. 62 de la loi sur le recrutement de l'armée du 27 juill. 1872 qui, remplaçant l'art. 40 de la loi du 21 mars 1832, édicte les peines spéciales applicables à cette infraction (V. ce qui est dit au *Rép.* v° *Organisation militaire*, n°s 765, 775 et suiv.).

198. On doit rappeler aussi que l'art. 3 de la loi du 10 avr. 1834 considère comme complices, et punit comme tels, ceux qui prêtent ou louent sciemment leur maison ou appartement pour une ou plusieurs réunions d'une *association non autorisée*. Il n'y a là qu'une application pure et simple de l'art. 60-2° c. pén. (V. *supra*, v° *Associations illicites*, n° 35). — L'art. 2 du décret du 25 mars 1852 avait rendu cette disposition applicable aux *réunions publiques*. Le décret de 1852 a été abrogé par la loi du 30 juin 1881 (D. P. 81. 4. 107), qui ne considère plus les infractions qu'elle prévoit que comme de simples contraventions (art. 10): il ne peut donc être aujourd'hui question de complicité en cette matière (V. *infrà*, v° *Réunions politiques et publiques*).

Art. 2. — *Recel des objets provenant de crimes et de délits* (*Rép.* n°s 203 à 253).

§ 1er. — Quand il y a recel des objets provenant de crimes ou de délits (*Rép.* n°s 203 à 221).

199. Le recel d'objets obtenus à l'aide d'un crime ou d'un délit est, d'après l'art. 62 c. pén., un cas de complicité: c'est là, comme on l'a fait remarquer au *Rép.* n° 205, avec les auteurs qui y sont cités, et *ibid.*, v° *Vol*, n° 700, un mode spécial de complicité qui se distingue profondément des faits de complicité prévus par l'art. 60, où il n'est parlé que de la participation à un crime ou à un délit résultant d'actes qui l'ont *précédé* ou *accompagné*, tandis que le recel d'objets provenant d'un fait criminel ou délictueux est nécessairement *postérieur* à la perpétration de ce fait.

200. En l'absence d'une définition légale du recel prévu par l'art. 62, la jurisprudence, dans les décisions rapportées au *Rép.* n°s 206 et suiv., a donné à cette expression une très large interprétation. Nous avons combattu, notamment, *ibid.*, l'opinion émise par Le Sellyer, d'après laquelle le recélé n'est punissable qu'autant que le receleur a *celé*, c'est-à-dire *caché* les objets provenant d'un crime ou d'un délit. — Un arrêt (Crim. rej. 16 juill. 1857, aff. Baylet, D. P. 57. 1. 379) a, conformément à la doctrine que nous avons soutenue, décidé qu'il y a recel punissable, quoique le receleur n'ait pas dissimulé sa détention.

201. Il résulte du même arrêt, et de ceux rapportés au *Rép.* n° 211, qu'il n'est pas non plus nécessaire, pour que la complicité par recel existe, que le complice ait *appliqué à son profit* les objets recélés : il suffit qu'il les ait détenus volontairement et en en connaissant l'origine. — Toutefois, il y a eu controverse sur le point de savoir si le créancier qui reçoit en payement des deniers qu'il sait provenir d'un vol, d'une escroquerie ou d'un abus de confiance, se rend complice par recel de ce délit. Cette question a été diversement résolue par la chambre des requêtes et par la chambre criminelle de la cour de cassation. Décidé, en effet, d'une part, que le créancier qui reçoit en payement de son débiteur des deniers que celui-ci s'est appropriés au moyen d'un abus de confiance n'est pas complice de ce délit, bien qu'il ait eu connaissance de l'origine des deniers (Req. 10 nov. 1858, aff. Hélix, D. P. 58. 1. 447); et d'autre part,

que le créancier qui accepte, en payement de ce qui lui est dû, des sommes qu'il sait provenir d'escroquerie ou de vol se rend complice par recel (Crim. cass. 16 déc. 1871, aff. Fraissinet, D. P. 71. 1. 365). Ce dernier arrêt pose, fort justement, en principe que « l'art. 62 c. pén. punit comme complice celui qui a recélé sciemment tout ou partie des choses obtenues à l'aide d'un délit; que la seule condition qu'il exige, pour constituer la complicité par recel, c'est la connaissance par le receleur de l'origine coupable des objets recélés ». — Et il y a recel d'objets provenant d'un crime ou d'un délit même de la part de celui qui n'en a profité qu'en les consommant, alors qu'il en connaissait l'origine. Jugé, à cet égard, qu'au cas de vol d'une volaille, l'individu qui en a mangé sciemment en compagnie du voleur, se rend complice par recel du vol commis par ce dernier (Trib. corr. Aix, 23 mai 1871, aff. Roure, D. P. 71. 5. 89). — Décidé aussi que le fait de recel existe avec tous les éléments qui en constituent la criminalité, encore qu'il porte non sur l'objet provenant directement du crime ou du délit, mais sur la chose obtenue à l'aide de cet objet, et spécialement, l'individu qui détient sciemment une certaine quantité de tabac acheté par l'auteur du vol d'une somme d'argent avec partie de la somme volée, se rend coupable de recel, dans le sens de l'art. 62 c. pén. (Dijon, 16 mars 1887, aff. Boizard, D. P. 88. 2. 160).

202. Mais ne peut être considéré comme complice par recel, celui par les mains duquel la chose dont l'origine est criminelle ou délictueuse, n'a passé que momentanément, et qui s'en est dessaisi aussitôt, même au profit du receleur. Décidé spécialement, que l'individu qui, afin de mettre le receleur d'objets volés à l'abri des poursuites, simule la découverte fortuite de ces objets dans le lieu (un pré) où celui-ci les avait cachés, et les remet au receleur comme si celui-ci n'en avait pas encore eu la possession, ne se rend pas coupable de complicité pour recel et n'est passible d'aucune peine (Poitiers, 3 mars 1857, aff. Mallet, D. P. 58. 2. 89).

203. Il est manifeste, d'ailleurs, que la complicité par recel est subordonnée à la condition que l'auteur principal ait remis au receleur les objets qu'il s'est appropriés au moyen d'un crime ou d'un délit, en conséquence, ce crime ou ce délit aient été *consommés*. — Ainsi, la déclaration qu'un prévenu s'est rendu complice, par recel, d'une simple *tentative* d'escroquerie ne peut servir de base à une condamnation (Crim. rej. 6 févr. 1885, aff. Froteau, D. P. 86. 1. 41).

204. La complicité par recel est subordonnée à la condition que les objets recélés proviennent d'un crime ou d'un délit. — Cette règle posée au *Rép.* n° 219 ne saurait être mise en question. Elle a été appliquée dans une espèce où on a jugé que le seul fait de détention des clichés de photographies obscènes ne tombe pas sous l'application de l'art. 62, ces clichés ne pouvant être considérés comme des choses obtenues à l'aide d'un délit, lequel consiste uniquement dans la vente, distribution ou mise en vente des photographies (Crim. cass. 1er mai 1874, cité *suprà*, n° 179).

205. Le recel d'objets trouvés est-il punissable ? La question est subordonnée à celle de savoir si le fait de l'individu qui a trouvé des objets perdus constitue un vol (V. *Vol; — Rép.* eod. v°, n°s 134 et suiv.).

206. La règle d'après laquelle il n'y a recelé, dans le sens de l'art. 62, que pour les choses provenant d'un crime ou d'un délit, reçoit exception au cas de soustraction commise par l'un des parents ou alliés désignés dans l'art. 380. — Bien que le fait principal ne soit pas alors punissable, cependant le complice qui a *profité* de la chose soustraite ou qui l'a *recélée* n'en doit pas moins être puni, en vertu de la disposition finale du même article (V. *Vol; — Rép.* eod. v°, n°s 172 et suiv.).

207. L'acquittement ou le renvoi des poursuites de l'accusé ou du prévenu principal ne fait pas obstacle à la condamnation du complice par recélé : ici s'applique la règle admise à l'égard de tout complice (V. *suprà*, n°s 73 et suiv.; Crim. rej. 23 janv. 1873, aff. Chaslot, D. P. 74. 5. 128). On décide également, que le complice par recélé peut être poursuivi et condamné bien que les auteurs et les victimes des détournements soient restés inconnus (Crim. cass. 14 oct. 1880, aff. Coniac, D. P. 81. 1. 137). C'est ainsi que l'individu qui, en achetant des matières premières détour-

nées par des ouvriers (des soies), s'est rendu complice, par recel, de l'abus de confiance dit *piquage d'once*, peut être poursuivi et condamné sur la preuve de l'origine frauduleuse de sa possession, bien que l'instruction n'ait découvert ni les ouvriers auteurs des détournements, ni les fabricants au préjudice desquels ces détournements ont été commis (Crim. rej. 12 déc. 1863, aff. Favre, D. P. 67. 1. 364).

208. L'art. 62 est applicable : 1° au recélé d'objets frappés de saisie (V. *Vol* ; — *Rép.* eod. v°, n° 695) ; — 2° Au recélé d'objets donnés à titre de gage et qui ont été détournés, au préjudice du créancier gagiste, par le débiteur ou le tiers donneur de gage (V. *ibid.*) ; —.. 3° Au recélé de meubles obtenus à l'aide du délit d'entraves à la liberté des enchères (Crim. rej. 30 déc. 1875, aff. Brenot, D. P. 76. 5. 190. Conf. Motifs, Crim. cass. 18 déc. 1875, aff. Barbier, D. P. 76. 1. 233). En conséquence, l'individu qui, après avoir chargé des mandataires d'acheter certains objets à une vente publique de meubles, reçoit ces objets sachant que ces mandataires ont écarté les enchérisseurs par des dons d'argent, est passible des peines des art. 62 et 412 c. pén., bien que l'adjudication n'ait pas été annulée (Arrêt précité du 30 déc. 1875).

209. En ce qui concerne : 1° le recélé, en matière de banqueroute frauduleuse prévu par l'art. 593 c. com., V. *Faillite et banqueroute* ; — *Rép.* cod. v°, n° 1483; — ... 2° Le recel d'objets contrefaits, prévu par l'art. 41 de la loi du 5 juill. 1844, V. *Brevet d'invention* ; — *Rép.* eod. v°, n°s 272 et suiv., 308; — ... 3° Le recel des produits d'un délit de chasse prévu par l'art. 12 de la loi du 3 mai 1844, V. *suprà*, v° *Chasse*, n° 1097 et suiv.; — ... 4° Le recel d'objets enlevés, détournés ou obtenus à l'aide d'infractions aux lois forestières, prévu par les art. 161 et 164 c. for., V. *Forêts* ; — *Rép.* cod. v°, n°s 326 et suiv.

210. Il est un cas où, par exception à la règle d'après laquelle quiconque recèle sciemment les objets obtenus à l'aide d'un crime ou d'un délit commet un acte de complicité, le receleur, tout en étant soumis aux mêmes peines que l'auteur du détournement, n'est cependant pas puni en qualité de *complice*. Cette hypothèse est celle prévue par l'art. 247 c. just. mil. de l'armée de terre du 9 juin 1857 : « Tout individu qui achète, recèle ou reçoit en gage des armes, munitions, effets d'habillement, de grand ou petit équipement, ou tout autre objet militaire dans des cas autres que ceux où les règlements autorisent leur mise en vente, est puni *par le tribunal compétent* de la même peine que l'auteur du délit ». Avant 1857, des peines différentes étaient édictées, dans ce cas, contre l'auteur du détournement et contre le receleur (L. 28 mars 1793, art. 5; 15 juill. 1829, art. 3 et 5). La cour de cassation, par de nombreux arrêts rapportés au *Rép.* v° *Organisation militaire*, n° 786, se fondant sur cette diversité dans les pénalités, reconnaissait dans les faits commis par ces deux individus deux délits entièrement distincts. — En 1857, le projet du gouvernement et celui de la commission ministérielle sanctionnaient formellement cette jurisprudence, en faisant du recel d'effets militaires un délit *sui generis* auquel était attachée une répression spéciale. Les sections réunies du conseil d'État, tout en voulant consacrer le même principe, « crurent équitable de calquer la peine sur celle qu'encourait le militaire qui opérait la vente, le détournement et la mise en gage des effets, et, pour rendre leur pensée, modifièrent la pénalité, en déclarant que les coupables seraient punis, par le tribunal compétent, de la même peine que les auteurs même de ces délits. La rédaction proposée, qui a été adoptée, a l'inconvénient de paraître faire du délit d'achat, de recel et de réception en gage un fait de complicité de celui de vente, détournement ou mise en gage de la part des militaires, bien que ces deux délits soient soumis à des juridictions différentes (Foucher, *Commentaire du code de justice militaire*, p. 789). Le rapport au Corps législatif (D. P. 57. 4. 128) ne permet pas de douter que la loi de 1857 a voulu conserver aux faits dont on s'occupe, leur caractère de délit *sui generis*, selon l'observation qui en a été faite au *Rép. loc. cit.* Il y est dit, en effet : « La jurisprudence de la cour de cassation est la base des dispositions nouvelles, en ce qui concerne les individus non militaires ». Les auteurs de la loi estimèrent que les mots « est puni *par le tribunal compétent* »

indiqueraient suffisamment le maintien de cette ancienne jurisprudence (Crim. règl. jug. 11 avr. 1867, aff. Brouillet, D. P. 67. 1. 364; Lyon, 9 mars 1869, aff. Décagny, D. P. 69. 2. 81, et sur pourvoi, Crim. cass. 8 avr. 1869, D. P. 70. 1. 140). — L'art. 329 c. just. mil. de l'armée de mer du 4 juin 1858 est conçu en des termes identiques à ceux de l'art. 247 du code de l'armée de terre. Le rapport est d'ailleurs formel sur ce point : « Tous ces faits (ceux énumérés dans l'art. 329) constituent, par eux-mêmes, des délits spéciaux et indépendants du principe de la complicité » (V. *Rép.* v° *Organisation maritime*, n° 936).

§ 2. — De l'intention, en matière de recélé. — Déclaration du jury (*Rép.* n°s 222 à 235).

211. L'art. 62 ne punit comme complices que les individus qui ont sciemment recélé les objets provenant d'un crime ou d'un délit. Mais faut-il que la connaissance de l'origine délictueuse de l'objet provenant d'un crime ou d'un délit existe dès le moment de la réception? Suivant une opinion indiquée au *Rép.* n° 227, cette condition est nécessaire. Ainsi, il n'y aurait pas recélé punissable de la part de l'individu qui, au moment où il a reçu un objet enlevé, détourné ou obtenu à l'aide d'un crime ou d'un délit, en ignorait la provenance délictueuse, encore qu'il l'ait connue depuis. L'art. 62 ne s'appliquerait qu'au recélé coupable dans son principe, et non à celui qui ne le devient qu'après coup. D'après une autre opinion, pareillement indiquée *ibid.*, et adoptée depuis par plusieurs auteurs (V. Chauveau et Hélie, *Théorie du code pénal*, t. 5, n° 213; Trébutien, t. 1, p. 188; Garraud, n° 588), il n'est pas nécessaire que la connaissance qui constitue le recélé punissable existe au moment où la chose a été reçue : le recélé est atteint par la loi, même dans le cas où celui qui a reçu les objets sans avoir connaissance du crime ou du délit d'où ils proviennent, vient à apprendre, plus tard, de quelle manière ils sont parvenus entre les mains de l'individu qui les lui a remis, et continue cependant à garder ces objets.

Cette seconde opinion, enseignée par MM. Blanche, *Études sur le code pénal*, t. 2, n° 156, et Le Sellyer, *Traité de la criminalité*, t. 2, n° 613, a prévalu en jurisprudence.

212. Il a été décidé en ce dernier sens : 1° que l'art. 62 s'applique à l'individu qui, ayant reçu un objet volé, sans en connaître la provenance frauduleuse, a continué de le détenir après avoir été informé de cette provenance (Crim. rej. 10 août 1878, aff. Loupy, D. P. 79. 1. 43); — 2° Spécialement, que celui chez qui des objets volés ont été déposés à son insu, et qui refuse de les restituer, malgré la sommation à lui faite avec énonciation qu'ils proviennent d'un vol, peut être déclaré complice par recel du vol de ces objets (Crim. cass. 12 juill. 1850, aff. Lafore, D. P. 50. 5. 476); — 3° Que l'on peut, de même, condamner comme complice par recel du délit d'escroquerie le commerçant qui, après avoir reçu des marchandises obtenues à l'aide de manœuvres frauduleuses employées par une entreprise commerciale fictive pour arriver à se faire livrer ces marchandises, s'est efforcé d'en dissimuler la possession au moyen de mentions mensongères sur ses livres (Crim. cass. 24 déc. 1869, aff. Lehmann, D. P. 70. 1. 382).

213. En principe, et comme cela a été souvent jugé par des arrêts rapportés au *Rép.* n° 207 et suiv., la preuve que le recel a eu lieu *sciemment* est à la charge de la partie poursuivante. Cependant, cette preuve peut, en certains cas, résulter, contre le détenteur, du seul fait de la détention d'objets provenant d'un crime ou d'un délit et de l'impossibilité où il est d'établir qu'il en est légitime propriétaire. — Ainsi il suffit qu'il soit établi que des objets trouvés en la possession d'un individu qui ne justifie pas de sa propriété n'ont pu provenir que d'un détournement, pour que cet individu soit déclaré, sinon l'auteur principal de ce détournement, du moins le complice par recel du même détournement (Crim. rej. 4 avr. 1845, aff. Montagny, D. P. 45. 1. 246). Spécialement, le détenteur de soies détournées par des ouvriers au préjudice de leurs maîtres provenant de l'abus de confiance dit *piquage d'once*, est passible des peines portées par l'art. 408 c. pén. (Même arrêt).

214. En matière forestière, l'administration, par dérogation à la règle ci-dessus, est seulement tenue d'établir la pro-

venance frauduleuse des objets recélés. Cette preuve une fois faite, il y a présomption que le détenteur connaissait l'origine illégitime des bois par lui détenus ou achetés : c'est à lui à prouver qu'il n'a pas recélé sciemment (V. *Forêts ; — Rép.* eod. v°, n°s 226 et suiv.).

215. Le recel d'objets enlevés, détournés ou obtenus à l'aide d'un crime ou d'un délit, n'étant punissable que s'il a été commis sciemment, il faut que cette condition essentielle de la complicité par recel soit expressément constatée (V. outre les arrêts rapportés au *Rép.* n°s 225 et suiv.: Crim. rej. 13 août 1818, *Bull. crim.*, n° 114; 23 déc. 1880, aff. Mohamed-Bel-Arbi, D. P. 81. 1. 96; Crim. cass. 20 juill. 1882, aff. de Chappedelaine, D. P. 83. 5. 118). Ainsi la déclaration du jury doit énoncer que le recel a eu lieu sciemment, quand cette circonstance a été relevée dans l'arrêt d'accusation, encore bien que l'acte d'accusation ait négligé de la reproduire (Crim. cass. 5 janv. 1871, aff. Jouey, D. P. 71. 1. 190). Si cette énonciation a été omise, les peines de la complicité ne peuvent être légalement appliquées (Crim. cass. 17 avr. 1863, aff. Heiriès, D. P. 63. 5. 84). — Jugé, conformément à ces principes, qu'il ne résulte pas nécessairement de la question par laquelle il est demandé au jury si la somme recélée provenait de détournements commis par l'accusé principal, au préjudice de la maison de banque dont il était l'employé, que cette provenance frauduleuse fût à la connaissance de l'accusé de recel (Crim. cass. 4 avr. 1878, aff. Creps, D. P. 78. 1. 392).

Il est bien évident, d'ailleurs, que le mot *sciemment* n'est pas sacramentel et peut être remplacé, comme il l'a été dans des espèces retracées au *Rép.* n°s 226 et 229, par des équivalents.

216. Le recel de choses obtenues à l'aide d'un crime ou d'un délit ayant les caractères d'une complicité *sui generis*, essentiellement distincte, par ses éléments constitutifs, de la complicité ordinaire telle qu'elle est définie par l'art. 60 c. pén., il en résulte que, si la complicité par recel et l'un des modes de complicité énumérés dans ce dernier article sont imputés au même accusé, l'une et l'autre complicité ne peuvent être confondues dans une question unique posée au jury (V. ce qui est dit au *Rép.* n° 231, et v° *Instruction criminelle*, n° 1197).

217. On doit en conclure également que la déclaration alternative du jury portant que l'accusé est coupable de complicité par recel ou de complicité ordinaire, et par exemple de complicité par assistance, est nulle (Crim. cass. 22 juill. 1847, aff. Scherer, D. P. 47. 4. 139; 19 avr. 1860, aff. Lemoing, D. P. 60. 1. 248 ; 15 sept. 1864, aff. Picard, D. P. 65. 1. 246).

218. Toutefois un individu peut être simultanément poursuivi pour complicité ordinaire et pour complicité par recel, ces deux genres de complicité, quoique distincts, n'étant pas inconciliables. Ainsi il peut être déclaré coupable, par deux déclarations séparées, d'avoir aidé et assisté l'auteur principal à commettre un délit et d'avoir ensuite recélé les objets provenant de ce délit (Crim. rej. 26 janv. 1882, *Bull. crim.*, n° 214; 3 juill. 1851, aff. Letulle, D. P. 72. 1. 475 ; Crim. cass. 27 déc. 1873, aff. Levin, D. P. 75. 1. 95). Il peut aussi être déclaré coupable d'un seul de ces faits de complicité, notamment, de la complicité par recel et non de la complicité par aide ou assistance (Crim. rej. 6 oct. 1853, aff. Colin, D. P. 53. 5. 217; 8 déc. 1870, aff. Dubreuil, D. P. 71. 1. 191). — Jugé, d'ailleurs, qu'il n'y a pas vice de complexité dans la question qui porte simultanément sur divers faits de recel accomplis dans des lieux différents lorsque le recel se rattache à un seul et même vol (Crim. rej. 22 juin 1882, aff. Yon, D. P. 82. 1. 436).

219. Mais si l'accusé n'a été renvoyé devant la cour d'assises que sous l'accusation de complicité par recel, il n'est pas permis au ministère public de substituer à cette accusation une autre accusation portant sur le fait tout différent de complicité ordinaire, tel qu'un fait de complicité par aide ou assistance : la question sur cet autre fait ne peut être posée au jury que comme résultant des débats. C'est ce qu'ont décidé des arrêts rapportés au *Rép.* n° 131, et v° *Instruction criminelle*, n° 1197. — Jugé de même que l'individu renvoyé devant le tribunal correctionnel sous une prévention de complicité rentrant dans les termes de l'art. 60 ne peut être condamné comme complice par recel s'il n'est pas cons-

taté qu'il ait accepté les débats sur ce dernier chef de complicité (Motifs, Crim. cass. 18 déc. 1875, aff. Barbier, D. P. 76. 1. 233).

220. La complicité par recel est exclusive de toute participation, comme *auteur*, au fait principal, lorsque la poursuite est dirigée contre un seul individu : elle ne pourrait se concilier qu'avec une participation donnée à ce fait en qualité de coauteur, la complicité étant alors possible par rapport aux autres coauteurs (V. *suprà*, n° 167). Par suite, un individu prévenu d'un délit, et par exemple d'un vol qui n'aurait été commis que par lui seul, ne peut être condamné comme auteur et complice par recel de ce vol (Crim. cass. 16 mai 1850, aff. Vivarais, D. P. 50. 5. 103). — La complicité par recel peut toutefois être déclarée contre lui subsidiairement, c'est-à-dire pour le cas où il serait reconnu n'avoir point participé au vol en qualité d'auteur principal (Crim. rej. 4 avr. 1845, aff. Montagny, D. P. 45. 1. 246; 7 avr. 1860, aff. Puyan, D. P. 61. 5. 134).

§ 3. — *Peines du recélé. — Circonstances aggravantes. — Exceptions (Rép. n°s 236 à 255).*

221. — I. Peines du recélé. — La règle d'après laquelle le complice ne peut invoquer les causes d'*exonération* ou de *diminution* de peines qui sont personnelles à l'auteur principal (V. *suprà*, n° 17), est applicable, sans difficulté, au complice par recel. Ainsi l'acquittement de l'individu poursuivi comme auteur principal, lorsqu'il est motivé sur la bonne foi de cet auteur principal, ou sur toute autre exception qui lui est propre, ne fait pas obstacle à la condamnation du receleur (V. outre les décisions rapportées au *Rép.* n°s 236 et suiv.: Crim. rej. 23 janv. 1873, aff. Charsot, D. P. 74. 5. 128).

222. — II. Circonstances aggravantes. — Les circonstances qui augmentent la criminalité du fait principal doivent être prises en considération dans la détermination de la peine à infliger au receleur comme elles devraient l'être vis-à-vis de tout autre complice d'après la jurisprudence qui a prévalu (V. *suprà*, n° 24 et suiv.). — Jugé ainsi, et conformément aux arrêts rapportés au *Rép.* n°s 240 et suiv., et v° *Vol*, n° 701, que l'individu qui a recélé des objets provenant d'un vol précédé d'un meurtre est avec raison considéré, pour l'application de la peine, comme complice de ce dernier crime (Crim. rej. 2 août 1867, aff. Ali-Ben-Latrech, D. P. 68. 5. 96). Et il n'importe qu'il s'agisse de circonstances aggravantes dérivant d'une qualité personnelle à l'auteur principal : cette cause d'aggravation pénale est également opposable au receleur (V. outre l'arrêt rapporté au *Rép.* n° 243 : Crim. rej. 27 janv. 1853, aff. Dailly, *Bull. crim.*, n° 24; Crim. cass. 14 sept. 1854, aff. Suquet, D. P. 54. 1. 439). — Mais jugé que le complice par recel de détournements de soies commis par des ouvriers et connus sous le nom de *piquage d'once*, doit, si les auteurs principaux sont restés inconnus, être considéré comme complice de détournements par des ouvriers en chambre, c'est-à-dire d'un simple abus de confiance, et non comme complice de détournements par des ouvriers travaillant dans l'atelier du patron, c'est-à-dire d'un vol avec la circonstance aggravante de la domesticité (Crim. rej. 12 déc. 1863, aff. Favre, D. P. 67. 1. 361); — Et le prévenu de ce genre de complicité n'est pas même recevable à soutenir que les détournements auraient ce caractère aggravant à l'effet d'obtenir son renvoi en cour d'assises, si les faits constitutifs d'une complicité s'appliquant à un vol domestique, et non à un simple abus de confiance, ne sont pas pré isés (Même arrêt).

223. L'art. 380 c. pén., après avoir déclaré non punissables les soustractions commises par le conjoint, même survivant, les ascendants ou les descendants et les alliés au même degré de la victime de ces soustractions, ajoute que « à l'égard de tous autres individus qui auraient *recélé* ou appliqué à *leur profit* tout ou partie des objets volés, ils seront punis comme *coupables de vol* ». L'immunité établie par cet article ne s'étend pas aux tiers coauteurs de la soustraction (V. *Rép.* v° *Vol*, n° 181); mais elle profite aux complices autres que les complices par recel, par application de la règle qu'il n'y a pas de complicité sans fait principal punissable (V. *ibid.*, n°s 174 et suiv.); et c'est pour obéir à la même règle que la loi punit le receleur comme coupable, et non comme complice d'un

vol. Ne frappe-t-elle ce receleur *sui generis* que de la peine du vol simple, encore que, par l'effet des circonstances aggravantes qui ont pu accompagner la soustraction, l'auteur principal eût été passible d'une aggravation pénale sans l'immunité absolue dont il jouit? (V. *ibid.*, n° 180). — En ce qui concerne les conjoints, les descendants ou ascendants et les alliés au même degré d'un failli qui se rendent complices des détournements commis par ce dernier au préjudice de ses créanciers, ou qui ont opéré personnellement les mêmes détournements en dehors de toute participation du failli, V. *Faillite; — Rép.* eod. v°, n°s 1503 et suiv.

224. Il est également de règle, comme lorsqu'il s'agit de la complicité ordinaire (V. *suprà*, n° 37) que le receleur doit subir l'aggravation de peine dans le cas même où il a ignoré les circonstances aggravantes du délit. Décidé en ce sens que le receleur est passible des mêmes peines que l'auteur principal, alors même qu'il aurait ignoré que l'auteur du vol avait la qualité aggravante de serviteur à gages (V. outre les arrêts rapportés au *Rép.* n° 244: Crim. rej. 9 juill. 1846, aff. Duraudeau, D. P. 46. 4. 437). Enfin, et selon ce qui est dit aussi au *Rép.* n°s 231 et suiv., les règles de la complicité ordinaire sur le mode de constatation des circonstances aggravantes à l'égard du complice sont applicables à la complicité par recel. Il suffit donc que ces circonstances soient constatées à l'égard de l'auteur principal ; il n'est pas besoin que l'énonciation en soit reproduite dans la déclaration de culpabilité relative au complice, cette déclaration se référant nécessairement au fait principal tel qu'il a été commis (V. *suprà*, n° 38). Il n'en devrait être autrement que si le receleur était poursuivi séparément de l'accusé principal (V. *suprà*, n° 207). Et l'aggravation de peine étant applicable au complice par recélé, sauf les exceptions dont il est parlé *infrà*, n° 227, alors même qu'il n'aurait eu aucune connaissance des circonstances aggravantes qui la produisent, il n'est pas besoin, en principe, que le jury soit interrogée et, dès lors, qu'il se prononce sur la question de savoir si le receleur avait connaissance des circonstances aggravantes (V. outre les arrêts rapportés au *Rép.* n° 244, et v° *Instruction criminelle*, n° 2600 : Crim. rej. 24 mars 1853, aff. Chaumont, D. P. 53. 5. 102 ; 8 mars 1866, aff. Chavot, D. P. 66. 5. 116 ; 2 août 1873, *Bull. crim.*, n° 217).

225. Il est pareillement hors de doute, comme pour tout autre complice (V. *suprà*, n° 54), que si la qualité aggravante appartenant à l'auteur principal entraîne une augmentation de peine pour le complice par recel aussi bien que pour l'accusé principal, il en est autrement lorsque la qualité aggravante n'existe qu'en la personne du receleur : dans ce cas, l'aggravation de la peine ne peut s'appliquer ni à l'auteur principal, ni même au receleur. Ainsi, au cas d'un vol simple dont l'auteur principal n'est passible que de l'emprisonnement, la peine des travaux forcés ne saurait être appliquée au receleur, sous prétexte que les objets provenant du vol lui ont été remis à raison de sa qualité d'agent, préposé ou commis, soit du Gouvernement, soit d'un dépositaire public (Crim. cass. 2 oct. 1856, aff. Guittain, D. P. 56. 1. 431).

226. Il a été jugé que la déclaration de non-culpabilité intervenue au profit d'un individu accusé de complicité par recel pour avoir acquis à vil prix des marchandises provenant de vol, ne met pas obstacle à ce que cet individu soit condamné à des dommages-intérêts envers la victime du vol, à raison de l'imprudence qu'il a commise en ne s'informant pas, alors qu'il achetait d'un individu non-marchand, de la provenance des objets vendus (Crim. cass. 8 nov. 1878, aff. Brisseaud, D. P. 79. 1. 387).

227. — III. Exceptions. — Les règles ci-dessus ont, lors de la révision de 1832, subi d'importantes exceptions, que nous avons signalées au *Rép.* n°s 245 et suiv. L'art. 63 c. pén. modifié par la loi du 22 avr. 1832, après avoir, dans son paragraphe 1er, substitué pour les receleurs, soit dans l'hypothèse de l'art. 61, soit dans celle de l'art. 62, la peine des travaux forcés à perpétuité à la peine de mort, ne permet dans son paragraphe 2 de prononcer contre eux les deux peines perpétuelles des travaux forcés à perpétuité et de la déportation, que s'il est établi qu'ils ont connu les circonstances donnant lieu à l'application de ces peines. C'est en cela que consiste la dérogation au principe énoncé *suprà*, n° 25, en matière de complicité. — Jugé, en conséquence, que, au cas où il s'agit d'un crime entraînant la peine des travaux forcés à perpétuité, cette peine ne peut être légalement prononcée contre le receleur, lorsque le jury n'a pas été interrogé sur le point de savoir si le complice a connu les circonstances d'où dérive contre lui l'application de cette peine (Crim. cass. 19 sept. 1846, aff. Dieudonné, *Bull. crim.*, n° 274 ; 12 oct. 1849, aff. Sénac, D. P. 49. 5. 60).

228. Le paragraphe 2 de l'art. 63 s'étend manifestement à toutes les hypothèses où le complice par recel est frappé de la peine des travaux forcés à perpétuité : il n'y a pas lieu de distinguer entre le cas où cette peine lui est infligée en vertu du paragraphe 1er par voie de substitution à la peine de mort, et celui où elle est attachée au crime dont il a été déclaré complice (V. *Rép.* n° 289).

Table sommaire

des matières contenues dans le Supplément et le Répertoire.

— objets volés S. 199 s.; R. 185, 203 s.; (achat) R. 212; (caractères) S. 200 s.; R. 206 s.; (conditions) S. 201 s.; 203 s.; R. 203, 211 s.; (consommation du crime ou délit) S. 203 ; (époux) R. 213 s.; (interprétation) S. 200 s. ; R. 205 s. ; (parenté) R. 213 s.; (pays étranger) R. 221; (possession momentanée) S. 202; (profit) R. 206 s., 211, 215, 217; (provenance) S. 204; R. 210; (revendeur) R. 212 s.;

(volonté, connaissance de cause) S. 201; R. 211.
— parenté S. 206.
Receleur R. 9, 185 s.
— peine S. 221 s.; R. 9, 236 s.; (circonstances aggravantes) S. 222 s.; R. 240 s.; (exceptions) S. 227 s.; R. 245 s.
— peine de mort R. 246 s.
— profit personnel R. 79.
— saisie S. 208.
— surenchère S. 208.
— V. Association de malfaiteurs, Brevet d'invention, Chasse, Crimes et délits contre les personnes, Espionnage, Faillite, Forêts, Gage, Inten-

tion, Militaire, Organisation militaire, Peine.
Receleur R. 9, 185 s.
Récidive
— circonstances aggravantes S. 40; R. 41.
Recrutement. V. Organisation militaire.
Réduction. V. Peine.

Saisie. V. Recel.
Séquestration S. 118.
Silence S. 97; R. 117.
— responsabilité R. 117.
Société commerciale
— apports fictifs S. 110.
— société par actions S. 136.
Solidarité R. 4.
— V. Peine.

Subornation. V. Témoin.
Suicide S. 87; R. 62.
— conateur S. 165.
Surenchère R. 2, 104.
— entrave S. 98.
— V. Recel.

Tapage nocturne S. 106, 128.
Témoin
— faux témoignage R. 77; (provocation) S. 80.
— subornation S. 120.
Tentative S. 89; R. 46, 76 s.
— fait principal S. 88.
— V. Avortement.
Tromperie. V. Vente de marchandises.

Usure. V. Prêt à intérêts.

Vagabondage S. 114.
Vente
— arme, équipement militaire R. 2.
— substances toxiques S. 110.
Vente de marchandises
— tromperie S. 137; (intention) S. 147.
Vente de substances falsifiées S. 106, 127.
— mauvaise foi, constatation S. 179.
Viol. V. Attentat aux mœurs.

Violence. V. Circonstances aggravantes.
Vol S. 121 ; R. 122, 124, 144.
— assistance, manœuvres frauduleuses S. 111 s.
— auteur principal, immunités S. 21.
— auteur principal non punissable S. 165.
— circonstances aggravantes S. 27 s., 63 ; R. 22 s., 79 s.
— conateur S. 161 ; R. 155.
— intention S. 147.
— parenté R. 213 s.
— saisie R. 2, 84.
— V. Objets volés.
Volonté. V. Intention.

Table chronologique des Lois, Arrêts, etc.

COMPLOT. — V. *Crimes et délits contre la sûreté de l'Etat ; — Rép.* eod. v°, n° 86.

COMPOSITION. — Sur la composition en droit maritime, V. *Droit maritime; — Rép.* eod. v°, n°ˢ 2126 et suiv.

COMPROMIS. — V. *suprà*, v° *Arbitrage-arbitre*, n°ˢ 40 et suiv.

V. aussi *infrà*, vˡˢ *Faillite et banqueroute; Mandat; Mariage; Obligations; Péremption d'instance; Prescription civile; Vente.*

COMPTABILITÉ. — COMPTABLE. — Sur la comptabilité publique, V. *Trésor public; — Rép.* eod. v°, n°ˢ 804 et suiv. — V. aussi, *suprà*, v° *Commune*, n°ˢ 196 et suiv., 432 et suiv.; *infrà*, vˡˢ *Contrainte administrative; Enregistrement; Etablissements d'épargne et de prévoyance; Hospices-hôpitaux; Organisation des colonies; Organisation de l'instruction publique; Postes; Souveraineté.*

Sur la comptabilité privée, V. *Compte*, n°ˢ 22 et suiv.; — *Rép.* eod. v°, n°ˢ 20 et suiv.

COMPTE.

Division.

§ 1. — **Historique et législation. — Règles générales** (n° 1).

§ 2. — **Cas où il est dû un compte. — Par qui et à qui il est dû** (n° 2).

§ 3. — **Formes de la demande en reddition de compte** (n° 8).

§ 4. — **Tribunal compétent pour statuer sur une demande en reddition de compte** (n° 10).

§ 5. — **Jugement qui ordonne une reddition de compte, fixe un délai et nomme un juge-commissaire** (n° 15).

§ 6. — **De l'appel du jugement qui statue sur la demande en reddition de compte** (n° 18).

§ 7. — **Composition du compte. — Pièces à l'appui. — Sommes qu'on doit y comprendre. — Provision** (n° 22).

§ 8. — **Frais relatifs au compte** (n° 25).

§ 9. — **Présentation et affirmation du compte. — Exécutoire. — Signification. — Intervention des créanciers. — Enregistrement et timbre** (n° 26).

§ 10. — **Débats. — Soutènements et réponses** (n° 30).

§ 11. — **Jugement et arrêt qui statuent sur le compte. — Défaut des parties** (n° 32).

§ 12. — **Comptes judiciaires ne sont pas soumis aux formalités des art. 527 et suiv.** (n° 36).

§ 13. — **Rectification, redressement et réformation du compte. — Erreurs. — Omission. — Compétence. — Délai. — Procédure** (n° 37).

§ 14. — **Arrêtés de compte** (n° 69).

---

§ 1ᵉʳ. — Historique et législation. — Règles générales (*Rép.* n°ˢ 4 à 19).

1. Les notions historiques et de législation qui ont été exposées au *Répertoire* n'ont pas besoin de complément. Nous signalerons, toutefois, comme un document intéressant de législation étrangère, les dispositions des art. 784 et suiv. c. proc. néerlandais relatifs à notre matière. D'après ces articles, la personne qui, ne connaissant que quelques-uns de ceux auxquels elle doit des comptes, veut cependant se libérer, peut le faire en assignant les autres par ajournement public, c'est-à-dire inséré dans plusieurs journaux, et le jugement qui intervient ultérieurement, après cette mise en demeure par publicité, lie toutes les parties.

§ 2. — Cas où il est dû un compte. — Par qui et à qui il est dû (*Rép.* n°ˢ 20 à 42).

2. — I, CAS OU IL Y A LIEU A COMPTE. — Il a été expliqué au *Rép.* n° 20 que les règles exposées dans les art. 528 et suiv. c. proc. civ., quoique placées au liv. 5 qui traite *de l'exécution des jugements*, sont applicables non seulement lorsqu'il y a compte à établir en suite et en exécution d'une décision déjà rendue, mais aussi lorsque ce compte est demandé par voie d'action principale, ou même d'action incidente au cours d'une instance, ou ordonné d'office par les juges comme moyen d'instruction (Carré et Chauveau, *Lois de la procédure*, quest. 1844 *quinquies*), à moins que des règles particulières ne soient édictées pour l'hypothèse spéciale dans laquelle se trouvent placées les parties en cause. Cette solution reste à l'abri de toute contestation.

3. La demande, lorsqu'elle est formée par voie d'action principale, est soumise au préliminaire de conciliation, à moins qu'elle ne se trouve dans l'un des cas d'exception énumérés dans l'art. 49 c. proc. civ. (V. Carré et Chauveau, quest. 1848; Rousseau et Laisney, *Dictionnaire de procédure*, v° *Reddition de compte*, n°ˢ 19 et 34; Dutruc, *Supplément aux lois de la procédure* de Carré et Chauveau, v° *Reddition de compte*, n° 7.

4. On a vu au *Rép.* n° 21 que la restitution des fruits doit être faite dans la forme des redditions de comptes ordinaires; mais, pour qu'il en soit ainsi, il faut qu'il y ait lieu à *liquidation de fruits*, et la règle ci-dessus cesse d'être applicable quand la quotité de fruits à restituer se trouve déterminée en dehors de tous comptes et que le juge possède dans les documents produits le moyen d'arriver à une exacte évaluation des fruits. Cette distinction a été faite par la cour de cassation dans un arrêt du 25 févr. 1859 (aff. Gauthier-Morel, D. P. 59. 1. 386), et affirmée de nouveau par un arrêt du 12 déc. 1882 (aff. Poirier, D. P. 83. 1. 188), d'après lequel l'art. 526 c. proc. civ., portant que celui qui sera condamné à restituer des fruits en rendra compte dans la forme déterminée par les art. 527 et suiv., ne s'applique pas aux demandes en payement d'une quotité déterminée de fruits (Conf. Bioche, *Dictionnaire de procédure*, v° *Compte de fruits*, n°ˢ 54 et suiv.; Carré et Chauveau, quest. n° 1844).

5. Au surplus la procédure de reddition de compte ne doit pas nécessairement être suivie chaque fois qu'il y a compte à liquider entre des parties; elle est inapplicable lorsqu'il n'y a pas, de la part de l'une d'elles, obligation de rendre compte à l'autre (V. *Rép.* n° 147). Par application de ce principe, il a été jugé que « les règles posées aux art. 527 à 542 c. proc. civ. pour les redditions de compte ne s'appliquent pas à la liquidation d'une société en participation » (Civ. cass. 8 nov. 1871, aff. Pascal, D. P. 71. 1. 253). C'est qu'en effet, ainsi que le dit la cour de cassation dans l'un des motifs de cet arrêt, il s'agit, dans cette hypothèse, non pas d'un compte *à rendre*, mais de la liquidation d'une société.

Toutefois, sous l'empire du code de commerce de 1808, et avant la loi du 17 juill. 1856, abolitive de l'arbitrage forcé, il avait été jugé que, lorsqu'une société était nulle, il ne pouvait y avoir lieu à arbitrage pour régler les droits des parties, puisqu'il n'y avait pas société, mais simple communauté, et que leurs comptes devaient être établis d'après les règles ordinaires en matière de reddition de compte (Metz, 24 nov. 1819, *Rép.* n° 53).

6. — II. DU RENDANT COMPTE. — Sur les personnes qui sont tenues de rendre compte, V. *Rép.* n°ˢ 24 à 40 ; Rousseau et Laisney, *Dictionnaire de procédure*, v° *Reddition de compte*, n° 1.

7. — III. DE CELUI AUQUEL UN COMPTE EST DÛ OU DE L'OYANT COMPTE. — Sur les personnes par qui le compte peut être réclamé, V. *Rép.* n°ˢ 41 et 42; Rousseau et Laisney, v° *Reddition de compte*, § 2, n° 8.

§ 3. — Formes de la demande en reddition de compte (*Rép.* n°ˢ 43 à 48).

8. Les formes prescrites par les art. 527 et suiv. c. proc. civ. ne sont certainement pas, ainsi qu'il a été expliqué au *Rép.* n° 44, d'ordre public. Décidé, en conséquence, que ces formes ne sont pas prescrites à peine de nullité (Req. 3 mars 1874, aff. Martin, D. P. 74. 1. 483. V. dans le même sens : Req. 19 déc. 1853, aff. Marais, D. P. 54. 1. 25; 8 déc. 1862, aff. Gougeon, D. P. 63. 1. 143; Civ. cass. 13 janv. 1880, aff. Franchelli, D. P. 80. 1. 340). — Les parties, maîtresses de leurs droits, peuvent débattre leurs comptes sans aucune espèce de formalités. Spécialement, un compte de tutelle dû par un père à son fils devenu majeur peut, sur la demande des parties, être rendu, concurremment avec la liquidation de la communauté et le partage de la succession de la mère, devant le notaire chargé de

toutes les autres opérations (Agen, 27 janv. 1880, aff. Beaumont, D. P. 80. 2. 187). Il est, toutefois, nécessaire, lorsqu'il y a compte rendu en justice, que les parties aient posé des conclusions impliquant renonciation aux formes ordinaires (Civ. cass. 27 juin 1860, aff. Colomès, D. P. 60. 1. 285 ; 12 juin 1865, aff. Montlaur, D. P. 65. 1. 444 ; 6 janv. 1878, aff. Mirambeau, D. P. 78. 1. 159).

9. Que faudrait-il décider, cependant, si des mineurs étaient en cause ? Dans cette hypothèse, la reddition de compte ne peut plus être amiable ; elle doit avoir lieu judiciairement (*Rép.* n° 45) ; mais il n'en résulte pas qu'il doit être nécessairement rendu dans les *formes* des art. 527 et suiv. En effet, il a été jugé que les dispositions des art. 526, 528 et 530 c. proc. civ., qui règlent les formalités des redditions de comptes de fruits fournis en justice ne sont pas prescrites à peine de nullité, alors même que des mineurs sont intéressés dans la cause. En conséquence, au lieu de procéder selon les formes édictées par ces articles, les tribunaux peuvent, avec l'assentiment des parties, renvoyer celles-ci devant un notaire déjà chargé de la liquidation et du partage auxquels se rattachent les comptes litigieux (Civ. rej. 23 mai 1882, aff. Duran, 1er arrêt, D. P. 83. 1. 409). Et lorsque les documents produits ne peuvent fournir les éléments détaillés de ces comptes de fruits, les juges ont le droit, par une appréciation souveraine des faits de la cause, d'arbitrer le solde qui en résulte au profit de l'une des parties (Civ. cass. 23 mai 1882, aff. Duran, 2e arrêt, D. P. 83. 1. 409).

§ 4. — Tribunal compétent pour statuer sur une demande en reddition de compte (*Rép.* n°s 49 à 56).

10. En ce qui concerne la compétence, il faut soigneusement distinguer deux natures de demande : la demande en *reddition de compte*, dont il est traité au *Rép.* n°s 49 à 56, et la demande, toute différente, en *redressement de compte* qui fait l'objet des n°s 149 à 200 du *Répertoire*.

11. La demande en reddition de compte, la seule dont il soit ici question, est en principe soumise à la règle *actor sequitur forum rei*, sauf en ce qui concerne les tuteurs, qui doivent être assignés devant le tribunal du lieu où la tutelle s'est ouverte s'il s'agit d'une tutelle légitime, ou bien devant celui où elle a été déférée s'il s'agit d'une tutelle testamentaire ou dative, et les comptables nommés par justice, qui doivent l'être devant la juridiction qui les a nommés (c. proc. civ. art. 527). Ces comptables pourraient même, comme on l'a vu au *Rép.* n° 52, opposer le déclinatoire s'ils étaient assignés devant le tribunal de leur propre domicile, au lieu de celui qui les a nommés. C'est en effet le tribunal qui a confié la gestion qui est le mieux à même d'apprécier si elle a été fidèlement remplie (V. conf. Rousseau et Laisney, v° *Reddition de compte*, n° 23 ; Carré et Chauveau, quest. 1843).

12. En ce qui concerne les comptables désignés par justice, une question controversée a été examinée au *Rép.* n° 54 ; c'est celle de savoir si un comptable commis par une cour d'appel doit être assigné devant cette cour, ou passer par le premier degré de juridiction. Elle a été résolue dans le sens de l'affirmative, et cette opinion paraît avoir prévalu ; elle a été adoptée par MM. Rousseau et Laisney, v° *Reddition de compte*, n° 4.

13. Une question se présente aussi à propos de l'héritier bénéficiaire : est-il un comptable commis par justice au sens de l'art. 527 ? La négative a été enseignée au *Rép.* n° 25 et adoptée également, et à bon droit, par Rousseau et Laisney, *loc. cit.*, n° 5. En effet, ce n'est pas de la *justice* mais de sa seule volonté et de la *loi* qu'il tient sa qualité, à la différence du séquestre, comptable *judiciaire*, qui tient sa qualité de sa volonté sans doute, mais de sa volonté confirmée

par une décision judiciaire qui seule lui a réellement *conféré sa mission* (Dutruc, v° *Reddition de compte*, n° 16).

14. Ce n'est pas toute action dirigée contre un administrateur judiciaire qui est soumise à la règle de l'art. 527, mais seulement celle qui aurait le caractère d'une reddition de compte. Ainsi n'est pas de la compétence du tribunal qui a commis le comptable la demande formée contre l'administrateur judiciaire d'une société commerciale dissoute, lorsque cette demande a pour objet non la reddition des comptes de ce comptable, mais la réparation du préjudice causé à l'actif social par le dol et la fraude de cet administrateur. Elle n'est pas davantage une contestation entre associés soumise, quant à la compétence, aux statuts sociaux. C'est une action personnelle régie par la règle *actor sequitur forum rei* (Req. 17 juin 1867, aff. Jacquinot, D. P. 67. 1. 304).

§ 5. — Jugement qui ordonne une reddition de compte, fixe un délai et nomme un juge commissaire (*Rép.* n°s 57 à 70).

15. On a posé au *Rép.* n° 70 la question de savoir si le jugement qui ordonne une reddition de compte emporte hypothèque judiciaire. Cette question très controversée a été résolue par l'affirmative (V. aussi *ibid.* n° 20) qui a été également adoptée par MM. Aubry et Rau, *Droit civil français*, 4e éd., t. 3, § 265. Le motif est que ce jugement contient le germe d'une condamnation au moins éventuelle, ce qui suffit, car le jugement ultérieur qui fixera le reliquat ne fera que rendre certaine et déterminée la créance implicitement reconnue par le jugement qui condamne à rendre compte (V. conf. Carré et Chauveau, n° 1844 *sexiès* ; Dutruc, v° *Compte*, n° 30 ; Rousseau et Laisney, n° 53).

16. Le tribunal, en rendant ce jugement, fixe un délai pour la présentation du compte et commet un de ses membres comme commissaire à la reddition de ce compte (c. proc. civ. art. 530). S'il avait omis de le faire, le jugement ne serait pas pour cela nul ; mais cette irrégularité pourrait être réparée. Le tribunal pourrait-il désigner comme commissaire une personne autre que l'un de ses membres ? La négative, enseignée au *Rép.* n° 68, semble bien résulter des expressions de l'article portant expressément que le tribunal désignera un juge-commissaire. — Quoi qu'il en soit, il a été jugé que lorsque les parties, majeures et maîtresses de leur droit, ont volontairement exécuté le jugement qui, pour apurer un compte, les a renvoyées devant un notaire, le tribunal peut statuer au fond sans tenir compte des conclusions prises ensuite par l'une d'elles à fin de nomination d'un juge-commissaire devant lequel le compte serait débattu (Req. 17 mars 1868) (1). C'est là une application de ce principe général que les règles édictées par les art. 528 et suiv. ne sont pas d'ordre public (V. *suprà*, n° 8).

17. La question de savoir si par ce jugement le tribunal peut accorder une provision à l'oyant pour le cas où le rendant serait en retard à l'expiration du délai est controversée. Elle a été résolue par l'affirmative au *Rép.* n° 66. Cette solution est la plus conforme à l'intérêt bien entendu des parties, puisqu'elle évite les frais d'un second jugement. D'ailleurs le texte de l'art. 534 ne la repousse pas. Sans doute, il semble n'attribuer au tribunal le droit de condamner à une provision qu'après l'expiration du délai qui a dû être accordé au rendant, et non à une époque où il ne peut pas encore être présumé négligent ou de mauvaise foi. Mais il est clair, ainsi que le font remarquer MM. Carré et Chauveau, quest. 1870, que la condamnation ne pourrait produire effet qu'après l'expiration du délai que le rendant aurait eu le tort de laisser expirer. Ce dernier n'a donc pas de motifs pour se plaindre de cette condamnation éventuelle, et il

---

(1) (De Morlac C. Jeanne.) — LA COUR ; — Sur le moyen unique tiré de la violation de l'art. 530 c. proc. civ. : —Attendu que les demandeurs en cassation, majeurs et maîtres de leurs droits, ont librement et volontairement exécuté le jugement du 7 déc. 1853, qui, pour apurer le compte de ce qui restait dû par l'adjudicataire sur le prix de son adjudication, avait renvoyé les parties devant un notaire ; qu'il est déclaré, en fait, par l'arrêt attaqué que, devant le notaire, le compte avait été fourni, les pièces justificatives produites, et qu'il avait été dressé procès-verbal des contredits ; qu'enfin l'instruction était complète lorsque les époux de Morlac, sans même arguer cette instruction de nullité, ont de-

mandé, tout en concluant au fond, la nomination d'un juge-commissaire devant lequel le compte serait rendu et débattu ; — Attendu que, dans cet état des faits, l'arrêt attaqué a pu, sans violer l'art. 530 c. proc. civ., ni aucune autre loi, statuer au fond sur le vu de l'instruction jugée suffisante à laquelle il avait été procédé par toutes les parties, et sur le rapport fait à l'audience par l'un des juges commis à cette fin ;

Par ces motifs, rejette le pourvoi contre l'arrêt de la cour de Rouen du 22 mai 1862.

Du 17 mars 1868.-Ch. req.-MM. Bonjean, pr.-Boucly, rap.-Savary, av. gén.-Guyot, av.

n'y a pas dans le texte d'expression assez impérative·pour exiger un double jugement et imposer aux parties un for- malisme coûteux (Conf. Rousseau et Laisney, n° 50; Civ. cass. 17 août 1853, aff. Mounier, D. P. 54. 1. 382).

§ 6. — De l'appel du jugement qui statue sur la demande en reddition de compte (*Rép.* n°s 71 à 74).

18. D'après l'art. 528 c. proc. civ., en cas d'appel d'un jugement qui aurait rejeté une demande en reddition de compte, l'arrêt infirmatif doit renvoyer, pour la reddition du compte, devant le tribunal qui avait été saisi de la demande ou devant tout autre tribunal. Cette disposition a pour objet de ne pas priver les parties du double degré de juridiction (V. *Rép.* n° 74). — Jugé, en conséquence, que l'arrêt qui, après avoir infirmé un jugement rejetant une demande en red- dition de compte, a retenu la connaissance de ce compte et nomme un des conseillers de la cour pour le recevoir, doit être cassé comme ayant expressément violé l'art. 528 c. proc. civ. (Civ. cass. 9 janv. 1878, aff. Mirambeau, D. P. 78. 1. 159).

19. Mais la règle édictée par l'art. 528 ne concerne que les demandes en reddition de compte proprement dites. L'art. 528 suppose que le défendeur est actionné *comme comptable* de biens appartenant à autrui et qu'il a détenus ou administrés. Cet article est sans application, au cas où le compte est ordonné dans le cours d'une instance, *à titre de mesure d'instruction*, et à l'effet de déterminer les droits respectifs des parties. Il a été jugé, dans ce sens, que la juridiction d'appel, après avoir infirmé la décision rendue par les premiers juges sur une demande en partage de communauté, avait pu retenir la connaissance de l'exécution de son arrêt, et ordonner qu'il serait procédé devant l'un de ses membres aux compte, partage et liquidation des biens communs (Civ. rej. 28 mars 1849, aff. Savary, D.P.49. 1. 97).

20. La disposition de l'art. 528 ne s'applique pas non plus au cas où le compte est ordonné dans le cours d'une instance en réduction de donations entre vifs. En consé- quence, la cour devant laquelle cette instance est pendante peut se réserver la connaissance dudit compte, et en confier les opérations à un notaire de son choix (Req. 19 mars 1878, aff. L...., D. P. 78. 1. 248. V. aussi dans le même sens : Civ. rej. 14 août 1867) (1). Pareillement, et par application de la même règle, l'arrêt qui, sur la demande en payement d'une somme d'argent, se borne à déduire de la somme réclamée diverses sommes dues au défendeur pour fournitures de denrées ou marchandises, n'est pas réputé statuer sur une action en reddition de compte dans le sens de l'art. 528 c. proc. civ., et, dès lors, la cour est compétente pour procéder à ces déductions, même après infirmation du jugement de première. instance qui ne les avait point faites : l'art. 528 c. proc. civ., qui exige le renvoi de l'affaire, pour le cas d'infirmation d'un jugement rejetant une demande en reddition de compte, est ici sans application. D'ailleurs, l'inobservation de cet article ne peut être invo- quée par la partie qui a accepté le débat sur le fond du compte devant les juges d'appel (Req. 12 févr. 1861, aff. Clausel, D. P. 61. 1. 363).

21. Mais il n'est pas nécessaire, pour que l'art. 528 doive être appliqué, que le compte dont la reddition est réclamée soit l'objet principal de la demande. Il suffit que, fût-ce par voie incidente, il y ait intérêt mais à reddition de compte. Ainsi la cour d'appel qui, après avoir accueilli une action en revendication d'immeuble et en reddition de compte de fruits, rejetée par les premiers juges, ordonne le compte de fruits à restituer et des impenses faites par le possesseur évincé, ne peut retenir la connaissance de ce compte ; elle doit, à cet effet, renvoyer les parties soit devant les juges dont la décision a été réformée, soit devant tout autre tribunal désigné par l'arrêt infirmatif (Civ. cass. 12 juin 1865, aff. Desorméry, D. P. 65. 1. 344).

---

(1) (Sausset C. Guyan.) — LA cour; ... — Sur le quatrième moyen :— Attendu que l'art. 528 c. proc. civ. ne s'applique pas au cas où le décompte est ordonné par une cour impériale incidemment à une instance d'appel; — D'où il suit qu'en ordonnant, sur la demande qui en était faite pour la première fois devant la justice, que le compte du mandat confié aux époux

§ 7. — Composition du compte. — Pièces à l'appui. — Sommes qu'on doit y comprendre. — Provision (*Rép.* n°s 75 à 93).

22. On a vu au *Rép.* n°s 75 et suiv., que la loi ne prescrit aucune forme sacramentelle pour l'établissement du compte ; celui qui est présenté doit être discuté pourvu qu'il soit intelligible et qu'il renferme les éléments nécessaires de la comptabilité. Dès qu'un compte comprend les deux cha- pitres de la recette et de la dépense et la récapitulation de l'un et de l'autre, le vœu de la loi est rempli, et l'oyant ne peut exiger davantage. Décidé, en ce sens, que le rendant compte peut dresser son compte comme il le juge conforme à ses intérêts, porter, hypothétiquement et par évaluation en bloc, les articles de recettes et de dépenses, sauf à l'oyant à les débattre et à les contester et rectifier par voie de con- tredit (Req. 19 juill. 1882, aff. Lacordaire, D. P. 82. 1. 451).

23. La règle d'après laquelle le rendant compte est maître de présenter son compte comme il le juge convenable est si absolue que, même au cas où des décisions judiciaires, ayant l'autorité de la chose jugée, auraient reconnu qu'il existait dans les mains du rendant compte, le juge ne peut contraindre celui-ci, sous une sanction quel- conque, à produire cette comptabilité. Mais, lorsque cette production est refusée, il appartient au juge de tirer toutes les conséquences de ce refus au point de vue des présomp- tions, et d'apprécier l'utilité de cette comptabilité pour l'établissement du compte (Toulouse, 10 juill. 1880, et sur pourvoi, Req. 19 juill. 1882, aff. Lacordaire, D. P. 82. 1. 451).

24. Quant à la production des pièces justificatives, qui doivent être jointes au compte, il a été jugé que si un cas de force majeure s'oppose à cette production, il appartient au juge d'établir le compte à l'aide d'autres éléments puisés dans la cause (Req. 13 janv. 1880, aff. Franchelli, D. P. 80. 1. 340). Dans l'espèce sur laquelle a statué cet arrêt, la production des pièces avait été ordonnée par juge- ment, et l'on soutenait que l'autorité de la chose jugée s'opposait à ce que le tribunal statuât sans que les pièces eussent été produites. Mais l'objection n'était pas fondée. L'art. 1351 c. civ. est évidemment inapplicable lorsqu'il est impossible d'exécuter une mesure ordonnée par jugement, ou que les actes sur lesquels cette mesure doit s'appuyer n'existent plus. — Décidé, en ce sens, qu'il n'y a pas violation de la chose jugée dans l'arrêt qui, reconnaissant qu'un jugement arbitral par lequel a été ordonnée une reddition de compte est inexécutable par suite de l'absence des éléments constitutifs du compte, prononce sur les contesta- tions des parties, sans attendre que le compte ait été rendu (Req. 29 mars 1827, *Rép.* v^is Arbitrage, n° 843; Chose jugée, n° 96).

§ 8. — Frais relatifs au compte (*Rép.* n°s 94 à 98).

25. Comme on l'a exposé au *Rép.* n° 96, c'est à la charge de l'oyant que doivent être mis les frais ordinaires de la red- dition de compte. C'est ce qui a été de nouveau jugé par un arrêt de la cour du Pau du 17 déc. 1860 (aff. Lacayadieu, D. P. 61. 2. 47) (V. au surplus, v° *Frais et dépens; — Rép.* eod. v°, n°s 587 et suiv.).

§ 9. — Présentation et affirmation du compte. — Exécutoire. — Signification. — Intervention des créanciers. — Enregistrement et timbre (*Rép.* n°s 99 à 118).

26. Nous n'avons à ce sujet qu'à nous référer, en général, aux développements fournis au *Répertoire;* nos observa- tions ne porteront que sur un petit nombre de points.

27. En ce qui concerne l'art. 534, dont l'explication a été donnée au *Rép.* n° 104, il faut remarquer que l'un des moyens de contrainte qu'il indique, la contrainte par corps, n'est plus applicable depuis la loi du 22 juill. 1867 qui a aboli,

Sausset serait rendu devant l'un de ces magistrats, et en jugeant les débats, la cour de Besançon (27 janv. 1864) n'a point violé l'article précité ; Par ces motifs, rejette le moyen. Du 14 août 1867.—Ch. civ.-MM. Pascalis, pr.-Eug. Lamy, rap.- de Raynal, 1er av. gén.-Brugnon et Mazeau, av.

en matière civile et commerciale cette voie d'exécution (V. *infrà*, v° *Contrainte par corps*).

28. Aux termes de l'art. 535, le compte étant présenté et affirmé, si la recette excède la dépense, l'oyant compte peut requérir du juge-commissaire exécutoire pour l'excédent. Cet exécutoire emporte-t-il hypothèque judiciaire? On peut en douter, car, en principe, c'est aux jugements qu'est attachée cette garantie, et l'exécutoire ainsi délivré n'est pas un *jugement*. Cependant, aux termes de l'art. 2117, l'hypothèque est également le résultat des *actes* judiciaires. Aussi la question est-elle controversée. Carré et Chauveau, quest. 1872, se prononcent pour l'affirmative; ils tirent un argument *a fortiori* de la solution admise pour le jugement qui ordonne une reddition de compte (V. *suprà*, n° 16). C'est aussi la solution admise au *Rép.* n° 114. MM. Rousseau et Laisney, v° *Reddition de compte*, se prononcent en sens contraire, les actes judiciaires visés par l'art. 2117 ne comprenant, suivant eux, que les reconnaissances ou ordonnances judiciaires d'exécution des sentences arbitrales (V. *infrà*, v° *Priviléges et hypothèques*).

29. Il résulte des art. 534 et 535 qu'une provision formée de l'excédent de la recette sur la dépense ne peut être allouée à l'oyant compte qu'après que le compte a été affirmé. Mais cette règle est évidemment inapplicable au cas où c'est au rendant compte que la provision est accordée, en vertu d'un titre particulier, et sur une somme distincte du reliquat du compte (Civ. rej. 17 août 1853, aff. Mounier, D. P. 54. 1. 383).

§ 10. — Débats. — Soutènements et réponses (*Rép.* n°⁵ 119 à 126).

30. Dans la procédure en reddition de compte, le rendant est débiteur d'un compte qu'il dresse en principe librement et au mieux de ses intérêts, sauf, pour l'oyant, le droit de le contredire par les moyens en son pouvoir. Mais de ce que l'oyant est demandeur dans l'instance il ne faudrait pas en conclure que c'est à lui à établir la consistance des biens à propos desquels s'est produite la demande en reddition de compte. Ce serait méconnaître l'obligation imposée au rendant de rendre un compte. C'est ainsi qu'il a été jugé que le possesseur, condamné à restituer les biens par lui détenus, et actionné en reddition de compte des fruits et revenus qu'il a recueillis, ne peut arguer de la règle suivant laquelle la charge de la preuve incombe au demandeur pour soutenir qu'il appartient à celui-ci d'établir la consistance des biens dont le défendeur a eu, en fait, la gestion, et de fixer ainsi les bases du compte (Req. 9 janv. 1878, aff. Saudreau, D. P. 78. 1. 85).

31. L'oyant compte qui n'a pas comparu devant le juge-commissaire est-il recevable à présenter pour la première fois ses dires devant le tribunal? La question a été soulevée, mais non résolue dans une espèce sur laquelle a été rendu un arrêt de la chambre des requêtes du 19 avr. 1886, (aff. Hippolyte Pouderoux, D. P. 87. 1. 171. V. sur cette question : Carré et Chauveau, *Lois de la procédure*, t. 4, quest. 1883 *bis*). M. Chauveau se fondant sur ce qu'aucun texte ne prononce de forclusion contre la partie défaillante devant le juge-commissaire, admet, en conséquence, qu'elle est recevable à présenter pour la première fois ses dires devant le tribunal.

§ 11. — Jugement et arrêt qui statuent sur le compte. — Défaut des parties (*Rép.* n°⁵ 127 à 146).

32. On a vu *suprà*, n° 13, que, d'après une jurisprudence constante (Civ. rej. 19 déc. 1853, aff. D. P. 54. 1. 25; Req. 3 mars 1874, aff. Martin et Dupontavice, D. P. 74. 1. 483; Paris, 25 févr. 1876, aff. Guimaraès, D. P. 76. 2. 233), les dispositions des art. 534 et suiv. c. proc. civ., relatives à la reddition des comptes en justice, ne sont pas prescrites à peine de nullité. Il en résulte que le tribunal devant lequel le compte sera rendu peut, dans le cas où le rendant compte fait défaut, statuer en l'état des pièces et documents versés au débat par l'oyant compte; et le jugement rendu dans ces circonstances doit être maintenu nonobstant la signification, faite par le rendant compte devant la cour d'appel, d'un prétendu compte qui n'a été ni affirmé, ni soutenu de pièces justificatives (Req. 24 janv. 1877, aff. Rambaud, D. P. 78. 1. 125).

33. De même, lorsqu'un mandataire, condamné à rendre compte de sa gestion dans un délai déterminé, a laissé passer ce délai, le juge peut, si les éléments fournis par le procès lui paraissent suffisants, apurer le compte immédiatement et prononcer la condamnation définitive au payement du solde débiteur (Paris, 25 févr. 1876, aff. Guimaraès, D. P. 76. 2. 233). Par application du même principe, il a été jugé qu'une partie ne peut se plaindre de ce qu'elle a été condamnée en vertu d'un compte non débattu par elle, quand il est établi qu'elle a été mise en demeure de le contester (Req. 4 avr. 1855, aff. Cavaillon, D. P. 55. 1. 400).

34. Dans le sens des décisions rapportées au *Rép.* n°⁵ 127 et 128, il a été jugé que l'art. 540 c. proc. civ., aux termes duquel le jugement doit contenir le calcul détaillé de la recette et de la dépense, ne s'applique qu'au compte rendu par articles, et non au cas où, le rendant ayant refusé de produire un compte régulier, les juges ont dû se borner à fixer, eu égard aux éléments d'instruction qui leur étaient fournis, la somme dont ils le reconnaissaient débiteur. Et c'est au rendant, et non à l'oyant compte, qu'il incombe de produire les pièces justificatives à l'appui (Paris, 25 févr. 1876, cité *suprà*, n° 33).

35. En matière de reddition de compte comme en toute autre matière, l'avoué représente son client dans tous les actes de la procédure; mais son client est personnellement tenu de lui fournir les éléments de ce compte; d'où il suit qu'il ne peut être déclaré responsable des conséquences d'un jugement par défaut qui, faute de production desdites pièces, a condamné son client personnellement au payement des sommes réclamées, en lui accordant toutefois un délai d'un mois pour présenter son compte devant un juge commis; alors surtout que le client, ayant eu connaissance de ce jugement, a laissé passer, sans rendre compte, les délais qui lui étaient impartis (Paris, 2 déc. 1876, aff. Bonnard, D. P. 78. 2. 12).

§ 12. — Comptes judiciaires qui ne sont pas soumis aux formalités des art. 527 et suiv. (*Rép.* n°⁵ 147 et 148).

36. La loi règle la forme des comptes qui sont rendus en justice; mais elle ne détermine pas les cas dans lesquels l'accomplissement des formalités prescrites est absolument nécessaire. Il en résulte qu'elle laisse, sur ce point, aux juges la faculté d'apprécier l'intention des parties en cause et de statuer suivant leurs véritables intérêts. Spécialement, le tribunal saisi, dans une instance, de conclusions à fin de reddition de compte, peut, si les parties ne s'expliquent pas sur la forme à suivre pour ce compte, les renvoyer à compter devant leur avoués, sauf, en cas de désaccord ultérieur entre elles, à ordonner l'observation des formes tracées pour les comptes rendus en justice (Req. 8 déc. 1862, aff. Gougeon, D. P. 63. 1. 142).

§ 13. — Rectification, redressement et réformation du compte. — Erreurs. — Omissions. — Compétence. — Délai. — Procédure (*Rép.* n°⁵ 149 à 199).

37. — I. CARACTÈRES DE LA RÉVISION OU DU REDRESSEMENT DES COMPTES. — On a exposé au *Rép.* n°⁵ 150 et suiv., les différences qui existent entre la revision des comptes, interdite par la loi, et le redressement, qu'autorise l'art. 541 c. proc. civ. (*Adde*, sur ce point, Rousseau et Laisney, v° *Reddition de compte*, n° 132). La distinction est parfois assez difficile à établir; elle dépend d'une appréciation de fait qui rentre dans le pouvoir souverain des tribunaux. Ainsi il a été jugé qu'une demande en rectification de compte formée, pour erreurs, omissions, faux ou doubles emplois, peut être rejetée comme constituant en réalité une demande en revision de compte prohibée par cet article, sans qu'une telle décision tombe sous le contrôle de la cour de cassation (Civ. rej. 1ᵉʳ mars 1859, aff. Coffineau, D. P. 59. 1. 155).

38. — II. COMPTES AUXQUELS S'APPLIQUE LA DOUBLE DISPOSITION DE L'ART. 541. — Il a été dit au *Rép.* n° 152 que la règle qui prohibe la *revision* des comptes s'applique aux comptes *amiables* comme aux comptes *judiciaires* (V. aussi Dutruc, n° 83). Réciproquement, la faculté de redressement pour erreur, omission, faux ou double emploi s'applique aux uns

comme aux autres. C'est là un principe certain, et la jurisprudence l'a de nouveau confirmé en décidant que l'art. 541 c. proc. civ., qui, tout en défendant la revision des comptes, permet aux parties de demander le redressement des erreurs, omissions, faux ou doubles emplois qui peuvent s'y trouver, s'applique aux comptes amiables, aussi bien qu'aux comptes réglés par la justice (Civ. rej. 24 mai 1870, aff. Gislain, D. P. 70. 1. 407; Gand, 10 mai 1882, aff. Moermann, *Pasicrisie belge*, 1883. 2. 135).

39. La prohibition de la revision des comptes s'applique, alors même qu'après un règlement les opérations ont continué entre les parties dans les mêmes conditions que précédemment. Et si, dans une instance postérieurement introduite, aveu a été fait qu'il y avait lieu à compte entre les parties, cet aveu ne détruit pas le compte établi avant les opérations nouvelles, qui seules devront faire l'objet du compte dont la nécessité a été reconnue (Req. 22 mars 1852, aff. Chalemaine, D. P. 54. 5. 172).

40. Mais pour que l'art. 541 soit applicable, il faut qu'un véritable compte ait été rendu (*Rép.* n° 156). Ainsi une simple note détaillée ne saurait être considérée comme un *compte*, et, dès lors, elle laisse entière une action qui n'a plus le caractère d'une action en revision, mais constitue une simple demande en reddition d'un compte non encore fourni, et à plus forte raison non encore arrêté. En conséquence, la production d'une semblable note, même accompagnée d'une décharge de comptable de la part de celui auquel le compte était dû, ne rend pas non recevable l'action en reddition d'un compte régulier (Req. 10 mars 1869, aff. Talfer, D. P. 70. 1. 107). — Décidé aussi, par application de la même règle, qu'il n'y a pas lieu à l'application dudit article, lorsque des décisions judiciaires ont statué sur des contestations soulevées entre deux sociétés au sujet de la liquidation de leurs communs rapports, sans que la reddition d'aucun compte ait été ordonnée (Alger, 21 juill. 1873, aff. Veypert, D. P. 75. 1. 218. V. aussi Civ. cass. 28 janv. 1873, aff. Folco, D. P. 73. 1. 10).

41. Il faut, en outre, que les comptes, soit judiciaires, soit amiables, entre l'oyant et le rendant, aient été discutés, approuvés ou ratifiés dans des conditions qui impliquent une véritable reddition de comptes. Spécialement, la prohibition édictée par l'art. 541 ne s'applique pas à la vérification d'une comptabilité générale tenue par le directeur d'une société commerciale sous la surveillance du conseil d'administration et le contrôle de l'assemblée générale des actionnaires, et, dans cette hypothèse, il appartient au juge du fait d'apprécier, d'après les circonstances, les caractères de la comptabilité, et de décider si les éléments de cette comptabilité impliquent une reddition de comptes discutés, approuvés ou ratifiés. Ainsi le juge peut déclarer que l'approbation des comptes présentés par les administrateurs à l'assemblée générale des actionnaires ne peut être considérée comme approbation des faits particuliers au directeur, ni des articles de dépenses ou prélèvements portés à son profit dans les écritures dont la tenue lui était confiée. En effet, la présentation de la comptabilité du directeur à l'assemblée générale des actionnaires n'équivaut pas nécessairement à une reddition des comptes particuliers du directeur. C'est une mesure d'ordre et d'administration intérieure qui, d'ordinaire, n'est pas destinée, dans l'intention des parties, à régler définitivement leur situation, à produire les effets d'un compte arrêté, d'une véritable reddition de compte (Civ. rej. 24 mai 1870, aff. Gislain, D. P. 70. 1. 407). La disposition de l'art. 541 qui autorise le redressement des comptes s'applique à un arrêté de compte purement verbal, pourvu que le redressement porte sur un article spécialement indiqué; les juges peuvent, en pareil cas, rechercher, au moyen de preuves extrinsèques, les éléments et les résultats du compte (Civ. rej. 26 nov. 1855, aff. Pellain, D. P. 56. 1. 87). Ainsi, lorsqu'il est éta-

bli que deux personnes, dont l'une était chargée de toucher pour l'autre le montant d'effets de commerce, se trouvaient en compte, le redressement de l'omission spéciale commise dans l'arrêté de compte verbal, à l'égard de l'un de ces effets, a pu être ordonné à l'aide des éléments de ce compte, constatés au moyen des livres respectifs des parties et de leur correspondance (Même arrêt).

42. Les comptes établis entre cohéritiers, dans un acte de liquidation de succession, tombent, comme les autres comptes, sous l'application de l'art. 541 c. proc. civ. (V. comme application de ce principe: Bordeaux, 31 juill. 1847, aff. Labrousse, D. P. 48. 2. 104, et *Rép.* v° *Compte*, n° 183). — Sans doute, si une demande porte sur des objets *encore indivis* entre les cohéritiers, il n'y a pas lieu à redressement de compte. Il y a alors supplément de partage. Mais quand le partage opéré a donné un excédent de part à l'un des copartageants, il est manifeste que cet excédent n'est pas dans l'indivision, puisqu'il a été compris dans la liquidation et dans le partage qui a fait cesser toute indivision entre les cohéritiers. Les autres copartageants n'ont alors à leur disposition que l'un des deux recours suivants : ou l'action en redressement des articles du compte, s'ils ont été lésés par suite d'une erreur matérielle démontrée à l'aide des éléments mêmes de ce compte, ou une demande en rescision, pour cause de lésion, si la lésion soufferte est de plus d'un quart. En dehors de ces deux hypothèses, la liquidation et les comptes qu'elle renferme ne peuvent être attaqués sous prétexte d'erreurs ou omissions. Il faudrait alors reviser ces comptes, les refaire, et c'est ce que l'art. 541 c. proc. civ. prohibe rigoureusement en toute matière (Req. 19 mars 1855, aff. Paillard, D. P. 55. 1. 399).

Il a été jugé, d'ailleurs, que les créanciers d'un copartageant qui n'ont pas formé opposition au partage avant sa consommation ne peuvent ensuite attaquer la liquidation du chef de leur débiteur, sous prétexte de rectification, d'erreur ou d'omission (Douai, 7 juin 1848, aff. Sallégot, D. P. 49. 2. 194).

43. Dans tous les cas, l'art. 541 qui prohibe la revision des comptes ne s'applique qu'autant que les parties ont entendu les régler définitivement (Req. 30 mai 1877, aff. Talfer, D. P. 79. 1. 112). Ainsi, lorsqu'il est établi par les juges du fond, dont les constatations à cet égard sont souveraines, qu'un compte n'a pas été définitivement arrêté et que les sommes versées par l'une des parties à l'autre ont été laissées à la disposition de celle-ci à titre de provision sur les dépenses qu'elle pourrait avoir à faire, ce compte peut, sans qu'il y ait violation de l'art. 541, être revisé en justice. — Il a été jugé, dans le même ordre d'idées : 1° que la fin de non-recevoir résultant de l'art. 541 ne peut être opposée par un débiteur dont la dette a été portée au compte remis au syndic par les liquidateurs d'une société déclarée en faillite et approuvée par lui sous la réserve d'usage, en vertu d'une ordonnance du juge-commissaire; qu'en effet, la fixation de cette dette n'est point définitivement acquise par suite d'un contrat judiciaire qui la mettrait à l'abri de toute contestation tendant à la modifier (Req. 14 avr. 1886, aff. Guilhou, D. P. 87. 1. 430); — 2° Qu'il est loisible au juge, sur la demande en redressement d'erreurs commises dans un décompte produit, de nommer un expert avec mission de faire un rapport sur les difficultés qui divisent les parties, alors qu'il n'y a pas eu, entre celles-ci, de compte définitivement arrêté; une pareille mesure n'a rien de contraire à l'art. 541 (Req. 15 nov. 1875) (1); — 3° Que lorsque l'oyant compte a délivré au rendant, sur la présentation de son compte, une quittance pour solde renfermant la clause « sauf erreur ou omission », il appartient aux juges du fait d'interpréter souverainement cette clause en ce sens que les parties n'ont entendu faire entre elles qu'un règlement provisoire; et ils peuvent, en conséquence, renvoyer celles-ci

---

(1) (Dufau C. Chemin de fer des Charentes.) —LA COUR ; — Sur le moyen unique du pourvoi tiré de la violation de l'art. 541 c. proc. civ.: — Attendu, en droit, qu'aux termes de ce texte, il ne doit être procédé à la revision d'aucun compte, sauf aux parties, s'il y a erreurs, omissions, faux ou doubles emplois, à en former la demande ; mais attendu, en fait, que des constatations de l'arrêt attaqué il ne résulte pas qu'un compte ait été contradictoirement arrêté entre les parties; qu'en outre, dans l'espèce, il y a eu simplement demande en redressement de diverses erreurs commises

dans un décompte présenté à la compagnie défenderesse éventuelle par le sieur Dufau, demandeur en cassation ; — Que, dans ces circonstances, en nommant d'office un expert chargé de se faire remettre les titres et pièces, d'entendre les parties et de les concilier, sinon de rédiger son rapport, l'arrêt attaqué n'a violé ni les dispositions de l'art. 541 c. proc. civ., ni aucune autre loi ; — Rejette, etc.

Du 15 nov. 1875.-Ch. req.-MM. de Raynal, pr.-Barafort, rap.-Godelle, av. gén.-Bosviel, av.

devant un expert à l'effet d'établir un compte définitif, sans violer la disposition de l'art. 541, qui prohibe la revision des comptes (Req. 1er juill. 1885) (1).

44. — III. CAUSES DE RECTIFICATION DES COMPTES. — Pour que la disposition de l'art. 541 qui prohibe la revision des comptes reçoive son application, il faut que le prétendu compte ait été dressé de bonne foi et d'après des bases conformes aux conventions des parties. Ainsi, il y a lieu à revision générale du règlement arrêté entre un commissionnaire et le commerçant dont il faisait les achats, tout au moins pour erreurs ou omissions, lorsqu'il est établi que, pour un grand nombre d'opérations, le commissionnaire, eût-il même cru avoir le droit d'agir ainsi, a fourni à l'insu du commettant des indications modifiées dans un sens non conforme à· la convention et qui sont de nature à rendre suspect l'ensemble du compte. Tel est le cas où le commissionnaire a, dans les éléments du compte, surélevé les chiffres des prix réellement payés, et dissimulé en partie les escomptes, bonifications et délais de payement obtenus des vendeurs (Rouen, 8 août 1871, aff. Ligé, D. P. 71. 2. 222).

45. Le redressement d'un compte ne peut être demandé à raison d'une erreur de droit qui aurait été commise dans l'établissement de ce compte (Bordeaux, 31 juill. 1847, aff. Labrousse, D. P. 48. 2. 104). Jugé, de même, que la demande en rectification d'une liquidation de succession doit être rejetée si elle est fondée uniquement sur ce que les jugements, d'ailleurs définitifs, arrêtant les bases de l'opération et homologuant le procès-verbal de liquidation, auraient, contrairement aux clauses d'un contrat de mariage, considéré certains des biens d'une cohéritière comme paraphernaux, et fixé, par suite de cette erreur, la quotité de ses biens dotaux dans la succession, à un chiffre trop faible ; alors, du moins, que les juges dont émanaient les décisions critiquées avaient eu connaissance du contrat de mariage invoqué, et en avaient même reproduit les clauses dans leurs. jugements (Req. 15 mars 1876, aff. Lefort, D. P. 78. 1. 68).

46. Parmi les causes de rectification des comptes, l'art. 541 mentionne les doubles emplois. — Il a été jugé, à cet égard, qu'à supposer que l'art. 541 c. proc. civ., qui permet de demander le redressement des comptes pour erreurs, omissions, faux ou doubles emplois, soit applicable aux décomptes des entrepreneurs de travaux publics, on ne saurait considérer comme un double emploi dans le sens de cet article, l'erreur consistant en ce que le conseil de préfecture aurait alloué à un entrepreneur une somme déjà allouée à celui-ci par une décision ministérielle et déjà touchée par lui. En conséquence, le· ministre des travaux publics ne peut demander la rectification de cette erreur devant le conseil de préfecture par application de l'article précité (Cons. d'Et. 3 févr. 1857, aff. Joly, D. P. 57. 3. 74).

47. L'admission dans un compte d'une valeur qui n'existe pas constitue une erreur matérielle dont le redressement est, sans aucun doute, autorisé par l'art. 541. Cette· solution, qui résultait déjà d'un arrêt du 2 fruct. an 12, cité au *Rép.* n° 183, a été de nouveau consacrée par la jurisprudence (Civ. rej. 27 mai 1872, aff. Gaboureau, D. P. 73. 1. 143).

48. L'omission est également, aux termes de l'art. 541, une cause de redressement. Mais pour qu'une omission dans un compte puisse servir de base à une action en revendication, faut-il nécessairement que cette omission porte sur un des articles admis comme éléments du compte? Ou bien, au contraire, cette action est-elle recevable alors même qu'elle a pour objet de faire comprendre dans le compte un article qui n'y figurait pas ? La cour de cassation paraît avoir autre-

fois admis le premier système : c'est ce qui résulte du moins d'un arrêt du 12 mai 1835 (V. *Rép.* n° 185), qui décide que l'omission dans un compte d'une créance non reconnue à l'époque où il a été apuré ne peut servir de base à une demande en rectification. Mais elle a consacré depuis le système contraire (V. Civ. cass. 30 janv. 1861, aff. Bastien, D. P. 61. 1. 79 ; 9 avr. 1872, aff. Leroy, D. P. 73. 1. 38). Spécialement, la cour a décidé que la rectification d'un compte réglant les droits respectifs d'un conjoint survivant et des héritiers du prédécédé peut être poursuivie par ces derniers, à l'effet d'y faire porter à leur actif les sommes provenant de la vente d'un immeuble propre de leur auteur, s'ils établissent qu'à l'époque où le compte a été dressé, ils ignoraient que cet immeuble eût été aliéné pendant le mariage, et que, par suite, la communauté en eût touché le prix. Il faut remarquer d'ailleurs qu'en ce dernier cas, la voie du redressement n'est pas la seule ouverte ; le créancier peut, s'il le préfère, agir en payement de la créance demeurée distincte du compte, et soumise aux règles ordinaires sur la preuve de l'extinction des obligations (Arrêt précité du 30 janv. 1861).

49. L'action en redressement est encore admise lorsqu'elle repose sur un document qui était inconnu à l'époque de l'arrêté de compte, et qui, par conséquent, n'a pu être ni discuté par les parties, ni apprécié par les juges (Req. 15 mars 1876, aff. Lefort, D. P. 78. 1. 68 ; Civ. cass. 27 août 1877, aff. Durrieu, D. P. 78. 1. 410). Spécialement, le solde d'un compte réglé par jugement entre un entrepreneur de travaux publics et un sous-entrepreneur peut être l'objet d'une réduction, lorsque le règlement avait pour base le décompte provisoire de l'entreprise dressé par les agents de l'Administration, et que les éléments de ce décompte ont été ultérieurement modifiés par le décompte définitif (Arrêt précité du 27 août 1877).

50. Mais bien qu'une action en redressement de compte soit ouverte, à cas d'erreur, omission, faux ou double emploi, à la partie qui a accepté ce compte sans réserves, et qu'il puisse en être ainsi lorsque cette partie a été, par le fait de son adversaire, privée des documents nécessaires à l'appréciation de son droit et à la vérification des divers articles du compte, l'arrêt constatant, en fait, qu'aucun document de ce genre n'a été ignoré d'elle, motive suffisamment le rejet des conclusions par lesquelles elle demande l'augmentation d'une créance déjà comprise au règlement de compte (Civ. rej. 18 nov. 1884, aff. Lachambre, D. P. 85. 1. 317). Cette constatation échappe à la censure de la cour suprême.

51. Les dispositions de l'art. 541 qui ne permet qu'un redressement d'erreurs matérielles supposent nécessairement la production du détail même des comptes critiqués (Civ. rej. 21 déc. 1874, aff. Collomb, D. P. 76. 1. 107). C'est ainsi que la demande en redressement de compte formée contre une sentence arbitrale doit être repoussée, si cette sentence ne contient que des totaux sans autre explication, et s'il est impossible de faire ressortir de ses termes les erreurs, omissions ou doubles emplois allégués (Req. 22 nov. 1881, aff. Moreaux, D. P. 82. 1. 339). Jugé aussi que la demande en redressement d'un compte doit être appuyée sur la production du compte à redresser avec indication précise des erreurs, omissions, faux ou doubles emplois dénoncés; et que la production d'une quittance pour solde est insuffisante pour autoriser le redressement demandé (Req. 9 nov. 1875) (2).

52. Pour que l'action en rectification soit admise, il faut,

---

(1) (Rheinart C. Geoffroy.) — LA COUR; — Sur les deux moyens réunis et tirés, l'un de la violation de l'art. 541 c. proc. civ., l'autre de la violation des art. 1134 et 2052 c. civ. : — Attendu, d'une part, qu'il résulte, en fait, des constatations de l'arrêt attaqué, que le compte présenté par Rheinart à Geoffroy, le 20 juill. 1880, n'a pu être arrêté ni approuvé par ce dernier; que dans la quittance pour solde donnée le même jour, Geoffroy a inséré la réserve « sauf erreurs ou omissions »; que l'arrêt, par une application de l'intention des parties et une interprétation souveraine des faits et de la clause contenant ladite réserve, déclare qu'elle ne peut s'expliquer que par la pensée de la part de Geoffroy d'examiner à loisir, et non pas seulement et dans ses détails, le projet de compte qui lui était communiqué par Rheinart, qu'il n'a été fait entre les parties, le 20 juill. 1880,

qu'un règlement provisoire; — Attendu, d'autre part, qu'il n'est point démontré, ainsi que le jugement et l'arrêt le déclarent, que l'abandon du solde de 1491 fr. 85 cent. et le payement de la somme de 2000 fr. faits par Rheinart à Geoffroy, ledit jour, aient eu lieu à titre de transaction, ni que la quittance précitée renferme les éléments constitutifs de ce contrat; que, par suite, en confirmant le jugement du tribunal de commerce du 17 janv. 1883, qui renvoie les parties devant un juge à l'effet d'établir le compte d'entre elles, l'arrêt attaqué n'a violé aucun des textes de loi invoqués; — Par ces motifs, rejette.
Du 1er juill. 1885.-MM. Bédarrides, pr.-Rivière, rap.-Petiton, av. gén.-Lesage, av.

(2) (Carence C. Bain et autres.)—LA COUR; ... — Sur le troisième

ainsi qu'on l'a vu au *Rép.* n° 169, que les erreurs ou omissions puissent être relevées à l'aide du compte lui-même (Conf. Poitiers, 20 août 1850, aff. Puilboreau, D. P. 50. 2. 139. V. aussi Req. 19 mars 1855, aff. Paillard, D. P. 55. 1. 399). Et il est nécessaire que le demandeur produise des éléments de conviction de nature à rendre vraisemblables les erreurs ou omissions alléguées (Req. 17 févr. 1879, aff. Vitali, D. P. 80. 1. 346). — Jugé, en ce sens, que la demande en rectification de prétendues omissions renfermées dans un compte notarié où aucun des éléments du compte n'est indiqué, et qui constate seulement les résultats d'un règlement verbal et amiable dressé entre les parties, en dehors du notaire, a pu être repoussée à raison, d'une part, de l'impossibilité de reconnaître les omissions signalées, et, d'autre part, de l'invraisemblance de ces omissions (Civ. rej. 1er mars 1859, aff. Coffineau, D. P. 59. 1. 155). De même, l'action en redressement doit être écartée lorsque les rectifications proposées sont rendues impossibles par la suppression de tous les éléments qui avaient servi à établir le compte (Douai, 30 mars 1867, aff. Horrie et Autier C. Dartevelle.-MM. Binet, pr.-de Bagneris, av. gén.-de Beaulieu et Merlin, av.).

53. On a émis l'avis au *Rép.* n° 151, que la disposition de l'art. 541, qui prohibe la revision des comptes, n'est pas d'ordre public, au moins en tant qu'elle s'applique aux comptes extrajudiciaires. La jurisprudence a consacré cette opinion, en décidant que cet article ne met pas obstacle à ce que les parties se réservent la faculté de réclamer la revision du compte ou la rectification d'erreurs plus étendues que celles qu'il mentionne. Et la clause par laquelle une partie n'a approuvé un compte que « sous réserve de la rectification de toutes erreurs ou omissions » a pu être considérée comme donnant à cette partie le droit de faire rectifier toutes les erreurs, de quelque nature qu'elles fussent, qui se trouveraient dans le compte, et spécialement de contester la légitimité de quelques-uns des articles de ce compte, sans qu'une telle décision, qui repose sur une appréciation souveraine de volonté, tombe sous le contrôle de la cour de cassation (Req. 7 nov. 1855, aff. Forest, D. P. 56. 1. 96).

54. — IV. Fins de non-recevoir contre la demande en rectification. — Une première fin de non-recevoir contre l'action en rectification résulte de la connaissance qu'a eue la partie de l'erreur qui a été commise dans le compte. Ainsi, la déclaration, dans un compte de tutelle, que l'un des oyants a antérieurement reçu une portion de la somme à lui due, ne peut être attaquée par cet oyant, comme entachée d'erreur, s'il est établi qu'il n'en ignorait pas l'inexactitude, et que, néanmoins, il a laissé acquérir au jugement d'homologation l'autorité de la chose jugée (Civ. rej. 2 juill. 1855, aff. Gareau, D. P. 55. 1. 451). Et la reconnaissance souscrite, en pareil cas, par le rendant compte, dans un acte séparé, qu'il est toujours débiteur de la somme qui a été l'objet de cette déclaration, ne peut être opposée aux autres oyant compte même en leur qualité d'héritiers du rendant (Même arrêt).

55. L'exécution partielle des conventions survenues à la suite de l'arrêté d'un compte ne constitue pas une fin de non-recevoir contre l'action en rectification de ce compte pour erreur (Rouen, 8 mars 1871, aff. Delafaye, D. P. 72. 5. 115). — Spécialement, il a été jugé que la réception sans réserve, par un assuré, d'une partie de l'indemnité qui lui a été allouée pour réparation d'un sinistre ne le prive pas du droit de poursuivre ultérieurement la rectification d'une erreur de calcul dans la fixation du chiffre de cette indemnité; et il n'est pas nécessaire que ce droit ait été expressément réservé à l'assuré (Civ. cass. 19 juill. 1852, aff. Comp. d'assur. du Mans et Singher, D. P. 52. 1. 299).

La novation d'une créance résultant d'un compte arrêté

ne fait pas non plus obstacle à l'action en rectification (Arrêt précité du 8 mars 1871).

56. Comme l'a décidé un arrêt (Civ. rej. 2 juill. 1845), cité au *Rép.* n° 156, on peut demander, même après apurement, la rectification et le redressement d'un compte, dans le but d'en faire retrancher des articles qui impliquent des perceptions usuraires (V. conf. Req. 21 juill. 1847, aff. Alexandre, D. P. 47. 1. 312; Civ. rej. 24 avr. 1849, aff. Echallié, D. P. 49. 1. 241; Bordeaux, 11 janv. 1851, aff. Roger, D. P. 54. 1. 283; Req. 16 nov. 1880, aff. Mallet, D. P. 81. 1. 109).

57. On a examiné au *Rép.* n° 178 la question de savoir si l'autorité de la chose jugée peut faire obstacle à l'action tendant à faire rectifier un compte. Il n'est pas douteux qu'en principe l'art. 1351 c. civ. ne soit applicable ici comme en toute autre matière. C'est ce que reconnaît la jurisprudence. Ainsi il a été décidé que l'art. 541 c. civ. n'autorise pas les juges à réformer les décisions définitives et passées en force de chose jugée qu'ils ont rendues sur les articles d'un compte débattu entre les parties, sous le prétexte que ces décisions seraient le résultat d'une erreur (Civ. rej. 15 févr. 1875, aff. Veypert, D. P. 75. 1. 218). Mais l'action par laquelle une partie demande, pour cause d'omission de divers articles, le redressement d'un compte arrêté en justice, ne peut être écartée par l'exception de chose jugée, alors même que lesdits articles se trouveraient mentionnés dans les motifs du jugement ou de l'arrêt, si le dispositif contient seulement la fixation du doit et de l'avoir, suivie de la balance, sans indication d'articles spéciaux qui auraient fait l'objet d'un débat contradictoire (Caen, 24 mai 1870, aff. Gougis, D. P. 71. 2. 227). C'est là une application de la règle que la chose jugée ne résulte que du dispositif, et non des motifs des jugements et arrêts (V. *suprà*, v° *Chose jugée*, nos 9 et suiv.). Jugé aussi que les cohéritiers qui allèguent qu'une liquidation de succession contient des erreurs ou omissions sont recevables à demander qu'elles soient réparées, sans qu'on puisse leur opposer, soit le jugement d'homologation du procès-verbal de liquidation, soit le traité définitif qu'ils ont consenti sur le règlement de la succession, ces actes ne faisant obstacle qu'à une revision générale du compte; on opposerait vainement qu'une pareille demande est contraire à la chose jugée, alors que les articles dont on demande la rectification n'ont été l'objet d'aucun débat (Lyon, 15 juin 1848, aff. Grobon, D. P. 49. 2. 37).

58. Enfin, le jugement intervenu sur une action en redressement de compte ne fait pas obstacle à ce qu'une nouvelle action soit introduite à l'effet de faire statuer sur des chefs de réclamation qui n'ont encore été l'objet ni d'une décision judiciaire, ni d'un compte définitif arrêté entre les parties. La chose jugée, en cette matière, ne protège, en effet, que les chefs qui ont été l'objet d'un débat soit lors de l'établissement du compte, soit dans une instance précédente en redressement de compte (Req. 6 juin 1877, aff. Meyerstein, D. P. 78. 1. 429).

59. — V. Compétence en matière de rectification (*Rép.* nos 188 à 200). — Ainsi qu'on l'a vu au *Rép.* n° 188, l'art. 541 dispose que la demande en redressement de compte doit être portée devant les mêmes juges que la demande en reddition de compte. Spécialement, il a été jugé que le tribunal de commerce étant seul compétent pour connaître d'une demande en reddition de compte dirigée par un négociant contre son commis intéressé à raison de la gestion de celui-ci, la demande en redressement de compte doit être portée devant les juges consulaires qui ont connu de l'action en reddition de compte (Req. 18 janv. 1882, aff. Couteau, D. P. 82. 1. 416), et cela alors même que le patron aurait reconnu par acte notarié devoir à son commis la balance d'un compte arrêté entre eux, et lui aurait

moyen de cassation tiré de la fausse application de l'art. 541 c. proc. civ. et de l'art. 1134 c. civ. : — Attendu qu'il est souverainement déclaré et reconnu par l'arrêt attaqué que la comptabilité a été mise constamment à la disposition des associés, et notamment du sieur Carence; que ce dernier n'a pu signer la quittance du 31 janv. 1865 qu'après s'être parfaitement rendu compte que la somme qu'on lui donnait ainsi pour solde était la dernière qui lui revenait; — Qu'enfin cette quittance porte qu'un compte a été rendu, que toutes les pièces justificatives ont été produites, et que tout a été trouvé régulier; — Attendu qu'en

décidant, dans ces circonstances, que la demande en redressement de compte aurait dû être appuyée par la production du compte à redresser avec indication précise des erreurs, omissions, faux ou doubles emplois dénoncés, et que la production de la quittance pour solde était insuffisante pour autoriser et pour rendre possible le redressement demandé, l'arrêt attaqué, loin de violer ou appliquer faussement les textes visés au pourvoi, en a fait au contraire une juste application; — Rejette, etc.
Du 9 nov. 1875.-Ch. req.-MM. de Raynal, pr.-Sallé, rap.-Reverchon, av. gén.-Housset, av.

même conféré une hypothèque, si d'ailleurs rien n'indique l'intention des parties d'avoir voulu faire une novation (Même arrêt).

Cette règle de compétence est-elle d'ordre public? L'affirmative pourrait être soutenue par le motif qu'il serait contraire aux principes qui régissent notre organisation judiciaire sur un tribunal pût rectifier la décision rendue par une juridiction du même degré que lui. En tout cas, il a été décidé que le juge saisi de l'action en redressement d'un compte sur la reddition duquel il avait été statué par un juge différent, peut se déclarer d'office incompétent, alors même que les parties avaient été d'accord pour lui déférer la connaissance de cette action (Rouen, 27 déc. 1882) (1).

60. Que faut-il décider en ce qui concerne la demande en rectification formée contre une sentence arbitrale? Doit-elle être portée devant des arbitres ou devant le tribunal qui, à défaut du compromis, aurait été compétent pour connaître de la reddition du compte? Elle doit être portée devant ce dernier tribunal. C'est la solution donnée au *Rép.* n° 188, et v° *Arbitrage*, n° 1014, et que la jurisprudence a confirmée (V. Paris, 1er févr. 1849, aff. Bariller, D. P. 49. 2. 102; Civ. rej. 27 mai 1872, aff. Gaboureau, D. P. 73. 1. 143). Elle ne comporte d'ailleurs guère de difficulté en ce qui concerne l'arbitrage volontaire, une juridiction privée et temporaire qui s'évanouit par l'expiration du délai fixé par la loi ou par les parties. La question pouvait être plus délicate en matière de société commerciale avant la loi du 17 juill. 1856 abolitive de l'arbitrage forcé (V. *Rép.* n° 188).

61. En cas d'infirmation d'un jugement qui déclare des cohéritiers non recevables dans leur demande en revision d'un compte, la cour doit renvoyer les parties pour procéder au fond devant les juges qui ont rendu ce jugement et qui ont connu des débats élevés sur le compte (Lyon, 15 juin 1848, aff. Grobon, D. P. 49. 2. 37). Et cette règle s'applique même au cas où ce compte est, non pas l'objet principal, mais simplement l'accessoire de la demande; ainsi, la cour qui, après avoir accueilli une action en revendication d'immeuble et en reddition de compte des fruits, rejetée par le jugement frappé d'appel, ordonne le compte des fruits à restituer et des impenses dues au possesseur évincé, ne peut en retenir la connaissance en renvoyant, par exemple, les parties devant un notaire désigné par elle: la reddition et le jugement de ce compte sont de la compétence exclusive du tribunal dont le jugement a été infirmé, ou de tout autre tribunal indiqué dans l'arrêt infirmatif (Civ. cass. 12 juin 1865, aff. Desormèry, . D. P. 65. 1. 344). Elle s'applique également, alors même que les qualités porteraient que des pièces ont été produites par les parties devant la cour au sujet de ce compte, si les conclusions n'en font pas mention, et ne saisissent pas la cour du droit de l'examiner et de l'arrêter (Civ. cass. 27 juin 1860, aff. Colomès, D. P. 60. 1. 285).

62. La règle qui prescrit le renvoi devant le même tribunal ou devant tout autre que la cour peut désigner trouve, d'ailleurs, son application non seulement lorsque la demande avait formellement et expressément pour objet une reddition de compte, mais même lorsque la reddition de compte n'y est qu'implicitement comprise. Ainsi la demande en restitution des sommes remises par un incapable à un tiers pour être employées, par exemple, à des jeux de bourse, comprenant implicitement la demande en reddition du compte de ces sommes, le tribunal, en rejetant la première demande, est réputé avoir déclaré sans objet toute reddition de compte, et avoir ainsi rejeté la demande en compte dans le sens de l'art. 528 c. proc. civ. Par suite, l'arrêt qui, en infirmant ce jugement, a ordonné la reddition d'un compte, peut renvoyer les parties à compter devant le même tribunal composé d'autres juges, en vertu de l'art. 472 c. proc. civ., les conclusions de première instance ayant suffi pour saisir ce tribunal d'une véritable action en reddition de compte (Civ. rej. 30 déc. 1862, aff. Selleron, D. P. 63. 1. 40). Toutefois, lorsqu'une cour d'appel a, par suite des appels respectifs des parties, statué définitivement sur l'ensemble d'un compte, c'est à elle, et non aux juges du premier degré, qu'il appartient de connaître des demandes relatives à des articles accessoires omis dans ce compte (Req. 12 août 1852, aff. Colin de Lauty, D. P. 52. 5. 133).

63. — VI. Procédure relative a l'action en redressement de compte. — On a dit au *Rép.* n° 194 que la demande en rectification de compte, bien qu'intentée dans l'année, doit être formée non par un simple acte, mais par assignation à la partie. Telle est également l'opinion émise par MM. Rousseau et Laisney, v° *Reddition de compte*, n° 157. — *Contrà:* Joccoton, *De l'action en redressement de compte judiciaire*, *Revue critique*, 1856, t. 9, p. 437. — Suivant ce dernier auteur, la demande en rectification se rattache à l'action originaire en reddition de compte; elle en est une dépendance nécessaire; d'où il suit qu'elle constitue une véritable demande incidente, dispensée des préliminaires de conciliation, et qu'elle doit être formée, non par une assignation ordinaire, mais par un simple acte d'avoué à avoué conformément à l'art. 337 c. proc. civ.

64. Quant aux documents à l'aide desquels les erreurs, omissions, etc., pourront être établis, il n'y a sur ce point aucune difficulté. On a vu au *Rép.* n° 197 qu'il est permis d'employer toutes pièces propres à justifier la réclamation, même celles qui auraient déjà été produites lors du premier jugement. Il va de soi également que la rectification du compte peut être faite conformément aux pièces nouvellement produites (Req. 6 août 1872, aff. Monge, D. P. 73. 1. 160).

65. — VII. Prescription. — Comme on l'a vu au *Rép.* n° 199, la prescription applicable à l'action en redressement de compte est, d'après la doctrine généralement admise, celle de trente ans; la prescription décennale, établie par l'art. 1304 c. civ., ne trouve pas ici son application. Telle est l'opinion que nous avons adoptée *ibid.*, du moins en ce qui concerne les comptes judiciaires. Et elle a prévalu dans la doctrine (V. conf. Delamarre et Lepoitvin, *Du contrat de commission*, t. 2, n° 472; Joccoton, *op. cit.*, p. 436; Rousseau et Laisney, n° 147) et dans la jurisprudence (Lyon, 21 janv. 1854 (2); Req. 27 nov. 1876, aff. Andrieux, D. P. 77. 1. 350).

66. Cette solution s'applique-t-elle à l'action en redressement du compte de tutelle, intentée par le mineur, devenu majeur, contre son ancien tuteur? (V. sur ce point v° *Minorité-tutelle-émancipation*; — *Rép.* eod. v°, n° 676).

67. En ce qui concerne le point de départ de la prescription, il a été jugé que celle-ci ne court contre l'action qui appartient au créancier du solde d'un compte, à l'effet de

---

(1) (Hanouet C. Frileux.) — La cour; — Attendu que l'instance ntroduite par Hanouet contre Frileux n'est pas une demande en restitution de l'indu; qu'il s'agit d'une action en redressement de compte pour erreur, par suite de recouvrements indiqués par Frileux à son successeur; qu'aux termes de l'art. 541 c. proc. civ., les actions de cette nature doivent être portées devant les juges qui ont déjà connu du compte; que, fondée sur ces considérations d'un haut intérêt, cette disposition de la loi est impérative et formelle, et qu'il n'appartient pas aux tribunaux de se soustraire à son application; qu'il y a là une juridiction spéciale à raison de la nature même du débat, et que les magistrats seuls devant lesquels on a discuté les articles peuvent réparer les erreurs commises en pareille matière; qu'il importe peu qu'en sa qualité d'officier ministériel Frileux ait provoqué l'examen du tribunal et consenti une prorogation de juridiction; qu'en admettant que l'art. 541 n'ait été dicté que par l'intérêt particulier, et ne touche en rien à l'ordre public, il n'en résulterait pas que l'acquiescement des parties pût obliger le tribunal saisi à compléter l'œuvre d'autrui; que c'est donc avec raison que le tribunal civil de Rouen s'est déclaré incompétent; — Par ces motifs, confirme, etc.

Du 27 déc. 1882.-C. de Rouen, 1re ch.-MM. Neveu-Lemaire, 1er pr.-Ricard, av. gén.-Borenat (du barreau de Paris) et Homais, av.

(2) (Richarme C. Richarme.) — Le 24 janv. 1853, jugement du tribunal de Saint-Étienne ainsi conçu : — « Attendu que la demande de Michel Richarme porte sur deux catégories distinctes de créances, la première composée d'omissions à son préjudice dans le compte de tutelle qu'il a rendu le 16 oct. 1829 à Denis Richarme, son neveu ; la seconde (étrangère à la difficulté) ; — Attendu, sur la première série, que le défendeur oppose la prescription décennale, et au besoin dénie les omissions articulées par son oncle ; — Attendu que pour justifier son exception Denis Richarme invoque les art. 1304 et 475 c. nap. ; — Attendu que le premier de ces textes est ici manifestement sans application ; car il ne s'agit pas de nullité, ni de rescision, mais bien de l'action ouverte par l'art. 541 c. proc. civ. à tout comptable qui se plaint d'erreurs de calcul, de doubles emplois ou d'omissions dans le compte qu'il a rendu de sa gestion ; — Attendu que le second n'a qu'un seul but, de régler la durée de l'action de tutelle pro-

contredire la balance dont l'avis lui a été adressé, qu'à partir du jour où cette balance a été arrêtée, et non à partir de la clôture du compte nouveau, qui n'est alors que la justification du payement du solde antérieurement porté au compte définitif (Req. 6 janv. 1869, aff. Gouvernement espagnol, D. P. 69. 1. 224). En effet, comme le décide cet arrêt, un compte accompagné de l'avis qu'il est le dernier entre les parties, et qu'il se solde par une certaine somme au profit de la partie à laquelle cet avis est adressé, sauf les encaissements à opérer, est réputé avoir pris fin au jour même où il a été remis, et non au jour de la remise d'un compte nouveau, où figurent, sans opérations nouvelles, les encaissements prévus et les versements successifs du solde annoncé.— La même action se prescrit, quant aux opérations qui ont été l'objet de comptes particuliers, à partir de la remise de chacun de ces comptes, quoiqu'elles aient figuré dans le compte général énonçant la balance de l'ensemble des opérations faites entre les parties (Arrêt précité du 6 janv. 1869).

68. La prescription de l'action en redressement est soumise aux règles générales en ce qui touche les causes d'interruption et de suspension. — Il a été décidé, à cet égard, que la prescription de l'action en contestation d'un compte n'est pas interrompue par l'offre qu'a faite le rendant de soumettre ce compte à tous examens et vérifications, si, en même temps, il en a toujours affirmé l'exactitude, une telle offre n'équivalant pas à une reconnaissance du droit du créancier, dans le sens de l'art. 2248 c. civ. (Arrêt du 6 janv. 1869, cité *suprà*, n° 67). Cette offre ne peut non plus être considérée comme une renonciation à la prescription pour le temps écoulé (Même arrêt).

§ 14. — Arrêtés de compte (*Rép.* n°ˢ 200 à 216).

69. Ainsi qu'il a été dit au *Rép.* n° 200, l'arrêté de compte est l'acte par lequel une personne approuve le compte qui lui est produit par une autre personne. Cet acte, entre parties majeures et jouissant du plein exercice de leurs droits, n'est assujetti à aucune forme particulière, et peut résulter, notamment, d'un acte énonçant la somme qui, tous comptes réglés, en forme le reliquat. Par suite, le rendant compte ne peut être astreint à reproduire ses comptes, pour qu'ils soient de nouveau discutés, s'il n'y aurait y avoir lieu, en cas pareil, conformément à l'art. 541 c. proc. civ., qu'à une simple action en redressement d'articles déterminés du compte, pour erreurs, omissions ou doubles emplois, et à charge d'indication des articles à redresser (Req. 20 avr. 1857, aff. Mercier, D. P. 57. 1. 356).

70. L'acte par lequel, après le décès d'un des associés, les associés survivants s'engagent, conformément à l'acte de société et en prenant pour base le dernier inventaire, à payer une somme déterminée à l'héritier du défunt, en représentation de la part de celui-ci dans l'actif social, ne

constitue pas nécessairement un traité à forfait. Cet acte peut, alors que le dernier inventaire n'a été ni vérifié, ni signé par le défunt, n'être que la reconnaissance d'un arrêté de compte qui, basé sur des résultats éventuels, ne contient pas une obligation invariable et définitive, et dont, en conséquence, soit les parties, soit les tiers, et notamment le syndic de la société tombée depuis en faillite, peuvent demander le redressement pour cause d'erreurs ou d'omissions; du moins, l'arrêt qui le décide ainsi, par appréciation des circonstances de la cause et de l'intention des parties, ne fait qu'user du pouvoir souverain qui appartient aux juges du fond (Req. 27 nov. 1876, aff. Andrieux, D. P. 77. 1. 350.)

71. Un inventaire approuvé peut-il équivaloir à un arrêté de compte? La question a été soulevée, mais non résolue, dans une espèce jugée par la cour de cassation (Civ. rej. 23 nov. 1881, aff. Rozier, D. P. 82. 1. 417). Dans le sens de la négative, on a fait observer que tout compte comprend nécessairement deux éléments distincts, le *doit* et l'*avoir*, tandis qu'un inventaire ne serait qu'un tableau, dressé à une date déterminée, de toutes les valeurs composant l'actif et de toutes les dettes formant le passif d'un commerçant : il n'aurait pas pour but, dans une société commerciale, de régler la situation des associés entre eux ; les inventaires successifs pourraient servir de base au compte, en fournissant les éléments de la liquidation, mais ne sauraient en tenir lieu, et l'approbation des inventaires ne pourrait lier irrévocablement les parties. — Ces arguments sont spécieux, mais on y a répondu que, si les inventaires n'ont point opposables, comme comptes, à une partie qui serait demeurée étrangère à leur confection, ils présentent généralement, dans les rapports des associés entre eux, les caractères de comptes annuels ; en effet, un inventaire règle la situation de chaque associé, d'abord vis-à-vis de la société, ensuite et par voie de conséquence, vis-à-vis des autres associés, puisque la balance, en établissant le total général de l'actif et du passif et la différence entre ces deux éléments, détermine par cela même les pertes et les bénéfices de l'exercice ; et il ne reste plus, le compte ainsi fait, qu'à partager ces bénéfices ou ces pertes au prorata de la part de chaque associé. — Quoi qu'il en soit, l'arrêt qui rejette une demande en révision de comptes, livres et inventaires d'une société commerciale, est suffisamment motivé quand il déclare que la commune intention des associés a été d'attribuer aux inventaires, signés et approuvés, tous les effets d'un compte vérifié et approuvé. Et, en présence de cette appréciation souveraine des faits, la cour de cassation n'a pas à rechercher si l'art. 541 c. proc. civ. est applicable à la révision des inventaires. L'approbation d'un inventaire commercial annuel peut, d'ailleurs, être considérée comme impliquant l'approbation de l'inventaire de l'exercice précédent, lorsque les pertes relevées dans ce premier inventaire figurent parmi les éléments de celui qui a été régulièrement approuvé (Civ. rej. 23 nov. 1881, aff. Rozier, D. P. 82. 1. 417).

prement dite et de la réduire à dix ans ; — Qu'il serait superflu de rechercher si cette prescription décennale peut être opposée au tuteur dont l'art. 475 ne parle pas, aussi bien qu'au mineur contre lequel seul il dispose ; car l'apurement de compte de 1829 éteint toute action de tutelle entre Michel et Denis Richarme ; que ce qu'il importe, c'est de déterminer la nature de l'action sur laquelle il s'agit de statuer et de reconnaître sous le coup de quelle prescription elle tombe ; — Attendu que le droit de relever les erreurs commises dans un compte a sa source dans le principe d'équité qui ne permet à personne de s'enrichir au détriment d'autrui ; que l'action qu'il engendre s'assimile d'une manière parfaite, soit à la restitution de l'indu, soit à la répétition de ce qui a été utilement payé à la décharge d'un tiers ; — Qu'ainsi, elle rentre dans la classe commune des actions personnelles qui ne se prescrivent, aux termes de l'art. 2262, que par trente ans ; — Mais attendu, en fait, que plus de trente ans se sont écoulés depuis la majorité de Denis Richarme jusqu'à la demande, car le défendeur a accompli sa vingt et unième année le 4 nov. 1822, et l'ajournement porte le 6 nov. 1852 ; — Attendu, en droit, que, dans l'action couverte par l'art. 541 c. proc. civ., il faut distinguer quel en est le but : s'il s'agit de relever une erreur de calcul, un double emploi, la date du compte sera nécessairement le point de départ de la prescription, puisque l'action prend alors sa source dans le compte même ; s'il s'agit, au contraire, d'une omission à réparer, il faut remonter à l'époque de l'exigibilité de la créance omise, car, en ce cas, l'action ne naît pas du compte ; elle exis-

tait au jour où la tutelle a pris fin ; l'art. 541 ne la crée pas, il la laisse subsister, nonobstant le compte rendu ; — Attendu que pour faire ressortir l'exactitude de cette doctrine, il suffirait de signaler les conséquences de l'opinion contraire. Accorder au tuteur trente ans, à compter du compte de tutelle, pour relever des omissions, ne serait-ce pas lui permettre de perpétuer son action par sa propre négligence, et laisser le mineur exposé à se voir attaqué quand le temps l'aurait privé de ses moyens de défense ; d'où il suit que la première partie de la demande de Michel Richarme est réellement repoussée, non pas à la vérité, par la prescription décennale, mais par la prescription trentenaire ; — Attendu, surabondamment, que dans sa requête introductive d'instance, Michel Richarme expose qu'il a commis à dessein plusieurs omissions de dépense dans le compte par lui posé en 1829, afin de grossir le reliquat à sa charge et détourner par là les poursuites de ses créanciers personnels ; que ce honteux aveu ne permettrait pas de rattacher ses répétitions aux cas prévus par l'art. 541 c. proc. civ., qui suppose des omissions tout à fait involontaires ;

Par ces motifs, déclare Michel Richarme non recevable à relever les omissions qu'il prétend avoir été faites à son préjudice dans le compte de tutelle par lui rendu à Denis Richarme, son neveu, le 16 oct. 1829, etc. ; — Adoptant les motifs, etc., confirme, etc.

Du 21 janv. 1854.-C. de Lyon, 1ʳᵉ ch.-MM. Lagrange, pr.-Valentin, av. gén.-Rambaud, Maurin, Bié et Munier, av.

Table sommaire

des matières contenues dans le Supplément et le Répertoire.

(Les chiffres précédés de la lettre S renvoient au Supplément; les chiffres précédés de la lettre R renvoient au Répertoire.)

Table chronologique des Lois, Arrêts, etc.

COMPTE COURANT.

Division.

---

§ 1er. — Généralités ; Historique et législation ; Droit comparé (*Rép.* n°s 1 et 2).

1. La matière du *compte courant* a fait l'objet, depuis la publication du *Répertoire*, de plusieurs monographies intéressantes, parmi lesquelles nous signalerons: Feitu, *Traité du compte courant ;* Helbronner, *Du compte courant et de ses principaux effets;* Dietz, *Des comptes courants ;* Da, *Du contrat de compte courant.* — Cette matière a également été traitée avec détail dans plusieurs traités généraux sur le droit commercial (V. notamment : Delamarre et Le Poitvin, *Traité de droit commercial*, t. 3, p. 421 à 454 ; Lyon-Caen, *Précis de droit commercial*, n°s 1446 à 1460; Boistel, *Précis de droit commercial*, n°s 875 à 887).

2. Ainsi qu'il a été dit au *Rép.* n° 1, l'expression *compte courant* désigne et les rapports juridiques de deux personnes qui se doivent réciproquement, et le tableau, l'état matériel qui traduit cette situation à un moment donné. Cette expression donne une idée exacte de la situation réciproque des parties : il y a *compte courant* parce que les différentes valeurs réciproquement remises ne le sont pas avec l'*animus donandi*, mais avec l'intention, chez celui qui remet, de devenir *créancier*, avec la volonté qu'il lui soit, par l'autre partie, *tenu compte* de ce qu'il remet ; il y a *compte courant* parce que ce compte présente la plus grande mobilité, le solde devant être considéré lorsque la volonté des parties ou une autre circonstance viendra en suspendre ou en arrêter la marche (V. Lyon-Caen et Renault, n°s 1416 et 1417; Feitu, n° 5. V. aussi Boistel, n° 880; Lefrançois, *Traité du crédit ouvert en compte courant*, n° 3 et suiv.).

3. On a dit au *Rép.* n° 12 que le compte courant peut être soit simple, soit réciproque, et l'on a indiqué en quoi consiste la différence entre ces deux sortes de comptes courants (V. *contra :* Feitu, n° 58). Suivant cet auteur, le compte courant nécessairement réciproque, « puisque les parties se proposent d'arriver à une compensation qui n'est possible que par la réciprocité ». Cette distinction est généralement admise dans la doctrine (V. notamment : Lyon-Caen, n° 1418), et dans la pratique ; et elle est implicitement consacrée par un arrêt aux termes duquel des opérations consistant en versements et encaissements effectués par un banquier pour un non-commerçant qui, de son côté n'a fait pour ce banquier aucune opération de même nature, ne suffisent pas pour constituer un compte courant réciproque, mais peuvent donner lieu à un compte courant simple (Orléans, 17 févr. 1884, aff. Guillon, D. P. 82. 2. 172).

4. Les avantages du *compte courant* pour les personnes qui sont en relations d'affaires suivies ont été indiqués au *Rép.* n°s 3 et 4. Les opérations qui se font entre elles, des achats et ventes, par exemple, devraient se traduire par des envois souvent par des envois réciproques de fonds qui ne se réaliseraient pas sans frais et sans risques. Si, au contraire, les deux parties conviennent de tenir simplement état de ce qu'elles se fournissent réciproquement et de ne considérer leurs relations juridiques que la *différence* pouvant exister au profit de l'une ou de l'autre à une époque déterminée, ces frais et ces risques seront évités.

5. Les textes d'où l'on peut conclure que le compte courant, ou du moins un procédé analogue, était en usage à Rome ont été indiqués au *Rép.* n° 2.

Il est certain, d'autre part, qu'en Italie, dès le 16e siècle, et en France, dès le 17e, le compte courant était d'un usage fréquent (V. Frémery, *Etudes de droit commercial*, p. 383), qui n'a fait que se développer de plus en plus jusqu'à nous.

Cependant, la loi française ne s'en est presque pas occupée : elle ne le définit nulle part, et n'en parle que d'une manière tout à fait accidentelle. Il en résulte que l'usage, interprété par la jurisprudence, est la source principale à laquelle doit être puisée la solution des difficultés que soulève cette matière.

Ce laconisme du législateur français a, d'ailleurs, été imité par la plupart des législateurs étrangers qui, eux aussi, n'ont consacré au compte courant que de rares dispositions.

6. — DROIT COMPARÉ. — 1° *Italie.* — Le code de commerce italien de 1882 s'est occupé du compte courant dans ses art. 345 à 348. Les effets qu'il assigne à ce contrat sont à peu près ceux qui lui sont attribués par la jurisprudence française. Aux termes de ces articles, les sommes portées en compte courant sont transférées en toute propriété au récepteur qui s'en délie par ce seul fait, et les obligations précédentes qui existaient entre le récepteur et le remettant se trouvent novées. La remise en compte courant d'un effet de commerce ou de quelque autre titre de crédit est présumée faite sous la condition *sauf encaissement*. Le contrat de compte courant produit enfin la compensation entre les dettes réciproques des parties contractantes jusqu'à la clôture du compte, sauf le payement des différences, et l'intérêt des sommes portées en compte est dû par le *récepteur* au *remettant* du jour même de la remise. Cet intérêt, qui se compte par jours, est calculé au taux commercial, sauf convention contraire des parties. L'existence du compte courant n'exclut pas les droits de commission et le remboursement des frais se rapportant à ces opérations. La clôture du compte et la liquidation des différences a lieu au terme convenu ou à celui fixé par l'usage du commerce ; sinon, à la fin de décembre de chaque année. L'intérêt des différences court du jour de la liquidation.

Le contrat de compte courant prend fin de droit : 1° par l'échéance du terme convenu ; 2° à défaut de convention, par le refus de la part d'une des parties de le continuer ; 3° par la faillite de l'une des parties. Mais la rupture du contrat peut être demandée en cas de mort, d'interdiction ou d'incapacité de l'un des contractants.

7. — 2° *Allemagne.* — Il est question du compte courant dans les art. 291, 294 et 374 c. com. allemand qui traitent de la matière qui nous occupe. Le contrat de compte courant peut exister, y est-il dit, non seulement entre commerçants, mais même entre non-commerçants : ces derniers sont censés alors se soumettre aux lois et usages commerciaux, qui régissent ce contrat. Au moment de l'arrêté du compte, la partie qui se trouve créditrice a droit, à dater de ce moment, aux intérêts de toute la somme portée à son crédit, lors même que cette somme comprendrait déjà des intérêts. La règle du droit civil qui prohibe l'anatocisme ne s'applique pas au compte courant, même entre non-commerçants. Le compte doit être arrêté une fois par an à moins qu'il n'en soit convenu autrement par les parties. Bien que l'existence d'un compte ait été reconnue par les deux parties, l'une d'elles a le droit de prouver que ce compte est entaché d'erreur ou de fraude. Si le compte courant existe à propos d'un contrat de commission, le commissionnaire a un privilège sur toutes les créances comprises dans le compte et concernant les opérations de commission.

8. — 3° *Espagne.*— Dans une seule des dispositions, le code de commerce espagnol s'occupe incidemment du contrat de compte courant (art. 401). Suivant cet article, quand d'un commun accord on arrête le solde du compte en y comprenant les intérêts échus jusqu'alors, l'intérêt de ces intérêts échus n'est pas dû.

9. — 4° *Chili.* — Le code de commerce du Chili consacre tout un titre au contrat de compte courant (tit. 9, art. 602 à 619). Comme le code italien, le code chilien se rapproche beaucoup des règles admises en France; le transfert des sommes portées en compte entraîne novation des obligations précédentes, sauf réserves formelles de la part d'un des contractants. Toutes les négociations entre commerçants

domiciliés ou non dans un même lieu, ou entre un commerçant et un non-commerçant, peuvent être matière à compte courant, ainsi que toutes les valeurs transmissibles en propriété. Les effets de commerce ne sont passés en compte que sous la condition *sauf encaissement*. Les valeurs en compte produisent les intérêts légaux, ou ceux stipulés par les parties. En outre des intérêts, la taxe de commission est due, si le compte courant est greffé sur un contrat de commission ; cette taxe est fixée par l'usage ou par la convention. Le solde définitif est exigible dès que le compte est accepté. Mais les valeurs remises ne sont pas exigibles durant le compte. Les sommes ou valeurs affectées à un emploi déterminé, et qui doivent être tenues à l'ordre du remettant, sont étrangères au compte courant, et, comme telles, ne sont pas susceptibles de la compensation de droit qui régit cette matière.

Le contrat de compte courant cesse à l'époque fixée et avant même, du consentement des parties. Il prend fin aussi par la mort naturelle ou civile, l'interdiction, la démence, la faillite ou quelque autre événement légal qui prive l'un des contractants de la libre disposition de ses biens. La conclusion définitive du compte courant fixe invariablement l'état des relations juridiques des parties et, établissant la compensation du montant intégral du doit et avoir, détermine la personne du débiteur et celle du créancier. Le solde forme un capital productif d'intérêts ; il peut être garanti par des hypothèques constituées dans l'acte constatant la convention. Les parties, du reste, peuvent capitaliser les intérêts par périodes qui ne dépassent pas six mois, déterminer l'époque des balances partielles, le taux des intérêts et le droit de commission, et ajouter toutes les clauses accessoires qui ne sont pas défendues par la loi.

L'action née du compte courant, qui a pour but le règlement du compte, le payement du solde judiciairement ou extrajudiciairement reconnu, la rectification des erreurs de calcul, omissions, articles étrangers ou indûment portés au débit ou au crédit, ou le dol des parties, se prescrit par un délai de cinq ans. Dans un même délai se prescrivent les intérêts du solde, que le payement en ait lieu par année ou par périodes plus courtes.

10. — 5° *Autres États.* — On trouve encore des dispositions relatives au compte courant dans les codes de commerce *hongrois* (art. 285, 287 et 379) et *portugais* (art. 286 et 288). V. encore pour la *Suisse*, *Code fédéral des obligations*, art. 335 ; pour la *Prusse*, *Allgemeines preussisches Landrecht*, part. 11, tit. 8, art. 697.

§ 2. — Nature, éléments constitutifs du compte courant. — Personnes entre lesquelles il peut intervenir (*Rép.* n°ˢ 3 à 41).

11. Le silence de la loi sur les caractères essentiels du compte courant a laissé le champ libre aux commentateurs, et des opinions divergentes et multiples se sont produites sur la définition à donner du compte courant. Suivant Merlin (V. *Rép.* n° 6), le compte courant ne serait que l'état, le tableau matériel présentant la situation de deux commerçants qui font des affaires ensemble. Cette opinion a le tort grave de ne donner du compte courant qu'une notion purement matérielle, de présenter comme le compte courant lui-même ce qui n'est qu'un procédé matériel d'exécution. Elle restreint en outre l'usage du compte courant aux négociants et banquiers. Elle a cependant trouvé son appui pendant longtemps dans la jurisprudence, et notamment encore en 1862 dans un arrêt de la cour de Paris, qui dans un de ses motifs, affirmait qu'un compte courant ne constitue pas un contrat d'une espèce particulière ; qu'il n'est qu'un tableau présentant l'ensemble des opérations des parties et leur situation respective, dressé selon les conventions dont le caractère ne peut être modifié parce que les résultats en sont compris dans un compte courant (Paris, 25 mars 1862, aff. Mirès, D. P. 65. 1. 484).

12. D'après d'autres auteurs, notamment Frémery, *Études de droit commercial*, p. 385, le compte courant ne serait, comme dans l'opinion de Merlin, qu'un compte pur et simple, dans lequel seulement les intérêts seraient l'objet d'un mode spécial de calcul. Cette opinion doit être écartée comme la précédente : elle a, en effet, le tort de faire abstraction de l'élément moral, de la volonté des parties,

pour ne s'arrêter qu'à un fait matériel. D'ailleurs, si un calcul d'intérêts accompagne habituellement le compte courant, ce calcul et ces intérêts ne sont pas des conditions essentielles pour son existence. C'est ce qu'a reconnu la cour de Montpellier : « Attendu, dit un arrêt de cette cour, qu'il importe peu qu'on ne retrouve pas dans le compte représenté le calcul des intérêts, des sommes qui y sont portées, le payement des intérêts, qui est dans les *usages* du commerce, n'étant nullement de l'*essence* du compte courant lui-même » (Montpellier, 15 mai 1872, aff. Comp. de l'Afrique française, D. P. 74. 2. 165).

13. Une opinion originale, mais qui paraît avoir peu de chance d'être adoptée, est celle qui a été soutenue par M. Dufour, *Essai d'une théorie juridique des comptes courants ; Recueil de l'académie de législation de Toulouse*, n°ˢ 185 et suiv., et d'après laquelle « le compte courant constitue un être de raison formé par les parties sans notification au public ».

14. Les autres opinions s'accordent à reconnaître au compte courant les caractères d'un contrat proprement dit. Ce point de vue, auquel a conduit une analyse plus complète et plus rigoureuse, est d'une exactitude incontestable. Reste à savoir de quelle nature est ce contrat. Suivant Massé, *Droit commercial*, n° 2274, il consiste dans une sorte de convention de prêt réciproque ; un autre auteur y trouve les éléments d'un prêt et d'un mandat réciproques (Peigné, cité par Lyon-Caen, n° 1421, p. 796). D'autre part, il a été dit au *Rép.* n° 5 que le compte courant ne forme pas un contrat simple, mais une situation complexe qui peut dériver de plusieurs contrats, savoir : du prêt, du mandat ou de la commission, de la cession ou du transport et quelquefois du dépôt (V. aussi *ibid.* n°ˢ 13 et 14). En effet, ces divers contrats se rencontrent souvent dans les relations réciproques des parties entre lesquelles est intervenu le compte courant. Mais le compte courant lui-même, cette convention sur laquelle la loi est muette, et que la pratique a seule inventée, ne se présente pas ainsi dans la réalité des faits. D'après l'usage, pour qu'il y ait compte courant, il faut mais il suffit qu'il y ait : 1° remise d'une somme d'argent ou de toute autre valeur ; 2° remise en toute propriété, c'est-à-dire avec faculté pour celui qui reçoit de disposer de la chose reçue (si cette faculté n'existe pas, il peut bien y avoir compte entre les parties, mais il n'y a pas *compte courant*) ; 3° remise à charge de créditer le remettant ; 4° remise avec compensation jusqu'à due concurrence des articles du débit et du crédit.

15. On a rapporté au *Rép.* n° 6 la définition qu'ont donné du compte courant MM. Delamarre et Le Poitvin. Elle donne une idée exacte de la convention telle qu'elle se présente habituellement, et la distingue nettement des opérations qui n'en sont que l'exécution. M. Boistel, n° 880, la reproduit en substance mais en l'abrégeant, lorsqu'il définit le compte courant « une convention par laquelle deux parties stipulent que leurs créances qui pourraient naître de leurs relations d'affaires, quand elles entreront dans le compte, perdront leur individualité propre pour devenir de simples articles du crédit et du débit, de façon que le solde où elles se fondront sera seul exigible aux époques convenues ». MM. Lyon-Caen et Renault, n° 1421, le définissent d'une façon analogue « un contrat par lequel deux personnes, en prévision des opérations qu'elles feront ensemble, et qui les amèneront à se remettre des valeurs, s'engagent à laisser perdre aux créances qui pourront en naître leur individualité, en les transformant en articles de crédit ou de débit, de façon à ce que le solde final résultant de la compensation de ces articles soit seul exigible ». — D'autres définitions, qui se rapprochent plus ou moins de celles-ci, ont été données par MM. Demangeat, sur Bravard, *Droit commercial*, t. 2, p. 437 et suiv. ; Feitu, n°ˢ 55 et suiv. ; Helbronner, *Du compte courant*, p. 53 et suiv. ; Da, *Du contrat de compte courant*, n°ˢ 12 et suiv. — V. également celle que renferme un jugement du tribunal civil de Lyon du 30 nov. 1871 (aff. Crédit mobilier espagnol, D. P. 74. 2. 7).

16. Les conditions qui sont de l'essence du compte courant ont été exposées au *Rép.* n° 33. Elles sont très exactement résumées dans un jugement aux termes duquel « pour que le compte courant existe, il faut, outre la remise faite, que cette remise devienne la propriété de celle des deux

parties qui touche, sans cela ce n'est plus qu'un dépôt; que cette remise soit faite à la charge de créditer, qu'elle soit faite sauf règlement, et en plus, et par-dessus tout, il faut qu'il y ait volonté commune et contrat spécial » (Trib. civ. Lyon, 30 nov. 1871, aff. Crédit mobilier espagnol, D. P. 74. 2. 7). — Le compte courant se distingue ainsi de diverses autres opérations, plus ou moins analogues, mais dans lesquelles ces conditions ne se trouvent pas réunies: On en a indiqué plusieurs au *Rép.* n°s 7, 10 et 16. Depuis, et par les mêmes motifs, il a été reconnu qu'il n'y a pas compte courant: 1° entre un commettant, qui envoie des marchandises à un commissionnaire chargé de les vendre et reçoit de celui-ci des avances dont lesdites marchandises garantissent le remboursement; que, par suite, le commettant peut être assigné en payement du solde résultant des opérations faites entre les parties, devant le tribunal du domicile du commissionnaire, où les marchandises étaient consignées, et où elles devaient être payées au commettant (Douai, 11 mars 1848, aff. N..., D. P. 49. 2. 116); — ... 2° Dans un simple compte de *doit et avoir* pour arriver à un règlement; en conséquence, ce compte ne produit pas la novation qui résulte du compte courant (Jugement précité du 30 nov. 1871). — Il a été jugé, au contraire: 1° que l'on doit réputer en compte courant deux commerçants qui, s'envoyant réciproquement l'un des cuirs à préparer pour lui, l'autre des cuirs façonnés pour les vendre à commission, portent dans un compte de doit et d'avoir les valeurs résultant de ces opérations, quoique l'un a ouvert à l'autre un crédit (Caen, 8 juill. 1850, aff. Sionis-Bérenger, D. P. 55. 2. 19); — 2° Qu'il y a compte courant dans le cas où un commerçant remet à un banquier des effets de commerce à recouvrer, et reçoit de lui des espèces, si le règlement de ces opérations se fait par des comptes remis tous les trois mois au commerçant par le banquier et comprennent toutes les opérations intervenues au cours du trimestre expiré; que, par suite, en cas de faillite du banquier, le commerçant ne peut revendiquer les effets de commerce qui se trouvaient dans le portefeuille du banquier (Orléans, 17 janv. 1860, aff. Vaulquère, D. P. 61. 5. 101); — 3° Que des relations établies entre un commerçant et un banquier peuvent être considérées comme constitutives d'un compte courant, et non d'une simple opération d'escompte, alors même que le banquier aurait déduit de la valeur nominale des effets de commerce à lui remis l'intérêt et la commission, s'il est constaté qu'il ne s'agissait là que d'une forme d'écriture en usage dans la pratique commerciale, pour simplifier les calculs; que, par suite, les effets ainsi remis au banquier ne doivent être portés au crédit du remettant qui sauf encaissement, à la différence du cas d'escompte, où le banquier est réputé avoir reçu ces effets par voie de cession pure et simple, et moyennant un prix dont il devient immédiatement débiteur (Req. 16 mars 1858, aff. Chambellan, D. P. 58. 1. 199). — Au reste, la question de savoir si une convention, expresse ou tacite, impliquant l'existence d'un compte courant, est intervenue entre les parties, est une question de fait qu'il appartient aux tribunaux de résoudre souverainement; c'est du moins ce que déclare l'arrêt précité du 16 mars 1858 (Conf. Lyon-Caen, n° 1423. V. aussi Req. 11 janv. 1887, aff. Richardière, D. P. 88. 1. 382).

17. De ce qu'en matière de compte courant la convention des parties est entièrement libre, il résulte, ainsi qu'on l'a dit au *Rép.* n° 8, et que l'admettent tous les auteurs (V. notamment Delamarre et Le Poitvin, t. 3, n° 325; Alauzet, *Commentaire du code de commerce*, t. 2, n° 630; Feitu, n°s 106 et suiv., qu'elles peuvent laisser certaines valeurs en dehors de ce compte en les affectant à une destination spéciale (Conf. Civ. cass. 4 avr. 1865, aff. Maigre, D. P. 65. 1. 233). Et cette dérogation aux effets habituels du compte courant doit recevoir son application, alors même qu'en vertu d'une des clauses de l'acte, le créditeur a découvert se serait formellement réservé le droit d'affecter à son solde toutes remises de valeur provenant du crédité (Arrêt précité du 4 avr. 1865). Spécialement, lorsque le créditeur sur qui ont été tirées par le crédité des traites auxquelles il a promis de faire bon accueil, a reçu par contre du même crédité d'autres traites de même valeur et aux mêmes échéances, ces dernières traites peuvent être considérées comme destinées à servir de provision spéciale aux premières, et le créditeur, sur qui

les traites garanties par cette provision ont été tirées, ne peut, dès lors, refuser de les accepter, à l'effet d'appliquer celles qui lui ont été remises au solde de son compte courant (Même arrêt). — Il a été jugé, d'ailleurs, que lorsqu'il a été convenu entre un banquier et l'un de ses clients qu'un billet passé à l'ordre du premier par le second, resterait en dehors du compte courant existant entre eux et aurait une affectation spéciale, le seul fait que cette valeur portée au crédit du compte du client lors de la remise de l'effet, a été ensuite contrepassée au débit de ce compte par le banquier, ne saurait modifier les droits conférés à ce dernier par l'endossement, et ne peut être considéré que comme ayant fait sortir matériellement l'effet du compte où il ne devait pas figurer (Req. 12 avr. 1876, aff. Frespuech, D. P. 78. 1. 86). — En effet, ainsi que le dit cet arrêt, aucune loi n'ayant attaché des conséquences déterminées au fait du banquier qui a reporté au débit d'un compte courant une valeur d'abord inscrite au crédit d'un client, cette opération intérieure, et le plus souvent unilatérale, de comptabilité commerciale, ne peut exercer d'influence légale sur les droits originaires du créancier, à moins que les juges ne reconnaissent dans la cause la volonté du propriétaire de l'effet de commerce de modifier la situation que lui a faite l'endossement à son profit.

18. Les remises faites par une des parties à l'autre doivent être comprises dans le compte courant, alors même que, par une circonstance étrangère à la convention, elles n'auraient pas profité au récepteur. Ainsi il a été jugé que les sommes qui, en exécution d'une ouverture de crédit, ont été envoyées par le créditeur au crédité, sur lettre fausse ou en échange de fausses valeurs fabriquées par un commis de ce dernier, doivent, si l'envoi a été fait dans la forme usitée entre les parties, être inscrites au débit du crédité, quoique son commis, dont il est responsable, les ait détournées, et que, dès lors, il n'en ait pas profité. Par suite, les garanties stipulées par le créditeur, et notamment le cautionnement qu'il a exigé d'un tiers, pour sûreté du remboursement de ses avances, s'étendent aux sommes qui ont été ainsi détournées ou détournées frauduleusement (Req. 18 févr. 1861, aff. Penicaud, D. P. 61. 1. 245).

De même entre deux commerçants qui se trouvent en compte courant, la convention par laquelle l'un d'eux, pour relever son correspondant de l'obligation d'acquitter de ses deniers les traites tirées sur lui et qu'il a acceptées, consent à lui envoyer à chaque échéance, conformément à sa demande, un bon sur la Banque de France destiné à faire face au payement de ces traites, est réputée accomplie, par ce seul fait que le bon a été endossé à l'ordre du débiteur des traites, et expédié dans une lettre mise à la poste à son adresse; et la preuve de cette expédition résulte suffisamment de ce que copie de la lettre existe sur les registres de l'expéditeur, et de ce que le bon a été touché au lieu de destination à une date qui correspond à celle de l'envoi; par suite, la perte du bon survenue (par suite de détournement, par exemple), depuis la mise à la poste de la lettre qui le renfermait, est à la charge du destinataire, si l'expédition en a été faite à l'époque convenue ou annoncée, et s'il n'y a eu dans le mode d'envoi employé aucune faute imputable à l'expéditeur. L'omission de la formalité de la recommandation à la poste, par le commerçant qui expédie à un correspondant une valeur à l'ordre de celui-ci, qui lui aura demandé ou qu'il a annoncé devoir envoyer par cette voie, ne saurait être considérée comme une faute mettant à sa charge la perte ou le détournement qui a privé le destinataire de cette valeur, ce mode d'envoi non seulement n'est pas contraire aux conventions des parties, mais encore est conforme à un usage généralement adopté par le commerce, lequel consisterait à ne recommander que les lettres contenant des valeurs au porteur; et il appartient souverainement au juge du fait d'apprécier l'usage existait à l'époque de l'envoi de la lettre (Req. 1er juill. 1857, aff. Camus, D. P. 57. 1. 433).

19. D'autre part, les valeurs dont le récepteur a tiré profit doivent être inscrites au crédit du remettant, alors même que ce profit n'est réalisé qu'au moyen d'agissements frauduleux. Décidé, en ce sens, que les billets souscrits en compte courant à l'ordre d'un banquier, qui les a remis frauduleusement en circulation quoiqu'ils aient été renouvelés

à l'échéance, doivent être inscrits, dans le compte courant, au débit de ce banquier (Req. 10 févr. 1873, aff. Gonthier, D. P. 73. 1. 462).

20. Il est évident que le correspondant qui reçoit doit créditer l'autre partie de la valeur entière qui lui est remise, sauf à la débiter pour les frais et autres accessoires légitimement dus. Cette règle a été appliquée par un arrêt, aux termes duquel le banquier qui reçoit des traites en livres sterling, tirées sur Londres, doit tenir compte au tireur, avec lequel il est en compte courant, du bénéfice provenant du change des livres sterling en valeurs françaises, selon le cours de Londres, sans pouvoir substituer au prix exact du change une moyenne établie arbitrairement par lui pour la masse des opérations (Civ. rej. 15 nov. 1875, aff. Portet, D. P. 76. 1. 171).

21. Il a été enseigné au *Rép.* n°s 38 et suiv. que le compte courant, quoique se produisant le plus souvent entre négociants, peut également exister entre un négociant et un non-négociant, ou même entre deux personnes qui ne sont ni l'une ni l'autre commerçantes. Cette solution ne saurait être contestée. Elle a été consacrée par la cour de cassation dans un arrêt d'où il résulte qu'un compte courant peut s'établir entre non-négociants ou entre un commerçant ou un non-commerçant ; que cette convention, étant par elle-même licite, doit être régie par les règles ordinaires du compte courant, quelle que soit la qualité des personnes entre lesquelles elle est intervenue (Req. 7 févr. 1881, aff. Blondel, D. P. 81. 1. 425).

22. Nous avons dit *suprà*, n° 11, et c'est un point très important, que le compte courant n'est pas un simple tableau matériel ; qu'il ne consiste pas dans un simple procédé de comptabilité. Mais, ce point bien établi, il est certain, ainsi que nous l'avons indiqué au *Rép.* n° 1, que l'expression *compte courant* s'applique également à un procédé de comptabilité à l'aide duquel se traduit matériellement, et en chiffres, la situation juridique créée entre les parties par les opérations réalisées en exécution de la convention. On dit en ce sens : recevoir son compte courant, c'est-à-dire recevoir un extrait des livres sur lesquels sont inscrites ces opérations. Ce point a été exposé au *Rép.* n° 36 ; mais il nous semble utile de présenter à ce sujet quelques développements supplémentaires.

23. On verra *infrà*, n° 43, que, la plupart du temps, les valeurs remises en compte courant sont de plein droit productives d'intérêts. Il faut donc, si l'on veut régler le compte à un moment donné, faire état non seulement des sommes principales, mais encore des *intérêts* qu'elles ont produits. Comment faire tous ces calculs sans trop de lenteurs et de trop grandes difficultés ? On pourrait solder le compte, en capital et intérêts, successivement, chaque fois qu'un élément nouveau vient s'y ajouter, et faire produire intérêt au solde donné par chaque balance ainsi établie. Cette méthode, dite par échelettes ou hambourgeoise, et qui est la plus ancienne, entraîne avec elle des calculs longs et multipliés. Aussi est-elle peu employée, si ce n'est lorsque les éléments du compte n'y figurent pas au même taux d'intérêt (V. Boistel, n° 876). Dans les autres cas, on emploie le plus souvent l'une des deux méthodes suivantes, l'une dite *progressive*, l'autre dite *rétrograde*. Dans l'une comme dans l'autre de ces méthodes, les écritures sont tenues ainsi qu'il a été expliqué au *Rép.* n° 36, c'est-à-dire de la manière ordinairement suivie pour toute comptabilité, sauf en ce qui concerne la dernière colonne de chaque page du compte, dite colonne des *nombres*. Ces *nombres* constituent un simple artifice de comptabilité destiné à simplifier le calcul des intérêts. En effet, si nous appelons A la somme et B le nombre de jours pendant lesquels elle va produire intérêt, il est évident que l'intérêt de A pendant un nombre B de jours est égal à l'intérêt du produit A $\times$ B pendant un seul jour. Aussi, comme plus tard il sera très utile de réduire ainsi le calcul des jours à celui *d'un seul jour*, on porte, pour chaque article, dans la dernière colonne, un nombre qui est le produit de l'opération par le nombre de jours à courir jusqu'à l'époque fixée pour la clôture ou le règlement du compte. On opère de même pour chaque article du débit et pour chaque article du crédit. Puis, lorsqu'on veut régler le compte, on additionne tous les *nombres* du débit, tous ceux du crédit, et

l'on fait la différence sur laquelle seule l'un des correspondants doit à l'autre l'intérêt d'un seul jour, ce qui est toujours facile à calculer. Par exemple, les nombres additionnés du débit donnent le chiffre 1200000, mais les nombres additionnés du crédit donnent 1000000. Mon correspondant me doit donc les intérêts de 1200000 fr. pendant un jour. Mais, d'autre part, je lui dois les intérêts de 1000000 pendant un jour. Donc, en définitive, mon correspondant, toute compensation faite, me doit les intérêts de 200000 fr. pendant un jour.

On voit quelle simplification cette méthode réalise sur la précédente. Cependant elle recèle un vice essentiel : pour obtenir les *nombres*, on multiplie la somme par le nombre de jours *à courir* jusqu'à l'époque prévue du règlement, la fin de l'année, par exemple. Mais des événements imprévus, tels qu'une faillite ou un décès, peuvent mettre un terme au compte courant avant cette époque, et exiger un règlement anticipé. Toute l'économie du système se trouve, dès lors, détruite. Pour éviter ce grave inconvénient, on peut employer la méthode plus nouvelle, connue sous le nom de méthode rétrograde. Dans cette méthode, on a bien toujours recours aux *nombres*, c'est-à-dire à un artifice qui permet de n'arriver à calculer les intérêts que d'un seul jour et sur une somme unique. Mais lorsque des articles viennent à figurer au compte, au lieu de multiplier les sommes par le chiffre représentant le nombre de jours pendant lesquels elles vont porter intérêt, chiffre qui est toujours incertain, à cause des événements qui peuvent produire une clôture fortuite, on les multiplie par donner les *nombres*, par le chiffre toujours connu, qui représente les jours écoulés *depuis l'ouverture du compte*, c'est-à-dire par le chiffre représentant les jours pendant lesquels cette somme *n'a pas eu à porter intérêt*. Puis, la clôture arrivant à une époque quelconque, prévue ou imprévue, on additionne les *nombres* ainsi obtenus au débit, on additionne de même les *nombres* du crédit, on fait la différence, et l'on obtient ainsi, d'après ce qui vient d'être dit, un chiffre représentant la somme dont les *intérêts ne sont pas dus* pendant un jour. On calcule, ce qui est très facile, les intérêts d'un jour. On obtient ainsi ce qu'on appelle les *intérêts fictifs*. Reste à déterminer les *intérêts réels* : à cet effet, on additionne tous les articles du débit, tous ceux du crédit, et l'on fait la différence. Le résultat représente le solde des capitaux, ce qui reste dû, en *capital*, par l'une ou par l'autre des parties ; on multiplie alors cette somme capitale par le nombre de jours écoulés depuis l'ouverture du compte. On obtient ainsi un nombre représentant la somme dont les intérêts *pendant un jour* seraient dus si tous les articles étaient entrés dans le compte *le jour même de son ouverture*. On calcule les intérêts que l'on désigne sous le nom d'*intérêts totaux*.

Enfin, pour obtenir les intérêts réels, il suffit de retrancher de ces *intérêts totaux* les *intérêts fictifs*, tels qu'ils ont été déterminés par le procédé indiqué ci-dessus.

Tels sont, dans leurs traits généraux, les principes qui servent de base à la comptabilité des comptes courants.

§ 3. — Effets et conséquences légales du compte courant. — Compensation. — Exécution du contrat. — Compétence (*Rép.* n°s 42 à 69).

24. Les effets légaux du compte courant sont nombreux et variés. Suivant la classification, généralement adoptée aujourd'hui par la doctrine, on peut en distinguer quatre principaux auxquels les autres viennent se rattacher accessoirement, savoir : 1° le transport de propriété, au profit du récepteur, de toutes les valeurs qui entrent dans le compte ; 2° la novation des créances passées en compte courant ; 3° la confusion de tous les articles du compte dans un ensemble indivisible ; 4° la production des intérêts de plein droit au profit du remettant. On va traiter successivement des trois premiers effets ; le quatrième sera étudié dans le paragraphe suivant.

25. — I. TRANSPORT DE PROPRIÉTÉ. — C'est un point constant que chacune des parties entre lesquelles existe le compte courant devient propriétaire des valeurs qui lui sont remises, et la plupart des auteurs considèrent cet effet comme essentiel

au compte courant (Liège, 10 févr. 1883, aff. Berger, D. P. 83. 2. 61. V. toutefois Boistel, n° 882. V. aussi *infrà*, n° 26).

A quel moment s'opère ce transport de propriété? On admet, en général, et avec raison, que le récepteur ne peut devenir propriétaire des valeurs transmises que par une mise en possession effective. Comme le dit M. Feitu, n° 111, « le compte courant n'est pas seulement un contrat *réel*, en ce sens qu'il exige pour sa formation une chose et sa tradition; chacune des opérations qui le composent présente elle-même un caractère de réalité. Comment ces opérations sont-elles qualifiées par le commerce? De *remises en compte courant*. Cela signifie bien que, tant que la remise n'est pas effectuée, l'opération n'est pas consommée. Et rien n'est plus naturel. Le récepteur doit, en effet, donner crédit à son correspondant, or ce crédit ne peut répondre qu'à une remise réellement effectuée… ». La mise en possession s'opérera, d'ailleurs, de différentes manières, suivant la nature des objets transmis ; l'endossement suffira, s'il s'agit d'effets à ordre, et il ne sera pas même nécessaire que l'endossement soit régulier (V. en ce sens : Delamarre et Le Poitvin, t. 3, n° 327 ; Feitu, n° 112). Ce dernier auteur considère même comme suffisant un simple endossement en blanc, et il cite en ce sens un arrêt de la cour de Rennes du 27 nov. 1867. — La jurisprudence fournit, d'ailleurs, peu de précédents en ce qui concerne les conditions du transport de propriété en compte courant. Nous devons signaler, toutefois, un arrêt aux termes duquel l'envoi et la remise manuelle par un commerçant à un autre commerçant avec lequel il est en compte courant d'effets de commerce endossés au profit de ce dernier, avec inscription au débit de son compte, et d'autre part la rétention de ces mêmes effets par le destinataire, suffisent pour les faire entrer dans le compte courant et pour consommer la transmission de propriété, encore bien que l'opération n'ait pas été immédiatement inscrite sur les livres du destinataire, alors d'ailleurs que ce défaut d'inscription s'explique par l'heure avancée à laquelle la remise a été faite (Rouen, 28 janv. 1858, aff. Derrodde, D. P. 58. 2. 104).

26. Une des conséquences les plus importantes du transport de propriété qui s'opère au profit du remettant consiste dans le droit, pour ce dernier, de disposer librement de ce qui lui a été remis. Ce droit de disposition existe nécessairement à l'égard de toutes les valeurs dont le récepteur est devenu propriétaire. Mais l'existence d'un compte courant ne s'oppose pas à ce que des effets soient remis par l'une des parties à l'autre, à un titre qui n'implique pas translation de propriété, et qui, par suite, n'autorise pas le récepteur à disposer de ces valeurs. C'est ainsi qu'il a été jugé, dans la célèbre affaire du banquier Mirès, qu'en cas d'ouverture d'un compte courant, la remise d'actions au porteur par le crédité au créditeur, pour sûreté des avances de celui-ci, n'emporte pas nécessairement transport au profit du créditeur de la propriété de ces actions, à charge de restitution au crédité d'actions de nature et quantité semblables : elle peut, même en l'absence de convention expresse, être considérée soit comme un dépôt en nantissement, ne conférant au créancier aucun droit de disposition en dehors des conditions prévues par l'art. 2078 c. nap., et l'astreignant, dès lors, s'il les a indûment aliénées, à la restitution du produit de l'aliénation, et non pas seulement à la restitution de la valeur des actions au jour du règlement de compte (Civ. rej. 26 juill. 1865, aff. Mirès, 3 arrêts, D. P. 65. 1. 484 et suiv.).

27. Une autre conséquence du transport de propriété qui s'opère au profit du récepteur, c'est l'obligation, pour celui-ci de porter la valeur de ce qu'il reçoit au crédit du remettant, qui, par contre, les inscrit au débit du récepteur. Mais cette valeur peut être incertaine ou variable, comme dans le cas où il s'agit de marchandises ou de titres au porteur. S'il y a eu estimation préalable des objets remis, c'est le montant de cette estimation qui est inscrit au compte. Dans le cas contraire, il est tacitement convenu que les objets remis seront vendus par le récepteur, et que le prix en sera porté au crédit du remettant (V. notamment Feitu, n° 131). — Jugé, à cet égard, qu'en matière de compte courant, lorsque des marchandises ou valeurs mobilières ont été remises par l'une des parties à l'autre, le prix doit, après leur aliénation, être porté sans délai au crédit de l'envoyeur : celui qui les a reçues et qui, après les avoir aliénées, les a néanmoins maintenues

en nature au compte de l'envoyeur, ne peut, au moyen d'une vente fictive, ultérieurement faite dans un moment de baisse, porter à l'avoir de ce dernier un prix inférieur à celui pour lequel il a réellement vendu (Paris, 22 janv. 1864, aff. Mirès, D. P. 64. 2. 25). La cour de cassation a, dans la même affaire, confirmé cette solution en déclarant « qu'à moins de stipulation contraire, le dépôt en compte courant a pour conséquence légale l'obligation pour celui qui le reçoit de porter au crédit du déposant, à la date de la réalisation des valeurs déposées, le prix provenant de cette réalisation » (Civ. rej. 26 juill. 1865, aff. Mirès, 2e et 3e arrêts, D. P. 65.1. 484 et suiv.). Et d'après les mêmes arrêts, lorsque la date et le prix des ventes sont incertains, il appartient aux juges du fait d'en déterminer l'époque et d'en fixer le prix d'après les présomptions acquises au procès, lorsque cette incertitude est imputable à l'auteur même des aliénations.

Mais le crédité qui, pour sûreté des avances à lui faites en compte courant, a remis en garantie au créditeur des actions dont ce dernier a disposé, n'a pas le droit d'exiger que le créditeur lui restitue ces actions en nature ou leur valeur au cours du jour de la restitution, lorsque, en consentant la clôture du compte où les mêmes actions figuraient d'après leur valeur à l'époque de ce compte, il a accepté les ventes opérées pour lui. — Et il en est ainsi même dans le cas où il découvrirait que la vente a eu lieu à un cours supérieur à celui énoncé au règlement de compte, sauf inscription, dans le compte, par voie de rectification, de la somme formant le véritable produit de la négociation. Il ne peut réclamer davantage les intérêts et les dividendes produits par les mêmes actions depuis l'arrêté de compte : il n'a droit qu'aux intérêts du reliquat du compte, ainsi redressé et rectifié, et à partir, non des ventes opérées par le créditeur, mais de la demande de ce reliquat en justice (Civ. rej. 26 juill. 1865, aff. Mirès, 2e arrêt, D. P. 65. 1. 484 et suiv.).

28. En principe, et à moins de stipulation contraire, le crédit donné en remettant par le récepteur est irrévocable; il ne peut être supprimé, quelles que soient les circonstances qui peuvent survenir postérieurement à l'inscription de l'article au compte courant (V. notamment Lyon-Caen, n° 1433 c). Mais cette règle subit une exception importante, lorsque la remise a pour objet des effets de commerce, par suite de la condition *sauf encaissement*. On a expliqué au *Rép.* n° 45 en quoi consiste cette condition ; il paraît utile de revenir ici sur ce point. Des effets de commerce sont remis par l'un des correspondants à l'autre : celui qui a fourni la valeur doit naturellement être crédité le jour même de la remise. Mais les effets ne sont pas encore échus. Qu'arrivera-t-il si, en définitive, ils sont impayés à l'échéance? Celui qui a reçu peut-il, au moyen d'une contrepassation d'écritures, supprimer le crédit qu'il avait fait de ce chef à son correspondant au jour de la réception des effets? Autrement dit, lorsqu'une somme est inscrite à raison d'une remise d'effets ne l'est-elle que conditionnellement, c'est-à-dire sous la condition que l'effet sera payé? Ne l'est-elle, en d'autres termes, que *sauf encaissement*? L'utilité de cette condition d'encaissement est manifeste. En effet, qu'arriverait-il si l'inscription des traites au crédit du remettant n'était pas subordonnée à leur encaissement? Le commerçant auquel les traites ont été remises en serait constitué débiteur, par cela seul qu'il les a reçues, sauf l'exercice de ses droits de tiers porteur, lors de l'échéance des effets, droits exposés à toutes les conséquences de l'insolvabilité du débiteur ou des codébiteurs de ces effets. Si, au contraire, l'inscription ne doit être réputée avoir eu lieu que sauf encaissement, les traites ne seront maintenues au crédit de l'envoyeur qu'autant qu'elles auront été payées à l'échéance, et, par suite, les traites, qui à l'échéance, ne sont pas acquittées, sera effacé du crédit du remettant, ou compensé par l'inscription à son débit d'une valeur équivalente. On considère ainsi comme non avenue une remise de valeurs dont l'effet serait de rendre la partie à laquelle elle a été faite débitrice de l'intégralité de ces valeurs, alors que l'insolvabilité des débiteurs ne lui permettrait d'en encaisser qu'une portion.

29. Cette condition est-elle de la nature du compte courant ; en d'autres termes doit-elle être réputée sous-entendue ? La jurisprudence, après des divergences qui ont été

exposées au *Rép.* n°ˢ 46 et suiv., a résolu définitivement cette question dans le sens de l'affirmative. A l'époque de la publication du *Répertoire*, c'était l'opinion contraire qui semblait prévaloir dans la jurisprudence de la cour de cassation. Un arrêt de cette cour (Civ. rej. 27 avr. 1846, aff. Cordonnier, D. P. 46. 1. 243, et *Rép.* n° 48) avait, en effet, décidé que les valeurs portées en compte courant par voie d'endossement sont réputées, à moins de convention contraire, devoir figurer sans condition d'encaissement, au crédit du commerçant qui les a transmises; que, par suite, si ce commerçant tombe en faillite, et que les effets échus postérieurement soient demeurés impayés, celui qui les a reçus en compte courant, par voie d'endossement, ne peut en déduire la valeur de ce compte, sous prétexte qu'à défaut d'encaissement ils doivent être réputés n'y avoir jamais été compris, sauf à lui à se présenter au passif de la faillite, comme tout autre créancier, pour se faire rembourser au marc le franc du montant de ces effets. Les principaux motifs donnés par la cour suprême étaient « que les effets sont portés au compte courant comme valeurs réelles, et qu'il n'avait été dérogé par aucune convention, réserve, protestation ni restriction aux principes du droit commun sur les effets de la transmission par endossement; qu'en droit, et aux termes des art. 136 et 187 c. com., la propriété d'un effet de commerce se transmet par la voie de l'endossement, et qu'il résulte de cette disposition légale que le porteur, propriétaire par la voie de l'endossement d'un effet souscrit par un commerçant qui tombe en faillite avant l'échéance, vient au passif de la faillite sans aucun privilége, comme les autres créanciers; qu'il n'en peut être autrement si le même commerçant a négocié successivement plusieurs effets au même banquier, la multiplicité de négociations semblables ne pouvant rien changer à l'application des règles; qu'un compte courant établi sans conventions spéciales n'est autre chose qu'une remise successive et réciproque de valeurs diverses soumises aux règles générales, chacune selon sa nature; que les parties restent donc sous l'empire des art. 136 et 137 c. com. ».

30. Mais la cour de cassation n'a pas persisté dans cette doctrine, et, faisant une plus juste appréciation des usages du commerce, ainsi que de la volonté des parties, elle a reconnu que l'art. 136 c. com. reçoit nécessairement exception, lorsque, ce qu'il appartient aux juges du fond de décider en fait, il existe une convention, formelle ou tacite, d'après laquelle les valeurs réciproquement transmises ne doivent entrer en compte que sauf encaissement. Elle a, en conséquence, jugé que les effets de commerce portés dans un compte courant au crédit de l'un des correspondants doivent, en cas de non-payement total ou partiel à l'échéance, être inscrits à son débit, au moyen d'une contre-passation d'écritures, jusqu'à concurrence de la somme restée impayée (Req. 26 juill. 1852, aff. Baudon, D. P. 52. 1. 214; Civ. rej. 10 août 1852, aff. Doublat, *ibid.*);... Et cette contre-passation est valablement opérée, quoique le compte courant ait été arrêté avant l'échéance des billets par suite de la faillite du correspondant envoyeur, et que même l'autre correspondant, reconnu créancier par ce compte, ait reçu (ou ses syndics) les dividendes afférents au reliquat constaté à son profit, ce reliquat restant toujours subordonné à la condition de l'encaissement des effets qui, non encore échus lors du règlement de compte, ne pouvaient y figurer que nominalement. En conséquence, la somme ainsi portée au débit du correspondant envoyeur des effets restés impayés doit entrer en balance avec son crédit, et échappe, dès lors, à la réduction résultant de la faillite de ce correspondant, réduction qui ne peut atteindre que le solde définitif du compte, dans le cas où, après la contre-passation d'écritures, il demeurerait encore à la charge du failli (Mêmes arrêts).

31. La même solution résulte d'un grand nombre d'arrêts, soit antérieurs, soit postérieurs à celui qu'on vient de citer; et il est depuis longtemps constant en jurisprudence que les remises faites en compte courant sont toujours présumées subordonnées à la condition d'encaissement; qu'en conséquence, en cas de non-payement des effets à leur échéance, le montant doit en être reporté au débit du remettant, de manière à anéantir, par voie de contre-passation, les articles qui ne figuraient au crédit que d'une manière provisoire (Douai, 7 mars 1846, aff. Marmottan, D. P. 47. 2. 7; Paris, 21 avr. 1849, aff. Jouve, D. P. 49. 2. 251; 2 mai

1849, aff. Sergent, D. P. 50. 2. 24; 23 févr. 1850, aff. Gouin, D. P. 54. 5. 175; 15 mai 1850, aff. Iselin, D. P. 50. 1. 149; Civ. rej. 10 mars 1852, aff. Sergent, et aff. Tilhard, D. P. 52. 1. 77; 13 mars 1854, aff. Armingaud, D. P. 54. 1. 130; 10 janv. 1872, aff. Jalabert, D. P. 72. 1. 102; Poitiers, 28 janv. 1878, aff. Crédit agricole, D. P. 78. 2. 145; Civ. rej. 18 janv. 1887, aff. de Marqué, D. P. 87. 1. 278).

32. Contrairement aux solutions qui précèdent, il a été jugé, dans le sens de l'arrêt du 27 avr. 1846, cité *suprà*, n° 29 : 1° que celui qui, par compte courant, a remis à une maison de banque des effets de commerce endossés au profit de celle-ci, et sous la condition qu'elle lui fournirait des contrevaleurs en espèces, suivant ses besoins, n'est pas fondé à réclamer, après la faillite de cette maison, par voie de contre-passation d'écriture, ceux de ces effets qui n'étaient pas encore payés lors de la faillite (Paris, 12 janv. 1851, aff. Gouin, D. P. 51. 2. 75); — 2° Qu'en matière de compte courant, la clause de sauf encaissement, qu'elle soit exprimée· ou sous-entendue, ne fait pas obstacle à la transmission de la propriété d'un effet de commerce remis par l'une des parties à l'autre; que, par suite, en cas de faillite du recevant, le remettant ne peut donner au tiré ordre de ne pas payer et retirer la provision afférente à cet effet, en en contre-passant le montant à son débit (Lyon, 17 nov. 1863, aff. Millot, D. P. 64. 2. 39). Mais ces décisions paraissent isolées, et l'on peut considérer comme ayant définitivement prévalu la solution qui fait produire à la clause sauf encaissement, qu'elle soit expresse ou sous-entendue, tous les effets qu'elle comporte. La doctrine des auteurs est également bien établie en ce sens (V. notamment : Boistel, n° 883; Lyon-Caen et Renault, n°ˢ 1434 et suiv.; Feitu, n° 148).

33. L'intérêt de la question qu'on vient d'examiner se manifeste surtout dans le cas où le remettant est tombé en faillite : si cette faillite met obstacle à la contre-passation au débit du remettant des effets restés impayés, le récepteur ne pourra se faire tenir compte du montant de ces effets, qui ont indûment augmenté le crédit du remettant, qu'en produisant à la faillite, où il n'obtiendra qu'un dividende, comme tous les autres créanciers, tandis que si la contre-passation peut s'effectuer, cette augmentation de crédit se trouvera anéantie, et le récepteur n'aura aucune réclamation à faire valoir dans la faillite du remettant. — C'est à cette hypothèse que se réfèrent les arrêts précités des 27 avr. 1846 (*suprà*, n° 29), 12 janv. 1851 et 17 nov. 1863 (*suprà*, n° 32). A l'appui de la solution consacrée par ces arrêts, on a prétendu que la contre-passation avait pour effet de créer un privilége au profit du récepteur et impliquait une compensation à son profit. Mais l'objection n'était pas fondée. En réalité, comme le disent MM. Lyon-Caen et Renault, n° 1436, « on ne fait qu'exécuter une convention expresse ou tacite antérieure à la faillite, ce que le jugement déclaratif ne peut empêcher. Le récepteur invoque, en réalité, la nullité de sa dette pour défaut de cause; la faillite du remettant ne saurait lui enlever ce droit. On se trompe aussi en parlant de compensation : il y a annulation d'un crédit et, par suite, d'une dette; ce n'est que dans la forme qu'il est procédé sur les livres des parties comme s'il y avait une compensation » (V. dans le même sens : Feitu, n°ˢ 148 et suiv.). La jurisprudence ne s'est, d'ailleurs, pas arrêtée à cette objection, et plusieurs arrêts ont expressément décidé que la faillite du remettant n'empêche pas la condition d'encaissement de produire tous ses effets. Ainsi il a été jugé : 1° que les syndics de cette faillite ne peuvent exiger du récepteur le payement du crédit qui, d'après la balance de compte arrêtée, en résulterait que provisoirement à l'échéance des billets, et s'ils sont payés (Paris, 2 mai 1849, aff. Sergent, D. P. 50. 2. 24; Douai, 21 juin 1861, aff. Bonzel, D. P. 62. 5. 79); — 2° Que la règle d'après laquelle les remises réciproques ne sont portées au crédit de l'envoyeur que provisoirement et sous la condition tacite du payement à l'échéance, reste applicable même en cas de faillite du remettant, cette faillite ne pouvant rendre définitif, au profit des créanciers du remettant, un droit dont leur débiteur n'était investi qu'à titre conditionnel (Civ. rej. 10 mars 1852, aff. Sergent, et aff. Tilhard, D. P. 52. 1. 77; Req. 25 juin 1862, aff. Miallon, D. P. 62. 1. 479); — 3° Qu'il en est ainsi, alors même que le correspondant entre les mains duquel les effets sont demeurés impayés se serait fait

d'abord admettre au passif de la faillite pour le montant intégral desdits effets (Arrêt précité du 10 mars 1852, aff. Tilhard) ;... Ou encore bien que le récepteur ait négocié les effets à lui remis en compte courant et en ait ainsi touché la valeur, si, à défaut de payement à l'échéance, il en a remboursé le montant au tiers-porteur (Arrêt précité du 25 juin 1862).

34. Que faut-il entendre en cette matière par *encaissement?* Peut-on dire qu'il y a encaissement lorsque l'effet a été cédé à un tiers par le récepteur qui en a touché ainsi le montant? La négative ne saurait être sérieusement contestée puisque tant que l'effet n'est pas régulièrement payé à l'échéance, le récepteur endosseur reste exposé à l'action en garantie du porteur impayé. Il n'y a donc pas jusqu'à ce payement régulier un encaissement véritable et définitif au profit du récepteur (Lyon-Caen et Renault, n° 1440; Feitu, n°s 143 et suiv.).

35. Le commerçant qui a reçu en compte courant des traites non acquittées à l'échéance n'a pas toujours intérêt à cette contre-passation d'écritures et à l'annulation de la remise de valeurs qui lui a été faite. Lorsque le compte se solde à sa charge, l'inscription des effets au débit de celui qui les lui a remis lui est utile, car s'ils étaient, maintenus purement et simplement au crédit de l'envoyeur, ils grossiraient ce solde, avec l'unique ressource, pour le récepteur, de son action en payement de traites dont il aurait commencé par tenir compte intégralement à son correspondant. — Au contraire, cette contre-passation d'écritures peut nuire au commerçant à qui les traites non payées ont été remises, quand le compte se solde à son profit. A la vérité, de même que dans la première hypothèse sa dette diminuait, ici sa créance augmentée; mais l'augmentation n'est qu'apparente. En effet, si le solde dû au commerçant porteur des traites s'accroît par suite de la contre-passation de ces traites au débit de l'endosseur, d'un autre côté, ce porteur perd les droits résultant à sa faveur de l'endossement que cette opération a fait réputer non avenu, droits qui peuvent être plus précieux que ceux produits par le seul compte courant, puisqu'aux termes de l'art. 542 c. com. le porteur impayé a le droit de produire jusqu'à complet payement dans toutes les faillites des endosseurs pour la valeur nominale de son titre.

36. Dès lors se présente la question de savoir si le commerçant, dans l'intérêt duquel cette condition d'encaissement a été établie par les usages du commerce, a la faculté d'y renoncer. L'affirmative a été formellement consacrée par la cour de cassation. La chambre des requêtes a jugé que la condition d'*encaissement*, exprimée ou sous-entendue, dans le contrat de compte courant, pour les traites inscrites au crédit de l'une des parties, n'existe que dans l'intérêt de celui qui a reçu ces traites, et ne peut, dès lors, lui être opposée par l'envoyeur ou ses créanciers, à l'effet de le priver des droits attachés à sa qualité de tiers porteur, et de les réduire à ceux résultant du compte courant (Req. 5 févr. 1861, aff. Deffès, D. P. 61. 1. 313; 14 mai 1862, aff. Lehideux, D. P. 63. 1. 173). Ainsi, le négociant auquel des traites ont été remises en compte courant, par voie d'endossement, conserve les droits résultant de cet endossement, quoique la condition d'encaissement ne soit pas réalisée par suite de la faillite des coobligés, et, dès lors, il peut, en vertu de l'art. 542 c. com., se faire admettre à la faillite de son endosseur pour la valeur nominale de son titre, sans déduction des dividendes touchés à la faillite du souscripteur, et non pas seulement pour le solde de son compte courant, avec défalcation de ces dividendes (Arrêt précité du 5 févr. 1861). Ainsi, encore, lorsque le négociant auquel des effets de commerce ont été remis en compte courant, par voie d'endossement, est déclaré en faillite, ses créanciers peuvent, quoique la condition d'encaissement n'ait pas été réalisée, exercer les droits résultant de cet endossement, et, dès lors, pour l'action contre le souscripteur des effets, s'ils ont intérêt à les garder, à raison, par exemple, de ce que la somme à recevoir du souscripteur est supérieure à celle dont la faillite, en maintenant ainsi ces effets au crédit du remettant, devra compte en dividende à ce dernier. Le remettant objecterait vainement que des effets remis en compte courant doivent être réputés endossés avec le simple mandat d'en opérer le recouvrement et sont, dès lors, susceptibles de revendication en cas de faillite du porteur, conformément à

l'art. 574 c. com., l'endossement en compte courant étant, comme l'endossement ordinaire, translatif de propriété, sauf la condition résolutoire de l'encaissement à laquelle le négociant récepteur des effets, ou sa faillite, est libre de renoncer (Arrêt précité du 14 mai 1862). — La majorité des auteurs se prononce dans le même sens (V. Feitu, n°s 184 et suiv.; Boistel, n° 883; Dietz, p. 190; Da, n° 109. — V. toutefois en sens contraire : Lyon-Caen et Renault, n° 1438; Paris, 23 févr. 1850, aff. Gouin, D. P. 54. 5. 174).

37. Les droits qui résultent, pour le récepteur, de l'endossement des effets remis subsistent d'ailleurs, même après qu'ils ont été contre-passés à son crédit, faute d'avoir été acquittés à leur échéance : en effet, la contre-passation d'écritures est une simple mesure d'ordre qui ne prive pas le banquier, à qui les effets ont été endossés, du droit d'en conserver la propriété : par suite le remettant, ou le syndic de sa faillite, ne peut en exiger la restitution. Cette solution, qui ressortait déjà d'un arrêt de cassation du 27 nov. 1827 (*Rép.* v° *Effets de commerce*, n° 420), a été de nouveau consacrée par un arrêt de la cour de Nancy du 3 mars 1885 (aff. Houquel, D. P. 86. 2. 144). — *Contrà* : Lyon-Caen, n° 1441.

38. A l'inverse, le récepteur peut-il, après avoir d'abord agi comme porteur des effets qui lui ont été transmis, contre-passer au débit du remettant le montant de ce qu'il n'a pu recouvrer? Cette question, qui n'est pas sans difficulté, et sur laquelle la jurisprudence ne paraît pas avoir eu à statuer, divise les auteurs. — La négative a été soutenue, par le motif qu'en usant des droits résultant à son profit de la transmission des effets, le récepteur renonce par là même à ceux qui lui appartiennent en vertu du compte courant, et se rend non recevable à les exercer désormais (V. en ce sens : Dietz, p. 183 et suiv.). — Suivant M. Feitu, n°s 154 et suiv., il y aurait lieu de distinguer suivant que c'est contre le remettant ou contre des tiers signataires de l'effet que le récepteur a exercé ses poursuites. Dans le premier cas, il serait lié par l'option qu'il a faite, et la contre-passation ne serait plus possible. Il en serait autrement dans le second cas : « le récepteur, en poursuivant les tiers souscripteur, agit dans la mesure de son droit, sans que cette action puisse porter atteinte aux droits qu'il tient du compte courant et au nombre desquels se trouve la condition d'encaissement. Si donc la poursuite dirigée par le récepteur contre un des signataires reste sans résultat, le récepteur doit être autorisé à contre-passer; que si elle lui procure au moins un payement partiel, la condition n'étant réalisée que pour partie, il a le droit de contre-passer pour la partie du montant de l'effet qu'il n'a pas encaissé ». — Enfin, dans une troisième opinion, la contre-passation pourrait toujours avoir lieu; peu importerait que les poursuites du récepteur aient été dirigées contre le remettant lui-même, ou contre d'autres signataires (V. en ce sens : Lyon-Caen et Renault, n° 1441). Nous inclinerions vers ce dernier système : on ne voit pas pour quel motif le récepteur serait privé du droit de contre-passer par cela seul qu'il a commencé par poursuivre en vertu de la transmission qui lui a été faite, soit un signataire quelconque de l'effet, soit même le remettant. Dans l'un et l'autre cas, l'encaissement n'a pas eu lieu, ou n'a été que partiel, et, dès lors, comme le disent MM. Lyon-Caen et Renault, « le crédit trouve au remettant est sans cause ».

39. — II. Novation. — Ce second effet du compte courant, indiqué au *Rép.* n° 42, a été étudié *ibid.* v° *Obligations;* on y reviendra *infrà*, eod. v°.

40. — III. Indivisibilité du compte courant. — L'indivisibilité du compte courant entraîne d'abord cette double conséquence, signalée au *Rép.* n°s 50 et suiv., qu'il ne peut y avoir lieu en matière de compte courant à l'application des règles ordinaires de la compensation et de l'imputation de créances. Ainsi qu'on l'a expliqué *ibid.*, la compensation n'est pas possible, parce que les articles du débit et du crédit ne constituent ni dette, ni créance, puisqu'on ne doit considérer que le tout, l'ensemble du compte, et que, jusqu'à la clôture, les intérêts courent; la compensation individuelle des créances détruirait le compte courant, elle est en contradiction avec l'idée même d'un compte courant. La compensation est prorogée ; elle se produira seulement à la clôture. Quant à l'imputation, elle ne se conçoit pas davantage, puisqu'elle est un mode de payement, et qu'il ne peut

être question de payement au cours du compte (V. conf. Boistel, n° 883; Lyon-Caen et Renault, n° 1447; Feitu, n°ˢ 234 et suiv.).

La jurisprudence est fixée en ce sens; elle reconnaît, d'une manière constante, que les règles sur l'imputation des payements et la compensation ne sont pas applicables aux créances comprises dans un compte courant (Civ. rej. 17 janv. 1849, aff. Renaud, D. P. 49. 1. 49; Req. 18 déc. 1871, aff. Serigiers, D. P. 72. 1. 100). Par suite, le tiers qui a cautionné une partie déterminée de la dette résultant d'un compte courant, est obligé à la garantie du payement du solde définitif, jusqu'à concurrence de la dette cautionnée, sans qu'il puisse prétendre que cette dette a été éteinte par les premiers versements qui ont suivi le cautionnement (Arrêt précité du 17 janv. 1849). Par suite encore, lorsque la dette résultant d'une opération déterminée a été laissée en dehors du compte courant existant entre les parties, le débiteur ne peut exiger que les versements par lui faits entre les mains du créancier soient imputés de préférence sur ladite dette, alors même qu'il aurait plus d'intérêt à l'acquitter, si ces versements constituent, non des payements, mais des remises faites en compte courant (Req. 12 août 1873, aff. Spicrenael, D. P. 75. 1. 262).

41. Une autre conséquence de l'indivisibilité du compte courant consiste dans l'impossibilité, pour l'une des parties, de demander le payement partiel d'un article du compte, ou d'en faire l'objet d'une poursuite isolée. — Jugé en ce sens : 1° qu'en matière de compte courant, l'une des parties intéressées ne peut, à moins de convention contraire, extraire un article de son crédit pour en demander séparément le payement (Bordeaux, 23 janv. 1851, aff. Dorlacq, D. P. 51. 2. 136); — 2° Qu'une valeur entrée dans un compte courant ne peut en être détachée pour donner lieu isolément à un recouvrement ou à des poursuites, tant qu'il n'est pas constaté, par un arrêté régulier de ce compte, que la partie qui a fourni cette valeur en est définitivement débitrice. Spécialement, dans le cas d'un compte courant établi à la suite d'une ouverture de crédit faite par acte authentique, le créancier (ou son cessionnaire) ne peut, avant que ce compte ait été définitivement réglé, poursuivre, pour le montant d'un billet à ordre qui y a été compris, la saisie des immeubles du crédité, l'acte d'ouverture de crédit ne constituant point, en pareil cas, le titre

exécutoire exigé par l'art. 2213 c. civ. (Poitiers, 10 févr. 1857, aff. Jullien, D. P. 57. 2. 162) ; — 3° Que, lorsqu'une des parties entre lesquelles il reste un compte courant a obtenu un jugement condamnant l'autre à lui payer une certaine somme en vertu d'une opération qui avait fait l'objet d'une contestation spéciale mais qui était comprise dans le compte courant, cette somme forme un des éléments de ce compte, dont elle ne saurait être détachée; qu'en conséquence, la partie qui a obtenu le jugement ne peut s'en prévaloir comme d'un titre paré à l'effet d'exercer des poursuites en payement de ladite somme (Alger, 20 janv. 1877) (1) ; — 4° Qu'en matière de crédit ouvert et de compte courant, le droit de saisie-arrêt ou opposition ne peut s'exercer au préjudice du créancier ou du crédité, soit pour arrêter le cours des opérations convenues entre eux, soit pour détourner les valeurs respectivement engagées de la destination qui leur a été assignée par la convention; le créancier de l'une des parties ne peut exercer ses droits que sur le solde définitif qui pourra revenir à son débiteur (Paris, 27 janv. 1855, aff. Denet, D. P. 55. 2. 241). Et spécialement, est sans objet la saisie-arrêt pratiquée, entre les mains du créancier par compte courant, sur toutes les sommes qu'il pourrait devoir au crédité, lorsqu'il a été convenu que le montant du crédit serait employé à l'amélioration et à la consolidation du gage hypothécaire donné au créancier par le crédité, par exemple, à l'achèvement de constructions commencées sur le terrain hypothéqué et à l'extinction des hypothèques antérieures à celle du créancier; et c'est à tort qu'on prétendrait que celui-ci n'a pu, au préjudice de cette saisie-arrêt, continuer à remettre au crédité des sommes qui ont reçu la destination convenue (Même arrêt).

§ 4. — *Intérêts des valeurs portées au compte courant.* — *Capitalisation.* — *Droit de commission* (*Rép.* n°ˢ 70 à 119).

42. Il s'agit ici d'un nouvel effet du compte courant auquel il convenait de consacrer un paragraphe spécial, parce que cet effet présente un caractère particulier. Sur tous les autres points l'usage a créé le compte courant à côté de la loi, le suppléant sans la contredire. Mais en ce qui concerne l'intérêt des valeurs portées au compte, on en est venu à déroger à certaines dispositions légales, notamment aux art. 1153 et 1154 c. civ. En outre, et sous

---

(1) (Seyman C. Pougheol.) — LA COUR; — Attendu, que par deux jugements, en date du 8 janv. 1873, le tribunal de commerce d'Alger a résilié, aux torts de True et Girard, les marchés passés entre ces derniers et Seyman frères, et a condamné les premiers à payer chacun auxdits Seyman la somme de 5600 fr., disant en outre que, sur cette somme, Seyman frères payeraient à Pougheol, leur cessionnaire, la somme de 2000 fr., soit 4000 fr. pour les deux marchés, pour sa part d'indemnité; — Attendu que ces jugements ont été purement et simplement confirmés par arrêt du 25 oct. 1873; — Attendu que Seyman frères, après avoir obtenu l'exécution de ces jugements, ont signifié à Pougheol le compte courant qu'il avait chez eux, et qu'après offres réelles, à la date du 25 juin 1874, ils ont déposé à la caisse des dépôts d'Alger la somme de 1595 fr. 40 cent. formant le solde définitif revenant audit Pougheol, toute compensation opérée avec la somme de 4000 fr. dont ils lui étaient redevables aux termes des deux jugements du 8 janv. 1873; — Attendu que, malgré ces offres, Pougheol, en vertu de ces jugements, a, le 8 janv. 1876, fait commandement à Seyman d'avoir à lui payer la somme de 4000 fr.; — Que le 11 du même mois, ceux-ci firent opposition avec assignation et notification de leur compte courant, du procès-verbal d'offres et du récépissé constatant la consignation; — Attendu que Pougheol, sans discuter ce compte, chargea un huissier de pratiquer une saisie, mais que cette poursuite fut arrêtée par une ordonnance rendue en référé; — Attendu que la cause ayant été portée devant le tribunal, celui-ci, par le jugement dont est appel, a décidé que la condamnation précitée constituait une somme liquide et exigible en compensation de laquelle on ne pouvait opposer un compte contesté, qu'il y avait donc lieu de renvoyer Seyman se pourvoir pour obtenir le règlement de leur compte et d'ordonner la continuation des poursuites en vue du payement des 4000 fr.; — Attendu, sur l'appel, qu'il s'agit d'examiner si les arrêts du 25 oct. 1873 constituaient un titre ayant voie parée ou si, au contraire, la somme de 4000 fr. due par Seyman à Pougheol sur le fondement desdits arrêts, ne formait un élément du compte existant entre ces derniers, élément qu'il était impossible de séparer de l'ensemble de l'opération ayant existé entre eux; — Attendu, en fait, que

par marché en date des 24 et 28 août 1872, True et Girard ont vendu à Seyman 2000 quintaux de blé; que ceux-ci ont fait cession de ces deux marchés, mais que ce dernier ayant été hors d'état de payer les vendeurs, Seyman a effectué ce payement et reçu en échange 64000 fr. de valeurs qu'il a négociées; que Pougheol lui a, en outre, donné comme garantie des effets qu'il avait déposés à la Société algérienne, effets que Seyman a retirés contre remboursement des sommes dues à cette société par Pougheol; que sur le refus de True et de Girard d'exécuter leur marché, Seyman et Pougheol, au risque de ces derniers, ont dû les y contraindre par la voie judiciaire, et c'est dans ces circonstances que sont intervenues les décisions des 8 janv. et 25 oct. 1873; — Attendu que, de tous ces faits, qui ne sont pas contestés ou qui ne peuvent l'être sérieusement, il ressort qu'une seule et même cause, une seule et même opération a donné naissance à la contestation dont la cour est saisie; que cette situation de fait était exactement la même devant le tribunal de commerce d'Alger, le 8 janv. 1873, et devant la cour, le 25 octobre de la même année; que l'on comprend, dès lors, que les termes employés dans ces jugements, qui ne portent pas condamnation de Seyman au profit de Pougheol, mais bien condamnation de True et Girard en faveur de Seyman, qui devra payer 2000 fr., soit 4000 fr. pour les deux marchés à Pougheol dès que True et Girard auront exécuté ces décisions; que prétendre le contraire conduirait à soutenir que ces jugements, même à défaut d'exécution par True et Girard, constituaient en faveur de Pougheol un titre paré contre Seyman; qu'en fait et en droit, ces jugements résistent à une semblable interprétation et que, dans cette situation, il y a lieu d'infirmer le jugement dont est appel et de déclarer le commandement et la tentative de saisie comme ayant été faits sans droit et sans titre;

Par ces motifs ; — Réforme le jugement entrepris; émendant, annule et déclare non avenus comme faits sans titre et sans droit le commandement et la tentative de saisie pratiqués à la requête du Pougheol.

Du 20 janv. 1877.-C. d'Alger, 2° ch.-MM. Carrère, pr.-Fau, subst.-Chéronnet et Robe, av.

l'empire de la loi du 3 sept. 1807, limitative du taux de l'intérêt, des questions quelquefois délicates ont pu se présenter sur son application. En effet, le caractère d'ordre public que présentait incontestablement cette loi ne pouvait pas permettre une dérogation fondée sur la convention des parties. Ces questions présentent moins d'actualité aujourd'hui, la loi du 16 janv. 1886 ayant rendu libre le taux de l'intérêt en matière commerciale. Il est, en effet, bien certain que si le compte courant peut se produire entre non-commerçants (V. *suprà*, n° 21), le plus souvent il existe entre personnes dont l'une des deux, tout au moins, est commerçante. Nous signalerons néanmoins les décisions de la jurisprudence sur ce point, car elles conservent leur importance comme documents propres à marquer les progrès de la doctrine et de la jurisprudence en cette matière.

43. Une première dérogation au droit commun (c. civ. art. 1153) consiste en ce que, d'après une convention, expresse ou tacite, reconnue par une jurisprudence constante, toute somme entrée dans un compte courant est de plein droit productive d'intérêts (V. *Rép.* n° 71 ; Lyon, 29 juill. 1852, aff. Chirat, D. P. 54. 2. 101 ; Civ. rej. 8 mars 1853, aff. Capedeville, D. P. 54. 1. 336. V. aussi Req.12 juin 1876, aff. Pancrace, D. P. 78. 1. 151). Cette dérogation se justifie d'ailleurs parfaitement : à raison de l'indivisibilité du compte, celui qui a remis une valeur ne pourrait pas assigner l'autre partie pour faire courir les intérêts moratoires, puisque, ainsi que nous l'avons vu *suprà*, n° 41, tout article compris dans le compte perd son individualité et ne peut plus donner lieu à une poursuite spéciale. D'autre part, ceux qui sont en compte courant n'ont pas généralement la pensée de se priver d'une valeur à titre gratuit, et sans un profit dont ils entendent qu'il leur soit tenu compte (V. Demangeat sur Bravard, t. 2, p. 447; Feitu, n°⁵ 258 et suiv.; Lyon-Caen, n° 1449; Boistel, n° 886).

44. Aussi la règle est-elle admise même lorsque le compte existe entre non-commerçants, même en matière civile (*Rép.* n° 79); il est, en effet, à présumer qu'en empruntant au commerce cette convention et ce mode de procéder, les parties ont entendu s'y conformer complètement (Boistel, n° 886; Feitu, n° 264). Mais il n'en est ainsi bien entendu que sauf une convention contraire, qui ne serait ici qu'un retour au droit commun.

Quid en ce qui concerne les accessoires qui peuvent être légitimement dus, tels que frais et débours? Ils doivent également porter intérêt, puisque, eux aussi entrent en ligne de compte (Conf. Feitu, n° 266).

45. Mais s'il est constant que les articles, principaux ou accessoires, du compte, sont de plein droit productifs d'intérêts, quel est le point de départ de ces intérêts? La question a été examinée au *Rép.* n°⁵ 83 et suiv. Il est certain qu'on doit se conformer avant tout à la volonté des parties. Sous l'empire de la loi de 1807, limitative du taux de l'intérêt, il y avait seulement à se préoccuper du point de savoir si cette volonté n'avait pas cherché à dissimuler une perception usuraire. Sauf cette réserve, qui n'est plus applicable aujourd'hui qu'en matière civile, depuis la loi du 16 janv. 1886 (V. *suprà*, n° 42), la solution dépend uniquement des conventions intervenues; et, dans le doute, on doit naturellement admettre que les parties ont entendu que les intérêts courraient contre chacune d'elles à partir du jour où celui qui reçoit a la jouissance de la valeur portée au compte (*Rép.* n° 83). Ainsi les traites à vue, remises en compte courant à un banquier par un négociant, produisent, au profit de celui-ci, des intérêts à compter du jour de leur encaissement ; vainement le banquier alléguerait que l'usage s'est introduit, pour simplifier les calculs souvent difficiles, de lui allouer, pour les effets de cette nature, un nombre fixe de jours improductifs d'intérêts, alors surtout que l'existence de cet usage n'est pas formellement constatée (Civ. rej. 15 nov. 1875, aff. Portet. D. P. 76. 1. 171). Le banquier peut donc déduire du capital dont il crédite le remettant le montant des intérêts depuis le jour de la remise jusqu'au jour du payement; mais bien entendu, il ne lui est pas permis de débiter en outre le remettant des intérêts de la somme ainsi déduite à titre d'escompte (Même arrêt). D'ailleurs, le jour *a quo* serait le même pour chacune des parties si telle a été leur volonté (V. *Rép.* n° 86).

46. Quant au *solde* du compte arrêté à un moment donné

en principe, il produit également de plein droit des intérêts (*Rép.* n° 89). Il y aurait cependant exception, suivant ce qui a été dit au *Rép.* n° 91, si, d'après les circonstances, ce solde restait entre les mains de celui qui le doit sans qu'il pût en faire emploi, ce qui pourrait avoir lieu, par exemple, s'il avait écrit à son correspondant qu'il le tenait à sa disposition. Mais cette dernière solution a même été repoussée par un récent arrêt de cassation, aux termes duquel des offres réelles ou une acceptation formelle de la part du créancier sont exigées pour que le solde cesse de produire intérêt. Le solde d'un compte courant arrêté après clôture d'après cet arrêt est productif d'intérêts de plein droit. Et il ne suffit pas, pour arrêter le cours de ces intérêts, que le débiteur avise le créancier qu'il tient le solde à sa disposition, si d'ailleurs le créancier n'a pas déclaré accepter ; les offres réelles, seules, peuvent produire cet effet (Civ. cass. 11 janv. 1886, aff. Goyard, D. P. 86. 1. 121).

47. En ce qui concerne le taux des intérêts, il est naturellement réciproque, c'est-à-dire le même pour les deux parties, et, par conséquent, il peut être de 6 pour 100, même pour celle des parties qui n'est pas commerçante. Telle est, du moins, la solution proposée au *Rép.* n° 92, et la cour de cassation l'a confirmée en décidant que l'intérêt des sommes que dans un compte courant les parties se remettent, doit être calculé à un taux identique, la réciprocité étant la première condition de ce contrat (L. 3 sept. 1807, art. 1ᵉʳ et 3). Décidé, par suite, que le banquier qui est en compte courant avec un non-commerçant, peut exiger de ce dernier l'intérêt au taux commercial des avances qu'il a faites, les sommes à lui remises par le non-commerçant l'assujettissant, de son côté, à en servir l'intérêt au même taux (Civ. rej. 11 mars 1856, aff. Canuet, D. P. 56. 1. 407. V. dans le même sens : Feitu, n° 269. — *Contrà*: Lyon-Caen, n° 1451).

48. Mais si cette réciprocité est naturelle en matière de compte courant, elle n'est pas essentielle, et elle peut être écartée par la nature des relations établies entre les parties. Il peut aussi y être dérogé par une convention contraire (Feitu, n° 270; Dictz, *Compte courant*, p. 212). Ainsi il a été jugé que la stipulation suivant laquelle les sommes entrées en compte courant entre deux individus produiront des intérêts à un taux différent, et par exemple, 5 p. 100 au profit de l'un et 6 p. 100 au profit de l'autre, est valable alors que l'intérêt n'excède pas le taux légal (Caen, 21 mars 1849, aff. Bobot, D. P. 50. 2. 56). En effet, un banquier, par exemple, n'aurait aucun intérêt à ouvrir un compte courant, s'il n'existait une différence entre le taux de l'intérêt qu'il donne et celui qu'il reçoit, afin de le rémunérer des frais, peines et démarches. C'est pourquoi la doctrine et la jurisprudence reconnaissent la légitimité des conventions ayant pour but de déroger à cette règle de la réciprocité. On peut ainsi convenir que le banquier percevra 6 pour 100 sur ses versements, et que le négociant ne touchera que 4 ou 5 pour 100 sur les siens (Même arrêt). — Mais comment calculera-t-on ces intérêts, dont le taux est ainsi différent? Ce calcul pourra-t-il se faire à l'aide de l'artifice des nombres? (V. *suprà*, n° 23). Un arrêt de la cour de Bordeaux, dans ses motifs tout au moins, s'est prononcé pour la négative, et a décidé que la méthode dite par échelettes ou hambourgeoise est seule possible, en matière de compte courant, entre banquier et négociant, lorsque les parties sont convenues que les sommes entrées en compte produiront intérêt à des taux différents, selon qu'elles seront versées au crédit de l'une ou de l'autre des parties; la balance doit avoir lieu, non par nombres, aux époques périodiques en usage dans le commerce, mais par échelette, c'est-à-dire au fur et à mesure des versements (Bordeaux, 8 avr. 1880, aff. Mallot, D. P. 81. 1. 109; Boistel, n° 877).

49. Tout ce qui vient d'être dit au sujet du taux des intérêts concerne l'hypothèse la plus fréquente, celui d'un compte courant réciproque. S'il s'agissait d'un compte courant simple, la question de savoir quel serait le taux applicable a été soulevée pour le cas où le compte a été ouvert par un banquier à un non-commerçant et où il a été jugé que les intérêts des avances inscrites au débit pouvaient être portées au taux de 6 pour 100 (Orléans, 17 févr. 1884, aff. Guillon, D. P. 82. 2. 172. V. aussi Feitu, n° 269). Cette solution est conforme à la doctrine généralement admise, suivant laquelle les intérêts des fonds avancés par un ban-

quier, même à un non-commerçant, et pour une destination non commerciale, peuvent être fixés à 6 p. 100 (V. *infrà*, v° *Prêt à intérêts*).

50. Une autre dérogation très importante a été signalée au *Rép.* n° 98; elle est relative à l'anatocisme. Il est admis que le solde du compte, même lorsqu'il est arrêté, comme cela a lieu le plus souvent à des intervalles de moins d'une année, tels que trois mois ou six mois, est lui-même productif d'intérêts. Et pourtant dans ce solde figurent non seulement des sommes capitales, mais aussi les intérêts de ces sommes, lesquels viennent augmenter le montant du solde. Ces intérêts vont donc porter eux-mêmes intérêt, contrairement à la règle édictée par l'art. 1154 c. civ., quoiqu'ils ne soient pas dus pour une année entière, puisque nous supposons un arrêté trimestriel ou semestriel. — Souvent on justifie cette capitalisation en s'appuyant simplement sur l'usage du commerce. Mais le motif est insuffisant. L'usage ne saurait prévaloir contre une disposition prohibitive ou contre une loi d'ordre public. Il nous paraît plus exact de défendre la solution de la pratique et de la jurisprudence, ainsi que de la plupart des auteurs, en nous fondant sur la nature même du compte courant, sur l'indivisibilité qui en est un caractère essentiel, indivisibilité qui ne permet pas de décomposer le solde à nouveau et de considérer qu'il est partiellement formé par un chiffre représentant des intérêts. Quels qu'aient été les éléments de ce solde, ils ont perdu leur caractère propre, leur individualité; il y a novation, et le solde ne doit plus être considéré que comme le premier article du compte *à nouveau* (V. conf. Feitu, n°s 279 et suiv.; Boistel, n° 886; Lyon-Caen et Renault, n° 1452. — *Contrà :* Delamarre et Le Poitvin, t. 3, n° 338; Demangeat sur Bravard, t. 2, p. 448; Dietz, p. 227). La jurisprudence est depuis longtemps fixée dans ce sens; aux arrêts cités au *Rép. loc. cit.*, il y a lieu d'ajouter les suivants, qui ont formellement reconnu qu'en matière de compte courant, la capitalisation des intérêts peut avoir lieu à des intervalles de moins d'une année; qu'elle peut s'opérer notamment par semestre ou même par trimestre (Caen, 8 juill. 1850, aff. Sionis Béranger, D. P. 55. 2. 19; Req. 12 mars 1851, aff. Petiot-Coste, D. P. 51. 1. 290; Nîmes, 6 déc. 1860, aff. Brunel, D. P. 61. 2. 104; Req. 14 nov. 1864, aff. Goutant-Chalot, D. P. 65. 1. 54; Paris, 16 juill. 1869, aff. Delaune, D. P. 72. 1. 393; Req. 14 juin 1870, aff. Gianoli, D. P. 71. 1. 64; Bourges, 14 mai 1873, aff. Robert, D. P. 74. 2. 30; Civ. rej. 13 févr. 1883, aff. Colas, D. P. 84. 1. 31. V. toutefois : Bourges, 14 févr. 1854, aff. Canuet, D. P. 55. 2. 271). — Si l'on admet qu'il peut être dérogé à l'art. 1154 c. civ. dans les règlements périodiques auxquels il est procédé pendant la durée du compte, à plus forte raison la prohibition édictée par cet article n'est-elle pas applicable au règlement définitif d'un compte courant, lorsque ce règlement est rendu nécessaire par la clôture dudit compte (Req. 11 janv. 1887, aff. Richardière, D. P. 88. 1. 382).

51. Pour que la capitalisation puisse s'opérer dans les conditions que l'on vient d'indiquer, il faut qu'une convention à cet égard soit intervenue entre les parties ; elle ne pourrait être imposée au crédité sans son consentement (Feitu, n° 279). La nécessité de cette convention a été formellement reconnue par la jurisprudence (V. Req. 16 déc. 1851, aff. Roger, D. P. 54. 1. 283 ; Arrêts des 12 mars 1851, 16 juill. 1869, 14 juin 1870, 13 févr. 1883, cités *suprà*, n° 50). Le consentement du crédité peut, d'ailleurs, être tacite, et résulter notamment de ce qu'il a constamment approuvé les arrêtés de compte ; cette approbation le rend non recevable à critiquer la capitalisation trimestrielle des intérêts (Caen, 8 juill. 1850, cité *suprà*, n° 50 ; *Adde :* Lyon, 29 juill. 1852, cité *suprà*, n° 43. — V. toutefois : Trib. Tours, 1er juin 1880, aff. Guillon, D. P. 82. 2. 172). Mais il a été jugé que le consentement du crédité à la capitalisation des intérêts ne saurait s'induire de la clause d'un acte d'ouverture de crédit portant que le compte sera arrêté tous les trois mois (Arrêt précité du 16 déc. 1851).

52. Deux autres conditions sont exigées par la jurisprudence, ou du moins par certains arrêts; il faut : 1° que les soldes des arrêtés de compte soient immédiatement exigibles. En conséquence, la capitalisation trimestrielle devrait être écartée s'il avait été stipulé, au contraire, que les sommes

avancées ne seraient remboursables que trois mois après la fin des opérations (Req. 16 déc. 1851, cité *suprà*, n° 50) ; — 2° Que le compte soit effectivement arrêté et réglé à chaque période fixée pour la capitalisation : c'est, en effet, cet arrêté qui opère la novation (Civ. cass. 14 mai 1850, aff. Jardin, D. P. 50. 1. 157; Nîmes, 6 déc. 1860, aff. Brunel, D. P. 61. 2. 104). Ainsi les capitalisations trimestrielles convenues entre les parties ne peuvent se prolonger au delà de l'époque où les comptes courants ont cessé d'être fournis et arrêtés tous les trois mois, nonobstant la continuation des opérations de crédit qui ont donné lieu à ces comptes courants (Arrêt précité du 14 mai 1850). Mais il n'est pas nécessaire que ces arrêtés de compte aient été l'objet d'un acte exprès signé entre les parties : il suffit qu'ils aient eu lieu, de la part de l'une d'elles, avec pleine connaissance et approbation de l'autre (Arrêt précité du 6 déc. 1860. V. aussi Feitu, n° 279, p. 381 et suiv.). — D'autres arrêts ajoutent que la capitalisation trimestrielle est licite lorsqu'elle est autorisée par l'usage de la place (Arrêt du 8 juill. 1850, cité *suprà*, n° 50), ou, d'une façon générale, par les usages du commerce (Arrêt du 16 juill. 1869, cité *suprà*, n° 50), et lorsque, d'ailleurs, elle ne déguise point une perception usuraire (Arrêt précité du 8 juill. 1850; Civ. rej. 13 févr. 1883, cité *suprà*, n° 50).

53. La capitalisation des intérêts pourrait-elle s'opérer sous les conditions indiquées ci-dessus, à des intervalles de moins de trois mois, par exemple, à la fin de chaque mois? La négative résulte d'un arrêt de la cour de Rennes du 13 mars 1876 (aff. Genevier, D. P. 79. 2. 94). Cet arrêt se fonde sur ce qu'un pareil mode de capitalisation, d'ailleurs contraire aux usages du commerce, favoriserait l'usure; et il déclare que le banquier qui l'a employé se prévaudrait en vain du consentement qu'y aurait donné son client ; il y aurait là une convention contraire à l'ordre public, et qui, à ce titre, tomberait sous l'application de l'art. 6 c. civ.

54. Il nous reste à parler du droit de commission qui est souvent perçu par l'une des parties en dehors de l'intérêt stipulé. Cette perception a toujours été considérée comme légale, en principe et sous certaines restrictions, ainsi qu'on l'a vu au *Rép.* n°s 109 et suiv. Les intérêts constituent juridiquement comme les fruits civils des capitaux (V. Aubry et Rau, *Droit civil français*, 4e éd., t. 2, p. 185) et, dans le compte, ils représentent ces fruits; la commission correspond aux soins et démarches auxquels donnent souvent lieu, de la part de l'une des parties, les valeurs remises à l'autre dans le compte courant. Elle représente le prix de ce service, lequel est distinct de la remise elle-même. — Depuis la publication du *Répertoire*, la jurisprudence a, comme on le verra *infrà*, n°s 55 et suiv., continué à consacrer les solutions antérieurement admises en cette matière. Ces solutions ont, d'ailleurs perdu, en grande partie, leur importance depuis la loi du 16 janv. 1886, qui a proclamé la liberté du taux de l'intérêt en matière commerciale. En effet, les difficultés qui s'élevaient sur les limites dans lesquelles le droit de commission pouvait être régulièrement perçu, portaient, dans la plupart des cas, sur le point de savoir si cette perception ne servait pas à déguiser un fait d'usure. La même question ne pourrait plus se présenter aujourd'hui qu'en matière civile ; or, en fait, elle n'a guère d'intérêt qu'en ce qui concerne les commissions perçues par les banquiers, lesquelles sont régies par la loi commerciale (V. *suprà*, v° *Banquier*, n° 7).

55. Conformément aux décisions citées au *Rép.* n°s 110 et suiv. il a été jugé : 1° que les avances faites en compte courant peuvent donner lieu à la perception d'un droit de commission en sus de l'intérêt légal, dans les limites fixées par l'usage et les conventions, soit expresses, soit tacites des parties (Req. 14 nov. 1864, aff. Goutant Chalot, D. P. 65. 1. 54; Aix, 29 mai 1866, aff. Bourdet, D. P. 66. 2. 236) ; — 2° Que la stipulation d'une commission en sus de l'intérêt légal à raison des avances faites par un banquier en compte courant est licite, pourvu qu'elle ne serve pas à déguiser un prêt usuraire. Une telle stipulation ne peut pas être regardée comme dissimulant un prêt usuraire, lorsque les intérêts et commissions convenus entre les parties sont en rapport avec les exigences et fluctuations des autres banques avec lesquelles traitait le prêteur et les conditions qu'il avait lui-même à subir (Req. 14 juin 1870, aff. Gianoli, D. P. 71. 1. 64). Et, pour apprécier le caractère légitime ou non

de cette commission, les tribunaux peuvent nommer des experts chargés de donner leur avis sur le taux de ce droit, calculé d'après l'usage de la place, et d'après cette considération que la commission ne doit être que l'indemnité due au banquier pour ses soins et démarches et pour le risque qu'il court (Req. 5 déc. 1854, aff. Garnier. D. P. 45. 5. 173) ; — 3° Que le droit de commission est dû sur les reprises ou valeurs fournies au banquier pour en opérer le recouvrement, et qui ont été portées en compte courant (Dijon, 2 janv. 1865, aff. Bresson, D. P. 65. 2. 47) ; — 4° Qu'un droit de commission peut être alloué à un banquier, à raison de ses décaissements, dans les comptes courants qu'il a consentis, et spécialement, le banquier qui, pour solde d'un compte courant, a reçu des valeurs négociables, peut percevoir sur le montant de ces valeurs un droit de commission, calculé, par exemple, à 1/4 pour 100, pourvu qu'il les ait négociées ; surtout s'il en a opéré la négociation à une époque de crise politique et commerciale (en février 1848) qui ne lui a permis de faire cette négociation qu'avec des difficultés et des sacrifices dont il doit être rémunéré (Civ. rej. 11 mars 1856, aff. Canuet, D. P. 56. 1. 407) ; — 5° Qu'un droit de commission peut être perçu pour le recouvrement des effets remis par le crédité en payement de chaque reliquat de compte courant (Req. 12 mars 1851, aff. Petitot-Coste, D. P. 51. 1. 290 ; Civ. rej. 8 mars 1853, aff. Capdeville, D. P. 54. 1. 336. V. aussi Bordeaux, 11 janv. 1851, aff. Roger, D. P. 54. 1. 283 ; Paris, 28 déc. 1853, aff. Clément Mullet, D. P. 54. 2. 156 ; Req. 5 nov. 1884, aff. Mazeau, D. P. 85. 1. 67).

56. D'autre part, il a été décidé, dans le sens des restrictions consacrées par les arrêts analysés au *Rép.* n° 115 : 1° que le droit de commission en matière de banque n'étant que la rémunération d'un service rendu, il appartient aux juges du fait d'apprécier souverainement quand et dans quelle mesure il est dû, et, par suite, de décider, en l'absence de toute convention des parties, qu'il n'y a lieu d'allouer au banquier les commissions par lui réclamées sur des valeurs souscrites en couverture et non négociées (Civ. rej. 15 nov. 1875, aff. Portet-Lavigerie, D. P. 76. 1. 171) ; — 2° Que le droit de commission ne peut être perçu qu'une seule fois et sur les décaissements d'argent opérés réellement (Req. 12 déc. 1854, aff. Garnier, D. P. 54. 5. 174) ; — 3° Qu'aucun droit n'est dû à raison du recouvrement de traites souscrites par le crédité au profit du créancier, dans l'intérêt seul ou pour la convenance particulière de ce dernier, et pour la facilité de ses opérations de banque (Bordeaux, 11 janv. 1851, aff. Roger, D. P. 54. 1. 283) ; — 4° Que le banquier est autorisé à porter, dans les règlements trimestriels, une commission sur le solde de compte du crédité. Et la décision des juges du fond qui, par appréciation des circonstances, de la longue durée des opérations, et du constant assentiment donné par le client aux comptes trimestriels, fixe le taux de la commission due au banquier, est souveraine (Civ. rej. 9 juill. 1872, aff. Delaune-Seray, D. P. 72. 1. 393) ; — 5° Qu'à supposer que le banquier qui a ouvert un crédit en compte courant à un particulier puisse exiger, en sus de l'intérêt légal, un droit de commission pour les simples versements ou avances de sa caisse, il y a lieu de restreindre ce droit au minimum, ... alors surtout que l'emprunteur, n'étant pas commerçant, ne jouit pas de la réciprocité des avantages attachés au compte courant, notamment quant au taux de l'intérêt (Bourges, 14 févr. 1854, aff. Canuet, D. P. 55. 2. 271).

57. Une question qui a été longtemps controversée est celle de savoir si le droit de commission peut être perçu à nouveau sur les soldes de compte arrêtés de temps en temps faits à des époques périodiques (V. *Rép.* n° 118, et v° *Banquier*, n°ˢ 44 et suiv.). Depuis la publication du *Répertoire*, plusieurs arrêts l'ont encore résolue négativement (Req. 16 déc. 1851, aff. Roger, D. P. 54. 1. 283 ; 5 déc. 1854, aff. Garnier, D. P. 54. 5. 174. V. aussi Civ. rej. 15 nov. 1875, aff. Portet-Lavigerie, D. P. 76. 1. 171. V. dans le même sens : Feitu, n° 290). Mais l'opinion contraire a prévalu dans la

jurisprudence, et de nombreuses décisions ont reconnu que le banquier pouvait légitimement percevoir un droit de commission pour les règlements périodiques, soit semestriels, soit trimestriels (Paris, 28 déc. 1853, aff. Clément Mullet, D. P. 54. 2. 156 ; Civ. rej. 9 juill. 1872, cité *suprà*, n° 59 ; Bourges, 14 mai 1873, aff. D. P. 74. 2. 30 ; Req. 5 nov. 1884, aff. Mazeau, D. P. 85. 1. 67).

§ 5. — Clôture du compte courant. — Balance. — Solde. — Payement. — Compte nouveau. — Rectifications (*Rép.* n°ˢ 120 à 141).

58. Ainsi que nous l'avons dit au *Rép.* n° 120, il ne faut pas confondre la *balance du compte* avec la clôture. Sans doute la clôture exige bien une balance, mais une balance peut être faite sans qu'il y ait clôture. C'est ce qui a lieu, notamment, pour les arrêtés de comptes qu'il est d'usage d'établir annuellement ou à des intervalles périodiques plus courts, arrêtés qui ont pour utilité de préciser la position des parties à un moment donné, mais qui se produisent sans aucune pensée de cessation des opérations, sans qu'il soit question de mettre fin au compte courant. La *clôture*, au contraire, c'est la cessation du compte, c'est le terme vers lequel il courait depuis son ouverture. Et il y a, notamment, au point de vue de la capitalisation et du cours des intérêts, une très notable différence entre l'*arrêté* et la *clôture* du compte. La capitalisation des intérêts d'un compte courant a lieu de plein droit lors de chaque arrêté annuel (V. *suprà*, n°ˢ 42 et suiv.). Mais, quand le compte courant a pris fin, notamment par le décès de l'une des parties, la capitalisation des intérêts de la somme due pour solde est soumise aux conditions de l'art. 1154 c. civ. ; en conséquence, la convention relative à la capitalisation des intérêts, pendant que le compte courant fonctionnait, ne s'applique pas à la capitalisation des intérêts après clôture du compte ; il faut à cet égard une convention spéciale ; et la demande en justice n'opère la capitalisation qu'à compter de sa date, et sur un compte d'intérêts dressé d'un seul jet, avec une seule balance (Civ. rej. 11 janv. 1886, aff. Goyard-Girault, D. P. 86. 1. 121).

59. La clôture a pour effet de fixer la position des parties au moment où elle se produit, position qui fait ressortir la balance finale, laquelle, le plus souvent, se traduit par un solde qui constitue l'une des parties créancière de l'autre. Ce solde constitue une créance certaine, liquide, exigible immédiatement ou dans le délai fixé par l'usage s'il ne l'a pas été par la convention des parties. Cette créance a bien son origine dans un compte courant, mais ce compte, étant clôturé, n'est plus à considérer en tant que compte courant, et la créance diffère totalement de celle qui pouvait, pendant la durée du compte, résulter d'une remise. Elle a son individualité propre, comme une créance ordinaire dont elle ne diffère plus sous aucun rapport. Ainsi elle peut être l'objet d'une poursuite judiciaire, et cela pendant trente ans comme une créance ordinaire, puisqu'il n'y a pas de délai plus court indiqué. — Jugé à cet égard que celle des parties qui, dans un compte courant, se trouve créancière de l'autre, à la suite d'un arrêté de compte, peut requérir des saisies-arrêts sur son débiteur, quoiqu'il ait été stipulé que le solde du compte ne serait remboursable que trois mois après notification, pour l'un des contractants, de sa volonté de mettre fin au crédit (Bordeaux, 11 janv. 1851, aff. Roger, D. P. 54. 1. 283).

60. Que faudrait-il décider dans le cas où, le compte courant ayant été ouvert au profit de deux époux qui s'étaient engagés solidairement, le solde dû par eux au moment du décès de l'un d'eux aurait été porté comme premier article du compte à nouveau continué avec le survivant ? Y a-t-il novation, et le créancier du solde est-il, par ce fait, déchu du droit de le réclamer aux héritiers de l'époux décédé ? Cette question a été résolue négativement par un arrêt (Dijon, 23 nov. 1876) (1). Et les héritiers de l'époux prédécédé ne sauraient, d'après le même arrêt, se prévaloir du silence

(1) (Joffroy-Davin C. Berthelin et Vinot.) — La cour ; — En ce qui concerne la créance pouvant résulter de l'acte du 5 déc. 1852 au profit des banquiers créditeurs contre les héritiers de la dame Joffroy-Davin : — Attendu qu'au moment du décès de ladite dame

Joffroy-Davin, au cas où le crédit qui lui avait été ouvert conjointement et solidairement avec son mari, atteignait ou dépassait la somme de 10000 fr. pour laquelle elle s'était engagée, il résultait incontestablement de l'acte du 5 déc. 1852 un droit de créance

gardé par le créancier pendant plusieurs années. Ils ne pourraient davantage imputer les versements opérés par l'époux survivant sur le solde du débit qui existait lors du décès de leur auteur, ni opposer la compensation de ce chef.

61. Comme on l'a vu au *Rép.* n° 141, les règles établies par l'art. 541 c. proc. civ. s'appliquent au compte courant comme au compte ordinaire. La revision, qui tendrait à réformer le compte dans ses éléments essentiels, ne saurait donc être admise; il en est autrement des rectifications tendant à réparer les erreurs qui auraient pu s'y glisser (V. Feitu, n°s 374 et suiv.; Req. 11 janv. 1887, aff. Richardière, D. P. 88. 1. 382). — Jugé, à cet égard, que si une opération, qu'il était dans l'intention des parties de faire figurer dans leur compte courant, y a été omise par

au profit des banquiers créditeurs contre la succession de la dame Joffroy-Davin; — Que ce droit, sauvegardé par une hypothèque reposant sur des immeubles d'une valeur plus que suffisante pour assurer remboursement, devait être d'autant moins facilement abandonné par le créancier qu'il était placé dans des conditions de sécurité plus complète; — Que, pour voir et déclarer cet abandon, il faudrait se trouver en présence ou d'une renonciation expresse ou d'un ensemble d'agissements tels qu'ils ne pussent s'expliquer que par l'intention évidente de renoncer et à la créance et aux sûretés qui la garantissaient; — Que, de renonciation expresse, il n'en existe point et qu'on n'a pu songer même à en articuler; — Que les seuls agissements qu'on puisse invoquer pour prétendre à une novation consistent dans ce fait que, postérieurement au décès de la dame Joffroy-Davin, les opérations de compte courant ont continué entre les banquiers et le sieur Joffroy, et que, dans le compte ouvert à ce dernier a figuré, comme premier article, le reliquat des opérations antérieures à la mort de la femme; — Attendu qu'il est difficile, sinon impossible, de comprendre que les choses aient pu se passer différemment, dès lors que le compte courant se continuait avec Joffroy, mais qu'il est bien loin d'en résulter comme conséquence nécessaire l'abandon des droits acquis contre l'un des codébiteurs solidaires qui avaient figuré à l'acte de 1852; — Que si, après 1863, les banquiers consentaient, pour leurs nouvelles avances, à se fier aux garanties que pouvait leur offrir la solvabilité d'un seul débiteur, ils devaient d'autant mieux tenir, pour les années qui avaient précédé, à conserver la double sûreté qu'ils avaient voulue et exigée; — Qu'il n'est point sérieux d'invoquer le silence gardé pendant un certain nombre d'années par les banquiers au regard des héritiers Joffroy-Davin; — Que, d'une part, ce serait créer une espèce de prescription inadmissible et innommée; que, de l'autre, l'abstention du créancier s'explique parfaitement par la nature des opérations qui se poursuivaient avec le sieur Joffroy; — Qu'il est, en effet, essentiellement de la nature du compte courant de reporter la liquidation à la fin même des opérations; — Que c'est à cet instant seulement que les droits et la situation de chacun des intéressés peuvent être sûrement établis; — Qu'ainsi il pouvait se faire que Joffroy, par des opérations heureuses, arrivât, en fin de compte, non seulement à éteindre la dette solidaire et la dette personnelle, mais encore à se constituer créancier vis-à-vis des banquiers qui, ainsi, n'auraient plus eu rien à réclamer aux héritiers de la femme; — Qu'à aucun point de vue on ne peut donc soutenir qu'il y ait eu novation de la dette par la substitution d'un autre débiteur au débiteur originaire;

Attendu qu'on ne peut soutenir davantage qu'il y ait eu imputation de payement; — Que, pour qu'il y ait imputation, il faut d'abord qu'il y ait payement; or, en matière de compte courant, les versements faits soit par le créancier, soit par le crédité, ne constituent pas des payements, mais une série d'opérations faites au profit de chacun des intéressés, ainsi que l'indique notamment la production immédiate d'intérêts, opérations se réglant définitivement à la clôture du compte, correspondant actuellement les unes aux autres, en ce sens que le banquier continue de prêter parce que le crédité continue de verser dans sa caisse, mais excluant entre les parties la pensée et l'intention de tenir les sommes versées par le crédité comme versées à titre de payement et de les imputer à l'extinction de ce qui ne prendra le véritable caractère de dette que lorsque le compte aura été clôturé et arrêté; — Que, s'il n'est point impossible, même en matière de compte courant, d'arriver à une imputation, il faut, tout au moins, que l'intention de déroger aux règles et aux usages habituels eût été clairement manifestée, ce qui n'existe pas dans l'espèce;

Attendu, d'autre part, qu'il ne saurait y avoir lieu à compensation, soit par l'absence du caractère de dette liquide et exigible manquant également du côté du débiteur et du côté du créancier, soit en vertu du troisième paragraphe de l'art. 1294 c. civ., qui ne veut pas que le débiteur solidaire puisse invoquer la compensation de ce que le créancier doit à son codébiteur; — Attendu, dès lors, que les héritiers de la dame Joffroy-Davin ne pouvant prétendre à l'extinction de la dette de leur mère ni par novation, ni par imputation de payement, ni par compensation, cette dette, sauf

erreur, elle doit y être rétablie (Caen, 8 juill. 1850, aff. Sionis-Bérenger, D. P. 55. 2. 19). A l'inverse, on doit en retrancher celle que les parties ont eu la volonté, même tacite, de n'y pas comprendre (Même arrêt).

§ 6. — Effets du compte courant en cas de faillite de l'une ou de l'autre des parties (*Rép.* n°s 142 à 149).

62. On a examiné ci-dessus quelles sont, au point de vue des effets de la clause *sauf encaissement*, les conséquences de la faillite de l'une des parties entre lesquelles existe un compte courant. — Les autres difficultés auxquelles cette situation peut donner lieu seront examinées *infrà*, v° *Faillite*.

vérification dont il sera ultérieurement parlé, doit être tenue comme subsistant et, avec elle, les sûretés hypothécaires prises par l'inscription du 13 déc. 1852, régulièrement renouvelée; — En ce qui concerne la créance pouvant résulter de l'acte du 2 nov. 1855 : — Attendu que ce qui a été précédemment dit de la novation, de l'imputation de payement et de la compensation, relativement à la créance résultant de l'ouverture de crédit, s'applique également à la créance résultant de l'engagement solidaire écrit dans l'acte du 2 nov. 1855;

En ce qui concerne l'inscription de séparation de patrimoines en date du 28 juill. 1870 : — Attendu que, si cette inscription, non prise dans les six mois à compter de l'ouverture de la succession, pouvait, en dehors des effets prévus par l'art. 2111 c. civ., donner naissance, tout au moins, au droit hypothécaire indiqué par l'art. 2113, ce n'était qu'à la condition que cette inscription fût régulièrement et valablement faite; — Attendu que, parmi les prescriptions écrites dans l'art. 2148 et sont justement tenues pour substantielles, figure l'obligation pour le créancier d'indiquer l'espèce et la situation des biens sur lesquels il entend conserver son privilège ou son hypothèque; — Que, suivant le dernier paragraphe de cet article, les hypothèques légales ou judiciaires sont seules dispensées de cette désignation; — Que le privilège ou l'hypothèque de séparation de patrimoines ne rentrent point dans cette double catégorie et que, dès lors, leur inscription est soumise à la règle générale qui veut l'indication de l'espèce et de la situation des biens; — Que d'ailleurs l'art. 2111, spécial au privilège de séparation de patrimoines, a soin de dire que les créanciers et légataires ne conservent le privilège sur les immeubles de la succession que par l'inscription faite sur *chacun* des biens; — Attendu que l'inscription, prise à la date du 28 juill. 1870 par Breton et Berthelin contre les consorts Joffroy, porte seulement cette mention : « sur tous les immeubles ayant appartenu à la dame Joffroy-Davin, situés dans l'arrondissement de Châtillon-sur-Seine »; — Que cette désignation, qui ne spécialise ni la nature, ni la situation des biens, ne peut être tenue comme satisfaisant aux exigences de l'art. 2148, surtout lorsque, comme en matière de séparation de patrimoines, le titre constitutif de l'hypothèque n'est pas représenté; — Attendu, dès lors, que l'inscription n'est pas valable et n'a pu produire effet; — Mais attendu que, s'il n'y a point lieu de déclarer éteintes les créances pouvant résulter au profit de Berthelin et consorts des actes de 1852 et de 1855, non plus que d'ordonner la radiation de l'hypothèque prise en vertu de l'acte d'ouverture de crédit, il est cependant impossible de prononcer dès maintenant condamnation pour une somme déterminée contre les héritiers de la dame Joffroy-Davin; — Que ceux-ci, en effet, à aucun instant du litige, n'ont accepté et tenu pour exactes les sommes indiquées par leurs adversaires comme représentant, au moment du décès de la dame Joffroy-Davin, soit les avances faites sur ouverture de crédit, soit le papier négocié et revenu impayé du 2 nov. 1855 au 2 juill. 1863; — Qu'il convient, par suite, de faire procéder à une vérification régulière des comptes;

Par ces motifs, met à néant le jugement dont est appel; — Emendant, dit d'ores et déjà que c'est à tort que les premiers juges ont déclaré les héritiers d'Emilie Davin, femme Joffroy, libérés des causes des poursuites dirigées contre eux, autorisé la radiation de l'hypothèque prise en vertu de l'acte d'ouverture de crédit du 5 déc. 1852 et mis à néant la saisie-arrêt pratiquée le 16 nov. 1875 entre les mains de Jappiot-Cotton; — Déclare nulle et de nul effet l'inscription de séparation de patrimoines prise au bureau des hypothèques de Châtillon-sur-Seine le 28 juill. 1870, et autorise la radiation de cette hypothèque; — Mais avant faire droit sur les conclusions, dit que les comptes existant entre Joffroy-Davin et Breton fils et comp. seront vus et vérifiés pour établir : 1° le chiffre dont le sieur Joffroy était débiteur à la clôture définitive des opérations faites par lui avec la maison de banque Breton et comp.; 2° le chiffre de la dette existant au 2 juill. 1863, date de la mort de la dame Joffroy-Davin; 3° la somme représentant le papier négocié par Joffroy-Davin à Breton et comp. et revenu impayé du 2 nov. 1855 au 2 juill. 1863. Du 23 nov. 1876.-C. de Dijon, 1ʳᵉ ch.-MM. Crépon, 1ᵉʳ pr.-Poux-Franklin. av. gén.-Lombart et Ally, av.

Table sommaire

des matières contenues dans le Supplément et le Répertoire.

(Les chiffres précédés de la lettre S renvoient au Supplément ; les chiffres précédés de la lettre R renvoient au Répertoire.)

Table chronologique des Lois, Arrêts, etc.

COMPTE DE LIQUIDATION. — V. infrà, v° Trésor public.

COMPTE RENDU DES CHAMBRES ET TRIBUNAUX. — V. Presse-outrage ; Rép. — eod. v°, n°⁵ 994, 1441.

COMPTE DE RETOUR. — V. Effets de commerce ; — Rép. eod. v°, n°⁵ 783 et suiv.

COMPTE DE TUTELLE. — V. Minorité-tutelle-émancipation ; — Rép. eod. v°, n°⁵ 593 et suiv.
V. aussi infrà, vⁱˢ Dispositions entre-vifs et testamentaires ; Enregistrement ; Faillite et banqueroute ; Prescription civile ; Privilèges et hypothèques ; Puissance paternelle ; Succession.

COMPTOIR D'ESCOMPTE. — V. Société de crédit foncier et de crédit mobilier ; — Rép. eod. v°, n°ˢ 266 et suiv.
V. aussi infrà, vⁱˢ Effets de commerce ; Enregistrement ; Faillite et banqueroute ; Obligations ; Organisation judiciaire ; Prescription civile ; Prêt à intérêts.

COMPULSOIRE.

Division.

Art. 1. — **Du compulsoire proprement dit** (n° 1).

§ 1. — Historique. — Règles générales (n° 1).
§ 2. — Procédure du compulsoire (n° 7).

Art. 2. — **Du compulsoire improprement dit** (n° 8).

Art. 1ᵉʳ. — *Du compulsoire proprement dit* (Rép. n°ˢ 3 à 54).

§ 1ᵉʳ. — Historique. — Règles générales (Rép. n°ˢ 3 à 31).

1. La matière qui fait l'objet de cet article a été étudiée au Répertoire avec tous les développements qu'elle comporte. Nous n'aurons pour la compléter qu'à ajouter ici l'analyse d'un petit nombre d'arrêts qui s'y réfèrent.

2. — I. Actes qui peuvent faire l'objet d'un compulsoire. — On a vu au Rép. n° 9 que la procédure du compulsoire

s'applique exclusivement aux actes reçus par des officiers publics. — Les actes du pouvoir exécutif peuvent-ils être considérés comme des actes reçus par des officiers publics, et les parties intéressées peuvent-elles contraindre, en vertu de l'art. 839 c. proc. civ., ceux des fonctionnaires qui en sont dépositaires à leur en délivrer expédition? La jurisprudence s'est prononcée pour la négative dans une espèce où un particulier, fils d'un sénateur du premier Empire, demandait la délivrance d'une expédition d'une décision royale du 1er mars 1819, restée à l'état de simple projet, qui reversait sur sa tête le traitement entier de son père défunt. Elle a décidé que les actes du pouvoir exécutif, et, par exemple, des ordonnances rendues par le roi exerçant les droits de la souveraineté, ne constituent pas, même à l'égard de ceux que ces actes concernent, des titres dont il leur soit permis de requérir une expédition, dans les termes de l'art. 839 c. proc. civ., des membres du Gouvernement ou des fonctionnaires auxquels peut avoir été confié le dépôt de ces actes de l'autorité publique (Civ. rej. 20 juill. 1847, aff. de Saur, D. P. 47. 1. 263). Cette décision se justifie d'elle-même et se passe de commentaires : le chef de l'Etat, les ministres, les représentants les plus élevés du pays, ne sauraient être assimilés à un notaire ou à un greffier chargé de délivrer copie ou expédition de titres aux parties intéressées, et il est évident que la procédure du compulsoire ne peut les concerner.

3. Le compulsoire ne saurait s'appliquer d'une manière générale à l'ensemble des minutes détenues par un officier public ; il ne peut être ordonné que relativement à certains actes déterminés (Grenoble, 2 mars 1850, aff. Gresse, D. P. 52. 2. 118-119). Ce n'est qu'autant qu'il s'agit d'action publique que le juge peut se livrer à cette vérification totale, qui rentre dans les mesures d'instruction autorisées par la loi en matière criminelle (Même arrêt). — V. aussi *infrà*, v° *Notaire*.

4. L'art. 1334 c. civ. dit que les copies, lorsque le titre original subsiste, ne font foi que de ce qui est contenu au titre, dont la représentation peut toujours être exigée. Cet article s'applique-t-il aux actes de l'état civil, et la vérification par voie de compulsoire peut-elle être ordonnée relativement à ces actes? Il a été jugé, à propos d'actes de cette nature, inscrits sur les registres de l'état civil d'un pays étranger, que cette vérification peut être refusée lorsqu'il est établi que les actes produits sont des expéditions ou extraits délivrés et certifiés conformes aux originaux par des officiers compétents, et qu'ils portent en eux-mêmes la preuve de leur sincérité, alors d'ailleurs que cette vérification devant s'appliquer à des actes d'une souveraineté étrangère serait de nature à entraîner des lenteurs et des difficultés (Req. 9 nov. 1846, aff. Auger, D. P. 46. 1. 337) (V. *suprà*, v° *Acte de l'état civil*, n° 97).

5. — II. Personnes a qui il est permis de demander le compulsoire. — Nous avons vu au *Rép.* n°s 20 et suiv. qu'aux termes de l'art. 23 de la loi du 25 vent. an 11, le notaire ne doit donner communication ou délivrer copie des minutes qu'*aux personnes intéressées en nom direct, à leurs héritiers ou ayants droit*, et nous avons suffisamment expliqué ce que l'on doit entendre par ces mots. Ainsi l'on a vu qu'un tiers peut être considéré comme *partie intéressée en nom direct*, dans le sens de la loi de ventôse, lorsqu'un acte renferme des stipulations en sa faveur. C'est ce qui a été décidé par un arrêt de la cour de Rouen du 13 mars 1826, cité au *Rép.* n° 22. La cour de Paris a confirmé cette jurisprudence en décidant que lorsque les énonciations d'un acte notarié renferment la preuve d'obligations ou de faits allégués par un tiers et, par exemple, la preuve de l'existence d'un bail verbal, les juges peuvent ordonner un compulsoire, à l'effet de faire délivrer à ce tiers, par le notaire rédacteur de l'acte, un extrait relatif à la clause contenant la preuve dont il s'agit (Paris, 20 mai 1858, aff. Denis, D. P. 59. 2. 39).

6. Mais le juge apprécie souverainement l'utilité de la mesure qui est sollicitée de lui (*Rép.* n° 31); et, en conséquence, il a le droit d'exiger de la partie qui demande un compulsoire des renseignements exacts et précis sur la nature de l'acte à produire.

§ 2. — Procédure du compulsoire (*Rép.* n°s 32 à 54).

7. Nous n'avons rien à ajouter à ce qui est dit au *Rép.* n°s 33 et suiv.

Art. 2. — *Du compulsoire improprement dit* (*Rép.* n°s 55 à 57).

8. V. *Rép.* n°s 55 et suiv. V. aussi *infrà*, v°s *Notaire*; *Obligations*.

Table sommaire

des matières contenues dans le Supplément et le Répertoire.

(Les chiffres précédés de la lettre S renvoient au Supplément; les chiffres précédés de la lettre R renvoient au Répertoire.)

Table chronologique des Lois, Arrêts, etc.

CONCEPTION. — V. *infrà*, v^{is} *Dispositions entre-vifs et testamentaires ; Paternité et filiation ; Succession.*

CONCERT. — V. *infrà*, v^{is} *Propriété littéraire et artistique ; Responsabilité.*

CONCESSION ADMINISTRATIVE.

Division.

§ 1. — **Historique et principes généraux** (n° 1).

§ 2. — **Concessions de simples droits de jouissance.** — Cours d'eau. — Affectations domaniales (n° 12).

§ 3. — **Concessions de droits de propriété** (n° 17).

§ 4. — **Concessions de travaux publics** (n° 38).

§ 1er. — Historique et principes généraux (*Rép.* n°s 2 à 39).

1. Le mot *concession* a, comme nous l'avons dit (*Rép.* n° 1), dans la langue du droit administratif, des acceptions très différentes. On désigne sous ce nom la vente amiable de biens faisant partie du domaine de l'Etat dans les cas où elle est autorisée par l'art. 41 de la loi du 16 sept. 1807. On appelle aussi *concessions* certaines autorisations données sur le domaine public inaliénable et imprescriptible, telles que l'autorisation de pratiquer une prise d'eau sur un cours navigable, ou de lui emprunter une force motrice, ou la permission d'occuper certaines portions du rivage de la mer. Il y a, suivant la remarque de M. Aucoc, *Conférences sur le droit administratif*, 3e éd., t. 2, p. 427, entre ces deux sortes de *concessions*, un trait commun ; c'est que l'Etat abandonne, au profit d'un particulier, un bien ou un droit dont il avait la disposition. Mais il existe entre elles cette différence capitale que, dans le premier cas, il n'y a qu'un acte de gestion du domaine privé sans aucune intervention de la puissance publique, tandis que dans le second il n'y a qu'un acte d'administration et non un contrat (Laferrière, *Traité de la juridiction administrative*, t. 1, p. 550).

2. En dehors de ces deux espèces de concessions, il en est un certain nombre d'autres dans lesquelles se trouvent réunis le trait d'administration et le contrat ; on les a énumérées *suprà*, v° *Compétence administrative*, n° 195.

3. On a dit au *Rép.* n° 12 que, lorsque les concessions sont l'œuvre du Gouvernement et non du pouvoir législatif, on doit les considérer comme des actes administratifs. Par suite, c'est à l'autorité administrative qu'il appartient exclusivement d'interpréter les actes de concession, et de connaître des difficultés qui s'élèvent entre le concessionnaire et l'administration.

Cette règle a été consacrée par une jurisprudence constante, ainsi qu'on l'a vu au *Rép.* n° 15-5°, en ce qui concerne les actes de concession de mines (V. *Mines ; — Rép.* eod. v°, n°s 493 et suiv.). Le tribunal des conflits a appliqué la même solution aux concessions faites à des particuliers, de terrains dépendant du rivage de la mer (Trib. confl. 1er juill. 1850, aff. de Gouvello, D. P. 51. 3. 17). Le conseil d'Etat s'est prononcé dans le même sens (Cons. d'Et. 17 déc. 1847, aff. de Galiffet, D. P. 48. 3. 49 ; 31 mai 1851, aff. Duhamel, Rec. Cons. d'Etat, p. 405 ; 1er mars 1860, aff. Canal Saint-Martin, D. P. 60. 3. 9 ; 19 juin 1867, aff. Lenoir, D. P. 68. 5. 97. V. conf. Laferrière, t. 1, p. 554). La cour de cassation avait, au contraire, décidé par plusieurs arrêts que cette interprétation appartenait à la compétence judiciaire, par le motif que, lorsque le Gouvernement concédait soit une portion du domaine public, soit une portion du domaine de l'Etat, il ne figurait pas dans l'acte comme pouvoir administratif procurant l'exécution des lois par des règlements ou des décisions, mais qu'il stipulait comme représentant l'Etat propriétaire et aliénant par une convention de droit civil une partie de son domaine (Civ. cass. 2 mai 1848, aff. de Gouvello, D. P. 48. 1. 85 ; 8 janv. 1861, aff. Azéma, D. P. 61. 1. 116. V. conf. Cabantous, *Des limites de la compétence judiciaire relativement aux questions de propriété, Revue critique*, mars 1857, p. 257). Mais un arrêt plus récent a décidé qu'un arrêt du conseil constitutif d'une concession de rivages et grèves de la mer, un procès-verbal d'arpentage dressé par un trésorier général de France pour la mise en possession de cette concession, et un arrêt du

conseil déboutant de l'opposition à ladite concession constituent non des contrats de droit commun, mais des actes administratifs qu'il est interdit aux tribunaux civils d'interpréter, et surtout de modifier (Civ. cass. 2 avr. 1878, aff. Pallix, D. P. 82. 1. 353, et sur renvoi, Rouen, 21 juill. 1880, *ibid.*).

4. En dehors de cette matière spéciale, la cour de cassation avait antérieurement jugé que les tribunaux civils doivent renvoyer les parties devant l'autorité administrative, lorsqu'il y a lieu de déterminer le sens et la portée d'un acte de concession émané de l'Etat, pour apprécier si des biens revendiqués par un ancien émigré sont compris dans cette concession (Civ. cass. 27 févr. 1855, aff. d'Uzès, D. P. 55. 1. 295).

5. Elle avait également décidé que, lorsqu'un arrêté administratif a autorisé un particulier à creuser un canal à travers un terrain appartenant à une ville, avec la clause que le concessionnaire n'aura pas droit à la propriété exclusive du canal, et ne pourra pas former d'établissement susceptible de nuire à la navigation, la prétention élevée par l'un des habitants de faire passer ses bateaux sur le canal dont il s'agit, alors que le concessionnaire soutient, au contraire, que l'arrêté a entendu simplement en réserver la propriété à la ville, sans créer aucun droit privé pour ses habitants, fait naître une question d'interprétation de l'acte administratif de concession qui doit être résolue par l'autorité administrative (Civ. cass. 24 févr. 1864, aff. Laumonier-Carriol, D. P. 64. 1. 87).

6. Au contraire, les tribunaux judiciaires sont compétents, d'une manière générale, pour connaître des difficultés qui s'élèvent entre les concessionnaires et les tiers, à l'occasion des traités d'intérêt privé qui interviennent à raison de l'exploitation industrielle d'une concession, quelle qu'en soit la nature (Req. 20 janv. 1873, aff. Chemins de fer de Lyon C. Domergue, D. P. 73. 1. 188 ; Trib. confl. 11 juin 1873, aff. Damours, D. P. 73. 3. 9 ; Req. 19 janv. 1885, aff. Comp. française d'irrigation, D. P. 85. 1. 97). Il leur appartient, notamment, de connaître de l'inexécution d'un accord intervenu entre le concessionnaire d'un canal d'irrigation et un propriétaire arrosant qui est privé par le fait du concessionnaire du fonctionnement de la prise d'eau convenue entre les parties, et de contraindre le concessionnaire à l'exécution des obligations qu'il a prises vis-à-vis de l'arrosant (Arrêt précité du 19 janv. 1885).

7. L'autorité judiciaire est également compétente pour statuer sur la question de savoir si une concession d'eau faite par le Gouvernement au locataire d'une usine appartient à ce locataire ou au bailleur, et si, dès lors, elle doit rester attachée à l'usine lors de l'expiration du bail, lorsque la solution du débat dépend non de l'interprétation de l'acte administratif de concession, mais de celle du bail lui-même (Req. 6 juill. 1868, aff. Talabot, D. P. 69. 1. 101).

8. De même, la question de savoir à qui, d'après la commune intention des parties contractantes, doit revenir le bénéfice d'une concession faite par l'Etat (dans l'espèce, à un membre d'une congrégation non autorisée), se résout en une simple question de propriété qui, à la différence de l'interprétation des charges imposées aux concessionnaires, est de la compétence de l'autorité judiciaire, et dans le débat de laquelle l'administration est désintéressée, alors d'ailleurs que les parties entre lesquelles elle est soulevée se déclarent également prêtes à remplir toutes les conditions de la concession (Req. 1er juin 1869, aff. Tondeur, D. P. 69. 1. 313).

9. Conformément à ce qui a été dit au *Rép.* n° 19, lorsqu'une concession a été faite par une loi, c'est à l'autorité judiciaire qu'il appartient d'interpréter le cahier des charges annexé à cette loi, et qui règle les conditions de la concession (Trib. confl. 3 janv. 1851, aff. Chemin de fer d'Amiens à Boulogne, D. P. 51. 3. 39 ; Req. 5 févr. 1861, aff. Contet-Muiron, D. P. 61. 1. 366 ; Civ. cass. 31 déc. 1866, aff. Chemin de fer du Midi C. Paulhac, D. P. 67. 1. 56). Cette solution a été appliquée aux tarifs des chemins de fer et tramways (Arrêts précités des 3 janv. 1851, 5 févr. 1861, 31 déc. 1866 ; Req. 21 janv. 1861, aff. Chemin de fer de l'Est C. Ancel, D. P. 57. 1. 169 ; Civ. rej. 30 mars 1863, aff. Chemin de fer de Lyon C. Camionneurs de Cette, D. P. 63. 1. 178 ; Cons. d'Et. 17 avr. 1866, aff. Houillères de Montrambert, D. P. 3. 3 ; Douai, 25 avr. 1876, aff. Chemin de fer du Nord C. Ledez, D. P. 77.2.201 ; Cons. d'Et. 15 févr. 1884, aff. Jurie, D. P. 85.3. 95) ; aux

tarifs d'octroi (Civ. cass. 13 févr. 1854, aff. Plainchamp, D. P. 54. 1. 111 ; Cons. d'Et. 17 juill. 1862, aff. Trotrot, D. P. 62. 3. 82) ; à ceux des péages sur les ponts, bacs et canaux (Crim. cass. 8 févr. 1845, aff. Vidal, D. P. 45. 1. 156 ; Trib. confl. 9 mai 1851, aff. Astugue, D. P. 51. 3. 57 ; Cons. d'Et. 29 mars 1855, aff. Pointurier, D. P. 55. 3. 59 ; 17 mai 1855, aff. Mahé, D. P. 55. 5. 323), ces divers tarifs n'ayant été établis par l'autorité administrative qu'en vertu d'une délégation du pouvoir législatif.

10. Il a été décidé également qu'il appartient à l'autorité judiciaire de déterminer les effets du décret impérial du 10 mars 1810 concernant la propriété et l'administration du canal du Midi, ce décret n'étant point un acte administratif, mais un acte législatif (Civ. rej. 19 janv. 1853, aff. Préfet de la Haute-Garonne, D. P. 53. 1. 78). Toutefois, un arrêt du conseil d'Etat du 24 déc. 1845 (aff. de Nazelle, *Rec. Cons. d'Etat*, p. 601), a décidé, d'une manière générale, qu'il n'appartient qu'à l'autorité administrative d'interpréter en cas de contestations les actes de concession domaniale, bien que celle dont il s'agissait dans l'espèce eût été faite en vertu d'une loi.

11. Les concessions ne sont jamais accordées, ainsi que nous l'avons exposé au *Rép.* n° 21, que sous la réserve des droits des tiers. Ainsi, il est reconnu par la jurisprudence que l'autorité judiciaire peut mettre obstacle à ce qu'un concessionnaire jouisse d'une concession d'eau qu'il a obtenue de l'administration, lorsque cette concession porte atteinte aux droits d'un autre concessionnaire, c'est-à-dire empêche ce dernier de jouir de la même autorisation qui lui avait été antérieurement accordée (Cons. d'Et. 12 janv. 1854, aff. Fournier, D. P. 54. 3. 26 ; Civ. rej. 1er août 1855, aff. Chabert, D. P. 55. 1. 370 ; Cons. d'Et. 18 nov. 1869, aff. Roquelaure, D. P. 71. 3. 83 ; Req. 14 mars 1870, aff. Lambert, D. P. 70. 1. 330 ; Cons. d'Et. 7 mai 1871, aff. Charreau, D. P. 72. 3. 43 ; Req. 16 avr. 1873, aff. Lassalle, D. P. 73. 1. 376).

Mais les tribunaux refusent à juste titre de paralyser, entre les mains d'une compagnie, une concession d'eau qu'elle a obtenue de l'administration quand le tiers, lui-même concessionnaire, qui actionne cette compagnie, n'invoque que le préjudice pouvant résulter pour lui de la concurrence dans la distribution et la vente de l'eau, et n'allègue aucune atteinte portée à des droits régulièrement acquis (Req. 25 juill. 1882, aff. Comp. des eaux de Maisons, D. P. 83. 1. 106).

§ 2. — Concessions de simples droits de jouissance. — Cours d'eau.— Affectations domaniales (*Rép.* n° 40 à 60).

12. — I. CONCESSIONS SUR LES COURS D'EAU DU DOMAINE PUBLIC ET SUR LES RIVAGES DE LA MER. — En ce qui concerne ces concessions, nous devons nous borner à renvoyer *infrà*, v° *Eaux*, où la matière sera étudiée dans tous ses détails.

13. Quant aux concessions sur les rivages de la mer, V. *infrà*, v° *Domaine de l'Etat*.

14. — II. AFFECTATIONS DOMANIALES. — Les affectations domaniales, dont il est traité au *Rép.* n° 54 et suiv., ne constituent pas des concessions au sens propre du mot, car elles n'impliquent de la part de l'Etat aucun abandon, soit de propriété, soit de jouissance. C'est *infrà*, v° *Domaine de l'Etat* que l'on étudiera ce qui se rapporte à ces affectations (V. aussi *supra*, v° *Compétence administrative*, n° 195).

15. Indépendamment des affectations à un service public, il arrive souvent que des immeubles domaniaux sont concédés à des départements, à des établissements publics, à des établissements religieux ou même à des particuliers. Ces affectations, qui constituent de véritables concessions, ont un caractère contractuel. Mais le concours de volontés qui s'établit, en pareil cas, entre l'autorité publique et l'affectataire ne crée pas au profit de ce dernier un droit irrévocable. Les affectations sont, ainsi que nous l'avons dit au *Rép.* n° 57, toujours temporaires et révocables, et l'affectataire, alors même qu'il est une personne privée, ne peut invoquer aucune prescription, parce que, suivant la remarque de M. Gaudry, *Traité du domaine*, t. 2, p. 530, nul ne prescrit contre son titre, et qu'ici le titre ne transfère qu'une jouissance précaire (V. conf. Cons. d'Et. 12 mars 1875, aff. Asile d'aliénés de Bailleul, D. P. 76. 3. 8 ; 12 juill. 1878, aff. Département de l'Allier, D. P. 79. 3. 14).

Si dans quelques espèces il a été décidé que l'Etat était

irrévocablement dépouillé des biens affectés, c'est qu'on se trouvait en présence de décrets du premier Empire qui avaient réalisé, non des affectations proprement dites d'immeubles domaniaux, mais un véritable abandon de la propriété (Cons. d'Et. 1er déc. 1853, aff. Ville de Bordeaux, D. P. 54. 3. 42).

16. Les immeubles communaux sont, comme les immeubles domaniaux, susceptibles d'affectation. Cette affectation émane, suivant les cas, du Gouvernement ou de l'autorité municipale. Le Gouvernement seul a qualité pour prescrire soit l'affectation au culte des églises paroissiales qui sont des immeubles communaux, soit la désaffectation de tout ou partie de ces édifices (Cons. d'Et. 21 nov. 1884, aff. Fabrique de Saint-Nicolas-des-Champs, D. P. 86. 3. 49). C'est à l'autorité municipale qu'il appartient de statuer sur l'affectation d'immeubles communaux à des services municipaux, ou sur l'affectation, avec ou sans charges, à des établissements civils ou religieux indépendants de la commune. On a vu *supra*, v° *Commune*, n° 987 et suiv., qu'en ce dernier cas les communes ne font pas une *affectation* au sens juridique du mot, mais concluent une convention qui porte sur la jouissance d'une propriété communale, et qui est régie par les principes du droit commun ; d'où il résulte que les communes sont liées par les clauses des traités ainsi conclus et qu'elles ne sont pas fondées, sous prétexte de désaffectation, à rentrer en possession de l'immeuble sur lequel elles ont consenti un droit de jouissance (V. la jurisprudence citée *ibid.*, et les conclusions de M. le commissaire du gouvernement Gomel dans l'affaire jugée par l'arrêt du conseil d'Etat du 29 juin 1883 (aff. Archevêque de Sens, D.P.84.3.89). Toutefois, M. Laferrière, t. 1, p. 557, conteste l'exactitude absolue de cette solution, et, tout en reconnaissant que dans certains cas il peut y avoir une véritable aliénation de l'immeuble communal, il estime qu'aucune disposition n'interdit aux communes d'affecter leurs immeubles à titre précaire à des usages d'utilité locale. Il ajoute que, dans l'espèce à l'occasion de laquelle ont été données les conclusions précitées de M. Gomel, le conseil d'Etat a évité de reconnaître le caractère d'un contrat civil d'aliénation à un acte mettant un immeuble communal à la disposition de l'autorité épiscopale pour y établir un petit séminaire, et que, dans une autre affaire, le tribunal des conflits a explicitement reconnu le caractère administratif d'une affectation de bien communal faite à un établissement d'enseignement (Trib. confl. 13 janv. 1883, aff. Muller, D.P.84.3.73).

§ 3. — Concessions de droits de propriété (*Rép.* n° 61 à 94).

17. — I. CONCESSIONS FAITES PAR LE GOUVERNEMENT. — Nous avons rappelé au *Rép.* n° 61 ce principe, consacré par la loi du 22 nov. 1790, que les biens qui font partie du domaine de l'Etat ne peuvent être aliénés qu'en vertu d'une loi et en la forme des enchères publiques ; mais nous avons indiqué que des lois spéciales ont apporté à cette règle générale de nombreuses exceptions. La loi du 1er juin 1864 (D. P. 64. 4. 75) a consacré de nouveau le principe de la loi de 1790, mais en étendant les délégations déjà conférées à l'autorité administrative. L'art. 1er de cette loi est ainsi conçu : « Continueront à être vendus aux enchères publiques, dans les formes déterminées par les lois des 15 et 16 flor. an 10, 5 vent. an 12 et 18 mai 1850, les immeubles domaniaux autres que ceux dont l'aliénation est régie par des lois spéciales. Toutefois, l'immeuble qui en totalité est d'une valeur estimative supérieure à un million ne pourra être aliéné, même partiellement par lots, qu'en vertu d'une loi ».

18. Des lois ont été rendues pour concéder à la ville de Paris, à titre de propriété et moyennant certaines charges : 1° le bois de Boulogne (L. 8 juill. 1852, D. P. 52. 4. 182) ; 2° les anciennes carrières de la plaine de Passy dépendant du domaine de l'Etat (L. 2 mai 1855, D. P. 55. 4. 56) ; 3° le bois de Vincennes (L. 24 juill. 1860, D. P. 60. 4. 111). Une loi du 24 juill. 1860 (*ibid.*) a également concédé gratuitement à la ville de Rennes les terrains domaniaux de l'ancien canal de Mars.

19. — 1° *Lais et relais de la mer ; Marais ; Droit d'endigage.* — L'art. 41 de la loi du 16 sept. 1807, rapporté au *Rép.* n° 67, donne au Gouvernement le droit de concéder, aux conditions qu'il aura réglées, les marais, lais et relais

de la mer, le droit d'endigage, les accrues, atterrissements et alluvions des fleuves, rivières et torrents, quant à ceux de ces objets qui forment propriété publique et domaniale.

20. Les lais et relais de la mer font partie du domaine de l'Etat nonobstant la disposition contraire de l'art. 538, § 1er, c. civ., qui les classe dans le domaine public, et qui est contredite par le paragraphe 2 du même article. Ils faisaient partie du *petit domaine* sous l'ancien régime, et leur aliénabilité est consacrée par l'art. 41 de la loi du 16 sept. 1807. Ils diffèrent des rivages de la mer en ce qu'ils ne sont pas renouvelés par le flot (Ducrocq, *Cours de droit administratif*, t. 2, n° 1019). Les portions du rivage dont l'intérêt général n'exige pas la conservation cessent de faire partie du domaine public lorsqu'elles ont été aliénées par l'autorité compétente, et surtout alors que cette aliénation a eu lieu dans des conditions spéciales et avec l'obligation de défendre le territoire contre les envahissements du flot ou de régulariser les abords du rivage maritime ; ces concessions sont donc valables, et l'aliénation faite par l'Etat dans ces conditions constitue un titre de propriété incontestable (Rouen, 21 juill. 1880, aff. Pallix, D. P. 82. 1. 353). Il en est ainsi alors même que la superficie du sol concédé serait soumise à l'action du flot dans les hautes marées ; le droit privé n'en subsiste pas moins dans ce cas avec toute son efficacité et tous les accessoires que la loi lui confère ; au nombre de ces accessoires, il faut comprendre la tangue qui, quel que soit le caractère juridique de ce produit, fait partie intégrante du sol dont il est devenu un élément (Même arrêt).

21. La faculté de concéder le droit d'endigage en ce qui concerne les côtes maritimes est une faculté de concession de créments futurs, subordonnée par la nature même des choses au succès des travaux de défense et de conquête entrepris sur la mer (Ducrocq, t. 2, n° 1019). La jurisprudence a reconnu la validité des concessions qui ont pour objet des lais et relais de mer non encore formés (Req. 18 avr. 1855, aff. Préfet du Var, D. P. 55. 1. 205 ; Civ. cass. 21 juin 1859, aff. Mosselman, D. P. 59. 1. 252. V. conf. Dufour, *Droit administratif*, 2e éd., t. 4, n° 270; Massé et Vergé sur Zachariæ, *Le droit civil français*, t. 2, § 260, note 11).

22. M. Laferrière, t. 1, n° 553, fait observer que la concession de lais ou relais de mer ou d'alluvions fluviales non encore parvenus à maturité contient deux éléments: d'abord une autorisation donnée au concessionnaire d'occuper des portions du domaine public, d'y construire des digues ou autres ouvrages destinés à favoriser la formation des alluvions ; puis la cession d'une chose future, de l'alluvion qui sera formée et deviendra susceptible de propriété privée.

« Le premier élément, dit-il, est un acte administratif, le second est un contrat à terme ou sous condition ; leur réunion forme un contrat administratif d'une nature spéciale, dans lequel l'exercice de la puissance publique vient à l'appui des conventions passées avec le domaine. En effet, l'objet de ces conventions, c'est-à-dire la prise de possession éventuelle de terrains conquis sur la mer ou sur les fleuves, pourrait ne jamais se réaliser, si on ne donnait pas au concessionnaire les moyens d'assurer cette conquête au moyen de travaux faits sur le domaine public. »

Il en résulte, ainsi que nous l'avons dit *supra*, n° 4, que les contestations qui s'élèvent à l'occasion de concessions de cette nature échappent à la compétence judiciaire.

23. — 2° *Portions de routes abandonnées par suite de simple alignement.* — On a vu au *Rép.* n° 71, que dans le cas où la voie publique est réduite par suite du plan d'alignement et où l'exécution de ce plan a pour effet de laisser entre la voie publique et la propriété riveraine une bande de terrain qui tomberait dans le domaine privé et pourrait être aliénée, l'art. 53 de la loi du 16 sept. 1807 donne au propriétaire un droit de préemption sur cette bande de terrain (V. conf. Aucoc, *Conférences sur le droit administratif*, t. 3, n° 1031). Dans ce cas, il n'y a pas incorporation *ipso facto* à la propriété riveraine de la bande de terrain ainsi retranchée. Cette bande fait toujours partie de la voie tant qu'elle n'a pas été acquise par le propriétaire (Crim. rej. 31 mai 1855, aff. Thiveau, D. P. 55. 1. 255 ; Civ. rej. 25 nov. 1872, aff. Lorin, D. P. 72. 1. 434). Mais ce dernier a le droit absolu d'obtenir le nouvel alignement et, par suite, d'acquérir de l'administration, forcée de la lui vendre, la partie de route retranchée (V. sur le droit de préemption exercé

en vertu de l'art. 53 de la loi du 16 sept. 1807, *Rép.* v° *Voirie par terre*, n°s 2169 et suiv.).

24. —3° *Portions de routes abandonnées par suite de changement de tracé.* — Lorsque les riverains usent du droit de préemption que leur confère sur les portions de routes déclasséesl'art. 3 de la loi du 24 mai 1842 rapporté au *Rép.* n° 73, l'acte de cession est approuvé par arrêté du préfet en conseil de préfecture en vertu du décret du 25 mars 1852, art. 3, tabl. C.

25. — 4° *Terrains expropriés qui n'ont pas reçu leur destination.* — V. sur ce point *infrà*, v° *Expropriation*.

26. — 5° *Terrains domaniaux usurpés.* — Les lois de 1836 et 1847 rapportées au *Rép.* n° 77, qui autorisaient, pendant une période déterminée, le Gouvernement à concéder aux détenteurs de biens domaniaux usurpés, sur estimation contradictoire et aux conditions par lui réglées, les terrains dont l'Etat n'était pas en possession, ont cessé d'être en vigueur.

27. — 6° *Terrains en Algérie.* — La législation de l'Algérie autorise le Gouvernement à concéder des terres domaniales à des colons ou à des sociétés particulières qui s'engagent à les mettre en valeur (V. *Rép.* v° *Organisation de l'Algérie*, n°s 1036 et suiv.). Ces concessions ont été réglementées en dernier lieu par les décrets du 16 oct. 1871 (D. P. 71. 4. 160), du 10 oct. 1872 (D. P. 72. 4. 12), du 15 juill. 1874 (D. P. 75. 4. 23), du 30 sept. 1878 (D. P. 79. 4. 13). Le décret du 15 juill. 1874 établissait un système de location avec redevance sous promesse de propriété définitive. Celui du 30 sept. 1878 consacre un système tout différent. Les concessions de terres, aux termes de ce décret, sont entièrement gratuites et présentent deux périodes distinctes. Pendant une première période de cinq ans, le concessionnaire n'occupe les terres domaniales qu'en vertu d'un titre administratif qui lui impose certaines conditions d'exploitation et de résidence, qu'il doit remplir sous peine de déchéance. Cette déchéance est prononcée par le préfet ou le général commandant la division, suivant le territoire ; l'attributaire a le droit de former opposition à l'arrêté qui la prononce devant le conseil de préfecture. A l'expiration de la période quinquennale qui suit la concession provisoire, le concessionnaire peut obtenir du préfet ou du général commandant la division la délivrance d'un titre définitif de propriété. Ce titre peut même lui être accordé après trois ans de résidence, s'il justifie de l'accomplissement de certaines conditions spéciales, et notamment d'une dépense moyenne de 100 fr. par hectare réalisée en améliorations utiles et permanentes.

28. M. Laferrière, t. 1, p. 553, constate que la concession a successivement un double caractère. Elle est, pendant sa période provisoire, un acte de puissance publique avec clauses contractuelles, et elle échappe à la compétence judiciaire, en vertu du principe de la séparation des pouvoirs. L'acte qui convertit la concession provisoire en concession définitive a le même caractère ; et les contestations auxquelles il peut donner lieu entre le concessionnaire et l'administration ne relèvent pas des tribunaux judiciaires. La connaissance de ces contestations ne peut, en l'absence d'un texte, être attribuée aux conseils de préfecture : a été décidé toutefois, que, sous l'empire de la Constitution du 14 janv. 1852, le Gouvernement avait pu insérer dans le cahier des charges annexé à un décret de concession de chênes-lièges en Algérie, une disposition attribuant compétence au conseil de préfecture pour statuer sur les contestations qui s'élèveraient entre les concessionnaires et l'Administration au sujet de l'exécution dudit cahier des charges (Cons. d'Et. 18 févr. 1876, aff. Lucy, D. P. 76. 3. 74 ; Civ. cass. 10 déc. 1879, aff. Besson, D. P. 80. 1. 241). Mais cette attribution de compétence étant restreinte aux difficultés qui s'élèvent entre l'Etat et le concessionnaire sur le sens et la portée de leurs engagements et sur l'exécution des clauses du cahier des charges, le conseil de préfecture n'est pas compétent pour statuer sur des demandes tendant soit à modifier la concession, soit à faire nommer un séquestre en cas de contestations entre deux concessionnaires indivis (Cons. d'Et. 19 nov. 1880, aff. Carpentier, D. P. 82. 3. 14).

29. Il appartient au conseil d'Etat de statuer sur les contestations auxquelles peut donner lieu l'acte de concession entre l'Etat et le concessionnaire, en vertu de la juridiction qu'il exerce sur les actes administratifs entachés d'excès de pouvoirs ou portant atteinte à un droit acquis (Cons. d'Et. 9 févr. 1870, aff. Gaultier de Claubry, *Rec. Cons. d'Etat*, p. 45 ;

31 mai 1878, aff. de Méritens, D. P. 78. 3. 62; 21 juin 1878, aff. Jumel de Noireterre, D. P. 78. 3. 83). Il est, notamment, compétent pour apprécier si l'arrêté qui prononce la déchéance contre un concessionnaire a été pris en conformité des dispositions du décret du 30 sept. 1878 (Cons. d'Et. 16 juill. 1880, aff. Marage, D. P. 80. 5. 11).

30. Lorsque la concession est définitive, un véritable droit de propriété est constitué, et dès lors les tribunaux judiciaires sont compétents pour connaître de toutes les difficultés auxquelles peut donner lieu l'exercice de ce droit. Toutefois, comme l'acte qui a créé la propriété est un acte administratif, les difficultés d'interprétation qui surgiraient au cours d'un débat judiciaire devraient être renvoyées à la juridiction administrative (Laferrière, t. 1, n° 553).

31. Nous avons indiqué au *Rép.* n° 85 des concessions gratuites de terrains faites aux colons par des dispositions législatives spéciales. Une loi du 21 juin 1871 (D. P. 71. 4. 102) a également attribué à titre gratuit une concession de 100000 hectares des meilleures terres dont l'Etat dispose en Algérie aux habitants de l'Alsace et de la Lorraine qui voudraient conserver la nationalité française, et qui prendraient l'engagement de se rendre en Algérie pour y mettre en valeur et exploiter les terrains ainsi concédés. Une nouvelle loi du 15 sept. 1871 (D. P. 71. 4. 159) a déterminé dans quelles proportions et de quelle manière l'Etat devrait intervenir pour faciliter l'installation en Algérie des émigrants de l'Alsace et de la Lorraine. Deux décrets en date du 16 oct. 1871 (D. P. 71. 4. 160) et 10 oct. 1872 (D. P. 73. 4. 12), dont les dispositions ont été ultérieurement modifiées par le décret du 15 juill. 1874, ont réglé le mode de concession des terres attribuées aux immigrants et leur répartition entre ces derniers.

32. — II. CONCESSIONS FAITES PAR LA LOI. — On a dit au *Rép.* n° 86 que des lois spéciales (ou des décrets rendus sous le premier Empire, et auxquels la jurisprudence reconnaît force de loi) ont fait concession d'immeubles domaniaux dans l'intérêt des services publics aux hospices, à l'Université, aux départements et aux communes, et même à des particuliers. Nous avons cité notamment la loi du 16 vend. an 5 et les décrets du 11 déc. 1808 et du 9 avr. 1811. « Ces concessions, dit M. Laferrière, t. 1, p. 551, ont constitué de véritables aliénations de biens de l'Etat, et l'on voulait leur chercher des analogies dans le droit civil, il faudrait les comparer à des donations avec ou sans charges. » Toutefois, ces actes ne peuvent être assimilés à des contrats du droit civil, et les contestations auxquelles ils donnent lieu échappent à la compétence judiciaire. La cour de cassation qui, par deux arrêts du 6 mai 1844 (*Rép.* v° *Domaine de l'Etat*, n° 159), avait implicitement admis la compétence judiciaire en statuant sur l'interprétation des décrets du 11 déc. 1808 et du 9 avr. 1811, a depuis reconnu que l'autorité administrative est seule compétente pour interpréter ces décrets par le motif que ces actes sont administratifs « par leur nature comme par leur origine » (Civ. cass. 24 juin 1851, aff. Département de la Corse, D. P. 51. 1. 196; 2 mars 1870, aff. Ville de Bapaume, D. P. 74. 1. 366). Quant au conseil d'Etat, sa jurisprudence n'a jamais varié, et il a constamment affirmé sa compétence pour donner l'interprétation de ces décrets, tantôt expressément, lorsque cette compétence était contestée, tantôt implicitement, en statuant au fond sur cette interprétation (Cons. d'Et. 7 déc. 1854, aff. Ville d'Aix, *Rec. Cons. d'Etat*, p. 946; 17 janv. 1868, aff. Ville de Paris, *ibid.*, p. 36; Trib. confl. 12 déc. 1874, aff. Ville de Paris, D. P. 75. 3. 91. V. conf. Laferrière, t. 1, p. 551; Aucoc, t. 1, n° 292, p. 503, note 2).

§ 4. — Concessions de travaux publics (*Rép.* n°ˢ 95 à 117).

33. Nous avons dit au *Rép.* n° 95, qu'au lieu d'exécuter lui-même certains travaux très dispendieux, l'Etat peut confier à des particuliers le soin de les exécuter à sa place, et que ce mode d'exécution s'applique surtout aux ponts, aux canaux et aux chemins de fer. « La concession de travaux publics, dit M. Aucoc, *Conférences sur le droit administratif*, t. 2, n° 707, est un contrat dont il est difficile de donner une définition générale, parce qu'il n'est pas réglé par la législation, et qu'il comporte suivant les conditions stipulées et la nature des travaux auxquels il s'applique des effets assez différents. On peut dire que le trait caractéristique de ce contrat, c'est que l'entrepreneur qui s'engage à exécuter un travail destiné au public, au lieu d'être payé directement par l'Administration, obtient le droit d'exploiter le travail à son profit en percevant, pendant un temps plus ou moins long, un péage, un prix de transport, une indemnité de plus-value, pour se rémunérer de son industrie et de ses dépenses. Mais .a concession de travaux publics peut avoir une physionomie très différente suivant qu'elle est perpétuelle ou temporaire, et, dans le premier cas, au lieu d'attribuer au concessionnaire un simple droit de jouissance sur le travail qu'il a exécuté pour le compte de l'Administration, elle lui attribue un droit de propriété grevée d'une affectation qu'il ne peut modifier » (V. aussi Batbie, *Droit public et administratif*, t. 7, n° 276; Dufour, *Droit administratif*, t. 7, n° 280; Serrigny, *Compétence administrative*, 3ᵉ éd.; t. 2, p. 182).

34. Comme on l'a dit au *Rép.* n° 4, les concessions de travaux publics étaient fort usitées avant 1789. Les autorités publiques avaient coutume, à raison de l'insuffisance des ressources dont elles disposaient pour l'exécution de travaux d'intérêt général, d'imposer à ceux qui s'en servaient un péage dont le produit était destiné à couvrir les dépenses de construction et d'entretien. Lorsqu'il s'agissait de travaux considérables et qui exigeaient de grandes avances, le droit de percevoir les péages était délégué à l'entrepreneur ou à la communauté d'habitants qui entreprenait le travail. Dans certains cas, cette délégation allait jusqu'à constituer une véritable propriété. Ce système de concession fut surtout adopté pour la construction des canaux de navigation : nous en avons cité plusieurs exemples au *Rép. ibid.*; on peut y ajouter le canal de la Somme à l'Oise (1724), le canal de Givors (1788).

35. Les travaux publics qui ont été exécutés dans le cours du 19ᵉ siècle ont également donné lieu à de nombreuses concessions. Les péages sont devenus beaucoup plus rares qu'ils ne l'étaient sous l'ancien régime : ils ont cessé d'être en usage sur les routes, sauf dans des cas très exceptionnels. Les droits de péage sur les ponts perçus avant 1789 ont été supprimés par les lois des 25 août 1792 et 17 juill. 1793. Mais la loi du 14 flor. an 10 a donné au Gouvernement le droit d'autoriser pendant dix ans l'établissement des ponts à péage, et cette délégation, renouvelée par l'art. 124 de la loi de finances du 25 mars 1817, a été maintenue chaque année, depuis cette époque jusqu'en 1880, par une disposition spéciale de la loi de finances. L'Etat, les départements et les communes ont eu fréquemment recours, pour l'exécution des ponts qu'ils étaient à leur charge, au système des concessions; mais peu à peu, au fur et à mesure du développement des ressources consacrées aux travaux publics et de l'amélioration des conditions du crédit public, il s'est produit une tendance à la diminution, puis à la suppression des ponts à péage (Aucoc, t. 3, n° 957). Un grand nombre de ponts, les uns établis sur les routes nationales ou les routes départementales, les autres appartenant à la voirie urbaine, ont été successivement rachetés. La loi du 30 juill. 1880 (D. P. 81. 4. 24) pose en principe qu'il ne sera plus construit de ponts à péage sur les routes nationales ou départementales; elle dispose, en outre, que les ponts à péage établis sur les routes nationales seront rachetés dans un délai de huit ans, et que, pour le rachat des ponts dépendant des routes départementales et des chemins vicinaux, il pourra être accordé par l'Etat une subvention, dont le maximum est fixé à la moitié de la dépense.

36. C'est principalement pour la construction des chemins de fer que le contrat de concession a reçu de nos jours des applications considérables. Les premières concessions de ces chemins ont été perpétuelles; mais ce système est depuis longtemps abandonné, et il est aujourd'hui admis que les concessions de travaux publics doivent toujours être temporaires.

37. Nous examinerons ailleurs (V. *infrà*, vˢ *Voirie par eau; Voirie par chemin de fer*) les règles spéciales à chacune de ces sortes de concession, et nous nous bornerons à indiquer ici celles qui sont communes à toutes ces entreprises.

38. Ainsi que nous l'avons dit au *Rép.* n° 99, le contrat de concession est un contrat synallagmatique, à titre onéreux et commutatif. On l'a également qualifié de contrat aléatoire (Delalleau, *Des droits et des obligations des concessionnaires de travaux publics*, *Revue de législation*, 1834-1835, t. 1, p. 183)

Mais ce caractère nous paraît contestable. Sans doute le profit sera plus ou moins étendu suivant les chances de l'exploitation ; mais l'avantage stipulé au contrat est actuel, et il semble, en conséquence, que le contrat ne doive pas être considéré comme aléatoire. S'il en était autrement, il faudrait faire rentrer aussi le contrat de vente dans la classe des contrats aléatoires, parce que l'objet vendu peut diminuer ou augmenter de valeur (Batbie, t. 7, n° 258, p. 242, note 2 ; Christophle, *Traité des travaux publics*, t. 1, p. 555).

39. Le contrat de concession est, comme on l'a vu au *Rép.* n° 100, un contrat *sui generis*, qui ne se confond avec aucun de ceux dont parle le code. Suivant la remarque de M. Aucoc, t. 2, n° 709, les règles qui le régissent ne se trouvent le plus souvent ni dans des textes de loi, ni dans des règlements ; il ne faut les chercher, en général, que dans les conventions passées avec des concessionnaires, dans les cahiers des charges spéciaux à chaque entreprise.

40. Quoique à beaucoup d'égards ce contrat se rapproche du marché de travaux publics, il en diffère cependant sur un point important. L'entrepreneur qui traite avec l'administration fait un louage d'industrie. L'administration lui doit le prix des travaux qu'il exécute; elle est acquittée envers lui lorsqu'elle lui a payé ce prix ; au contraire, le concessionnaire est subrogé aux droits de l'administration pour une période plus ou moins longue, et il a un droit sur l'objet de la concession (Batbie, t. 7, n° 256). — Il a été décidé que l'on doit considérer comme un traité de concession, et non comme un marché de travaux publics, le traité par lequel un particulier s'engage à établir les ouvrages propres à la distribution de l'eau dans une ville et à fournir la quantité d'eau nécessaire à la consommation publique et privée pendant un nombre d'années déterminé, moyennant une annuité payable par la ville (Cons. d'Et. 8 févr. 1878, aff. Pasquet, D. P. 78. 3. 59). Dans l'espèce à l'occasion de laquelle a été rendu cet arrêt, on contestait le caractère de concessionnaire au particulier qui avait traité avec la ville, par le motif qu'il n'avait aucune taxe à recouvrer sur le public. Mais le droit de percevoir une taxe n'est pas la condition caractéristique du contrat de concession; ce qui caractérise ce contrat, c'est que l'entrepreneur devient exploitant après avoir été constructeur, et qu'il est payé, tant des frais d'exploitation que de ceux de construction, au moyen de l'abandon à son profit de tout ou partie des produits pendant un laps de temps déterminé : il importe peu que ces produits soient versés entre ses mains par les particuliers ou par l'Administration.

41. La concession peut être *directe* ou *indirecte;* la concession directe résulte d'un traité amiable entre les parties, la concession indirecte a lieu par voie d'adjudication ; on recourt généralement à l'adjudication pour les entreprises qui n'ont pas une grande importance et pour lesquelles les concurrents ne manquent pas. Mais, dans l'un comme dans l'autre cas, l'Administration se réserve une grande latitude pour l'appréciation de la capacité et de la solvabilité des concurrents qui seront admis à l'adjudication. Les règles posées pour les marchés de travaux publics par l'ordonnance du 4 déc. 1836, remplacée aujourd'hui par le décret du 18 mars 1882 (D. P. 83. 4. 56), ne sont pas applicables en matière de concession (Aucoc, t. 2, n° 709).

42. La concession des travaux à exécuter pour l'Etat est faite par une loi ou par un décret, suivant la nature et l'importance des travaux, en vertu de la loi du 27 juill. 1870 (D. P. 70. 3. 63). Elle est faite, pour les travaux d'intérêt départemental, par le conseil général, qui statue définitivement à cet égard aux termes de l'art. 46, § 11, de la loi du 10 août 1871, sauf la déclaration d'utilité publique réservée, suivant les cas, au gouvernement ou au législateur. Les traités portant concession de travaux communaux ou concession à titre exclusif, ou pour une durée de plus de 30 ans, de grands services municipaux ne sont valables qu'après approbation de l'autorité supérieure (L. 5 avr. 1884, art. 115) (V. *suprà*, v° *Commune*, n° 1252).

43. Le contrat de concession étant fait, comme le marché de travaux publics, en vue des garanties personnelles qu'offre le concessionnaire, ce dernier ne pourrait, sans l'agrément du concédant, céder à un tiers le bénéfice du son traité (Civ. cass. 14 févr. 1859, aff. Mancel, D. P. 59. 1. 113; Cons. d'Et. 31 mai 1878, aff. de Méritens, D. P. 78. 3. 62;

13 juill. 1883, aff. Richard Grison, D. P. 85. 3. 27; Cons. préf. Seine, 24 juin 1879, aff. Chemin de fer de Marmande, D. P. 79. 3. 70; Civ. rej. 5 déc. 1882, aff. Tarbé des Sablons, D. P. 83. 1. 171 ; 11 févr. 1884, aff. de Constantin, D. P. 85. 1. 99 ; Paris, 19 juin 1885, aff. Société d'exploitation des tramways, D. P. 86. 2. 18). Le conseil d'Etat a même déclaré, dans un avis du 17 févr. 1876, qu'il n'y avait pas lieu d'insérer dans le cahier des charges d'une concession de chemin de fer une clause réservant à cet égard le droit du Gouvernement, une telle réserve paraissant mettre en doute que ce droit résultât de la nature même de la convention (D. P. 78. 3. 62, note 1) (V. conf. Batbie, t. 7, n° 258 ; Aucoc, t. 3, n° 1263 ; Christophle, *Traité*, t. 1, n° 657; Lamé-Fleury, *Code annoté des chemins de fer*, 3e éd., p. 69).

44. Ainsi qu'on l'a vu au *Rép.* n° 103, le concessionnaire est tenu de fournir un cautionnement qui répond de l'accomplissement de ses obligations, et qui est fixé, pour chaque entreprise, en raison de son importance. Une clause, insérée dans tous ou dans presque tous les cahiers des charges, porte que si les travaux ne sont pas exécutés dans le délai fixé la somme déposée à titre de cautionnement appartiendra de plein droit au concédant. Ce dernier n'a pas seulement, en pareil cas, à réclamer un privilège, il est investi de la propriété du cautionnement par le seul fait de l'inexécution des engagements du concessionnaire, et les créanciers de ce dernier n'ont aucun droit à faire valoir sur les sommes déposées (Cons. d'Et. 24 févr. 1853, aff. Ministre des travaux publics, *Rec. Cons. d'Etat*, t. 7, p. 272). M. Batbie, t. 7, n° 260, enseigne que l'effet de la condition est immédiat, et qu'une fois la somme acquise au concédant, le concessionnaire ne pourrait être relevé administrativement de la déchéance encourue ; en effet, le chef de l'Etat ne peut disposer par décret des sommes appartenant au Trésor; et une mesure de ce genre exigerait l'intervention du pouvoir législatif (Conf. Dufour, *Droit administratif*, t. 3, n° 209 ; Christophle, *Traité*, t. 1, p. 563).

45. Le concessionnaire doit exécuter les travaux concédés, les achever dans le délai fixé par le cahier des charges, les entretenir en bon état, et les rendre en bon état à l'expiration de la concession. En ce qui concerne l'exécution des travaux, l'Administration détermine les travaux à effectuer, et elle est appelée à approuver les projets ; mais elle n'exerce sur l'exécution qu'une surveillance générale et ne peut s'immiscer dans les détails, comme elle le fait à l'égard des entrepreneurs (Aucoc, t. 2, n° 711). Elle n'a pas le droit d'exiger des changements entraînant des dépenses imprévues, à moins de payer une indemnité (Cons. d'Et. 7 déc. 1850, aff. Jeanney, *Rec. Cons. d'Etat*, p. 921 ; 9 août 1851, aff. Société des ponts Napoléon, *ibid.*, p. 603; 5 janv. 1854, aff. Jeanney, *ibid.*, p. 15). Elle procède à la réception des travaux lorsqu'ils sont achevés.

46. Quand le concessionnaire n'a pas exécuté les travaux dans les délais fixés, il peut, conformément à ce qui a été exposé au *Rép.* n° 103, être déclaré déchu, et l'Administration peut procéder à une nouvelle adjudication à ses risques et périls; mais il aurait droit au prix des travaux exécutés avant la déchéance, à moins que le cahier des charges ne renferme une clause contraire (V. Cons. d'Et. 11 juin 1886, aff. Compagnie nationale des canaux agricoles, D. P. 87. 3. 118, et la note). La disposition du cahier des charges qui stipule la déchéance, comme clause pénale, en cas d'inexécution des obligations du concessionnaire, exclut toute autre pénalité, et ne permet pas à l'Administration de réclamer des dommages-intérêts dans les conditions du droit civil (Cons. d'Et. 15 juill. 1881, aff. Chemin de fer d'Orléans à Rouen, D. P. 82. 3. 117; 11 janv. 1884, aff. Level, D. P. 85. 3. 77).

47. On s'est demandé si, au lieu de poursuivre la résiliation, le concédant pourrait faire prononcer la mise en régie des travaux aux frais du concessionnaire en retard. M. Batbie, t. 7, n° 263, fait remarquer que la mise en régie est l'application à la matière des travaux publics de cette disposition de droit commun qui permet de faire exécuter les travaux aux frais de la partie, mais que cette application est faite par la mise en régie sans l'intervention du juge; il estime qu'elle doit être rigoureusement restreinte au cas dans lequel pour laquelle elle a été faite, et qu'on ne saurait l'étendre à la concession. Cette opinion nous paraît devoir être suivie, et nous

croyons, comme M. Batbie, que l'Administration aura seulement le droit de prononcer la déchéance pour inexécution
des conditions, ou de faire décider, conformément à l'art. 1144
c. civ., qu'elle est autorisée à faire exécuter les travaux aux
frais du concessionnaire, si elle préfère cette mise en régie
ordonnée par le juge à la déchéance ou résiliation.

48. Le concessionnaire est tenu d'entretenir les travaux,
et, s'il manque à cette obligation, l'Administration peut, à son
choix, prélever sur les produits du péage la somme nécessaire
pour l'appliquer aux dépenses qu'exige l'entretien, ou faire
exécuter les travaux et en poursuivre le remboursement
par voie de mandat exécutoire délivré par le préfet (Aucoc,
t. 2, n° 712). Il a été décidé, par application de cette règle,
qu'une société chargée d'établir les ouvrages nécessaires à
la distribution des eaux dans une ville, moyennant la concession de l'exploitation du service des eaux pendant un certain nombre d'années, est tenue à la réfection de tous les
ouvrages qui, pendant la durée de la concession, deviennent
impropres à une exécution satisfaisante du traité, alors
même qu'en vertu du cahier des charges, les matériaux qui
ont servi à la confection de ces ouvrages ont été repris par
la société à la ville qui les avait précédemment acquis (Cons.
d'Ét. 27 déc. 1878, aff. Compagnie générale des eaux, D. P.
79. 3. 25).

49. Le concessionnaire est tenu de reconstruire les travaux, alors même qu'ils auraient été détruits par un événement de force majeure. Cette obligation est la conséquence
de celle qu'il a contractée de restituer les travaux et de les
rendre en bon état à la fin de la concession (Cons. d'Ét.
16 juin 1853, aff. Gabaud, D. P. 54. 5. 279; 3 juin 1858,
aff. Ruiz, D. P. 59. 3. 51; 15 mai 1859, aff. Comp. du pont
de Cournon, D. P. 79. 3. 75, note 3; 28 mars 1879, aff. Escarraguel, D. P. 79. 3. 75).
Mais, nonobstant la clause qui laisse les cas de force majeure à la charge du concessionnaire, l'Administration est
responsable des accidents qui sont la conséquence de ses
fautes, par exemple, de celle qu'elle a commise en adoptant
un plan dont l'exécution a laissé aux eaux un débouché
insuffisant (Cons. d'Ét. 26 nov. 1875, aff. David, D. P. 79.
3. 75, note 4); et, en cas de faute dans les prescriptions
du devis, l'Administration ne peut se prévaloir de ce qu'un
article (qui est de style dans les cahiers des charges des
concessions des ponts à péage) permettrait à l'adjudicataire
de demander l'autorisation de modifier les dispositions du
projet (Cons. d'Ét. 21 juill. 1869, aff. Pointurier, *ibid.*).

50. Le concessionnaire est tenu, comme l'entrepreneur,
de réparer les dommages qui résultent de l'exécution des
travaux; en outre, les cahiers des charges mettent habituellement à sa charge la réparation des dommages causés par
l'existence même et les dispositions des travaux qu'il exploite
(Aucoc, t. 2, n° 711). Mais cette obligation, qui ne résulte
pas des principes généraux, ne peut incomber au concessionnaire que par suite d'une clause expresse du cahier des
charges (Batbie, t. 7, n° 263).

51. Nous avons indiqué au *Rép.* n° 107 les droits de diverse
nature dont le concessionnaire est investi. Les engagements
que prend avec lui le concédant sont généralement énumérés dans l'acte de concession. Tantôt l'Administration s'engage à lui payer une subvention, tantôt elle se charge de
l'exécution d'une partie des travaux. Assez souvent elle
garantit l'intérêt, à un taux déterminé, du capital engagé dans
l'entreprise. Si l'Administration ne remplissait pas les obligations prises à sa charge par le contrat, elle devrait une
indemnité (Cons. d'Ét. 21 déc. 1883, aff. Chemin de fer de
l'Hérault, *Rec. d'État*, p. 960), et le concessionnaire
pourrait même poursuivre la résiliation du contrat (Batbie, t. 7,
n° 263). A plus forte raison le concédant ne doit-il rien faire
qui puisse nuire au concessionnaire lorsque le contrat a
expressément déterminé les actes dont il devrait s'abstenir,
par exemple, lorsqu'en concédant un pont à péage, l'Administration s'est engagée à ne pas laisser établir un autre pont
ou un passage d'eau dans un certain rayon (Cons. d'Ét.
26 mai 1853, aff. Comp. du pont de Rognonas, D. P. 54. 3.
55; 16 juill. 1857, aff. Pont de Rognonas, *Rec. Cons. d'État*,
p. 550; Aucoc, t. 3, n° 908). L'État doit également une indemnité au concessionnaire lorsqu'il a laissé subsister un
gué qu'il s'était engagé à supprimer (Cons. d'Ét. 20 mai
1868, aff. Grulet, D. P. 70. 3. 30, notes 5 et 6).

52. Mais, en l'absence d'une clause formelle, les concessions ne confèrent pas un droit exclusif au concessionnaire,
et nous avons dit au *Rép.* n° 105 que l'Administration pourrait
accorder des concessions nouvelles à des compagnies concur-
rentes, sans que le premier concessionnaire fût fondé à
réclamer une indemnité (Cons. d'Ét. 20 févr. 1846, aff. Bonhomme, D. P. 46. 3. 66; 2 déc. 1858, aff. Société du pont de
Cubzac, D. P. 61. 5. 364). De même, la concession d'un pont
à péage n'interdit pas à l'État d'établir dans une direction
parallèle les nouvelles voies dont le besoin se fait sentir
(Cons. d'Ét. 23 juill. 1875, aff. Roux, D. P. 76. 3. 30;
12 nov. 1880, aff. Lauthier, D. P. 82. 3. 32). Mais l'État ne
peut, sans que le concessionnaire ait droit à une indemnité,
autoriser un industriel à établir près du pont un bac destiné à
affranchir ses ouvriers du péage (Arrêt précité du 12 nov.
1880).

53. On a examiné au *Rép.* n° 108 la question de savoir
si les concessionnaires ont un droit de propriété sur les travaux qu'ils ont exécutés et qu'ils exploitent. Conformément
à l'opinion que nous avons adoptée, M. Aucoc enseigne que,
dans le système des concessions temporaires aujourd'hui
pratiqué en France, les concessionnaires n'ont qu'un droit
de « jouissance qui n'est même pas assimilé à un droit
d'usufruit ou d'emphytéose, et qui est considéré comme purement mobilier » (t. 2, n° 713) (V. en sens contraire : Batbie,
t. 7, n° 262). Et il a été constamment reconnu par la cour
de cassation et par le conseil d'État que les travaux étant
construits pour le compte de l'Administration et affectés à
l'usage du public font partie du domaine public, pendant la
durée de la concession (Cons. d'Ét. 16 avr. 1852,
aff. Daviaud, D. P. 52. 3. 27; 1er mars 1860, aff. Canal Saint-
Martin, D. P. 60. 3. 9; Civ. cass. 15 mai 1861, aff. Mancel,
D. P. 61. 1. 225; 20 févr. 1865, aff. Roland, D. P. 65. 1. 308).

54. Mais il en est autrement des concessions perpétuelles
antérieures à 1789 qui constituent de véritables propriétés
privées affectées à un service public. La cour de cassation
et le conseil d'État ont plusieurs fois consacré les droits des
concessionnaires du canal du Midi, du canal de Givors et du
canal du Loz (Cons. d'Ét. 30 déc. 1858, aff. Canal de Givors,
D.P. 59. 3. 75; 10 avr. 1860, aff. Canal du Midi, D.P. 60. 3. 54;
19 mai 1864, aff. de Grave, D. P. 65. 3. 26; Req. 7 nov. 1865,
aff. Chemin de fer du Midi C. Comp. des Salins de Bognas,
D. P. 66. 1. 254; 11 nov. 1867, aff. Canal du Midi, D. P. 68.
1. 426).

55. Le contrat de concession prend fin : 1° par l'expiration du délai fixé; 2° par la déchéance du concessionnaire
pour inexécution des conditions; 3° par la résiliation prononcée sur la demande du concessionnaire, dans le cas où
le concédant n'observe pas ses engagements; 4° par le
rachat opéré par l'Administration. Ce droit de rachat est
ordinairement réservé par une clause du contrat, qui en
détermine les conditions : à défaut de cette réserve, les droits
du concessionnaire ne pourraient être rachetés qu'en vertu
d'une loi spéciale, comme celles du 25 mai 1845 et du 28 juill.
1860 relatives au rachat des canaux de navigation, ou d'une
loi générale comme celle du 30 juill. 1880 sur le rachat des
ponts à péage (V. *supra*, n° 35). Mais ni le décès du concessionnaire, ni sa faillite n'entraîne, comme le décès ou la
faillite de l'entrepreneur, la rupture du contrat. En effet, la
concession n'est pas un simple louage d'ouvrage, et il n'y a
pas lieu d'appliquer au concessionnaire les dispositions de
l'art. 1795 c. civ. (Batbie, t. 7, n° 258 ; Aucoc, t. 2, n° 714).

56. Le conseil de préfecture est compétent, en vertu de
l'art. 4 de la loi du 28 pluv. an 8, pour statuer sur les difficultés qui s'élèvent entre les concessionnaires des travaux
publics et l'administration (Cons. d'Ét. 13 juill. 1830, aff. Chemin de fer de Strasbourg à Bâle, D. P. 51. 3. 27; 20 juill. 1854,
aff. Comp. du chemin de fer d'Orléans, *Rec. Cons. d'État*,
p. 675; 1er mars 1860, aff. Comp. du canal Saint-Martin,
D. P. 60. 3. 9; 14 janv. 1872, aff. Boulland, D. P. 73. 3.
77; 19 nov. 1875, aff. David, D. P. 79. 3. 75, note 4; 28 mars
1879, aff. Escarraguel, D. P. 79. 3. 75; 12 nov. 1880,
aff. Lauthier, D. P. 82. 3. 32). Cette compétence a été
étendue par la jurisprudence aux contestations qui s'élèvent
entre les villes et les concessionnaires des services d'éclairage au gaz ou de distribution d'eau relativement au sens
et à l'exécution de leurs traités, même lorsqu'il s'agit des
clauses qui déterminent les conditions d'abonnement (Cons.

d'Et. 15 janv. 1868, aff. Lebon, D. P. 75. 3. 107, note 3; 29 janv. 1875, aff. Ville de Chartres,*ibid.; 4* déc. 1885, aff. Commune de Saint-Mandé, D. P. 87. 3. 47). Il en est de même du débat engagé sur la question de savoir si la commune est en droit d'exiger la réduction du prix d'abonnement prévu par le traité pour le cas où certaines hypothèses viendraient à se réaliser (Cons. d'Et. 5 avr. 1884, aff. Comp. parisienne du gaz, D. P. 85. 5. 271).

C'est également à la juridiction administrative qu'il appartient exclusivement de statuer sur la déchéance des droits résultant d'une concession de travaux publics (V. en ce sens : Req. 21 févr. 1872, aff. Vié, D. P. 72. 1. 237).

57. Les décisions par lesquelles le préfet et le ministre prescrivent l'exécution de certains travaux en vertu du cahier des charges ne peuvent être attaquées par la voie contentieuse, mais elles ne mettent pas obstacle à ce que les concessionnaires fassent valoir leurs droits devant le conseil de préfecture (Cons. d'Et. 8 févr. 1878, aff. Chemin de fer de Lyon *C.* Ministre des travaux publics, D. P. 78. 3. 55). Les mêmes règles s'appliquent aux décisions par lesquelles le ministre prononce la déchéance des concessionnaires (Cons. d'Et. 14 janv. 1869, aff. Guerre, D. P. 70. 3. 7; 21 déc. 1877, aff. *The Credit company, Rec. Cons. d'Etat,* p. 1045 ; 15 nov. 1878, aff. de Preigne, *ibid.,* p. 892 ; 27 févr. 1885, aff. Compagnie nationale des canaux agricoles, D. P. 86. 3. 87). En pareil cas, il appartient au conseil de préfecture, non seulement d'accorder une indemnité au concessionnaire dont la déchéance a été irrégulièrement prononcée, mais de le rétablir dans tous les droits qu'il tient de la concession (Cons. d'Et. 13 juin 1879, aff. *The Crédit company, Rec. Cons. d'Etat,* p. 497 ; Aucoc, t. 2, n° 715. V. anal. en matière de

concession d'éclairage : Cons. d'Et. 23 févr. 1883, aff. Boué, D. P. 84. 3. 101).

Lorsque le cahier des charges stipule qu'en cas d'inexécution par le concessionnaire des conditions du traité, la déchéance devra être prononcée soit par le ministre, soit par le préfet, cette formalité est essentielle, et le conseil de préfecture ne peut appliquer directement la clause pénale (Cons. d'Et. 15 juill. 1881, aff. Chemin de fer d'Orléans à Rouen, D. P. 82. 3. 137). Mais, dans ce cas même, la décision prononçant la déchéance ne fait pas obstacle à ce que le concessionnaire fasse juger par le conseil de préfecture si cette mesure doit être maintenue (Sol. impl., Cons. d'Et. 13 juill. 1883, aff. Richard Grison, D. P. 85. 3. 27).

58. Le conseil de préfecture est également compétent pour statuer sur la demande d'indemnité formée par un concessionnaire contre le concédant, à raison des dommages que ce dernier a pu lui causer en n'exécutant pas ses engagements (V. les arrêts cités *suprà,* n° 57).

59. Quant aux contestations qui s'élèvent entre les concessionnaires de travaux publics et les tiers, les règles de la compétence varient suivant l'objet de ces contestations. Le conseil de préfecture est compétent, aux termes de l'art. 4 de la loi du 28 pluv. an 8, pour connaître des litiges relatifs aux dommages causés par l'exécution des travaux. Mais l'autorité judiciaire est compétente lorsqu'il s'agit de contestations avec les sous-traitants, ou de difficultés relatives à la perception des péages (V. Aucoc, t. 2, n°s 715 et 716, et *infrà,* v° *Travaux publics*).

60. Nous indiquerons v^ies *Marais; Mines,* les règles spéciales aux concessions faites en vertu de l'art. 41 de la loi du 16 sept. 1807 et aux concessions de mines.

Table sommaire

des matières contenues dans le Supplément et le Répertoire.

(Les chiffres précédés de la lettre S renvoient au Supplément; les chiffres précédés de la lettre R renvoient au Répertoire.)

Table chronologique des Lois, Arrêts, etc.

1790. 22 nov. Loi. 17 c.	—25 mai. Loi. 35 c.	—8 juill. Loi. 18 c.	—16 juill. Cons. d'Et. 51 c.	**1865.** 20 févr. Civ. 53 c.	**1872.** 14 janv. Cons. d'Et. 56 c.	—31 mai. Cons. d'Et. 20 c., 43 c.	—25 juill. Req. 11 c.
1792. 25 août. Loi. 35 c.	**1853.** 19 janv. Civ. 10 c.	—24 févr. Cons. d'Et. 44 c.	**1858.** 3 juin. Cons. d'Et. 49 c.	—7 nov. Req. 54 c.	—21 févr. Req. 56 c.	—21 juin. Cons. c.	—5 déc. Civ. 43 c.
1793. 17 juill. Loi. 35 c.	—24 déc. Cons. d'Et. 10 c.	—26 mai. Cons. d'Et. 51 c.	—2 déc. Cons. d'Et. 52 c.	**1866.** 17 avr. Cons. d'Et. 9 c.	—10 oct. Décr. 27 c., 31 c.	—12 juill. Cons. d'Et. 15 c.	**1883.** 13 janv. Trib. confl. 16 c.
An 5. 16 vend. Loi. 32 c.	**1846.** 20 févr. Cons. d'Et. 52 c.	—16 juin. Cons. d'Et. 49 c.	—30 déc. Cons. 43 c.	—26 déc. Civ. 9 c.	—25 nov. Civ. 23 c.	**1873.** 20 janv. Req. 6 c.	—22 févr. Cons. d'Et. 57 c.
An 8. 28 pluv. Loi. 56 c., 59 c.	**1847.** 10 juin. Loi. 26 c.	—1er déc. Cons. d'Et. 15 c.	**1859.** 14 févr. Civ. 43 c.	**1867.** 19 juin. Cons. d'Et. 3 c.	**1873.** 20 janv. Req. 6 c.	—16 avr. Req. 11 c.	—29 juin. Cons. d'Et. 16 c.
An 10. 15 flor. Loi. 17 c.	—17 déc. Cons. d'Et. 3 c.	**1854.** 5 janv. Cons. d'Et. 45 c.	—15 mai. Cons. d'Et. 40 c.	—11 nov. Req. 54 c.	—16 avr. Req. 11 c.	—11 juin. Trib. confl. 6 c.	—13 juill. Cons. d'Et. 43 c., 57 c.
—16 flor. Loi. 17 c.	**1848.** 2 mai. Civ. 3 c.	—11 févr. Cons. d'Et. 11 c.	—21 juin. Civ. 21 c.	**1868.** 13 janv. Cons. d'Et. 56 c.	—11 juin. Trib. confl. 6 c.	**1874.** 15 juill. Cons. d'Et. 33 c.	—21 déc. Cons. c.
An 12. 5 vent. Loi. 17 c.	**1850.** 18 mai. Loi. 17 c.	—13 févr. Civ. 9 c.	**1860.** 1er mars. Cons. d'Et. 3 c., 53 c., 56 c.	—17 janv. Cons. d'Et. 33 c.	**1874.** 15 juill. Cons. d'Et. 33 c.	—12 déc. Cons. d'Et. 22 c.	—31 déc. Cons. c.
1807. 16 sept. Loi. 1 c., 19 c., 20 c., 23 c., 60 c.	—1er juill. Trib. confl. 3 c.	—20 juill. Cons. d'Et. 56 c.	—10 avr. Cons. d'Et. 54 c.	—20 mai. Cons. d'Et. 9 c.	—12 déc. Cons. d'Et. 22 c.	**1875.** 29 janv. Cons. d'Et. 56 c.	**1884.** 11 janv. Cons. d'Et. 46 c.
1808. 11 déc. Décr. 32 c.	—13 juill. Cons. d'Et. 56 c.	—7 déc. Cons. d'Et. 32 c.	—24 juill. Loi. 18 c.	—6 juill. Req. 7 c.	**1875.** 29 janv. Cons. d'Et. 56 c.	—12 mars. Cons. d'Et. 15 c.	—11 févr. Civ. 43 c.
1810. 10 mars. Décr. 10 c.	—7 déc. Cons. d'Et. 45 c.	**1855.** 27 févr. Civ. 4 c.	—28 juill. Loi. 55 c.	**1869.** 11 janv. Cons. d'Et. 57 c.	—12 mars. Cons. d'Et. 15 c.	—23 juill. Cons. d'Et. 52 c.	—15 févr. Cons. d'Et. 9 c.
1811. 9 avr. Décr. 9 c.	**1851.** 3 janv. Trib. confl. 9 c.	—29 mars. Cons. d'Et. 9 c.	**1861.** 8 janv. Civ. 3 c.	—1er juin. Req. 8 c.	—23 juill. Cons. d'Et. 52 c., 56	—19 nov. Cons. d'Et. 52 c.	—5 avr. Loi. 42 c.
1817. 25 mars. Loi. 35 c.	—9 mai. Trib. confl. 9 c.	—18 avr. Req. 21 c.	—5 févr. Req. 9 c.	—21 juill. Cons. d'Et. 40 c.	—19 nov. Cons. d'Et. 52 c., 56	—26 nov. Cons. d'Et. 11 c.	—3 mai. Cons. d'Et. 50 c.
1836. 20 mai. Loi. 20 c.	—31 mai. Cons. d'Et. 3 c.	—2 mai. Loi. 18 c.	—15 mai. Civ. 53 c.	—18 nov. Cons. d'Et. 9 c.	—26 nov. Cons. d'Et. 11 c.	—30 juill. Loi. 35 c.	—31 nov. Cons. d'Et. 16 c.
—4 déc. Ord. 41 c.	—24 juin. Civ. 32 c.	—17 mai. Cons. d'Et. 9 c.	**1862.** 17 juill. Cons. d'Et. 9 c.	**1870.** 9 févr. Cons. d'Et. 20 c.	**1876.** 17 févr. Cons. d'Et. 43 c.	**1876.** 17 févr. Cons. d'Et. 43 c.	**1885.** 19 janv. Req. 6 c.
1842. 24 mai. Loi. 24 c.	—9 août. Cons. d'Et. 45 c.	—31 mai. Crim. 23 c.	**1863.** 30 mars. Civ. 9 c.	—2 mars. Civ. 32 c.	—18 févr. Cons. d'Et. 28 c.	—18 févr. Cons. d'Et. 28 c.	—27 févr. Cons. d'Et. 57 c.
1844. 6 mai. Req. 32 c.	**1852.** 14 janv. Const. 28 c.	—1er août. Civ. 11 c.	**1864.** 24 févr. Civ. 23 c.	—14 mars. Req. 11 c.	—25 avr. Douai. 9 c.	—25 avr. Douai. 9 c.	—19 juin. Paris. 43 c.
1845. 8 févr. Crim. 9 c.	—25 mars. Décr. 24 c.	**1857.** 21 janv. Req. 9 c.	—19 mai. Cons. d'Et. 54 c.	—27 juill. Loi. 42 c.	**1877.** 21 déc. Cons. d'Et. 57 c.	**1880.** 16 juill. Cons. d'Et. 20 c.	—4 déc. Cons. d'Et. 56 c.
	—16 avr. Cons. d'Et. 53 c.		—1er juin. Loi. 17 c.	**1871.** 7 nov. Cons. d'Et. 11 c.	**1878.** 8 févr. Cons. d'Et. 40 c., 57 c.	—19 nov. Cons. d'Et. 56 c.	**1886.** 11 juin. Cons. d'Et. 46 c.
				—10 août. Loi. 42 c.	—2 avr. Civ. 3 c.	—21 juill. Rouen. c.	
				—15 sept. Loi. 31 c.		—30 juill. Loi. 35 c.	
				—16 oct. Décr. 27 c., 31 c.		—4 nov. Cons. c.	
						1881. 15 juill. Cons. d'Et. 46 c., 57 c.	
						1882. 18 mars. Décr. 41 c.	

CONCILIATION.

Division.

CHAP. 1. — Historique et législation (n° 1).

CHAP. 2. — Caractères de la tentative de conciliation. — Ordre public (n° 4).

CHAP. 3. — Des demandes soumises ou non au préliminaire de conciliation ; A quelles conditions ? (n° 12).

§ 1. — Demandes sujettes à conciliation (n° 12).
§ 2. — Demandes dispensées de la conciliation (n° 34).

CHAP. 4. — Juge de paix compétent pour essayer la conciliation (n° 51).

CHAP. 5. — Délais et formes de la citation en conciliation (n° 63).

CHAP. 6. — Mode de comparution des parties (n° 71).

§ 1. — Comparution personnelle ou par fondé de pouvoirs. L'audience est-elle publique ? (n° 71).
§ 2. — Défaut de comparution. — Amende (n° 78).

CHAP. 7. — Devoirs du juge. — Procès-verbal. — Rédaction (n° 81).

§ 1. — Devoirs du juge. — Interpellations aux parties. — Serment déféré par celles-ci (n° 81).
§ 2. — Cas où il y a eu conciliation. — Procès-verbal ; Signature des parties ; Mention du juge (n° 83).
§ 3. — Procès-verbal en cas de non-conciliation (n° 85).
§ 4. — Quelle est la valeur des conventions insérées aux procès-verbaux (n° 87).

CHAP. 8. — Effets du préliminaire de conciliation (n° 88).

(1) 2-5 mai 1855. — *Loi qui modifie celles des 25 mai 1838 et 20 mai 1854, sur les justices de paix* (Extrait) (D. P. 55. 4. 52).
Art. 2. L'art. 17 de la loi du 25 mai 1838 est modifié ainsi qu'il suit :
« Art. 17. Dans toutes les causes, excepté celles qui requièrent célérité, et celles dans lesquelles le défendeur serait domicilié hors du canton ou des cantons de la même ville, il est interdit aux huissiers de donner aucune citation en justice, sans que préalable le juge de paix n'ait appelé les parties devant lui, au moyen d'un avertissement sur papier non timbré, rédigé et délivré par le greffier, au nom et sous la surveillance du juge de paix, et expédié par la poste, sous bande simple, scellée du sceau de la justice de paix avec affranchissement. — A cet effet, il sera tenu par le

CHAP. 1er. — **Historique et législation** (*Rép.* n° 2 à 36).

1. Les articles du code de procédure civile qui ont trait au préliminaire de conciliation n'ont subi, depuis la publication du *Répertoire*, aucune modification. C'est seulement en ce qui concerne les affaires rentrant dans la compétence du juge de paix lui-même, que le régime légal consacré par l'art. 17 de la loi du 25 mai 1838 a reçu d'importants changements. On étudiera plus amplement (V. *infrà*, n° 63 et suiv.), la nouvelle rédaction de cet art. 17, résultant de l'art. 2 de la loi du 2 mai 1855 (1). Nous nous bornerons ici à remarquer que le préliminaire de conciliation qui était facultatif sous l'empire de la loi du 25 mai 1838 (*Rép.* n° 10) est devenu obligatoire, en principe, aussi bien pour les affaires qui ressortissent de la compétence des juges de paix que pour celles qui doivent être soumises aux tribunaux civils, sauf dans les cas de dispense déterminés de part et d'autre. Mais au lieu d'être appelées devant le juge de paix par voie de citation directe, les parties y sont appelées, lorsqu'il s'agit d'affaires qui sont de la compétence de ce magistrat, au moyen d'un avertissement. Primitivement, d'après la loi du 2 mai 1855, cet avertissement, qui était délivré par le greffier, au nom et sous la surveillance du juge de paix, était rédigé sur papier non timbré et expédié par la poste sous bande scellée et affranchie. Depuis la loi du 23 août 1871 (art. 21, D. P. 71. 4. 54), les avertissements doivent être rédigés sur papier au timbre de dimension de 50 c. (60 c. à raison de l'addition de 2 décimes).

2. Nous constatons au *Rép.* n° 34, que si l'institution du juge conciliateur n'a pas produit tout l'effet qu'on en attendait, elle n'avait pas laissé, par les résultats obtenus, de

greffier un registre sur papier non timbré, constatant l'envoi et le résultat des avertissements ; ce registre sera coté et parafé par le juge de paix. Le greffier recevra pour tout droit et par chaque avertissement, une rétribution de vingt-cinq centimes, y compris l'affranchissement, qui sera, dans tous les cas, de dix centimes. — S'il y a conciliation, le juge de paix, sur la demande de l'une des parties, peut dresser procès-verbal des conditions de l'arrangement ; ce procès-verbal aura force d'obligation privée. — Dans les cas qui requièrent célérité, il ne sera remis de citation non précédée d'avertissement qu'en vertu d'une permission donnée sans frais, par le juge de paix, sur l'original de l'exploit. — En cas d'infraction aux dispositions ci-dessus de la part de l'huissier, il supportera, sans répétition, les frais de l'exploit. »

démontrer toute son utilité. Les constatations statistiques qui sont faites par les soins du ministère de la justice et publiées au *Journal officiel* établissent malheureusement que le nombre des affaires conciliées diminue dans une proportion considérable. Il résulte, notamment, du rapport présenté au Président de la République, en 1882 (*Journ. off.* du 18 août 1882), par le garde des sceaux sur l'administration de la justice civile de 1826 à 1880, que dans la période écoulée depuis 1843, le nombre des conciliations obtenues s'était abaissé de 14 pour 100 et était descendu de 50 à 36 pour 100. — Les causes de cette diminution sont multiples, et la principale est sans contredit la faculté, nécessaire cependant, laissée aux parties de se faire représenter devant le juge de paix par un mandataire. Ce n'est toutefois pas une raison pour supprimer une mesure dont l'efficacité, quoique affaiblie, n'est cependant pas nulle, puisqu'on parvient encore à concilier environ le tiers des affaires qui sont susceptibles de l'être.

3. Le préliminaire de conciliation qui, suivant ce qui a été dit au *Rép.* n° 36, n'était pas exigé en Algérie sous l'empire de l'ordonnance du 10 août 1834, y existe aujourd'hui, le code de procédure ayant été déclaré applicable à l'Algérie par l'ordonnance du 16 avr. 1843 (V. *Rép.* v° *Organisation de l'Algérie*, n° 602).

CHAP. 2. — Caractères de la tentative de conciliation. — Ordre public (*Rép.* n°ˢ 37 à 72).

4. Les auteurs ont persisté, depuis la publication du *Répertoire*, à attribuer à la tentative de conciliation les caractères que nous lui avons reconnus au *Rép.* n°ˢ 37 et suiv. On y voit toujours un acte de juridiction gracieuse (Curasson, *Traité de la compétence des juges de paix*, 4ᵉ éd., t. 1, n°ˢ 16 et 17), qui n'a à aucun degré le caractère d'un acte de procédure préparatoire, ni d'un acte introductif d'instance, puisqu'il a précisément pour but d'empêcher la procédure de commencer et l'instance de naître (Garsonnet, *Cours de procédure*, t. 2, p. 221; Bioche, *Dictionnaire de procédure*, v° *Conciliation*, n°ˢ 7 et 153; Boitard, Colmet Daâge et Glasson, *Leçons de procédure civile*, 14ᵉ éd., n° 76). Jugé, notamment, que la tentative de conciliation n'étant pas un acte introductif d'instance, la citation en conciliation ne fait pas partie de l'instance, et que celle-ci ne commence qu'à partir de l'assignation donnée devant le tribunal saisi de la contestation (Bordeaux, 13 mars 1849, aff. Brachet, D. P. 55. 2. 161). C'est la confirmation de la jurisprudence déjà consacrée par l'arrêt de la cour de Limoges du 18 avr. 1839 (*Rép.* n° 40).

5. On persiste également dans l'opinion, d'ailleurs généralement admise lors de la publication du *Rép.* n° 41, d'après laquelle la citation en conciliation ne peut tomber en péremption (Bioche, n° 11; Boitard, 14ᵉ éd., t. 1, n° 121; Rodière, t. 2, p. 180). Il est constant, d'autre part, qu'elle ne rend pas *litigieux*, au sens de l'art. 1700 du code civil, le droit contesté (Aubry et Rau, 4ᵉ éd., t. 4, § 359, note 17; Marcadé, t. 6, sur les art. 1699 à 1701, etc.). Elle n'a pas non plus pour conséquence, suivant la remarque de M. Garsonnet, t. 2, p. 222, de rendre les actions transmissibles ni, comme on l'a vu au *Rép.* n° 43, d'étendre les délais accordés pour intenter certaines actions, et qui sont inférieurs à trente ans.

6. Du principe que la citation en conciliation n'est pas une procédure préparatoire et que le préliminaire de conciliation reste en dehors de l'instance, résultent encore ces conséquences: 1° qu'il n'y a pas litispendance si deux demandes relatives au même objet sont portées simultanément, l'une en justice, l'autre en conciliation (V. Bioche, *Dictionnaire de procédure*, v° *Exception*, n° 132; Garsonnet, t. 2, p. 222 A); — 2° Que la mort d'une partie, survenue entre l'essai de conciliation et la demande en justice, n'obligerait pas à recommencer ce préliminaire, la théorie de la

reprise d'instance ne s'appliquant pas ici, puisqu'il n'y a pas eu d'instance (V. Bioche, n° 12; Chauveau sur Carré, *Supplément*, quest. 250 *bis*; Garsonnet, t. 2, p. 224, note 20). — 3° Que le juge de paix qui siège comme conciliateur ne peut ni juger le différend, ni ordonner des mesures d'instruction, ni condamner les parties, ni même statuer sur sa propre compétence, si elle est contestée (Garsonnet, t. 2, p. 223; Boitard, n°ˢ 115 et suiv.).

7. La controverse, dont les éléments ont été exposés au *Rép.* n°ˢ 47 et suiv., sur la question de savoir si l'omission du préliminaire de conciliation constitue une nullité d'ordre public, paraît s'être perpétuée en doctrine. La première opinion, dont on a vu les motifs au *Rép.* n° 48, qui considère la formalité du préliminaire de conciliation comme étant d'ordre public et, par conséquent, opposable en tout état de cause et même d'office par le juge, a été encore soutenue par Rodière, *Traité de compétence et de procédure civile*, t. 1, p. 335; mais elle est abandonnée par M. Glasson sur Boitard, 14ᵉ éd., t. 2, n° 102, p. 79, note 1. « Il semble bien, dit cet auteur, que la tentative de conciliation soit d'intérêt privé, puisque le défendeur peut, moyennant une faible amende de 10 fr. (art. 56), ne pas comparaître. Dans tous les cas, la nullité peut être couverte conformément à l'art. 173; et il ne serait pas raisonnable de renvoyer les parties à se concilier, après des procédures peut-être longues et dispendieuses, et lorsque, par leur état de dissentiment et même d'animosité, elles ont montré l'impossibilité d'une conciliation. » — Tout en se rangeant à l'opinion de M. Glasson, que nous avons nous-même adoptée au *Rép.* n° 51, M. Garsonnet, t. 2, p. 230, ne pense pas que l'art. 173 puisse être invoqué ici : cet article déclare bien couvertes les nullités de procédure qui n'ont pas été proposées avant toute défense au fond; mais comme le préliminaire de conciliation n'est pas une instance, le savant professeur ne croit pas que son omission puisse constituer, à proprement parler, une nullité de procédure; ce qui le détermine, ce sont les conditions mêmes dans lesquelles la loi a réglé l'emploi du préliminaire de conciliation. C'est également ainsi que l'on a justifié la même solution au *Répertoire*.

8. Quant à la jurisprudence, elle semble aujourd'hui avoir définitivement admis que le préliminaire de conciliation n'est pas d'ordre public, et que l'exception qui serait tirée de l'omission de cette formalité serait couverte par le silence des parties qui ont pris leurs conclusions prises sur le fond (Req. 15 juill. 1869, aff. Ballandonne, D. P. 72. 1. 69; Civ. rej. 3 déc. 1878, aff. Grillot, D. P. 79. 1. 23; Nancy, 30 mai 1885, aff. Gillet, D. P. 86. 2. 11; C. cass. Belgique, 17 déc. 1885, aff. Bovy C. Fannes et Saghers, *Pasicrisie belge*, 1886. 1. 24). — Il en résulte que le moyen tiré de l'omission du préliminaire de conciliation ne peut être proposé pour la première fois en appel (Arrêts précités des 15 juill. 1869 et 3 déc. 1878; Montpellier, 4 déc. 1854, aff. N..., D. P. 52. 5. 136; Lyon, 22 févr. 1872, V. *supra*, v° *Chose jugée*, n° 158; Paris, 24 janv. 1873, aff. Crinon, D. P. 74. 2. 140); — ... Qu'il ne peut non plus être invoqué pour la première fois devant la cour de cassation (Même arrêt du 3 déc. 1878), et qu'il ne serait pas recevable alors même que l'exception aurait été invoquée en première instance, si elle n'a pas été reproduite en appel (Req. 24 nov. 1885, aff. Rajan, D. P. 86. 1. 285).

9. Toutefois, il a été jugé, contrairement aux arrêts qui précèdent, que l'exception tirée du défaut de préliminaire de conciliation une exception d'ordre public que le juge peut admettre, alors même que les parties auraient conclu au fond (Montpellier, 22 févr. 1854, aff. Amat, D. P. 55. 2. 224). Jugé aussi que l'exception fondée sur l'omission du préliminaire de conciliation est d'ordre public, en ce sens qu'elle peut être suppléée d'office par le juge; qu'elle n'est, en conséquence, pas couverte par les défenses au fond et peut être proposée pour la première fois en appel (Caen, 9 août 1866) (1). Mais ces décisions qui sont manifestement con-

---

(1) (Green C. Artur.) — La cour; — Considérant que les époux Artur vendirent à la dame Green, le 4 janv. 1860, par acte passé devant Mᵉ Baraudet, notaire à Valognes, une propriété nommée le Bois, située en la commune de Montebourg, moyennant le prix de 21500 fr.; — Considérant que sur ce prix la dame Green paya comptant une somme de 8000 fr. et qu'il fut convenu qu'elle con-

serverait entre ses mains celle de 8400 fr. pour, à ce moyen, servir au lieu et place des vendeurs deux parties de rentes, l'une de 295 fr., et l'autre de 125 fr.; — Considérant qu'en déduisant ces deux sommes du prix il restait celle de 5100 fr., qui fut stipulée payable dans le délai de six ans, et qui, dès lors, est devenue exigible au 24 déc. 1865; — Considérant que cette somme est pro-

traires à la jurisprudence constante de la cour de cassation, ne nous paraissent pas devoir être suivies.

10. Outre les deux systèmes que l'on vient de rappeler, il en a été proposé un troisième qui, tout en reconnaissant que le défaut de préliminaire de conciliation est couvert par le silence des parties, accorde au juge le droit, *in liminc litis*, de repousser d'office une demande introductive d'instance pour défaut de tentative de conciliation, et d'exiger que les parties se rendent préalablement devant le magistrat conciliateur. — Nous avons nous-même approuvé ce système au *Rép.* n° 64. M. Garsonnet, parmi les auteurs récents (t. 2, p. 230), le repousse, au contraire, comme renfermant une contradiction.

11. On a vu au *Rép.* n° 71 que l'exception résultant du défaut de préliminaire de conciliation est attachée à la demande, et non à la personne du défendeur; en conséquence, elle peut être opposée par le garant du chef du garanti, alors d'ailleurs qu'elle est proposée avant toute défense au fond de la part du garanti; on conçoit, en effet, qu'il ne puisse dépendre de ce dernier de priver par son silence le garant des moyens qui, en faisant écarter l'action principale, auraient pour conséquence de faire tomber l'action en garantie (Req. 7 nov. 1853, aff. Pansera, D. P. 54. 5. 177).

CHAP. 3. — Des demandes soumises ou non au préliminaire de conciliation; A quelles conditions? (*Rép.* nᵒˢ 73 à 237).

§ 1ᵉʳ. — Demandes sujettes à conciliation (*Rép.* nᵒˢ 74 à 153).

12. Les principes exposés au *Rép.* nᵒˢ 74 et suiv. sont toujours admis sans difficulté; il en est ainsi, notamment, en ce qui concerne le caractère de formalité *de droit commun* qu'il faut attribuer au préliminaire de conciliation (*Rép.* n° 75). Les conséquences qui ont été déduites de cette règle (*Rép.* nᵒˢ 76 et suiv.) restent donc toujours incontestées; on reconnaît, par exemple, aux parties le droit de soumettre volontairement à un juge de paix de leur choix, pour les concilier, un différend que la loi dispense du préliminaire de conciliation (Boitard, Colmet-Daâge et Glasson, *Leçons de procédure*, 14ᵉ éd., n° 103; Garsonnet, *Cours de procédure*, t. 2, p. 196), pourvu, d'ailleurs, que la matière soit susceptible de transaction, etc. — Quant aux conditions qui doivent être réunies pour que les demandes soient assujetties au préliminaire de conciliation, elles restent telles qu'on les a énumérées au *Rép.* n° 81; c'est-à-dire, qu'il faut : 1° que la demande soit principale et introductive d'instance; 2° que les parties soient capables de transiger; 3° que l'objet de la contestation puisse faire la matière d'une transaction; 4° qu'il s'agisse d'une cause à porter devant les tribunaux de première instance.

13. — 1ʳᵉ Condition. — Demande principale et introductive d'instance. — On a vu au *Rép.* n° 82 que la loi ne soumet à la formalité de la conciliation que les demandes qui remplissent la double condition d'être principales et introductives d'instance, c'est-à-dire, les demandes dirigées pour

la première fois contre une partie et qui ne se rattachent, ni quant à l'objet, ni quant aux motifs, à une autre demande déjà formée, soit contre cette partie, soit contre un tiers. — Il n'y a donc pas lieu au préliminaire de conciliation pour 1° les demandes incidentes ou connexes; 2° les demandes qui sont la suite ou l'accessoire de la demande primitive à la différence des demandes nouvelles; 3° les demandes reconventionnelles.

14. — 1° *Demandes incidentes ou connexes.* — On sait que les demandes incidentes sont celles qui, formées au cours d'un procès déjà lié, viennent en élargir la sphère. Ainsi est incidente et dispensée, pour ce motif, du préliminaire de conciliation la demande formulée dans des conclusions prises, à l'appui d'une action en contrefaçon, à fin de nullité d'un brevet opposé par le défendeur (Req. 16 déc. 1862, aff. Loche, D. P. 63. 1. 372). De même la demande des créanciers à fin de vente d'une créance saisie-arrêtée peut être formée par incident, dans le cours de la distribution ouverte à la suite du jugement de validité, et sans préliminaire de conciliation (Paris, 24 juin 1851, aff. Soussignan, D. P. 52. 2. 25-26). — Il faut appliquer la même règle dans le cas où des offres réelles ont été faites à un créancier à la charge par lui de rapporter le désistement d'un tiers sur la somme offerte, et lorsqu'il a été assigné en validité : la demande par laquelle ce créancier appelle le tiers contestant dans l'instance, à l'effet de faire statuer immédiatement, et en présence du débiteur, sur ses prétentions, n'est pas soumise au préliminaire de conciliation (Orléans, 18 juin 1853, aff. Saint-Martin, D. P. 54. 5. 178).

15. Si la demande connexe est dispensée du préliminaire de conciliation comme la demande incidente, c'est à la condition que la connexité qui la relie à la demande principale soit intime, qu'elle dérive de cette demande et ait avec elle indentité de cause et d'origine. Il ne suffirait pas qu'elle eût quelque rapport avec la demande principale et fût de même nature. — La seconde demande n'est donc dispensée du préliminaire de conciliation que si elle dérive de la demande originaire et s'il y a entre elles identité de cause et d'origine, ou encore si elle est, soit incidente, soit subsidiaire à la demande principale. Jugé, à cet égard, que la demande formée par un copartageant, au cours d'une instance en partage, et tendant au remboursement d'une partie des dépenses faites par lui, pendant l'indivision, dans l'intérêt des immeubles communs, n'est ni connexe, ni subsidiaire à la demande principale, et doit, par suite, être déclarée non recevable, faute d'avoir été soumise au préliminaire de conciliation, alors que, dans sa demande introductive d'instance, le demandeur n'avait réclamé l'établissement d'aucun compte, et s'était borné à demander la licitation des immeubles et le partage du prix de l'adjudication entre les parties suivant leurs droits (Orléans, 1ᵉʳ août 1885, aff. Constant Beaufils, D. P. 86. 2. 270).

16. — 2° *Demandes qui sont la suite ou l'accessoire de la demande primitive.* — Comme on l'a vu au *Rép.* n° 92, les demandes de cette nature échappent au préliminaire de conciliation. Il en est ainsi, par exemple, de la demande en dommages-intérêts formée par le demandeur originaire,

---

ductive d'intérêts payables annuellement, et que ces intérêts devaient courir jusqu'au moment du payement définitif; — Considérant que les époux Artur prétendant que, indépendamment de l'exigibilité du capital, plusieurs années d'intérêts de ce reliquat de prix étaient échues, firent, le 8 févr. 1866, assigner à bref jour et sans préliminaire de conciliation les époux Green devant le tribunal civil de Valognes, pour voir prononcer la résolution de la vente du 4 janv. 1860 et obtenir condamnation avec intérêts de droit des arrérages courus; — Considérant qu'à cette demande les époux Green n'opposèrent aucun moyen; qu'ils se contentèrent de réclamer un délai pour se libérer; que par jugement du 28 févr. 1866, le tribunal prononça le renvoi en possession demandé, et condamna les défendeurs au payement en deniers ou quittances des intérêts arriérés et des rentes; — Considérant que les époux Green ont porté l'appel de cette décision, et qu'ils opposent contre l'action une fin de non-recevoir tirée du défaut de conciliation autant qu'elle a pour objet la résolution du contrat; — Considérant que le principe qui assujettit toute action à l'essai préalable de la conciliation est général et absolu, et qu'il s'agit, dans l'espèce, d'une demande principale qui, de sa nature, pouvait faire l'objet d'une transaction si les parties, maîtresses de leurs droits, avaient été mises à même de s'entendre; — Consi-

dérant que dans le procès, tel qu'il s'est présenté devant le premier juge, existaient deux demandes distinctes, l'une en résolution du contrat, et l'autre en payement seulement de quelques intérêts et arrérages des rentes données en charge à l'acquéreur; que de ces deux demandes une seule présentait de l'importance et de la gravité, c'est la demande en résolution du contrat de vente, résolution qui devait, à titre d'indemnité fixée d'avance, entraîner la perte des 8000 fr. versés comptant; — Considérant que si la demande en payement des intérêts et des arrérages des rentes, qui n'était qu'une demande d'un intérêt minime et accessoire, pouvait rentrer dans la catégorie de celles requérant célérité, et à ce titre, dispensées du préliminaire de conciliation, il n'en était pas de même de la demande principale en résolution du contrat de vente; — Considérant que le défaut d'essai de conciliation est d'ordre public; que ce moyen pouvait être suppléé d'office par le juge, et que, dès lors, il n'a pu être couvert par le silence ni même par le consentement des parties, et qu'il est, par conséquent, admissible, quoique présenté tardivement au appel;

Par ces motifs, etc.

Du 9 août 1866.-C. de Caen, 2ᵉ ch.-MM. Daigremont-Saint-Manvieux, pr.-Nicias-Gaillard, av. gén.-Carel et Desruisseaux, av.

accessoirement à sa demande principale, et sur la base des faits mêmes du procès, alors surtout que cette demande principale n'a été elle-même à l'origine qu'une demande reconventionnelle (Paris, 25 févr. 1876, aff. Guimaraës, D. P. 76. 2. 233).

17. On doit également considérer comme dispensée du préliminaire de conciliation une demande qui ne fait que modifier une demande déjà introduite. En effet, la loi ne soumet à cette formalité que les demandes introductives d'instance, et on ne saurait attribuer ce caractère à une demande qui dérive directement de la demande primitive. Jugé, notamment, que la dispense du préliminaire de conciliation, accordée à l'une des parties, s'étend à une seconde assignation qui n'a pour but que de rectifier le chiffre de la somme réclamée dans le premier exploit (Req. 17 nov. 1875) (1).

18. Jugé, de même, que le moyen tiré de la nullité d'un partage, pour erreur de droit, proposé en cours d'instance et devant les premiers juges saisis de la demande en rescission du partage pour lésion de plus du quart, est admissible sans préliminaire de conciliation lorsque ce moyen a été exprimé dans les conclusions en rescision et à leur appui (Civ. rej. 12 mars 1845, aff. Leroux, D. P. 45. 1. 202).

19. Il faut évidemment ranger au nombre des affaires dispensées du préliminaire de conciliation, comme étant une conséquence de la demande primitive, les demandes qui ont pour but d'obtenir l'exécution d'une décision rendue dans l'instance originaire (Rep. n° 100). Notamment, la demande formée par une femme contre son mari, en vertu d'un jugement de séparation de biens, à fin de liquidation de ses droits et reprises, n'est pas soumise au préliminaire de conciliation (Limoges, 25 févr. 1845, aff. B..., D. P. 47. 2. 39).

20. Ainsi qu'on l'a exposé au Rép. n° 103, si le demandeur peut, sans recourir au préliminaire de conciliation, former des réclamations qui se rattachent à l'action principale, qui en sont la suite et l'accessoire, il n'en est pas de même des demandes nouvelles, c'est-à-dire de celles qui ne dépendraient pas de cette action et constitueraient un litige distinct. La jurisprudence a fait, depuis la publication du Répertoire, de nouvelles applications de cette règle. Ainsi, on a jugé que la demande en résolution d'un bail, formée pour la première fois dans les conclusions d'audience par un fermier qui jusqu'alors n'avait demandé que des dommages-intérêts, doit être déclarée non recevable, comme étant une demande nouvelle et principale, non précédée du préliminaire de conciliation (Dijon, 12 déc. 1866, aff. Labonde, D. P. 66. 2. 244). — De même, une demande en dommages-intérêts, supérieure au taux de la compétence du juge de paix et ajoutée, sous prétexte d'omission, à une demande personnelle et mobilière de moins de 200 fr., postérieurement à l'introduction de cette dernière, est une demande nouvelle et principale qui n'est pas affranchie du préliminaire de conciliation, bien que la première à laquelle elle se réfère en ait été dispensée (Montpellier, 19 déc. 1878, aff. Camps, D. P. 80. 2. 19. V. également: Orléans, 1er août 1885, aff. Constant Beaufils, D. P. 86. 2. 270).

21. — 3° Demandes reconventionnelles. — On a exposé au Rép. n°s 108 et 109 que les demandes qui émanent du défendeur, c'est-à-dire les demandes reconventionnelles, sont affranchies de la conciliation préalable lorsqu'elles constituent des exceptions ou des défenses à la demande principale.

Cette règle a été de nouveau confirmée par la jurisprudence. On a jugé, notamment, que l'action intentée par le défendeur à une demande en conciliation non suivie de poursuites en justice contre son adversaire, à raison du préjudice qui lui a été causé par la demande originaire, n'est pas soumise au préliminaire de conciliation (Bordeaux, 15 févr. 1851, aff. Coste, D. P. 51. 2. 193). Il faut en dire autant dans le cas où le propriétaire des étages supérieurs d'une maison, actionné par le propriétaire du rez-de-chaussée à fin d'entendre déclarer que ce dernier aura seul le droit d'acquérir un terrain délaissé par suite de travaux publics, demande qu'il soit interdit à son adversaire, s'il se rend acquéreur du terrain délaissé, d'élever des constructions au delà du plancher du premier étage; ces conclusions présentent les caractères d'une simple défense, et non ceux d'une demande principale soumise au préliminaire de conciliation (Req. 22 août 1860, aff. Gervais, D. P. 60. 1. 442).

22. — 2e Condition. — Capacité de transiger. — Comme on l'a vu au Rép. n° 117, la dispense du préliminaire de conciliation s'étend à toutes les personnes incapables de transiger sans distinguer si elles sont ou non comprises dans l'énumération de l'art. 49, § 1er, c. proc. civ. — Aussi cette dispense s'étend-elle, en dehors de l'Etat, du domaine, des communes, des établissements publics, des mineurs, des interdits et des curateurs aux successions vacantes, à plusieurs catégories de personnes énumérées au Rép. n° 117.

23. — 1° Femme mariée. — La plupart des auteurs persistent à penser qu'il n'y a pas lieu en principe au préliminaire de conciliation dans les demandes où est partie une femme mariée, par le motif qu'elle ne peut transiger sans autorisation de son mari ou de justice (V. notamment: Garsonnet, t. 2, p. 201), sauf bien entendu le cas où, conformément à l'art. 1449 c. civ., la femme séparée de biens, soit judiciairement, soit par contrat, a la libre disposition de sa fortune mobilière et où il s'agit de demandes relatives à ce mobilier. — On persiste, d'autre part, à admettre, conformément à la doctrine que nous avons exposée au Rép. n° 129, que l'autorisation maritale à l'effet d'ester en justice n'emporte pas, pour la femme séparée de biens, le droit de se concilier, alors qu'il s'agit d'objets mobiliers rentrant dans son administration; que la femme aurait besoin à cet effet d'une autorisation spéciale du mari, ou de la justice si le mari ne comparaissait pas devant le juge de paix pour autoriser sa femme. « Il est plus dangereux, dit M. Garsonnet, t. 2, p. 202, de transiger au prix de sacrifices peut-être considérables que de soumettre son droit au jugement des tribunaux; et il est très douteux que le mari, qui a autorisé sa femme à débattre ses intérêts devant la justice et avec toutes les garanties judiciaires, lui eût aussi facilement permis de faire au bureau de paix l'abandon partiel ou total de ses droits. »

24. — 2° Mineur émancipé. — On a continué, en doctrine, à discuter la question de savoir si le mineur émancipé est dispensé du préliminaire de conciliation, lorsque le litige a trait à des actes qu'il est habile à faire seul (Rép. n° 132). Plusieurs auteurs persistent à enseigner que l'incapacité du mineur émancipé pour transiger est absolue (P. Pont, Petits contrats, t. 2, n° 520), et que, par suite, le préliminaire de conciliation n'est jamais nécessaire dans les procès où il est intéressé (Boitard, 14e éd., n° 85; Rodière, t. 1, p. 166). D'autres, au contraire, et en grand nombre, lui reconnaissent

---

(1) (Charpillon C. Gaudin et Chaput.) — La cour; — Sur le premier moyen pris de la violation de l'art. 48 c. proc. civ. : — Attendu qu'il résulte de l'arrêt attaqué : 1° que Gaudin et Chaput se prétendant créanciers de Charpillon, à raison de travaux exécutés pour son compte, d'une somme principale de 19633 fr., ont été autorisés, par ordonnance du président du tribunal civil de la Seine du 25 avr. 1868, à assigner à bref délai Charpillon en payement de cette somme, et qu'ils l'ont effectivement assigné le 30 avr. 1868; 2° que si, par un acte du 22 janv. 1869, ils l'ont assigné de nouveau, cet acte n'a eu d'autre objet que de rectifier le chiffre de la somme réclamée dans l'exploit du 30 avr. 1868, et de le réduire à 15895 fr. ; — Qu'en déclarant, dans ces circonstances, qu'il n'y a, dans l'espèce, qu'une seule instance, et que la dispense de préliminaire de conciliation résultant de l'ordonnance susénoncée du président s'applique à la seconde assignation comme à la première, dont elle n'est que la suite, l'arrêt attaqué n'a nullement violé l'art. 48 c. proc. civ. ;

Sur le deuxième moyen tiré de la violation de l'art. 655 c. civ., et de la fausse application de l'art. 659 même code : — Attendu, en droit, que lorsqu'un mur mitoyen est suffisant pour sa destination actuelle, celui qui le fait démolir et reconstruire dans son intérêt exclusif doit supporter seul les frais de cette double opération; — Attendu, en fait, que l'arrêt attaqué constate que le mur mitoyen que Charpillon a fait démolir et reconstruire pouvait durer encore pendant un temps indéterminé, et que sa reconstruction a été nécessitée par Charpillon qui, dans son intérêt privé, a cru devoir surélever sa maison de deux étages ; — D'où il suit qu'en mettant à la charge de Charpillon le montant de la dépense effectuée, ledit arrêt n'a pas violé l'art. 655 c. civ. et n'a fait qu'une juste application de l'art. 659 même code;...

Par ces motifs, rejette, etc.

Du 17 nov. 1875.-Ch. req.-MM. de Raynal, pr.-Petit, rap.- Godelle, av. gén., c. conf.

le droit de transiger, sans être assisté de son curateur, en ce qui concerne les actes de simple administration et sur les objets dont il a la libre disposition (Aubry et Rau, 4e éd., t. 4, § 420, p. 660). Nous maintenons, en conséquence, l'opinion émise au *Répertoire*, suivant laquelle, lorsqu'il s'agit d'une action relative à des actes de pure administration du mineur émancipé, l'affaire doit être soumise au préliminaire de conciliation. C'est également l'opinion adoptée par MM. Garsonnet, t. 2, p. 201, et Bonnier, *Eléments de procédure civile*, n° 33.

25. — 3° *Prodigues*. — Le caractère absolu de la dispense du préliminaire de conciliation, en raison de l'incapacité de transiger de ces personnes, a été reconnu par les auteurs les plus récents, conformément à l'opinion émise au *Rép.* n° 133.

26. — 4° *Envoyés en possession provisoire des biens d'un absent*. — V. *Rép.* n°s 134 et suiv.

27. — 5° *Héritier bénéficiaire*. — En principe, comme on l'a dit au *Rép.* n°s 137 et suiv., la demande dirigée contre un héritier bénéficiaire ou par lui est affranchie de l'essai de conciliation, à moins qu'elle ne concerne point la succession, et n'intéresse que l'héritier bénéficiaire ; tel serait le cas où il s'agirait de la délivrance d'un legs. Cette opinion est encore généralement admise (Garsonnet, t. 2, p. 203 ; Boitard, 14e éd., n° 84). Cependant, M. Rodière, *Cours de procédure*, t. 2, p. 203, estime qu'il est prudent d'appeler l'héritier bénéficiaire en conciliation pour le cas où il aurait déjà, à l'insu du demandeur, fait acte d'héritier pur et simple.

28. — 6° *Syndics d'une faillite*. — V. *Rép.* n° 141.

29. — 7° *Administrateurs d'une société*. — La solution de la question semblerait devoir dépendre avant tout, suivant un arrêt de la cour de cassation, de celle de savoir si les administrateurs ont ou n'ont pas le pouvoir de transiger, à la condition bien entendu que le litige ne soit pas de nature commerciale. Il a été jugé, en effet, que les demandes formées contre une société commerciale sont assujetties au préliminaire de conciliation, lorsqu'il s'agit d'un litige de nature non commerciale, et qu'il n'est pas justifié que les représentants de cette société (dans l'espèce, les administrateurs) n'ont pas le pouvoir de transiger (Civ. cass. 19 déc. 1866, aff. Société des mines de Pontgibaud, D. P. 67. 1. 113). Le litige n'est donc soustrait au préliminaire de conciliation qu'autant qu'une disposition de l'acte social ou une délibération de l'assemblée générale des actionnaires aurait refusé aux administrateurs le pouvoir de transiger (*Rép.* v° *Société*, n° 1531). Cependant, comme il est universellement reconnu que la loi n'attribue pas de plein droit ce pouvoir de transiger aux administrateurs, il nous semblerait nécessaire, pour que l'affaire dût être soumise au préliminaire de conciliation, que le pouvoir de transiger fût spécialement accordé aux administrateurs. Nous croyons, d'ailleurs, qu'indépendamment de l'existence de pouvoirs spéciaux pour transiger, d'autres motifs devraient faire décider que les actions dirigées contre une société représentée par plusieurs administrateurs ne sauraient être assujetties au préliminaire de conciliation. En effet, la plupart des auteurs enseignent qu'en vertu de l'art. 49, § 6, c. proc. civ. (V. *infrà*, n° 44), il y a dispense du préliminaire de conciliation lorsque c'est une société qui est actionnée, soit qu'elle se trouve représentée par plus de deux administrateurs, même investis du droit de transiger, soit que, à défaut d'administrateur désigné, chaque associé tienne de son titre d'associé le pouvoir d'agir dans l'intérêt de ses coassociés. Au premier cas, la pluralité des défendeurs rend non obligatoire l'essai de conciliation et, au second, la dispense de conciliation résulte non seulement de la pluralité des associés, qui tous doivent être cités, mais encore de ce que chaque associé pris individuellement est incapable de transiger sur l'affaire commune qui fait l'objet du litige (Boitard, t. 1, n° 91 ; Garsonnet, t. 2, p. 208).

30. — 3° Condition. — Objet pouvant faire la matière d'une transaction. — V. *Rép.* n°s 143 et suiv.

31. — 4° Condition. — Affaire de la compétence des tribunaux de première instance. — On a exposé au *Rép.* n° 149 que, pour qu'une affaire soit soumise au préliminaire de conciliation, il faut qu'elle soit de la compétence des tribunaux civils de première instance et, comme l'a signalé M. Glasson sur Boitard, t. 1, n° 87, de la compétence en premier ressort,

ou en premier et dernier ressort de ces tribunaux. En effet, la formalité de la conciliation n'est pas exigée, non seulement pour les causes qui n'appartiennent pas à la juridiction des tribunaux civils et pour celles qui sont directement portées en premier et dernier ressort devant les cours d'appel (*Rép.* n° 149), mais aussi pour les affaires qui, dépendant de la compétence des juges de paix en premier ressort, sont portées en appel devant les tribunaux d'arrondissement.

32. Quant aux affaires de la compétence en premier ressort ou en premier et dernier ressort des juges de paix, elles sont aujourd'hui soumises au préliminaire de conciliation. On a vu au *Rép.* n° 153, que le législateur de 1838 avait voulu étendre aux affaires de la compétence des juges de paix la tentative de conciliation préalable, mais qu'il l'avait seulement rendue facultative en laissant le juge de paix maître absolu de la prescrire devant son tribunal. La loi des 2-5 mai 1855 (D. P. 55. 4. 52, et *suprà*, n° 1), en modifiant la rédaction de l'art. 17 de la loi du 25 mai 1838, a étendu le principe consacré par cet article et rendu obligatoire l'appel des parties devant le juge de paix dans toutes les causes de sa compétence autres que celles qui requièrent célérité ou lorsque le défendeur est domicilié hors du canton ou des cantons d'une même ville (V. *suprà*, n° 1, et *infrà*, n° 63). Il faut ajouter que l'art. 2 de la loi du 2 mai 1855 n'est pas plus que l'art. 48 c. proc. civ., applicable aux demandes qui ne sont pas introductives d'instance, ce qui résulte nettement de la discussion de la loi et du rejet, comme inutile, d'un amendement qui formulait cette restriction.

33. Nous croyons enfin que l'art. 2 de la loi du 2 mai 1855 n'est applicable qu'aux demandes qui rentrent dans la compétence du juge de paix, et non à celles qui sont du ressort des tribunaux d'arrondissement, en ce sens que le juge de paix ne saurait soumettre à la conciliation prévue par l'art. 17 de la loi de 1838, dite *petite conciliation*, les affaires qui doivent être ensuite portées devant lui en vertu de l'art. 48 c. proc. civ. pour conciliation (V. *infrà*, n° 63).

§ 2. — Demandes dispensées de la conciliation
(*Rép.* n°s 154 à 237).

34. — I. Demandes intéressant les incapables. — Les observations présentées au *Rép.* n° 125 et suiv. et les explications nouvelles que nous avons fournies (*suprà*, n°s 24 et suiv.), nous dispensent de revenir sur les motifs qui ont fait exempter du préliminaire de conciliation les demandes intéressant les incapables (*Rép.* n° 158). Nous nous bornerons à rappeler que les demandes, autres que les demandes au possessoire, dirigées contre l'Etat, les départements et les communes, doivent être précédées, aux termes des lois des 28 oct.-5 nov. 1790, tit. 3, art. 15 ; 10 août 1871, art. 55, et 5-6 avr. 1884, art. 124, du dépôt à la préfecture ou à la sous-préfecture d'un mémoire adressé au préfet ou au sous-préfet, et expose l'objet et les motifs du litige : le dépôt de ce mémoire équivaut, en quelque sorte, au préliminaire de conciliation.

35. — II. Demandes qui requièrent célérité. — La solution de la question de savoir si l'ordonnance rendue par le président conformément à l'art. 72 c. proc. civ., d'assigner à bref délai, n'est pas un jugement préalable et souverain sur l'urgence, de telle sorte que la cause se trouve, par cela même, dispensée de la conciliation, a donné lieu à une vive controverse que nous avons exposée au *Rép.* n°s 161 et suiv. Cette controverse semble aujourd'hui définitivement tranchée, en jurisprudence, conformément à l'opinion que nous avons adoptée au *Rép.* n° 167. Comme l'a dit un arrêt de la cour de Besançon, « si l'art. 72 confère au président un pouvoir discrétionnaire pour abréger les délais d'ajournement, aucune disposition légale ne lui donne le même droit pour dispenser de la conciliation préalable. Ces deux attributions sont parfaitement distinctes ; l'une a pour objet d'accélérer la procédure, tandis que l'autre se réfère à un préliminaire ayant pour but de prévenir les procès... » (Besançon, 6 janv. 1863, aff. Desgrandchamps, D. P. 63. 2. 112). — L'ordonnance du président qui permet d'assigner à bref délai ne lie donc pas le tribunal, qui peut rejeter l'action intentée directement et sans préliminaire de

conciliation, si la cause ne lui paraît pas requérir célérité (Même arrêt; Paris, 8 déc. 1852, aff. Wurtz, D. P. 56. 2. 20 ; Garsonnet, t. 2, p. 207 ; Boitard, n° 190). C'est, par conséquent, au tribunal de première instance seul qu'il appartient de déclarer le caractère d'urgence des affaires, et de leur appliquer la dispense du préliminaire de conciliation consacrée par l'art. 49, § 2, c. civ. Et il le fait d'une manière souveraine; ainsi la décision portant qu'une demande en mainlevée d'inscription hypothécaire n'est pas de celles qui requièrent célérité et doit, dès lors, être précédée de la tentative de conciliation, échappe à la censure de la cour de cassation (Req. 7 nov. 1853, aff. Pansera, D. P. 54. 5. 177).

36. M. Garsonnet, t. 2, p. 207, remarque à juste titre, après Chauveau sur Carré, t. 1, n° 209, et Rodière, t. 1, p. 167, qu'il n'est pas nécessaire, pour qu'une affaire soit dispensée du préliminaire de conciliation comme urgente, que le président du tribunal ait donné l'autorisation d'assigner à bref délai. Comme nous l'avons exposé au *Rép.* n° 167, aucune loi n'exigeant que la dispense de conciliation soit accordée par le juge sur requête à lui présentée, il suffit que la cause requière célérité pour que le demandeur puisse citer directement le défendeur devant le tribunal de première instance, sauf le droit pour celui-ci d'établir que l'affaire n'appartenait pas à la catégorie des affaires urgentes, et ne devait pas bénéficier de la dispense du préliminaire de conciliation.

37. Quant aux caractères constitutifs de l'urgence, ils restent, comme on vient de le voir, matière à appréciation, abandonnée à la sagacité des juges (*Rép.* n° 159). Ceux-ci ont à se déterminer d'après les considérations spéciales à chaque affaire, et la nature de la demande. Ainsi on a pu juger qu'une demande en payement de pension alimentaire est dispensée du préliminaire de conciliation tant parce qu'une telle demande requiert célérité que parce qu'elle rentre dans la catégorie des demandes en payement d'arrérages de rentes ou de pensions qui ont été affranchies du préliminaire de conciliation par l'art. 49, n° 5, comme touchant à des objets de nature alimentaire (Douai, 9 mai 1853, aff. Bruchley, D. P. 56. 2. 54, V. *infrà*, n° 42; Gand, 28 mai 1884, aff. Crombez *C.* Leclercq, *Pasicrisie belge*, 1882. 2. 129). A été jugé, au contraire, qu'une demande en mainlevée d'une inscription hypothécaire ne requiert pas célérité (Req. 7 nov. 1853, aff. Pansera, D. P. 54. 5. 177).

38. On a vu *supra*, n° 33, que l'art. 2 de la loi du 2 mai 1855 dispense également de la formalité de la conciliation, dite *petite conciliation*, les affaires requérant célérité qui sont de la compétence en premier ressort ou en dernier ressort des juges de paix. Lorsqu'on se trouve dans un cas de célérité, la loi constitue en quelque sorte le juge de paix juge de l'urgence, sans débat contradictoire. « Dans les cas qui requièrent célérité, dit-elle, il ne sera remis de citation non précédée d'avertissement qu'en vertu d'une permission donnée, sans frais, par le juge de paix, sur l'original de l'exploit. » Ce magistrat est donc appréciateur de l'urgence, et les pouvoirs qui lui sont conférés à cet égard sont plus étendus que ceux du président du tribunal (V. *supra*, n° 36). Cette différence s'explique, d'ailleurs, facilement par les effets même de l'avertissement qui précède la conciliation prévue par l'art. 2 de la loi du 2 mai 1855. Cet avertissement n'est pas, en effet, comme la citation en conciliation, interruptif de la prescription, et lorsque les parties refusent d'y obéir, il n'en résulte pour elles ni amende, ni nullité de la demande (V. *infrà*, n° 89). Enfin les affaires de la compétence des juges de paix étant d'un intérêt pécuniaire peu considérable et exigeant fréquemment une rapidité très grande, il était naturel de laisser à ce magistrat une latitude d'autant plus grande que, de toute façon, il est l'unique juge de la question d'urgence

39. — III. DEMANDES EN INTERVENTION ET EN GARANTIE. — Il semble aujourd'hui définitivement admis, malgré la controverse antérieure sur cette question (*Rép.* n°s 174 et suiv.) que la tierce opposition, principale ou incidente, échappe dans tous les cas au préliminaire de conciliation. En effet, d'une part « n'étant ni une demande principale, ni une demande introductive d'instance, et s'appuyant au contraire sur une précédente procédure » (Paris, 24 janv. 1873, aff.

Crinon, D. P. 74. 2. 140), elle échappe d'autant plus au préliminaire de conciliation qu'elle se lie nécessairement à une instance pour laquelle ce préliminaire a dû être tenté (Bordeaux, 17 août 1852, aff. Delignac, D. P. 56. 2. 19). En outre, comme le dit M. Garsonnet, t. 2, p. 211, le tiers auquel on prétend opposer un jugement qui le lèse, ne doit pas être assez disposé à transiger pour qu'il y ait de grandes chances de l'y amener, et qu'il y ait une utilité quelconque à une tentative destinée à rester stérile. M. Boitard, t. 1, n° 723, estime, au contraire, qu'il faut distinguer la tierce opposition principale de la tierce opposition incidente ; cette dernière seule serait dispensée du préliminaire de conciliation.

40. Nous persistons à penser que les demandes en garantie sont dispensées de la formalité, non seulement dans le cas où elles ont lieu incidemment et dans le cours du procès, mais encore lorsqu'elles sont formées par action principale ou après le temps dans lequel on peut les lier à la demande principale (*Rép.* n°s 178 et suiv.). Nous estimons, en effet, avec M. Garsonnet, t. 2, p. 210, et note 21, que l'invraisemblance de la conciliation, dans le cas dont il s'agit, suffit à faire croire que les termes généraux du paragraphe 3 de l'art. 49 excluent toute distinction. L'opinion contraire, qui semble d'ailleurs, comme on l'a vu au *Rép.* n°s 179 et 180, conforme à la discussion au conseil d'État du projet de code de procédure, est cependant soutenue par plusieurs auteurs (V. notamment : Boitard, t. 1, n° 89).

41. — IV. DEMANDES EN MATIÈRE DE COMMERCE. — L'art. 49-4° dispense, comme on l'a exposé au *Rép.* n° 184, les demandes en matière de commerce du préliminaire de conciliation, même dans les arrondissements où, en l'absence d'un tribunal de commerce, les affaires commerciales sont portées devant le tribunal civil. — Mais il est à remarquer que ce n'est pas tant à la qualité des personnes qu'à la nature des affaires qu'il faut s'attacher pour décider si elles doivent ou non être dispensées du préliminaire de conciliation. Ainsi il ne suffit pas que le défendeur soit commerçant pour que le litige doive être réputé commercial et tombe sous l'application de l'art. 49-4° ; il faut que la demande elle-même ait ce caractère, et à été jugé que les demandes formées contre une société commerciale sont assujetties au préliminaire de conciliation, lorsqu'il s'agit d'un litige de nature non commerciale, tel, par exemple, qu'une action en réparation du dommage causé par la société défenderesse à la propriété immobilière du demandeur (Civ. cass. 19 déc. 1866, aff. Société des mines de Pontgibaud, D. P. 67. 1. 113). C'est pourquoi cette dispense doit s'étendre à la demande en payement d'un billet à ordre, lorsque même qu'il ne porte que les signatures d'individus non négociants (*Rép.* n° 186; Garsonnet, t. 2, p. 205, note 1).

42. — V. DEMANDES DE MISE EN LIBERTÉ, DE MAINLEVÉE, DE SAISIE, ETC. — En ce qui concerne les demandes énumérées dans le n° 5 de l'art. 49, la jurisprudence postérieure à la publication du *Répertoire* a simplement appliqué de nouveau les règles que nous avons exposées *ibid.*, n°s 187 et suiv. Il faut, par exemple, considérer comme une demande relative aux arrérages des rentes ou pensions, la demande en payement d'une pension alimentaire (Douai, 9 mai 1853, cité *supra*, n° 37).

D'autre part, la dispense accordée par l'art. 49 aux demandes en payement des frais des avoués, étendue à tous les officiers ministériels par le décret du 16 févr. 1807, doit être appliquée à la demande en payement des frais d'un huissier, alors même que cette demande n'est pas dirigée contre le client débiteur des frais, mais contre un avoué intermédiaire de cette partie (Req. 12 déc. 1871, aff. Mallet, D. P. 71. 5. 90). La cour de cassation estime qu'il n'y a pas à distinguer entre le cas où la demande est dirigée contre le client débiteur des frais ou contre l'intermédiaire employé par ce dernier, parce que, dit l'arrêt « le double motif, intérêt du service public et inefficacité présumée des préliminaires de conciliation, du paragraphe 5 de l'art. 49, se rencontre par *à fortiori* dans la demande en payement des frais faits par un huissier pour le compte d'un avoué ». — Mais la dispense ne s'applique pas à la demande formée par un officier ministériel (spécialement un notaire) en recouvrement d'honoraires ou débours relatifs, non à des actes de son

ministère, mais à un mandat étranger aux attributions qui lui sont conférées par la loi (Bruxelles, 17 nov. 1884) (1).

43. — VI. Demandes contre plus de deux parties. — On a exposé au *Rép.* n° 203 que pour qu'il y ait dispense de conciliation dans les termes de l'art. 49, § 6, il faut que la demande soit réellement dirigée contre plus de deux défendeurs ; toutefois, une demande formée contre plus de deux parties resterait dispensée du préliminaire de conciliation, alors même qu'il serait allégué ou prouvé, par la suite, que l'assignation a été donnée à tort à l'une ou à plusieurs des parties appelées, à l'égard desquelles l'action était sans fondement, et pour lesquelles une mise hors de cause devait être prononcée (V. aussi Carou, *Juridiction civile des juges de paix*, n° 781 ; Rousseau et Laisney, *Dictionnaire de procédure*, v° *Conciliation*, n° 99). Mais c'est à la condition que le demandeur n'ait pas agi dans un but frauduleux en comprenant plus de deux défendeurs dans son action. Cette restriction, depuis longtemps proposée en doctrine, a reçu récemment la consécration de la jurisprudence. Aux termes d'un arrêt de la cour de cassation, la demande formée contre trois parties ou un plus grand nombre cesse d'être dispensée du préliminaire de conciliation si, en y comprenant plus de deux défendeurs, le demandeur a voulu faire fraude à la loi (Civ. cass. 13 juill. 1880, aff. Combarel de Leyval, D. P. 81. 1. 74, et sur renvoi, Lyon, 23 juin 1881, D. P. 82. 2. 68).

44. L'art. 49, § 6, dispense de la conciliation les demandes formées contre plus de deux personnes *encore qu'elles aient le même intérêt.* Comme on l'a dit au *Rép.* n° 209, il ne faut pas conclure de ces derniers mots qu'une action dirigée collectivement contre plus de deux personnes dont les intérêts sont séparés et distincts, action qui, à l'égard de chacune d'elles, peut être considérée comme principale et introductive d'instance, soit dispensée du préliminaire de conciliation. Il est certain, au contraire, que le préliminaire doit être observé lorsque les intérêts des défendeurs, réunis dans la même action, sont indépendants les uns des autres, qu'une transaction, notamment, est possible avec chacun d'eux sans la participation des autres (Req. 21 nov. 1882, aff. Rocques, D. P. 83. 1. 477). C'est ce qui a été décidé, spécialement, à l'égard de la demande en payement de la prime due à une société d'assurances mutuelles contre les chances du tirage au sort, formée collectivement contre les souscripteurs, après leur libération du service militaire, en vertu de titres distincts et ne tendant qu'au payement de la souscription de chacun d'eux (Même arrêt. V. en ce sens : Garsonnet, t. 2, p. 208, et note 14 ; Rodière, t. 1, p. 170). Mais pour que l'action ne doive pas être considérée, à l'égard de chacun des défendeurs, comme une action distincte, principale et introductive d'instance, il suffit que ces défendeurs aient des intérêts et des titres communs, quelle que soit la décision à intervenir sur le fond du litige (Lyon, 23 juin 1881, cité *supra*, n° 43).

45. On a dit au *Rép.* n° 212 que l'interprétation des mots *même intérêt* employés par l'art. 49-6° est particulièrement délicate lorsqu'on se trouve en présence de certaines personnes entre lesquelles existe une étroite communauté d'intérêt (mari et femme, associés en matière civile). Spécialement, la question de savoir si le mari et la

femme actionnés conjointement avec une autre personne, ou deux maris assignés avec leurs femmes, ne doivent compter, dans le premier cas, que pour un défendeur, et dans le second pour deux, a donné lieu à de graves controverses en doctrine et à des décisions contradictoires en jurisprudence. On a vu au *Rép.* n° 213 que, suivant Toullier et Boncenne, il y aurait lieu de distinguer entre le cas où les époux sont séparés de biens et ont des intérêts distincts et celui où ils sont communs en biens. Dans le premier cas, ils seraient des parties différentes ; dans le second, ils n'en formeraient en réalité qu'une seule. La même distinction a été également proposée par Chauveau sur Carré, t. 1, *Lois de la procédure*, quest. 212 *ter* ; Boitard, t. 1, n° 91. — Au contraire, Rodière, *Compétence et procédure civile*, 4° éd., t. 1, p. 170 ; Garsonnet, t. 2, p. 209, estiment que la distinction proposée est erronée, et que le mari et la femme doivent toujours être comptés comme formant deux défendeurs ; il en est ainsi, selon ces auteurs, alors même que le mari n'est cité que pour autoriser sa femme, car en ce cas même, la nécessité de son consentement rend la transaction plus difficile.

46. On a vu au *Rép.* n° 213 qu'un arrêt de la cour de Bourges du 9 juill. 1821 avait décidé, conformément à la doctrine de Boncenne, qu'une demande, formée contre deux maris et leurs femmes conjointement obligés et communs en biens, n'est pas dispensée du préliminaire de conciliation. — Depuis, il a été jugé, d'une part, que la demande formée contre un mari et une femme communs en biens et une autre personne conjointement, doit être considérée comme formée contre plus de deux parties, et, par suite, est dispensée du préliminaire de conciliation, alors surtout que l'action est dirigée, non contre la communauté, mais contre chacun des époux séparément, à raison d'un engagement personnel de la femme, dans les suites duquel le demandeur entend faire déclarer le mari responsable (Besançon, 13 févr. 1856, aff. Poncet, D. P. 56. 2. 119, et sur pourvoi, Req. 9 déc. 1856, *Journal des avoués*, t. 82, p. 26) ; d'autre part, que l'action intentée contre une partie et deux époux mariés sous le régime dotal est dispensée du préliminaire de conciliation, bien que le mari ne soit appelé que pour autoriser sa femme à procéder au partage (Rouen, 30 mars 1871, aff. Amaury, D. P. 73. 5. 129). En d'autres termes, l'action dirigée à la fois contre un tiers et deux époux est dispensée du préliminaire de conciliation, quel que soit le régime sous lequel les époux sont mariés, et alors même que le mari ne serait assigné que pour autoriser sa femme (Req. 20 mars 1877, aff. de Rochetaillée, D. P. 77. 1. 473). — Cette jurisprudence, qui nous paraît devoir être suivie, se fonde sur ce que la présence du mari, sous quelque forme qu'elle se produise, a pour résultat la nécessité de réunir dans un même consentement plus de deux volontés ; on rentre ainsi dans les conditions qui ont paru au législateur de nature à faire renoncer à toute tentative de conciliation. Sans doute, lorsque le mari n'intervient que pour autoriser sa femme, on peut dire qu'il n'y a que deux parties en cause ; son intervention est en tous points semblable à celle du curateur d'un mineur émancipé qui complète simplement la personne de ce dernier ; de plus, le n° 6 de l'art. 49 excepte les demandes formées, non pas contre plus de deux

---

personnes, mais contre plus de deux parties — Mais ces considérations ne sauraient prévaloir. Lorsqu'un mari est mis en cause pour autoriser sa femme, il peut, comme le constate l'arrêt du 20 mars 1877, « refuser cette autorisation soit par des motifs tirés de son propre intérêt, soit par des motifs tirés de l'intérêt de sa femme », soit, peut-on ajouter, en raison de considérations purement morales; dès lors, il faut, quel que soit le cas, réunir dans un même consentement plus de deux volontés, et par conséquent, la difficulté qui a motivé la dispense édictée par l'art. 49, § 6, est ou peut être la même que si le mari avait un intérêt personnel dans le débat. Il ne faut pas, en effet, perdre de vue que ce qui a déterminé le législateur à dispenser du préliminaire de conciliation les demandes dirigées contre plus de deux parties, ce n'est pas la divergence des intérêts, mais la difficulté d'opérer la conciliation quand il y a plus de deux volontés à réunir dans le même accord.

Il est de toute évidence *à fortiori* que, lorsque le mari figure dans une instance de son chef, et non pas seulement pour autoriser sa femme, il est partie dans la cause, et que, dès lors, la demande engagée contre deux femmes et leurs maris est dispensée du préliminaire de conciliation (Chambéry, 9 janv. 1884, aff. Rulland, D. P. 85. 2. 62).

47. En principe, les sociétés civiles et les unions de créanciers, quel que soit le nombre des membres qui les composent, doivent être considérées, sous le point de vue de la conciliation, comme un être moral collectif et comme ne formant qu'un seul défendeur. Mais il en est autrement lorsque la société civile n'a point de chef ni d'administrateurs particuliers, et dans le cas où les individus choisis pour administrer sont au nombre de plus de deux (*Rép.* n° 215). Telle est, on l'a vu *suprà*, n° 29, la doctrine de la plupart des auteurs.

48. — **VII.** DEMANDES EN VÉRIFICATION D'ÉCRITURES; DÉSAVEU; RÈGLEMENT DE JUGES, ETC.; TUTELLES-CURATELLES, ETC. — Depuis la publication du *Répertoire*, il a été jugé que la *demande en reconnaissance ou vérification d'écritures*, quoique formée d'une manière principale, et dans le but de faire attribuer la forme exécutoire à un titre sous seing privé contenant obligation de payer, n'oblige point celui qui la forme au préliminaire de conciliation (Paris, 3 août 1844, aff. Calménil, D. P. 52. 2. 9). Toutefois, si la demande en reconnaissance n'avait en elle-même rien de sérieux, et si, formée en même temps que l'assignation en payement de l'obligation contenue dans l'acte, elle avait pour unique but de soustraire cette assignation au préliminaire de conciliation, le juge pourrait annuler la procédure comme irrégulièrement introduite (*Rép.* n° 219, et v° *Vérification d'écritures*, n° 46).

49. La dispense accordée aux demandes *en séparation de biens* s'étend, comme on l'a vu au *Rép.* n° 227, aux demandes

en *séparation de corps*, et depuis la loi du 27 juill. 1884 qui a rétabli le divorce, aux demandes *en divorce*. La dispense du préliminaire de conciliation pour les demandes en divorce ou en séparation de corps est, d'ailleurs, la conséquence du mode de conciliation spécial à ces instances, et qui est réglé par l'art. 239 c. civ. Quant aux demandes postérieures à la séparation ou au divorce, et qui ont trait aux rapports, soit personnels, soit pécuniaires des époux, elles sont évidemment dispensées du préliminaire de conciliation, comme relatives à l'exécution d'un jugement (V. *suprà*, n° 19).

50. En ce qui concerne les demandes en matière de *tutelle* et *curatelle*, on a exposé au *Rép.* n°s 229 et suiv. les difficultés qui se sont élevées relativement aux contestations ayant leur origine dans la tutelle, mais survenues postérieurement à la majorité du pupille. — Dans le sens de la doctrine soutenue par Carré et Chauveau, d'après laquelle la dispense édictée par l'art. 49, § 7, ne s'applique pas aux contestations de ce genre, il a été jugé que la demande intentée par le mineur devenu majeur contre son ancien subrogé tuteur, et fondée sur ce que celui-ci n'avait pas surveillé l'emploi des capitaux touchés par le tuteur du demandeur, pendant la minorité de celui-ci, n'est pas dispensée du préliminaire de conciliation (Bruxelles, 13 mai 1886) (1).

CHAP. 4. — **Juge de paix compétent pour essayer la conciliation** (*Rép.* n°s 238 à 260).

51. On a vu au *Rép.* n° 240 que l'art. 50 c. proc. civ. établit quatre règles de compétence spéciales aux juges de paix; nous aurons à signaler les applications nouvelles qu'elles ont reçues.

52. — 1re RÈGLE. — Si l'action est *personnelle*, *réelle*, ou *mixte*, la citation en conciliation doit être donnée devant le juge de paix du domicile du défendeur. Mais ne doit-on considérer comme domicile du défendeur que son domicile réel, ou faut-il mettre sur le même rang ce domicile et le domicile élu dans les cas où il y en a un? La question reste controversée. — Le système des arrêts de la cour de Caen du 18 mars 1847 et de la cour d'Alger du 3 janv. 1849, exposée au *Rép.* n° 242, ne permet de citer le défendeur que devant le juge de paix de son domicile réel, est soutenu par les auteurs les plus considérables (Chauveau sur Carré, *Lois de la procédure*, t. 1, quest. 219 *bis*; Boitard, Colmet-Daâge et Glasson, *Leçons de procédure*, 14e éd., t. 1, n° 104; Bonnier, *Éléments de procédure*, n° 39; Garsonnet, *Cours de procédure*, t. 2, p. 213). Ce système trouve un appui très direct dans la disposition de l'art. 50 c. proc. civ. Cet article n'établit que trois exceptions à la règle d'après laquelle la citation en conciliation doit être donnée, en matière personnelle ou réelle, devant le domicile réel du défendeur. Or le cas où il y a élection de domicile ne s'y trouvant pas prévu, il faut

---

(1) (Vander Elst C. Vanlierde et Vandoorslaer, épouse Vanlierde.) — LA COUR; — Attendu que, par son double appel, interjeté suivant acte du 6 avr. 1885, et par ses conclusions prises devant la cour, l'appelant demande la réformation du jugement préparatoire du 6 janv. 1885, qui a rejeté la fin de non-recevoir opposée par lui à l'action et tirée du défaut de préliminaire de conciliation, et, par voie de conséquence, l'annulation du jugement définitif rendu le 25 février suivant; — Attendu qu'aux termes de l'exploit introductif d'instance, la demande formée par l'intimée, épouse Vanlierde, aujourd'hui majeure, a pour objet la réparation du préjudice qu'elle a éprouvé par suite de la perte de partie des capitaux touchés pour elle pendant sa minorité par son tuteur, perte dont elle impute la responsabilité à son ancien subrogé-tuteur, appelant en cause, pour n'avoir pas surveillé l'emploi des capitaux conformément à la délibération du conseil de famille; — Attendu qu'il est constant que sur cette demande il n'est intervenu aucune tentative de conciliation devant le juge de paix; — Qu'il échet donc de rechercher si, comme le soutient la partie intimée, la formalité de l'art. 48 c. proc. civ. ne devait pas être observée dans l'espèce;

Attendu que l'art. 49, § 7, du même code, invoqué par l'intimée, est sans application en la cause; — Qu'il dispense, il est vrai, du préliminaire de conciliation les demandes sur les tutelles; mais qu'en présence des termes vagues de cette disposition, il faut décider avec la doctrine que l'exception ne s'applique qu'aux contestations relatives aux excuses, à l'incapacité, à la destitution et à l'exclusion de la tutelle ou à d'autres contestations semblables, mais qu'elle n'est pas, d'une manière générale, applicable à toutes les actions qui naissent de l'état de tutelle, comme par

exemple, celles dirigées par le mineur devenu majeur contre son ancien tuteur ou subrogé tuteur; — Attendu que, dans ce dernier cas, qui est celui de l'espèce, la règle de l'art. 48 reprend son empire, pourvu que l'action réunisse toutes les conditions y stipulées; — Attendu que la demande, telle qu'elle a été précisée ci-avant, est introductive d'instance et qu'elle se meut entre parties capables de transiger; — Que, d'autre part, son objet peut être la matière d'une transaction; — Attendu que les art. 472 et 2045 c. civ. n'empêchent pas qu'il en soit ainsi; — Que ces dispositions, en effet, ne prohibent que les traités quelconques, et spécialement les transactions qui interviendraient entre le tuteur et le mineur devenu majeur moins de dix jours après la reddition d'un compte détaillé; qu'elles ne visent que les conventions se rattachant à la tutelle, qui, à raison de l'influence pernicieuse exercée sur son ancien pupille par le tuteur, auraient pour effet de soustraire en matière d'obligation de rendre compte; qu'elles sont dérogatoires au droit commun et, comme telles, de stricte interprétation; — Que telles ne s'appliquent et ne peuvent, dès lors, pas s'appliquer aux arrangements qui seraient conclus entre le subrogé tuteur et le mineur devenu majeur, pour terminer des contestations soulevées contre le subrogé tuteur en cette qualité; — Que ces contestations sont donc en tous cas susceptibles de transaction conformément aux règles du droit commun; — Attendu, en conséquence, que l'action n'est pas recevable à défaut de préliminaire de conciliation, et que c'est à tort que le premier juge n'a pas accueilli la fin de non-recevoir proposée de ce chef; ...

— Par ces motifs, etc.

Du 13 mai 1886.-C. de Bruxelles, 2e ch.-MM. Terlinden, pr.-Gilmont, av. gén., c. conf.-Van Zeebroeck et Dedeyn, av.

dès lors le faire rentrer dans la règle générale. On le doit d'autant plus que l'art. 50 a puisé, en quelque sorte, textuellement les trois exceptions qu'il contient, dans l'art. 59, qui détermine devant quel tribunal d'arrondissement le défendeur doit être assigné. Ne doit-on pas conclure de cette différence dans des textes qui se suivent, et qui ont dû être rédigés presque simultanément, que l'art. 50 n'a point entendu faire exception pour le cas où les parties ont stipulé un domicile d'élection, et qu'il est dérogé par cet article au principe posé dans les art. 111 c. civ. et 59-9° c. proc. civ.? « Je pense, dit M. Garsonnet, t. 2, p. 213, que les rédacteurs du code de procédure ont fait exprès de ne pas reproduire cette disposition de l'art. 59, 9° al., c. proc. civ., et que le principe de l'art. 111 c. civ. doit s'effacer ici devant l'esprit de la loi qui, désireuse de voir l'essai de conciliation s'engager dans les conditions les plus favorables, n'a pas dû vouloir qu'il fût tenté par un magistrat peut-être inconnu des deux parties. »

53. Dans le système contraire, que nous ne croyons pas pouvoir approuver, malgré l'autorité d'un arrêt de la cour de cassation qui l'a adopté, on soutient qu'il est difficile d'enlever à la partie qui a un domicile d'élection, et qui a dû croire qu'elle n'aurait pas à se transporter dans un lieu autre que celui qu'elle a choisi en vue des contestations à naître, une partie des bénéfices ou des avantages qu'elle a entendu se procurer par le règlement anticipé de la juridiction. Contraindre cette partie à se présenter en conciliation devant le juge de paix du domicile du défendeur, n'est-ce pas l'obliger à un déplacement ou à une constitution de mandataire, et par suite à des frais, à des ennuis qu'elle a voulu s'éviter par la convention qui stipule un domicile d'élection? Et si l'on admet la jurisprudence qui voit une renonciation au bénéfice de la loi du domicile dans le fait de saisir de la demande en conciliation un autre tribunal que celui qui devait naturellement connaître du litige, ne doit-on pas admettre que le domicile d'élection fait exception à la règle de droit commun d'après laquelle la citation en conciliation doit être donnée devant le domicile du défendeur? (V. dans ce sens: Rodière, *Compétence et procédure*, t. 1, p. 245; Civ. cass. 9 déc. 1851, aff. Barbé, D. P. 52. 1. 29).

54. — 2e Règle. — Lorsqu'il y a deux défendeurs, le demandeur peut citer, à son choix, devant le juge de paix du domicile de l'un d'eux, sans distinguer si les défendeurs sont solidaires ou non (*Rép.* n° 243). Mais il faut qu'il y ait réellement deux défendeurs tenus principalement, et que le différend à concilier soit le même pour tous deux (Garsonnet, t. 2, p. 213).

55. — 3e Règle. — On a dit au *Rép.* n° 244 qu'en *matière de société*, autre que celle du commerce, tant qu'elle existe, la citation en conciliation doit être donnée devant le juge de paix du lieu où la société est établie. Bien que l'art. 59 n'ait eu en vue, comme on l'a dit au *Rép. ibid.* que les sociétés civiles, la règle qu'il formule s'applique quelquefois aux sociétés commerciales ; il en est ainsi, lorsque les contestations dans lesquelles elles sont parties n'ont pas le caractère commercial (V. Civ. cass. 19 déc. 1866, aff. Société des Mines de Pontgibaud, D. P. 67. 1. 113). — Ces sociétés doivent alors être citées en conciliation devant le juge du lieu de leur domicile, c'est-à-dire de leur principal établissement.

56. Lorsqu'il s'agit d'une société civile, on doit supposer, pour appliquer l'art. 50-2°, qu'elle ne se compose que de deux associés ou, s'ils sont en plus grand nombre, que les associés sont représentés par un mandataire ou administrateur ; autrement, en effet, les demandes se trouveraient dispensées du préliminaire de conciliation comme formées contre plus de deux parties. Il faut, de plus, que l'administrateur ait le pouvoir de transiger (V. *suprà*, n° 29). M. Glasson sur Boitard, t. 2, n° 106, note 1, fait remarquer que ce serait une erreur de dire en termes généraux qu'il n'y a jamais lieu au préliminaire de conciliation à l'encontre d'une société civile qui compte plus de deux associés ; il se peut, notamment, que deux associés seulement aient été mis en cause, par exemple, par d'autres associés ; dans ce cas, il y aurait lieu au préliminaire de conciliation.

57. Lorsque la société est dissoute, on a vu au *Rép.* n° 245 que le défendeur doit être cité en conciliation devant le juge de paix de son domicile, et que l'art. 50 s'applique, même après la dissolution de la société, aux demandes rela-

tives à la garantie des lots ou en rescision du partage fait par les associés ; *a fortiori* la compétence déterminée par l'art. 50, se perpétuant tant que la société n'est pas complètement liquidée, est applicable à toutes les actions relatives au partage et à la liquidation (Garsonnet, t. 1, p. 718, et note 9).

58. — 4e Règle. — *En matière de succession, partage, disposition à cause de mort*, on a dit au *Rép.* n° 247 que la citation doit être donnée devant le juge de paix du lieu où la succession s'est ouverte : 1° sur les demandes entre héritiers, jusqu'au partage inclusivement; 2° sur les demandes intentées par les créanciers du défunt, avant le partage ; 3° sur les demandes relatives à l'exécution des dispositions à cause de mort, jusqu'au jugement définitif. — On a vu *ibid.* n° 250, que la question de savoir si la règle de l'art. 50 est applicable même aux demandes en rescision de partage ou en garantie des lots, donnait lieu à controverse. Les auteurs paraissent encore divisés à cet égard. D'une part, suivant M. Bonnier, n° 40, et Boitard, t. 1, n° 106, c'est le juge du domicile de l'un des défendeurs qui est compétent, malgré l'art. 822 c. civ., parce que l'art. 50 ne rend compétent le tribunal de l'ouverture que pour les demandes antérieures au partage. L'opinion contraire serait en opposition avec le texte et l'esprit de la loi, car les motifs applicables aux demandes antérieures au partage n'existent plus pour celles qui sont postérieures à cet acte. — Cette opinion qui a été adoptée par le *Répertoire* est repoussée par MM. Garsonnet, t. 2, p. 214, et Bioche, *Dictionnaire de procédure*, n° 90 : « Il serait bien singulier, dit M. Garsonnet, que l'art. 822 c. civ. qui se combine avec l'art. 59 c. proc. civ. ne se combinât pas aussi avec l'art. 50. »

59. En ce qui concerne « les demandes relatives à l'exécution des dispositions à cause de mort », la jurisprudence n'avait pas eu jusqu'à ces derniers temps l'occasion de se prononcer sur le sens et la portée de la règle édictée par l'art. 50, et spécialement sur le sens des mots jusqu'*au jugement définitif*.

D'après un premier système, les termes *jusqu'au jugement définitif* signifieraient jusqu'au jugement d'homologation du partage. Dans ce système, au cas où il n'y aurait qu'un héritier, le juge de paix du lieu de l'ouverture de la succession ne serait compétent à aucun moment pour concilier sur une demande dirigée contre l'héritier (Chauveau et Carré, quest. 263 *quater* ; Boitard, 14e éd., n° 109; Bioche, *Dictionnaire de procédure*, v° *Tribunaux de première instance*, n° 91; Rousseau et Laisney, *Dictionnaire de procédure*, v° *Conciliation*, n° 117 ; Orléans, 11 nov. 1845, aff. Herry, D. P. 46. 2. 114). Dans un second système qui paraît aujourd'hui plus généralement suivi, les mots *jugement définitif* désigneraient le jugement à intervenir sur la contestation entre le légataire et l'héritier. En d'autres termes, les contestations entre légataires et héritiers devraient toujours être portées en conciliation devant le juge de paix du lieu de l'ouverture de la succession, et ensuite devant le tribunal du même lieu, tant qu'il n'est pas intervenu entre eux un jugement définitif ; c'est ce jugement seul qui fait cesser la compétence du juge de paix ou du tribunal, car ce jugement opère seul une novation qui ne permet plus de considérer, dans le rapport entre héritiers et légataires, la succession comme un être moral (V. en ce sens : Rodière, *Traité de procédure*, p. 98 et 173 ; Aubry et Rau, *Droit civil français*, 4e éd., t. 6, § 590, p. 271 ; Demolombe, *Traité des successions*, t. 3, n° 635 ; Toulouse, 12 janv. 1844, aff. Viguier, D. P. 45. 2. 21 ; Req. 11 juill. 1864, aff. de Roissy, D. P. 64. 1. 425).

60. C'est ce second système qui a été adopté par la cour d'Agen, laquelle décide que la demande en délivrance d'un legs doit être portée en conciliation devant le juge de paix du lieu de l'ouverture de la succession, et non devant le juge de paix du domicile du défendeur, même s'il n'existe qu'un héritier (Agen, 24 avr. 1882, aff. Rey, D. P. 83. 2. 185). Les motifs de cette décision, empruntés par la cour d'appel au jugement rendu en première instance par le tribunal civil d'Auch, le 1er mars 1882, exposent parfaitement la thèse de notre second système : « Attendu, en droit, dit-elle, que des dispositions combinées et identiques dans les termes des art. 50 et 59 c. proc. civ., il résulte que le défendeur doit être cité en matière de succession, sur les demandes relatives à l'exécution des dispositions à cause de mort, devant le tribunal

du lieu où la succession s'est ouverte, jusqu'au jugement définitif, et que, par ces mots il faut nécessairement entendre jusqu'au jugement qui clôt les contestations auxquelles ces dispositions à cause de mort ont donné lieu (Req. 11 juill. 1864, aff. de Roissy, D. P. 64. 1. 425); — Que le jugement définitif dont il est question dans le n° 3, § 4, de l'art. 59 c. proc. civ. est celui qui met fin aux contestations entre héritiers et légataires, de manière à produire dans les qualités des parties une novation qui ne permette plus de considérer la succession du *de cujus* comme un être moral continuant sa personne ; — Qu'ainsi, les demandes relatives aux dispositions à cause de mort, soit qu'elles aient pour objet l'exécution par voie de délivrance, soit l'annulation de ces dispositions, doivent, jusqu'au jugement définitif qui clôt les contestations, être portées devant le tribunal du lieu de l'ouverture de la succession, même dans le cas où, comme dans l'espèce actuelle, il n'y a qu'un seul héritier en présence de plusieurs légataires, la loi ne faisant à cet égard aucune distinction (V. Demolombe, *Traité des successions*, t. 3, n° 635); — Que cette interprétation de la pensée du législateur est d'autant plus certaine que l'exécution des dispositions à cause de mort nécessite toujours des règlements qui équivalent pour ainsi dire à un partage entre héritiers et légataires, lesquels ne peuvent être faits, jusqu'à ce qu'il y ait été statué définitivement, que devant le tribunal du lieu de l'ouverture de la succession, là où la personne du défunt se continue dans ses biens tant qu'ils n'ont pas été partagés ».

Les motifs invoqués par la cour d'Agen pour justifier sa thèse nous paraissent très juridiques et nous n'hésitons pas à nous rallier à ce système. Il a cependant donné lieu à de sérieuses critiques de la part de M. Glasson dans une note insérée sous l'arrêt précité du 24 avr. 1882. Pour le savant professeur ce système donne aux mots jusqu'*au jugement définitif* un sens obscur et divinatoire. « Si le législateur, dit-il, avait entendu établir une règle spéciale pour les contestations entre héritiers et légataires, différente de celle qu'il avait consacrée pour les procès entre héritiers et créanciers de la succession, il n'aurait pas manqué de prendre une formule tout autre. Ces termes « jusqu'au jugement définitif » rapprochés des dispositions qui précèdent, ne peuvent avoir en vue que le jugement d'homologation du partage. D'ailleurs, si l'on comprend que la succession puisse avoir une sorte d'existence propre au point de vue de la compétence, c'est seulement jusqu'au partage; celui-ci la fait évanouir, même dans les rapports qui peuvent exister entre héritiers et légataires. »

Comme on l'a vu *suprà*, v° *Compétence civile des tribunaux d'arrondissement*, n° 39, la même question s'élève relativement à la compétence du tribunal d'arrondissement, en présence de la disposition semblable contenue dans l'art. 59, § 6, n° 3, c. proc. civ., et elle a été généralement résolue dans le sens du système consacré par l'arrêt précité de la cour d'Agen.

61. Si le défendeur conteste la compétence du juge de paix devant lequel il est cité, ce dernier doit, ainsi qu'il a été dit au *Rép*. n° 254, dresser un procès-verbal de non-conciliation. N'étant pas conciliateur et n'exerçant pas de fonctions judiciaires, il ne peut statuer sur la compétence. Les solutions admises sur ce point au *Rép*. n°s 254 à 260 sont adoptées par les auteurs les plus récents (V. Glasson, n°s 1 et 114; Garsonnet, t. 2, p. 232. — *Contrà :* Bioche, n° 97).

62. Sur la question de savoir si le juge de paix, lorsqu'il siège en qualité de juge, peut remplir l'office de magistrat conciliateur, et constater notamment un accord intervenu entre les parties à l'audience, V. *suprà*, v° *Compétence civile des juges de paix*, n° 138.

CHAP. 5. — Délais et formes de la citation en conciliation (*Rép*. n°s 261 à 282).

63. On a vu *suprà*, n°s 1 et 32, que la loi du 2 mai 1855 art. 2 (D. P. 55. 4. 52), a rendu obligatoire l'appel des parties devant le juge de paix, au moyen d'un avertissement sans frais, en vue de les concilier, alors que la loi du 25 mai 1838 se bornait à autoriser le juge de paix à recourir à cette mesure. Nous avons également dit (V. *suprà*, n° 33) que cette *petite conciliation* nous paraissait exclusivement applicable aux affaires qui sont, en vertu de la loi de 1838 et de

l'art. 4 c. proc. civ., soumises à la juridiction contentieuse du juge de paix et non à celles qui ne sont portées devant lui que pour conciliation en vertu des art. 48 et suiv. c. proc. civ. — Nous croyons, en effet, qu'en raison du caractère obligatoire que la loi du 2 mai 1855 a imprimé à la *petite conciliation*, la solution indiquée au *Rép*. n° 264 et 265 ne doit plus être admise. Tel est également l'avis de plusieurs auteurs qui, sous l'empire de l'ancien art. 17 de la loi du 25 mai 1838, estimaient que l'avertissement en conciliation *pouvait* être donné dans tous les cas par le juge de paix, qu'il y eût ou qu'il n'y eût pas lieu, dans la suite, à la conciliation prévue par les art. 48 et suiv. c. proc. civ. (Chauveau sur Carré, *Lois de la procédure, Supplément* de 1872, p. 2; Bioche, *Dictionnaire de procédure*, v° *Conciliation*, n° 99. Sans doute l'art. 2 de la loi du 2 mai 1855 porte « *dans toutes les causes* » et ne fait aucune distinction; sans doute aussi l'avertissement ne fait pas toujours double emploi avec la citation, puisqu'il y a des causes dispensées du préliminaire de conciliation, et comme l'avertissement est moins solennel, moins comminatoire que la citation par huissier, on a plus de chances de la voir réussir et les parties se réconcilier qu'en employant les formes de la *grande conciliation*. Mais il est difficile d'admettre que le législateur ait entendu créer deux degrés de conciliation en quelque sorte, et soumettre les parties à une seconde épreuve identique à la première, devant le même magistrat, alors que cette première aura échoué. L'origine même de la disposition de l'art. 2 de la loi du 2 mai 1855, et auparavant de l'art. 17 de la loi du 25 mai 1838, confirmerait, au besoin, cette opinion, puisque le but qu'on s'est proposé, ainsi que nous l'avons dit au *Rép*. n°s 153 et 262, a été de combler législativement une lacune de la législation et de soumettre à la conciliation les causes de la compétence des juges de paix qu'aucun texte n'y soumettait jusque-là. Le doute ne saurait, d'ailleurs, subsister en présence des déclarations du rapporteur de la loi du 2 mai 1855 au Corps législatif (Rapport de M. Busson-Billault, n° 7, D. P. 55. 4. 54). « Une remarque motivée par une pratique vicieuse, y est-il dit, doit trouver ici sa place. Ce serait se tromper gravement que de soumettre aussi à cette formalité les citations en conciliation données en vertu des art. 48 et suiv. c. proc. civ. Une semblable interprétation est aussi contraire à l'esprit qu'au texte du projet de loi ; on établit par là, pour les instances appartenant aux tribunaux ordinaires, deux tentatives de conciliation, l'une sur lettre, l'autre sur citation; des lors, on occasionne des retards et des déplacements dispendieux, on fait dégénérer en une formalité vexatoire une prescription salutaire. » Aussi aujourd'hui la doctrine est-elle unanime pour reconnaître que l'avertissement ne doit pas précéder la citation en conciliation, et qu'il ne s'applique qu'aux contestations de la compétence *ratione materiæ* des juges de paix. Tel était l'avis de M. Foucher, *Commentaire des lois des 25 mai et 11 avr. 1838*, n° 477; sous la loi de 1838. (V. conf. outre Chauveau et Bioche, *op. et loc. cit. :* Garsonnet, *Cours de procédure*, t. 2, § 14; Curasson, *Traité de la compétence des juges de paix*, t. 2, n° 893; Rodière, *Compétence et procédure*, t. 1, p. 173; Lavielle, *Études sur la procedure civile*, p. 35 et suiv. M. N.-A. Carré partage également ce sentiment : « Notre opinion, dit-il (*Compétence judiciaire des juges de paix*, 2° éd., n° 1073), que nous maintenons énergiquement s'appuierait encore sur cette faculté que donne aux parties l'art. 48 de comparaître *volontairement*. Or si les parties peuvent comparaître volontairement, comment exiger l'avertissement préalable? »

64. Comme on l'a vu au *Rép*. n° 266, c'est par l'entremise du greffe de la justice de paix et au moyen de lettres missives, que se donne l'avertissement prévu par les art. 17 de la loi du 25 mai 1838 et 2 de la loi du 2 mai 1855. — Cette dernière loi a consacré, à cet égard, l'usage généralement suivi, en disposant que l'avertissement sera « rédigé et délivré par le greffier, au nom et sous la surveillance du juge de paix, et expédié par la poste sous bande simple, scellée du sceau de la justice de paix avec affranchissement ». Elle dispose de plus qu'« à cet effet il est tenu par le greffier un registre sur papier non timbré constatant l'envoi et le résultat des avertissements ». Depuis la loi du 23 août 1871, l'avertissement, qui, sous l'empire de la loi de 1855, devait être rédigé sur papier non timbré, doit être rédigé

« sur papier au timbre de dimension de 0 fr. 50 cent. »
(V. *supra*, n° 1).

65. Les billets d'avertissement qui, pour une cause quelconque, ne parviendraient pas à leurs destinataires, au lieu d'être envoyés au bureau des rebuts, doivent être rendus au juge de paix. Dans le cas où le domicile du défendeur aurait été inexactement indiqué par le demandeur, soit par fraude, soit par tout autre motif, le juge pourra ajourner la délivrance du permis de citer jusqu'à l'envoi d'une nouvelle lettre (Instr. min. 13 janv. 1857, *Recueil des instructions et circulaires du ministère de la justice*, t. 2, p. 363). L'avertissement doit être affranchi. L'affranchissement, fixé à 0 fr. 10 cent. dans le canton, a été élevé par l'art. 5 du décret du 24 nov. 1871 à 0 fr. 15 cent., taxe qui est également appliquée au dehors du canton.

66. La rétribution du greffier par chaque avertissement était de 0 fr. 25 cent. y compris l'affranchissement; elle a été élevée, par l'art. 5 du décret du 24 nov. 1871, à 0 fr. 30 cent., y compris l'affranchissement, sans préjudice du remboursement du coût de la feuille de papier timbré. Le prix du billet d'avertissement est donc actuellement de 0 fr. 90 cent., chiffre qui se décompose ainsi : papier timbré, 0 fr. 50 cent.; deux décimes en sus, 0 fr. 10 cent.; affranchissement, 0 fr. 15 cent.; droit du greffier, 0 fr. 15 cent. Une instruction ministérielle du 22 avr. 1856 (*Recueil des instructions et circulaires du ministère de la justice*, t. 2, p. 332) interdit formellement aux greffiers de remettre eux-mêmes les billets d'avertissement, ou de les faire remettre par des personnes étrangères aux services des postes, et prescrit des mesures propres à assurer l'exacte observation des prescriptions de la loi du 2 mai 1855.

67. Les huissiers n'ont pas le droit d'instrumenter hors le canton pour les actes de la justice de paix. En cas d'infraction, la pénalité édictée par l'art. 1030 c. proc. civ. leur est applicable : elle consiste en une amende de 5 à 100 fr. Mais la citation serait-elle valable ? Comme on l'a vu au *Rép.* n° 269, la négative a été admise par Chauveau. Cependant on ne peut invoquer en sens contraire les travaux préparatoires. Lors de la discussion de la loi devant la Chambre des députés, M. Tesnière s'est, à ce sujet, exprimé en ces termes : « Il est bien entendu que lorsqu'un huissier n'appartenant pas au canton aura donné une assignation, cette assignation sera valable, mais que le juge de paix aura toujours le droit de condamner l'huissier à l'amende » (N.-A. Carré, *op. cit.*, n° 569).

68. La prohibition faite aux huissiers d'instrumenter hors du canton n'est pas applicable, d'après l'art. 16 de la loi du 25 mai 1838, dans les villes divisées en plusieurs justices de paix; elle n'aurait eu, en effet, pour résultat que de créer des difficultés considérables. « La loi, porte une circulaire du garde des sceaux, du 6 juin 1838 (*Rép.* v° *Compétence des tribunaux de paix*, p. 111), a dû dire comment cette règle s'appliquerait aux villes divisées en plusieurs justices de paix. Quoique les tribunaux de première instance puissent, en exécution de l'art. 19 du même décret (celui du 14 juin 1813), distribuer les huissiers par quartiers, il est d'usage qu'ils n'aient pas recours à cette mesure, parce que l'intérêt des officiers ministériels suffit pour les déterminer à fixer leur demeure là où elle doit être plus à la portée des justiciables. Une telle distribution entraînerait d'ailleurs l'inconvénient, si elle devait être prise en considération, pour l'exécution de la loi nouvelle, de créer des défauts de qualité, et de donner lieu à des moyens de nullité qu'il est essentiel de prévenir. Ainsi, tous les huissiers qui résident dans ces villes auront le droit d'y instrumenter concurremment auprès de divers juges de paix. Telle serait, au reste, la conséquence de l'absence seule des règlements suivant lesquels ces officiers sont répartis par quartiers ».

69. On a vu au *Rép.* n° 284 que si la citation doit énoncer sommairement l'objet de la conciliation, il n'est pas nécessaire qu'elle renferme l'exposé sommaire des moyens sur lesquels se fonde le demandeur. C'est également l'opinion admise par la plupart des auteurs les plus récents, bien que la question ait donné lieu à controverse (Garsonnet, t. 2, p. 215; Chauveau et Carré, t. 1, quest. 224; Boitard, Colmet-Daâge et Glasson, *Leçons de procédure*, 14e éd., t. 1, n° 112; Rodière, t. 1, p. 174; Bonnier, *Éléments de procédure civile*, n° 42).

70. En ce qui concerne la nature du délai imparti par l'art. 51 (*Rép.* n°s 277 et 278) et les formes de l'exploit de l'huissier, les observations présentées au *Rép.* n°s 277 et suiv., et v° *Exploit*, nous dispensent d'insister.

CHAP. 6. — Mode de comparution des parties
(*Rép.* n°s 283 à 301).

§ 1er. — Comparution personnelle ou par fondé de pouvoir. — L'audience est-elle publique? (*Rép.* n°s 283 à 303).

71. La disposition de l'art. 53, d'après laquelle « les parties comparaîtront en personne, en cas d'empêchement par un fondé de pouvoir » a donné lieu, comme on l'a exposé au *Rép.* n° 283, à des interprétations divergentes. Tandis que, pour les uns, les parties sont seules juges des causes d'empêchement et de la question de savoir si elles se feront représenter par un fondé de pouvoir, pour les autres, le juge de paix a toujours le droit d'exiger la comparution personnelle, nonobstant l'empêchement allégué par les parties. Enfin, une opinion intermédiaire reconnaît au juge de paix le droit d'apprécier si la comparution personnelle est nécessaire, et si l'empêchement de la partie qui a envoyé un mandataire pour la représenter est justifié; mais elle lui refuse le droit d'ordonner, soit d'office, soit sur la réquisition de l'une des parties, que l'autre comparaisse en personne pour être interrogée et répondre sur certains faits. — Parmi les auteurs postérieurs au *Répertoire*, les uns se prononcent pour le système qui laisse une entière liberté aux parties. « Il est vrai, dit M. Garsonnet, *Cours de procédure*, t. 2, p. 216, que l'art. 53 paraît l'exiger (que les parties justifient de leur empêchement), et que sa rédaction semble encore plus significative quand on le rapproche de l'art. 9 qui dit, en parlant du juge de paix saisi comme juge, que les parties comparaîtront devant lui en personne ou par fondé de pouvoir. Il est encore vrai que la tentative de conciliation n'est pas sérieuse si les parties ne prennent même pas la peine de venir au bureau de paix, et s'y font représenter par des mandataires qui pourraient s'y rendre en personne. Toutefois deux raisons me déterminent de leur laisser cette liberté. La première, c'est que la conséquence insignifiante du défaut de comparution — une amende de 50 fr. — donne à penser que la loi ne tient pas outre mesure à ce que la conciliation soit sérieusement tentée. La seconde, c'est que le juge de paix siégeant en conciliation n'a d'autre pouvoir que celui de conseiller un arrangement et d'en dresser acte; il ne peut recourir à aucune mesure coercitive, ordonner la comparution des parties et exiger la preuve de l'empêchement qu'elles allèguent pour se faire représenter devant lui. » en ce sens : Bioche, *Dictionnaire de procédure*, v° *Conciliation*, n° 108). — L'opinion contraire est soutenue par Boitard, *Leçons de procédure*, 14e éd., t. 1, n° 113 : tout en reconnaissant que des considérations de fait puissantes ont introduit une pratique contraire, il estime que l'art. 53, tant par son texte que par son esprit, ne l'autorise nullement. Quoi qu'il en soit, le premier système est entièrement consacré par l'usage; dans la pratique, les parties n'accomplissent que fort exceptionnellement le vœu de l'art. 48 c. proc. civ. La plupart du temps même, dans les grandes villes, les parties chargeant l'avoué de suivre leur affaire; ce sont des clercs d'avoués qui comparaissent pour elles.

72. Lorsque les parties comparaissent en personne, elles peuvent, à notre avis, être assistées d'un homme de loi. Il semble, il est vrai, résulter d'une lettre ministérielle du 15 mars 1882 (Carré, t. 1, n° 1048) que le juge de paix serait en droit de s'y opposer, s'il croit que la présence de l'homme de loi peut rendre inutiles les efforts de conciliation. Mais l'autorité d'une circulaire ministérielle ne saurait être suffisante pour trancher une question aussi grave. L'intervention de l'homme de loi, à titre de mandataire, avait été proscrite par l'art. 16 de la loi du 6 mars 1791 ; mais on avait, dans la suite, promptement reconnu l'inconvénient de cette mesure. Elle exposait une partie en présence d'un adversaire habile et retors, accoutumé aux procès, à des surprises, à des erreurs périlleuses pour ses droits, et, d'autre part, on reconnut que, loin de favoriser la conciliation des parties, elle y mettait obstacle. « Dans l'impossibilité de se faire représenter par un homme de loi, on se faisait tracer à l'avance, dit Boitard, n° 113, par un avoué, un plan de défense dont on ne s'écar-

tait pas, précisément pour éviter les surprises ; de là résultait un refus continuel de se concilier, tandis que l'homme de loi s'il eût été présent, aurait pu distinguer, dans les propositions de l'adversaire, celles qui étaient dangereuses de celles qui étaient utiles. » Il est bien évident, que les mêmes raisons de décider s'appliquent au cas où la partie veut se faire assister d'un homme de loi. Qu'on suppose, en effet, une partie ignorante ou timide, mise en présence d'un adversaire qui sera rompu aux affaires, par exemple un homme de loi, mandataire de la partie, il est évident qu'elle courra le danger d'être surprise et trompée par son adversaire, ou qu'elle se refusera, dans la crainte d'erreur, à toute conciliation.

73. On continue à admettre, conformément à l'opinion que nous avons adoptée au *Rép.* nos 284 et 285, que, la tentative de conciliation n'étant pas nécessairement soumise, comme les débats judiciaires, à l'obligation de la publicité, le juge de paix a la faculté d'entendre les parties à huis clos toutes les fois qu'il le juge convenable (N.-A. Carré, *Compétence judiciaire des juges de paix*, 2e éd., t. 1, n° 1072). Toutefois le même auteur pense qu'il faut exiger la présence du greffier. Cette présence n'est pas nécessaire lorsqu'il s'agit de la conciliation prévue par l'art. 2 de la loi de 1855.

74. On a dit au *Rép.* n° 287 que le pouvoir peut être rédigé en la forme authentique ou sous seing privé. Mais on est généralement d'avis qu'il doit être spécial, à moins que le mandataire de la partie ne soit muni d'un pouvoir général pour le représenter dans tous les procès qu'elle peut avoir (Garsonnet, t. 2, p. 218. V. aussi N.-A. Carré, t. 1, n° 1074; Bioche, n° 113).

75. Bioche, n° 115; Rodière, *Compétence et procédure*, t. 1, p. 175; Bonnier, *Éléments de procédure*, n° 47, adoptent l'opinion, soutenue au *Rép.* n° 291, qui n'exige pas que la procuration de comparaître pour autrui au bureau de paix contienne pouvoir de transiger ; on admet, en effet, dans la pratique, que les parties peuvent être représentées par un mandataire auquel on a donné mission de refuser toute transaction. — On reconnaît, en revanche, que le pouvoir de *se concilier* comporte le droit de transiger, ce qui semble résulter de ce que le code de procédure n'a pas reproduit, en raison des inconvénients qu'elle présentait, la disposition de la loi du 6 mars 1791 d'après laquelle le mandataire n'était admis à se concilier que s'il avait pouvoir de transiger (Garsonnet, t. 2, p. 218).

76. Quant aux personnes qui peuvent représenter les parties, nous croyons devoir persister dans la doctrine que nous avons exposée au *Rép.* n° 294, relativement aux *huissiers*. Nous pensons qu'ils ont le droit d'assister comme conseils et de représenter les parties en qualité de procureurs fondés devant le bureau de conciliation, et que l'art. 18 de la loi du 25 mai 1838 est inapplicable à ce cas. Mais la question continue à diviser les auteurs. Boitard, t. 1, n° 113, partage notre opinion, par le motif que le préliminaire de conciliation n'étant pas *un procès* proprement dit, une cause, on ne saurait étendre à ce cas les prohibitions de l'art. 18 de la loi du 25 mai 1838 qui, comme toute mesure édictant une incapacité, doit être entendue restrictivement (V. dans le même sens : Curasson, *Compétence des juges de paix*, t. 2, nos 897 à 902). M. Garsonnet au contraire, se prononce énergiquement contre la capacité des huissiers. « Il est évident, dit-il (t. 2, p. 217, note 20), que le législateur qui a redouté l'humeur processive des huissiers au point de leur interdire la représentation des parties devant le juge de paix saisi comme juge, se fût contredit en les admettant comme mandataires devant le bureau de paix où l'esprit de conciliation est plus nécessaire que partout ailleurs. » Dans tous les cas, cette exception étant la seule qui puisse s'appuyer sur un texte légal, bien que l'application n'en soit pas certaine, les parties ont, pour le surplus, le droit absolu de choisir les modes de pouvoir que bon leur semble, fût-ce un clerc d'huissier, et notamment le greffier de la justice de paix, à la condition qu'il soit remplacé dans ses fonctions par un citoyen remplissant quant à ce les conditions voulues par la loi. L'opinion émise sur ce point au *Rép.* n° 295 nous paraît demeurer à l'abri de toute contestation.

77. Le juge de paix aurait-il le pouvoir d'écarter un mandataire qui lui paraîtrait d'une moralité douteuse? Plusieurs auteurs se prononcent pour l'affirmative. M. Garsonnet, notam-

ment (t. 2, p. 218), pense que d'après les travaux préparatoires de la loi du 25 mai 1838, on doit reconnaître au juge de paix le pouvoir le plus absolu à cet égard, et qu'il est maître de refuser aux parties le droit de présenter un mandataire qui ne jouirait pas d'une réputation intacte (V. encore Bioche, n° 111). Il nous semble dans tous les cas que les juges de paix, s'ils ont un tel droit, doivent l'exercer avec la plus grande modération et la plus grande circonspection.

§ 2. — Défaut de comparution. — Amende
(*Rép.* nos 304 à 331).

78. La jurisprudence a confirmé ses décisions antérieures (*Rép.* nos 319 et suiv.) en décidant de nouveau que le droit de prononcer l'amende, en cas de non-comparution, n'appartient pas au juge de paix qui, dans le préliminaire de conciliation, n'exerce pas une juridiction comme juge, mais au tribunal saisi de la demande (Req. 25 mai 1852, aff. Dailler, D. P. 52. 2. 280).

79. Si l'amende doit être prononcée aussi bien contre le demandeur que contre le défendeur qui n'obéit pas à la citation, c'est-à-dire quel que soit le défaillant, faut-il en conclure qu'elle doive être infligée quelle que soit la cause du défaut, et, par exemple, lorsque le défaut de comparution est motivé précisément sur ce que l'affaire était légalement dispensée de la tentative de conciliation? Suivant un premier système exposé au *Rép.* n° 326, l'amende ne devrait pas être infligée puisqu'elle ne serait pas la peine de la faute du défaillant et que celui-ci n'est pas en faute d'avoir refusé de se présenter, alors que la loi l'en dispensait formellement. — Suivant un autre système, au contraire, la loi, en prononçant l'amende pour non-comparution au bureau de conciliation, statue même pour les cas où la conciliation n'était pas exigée; l'assigné, quelle que soit la nature de la demande, doit comparaître devant le juge de paix pour proposer les exceptions de droit. — C'est conformément à ce système qu'il a été jugé, depuis la publication du *Répertoire*, que l'amende prononcée par la loi contre celui qui, ayant été cité en conciliation, ne comparaît pas, doit être payée par lui, dans le cas même où la cause était dispensée du préliminaire de conciliation, sans recours possible contre celui qui l'a illégalement cité (Limoges, 14 août 1860, aff. Betolaud, D. P. 61. 2. 165). Bien que ce système ait été approuvé par certains auteurs (Garsonnet, p. 232; Carré, *Lois de la procédure*, t. 1, quest. 247) nous croyons devoir préférer l'opinion contraire. Le tribunal à qui il appartient de prononcer l'amende doit, pour la faire, s'assurer qu'elle est encourue, c'est-à-dire que le défendeur a contrevenu à une obligation légale; or, on ne saurait, en effet, admettre qu'une peine puisse être prononcée à raison de l'inaccomplissement d'un acte facultatif; car toute peine suppose une faute, et il n'y a pas faute dans l'abstention d'un acte qu'on est libre de ne pas accomplir. Or, en dispensant certaines affaires du préliminaire de conciliation, le législateur n'a évidemment pas voulu obliger celui qui est partie dans une de ces affaires à tenter la conciliation, et s'il néglige de se présenter dans ce but devant le juge de paix, il ne contrevient pas à la loi. — On objecte sans doute, avec l'arrêt précité du 14 août 1860, que la loi, qui a justement attaché une grande importance au préliminaire de conciliation, a prononcé une amende contre le non-comparant devant le juge de paix, sans faire aucune distinction entre le cas où il a capacité pour transiger et le cas où il n'a pas cette capacité. Mais il nous semble difficile d'admettre que la loi ait pu prononcer une peine pour une abstention qui se trouve légitimée par une de ses dispositions.

Les auteurs qui ont adopté le système que nous venons de combattre doivent logiquement admettre, contrairement à ce qui est enseigné au *Rép.* n° 328, que, dans le cas où le défaut de comparution est motivé sur la nullité ou sur l'irrégularité de la citation en conciliation, le défendeur est tenu de comparaître pour opposer les vices de la citation et demander qu'elle soit annulée alors même que ces vices tiendraient à la substance de l'acte, et, en conséquence, que le défaut de comparution l'expose à l'amende (Garsonnet, *ibid.*). Mais nous croyons, par les motifs qui sont exposés au *Répertoire*, devoir persister dans l'opinion que nous y avons exprimée.

80. Au cas où la conciliation est tentée dans les conditions de l'art. 17 de la loi du 25 mai 1838 et 2 de la loi du 2 mai 1855, aucune amende n'est encourue par celle des parties qui fait défaut (Bioche, n° 16; Bourbeau, *De la justice de paix*, n° 445). Il n'existe de sanction aux dispositions de ces lois que contre l'huissier qui délivrerait une citation au mépris de l'injonction de la loi. Cette sanction consiste : 1° en ce que l'huissier supporte sa répétition des frais de la citation non précédée d'avertissement (L. 2 mai 1855, art. 2, *in fine*); 2° en ce que le juge de paix peut lui interdire de citer devant lui pendant quinze jours au moins et trois mois au plus (L. 25 mai 1838, art. 19); la loi du 2 mai 1855 n'a point abrogé cette disposition (Bourbeau, n° 445); 3° en ce que l'autorité compétente peut lui appliquer des mesures disciplinaires (V. Garsonnet, t. 1, p. 391). — Il n'y a pas lieu non plus de refuser l'audience; la loi ne donne, à cet égard, au juge de paix aucun pouvoir analogue à celui qui résulte, pour le tribunal civil, de l'art. 56 c. proc. civ.

CHAP. 7. — Devoirs du juge. — Procès-verbal. — Rédaction (*Rép.* n°s 332 à 375).

§ 1er. — Devoirs du juge. — Interpellations aux parties. — Serment déféré par celles-ci (*Rép.* n°s 333 à 348).

81. On a exposé au *Rép.* n°s 333 et suiv. les caractères de la mission conciliatrice confiée aux juges de paix. Aucune difficulté ne s'est élevée, depuis, à cet égard. Il en est de même en ce qui concerne les droits des parties, qui sont nettement délimités par l'art. 54 c. proc. civ. (*Rép.* n°s 336 et 337). Les auteurs les plus récents s'accordent à reconnaître, suivant la doctrine qui y est exposée, que le demandeur peut, non seulement expliquer sa demande, mais encore l'augmenter, par exemple réclamer les intérêts du capital dont il poursuit le payement, sans toutefois pouvoir former une nouvelle demande, à moins que le défendeur ne consente à entrer en conciliation sur cette nouvelle demande, et que le juge de paix constate le consentement des parties. Quant au défendeur, il peut former toutes les demandes qu'il juge convenables, à la condition qu'elles soient relatives à l'action dirigée contre lui et constituent des exceptions, des défenses à cette action (Rodière, *Compétence et procédure*, t. 1, p. 175-176; Boitard, Colmet-Daâge et Glasson, *Leçons de procédure*, 14e éd., t. 1, n° 115; Garsonnet, *Cours de procédure*, t. 2, p. 224). Il faut remarquer, toutefois, que les parties peuvent librement accepter la discussion sur toute question qui serait soulevée devant le juge conciliateur; mais à défaut de consentement, on doit observer les règles posées par l'art. 54 (Garsonnet, p. 225).

82. Les principes que nous avons posés au *Rép.* n°s 339 et suiv. relativement à l'application de l'art. 55 c. proc. civ. au cas où le serment est déféré par l'une des parties à l'autre, restent généralement admis. On reconnaît, notamment, que le serment prévu par notre art. 55 n'étant pas le serment judiciaire (Garsonnet, p. 228), il en résulte, comme on l'a déjà constaté au *Rép.* n° 346, que la partie à laquelle le serment est déféré en bureau de conciliation, et qui refuse de le prêter, n'encourt point, par là, l'application de l'art. 1361 c. civ. : le refus de prêter le serment ne constitue qu'un refus de se concilier (Poitiers, 3 févr. 1841, aff. Bonneau, D. P. 46. 2. 124), et ne rend pas la partie qui ne consent pas à prêter le serment litisdécisoire devant le juge de paix, non recevable à le prêter devant le tribunal, où son refus l'exposerait à l'application de la loi qui y voit une cause de condamnation (Douai, 5 janv. 1854, aff. Scarcériaux, D. P. 54. 2. 135). « Celle des parties à laquelle est déféré le serment, dit M. Garsonnet. t. 2, p. 228, peut le prêter, jurer qu'elle est créancière ou qu'elle n'est pas débitrice et terminer ainsi la contestation en sa faveur; elle peut aussi le refuser, sans qu'il en résulte contre elle autre chose qu'une présomption défavorable dont les juges du procès, s'il s'engage, auront à mesurer la portée. On voit par là le but de la mention prescrite par l'art. 55 : sur le vu du procès-verbal qui constate la prestation de serment, le juge devant qui la demande serait, par hasard, portée donnera immédiatement gain de cause à celui qui a juré; si le procès-verbal constate le refus de serment, le juge en tirera telle induction qu'il jugera convenable » (V. aussi Bioche, *Dictionnaire de pro-*

cédure, v° *Conciliation*, n°s 127, 128 et 131; Carré, *Lois de la procédure*, t. 1, quest. 235, 237 et 239; Boncenne, *Théorie de la procédure civile*, t. 2, p. 43; Boitard, Colmet-Daâge et Glasson, n° 119; Rodière, t. 1, p. 179; Bonnier, *Éléments de procédure civile*, n° 50).

§ 2. — Cas où il y a eu conciliation. — Procès-verbal; Signature des parties; Mention du juge (*Rép.* n°s 349 à 359).

83. La doctrine exposée au *Rép.* n°s 372 et suiv., sur la valeur du procès-verbal de conciliation rédigé par le juge de paix, et de conventions qu'il constate, est admise aujourd'hui par tous les auteurs. Ainsi, conformément à cette doctrine, M. Garsonnet, t. 2, p. 225, voit dans le procès-verbal du juge de paix un acte authentique faisant foi jusqu'à inscription de faux des conventions qu'il relate, ayant date certaine, etc., car il est dressé dans les formes prescrites pour les actes publics et par un officier public compétent. Si l'art. 54 déclare que les conventions des parties qui y sont insérées ont force d'obligation privée, « ce n'est pas, dit M. Garsonnet, de la foi que l'acte qu'il veut parler, mais de la force exécutoire : authentique comme moyen de preuve, il est sous seing privé au point de vue de l'exécution forcée; par conséquent, celle des parties qui veut obtenir l'exécution des arrangements souscrits à son profit est tenue de se procurer un titre exécutoire, c'est-à-dire, un jugement ou un acte notarié ». — Telle est aussi l'opinion de Boitard, t. 1, n° 118. « Le procès-verbal de conciliation, dit-il, dressé par le juge de paix, signé de lui et des parties, ou contenant au moins la déclaration que les parties ne savent ou ne peuvent signer, est un acte authentique, c'est-à-dire, que la partie qui l'invoquera en sa faveur n'aura besoin de prouver la vérité des signatures, la vérité des conventions, et qu'au contraire la partie qui le déniera devra prendre, pour le faire annuler, la voie de l'inscription de faux, la seule qu'on puisse employer pour détruire un acte authentique; seulement ce procès-verbal n'aura ni la force exécutoire, ni l'effet d'emporter hypothèque. C'est sous ce dernier rapport et seulement sous ce rapport qu'on peut l'assimiler aux actes sous seing privé. »

84. En cas *de petite conciliation* (L. 2 mai 1855, art. 2), le juge de paix peut, sur la demande de l'une des parties, dresser procès-verbal des conditions de l'arrangement : « Ce procès-verbal, ajoute la loi de 1855 aura force d'obligation privée ». La similitude des termes employés par l'art. 2 de la loi de 1855, et par l'art. 54, § 2, c. proc. civ., nous paraît entraîner l'assimilation complète du procès-verbal en cas de conciliation dans les conditions de l'art. 54 et du procès-verbal de *petite conciliation*. Il doit donc être rédigé dans la même forme et aura les mêmes effets au point de vue de la preuve (V. *suprà*, n° 83).

§ 3. — Procès-verbal en cas de non-conciliation (*Rép.* n°s 360 à 367).

85. Nous avons émis au *Rép.* n°s 363 et 364 l'avis que le juge pourrait insérer au procès-verbal de non-conciliation les dires et aveux des parties au cas où elles y consentiraient, et au cas où l'une d'elles demanderait une déclaration, d'un aveu de son adversaire. C'est l'opinion qui semble prévaloir parmi les auteurs récents (V. notamment: Bioche, n° 33; Rodière, t. 1, p. 178; M. Garsonnet, t. 2, p. 227). « On convient généralement, dit ce' dernier auteur, de ne pas prendre cette règle (de l'art. 54) à la lettre, car son application rigoureuse aurait des conséquences aussi fâcheuses que celles du décret des 16-24 août 1790; s'il ne restait aucune trace des paroles échangées devant le juge de paix, une partie pourrait rétracter, au mépris de la bonne foi, les aveux les plus formels et les déclarations les plus explicites. Aussi appartiendra-t-il au juge de paix de distinguer les aveux précis et les déclarations péremptoires des propos en l'air et des simples réticences, et de veiller à ce qu'une partie ne puisse, grâce à la rédaction du procès-verbal, revenir sur des aveux définitifs, être victime d'un entraînement de parole ou d'une réserve excessive. »

Quoi qu'il en soit, nous admettons volontiers la doctrine exprimée, notamment, dans les motifs d'un jugement, d'après laquelle toute mention d'un procès-verbal de non-conciliation autre que celle que les parties n'ont pu s'accorder, étant

surabondante et abusive, est dépourvue par elle-même de force probante (Trib. Tournon, 11 janv. 1876, aff. Ducoin, D. P. 78. 3. 22). En d'autres termes, les énonciations du procès-verbal, les aveux qu'il contient, etc., ne feront pas pleine foi par eux-mêmes et ne serviront pour le juge que de renseignements auxquels il aura tel égard qu'il appartiendra.

86. Lorsque la conciliation a lieu sur avertissement (L. 2 mai 1855, art. 2), le défaut de conciliation est simplement mentionné par le juge de paix sur le registre à ce destiné; puis le permis de citer est délivré.

§ 4. — Quelle est la valeur des conventions insérées aux procès-verbaux (*Rép.* nos 368 à 375).

87. V. *suprà*, n° 83.

CHAP. 8. — **Effets du préliminaire de conciliation** (*Rép.* nos 376 à 388).

88. Le premier effet du préliminaire de conciliation est, comme on l'a vu au *Rép.* n° 376, d'autoriser le demandeur à poursuivre son action devant le tribunal, de première instance, lorsque les parties n'ont pu parvenir à se concilier au bureau de paix. — On a jugé, à ce point de vue, que la tentative de conciliation faite par le cessionnaire d'une créance en vertu d'un transport irrégulier, et suivie d'un procès-verbal de non-conciliation, autorise ce cessionnaire à introduire sa demande, après régularisation de son titre, sans avoir besoin de renouveler cette tentative (Req. 11 nov. 1851, aff. Ducros, D. P. 51. 1. 313. V. la note sur cet arrêt, *ibid.*).

89. La citation en conciliation a pour effet, aux termes de l'art. 57 c. proc. civ., de faire courir les intérêts à la condition que la demande «soit formée dans le mois, à date du jour de la non-comparution ou de la non-conciliation». Ces effets se produisent-ils également lorsqu'il y a eu comparution volontaire des parties devant le juge de paix? — Boitard, *Leçons de procédure*, 14e éd., n° 121, penche vers l'affirmative; il en est de même de Curasson, *Compétence des juges de paix*, t. 1, n° 131. La prescription serait alors interrompue et les intérêts moratoires courraient du jour du procès-verbal de non-comparution suivi d'ajournement dans le mois (Chauveau sur Carré, *Lois de la procédure*, t. 1, quest. 249; Marcadé, *Explication du code civil*, sur l'art. 2248). Mais on s'accorde à reconnaître que l'avertissement donné dans les conditions des art. 17 de la loi du 25 mai 1838 et 2 de la loi du 2 mai 1855 ne saurait avoir un semblable effet; il n'interrompt la prescription, ni ne fait courir les intérêts moratoires (Bioche, *Dictionnaire de procédure*, v° *Conciliation*, n° 53; Rodière, *Compétence et procédure*, t. 1, p. 182; Bourbeau, *Justices de paix*, t. 7, n° 446), à la différence de l'avertissement donné devant le juge de paix dans le cas prévu par l'art. 8 de la loi du 14 mai 1851, c'est-à-dire lorsque les juges de paix statuent à défaut des conseils de prud'hommes, avertissement qui vaut citation.

Table sommaire

des matières contenues dans le Supplément et le Répertoire.

(Les chiffres précédés de la lettre *S* renvoient au Supplément; les chiffres précédés de la lettre *R* renvoient au Répertoire.)

Table chronologique des Lois, Arrêts, etc.

CONCLUSIONS.

Division.

§ 1. — Des diverses espèces de conclusions; leur utilité ; par qui et contre qui elles sont prises ; leurs caractères (n° 1).

§ 2. — Formes des conclusions. — Délai dans lequel elles doivent être prises (n° 2).

§ 3. — Modifications et changements des conclusions ; délai dans lequel ils ont lieu (n° 9).

§ 4. — Effets des conclusions. — Disposition d'office. — Ultrà petita (n° 24).

§ 1er. — Des diverses espèces de conclusions; leur utilité ; par qui et contre qui elles sont prises ; leurs caractères (Rép. n°s 2 à 27).

1. V. Rép. n°s 2 et suiv.

§ 2. — Formes des conclusions. — Délai dans lequel elles doivent être prises (Rép. n°s 28 à 41).

2. — I. Des formes. — Nous n'avons rien à ajouter à ce qui a été dit au Rép. n°s 28 à 34.

3. On a vu au Rép. n° 35, que les conclusions doivent, en général, être signifiées qu'elles ne lient pas régulièrement le débat, si, cette formalité non remplie, elles ne sont prises au fond qu'à l'audience. Cette règle, édictée par l'art. 70 du décret du 30 mars 1808, est toujours en vigueur, et il a été décidé que les conclusions sur lesquelles le juge doit statuer sont uniquement celles qui ont été signifiées aux parties et insérées aux qualités du jugement (Poitiers, 23 janv. 1855, aff. Desnoyer, D. P. 56. 2. 46). Mais cette règle n'est pas absolue : des circonstances spéciales peuvent couvrir l'irrégularité qui résulte du défaut de signification. C'est ce qui

avait été jugé déjà par la cour de Bordeaux le 26 mars 1834, par un arrêt cité au Rép. n° 30, et la cour de cassation a confirmé cette jurisprudence en décidant qu'un arrêt n'est pas nul pour être motivé sur des conclusions qui n'ont pas été signifiées, mais qui ont été prises à la barre et sont la reproduction de l'acte d'appel, alors surtout qu'on n'a pas excipé du défaut de signification pour s'opposer à leur lecture à l'audience ou demander un sursis (Civ. rej. 5 janv. 1874, aff. Boutroux, D. P. 74. 1. 84. V. encore : Req. 20 juill. 1858, aff. Liégard, D. P. 58. 1. 403; Paris, 8 mai 1884, aff. Bouchet, D. P. 85. 2. 148). De même, les conclusions prises par une partie devant le juge lient le débat, alors même qu'elles n'ont pas été signifiées, s'il est établi que la partie adverse en a eu connaissance et qu'elle les a acceptées : spécialement, le défendeur qui a conclu au fond n'est pas recevable à exciper du défaut de signification de ces conclusions, et à opposer une exception préjudicielle, telle que l'incompétence du tribunal, lorsqu'il résulte de l'avenir pour plaider, donné par la partie adverse, la preuve que celle-ci a accepté le débat comme contradictoire (Paris, 3 mars 1877, aff. Lecomte, D. P. 78. 2. 152).

Ces décisions s'expliquent d'elles-mêmes. La signification des conclusions n'étant prescrite que dans l'intérêt des parties, celles-ci peuvent y renoncer; sans que le juge s'arrête à cette irrégularité qui n'est pas d'ordre public.

4. — II. Délai dans lequel les conclusions doivent être prises. — L'art. 70 du décret du 30 mars 1808 a non seulement ordonné la signification des conclusions, mais encore, comme on l'a dit au Rép. n°s 39 et suiv., il a exigé que cette signification fût faite trois jours au moins avant l'audience. Cette prescription est fort sage; le législateur n'a pas voulu que la religion de la justice ou la bonne foi du défendeur pussent être surprises par la dissimulation d'un demandeur qui ne démasquerait ses batteries qu'au dernier moment. Aussi avons-nous vu au Rép. loc. cit. que la jurisprudence a toujours considéré ce délai comme de rigueur, et que le ministère public, en dépit du consentement des

parties, a le droit d'en requérir d'office l'observation (Bioche, *Dictionnaire de procédure civile et commerciale*, 3ᵉ éd., vᵒ *Conclusions*, nᵒ 9). Les cours d'appel, comme la cour de cassation, ont persisté dans cette doctrine (Paris, 10 juill. 1857, aff. Damagio, D. P. 58. 2. 22 ; Civ. rej. 10 avr. 1876, aff. Berkowiez, D. P. 76. 1. 269).

5. Cependant, dans certaines espèces, en considération de causes qui exigeaient de passer outre, comme par exemple, le silence des parties, du tribunal et du ministère public, il a été jugé que l'inobservation de ce délai, qui n'est pas d'ordre public, ne pouvait pas entraîner la nullité du jugement ; que cette irrégularité, comme celle dont il a été parlé *suprà*, nᵒ 3, peut être couverte. En effet, la nullité n'est prononcée, en pareil cas, ni par le décret de 1808, ni par aucune autre disposition légale. Il est donc raisonnable, l'annulation du jugement ne devant avoir, dans nombre d'affaires, qu'un bien faible intérêt, de considérer comme un accord tacite entre les parties en cause et le tribunal qui les entend, le silence gardé sur l'inobservation de ce délai. C'est dans ce sens que s'est prononcé l'arrêt de la chambre des requêtes du 20 juill. 1858, cité *suprà*, nᵒ 3 : dans l'espèce, les plaidoiries étaient terminées quand la question de la nullité fondée sur la tardiveté des conclusions avait été soulevée, et l'on sait que l'art. 173 c. proc. civ. exige que toute nullité d'exploit ou d'acte de procédure soit proposée avant les défenses au fond, et même avant les exceptions autres que les exceptions d'incompétence.

6. Du reste, l'art. 66 du décret de 1808 fait exception pour les affaires urgentes, laissant aux juges le soin d'apprécier l'existence de ce caractère dans les contestations qui leur sont soumises. Ainsi quand, à raison de l'urgence, l'assignation a été donnée à bref délai, l'obligation de signifier les conclusions trois jours au moins avant l'audience indiquée pour les plaidoiries n'est pas prescrite à peine de nullité (Paris, 18 avr. 1864, aff. Drevet, D. P. 64. 5. 72). De même, dans une espèce où il s'agissait d'opposition à mariage, le caractère d'urgence existant dans les affaires de ce genre, aux termes des art. 177 et 178 c. civ., a fait admettre que l'inobservation du délai prescrit par l'art. 70 n'entraînait pas la nullité du jugement (Paris, 28 juin 1872, aff. de Campaigno, 2ᵉ arrêt, D. P. 73. 2. 55).

7. Cette jurisprudence devait être suivie dans les affaires sommaires qui, plus que toutes autres, offrent un caractère d'urgence. Aussi il a été décidé, dans une contestation en matière de nouvel œuvre, que des conclusions peuvent être utilement signifiées, déposées, lues et développées devant le tribunal le jour même de l'audience, et que par suite, le tribunal est tenu de statuer sur ces conclusions, quoique la partie adverse se soit opposée à leur admission sous prétexte qu'elles seraient prises tardivement (Civ. cass. 22 nov. 1859, aff. Wood, D. P. 60. 1. 315).

8. On sait qu'au nombre des affaires sommaires, et en première ligne, on doit placer les affaires de la compétence des tribunaux de commerce, qui demandent d'ordinaire une solution rapide. Aussi a-t-on jugé qu'en matière commerciale les conclusions peuvent être prises également devant la cour le jour même de l'audience (Rennes, 29 nov. 1881)(1).

§ 3. — Modification et changement des conclusions. — Délai dans lequel ils doivent avoir lieu (*Rép.* nᵒˢ 42 à 62).

9. On a dit au *Rép.* nᵒˢ 42 et suiv., que les conclusions, même déposées et signifiées, ne sont pas irrévocables, et que, tant que les parties ne sont pas liées par un jugement, il peut y être apporté des modifications. C'est ce qui a été jugé encore par un arrêt déjà cité (Req. 20 janv. 1873, aff. Renard, D. P. 74. 1. 16). — Ces modifications peuvent même porter sur les qualités des parties. Ainsi il a été jugé qu'une partie peut, au cours de l'instance, prendre des conclusions et une qualité différente de celle qu'elle s'était attribuée au début de l'instance, pour soutenir des intérêts qui lui appartiennent en cette dernière qualité (Paris, 24 déc. 1880, aff. Laurent, D. P. 81. 2. 203. V. aussi Req. 21 mai 1855, aff. Thibault, D. P. 55. 1. 279).

10. Mais les modifications ne peuvent pas être telles qu'elles changent complètement le fond même de la demande. Il a été décidé, dans ce sens, que le demandeur ne peut, au cours de l'instance, modifier ses conclusions primitives qu'à la condition que le principe de la demande reste le même, et qu'il y ait dans tout le cours de l'instance *eadem causa petendi* ; par suite, le demandeur qui, au cours du procès, substitue à une demande en payement d'un reliquat de compte une demande en restitution de prix doit être déclaré non recevable (Limoges, 27 nov. 1868, aff. Aubailly, D. P. 69. 2. 48). Ce n'est qu'autant que la partie adverse, régulièrement avertie, consentirait à répondre à des chefs nouveaux, que le demandeur aurait le droit de remplacer une demande par une autre (Trib. com. Laval, 25 janv. 1882, aff. Bellanger, D. P. 83. 3. 31-32).

11. Mais, en conséquence de la règle que nous venons de poser et qui ressort de l'arrêt du 27 nov. 1868, cité *suprà*, nᵒ 10, le juge doit admettre les conclusions qui, se rattachant à la demande originaire par l'identité du fait sur lequel elles se fondent, ne peuvent être considérées comme une demande nouvelle devant donner lieu à une citation particulière et former l'objet d'une instance spéciale, alors surtout qu'elles ne sont que la conséquence du développement donné au litige par les débats contradictoires des parties ; spécialement, le demandeur qui a conclu primitivement à la restitution d'une somme déterminée qu'il prétend avoir remise à titre de prêt, et que le défendeur, interrogé sur faits et articles, soutient n'avoir reçue qu'à titre de mandat, peut, par des conclusions nouvelles et sans recourir à un ajournement distinct, demander la reddition du compte du mandat dont cette somme aurait fait l'objet (Civ. cass. 19 nov. 1879, aff. Orsini, D. P. 80. 1. 78). Souvent, en effet, et c'est ici le cas, le défendeur oppose au demandeur un moyen nouveau soulevant des questions dont la demande introductive d'instance n'avait pas fait mention, et le demandeur use du droit de défense en répondant par des conclusions nouvelles à l'exception opposée. Mais nous le répétons, encore faut-il qu'il y ait un lien réel entre la demande nouvelle et la demande originaire. C'est ce qui résulte implicitement d'un arrêt aux termes duquel le preneur qui a formé contre son bailleur une action en résiliation de bail pour défaut de jouissance en se fondant uniquement sur le trouble que lui cause la reconstruction d'un mur mitoyen est non recevable à demander au cours du procès, par des conclusions subsidiaires, que la résiliation soit prononcée à raison d'autres vices qui se sont révélés depuis l'exploit introductif d'instance (Req. 3 juill. 1878, aff. Anckhaërt, D. P. 80. 1. 77). Le pourvoi en cassation s'était appuyé, pour faire casser l'arrêt, sur ce que les conclusions subsidiaires constituaient une demande entièrement nouvelle, et l'arrêt de la chambre des requêtes a rejeté le pourvoi par le motif que la demande subsidiaire n'était nouvelle ni par son objet, ni par sa cause.

12. On a exposé au *Rép.* nᵒ 48 que des conclusions nouvelles peuvent être prises devant le juge d'appel, à la condition qu'elles aient une relation étroite avec la demande originaire, et soient plutôt des défenses que de véritables demandes nouvelles. Mais ce droit reconnu aux parties ne va pas jusqu'à leur permettre, après qu'elles ont, en première instance, joint dans leurs conclusions deux chefs de demande, de les séparer en appel. Ainsi la partie qui, en premier ressort, a conclu à la fois à la vérification de l'écriture d'un testament olographe et à la nullité, pour vice de formes, d'un testament public postérieur, ne peut en appel

---

(1) (Trouillet C. Cheval et autres.) — La cour ; — Considérant que, dans les matières commerciales, comme dans les matières sommaires, des conclusions peuvent être utilement signifiées, déposées, lues et développées devant la cour, le jour même de l'audience ; que la cour peut et doit, par suite, statuer sur ces conclusions, sans que la partie adverse puisse s'opposer à leur admission, sous prétexte qu'elles sont prises tardivement ; que, par suite, la fin de non-recevoir opposée par Trouillet aux dernières conclusions des intimés comme constituant des faits tardivement articulés, ne procède pas, d'autant que ces conclusions ne sont, les unes que la reproduction textuelle des conclusions de première instance, les autres que l'explication circonstanciée des conclusions d'appel ;

Par ces motifs, etc.

Du 29 nov. 1881.-C. de Rennes, 3ᵉ ch.-MM. Derôme, pr.-Michel, av. gén.-Grivart et Roux-Lavergne, av.

scinder la cause, contrairement aux conclusions des intimés, et demander, notamment, un sursis à la vérification du testament olographe, jusqu'à ce qu'il ait été statué sur la validité du testament public (Req. 10 avr. 1855, aff. Dulac, D. P. 55. 1. 145).

13. De même qu'au *Rép.* n° 51, nous renverrons aux mots *Degré de juridiction* et *Demande nouvelle* l'examen de la question de savoir dans quel cas les conclusions ne forment que le développement de la demande primitive et ne sont pas introductives d'instance.

14. On a examiné au *Rép.* n°s 52 et suiv. la question de savoir jusqu'à quel moment les conclusions peuvent être modifiées. Une jurisprudence constante décide, aux termes de l'art. 87 du décret du 30 mars 1808, que toutes conclusions prises après la clôture des débats sont non recevables (Req. 2 juill. 1873, aff. Rodocanachi, D. P. 74. 1. 49; Dijon, 8 déc. 1873, aff. Malnoury, D. P. 75. 5. 108; Paris, 13 mars 1884, aff. Banque française et belge, D. P. 85. 2. 14). Cependant il ressort de l'arrêt du 2 juill. 1873 précité et de la note qui l'accompagne (D. P. 74. 1. 49), ainsi que des conclusions de M. l'avocat général Reverchon, qu'après la clôture des plaidoiries, il est permis de produire, sous la forme de notes, mémoires ou même de conclusions, des écrits qui ne font que rappeler, préciser ou développer les faits et les moyens proposés dans les conclusions et plaidés à l'audience. Ce qui est interdit, c'est de signifier des conclusions nouvelles ou en d'autres termes des conclusions contenant des moyens nouveaux de fait ou de droit.

15. Cette règle ne s'applique, d'ailleurs, qu'aux matières civiles. En matière correctionnelle et de simple police, la clôture des débats n'est que de pure forme et ne produit pas de résultat définitif, le ministère public et le prévenu pouvant toujours, tant que le jugement n'a pas été prononcé, saisir le tribunal de nouvelles conclusions (Crim. cass. 2 juin 1865, aff. Deschamps, D. P. 65. 1. 327; 28 mai 1870, aff. Ledot, D. P. 70. 1. 373).

16. Et, en matière civile, il a été jugé que des conclusions nouvelles prises après la clôture des débats doivent être considérées comme ayant saisi régulièrement le juge lorsqu'il a statué sur ces conclusions sans opposition de la partie, le juge étant alors réputé avoir ordonné ou permis la réouverture des débats (Civ. cass. 10 avr. 1865, aff. Messageries impériales, D. P. 65. 1. 229).

17. Mais, pour qu'il y ait clôture des débats, il faut non seulement que les défenseurs du demandeur et du défendeur aient terminé leurs plaidoiries, mais encore que le ministère public ait été entendu dans ses conclusions; car il est admis, malgré la controverse qui a été soulevée sur ce point, que tant que le ministère public n'a pas été entendu, des modifications peuvent être apportées aux conclusions posées. Ainsi, il a été jugé que des conclusions prises devant le tribunal avant l'audition du ministère public ne peuvent être rejetées comme tardives, surtout quand elles répondent en partie à des conclusions déposées par l'adversaire pendant la durée de la même audience (Rennes, 24 janv. 1883, aff. Serpette, D. P. 85. 2. 89; Poitiers, 9 nov. 1885, aff. de Monts, D. P. 86. 2. 238). Et l'arrêt du 2 juill. 1873, cité *suprà*, n° 14, est trop absolu lorsqu'il décide qu'aucune disposition n'autorise à signifier de nouvelles conclusions lorsque, les plaidoiries étant closes, elles ne pourraient plus être l'objet d'un débat oral et contradictoire. La doctrine, d'ailleurs, est d'accord avec la jurisprudence pour autoriser le dépôt des conclusions nouvelles jusqu'à l'audition du ministère public (Biocho, v° *Conclusions*, n°s 17 et 18; Chauveau sur Carré, *Lois de la procédure*, quest. 397; Rousseau et Laisney, *Dictionnaire de procédure civile*, v° *Conclusions*, n°s 53 *bis*, 81 et 82).

18. On doit considérer comme des conclusions nouvelles le fait, par une partie, de se porter incidemment appelante; par suite, le ministère public entendu, cette demande serait non recevable (Caen, 8 août 1848, aff. Fournier, D. P. 51. 5. 115; Angers, 18 mai 1877, aff. Cadien, D. P. 78. 2. 24). De même, l'interdiction de poser des conclusions après l'audition du ministère public s'applique aux conclusions

ayant pour objet le *donné acte* d'un fait à la charge de la partie adverse et non admis par celle-ci, d'un refus, par exemple, de communication de pièces (Req. 23 janv. 1878, aff. Texier, D. P. 78. 1. 375). Mais il n'en serait pas de même si, sous forme de conclusions, une partie demandait acte de la rectification d'erreurs matérielles qui se seraient glissées dans le libellé d'articulations admises en preuve, alors d'ailleurs que cette rectification, demandée oralement dans les plaidoiries, puis formulée par écrit sur la demande du président, a fait l'objet d'un débat contradictoire à l'audience et qu'elle ne constitue aucun moyen nouveau (Civ. rej. 29 mars 1887, aff. Gilet de Chalonge, D. P. 87. 1. 453). Ce n'est là, d'ailleurs, qu'une conséquence du principe, énoncé *suprà*, n° 14, et d'après lequel il a été jugé encore que la remise au ministère public de notes et conclusions après la clôture des plaidoiries ne peut donner ouverture à cassation, lorsque rien n'établit qu'elles aient modifié les conclusions antérieures, que, dans tous les cas, le ministère public les a acceptées et qu'elles ont passé ensuite sous les yeux de la cour (Req. 19 janv. 1887, aff. Bonal, D. P. 87. 1. 484. V. encore: Req. 29 mai 1850, aff. Cottereau, D. P. 50. 1. 315).

19. Nous avons dit *suprà*, n° 15, qu'en matière correctionnelle, le prévenu comme le ministère public peuvent prendre de nouvelles conclusions jusqu'au prononcé du jugement. Cette exception ne s'applique pas à la partie civile, qui demeure soumise au droit commun, et n'est pas recevable, par suite, à prendre de nouvelles conclusions après l'audition du prévenu, et alors que le ministère public a lui-même donné de siennes (Rennes, 26 juill. 1849, aff. Coquio, D. P. 50. 5. 87). Cependant il a été jugé qu'on ne peut considérer comme tardives et irrecevables des conclusions prises par la partie civile après l'audition du ministère public, mais avant la réplique du prévenu (Crim. cass. 27 avr. 1882, aff. Bompart, D. P. 82. 1. 326). Il est vrai que, dans l'espèce, la partie civile était la Compagnie générale des allumettes chimiques, qui, investie d'attributions répressives, puisqu'elle peut requérir contre les délinquants la peine de l'amende (V. *infrà*, v° *Impôts indirects*), doit, comme le ministère public, pouvoir prendre des conclusions jusqu'au prononcé du jugement, et même après la mise en délibéré de l'affaire. Il n'y a donc pas là une véritable exception.

20. On a vu également au *Rép.* n°s 56 et suiv., que de nouvelles conclusions ne peuvent plus être prises lorsque la cause a été mise en délibéré (Décr. 30 nov. 1808, art. 87). La jurisprudence n'a pas varié sur ce point (Paris, 12 mars 1863 (1); Dijon, 8 déc. 1873, aff. Malnoury, D. P. 75. 5. 108). On a même considéré comme des conclusions nouvelles, tardivement prises pendant le délibéré, des conclusions subsidiaires posées en première instance, renouvelées dans l'exploit d'appel, mais qui, n'ayant été réitérées ni dans un acte postérieur signifié avant l'audience, ni à la barre de la cour, avaient été regardées comme abandonnées (Civ. rej. 9 nov. 1853, aff. Cazamayeur, D. P. 53. 1. 331). Et, d'après le même arrêt, il importait peu que l'intimé eût, de son côté, conclu à la confirmation pure et simple du jugement qui rejetait les conclusions subsidiaires, la cour ne se trouvant pas saisie par là des conclusions implicitement abandonnées (Même arrêt).

21. La règle générale qui interdit de prendre des conclusions une fois que la cause est en délibéré, s'applique-t-elle même aux conclusions qui renfermeraient un moyen fondé sur la prescription? (V. sur ce point v° *Prescription civile; — Rép.* eod. v°, n° 127).

22. De même que nous avons reconnu, *suprà*, n° 14, le droit pour les parties de présenter, après la clôture des débats, des observations ou des éclaircissements au juge, de même, après la mise en délibéré de la cause, il a été décidé que les parties, à défaut de conclusions nouvelles, peuvent présenter des observations, éclaircissements ou mémoires, tendant à justifier leurs prétentions (Req. 29 mai 1850, aff. Cottreau, D. P. 50. 1. 315; 13 janv. 1878, aff. Casamayou, D. P. 78 .1. 152). Toutefois le bailleur d'une maison à construire, actionné en résiliation du bail pour n'en avoir

---

(1) (Wulff *C.* Avenet.) — LA COUR; ... — En ce qui touche les conclusions subsidiaires d'Avenet : — Considérant qu'elles ont été prises depuis la mise de la cause en délibéré, et qu'elles

sont, par conséquent, tardives; — Par ces motifs, rejette, etc.
Du 12 mars 1863.-C. de Paris, 2° ch.-MM. Anspach, pr.-Laurier, Fauvel et Cliquet, av.

pas observé les clauses dans la construction de cette maison, ne pourrait, après avoir conclu à ce que les travaux fussent déclarés conformes au bail, demander, dans l'intervalle de la mise en délibéré au jour du jugement, que le preneur soit tenu d'accepter ces travaux sous l'offre de certaines modifications proposées alors pour la première fois (Arrêt précité du 29 mai 1850).

De même encore lorsque, pendant les débats, l'une des parties prend un engagement au sujet duquel la partie adverse présente toutes les observations et conclusions qu'elle juge utile, cette partie a le droit, en exécution de son engagement, de déposer, même après la mise en délibéré, des conclusions subsidiaires, et le juge qui les admet ne viole en aucune manière les droits de la défense (Req. 17 nov. 1875) (1).

§ 4. — Effets des conclusions.—Disposition d'office. — Choses non demandées ou *ultrà petita* (*Rép.* n°ˢ 63 à 98).

23. Comme on l'a vu au *Rép.* n° 63, l'effet le plus immédiat des conclusions consiste à saisir le tribunal et à indiquer aux juges les points sur lesquels ils ont à statuer. Elles doivent être aussi précises et aussi complètes que possible, les juges n'ayant pas à statuer d'office sur les faits intéressant les parties et que les conclusions passent sous silence, sauf dans les cas spéciaux où l'ordre public est en jeu.

Cette règle a encore été fréquemment consacrée par la jurisprudence. « Les tribunaux, dit notamment un arrêt de la chambre des requêtes du 12 févr. 1855 (aff. Theric, D. P. 55. 1. 80), ne doivent statuer que sur les conclusions des parties. » Décidé, spécialement, qu'il n'y a pas lieu de statuer sur des moyens de nullité qui n'ont pas été formulés dans les conclusions (Orléans, 25 juill. 1863, aff. Moreau, D. P. 63. 2. 143).

24. Le juge n'est, d'ailleurs, tenu de prononcer sur les conclusions des parties, qu'autant qu'elles sont prises à l'audience. Ainsi, il a été décidé que des conclusions signifiées, mais non posées à l'audience, ne saisissent pas le juge, qui n'est pas tenu, dès lors, d'en motiver le rejet (Civ. rej. 18 juill. 1859, aff. Potier, D. P. 59. 1. 398. Conf. Req. 8 févr. 1859, aff. Duboys, D. P. 59. 1. 260, et la note). De même, des conclusions à fin de communication de titres sont réputées abandonnées, lorsqu'à l'audience où l'affaire a été appelée plusieurs mois après, elles n'ont pas été reproduites, et que l'avoué s'est borné à conclure au fond (Req. 14 déc. 1852, aff. Ville de Paris, D. P. 54. 5. 178). Décidé, dans le même sens, que la partie qui conclut au fond sans rappeler les exceptions de nullité de la procédure et d'incompétence d'abord invoquées par elle, n'est censée y renoncer (Bourges, 3 janv. 1859, aff. Bertrand, D. P. 59. 5. 164; Trib. com. Seine, 14 juin 1873, aff. Baroz, D. P. 77. 2. 77).

25. C'est une règle constante que les juges n'ont à se préoccuper que des exceptions ou des moyens du fond formulés dans les conclusions. Ils n'ont pas à considérer autre chose, et peu importe que les exploits et requêtes signifiés avant et pendant l'instance, ou même que les parties auraient signifiés et développés dans la discussion orale, contiennent d'autres chefs de demande (V. Req. 24 janv. 1857, aff. Dampierre, D. P. 57. 1. 360, et la note). Il a été décidé dans ce sens, que les conclusions tendant à ce qu'une action soit déclarée non recevable et mal fondée, sans indication d'une cause particulière de fin de non-recevoir, doivent être considérées comme ne se rapportant qu'au fond de l'action, et que, par suite, les juges sont tenus de statuer seulement sur le fond, alors même que la fin de

non-recevoir aurait été spécifiée dans les plaidoiries des avocats (Req. 22 nov. 1858, aff. Bayle, D. P. 59. 1. 127). — Jugé encore qu'une fin de non-recevoir formulée par une partie dans ses conclusions signifiées, mais non reproduite dans le dispositif de ces conclusions ni dans les conclusions prises à l'audience, n'est pas régulièrement soumise aux juges, et que, dès lors, la décision qui rejette implicitement cette exception en statuant au fond n'est pas nulle pour défaut de motifs (Req. 11 mai 1859, aff. Goutant-Chalot, D. P. 59. 1. 455. V. aussi Civ. rej. 18 juill. 1859, aff. Potier, D. P. 59. 1. 398-399).

26. Pour que le tribunal puisse se dispenser de statuer sur des conclusions, il n'est pas nécessaire que les parties aient omis, après les avoir signifiées, de les reproduire à l'audience, ou qu'elles aient expressément manifesté l'intention de les abandonner. L'abandon peut être implicite (*Rép.* n°ˢ 23, 47 et suiv.). — Il a été jugé qu'une demande peut être déclarée non contestée, bien que des conclusions contraires à cette demande aient été prises, une telle déclaration impliquant l'abandon de ces conclusions lors de la discussion, alors surtout qu'il s'agit de conclusions prises en appel contre une demande qui n'était point contestée devant les premiers juges, la circonstance que la demande n'était pas contestée lors du jugement qui l'a accueillie suffisant pour justifier la confirmation de ce jugement (Req. 24 nov. 1856, aff. Point, D. P. 56. 1. 449). Mais la considération sur laquelle se fonde cet arrêt n'est pas précisément exacte. On peut contester en appel une demande qui ne l'a pas été en première instance (V. *Rép.* v° *Demande nouvelle*, n°ˢ 179 et suiv.); les conclusions prises à cet égard constituent une défense à l'action principale, et le silence de la partie actionnée, même sa déclaration de s'en rapporter à justice, n'a pas nécessairement le caractère d'un acquiescement au jugement à intervenir (V. Civ. cass. 12 juill. 1852, aff. Allain, D. P. 52. 1. 202; Douai, 10 déc. 1846, aff. Terrassin, D. P. 49. 5. 4; Bourges, 30 avr. 1853, aff. Gros, D. P. 54. 2. 52).

27. Si le tribunal n'a pas à statuer sur les conclusions implicitement ou explicitement abandonnées, à plus forte raison doit-il s'abstenir sur les moyens que les conclusions n'ont pas mentionnés. Il a été décidé, en ce sens, qu'il n'y a pas lieu de statuer sur des moyens de nullité qui n'ont pas été formulés dans les conclusions (Orléans, 25 juill. 1863, aff. Moreau, D. P. 63. 2. 143).

28. Un tribunal peut omettre de statuer sur certaines conclusions prises par les parties, s'il lui paraît qu'elles sont inutiles à l'autorité de sa sentence. Il peut même statuer de préférence sur les conclusions subsidiaires, en laissant de côté les conclusions principales, si leur adoption lui procure un moyen plus sûr de vider le litige. Spécialement, dans le cas où un écrit, invoqué comme testament, est attaqué par le motif principal qu'il n'a pas les caractères d'un acte testamentaire, et par le motif subsidiaire qu'il serait entaché de faux, les juges peuvent examiner en premier lieu l'articulation subsidiaire de faux, et, s'ils déclarent la fausseté de la pièce, se dispenser d'en rechercher la qualification, bien que ce soit dans les conclusions principales que soit mise en question (Req. 22 mars 1869, aff. Mérigot, D. P. 69. 1. 448). La cour de cassation, par cet arrêt, a voulu dégager le juge de l'obligation d'observer l'ordre des conclusions des parties, rejetant ainsi la théorie de la cour de Nîmes, qui avait décidé, par un arrêt du 5 déc. 1839 (*Rép.* v° *Jugement*, n° 167-2°), qu'un tribunal ne peut régulièrement statuer sur une demande subsidiaire qu'après rejet de la demande principale.

29. Le juge peut, dans certains cas, rejeter les conclusions dont il est saisi, si elles ne lui semblent pas suffisamment catégoriques. Ainsi il a été décidé qu'un tribunal,

---

(1) (Porra C. Jacquard.) — LA COUR ; — Sur la première branche du premier moyen, tiré de la violation des art. 70 et 87 du décret du 30 mars 1808, 77, 111 et 116 c. proc. civ. : — Attendu que, dans l'intervalle des plaidoiries au prononcé de l'arrêt, et alors que la cause était en délibéré, Jacquard et comp. ont déposé des conclusions subsidiaires tendant à ce que la cour leur donnât acte de l'engagement par eux pris de faire admettre Porra à la faillite Gouby, engagement déjà pris, soit à l'audience des plaidoiries, soit lors de la comparution des parties assistées de leurs avoués devant le conseiller-rapporteur, soit dans des notes remises

à la cour et communiquées ; — Attendu que, dans ces circonstances, Jacquard et comp. étaient liés par l'engagement dont il s'agit, et que Porra avait pu faire à ce sujet toutes les observations et poser toutes les conclusions qu'il avait jugées utiles ; — Qu'il s'ensuit que la cour, en visant dans son arrêt ledit engagement, n'a violé ni les droits de la défense, ni aucun des textes cités...

Par ces motifs, rejette.

Du 17 nov. 1875.-Ch. req.-MM. de Raynal, pr.-Demangeat, rap.-Godelle, av. gén., c. conf.-Barry, av.

saisi de conclusions qui ne lui paraissent justifiées que partiellement, n'est pas tenu d'accueillir ces conclusions pour
la partie qu'il considère comme établie si, en l'absence de
conclusions subsidiaires, les limites dans lesquelles il
devrait les déclarer fondées ne sont pas précisées (Civ. rej.
11 févr. 1857, aff. Taillardat de la Maisonneuve, D. P. 57.1.55).

30. Le juge d'appel, comme le juge du premier ressort,
n'est tenu de statuer sur les conclusions qui sont prises
prises devant lui, et il ne peut pas s'écarter des limites
que leur dispositif lui trace. — Il a été jugé, à cet égard, que
les conclusions tendant à la confirmation d'un jugement ne
soumettent, en réalité, à la cour d'appel que les questions
tranchées par le dispositif du jugement, et que, dès lors,
elles ne l'obligent pas à s'expliquer sur une fin de non-recevoir soulevée d'office dans les motifs du jugement, si d'ailleurs les premiers juges n'en ont pas fait un chef de décision (Req. 8 juill. 1857, aff. de Chénereilles, D. P. 57.1.420).

31. En vertu du même principe, il a été décidé que le
juge d'appel n'est pas tenu de répondre à une exception tendant à la nullité d'une expertise que l'appelant avait présentée dans des conclusions prises avant un arrêt interlocutoire, mais qu'il n'a pas reproduite dans les dernières
conclusions qui ont précédé l'arrêt définitif ; et rien ne s'oppose à ce que, dans sa décision, il fasse état des constatations de cette expertise qui dans le fait n'était pas attaquée
(Civ. rej. 24 mai 1882, aff. Chemin de fer du Midi C. Des-
paux, D. P. 83. 1. 14). Cet arrêt se justifie d'autant mieux
que la jurisprudence reconnaît aux juges le droit de se
servir, à titre de renseignements, même d'une expertise
nulle (Req. 3 mars 1873, aff. Revelière, D. P. 73. 1. 300 ;
6 déc. 1876, aff. Pavy, D. P. 77. 1. 351).

32. Nous avons dit, *supra*, n° 30, qu'on doit présumer
que la partie qui conclut en appel à la confirmation du
jugement reprend ses conclusions de première instance.
Il ne faudrait pas en induire que le juge d'appel se trouve
d'office saisi des conclusions subsidiaires qui accompagnaient
les conclusions principales prises en première instance. La
partie qui a succombé dans ses conclusions principales et
dans ses conclusions subsidiaires, et qui à l'appui de son
appel ne réitère pas ces dernières conclusions, doit être considérée comme les ayant abandonnées, et le juge d'appel
qui confirme le jugement n'est pas tenu de s'occuper du
chef subsidiaire non renouvelé par l'appelant (Civ. rej. 9 nov.
1853, aff. Cazamajan, D. P. 53.1.331 ; 11 janv. 1870, aff. Mau-
léon, D. P. 70. 1. 60). Cependant, quand l'adoption en première instance des conclusions principales emporte l'adoption implicite, et par *à fortiori*, des conclusions subsidiaires,
l'intimé doit être réputé, en concluant à la confirmation du
jugement, demander à la cour le maintien de ce que le tribunal lui a accordé, ou au moins la reconnaissance explicite du droit que le même jugement lui avait reconnu. Ainsi,
lorsque sur une action tendant à ce qu'il fût interdit au
défendeur de se servir de la raison sociale d'une société dont
il était l'un des membres, le défendeur qui concluait à être
autorisé à faire usage de cette raison sociale, et subsidiairement à se dire le successeur de la maison de commerce
faisant l'objet de la société, a triomphé sur ses conclusions
sur ses conclusions principales, et s'est borné en appel
à demander la confirmation du jugement, il doit être
considéré comme ayant, pour le cas où le jugement serait

infirmé, reproduit ses conclusions subsidiaires, où il demandait moins que le jugement lui a accordé. Par suite, la cour
peut, si elle infirme et si elle interdit dès lors à l'intimé
l'emploi de la raison sociale que lui contestait l'appelant,
accueillir les conclusions subsidiaires ainsi reprises implicitement devant elle, sans encourir le reproche d'avoir accordé
à l'intimé ce qu'il ne demandait plus (Req. 9 nov. 1869,
aff. Champy, D. P. 70. 1. 165).

Un arrêt de la cour de Liège du 15 juin 1882 (aff. de Car-
lowitz, D. P. 83. 2. 138) semble s'écarter de cette jurisprudence : il décide que le juge de première instance qui
a fait droit aux conclusions principales d'une partie n'a pas
dû statuer sur les conclusions subsidiaires qu'elle a prises, et
que ces conclusions subsidiaires peuvent être reproduites
dans une nouvelle instance sans que l'on puisse opposer
une exception de litispendance résultant de ce que la cour
d'appel est saisie du premier litige, l'appel n'ayant pas saisi
la cour de la connaissance de cette contestation. Cette
solution paraît contestable. Sans doute, d'après l'arrêt précité
du 9 nov. 1853, on peut, à raison des circonstances de la
cause, présumer que la partie intéressée a abandonné en
appel ses conclusions subsidiaires. Mais cette présomption
ne saurait être érigée en règle générale. Les renonciations
doivent s'interpréter dans le sens le moins défavorable à la
partie dont elles émanent. Ajoutons que, d'après le système
consacré par la cour de Liège, si la cour infirmait la décision des premiers juges, la partie serait obligée, pour faire
valoir des conclusions subsidiaires de première instance,
de commencer un nouveau procès qui à son tour pourrait
parcourir deux degrés de juridiction, conséquence évidemment contraire à la raison et à l'équité.

33. En tous cas, le juge d'appel, pas plus que le juge de
première instance, n'est tenu de statuer sur les moyens
invoqués dans l'acte d'appel, mais qui, non reproduits dans
les conclusions devant la cour, sont réputés ne lui avoir pas
été soumis (Req. 8 juill. 1857, aff. Lefebvre, D. P. 57. 1. 387).

34. Si le juge, en première instance comme en appel, a
le devoir de statuer sur les conclusions qui sont posées à
l'audience, encore faut-il que ces conclusions soient
articulées d'une manière précise. Il a été décidé, sur ce point,
qu'une offre vague de communication de registres à l'effet de
fournir une preuve ne supplée pas à des conclusions formelles à fin d'admission de cette preuve (Req. 18 juin 1855, aff.
Bourdon, D. P. 56. 1. 172). De même, le juge n'est pas tenu
de statuer sur une exception de litispendance, si, sans en
faire un chef de conclusion, l'avocat l'énonce comme moyen
dans le cours de sa plaidoirie (Req. 17 août 1865) (1).

35. En ce qui concerne l'attribution de compétence, la
position de conclusions formelles est encore exigée, quand
il ne s'agit bien entendu que de la compétence *ratione
personæ* : l'incompétence *ratione materiæ* est d'ordre public
et doit être déclarée d'office par le juge. — Ainsi on a vu,
par exemple, *supra*, v° *Compétence des tribunaux d'arrondissement*, n° 53, que si les contestations relatives aux contrats passés avec une compagnie d'assurances, dans une de
ses succursales, doivent légalement être portées devant le
tribunal du siège social, lorsque cette attribution a été stipulée par une clause de la convention, il est du moins
nécessaire, pour que le juge soit en demeure d'appliquer
cette règle, que des conclusions formelles dans ce sens aient

(1) (Boulouguet C. Alazard.) — LA COUR ; — Sur le premier moyen
fondé sur la violation de l'art. 171 c. proc. civ., en ce que
l'arrêt attaqué a déclaré n'y avoir lieu de statuer sur l'exception
de litispendance soulevée par l'avocat de l'appelant, combattue par
l'intimé dans ses conclusions, et qui même avait fait l'objet de conclusions de la part du ministère public, sous prétexte que cette exception n'avait été formulée ni devant le tribunal, ni devant la cour :
— Attendu que, nonobstant la formule *qu'il n'y a lieu de statuer
sur l'exception de litispendance*, la cour impériale prononce réellement sur cette exception et la repousse, puisqu'après avoir annulé
la transaction du 10 mai 1862, elle renvoie les parties devant
le tribunal de la Seine, déjà saisi, pour être procédé à l'apurement
des comptes, la cour retient la cause et nomme des experts, le
rapport desquels il sera ultérieurement statué par elle ; — Attendu,
d'autre part, que, pour écarter l'exception de litispendance ou le
point s'y arrêter, l'arrêt attaqué se fonde sur ce que cette exception, *énoncée en plaidant*, n'a point été proposée formellement et
que même *il n'a été pris*, à cet égard, pour Boulouguet, *aucune
conclusion, soit devant le tribunal, soit devant la cour* ; — Que,

par ces expressions, l'arrêt attaqué n'entend pas évidemment contester à l'avocat, assisté de l'avoué, le droit de prendre à la barre
des conclusions que l'avoué fait siennes par sa présence et son
approbation tacite ; que, de l'opposition entre les mots : *exception
énoncée en plaidant*, et ceux-ci : *aucune conclusion n'a été prise*,
soit devant le tribunal, soit devant la cour, il résulte avec évidence que la cour impériale a entendu déclarer qu'il n'avait été
pris de conclusions ni par l'avocat, ni par l'avoué sur la question
de litispendance ; — Attendu que la simple énonciation, en plaidant, d'un moyen dont la partie ne fait pas un chef de conclusion, ne peut mettre le juge en demeure de prononcer ; — Attendu,
au surplus, que si l'exception de litispendance n'est pas de celles
qui doivent être proposées *in limine litis*, elle n'est pas non plus
d'ordre public, et ne peut être utilement présentée pour la première fois en appel ; d'où il suit qu'en constatant que cette exception n'avait pas été présentée en première instance, l'arrêt attaqué en a suffisamment motivé le rejet ; ... — Rejette, etc.
Du 17 août 1865.-Ch.req.-MM. Bonjean, pr.-de Peyramont, rap.-
P. Fabre, av. gén., c. conf.-Bosviel, av.

été posées à l'audience (Req. 25 mai 1886, aff. Comp. d'assurances mutuelles *l'Etable*, D. P. 87. 1. 376). A défaut de conclusions formelles, le tribunal du lieu de la succursale pourra se reconnaître compétent, d'après le droit commun, pour juger le procès né de la convention passée dans cette succursale même. Il est d'ailleurs constant que les conclusions relatives à l'incompétence *ratione personæ* doivent être prises avant tout débat au fond (V. *infrà*, v° *Exceptions et fins de non-recevoir*).

36. On a étudié, *suprà*, v^is *Compétence civile des tribunaux d'arrondissement*, n°s 136 et suiv., et *Compétence civile des juges de paix*, n°s 128 et suiv., comment et dans quelles conditions la compétence d'un tribunal peut être prorogée. Nous nous bornerons à rappeler que cette prorogation ne saurait résulter de conclusions prises par les parties (V. ce dernier mot, n° 13).

37. On sait que les moyens nouveaux ne peuvent pas être proposés devant la cour de cassation (V. *suprà*, v° *Cassation*, n°s 419 et suiv.). Aussi a-t-il été jugé qu'un moyen de nullité formulé dans des écritures signifiées en appel, mais non reproduit dans les conclusions d'audience, où une cause de nullité complètement distincte a été seule invoquée, doit être considéré comme non soumis aux juges du fait, et ne peut, dès lors, être proposé devant la cour de cassation (Req. 6 mai 1851, aff. Rever, D. P. 54. 5. 178).

38. En matière criminelle, comme en matière civile, le juge n'est tenu de statuer que sur les conclusions formellement prises. Ainsi le juge correctionnel n'est pas tenu de s'expliquer par des motifs spéciaux sur un moyen dont le prévenu n'a pas fait un chef de conclusions, et qu'il n'a produit que comme défense au fond (Crim. rej. 2 janv. 1863, aff. Paur, D. P. 63. 5. 251; 8 mai 1869, aff. Constance, D. P. 70. 1. 93), ou qu'il n'a indiqué que dans des notes ou mémoires (Crim. rej. 23 déc. 1854, aff. Featherstonhaugh, D. P. 59. 1. 185). De même, l'énonciation que le prévenu appelant a faite d'une irrégularité dans un des motifs de ses conclusions n'oblige pas les juges à en faire l'objet d'un chef de leur décision, lorsque celui-ci s'est borné à demander la réformation du jugement au fond (Crim. rej. 23 août 1860, aff. Raspail, D. P. 60. 1. 419. V. encore: Crim. cass. 19 mai 1859, aff. Larbaud, D. P. 60. 1. 363). Le principe posé par ce dernier arrêt avait été consacré déjà en matière civile (Req. 11 mai 1859, aff. Goutant-Chalot, D. P. 59. 1. 455-456). Il a été jugé encore que le juge n'est pas tenu de répondre par un motif spécial à une prétention que le prévenu n'a produite que comme moyen à l'appui d'un chef de conclusions; par exemple, dans le cas où celui-ci a opposé la prescription à la prétention de faire attribuer à une ordonnance de non-lieu, comme à tout jugement, l'effet de faire disparaître les interruptions de prescription résultant des actes de procédure antérieurs (Crim. rej. 27 janv. 1870, aff. Famin, D. P. 70. 1. 442). Cette règle encore est applicable en matière civile (V. Req. 11 mars 1867, aff. Lemaire-Daimé, D. P. 67. 1. 429; Civ. rej. 26 août 1868, aff. Delbosc, D. P. 68. 1. 439).

Dans tous les cas, le juge correctionnel n'est obligé ni de repousser isolément ce qui, dans les conclusions qui lui sont soumises, ne forme pas des chefs distincts, ni de répondre par des motifs particuliers à chacun des arguments de la défense (Crim. rej. 28 mars 1873, aff. Bigot, D. P. 73. 1. 174). Cette règle est constante, et la jurisprudence l'a sans cesse appliquée (Crim. rej. 8 mai 1869, aff. Constance, D. P. 70. 1. 93-94; Req. 14 févr. 1872, aff. Commune de Saint-Amand-en-Puivaye, D. P. 72. 1. 265).

39. La règle qui exige le dépôt de conclusions formelles est également applicable au grand criminel. De simples observations dans lesquelles le ministère public s'est borné à prier la cour d'assises d'examiner un point de droit à la solution affirmative duquel il subordonne les réquisitions par lui prises pour l'application de la peine n'obligent pas la cour, comme des conclusions expresses et formelles, à s'expliquer, à peine de nullité, sur la question qui lui est soumise (Crim. rej. 23 août 1860, aff. Raspail, D. P. 60. 1 419-420; Crim. cass. 1er déc. 1860, aff. Rigollot, D. P. 61. 1. 190). Mais la cour d'assises est tenue de statuer sur les conclusions, quelles qu'elles soient, prises par le ministère public, et ne peut pas passer outre sous le prétexte que ces conclusions seraient prises oralement. Il y aurait là motif à

cassation (Crim. rej. 11 nov. 1869, aff. Suivassin, D. P. 70. 1. 384). Toutefois cette nullité pourrait être couverte, et il n'y aurait plus lieu à cassation si le ministère public consentait, devant le refus de la cour, à réitérer ses conclusions par écrit, et si la cour statuait alors par arrêt motivé (Même arrêt. V. aussi Crim. rej. 10 oct. 1861, aff Gianoli, D. P. 61. 1. 451).

40. Mais il ne faut pas pousser à l'extrême cette obligation pour les parties de prendre des conclusions expresses. Dans de nombreux cas, le juge doit statuer bien que la demande n'ait pas été catégoriquement posée. Ainsi, il a été jugé, en vertu du principe que le juge de l'action est juge de l'exception, que le tribunal est dans la nécessité d'examiner la validité d'une cession de droits successoraux, alors même que la nullité n'en aurait pas été demandée d'une manière expresse, si, d'un côté, une partie requiert l'homologation d'un projet de liquidation de succession qui consacre une compensation dont elle doit bénéficier, et si, d'un autre côté, les parties adverses invoquent la cession dont il s'agit, comme argument décisif contre cette compensation (Req. 22 mars 1882, aff. de la Tullaye de Varennes, D. P. 82. 1. 285). Dans l'espèce, une des parties demandait l'homologation d'un travail liquidatif préparé par un notaire, et qui lui permettait de bénéficier d'une compensation qu'elle avait intérêt à invoquer. L'autre partie excipait d'une cession de droits successoraux qui avait pour but et devait avoir pour résultat de mettre obstacle à cette compensation. Le juge était forcément saisi de la vérification de la validité de la cession invoquée, les conclusions réciproques des parties liant suffisamment le débat sur ce point, et dès lors, il avait, non seulement le droit, mais l'obligation de statuer sur la validité de la cession en même temps que sur le litige.

41. Cependant, si dans certains cas le juge peut statuer en l'absence de conclusions expresses, encore faut-il qu'à défaut de termes précis les parties se servent d'expressions qui ne soient ni trop vagues, ni trop générales. Ainsi, il a été décidé que pour établir, en l'absence de conclusions précises, que l'exception de chose jugée a été invoquée devant les juges du fond, il ne saurait suffire d'expressions vagues et générales dont cette partie se serait servie en demandant à être renvoyée de l'action, tant par fins de non-recevoir, prescription, moyens au fond qu'autrement, lorsque, du reste, aucune fin de non-recevoir particulière n'était articulée, non plus qu'aucune exception de prescription (Civ. rej. 8 juill. 1851, aff. Commune de Brenod, D. P. 51. 1. 310).

42. Au reste, il appartient aux tribunaux d'interpréter les conclusions prises devant eux, dans le cas où elles seraient obscures ou ambiguës. Ce point, qui ne saurait faire difficulté, résulte notamment d'un arrêt de la cour de cassation, aux termes duquel des conclusions tendant au rejet d'une action pour incompétence, fin de non-recevoir, défaut d'action ou autrement, peuvent, par voie d'interprétation de l'intention des parties, être considérées comme ne portant pas sur le fond de la contestation et comme ne soulevant qu'une question de compétence (Civ. rej. 30 nov. 1859, aff. Maurette, D. P. 59. 1. 486). — Jugé aussi à cet égard : 1° qu'il appartient aux juges du fond, pour déterminer le sens et la portée des conclusions posées devant eux, d'en rapprocher les termes de ceux de l'exploit introductif d'instance, auquel ces conclusions sont censées se référer (Bruxelles, 17 janv. 1866, aff. Grande compagnie du chemin de fer du Luxembourg *C*. Commune de Wierde, *Pasicrisie belge*, 1866. 2. 203); — 2° Qu'en cas de doute sur l'étendue des conclusions prises par une partie en appel, la cour peut se reporter à une demande qui avait été formée devant les premiers juges, mais que cette demande ait, depuis, été abandonnée (C. cass. Belgique, 23 janv. 1852, aff. Société du Pont de la Boverie *C*. Lhoneux, *Pasicrisie belge*, 1853. 1. 7).

43. De simples réserves ne saisissent pas le juge (Toulouse, 4 juin 1879, aff. Gonzalve de Cordoue, D. P. 80. 2. 113), et notamment il n'est pas tenu de statuer sur une nullité d'exploit qui, invoquée dans une requête d'opposition à un jugement par défaut, et à l'appui de cette opposition, a été simplement réservée à l'audience (Req. 12 nov. 1855, aff. Desservy, D. P. 56. 1. 162). Mais lorsque, par des conclusions précises et formelles, une cour d'appel est mise en demeure de statuer sur la validité et les effet ɟ

d'une subrogation dans son hypothèque légale consentie par une femme mariée à un créancier, elle ne peut écarter ces conclusions sous le prétexte qu'elles constituent des réserves sur lesquelles il n'y a pas lieu de statuer (Civ. cass. 26 janv. 1887, aff. Paumier, D. P. 87. 1. 208).

44. Au reste, les conclusions pouvant être prises oralement et à la barre (*Rép.* n° 30), des réserves peuvent être transformées en conclusions avant le jugement. Ainsi, il a été décidé que la circonstance que, dans l'exploit introductif d'instance, le demandeur s'était borné, en réclamant la cessation d'un fait abusif (dans l'espèce, une saisie vexatoire) à faire des réserves à fin de dommages-intérêts, n'autorise pas à soutenir, devant la cour de cassation, que les dommages-intérêts alloués en réparation de ce fait par le juge de première instance l'ont été d'office et sans avoir été demandés, si les termes du jugement, ceux des conclusions prises en appel, et ceux de l'arrêt intervenu, impliquent nécessairement que les réserves avaient été converties en conclusions avant le prononcé du jugement, et si, par exemple, la partie qui a obtenu les dommages-intérêts a formé un appel incident fondé sur ce que le tribunal avait fixé à tort le chiffre des dommages-intérêts à la moitié de la somme qu'elle avait demandée (Req. 12 févr. 1868, aff. Borgnis, D. P. 68. 1. 274). — Dans cet arrêt, la cour de cassation reconnaît qu'il suffit que l'existence des conclusions orales soit attestée par le jugement d'une manière implicite, et qu'il n'est pas besoin qu'elles aient été précédées de réserves insérées dans l'exploit introductif d'instance. Toutefois, dans une espèce où les qualités d'un jugement étaient muettes sur l'existence des conclusions se rapportant à un des objets qui y étaient décidés, une cour d'appel, se fondant sur la circonstance que l'opposition de la partie aux qualités afin d'y faire mentionner ces conclusions avait été rejetée, a jugé qu'il y avait eu, en ce qui concerne ledit objet, décision sur une chose non demandée; et la représentation, par la même partie, de la mention de ces conclusions dans l'exploit introductif d'instance, alors que cette mention ne s'y trouvait qu'au moyen d'un renvoi et n'avait pas été reproduite dans la copie signifiée, a été considérée comme ne pouvant infirmer la preuve résultant du rejet de l'opposition aux qualités (Poitiers, 23 janv. 1855, aff. Desnoyer, D. P. 56. 2. 46).

45. Un arrêt de la chambre des requêtes paraît, au premier abord, en contradiction avec la jurisprudence que l'on vient de citer. Il décide que, lorsqu'une partie formule des réserves et demande qu'il lui en soit donné acte, le juge peut apprécier le mérite de ces réserves et les rejeter, alors surtout que les motifs donnés sur la question principale impliquent virtuellement le mal fondé des réserves (Req. 10 juin 1868, aff. Malfilâtre, D. P. 69. 1. 182). Il semble résulter de cette décision que la seule cause du rejet des réserves ait consisté dans leur peu de fondement, et que si elles eussent été plus sérieuses le juge aurait pu les admettre. La contradiction n'est en réalité qu'apparente. Rejeter les réserves, les admettre ou en donner acte, cela ne préjuge rien en faveur de leur auteur (*Rép.* vᵗ *Chose jugée*, nᵒˢ 23, 50, 87 et suiv.; *Réserves*, nᵒ 8). La jugement qui prononce sur une chose non demandée a, il est vrai, toute l'autorité de la chose jugée, jusqu'à ce qu'il ait été rétracté par la voie de la requête civile. Mais, quand il déclare dans son dispositif qu'il rejette les réserves, et non des conclusions, il établit lui-même une différence entre les réserves, dont il refuse en réalité de donner acte, sous la forme d'un rejet, et un chef de demande dont il aurait débouté la partie. En pareil cas, le juge déclare lui-même qu'il ne juge pas; il n'y a donc pas un jugement véritable.

46. Mais ce n'est pas présenter des réserves que déclarer s'en rapporter à justice. La partie qui déclare s'en rapporter à justice prend, par là même, des conclusions au fond. En conséquence, celui qui, mis d'abord en cause sur une demande en partage d'une succession, connexe à une demande en nullité de testament, reçoit ensuite des conclusions tendant à faire déclarer bon et valable le testament litigieux par un jugement commun à toutes les parties, et y répond en demandant acte de ce qu'il s'en rapporte à

justice sur la validité dudit testament, ne peut prétendre, devant la cour d'appel, qu'il a été jugé au tribunal sans avoir été partie ni entendu dans l'instance relative au testament (Req. 17 août 1874, aff. Haussmann, D.P. 75.1.315).

47. La situation des parties est fixée exclusivement par les conclusions prises et signifiées au procès; aussi les juges doivent-ils s'en tenir à ces conclusions, et il ne leur est permis de s'en écarter sous aucun prétexte. Ainsi il a été jugé qu'un tribunal n'est pas dispensé de statuer sur des conclusions tendant à l'allocation de dommages-intérêts, alors même, qu'aux termes des qualités du jugement, l'avocat de la partie qui a pris ces conclusions aurait demandé acte à la barre, assisté de l'avoué, de ce qu'il n'insistait pas sur cette demande de dommages-intérêts (Paris, 25 févr. 1876, aff. Guimaraës, D. P. 76. 2. 233).

De même, un arrêt ne pourrait, sans excès de pouvoirs, appuyer sa décision sur la prétendue déclaration d'une partie, contredite par des conclusions en forme régulière, présentées par cette même partie. Doit être cassé notamment, comme ne donnant pas de base légale à sa décision, l'arrêt qui, malgré les conclusions du transporteur tendant à établir que la mention sur le connaissement des marchandises manquantes est le résultat d'un faux imputable au chargeur, condamne néanmoins ce transporteur à payer la valeur desdites marchandises sous prétexte que, d'après une reconnaissance émanée de lui, le faux aurait été commis par un de ses agents dans l'exercice de ses fonctions, alors que cette prétendue reconnaissance du transporteur est contredite par les conclusions versées aux débats (Civ. cass. 21 févr. 1887, aff. Comp. des Messageries maritimes, D. P. 87. 1. 476).

48. En matière administrative, la règle est la même ; les conclusions prises au procès établissent la situation des parties, et le juge n'a le droit d'y rien modifier. Ainsi, il a été décidé que lorsque le préfet, agissant au nom et comme représentant de l'État, a déposé des conclusions devant le conseil de préfecture, tendant à l'allocation, à un particulier, d'une somme déterminée, à titre d'indemnité, le conseil ne peut, sans excès de pouvoirs, allouer une somme inférieure, et dès lors le ministre ne peut demander au conseil d'État l'annulation de l'arrêté qui a fixé l'indemnité conformément aux conclusions du préfet (Cons. d'Ét. 25 févr. 1876, aff. Ministre des travaux publics, D. P. 77. 5. 118).

49. On a vu, *supra*, nᵒˢ 9 et suiv., que les parties ont le droit d'apporter dans un certain délai, à leurs conclusions, tels changements et modifications qu'il leur convient. Le tribunal lui-même peut sans excès de pouvoirs modifier l'objet des conclusions posées devant lui, lorsque la situation des parties se trouve modifiée par suite de circonstances étrangères à leur volonté. Ainsi, lorsque, dans l'intervalle écoulé entre le jugement de première instance et celui d'appel, une coupe affouagère, reconnue litigieuse, a été vendue par l'administration forestière, et que le prix en a été déposé à la caisse des consignations, le juge d'appel peut d'office, et sans qu'il y ait été conclu, adjuger ce prix aux ayants droit, bien qu'avant la vente ils eussent conclu en première instance à la délivrance des bois en nature (Civ. rej. 24 févr. 1874, aff. Commune de Vadonville, D. P. 74.1.233). — Le juge peut d'ailleurs prononcer d'office certaines nullités sans attendre la demande des parties. La chambre des requêtes a décidé que le juge, saisi de la question de savoir si des offres réelles sont valables, peut annuler ces offres comme n'ayant pas été faites au lieu convenu pour le payement, encore bien que cette cause de nullité n'ait pas été spécialement invoquée devant lui (Req. 24 mars 1884, aff. Kunty, D. P. 84. 1. 274).

50. En tous cas, comme il est dit au *Rép.* nᵒˢ 85 et suiv., il appartient au juge de suppléer les moyens de droit omis par les parties. Il a été jugé, par application de ce principe, que le moyen tiré d'une violation de la loi, par exemple de l'inobservation des prescriptions de l'art. 452 c. civ., peut être repris et apprécié par la cour d'appel, quand bien même il ne lui aurait pas été expressément soumis (Civ. rej. 3 févr. 1873) (1). — De même, le juge saisi d'une contestation doit la juger conformément aux

---

(1) (Robin C. Beauvallet.) — Le 29 août 1871, arrêt de la cour de Paris. — Pourvoi en cassation. — Arrêt.

LA COUR (après délib. en ch. du cons.); ... — En ce qui concerne la seconde branche de la fin de non-recevoir : — Attendu que le

règles de la matière et rectifier les erreurs commises par les parties dans la citation des lois dont elles demandent l'application ; ainsi, lorsque l'administration des douanes, demandant la réformation d'un jugement aux termes duquel le juge de paix s'est déclaré incompétent pour statuer sur une contravention, parce que le prévenu était en état de récidive, se fonde, pour obtenir cette réformation, sur ce que le texte cité par le jugement a été abrogé par une loi ultérieure, le tribunal ne peut rejeter la demande sous le prétexte que l'abrogation ne résultait pas de cette loi, alors qu'elle a été prononcée par une autre disposition législative (Civ. cass. 13 déc. 1881, aff. Antoniotti, D. P. 83. 1. 21. V. dans le même sens : Civ. rej. 11 mai 1864, aff. Beauquesne, D. P. 64. 1. 187; Civ. cass. 14 mars 1881, aff. Laudon, D. P. 81. 1. 378).

51. Le juge peut et doit statuer non seulement sur les moyens qui sont invoqués expressément dans les conclusions des parties, mais encore sur ceux qui y sont virtuellement compris. Spécialement, le juge ne statue pas *ultrà petita* lorsque, sur une demande de restitution du prix d'actions et de dommages-intérêts formée contre les administrateurs d'une société commerciale, il prononce la nullité de cette société pour infraction à la loi du 24 juill. 1867, s'il est établi qu'à l'appui de son action, le demandeur a relevé des irrégularités et des omissions de nature à altérer la constitution et l'existence légale de la société, et s'il résulte, en outre, des motifs du jugement qu'à l'audience la question de nullité a été réellement posée (Req. 2 août 1881, aff. Lemaire, D. P. 82. 1. 336). L'art. 7 de la loi du 24 juill. 1867, qui prononce la nullité des sociétés constituées en violation des art. 1er, 2, 3, 4 et 5 de la même loi, est, en effet, le fondement de toute demande en responsabilité formée en vertu de l'art. 8 ; dès lors, le juge ne peut admettre l'action en responsabilité qu'après avoir prononcé cette nullité, et en relevant, à l'appui de sa demande en dommages-intérêts, des faits qui viciaient la société dans les conditions essentielles de son existence, la partie avait provoqué virtuellement le juge à annuler la société. — Il n'y a pas non plus *ultrà petita* ni excès de pouvoirs dans le jugement qui, sur une demande en annulation d'un partage, en rapport à la succession de valeurs dissimulées et en partage de la succession entière, décide que les valeurs mobilières omises dans ce partage seront l'objet d'un partage supplémentaire (Req. 13 mars 1882, aff. Gras, D. P. 82. 1. 433).

52. Enfin les juges peuvent, sans excéder leurs pouvoirs, appuyer leurs décisions sur des motifs qui n'ont pas été invoqués dans les conclusions des parties (Req. 7 janv. 1879, aff. Bernard, D. P. 79. 1. 112 ; Poitiers, 9 nov. 1885, aff. de Monts, D. P. 86. 2. 238 ; Cons. d'Et. 17 déc. 1886, aff. Maudon, D. P. 88. 3. 32).

---

moyen tiré de l'inobservation des prescriptions de l'art. 452 c. civ. reposait uniquement sur une violation de la loi et constituait ainsi un moyen exclusivement de droit que la cour d'appel pouvait, alors même qu'il n'aurait pas été expressément reproduit devant elle, reprendre et apprécier; — Qu'il résulte de l'arrêt attaqué que la cour de Paris a non seulement examiné ce moyen, mais qu'elle l'a repoussé, puisqu'elle a, sur ce point, et en tant que de besoin, adopté les motifs des premiers juges; — Qu'à tort donc les défendeurs prétendent qu'il n'a pas été déféré aux juges qui ont rendu l'arrêt attaqué et qu'il est nouveau; — Rejette la fin de non-recevoir.

Du 3 févr. 1873.-Ch. civ.-MM. Laborie, pr.-Greffier, rap.-Blanche, 1er av. gén., c. conf.-Sabatier, Bosviel et Renault-Morlière, av.

Table sommaire
des matières contenues dans le Supplément et le Répertoire.

(Les chiffres précédés de la lettre S renvoient au Supplément; les chiffres précédés de la lettre R renvoient au Répertoire.)

Prévenu
— conclusions nouvelles *S.* 15.
Prorogation. V. Compétence.

Qualités des parties *R.* 38 s.
modification, conclusions nouvelles *S.* 9, 12.
Qualités posées *R.* 41.

Rapport à justice *R.* 23

— V. Saisine.
Renonciation *S.* 24.
— présomption *R.* 12.
Réserves. V. Saisine.

Saisie-arrêt *R.* 16.
Saisine *S.* 23 ; *R.* 63.
— abandon, conclusions signifiées *S.* 26 ; (caractère implicite) *R.* 23, 47 s.
— conclusions à l'audience *S.* 24.
— conclusions expresses *S.* 34 ; (équiva-

lents) *S.* 41 ; (exceptions) *S.* 40 s.
— conclusions non catégoriques *S.* 29.
— conclusions orales *S.* 44.
— conclusions subsidiaires *S.* 28.
— disposition d'office *S.* 23.
— exceptions *S.* 25.
— fin de non-recevoir *S.* 25.
— matière administrative *S.* 48.

— matière criminelle *S.* 39.
— modifications *S.* 47.
— nullité, moyens non mentionnés *S.* 37.
— omission, conclusions signifiées *S.* 26.
— parties, situation, fixation *S.* 47.
— rapport à justice *S.* 46 ; *R.* 23.
— réserves *S.* 43 s. ; (donné acte) *S.* 45.
— V. Appel, Compétence.

Signification *S.* 3 s. ; *R.* 35 s.
— délai *S.* 4 s. ; *R.* 39 s.
— effet, caractères *S.* 3 ; *R.* 35.
— matière commerciale *S.* 9.
— matières sommaires *S.* 7 s.
— nullité couverte *S.* 5.
— ordre public *S.* 5.
— urgence *S.* 6.
Solidarité *R.* 25, 26, 96.
Subrogation. V. Hypothèque légale.

Succession *S.* 40, 46, 51.
Sursis *R.* 92.

Timbre *R.* 11, 38.

Ultra petita R. 69 s.
— caractérisé *S.* 51 ; *R.* 71.
Urgence. V. Signification.

Vérification d'écriture *S.* 12.

Table chronologique des Lois, Arrêts, etc.

1808. 30 mars. Décr. 3 c., 4 c. 5 c., 6 c., 14 c. —30 nov. Décr. 20 c. **1834.** 26 mars. Bordeaux. 3 c. **1839.** 5 déc. Nîmes. 28 c. **1846.** 10 déc. Douai. 26 c. **1848.** 8 août. Caen. 18 c. **1849.** 26 juill. Rennes. 19 c. **1850.** 29 mai. Req. 18 c., 22 c. **1851.** 6 mai. Req. 37 c. —8 juill. Civ. 41 c. **1852.** 23 janv. C. cass. Belgique. 42 c. —12 juill. Civ. 26 c. —14 déc. Req. 24 c. **1853.** 30 avr. Bourges. 26 c.	—9 nov. Civ. 20 c., 32 c. **1854.** 23 déc. Crim. 38 c. **1855.** 23 janv. Poitiers. 3 c., 44 c. —12 févr. Req. 23 c. —10 avr. Req. 12 c. —21 mai. Req. 9 c. —18 juin. Req. 34 c. —12 nov. Req. 43 **1856.** 24 nov. Req. 26 c. **1857.** 21 janv. Req. 25 c. —11 févr. Civ. 29 c. —8 juill. Req. 30 c., 33 c. —10 juill. Paris. 4	**1858.** 20 juill. 20 c. —22 nov. Req. 25 23 c., 27 c. **1859.** 3 janv. Bourges. 24 c. —8 févr. Req. 24 —11 mai. Req. 25 c., 38 c. —19 mai. Crim. 38 c. —18 juill. Civ. 24 c., 25 c. —22 nov. Civ. 7 —30 nov. Crim. 42 **1860.** 23 août. Crim. 38 c., 39 c. —1er déc. Crim. 39 **1861.** 10 oct. Crim. 39 c. **1863.** 2 janv. Crim. 38 c.	—12 mars. Paris. 44. —25 juill. Orléans. 23 c., 27 c. **1864.** 18 avr. Paris. 6 c. —11 mai. Civ. 50 **1865.** 10 avr. Civ. 16 c. —2 juin. Crim. 15 c. —17 août. Req. 34. **1866.** 17 janv. Bruxelles. 42 c. **1867.** 11 mars. Req. 38 c. —24 juill. Loi. 51 c. **1868.** 12 févr. Req. 44 c. —16 juin. Req. 45 c. —26 août. Civ. 38 c. —27 nov. Limoges. 10 c., 11 c.	**1869.** 22 mars. Req. 28 c. —8 mai. Crim. 38 —9 nov. Req. 32 c. —11 nov. Crim. 38 **1870.** 11 janv. Civ. 32 c. —27 janv. Crim. 38 —28 mai. Crim. 15 **1872.** 14 févr. Req. 38 c. —28 juin. Paris. **1873.** 20 janv. Req. 26 c. —3 févr. Civ. 50. —5 mars. Req. 31 c. —28 mars. Crim. 18 c. —14 juin. Trib. com. Seine. 24 c.	—2 juill. Req. 14 c., 17 c. —8 déc. Dijon. 14 c., 20 c. **1874.** 5 janv. Civ. 52 c. —24 févr. Civ. 49 c. —17 août. Req. 46 c. **1875.** 17 nov. Req. 22. **1876.** 25 févr. Paris. 47 c. —25 févr. Cons. d'Et. 48 c. —10 avr. Civ. 4 c. —6 déc. Req. 31 **1877.** 3 mars. Paris. 3 c. —18 mai. Angers. 18 c. **1878.** 15 janv. Req. 22 c.	—23 janv. Req. 18 c. —3 juill. Req. 11 c. **1879.** 7 janv. Req. 52 c. —4 juin. Toulouse. 44 c. —19 nov. Civ. 11 c. **1880.** 24 déc. Paris. 9 c. **1881.** 14 mars. Civ. 50 c. —2 août. Req. 51 c. —29 nov. Rennes. 8. —13 déc. Civ. 50 c. **1882.** 25 janv. Trib. com. Laval. 10 c. —13 mars. Req. 51 c. —22 mars. Req. 40 c.	—27 avr. Crim. 19 c. —24 mai. Civ. 31 c. —15 juin. Liège. 32 c. **1883.** 24 janv. Rennes. 17 c. **1884.** 13 mars. Paris. 14 c. —24 mars. Req. 49 c. —8 mai. Paris. 3 c. **1885.** 9 nov. Poitiers. 17 c., 52 c. **1886.** 25 mai. Req. 35 c. —17 déc. Cons. d'Et. 52 c. **1887.** 19 janv. Req. 14 c. —26 janv. Civ. 43 c. —21 févr. Civ. 47 c. —29 mars. Civ. 18 c.

CONCORDAT. — V. *Faillite et banqueroute ; — Rép.* eod. v°, n°s 685 et suiv.

V. aussi *suprà*, v° *Appel civil*, n° 36 ; *Assurances terrestres*, n°s 161, 251 ; *Caution-cautionnement*, n° 28 ; *Compétence civile des tribunaux de première instance et des cours d'appel*, n° 86 ; *infrà*, v°s *Contrat de mariage* ; *Dispositions entre-vifs et testamentaires* ; *Droits politiques* ; *Obligations* ; *Organisation des colonies* ; *Péremption d'instance* ; *Société* ; *Succession* ; *Tierce opposition*.

CONCUBINAGE. — V. *Mariage ; — Rép.* eod. v°, n°s 159, 171.

V. aussi *suprà*, v° *Adultère*, n°s 7 et suiv., 47, 64, 67, 89 ; *infrà*, v°s *Dispositions entre-vifs et testamentaires* ; *Obligations* ; *Responsabilité*.

CONCURRENCE. — V. *Industrie et commerce ; — Rép.* eod. v°, n°s 381 et suiv.

V. aussi *suprà*, v° *Acte de Commerce*, n° 435 ; *infrà*, v°s *Jugement* ; *Notaire-notariat* ; *Responsabilité* ; *Vente* ; *Vente publique de marchandises neuves* ; *Voirie par chemin de fer*.

CONCUSSION. — V. *Forfaiture et délits commis par les fonctionnaires publics ; — Rép.* eod. v°, n°s 58 et suiv.

V. aussi *infrà*, v°s *Fonctionnaire public* ; *Instruction criminelle*.

CONDAMNATION. — CONDAMNÉ. — 1. Les principes généraux résumés sous ce mot au *Répertoire* ayant été ailleurs l'objet de développements plus étendus, il n'y a pas lieu d'y revenir ici.

En ce qui concerne : ... 1° la définition et la signification légale des mots condamnation et condamné, V. *Rép.* n° 1.

... 2° Les solennités plus ou moins grandes de la condamnation et de son exécution en matière criminelle, V. *Jugement ; — Rép.* eod. v°, n°s 856 et suiv.

2. — I. CONDAMNATION. — En ce qui concerne : ... 1° la distinction : ... entre les condamnations provisoires et définitives, V. *Rép.* n° 2.

... 2° Entre les condamnations contradictoires et par

défaut, V. *Jugement ; — Rép.* eod. v°, n°s 587 et suiv.

... 3° Les condamnations solidaires, V. *Forêts* ; *Jugement* ; *Obligations* ; *Peine* ; *Responsabilité ; — Rép.* v°s *Forêts*, n°s 630, 723 et suiv. ; *Jugement*, n° 366 ; *Obligations*, n°s 1348 et suiv. ; *Peine*, n°s 782 et suiv., 792 et suiv., 815 ; *Responsabilité*, n°s 72, 526, 549, 637, 653, 765.

... 4° La condamnation par corps, V. *Contrainte par corps ; — Rép.* eod. v°, n°s 38 et suiv.

... 5° Les arrêts de contumace en matière criminelle, V. *Contumace ; — Rép.* eod. v°, n°s 23, 44.

... 6° Les condamnations civiles, V. *Frais* ; *Instruction criminelle* ; *Obligations* ; *Peine* ; *Responsabilité ; — Rép.* v°s *Frais*, n°s 28 et suiv. ; *Instruction criminelle*, n°s 3763 et suiv. ; *Obligations*, n°s 715, 808 ; *Peine*, n° 779 ; *Responsabilité*, n°s 230 et suiv.

... 7° Les condamnations alternatives, V. *Obligations ; — Rép.* eod. v°, n°s 1313 et suiv.

... 8° Les condamnations personnelles, V. *Frais ; — Rép.* v°s *Agréé*, n° 37 ; *Avoué*, n°s 114 et suiv. ; *Frais*, n°s 67 et suiv., 71 et suiv., 91 et suiv.

... 9° Les condamnations comminatoires, V. *Chose jugée*, n°s 228 et suiv. ; *Délai* ; *Jugement ; — Rép.* v°s *Chose jugée*, n°s 387 et suiv. ; *Délai*, n° 67 et suiv. ; *Jugement*, n°s 7, 171, 321, 352 et suiv., 464, 559.

... 10° L'objet sur lequel doivent porter les condamnations, V. *Conclusions*, n°s 23 et suiv. ; — *Rép.* n°s 63 et suiv., 68.

... 11° L'étendue des pouvoirs du juge de police, V. *Instruction criminelle ; — Rép.* eod. v°, n°s 233 et suiv.

... 12° Le caractère essentiel de toute condamnation, V. *Rép.* v° *Chose jugée*, n°s 11 et suiv.

... 13° Le droit de défense, V. *Défense* ; *Jugement ; — Rép.* v°s *Défense*, n° 17 ; *Jugement*, n°s 35 et suiv.

... 14° Les faits sur lesquels doit s'appuyer la condamnation et l'effet produit par l'aveu, V. *Jugement* ; *Obligations* ; *Peine ; — Rép.* v°s *Jugement*, n°s 1053 et suiv. ; *Obligations*, n°s 3003 et suiv. ; *Peine*, n°s 94 et suiv.

... 15° Les termes équivalents qui peuvent remplacer dans un jugement le mot condamnation, V. *Jugement ; — Rép.* v°s *Arbitrage*, n°s 1055 et suiv. ; *Jugement*, n° 1.

... 16° L'obligation rigoureuse de prononcer la peine édictée par la loi, V. *Peine; — Rép.* eod. v°, n°ˢ 81 et suiv.

... 17° Les faits constitutifs de la récidive, V. *Peine; — Rép.* eod. v°, n°ˢ 243 et suiv.

... 18° La revision des condamnations inconciliables, V. *Cassation*, n°ˢ 326 et suiv.; — *Rép.* eod. v°, n°ˢ 1525 et suiv.

... 19° L'obligation d'énoncer les faits constitutifs de la culpabilité du condamné, V. *Jugement; — Rép.* eod. v°, n°ˢ 1053 et suiv.

... 20° Le pourvoi du condamné, V. *Cassation*, n°ˢ 172 et suiv.; — *Rép.* eod. v°, n°ˢ 798 et suiv.

... 21° La condamnation aux dépens et accessoires et la prohibition de les faire supporter au ministère public, V. *Acquiescement*, n°ˢ 60 et suiv.; *Appel civil*, n° 80; *Frais; — Rép.* vⁱˢ *Accessoire*, n° 78; *Acquiescement*, n°ˢ 585 et suiv., 599 et suiv., 836; *Appel civil*, n°ˢ 483 et suiv.; *Arbitrage*, n°ˢ 152 et suiv., 431 et suiv., 464 et suiv., 942, 955, 977; *Frais*, n°ˢ 107 et suiv., 1024 et suiv.

... 22° Les condamnations infamantes, et leurs conséquences civiles, V. *Acquiescement*, n°ˢ 117 et suiv.; *Adultère*, n°ˢ 87 et suiv.; *Avocat*, n°ˢ 191 et suiv.; *Droit civil; — Rép.* vⁱˢ *Acquiescement*, n°ˢ 807 et 900; *Adultère*, n° 121; *Avocat*, n°ˢ 174 et suiv.; *Chasse*, n°ˢ 130 et suiv.; *Droit civil*, n°ˢ 601 et suiv.

... 23° Les voies de recours, V. *Appel civil*, n°ˢ 133 et suiv.; *Appel criminel*, n°ˢ 25 et suiv., 60 et suiv.; — *Rép.* vⁱˢ *Appel civil*, n°ˢ 635 et suiv.; *Appel criminel*, n°ˢ 67 et suiv.; *Cassation*, n° 354.

... 24° Les effets de l'amnistie et de la grâce, V. *Amnistie*, n°ˢ 34 et suiv.; *Grâce; — Rép.* vⁱˢ *Amnistie*, n° 123; *Grâce*, n°ˢ 43 et suiv.

3. — II. CONDAMNÉ. — En ce qui concerne :... 1° les incapacités civiles qui l'atteignent, V. *Contumace; Droit civil; Dispositions entre-vifs et testamentaires; Enquête; Obligations; Peine; — Rép.* vⁱˢ *Appel civil*, n° 988; *Arbitrage*, n°ˢ 268, 279, 336; *Chasse*, n°ˢ 130, 145; *Contumace*, n°ˢ 125 et suiv.; *Dispositions entre-vifs et testamentaires*, n°ˢ 318 et suiv.; *Droit civil*, n° 601 et suiv.; *Enquête*, n° 511; *Obligations*, n°ˢ 397 et suiv.; *Peine*, n°ˢ 6 et suiv., 714 et suiv.

... 2° Les effets du décès, V. *Droit civil; Peine; → Rép.* vⁱˢ *Droit civil*, n°ˢ 649 et suiv.; *Peine*, n°ˢ 96 et suiv.

... 3° La réhabilitation et ses effets, V. *Droit civil; Faillite; — Rép.* vⁱˢ *Droit civil*, n°ˢ 747 et suiv.; *Faillite*, n°ˢ 1537 et suiv.

... 4° Les dispositions favorables aux condamnés qui se conduisent bien, V. *infrà*, v° *Prison.*

... 5° La part qui leur est accordée sur le produit de leur travail, V. *Prison; — Rép.* eod. v°, n°ˢ 36, 100.

... 6° L'acquiescement à une condamnation à une condamnation pénale ou capitale, V. *Rép.* v° *Acquiescement*, n°ˢ 8, 807, 900.

... 7° La mise en état du condamné, V. *Cassation*, n°ˢ 156 et suiv.; — *Rép.* eod. v°, n°ˢ 714 et suiv.

CONDITION. — V. *Dispositions entre-vifs et testamentaires; Obligations; — Rép.* vⁱˢ *Dispositions entre-vifs et testamentaires*, n°ˢ 88 et suiv., n°ˢ 1099 et suiv.

V. aussi *suprà*, vⁱˢ *Absence*, n° 11; *Acquiescement*, n°ˢ 10 et suiv.; *infrà*, vⁱˢ *Enregistrement; Expropriation pour cause d'utilité publique; Faillite et banqueroute; Mariage; Mines, minières et carrières; Nantissement; Office; Privilèges et hypothèques; Puissance paternelle; Société; Substitution.*

CONDITION ILLICITE. — V. *Obligations; — Rép.* eod. v°, n°ˢ 1125 et suiv.

V. aussi *infrà*, vⁱˢ *Contrat de mariage; Dispositions entre-vifs et testamentaires; Loterie; Mandat; Trésor public.*

CONDITION IMPOSSIBLE. — V. *Obligations; — Rép.* eod. v°, n°ˢ 1121 et suiv.

CONDITION POTESTATIVE. — V. *Obligations; — Rép.* eod. v°, n°ˢ 1147 et suiv.

V. aussi *infrà*, vⁱˢ *Contrat de mariage; Dispositions entre-vifs et testamentaires; Douanes; Enregistrement; Louage d'ouvrage et d'industrie; Nantissement; Théâtre-spectacle; Trésor public.*

CONDITION RÉSOLUTOIRE. — V. *Obligations; — Rép.* eod. v°, n°ˢ 1164, 1191 et suiv.

V. aussi *infrà*, vⁱˢ *Enregistrement; Louage; Substitution; Succession; Vente.*

CONDITION SUSPENSIVE. — V. *Obligations; — Rép.* eod. v°, n°ˢ 1164 et suiv.

V. aussi *infrà*, vⁱˢ *Contrat de mariage; Dispositions entre-vifs et testamentaires; Effets de commerce; Enregistrement; Office; Substitution; Transaction; Vente.*

CONDITIONNEMENT DES SOIES. — V. *Soie; — Rép.* eod. v°, n°ˢ 1 et suiv.

V. aussi *infrà*, vⁱˢ *Patente; Société.*

CONDUCTEUR DE NAVIRE. — V. *Rép.* v° *Bourse de commerce*, n°ˢ 449 et suiv.

V. aussi *infrà*, v° *Droit maritime.*

CONFIRMATION. — V. *Obligations; — Rép.* eod. v°, n°ˢ 4440, 4468 et suiv.

V. aussi *suprà*, vⁱˢ *Appel civil*, n°ˢ 29, 221, 234; *Appel incident*, n°ˢ 3, 11 et suiv.; *Conclusions*, n°ˢ 30 et 32; *infrà*, vⁱˢ *Jugement par défaut; Requête civile; Tierce opposition.*

CONFISCATION. — V. *Peine; — Rép.* eod. v°, n°ˢ 826 et suiv.

V. aussi *Armes*, n°ˢ 15, 35; *Boulanger*, n° 48; *Brevet d'invention*, n°ˢ 361 et suiv.; *Chasse*, n°ˢ 1001, 1046, 1049, 1052 et suiv., 1214, 1415 et suiv.; *Douanes; Forêts; Forfaiture; Impôts indirects; Industrie et commerce; Jeu-pari; Matières d'or et d'argent; Médecine; Octroi; Pêche fluviale; Poids et mesures; Poudres et salpêtres; Propriété littéraire et artistique; Responsabilité; Société; Vente publique de marchandises neuves; Vente de substances falsifiées et corrompues.*

CONFLIT.

Division.

CHAP. 1. — **Historique.** — **Législation.** — **Droit comparé** (n° 1).

CHAP. 2. — **Du conflit positif.** — **Du conflit négatif.** — **Des revendications de compétence formées devant la section du contentieux du conseil d'Etat** (n° 26).

SECT. 1. — Du conflit positif (n° 28).

ART. 1. — Des personnes qui ont qualité pour élever le conflit (n° 29).

ART. 2. — Matières et conditions dans lesquelles le conflit positif peut avoir lieu (n° 34).

§ 1. — Matières susceptibles de conflit. — Question préjudicielle. — Juridictions devant lesquelles il peut ou non être élevé. — Matière criminelle, correctionnelle ou de police. — Tribunaux de paix, de commerce. — Prud'hommes. — Jury d'expropriation. — Juges des référés, etc. (n° 34).

§ 2. — Nécessité de l'existence d'une contestation retenue par l'autorité judiciaire. — A quelle phase de l'instance le conflit peut être élevé (n° 55).

ART. 3. — Des formalités à suivre pour élever le conflit positif (n° 66).

§ 1. — Nécessité d'un déclinatoire. — Mémoire à produire. — Transcription des termes de la loi, etc. (n° 67).

§ 2. — Obligations du ministère public et du tribunal saisi. — Jugement sur compétence. — Délai. — Intervention des parties (n° 71).

ART. 4. — De l'arrêté de conflit (n° 77).

§ 1. — A quelle période de l'instance et dans quel délai l'arrêté de conflit peut être élevé (n° 77).

§ 2. — Formes de l'arrêté de conflit. — Enonciations qu'il doit contenir. — Transmission à l'autorité judiciaire; Délai (n° 80).

§ 3. — Effets de l'arrêté de conflit. — Obligations qui en dérivent tant pour les magistrats devant lesquels il se produit que pour le préfet (n° 87).

SECT. 2. — Du conflit négatif (n° 94).

SECT. 3. — Des revendications de compétence devant la section du contentieux du conseil d'Etat (n° 101).

CHAP. 3. — **Du tribunal spécial des conflits.** — **Formes de procédure.** — **Attributions et compétence** (n° 102).

ART. 1. — Organisation et composition du tribunal des conflits. — Costume (n° 103).

ART. 2. — Mode de procéder sur les conflits positifs (n° 107).

§ 1. — Envoi des pièces. — Règlement du conflit. — Délai. — Intervention des parties (n° 107).

§ 2. — Effets de la décision sur conflit positif. — Attributions du juge des conflits (n° 115).

ART. 3. — Mode de procéder sur les conflits négatifs. — Intervention des parties (n° 123).

CHAP. 4. — **Du recours devant la juridiction des conflits contre les arrêts de la cour des comptes, pour incompétence et excès de pouvoir** (Const. 1848) (n° 125).

CHAP. 1er. — **Historique.** — **Législation.** — **Droit comparé** (*Rép.* nos 2 à 18).

1. — **I.** HISTORIQUE ET LÉGISLATION. — Au moment de la publication du *Répertoire*, la constitution des 4-10 nov. 1848 était en vigueur. La connaissance des conflits d'attribution, les seuls dont nous ayons à parler ici, après avoir appartenu au chef de l'État, sur l'avis du conseil d'État, était donnée à un tribunal spécial, composé de quatre conseillers de la cour de cassation sous la présidence du ministre de la justice, et appelé *tribunal des conflits*. Un règlement d'administration publique du 26 oct. 1849, publié quelques mois après la promulgation de la loi organique du conseil d'État des 3-8 mars 1849, qui dépouillait ce conseil du droit de prononcer sur les conflits, détermina les formes de procéder devant le tribunal nouvellement créé. La loi du 4 févr. 1850 organisa le tribunal des conflits (*Rép.* nos 1 à 16). Ce système dura jusqu'en 1852. Le décret organique des 25 janv.-18 févr. 1852 sur le conseil d'État (D. P. 52. 4. 45), rendit le droit de juger les conflits au chef de l'État, sur l'avis du conseil d'État. — La loi du 24 mai 1872, portant réorganisation du conseil d'État, a rétabli le tribunal des conflits (1).

2. Sous la législation de 1852, comme sous les chartes de 1814 et de 1830, le conseil d'État, au contentieux, ne faisait que préparer les jugements qui étaient soumis à la volonté et à la signature du chef de l'État. Il n'avait pas de pouvoir propre ; la justice était *retenue* par le pouvoir exécutif. La loi du 24 mai 1872, adoptant le principe de la législation de 1848, donna au conseil d'État délibérant au contentieux le droit de statuer souverainement. Il reçut la délégation du pouvoir de juger. «Cette délégation, dit le rapporteur de la loi, M. Batbie, devait entraîner une modification du jugement des conflits d'attributions. Les conflits ont presque toujours été considérés comme une partie du contentieux administratif, et leur décision a été préparée par le conseil d'État délibérant au contentieux . En 1848, la connaissance de ces litiges fut attribuée à un tribunal spécial. Nous vous proposons de rétablir cette juridiction comme conséquence de ce que nous avons décidé sur la délégation de la justice administrative. Lorsque cette justice était retenue, on pouvait soutenir que le chef du pouvoir exécutif, en vertu de sa prééminence sur les autorités en conflit, fixait les limites des juridictions et distinguait ce que le souverain avait gardé pour le décider lui-même en conseil d'État d'avec ce qu'il avait délégué aux tribunaux.... Cette justification ferait défaut dans le système de la délégation et il faut rétablir le tribunal des conflits » (*Journ. off.* des 30 janv., 19 et 20 févr. 1872).

3. Le tribunal des conflits, tel qu'il est organisé par la loi du 24 mai 1872 actuellement en vigueur, est composé de neuf membres : 1° du garde des sceaux président ; 2° de trois conseillers d'État en service ordinaire élus par les conseillers en service ordinaire ; 3° de trois conseillers à la cour de cassation nommés par leurs collègues ; 4° de deux membres et deux suppléants qui sont élus par la majorité des autres juges désignés aux paragraphes précédents. Ils choisissent un vice-président au scrutin secret et à la majorité absolue des voix. Dans les premières années qui ont suivi la réorganisation, le tribunal des conflits avait cru se conformer à l'intention du législateur en se complétant par l'adjonction de membres ayant appartenu au conseil d'État ou à la cour de cassation, mais n'en faisant plus partie, et qui, par suite apportaient un esprit plus dégagé de toute préoccupation extérieure. Mais, depuis 1879, cette pratique

a été modifiée, et l'usage s'est établi d'appeler à compléter le tribunal des conseillers d'État et des magistrats de la cour de cassation actuellement en fonctions.

Le projet primitif de la commission supprimait la présidence du garde des sceaux, réduisait à six le nombre des membres du conseil d'État et de la cour de cassation, et faisait entrer dans le tribunal trois membres et deux suppléants désignés par l'Assemblée nationale. Le Gouvernement, de son côté, proposait la composition adoptée en 1849, en enlevant toutefois au ministre de l'instruction publique le droit de présider le tribunal en cas d'absence du ministre de la justice. Dans l'intervalle de la seconde à la troisième délibération, la commission proposa la nouvelle rédaction qui fut définitivement acceptée par l'Assemblée. « La présidence du garde des sceaux est maintenue, dit le rapport, parce qu'elle donne au tribunal des conflits le relief qui est inhérent à cette grande fonction. L'organisation du tribunal telle qu'elle existait en 1849, que le Gouvernement propose de rétablir, est périlleuse parce qu'elle est de nature à produire fréquemment des changements de jurisprudence. Il est probable, en effet, que sur plus d'une question, les conseillers d'État se porteront d'un côté, et que les conseillers à la cour de cassation iront de l'autre. Ces deux fractions s'annulant, en ce cas, par leur opposition, la voix seule du président fera pencher la balance et la décision ne dépendra que de lui... Il faut donc un élément intermédiaire pour prévenir le partage. Mais au lieu de le faire nommer par l'Assemblée, nous pensons qu'il serait préférable de confier la désignation des membres départiteurs aux conseillers élus par la cour de cassation et par le conseil d'État. De cette manière, les représentants des autorités en lutte choisiront en quelque sorte leurs tiers arbitres. La disposition de la loi du 3 mars 1849, qui appelait de droit le ministre de l'instruction publique à suppléer le garde des sceaux, n'était pas irréprochable ; car la présidence pouvait être déférée par l'effet de cet article à un homme de lettres, à un journaliste, à un ministre purement politique et entièrement étranger aux questions de droit. La désignation par le garde des sceaux du ministre qui le remplacera présente aussi des inconvénients. Il serait à craindre que l'indication d'un président pour une séance déterminée et, par conséquent, pour des affaires déterminées, n'inspirât quelque réflexion malséante aux plaideurs mécontents. La permanence du vice-président nommé par les membres du tribunal aura l'avantage de supprimer cette occasion de dénigrement. »

4. La constitution de 1848 accordait au tribunal des conflits la connaissance des recours pour incompétence, excès de pouvoir et violation des arrêts de la cour des comptes. La loi du 24 mai 1872 ne lui a pas rendu cette attribution. « Sous prétexte d'assurer le principe de la séparation des autorités administrative et judiciaire, dit M. Ducrocq, c'était le méconnaître en soumettant à un tribunal composé en partie de magistrats de l'ordre judiciaire les décisions d'une juridiction de l'ordre administratif sans qu'aucune question du domaine de l'autorité judiciaire s'y trouvât mêlée » (Th. Ducrocq, *Cours de droit administratif*, 5e éd., t. 1, p. 562).

5. L'art. 26 de la nouvelle loi confère à tous les ministres le droit de revendiquer devant le tribunal des conflits les affaires portées à la section du contentieux et qui n'appartiendraient pas au contentieux administratif. Sous la loi de 1849, ce droit n'était attribué qu'au ministre de la justice.

6. La loi du 4 févr. 1850 et le règlement du 26 oct. 1849 sur le mode de procéder devant le tribunal des conflits sont

---

(1) 24-31 mai 1872. — *Loi portant réorganisation du conseil d'État* (Extrait) (D. P. 72. 4. 88-101).

TIT. 4. — DES CONFLITS ET DU TRIBUNAL DES CONFLITS.

Art. 25. Les conflits d'attributions entre l'autorité administrative et l'autorité judiciaire sont réglés par un tribunal spécial composé : 1° Du garde des sceaux, président ; 2° De trois conseillers d'État en service ordinaire élus par les conseillers en service ordinaire ; 3° De trois conseillers à la cour de cassation nommés par leurs collègues ; 4° De deux membres et deux suppléants qui seront élus par la majorité des autres juges désignés aux paragraphes précédents. Les membres du tribunal des conflits sont soumis à la réélection tous les trois ans et indéfiniment rééligibles. — Ils choisissent un vice-président au scrutin secret

et à la majorité absolue des voix. — Ils ne pourront délibérer valablement qu'au nombre de cinq membres présents au moins.

26. Les ministres ont le droit de revendiquer devant le tribunal des conflits les affaires portées à la section du contentieux et qui n'appartiendraient pas au contentieux administratif. — Toutefois, ils ne peuvent se pourvoir devant cette juridiction qu'après que la section du contentieux a refusé de faire droit à la demande en revendication qui doit lui être préalablement communiquée.

27. La loi du 4 févr. 1850 et le règlement du 26 oct. 1849 sur le mode de procéder devant le tribunal des conflits sont remis en vigueur.

28. Les délais fixés pour le jugement des conflits seront suspendus pendant le temps qui s'écoulera entre la promulgation de la présente loi et l'installation du tribunal des conflits.

remis en vigueur (1). Toutefois l'art. 25 de la loi de 1872 permet au tribunal des conflits de délibérer valablement au nombre de cinq membres, tandis que l'art. 1er de la loi de 1850 exigeait la présence de neuf juges.

7. L'ordonnance royale du 1er juin 1828, qui trace les règles du conflit lui-même et en réglemente l'institution, n'a

---

(1) 26-28 oct. 1849. — *Règlement d'administration publique déterminant les formes de procéder du tribunal des conflits* (D. P. 49. 4. 154).

Vu les art. 89 et 90 de la constitution du 4 nov. 1848 ; — Vu les art. 47 et 64 de la loi du 3 mars 1849, organique du conseil d'Etat ; — Vu les ordonnances des 1er juin 1828 et 12 mars 1831 ; — Vu l'arrêté du 30 déc. 1848 relatif aux conflits d'attributions entre les tribunaux et l'autorité administrative en Algérie ; — Le conseil d'Etat a arrêté et le président de la République promulgue le règlement dont la teneur suit :

CHAP. 1er. — *Dispositions générales.*

Art. 1er. Le tribunal des conflits se réunit sur la convocation du ministre de la justice, son président.

2. En cas d'empêchement, les membres du tribunal des conflits sont remplacés par des suppléants, pris dans le conseil d'Etat ou la cour de cassation, selon la qualité des membres empêchés. — A cet effet, deux suppléants sont élus par chacun des deux corps.

3. Les fonctions du ministère public devant le tribunal des conflits sont remplies par deux commissaires du Gouvernement, pris dans le ministère public du conseil d'Etat et de la cour de cassation. — Ils sont désignés, chaque année, par le président de la République.

4. Les avocats au conseil d'Etat et à la cour de cassation peuvent être chargés, par les parties intéressées, de présenter devant le tribunal des conflits des mémoires et des observations.

5. Un secrétaire, nommé par le ministre de la justice, est attaché au tribunal des conflits.

6. Les rapporteurs sont désignés par le ministre de la justice, immédiatement après l'enregistrement des pièces au secrétariat du tribunal.

7. Les rapports sont faits par écrit ; ils sont déposés par les rapporteurs au secrétariat, pour être transmis à celui des commissaires du Gouvernement que le ministre de la justice a désigné pour chaque affaire.

8. Le rapport est lu en séance publique ; immédiatement après le rapport, les avocats des parties peuvent présenter des observations orales. — Le commissaire du Gouvernement est ensuite entendu dans ses conclusions.

9. Les décisions du tribunal des conflits portent en tête la mention suivante : *Au nom du peuple français, le tribunal des conflits.* — Elles contiennent les noms et conclusions des parties, s'il y a lieu, le nom des pièces principales et des dispositions législatives dont elles font l'application. — Elles sont motivées. — Les noms des membres qui ont concouru à la décision y sont mentionnés. — La minute est signée par le président, le rapporteur et le secrétaire. — L'expédition des décisions est délivrée aux parties intéressées par le secrétaire du tribunal. — Le ministre de la justice fait transmettre administrativement aux ministres expédition des décisions dont l'exécution rentre dans leurs attributions.

10. Les décisions du tribunal des conflits ne sont pas susceptibles d'opposition.

11. Sont applicables au tribunal des conflits les art. 88 et suiv. c. proc. civ. sur la police des audiences.

CHAP. 2. — *Dispositions relatives aux conflits d'attributions positifs.*

12. Les arrêtés de conflits et les pièces continuent d'être transmis au ministre de la justice par les procureurs de la République et les procureurs généraux, conformément à l'art. 14 de l'ordonnance du 1er juin 1828, et à l'art. 6 de l'ordonnance du 12 mars 1831 : ils sont enregistrés immédiatement au secrétariat du tribunal des conflits. — Dans les cinq jours de l'arrivée, les arrêtés de conflit et les pièces sont communiqués au ministre dans les attributions duquel se trouve placé le service auquel se rapporte le conflit. — La date de la communication est consignée sur un registre à ce destiné. — Dans la quinzaine, le ministre doit fournir les observations et les documents qu'il juge convenables sur la question de compétence. — Dans tous les cas, les pièces seront rétablies au secrétariat du tribunal des conflits dans le délai précité.

13. Les avocats des parties peuvent être autorisés à prendre communication des pièces au secrétariat, sans déplacement.

14. Dans les vingt jours qui suivent la rentrée des pièces, le rapporteur fait au secrétariat le dépôt de son rapport et des pièces.

jamais cessé d'être en vigueur. Elle forme encore aujourd'hui la base fondamentale de la matière (*Rép.* n° 9, note 1).

8. Lors de la discussion de la loi de 1872, M. Roger-Marvaise présenta un amendement ainsi conçu : « Lorsque devant un tribunal de l'ordre judiciaire il sera soutenu que la contestation ou une question préjudicielle est de la compétence

15. Il est statué, par le tribunal des conflits, dans les délais fixés par l'art. 7 de l'ordonnance du 12 mars 1831, et l'art. 15 de l'arrêté du 30 déc. 1848. — Ces délais sont suspendus pendant les mois de septembre et octobre.

16. Lorsque la décision a été rendue, le ministre de la justice pourvoit à la notification prescrite par l'art. 7 de l'ordonnance du 12 mars 1831 et par l'art. 16 de l'arrêté du 30 déc. 1848.

CHAP. 3. — *Dispositions relatives aux conflits d'attributions négatifs.*

17. Lorsque l'autorité administrative et l'autorité judiciaire se sont respectivement déclarées incompétentes sur la même question, le recours devant le tribunal des conflits, pour faire régler la compétence, est exercé directement par les parties intéressées. — Il est formé par requête signée d'un avocat au conseil d'Etat et à la cour de cassation.

18. Lorsque l'affaire intéresse directement l'Etat, le recours peut être formé par le ministre dans les attributions duquel se trouve placé le service public que l'affaire concerne.

19. Lorsque la déclaration d'incompétence émane, d'une part, de l'autorité administrative, de l'autre, d'un tribunal statuant en matière de simple police ou de police correctionnelle, le recours peut, en outre, être formé par le ministre de la justice.

20. Le recours doit être communiqué aux parties intéressées.

21. Lorsque le recours est formé par les particuliers, l'ordonnance de soit communiqué, rendue par le ministre de la justice, président du tribunal des conflits, doit être signifiée, par les voies de droit, dans le délai d'un mois. — Ceux qui demeurent hors de la France continentale ont, outre le délai d'un mois, celui qui est réglé par l'art. 75 c. proc. civ.

22. Lorsque le recours est formé par un ministre, il en est, dans le même délai, donné avis à la partie intéressée, par la voie administrative. — Dans les affaires qui intéressent l'Etat directement, le recours est formé par la partie adverse, le ministre de la justice est chargé d'assurer la communication du recours au ministre que l'affaire concerne.

23. La partie à laquelle la notification a été faite est tenue, si elle réside sur le territoire continental, de répondre et de fournir ses défenses dans le délai d'un mois à partir de la notification. — A l'égard des colonies et des pays étrangers, les délais seront réglés, ainsi qu'il appartiendra, par l'ordonnance de soit communiqué.

24. Les parties intéressées peuvent prendre, par elles-mêmes ou par leurs avocats, communication des productions au secrétariat, sans déplacement, et dans le délai déterminé par le rapporteur.

CHAP. 4. — *Des recours contre les arrêts de la cour des comptes.*

25. Les recours pour incompétence et excès de pouvoir, portés devant le tribunal des conflits en vertu de l'art. 90 de la constitution, sont signés par un avocat au conseil d'Etat à la cour de cassation. — Il est donné connaissance de ce recours aux parties intéressées, dans les délais et les formes établis par l'art. 21, et par le deuxième paragraphe de l'art. 22.

26. Si le recours est formé par le ministre des finances ou par un autre ministre, pour ce qui concerne son département, le recours est introduit par un rapport du ministre, et il est procédé, quant à l'avis à donner aux parties intéressées, conformément au premier paragraphe de l'art. 22.

27. Les art. 23 et 24 sont applicables aux recours contre les arrêts de la cour des comptes.

CHAP. 5. — *Des revendications formées en vertu de l'art. 47 de la loi du 3 mars 1849.*

28. Lorsque le ministre de la justice estime qu'une affaire portée devant la section du contentieux du conseil d'Etat n'appartient pas au contentieux administratif, il adresse au président de la section un mémoire pour revendiquer l'affaire. — Dans les trois jours de l'enregistrement du mémoire au secrétariat de la section, le président désigne un rapporteur. — Avis de la revendication est donné, dans la forme administrative, aux parties intéressées ; il peut en être pris communication dans le délai fixé par le président. — Dans le mois qui suit l'envoi des pièces au rapporteur, le rapport est déposé au secrétariat de la section, pour être transmis immédiatement au ministère public. — Le

de l'autorité administrative, et, réciproquement, lorsque devant la juridiction administrative il sera soutenu que la contestation ou une question préjudicielle est de la compétence de la juridiction ordinaire, les parties pourront, tant que la question de compétence n'aura pas reçu une solution définitive, se pourvoir directement devant le tribunal des conflits, pour faire régler la compétence. — Il sera sursis devant les tribunaux judiciaires, en première instance ou en appel, à tout acte de procédure relative à la question de compétence, à partir du jour de la notification de l'ordonnance de soit communiqué, faite au domicile ou à la personne des parties en cause ou à leurs avoués. » Cette proposition a été repoussée. Le rapporteur l'a combattue en ces termes: « Si l'amendement était adopté, non seulement le droit d'élever les conflits appartiendrait à l'Administration, droit qu'elle a eu jusqu'à présent d'une manière exclusive, il appartiendrait même aux particuliers, à toutes les parties en cause; de telle sorte que, dans tout procès, un plaideur aurait la faculté de dire: « Vous me traduisez devant une juridiction dont je ne reconnais pas la compétence, je demande à faire juger la question par le tribunal des conflits. » Ce serait là une cause permanente de retards dans la procédure et, en tout cas, un prétexte facile pour la mauvaise foi des parties qui voudraient embarrasser leurs adversaires par des moyens dilatoires, car on pourrait, devant toutes les juridictions, contester la compétence et exiger que le jugement du fond fût ajourné jusqu'à ce que la question de compétence fût décidée par le tribunal des conflits. » Il y aurait là un moyen de procédure dont le plaideur de mauvaise foi se servirait pour traîner le procès en longueur » (Séance du 3 mai 1872).

Le 15 déc. 1877, la Chambre des députés fut saisie par M. Roger-Marvaise et plusieurs de ses collègues d'une proposition de loi tendant, comme l'amendement de 1872, à accorder aux particuliers le droit de saisir le tribunal des conflits des questions de compétence administrative et judiciaire. La proposition fut, sur quelques points, modifiée par la commission chargée de l'examiner. Voici quelles étaient les principales dispositions du projet de loi présenté par la commission : Il donnait le droit aux particuliers de se pourvoir directement devant le tribunal des conflits pour faire régler la compétence lorsque, devant un tribunal de l'ordre judiciaire et en matière civile, ayant soutenu que la contestation ou une question préjudicielle était de la com-

pétence de l'autorité administrative, une décision contraire susceptible de recours et d'appel avait été rendue sur la compétence. Le même droit leur était accordé lorsque, se trouvant devant la juridiction administrative, ils avaient soutenu la compétence de la juridiction civile, et lorsque l'autorité judiciaire et l'autorité administrative se déclaraient d'office incompétentes (art. 1er). — Les art. 2, 3 et 4 réglaient la mise en œuvre du système établi, la procédure à suivre, les délais à observer pour la notification de la décision, le dépôt au greffe, etc. — Aux termes de l'art. 5, le pourvoi devant le tribunal des conflits n'était recevable qu'autant qu'il était dirigé contre une décision rendue en première instance par un tribunal civil. — Aux termes de l'art. 6, la partie qui succombait dans son pourvoi pouvait être condamnée par la juridiction compétente sur le fond, à des dommages-intérêts envers les autres parties. — Enfin, l'art. 8 portait que le conflit d'attributions ne pouvait plus être élevé lorsqu'il était intervenu sur la question de compétence une décision judiciaire passée en force de chose jugée. —Le tribunal des conflits fut appelé par le garde des sceaux à donner son avis sur cette proposition. M. Aucoc rédigea le rapport, qui fut adopté à l'unanimité et dont nous résumons les conclusions.

L'art. 1er donnait aux parties le droit d'élever le conflit positif devant l'autorité judiciaire, et aussi bien devant les tribunaux de première instance que devant les juges de paix et les tribunaux de commerce. M. Aucoc a fait remarquer que l'adoption de cette disposition aurait pour résultat de multiplier les procès, de donner aux plaideurs de mauvaise foi le moyen de retarder la solution des affaires; cette dernière conséquence serait surtout à redouter pour les affaires commerciales. Les parties peu au courant de la jurisprudence soulèveraient des difficultés sur des règles de compétence depuis longtemps établies et que les préfets ne remettraient pas en question. — Le même article permettait aux parties d'élever le conflit positif devant l'autorité administrative, et cela, afin de prévenir ses empiètements sur l'autorité judiciaire. Le rapporteur a rappelé que les particuliers, dans les cas où ce sont eux qui intentent l'action, s'ils croient que la juridiction administrative n'est pas compétente pour statuer sur le litige, ont une ressource équivalente à celle du conflit qui permet au préfet de saisir le tribunal, ils n'ont qu'à porter leur action devant l'autorité

---

rapport est fait à la section en séance publique, et il est procédé d'ailleurs ainsi qu'il est établi au paragraphe 3 du tit. 4 de la loi du 3 mars 1849, et au paragraphe 4 du tit. 3 du règlement du 26 mai 1849.

29. La section du contentieux prononce dans le mois qui suit le dépôt du rapport. — A défaut de décision dans ce délai, le ministre de la justice peut se pourvoir conformément à l'art. 47 de la loi du 3 mars 1849.

30. Le dernier paragraphe de l'art. 15 est applicable aux délais établis par les deux articles précédents.

31. La décision de la section du contentieux est transmise par le président au ministre de la justice. — Dans la quinzaine de cet envoi, le ministre fait connaître, par une déclaration adressée au président, s'il entend faire la revendication devant le tribunal des conflits. — Lorsque la section a refusé de faire droit à la revendication qui lui a été soumise, il est sursis à statuer sur le fond jusqu'à ce que le ministre ait fait connaître qu'il n'entend pas se pourvoir devant le tribunal des conflits, ou jusqu'à l'expiration du délai de quinzaine établi ci-dessus. — Lorsque le ministre a déclaré qu'il portait la revendication devant le tribunal des conflits, la section doit surseoir à statuer, jusqu'à la décision de ce tribunal.

32. Lorsque le ministre de la justice se pourvoit devant le tribunal des conflits, il adresse à ce tribunal un mémoire contenant l'exposé de l'affaire et ses conclusions. — A ce mémoire est jointe la demande en revendication qui a été soumise à la section du contentieux, et la décision par laquelle cette section a refusé de faire droit à la demande du ministre. — Il est procédé conformément aux art. 13, 14, 15 et 16.

33. La décision qui intervient est transmise au président de la section du contentieux du conseil d'État. Il en est fait mention en marge de la décision qui a donné lieu au recours du ministre.

34. Le garde des sceaux, ministre de la justice, est chargé de l'exécution du présent décret, qui sera inséré au *Bulletin des lois.*

4-8 févr. 1850. — *Loi sur l'organisation du tribunal des conflits* (D. P. 50. 4. 15).

Art. 1er. Le tribunal des conflits est présidé par le ministre de la justice. — Ses décisions ne peuvent être rendues qu'au nombre

de neuf juges, pris également, à l'exception du ministre, dans les deux corps qui concourent à sa formation.

2. En cas d'empêchement du ministre, il est remplacé dans la présidence du tribunal des conflits par le ministre chargé du département de l'instruction publique.

3. Si un autre membre du tribunal est empêché, il est remplacé, selon le corps auquel il appartient, soit par un conseiller d'État, soit par un membre de la cour de cassation. — A cet effet, chacun des deux corps élit dans son sein deux suppléants. — Ces suppléants seront appelés à faire le service dans l'ordre de leur nomination. — La durée de leurs fonctions sera la même que celle des membres titulaires, et ils seront nommés en même temps. — Il sera procédé à cette nomination par le conseil d'État et par la cour de cassation dans les huit jours qui suivront la promulgation de la présente loi.

4. Les décisions du tribunal des conflits ne pourront être rendues qu'après un rapport écrit fait par l'un des membres du tribunal et sur les conclusions du ministère public.

5. Les fonctions de rapporteur seront alternativement confiées à un conseiller d'État et à un membre de la cour de cassation, sans que cet ordre puisse être interverti.

6. Les fonctions du ministère public seront remplies par deux commissaires du Gouvernement, choisis tous les ans par le président de la République, l'un parmi les maîtres des requêtes au conseil d'État, l'autre dans le parquet de la cour de cassation. — Il sera adjoint à chacun de ces commissaires un suppléant choisi de la même manière et pris dans les mêmes rangs pour le remplacer en cas d'empêchement. — Ces nominations devront être faites, chaque année, avant l'époque fixée pour la reprise des travaux du tribunal.

7. Dans aucune affaire, les fonctions de rapporteur et celles du ministère public ne pourront être remplies par deux membres pris dans le même corps.

8. Le délai fixé par l'art. 7 de l'ordonnance du 12 mars 1831 est porté à trois mois pour le jugement des conflits actuellement pendants et de ceux qui pourront être élevés dans les trois mois qui suivront l'installation du tribunal des conflits.

9. Le règlement du 26 oct. 1849 est modifié en tout ce qui ne serait pas conforme aux dispositions de la présente loi.

judiciaire. Si le préfet élève le conflit, la question de compétence sera jugée à très bref délai et sans frais. S'ils sont appelés par l'Administration devant la juridiction administrative, ce qui est l'hypothèse la moins fréquente, ils ont le recours devant le conseil d'Etat pour incompétence et excès de pouvoirs. D'ailleurs dans ces matières souvent fort importantes (revision des opérations du tirage au sort, règlement des comptes des comptables de deniers publics, etc.), il importe de ne pas modifier la législation sans prendre des mesures particulières. — Enfin, le même art. 1er, dans le but d'éviter de longues procédures, permettrait aux parties d'élever un conflit négatif dès qu'une seule juridiction saisie du litige s'était déclarée incompétente. M. Aucoc a fait observer que les affaires de conflit négatif sont fort rares, que les parties n'ont pas de longs retards à subir puisqu'elles ne sont pas tenues de débattre la question de compétence en appel devant la cour de cassation avant de la soumettre au tribunal des conflits ; qu'il leur suffit d'une décision de la juridiction du premier degré dans l'ordre administratif et l'ordre judiciaire ; que si la proposition de la commission était admise, le tribunal des conflits deviendrait un tribunal ordinaire, un juge d'appel de toutes les décisions des tribunaux de l'ordre judiciaire et des juridictions administratives, que cette transformation bouleverserait l'institution et enlèverait son caractère et sa haute autorité au tribunal des conflits. — Sur l'art. 8 du projet, qui portait que le conflit d'attributions ne pourrait plus être élevé lorsqu'il serait intervenu sur la question de compétence une décision judiciaire passée en force de chose jugée, M. Aucoc a reconnu que, dans certains cas, l'intervention tardive de l'autorité publique après un jugement sur la compétence qui a été suivi de mesures d'instruction parfois onéreuses, comme une expertise, peut être fâcheuse pour les intérêts des parties ; que si on remaniait l'ensemble de la législation sur les conflits, la question pourrait être étudiée, mais il a observé qu'elle n'avait pas une importance suffisante pour être l'objet d'une loi spéciale (Revue générale d'administration, 1879, t. 2, p. 73 et suiv.). La proposition de loi de M. Roger-Marvaise n'est jamais venue en discussion. Son auteur, nommé sénateur, ne la présenta pas au Sénat ; et elle ne fut pas reprise devant la Chambre des députés.

9. Un décret du 24 juill. 1885, modifiant un précédent décret du 15 juillet de la même année, a fixé les vacances du tribunal des conflits du 15 août au 15 octobre (1).

10. En Algérie, nous l'avons dit au Rép. n° 17, les conflits sont soumis, comme ceux qui s'élèvent en France, au tribunal des conflits. Ils sont réglés par l'arrêté du pouvoir exécutif du 30 déc. 1848 (2). Cet arrêté reproduit, sauf quelques modifications que nous signalons, l'ordonnance de 1828. L'art. 6, § 3, de l'arrêté du 30 déc. 1848 fixe un délai au ministère public pour communiquer le déclinatoire du préfet au tribunal. Le mémoire doit être communiqué dans la quinzaine de sa réception ou immédiatement, si la cause est

au rôle. En France, cette communication n'est soumise à aucun délai. C'est une lacune qui, si le procureur de la République est négligent, peut présenter de sérieux inconvénients. — Le délai de quinze jours accordé au préfet par l'art. 8 de l'ordonnance pour élever le conflit, soit au cas où son déclinatoire est rejeté, soit au cas où, étant admis, les parties interjettent appel, est porté à un mois (Arrêté 30 déc. 1848, art. 8). — En cas d'appel d'un jugement d'incompétence rendu sur le déclinatoire du préfet, l'art. 8, § 2, dit expressément que le conflit peut être élevé sans nouveau déclinatoire. Il évite les difficultés d'interprétation auxquelles a donné lieu l'art. 8 de l'ordonnance. Dans les vingt-quatre heures de la réception des pièces, le ministre de la justice en donne communication au ministre de la guerre, qui peut avoir un grand intérêt à être renseigné sur les conflits qui s'élèvent en Algérie (art. 14). Les délais de deux mois pour statuer et de un mois pour notifier (Ord. 1831, art. 7), sont portés à trois mois et à quarante jours.—L'arrêté confère aux préfets nominativement le droit d'élever le conflit ; mais ce droit a été également reconnu aux généraux faisant fonctions de préfets dans les territoires militaires (Cons. d'Et. 7 août 1856, aff. Mohammed-Ben-abd-el-Kerim, D. P. 57. 3. 18 ; Blanche, Dictionnaire d'administration, v° Conflit, p. 586). Le conflit, en Algérie comme en France, ne peut être élevé valablement qu'après qu'il a été présenté un déclinatoire (Trib. confl. 31 juill. 1875, aff. Moulay-Addou, D.P. 76. 3. 38).

11. Aux colonies, le règlement des conflits, avant les décrets de 1881, appartenait au conseil privé de la colonie avec recours au conseil d'Etat (Ord. 9 févr. 1827 concernant la Martinique et la Guadeloupe ; Ord. 27 août 1828 concernant la Guyane française ; Ord. 21 août 1835 pour le gouvernement de l'Ile de Bourbon et ses dépendances ; Ord. 23 juill. 1840 concernant le gouvernement des établissements français dans l'Inde ; Ord. 7 sept. 1846 concernant le gouvernement du Sénégal ; Ord. 18 sept. 1844, concernant le gouvernement des Iles Saint-Pierre et Miquelon ; Ord. 21 août 1869 concernant le gouvernement de la Cochinchine française). Les décisions rendues par le conseil privé sur les conflits étaient donc susceptibles d'appel, et l'appel était porté devant le conseil d'Etat. Lorsque ce corps ne fut plus chargé du règlement des conflits, c'est-à-dire après la loi du 24 mai 1872, on se demanda si l'appel devait être porté devant le tribunal des conflits, ou, comme auparavant, devant le conseil d'Etat. Les auteurs étaient divisés. La question n'offre plus aujourd'hui d'intérêt. Les décrets des 5 août et 7 sept. 1881 ont enlevé aux conseils privés des colonies leurs attributions en matière de conflits, et décidé que les conflits seraient portés directement en France devant le tribunal des conflits. — L'art. 4 du décret du 5 août 1881 concernant l'organisation et la compétence des conseils du contentieux administratif dans les colonies de la Martinique, de la Guadeloupe et de la Réunion, et réglementant la procédure à suivre devant ces conseils, porte : « Les conflits d'attributions entre l'autorité

---

(1) 15-19 juill. 1885. — Décret portant modification de l'art. 15 du règlement d'administration publique du 26 oct. 1849, qui détermine les formes de procéder au tribunal des conflits (D. P. 86. 4. 7).

Le Président de la République française. — Sur le rapport du président du conseil, garde des sceaux, ministre de la justice :—Vu le décret du 4 juill. 1885, modifiant l'époque des vacances des cours et tribunaux ; — Vu l'art. 15 du règlement d'administration publique du 26 oct. 1849 ; — Le conseil d'Etat entendu, — Décrète :

Art. 1er. L'art. 15 du règlement d'administration publique du 26 oct. 1849 est modifié ainsi qu'il suit : — « Il est statué par le tribunal des conflits, dans les délais fixés par l'art. 7 de l'ordonnance du 12 mars 1831, et l'art. 15 de l'arrêté du 30 déc. 1848. Ces délais sont suspendus du 15 août au 15 septembre. »

2. Le président du conseil, garde des sceaux, ministre de la justice, est chargé de l'exécution du présent décret.

24-27 juill. 1885. — Décret qui modifie celui du 15 juill. 1885, relativement aux vacances du tribunal des conflits (D. P. 86. 4. 38).

Le Président de la République française. — Sur le rapport du président du conseil, garde des sceaux, ministre de la justice ; — Vu le décret du 4 juill. 1885 modifiant l'époque des vacances des cours et tribunaux ; — Vu l'art. 15 du règlement d'administration publique du 26 oct. 1849 ; — Vu le décret en date du 15 juill. 1885 portant modification à l'art. 15 du règlement du 26 oct. 1849 ; — Le conseil d'Etat entendu, — Décrète :

Art. 1er. Il est statué par le tribunal des conflits dans les délais fixés par l'art. 7 de l'ordonnance du 12 mars 1831 et l'art. 15 de l'arrêté du 30 déc. 1848. Ces délais sont suspendus du 15 août au 15 octobre.

2. Le décret du 15 juill. 1885 est modifié en ce qu'il a de contraire au présent décret.

3. Le président du conseil, garde des sceaux, etc.

(2) 30 déc. 1848.-20 mars 1850. — Arrêté relatif aux conflits d'attributions entre les tribunaux et l'autorité administrative en Algérie (D. P. 50. 4. 27).

Le Président de la République ; — Vu les lois des 7-14 oct. 1790, 21 fruct. an 3 (7 sept. 1795), art. 27, et l'arrêté du 13 brum. an 10 (4 nov. 1801) ; — Vu les ordonnances des 1er juin 1828 et 12 mars 1831 ; — Le conseil d'Etat entendu, — Arrête ce qui suit :

Art. 1er. En Algérie, le conflit d'attributions entre les tribunaux et l'autorité administrative ne sera jamais élevé en matière criminelle.

2. Il ne pourra être élevé de conflit en matière de police correctionnelle que dans les deux cas suivants : 1° Lorsque la répression du délit est attribuée à l'autorité administrative par une disposition, soit des lois générales, soit des ordonnances ou arrêtés ayant force de loi en Algérie ; 2° Lorsque le jugement à rendre par le tribunal dépendra d'une question préjudicielle dont la connaissance appartiendrait à l'autorité administrative par une disposition, soit des lois générales, soit des ordonnances ou arrêtés

administrative et l'autorité judiciaire élevés dans lesdites colonies sont jugés directement en France par le tribunal des conflits, conformément à l'art. 25 de la loi du 24 mai 1872. Le droit d'élever le conflit appartient au gouverneur, dans les cas et suivant les formes prévus par l'ordonnance du 1ᵉʳ juin 1828 ». Un second décret du 7 sept. 1881 rend applicable à toutes les colonies françaises le décret du 5 août 1881.

12. On a publié peu d'ouvrages spéciaux sur les « conflits ». Cette matière a été surtout étudiée dans les traités généraux sur le droit public et administratif. Parmi les ouvrages spéciaux, nous citerons : Bavoux, *Des conflits ou empiétements de l'autorité administrative sur l'autorité judiciaire* ; Collignon, *Des conflits d'attribution* ; Clément, *Exposé pratique de la procédure suivie devant le conseil d'Etat et devant le tribunal des conflits* ; Duvergier de Hauranne, *De l'ordre légal en France et des abus de l'autorité* ; Poisson, *Des conflits d'attributions* ; Taillandier, *Commentaire sur l'ordonnance des conflits* ; et parmi les traités généraux : Aucoc, *Conférences sur l'administration et le droit administratif*, 3ᵉ éd., t. 1, nᵒˢ 397 à 411 ; Batbie, *Traité théorique et pratique du droit public et administratif*, 2ᵉ éd., t. 7, nᵒˢ 336 à 373 ; Blanche, *Dictionnaire général d'administration*, 2ᵉ éd., vᵒ *Conflit*, article de M. Boulatignier ; Block, *Dictionnaire de l'administration*, vᵒ *Conflit*, article de M. Reverchon ; Chauveau et Tambour, *Code d'instruction administrative*, 5ᵉ éd., nᵒˢ 429 à 528 ; Ducrocq, *Cours de droit administratif*, 6ᵉ éd., t. 1, nᵒˢ 657 à 678 ; Dufour, *Traité général de droit administratif*, 2ᵉ éd., t. 3, nᵒˢ 512 à 581 ; Laferrière, *Cours de droit public et administratif*, 5ᵉ éd., t. 2, p. 723 à 744 ; Saint-Girons, *Essai sur la séparation des pouvoirs*, p. 528 et suiv.).

ayant force de loi en Algérie. Dans ce dernier cas, le conflit ne pourra être élevé que sur la question préjudicielle.

3. Ne donneront pas lieu au conflit : 1ᵒ Le défaut d'autorisation, soit de la part du Gouvernement lorsqu'il s'agit de poursuites contre ses agents, soit de la part du conseil de préfecture lorsqu'il s'agira de contestations judiciaires dans lesquelles son autorisation est nécessaire ; 2ᵒ Le défaut d'accomplissement des formalités à remplir devant l'Administration préalablement aux poursuites judiciaires.

4. Hors le cas prévu ci-après par le dernier paragraphe de l'art. 8 du présent arrêté, il ne pourra jamais être élevé de conflit après des jugements rendus en dernier ressort ou acquiescés ni après des arrêts définitifs ; néanmoins, le conflit pourra être élevé en cause d'appel, s'il ne l'a pas été en première instance, ou s'il l'a été irrégulièrement après les délais prescrits par l'art. 8 du présent arrêté.

5. Le conflit d'attributions ne pourra être élevé que dans les formes et de la manière déterminées par les articles suivants.

6. Lorsqu'un préfet estimera que la connaissance d'une question portée devant un tribunal de première instance ou devant la cour d'appel est attribuée à l'autorité administrative par une disposition, soit des lois générales, soit des ordonnances ou arrêtés ayant force de loi en Algérie, il pourra, alors même que l'Administration ne serait pas en cause, demander le renvoi de l'affaire devant l'autorité compétente. A cet effet, le préfet adressera au procureur de la République ou au procureur général un mémoire dans lequel sera rapportée la disposition, soit des lois générales, soit des ordonnances ou arrêtés ayant force de loi en Algérie, qui attribue la connaissance du litige à l'autorité administrative. Dans la quinzaine de la réception du mémoire, et immédiatement, si la cause est au rôle, le procureur de la République ou le procureur général fera connaître au tribunal ou à la cour la demande formée par le préfet. Il requerra la revendication lui paraît fondée.

7. Après que le tribunal ou la cour aura statué sur la déclinatoire, le procureur de la République ou le procureur général adressera au préfet, dans les cinq jours qui suivront le jugement ou l'arrêt, copie de ses conclusions ou réquisitions, et du jugement ou de l'arrêt rendu sur la compétence. La date de l'envoi sera consignée sur un registre tenu à cet effet au parquet.

8. Si le déclinatoire est rejeté, le préfet, s'il estime qu'il y ait lieu, pourra élever le conflit dans le mois de l'envoi, pour tout délai. — Si le déclinatoire est admis, le préfet pourra également, et sans qu'il soit tenu de proposer un nouveau déclinatoire, élever le conflit dans le mois qui suivra la signification de l'acte d'appel, si la partie interjette appel du jugement. — Le conflit pourra être élevé dans ledit délai, alors même que le tribunal ou la cour aurait, avant l'expiration de ce délai, passé outre au jugement du fond.

9. Dans tous les cas, l'arrêté par lequel le préfet élèvera le conflit et revendiquera la cause, devra viser le jugement intervenu et l'acte d'appel, s'il y a lieu. La disposition, soit des lois

13. — II. DROIT COMPARÉ. — En *Allemagne*, aux termes de la loi sur l'organisation judiciaire du 27 janv. 1877, art. 17, la législation particulière des Etats confédérés peut attribuer la connaissance des conflits à des juridictions spéciales, aux conditions suivantes : 1ᵒ les membres de ces juridictions seront nommés pour la durée de l'emploi dont

générales, soit des ordonnances ou arrêtés ayant force de loi en Algérie, qui attribue à l'administration la connaissance du point litigieux, y sera textuellement insérée.

10. Lorsque le préfet aura élevé le conflit, il sera tenu de faire déposer son arrêté et les pièces y visées au greffe du tribunal ou de la cour. — Il lui sera donné récépissé de ce dépôt, sans délai et sans frais.

11. Si dans le délai d'un mois, cet arrêté n'a pas été déposé au greffe, le conflit ne pourra plus être élevé devant le tribunal saisi de l'affaire.

12. Après le dépôt au greffe de l'arrêté, le greffier le remettra immédiatement au procureur de la République ou au procureur général, qui le communiquera au tribunal ou à la cour dans la chambre du conseil, et requerra que, conformément à l'art. 27 de la loi du 24 fruct. an 3, il soit sursis à toute procédure judiciaire.

13. Après la communication ci-dessus, l'arrêté du préfet et les pièces seront rétablis au greffe, où ils resteront déposés pendant quinze jours. Le procureur de la République ou le procureur général y préviendra de suite les parties ou leurs défenseurs, lesquels pourront en prendre communication sans déplacement, et remettre, dans le même délai de quinzaine, au parquet du procureur de la République ou du procureur général, leurs observations sur la question de compétence, avec tous les documents à l'appui.

14. Le rapport sur les conflits ne pourra être présenté qu'après la production des pièces ci-après énoncées, savoir : — la citation ; — les conclusions des parties ; — le déclinatoire proposé par le préfet ; — le jugement de compétence ; — l'arrêté de conflit. — A l'expiration du délai fixé par l'art. 13, ces pièces seront adressées par le procureur de la République ou par le procureur général au ministre de la justice, qui devra lui adresser, par le prochain courrier, un récépissé énonciatif des pièces, lequel sera déposé au greffe du tribunal de la cour. — Dans les vingt-quatre heures de la réception de ces pièces, le ministre de la justice en donnera communication au ministre de la guerre pour avoir ses observations. — Dans quinze jours, pour tout délai, ces observations seront transmises au ministre de la justice, qui en fera le renvoi immédiatement au secrétariat de l'autorité chargée de statuer sur les conflits.

15. Il sera statué sur le conflit dans le délai de trois mois, à dater de la réception des pièces au ministère de la justice.

16. Si, quarante jours après l'expiration du délai fixé par l'article précédent, l'autorité judiciaire n'a pas reçu notification de la décision rendue sur le conflit, elle pourra procéder au jugement de l'affaire.

17. Au cas où le conflit serait élevé dans les matières correctionnelles comprises dans l'exception prévue par l'art. 2 du présent arrêté, il sera procédé conformément aux art. 6, 7 et 8.

18. Le ministre de la justice et le ministre de la guerre sont chargés, chacun en ce qui le concerne, de l'exécution du présent arrêté.

ils sont investis au moment de leur nomination ou bien à vie, si, à cette époque, ils n'étaient investis d'aucun emploi. Ils ne pourront être relevés de leurs fonctions que dans les cas et sous les conditions prévus pour les membres de la cour suprême de l'Empire ; 2° la moitié des membres au moins devra appartenir à la cour suprême de l'Empire ou au tribunal suprême d'un Etat confédéré, ou à un tribunal régional supérieur. Les décisions ne pourront être rendues que par le nombre de membres fixé par la loi; le nombre devra être impair et au moins de cinq ; 3° les jugements seront rendus en audience publique, les parties dûment appelées ; 4° si la voie judiciaire a été reconnue admissible par le jugement d'un tribunal, ayant acquis l'autorité de la chose jugée, sans qu'au préalable le renvoi devant la juridiction spéciale ait été demandé, la décision du tribunal reste définitive. Dans les pays qui n'instituent pas un tribunal des conflits, le tribunal judiciaire est souverain juge de la compétence. — Aux termes de l'art. 17 de la loi sur la mise en vigueur du code, une ordonnance impériale peut, sur la demande d'un Etat confédéré et sur l'avis conforme du conseil fédéral, renvoyer devant le tribunal de l'Empire les débats et le jugement des conflits. — La ville libre de Brême a demandé et obtenu ce renvoi (Loi de Brême sur les conflits du 25 juin 1879). — Un certain nombre d'Etats n'ont pas établi de tribunaux de conflits. Il n'en existe pas, notamment, en Alsace-Lorraine, dans les duchés d'Anhalt, de Saxe-Weimar, dans les villes hanséatiques de Lübeck et Hambourg. — En Prusse, une cour des conflits est instituée (Ord. 1er août 1879). Elle se compose de onze membres âgés de 35 ans au moins ; six appartiennent au tribunal régional supérieur de Berlin, cinq sont des fonctionnaires administratifs ou des personnes ayant l'aptitude judiciaire. Avant la promulgation du code, le tribunal des conflits se composait en Prusse du président du conseil d'Etat, du secrétaire d'Etat et de neuf fonctionnaires. L'organisation nouvelle offre plus de garanties. Le conflit est élevé devant le tribunal par une déclaration de l'autorité administrative portant que la compétence ne paraît pas avoir été observée. Cette déclaration peut émaner de l'autorité centrale ou de l'autorité de la province. Le tribunal des conflits statue sur les conflits positifs et sur les conflits négatifs. — A Bade, la cour des conflits comprend huit membres du tribunal supérieur de Carlsruhe et cinq hauts fonctionnaires administratifs ou membres de la cour administrative ; — en Bavière, six membres du tribunal suprême ou d'un des tribunaux supérieurs, parmi lesquels on choisi le président, et quatre membres de la cour administrative ; — en Saxe, le président du tribunal supérieur de Dresde, cinq conseillers de ce tribunal, et cinq conseillers ministériels (V. pour la composition du tribunal des conflits dans les autres Etats confédérés, Dubarle, Code d'organisation judiciaire allemand, t. 1, p. 72). Dans tous les Etats les membres de la cour des conflits sont nommés par le souverain. Sauf dans le Duché de Saxe-Cobourg, où la commission ducale des conflits est présidée par le ministre, ils sont pris uniquement parmi les magistrats ou les fonctionnaires administratifs. — En Prusse, le règlement de la cour des travaux est approuvé par le ministre, en Saxe par le roi. En Prusse, ainsi que nous l'avons dit, le conflit est élevé par l'autorité centrale ou provinciale ; à Bade et en d'autres Etats par le ministre ; à Brême par le Sénat. Il est notifié sous la forme d'une déclaration d'incompétence écrite et motivée adressée au tribunal saisi du litige.

14. En *Angleterre*, il n'existe pas de tribunal des conflits. Les conflits d'attribution entre les autorités administratives et les tribunaux sont impossibles, car ce sont les tribunaux qui décident seuls les limites de leur compétence (V. Glasson, *Histoire du droit et des institutions politiques, civiles et judiciaire de l'Angleterre*, t. 6, p. 471). Il n'y a pas, d'ailleurs, dans ce pays, de juridiction administrative particulière. Les *judges of the peace* ont seulement quelques attributions en matière de taxes et d'impôts.

15. En *Autriche*, il y a un seul tribunal administratif; c'est la cour de justice administrative organisée en 1875 et qui connaît, au point de vue du droit seulement, des recours formés contre les actes émanant des fonctionnaires ou des administrations provinciales et communales. C'est une sorte de cour de cassation administrative. — Le tribunal d'Em-

pire, institué par une loi constitutionnelle en 1867, et qui siège à Vienne, a été chargé par une loi du 22 oct. 1875 de juger les conflits entre les autorités administratives. — Quant aux conflits entre la cour de justice administrative et le tribunal d'Empire qui a diverses autres attributions importantes, et qui statue notamment sur les matières litigieuses de droit public, ils sont vidés par une commission composée de quatre membres de la cour de justice et de quatre membres du tribunal d'Empire désignés, pour chaque affaire, par leur président, et présidée par le président ou le vice-président de la cour de cassation. — Toute instance tendant à faire juger ces conflits est portée au président de la cour suprême. La procédure est publique et orale. Si le conflit est positif, c'est l'Administration qui intente l'action; s'il est négatif, ce sont les parties intéressées. La demande introduite par les parties doit être revêtue de la signature d'un avocat.

16. En *Belgique*, la députation permanente du conseil provincial a quelques attributions contentieuses, notamment, en matière d'élections, de recrutement, d'impôts. En 1861, on a institué le conseil d'Etat. C'est la cour de cassation qui statue sur les conflits d'attributions entre l'autorité judiciaire et l'autorité administrative (Constitution belge, art. 90 et 106). Un projet d'organisation judiciaire présenté à la chambre des représentants le 22 avr. 1856 réglementait la procédure des conflits. Il n'a pas abouti. L'autorité judiciaire étant chargée de prononcer souverainement, l'Administration n'a qu'à s'en rapporter à sa sagesse. Elle n'a pas grand intérêt à élever le conflit; le ministère public et les parties sont là pour soulever les questions de compétence (Pascaud, *Revue générale d'administration*, 1878, t. 3, p. 157).

17. En *Danemarck*, il n'y a pas de tribunaux administratifs spéciaux. La constitution de 1866 porte que les tribunaux ont le droit de juger toute question relative aux attributions des autorités administratives. Toutefois, celui qui soulève une question de ce genre ne peut, en la portant devant les tribunaux, se soustraire à l'obligation de se conformer provisoirement aux ordres des autorités.

18. En *Espagne*, le décret du 27 févr. 1875 a réorganisé le conseil d'Etat. La juridiction administrative se compose, au premier degré, des commissions permanentes des assemblées provinciales. Le jugement des conflits d'attributions appartient au souverain en conseil d'Etat. L'ordre de surseoir au jugement est donné par le gouverneur de la province; il est tenu de prendre préalablement l'avis de la députation provinciale (conseil général). Si le conflit persiste, les pièces sont envoyées au président du conseil des ministres qui saisit le conseil d'Etat. Le conseil d'Etat prépare l'ordonnance royale qui prononce sur le conflit. Si le ministre de l'intérieur ne partage pas l'avis du conseil d'Etat, il est statué par le conseil des ministres (V. Colmeiro, éd. 1876, t. 2, p. 373; Bathie, t. 7, n° 373, p. 398, note 1).

19. En *Hollande*, la cour de cassation statue sur les conflits.

20. En *Italie*, la loi du 25 mars 1865 a supprimé les tribunaux administratifs et conféré leurs attributions aux tribunaux ordinaires. C'est la cour de Rome qui juge les conflits d'attributions soulevés par les arrêtés des administrations administratifs. Antérieurement, aux termes d'une loi sarde du 20 mars 1859 étendue plus tard à tout le royaume d'Italie, la compétence en cas de conflits appartenait au conseil d'Etat. En vertu de la loi actuelle, si l'Administration est partie au procès, le conflit ne peut être élevé que dans le cours de la première instance; si elle n'est pas partie, il peut l'être en tout état de cause, pourvu qu'il ne soit intervenu aucune décision d'incompétence passée en force de chose jugée. Le conflit est élevé par arrêté préfectoral notifié aux parties intéressées et communiqué au procureur du roi. La discussion est contradictoire et publique. L'arrêt est rendu toutes chambres réunies.

21. En *Roumanie*, il n'existe pas de juridiction administrative proprement dite. Le conseil d'Etat a été supprimé par la loi du 12 juill. 1866. Cependant les autorités administratives ont conservé quelques attributions contentieuses, notamment en matière de police rurale. Les conflits d'attributions entre les autorités administratives et la juridiction ordinaire sont tranchés par la cour de cassation.

22. En *Russie*, les conflits d'attributions sont jugés par l'assemblée générale du premier département (administratif), et des deux départements de cassation du Sénat (Ukase du 20 nov. 1864).

23. Dans les *Etats scandinaves*, les conflits sont réglés par le conseil des ministres.

24. En *Suisse*, le tribunal fédéral connaît des conflits de compétence entre les autorités fédérales et les autorités cantonales (constitution de 1874). Il statue sur procédure écrite et par exception seulement après des débats oraux lorsque l'une des parties le requiert et qu'il existe des motifs particuliers pour le faire. — Les conflits de compétence entre le tribunal fédéral et le conseil fédéral sont jugés par l'assemblée fédérale (Demombynes, *Des constitutions européennes*). Les cantons suisses, dans toutes les matières qui n'intéressent pas directement la communauté et qui ne sont pas régies par la constitution et les lois fédérales, sont des Etats souverains. Chacun d'eux a sa législation distincte en ce qui touche la séparation des pouvoirs et les conflits d'attributions. — Dans le canton du Valais, une loi du 25 mai 1877 a organisé une cour des conflits. Elle se compose des présidents du grand conseil, du conseil d'Etat et de la cour d'appel, respectivement suppléés par les vice-présidents ou doyens de ces trois corps, lorsqu'ils ne peuvent siéger. La cour statue sur le dépôt de mémoires, sans débats oraux. Dès qu'un conflit est élevé, le tribunal saisi doit surseoir. — Dans le canton de Vaud, aux termes d'une loi du 26 janv. 1832, les conflits sont portés devant un tribunal *neutre* qui est saisi : par le conseil d'Etat pouvoir exécutif du canton, quand c'est une autorité administrative qui réclame; par le tribunal cantonal quand la réclamation émane de l'autorité judiciaire. Chaque fois qu'une question de compétence est élevée devant l'une de ces autorités, elle est tenue de communiquer sa décision à l'autre. En cas de désaccord le conseil d'Etat pourvoit à la formation pour chaque affaire, d'un tribunal *neutre* composé de sept membres. Le conseil d'Etat et le tribunal cantonal désignent chacun huit noms de personnes qui ne relèvent pas directement d'eux. Sur ces huit noms, le président de l'autre corps en tire trois au sort; le septième est tiré au sort parmi les dix restants, alternativement par le président de chaque corps. La même personne ne peut faire partie deux fois de suite du tribunal neutre. Le tribunal, qui choisit son président, prononce après discussion préalable. — Dans d'autres cantons, les conflits qui s'élèvent sont portés devant le grand conseil (Berne, constitution de 1846, art. 27; Lucerne, constitution de 1848, art. 19; Fribourg, constitution de 1848, art. 48; Schwitz, constitution de 1848, art. 69; Neufchâtel, constitution de 1848, art. 27; Uri, constitution de 1850, art. 27; Zug, constitution de 1848, art. 21; Schaffhouse, constitution de 1852, art. 35).

25. Aux *Etats-Unis d'Amérique*, le pouvoir judiciaire est investi des attributions les plus étendues et juge souverainement toutes les questions de compétence. Il ne peut donc s'élever de conflits d'attributions.

CHAP. 2. — Du conflit positif. — Du conflit négatif. — Des revendications de compétence formées devant la section du contentieux du conseil d'Etat (*Rép.* n°s 19 à 190).

26. Les décrets sur conflits rendus par le pouvoir exécutif sur l'avis du conseil d'Etat, depuis la constitution de frim. an 8 jusqu'en 1848, et de 1852 jusqu'en 1872, étaient des actes de souveraineté (*Rép.* n° 19), qui étaient préparés dans les mêmes formes et les mêmes conditions que les décrets rendus en matière contentieuse. Sous la constitution de 1848 et depuis la loi de 1872, le chef de l'Etat ne tranche plus les conflits; ce pouvoir est conféré à un tribunal. Quel est le caractère de ce tribunal? Il ne constitue pas une juridiction dans le sens strict de ce mot. Sa mission n'est pas de dire le droit entre les particuliers, mais de maintenir le respect de la séparation des pouvoirs dans un intérêt d'ordre public; et devant lui les intéressés dans les instances qui ont donné lieu aux arrêts de conflit ne sont pas parties en cause. Est-ce à dire que la décision à intervenir leur soit indifférente? Evidemment non. Il est des cas où elle entraînera pour eux de graves conséquences; elle leur

fermera, par exemple, l'accès de toutes les juridictions, si l'acte, au sujet duquel est élevé le conflit, est reconnu avoir le caractère d'un acte gouvernemental. Il fallait donc assurer aux intéressés les garanties d'une impartiale justice. Pour atteindre ce but, on a donné au tribunal des conflits l'organisation des juridictions ordinaires, avec les formes protectrices des droits privés : publicité des audiences, intervention du ministère public, mémoires écrits, observations orales. Sur bien des points, la loi ne s'est pas expliquée; mais de l'ensemble des dispositions qu'elle a édictées on peut conclure que, si le tribunal des conflits ne constitue pas à proprement parler une juridiction, les règles essentielles au fonctionnement des juridictions lui sont en principe applicables (V. note sur Trib. confl. 4 nov. 1880, aff. Marquigny, D. P. 80. 3. 121. V. toutefois, *infrà*, n°s 110 et suiv.).

27. Nous avons dit au *Rép.* n° 19 et suiv. que le règlement de la compétence d'attributions peut se produire de trois manières: 1° par le conflit positif; 2° par le conflit négatif; 3° par la revendication de compétence devant la section du contentieux du conseil d'Etat. Sous l'empire de la loi du 3 mars 1849, ce droit de revendication n'appartenait qu'au ministre de la justice. La loi du 24 mai 1872 le confère à tous les ministres.

SECT. 1ʳᵉ. — DU CONFLIT POSITIF (*Rép.* n°s 21 à 168).

28. On a donné au *Rép.* n° 21 la définition du conflit positif, en indiquant qu'il ne fallait pas le confondre avec le simple déclinatoire d'une partie, qui, citée devant les tribunaux, demande son renvoi devant l'Administration. Lorsque le représentant de l'Etat, ou plus exactement, de l'autorité publique, revendique pour l'Administration, au moyen d'un arrêté de conflit, le jugement d'une contestation dont un tribunal de l'ordre judiciaire se trouve saisi, ce tribunal doit s'abstenir, surseoir à toute procédure. Il n'en est pas de même quand c'est un particulier qui soulève la question d'incompétence; le tribunal, dans ce cas, prononce sur l'exception et, s'il n'y a pas appel du chef de la compétence, statue ensuite sur le fond.

ART. 1ᵉʳ. — *Des personnes qui ont qualité pour élever le conflit positif* (*Rép.* n°s 23 à 39).

29. Le droit d'élever le conflit appartient exclusivement aux préfets des départements, y compris le préfet de la Seine, (Ord. 1ᵉʳ juin 1828); au préfet de police à Paris (Ord. 18 déc. 1822) dans les matières placées dans ses attributions (V. Blanche, v° *Conflit*, p. 539), et, d'après la jurisprudence, aux préfets maritimes pour les affaires de leur compétence (*Rép.* n°s 23 et suiv.; Trib. confl. 17 janv. 1874, aff. Ferrandini, Ribetti, Valéry, D. P. 75. 3. 2 ; Blanche, v° *Conflit*, p. 542). Le ministère public a le droit et le devoir, s'il estime qu'une affaire portée devant le tribunal est du ressort de l'autorité administrative, de demander le renvoi de l'affaire devant l'autorité compétente ; mais là se borne son pouvoir. Ni le ministre, ni le conseil d'Etat, ni les conseils de préfecture n'ont le droit d'élever le conflit. Nous en avons donné les motifs au *Rép.* n°s 27 et 32. L'amendement de M. Roger-Marvaise présenté en 1872 et sa proposition de loi faite en 1877 avaient pour but de conférer ce pouvoir aux particuliers. Nous avons dit que cette innovation n'avait pas été adoptée (V. *suprà*, n° 8).

30. Le conflit est un acte que le préfet exerce, en sa qualité de représentant de l'autorité publique; et, par cela même, son pouvoir est circonscrit dans l'étendue du département où il exerce ses fonctions. Il ne peut donc, en principe, élever le conflit que dans les affaires portées devant les tribunaux de ce département. Mais, d'un autre côté, il est seul compétent pour l'élever devant ces tribunaux. Ainsi, il a été jugé que lorsqu'une instance civile soulève des questions dont la connaissance paraît rentrer dans la compétence de l'autorité administrative centrale, c'est au préfet du département où siège le tribunal saisi qu'il appartient d'élever, comme représentant de ladite autorité, le conflit d'attributions, alors même que l'instance serait relative à un canal dont les travaux seraient placés exceptionnellement sous les pouvoirs du préfet d'un département voisin (Cons. d'Et. 27 mai 1862, aff. Tabard, D. P. 62. 3. 76). Le

préfet du département où siège le tribunal saisi est, en effet, auprès de ce tribunal, le représentant le plus autorisé de l'Administration centrale (Dufour, *Droit administratif*, 2e éd., t. 3, n° 539).

Il a été jugé aussi que c'est au préfet du département dans lequel siège le tribunal saisi d'un litige qu'il appartient de proposer le déclinatoire et d'élever le conflit, à l'exclusion du préfet du département de la situation des immeubles litigieux (Cons. d'Et. 28 juill. 1864, aff. Pallix, D. P. 65. 3. 36). « Considérant, dit cet arrêt, que le litige, à l'occasion duquel cet arrêté a été pris, a été engagé entre la dame Pallix et le domaine de l'Etat devant le tribunal civil de la Seine et porté en appel devant la cour impériale de Paris ; que, dès lors, c'est au préfet de la Seine, qui représente l'autorité administrative dans ce département, qu'il appartenait de proposer le déclinatoire et d'élever le conflit, aux termes de l'ordonnance royale du 1er juin 1828 ; que le préfet de la Manche ne pouvait exercer ce droit sous prétexte que les immeubles, qui font l'objet du litige, sont situés dans le département qu'il administre, etc. »

31. Lorsque l'affaire vient en appel et que le siège de la cour est établi dans un autre département que le tribunal de première instance, quel préfet a qualité pour élever le conflit ? Si un déclinatoire a été présenté en première instance, les auteurs sont à peu près unanimes à reconnaître que le conflit devra être élevé en appel par le préfet qui a proposé ce déclinatoire. Il est juste de lui maintenir le droit de poursuite, car, mieux qu'un autre, il connaît l'affaire qu'il a engagée ; il se trouve d'ailleurs, engagé dans la cause ; et, c'est à lui que doit être notifié l'acte d'appel. L'art. 8, au surplus, dit : « Si le déclinatoire est admis, *le préfet* pourra également élever le conflit dans la quinzaine qui suivra la signification de l'acte d'appel. » *Le préfet*, c'est-à-dire celui dont il vient d'être parlé, celui qui a proposé le déclinatoire. La jurisprudence a consacré formellement cette doctrine (*Rép.* n° 36 ; Trib. confl. 1er févr. 1873, aff. de Pomereu, *Rec. Cons. d'Etat, Supplément*, p. 52).

La question est plus délicate, lorsque le déclinatoire n'a pas été proposé en première instance, qu'il l'est, en appel, pour la première fois. On peut soutenir que le préfet du département du tribunal ne connaît pas mieux l'affaire que le préfet du département de la cour, et qu'il y a lieu, dès lors, d'appliquer la règle qui restreint les pouvoirs du préfet dans les limites de sa circonscription administrative (Serrigny, *Organisation et compétence administrative*, 2e éd., t. 1, n° 190 ; Trolley, *Traité de la hiérarchie administrative*, t. 3, p. 113. V. *Rép.* n° 36). Cependant, même dans cette hypothèse, la jurisprudence attribue qualité pour élever le conflit au préfet du département où la cause a été jugée en première instance. « L'appel, dit M. Reverchon, ne change rien aux règles de la juridiction et de la compétence territoriale ; le litige qu'il soumet à de nouveaux juges ne cesse pas de se rattacher, par son origine, au département dans lequel il a pris naissance ; enfin, même au point de vue administratif, le préfet de ce département, encore bien qu'il ne soit pas intervenu en première instance, connaîtra toujours mieux que son collègue du chef-lieu de la cour les circonstances de l'affaire » (*Dictionnaire de l'administration* de Block, v° *Conflit*, p. 547. Conf. Boulatignier, *Dictionnaire général d'administration* de Blanche, v° *Conflit*, p. 542 ; Collignon, *Des conflits d'attribution*, p. 232). Il a été jugé, en ce sens, que la faculté d'élever le conflit hors de son département existe pour le préfet en instance d'appel, la loi ne tenant pas compte dans ce cas de la situation du lieu où siège la cour d'appel (Cons. d'Et. 12 août 1854, aff. Commune de Cussey, D. P. 55. 3. 35). Décidé encore que le préfet du département où la cause a été jugée en première instance a seul qualité pour proposer le déclinatoire et élever le conflit devant le juge d'appel (Cons. d'Et. 15 mai 1858, aff. Comp. des chemins de fer de l'Est *C.* Contet Muiron, D. P. 59. 3. 42. V. aussi Cons. d'Et. 13 déc. 1861, aff. Thiboust, D. P. 62. 3. 9 ; Req. 7 mai 1884, aff. Albano, D. P. 84. 1. 220).

32. Le préfet du département où la cause a été jugée en première instance a-t-il aussi exclusivement le droit d'élever le conflit, lorsqu'après la cassation de l'arrêt l'affaire a été renvoyée devant une autre cour ? La question est discutée. Plusieurs auteurs soutiennent la compétence du préfet du

département où siège la cour d'appel saisie par la cour de cassation. Le système contraire nous paraît plus juridique. Si le préfet du département où la cause a été jugée en première instance a le droit d'élever le conflit en appel, c'est, nous l'avons dit, parce qu'il a engagé l'affaire, et que mieux que tout autre il la connaît et est à même de la suivre. Ces raisons n'existent-elles pas aussi fortes dans notre hypothèse ? La cassation prononcée, comme la cour remarque un auteur, ne renouvelle pas l'instance ; elle remet la cause au même état qu'avant la décision cassée, qui est alors considérée comme non avenue. Or, avant cette décision, la cause était en appel et les parties étaient à l'état d'appel, et, à ce moment, le conflit n'aurait pu être élevé que par le préfet du département dans lequel était situé le tribunal saisi ; il doit en être exactement de même après la cassation, qui ne fait que supprimer l'arrêt cassé. Telle est l'opinion émise par M. Reverchon, dans le *Dictionnaire de l'administration française*, de Block, v° *Conflit*, p. 477. — La jurisprudence a varié sur cette question. L'opinion que nous combattons a été adoptée par un arrêt du 15 mai 1858 (aff. Dumont, D. P. 59. 3. 41). Mais on ne saurait invoquer à l'appui de la même doctrine une décision antérieure du conseil d'Etat qui porte qu'un préfet n'a plus qualité pour élever le conflit d'attributions, relativement à une action originairement intentée devant un tribunal de son département, lorsque, par suite de renvoi, la contestation se trouve portée devant un tribunal d'un département voisin (Cons. d'Et. 12 août 1854, aff. Commune de Cussey, D. P. 55. 3. 35). Par suite de ce renvoi, en effet, l'affaire est considérée comme n'ayant jamais été portée devant le premier tribunal ; elle revient, en première instance, devant le tribunal saisi par le renvoi. Or, il est de règle générale que le conflit ne peut être élevé en première instance que par le préfet du département dans lequel siège le tribunal saisi (Cons. d'Et. 13 déc. 1861, aff. Thibous, D. P. 62. 3. 9. V. les conclusions du commissaire du Gouvernement, *ibid.*). — Plus tard, le conseil d'Etat a abandonné la doctrine consacrée par l'arrêt du 15 mai 1858 . Il a décidé, en effet, que le préfet compétent pour élever le conflit devant les tribunaux de son département a seul qualité pour l'élever devant la cour d'appel, et qu'il n'y a pas lieu de faire exception à cette règle pour le cas où cette cour n'a été saisie de l'appel que par suite d'un renvoi ordonné par un arrêt de cassation (Arrêt du 13 déc. 1861 précité. Conf. Cons. d'Et. 30 avr. 1868, aff. Guillemet, D. P. 69. 3. 27).

33. Une décision intéressante a été rendue par le tribunal des conflits le 2 avr. 1881, lors de l'exécution des décrets du 29 mars 1880 à l'encontre des Trappistes du couvent de Soligny, situé dans le département de l'Orne. Les sieurs Chartier et autres, qui se trouvaient dans le couvent comme conseils et amis des religieux, avaient été expulsés ; ils déposèrent une plainte contre le préfet, le sous-préfet et le lieutenant de gendarmerie, pour attentat à la liberté individuelle, crime puni par l'art. 114 c. pén. A raison de la qualité des fonctionnaires contre lesquels cette plainte était dirigée, elle fut déposée entre les mains du premier président de la cour de Caen. L'arrêté de conflit fut pris par le préfet de l'Orne. La régularité de ce conflit fut discutée. On soutint qu'il aurait dû être élevé par le préfet du département où siégeait la cour dont faisait partie le premier président. Le tribunal des conflits rejeta cette prétention par ce motif, que le préfet de l'Orne, qui aurait été compétent pour proposer le déclinatoire et élever le conflit devant le juge d'instruction de l'arrondissement de Mortagne, pouvait exercer le même droit devant le premier président de la cour d'appel de Caen, qui, à raison de la qualité des inculpés, se trouvait substitué, pour tout ce qui touchait à l'information, au juge du premier degré (Trib. confl. 2 avr. 1881, aff. Chartier, D. P. 82. 3. 74). Cette décision nous paraît peu juridique. Nous reconnaissons qu'elle présente en pratique certains avantages ; que le préfet du département où se sont passés les faits connaît mieux l'affaire que son collègue ; que la responsabilité se trouve moins partagée, et que la procédure souffre moins de lenteurs ; ce sont, sans doute, ces raisons qui ont déterminé le tribunal à admettre une nouvelle exception au principe que nous avons exposé « que le préfet ne peut élever le conflit devant les tribunaux du département où il exerce ses fonctions » ; mais la solution au point de vue du droit est fort contestable.

Art. 2. — *Matières et conditions dans lesquelles le conflit positif peut avoir lieu (Rép. nos 197 à 226).*

§ 1er. — Matières susceptibles de conflit. — Question préjudicielle. — Juridictions devant lesquelles il peut ou non être élevé. — Matière criminelle, correctionnelle et de police. — Tribunaux de paix, de commerce. — Prud'hommes. — Jury d'expropriation. — Juges des référés, etc. (*Rép.* nos 197 à 213).

34. Une matière n'est susceptible de conflit que lorsqu'elle réunit les conditions suivantes ; il faut: 1° qu'elle soit *administrative*; 2° qu'elle soit pendante devant l'autorité judiciaire; 3° qu'elle ne soit pas du nombre de celles dans lesquelles il y a prohibition d'élever le conflit.

35. — I. Matière administrative (Ord. 1er juin 1828, art. 6). — Le préfet ne peut valablement élever le conflit sur une question qu'autant que la connaissance de cette question est attribuée par la loi à l'autorité administrative, soit qu'il y ait un texte spécial qui attribue l'affaire à l'Administration, soit, en l'absence de texte, que le litige appartienne par sa nature au contentieux administratif. — Ainsi, il a été jugé que si le préfet est recevable à réclamer devant les tribunaux le renvoi à l'autorité administrative d'une contestation qu'il estime être de la compétence de celle-ci, il est en revanche sans qualité pour demander le renvoi, devant un jury d'expropriation pour cause d'utilité publique, de réclamations en dommages-intérêts dont l'autorité judiciaire est saisie. Le jury d'expropriation est une institution judiciaire ; or, le préfet ne peut élever le conflit qu'à l'effet de revendiquer pour l'autorité administrative les affaires dont la connaissance lui appartient (Cons. d'Et. 15 déc. 1853, aff. Préfet du Jura, D. P. 54. 3. 30 ; Cons. d'Et. 12 mars 1863, aff. Broyer, D. P. 63. 3. 28). Décidé encore, que, lorsque sur la demande d'un propriétaire d'usine en suppression d'une autre usine située en aval de la sienne, et non autorisée par l'Administration, l'autorité judiciaire a ordonné une expertise à l'effet de vérifier l'influence de l'usine d'aval sur la marche de celle d'amont, en se réservant d'ordonner la suppression ou la modification de la première au cas où elle nuirait à la seconde, cette décision, rendue sur des actes purement privés, ne portant atteinte à aucun acte administratif et ne faisant pas obstacle à l'exercice du droit de police de l'autorité administrative, il n'y a pas lieu, par le préfet, d'élever de conflit d'attribution (Cons. d'Et. 24 juill. 1856, aff. Robo, D. P. 57. 3. 17). — Les caractères auxquels on reconnaît qu'une contestation appartient par sa nature au contentieux administratif sont indiqués *suprà*, vº *Compétence administrative*, nos 102 et suiv. (V. aussi Ducrocq, t. 1, nos 246 et suiv., 671).

La jurisprudence admet, d'ailleurs, que le conflit peut être élevé pour dessaisir l'autorité judiciaire, lorsque l'acte qui lui est soumis est, non pas un acte administratif à proprement parler, mais un acte politique et de gouvernement, et ce, en vertu du principe de la séparation des pouvoirs. Le décret du 18 juin 1852, sur le conflit élevé à l'occasion du procès relatif aux biens de la famille d'Orléans, a appliqué cette doctrine.

36. Nous avons cité au *Rép.* nos 46 et suiv. un certain nombre d'affaires ayant un caractère administratif et pouvant donner lieu au conflit. Il a été jugé, depuis: que le curage, en vertu d'un ordre de l'Administration, de rivières non navigables ou flottables, étant un travail d'utilité publique, c'est à l'autorité administrative seule qu'il appartient de connaître des dommages réclamés à l'occasion de ce curage par les riverains, aux termes de l'art. 4 de la loi du 28 pluv. an 8 (Cons. d'Et. 15 déc. 1853, aff. Préfet du Jura, D. P. 54. 3. 30); — Que la pente des cours d'eau n'étant pas susceptible de propriété privée, la suppression totale ou partielle, par suite de l'exécution de travaux publics, de la force motrice résultant de l'emploi d'une telle pente, ne constitue qu'un dommage dont la connaissance appartient à l'autorité administrative, alors, d'ailleurs, qu'il ne s'y joint aucune dépossession des bâtiments de l'usine ou des terrains en dépendant ; que c'est également à l'autorité administrative à apprécier, en vue de la justification du droit à une indemnité, la légalité de l'établissement de l'usine (Cons. d'Et. 15 mai 1858, aff. Dumont, D. P. 59. 3. 41) ; — Que dans le cas où des particuliers ayant prêté des fonds pour l'exécution de travaux de construction d'une église entrepris par

une fabrique dans des conditions tellement irrégulières que l'emprunt est reconnu nul à l'égard de la fabrique, actionnent la fabrique en remboursement des sommes dont elle a profité, la contestation a pour objet de faire reconnaître de quelles sommes la fabrique est débitrice à raison de l'exécution d'un travail public ; que, par suite, la juridiction administrative est seule compétente non seulement pour apprécier si les sommes versées par les demandeurs ont été employées à ces travaux, et dans quelle mesure la fabrique en a profité, mais encore pour statuer sur la responsabilité qui pouvait en résulter pour ladite fabrique (Trib. confl. 9 déc. 1882, aff. Patissier, D. P. 84. 3. 50); — Qu'il n'appartient point à l'autorité judiciaire de statuer, même en référé, sur une demande ayant pour objet de faire nommer des experts à l'effet de constater les dommages causés à un particulier par suite de travaux publics ; l'autorité administrative est seule compétente à cet effet (Cons. d'Et. 22 janv. 1867, aff. Pajot, D. P. 67. 3. 25). Il s'agissait, dans l'espèce, de dommages causés à une propriété par l'irruption des eaux d'un canal. Le conseil de préfecture était compétent (L. 28 pluv. an 8, art. 4). — Il a été encore décidé que les desservants ont, sur les presbytères appartenant aux communes, non un droit d'usufruit, mais un droit de jouissance *sui generis;* que ce droit de jouissance ne fait pas obstacle à ce que le maire ordonne valablement la décoration extérieure des presbytères, à l'occasion de la fête nationale, et que, par suite, l'arrêté qu'il prend à cette fin constitue un acte administratif dont il n'appartient pas à l'autorité judiciaire de connaître (Trib. confl. 15 déc. 1883, aff. Fonteny, D. P. 85. 3. 57); — Que l'art. 15 de la loi du 17 juill. 1819, qui attribue compétence à l'autorité judiciaire pour connaître des indemnités réclamées par les particuliers dans les cas prévus par les art. 18, 19, 20, 24, 33 et 38 de la loi du 10 juill. 1791, est applicable aux travaux de défense entrepris sur les points du territoire que l'on suppose pouvoir être menacés par l'ennemi, tant que ces travaux ne peuvent être considérés comme ayant le caractère de faits de guerre accidentels ou d'actes de défense s'imposant comme nécessité immédiate de la lutte ; et qu'aucune disposition législative n'a dérogé à cette règle pour les parties du territoire où l'état de siège aurait été proclamé (Trib. confl. 11 janv. 1873, aff. Coignet, D. P. 73. 3. 1). — Jugé encore, que l'autorité judiciaire est compétente pour connaître de l'action en dommages-intérêts intentée par un particulier contre un préfet et contre le président d'une commission municipale, à raison du préjudice que lui auraient causé les appréciations de nature à son encontre contenues dans une lettre écrite par le préfet pour être transmise au président de la commission et dont celui-ci a adressé une copie au demandeur, cette action étant fondée sur des faits personnels à ces fonctionnaires et n'impliquant l'appréciation d'aucun acte administratif (Trib. confl. 11 déc. 1880, aff. de Rubelles, D. P. 82. 3. 57); — Que l'injonction donnée par le maire, à un conseiller municipal, de sortir de la salle des séances, pour le motif qu'il a manqué à trois convocations successives, alors que le préfet n'a pas déclaré ce conseiller municipal démissionnaire, ne rentre pas dans l'exercice des attributions du maire comme président du conseil, et ne constitue pas un acte administratif ; que, par suite, l'autorité judiciaire est compétente pour connaître de l'action en dommages-intérêts intentée contre le maire par le conseiller expulsé (Trib. confl. 15 déc. 1883, aff. Dezetrée, D. P. 85. 3. 59); — Jugé que l'arrêté par lequel le préfet nomme un laïque instituteur public, en remplacement d'un congréganiste, est un acte d'administration dont il n'appartient pas à l'autorité judiciaire de retarder ou d'entraver l'exécution, et qui ne peut être déféré qu'au ministre par la voie hiérarchique ou au conseil d'Etat par la voie de l'excès de pouvoirs ; que, par conséquent, l'autorité judiciaire ne peut, sans porter atteinte au principe de la séparation des pouvoirs, connaître de la demande de l'instituteur remplacé dans ses fonctions à l'effet d'être maintenu temporairement en possession de l'immeuble qui lui était fourni par la commune pour servir de maison d'école; qu'il en est ainsi alors même que la congrégation dont fait partie l'instituteur remplacé invoque une convention en vertu de laquelle la commune, en traitant avec elle à l'effet de lui conférer la direction de son école, lui aurait concédé la jouissance de cet immeuble pour une durée déterminée, une convention de ce genre ne pouvant faire obstacle à

l'exercice des pouvoirs qui appartiennent aux préfets pour la nomination des instituteurs (Trib. confl. 27 déc. 1879, aff. Sœurs de l'instruction chrétienne de Nevers, D. P. 80. 3. 91. V. dans le même sens : Trib. confl. 14 janv. 1880, aff. Institut des frères des écoles chrétiennes, et aff. Frères des écoles chrétiennes, D. P. 80. 3. 91). — Jugé aussi que l'autorité judiciaire ne peut connaître de la demande de la congrégation à laquelle appartenait un instituteur communal, remplacé dans ses fonctions par un laïque, tendant à être maintenu provisoirement en possession de l'immeuble communal où s'est établie l'école, sans porter atteinte au principe de la séparation des pouvoirs; qu'il en est ainsi, alors même que la congrégation invoque les stipulations de l'acte qui a fait donation de l'immeuble à la commune, en soutenant que cet acte l'a grevé d'une affectation particulière, les stipulations de la donation et les droits qui peuvent en résulter ne pouvant faire obstacle à l'exercice des pouvoirs du préfet en ce qui concerne la nomination de l'instituteur et aux conséquences des mesures prescrites par lui relativement à l'immeuble affecté à l'école communale (Trib. confl. 13 nov. 1880, aff. Frères des écoles chrétiennes, D. P. 81. 3. 89). Mais jugé que c'est à l'autorité judiciaire qu'il appartient de connaître d'une demande formée contre une ville à l'effet d'obtenir, par application de la loi du 10 vend. an 4, une indemnité à raison de dommages causés par des rassemblements tumultueux à l'établissement d'une congrégation non autorisée; et que ces dommages ne peuvent être considérés comme se rattachant à l'exécution d'un arrêté préfectoral prescrivant la dissolution de cette congrégation, alors que les faits articulés se sont produits antérieurement à l'exécution de cet arrêté et sont imputés à des personnes étrangères à l'Administration, qui n'ont qualité, ni par elles-mêmes, ni par l'effet d'aucune réquisition de l'autorité compétente, pour pénétrer dans l'immeuble et pour soumettre ceux qui s'y trouvaient à une contrainte légale (Trib. confl. 19 févr. 1881, aff. Mas, D. P. 82. 3. 69).

37. Jugé encore qu'il appartient au ministre de la guerre de statuer, sauf recours au conseil d'Etat, sur la demande en responsabilité formée contre l'Etat à raison de l'incendie de bâtiments attribué à l'imprudence ou à la négligence de troupes logées dans ces bâtiments en vertu de réquisitions de l'autorité militaire (Trib. confl. 26 mars 1881, aff. Comp. la Providence, D. P. 82. 3. 64); — Que dans les établissements de l'Inde, les contestations auxquelles peuvent donner lieu les poursuites exercées, en matière de taxes et de contributions directes, à Pondichéry et dans les districts voisins, doivent, aux termes d'un arrêté du gouverneur de la colonie, en date du 1er déc. 1855, être soumises au conseil d'administration constitué en conseil du contentieux administratif (Trib. confl. 7 avr. 1884, aff. Jablin, D. P. 85. 3. 89); — Que la demande en dommages-intérêts intentée contre l'administration des douanes, qui n'est pas accessoire à une contestation relative à l'impôt, ne rentre pas dans les prévisions des lois des 6-22 août 1791 et 14 fruct. an 3; qu'en conséquence, c'est à la juridiction administrative compétente, en l'absence de toute disposition spéciale, pour apprécier la responsabilité que l'Etat peut encourir du fait de ses agents, qu'il appartient de connaître d'une demande de cette nature (Trib. confl. 31 juill. 1875, aff. Renaux, D. P. 76. 3. 43); — Que c'est à la même juridiction administrative qu'il appartient de connaître d'une action en responsabilité dirigée contre l'Etat à l'occasion d'une imprudence reprochée à un préposé de la Régie (Trib. confl. 29 mai 1875, aff. Ramel, D. P. 76. 3. 45); — Que c'est au conseil de préfecture qu'il appartient de déterminer le sens et la portée du cahier des charges de l'adjudication d'une propriété ayant fait partie du domaine militaire (Trib. confl. 1er mai 1875, aff. Tarbé des Sablons, D. P. 76. 3. 7); — Que l'autorité judiciaire ne peut connaître pour statuer sur l'action intentée contre l'Etat à l'effet de faire déclarer celui-ci responsable des dommages résultant, pour les propriétaires d'un navire et pour les personnes qui y étaient embarquées, de l'abordage qui a eu lieu entre ledit navire et un bâtiment de l'Etat, et qui aurait été causé par la faute du commandant de ce bâtiment; mais qu'elle est seule compétente pour connaître de l'action intentée par les victimes de cet abordage contre le propriétaire du navire, alors même que celui-ci forme contre l'Etat une demande en garantie qui devra être portée devant l'autorité administrative (Trib.

confl. 17 janv. 1874, aff. Ferrandini, D. P. 75. 3. 2); — Que lorsque deux navires se sont abordés et qu'il est prouvé qu'il y a eu faute de la part des deux capitaines, la responsabilité du dommage incombe aux deux navires en proportion de la gravité des fautes respectivement commises ; qu'il y a lieu notamment de tenir compte de l'inobservation des prescriptions du décret du 25 oct. 1862 ; que ces règles s'appliquent aux bâtiments de l'Etat, et que c'est à l'autorité administrative qu'il appartient d'apprécier la responsabilité que l'Etat peut avoir encourue du fait du capitaine et de l'équipage du bâtiment lui appartenant; qu'il appartient à l'autorité administrative d'apprécier, par interprétation des traités passés par les ministres de la guerre et des finances avec un armateur, si celui-ci est responsable de la perte, par suite d'un abordage, des objets ou des dépêches qu'il s'était chargé de transporter (Trib. confl. 20 déc. 1872, aff. Valéry, D. P. 73. 3. 57; 1er févr. 1873, aff. Valéry, ibid.; Com. f. f. Cons. d'Et. 15 févr. 1873, aff. Valéry, et aff. Maurel, ibid. — V. aussi Cons. d'Et. 12 déc. 1868, aff. Clément, D. P. 69. 3. 100 ; 19 janv. 1869, aff. Comp. des mines de la Grand'Combe, D. P. 70. 3. 4; Com. f. f. Cons. d'Et. 7 mai 1871, aff. Jabouin, D. P. 72. 3. 82; Trib. confl. 20 déc. 1879, aff. Ville de Beaucaire, D. P. 80. 3. 102; 29 nov. 1884, aff. Dumolard, D. P. 86. 3. 65).

38. Plusieurs décisions importantes ont été rendues dans ces dernières années au sujet de l'exécution des décrets du 29 mars sur les congrégations religieuses. Nous ne faisons que les indiquer. Elles sont appréciées, au point de vue juridique, *supra*, v° *Compétence administrative*, n°s 32, 54 et suiv., 120; *infrà*, v° *Culte ; Fonctionnaire public*. — Il a été jugé que le décret du 29 mars 1880 qui a donné à la Compagnie de Jésus un délai pour se dissoudre et pour évacuer ses établissements, ayant été pris pour l'application des lois des 13-19 févr. 1790, 18 août 1792 et 18 germ. an 10 et du décret du 3 mess. an 12, constitue une mesure de police dont le ministre de l'intérieur est chargé d'assurer l'exécution ; que par suite, le préfet, en prenant un arrêté pour faire exécuter ce décret et en faisant exécuter cet arrêté par le commissaire de police, d'après les ordres du ministre, agit dans le cercle de ses attributions comme délégué du pouvoir exécutif; qu'il en est de même pour le commissaire de police qui ne fait qu'exécuter l'arrêté préfectoral, en vertu d'une délégation spéciale; qu'en conséquence, il n'appartient pas à l'autorité judiciaire d'annuler les effets ou d'empêcher l'exécution des actes administratifs ainsi accomplis, soit en ordonnant la réintégration dans l'immeuble des propriétaires ou des personnes qui y sont domiciliées, soit en ordonnant la mainlevée des scellés, soit en allouant des dommages-intérêts, alors d'ailleurs que les agents qui les accomplissent ne prétendent aucun droit de propriété, ni de jouissance sur cet immeuble; que si les personnes à l'égard desquelles ont été prises ces mesures destinées à effectuer la dispersion de la congrégation se croient fondées à soutenir que ces mesures n'étaient autorisées par aucune loi, et que, par suite, le décret et l'arrêté préfectoral étaient entachés d'excès de pouvoir, c'est à l'autorité administrative qu'ils doivent s'adresser, soit pour faire prononcer l'annulation de ces actes, soit pour obtenir des dommages-intérêts; que le préfet, en ordonnant l'apposition des scellés sur les chapelles non autorisées, agit dans l'exercice des pouvoirs propres que lui confère la loi pour l'application des dispositions de l'art. 44 de la loi du 18 germ. an 10 et de l'art. 8 du décret du 22 déc. 1812; et que, dès lors, l'autorité judiciaire est incompétente pour statuer sur les conclusions à fin de mainlevée de ces scellés, sauf aux intéressés à se pourvoir devant l'autorité administrative ; qu'au cas où les intéressés se croiraient fondés à demander des dommages-intérêts à raison, soit de l'apposition ou tout au moins du maintien des scellés, soit de l'expulsion des personnes habitant dans les maisons religieuses, c'est contre l'Etat qu'ils doivent former leur demande devant la juridiction administrative (Trib. confl. 4 nov. 1880, aff. Marquigny, D. P. 80. 3. 121; 5 nov. 1880, aff. Bouffier, ibid.; 13 nov. 1880, aff. Gautrelet, aff. de Nolhac, aff. Joyard, ibid.; 17 nov. 1880, aff. de Saune, aff. Rival, ibid.; 20 nov. 1880, aff. Thierry, ibid.). — Jugé aussi que, l'autorité administrative ayant seule compétence pour connaître de la légalité des mesures prises pour assurer la dissolution des congrégations non autorisées, il n'appartient qu'à elle de statuer sur la réclamation de

personnes qui ne dénient pas leur qualité de membres d'une congrégation, mais qui soutiennent que, dans l'établissement d'instruction d'où elles ont été expulsées en vertu d'un arrêté préfectoral, elles ne vivaient pas à l'état de congrégation et qu'elles étaient placées sous la juridiction de l'autorité épiscopale ; que l'autorité judiciaire, absolument incompétente pour connaître des actes inhérents à l'exécution des arrêtés pris par les préfets pour la dissolution des congrégations non autorisées, alors qu'il n'est allégué contre les agents d'exécution aucun fait personnel dont ils seraient responsables dans les termes du droit commun, ne doit pas se borner à surseoir à toute information jusqu'à ce que la légalité des actes incriminés ait été appréciée, à la diligence des plaignants, par l'autorité compétente ; qu'elle doit se déclarer immédiatement incompétente ; que l'incompétence de l'autorité judiciaire s'étend au cas où l'action est intentée non contre les fonctionnaires ayant pris part à l'exécution de l'arrêté de dissolution, mais contre les auxiliaires requis pour prêter leur concours, tels que serruriers, menuisiers ou charpentiers ; que l'autorité judiciaire est incompétente pour ordonner même des mesures d'instruction ou de conservation, telles que la nomination d'experts chargés d'évaluer les dégâts causés aux immeubles lors de l'exécution des arrêtés de dissolution, ou de faire procéder aux réparations urgentes (Trib. confl. 2 avr. 1881, aff. Larrieu-Estellé, et onze autres affaires citées à la suite, D. P. 81. 3. 81).

39. — II. Matière pendante devant l'autorité judiciaire (*Rép.* n° 44). — Pour que le conflit puisse être élevé, il ne suffit pas que la question soit susceptible d'être portée devant l'autorité judiciaire ; il faut que cette autorité en soit effectivement saisie. Le conflit, en effet, n'est pas institué pour revendiquer les questions qui pourraient éventuellement se présenter, et dont il serait à craindre que l'autorité judiciaire ne voulût mal à propos s'attribuer, en temps et lieu, la connaissance ; il a pour objet de revendiquer celles-là seulement dont l'autorité judiciaire refuse formellement de se dessaisir, et c'est pour cela que cette autorité est appelée à statuer elle-même préalablement sur sa compétence. De plus, l'intérêt privé ne doit pas être obligé de subir devant deux juridictions deux procès, alors qu'un seul peut-être suffira. Il a été jugé, dans ce sens, que pour que le conflit puisse être élevé et confirmé, il ne suffit pas que l'affaire soit de nature à présenter éventuellement une question dont la connaissance appartiendrait à l'Administration, il faut que cette question naisse dès à présent, et que la solution en soit dès à présent nécessaire ; qu'ainsi, dans un litige élevé entre une commune et un de ses habitants sur l'existence d'un droit de servitude réclamé par l'une et nié par l'autre, il n'y a pas lieu de confirmer le conflit élevé par le préfet dans la seule crainte que l'autorité judiciaire, au cas où la servitude ne serait pas reconnue, ne s'attribue le droit d'ordonner la destruction d'ouvrages que l'Administration a fait exécuter sur la voie publique en supposant l'existence de cette même servitude (Cons. d'Et. 25 mai 1861, aff. Petitville, D. P. 61. 3. 68).

Si l'affaire est pendante devant un tribunal administratif, le conflit ne peut être élevé. Les parties peuvent appeler seulement de la décision rendue devant la juridiction administrative supérieure, ou former un recours pour excès de pouvoirs devant le conseil d'Etat (V. *infrà*, v° *Conseil d'Etat*, n°s 90 et suiv.).

40. On a expliqué au *Rép.* n°s 49 et 50, que le conflit peut être élevé lorsque, dans une contestation civile, surgit une question préjudicielle dont la solution appartient à l'autorité administrative. Le conflit ne peut porter, cela est évident, que sur la question préjudicielle. Le tribunal saisi doit alors ajourner sa décision sur les chefs de la demande qui sont liés à cette question ; il peut statuer sur ceux qui en sont indépendants. Plusieurs décisions ont été citées à l'appui de cette doctrine. Il a été depuis jugé, dans ce sens, que lorsque, dans une instance au possessoire pendante entre deux particuliers, l'Administration intervient pour soutenir que l'action porte sur un bras d'une rivière navigable, et que ce bras, contrairement aux assertions du demandeur, n'aurait pas cessé de faire partie de la rivière elle-même, cette prétention soulève une question préjudicielle dont l'autorité judiciaire doit alors renvoyer la connaissance à l'autorité administrative avant le jugement du fond (Cons. d'Et. 2 mai 1866, aff. Hodouin, D. P. 67. 3. 14). Les motifs de l'arrêt sont intéressants à reproduire : « Considérant,

dit-il, que l'action intentée par les dames Potier et consorts avait pour objet de faire décider que le sieur Hodouin a troublé sans droit leur possession annale sur un ancien bras de la Vilaine qui aurait été retranché de cette rivière, en y établissant un pont ; que, dans son mémoire en déclinatoire, le préfet d'Ille-et-Vilaine qui a autorisé l'établissement du pont a soutenu que ledit bras n'avait pas cessé d'être une dépendance de la Vilaine, rivière navigable, et ne pouvait, dès lors, faire de la part des dames Potier et consorts l'objet d'une action possessoire ; — Considérant que cette action possessoire ne pourrait être admise qu'autant que le bras de la Vilaine, auquel elle s'applique, serait susceptible d'une propriété privée ; que, pour statuer, il faut donc rechercher s'il n'est pas une dépendance d'une rivière navigable et ne fait pas à ce titre partie du domaine public ; — Considérant qu'aux termes des lois ci-dessus visées, la connaissance de cette question appartient à l'autorité administrative ; que, dès lors, c'est indûment que, sans prononcer le renvoi de ladite question à l'autorité administrative, le tribunal a admis les parties à plaider au fond ; etc. ». — Mais il a été jugé que lorsque, sur la poursuite exercée par le ministère public à raison d'un délit de chasse commis dans une forêt soumise au régime forestier (une forêt communale, dans l'espèce), le prévenu excipe d'une transaction à lui consentie par l'administration des forêts et qui aurait éteint l'action publique, il appartient à l'autorité judiciaire, juge de la répression du délit, d'apprécier cette exception, et que c'est à tort que l'Administration y voit une question préjudicielle dont la connaissance lui serait réservée (Cons. d'Et. 7 déc. 1866, aff. Henrys, D. P. 67. 3. 90). — Jugé, encore, que le juge d'une action possessoire est, en principe, compétent pour apprécier l'exception de domanialité, qui est exclusive de toute possession utile ; mais qu'il est tenu de surseoir à statuer, lorsque cette appréciation ne peut être faite sans statuer sur les questions préjudicielles de la compétence administrative... notamment, sans déterminer le sens et les effets d'un acte de délimitation du domaine public (dans l'espèce, du terrain faisant partie des fortifications)... ou sans statuer sur le sens et la portée d'un acte de vente nationale (Trib. confl. 6 déc. 1884, aff. Lacombe-Saint-Michel, D. P. 86. 3. 44).

41. — III. Matières dans lesquelles il y a prohibition d'élever le conflit. — Si la loi n'a pas indiqué d'une façon précise dans quels cas les affaires portées devant les tribunaux civils peuvent ou non donner lieu au conflit, elle s'est formellement expliquée, au contraire, en ce qui concerne les affaires criminelles et correctionnelles.

42. — 1° *Matière criminelle.* — L'art. 1er de l'ordonnance du 1er juin 1828 porte : « A l'avenir, le conflit d'attributions entre les tribunaux et l'autorité administrative ne sera jamais élevé en matière criminelle ». Jusqu'à ces dernières années, ni le conseil d'Etat, ni le tribunal des conflits n'avait eu à déterminer le sens exact de cette prescription qui avait été édictée, nous l'avons dit au *Rép.* n° 51, sous l'impression des abus de pouvoir commis par le gouvernement directorial. La question s'est posée nettement depuis le décret du 19 sept. 1870, qui a retiré aux fonctionnaires les garanties que leur donnait la Constitution du 22 frim. an 8, et elle a fait l'objet de discussions d'un puissant intérêt lors de l'exécution des décrets du 29 mars 1880.

43. Il est deux points sur lesquels la doctrine et la jurisprudence paraissent fixées, et que nous indiquerons tout d'abord. Le premier, qui a été examiné au *Rép.* n° 51, c'est qu'en matière criminelle, le conflit ne peut être élevé sur une simple question préjudicielle. Cela résulte nécessairement du rapprochement des art. 1er et 2 de l'ordonnance de 1828 : de l'art. 1er, qui dispose que le conflit ne sera *jamais* élevé en matière criminelle ; et de l'art. 2, qui porte qu'en matière correctionnelle le conflit ne pourra être élevé que dans deux cas : 1° lorsque la répression du délit est attribuée par une loi à l'autorité administrative ; 2° lorsque le jugement à rendre par le tribunal dépend d'une question préjudicielle dont la connaissance appartient à l'autorité administrative. Il résulte incontestablement de l'art. 1er, qu'en matière criminelle, le conflit ne peut être élevé même dans les deux hypothèses prévues par l'art. 2. Lorsque, dans une procédure criminelle, il y a lieu d'examiner des questions de compétence administrative, c'est à l'autorité judiciaire elle-même

qu'est remis le soin de surseoir si elle le juge nécessaire ; sa décision peut être déférée à la cour de cassation. Le législateur a pensé que dans les poursuites criminelles, qui touchent à l'honneur, à la liberté des citoyens, il devait laisser à l'autorité judiciaire sa complète indépendance et proscrire toute intervention de l'Administration ayant pour but d'interrompre le cours de la juridiction pénale (Garraud, *Précis de droit criminel*, 2e éd., p. 562). Tel a été aussi l'avis du ministre de l'intérieur en 1880. « Une question préjudicielle, disait-il, ne se détache pas de l'affaire elle-même comme l'action civile se détache de l'action publique. Au premier cas, il n'y a qu'une seule affaire, comprenant seulement ou pouvant comprendre des questions distinctes ; au second cas, il y a deux affaires distinctes nées du même fait, pouvant être réunies, mais pouvant aussi être séparées. Au premier cas, il n'y a qu'une seule action, l'action criminelle comprenant seulement des éléments divers ; au second cas, l'action criminelle et l'action civile, quoique portées devant la même juridiction, n'en constituent pas moins deux actions. Aussi, au premier cas, la prohibition absolue de l'art. 1er de l'ordonnance est littéralement applicable, et, dès lors, elle doit recevoir son application ; au second cas, l'action civile, accidentellement jointe à l'action criminelle, ne constitue pas pour cela une action criminelle, et, dès lors, la disposition exceptionnelle de cet art. 1er ne doit pas faire obstacle, s'il y a lieu, à l'application des principes ordinaires de la compétence » (Observations sur l'affaire jugée par le tribunal des conflits le 22 déc. 1880, aff. Roucanières, D. P. 81. 3. 18, 2e col. V. aussi les notes sur la décision précitée, *ibid.* ; et sur Crim. rej. 17 mars 1881, aff. Taupin, D. P. 81. 1. 233 ; Block, v° *Conflit*, p. 535 ; Dufour, t. 3, n° 587 ; Laferrière, *Traité de droit public et administratif*, 5e éd., t. 2, p. 579 ; Mangin, *Traité de l'action publique*, 3e éd., t. 2, n° 276).

44. Le second point admis par la plupart des auteurs, c'est que la prescription de l'art. 1er de l'ordonnance de 1828 ne s'applique pas à l'action civile jointe à la partie lésée à l'action publique mise en mouvement par le ministère public. L'action civile tendant à faire décider quelle est la responsabilité pécuniaire incombant soit à une administration publique, soit à un administrateur, peut être détachée de l'action à fin de répression, sans que cette dernière action soit entravée et sans que ses juges naturels en soient dessaisis. Il y a là deux affaires distinctes. En pratique, d'ailleurs, le conflit sera rarement élevé dans cette hypothèse. L'Administration ne cherchera pas à couvrir un agent poursuivi criminellement, contre lequel pèsent de lourdes charges (Blanche, 2e éd., v° *Conflit*, p. 513 ; Block, v° *Conflit*, p. 535 ; Garraud, *Précis de droit criminel*, 2e éd., p. 563 ; Batbie, t. 7, n° 339 ; Collignon, *Des conflits d'attribution*, p. 78. — V. cependant : Desjardins, *Revue critique*, 1881, p. 186).

45. L'art. 1er de l'ordonnance de 1828, c'est là sa véritable portée, a voulu empêcher que, lorsqu'un fonctionnaire est poursuivi pour un fait qualifié crime, le préfet puisse élever le conflit, sous prétexte que le fonctionnaire a agi comme agent du Gouvernement et que l'acte, en raison duquel il est poursuivi, est un acte administratif. La connaissance des actes criminels rentre essentiellement et exclusivement dans les attributions de l'autorité judiciaire, qui seule est chargée de leur constatation et de leur répression. Un arrêt de la cour de Dijon, du 26 janv. 1881, a mis en lumière les résultats qu'entraînerait un déclinatoire opposable au magistrat chargé de l'instruction d'une poursuite criminelle contre un fonctionnaire, et ferait immédiatement entraîner son dessaisissement. « Le dessaisissement du juge d'instruction aurait pour effet de soustraire définitivement les inculpés à toute poursuite. Quand, en matière civile, l'Administration propose un déclinatoire, ce n'est pas la suppression du litige qu'elle réclame, mais seulement son renvoi devant le tribunal administratif, auquel elle prétend qu'il a été dévolu par une disposition législative qu'elle doit expressément indiquer conformément à l'art. 6 de l'ordonnance du 1er juin 1828 ; de telle sorte qu'elle ne conteste la compétence du juge saisi que pour lui en substituer un autre. Il ne peut en être de même au criminel. Cette matière étant manifestement en dehors du contentieux administratif, nul tribunal administratif ne peut être saisi ; et, dès lors, le dessaisissement de

l'autorité judiciaire aboutirait, non à la substitution d'un juge à un autre, mais à la négation de toute juridiction » (Dijon, ch. d'acc., 26 janv. 1881, aff. Juveneton, D. P. 81. 1. 233, note).

46. Ces principes sont admis par tous les auteurs comme par le tribunal des conflits, lorsque l'action dirigée contre le fonctionnaire est intentée *par le ministère public*. « L'art. 1er de l'ordonnance de 1828, porte la décision du tribunal des conflits du 22 déc. 1880, citée *suprà*, n° 43, en interdisant à l'autorité administrative d'élever le conflit en matière criminelle, a uniquement pour but d'assurer le libre exercice de *l'action publique* devant la juridiction criminelle et la compétence exclusive de cette juridiction pour statuer sur ladite action. » Mais des divergences profondes existent, au contraire, sur la question de savoir si l'art. 1er de l'ordonnance est applicable lorsque c'est *la partie qui se prétend lésée* par un fonctionnaire public qui a porté plainte, en se constituant partie civile, devant le magistrat instructeur. Le préfet peut-il, dans ce cas, prendre un arrêté de conflit devant le juge d'instruction, ou devant le premier président en faisant fonctions à raison de la qualité du prévenu ? C'est sur cette grave et intéressante question que le tribunal des conflits s'est trouvé en désaccord avec la plupart des cours et des premiers présidents et avec un grand nombre de jurisconsultes.

Le tribunal des conflits a décidé que l'art. 1er de l'ordonnance ne s'applique pas à cette hypothèse. Il s'appuie sur ce motif que l'acte par lequel un particulier se prétendant lésé par un fonctionnaire public porte plainte devant le magistrat instructeur et se porte partie civile contre ce fonctionnaire, ne constitue pas l'exercice d'une *action publique ;* et il en conclut que l'art. 1er ne fait pas obstacle à ce que le conflit soit élevé sur l'action engagée par ce particulier. Les partisans de ce système raisonnent ainsi : « L'art. 63 c. instr. cr. subordonne le droit de porter plainte devant le juge d'instruction à la condition de se porter partie civile. Or, l'art. 66 dit que les plaignants ne seront réputés partie civile, s'ils ne le déclarent formellement, soit par plainte, soit par acte subséquent, ou s'ils ne prennent par l'un ou par l'autre, des conclusions en dommages-intérêts ». Ainsi, déclarer qu'on se constitue partie civile ou conclure à des dommages-intérêts, c'est une même chose ; l'action civile est formée. Peu importe que le juge d'instruction, que la chambre des mises en accusation ne puisse statuer sur cette action (V. Faustin Hélie, *Pratique criminelle*, t. 1, p. 166). Aussi, M. Mangin enseigne que la plainte interrompt la prescription de l'action civile : « La plainte de la partie lésée est réellement un acte introductif de sa demande, une véritable poursuite dans ses intérêts. Si le ministère public se croit dispensé d'agir, à lui permis, mais son inaction n'empêche pas que la partie civile n'ait fait ce que la loi lui indiquait de faire pour exercer son action, et conséquemment pour la conserver (*Traité de l'action publique*, 3e éd., t. 2, n° 365). Legraverend n'est pas moins explicite : « La plainte réunie à la déclaration de se constituer partie civile est une véritable demande, une introduction d'action civile résultant du délit » (*Traité de législation criminelle en France*, t. 1, p. 80). La plainte est donc une action civile sur laquelle le conflit peut être élevé, et, comme le magistrat instructeur, à défaut de réquisitions du ministère public, ne peut commencer l'information et mettre en mouvement l'action publique qu'en vertu d'une plainte régulièrement formée devant lui, la déclaration que la plainte est considérée comme non avenue, fait tomber toute la procédure qui avait suivi. En ce sens, il a été décidé que l'art. 1er de l'ordonnance du 1er juin 1828, en interdisant à l'autorité administrative d'élever le conflit en matière criminelle, a eu uniquement pour but d'assurer le libre exercice de l'action publique devant la juridiction criminelle et la compétence exclusive de cette juridiction pour statuer sur ladite action ; qu'il n'a pas eu pour but et ne saurait avoir pour effet de soustraire au principe de la séparation des pouvoirs l'action civile formée par la partie qui se prétend lésée, quelle que soit la juridiction devant laquelle cette action soit portée ; que l'acte par lequel un particulier se prétendant lésé par un fonctionnaire public porte plainte devant le magistrat instructeur et se porte partie civile contre ce fonctionnaire, ne constitue pas l'exercice d'une action publique, et que, dès

lors, l'art. 1er précité ne fait pas obstacle à ce que le conflit soit élevé sur l'action engagée par ce particulier ; que dans le cas où les faits relevés dans la plainte et qualifiés par elle de criminels ne sont autres que les faits constituant l'exécution d'un acte administratif, sans qu'il soit précisé, en dehors de ces actes d'exécution, aucun fait personnel distinct de ces actes imputables au fonctionnaire incriminé et de nature à engager sa responsabilité, la plainte doit être considérée comme étant, en réalité, l'instrument d'une action civile fondée exclusivement sur un acte administratif, et que, dès lors, le magistrat instructeur ne peut se déclarer compétent pour informer sur cette plainte sans violer le principe de la séparation des pouvoirs; qu'il en est ainsi notamment dans le cas où les faits qualifiés par la plainte d'attentat à la liberté individuelle, crime prévu par l'art. 114 c. pén., ne sont autres que les faits constituant l'oxécution de l'arrêté pris par le préfet, d'après les ordres du ministre de l'intérieur, en vertu du décret du 29 mars 1880, et prescrivant la fermeture et l'évacuation d'un établissement occupé par les membres d'une congrégation non autorisée (Trib. confl. 22 déc. 1880, aff. Roucanières, aff. Taupin, et aff. Kervennic, D. P. 81. 3. 17. V. dans le même sens : Trib. confl. 12 févr. 1881, aff. Meslin, D. P. 81. 5. 90; 19 févr. 1881, aff. de Sèze, aff. Laplace, et aff. Boulhon, ibid.; 26 févr. 1881, aff. Bacon, aff. Baude et aff. Fonteneau, ibid.; 12 mars 1881, aff. Grimet, et aff. Bayle, ibid.; 2 avr. 1881, aff. Juvéneton, ibid.).

47. Dans l'opinion contraire, on répond que l'action engagée dans l'hypothèse de l'art. 63 c. instr. cr. ne peut aucunement se distinguer de l'action publique. Lorsqu'une partie qui se prétend lésée ne se contente pas de déposer une plainte, mais se constitue partie civile, son action n'a pas pour objet unique une réparation civile, qu'elle obtiendrait plus sûrement et plus facilement en s'adressant au tribunal civil; son but est aussi la répression du crime dont elle dit avoir été victime. M. Faustin-Hélie a défini la nature du droit qu'elle exerce. « Le droit de saisir le juge par une plainte, dit cet auteur, est un dernier vestige de l'ancien droit d'accusation que les citoyens exercèrent en France jusqu'au 17e siècle. Ce droit populaire fut considéré dans tous les temps, comme une sorte de liberté publique, un moyen de résistance à l'oppression, une garantie qui assure aux faibles et aux petits la protection de la justice contre les coupables assez puissants pour se dérober à ses poursuites ». Suivant le même auteur, « la partie civile est une sentinelle placée par la loi à côte du ministère public » (Traité de l'instruction criminelle, 2e éd., t. 5, n° 2105). Le juge d'instruction est légalement saisi de l'affaire, dès que la partie s'est constituée partie civile et il doit lui donner une solution. Le ministère public, à qui la plainte est communiquée, ne peut se dispenser de formuler à ce sujet des réquisitions, ne serait-ce que pour demander le non-lieu. Le juge d'instruction doit donc informer le crime, déclarer qu'il n'y a pas lieu de suivre, ou renvoyer le prévenu devant la chambre des mises en accusation, qui renvoie elle-même devant la cour d'assises, si elle juge les charges suffisantes; mais jamais juge d'instruction ou chambre des mises en accusation ne peut connaître d'une question de dommages-intérêts. La doctrine est constante en ce sens. « Ni les chambres du conseil, ni les chambres d'accusation ne sont compétentes pour prononcer sur l'action civile résultant des crimes et délits. Quand une partie lésée se constitue partie civile, ce n'est pas pour que les chambres statuent sur ses demandes en réparations civiles, c'est pour que les chambres renvoient le prévenu devant un tribunal de répression, et que, par là, cette demande puisse y être portée » (Mangin, op. cit., t. 2, n° 440). « La chambre d'accusation ne peut être saisie que de l'action publique; elle est incompétente pour statuer sur l'action civile des parties, et, dès lors, cette action n'est portée, dans aucun cas, devant elle » (Faustin-Hélie, t. 5, \n° 2295). Il n'est donc pas vrai de dire que l'acte par lequel un particulier, se prétendant lésé par un fonctionnaire, porte plainte devant le magistrat instructeur et se constitue partie civile, soit l'exercice d'une action civile. C'est l'action publique qui est mise en mouvement ; et dès lors, aux termes de l'art. 1er de l'ordonnance de 1828, le conflit ne peut être élevé. Cette doctrine a été adoptée par deux cours d'appel, dans des arrêts remarquablement motivés (Angers, 21 sept. 1880, aff.

Kervennic, D. P. 81.1.233, note; Dijon, ch. d'acc., 26 janv. 1881, aff. Juveneton, ibid.). « Attendu, dit la cour d'Angers, que si l'art. 1er c. instr. cr. dispose que l'action pour l'application des peines n'appartient qu'aux fonctionnaires auxquels elle est confiée par la loi, le deuxième paragraphe de ce même article accorde l'action en réparation du dommage causé par un crime, un délit ou une contravention, à tous ceux qui ont souffert de ce dommage; — Que l'art. 3, autorisant la partie civile à porter cette action, soit devant la juridiction civile, soit devant la juridiction criminelle, l'accès de cette dernière ne saurait lui être fermé par le refus du ministère public de poursuivre; — Que le droit de mettre en mouvement l'action publique est formellement reconnu à la partie civile, dans le cas où elle se plaint d'une contravention ou d'un délit, par les art. 64, 145 et 182 du même code, qui lui permettent de citer directement devant les tribunaux de simple police et les tribunaux de police correctionnelle; — Que si, par des considérations faciles à comprendre, le code d'instruction criminelle refuse à la partie civile, aussi bien qu'au ministère public, le droit de citation directe devant la cour d'assises, il lui réserve, comme à celui-ci, le droit de demander au juge d'instruction compétent une information sur les faits criminels ou délictueux dont elle croit avoir à se plaindre ; que ce droit lui est accordé par l'art. 63 de ce code ; — Que si le dépôt, aux mains de ce magistrat, d'une plainte par une personne qui, se prétendant lésée par un crime ou délit, se porte partie civile, n'avait pas pour effet de le saisir et de lui donner le droit et le devoir d'informer, il eût été absolument inutile d'autoriser ce dépôt, puisqu'il dépendrait toujours du ministère public de le rendre inefficace en refusant son concours; — Qu'il résulte, d'ailleurs, des travaux préparatoires du code d'instruction criminelle, que cet article n'a pas d'autre but, et y a été inséré précisément pour « empêcher le procureur impérial de paralyser, par un refus de poursuivre, le droit de la partie offensée qui s'est portée partie civile » (Paroles de Cambacérès rapportées par Locré, t. 25, p. 147, et citées pas M. Faustin Hélie, t. 2, n° 522); — Que de ces textes et documents il ressort clairement que, si le législateur a réservé au ministère public seul l'exercice de l'action publique, comme une prérogative de sa fonction, il n'a point entendu refuser à la partie lésée, qui se constitue partie civile, le droit de mettre cette action en mouvement; — Attendu, enfin, que d'autres dispositions du code d'instruction criminelle confirment cette interprétation de l'art. 63; — Que notamment l'art. 135 qui donne à la partie civile le droit de saisir la chambre des mises en accusation, après une ordonnance du juge d'instruction déclarant n'y avoir lieu à suivre et relaxant le prévenu, serait inexplicable, si celle-ci n'avait pas le pouvoir de saisir le juge d'instruction par le dépôt de sa plainte ; — Que si elle peut, malgré la volonté contraire du ministère public, transporter l'action publique tout entière devant la chambre d'accusation (Crim. rej. 10 mars 1827, Rép. v° Appel criminel, n° 52), c'est-à-dire mettre en mouvement l'action publique devant le second degré de juridiction, sans le concours et même malgré le refus d'agir des magistrats auxquels en appartient l'exercice, il en résulte nécessairement qu'elle a le même droit devant le juge du premier degré (Angers, 21 sept. 1880, aff. Kervennic, D. P. 81. 1. 233, note).

« Attendu, dit d'autre part la cour de Dijon, que vainement on soutiendrait que l'action de la partie civile n'étant qu'une action civile et ne tendant qu'à la réparation du préjudice causé, on ne peut lui appliquer les règles qui ne protègent que l'exercice de l'action publique; — Que si on admet, en effet, ce qui n'est pas contesté dans la cause, qu'en principe et sous la réserve des exceptions établies par les art. 479 et suiv. c. instr. cr., la plainte déposée, conformément aux dispositions de l'art. 63 du même code, a pour effet de mettre en mouvement l'action publique, on doit reconnaître aussi que la poursuite ainsi suscitée prend les caractères d'une action criminelle au même degré que si elle avait été requise par le ministère public ; — Que, sans doute, le plaignant n'est recevable à intenter cette action qu'autant qu'il justifie que le fait dénoncé lui a causé un dommage, et que, d'autre part, il s'engage à assumer la responsabilité du rôle de partie civile; mais que, quand ces conditions ont été remplies, c'est réellement une poursuite criminelle qui est engagée, et non une

action simplement civile; que le plaignant n'est pas tenu d'y demander la réparation matérielle du dommage qu'il a éprouvé; qu'il met l'action publique en mouvement, participe, dans une certaine mesure, à son exercice, et peut même contredire les actes du ministère public et du juge d'instruction, en formant opposition, aussi bien aux ordonnances rendues dans les cas prévus par les art. 114, 128, 129, 131 et 539 c. instr. cr., qu'à celles qui font grief à ses intérêts (art. 135 du même code) » (Dijon, 26 janv. 1881 précité).

48. La doctrine de la cour d'Angers et de la cour de Dijon nous paraît absolument juridique. Il est un argument de texte qui à notre avis, domine tous les autres. L'art. 1er de l'ordonnance de 1828 dit formellement que le conflit ne sera jamais élevé en matière criminelle. Distingue-t-il entre les poursuites au criminel faites à la requête du ministère public et les poursuites suivies à la requête d'une partie civile? Nullement. Sa prescription est absolue; et les juges ne peuvent faire une distinction qui n'est pas établie par la loi. On ne saurait admettre, d'ailleurs, que l'art. 1er de l'ordonnance de 1828 ne prohibe le conflit que dans le cas où le ministère public engage la poursuite; ce serait dire qu'il a prévu uniquement le cas où le préfet, agent du ministère de l'intérieur, voudrait s'opposer à l'action introduite par un fonctionnaire agissant sous les ordres du ministre de la justice. Oserait-on soutenir que c'est en vue de cette divergence peu vraisemblable et sans portée entre les différents organes de la puissance publique que les rédacteurs de l'ordonnance ont édicté, en tête de cet acte et dans des termes d'une solennité exceptionnelle, une disposition à laquelle il était impossible de ne pas attribuer le caractère d'une garantie nouvelle et importante accordée à l'autorité judiciaire et aux justiciables ? — Le système admis par le tribunal des conflits aboutit, en outre, à ce résultat déplorable qu'un arrêté de conflit peut enlever à la juridiction criminelle la connaissance de crimes commis par des fonctionnaires, et par suite assurer à des agents coupables l'impunité ; car, d'une part, la juridiction administrative n'a pas qualité pour juger et punir les criminels, et d'autre part, il est à craindre que l'action du ministère public, s'il voulait intenter la poursuite, ne soit arrêtée sur des ordres supérieurs inspirés par des considérations étrangères à l'impartiale distribution de la justice (*Rép.* v° *Instruction criminelle*, nᵒˢ 65, 446, 448 et 491 ; Faustin Hélie, t. 1, nᵒˢ 516 et suiv., 523, et t. 4, nᵒˢ 1711, 1722, et t. 5, n° 2105 ; Duverger, *Manuel du juge d'instruction*, 3ᵉ éd., t. 1, nᵒˢ 111 et 120, et t. 3, n° 505 ; Ortolan, *Éléments de droit pénal*, 3ᵉ éd., t. 2, n° 2191 ; Carnot, *Instruction criminelle*, sur l'art. 63 ; Legraverend, *Législation criminelle*, t. 1, p. 7 ; Blanche, v° *Conflit*, p. 520 et suiv. ; Ducrocq, t. 1, nᵒˢ 679 et suiv. V. aussi Boullaire, *Gazette des tribunaux* du 1er févr. 1881 ; Alb. Desjardins, *Revue critique*, 1881, p. 192).

Il a été jugé, dans le sens de notre opinion : que l'art. 1er de l'ordonnance du 1er juin 1828, qui interdit à l'autorité administrative d'élever le conflit en matière criminelle, s'applique aux poursuites criminelles faites à la requête d'une partie civile, comme à celles intentées à la requête du ministère public (Poitiers, 19 sept. 1880, aff. Taupin, D. P. 81. 2. 33. V. dans le même sens les arrêts de la cour d'Angers et de Dijon, cités *supra*, n° 47 ; les ordonnances du premier président de la cour de Bordeaux, du 14 août 1880 ; du premier président de la cour de Caen confirmée par la chambre des mises en accusation du 29 nov. 1880 ; du premier président de la cour de Pau du 15 nov. 1880, rapportées dans la note sur l'arrêt de la cour de cassation du 17 mars 1881, aff. Taupin, D. P. 81. 1. 233).

49. — 2° *Matière correctionnelle.* — Nous avons dit qu'aux termes de l'ordonnance de 1828, le conflit en matière correctionnelle ne peut être élevé que dans deux cas : le premier est celui où la répression du délit est attribuée par une disposition législative à l'autorité administrative, ce qui a lieu en matière de grande voirie, de servitudes militaires (Décr. 10 août 1853 ; L. 21 mai 1858), de lignes télégraphiques (Décr. 27 déc. 1851, art. 2, 7 et 12), de police du roulage (*Rép.* nᵒˢ 52 et suiv.). — Le conseil d'État avait considéré comme rentrant dans ce premier cas l'action en diffamation intentée contre un maire ou contre des conseillers municipaux signataires d'une délibération contenant des imputa-

tions outrageantes pour un particulier, et décidé, en conséquence, que, nonobstant les dispositions restrictives de l'art. 2 de l'ordonnance du 1er juin 1828, l'Administration pouvait élever le conflit devant un tribunal correctionnel, pour revendiquer la connaissance d'une pareille action (Cons. d'Et. 17 août 1866, aff. Benoît d'Azy, D. P. 67. 3. 59 ; 25 mai 1870, aff. Girod, D. P. 70. 3. 74). Ces arrêts étaient fondés sur ce qu'aux termes de l'art. 60 de la loi des 14-22 déc. 1789, le citoyen qui se croit personnellement lésé par un acte quelconque d'un corps municipal ne peut qu'exposer ses motifs de plainte à l'autorité administrative supérieure, laquelle y fait droit, s'il y a lieu, après vérification des faits; que cette doit être, d'ailleurs, la conséquence du principe de la séparation des pouvoirs administratif et judiciaire. Et, d'après cette jurisprudence, il n'y avait pas lieu de distinguer, à cet égard, entre la diffamation écrite, qui résulterait de la délibération elle-même, et la diffamation simplement verbale qui résulterait de propos tenus dans le cours de la discussion (Arrêt précité du 25 mai 1870).

Cette doctrine, repoussée déjà par la cour de cassation et combattue par la plupart des auteurs, a été, et avec raison suivant nous, abandonnée par le tribunal des conflits. L'art. 2 de l'ordonnance de 1828 exige pour que le conflit puisse être élevé, que la répression du délit soit attribuée à l'Administration par une disposition législative. Or, il n'existe aucune loi qui lui confère le droit de prononcer une peine contre les auteurs d'une diffamation. L'art. 60 de la loi des 14-22 déc. 1789 porte : « Si un citoyen croit être personnellement lésé par quelque acte du corps municipal, *il pourra* exposer ses sujets de plainte à l'Administration ou au directoire du département, qui y fera droit sur l'avis de l'administration du district qui sera chargée de vérifier les faits. » Ce recours accordé aux citoyens a un caractère purement administratif. Le préfet, agissant comme administrateur, peut prendre telles mesures qu'il jugera utiles, provoquer au besoin la dissolution du conseil, mais il n'a pas qualité pour prononcer une peine quelconque contre les signataires de la délibération. L'autorité judiciaire est seule compétente pour connaître des actions civiles ou criminelles intentées pour cause de diffamation, et aucune loi n'accorde aux conseillers municipaux immunité dont jouissent les membres des assemblées législatives. — En ce sens, il a été jugé que l'art. 60 de la loi des 14-22 déc. 1789, donnant à tout citoyen qui se croit personnellement lésé par un acte quelconque d'un corps municipal le droit d'exposer ses motifs de plainte à l'autorité municipale, laquelle y fait droit, s'il y a lieu, n'a pas entendu interdire toute action à raison de ces actes ; que, dès lors, l'autorité judiciaire peut être saisie d'une action en diffamation contre les signataires d'une délibération d'un conseil municipal, à raison des imputations outrageantes pour un citoyen que renfermerait ladite délibération ; qu'il appartient à l'autorité judiciaire de statuer sur les actions formées par un particulier contre un fonctionnaire public à raison des imputations outrageantes qui seraient comprises dans un acte émané de lui dans l'exercice de ses fonctions, pourvu que les conclusions se bornent à demander la répression du fait de diffamation ou des dommages-intérêts, sans porter atteinte à l'autorité et à la valeur de l'acte administratif (Com. f. f. Cons. d'Et. 7 mai 1871, aff. Taxil, aff. Veuve Dune, aff. de Cumont, D. P. 72. 3. 17). — Décidé également que l'autorité judiciaire est compétente pour connaître d'une action en diffamation intentée par un particulier contre un maire, pour avoir lu au conseil municipal un document contenant l'allégation de faits de nature à porter atteinte à la considération du demandeur, pour avoir laissé insérer ce document dans le procès-verbal, et pour avoir communiqué ce procès-verbal aux gérants de journaux qui l'ont publié (Trib. confl. 22 mars 1884, aff. Berauld, D. P. 85. 3. 118). « Considérant, dit cette décision, que le sieur Bérauld a cité devant le tribunal correctionnel de Cognac le sieur Planat, maire de Cognac, et les gérants de deux journaux, pour obtenir réparation d'un délit de diffamation ; qu'il accusait le sieur Planat d'avoir lu au conseil municipal le rapport d'un commissaire de police, contenant l'allégation de faits de nature à porter atteinte à son honneur et à sa considération, d'avoir laissé insérer le rapport dans le procès-verbal des délibérations et enfin d'avoir communiqué en entier ce procès-verbal aux gérants des journaux qui l'avaient publié ; — Considé-

rant qu'une demande ainsi formulée n'implique en soi l'appréciation d'aucun acte administratif ; qu'elle se fonde exclusivement sur des faits qui seraient personnels au sieur Planat et dont il appartient à l'autorité judiciaire de connaître suivant les dispositions de la loi du 29 juill. 1881 ; — Considérant que si l'art. 60 du décret du 14 déc. 1789 a réservé à l'autorité administrative la connaissance des réclamations des citoyens tendant à faire annuler l'acte du corps municipal par lequel ils se croient lésés, cet article ne porte aucune atteinte au droit de poursuivre devant la juridiction correctionnelle les délits prévus par la loi pénale ; — Considérant enfin que le jugement à rendre par le tribunal saisi de la demande du sieur Bérauld ne dépend d'aucune question préjudicielle dont la connaissance soit attribuée par la loi à l'autorité administrative ; — Par ces motifs, etc. » (Ducrocq, t. 1, n° 670 ; Batbie, t. 7, n° 341. Conf. Blanche, v° *Conflit*, p. 524).

50. Le second cas où le conflit peut être élevé en matière correctionnelle est celui où le jugement à rendre par le tribunal dépend d'une question préjudicielle dont la connaissance appartient à l'autorité administrative (*Rép.* n° 55). Il suffit que la personne prévenue du délit soutienne avoir agi en vertu d'un ordre administratif dont l'interprétation est nécessaire au jugement de l'affaire, pour qu'il y ait lieu, avant la décision judiciaire, de renvoyer devant l'Administration pour faire constater l'existence et la portée de cet ordre. Tel est le cas d'un particulier autorisé à faire des recherches pour la découverte de mines, poursuivi pour avoir vendu des charbons extraits par lui, et qui prétend avoir été autorisé à les vendre par une décision ministérielle qu'il indique (Trib. confl. 31 juill. 1875, aff. Mancel, cité par le *Dictionnaire d'administration* de Blanche, v° *Conflit*, p. 514).

La question préjudicielle qui permet d'élever le conflit, n'est pas celle qui peut se présenter à côté d'une autre question, et qui, si elle est tranchée d'une certaine façon, terminera également le litige ; c'est uniquement, comme l'a dit M. Reverchon, celle qui doit être tranchée nécessairement avant et pour le jugement du fond. La jurisprudence est fixée sur ce point. — Il a été jugé, notamment, que le conflit est à tort élevé, dans une instance correctionnelle, pour revendiquer la connaissance d'une question préjudicielle au jugement du fond, que le préfet estime être de la compétence de l'autorité administrative, si le tribunal a admis une exception péremptoire proposée par le défendeur, et n'a pas eu ainsi à s'occuper de l'examen du fond ; que, spécialement, dans une poursuite exercée contre un propriétaire pour contravention de petite voirie, et portée sur appel devant le tribunal correctionnel, il n'y a pas lieu, nonobstant le rejet du déclinatoire qui avait été proposé à cet effet, de revendiquer pour l'Administration une question d'application du plan d'alignement que faisaient naître les moyens présentés par le prévenu pour sa défense au fond ; si le tribunal, dans son jugement, s'est borné à reconnaître au prévenu le bénéfice de la chose jugée résultant d'une décision antérieure devenue définitive (Cons. d'Ét. 7 août 1863, aff. Gossot, D. P. 63. 3. 81. V. *Question préjudicielle* ; — *Rép.* eod. v° ; Block, v° *Conflit*, p. 536).

51. — 3° *Matière de simple police.* — Comme on l'indique au *Rép.* n° 56, la jurisprudence et la plupart des auteurs sont d'avis que le conflit ne peut être élevé devant le tribunal de simple police. La question n'est plus discutée aujourd'hui. Il est certain aussi que, lorsqu'un jugement d'un tribunal de simple police donne lieu à appel, le conflit peut être élevé devant le tribunal correctionnel saisi de cet appel sur les prévus par l'art. 2 de l'ordonnance de 1828 (Cons. d'Ét. 7 août 1863, cité *suprà*, n° 50 ; Blanche, v° *Conflit*, p. 515).

52. — 4° *Défaut d'autorisation de poursuivre et d'accomplissement des formalités.* — On a déterminé au *Rép.* n° 57, la portée de l'art. 3 de l'ordonnance de 1828, aux termes duquel ne donnent pas lieu au conflit : 1° le défaut d'autorisation, soit de la part du Gouvernement lorsqu'il s'agit de poursuites dirigées contre ses agents, soit de la part des conseils de préfecture, lorsqu'il s'agit de contestations judiciaires dans lesquelles les communes ou les établissements publics sont parties ; 2° le défaut d'accomplissement des formalités à remplir devant l'Administration préalablement aux poursuites judiciaires. Ces dispositions sont devenues sans objet par suite du décret du 19 sept. 1870, qui a abrogé

l'art. 75 de la Constitution de l'an 8 et les autres dispositions de lois ayant pour objet d'entraver les poursuites dirigées contre les fonctionnaires publics. — Au reste, ce décret a fait naître de graves difficultés, par suite de l'interprétation restreinte que lui a donnée le tribunal des conflits, et qui permettrait à l'Administration de protéger indirectement ses agents, en enlevant à l'autorité judiciaire la connaissance des poursuites criminelles dont elle est saisie, sous le prétexte que ces poursuites soulèveraient des questions d'ordre administratif (V. sur ce point, *suprà*, v° *Compétence administrative*, n° 341 et suiv.).

53. Suivant une opinion qui a été soutenue autrefois, une garantie analogue à celle que l'art. 75 édictait à l'égard des fonctionnaires, résulterait, en faveur des ministres du culte, de l'art. 8 de la loi du 18 germ. an 10. Dans ce système, on pouvait se demander si la voie du conflit était ouverte à l'effet de revendiquer l'appréciation préalable réservée au Gouvernement par cette dernière disposition. La négative devait, semble-t-il, être admise, par application de l'art. 3 de l'ordonnance de 1828 (Batbie, t. 7, n° 342, p. 364, note 2 ; Dufour, t. 5, n° 64 ; Block, v° *Conflit*, p. 541). Mais la question ne peut plus se poser dans l'état actuel de la jurisprudence qui décide que les poursuites contre les ministres du culte ne sont subordonnées à aucun recours préalable devant l'autorité administrative (V. *infrà*, v° *Culte*).

54. On a indiqué au *Rép.* n° 61 et suiv. les juridictions devant lesquelles le conflit ne peut être élevé. Parmi ces juridictions, on a cité notamment les jurys d'expropriation. Il y a lieu de faire remarquer, à cet égard, que le conflit peut être élevé devant la chambre du conseil ou du tribunal chargée de choisir le jury, si le préfet allègue la compétence administrative et soutient, par exemple, que le jury n'est pas compétent pour régler les indemnités réclamées, attendu qu'il n'y a pas expropriation mais simples dommages. Les raisons qui empêchent d'élever le conflit devant le jury d'expropriation (entre autres, son organisation qui ne permet pas l'accomplissement des formalités prescrites par l'ordonnance) n'existent pas quand l'affaire est devant la cour ou le tribunal (Cons. d'Ét. 28 mars 1866, aff. Fleury, D. P. 67. 3. 12 ; Blanche, v° *Conflit*, p. 518).

La jurisprudence et les auteurs reconnaissent que le conflit peut être élevé devant le juge des référés. Au moment de la publication du *Répertoire*, la question n'était pas nettement tranchée comme aujourd'hui. Les raisons données par le comité de législation dans son avis du 3 mai 1844, et que nous avons analysées au *Rép.* n° 66, ont été adoptées par le tribunal des conflits, qui décide : que le président du tribunal civil de première instance, jugeant en référé, ne fait qu'exercer la juridiction du tribunal dont l'autorité lui est déléguée par la loi pour les cas qu'elle détermine ; que rien ne s'oppose à ce que les formes prescrites par les art. 6 et suiv. de l'ordonnance du 1er juin 1828 puissent être observées devant le juge des référés et à ce que le ministère public assiste au référé ; qu'ainsi le conflit peut être régulièrement élevé (Trib. confl. 11 janv. 1873, aff. Coignet, D. P. 73. 3. 1. V. dans le même sens : Cons. d'Ét. 22 janv. 1867, aff. Pajot, D. P. 67. 3. 25, et les auteurs cités en note ; Trib. confl. 5 nov. 1880, aff. Marquigny, D. P. 80. 3. 124-127, 13 et 27 janv. 1883, aff. Muller, D. P. 84. 3. 73). — V. conf. Blanche, v° *Conflit*, n° 548 ; Dufour, t. 1, n° 173 ; Serrigny, 2e éd., t. 1, n° 173 ; Chauveau et Tambour, 3e éd., t. 1, n° 447 *ter*.

Le conflit ne peut être élevé devant la cour de cassation ; en effet, cette cour ne constitue pas un degré de juridiction, et les affaires qui lui sont déférées étant jugées en dernier ressort ne peuvent donner lieu au conflit (V. *infrà*, n° 57 et suiv. V. conf. Batbie, t. 7, n° 351).

55. Les conseils de guerre et les tribunaux maritimes ne connaissant que de crimes et de délits, on doit leur appliquer les art. 1er et 2 de l'ordonnance de 1828 (Blanche, v° *Conflit*, p. 517 ; Block, v° *Conflit*, p. 539).

§ 2. — Nécessité de l'existence d'une contestation retenue par l'autorité judiciaire. — A quelle phase de l'instance le conflit peut être élevé (*Rép.* n° 67 à 88).

56. — I. Nécessité de l'existence d'une contestation retenue par l'autorité judiciaire. — Cette nécessité se jus-

tifie d'elle-même (V. les explications que nous avons données au *Rép.* n°s 67 et suiv.). — Jugé, sur ce point, qu'il y a lieu d'annuler l'arrêté de conflit par lequel le préfet revendique pour l'autorité administrative la connaissance du litige, alors que l'autorité judiciaire s'est déclarée incompétente pour en connaître par une décision contre laquelle aucun appel n'a été formé (Trib. confl. 19 févr. 1881, aff. Mas, D.P. 82. 3. 69).

57. — II. A QUELLE PHASE DE L'INSTANCE LE CONFLIT PEUT ÊTRE ÉLEVÉ. — Les règles exposées au *Rép.* n°s 72 à 78 n'ont soulevé aucune difficulté.

58. Comme on l'a établi au *Rép.* n° 79, la voie du conflit n'est fermée que si les jugements et arrêts sont définitifs sur le *fond* de la contestation. La jurisprudence n'a pas varié sur cette question. Ainsi il a été jugé que le déclinatoire peut être proposé et le conflit élevé tant que le tribunal saisi n'a pas définitivement statué sur le fond de la contestation; qu'on ne saurait, dès lors, opposer à l'exercice de ce droit de l'Administration un premier jugement, soit préparatoire, soit interlocutoire, qui s'est borné à ordonner une expertise (Cons. d'Et. 14 mars 1860, aff. Commune de Colombey-les-Deux-Eglises, D. P. 60. 3. 29. V. en ce sens : Cons. d'Et. 11 févr. 1862, aff. Contéat, D. P. 62. 3. 34; 7 avr. 1869, aff. Sid Mohammed, D. P. 71. 3. 3).

La jurisprudence applique la même règle dans le cas où le tribunal a statué seulement sur sa *compétence*. Cette doctrine a été combattue par le motif que le conflit, ayant pour objet de faire vider une question de compétence, ne peut plus se produire lorsqu'il y a un jugement ou arrêt qui reconnaît une compétence judiciaire, soit implicitement en ordonnant une expertise, une enquête, soit expressément en repoussant l'exception d'incompétence. Mais un pareil système aurait pour résultat de rendre le droit du conflit à peu près illusoire. Le tribunal, d'ailleurs, appelé à statuer sur sa compétence, à la requête d'un particulier, n'est pas dans la même situation que lorsque le déclinatoire est proposé directement par le préfet. La lutte qui peut s'établir entre l'autorité administrative et l'autorité judiciaire doit attirer, d'une façon plus particulière, son attention. Le préfet, au surplus, n'était pas en cause, lorsque la question de compétence a été agitée; il est juste que la décision du tribunal ne lui soit pas opposable. Aussi a-t-il été décidé que le déclinatoire peut être proposé et le conflit élevé nonobstant l'existence d'un premier jugement ou arrêt qui a rejeté l'exception d'incompétence soulevée par l'une des parties (Cons. d'Et. 15 janv. 1863, aff. Pelatan, D. P. 63. 3. 10; 6 avr. 1863, aff. Desloges, D. P. 63. 3. 25; Com. f. f. Cons. d'Et. 21 oct. 1871, aff. Allendy, D. P. 72. 3. 82; 12 mars 1872, aff. Patron, *ibid.*). Jugé aussi que le conflit peut être élevé, tant qu'il n'a pas été statué sur la contestation par un jugement définitif ou acquiescé, et, notamment, après un arrêt de cour d'appel ayant déclaré l'autorité judiciaire compétente et renvoyé les parties devant le tribunal pour y être statué au fond (Trib. confl. 20 déc. 1879, aff. Ville de Beaucaire, D. P. 80. 3. 102. V. aussi Trib. confl. 31 juill. 1875, aff. Renaux, D. P. 76. 3. 45; 15 déc. 1883, aff. Dézérfrée, D. P. 85. 3. 59; Req. 7 mai 1884, aff. Albano, D. P. 84. 1. 220). — Il a été également décidé que l'art. 4 de l'ordonnance du 1er juin 1828, qui ne permet pas d'élever le conflit après les jugements rendus en dernier ressort ou devenu définitifs, n'est applicable qu'aux décisions qui, statuant sur le fond, mettent les parties hors de cause et dessaisissent le tribunal ou la cour; que les jugements ou arrêts qui interviennent au cours de l'instance, et qui tranchent une question de fait ou de droit (spécialement une question de compétence), sans terminer le litige, n'apportent, même après avoir acquis autorité de chose jugée, aucun obstacle à un conflit ultérieur (Nancy, 6 juin 1868, aff. Commune de Xeuilley, D. P. 69. 2. 86). Les considérants de cet arrêt sont intéressants à connaître : « En ce qui touche, dit la cour, la seconde exception fondée sur cette circonstance que le jugement du 21 mai 1867, par lequel le tribunal de Nancy s'attribue compétence, a, tant par son exécution volontaire et sans réserve, que par le défaut d'appel dans les délais, acquis depuis longtemps l'autorité de la chose jugée, et doit sortir, à l'égard de tous, son plein et entier effet : — Attendu que l'art. 4 de l'ordonnance du 1er juin 1828, sérieusement interprété, repousse ce deuxième moyen comme le premier;

— Que quand il parle de jugements rendus en dernier ressort ou acquiescés, ou d'arrêts définitifs, après lesquels il ne peut plus être élevé de conflit, il n'entend parler que des jugements ou arrêts qui, statuant sur le fond, dessaisissent le tribunal et la cour, et mettent ainsi les parties hors de cause; — Que, quant aux jugements et arrêts qui interviennent dans le cours de l'instance et qui tranchent une question de fait ou de droit sans terminer le litige, ils n'apportent aucun obstacle, même après avoir acquis l'autorité de la chose jugée, à un conflit ultérieur; — Qu'on peut regretter sans doute que des décisions interlocutoires, désormais à l'abri d'une réformation judiciaire, puissent ainsi se voir administrativement anéanties; — Mais, qu'en définitive, ces résultats, d'ailleurs assez rares, froissent surtout des intérêts individuels et privés, tandis que l'usurpation par l'autorité judiciaire des droits de l'autorité administrative ébranlerait des intérêts publics et généraux; — Que si la loi a pu faire fléchir le grand et salutaire principe de la séparation des pouvoirs en présence de jugements ou arrêts qui rendaient les parties au calme et à la sécurité, elle s'est refusée à étendre le même privilège aux jugements ou arrêts qui laissent, au contraire, les plaideurs aux prises avec les embarras, les soucis et les incertitudes d'un procès; — Que même dans les limites de cette interprétation, généralement admise aujourd'hui, l'art. 4 de l'ordonnance du 1er juin 1828 consacre encore une innovation considérable et des plus heureuses, puisque, avant elle, l'autorité administrative croyait pouvoir, à peu près dans tous les cas, briser les œuvres de la justice qu'elle avait laissé définitivement s'accomplir. »

59. Le préfet doit être considéré comme une partie lorsqu'il a figuré au procès en qualité de représentant du département ou des intérêts domaniaux de l'Etat. S'il a soulevé une exception d'incompétence en cette qualité, et qu'un jugement l'ait rejetée, il peut, après cette décision, et avant que le tribunal ait statué au fond, agissant alors au nom de la puissance publique, élever le conflit (Cons. d'Et. 7 avr. 1869, aff. Sid Mohammed, D. P. 71. 3. 3; Com. f. f. Cons. d'Et. 21 oct. 1871, aff. Allendy, D. P. 72. 3. 82; 12 mars 1872, aff. Patron, *ibid.*; Cons. d'Et. 31 juill. 1875, aff. Renaux, D. P. 76. 3. 45; Trib. confl. 17 janv. 1880, aff. Bruno, D. P. 80. 3. 105; 20 mai 1882, aff. Douesnel, D. P. 83. 3. 116).

60. On a vu au *Rép.* n° 82, que le conflit ne peut être élevé, aux termes de l'art. 8 de l'ordonnance, lorsqu'il y a *acquiescement* des parties au jugement, et que la *transaction* a le même effet que l'acquiescement (*Rép.* n° 83). Jugé qu'il n'y a pas lieu de statuer sur un conflit d'attributions lorsqu'une transaction a mis fin au litige (Trib. confl. 31 oct. 1885, aff. Trochet, D. P. 87. 3. 36).

61. Le conflit peut être élevé en appel, s'il ne l'a pas été en première instance; ou s'il l'a été irrégulièrement après les délais prescrits par l'art. 8 (Ord. 1828, art. 4); ou si le déclinatoire ayant été admis en première instance, la partie interjette appel du jugement. On peut opposer au déclinatoire du préfet les fins de non-recevoir applicables à l'appel lui-même. — Si l'appel n'est pas recevable, l'affaire a été définitivement jugée; dès lors, il n'y a pas de litige et partant pas de matière à conflit. Jugé, en ce sens, que dans une instance qui est déclarée éteinte parce qu'elle n'était renouvelée que par un appel tardif, le préfet est non recevable à décliner pour la première fois la compétence des tribunaux, et, par suite, n'est pas fondé, sur le rejet de ses conclusions, à élever un conflit qui violerait la chose jugée (Cons. d'Et. 30 juill. 1857, aff. Commune de Saint-Laurent, D. P. 58. 3. 27). — Jugé aussi que, dans le cas où une cour d'appel a rejeté, comme non recevable, la tierce opposition formée, au nom de l'Etat, contre un arrêt définitif, le litige se trouve définitivement terminé, et ladite cour rejette, à bon droit, comme non recevable, le déclinatoire présenté par le préfet en même temps que la tierce opposition (Trib. confl. 6 déc. 1884, aff. Lacombe Saint-Michel, D. P. 86. 3. 44. Conf. Cons. d'Et. 4 mai 1843, cité au *Rép.* n° 84). — Le droit du préfet d'élever le conflit en appel ne rencontre aucun obstacle dans le jugement interlocutoire par lequel le tribunal a rejeté à la fois l'exception d'incompétence de la partie et le déclinatoire du préfet, si ce déclinatoire n'a pas été suivi devant le tribunal d'un arrêté de conflit (Req. 7 mai 1884, aff. Albano, D. P. 84. 1. 220).

62. Nous avons démontré au *Rép.* n° 86 que, lorsque les parties reviennent devant le tribunal pour lui demander l'interprétation de sa sentence ou de pourvoir à son exécution, ces débats, à moins qu'ils ne présentent à juger une question non encore examinée, ne constituant pas une instance nouvelle, le préfet ne peut élever le conflit (V. en ce sens : Blanche, v° *Conflit*, p. 533 et suiv.). La jurisprudence a, depuis, appliqué cette règle. Il a été jugé que le conflit, ne pouvant pas être élevé après un jugement ou arrêt définitif, ne peut conséquemment pas l'être dans une instance qui n'a pour objet que l'exécution d'une décision devenue définitive d'un jury d'expropriation, spécialement l'attribution définitive de l'indemnité allouée éventuellement par le jury. Peu importe qu'il n'y ait pas eu de jugement d'expropriation, et qu'ainsi l'Administration n'ait pas pu proposer l'exception d'incompétence lors de ce jugement ; le déclinatoire n'en aurait pas moins pu et dû être présenté devant la cour d'appel, qui, à la requête des intéressés, a désigné le jury d'expropriation... Et ce, encore que l'arrêt faisant cette désignation doive être rendu en chambre du conseil (Cons. d'Et. 28 mars 1866, aff. Fleury, D. P. 67. 3. 12). Toutefois une décision postérieure, émanée du tribunal des conflits, a admis la solution contraire à propos d'une affaire identique (Trib. conf. 29 nov. 1884, aff. Dumolard, D. P. 86. 3. 65).

A l'occasion de cette dernière affaire, M. Chante-Grellet, commissaire du Gouvernement, a clairement exposé les arguments sur lesquels s'appuient les deux systèmes. Dans celui qu'a implicitement consacré le tribunal des conflits, on soutient qu'une véritable instance nouvelle s'ouvre devant le tribunal civil, qui n'a pas encore statué. « Comment y aurait-il chose jugée sur le fond du droit ? La chose à juger, et qui ne l'est pas, c'est le droit même à l'indemnité. Sur ce point, les choses sont bien entières ; la décision du jury n'est qu'éventuelle et subordonnée à cette question principale, majeure : l'exproprié a-t-il un droit ou n'en a-t-il pas ? Et si cette question est résolue négativement par le tribunal, la décision du jury est non avenue ; elle ne constitue donc pas une chose jugée. Enfin, comment l'Administration pourrait-elle être désarmée ? Le principe est qu'elle a toujours le droit de revendiquer le jugement des questions qui sont de sa compétence, et rien, ni dans la loi, ni dans l'ordonnance de 1828, n'indique qu'elle ne puisse le faire en matière d'expropriation. Si cela est impossible devant le jury, à cause des formalités spéciales nécessaires pour élever le conflit qui ne peuvent être remplies devant lui, et à cause peut-être de la nature de la juridiction, cela ne l'est pas lorsque l'on se trouve devant le tribunal appelé à statuer sur le fond du droit réservé absolument par le jury. Et la loi du 3 mai 1841, dans son art. 49, ne dit-elle pas que les parties sont renvoyées devant qui de droit ? Est-ce que ce ne peut pas être devant l'autorité administrative, si c'est elle qui est compétente ? Et alors, le droit d'élever le conflit n'est-il pas justifié ?

A l'appui de la doctrine admise par le conseil d'Etat en 1866, et qui nous paraît plus juridique, on fait remarquer que, « d'une manière générale, la matière de l'expropriation ne comporte pas le conflit d'attributions. Il ne peut pas se poser de question de compétence, parce que cette question se trouverait résolue d'avance. Dès lors que c'est la voie de l'expropriation qui est suivie, c'est l'autorité judiciaire qui, d'une façon générale et absolue, est compétente. Il y a chose jugée, en ce sens que c'est une question de propriété et de dommage pour dépossession qui est en jeu. C'est pour cela que l'autorité judiciaire a prononcé l'expropriation, a convoqué le jury qui a statué, et c'est pour cela qu'elle est investie, jusqu'au bout, du droit de décider sur toutes questions qui se rattachent à cette dépossession et à l'indemnité. Il n'y a pas, en réalité, instance nouvelle devant le tribunal auquel on renvoie, il y a continuation d'une procédure qui a été suspendue pour qu'on puisse résoudre une question de droit réservée ; mais cette question n'est pas nouvelle et entière ; elle ne constitue pas un litige spécial ; c'est la suite de la procédure d'expropriation et la dernière formalité pour l'attribution définitive. C'est plutôt, en un mot, une question d'exécution de la décision du jury, qu'un débat nouveau. Il ne peut plus, dans ces circonstances, être question de compétence, puisque le tribunal est nécessairement compétent ; partant, il ne peut plus y avoir de conflit.

Il peut y avoir des questions préjudicielles qui sont du ressort administratif, mais elles sont toujours réservées ; elles n'autorisent pas le conflit, elles doivent seulement amener le tribunal à surseoir lui-même et à renvoyer devant les juges administratifs, mais il ne peut se dessaisir. L'Administration, d'ailleurs, n'est pas désarmée : outre l'examen des questions préjudicielles, qui doit lui être réservé, elle avait, avant cette dernière phase de la procédure, des moyens de revendiquer ses droits. Elle pouvait élever le conflit devant l'autorité judiciaire, au moment où la cour procédait à la désignation du jury, en posant la question préjudicielle et en demandant le renvoi devant le tribunal, où elle aurait soutenu l'incompétence. Le moyen est, il est vrai, très peu pratique ; mais ce qu'elle pouvait faire, c'était saisir la cour de cassation d'un recours pour prononcer sur les dommages réclamés. Mais, dès qu'il y a chose jugée sur ce point ou acquiescement, il y a aussi chose jugée sur la compétence du tribunal. Il y a, de plus, une décision définitive du jury quant à la fixation de l'indemnité ; le conflit ne peut pas être élevé ».

63. La tierce-opposition, ne faisant pas renaître la contestation, ne saurait permettre au préfet d'élever le conflit. Il en est de même de la requête civile. Mais si la tierce-opposition ou la requête civile sont admises, il y a lieu à une nouvelle instance, et dès lors le conflit est recevable (Blanche, v° *Conflit*, p. 533).

64. Lorsqu'un conflit a été annulé pour défaut de forme, un nouveau conflit peut être proposé avant que la décision soit rendue au fond. Ce point, que nous avons établi au *Rép.* n° 88, ne présente pas de difficultés. C'est une conséquence du principe que le conflit peut être élevé tant qu'il n'est pas intervenu de décision définitive. Jugé que, quoiqu'un conflit, élevé en première instance, ait été annulé pour vice de forme, un second arrêté de conflit peut être reproduit dans la même affaire sur l'appel du jugement intervenu (Cons. d'Et. 12 déc. 1863, aff. Martiny, D. P. 64. 3. 106). Décidé, de même, que, lorsqu'un conflit formé devant une cour d'appel a été annulé pour défaut de forme, un nouveau conflit peut être élevé devant le tribunal auquel la cour avait renvoyé le jugement du fond (Trib. conf. 27 mai 1876, aff. de Chargère, D. P. 77. 3. 15. V. dans le même sens : Trib. conf. 24 mai 1884, aff. Sauze, D. P. 85. 3. 111). — Jugé aussi que lorsqu'une cour d'appel a infirmé le jugement par lequel un tribunal avait accueilli le déclinatoire du préfet, et renvoyé la cause et les parties devant un autre tribunal pour y être statué au fond, un nouveau déclinatoire peut être présenté, et le conflit peut, s'il y a lieu, être élevé devant ce second tribunal (Cons. d'Et. 22 mai 1869, aff. Selignac, D. P. 70. 3. 90, et la note : Cons. d'Et. 1863, art. 75). — Pour les mêmes motifs, dans une instance ayant un objet différent de celui sur lequel a porté un jugement définitif précédemment rendu, l'autorité de la chose jugée ne fait pas obstacle à ce que le préfet présente un déclinatoire d'incompétence, bien que les parties soient les mêmes et agissent dans les mêmes qualités (Trib. conf. 25 nov. 1882, aff. Serre, D. P. 84. 3. 38).

65. Le déclinatoire peut être proposé et le conflit peut être élevé même après les plaidoiries des avocats, les conclusions du ministère public et la mise de l'affaire en délibéré, tant que la décision définitive sur le fond de la contestation n'a pas encore été rendue. La loi n'a pas exigé que le préfet agisse à peine de déchéance à tel moment précis de l'instance (*Rép.* n° 75. V. en ce sens : Cons. d'Et. 28 juill. 1864, aff. Pallix, D. P. 65. 3. 36 ; Nancy, 6 juin 1868, aff. Commune de Xeuilley, D. P. 69. 2. 86).

Art. 3. — *Des formalités à suivre pour élever le conflit positif* (*Rép.* n°s 89 à 127).

66. On a examiné au *Rép.* n°s 94 et suiv., à quelle autorité il appartient de vérifier si les formalités prescrites ont été ou non accomplies et de prononcer sur la validité du conflit. La question a été de nouveau résolue par la jurisprudence, et dans le sens que nous indiquions. Nous devons mentionner toutefois deux arrêts en sens contraire, l'un de la cour d'Angers du 3 févr. 1871, l'autre de la cour de Poitiers du 19 sept. 1880. La cour d'Angers était saisie d'une action en diffamation intentée contre le préfet de Maine-et-Loire, qui avait suspendu deux journaux à raison des impu-

tations contenues dans l'arrêté de suspension. Le préfet présenta un déclinatoire, suivi d'un arrêté de conflit. La cour passa outre par le motif que la matière était correctionnelle, et que le conflit n'aurait pu être élevé que si l'on avait été dans les cas exceptionnels prévus par l'art. 2 de l'ordonnance du 1ᵉʳ juin 1828, ce qui ne se rencontrait pas dans l'espèce. La commission faisant fonctions de conseil d'Etat annula cette décision, par ce motif « qu'il n'appartient qu'au Gouvernement, en conseil d'Etat, de statuer sur la validité d'un arrêté de conflit, et que la cour d'appel d'Angers, en refusant, dans l'espèce, contrairement aux réquisitions du ministère public, de surseoir à toute procédure ultérieure malgré l'arrêté de conflit intervenu devant elle, par le motif que cet arrêté était mal fondé, avait excédé ses pouvoirs et méconnu la disposition de l'art. 27 de la loi du 21 fruct. an 3 (Com. f. f. Cons. d'Et. 7 mai 1871, aff. de Cumont, D. P. 72. 3. 18). — Le premier président de la cour de Poitiers ayant été saisi d'une plainte contre un commissaire central, accusé d'avoir commis le crime d'attentat à la liberté individuelle, le préfet déposa un déclinatoire suivi, sur la déclaration de compétence, d'un arrêté de conflit. Le procureur général ayant antérieurement déclaré faire opposition à l'ordonnance du premier président, la chambre des mises en accusation rendit un arrêt par lequel, après s'être déclarée légalement saisie, comme juridiction du second degré, des questions tranchées en premier ressort par l'ordonnance, elle ordonnait l'apport sur son bureau des pièces de la procédure à l'audience du lendemain. Le préfet ayant présenté un nouveau déclinatoire, la chambre des mises en accusation lui en donna acte, par un second arrêt du 19 septembre, puis se déclarant saisie par l'opposition du procureur général, elle décida : 1° que l'arrêté de conflit ayant été pris contrairement aux dispositions de l'art. 1ᵉʳ de l'ordonnance du 1ᵉʳ juin 1828, il n'y avait pas lieu de prononcer le sursis requis par le procureur général; 2° qu'au contraire, il y avait lieu de statuer sur son opposition, mais de la déclarer mal fondée et l'en débouter; 3° que l'ordonnance du premier président sortirait, dès lors, son plein et entier effet. « Il appartient, dit la cour, à l'autorité judiciaire d'apprécier la validité de l'arrêté de conflit, par ce motif, que si une modification a été apportée en 1828 en matière criminelle aux principes antérieurement appliqués, c'est que les auteurs de l'ordonnance ont voulu protéger l'autorité judiciaire contre les envahissements de l'autorité administrative; que ce but ne serait pas atteint si les tribunaux saisis de l'arrêté de conflit n'avaient pas le droit de dire s'il est ou non recevable » Poitiers, 19 sept. 1880, aff. Taupin, D. P. 81. 2. 33). Cet arrêt fut annulé par le tribunal des conflits le 22 déc. 1880 (D. P. 81. 3. 17).

La doctrine admise par les cours d'Angers et de Poitiers est soutenue par plusieurs auteurs. Ils font une distinction. Là où le conflit est possible, ils admettent que, pour la matière comme pour le fond, la question de sa validité doit être réservée au tribunal des conflits; mais quand la juridiction que l'Administration prétend dessaisir est de celles dont saisie desquelles il ne peut, aux termes de la loi et de la jurisprudence, être élevé de conflit (justice de paix, tribunal de commerce, juge criminel), l'arrêté est inexistant. Une raison d'ordre public, particulièrement impérieuse en matière criminelle, où elle se joint au texte le plus clair et le plus formel qui se puisse imaginer, « le conflit ne peut jamais être élevé », donne au juge le droit de passer outre. « Le but de l'ordonnance de 1828 sera manqué, dit M. Laferrière, Traité de droit public et administratif, 5ᵉ éd., t. 2, p. 579, si les tribunaux sont obligés de s'arrêter devant la déclaration de conflit; la justice criminelle sera paralysée malgré la disposition prohibitive du conflit en cette matière ». — « Il est permis aux tribunaux, dit M. Mangin, Traité de l'action publique, 3ᵉ éd., t. 2, n° 276, de ne pas voir une revendication légale dans un arrêté de conflit élevé dans les affaires de la compétence des cours d'assises ou des tribunaux de simple police, et même dans les affaires du ressort de la police correctionnelle, hors des deux cas indiqués par l'art. 2 de l'ordonnance. Une opinion contraire à celle que j'émets rendrait inutiles les sages dispositions par lesquelles cette ordonnance a voulu affranchir l'Administration de la justice des entraves que lui suscitait l'abus du droit d'élever des conflits. C'est ce droit que l'ordonnance a voulu resserrer

dans de justes limites. A quoi servirait de les avoir tracées, si les tribunaux étaient tenus de s'abstenir en présence d'arrêtés qui les enfreignent? » (Adde, dans le même sens : Chauveau et Faustin Hélie, Théorie du code pénal, t. 2, n° 563; Boitard, Leçons de droit criminel, 10ᵉ éd., p. 245. V. Foucher, Revue de législation, t. 1, p. 21; Rapport de M. le conseiller Sallantin sur Crim. rej. 17 mars 1881, aff. Taupin, D. P. 81. 1. 235). — Nous avons indiqué au Rép. n° 96 les motifs qui nous déterminent à adopter l'opinion contraire. La loi a institué le tribunal des conflits pour statuer sur les questions de compétence. L'autorité judiciaire s'emparerait de son rôle, s'il lui était permis de décider que le conflit est ou non légal, que l'affaire à laquelle il a été élevé rentre dans ses attributions et n'est pas de celles que prévoit l'ordonnance de 1828. Elle peut regretter les tendances du tribunal des conflits, estimer peu juridiques quelques-unes de ses décisions, mais elle ne saurait se substituer à lui et usurper les pouvoirs spéciaux que le législateur lui a conférés (Ducrocq, t. 1, n° 674; Blanche, vᵒ Conflit, p. 563; Bathie, t. 7, n° 362).

§ 1ᵉʳ. — Nécessité d'un déclinatoire. — Mémoire à produire. — Transcription des termes de la loi, etc. (Rép. nᵒˢ 97 à 116).

67. Le déclinatoire est une formalité substantielle, dont l'omission entraîne la nullité de l'arrêté de conflit. L'ordonnance de 1828 porte, en effet, que le conflit ne peut être élevé que dans les formes et de la manière qu'elle détermine (art. 5). Nous avons cité au Rép. nᵒˢ 99 et suiv. de nombreux arrêts qui proclament ce principe, que de nouvelles décisions ont confirmé (V. notamment : Trib. confl. 14 mars 1850, aff. Villay, D. P. 50. 3. 51). Il a été jugé que l'exception d'incompétence élevée par une commune ne peut suppléer au déclinatoire qui doit être proposé par le préfet, aux termes de l'art. 6 de l'ordonnance précitée (Cons. d'Et. 6 févr. 1846, aff. Favry, D. P. 46. 3. 67; 20 févr. 1846, aff. Martinot, ibid.). — Jugé aussi que le déclinatoire préalable au conflit peut (et doit) être présenté par le préfet, nonobstant un premier jugement qui a rejeté l'exception d'incompétence opposée par l'une des parties; et le préfet n'est point tenu d'attendre qu'il y ait appel de ce jugement (Cons. d'Et. 12 déc. 1868, aff. Clément, D. P. 69. 3. 100). — Jugé encore que la présentation d'un déclinatoire, dans les formes déterminées par l'ordonnance du 1ᵉʳ juin 1828, est une formalité essentielle dont l'omission entraîne l'annulation de l'arrêté de conflit, alors même que le préfet, agissant comme partie en cause, avait présenté des conclusions tendant à ce que le tribunal civil se déclarât incompétent (Trib. confl. 20 mai 1882, aff. Douesnel, D. P. 83. 3. 116. V. en ce sens : Cons. d'Et. 29 mai 1856, aff. Rabourdin, D. P. 58. 5. 90; Trib. confl. 14 déc. 1872, aff. Gras, D. P. 73. 3. 10; 13 nov. 1875, aff. de Chargère, D. P. 76. 3. 38).

68. Le déclinatoire proposé devant un tribunal par un préfet n'ayant pas qualité, parce que le tribunal ne se trouve pas dans son département, n'a aucune valeur et, par suite, ne dispense pas le préfet compétent de proposer un nouveau déclinatoire avant d'élever le conflit (Blanche, vᵒ Conflit, p. 550; Cons. d'Et. 18 déc. 1848, aff. l'Etat C. Commune des Angles, Rec. Cons. d'Etat, p. 680. — Contra : Cons. d'Et. 15 août 1839, aff. Ruiz, ibid., p. 437). Mais, lorsqu'un tribunal, sur un déclinatoire, s'est déclaré incompétent sur un jugement par défaut et, que sur l'opposition des parties, il se déclare compétent, le préfet n'a pas besoin d'un nouveau déclinatoire pour élever le conflit (Rép. n° 101).

69. En appel, ce point ne fait aucun doute, le déclinatoire doit être proposé lorsqu'il ne l'a pas été devant le tribunal de première instance, ou lorsque le déclinatoire proposé l'a été à tort, par exemple devant un tribunal de commerce, ou tardivement, ce qui le rend nul (Rép. n° 103). — Lorsqu'un déclinatoire a été régulièrement proposé en première instance, le préfet est-il tenu d'en proposer un nouveau en appel? La question, fort controversée, a été examinée au Rép. nᵒˢ 104 et suiv. La jurisprudence, nettement fixée aujourd'hui, fait une distinction. Si le jugement du tribunal a rejeté le déclinatoire proposé, le préfet ne peut, sur l'appel du jugement, élever le conflit sans proposer un nouveau déclinatoire. Le préfet n'ayant pas jugé à propos d'élever le conflit devant le tribunal, ou ayant laissé passer le délai pour le faire, il est juste qu'il présente à la cour un

nouvel acte. Il lui doit ce témoignage de déférence. Si, au contraire, le jugement, dont est appel, a admis le déclinatoire, dans un but de célérité et aussi parce que l'arrêté de conflit qui est pris intervient en quelque sorte pour défendre l'œuvre de l'autorité judiciaire contre l'appelant, le préfet, pourvu qu'il élève le conflit dans le délai de quinzaine, n'est pas tenu de proposer un nouveau déclinatoire. Dans la pratique, les préfets renouvellent quelquefois le déclinatoire en appel, au lieu d'élever le conflit dans la quinzaine de l'acte d'appel (Ducrocq, t. 1, n° 672; Block, v° *Conflit*, p. 549; Blanche, v° *Conflit*, p. 551 et suiv.; Cons. d'Et. 25 juin 1853, aff. Commune de Cadéac, D. P. 54. 3. 2, et la note; Trib. confl. 24 janv. 1888, aff. Foureau, rapportée dans la *Gazette des tribunaux* du 11 févr. 1888). Il a été jugé que, lorsque le préfet, dans son déclinatoire, s'est borné à demander que le tribunal sursît jusqu'à ce que l'autorité administrative eût décidé une question préjudicielle, et qu'ensuite le tribunal, au lieu de prononcer un simple sursis, se déclare incompétent et se dessaisit absolument, le préfet peut, sur l'appel de ce jugement, élever immédiatement le conflit sans proposer un nouveau déclinatoire; que vainement on dirait que cette faculté est limitée au cas où le déclinatoire primitif a été admis, et que, dans l'espèce, il n'a pas été admis, mais dépassé (Cons. d'Et. 14 déc. 1862, aff. Grelleau, D. P. 63. 3. 11).

Mais le préfet qui, après avoir, devant le tribunal de première instance, proposé un déclinatoire à fin d'incompétence, se borne, sur l'appel du jugement, à former, de son côté, un appel incident, au lieu de proposer dans le délai légal un nouveau déclinatoire, ne peut plus, en cas de rejet de ses conclusions, élever le conflit soit contre le jugement, soit contre la décision de la cour; et il en est ainsi, encore bien qu'il aurait formé son appel incident sur la signification du jugement faite par l'appelant principal, et non sur la signification officielle qui aurait dû lui être faite par le ministère public (Cons. d'Et. 1er juin 1854, aff. Chauve, D. P. 54. 3. 86). — Il a été décidé aussi que lorsque, sur l'appel d'une des parties contre le jugement qui avait accueilli le déclinatoire, le préfet n'a pas élevé le conflit dans le délai de quinzaine, il ne peut, après l'expiration de ce délai, élever le conflit qu'après avoir présenté un nouveau déclinatoire (Trib. confl. 13 nov. 1875, aff. de Chargère, D. P. 76. 3. 38); — Que le préfet qui, après le rejet du déclinatoire par lui proposé, a laissé passer le délai de quinzaine sans élever le conflit, ne peut, sans méconnaître l'autorité de la chose jugée, proposer devant les mêmes juges un nouveau déclinatoire pour élever le conflit en cas de rejet de ce déclinatoire (Trib. confl. 10 févr. 1883, aff. Préfet du Puy-de-Dôme, D. P. 83. 3. 95-96).

70. Le déclinatoire doit être présenté sous forme d'un mémoire. Comme on l'a dit au *Rép.* n°s 112 et suiv., la jurisprudence considère comme équivalent au mémoire de simples lettres adressées au ministère public, si elles indiquent les bases de la revendication. Le mémoire, aux termes de l'art. 6 de l'ordonnance, doit reproduire la disposition législative qui attribue à l'Administration la connaissance du litige. Cette insertion doit aussi être faite dans l'arrêté de conflit. La jurisprudence, nous le verrons en étudiant les formes de l'arrêté, admet qu'on satisfait aux prescriptions de l'ordonnance en reproduisant les termes des lois établissant le principe de la séparation des pouvoirs administratif et judiciaire. Du reste, cette indication dans le mémoire n'est pas prescrite à peine de nullité. Le tribunal appelé à statuer sur le déclinatoire ne peut donc rejeter la demande sous prétexte du défaut d'énonciation de la disposition législative dans le mémoire, s'il reconnaît qu'elle est fondée et qu'il est incompétent (*Rép.* n° 122).

§ 2. — **Obligations du ministère public et du tribunal saisi.** — **Jugement sur compétence.** — **Délai.** — **Intervention des parties** (*Rép.* n°s 117 à 127).

71. Nous avons constaté au *Rép.* n°s 117 et suiv. : l'obligation imposée au ministère public de communiquer le déclinatoire, dans tous les cas, au tribunal ; la liberté qu'il a de prendre sur la question de compétence telles conclusions qu'il lui plaît ; la nécessité du débat à l'audience. La communication du déclinatoire au tribunal n'est soumise, en

France, à aucun délai. En Algérie, elle doit avoir lieu dans la quinzaine de la réception du mémoire, ou immédiatement, si la cause est au rôle (Arrêté 30 déc. 1848, art. 6, V. *suprà*, n° 10).

72. Le tribunal doit statuer sur le déclinatoire par un jugement séparé, et surseoir à statuer au fond jusqu'à l'expiration du délai accordé au préfet pour élever le conflit. Toutefois, comme le déclinatoire n'a pas pour effet de dessaisir l'autorité judiciaire, le jugement qui statue au fond en même temps que sur le déclinatoire ou avant l'expiration du délai accordé au préfet, n'est pas entaché d'une nullité absolue et ne constitue pas un excès de pouvoirs. Le juge du conflit peut plus tard l'annuler pour ce motif, s'il reconnaît bien fondée sa décision sur la compétence. — En ce sens, il a été jugé que le jugement par lequel un tribunal, après avoir rejeté un déclinatoire, statue au fond avant l'expiration du délai donné au préfet pour élever le conflit, ne doit être déclaré non avenu que si l'arrêté de conflit est confirmé (Trib. confl. 17 janv. 1874, aff. Ferrandini, D. P. 75. 3. 2. V. aussi Civ. rej. 21 juin 1859, aff. Mosselman, D. P. 59. 1. 252); — Que c'est à tort qu'un tribunal, saisi d'un déclinatoire, statue à la fois sur la compétence et sur le fond, et, qu'en conséquence, le tribunal des conflits, en *confirmant* le conflit, doit déclarer le jugement non avenu (Trib. confl. 12 févr. 1881, aff. de Sauve, D. P. 81. 3. 81 ; 26 févr. 1881, aff. Denis, *ibid.*).

73. Mais lorsque le tribunal prononce par un seul jugement sur le déclinatoire et sur le fond, ou sur le fond avant le délai de quinzaine, le conflit peut être immédiatement élevé. Aucune difficulté sur ce point (*Rép.* n°s 121 et suiv.). Il a été jugé que le rejet implicite du déclinatoire du préfet résulte de ce que le tribunal a statué au fond, même par jugement préparatoire, sans mentionner ce déclinatoire, et autorise l'arrêté de conflit (Trib. confl. 3 avr. 1850, aff. Deherrypon, D. P. 50. 3. 49); — Que le préfet peut élever le conflit, en cause d'appel, même après une décision rendue sur le fond du litige, si la cour d'appel a statué par un seul arrêt sur le déclinatoire et sur le fond (Cons. d'Et. 30 nov. 1869, aff. Pascal, *Rec. Cons. d'Etat*, p. 946); — Que le conflit peut être élevé devant le tribunal de première instance, même dans le cas où ce tribunal ne se bornant pas à rejeter le déclinatoire, a passé outre au jugement du fond avant l'expiration du délai de quinzaine depuis l'envoi des pièces accordé au préfet pour exercer son droit de revendication; qu'il en est ainsi alors même qu'une des parties a interjeté appel (Trib. confl. 14 janv. 1880, aff. Institut des frères des écoles chrétiennes C. Ville de Brignoles, et aff. Frères des écoles chrétiennes C. Ville d'Alais et le préfet du Gard, D. P. 80. 3. 91).

74. Malgré le déclinatoire, ce point est également certain, les juges ont le droit de rendre des jugements préparatoires ou d'instruction. Il a été décidé que lorsque, sur le déclinatoire proposé par le préfet, le tribunal se borne, avant de statuer sur la compétence et en se réservant de le faire ultérieurement, à ordonner une expertise à l'effet de vérifier les faits allégués, son jugement ne peut être considéré comme emportant rejet du déclinatoire, et, par suite, le conflit élevé dans cette situation doit être annulé comme prématuré (Cons. d'Et. 5 janv. 1860, aff. d'Harcourt, D. P. 60. 3. 28); — Que la règle d'après laquelle les tribunaux civils, lorsqu'un déclinatoire est proposé devant eux par le préfet, doivent statuer avant tout sur la question de compétence et sans confondre l'examen de l'exception et du fond, ne leur interdit pas la faculté de recourir à des moyens légaux d'instruction, permettant de vérifier la nature de l'action portée devant eux et le mérite de l'exception proposée; que, spécialement, il leur appartient d'ordonner une expertise à l'effet de réunir des éléments d'appréciation pour vérifier le mérite du déclinatoire et constater la nature de la demande au point de vue de cette exception (Req. 25 nov. 1879, aff. Rey, D. P. 80. 1. 308).

75. Le préfet, même en cas de rejet du déclinatoire, ne peut être condamné aux dépens. Cette solution est longtemps consacrée par la jurisprudence (V. *Rép.* n° 124, et v° *Frais et dépens*, n° 61; Cons. d'Et. 2 mai 1866, aff. Houdoin, D. P. 67. 3. 14; 12 déc. 1866, aff. Clément, D. P. 69. 3. 100; Com. f. f. Cons. d'Et. 21 oct. 1871, aff. Lacave-Laplagne, D. P. 72. 3. 61; Trib. confl. 18 juill. 1874, aff.

Langlade, D. P. 75. 3. 94 ; 11 déc. 1875, aff. Maisonnabe, D. P. 76. 3. 39 ; 18 mars 1882, aff. Daniel, D. P. 83. 3. 83 ; 25 nov. 1882, aff. Cazeaux, D. P. 84. 3. 50 ; 15 déc. 1883, aff. Dézétrée, D. P. 85, 3. 59 ; 22 janv. 1887, aff. Cauvel. D. P. 88. 3. 62; 25 juin 1887, aff. Malboz, D. P. 88. 3. 100).

Les motifs qui la justifient ont été nettement exposés en ces termes par le procureur général à la cour de cassation, à l'occasion d'une affaire portée devant cette cour : « Le préfet qui, avant d'élever un conflit, doit, pour se conformer aux dispositions de l'art. 6 de l'ordonnance du 1er juin 1828, demander le renvoi de la contestation devant la juridiction administrative, ne devient pas, en faisant cette demande, partie au procès. Il n'agit pas en qualité d'adversaire des parties, mais en qualité de fonctionnaire public exerçant une attribution de haute surveillance administrative. Le déclinatoire qu'il propose n'est donc pas un acte d'intervention judiciaire, mais un acte administratif préliminaire de l'arrêté de conflit, ayant pour but de prévenir la nécessité de cet arrêté. Dès lors, il ne peut être condamné aux dépens sans un excès de pouvoirs de la part du tribunal. La disposition du jugement qui contient une telle condamnation doit donc être annulée, et cette annulation ne peut pas être purement théorique ; elle doit être efficace et décharger utilement le préfet des dépens mis à sa charge ». La cour, adoptant ces conclusions, a motivé ainsi son arrêt : Attendu que ce n'est pas comme partie que le préfet du Tarn-et-Garonne a proposé, devant le tribunal civil de Castelsarrazin, un déclinatoire dans l'instance pendante entre le sieur Langlade et les consorts Daubèze, mais comme magistrat et fonctionnaire de l'ordre administratif, agissant dans l'intérêt général du maintien de l'ordre des juridictions, en exécution de l'art. 6 de l'ordonnance du 1er juin 1828 ; — Attendu qu'il est de principe que les juges ne peuvent, de quelque manière que ce soit, troubler dans leurs opérations les fonctionnaires administratifs ; — Attendu que le tribunal de Castelsarrazin, en condamnant, par son jugement du 17 avr. 1874, le préfet de Tarn-et-Garonne aux dépens de l'instance, a dépassé les limites de sa compétence et commis l'excès de pouvoirs prévu par l'art. 80 de la loi de ventôse précitée ; — Attendu que cette condamnation étant nulle ne peut produire aucun effet à l'égard du magistrat administratif contre lequel elle a été prononcée ; — Annule pour excès de pouvoirs le jugement rendu par le tribunal de première instance de Castelsarrazin, le 17 avr. 1874, dans la disposition qui condamne aux dépens le préfet de Tarn-et-Garonne (Req. 21 juill. 1874, aff. Langlade, MM. de Raynal, pr.-Dagallier, rap.-Reverchon, av. gén., c. conf.).

Lorsque le tribunal des conflits annule l'arrêté pris par le préfet, et, par suite, confirme le jugement du tribunal qui s'est déclaré compétent, il doit, par une disposition spéciale, annuler le chef de jugement qui condamne à tort le préfet aux dépens. C'est ce qui résulte des arrêts précités (V. notamment : Trib. conf. 18 mars 1882 et 15 déc. 1883). — En est-il de même dans le cas où il rejette le conflit comme non recevable? L'affirmative résulte de l'arrêt précité du 25 juin 1887. Mais cette solution paraît contestable. Comme on l'a fait remarquer avec raison (V. Rec. Cons. d'Etat, 1887, p. 73, note), lorsqu'il y a une irrégularité de forme assez grave pour rendre absolument nul l'arrêté de conflit, il semble que le tribunal ne peut que proclamer cette nullité, et qu'il ne lui appartient pas, à l'occasion d'un arrêté qui n'a pu le saisir valablement de la question de compétence, de réprimer les excès de pouvoirs que l'autorité judiciaire a pu commettre.

76. La règle que l'on vient d'exposer ne s'applique pas au cas où le préfet ne s'est pas borné à présenter un déclinatoire au tribunal comme représentant de la puissance publique, mais où il a fait produire, par l'avoué du Domaine, qui était partie dans l'instance, des conclusions tendant à ce que le tribunal se déclarât incompétent; en pareil cas, il n'y a pas lieu, pour le tribunal des conflits, en annulant le conflit, de déclarer non avenues les dispositions de la décision judiciaire condamnant l'Etat aux dépens de l'incident, les dépens mis à la charge de l'Etat étant uniquement ceux qu'il a faits *comme partie* dans l'instance, et non ceux auxquels le déclinatoire a donné lieu (Trib. conf. 29 nov. 1884, aff. Jacquinot, D. P. 85. 3. 50). — Jugé encore, dans une espèce où le

préfet ne s'était pas borné à présenter un déclinatoire, mais où il avait formé une tierce-opposition contre une décision de l'autorité judiciaire, qu'il n'y a lieu, pour le tribunal des conflits, en annulant le conflit, de déclarer non avenues les dispositions de la décision judiciaire qui a condamné le préfet aux dépens et à l'amende (Trib. conf. 6 déc. 1884, aff. Lacombe Saint-Michel, D. P. 86. 3. 44).

Art. 4. — *De l'arrêté de conflit* (*Rép.* nos 128 à 168).

§ 1er. — A quelle période de l'instance et dans quel délai l'arrêté de conflit peut être élevé (*Rép.* nos 129 à 142).

77. Nous avons expliqué au *Rép.* nos 129 et suiv. la disposition de l'art. 7 de l'ordonnance qui impose au ministère public l'obligation d'adresser au préfet, dans les cinq jours qui suivent le jugement sur le déclinatoire, copie de ses conclusions et du jugement, et de consigner sur un registre la date de l'envoi. La prescription de l'art. 7, établie pour accélérer la marche de la procédure, n'a qu'une sanction purement morale. La loi, en effet, n'attache aucune déchéance à l'inobservation du délai de cinq jours de l'art. 7. En ce sens, il a été jugé que le fait que le ministère public n'a pas transmis au préfet copie de ses conclusions et du jugement sur le déclinatoire, dans les cinq jours qui suivent ce jugement, ne fait pas obstacle à ce que le conflit puisse être valablement élevé (Trib. conf. 9 août 1884, aff. Trombert, D. P. 86. 3. 43). — Le procureur de la République (ou le procureur général, si le déclinatoire a été présenté devant la cour) doit transmettre au préfet le jugement et ses conclusions. Ce sont ces documents qui lui permettront d'apprécier s'il y a lieu d'élever le conflit. Aussi a-t-il été décidé avec raison qu'une lettre par laquelle le parquet avise le préfet du rejet du déclinatoire, mais sans lui transmettre le jugement prononçant ce rejet, ne fait pas courir le délai de quinzaine dans lequel le préfet peut élever le conflit (Trib. conf. 28 nov. 1885, aff. John Rose, D. P. 87. 3. 50).

78. Aux termes de l'art. 8 de l'ordonnance de 1828, « si le déclinatoire est rejeté, dans la quinzaine de l'envoi du jugement et des conclusions, pour tout délai, le préfet peut élever le conflit. Si le déclinatoire est admis le préfet peut également élever le conflit dans la quinzaine qui suit la signification de l'acte d'appel, si la partie interjette appel dudit jugement. Le conflit peut être élevé dans ce délai alors même que le tribunal aurait, avant son expiration, passé outre au jugement du fond ». L'explication de cet article a été donnée au *Rép.* nos 132 et suiv. — Une hypothèse délicate s'est présentée en 1853 devant le conseil d'État. Par suite de la cassation d'un arrêt, une affaire est portée devant une cour. Le préfet, pour la première fois, propose déclinatoire. La cour le rejette et renvoie sur le fond la cause et les parties devant un tribunal autre que celui qui avait déjà connu du procès. Le préfet, après la quinzaine de l'envoi de l'arrêt, propose un nouveau déclinatoire devant ce tribunal et élève le conflit. Ce conflit est-il recevable? Le conseil d'Etat a répondu affirmativement. L'art. 8 ne s'applique que dans le cas où le préfet veut élever le conflit devant le tribunal qui a rejeté le déclinatoire (Cons. d'Et. 15 déc. 1853, aff. Mignerot, *Rec. Cons. d'Etat*, p. 1073).

Le préfet doit attendre, pour élever le conflit, qu'il soit intervenu une décision judiciaire sur son déclinatoire. L'arrêté de conflit est prématuré et doit être annulé lorsqu'il a été pris après un jugement ordonnant une expertise, ou une mise en cause, mais réservant la question de compétence ; à plus forte raison, lorsque l'autorité judiciaire n'a pris aucune décision dans l'instance. Jusqu'au jugement sur la compétence, le préfet ignore si le tribunal retiendra ou renverra la connaissance de l'affaire ; il n'y a donc pas lieu d'élever le conflit (Req. 25 nov. 1879, aff. Rey, D. P. 80. 1. 308; Trib. conf. 9 déc. 1882, aff. Patissier, D. P. 84. 3. 50 ; Blanche, vo *Conflit*, p. 556). Il a été jugé qu'un arrêté de conflit est non recevable lorsqu'il a été rendu le même jour où le tribunal a rejeté le déclinatoire et avant que le préfet ait pu avoir connaissance du jugement (Trib. conf. 22 janv. 1887, aff. Cauvel, D. P. 88. 3. 62).

79. Le point de départ du délai de quinzaine est le jour de l'envoi du jugement et des conclusions du ministère public au préfet. Cet envoi est consigné sur le registre du

mouvement tenu au parquet. Quelle est la force probante de ce registre ? La question présente de l'intérêt, car il ne faut pas oublier que le délai de quinzaine de l'art. 8 est établi à peine de nullité de l'arrêté de conflit. — Il a été jugé que les énonciations du registre tenu au parquet doivent prévaloir même sur la preuve acquise de leur inexactitude (Trib. confl. 18 avr. 1850, aff. Braheix C. Pelloutier et consorts, *Rec. Cons. d'Etat*, p. 367). Cette doctrine ne nous paraît pas fondée. S'il est certain que le registre fait foi des mentions et des dates qui y sont inscrites, aucun texte de loi ne lui attribue le pouvoir exceptionnel que lui a reconnu la décision du 18 avr. 1850. Le procureur de la République peut commettre une erreur, mentionner l'envoi à une date antérieure à celle à laquelle il a été réellement effectué. Il n'est pas admissible que l'Administration n'ait pas la faculté de prouver cette erreur, et que ses droits dépendent d'un oubli ou d'une négligence du parquet. Il est de principe, nous l'avons déjà plusieurs fois constaté, que les erreurs commises par les membres des corps judiciaires ne peuvent, en aucun cas, être opposées à l'Administration et faire obstacle à l'exercice du droit qui lui appartient d'élever le conflit. Cette règle doit recevoir ici son application. Il a été jugé, en ce sens, que la foi due au registre du mouvement tenu au parquet du tribunal et sur lequel est inscrite la date de l'envoi au préfet du jugement rendu sur le déclinatoire, peut être combattue par la preuve contraire, et, par suite, que nonobstant les mentions portées sur ce registre, et d'après lesquelles le jugement aurait été transmis au préfet plus de quinze jours avant l'arrêté de conflit, le conflit est recevable lorsqu'il est établi par l'instruction que l'envoi a été fait moins de quinze jours avant la date de l'arrêté (Trib. confl. 31 juill. 1886, aff. Coley, D. P. 87. 3. 115). « Considérant, porte cette décision, que si le registre dont la tenue est prescrite par les art. 7 et 14 de l'ordonnance du 1er juin 1828 est évidemment destiné à faire foi des dates qui y sont inscrites, il ne résulte d'aucune des expressions de la loi que la foi qui leur est due puisse prévaloir contre la preuve qui serait fournie de leur inexactitude; qu'on ne saurait admettre qu'elle ait entendu faire dépendre les droits de l'Administration de l'erreur que pourrait commettre, par négligence ou autrement, le procureur de la République chargé de la tenue du registre dont il s'agit, et interdire à la justice le droit de vérifier cette erreur si elle est alléguée; — Considérant que si le registre de mouvement tenu au parquet du tribunal de Saumur indique la date du 20 déc. 1885 comme celle du jour où l'envoi prescrit par l'art. 7 précité a été fait au préfet de Maine-et-Loire, il résulte des documents de la cause, notamment de l'original de la lettre accompagnant ledit envoi, que ladite date est erronée, et que l'envoi n'a réellement eu lieu que le 24 décembre; que, dès lors, l'arrêté de conflit a été déposé au greffe en temps utile. » Mais il a été décidé que les énonciations du registre doivent prévaloir sur les allégations contraires du préfet (Cons. d'Et. 16 mai 1863, aff. Descosse, D. P. 63. 3. 37). Cette solution est à l'abri de la critique. De simples affirmations ne sont pas des preuves, et ne suffisent pas pour établir l'inexactitude des mentions du registre.

§ 2. — **Formes de l'arrêté de conflit.** — Enonciations qu'il doit contenir. — Transmission à l'autorité judiciaire; Délai (*Rép.* nos 143 à 156).

80. On a signalé au *Rép.* nos 145 et suiv. la jurisprudence qui tendait à s'établir à cette époque, au sujet de l'interprétation de l'art. 9 de l'ordonnance. Le conseil d'Etat avait admis que l'arrêté de conflit qui reproduit textuellement les termes des lois établissant, en principe, la séparation des pouvoirs administratif et judiciaire, satisfait aux prescriptions de l'art. 9 de l'ordonnance du 1er juin 1828, d'après lequel la disposition législative attribuant à l'Administration la connaissance du point litigieux doit être textuellement insérée dans l'arrêté. Le tribunal des conflits a persisté dans cette opinion. Il n'exige pas, pour permettre d'élever le conflit, qu'il existe un texte spécial attribuant l'affaire à l'Administration. Et de fait, le principe de la séparation des pouvoirs est un principe général et il est de nombreux actes qui ont, par leur nature, le caractère administratif et échappent, par ce motif, à l'autorité judiciaire, et dont la

connaissance n'est cependant pas attribuée à l'Administration par un texte spécial. Tels sont les actes administratifs proprement dits, qui constituent des actes d'autorité et de commandement de l'Administration, notamment, les arrêtés des préfets et des maires sur les matières que la loi leur donne le droit de réglementer. Aucun texte n'attribue la connaissance de ces actes à l'Administration; mais l'incompétence de l'autorité judiciaire pour les juger résulte du principe de la séparation des pouvoirs posé par les lois des 16-24 août 1790 et du 16 fruct. an 3. Il suffit donc de citer et de reproduire dans l'arrêté les dispositions de ces lois (V. en ce sens : Trib. confl. 11 déc. 1880, aff. de Rubelles, D. P. 82. 3. 57. V. aussi Trib. confl. 9 déc. 1882, aff. Patissier, D. P. 84. 3. 50; 15 déc. 1883, aff. Fonteny, D. P. 85. 3. 57; Blanche, vo *Conflit*, p. 560).

La jurisprudence admet, d'ailleurs, que les arrêtés de conflit qui ne contiennent pas la transcription textuelle, mais seulement l'indication ou le visa des lois invoquées ne doivent pas, pour cela, être annulés (Reverchon, p. 558; Boulatignier, p. 560. Conf. *Rép.* no 146). On ne doit pas non plus annuler le conflit, si le préfet a, par erreur, cité un texte autre que celui qui devait être invoqué. Le conflit, malgré cette citation inexacte, est régulier en la forme. Il appartient au tribunal des conflits de rectifier l'erreur du préfet en appliquant le véritable texte (Reverchon, p. 558).

81. La jurisprudence admet qu'un seul arrêté de conflit suffit pour revendiquer plusieurs instances pendantes devant le même tribunal, si elles ont un même et unique objet par les questions qu'elles présentent et les parties qui s'y trouvent engagées (Blanche, vo *Conflit*, p. 561. Conf. Trib. confl. 3 janv. 1851, aff. Chemin de fer d'Amiens à Boulogne, D. P. 51. 3. 39; 17 janv. 1874, aff. Ferrandini, D. P. 75. 3. 2).

82. Le conflit peut être élevé, quand même le déclinatoire porterait une date antérieure à l'introduction de l'instance devant l'autorité judiciaire. La loi n'a pas prescrit, à peine de nullité, que l'affaire soit portée devant le tribunal pour que le déclinatoire soit utilement formé. Le préfet, sachant qu'une instance doit être introduite, peut adresser d'avance son mémoire. Il va de soi que le tribunal ne peut statuer sur le déclinatoire que lorsque l'instance est engagée (Trib. confl. 1er mai 1875, aff. Tarbé des Sablons, D. P. 76. 3. 7).

83. Le greffe où le préfet est tenu de faire déposer son arrêté de conflit et les pièces y visées aux termes de l'art. 10 de l'ordonnance de 1828, est celui du tribunal, soit de première instance, soit d'appel, qui a statué sur le déclinatoire lors même que ce tribunal est dessaisi. Il convient, en effet, que le dépôt de l'arrêté de conflit ait lieu au greffe du tribunal qui a, dans l'opinion du préfet, méconnu les règles de la séparation des pouvoirs. Cette doctrine, déjà consacrée par un arrêt lors de la publication du *Répertoire* (nos 149 et 150), est définitivement admise par la jurisprudence. Ainsi il a été jugé : 1o que, lorsque le préfet a proposé un déclinatoire devant une cour d'appel saisie seulement de l'appel d'un jugement interlocutoire, son arrêté doit être déposé au greffe de cette cour et non au greffe du tribunal de première instance, encore bien que la cour ait renvoyé l'affaire devant ce tribunal par l'arrêt même qui a rejeté le déclinatoire (Cons. d'Et. 25 avr. 1857, aff. Guimard, D. P. 58. 3. 20; 15 mai 1858, aff. Comp. du chemin de fer du Midi C. Ville de Bordeaux, D. P. 59. 3. 36); — 2o que lorsque le tribunal de première instance devant lequel a été présenté le déclinatoire, a passé outre au jugement du fond avant l'expiration du délai de quinzaine, le conflit peut être élevé devant le tribunal ; qu'il en est ainsi alors même qu'une des parties a interjeté appel, et, dans ce cas, c'est au greffe du tribunal de première instance et non à celui de la cour d'appel que l'arrêté de conflit doit être déposé dans le délai de quinze jours à peine de nullité (Trib. confl. 14 janv. 1880, cité *supra*, no 36); — 3o Que lorsque le préfet a proposé un déclinatoire devant une cour saisie seulement de l'appel d'un jugement par lequel le tribunal avait déclaré surseoir à statuer sur ce déclinatoire, son arrêté doit être déposé au greffe de cette cour, et non au greffe du tribunal, bien que la cour ait renvoyé l'affaire devant ce tribunal par l'arrêt même qui a rejeté le déclinatoire (Trib. confl. 16 janv. 1875, aff. Dellac, D. P. 75. 3. 95); — 4o Que c'est devant le tribunal à qui avait

été présenté le déclinatoire que le conflit doit être élevé, et c'est à ce tribunal qu'il appartient d'ordonner le sursis, alors même que, postérieurement au déclinatoire, il aurait rendu une décision par laquelle il se dessaisissait en renvoyant les parties devant une autre autorité judiciaire (Trib. confl. 12 févr. 1881, aff. Meslin, D. P. 81. 3. 90). Lorsque le conflit est élevé devant la cour sans déclinatoire préalable, par application du paragraphe 2 de l'art. 8, est-ce au greffe de la cour ou au greffe du tribunal que l'arrêté doit être déposé? Nous pensons que c'est au greffe du tribunal qui a méconnu, dans l'opinion du préfet, les règles de la séparation des pouvoirs. Le procureur de la République qui est appelé à transmettre au tribunal des conflits ses observations sur le conflit, est mieux à même d'accomplir cette obligation que le procureur général, puisqu'il a conclu sur le déclinatoire (Rec. Cons. d'Etat, 1840, p. 149, note. Conf. Collignon, p. 165; Block, vº Conflit, p. 559).

Un arrêté de conflit déposé au greffe d'une juridiction autre que celle qui a statué sur le déclinatoire, doit être annulé, alors même que le préfet, qui l'avait d'abord régulièrement adressé au ministère public près cette juridiction, ne l'a retiré pour le déposer au greffe d'une autre juridiction, qu'en conséquence des observations mal fondées du ministère public (Rec. Cons. d'Etat, ibid.).

84. L'obligation du dépôt dans le délai de quinzaine ne s'applique qu'à l'arrêté de conflit; les pièces à l'appui peuvent être déposées ultérieurement. Ce principe qui résulte, comme nous l'avons établi au Rép. nº 152, de la combinaison des art. 10 et 11 de l'ordonnance, a été consacré par un arrêt du tribunal des conflits du 9 déc. 1882 (aff. Patissier, D. P. 84. 3. 50).

85. On a également enseigné au Rép. nº 154, qu'il ne résulte aucune nullité de ce que le préfet, au lieu de déposer au greffe du tribunal l'arrêté par lequel il a élevé le conflit, a fait parvenir directement cet arrêté au ministère public près le tribunal, si d'ailleurs ledit arrêté a été reçu au parquet dans le délai légal de la quinzaine. Aux termes de l'art, 12, le greffier doit remettre immédiatement au parquet l'arrêté de conflit; aucun intérêt n'est compromis parce que le préfet l'adresse directement. Ainsi, il a été décidé que l'arrêté de conflit est régulier lorsqu'il a été communiqué au procureur de la République dans le délai de quinzaine à partir de l'envoi au préfet du jugement rejetant le déclinatoire, alors même qu'il n'a été déposé au greffe qu'après l'expiration de ce délai (Trib. confl. 9 déc. 1882, cité suprà, nº 84. V. en ce sens : Trib. confl. 6 déc. 1884, aff. Lacombe Saint-Michel, 2ᵐᵉ arrêt, D. P. 86. 3. 44).

86. Le délai de quinzaine accordé au préfet pour déposer son arrêté, et qui se confond, ce point n'est pas douteux, avec le délai de même durée accordé au préfet pour élever le conflit (Ord. 1828, art. 8), ce délai, nous l'avons établi, est de rigueur (V. Rép. nᵒˢ 154 et suiv.). De nombreuses décisions ont confirmé cette doctrine. Il a été jugé que l'arrêté de conflit, devant être déposé au greffe dans la quinzaine à partir de l'envoi au préfet de la décision qui rejette son déclinatoire, n'est pas recevable lorsque le dépôt n'en a été fait que le lendemain du jour auquel expire cette quinzaine ; qu'ainsi est tardive, lorsque l'envoi du jugement a eu lieu le 16 décembre, la notification de l'arrêté de conflit qui n'a été faite par dépôt au greffe que le 1ᵉʳ janvier (Cons. d'Et. 10 mars 1858, aff. Leclerc, D. P. 58. 3. 68; 16 févr. 1860, aff. Tarlier, D. P. 60. 3, 19; 11 déc. 1862, aff. de Hédouville, D. P. 63. 3. 9; 26 déc. 1862, aff. Martiny, ibid.; 16 mai 1863, aff. Descosse, D. P. 63. 3. 37). Pour la supputation du délai de quinzaine, le jour où le jugement rejetant le déclinatoire a été envoyé à la préfecture ne doit pas être compté. Mais le délai n'est pas un délai franc, en ce sens qu'il n'y a pas lieu d'ajouter à la quinzaine le jour de la réception des pièces à la préfecture et celui du dépôt au greffe (Trib. confl. 9 déc. 1882, cité suprà, nº 84; Blanche, vº Conflit, p. 559).

§ 3. — Effets de l'arrêté de conflit. — Obligations qui en dérivent tant pour les magistrats devant lesquels il est produit que pour le préfet (Rép. nᵒˢ 157 à 168).

87. L'arrêté de conflit doit, en tous les cas, être remis au procureur de la République qui a le devoir de le commu-

niquer immédiatement au tribunal en chambre du conseil, en requérant qu'il soit sursis à toute procédure judiciaire (Ord. 1828, art. 12) (V. Rép. nᵒˢ 157, 162 et suiv.). L'effet de l'arrêté de conflit est de forcer le tribunal saisi de la contestation à surseoir, dans tous les cas, à toutes procédures judiciaires jusqu'à la décision du tribunal des conflits. L'infraction à cette prescription est punie des peines prévues par l'art. 128 c. pén. Donner aux juges le droit de décider si le conflit est légalement ou régulièrement élevé, de passer outre s'il leur semble que les formalités n'ont pas été remplies, qu'on ne se trouve pas dans un des cas prévus par la loi, ce serait leur attribuer le pouvoir de statuer sur un acte administratif, les substituer aux juges des conflits. — Cette doctrine déjà exposée suprà, nº 66, a été consacrée par de nombreux arrêts. Il a été jugé : 1º que le tribunal auquel est présenté un arrêté de conflit ne peut, dans aucun cas, refuser d'ordonner le sursis, et que le jugement par lequel il s'y refuse doit toujours être déclaré non avenu comme entaché d'excès de pouvoir, lors même que le juge du conflit reconnaît la compétence judiciaire (Trib. confl. 17 janv. 1874, aff. Ferrandini, D. P. 75. 3. 2) ; — 2º Que l'arrêt par lequel une cour apprécie la régularité d'un arrêté de conflit, et refuse d'ordonner qu'il sera sursis à toute procédure, doit être déclaré non avenu, alors même que l'arrêté de conflit est annulé (Trib. confl. 13 nov. 1875, aff. de Chargère, D. P. 76. 3. 38); — 3º Qu'il n'appartient qu'au tribunal des conflits d'apprécier la validité des arrêtés de conflit; qu'il suit de là que le tribunal des conflits doit déclarer non avenue la décision judiciaire qui a refusé de statuer par le motif que l'arrêté de conflit n'avait pas été régulièrement pris ; ou que l'autorité judiciaire à qui avait été présenté le déclinatoire se trouvait dessaisie (Trib. confl. 12 févr. 1881, aff. Meslin, D. P. 81. 3. 90; 10 févr. 1881, aff. Laplace, ibid.; 26 févr. 1881, aff. Bacon, ibid.).

88. La déclaration de sursis doit être prononcée par l'autorité judiciaire lors même qu'elle se trouve dessaisie parce qu'elle a ordonné le renvoi de l'affaire devant un autre tribunal ou parce qu'elle a jugé au fond. Elle ne peut être remplacée par une déclaration d'incompétence, qui serait peut-être mal fondée. Le sursis a, d'ailleurs, une utilité, puisqu'il suspend l'exécution des décisions sur le fond et des arrêts de renvoi. La loi ordonne aux juges de prononcer le sursis. Sous aucun prétexte ils ne peuvent se soustraire à cette obligation (Blanche, vº Conflit, p. 564). — D'ailleurs, les irrégularités commises par l'autorité judiciaire ne peuvent avoir aucun effet sur la validité de l'arrêté de conflit. Ce principe a été établi au Rép. nᵒˢ 92 et suiv. Et c'est avec raison qu'il a été jugé que l'irrégularité commise par une cour d'appel qui, au lieu de prononcer le sursis sur la communication qui lui a été donnée de l'arrêté de conflit, se borne à donner acte de cette communication et renvoie l'arrêté et les pièces au greffe du tribunal de première instance, ne peut avoir pour effet d'infirmer la validité dudit arrêté (Trib. confl. 9 août 1884, aff. Trombert, D. P. 86. 3. 43).

89. Le préfet est tenu, dès que le conflit est élevé, de s'abstenir de juger ou de préjuger le fond de la question avant la décision du tribunal des conflits, et nous avons rapporté au Rép. nº 167 de nombreuses décisions du conseil d'Etat annulant des arrêtés préfectoraux pris contrairement à cette prescription. — Mais le préfet peut prendre des mesures provisoires, urgentes, que l'intérêt public commande, et qui, si elles se rapportent à la question, n'en préjugent pas le fond. Ainsi il a été jugé qu'un préfet peut, après l'arrêté de conflit, prendre un arrêté ayant pour objet d'arriver à la délimitation du domaine public sur le point litigieux (Trib. confl. 14 juin 1851, aff. Vignat, Rec. Cons. d'Etat, p. 445).

90. Aux termes de l'art. 13 de l'ordonnance de 1828, après la communication au tribunal, l'arrêté du préfet et les pièces sont rétablis au greffe où ils restent déposés pendant quinze jours; le ministère public en prévient de suite les parties ou leurs avoués, lesquels peuvent en prendre communication sans déplacement, et remettre dans le même délai de quinzaine, au parquet, leurs observations sur la question de compétence avec tous les documents à l'appui. Si les parties négligent de produire des observations, le procureur de la République, pour éviter qu'il lui soit demandé des explications à ce sujet, doit en faire mention dans sa lettre d'envoi du

dossier (Blanche, v° *Conflit*, p. 565). — Le tribunal des conflits peut-il confirmer un arrêté de conflit, alors que le dossier a été renvoyé au parquet moins de quinze jours après avis donné aux parties du rétablissement des pièces au greffe? La question n'a pas été résolue expressément par le tribunal des conflits. Elle s'est présentée dans une affaire Bérauld? en 1884; mais le tribunal, annulant au fond l'arrêté de conflit, n'a pas cru devoir statuer sur la fin de non-recevoir. Toutefois, elle a été examinée par le commissaire du Gouvernement, M. Roussellier, dont les conclusions peuvent se résumer ainsi : « La violation des garanties dont l'ordonnance a entouré l'exercice des droits reconnus aux parties doit être considérée comme une irrégularité substantielle qui ne peut être dénuée de sanction. En vain objecterait-on que l'autorité judiciaire ne peut, par sa négligence ou sa mauvaise volonté, compromettre le sort du conflit. Lorsqu'il s'agit des rapports du procureur de la République, non plus avec le tribunal, mais avec la partie intéressée, il doit être considéré plutôt comme le mandataire du préfet que comme membre de la juridiction dont les pouvoirs sont contestés. Il semble donc qu'en l'état le conflit soit non recevable; cette fin de non-recevoir n'implique d'ailleurs, dans la pratique ordinaire, qu'un ajournement. Dès l'arrivée du dossier à la chancellerie, il sera aisé de s'apercevoir de l'irrégularité qu'il renferme. Il devra donc être renvoyé au parquet pour faire remplir la formalité négligée. A supposer que l'erreur ne fût reconnue que tardivement, le sort du conflit se trouverait compromis, mais ce serait par le fait de la chancellerie ou du secrétariat du tribunal des conflits; or, il n'est pas douteux que la négligence de la chancellerie ou du tribunal peut porter atteinte aux droits de l'autorité administrative, puisque le retard à transmettre le dossier au secrétariat du tribunal, ou, par celui-ci, à le juger, peut être une cause de déchéance ». Ces observations nous semblent parfaitement exactes. Si l'on ne peut voir dans l'inobservation du délai de quinzaine un vice essentiel de procédure, il y a là une irrégularité qui peut être réparée, mais qui constitue, si elle ne l'a pas été, une fin de non-recevoir contre l'arrêté de conflit (V. note sur l'arrêt du 22 mars 1884, aff. Bérauld, D. P. 85. 3. 118; Blanche, v° *Conflit*, p. 565).

Sect. 2. — Du conflit négatif (*Rép.* n°s 169 à 187).

91. — I. Qui peut poursuivre le règlement du conflit négatif. — De la nature même du conflit négatif, il résulte, ainsi qu'on l'a établi au *Rép.* n° 169 et suiv., que les parties intéressées seules ont qualité pour l'élever. Ce principe a été posé par le règlement du 26 oct. 1849 qui, après avoir été aboli en 1852, a été remis en vigueur en 1872 (V. *suprà*, n° 6). Avant 1849 et de 1852 à 1872 cependant, le conseil d'Etat a vidé des conflits négatifs, soit sur le rapport du ministre de la justice, soit à l'occasion d'un pourvoi contentieux formé devant lui sans instance spéciale. Il a été, notamment, jugé que le conseil d'Etat, saisi d'une contestation qu'il reconnaît n'être pas de la compétence de l'autorité administrative, et à l'égard de laquelle l'autorité judiciaire s'est elle-même déclarée incompétente par une décision passée en force de chose jugée, a le droit de statuer sur le conflit négatif résultant de cette double déclaration d'incompétence, et d'annuler la décision de l'autorité judiciaire ;... encore bien qu'il n'ait été pris aucunes conclusions devant lui sur ce conflit négatif (Cons. d'Et. 22 janv. 1857, aff. Gilbert, et aff. Domaine de l'Etat, D. P. 57. 3. 63. V. en ce sens : Cons. d'Et. 2 août 1860, aff. Fumeau, D. P. 61. 3. 6). — Cette manière de procéder n'était prohibée expressément par aucune loi, mais elle se justifiait difficilement. Le conflit négatif, à la différence du conflit positif qui intéresse l'ordre public, ne pouvant compromettre que l'intérêt des parties, il eût paru plus rationnel de leur laisser à elles seules le droit d'agir. Depuis la loi du 24 mai 1872, qui a remis en vigueur le règlement de 1849, le conflit négatif ne peut être élevé que par les parties en cause. Si l'Etat est directement intéressé, le recours est formé par le ministre dans les attributions duquel se trouve placé le service que l'affaire concerne ; si le département est en cause, le recours est formé par le préfet. Mais le préfet, qui n'est pas partie au procès, n'a aucune qualité pour élever le conflit négatif. Toutefois, lorsque la déclaration d'incompétence

émane, d'une part de l'autorité administrative, de l'autre d'un tribunal statuant en matière de simple police ou de police correctionnelle, comme il est nécessaire que la justice suive son cours et que le prévenu, qui se garderait bien d'élever le conflit n'échappe pas à la répression, le ministre de la justice a le droit de former le recours devant le tribunal des conflits (Cons. d'Et. 6 juill. 1865, aff. Carrère, D. P. 66. 3. 41 ; Trib. confl. 17 mai 1873, aff. Desanti, D. P. 73. 3. 59 ; 13 mars 1875, aff. Géronet, D. P. 75. 3. 108 ; Blanche, v° *Conflit*, p. 583).

92. Avant la loi de 1872, il avait été jugé que lorsque l'autorité administrative et l'autorité judiciaire se sont respectivement déclarées incompétentes pour connaître d'une contravention, que l'une considère comme concernant la grande voirie et l'autre comme n'intéressant que la petite voirie, le ministre des travaux publics est recevable à se pourvoir en règlement de juges devant le conseil d'Etat, par voie de conflit négatif (Cons. d'Et. 6 août 1861, aff. Morel, D. P. 61. 3. 81). Sous la législation actuelle, le ministre des travaux publics ne serait pas recevable à former le pourvoi. Ce droit est attribué au ministre de la justice seul, et uniquement encore dans le cas spécial prévu par l'art. 19 du règlement. Ainsi, le ministre de la justice, si les parties intéressées ne jugent pas à propos de faire régler la compétence, n'a pas le droit d'élever le conflit dans l'intérêt de la loi (*Rép.* n° 233).

93. — II. Conditions requises pour qu'il y ait conflit négatif. — 1° *Première condition*. — Il est indispensable que les deux autorités, judiciaire et administrative, aient été l'une et l'autre saisies de la connaissance de l'affaire. Cette proposition a été développée au *Rép.* n°s 173 et 174 ; on a fait remarquer que l'autorisation de plaider devant l'autorité judiciaire accordée à une commune par un conseil de préfecture, n'est pas un acte de juridiction, mais de simple tutelle, et par suite, ne constitue pas une décision sur le fond du litige pouvant amener le conflit négatif ; qu'il en est de même du refus d'autorisation. Il a été jugé, depuis, qu'il n'y a pas conflit négatif lorsque les deux déclarations d'incompétence émanent de deux autorités ou juridictions administratives (Cons. d'Et. 24 janv. 1861, aff. Chemin de fer de Lyon C. Syndicat des digues de Beaucaire, D. P. 61. 3. 38). Jugé, au contraire, que d'une double déclaration d'incompétence, émanant du conseil d'Etat et d'une cour d'appel, résulte un conflit négatif, sur lequel il appartient au tribunal des conflits de statuer (Trib. confl. 7 avr. 1884, aff. Jablin, D. P. 85. 3. 89).

94. — 2° *Deuxième condition*. — Il faut que les deux autorités se soient déclarées toutes deux incompétentes en se dessaisissant du litige ; c'est, ainsi que nous l'avons dit au *Rép.* n° 175, la base même sur laquelle repose le conflit négatif. Aux espèces que nous avons citées nous pouvons en ajouter d'autres. Ainsi il a été jugé qu'il n'y a pas conflit négatif dans la coexistence d'un arrêté de conseil de préfecture qui s'est déclaré incompétent pour régler l'indemnité due à un propriétaire à raison d'une extraction de matériaux opérée sans autorisation par un entrepreneur, et d'un jugement correctionnel qui a renvoyé cet entrepreneur de la plainte portée contre lui par le même propriétaire pour soustraction frauduleuse de matériaux, puisque le tribunal correctionnel ne s'est pas déclaré incompétent, mais, au contraire, a statué (Cons. d'Et. 18 déc. 1862, aff. Cottenest, D. P. 63. 3. 4). — Décidé encore que le conflit négatif n'existe qu'autant que la juridiction compétente pour statuer sur le litige a repoussé la demande par l'exception d'incompétence ; qu'il n'existe pas lorsqu'elle a statué sur la demande, même pour la rejeter comme non recevable ; que, notamment, lorsqu'un tribunal s'est déclaré incompétent pour prononcer la nullité du commandement en matière de vente syndicale, le conflit négatif ne résulte pas d'un arrêté du conseil de préfecture rejetant comme non recevable la demande en décharge de cette même taxe, alors même que, dans une autre partie du dispositif, le conseil de préfecture s'est déclaré incompétent pour connaître, en principe, de la légalité du syndicat (Trib. confl. 12 juin 1880, aff. Pagès-Raymond, D. P. 82. 3. 26-27). Pour que le conflit pût être élevé, il eût fallu que l'incompétence fût prononcée dans le dispositif. — Jugé encore que la requête adressée au tribunal des conflits, à l'effet de faire statuer sur un conflit négatif, doit

être rejetée comme étant devenue sans objet, lorsque, postérieurement à cette requête, l'autorité judiciaire a rendu, sur le litige, une décision qui a acquis l'autorité de la chose jugée (Trib. confl. 10 févr. 1877, aff. Commune de Bussang, D. P. 77. 3. 68). En 1870 la commune de Bussang assigna les sieurs Tocquaine et autres devant le juge de paix à l'effet de se maintenir en possession d'un terrain sur lequel prenaient naissance des sources d'eau minérale. En appel, les sieurs Tocquaine et autres soutinrent que les sources émergeaient du lit de la Moselle. Le tribunal renvoya devant qui de droit pour faire délimiter le lit de la rivière. Le préfet ayant opéré la délimitation, son arrêté fut annulé par le ministre des travaux publics. Le conseil d'Etat déclara que c'était à bon droit; mais, appelé à statuer sur le règlement de juges que sa déclaration rendait nécessaire, il renvoya devant le tribunal des conflits. En 1875, les sieurs Tocquaine reprirent l'instance devant le tribunal : quelques mois après, la commune forma une demande en règlement de juges et conclut à un sursis devant le tribunal, qui le refusa. La commune consentit à plaider au fond, et il intervint un jugement sur le fond. Dès lors, le conflit n'avait plus d'objet.

Le conflit est également sans objet, lorsqu'il est intervenu un désistement (Trib. confl. 10 févr. 1877, aff. Boulanger, *Rec. Cons. d'Etat*, p. 158). Mais il a été décidé qu'il y a lieu à règlement de juges, dans le cas où l'autorité judiciaire s'est déclarée, avec raison, incompétente, et où le ministre, compétemment saisi de la réclamation, méconnaît implicitement sa compétence en faisant connaître au réclamant qu'il a transmis l'affaire à un de ses collègues, alors qu'il est constant que celui-ci n'a aucune compétence pour statuer sur la question contentieuse soulevée par la réclamation (Trib. confl. 26 mars 1881, aff. Comp. *la Providence*, D. P. 82. 3. 61).

95.—3° *Troisième condition.* — Il faut que l'autorité judiciaire se soit dessaisie d'une façon absolue et non conditionnellement, dans la supposition qu'il s'agissait, par exemple, d'interpréter un acte administratif ou de prononcer sur une question préjudicielle (*Rép.* n° 181).

96.—4° *Quatrième condition.*—Il faut que l'une ou l'autre des deux autorités saisies soit réellement compétente. — Si toutes deux sont incompétentes, elles ont eu raison de le proclamer: il n'y a pas conflit; le cours de la justice n'est pas entravé; les parties seulement ont mal engagé leur action; c'est à elles de s'adresser à la juridiction qui peut connaître de l'affaire. Ce principe que nous avons établi au *Rép.* n° 182, a été, depuis, consacré par la jurisprudence. Il a été jugé qu'il n'y a pas conflit négatif si les deux autorités qui se sont respectivement déclarées incompétentes pour statuer sur une certaine question, étaient effectivement incompétentes, et si la compétence appartenait à une autre autorité. Dans l'espèce, il s'agissait d'une contestation élevée sur le sens d'un arrêté préfectoral autorisant le riverain d'un cours d'eau navigable à établir des plantations dans le lit de ce cours d'eau au-devant de sa propriété et lui indiquant l'alignement à suivre. Ce n'était ni au tribunal civil, ni au conseil de préfecture qu'il appartenait de donner l'interprétation de cet arrêté, elle devait être faite par le préfet, sauf recours au ministre des travaux publics, et ensuite, s'il y avait lieu, au conseil d'Etat (Cons. d'Et. 6 juill. 1865, aff. Ménard, D. P. 66. 3. 7. V. dans le même sens : Trib. confl. 1er mars 1873, aff. Courtois, D. P. 73.3.51). — Décidé, au contraire, que lorsqu'une action a été successivement portée devant le tribunal civil et le conseil de préfecture, à l'effet d'obtenir, par interprétation de la décision d'un jury d'expropriation, la réparation d'une erreur de contenance que le demandeur prétend avoir été commise à son préjudice, et lorsque ces deux juridictions se sont également déclarées incompétentes, alors que cependant l'une d'elles était compétente (dans l'espèce, le tribunal civil), il résulte de là un conflit négatif dont il appartient au conseil d'Etat de connaître (Cons. d'Et. 7 août 1863, aff. Clary, D. P. 65. 3. 6).

97. — 5° *Cinquième condition.* — La déclaration d'incompétence doit porter sur le *même objet*, sur la même contestation (*Rép.* n° 183). Il a été jugé qu'il n'y a conflit négatif, nécessitant un recours au conseil d'Etat, que dans le cas où les déclarations d'incompétence faites par l'autorité judiciaire

et par l'autorité administrative se rapportent exactement au même litige et sont rendues entre les mêmes parties; que, par suite, lorsque, après déclaration d'incompétence par l'autorité judiciaire, l'action qui avait pour objet, devant celle-ci, la suppression de travaux par un particulier et subsidiairement le payement de dommages-intérêts solidairement par celui-ci et la commune, a été transformée devant la juridiction administrative en une demande de dommages-intérêts contre la commune seule, la nouvelle décision d'incompétence qui intervient ne fait pas naître un conflit (Cons. d'Et. 18 févr. 1858, aff. Dombre, D. P. 58. 3. 59. V, en ce sens : Cons. d'Et. 18 déc. 1862, aff. Cottenest, D. P. 63. 3. 4; Trib. confl. 1er mars 1873, aff. Courtois, D. P. 73. 3. 51). — Jugé encore qu'il n'y a pas conflit négatif, donnant lieu à un règlement de juges par le tribunal des conflits, lorsque la question sur laquelle le tribunal civil s'est déclaré incompétent n'est pas la même que celle par laquelle une décision du conseil d'Etat au contentieux a reconnu l'incompétence du ministre de l'intérieur (Trib. confl. 31 oct. 1885, aff. Maurel, D. P. 87. 3. 32). Dans l'espèce, le conseil d'Etat avait déclaré que le ministre de l'intérieur s'était avec raison refusé à ordonnancer de nouveau, au profit d'un sieur Maurel, la somme que lui avait accordée, à titre de subvention, une décision de ce ministre du 5 sept. 1859 et qui avait été ordonnancée, mandatée et payée en 1860; il avait, en conséquence, rejeté, quant à ce, la requête de Maurel, en réservant toutefois à ce dernier le droit de s'adresser à la juridiction compétente, dans le cas où il lui conviendrait de soutenir que le payement effectué le 4 févr. 1860, sur la production d'une procuration, n'aurait pas été fait en conformité des règles de la comptabilité ou à un fondé de pouvoirs régulier. C'était cette question de validité de payement que Maurel avait portée devant le tribunal civil de Toulouse, où il soutenait que le payement avait été opéré aux mains d'un tiers sans qualité pour le recevoir, et qui en aurait détourné le montant au préjudice du véritable créancier de l'Etat. La question soumise au tribunal civil de Toulouse n'était donc pas la même que celle précédemment débattue devant le conseil d'Etat.

98. Nous avons établi au *Rép.* n° 184 que le conflit négatif peut résulter de décisions susceptibles de recours; que les parties sont libres de choisir la voie qui leur convient et de saisir, après des décisions du conseil de préfecture ou du tribunal de première instance, soit le conseil d'Etat ou la cour par voie d'appel, soit le tribunal des conflits par voie de règlement de juges. Si elles préfèrent la première voie, la faculté d'élever le conflit sera suspendue jusqu'au jour où la décision de la juridiction supérieure aura confirmé la déclaration d'incompétence. Cette doctrine a été de nouveau consacrée par le tribunal des conflits depuis sa réorganisation (Trib. confl. 15 mars 1873, aff. Gillier, D. P. 74. 3. 7).

99. — III. Devoir des juges après leur déclaration d'incompétence. — Le juge doit surseoir à toute procédure jusqu'à la décision du tribunal des conflits. La cour de cassation ne peut, avant cette décision, statuer sur le pourvoi formé contre le jugement d'incompétence. Ces principes certains ont été établis au *Rép.* n° 185.

100. — IV. Quel est le juge du conflit négatif ? — Le tribunal des conflits, depuis la loi du 24 mai 1872, est le juge des conflits négatifs (*Rép.* n° 187 et 227). Le conseil d'Etat a reconnu qu'il appartient au tribunal des conflits, et non au conseil d'Etat, de déclarer si d'une décision judiciaire et d'une décision ministérielle résulte un conflit négatif (Cons. d'Et. 28 févr. 1873, aff. Commune de Bussang, D. P. 74. 3. 47).

Sect. 3. — Des revendications de compétence devant la section du contentieux du conseil d'Etat (*Rép.* n°s 188 à 190).

101. La loi du 3 mars 1849 autorisait le ministre de la justice à revendiquer les affaires portées devant la section du contentieux et qui n'appartiendraient pas au contentieux administratif (*Rép.* n°s 188 et suiv.). On n'eut pas l'occasion de l'appliquer avant 1852, époque à laquelle ses dispositions furent abrogées. A partir de 1852, il ne resta plus au Gouvernement, s'il jugeait ses attributions compromises, que la

ressource de refuser sa sanction aux décisions du conseil d'Etat. La loi du 24 mai 1872 (art. 26) a rétabli le droit de revendication, tel qu'il existait sous la loi de 1849, avec cette différence cependant qu'elle le confère, non pas seulement au ministre de la justice, mais à tous les ministres. On a cru plus conforme à la dignité des ministres que chacun d'eux eût un droit égal (Blanche, v° *Conflit*, p. 591). La loi de 1872 remet en vigueur le règlement du 26 oct. 1849, qui détermine dans son chap. 5, le mode de procéder sur cette revendication (V. *suprà*, n° 6).

Des termes généraux de l'art. 26 de la loi du 24 mai 1872, il résulte, suivant nous, que les ministres ont le droit de revendiquer et les affaires d'administration pure et les affaires de la compétence de l'autorité judiciaire qui seraient portées devant la section du contentieux. Les débats qui ont eu lieu lors de la discussion de la loi du 3 mars 1849, indiquent clairement que, si le législateur avait en vue de préserver l'administration active, le Gouvernement, des envahissements de l'administration contentieuse, il entendait aussi mettre l'autorité judiciaire à l'abri de ces mêmes empiétements. Nous en trouvons la preuve dans la rédaction proposée par la commission, lors de la troisième lecture. Le projet portait : « Si le ministre allègue que l'affaire est de la compétence de l'autorité judiciaire, la demande en revendication est portée devant la juridiction des conflits ; si le ministre allègue que la décision appartient au Gouvernement sous sa responsabilité, il est statué par le président de la République en conseil des ministres... ». Cette rédaction ne fut pas admise, la proposition d'attribuer compétence au président de la République ayant été rejetée. Les termes mêmes de l'art. 47 tel qu'il fut voté, termes aussi larges que possible, ne permettent pas, croyons-nous, de soutenir que le législateur a entendu écarter la première hypothèse prévue dans le projet de la commission et restreindre le droit de revendication aux seules affaires de pure administration (Aucoc, t. 1, n° 400 ; Collignon, *Des conflits d'attribution*, p. 258 et suiv. — *Contrà* : Batbie, t. 7, n° 356, p. 377, note 1 ; Blanche, v° *Conflit*, p. 590).

M. Ducrocq, t. 1, n° 663, critique la disposition de l'art. 26 qui autorise les ministres à revendiquer des affaires à leur profit ou au profit du pouvoir exécutif, c'est-à-dire au profit de la juridiction gracieuse et discrétionnaire. Cette disposition a, suivant lui « le quadruple tort d'assimiler un simple conflit de juridiction au conflit d'attribution, de dessaisir le conseil d'Etat de la connaissance de difficultés qui lui appartiennent naturellement, de soumettre aux conseillers de la cour de cassation, membres du tribunal des conflits, des affaires exclusivement administratives, et d'augmenter les attributions ministérielles d'une prérogative nouvelle au détriment du conseil d'Etat ». La procédure ainsi organisée a, dans tous les cas, un caractère tellement insolite que, depuis la réorganisation du tribunal des conflits, les ministres n'y ont pas eu recours une seule fois.

CHAP. 3. — Du tribunal spécial des conflits. — Formes de procédure. — Attributions et compétence (*Rép.* n°s 191 à 235).

102. Nous avons fait connaître quelle était l'organisation du tribunal des conflits d'après la loi des 3-8 mars 1849, à l'époque où le *Répertoire* était publié (*ibid.* n°s 191 et suiv.) Le décret organique du 25 janv. 1852 avait rendu au chef du pouvoir exécutif le droit de statuer sur les conflits, par décrets rendus sur la proposition du conseil d'Etat (V. *suprà*, n° 12). La loi du 24 mai 1872 a rétabli le tribunal des conflits. Elle a remis en vigueur le règlement du 26 oct. 1849 et la loi du 4 févr. 1850 sur le mode de procéder devant ce tribunal (V. *suprà*, n° 6).

Art. 1er. — *Organisation et composition du tribunal des conflits. — Costume* (*Rép.* n°s 195 et 196).

103. On a indiqué *suprà*, n° 3, quelle est, aux termes de l'art. 25 de la loi du 24 mai 1872, la composition du tribunal des conflits. La loi du 4-8 févr. 1850, relative à l'organisation intérieure du tribunal, aux fonctions de rapporteur et du ministère public, est remise en

vigueur (V. *suprà*, n° 6). Nous rappellerons : 1° que l'art. 2 de cette loi, qui, en cas d'empêchement du garde des sceaux, attribuait la présidence au ministre de l'instruction publique, a été abrogé. La présidence aujourd'hui appartient, dans ce cas, au vice-président (L. 24 mai 1872, art. 25) ; — 2° Que son art. 1er a été modifié en ce sens, d'une part, que le tribunal des conflits délibère valablement aujourd'hui si cinq membres sont présents tandis qu'il exigeait la présence de neuf membres ; d'autre part, que la loi de 1872 n'exige plus que les juges présents soient pris également dans le conseil d'Etat et dans la cour de cassation. L'équilibre n'est plus obligatoire ; mais il est maintenu en fait (Blanche, v° *Conflit*, p. 569).

104. Qu'advient-il lorsque les membres du tribunal des conflits siégeant en nombre pair, un partage se produit ? Le cas ne pouvait se présenter, sous l'empire de la loi du 4 févr. 1850, puisque les décisions du tribunal devaient être rendues par neuf membres. La loi du 24 mai 1872 n'a pas prévu l'hypothèse. Il est certain que la voix du président n'est pas prépondérante. Aucun texte de loi ne lui accorde ce privilège exceptionnel. Si tous les membres titulaires du tribunal des conflits n'ont pas pris part à la délibération, il suffit d'appeler pour vider le partage un autre membre titulaire. Si les huit membres titulaires y ont pris part, le rôle de juge départiteur est rempli par le garde des sceaux (M. Dufaure a été appelé à siéger dans ces conditions) ; si le garde des sceaux est empêché, on prend un membre suppléant. En un mot, en l'absence d'une disposition spéciale, on applique les règles suivies devant les tribunaux ordinaires. Cette manière de procéder est adoptée par le tribunal des conflits (Trib. confl. 14 janv. 1860, aff. Institut des frères des écoles chrétiennes, D. P. 80. 3. 91.

105. Le costume des membres du tribunal des conflits est toujours réglé par le décret des 11-18 oct. 1849 rapporté au *Rép.* n° 196.

106. Le décret des 24-27 juill. 1885 modifiant l'art. 15 du règlement de 1849 fixe les vacances du tribunal du 15 août au 15 octobre (V. *suprà*, n° 9).

Art. 2. — *Mode de procéder sur les conflits positifs* (*Rép.* n°s 197 à 226).

§ 1er. — Envoi des pièces. — Règlement du conflit. — Délai. — Intervention des parties (*Rép.* n°s 197 à 213).

107. L'art. 14 de l'ordonnance de 1828 oblige le ministère public, dès que le délai de quinzaine accordé aux parties pour prendre communication des pièces au greffe est expiré, à informer immédiatement le garde des sceaux de l'accomplissement des formalités et à lui transmettre l'arrêté de conflit, ses observations et celles des parties, ainsi que les pièces énumérées dans l'art. 6 de l'ordonnance du 12 mars 1831. La jurisprudence a eu à s'occuper des conséquences qui résultent de l'inaccomplissement de ces prescriptions et de celles de l'art. 12 du décret du 26 oct. 1849 (*Rép.* n°s 198 et suiv.). Elle a confirmé ce principe, déjà consacré par plusieurs décisions, que, si l'inaccomplissement par l'Administration des formalités essentielles qui lui sont imposées entraîne la nullité du conflit, les irrégularités imputables à l'autorité judiciaire n'ont pas ce résultat, par ce motif que la faute ou la négligence des magistrats et des agents de l'ordre judiciaire ne saurait profiter à ce pouvoir au détriment des droits de l'Administration. Il a été jugé que lorsqu'un arrêté de conflit a été pris par le préfet et déposé au greffe dans le délai légal, le retard qu'a ensuite éprouvé la transmission des pièces au ministère de la justice par le parquet ne peut entraîner la nullité dudit conflit (Cons. d'Et. 19 janv. 1869, aff. Compagnie des mines de la Grand'Combe, D. P. 70. 3. 4. V. dans le même sens : Trib. confl. 14 avr. 1881, aff. Millard, D. P. 84. 3. 73). « Considérant, dit cette dernière décision, que si, contrairement au vœu de l'art. 14, l'arrêté de conflit n'a été transmis à la chancellerie que plusieurs mois après l'expiration du délai de quinzaine fixé en l'art. 13, tandis qu'il eût dû l'être immédiatement, ce retard, qui n'est pas imputable à l'autorité administrative et auquel le législateur n'a attaché aucune peine, ne saurait entraîner la nullité du conflit ; etc. »

108. — I. Délai dans lequel le juge des conflits doit

statuer. — Y a-t-il déchéance? — La loi du 4 févr. 1850 fixait à trois mois le délai pour le jugement des conflits pendants à cette époque et de ceux qui seraient élevés dans les trois mois qui suivraient l'installation du tribunal des conflits. Cette disposition était donc purement transitoire (*Rép.* n°s 202 et suiv.). Aux termes de l'art. 7 de l'ordonnance du 12 mars 1831, qui a été ensuite remise en vigueur et qui, aujourd'hui, encore, régit la matière, il doit être statué sur le conflit dans le délai de deux mois à dater de la réception des pièces au ministère de la justice. Si, un mois après l'expiration de ce délai, le tribunal n'a pas reçu de notification de la décision rendue sur le conflit, il peut procéder au jugement de l'affaire. — Les délais fixés par l'ordonnance sont suspendus pendant les vacances, c'est-à-dire du 15 août au 15 octobre (Décr. 24-27 juill. 1885).

109. Nous avons fait connaître au *Rép.* n°s 202 et suiv. les graves controverses qui se sont engagées sur la portée de l'art. 7 de l'ordonnance de 1831, et pour quels motifs, contrairement à la jurisprudence de la cour de cassation, nous estimions que, faute par le tribunal des conflits d'avoir prononcé dans le délai de deux mois, ou à défaut de notification dans le troisième mois de la décision rendue dans les deux mois sur le conflit, le tribunal peut considérer l'arrêté de conflit comme non avenu et passer outre au jugement du fond. Telle est aussi l'opinion de M. Reverchon. « L'art. 7 de l'ordonnance de 1831, dit cet auteur, ne porte pas d'une manière formelle, comme l'art. 16 de l'ordonnance de 1828, qu'à défaut de décision dans le délai fixé, *l'arrêté de conflit sera considéré comme non avenu;* mais il ne faudrait pas en conclure que désormais l'expiration du délai ne produira plus cette conséquence. Ce serait excéder les termes de l'art. 7; car l'ordonnance de 1831, comme celle de 1828, accorde au tribunal le droit de passer outre au jugement du fond, non pas à la condition qu'il lui sera justifié que le conseil d'État n'a pas statué dans un certain délai, mais à cette seule condition qu'il ne lui sera pas justifié, dans le troisième mois, d'une décision intervenue dans les deux mois précédents; le défaut de justification dispense ici de cette notification, et il en dispense par cette raison péremptoire que l'instance judiciaire n'est pas effacée mais seulement suspendue par le conflit; elle ne sera réputée non avenue que par l'effet d'une décision formelle qui confirmera ce conflit et dès lors, s'il n'est pas justifié de cette décision selon le mode établi par l'ordonnance, la justice reprend désormais son cours. En portant à deux mois le délai du jugement des conflits, l'ordonnance de 1831 n'a eu d'autre objet que celui qu'elle indique elle-même : elle a voulu satisfaire aux besoins nouveaux qu'amenait l'introduction de la publicité dans la procédure du conseil d'État; en réglant le mode de notification, elle a voulu combler une lacune de l'ordonnance de 1828. Tel est l'esprit de l'ordonnance ; elle n'a pas eu d'autre but. D'ailleurs, la sanction judiciaire, qui a été donnée aux dispositions de l'art. 7, est le moyen le plus efficace de faire respecter les délais fixés par l'ordonnance » (*Dictionnaire de l'administration,* de Block, v° *Conflit,* p. 565 et suiv. Conf. Blanche, v° *Conflit,* p. 502; Serrigny, t. 1, n° 205; Collignon, *Des conflits d'attribution,* p. 199 et suiv.). Si le tribunal n'a pas reçu de notification dans le troisième mois de la décision rendue dans les deux mois, il est tenu, sur la demande des parties, de passer outre au jugement du fond; il devrait le faire, dans notre opinion, alors même que, le jour où il est appelé à statuer sur le fond, il a reçu cette notification faite après les délais. Il doit également passer outre lorsque la décision n'a pas été rendue dans les deux mois, alors même que la notification lui est parvenue dans le troisième mois. L'ordonnance, à tort ou à raison, attache au simple défaut de notification comme au défaut de décision dans les délais l'effet d'autoriser les parties à reprendre l'instance et à faire prononcer la déchéance du conflit (V. toutefois Batbie, t. 7, n° 364). — La jurisprudence, depuis la publication du *Répertoire,* n'a pas eu à se prononcer sur ces questions. Il a bien été jugé que lorsque le dossier d'un arrêté de conflit n'a pu être retrouvé, qu'il n'est pas établi que ce dossier ait été envoyé au ministre de la justice et que la partie a repris l'instance devant le tribunal qui avait sursis à statuer, le préfet peut présenter un nouveau déclinatoire (Trib. confl. 24 juin 1876, aff. Bienfait, D. P. 77. 3. 18). Mais, dans l'espèce, et en raison des faits de la cause, le délai de deux

mois n'avait pu commencer à courir, puisqu'il a son point de départ à la date de la réception des pièces au ministère de la justice, et que la réception n'était pas établie. D'autre part, l'autorité judiciaire n'était pas en droit de se plaindre de l'absence de formalités qui provenait de son fait. Le seul moyen pratique de concilier les droits de chacun était de présenter un nouveau déclinatoire.

110. — II. Les parties peuvent-elles intervenir au règlement du conflit? — Nous avons vu que le droit des parties se bornait à présenter des observations, sous forme de mémoire, sur la question de compétence (*Rép.* n°s.207 et 208). Cette doctrine incontestable a été confirmée par un arrêt, qui décide que les parties ne peuvent, en matière de conflit positif, présenter que de simples observations, qu'elles ne sont pas recevables à prendre des conclusions, notamment à fin de dépens (Cons. d'Ét. 13 déc. 1861, aff. Thiboust, D. P. 62. 3. 9). — Jugé aussi qu'il n'y a pas lieu, pour le tribunal des conflits, d'examiner si l'autorité judiciaire serait compétente pour statuer sur une demande qui ne lui a pas été soumise et qui a été produite pour la première fois, dans les observations présentées par les parties devant le tribunal des conflits (Trib. confl. 27 déc. 1879, aff. Sœurs de l'instruction chrétienne de Nevers, D. P. 80. 3. 91). Le tribunal des conflits ne pourrait statuer sur une demande nouvelle que si les parties avaient le droit de présenter devant lui des conclusions (V. aussi en ce sens : Trib. confl. 4 nov. 1880, aff. Marquigny, D. P. 80. 3. 121). — L'intervention des tiers, *à fortiori,* n'est pas recevable en matière de conflit. Il a été jugé qu'une administration publique qui n'a pas été partie dans l'instance au cours de laquelle un conflit est élevé, n'est pas recevable à présenter, devant le conseil d'État, des observations sur ce conflit (Cons. d'Ét. 7 déc. 1866, aff. Henrys, D. P. 67. 3. 90).

111. Les parties peuvent aussi faire présenter des observations orales devant le tribunal des conflits, par un avocat au conseil d'État (Régl. 26 oct. 1849, art. 8, V. *supra,* n° 6). Les plaidoiries sont entendues à titre de simples observations sur la question de compétence ; les avocats ne sont pas recevables à prendre des conclusions. — Le tribunal des conflits a récemment autorisé une partie à présenter elle-même ses observations orales à l'audience, et il a relaté le fait dans les visas de sa décision (Trib. confl. 17 avr. 1886, aff. O'Carroll, D. P. 87. 3. 95-96). La demoiselle O'Carroll, de nationalité anglaise, avait fait à Paris, rue Pigalle, une chute qu'elle attribuait au mauvais entretien du trottoir, et elle réclamait de ce chef à la Ville de Paris, devant le tribunal civil de la Seine, une indemnité de 30000 fr. Le conflit ayant été élevé, elle fut autorisée à plaider elle-même la cause. — Cette décision du tribunal des conflits constitue-t-elle une mesure exceptionnelle, de pure courtoisie vis-à-vis d'une étrangère, ou l'application d'un principe? En l'absence de toute disposition contraire, nettement formulée, le tribunal des conflits ne commet pas un excès de pouvoir en autorisant l'audition des observations orales de l'une des parties. Toutefois, il faut remarquer que le décret du 26 oct. 1849 semble réserver implicitement la faculté de parler à la barre du tribunal des conflits aux avocats au conseil d'État et à la cour de cassation, qui ont le droit exclusif de représenter les particuliers devant ce tribunal; qu'un avocat à la cour d'appel ne serait pas admis à y plaider; il serait donc plus régulier de ne pas accepter l'intervention personnelle des parties. Ajoutons que les conflits soulèvent des questions souvent délicates, qui ne peuvent être discutées utilement que par des personnes connaissant à fond la jurisprudence, les principes du droit administratif; que, par suite, cette intervention ne présenterait, en général, aucune utilité. Il en est ainsi devant le conseil d'État ; les avocats au conseil d'État et à la cour de cassation ont seuls le droit d'y prendre la parole. M. Laferrière, vice-président du conseil d'État, estime « que le président ne saurait prendre sur lui d'autoriser une partie à présenter elle-même des observations à l'audience, parce qu'il y aurait là une atteinte portée au droit exclusif que les avocats tiennent de la loi ; mais qu'on ne pourrait refuser au conseil lui-même la faculté d'ordonner ou d'autoriser l'audition d'une partie, non comme un élément de débat oral prévu par la loi, mais

comme une mesure spéciale d'instruction commandée par les circonstances » (E. Laferrière, *Traité de la juridiction administrative et des recours contentieux*, t. 1, p. 287, *Revue générale d'administration*, janv. 1887, p. 66).

112. Les ministres peuvent, nous l'avons dit, présenter des observations écrites sur le conflit (Règl. 26 oct. 1849, art. 12, V. *suprà*, n° 6). Aucune disposition législative ou réglementaire n'accorde cette faculté au préfet, lorsqu'il n'est pas personnellement en cause comme représentant le département et qu'il n'agit qu'en sa qualité de préfet. Cependant, dans la pratique, les préfets constituent parfois des avocats, qui, à l'appui des arrêtés, présentent, sous forme de mémoire, des observations au tribunal des conflits. Nous rapportons *infrà*, n° 113, les observations présentées par les avocats du préfet du Nord dans l'affaire Marquigny (Trib. confl. 4 nov. 1880, D. P. 80, 3. 121). — Le règlement de 1849 ne reconnaît pas aux ministres et aux préfets la faculté de faire présenter des observations orales devant le tribunal des conflits.

113. Les règles tracées pour la *récusation* par le code de procédure civile sont-elles applicables au tribunal des conflits? Aucun texte de loi ne résout cette question qui est fort délicate. Elle a été débattue en 1850, en chambre du conseil, par le tribunal des conflits, dans des circonstances qui sont indiquées en ces termes au *Dictionnaire d'administration* de Blanche, v° *Conflit*, p. 569 : « Un conseiller à la cour de cassation, membre du tribunal des conflits, avait fait rapport à la chambre des requêtes d'un recours sur lequel la chambre civile avait rendu un arrêt de cassation proclamant la compétence judiciaire. Deux conseillers à la cour de cassation, membres du tribunal des conflits, avaient concouru à la décision. Ces trois conseillers étaient-ils en état de récusation ? Dans la délibération qu'ils provoquèrent, il fut dit, d'une part, que les règles sur la récusation étant établies pour les tribunaux, elles étaient applicables au tribunal des conflits, d'autant plus que ces règles sont fondées en raison, et que le tribunal ne peut en prendre une partie et en délaisser une autre. On répondit que la récusation n'a pas été prévue par le règlement sur le tribunal des conflits, en raison de la nature même de ce tribunal qui ne statue pas entre les parties, qui prononce surtout dans l'intérêt de l'ordre des juridictions, On ajoutait : la nécessité même repousse l'application des règles de la récusation ; en effet, il pourrait arriver que, par suite de ces règles, ce tribunal se trouverait dans l'impossibilité de juger, ce qui serait dans l'espèce, si le conseiller rapporteur à la chambre des requêtes était jugé en état de récusation au tribunal des conflits. Enfin, à la cour de cassation, le fait d'avoir connu d'une affaire à l'une des chambres n'empêche pas un conseiller de connaître de cette affaire, si elle est portée à une autre chambre dont il se trouve postérieurement faire partie. Un membre persista à soutenir qu'il était étrange que la loi et le règlement d'administration publique eussent négligé de s'expliquer sur un sujet auquel le code de procédure avait consacré tout un titre (le 21e : art. 378 à 396). Le garde des sceaux se montrait disposé à présenter une loi complémentaire pour trancher les difficultés nées ou à naître ; mais le tribunal, à qui le recours aux lois complémentaires avait déjà fait perdre un temps précieux pour l'administration de la justice, demanda que la question fût mise aux voix. A l'unanimité, moins une voix, il fut décidé que, hors des cas extrêmes, les règles ordinaires de la récusation n'étaient pas applicables au tribunal des conflits. A l'unanimité, il fut reconnu que les membres du tribunal restaient libres de proposer leur récusation, par scrupules de conscience ; tels seraient les cas d'un avis émis sur la question, la parenté, l'extrême affection.

Une hypothèse plus délicate peut se présenter et s'est effectivement présentée en 1880 : celle où ce sont les parties intéressées qui protestent contre la présence à la délibération de membres du tribunal des conflits, parce qu'ils sont présumés soit avoir une opinion préconçue sur la question, soit être personnellement intéressés à la solution du litige. A la suite d'une ordonnance du président du tribunal de Lille, par laquelle ce magistrat se déclarait compétent pour connaître en référé de la demande formée par plusieurs

membres de la Compagnie de Jésus, à fin de réintégration dans leur domicile d'où ils avaient été expulsés en exécution du décret du 29 mars 1880, le préfet du Nord éleva le conflit. Les membres de la Compagnie de Jésus firent déposer au secrétariat du tribunal des conflits une requête tendant à la récusation de M. Cazot, garde des sceaux, président du tribunal, par ce motif qu'il avait connu et écrit sur le différend, provoqué et poursuivi l'exécution des décrets. Les avocats du préfet du Nord présentèrent, sous forme de mémoire, des observations pour combattre cette requête. Ils invoquèrent la nature même et le rôle du tribunal des conflits, qui, d'après eux, s'opposent à ce qu'aucune récusation puisse être invoquée devant lui. « Le règlement du conflit, disaient-ils, est un acte de haute administration et d'ordre public qui ne peut être assimilé à un arrêt. Les parties intéressées dans l'affaire qui amène le conflit, n'étant ni parties principales, ni même parties jointes à un débat qui s'agite seulement entre le pouvoir judiciaire et le pouvoir administratif, n'ont pas à se préoccuper de la composition du tribunal. Le garde des sceaux, d'ailleurs, ne pouvait, dans l'espèce, être considéré comme juge et partie. S'il avait exprimé son opinion sur l'affaire, il n'avait point traité la question même soumise au tribunal, la question de compétence. L'eût-il fait, il aurait donné son avis sans débat contradictoire, et, par conséquent, sa situation ne serait point autre que celle d'un juge qui a statué par défaut et devant lequel on revient sur opposition ». Le tribunal des conflits déclara non recevable la requête à fin de récusation, par ce seul motif « que les parties, n'étant pas recevables à prendre des conclusions devant le tribunal des conflits, ne sauraient être admises à proposer une récusation » (Trib. confl. 4 nov. 1880, aff. Marquigny, D. P. 80. 3. 121). — La décision du tribunal s'appuie sur un principe incontestable, et que nous avons établi *suprà*, n° 110. Mais elle ne résout pas complètement la question. Il est certain que les parties n'ont le droit de prendre aucune conclusion devant le tribunal des conflits, et, par conséquent, ne peuvent le saisir régulièrement d'une demande de récusation, et le forcer à statuer sur le bien fondé de cette demande (Cons. d'Et. 13 déc. 1861, aff. Thiboust, D. P. 62. 3. 9 ; Trib. confl. 27 déc. 1879, aff. Sœurs de l'instruction chrétienne de Nevers, D. P. 80. 3. 91). Il faut aussi reconnaître que toutes les causes de récusation écrites dans l'art. 378 c. proc. civ. ne pourraient être invoquées contre les membres du tribunal des conflits. La circonstance que les intéressés ne sont pas parties en cause, la nature de la question à résoudre qui appartient au domaine du droit pur, empêcheraient, par exemple, de considérer comme des motifs absolus de récusation le fait qu'un membre du tribunal des conflits serait créancier ou débiteur de l'une des parties, qu'il aurait bu ou mangé avec elle. On ne saurait non plus tirer une cause de récusation ni de ce que le membre du tribunal aurait connu de l'affaire au conseil d'Etat ou à la cour de cassation, ni (et ceci se rapporte au garde des sceaux) de ce que l'issue du litige intéresserait le Gouvernement. La jurisprudence reconnaît que cette dernière circonstance ne peut être opposée aux fonctionnaires appelés à faire office de juges, à raison de leurs fonctions, et notamment aux ministres dont la juridiction contentieuse est assez étendue, et aux préfets, qui ont le droit de présider le conseil de préfecture, alors même que l'affaire intéresse le département ou que des actes de son administration sont critiqués par les parties (Cons. d'Et. 3 févr. 1859, aff. Batisse, D. P. 60. 3. 1 ; 22 mai 1865, aff. Elect. d'Argelès, D. P. 65. 3. 91). — Mais s'il est indiscutable que le tribunal des conflits ne fait pas acte de juridiction proprement dite, et que devant lui, les plaideurs dans les instances ayant donné lieu aux arrêtés de conflit ne sont pas parties en cause, on ne saurait nier que ces plaideurs ont parfois le plus grand intérêt à ce que la décision du tribunal soit rendue avec impartialité et conformément au droit. Il suffit, en effet, de rappeler que cette décision peut, si le conflit est élevé pour faire déclarer que l'acte à l'occasion duquel l'affaire est engagée, est un acte d'administration ou de gouvernement, avoir pour résultat de fermer à la partie intéressée l'accès de toutes les juridictions. D'autre part, si certaines causes de récusation que les parties sont en droit d'opposer devant les tribunaux ordinaires, auxquels s'applique le code de procédure civile, ne peuvent être invoquées pour le tribunal

des conflits, il est des cas où l'impartialité de ses membres peut être suspectée. Si le juge des conflits est lui-même partie au procès, si la solution du litige doit exercer une grave influence sur sa situation, sur sa fortune, engager sa responsabilité, s'il se trouve lié à l'un des plaideurs par la parenté, ou s'il y a entre eux une inimitié capitale, il peut paraître nécessaire d'empêcher ce juge de prendre part au débat. Comment y parvenir ? Les parties n'ont pas le droit de prendre des conclusions à fin de récusation et de provoquer, sur ce point, une décision. Le tribunal des conflits ne sera donc jamais appelé, à statuer, dans ses décisions, sur le bien ou mal fondé d'une demande en récusation qui est non recevable. Mais les intéressés ont la faculté de signaler la situation dans les mémoires qu'ils sont admis à produire. Le juge visé, averti que l'on soupçonne son impartialité, s'empressera le plus souvent de s'abstenir volontairement. S'il ne prend pas cette détermination, nous estimons que la question peut et doit être soumise, comme elle l'a été en 1850, au tribunal des conflits en chambre du conseil, lequel décidera si le membre signalé dans les mémoires doit ou non s'abstenir de prendre part au débat. En l'absence d'une disposition de loi spéciale, et dans l'impossibilité d'appliquer au tribunal des conflits, en raison de son caractère et de son rôle, les règles du code de procédure civile, ce moyen, dont l'application peut être délicate à l'égard du garde des sceaux, nous paraît le seul pratique et de nature à donner satisfaction à de légitimes revendications, et aussi à maintenir intacte l'autorité du tribunal des conflits (V. la note sur la décision du 4 nov. 1880, aff. Marquigny, D. P. 80. 3. 121; Blanche, v° Conflit, p. 569).

114. Nous avons émis l'opinion au Rép. n°ˢ 209 et suiv., que ni les parties, ni le préfet, s'il s'élève des doutes sur le sens de la décision rendue sur le conflit, ne peuvent en demander directement l'interprétation au tribunal des conflits, la loi n'ayant ni prévu, ni organisé ce genre de recours. Mais, en certains cas au moins, l'interprétation peut être obtenue indirectement. Lorsque, par suite de l'annulation totale ou partielle du conflit, les parties se retrouvent devant l'autorité judiciaire, que des doutes s'élèvent sur la portée de la décision, et qu'il apparaît que le tribunal est appelé à statuer sur des points dont la connaissance est attribuée à l'Administration, le préfet, prévenu, peut proposer un déclinatoire et élever le conflit. Par ce moyen, signalé par le Dictionnaire d'administration, v° Conflit, p. 578, on obtiendra l'interprétation de la décision. On peut aussi laisser le tribunal rendre son jugement et si l'on estime qu'il a mal interprété la décision du tribunal des conflits, faire appel et avertir le préfet qui, s'il le juge bon, présentera le déclinatoire devant la cour. C'est ce qui a eu lieu en 1858 dans une affaire dont il est intéressant de rappeler les circonstances. La ville de Bordeaux et les sieurs Peray et autres agissant comme inscrits au rôle de la commune de Talence, avaient assigné devant le tribunal civil de Bordeaux, la Compagnie des chemins de fer du Midi pour, « attendu que ladite compagnie s'était emparée d'une partie du chemin vicinal et avait interrompu le parcours sur ce chemin en y établissant des clôtures et une voie ferrée, s'entendre condamner à supprimer la clôture, à délaisser le chemin et à leur payer des dommages-intérêts ». La Compagnie du Midi souleva l'exception d'incompétence qui fut repoussée. Elle fit appel de cette décision. Un déclinatoire fut présenté par le préfet de la Gironde, et le conflit élevé à la suite de l'arrêt de la cour déclarant l'autorité judiciaire compétente. Le tribunal des conflits confirma en partie seulement l'arrêté; il décida que l'autorité judiciaire ne pouvait statuer sur la destruction d'ouvrages prescrits par l'Administration et, dans l'espèce, ordonner l'enlèvement des clôtures et la suppression de la voie; mais il déclara que l'appréciation des indemnités réclamées par les demandeurs en raison de la dépossession par eux soufferte appartenait aux tribunaux civils (Cons. d'Et. 15 mai 1858, aff. Chemin de fer du Midi C. Ville de Bordeaux, D. P. 59. 3. 37). — A la suite de cet arrêt, les sieurs Peray et autres et la ville de Bordeaux revinrent devant le tribunal et conclurent seulement au payement d'une indemnité pour la prise de possession du chemin. La Compagnie opposa l'incompétence du tribunal en se fondant sur ce qu'il n'y avait pas dépossession définitive du chemin; mais occupation temporaire qui avait com-

mencé et pris fin par des actes administratifs; que, dès lors, le conseil de préfecture devait seul en connaître. Le tribunal se déclara compétent. Devant la cour, le préfet proposa un déclinatoire, puis éleva le conflit. Le conseil d'État annula l'arrêté de conflit en se fondant sur ce que, par sa décision en date du 15 mai 1858, il avait reconnu et déclaré que le chemin avait été définitivement réuni à la gare du chemin de fer du Midi; qu'il n'y avait donc lieu de renvoyer les parties devant l'autorité judiciaire pour faire reconnaître le caractère qu'avait cette occupation; qu'il avait, de plus, décidé que les indemnités demandées en raison de cette occupation devaient être appréciées conformément à la loi du 3 mai 1841 et soumises à l'autorité judiciaire; que, par suite le conflit ne s'était élevé que sur les conclusions des parties tendant à la fixation de cette indemnité, conclusions déjà appréciées par le décret du 14 mai 1858 (Cons. d'Et. 19 nov. 1859, aff. Préfet de la Gironde, Rec. Cons. d'Etat, p. 666). La compagnie du Midi pensait sans doute que le conseil d'État, dans sa décision du 15 mai, n'avait pas tranché la question du caractère de l'occupation et avait statué pour le cas où la possession serait définitive. Le tribunal estimait, au contraire, que cette question avait été absolument résolue. On a vu le moyen détourné que la compagnie pour faire résoudre la difficulté et obtenir l'interprétation de la décision de 1858.

M. Reverchon, Dictionnaire de l'administration de Block, v° Conflit, n° 161, pense que le tribunal, si le préfet n'intervient pas, peut, san d'office, sursoir à statuer jusqu'à ce qu'il ait été procédé par qui de droit à l'interprétation de la décision, et que le tribunal des conflits, saisi à la suite de ce renvoi, est en droit de donner cette interprétation. Ce mode de procéder est-il possible? Nous en doutons. Aucun texte n'indique la procédure qu'il faudrait suivre dans cette hypothèse, et par qui devrait être saisi le tribunal des conflits. Si ce tribunal admettait ce mode de recours, il devrait l'organiser de toutes pièces. Ne serait-ce pas de sa part un empiètement sur le pouvoir législatif? (V. Blanche, v° Conflit, p. 579). Lorsque le conflit a été confirmé et que les parties se trouvent devant l'autorité administrative, devant le conseil de préfecture, par exemple, et que des doutes s'élèvent sur le sens de la décision, la partie intéressée n'a, croyons-nous, qu'un seul moyen d'en obtenir indirectement l'interprétation, c'est d'attendre la décision de l'autorité saisie; si cette décision ne la satisfait pas, d'en faire appel, puis de prévenir le ministre de la justice lequel, s'il estime que l'affaire soumise au conseil d'Etat n'appartient pas au contentieux administratif, la revendiquera en vertu de l'art. 2 de la loi du 24 mai 1872. Le tribunal des conflits sera ainsi amené à donner l'interprétation de sa décision. |

§ 2. — Effets de la décision sur conflit positif. — Attributions du juge des conflits (Rép. n°ˢ 214 à 226).

115. Nous avons dit au Répertoire, qu'en raison de leur caractère même, les décisions rendues par le tribunal des conflits ne sont pas passibles des droits d'enregistrement, et qu'aucune condamnation à dépens ne peut être prononcée. Si l'arrêté de conflit est confirmé intégralement et que l'affaire revienne devant l'autorité administrative, cette autorité a le droit de mettre à la charge de la partie qui succombe non seulement les dépens faits devant elle, mais encore ceux faits devant l'autorité judiciaire. La décision du tribunal des conflits a dessaisi complètement l'autorité judiciaire; les parties n'ont plus à se présenter devant elle; il est juste que l'autorité administrative appelée à statuer sur le litige puisse prononcer sur tous les dépens qui en sont l'accessoire. C'est ce qui a été décidé par le conseil d'Etat, le 23 févr. 1844 (aff. Dufour et Dosmann C. Commune de Crotenay et les sieurs Fumey et consorts, Rec. Cons. d'Etat, p. 110). La liquidation et la taxe des dépens doivent, d'ailleurs, être faites par le tribunal; les parties seront renvoyées au pourvoir préalablement devant lui à cet effet (Block, v° Conflit, p. 570). Mais nous admettons qu'il est loisible au tribunal de statuer sur les dépens en se déclarant incompétent, et, en ce cas, le conseil de préfecture n'aura à connaître que

des frais faits devant lui. C'est ce qu'a décidé un arrêt du conseil d'État du 18 avr. 1861 (aff. Courtin, D. P. 61. 3. 78); et, aux termes du même arrêt, c'est à tort que le préfet élèverait le conflit sur ce chef. — Si le conflit n'est confirmé que sur tel point déterminé, les parties ayant à porter leur action sur les autres points devant l'autorité judiciaire, cette autorité conserverait seule le droit de prononcer sur tous les frais antérieurement exposés devant elle; il serait le plus souvent impossible d'établir une distinction entre ceux de ces frais dont l'autorité administrative aurait à faire alors la répartition et ceux qu'il appartiendrait à l'autorité judiciaire de régler.

Si les parties ne donnent pas suite à l'affaire, comment réglera-t-on les dépens? La question est assez délicate. M. Boulatignier, *Dictionnaire d'administration* de Blanche, vº *Conflit*, p. 573, estime que, dans ce cas, les parties doivent s'adresser au tribunal devant lequel les frais ont été faits. Les dépens seront partagés, si les deux parties avaient l'une et l'autre soutenu la compétence judiciaire et combattu le déclinatoire; ils seront mis à la charge de celle qui a conclu à la compétence du tribunal, si l'autre partie a soutenu l'incompétence.

116. — I. EFFETS DE LA DÉCISION CONFIRMATIVE DU CONFLIT. — Nous n'avons rien à ajouter sur ce point à ce qui a été dit au *Rép.* nºˢ 217 et suiv.

117. — II. LE JUGE DU CONFLIT NE PEUT ÉVOQUER L'AFFAIRE. — Le juge du conflit n'est pas un juge d'un degré supérieur. Il n'a d'attributions que comme régulateur des compétences, et il ne peut juger l'affaire au fond (*Rép.* nº 220). Pour le même motif, il ne saurait statuer sur une demande qui est produite pour la première fois devant lui et qui n'a pas été soumise à l'autorité judiciaire ou sur le conflit a été élevé. La demande n'ayant pas été portée devant cette autorité, celle-ci n'a pu se déclarer compétente pour en connaître, et, dès lors, il n'y a pas conflit. C'est ce qui a été décidé dans les circonstances suivantes. Un arrêté du préfet de la Nièvre avait nommé une institutrice laïque en remplacement des sœurs de l'Instruction chrétienne de Nevers qui dirigeaient l'école de Prémery. Une assignation fut donnée et des conclusions furent prises les 23 et 27 août 1879, devant le président du tribunal civil de Cosne tenant l'audience des référés, par les sœurs de l'Instruction chrétienne de Nevers, tendant à faire ordonner que, nonobstant les arrêtés du préfet de la Nièvre décidant que la direction de l'école publique de Prémery serait confiée à une institutrice laïque et nommant à cet emploi la dame Germain en remplacement de la sœur Nathalie Moulard, ladite sœur serait maintenue en possession du château de Prémery et de ses dépendances, jusqu'à ce qu'il ait été statué par les juridictions compétentes sur les instances engagées par elle tant contre les arrêtés précités que contre la commune de Prémery; qu'en conséquence, défense serait faite au maire de Prémery de troubler ladite sœur dans sa possession, et qu'elle serait au besoin autorisée à résister à toute tentative d'expulsion avec l'assistance de la gendarmerie. Les sœurs, aussi bien dans l'assignation que dans les conclusions prises en référé et dans l'acte d'appel, soutenaient que, par suite des traités passés entre elles et la commune, elles avaient droit à la jouissance entière et sans réserve du château de Prémery. Après l'arrêté de conflit, elles présentèrent des observations, dans lesquelles elles alléguèrent pour la première fois que le pensionnat par elles établi dans le château de Prémery, en exécution des conventions passées entre elles et la commune, occupait dans cet immeuble des locaux distincts et indépendants de ceux qui étaient destinés à l'école publique et au logement de l'institutrice; que, par suite, l'arrêté de conflit devait tout au moins être annulé en tant que le litige était relatif à la jouissance des locaux exclusivement affectés audit pensionnat. Le tribunal des conflits repoussa cette prétention par les motifs suivants : « Considérant que les demanderesses n'ont articulé, ni dans l'assignation, ni dans les conclusions prises en référé, ni dans l'acte d'appel, que lesdits locaux fussent distincts de ceux affectés à l'école publique et à ses dépendances; qu'elles ont, au contraire, réclamé devant l'autorité judiciaire la jouissance entière et sans réserve du château de Prémery, et qu'elles n'ont demandé par aucune conclusion, même subsidiaire,

qu'il fût tenu compte de la distinction alléguée; que cette demande subsidiaire et les moyens à l'appui n'ont été produits que postérieurement à l'arrêté de conflit, dans les observations enregistrées le 6 déc. 1879 au secrétariat du tribunal des conflits; — Considérant que la validité des arrêtés de conflit ne peut être appréciée que d'après les conclusions prises et les moyens invoqués au moment où le conflit a été élevé, et qu'il n'y a lieu d'examiner si l'autorité judiciaire aurait été compétente pour statuer sur une demande subsidiaire qui ne lui a pas été soumise » (Trib. confl. 27 déc. 1879, aff. Sœurs de l'Instruction chrétienne de Nevers C. Commune de Prémery, D. P. 80. 3. 91).

118. Si le tribunal des conflits ne peut statuer sur une demande qui n'a pas été soumise par les parties à l'autorité judiciaire, il a le droit d'étendre les termes de l'arrêté de conflit, et de revendiquer pour l'autorité administrative la connaissance des points du litige qui n'ont pas été indiqués par le préfet. Il n'a pas à craindre de statuer *ultra petita*, le préfet n'étant pas partie dans le procès. Saisi par l'arrêté de conflit d'une question de compétence au sujet d'une affaire déterminée que l'autorité judiciaire prétend juger, et dont la connaissance est revendiquée par l'Administration, chargé par la loi de régler les attributions respectives des deux ordres de juridiction, il doit, à la condition de se renfermer dans les limites de l'affaire, pouvoir accomplir sa mission dans toute sa plénitude. La question s'est présentée dans les circonstances suivantes : le *Prince-Pierre-Bonaparte* était chargé du transport des dépêches entre la Corse et Marseille; au moment où il sombra, il portait trois lettres chargées adressées aux sieurs Sisio; ceux-ci formèrent une demande en payement de cette somme contre l'Administration des postes, devant le tribunal civil de la Seine; l'Administration appela les sieurs Valéry en garantie, et ceux-ci appelèrent à leur tour en garantie le ministre de la marine comme responsable de l'accident causé par un navire de l'État. Le tribunal condamna l'administration des postes à payer la somme réclamée et les sieurs Valéry à indemniser cette administration. Il sursit à statuer à l'égard du ministre de la marine jusqu'à ce que le conseil d'État eût déterminé la part de responsabilité qui incombait à la marine de l'État. Les sieurs Valéry interjetèrent appel; ils prétendaient qu'aux termes de leur traité avec l'administration des finances, l'action ne devait pas être portée directement contre eux; ils soutenaient qu'ils ne pouvaient pas être condamnés à payer au delà du tiers, part du dommage laissée à leur charge par l'arrêt que venait de rendre la Commission provisoire; enfin, ils déclaraient qu'ils entendaient dégager leur responsabilité personnelle par l'abandon du navire, aux termes de l'art. 216 c. com. Un conflit fut élevé : il revendiquait pour l'autorité administrative le droit de décider, par interprétation du traité, si la Compagnie Valéry n'avait pas renoncé au bénéfice de l'art. 216, en ce qui concernait les dépêches qu'elle était chargée de transporter. Là se bornait la revendication. M. Reverchon, commissaire du Gouvernement, soutint que l'arrêté eût dû porter sur l'intégralité du recours en garantie de l'administration des postes. « On peut se demander seulement, a-t-il ajouté, si le tribunal des conflits a le droit de sortir des limites de l'arrêté de conflit. La nature des questions qui lui sont soumises et les principes fondamentaux de son institution justifient, ce nous semble, une solution affirmative à cet égard, et telle était déjà la doctrine admise par le conseil d'État. Et M. le commissaire du Gouvernement a invoqué sur ce dernier point l'opinion de M. Boulatignier qui s'exprime en ces termes dans le *Dictionnaire général d'administration*, vº *Conflit*, p. 496 : « On a soulevé, relativement à la rédaction des arrêtés de conflit, la question de savoir si les préfets peuvent étendre dans ces arrêtés la revendication administrative au delà des termes du déclinatoire. Mais cette question perd l'intérêt qu'elle paraît offrir d'abord, lorsqu'on sait que le conseil d'État ne se tient pas pour lié par la revendication du préfet; il considère que par l'arrêté de conflit le saisit de la question de compétence qui naît de l'affaire dans toutes ses parties, qu'il peut aussi bien étendre que restreindre les termes de l'arrêté de conflit. On conçoit qu'il est assez indifférent de savoir si le préfet peut aller au delà du déclinatoire dans l'arrêté de conflit, lorsqu'il est reconnu que, dans tous

les cas, ce droit appartiendrait au régulateur du conflit. Nous estimons donc qu'il y a lieu de confirmer le conflit et d'attribuer à la juridiction administrative la connaissance du litige existant entre l'administration des Postes et la Compagnie Valéry. » La décision du tribunal conforme à ces conclusions et résout implicitement la question dans le sens de notre opinion (Trib. confl. 1er févr. 1873, aff. Valéry, D. P. 73. 3. 57).

119. On a établi au *Rép.* no 221 que le tribunal des conflits, soit qu'il confirme, soit qu'il annule l'arrêté, ne doit pas désigner le juge devant lequel l'affaire sera portée. Ce point est resté hors de contestation.

120. — III. Effets de la décision qui annule le conflit. — Lorsque l'arrêté de conflit est annulé pour irrégularités ou vices de forme (tardiveté, incompétence du préfet, on a vu *supra*, no 65, qu'un nouveau conflit peut être proposé tant que la décision n'a pas été rendue sur le fond, sauf dans un cas, celui de l'art. 11 de l'ordonnance : lorsque la nullité provient du dépôt tardif au greffe, si l'affaire n'est pas portée en appel (V. *supra*, nos 85 et suiv.).— Si le tribunal auquel a été présenté le déclinatoire a passé outre au jugement du fond avant l'expiration du délai accordé pour élever le conflit, le préfet, après l'annulation pour vices de forme de son arrêté, a-t-il le droit, malgré ce jugement, d'élever un nouveau conflit? Cela ne nous paraît pas douteux. L'autorité judiciaire ne peut, par son fait, enlever à l'Administration l'exercice d'un droit qu'elle aurait incontestablement si les délais légaux avaient été observés. Mais, alors, jusqu'à quel moment le préfet pourra-t-il renouveler son déclinatoire? Cette question, croyons-nous, n'a été ni résolue par la jurisprudence, ni traitée par les auteurs. Lorsque le tribunal s'est borné à statuer sur le déclinatoire, l'arrêté de conflit a pour effet de l'obliger à surseoir, de suspendre le jugement de la cause. L'arrêté étant annulé pour vice de forme, la procédure reprend son cours; le préfet, s'il veut renouveler son déclinatoire, doit le faire avant que la décision au fond soit intervenue. Si un jugement sur le fond a été rendu, malgré le déclinatoire, comme dans l'hypothèse qui nous occupe, la déclaration de sursis que prononce le tribunal sur la communication de l'arrêté de conflit a pour effet de suspendre l'exécution du jugement sur le fond (Blanche, vo *Conflit*, p. 564; Duvergier, note 5 sous l'art. 12 de l'ordonnance de 1828, *Collection des lois et décrets*, t. 28, p. 151). L'arrêté de conflit étant annulé, les parties s'adressent au tribunal pour qu'il ordonne l'exécution du jugement. Nous pensons que le préfet peut présenter son déclinatoire jusqu'à cette décision sur l'exécution. Notre opinion, on le voit, est basée sur des motifs d'analogie. Dans les deux cas, le préfet peut agir tant que l'événement que son arrêté avait eu pour effet de suspendre n'est pas accompli.

121. Lorsque le conflit est annulé comme mal fondé, la procédure qui avait été interrompue devant l'autorité judiciaire doit reprendre son cours sur les premiers errements (*Rép.* no 222) Il a été jugé, (ce point d'ailleurs, ne pouvait faire de doute), que, lorsque le conseil d'Etat a prononcé l'annulation d'un arrêté de conflit élevé dans une instance engagée devant une cour d'appel, cette cour ne peut plus se déclarer incompétente (Req. 6 nov. 1867, aff. Rabier, D. P. 71. 1. 245).

122. — IV. Dans quels cas il n'y a pas lieu de statuer sur les arrêtés de conflit. — Le tribunal des conflits n'a pas à statuer sur les arrêtés de conflit dans un certain nombre de cas cités par le *Dictionnaire d'administration* de Blanche, p. 579; notamment : lorsqu'il intervient une loi qui attribue à l'autorité judiciaire le jugement du litige; — Lorsque la question préjudicielle sur laquelle portait la revendication a été résolue par l'autorité administrative ;— Lorsque le conflit étant élevé devant le tribunal correctionnel, le prévenu du délit dont l'autorité administrative revendique le droit de répression vient à mourir avant que le tribunal des conflits ait statué; — Lorsque la procédure au cours de

laquelle le conflit a été élevé s'est trouvée annulée postérieurement par un arrêt de la cour de cassation; — Lorsqu'il intervient postérieurement à l'arrêté de conflit une transaction qui fait cesser le procès; — Lorsqu'un désistement est produit par les parties. Le conflit est toujours subordonné à l'instance et devient sans objet quand cette instance est éteinte. L'Administration, lorsque l'autorité judiciaire est dessaisie à la suite d'une transaction, d'un désistement, de la mort du prévenu, n'a plus à craindre un empiètement sur ses attributions.

Art. 3. — *Mode de procéder sur les conflits négatifs.* — *Intervention des parties* (*Rép.* nos 227 à 235).

123. En matière de conflit positif, où il n'y a point de parties en cause, on a vu *supra*, no 115, qu'aucune condamnation aux dépens ne peut être prononcée. Si le conflit négatif est, au contraire, élevé par les parties, elles ont un intérêt direct au règlement de compétence qui doit intervenir; il est donc juste qu'elles supportent les dépens. Elles sont admises à prendre des conclusions à cet égard. Le tribunal statue selon les cas. Il peut soit mettre les dépens à la charge de l'une des parties, celle qui devant la juridiction reconnue compétente a conclu à l'incompétence ou qui a demandé le règlement de juges, alors qu'il n'y avait pas conflit négatif (Trib. confl. 1er mars 1873, aff. Courtois, D. P. 73. 3. 51; 26 juin 1880, aff. Dor, D. P. 81. 3. 59; 26 mars 1881, aff. Commune de Pézilla la Rivière, D. P. 82. 3. 58-59; 7 mai 1881, aff. Pérot, D. P. 82. 3. 106); soit les compenser entre les parties, si chacune d'elles a succombé sur certains points de ses prétentions ; le conseil d'Etat a mis la moitié des dépens à la charge d'une partie qui avait eu gain de cause devant lui en soutenant l'incompétence de l'autorité administrative, mais qui avait opposé à tort devant le tribunal civil l'incompétence de l'autorité judiciaire (Cons. d'Et. 2 août 1860, aff. Fumeau, D. P. 61. 3. 6); soit réserver les dépens « pour être supportés par la partie qui succombera en fin de cause » ou « pour être statué en fin de cause ». Le tribunal des conflits suppose, non sans quelque raison, que les parties qui ont poussé si loin la contestation, ne s'arrêteront pas et la poursuivront devant le tribunal compétent. En prévision de l'abandon du procès, peut-être vaudrait-il mieux cependant vider la question des dépens (Cons. d'Et. 31 mai 1855, aff. Fournier, D. P. 55. 5. 76; Trib. confl. 15 janv. 1881, aff. Dasque, D. P. 82. 3. 41; 12 mars 1881, aff. Battle, D. P. 82. 3. 93). Lorsqu'il n'y a en cause que la partie qui l'a saisi, le tribunal n'a pas à statuer sur les dépens. Ils sont naturellement supportés par cette partie. C'est l'Etat qui supporte les frais occasionnés par les recours des ministres (Blanche, vo *Conflit*, p. 585).

124. Les décisions rendues sur conflit négatif sont susceptibles d'opposition de la part de la partie qui n'a pas été appelée. Cette partie peut avoir intérêt à voir son procès soumis à une juridiction plutôt qu'à l'autre, et il est juste qu'elle soit entendue dans le débat (*Rép.* no 229; Collignon, *Des conflits d'attribution*, p. 277; Dufour, t. 3, no 286. — *Contra :* Poisson, *Des conflits d'attribution*, p. 112). Elles sont également susceptibles de tierce-opposition et de requête civile (*Rép.* no 229).

CHAP. 4. — **Du recours devant la juridiction des conflits, contre les arrêts de la cour des comptes, pour incompétence et excès de pouvoirs (Const. 1848)** (*Rép.* nos 236 à 240).

125. Ce chapitre du *Répertoire* traite du recours pour incompétence, excès de pouvoirs, et violation de la loi contre les arrêts de la cour des comptes. Nous avons dit *supra*, no 4, que la loi du 24 mai 1872 n'a pas rendu cette attribution au tribunal des conflits.

Table sommaire

des matières contenues dans le Supplément et le Répertoire.

Les chiffres précédés de la lettre S renvoient au Supplément; les chiffres précédés de la lettre R renvoient au Répertoire.)

Table des articles de l'ordonnance du 1er juin 1828.

Art.								
1er *S.* 42 s., 45 s., 48, 55, 66 ; *R.* 51.	55, 66 ; *R.* 52 s. —3 *S.* 52, 53 ; *R.* 57 s. —4 *S.* 58, 61; *R.* 74 s.	—5 *S.* 67 ; *R.* 91 s. —6 *S.* 35, 45, 54, 67, 70, 75 ; *R.* 23 s., 97 s., 117 s.	—7 *S.* 54, 77, 79 ; *R.* 129 —8 *S.* 10, 31, 54,	60, 61, 78, 79, 83, 86 ; *R.* 132 s. —9 *S.* 80 ; *R.* 143 s.	—10 *S.* 83, 84 ; *R.* 149 s. —11 *S.* 84, 120 ; *R.* 149 s.	—12 *S.* 85, 87, 120 ; *R.* 154, 157 s. —13 *S.* 90, 107 ; *R.* 168.	—14 *S.* 79, 107 ; *R.* 198 s. —15 *R.* 202. —16 *S.* 109 ; *R.* 202s.	
—2 *S.* 43, 49, 51,							

Table chronologique des Lois, Arrêts, etc.

1789. 14 déc. Loi. 49 c.	**1835.** 21 août. Ord. 11 c.	—3 avr. Trib. confl. 73 c.	**1858.** 18 févr. Cons. d'Et. 97 c.	—11 déc. Cons. d'Et. 86 c.	**1867.** 22 janv. Cons. d'Et. 36 c., 54 c.	2 c., 3 c., 4 c., 6 c., 8 c., 11 c., 12 c., 26 c., 27	—1er mai. Trib. confl. 37 c., 82 c.
1790. 13 févr. Décr. 38 c.	**1839.** 15 août. Cons. d'Et. 68 c.	—18 avr. Trib. confl. 79 c.	—10 mars. Cons. d'Et. 86 c.	—14 déc. Cons. d'Et. 69 c.	—21 mai. Trib. confl. 94 c.	c., 91 c., 92 c., 100 c., 101 c., 102	—29 mai. Trib. confl. 37 c.
—16 août. Loi. 80 c.	**1840.** 23 juill. Ord. 11 c.	**1851.** 3 janv. Trib. confl. 81 c.	—15 mai. Cons. d'Et. 31 c., 32 c.	—18 déc. Cons. d'Et. 94 c., 97	—6 nov. Req. 121 c.	c., 103 c., 104 c., 114 c., 125 c.	—31 juill. Trib. confl. 10 c., 37 c., 92 c.
1791. 10 juill. Loi. 36 c.	**1841.** 3 mai. Loi. 62 c., 114 c.	—14 juin. Trib. confl. 89 c.	—21 mai. Loi. 49 c.	c.	**1868.** 30 avr. Cons. d'Et. 32	—14 déc. Trib. confl. 50 c., 58 c., 59 c.	—13 nov. Trib. confl. 67 c., 69 c., 87 c.
—6 oct. Loi. 37 c. ; *R.* 6.	**1843.** 4 mai. Cons. d'Et. 61 c.	—9 déc. Décr. 12 c.	**1859.** 3 févr. Cons. d'Et. 113 c.	—26 déc. Cons. d'Et. 86 c.	c.	—20 déc. Trib. confl. 67 c., 87 c.	
1792. 18 août. Loi. 37 c.	**1844.** 23 févr. Cons. d'Et. 115 c.	—27 déc. Décr. 49 c.	—21 juin. Civ. 112 c.	**1863.** 15 janv. Cons. d'Et. 58	—6 juin. Nancy. 58 c., 65 c.	**1873.** 11 janv. Cons. d'Et. 37 c., 67 c., 54 c.	—11 déc. Trib. confl. 75 c., 76 c.
An 3. 14 fruct. Loi. 37 c.	—3 mai. Av. conseil légal. 54 c.	**1852.** 25 janv. Décr. 1 c., 12 c., 102 c.	—5 sept. Décis. 7 c.	—12 mars. Cons. d'Et. 35 c.	**1869.** 25 janv. Cons. d'Et. 37 c., 113 c.	**1876.** 27 mai. Trib. confl. 64 c.	
An 3. 14 fruct. Décr. 80 c.	—18 sept. Ord. 11 c.	—18 juin. Décr. 35 c.	—19 nov. Cons. d'Et. 114 c.	—19 nov. Cons. d'Et. 58 c.	—16 mai. Cons. d'Et. 79 c., 86 c.	1er févr. Trib. confl. 118 c.	—24 juin. Trib. confl. 109 c.
—21 fruct. Loi. 66 c.	**1846.** 6 févr. Cons. d'Et. 67 c.	**1853.** 25 juin. Cons. d'Et. 69 c.	**1860.** 5 janv. Cons. d'Et. 74 c.	—16 févr. Cons. d'Et. 58 c.	—7 avr. Cons. d'Et.	—15 févr. Cons. d'Et. 37 c.	**1877.** 10 févr. Trib. confl. 94 c.
An 4. 10 vend. Loi. 36 c.	—20 févr. Cons. d'Et. 67 c.	—10 août. Décr. 49 c.	—16 févr. Cons. d'Et.	—7 août. Cons. d'Et. 50 c., 51 c., 96 c.	**1870.** 25 mai. Cons. d'Et. 58 c., 59	—28 févr. Cons. d'Et. 100 c.	—1er mars. Trib. confl. 96 c., 97 c.
An 8. 22 frim. Const. 26 c., 52 c., 53 c.	—7 sept. Ord. 11 c.	**1848.** 4 nov. Const. 1 c., 26 c.	—15 déc. Cons. d'Et. 35 c. ; 36 c.	—2 août. Cons. d'Et. 91 c., 123 c.	—12 déc. Cons. d'Et. 64 c.	—22 mai. Cons. d'Et. 64 c.	**1879.** 25 nov. Req. 74 c., 78 c.
—28 pluv. Loi. 36 c.	**1847.** 18 déc. Cons. d'Et. 68 c.	**1854.** 1er juin. Cons. d'Et. 69	**1861.** 24 janv. Cons. d'Et. 93	**1864.** 28 juill. Cons. d'Et. 65 c.	—30 nov. Cons. d'Et. 73 c.	—17 mai. Cons. d'Et. 123 c.	—20 déc. Trib. confl. 87 c., 58 c.
An 10. 18 germ. Loi. 38 c., 53 c.	—24 mars. Arrêté. 10, 71 c.	—18 août. Cons. d'Et. 34 c., 32 c.	—18 avr. Cons. d'Et. 115 c.	**1865.** 22 mai. Cons. d'Et. 113	—17 mai. Trib. confl. 98 c.	**1874.** 17 janv. Trib. confl. 36 c., 110 c. ; 113 c., 117 c.	—26 déc. Trib. confl.
An 12. 3 mess. Décr. 38 c.	**1849.** 3 mars. Loi. 3 c., 5 c.	**1855.** 31 mai. Cons. d'Et. 123	—28 mai. Cons. d'Et. 113 c.	**1870.** 25 mai. Cons. d'Et. 49	**1874.** 17 janv. Trib. confl. 37 c., 72 c., 81 c.,	**1880.** 14 janv. Trib. confl. 36 c., 110	
1812. 22 déc. Décr. 38 c.	27 c., 101 c., 102 c.	**1856.** 29 mai. Cons. d'Et. 67 c.	—6 févr. Cons. d'Et. 39 c.	**1871.** 8 févr. Angers. 66 c.	87 c.	73 c., 83 c., 104	—17 janv. Trib. confl. 59 c.
1814. Charte. 2 c.	—11 oct. Décr.	—26 oct. Règl. 1 c., 6, 91 c., 92 c.,	—6 août. Cons. d'Et. 92 c.	—7 mai. Com. f. 61 c.	—18 juill. Trib. confl. 54 c.	—18 juill. Trib. confl.	c.
1819. 17 juill. Loi. 36 c.	—26 oct. Règl. 1 c.,	101 c., 102 c.,	—13 août. Cons. d'Et. 31 c., 32 c.,	—18 juill. Cons. d'Et. 37	Castelsarrazin. 75 c.	Castelsarrazin. 75 c.	—17 janv. Trib. confl.
1822. 18 déc. Ord. 29 c.	106 c., 107 c., 111 c., 112 c.	104 c., 105 c., 107 c., 108, 109 c.	**1862.** 11 févr. Cons. d'Et. 40 c., 75	—21 oct. Com. f. 33	—21 juill. Req.	—29 mars. Décr. 33 c., 38 c., 42 c.,
1827. 9 févr. Ord. 11 c.	**1850.** 4 févr. Loi. 1 c., 6, 102 c.,	**1857.** 22 janv. Cons. d'Et. 91 c.	c.	c.	**1875.** 16 janv.	—24 mai. Loi. 93 c.	46 c., 113 c.
—10 mars. Crim. 47 c.	108 c., 104 c., 111 c.	—25 févr. Cons. d'Et. 91 c.	—17 août. Cons. d'Et. 49 c.	—17 août. Cons. d'Et. 58 c., 59 c., 75 c.	**1872.** 12 mars. Com. f. f. Cons. d'Et.	**1875.** 16 janv.	—12 juin. Trib. confl. 94 c.
1828. 27 août. Ord. 57 c.	**1830.** Charte. 2 c.	—30 juin. Trib. confl. 67 c.	—30 c.	—25 oct. Décr. 1 c.	**1872.** 12 mars. Com. f. f. Cons. d'Et. 56 c., 59 c.	—13 mars. Trib. confl. 91 c.	—26 juin. Trib. confl. 123 c.
1830. Charte. 2 c.	**1831.** 12 mars. Ord. 107 c., 108 c., 109 c.	—14 mars. Trib. confl. 67 c.	**1862.** 11 févr.	—25 oct. Décr. 1 c., 110 c.	—24 mai. Loi. 91 c.		

—14 août. Ord. 48 c.	—18 nov. Ord. 48 c.	—20 janv. Dijon. 45 c., 47 c.	—17 mars. Crim. 43 c., 48 c., 66 c.	1882. 18 mars. Trib.confl. 75 c.	confl. 70 c. —14 avr. Trib.	confl. 64 c. —9 août. Trib.	—28 nov. Trib. confl. 77 c.
—19 sept. Poitiers. 48 c., 66 c.	—17 nov. Trib. confl. 38 c.	—12 févr. Trib. confl. 46 c., 72	—26 mars. Trib. confl. 37 c., 94	—20 mai. Trib. confl. 59 c., 67 c.	confl. 107 c. —15 déc. Trib.	confl. 77 c., 88 c. —29 nov. Trib.confl.	—20 déc. Trib. Saumur. 79 c.
—21 sept. Angers. 47 c.	—20 nov. Trib. confl. 38 c.	c., 83 c., 87 c. —19 févr. Trib.	c., 123 c. —2 avr. Trib.confl.	—25 nov. Trib. confl. 64 c., 75 c.	confl. 36 c., 58 c., 75 c., 80 c.	37 c., 63 c., 76 c. —6 déc. Trib.	1886. 17 av.Trib. confl. 111c.
—4 nov. Trib. confl. 26 c., 38	—11 déc. Trib. confl. 36 c., 80 c.	confl. 46 c., 56 c., 87 c.	33 c., 38 c., 46 c. —7 mai.Trib.confl.	—9 déc.Trib. confl. 36 c., 78 c., 80 c.	1884. 22 mars. Trib. confl. 49	40 c., 61 c., 76 c., 85 c.	—31 juill. Trib. confl. 79.
c., 110 c., 112 c., 113 c.	—22 déc. Trib. confl. 43 c.,46 c.	—26 févr. Trib. confl. 36 c., 46	123 c. —29 juill.Loi.49 c.	84 c., 85c., 86 c. 1883. 13 janv.	c., 90 c. —7 avr.Trib.confl.	1885. 15 juill. Décr. 9, 12 c.	1887. Trib.confl 75 c., 78 c.
—5 nov. Trib. confl. 38 c., 54 c.	1881. 15 janv. 66 c.	c., 72 c., 87 c.	—5août.Décr.11 c., 12 c.	Trib. confl. 54 c. —27 janv. Trib.	37 c., 93 c. —7 mai. Req. 31 c.,	—24 juill. Décr. 9, 12 c.,106c.,108 c.	—25 juin. Trib. confl. 75 c.
—13 nov. Trib. confl. 36 c., 38 c.	Trib. confl. 123	—12 mars. Trib. confl. 46 c.,123 c.	—7 sept. Décr. 11 c.	con fl. 54 c. —10 févr. Trib.	58 c., 61 c. —24 mai. Trib.	—31 oct.Trib.confl. 60 c., 97 c.	1888. 24 janv. Trib.confl. 69 c.

CONFUSION. — V. *Obligations ;* — *Rép.* eod. v°, n° 2787 et suiv.

V. aussi *suprà,* v° *Caution-cautionnement,* n° 70 ; *infrà,* v^is *Contrat de mariage ; Effets de commerce ; Enregistrement ; Nantissement ; Priviléges et hypothéques ; Succession ; Usufruit.*

CONGÉ. — Sur le congé en matière de V. *louage, Louage ;* — *Rép.* eod. v°, n°s 671 et suiv.

... En matière de contributions indirectes, V. *Impôts indirects ;* — *Rép.* eod. v°, n° 32.

Sur le défaut-congé, V. *Jugement par défaut ;* — *Rép.* eod. v°, n°s 7, 179 et suiv.

CONGRÉGATION RELIGIEUSE. — V. *Culte ;* — *Rép.* eod. v°, n°s 393 et suiv.

V. aussi *suprà,* v^is *Commune,* n°s 987 et suiv. ; *Compétence administrative,* n°s 32, 54 et suiv., 120, 255 ; *infrà,* v° *Dispositions entre-vifs et testamentaires.*

CONNAISSANCE. — Au *Répertoire,* on a renvoyé à diverses matières où il est question de la connaissance, envisagée au point de vue juridique. V. en outre *Complice-complicité,* n°s 147 et suiv. ; *Conseil d'État,* n°s 257 et suiv. ; *Contrat de mariage ; Désaveu ; Dispositions entre-vifs et testamentaires ; Effets de commerce ; Élections ; Expropriation publique ; Jugement par défaut ; Louage ; Mandat ; Minorité ; Nantissement ; Obligations ; Office ; Prescription criminelle ; Priviléges et hypothéques ; Propriété littéraire ; Récusation ; Réglements administratifs ; Requête civile ; Société ; Tierce-opposition ; Transcription hypothécaire ; Vente ; Vente publique d'immeubles ;* — *Rép.* v^is *Conseil d'État,* n°s 178, 226 et suiv., 230 et suiv. ; *Évasion,* n° 62 ; *Exploit,* n°s 137-2°, 199, 364-1° ; *Jugement,* n° 509 ; *Jugement par défaut,* n°s 117 et suiv., 147 et suiv., 226-1°, 234-2°, 339 ; *Lois,* n°s 130, 172 et suiv. ; *Obligations,* n°s 213, 938, 1045, 3206 et suiv., 3508, 3885 et suiv., 4570, 4624 ; *Procés-verbal,* n°s 168, 353 ; *Société,* n°s 350, 698 et suiv. ; 880, 917, 970, 1249, 1342, 1468 ; *Tierce-opposition,* n° 187-4° ; *Vente,* n°s 488, 504, 506 et suiv., 558 et suiv., 800 et suiv., 819, 831, 875 et suiv., 883, 906 et suiv., 909, 1057 et suiv., 1059, 1093, 1221 et suiv., 1781 et suiv.

V. aussi *Volonté-intention-connaissance ;* — *Rép.* eod. v°, n°s 43 et suiv., 60 et suiv., 110.

CONNAISSEMENT. — V. *Droit maritime ;* — *Rép.* eod. v°, n°s 831 et suiv.

V. aussi *suprà,* v° *Commissionnaire,* n°s 47 et suiv., 152 ; *infrà,* v^is *Effets de commerce ; Faillite et banqueroute ; Nantissement ; Timbre.*

CONNEXITÉ. — V. *Exceptions et fins de non-recevoir ;* — *Rép.* eod. v°, n°s 195 et suiv.

V. aussi *suprà,* v^is *Acte de l'état civil,* n° 115 ; *Cassation,* n°s 464 et suiv. ; *Compétence civile des tribunaux de première instance et des cours d'appel,* n°s 25, 90 et suiv., 144 et suiv. ; *Compétence civile des tribunaux de paix,* n°s 128 et suiv. ; *Compétence commerciale,* n° 9 ; *Compétence criminelle,* n°s 106 et suiv. ; *Conciliation,* n° 13 ; *infrà,* v^is *Délit politique ; Discipline judiciaire ; Faillite et banqueroute ; Fonctionnaire public ; Frais et dépens ; Instruction criminelle ; Minorité-tutelle-émancipation ; Prescription criminelle ; Presse-outrage-publication ; Réglement de juges ; Témoignage faux ; Vente.*

CONQUÊT. — V. *Contrat de mariage ;* — *Rép.* eod. v°, n° 157.

CONSCRIPTION DE CHEVAUX. — V. *infrà,* v° *Organisation militaire.*

CONSEIL ACADÉMIQUE. — V. *Organisation de l'instruction publique ;* — *Rép.* eod. v°, n°s 131 et suiv.

CONSEIL D'ADMINISTRATION. — V. *Société ;* — *Rép.* eod. v°, n°s 1521 et suiv.

CONSEIL D'AGRICULTURE. — V. *Organisation économique ;* — *Rép.* eod. v°, n°s 9 et suiv. ;

CONSEIL D'ARRONDISSEMENT. — V. *Organisation administrative ;* — *Rép.* eod. v°, n°s 789 et suiv.

CONSEIL DES BATIMENTS CIVILS. — V. *Travaux publics ;* — *Rép.* eod. v°, n°s 231 et suiv.

CONSEIL DU CONTENTIEUX. — V. *Organisation des colonies ;* — *Rép.* eod. v°, n°s 321 et suiv.

CONSEIL DÉPARTEMENTAL. — V. *Organisation de l'instruction publique ;* — *Rép.* eod. v°, n°s 133 et suiv., 164 et suiv.

CONSEIL DE DISCIPLINE. — V. *Avocat,* n°s 166 et suiv. ; *Avoué,* n°s 90 et suiv. ; *Discipline judiciaire ; Notaire ;* — *Rép.* v^is *Avocat,* n°s 370 et suiv. ; *Avoué,* n°s 248 et suiv. ; *Discipline judiciaire,* n°s 244 et suiv. ; *Notaire,* n°s 795 et suiv.

CONSEIL D'ENQUÊTE. — V. *Organisation militaire ;* — *Rép.* eod. v°, n°s 185 et suiv., 975.

CONSEIL D'ÉTAT.

Division.

CHAP. 1. — **Historique et législation. — Droit comparé** (n° 1).

CHAP. 2. — **Composition personnelle du conseil d'État** (n° 22).

Art. 1. — Mode de nomination des conseillers d'État. — Incompatibilité de fonctions (n° 26).

Art. 2. — Maîtres des requêtes. — Auditeurs. — Ministère public. — Secrétaire général et secrétaire du contentieux (n° 33).

Art. 3. — Division du conseil d'État en sections et en une assemblée générale (n° 39).

CHAP. 3. — **Fonctions et compétence du conseil d'État réparties entre l'assemblée générale et chacune des sections** (n° 45).

Art. 1. — Assemblée générale. — Fonctions et attributions (n° 45).

Art. 2. — Sections administratives. — Fonctions et attributions (n° 49).

Art. 3. — Section du contentieux administratif. — Attributions et compétence (n° 50).

§ 1. — Quels actes et décisions appartiennent au contentieux administratif (n° 60).

§ 2. — Compétence du conseil d'État comme juge en premier et dernier ressort (n° 64).

§ 3. — Compétence du conseil d'État comme tribunal d'appel. — Décisions soumises à cette voie. — Exceptions. — Droit d'évocation. — Demande nouvelle (n° 68).

§ 4. — Compétence du conseil d'État, comme tribunal de cassation pour incompétence, excès de pouvoir, violation des formes ou de la loi. — Délai. — Renvoi de l'affaire au fond à un autre tribunal (n° 90).

§ 5. — Des personnes qui ont qualité pour se pourvoir. — Parties au procès. — Intérêt (n° 180).

§ 6. — Délai du pourvoi avec augmentation pour les contrées extracontinentales. — Mode de supputation. — Déchéance d'office. — Acquiescement. — Chose jugée. — Appel incident (n° 219).

N° 1. — Contre quelles décisions court le délai. — Décisions préparatoires, interlocutoires et confirmatives (n° 230).

N° 2. — La notification de la décision attaquée est le point de départ du délai. — Ses formes. — Notification administrative (n° 238).

CHAP. 1er. — Historique et législation. — Droit comparé (*Rép.* n°s 1 à 24).

1. — I. Historique et législation. — Nous avons indiqué au *Rép.* n°s 1 à 24, les lois successives qui ont régi l'organisation du conseil d'État, jusqu'à la loi organique des 3-28 mars 1849 dont nous avons analysé ses dispositions. La réorganisation du conseil d'État, sous le régime de la Constitution du 14 janv. 1852, fut faite dans un ordre d'idées tout différent de celui dont s'étaient inspirés les auteurs de la loi de 1849. La juridiction propre du conseil d'État en matière contentieuse et celle du tribunal des conflits furent supprimées; au lieu d'être une émanation des assemblées, le conseil d'État redevint un conseil du chef de l'État, nommé par lui, associé à son initiative législative, à ses pouvoirs de haute administration, à la juridiction supérieure qu'il ressaisissait pour lui-même en matière de conflits et de contentieux administratif conformément à la tradition monarchique (Laferrière, *Traité de la juridiction administrative*, t. 1, p. 224).

2. La Constitution de 1852, art. 47 à 52 (D. P. 52. 4. 34), avait indiqué les principaux traits de l'organisation et des attributions du conseil d'État. Ces attributions furent précisées en ces termes par l'art. 1er du décret organique du 25 janv. 1852 (D. P. 52. 4. 45) : « Le conseil d'État, sous la direction du président de la République, rédige les projets de loi et en soutient la discussion devant le corps législatif. Il propose les décrets qui statuent : 1° sur les affaires administratives dont l'examen lui est déféré par les dispositions législatives ou réglementaires; 2° sur le contentieux administratif; 3° sur les conflits d'attribution entre l'autorité administrative et l'autorité judiciaire. Il est nécessairement appelé à donner son avis sur tous les décrets portant règlement d'administration publique et qui doivent être rendus dans la forme de ces règlements. Il connaît des affaires de haute police administrative à l'égard des fonctionnaires dont les actes sont déférés à sa connaissance par le président de la République. Enfin, il donne son avis sur toutes les questions qui lui sont soumises par le président de la République ou par les ministres ». Le conseil d'État était composé de l'empereur, des membres de sa famille désignés par lui, des ministres qui y avaient voix délibérative, et de quarante à cinquante conseillers en service ordinaire, y compris le vice-président et les présidents de section. Il y avait, en outre, des conseillers d'État en service ordinaire hors section, dont le nombre varia de quinze à vingt, et des conseillers d'État en service extraordinaire qui n'étaient appelés qu'exceptionnellement à participer aux travaux du conseil. Quarante maîtres des requêtes, divisés en deux classes, et des auditeurs, également divisés en deux classes, dont le nombre, fixé d'abord à quarante, fut porté plus tard à quatre-vingts, étaient attachés au Conseil. Tous les membres du conseil étaient nommés et révoqués par l'empereur.

Le conseil était divisé en six sections : 1° législation et affaires étrangères; 2° contentieux; 3° intérieur, instruction publique et cultes; 4° travaux publics, agriculture, commerce; 5° guerre et marine; 6° finances.

Un règlement du 30 janv. 1852 (D. P. 52. 4. 48) détermina l'ordre intérieur des travaux du Conseil et la distribution des affaires entre les sections.

3. La Constitution de 1852 avait donné au conseil d'État en matière législative des attributions considérables. Tous les projets de loi lui étaient soumis, y compris les lois de finances, qui fixaient ou réglaient le budget de l'État voté en bloc par ministère jusqu'au sénatus-consulte du 31 déc. 1861 et réparti en chapitres et articles par décret; en outre, tout amendement adopté par la commission du corps législatif chargée d'examiner un projet de loi, devait être renvoyé sans débat au conseil d'État et ne pouvait être mis en délibération que s'il était adopté par le conseil. Ce ne fut que lorsque le sénatus-consulte du 8 sept. 1869 (D. P. 69. 4. 60) eut rendu au corps législatif l'initiative des lois, que le rôle du conseil d'État en matière législative perdit de son importance, et qu'il fut simplement appelé à donner son avis sur les amendements proposés dans le cas de désaccord entre le gouvernement et la commission de la Chambre. On trouvera dans l'ouvrage de M. Aucoc sur le *Conseil d'État avant et depuis 1789*, p. 134 et suiv., d'intéressants détails sur les travaux législatifs du conseil d'État sous le second Empire.

4. Deux innovations importantes furent apportées sous ce régime à l'organisation du conseil d'État en matière contentieuse. La section du contentieux reçut le droit de juger seule et en séance non publique les affaires dans lesquelles il n'y avait pas de constitution d'avocat : toutefois, le renvoi à la séance publique du Conseil était de droit s'il était demandé par un des conseillers d'État de la section ou par le commissaire du gouvernement. — La composition de l'assemblée du conseil d'État siégeant en séance publique fut également modifiée. Au lieu de comprendre tous les membres du service ordinaire comme en 1845, elle ne fut plus composée que des membres de la section du contentieux et de conseillers délégués par les sections administratives à raison de deux par section. Ces deux dispositions du décret du 25 janv. 1852 ont été maintenues par la législation actuelle.

5. La juridiction contentieuse du conseil d'État prit, pendant cette période et principalement de 1860 à 1870, une extension considérable. Le développement du recours pour excès de pouvoirs et les facilités plus grandes accordées aux justiciables par le décret du 2 nov. 1864 (D. P. 64. 4. 120), accrurent sensiblement le nombre des affaires jugées chaque année par le conseil d'État. La moyenne annuelle dépassa 1000 de 1852 à 1860; elle s'éleva à 1160 dans la période de 1860 à 1870. Le total général des affaires jugées dans les dix-sept années a été de 20272 (Laferrière, p. 227).

6. Le gouvernement de la défense nationale prononça par un décret du 15 sept. 1870 (D. P. 70. 4. 89) la suspension des membres du conseil d'État, mais décida qu'en attendant la réorganisation du conseil, les affaires administratives ou contentieuses seraient expédiées par une commission provisoire composée de huit conseillers d'État, dix maîtres des requêtes et douze auditeurs. Les conseillers d'État et les maîtres des requêtes devaient être nommés par le gouvernement, sur la proposition du ministre de la justice. Les membres ainsi nommés devaient désigner les auditeurs. Un décret du 19 sept. 1870 (D. P. 70. 4. 92), nomma les membres de la commission provisoire chargée de remplacer le

conseil d'Etat. Cette commission, dont l'organisation a été réglée par un décret du 3 oct. 1870 (D. P. 70. 4. 95) a fonctionné jusqu'à la mise à exécution de la loi du 24 mai 1872 qui a réorganisé le conseil d'Etat (1).

7. La loi du 24 mai 1872 emprunta au système de la loi

---

(1) 24-31 mai 1872. — *Loi portant réorganisation du conseil d'Etat* (Extrait) (D. P. 72. 4. 88).

TIT. 1er. — COMPOSITION DU CONSEIL D'ÉTAT.

Art. 1er. Le conseil d'Etat se compose de vingt-deux conseillers d'Etat en service ordinaire, et de quinze conseillers d'Etat en service extraordinaire. — Il y a auprès du conseil d'Etat : 1° vingt-quatre maîtres des requêtes, et 2° trente auditeurs. — Un secrétaire général est placé à la tête des bureaux du conseil ; il a le rang et le titre de maître des requêtes. — Un secrétaire spécial est attaché au contentieux.

2. Les ministres ont rang et séance à l'assemblée générale du conseil d'Etat. Chacun d'eux a voix délibérative, en matière non contentieuse, pour les affaires qui dépendent de son ministère. — Le garde des sceaux a voix délibérative toutes les fois qu'il préside soit l'assemblée générale, soit les sections.

3. Les conseillers d'Etat en service ordinaire sont élus par l'Assemblée nationale, en séance publique, au scrutin de liste et à la majorité absolue. Après deux épreuves, il est procédé à un scrutin de ballottage entre les candidats qui ont obtenu le plus de suffrages en nombre double de ceux qui restent encore à élire. — Avant de procéder à l'élection, l'Assemblée nationale charge une commission de quinze membres, nommée dans les bureaux, de lui proposer une liste de candidatures. — Cette liste contient des noms en nombre égal à celui des conseillers à élire, plus une moitié en sus ; elle est dressée par ordre alphabétique. — L'élection ne peut avoir lieu que trois jours au moins après la distribution et la publication de la liste. Le choix de l'Assemblée peut porter sur des candidats qui ne sont pas proposés par la commission. — Les membres du conseil d'Etat ne pourront être choisis parmi les membres de l'Assemblée nationale. — Les députés démissionnaires ne pourront être élus que six mois après leur démission. — En cas de vacance, par décès ou démission d'un conseiller d'Etat, l'Assemblée nationale procède, dans le mois, à l'élection d'un nouveau membre. — Les conseillers d'Etat en service ordinaire peuvent être suspendus pour un temps qui ne pourra excéder deux mois, par décret du Président de la République, et, pendant la durée de la suspension, le conseiller suspendu sera remplacé par le plus ancien maître des requêtes de la section. — L'Assemblée nationale est de plein droit saisie de l'affaire par le décret qui a prononcé la suspension ; à l'expiration du délai, elle maintient ou révoque le conseiller d'Etat. — En cas de révocation, on procède au remplacement dans le mois. — Les conseillers d'Etat sont renouvelés par tiers tous les trois ans ; les membres sortants sont désignés par le sort et indéfiniment rééligibles.

4. Le conseil d'Etat est présidé par le garde des sceaux, ministre de la justice, et, en son absence, par un vice-président. Le vice-président est nommé par décret du Président de la République et choisi parmi les conseillers en service ordinaire. — En l'absence du garde des sceaux et du vice-président, le conseil d'Etat est présidé par le plus ancien des présidents de section, en suivant l'ordre du tableau.

5. Les conseillers d'Etat en service extraordinaire sont nommés par le Président de la République ; ils perdent leur titre de conseiller d'Etat, de plein droit, dès qu'ils cessent d'appartenir à l'administration active. — Les maîtres des requêtes, le secrétaire général et le secrétaire spécial du contentieux sont nommés par décret du Président de la République ; ils ne peuvent être révoqués que par un décret individuel. — Pour la nomination des maîtres des requêtes, du secrétaire général ou du secrétaire du contentieux, le vice-président et les présidents de section seront appelés à faire des présentations. — Les décrets portant révocation ne seront rendus qu'après avoir pris l'avis des présidents. — Les auditeurs sont divisés en deux classes, dont la première se compose de dix et la deuxième de vingt. — Les auditeurs de deuxième classe sont nommés au concours, dans les formes et aux conditions qui seront déterminées dans un règlement que le conseil d'Etat sera chargé de faire. Ils ne restent en fonctions que pendant quatre ans et ne reçoivent aucune indemnité. — Les auditeurs de première classe seront nommés au concours, dans les formes déterminées par le règlement du 9 mai 1849. Ne seront admis à concourir que les auditeurs de deuxième classe. — Néanmoins, sont admis aux épreuves du premier concours, qui aura lieu après la promulgation de la présente loi, pour la première classe, tous les candidats âgés de vingt-cinq à trente ans, qui remplissent les conditions prévues par l'art. 5 du règlement du 9 mai 1849. — Les anciens auditeurs au conseil d'Etat et ceux qui ont été attachés à la commission provisoire instituée par le décret du 15 sept. 1870 seront dispensés des épreuves préparatoires. — Les auditeurs de première classe reçoivent un traitement égal à la

du 3 mars 1849 la nomination des conseillers d'Etat par l'assemblée nationale, le pouvoir propre de juridiction conféré au conseil d'Etat en matière contentieuse, et l'institution du tribunal des conflits. Elle emprunta au décret du 25 janv. 1852 le partage du jugement des affaires contentieuses entre

moitié de celui des maîtres des requêtes ; la durée de leurs fonctions n'est pas limitée. — Le tiers au moins des places des maîtres des requêtes sera réservé aux auditeurs de première classe. — Les auditeurs tant de seconde que de première classe ne peuvent être révoqués que par des décrets individuels et après avoir pris l'avis du vice-président du conseil d'Etat délibérant avec les présidents de section. — Les employés des bureaux sont nommés par le vice-président du conseil d'Etat, sur la proposition du secrétaire général.

6. Nul ne peut être nommé conseiller d'Etat s'il n'est âgé de trente ans accomplis ; maître des requêtes, s'il n'est âgé de vingt-sept ans ; auditeur de deuxième classe, s'il a moins de vingt et un ans et plus de vingt-cinq ; auditeur de première classe, s'il a moins de vingt-cinq ans et plus de trente.

7. Les fonctions de conseiller en service ordinaire et de maître des requêtes sont incompatibles avec toute fonction publique salariée. — Néanmoins, les officiers généraux ou supérieurs de l'armée de terre et de mer, les inspecteurs et ingénieurs des ponts et chaussées, des mines et de la marine, les professeurs de l'enseignement supérieur, peuvent être détachés au conseil d'Etat. Ils conservent, pendant la durée de leurs fonctions, les droits attribués à leurs positions, sans pouvoir, toutefois, cumuler leur traitement avec celui du conseil d'Etat. — Les fonctions de conseiller, de maître des requêtes, sont incompatibles avec celles d'administrateur de toute compagnie privilégiée ou subventionnée. — Les conseillers d'Etat et les maîtres des requêtes, lorsqu'ils quittent leurs fonctions, peuvent être nommés conseillers ou maîtres des requêtes honoraires. — Est supprimé le titre d'auditeur et de maître des requêtes, en service extraordinaire.

TIT. 2. — FONCTIONS DU CONSEIL D'ÉTAT.

8. Le conseil d'Etat donne son avis : 1° sur les projets d'initiative parlementaire que l'Assemblée nationale juge à propos de lui renvoyer ; 2° sur les projets de loi préparés par le Gouvernement, et qu'un décret spécial ordonne de soumettre au conseil d'Etat ; 3° sur les projets de décret et, en général, sur toutes les questions qui lui sont soumises par le Président de la République ou par les ministres. Il est appelé nécessairement à donner son avis sur les règlements d'administration publique et sur les décrets en forme de règlements d'administration publique. Il exerce, en outre, jusqu'à ce qu'il en soit autrement ordonné, toutes les attributions qui étaient conférées à l'ancien conseil d'Etat par les lois ou règlements qui n'ont pas été abrogés. — Des conseillers d'Etat peuvent être chargés par le Gouvernement de soutenir devant l'Assemblée les projets de lois qui ont été renvoyés à l'examen du conseil.

9. Le conseil d'Etat statue souverainement sur les recours en matière contentieuse administrative, et sur les demandes d'annulation pour excès de pouvoir formées contre les actes des diverses autorités administratives.

TIT. 3. — FORMES DE PROCÉDER.

10. Le conseil d'Etat est divisé en quatre sections, dont trois seront chargées d'examiner les affaires d'administration pure, et une de juger les recours contentieux. — La section du contentieux sera composée de six conseillers d'Etat et du vice-président du conseil d'Etat ; les autres sections se composeront de quatre conseillers et d'un président. — Les présidents de section sont nommés par décret du Président de la République et choisis parmi les conseillers en service ordinaire. — Le ministre de la justice a le droit de présider les sections, hormis la section du contentieux. — Les conseillers en service ordinaire sont répartis entre les sections par décret du Président de la République. Les conseillers en service extraordinaire, les maîtres des requêtes et les auditeurs sont distribués entre les sections par arrêtés du ministre de la justice, suivant les besoins du service. Les conseillers en service extraordinaire ne peuvent pas être attachés à la section du contentieux. — Un règlement d'administration publique statuera sur l'ordre intérieur des travaux du conseil, sur la répartition des affaires entre les sections, sur la nature des affaires qui devront être portées à l'assemblée générale, sur le mode de roulement des membres entre les sections, et sur les mesures d'exécution non prévues par la présente loi.

11. Les conseillers en service extraordinaire ont voix délibérative, soit à l'assemblée générale, soit à la section, dans les affaires qui dépendent du département ministériel auquel ils appartiennent. Ils n'ont que voix consultative dans les autres affaires. — Les maîtres des requêtes ont voix délibérative soit à l'assemblée générale, soit à la section, dans les affaires dont le rapport leur a été confié, et voix consultative dans les autres. — Les auditeurs ont voix délibérative à leur section et voix consultative à l'assemblée générale, seulement dans les affaires dont ils sont les rapporteurs.

la section du contentieux et l'assemblée du conseil d'Etat et l'organisation d'une assemblée spéciale du contentieux composée de la section et des membres délégués par les sections administratives. « Si l'on constate, en outre, dit M. Laferrière, t. 1, p. 237, que la loi de 1872 a de nouveau consacré les règles établies en 1831, sanctionnées en 1845 et maintenues en 1852 sur le ministère public, le débat oral et la publicité des audiences, on voit que la loi nouvelle a combiné les trois grandes lois organiques qui ont successivement régi le conseil d'Etat pendant un demi-siècle. »

8. En se réservant la nomination des membres du conseil d'Etat, l'assemblée nationale n'avait pas été guidée, comme les auteurs de la loi de 1849, par le désir d'associer le conseil d'Etat à l'œuvre du législateur, puisqu'elle ne lui avait attribué qu'un rôle très effacé dans la préparation des lois. Aussi ce mode de nomination, qu'avaient fait prévaloir les préoccupations politiques du moment, fut-il assez promptement abandonné. La loi du 25 févr. 1875 (art. 4, D. P. 75. 4. 34) sur l'organisation des pouvoirs publics, décida que les conseillers d'Etat seraient désormais nommés par le président de la République en conseil des ministres et pourraient être révoqués par lui dans les mêmes formes.

9. Aux termes de la loi du 24 mai 1872, le conseil d'Etat se composait : 1° des ministres ; 2° de vingt-deux conseillers d'Etat en service ordinaire, parmi lesquels le gouvernement nommait le vice-président et les présidents de section, et de quinze conseillers d'Etat en service extraordinaire; 2° de vingt-quatre maîtres des requêtes nommés par le gouvernement sur la présentation du vice-président et des présidents de section; 3° de trente auditeurs nommés au concours.

10. Le conseil était divisé en quatre sections ayant chacune un président spécial, la disposition de la loi du 24 mai 1872 qui chargeait le vice-président de présider la section du contentieux ayant été abrogée par la loi du 1er août 1874 (D. P. 75. 4. 23).

11. Cette organisation a été modifiée par la loi du 13 juill. 1879 (1). Le nombre des sections a été porté à cinq

12. Le conseil d'Etat, en assemblée générale, ne peut délibérer si treize au moins de ses membres, ayant voix délibérative, ne sont présents. — En cas de partage, la voix du président est prépondérante. — Les sections administratives ne peuvent délibérer valablement que si trois conseillers en service ordinaire sont présents. En cas de partage, la voix du président est prépondérante.

13. Les décrets rendus après délibération de l'assemblée générale mentionnent que le conseil d'Etat a été entendu. — Les décrets rendus après délibération d'une ou plusieurs sections mentionnent que ces sections ont été entendues.

14. Le Gouvernement peut appeler à prendre part aux séances de l'assemblée ou des sections, avec voix consultative, les personnes que leurs connaissances spéciales mettraient en mesure d'éclairer la discussion.

15. La section du contentieux est chargée de diriger l'instruction écrite et de préparer le rapport des affaires contentieuses qui doivent être jugées par le conseil d'Etat. Elle ne peut délibérer que si trois au moins de ses membres, ayant voix délibérative, sont présents. — En cas de partage, on appellera le plus ancien des maîtres des requêtes présents à la séance. — Tous les rapports au contentieux sont faits par écrit.

16. Trois maîtres des requêtes sont désignés par le Président de la République pour remplir aux conclusions les fonctions de commissaire du Gouvernement. — Ils assisteront aux délibérations de la section du contentieux.

17. Le rapport est fait, au nom de la section du contentieux, à l'assemblée publique du conseil d'Etat statuant au contentieux. Cette assemblée se compose : 1° des membres de la section; 2° de six conseillers en service ordinaire pris dans les autres sections et désignés par le vice-président du conseil délibérant avec les présidents de section. — Les conseillers adjoints à la section du contentieux ne peuvent y être remplacés que par une décision prise dans la forme qui est suivie pour leur désignation.

18. Après le rapport, les avocats des parties présentent leurs observations orales. — Les questions posées par les rapports sont communiquées, sans déplacement, aux avocats, quatre jours au moins avant la séance. — Le commissaire du Gouvernement donne ses conclusions dans chaque affaire.

19. Les affaires pour lesquelles il n'y a pas de constitution d'avocat ne sont portées à l'audience publique que si ce renvoi a été demandé par l'un des conseillers d'Etat de la section ou par le commissaire du Gouvernement à qui elles sont préalablement communiquées. Si le renvoi n'a pas été demandé, ces affaires sont jugées par la section du contentieux, sur le rapport de celui de ses membres que le président en a chargé et après les conclusions du commissaire du Gouvernement.

20. Les membres du conseil d'Etat ne peuvent participer au jugement des recours dirigés contre les décisions qui ont été préparées par les sections auxquelles ils appartiennent, s'ils ont pris part à la délibération.

21. L'assemblée du conseil d'Etat statuant au contentieux ne peut délibérer qu'en nombre impair ; elle ne décide valablement que si neuf membres au moins ayant voix délibérative sont présents. — Pour compléter ce nombre, les conseillers d'Etat absents ou empêchés peuvent être remplacés par d'autres conseillers en service ordinaire, suivant l'ordre du tableau.

22. Toutes les décisions prises par l'assemblée du conseil d'Etat délibérant au contentieux par la section du contentieux sont lues en séance publique, transcrites sur le procès-verbal des délibérations et signées par le vice-président, le rapporteur et le secrétaire du contentieux. Il y est fait mention des membres ayant délibéré. Les expéditions qui sont délivrées par le secrétaire portent la formule exécutoire.

23. Le procès-verbal des séances de la section et de l'assemblée du conseil d'Etat, statuant au contentieux, mentionne l'accomplis-

sement des dispositions contenues dans les art. 15, 17, 18, 19, 20, 21 et 22. — Dans le cas où ces dispositions n'ont pas été observées, la décision peut être l'objet d'un recours en révision, qui est introduit dans les formes établies par l'art. 33 du décret du 22 juill. 1806 et dans les délais fixés par le décret du 2 nov. 1864.

24. Le décret du 22 juill. 1806, les lois et règlements relatifs à l'instruction et au jugement des affaires contentieuses, continueront à être observés devant la section et l'assemblée du conseil d'Etat statuant au contentieux. — Sont applicables à l'assemblée les dispositions des art. 88 et suiv. c. proc. civ. sur la police des audiences. — Les recours formés contre les décisions des autorités administratives continueront à n'être pas suspensifs. — Néanmoins, les conseils de préfecture pourront subordonner l'exécution de leurs décisions, en cas de recours, à la charge de donner caution ou de justifier d'une solvabilité suffisante. — Les formalités édictées par les art. 440 et 441 c. proc. civ. seront observées pour la présentation de la caution.

. . . .

DISPOSITIONS TRANSITOIRES.

29. Pour le premier concours des auditeurs de deuxième classe, les candidats seront admis à concourir jusqu'à l'âge de vingt-sept ans accomplis. — Les auditeurs de deuxième classe seront admis au premier concours seront admis à concourir pour la première classe jusqu'à l'âge de trente-deux ans.

30. La commission provisoire instituée par le décret du 15 sept. 1870 continuera d'exercer ses fonctions jusqu'à l'installation du nouveau conseil d'Etat.

(1) 13-14 juill. 1879. — *Loi relative au conseil d'Etat* (D. P. 79. 4. 69).

Art. 1er. Le conseil d'Etat se compose : 1° de trente-deux conseillers d'Etat en service ordinaire; 2° de dix-huit conseillers en service extraordinaire; 3° de trente maîtres des requêtes; 4° de trente-six auditeurs, savoir : douze de première classe et vingt-quatre de seconde classe.

2. Le concours pour les fonctions d'auditeur de première classe est supprimé. — Les auditeurs de première classe seront choisis parmi les auditeurs de seconde classe ou parmi les anciens auditeurs sortis du conseil qui comptent quatre années d'exercice, soit de leurs fonctions, soit des fonctions publiques auxquelles ils auraient été appelés. — Ils seront nommés par décret du Président de la République. — Le vice-président et les présidents de section seront appelés à faire les présentations.

3. Les conseillers d'Etat en service ordinaire, maîtres des requêtes et auditeurs de première classe, après trois années depuis leur entrée au conseil d'Etat, pourront, sans perdre leur rang au conseil, être nommés à des fonctions publiques pour une durée qui n'excédera pas trois ans. — Le nombre des membres du conseil ainsi nommés à des fonctions publiques ne pourra excéder le cinquième du nombre des conseillers, maîtres des requêtes et auditeurs. — Pendant ces trois années, ils ne seront pas remplacés. — Les traitements ne pourront être cumulés. — Les conseillers et maîtres des requêtes qui seront remplacés dans leurs fonctions pourront obtenir le titre de conseillers et de maîtres des requêtes honoraires. — Les auditeurs de première classe remplacés dans leurs fonctions pourront être nommés maîtres des requêtes honoraires, s'ils comptent huit ans de service au conseil d'Etat.

4. Le conseil d'Etat est divisé en cinq sections, dont une section du contentieux et quatre sections de législation. — Les sections sont composées de cinq conseillers d'Etat en service ordinaire et d'un président, à l'exception de la section du contentieux, qui est composée de six conseillers en service ordinaire et d'un président. —

par le rétablissement de la section de législation ; celui des conseillers d'Etat en service ordinaire a été élevé à trente-deux ; celui des conseillers d'Etat en service extraordinaire à dix-huit ; celui des maîtres des requêtes à trente ; celui des auditeurs à trente-six. En ce qui touche le fonctionnement de la juridiction contentieuse, la loi du 13 juill. 1879 a porté de cinq à sept, en y comprenant le président, le nombre des membres de la section du contentieux, et de treize à seize, y compris le vice-président du conseil d'Etat, celui des membres composant l'assemblée du contentieux. Elle a créé, en outre, un quatrième commissaire du Gouvernement.

Tableau de la législation sur le conseil d'État.

14-22 janv. 1852. — Constitution faite en vertu des pouvoirs délégués par le peuple français à Louis-Napoléon Bonaparte, par le vote des 20 et 21 déc. 1851 (art. 47 à 53) (D. P. 52. 4. 35).

25 janv.-18 févr. 1852. — Décret organique sur le conseil d'Etat (D. P. 52. 4. 45).

28 janv.-18 févr. 1852. — Décret qui fixe la composition des sections du conseil d'Etat (D. P. 52. 4. 47).

30 janv.-18 févr. 1852. — Décret portant règlement intérieur pour le conseil d'Etat (D. P. 52. 4. 48).

3-18 févr. 1852. — Décret relatif à la désignation de membres du conseil d'Etat, soit pour faire partie d'un comité ou d'une commission, soit pour prendre part, à un titre quelconque, à l'exécution d'une loi (D. P. 52. 4. 49).

25 nov.-3 déc. 1853. — Décret impérial concernant les maîtres des requêtes et les auditeurs au conseil d'Etat (D. P. 54. 4. 11).

17 juill.-1er août 1858. — Décret impérial portant que la section de la guerre et de la marine du conseil d'Etat prendra désormais le titre de section de la guerre, de la marine, de l'Algérie et des colonies (D. P. 58. 4. 147).

6-24 nov. 1858. — Décret impérial portant de quinze à dix-huit le nombre des conseillers d'Etat en service ordinaire hors sections (D. P. 58. 4. 166).

11-21 juin 1859. — Loi qui détermine, pour la Corse et pour l'Algérie les délais des instances devant le conseil d'Etat et devant la cour de cassation (D. P. 59. 4. 53).

1er oct.-1er nov. 1860. — Décret impérial qui divise en deux classes les quatre-vingts auditeurs au conseil d'Etat (D. P. 60. 4. 155).

22-31 déc. 1860. — Décret impérial qui autorise le préfet de la Seine à prendre part aux délibérations du conseil d'Etat (D. P. 61. 4. 17).

23 janv.-4 févr. 1861. — Décret impérial portant modification de l'art. 1er du décret du 22 déc. 1860, qui donne au préfet de la Seine le droit de prendre part aux délibérations du conseil d'Etat (D. P. 61. 4. 30).

16 mai-18 juin 1863. — Décret impérial qui porte de dix-huit à dix-neuf le nombre des conseillers d'Etat en service ordinaire hors sections (D. P. 63. 4. 123).

7-23 sept. 1863. — Décret impérial qui réserve aux auditeurs au conseil d'Etat un certain nombre de places dans l'Administration et dans la magistrature, et fixe la durée de leur stage au conseil (D. P. 63. 4. 146).

18-28 oct. 1863. — Décret impérial qui fixe à trois le nombre des vice-présidents du conseil d'Etat (D. P. 63. 4. 155).

7-14 sept. 1864. — Décret impérial qui modifie celui du 30 janv. 1852, portant règlement intérieur du conseil d'Etat (D. P. 64. 4. 110).

5-19 oct. 1864. — Décret impérial qui modifie les attributions de deux sections du conseil d'Etat (D. P. 64. 4. 117).

2-11 nov. 1864. — Décret impérial relatif à la procédure devant le conseil d'Etat en matière contentieuse et aux règles à suivre par les ministres dans les affaires contentieuses (D. P. 64. 4. 120).

31 déc. 1864-13 janv. 1865. — Décret impérial relatif au titre de maître des requêtes en service extraordinaire (D. P. 65. 4. 6).

21-26 juin 1865. — Loi relative aux conseils de préfecture (art. 5) (D. P. 65. 4. 68).

4-18 nov. 1865. — Décret impérial sur le nombre des conseillers d'Etat hors section (D. P. 66. 4. 2).

22 janv.-5 févr. 1867. — Décret impérial qui augmente les attributions de la section des travaux publics et des beaux-arts du conseil d'Etat (D. P. 67. 4. 30).

30 déc. 1868-14 janv. 1869. — Décret impérial portant que les fonctions d'auditeur au conseil d'Etat sont incompatibles avec toutes autres fonctions publiques salariées (D. P. 69. 4. 18).

3-20 nov. 1869. — Décret impérial concernant les auditeurs au conseil d'Etat (D. P. 70. 4. 9).

15 janv.-14 févr. 1870. — Décret impérial qui porte provisoirement à vingt et un le nombre des conseillers d'Etat hors sections et nomme conseiller d'Etat en service ordinaire hors sections M. Weiss, secrétaire général du ministère des beaux-arts (D. P. 70. 4. 25).

26 janv.-14 févr. 1870. — Décret impérial portant abrogation de celui du 23 janv. 1861, qui modifiait le décret du 22 déc. 1860, autorisant le préfet de la Seine à prendre part aux délibérations du conseil d'Etat (D. P. 70. 4. 25).

16-25 mars 1870. — Décret impérial relatif au concours pour la nomination des auditeurs au conseil d'Etat (D. P. 70. 4. 30).

28 mai-10 juin 1870. — Décret impérial qui augmente les attributions de la section de l'intérieur, de l'instruction publique et des cultes du conseil d'Etat (D. P. 70. 4. 48).

4-10 sept. 1870. — Décret portant : 1° nomination des ministres ; 2° suppression du ministère de la présidence du conseil d'Etat ; 3° nomination du directeur général des télégraphes (D. P. 70. 4. 85).

15-16 sept. 1870. — Décret relatif au conseil d'Etat (D. P. 70. 4. 89).

19-21 sept. 1870. — Décret portant constitution de la commission provisoire chargée de remplacer le conseil d'Etat (D. P. 70. 4. 92).

3-5 oct. 1870. — Décret réglant les conditions de délibération de la commission provisoire chargée de remplacer le conseil d'Etat (D. P. 70. 4. 95).

1er-7 avr. 1871. — Arrêté portant que les membres de la commission provisoire chargée de remplacer le conseil d'Etat se réuniront et exerceront leurs fonctions à Versailles (D. P. 71. 4. 37).

10-29 août 1871. — Loi relative aux conseils généraux (art. 88) (D. P. 71. 4. 132).

24-31 mai 1872. — Loi portant réorganisation du conseil d'Etat (D. P. 72. 4. 88).

21-25 août 1872. — Décret portant règlement intérieur du conseil d'Etat (D. P. 72. 4. 104).

14-15 oct. 1872. — Décret portant règlement du concours pour la nomination des auditeurs de deuxième classe au conseil d'Etat (D. P. 72. 4. 103).

7-10 juin 1873. — Loi relative aux membres des conseils généraux, des conseils d'arrondissement et des conseils municipaux qui se refusent à remplir certaines de leurs fonctions (art. 4) (D. P. 73. 4. 73).

1er-4 août 1874. — Loi sur le conseil d'Etat (D. P. 75. 4. 23).

31 juill.-4 août 1875. — Loi relative à la vérification des pouvoirs des membres des conseils généraux (D. P. 76. 4. 25).

10-11 août 1876. — Loi concernant le renouvellement des auditeurs de deuxième classe au conseil d'Etat (D. P. 76. 4. 121).

19-21 févr. 1878. — Décret qui modifie celui du 14 oct. 1872, portant règlement du concours pour la nomination des auditeurs de deuxième classe au conseil d'Etat (D. P. 78. 4. 35).

13-14 juin 1878. — Loi qui ouvre au ministre de la justice, sur l'exercice 1878, un crédit extraordinaire destiné à la publication de la statistique des travaux du conseil d'Etat (D. P. 78. 4. 75).

13-14 juill. 1879. — Loi relative au conseil d'Etat (D. P. 79. 4. 69).

2-4 août 1879. — Décret portant règlement intérieur du conseil d'Etat (D. P. 79. 4. 73).

14-15 août 1879. — Décret qui modifie celui du 14 oct. 1872, portant règlement du concours pour la nomination des auditeurs de deuxième classe au conseil d'Etat (D. P. 79. 4. 74).

23-24 mars 1880. — Loi relative au renouvellement des auditeurs de deuxième classe au conseil d'Etat (D. P. 80. 4. 81).

26-27 déc. 1881. — Décret qui modifie celui du 2 août 1879, portant règlement intérieur du conseil d'Etat (D. P. 83. 4. 20).

5-7 mars 1882. — Décret qui rapporte celui du 26 déc. 1881, concernant le règlement intérieur du conseil d'Etat (D. P. 83. 4. 20, note 5).

Il y aura un quatrième commissaire du Gouvernement attaché à cette section. — Un règlement d'administration publique statuera sur l'ordre intérieur des travaux du conseil, sur la répartition des membres et des affaires entre les sections, sur la nature des affaires qui devront être portées à l'assemblée générale, sur le mode de roulement des membres entre les sections et sur les mesures d'exécution non prévues par la présente loi.

5. L'assemblée publique du conseil d'Etat statuant au contentieux se compose : 1° du vice-président ; 2° des membres de la section : 3° de huit conseillers en service ordinaire, pris dans les autres sections et désignés conformément à l'art. 17 de la loi du 24 mai 1872. — Lorsque les membres de l'assemblée du contentieux, délibérant dans une affaire, seront en nombre pair, le dernier des conseillers dans l'ordre du tableau devra s'abstenir.

6. Le conseil d'Etat, en assemblée générale, ne peut délibérer si seize au moins des conseillers en service ordinaire ne sont présents. En cas de partage, la voix du président est prépondérante.

7. Toutes lois antérieures sont abrogées en ce qu'elles auraient de contraire à la présente loi.

5-6 avr. 1884. — Loi sur l'organisation municipale (art. 40) (D. P. 84. 4. 39).

9-10 déc. 1884. — Décret qui abroge l'art. 21 du décret du 2 août 1879, portant règlement intérieur du conseil d'Etat, et remet en vigueur l'art. 22 du décret du 21 août 1872 (D. P. 85. 4. 76).

3-4 avr. 1886. — Décret qui modifie l'art. 7 du règlement intérieur du conseil d'Etat (D. P. 86. 4. 82).

1er-2 juill. 1887. — Loi relative aux auditeurs de deuxième classe au conseil d'Etat (D. P. 87. 4. 85).

12. M. Laferrière a fait justement observer (t. 1, p. 245) que depuis 1870, la législation a contribué à étendre le domaine du contentieux administratif, soit par des dispositions spéciales instituant des recours nouveaux, soit par l'effet de dispositions générales. Il cite notamment : 1° la loi du 10 août 1871 sur les conseils généraux (D. P. 71. 4. 132), qui a ouvert un recours devant le conseil d'Etat statuant au contentieux contre les décisions des commissions départementales; 2° la loi du 7 juin 1873 (D. P. 73. 4. 73), qui charge le conseil d'Etat de statuer sur les recours du ministre de l'intérieur tendant à faire déclarer démissionnaire tout membre d'un conseil général, d'un conseil d'arrondissement ou d'un conseil municipal qui refuserait, sans excuse valable de remplir une des fonctions qui lui sont dévolues par les lois; 3° la loi du 31 juill. 1875 (D. P. 76. 4. 25), qui attribue au conseil d'Etat statuant en premier et dernier ressort le contentieux des élections des membres des conseils généraux; 4° la loi organique du 2 août 1875 (D. P. 75. 4. 117), sur l'élection des sénateurs, modifiée par celle du 14 août 1884 (D. P. 84. 4. 113), qui défère au conseil de préfecture, sauf appel au conseil d'Etat, le contentieux des élections des délégués des conseils municipaux; 4° les dispositions des lois des 14 avr. 1871 (D. P. 71. 4. 38), 12 août 1876 (D. P. 76. 4. 97), et 5 avr. 1884 (D. P. 84. 4. 39), relatives à l'élection des maires et adjoints par les conseils municipaux et au jugement des protestations par les conseils de préfecture et le conseil d'Etat; 5° la loi municipale du 5 avr. 1884 (D. P. 84. 4. 39), qui, en cas d'annulation par le préfet d'une délibération illégale d'un conseil municipal, ouvre à ce conseil et à toute partie intéressée un recours pour excès de pouvoirs devant le conseil d'Etat.

13. Dans le cours de cette période, la progression des affaires contentieuses jugées par le conseil d'Etat s'est constamment accentuée La moyenne annuelle de ces affaires s'est élevée à mille quatre cent trois pour la période de 1873 à 1877, à mille cinq cent onze pour celle de 1878 à 1882. Elle a atteint le chiffre de mille huit cent quarante-quatre en 1884, et celui de deux mille douze en 1885.

14. — II. Législation étrangère. — Nous avons indiqué ailleurs (V. suprà, v° Compétence administrative) les solutions diverses que la question de la juridiction administrative a reçues dans la plupart des nations étrangères. Nous bornerons ici à indiquer les institutions qui, dans quelques-unes de ces nations, présentent avec le conseil d'Etat, tel qu'il existe en France, de sérieuses analogies.

15. — 1° Espagne. — L'Espagne possède un conseil d'Etat; la juridiction contentieuse de ce conseil avait été supprimée par un décret du 13 nov. 1870 et transférée à une chambre spéciale du tribunal suprême ; mais elle a été rétablie par un décret-loi du 27 janv. 1875 (Annuaire de législation étrangère, 1876, p. 609). Aujourd'hui le conseil d'Etat comprend sept sections : grâce et justice; guerre et marine ; finances ; intérieur ; commerce; colonies ; contentieux.

Les décisions du conseil en matière contentieuse peuvent être rendues, suivant la nature et l'importance de l'affaire, par la section du contentieux, par la chambre du contentieux composée de la section du contentieux et d'un délégué de chaque section administrative, et dans certains cas exceptionnels, par l'assemblée plénière du conseil d'Etat. Le conseil n'est pas investi d'un droit de juridiction propre ; ses décisions ont la forme de décrets royaux délibérés en conseil.

16. — 2° Portugal. — Un décret du 10 juin 1870 a enlevé au conseil d'Etat le jugement des affaires contentieuses pour le confier à une cour administrative. Le conseil d'Etat a conservé des attributions administratives et politiques importantes. Le Gouvernement est tenu de prendre son avis pour provoquer ou dissoudre les Chambres, suspendre les magistrats, gracier les condamnés, accorder les amnisties. Jusqu'en 1865, le conseil d'Etat exerçait, en matière administrative, le rôle de juridiction supérieure.

17. — 3° Italie. — La loi du 20 mars 1865 a supprimé les attributions des conseils de préfecture et du conseil d'Etat en matière contentieuse. Toutefois le conseil d'Etat a conservé, par exception, la connaissance de toutes les contestations entre l'Etat et ses créanciers touchant l'interprétation des contrats et des lois sur la dette publique, ainsi que le contentieux des opérations qui s'y rattachent, telles que les transferts des rentes et les payements d'arrérages (Laferrière, t. 1, p. 75). Nous avons dit suprà, v° Compétence administrative, n° 12, que la suppression de la juridiction administrative en Italie avait soulevé de très vives réclamations, et qu'en 1884, M. Depretis, président du conseil, avait soumis au Sénat un projet tendant à restituer au conseil d'Etat ses attributions en matière contentieuse ; « non pour envahir le domaine réservé à l'autorité judiciaire, disait l'exposé des motifs, mais pour donner un juge à des affaires qui actuellement n'en ont plus ». Ce projet paraît avoir été abandonné.

18. — 4° Russie. — Le conseil d'Empire exerce à la fois des attributions politiques et des attributions judiciaires et a le double caractère d'un conseil d'Etat et d'une haute cour de justice.

19. — 5° Prusse. — Le tribunal administratif supérieur (Oberverwaltungsgericht), organisé par la loi du 3 juill. 1875 (Annuaire de législation étrangère, p. 402), joue le rôle de conseil d'Etat et connaît des affaires contentieuses soit sur appel, soit sur recours en revision, soit en premier et dernier ressort; il exerce également la juridiction disciplinaire de dernier ressort à l'égard des fonctionnaires et des membres des corps administratifs du cercle et du district. Ce tribunal est composé de membres nommés à vie par le roi et répartis en sections. Lorsqu'une section veut s'écarter sur un point de droit d'une décision antérieure d'une autre section ou des sections réunies, elle est tenue de renvoyer l'affaire à la réunion plénière.

20. Des cours de justice administrative ont été organisées sur des bases analogues dans les principaux Etats de l'Allemagne : en Bavière, par la loi du 8 août 1878 (Annuaire de législation étrangère, 1879, p. 179); dans le Wurtemberg, par la loi du 16 déc. 1876 (ibid., 1877, p. 311); dans le grand-duché de Bade, par la loi du 24 févr. 1880.

21. — 6° Autriche-Hongrie. — La loi du 22 oct. 1875 (Annuaire de législation étrangère, 1876, p. 514) a institué, pour toute la Cisleithanie, une cour de justice administrative (Verwaltungsgerichtshof) appelée, conformément aux prescriptions de l'art. 15 de la loi constitutionnelle du 21 déc. 1867, à prononcer, avec procédure publique et orale, sur toute réclamation dirigée contre un représentant de l'autorité administrative par un particulier lésé dans ses droits par une décision ou une mesure de cette autorité. Cette cour se compose d'un président, de vice-présidents, et de conseillers nommés à vie par l'Empereur sur la présentation du conseil des ministres. Elle constitue le seul tribunal administratif de l'Empire, et n'a d'analogue dans aucune autre législation de l'Europe. Elle n'est appelée, en effet, qu'à prononcer en droit sur la légalité ou l'illégalité des mesures ou décisions qui lui sont déférées; mais elle ne peut être saisie que lorsque le requérant a épuisé la voie hiérarchique. Le recours devant la cour de justice administrative, ainsi que l'a fait observer M. P. Dareste (notice sur la loi du 22 oct. 1875, Annuaire de législation étrangère, p. 514), tient donc à la fois du pourvoi en cassation et du recours pour excès de pouvoirs ; la cour ne juge pas le fait, comme notre conseil d'Etat, et n'a pas le droit d'évocation.

La Hongrie possède depuis la loi du 21 juill. 1883 (Annuaire de législation étrangère, 1884, p. 410), un tribunal administratif financier qui connaît en dernier ressort du contentieux des contributions publiques. C'est le premier essai, dans ce pays, d'une juridiction administrative. Il est question d'y mettre à l'étude l'organisation d'un conseil d'Etat qui ferait fonction de cour de justice administrative (Laferrière, t. 1, p. 62).

CHAP. 2. — **Composition personnelle du conseil d'Etat** (*Rép.* nᵒˢ 25 à 46).

22. Aux termes de l'art. 1ᵉʳ de la loi du 13 juill. 1879, le conseil d'Etat se compose : 1ᵒ de trente-deux conseillers d'Etat en service ordinaire, y compris le vice-président et les présidents de section ; 2ᵒ de dix-huit conseillers d'Etat en service extraordinaire ; 3ᵒ de trente maîtres des requêtes ; 4ᵒ de trente-six auditeurs dont douze de première classe et vingt-quatre de seconde classe. Un secrétaire général qui a titre et rang de maître des requêtes est placé à la tête des bureaux du conseil.

23. Les ministres ont rang et séance à l'assemblée générale du conseil d'Etat. Chacun d'eux a voix délibérative pour les affaires qui dépendent de son ministère ; mais ils ne doivent pas participer aux délibérations du conseil d'Etat quand il statue en matière contentieuse, puisqu'il rend alors de véritables jugements (L. 24 mai 1872, art. 2).

24. La présidence du conseil d'Etat appartient au garde des sceaux, ministre de la justice, qui peut également présider les sections et qui a toujours voix délibérative, mais qui toutefois ne peut jamais siéger lorsque le conseil est appelé à statuer en matière contentieuse (L. 24 mai 1872, art. 2 et 4). En cas d'absence, il est remplacé par le vice-président du conseil. En l'absence du garde des sceaux et du vice-président, le conseil d'Etat est présidé par le plus ancien des présidents de section et suivant l'ordre du tableau ; mais cette disposition n'est pas applicable au conseil d'Etat statuant au contentieux qui, en l'absence du vice-président du conseil, doit être présidé par le président de la section du contentieux, alors même que celui-ci n'est pas le plus ancien des présidents de sections (L. 1ᵉʳ août 1874, art. 1ᵉʳ).

25. L'art. 14 de la loi du 24 mai 1872, reproduisant avec quelques modifications une disposition de la loi du 3 mars 1849 rapportée au *Rép.* nᵒ 26, autorise le Gouvernement à appeler à prendre part aux séances de l'assemblée ou des sections avec voix consultative, les personnes que leurs connaissances spéciales mettraient en mesure d'éclairer la discussion.

Art. 1ᵉʳ. — *Mode de nomination des conseillers d'Etat. — Incompatibilité de fonctions* (*Rép.* nᵒˢ 27 à 36).

26. L'art. 4 de la loi du 25 févr. 1875 abrogeant, ainsi que nous l'avons dit *suprà*, nᵒ 8, la disposition de la loi de 1872 d'après laquelle les conseillers d'Etat en service ordinaire devaient être élus par l'Assemblée nationale, a donné au président de la République le droit de les nommer par décrets délibérés en conseil des ministres, ce qui implique qu'ils ne peuvent être révoqués qu'en la même forme. La seule condition exigée par la loi pour la nomination des conseillers d'Etat est l'âge de trente ans (L. 24 mai 1872, art. 6).

27. Les conseillers d'Etat en service extraordinaire sont également nommés par le président de la République (L. 24 mai 1872, art. 5). Ils sont généralement choisis parmi les hauts fonctionnaires des ministères ou les chefs des grandes administrations publiques ; on les nommait, sous l'empire, conseillers en service ordinaire hors sections. Ils ont voix délibérative soit à l'assemblée générale, soit à la section, dans les affaires qui dépendent du département auquel ils appartiennent, mais ils n'ont que voix consultative dans les autres affaires (art. 11). Il résulte même des explications données par le rapporteur de la loi du 24 mai 1872, qu'ils ne votent que dans les questions relatives aux services qui sont placés sous leurs ordres (D. P. 72. 4. 100, note 3). Suivant la remarque de M. Aucoc, *Conférences sur le droit administratif*, 3ᵉ éd., t. 1, nᵒ 75), le législateur a voulu que le conseil d'Etat pût profiter des lumières que les chefs de service appelés aux fonctions de conseillers d'Etat en service extraordinaire puisent dans la pratique des affaires ; mais il a tenu à maintenir la prépondérance des conseillers attachés au service ordinaire. Les conseillers en service extraordinaire ne reçoivent aucun traitement, et ils perdent le titre de conseillers d'Etat, de plein droit, dès qu'ils cessent d'appartenir à l'administration active.

28. Le vice-président du conseil d'Etat et les présidents de section sont nommés par le président de la République

et choisis parmi les conseillers en service ordinaire (L. 24 mai 1872, art. 4 et 10).

29. L'art. 7 de la loi du 24 mai 1872 porte que les fonctions de conseiller en service ordinaire et de maître des requêtes sont incompatibles avec toute fonction publique salariée. Toutefois, d'après cet article, les officiers généraux ou supérieurs de l'armée de terre et de mer, les inspecteurs et ingénieurs des ponts et chaussées, des mines et de la marine, les professeurs de l'enseignement supérieur, peuvent être détachés au conseil d'Etat, ils conservent, pendant la durée de leurs fonctions, les droits attribués à leurs positions, sans pouvoir, toutefois, cumuler leur traitement avec celui du conseil d'Etat. Mais une modification importante a été apportée à ces dispositions par l'art. 3 de la loi du 13 juill. 1879, d'après lequel les conseillers d'Etat en service ordinaire, maîtres des requêtes et auditeurs de première classe, après trois années depuis leur entrée au conseil d'Etat, peuvent, sans perdre leur rang au conseil, être nommés à des fonctions publiques pour une durée qui n'excédera pas trois ans. Le nombre des membres du conseil ainsi nommés à des fonctions publiques ne peut excéder le cinquième du nombre des conseillers, maîtres des requêtes et auditeurs. Pendant ces trois années ils ne sont pas remplacés. Les traitements ne peuvent être cumulés. Les conseillers qui remplissent dans ces conditions des fonctions publiques en dehors du conseil, sont assimilés, par le règlement du 2 août 1879, aux conseillers en service extraordinaire au point de vue de la délibération.

30. Les fonctions de membres du conseil d'Etat sont incompatibles avec celles d'administrateurs de toute compagnie privilégiée ou subventionnée (art. 7), avec celle de sénateur (L. 2 août 1875, art. 20, D. P. 75. 4. 117), de député (L. 30 nov. 1875, art. 8 et 11, D. P. 76. 4. 4), et de juré (L. 21 nov. 1872, art. 3, D. P. 72. 4. 132).

31. Les conseillers d'Etat, lorsqu'ils quittent leurs fonctions, peuvent être nommés conseillers honoraires (L. 24 mai 1872, art. 7).

32. Les traitements des conseillers d'Etat ont été fixés ainsi qu'il suit : vice-président du conseil d'Etat, 25000 fr. ; présidents de sections, 18000 fr. ; conseillers d'Etat 16000 fr.

Art. 2. — *Maître des requêtes. — Auditeurs. — Ministère public. — Secrétaire général et secrétaire du contentieux* (*Rép.* nᵒˢ 37 à 42).

33. La loi du 3 mars 1849, ainsi qu'on l'a vu au *Rép.* nᵒ 37, ne comprenait parmi les *membres* du conseil d'Etat que les conseillers d'Etat, et désignait, à l'exemple de la législation antérieure, sous le nom de *fonctionnaires attachés au conseil d'Etat* les maîtres des requêtes, les auditeurs, le secrétaire général et le secrétaire du contentieux. D'après l'art. 1ᵉʳ de la loi du 13 juill. 1879, le conseil d'Etat *se compose* : 1ᵒ des conseillers d'Etat en service ordinaire et en service extraordinaire ; 2ᵒ des maîtres des requêtes ; 3ᵒ des auditeurs.

34. — I. Maîtres des requêtes. — Les maîtres des requêtes sont au nombre de trente ; ils sont nommés par décret du président de la République, et ne peuvent être révoqués que par un décret individuel. Nul ne peut être appelé à ces fonctions s'il n'est âgé de vingt-sept ans (L. 24 mai 1872, art. 6). Le vice-président et les présidents de section sont appelés à faire les présentations pour la nomination des maîtres des requêtes, la révocation de ces derniers ne peut être prononcée qu'après avis des présidents (art. 5). Ils ont voix délibérative dans les affaires dont le rapport leur est confié, et voix consultative dans les autres (art. 11). Leur traitement est fixé à 8000 fr. En quittant leurs fonctions, ils peuvent être nommés maîtres des requêtes honoraires (L. 24 mai 1872, art. 7 ; 13 juill. 1879, art. 3). — Sur les fonctions incompatibles avec celles de maître des requêtes, V. *suprà*, nᵒ 29.

35. — II. Auditeurs. — Les auditeurs sont divisés en deux classes dont la première se compose de douze et la seconde de vingt-quatre. Les auditeurs de première classe qui, aux termes de la loi du 24 mai 1872, art. 5, devaient être nommés au concours, sont nommés par décret du président de la République, sur présentation du vice-président et des présidents de section (L. 13 juill. 1879, art. 2) ; leur

révocation a lieu par décret individuel et après avis du vice-président délibérant avec les présidents de section. Ils doivent être choisis parmi les auditeurs de seconde classe ou parmi les anciens auditeurs sortis du conseil qui comptent quatre années d'exercice, soit de leurs fonctions, soit des fonctions publiques auxquelles ils auraient été appelés (*ibid.*). Leur traitement, fixé par l'art. 5 de la loi du 24 mai 1872 à la moitié de celui des maîtres des requêtes, se trouve être actuellement de 4000 fr. La limite d'âge pour la nomination aux fonctions d'auditeur de première classe, fixée à trente ans par l'art. 6 de la loi 24 mai 1872, a été portée par l'art. 2 de la loi du 1er juill. 1887 (D. P. 87.4.85), à trente-trois ans, qui doivent être comptés du 1er janvier de l'année de la nomination. Les auditeurs de seconde classe sont nommés au concours : ce concours est ouvert chaque année, s'il y a lieu, pour la nomination d'autant d'auditeurs qu'il y a de places vacantes (L. 1er juill. 1887, art. 4). Les conditions en ont été déterminées par le décret du 14 oct. 1872 (D. P. 72. 4. 103), successivement modifié par les décrets du 19 févr. 1878 (D. P. 78. 4. 35) et du 14 août 1879 (D. P. 79. 4. 74). Nul ne peut être nommé auditeur de deuxième classe s'il a moins de vingt et un ans et plus de vingt-cinq ans (L. 24 mai 1872, art. 6). D'après l'art. 5, § 6, de la loi de 1872, les auditeurs de seconde classe ne devaient rester en fonctions que quatre années : cette limite a été portée à huit années par l'art. 1er de la loi du 1er juill. 1887. Le législateur a pensé, ainsi que l'a dit le rapporteur de la loi en la Chambre des députés, « qu'une période de quatre ans était trop courte aussi bien pour le service du conseil d'Etat que pour les auditeurs eux-mêmes, auxquels on ne faisait entrevoir ainsi qu'un avenir mal assuré qui les inquiétait et les troublait ».

36. L'art. 3 de la loi de 1887, ajouté par le Sénat au projet primitif, a pour objet de garantir aux auditeurs du conseil d'Etat, qui auront au moins quatre années de service, un certain nombre de postes administratifs et judiciaires. Les fonctions qui leur sont ainsi réservées sont les suivantes : commissaire du Gouvernement près le conseil de préfecture de la Seine, secrétaire général d'une préfecture de première ou deuxième classe; sous-préfet de première ou deuxième classe; substitut dans un tribunal de deuxième classe. Le Gouvernement doit, chaque année, faire connaître, par une décision prise en conseil des ministres et insérée au *Journal officiel* dans le mois de janvier, les fonctions qui seront mises à la disposition des auditeurs remplissant les conditions exigées.

37. En vertu de l'art. 4 de la loi du 23 mars 1880 (D. P. 80. 4. 81), qui a modifié sur ce point l'art. 5 de la loi du 24 mai 1872, les auditeurs reçoivent, après une année de service, un traitement annuel déterminé par la loi de finances. Ce traitement a été fixé à 2000 fr.

38. — III. Secrétaire général et secrétaire du contentieux. — Le secrétaire général du conseil d'Etat et le secrétaire du contentieux sont nommés par décret du président de la République, sur la présentation du vice-président et des présidents de section. Ils ne peuvent être révoqués que par un décret individuel après avis des présidents. Le traitement du secrétaire général est de 12500 fr., et celui du secrétaire de la section du contentieux de 8000 fr. Le secrétaire général est chargé de diriger les travaux des bureaux du conseil, de tenir la plume aux assemblées générales, de signer et certifier les expéditions des actes et des avis du conseil, sauf en matière contentieuse. En cas d'absence ou d'empêchement, il est suppléé par un maître des requêtes désigné par le ministre de la justice (Décr. 2 août 1879, art. 6). Les employés des bureaux sont nommés par le vice-président du conseil d'Etat, sur la proposition du secrétaire général (L. 24 mai 1872, art. 5-13°).

Art. 3. — *Division du conseil d'Etat en sections et en une assemblée générale* (*Rép.* nos 43 à 46).

39. Ainsi qu'on l'a vu au *Rép.* n° 43, le conseil d'Etat se divise en sections pour l'expédition des affaires. Le nombre des sections a été fréquemment modifié depuis l'an 8; il a été porté à cinq par la loi du 13 juill. 1879. Ce sont : 1° la section du contentieux, 2° la section de législation, de la justice et des affaires étrangères ; 3° la section de l'inté-

rieur, des cultes, de l'instruction publique et des beaux-arts ; 4° la section des finances, des postes et télégraphes, de la guerre, de la marine et des colonies ; 5° la section des travaux publics, de l'agriculture et du commerce.

40. Les sections sont composées de cinq conseillers d'Etat en service ordinaire et d'un président, à l'exception de la section du contentieux qui est composée de six conseillers d'Etat en service ordinaire et d'un président; quatre commissaires du Gouvernement sont attachés à cette dernière section (L. 13 juill. 1879, art. 4). L'art. 4 du décret du 2 août 1879, portant règlement intérieur du conseil d'Etat (D. P. 79.4.73), a fixé ainsi qu'il suit le nombre des maîtres des requêtes et des auditeurs que doit comprendre chaque section : 1° section de législation : trois maîtres des requêtes, deux auditeurs de première classe, trois auditeurs de deuxième classe; 2° section du contentieux : douze maîtres des requêtes y compris les quatre commissaires du Gouvernement, quatre auditeurs de première classe et dix de deuxième classe; 3° section de l'intérieur : cinq maîtres des requêtes, deux auditeurs de première classe, quatre auditeurs de deuxième classe; 4° section des finances : cinq maîtres des requêtes, deux auditeurs de première classe, trois auditeurs de deuxième classe; 5° section des travaux publics : cinq maîtres des requêtes, deux auditeurs de première classe, quatre auditeurs de deuxième classe.

L'art. 4 du décret du 2 août 1879 donne au vice-président le droit de changer cette répartition selon les besoins du service et modifie sur ce point l'art. 2 du décret du 21 août 1872 (D. P. 72. 4. 101) qui réservait ce pouvoir au ministre de la justice.

41. Le roulement des membres du conseil d'Etat s'opère tous les trois ans conformément à l'art. 5 du décret de 1879. La répartition des conseillers d'Etat entre les différentes sections est faite par décret du président de la République; celle des maîtres des requêtes par arrêté du ministre de la justice, sur la proposition du vice-président et des présidents de section. En dehors des époques fixées pour le roulement, les conseillers d'Etat ne peuvent être déplacés par décret du président de la République que sur leur demande et de l'avis du vice-président du conseil d'Etat. Chaque année au 15 octobre, le ministre de la justice arrête, sur la même proposition, la répartition des auditeurs entre les sections.

42. Le paragraphe 1er du tit. 3 du même décret règle l'ordre intérieur des travaux de chaque section. Aux termes de l'art. 11, en l'absence du président de la section, la présidence appartient à celui des conseillers d'Etat qui est le premier inscrit sur le tableau. Lorsque plusieurs sections sont réunies, la présidence appartient, en l'absence du ministre de la justice, au vice-président ou à celui des conseillers de ces sections qui est le premier dans l'ordre du tableau (art. 12).

43. L'ordre intérieur des assemblées générales est réglé par le paragraphe 2 du même titre. Le tit. 4 du décret de 1879 renferme des dispositions générales qui ont pour objet l'ordre dans lequel siègent les membres du conseil, la délivrance des congés, le remplacement dans une section des conseillers d'Etat qui en font partie, en cas d'absence ou d'empêchement, le résumé des discussions, les vacances du conseil, etc.

44. Les sections administratives ne peuvent délibérer valablement que si trois conseillers en service ordinaire sont présents. En cas de partage, la voix du président est prépondérante (L. 24 mai 1872, art. 12). Le conseil d'Etat, en assemblée générale, ne peut délibérer si seize au moins des conseillers en service ordinaire ne sont présents. En cas de partage, la voix du président est prépondérante (L. 13 juill. 1879, art. 6).

CHAP. 3. — **Fonctions et compétence du conseil d'Etat réparties entre l'assemblée générale et chacune des sections** (*Rép.* nos 47 à 273).

Art. 1er. — *Assemblée générale. — Fonctions et attributions* (*Rép.* nos 48 à 51).

45. On a vu au *Rép.* n° 48, qu'à raison de l'importance de certaines matières, le conseil d'Etat est appelé à délibérer en assemblée générale. L'art. 7 du décret du 2 août 1879,

modifié par le décret du 3 avr. 1886 (D. P. 86. 4. 82), énumère les affaires attribuées à l'assemblée générale; ce sont : 1° les projets et les propositions de lois renvoyés au conseil d'État; 2° les projets de règlement d'administration publique; 3° l'enregistrement des bulles et autres actes du Saint-Siège; 4° les recours pour abus; 5° les autorisations des congrégations religieuses et la vérification de leurs statuts; 6° la création des établissements ecclésiastiques ou religieux; 7° l'autorisation d'accepter des dons et legs excédant 50000 fr., lorsqu'il y a opposition des héritiers; 8° l'annulation des délibérations prises par les conseils généraux des départements dans les cas prévus par les art. 33 et 47 de la loi du 10 août 1871; 9° les impositions d'office établies sur les départements dans les cas prévus par l'art. 61 de la loi du 10 août 1871; 10° les traités passés par la ville de Paris pour les objets énumérés dans l'art. 16 de la loi du 24 juill. 1867; 11° les changements apportés à la circonscription territoriale des communes; 12° la création des octrois; 13° la création des tribunaux de commerce et des conseils de prud'hommes, la création ou la prorogation des chambres temporaires dans les cours et tribunaux; 14° la création des chambres de commerce; 15° la naturalisation des étrangers accordée à titre exceptionnel, en vertu de l'art. 2 de la loi du 29 juin 1867; 16° les prises maritimes; 17° la délimitation des rivages de la mer; 18° les demandes en concession de mines soit en France, soit en Algérie; 19° l'exécution des travaux publics à la charge de l'Etat qui peuvent être autorisés par décret; 20° l'exécution des tramways; 21° les concessions de desséchement de marais, les travaux d'endiguement et ceux de redressement des cours d'eau non navigables; 22° l'approbation des tarifs de ponts à péage et de bacs et le rachat des concessions de ponts à péage; 23° l'établissement de droits de tonnage dans les ports maritimes; 24° l'autorisation des sociétés d'assurance sur la vie, des tontines, et les modifications des statuts des sociétés anonymes autorisées avant la loi du 24 juill. 1867; 25° la suppression des établissements dangereux, incommodes et insalubres, dans les cas prévus par le décret du 15 oct. 1810; 26° toutes les affaires non comprises dans cette nomenclature sur lesquelles il doit être statué en vertu d'une disposition spéciale par décrets rendus dans la forme des règlements d'administration publique; 27° enfin les affaires qui, à raison de leur importance, sont renvoyées à l'examen de l'assemblée générale soit par les ministres, soit par le président de section d'office ou sur la demande de la section.

46. La jurisprudence considère comme entachés d'irrégularité les décrets en forme de règlement d'administration publique qui ont été rendus sur l'avis d'une seule section, au lieu d'être soumis à l'assemblée générale (Cons. d'Et. 23 févr. 1861, aff. Dubuc, D. P. 61. 3. 83; 13 mars 1867, aff. Guiringaud, D. P. 68. 3. 13). — Mais lorsqu'une loi ou un règlement porte qu'une mesure ne pourra être prescrite par le chef de l'Etat que *le conseil d'Etat entendu*, cette formule n'implique pas la nécessité d'une délibération de l'assemblée générale : la mesure peut être prise sur l'avis d'une section, à moins qu'une disposition spéciale ne prescrive, dans le cas particulier, d'observer les formes des règlements d'administration publique, ou que la matière ne rentre dans la nomenclature contenue dans l'art. 7 du règlement de 1879 (Cons. d'Et. 22 mai 1885, aff. Fabrique de l'Eglise d'Arrentières, D. P. 86. 3. 124; 1er avr. 1887, aff. Fabrique de Juillac, D. P. 88. 3. 74).

47. L'art. 8 de la loi du 24 mai 1872 consacre le droit qui, à toute époque, a été reconnu au chef de l'Etat ou aux ministres, de soumettre au conseil d'Etat les projets de décret, et, en général, toutes les questions pour lesquelles l'avis de cette assemblée leur paraît utile. En pareil cas, comme on l'a dit au *Rép.* v° *Organisation administrative*, n° 184, le Gouvernement peut consulter, à son gré, soit l'assemblée générale du conseil d'Etat, soit une ou plusieurs sections. Ce n'est là, d'ailleurs, qu'une pure faculté, dont il est toujours libre de ne point user, sans que les tiers puissent s'en faire un grief. — Décidé, en ce sens, qu'en dehors des cas où l'avis du conseil d'Etat est exigé par la loi, le fait que le conseil d'Etat n'a pas été consulté n'entache un décret d'aucune irrégularité, alors même que l'Administration avait coutume de consulter une des sections du conseil

d'Etat dans la matière dont il s'agit (Cons. d'Et. 25 mars 1881, aff. Trescases, 2e arrêt, D. P. 82. 3. 76). — De même, en dehors des cas prévus par les lois, le chef de l'Etat n'est pas tenu de consulter le conseil d'Etat pour abroger des décrets antérieurs, alors même qu'en fait ces décrets avaient été rendus sur l'avis du conseil d'Etat (Cons. d'Et. 30 juill. 1880, aff. Brousse, D. P. 81. 3. 73).

48. Sur la force légale des avis du conseil d'Etat, V. *Organisation administrative;* — *Rép.* eod. v°, n° 173 et suiv.

Art. 2. — *Sections administratives.* — *Fonctions et attributions (Rép. nos 52 à 64).*

49. Les projets et propositions de loi renvoyés au conseil d'Etat soit par les Chambres, soit par le Gouvernement, et les affaires administratives ressortissant aux différents ministères, sont répartis entre les quatre sections administratives qui ont été énumérées plus haut. Les projets et les propositions de loi, les projets de règlement d'administration publique et les affaires administratives concernant l'Algérie sont examinés par les différentes sections, suivant la nature du service auquel ils se rattachent (Décr. 2 août 1879, art. 1er). L'art. 1er du décret du 2 août 1879 avait été modifié par le décret du 26 déc. 1881 (D. P. 83. 4. 20), afin de mettre la répartition des affaires entre les sections du conseil d'Etat en harmonie avec les décrets du 14 nov. 1881 (D. P. 82.4.98) qui avaient créé les trois ministères du commerce et des colonies, de l'agriculture et des arts. Mais à la suite des décrets du 30 janv. 1882 qui ont rétabli l'ancienne organisation des ministères (D. P. 82.4.104); le décret du 5 mars 1882 a rapporté celui du 26 déc. 1881 et remis en vigueur l'art. 1er du décret du 2 août 1879 (D. P. 83. 4. 20, note 5).

« C'est une erreur, dit M. Aucoc, t. 1, n° 76, note 1, de croire que la section de législation est chargée seule de l'examen préparatoire des projets de lois soumis au conseil d'Etat. La tradition constante du conseil, tradition qui n'a été abandonnée que de 1849 à 1851, est que chacune des sections examine toutes les questions soulevées par les ministères auxquels elle correspond... La loi de 1849 avait créé une section de législation avec un autre caractère; mais elle y avait fait entrer près de la moitié des conseillers d'Etat, pour y réunir des hommes représentant les différentes branches des connaissances juridiques; seulement, dans le système actuel, la section de législation qui est plus spécialement compétente en législation civile et criminelle, est souvent adjointe aux autres sections pour l'examen des projets qui rentrent dans leur compétence. »

Art. 3. — *Section du contentieux administratif.* — *Attributions et compétence (Rép. nos 65 à 66).*

50. Ainsi que nous l'avons dit *supra*, n° 7, la loi du 24 mai 1872 supprimant la fiction de la justice retenue a investi le conseil d'Etat d'une juridiction propre. L'exercice de cette juridiction est partagé entre la *section du contentieux* et l'*assemblée du conseil d'Etat statuant au contentieux.*

51. L'assemblée du conseil d'Etat statuant au contentieux se compose : 1° du vice-président; 2° des membres de la section du contentieux; 3° de huit conseillers d'Etat en service ordinaire pris dans les sections administratives à raison de deux par section et désignés à cet effet par le vice-président du conseil d'Etat délibérant avec les présidents de section (L. 24 mai 1872, art. 17; 13 juill. 1879, art. 5). Cette délégation qui, dans la pratique et en l'absence d'un texte légal, est considérée comme étant de trois années, est indéfiniment renouvelable (Laferrière, *Traité de la juridiction administrative*, t. 1, p. 271).

52. L'assemblée du contentieux est présidée par le vice-président du conseil d'Etat et, à son défaut, par le président de la section du contentieux (L. 1er août 1874, art. 1er; Décr. 2 août 1879, art. 23). Mais on s'est demandé si, en l'absence du vice-président du conseil et du président de la section du contentieux, la présidence de l'assemblée devait appartenir au plus ancien conseiller d'Etat de la section ou aux membres des sections administratives qui le précéderaient sur le tableau. Antérieurement à la loi du 1er août 1874 qui a institué un président de la section du contentieux, l'art. 24 du règlement du 21 août 1872 déférait la présidence, à défaut

du vice-président, à celui des conseillers d'Etat de la section qui était le premier inscrit dans l'ordre du tableau. Mais cette disposition ayant cessé d'être en vigueur et n'ayant pas été reproduite par le décret du 2 août 1879, l'assemblée du contentieux a décidé, par une délibération du 11 juin 1880 rapportée par M. Laferrière, p. 271, note 5, qu'il y avait lieu d'appliquer la règle générale inscrit dans l'ordre de l'art. 26 du décret du 2 août 1879, et que la présidence devait revenir de plein droit au président de section ou au conseiller d'Etat, à quelque section qu'il appartienne, qui serait inscrit le premier au tableau.

53. L'art. 15 de la loi du 24 mai 1872 charge la section du contentieux de diriger l'instruction écrite, et de préparer le rapport écrit destiné à éclairer l'assemblée publique du conseil d'Etat statuant au contentieux. Le même article détermine le nombre des membres dont la présence est indispensable pour permettre à la section de délibérer. Elle exige pour la validité de la délibération la présence d'au moins trois membres ayant voix délibérative. La voix du président n'est pas prépondérante ; en cas de partage, on appelle le plus ancien des maîtres des requêtes présents à la séance.

54. D'après l'art. 19 de la loi de 1872, la section du contentieux juge les affaires dans lesquelles il n'y a pas d'avocat constitué et dont le renvoi à l'assemblée du contentieux n'est pas demandé soit par un des conseillers de la section, soit par le commissaire du Gouvernement. En fait, les recours en matière d'excès de pouvoir et de pension sont toujours portés à l'assemblée publique, et les recours en matière d'élections et de contributions directes ou des taxes assimilées sont les seuls dont la section conserve le jugement lorsque le renvoi n'est pas demandé. M. Laferrière fait très justement observer que ce renvoi serait obligatoire dans le cas où les recours introduits devant la section sans ministère d'avocat seraient dirigés par la voie de l'opposition, de la tierce opposition ou de la revision, contre des arrêts rendus par l'assemblée du contentieux (p. 272, note 2).

55. L'art. 20 de la loi de 1872 reproduisant une prescription édictée par l'art. 3 de l'ordonnance du 12 mars 1831 et plus tard par l'art. 22 du décret organique du 25 janv. 1852, porte que les membres du conseil d'Etat ne peuvent participer au jugement des recours dirigés contre les décisions qui ont été préparées par les sections auxquelles ils appartiennent, s'ils ont pris part à la délibération. Mais cette disposition s'applique exclusivement au cas où le recours est dirigé contre une décision préparée par une section, et n'est pas applicable aux décisions préparées par l'assemblée générale ; le conseil d'Etat a toujours admis que les affaires délibérées dans les assemblées générales ne comportent aucune récusation lorsqu'elles donnent lieu à des recours contentieux (Laferrière, p. 276 ; *Rép.* v° *Récusation*, n° 22).

56. L'assemblée du contentieux ne peut délibérer qu'en nombre impair (L. 24 mai 1872, art. 21). Le législateur a voulu éviter les partages qui étaient vidés, d'après l'organisation antérieure, par la voix prépondérante du président. Les maîtres des requêtes ayant voix délibérative dans les affaires dont ils sont rapporteurs, la composition du conseil varie, ainsi que le fait remarquer M. Aucoc, suivant que les affaires sont rapportées par un maître des requêtes ou par un auditeur. Aux termes de l'art. 5 de la loi du 13 juill. 1879, lorsque les membres de l'assemblée du contentieux délibérant dans une affaire sont en nombre pair, le dernier des conseillers dans l'ordre du tableau doit s'abstenir.

57. La délibération n'est valable que si neuf membres au moins ayant voix délibérative sont présents (L. 24 mai 1872, art. 21). Si le rapporteur est un maître des requêtes, il compte pour former le nombre exigé. Les conseillers d'Etat absents ou empêchés peuvent être remplacés, pour compléter l'assemblée, par des conseillers d'Etat en service ordinaire pris dans l'ordre du tableau (Aucoc, t. 1, n° 381).

58. Aujourd'hui, comme sous l'empire de la loi du 3 mars 1849, dont les dispositions ont été analysées au *Rép.* n°s 65 et suiv., le conseil d'Etat statue souverainement sur les recours en matière contentieuse administrative, et sur les demandes d'annulation pour excès de pouvoir formées contre les actes des diverses autorités administratives (L. 24 mai 1872, art. 9).

Aucune distinction ne doit être établie à cet égard entre les décisions rendues par la section du contentieux et celles qui émanent de l'assemblée du conseil d'Etat statuant au contentieux, la loi de 1872 n'ayant pas reproduit la disposition de l'art. 46 de la loi du 3 mars 1849 rapportée au *Rép.* n° 67, qui permettait de déférer à l'assemblée générale du conseil d'Etat, dans l'intérêt de la loi, pour excès de pouvoir ou violation de la loi, les décisions de la section du contentieux.

59. Nous suivrons, pour déterminer les attributions et la compétence du conseil d'Etat en matière contentieuse, l'ordre adopté au *Rép.* n° 69. Nous distinguerons donc, en premier lieu, les actes d'administration pure des décisions contentieuses ; en second lieu, nous étudierons la triple mission que remplit le conseil d'Etat, comme juge en premier et dernier ressort, comme tribunal d'appel et comme tribunal de cassation.

§ 1er. — Quels actes et décisions appartiennent au contentieux administratif (*Rép.* n°s 70 à 103).

60. Nous avons étudié *suprà*, v° *Compétence administrative*, n°s 102 à 154, tout ce qui concerne le *contentieux administratif* ; nous avons exposé quels sont les actes de Gouvernement, les actes d'administration pure et ceux qui se rattachent à la gestion du domaine de l'Etat échappent à tout recours contentieux. Mais on verra, *infrà*, n° 110, ainsi que nous l'avons exposé au *Rép.* n° 75, que les actes de pure administration peuvent être attaqués devant le conseil d'Etat par la voie du recours pour excès de pouvoirs.

61. On a vu au *Rép.* n° 78 que les lettres ministérielles, ne constituant pas, en général, des décisions proprement dites, ne peuvent être attaquées par la voie contentieuse. C'est ce qui résulte également de plusieurs décisions citées *suprà*, v° *Compétence administrative*, n° 145. Il en est ainsi surtout lorsqu'une dépêche ministérielle contient simplement l'expression de l'opinion du ministre sur une difficulté soumise à son appréciation, mais qui ne peut être tranchée que par une autre autorité. Ainsi, le ministre des finances n'étant pas compétent pour procéder à la liquidation des pensions dues aux artistes de l'Académie de musique, la lettre adressée en son nom en réponse à une demande de pension ne constitue pas une décision susceptible d'être attaquée par la voie contentieuse (Cons. d'Et. 30 mai 1884, aff. Boivin, D. P. 85. 5. 114). Il en est de même d'une dépêche par laquelle le ministre de la guerre se borne à faire connaître à un jeune homme, exempté du service militaire à titre d'élève ecclésiastique, que, dans le cas où il renoncerait à l'état ecclésiastique, il ne pourrait plus se prévaloir de ce qu'il serait fils aîné de veuve (Cons. d'Et. 7 août 1883, aff. Lefort, D. P. 85. 3. 41. V. dans le même sens : Cons. d'Et. 17 juill. 1874, aff. Jacquet, D. P. 75. 3. 70 ; 6 août 1886, aff. Ville de Dijon, D. P. 88. 3. 1).

Ajoutons qu'une dépêche ministérielle adressée à un tiers sans qualité pour agir au nom du réclamant ne constitue dans aucun cas une décision à l'égard de ce dernier. Ainsi une lettre par laquelle le ministre fait connaître à un tiers (spécialement, à un membre de la Chambre des députés ou du Sénat) qu'il refuse de faire droit à la réclamation d'un particulier dont le destinataire de la lettre n'est pas le mandataire, n'est pas susceptible d'être déférée au conseil d'Etat (Cons. d'Et. 6 août 1881, aff. Sicre, 1er arrêt, D. P. 83. 3. 19 ; 25 juill. 1884, aff. Loriot, D. P. 85. 5. 115).

62. La même solution doit être adoptée en ce qui concerne les instructions données par le ministre aux fonctionnaires placés sous ses ordres. C'est ce qui a été indiqué *suprà*, v° *Compétence administrative*, n° 144. — Jugé à cet égard, outre les décisions citées *ibid.*, qu'aucun recours contentieux n'est ouvert : 1° contre la mesure par laquelle le ministre de la guerre prescrit à un fonctionnaire placé sous ses ordres de ne pas admettre, à l'avenir, un particulier aux adjudications auxquelles ce fonctionnaire est chargé de procéder (Cons. d'Et. 8 févr. 1864) (1) ; — 2° Contre la lettre par laquelle

---

(1) (Corre.) — Le conseil d'Etat ; — Vu l'ordonnance royale du 10 mai 1829, art. 10, 11, 12 et 13 ; — Vu l'ordonnance royale du 4 déc. 1836, art. 1er, 2, 3, 5 et 11, et l'ordonnance royale du

31 mai 1838, art. 45, 46, 47 et 55 ; — Sans qu'il soit besoin de statuer sur la fin de non-recevoir opposée par notre Ministre de la guerre et tirée de ce que le recours aurait été introduit tardi-

un sous-secrétaire d'Etat donne à un préfet des instructions concernant la distribution des eaux d'un cours d'eau entre. deux usines (Cons. d'Et. 15 juill. 1842, aff. Concessionnaires du pont du Carrousel, *Rec. Cons. d'Etat*, p. 374; 15 mars 1849, aff. des Roziers, *ibid.*, p. 150; 10 avr. 1850, aff. Knoderer, D. P. 51. 3. 8).

63. Les actes par lesquels l'Administration se borne à prescrire des mesures de pure instruction, destinées à préparer ses décisions, ne sont pas susceptibles d'être déférés au conseil d'Etat. Une application de cette règle a été faite par une décision du conseil d'Etat, du 5 juin 1846, rapportée au *Rép.* v° *Marais*, n° 77. Depuis, il a été jugé dans le même sens qu'on ne saurait 'déférer au conseil d'Etat : 1° l'arrêté par lequel le préfet désigne un ingénieur pour vérifier si les travaux exécutés dans le voisinage d'une source d'eaux minérales ont eu pour effet d'altérer cette source (Cons. d'Et. 17 nov. 1876, aff. Larbaud, D. P. 77. 3. 11); — 2° La délibération par laquelle un conseil municipal donne son avis au sujet de la liquidation d'une pension sur laquelle il appartient au préfet de statuer (Cons. d'Et.·1er déc. 1882, aff. Jeaureneud, D. P. 84. 3. 25); — 3° L'arrêté par lequel un préfet se borne à prescrire une enquête sur un projet d'expropriation qui constitue une simple mesure d'instruction non susceptible d'être déférée au conseil d'Etat par la voie du recours pour excès de pouvoir (Cons. d'Et. 12 févr. 1886, aff. Fachan, D. P. 87. 5. 114).

§ 2. — Compétence du conseil d'Etat comme juge en premier et dernier ressort (*Rép.* n°s 104 à 105).

64. Nous avons dit au *Rép.* n° 104 que le conseil d'Etat, aux termes de l'art. 21 de la loi du 2 mai 1806, statuait en premier et dernier ressort sur les infractions aux lois et règlements qui régissent la Banque de France, sur les contestations relatives à sa police et à son administration intérieures, lorsqu'il en est saisi par le ministre des finances, sur les contestations s'élevant entre la Banque et les membres de son conseil général, agents et employés, lorsqu'elles sont portées au conseil d'Etat par une partie intéressée. Ainsi que nous l'avons indiqué *supra*, v° *Banque*, n° 35, cette disposition paraît n'avoir reçu aucune application jusqu'en 1883 (Aucoc, t. 1, n° 365). Mais un arrêt du 9 févr. 1883 (aff. Doisy, D. P. 84. 3. 100) a reconnu que le conseil d'Etat statuant au contentieux est compétent pour connaître en premier et dernier ressort des contestations entre la Banque et ses employés sur l'application des règlements relatifs aux pensions.

65. La compétence du conseil d'Etat comme juge en premier et dernier ressort ne s'exerce pas seulement en cette matière exceptionnelle. Il statue dans ces conditions : 1° sur certaines contestations en matière de majorats (Décr. 1er mars 1808, art. 41 et 42); — 2° Sur les recours formés contre les décisions des préfets qui ont refusé à des industriels l'autorisation de créer un établissement insalubre de première ou de seconde classe ou ont retiré l'autorisation donnée ou enfin ont assujetti l'exploitation à des conditions que n'acceptent pas les intéressés (Décr. 15 oct. 1810, art. 7); — 3° Sur les recours formés « par la voie contentieuse » en vertu de la loi du 27 avr. 1838 contre les décisions portant suspension ou interdiction de travaux exécutés dans les mines ou retrait de la concession dans les cas prévus par cette loi et par l'art. 49 de la loi du 21 avr. 1810; — 4° Sur les oppositions formées contre les décrets autorisant un changement ou une addition de nom (L. 11 germ. an 11, art. 7); — 5° Sur les réclamations formées par les conseils municipaux ou par toute partie intéressée contre les arrêtés des préfets prononçant l'annulation des délibérations de ces conseils ou déclarant qu'elles sont nulles de plein droit (L. 5 avr. 1884, art. 67); — 8° Sur les réclamations formées par toute partie intéressée contre les arrêtés des préfets refusant d'annuler ou de déclarer nulles de plein droit les délibérations des conseils municipaux qui leur ont été dénoncées comme illégales (L. 5 avr. 1884, art. 66 et 67).

66. La loi du 7 juin 1873 (D. P. 73. 3. 73) confère au conseil d'Etat le pouvoir de déclarer démissionnaire tout membre d'un conseil général, d'un conseil d'arrondissement ou d'un conseil municipal qui, sans excuse valable, aura refusé de remplir une des fonctions qui lui sont dévolues par la loi (Cons. d'Et. 4 juill. 1884, aff. Catala, D. P. 86. 3. 6). Aux termes de la loi du 31 juill. 1875 (D. P. 76. 4. 25), les réclamations contre les élections des membres des conseils généraux doivent également être portées directement devant le conseil d'Etat.

67. Indépendamment de ces attributions qui lui sont conférées par des lois spéciales, le conseil d'Etat prononce comme juge unique de premier et dernier ressort : 1° sur les recours formés contre les actes du chef de l'Etat qui blessent des droits. Tel est, notamment, le recours formé par un fonctionnaire contre les décrets de liquidation de sa pension, ou la réclamation d'un officier qui se plaint de n'avoir pas été nommé à un grade supérieur, lorsque son ancienneté lui donnait droit à l'avancement (Aucoc, t. 1, n°.365); — 2° Sur les demandes qui tendent à obtenir l'interprétation des actes émanés du chef de l'Etat ou des souverains antérieurs à 1789, dans l'exercice du pouvoir administratif (V. *supra*, v° *Compétence administrative*, n°s 328 et suiv.); — 3° Enfin, d'après une opinion qui semble prévaloir aujourd'hui dans la doctrine et la jurisprudence (V. *supra*, v° *Compétence administrative*, n°s 411 et suiv.), sur les recours formés contre certaines décisions des ministres qui blessent des droits, sans être des jugements, et qui ne peuvent être attaquées que devant le conseil d'Etat, par exemple : 1° les décisions qui règlent le décompte d'un marché de fournitures et qui rejettent ce marché; 2° celles qui rejettent la demande d'un créancier de l'Etat, lorsque la contestation n'est pas de nature à être portée devant l'autorité judiciaire ou devant le conseil de préfecture; 3° les contraintes décernées par le ministre des finances, en vertu de l'arrêté du 18 vent. an 8 ; 4° les décisions qui rejettent des demandes de pension formées par des fonctionnaires (Aucoc, t. 1, n° 365).

§ 3. — Compétence du conseil d'Etat comme tribunal d'appel. — Décisions soumises à cette voie. — Exceptions. — Droit d'évocation. — Demande nouvelle (*Rép.* n°s 106 à 137).

68. Le conseil d'Etat statue comme tribunal d'appel sur les recours formés contre : 1° les arrêtés des conseils de préfecture rendus en matière contentieuse; 2° les décisions des conseils privés des colonies lorsqu'ils sont constitués en conseils de contentieux administratif et celles des conseils d'administration au cas où il n'existe pas de conseil privé; 3° les décisions des ministres dans le cas où elles ont un caractère contentieux; 4° les décisions des préfets dans les cas où ils statuent en matière contentieuse; 5° les décisions des commissions spéciales constituées en vertu de la loi du 16 sept. 1807 et dont les attributions contentieuses ont été maintenues par la loi du 21 juin 1865 sur les associations syndicales (V. *supra*, v° *Associations syndicales*, n°s 150 et suiv.).

69. Nous avons dit *supra*, v° *Compétence administrative*, n° 112, que, dans quelques cas très exceptionnels, les actes qui avaient institué des commissions pour l'exécution des conventions diplomatiques avaient ouvert un recours devant le conseil d'Etat contre les décisions de ces commissions, bien que les matières qui leur étaient soumises ne rentrassent pas dans le domaine du contentieux administratif. Mais cette pratique est aujourd'hui abandonnée ; et, à défaut d'un texte formel, les décisions des commissions de cette nature ne peuvent pas être déférées au conseil d'Etat par la voie contentieuse.

vement: — Considérant que la mesure par laquelle notre Ministre de la guerre a prescrit à l'intendant militaire de la division d'Oran, président de la commission chargée de procéder aux adjudications de fournitures de vivres de cette division, de ne pas admettre le sieur Corre aux adjudications de fournitures de vivres, qui auraient lieu à l'avenir dans ladite division, n'était qu'une instruction donnée par notredit ministre à un de ses agents pour l'exécution d'un service placé dans ses attributions ; et que, dès lors, le rejet de la réclamation formée contre cette mesure par le sieur Corre ne constitue pas une décision qui soit susceptible de nous être déférée en notre conseil d'Etat par la voie contentieuse ; — Art. 1er. La requête du sieur Corre est rejetée.
Du 8 févr. 1864.-Cons. d'Et.-MM. de Sandrans, rap.-Faré, concl.-Bosviel, av.

70. Ainsi qu'on l'a vu au *Rép.* n° 107, le principe des deux degrés de juridiction est la règle générale en matière contentieuse, quel que soit l'organe administratif duquel émane la décision, et quelque minime que soit l'intérêt du litige. Le recours devant le conseil d'État est donc ouvert en toute matière, à moins qu'il ne soit interdit par une disposition expresse de la loi, et alors même qu'il résulte de la discussion que le législateur n'a pas eu l'intention d'établir ce recours. C'est ce qui a été jugé, notamment, en matière de logements insalubres pour les arrêtés pris par le conseil de préfecture en vertu de l'art. 6 de la loi du 13 avr. 1850 (Cons. d'Et. 7 avr. 1865, aff. de Madre, D. P. 66. 3. 1; Sol. impl., Cons. d'Et. 1er août 1884, aff. Thuilleux, D. P. 86. 3. 25). Au contraire, il a été décidé que l'art. 34 de l'ordonnance du 25 mai 1844 d'après lequel le ministre des cultes statue *définitivement* sur les réclamations contre la décision du bureau en matière d'élections au consistoire israélite devait être interprété en ce sens qu'il interdisait tout recours devant le conseil de préfecture en vertu de l'art. 6 de cette nature (Cons. d'Et. 10 janv. 1867, aff. Lunel, D. P. 67. 3. 92). Il est à remarquer, toutefois, que cette dernière solution est contraire à l'opinion des auteurs qui, comme on l'a vu au *Rép.* n° 117, enseignent qu'il n'appartient qu'au législateur d'interdire l'appel au conseil d'État.

71. Les lois spéciales ont, ainsi que nous l'avons dit (*Rép.* n° 108), donné à diverses autorités administratives le droit de statuer en dernier ressort et, par suite, formellement exclu le recours au conseil d'État contre les décisions de ces autorités. Telles sont les décisions des conseils de révision (V. *infrà,* v° *Organisation militaire*), celles des conseils académiques et du conseil supérieur de l'instruction publique (V. *infrà,* v° *Organisation de l'instruction publique*). Il a été reconnu que les décisions de la commission constituée par la loi du 7 avr. 1873 pour régler *définitivement* les indemnités à payer par la ville de Paris en réparation des dommages matériels causés par l'insurrection du 18 mars 1871, ne pouvaient être déférées au conseil d'État par voie d'appel (Cons. d'Et. 12 juin 1874, aff. Meunié, D. P. 75. 3. 66).

72. Les réclamations contre les décisions des commissions départementales constituées en vertu de la loi du 30 juill. 1881, qui accorde des indemnités aux victimes du coup d'Etat du 2 déc. 1851 (D. P. 82. 4. 40), doivent être portées devant la commission générale à laquelle, aux termes de l'art. 10 de cette loi, il appartient de statuer en dernier ressort; en conséquence, un particulier qui prétend que c'est à tort que la commission départementale a refusé de lui allouer une pension en qualité de victime du coup d'Etat, n'est pas recevable à demander au conseil d'Etat d'ordonner une inscription sur la liste des pensionnés (Cons. d'Et. 6 juill. 1883, aff. Allègre, D. P. 85. 3. 32).

73. Le recours formé devant le conseil d'Etat, non contre le dispositif mais contre les motifs d'un arrêté du conseil de préfecture, n'est pas recevable (Cons. d'Et. 19 déc. 1868, aff. El. de Vescovato, D.P. 69. 3. 98; 25 déc. 1881, aff. El. d'Arbois, D. P. 83. 5. 126; 1er août 1884, aff. Chanudet, D. P. 85. 5. 114). Toutefois le conseil d'Etat a statué au fond sur un pourvoi dirigé contre le considérant d'un arrêté qui déclarait calomnieuse la déposition d'un témoin, et l'a rejeté par le motif que le conseil de préfecture avait eu le devoir d'apprécier cette déclaration et n'avait pu dès lors excéder ses pouvoirs en se livrant à cette appréciation (Cons. d'Et. 13 août 1852, aff. Ouvrard, D. P. 53. 3. 10).

74. Une simple inexactitude dans l'un des visas d'un arrêté du conseil de préfecture est insuffisante pour servir de base à un recours au conseil d'Etat, alors d'ailleurs que cette inexactitude a été sans influence sur le dispositif de l'arrêté (Cons. d'Et. 19 avr. 1855, aff. Cordier, D. P. 55. 3. 78).

75. Nous avons dit au *Rép.* n° 119, que, pour que l'appel devant le conseil d'Etat soit recevable, il faut, conformément aux règles du droit commun, que la décision attaquée soit définitive, et que par conséquent les décisions par défaut ne peuvent être déférées au conseil d'Etat qu'après l'expiration du délai d'opposition (Cons. d'Et. 14 avr. 1853, aff. Pelet, D. P. 53. 3. 54; 15 déc. 1859, aff. Pasquier, D. P. 62. 3. 41; 30 juill. 1863, aff. Legris, D. P. 64. 3. 10; 9 nov. 1876, aff. Ghigini, D. P. 78. 5. 144; 13 avr. 1883, aff. Commune de Sainte-Blandine, D. P. 84. 3. 145).

76. Des arrêts rapportés au *Rép.* n° 123 ont appliqué

cette règle aux décisions ministérielles rendues par défaut (V. en outre, dans le même sens : Cons. d'Et. 26 mars 1816, aff. Rey; 22 août 1839, aff. Giblain, *Rec. Cons. d'Etat,* p. 466. Conf. Dufour, *Traité de droit administratif,* t. 2, n° 184; Chauveau et Tambour, *Code d'instruction administrative,* 5e éd., t. 1, n°s 295 et 295 *bis*; Serrigny, *Organisation et compétence administrative,* 2e éd., n° 1342). Mais cette jurisprudence s'est modifiée sous l'influence de la doctrine nouvelle qui reconnaît le caractère d'actes de gestion à des décisions autrefois considérées comme des actes de juridiction (V. *supra,* v° *Compétence administrative,* n°s 410 et suiv.) ; et le conseil d'Etat admet depuis longtemps que des décisions ministérielles, qui n'ont pas le caractère juridictionnel, alors même qu'elles sont prises sans que la partie intéressée ait été préalablement entendue, ne peuvent être réformées que par la voie du recours au conseil d'Etat, et que, pour les faire rapporter, on ne saurait employer la voie de l'opposition. C'est ce qui résulte implicitement de plusieurs arrêts statuant sur des recours dirigés contre des décisions ministérielles qui n'avaient pas été contradictoires et qui avaient mis en débet des comptables ou des fournisseurs (Cons. d'Et. 21 mai 1852, aff. Compagnie française du filtrage, *Rec. Cons. d'Etat,* p. 171; 5 janv. 1854, aff. Couret, *ibid.,* p. 13; 10 déc. 1857, aff. Martin, *ibid.,* p. 802; 4 févr. 1858, aff. Frèche, *ibid.,* p. 107; 2 mai 1861, aff. Lejeune, *ibid.,* p. 327). On a cité en sens contraire deux décisions postérieures (Cons. d'Et. 18 févr. 1864, aff. Moutte, *Rec. Cons. d'Etat,* p. 163; 27 déc. 1865, aff. Lamaury, *ibid.,* p. 1027). Mais ces arrêts n'ont pas la portée qu'on prétendait leur attribuer : ils ont été rendus dans des espèces où il était établi qu'en fait le ministre n'avait statué qu'après avoir entendu les observations des intéressés ; cette circonstance suffisait pour rendre le recours non recevable, mais rien ne prouve que le conseil d'Etat eût jugé différemment si les décisions avaient réellement été prises par défaut. En tout cas, la doctrine qui avait prévalu depuis 1852, a été de nouveau consacrée par des décisions plus récentes. Ainsi un arrêt du 23 janv. 1874 (aff. Fauchet, D. P. 75. 3. 12) en a fait l'application, d'une manière implicite, il est vrai, à l'occasion d'une requête formée contre une décision du ministre des finances portant suppression du relai de poste de Rouen. De même, il a été expressément jugé que les décisions du gouverneur de l'Algérie assimilées à celles des ministres, ne sont pas susceptibles d'opposition (Cons. d'Et. 20 févr. 1880, aff. Camère, D. P. 81. 3. 24). La jurisprudence du conseil d'Etat est donc bien fixée en ce sens que les décisions ministérielles, même prises sans que la partie intéressée ait été préalablement entendue, ne peuvent être réformées que par la voie du recours au conseil d'Etat, et que, pour les faire rapporter, on ne saurait employer la voie de l'opposition. C'est ce que, comme l'a dit M. le commissaire du Gouvernement, dans ses conclusions précitées sur cette dernière affaire, « un principe de procédure administrative fort important à mettre en relief, car la partie lésée par une décision prise d'office par un ministre, qui en appellerait à ce ministre par voie d'opposition, sans former dans le délai de trois mois son pourvoi devant le conseil d'Etat, s'exposerait à se voir opposer la déchéance quand ensuite elle attaquerait devant le conseil la nouvelle décision ministérielle confirmant la première. » Telle est la doctrine professée par M. Ducrocq, *Cours de droit administratif,* 6e éd., t. 1, n° 433; par M. Aucoc, *Conférences,* 3e éd., t. 1, n° 334. « Assurément, dit ce dernier auteur, il serait utile d'organiser des garanties pour que les décisions ministérielles, qui ne sont pas des actes de juridiction, fussent rendues en pleine connaissance de cause ; il vaut mieux que les parties ne soient pas obligées de subir une exécution provisoire ou de faire les frais d'un pourvoi, quand une simple explication aurait pu éclairer le ministre et le faire revenir. Mais une fois la décision prise, quand ce n'est qu'un acte d'autorité ou de gestion, quand le litige ne naît que par la réponse du ministre, on ne peut distinguer si elle a été contradictoire ou par défaut. Ces distinctions ne s'appliquant qu'aux jugements. »

77. En ce qui concerne les décisions préparatoires ou interlocutoires, V. *infrà,* n°s 232 et suiv.

78. On a examiné au *Rép.* n° 124 la question de savoir dans quels cas les décisions des préfets peuvent être déférées directement au conseil d'Etat. Il est aujourd'hui admis par

la jurisprudence que, toutes les fois qu'en vertu des pouvoirs qui leur sont conférés par la loi (notamment par les décrets des 25 mars 1852 et 13 av. 1861) les préfets prennent des décisions de nature à porter atteinte à un droit privé, ces décisions, alors même qu'elles ont plutôt le caractère de faits de gestion que d'actes de juridiction contentieuse, produisent les mêmes effets que des actes de juridiction et peuvent être, par suite, déférées directement au conseil d'Etat par la voie contentieuse. Il en est ainsi, spécialement, des arrêtés qui statuent sur les liquidations de pensions des employés communaux. Cette solution a d'abord été implicitement consacrée par plusieurs arrêts qui ont statué sur des recours formés directement contre des arrêtés de cette nature (Cons. d'Et. 12 août 1868, aff. Pétiaux, Rec. Cons. d'Etat, p. 913 ; 7 avr. 1869, aff. Ville de Nîmes, ibid., p. 326 ; 16 janv. 1874, aff. Ville de Lyon, D. P. 74. 3. 101). Mais la question a été formellement résolue, en 1881, à l'occasion du pourvoi formé contre un arrêté préfectoral liquidant une pension d'employé communal. Le ministre de l'intérieur a demandé au conseil d'Etat de rejeter ce pourvoi comme non recevable, par le motif que « la décision du préfet n'ayant pas été déférée au ministre, n'était pas définitive et ne pouvait être déférée directement au conseil d'Etat ». Un arrêt du 24 juin 1881 (aff. Bougard, D. P. 82. 3. 51) a repoussé cette fin de non-recevoir et a décidé que « si l'arrêté attaqué pouvait être déféré au ministre de l'intérieur, il n'en avait pas moins, à l'égard du requérant, le caractère d'une décision de nature à être déférée directement au conseil d'Etat par la voie contentieuse ». Dans ses conclusions sur cette affaire, rapportées ibid., M. le commissaire du Gouvernement Gomel a fait nettement ressortir que telle était la conséquence nécessaire des décrets de décentralisation des 25 mars 1852 et 13 avr. 1861. « Ces décrets, a-t-il dit, ont attribué aux préfets le droit de statuer sur un grand nombre d'affaires départementales et communales qui, auparavant, exigeaient la décision du chef de l'Etat ou des ministres. Quelle est donc la portée de l'attribution nouvelle qui a été ainsi conférée aux préfets ? Ces fonctionnaires remplacent-ils complètement le ministre dans les affaires qui ont été décentralisées, sauf au ministre à annuler ou réformer leurs décisions dans le cas où il y aurait des réclamations, ou bien, en pareil cas, leurs décisions ne sont-elles que provisoires et ont-elles besoin d'être confirmées par le ministre ? Autrement dit, n'y a-t-il décentralisation, d'après les décrets de 1852 et 1861, que lorsque les parties intéressées ne réclament pas ? Il nous semble que le texte même des décrets jette sur ce point une vive lumière. Les préfets, dit l'art. 1er du décret du 25 mars, statueront désormais. Il était difficile d'employer un mot plus net, plus énergique que celui de « statuer », pour indiquer dans quelles conditions les préfets auront à prendre des décisions. L'article continue ainsi : sur toutes les affaires départementales ou communales qui, jusqu'à ce jour, exigeaient la décision du chef de l'Etat ou du ministre de l'intérieur. « Donc la décision du préfet tiendra lieu à l'avenir de la décision du chef de l'Etat ou du ministre, elle aura le même caractère et sera aussi définitive que l'était celle-ci. Bien entendu, le ministre conserve son droit de contrôle sur les actes du préfet, il pourra recevoir les plaintes des particuliers et il lui appartient de réformer ceux des actes qui ne lui paraissent pas devoir être maintenus (Décr. 25 mars 1852, art. 6 et 7). Mais en dehors de ces cas le décret du 25 mars, dont les termes sont reproduits par celui du 13 avril, donne au préfet un droit de décision définitive dans toutes les matières décentralisées » (V. dans le même sens : Cons.

d'Et. 11 janv. 1884, aff. Grosjean, D. P. 85. 5. 357. Conf. Laferrière, t. 1, p. 409).

79. La solution consacrée par les arrêts qui précèdent n'est pas en opposition avec les arrêts antérieurs qui ont considéré comme non recevables des pourvois formés en matière contentieuse contre des décisions de fonctionnaires placés sous l'autorité du ministre, dans des matières où aucune disposition de loi ou de règlement ne leur avait délégué le droit de prendre des décisions (Cons. d'Et. 15 févr. 1872, aff. Darnis, D. P. 73. 3. 41 ; 1er mai 1874, aff. Lezeret, D. P. 75. 3. 36).

80. Il est d'ailleurs constant et il a toujours été reconnu, ainsi qu'on l'a vu au Rép. n° 124, que les recours en annulation pour excès de pouvoirs des actes des préfets et des autorités inférieures peuvent être portés directement devant le conseil d'Etat (V. infrà, nos 90 et suiv.).

81. Lorsque le conseil d'Etat statue comme tribunal d'appel, nous avons dit (Rép. n° 133) qu'il peut évoquer le fond dans les conditions de l'art. 473 c. proc. civ. Ce droit d'évocation lui appartient alors même qu'il annule une décision pour incompétence (Cons. d'Et. 24 juin 1878, aff. Jumel, D. P. 78. 3. 83 ; 6 janv. 1882, aff. Vauvillé, D. P. 83. 3. 43). Toutefois l'évocation ne peut avoir lieu qu'à la condition que la décision émane d'une autorité ressortissant au conseil d'Etat et que la question à trancher soit de la compétence du conseil. Ainsi, il ne peut évoquer lorsque, sur l'appel dirigé contre un arrêté de conseil de préfecture, il reconnaît que la question rentre dans les attributions de l'administration active et ne pourrait lui être déférée que par la voie de recours pour excès de pouvoirs contre la décision émanée de cette autorité (Cons. d'Et. 19 nov. 1880, aff. Carpentier, D. P. 82. 3. 14).

82. Nous verrons infrà, n° 172, que l'évocation ne peut avoir lieu après annulation d'un acte attaqué par la voie du recours pour excès de pouvoirs.

83. Il n'y a pas lieu non plus à évocation, lorsque la décision attaquée par voie d'appel a été annulée à raison de la non-observation d'une formalité qui, d'après la loi, est le préalable nécessaire du jugement du litige, par exemple en matière de dommages résultant de l'exécution de travaux publics lorsqu'il n'a pas été procédé à l'expertise dans les formes prescrites par l'art. 56 de la loi du 16 sept. 1807 (Cons. d'Et. 1er févr. 1878 (1) ; 24 juin 1884, aff. Della-Casa, D. P. 82. 3. 115-116). De même le conseil d'Etat a refusé d'évoquer dans une affaire où il avait annulé un décret rendu en matière de pensions sans l'avis de la section des finances (Cons. d'Et. 16 nov. 1877, aff. de Maupas, D. P. 78. 3. 25).

84. Le conseil d'Etat peut évoquer dans le cas où il annule un arrêté du conseil de préfecture pour défaut de publicité et d'audition du ministère public (Cons. d'Et. 5 mai 1864, aff. Groumetty, D. P. 64. 3. 98 ; 22 févr. 1878, aff. Langlade C. Syndicat de l'Embouchus, Rec. Cons. d'Etat, p. 226) ; — Pour irrégularité de la composition du conseil de préfecture (Cons. d'Et. 25 mars 1881, aff. Tessier, D. P. 82. 3. 80) ; — Pour défaut de communication de pièces à une partie, lorsque, dans le cours de l'instruction à laquelle il a été procédé devant le conseil d'Etat, ces pièces ont été communiquées au requérant (Cons. d'Et. 17 nov. 1882, aff. Arnould Drappier, D. P. 84. 3. 35).

85. Toutefois le conseil d'Etat prononce le renvoi devant le conseil de préfecture dont l'arrêté a été annulé pour défaut de formes, lorsqu'il admet en fait que l'irrégularité commise a empêché les parties de faire suffisamment

---

(1) (Dame veuve Holker C. Lancesseur.) — Le conseil d'Etat ; — Vu la loi du 28 pluv. an 8 et celle du 16 sept. 1807, art. 56 ; — Considérant qu'aux termes de l'art. 56 de la loi du 16 sept. 1807, en cas de désaccord entre les experts chargés d'évaluer les indemnités relatives à une occupation de terrain pour travaux de grande voirie, le tiers expert est de droit l'ingénieur en chef du département ; que, dès lors, en présence du désaccord des experts chargés d'évaluer l'indemnité réclamée par la dame Holker, à raison de l'occupation temporaire de sa propriété opérée pour le compte du sieur Lancesseur, entrepreneur de travaux d'égouts, de pavages et d'empierrements du bassin de la citadelle du Havre, le conseil de préfecture ne pouvait, sans violer les dispositions de la loi précitée, désigner un tiers expert autre que l'ingénieur en chef ; que néanmoins le tiers expert nommé

par lui a été le sieur Baudry, agent voyer de l'arrondissement ; — Considérant que si devant ledit conseil les parties en cause n'ont pas réclamé contre cette désignation, leur silence n'a pu avoir pour effet de couvrir la violation de la loi, et que l'irrégularité de la tierce expertise entraîne l'annulation de l'arrêté attaqué et le renvoi des parties devant le conseil de préfecture pour qu'il y soit statué à nouveau sur leurs prétentions respectives après qu'il aura été procédé à une tierce expertise conforme aux prescriptions de l'art. 56 de la loi du 16 sept. 1807 (Arrêté annulé. Renvoi devant le conseil de préfecture pour être statué après tierce expertise régulière. Surplus des conclusions de la veuve Holker rejeté. Sieur Lancesseur condamné aux dépens). Du 1er févr. 1878.-Cons. d'Et.-MM. Flourens, rap.-Laferrière, concl.-Moutard-Martin et Bidoire, av.

valoir leurs moyens de défense (Cons. d'Et. 13 déc. 1872, aff. Lescanne, *Rec. Cons. d'Etat*, p. 719 ; 8 janv. 1875) (1).

86. Il y a lieu pour le conseil d'Etat d'évoquer l'affaire dans le cas où il annule un arrêté du conseil de préfecture qui a omis de statuer sur une partie des conclusions dont il a été saisi, si l'état de l'instruction permet de statuer immédiatement au fond (Cons. d'Et. 21 nov. 1884, aff. Bardou, D. P. 85. 5. 121).

87. Conformément à ce qui a été exposé au *Rép.* n° 134, dans le cas où le conseil d'État statue comme second degré de juridiction, il applique le principe posé par l'art. 464 c. proc. civ., d'après lequel le juge d'appel ne peut statuer sur une demande qu'autant qu'elle a été déférée au juge du premier degré et, par suite, il rejette comme non recevable toute demande formée directement et pour la première fois devant lui (Cons. d'Et. 14 mars 1879) (2). On verra *infrà*, v° *Demande nouvelle*, les applications que la jurisprudence a faites de cette règle.

88. Ainsi qu'on l'a vu au *Rép.* n° 135, l'incompétence *ratione materiæ* peut être proposée en tout état de cause ; et, par conséquent, l'incompétence du conseil de préfecture, dans les cas où il a statué sur une matière appartenant à la compétence judiciaire, peut être proposée pour la première fois devant le conseil d'Etat (Cons. d'Et. 16 nov. 1854, aff. Istria, D. P. 55. 3. 48 ; Sol. impl., Cons. d'Et. 21 mai 1880, aff. Vitalis, D. P. 81. 3. 3).

89. La partie même qui a demandé à l'autorité judiciaire son renvoi devant le conseil de préfecture est recevable à soutenir pour la première fois devant le conseil d'Etat l'incompétence de la juridiction administrative (Cons. d'Et. 15 nov. 1878, aff. Commune de Montastruc, D. P. 79. 3. 28 ; 5 janv. 1883, aff. Haincque, D. P. 84. 3. 70). Le conseil d'Etat peut également soulever d'office cette exception (Cons. d'Et. 2 mai 1873, aff. Barliac, D. P. 74. 3. 1).

§ 4. — Compétence du conseil d'Etat comme tribunal de cassation pour incompétence, excès de pouvoirs, violation des formes ou de la loi. — Délai. — Renvoi de l'affaire au fond à un autre tribunal (*Rép.* n°s 138 à 153).

90. Conformément à ce qui a été exposé au *Rép.* n° 138, le conseil d'Etat remplit les fonctions de cour de cassation à l'égard de toutes les juridictions qui statuent en dernier ressort, de tous les agents de l'administration et même des conseils électifs. Cette attribution si considérable a, comme on l'a vu au *Rép.* n° 139, son origine dans la loi des 7-14 oct. 1790, n° 3, rendue par l'Assemblée constituante à propos d'une difficulté qui s'était élevée entre le directoire du département de la Haute-Saône et la municipalité de Gray au sujet des pouvoirs du directoire en matière d'alignement, dans les rues de la ville servant de grandes routes. Aux termes de cette disposition, « les réclamations d'incompétence à l'égard des corps administratifs ne sont en aucun cas du ressort des tribunaux ; elles seront portées au roi chef de l'administration générale ». C'est de ce texte dans lequel le conseil d'Etat n'est pas mentionné que la jurisprudence, à la faveur de la fiction constitutionnelle d'une juridiction exercée par le souverain, a fait sortir la théorie du recours pour excès de pouvoirs : M. Aucoc a étudié les origines et le développement historique de cette jurisprudence dans un mémoire d'un très haut intérêt lu, en 1878, à l'Académie des sciences morales et politiques (V. *Compte rendu des séances et travaux de l'Académie*, 38e année, nouvelle série, t. 10, p. 52

et 242). Elle est aujourd'hui consacrée par l'art. 9 de la loi du 24 mai 1872, qui reconnaît au conseil d'Etat le pouvoir de statuer souverainement sur « les demandes d'annulation pour excès de pouvoirs formées contre les actes des diverses autorités administratives ».

91. On a recherché au *Rép.* n° 140 en quoi consiste l'*excès de pouvoirs* dans le sens propre à ce genre de recours. « Pour le définir, dit M. Aucoc, il faut bien se garder de consulter les dispositions des lois qui ont ouvert des recours pour excès de pouvoirs en matière judiciaire, et les commentaires que la jurisprudence de la cour de cassation et les auteurs ont donnés de ces dispositions ». La cour de cassation donne, en effet, au mot « excès de pouvoirs » une interprétation restrictive. D'après sa jurisprudence, l'excès de pouvoirs en matière judiciaire peut, suivant M. Laferrière, t. 2, p. 370, être ramené à trois idées : l'usurpation d'un pouvoir interdit à l'autorité judiciaire, l'usurpation d'un pouvoir appartenant à une autorité judiciaire d'une nature différente d'un ordre plus élevé, la violation des règles substantielles qui assurent la validité des jugements. Mais elle n'a jamais fait rentrer dans l'excès de pouvoirs l'abus ou l'erreur du juge qui viole la loi ou qui en fait une application erronée. La jurisprudence du conseil d'Etat a, au contraire, singulièrement élargi la définition de l'excès de pouvoirs, et de même qu'un recours contentieux est toujours ouvert contre les décisions des juridictions administratives, quelque minime que soit l'intérêt du litige, elle a voulu que le recours contre les actes des agents de l'administration fût aussi libéralement ouvert aux citoyens dont ces actes auraient blessé les droits. « Guidé par cette pensée, dit M. Aucoc, le conseil d'Etat a décidé qu'un agent de l'administration commettait un excès de pouvoirs, non seulement quand il sortait des limites de sa compétence, mais, en outre, quand il ne suivait pas les formes dans lesquelles la loi ou les règlements lui avaient prescrit de prononcer, et encore quand il employait les pouvoirs qui lui étaient donnés dans un but différent de celui que le législateur avait en vue » (*Conférences de droit administratif*, 3e éd., t. 1, n° 295). — Nous passerons successivement en revue les divers cas où le recours pour excès de pouvoirs est admis par la jurisprudence du conseil d'Etat.

92. — I. INCOMPÉTENCE. — Il résulte de ce qui précède que, d'après la jurisprudence du conseil d'Etat, toute espèce d'incompétence constitue un excès de pouvoirs, que ce soit une incompétence *ratione materiæ* ou une incompétence territoriale ; qu'elle consiste dans l'usurpation du pouvoir législatif, dans l'usurpation du pouvoir judiciaire, ou dans l'usurpation des fonctions d'une autorité administrative supérieure, inférieure ou égale à celle qui a fait l'acte attaqué.

93. M. Laferrière fait observer (t. 2, p. 470) que, dans les cas graves d'empiétement d'un administrateur sur le pouvoir législatif ou sur le pouvoir judiciaire, on se trouve en présence d'un acte qui n'est pas seulement annulable, mais qui est inexistant, et qu'il serait inutile de recourir à la procédure d'excès de pouvoirs pour faire tomber un acte entaché d'une incompétence aussi absolue. Aussi le conseil d'Etat a-t-il quelquefois évité de statuer sur les recours pour excès de pouvoirs dirigés contre des actes d'administrateurs empiétant sur la fonction législative ou judiciaire. Bien il a interprété ces actes comme de simples prétentions dénuées par elles-mêmes de toute force exécutoire (Cons. d'Et. 24 juin 1881, aff. Evêque de Coutances, D. P. 83. 3. 3) ; ou bien il a déclaré qu'ils ne mettaient pas obstacle à ce que l'intéressé fît valoir ses droits devant la juridiction compétente.

---

(1) (Petit, Nicot et autres.) — LE CONSEIL D'ETAT ; — Vu la loi du 21 juin 1865 et le décret du 12 juillet suivant, art. 12 ; — Considérant qu'il a été statué sur les procès-verbaux par un seul arrêté du conseil de préfecture ; que les requêtes ci-dessus visées présentent dans l'espèce la même question à juger, et qu'ainsi il y a lieu de les joindre dans une seule et même décision ; — Considérant qu'il résulte de l'instruction que les requérants ci-dessus dénommés, qui avaient fait connaître l'intention de présenter des observations orales devant le conseil de préfecture, n'ont pas été avertis du jour où leur affaire serait appelée en séance publique devant ledit conseil ; que des lors l'arrêté intervenu a été rendu en violation de l'art. 12 ci-dessus visé du décret du 12 juill. 1865, et qu'il doit être annulé (Arrêté annulé. Renvoi des requérants devant le même conseil pour être statué ce qu'il appartiendra sur les procès-verbaux après l'accomplissement des

formalités prescrites par l'art. 12 du décret du 12 juill. 1865). Du 8 janv. 1875.-Cons. d'Et.-MM. Mathéus, rap.-Braun, concl.-Laneyrie, av.

(2) (Prahy.) — LE CONSEIL D'ETAT ; — Vu le décret du 22 juin 1806 ; — Vu la loi des 7-14 oct. 1790 et la loi du 24 mai 1872, art. 9 ;.—Sur les conclusions du sieur Prahy tendant à ce qu'il lui soit attribué une pension de retraite pour infirmités graves résultant de l'exercice de ses fonctions : — Considérant que si le sieur Prahy entend réclamer une pension de retraite, à raison d'infirmités graves résultant de l'exercice de ses fonctions, il n'est pas recevable à présenter directement au conseil d'Etat sa demande à cet effet, qui doit être soumise au ministre des finances (Rejet). Du 14 mars 1879.-Cons. d'Et.-MM. Le Vavasseur de Précourt, rap.-Braun, concl.

Mais, dans d'autres cas, les limites de la compétence administrative, soit à l'égard du pouvoir législatif, soit à l'égard du pouvoir judiciaire, sont assez délicates à déterminer pour que l'erreur de l'administrateur ne puisse pas être assimilée à une usurpation manifeste et pour que son acte ne doive pas être déclaré inexistant. Il appartient alors au conseil d'Etat, sur le recours pour excès de pouvoirs formé par la partie lésée, de décider si l'empiétement qui lui est dénoncé a réellement été commis.

94. L'autorité administrative empiète sur les droits du pouvoir législatif lorsqu'elle impose à la propriété privée une servitude que la loi n'a pas autorisée. Le conseil d'Etat, a en conséquence, annulé pour excès de pouvoirs : 1° les dispositions d'un règlement qui imposaient, en dehors des limites d'un cours d'eau, aux propriétaires riverains, une interdiction de planter et de bâtir et une servitude de passage (Cons. d'Et. 15 déc. 1853, aff. Biennais, D. P. 54. 3. 25) ; — 2° Un arrêté préfectoral qui, en réglant le régime des eaux d'une rivière non navigable, avait ordonné la création d'un marchepied sur les propriétés riveraines du cours d'eau (Cons. d'Et. 19 mai 1865, aff. Daire, D. P. 66. 3. 32) ; — 3° L'arrêté par lequel un préfet avait interdit, en l'absence de toute disposition légale ou réglementaire ayant force obligatoire, de placer des moulins à vent à une distance déterminée des routes (Cons. d'Et. 9 mai 1866, aff. Rouillon, D. P. 67. 3. 13) ; — 4° L'arrêté par lequel un maire avait enjoint au riverain d'un chemin rural de clore sa propriété du côté de ce chemin (Cons. d'Et. 5 mai 1865, aff. Montailleur, D. P. 68. 3. 17).

95. Un préfet se substitue à l'autorité judiciaire lorsque, au lieu de fixer exclusivement dans l'intérêt public la hauteur du niveau de retenue d'une usine établie sur un cours d'eau non navigable, il prend sa décision à la réclamation d'un usinier voisin qui prétend que l'usinier inférieur lui a causé un préjudice en relevant le niveau de sa retenue ; et son arrêté doit être annulé pour excès de pouvoirs (Cons. d'Et. 18 avr. 1866, aff. de Colmont, D. P. 69. 3. 63 ; 3 août 1866, aff. Commune de Dorres, D. P. 67. 3. 81 ; 13 mars 1867, aff. d'Estampes, *Rec. Cons. d'État*, p. 265 ; 10 avr. 1867, aff. Dobiche, *ibid.*, p. 375 ; 19 mars 1868, aff. Champy, *ibid.*, p. 326 ; 13 avr. 1870, aff. Leroux, *ibid.*, p. 445 ; 13 mars 1872, aff. Latrige, *ibid.*, p. 158 ; 4 déc. 1874, aff. Robelin, *ibid.*, p. 957 ; 9 juin 1876, aff. Syndicat du canal de Nivolas, D. P. 76. 3. 96).

96. On doit également considérer comme entachés d'excès de pouvoirs les actes par lesquels un fonctionnaire administratif empiète sur les attributions d'une autre autorité administrative. L'excès de pouvoirs est manifeste dans le cas où une autorité inférieure empiète sur les attributions d'une autorité supérieure. Il y a lieu, en conséquence, de prononcer l'annulation : 1° de l'arrêté par lequel un préfet, au lieu de se borner à ordonner le curage d'un cours d'eau non navigable conformément aux anciens usages et règlements, en vertu des pouvoirs qu'il tient des décrets du 25 mars 1852 et du 13 avr. 1861, fait un règlement pour modifier les anciens usages ou pour y suppléer (Cons. d'Et. 12 avr. 1866, aff. Corbière, D. P. 67. 3. 81) ; — 2° De l'arrêté par lequel un préfet, au lieu de se borner à ordonner le curage à vif fond et à vieux bords, ordonne l'élargissement du cours d'eau, cet élargissement ne pouvant être prescrit que par un décret (Cons. d'Et. 9 févr. 1865, aff. d'Andigné de Resteau, D. P. 65. 3. 66) ; — 3° De l'arrêté par lequel un préfet règle les conditions de la création d'une commune nouvelle opérée par décret (Cons. d'Et. 27 févr. 1880, aff. Commune de Chébli, D. P. 81. 3. 33) ; — 4° De l'arrêté par lequel un préfet prend, en matière de foires et marchés, une décision rentrant dans la compétence du conseil général (Cons. d'Et. 4 avr. 1884, aff. Commune de Mane, D. P. 85. 3. 99).

97. Suivant M. Laferrière, t. 2, p. 482, il y a lieu également d'annuler pour incompétence, et par suite pour excès de pouvoirs, la décision prise par le supérieur hiérarchique dans une affaire qui relevait d'une autorité subordonnée ; en effet, si l'autorité supérieure peut réformer les décisions prises par l'autorité inférieure, elle ne saurait se substituer à elle. Le même auteur cite en ce sens un arrêt du conseil d'Etat qui a annulé une délibération par laquelle le conseil général avait pris une décision rentrant dans la compétence de la commission départementale (Cons. d'Et. 16 mai 1884, aff. Commune des Rouges-Truites, D. P. 85.

3. 91. V. aussi Cons. d'Et. 28 juill. 1876, aff. Commune de Giry, D. P. 77. 3. 3) ; et un avis de la section de l'intérieur du 4 août 1868 (*Bull. min. int.* 1868, p. 442), qui refuse au Gouvernement, par application du même principe, la faculté d'évoquer « le droit de décision sur les voies et moyens, lorsqu'il est appelé à déclarer l'utilité publique de travaux communaux.

98. La décision par laquelle une autorité administrative méconnaît l'étendue de sa compétence et refuse de faire un acte qui rentre dans ses attributions doit également être annulée pour excès de pouvoirs. Ainsi un arrêt du conseil d'Etat du 1er mai 1874 (aff. Lezeret, D. P. 75. 3. 36) a annulé une décision du ministre de la justice refusant de statuer sur un recours formé contre une décision du grand chancelier de la Légion d'honneur relativement au traitement d'un légionnaire. Le conseil d'Etat a également annulé la décision par laquelle le ministre des colonies s'était déclaré incompétent pour statuer sur un pourvoi contre un arrêté par lequel le gouverneur de la Guyane, en conseil privé, avait maintenu à un concessionnaire le droit d'exploiter un placer (Cons. d'Et. 23 nov. 1883, aff. Société des mines d'or de la Guyane, D. P. 85. 3. 47).

99. — II. VIOLATION DES FORMES. — L'incompétence n'est pas le seul cas d'excès de pouvoirs. Lorsque le législateur a conféré à certains agents de l'Administration le pouvoir de statuer à la condition d'observer des formes déterminées, l'obligation de statuer dans les formes prescrites doit être considérée comme une des limites du pouvoir accordé à l'agent, et il excède les limites de son pouvoir en n'observant pas ces formes (Aucoc, t. 1, n° 297).

Il a été décidé en ce sens : 1° que, lorsque dans une affaire où le maire ne peut agir que sous l'approbation du préfet, l'approbation a été donnée sous certaines conditions, et que le maire ne se conforme pas à ces conditions, l'acte qu'il accomplit est entaché d'excès de pouvoirs (Cons. d'Et. 22 sept. 1859, aff. Corbin, D. P. 59. 3. 82) ; — 2° Qu'un décret déclaratif d'utilité publique peut être déféré au conseil d'Etat pour excès de pouvoirs à raison de l'inobservation des formes prescrites par les lois et règlements (Cons. d'Et. 22 nov. 1878, aff. Lhopital, D. P. 79. 3. 38) ; et notamment parce qu'il n'aurait pas été précédé de l'enquête exigée par l'art. 3 de la loi du 3 mai 1841 (Sol. impl., Cons. d'Et. 28 janv. 1858, aff. Hubert, D. P. 59. 3. 42) ; ou parce que la déclaration d'utilité publique aurait été prononcée pour un objet autre que ceux qui peuvent donner lieu à cette mesure (Sol. impl., Cons. d'Et. 22 nov. 1878 précité) ; — 3° Que l'arrêté par lequel un préfet inscrit d'office une dépense comme obligatoire au budget d'une commune sans avoir mis le conseil municipal en demeure de voter cette dépense, conformément à la disposition expresse de l'art. 149, § 2, de la loi du 5 avr. 1884, doit être annulé pour excès de pouvoirs (Cons. d'Et. 27 nov. 1885, aff. Commune de Buzançais, D. P. 87. 3. 48. V. Conf. sous l'empire de la loi du 18 juill. 1837: Cons. d'Et. 12 janv. 1877, aff. Ville de Chambéry, D. P. 77. 3. 43) ; — 4° Qu'un préfet commet un excès de pouvoirs en déclarant d'utilité publique l'établissement de trottoirs, postérieurement à leur exécution à laquelle il n'avait été procédé sans enquête préalable (Cons. d'Et. 7 août 1886, aff. Besnier, D. P. 87. 3. 117). — Parmi les actes susceptibles d'être attaqués comme entachés d'excès de pouvoirs, pour violation des formes légales, on aurait pu citer autrefois ceux qui portent approbation de contrats passés par des communes. Mais, d'après la jurisprudence la plus récente, la légalité de ces actes ne peut être examinée par l'autorité administrative que sur le renvoi de l'autorité judiciaire (V. *suprà*, v° *Commune*, n° 1209).

100. Une commission départementale commet également un excès de pouvoirs, et sa décision doit être annulée, lorsqu'elle prescrit l'ouverture ou le redressement des chemins vicinaux ordinaires sans l'avis des conseils municipaux des communes intéressées (Cons. d'Et. 27 juin 1873, aff. Commune de Villers, D. P. 74. 3. 81 ; 14 nov. 1873, aff. Commune d'Olmeto, *ibid.* ; 21 nov. 1873, aff. Commune de Saint-Pierre-les-Etieux, *ibid.* ; 5 déc. 1873, aff. Bouillon Lagrange, *ibid.*) ; ou sans qu'il ait été procédé à une enquête (Cons. d'Et. 20 nov. 1874, aff. Puichand, D. P. 75. 3. 36 ; 18 mars 1881, aff. Roux, D. P. 82. 3. 92).

101. De même il y a lieu d'annuler pour excès de pou-

voirs la décision d'une commission scolaire à raison de l'inobservation des formes légales, et spécialement, à raison de la publicité donnée par cette commission aux débats, contrairement aux prescriptions de la loi, lorsqu'elle est appelée à statuer sur les excuses proposées par les pères de famille (Cons. d'Et. 16 mars 1883, aff. Commission scolaire de Lavaur, D. P. 84. 3. 41).

102. L'inobservation d'une formalité prescrite, non par une loi ou un règlement d'administration publique, mais par une instruction ou circulaire ministérielle, n'entraînerait pas la nullité de l'acte administratif qui aurait dû être précédé ou accompagné de cette formalité (Cons. d'Et. 30 juin 1853, aff. Dumas, *Rec. Cons. d'Etat*, p. 656). — Le conseil d'Etat a annulé, toutefois, des arrêtés préfectoraux ordonnant la suppression d'ouvrages existant sur des cours d'eau non navigables lorsque ces arrêtés n'avaient pas été précédés de l'enquête prescrite par l'instruction ministérielle du 19 therm. an 6 (Cons. d'Et. 15 juin 1864, aff. Gaunard, D. P. 65. 3. 19). Mais cette instruction, qui remonte à une époque où le conseil d'Etat n'était pas encore institué et où les limites des pouvoirs publics n'étaient pas exactement déterminées, a été assimilée par la jurisprudence à un règlement d'administration publique (V. Charreyron, *Du recours pour excès de pouvoirs*, p. 193). On devrait également reconnaître le caractère obligatoire aux formalités prescrites par les règlements sur les chemins vicinaux que la loi du 21 mai 1836 a chargé les préfets de faire, sauf l'approbation du ministre de l'intérieur (Av. Cons. d'Et. 9 mai 1838, *Rép.* v° *Voirie par terre*, n° 628 ; Laferrière, t. 2, p. 501).

103. Il est constant, d'ailleurs, que l'erreur commise dans la notification d'un acte administratif régulier ne peut avoir pour effet de vicier cet acte lui-même ; par suite, la partie à laquelle la notification a été adressée ne peut se prévaloir de l'erreur qu'elle contient pour demander l'annulation dudit acte comme entaché d'excès de pouvoirs (Cons. d'Et. 5 août 1868, aff. Prévost Petit, D. P. 69. 3. 62; 23 avr. 1875, aff. Potdevin, D. P. 75. 3. 103; 18 juill. 1884, aff. Guiches, D. P. 86. 3. 12).

104. Le vice de forme qui doit entraîner l'annulation de l'acte administratif assujetti par la loi ou les règlements à certaines formalités ne consiste pas seulement dans l'omission des formalités prescrites ; les irrégularités commises dans l'accomplissement de ces formalités ont pour effet de les vicier et par suite de vicier l'acte lui-même. C'est ainsi que le conseil d'Etat a annulé : 1° des arrêtés préfectoraux rendus à la suite de délibérations irrégulières des conseils municipaux (Cons. d'Et. 14 janv. 1887, aff. de Langlard, *Rec. Cons. d'Etat*, p. 22) ; — 2° Un arrêté préfectoral autorisant une prise d'eau sur un cours d'eau non navigable, alors que l'enquête qui l'a précédé n'avait pas été régulière (Cons. d'Et. 28 nov. 1861, aff. Maréchal, D. P. 62. 3. 10) ; — 3° Un arrêté préfectoral portant inscription d'office d'un crédit au budget d'une commune, alors que l'invitation adressée au conseil municipal d'avoir à voter le crédit n'avait pas eu le caractère d'une véritable mise en demeure affirmant le caractère obligatoire de la dépense et la nécessité légale d'y pourvoir (Cons. d'Et. 14 nov. 1879, aff. Ville de Blois, D. P. 80. 3. 27) ; — 4° Un décret rejetant une demande tendant à ce qu'une source d'eaux minérales appartenant à un particulier fût déclarée d'utilité publique et munie d'un périmètre de protection, alors que l'avis de la commission d'enquête n'avait pas été précédé d'une vérification par l'ingénieur du débit journalier de la source (Cons. d'Et. 13 nov. 1885, aff. Larteaud, D. P. 87. 3. 35) ; — 5° Un décret déclaratif d'utilité publique, alors que l'enquête dont ce décret avait été précédé n'avait pas eu la durée réglementaire (Sol. impl., Cons. d'Et. 11 juin 1880, aff. Hallot, D. P. 84. 3. 63).

105. Nous avons vu *suprà*, n° 46, que le conseil d'Etat considère également comme entachés d'excès de pouvoirs les décrets qui devaient être rendus sur l'avis du conseil délibérant en assemblée générale, et qui n'ont été délibérés que par la section correspondante au ministre intéressé.

106. Les décisions prises en matière disciplinaire doivent être annulées, en vertu du même principe, toutes les fois que les mesures d'instruction ou de procédure qui doivent les précéder n'ont pas été régulièrement accomplies. C'est ainsi que la jurisprudence considère comme un vice de forme de

nature à vicier ces décisions toute irrégularité commise soit dans la composition d'un conseil d'enquête appelé à donner son avis sur la mise en réforme d'un officier (Cons. d'Et. 20 nov. 1874, aff. X..., D. P. 75. 3. 73; 11 janv. 1878, aff. X..., D. P. 78. 3. 84 ; 22 juill. 1881, aff. Thile, D. P. 83. 3. 7; 10 févr. 1882, aff. Brun, D. P. 83. 3. 59; 28 mars 1885, aff. Lamarque, D. P. 87. 5. 26), soit dans l'organisation de la commission d'enquête qui doit être consultée d'après le décret du 26 oct. 1882 sur la révocation des employés coloniaux (Cons. d'Et. 19 févr. 1886, aff. Dussert, D. P. 87. 3. 78), soit dans la présentation des rapports, la communication des pièces ou la lecture qui doit en être faite devant le conseil d'enquête (Cons. d'Et. 27 déc. 1878, aff. F..., D. P. 79. 3. 47. V. Laferrière, t. 2, p. 497).

107. M. Laferrière, t. 2, p. 498, constate qu'en matière de procédure disciplinaire, où tout doit être de droit strict, la jurisprudence n'admet aucune exception à la règle d'après laquelle l'irrégularité d'une formalité aussi bien que son omission entraîne l'annulation de l'acte; mais il fait observer qu'on doit être moins absolu lorsqu'il s'agit de simples mesures d'instruction administrative dont tous les détails n'ont pas une égale importance, et que la règle ne doit être appliquée dans toute sa rigueur que dans le cas où il s'agit des conditions substantielles en dehors desquelles une enquête ou une expertise ne saurait produire effet. Ainsi, s'il est établi qu'une enquête a eu lieu et que tous les intéressés ont pu se faire entendre, il ne suffira pas d'une irrégularité quelconque dans le mode de procéder ou d'une abréviation insignifiante du délai pour entraîner la nullité de l'acte (Cons. d'Et. 18 juill. 1884, aff. Guiches, D. P. 86. 3. 12; 14 janv. 1887, aff. de Langland, cité *suprà*, n° 104).

108. Le conseil d'Etat, juge de l'excès de pouvoirs qui peut résulter du vice de forme, a un pouvoir étendu pour rechercher ce vice, et il n'est pas lié à cet égard par les mentions contenues dans l'acte attaqué. Il lui appartient d'ordonner la production de toutes les pièces qu'il juge utiles et de provoquer telles investigations que de droit par la voie administrative (Laferrière, t. 2, p. 501). C'est ainsi qu'en matière de mise en réforme pour cause disciplinaire, le conseil d'Etat a été amené, pour apprécier la régularité de la composition d'un conseil d'enquête, à rechercher si l'un des membres de ce conseil, remplacé comme empêché, était ou non dans un cas réel d'empêchement (Cons. d'Et. 10 févr. 1882, aff. Brun, D. P. 83. 3. 59), et s'il y avait ou non, dans le régiment de l'inculpé, des officiers en nombre suffisant pour qu'on fût dispensé de recourir à un officier supérieur d'un autre régiment (Cons. d'Et. 27 nov. 1885, aff. Le Cadre, D. P. 87. 3. 52).

109. Les actes de pure administration n'échappent pas au recours pour excès de pouvoirs fondé sur l'incompétence ou le vice de forme, bien que les recours de cette nature aient été souvent écartés par une fin de non-recevoir tirée de ce que la décision « est un acte de pure administration qui n'est pas de nature à être déférée par la voie contentieuse et de ce que le requérant n'est pas recevable à en demander l'annulation par application des lois des 7-14 oct. 1790 et 24 mai 1872 » (Laferrière, t. 2, p. 394). D'autres arrêts dont la rédaction est plus conforme aux véritables principes de la matière, reconnaissent que ces actes ne sont pas affranchis de tout recours, mais décident qu'ils ne peuvent être attaqués que pour les griefs d'illégalité auxquels se prête leur nature plus ou moins discrétionnaire. C'est ainsi qu'un arrêt du 10 juill. 1874 (aff. de Grandmaison, D. P. 75. 3. 65), se fonde pour rejeter un recours pour excès de pouvoirs formé contre un décret portant modification de l'alignement d'une rue sur « ce qu'un acte de pure administration n'est susceptible de recours que pour la voie contentieuse que pour violation ou inobservation des formalités prescrites par la loi ».

110. M. Laferrière se demande toutefois (t. 2, p. 395) si, parmi les actes discrétionnaires et de pure administration, il n'en est pas qui échappent véritablement à tout recours par la voie contentieuse, alors même que le grief allégué serait celui d'incompétence ou de vice de forme. Il semble, en effet, douteux qu'une partie puisse attaquer devant le conseil d'Etat, pour quelque cause que ce soit, certains actes d'un caractère absolument général et impersonnel, tels que les règlements qui déterminent la marche d'un service

public et qui tracent des règles aux subordonnés pour le fonctionnement de ce service, mais qui n'adressent aucune prescription aux personnes étrangères à l'Administration. C'est ainsi que le conseil d'État a opposé une fin de non-recevoir à des recours formés par des militaires contre des décisions du ministre de la guerre réglant leur uniforme et les insignes de leur grade (Cons. d'Et. 13 nov. 1885, aff. Sévigny, D. P. 87. 3. 39). Mais l'auteur que nous venons de citer fait observer avec raison que cette fin de non-recevoir se rattache beaucoup moins à la nature de l'acte qu'au défaut de qualité des parties qui prétendraient l'attaquer.

111. — III. Violation de la loi. — L'incompétence et les vices de forme ne sont pas les seuls griefs qui puissent donner ouverture au recours pour excès de pouvoirs. La jurisprudence avait depuis longtemps reconnu aux parties, d'une manière plus ou moins large, le droit de poursuivre devant le conseil d'Etat l'annulation d'actes administratifs faits en violation de la loi et portant atteinte à leurs droits. Depuis le décret du 2 nov. 1864, elle a assimilé ce recours au recours pour excès de pouvoirs au point de vue de sa procédure et de ses effets; elle en a, en outre, développé l'application en l'étendant, ainsi que nous le verrons, au moyen de la théorie du détournement de pouvoirs à un grand nombre d'actes qualifiés actes de pure administration qui n'étaient autrefois considérés comme susceptibles de recours que pour incompétence ou vice de forme (V. suprà, n° 109).

112. La violation de la loi doit s'entendre de la violation de toute prescription légalement obligatoire pour l'Administration (Laferrière, t. 2, p. 510), et la violation de la chose jugée doit être assimilée à la violation de la loi. Le conseil d'Etat a, par application de cette règle, annulé à plusieurs reprises pour excès de pouvoirs des actes administratifs qui étaient en opposition avec des décisions définitives des tribunaux judiciaires (Cons. d'Et. 26 janv. 1834, aff. Ville de Bastia, *Rec. Cons. d'Etat*, p. 56); des juridictions administratives (Cons. d'Et. 21 févr. 1867, aff. Ville de Montbéliard, *Rec. Cons. d'Etat*, p. 186 ; 15 avr. 1868, aff. Robineau, *ibid.*, p. 411) ou de la cour des comptes (Cons. d'Et. 3 juill. 1885, aff. de Bonardi, D. P. 87. 3. 3).

113. Pour que la violation de la loi soit un moyen d'annulation il faut qu'elle constitue en même temps une atteinte à un droit. Ainsi, le refus par un préfet d'approuver une délibération d'un conseil municipal ou d'inscrire d'office un crédit au budget d'une commune ne peut donner ouverture à un recours pour excès de pouvoirs bien que ce refus repose sur une erreur de droit. En effet, les particuliers qui sollicitent dans leur intérêt l'approbation de la délibération d'un conseil municipal ou l'inscription d'office d'un crédit au budget communal ne peuvent les réclamer comme un droit (Cons. d'Et. 15 janv. 1875, aff. de Larralde, D. P. 75. 3. 94; 4 août 1876, aff. Ville de Besançon, D. P. 76. 3. 101 ; 17 avr. 1885, aff. Consistoire de Nîmes, D. P. 86. 3. 131).

114. Mais si, au contraire, un préfet retire l'approbation qu'il a donnée à la délibération d'un conseil municipal, après que la délibération approuvée a servi de base à un contrat créant des liens de droit entre la commune et des tiers, ou s'il inscrit d'office au budget d'une commune une dépense qui n'était pas obligatoire, une semblable décision porte atteinte à des droits acquis, et elle doit être annulée pour excès de pouvoirs (Laferrière, t. 2, p. 507).

115. La violation de la loi est un moyen d'annulation non seulement lorsque la décision attaquée porte atteinte aux droits d'une personne déterminée, mais encore lorsqu'elle lèse les droits d'une collectivité, telle que les habitants d'une commune ou les industriels ou commerçants exerçant une profession commune (Laferrière, t. 2, p. 509). La jurisprudence admet, en pareil cas, la recevabilité du recours directement formé par chacune des personnes atteintes dans leur droit, et notamment par des habitants, des industriels ou des propriétaires qui contestent la légalité des obligations ou interdictions qui leur ont été collectivement imposées par des règlements de police (Cons. d'Et. 28 mars 1885, aff. Languellier, D. P. 86. 3. 97); ou par la réunion des intéressés, lorsque ceux-ci constituent dans leur ensemble une personne juridique ayant la capacité d'ester en justice, ce qui a lieu, notamment, pour les syndicats professionnels de patrons ou d'ouvriers (L. 21 mars 1884, D. P. 84. 4.

132)¿ (Cons. d'Et. 25 mars 1887, aff. Syndicat des propriétaires de bains de Paris, D. P. 88. 3. 57).

116. Les règles qui viennent d'être indiquées ont reçu de la jurisprudence de nombreuses applications. Le conseil d'Etat a notamment admis la recevabilité des recours pour excès de pouvoirs dirigés contre : 1° les dispositions de règlements de police municipale ou rurale imposant aux habitants d'une commune des obligations illégales (Cons. d'Et. 20 déc. 1872, aff. Billette, D. P. 73. 3. 45 ; 28 mars 1885, aff. Languellier, D. P. 86. 3. 97 ; 24 déc. 1886, Comp. des terrains de la gare de Saint-Ouen, D. P. 88. 3. 31) ; — 2° Des décisions individuelles ou réglementaires imposant à la liberté du commerce et de l'industrie des restrictions non autorisées par la loi (Cons. d'Et. 30 avr. 1868, aff. Desanges, D. P. 68. 3. 83 ; 18 janv. 1884, aff. Belleau, D. P. 85. 3. 73; 13 mars 1885, aff. Vignet, D. P. 86. 3. 115 ; 9 avr. 1886, aff. Argellier, D. P. 88. 3. 20 ; 18 mars 1887, aff. Martin, *ibid.*; 25 mars 1887, aff. Syndicat des propriétaires de bains de Paris, D. P. 88. 3. 57) ; — 3° Des arrêtés ordonnant la création, la translation ou l'agrandissement de cimetières sans tenir compte des distances légales à observer à l'égard des habitants (Cons. d'Et. 4 avr. 1861, aff. Richard d'Aulnay, D. P. 62. 3. 2 ; 28 mai 1866, aff. Blondeau, D. P. 67. 3. 39 ; 21 janv. 1869, aff. Lesbros, D. P. 72. 3. 12 ; et 4 août 1870, aff. Lemoine, *ibid.*; 2 juill. 1875, aff. Olivier, D. P. 76. 3. 30 ; — 4° Des arrêtés prescrivant à des propriétaires d'exécuter dans leurs immeubles des travaux de salubrité excédant leurs obligations légales (Cons. d'Et. 12 mai 1882, aff. Palazzi, D. P. 83. 3. 122) ; — 5° Des arrêtés prescrivant des battues dans les bois de particuliers pour la destruction d'animaux autres que les animaux nuisibles prévus par l'arrêté du 19 pluv. an 5 (Cons. d'Et. 1er avr. 1881, aff. Schneider, D. P. 81. 1. 41 ; 12 mai 1882, aff. Chaïou, D. P. 83. 3. 100) ; — 6° Un arrêté portant interdiction de la pêche dans des eaux qui en fait constituaient des réservoirs, alors que, d'après l'art. 1er de la loi du 31 mai 1865, cette interdiction ne pouvait être prononcée que pour les cours d'eau (Cons. d'Et. 29 nov. 1872, aff. Baillergeau, D. P. 74. 3. 42).

117. Les décisions qui portent atteinte soit à la propriété du grade que la loi du 19 mai 1834 assure aux officiers, soit à l'irrévocabilité du titre des membres de la Légion d'honneur, doivent également être annulées pour excès de pouvoirs. Nous rapporterons ailleurs (v^ts Organisation militaire; Ordres civils et militaires), les décisions de la jurisprudence du conseil d'Etat en ces matières.

118. Sous l'empire du décret du 29 déc. 1851 (D. P. 52. 4. 25), qui autorisait les préfets à ordonner la fermeture d'un débit de boissons, après une condamnation ou par mesure de sûreté publique, il a été jugé que ces fonctionnaires ne pouvaient ni déclarer nulles et non avenues toutes les autorisations données antérieurement dans le département (Cons. d'Et. 1er févr. 1878, aff. Robert, D. P. 78. 3. 85), ni ordonner la fermeture d'un débit en se fondant sur un procès-verbal qui aurait relevé une contravention, alors qu'aucune condamnation n'avait été prononcée à la suite de ce procès-verbal (Cons. d'Et. 21 mars 1879, aff. Coudert, D. P. 79. 3. 76).

119. Dans le cas où un administrateur, sans décliner sa compétence, refuse de faire un acte qu'il est légalement tenu d'accomplir, sa décision peut être attaquée pour violation de la loi et des droits acquis (Laferrière, t. 2, p. 519). C'est ainsi que des décisions portant refus d'alignement ou l'autorisation de bâtir ont été annulées par le motif que l'Administration n'a pas le droit de paralyser l'exercice du droit de propriété en refusant à un propriétaire l'indication des limites qu'il devra observer pour construire le long de la voie publique (Cons. d'Et. 22 janv. 1863, aff. de la Moskowa, D. P. 63. 3. 1 ; 23 janv. 1868, aff. Vogt, D. P. 68. 3. 69 ; 12 janv. 1883, aff. Matussière, D. P. 84. 3. 77). Le conseil d'Etat a également décidé que le particulier à qui un préfet a refusé un permis de chasse en dehors des cas d'exclusion prévus par la loi du 3 mai 1844 est recevable à attaquer ce refus par la voie du recours pour excès de pouvoirs (Cons. d'Et. 13 mars 1867, aff. Bizet, D. P. 67. 3. 98), et qu'il en est de même du refus fait par un maire de communiquer les listes électorales (Cons. d'Et. 19 juin 1863, aff. de Sonnier, D. P. 63. 3. 40), ou de recevoir la déclaration d'ouverture d'un débit de boissons et d'en donner récépissé (Cons. d'Et. 4 juill.

1884, aff. Blanc, D. P. 85. 3. 122). La décision du ministre du commerce portant refus d'un brevet par le motif que le brevet s'appliquerait à des objets distincts, peut également être déférée pour excès de pouvoirs au conseil d'Etat auquel il appartient de vérifier si la demande était ou non limitée, comme l'exige la loi, à un seul objet principal (Cons. d'Et. 12 août 1879, aff. Giroud-Dargoud, D. P. 80. 3. 22).

120. — IV. Détournement de pouvoirs. — Il y a encore excès de pouvoirs, dit M. Aucoc, t. 1, n° 298, « quand un agent de l'Administration, tout en faisant un acte de sa compétence et en suivant les formes prescrites par la législation, use de son pouvoir discrétionnaire dans un but et pour des motifs autres que ceux en vue desquels ce pouvoir lui a été attribué ». C'est ce qui constitue le *détournement de pouvoirs*. Cette cause d'annulation, dont l'appréciation est particulièrement délicate, n'a été expressément admise et nettement définie que par une doctrine et une jurisprudence assez récentes. Elle existe alors même que les dispositions contenues dans l'acte attaqué, examinées en elles-mêmes, ne sortent pas de la catégorie de celles qui auraient pu, dans certains cas, être prises par l'autorité dont elles émanent.

121. Le cas dans lequel la jurisprudence a le plus anciennement reconnu cette sorte d'excès de pouvoirs est celui où un préfet use des droits qui lui appartiennent sur les cours d'eau non dans un intérêt général, mais pour trancher une contestation entre particuliers (Cons. d'Et. 19 juin 1863, aff. de Conegliano, D. P. 65. 3. 19). Mais, ainsi que nous l'avons vu *suprà*, n° 95, cette solution s'imposait à un autre point de vue, puisqu'il y avait en pareil cas usurpation du pouvoir judiciaire par l'autorité administrative.

122. La jurisprudence n'a pas tardé à faire un pas de plus dans cette voie, et, dans des cas où le principe de la séparation des pouvoirs n'avait reçu aucune atteinte, le conseil d'Etat s'est reconnu le droit de rechercher le but de la mesure incriminée, sans s'arrêter à la forme et à l'apparence des actes. C'est ainsi qu'il a été conduit à apprécier l'exercice, par les préfets, du pouvoir que leur confère l'art. 1er de l'ordonnance du 15 nov. 1846, de régler l'entrée, le stationnement et la circulation des voitures publiques ou particulières dans les cours dépendant des stations de chemins de fer. Lorsqu'un préfet, au lieu d'user de ce pouvoir dans un intérêt de police, à l'effet de maintenir le bon ordre dans un lieu destiné à un usage public, s'en est servi pour assurer un monopole à une entreprise de voitures publiques et qu'il a interdit, dans ce but, l'entrée de la gare à toutes les autres voitures, le conseil d'Etat a jugé qu'il commettait un excès de pouvoirs parce qu'il usait de son autorité dans un but tout différent de celui que le législateur avait eu en vue (Cons. d'Et. 25 févr. 1864, aff. Lesbats, D. P. 64. 3. 25; 7 juin 1865, même affaire, D. P. 66. 3. 29).

123. Le législateur a également, dans le but d'assurer la conservation du domaine public, donné à l'autorité administrative le droit de reconnaître les limites du lit des cours d'eau navigables et flottables. Dans le cas où le chef de l'Etat ou le préfet fait usage de ce pouvoir pour englober dans le domaine public une partie des propriétés privées qui le bornent, sa décision doit être annulée pour excès de pouvoirs (Cons. d'Et. 27 mai 1863, aff. Drillet de Lannigou, D. P. 63. 3. 63; Trib. confl. 27 mai 1876, aff. Commune de Sandouville, D. P. 77. 3. 41; Cons. d'Et. 28 avr. 1882, aff. Fouché, D. P. 83. 3. 69; 3 mars 1882, aff. Amiot, *ibid.*; 10 mars 1882, aff. Duval, D. P. 83. 3. 73).

124. La même solution est admise lorsque des arrêtés de police ont été pris dans le but unique de servir les intérêts pécuniaires du trésor, des départements et des communes. Le conseil d'Etat a annulé, en conséquence : 1° l'arrêté qui avait retiré dans l'intérêt privé du domaine une autorisation d'enlever des nodules de phosphates de chaux sur le rivage de la mer pendant un nombre d'années déterminé, bien que le préfet eût déclaré se réserver le droit de la révoquer, cette réserve devant être entendue en ce sens que le retrait de la permission pourrait être prononcé dans l'intérêt de la conservation et de la police du rivage de la mer (Cons. d'Et. 14 nov. 1873, aff. Astier, D. P. 74. 3.

77); — 2° L'arrêté par lequel un préfet, dans l'intérêt pécuniaire du trésor, et pour obliger le permissionnaire à se soumettre à une redevance, a usé du droit qui lui appartient de retirer l'autorisation d'établir des conduites dans le sous-sol d'une voie publique (Cons. d'Et. 29 nov. 1878, aff. Dehaynin, D. P. 79. 3. 33; 19 mars 1880, aff. Compagnie centrale du gaz, D. P. 80. 3. 109); — 3° Celui par lequel un préfet a retiré à un propriétaire riverain d'une route la permission de construire un aqueduc sous cette route, en vue d'attribuer la jouissance des eaux pluviales qui en découlent à un autre riverain qui a stipulé cette concession à son profit dans un contrat conclu entre lui et l'Administration (Cons. d'Et. 21 mars 1868, aff. Dubus, D. P. 73. 3. 91); — 4° L'arrêté par lequel un maire a retiré à un particulier l'autorisation de placer une conduite d'eau sous le sol d'un sentier communal, alors que cette mesure a été prise, non dans l'intérêt de la viabilité, mais dans l'intérêt privé de la commune (Cons. d'Et. 12 févr. 1886, aff. Charret, D. P. 87. 3. 74); — 5° Celui par lequel le ministre, dans le seul but de protéger une source appartenant à l'Etat, a refusé à un particulier le droit d'exploiter une source d'eaux minérales, alors que le pouvoir de police qui lui appartient sur les eaux minérales ne lui a été attribué que dans l'intérêt de la santé publique (Cons. d'Et. 6 déc. 1878, aff. Larbaud, D. P. 79. 3. 33; 16 juill. 1886, aff. Dubois, D. P. 87. 3. 125); — 6° La décision par laquelle l'autorité chargée de délivrer l'alignement a refusé de donner cette indication par le motif qu'elle avait le projet de créer une rue nouvelle qui traverserait le terrain où le propriétaire se proposait de bâtir (Cons. d'Et. 22 nov. 1866, aff. Guéret, *Rec. Cons. d'Etat*, p. 1071; 23 janv. 1868, aff. Vogt, D. P. 68. 3. 69; 22 janv. 1875, aff. Ville d'Alger, D. P. 75. 3. 98; 12 janv. 1883, aff. Matussière, D. P. 84. 3. 76; 23 févr. 1883, aff. Grellety, D. P. 84. 3. 77; 22 juin 1883, aff. Gallian, D. P. 85. 3. 20); — 7° La décision par laquelle le ministre des finances a concédé à une ville, sous forme de location, le droit, à l'exclusion de toute concurrence, de faire stationner et circuler sur une partie de la plage des voitures de baigneurs (Cons. d'Et. 30 avr. 1863, aff. Bourgeois, D. P. 63. 3. 64); — 8° L'arrêté par lequel le maire d'une commune a imposé à toute personne se baignant dans toute l'étendue de la plage affectée aux bains, alors même qu'elle ne se serait ni habillée ni déshabillée dans une des cabines de l'établissement fondé par cette commune, l'obligation d'acquitter une taxe au profit de cet établissement (Cons. d'Et. 19 mai 1858, aff. Vernes, D. P. 59. 3. 51).

125. On doit à plus forte raison annuler pour détournement de pouvoirs les actes administratifs qui, bien que légaux en eux-mêmes, ont pour but de favoriser l'intérêt de certains concurrents. Tels sont : 1° les actes qui, sous prétexte de police de la voirie, portent atteinte aux droits des entrepreneurs de transports au profit de quelques concurrents privilégiés (Cons. d'Et. 25 févr. 1864, aff. Lesbats, D. P. 64. 3. 25; 7 juin 1865, aff. Lesbats, D. P. 66. 3. 29); — 2° Le règlement administratif dont les dispositions, légales en elles-mêmes, ont été prises pour régler la vente à la criée dans le but de favoriser certaines catégories de vendeurs au détriment du commissaire-priseur (Cons. d'Et. 3 déc. 1875, aff. Clairouin, D. P. 76. 3. 41); — 3° L'arrêté par lequel un préfet a usé des pouvoirs qui lui sont conférés pour la police des manufactures dangereuses ou insalubres par le décret du 15 oct. 1810, pour faire fermer une fabrique dans l'intérêt d'un service financier de l'Etat, notamment, du monopole de la fabrication des allumettes (Cons. d'Et. 26 nov. 1875, aff. Pariset, et aff. Laumonnier Carriol, D. P. 76. 3. 41).

126. Le conseil d'Etat a vu également un détournement de pouvoir dans l'acte par lequel un préfet retire l'autorisation donnée à l'un des deux comices existant dans l'arrondissement, en se fondant sur la prétendue nécessité que lui imposerait la loi du 20 mars 1851 de supprimer l'un de ces comices, alors qu'aucune disposition, soit de cette loi, soit des lois postérieures, ne fait obstacle à l'existence simultanée de deux comices agricoles dans le même arrondissement (Cons. d'Et. 4 févr. 1881, aff. d'Argent, D. P. 82. 3. 68).

127. Mais le mérite des actes accomplis par l'Administration dans les matières où elle est investie d'un pouvoir discrétionnaire ne peut être discuté devant le conseil d'Etat. Ainsi le conseil d'Etat ne peut être appelé à appré-

cier les motifs qui déterminent le chef de l'Etat à autoriser un notaire à transférer le lieu de sa résidence, alors même que le requérant prétend que cette mesure n'a pas été prise dans un intérêt général (Cons. d'Et. 14 déc. 1883, aff. de Lacroix, D. P. 85. 3. 74); ... ni les motifs qui déterminent un maire à fixer la distance à laquelle les débits de boissons ne peuvent être établis autour des écoles (Cons. d'Et. 7 août 1883, aff. François, D. P. 85. 3. 64; 4 juill. 1884, aff. Blanc, D. P. 85. 3. 122); ... ni la question de savoir si la part dans la dépense des aliénés mise à la charge des communes par une délibération du conseil général, en vertu de l'art. 46, § 19, de la loi du 10 août 1871 est exagérée (Cons. d'Et. 22 juin 1883, aff. Ville de Marseille, D. P. 85. 3. 17). De même les intéressés ne sont pas recevables en cas de suppression d'un office d'avoué, à contester, par la voie d'un recours pour excès de pouvoirs, la fixation faite par le chef de l'Etat, de l'indemnité à payer au titulaire de l'office, ou la répartition de cette indemnité, telle qu'elle a été opérée par décret (Cons. d'Et. 11 juin 1886, aff. Lasserre, D. P. 87. 3. 118).

128. — V. CAS OU LA VOIE DU RECOURS POUR EXCÈS DE POUVOIRS N'EST PAS OUVERTE. — Quelque étendu que soit le droit de contrôle que le conseil d'Etat est appelé à exercer au moyen du recours pour excès de pouvoirs sur les actes de toutes les autorités administratives, ce contrôle a des limites qu'il importe de déterminer. D'après une jurisprudence constante, le recours pour excès de pouvoirs doit être déclaré non recevable toutes les fois que le réclamant peut poursuivre devant une juridiction administrative l'annulation de la décision qui lui fait grief. Ainsi les arrêtés par lesquels les conseils de préfecture statuent sur la comptabilité des communes ou établissements de bienfaisance, pouvant être déférés par la voie d'appel à la cour des comptes, ne sauraient être directement attaqués pour excès de pouvoirs devant le conseil d'Etat (Cons. d'Et. 4 avr. 1856, aff. Delaunay, D. P. 56. 3. 60; 17 mars 1857, aff. Joly, D. P. 57. 3. 84; 18 mars 1858, aff. Cosset, D. P. 75. 3. 21, note 1; 20 mars 1874, aff. Duchemin, D. P. 75. 3. 21; 28 avr. 1876, aff. Commune de Mimbaste, D. P. 76. 3. 82; 19 janv. 1877, aff. Commune de Bédouin, D. P. 77. 3. 39; 21 déc. 1877, aff. Reveau, D. P. 78. 3. 43).

129. Le conseil d'Etat avait admis pendant longtemps la recevabilité du recours pour excès de pouvoirs dirigé contre l'arrêté par lequel un conseil de préfecture déclarait un maire comptable de fait (Cons. d'Et. 12 août 1848, aff. Antony, D. P. 50. 3. 23; 13 août 1850, aff. Brun, D. P. 75. 3. 21, note 1; 15 avr. 1857, aff. Chervaux, D. P. 58. 3. 1; 20 mars 1874, aff. Duchemin, D. P. 75. 3. 21). Mais cette jurisprudence est aujourd'hui abandonnée et le conseil d'Etat décide actuellement que les arrêtés qui déclarent un maire comptable pouvant être attaqués devant la cour des comptes, ne peuvent lui être déférés directement même pour excès de pouvoirs (Cons. d'Et. 19 mai 1882, aff. Commune de Berlaincourt, D. P. 83. 3. 107; 25 janv. 1884, aff. Taillefer, D. P. 85. 3. 85).

130. De même le directeur d'une école primaire n'est pas recevable à se pourvoir pour excès de pouvoirs devant le conseil d'Etat contre la décision par laquelle le conseil départemental de l'instruction publique a maintenu le refus d'autorisation opposé par un maire à l'ouverture d'une école libre, une décision de cette nature pouvant, aux termes de l'art. 19 de la loi du 10 avr. 1867, être attaquée devant le conseil supérieur de l'instruction publique (Cons. d'Et. 3 août 1883, aff. Raveneau, D. P. 85. 3. 29; 19 déc. 1884, aff. Cochet, D. P. 85. 5. 227).

131. La jurisprudence déclare aujourd'hui non recevables, par application des mêmes principes, les recours dirigés : 1° contre l'arrêté préfectoral qui a autorisé l'établissement d'un atelier insalubre de deuxième classe, par le motif qu'aux termes de l'art. 7 du décret du 15 oct. 1810, les oppositions aux arrêtés des préfets doivent, en cette matière, être portées devant le conseil de préfecture, sauf appel au conseil d'Etat (Cons. d'Et. 14 janv. 1876, aff. Regnault, D. P. 76. 3. 49; 25 févr. 1876, aff. Duboys d'Angers, ibid. — V. contrà : Cons. d'Et. 6 mai 1883, aff. Perrache, D. P. 54. 3. 1); — 2° Contre un arrêté préfectoral autorisant des extractions de matériaux, par le motif que les arrêtés de cette nature ne font pas obstacle à ce que le propriétaire porte son opposition devant le conseil de préfecture compétent pour en connaître (Cons. d'Et. 15 déc. 1876, aff. Baroux, D. P. 77. 3. 17; 1er mai 1885, aff. Larose, D. P. 86. 3. 128. — Contrà : Sol. impl., Cons. d'Et. 9 mai 1867, aff. Stackler, D. P. 67. 3. 69; Sol. impl., Cons. d'Et. 17 juill. 1874, aff. Monier, D. P. 75. 3. 71).

132. La question est plus délicate à l'égard des décisions contre lesquelles un recours est ouvert aux intéressés devant le conseil d'Etat par la voie administrative. Toutefois, la jurisprudence admet généralement que ces décisions ne peuvent être déférées au conseil d'Etat par la voie du recours pour excès de pouvoirs. Il a été décidé, en ce sens, que le recours pour excès de pouvoirs n'est pas recevable contre les actes qui peuvent être, devant le conseil d'Etat, l'objet du recours pour abus ouvert par la loi du 18 germ. an 10 (Cons. d'Et. 22 déc. 1876, aff. Badaroux, D. P. 77. 3. 33; 23 mai 1879, aff. Evêque de Fréjus, D. P. 79. 3. 102).

133. Antérieurement à la loi du 5 avr. 1884, le recours pour excès de pouvoirs a été également déclaré non recevable contre les arrêtés d'annulation des délibérations prises par les conseils municipaux sur des objets étrangers à leurs attributions, le recours dans la forme administrative étant ouvert aux intéressés par l'art. 23 de la loi du 5 mai 1855 (Cons. d'Et. 9 févr. 1870, aff. Pagès, D. P. 70. 3. 57; 23 janv. 1874, aff. Triadou, D. P. 74. 3. 69; 27 févr. 1874, aff. Odon-Périer, ibid.). Mais il a été jugé, au contraire, que l'art. 13 de la loi du 21 juin 1865 en ouvrant un recours spécial par la voie administrative contre les arrêtés préfectoraux organisant des associations syndicales autorisées, n'a pas enlevé aux intéressés le droit de déférer ces arrêtés au conseil d'Etat par application des lois des 7-14 oct. 1790 et 24 mai 1872, art. 9 (Sol. impl., Cons. d'Et. 17 janv. 1873, aff. Briard-Lalonde, D. P. 73. 3. 83 ; 6 juin 1879, aff. de Vilar, D. P. 79. 3. 90).

134. Si le recours pour excès de pouvoirs est irrecevable lorsque le réclamant peut poursuivre devant une autre juridiction ou par une autre voie l'annulation de l'acte qui lui fait grief, la même solution doit-elle être adoptée, toutes les fois que le réclamant peut faire décider directement ou indirectement par une juridiction administrative ou judiciaire que l'acte dont il se plaint est illégal ou n'est pas obligatoire à cet égard? Cette question a été très vivement controversée et les solutions qu'elle a reçues de la jurisprudence ne peuvent pas toutes être rattachées à une doctrine absolue.

135. Suivant une première opinion, l'annulation pour excès de pouvoirs peut toujours être demandée devant le conseil d'Etat, bien que la nullité de l'acte puisse être invoquée à l'appui d'une réclamation d'une autre nature devant une autre juridiction. « On a voulu, dit M. Batbie, Droit public et administratif, 2e éd., t. 7, n° 432, donner aux intéressés le moyen de faire promptement, sans détour inutile de procédure, rétablir l'ordre des compétences, et bien qu'agissant dans un intérêt privé, qu'on n'ôt été armés d'un moyen qui sert à l'intérêt général. Comment cette intention sera-t-elle servie si la partie peut être renvoyée aux autres moyens d'action, si le recours pour excès de pouvoirs n'est pas reçu toutes les fois qu'un autre moyen lui est donné d'arriver au même résultat? » On ajoute qu'il n'est pas admissible que le pouvoir souverain de contrôle qui appartient au conseil d'Etat, et que l'on a comparé au pouvoir de la cour de cassation dans l'ordre judiciaire, s'incline devant une autre juridiction, parce que celle-ci pourra donner également satisfaction à l'intérêt privé. Le recours au conseil d'Etat et le recours à la juridiction compétente n'ont ni le même but ni les mêmes effets. L'annulation prononcée par le conseil d'Etat profite à tous et fait disparaître d'une façon absolue l'acte annulé, tandis que la juridiction spéciale, en protégeant les intéressés contre une application de cet acte, le laisse cependant subsister, et la décision obtenue de cette juridiction par l'une des parties lésées est pour toutes les autres res inter alios acta (V. en ce sens : Revue critique, 1870, article de M. Rozy, p. 97; 1876, article de M. Collet, p. 225 ; Dufour, Droit administratif, 3e éd., t. 1, n°s 463 et 721; Ducrocq, t. 1, n° 252, p. 237; Charreyron, Du recours pour excès de pouvoirs, p. 233).

136. Les défenseurs de l'opinion contraire objectent que le système qui vient d'être résumé permettrait des contradictions regrettables entre les décisions du conseil d'Etat et celles d'une autre juridiction administrative et judiciaire, et ils soutiennent que le recours pour excès de pouvoirs ne doit

être ouvert aux citoyens que lorsqu'ils n'ont aucun autre moyen d'empêcher l'exécution de l'acte attaqué et de se préserver du préjudice qui leur causerait cette exécution. Ainsi que le fait observer M. Aucoc, qui, sans adopter ce système absolu, repousse la doctrine opposée, « il n'y pas de raison suffisante pour déroger à l'ordre des juridictions établies par des textes spéciaux lorsque les citoyens ont un autre moyen direct de faire tomber l'acte qui leur fait grief et d'en empêcher l'exécution à leur égard. Il n'est même pas sans inconvénient qu'un acte touchant à des intérêts collectifs et qui était la base d'une opération utile disparaisse sur la plainte d'un seul intéressé, à raison d'un vice de forme qui aurait pu être couvert par l'assentiment général, si le réclamant peut obtenir personnellement justice par une voie qui lui donne complète satisfaction » (t. 1, n° 299. V. conf. Laferrière, t. 2, p. 448).

137. Il est d'ailleurs constant, même dans cette seconde opinion, que le recours pour excès de pouvoirs ne peut être écarté qu'autant que les parties ont un autre moyen de s'opposer à l'exécution de l'acte qui leur cause un préjudice, et que l'action qui leur permettrait seulement d'obtenir une indemnité en réparation de ce préjudice ne ferait pas double emploi avec le recours pour excès de pouvoirs (Aucoc, t. 1, n° 299 ; Laferrière, t. 2, p. 452).

138. Le conseil d'État qui, jusqu'en 1850, n'admettait dans aucun cas la possibilité de deux recours parallèles et qui rejetait comme irrecevable le recours pour excès de pouvoirs toutes les fois qu'en cas d'application de l'acte attaqué une contestation pouvait être portée soit devant l'autorité judiciaire, soit devant une juridiction administrative, a consacré depuis cette époque, par de nombreux arrêts, une doctrine intermédiaire qui repose sur la distinction suivante : le recours pour excès de pouvoirs est recevable si une autre juridiction ne peut être saisie qu'indirectement par une poursuite ; il ne l'est pas lorsqu'il existe un recours *parallèle* et *direct.* En effet, suivant la remarque de M. Aucoc, qui admet cette distinction (t. 1, n° 299), s'il peut être légitime de renvoyer un citoyen à discuter devant le tribunal civil la légalité d'une taxe indirecte, il serait trop rigoureux de lui refuser d'examiner la réclamation qu'il forme contre un règlement administratif en lui objectant qu'il peut désobéir à l'arrêté attaqué, et, s'il est poursuivi devant le juge de police ou le juge correctionnel, échapper à la peine encourue en contestant la légalité de l'acte dont il a enfreint les prescriptions. Le droit de se défendre contre des poursuites devant un tribunal de répression n'est pas l'équivalent d'un recours direct contre un acte administratif et par conséquent ne doit pas faire obstacle au recours pour excès de pouvoirs.

139. Par application de la règle qui vient d'être formulée, la jurisprudence déclare non recevables les recours dirigés contre les actes qui autorisent le recouvrement des taxes et dont le requérant peut contester la légalité à l'effet d'obtenir décharge de sa part contributive, soit devant le conseil de préfecture, soit devant les tribunaux judiciaires.

Cette fin de non-recevoir a été notamment appliquée aux recours dirigés : 1° contre des délibérations de conseils municipaux votant des centimes additionnels (Cons. d'Et. 2 mai 1880, aff. Poujaud, D. P. 81. 3. 63 ; 12 janv. 1883, aff. Guicheux, D. P. 84. 3. 76); — 2° Contre une décision ministérielle rapportant une décision antérieure qui avait annulé une délibération de cette nature (Arrêt précité du 12 janv. 1883) ; — 3° Contre un décret autorisant une commune à contracter un emprunt et à affecter au remboursement la produit d'une imposition extraordinaire (Cons. d'Et. 30 nov. 1877, aff. de Séré, D. P. 78. 3. 52); — 4° Contre un arrêté préfectoral imposant d'office des centimes additionnels sur une commune (Cons. d'Et. 8 févr. 1878, aff. Bizet, D. P. 78. 3. 52); — 5° Contre les décisions ministérielles et les arrêtés préfectoraux qui fixent les bases de répartition des taxes de pâturage dans une commune, ainsi que contre les délibérations des conseils municipaux qui établissent cette répartition entre les habitants (Cons. d'Et. 18 août 1849, aff. habitants de Tanyot, D. P. 50. 3. 9) ; — 6° Contre un arrêté municipal enjoignant au riverain d'une rue de construire un trottoir au-devant de sa propriété (Cons. d'Et. 16 janv. 1880, aff. Lefebvre, D. P. 80. 3. 86); — 7° Contre l'arrêté par lequel le préfet prescrit qu'un cours d'eau non navigable sera curé par un propriétaire ou, en cas de refus, d'office,

aux frais de ce propriétaire (Cons. d'Et. 17 août 1866, aff. Riverains du Petit-Odon, *Rec. Cons. d'Etat*, p. 1023 ; 25 avr. 1868, aff. Gobert, D. P. 69. 3. 68; 16 mai 1884, aff. Perrin des Isles, D. P. 86. 3. 6; 20 juin 1884, aff. Faure Dartiguelongue et Lasserre, *Rec. Cons. d'Etat*, p. 496). Dans ces diverses espèces, en effet, les réclamants pouvaient demander décharge devant le conseil de préfecture de la cotisation qui leur avait été imposée, et se soustraire ainsi aux effets de la décision qui leur faisait grief.

140. Il avait été décidé, au contraire, que le recours pour excès de pouvoirs était recevable lorsque le préfet ordonnait aux riverains l'exécution de travaux (notamment de travaux de curage) pouvant leur causer un préjudice (Cons. d'Et. 22 déc. 1859, aff. Gouchon, *Rec. Cons. d'Etat*, p. 766 ; 1er mars 1866, aff. Berger, *ibid.*, p. 197 ; 13 août 1867, aff. Quillet, D. P. 68. 3. 41). Mais cette jurisprudence a été abandonnée par les arrêts du 16 mai et du 20 juin 1884 cités *suprâ*, n° 139, par le motif que ces décisions ne font pas obstacle à ce que les intéressés se pourvoient devant le conseil de préfecture en décharge ou en remboursement des taxes de curage. De même, on ne saurait déférer au conseil d'Etat, pour excès de pouvoirs, la décision par laquelle une commission spéciale homologue le procès-verbal d'estimation par classes des terrains compris dans le périmètre d'un syndicat, et l'arrêté préfectoral qui approuve le plan du périmètre (Cons. d'Et. 23 mai 1879, aff. Chemin de fer de Lyon C. Syndicat de Moirans, D. P. 79. 3. 90); ni la délibération de la commission syndicale qui chargée par un décret de reviser le classement des propriétés comprises dans le périmètre d'un syndicat, a refusé de procéder à cette revision (Cons. d'Et. 30 mai 1884, aff. de Florans, D. P. 85. 3. 125), les réclamations des intéressés pouvant être portées devant le conseil de préfecture.

141. Le recours pour excès de pouvoirs est également non recevable contre les actes qui ont établi des contributions indirectes ou des taxes assimilées, la légalité de ces taxes pouvant être contestée devant l'autorité judiciaire au moyen d'une demande en décharge. C'est ce qui a été décidé à l'égard d'actes qui ont établi : 1° des droits d'octroi (Cons. d'Et. 24 mars 1876, aff. Bonnet, D. P. 76. 3. 78 ; 3 juill. 1885, aff. Evrard-Meurant, D. P. 87. 3. 2); — 2° Des taxes perçues sur certaines rivières par les gardes ports et jurés compteurs (Cons. d'Et. 12 août 1848, aff. de Rotrou, D. P. 50. 3. 14); — 3° Des taxes perçues par une compagnie de courtiers (Cons. d'Et. 26 juin 1874, aff. Lacampagne, D. P. 75. 3. 50); — 4° Des droits de mesurage sur les pierres dans la ville de Paris (Cons. d'Et. 28 févr. 1866, aff. Lavenant, D. P. 67. 3. 11); — 5° Des droits de stationnement sur la voie publique (Cons. d'Et. 19 mai 1865, aff. Barthélemy, D. P. 66. 3. 59 ; 19 févr. 1868, aff. Chemin de fer d'Orléans C. Ville de Paris, D. P. 69. 3. 17); — 6° Un tarif des oblations religieuses, spécialement des droits perçus pour les inhumations, par les fabriques et les curés en vertu d'un tarif diocésain (Cons. d'Et. 23 avr. 1875, aff. Gravelet, D. P. 75. 3. 106); — 7° Des droits à percevoir sur les négociants en vins et spiritueux pour la location des emplacements qu'ils occupent dans un entrepôt, ces droits étant assimilés aux taxes indirectes (Cons. d'Et. 5 avr. 1878, aff. Valentin, D. P. 78. 3. 93).

142. A plus forte raison, le recours pour excès de pouvoirs est-il non recevable contre une délibération d'un conseil municipal modifiant le tarif de la concession d'eau faite par une ville à un particulier, cette convention constituant un contrat de droit commun qui ne peut être apprécié que par l'autorité judiciaire (Cons. d'Et. 5 févr. 1886, aff. Bernard Escoffier, D. P. 87. 3. 70).

143. Mais l'autorité judiciaire est seule compétente pour connaître des difficultés auxquelles peut donner lieu le recouvrement des contributions indirectes ou des taxes assimilées, et par suite pour connaître de la validité et de la légalité des actes en vertu desquels est poursuivi ce recouvrement, il n'en est pas de même de la question de savoir si une commune ou partie de commune a été légalement soumise à l'impôt. Cette question touche les intérêts des propriétaires, locataires et industriels avant même qu'aucune perception leur soit réclamée et par conséquent avant qu'ils puissent s'adresser à l'autorité judiciaire. La contestation porte, en pareil cas, sur le régime même auquel seront assujettis les intéressés et non sur une difficulté d'application

de ce régime ; et dans ces conditions le conseil d'Etat admet la recevabilité du recours pour excès de pouvoirs (Cons. d'Et. 28 déc. 1854, aff. Rousset, D. P. 55. 3. 74 ; 15 mai 1869, aff. Debruyne, D. P. 70. 3. 83 ; Sol. impl., Cons. d'Et. 24 mars 1876, aff. Bonnet, D. P. 76. 3. 78).

144. La validité des actes administratifs qui servent de préalable à une élection devant être appréciée par le juge de l'élection, ne peut être contestée devant le conseil d'Etat par la voie du recours pour excès de pouvoirs. Il a été décidé, en conséquence, que ce recours est non recevable : 1° contre les arrêtés de sectionnement d'une commune pour l'élection des conseillers municipaux (Cons. d'Et. 27 févr. 1868, aff. El. d'Alger, D. P. 69. 3. 17), et contre les délibérations des conseils généraux qui, d'après la loi du 14 avr. 1871, prescrivent ce sectionnement (Cons. d'Et. 9 avr. 1875, aff. Deregneaucourt, D. P. 75. 3. 105 ; 7 août 1875, aff. Elections de Saint-Omer, ibid.) ; — 2° Contre l'arrêté par lequel le préfet convoque les électeurs (Cons. d'Et. 12 mai 1868, aff. El. de Kouba, D. P. 76. 3. 65 ; note 4 ; 7 avr. 1876, aff. El. de Polveroso, D. P. 76. 3. 65) ; — 3° Contre l'arrêté par lequel le préfet a fixé le nombre des conseillers municipaux à élire (Cons. d'Et. 9 janv. 1874, aff. El. de Gonesse, D. P. 75. 3. 3) ; — 4° Contre l'arrêté par lequel le gouverneur d'une colonie a ajourné la revision des listes électorales et contre celui par lequel on a fixé l'époque à une autre date que celle qui est déterminée par la loi (Cons. d'Et. 6 févr. 1885, aff. Laporte, D. P. 86. 3. 99).

145. Il a même été décidé qu'un citoyen qui, dans une colonie, avait été élu membre du conseil colonial en remplacement d'un membre décédé dont l'élection avait été annulée postérieurement par le conseil d'Etat, n'était pas recevable à déférer au conseil d'Etat pour excès de pouvoirs un arrêté par lequel le gouverneur, considérant la place comme vacante, par suite de la décision du conseil d'Etat, avait convoqué les électeurs pour de nouvelles élections (Cons. d'Et. 4 avr. 1884, aff. Viénot, D. P. 85. 3. 99). Mais on peut concevoir quelque doute sur l'exactitude de cette solution. En effet, la déclaration de la vacance du siège occupé par le requérant portait une atteinte directe au droit de celui dont l'élection se trouvait ainsi considérée comme annulée, et il avait intérêt et qualité pour attaquer ce chef de l'arrêté, indépendamment de celui qui ordonnait de nouvelles élections. C'est en ce sens que les membres d'une commission syndicale dissoute par arrêté préfectoral ont été déclarés recevables à attaquer cet arrêté, sans avoir à se préoccuper des élections qui avaient suivi (Cons. d'Et. 25 mars 1881, aff. Giraud, D. P. 82. 3. 78).

146. Le recours pour excès de pouvoirs est également recevable contre la décision par laquelle un maire refuse à un électeur soit la communication des listes d'émargement (Cons. d'Et. 8 juin 1883, aff. Delahaye, D. P. 85. 3. 2), soit la copie de ces listes (Cons. d'Et. 28 janv. 1864, aff. Anglade, D. P. 64. 3. 85. V. aussi Cons. d'Et. 19 juin 1863, cité supra, n° 119). D'après l'arrêt précité du 8 juin 1883, la faculté qui appartient au réclamant de poursuivre devant la juridiction compétente, l'annulation des opérations électorales ne fait pas obstacle à ce qu'il attaque directement la décision préfectorale comme portant atteinte à ses droits d'électeur. L'arrêté par lequel un maire interdit le stationnement aux abords de la salle du vote peut également être attaqué pour excès de pouvoirs si cette mesure a eu pour but ou pour effet de porter atteinte à la liberté et à la sécurité du scrutin (Cons. d'Et. 28 mars 1885, aff. Elections des Fours, D. P. 86. 3. 109).

147. Toutes les fois que la partie qui se prétend lésée par un acte administratif peut s'adresser à l'autorité judiciaire pour faire reconnaître ses droits à l'encontre de ceux qui voudraient se prévaloir dudit acte, elle est non recevable à l'attaquer devant le conseil d'Etat par la voie du recours pour excès de pouvoirs. Ainsi le pourvoi est non recevable contre l'arrêté par lequel un préfet autorise un concessionnaire de mine à occuper certains terrains dans le périmètre de sa concession pour l'exploitation des gîtes de fer exploitables ou non à ciel ouvert, cet arrêté ne mettant pas obstacle à ce que le propriétaire de ces terrains fasse valoir devant l'autorité judiciaire des droits qu'il prétend avoir sur les minerais exploitables à ciel ouvert (Cons. d'Et. 12 juill. 1882, aff. Harvin, D. P. 84. 3. 30).

148. De même, l'autorité judiciaire étant compétente pour statuer sur les réclamations tendant à faire ordonner la sortie d'une personne placée dans un établissement d'aliénés, le département ou la personne séquestrée à son domicile de secours n'est pas recevable à demander au conseil d'Etat l'annulation pour excès de pouvoirs de l'arrêté par lequel le préfet d'un autre département a ordonné la séquestration en vertu des pouvoirs que lui confère l'art. 18 de la loi du 30 juin 1838 (Cons. d'Et. 16 déc. 1881, aff. département de la Sarthe, D. P. 83. 3. 25).

149. De même encore, le conseil d'Etat a écarté comme non recevable le recours formé contre une décision du ministre de l'instruction publique qui permettait aux écoles supérieures de pharmacie de recevoir des pharmaciens de 2° classe pour les départements où elles étaient établies, les pharmaciens de première classe pouvant poursuivre, devant l'autorité judiciaire, la réparation qui résulterait pour eux de cette atteinte portée aux droits qu'ils tiennent de la loi du 21 germ. an 11 (Cons. d'Et. 10 juill. 1869, aff. Heydenreich, D. P. 70. 3. 47).

150. Mais, ainsi que nous l'avons dit supra, n° 138, dans le dernier état de la jurisprudence, le conseil d'Etat admet la recevabilité du recours pour excès de pouvoirs lorsque le réclamant ne peut faire juger par l'autorité judiciaire la légalité de l'acte qui lui fait grief qu'en contrevenant à cet acte et en s'exposant à des poursuites devant un tribunal de répression. C'est ce qui a été fréquemment décidé à l'occasion des recours dirigés contre les règlements municipaux dont le tribunal de police est appelé à apprécier la légalité, quand il est saisi d'un procès-verbal de contravention.

151. Ainsi le conseil d'Etat a, par deux reprises, annulé pour excès de pouvoirs les arrêtés par lesquels un préfet, en réglant la police d'une gare de chemin de fer, avait directement ou indirectement interdit l'entrée de cette gare à toutes les voitures publiques, sauf à celles d'un entrepreneur avec lequel la compagnie du chemin de fer avait traité, et cette annulation a été prononcée bien que l'autorité judiciaire eût été appelée, à l'occasion des poursuites dirigées contre les entrepreneurs contrevenants, à se prononcer sur la légalité de ces arrêtés et les eût déclarés légaux (Cons. d'Et. 25 févr. 1864, aff. Lesbats, D. P. 64. 3. 25 ; 7 juin 1865, même affaire, D. P. 66. 3. 29).

152. Il a également annulé pour excès de pouvoirs : 1° la disposition d'un arrêté de police par laquelle un maire prescrivait aux propriétaires riverains de la voie publique de faire arracher l'herbe dans les interstices des pavés, chacun au droit de leurs propriétés (Cons. d'Et. 20 déc. 1872, aff. Billette, D. P. 73. 3. 45) ; — 2° Un arrêté par lequel un maire avait réglé la vente à la criée du poisson, des légumes et des fruits sur le marché municipal en vue de protéger les petites industries contre la concurrence (Cons. d'Et. 3 déc. 1875, aff. Clairouin, D. P. 76. 3. 41) ; — 3° Celui par lequel un maire avait prescrit aux tripiers pour le transport des issues et des abats, des conditions ne se rattachant pas à l'intérêt de la salubrité publique et portant atteinte à la liberté de l'industrie (Cons. d'Et. 30 juin 1859, aff. Tripiers de Lyon, D. P. 60. 3. 21) ; — 4° Celui par lequel un préfet avait prescrit certaines mesures pour empêcher les inconvénients auxquels peut donner lieu l'établissement de ruches d'abeilles (Cons. d'Et. 30 mars 1867, aff. Leneveu, D. P. 68. 3. 1 ; 13 mars 1885, aff. Vignet, D. P. 86. 3. 115. V. aussi Cons. d'Et. 19 mai 1858, aff. Vernes, cité supra, n° 124).

153. Le recours pour excès de pouvoirs a été également déclaré recevable : 1° contre un arrêté municipal relatif à l'exercice de la profession de crieur public (Cons. d'Et. 18 janv. 1884, aff. Billeau, D. P. 85. 3. 73) ; — 2° Contre un arrêté du préfet de la Seine édictant différentes mesures relatives à l'enlèvement des ordures ménagères dans la ville de Paris (Cons. d'Et. 28 mars 1885, aff. Languellier, D. P. 86. 3. 97) ; — 3° Contre un arrêté municipal ordonnant la suppression des latrines établies dans les maisons de la ville et communiquant avec un cours d'eau (Cons. d'Et. 5 déc. 1873, aff. Lièvre, D. P. 74. 3. 67).

154. Il en est de même des recours formés : 1° contre un décret interdisant la pêche dans de certaines eaux en vertu de l'art. 1er de la loi du 31 mai 1865 (Cons. d'Et. 29 nov. 1872, aff. Baillergeau, D. P. 74. 3. 43) ; — 2° Contre

un règlement ministériel pris en vertu de l'art. 66 de l'ordonnance du 15 nov. 1846, qui aurait violé les dispositions de ladite ordonnance relatives au transport de matières explosibles dans les trains de voyageurs (Cons. d'Et. 1er déc. 1882, aff. Chemin de fer d'Orléans C. Ministres des travaux publics, de la guerre et des finances, D. P. 84. 3. 58).

155. Quelques décisions du conseil d'Etat paraissent toutefois difficiles à concilier avec la jurisprudence dont on vient d'analyser les monuments les plus récents. Ainsi il a été jugé : 1° que le conseil d'Etat ne pouvait être saisi d'un recours contre l'arrêté par lequel un maire avait réglé les conditions de fabrication et de vente des pains de diverse nature, la légalité des dispositions de cet arrêté pouvant être débattue devant le tribunal de simple police par les boulangers poursuivis pour y avoir contrevenu (Cons. d'Et. 4 févr. 1869, aff. Mazet, D. P. 70. 3. 45); — 2° Que le recours pour excès de pouvoirs était également irrecevable contre un arrêté du préfet de police qui, se fondant sur la loi des 14-17 juin 1791, interdisait aux membres d'un syndicat provisoire de la boucherie de Paris de se réunir, de délibérer sur les intérêts communs des bouchers de Paris et de publier des règlements à ce sujet (Cons. d'Et. 20 févr. 1868, aff. Couder, D. P. 68. 3. 65); — 3° Qu'un candidat aux élections ne pouvait déférer au conseil d'Etat, comme entaché d'excès de pouvoirs, la décision par laquelle un maire avait prononcé la dissolution d'une réunion que ce fonctionnaire avait considérée comme publique et que le réclamant prétendait n'avoir eu qu'un caractère privé, la question devant être portée devant l'autorité judiciaire, juge des infractions à la loi sur les réunions (Cons. d'Et. 22 déc. 1869, aff. Lefèvre-Pontalis, D. P. 70. 3. 48).

156. Il est difficile de méconnaître la contradiction qui existe entre ces dernière décisions et la jurisprudence analysée supra, nos 150 et suiv. On a cherché à la faire disparaître au moyen de l'explication suivante : le conseil d'Etat, à-t-on dit, n'a pas hésité à faire tomber des actes qui lui paraissaient entachés d'un excès de pouvoirs flagrant, surtout quand on ne pouvait rattacher ces actes à l'exercice des pouvoirs attribués par le législateur à l'autorité dont ils émanaient, tandis qu'il a rejeté les recours comme irrecevables lorsque l'excès de pouvoirs ne lui a pas paru évident, de manière à ne pas préjuger la solution si elle était portée devant les tribunaux de répression, ou lorsque les questions à résoudre étaient, par leur nature, plutôt de la compétence des tribunaux que de celle de l'autorité administrative, telles que celles qui sont relatives au droit d'association et de réunion (V. conclusions de M. Aucoc sur Cons. d'Et. 20 févr. 1868, aff. Couder, D. P. 68. 3. 65). Mais le degré d'évidence plus ou moins grand de l'excès de pouvoirs ne peut servir de base juridique pour une doctrine sur la recevabilité du recours, et M. Aucoc, t. 1, n° 299, reconnaît que le scrupule auquel a obéi dans certains cas le conseil d'Etat a contribué à jeter le trouble dans l'esprit de ceux qui cherchaient une règle dans sa jurisprudence. « Il faut, ajoute-t-il, s'attacher à la nature de l'acte attaqué et non à la nature de la décision qui pourrait être rendue par le juge pour déterminer si un recours est recevable. C'est le seul point de vue auquel une partie puisse se placer, quand elle cherche le moyen de se faire rendre justice. » La vérité est que les arrêts cités au numéro précédent remontent à une époque où la jurisprudence en cette matière était encore en voie de formation et n'avait pas le caractère fixe et absolu qu'elle a revêtu depuis lors.

157. Un arrêt plus récent semble au premier abord se rapprocher de ces dernières décisions : il déclare non recevable le pourvoi formé contre un règlement de police par lequel un maire avait interdit le travail de nuit aux industriels exerçant dans la commune des professions bruyantes, sauf au réclamant, dans le cas où il lui serait fait application des dispositions de ce règlement, à soutenir devant l'autorité judiciaire qu'elles ne pouvaient lui être légalement appliquées (Cons. d'Et. 30 avr. 1875, aff. Marchal, D. P. 75. 3. 100). Mais cet arrêt s'explique par le motif que, dans l'espèce sur laquelle il a été rendu, le requérant ne contestait pas qu'il appartînt au maire de prendre les mesures de police contenues dans son arrêté, et que ses conclusions tendaient seulement à faire décider qu'à raison de la situa-

tion spéciale de son établissement, ces mesures ne lui étaient pas applicables.

158. On s'est demandé si un particulier condamné pour contravention à un arrêté de police est encore recevable à déférer cet arrêté pour excès de pouvoirs au conseil d'Etat. La recevabilité du recours formé postérieurement au jugement de condamnation a été contestée par M. le commissaire du Gouvernement Le Vavasseur de Précourt à l'occasion d'une affaire sur laquelle le conseil d'Etat par arrêt du 19 déc. 1879 (aff. Briet, D. P. 80.3. 67). Le conseil d'Etat ne s'est pas prononcé sur la question dans cette affaire; mais il l'avait résolue pour plusieurs arrêts antérieurs dans le sens de la recevabilité du pourvoi. Le plus remarquable de ces arrêts est celui du 7 juin 1865 (aff. Lesbats, D. P. 66. 3. 29), qui a annulé un arrêté dont la légalité avait été reconnue par la cour de cassation (Crim. cass. 25 août 1864; D. P. 65. 1. 48), et par la cour de renvoi (Amiens, 3 févr. 1865; D. P. 65. 2. 70. V. conf. Cons. d'Et. 26 nov. 1875, aff. Laumonier-Carriol, D. P. 76. 3. 44; 3 août 1877; aff. Chardin, D. P. 78. 3. 14). On comprendra, en effet, qu'après comme avant la condamnation le recours conserve son utilité au point de vue des poursuites ultérieures; et, d'ailleurs, il est difficile d'admettre que le plus ou moins d'activité que le ministère public aura mis à provoquer la répression de la contravention puisse avoir pour résultat d'ouvrir ou de fermer l'accès du conseil d'Etat (V. conf. Laferrière, t. 2, p. 456).

159. — VI. RECOURS POUR VIOLATION DE LA LOI CONTRE DES DÉCISIONS EN DERNIER RESSORT. — Le conseil d'Etat n'exerce pas seulement les attributions d'un tribunal de cassation lorsqu'il statue sur les recours pour excès de pouvoirs dirigés contre les actes des diverses autorités administratives; il exerce encore ces attributions, ainsi qu'on l'a vu au Rép. n° 142, lorsqu'il prononce sur les recours formés pour violation de la loi contre certaines décisions rendues en dernier ressort par des juridictions administratives. Mais si le recours pour excès de pouvoirs est ouvert, même en l'absence d'un texte spécial, contre des décisions que la loi a déclarées n'être susceptibles d'aucun recours, le recours pour violation de la loi n'est recevable que lorsqu'il est autorisé par une disposition spéciale. (Cons. d'Et. 18 févr. 1869, aff. Layet, D. P. 70. 3. 33 ; 18 août 1869, aff. Pommés, D. P. 70. 3. 105; 30 nov. 1870, aff. Barizel, D. P. 70. 3. 1; 21 mars 1873, aff. Trubert, D. P. 73. 3. 85). L'annulation d'un acte administratif prononcée par le conseil d'Etat pour excès de pouvoirs produit des effets différents de ceux qui sont attachés à l'annulation pour violation de la loi d'une décision juridictionnelle. Dans le premier cas, l'annulation produit ses effets erga omnes, tandis que l'annulation d'une décision juridictionnelle ne produit effet qu'à l'égard des parties en cause; l'annulation d'un acte administratif pour excès de pouvoirs n'oblige pas l'autorité administrative à le refaire dans d'autres conditions, tandis que lorsqu'une décision juridictionnelle est annulée, elle doit, en général, être remplacée par une autre décision (Laferrière, t. 2, p. 552).

160. L'art. 17 de la loi du 16 sept. 1807 autorise expressément le recours au conseil d'Etat contre les décisions de la cour des comptes pour violation des formes ou de la loi; ce qui comprend implicitement l'incompétence et l'excès de pouvoirs. Dans ce cas, conformément à ce qui a été exposé au Rép. n° 151, le conseil d'Etat ne peut juger le fond, et, s'il croit devoir casser l'arrêt, il doit renvoyer pour le fond devant une autre décision de la cour (Cons. d'Et. 5 mai 1883, aff. Chasteau, D. P. 83. 3. 105; Aucoc, t. 1, n° 358. V. infrà, v° Cour des comptes).

161. Les décisions des conseils de révision ne peuvent, aux termes de l'art. 30 de la loi du 27 juill. 1872, être attaquées devant le conseil d'Etat que pour incompétence et excès de pouvoirs. Le ministre de la guerre seul peut les attaquer pour violation de la loi; mais en pareil cas l'annulation profite aux parties lésées (V. infrà, v° Organisation militaire).

162. Les décisions en matière disciplinaire des conseils académiques et du conseil supérieur de l'instruction publique, antérieurement à la loi du 27 févr. 1880, pouvaient, d'après la jurisprudence, être attaquées pour incompétence et excès de pouvoirs seulement (Cons. d'Et. 24 juin 1831, aff. Dauphin, D. P. 51. 3. 57; 23 janv. 1864, aff. Petit Colas, D. P. 64. 3. 28; 14 août 1866, aff. Rey, D. P. 66. 3. 97), et le conseil d'Etat

s'est toujours refusé à admettre, en cette matière, le grief tiré de la violation de la loi.

163. Un amendement de MM. Bozérian, Hérold et Mazeau à l'art. 7 de la loi du 27 févr. 1880, tendant à autoriser le recours pour violation de la loi contre les décisions prises en vertu de cet article, a été retiré par ses auteurs à la suite d'explications d'où il semble résulter que, dans la pensée du législateur, la violation « flagrante et manifeste » de la loi devrait être assimilée à l'excès de pouvoirs (D. P. 80. 4. 44, note 2). — V. *infrà*, v° *Organisation de l'instruction publique.*

164. Il a été décidé, sous l'empire de la loi du 15 mars 1850, que les décisions des conseils académiques rendues sur l'opposition du recteur à l'ouverture d'une école libre, contre lesquelles, aux termes de ladite loi, aucun recours n'était ouvert, pouvaient être déférées au conseil d'État pour excès de pouvoirs, mais qu'elles ne pouvaient être attaquées pour violation des lois sur la liberté des cultes et sur la liberté d'enseignement (Cons. d'Et. 18 nov. 1852, aff. Guilbot, D. P. 53. 3. 23). Les décisions des conseils académiques étant, aux termes de l'art. 10 de la loi du 27 févr. 1880, rendues à charge d'appel devant le conseil supérieur, ne peuvent aujourd'hui, dans aucun cas, être l'objet d'un recours direct devant le conseil d'État (Laferrière, t. 2, p. 556).

Le conseil d'État avait décidé que, dans les affaires où les conseils départementaux de l'instruction publique exerçaient une juridiction de dernier ressort, leurs décisions pouvaient être l'objet d'un recours formé en vertu des lois des 7-14 oct. 1790 et 24 mai 1872 (Cons. d'Et. 4 août 1882, aff. Fillion, D. P. 84. 3. 5). Mais cette juridiction de dernier ressort a été supprimée par la loi du 30 oct. 1886.

165. Les décisions des commissions scolaires pouvaient également, avant la loi de 1886, être attaquées devant le conseil d'État pour excès de pouvoirs et violation des formes, alors même qu'elles se rattachaient au pouvoir de juridiction dont ces commissions sont investies (Cons. d'Et. 16 mars 1883, cité *supra*, n° 101; 8 août 1884, aff. Anaclet, D. P. 86. 3. 41). — Mais ce recours ne serait plus recevable aujourd'hui, l'art. 59 de la loi de 1886 ayant érigé les conseils départementaux en juridiction d'appel à l'égard des commissions scolaires.

166. — VII. Délai du recours. — Ainsi que nous l'avons dit au *Rép.* n° 148, bien que l'art. 11 du décret du 22 juill. 1806 ne mentionne expressément que les autorités qui ressortissent au conseil d'État, la jurisprudence admet que la déchéance prévue par cet article s'applique au cas où une décision quelconque est directement déférée pour excès de pouvoirs au conseil d'État (Cons. d'Et. 30 nov. 1854, aff. Bovet, D. P. 54. 5. 508 ; 20 mars 1862, aff. Ville de Châlons-sur-Marne, D.P. 63. 3. 65 ; 5 juin 1862, aff. d'Andigné, *ibid.;* Chauveau et Tambour, *Code d'instruction administrative*, 5e éd., t. 2, n° 828 ; Serrigny, *Traité de la compétence administrative*, 2e éd., t. 1, n° 381). A raison de la nature spéciale de ces affaires qui ne permet pas souvent de notifications individuelles, le point de départ du délai a été fixé soit à l'exécution de l'arrêté attaqué (Cons. d'Et. 15 mai 1869, aff. Debruyne, D. P. 70. 3. 83 ; 24 janv. 1879, aff. Lemarois, D. P. 79. 3. 60), soit même à la simple insertion au *Journal officiel* ou au *Bulletin des lois* (Cons. d'Et. 30 avr. 1880, aff. Albrecht, D. P. 81. 3. 26).

167. Mais lorsqu'un particulier lésé par un acte administratif, après avoir recouru au ministre, s'adresse au conseil d'État par la voie du recours pour excès de pouvoirs, à l'effet de demander l'annulation de la décision ministérielle, son recours est-il soumis au délai de trois mois fixé par l'art. 11 du décret du 22 juill. 1806? Cette question est très controversée et a donné lieu à trois systèmes différents.

168. D'après un premier système, admis par un arrêt du 9 févr. 1865 (aff. d'Andigné, D. P. 65. 3. 66), et constamment appliqué pendant seize ans, la partie qui avait laissé expirer le délai du recours au conseil d'État sans attaquer l'acte d'un fonctionnaire qu'elle prétendait entaché d'excès de pouvoirs, pouvait toujours échapper à cette déchéance en demandant au ministre comme supérieur hiérarchique de l'auteur de l'acte attaqué d'annuler ledit acte, et en déférant ensuite au conseil d'État le refus explicite ou même implicite du ministre. Ce système avait le grave inconvénient de créer une catégorie d'actions échappant presque toujours

à la déchéance, au moins lorsque la partie qui se prétendait lésée n'était pas celle qui avait eu à exécuter personnellement l'acte incriminé ; et il était contraire à tous les principes du droit de déclarer qu'une déchéance était encourue et d'autoriser en même temps la partie qui l'avait encourue à s'en relever elle-même par un simple artifice de procédure.

169. Ces considérations ont déterminé le conseil d'État à abandonner en 1881 cette jurisprudence pour adopter un système différent et très ingénieux développé dans les conclusions de M. le commissaire du Gouvernement Le Vavasseur de Précourt (Cons. d'Et. 13 avr. 1881, aff. Bansais, D. P. 82. 3. 49). Ce système repose sur cette idée que le recours formé devant le ministre contre un acte émané d'un de ses subordonnés, à raison de l'excès de pouvoirs dont cet acte serait entaché, a un caractère contentieux; qu'il n'est autre chose en réalité que le recours même pour excès de pouvoirs qui, à raison de sa nature et du respect dû au supérieur hiérarchique, peut être introduit soit directement devant le conseil d'État, soit au préalable devant le ministre qui n'est ici, pour ainsi dire, que le juge préparatoire de l'excès de pouvoirs. On conclut de ces prémisses que, par application de l'art. 11 du décret de 1806, le recours est recevable s'il est formé dans le délai réglementaire, soit directement devant le conseil d'État, soit indirectement devant le ministre, et que, faute d'avoir été ainsi formé dans les trois mois, il est frappé de déchéance. Sans doute, le ministre pourra toujours annuler l'acte de son subordonné, quand bien même il serait saisi par une réclamation tardive; mais alors il statue simplement comme supérieur hiérarchique, et s'il refuse de donner suite à la réclamation, son refus ne peut donner lieu à aucun recours devant le conseil d'État au contentieux. Il a été décidé, en conséquence, que la partie qui, au lieu de se pourvoir directement devant le conseil d'État pour excès de pouvoirs contre un arrêté d'un maire, défère cet arrêté au préfet et au ministre, doit, par application de l'art. 11 du décret du 22 juill. 1806, être déclarée non recevable à se pourvoir ensuite devant le conseil d'État, si le recours devant le préfet et devant le ministre n'a pas été formé dans le délai de trois mois à partir du jour où l'arrêté attaqué a été exécuté contre elle (Arrêt précité du 13 avr. 1881). Un nouvel arrêt rendu dans les mêmes termes a confirmé la doctrine consacrée pour la première fois en 1881 (Cons. d'Et. 14 janv. 1887, aff. Union du gaz, D. P. 88. 3. 54. V. confl. Laferrière, t. 2, p. 434).

170. Ce système peut donner lieu à de graves objections, et M. Aucoc critique la rigueur d'une jurisprudence « qui se substitue à la loi pour créer des déchéances » (t. 1, n° 374). On s'explique difficilement comment des décisions ministérielles pourraient avoir des caractères complètement différents, suivant que les réclamations qu'elles rejettent auraient été formées avant ou après l'expiration du délai de trois mois. D'ailleurs, la distinction proposée, dangereuse en fait, est fort contestable en droit. La doctrine tend, en effet, de plus en plus à admettre, ainsi que nous l'avons dit *supra*, v° *Compétence administrative*, n° 411, que les ministres ne font pas acte de juges lorsqu'ils statuent comme administrateurs. Dans un grand nombre de cas, les actes des maires et des préfets leur sont déférés à raison du mauvais usage que ces fonctionnaires auraient fait de leurs pouvoirs, aussi bien qu'à raison des infractions aux lois et règlements qu'ils auraient commises. Le ministre qui porte son examen sur l'ensemble de la réclamation statue en une seule et même qualité, et en vertu de son autorité hiérarchique sur ses subordonnés; il n'est, en pareil cas, ni un « juge préparatoire » pour employer une expression dont il est malaisé de déterminer le sens juridique, ni un juge du premier degré, ce qui supposerait que les parties ne peuvent se dispenser de s'adresser à lui. Il faut ajouter que, d'après le décret du 22 juill. 1806, c'est la date du dépôt au secrétariat du conseil d'État qui sert à déterminer si le recours a été formé dans le délai de trois mois, et que la jurisprudence nouvelle aurait pour effet d'assimiler à ce dépôt, malgré le silence des textes, le premier acte d'une instruction administrative qu'il est souvent bien difficile de reconnaître (V. Aucoc, *Revue critique*, janv. 1887, nouvelle série, t. 16, p. 63).

171. Ces considérations paraissent devoir faire préférer un troisième système, plus juridique que le second, mais qui n'offre pas les inconvénients du premier. Selon ce troisième

système, dans le cas où un subordonné du ministre est investi du droit de prendre une véritable décision, le recours n'est ouvert contre l'acte par lequel le ministre statue sur la réclamation dirigée contre cette décision que si le ministre, au lieu de déclarer qu'il n'y a pas lieu de donner suite à la réclamation, annule ou modifie l'acte antérieur ; mais alors, c'est contre l'acte nouveau qu'est dirigé le pourvoi, et le conseil d'Etat a à examiner les vices intrinsèques de cet acte (D. P. 82. 3. 49, note 2). Les parties lésées peuvent donc choisir entre deux voies de recours ; elles peuvent, si elles veulent suivre la voie contentieuse, déférer au conseil d'Etat pour excès de pouvoirs la décision qui leur fait grief ; si elles préfèrent en appeler de l'Administration à l'Administration mieux informée, elles peuvent s'adresser au ministre. Dans cette dernière hypothèse, le recours n'a d'autre objet que de demander à l'Administration de soumettre ses propres actes à un nouvel examen, et le ministre, en soumettant la question à une nouvelle étude, ne fait pas acte de juridiction, il use du droit de contrôle que les règles de la hiérarchie lui confèrent sur les fonctionnaires placés sous ses ordres, sans que le refus d'user de ce droit purement administratif puisse donner ouverture à un recours contentieux ; mais il ne statue pas comme juge des recours pour excès de pouvoirs, cette fonction étant réservée au régime de l'art. 9 de la loi du 24 mai 1872. Ce système se rattache étroitement à la doctrine qui tend à restreindre les cas dans lesquels le ministre est considéré comme faisant acte de juridiction ; il fait disparaître l'anomalie consistant à admettre que le recours pour excès de pouvoirs, qui, malgré son caractère spécial, est assujetti à la plupart des règles applicables au recours contentieux proprement dit, puisse s'exercer indifféremment devant un seul degré de juridiction ou devant deux degrés, à la volonté des parties. Enfin il fait rentrer purement et simplement sous le régime de l'art. 11 du décret du 22 juill. 1806 le recours pour excès de pouvoirs contre les actes des administrateurs subordonnés au ministre.

172. — VIII. RENVOI DE L'AFFAIRE AU FOND. — Ainsi qu'on l'a vu au *Rép.* n° 150, le conseil d'Etat ne peut, quand il annule un acte pour excès de pouvoirs, évoquer l'affaire et la juger au fond. Un arrêt du conseil d'Etat avait dérogé à cette règle : après avoir annulé un arrêté du préfet de la Seine qui refusait à un propriétaire l'autorisation de réparer un mur mitoyen, il avait lui-même donné cette autorisation sous certaines conditions (Cons. d'Et. 12 mai 1869, aff. Clément, *Rec. Cons. d'Etat*, p. 456). Mais cet arrêt isolé ne peut faire jurisprudence, et la doctrine contraire a été consacrée par un arrêt plus récent (Cons. d'Et. 25 juin 1880, aff. Chaband, D. P. 84. 3. 33), qui après avoir annulé un arrêté d'alignement qui interdisait à un propriétaire d'ouvrir des jours sur une promenade publique, a refusé de statuer sur les conclusions du réclamant tendant à ce que cette autorisation lui fût accordée (Laferrière, t. 2, p. 543). Nous avons dit que le conseil se borne le plus souvent à prononcer l'annulation de l'acte attaqué, mais qu'il renvoie quelquefois les parties à se pourvoir devant l'autorité compétente pour statuer au fond (Cons. d'Et. 11 janv. 1866, aff. Chabanne, D. P. 66. 3. 70).

173. Dans aucun cas, il ne lui appartient de prescrire les mesures que peut entraîner l'annulation, prononcée par lui, d'un acte qui lui a été déféré pour excès de pouvoirs (Cons. d'Et. 16 janv. 1874, aff. Frères des Ecoles chrétiennes, D. P. 74. 3. 100 ; 5 févr. 1875, aff. Labarbe, D. P. 75. 3. 103 ; 13 juill. 1877, aff. Hospices de Gray, D. P. 77. 3. 108 ; 13 mai 1881, aff. Brissy, D. P. 82. 3. 97 ; 20 avr. 1883, aff. de Bastard, D. P. 84. 3. 106).

174. Dès lors, une partie n'est pas recevable à demander au conseil d'Etat, à l'occasion d'un recours pour excès de pouvoirs, à prescrire le remboursement des sommes payées en exécution de l'acte attaqué (Cons. d'Et. 28 juill. 1876, aff. Commune de Giry, D. P. 77. 3. 3). De même, il n'appartient pas au conseil d'Etat, après avoir annulé un acte administratif pour excès de pouvoirs, d'ordonner, par voie de conséquence, la réintégration du demandeur dans un immeuble et de lui allouer des dommages-intérêts (Cons. d'Et. 29 juin 1883, aff. Archevêque de Sens, D. P. 84. 3. 89).

175. — IX. FORMES DES RECOURS POUR EXCÈS DE POUVOIRS. — Les recours pour excès de pouvoirs peuvent, aux termes de l'art. 1er du décret du 2 nov. 1864, être formés

sans ministère d'avocat, mais ils donnent lieu aux droits de timbre et d'enregistrement. En conséquence, un recours pour excès de pouvoirs formé sur papier libre et non enregistré est non recevable (Cons. d'Et. 12 juill. 1878, aff. Bellocq, D. P. 78. 5. 146 ; 13 mars 1885, aff. Teste, D. P. 86. 5. 113).

176. Par exception à cette règle générale, des dispositions spéciales ont dispensé des droits de timbre et d'enregistrement les recours pour excès de pouvoirs dirigés contre les décisions des commissions départementales dans les cas prévus par l'art. 88 de la loi du 10 août 1871 et les recours pour excès de pouvoirs formés en matière d'expropriation pour cause d'utilité publique (L. 3 mai 1841, art. 58) (Cons. d'Et. 26 déc. 1873, aff. Garret, D. P. 73. 3. 4 ; 31 juill. 1885, aff. du Fresne de Beaucourt, D. P. 86. 5. 113).

177. En matière de recours pour excès de pouvoirs, l'intervention est recevable, non seulement de la part de ceux qui justifient d'un intérêt direct et personnel, mais de la part même de ceux qui n'ont qu'un intérêt moins immédiat (Laferrière, t. 2, p. 536. V. conf. Cons. d'Et. 22 janv. 1875, aff. Comp. gén. des phosphates, *Rec. Cons. d'Etat*, p. 64 ; 13 déc. 1878, aff. Anty, D. P. 79. 3. 35 ; 9 août 1880, aff. Ville de Bergerac, D. P. 81. 3. 92 ; 13 avr. 1881, aff. Lallouette, D. P. 82. 3. 84).

La tierce opposition est également recevable en cette matière (Cons. d'Et. 28 avr. 1882, aff. Ville de Cannes, *Cons. d'Etat*, p. 387). — Cet arrêt semble admettre qu'en matière d'excès de pouvoirs, comme dans les matières contentieuses ordinaires, le droit de former tierce opposition appartient à tous ceux qui auraient qualité pour intervenir. Mais M. Laferrière, t. 2, p. 538, pense avec raison que cette corrélation absolue entre l'intervention et la tierce opposition n'existe pas dans cette matière spéciale, la voie de la tierce opposition n'étant ouverte, conformément au droit commun, qu'à ceux qui justifient que l'arrêt d'annulation préjudicie à leurs droits, tandis que l'intervention est permise à ceux qui justifient d'un simple intérêt.

178. L'Administration ne peut jamais être condamnée aux dépens envers la partie qui obtient une annulation pour excès de pouvoirs (Cons. d'Et. 13 août 1867, aff. Quillet, D. P. 68. 3. 41 ; 12 mai 1876, aff. Ville de Moulins, D. P. 76. 3. 86 ; 6 déc. 1878, aff. Ville de Grenoble, D. P. 79. 3. 29). Cette règle ne reçoit pas d'exception dans le cas où l'Administration, reconnaissant que le recours est fondé, annule d'elle-même l'acte attaqué (Cons. d'Et. 12 mars 1875, aff. Giovanelli, *Rec. Cons. d'Etat*, p. 259).

179. La partie qui succombe ne peut non plus être condamnée aux dépens puisque le ministre, seul défenseur au pourvoi, conclut sans exposer de frais (Laferrière, t. 2, p. 540). Mais une condamnation aux dépens peut intervenir, lorsque des intéressés ont été mis en cause par la section du contentieux ou interviennent spontanément au débat. Si le demandeur succombe, il doit rembourser les frais de la dépense et de l'intervention (Cons. d'Et. 1er juin 1870, aff. Baudelocque, D. P. 71. 3. 64) ; s'il triomphe, ses frais doivent lui être remboursés par ceux qui ont combattu ses conclusions (Cons. d'Et. 29 juin 1883, aff. Archevêque de Sens, D. P. 84. 3. 89). Dans tous les cas, les dépens ne peuvent comprendre que les droits d'enregistrement de la requête et de l'arrêt et les droits de timbre des mémoires et productions, le décret du 2 nov. 1864 ayant exempté de tous autres frais les recours pour excès de pouvoirs (Cons. d'Et. 25 févr. 1876, aff. Duboys d'Angers, D. P. 76. 3. 50 ; 2 mai 1879, aff. Germain, *Rec. Cons. d'Etat*, p. 345 ; 8 août 1882, aff. Roussain, *ibid.*, p. 791).

§ 5. — Des personnes qui ont qualité pour se pourvoir. — Parties au procès. — Intérêt (*Rép.* n° 154 à 174).

180. Ainsi qu'on l'a vu au *Rép.* n° 154, il faut, pour avoir le droit de se pourvoir par voie d'appel contre une décision d'une autorité ressortissant au conseil d'Etat : 1° avoir qualité ; 2° avoir intérêt à faire réformer la décision attaquée.

181. On doit considérer comme ayant qualité celui qui est personnellement partie dans l'instance à la suite de laquelle a été prise la décision attaquée, l'héritier ou ayant cause de l'une des parties, son représentant conventionnel ou légal. La partie qui n'a point été appelée dans une ins-

tance peut, si la décision intervenue lui cause un préjudice, l'attaquer par la voie de la tierce opposition, mais elle est comme nous l'avons dit au *Rép.* n° 156, non recevable à attaquer directement cette décision devant le conseil d'Etat (Cons. d'Et. 12 déc. 1866, aff. Commune de Saint-Pierre-lèz-Bitry, D. P. 69. 3. 61). — De même le tiers qui n'a pas formé devant le conseil de préfecture opposition à un arrêté préfectoral qui autorisait un atelier insalubre de 2e classe, n'est pas recevable à attaquer cet arrêté devant le conseil d'Etat (Cons. d'Et. 5 août 1868, aff. Delmas, D. P. 69. 3. 61).

182. Par application du même principe, un propriétaire ne peut déférer au conseil d'Etat un arrêté prononçant une condamnation pour contravention de grande voirie contre son fermier seul (Cons. d'Et. 17 nov. 1876, aff. Mercier et dame Goullencourt, *Rec. Cons. d'Etat*, p. 828). Une association syndicale n'est pas recevable à déférer au conseil d'Etat un arrêté du conseil de préfecture rendu au préjudice de quelques-uns de ses membres personnellement (Cons. d'Et. 2 févr. 1883, aff. Latil, D. P. 84. 3. 94). Une commune est également non recevable à réclamer au nom d'un expert les honoraires que le conseil de préfecture lui a refusés (Cons. d'Et. 11 mars 1869, aff. Bricou, D. P. 76. 3. 63, note 1).

183. Nous avons dit au *Rép.* n° 158, que chaque ministre a qualité, dans la sphère des attributions de son département, pour représenter l'Etat devant le conseil d'Etat; les ministres sont en pareil cas les seuls représentants légaux de l'Etat, soit qu'il agisse dans son intérêt pécuniaire, soit qu'il agisse comme puissance publique. Par suite, le secrétaire général de préfecture agissant en qualité de commissaire du Gouvernement près le conseil de préfecture n'a pas qualité pour déférer au conseil d'Etat un arrêté relaxant un particulier des fins d'un procès-verbal de contravention (Cons. d'Et. 23 nov. 1883, aff. Dubourg, D. P. 85. 3. 46).

Un ministre ne peut, d'ailleurs se pourvoir que dans les affaires qui intéressent son département (Cons. d'Et. 9 janv. 1874, aff. Comp. des mines de Blanzy, D. P. 75. 3. 1; 8 juin 1877, aff. Schneider, D. P. 77. 3. 77; 12 avr. 1878, aff. Vilain-Moisnel, D. P. 78. 3. 92; 2 déc. 1881, aff. Pétré, D. P. 83. 3. 24). — Décidé notamment, par application de cette règle, qu'il n'appartient pas au ministre des travaux publics de demander, par application de la loi du 9 vent. an 13, la suppression d'un ouvrage constituant une anticipation sur le sol d'un chemin vicinal (Cons. d'Et. 7 août 1886, aff. Deltheil, D. P. 88. 3. 12).

184. Mais pour que le recours soit recevable il faut, comme on l'a vu au *Rép.* n° 158, que la décision attaquée intéresse l'Etat. Ainsi le ministre des travaux publics est sans qualité : 1° pour demander l'annulation de l'arrêté d'un conseil de préfecture qui a accueilli l'opposition formée par un propriétaire contre un arrêté préfectoral d'occupation temporaire pris dans l'intérêt exclusif d'un entrepreneur (Cons. d'Et. 11 juill. 1884, aff. Jonquier, D. P. 85. 5. 119); — 2° Pour demander la réformation d'une disposition par laquelle le conseil de préfecture a condamné une compagnie de chemin de fer aux dépens envers un particulier relaxé des fins d'un procès-verbal de contravention (Cons. d'Et. 23 juin 1882, aff. Lehman, D. P. 84. 3. 11; 7 août 1883, aff. Breton, D. P. 85. 3. 52); — 3° Pour attaquer un arrêté du conseil de préfecture accordant à un particulier décharge des sommes auxquelles il était imposé pour honoraires d'ingénieurs ou d'agents des ponts et chaussées (Cons. d'Et. 28 mai 1857, aff. Bouquelon, *Rec. Cons. d'Etat*, p. 436); — 4° Pour déférer au conseil d'Etat un arrêté du conseil de préfecture qui aurait fixé à une somme insuffisante l'indemnité due par le Trésor à un entrepreneur, alors qu'il décla-

rerait former ce pourvoi dans l'intérêt des principes sauf à former, ainsi que nous le verrons plus loin, un pourvoi dans l'intérêt de la loi (Cons. d'Et. 10 févr. 1882, aff. Léger, D. P. 83. 3. 62). Le ministre ne peut en pareil cas que former un pourvoi dans l'intérêt de la loi, ainsi que nous l'exposerons *infrà*, n°s 315 et suiv.

185. Le ministre des finances est également sans qualité : 1° pour se pourvoir devant le conseil d'Etat dans l'intérêt d'un contribuable (Cons. d'Et. 14 déc. 1853, aff. Piénon, D. P. 54. 3. 87; 28 nov. 1855, aff. Leroyer, D. P. 56. 3. 38; 22 déc. 1863, aff. Dabot, D. P. 64. 3. 19); — 2° Pour déférer au conseil d'Etat la décision du conseil de préfecture qui, après avoir rejeté une demande en décharge de contributions directes, a réglé les honoraires dus par le contribuable aux experts (Cons. d'Et. 21 janv. 1876, aff. Vallet, D. P. 76. 3. 63).

186. De même le ministre de la marine n'a pas qualité pour saisir le conseil d'Etat d'une demande en interprétation d'une ordonnance royale ayant pour objet une concession domaniale en exécution d'une décision du tribunal des conflits reconnaissant que cette interprétation constitue une question préjudicielle de la compétence de l'autorité administrative, alors que l'Etat n'est pas partie dans l'instance pendante devant l'autorité judiciaire (Cons. d'Et. 2 mai 1884, aff. Lecardonnel, D. P. 85. 3. 91).

187. Nous avons dit au *Rép.* n° 163, que le pourvoi peut être formé par les héritiers et, dans certaines conditions, par les ayants cause des parties contre lesquelles les décisions attaquées ont été rendues, et que les créanciers de la partie condamnée peuvent également se pourvoir par application de l'art. 1166 c. civ., c'est-à-dire dans le cas où le débiteur néglige d'exercer ses droits (*Rép.* n° 165). Mais le recours des créanciers n'est admis par le conseil d'Etat que lorsqu'ils ont obtenu préalablement un jugement des tribunaux qui prononce à leur profit la subrogation à l'exercice des droits de leur débiteur (Cons. d'Et. 9 août 1870) (1). — Conformément à un arrêt cité au *Rép.* n° 164, il a été implicitement décidé que le cessionnaire d'une créance sur le Trésor public est recevable à déférer au conseil d'Etat une décision ministérielle refusant le payement de cette créance (Cons. d'Et. 19 nov. 1886, aff. Gorjeu, D. P. 88. 3. 21).

188. Si, par application des principes généraux, le pourvoi peut être formé par un mandataire, à la condition que l'action soit introduite au nom du mandant, il y a lieu de déclarer non recevable le pourvoi formé par un individu qui ne justifie d'aucun pouvoir l'autorisant à agir pour les intéressés, alors même que ce pourvoi a été introduit par le ministère d'un avocat (Cons. d'Et. 16 août 1860, aff. Fleury, *Rec. Cons. d'Etat*, p. 656; 26 déc. 1879) (2).

189. Lorsque celui au nom duquel le tiers a réclamé devant le conseil de préfecture forme lui-même le recours au conseil d'Etat, le pourvoi distinct formé de son côté par un tiers devient sans objet et doit par suite être déclaré non recevable, alors surtout qu'il ne justifie d'aucun intérêt personnel dans la contestation (Cons. d'Et. 26 août 1858, aff. Chatagner, D. P. 59. 3. 45). En effet, en formant le recours, le mandant se substitue nécessairement au mandataire, et il ne peut y avoir qu'une requête.

190. En ce qui concerne les *incapables*, nous avons dit au *Rép.* n° 169 que le recours doit être introduit et suivi par leurs représentants légaux, bien que ce soient ces incapables qui figurent en leur nom dans l'instance. En conséquence, le pourvoi formé par un mineur sans l'assistance de son tuteur n'est pas recevable (Cons. d'Et. 17 juin 1852, aff. Joyaux, D. P. 52. 3. 44).

---

(1) (Ramon-Zorilla.) — LE CONSEIL D'ETAT; — Vu le décret du 11 juin 1806, art. 13, § 2; — Vu l'art. 1166 c. nap.; — ... Considérant que le sieur Ramon-Zorilla se présente devant nous pour exercer les actions du sieur Ramon-Moran en sa qualité de créancier dudit sieur Ramon-Moran, en vertu de l'art. 1166 c. nap.; — Considérant que le sieur Ramon-Zorilla ne serait recevable à exercer les droits du sieur Ramon-Moran qu'autant qu'il aurait été autorisé par une décision de justice, et que sa qualité de créancier ne serait pas contestée par notre ministre; — Considérant que le sieur Ramon-Zorilla ne produit pas une décision de justice qui l'ait autorisé à exercer les actions du sieur Ramon-Moran et que notre ministre de la guerre ne lui reconnaît pas la qualité de créan-

cier; que dès lors son pourvoi n'est pas recevable... (Rejet). Du 9 août 1870.-Cons. d'Et.-MM. Didier, rap.-Bayard, concl.-Gigot, av.

(2) (Dame Mariage-Dujardin.) — LE CONSEIL D'ETAT; — Sans qu'il soit besoin de statuer sur les moyens invoqués par le sieur Delacambre au nom de la dame Mariage; — Considérant que le sieur Delacambre ne justifie d'aucun pouvoir qui l'autorise à agir pour la dame Mariage, et notamment à présenter en son nom la requête susvisée; que dès lors ladite requête n'est pas recevable:... — Art. 1er. La requête du sieur Delacambre est rejetée... Du 26 déc. 1879.-Cons. d'Et.-MM. Gauwain, rap.-Chante-Grellet, concl.-de Valroger, av.

191. La partie contre laquelle une femme mariée a formé un pourvoi devant le conseil d'Etat, ne peut se prévaloir du défaut d'autorisation maritale lorsque cette autorisation est intervenue avant que le conseil d'Etat ait statué (V. Cons. d'Et. 1er mars 1826, *Rép.* v° *Mariage*, n° 859.) Il a même été jugé que cette fin de non-recevoir ne peut être opposée que par la femme, le mari ou leurs héritiers (Cons. d'Et. 12 mars 1880, aff. Salin, D. P. 80. 3. 115). Mais cette interprétation ne nous paraît pas devoir être suivie.

192. Les règles qui viennent d'être exposées sur les conditions de recevabilité des recours ne sont pas complètement applicables aux recours pour excès de pouvoirs. En effet, la plupart des actes contre lesquels sont dirigés ces recours ne sont pas des actes entre parties, et dès lors la condition d'avoir été partie dans l'instance ne peut être exigée pour la recevabilité du pourvoi. Mais pour que le recours soit recevable il faut que le réclamant ait à l'annulation de la décision attaquée un intérêt direct et personnel, et que cette annulation ait pour lui une utilité juridique.

193. Il ne suffit pas que le réclamant ait à l'annulation un intérêt direct, si aucun droit personnel lui appartenant n'a été lésé. Ainsi le concessionnaire de l'entrepôt établi dans une ville n'est pas recevable à attaquer un décret qui autorise la création d'un autre entrepôt dans une ville voisine (Cons. d'Et. 28 mars 1873, aff. Entrepôts et magasins généraux de Paris, D. P. 73. 3. 78).

194. L'intérêt doit être personnel; et l'intérêt qu'a tout habitant ou contribuable d'un département ou d'une commune à la bonne gestion des finances locales n'est pas de nature à lui donner qualité pour attaquer devant le conseil d'Etat les actes d'administration qui ne l'atteignent pas personnellement. Il ne serait pas notamment recevable à déférer au conseil d'Etat, en sa seule qualité de contribuable, une délibération par laquelle le conseil municipal a affecté à une dépense les excédents de recettes de son budget (Cons. d'Et. 22 nov. 1878, aff. Gauthier, D. P. 79. 3. 21); ou voté l'allocation de fonds pour concourir à une souscription et aux dépenses d'une fête (Cons. d'Et. 26 nov. 1880, aff. d'Auvin, D. P. 82. 3. 35).

195. De même, un membre du conseil municipal agissant en cette qualité et ne justifiant d'aucun intérêt direct et personnel n'est pas recevable à déférer au conseil d'Etat une décision par laquelle le ministre a refusé d'annuler un arrêté préfectoral approuvant un marché intervenu entre la commune et un entrepreneur (Cons. d'Et. 9 août 1880, aff. Bourgeois, D. P. 82. 3. 35).

196. De même encore, les délibérations des conseils généraux ou des commissions départementales relatives à l'ouverture et au classement des chemins vicinaux ne peuvent être attaquées par des particuliers agissant uniquement en qualité de contribuables (Cons. d'Et. 5 déc. 1873, aff. Bouillon-Lagrange, D. P. 74. 3. 82; 5 janv. 1877, aff. Beaumini, D. P. 77. 3. 34; 4 janv. 1878, aff. Cheilus, D. P. 78. 3. 54). Et la délibération par laquelle un conseil général a approuvé un traité aux termes duquel un chemin de fer précédemment concédé devra être remplacé par une ligne nouvelle ne peut être déférée au conseil d'Etat par un particulier qui ne justifie d'aucun intérêt direct à l'annulation de cette décision (Cons. d'Et. 30 nov. 1877, aff. Richard, D. P. 78. 3. 30).

197. Mais une compagnie de tramways à vapeur est recevable à déférer au conseil d'Etat, par la voie du recours pour excès de pouvoirs, le décret approuvant la concession d'un chemin de fer devant desservir les mêmes localités que la compagnie requérante (Sol. impl., Cons. d'Et. 27 juin 1884, aff. Tramways à vapeur de Cochinchine, D. P. 85. 5. 117).

198. Les riverains d'une place publique créée en vertu d'un décret homologuant un plan général d'alignement, n'ont pas qualité pour déférer au conseil d'Etat pour excès de pouvoirs un arrêté préfectoral modifiant ce plan, lorsque leurs immeubles ne sont pas atteints par l'exécution du nouveau plan (Cons. d'Et. 28 avr. 1882, aff. Gilles, D. P. 83. 3. 100). Des individus qui ne sont ni propriétaires, ni domiciliés dans un territoire soumis à l'octroi, et qui ne justifient d'aucune prétention de l'Administration tendant à les assujettir au payement des droits d'octroi, sont sans qualité pour demander l'annulation des actes qui ont établi cet octroi (Cons. d'Et. 15 mai 1869, aff. Debruyne, D. P. 70. 3. 83).

199. Un propriétaire n'a pas qualité pour déférer au conseil d'Etat les actes administratifs préparant et approuvant l'aliénation d'une parcelle de terrain, consentie par l'Etat en faveur d'un propriétaire voisin, en se fondant sur ce que cette aliénation serait contraire au principe de l'inaliénabilité du domaine public (Cons. d'Et. 30 mai 1884, aff. Dufour, D. P. 85. 3. 106).

200. Un indigent habitant une localité n'a pas qualité pour déférer au conseil d'Etat, au nom des pauvres de cette localité, les mesures administratives prises pour l'exécution de l'acte du chef de l'Etat autorisant l'acceptation de libéralités faites à ces pauvres (Cons. d'Et. 12 avril 1855, aff. Bertrand, D. P. 55. 3. 86).

201. Il n'est pas nécessaire, pour qu'un particulier soit recevable à attaquer pour excès de pouvoirs un acte administratif, qu'il ait un intérêt matériel à l'annulation de cet acte. Ainsi il a été décidé : 1° que les habitants d'une commune ont qualité pour demander au conseil d'Etat l'annulation de l'arrêté qui prescrit la translation d'un cimetière (Sol. impl., Cons. d'Et. 13 déc. 1878, aff. Anty, D. P. 79. 3. 35), ou qui règle les conditions de cette translation (Sol. impl., Cons. d'Et. 17 juin 1884, aff. Davaine, D. P. 82. 3. 113); — 2° Que les habitants d'une section de commune ont qualité pour demander au conseil d'Etat l'annulation du décret qui a modifié la circonscription de la paroisse (Cons. d'Et. 8 févr. 1878, aff. Sortais, D. P. 78. 3. 66).

202. Mais si la jurisprudence n'exige pas que le réclamant ait un intérêt matériel à l'annulation de l'arrêté qu'il défère pour excès de pouvoirs au conseil d'Etat, l'intérêt moral qu'une partie peut avoir à l'observation des règles établies pour sauvegarder les droits d'un tiers dont elle n'est pas le représentant ne suffit pas pour la rendre recevable à attaquer les actes accomplis en violation de ces règles; et la jurisprudence a pris soin de ne pas laisser dégénérer le recours pour excès de pouvoirs en une action publique ouverte à tous les citoyens.

203. Ainsi il a été jugé, sous l'empire de la loi du 15 mars 1850, que les pasteurs et les membres de l'église réformée d'une commune agissant individuellement n'avaient pas qualité pour déférer au conseil d'Etat la nomination d'un instituteur protestant faite par le préfet, en se fondant sur ce que cette nomination aurait eu lieu sans présentation du consistoire (Cons. d'Et. 16 févr. 1878, aff. Maraval, D. P. 78. 3. 68).

204. De même, l'arrêté relevant de ses fonctions un instituteur congréganiste ne peut être attaqué ni par le supérieur de la congrégation (Cons. d'Et. 9 déc. 1879, aff. Alléau et autres, D. P. 80. 3. 9); ni par un membre de cette congrégation, bien qu'il ait été proposé par le supérieur pour remplacer l'ancien instituteur lorsque le préfet ne l'a pas nommé (Cons. d'Et. 9 déc. 1879, aff. Léger, D. P. 80. 3. 10); ni par le donateur de l'immeuble où est établie l'école (Même arrêt) ; ni par les pères de famille de la commune (Cons. d'Et. 9 déc. 1879, aff. Caillot, D. P. 80. 3. 17).

205. Un consistoire israélite est également sans qualité pour déférer au conseil d'Etat, comme entachée d'excès de pouvoirs, une délibération de la commission administrative d'un hôpital approuvée par le préfet portant suppression du régime alimentaire précédemment établi en faveur des malades israélites (Cons. d'Et. 1er août 1884, aff. Consistoire israélite d'Oran, D. P. 86. 3. 22).

206. Sous l'empire de l'art. 15 du décret du 23 prair. an 12, aujourd'hui abrogé (L. 14 nov. 1881, V. *infrà*, v° *Culte*), il a été décidé que le curé d'une paroisse et les concessionnaires de terrains dans un cimetière communal n'avaient pas non plus qualité pour demander, par la voie du recours pour excès de pouvoirs, l'annulation d'une décision par laquelle le ministre de l'intérieur a refusé d'ordonner l'exhumation du corps d'un individu enterré dans la partie bénite du cimetière : le curé qui agissait dans cette circonstance, comme représentant des intérêts religieux ne pouvait faire valoir un intérêt direct et personnel, et les concessionnaires ne pouvaient prétendre que les mesures prises par l'Administration eussent porté une atteinte directe aux droits privés résultant de leurs titres (Cons. d'Et. 16 avr. 1880, aff. Dehargues, D. P. 81. 3. 10).

207. De même encore un particulier, agissant comme habitant d'une commune, n'a pas qualité pour attaquer un décret autorisant une inhumation dans une église paroissiale (Cons. d'Et. 8 août 1873, aff. Delucq, D. P. 74. 3. 44).

208. De ce que l'exercice du recours pour excès de pouvoirs suppose chez celui qui l'exerce un droit ou tout au moins un intérêt ayant un caractère privatif et personnel, il résulte que ce recours ne peut se fonder, soit pour un fonctionnaire, soit pour un corps constitué, sur la simple privation d'une des attributions conférées par la loi à ce fonctionnaire ou à ce corps constitué. C'est ce qu'a décidé le conseil d'Etat, conformément à de remarquables conclusions de M. le commissaire du Gouvernement Robert, en déclarant l'Académie des beaux-arts non recevable à attaquer le décret qui lui avait enlevé le jugement des concours annuels pour les grands prix décernés aux artistes qui sont envoyés à Rome aux frais de l'Etat (Cons. d'Et. 21 juill. 1864, aff. Académie des beaux-arts, D. P. 65. 3. 1).

209. De même les professeurs d'une faculté de droit ont été déclarés non recevables à déférer au conseil d'Etat l'arrêté par lequel le ministre de l'instruction publique avait décidé que le concours pour la nomination à une chaire vacante à cette faculté s'ouvrirait devant une autre faculté, en se fondant sur ce que d'après l'art. 36 de la loi du 22 vent. an 12, les professeurs de la faculté où existait la vacance devaient être les juges du concours (Cons. d'Et. 7 mars 1849, aff. Bidard, D. P. 49. 3. 69).

210. A plus forte raison un préfet n'est-il pas recevable à revendiquer par la voie du recours pour excès de pouvoirs contre un ministre dont il relève, les attributions qu'il croit lui appartenir et qu'il prétend avoir été mal à propos méconnues par ce ministre (Cons. d'Et. 6 janv. 1865, aff. Préfet de la Seine, D. P. 65. 3. 69).

211. Mais cette règle reçoit exception lorsqu'il s'agit de fonctionnaires élus qui revendiquent des pouvoirs qu'ils tiennent directement de la loi et non d'une délégation de leurs supérieurs hiérarchiques. Le conseil d'Etat admet, notamment, qu'un maire a qualité pour revendiquer devant lui par la voie du recours pour excès de pouvoirs l'exercice d'attributions pour lesquelles il prétend avoir un pouvoir discrétionnaire, et sur lesquelles l'administration supérieure veut exercer un pouvoir de contrôle et d'annulation.

Il a été décidé en ce sens qu'un maire a qualité pour déférer au conseil d'Etat pour excès de pouvoirs : 1° un arrêté par lequel le préfet a annulé un arrêté municipal en vertu de l'art. 11 de la loi de 1837 (Sol. impl., Cons. d'Et. 13 juill. 1883, aff. Maire de Bourges, D. P. 85. 3. 29); — 2° Et à plus forte raison, la décision par laquelle le ministre de l'intérieur statuant sur le renvoi de l'autorité judiciaire saisie d'une demande de dommages-intérêts dirigée contre ledit maire, a déclaré que l'acte à raison duquel était formulée cette demande était entaché d'excès de pouvoirs (Cons. d'Et. 1er févr. 1884, aff. Marquez, D. P. 85. 3. 108).

212. Le président d'un conseil général a également été déclaré recevable à déférer au conseil d'Etat un arrêté préfectoral prononçant l'annulation d'une des délibérations de ce conseil, par application de l'art. 34 de la loi du 10 août 1871 (Cons. d'Et. 8 août 1872, aff. Laget, D. P. 73. 3. 49).

213. On a vu *suprà*, v° *Commune*, n° 266, qu'aux termes de l'art. 67 de la loi du 5 avr. 1884 les conseils municipaux sont recevables à se pourvoir pour excès de pouvoirs contre les arrêtés préfectoraux portant annulation de leurs délibérations.

214. Comme nous l'avons dit *suprà*, n° 128, les actes dont la légalité et le caractère obligatoire peuvent être contestés devant une juridiction administrative ou judiciaire autre que la juridiction répressive ne sont pas susceptibles d'être attaqués par la voie du recours pour excès de pouvoirs. Mais alors même que, par sa nature, l'acte n'échappe pas à ce recours, les particuliers aux droits desquels il ne porte pas atteinte parce qu'ils peuvent faire valoir ces droits devant l'autorité compétente, sont non recevables à le déférer au conseil d'Etat. C'est ainsi que les délibérations prises par les conseils municipaux pour la gestion des intérêts communaux et les actes de tutelle administrative qui autorisent les communes à faire un acte de gestion ne peuvent être attaqués par des tiers à l'encontre desquels ils ne peuvent créer aucun droit. De nombreux arrêts ont, en conséquence, déclaré non recevables

les pourvois formés par des particuliers contre des délibérations par lesquelles des conseils municipaux ont voté qu'il serait fait emploi de terrains considérés par eux comme communaux et sur lesquels les requérants prétendaient avoir des droits, ainsi que contre les actes administratifs portant approbation de ces délibérations (Cons. d'Et. 30 mars 1846, aff. Bergerat, D. P. 46. 3. 130; 21 nov. 1879, aff. Rolland, D. P. 80. 3. 51; 9 juill. 1880, aff. Fab. de Baixas, D. P. 81. 3. 74).

215. De même, lorsque le préfet de la Seine, représentant la ville de Paris, retire une autorisation accordée à une compagnie concessionnaire, ce retrait ne fait pas obstacle à ce que cette compagnie soutienne devant l'autorité compétente que l'autorisation n'a pu lui être retirée sans porter atteinte à ses droits, et dès lors, ladite compagnie est non recevable à déférer l'acte en question au conseil d'Etat pour excès de pouvoirs (Cons. d'Et. 28 févr. 1879, aff. Comp. générale des omnibus parisiens, D. P. 79. 3. 57).

216. Un particulier ne peut se fonder pour demander l'annulation d'un acte comme entaché d'excès de pouvoirs sur ce que cet acte n'aurait pas réservé le droit à indemnité qu'il prétend lui appartenir à raison de la mesure prise par l'Administration, lorsque l'acte attaqué ne contient aucune disposition faisant obstacle à ce qu'il poursuive devant l'autorité compétente l'allocation de cette indemnité (Cons. d'Et. 30 juill. 1880, aff. Brousse, D. P. 81. 3. 73).

217. Un riverain est également non recevable à se prévaloir, pour attaquer l'arrêté approuvant un plan d'alignement, de ce que ce plan porterait atteinte à l'exécution des conventions intervenues entre la ville et lui relativement aux terrains sur lesquels sont établis ses immeubles, ce plan ne pouvant faire obstacle à ce qu'il fasse valoir devant la juridiction compétente les droits qui résulteraient pour lui de ces conventions (Cons. d'Et. 27 mai 1881, aff. Bellamy, D. P. 82. 3. 114; 28 avr. 1882, aff. Gilles, D. P. 83. 3. 100).

De même encore, le riverain d'un lac n'est pas recevable à attaquer les actes par lesquels l'Administration a autorisé son voisin à exécuter des travaux dans le lit du lac sous la réserve des droits du requérant (Cons. d'Et. 30 mai 1884, aff. Dufour, D. P. 85. 3. 106).

218. Il a été décidé dans le même sens : 1° qu'une compagnie de chemin de fer n'est pas recevable à attaquer un règlement de police pris par un ministre, en se fondant sur ce qu'il aggravait les obligations résultant pour elle de son cahier des charges (Cons. d'Et. 1er déc. 1882, aff. Chemins de fer d'Orléans C. Ministres des travaux publics, de la guerre et des finances, D. P. 84. 3. 58); — 2° Que des entrepreneurs de transports ne sont pas recevables à déférer au conseil d'Etat un règlement de police par lequel le ministre a autorisé une compagnie de chemin de fer à recevoir dans ses gares des marchandises provenant de la ville à une heure où ces gares sont fermées pour les autres expéditeurs, en se fondant sur ce que cet arrêté porterait atteinte au principe de la libre concurrence, ledit arrêté ne faisant pas obstacle à ce que les requérants exercent de leur chef devant l'autorité judiciaire telle action qui pourra leur appartenir (Cons. d'Et. 16 janv. 1885, aff. Galbrun, D. P. 86. 3. 81); — 3° Que la permission de police accordée au riverain d'une voie publique par un arrêté municipal ne pouvant être opposée aux voisins du permissionnaire, si l'usage de cette permission porte atteinte à leurs droits, ceux-ci n'ont pas qualité pour déférer cet arrêté au conseil d'Etat (Cons. d'Et. 8 janv. 1875, aff. Trouette, D. P. 75. 3. 93); — 4° Que l'acte qui soumet un bois au régime forestier en qualité de bois communal ne mettant point obstacle à ce que les particuliers fassent valoir les droits qu'ils prétendent avoir à la propriété dudit bois, ceux-ci sont non recevables à en demander l'annulation (Cons. d'Et. 12 mars 1846, aff. Fayot, D. P. 46. 3. 132); — 5° Que le décret qui s'est borné à établir une ligne séparative de la mer et d'une rivière, sous la réserve des droits des tiers et sans délimiter le rivage de la mer, ne faisant pas obstacle à ce que les riverains fassent valoir tous les droits qui pouvaient leur appartenir sur la partie des alluvions que sur la pêche, ceux-ci ne sont pas recevables à en demander l'annulation (Cons. d'Et. 4 août 1876, aff. Couraye du Parc, D. P. 76. 3. 99; 4 avr. 1879, aff. Labbé, D. P. 79. 3. 57).

§ 6. — Délai du pourvoi avec augmentation pour les contrées extracontinentales. — Mode de supputation. — Déchéance d'office. — Acquiescement. — Chose jugée. — Appel incident (*Rép.* n⁰ˢ 175 à 264).

219. Ainsi que nous l'avons dit au *Rép.* n° 175, en principe et aux termes de l'art. 11 du décret du 22 juill. 1806, le recours au conseil d'Etat contre la décision d'une autorité qui y ressortit doit être formé dans le délai de trois mois à partir du jour où cette décision a été notifiée.

220. Par exception, le délai est réduit à deux mois pour les recours contre les décisions des commissions départementales (L. 10 août 1871, art. 88), à un mois en matière d'élections municipales (L. 5 avr. 1884, art. 40), et à quinze jours en matière d'élections au conseil supérieur de l'instruction publique ou au conseil académique (Décr. 16 mars 1880, art. 12 et 13). Il est à remarquer, toutefois, que la réduction à deux mois du délai du recours contre les décisions des commissions départementales ne s'applique qu'au recours formé contre celles des décisions de ces commissions qui sont prises en vertu de leurs pouvoirs propres, et que le recours pour excès de pouvoirs contre une décision prise par une commission départementale en vertu d'une délégation du conseil général serait soumis au délai de trois mois fixé par l'art. 11 du décret du 22 juill. 1806 (Sol. impl., Cons. d'Et. 20 févr. 1885, aff. Gaborit, D. P. 86. 3. 88).

221. On a vu au *Rép.* n° 175, que l'art. 13 du décret du 22 juill. 1806 accorde aux parties qui demeurent hors de la France continentale, outre le délai de trois mois, ceux qui sont réglés par l'art. 73 c. proc. civ. D'après cet article modifié par la loi du 3 mai 1862, ces délais sont les suivants : 1° pour ceux qui demeurent dans les Iles Britanniques, en Italie, dans le royaume des Pays-Bas et dans les Etats ou confédérations limitrophes de la France, un mois; 2° pour ceux qui demeurent dans les autres Etats soit de l'Europe, soit du littoral de la Méditerranée et de celui de la mer Noire, deux mois ; pour ceux qui demeurent hors d'Europe en deçà des détroits de Malacca et de la Sonde et en deçà du cap Horn, cinq mois; pour ceux qui demeurent au delà du cap Horn, huit mois; ces délais doivent être doublés pour les pays d'outre-mer en cas de guerre maritime.

222. D'après l'art. 1ᵉʳ de la loi du 11 juin 1859 (D. P. 59. 4. 53), il y a lieu d'observer à l'égard des habitants de la Corse et de l'Algérie les délais fixés pour les habitants de la France continentale.

223. Le recours au conseil d'Etat contre les décisions du conseil du contentieux dans les colonies françaises est régi par les art. 86 à 93 du décret du 5 août 1881 (D. P. 82. 4. 103), qui ne concernait d'abord que les colonies de la Martinique, de la Guadeloupe et de la Réunion, et qui a été rendu applicable à toutes les colonies par l'art. 1ᵉʳ du décret du 7 sept. 1881 (D. P. 82. 4. 103, note). D'après les art. 11 et 86 du décret du 5 août 1881, le recours doit être formé dans les trois mois de la notification de la décision à personne ou à domicile ou au domicile élu, si cette décision a été rendue dans la colonie où le demandeur habite ou a élu domicile. Si la décision a été rendue contre l'Etat où contre la colonie, le délai est de trois mois à partir de la date de la décision (art. 87). Si le demandeur n'est pas domicilié dans la colonie où la décision a été rendue, les délais sont, en les augmentant de deux mois, ceux qui ont été fixés par les art. 1ᵉʳ du décret du 29 août 1863 (D. P. 63. 4. 118-119), savoir : 1° lorsqu'il s'agit d'une décision rendue à la Martinique ou à la Guadeloupe, pour ceux qui habitent : les îles du Vent, deux mois ; la Guyane, les îles Sous-le-Vent, les grandes Antilles, les pays qui bordent la mer des Antilles et le golfe du Mexique, les Etats-Unis d'Amérique situés sur l'océan Atlantique, le Canada, Saint-Pierre et Miquelon et Terre-Neuve, quatre mois ; l'Algérie, le continent et les îles d'Europe, cinq mois ; les autres pays de l'océan Atlantique, six mois ; tous les pays situés entre les détroits de Malacca et de la Sonde et le cap de Bonne-Espérance, huit mois ; les autres parties du monde, dix mois ; 2° lorsqu'il s'agit d'une décision rendue à la Réunion, pour ceux qui habitent l'île Maurice et ses dépendances, deux mois ; Madagascar et les pays du littoral de la mer Rouge, trois mois ; les autres pays situés entre le cap de Bonne-Espérance et les

détroits de Malacca et de la Sonde, six mois; les pays situés sur la mer de Chine, la mer de Java et sur la côte orientale de l'Australie, huit mois ; les autres parties du monde, dix mois. Tous ces délais partent du jour de la notification de la décision au parquet du procureur général. Ils sont doublés en cas de guerre maritime (Décr. 5 août 1881, art. 11).

224. Le décret du 7 sept. 1881 a, comme nous l'avons dit *suprà*, n° 223, étendu à toutes les colonies les dispositions du décret du 5 août précédent; dans son art. 3, il modifie les délais fixés par l'art. 11 de ce dernier décret pour les recours au conseil du contentieux administratif, mais il ne s'occupe pas des délais impartis pour la déclaration de recours devant le conseil d'Etat. — On s'est demandé si, en présence de cette omission, on devait appliquer à ce dernier recours l'art. 11 du décret du 5 août ou l'art. 11 modifié par l'art. 3 du décret du 7 septembre (V. Clément, *Exposé pratique de la procédure suivie devant le conseil d'Etat*, p. 278). Si l'on considérait cette modification comme résultant de l'esprit sinon du texte du décret du 7 sept. 1881, on devrait en conclure que les délais pour la déclaration de recours devant le conseil d'Etat sont, à partir du jour de la notification de la décision au parquet du procureur général, et en les augmentant de deux mois, les délais fixés par les art. 1ᵉʳ des décrets du 29 août 1863 (D. P. 63. 4. 143), savoir : dans le cas d'une décision rendue à la Guyane française, pour ceux qui habitent la Guyane hollandaise et la Guyane anglaise, deux mois ; les îles du Vent et les Antilles, quatre mois ; l'Algérie, le continent et les îles de l'Europe, cinq mois ; les autres pays de l'océan Atlantique, six mois ; les pays situés entre les détroits de Malacca, de la Sonde et le cap de Bonne-Espérance, sept mois ; les autres parties du monde, dix mois. Dans le cas d'une décision rendue au Sénégal, pour ceux qui habitent les établissements de la Gambie, Cachéo, Bissao, Rio Nunez, Sierra Leone, etc., les lieux limitrophes, deux mois ; le grand Bassam, Dabon, l'Astimi, le Gabon, l'Algérie, le continent et les îles d'Europe, cinq mois ; les autres pays de l'océan Atlantique, six mois ; tous les pays situés entre les détroits de Malacca et de la Sonde et le cap de Bonne-Espérance, sept mois ; les autres parties du monde, dix mois. Dans le cas d'une décision rendue dans les établissements français de l'Inde, pour ceux qui habitent l'Hindoustan, quatre mois ; les pays situés sur la mer de Chine et la mer de Java, la Réunion, l'île Maurice, les pays du littoral de la mer Rouge, l'Algérie, le continent et les îles d'Europe, cinq mois ; les autres pays situés entre le cap de Bonne-Espérance et les détroits de Malacca et de la Sonde, six mois; les autres parties du monde, dix mois. Dans le cas d'une décision rendue à Saint-Pierre et Miquelon, pour ceux qui habitent Terre-Neuve et la Nouvelle-Ecosse, deux mois ; le Canada, les Etats-Unis les Antilles, les pays bordant la mer des Antilles et le golfe du Mexique, quatre mois ; l'Algérie, le continent et les îles d'Europe, cinq mois ; tous autres pays de l'océan Atlantique, six mois ; tous les pays situés entre les détroits de Malacca et de la Sonde et le cap de Bonne-Espérance, sept mois ; les autres parties du monde, dix mois. Les délais pour les recours dirigés contre les décisions rendues dans d'autres colonies que celles qui viennent d'être désignées, seraient, en les augmentant de trois mois, ceux qui ont été fixés par l'art. 1ᵉʳ des décrets du 29 août 1863.

Tous ces délais seraient doublés en cas de guerre maritime.

225. On a vu au *Rép.* n° 180 que la supputation du délai de trois mois a lieu conformément au droit commun. Il faut calculer par mois, quel que soit le nombre des jours compris dans le mois, et il n'y faut comprendre ni le jour où la décision a été notifiée, ni le jour du terme. Par conséquent, lorsqu'une décision a été notifiée le 19 octobre, le pourvoi doit être formé au plus tard le 20 janvier suivant (Aucoc, t. 1, n° 374; Cons. d'Et. 27 févr. 1847, aff. Ville d'Orléans, *Rec. Cons. d'Etat*, p. 99; 23 nov. 1850, aff. Mourrier, D. P. 52. 3. 10; 23 nov. 1850, aff. Pavy, *Rec. Cons. d'Etat*, p. 858; 20 janv. 1859, aff. Chemins de fer du Midi *C.* Etienne, D. P. 59. 3. 39; 22 janv. 1863, aff. Milon, D. P. 63. 3. 2; 12 mars 1880, aff. Lemaire, D. P. 80. 3. 109; 20 avr. 1883, aff. El. de Sermano, D. P. 84. 3. 120; 26 juin 1885, aff. Guelpa, D. P. 87. 3. 9. V. conf. note sous Req. 5 févr. 1879, aff. Renard.

D. P. 80. 1. 200; Tambour sur Chauveau, *Code d'instruction administrative*, 5ᵉ éd., t. 2, p. 456, note *a*).

226. Nous avons examiné au *Rép.* nᵒˢ 183 et 184 la question de savoir si la déchéance résultant de ce que le recours a été formé après l'expiration des délais est d'ordre public et si, par conséquent, elle peut être suppléée d'office par le conseil d'Etat, et nous avons exposé les différents systèmes auxquels a donné lieu cette question. Ainsi que nous l'avons dit, d'après l'opinion qui a prévalu dans la jurisprudence, le conseil d'Etat a le droit d'appliquer d'office la déchéance dans toutes les affaires sans distinction (Cons. d'Et. 9 juin 1849, aff. de Carbon, D. P. 49. 3. 84; 13 août 1851, aff. Costes, D. P. 52. 3. 9; 13 avr. 1881, aff. Bansais, D. P. 82. 3. 49).

227. Outre la déchéance résultant de la tardiveté du pourvoi, il y a aussi comme on l'a vu au *Rép.* nᵒ 186, celles qui dérivent de l'acquiescement des parties à la décision et de la chose jugée. Nous avons indiqué *supra*, vᵒ *Acquiescement*, nᵒˢ 118 et suiv. les règles applicables à l'acquiescement en matière administrative. Il a été décidé par plusieurs arrêts que, le recours au conseil d'Etat étant d'ordre public, les parties ne peuvent renoncer avant toute contestation au bénéfice des deux degrés de juridiction, en stipulant par exemple que les difficultés qui pourront s'élever entre elles sur l'exécution d'un marché de travaux publics seront jugées en premier et dernier ressort par le conseil de préfecture (Cons. d'Et. 23 juin 1853, aff. Nougaret, D. P. 54. 5. 148; 21 juill. 1853, aff. Commune de Gesté, *ibid.*; 31 août 1863, aff. Marc-Besson, D. P. 63. 3. 85; 26 nov. 1863, aff. Ville de Conches, *ibid.* V. conf. Serrigny, *Organisation et compétence administrative*, t. 1, nᵒˢ 242 et 924; Chauveau, *Principes de compétence et de juridiction administrative*, t. 1, p. 363, et t. 3, p. 811; Chauveau et Tambour, *Code d'instruction administrative*, 5ᵉ éd., t. 1, nᵒ 658). Toutefois cette jurisprudence a été critiquée, et l'on a fait observer que le motif donné à l'appui des décisions précitées s'appliquerait à la renonciation au droit d'appel, après comme avant une contestation engagée, contrairement à la jurisprudence judiciaire qui admet la prorogation de juridiction sur une contestation déjà née. La divergence entre cette dernière jurisprudence et la jurisprudence administrative ne semblerait pas suffisamment justifiée, et l'on ne voit pas pourquoi des parties maîtresses de leurs droits ne pourraient pas renoncer à se pourvoir contre la décision du juge de premier degré comme elles peuvent acquiescer à cette décision. Un arrêt plus récent paraît avoir tenu compte de ces critiques; car il ne reproduit pas la formule absolue des arrêts antérieurs, et, en refusant à une commune le droit de se prévaloir de la clause par laquelle les parties avaient, dans un marché de travaux publics, renoncé au droit de faire appel des arrêtés du conseil de préfecture, il s'est uniquement fondé sur que cette clause constituait un compromis et sur ce que les communes, n'étant pas maîtresses de leurs droits, ne pouvaient valablement consentir à une semblable renonciation (Cons. d'Et. 11 juill. 1884, aff. Comp. des eaux d'Oran, D. P. 85. 3. 15).

228. Nous avons dit au *Rép.* nᵒ 191, que la chose jugée engendre une fin de non-recevoir plus péremptoire encore que l'acquiescement, et que cette règle s'applique aux décisions de l'autorité administrative comme à celles de l'autorité judiciaire. Par suite, un propriétaire n'est pas recevable à attaquer pour excès de pouvoirs un décret déclarant d'utilité publique l'acquisition de parcelles lui appartenant, alors que, par application de ce décret, le tribunal a prononcé l'expropriation de ces parcelles par un jugement dont

la cassation n'a pas été obtenue (Cons. d'Et. 22 mai 1885, aff. Fénaux, D. P. 86. 5. 223),.. ou alors que le propriétaire s'est désisté du pourvoi formé contre le jugement d'expropriation (Cons. d'Et. 31 juill. 1886, aff. de Fresne de Beaucourt, D. P. 86. 5. 223).

229. Le fait qu'une expropriation a été prononcée par autorité de justice fait même obstacle à ce que le conseil d'Etat statue sur un pourvoi antérieurement formé contre l'acte déclaratif d'utilité publique ou contre l'arrêté de cessibilité (Cons. d'Et. 26 déc. 1873, aff. Garret, D. P. 75. 3. 4; 13 févr. 1874, aff. André, *ibid.*; 11 févr. 1876, aff. Chemins de fer de Lyon *C*. Ville de Nice, D. P. 76. 3. 80; 31 mai 1878, aff. Touchy, D. P. 79. 5. 215).

N° 1. — *Contre quelles décisions court le délai.* — *Décisions préparatoires, interlocutoires et confirmatives* (Rép. nᵒˢ 194 à 203).

230. On a vu au *Rép.* nᵒ 194 que la déchéance établie contre les recours tardifs s'applique à toutes les décisions définitives contradictoires des organes administratifs rendues en matière contentieuse; mais nous avons dit que l'on ne pourrait considérer comme telles les décisions émanées du grand chancelier de la Légion d'honneur, ces actes n'ayant de valeur que lorsqu'ils ont reçu l'approbation du ministre de la justice (Cons. d'Et. 15 févr. 1872, aff. Darnis, D. P. 73. 3. 41; 1ᵉʳ mai 1874, aff. Lezeret, D. P. 75. 3. 36; 12 janv. 1877, aff. W..., D. P. 77. 3. 25; 14 nov. 1884, aff. Gisbert, D. P. 86. 3. 46). C'est donc de la date de cette approbation, et non de celle de la décision du grand chancelier, que court le délai du recours.

231. La règle de déchéance s'applique, conformément à ce qui a été exposé au *Rép.* nᵒˢ 195 et 196, à tous les cas dans lesquels le conseil d'Etat statue au fond, sur le vu d'une décision attaquée, et notamment aux pourvois dirigés: 1ᵒ contre les décisions ministérielles, quel que soit d'ailleurs le caractère que l'on attribue à ces décisions (Cons. d'Et. 26 janv. 1854, aff. Trochu, D. P. 54. 5. 182; 16 mars 1877, aff. de Bastard, D. P. 77. 5. 122); — 2ᵒ Contre les arrêtés des conseils de préfecture (Cons. d'Et. 9 nov. 1877, aff. Martin, D. P. 78. 3. 14; 12 mars 1880, aff. Vachier, D. P. 81. 3. 25; 16 nov. 1880, aff. Commune de Capvern, D. P. 81. 3. 26); — 3ᵒ Contre les décisions des commissions spéciales instituées en vertu de la loi du 16 sept. 1807 (Cons. d'Et. 1ᵉʳ juin 1870, aff. Morin, D. P. 72. 3. 2).

232. Nous avons dit au *Rép.* nᵒ 197, qu'à l'égard du recours contre les décisions préparatoires et interlocutoires, on doit, dans le silence de la loi spéciale, appliquer le droit commun, c'est-à-dire, l'art. 451 c. proc. civ. Les décisions préparatoires ne peuvent donc être attaquées avant le jugement définitif (Cons. d'Et. 27 août 1854, aff. Osterrich, D. P. 55. 3. 40; 18 août 1856, aff. Péan de Saint-Gilles, D. P. 57. 3. 21). Ainsi l'on ne peut se pourvoir, tant que la décision définitive n'a pas été rendue, contre l'arrêté d'un conseil de préfecture qui sursoit à statuer jusqu'à décision du conseil d'Etat, sur une instance connexe à celle dont il est saisi (Cons. d'Et. 22 janv. 1857 (1), ou qui se borne à ordonner une expertise, tous droits et moyens réservés (Arrêts précités des 27 août 1854 et 18 août 1856; Cons. d'Et. 18 févr. 1858, aff. de Rochambeau, D. P. 58. 5. 92; 28 janv. 1884, aff. Lamay, D. P. 82. 3. 33; 21 nov. 1884, aff. Chagot, *Rec. Cons. d'Etat*, p. 831; 13 mars 1885) (2).

233. Mais si, devant la juridiction administrative comme devant les tribunaux civils, les décisions qui se bornent à prescrire une expertise sont purement préparatoires, les

---

(1) (Gilbert.) — Le conseil d'Etat; ... — En ce qui touche le pourvoi dirigé contre l'arrêté du 16 mai 1854 par lequel le conseil de préfecture a sursis jusqu'au moment où serait intervenu notre décret sur le pourvoi dirigé contre l'arrêté du 24 juin 1853, à statuer sur la demande en indemnité formée par le sieur Gilbert et par le sieur et dame Yvoré contre le syndicat du ru de Buzot et contre l'Etat: — Considérant que cet arrêté n'est ni définitif, ni interlocutoire; qu'il ne constitue qu'un arrêté de remise de la cause à une époque déterminée... (Rejet).
Du 22 janv. 1857.-Cons. d'Et.-MM. Leviez, rap.-de Forcade, concl.-Mathieu Bodet et Bret, av.

(2) (Ville de Limoges.) — Le conseil d'Etat; — Vu la loi du

28 pluv. an 8; — Sur le moyen tiré de ce que le conseil de préfecture aurait à tort omis de surseoir à toute décision jusqu'à ce qu'il eût été statué sur l'exception de propriété opposée par la ville de Limoges: — Considérant que l'arrêté attaqué s'est borné à prescrire, tous droits et moyens réservés, une expertise sur l'importance du dommage souffert jusqu'à ce jour par les usiniers du Vincou; qu'ainsi son arrêté est purement préparatoire et ne fait pas obstacle à ce que la ville de Limoges soutienne ultérieurement par tous les moyens dans lesquels elle se croira fondée, qu'elle n'est pas tenue de réparer ledit dommage... (Rejet).
Du 13 mars 1885.-Cons. d'Et.-MM. Bousquet, rap.-Le Vavasseur de Précourt, concl.-Le Sueur, av.

décisions qui, en ordonnant l'expertise, statuent sur des questions de fond, sont interlocutoires ou même définitives (Cons. d'Et. 8 mars 1866, aff. de Chassey, D. P. 69. 3. 3). Le conseil d'Etat l'a reconnu dans des espèces où le conseil de préfecture pour déterminer la mission des experts avait reconnu que les préjudices articulés par les intéressés comme leur ayant été causés par des travaux publics, étaient de nature à leur ouvrir droit à indemnité (Cons. d'Et; 6 août 1881, aff. Piette, D. P. 83. 3. 11 ; 27 févr. 1885, aff. Ville de Roubaix, D. P. 86. 3. 89). Il a même considéré comme n'étant pas purement préparatoire un arrêt qui, sans décider qu'il n'y avait pas lieu d'ordonner une expertise, a refusé de l'ordonner immédiatement (Cons. d'Et. 26 sept. 1871, aff. Dumas, Rec. Cons. d'Etat, p. 182. V. conf. Chauveau et Tambour, t. 1, p. 440, note b). Mais l'arrêté qui ordonne une expertise, en matière de subventions spéciales, tous droits et moyens réservés, ne perd pas son caractère purement préparatoire alors même que l'industriel soutient que la demande en subvention aurait dû être repoussée comme tardivement formée (Cons. d'Et. 30 mai 1866, aff. de Villaine, Rec. Cons. d'Etat, p. 540).

234. Des arrêts récents ont décidé que l'arrêté qui ordonne une constatation d'urgence préalablement à toute action ne constitue pas une décision purement préparatoire, et est susceptible d'être déférée au conseil d'Etat (Cons. d'Et. 28 mai 1886, aff. Perrichont, D. P. 87. 3. 109 ; 6 août 1886, aff. Moulin, ibid.). Cette jurisprudence étend à la procédure administrative la règle, en vigueur devant les tribunaux civils, d'après laquelle les jugements de référé sont susceptibles d'appel toutes les fois que la matière le comporte.

235. La jurisprudence du conseil d'Etat applique également l'art. 451 c. proc. civ. en ce qui concerne les décisions interlocutoires, et décide qu'il peut être interjeté appel de ces décisions soit avant le jugement définitif, soit conjointement avec ce jugement (Cons. d'Et. 30 mai 1861, aff. Richard, Rec. Cons. d'Etat, p. 460 ; 8 mars 1866, aff. de Chassey, D. P. 69. 3. 3 ; 14 déc. 1877, aff. Chemin de fer de Lyon C. Commune de Saint-Just-sur-Loire, D. P. 78. 3. 62 ; Aucoc, t. 1, n° 247).

On doit considérer comme interlocutoires et par conséquent comme susceptibles d'être déférés au conseil d'Etat : 1° l'arrêté du conseil de préfecture qui décide que parmi plusieurs chefs de réclamation, quelques-uns sont non justifiés, les autres admissibles en principe, et qui ne renvoie aux experts que l'examen de ces derniers chefs (Cons. d'Et. 27 déc. 1878) (1) ; — 2° La décision ministérielle qui tend à soumettre un comptable à une action en responsabilité (Cons. d'Et. 19 déc. 1848, aff. Alem, D. P. 49. 3. 36).

236. Conformément à ce qui a été exposé au Rép. n° 204, le pourvoi doit être déclaré non recevable, lorsque la décision attaquée n'est que confirmative de décisions antérieures non attaquées, auxquelles elle se réfère ou dont elle assure l'exécution. Ainsi, bien que, dans les contestations où il agit comme représentant de l'Etat plutôt qu'il ne fait acte de juridiction, le ministre ne soit pas absolument lié par celles de ses décisions qui sont favorables au Trésor, la jurisprudence décide, par application de cette règle, que le pourvoi est non recevable lorsque la décision ministérielle attaquée est simplement confirmative de décisions antérieures auxquelles elle se réfère et qui n'ont été l'objet

d'aucun recours (Cons. d'Et. 26 janv. 1854, aff. Trochu, D. P. 54. 5. 182 ; 2 août 1854, aff. Duran, D. P. 55. 5. 106 ; 20 juin 1873, aff. Commune des Dombes, D. P. 73. 5. 135 ; 23 janv. 1874, aff. Fauchet, D. P. 75. 3. 12 ; 16 mars 1877, aff. de Bastard, D. P. 77. 5. 122 ; 19 nov. 1886, aff. Gorgeu, D. P. 88. 3. 21 ; 7 janv. 1887, aff. Comp. générale transatlantique, ibid. V. dans le même sens : Cons. d'Et. 24 mai 1859, Rép. v° Organisation militaire, n° 650). Il a été jugé, par application des mêmes principes, qu'un particulier qui n'a pas attaqué, dans les délais des règlements, une décision du gouverneur général de l'Algérie n'est pas recevable à déférer au conseil d'Etat un acte par lequel ce fonctionnaire n'a fait que confirmer sa précédente décision (Cons. d'Et. 20 févr. 1880, aff. Carrière, D. P. 81. 3. 4 ; 2 juill. 1880, aff. Durieu, D. P. 81. 3. 54).

237. Mais, pour que cette règle soit applicable, il faut que le réclamant ne puisse se tromper sur le caractère définitif de la première décision. Il a été décidé, en conséquence que le recours était recevable : 1° lorsque le ministre après la première décision, avait, sur la demande de la partie, ordonné un supplément d'instruction (Cons. d'Et. 5 juill. 1855, aff. Fabus, Rec. Cons. d'Etat, p. 370) ; — 2° Lorsque la première décision n'avait qu'un caractère provisoire et que le chiffre du débet n'avait été définitivement arrêté que par la seconde (Cons. d'Et. 30 janv. 1862, aff. Teissère, ibid., et Rép. v° Organisation militaire, n° 650). De même, le ministre qui, tout en déclarant qu'il ne considère pas comme fondée la prétention du réclamant, invite celui-ci à proposer les bases d'un arrangement, ne peut être considéré comme ayant pris une décision définitive. En conséquence, la décision par laquelle le ministre, après des tentatives infructueuses d'arrangement, déclare rejeter la demande, en se référant à sa précédente décision, n'est pas purement confirmative et peut être déférée au conseil d'Etat (Cons. d'Et. 18 mai 1877, aff. Banque de France, D. P. 77. 3. 81). De même encore, la décision par laquelle le ministre accorde un secours à un ouvrier blessé ne peut être considérée comme statuant sur la demande en indemnité formée par cet ouvrier, et, dès lors, la décision ultérieure par laquelle ledit ministre déclare rejeter cette demande ne doit pas être considérée comme une décision purement confirmative (Cons. d'Et. 11 mars 1881, aff. Lanciaux, D. P. 82. 3. 83). Enfin il a été implicitement admis qu'un intéressé est recevable à déférer au conseil d'Etat, pour excès de pouvoirs, dans les délais des règlements, un arrêté de police lui faisant grief, même dans celles de ses dispositions qui ne font que reproduire les dispositions d'un arrêté antérieur (Cons. d'Et. 9 avr. 1886, aff. Argellier, D. P. 88. 3. 20 ; 18 mars 1887, aff. Martin, ibid.).

N° 2. — La notification de la décision attaquée est le point de départ du délai. — Ses formes. — Notification administrative (Rép. n°s 204 à 255).

238. En règle générale, ainsi que nous l'avons dit au Rép. n° 204, le point de départ du délai est la notification de la décision attaquée (Cons. d'Et. 12 déc. 1861, aff. Hospices de Troyes, D. P. 62. 3. 27 ; 22 janv. 1863, aff. Milon, D. P. 63. 3. 2 ; 3 déc. 1864, aff. Lemoine, D. P. 71. 3. 82, note 2 ; 26 août 1867, aff. Froncles, ibid.), en l'absence de toute notification, la prescription, même trentenaire, ne pourrait être opposée au demandeur devant le conseil d'Etat. Nous

---

(1) (Lobereau et autres.) — Le conseil d'Etat ; — Vu la loi du 28 pluv. an 8 ; — En ce qui touche les conclusions des sieurs Lobereau et consorts tendant à obtenir la réformation de l'arrêté attaqué, dans la disposition par laquelle le conseil de préfecture, saisi par eux de deux demandes d'indemnité, montant ensemble à 137962 fr. pour aggravation de frais généraux et dépréciation de matériel, résultant de ce que l'exécution des travaux aurait subi un retard de trois ans, tant par l'effet de la guerre de 1870 qu'à raison de faits ultérieurs imputables à l'Administration, a refusé de leur reconnaître droit à une indemnité pour les retards postérieurs à la reprise des travaux en 1871 ; et sur le recours du ministre des travaux publics tendant à ce que ledit arrêté soit réformé dans la disposition par laquelle il a admis au profit des entrepreneurs un droit à indemnité à raison de la suspension des travaux à l'époque de la guerre ; — Sur la fin de non-recevoir opposée par les sieurs Lobereau et consorts au recours du ministre

des travaux publics : — Considérant que l'arrêté attaqué a décidé qu'aucune indemnité ne pouvait être prétendue par les sieurs Lobereau et consorts, pour le préjudice qu'ils auraient éprouvé par l'effet du ralentissement de leurs travaux ; qu'à l'inverse, ledit arrêté, se fondant sur ce que la suspension des travaux par suite de la guerre aurait constitué un cas de force majeure à raison duquel les entrepreneurs étaient admissibles à réclamer des dommages et intérêts par application de l'art. 28 des clauses et conditions générales, a ordonné la vérification par experts des dommages que les réclamants ont pu éprouver de ce chef ; que du rapprochement de ces deux dispositions il résulte que l'arrêté attaqué a le caractère d'une décision interlocutoire, contre laquelle le ministre n'a fait que confirmer devant le conseil d'Etat ; — Au fond... pourvoir devant le conseil d'Etat ; — Au fond... — Du 27 déc. 1878.-Cons. d'Et.-MM. de Sancy, rap.-Flourens, concl.-Mazeau, av.

avons fait observer, toutefois au *Rép.* n° 205, que cette règle souffrirait exception dans le cas où la décision attaquée aurait été exécutée. En effet, l'exécution de cette décision, par ou contre les intéressés, fait courir le délai du pourvoi, quand elle n'a pas le caractère d'un acquiescement (Cons. d'Et. 5 juin 1862, aff. d'Andigné, D. P. 65. 3. 66; 11 juin 1868, aff. Coppens, D. P. 71. 3. 82, note 2).

239. En ce qui concerne les actes qui ont le caractère de mesures d'intérêt général ou qui ont été faits sur la demande d'un tiers et contre lesquels le recours n'est ouvert que pour excès de pouvoirs, il ne peut y avoir de notification proprement dite, et dès lors le délai ne peut courir que de l'exécution de l'acte attaqué (Cons. d'Et. 26 août 1865, aff. Canal Alaric, D. P. 71. 3. 82, note 2), ou de la remise qui a été faite de cet acte à la pleine disposition des réclamants. Il a été décidé, en ce sens : 1° que le décret portant approbation d'un tarif et d'un règlement d'octroi ne peut être déféré au conseil d'Etat les intéressés plus de trois mois après que le tarif et le règlement ont été mis à exécution et qu'ils ont dû payer les droits en vertu de ces actes (Cons. d'Et. 15 mai 1869, aff. Debruyne, D. P. 70. 3. 83); — 2° Qu'un habitant d'une commune n'est pas recevable à déférer au conseil d'Etat les délibérations par lesquelles le conseil municipal a voté l'amodiation des pâturages et l'établissement d'une taxe sur les bestiaux, plus de trois mois après que ces délibérations ont été exécutées (Cons. d'Et. 22 févr. 1878) (1); — 3° Que le délai pendant lequel doit être formé le recours pour excès de pouvoirs contre un acte non susceptible de notification aux intéressés court de l'exécution que cet acte a reçue à l'égard du requérant (Cons. d'Et. 30 juill. 1880, aff. Brousse, D. P. 81. 3. 73), et qu'en conséquence, le délai pour se pourvoir contre un décret réorganisant le factorat dans les halles de Paris a couru, à l'égard des anciens facteurs, à partir du jour où ils se sont fait inscrire sur les registres du factorat, conformément aux prescriptions de ce décret (Même arrêt); — 4° Que le délai pour déférer au conseil d'Etat un règlement de police, comme entaché d'excès de pouvoirs, court du jour où cet arrêté a été publié et mis à exécution (Cons. d'Et. 24 janv. 1879, aff. Le Marois, D. P. 79. 3. 60); — 5° Qu'un particulier n'est pas recevable à déférer au conseil d'Etat, pour excès de pouvoirs, un arrêté de police municipale plus de trois mois après la notification du procès-verbal dressé contre lui pour contravention à cet arrêté (Cons. d'Et. 4 juin 1886, aff. Du Breil, D. P. 87. 3. 120). A plus forte raison le recours n'est-il non recevable lorsqu'il s'est écoulé plus de trois mois depuis que ce règlement a été personnellement appliqué au réclamant par une condamnation contradictoire pour contravention a été prononcée contre ce dernier (Cons. d'Et. 19 déc. 1879, aff. Briet, D. P. 80. 3. 67).

240. Il a même été décidé par des arrêts récents que le délai du recours contre des actes qui ne sont pas susceptibles de notification individuelle, et qui sont d'ordinaire portés à la connaissance du public par une insertion au *Journal officiel* et au *Bulletin des lois*, peut avoir pour point de départ cette insertion (Cons. d'Et. 30 avr. 1880, aff. Albrecht, D. P. 81. 3. 26; Sol. impl. Cons. d'Et. 30 juill. 1880, aff. Brousse, D. P. 81. 3. 73; 17 juill. 1885, aff. Chambre de commerce de Dunkerque, D. P. 86. 5. 109). Il en est ainsi spécialement d'un décret réorganisant le factorat sur les halles de Paris (Arrêt précité du 30 juill. 1880), et d'un arrêt portant règlement du pilotage dans un port (Arrêt précité du 17 juill. 1885). Il a été jugé, dans un sens analogue et par les mêmes motifs, que le pourvoi contre la nomination d'un officier doit être formé dans les trois mois de l'insertion de l'acte de nomination au *Journal officiel militaire* (Cons. d'Et. 27 mars 1874, aff. Faidherbe, D. P. 75. 3. 17).

241. On doit rattacher au même ordre d'idées les arrêts

aux termes desquels la publicité donnée à un acte administratif dans les formes habituelles, et notamment par voie d'affiches, peut être considérée comme l'équivalent d'une notification et faire courir le délai du pourvoi, lorsque cet acte n'est pas individuel et a un caractère général à l'égard de tous les habitants d'une localité. C'est ainsi que le conseil d'Etat a déclaré non recevable le pourvoi formé contre un arrêté relatif au curage des eaux, plus de trois mois après que ledit arrêté avait été publié et affiché dans la commune où était située la propriété du réclamant et après que les travaux avaient été exécutés d'office sur cette propriété (Cons. d'Et. 5 juin 1862, aff. d'Andigné, D. P. 65. 3. 66). Il a été jugé également qu'un entrepreneur, qui s'est présenté à une adjudication, n'est pas recevable à demander l'annulation des actes qui ont refusé de l'admettre sur la liste des concurrents, plus de trois mois après les opérations de l'adjudication auxquelles il a été procédé publiquement et après l'arrêté préfectoral qui a approuvé l'adjudication en faveur d'un autre soumissionnaire (Cons. d'Et. 10 nov. 1882, aff. Garès, D. P. 84. 3. 20). — En faisant ainsi courir contre un particulier le délai du pourvoi de la date même des actes attaqués, le conseil d'Etat a sans doute été déterminé par cette considération que les actes d'adjudication et les arrêtés approbatifs ne sont susceptibles ni d'être notifiés aux candidats évincés, ni d'être l'objet d'une publication légale, et que cependant il est impossible d'admettre que les concurrents de l'adjudicataire viennent à toute époque, et alors même que l'entreprise est en cours d'exécution, mettre en question la régularité des actes qui ont servi de base à cette entreprise. Dans cette situation, la proclamation du résultat de l'adjudication en séance publique a été considérée comme ayant à l'égard des soumissionnaires, un effet équivalent à une véritable notification. — Décidé dans le même sens, qu'une commune n'est pas recevable à déférer au conseil d'Etat, par la voie du recours pour excès de pouvoirs, un décret déclarant d'utilité publique la création d'un cimetière destiné aux inhumations d'une ville voisine, alors que plus de trois mois se sont écoulés depuis qu'une lettre du préfet a fait connaître au maire l'existence de ce décret, que le maire a donné au conseil municipal connaissance de cette lettre, que des affiches ont été apposées dans la commune pour annoncer l'enquête prescrite par le tit. 2 de la loi du 3 mai 1841, et que, conformément à cet avis, le plan et l'état parcellaire des propriétés à occuper ont été déposés à la mairie (Cons. d'Et. 9 avr. 1886, aff. Commune de Pantin, D. P. 87. 5. 116).

242. Nous avons indiqué au *Rép.* n° 207 la controverse à laquelle a donné lieu la question de savoir si le délai du pourvoi ne court que contre celui à qui la notification a été faite, ou s'il court également contre celui qui l'a faite. Il résulte d'une jurisprudence aujourd'hui constante que la notification d'un arrêté de conseil de préfecture faite à la requête de l'Etat fait courir les délais contre l'Administration (Cons. d'Et. 21 juin 1851, aff. Bienaimé, D. P. 52. 3. 8; 23 juin 1853, aff. Rabourdin, D. P. 54. 3. 36; 20 juill. 1854, aff. Dagien, D. P. 55. 3. 25; 24 janv. 1856, aff. Vernaudon, D. P. 56. 5. 458; 16 avr. 1863, aff. Guibert, D. P. 63. 3. 36; 12 juill. 1866, aff. de Peyronny, D. P. 67. 5. 100). Mais la remise à la partie, par le greffier du conseil de préfecture, d'une expédition d'un arrêté du conseil ne ferait pas courir le délai du pourvoi contre l'Etat, ce greffier n'ayant pas qualité pour faire les notifications au nom de l'Etat (Cons. d'Et. 9 janv. 1874, aff. Comp. des Mines de Blanzy, D. P. 75. 3. 1).

243. La jurisprudence a tranché la question dans le même sens à l'égard des départements et des communes. Il a été décidé : 1° que la notification d'un arrêté du conseil de préfecture faite par le préfet à un entrepreneur fait courir le délai contre le département (Cons. d'Et. 6 janv. 1853,

---

(1) (Choppin.) — Le conseil d'Etat ; — Vu les lois du 18 juill. 1837 et du 24 juill. 1867 ; — Vu les lois des 7-14 oct. 1790 et du 24 mai 1872 ; — Vu le décret du 22 juill. 1806 ;... — Sur les conclusions du requérant tendant à ce que le conseil d'Etat annule pour excès de pouvoirs les délibérations du conseil municipal de Burnevillers, relatives à l'amodiation des pâturages de la section du Bail et à l'établissement d'une taxe sur les bestiaux appartenant aux habitants de cette section ; — Considérant que le sieur

Choppin ne produit devant le conseil d'Etat aucune des délibérations qu'il attaque, et qu'il est établi que ces délibérations ont d'ailleurs reçu leur exécution plus de trois mois avant la date de l'enregistrement de son pourvoi au secrétariat du contentieux du conseil d'Etat; que dès lors, il n'est pas recevable à en demander l'annulation, etc. (Rejet).
Du 22 févr. 1878.-Cons.-d'Et.-MM. Gomel, rap.-Laferrière, concl.-Godefroy, av.

aff. Lemaire, D. P. 53. 3. 49) alors même que cette notification a eu lieu à l'insu du conseil général (Cons. d'Et. 16 avr. 1831, aff. Cartier, *ibid.* — V. *contrà :* conclusions de M. le commissaire du Gouvernement Cornudet, *ibid.*).— 2° Qu'une notification faite par un maire à l'insu du conseil municipal fait courir le délai contre la commune (Cons. d'Et. 14 nov. 1873, aff. Ville de Marseille, D. P. 74. 3. 63), alors même que l'arrêt notifié a été rendu sur une demande en décharge ou réduction d'une contribution mobilière, et que la commune n'a pas été partie dans l'instance (Même arrêt).

244. Toutefois un arrêt du 21 déc. 1850 (aff. Commune d'Ambly, *Rec. Cons. d'Etat,* p. 953) a rejeté-la fin de non-recevoir tirée de ce que le pourvoi aurait été formé par une commune plus de trois mois après la notification faite par le maire à la partie adverse.

245. D'après un autre arrêt (Cons. d'Et. 26 déc. 1856, aff. Bertin, D. P. 57. 3. 51), la notification faite par une commune à quelques-uns des habitants compris dans une décision de commission syndicale ne fait pas courir les délais contre la ville à l'égard de ceux auxquels il n'a été fait aucune notification. De même, la notification faite par le maire d'un arrêt intervenu dans une instance entre la commune et un particulier ne fait pas courir le délai contre la commune, lorsque le maire a déclaré ne faire cette notification que pour se conformer à l'invitation du préfet et réserver expressément le droit de la ville à se pourvoir (Cons. d'Et. 4 déc. 1856) (1).

246. Conformément à la jurisprudence citée au *Rép.* n° 207, il a été jugé que, même entre particuliers, la notification donnée par une partie fait courir le délai contre elle (Cons. d'Et. 1er févr. 1855) (2).

247. Mais pour que la notification puisse produire ses effets, il faut, comme on l'a vu au *Rép.* n° 208, que cette notification soit régulière, et la jurisprudence du conseil d'Etat a longtemps présenté, en ce qui concerne le mode de signification des décisions administratives, une certaine obscurité (V. Serrigny, 2e éd., t. 1, p. 393; Chauveau et Tambour, 5e éd., t. 1, n° 177; Reverchon, *Droit* du 3 avr. 1865). Nous avons dit *ibid.* que, d'après cette jurisprudence, le mode de notification varie suivant les parties desquelles elle émane.

248. — I. NOTIFICATION ENTRE PARTICULIERS ET PERSONNES MORALES. — Nous avons dit au *Rép.* n° 209 que, dans les litiges entre particuliers et personnes morales, une notification par ministère d'huissier faite en la forme ordinaire est nécessaire pour faire courir les délais (Cons. d'Et. 12 déc. 1861, aff. Hospices de Troyes, D. P. 62. 3. 27). En ce qui concerne les formalités intrinsèques des exploits et la preuve de la notification, il y a lieu de se référer aux règles générales édictées par le code de procédure civile. Toutefois, conformément à ce qui a été dit au *Rép.* n° 218, cette règle reçoit exception en matière électorale où l'action, bien qu'exercée par des particuliers, a le caractère d'une action publique, et c'est à l'Administration qu'il appartient de notifier, en la forme administrative, les arrêtés intervenus même sur les réclamations des particuliers ou candidats (V. *infrà*, v° *Droits politiques*).

249. D'après une ancienne jurisprudence rapportée au *Rép.* n° 209, les départements et les communes étaient assimilés aux simples particuliers, et les notifications qui les concernent devaient également être faites par ministère

d'huissier. Mais depuis longtemps cette jurisprudence est abandonnée, et le conseil d'Etat décide que les administrations locales peuvent procéder, comme l'Etat, par voie de notification administrative (Cons. d'Et. 14 juin 1851, aff. Grandidier, D. P. 52. 3. 8; Aucoc, t. 1, n° 375; Chauveau et Tambour, t. 1, n°s 180 et suiv.); spécialement il considère comme valable la notification faite à un particulier, par le garde champêtre d'une commune, de la décision rendue au profit de celle-ci contre ce particulier (Cons. d'Et. 17 févr. 1853, aff. Blasion, *Rec. Cons. d'Etat*, p. 247; 5 mai 1865, aff. Mignot, D. P. 74. 3. 95, note 5; Sol. impl., Cons. d'Et. 19 déc. 1873, aff. Chevaux, D. P. 74. 3. 95).

250. — II. NOTIFICATIONS FAITES PAR DES PARTICULIERS OU DES PERSONNES MORALES A L'ÉTAT. — Nous avons dit au *Rép.* n° 219, que les significations faites à l'Etat par des particuliers ou des personnes morales doivent être faites par ministère d'huissier (Serrigny, t. 1, p. 306; Chauveau et Tambour, t. 1, n° 185). Toutefois la rigueur de cette prescription comporte de notables exceptions. La jurisprudence admet, surtout dans certaines affaires, telles que les réclamations en matière de contributions directes où les frais d'une signification par huissier seraient hors de proportion avec l'intérêt du litige, que la connaissance d'une décision officiellement acquise par le ministre, même en dehors de l'intervention de la partie au profit de laquelle elle a été rendue, suffit pour faire courir le délai du recours. C'est ainsi qu'il a été jugé par de nombreux arrêts rapportés au *Rép.* n° 222, que les ministres doivent, à peine de déchéance, se pourvoir dans les trois mois du jour où ils ont eu connaissance officielle par les lettres, soit des préfets, soit des directeurs des contributions ou des ingénieurs des ponts et chaussées, des décisions rendues au profit des particuliers (Cons. d'Et. 25 mars 1846, aff. Bibal, D. P. 46. 3. 130; 7 déc. 1847, aff. de Bettignies, D. P. 48. 3. 55; 5 févr. 1875, aff. Labarbe, D. P. 75. 3. 103).

251. Mais il faut, pour faire courir le délai du pourvoi, que la décision ait été portée officiellement à la connaissance du ministre, qui seul a qualité pour se pourvoir dans l'intérêt de l'Etat, et il ne suffirait pas que cette décision eût été connue soit du préfet (Cons. d'Et. 23 nov. 1850, aff. Mourrier, D. P. 52. 3. 10), soit, à plus forte raison, des fonctionnaires placés sous l'autorité du ministre, par exemple des ingénieurs (Cons. d'Et. 16 avr. 1852, aff. Lheurin, D. P. 76. 3. 87, note 1; 28 janv. 1858, aff. Marcelin, *ibid.*; 18 juill. 1884, aff. Trutey-Marange, D. P. 85. 5. 115; 20 févr. 1885, aff. Gadouleau, D. P. 86. 3. 102; 13 mars 1885, aff. Ministre des travaux publics *C.* Pastrie, *Rec. Cons. d'Etat*, p. 326).

252. Il a été décidé dans le même sens : 1° que le délai pendant lequel le ministre des finances peut se pourvoir contre un arrêté rendu par le conseil de préfecture en matière de contributions directes ne court que du jour où il a eu connaissance officielle de cet arrêté (Cons. d'Et. 9 nov. 1877, aff. Martin, D. P. 78. 3. 14); — 2° Qu'en conséquence, le fait que les agents des contributions directes ont exécuté l'arrêté du conseil de préfecture en remboursant au contribuable la somme dont décharge lui avait été accordée, ne fait pas courir le délai contre l'Etat (Cons. d'Et. 27 avr. 1877, aff. Maurice Richard, D. P. 77. 3. 75).

253. La notification même faite à un fonctionnaire placé sous les ordres du ministre, et spécialement au directeur des contributions directes du département, n'a pas pour effet de

---

(1) (Ville de Rouen.) — LE CONSEIL D'ETAT ; — Vu les lois des 28 pluv. an 8 et 14 flor. an 11 ; — Vu le décret du 22 juill. 1806 ;... — En ce qui touche le pourvoi formé contre l'arrêté du conseil de préfecture du 7 sept. 1854 : — Sur la fin de non-recevoir opposée au pourvoi et tirée de ce qu'il aurait été formé plus de trois mois après la notification de l'arrêté attaqué faite aux sieurs Bocquet et Aline par le maire de la ville de Rouen : — Considérant qu'il résulte du procès-verbal de notification susvisé, dressé par le commissaire de police de la ville de Rouen, que le maire, en faisant notifier aux entrepreneurs l'arrêté précité, a déclaré qu'il entendait se conformer à l'invitation qu'il avait reçue du préfet, mais qu'il n'agissait pas au nom de la ville de Rouen, et qu'il réservait au contraire expressément le droit de la ville de se pourvoir elle-même contre cet arrêté, sans que la notification pût lui être opposée ; que dès lors ladite notification n'a pu faire courir contre la ville de Rouen

(2) (Itam et Mennechet.) — LE CONSEIL D'ETAT ; — Vu les lois des 20 août 1790-6 oct. 1791 ; l'arrêté du Directoire exécutif du 19 vent. an 6 ; la loi du 16 sept. 1807 ; — Vu le décret du 22 juill. 1806, art. 11 ; — Considérant que l'arrêté attaqué en date du 6 févr. 1852, auquel le sieur Itam seul a été partie, a été signifié à la requête dudit sieur Itam, à la compagnie du canal de jonction de la Sambre à l'Oise, par exploit en date du 3 avr. 1852 ; que le pourvoi dirigé contre cet arrêté n'a été formé que le 9 juill. 1852 ; qu'il a été, par conséquent, aux termes de l'art. 11 du décret du 22 juill. 1806... (Rejet).

Du 1er févr. 1855.-Cons. d'Et.-MM. Leviez, rap.-de Lavenay, concl.-Lebon et Thiercelin, av.

le délai fixé par l'art. 11 du décret du 22 juill. 1806 ; — Au fond...
Du 4 déc. 1856.-Cons. d'Et.-MM. Aubernon, rap.-de Forcade, concl.-Friquet et Mimerel, av.

faire courir le délai du pourvoi contre le ministre des finances (Cons. d'Et. 12 mai 1876, aff. Bourdeau, D. P. 76. 3. 87; 23 janv. 1885) (1). Il a été jugé toutefois que le ministre n'est plus recevable à attaquer l'arrêté qui a condamné l'Etat à payer une subvention spéciale plus de trois mois après la notification faite au conservateur des forêts (Cons. d'Et. 23 mai 1861, aff. Ministre des finances, Rec. Cons. d'Etat, p. 400).

254. En matière de contraventions, le délai du recours ne part pas seulement, comme l'avait décidé une ancienne jurisprudence rapportée au Rép. n° 222, du moment où le ministre a eu connaissance de la décision, mais de la date même de cette décision. Cette règle consacrée, pour les recours en matière de contraventions aux lois et règlements sur la police du roulage, par une disposition spéciale de l'art. 25 de la loi du 30 mai 1851, a été étendue par la jurisprudence à toutes les infractions dont la répression est poursuivie par l'Administration devant les conseils de préfecture, et notamment en matière de contraventions de grande voirie (Cons. d'Et. 21 juin 1866, aff. Gilles, Rec. Cons. d'Etat, p. 704; 13 déc. 1866, aff. Dupin, D. P. 68. 3. 37; 25 avr. 1868, aff. Petit, Rec. Cons. d'Etat, p. 492), de contraventions aux lois et règlements sur les servitudes militaires (Cons. d'Et. 3 janv. 1873, aff. Lecerf, D. P. 73. 3. 54), ou de contraventions aux règlements sur la police des ports (Cons. d'Et. 30 avr. 1880, aff. Monge, D. P. 80. 5. 103).

Il a été décidé par analogie que le délai pendant lequel le préfet peut déférer au conseil d'Etat un arrêté par lequel le conseil de préfecture a rejeté le recours qu'il avait formé contre les opérations électorales d'une commune, part de l'arrêté du conseil de préfecture (Cons. d'Et. 28 mars 1879, aff. El. de Montmirat, D. P. 79. 3. 94). Cette règle a été expressément consacrée par l'art. 40 de la loi du 5 avr. 1884.

255. La jurisprudence a également admis que, même en l'absence de toute loi ou règlement, le délai court contre le préfet du jour où le conseil de préfecture a statué, dans les affaires où l'obligation de faire des notifications incomberait au préfet. Ainsi en matière de subventions spéciales dues pour des dégradations extraordinaires causées à des chemins vicinaux de grande communication, c'est de la date de l'arrêté de conseil de préfecture que part le délai du pourvoi à l'encontre des communes intéressées à l'entretien de ces chemins, le préfet étant à la fois le chef de l'administration chargée de notifier administrativement les décisions du conseil de préfecture et le représentant des communes intéressées dans l'instance (Cons. d'Et. 13 juin 1879, aff. Préfet du Pas-de-Calais, D. P. 79. 3. 106). Mais cette règle n'est pas applicable aux affaires concernant l'Etat dans lesquelles la notification peut être faite par le préfet mais dans lesquelles le ministre a seul qualité pour se pourvoir.

256. — III. Notifications faites au nom de l'État ou de l'Administration. — Conformément à ce qui a été exposé au Rép. n° 225, lorsque l'Administration figure dans une instance, il suffit, pour faire courir en sa faveur les délais de l'appel que la décision intervenue soit notifiée à ses adversaires par la voie administrative, c'est-à-dire au moyen de lettres émanées de l'Administration et transmises par les agents administratifs. Nous avons dit suprà, n° 249, que les administrations locales peuvent, comme l'administration centrale, recourir à ce mode de notification.

257. Pendant un certain nombre d'années, ainsi que nous l'avons dit au Rép. n° 230, la jurisprudence avait même admis que, dans les affaires où la notification par ministère d'huissier n'était pas exigée, il suffisait, pour faire courir le délai du pourvoi, que le requérant eût acquis d'une manière quelconque, connaissance de la décision attaquée (Cons. d'Et. 21 juin 1851, aff. Leloir, D. P. 52. 3. 9; 13 août 1851, aff. Costes, ibid.). Mais cette jurisprudence que la doctrine n'avait jamais acceptée est depuis longtemps abandonnée.

Après avoir décidé dans deux affaires où la connaissance acquise était opposée à une commune et à un hospice plaidant contre des particuliers, que le délai ne devait courir que du jour de la notification de la décision attaquée (Cons. d'Et. 1er déc. 1852, aff. Commune de Mulhouse, D. P. 53. 3. 19; 12 déc. 1861, aff. Hospices de Troyes, D. P. 62. 3. 27), le conseil d'Etat a renoncé à appliquer même aux adversaires de l'Etat la déchéance résultant de la connaissance acquise (Cons. d'Et. 22 janv. 1863, aff. Milon, D. P. 63. 3. 2; 3 déc. 1864, aff. Lemoine, D. P. 71. 3. 82, note 2; 26 août 1867, aff. Commune de Froncles, ibid.). Il a décidé, notamment, qu'il ne suffit pas pour faire courir le délai de la connaissance verbale que la partie a reçue d'une décision ministérielle dans les bureaux du ministère (Cons. d'Et. 30 avr. 1868, aff. Desanges, D. P. 68. 3. 83), et que la déchéance n'est pas opposable alors que la décision n'a pas été notifiée, bien qu'il résulte des termes mêmes de la demande que le requérant avait pleine connaissance de cette décision (Cons. d'Et. 2 juill. 1880, aff. Durrieu, D. P. 81. 3. 54).

De même le délai du recours au conseil d'Etat contre une décision ministérielle portant refus de pension à un ancien militaire ne court que du jour où cette décision a été notifiée, sans qu'on puisse opposer au réclamant une fin de non-recevoir tirée de ce que plus de trois mois avant son pourvoi il lui aurait été notifié une décision lui accordant une gratification renouvelable (Cons. d'Et. 20 mai 1881, aff. Debrolles, D. P. 82. 5. 122).

258. Pour que la notification administrative remplisse les conditions exigées pour faire courir le délai du pourvoi, il faut qu'elle porte à la connaissance de la partie le texte intégral de l'acte, les motifs aussi bien que le dispositif de la décision notifiée. « C'est avec raison, disait en 1863 M. le commissaire du Gouvernement Lhopital, pour fermer la porte à une discussion, vous voulez que remise ait été faite à la partie de l'acte qu'elle doit discuter dans tous ses termes, dans tous les motifs qu'elle doit combattre » (Rec. Cons. d'Etat, 1863, p. 64). Il a été décidé, en ce sens, que la notification d'un arrêté du conseil de préfecture faite par le préfet dans une instance où l'Etat est en cause, ne fait pas courir le délai du pourvoi si la dépêche du préfet contient uniquement la reproduction du dispositif, et que l'arrêté doit y être inséré textuellement et dans toute sa teneur (Cons. d'Et. 13 avr. 1881, aff. Boistelle, D. P. 82. 3. 100; 8 déc. 1882, aff. Lahaye, Rec. Cons. d'Etat, p. 996).

259. Par application de ce principe, le conseil d'Etat a refusé de considérer comme une notification régulière pouvant servir de point de départ au délai du recours: 1° la notification faite à un officier, qu'il est mis en non-activité, lorsque les termes de cette notification ne lui ont pas fait connaître que c'est par mesure disciplinaire que cette décision a été prise (Cons. d'Et. 20 nov. 1874, aff. X..., D. P. 75. 3. 73); — 2° La remise à l'intéressé par le chef du cabinet du président de la République, d'un état de services mentionnant l'arrêté par lequel a été rapporté un acte du chef du pouvoir exécutif qui lui avait conféré la médaille militaire (Cons. d'Et. 12 janv. 1877, aff. W..., D. P. 77. 3. 25); — 3° L'avertissement donné à une partie, par un avis émané du greffe du conseil de préfecture, d'avoir à nommer un expert, en exécution d'un arrêté de ce conseil, sans que cet arrêté soit relaté dans l'avertissement (Cons. d'Et. 1882, aff. Syndicat de Lancey, D. P. 84. 3. 60); — 4° La notification faite à un particulier qu'il a été constitué débiteur du Trésor (Cons. d'Et. 11 déc. 1874, aff. Roussel, D. P. 72. 3. 65); — 5° La notification à un fournisseur d'une pièce émanée d'un sous-intendant militaire lui annonçant la liquidation de son compte telle qu'elle résulte d'une décision ministérielle simplement visée (Cons. d'Et. 12 août 1879, aff. Hirsch, D. P. 80. 3. 30).

(1) (Ministre des finances C. Duhamel.) — Le conseil d'Etat; — Vu le décret du 22 juill. 1806; — Vu la loi du 15 juill. 1880; — Sur la fin de non-recevoir tirée de ce que le recours du ministre des finances aurait été formé après l'expiration du délai fixé par le décret du 22 juill. 1806 : — Considérant qu'en admettant que notification de l'arrêté attaqué ait été faite le 15 déc. 1883, au directeur des contributions directes de l'Eure, cette notifica-tion n'a pas eu pour effet de faire courir le délai contre le ministre des finances, que celui-ci n'a eu connaissance de l'arrêté que par la dépêche du directeur qui est parvenue au ministère le 26 janv. 1884, et que le pourvoi du ministre a été enregistré au secrétariat du contentieux du conseil d'Etat le 16 avril suivant; que, dès lors, il est recevable; — Au fond...
Du 23 janv. 1885.-Cons. d'Et.-MM. Arrivière, rap.-Gomel, concl.

260. De même la notification par un tiers d'un arrêté de conseil de préfecture se bornant à viser, sans le reproduire, un arrêté antérieur mettant l'Etat hors de cause et donnant acte à la partie de ses réserves ne peut être considérée comme emportant la notification de l'arrêté ainsi mentionné ; et, par suite, le délai pour se pourvoir contre cet arrêté n'a couru au profit de l'État que du jour où le ministre a fait une notification complète et déterminée (Cons. d'Et. 12 mars 1880, aff. Vachier, D. P. 81. 3. 25).

261. De même encore, le fait qu'un arrêté préfectoral se trouve simplement visé, sans énonciation précise de ses dispositions, dans un décret inséré depuis plus de trois mois au *Bulletin des lois*, ne suffit pas pour rendre non recevable le recours contre ledit arrêté (Cons. d'Et. 20 mai 1868). (1).

262. Mais l'insertion textuelle et complète d'un arrêté du conseil de préfecture dans des conclusions signifiées à une partie a été considérée comme équivalant à la notification de cet arrêté, en comme faisant courir le délai du pourvoi contre la partie à laquelle ont été signifiées ces conclusions (Cons. d'Et. 23 déc. 1858, aff. Hallegueu, D. P. 59. 3. 43-44. V. anal. Cons. d'Et. 22 déc. 1855, aff. Comp. du canal de Beauvais, *Rec. Cons. d'Etat*, p. 658).

263. D'après un arrêt, un particulier n'est plus recevable à se pourvoir lorsqu'il a laissé passer plus de trois mois à dater du jour où il a lui-même retiré une copie de la décision dans les bureaux de la préfecture (Cons. d'Et. 28 déc. 1854) (2). Mais cette décision se rattache à la jurisprudence, aujourd'hui abandonnée, qui considérait la *connaissance acquise* comme l'équivalent d'une notification (V. *supra*, n° 257). Depuis, il a été jugé, en sens contraire, que la délivrance faite à un ancien maire, sur sa demande, dans les bureaux de la préfecture, de l'expédition d'un arrêté du conseil de préfecture qui statue sur des contestations relatives au règlement de ses comptes avec la commune, ne fait pas courir contre lui le délai du pourvoi (Cons. d'Et. 22 août 1868) (3).

264. La règle de droit commun, d'après laquelle la preuve de notification d'un acte résulte uniquement de la production de l'original de l'acte de notification, est, comme on l'a vu au *Rép.* n° 216, inapplicable aux notifications administratives. Ainsi la date de la notification d'une décision administrative est suffisamment établie : 1° par la mention faite sur la copie par le maire, et signée de lui, que la notification a eu lieu tel jour, alors même que l'original retourné au préfet ne contiendrait qu'une mention irrégulière et non signée (Cons. d'Et. 20 juill. 1854, aff. Dagien, D. P. 55. 3. 25); — 2° Par un procès-verbal du commissaire de police énonçant que la notification a été faite le jour même où a été dressé le procès-verbal (Cons. d'Et. 10 mars 1865, aff. Millot, D. P. 66. 5. 93).

265. D'après un arrêt (Cons. d'Et. 27 nov. 1856, aff. Letellier de la Fosse, D. P. 57. 3. 36), lorsque la copie de la notification à un particulier d'une décision administrative porte l'indication du mois où cette notification a été faite,

sans indication du jour, mais que ce jour est énoncé dans un récépissé donné par le concierge de ce particulier, c'est ce même jour, et non le dernier du mois qui constitue la date de la notification et qui doit servir de point de départ au délai du pourvoi. — Cette solution, qui paraît se rattacher à la doctrine de la *connaissance acquise*, a donné lieu à de sérieuses critiques. Si les notifications faites au nom de l'Administration sont affranchies de certaines formes exigées pour les exploits, il ne semble pas qu'on doive pour cela les soustraire à la nécessité de faire connaître, d'une manière certaine et immédiate à la partie à laquelle elles sont destinées, la date à laquelle elles ont eu lieu. La règle de droit commun d'après laquelle la copie d'un exploit tient lieu d'original à la partie qui le reçoit, nous paraît devoir être appliquée même en matière administrative, et il y aurait de graves inconvénients à remplacer cette règle par la faculté de prouver d'une manière quelconque que la partie a reçu la notification à une date autre que celle qui a été donnée à cette notification par la copie (V. conf. Chauveau et Tambour, t. 1, n° 595 *quinquies*).

266. Pour faire courir les délais du recours, le ministre est tenu de prouver que la décision a été notifiée. Un arrêt a fait résulter cette preuve d'un certificat du maire constatant la date à laquelle il avait remis à l'appariteur la pièce destinée à être notifiée (Cons. d'Et. 23 juin 1882, aff. de Castries, D. P. 84. 3. 12). Mais il est permis de penser que cet arrêt, rendu contrairement à l'avis du ministre de l'intérieur, n'est qu'une décision d'espèce, et que le conseil d'Etat ne s'est déterminé à admettre la fin de non-recevoir qu'à raison de circonstances de fait desquelles est résultée pour lui la certitude morale que la notification avait eu lieu à la date indiquée. Cette fin de non-recevoir manque, en effet, de base certaine lorsque le maire certifie, non le fait même de la notification, mais qu'à une date déterminée il a chargé un agent de faire la notification. Le conseil d'Etat avait jugé en ce sens, par un arrêt antérieur, que la preuve de la notification ne résulte pas de la mention en marge de la minute par laquelle le secrétaire greffier du conseil de préfecture constate qu'une expédition a été transmise à l'ingénieur chargé de cette notification (Cons. d'Et. 5 déc. 1873, aff. Roques, *Rec. Cons. d'Etat*, p. 914). Il a également décidé, postérieurement à l'arrêt précité du 23 juin 1882, que la mention portée par un intendant militaire sur l'expédition d'une décision ministérielle remise à un entrepreneur que la notification a été faite à une date déterminée, ne fait pas preuve suffisante de la notification à cette date et par suite ne fait pas courir le délai du pourvoi (Cons. d'Et. 17 juill. 1885, aff. Dayrault, D. P. 87. 3. 26).

267. A défaut de preuve résultant d'un acte émanant de l'auteur de la notification, la date de cette notification peut être établie par l'aveu de la partie. Ainsi, lorsque les membres d'un conseil municipal ont pris part à une délibération par laquelle ce conseil, sur le vu d'actes émanés de l'administration supérieure, a décidé qu'il y avait lieu de les déférer

(1) (Barral de Pontèves.) — Le conseil d'Etat ; — Vu le décret du 22 juill. 1806 ; — Vu les lois du 20 août 1790 et du 6 oct. 1791 ; — Vu l'arrêté du Gouvernement en date du 19 vent. an 6 ; — Vu nos décrets du 25 mars 1852 et du 13 avr. 1861 ; — Sur la fin de non-recevoir tirée de ce que le pourvoi contre l'arrêté du 1er juill. 1861 aurait été formé plus de trois mois après l'insertion au *Bulletin des lois* de notre décret du 22 févr. 1862 qui vise l'arrêté précité ; ou de ce que l'arrêté n'avait fait que reproduire les dispositions de l'arrêté du 17 août 1853 et que les délais pour se pourvoir contre ce dernier arrêté étaient expirés : — Considérant, d'une part, que notre décret précité ne contient dans ses visas que la mention sommaire de l'arrêté et ne précise pas quelles en sont les dispositions ; que, dans ces circonstances, l'insertion dudit décret au *Bulletin des lois* ne saurait équivaloir à la notification de cet arrêté, en vue d'en faire courir les délais établis par le décret du 22 juill. 1806 pour se pourvoir contre ledit arrêté ; — Considérant, d'autre part, que les arrêtés attaqués ne répartissent pas les eaux dans les mêmes conditions que l'arrêté du 17 août 1853 ; que l'art. 6 de l'arrêté du 1er juill. 1861 porte que l'arrêté du 17 août 1853 est rapporté ; que dans ces circonstances, l'expiration des délais pendant lesquels il était possible de se pourvoir contre l'arrêté du 17 août 1853 ne fait pas obstacle à la recevabilité du pourvoi formé contre l'arrêté du 1er juill. 1861.
Du 20 mai 1868.-Cons. d'Et.-MM. Thureau-Dangin, rap.-de Belbeuf, concl.-Lefebvre et Dareste, av.

(2) (Jollivet.) — Le conseil d'Etat ; ... — Vu le décret du 22 juill. 1806 ; — Considérant qu'il résulte de la lettre du préfet du département du Cher ci-dessus visée, et qu'il n'est pas contesté par le sieur Jollivet que ledit sieur Jollivet a retiré le 10 juin 1852 expédition de l'arrêté du conseil de préfecture ; que son pourvoi contre cet arrêté n'a été enregistré au secrétariat de la section du contentieux que le 27 octobre suivant ; que, dès lors, il est non recevable comme ayant été formé après l'expiration des délais fixés par le règlement du 22 juill. 1806 ... (Rejet).
Du 28 déc. 1854.-Cons. d'Et.-MM. Lacaze, rap.-du Martroy, concl.-Rendu, av.

(3) (de Grammont.) — Le conseil d'Etat ; — Vu la loi du 18 juill. 1837, art. 33, 39, 60, 64 et 66 ; — Vu la loi des 7-14 oct. 1790 ; — Sur la recevabilité du pourvoi : — Considérant que la délivrance qui a été faite au sieur de Grammont, sur sa demande, dans les bureaux de la préfecture, d'une expédition de l'arrêté du conseil de préfecture du 9 janv. 1867 n'a pas fait courir contre lui le délai qui lui était accordé par l'art. 11 du décret du 22 juill. 1806 pour se pourvoir contre ledit arrêté ; que, dès lors, la commune de Villersexel n'est pas fondée à prétendre que le pourvoi du sieur de Grammont doit être déclaré non recevable comme ayant été formé après l'expiration dudit délai.
Du 22 août 1868.-Cons. d'Et.-MM. David, rap.-de Belbeuf, concl.-Diard et Brugnon, av.

au conseil d'Etat, ils ne sont pas recevables à se pourvoir contre ces actes plus de trois mois après la date de cette délibération (Cons. d'Et. 15 juin 1870, aff. Catusse, D. P. 71. 3. 82).

268. — IV. FORMES DES SIGNIFICATIONS. — Ainsi qu'on l'a vu au *Rép.* n° 238, c'est au nom des parties qui ont figuré dans l'instance que la notification doit avoir lieu ; émanée de toute autre personne, cette notification ne serait pas valable (Cons. d'Et. 12 déc. 1861, aff. Hospices de Troyes, D. P. 62. 3. 27 ; 3 déc. 1880, aff. Arnaud, D. P. 82. 3. 13). En effet, la notification n'a pas seulement pour effet de porter la décision à la connaissance de la partie à laquelle elle est notifiée, mais de mettre la partie en demeure d'exécuter cette décision ou d'en poursuivre l'annulation.

269. La jurisprudence décide, par application de cette règle, que la notification d'un arrêté du conseil de préfecture par les soins d'un fonctionnaire étranger au litige ne fait pas courir le délai du pourvoi. On ne doit donc pas considérer comme suffisante pour faire courir le délai, dans une instance entre une commune et un particulier, une notification faite par un commissaire de police en exécution d'un ordre du sous-préfet (Cons. d'Et. 19 déc. 1873, aff. Chevaux, D. P. 74. 3. 95), ni une notification faite en exécution des ordres du préfet (Cons. d'Et. 2 févr. 1877, aff. Lefèvre-Deumier, D. P. 77. 3. 48).

270. Toutefois, dans une affaire où un arrêté du conseil de préfecture rendu au profit d'un particulier contre une commune avait été notifié par le sous-préfet au maire, le conseil d'Etat a considéré l'irrégularité de cette notification comme couverte par le fait du conseil municipal qui l'avait acceptée comme valable en délibérant sur l'arrêté ainsi notifié, et qui même dans son pourvoi n'en avait pas contesté la validité (Cons. d'Et. 16 avr. 1880, aff. Commune de Capvern, D. P. 81. 3. 26).

271. Il résulte de ce qui précède que, pour que l'acte de notification produise ses effets, il doit faire connaître le nom de la personne de laquelle il émane ; c'est l'application du principe posé dans l'art. 61 c. proc. civ. d'après lequel l'exploit d'ajournement doit contenir le nom des demandeurs. Mais la procédure administrative n'admet pas de formes sacramentelles dont l'emploi soit prescrit à peine de nullité. Ainsi il a été décidé que, dans une instance entre un particulier et un département, la mention dans le procès-verbal de notification administrative que la notification est faite *au nom du préfet* suffit pour qu'elle soit considérée comme faite au nom du département, bien que dans son procès-verbal l'agent ait omis de dire que le préfet agissait au nom du département (Cons. d'Et. 3 déc. 1880, aff. Arnaud, D. P. 82. 3. 13).

272. D'après un arrêt rapporté au *Rép.* n° 239, dans le cas où plusieurs parties ont figuré dans une contestation, la signification faite par l'une d'elles ne profite pas aux autres,

à moins que la matière ne soit indivisible. Mais un arrêt postérieur a décidé que la notification d'un arrêté par une des parties fait courir le délai au profit de celles qui n'ont fait aucune notification (Cons. d'Et. 13 août 1852) (1). Dans le cas où plusieurs parties ont un intérêt identique et où la matière est indivisible, la nullité de la signification faite à l'une d'elles empêche le délai de courir à l'égard des autres (Cons. d'Et. 10 janv. 1861, aff. Artigues, D. P. 61. 3. 19). Mais il en est autrement, ainsi que nous l'avons dit au *Rép.* n° 211, lorsqu'il n'existe pas d'intérêt indivisible entre les parties, et rien n'empêche dans ce cas de déclarer les unes déchues, quoique les autres ne le soient pas (Cons. d'Et. 26 déc. 1856, aff. Bertin, D. P. 57. 3. 51).

273. Nous avons dit au *Rép.* n° 242 que la notification peut être faite valablement à un mandataire de la partie intéressée. Ainsi elle fait courir le délai lorsqu'elle est faite à un mandataire ayant reçu mandat de poursuivre le recouvrement d'une créance et d'en toucher le montant (Cons. d'Et. 9 août 1870) (2) ; ou à un avocat chargé de soutenir devant le ministre la réclamation sur laquelle a statué la décision attaquée (Cons. d'Et. 13 août 1868) (3). Mais la mission de l'avocat au conseil d'Etat qui a été constitué pour suivre un pourvoi est terminée par l'arrêt qui statue définitivement sur ce pourvoi, encore bien que cet arrêt ait renvoyé le réclamant devant l'Administration pour y être procédé à une liquidation nouvelle de la créance contestée (Cons. d'Et. 23 mai 1861, aff. Andrieu, D. P. 61. 3. 43). Dès lors, si la décision qui intervient pour opérer cette liquidation est notifiée, non à la partie elle-même, mais à cet avocat, une semblable notification ne peut être considérée comme ayant été faite à la partie en la personne de son mandataire et, par suite, ne fait pas courir le délai du pourvoi contre cette décision (Même arrêt).

274. La signification au mandataire n'est, d'ailleurs, valable que si les pouvoirs conférés à ce mandataire comprennent le pouvoir de recevoir et d'effectuer la notification des actes (*Rép.* n° 242). A plus forte raison la signification est-elle sans valeur si elle a été faite à une personne qui n'avait point la qualité de mandataire de la partie en cause. Ainsi il a été jugé que la notification d'une décision ministérielle faite à un tiers qui n'avait reçu aucun mandat d'un fournisseur pour représenter le requérant, et qui lui avait seulement servi de conseil en vue du règlement des difficultés relatives à l'exécution de son marché, ne fait pas courir le délai du recours à l'encontre de ce fournisseur (Cons. d'Et. 28 mai 1886, aff. Giacometti, D. P. 87. 5. 117).

275. La mort du mandataire ne fait pas cesser les effets du mandat à l'égard des tiers qui n'en ont pas eu connaissance ; il a été décidé, en conséquence, que la notification d'un arrêté de conseil de préfecture faite à un mandataire ayant pouvoir de recevoir toutes communications relatives à l'affaire, fait courir le délai, alors que l'auteur de la notifi-

---

(1) (Héritiers Lucot C. Commune de Passavant.) — LE CONSEIL D'ÉTAT ; — Vu le règlement du 22 juill. 1806 ; — Considérant que l'arrêté attaqué est intervenu dans une instance engagée entre le sieur Lucot, d'une part, et d'autre part, la commune de Passavant et l'administration des Domaines qui avait vendu, au nom de la caisse d'amortissement, les biens cédés à cette caisse par ladite commune de Passavant conformément à la loi du 20 mars 1813 ; — Considérant que, dans ces circonstances, la notification de l'arrêté intervenu, faite au sieur Lucot à la requête de l'administration des Domaines, le 28 juin 1817, a fait courir les délais du pourvoi à dater de cette époque ; — Considérant que le pourvoi formé par les héritiers Lucot, comme étant aux droits de leur père, contre l'arrêté dont il s'agit, n'a été enregistré au greffe du secrétariat général du conseil d'Etat que le 17 mai 1847 ; qu'ainsi ledit pourvoi a été introduit en dehors des délais prescrits par le règlement du 22 juill. 1806 : — Art. 1er. La requête des héritiers Lucot est rejetée...
Du 13 août 1852.-Cons. d'Et.-MM. de Lavenay, rap.-Maigne, concl.-Châtegnier et Groualle, av.

(2) (Rosendo de Prada.) — LE CONSEIL D'ÉTAT ; — Vu le décret du 22 juill. 1806, art. 11 et 13, et l'art. 73 c. proc. civ. ; — Considérant qu'il résulte de l'instruction que le sieur D. de Prada, de Paris, porteur du titre souscrit par le gouvernement mexicain au profit du sieur Rosendo de Prada, de Mexico, son frère, avait reçu de lui le mandat d'en poursuivre le recouvrement et d'en toucher le montant ; qu'il avait agi en cette qualité auprès de notre ministre des finances ; que par suite, le ministre des

finances lui a notifié la décision par laquelle il avait statué sur cette réclamation ; que cette notification reçue par le mandataire du sieur Rosendo de Prada, était suffisante pour faire courir contre celui-ci les délais dans lesquels il pouvait se pourvoir devant nous contre cette décision ; — Considérant que le pourvoi du sieur Rosendo de Prada contre la décision dont la notification a eu lieu le 17 juin 1868 n'a été déposé au secrétariat de la section du contentieux de notre conseil d'Etat que le 22 juin 1869 après l'expiration des délais fixés par les art. 11 et 13 du décret du 22 juill. 1806 et l'art. 73 c. proc. civ. ; que dès lors ce pourvoi n'est pas recevable... (Rejet).
Du 9 août 1870.-Cons. d'Et.-MM. Didier, rap.-Bayard, concl.

(3) (Bouvet-Maréchal.) — LE CONSEIL D'ÉTAT ; — Vu le décret du 22 juill. 1806, art. 11 ; — Considérant que la décision par laquelle le ministre de l'intérieur a confirmé l'arrêté préfectoral du 29 avr. 1865, et contre laquelle se pourvoient les héritiers Bouvet-Maréchal, est contenue dans une lettre du ministre, à la date du 6 oct. 1865, produite par eux devant nous ; que ladite lettre a été notifiée à l'avocat au conseil d'Etat qui avait été chargé par lesdits héritiers de présenter et de soutenir leur réclamation devant le ministre ; que le pourvoi des héritiers n'a été déposé au secrétariat de la section du contentieux que le 5 août 1867, après l'expiration du délai de trois mois fixé par l'art. 11 du décret du 22 juill. 1806 ; que dès lors il n'est pas recevable... (Rejet).
Du 13 août 1868.-Cons. d'Et.-MM. Thureau-Dangin, rap.-de Belbeuf, concl.-Maulde, av.

fication ignorait le décès du mandant (Cons. d'Et. 3 déc. 1880, aff. Arnaud, D. P. 82. 3. 13).

276. Lorsqu'il s'agit de sociétés ou d'associations, la notification doit être faite, comme on l'a vu au *Rép.* n° 243, à la personne chargée de représenter les intérêts communs, et par exemple à l'un des directeurs (Cons. d'Et. 27 févr. 1852) (1), ou au liquidateur de la société (Cons. d'Et. 31 mai 1835, aff. Comp. générale de dessèchement, *Rec. Cons. d'Etat*, p. 377). Il a été également décidé que le délai court contre une société (notamment en matière de contentieux des contributions), à partir du jour où l'arrêté du conseil de préfecture a été notifié à l'un des associés gérants, alors surtout que cet associé avait signé au nom de la société la réclamation qui saisissait le conseil de préfecture (Cons. d'Et. 25 juill. 1860, aff. Société des forges de Châtillon et Commentry, D. P. 60. 3. 82).

277. On a vu au *Rép.* n° 244, qu'en ce qui concerne les incapables, la notification doit être faite à leurs représentants légaux. Mais la signification faite seulement au mari d'une femme séparée de biens ne suffit pas à faire courir le délai : il faut que la femme ait également reçu cette signification (Cons. d'Et. 3 févr. 1857) (2).

278. La signification doit également être faite aux représentants légaux des personnes morales. Le ministre étant en principe le représentant de l'Etat, c'est à lui, en règle générale, ou aux fonctionnaires qu'il délègue à cet effet (notamment, en ce qui concerne le Trésor, à l'agent judiciaire du Trésor) que doivent être adressées les notifications. Toutefois, lorsqu'il s'agit d'une instance devant le conseil de préfecture où l'Etat a été représenté par le préfet, la notification faite à ce dernier fait courir le délai (Cons. d'Et. 18 mai 1870) (3).

279. En principe, les notifications au département doivent être faites au préfet qui, aux termes de l'art. 54, § 1er, de la loi du 10 août 1871, représente en justice le département dans le cas d'un litige entre le département et l'Etat ; elles devraient l'être au membre de la commission départementale désigné conformément à l'art. 54, § 3, de la même loi, pour intenter ou soutenir l'action au nom du département.

280. Les significations aux communes doivent être faites au maire. Mais c'est une question controversée que celle de savoir si la notification faite au maire sans que la connaissance en ait été donnée au conseil municipal fait courir le délai contre la commune ; et cette question a été diversement résolue par la jurisprudence.

D'après une opinion qui s'appuie sur ce principe que le maire représente la commune en justice, la notification faite au maire suffit pour faire courir le délai du recours contre la commune, alors même que le conseil municipal n'a pas reçu connaissance de la décision notifiée (D. P. 65. 3. 65, note, et D. P. 81. 3. 26, note 1). Le conseil d'Etat a au contraire décidé par plusieurs arrêts que le délai ne commence à

courir que du jour où communication de l'acte attaqué a été donnée par le maire au conseil municipal (Cons. d'Et. 24 mai 1851, aff. Commune de Chigy, D. P. 81. 3. 26, note 1 ; 20 mars 1862, aff. Ville de Châlons-sur-Marne, D. P. 63. 3. 65 ; 16 avr. 1880, aff. Commune de Capvern, D. P. 81. 3. 26 ; 25 juin 1880, aff. Commune de Millonfosse, *ibid.*).

281. Un arrêt du 29 mars 1851 (aff. Commune de Cléon, D. P. 81. 3. 26, note 1), rendu sous l'empire de la jurisprudence qui se contentait de la connaissance acquise, avait fait courir le délai de la connaissance acquise par le conseil municipal, sans faire mention du maire, et la même rédaction se retrouve dans un arrêt du 10 déc. 1870 (aff. Commune de Lugo di Nazzo, D. P. 81. 3. 26, note 1), rendu postérieurement à l'abandon de cette jurisprudence. Mais cette solution est contredite par des décisions plus récentes qui paraissent avoir définitivement résolu la question et qui ne permettent pas d'admettre que le conseil d'Etat ait entendu maintenir à l'égard des communes la théorie de la connaissance acquise abandonnée à l'égard des particuliers. Il a été jugé, en effet, que la déchéance est opposable : 1° dans le cas où un arrêté intervenu dans une instance entre une commune et un particulier et notifié par le sous-préfet au maire, a été communiqué par celui-ci au conseil municipal qui a délibéré sur les termes de cet arrêté (Arrêt du 16 avr. 1880, cité *suprà*, n° 280) ; — 2° Dans le cas où le conseil municipal a reçu communication par l'intermédiaire du maire d'une décision du conseil général fixant la part contributive de la commune dans les frais de restauration du presbytère (Arrêt du 25 juin 1880, cité *suprà*, n° 280) ; — 3° Dans le cas où le conseil municipal de Paris a reçu connaissance d'un arrêté du conseil de préfecture à la suite de la transmission qui lui en a été faite par le préfet de la Seine (Cons. d'Et. 16 déc. 1883, aff. Ville de Paris, D. P. 83. 3. 37).

282. Ce dernier arrêt mentionne avec soin la transmission de l'arrêté attaqué au conseil par le préfet de la Seine et paraît assimiler à une notification la transmission ainsi faite officiellement au conseil municipal pour qu'il ait à délibérer sur le parti à prendre, alors que, des termes mêmes de la délibération il résulte que le conseil n'a pu se méprendre sur le caractère de cette transmission. Cette interprétation est confirmée par un autre arrêt, du 23 déc. 1881 (aff. Commune d'Aubervilliers, D. P. 83. 3. 37), par lequel le conseil d'Etat a refusé tout effet juridique à une communication officieuse donnée au maire et portée par lui à la connaissance du conseil municipal et a rappelé la nécessité d'une transmission faite par le préfet au maire.

Il a été jugé, dans le même sens, que le délai court à l'encontre du conseil de fabrique du jour où le conseil a reçu communication de la décision attaquée (Cons. d'Et. 17 juin 1881) (4).

---

(1) (Compagnie du chemin de fer de Saint-Etienne à Lyon.) — Le conseil d'Etat ; — Vu le décret du 22 juill. 1806 ; ... — En ce qui touche le recours de la Comp. du chemin de fer de Saint-Etienne à Lyon : — Considérant que l'arrêté du conseil de préfecture du département du Rhône en date du 25 janv. 1850, contre lequel le pourvoi de la Comp. du chemin de fer de Saint-Etienne à Lyon est dirigé, a été porté à la connaissance de ladite compagnie par la notification faite à son directeur à Lyon, le 17 févr. 1850 ; que ledit pourvoi n'a été enregistré au secrétariat du contentieux que le 18 juin 1850, par conséquent, après l'expiration du délai de trois mois fixé par l'art. 11 du décret du 22 juill. 1806 ;... — Art. 2. La requête de la Comp. du chemin de fer de Saint-Etienne à Lyon est rejetée...
Du 27 févr. 1852.-Cons. d'Et.-MM. Cornudet, rap.-Reverchon, concl.-Delaborde et de Saint-Malo, av.

(2) (Douard.) — Le conseil d'Etat ; — Vu le décret du 22 juill. 1806 ; — Vu la loi du 16 sept. 1807 ; — Sur la fin de non-recevoir : — Considérant qu'il résulte de l'instruction que l'arrêté ci-dessus visé du conseil de préfecture de Seine-et-Oise n'a pas été notifié aux dames Compoint et Maillard et à la demoiselle Lesage ; que la notification de cet arrêté, faite le 23 nov. 1855 au sieur Compoint époux séparé, n'a pu faire courir le délai contre ladite dame et contre ses cohéritières le délai de trois mois fixé par l'art. 11 du décret du 22 juill. 1806 ; que dès lors, le pourvoi formé par les dames Compoint et Maillard et par la demoiselle Lesage contre l'arrêté ci-dessus visé est recevable ; — Au fond...
Du 3 déc. 1857.-Cons. d'Et. -MM. Robert, rap.-Leviez, concl.-Delvincourt et Reverchon, av.

(3) (Département de la Manche.) — Le conseil d'État ; — Vu le décret du 22 juill. 1806, art. 11, et l'art. 69 c. proc. civ. ; — Considérant que, aux termes de l'art. 11 du décret du 22 juill. 1806, le recours, devant nous, en notre conseil d'Etat, contre la décision d'une autorité qui ressortit, n'est pas recevable après trois mois du jour où cette décision a été notifiée ; que, dans l'espèce, l'arrêté attaqué a été notifié le 4 avr. 1868 au préfet du département de la Manche, qui représentait l'Etat dans l'instance engagée devant le conseil de préfecture, et que notre ministre des finances ne s'est pourvu contre ledit arrêté que le 25 juillet suivant, plus de trois mois après la date de cette notification ; que, dès lors, le recours de notredit ministre doit être déclaré non recevable (Rejet).
Du 18 mai 1870.-Cons. d'Et.-MM. Matheus, rap.-de Belbeuf, concl.-Choppin, av.

(4) (Fabrique paroissiale de Nailloux.) — Le conseil d'Etat ; — Vu l'ordonnance du 3 mars 1825 ; — Vu le décret du 22 juill. 1806, art. 11 ; — Vu les lois des 7-14 oct. 1790 et 24 mai 1872, art. 9 ; — Considérant qu'il résulte de l'instruction que, dans sa séance du 7 sept. 1879, le conseil de fabrique de Nailloux a reçu communication du décret en date du 14 août 1879, dont il demande l'annulation pour excès de pouvoirs ; que le pourvoi de la fabrique n'a été enregistré au secrétariat du contentieux du conseil d'Etat que le 19 janv. 1880, en dehors du délai de trois mois fixé par l'art. 11 du décret du 22 juill. 1806 ; que dès lors ledit pourvoi n'est pas recevable comme ayant été tardivement formé (Rejet).
Du 17 juin 1881. Cons. d'Et.-MM. de Rouville, rap.-Le Vavasseur de Précourt, concl.-Besson, av.

283. Nous avons dit au *Rép.* n° 250, que la jurisprudence a varié sur la question de savoir si la signification faite au domicile élu par la partie fait courir le délai du pourvoi. Le conseil d'État, qui s'était d'abord prononcé pour la négative, par plusieurs arrêts rapportés au *Rép.* n° 250, puis pour l'affirmative (Cons. d'Et. 23 déc. 1852, aff. Hubert, D. P. 70. 3. 7, note 2), est revenu, par des arrêts plus récents, à sa première jurisprudence, conforme d'ailleurs à celle de la cour de cassation, et a décidé que la notification d'un arrêté du conseil de préfecture au domicile élu chez le mandataire qui avait été chargé de représenter une partie devant ce conseil, ne suffit pas pour faire courir le délai du pourvoi, mais que cette notification doit être faite à la personne ou au domicile de la partie elle-même (Cons. d'Et. 7 janv. 1869, aff. Flasselière, D. P. 70. 3. 7 ; 11 avr. 1872, aff. Flasselière, *Rec. Cons. d'Etat*, p. 224).

284. Toutefois, d'après un arrêt, la signification faite au domicile élu par un entrepreneur de travaux publics dans sa soumission et indiqué dans la requête au conseil de préfecture est valable, alors qu'il n'est pas établi qu'à la date de la notification cet entrepreneur ait changé de domicile (Cons. d'Et. 12 nov. 1880)(1). Mais il a été jugé, au contraire, que lorsqu'un entrepreneur a fait dans une soumission une élection de domicile, la notification d'un arrêté de conseil de préfecture ne peut être considérée comme régulière, si elle a été faite au domicile élu, après l'achèvement des travaux soumissionnés (Cons. d'Et. 5 déc. 1873) (2).

285. Le délai du recours ne court pas lorsque l'agent chargé de la notification n'a pas trouvé la partie à son domicile, et que les personnes présentes ont refusé de recevoir la notification en son lieu et place (Cons. d'Et. 24 janv. 1873) (3).

286. — V. Recours incident. — Nous avons dit au *Rép.* n° 255 que devant le conseil d'Etat, comme devant les juridictions civiles, l'intimé peut interjeter appel incident en tout état de cause (Cons. d'Et. 16 avr. 1851, aff. Brouilliet, *Rec. Cons. d'Etat*, p. 281 ; 12 janv. 1854, aff. Sirager, *ibid.*, p. 25. V. conf. Serrigny, 2e éd., t. 1, p. 406 ; Chauveau et Tambour, t. 1, n° 666). Il a été décidé par application de ce principe : 1° que le recours incident formé après l'expiration des délais du pourvoi est recevable alors même qu'il a été fait sous forme de pourvoi distinct (Cons. d'Et. 30 juill. 1875 (4) ; 25 févr. 1887, aff. Foy, D. P. 88. 3. 66) ; — 2° Que la partie contre laquelle un arrêté de conseil de préfecture a été rendu par défaut est recevable, sur le recours dirigé par le demandeur contre cet arrêté, à former elle-même un recours incident, encore bien qu'elle ne se soit pas pourvue contre ledit arrêté par voie d'opposition et qu'ainsi elle ne fût pas recevable à l'attaquer par un recours principal (Cons. d'Et. 21 juin 1866, aff. Champy, D. P. 69. 3. 81).

287. Le rejet au fond du recours principal ne rend pas non recevable le recours incident (Arrêt du 16 avr. 1851, cité *suprà*, n° 286). Mais la non-recevabilité du recours principal entraîne celle du recours incident (Cons. d'Et. 21 juin 1851, aff. Département du Pas-de-Calais, D. P. 52. 3. 9 ; 16 avr. 1863, aff. Guibert, D. P. 63. 3. 36. — V. *contrà : suprà*, v° *Appel incident*, n° 4). Spécialement, le recours incident a été déclaré non recevable : 1° dans le cas où le recours principal n'avait été formé qu'après l'expiration du délai légal (Cons. d'Et. 26 févr. 1875, aff. Commune d'Hautmont, D. P. 75. 5. 114 ; 12 janv. 1877, aff. Pirognet, D. P. 77. 3. 9 ; 16 avr. 1880, aff. Commune de Capvern, D. P. 81. 3. 26 ; 27 avr. 1883, aff. Louault, D. P. 84. 5. 119) ; — 2° Dans le cas où le pourvoi principal avait été déclaré non recevable par défaut de qualité du requérant (Cons. d'Et. 10 févr. 1882, aff. Léger, D. P. 83. 3. 62 ; 16 avr. 1886, aff. Ville de Clichy, D. P. 87. 3. 100).

Il n'y a lieu de statuer sur le recours incident lorsque, sur les conclusions du requérant principal, l'arrêté est annulé pour vice de forme, et que les parties sont renvoyées devant le conseil de préfecture (Cons. d'Et. 13 juin 1884, aff. Crédit Lyonnais, D. P. 85. 5. 119).

288. Nous avons exprimé l'avis (*suprà*, v° *Acquiescement*, n° 120), qu'il y avait lieu d'appliquer, en matière administrative, la règle, admise en matière civile, d'après laquelle l'acquiescement donné postérieurement à l'appel principal fait obstacle à l'appel incident. Mais nous avons cité *ibid.* un arrêt qui consacre la solution contraire en ce qui concerne l'acquiescement résultant du fait de poursuivre l'exé-

---

(1) (Renguet.) — Le conseil d'État ; — Vu la loi du 28 pluv. an 8 ; — Vu le décret du 22 juill. 1806 ; — Vu l'art. 443 c. proc. civ. ; — Sur la fin de non-recevoir tirée de ce que le pourvoi n'aurait pas été formé dans les délais : — Considérant qu'il résulte du procès-verbal de notification dressé à la date du 27 mai 1878 par le commissaire de police de Honfleur, que l'arrêté attaqué a été régulièrement notifié à la date susindiquée, au domicile indiqué par le sieur Renguet dans sa requête devant le conseil de préfecture ; — Considérant que ladite notification n'a été reçue au nom du sieur Renguet, sans qu'il ait été excipé d'aucun changement de domicile ; que, d'ailleurs, ce changement à ladite date n'a pas été établi ; — Considérant que le pourvoi n'a été enregistré au secrétariat du contentieux du conseil d'État que le 12 septembre suivant, après l'expiration du délai de trois mois fixé par l'art. 11 du décret du 22 juill. 1806 ; que dès lors il n'est pas recevable... (Rejet).

Du 12 nov. 1880.-Cons. d'Et.-MM. Bousquet, rap.-Chante-Grellet, concl.-Sabatier, av.

(2) (Martin et Bourdillon.) — Le conseil d'État ; — Vu la loi du 28 pluv. an 8 ; — Sur la fin de non-recevoir opposée par le département de la Haute-Savoie et tirée de ce que les sieurs Martin et Bourdillon ayant dans leurs soumissions, fait élection de domicile à Annecy, le pourvoi aurait été formé plus de trois mois après la notification de l'arrêté attaqué au domicile de Me Tochon, avoué, mandataire des requérants devant le conseil de préfecture et plus de trois mois aussi après un acte extrajudiciaire signifié au préfet de la Haute-Savoie par lequel les sieurs Martin et Bourdillon manifestent l'intention de se pourvoir au conseil d'État contre l'arrêté du conseil de préfecture : — Considérant que, si par leurs soumissions les sieurs Martin et Bourdillon ont fait élection de domicile à Annecy, cette élection ne devait avoir d'effet que pour la durée des travaux soumissionnés ; qu'ainsi, après l'achèvement desdits travaux et au moment où a été rendu l'arrêté attaqué, la mairie d'Annecy ne pouvait plus, à défaut d'autre désignation, être réputée le domicile élu par ces entrepreneurs ; que, dès lors, la transmission de la décision du conseil de préfecture à cette mairie était un acte sans effet à l'égard des sieurs Martin et Bourdillon ; que la notification au domicile de l'avoué, qui avait été le mandataire des requérants devant le conseil de préfecture, ne pouvait davantage suppléer à la notifi-

cation à la partie intéressée ; qu'ainsi il est établi par l'instruction que le département n'a pas, par une notification régulière, fait courir contre les sieurs Martin et Bourdillon le délai de trois mois fixé par l'art. 11 du décret du 22 juill. 1806 ; que dès lors il n'est pas fondé à se prévaloir de ce que ces entrepreneurs ont fait connaître au préfet de la Haute-Savoie, par acte extrajudiciaire, leur intention de se pourvoir contre cet arrêté dont il n'est pas justifié qu'ils eussent une complète connaissance, pour soutenir que le délai de trois mois a couru à partir de la date de la signification de cet acte ; que dans ces circonstances, la fin de non-recevoir opposée par le département doit être écartée ; — Au fond...

Du 5 déc. 1873.-Cons. d'Et.-MM. Flourens, rap.-Laferrière, concl.-Fliniaux et Bosviel, av.

(3) (El. de Canari.) — Le conseil d'Etat ; — Vu la loi du 5 mai 1855 et la loi du 14 avr. 1871 ;... — Sur le pourvoi du sieur Franceschi : — Considérant qu'il résulte de l'instruction que si le 1er juill. 1874 le garde champêtre s'est présenté au domicile du sieur Franceschi pour lui remettre notification de l'arrêté attaqué, ladite notification ne put être faite, par suite de l'absence du sieur Franceschi et du refus de son père de recevoir notification en son lieu et place ; que le 24 juillet suivant seulement, le sieur Franceschi reçut des gendarmes copie de l'arrêté attaqué, et leur en donna récépissé ; que le pourvoi a été enregistré au conseil d'Etat le 5 oct. 1874, moins de trois mois après la notification précitée ; que dès lors il est recevable ;...

Du 24 janv. 1873.-Cons. d'Et.-MM. Le Vavasseur de Précourt, rap.-Perret, concl.-Godin et Sabatier, av.

(4) (Compagnie des chemins de fer de Paris-Lyon-Méditerranée C. Syndicat de Roize.) — Le conseil d'État ; — Vu la loi du 22 juill. 1806 ; — Vu la loi du 16 sept. 1807 et celle du 24 juin 1865 ; — Sur le pourvoi du syndicat : — En ce qui touche la fin de non-recevoir opposée audit pourvoi : — Considérant que le recours incident peut être formé en tout état de cause jusqu'à ce qu'il ait été statué sur le recours principal ; — Considérant que le pourvoi du syndicat constituait un recours incident contre l'arrêté précédemment attaqué par la Compagnie ; que dès lors il est recevable : — Au fond...

Du 30 juill. 1875.-Cons. d'Et.-MM. Chauffard, rap.-Laferrière, concl.-Aguillon et Lehmann, av.

cution de la décision des premiers juges (V. dans le même sens : Cons. d'Et. 25 févr. 1887, aff. Foy, D. P. 88. 3. 66). Décidé, de même, que le fait qu'une partie a implicitement acquiescé à un arrêté du conseil de préfecture en recevant sans réserve le montant des sommes allouées par cet arrêté ne fait pas obstacle à ce qu'elle forme ultérieurement un recours incident (Cons. d'Et. 31 mai 1848, aff. Richard, *Rec. Cons. d'Etat*, p. 356; 16 avr. 1851, aff. Brouillet, *ibid.*, p. 281).

289. Le recours incident doit être formé par ministère d'avocat dans le cas où cette forme serait exigée pour un recours principal. Par suite, une demande d'indemnité du défendeur transmise par le ministre par voie administrative, avec ses observations sur le pourvoi, ne constitue pas un recours incident (Cons. d'Et. 15 juin 1870, aff. Peyre, *Rec. Cons. d'Etat*, p. 769).

290. Une partie ne peut présenter par voie de recours incident des conclusions qu'elle aurait été non recevable à produire par voie de recours principal. Elle serait notamment irrecevable à demander par cette voie l'annulation des dispositions de l'arrêté attaqué par lesquelles le conseil de préfecture a statué conformément aux conclusions qu'elle avait prises devant lui (Cons. d'Et. 11 juin 1886, aff. Ministre des finances C. Chemin de fer du Nord, D. P. 87. 5.120).

291. De même, une partie ne peut demander, sous forme de recours incident, l'annulation d'un acte autre que celui contre lequel est dirigé le recours principal. Le conseil d'Etat semble s'être écarté de cette règle en décidant, à l'occasion du recours formé par une compagnie de chemins de fer contre une décision du conseil de préfecture déclarant illégale une occupation temporaire de terrains effectuée par cette compagnie, que le propriétaire pouvait demander l'annulation de l'arrêté préfectoral autorisant cette occupation par la voie de l'appel incident et après l'expiration du délai du règlement (Cons. d'Et. 20 févr. 1868, aff. Comp. de chemin de fer de Saint-Ouen, D. P. 69. 3. 9). Mais cet arrêt isolé ne doit pas être considéré comme formant jurisprudence; et il a été jugé en sens contraire : 1° que le ministre de la guerre est non recevable, à l'occasion du pourvoi formé par une partie contre une décision émanée d'un conseil de revision, à déférer au conseil d'Etat, par voie de conclusions reconventionnelles, après l'expiration du délai réglementaire, une décision relative au même individu émanée d'un autre conseil de revision (Cons. d'Et. 5 févr. 1875, aff. Labarbe, D. P. 75. 3. 103); — 2° Que dans le cas où un conseil de préfecture a statué par un même arrêté sur les demandes formées par un contribuable en réduction de cotes afférentes à plusieurs années, le recours formé par ce contribuable contre la disposition relative à une année n'autorise pas l'Administration à former un recours incident contre la disposition relative à une autre année (Cons. d'Et. 18 déc. 1885, aff. Chagot, D. P. 87. 5. 121). De même, lorsque l'Etat en se pourvoyant contre un arrêté de conseil de préfecture qui l'a condamné à payer diverses indemnités aux locataires successifs d'une usine a attaqué exclusivement les dispositions de cet arrêté concernant quelques-uns desdits locataires, un autre locataire n'est pas recevable à se pourvoir par voie de recours incident contre la disposition qui lui est applicable en s'associant à la défense présentée par ceux-ci (Cons. d'Et. 3 juin 1869, aff. Morel, D. P. 70. 3. 85).

292. Il est également certain qu'un intimé n'est pas recevable à attaquer, par voie d'appel incident, la disposition d'une décision rendue au profit d'une autre partie que celle qui s'est pourvue devant le conseil d'Etat (Cons. d'Et. 27 juin 1879, aff. Suchet, D. P. 79. 3. 108; 22 mai 1885, aff. Bréfeil, D. P. 87. 3. 4). Ainsi, dans une instance entre une commune, un entrepreneur et un architecte, lorsque les dispositions de l'arrêté qui concernent l'architecte n'ont été attaquées ni par ce dernier, ni par la commune dans les trois mois qui ont suivi la notification faite par la commune, celle-ci, en même temps qu'elle défend au pourvoi de l'entrepreneur, n'est pas recevable à former un appel incident contre l'architecte et à prendre des conclusions tendant à aggraver sa situation (Cons. d'Et. 9 août 1865, aff. Mazelin,D.P.66.3.25).

293. La partie en faveur de laquelle a été rendue une décision attaquée par un ministre dans l'intérêt de la loi n'est pas recevable à former un recours incident (Cons. d'Et. 28 avr. 1876, aff. Hallet, D. P. 76. 3. 84).

294. Devant le conseil d'Etat, de même que devant les tribunaux de l'ordre judiciaire, le recours incident ne peut être exercé d'intimé à intimé (Cons. d'Et. 27 nov. 1885, aff. Chemin de fer du Midi C. de Monda, D. P. 87. 3. 38. V. *suprà*, v° *Appel incident*, n° 18).

N° 3. — *Causes qui peuvent suspendre le cours du délai* (Rép. n°⁵ 256 à 261).

295. L'art. 448 c. proc. civ. dispose que lorsqu'un jugement aura été rendu sur une pièce fausse, les délais de l'appel ne courront que du jour où le faux aura été reconnu ou juridiquement constaté. Aucune disposition analogue n'existe dans les règlements sur la procédure devant le conseil d'Etat, et par un arrêt très ancien rapporté au *Rép.* n° 258, le conseil semble avoir refusé d'appliquer cet article. La question a été soulevée de nouveau en 1882 et le ministre de l'intérieur a émis l'avis que la règle posée dans l'art. 448 devait être appliquée au moins par analogie. Le conseil d'Etat, tout en évitant de viser l'article précité, a réservé la question de savoir si la règle de procédure qui s'y trouve édictée ne devrait pas être appliquée dans les instances administratives, et la rédaction de l'arrêt permet de supposer qu'il aurait été disposé à admettre l'affirmative (Cons. d'Et. 22 déc. 1882, aff. Département de l'Hérault, D. P. 84. 3. 88). Il serait, en effet, contraire aux principes du droit autant qu'à l'équité qu'un jugement rendu sur pièce fausse par une juridiction du premier degré conservât toute son autorité par le seul fait de l'expiration du délai d'appel, alors que, devant le conseil d'Etat, la fausseté d'une pièce décisive donnerait ouverture à un recours en revision, autrement dit à la requête civile. L'hypothèse dont il s'agit est donc de celles pour lesquelles le conseil d'Etat, dans le silence de son règlement, peut chercher une règle de conduite dans le code de procédure civile.

296. Devant la juridiction civile, on admet que, dans le cas où un jugement a été rendu sur pièce fausse, l'appel est recevable avant la constatation du faux, quoique le délai ordinaire de l'appel soit expiré, alors qu'il a pour but immédiat de faire déclarer le faux. Dans ce cas l'action en faux exercée par voie d'appel doit être considérée comme défense à l'action principale et peut, dès lors, être jugée *de plano* par le juge d'appel (V. *Rép.* v° *Appel civil*, n° 898). Le conseil d'Etat a décidé au contraire, par l'arrêt du 22 déc. 1882 cité *suprà*, n° 295, qu'en admettant que le délai court seulement du jour où le faux a été reconnu, le réclamant n'est pas recevable à soutenir que le délai est rouvert à son profit tant qu'il ne produit aucune décision d'où résulte la fausseté de la pièce. Cette divergence s'explique par la différence des deux ordres de juridictions : la cour d'appel étant compétente pour statuer sur la fausseté de la pièce produite, ce serait prolonger et compliquer inutilement la procédure que d'exiger une décision préalable pour que la cour puisse être saisie. Au contraire, le conseil d'Etat devant, aux termes de l'art. 20 du décret du 22 juill. 1806, surseoir lorsqu'une question de faux se produit devant lui, il ne pourrait prononcer sur un recours formé dans des conditions analogues à celles que prévoit l'art. 448 c. proc. civ. sans avoir renvoyé les parties devant qui de droit pour faire statuer sur la fausseté de la pièce.

297. Nous avons dit au *Rép.* n° 259, que la jurisprudence se refuse à appliquer par voie d'analogie l'art. 2246 c. civ., aux termes duquel la citation en justice donnée même devant un juge incompétent interrompt la prescription, et cette solution doit être appliquée même au cas où l'autorité incompétemment saisie est de l'ordre administratif. Le conseil d'Etat a, en conséquence, déclaré non recevable un pourvoi formé après l'expiration du délai réglementaire, bien que la partie eût dans ce délai, porté devant le conseil de préfecture sa réclamation contre un arrêté préfectoral (Cons. d'Et. 2 déc. 1853, aff. Debolo, D. P. 54. 3. 19).

298. La même solution a été étendue à la jurisprudence à d'autres actes de procédure irréguliers. Ainsi la partie qui s'est pourvue après expiration du délai contre un arrêté par lequel un conseil de préfecture s'est déclaré saisi à tort, et qui a utilisé ce délai à faire juger de nouveau la demande par le conseil de préfecture qu'elle croyait compétent, ne peut invoquer, comme une excuse de nature à la

relever de la déchéance, la circonstance qu'elle aurait été induite en erreur par l'arrêté attaqué lui-même sur l'autorité à laquelle elle devait soumettre sa réclamation (Cons. d'Et. 19 juill. 1854, aff. Causse, D. P. 55. 3. 10).

La déchéance est également encourue quoique dans le délai le réclamant ait fait signifier à l'autorité dont émane la décision attaquée, la déclaration de sa volonté de se pourvoir (Cons. d'Et. 1er févr. 1854, aff. Oxéda, D. P. 54. 3. 33).

209. Le pourvoi formé en temps utile contre un chef d'un arrêté de conseil de préfecture ne rend pas recevable le pourvoi formé en dehors du délai contre d'autres chefs tout à fait distincts du même arrêté (Cons. d'Et. 27 janv. 1859, aff. Lemée-Cuvet, D. P. 60. 3. 3).

300. L'interprétation donnée au contentieux d'un acte du chef de l'Etat ne peut avoir pour effet de faire revivre, en faveur de la partie à qui l'interprétation donnée est défavorable, le droit de se pourvoir contre ledit acte qui lui avait été antérieurement notifié (Cons. d'Et. 20 févr. 1868, aff. Vion, *Rec. Cons. d'Etat*, p. 212).

301. On a vu au *Rép.* n° 262 que le délai du pourvoi peut être suspendu par la force majeure. A plusieurs époques des dispositions législatives spéciales ont suspendu les délais à raison de l'état de guerre et d'invasion du territoire. C'est ainsi que l'art. 1er du décret du 9 sept. 1870 (D. P. 70. 4. 87) a suspendu pendant la guerre de 1870-1871 le délai de recours au conseil d'Etat au profit de ceux qui résidaient dans les départements investis ou occupés par l'ennemi et au profit de ceux dont l'action devait être exercée dans ces départements contre des personnes qui y résidaient.

302. L'art. 2 de la loi du 6 brum. an 5 déclarait qu'aucune prescription, expiration de délais ou péremption d'instance ne pourrait être acquise contre les défenseurs de la patrie et autres citoyens attachés au service des armées de terre et de mer. Mais cette loi a cessé d'être applicable avec les guerres en vue desquelles elle avait été rendue ; et il a été jugé que la déchéance résultant de l'expiration des délais établis par le décret du 22 juill. 1806 est opposable aux fournisseurs des armées françaises en pays étranger, comme à tous autres demandeurs, sans qu'ils puissent invoquer aujourd'hui le bénéfice de cette loi (Cons. d'Et. 10 févr. 1869, aff. Souberbielle, D. P. 70. 3. 8).

§ 7. — Effet du pourvoi ; il n'est pas suspensif. — Faculté de sursis (*Rép.* nos 265 à 273).

303. L'art. 24 de la loi du 24 mai 1872 a confirmé cette règle, énoncée déjà dans l'art. 3 du décret du 22 juill. 1806 et rapportée au *Rép.* n° 265, que le pourvoi n'est pas suspensif à moins qu'il n'en ait été ordonné autrement par le conseil. M. Aucoc, t. 1, n° 376, fait observer que ce principe est l'opposé de la règle adoptée pour la juridiction de l'ordre judiciaire, et que cette différence s'explique par la différence des situations. En effet, dit-il, en matière administrative il s'agit de satisfaire l'intérêt public, et la loi présume qu'il y a urgence à exécuter la décision rendue. L'art. 24 de la loi du 24 mai 1872 ajoute, toutefois, que les conseils de préfecture pourront subordonner l'exécution de leurs décisions en cas de recours, à la charge de donner caution ou de justifier d'une solvabilité suffisante. Il a été décidé, par application de cette règle : 1° que le recours contre un décret déclaratif d'utilité publique ne fait pas obstacle à ce qu'il soit donné suite à la procédure d'expropriation (Civ. rej. 14 juill.

1857, aff. Hubert, D. P. 57. 1. 292) ; — 2° Que le recours formé contre un arrêté préfectoral portant refus d'autoriser l'établissement d'un atelier insalubre ne fait pas obstacle à ce que l'autorité judiciaire statue sur la contravention à cet arrêté (Crim. cass. 17 déc. 1864, aff. Prion, D. P. 66. 1. 366 ; Crim. rej. 12 mai 1865, aff. Jullien, *ibid.*) ; — 3° Que le conseil de préfecture n'est pas tenu de surseoir à statuer sur une demande en décharge de taxes syndicales, jusqu'à ce que le conseil d'Etat ait statué sur le recours dirigé contre un précédent arrêté relatif au périmètre contesté (Cons. d'Et. 4 avr. 1873) (1).

304. Le recours au conseil d'Etat n'est pas suspensif encore bien qu'il soit accompagné de conclusions tendant à obtenir un sursis (Crim. rej. 8 janv. 1858, aff. Garest, D. P. 58. 1. 138).

305. La partie qui a obtenu la décision attaquée peut en poursuivre l'exécution provisoire, mais à ses risques et périls (Cons. d'Et. 11 janv. 1855, aff. Comp. du chemin de fer d'Avignon à Marseille, D. P. 55. 3. 47 ; 29 mars 1860, aff. Hagerman, D. P. 60. 3. 34 ; 30 janv. 1874, aff. Montjoye, D. P. 75. 3. 15 ; 12 mai 1876, aff. Chemin de fer de Lyon C. Assénat, D. P. 77. 3. 4 ; 30 juin 1882, aff. Grelault (*Rec. Cons. d'Etat*, p. 636).

306. Par suite, il n'y a pas lieu d'allouer à cette partie une provision (Arrêt du 30 juin 1882 cité *suprà*, n° 305), et si elle succombe en fin de cause devant le conseil d'Etat, elle doit être condamnée, sur la réclamation du demandeur, à tenir compte à celui-ci des intérêts des sommes dont le remboursement est ordonné à son profit, et cela à partir du jour de l'indue réception (Arrêts des 11 janv. 1855, 29 mars 1860, 30 janv. 1874 et 12 mai 1876, cités *suprà*, n° 305 ; Cons. d'Et. 22 févr. 1866, aff. Barre, *Rec. Cons. d'Etat*, p. 127).

307. Le conseil d'Etat a également reconnu qu'une indemnité pouvait être due à la partie qui avait attaqué une décision ministérielle, en raison du préjudice que lui auraient causé les saisies opérées et l'hypothèque prise sur ses propriétés en exécution de cette décision (Cons. d'Et. 11 août 1864, aff. Chalard, *Rec. Cons. d'Etat*, p. 757).

308. Si la partie qui a triomphé devant la juridiction inférieure préfère s'abstenir de poursuivre l'exécution provisoire de la décision attaquée, la partie qui a succombé n'est pas tenue d'exécuter cette décision (Cons. d'Et. 30 déc. 1871, aff. Daumer, D. P. 72. 3. 58). En conséquence, un entrepreneur condamné par le conseil de préfecture à enlever ses matériaux et qui a fait juger par le conseil d'Etat que l'Etat devait les garder n'est pas responsable des détériorations qu'ils ont subies pendant l'instance (Même arrêt).

309. Nous avons dit au *Rép.* n° 266, qu'il existe certaines matières pour lesquelles les textes spéciaux ont établi que le pourvoi serait suspensif. Plusieurs de ces exceptions à la règle générale ont été indiquées au *Répertoire*. L'art. 88 de la loi du 10 août 1871 en a introduit une nouvelle en ce qui concerne les pourvois formés contre les décisions des commissions départementales. L'art. 40 de la loi du 5 avr. 1884 maintient également en matière d'élections municipales, les dispositions de la législation antérieure rappelées au *Rép.* n° 267.

310. Quoique l'art. 24 de la loi du 24 mai 1872 donne, ainsi que nous l'avons dit *suprà*, n° 303, aux conseils de préfecture le droit de subordonner l'exécution de leurs décisions en cas de recours, à la charge de donner caution ou de justifier d'une solvabilité suffisante, cette disposition n'a

---

(1) (Compagnie des chemins de Paris à Lyon et à la Méditerranée.) — Le conseil d'Etat ; — Vu le décret du 22 juill. 1806 ; — Vu la loi du 16 sept. 1807 et celle du 21 juin 1865 ; — Considérant que devant le conseil de préfecture la Compagnie requérante avait formé opposition aux rôles mis en recouvrement pour les années 1870 et 1871 par le syndicat de Lancey à Grenoble (Section du ruisseau de Gièves) en se fondant sur ce qu'elle avait déféré au conseil d'Etat un précédent arrêté du 2 nov. 1869 par lequel le conseil de préfecture avait homologué le travail de l'expert chargé d'établir le périmètre spécial de la section du ruisseau de Gièves, compris dans l'association syndicale de Lancey à Grenoble, et qu'en conséquence il devait être sursis à statuer sur sa réclamation jusqu'à la décision à intervenir sur ledit pourvoi ; — Considérant qu'aux termes de l'art. 3 du décret du 22 juill. 1806, les recours au conseil d'Etat n'ont pas d'effet suspensif, s'il n'en est autrement ordonné, et que dès lors c'est à juste titre que le conseil de préfecture a rejeté l'opposition que la Compagnie avait formée contre les rôles émis par le syndicat, sans avoir égard au pourvoi introduit par la Compagnie ;... — Mais considérant que par décret rendu au contentieux le 8 août 1872, l'arrêté précité du conseil de préfecture de l'Isère du 2 nov. 1869 a été annulé, ensemble la délibération de la commission syndicale relative à la fixation du périmètre spécial de la section du ruisseau de Gièves ; que dès lors et comme conséquence il y a lieu d'annuler les arrêtés attaqués des 7 janv. 1871 et 14 nov. 1871 et de condamner le syndicat à la restitution au profit de la Compagnie de toute somme qu'elle aurait payée en vertu des rôles de 1870 et 1871 à raison des terrains lui appartenant situés en dehors du périmètre précité ... (Arrêtés annulés).

Du 4 avr. 1873.-Cons. d'Et.-MM. Fould, rap.-David, concl.-Aguillon, av.

porté aucune atteinte au droit qui appartient au conseil d'État d'ordonner le sursis (Cons. d'Et. 28 nov. 1873, aff. Girard, D. P. 75. 3. 111. V. conf. Chauveau et Tambour, t. 1, n° 625, p. 459, note a).

311. Nous avons exposé au *Rép.* n° 268, que lorsque la section du contentieux, sur le vu de conclusions à fin de sursis, estime que ces conclusions sont justifiées, elle ordonne la communication à la partie adverse et au ministre. Si, à la suite de cette communication, elle reconnaît qu'il n'y a pas lieu d'ordonner le sursis, elle ne prend jamais à cet égard de décision spéciale et se contente de passer outre à l'instruction du fond. Dans le cas contraire, elle soumet la question à l'assemblée publique du conseil d'État statuant au contentieux. Si cette assemblée estime que la demande de sursis ne doit pas être accueillie, elle statue en ce sens par une décision spéciale (Sol. impl., Cons. d'Et. 12 nov. 1880, aff. Trescases, D. P. 82. 3. 76).

312. Bien que l'art. 3 du décret du 22 juill. 1806 ne prévoie pas ce mode de procéder, le conseil d'État a considéré comme une conséquence naturelle de la faculté qui lui est conférée par cet article le droit de subordonner le sursis à l'exécution de conditions qui rendent cette mesure non préjudiciable pour la partie adverse. Ainsi, lorsque la solvabilité du particulier qui a triomphé est douteuse, il autorise l'appelant à verser le montant de la condamnation à la caisse des dépôts et consignations, à la charge, pour le cas de confirmation de la décision attaquée, de parfaire la différence entre l'intérêt légal et celui qui est servi par cette caisse (Cons. d'Et. 5 août 1869, aff. Peyrieux, D. P. 75. 3. 111, note 2). Il a également décidé qu'il y avait lieu de surseoir à l'exécution d'un arrêté du conseil de préfecture qui avait ordonné la fermeture d'un établissement insalubre, moyennant l'engagement pris par les exploitants d'opérer certaines restrictions dans leur fabrication (Arrêt du 28 nov. 1873 cité *suprà*, n° 310).

313. La plupart des arrêts par lesquels le conseil d'État ordonne le sursis sont motivés sur le préjudice irréparable que causerait au réclamant l'exécution immédiate de la décision attaquée (Cons. d'Et. 22 avr. 1872, aff. De Bussierre, D. P. 73. 3. 3; 28 nov. 1873, aff. Girard, D. P. 75. 3. 111; 12 nov. 1880, aff. Jugy, D. P. 82. 3. 76). C'est ainsi qu'il a ordonné qu'il serait sursis à l'exécution d'un arrêté préfectoral prescrivant la translation provisoire du cimetière d'une commune, par le motif que les inhumations qui y étaient pratiquées auraient pour effet, si elles étaient continuées, de transformer en un fait irrévocablement accompli, la mesure dont l'annulation était demandée, alors surtout que le ministre de l'intérieur, consulté à plusieurs reprises par la section du contentieux, n'avait pas fourni de réponse à ces communications (Arrêt du 22 avr. 1872 précité).

314. Ainsi que nous l'avons dit au *Rép.* n° 271, c'est surtout en matière de voirie, et lorsque la décision attaquée ordonne des démolitions d'ouvrages, que le conseil d'État accueille les demandes de sursis. Le sursis a aussi quelquefois été ordonné en matière d'expropriation pour cause d'utilité publique (Arrêt du 12 nov. 1880, cité *suprà*, n° 313).

CHAP. 4. — Recours en annulation dans l'intérêt de la loi, soit contre les actes administratifs, soit contre les décisions contentieuses (*Rép.* n°s 274 à 281).

315. On a vu au *Rép.* n° 274, que les art. 43 et 44 de la loi du 3 mars 1849 avaient donné au ministre de la justice le droit de former des pourvois dans l'intérêt de la loi, soit contre les actes administratifs, soit contre les décisions contentieuses. La loi de 1849 a été abrogée par le décret du 25 janv. 1852, et aucun texte de loi actuellement en vigueur, sauf l'art. 30 de la loi du 27 juill. 1872 sur le recrutement de l'armée, n'attribue expressément aux ministres le droit de poursuivre dans l'intérêt de la loi l'annulation des décisions administratives. Mais la jurisprudence admet aujourd'hui, comme elle le faisait avant 1849, que ce droit dérive, pour les ministres, du pouvoir que leur appartient de veiller à l'exécution des lois, chacun pour les matières qui rentrent dans ses attributions (Cons. d'Et. 29 avr. 1872, aff. Coulonges, D. P. 73. 3. 3. V. conf. Aucoc, t. 1, n° 369; Laferrière, t. 1, p. 284).

316. Les ministres ne sont recevables à former des pourvois dans l'intérêt de la loi qu'autant que les décisions contre lesquelles ils les forment n'ont pas été attaquées par les parties dans les délais réglementaires, et qu'elles ne peuvent plus l'être (Cons. d'Et. 2 août 1834, aff. Canonne, D. P. 55. 3. 37; 18 févr. 1864, aff. Peillon, D. P. 64. 3. 87; 14 août 1867, aff. de Beauveau, D. P. 68. 3. 82; 29 avr. 1872, aff. Coulonges, D. P. 73. 3. 3; 14 janv. 1876, aff. Mignonneau, D. P. 76. 5. 130; 13 déc. 1878, aff. Renouff, D. P. 79. 5. 96; 1er août 1884, aff. Tourseiller, D. P. 85. 5. 117). Ainsi le pourvoi formé par le ministre du commerce, dans l'intérêt de la loi, contre un arrêté du conseil de préfecture moins de trois mois après la date de cet arrêté est non recevable (Arrêt précité du 1er août 1884). Il en est de même du pourvoi formé par le ministre des travaux publics contre un arrêté du conseil de préfecture qui n'est pas définitif ce qu'il se borne à désigner un tiers expert dans une contestation relative à des dommages résultant de travaux publics, alors que le ministre ne justifie pas que les parties ne sont plus dans le délai légal pour attaquer l'arrêté interlocutoire avec la décision définitive (Arrêts précités des 18 févr. 1864, 14 août 1867 et 29 avr. 1872).

317. Le recours dans l'intérêt de la loi peut être formé après le rejet du pourvoi des parties soit pour cause de déchéance, soit comme non recevable en la forme ou mal fondé, pourvu, dans ce dernier cas, que le moyen soulevé par le ministre soit différent de celui qui a été rejeté.

Il a été jugé, en conséquence, que le ministre peut demander au conseil d'État, dans ses observations sur un pourvoi dirigé contre un arrêté de conseil de préfecture, de prononcer l'annulation de cet arrêté dans l'intérêt de la loi lorsque le pourvoi est non recevable pour défaut de qualité du requérant (Cons. d'Et. 28 mai 1880, aff. Yvert, D. P. 81. 3. 23), ou lorsque l'action exercée par le réclamant se trouve prescrite (Cons. d'Et. 4 juill. 1884, aff. Comp. du canal du Midi, D. P. 86. 3. 13).

318. Un recours dans l'intérêt de la loi n'est pas recevable lorsqu'il ne tend qu'à faire rectifier une erreur de fait et non à relever une violation de la loi (Cons. d'Et. 20 déc. 1872, aff. Ayroles, D. P. 73. 3. 55. V. conf. Aucoc, t. 1, n° 369). Ainsi le ministre de la guerre n'est pas recevable à déférer au conseil d'État dans l'intérêt de la loi une décision du conseil de revision, qui, par suite d'une erreur de fait, a accordé une dispense de service militaire (Cons. d'Et. 13 déc. 1878, aff. Dégert, D. P. 79. 3. 44; 28 févr. 1879, aff. Redon, *ibid.*).

Mais si des pièces de l'instruction il résultait que le conseil de revision avait tiré des faits qui lui étaient soumis une conséquence erronée, par suite d'une fausse interprétation de la loi, le recours du ministre serait recevable (Cons. d'Et. 9 juill. 1875, aff. Grassis, D. P. 76. 3. 37; 30 nov. 1877, aff. Darmandpeys, D. P. 78. 3. 28).

319. Le conseil d'État a, par application des principes qui viennent d'être exposés, déclaré non recevable un pourvoi formé par le ministre des travaux publics dans l'intérêt de la loi, en se fondant sur ce que la question soulevée par ce pourvoi ne pouvait être résolue en dehors de l'examen topographique des lieux litigieux (Cons. d'Et. 3 janv. 1881, aff. Mayou, D. P. 82. 3. 36). Il a, de même, rejeté comme mal fondé un recours formé dans l'intérêt de la loi par le ministre du commerce contre un arrêté de conseil de préfecture annulant l'injonction faite à un propriétaire d'amener les eaux dans un immeuble, par le motif que le ministre n'établissait pas que le conseil de préfecture eût violé aucune disposition de loi en décidant que, dans les espèces qui lui étaient soumises, l'absence d'eau ne constituait pas une cause d'insalubrité inhérente à l'immeuble (Cons. d'Et. 11 nov. 1881, aff. Ministre du commerce, D. P. 83. 3. 20). Si, dans cette espèce, le recours a été rejeté comme mal fondé et non écarté comme non recevable, c'est que le conseil d'État a estimé que la question de savoir quelle nature de travaux la loi du 13 avr. 1850 autorise l'Administration à imposer aux propriétaires constitue une question d'interprétation et non d'application de la loi. Mais il a maintenu la distinction fondamentale entre le recours par voie d'appel et le recours dans l'intérêt de la loi, en se bornant à constater que, dans les termes où il avait statué, le conseil de préfecture n'avait pas méconnu l'étendue des droits de l'Admi-

nistration, et en se refusant à contrôler l'exactitude de l'appréciation qu'il avait faite des circonstances de l'affaire et notamment de la disposition des lieux litigieux.

320. Mais il a été décidé, contrairement aux conclusions du commissaire du Gouvernement, que, le vigneron qui fabrique du vin de Champagne ne pouvant être considéré comme un cultivateur qui se borne à vendre les produits de sa récolte, le ministre du commerce est recevable et fondé à poursuivre l'annulation, dans l'intérêt de la loi, d'un arrêté du conseil de préfecture accordant à ce vigneron décharge de la taxe sur la vérification des poids et mesures par le motif qu'il se bornerait à vendre les produits de sa récolte (Cons. d'Et. 2 févr. 1883, aff. Mériou, D. P. 84. 3. 93).

321. Ainsi, que nous l'avons dit, au *Rép.* n° 277, les parties ne peuvent se prévaloir de l'annulation dans l'intérêt de la loi d'une décision qui a acquis irrévocablement à leur égard l'autorité de la chose jugée. Elles sont également non recevables à intervenir dans l'instance engagée par le ministre et à former un recours incident (Cons. d'Et. 28 avr. 1876, aff. Hallet, D. P. 76. 3. 84. V. conf. Chauveau et Tambour, 5e éd., t. 2, n° 830).

322. Le recours dans l'intérêt de la loi formé par le ministre de la guerre contre les décisions des conseils de revision est régi par des dispositions spéciales, et il peut notamment, aux termes de l'art. 30 de la loi du 27 juill. 1872, profiter à la partie intéressée (V. *infrà*, v° *Organisation militaire*).

CHAP. 5. — Formes de procédure et d'instruction devant chacune des sections du conseil d'Etat (*Rép.* n°s 282 à 389).

323. Ainsi que nous l'avons dit *suprà*, n°s 42 et suiv., un décret du 2 août 1879 (D. P. 79. 4. 73) portant règlement intérieur du conseil d'Etat, a réglé l'ordre de ses travaux.

Art. 1er. — *Mode de délibération dans les sections* (*Rép.* n°s 283 à 285).

324. Il est tenu dans chaque section un rôle sur lequel toutes les affaires sont inscrites d'après l'ordre de date. Le président de la section distribue les affaires entre les rapporteurs. Il désigne celles des affaires qui sont réputées urgentes soit par leur nature, soit par des circonstances spéciales (Décr. 2 août 1879, art. 8). Le règlement ne traçant aucune règle pour la désignation des rapporteurs, cette désignation est entièrement laissée à l'appréciation des présidents des sections.

325. La date de la distribution des affaires, avec l'indication de leur nature, est inscrite sur un registre particulier qui reste à la disposition du président de la section (art. 9). Le secrétaire de chaque section tient note, sur un registre spécial, des affaires délibérées à chaque séance et de la décision prise par la section. Il y fait mention de tous les membres présents (art. 10).

326. Aux termes de l'art. 12, § 2, de la loi du 24 mai 1872, les sections administratives ne peuvent délibérer valablement que si trois conseillers en service ordinaire sont présents. En cas de partage la voix du président est prépondérante.

327. L'assemblée générale du conseil d'Etat n'est jamais directement saisie et n'examine les affaires qu'après l'étude préalable par une ou plusieurs sections. Mais il y a beaucoup d'affaires qui ne sont pas portées à l'assemblée générale, et qui ne sont étudiées que par la section correspondant au ministère d'où provient l'affaire ; d'autres le sont par deux ou plusieurs sections réunies. C'est au ministre de la justice ou au vice-président du conseil d'Etat qu'il appartient d'ordonner ces réunions de sections (Aucoc, t. 1, n° 78).

Art. 2. — *Formes de procédure devant l'assemblée générale du conseil d'Etat* (*Rép.* n° 286).

328. Nous avons indiqué *suprà*, n° 45, les affaires qui à raison de leur importance et en vertu du décret du 3 avr. 1886, doivent être examinées par l'assemblée générale du conseil d'Etat.

329. Les jours et les heures des assemblées générales sont fixés par le conseil d'Etat sur la proposition du ministre de la justice. En cas d'urgence, le conseil est convoqué par le vice-président (Décr. 2 août 1879, art. 13). Il est dressé par le secrétaire général, pour chaque séance, un rôle des affaires qui doivent être délibérées en assemblée générale. Ce rôle mentionne le nom du rapporteur et contient la notice de chaque affaire rédigée par le rapporteur (art. 14). Le rôle est imprimé et adressé aux conseillers d'Etat, maîtres des requêtes et auditeurs, deux jours au moins avant la séance. Les projets de lois et de règlements d'administration publique, les avis proposés par les sections ainsi que les documents à l'appui de ces projets dont l'impression a été jugée nécessaire par les sections, sont imprimés et distribués en même temps que les rôles. Les documents non imprimés sont déposés au secrétariat général le jour où a lieu la distribution du rôle et des impressions et ils y sont tenus à la disposition des membres du conseil, sauf les cas d'urgence (art. 15).

330. Le procès-verbal contient les noms des conseillers d'Etat présents. Les conseillers d'Etat et les maîtres des requêtes qui sont empêchés de se rendre à la séance doivent en prévenir d'avance le vice-président du conseil d'Etat. Il en est de même des auditeurs qui sont chargés de rapports inscrits à l'ordre du jour. En cas d'urgence, les rapporteurs empêchés doivent, de l'agrément du président de leur section, remettre l'affaire dont ils sont chargés à un de leurs collègues (art. 16). Le président a la police de l'assemblée; il dirige les débats, résume la discussion, pose les questions à résoudre. Nul ne peut prendre la parole sans l'avoir obtenue (art. 17). Les votes ont lieu par assis et levé ou par appel nominal. Toutes les élections ont lieu au scrutin secret, à la majorité absolue des membres présents et sur convocation spéciale. Le président proclame le résultat des votes (art. 18).

331. Au procès-verbal des sections et des assemblées générales du conseil d'Etat est annexé un résumé des discussions relatives aux projets de loi, aux règlements d'administration publique et aux affaires pour lesquelles, en raison de leur importance, le président jugerait que la discussion doit être recueillie. Ce résumé est fait par un auditeur désigné par le président et assisté d'un rédacteur spécial. Il reproduit sommairement les discussions ; il est soumis à la révision du président ou de l'un des conseillers d'Etat ou maîtres des requêtes présents à la séance, délégué par le président (art. 30).

332. L'art. 6 de la loi du 13 juill. 1879 exige la présence de seize conseillers en service ordinaire pour que le conseil d'Etat en assemblée générale puisse délibérer. En cas de partage, la voix du président est prépondérante.

333. Les décrets rendus après délibération de l'assemblée générale mentionnent que le conseil d'Etat a été entendu. Les décrets rendus après délibération d'une ou plusieurs sections mentionnent que ces sections ont été entendues (L. 24 mai 1872, art. 15).

Art. 3. — *Mode de procédure et d'instruction devant le conseil d'Etat en matière contentieuse* (*Rép.* n°s 287 à 389).

334. Les règles de cette procédure se trouvent en partie dans la loi du 24 mai 1872 (art. 15 à 24) complétée par celle du 13 juill. 1879 (art. 5), dans le règlement intérieur du conseil d'Etat (art. 19 à 25), et dans le décret du 22 juill. 1806 qui est resté en vigueur sauf quelques modifications introduites par d'autres lois spéciales (Aucoc, t. 1, n° 370). Nous les exposerons dans l'ordre indiqué au *Rép.* n° 288.

§ 1er. — Des instances introduites à la requête des particuliers. — Pièces à joindre. — Ordonnance de soit communiqué; Signification. — Délai pour les productions de la défense. — Vérification de faits et d'écritures (*Rép.* n°s 289 à 341).

N° 1. — *Dépôt de la requête par le ministère d'un avocat au conseil. — Enonciations et pièces qu'elle doit contenir* (*Rép.* n°s 290 à 307).

335. En principe, ainsi que nous l'avons vu au *Rép.* n° 290, pour les particuliers et les personnes morales autres que l'Etat, les affaires doivent être introduites par le ministère

d'un avocat au conseil. Cette règle qui était absolue en 1806 a reçu depuis cette époque de nombreuses exceptions qui vont être énumérées. Mais, en dehors de ces dérogations formellement établies par des lois spéciales, le recours formé sans ministère d'avocat est non recevable.

336. C'est ainsi qu'il a été décidé : 1° que la demande d'un ancien employé tendant à obtenir de l'État une indemnité à raison de sa révocation ne rentrant dans aucun des cas pour lesquels des exceptions ont été apportées à la règle posée par l'art. 1er du décret de 1806, une demande de cette nature présentée directement doit être rejetée comme non recevable (Cons. d'Ét. 3 juill. 1885, aff. Lazan, D. P. 86. 5. 111); — 2° Que la réclamation formée par un particulier à l'effet de faire déclarer que c'est à tort que le conseil municipal a refusé d'admettre à profiter du pâturage communal les animaux lui appartenant, ayant pour objet non une réduction ou une décharge de la taxe du pâturage, mais une extension du droit de jouissance des biens communaux, le pourvoi ne peut être formé devant le conseil d'État sans ministère d'avocat (Cons. d'Ét. 1er déc. 1882, aff. Pinçon, D. P. 84. 3. 59); — 3° Qu'une contestation relative au payement d'une somme qu'un particulier s'est obligé à fournir pour l'exécution d'un chemin vicinal à titre de souscription volontaire ne pouvant être assimilée à une contestation en matière de contributions directes et n'étant pas du nombre de celles dans lesquelles les parties peuvent, en vertu d'une disposition de loi spéciale, former leur recours sans le ministère d'un avocat au conseil d'État, la requête qui a été présentée directement par les parties et qui n'a été renouvelée par ministère d'avocat qu'après l'expiration du délai de trois mois doit être rejetée comme non recevable (Cons. d'Ét. 27 avr. 1883, aff. Louault, D. P. 84. 5. 114).

337. Dans le cas où, par dérogation aux dispositions de l'art. 1er du décret de 1806, le pourvoi peut être formé sans ministère d'avocat, la partie n'est pas recevable à saisir à titre accessoire des conclusions tendant à faire statuer sur des matières auxquelles l'exemption ne s'applique pas, et notamment à former contre l'État une demande d'indemnité accessoirement à un recours pour excès de pouvoirs (Cons. d'Ét. 15 nov. 1872) (1).

338. La requête doit être timbrée et, ainsi qu'on l'a vu au *Rép.* n° 290, est soumise à un droit fixe d'enregistrement, qui, depuis la loi du 19 févr. 1874 (D. P. 74. 4. 41) est de 37 fr. 50.

339. Dans un certain nombre de matières, les recours ont été dispensés du ministère d'avocat et exemptés du timbre et de l'enregistrement. Il en est ainsi : 1° des recours en matière d'élections au conseil général (L. 31 juill. 1875, art. 16), d'élections au conseil d'arrondissement (L. 22 juin 1883, art. 53), d'élections municipales (L. 5 avr. 1884, art. 40). Mais aucune disposition n'a établi cette dérogation en termes généraux pour toutes les opérations électorales, et il a été décidé spécialement qu'elle ne doit pas être étendue aux réclamations en matière d'élections au conseil supérieur de l'instruction publique (Cons. d'Ét. 16 nov. 1883, aff. Picard, D. P. 85. 3. 76), ni aux recours contre les arrêtés des conseils de préfecture en matière de démissions d'office des conseillers municipaux (Cons. d'Ét. 11 nov. 1887, aff. Daunes et Bernadas, D. P. 88. 3e partie); — 2° Des recours pour excès de pouvoirs contre les décisions des commissions départementales dans les cas prévus par l'art. 88 de la loi du 10 août 1871 (D. P. 71. 4. 132); — 3° Des recours pour excès de pouvoirs en matière d'expropriation publique (L. 3 mai 1841, art. 58) (Cons. d'Ét. 26 déc. 1873, aff. Garret, D. P. 75. 3. 4; 22 nov. 1878, aff. de Lhopital, D. P. 79. 3. 38); — 4° Des recours en matière de contributions directes et de taxes assimilées lorsqu'ils sont transmis par le préfet et que la cote n'excède

pas 30 fr. (L. 21 avr. 1832, art. 28). Mais les dispositions spéciales aux recours contre les arrêtés rendus en ces matières ne sont pas applicables aux contestations relatives au règlement des indemnités dues par les particuliers à raison de la plus-value résultant pour leurs propriétés des travaux de desséchement des marais. On ne doit pas non plus les appliquer à l'action intentée par un membre d'une association syndicale à l'effet de faire condamner les héritiers d'un ancien président du syndicat à produire un compte détaillé de la gestion et de l'emploi des fonds versés entre les mains de leur auteur (Cons. d'Ét. 1er juin (et non janv.) 1883, aff. Moralis, D. P. 84. 5. 113); — 5° Du recours en matière de prestations, quelque soit le montant de la cote (L. 28 juill. 1824, art. 5); — 6° Des mémoires produits dans les affaires introduites par le ministre de l'intérieur et tendant à faire déclarer dans certains cas les membres des conseils généraux, d'arrondissement et municipaux déchus de leurs fonctions (L. 7 juin 1873, art. 4).

340. D'autres recours sont dispensés du ministère d'avocat et exempts de l'enregistrement, mais soumis au timbre. Ce sont : 1° les recours en matière de contributions directes et de taxes assimilées présentés par les préfets lorsque la taxe dépasse 30 fr. (L. 21. avr. 1832, art. 28); — 2° Les recours en matière de contraventions à la police du roulage (L. 30 mai 1851, art. 23), et, d'une manière plus générale, les recours contre tous les arrêtés rendus par les conseils de préfecture en matière répressive (L. 21 juin 1865, art. 12).

341. Enfin d'autres dispositions légales autorisent simplement les parties à former leur recours sans le ministère d'un avocat. C'est ainsi que l'art. 1er du décret du 2 nov. 1864 dispense de ce ministère les recours portés devant le conseil d'État contre les actes des autorités administratives pour incompétence et excès de pouvoirs, et les recours formés contre les décisions ministérielles portant refus de liquidation de pension contre les décrets du chef de l'État qui liquident les pensions. Il en est de même, en vertu de l'art. 16 du décret du 12 avr. 1880, des recours contre les décisions ministérielles en matière d'élections aux conseils presbytéraux et aux consistoires. Mais ces recours restent soumis aux droits de timbre et d'enregistrement. Décidé, notamment, qu'un recours pour excès de pouvoirs sur papier libre et non enregistré doit être rejeté comme non recevable (Cons. d'Ét. 12 juill. 1878, aff. Bellocq, D. P. 78. 5. 146; 13 mars 1885, aff. Robert, D. P. 86. 5. 113; 23 juill. 1886, aff. Dupont-Vieux, D. P. 87. 5. 120).

342. Nous avons dit au *Rép.* n° 298, que les parties, dans les matières où elles sont dispensées du ministère d'un avocat au conseil, doivent nécessairement signer elles-mêmes leur requête ou la faire signer par un fondé de procuration spéciale. Il en est ainsi, comme on l'a vu au *Rép.* n° 299, alors même que la requête serait présentée par un avoué (Cons. d'Ét. 11 janv. 1853, aff. Gérardin-Bailly, D. P. 53. 3. 41 ; 22 juin 1858, aff. Sorrel, D. P. 59. 3. 12; 10 avr. 1866, aff. Collier, *Rec. Cons. d'État*, p. 355). A plus forte raison le recours ne peut-il être formé sans mandat spécial par un huissier (Cons. d'Ét. 19 juill. 1854, aff. Viala, D. P. 55. 5. 106); par un avocat (Cons. d'Ét. 19 juill. 1867, aff. Maglione, D. P. 68. 5. 101); par un régisseur de propriétés (Cons. d'Ét. 29 juill. 1881, aff. Teste, D. P. 82. 5. 125); par un maire au nom d'un de ses administrés (Cons. d'Ét. 13 févr. 1856, aff. Courteix, D. P. 56. 3. 45), ou par un percepteur au nom d'un contribuable (Cons. d'Ét. 12 sept. 1853, aff. Maudet, D. P. 54. 3. 87; 22 mars 1854, aff. Baurel, *ibid.*).

343. On doit considérer également comme non recevable, en l'absence d'un mandat régulier, le pourvoi formé par un

---

(1) (de Place.) — Le sieur de Place, ancien chef de bataillon dans la garde mobile de Maine-et-Loire, a formé un recours pour excès de pouvoirs contre une décision du ministre de la guerre portant que des retenues seraient faites sur le montant de sa pension de retraite jusqu'à concurrence d'une somme qui lui avait été payée à tort. Subsidiairement, il a conclu à ce qu'il lui fût accordé une indemnité égale à la somme qu'il avait à rembourser, à raison des frais qu'il avait eu à supporter durant son service. Par arrêt du 15 nov. 1872 le conseil d'État a rejeté la demande principale du sieur de Place et statué en ces termes sur ses conclusions subsidiaires.

LE CONSEIL D'ÉTAT; ... — Considérant qu'aux termes de l'art. 1er du décret du 22 juill. 1806, les pourvois devant le conseil d'État ne peuvent être introduits par des particuliers que par le ministère d'un avocat audit conseil; que les exceptions ont été postérieurement apportées à cette règle, notamment par le décret du 2 nov. 1864, en ce qui concerne les recours pour excès de pouvoirs, les demandes et indemnités contre l'État ne rentrent dans aucune de ces exceptions; — Que dès lors, la demande présentée directement par le sieur de Place doit être rejetée comme non recevable... (Rejet).

Du 15 nov. 1872.-Cons. d'Ét.-MM. de Baulny, rap.-Perret, concl.

père au nom de son fils (Cons. d'Et. 21 juin 1831, aff. Vittu, D. P. 51. 3. 64); par un fils au nom de son père (Cons. d'Et. 4 avr. 1873) (1), et par une mère au nom de son fils (Cons. d'Et. 14 mars 1873) (2).

344. Une requête en matière électorale doit être déclarée non recevable lorsqu'elle ne porte pas la signature de l'électeur duquel elle est censée émaner, et qu'elle est l'œuvre d'un tiers qui s'est borné à y apposer le nom de cet électeur (Cons. d'Et. 20 janv. 1882, aff. Él. de Chantein, D. P. 83. 5. 128; 21 avr. 1882, aff. Périn, *ibid.*; 20 févr. 1885, aff. El. de Bastia, D. P. 86. 5. 112); et la fin de non-recevoir doit être opposée, alors même que celui au nom de qui la requête a été présentée déclare se l'approprier, si cette déclaration n'est faite qu'après l'expiration du délai dans lequel il aurait pu se pourvoir utilement (Arrêt précité du 20 févr. 1885).

345. Une requête non signée, présentée au nom d'un illettré, doit également être rejetée comme non recevable, s'il est établi que celui au nom de qui elle a été formée n'avait donné à personne mandat de réclamer (Cons. d'Et. 11 févr. 1859, aff. Gratteau, D. P. 59. 3. 54). Cet arrêt laisse entendre qu'une pétition écrite pour un contribuable illettré pourrait être considérée comme un pourvoi régulier s'il était établi par une attestation administrative que, bien que non signée par lui, elle est l'expression de sa volonté.

346. Nous avons examiné au *Rép.* n° 301 la question de savoir si les parties peuvent prendre la parole devant le conseil d'Etat, soit dans les matières où elles ont le droit de présenter elles-mêmes et de signer leur requête, soit dans celles où elles ne peuvent le faire qu'avec le concours d'un avocat, et nous avons dit que, d'après M. de Cormenin, il y avait eu, dans les premiers temps qui ont suivi l'établissement et la publicité des audiences, quatre exemples de parties admises par ce conseil à présenter elles-mêmes à la barre des observations orales. Cette tolérance ne paraît pas s'être prolongée. En 1870, le droit des parties de faire entendre des observations à la barre leur a été dénié par le président, qui a refusé d'accorder la parole à une partie qui la réclamait (Cons. d'Et. 27 avr. 1870, aff. El. de Montmorency, D. P. 70. 3. 65), et plus récemment la question a été formellement tranchée en ce sens par un arrêt qui a décidé que dans les affaires introduites au conseil d'Etat aucune disposition de loi n'a étendu aux parties le droit de présenter des observations orales (Cons. d'Et. 7 août 1883, aff. Bertot, D. P. 85. 3. 63).

347. Cependant le tribunal des conflits dont les audiences sont soumises aux mêmes règles que celles du conseil d'Etat, et devant lequel la faculté de présenter des observations orales a été implicitement réservée aux seuls avocats par le décret du 26 oct. 1849, a autorisé une partie en cause dans l'instance qui avait donné lieu au conflit à présenter elle-même des observations à la barre (Trib. confl. 17 avr. 1886, aff. O'Caroll, D. P. 87. 3. 95. V. *suprà*, v° *Conflit*, n° 111). Mais cette décision a donné lieu à des critiques d'autant plus sérieuses, qu'il n'y a pas à proprement parler de parties devant le tribunal des conflits où le débat s'agite entre les autorités administrative et judiciaire; et il ne semble pas que la mesure exceptionnelle qu'elle a autorisée doive être érigée en solution de principe.

M. Laferrière, t. 1, p. 287, estime néanmoins que ces précédents sont de nature à faire hésiter sur une solution absolue. « Personnellement, dit-il, nous inclinons à penser que le président ne saurait prendre sur lui d'autoriser une partie à présenter elle-même des observations à l'audience, parce qu'il y aurait là une atteinte portée au droit

exclusif que les avocats tiennent de la loi; mais on ne pourrait refuser au conseil lui-même la faculté d'ordonner ou d'autoriser l'audition d'une partie, non comme un élément du débat oral prévu par la loi, mais comme une mesure spéciale d'instruction commandée par les circonstances... C'est aussi dans ce sens, croyons-nous, que doit être entendue la décision précitée du tribunal des conflits du 17 avr. 1886 ».

348. L'arrêt du 7 août 1883, cité *suprà*, n° 346, décide qu'aucune disposition de loi n'a prescrit la communication des questions posées par les rapports, aux parties dont les pourvois sont introduits sans ministère d'avocat. Mais il est de pratique constante, ainsi que l'a reconnu dans cette affaire le commissaire du Gouvernement, que, lorsque la partie demande au président de la section du contentieux communication des pièces produites en réponse à son pourvoi, cette communication lui est accordée sans déplacement de pièces.

349. Certains pourvois ne peuvent jouir du bénéfice de la dispense du ministère d'avocat qu'autant qu'ils sont déposés à la préfecture, où le préfet complète le dossier avant de transmettre le pourvoi au conseil. Il en est ainsi des pourvois en matière de contributions directes et de taxes assimilées. En matière répressive et en matière d'élections municipales, le pourvoi peut être déposé à la préfecture ou à la sous-préfecture, au choix du réclamant. Les recours en matière d'élections autres que les élections municipales, en matière de pensions, et les recours pour excès de pouvoir doivent être directement transmis par les parties au conseil d'Etat (Aucoc, t. 1, n° 371).

350. Dans les cas où le recours peut être formé sans ministère d'avocat, on a vu au *Rép.* n° 296, que la partie est toujours libre de ne pas user de cette faculté et d'employer le ministère d'un avocat; seulement, si elle gagne son procès, la partie adverse ne supporte pas les dépens qui auraient pu être évités (Aucoc, t. 1, n° 371). — Au reste, la partie qui a constitué un avocat devant le conseil d'Etat, dans une instance où elle avait la faculté de former directement son pourvoi, peut donner son désistement sans recourir au ministère de cet avocat (Cons. d'Et. 11 févr. 1887, aff. El. de Montmartin-sur-Mer, D. P. 88. 3. 69).

351. Nous avons indiqué au *Rép.* n°s 302 et suiv., quelle doit être la forme de la requête et quelles énonciations elle doit renfermer, aux termes de l'art. 1er du décret du 22 juill. 1806. Ces prescriptions sont restées en vigueur.

352. — I. Exposé sommaire des faits, des moyens et des conclusions. — D'après une jurisprudence dont nous avons rappelé plusieurs monuments (*Rép.* n° 303), l'omission des faits, moyens et conclusions entraîne la nullité du pourvoi (Cons. d'Et. 22 déc. 1876) (3). L'insuffisance de la requête introductive d'instance peut être réparée dans une seconde requête et par un mémoire ampliatif. Toutefois, en matière d'élections, la jurisprudence se montre plus rigoureuse et déclare non recevables les moyens indiqués pour la première fois dans des mémoires ampliatifs déposés après l'expiration du délai.

Le défaut de production du mémoire peut entraîner le rejet du pourvoi si la requête ne contient ni une indication suffisante des faits ni le développement des moyens, alors même qu'un avocat se présenterait pour exposer et soutenir les prétentions de la partie (Cons. d'Et. 23 juin 1853, aff. Mekalski, D. P. 55. 3. 9; 23 déc. 1881, aff. Ramond, *Rec. Cons. d'Etat*, p. 1050). Mais la production des mémoires est recevable, même après le dépôt des défenses,

---

(1) (Achille Benoit.) — Le conseil d'État; — Vu la loi du 28 juill. 1824 et celle du 21 mai 1836 ; — Considérant que l'arrêté attaqué a été rendu sur une demande formée par le sieur Etienne Benoit; que le sieur Achille Benoit qui ne justifie d'aucun mandat du sieur Etienne Benoit son père, est non recevable à se pourvoir contre cet arrêté ; que d'ailleurs la réclamation du sieur Etienne Benoit devant le conseil de préfecture ayant été faite après la publication des rôles, c'est avec raison que ce conseil l'a rejetée comme non recevable... (Rejet).
Du 4 avr. 1873.-Cons. d'Et.-MM. Milcent, rap.-David, concl.

(2) (Dame veuve Deville.) — Le conseil d'État ; — Vu la loi des 7-14 oct. 1790 ; — Vu le décret du 12 juill. 1865 ; — Considérant que la décision du ministre de la marine a été prise à l'égard

du sieur Pané, dit Deville, que la dame veuve Deville, sa mère, est sans qualité pour se pourvoir devant le conseil d'Etat contre cette décision... (Rejet).
Du 14 mars 1873.-Cons. d'Et.-MM. Braun, rap.-David, concl.

(3) (Quénieux.) — Le conseil d'État ; — Vu les lois des 3 frim. an 7, du 16 sept. 1807 et du 28 mai 1858 ; — Vu le décret du 5 août 1861 ; — Vu le décret du 22 juill. 1806 ; — Considérant que le sieur Quénieux ne produit aucun motif à l'appui de son pourvoi ; que, dès lors, ledit pourvoi doit être rejeté comme non recevable ... (Rejet).
Du 22 déc. 1876.-Cons. d'Et.-MM. Mayniel, rap.-Braun, concl.
Du même jour. — Arrêts semblables (aff. Tomure, et aff. Périgon).

la loi n'ayant fixé aucun délai (Cons. d'Et. 22 juin 1854, aff. Meunier, D. P. 55. 3. 9).

353. — II. Noms des parties. — On a vu au *Rép.* n° 304 que l'indication des noms des parties est une formalité substantielle et qu'il ne suffirait pas de désigner les cointéressés du requérant par l'expression *et consorts.* Toutefois, il a été décidé que le pourvoi formé par des héritiers désignés sous le nom de *consorts* était recevable, lorsqu'ils étaient désignés de la même manière dans l'arrêt attaqué, et alors surtout que le mémoire ampliatif contenait les noms et demeures de tous les héritiers (Cons. d'Et. 21 juill. 1858) (1). Mais il a été jugé : 1° que la requête présentée par un propriétaire dénommé et pour 152 autres individus, voisins d'un atelier insalubre et incommode, n'est recevable qu'à l'égard du propriétaire dénommé lorsque le pourvoi ne contient ni les noms, ni les demeures des autres requérants (Cons. d'Et. 13 mars 1867, aff. Stein, *Rec. Cons. d'Et.*, p. 253); — 2° Qu'une intervention présentée au nom d'un propriétaire désigné et des autres riverains d'une rivière n'est recevable qu'en ce qui concerne le propriétaire dont le nom figure dans la requête (Cons. d'Et. 7 juill. 1876) (2). Cependant, lorsque deux entrepreneurs sont, aux termes de leur marché, solidaires l'un de l'autre, le pourvoi formé au nom de l'un d'eux profite à l'autre (Cons. d'Et. 29 déc. 1859) (3).

354. Le conseil d'Etat a rejeté comme ne satisfaisant pas aux prescriptions de l'art. 1er du décret du 22 juill. 1806 une requête produite collectivement au nom de 132 propriétaires de prairies en matière de taxes d'arrosage, alors que cette requête ne portait qu'un nombre de signatures inférieur à celui des personnes pour lesquelles elle était présentée, et que, parmi ces signatures, les unes étaient illisibles, et que, pour les autres, l'absence de prénoms et d'autres indications ne permettait pas de les reconnaître les auteurs d'une manière certaine (Cons. d'Et. 28 août 1865, aff. Prairies de la Basse-Veyle, *Rec. Cons. d'Etat*, p. 871).

355. D'après plusieurs arrêts rapportés au *Rép.* n° 304, et dont nous avons critiqué la décision comme trop rigoureuse, le recours formé par plusieurs demandeurs en un seul pourvoi devrait être rejeté comme non recevable lorsque, bien qu'ayant un intérêt semblable, ils n'agissent pas dans un intérêt collectif. Au reste, comme on l'a vu *ibid.*, la jurisprudence admet que l'irrégularité du recours ainsi introduit n'entraîne pas contre les parties la déchéance attachée à l'expiration du délai, et la procédure peut être régularisée au cours de l'instance. Ce n'est qu'à défaut de cette régularisation « que le recours est rejeté comme non recevable, à l'égard de toutes les parties comprises dans la requête » (Chauveau et Tambour, 5e éd., t. 1,

n° 580. V. aussi Raoul Clément, *Procédure devant le conseil d'Etat*, n° 186). — Il a été jugé, d'ailleurs, et ce point ne pouvait faire difficulté, qu'une requête formée au nom des entrepreneurs de plusieurs lots de travaux publics qui ont des intérêts distincts n'est recevable qu'en ce qui concerne un de ces entrepreneurs (Cons. d'Et. 17 avr. 1869) (4).

356. En principe, lorsqu'une même partie se pourvoit contre plusieurs décisions distinctes, elle est censée former autant de recours qu'il y a de décisions attaquées. Mais cette règle n'est pas sans exception. Ainsi, il a été jugé qu'un entrepreneur n'est pas obligé de former plusieurs pourvois distincts contre plusieurs décisions ministérielles qui lui font grief, alors que ces décisions tranchent une même question d'interprétation de son marché (Cons. d'Et. 11 déc. 1874, aff. Legrand *C.* Ministre de la guerre, *Rec. Cons. d'Etat*, p. 982).

357. — III. Enonciation des pièces. — Ainsi que nous l'avons dit au *Rép.* n° 306, de toutes les pièces qui doivent être produites la plus importante est la décision attaquée ; à défaut de production de cette décision, le pourvoi n'est pas recevable (Cons. d'Et. 29 juin 1870, aff. Olivier, D. P. 72. 3. 50; 8 avr. 1881, V. *infrà*, v° *Organisation militaire*).

Il a été décidé par application de cette règle que le réclamant auquel, en annonçant le rejet de sa demande par le conseil de préfecture, on n'a envoyé qu'une formule imprimée dans laquelle le dispositif est resté en blanc, déférerait inutilement une telle pièce au conseil d'Etat, quoiqu'elle soit revêtue de la signature des membres du conseil de préfecture (Cons. d'Et. 5 août 1854, aff. Delforge, D. P. 55. 3. 39). Toutefois, le conseil d'Etat n'applique pas la déchéance lorsque la partie est dans l'impossibilité de produire la décision qui lui fait grief par suite du refus de l'Administration de lui en donner copie, et il invite en pareil cas le ministre à faire la production des pièces nécessaires (Cons. d'Et. 11 mai 1883, aff. Dusart, D. P. 85. 3. 3).

358. L'art. 7 du décret du 2 nov. 1864 autorise les parties à se pourvoir *de plano* devant le conseil d'Etat lorsque le ministre n'a pas statué dans le délai de quatre mois sur le recours formé contre une décision d'une autorité qui lui est subordonnée. Dans ce cas, la production de la décision attaquée doit être remplacée par celle du récépissé de la réclamation adressée au ministre. Il en est de même dans le cas prévu par l'art. 15 du décret du 12 avr. 1880 (D. P. 81. 4. 96) (V. *infrà*, v° *Culte*). De même, la production de la décision peut être remplacée par la justification de la protestation formée devant le conseil de préfecture en matière électorale, lorsque le conseil d'Etat est saisi de cette protestation,

---

(1) (Charbonnel.) — Le conseil d'État ; ... — En ce qui touche les fins de non-recevoir opposées par la ville de Trévoux contre le pourvoi des héritiers Charbonnel et tirées : 1° de ce qu'il serait nul, aux termes de l'art. 1er du décret du 22 juill. 1806, faute d'une indication suffisante des noms des requérants ; 2°... — Sur le premier moyen : — Considérant que la requête en recours a été présentée au nom des consorts Charbonnel, ainsi désignés dans l'arrêté attaqué ; que cette désignation suffisante pour remplir les prescriptions de l'art. 1er du décret du 22 juill. 1806 a d'ailleurs été complétée par le mémoire ampliatif, qui contient les noms et demeure de tous les héritiers Charbonnel ; ... — Au fond...
Du 21 juill. 1858.-Cons. d'Et.-MM. de Sandrans, rap.-de Lavenay, concl.-Fournier et Labordère, av.

(2) (*The Crédit foncier of England C.* de Panisse.) — Le conseil d'État ; — Vu le décret du 22 juill. 1806 ; — En ce qui concerne l'intervention des sieurs de Panisse et celle qui a été présentée pour les autres riverains inférieurs du Loup ; — Considérant que les sieurs de Panisse ont intérêt au maintien de la décision attaquée ; que, dès lors, leur intervention est recevable ; — Mais considérant que le mémoire en intervention ne contient le nom d'aucun autre riverain du Loup ; que, dès lors, par application de l'art. 1er du décret du 22 juill. 1806, l'intervention doit être déclarée non recevable en ce qui concerne ces riverains ; — Au fond...
Du 7 juill. 1876.-Cons. d'Et.-MM. de Baulny, rap.-David, concl.-Bosviel et Nivard, av.

(3) (Simon.) — Le conseil d'État ; — Vu la loi du 28 pluv. an 8 ; — Sur la fin de non-recevoir opposée au sieur Auberger et tirée de ce que son pourvoi serait non recevable comme ayant été

formé le 29 août 1857, plus de trois mois après le 23 mai, jour où l'arrêté attaqué lui a été notifié ; — Considérant que, dans le marché susvisé, du 12 mars 1830, les sieurs Franc et Auboyer se sont déclarés solidaires l'un pour l'autre; que dès lors le pourvoi du sieur Franc ayant été fait en temps utile, profite au sieur Auboyer ; — Au fond...
Du 29 déc. 1859.-Cons. d'Et.-MM. Bordet, rap.-Baroche, concl.-Petit et Reverchon, av.

(4) (Josse.) — Le conseil d'Etat ; — Vu la loi du 28 pluv. an 8 et le décret du 22 juill. 1806 ; — Sur le pourvoi du sieur Hamon : — Considérant que le 3 nov. 1866, il a été formé un recours au nom des sieurs Josse et Doury et consorts, entrepreneurs, contre les arrêtés par lesquels le conseil de préfecture du département de la Loire-Inférieure a statué sur les réclamations formées contre la ville de Nantes par les sieurs Josse et Doury, entrepreneurs du premier lot des travaux des bâtiments de l'exposition, par les sieurs Marchand et compagnie entrepreneurs du deuxième lot, et que le sieur Hamon, entrepreneur du troisième lot ; qu'une nouvelle requête présentée le 4 mai 1868, au nom des sieurs Hamon, Josse et Doury, a déclaré que le sieur Hamon avait été désigné dans le recours précité sous le terme de consorts, et que les requérants s'appropriaient, en tant que de besoin, les conclusions dudit recours ; — Mais considérant que les entrepreneurs des différents lots avaient des intérêts complètement distincts ; que, dès lors, le sieur Hamon aurait dû se pourvoir par une requête distincte, contre les dispositions de l'arrêté du conseil de préfecture rejetant ses réclamations ; que le recours dudit sieur Hamon doit être rejeté comme non recevable... (Rejet).
Du 17 avr. 1869.-Cons. d'Et.-MM. Sanial du Fay, rap.-de Belbeuf, concl.-Maulde et Bosviel, av.

faute par le conseil de préfecture d'avoir statué dans le délai à lui imparti par la loi.

359. Il a même été décidé, dans une affaire antérieure au décret de 1864 et en termes plus généraux que, lorsque l'Administration, mise en demeure de statuer sur une réclamation, s'abstient de prendre une décision ou se borne à refuser verbalement de répondre, la partie intéressée, après avoir fait constater le refus par huissier, peut se pourvoir directement devant le conseil d'Etat sans qu'on puisse lui objecter qu'elle ne produit pas la décision qu'elle attaque (Cons. d'Et. 28 janv. 1864, aff. Anglade, D. P. 64. 3. 85). Mais cette solution n'est pas conforme à la jurisprudence qui a donné un sens restrictif à l'art. 7 du décret de 1864.

360. En règle générale, c'est au secrétariat spécial du contentieux, institué par l'art. 1er de la loi du 24 mai 1872, que doivent être déposées les requêtes et en général les productions des parties. Toutefois, des dérogations à cette règle ont été apportées par plusieurs lois spéciales. Le dépôt des requêtes, lorsqu'elles peuvent être formées sans ministère d'avocat, peut avoir lieu : 1° à la préfecture, en matière de contributions directes et de taxes assimilées (L. 21 avr. 1832, art. 30) et, spécialement, en matière d'indemnités dues aux propriétaires de terrains de montagnes dont un arrêté prescrit la mise en défens (L. 4 avr. 1882, art. 8); — 2° Au secrétariat général de la préfecture ou à la sous-préfecture, pour les recours contre les arrêtés des conseils de préfecture relatifs aux contraventions dont la répression leur est confiée (L. 21 juin 1865, art. 12). En matière d'élections au conseil général, la réclamation peut être soit insérée au procès-verbal, soit déposée au secrétariat de la section du contentieux du conseil d'Etat, ou au secrétariat général de la préfecture (L. 31 juill. 1875, art. 15). En matière d'élections municipales, le pourvoi ne peut pas être déposé au secrétariat du conseil d'Etat; il doit l'être à la préfecture ou à la sous-préfecture (L. 5 avr. 1884, art. 40).

361. Nous avons dit au *Rép.* n° 307 que, régulièrement, les pièces et les divers actes nécessaires devraient être produits et déposés au secrétariat du conseil en même temps que la requête introductive d'instance, mais que l'usage permet de réparer dans une seconde requête et par un mémoire ampliatif l'insuffisance de la première production. Il suffit que la production de l'acte attaqué soit faite, sans qu'on puisse tirer aucune fin de non-recevoir de ce qu'elle a eu lieu après l'expiration du délai du pourvoi fixé par l'art. 11 du décret de 1806 (Cons. d'Et. 12 mars 1880) (1).

362. C'est le dépôt de la requête, et non l'enregistrement, qui donne date certaine au pourvoi. Ainsi un pourvoi parvenu au secrétariat du contentieux dans les délais légaux est recevable alors même que l'enregistrement de ce pourvoi audit secrétariat a été ajourné pour l'accomplissement de formalités étrangères à la recevabilité de la requête (Cons. d'Et. 28 nov. 1873, aff. Aymé, *Rec. Cons. d'Etat*, p. 857; 10 févr. 1882, aff. Brun, D. P. 83. 3. 59), par exemple jusqu'à l'envoi des fonds nécessaires pour le payement des droits d'enregistrement (Arrêt précité du 10 févr. 1882). De même, la réclamation formée en temps utile devant le conseil de préfecture en matière de contributions directes est recevable, bien qu'elle ait été renvoyée au réclamant pour la régulariser (Cons. d'Et. 9 mars 1853, aff. Duhaut, *Rec. Cons. d'Etat*, p. 289; 12 août 1863, aff. Canquoin, *ibid.*, p. 673; 12 sept. 1864, aff. Perrier, *ibid.*, p. 906; 19 mai 1868, aff. Besnard, *ibid.*, p. 552; 30 avr. 1870, aff. Héry, *ibid.*, p. 552; 24 juin 1881, aff. Heurtebise, D. P. 82. 3. 118).

363. Dans le cas, au contraire, où une réclamation parvenue à la préfecture en temps utile n'a pas été reçue dans les bureaux par suite d'une faute imputable au contribuable, notamment, parce que la lettre a été refusée pour affranchissement insuffisant, la déchéance est encourue si cette réclamation n'est ultérieurement présentée à l'enregistrement qu'après l'expiration du délai légal (Cons. d'Et. 26 déc. 1861, aff. Pruvost, D. P. 82. 3. 118, note 1; 4 juin 1862, aff. Girard, *ibid.*).

N° 2. — Ordonnance de soit communiqué. — Signification. — Formes. — Délais. — Productions de la défense; Mémoires, leur nombre. — Communication des pièces au secrétariat (Rép. n° 308 à 333).

364. Ainsi que nous l'avons dit au *Rép.* n° 309, et conformément aux dispositions de l'art. 12 du décret du 22 juill. 1806, une ordonnance de soit communiqué, rendue par le président de la section du contentieux, apposée au bas de la requête, doit être notifiée par le demandeur à la partie adverse, dans un délai déterminé, à peine de déchéance. Cette ordonnance est signée par le président, auquel il appartient, en vertu de l'art. 19 du décret du 2 août 1879, de signer les décisions relatives aux actes d'instruction.

365. Le délai dans lequel doit être notifiée l'ordonnance de soit communiqué a été réduit à deux mois par l'art. 3 du décret du 2 nov. 1864, pour les habitants de la France continentale. Pour les autres parties le délai est augmenté de celui qui est réglé par l'art. 73 c. proc. civ. Le point de départ du délai est la date de l'ordonnance; mais le jour de la signification n'est pas compris dans le délai (Cons. d'Et. 4 févr. 1858, aff. Grandidier, D. P. 58. 3. 51).

366. Ainsi qu'on l'a vu au *Rép.* n° 314, c'est au demandeur qu'incombe l'obligation de justifier que la signification a eu lieu; faute par lui de le faire, le conseil d'Etat prononce la déchéance. La jurisprudence a de nouveau confirmé cette règle (Cons. d'Et. 11 mars 1881 (2); 13 mars 1885, aff. Elleaume, *Rec. Cons. d'Etat*, p. 325).

367. On a exposé au *Rép.* n° 317, que la forme de la signification de l'ordonnance de soit communiqué est celle des exploits ordinaires. Toutefois les dispositions du code de procédure civile qui édictent des nullités de forme pour des infractions ne portant pas atteinte aux principes essentiels en dehors desquels il ne saurait y avoir de procédure régulière ne doivent pas être appliquées par voie d'analogie en matière administrative. Ainsi il n'y a pas lieu d'appliquer en cette matière la disposition de l'art. 61 c. proc. civ., aux termes duquel l'exploit d'ajournement doit contenir, à peine de nullité, la date du jour où il est signifié, et, par suite, l'absence de date sur la copie d'un exploit portant signification d'une ordonnance de soit communiqué n'entraîne pas la déchéance du pourvoi, lorsqu'il est constant que la signification a été faite dans les délais prescrits par les règlements (Cons. d'Et. 16 mai 1879, aff. Chemin de fer de Lyon C. Vitte, D. P. 79. 3. 106). Il a été décidé, dans le même sens, que la preuve de la signification de l'ordonnance de soit communiqué en temps utile peut résulter suffisamment d'un extrait littéral du répertoire de l'huissier et des notes extrajudiciaires du bureau de l'Enregistrement (Cons. d'Et. 10 avr. 1856, aff. Commune de Remilly, *Rec. Cons. d'Etat*, p. 315).

368. Lorsque au moment où l'huissier se présente, la rue où habite la partie est envahie par l'inondation et inaccessible, l'huissier agit régulièrement en laissant au maire la copie de l'ordonnance de soit communiqué, conformément à l'art. 68 c. proc. civ. (Cons. d'Et. 7 août 1874) (3).

(1) (Bureau.) — Le conseil d'Etat; — Vu l'arrêt du conseil d'Etat du 14 juin 1879; — Vu la loi du 31 mai 1836, art. 14; — Sur la recevabilité du pourvoi: — Considérant que l'arrêté attaqué a été produit par le sieur Bureau à la date du 28 avr. 1879 et que la commune de Crux ne peut se fonder sur ce que cette production a eu lieu plus de trois mois après que le sieur Bureau a reçu notification dudit arrêté pour soutenir que la présente requête n'est pas recevable... — Au fond... Du 12 mars 1880.-Cons. d'Et.-MM. Baudenet, rap.-Chante-Grellet, concl.-Gosset, av.

(2) (Ville de Paris C. dame Vayson.) — Le conseil d'État; — Vu le décret du 22 juill. 1806, art. 12, et celui du 2 nov. 1864, art. 3; — Considérant que d'après l'art. 3 du décret du 2 nov.

1864 les ordonnances de soit communiqué rendues par le président de la section du contentieux, dans le cas de l'art. 12 du décret du 22 juill. 1806, doivent être signifiées dans le délai de deux mois, à peine de déchéance; que la Ville de Paris ne justifie pas que l'ordonnance de soit communiqué rendue sur sa requête le 26 nov. 1880 ait été signifiée dans le délai fixé par l'article précité; qu'il suit de là qu'elle a encouru la déchéance prononcée par ledit article. — (Rejet). Du 11 mars 1881.-Cons. d'Et.-MM. Mayniel, rap.-Gomel, concl.

(3) (Ville de Paris C. Firino.) — Le conseil d'Etat; — Vu la loi du 28 pluv. an 8 et celle du 16 sept. 1807; — Vu le règlement du 22 juill. 1806, art. 12, et l'art. 3 du décret du 2 nov. 1864; — Vu les art. 68 et 111 c. proc. civ.; — Vu les art. 1154 et 1155 c. civ.; — Sur la fin de

369. La signification d'une ordonnance de soit communiqué à une société anonyme dont le siège est à l'étranger est valablement faite à ce siège social, alors même qu'elle a en France un siège administratif (Cons. d'Et. 27 févr. 1885, aff. Ville de Roubaix, D. P. 86. 3. 89).

370. Le décret de 1806 ne contient aucune disposition relative aux notifications qui doivent être faites soit aux défendeurs sans résidence connue, soit à ceux dont la résidence est à l'étranger. Dans le silence de ce décret, la jurisprudence a appliqué la règle de l'art. 69, § 8 et 9, c. proc. civ.; elle décide, en conséquence, que les ordonnances de soit-communiqué doivent être notifiées au procureur de la République près le tribunal de la Seine, et que cette signification est valable alors même que le procureur de la République n'en a pas transmis copie au ministre des affaires étrangères (Arrêt du 27 févr. 1885, cité *suprà*, n° 369). Cette application littérale de l'art. 69 a donné lieu à de graves objections. On a fait observer, d'une part, qu'elle est difficile à concilier avec le principe de la séparation des juridictions administrative et judiciaire, puisque le ministère public près les tribunaux n'a avec la juridiction administrative aucun rapport hiérarchique, et, d'autre part, qu'il y a une singulière anomalie à faire signifier les pourvois portés devant le conseil d'Etat, c'est-à-dire devant le tribunal suprême en matière administrative, au parquet du procureur de la République, comme lorsqu'il s'agit d'une affaire portée devant le tribunal civil de première instance. Aussi le commissaire du Gouvernement, contrairement aux conclusions duquel a été rendu l'arrêt précité conforme d'ailleurs à la pratique habituelle, avait-il soutenu que l'art. 69 ne devrait être appliqué qu'avec les modifications exigées par la nature de la juridiction du conseil d'Etat et par le mode de procédure suivi devant cette juridiction, et que la signification aurait dû être faite au secrétariat du contentieux du conseil d'Etat, auquel aurait incombé le soin de transmettre le recours au ministre des affaires étrangères.

371. Lorsqu'il s'agit d'un recours formé au nom de l'Etat ou contre lui, nous avons dit au *Rép.* n° 321 qu'il n'y a pas lieu à notification d'une ordonnance de soit communiqué, et que la communication se fait par la voie administrative. Il en est de même du recours pour lequel le ministère d'avocat n'est pas nécessaire. En pareil cas, le dossier est envoyé au ministre, et le ministre l'envoie au préfet, qui doit prévenir les parties d'en prendre connaissance et de fournir leurs défenses (Aucoc, t. 1, n° 377).

372. Aux termes de l'art. 8 du décret du 2 nov. 1864 (D. P. 64. 4. 120), lorsque les ministres sont appelés à produire des défenses ou à présenter des observations sur des pourvois introduits par le conseil d'Etat, la section du contentieux fixe, eu égard aux circonstances de l'affaire, les délais dans lesquels les réponses et les observations doivent être produites. Le délai ordinairement fixé est de quarante jours (Aucoc, t. 1, n° 377). Pour que le ministre puisse renvoyer sans retard au conseil les dossiers qui lui sont communiqués, les préfets, auxquels ces dossiers sont transmis pour avis, doivent instruire comme urgentes les affaires de cette nature (Circ. min. int. 7 mars 1873, *Bull. min. int.*, 1873, p. 152).

373. La communication du pourvoi donné à un ministre le mettant à même de faire valoir, au nom de l'Etat, à l'encontre de l'arrêté attaqué, tous les droits qui peuvent lui appartenir, il n'y a pas lieu de lui donner acte de sa déclaration de se pourvoir incidemment pour le cas où le pourvoi serait reconnu recevable (Cons. d'Et. 8 déc. 1882, aff. Lahaye, D. P. 84. 5. 115).

374. Nous avons dit au *Rép.* n° 332, que le pouvoir de supprimer les mémoires ou écrits injurieux ou diffamatoires appartient au conseil d'Etat comme aux tribunaux ordinaires.

Il en est ainsi quoiqu'aucune disposition de loi n'ait déclaré expressément que les art. 1036 c. proc. civ. et 41 de la loi du 29 juill. 1881 sont applicables à cette juridiction (Cons. d'Et. 15 juill. 1853, aff. El. de Guines, *ibid.* ; 30 janv. 1862, aff. Dubrulle, D. P. 62. 3. 28 ; 18 avr. 1866, aff. de Colmont, D. P. 69. 3. 63 ; 12 juill. 1866, aff. Adeline, D. P. 69. 3. 87 ; 19 mars 1868, aff. Soupault, D. P. 69. 3. 98 ; 6 nov. 1880, aff. Izard, D. P. 83. 3. 37 ; 1er juill. 1881, aff. El. de Salons-la-Tour, D. P. 84. 5. 399).

375. Il a été décidé que le droit de supprimer les écrits injurieux ou diffamatoires produits en justice ne peut s'appliquer à une lettre écrite par un maire au préfet et à une délibération du conseil municipal d'une commune produite à l'appui du mémoire en défense présenté au nom de cette commune dans une instance devant le conseil d'Etat (Arrêt du 19 mars 1868 cité *suprà*, n° 374). Mais cette solution est en contradiction avec la jurisprudence des tribunaux ordinaires, qui n'admet aucune distinction entre les écrits produits en justice.

376. Les écrits produits devant le conseil d'Etat peuvent être supprimés quoiqu'ils ne soient pas signés d'un avocat. Toutefois lorsqu'une affaire est introduite devant le conseil d'Etat par le ministère d'un avocat près ce conseil, si l'avocat a déclaré, en produisant une pièce émanée de son client, qu'il ne s'appropriait pas certaine partie de cette pièce, il n'y a pas lieu, pour le conseil d'Etat, de statuer sur les conclusions prises par l'Administration mise en cause dans l'instance, à l'effet de faire supprimer comme injurieuse pour elle la pièce dont il s'agit (Arrêt du 18 avr. 1866, cité *suprà*, n° 374).

377. Il n'y a pas lieu d'ordonner la suppression d'une pièce produite devant le conseil d'Etat, lorsque la partie qui l'avait produite a déclaré la retirer du débat et n'entendre s'en prévaloir (Arrêt du 12 juill. 1866, cité *suprà*, n° 374) ; ou lorsqu'elle a déclaré retirer les passages considérés comme injurieux (Cons. d'Et. 1er juill. 1881, aff. El. d'Anet, D. P. 84. 5. 400), et notamment lorsque des passages signalés par le ministre de l'intérieur comme injurieux pour le conseil de préfecture ont été retirés par l'avocat (Cons. d'Et. 4 août 1882, aff. El. de Villeneuve-les-Chanoines, D. P. 84. 5. 400), sauf à donner acte aux parties du retrait du document injurieux (Cons. d'Et. 14 mai 1852, aff. Ronconi, *Rec. Cons. d'Etat*, p. 169).

378. La suppression des écrits injurieux peut être demandée par la partie injuriée. Mais une partie en cause ne peut demander la suppression d'un jugement produit, lorsque ce jugement ne la concerne pas et ne peut conséquemment lui faire grief (Cons. d'Et. 31 mars 1882, aff. El. de Siguer, D. P. 84. 5. 400). Cette suppression peut également être ordonnée d'office par le conseil d'Etat (Cons. d'Et. 6 nov. 1880, aff. Izard, D. P. 82. 3. 37 ; 1er juill. 1881, aff. El. de Salons-la-Tour, D. P. 84. 5. 399). Le conseil d'Etat a, d'ailleurs, un pouvoir discrétionnaire pour ordonner ou refuser, suivant les circonstances, la suppression des écrits produits devant lui (Cons. d'Et. 22 févr. 1884, aff. El. de Puylaurens, D. P. 85. 3. 85).

379. La suppression peut, s'il y a lieu, être accompagnée d'un blâme (Cons. d'Et. 28 juill. 1866, aff. El. de Senozan, D. P. 69. 3. 98). La partie lésée est également recevable à demander au conseil d'Etat des dommages-intérêts et l'insertion dans les journaux de l'arrêt à intervenir comme réparation du préjudice causé par les imputations contenues dans les mémoires de l'adversaire (Cons. d'Et. 10 juill. 1885, aff. Escande, D. P. 87. 3. 19). Mais ces conclusions doivent être rejetées, lorsque la partie ne justifie d'aucun préjudice de nature à motiver soit des dommages-intérêts, soit les insertions (Même arrêt). Le conseil peut également décider que la suppression des écrits injurieux ou diffamatoires constitue

non-recevoir opposée par le sieur Firino au pourvoi de la Ville de Paris et tirée de ce que l'ordonnance de soit-communiqué aurait été à tort signifiée au maire de la commune de Petit-Bry-sur-Marne, alors que l'huissier aurait dû d'abord, aux termes de l'art. 68 c. proc. civ., présenter la copie de ladite ordonnance à un voisin du sieur Firino : — Considérant qu'il n'est pas contesté que la partie de l'avenue de Prigny où demeurait le sieur Firino était, lorsque l'huissier s'est présenté pour lui signifier l'ordonnance de soit communiqué rendue sur le pourvoi de la Ville de Paris, envahie

par l'inondation et inaccessible ; qu'ainsi, en laissant au maire de la commune la copie de l'ordonnance de soit communiqué, l'huissier s'est conformé aux règles établies par l'art. 68 c. proc. civ. ; que, d'ailleurs, la signification a été faite dans les délais fixés par l'art. 12 du décret du 22 juill. 1806 et l'art. 3 du décret du 2 nov. 1864, et que dès lors le sieur Firino ne peut être fondé à demander l'application de la déchéance établie par lesdits articles ; ... — Au fond : ... Du 7 août 1874.-Cons. d'Et.-MM. Cornudet, rap.-David, concl.-Arbelet et Nivard, av.

une réparation suffisante (Cons. d'Et. 30 janv. 1862, aff. Dubrulle, D. P. 62. 3. 28 ; 13 janv. 1882, aff. El. de Paussac, D. P. 84. 5. 400).

N° 3. — *Vérification de faits ou d'écritures. — Surséances à statuer (Rép. n°ˢ 331 à 341).*

380. Nous avons dit au *Rép.* n° 334 que le président de la section du contentieux peut prescrire les mesures d'instruction nécessitées par le jugement des affaires contentieuses. Il peut notamment, en déléguant un membre du conseil d'Etat pour procéder à la vérification d'un fait contesté, le charger de recevoir la déclaration des témoins (Cons. d'Et. 9 févr. 1877, aff. Violet, D. P. 77. 3. 50). Il peut également charger un homme de l'art de procéder à certaines vérifications, les parties présentes ou dûment appelées (Cons. d'Et. 29 juin 1869, aff. Fabre, *Rec. Cons. d'Etat*, p. 633). Il peut même ordonner une expertise et une tierce expertise régulières (Cons. d'Et. 31 août 1861, aff. Vinnebaux, *ibid.*, p. 782).

381. Le plus ordinairement les mesures d'instruction, au lieu d'être prescrites par le président de la section du contentieux, en vertu des pouvoirs que lui confère l'art. 14 du décret de 1806, sont ordonnées par la section elle-même, ainsi que l'autorise l'art. 19 du décret du 2 août 1879.

382. Dans certains cas, le conseil d'Etat prescrit, par décision spéciale, qu'il sera procédé à une enquête, et il commet le plus souvent le rapporteur pour y procéder (Cons. d'Et. 21 nov. 1871, aff. El. de Saint-Nizier d'Azergues, D. P. 73. 3. 31).

383. Il appartient également au conseil d'Etat, dans le cas où une visite des lieux lui paraît nécessaire, de déléguer une commission composée d'un certain nombre de ses membres avec adjonction du rapporteur et du commissaire du Gouvernement, à l'effet de procéder à cette mesure d'instruction en présence des parties ou elles dûment appelées et de lui présenter ensuite un rapport (Cons. d'Et. 22 juill. 1881, aff. Duval, D. P. 83. 3. 7).

384. Le conseil d'Etat prescrit aussi fréquemment des expertises régulières. Dans ce cas, il décide d'ordinaire que chacune des parties choisira son expert (Cons. d'Et. 21 mars 1879, aff. Mercier, D. P. 79. 3. 75 ; 8 août 1885, aff. Millerand *C.* Ville de Paris, *Rec. Cons. d'Etat*, p. 798). Tantôt il désigne comme tiers expert un fonctionnaire, par exemple, l'ingénieur du département (Mêmes arrêts), tantôt il remet cette désignation au président de la section du contentieux ou au vice-président du conseil de préfecture (Arrêt précité du 8 août 1885). Il a même, dans une affaire de fournitures, confié cette désignation au président du tribunal de commerce (Cons. d'Et. 16 févr. 1870, aff. Ducasse, *Rec. Cons. d'Etat*, p. 101). Un arrêt a prescrit qu'il serait procédé aux vérifications par trois experts, deux désignés par les parties et un troisième par le président de la section du contentieux (Cons. d'Et. 3 juin 1872, aff. Fontanel, *ibid.*, p. 352). Dans des affaires où le conseil de préfecture n'avait pas fait procéder à l'expertise obligatoire prescrite par l'art. 56 de la loi du 16 sept. 1807, le conseil d'Etat a ordonné qu'il serait procédé devant lui à cette expertise dans les formes prescrites par ledit article (Cons. d'Et. 20 mai 1868, aff. Grulet, *ibid.*, p. 570).

385. Le conseil d'Etat désigne, suivant les circonstances, pour recevoir le serment des experts le préfet du département (Arrêts des 21 mars 1879 et 8 août 1885, cités *suprà*, n° 384) ; ... le secrétaire général de la préfecture (Cons. d'Et. 20 mai 1868, V. *suprà*, n° 384) ; ... le sous-préfet (Cons. d'Et. 26 sept. 1871, aff. Bossan, *Rec. Cons. d'Etat*, p. 184) ; ... le secrétaire du contentieux du conseil d'Etat (Cons. d'Et. 4 janv. 1878, aff. Huneville *C.* Ville de Paris, *Rec. Cons. d'Etat*, p. 27), ... ou le conseil de préfecture (Arrêt précité du 8 août 1885).

386. Dans tous les cas, il prescrit que les procès-verbaux d'expertise ou, s'il y a lieu, de tierce expertise, seront transmis directement au secrétariat du contentieux du conseil d'Etat (Arrêts des 4 janv. 1878 et 21 mars 1879, cités *suprà*, n° 385).

387. Le conseil d'Etat sursoit à statuer, ainsi que nous l'avons dit au *Rép.* n° 338, lorsqu'il ne se trouve pas suffisamment éclairé et qu'il a besoin, pour former sa conviction, d'actes, de pièces ou de documents quelconques. C'est

ainsi que des arrêts ont ordonné qu'il serait sursis à statuer : 1° jusqu'à ce que le ministre, sur une nouvelle communication du dossier, eût transmis au conseil tous les renseignements et documents de nature à éclairer un point sur lequel l'affaire n'était pas suffisamment instruite (Cons. d'Et. 16 juin 1849, aff. Pracros, *Rec. Cons. d'Etat*, p. 342 ; 28 juill. 1849, aff. Ville d'Avignon, *ibid.*, p. 440 ; 12 janv. 1854, aff. Lebobe, *ibid.*, p.23) ; — 2° Jusqu'au dépôt au secrétariat du contentieux, par les soins du ministre compétent, de documents administratifs dont la production lui paraissait utile pour la solution du litige (Cons. d'Et. 5 janv. 1854, aff. Aussart-Manem, *Rec. Cons. d'Etat*, p. 14 ; 11 mai 1883, aff. Petit, D. P. 85. 3. 7) ; — 3° Dans une affaire de fournitures, jusqu'à ce que le chef militaire auquel était subordonné le fournisseur eût déclaré s'il avait donné les ordres dont se prévalait ce dernier (Cons. d'Et. 25 mars 1867, aff. Sallenave, *Rec. Cons. d'Etat*, p. 306). Mais, dans la pratique, les mesures de cette nature sont habituellement prescrites, comme simples actes d'instruction, par le président de la section du contentieux, par cette section elle-même, ou par le conseil d'Etat dans le cours du délibéré.

388. Le sursis est obligatoire pour le conseil d'Etat, comme on l'a vu au *Rép.* n° 339, lorsque la solution du litige est subordonnée à une question de la compétence judiciaire : il peut être également prononcé lorsque le conseil d'Etat estime qu'il y a lieu d'attendre le résultat d'une procédure engagée devant une autre autorité. Ainsi le conseil d'Etat a sursis à statuer jusqu'à ce que le conseil de préfecture eût prononcé sur la demande régulièrement formée devant lui par les requérants à l'effet d'être autorisés à exercer les droits de la commune dans les termes de l'art. 49 de la loi du 18 juill. 1837 (aujourd'hui remplacé par l'art. 121 de la loi du 5 avr. 1884) (Cons. d'Et. 1ᵉʳ sept. 1860, aff. Lallemand, D. P. 61. 3. 37).

§ 2. — Des instances introduites sur le rapport d'un ministre (Rép. n°ˢ 342 à 346).

389. Ainsi qu'on l'a vu au *Rép.* n° 342, et *suprà*, n° 183, toutes les fois que le recours est formé au nom et dans l'intérêt de l'Etat, c'est le ministre dans le département duquel rentre l'affaire qui a seul le droit de représenter l'Administration (Aucoc, t. 1, n° 64 ; Cons. d'Et. 31 mars 1874, aff. Directeur de l'artillerie d'Alger, D. P. 75. 3. 29) ; et il a également qualité pour former un pourvoi devant le conseil d'Etat dans l'intérêt des administrations publiques, même dans les affaires où, en règle générale, ces administrations sont valablement représentées par leurs directeurs généraux et directeurs. Ainsi le droit d'introduire devant le conseil d'Etat un recours formé dans l'intérêt de l'administration forestière n'appartient qu'au ministre sous l'autorité duquel est placée cette administration (Cons. d'Et. 19 mai 1876, aff. Conservateur des forêts du 23ᵉ arrondissement, D. P. 76. 5. 130). En conséquence, un pourvoi formé par un conservateur des forêts, et que le ministre auquel il a été communiqué n'a pas cru devoir s'approprier, doit être déclaré non recevable (Même arrêt).

390. Mais, ainsi que nous l'avons dit au *Rép.* n° 342, le ministre peut régulariser, en se l'appropriant, le recours introduit par un chefs de service placés sous ses ordres. Il a été décidé, en ce sens, que lorsque le ministre de la marine a transmis au conseil d'Etat un recours formé par le contrôleur colonial, il y a lieu de considérer le pourvoi comme valablement formé au nom de l'Etat, alors que le ministre a demandé qu'il soit statué conformément aux conclusions de ce recours (Cons. d'Et. 12 déc. 1873, aff. Caminade, D. P. 74. 3. 92) ; ou même alors que le ministre, tout en s'en rapportant à la sagesse du conseil, a demandé qu'il soit donné au recours la suite qu'il comporte (Cons. d'Et. 14 déc. 1854, aff. Houy, D. P. 74. 3. 92, note 2).

391. La règle que les ministres ont seuls qualité pour agir devant le conseil d'Etat dans les affaires intéressant l'Etat est si absolue que, dans le cas où le ministre des finances demande décharge d'une contribution directe établie sur une propriété domaniale, c'est au même ministre que le recours est communiqué pour avoir l'avis de l'administration des contributions indirectes, de telle sorte qu'il se trouve jouer à la fois dans cette procédure le rôle de demandeur et

celui de défendeur (Cons. d'Et. 6 mars 1861, aff. Ministre des finances, D. P. 61. 3. 27 ; 23 nov. 1877, aff. Ministre des finances, D. P. 82. 3. 53, note 1 ; 24 déc. 1880, aff. Ministre des finances, 1er arrêt, D. P. 82. 3. 53).

392. Chaque ministre n'a qualité pour agir que dans les affaires qui intéressent son département. Ainsi le ministre des finances n'a pas qualité pour demander la réduction d'un des articles servant à établir les produits de l'exploitation d'une mine pour l'établissement de la redevance proportionnelle ; et le recours fait par lui n'empêche pas le délai du recours de courir contre le ministre des travaux publics (Cons. d'Et. 9 janv. 1874, aff. Comp. des mines de Blanzy, D. P. 75. 3. 1 ; 8 juin 1877, aff. Schneider, D. P. 77. 3. 77. V. aussi *suprà*, n° 183).

393. Le ministre de l'intérieur n'a pas non plus qualité pour déférer au conseil d'Etat un arrêté de conseil de préfecture en matière de contravention sur un cours d'eau navigable placé sous l'autorité du ministre des travaux publics (Cons. d'Et. 2 déc. 1881, aff. Pétré, D. P. 83. 3. 24).

394. Lorsqu'un ministre a été chargé, aux termes d'un décret au contentieux, d'assurer l'exécution de ce décret, il n'appartient à un autre ministre ni de connaître de l'exécution dudit décret, ni de soumettre au conseil d'Etat les difficultés auxquelles cette exécution peut donner lieu (Cons. d'Et. 12 avr. 1878, aff. Villain-Moisnel, D. P. 78. 3. 92).

395. Les ministres, ainsi que nous l'avons dit au *Rép.* n° 344, présentent leur recours par un mémoire adressé au conseil et sont dispensés du ministère d'avocat. Ils sont également dispensés, comme on l'a vu *suprà*, n° 371, de l'obligation de faire notifier une ordonnance de soit communiqué. L'art. 16 du décret de 1806 prescrit, dans les affaires contentieuses déférées au conseil d'Etat par un ministre, de donner aux intéressés, dans la forme administrative ordinaire, avis de la remise au président de la section du contentieux (qui remplace aujourd'hui à cet égard le grand juge dont il est question dans le texte) des mémoires et pièces fournis par les agents du Gouvernement.

396. La disposition finale de l'article précité, qui interdisait de communiquer aux parties le rapport du ministre, a cessé d'être en vigueur. Cette disposition, qui s'expliquait lorsque ce rapport était adressé au souverain, était devenue inapplicable depuis que la procédure devant le conseil d'Etat avait pris le caractère d'une instruction régulière et publique ; elle serait absolument inconciliable avec l'état de la législation actuelle, qui reconnaît au conseil d'Etat une juridiction propre, les recours du ministre devant par suite lui être directement adressés.

397. Nous avons dit au *Rép.* n°s 344 et 346, que les administrations publiques, bien que dispensées du ministère d'avocat, peuvent cependant employer ce ministère, mais que, lorsqu'elles constituent avocat, elles ne sont pas pour cela tenues de suivre les autres prescriptions imposées aux particuliers par le règlement. Ainsi, même dans le cas où l'Administration a constitué avocat, la partie adverse ne doit pas moins se borner à déposer ses réponses au secrétariat, sans faire signifier les pièces à l'avocat de l'Administration (Cons. d'Et. 24 mai 1854) (1).

§ 3. — Des instances portées *de plano* devant le conseil d'Etat (section du contentieux) (*Rép.* n° 347).

398. Conformément à ce qui a été exposé au *Rép.* n° 347, dans tous les cas où le conseil d'Etat statue comme juge de premier et dernier ressort et qui ont été énumérés *suprà*, n°s 64 et suiv., l'instance doit être introduite dans les formes ordinaires, c'est-à-dire par une requête déposée au secrétariat du conseil et réunissant les conditions exigées par l'art. 1er du règlement de 1806, avec cette différence, toutefois, qu'il ne peut y avoir, comme « dans les cas ordinaires

de décision à produire à l'appui de la demande. Toutes les fois qu'une matière contentieuse doit aboutir au conseil d'Etat, sans passer devant un tribunal du premier degré, l'instruction devra être la même » (Chauveau et Tambour, 5e éd., t. 1, n° 174.).

En ce qui concerne les contestations relatives aux élections des conseils généraux qui, aux termes de la loi du 31 juill. 1875, doivent être portées *de plano* devant le conseil d'Etat, les réclamations peuvent être soit consignées dans le procès-verbal des opérations électorales, soit adressées au secrétariat de la préfecture ou au secrétariat de la section du contentieux.

§ 4. — Des incidents d'instance.— Demandes incidentes. — Inscription de faux.—Intervention.—Reprise d'instance. — Désaveu (*Rép.* n°s 348 à 374).

399. — I. RÉCUSATION. — L'art. 20 de la loi du 24 mai 1872 établit une cause particulière de récusation à l'égard des membres du conseil d'Etat. Il leur interdit, ainsi que nous l'avons vu *suprà*, n° 55, de participer au jugement des recours dirigés contre les décisions qui ont été préparées par les sections auxquelles ils appartiennent, s'ils ont pris part à la délibération. En dehors de ce cas spécial, nous avons dit au *Rép.* n° 350 qu'aucun motif sérieux ne nous paraissait interdire la récusation individuelle d'un membre du conseil d'Etat pour l'une des causes énumérées dans l'art. 378 c. proc. civ. (V. conf. Chauveau et Tambour, 5 éd., t. 1, n° 542 ; Bazille, *Dissertations sur la procédure administrative*, p. 288 et suiv.).

400. — II. PÉREMPTION D'INSTANCE. — Comme on l'a vu au *Rép.* n° 351, la péremption d'instance n'est point autorisée dans les affaires soumises au conseil d'Etat. L'opinion contraire a été soutenue par M. Bazille, p. 301 et suiv., qui invoque un arrêté du conseil de préfecture du Rhône du 27 oct. 1865.

401. — III. DÉSISTEMENT. — Conformément à l'ordre suivi au *Rép.* n° 352, toutes les questions relatives au désistement en matière administrative seront examinées *infrà*, v° *Désistement*.

402. — IV. JONCTION DES RECOURS. — Nous avons dit au *Rép.* n° 354, que le conseil d'Etat joint quelquefois des instances, lorsqu'elles sont connexes, pour les instruire et pour y statuer par un seul et même jugement. Ce point a été traité spécialement au *Rép.* v° *Instruction administrative*. On y reviendra *infrà*, eod. v°.

403. Le décret du 22 juill. 1806 prévoit cinq cas d'incidents d'instance que nous examinerons successivement dans l'ordre suivi au *Rép.* n°s 355 et suiv.

404. — 1° *Demandes incidentes.* — Ainsi que nous l'avons dit au *Rép.* n° 355, d'après l'art. 18 du décret de 1806, la communication à la partie intéressée au moyen d'une ordonnance de soit communiqué est purement facultative ; mais dans l'état actuel de la jurisprudence en matière de communication à la partie adverse, on ne pourrait guère justifier le refus de communication d'une requête incidente, et cette communication devra toujours être ordonnée (V. conf. Serrigny, 2e éd., t. 1, p. 426 ; Chauveau et Tambour, 5e éd., t. 1, n° 402 et 403).

405. — 2° *Inscription de faux.* — On a vu au *Rép.* n° 360, que, lorsque la décision du fond dépend de la sincérité ou de la fausseté de la pièce arguée de faux, il y a lieu de renvoyer les parties devant le tribunal compétent, en fixant le délai dans lequel il devra être statué, mais que lorsque le fond peut être jugé indépendamment de l'inscription de faux, on doit passer outre au jugement du fond. Il a été décidé par application de cette règle qu'il n'y a pas lieu de surseoir au jugement du fond lorsque la pièce arguée n'est pas décisive, et qu'elle serait sans influence

---

(1) (Garreau *C.* Ministre des cultes.) — LE CONSEIL D'ETAT; — Vu la loi du 28 pluv. an 8 ; — Vu les art. 1109, 1110, 1116, 1117 c. nap. ; — Vu le règlement du 22 juill. 1806 ;... — En ce qui touche les frais de notification d'avocat à avocat des requêtes et mémoires produits par le sieur Garreau, frais qui auraient constitué par cet entrepreneur une aggravation de ceux ordinaires et qu'aurait nécessité le mode d'instruction adopté par notre ministre de l'instruction publique et des cultes ; — Considérant que si l'administration des cultes a cru devoir signifier

d'avocat à avocat quelques-uns des mémoires par elle produits, ce mode d'instruction ne formait pas obstacle à ce qu'il fût procédé de la part du sieur Garreau conformément à l'art. 17 du règlement du 22 juill. 1806, qui ne l'obligeait pas faire signifier à l'avocat de l'Administration ses requêtes et mémoires et à l'avocat de l'Administration ; que, dès lors, les notifications dont il s'agit doivent à plus forte raison rester à la charge de l'entrepreneur. Du 24 mai 1854.-Cons. d'Et.-MM. Daverne, rap.-de Lavenay, concl.-Hérold et Fabre, av.

sur le jugement de la contestation alors même que la fausseté en serait reconnue (Cons. d'Et. 29 janv. 1875, aff. Riverain Collin, D. P. 75. 3. 99).

406. — 3° *Intervention.* — Aux termes de l'art. 21 du décret de 1806, l'intervention doit être formée par requête ; et il y a lieu d'appliquer aux requêtes en intervention les règles ci-dessus rappelées de l'art. 1er de ce décret. La requête doit, notamment, contenir les noms des parties, et une requête présentée au nom d'un particulier et des autres riverains d'un cours d'eau n'est recevable qu'en ce qui concerne le particulier qui y est dénommé (Cons. d'Et. 7 juill. 1876, V. *suprà*, n° 353).

407. On a exposé au *Rép.* n° 361, que le décret de 1806 n'ayant pas reproduit la disposition de l'art. 466 c. proc. civ., d'après laquelle l'intervention n'est admise en appel qu'au profit de ceux qui auraient le droit de former tierce opposition, la jurisprudence exige seulement que l'intervenant ait intérêt à la contestation. Elle a, en conséquence, déclaré recevables à intervenir : 1° les locataires intéressés au maintien des constructions en démolition desquelles un propriétaire a assigné, pour contester le bien fondé de la poursuite (Cons. d'Et. 3 juin 1858, aff. Gohas, D. P. 61. 3. 539) ; — 2° Une commune, dans une instance entre un ancien concessionnaire d'un service municipal et son successeur, sur la question de savoir si le traité actuel n'a pas été fait en violation des droits du requérant (Cons. d'Et. 14 févr. 1879, aff. Compagnie industrielle du gaz et Foucart C. Ville de Melun, *Rec. Cons. d'Etat*, p. 125) ; — 3° Les individus (dans l'espèce, des Français domiciliés au Mexique) qui justifient de leur droit à profiter éventuellement de la somme à toucher par le Trésor, dans le cas où un marché conclu avec un banquier (dans l'espèce, pour l'achat d'obligations mexicaines) ne serait pas résilié, sur le pourvoi formé par ce banquier contre la décision ministérielle refusant cette résiliation (Cons. d'Et. 26 févr. 1869, aff. Pinard, D. P. 69. 3. 74) ; — 4° La ville qui alloue à ses hospices une subvention annuelle, dans une instance concernant les charges de ces établissements (Cons. d'Et. 22 juin 1854, aff. Hospice de Montpellier, D. P. 55. 3. 9) ; — 5° Des experts nommés en exécution d'une décision du conseil d'État, dans une instance relative à l'exécution de travaux publics, à l'effet de faire condamner les parties à leur payer les sommes nécessaires à la marche de l'expertise (Cons. d'Et. 7 août 1875, aff. Duvert, D. P. 76. 3. 37).

408. Nous avons dit *suprà*, n° 177, que dans les pourvois pour excès de pouvoirs, lorsque le conseil d'Etat n'a pas cru devoir mettre en cause la partie dans l'intérêt de laquelle a été prise la décision attaquée, l'intervention de celle-ci est recevable.

409. Mais une autorité, collective ou individuelle, n'a pas qualité pour intervenir afin de défendre ses actes déférés au conseil d'Etat pour excès de pouvoirs, de même qu'un juge ne peut intervenir devant le tribunal d'appel pour soutenir la sentence qu'il a rendue. Ainsi le conseil général n'a pas qualité pour intervenir dans une instance tendant à obtenir l'annulation d'une décision de la commission départementale, par application de la loi des 7-14 oct. 1790 et de l'art. 9 de la loi du 24 mai 1872 (Cons. d'Et. 5 janv. 1877, aff. Commune de Pleurtuit, D. P. 77. 3. 27).

De même, le gouverneur de l'Algérie n'a pas qualité pour intervenir à l'effet de défendre le mérite d'une décision prise par lui en matière de mines (Cons. d'Et. 11 janv. 1878, aff. Badaroux, D. P. 78. 3. 67).

410. Il a été décidé que le maire qui a fait opposition à l'ouverture d'une école libre est recevable à intervenir devant le conseil d'Etat pour répondre au pourvoi dirigé contre la décision de la commission départementale maintenant son opposition (Cons. d'Et. 3 août 1883, aff. Raveneau, D. P. 85. 3. 29). Mais cette solution donne lieu à de sérieuses objections : en effet le maire, en pareil cas, fait un acte de sa fonction, et c'est cet acte qu'il prétend défendre devant le conseil d'Etat. Or, il est de principe que les fonctionnaires ne doivent pas se transformer en parties à l'effet de défendre leurs actes.

411. Nous avons dit au *Rép.* n° 364 que les créanciers des parties ont le droit d'intervenir devant le conseil d'Etat. Ainsi, les créanciers chirographaires d'un notaire, ayant intérêt à ce que la nomination du nouveau titulaire ne soit pas annulée, ont qualité pour intervenir dans l'instance tendant à faire annuler le décret de nomination (Cons. d'Et. 30 juin 1876, aff. Chartier, D. P. 76. 3. 97).

412. Dans le cas où, pour garantir un créancier, un entrepreneur l'a subrogé à tous ses droits et obligations envers l'Etat pour des travaux exécutés, les syndics de la faillite de ce créancier ont qualité pour intervenir dans une instance relative à la liquidation de l'entreprise (Cons. d'Et. 29 juin 1877) (1).

413. L'intervention n'est pas recevable lorsque le droit revendiqué par le réclamant a un caractère purement personnel, tel que celui qui appartient aux entrepreneurs de travaux publics. Ainsi le conseil d'Etat ne reconnaît le droit d'intervenir devant lui ni aux associés, bailleurs de fonds (Cons. d'Et. 17 déc. 1880, aff. Mayoux, D. P. 82. 3. 11), ni mêmeaux créanciers de l'entrepreneur (Cons. d'Et. 10 févr. 1859, aff. Brenon, D. P. 59. 3. 53).

414. Lorsque le requérant conteste la qualité de l'intervenant en se fondant sur ce que celui-ci prétendrait à tort avoir droit à prendre part à l'indemnité faisant l'objet du litige, il y a lieu de déclarer l'intervention recevable, de manière à servir en présence de toutes les parties, sauf à celles-ci à faire ultérieurement régler leurs droits respectifs par l'autorité compétente (Cons. d'Et. 5 juill. 1855) (2).

415. L'intervention d'une commune a été déclarée non recevable pour défaut d'intérêt : 1° à l'occasion d'un pourvoi formé par un ancien instituteur de cette commune contre l'arrêté qui l'a relevé de ses fonctions (Cons. d'Et. 9 déc. 1879, aff. Alleau, D. P. 80. 3. 9) ; — 2° Dans une instance introduite devant le conseil d'Etat en annulation d'un arrêté municipal réglant les conditions dans lesquelles une procession pourrait avoir lieu (Cons. d'Et. 22 déc. 1876, aff. Badaroux, D. P. 77. 3. 33) ; — 3° Dans l'instance introduite par un particulier pour excès de pouvoirs contre un arrêté municipal qui lui avait retiré une permission de voirie, bien que la commune soutînt que l'acte attaqué aurait été pris pour empêcher des travaux qui devaient la priver d'eaux dont elle jouissait, alors surtout qu'il avait été reconnu par l'autorité judiciaire qu'elle était sans droit pour s'opposer à ces travaux (Cons. d'Et. 21 mars 1873, aff. Comp. du Ragas, D. P. 73. 3. 91).

Mais une commune est recevable à intervenir dans une instance en annulation pour excès de pouvoirs d'un arrêté autorisant l'agrandissement d'un cimetière (Cons. d'Et. 13 avr. 1881, aff. Lallouette, D. P. 82. 3. 84).

416. Il ne suffit pas qu'un tiers (dans l'espèce, la commission administrative d'un hospice) ait manifesté l'intention d'acquitter, le cas échéant, une contribution (dans

(1) (Ministre de la guerre C. Mouren, Truc et Maigret.) — Le conseil d'État ; — Vu la loi du 28 pluv. an 8 ; — Considérant qu'il résulte de l'acte ci-dessus visé reçu par Me Ceccaldi, notaire à Constantine, le 21 déc. 1868, que le sieur Mouren, pour garantir le sieur Battandier de ses créances contre lui, l'a subrogé à tous ses droits et obligations envers l'Etat pour les travaux exécutés par lui dans la place de Constantine et ses dépendances ; que, dès lors, les sieurs Truc et Maigret ont intérêt, et par suite qualité, pour intervenir comme syndics définitifs de la faillite dudit sieur Battandier (Intervention des sieurs Truc et Maigret déclarée recevable). Du 29 juin 1877.-Cons. d'Et.-MM. Flourens, rap.-David, concl.-Nivard, Mazeau et Jozon, av.

(2) (Fabus et consorts). — Le conseil d'Etat ; — Vu l'ordonnance royale du 15 avr. 1845, art. 14, 15 et 16 ; — Vu l'ordonnance royale du 31 oct. 1845, portant règlement sur le séquestre ; — Vu le décret du 23 janv. 1852 ;... — En ce qui touche l'intervention : 1° des dames Dru, sieurs Grevin et consorts ; 2° du sieur Lagleize ; — Sur la fin de non-recevoir opposée par notre ministre de la guerre auxdits intervenants et tirée de leur défaut d'intérêt ou de qualité : — Considérant qu'il ne nous appartient pas de statuer sur les droits privés que les intervenants prétendent avoir, en diverses qualités, aux indemnités qui sont l'objet du recours susvisé, mais qu'il y a lieu de statuer en présence de toutes les parties, sauf à elles à faire régler ultérieurement leurs droits respectifs par l'autorité compétente ; que, dès lors, l'intervention des dames Dru, sieur Grevin et consorts et du sieur Lagleize peut être admise... Du 5 juill. 1855.-Cons. d'Et.-MM. de Sandrans, rap.-de Lavenay, concl.-Frignet et de Saint-Malo, av.

l'espèce, la contribution personnelle et mobilière d'une religieuse attachée à l'hospice), pour qu'il soit recevable à intervenir dans le pourvoi formé par ce contribuable en décharge de sa cote (Cons. d'Et. 10 sept. 1855, aff. Petit-poisson. D. P. 56. 3. 32).

417. Le ministre des finances n'a pas qualité pour intervenir devant le conseil d'Etat dans une instance en interprétation d'un acte de vente nationale, lorsque le conseil d'Etat n'est saisi que par suite du renvoi ordonné par l'autorité judiciaire dans un litige où l'administration des domaines n'était pas en cause (Cons. d'Et. 26 janv. 1883, aff. Société ardoisière de Sainte-Anne, D. P. 84. 3. 84); et il en est ainsi, alors même que le ministre soutient que l'interprétation demandée par une des parties porterait atteinte à des droits que la vente a réservés à l'Etat (Même arrêt).

418. Nous avons dit au Rép. n° 366 que les sous-acquéreurs ont, à notre avis, le droit d'intervenir, quoique le contraire ait été décidé par un ancien arrêt. Il a été jugé, conformément à l'opinion que nous avons soutenue, qu'un particulier substitué à l'acquéreur d'un bien communal a qualité pour intervenir dans une instance relative à la validité des actes administratifs qui ont autorisé la vente (Cons. d'Et. 3 janv. 1884, aff. Soubry, D. P. 82. 3. 45).

419. L'intervention du bâtonnier et du conseil de l'ordre des avocats n'est pas recevable dans l'instance engagée devant le conseil d'Etat par un avocat qui, frappé d'une peine par un conseil de préfecture pour outrages commis à l'audience envers les membres de ce conseil, s'est pourvu contre l'arrêté qui l'a condamné (Cons. d'Et. 5 mars 1886, aff. Legré, D. P. 86. 3. 33).

420. Le grand chancelier de la Légion d'honneur est également non recevable à intervenir devant le conseil d'Etat dans une instance tendant à faire annuler un décret portant radiation d'un membre des matricules de la Légion d'honneur (Cons. d'Et. 26 mai 1876, aff. Lefèbvre-Duruflé, D. P. 76. 3. 89).

421. Lorsqu'un particulier se porte intervenant à l'effet de poursuivre, de concert avec l'auteur d'un pourvoi, l'annulation d'un acte administratif, ses conclusions constituent en réalité un recours contre ledit acte, soumis aux conditions de tous les recours, notamment en ce qui concerne les délais (Cons. d'Et. 30 juill. 1880, aff. Brousse, D. P. 81. 3. 73). Ainsi des électeurs qui n'ont pas signé la protestation sur laquelle a statué un arrêté du conseil de préfecture ne sont pas recevables à se joindre aux signataires par voie d'intervention pour demander l'annulation de cet arrêté (Cons. d'Et. 9 mars 1859, aff. Marbot, D. P. 59. 3. 61). De même, une compagnie est non recevable à intervenir dans une instance formée par un de ses agents à l'effet d'obtenir décharge de sa patente (Cons. d'Et. 1er févr. 1871, aff. Regnault, Rec. Cons. d'Etat, p. 17).

422. Les actionnaires qui ne justifient d'aucun intérêt distinct de celui de la société ne sont pas recevables à intervenir dans une instance intentée par les représentants légaux de cette société (Cons. d'Et. 29 mars 1878, aff. Comp. des allumettes, 2e arrêt, D. P. 78. 3. 57).

423. Le ministre ayant seul qualité pour représenter l'Etat, l'intervention du directeur général des lignes télégraphiques a été déclarée non recevable dans une instance entre l'Etat et un particulier qui prétendait avoir subi un dommage du fait de cette administration (Cons. d'Et. 20 févr. 1868) (1).

424. La recevabilité de l'intervention devant le conseil d'Etat est subordonnée à la recevabilité du recours principal (Cons. d'Et. 14 déc. 1850, aff. Commune de Batignolles, D. P. 69. 3. 1, note 7; 19 févr. 1868, aff. Portalupi, D. P. 69. 3. 1; 18 nov. 1881) (2). Toutefois, si l'intervenant se présentait non comme demandeur, mais comme défendeur et pour faire rejeter l'action des demandeurs, la non-recevabilité de celle-ci n'entraînerait pas nécessairement la non-recevabilité de l'intervention (V. Rép. v° Intervention, n°s 402 et suiv.). L'intervenant ne peut former des demandes qui ne sont pas l'objet du débat entre les parties principales. Il ne peut, notamment, demander l'annulation d'un acte qui n'est contesté par aucune des parties en cause (Cons. d'Et. 13 août 1850) (3).

425. — 4° Reprise d'instance et constitution de nouvel avocat. — V. Rép. n°s 369 à 371.

426. — 5° Désaveu. — Une partie n'est pas recevable à soutenir que le pourvoi introduit au nom de son adversaire par un avocat au conseil d'Etat a été formé sans l'aveu du requérant, alors que l'avocat n'a pas été désavoué dans les formes prescrites par le règlement (Cons. d'Et. 23 mars 1877) (4).

§ 5. — Des audiences, de leur publicité et de leur police. — Du jugement (Rép. n°s 375 à 385).

427. Il y a lieu de distinguer entre le cas où l'affaire doit être soumise en audience publique à l'assemblée du conseil d'Etat délibérant au contentieux, et celui où l'affaire doit être jugée par la section du contentieux seule. Nous avons dit suprà, n° 53, que les affaires dans lesquelles il n'y a pas eu constitution d'avocat ne sont pas portées en audience publique, aux termes de l'art. 19 de la loi du 24 mai 1872, à moins que le renvoi n'en soit demandé par un des conseillers d'Etat de la section, ou par le commissaire du Gouvernement à qui le dossier a été communiqué (Aucoc, t. 1, n° 381). En fait, les affaires de contributions directes et les affaires électorales sont les seules que la section du contentieux juge habituellement sans les porter à l'assemblée publique.

428. — I. AFFAIRES JUGÉES PAR LA SECTION DU CONTENTIEUX.

---

(1) (Saenz et comp., Harper et autres.) — LE CONSEIL D'ETAT;... — Sur l'intervention du directeur général de l'administration des lignes télégraphiques : — Considérant que l'intervention des lignes télégraphiques est placée sous l'autorité du ministre de l'intérieur; que, dès lors, ce ministre a seul qualité pour représenter devant nous ladite administration; que, par suite, l'intervention du directeur général de cette administration n'est pas recevable : — Art. 1er. La requête en intervention du directeur général de l'administration des lignes télégraphiques est rejetée comme non recevable. — Du 20 févr. 1868.-Cons. d'Et.-MM. de Sandrans, rap.-Aucoc, concl.-Michaux-Bellaire, av.

(2) (Pascal C. Ville de Marseille et les sieurs Saladin et Hue.) — LE CONSEIL D'ETAT; — Vu les lois des 28 pluv. an 8, 24 avr. 1832, 18 juill. 1837 et 26 juin 1841; — Vu la loi du 11 prair. an 7, l'avis du conseil d'Etat du 25 mars 1807 et la loi du 7 juin 1845; — Vu les lois des 7-14 oct. 1790 et 24 mai 1872;... — Sur la demande en intervention présentée par les sieurs Saladin et autres : — Considérant que la requête principale étant non recevable, il n'y a lieu d'admettre la demande en intervention (Recours principal et intervention rejetés; le sieur Pascal remboursera à la ville de Marseille les frais de timbre qui ont été exposés par ladite ville). — Du 18 nov. 1861.-Cons. d'Et.-MM. Flourens, rap.-Chante-Grellet, concl.-Bouchié de Belle et Sabatier, av.

(3) (Bénier.) — LE CONSEIL D'ETAT; — Vu la loi du 17 juin 1832;

— En ce qui touche l'intervention des sieurs Plique, Rinquier, et autres créanciers du sieur Bénier père : — Considérant que les sieurs Plique, Rinquier et consorts, en leur qualité de créanciers du sieur Bénier, ont intérêt à intervenir dans l'instance introduite par les héritiers dudit sieur Bénier; que, dès lors, leur intervention dans ladite instance est recevable; — En ce qui touche la décision du 25 août 1846 et les conclusions prises par les intervenants et tendant à ce qu'elle soit annulée : — Considérant que les héritiers Bénier ne se sont pas pourvus contre cette décision, et que dès lors les conclusions des intervenants ne sont pas recevables (Les sieurs Plique, Rinquier et consorts sont reçus intervenant dans l'instance introduite par les héritiers Bénier et tendant à l'annulation de la décision du 19 mars 1846; leur intervention est déclarée non recevable en ce qu'elle tend à l'annulation de la décision du 25 août 1846). — Du 14 août 1850.-Cons. d'Et.-MM. Marchand, rap.-Cornudet, concl.-Carette et Béchard, av.

(4) (Moutte.) — LE CONSEIL D'ETAT; — Vu le décret du 22 juill. 1806; — Sur les conclusions du ministre de la guerre tendant à faire déclarer le pourvoi non recevable comme ayant été formé sans l'aveu du sieur Moutte; — Considérant que ce pourvoi s'est présenté au nom du sieur Moutte, et qu'il ne pourrait être désavoué que dans les formes déterminées par les art. 25 et 26 du décret du 22 juill. 1806. — Du 23 mars 1877.-Cons. d'Et.-MM. Flourens, rap.-Laferrière, concl.-Duboy, av.

— Le président désigne le rapporteur parmi les conseillers, les maîtres des requêtes ou les auditeurs qui font partie de la section. Tous les rapports sont faits par écrit (L. 24 mai 1872, art. 15). Le rapporteur dépose son rapport, avec le projet de décision, entre les mains du secrétaire de la section. Le dossier est communiqué au commissaire du Gouvernement. Puis, à un jour marqué, quand il y a un certain nombre d'affaires prêtes, se tient une séance non publique de la section. Le rapporteur lit son rapport, le commissaire du Gouvernement donne ses conclusions et la section délibère (Aucoc, t. 1, n° 381). La section ne peut statuer que si trois conseillers d'Etat au moins sont présents (Décr. 9 déc. 1884, art. 1er, D. P. 85. 4. 76). En cas de partage, la voix du président n'est pas prépondérante; mais on appelle le plus ancien des maîtres des requêtes présents à la séance.

429. — II. ASSEMBLÉE PUBLIQUE DU CONSEIL D'ETAT DÉLIBÉRANT AU CONTENTIEUX. — Nous avons indiqué *suprà*, n° 51, la composition de cette assemblée (L. 13 juill. 1879, art. 5). Le rôle de chaque séance publique est préparé par le commissaire du Gouvernement chargé de porter la parole dans la séance ; il est arrêté par le président. Ce rôle, imprimé et contenant sur chaque affaire une notice sommaire rédigée par le rapporteur, est distribué, quatre jours au moins avant la séance, à tous les conseillers d'Etat de service à l'assemblée du conseil d'Etat statuant au contentieux ainsi qu'aux maîtres des requêtes et auditeurs de la section du contentieux. Il est également remis aux ministres qui ont pris des conclusions et aux avocats dont les affaires doivent être appelées (Décr. 2 août 1879, art. 22). Les avocats reçoivent, en outre, quatre jours au moins avant la séance, communication des questions posées par le rapporteur (L. 24 mai 1872, art. 18). Mais, comme on l'a vu *suprà*, n° 348, cette communication n'est pas exigée pour les affaires introduites sans ministère d'avocat.

430. Le rapport est fait, au nom de la section du contentieux, à l'assemblée publique (L. 24 mai 1872, art. 18). A la suite de la lecture de ce rapport, les avocats des parties présentent leurs observations comme nous l'avons dit au *Rép*. n° 378, et le commissaire du Gouvernement doit, aux termes de l'art. 18 de la loi de 1872, donner ses conclusions dans chaque affaire. Les maîtres des requêtes désignés pour remplir au contentieux les fonctions de commissaires du Gouvernement sont au nombre de quatre. Ils assistent aux délibérations de la section du contentieux (L. 24 mai 1872, art. 16; 13 juill. 1879, art. 4).

431. De même en matière civile, après que le ministère public a été entendu, les parties ne peuvent plus que remettre de simples notes: c'est une règle constante devant le conseil d'Etat, qu'une fois le débat commencé aucune production régulière ne peut plus être faite; l'admission de pièces ou conclusions nouvelles priverait la partie adverse de la faculté de répondre et de la double garantie résultant de l'examen préalable de la section du contentieux et des conclusions du commissaire du Gouvernement; elle serait de plus une dérogation à la règle qui exige un rapport écrit. Lors donc que des pièces nouvelles sont produites devant le conseil après la clôture des débats oraux, et que la réouverture des débats n'a pas été ordonnée, cette production doit être considérée comme non avenue (Cons. d'Et. 30 juin 1876, aff. Chartier, D. P. 76. 3. 97).

432. Toutefois, si l'existence d'un document décisif arrivait à la connaissance du conseil après la clôture des débats, il ne serait pas réduit à l'obligation de passer outre. Il peut toujours, en effet, rouvrir les débats en ordonnant un supplément d'instruction; ce qui peut se faire sans même qu'il intervienne une décision en forme. Ainsi, dans une affaire où le conseil ne s'était pas trouvé suffisamment éclairé par les débats sur le caractère d'une voie publique, le président de la section a adressé au ministre de l'intérieur une simple lettre dans laquelle il lui demandait différents renseignements; après la réponse du ministre, l'affaire a été de nouveau instruite par la section et remise à l'ordre du jour de la séance publique (Cons. d'Et. 25 févr. 1864, aff. Kegel, D. P. 76. 3. 98, note 1. V. conf. Sol. impl., Cons. d'Et. 8 août 1882, aff. D..., D. P. 84. 3. 28). Il a été expressément décidé qu'il peut être fait état de pièces produites sur la demande du conseil après une

première mise en délibéré (Cons. d'Et. 20 févr. 1862, aff. Avoués d'Annecy, *Rec. Cons. d'Etat*, p. 126). La réouverture des débats ne peut être qu'un acte spontané du conseil, et, dans le cas où elle n'est pas ordonnée, aucun des incidents qui peuvent se produire postérieurement aux conclusions du commissaire du Gouvernement ne doit apparaître dans la décision.

433. L'assemblée du conseil d'Etat jugeant au contentieux ne peut délibérer qu'en nombre impair; elle ne décide valablement que si neuf membres au moins ayant voix délibérative sont présents (L. 24 mai 1872, art. 24). Cette disposition exclut l'hypothèse d'un partage de voix. Lorsque les membres de l'assemblée délibérante se trouvent en nombre pair, le dernier des conseillers dans l'ordre du tableau doit s'abstenir (L. 13 juill. 1879, art. 5).

434. L'art. 22 de la loi du 24 mai 1872 exige que toutes les décisions prises par l'assemblée du conseil d'Etat statuant au contentieux et par la section du contentieux soient lues en séance publique, transcrites sur le procès-verbal des délibérations et signées par le vice-président, le rapporteur et le secrétaire du contentieux, et qu'il y soit fait mention des membres présents à la délibération. Une expédition de la décision doit être transmise au ministre compétent.

435. Les décisions du conseil d'Etat en matière contentieuse étaient autrefois rédigées en forme de décret et signées par le chef de l'Etat. Depuis que le conseil est investi d'une juridiction propre, et conformément à ce qui a été exposé au *Rép*. n° 382, sous l'empire de la loi du 3 mars 1849, ces décisions portent en tête la mention suivante : Au nom du peuple français, le conseil d'Etat statuant au contentieux... ou la section du contentieux du conseil d'Etat... (Décr. 2 août 1879, art. 24), et l'expédition de ces décisions délivrée par le secrétaire du contentieux porte la formule exécutoire suivante : La République mande et ordonne aux ministres de (ajouter le département ministériel désigné par la décision) chacun en ce qui le concerne, et à tous huissiers à ce requis en ce qui concerne les voies de droit commun contre les parties privées, de pourvoir à l'exécution de la présente décision (Décr. 2 août 1879, art. 25).

436. Ces décisions doivent, ainsi que nous l'avons dit au *Rép*. n° 383, contenir les noms et demeures des parties, leurs conclusions, le vu des pièces principales et les lois appliquées (Décr. 2 août 1879, art. 24).

437. On a vu au *Rép*. n° 384 que les décisions rendues par le conseil d'Etat qui emportent hypothèque et exécution parée, emportaient également autrefois contrainte par corps. Mais cette dernière voie d'exécution n'est plus attachée aux décisions du conseil d'Etat depuis la promulgation de la loi du 22 juill. 1867, dont l'art. 1er a supprimé la contrainte par corps en matière commerciale, civile et contre les étrangers, et dont l'art. 2 n'a maintenu la contrainte qu'en matière criminelle, correctionnelle et de simple police.

438. Nous avons dit au *Rép*. n° 385, qu'aux termes de l'art. 28 du décret du 22 juill. 1806, les décisions du conseil d'Etat ne sont mises à exécution contre une partie qu'après avoir été préalablement signifiées à l'avocat au conseil qui aura occupé pour elle. Dans les affaires aujourd'hui nombreuses dans lesquelles les parties sont dispensées de recourir au ministère d'avocat, la signification se fait à personne, et généralement par voie administrative.

§ 6. — Des décisions du conseil d'Etat en matière contentieuse et des voies de recours ouvertes contre elles. — Dépens (*Rép*. n° 386 à 389).

439. Nous avons dit au *Rép*. n° 386 que les décisions du conseil d'Etat en matière contentieuse sont souveraines, mais que les parties sont recevables à revenir devant le conseil pour le faire statuer à nouveau, à l'égard des décisions par défaut, par la voie de l'*opposition* ou de la *tierce opposition*, et à l'égard des décisions contradictoires par la voie de la *requête civile* ou *révision*. Conformément à l'ordre suivi au *Répertoire*, les questions qui se rattachent à ces diverses voies de recours seront traitées *infrà*, vis *Jugement par défaut* ; *Requête civile* ; *Tierce opposition*.

440. L'art. 23 de la loi du 24 mai 1872, reproduisant des dispositions antérieures rappelées au *Rép*. n° 386, a admis

un cas spécial de revision des décisions contradictoires non prévu par le décret du 22 juill. 1806, celui où les formalités essentielles des débats publics devant le conseil d'État, c'est-à-dire les formalités édictées par les art 15, 17, 18, 19, 20, 21 et 22 de la loi de 1872 n'ont pas été observées. Dans ce cas, le recours doit être introduit dans les formes établies par l'art. 33 du décret du 22 juill. 1806, et dans les délais fixés par le décret du 2 nov. 1864.

441. Les demandes en revision, suivant la règle générale, doivent à peine de nullité, être formées par l'intermédiaire d'un avocat du conseil. On s'est demandé, toutefois, si les lois spéciales qui, dans certains cas, dispensent les pourvois du ministère d'avocat sont applicables aux recours en revision formés en ces matières. Cette question avait été résolue négativement par deux arrêts du 14 janv. 1839 et du 1er mars 1840 rapportés au *Rép.* v° *Organisation administrative,* n° 1026 (V. conf. Dufour, *Droit administratif,* 2° éd., t. 2, n° 368. Rec. *Cons. d'Etat,* 1850, p. 749, note 1). Mais l'interprétation contraire, adoptée par MM. Chauveau et Tambour, t. 1, p. 144, a été implicitement consacrée par deux arrês plus récents (Cons. d'Et. 28 mai 1867, aff. El. d'Ainay-le-Château, D. P. 68. 3. 89; 7 août 1883, aff. Bertot, D. P. 85. 3, 63).

442. Les questions relatives aux dépens dans les instances suivies devant le conseil d'État seront examinées *infrà,* v° *Frais et dépens.*

443. On a vu au *Rép.* n° 389, que l'art. 40 du décret de 1806 ouvre un recours spécial contre les décrets rendus sur l'avis du conseil d'État et qui porteraient atteinte aux droits ou à la propriété des citoyens, sans être cependant de nature à être attaquées par la voie contentieuse. L'application de ce recours est fort rare, ainsi que le fait observer M. Aucoc, t. 1, n° 57, parce que les cas dans lesquels il est ouvert sont assez mal définis ; toutefois M. Laferrière, p. 387, cite un recours de cette nature en date du 21 juin 1864, rendu sur l'avis de la section des travaux publics (*Rec. Cons. d'Etat,* 1882, p. 412, note 2).

444. Le conseil d'État a néanmoins émis l'avis que les difficultés auxquelles peut donner lieu en certain cas l'application de l'art. 40 ne compensent pas les inconvénients qui pourraient résulter de son abrogation, que ces difficultés pourraient seulement porter le législateur à en modifier la rédaction pour le mettre plus en rapport avec la jurisprudence et l'organisation actuelle du conseil d'Etat (Avis sect. int. 27 mai 1873), que l'art. 40 qui n'a été abrogé par aucune disposition formelle, ne peut davantage être considéré comme étant en contradiction avec l'ensemble de la législation en vigueur (Avis sect. réunies de l'intérieur et du contentieux avec adjonction des présidents des deux autres sections, 4 juin 1878).

445. D'après ce dernier avis, l'art. 40 a eu pour but d'ouvrir aux tiers, à défaut de recours par la voie contentieuse, une voie régulière pour solliciter la réformation des décrets rendus en conseil d'État en matière non contentieuse, par lesquels ils se prétendraient lésés dans leurs droits ou dans leur propriété. Ce recours n'est recevable que dans les cas qui peuvent se présenter où des droits sont lésés par un décret rendu en conseil d'Etat sans cependant que le recours pour excès de pouvoirs soit ouvert. Cette voie exceptionnelle n'est pas ouverte aux parties contre un acte qui peut être attaqué devant le conseil d'Etat au contentieux même par la voie du recours pour excès de pouvoirs (Avis sect. trav. publ. 21 juin 1864). Ainsi les décrets autorisant l'acceptation des dons et legs ne peuvent faire l'objet d'un recours en vertu de l'art. 40 qu'à défaut d'un recours possible au contentieux (Avis sect. int. 27 mai 1873, cité *suprà,* n° 444). A plus forte raison le recours n'est-il pas recevable lorsque la requête a pour objet de faire revenir sur ce qui a été souverainement jugé sur le recours pour excès de pouvoirs précédemment formé contre le même acte (Avis précités des 21 juin 1864 et 27 mai 1873).

446. D'après l'avis du 21 juin 1864 le propriétaire d'une rivière canalisée a été déclaré recevable à attaquer, en vertu de l'art. 40, un décret déclarant d'utilité publique une prise d'eau à pratiquer dans cette rivière pour l'alimentation d'une ville, se ne fondant sur ce que l'utilité publique de la prise d'eau ne serait pas suffisamment justifiée et sur ce qu'elle compromettrait le service public de la navigation. Mais le conseil d'Etat a émis l'avis que la requête devait être rejetée au fond, quand il était établi par l'instruction que la prise d'eau présentait les caractères les plus évidents d'utilité publique et ne pouvait compromettre le service de la navigation, même dans les développements ultérieurs qu'il pouvait recevoir.

447. Nous avons indiqué au *Rép.* n° 389 les formes du recours prévu par l'art. 40 du décret de 1806. La requête, qui peut être introduite par la partie elle-même et qui n'est soumise à aucun délai, n'a pas, d'après l'avis précité du 4 juin 1878, le caractère d'un recours au sens juridique du mot, et le chef de l'État est libre de n'y donner aucune suite. Avant l'art. 40, le ministre peut consulter à titre officieux une section du conseil d'Etat le rapport préalable exigé par l'art. 40, le ministre peut consulter à titre officieux une ordinaire (Avis sect. int. 10 juill. 1872). Il peut également, par l'entremise du président du conseil d'Etat demander un rapport à un membre du conseil d'Etat, et au vu de ce rapport, proposer au chef de l'État de ne pas donner suite à la requête (Décr. 16 mai 1878).

448. Lorsque le chef de l'État renvoie l'affaire devant une section du conseil d'Etat, nous avons dit au *Rép.* v° *Organisation administrative,* n° 129, que c'est le plus souvent devant la section de législation. Toutefois, dans les affaires les plus récentes, le renvoi a été fait devant la section dans les attributions de laquelle rentre la matière, par exemple devant la section de l'intérieur en matière d'acceptation de dons et legs (Avis sect. int. 27 févr. 1878), et devant la section des travaux publics en matière d'expropriation (Avis sect. trav. pub. 21 juin 1864, D. P. 83. 3. 101, note 1).

449. On a vu au *Rép.* n° 389 que, dans certains cas, la section consultée a renvoyé les parties devant la section du contentieux. Dans une affaire, elle a déclaré que le décret dont la revision était demandée pouvait, à raison du consentement donné par les parties intéressées, être modifié par un décret rendu dans les formes ordinaires (Avis sect. int. 27 févr. 1878). Le rôle de la section à laquelle l'affaire est renvoyée se borne d'ailleurs, dans tous les cas, à émettre un avis sur la mesure qu'il lui paraît convenable de prendre ; la revision ne peut être réalisée que par un nouveau décret proposé et contresigné par le même ministre que le décret revisé, et soumis dans les mêmes formes à l'examen du conseil d'Etat. Le conseil d'État et le ministre ne sont pas liés par l'avis émis sur la requête (Avis 4 juin 1878, cité *suprà,* n° 444).

450. Lorsqu'une réclamation formée en vertu de l'art. 40 est accueillie, le décret rectificatif ne peut, dans aucun cas, sans être entaché d'excès de pouvoirs, porter atteinte à des droits qui seraient acquis à des tiers (Avis 4 juin 1878, cité *suprà,* n° 444).

451. Indépendamment du recours institué par l'art. 40 du décret de 1806, M. Laferrière, t. 2, p. 383, mentionne plusieurs sortes de recours qui ne sauraient être confondus avec le recours pour excès de pouvoirs et qui tendent à l'annulation par la voie administrative d'actes illégaux. Il cite les recours pour abus (V. *infrà,* v° *Culte*), les recours des préfets tendant à l'annulation des délibérations des conseils généraux en vertu des art. 33 et 47 de la loi du 10 août 1871, et les recours formés en vertu de l'art. 13 de la loi du 21 juin 1865 sur les associations syndicales par les propriétaires intéressés ou par les tiers contre les arrêtés préfectoraux qui créeraient une association autorisée en dehors des cas où cette forme de syndicat est prévue par la loi. Plusieurs décrets délibérés en conseil d'Etat ont reconnu à ce dernier recours le caractère d'un recours par la voie administrative et non d'un recours contentieux (Décr. 14 janv. 1873, aff. Canal de Brest; 23 juin 1881, aff. Syndicat de Meilhan; 8 juill. 1886, aff. Marais de Sabarèges, Laferrière, *loc. cit.*).

CHAP. 6. — Du recours en annulation, dans l'intérêt de la loi, contre les décisions de la section du contentieux, devant l'assemblée générale du conseil d'Etat (*Rép.* n°s 390 à 391).

452. Nous avons dit *suprà,* n° 58, que ce recours établi par l'art. 46 de la loi du 3 mars 1849 n'existe plus aujourd'hui.

Table sommaire
des matières contenues dans le Supplément et le Répertoire.

(Les chiffres précédés de la lettre *S* renvoient au Supplément; les chiffres précédés de la lettre *R* renvoient au Répertoire.)

Table des articles de la loi du 24 mai 1872.

Art. 1er. 360.	—5. 27, 34 s., 37 s.	—8, 47.	—10. 28.	—14. 25.	—17. 51, 384.	—20. 55, 334,399.	—23. 334, 440.
—2. 23 s.	—6. 26, 34.	—9.58,90,133,171,	—11. 27, 34.	—15.53,333 s.,428.	—18. 334, 429 s.	—21.56 s.,334,433.	—24. 303 s., 310
—4. 24, 28.	—7. 29 s., 34.	409.	—12. 44, 326.	—16. 334, 430.	—19. 51, 334, 427.	—22. 334, 434.	s., 334.

Table chronologique des Lois, Arrêts, etc.

1790	1810	1844		1852		1860	1865
7 oct. Loi. 90 c., 109 c., 133 c., 164 c., 409 c.	21 avr. Loi. 65 c. c.	3 mai. Loi. 119 c.	29 mars. Cons. d'Ét. 282 c.	14 janv. Const. 1 c.,2 c., 3 c., 11 c.	12 sept. Cons. d'Ét. 342 c.	29 mars.Cons.d'Ét. 305 c., 306 c.	

9 févr. Cons. d'Et.
96 c. 168 c.
10 mars. Cons.
d'Et. 264 c.
7 avr. Cons. d'Et.
70 c.
5 mai. Cons. d'Et.
94 c., 1240 c.
12 mai. Crim. 303
c.
19 mai. Cons. d'Et.
94 c., 141 c.
31 mai. Loi. 110 c.,
154 c.
7 juin. Cons. d'Et.
122 c., 125 c.,
151 c., 158 c.
21 juin. Loi. 11 c.,
68 c., 133 c.,
340 c., 360 c.,
451 c.
9 août. Cons. d'Et.
292 c.
26 août Cons. d'Et.
239 c.
28 août. Cons. d'Et.
354 c.
27 oct. Arrêté. 400
c.
4 nov. Décr. 11 c.
27 déc. Cons. d'Et.
76 c.

1866
11 janv. Cons. d'Et.
172 c.
22 févr. Cons. d'Et.
300 c.
26 févr. Cons. d'Et.
141 c.
1er mars. Cons. d'Et.
140 c.
8 mars. Cons. d'Et.
233 c., 235 c.
10 avr. Cons. d'Et.
342 c.
12 avr. Cons. d'Et.
96 c.
18 avr. Cons. d'Et.
95 c., 374 c.,
376 c.
9 mai. Cons. d'Et.
94 c.
28 mai. Cons. d'Et.
110 c.
30 mai. Cons. d'Et.
112 c.
21 juin. Cons. d'Et.
254 c., 280 c.
12 juill. Cons. d'Et.
242 c., 374 c.,
377 c.
28 juill. Cons. d'Et.
379 c.
3 août. Cons.
d'Et. 95 c.
14 août. Cons. d'Et.
102 c.
17 août. Cons. d'Et.
139 c.
22 nov. Cons. d'Et.
134 c.
12 déc. Cons. d'Et.
181 c.
13 déc. Cons. d'Et.
254 c.

1867
10 janv. Cons. d'Et.
291 c.
22 janv. Décr. 11
c.
21 févr. Cons. d'Et.
112 c.
13 mars. Cons.
d'Et. 46 c., 95
c., 119 c., 353 c.
25 mars. Cons.
d'Et. 387 c.
30 mars. Cons.
d'Et. 152 c.
10 avr. Loi. 130 c.
10 avr. Cons. d'Et.
95 c.
9 mai. Cons. d'Et.
131 c.
28 mai. Cons. d'Et.
441 c.
29 juin. Loi. 45 c.
19 juill. Cons. d'Et.
342 c.
22 juill. Loi. 437 c.

24 juill. Loi. 45 c.
13 août. Cons. d'Et.
140 c., 178 c.
14 août. Cons. d'Et.
316 c.
26 août. Cons. d'Et.
238 c., 287 c.

1868
23 janv. Cons. d'Et.
110 c., 124 c.
19 févr. Cons. d'Et.
141 c., 424 c.
20 févr. Cons. d'Et.
155 c., 156 c.,
291 c., 300 c.,
423.
27 févr. Cons. d'Et.
144 c.
19 mars. Cons.
d'Et. 95 c., 374
c., 375 c.
21 mars. Cons.
d'Et. 124 c.
15 avr. Cons. d'Et.
112 c.
25 avr. Cons. d'Et.
139 c., 254 c.
30 avr. Cons. d'Et.
116 c., 257 c.
12 mai. Cons. d'Et.
144 c.
19 mai. Cons. d'Et.
302 c.
20 mai. Cons. d'Et.
261, 384 c., 385
c.
11 juin. Cons.
d'Et. 238 c.
4 août. Av. Cons.
d'Et. 97 c.
5 août. Cons. d'Et.
103 c., 181 c.
12 août. Cons. d'Et.
78 c.
13 août. Cons. d'Et.
273.
22 août. Cons. d'Et.
263.
19 déc. Cons. d'Et.
73 c.
30 déc. Décr. 11 c.

1869
7 janv. Cons. d'Et.
283 c.
21 janv. Cons. d'Et.
116 c.
4 févr. Cons. d'Et.
165 c.
10 févr. Cons. d'Et.
302 c.
13 févr. Cons. d'Et.
159 c.
26 févr. Cons. d'Et.
407 c.
11 mars. Cons.
d'Et. 182 c.
7 avr. Cons. d'Et.
78 c.
17 avr. Cons. d'Et.
365.
12 mai. Cons. d'Et.
172 c.
15 mai. Cons. d'Et.
143 c., 166 c.,
198 c., 239 c.
3 juin. Cons. d'Et.
291 c.
29 juin. Cons. d'Et.
360 c.
10 juill. Cons. d'Et.
140 c.
5 août. Cons. d'Et.
312 c.
18 août. Cons. d'Et.
159 c.
9 sept. Sén.-Cons.
85 c.
3 nov. Décr. 11 c.
22 déc. Cons. d'Et.
155 c.

1870
3 janv. Cons. d'Et.
291 c.
20 janv. Décr. 11 c.
10 juill. Cons. d'Et.
140 c.
5 août. Cons. d'Et.
312 c.
18 août. Cons. d'Et.
159 c.
9 sept. Sén.-Cons.
85 c.
3 nov. Décr. 11 c.
22 déc. Cons. d'Et.
155 c.
20 janv. Décr. 11
c.
9 févr. Cons. d'Et.
133 c.
16 févr. Cons.
d'Et. 384 c.

16 mars. Décr. 11
c.
13 avr. Cons. d'Et.
95 c.
27 avr. Cons. d'Et.
346 c.
30 avr. Cons. d'Et.
362 c.
18 mai. Cons. d'Et.
278.
28 mai. Décr. 11 c.
1er juin. Cons. d'Et.
179 c., 231 c.
15 juin. Cons. d'Et.
207 c., 289 c.
29 juin. Cons. d'Et.
357 c.
4 août. Cons.
d'Et. 116 c.
9 août. Cons.
d'Et. 187, 273.
4 sept. Décr. 11 c.
9 sept. Décr. 301 c.
15 sept. Décr. 6 c.,
11 c.
19 sept. Décr. 6 c.,
11 c.
3 oct. Décr. 6 c.,
11 c.
30 nov. Cons. d'Et.
159 c.
10 déc. Cons. d'Et.
282 c.

1871
1er févr. Cons. d'Et.
431 c.
1er avr. Arrêté. 11
c.
14 avr. Loi. 12 c.,
144 c.
10 août. Loi. 11 c.,
12 c., 45 c., 127
c., 176 c., 212
c., 220 c., 279
c., 309 c., 339
c., 451 c.
26 sept. Cons. d'Et.
233 c., 385 c.
11 nov. Cons. d'Et.
382 c.
11 déc. Cons. d'Et.
359 c.
30 déc. Cons. d'Et.
306 c.

1872
15 févr. Cons.
d'Et. 79 c., 230
c.
13 mars. Cons.
d'Et. 95 c.
11 avr. Cons. d'Et.
283 c.
22 avr. Cons. d'Et.
313 c.
29 avr. Cons. d'Et.
315 c., 316 c.
3 juin. Cons. d'Et.
384 c.
10 juill. Av. Cons.
d'Et. 447 c.
27 juill. Loi. 161
c., 315 c., 322 c.
8 août. Cons. d'Et.
212 c.
13 août. Décr. 11
c., 40 c., 52 c.
14 oct. Décr. 11 c.,
35 c.
15 nov. Cons. d'Et.
337.
21 nov. Loi. 30 c.
29 nov. Cons. d'Et.
116 c., 154 c.
13 déc. Cons. d'Et.
85 c.
20 déc. Cons. d'Et.
116 c., 152 c.
318 c.

1873
3 janv. Cons.
d'Et. 254 c.
14 janv. Décr. 451
c.
17 janv. Cons. d'Et.
133 c.
24 janv. Cons. d'Et.
285.
7 mars. Circ. 372 c.

14 mars. Cons. d'Et.
343.
21 mars. Cons. d'Et.
159 c., 415 c.
28 mars. Cons.
d'Et. 103 c.
4 avr. Cons. d'Et.
308, 343.
7 avr. Loi. 71 c.
2 mai. Cons. d'Et.
89 c.
27 mai. Av. Cons.
d'Et. 444 c., 445
c.
7 juin. Loi. 11 c.
12 c., 66 c., 339
c.
20 juin. Cons. d'Et.
235 c.
27 juin. Cons. d'Et.
100 c.
8 août. Cons. d'Et.
207 c.
14 nov. Cons. d'Et.
100 c., 124 c.,
243 c.
28 nov. Cons. d'Et.
100 c.
30 nov. Cons. d'Et.
310 c., 312 c.,
313 c., 362
c.
5 déc. Cons. d'Et.
100 c., 153 c.,
196 c., 266 c.,
284.
12 déc. Cons. d'Et.
390 c.
19 déc. Cons. d'Et.
249 c., 269 c.
26 déc. Cons. d'Et.
176 c., 349 c.

1874
9 janv. Cons. d'Et.
242 c., 302 c.
16 janv. Cons. d'Et.
78 c., 173 c.
23 janv. Cons. d'Et.
76 c., 133 c.
30 janv. Cons. d'Et.
305 c., 306 c.
13 févr. Cons. d'Et.
220 c.
19 févr. Loi. 338 c.
27 févr. Cons. d'Et.
133 c.
20 mars. Cons.
d'Et. 128 c.
27 mars. Cons.
d'Et. 240 c.
31 mars. Cons.
d'Et. 389 c.
1er mai. Cons. d'Et.
79 c., 98 c., 230
12 juin. Cons. d'Et.
71 c.
26 juin. Cons. d'Et.
141 c.
10 juill. Cons. d'Et.
109 c.
17 juill. Cons. d'Et.
61 c., 131 c.
1er août. Loi. 10 c.,
11 c., 24 c., 52
c.
21 août. Cons. d'Et.
368.
20 nov. Cons. d'Et.
100 c., 106 c.,
259 c.
4 déc. Cons. d'Et.
95 c.
11 déc. Cons. d'Et.
356 c.
26 déc. Cons. d'Et.
229 c.

1875
8 janv. Cons. d'Et.
85, 216 c.
15 janv. Cons. d'Et.
113 c.
22 janv. Cons. d'Et.
124 c., 177 c.
29 janv. Cons. d'Et.
405 c.
5 févr. Cons. d'Et.

173 c., 250 c.,
201 c.
25 févr. Loi. 8 c.,
26 c.
26 févr. Cons. d'Et.
287 c.
12 mars. Cons.
d'Et. 178 c.
9 avr. Cons. d'Et.
144 c.
23 avr. Cons. d'Et.
103 c., 141 c.
30 avr. Cons. d'Et.
157 c.
2 juill. Cons. d'Et.
110 c.
9 juill. Cons. d'Et.
318 c.
30 juill. Cons. d'Et.
286.
31 juill. Loi. 11 c.,
12 c., 66 c., 339
c., 360 c., 398 c.
2 août. Loi. 12 c.,
30 c.
7 août. Cons. d'Et.
144 c., 407 c.
26 nov. Cons. d'Et.
125 c., 138 c.
30 nov. Loi. 30 c.
3 déc. Cons. d'Et.
125 c., 152 c.

1876
14 janv. Cons. d'Et.
131 c., 316 c.
21 janv. Cons. d'Et.
185 c.
11 févr. Cons. d'Et.
229 c.
25 févr. Cons. d'Et.
131 c., 179 c.
1er mars. Cons.
d'Et. 141 c.
7 avr. Cons. d'Et.
144 c.
28 avr. Cons. d'Et.
128 c., 293 c.
321 c.
12 mai. Cons. d'Et.
178 c., 253 c.
24 mai. Cons. d'Et.
142 c.
26 mai. Cons. d'Et.
420 c.
27 mai. Trib. confl.
123 c.
9 juin. Cons. d'Et.
95 c.
30 juin. Cons. d'Et.
411 c., 431 c.
7 juill. Cons. d'Et.
353, 406 c.
28 juill. Cons. d'Et.
97 c., 174 c.
10 août. Loi. 11 c.
12 août. Loi. 11 c.
9 nov. Cons. d'Et.
75 c.
17 nov. Cons. d'Et.
63 c., 182 c.
15 déc. Cons. d'Et.
181 c.
22 déc. Cons. d'Et.
133 c., 352, 415

1877
5 janv. Cons. d'Et.
196 c., 409 c.
12 janv. Cons. d'Et.
99 c., 230 c.,
259 c., 267 c.
19 janv. Cons. d'Et.
128 c.
2 févr. Cons. d'Et.
360 c.
16 mars. Cons.
d'Et. 231 c.
236 c.
23 mars. Cons.
d'Et. 426.
27 avr. Cons. d'Et.
252 c.

18 mai. Cons. d'Et.
237 c.
8 juin. Cons. d'Et.
183 c., 392 c.
29 juin. Cons. d'Et.
412.
13 juill. Cons. d'Et.
173 c.
3 août. Cons. d'Et.
158 c.
9 nov. Cons. d'Et.
231 c., 252 c.
16 nov. Cons. d'Et.
83 c.
23 nov. Cons. d'Et.
391 c.
30 nov. Cons. d'Et.
139 c., 196 c.,
318 c.
14 déc. Cons. d'Et.
235 c.
21 déc. Cons. d'Et.
128 c.

1878
4 janv. Cons.
d'Et. 196 c., 385
c., 386 c.
11 janv. Cons. d'Et.
106 c., 409 c.
1er févr. Cons. d'Et.
83, 118 c.
8 févr. Cons. d'Et.
139 c., 201 c.
16 févr. Cons. d'Et.
203 c.
19 févr. Décr. 11
c., 35 c.
22 févr. Cons. d'Et.
84 c., 239.
27 févr. Av. Cons.
d'Et. 448 c.,
449 c.
29 mars. Cons.
d'Et. 422 c.
5 avr. Cons. d'Et.
161 c.
16 mai. Décr. 447
c.
21 mai. Cons. d'Et.
229 c.
4 juin. Av. Cons.
d'Et. 444 c.,
447 c., 449 c.
13 juin. Loi. 11 c.
81 c.
15 nov. Cons. d'Et.
175 c., 341 c.
22 nov. Cons. d'Et.
99 c., 194 c.,
339 c.
29 nov. Cons. d'Et.
124 c.
6 déc. Cons. d'Et.
124 c., 178 c.
13 déc. Cons. d'Et.
177 c., 201 c.,
316 c., 318 c.
27 déc. Cons. d'Et.
106 c., 235.

1879
24 janv. Cons.
d'Et. 166 c.,
239 c.
5 févr. Req. 225
c.
14 févr. Cons. d'Et.
407 c.
28 févr. Cons. d'Et.
215 c., 318 c.
14 mars. Cons.
d'Et. 87.
21 mars. Cons.
d'Et. 118 c.
28 mars. Cons.
d'Et. 384 c., 385
c.
16 mars. Cons.
d'Et. 216 c.
2 mai. Cons. d'Et.
179 c.
16 mars. Cons.
d'Et. 367 c.
23 mai. Cons.

d'Et. 132 c.,
140 c.
6 juin. Cons. d'Et.
133 c.
27 juin. Cons.
d'Et. 255 c.
13 juill. Loi. 11, 22
c., 29 c., 33 c., 39
c., 40 c., 44 c.,
51 c., 56 c., 332
c., 384 c., 439
c., 430 c., 453 c.
2 août. Décr. 11
c., 29 c., 38 c.,
40 c., 41 c., 43
c., 45 c., 46 c.,
49 c., 52 c.,
323 c., 324 c.,
325 c., 329 c.,
330 c., 331 c.,
364 c., 381 c.,
436 c.
12 août. Cons.
d'Et. 119 c., 259
c.
14 août. Décr. 11
c., 35 c.
14 nov. Cons. d'Et.
104 c.
21 nov. Cons. d'Et.
214 c.
9 déc. Cons. d'Et.
304 c., 415 c.
19 déc. Cons. d'Et.
158 c., 239 c.
26 déc. Cons. d'Et.
188.

1880
16 janv. Cons. d'Et.
139 c.
20 févr. Cons. d'Et.
70 c., 236 c.
27 févr. Loi. 162 c.,
163 c., 164 c.
27 févr. Cons. d'Et.
96 c.
12 mars. Cons.
d'Et. 191 c., 225
c., 231 c., 260
c., 361.
16 mars. Décr. 220
c.
19 mars. Cons.
d'Et. 124 c.
23 mars. Loi. 11 c.,
37 c.
1er avr. Cons.
d'Et. 358 c.
16 avr. Cons. d'Et.
206 c., 231 c.,
270 c., 280 c.,
281 c., 287 c.
30 avr. Cons. d'Et.
166 c., 240 c.,
254 c.
2 mai. Cons. d'Et.
139 c.
21 mai. Cons. d'Et.
88 c.
28 mai. Cons. d'Et.
317 c.
11 juin. Cons. d'Et.
318 c.
25 juin. Cons. d'Et.
172 c., 280 c.,
281 c.
2 juill. Cons. d'Et.
236 c., 237 c.
30 juill. Cons. d'Et.
239 c., 240 c.,
421 c.
9 août. Cons.
d'Et. 177 c.,
105 c.
6 nov. Cons. d'Et.
374 c., 378 c.
12 nov. Cons. d'Et.
386 c.
24 nov. Cons. d'Et.
313 c., 314 c.
10 nov. Cons. d'Et.
81 c.
26 nov. Cons. d'Et.
194 c.
3 déc. Cons. d'Et.
268 c., 271 c.,
275 c.

17 déc. Cons. d'Et.
413 c.
24 déc. Cons. d'Et.
391 c.

1881
3 janv. Cons. d'Et.
319 c., 418 c.
23 janv. Cons. d'Et.
232 c.
4 févr. Cons. d'Et.
126 c.
11 mars. Cons.
d'Et. 237 c., 366.
18 mars. Cons.
d'Et. 100 c.
25 mars. Cons.
d'Et. 47 c., 84
c., 145 c.
1er avr. Cons. d'Et.
116 c.
8 avr. Cons. d'Et.
357 c.
13 avr. Cons. d'Et.
169 c., 177 c.,
226 c., 258 c.,
415 c.
13 mai. Cons. d'Et.
173 c.
20 mai. Cons. d'Et.
257 c.
27 mai. Cons. d'Et.
217 c.
17 juin. Cons. d'Et.
201 c., 282.
23 juin. Cons. d'Et.
79 c., 83 c., 93
c., 362 c.
1er juill. Cons. d'Et.
374 c., 377 c.,
378 c.
22 juill. Cons. d'Et.
106 c., 383 c.
29 juill. Loi. 374 c.
29 juill. Cons. d'Et.
342 c.
30 juill. Loi. 72 c.
5 août. Décr. 233
c., 224 c.
6 août. Cons. d'Et.
61 c., 233 c.
7 sept. Décr. 223
c., 224 c.
11 nov. Cons. d'Et.
319 c.
14 nov. Décr. 49 c.
18 nov. Cons. d'Et.
424.
2 déc. Cons. d'Et.
183 c., 393 c.
10 déc. Cons. d'Et.
148 c.
22 déc. Cons. d'Et.
282 c., 352 c.
25 déc. Cons. d'Et.
73 c.
26 déc. Décr. 11
c., 49 c.

1882
6 janv. Cons. d'E
81 c.
13 janv. Cons. d'Et.
379 c.
20 janv. Cons. d'Et.
344 c.
30 janv. Décr. 49 c.
10 févr. Cons. d'Et.
105 c., 108 c.,
184 c., 287 c.,
2 mars. Cons.
d'Et. 123 c.
5 mars. Décr. 11
c., 49 c.
10 mars. Cons.
d'Et. 123 c.
31 mars. Cons.
d'Et. 378 c.
4 avr. Loi. 360 c.
21 avr. Cons. d'Et.
344 c.
3 mai. Cons. d'Et.
123 c., 177 c.,
198 c., 217 c.
5 mai. Cons. d'Et.
160 c.
12 mai. Cons. d'Et.
116 c.
16 mai. Cons. d'Et.
129 c.
22 juin. Cons. d'Et.
184 c., 266 c.

CONSEIL DE FABRIQUE. — V. Culte; — Rép. eod. v°, nos 514 et suiv.

CONSEIL DE FAMILLE. — V. Minorité-tutelle-émancipation; — Rép. eod. v°, nos 156 et suiv.

V. aussi supra, vis Absence-absent, nos 89 et suiv.; Aliéné, n° 122; Chose jugée, n° 49; Commerçant, nos 55, 57 et suiv.; infrà, vis Contrat de mariage; Droits civils; Interdiction-conseil judiciaire; Paternité et filiation; Puissance paternelle; Responsabilité; Serment; Souveraineté; Substitution; Témoin.

CONSEIL DE GUERRE. — V. Organisation militaire; — Rép. eod. v°, nos 804 et suiv.

V. aussi supra, vis Cassation, nos 135, 142, 203, 328, 454; Chose jugée, n° 280; Compétence criminelle, nos 58, 72, 122, 143 et suiv.; 385; Complice-complicité, nos 139 et suiv.; Conflit, n° 55; infrà, vis Contumace; Instruction criminelle; Jugement; Organisation de l'Algérie; Organisation des colonies; Peine; Presse-outrage-publication; Rébellion; Règlement de juges; Vol et escroquerie.

CONSEIL DE GUERRE MARITIME. — V. Organisation maritime; — Rép. eod. v°; nos 964 et suiv.

CONSEIL DE PRÉFECTURE. — V. Organisation administrative; — Rép. eod. v°, nos 382 et suiv.

V. aussi supra, vis Associations syndicales, nos 52, 122 et suiv., 132, 152 et suiv., 193, 205, 211 et suiv.; Chose jugée, nos 47, 400; Commune, nos 881 et suiv., 907 et suiv., 917, 954, 1113 et suiv., 1242 et suiv.; Compétence administrative, nos 346 et suiv.; Conflit, n° 29; Conseil d'Etat, nos 68, 73 et suiv., 85 et suiv., 262, 340; infrà, vis Culte; Eaux; Expropriation pour cause d'utilité publique; Frais et dépens; Impôts directs; Jugement; Jugement par défaut; Manufactures et ateliers dangereux, insalubres ou incommodes; Marais; Organisation de l'Algérie; Organisation militaire; Patente; Presse-outrage-publication; Règlements administratifs; Salubrité publique; Travaux publics; Vente administrative; Voirie par chemin de fer.

CONSEIL DE PRUD'HOMMES. — V. Prud'hommes; — Rép. eod. v°, nos 1 et suiv.

CONSEIL DE RÉVISION. — V. Organisation militaire; — Rép. eod. v°, nos 950 et suiv.

V. aussi supra, vis Compétence administrative, n° 435; Conseil d'Etat, nos 71, 161, 319, 322; infrà, v° Presse-outrage-publication.

CONSEIL DE SALUBRITÉ. — V. Salubrité publique; — Rép. eod. v°, n° 11.

CONSEIL DE SURVEILLANCE. — V. Société; — Rép. eod. v°, nos 1204 et suiv.

CONSEIL DES MINISTRES. — V. Organisation administrative; — Rép. eod. v°, nos 130 et suiv.

CONSEIL DES PRISES. — V. Prises maritimes; — Rép. eod. v°, n° 8.

CONSEIL GÉNÉRAL. — V. Organisation administrative; — Rép. eod. v°, nos 469 et suiv.

V. aussi supra, vis Aliéné, nos 11 et suiv.; 24, 77; et suiv., 96 et suiv.; Commune, nos 44 et suiv., 1260; Compétence administrative, n° 399; Conseil d'Etat, nos 66, 97, 101, 144; infrà, vis Eaux; Expropriation pour cause d'utilité publique; Frais et dépens; Halles, foires et marchés; Hospices-hôpitaux; Octroi; Organisation de l'Algérie; Organisation des colonies; Patente; Pension; Règlements administratifs; Responsabilité; Travaux publics; Voirie par terre; Voirie par chemin de fer.

CONSEIL JUDICIAIRE. — V. Interdiction-conseil judiciaire; — Rép. eod. v°, nos 248 et suiv.

V. aussi supra, v° Acquiescement, n° 15, 29; infrà, vis Degré de juridiction; Demande nouvelle; Expropriation pour cause d'utilité publique; Instruction criminelle; Jugement; Jugement par défaut; Mariage; Minorité-tutelle-émancipation; Obligations; Prescription civile; Presse-outrage-publication; Tierce opposition; Vente.

CONSEIL MUNICIPAL. — V. Commune, nas 146 et suiv., 253 et suiv.; — Rép. eod. v°, n° 358 et suiv.

V. aussi supra, vis Action possessoire, n° 146; Compétence administrative, nos 80, 142, 347; Conseil d'Etat, n° 65 et suiv., 105, 133, 140 et suiv., 213; infrà, vis Culte; Dispositions entre-vifs et testamentaires; Expropriation pour cause d'utilité publique; Fonctionnaire public; Forêts; Impôts directs; Octroi; Organisation de l'Algérie; Organisation des colonies; Organisation de l'instruction publique; Organisation militaire; Pension; Presse-outrage-publication; Responsabilité; Travaux publics; Usage-usage forestier; Voirie par terre.

CONSEIL PRIVÉ. — V. Organisation des colonies; — Rép. eod. v°, nos 279 et suiv.

CONSEIL SUPÉRIEUR DU COMMERCE, DE L'AGRICULTURE ET DE L'INDUSTRIE. — V. Organisation économique; — Rép. eod. v°, nos 6 et suiv.

CONSEIL SUPÉRIEUR DE L'INSTRUCTION PUBLIQUE. — V. Organisation de l'instruction publique; — Rép. eod. v°, nos 125, 340, 478 et suiv.

CONSEIL SUPÉRIEUR DE LA MAGISTRATURE. — V. infrà, vis Discipline judiciaire; Organisation judiciaire.

CONSEILLER. — En ce qui concerne : ... les conseillers de la cour de cassation, V. *Cassation*, nᵒˢ 19 et suiv. ; — *Rép.* eod. vᵒ, nᵒˢ 29, 42 ;

... Les conseillers de cour d'appel, V. *Organisation judiciaire ;* — *Rép.* eod. vᵒ, nᵒˢ 113, 341 et suiv. ;

... Les conseillers de la cour des comptes, V. *Cour des comptes ;* — *Rép.* eod. vᵒ, nᵒˢ 14 et suiv. ;

... Les conseillers d'Etat, V. *Conseil d'Etat*, nᵒˢ 22 et suiv. ; — *Rép.* eod. vᵒ, nᵒˢ 164 et suiv. ;

... Les conseillers de préfecture, V. *Organisation administrative ;* — *Rép.* eod. vᵒ, nᵒˢ 388 et suiv.

... Les conseillers généraux et d'arrondissement, V. *Organisation administrative ;*—*Rép.* eod. vᵒ, nᵒˢ 469 et suiv. ; 789 et suiv. ;

... Les conseillers municipaux, V. *Commune*, nᵒˢ 142 et suiv. ; *Organisation administrative ;* — *Rép.* vⁱˢ *Commune*, nᵒˢ 232 et suiv. ; *Organisation administrative*, nᵒˢ 833 et suiv.

CONSENTEMENT. — V. *Obligations ;* — *Rép.* eod. vᵒ, nᵒˢ 88 et suiv.

V. aussi *supra*, vⁱˢ *Adoption*, nᵒˢ 60, 69 ; *Chasse*, nᵒˢ 410 et suiv., 444 et suiv., 503 et suiv., 510 et suiv., 515 et suiv. ; *infra*, vⁱˢ *Contrat de mariage ; Dispositions entre-vifs et testamentaires ; Expropriation pour cause d'utilité publique ; Louage ; Mariage ; Nantissement ; Privilèges et hypothèques ; Propriété ; Propriété littéraire et artistique ; Société ; Transaction ; Vente ; Vente publique d'immeubles.*

CONSERVATEUR DES FORÊTS. — V. *Forêts ;* — *Rép.* eod. vᵒ, nᵒ 164.

CONSERVATEUR DES HYPOTHÈQUES. — V. *Privilèges et hypothèques ;* — *Rép.* eod. vᵒ, nᵒˢ 2817 et suiv.

V. aussi *supra*, vᵒ *Cautionnement de fonctionnaires*, nᵒ 26 ; *infra*, vⁱˢ *Intervention ; Ordre entre créanciers ; Organisation des colonies ; Pension ; Responsabilité ; Transcription hypothécaire.*

CONSIGNATION. — En ce qui concerne : ... la consignation, dans une caisse publique ou entre les mains d'un particulier, de sommes destinées à opérer une libération, V. *Obligations ;* — *Rép.* eod. vᵒ, nᵒˢ 2051 et suiv. ;

... La caisse des dépôts et consignations, V. *Obligations ; Trésor public ;* — *Rép.* vⁱˢ *Obligations*, nᵒˢ 2152 et suiv. ; *Trésor public*, nᵒˢ 107, 313.

... La consignation des marchandises, V. *Commissionnaire*, nᵒˢ 45 et suiv. — *Rép.* eod. vᵒ, nᵒ 2.

... La consignation au greffe des frais judiciaires, V. *Frais et dépens ;* — *Rép.* eod. vᵒ, nᵒˢ 993 et suiv.

V. aussi *supra*, vᵒ *Cassation*, nᵒˢ 137 et suiv., 143 et suiv., 151 et suiv., 218 ; *infra*, vⁱˢ *Contrat de mariage ; Expropriation pour cause d'utilité publique ; Faillite et banqueroute ; Impôts directs ; Louage ; Ordre entre créanciers ; Privilèges et hypothèques ; Référé ; Saisie-arrêt ; Vente ; Vente publique d'immeubles.*

CONSISTOIRE. — V. *Culte ;* — *Rép.* eod. vᵒ, nᵒˢ 710, 715, 721 et suiv., 725.

V. aussi *infra*, vⁱˢ *Dispositions entre-vifs et testamentaires ; Impôts directs ; Obligations ; Organisation de l'instruction publique.*

CONSOLIDATION. — V. *Usufruit ;* — *Rép.* eod. vᵒ, nᵒˢ 624 et suiv.

CONSOMMATION. — Sur le droit de consommation, V. *Impôts indirects ;* — *Rép.* eod. vᵒ, nᵒ 22.

CONSTITUTION. — V. *Souveraineté ;* — *Rép.* eod. vᵒ, nᵒˢ 18 et suiv.

CONSTITUTION D'AVOUÉ. — V. *Avoué*, nᵒˢ 38 et suiv. ; *Exploit ;* — *Rép.* vⁱˢ *Avoué*, nᵒˢ 149 et suiv. ; *Exploit*, nᵒˢ 615 et suiv.

CONSTITUTION DE DOT. — V. *Contrat de mariage ; Rép.* eod. vᵒ, nᵒˢ 3170 et suiv.

CONSTITUTION DE RENTE. — V. *Rentes constituées ;* — *Rép.* eod. vᵒ, nᵒˢ 1, 45 et suiv.

CONSTRUCTION. — V. *Propriété ; Voirie par terre ;* — *Rép.* vⁱˢ *Propriété*, nᵒˢ 389 et suiv. ; *Voirie par terre*, nᵒˢ 1745 et suiv.

V. aussi *supra*, vⁱˢ *Acte de commerce*, nᵒˢ 17 et suiv., 106, 198 et suiv., 207 ; *Commune*, nᵒ 270 ; *Compétence commerciale*,

nᵒˢ 35 et suiv. ; *infra*, vⁱˢ *Enregistrement ; Louage d'ouvrage et d'industrie ; Mines et carrières ; Octroi ; Propriété ; Servitude ; Voirie par chemin de fer.*

CONSULS. — **1.** Indépendamment des ouvrages cités dans le *Répertoire* et notamment du *Guide pratique des consuls* de MM. de Clercq et de Vallat, 4ᵉ éd., 1880, on consultera utilement sur cette matière : Alex. de Miltitz, *Manuel des consuls*, Londres et Berlin 1837 ; de Martens, *Guide diplomatique*, 5ᵉ éd., 1866 ; Calvo, *Droit international*, 4ᵉ éd., 1888, t. 3, § 1368 et suiv. ; Heffter-Geffken, *Droit international*, § 244 et suiv. ; Ch. Vergé, notes sur de Martens, *Précis de droit des gens*, t. 1, p. 382 et suiv. ; Neumann, *Handbuch des consularwesens*, Vienne, 1854 ; Paul Leroy, *Des consulats, des légations et des ambassades*, 2ᵉ éd., Paris, 1876 ; Lehr, *Manuel théorique et pratique des agents diplomatiques et consulaires*, 1888.

Division.

§ 1. — **Historique. — Législation. — Droit comparé** (nᵒ 2).

§ 2. — **Organisation des consulats. — Immunités** (nᵒ 3).

§ 3. — **Devoirs et attributions des consuls** (nᵒ 17).

§ 4. — **Des vice-consuls et agents consulaires** (nᵒ 50).

§ 5. — **Des chanceliers** (nᵒ 52).

─────────

§ 1ᵉʳ. — Historique. — Législation. — Droit comparé (*Rép.* nᵒˢ 2 à 20).

2. Les lois, ordonnances, décrets et règlements énumérés et reproduits dans le *Répertoire* aux nᵒˢ 19 et 20 ont été modifiés ou complétés par un grand nombre de dispositions nouvelles, énumérées dans le tableau ci-après :

Tableau de la législation sur les consulats.

6 oct. 1847. — Règlement pour l'examen et l'admission des élèves-consuls (D. P. 47. 3. 187-188).

25 oct.-21 nov. 1851. — Décret qui modifie le tarif des droits à percevoir dans les chancelleries diplomatiques et consulaires de la République à l'étranger (D. P. 51. 4. 222).

8-13 juill. 1852. — Loi relative à la juridiction des consuls de France en Chine et dans les Etats de l'iman de Mascate (D. P. 52. 4. 177-178).

25 août 1852-18 mars 1853. — Rapport au prince président de la République, suivi d'un décret portant que les fonctions judiciaires attribuées aux consuls de France en Chine seront remplies à Macao ou à Canton par le chancelier de la légation de France (D. P. 53. 4. 19).

11-15 sept. 1853. — Décret impérial portant promulgation de la convention consulaire conclue entre la France et les Etats-Unis d'Amérique (D. P. 53. 4. 214).

5-29 août 1854. — Décret impérial qui fixe la quotité des remises allouées aux chanceliers de légation et de consulat en congé et aux chanceliers chargés de la gestion des consulats (D. P. 54. 4. 139).

22 sept.-1ᵉʳ oct. 1854. — Décret impérial relatif aux attributions des agents vice-consuls de France (D. P. 54. 4. 158).

31 juill.-13 août 1855. — Décret impérial concernant les congés à accorder aux agents vice-consuls, aux drogmans et aux chanceliers diplomatiques ou consulaires (D. P. 55. 4. 79).

18-26 mai 1858. — Loi relative à la juridiction des consuls de France en Perse et dans le royaume de Siam (D. P. 58. 4. 35).

19-26 mars 1862. — Loi relative à la juridiction des consuls de France au Japon (D. P. 62. 4. 31).

22 juin-4 nov. 1862. — Décret impérial qui soumet à une taxe proportionnelle les recouvrements de créances ou de successions opérés pour le compte des particuliers par les soins des chancelleries diplomatiques et consulaires (D. P. 62. 4. 124).

7 oct.-4 nov. 1862. — Décret impérial portant que les trois catégories du tarif des chancelleries consulaires seront réduites à deux, à partir du 1ᵉʳ janv. 1863 (D. P. 62. 4. 124).

18 nov.-14 déc. 1863. — Décret impérial qui exempte des droits de chancellerie consulaire, spécifiés par l'art. 23 du tarif annexé à l'ordonnance du 6 nov. 1842, les navires ne jaugeant pas plus de trente tonneaux (D. P. 63. 4. 159).

5 déc. 1863-18 janv. 1864. — Décret impérial qui institue un consul-juge à Alexandrie (D. P. 64. 4. 17).

25 oct.-17 nov. 1865. — Décret impérial portant que les deux catégories du tarif des chancelleries consulaires seront supprimées à partir du 1ᵉʳ janv. 1866 et remplacées par le tarif y annexé (D. P. 65. 4. 144).

28 avr.-4 mai 1869. — Loi qui attribue à la cour impériale de Saïgon les appels des jugements des tribunaux consulaires de la Chine, du royaume de Siam et du Japon, et la connaissance des crimes commis par des Français dans les mêmes contrées (D. P. 69. 4. 47).

1er déc. 1869-18 janv. 1870. — Décret impérial concernant le personnel des chancelleries diplomatiques et consulaires (D. P. 70. 4. 20).

31 juill. 1875.-23 févr. 1876. — Décret portant création d'un emploi de consul-juge à Tunis (D. P. 76. 4. 86).

30 nov. 1875. — Instruction modifiant le tarif des chancelleries consulaires.

17-25 déc. 1875. — Loi relative à la réforme judiciaire en Egypte (D. P. 76. 4. 57).

27 déc. 1876. — Instruction modifiant le tarif des chancelleries consulaires.

10 juill. 1877. — Circulaire du ministre des affaires étrangères sur l'examen d'admission des élèves-consuls.

21 févr. 1880-6 août 1881. — Décret qui remplace la dénomination d'*élève-consul* par celle de *consul suppléant* (D. P. 82. 4. 49).

10-13 juill. 1880. — Décret sur les conditions d'admission dans les carrières diplomatique et consulaire (D. P. 81. 4. 54).

14-19 août 1880. — Décret portant règlement sur la comptabilité des chancelleries diplomatiques et consulaires et sur l'ordonnancement des dépenses faites à l'étranger (D. P. 82. 4. 50).

18-20 sept. 1880. — Décret qui divise les vice-consuls rétribués en deux classes (D. P. 82. 4. 49).

19 janv.-27 févr. 1881. — Décret relatif aux attributions des vice-consuls rétribués (D. P. 82. 4. 49).

31 janv.-12 mars 1881. — Décret qui règle l'exercice de la juridiction consulaire en Chine (D. P. 82. 4. 13).

28 févr.-4 mars 1881. — Décret concernant les indemnités pour frais d'installation accordées aux vice-consuls (D. P. 82. 4. 50).

31 mars-2 avr. 1882. — Décret relatif à l'organisation des corps diplomatique et consulaire (D. P. 83. 4. 24).

31 mars-2 avr. 1882. — Décret concernant les vice-consuls, les chanceliers, les drogmans et interprètes (D. P. 83. 4. 24).

1er avr.-3 juill. 1882. — Décret qui fixe les traitements de disponibilité et les traitements spéciaux temporaires qui peuvent être accordés aux agents des carrières diplomatiques et consulaires (D. P. 83. 4. 24).

17-20 juill. 1882. — Décret qui fixe les traitements des agents diplomatiques et consulaires (D. P. 83. 4. 75).

20-21 déc. 1882. — Loi qui autorise le gouvernement de la République à consentir de nouvelles prorogations de la réforme judiciaire en Egypte (D. P. 83. 4. 80).

27-29 avr. 1883. — Décret reculant la limite d'âge pour l'examen d'admission dans le service diplomatique et consulaire (D. P. 84. 4. 7).

2-30 janv. 1884. — Décret qui fixe les conditions de jouissance des traitements des agents diplomatiques et consulaires (D. P. 84. 4. 82-83).

24-26 juin 1886. — Décret relatif à l'organisation du cadre des commis de chancellerie (D. P. 87. 4. 41).

§ 2. — Organisation des consulats. — Immunités (*Rép.* nos 21 à 45).

3. Nous avons indiqué au *Rép.* n° 21 la composition du corps des consuls. D'après le décret du 31 mars 1882 (V. *suprà*, n° 2), le cadre d'activité comprend trente-deux consuls généraux, quarante-cinq consuls de 1re classe, cinquante consuls de 2me classe, et douze consuls suppléants. Cette dernière dénomination a été substituée à celle d'élèves-consuls par le décret du 21 févr. 1881. Aucun agent du département des affaires étrangères, jusqu'au grade de ministre plénipotentiaire de 1re classe, ne peut être l'objet d'un avancement de grade ou de classe s'il ne compte au moins trois ans de service dans son grade ou dans sa classe (Décr. 31 mars 1882, art. 5). Cette règle est applicable à tous les agents consulaires. D'après le même décret, le traitement fixe des consuls suppléants est fixé à 5000 fr. et une indemnité supplémentaire peut leur être exceptionnellement accordée à raison de la cherté de la vie dans certaines résidences (art. 8); quant au traitement des autres agents, il reste déterminé jusqu'à nouvel ordre d'après le poste qu'ils occupent (art. 9).

4. Un concours est ouvert chaque année au mois de janvier pour l'admission dans les carrières diplomatique et consulaire (Décr. 10 juill. 1880, art. 1er, V. *suprà*, n° 2). Nul ne peut y être admis : 1° s'il n'est Français jouissant de ses droits; 2° s'il a, au 1er janvier de l'année du concours, moins de vingt et un ans et plus de trente ans; 3° s'il ne produit soit un diplôme de licencié en droit, ès sciences ou

ès lettres, soit un diplôme de l'école des chartes, soit un certificat attestant qu'il a satisfait aux examens de sortie de l'école normale supérieure, de l'école polytechnique, de l'école nationale des mines, de l'école nationale des ponts et chaussées, de l'école centrale des arts et manufactures, de l'école forestière, de l'école spéciale militaire ou de l'école navale, soit un brevet d'officier dans l'armée active de terre ou de mer (Décr. 10 juill. 1880, art. 8; 27 avr. 1883, art. 1er, V. *ibid.*). — Le décret du 10 juill. 1880 fixe les matières sur lesquelles doivent porter les épreuves du concours (art. 14). Les candidats reçus à ce concours doivent opter, selon leur rang et avec l'agrément du ministre, pour la carrière diplomatique ou la carrière consulaire, et doivent faire dans les bureaux des affaires étrangères un stage de trois ans, à la suite duquel ils subissent un examen de classement et sont nommés, s'ils ont opté pour la carrière consulaire, soit à l'intérieur, attachés payés à la direction des affaires commerciales et au contentieux de droit privé, soit à l'extérieur, élèves consuls.

5. Comme on l'a dit au *Rép.* n° 28, un consul doit obtenir du Gouvernement auprès duquel il est accrédité une ordonnance *d'exequatur* l'autorisant à exercer ces fonctions. Ces ordonnances n'ont, ni dans le fond, ni dans la forme, le caractère de lois ou de règlements, et ne peuvent conséquemment à aucun titre, dans les contestations intéressant les consuls qui sont obtenues, ouvrir la voie à des moyens d'ordre public que les juges devraient au besoin relever d'office (Crim. rej. 23 déc. 1854, aff. Featherstonaugh, D. P. 59. 1. 185). On ne saurait davantage les assimiler à des conventions internationales ayant, par leur valeur propre et indépendamment de toute stipulation expresse, le pouvoir de modifier un état de choses préexistant, tel qu'il résulte soit des traités antérieurs, soit des règles du droit des gens (Même arrêt). L'arrêt précité ne tranche pas formellement la question de savoir quelle est l'autorité appelée en cas de contestation, à interpréter les dispositions d'une ordonnance *d'exequatur*. Mais il reconnaît implicitement que le droit d'interprétation ne peut appartenir aux tribunaux civils.

L'ordonnance *d'exequatur* n'a point pour effet d'attribuer aux consuls étrangers la qualité de dépositaires d'une partie de l'autorité publique. En conséquence, la diffamation commise publiquement envers eux ne tombe pas sous l'application de l'art. 31 de la loi du 29 juill. 1881 et ne rentre pas dans la compétence de la cour d'assises (Paris, 28 juin 1883, aff. Rubi, D. P. 84. 2. 115. V. *infrà*, v° *Presse-outrarge*).

6. On a vu au *Rép.* n° 30 que l'usage s'était établi, dans le droit des gens, de ne pas exiger le renouvellement de l'*exequatur* quand des changements politiques surviennent dans le pays où réside un consul. D'autre part, la nomination d'un consul dans un pays dont la souveraineté est contestée n'implique pas la reconnaissance du gouvernement de fait. L'Angleterre a nommé des consuls dans les républiques de l'Amérique du Sud dix-huit mois avant la première reconnaissance de l'une d'elles; et l'Espagne a déclaré, en 1867, que la permission accordée à ses bâtiments de s'adresser pour leurs affaires aux consuls du roi Victor-Emmanuel n'impliquait nullement la reconnaissance du royaume d'Italie (Heffer-Geffken, § 246, note 1).

7. Nous avons exposé au *Rép.* n° 32 la controverse qui s'est élevée au sujet du caractère des consuls. Tandis que MM. de Clercq et de Vallat, t. 1, p. 7, considèrent les consuls comme des ministres publics, un grand nombre de publicistes refusent à l'institution consulaire tout caractère représentatif (Wheaton, *Eléments de droit international*, t. 3, chap. 1er, § 22; Phillimore, *Commentaires sur le droit international*, t. 2, § 246, et 4e *Appendice*, p. 663; Calvo, t. 3, § 1385 et suiv.; Leroy, p. 135). —Les usages varient d'ailleurs sur ce point suivant les pays. L'Angleterre, les Etats-Unis et tous les Etats de l'Amérique du Sud ne reconnaissent aux consuls aucun caractère public ni ne leur accordent que des privilèges très restreints. M. Calvo, § 139, rapporte l'exemple du consul de France à San Francisco qui fut contraint, il y a quelques années, malgré sa résistance, de comparaître devant une cour de justice pour une déposition orale dans une affaire criminelle. Le gouvernement français, sans abandonner le droit strict que donne à ses agents le traité du 23 févr. 1853 (Décr. 11 sept. 1853, V. *suprà*, n° 2) a consenti, pour éviter de nouveaux conflits, à prescrire à ses consuls aux Etats-Unis

de déférer à l'avenir aux sommations à fin de comparution personnelle qui leur seraient adressées en matière criminelle par les tribunaux américains. En Autriche, les consuls ne jouissent d'aucun privilège en dehors de l'exercice de leurs fonctions. En Prusse, les consuls étrangers qui ne sont pas sujets prussiens sont assujettis à la juridiction civile; mais en matière criminelle ils sont, après instruction, remis à leur propre gouvernement pour être jugés d'après les lois de leur pays : ils jouissent, en outre, de certaines exemptions. Les lois espagnoles les affranchissent de toute comparution en justice, même à titre de témoins.

Mais quels que soient à cet égard les usages locaux, la plupart des traités de commerce conclus depuis un siècle contiennent une clause en vertu de laquelle les consuls doivent réciproquement jouir des privilèges et exemptions concédés à ceux de la nation la plus favorisée, sans déterminer d'ailleurs avec une précision suffisante le sens des mots « privilèges et exemptions ». Les plus explicites pour la France sont les conventions consulaires avec l'Espagne des 13 mars 1769 et 7 janv. 1862 (Décr. 18 mars 1862, D.P. 62. 4. 32), celles avec la Sardaigne du 4 févr. 1852 (Décr. 13 avr. 1852, D. P. 52. 4. 126), celles avec les Etats-Unis du 23 févr. 1853 (Décr. 11 sept. 1853, D. P. 53. 4. 214), celles avec l'Italie du 26 juill. 1862 (Décr. 24 sept. 1862, D. P. 62. 4. 115), celles avec les Pays-Bas du 8 juin 1855 (Décr. 20 juill. 1855, D. P. 55. 4. 77), celles avec le Venezuela du 24 oct. 1856, celles avec le Brésil du 10 déc. 1860 et du 21 juill. 1866 (Décr. 17 mars 1861, D. P. 61. 4. 42), celles avec le Portugal du 11 juill. 1866, celles avec l'Autriche du 11 décembre du même année (de Clercq et de Vallat, t. 1, p. 10).

8. Ce qui précède ne s'applique pas d'ailleurs aux Etats du Levant et de Barbarie. Conformément à la distinction exposée au *Rép*. n° 32, il a été jugé que si les consuls en général, lorsqu'ils sont uniquement chargés de la surveillance et de la protection de nos intérêts commerciaux à l'étranger, ne peuvent se prévaloir de la fiction légale qui veut que la résidence de nos agents diplomatiques soit considérée comme le sol même de la patrie, il n'en est pas de même de nos consuls dans les Echelles du Levant et de la Barbarie; que ceux-ci sont investis d'attributions plus étendues; qu'ils sont chargés d'une mission politique, et qu'ils jouissent de l'immunité territoriale (Req. 4 févr. 1863, aff. Aberjoux, D. P. 63. 1. 306).

9. La doctrine et la jurisprudence ont consacré, au contraire, pour les pays de chrétienté, cette règle générale, énoncée au *Rép*. n° 35, que les consuls ne jouissent pas du privilège d'exterritorialité, en vertu duquel les ministres publics qui représentent un Etat en pays étranger ont le droit de n'être traduits, en matière civile et criminelle, que devant les tribunaux de leurs pays (Orillard, *Compétence et procédure des tribunaux de commerce*, n° 635; Beaufils, *Compétence des tribunaux français à l'égard des étrangers*, n° 429; Fiore, *Nouveau droit international public*, 2° éd., traduction Charles-Antoine, t. 2, n° 1183; Vergé sur Martens, § 247). — Il a été jugé en ce sens que, lorsque les traités qui lient une nation étrangère à la France ne contiennent aucune stipulation relative aux privilèges consulaires, on doit, d'après les règles du droit des gens, appliquer le principe de réciprocité, et que, par suite, les consuls de cette nation, qui sont traduits devant les tribunaux français pour crimes et délits qu'ils auraient commis sur le territoire, ne peuvent invoquer le privilège d'exterritorialité qu'autant que ce privilège est reconnu par leur nation aux consuls français (Com. rej. 23 déc. 1854, aff. Featherstonaugh, D. P. 59. 1. 185. V. aussi Paris, 2 mars 1868 (1); Paris, 8 janv. 1886, aff. Chevillot,

D. P. 86. 2. 216). Mais il en est autrement lorsqu'une convention diplomatique confère aux consuls des deux nations des immunités réciproques. C'est ainsi que l'art. 2 du traité du 23 févr. 1853 conférant le privilège d'exterritorialité aux consuls de France et des Etats-Unis dans les deux pays, le consul des Etats-Unis ne peut être cité devant un tribunal français lorsqu'il agit comme consul pour la protection des intérêts de ses nationaux (C. de la Guadeloupe, 29 déc. 1879, aff. Durand, D. P. 85. 1. 302).

10. Il résulte de ce qui précède, qu'en l'absence de stipulations spéciales, les consuls peuvent être jugés et condamnés par la juridiction du droit commun dans le pays où ils résident, et qu'ils peuvent être poursuivis pour leurs obligations particulières jusque dans leur domicile privé. Mais la nature même des fonctions consulaires s'oppose à ce que cette exécution soit poursuivie jusque dans la partie de la demeure du consul qui est réservée à l'exercice de sa fonction et dans laquelle sont renfermées les archives consulaires. Ces archives sont inviolables, et les autorités locales ne peuvent, sous aucun prétexte, y faire des recherches, y saisir des pièces, ou prendre communication d'un document quelconque contre la volonté de l'agent consulaire (V. P. Fiore, *Nouveau droit international public*, 2° éd., t. 2, n° 1185; Pietro Esperson, *Diritto diplomatico*, 2° vol., 1re part.; Clunet, *Incident du consulat de France à Florence*, 1888, p. 13).

11. Ces principes ont été consacrés par la convention consulaire franco-italienne du 26 juill. 1862 dont l'art. 5 est ainsi conçu : «Les archives consulaires seront inviolables et les autorités locales ne pourront sous aucun prétexte ni dans aucun cas visiter ni saisir les papiers qui en feront partie. Ces papiers devront toujours être complètement séparés des livres ou papiers relatifs au commerce ou à l'industrie que pourraient exercer les consuls, vice-consuls en agents consulaires respectifs». Malgré la précision des termes de cette convention, un conflit s'est élevé à la fin de l'année 1887 entre le gouvernement français et le gouvernement italien dans les circonstances suivantes : le consul de France à Florence ayant apposé les scellés sur les effets de la succession d'un sujet tunisien et fait déposer les papiers du défunt aux archives du consulat, un juif algérien se prétendant créancier du défunt a obtenu du tribunal civil de Florence un jugement par défaut ordonnant le séquestre des papiers dépendant de la succession, et le dessaisissement du consul des biens et effets de ladite succession avec exécution provisoire. En vertu de ce jugement, le préteur florentin a, malgré les protestations du consul, fait forcer la porte des chambres contenant les archives et dépôts et procédé au séquestre d'un certain nombre de papiers et documents qu'il a placés sous scellés. Cet incident a donné lieu à une protestation du corps consulaire qui a été transmise aux divers gouvernements le 17 janv. 1888, et à une réclamation du gouvernement français, à la suite de laquelle le gouvernement italien a blâmé et déplacé le préteur de Florence. M. Clunet, dans une excellente dissertation qu'il a publiée sur cet incident (V. *supra*, n° 10) a parfaitement mis en lumière les véritables principes de la matière, d'après lesquels dans le cas où un agent consulaire aurait outrepassé ses pouvoirs, les décisions de l'autorité locale ne pourraient être exécutées contre lui *manu militari* jusqu'au milieu des archives consulaires, mais que l'affaire devait être suivie par la voie diplomatique auprès du gouvernement étranger dont relevait le consul. Il a cité, à cet égard, plusieurs précédents importants : c'est ainsi notamment qu'en 1885 le gouvernement anglais a réclamé et obtenu du gouvernement espagnol la levée de l'embargo sur le consulat général anglais

---

(1) (G... C... G...) — La dame G... ayant introduit, devant le tribunal civil de la Seine, une demande en nullité de mariage contre le sieur G... son mari, celui-ci a décliné la compétence de la juridiction française, en se fondant, notamment, sur ce qu'en sa qualité d'agent diplomatique, il n'était point justiciable de cette juridiction. Les exceptions invoquées par le défendeur ont été rejetées par le tribunal de la Seine, qui s'est déclaré compétent. — Appel par le sieur G... — Arrêt.

LA COUR,... — Sur le troisième moyen : — Considérant qu'en thèse générale, les consuls ne jouissent pas des immunités diplomatiques; qu'ils ne représentent pas leur souverain; que pour les contestations civiles et commerciales, ils sont justiciables des tribunaux où ils sont établis; — Considérant que le traité du 18 sept.

1862, passé entre la France et l'Italie, ne déroge pas à cette règle; que son texte, en déclarant que les consuls ne pourront être soumis à la contrainte par corps que dans des cas déterminés, démontre qu'ils sont, quant aux contestations civiles et commerciales, soumis aux règles du pays par leur habité; — Qu'il eût été, en effet, bien inutile de les mettre à l'abri d'une voie d'exécution spéciale, si l'on eût entendu les soustraire à toute condamnation et à toute poursuite; que c'est dans ce sens que, dans le langage du droit, l'exception fait preuve de la règle, l'exception étant impossible si la règle n'existait pas;

Par ces motifs,

Du 2 mars 1868.-C. de Paris, 1re et 2° ch. réun.-MM. Devienne, 1er pr.; Dupré-Lasale, 1er av. gén.-E. Quétand et Allou, av.

à la Havane, sur les archives, les bureaux et la maison du consul.

Suivant M. Calvo, 3ᵉ éd., t. 1, § 468, les archives du consulat général de France à Londres auraient été, il y a quelques années, saisies et vendues comme gage de l'impôt mis à la charge du propriétaire de la maison louée pour le service de la chancellerie. Mais il résulte des renseignements recueillis à Londres par M. Clunet, et dont il certifie l'exactitude, qu'il faut heureusement « reléguer ce récit dans le domaine de la légende ».

12. Du principe que les consuls étrangers résidant en France n'ont, à moins de stipulations contraires, ni le titre, ni le rang, ni le caractère d'agents diplomatiques, il résulte que les outrages commis publiquement envers eux ne sont point passibles de la pénalité exceptionnelle édictée par l'art. 37 de la loi du 29 juill. 1881 et sont de la compétence des tribunaux correctionnels (Paris, 28 juin 1883, cité supra, nᵒ 5 ; Crim. rej. 9 févr. 1884, aff. Carrera, D. P. 84. 1. 307. V. infra, vᵒ Presse-outrage). Il en est ainsi spécialement des outrages commis envers un consul d'Espagne, les traités précités du 13 mars 1769 et du 7 janv. 1862 n'ayant pas eu pour effet d'élever les agents consulaires de cette nation au rang d'agents diplomatiques (Même arrêt). Comme ne l'a vu supra, nᵒ 5, la compétence de la juridiction correctionnelle ne saurait être contestée davantage par le motif que les consuls seraient dépositaires d'une partie de l'autorité publique. C'est ce qui a été reconnu à l'occasion de la même affaire, par l'arrêt du 28 juin 1883.

13. Si les consuls étrangers agissant comme personnes privées sont justiciables de la justice française dans tous les cas où elle est compétente pour statuer à l'égard des étrangers, les tribunaux français sont incompétents, ainsi qu'on l'a exposé au Rép. nᵒ 38, pour connaître des actes que les consuls étrangers font en France par ordre de leur gouvernement et avec l'approbation des autorités françaises. Il a été décidé, en ce sens, qu'un consul étranger ne peut être assigné devant la justice française pour rendre compte de l'accomplissement d'une mission qui ne lui a été confiée qu'à raison de sa qualité de consul, fût-ce même par un tribunal français, et notamment pour justifier de l'emploi d'une somme qui lui a été remise pour le payment des gages de l'équipage d'un navire de sa nation (Trib. com. Nantes, 8 déc. 1869, aff. Brettson, D. P. 70. 3. 119. V. aussi : Paris, 30 juin 1876, supra, vᵒ Agent diplomatique, nᵒ 26). — Mais il a été jugé que le consul d'Allemagne qui procède au sauvetage d'un navire allemand échoué sur les côtes de France, non en qualité de consul, mais comme mandataire du propriétaire du navire, agit à titre privé (Traité de navigation, 2 août 1862, art. 14, D. P. 65. 4. 24) ; en conséquence, il est justiciable des tribunaux français (Poitiers, 4 nov. 1886, aff. Lesueur, D. P. 87. 2. 99-100).

14. Le principe énoncé au Rép. nᵒ 39, que les consuls étrangers sont exempts en France des contributions directes est applicable toutes les fois que ces consuls peuvent se prévaloir de stipulations internationales ou même du principe de la réciprocité. Cette règle est consacrée par une circulaire du directeur général des contributions directes du 9 janv. 1875 (Cons. préf. Seine, 26 sept. 1878, aff. Brelay, D. P. 78. 5. 156, note). D'après cette circulaire, l'immunité dont il s'agit est applicable aux consuls de tous pays, excepté ceux d'Angleterre ; mais elle ne doit leur être accordée qu'autant qu'ils sont sujets de l'État qui les nomme, et à raison seulement de leur habitation officielle. De plus, s'ils possèdent des immeubles ou s'ils exercent un commerce ou une industrie, ils sont soumis, à raison de ces immeubles, de ce commerce ou de cette industrie, aux mêmes charges que les nationaux. Toutefois, d'après une circulaire antérieure du 14 août 1847, les consuls étrangers qui sont en même temps commerçants ne doivent pas être imposés à la patente pour les locaux occupés par leur chancellerie ou par le consulat. Une circulaire du 2 avr. 1878 (ibid.) rappelle qu'en vertu de l'art. 2 de la convention consulaire du 23 févr. 1853, les agents consulaires des États-Unis ont droit à l'exemption de toutes contributions personnelles, quelle que soit leur nationalité, à moins qu'ils ne soient citoyens français.

15. Il a été décidé, conformément aux solutions qui précèdent : 1ᵒ que les consuls étrangers doivent jouir de l'exemption de la contribution personnelle et mobilière, lorsque les agents français jouissent de la même exemption dans le pays auquel appartiennent ces consuls (Cons. d'Et. 7 sept. 1848, aff. Westphal Castelnau, D. P. 49. 3. 2) ; — 2ᵒ Que, dans ces conditions, un consul sujet de la nation qu'il représente est exempt de la contribution des portes et fenêtres, et qu'en conséquence, le propriétaire du local occupé par ce consul a droit à la décharge de ladite contribution (Cons. préf. Seine, 26 sept. 1878, aff. Brelay et Spagnolini, D. P. 78. 5. 156. V. supra, vᵒ Agent diplomatique, nᵒ 33) ; — 3ᵒ Que cette exemption n'est due que pour la résidence officielle des consuls, et non pas pour les immeubles qu'ils peuvent posséder, et qu'ils n'y ont pas droit dans le cas où il font le commerce ou exercent quelque industrie (Cons. d'Et. 20 sept. 1865, aff. Boozo, D. P. 82. 3. 54, note 3) ; — 4ᵒ Que les consuls d'Angleterre n'ont pas droit à l'exemption de la contribution personnelle mobilière, aucune convention n'existant à cet égard en Angleterre et les consuls de France ne jouissant en fait d'aucune immunité dans ce pays (Cons. d'Et. 28 janv. 1881, aff. Wereker, D. P. 82. 3. 54).

16. On a examiné au Rép. nᵒ 44 la question de savoir si le délit d'outrage envers un consul de France dans l'exercice ou à raison de ses fonctions, délit prévu et puni par les art. 222 à 233 c. pén., ne pourrait, lorsqu'il a été commis à l'étranger, être poursuivi devant les tribunaux français. La solution négative a paru devoir être adoptée, conformément à l'opinion de MM. de Clercq et de Vallat, t. 1, p. 447, par le motif que, sous l'empire du code d'instruction criminelle, les délits commis à l'étranger ne pouvaient donner lieu en France à des poursuites. Depuis la loi du 27 juin 1866, qui a modifié l'art. 5 du code d'instruction criminelle, tout Français qui hors du territoire de France s'est rendu coupable d'un fait qualifié délit par la loi française peut être poursuivi et jugé en France, si le fait est puni par la législation du pays où il a été commis. Cette disposition nouvelle doit modifier la solution indiquée au Répertoire (V. supra, vᵒ Compétence criminelle, nᵒˢ 82 et suiv.).

§ 3. — Devoirs et attributions des consuls (Rép. nᵒˢ 46 à 94).

17. — I. DEVOIRS DES CONSULS ; CORRESPONDANCE. — Comme on l'a dit au Rép. nᵒ 50, tous les Français immatriculés au consulat, après justification de leur nationalité, composaient la nation, et le consul convoquait toutes les fois qu'il le jugeait utile ou qu'il en était requis les assemblées de la nation. Cette organisation en corps de nation, qui n'existe plus depuis longtemps en pays de chrétienté, tend à s'affaiblir et à disparaître même dans les pays du Levant et en Barbarie, où elle est maintenue par l'ordonnance de 1781. Ce n'est plus aujourd'hui que dans les grands centres de commerce, où la colonie française présente une masse compacte, comme à Constantinople, à Smyrne, à Alexandrie, que nos nationaux forment encore un corps de nation particulier (de Clercq et de Vallat, t. 1, p. 426).

18. On a indiqué au Rép. nᵒ 51 les devoirs des consuls ont à remplir envers les militaires français en pays étranger, notamment en ce qui concerne les secours à accorder et les frais de rapatriement des jeunes conscrits et des militaires. Les règles à suivre à cet égard ont été rappelées par deux circulaires du ministre des affaires étrangères des 26 mars et 16 juin 1873 (de Clercq et de Vallat, p. 532). La loi du 27 juill. 1872 (V. infra, vᵒ Organisation militaire), qui astreint tous les Français nés ou établis en pays étranger aux obligations militaires, a rendu nécessaire l'adoption de nouvelles mesures ayant pour objet de comprendre dans les opérations du recensement annuel tous les Français de cette catégorie. Les agents du service extérieur du ministère doivent dresser et transmettre, chaque année avant le 1ᵉʳ décembre, un état comprenant tous les jeunes gens qui sont atteint ou qui doivent atteindre l'âge de 20 ans avant l'expiration de l'année courante, et ceux des classes antérieures qui n'ont pas concouru au tirage et qui, n'ayant pas atteint l'âge de 30 ans, doivent être portés sur les tableaux de recensement comme omis. Une circulaire du ministère des affaires étrangères du 1ᵉʳ juillet 1873 comprend, à cet égard, les instructions auxquelles doivent se conformer les consuls (de Clercq et de Vallat, p. 524). Les consuls sont

également chargés de remettre les livrets aux hommes de la disponibilité et de la réserve de l'armée active que la loi autorise à continuer à résider à l'étranger, et ils doivent recevoir la déclaration de leurs changements de résidence (Circ. 14 avr. 1877, de Clercq et de Vallat, p. 527). — Les consuls ne peuvent aujourd'hui recevoir, même à titre provisoire, ni des engagements volontaires de cinq ans, ni des engagements conditionnels d'un an, ni des engagements spéciaux pour la durée d'une guerre ; toutes les formalités relatives à ces engagements doivent être remplies en France (de Clercq et de Vallat, p. 531).

19. Ainsi qu'on l'a vu au *Rép.* n° 52, l'ordonnance du 29 oct. 1833 charge les consuls, dans le cas de naufrage d'un navire et en l'absence des intéressés, de faire procéder au sauvetage de ce navire et d'en régler les conditions. Cette intervention ne suffit pas pour donner aux opérations du sauvetage un caractère administratif, et le conseil d'Etat a jugé que l'autorité administrative est incompétente pour connaître des difficultés auxquelles un contrat passé par un consul français en pays étranger, en vue d'opérer le sauvetage d'un bâtiment naufragé, dans l'intérêt des propriétaires ou assureurs, peut donner lieu entre ceux-ci et l'entrepreneur des travaux de sauvetage (Cons. d'Et. 31 mars 1882, aff. Comité des assureurs maritimes de Bordeaux, D. P. 83. 3. 77). — Sur les obligations des consuls à l'arrivée des navires, V. *infrà*, v° *Droit maritime*.

Aux termes de l'art. 270 du code de commerce, il est interdit aux capitaines de congédier, pour quelque cause que ce soit, leurs matelots en pays étranger. Les consuls doivent dresser procès-verbal de tous les faits de cette nature qui parviennent à leur connaissance, et ils sont chargés par l'art. 1er du décret du 7 avr. 1860 (D. P. 64. 4. 6) de pourvoir au rapatriement des marins délaissés, concurremment avec les commandants particuliers et les commissaires de l'inscription maritime dans les possessions françaises d'outre-mer.

20. La protection de nos consuls peut, comme on l'a indiqué au *Rép.* n° 53, s'étendre en certains cas aux étrangers. Les circonstances dans lesquelles cette intervention peut se produire sont au nombre de trois : 1° lorsque les étrangers n'ont ni consul, ni aucun agent de leur nation dans le pays; 2° lorsque les rapports diplomatiques entre leur gouvernement et celui du pays de leur résidence étant suspendus, ils se trouvent privés de leurs protecteurs naturels; 3° lorsqu'au milieu de troubles, ou en présence de faits de guerre, ils se réfugient sous notre pavillon (de Clercq et de Vallat, p. 445).

21. La correspondance des consuls avec le département des affaires étrangères se divise par spécialités, selon l'organisation même de ce département. Nous avons fait connaître au *Rép.* n° 56 cette organisation telle qu'elle avait été établie par l'ordonnance du 13 août 1844 et l'arrêté ministériel du 14 avr. 1848. Elle a été modifiée depuis cette époque, et, aux termes des décrets du 26 déc. 1869, du 1er févr. 1877, et du 23 janv. 1880 (D. P. 70. 4. 20 et 82. 4. 48), l'administration centrale du ministère est organisée ainsi qu'il suit : 1° le cabinet du ministre et le secrétariat avec ses annexes, le bureau du protocole, celui du chiffre, celui de l'arrivée et du départ, celui de la statistique et celui des traducteurs; 2° la direction du personnel ; 3° la direction des affaires politiques ; 4° la direction des affaires commerciales; 5° la direction du contentieux politique et commercial ; 6° la direction des archives et de la comptabilité. Ainsi que nous l'avons dit au *Rép. ibid.*, les consuls entretiennent également une correspondance directe avec le ministère de la marine pour tout ce qui concerne le service maritime en pays étranger (de Clercq et de Vallat, t. 2, p. 1 et suiv.).

22. — II. JURIDICTION ADMINISTRATIVE, GRACIEUSE, CONTENTIEUSE. — On a constaté au *Rép.* n° 57 que, dans les *pays de chrétienté*, les consuls ont à peu près perdu toutes celles de leurs anciennes attributions dont l'exercice est inhérent à la souveraineté territoriale. Il en résulte que, dans ces pays, les consuls n'exercent point de juridiction contentieuse et que, s'ils peuvent être constitués arbitres volontaires par leurs nationaux, leurs sentences, à moins d'exceptions expresses consacrées par les conventions internationales, n'y ont aucune force exécutoire. Une exception de ce genre se trouve dans un certain nombre de traités, et notamment

dans celui du 9 mars 1861, passé entre la France et le Pérou (D. P. 62. 4. 26). Aux termes de l'art. 38 de ce traité, « la décision arbitrale du consul, appuyée du consentement préalable donné par écrit par les parties, obtient devant l'autorité territoriale la valeur d'un document obligatoire ayant force de jugement exécutoire à l'égard desdites parties intéressées ». Une décision de ce genre rentre dans l'exercice des attributions judiciaires des consuls ; par suite, il n'appartient pas au conseil d'Etat de connaître du recours dirigé, même pour excès de pouvoirs contre cette décision (Cons. d'Et. 19 déc. 1868, aff. Ridel, D. P. 69. 3. 57).

23. L'édit de juin 1778, qui consacre la juridiction des consuls en matière civile dans les Echelles du Levant et en Barbarie (V. *infrà*, v° *Echelles du Levant*), n'a pas cessé d'être en vigueur. On a toutefois exprimé au *Rép.* n° 58 l'opinion que les consuls devraient se déclarer incompétents s'il s'agissait de contestations qui, comme celles qui ont trait aux questions d'état ou aux nullités de donations et de testaments, sont essentiellement dans la compétence du juge naturel des parties. Mais il a été jugé, contrairement à cette opinion, que la compétence attribuée aux consuls de France dans les Echelles du Levant pour juger en première instance toutes les contestations qui peuvent s'élever entre Français comprend sans exception les contestations tant civiles que commerciales et les questions d'état aussi bien que les autres affaires civiles (Aix, 20 mars 1862, aff. Coccifi, D. P. 63. 2. 48), ainsi que celles qui ont trait à la validité des testaments (Aix, 16 févr. 1871, aff. Lafont, D. P. 72. 2. 52). Il a été également décidé qu'aux termes de l'art. 1er de la loi du 8 juill. 1852 combiné avec l'art. 6 de l'édit de 1778, le tribunal consulaire de Shang-Haï juge entre Français toutes les contestations civiles et commerciales, et spécialement qu'il est compétent pour connaître d'une action en payement d'une contribution régulièrement votée par l'assemblée des propriétaires d'une concession française et consenti personnellement par le défendeur lui-même (Civ. rej. 23 août 1870, aff. Meynard, D. P. 70. 1. 351).

La juridiction des commissions mixtes, instituée en 1820 dans les Echelles du Levant en vertu d'une convention intervenue entre les grandes puissances, ainsi qu'on l'a dit au *Rép.* n° 58, n'est point obligatoire (Aix, 28 nov. 1864, aff. Pigeon, D. P. 65. 2. 112). Lors donc que l'une des deux parties refuse de se soumettre à cette juridiction, elle ne peut y être contrainte ; et, en pareil cas, il semble que le tribunal compétent est le tribunal consulaire de la nation du défendeur.

24. On a mentionné au *Rép.* n° 59 les traités des 24 sept. et 17 nov. 1844 avec la Chine et l'Iman de Mascate, qui établissent, au profit de nos consuls institués dans les ports de ces deux puissances, une juridiction complète sur leurs nationaux. L'exercice de cette juridiction a été réglé par une loi du 8 juill. 1852 (V. *suprà*, n° 2), qui étend à ces établissements consulaires, sauf quelques modifications, les dispositions de l'édit de 1778 et de la loi du 28 mai 1836 relative à la juridiction de nos consuls en matière correctionnelle et criminelle dans le Levant et en Barbarie. Les mêmes dispositions ont été rendues applicables aux consuls de France en Perse et dans le royaume de Siam par une loi du 18 mai 1858 (V. *suprà*, n° 2), et aux consuls de France au Japon par une loi du 19 mars 1862 (V. *suprà*, n° 2). Aux termes d'un décret du 31 janv. 1881 (V. *suprà*, n° 2), les fonctions attribuées aux consuls de France en Chine par la loi précitée du 8 juill. 1852 sont remplies, à Pékin, par le chancelier de légation ou, à son défaut, par son suppléant.

25. Deux décrets, l'un du 5 déc. 1863 (V. *suprà*, n° 2) et l'autre du 31 juill. 1875 (V. *suprà*, n° 2), avaient confié à un consul-juge à Alexandrie et à Tunis, en cas d'absence ou d'empêchement du consul, l'exercice des fonctions judiciaires attribuées à ce dernier par l'édit de 1778 et la loi de 1836. Mais l'organisation judiciaire de l'Egypte et de la Tunisie a reçu depuis quelques années de profondes modifications, et le système des capitulations a cessé d'y être en vigueur. Une loi du 17 déc. 1875 (V. *suprà*, n° 2) a autorisé le gouvernement égyptien à restreindre, au profit des tribunaux mixtes, la juridiction, précédemment exercée par nos consuls. Toutefois, quoique ces derniers soient dessaisis de la connaissance des affaires civiles et commerciales où leurs nationaux ne sont pas exclusivement intéressés, ils conservent la plénitude de leurs attributions dans les actions civiles entre

Français ainsi qu'en matière criminelle. La loi de 1875 n'autorisait que pour cinq ans la mise à exécution de la réforme judiciaire en Egypte; mais elle a été prorogée pour une nouvelle période de cinq ans par une loi du 21 déc. 1882 (V. *suprà*, n° 2).

Il a été jugé, conformément aux observations qui précèdent, que la juridiction des tribunaux d'Egypte en matière pénale n'est qu'une juridiction exceptionnelle qui ne peut être étendue aux cas non expressément prévus; qu'en conséquence, le règlement organique homologué par la loi de 1875 ne comprenant que les huissiers *titulaires* au nombre des officiers de justice soumis à la juridiction des tribunaux mixtes égyptiens pour crimes et délits commis dans l'exercice de leurs fonctions, les huissiers *expéditionnaires*, agents subalternes et révocables, restent, lorsqu'ils sont Français, justiciables de la juridiction ordinaire du tribunal consulaire de France à Alexandrie (Crim. rej. 20 sept. 1877, aff. Colombani, D. P. 78. 5. 150). Un arrêt de la chambre des requêtes du 1er mars 1875 (aff. Brocard, D. P. 76. 1. 178) a décidé que, dans une instance engagée entre Français devant le tribunal consulaire d'Alexandrie, le défenseur ne peut décliner la compétence de ce tribunal ou demander le renvoi préalable des parties devant l'administration locale, sous le prétexte qu'il serait nécessaire, pour statuer sur la contestation, d'apprécier la valeur et les conséquences d'actes administratifs émanés du gouvernement égyptien, si d'ailleurs ce gouvernement n'a, par aucun acte judiciaire ou diplomatique, contesté la compétence du tribunal consulaire. Cette décision, antérieure à la loi sur la réforme judiciaire en Egypte, doit encore être suivie aujourd'hui.

26. L'établissement de notre protectorat en Tunisie a également entraîné, dans ce pays, la création d'une nouvelle organisation judiciaire. Une loi du 27 mars 1883 (D. P. 83. 4. 96) y a créé un tribunal et six justices de paix ressortissant de la cour d'appel d'Alger. Ces tribunaux connaissent de toutes les affaires civiles et commerciales entre Français et protégés français, ainsi que de toutes poursuites intentées contre Français et protégés français pour contraventions, délits et crimes.

27. On a rappelé au *Rép.* n° 62 les dispositions de l'ordonnance du 25 oct. 1833 qui autorisent les consuls français à délivrer des passeports à leurs nationaux et dans certains cas même aux étrangers, ou à viser les passeports délivrés à ces derniers pour la France par des autorités étrangères. Le régime des passeports, supprimé par suite d'arrangements conclus avec divers Etats de l'Europe, a été rétabli au mois d'avril 1871 (Circ. min. aff. étrang. 28 avr. 1871). Mais il a, depuis cette époque, été notablement atténué. Aujourd'hui: 1° nos nationaux et les voyageurs anglais, belges, hollandais, allemands, suisses, italiens et nord-américains sont admis sans passeports par tous nos ports et toutes nos frontières de terre sauf l'Espagne; 2° les étrangers de toute nationalité peuvent entrer librement en France par les ports de la Manche, et par la frontière belge (Circ. min. aff. étrang. 26 mars et 15 juill. 1874, et 26 août 1878; de Clercq et de Vallat, t. 1, p. 490).

28. Comme on l'a vu au *Rép.* n° 68, nos consuls peuvent, aux termes de l'art. 82 de l'édit de 1778, faire arrêter et renvoyer en France tout Français qui « par sa mauvaise conduite et ses intrigues, pourrait être nuisible au bien général ». Les décisions de cette nature et celles du ministre des affaires étrangères qui les confirment ne sont pas susceptibles d'être déférées au conseil d'Etat même pour excès de pouvoirs (Cons. d'Et. 15 mars 1855, aff. Bouillond, D. P. 55. 3. 54; 8 déc. 1882, aff. Laffon, D. P. 84. 3. 69).

29. Dans le cas où comme on l'a dit au *Rép.* n° 70, les consuls reçoivent dans les Echelles du Levant les testaments de leurs nationaux, ils sont soumis à toutes les obligations imposées aux notaires sur le sol français (Req. 4 févr. 1863, aff. Aberjoux, D. P. 63. 1. 306).

30. Les dispositions des ordonnances du 29 oct. et du 7 nov. 1833 qui attribuaient compétence à des commissions consulaires en matière de prises maritimes (*Rép.* n° 76), ont été abrogées par le décret du 18 juill. 1854 sur le conseil des prises (D. P. 54. 4. 135). — V. *infra*, v° *Organisation maritime*.

31. Quoique la juridiction des consuls, ainsi qu'on l'a rappelé au *Rép.* n° 78, ne s'étende qu'aux différends nés entre Français, il ne s'ensuit pas qu'un Français ne puisse être traduit devant un tribunal consulaire par un étranger, puisque l'art. 15 c. civ. a précisément pour but de permettre à l'étranger de poursuivre devant les juridictions de France le Français qui s'est obligé envers lui (Req. 16 janv. 1867, aff. Mahmoud-Ben-Ayard, D. P. 67. 1. 308).

32. L'attribution de compétence qui a été faite par l'édit de 1778 aux consuls des Echelles du Levant pour connaître des contestations entre Français dans l'étendue de leur consulat ne suppose pas nécessairement que les Français soient domiciliés dans le ressort du consulat : une simple résidence suffit (Arrêt du 16 janv. 1867, cité *suprà*, n° 31). Cette compétence n'est, d'ailleurs, pas restreinte au cas où les deux parties résident dans le ressort ; il suffit que le défenseur y ait sa résidence (Trib. Seine, 21 juin 1872, aff. Visson de Saint-Alais, D.P. 73. 3. 63). Par suite, la validité d'une saisie-arrêt pratiquée en France au préjudice d'un Français domicilié dans les Echelles du Levant ne peut être demandée qu'au tribunal consulaire du lieu de ce dernier, quoique la saisie se rattache à l'exécution d'un contrat passé en France avec des Français qui y sont domiciliés (Même arrêt).

Il a été jugé aussi que la règle édictée par l'art. 59, § 2, d'après laquelle le demandeur peut assigner tous les défendeurs devant le tribunal du domicile de l'un d'eux, alors même que les autres seraient domiciliés dans le ressort d'une autre juridiction, s'applique aux litiges qui sont de la compétence des consuls dans les Echelles du Levant, aux termes de l'édit de juin 1778 (Req. 29 juill. 1868) (1).

33. L'édit de 1778, qui porte que les consuls de France connaîtront en première instance, dans l'étendue de leur consulat, des contestations entre français, et qui défend aux Français d'actionner d'autres sujets Français devant les tribunaux étrangers, n'est point applicable aux Français qui résident dans les pays de chrétienté, ainsi qu'on l'a exposé au *Rép.* n° 80, à moins que l'application de ces dispositions ne soit autorisée et réglementée par des traités diplomatiques (Sol. impl., Req. 29 janv. 1856, aff. Menon, D. P. 56. 1. 106). Spécialement cet édit n'est sans force à l'île Maurice, aucune convention de ce genre n'étant intervenue entre la France et la Grande-Bretagne (Même arrêt). En conséquence, le Français qui, à l'île Maurice, a actionné un autre Français devant la cour de la vice-amirauté anglaise et, en vertu d'une décision de cette cour, a fait saisir et vendre un navire appartenant à ce dernier, ne peut être déclaré passible de dommages-intérêts pour infraction à l'édit de 1778.

34. Quoique, aux termes de l'art. 6 de l'édit de 1778, le consul doive statuer avec l'assistance de deux notables français, on a vu au *Rép.* n° 82 que, dans les Echelles du Levant et de Barbarie, le consul peut statuer seul s'il est dans l'impossibilité de trouver des notables pour assesseurs, à la charge par lui de mentionner cette impossibilité dans la sentence. La même solution a été étendue aux consuls français en Chine auxquels la loi du 8 juill. 1852 rend applicables les art. 6 et 7 de l'édit de 1778; et il a été jugé que l'impossibilité de trouver des assesseurs résultant suffisamment des énonciations de la sentence constatant que le choix des notables qui remplissaient d'ordinaire les fonctions d'as-

---

(1) (Carbonnel C. Schadegg et autres.) — LA COUR ; ... — Sur le troisième moyen : — Attendu qu'il importe à la bonne administration de la justice que les divers défendeurs soient assignés devant le même juge, alors même que quelques-uns d'entre eux seraient, en raison de leur domicile, justiciables d'une autre juridiction ; — Que si l'édit de 1778 ne formule pas expressément cette règle, il ne contient, du moins, aucune disposition contraire ; — Qu'en vain le pourvoi objecte que cette règle n'était pas applicable à l'espèce, parce que la juridiction des consuls est 'exceptionnelle ; — Que, d'une part, la juridiction des consuls dans les

Echelles du Levant est la juridiction de droit commun pour les contestations entre Français dans l'étendue du territoire du consulat ; que, d'une autre part, la prétendue incompétence du consul invoquée par le pourvoi se fondait uniquement sur le domicile de l'un des défendeurs ; — Attendu, d'ailleurs, qu'il est décidé souverainement en fait que Frayssinet avait domicile à Alexandrie ; ...

Par ces motifs, rejette.

Du 29 juill. 1868.-Ch. req.-MM. Bonjean, pr.-Nachet, rap.-Savary, av. gén., c. conf.-Clément, av.

sesseurs avait été précédemment critiqué par les parties; que les notables du ressort du consulat étaient peu nombreux et particulièrement retenus par leurs affaires le jour où la cause devait être jugée à cause du départ de la malle, et qu'en de semblables circonstances ils s'étaient souvent excusés sur l'urgence de leurs affaires personnelles (Civ. rej. 23 août 1870, aff. Meynard, D. P. 70. 1. 351).

35. Les formes de procédure prescrites par le code français ne s'appliquent pas aux jugements rendus par les tribunaux consulaires et par les commissions judiciaires mixtes dans les Echelles du Levant (Req. 7 déc. 1863, aff. Llewellyn, D. P. 64. 1. 129). Il a été jugé, en conséquence, qu'un compte peut être ordonné entre Français par les juridictions de cette catégorie, sans fixation d'un délai dans lequel le compte sera rendu et sans nomination d'un juge commissaire, nonobstant l'art. 530 c. proc. civ. (Req. 30 avr. 1867, aff. Crespin, D. P. 68. 1. 18).— Il résulte de deux arrêts de la cour d'Aix du 24 mai 1858 et du 12 févr. 1863 cités par MM. de Clercq et de Vallat, t. 2, p. 349, que la publicité des audiences des tribunaux consulaires n'est pas obligatoire.

36. L'art. 27 de l'édit de 1778 dispose que la seule signification faite aux parties condamnées des sentences définitives contradictoires ou par défaut tiendra lieu de toute sommation et commandement, et que lesdites parties seront contraintes à exécuter ces sentences par les voies usitées dans les divers consulats. La cour de cassation a décidé, par application de ces dispositions, qu'un tribunal consulaire (celui de Shang-Haï) avait pu déterminer souverainement, eu égard à la nature de l'affaire et au degré d'urgence qu'elle comportait, les procédés d'exécution autorisés par les usages locaux, et qu'il avait pu notamment, sans excès de pouvoirs, ordonner que faute de payement des condamnations prononcées vingt-quatre heures après la signification du jugement, les meubles, effets et marchandises de la partie condamnée seraient saisis et vendus en vente publique à la criée jusqu'à concurrence du montant de ces condamnations (Arrêt du 23 août 1870, cité *suprà*, n° 34).

37. On a rapporté au *Rép.* n° 85 l'opinion soutenue par plusieurs auteurs (Pardessus, *Droit commercial*, t. 4, n° 1473 *ter*; de Beaussant, *Code maritime*, t. 2, n° 1050 *in fine*; Goujet et Merger, *Dictionnaire de droit commercial*, v° *Consuls*, n° 371; Richelot, *Encyclopédie du droit*, v° *Consuls*, n° 95) d'après laquelle les jugements rendus par les consuls seraient toujours sujets à l'appel quelque modique que soit l'intérêt du litige. Cette opinion, combattue par MM. Féraud-Giraud, *De la juridiction française dans les Echelles du Levant*, t. 2, p. 312; Caumont, *Dictionnaire de droit maritime*, v° *Consuls*, n° 48, et Leroy, *Des consulats*, p. 203, n'a pas été consacrée par la jurisprudence. Il a été décidé par la cour d'Aix le 3 mai 1845 (aff. Lasbugues, et aff. Montaud, D.P. 45. 2. 126) et par la cour de cassation (Req. 21 avr. 1869, aff. Messageries impériales, D. P. 71. 1. 105) que les jugements rendus par les consuls dans les Echelles du Levant sont soumis aux règles générales de compétence édictées par la loi française, et qu'en conséquence, ils sont rendus en premier ressort sur les demandes qui n'excèdent pas 1500 francs.

38. Les actes d'appel des jugements consulaires sont soumis aux formes substantielles édictées par le code de procédure, en tant qu'il n'y est pas dérogé par les dispositions de l'édit de juin 1778; en conséquence, ils doivent, à peine de nullité, contenir : 1° élection de domicile avec constitution d'avoué (c. proc. civ. art. 69-1°); 2° indication du délai pour comparaître (c. proc. civ. art. 69-4°; Edit de 1778, art. 12); 3° griefs et conclusions (c. proc. civ. art. 69-3°) (Req. 20 juill. 1870, aff. Thiébaut, D. P. 71. 1. 104). — Il a été également jugé, relativement aux formes de cet appel : 1° que la signification de l'appel doit être faite, à peine de nullité, à la personne de l'intimé, et qu'une signification au consul de l'appelant ne peut suffire, lors même qu'elle est transmise au consul de l'intimé (Req. 5 févr. 1868, aff. Mahmoud-Ben-Ayad, D. P. 69. 1. 286); — 2° Qu'il n'y a pas lieu, quand les deux parties ont le même domicile, de signifier l'acte d'appel au procureur général, l'art. 69-9° c. proc. civ. ne s'appliquant qu'aux significations faites de France à l'étranger (Même arrêt; Aix, 29 janv. 1823, aff. Sarti, D. P. 45. 2. 126. — *Contrà* : Aix, 16 févr. 1821, aff. Florent, D. P. 45. 2. 126).

39. D'après une opinion rapportée au *Rép.* n° 85, le

délai d'appel doit être augmenté à raison des distances, conformément au code de procédure. Mais il a été jugé, contrairement à cette opinion, que lorsque les deux parties sont domiciliées au siège du consulat qui a rendu le jugement, le délai d'appel est de deux mois conformément au droit commun et ne comporte pas de prolongation à raison des distances, les art. 73 et 445 c. proc. civ. supposant une signification faite de France à l'étranger et n'ayant plus d'application lorsque les deux parties habitent le même lieu (Sol. impl., Req. 5 févr. 1868, aff. Mahmoud-Ben-Ayad, D. P. 69. 1. 286; 20 juill. 1870, aff. Thiébaut, D. P. 71. 1. 104).

40. Les solutions qui précèdent sont également applicables aux décisions des tribunaux consulaires et à celles des commissions judiciaires mixtes instituées en vertu d'une convention diplomatique intervenue en 1820 entre les grandes puissances (*Rép.* n° 58; Arrêt du 5 févr. 1868, cité *suprà*, n° 39).

41. On a dit au *Rép.* n° 85 que les appels des sentences rendues par les consuls dans les Echelles du Levant et en Barbarie étaient portés devant la cour d'Aix et ceux des sentences rendues par les autres consuls à la cour du continent le plus proche (*Rép.* n° 85). Toutefois, la loi du 28 avr. 1869 (V. *suprà*, n° 2) attribue à la cour de Saïgon la connaissance des appels des jugements des tribunaux consulaires de la Chine, du royaume de Siam et du Japon, antérieurement déférée à la cour de Pondichéry, et la loi du 8 juill. 1852 (V. *suprà*, n° 2) dispose que la cour d'appel de la Réunion connaîtra des appels des jugements rendus par les consuls dans les Etats de l'Iman de Mascate.

42. Aux termes de l'art. 4 de cette dernière loi et des dispositions des lois du 18 mai 1858 et du 19 mars 1862, qui s'y réfèrent, le recours en cassation contre les jugements rendus en dernier ressort en matière civile et commerciale par nos consuls en Chine, au Japon, dans le royaume de Siam et les Etats de l'Iman de Mascate, n'est ouvert aux parties que pour excès de pouvoirs. Mais, en l'absence d'un texte formel, cette restriction au droit commun ne peut être étendue aux jugements des consuls dans les Echelles du Levant et en Barbarie.

43. On a examiné au *Rép.* n° 88 la question de savoir si la loi du 28 mai 1836 qui a abrogé, pour les Echelles du Levant et les Etats barbaresques, les dispositions de l'édit de 1778 relatives à l'instruction et au jugement des affaires criminelles par les consuls, a laissé subsister ces dispositions pour les autres Etats. L'intérêt de cette controverse a diminué depuis que la loi de 1836 a été déclarée applicable, avec quelques modifications, aux consuls de France en Chine, dans les Etats de l'Iman de Mascate, en Perse, dans le royaume de Siam et au Japon par les lois des 8 juill. 1852, 18 mai 1858 et 19 mars 1862 citées *suprà*, n° 2.

44. Les fonctions judiciaires que ces lois attribuent aux consuls, et qui sont, comme on l'a vu au *Rép.* n° 89, remplies à Constantinople par le premier secrétaire de l'ambassade de France, le sont à Pékin par le chancelier de la légation française en Chine (Décr. 31 janv. 1881, art. 1er, V. *suprà*, n° 2). Mais le même décret réserve, à Pékin, au ministre de la République française l'exercice du droit de haute police déterminé par les art. 16 et 17 de la loi du 8 juill. 1852.

45. La compétence des tribunaux consulaires s'étend à tous les crimes, délits et contraventions commis de Français à Français autres que ceux dirigés contre les lois de sûreté et de police (Crim. rej. 28 nov. 1857, aff. Noguès, D. P. 58. 1. 92). Spécialement, s'il n'appartient pas à ces tribunaux de connaître des contraventions aux lois sur la police de la presse ou des crimes et délits contre les lois de police ou de sûreté de l'Empire ottoman commis par la voie de la presse, ils sont, au contraire, compétents pour statuer sur un délit privé tel que le délit de diffamation commis par cette même voie contre des particuliers (Même arrêt). Il a même été jugé que dans les Echelles du Levant les tribunaux consulaires ont le droit et le devoir de faire cesser et les réprimant les actes de leurs nationaux résidant sur ces territoires lorsque ces actes se produisent en contravention aux lois de police et de répression du pays et qu'ils sont dénoncés à nos agents par l'autorité locale; qu'en conséquence, et spécialement en Egypte, ce tribunal consulaire a pu, sur la

plainte du gouvernement égyptien prendre les mesures nécessaires pour faire cesser la publication d'un journal créé par un Français en contravention aux lois du pays sans appliquer d'ailleurs les peines édictées par ces lois (Aix, 22 mars 1872, aff. de Maillard de Marafy, D. P. 73. 2. 126).

46. Les consuls français n'ont pas seulement le droit de faire arrêter, dans les Echelles du Levant, ceux de leurs nationaux qui ont commis des crimes ou délits sur le territoire ottoman ; ils peuvent également, en vertu de la délégation d'une partie de la souveraineté qui résulte des capitulations, assurer sur ce territoire l'exécution de tous mandats et ordonnances de justice décernés contre des Français poursuivis ou mis en jugement en France pour crimes ou délits commis en France. Ce droit résulterait, d'ailleurs, au besoin des dispositions de l'édit de 1778 maintenues par la loi de 1836, qui les autorisent à faire arrêter et renvoyer en France tout sujet français qui deviendrait nuisible au bien général (Crim. rej. 18 déc. 1858, aff. Bernard, D. P. 72. 5. 161).

47. Il résulte de ce qui a été exposé au *Rép.* n° 90, qu'en conformité des dispositions de la loi de 1836 et de celles qui en ont étendu l'application, le consul agit successivement dans une instance correctionnelle pour mettre en mouvement l'action publique, instruire l'affaire, régler en chambre du conseil le sort de la poursuite et statuer à l'audience comme président du tribunal consulaire. Lorsqu'il procède à l'instruction et au jugement d'une affaire de cette nature, il peut être récusé comme juge par le prévenu et, dans ce cas, le tribunal consulaire est compétent pour statuer sur la récusation (Sol. impl., Aix, 2 févr. 1871, aff. Séguin, D. P. 71. 2. 82). Mais si la récusation n'est dirigée contre le consul qu'en sa qualité de magistrat instructeur et si elle ne tend au fond qu'au renvoi devant un autre juge d'instruction pour cause de suspicion légitime, le tribunal consulaire ne peut en connaître, la cour de cassation ayant seule attribution, aux termes de l'art. 542 c. proc. civ., pour prononcer sur les demandes en renvoi pour cause de suspicion légitime (Même arrêt).

48. Aux termes de l'art. 75 de la loi du 28 mai 1836, les peines portées par les lois françaises sont applicables aux Français coupables de crimes, délits ou contraventions commis dans les Echelles du Levant et de Barbarie (*Rép.* n° 92). Cette règle doit être entendue en ce sens que les crimes, délits et contraventions commis par des Français dans les Echelles du Levant et de Barbarie doivent être qualifiés comme ils le seraient s'ils s'étaient accomplis en France (Crim. rej. 5 janv. 1884, aff. Picard, D. P. 84. 1. 432). Par suite, les frais de contravention et d'altération en Egypte de monnaies égyptiennes et les faits d'émission en Egypte de ces monnaies contrefaites et altérées sont punissables des peines édictées par l'art. 133 c. pén., quoique cet article ne s'applique expressément qu'à des actes accomplis en France (Même arrêt).

49. On a indiqué les devoirs imposés aux consuls par les dispositions de l'ordonnance du 29 oct. 1833 dans le cas où des crimes ou des délits ont été commis à bord d'un bâtiment français (*Rép.* n° 93). A cet égard une distinction doit être établie : dans les contrées où les consuls ont un droit absolu de juridiction civile et criminelle, l'instruction et, s'il y a lieu, la punition des crimes et délits commis à bord d'un navire français mouillé sur rade s'opèrent conformément à la loi du 28 mai 1836 ; en pays de chrétienté, au contraire, leur rôle se borne à dresser une enquête minutieuse et à l'envoyer avec un rapport circonstancié au ministre de la marine. Le pouvoir disciplinaire dont les consuls sont armés à l'égard des gens de mer par le décret du 24 mars 1852 (D. P. 54. 4. 58) leur permet d'ailleurs de prendre à l'égard des délinquants les mesures que peuvent commander les circonstances, notamment, leur arrestation préventive (de Clercq et de Vallat, t. 2, p. 141).

§ 4. — Des vice-consuls et agents consulaires
(*Rép.* n°s 95 et 96).

50. Une ordonnance du 26 avr. 1845 mentionnée au *Rép.* n° 96 a créé une classe nouvelle d'agents consulaires, celle des *agents vice-consuls*. Les uns étaient nommés par décret, les autres par arrêté ministériel. Quelques-uns étaient

rétribués sur le budget des affaires étrangères, devenaient comptables des deniers de l'Etat qu'ils percevaient en vertu du tarif des chancelleries, fournissaient de ce chef un cautionnement et subissaient des retenues pour la retraite ; d'autres n'avaient pour toute rétribution que le montant des taxes applicables aux actes de leur compétence et qu'ils étaient autorisés à retenir à leur profit (de Clercq et de Vallat, t. 1, p. 82). Aux termes d'un décret du 18 sept. 1880 (V. *suprà* n° 2) le titre de vice-consul n'est plus attribué aujourd'hui qu'aux agents consulaires rétribués sur le budget des affaires étrangères. Ces agents sont divisés en deux classes, et le nombre des vice-consuls de première classe est limité à quarante. Deux décrets du 19 janv. et du 28 févr. 1881 (V. *suprà*, n° 2) déterminent leurs attributions. Ils sont autorisés : 1° à faire les actes attribués aux consuls en qualité d'officiers de l'état civil et aux chanceliers en qualité de notaires ; 2° à exercer les pouvoirs déterminés par le décret du 22 sept. 1854 V. *suprà*, n° 2), c'est-à-dire à recevoir tous rapports de mer et protêts d'avaries à l'arrivée des navires de commerce français dans le port de leur résidence, nommer des experts pour visiter ces navires et constater leur état d'avarie, donner aux capitaines les autorisations nécessaires pour souscrire et consentir des emprunts à la grosse, ou pour vendre et mettre en gage la partie des cargaisons nécessaire pour acquitter les dépenses résultant de leur relâche ; 3° à recevoir des dépôts ; 4° à remplir les fonctions attribuées aux consuls comme suppléant à l'étranger les administrateurs de la marine ; 5° à faire, en cas de naufrage, tous les actes administratifs qui se rapportent tant au sauvetage des bâtiments qu'au rapatriement des marins ; 6° à exercer les pouvoirs conférés aux consuls par le code disciplinaire et pénal pour la marine marchande du 24 mars 1852.

51. Les agents consulaires n'exercent aucune juridiction même dans les pays d'Orient où le pouvoir judiciaire des consuls est consacré par les capitulations (de Clercq et de Vallat, t. 2, p. 478).

§ 5. — Des chanceliers (*Rép.* n°s 97 à 105).

52. On a vu au *Rép.* n° 97 que les chanceliers des consulats font office de notaires et reçoivent les actes authentiques que veulent passer les Français résidant ou voyageant en pays étranger. Les chanceliers instrumentent seuls quand ils appartiennent à l'une des trois classes de leur grade, et avec l'assistance du consul lorsqu'ils sont intérimaires ou substitués et que leur titre d'institution ne consiste que dans un arrêté ministériel ou dans une décision provisoire du chef dont ils relèvent (Circ. min. aff. étrang. 10 janv. 1870, de Clercq et de Vallat, t. 1, p. 311).

53. Aux ordonnances et décrets indiqués au *Rép.* n° 101, sur l'organisation du personnel des chancelleries, il faut ajouter le décret du 1er déc. 1869, qui divise en trois classes les titulaires des chancelleries diplomatiques et consulaires, et limite le nombre des chanceliers à vingt pour la première classe et à quarante pour la deuxième. Ce nombre a été porté à vingt-cinq pour la première classe par un décret du 12 déc. 1877 (de Clercq et de Vallat, t. 1, p. 63).

54. Ainsi qu'on l'a vu au *Rép.* n° 104, les droits de chancellerie qui se perçoivent dans les consulats ont été fixés par un tarif joint à l'ordonnance du 6 nov. 1842. La loi du 28 juin 1833 a compris, pour la première fois, parmi les perceptions autorisées « les droits de chancellerie et de consulat perçus en vertu des tarifs existants » et l'art. 17 de la loi de finances du 9 juill. 1836 a prescrit que l'évaluation des recettes des chancelleries figurerait pour ordre au budget (*Rép.* v° *Trésor public*, p. 1151). Le pouvoir exécutif qui avait fait usage, en 1842, du pouvoir de modifier les tarifs qui lui avait été délégué, en a depuis cette époque usé de nouveau à plusieurs reprises (Décr. 25 oct. 1851, D. P. 51. 4. 222 ; 22 juin et 7 oct. 1862, D. P. 62. 4. 124 ; 18 nov. 1863, D. P. 64. 4. 17 ; 25 oct. 1865, D. P. 65. 4. 144 ; 30 nov. 1875, de Clercq et de Vallat, t. 1, p. 358). — Les droits de chancellerie sont de véritables impôts de la nature des contributions indirectes, et par suite c'est à l'autorité judiciaire qu'il appartient de statuer sur les contestations relatives à l'application des tarifs (Trib. confl. 1er mai 1875, aff. Colin, D. P. 76. 3. 50 ; Cons. d'Et. 17 févr. 1882, aff. Lemaître et Bergmann, D. P. 83. 3. 58).

Table sommaire

des matières contenues dans le Supplément et le Répertoire.

(Les chiffres précédés de la lettre S renvoient au Supplément ; les chiffres précédés de la lettre R renvoient au Répertoire.)

Table chronologique des Lois, Arrêts, etc.

CONTEXTE. — V. *Dispositions entre-vifs et testamentaires;* — *Rép.* eod. v°, n° 2821.

CONTRAINTE ADMINISTRATIVE. — 1. Sur l'historique et la législation de la contrainte administrative, de même que sur la définition de cette voie de répression, nous n'avons rien à ajouter à ce qui est dit au *Répertoire*. Quelques décisions nouvelles ont été rendues sur la matière dans ces dernières années; elles ne font guère, à quelques exceptions près, que confirmer l'ancienne jurisprudence et les déductions que nous en avons tirées. Il suffira de les passer sommairement en revue.

2. On a vu au *Rép.* nos 5 et suiv. de quelle manière extensive on entendait les termes de l'art. 1er de la loi du 18 vent. an 8, qui énumère les différentes sortes de personnes contre lesquelles le ministre des finances peut prendre des arrêtés de contrainte. Nous en avons conclu que tout individu qui, à un titre quelconque, est déclaré détenteur de deniers publics ou débiteur du trésor, peut être poursuivi par cette voie. Or, la jurisprudence postérieure à la publication du *Répertoire* est revenue sur cette interprétation. Un arrêt du conseil d'Etat renferme, en effet, dans des limites plus étroites la règle générale que nous avons posée. Il décide que le prix de la pension d'un élève d'une école du Gouvernement (dans l'espèce, l'école vétérinaire d'Alfort) ne peut être réclamé par la voie de la contrainte administrative, une telle dette n'appartient à aucune des classes des débets dont les lois et règlements autorisent le ministre des finances à poursuivre le recouvrement par cette voie (Cons. d'Et. 18 août 1856, aff. Mauprivez, D. P. 57. 3. 19). Il est vrai que cette solution vise une catégorie spéciale des débiteurs de l'Etat : elle s'appuie sur l'avis du comité des finances du 24 avril 1833 et l'avis du conseil d'Etat du 3 oct. 1833 qui décident, à l'égard du prix des pensions des élèves des écoles militaires et de l'école polytechnique, que les poursuites contre les redevables ne retard doivent avoir lieu *suivant les règles de droit commun par-devant les tribunaux civils ordinaires.*

3. Ce serait à tort pourtant qu'on considérerait la décision que l'on vient de citer comme une exception. Le conseil d'Etat a persisté dans cette nouvelle doctrine, et il a jugé, depuis, que le ministre des finances ne peut, sur le vu d'arrêtés pris par les ministres dans le cercle de leurs attributions respectives, décerner une contrainte exécutoire contre un débiteur de l'Etat que dans le cas où il s'agit d'un comptable, fournisseur, entrepreneur ou détenteur de deniers publics, et que, dès lors, une contrainte ne peut être délivrée contre l'acquéreur d'objets hors de service ayant appartenu à un établissement de l'Etat (Cons. d'Et. 24 juin 1881, aff. Évêque de Coutances, D. P. 83. 3. 3). Il faut donc se renfermer strictement dans les termes de la loi du 18 vent. an 8 et les regarder comme limitatifs. C'est encore la conclusion qui résulte d'un arrêt par lequel il a été décidé que le recouvrement de la créance de l'Etat contre l'armateur qui a reçu des avances pour le rapatriement des naufragés ne peut être poursuivi par voie de contrainte administrative (Cons. d'Et. 30 nov. 1883, aff. Boust et Charpentier, D. P. 83. 3. 49). Ce dernier arrêt porte en effet « que, si les ministres peuvent dans les cas prévus par les lois du 12 vend. et du 13 frim. an 8, les arrêtés du 18 vent. an 8 et du 28 flor. an 11, et le décret du 12 janv. 1811, prendre tous arrêtés nécessaires et exécutoires par provision, ce mode spécial de recouvrement n'a été établi qu'à l'égard des comptables, fournisseurs, entrepreneurs et détenteurs de deniers publics, et par suite n'est pas applicable dans l'espèce ».

Mais en demeurant dans ces limites, on doit reconnaître au ministre des finances le droit de délivrer des contraintes aussi bien contre les comptables de droit que contre les comptables de fait (Cons. d'Et. 10 juill. 1874, aff. Baron, D. P. 75. 3. 69-70).

4. Quand toutes les conditions se trouvent réunies pour que la contrainte administrative soit exercée, encore faut-il que la contrainte soit décernée par le fonctionnaire compétent pour lui donner la force exécutoire (*Rép.* nos 14 et suiv.). On a vu au *Rép.* nos 9 et suiv. que le ministre des finances n'a pas seul qualité pour décerner des contraintes; que le préfet, dans l'intérêt du département, le maire, dans l'intérêt de la commune, tous deux dans les limites de leurs attributions, peuvent poursuivre par cette voie le recouvrement des deniers qui rentrent dans leur administration. —

On a énuméré au *Rép.* n° 12 les divers fonctionnaires de l'enregistrement qui sont investis de ce droit. Mais leur compétence est étroitement limitée, et aucune autorité inférieure ne peut se substituer à l'autorité supérieure qui a seule qualité, suivant les cas, pour décerner la contrainte exécutoire. C'est ainsi que, dans une espèce où le ministre avait agi directement, il a été décidé que la contrainte administrative qui peut être décernée en vertu des lois spéciales contre les débiteurs *de deniers de l'Etat*, et à laquelle est attachée la force exécutoire nécessaire pour l'exercice du commandement, ne peut être remplacée par des arrêtés préfectoraux même revêtus de l'approbation ministérielle (Cons. d'Et. 22 nov. 1864, aff. Germain, D. P. 65. 1. 161). De tels actes ne constituent, en effet, que de simples mises en demeure ne dispensant pas de la signification de la contrainte (Même arrêt).

5. Le ministre des finances commettrait un excès de pouvoirs s'il délivrait une contrainte fondée sur une cause illégale. Ainsi, en matière de travaux publics, le ministre des travaux publics n'a pas le droit de déclarer l'entrepreneur débiteur de l'Etat : il peut seulement énoncer cette préten-

tion, et le conseil de préfecture a seul compétence pour liquider la créance. Par suite, le ministre des finances ne peut délivrer une contrainte contre un ancien entrepreneur en vertu d'une décision par laquelle le ministre des travaux publics avait déclaré ledit entrepreneur débiteur envers le Trésor (Cons. d'Et. 19 févr. 1886, aff. Bigle, D. P. 87. 3. 73). — V. dans le même sens les conclusions du commissaire du Gouvernement (Cons. d'Et. 23 nov. 1883, aff. Evêque d'Angers, D. P. 85. 3. 45).

6. L'arrêt du 19 févr. 1886, cité *suprà*, n° 5, prouve que le fournisseur qui conteste sa dette a le droit de faire opposition à la contrainte exécutoire par provision délivrée contre lui. Il s'adresse d'abord au ministre liquidateur et peut ensuite exercer un recours devant le conseil d'Etat (Cons. d'Et. 19 mai 1876, aff. Barthélemy, D. P. 77. 5. 116). Nous renvoyons pour les autres conditions de validité de la contrainte administrative, en ce qui concerne : 1° la formalité du *visa*, au *Rép.* n°s 16 et suiv. · 2° la signification de la contrainte, *ibid.* n° 21; 3° les effets de la contrainte, *ibid.* n°s 22 et suiv.; 4° l'opposition à la contrainte, *ibid.* n°s 30 et suiv.

Table sommaire
des matières contenues dans le Supplément et le Répertoire.

(Les chiffres précédés de la lettre *S* renvoient au Supplément; les chiffres précédés de la lettre *R* renvoient au Répertoire.)

Table chronologique des Lois, Arrêts, etc.

CONTRAINTE PAR CORPS.

Division.

§ 3. — Contrainte par corps contre la partie plaignante ou civile (n° 58).

§ 4. — Condamnations contre les cautions, les témoins, les dépositaires de pièces, etc. (n° 60).

Art. 3. — Durée de la contrainte par corps en matière criminelle, réglée suivant l'importance de la condamnation. — Insolvabilité. — Réincarcération. — Sexagénaires, etc. (n° 62).

Art. 4. — Formes de l'emprisonnement et causes d'élargissement des débiteurs en matière criminelle (n° 92).

CHAP. 1er. — Historique. — Législation. — Droit comparé (Rép. n°s 2 à 34).

1. — I. Historique et législation. — La matière de la contrainte par corps, en raison des importantes modifications qu'elle a subies depuis la publication du *Répertoire*, n'a plus actuellement le même intérêt qu'à cette époque. — La contrainte par corps est, en effet, aujourd'hui restreinte à l'exécution des condamnations qui ont leur source dans un crime, un délit ou une contravention, et n'est plus applicable ni en matière civile, ni en matière commerciale.

2. On a vu au *Rép.* n°s 2 et suiv. que le principe même de la contrainte par corps et sa légitimité avaient depuis 1789 été contestés par beaucoup de bons esprits ; effacée à plusieurs reprises de nos lois, elle avait été rétablie aussi souvent : spécialement à l'époque où le *Répertoire* a été publié, elle venait encore d'être l'objet de mesures restrictives, promptement rapportées. Après la révolution de février 1848, le gouvernement provisoire, condamnant en principe la contrainte par corps, en avait suspendu l'exécution par décret du 9 mars 1848 ; mais cette tentative était encore moins opportune que celle de 1830 ; les souffrances du commerce étaient extrêmes, les recouvrements étaient difficiles ; la question ne pouvait être jugée impartialement, et l'opinion s'alarma promptement de ce que, pour faire disparaître une voie d'exécution dont il est facile de s'exagérer l'importance, on avait choisi justement des jours de détresse financière où les créanciers ne croient jamais avoir assez de moyens de contrainte. Aussi, par une loi du 13 décembre suivant, la législation ancienne fut-elle remise en vigueur, mais avec des concessions de détail les plus abondantes et les plus libérales.

3. Les choses restèrent en l'état jusqu'en 1861, époque à laquelle un projet de loi destiné à améliorer, dans un intérêt d'humanité, la situation des détenus pour dettes, en augmentant le chiffre de la consignation alimentaire imposée aux créanciers par l'art. 29 de la loi du 17 avr. 1832, fut soumis au Corps législatif et devint la loi des 2-4 mai 1861 (D. P. 61. 4. 53). A l'occasion de cette loi, les critiques dirigées contre la contrainte par corps furent de nouveau soulevées. Au cours de l'examen du projet et des amendements qui y furent proposés, la commission fut amenée à discuter à nouveau l'ensemble des dispositions qui régissaient la contrainte par corps et à rechercher si cette législation n'était pas susceptible de recevoir d'utiles améliorations. Le résultat de cet examen fut que si les bases de la législation étaient légitimes et inattaquables, cependant il était utile de combler certaines lacunes et de modifier plusieurs dispositions. Le rapporteur signalait diverses modifications, comme particulièrement dignes d'un sérieux examen. Il soulevait la question de savoir s'il n'y aurait pas lieu d'élever le minimum à partir duquel la contrainte par corps était prononcée ; d'abaisser au-dessous de soixante-dix ans la limite de l'âge auquel le débiteur ne serait plus soumis à la contrainte par corps ; enfin de savoir quelle était, des lois de 1832 et de 1848, celle qui devait être appliquée aux étrangers.—La commission, cependant, ne crut pas devoir, par une disposition particulière insérée dans le projet de loi, consacrer le principe d'une revision complète de la législation sur la contrainte par corps et imposer au Gouvernement une sorte d'obligation de la préparer. Aussi n'a-t-elle pas admis les amendements proposés par MM. le comte de Champagny et Javal qui avaient précisément pour objet d'amener une revision de la législation alors en vigueur (V. *Moniteur* du 31 mars, p. 458). Lors de la discussion au Corps législatif, les auteurs de ces amendements appelèrent de nouveau l'attention du Gouvernement sur la nécessité de reviser les lois sur la contrainte par corps : M. Javal, notamment, pour arriver, non au rejet de la loi, mais seulement au renvoi à la commission, demanda que, par application des art. 54 et 66 du règlement du Corps législatif, le projet de loi fût considéré comme renfermant plusieurs articles, et qu'en conséquence, il y eût deux votes séparés, l'un par assis et levé sur l'article, et l'autre au scrutin sur l'ensemble du projet, de manière que le rejet de l'article au moyen du premier vote n'impliquât pas le rejet, mais seulement le renvoi de la loi à la commission. — Cette demande de renvoi à la commission fut combattue par le rapporteur, par M. Conti, commissaire du Gouvernement, et par M. Baroche, président du conseil d'Etat, qui déclara d'une manière très positive que le Gouvernement n'étant pas encore en mesure de proposer autre chose sur la contrainte par corps que ce qu'il avait proposé, le renvoi à la commission ne serait qu'une perte de temps, un retard tout à fait inutile (V. *Monit.* du 4 avr. 1861, p. 472, 6° col., p. 473, 474).

4. Néanmoins le Gouvernement tint compte des désirs exprimés à la tribune du Corps législatif et du vœu unanime, révélé par la discussion de la loi de 1861, en déférant l'examen de la question à une commission instituée par le ministre du commerce et présidée par lui. — Cette commission se livra à une enquête étendue ; elle entendit ceux des magistrats de Paris devant lesquels les détenus arrêtés pour dettes étaient le plus ordinairement amenés en référé, et qui assistaient aux derniers efforts pour échapper à l'incarcération. Elle entendit également le directeur de la maison de détention pour dettes, M. Senecaut, qui, témoin familier des misères et des corruptions qu'entraînait la contrainte par corps, et profondément convaincu de son inefficacité, n'hésita pas à s'élever contre le maintien de cette voie de rigueur. — Finalement, la commission se montra très défavorable au principe de l'incarcération pour dettes, et son rapporteur, M. Denière, président du tribunal de commerce, déclara le régime de la coaction personnelle *impolitique, inhumain, humiliant, inutile.* — Cependant elle ne crut pas devoir proposer d'autre réforme que l'affranchissement définitif de la contrainte par corps au profit des femmes ; à l'égard des hommes, elle aurait été rendue facultative, les juges auraient eu le droit de ne pas la prononcer. — C'était un retour à la législation de Louis XIV, une résurrection de l'ordonnance de 1673 ; mais, en rétrogradant ainsi de deux siècles, on croyait néanmoins arriver à un progrès considérable. Sachant que le tribunal de commerce de la Seine étant peu favorable à l'emprisonnement pour dettes, la commission espérait que la contrainte par corps ne serait plus prononcée du jour où on l'aurait rendue facultative, et que la réforme permise par le législateur serait complétée par la jurisprudence.

Saisi à son tour de l'examen de la question, le conseil d'Etat pensa qu'il convenait d'aller plus loin et qu'il ne fallait pas abandonner aux lenteurs et aux incertitudes de la jurisprudence une réforme considérée comme salutaire : il proposa donc d'abolir la contrainte par corps complètement en matière civile et en matière commerciale et de ne la maintenir que comme accessoire de la peine en cas de crime, de délit ou de contravention.

5. On proposa également la suppression de la contrainte par corps contre les étrangers. On reprochait, en particulier, à la législation alors existante de ne faire aucune distinction entre les dettes civiles et commerciales, et de n'attacher aucune importance ni à l'origine de la dette, ni à la nationalité du créancier primitif, de telle sorte qu'un étranger qui transmettait à un Français, sérieusement ou fictivement, un titre de créance contre un autre étranger venu momentanément en France, rendait par cette transmission, exécutoire par corps, un titre qui, primitivement, pouvait ne pas l'être. — En outre, même avant jugement, le porteur d'une créance échue, civile ou commerciale, pouvait, en vertu d'une simple ordonnance du président du tribunal civil, faire arrêter provisoirement l'étranger non domicilié. Ce droit d'arrestation provisoire était la source d'une foule d'abus. Les hommes les plus solvables, les plus honorables avaient été soumis à cette humiliation. Il suffisait, pour les faire conduire en prison, de quelque folle terreur d'un hôtelier ou d'un fournisseur. Il était, d'ailleurs, reconnu, grâce aux statis-

tiques, que le nombre des étrangers incarcérés était des plus minimes, et que c'était à Paris surtout et, dans cette ville, au profit d'un petit nombre de commerçants spéciaux, que cette voie d'exécution était employée. L'exception consacrée au détriment des étrangers par la loi de 1832 était enfin contraire à l'esprit général de la législation, alors récemment inaugurée, de liberté commerciale.

6. En ce qui concerne la contrainte par corps en matière criminelle, correctionnelle et de simple police, la question se présentait sous un autre aspect : l'emprisonnement, en pareil cas, prend un caractère tout autre que celui qu'il a en matière civile ou commerciale et repose sur un principe différent. L'emprisonnement, disait en substance l'exposé des motifs, est appliqué par un tribunal de répression. Il le prononce, non pas sur un soupçon de mauvaise foi, mais sur une preuve de culpabilité, non pas contre un débiteur qui a été peut-être imprudent, ou qu'un malheur imprévu a mis malgré lui dans l'impossibilité d'acquitter sa dette, mais contre un homme qui a volontairement contrevenu à la loi pénale. Celui-ci a encouru une punition, et si, pour l'obliger à la subir entièrement, il est nécessaire de revenir à l'emprisonnement, n'est-il pas légitime, n'est-il pas juste qu'une condamnation complémentaire l'oblige par corps à payer toute la dette qu'il a contractée envers la société? — Souvent la législation répressive, pour toute peine, prononce une amende. Il en est ainsi pour des délits de pêche, des délits forestiers, des délits en matière de douane, pour les infractions les plus fréquentes peut-être, qui sont commises souvent par des pauvres gens, ayant un mobilier sans valeur; s'ils ne veulent pas payer l'amende, à défaut de contrainte par corps, la condamnation restera inexécutée, et leur pauvreté, causée trop souvent par l'inconduite destinée des déprédateurs de toute sorte, sera un moyen d'impunité. En ce cas, la contrainte par corps est donc le seul moyen de donner force à la justice. Contre ceux qui peuvent payer, elle est un moyen légitime de contrainte mis à la disposition de la société; à l'égard des condamnés insolvables, elle est, sous quelques rapports, la substitution d'une peine à une autre. Employée avec mesure pour assurer la répression, la contrainte par corps est à l'abri de tout reproche.

Il faut en dire autant de la contrainte par corps exercée pour le recouvrement des dommages-intérêts qui sont accordés par suite d'une condamnation pénale, soit sous forme de restitution envers l'État ou les particuliers, soit sous forme d'indemnité. Bien que ces condamnations soient connues sous le nom de *réparation civile*, elles ont quelque chose de pénal, car une dette purement civile ne peut dériver d'un crime ou d'un délit; il ne s'agit plus de l'exécution d'un contrat, mais de réparation; le plaignant n'est créancier que parce qu'il a été victime, et la société toute entière est intéressée à l'acquittement de ce genre de dette. Pour que la conscience publique soit satisfaite, il faut que le préjudice soit réparé, et que le condamné ait complètement subi sa sentence en accomplissant la restitution, et en payant les dommages-intérêts, qui sont tout à la fois une indemnité et une espèce de peine prononcée au profit de la partie lésée.

Envisagée sous cet aspect, la contrainte par corps est, comme en ce qui concerne l'amende, une sorte de peine éventuelle et complémentaire prononcée par anticipation pour le cas où le condamné ne voudrait pas ou ne pourrait pas satisfaire à la peine pécuniaire qui lui a été infligée au profit de la partie civile. « Enfin, ainsi conservée la contrainte par corps permet à l'État d'atteindre avec une pleine efficacité les comptables infidèles. Elle donne les moyens de faire réparer les fraudes les plus graves, qui sont atteintes par la loi pénale : les abus de confiance, les violations de dépôt, le détournement des deniers pupillaires, la banqueroute et même le stellionat qui, lorsqu'il est frauduleux, constitue souvent une véritable escroquerie » (Exposé des motifs de la loi du 22 juill. 1867).

7. Telles étaient les bases du projet de loi proposé par le Gouvernement et qui fut adopté avec quelques modifications qui n'altéraient en rien sa substance. Ce projet, abrogeant complètement la contrainte par corps en matière civile et commerciale, tout en la conservant en matière criminelle, et l'adoucissant dans la mesure du possible, est devenu la loi du 22 juill. 1867 qui régit actuellement la matière de la contrainte par corps (1).

8. L'économie de la loi tout entière réside dans ses deux premiers articles. Le premier supprime la contrainte par

---

(1) 22-22 juill. 1867. — *Loi relative à la contrainte par corps* (D. P. 67. 4. 75).

Art. 1er. La contrainte par corps est supprimée en matière commerciale, civile et contre les étrangers.

2. Elle est maintenue en matière criminelle, correctionnelle et de simple police.

3. Les arrêts, jugements et exécutoires portant condamnation, au profit de l'État, à des amendes, restitutions et dommages-intérêts en matière criminelle, correctionnelle et de police, ne peuvent être exécutés par la voie de la contrainte par corps que cinq jours après le commandement qui est fait aux condamnés, à la requête du receveur de l'enregistrement et des domaines. — La contrainte par corps n'aura jamais lieu pour le payement des frais au profit de l'État. — Dans le cas où le jugement de condamnation n'a pas été précédemment signifié au débiteur, le commandement porte en tête un extrait de ce jugement, lequel contient le nom des parties et le dispositif. — Sur le vu du commandement et sur la demande du receveur de l'enregistrement et des domaines, le procureur impérial adresse les réquisitions nécessaires aux agents de la force publique et aux autres fonctionnaires chargés de l'exécution des mandements de justice. — Si le débiteur est détenu, la recommandation peut être ordonnée immédiatement après la notification du commandement.

4. Les arrêts et jugements contenant des condamnations en faveur des particuliers pour réparations de crimes, délits ou contraventions commis à leur préjudice sont, à leur diligence, signifiés et exécutés suivant les mêmes formes et voies de contrainte que les jugements portant des condamnations au profit de l'État.

5. Les dispositions des articles qui précèdent s'étendent au cas où les condamnations ont été prononcées par les tribunaux civils au profit d'une partie lésée, pour réparation d'un crime, d'un délit ou d'une contravention reconnus par la juridiction criminelle.

6. Lorsque la contrainte a lieu à la requête et dans l'intérêt des particuliers, ils sont obligés de pourvoir aux aliments des détenus ; faute de provision, le condamné est mis en liberté. — La consignation d'aliments doit être effectuée d'avance pour trente jours au moins ; elle ne vaut que pour des périodes entières de trente jours. Elle est, pour chaque période, de 45 fr. à Paris, de 40 fr. dans les villes de cent mille âmes et de 35 fr. dans les autres villes.

7. Lorsqu'il y a lieu à élargissement faute de consignation d'aliments, il suffit que la requête présentée au président du tribunal civil soit signée par le débiteur détenu et par le gardien de la maison d'arrêt pour dettes, ou même certifiée véritable par le gardien si le détenu ne sait pas signer. — Cette requête est présentée en duplicata : l'ordonnance du président, aussi rendue par duplicata, est exécutée sur l'une des minutes qui reste entre les mains du gardien ; l'autre minute est déposée au greffe du tribunal et enregistrée gratis.

8. Le débiteur élargi faute de consignation d'aliments ne peut plus être incarcéré pour la même dette.

9. La durée de la contrainte par corps est réglée ainsi qu'il suit : De deux jours à vingt jours, lorsque l'amende et les autres condamnations n'excèdent pas 50 fr. ; — De vingt jours à quarante jours, lorsqu'elles sont supérieures à 50 fr. et qu'elles n'excèdent pas 100 fr. ; — De quarante jours à soixante jours, lorsqu'elles sont supérieures à 100 fr. et qu'elles n'excèdent pas 200 fr. ; — De deux mois à quatre mois, lorsqu'elles sont supérieures à 200 fr. et qu'elles n'excèdent pas 500 fr. ; — De quatre mois à huit mois, lorsqu'elles sont supérieures à 500 fr. et qu'elles n'excèdent pas 2000 fr ; — D'un an à deux ans, lorsqu'elles s'élèvent à plus de 2000 fr. — En matière de simple police, la durée de la contrainte par corps ne pourra excéder cinq jours.

10. Les condamnés qui justifient de leur insolvabilité, suivant l'art. 420 c. instr. cr. sont mis en liberté après avoir subi la contrainte pendant la moitié de la durée fixée par le jugement.

11. Les individus contre lesquels la contrainte a été prononcée peuvent en prévenir ou en faire cesser l'effet, en fournissant une caution reconnue bonne et valable. — La caution est admise, pour l'État, par le receveur des domaines ; pour les particuliers, par la partie intéressée ; en cas de contestation, elle est déclarée, s'il y a lieu, bonne et valable par le tribunal civil de l'arrondissement. — La caution doit s'exécuter dans le mois, à peine de poursuites.

12. Les individus qui ont obtenu leur élargissement ne peuvent plus être détenus ou arrêtés pour des condamnations pécuniaires antérieures, à moins que ces condamnations n'entraînent, par leur quotité, une contrainte plus longue que celle qu'ils ont subie et qui, dans ce dernier cas, leur est toujours comptée pour la durée de la nouvelle incarcération.

13. Les tribunaux ne peuvent prononcer la contrainte par corps

corps en matière civile et commerciale, d'une manière absolue, même à l'égard des étrangers, et ne fait aucune réserve au profit du Trésor. Le second, maintenant la contrainte par corps en matière criminelle, correctionnelle et de simple police, est une reproduction abrégée et une conséquence nouvelle de l'art. 52 c. pén. Tous les articles suivants sont la conséquence de cet art. 2. Ils en règlent l'application et l'exécution, et reproduisent celles des dispositions des lois anciennes qu'il était utile de conserver dans ce but; très souvent ils les adoucissent et les améliorent.

9. Les formes de l'exécution de la contrainte par corps prononcée par les tribunaux de répression sont réglées par les art. 3 et 4. Le premier de ces articles est la répétition de l'art. 33 de la loi du 17 avr. 1832; le second reproduit mot pour mot le premier paragraphe de l'art. 38 de la même loi. L'art. 5 applique les dispositions des articles qui le précèdent au cas où les condamnations ont été prononcées par les tribunaux civils au profit d'une partie lésée pour réparation d'un crime, d'un délit ou d'une contravention reconnus par la juridiction criminelle. On a tranché législativement, au moyen de cette disposition, une controverse qui s'était élevée sous l'empire de l'art. 52 c. pén. relativement à la question de savoir s'il y a lieu à contrainte par corps lorsque, postérieurement à la condamnation prononcée par la cour d'assises ou le tribunal correctionnel, la partie lésée, qui n'avait point participé à la procédure criminelle, a obtenu d'un tribunal civil une condamnation des dommages-intérêts : la cour de cassation, par un arrêt rendu en 1817 (*Rép.* n° 258), avait admis l'affirmative; mais cette décision n'avait pas fait cesser complètement la controverse entre les jurisconsultes. La loi nouvelle pouvait la raviver. Il parut sage de ne laisser à cet égard aucune incertitude, et l'art. 5 fut destiné à donner force de loi à l'équitable jurisprudence de la cour de cassation. — Mais on a pris soin de bien exprimer, au cours de la préparation de la loi, que le bénéfice de la contrainte par corps au profit de la partie lésée supposait une condamnation antérieure prononcée par la juridiction criminelle, et qu'on ne pourrait, désertant le tribunal compétent, aller demander au tribunal civil de décider qu'il y a crime ou délit, et que, par suite, il est dû des dommages-intérêts. Le jury seul peut déclarer qu'il y a crime, le tribunal correctionnel qu'il y a délit, et le tribunal civil qui ferait de pareilles déclarations changerait ses attributions, et enlèverait aux parties les garanties que la loi leur donne.

10. L'art. 6, emprunté comme les art. 3 et 4 à la législation antérieure, oblige la partie privée qui poursuit par corps le payement des frais et des dommages-intérêts, à consigner les aliments déterminés par la dernière loi rendue sur cette matière, la loi du 2 mai 1861. Il décide que, faute de provision, le détenu sera mis en liberté. L'art. 7, copié presque littéralement sur l'art. 30 de la loi de 1832, détermine un mode simple, expéditif, économique, pour opérer en ce cas la libération du détenu; et l'art. 8, reproduisant aussi fidèlement l'art. 31 de la même loi, décide que le débiteur ainsi élargi ne pourra plus être emprisonné pour la même dette.

11. L'art. 9 est d'une grande importance. Il détermine la durée de l'emprisonnement d'après le montant de l'amende et des autres condamnations ; il substitue une échelle simple et très modérée à l'échelle compliquée, rigoureuse, et quelquefois sans limite, que le code pénal aux art. 7, 39 et 40 de la loi de 1832 avaient établie.... L'art. 10, imitant à cet

égard les lois antérieures, adoucit la rigueur de la peine en cas d'insolvabilité et réduit à moitié la durée de la contrainte par corps. L'art. 11 étend l'application d'un principe ancien : suivant l'art. 34 de la loi de 1832, le condamné, retenu en prison par l'Etat pour amende et frais de justice, obtenait sa libération en fournissant une caution reconnue bonne et valable. Mais, suivant l'art. 39 de la même loi, ce moyen de libération n'était plus admis quand le détenu avait été écroué à la requête d'un particulier pour des condamnations excédant 300 fr. Cette restriction disparaît dans la loi nouvelle; quel que soit le taux de la dette, il y aura libération toutes les fois que le condamné pourra fournir une bonne caution s'obligeant à payer dans le délai d'un mois. En outre, la loi de 1832 n'accordait ce bénéfice qu'aux individus à l'égard desquels la contrainte aurait été mise à exécution. Elle ne permettait pas de prévenir l'emprisonnement en donnant caution. L'art. 11, améliorant encore sur ce point la législation précédente, dispose que l'individu contre lequel la contrainte par corps a été prononcée peut en prévenir ou en faire cesser les effets en fournissant une caution valable.

12. L'art. 12 est emprunté à la loi de 1832, dont les rédacteurs avaient été inspirés en ce point par un arrêt de la cour de Paris du 22 août 1806. — Le débiteur qui subissait l'emprisonnement pour dettes à la requête de l'un de ses créanciers pouvait, au cours de sa détention, être, de la part de tous ceux qui avaient en même temps ou antérieurement obtenu contre lui des condamnations entraînant la contrainte par corps, l'objet de recommandations. Mais les créanciers qui n'avaient pas fait usage de leur droit de recommandation, le perdaient, car la dure épreuve de la contrainte par corps n'était pas de nature à être répétée deux fois. — Fondé sur ces considérations, l'art. 27 de la loi de 1832 disait « que le débiteur qui aura obtenu son élargissement par l'expiration des délais déterminés par la loi ne pourra plus être arrêté pour dettes contractées avant son arrestation et échues au moment de l'élargissement, à moins qu'elles n'entraînent une contrainte plus longue que celle qui a été subie ». Cette disposition, qui ne s'appliquait qu'à l'emprisonnement pour dettes civiles et commerciales, a été transportée dans la loi nouvelle et appliquée justement au cas où l'emprisonnement pour dettes est prononcé par un jugement de répression. En ce cas, elle se justifie par les mêmes raisons, et, de plus, elle acquiert une certaine analogie avec les règles du code d'instruction criminelle qui interdisent le cumul des peines.

Enfin le nouvel art. 12 abroge l'art. 36 de la loi de 1832. Il est clair, en effet, que si, en cas d'insolvabilité constatée, le débiteur, mis en liberté après l'expiration du temps légal, ne peut être incarcéré à raison d'une condamnation antérieure et différente, à plus forte raison il ne peut plus l'être pour la même dette.

13. L'art. 13 du projet de loi est relatif à l'application de la contrainte par corps aux mineurs âgés de moins de seize ans. — D'après la jurisprudence qui s'était établie sur les art. 66 et suiv. c. pén., l'accusé âgé de moins de seize ans, qui était acquitté comme ayant agi sans discernement, n'était pas contraignable par corps pour le payement des frais. Mais s'il avait été condamné comme ayant agi avec discernement, il était soumis à cette voie de coercition. — En 1848, son application, dans ce dernier cas, était devenue facultative. — Le projet soumis au Corps législatif proposait

contre les individus âgés de moins de seize ans accomplis à l'époque des faits qui ont motivé la poursuite.

14. Si le débiteur a commencé sa soixantième année, la contrainte par corps est réduite à la moitié de la durée par le jugement, sans préjudice des dispositions de l'art. 10.

15. Elle ne peut être prononcée ou exercée contre le débiteur au profit : 1° de son conjoint; 2° de ses ascendants, descendants, frères ou sœurs; 3° de son oncle ou de sa tante, de son grand-oncle ou de sa grand'tante, de son neveu ou de sa nièce, de son petit-neveu ou de sa petite-nièce, ni de ses alliés au même degré.

16. La contrainte par corps ne peut être exercée simultanément contre le mari et la femme, même pour des dettes différentes.

17. Les tribunaux peuvent, dans l'intérêt des enfants mineurs du débiteur, et par le jugement de condamnation, surseoir, pendant une année au plus, à l'exécution de la contrainte par corps.

18. Les art. 120 et 355, § 1er, c. instr. cr., 174 et 175 du décret du 18 juin 1811 sur les frais de justice criminelle, sont abrogés en ce qui concerne la contrainte par corps. — Sont également abrogées, en ce qu'elles ont de contraire à la présente loi, toutes les dispositions des lois antérieures; néanmoins, il n'est point dérogé aux art. 80, 157, 171, 189, 304, 355, § 2 et 3, 452, 454, 456 et 522 c. instr. cr. — Le tit. 13 c. for. et le tit. 7 de la loi sur la pêche fluviale sont aussi maintenus et continuent d'être exécutés en ce qui n'est pas contraire à la présente loi. — En matière forestière et de pêche fluviale, lorsque le débiteur ne fait pas les justifications de l'art. 420 c. instr. cr., la durée de la contrainte par corps est fixée par le jugement, dans les limites de huit jours à six mois.

19. Les dispositions précédentes sont applicables à tous jugements et cas de contrainte par corps antérieurs à la présente loi.

une disposition laissant également aux tribunaux la faculté de prononcer la contrainte par corps ; mais, au cours de la discussion, on adopta une disposition plus précise, et l'art. 13 prescrivit aux tribunaux de ne pas prononcer la contrainte par corps contre les individus âgés de moins de seize ans accomplis à l'époque des faits qui ont motivé la poursuite.

14. Par des raisons d'humanité analogues, la loi a pour la vieillesse plus d'indulgence que la législation antérieure, et l'art. 14 réduit à moitié la durée de l'emprisonnement dès l'âge de soixante ans. Les art. 15, 16 et 17 reproduisent les dispositions bienfaisantes de l'art. 19 de la loi de 1832 et de l'art. 10 de la loi de 1848 qui, entre proches parents, interdisaient l'exercice de l'exécution sur la personne, et des deux paragraphes de l'art. 11 de la loi de 1848, dont l'un défendait d'arrêter en même temps pour dettes le mari et la femme, et dont l'autre permettait au juge de suspendre pendant un an, par le jugement de condamnation, l'exercice de la contrainte par corps dans l'intérêt des enfants mineurs du débiteur.

15. L'art. 18 énumère les textes abrogés par la nouvelle loi. Enfin l'art. 19 et dernier de la loi décide que les dispositions nouvellement édictées seront applicables à tous jugements et cas de contrainte par corps antérieurs à la loi. — Cet article du projet fut vivement discuté : ses adversaires soutinrent qu'il portait atteinte au principe de la non-rétroactivité des lois ; mais on répondit avec juste raison que la loi nouvelle ne touchait qu'aux moyens d'exécution des conventions ; et que les pouvoirs publics, qui instituaient ces moyens, étaient toujours en droit de les modifier et de les adoucir (V. *infrà*, n° 151).

16. La législation inaugurée par la loi du 22 juill. 1867 a subi, depuis lors, une seule modification, qui n'en change pas d'ailleurs l'économie générale. L'art. 3, § 3, de la loi du 22 juill. 1867 interdisait à l'Etat l'usage de la contrainte par corps pour se faire payer des frais occasionnés par un délit suivi de condamnation. Cette mesure, introduite inopinément, et sans examen approfondi, dans la loi, se trouvait contraire au principe que les frais sont l'accessoire de la peine. C'est un déboursé qu'a fait le Trésor, et cette créance est considérée comme tellement sacrée que le droit de grâce ne s'y étend pas, et que les amnisties elles-mêmes en font ordinairement la réserve. La loi sur la contrainte par corps de 1832, art. 36, la plaçait au-dessus de l'amende, et sur la même ligne que les restitutions et dommages-intérêts dans l'échelle des condamnations pécuniaires qu'il importait de faire exécuter de préférence. C'était donc par une conclusion inattendue et contraire à tous les précédents que la loi de 1867, maintenant la contrainte pour l'amende, qui est moralement une peine, mais matériellement un gain pour le Trésor, dispensait de toute crainte d'exécution personnelle le coupable qui refusait de payer les frais. De plus, la suppression de cette contrainte avait produit les résultats déplorables que pouvait faire prévoir l'expérience des affaires. Avant 1867, on ne pouvait citer d'incarcérations non justifiées et systématiques de condamnés réellement insolvables, mais depuis on avait eu le spectacle de débiteurs insolvables qui venaient payer l'amende en exigeant l'imputation sur cette créance, plus onéreuse que celle des frais puisqu'elle était mieux garantie, et qui refusaient obstinément de payer les frais, parce qu'ils savaient bien que les agents du Trésor n'oseraient pas multiplier les saisies, les ventes de mobilier et les expropriations. C'était donc une prime à la mauvaise foi qu'avait offerte la loi de 1867. Aussi en 1871, au moment où les besoins financiers, conséquences des événements désastreux de cette époque, obligèrent l'Assemblée nationale à rechercher tous les moyens légitimes d'accroître les revenus de l'Etat et de créer de nouveaux impôts, il parut opportun de rapporter une disposition législative qui, depuis 1867, avait privé le Trésor de recouvrements fondés sur des condamnations judiciaires. Ce fut l'œuvre de la loi des 19-23 déc. 1871) (1).

17. — II. Droit comparé. — Nous avons exposé au *Rép.* n° 34 l'état des législations étrangères à l'époque où il a été publié ; cet état s'est, aussi bien que celui de la législation française, profondément modifié depuis lors. Si, à l'époque où fut discutée la loi de 1867, l'auteur de l'exposé des motifs était encore en droit de constater que l'emprisonnement pour dettes pouvait être considéré comme étant de droit commun en Europe, cette constatation a cessé d'être exacte. Sous l'influence des idées libérales qui, en France, ont amené le vote de la loi du 22 juill. 1867, la législation de la plupart des pays a été remaniée, et l'on peut dire actuellement que ceux où la contrainte par corps est encore une *mesure d'exécution générale* et de *droit commun*, constituent l'exception.

Elle est encore admise en matière civile et commerciale aux Pays-Bas. — En Portugal, elle a lieu en matière civile 1° pour dépôt de biens saisis ; 2° contre le fol enchérisseur qui ne verse pas son prix dans les trois jours de l'enchère ; 3° en matière de deniers publics. Elle a lieu également pour les amendes, réparations et frais en matière criminelle et correctionnelle (F. Darbois, *Traité théorique et pratique de la contrainte par corps*, n° 50).

En Russie, les militaires et marins y échappent (*ibid.*, n° 51 ; *Annuaire de législation étrangère*, 1875, p. 840). — En Grèce et dans certains Etats de l'union américaine, notamment l'Etat de New-York, la contrainte par corps est encore conservée.

18. La législation anglaise sur la contrainte par corps a été complètement renouvelée en matière civile par deux *acts* de 1869. Suivant le premier, tout débiteur d'une somme inférieure à 50 livr. sterl. ne peut être incarcéré qu'en cas de fraude ou de mauvaise volonté évidente : la durée de l'emprisonnement est de dix semaines au plus. Le second *act* est relatif aux débiteurs de sommes supérieures à 50 livres ; en cas de fraude la peine peut s'élever à deux ans d'emprisonnement. Enfin un *act* de 1870 a interdit d'assigner le débiteur hors de son district (V. F. Darbois, n° 40 ; Hubert-Valleroux, *Etude relative à l'enquête sur la contrainte par corps en Angleterre, Bulletin de la société de législation comparée*, t. 3, p. 207.) — En matière pénale le débiteur peut être incarcéré, pour une période qui varie suivant l'importance de la condamnation. La condamnation aux frais, très rare en Angleterre, ne peut être recouvrée que par les moyens admis en matière civile pour le recouvrement des dépens, à l'exception du cas d'*assault* où la cour peut, si elle le juge à propos, condamner l'inculpé aux frais de la poursuite, avec emprisonnement subsidiaire d'au plus trois mois, sans préjudice de la prison encourue à raison du délit lui-même (F. Darbois, n° 40).

19. En Allemagne, d'après le nouveau code de procédure civile du 30 janv. 1877, la contrainte par corps ne peut être exercée en matière civile que : 1° contre le témoin récalcitrant (art. 355) ; 2° contre le débiteur condamné à une prestation qui ne peut être exécutée par un tiers (art. 773) ; 3° pour l'obtention d'un serment révélatoire (art. 782, 711, 709). — En matière répressive, l'amende impayée est convertie en une peine privative de liberté, dont la nature et la rigueur varient selon la gravité de l'infraction réprimée (art. 28, 29 et 78 c. pén. allemand du 31 mai 1870) (F. Darbois, n° 41). En Autriche, la contrainte par corps a été abolie, comme voie d'exécution, par la loi du 4 mai 1868 (*Bulletin de la société de législation comparée*, t. 3, p. 254). — En Belgique la contrainte par corps a été supprimée par une loi du 27 juill. 1871 en matière civile, sauf certaines exceptions, notamment pour les restitutions, dommages-intérêts et frais lorsqu'ils sont le résultat d'un fait prévu par la loi pénale ou d'un acte illicite, commis méchamment ou de mauvaise foi. En droit criminel, où elle est maintenue, la contrainte par corps est d'une application très rare puisqu'elle ne peut en aucun cas être ordonnée pour une somme n'excédant pas 300 fr., et ne peut être prononcée contre les personnes civilement responsables du fait, contre ceux qui ont atteint leur soixante-dixième année, contre les femmes et les mineurs, contre les héritiers du contraignable.

---

(1) 19-23 déc. 1871. — *Loi sur la contrainte par corps en matière de frais de justice criminelle* (D. P. 71. 4. 167).
Art. 1er. Est abrogé l'art. 3, § 3, de la loi du 22 juill. 1867, qui interdit l'exercice de la contrainte par corps pour le recouvre-

ment des frais dus à l'Etat en vertu des condamnations prévues dans l'art. 2 de la même loi.
2. Sont, en conséquence, remises en vigueur les dispositions légales abrogées par l'art. 18, § 1er, de la loi du 22 juill. 1867.

20. Enfin les dispositions de la loi italienne du 6 déc. 1877 qui abolit la contrainte par corps en matière civile et commerciale, offrent une grande analogie avec celles de la loi belge, car elles laissent aux tribunaux civils la faculté de prononcer la contrainte par corps pour les restitutions, réparations, de dommages et compensations résultant d'un fait puni par la loi pénale (V. *Annuaire de législation étrangère*, 1877, p. 422).

21. Depuis 1867, la nouvelle législation de la contrainte par corps a été étudiée par plusieurs auteurs, soit dans des traités de droit civil ou de droit criminel, soit dans des ouvrages spéciaux. Parmi les premiers, nous citerons notamment le *Cours de droit civil français*, de MM. Aubry et Rau, 4° éd., t. 8, § 779 à 782; le *Traité des petits contrats* de M. Paul Pont, 2° éd., t. 2, n°ˢ 742 à 1048; Dutruc, *Journal du ministère public ;* Ad. Chauveau et Faustin Hélie, *Théorie du code pénal*, 6° éd., t. 1, n°ˢ 182 à 193 ; Sourdat, *Traité général de la responsabilité*, 4° éd., t. 1, n°ˢ 191 *bis* à 212 *septies* ; au nombre des seconds, le *Traité théorique et pratique de la contrainte par corps en matière criminelle et de simple police* de M. F. Darbois.

CHAP. 2. — Caractères de la contrainte par corps. — Règles générales (*Rép.* n°ˢ 35 à 606).

22. L'abolition de la contrainte par corps en matière civile, commerciale et contre les étrangers, enlève tout intérêt pratique à la jurisprudence et à la doctrine qui ont été exposées au *Rép.* chap. 2 à 6, en tout ce qu'elles ont de spécial à l'application de la contrainte par corps aux matières pour lesquelles elle a été supprimée. — Elles ne conservent de valeur qu'au point de vue de certaines règles d'une application générale en matière de contrainte par corps, et qui seront examinées conjointement avec les dispositions relatives à la contrainte par corps en matière pénale, et pour les compléter.

CHAP. 3. — De la contrainte par corps en matière criminelle, correctionnelle et de police (*Rép.* n°ˢ 607 à 722).

Art. 1ᵉʳ. — *Caractères de la contrainte par corps.* — *Législation.* — *Règles générales.* — *Cas d'exemption suivant l'âge, le sexe ou la qualité* (*Rép.* n°ˢ 607 à 626).

23. — I. Caractères de la contrainte par corps. — Comme on l'a vu *suprà*, n° 8, la loi du 22 juill. 1867 supprime la contrainte par corps en matière *commerciale, civile* et contre les étrangers, mais elle la conserve en matière pénale, c'est-à-dire pour sûreté de l'exécution des condamnations pécuniaires prononcées en matière criminelle, correctionnelle et de simple police.

24. Il faut remarquer en premier lieu que l'art. 1ᵉʳ de la loi du 22 juill. 1867 constitue une disposition d'ordre public, de sorte qu'un tribunal français, appelé à rendre exécutoire un jugement d'un tribunal étranger, peut et doit déclarer que la disposition de ce jugement, qui prononce la contrainte par corps en matière commerciale, ne sera pas exécutée en France (Chambéry, 29 janv. 1873, aff. Dumas, D. P. 74. 2. 183).

25. Il est évident, d'autre part que, tout en n'étant plus, depuis la loi de 1867, exercée qu'en matière pénale, la contrainte par corps n'a pas changé de caractère. On a établi à cet égard (*Rép.* n° 35) que, sous l'empire des lois de 1832 et de 1848, la contrainte par corps ne devait pas être considérée comme une peine, mais uniquement comme un moyen d'exécution; rien n'autorise à penser, malgré la doctrine professée dans l'exposé des motifs de la loi (V. *suprà*, n° 6), que celle-ci ait, en rien, modifié cette situation. Il est certain, en effet, que la contrainte par corps ne figure pas plus depuis la loi de 1867 qu'auparavant, parmi les diverses peines donnée par les art. 7 à 11 et 464 c. pén.; et, si d'autre part, elle se substitue en apparence à l'amende, elle n'éteint pas pour cela la dette du débiteur récalcitrant, qu'elle a seulement pour but de contraindre à payer. Elle reste donc bien un moyen d'exécution, et n'est pas autre chose. Sans doute, si le débiteur est insolvable, la contrainte peut donner l'illusion d'une substitution de peine à une autre, et on peut à la rigueur admettre, avec quelques auteurs, qu'elle prend, en pareil cas, un caractère mixte, et qu'elle participe de la nature de la peine tout en restant une épreuve de solvabilité ; souvent en effet l'insolvabilité du condamné est plus apparente que réelle, et la menace de la contrainte par corps fera apparaître des ressources qui, sans cela, resteraient ignorées (V. F. Darbois, n° 59). Mais, dans tous les cas, comme le remarque M. F. Darbois, la contrainte par corps ne saurait prendre un caractère mixte que lorsqu'elle est exercée par le ministère public, pour le payement d'une amende, et non pour le payement des frais; quand elle est exercée par la partie civile, elle ne peut jamais être qu'une épreuve de solvabilité, la partie civile n'agissant pas dans l'intérêt de la vindicte publique, mais dans un intérêt purement privé. — Enfin un dernier motif s'oppose à ce qu'on considère la contrainte par corps en matière pénale comme une peine proprement dite : c'est qu'elle est indépendante de l'amende, et que la dette peut toujours être poursuivie sur les biens du contraignable, que la contrainte ait ou non été exercée, sauf toutefois en matière forestière et de pêche fluviale.

26. Il faut toujours également se garder de confondre la contrainte par corps avec les mesures d'exécution permises contre les personnes et l'emploi de la force publique pour les contraindre d'obéir aux ordres de la justice (*Rép.* n° 36), par exemple avec l'exécution des mandats d'arrêt ou de dépôt et l'arrestation des condamnés à l'emprisonnement (V. *Rép.* n° 660).

27. On doit continuer à appliquer la solution qui a été exposée au *Rép.* n° 37 au cas, prévu par l'art. 455 c. com. où il y a lieu au dépôt du failli dans la maison d'arrêt. Sous l'empire de la loi du 22 juill. 1867, il est particulièrement intéressant de définir d'une manière exacte le caractère de ce dépôt. En effet, si on voulait y voir l'exercice d'une contrainte par corps au profit des créanciers, on devrait en conclure que les art. 455 et 456 c. com. ont été abrogés par la loi du 22 juill. 1867, et qu'il n'y a plus lieu au dépôt du failli. On l'a, il est vrai, prétendu ; mais la jurisprudence s'est formellement refusée à consacrer ce système (Req. 1ᵉʳ juill. 1873, aff. Deleveau, D. P. 74. 1. 168). Le dépôt du failli dans une maison d'arrêt reste une mesure spéciale, entièrement distincte de la contrainte par corps. Cette mesure en effet n'a pas été édictée afin de contraindre le failli, en l'emprisonnant, à payer les dettes qui lui incombent. C'est une simple mesure d'ordre, destinée à assurer la présence du failli à portée de ses créanciers, pour leur fournir tous les renseignements dont le besoin pourrait se faire sentir dans l'intérêt de la masse et même dans celui du failli lui-même, et pour que les tribunaux puissent ultérieurement statuer en cas d'union, et après instruction contradictoire et complète de l'affaire, sur les caractères et les circonstances de la faillite. Aussi depuis, comme avant la loi du 22 juill. 1867, le failli dont l'arrestation a été ordonnée conformément à l'art. 455 c. com., ne peut-il pas obtenir sa mise en liberté définitive tant que les opérations de la faillite n'ont pas été clôturées (Montpellier, 11 mars 1871, aff. N..., D. P. 72. 2. 29). En d'autres termes, on peut dire d'une manière générale que la loi du 22 juill. 1867 n'a modifié en rien les art. 453, 456 et 471 à 473 c. com. (V. sur cette question une dissertation de M. Eugène Garsonnet, *Revue critique*, t. 33, p. 336 et suiv.).

28. — II. Législation ; Règles générales. — La législation qui régit la contrainte par corps en matière criminelle, du fait de la loi du 22 juill. 1867, a été exposée *suprà*, n°ˢ 6 et suiv. Cette législation, ainsi qu'on a pu le voir, est restée en principe ce qu'elle était antérieurement; la loi du 22 juill. 1867 s'est bornée à y apporter quelques perfectionnements et à confirmer législativement certaines décisions de la jurisprudence. C'est donc toujours à l'aide des textes mentionnés au *Rép.* n° 607 et suiv qu'il faut compléter la législation datant de 1867. Il en est surtout ainsi, pour être plus exact, depuis la loi du 19 déc. 1871 qui a rapporté l'abrogation, prononcée par la loi du 22 juill. 1867, des art. 120 et 355, § 1ᵉʳ, c. instr. cr., 174 et 175 du décret du 18 juin 1811.

On étudiera dans les numéros qui suivent les modifications de détail qu'a fait subir à l'ensemble de la législation exposée au *Rép.* n°ˢ 607 et suiv la loi du 22 juill. 1867.

29. L'exercice de la contrainte par corps implique nécessairement l'existence d'une condamnation pénale. Mais elle

reste, comme on l'a déjà vu au *Rép.* n° 616, indépendante de la peine, et ne peut être appliquée qu'après que l'emprisonnement pénal a été subi. Elle reste également obligatoire pour le juge (*Rép.* n° 609) et *de droit*, en ce sens qu'elle résulte *ipso facto* de la condamnation pécuniaire infligée à l'accusé ou au prévenu, qu'elle en est la conséquence virtuelle et l'accessoire obligé ; en un mot, c'est la loi, et non le juge, qui la prononce (V. Chauveau et Faustin Hélie, t. 1, n° 188; Blanche, *Etudes pratiques sur le code pénal*, t. 1, n° 364). Cependant, comme on l'a vu au *Rép.* n° 614, si cette proposition était absolument vraie sous l'empire de l'art. 52 c. pén. il n'en est plus tout à fait de même, au moins en apparence, depuis la loi de 1832. En exigeant que la durée de la contrainte par corps fût fixée par le jugement même de condamnation, dans les limites d'un certain minimum à un certain maximum, pour les condamnations au-dessus de 300 fr. prononcées au profit de l'État, et pour celles prononcées au profit des parties civiles quelle qu'en fût la somme, cette loi a imposé au juge, tout au moins implicitement, la nécessité de prononcer la contrainte par corps dans la sentence même, lorsqu'il s'agissait de l'une de ces deux catégories de condamnations. Bien plus, actuellement, cette nécessité d'une disposition expresse relative à la contrainte par corps s'impose pour toute condamnation infligée au profit de l'État ou des parties civiles, quel qu'en soit le chiffre, depuis les lois de 1848 et de 1867, la contrainte par corps se trouvant, en vertu de ces lois, indistinctement soumise à un minimum et à un maximum de durée. Cependant, et malgré le devoir imposé au juge de prononcer expressément la contrainte par corps, conséquence de l'obligation d'en fixer la durée, le principe d'après lequel la contrainte par corps, en matière criminelle, correctionnelle et de police, a lieu de plein droit, n'en conserve pas moins son application. Ainsi par exemple, il n'est pas besoin que l'exercice en soit demandé par des conclusions formelles ; les juges doivent la prononcer d'office (Crim. rej. 14 juill. 1853, aff. Duchêne, D. P. 53. 5. 107), et s'ils omettent de le faire et d'en fixer la durée, il ne s'ensuit pas que le condamné échappe à cette mesure d'exécution (V. *infrà*, n°s 72 et suiv.).

30. La disposition du jugement correctionnel ou de police relative à la contrainte par corps peut être frappée d'appel soit par le condamné, soit par le ministère public, soit par la partie civile. Ainsi le condamné peut attaquer cette disposition, par exemple, en ce qu'elle lui aurait refusé le bénéfice d'une exemption légale, ou en ce qu'elle n'aurait pas fixé la durée de la contrainte, ou en ce qu'elle excède, dans cette fixation, le maximum légal. L'appel du ministère public peut être fondé sur les mêmes motifs, et aussi sur ce que la durée assignée à la contrainte serait insuffisante; celui de la partie civile, sur l'omission ou l'insuffisance de la fixation (V. F. Darbois, n° 168). — Mais l'appel est-il recevable du chef de la contrainte par corps, alors même que la décision sur le fond serait en dernier ressort? La négative était admise sous l'empire de la loi de 1832 ; comme on l'a vu au *Rép.* n° 615, on décidait qu'il n'y avait pas lieu d'appliquer en matière répressive la disposition de l'art. 20 de la loi de 1832 qui, en matière civile ou commerciale, autorisait l'appel du chef de la disposition prononçant la contrainte par corps même dans les affaires jugées en dernier ressort (V. *Rép.* n° 615). C'est en effet, comme le remarque M. F. Darbois, n° 174, ce qui résultait *à contrario* de l'art. 41 de la même loi. Cette solution serait encore applicable sous l'empire de la loi actuelle (V. en ce sens : Sourdat, t. 1, n° 211 *quinquiès*). Elle a, d'ailleurs, peu d'intérêt, l'appel sur le fond étant toujours admis en matière correctionnelle, et même en matière de simple police toutes les fois que le jugement prononce l'emprisonnement, ou que les amendes, restitutions et autres réparations civiles excèdent la somme de cinq francs (c. instr. cr. art. 172) (V. *suprà*, v° *Appel en matière criminelle*, n°s 16 et suiv.).

31. La faculté d'appel existe, sans aucun doute, du chef de la contrainte par corps prononcée par le tribunal civil dans les conditions prévues par l'art. 5 de la loi de 1867, lorsque la décision sur le fond est elle-même susceptible d'appel. En est-il de même quand cette décision est en dernier ressort? En d'autres termes doit-on appliquer ici la règle consacrée par les art. 20 de la loi du 17 avr. 1832 et 7 de la loi du 13 déc. 1848? (*Rép.* n°s 73 et suiv.). — La question est con-

troversée. M. F. Darbois, n° 174, soutient la négative : « Les lois de 1832 et 1848, dit cet auteur, n'autorisaient l'appel exceptionnel du chef de la contrainte qu'en matière civile et commerciale ; or la contrainte par corps que prévoit l'art. 5 de la loi de 1867 est celle des matières criminelles ; elle a lieu de plein droit, tandis qu'autrefois, dans la même hypothèse, elle était simplement facultative; elle doit être prononcée, quel que soit le chiffre des dommages-intérêts alors qu'avant 1867, il était nécessaire que la dette dépassât 300 fr. ; elle s'applique aux dépens qui, précédemment, n'étaient pas recouvrables par corps, etc. Si donc le débiteur avait autrefois, grâce à cet appel spécial, quelque chance de se faire décharger de la contrainte par corps, il lui est impossible d'y échapper aujourd'hui, car la contrainte par corps est la conséquence forcée de la condamnation principale désormais irrévocable. Donc, en droit comme en fait, cette faculté de l'appel du chef de la contrainte n'a plus de raison d'être ». L'opinion contraire, admise par MM. Sourdat, t. 1, n° 212 *quinquiès*, et Aubry et Rau, t. 8, § 782, p. 505, est à notre avis préférable. L'objection tirée de ce que la contrainte par corps a lieu de plein droit dans l'hypothèse de l'art. 5 de la loi du 22 juill. 1867, comme toutes les fois qu'elle est prononcée en matière criminelle, ne paraît pas fondée : cette circonstance n'est pas un obstacle à une application irrégulière de la loi; par exemple, il peut y avoir, de la part du tribunal civil, aussi bien que de la part d'un tribunal de répression, fixation d'une durée excessive contraire à l'art. 9 de la loi du 22 juill. 1867 ; et cela, dans un cas où le chiffre de dommages-intérêts prononcé par le tribunal civil serait inférieur au taux du dernier ressort de cette juridiction et où, par conséquent, ce jugement ne serait, au fond, pas susceptible d'appel.

Nous pensons toutefois, avec MM. Aubry et Rau, *ibid.*, que l'appel n'appartient qu'au seul débiteur, à l'exclusion de la partie civile, et qu'il n'a pas d'effet suspensif, au cas où la contrainte par corps est ordonnée en vertu de l'art. 5 de la loi du 22 juill. 1867. C'était la solution admise sous l'empire de l'art. 20 de la loi de 1832 (V. *Rép.* n° 75 ; Paris, 21 janv. 1854, aff. Zizewsti, D. P. 54. 2. 196 ; Metz, 30 mars 1859, aff. Doyen, D. P. 60. 2. 155. — *Contra :* Bourges, 20 juin 1856, aff. Aladenise, D. P. 56. 2. 248), et elle paraît encore applicable aujourd'hui.

32. Le principe suivant lequel la contrainte par corps est de droit en matière criminelle semblerait avoir pour conséquence l'impossibilité pour le juge d'ordonner de surseoir à l'exercice de cette voie de coercition. Il en était bien ainsi sous l'empire de la législation de 1832 et de 1848, ainsi qu'on l'a exposé au *Rép.* n° 618; ce n'était qu'en matière civile et commerciale, lorsque la contrainte était une mesure facultative, que le juge était maître de surseoir à l'application de la contrainte par corps. — La loi du 22 juill. 1867 a, dans un but d'humanité, étendu aux matières criminelles les dispositions qui avaient été édictées par l'art. 11 de la loi du 13 déc. 1848 (*Rép.* n° 111) et fait fléchir la rigueur du principe qui vient d'être rappelé, lorsque le contraignable a des enfants mineurs. Elle dispose dans son art. 17 que « les tribunaux peuvent, dans l'intérêt des enfants mineurs du débiteur, surseoir pendant une année au plus, à l'exécution de la contrainte par corps ».

Ce sursis, toutefois, est purement facultatif pour les tribunaux qui restent souverains juges des cas où l'intérêt des enfants mineurs commande de surseoir à l'incarcération du père; et comme cet intérêt peut seul justifier le sursis, il en faut conclure avec M. F. Darbois, n° 295, que le jugement qui l'ordonne doit être motivé. Enfin, comme il s'agit d'une mesure exceptionnelle, elle ne peut évidemment être prise que dans les conditions prévues par la loi : elle ne peut notamment être ordonnée que par le jugement même de condamnation, ainsi que l'exprime formellement l'art. 17. Par cette expression : jugement de condamnation, on doit entendre la décision qui statue d'une manière définitive sur le fait délictueux. Ainsi lorsque la condamnation au fond est susceptible d'appel, le sursis peut être demandé pour la première fois devant le tribunal d'appel, et ordonné par lui. Au contraire, si le premier jugement est définitif au fond, le sursis qui n'aurait pas été demandé en première instance ou qui n'aurait pas été accordé ne pourrait être sollicité par voie d'un appel spécial (F. Darbois, n°s 296 et 297;

Aubry et Rau, t. 8, § 782, p. 507, texte et note 22; Paris, 15 mars 1864) (1).

Il faut ajouter qu'une fois accordé, le sursis ne peut plus être rétracté par le juge alors même que les causes qui l'auraient justifié viendraient à cesser, c'est-à-dire si les enfants mineurs venaient à décéder (F. Darbois, *ibid.*).

33. — III. EXEMPTIONS DIVERSES. — La loi du 22 juill. 1867, art. 13, a créé une exemption de la contrainte par corps en raison de l'âge. Cette exemption dont le caractère est absolu et qui n'est pas abandonnée à l'arbitraire du juge, n'était pas, en effet, reconnue par la législation antérieure, comme nous l'avons constaté au *Rép.* n° 619. Sous l'empire de cette législation il n'existait aucune exemption absolue en raison soit du sexe, soit de l'âge; l'art. 9, § 3, de la loi du 13 déc. 1848 donnait seulement au juge la faculté de ne pas prononcer la contrainte contre les individus âgés de moins de seize ans. A cette faculté l'art. 13 substitue une exemption absolue en disposant que « les tribunaux ne peuvent prononcer la contrainte par corps contre les individus âgés de moins de seize ans accomplis à l'époque des faits qui ont motivé la poursuite ». Suivant la remarque de MM. Aubry et Rau, t. 8, § 782-3°, p. 506, « les condamnations prononcées pour un fait délictueux commis par un mineur âgé de moins de seize ans accomplis n'entraînent pas la contrainte par·corps; et conséquemment leur exécution ne peut être poursuivie par cette voie de contrainte, même après que le condamné a atteint sa majorité ». Il résulte de la disposition précitée qu'une décision qui prononce la contrainte par corps contre un mineur de seize ans, pour le payement des amendes et des frais auxquels elle le condamne, est nulle de ce chef et encourt la cassation par voie de retranchement de la partie du dispositif relatif à la contrainte par corps (Crim. cass. et rej. 25 mars 1881, aff. Chiappini, D. P. 81. 1. 391).

34. L'exemption en faveur du mineur de seize ans est d'ailleurs la seule que la loi édicte, complète et absolue, en considération de la personne du débiteur. Les mineurs de plus de seize ans, les femmes et les filles sont soumises à la contrainte par corps aussi bien que les hommes majeurs; quant aux vieillards qui, ainsi qu'il a été exposé au *Rép.* n° 620, étaient soumis à la contrainte par corps, suivant la jurisprudence adoptée par la cour de cassation, aussi bien lorsqu'ils avaient atteint leur soixante-dixième année qu'auparavant, la loi de 1867 a consacré un système plus doux. Si la vieillesse n'est jamais une cause d'exemption complète de la contrainte par corps, du moins l'âge où la durée doit en être réduite est-il avancé : dès l'âge de soixante ans, la contrainte est réduite à la moitié de la durée fixée par le jugement de condamnation (art. 14). La réduction semble même, d'après les termes de l'art. 14, devoir être opérée d'office. Suivant cet article, en effet : « Si le débiteur a commencé sa soixantième année, la contrainte par corps est réduite à la moitié de la durée fixée par le jugement ». N'est-ce pas dire qu'à la seule constatation que le débiteur a commencé sa soixantième année, la réduction de la détention devra être opérée d'office ? Cette solution paraît d'ailleurs juridique, alors qu'il s'agit d'une matière touchant à la liberté individuelle et intéressant ainsi l'ordre public.

35. Qu'arrivera-t-il dans le cas où le tribunal aura omis de prononcer la réduction au profit du *sexagénaire* ? Un nouveau jugement sera-t-il nécessaire, ou bien la réduction de la contrainte pourra-t-elle être réclamée par le condamné au cours de l'exécution? Cette question sur laquelle le législateur ne s'est pas prononcé, paraît avoir été résolue dans le dernier sens par la cour de cassation : la chambre criminelle a jugé, en effet, qu'un arrêt qui prononce la contrainte par corps contre un sexagénaire, sans en diminuer la durée à raison de son âge, n'encourt pas la cassation alors que le condamné n'a demandé cette réduction ni devant le tribunal, ni devant la cour, attendu qu'il conserve le droit de

réclamer cette réduction lors de l'exécution (Crim. rej. 21 nov. 1873, aff. Quemet, D. P. 74. 1. 135).

36. On a vu au *Rép.* n° 622 les principes qui étaient appliqués lorsque les condamnés étaient représentants du peuple. Actuellement, sous l'empire de la constitution de 1875, nous pensons que les députés et les sénateurs sont soumis au droit commun. L'art. 14 de la loi constitutionnelle du 16 juill. 1875 déclare bien « qu'aucun membre de l'une ou l'autre Chambre ne peut, pendant la durée de la session, être poursuivi ou arrêté en matière criminelle ou correctionnelle qu'avec l'autorisation de la Chambre dont il fait partie, sauf le cas de flagrant délit »; mais aucune disposition ne reproduit celles qui se trouvaient dans les lois antérieures et qui interdisaient l'exercice de la contrainte par corps contre les députés au cours d'une session et pendant les six semaines qui la précèdent ou la suivent. Il est évident que cette question devenue, depuis la suppression de la contrainte par corps en matière civile et commerciale, d'un intérêt fort restreint, n'a pas préoccupé le législateur de 1875. Il semble donc que les députés et les sénateurs ne jouissent au point de vue de la contrainte par corps d'aucune immunité particulière (F. Darbois, n° 252).

37. La personne du président de la République n'est plus inviolable, comme l'était celle du roi. Ce haut fonctionnaire peut, aux termes de l'art. 12 de la loi du 16 juill. 1875, être mis en accusation par la Chambre des députés et jugé par le Sénat (D. P. 75. 4. 117). Il serait donc alors soumis à la contrainte par corps, comme les membres des Chambres, par le seul effet de la condamnation pénale, pour l'exécution des condamnations pécuniaires qui l'accompagneraient.

38. On a vu au *Rép.* n° 623 les règles applicables aux militaires et aux gens de mer. Sous l'empire de la législation antérieure à 1867, on avait décidé que la contrainte par corps peut être exercée contre un militaire en disponibilité (Paris, 17 janv. 1851, aff. Daru, D. P. 51. 2. 69).

39. Nous avons exposé au *Rép.* n° 624 les difficultés que présentait la question de savoir si les agents diplomatiques sont passibles de la contrainte par corps. Nous pensons toujours que les agents diplomatiques ne pouvant être poursuivis en France, à raison de crimes ou délits (*Rép.* v° *Agents diplomatiques*, n°s 126 et suiv.), il ne saurait intervenir contre eux, pour ces mêmes faits, de condamnations pécuniaires les soumettant à la contrainte par corps. Quant aux consuls, il est constant qu'ils sont justiciables des tribunaux français à raison des crimes et des délits par eux commis en France (*Rép.* v° *Consuls*, n° 35). La contrainte par corps peut donc être exercée contre eux pour l'exécution des condamnations pécuniaires qui leur sont infligées à raison de ces crimes ou délits (*Rép.* v° *Consuls*, n°s 41 et suiv.).

40. Les exceptions relatives dérivant de la parenté et de l'alliance et dont la loi de 1832 avait, comme on l'a vu au *Rép.* n° 625, introduit le bénéfice en matière criminelle, ont été maintenues par la loi du 22 juill. 1867 (art. 15). Cet article reproduit les dispositions des art. 19 de la loi du 17 avr. 1832 et 10 de celle du 13 déc. 1848. Il doit donc être appliqué et interprété dans le même sens. — Ainsi, la contrainte par corps ne peut pas être prononcée pour sûreté des condamnations à des dommages-intérêts prononcées en matière criminelle au profit d'un époux contre son conjoint (Crim. cass. 14 févr. 1850, aff. Deladvignière, D. P. 50. 5. 90). Il est à remarquer qu'il ne peut être question que de la contrainte par corps prononcée pour les réparations civiles au profit du parent ou allié au degré prévu par la loi, et non de la contrainte prononcée au profit de l'Etat (F. Darbois, n° 275).

41. Sous l'empire des lois de 1832 et de 1848, on était généralement d'accord pour ne faire aucune distinction entre la parenté légitime et la parenté naturelle ou adoptive. C'est cette opinion que nous avons adoptée en matière civile (*Rép.* n° 325); elle nous semble encore applicable

(1) (P... C. Lefournier.) — LA COUR ; — Considérant que les art. 122 et 127 c. proc. civ. ne permettent d'accorder des délais ou d'ordonner un sursis à la contrainte par corps que par le jugement qui statue sur la condamnation; que par cette disposition, le législateur a voulu fermer la porte à toute procédure ultérieure ; que l'art. 11 de la loi du 13 déc. 1848 a admis la même règle dans

un intérêt public, et pour que le jugement qui prononce la condamnation définitive ne puisse être entravé dans son exécution ; — Adoptant au surplus les motifs des premiers juges ; — Confirme, etc.

Du 15 mars 1864.-C. de Paris, 2° ch.-MM. Anspach, pr.,-Roussel, av. gén.-Grévy et Guiard, av.

sous l'empire de la loi de 1867 qui ne fait, dans son art. 15, que reproduire et fondre ensemble les dispositions des art. 19 et 41 de la loi du 17 avr. 1832 et de l'art. 10 de la loi du 13 déc. 1848. La prohibition de la contrainte par corps au profit des ascendants ou descendants du condamné et de ses frères et sœurs au même degré doit s'entendre non seulement des ascendants et descendants légitimes, mais aussi des père, mère et enfants, frères et sœurs naturels (Aubry et Rau, t. 8, § 780, p. 487; Pont, n° 845; F. Darbois, n° 265). Mais il ne faudrait pas aller plus loin, et nous croyons, d'accord avec MM. Pont, Aubry et Rau et F. Darbois, *ibid.*, que l'exercice de la contrainte par corps n'est prohibé qu'autant qu'il existe, entre le condamné et celui qui réclame l'application de la contrainte par corps, une parenté civile, un lien légal de parenté ; que la prohibition n'existe pas, par exemple, entre les frères et sœurs adoptifs, les oncles ou tantes par adoption du débiteur et réciproquement; il n'y a, en effet, entre ces diverses personnes aucun lien légal de parenté naturelle ou civile. Nous croyons donc devoir rejeter la doctrine d'un arrêt de la cour de Paris du 1er févr. 1864 (aff. L..., D. P. 64. 2. 83) refusant l'exercice de la contrainte par corps entre parents naturels au degré d'oncle et tante, car la parenté naturelle à ce degré ne crée aucun lien légal de parenté. Cet arrêt reposait cependant sur cette idée très juste, en principe, que ce serait méconnaître l'esprit de la loi sur ces restrictions que d'en refuser le bénéfice à la parenté naturelle, dont le législateur fait état dans d'autres circonstances, notamment en ce qui concerne les empêchements au mariage pour consanguinité. Mais précisément, la loi ne tient aucun compte au point de vue du mariage de la consanguinité naturelle au degré d'oncle et nièce, tante et neveu, ce qui vicie les motifs sur lesquels l'arrêt repose.

42. Certains arrêts se sont également écartés de la doctrine qui vient d'être exposée, en décidant que l'exemption de la contrainte par corps peut être invoquée entre alliés aux degrés déterminés par la loi même après que l'alliance a cessé par le décès, sans enfants, de l'époux dont le mariage a produit l'affinité (Nîmes, 18 nov. 1841, *Rép.* n° 328; Agen, 31 mai 1860, aff. Jourdain, D. P. 64. 2. 87; Montpellier, 17 avr. 1863, aff. Prat, *ibid.* — *Contrà* : Paris, 12 févr. 1853, aff. Vigrand, D. P. 53. 2. 88).

43. L'art. 16 de la loi du 22 juill. 1867 reproduit l'art. 11, § 1er, de la loi du 16 déc. 1848, qui, lui-même, s'était borné à amender l'art. 21 de la loi du 17 avr. 1832. La loi, par un motif d'humanité, ne veut pas que le père et la mère de famille soient arrachés ensemble à leur foyer et à leurs enfants; aussi décide-t-elle que « la contrainte par corps ne peut être exercée simultanément contre le mari et contre la femme, même pour des dettes différentes ». Mais elle ne s'oppose pas à ce que la contrainte soit prononcée en même temps contre les deux époux, et à ce qu'elle soit exercée successivement contre chacun d'eux (Amiens, 7 nov. 1885, aff. Levin, D. P. 86. 2. 167). Le créancier pourra donc, à son gré, contraindre d'abord soit la femme, soit le mari. Il importe peu, d'ailleurs, au point de vue de l'application de l'art. 16 de la loi de 1867, que le mariage des débiteurs soit antérieur ou postérieur aux jugements qui ont prononcé la contrainte; c'est, en effet, à l'époque de l'exécution qu'il faudra envisager leur condition civile, afin d'atteindre le but que la loi s'est proposé (V. en ce sens: F. Darbois, n°s 277 et 278 ; *Rép.* n°s 333, 334 et 336).

44. Enfin, la mort civile ayant disparu de notre législation, les observations énoncées au *Rép.* n° 626 sont désormais sans application.

Art. 2. — *Nature et chiffre des condamnations entraînant la contrainte par corps, et suivant qu'il s'agit des prévenus ou accusés, des personnes civilement responsables, des plaignants, etc.* (*Rép.* n°s 627 à 660).

45. La loi du 22 juill. 1867, de même que la législation précédente, ne s'est pas préoccupée du chiffre de l'amende prononcée, des frais et des réparations civiles pour l'application de la contrainte par corps en matière criminelle. Comme nous l'avons vu au *Rép.* n° 627, il n'est pas, en cette matière, de minimum au-dessous duquel la contrainte par corps ne peut être exercée et il n'y a pas à distinguer

entre le cas où la contrainte est exercée à l'occasion d'une amende, des frais ou de la réparation civile en faveur de la partie lésée. Les hésitations sur ce dernier point, que nous avons signalées au *Rép.* n° 627, n'ont plus de raison d'être aujourd'hui.

§ 1er. — *Contrainte par corps contre les prévenus et accusés*
(*Rép.* n°s 629 à 643).

46. Comme on l'a déjà vu *suprà*, n° 45, et comme on l'a exposé au *Rép.* n° 629, toute condamnation soit à l'amende, soit aux frais et dépens, soit à des dommages-intérêts et restitutions, peut être poursuivie par la contrainte par corps, indépendamment de la peine proprement dite, contre toute personne condamnée pour crime, délit ou contravention, que les condamnations soient prononcées au profit de l'Etat ou qu'elles soient obtenues par les parties civiles. Cette situation, qui existait déjà avant la loi du 22 juill. 1867 a été maintenue par cette loi combinée avec celle du 19 déc. 1871. C'est ainsi qu'il a été jugé que la condamnation aux frais prononcée en matière de contributions indirectes accessoirement à la confiscation, ayant un caractère pénal, son exécution peut être poursuivie par la voie de la contrainte par corps (Crim. rej. 4 juin 1875, aff. Delguite, D. P. 77. 1. 240).

47. D'un autre côté, parmi les textes spéciaux qui ont été énumérés au *Rép.* n° 630, la plupart restent applicables, sauf les modifications qui résultent nécessairement des changements apportés par la loi de 1867 au régime général de la contrainte par corps. — Par exemple, le tit. 13 c. for. (art. 209 à 217), expressément maintenu par l'art. 18, § 3, de la loi du 22 juill. 1867, doit être rapproché des articles de cette loi, et de ce rapprochement on est conduit à conclure que le maintien du tit. 13 n'a qu'une portée fort restreinte (V. F. Darbois, n° 333). Il en est de même du tit. 7 de la loi du 15 avr. 1829, dont le maintien est expressément formulé par le même paragraphe 3 de l'art. 18.

48. La suppression de la contrainte par corps en matière civile par la loi du 22 juill. 1867 a donné naissance à une controverse sur la question de savoir si les amendes prononcées par les juges de paix, en matière de douanes, et notamment pour opposition à l'exercice des préposés, ont un caractère répressif, qui doive faire comprendre les condamnations à ces amendes, quoiqu'elles émanent de la juridiction civile, dans la classe des condamnations dont la nature est à la fois civile et pénale. — Suivant un système, les condamnations à l'amende prononcées par les juges de paix en matière de douanes, et particulièrement pour opposition à l'exercice, auraient un caractère purement civil, alors même que les voies de fait dont cette opposition aurait été accompagnée motiveraient, sur la poursuite ultérieure du ministère public, la condamnation du même individu, par le tribunal correctionnel, à la peine de l'emprisonnement; et il s'ensuivrait que, sous l'empire de la loi du 22 juill. 1867, le recouvrement de l'amende prononcée dans ces circonstances ne pourrait être poursuivi que par la voie de la contrainte par corps. Il résulte, dit-on, des art. 3, 4 et 6 de la loi du 22 fruct. an 3, consacrés par l'arrêt du Directoire exécutif du 27 therm. an 4 et maintenus par la loi du 9 flor. an 7, tit. 4, art. 6, 13 et 14, que les juges de paix connaissent des contraventions en matière de douanes, et notamment des oppositions faites à l'exercice des préposés, comme juges civils et non comme juges de simple police; une jurisprudence constante a, en outre, reconnu le caractère d'une réparation civile, et non celui d'une peine, à l'amende encourue par les contrevenants aux art. 14, tit. 13, de la loi du 22 sept. 1791 et 2 du tit. 4 de la loi du 4 germ. an 2. Or, les amendes prononcées par le juge de paix, en cette matière, ne sauraient être envisagées que comme des indemnités allouées à l'Etat en vue d'une répression purement civile de faits auxquels la loi n'a attribué aucun caractère délictueux (*Rép.* v° *Douanes*, n°s 756 et suiv., 784, 973 et suiv.). Spécialement, l'amende de 500 fr., édictée contre celui qui s'oppose à l'exercice des préposés des douanes, est la compensation des marchandises que cette opposition pouvait faire soustraire à la saisie (V. *ibid.*, n° 779). — Il est vrai que, dans le cas où l'opposition a été compliquée de violences, la jurisprudence admet que le tribunal correctionnel est compétent pour statuer tout à la fois sur le délit de rébellion et sur l'amende de 500 fr.,

considérée comme action civile exercée à raison de ce délit (V. Crim. rej. 13 août 1836 et Crim. cass. 18 avr. 1842, *ibid.*, n⁰ˢ 908 et 909). Si donc l'amende est prononcée par le tribunal correctionnel accessoirement à la répression du fait de rébellion, la prétention de l'Administration des douanes d'en poursuivre le recouvrement par la voie de la contrainte par corps peut se soutenir. Mais lorsque c'est le juge de paix qui a été saisi de la poursuite, et que l'amende n'était encourue que pour résistance à l'exercice des préposés, il faut reconnaître à cette amende le caractère de dommages-intérêts ayant un caractère purement civil et ne pouvant, par suite, être recouvrés à l'aide de la contrainte par corps (V. en ce sens: Trib. Vervins, 8 nov. 1867, aff. Tonnelier, D. P. 67. 3. 104; 7 févr. 1868, même affaire, D. P. 68. 3. 24. V. aussi *Journal du ministère public*, 1868, p. 177 et suiv., 201 et suiv.).

49. Dans le système contraire, on fait remarquer que si, d'une manière générale, la nature d'une condamnation peut se déduire de la nature de la juridiction qui l'a prononcée, il serait dangereux de donner une portée trop absolue à une règle qui, même en droit commun, souffre de nombreuses exceptions; sans énumérer toutes les circonstances où des tribunaux civils prononcent des condamnations dont le caractère essentiellement répressif ne saurait être contesté, il suffit d'indiquer, à titre d'exemple, celles qui résultent de l'application des art. 309 c. civ., 503 c. instr. cr., et 479 du même code combinés avec les art. 10 de la loi du 20 avr. 1810 et 4 du décret du 4 juill. 1810. Dans les diverses hypothèses prévues par ces articles, les tribunaux civils appliquent des peines, non seulement d'amende, mais d'emprisonnement. Il serait donc téméraire, surtout dans une matière aussi spéciale que celle des douanes, d'affirmer que la nature des condamnations découle nécessairement de la nature de la juridiction qui les a prononcées. — Peut-on, d'autre part, affirmer que si la jurisprudence a reconnu aux amendes de douane un caractère de réparation civile, elle leur ait en même temps refusé le caractère de répression et de pénalité. Sans doute, des décisions nombreuses ont posé, en principe, que l'amende, en matière de douanes notamment, est une simple indemnité accordée au trésor public, et non pas une peine (V. Ch. réun. cass. 13 mars 1844, *Rép.* v° *Douanes*, n° 976; *Adde Rép.* v° *Douanes*, n° 1008, et, en matière de contributions indirectes: Crim. cass. 11 oct. 1834, *Rép.* v° *Peine*, n° 768; de fabrication de poudre, Crim. cass. 24 août 1830, aff. Bourret, D. P. 51. 5. 403. V. aussi: Crim. rej. 17 déc. 1831, *Rép.* v° *Douanes*, n° 974; Crim. cass. 4 déc. 1863, aff. Quinson, D. P. 64. 1. 195; Crim. rej. 11 déc. 1863, aff. Dietsch. D. P. 64. 1. 200). Mais d'un autre côté, la cour de cassation a également déclaré que, en matière de contraventions aux lois fiscales, comme dans toutes les autres matières, les amendes ont un caractère pénal, qu'elles sont personnelles. « Les actions en matière de douane, est-il dit dans un arrêt (Crim. cass. 26 avr. 1865, aff. Gautier, D. P. 65. 1. 267), soit qu'on les considère leur principe et leur objet, soit que l'on considère la procédure qui leur est propre, sont du domaine de la juridiction répressive... » (Merlin, *Répertoire*, vⁱˢ *Délit*, § 9; *Responsabilité civile des délits*; *Tabac*, n° 9; Chauveau et Hélie, t. 1, n° 130; Sourdat, *Traité de la responsabilité*, t. 1, n° 79, t. 2, n⁰ˢ 778 et suiv.). De là, ces auteurs concluent non seulement que le décès du contrevenant éteint l'action pour l'application de l'amende, mais aussi, et contrairement aux décisions ci-dessus rappelées, que la responsabilité civile des père et mère, maîtres ou commettants, n'est pas encourue. Ils n'admettent cette responsabilité civile que pour les propriétaires des marchandises et autres produits soumis aux droits, parce qu'elle a été établie expressément et d'une manière spéciale, par l'art. 20, tit. 13, de la loi des 6-22 août 1791, aux termes duquel « les propriétaires des marchandises sont responsables civilement du fait de leurs facteurs, agents, serviteurs, en ce qui concerne les confiscations, amendes et dépens », et parce que, d'ailleurs, les propriétaires d'obje ts introduits en contrebande sont réputés complices de la fraude (Sourdat, *loc. cit.*). — La cour de cassation déclare de même, dans son arrêt précité du 26 avr. 1865, que les art. 13 de la loi de 1791 et 56 de celle du 28 avr. 1816 n'ont eu pour objet que de régler les effets des condamnations au

regard des propriétaires des marchandises saisies, et qu'on ne pourrait en étendre les conséquences aux contrevenants eux-mêmes, particulièrement au point de vue de la juridiction, sans violer le principe supérieur et d'ordre public qui attribue exclusivement aux tribunaux de simple police la connaissance des contraventions. Or, il faut le reconnaître, ces décisions ne peuvent se soutenir qu'autant que l'on attribue aux amendes, en même temps que l'effet d'une réparation civile, un caractère de pénalité. Ce double caractère, ainsi attesté par la jurisprudence, n'est pas, d'ailleurs moins constaté par les textes; car, s'il est vrai que la loi du 28 avr. 1816, paraît considérer comme des condamnations civiles les dommages et intérêts, confiscations ou amendes auxquels peuvent donner lieu les crimes dont elle défère la connaissance aux cours prévôtales en matière de douanes, il faut remarquer que c'est dans le titre consacré par elle à la répression de la contrebande qu'elle s'exprime ainsi; et, d'un autre côté, la loi du 6 août 1791, tit. 13, art. 14, considère certainement comme une peine l'amende prononcée pour opposition à l'exercice, puisqu'elle défend de troubler les employés « à peine de 500 fr. d'amende et sous telle autre peine qu'il appartiendra, suivant la nature du délit ».

En présence des textes et des documents de la jurisprudence, la question de savoir si l'amende est une condamnation civile ou une condamnation pénale reste donc douteuse, puisqu'elle se prête également, quoique à des points de vue divers, à une double solution. Dès lors, ce n'est plus dans le caractère de la condamnation, mais bien dans les règles spéciales à la contrainte par corps, qu'il faut chercher la raison de décider si la contrainte peut ou ne peut pas être exercée, et la difficulté se trouve ramenée à une question d'interprétation de l'art. 1er de la loi du 22 juill. 1867, et au point de savoir si l'amende appliquée à la contravention de douane, quelle qu'en soit d'ailleurs la nature et quelle que soit la juridiction dont elle émane, est prononcée en *matière civile*. La loi de 1867 a eu pour but d'abolir la contrainte par corps en matière civile et commerciale, de la maintenir en la modifiant dans tous les autres cas où elle était jusqu'alors appliquée. Les motifs de l'abolition et la discussion des caractères de la contrainte que l'on a voulu supprimer, déterminant donc le sens et la portée des mots « en matière civile », destinés à fixer les limites que cette abolition ne doit pas dépasser. Or le principal motif présenté est que la contrainte en matière civile est inutile, qu'elle n'est presque plus usitée (Exposé des motifs, D. P. 67. 4. 79); ce qui assurément ne saurait s'appliquer à la contrainte en matière de douanes, laquelle a toujours été d'un usage fréquent et d'une utilité incontestée. — D'autre part, l'exposé des motifs distingue avec soin, parmi les créances de l'État, celles qui sont nées d'obligations contractées envers lui, et qu'il appelle civiles, de celles qui résultent de condamnations à des amendes ou frais de police, auxquelles il refuse cette dénomination. Il traite des premières dans la partie consacrée à la contrainte en matière civile, et rejette les secondes sous le paragraphe consacré à la contrainte en matière criminelle, correctionnelle ou de police. C'est sous ce dernier titre qu'il range les délits en matière de douanes, pour lesquels seulement « la législation répressive prononce pour toute peine une amende ». Nul doute, par conséquent, que les matières de douane n'aient point eu, dans la pensée du législateur, un caractère civil, et qu'on n'ait pas entendu leur appliquer l'abolition prononcée par l'art. 1er. L'exposé maintient même formellement le caractère pénal de la contrainte pour toutes les condamnations « connues sous le nom de réparations civiles », parce qu'elles ont quelque chose de pénal et ne sont pas simplement des dettes civiles du moment qu'elles dérivent d'un crime ou d'un délit, parce qu'elles constituent à la fois une indemnité et une espèce de peine prononcée au profit de la partie lésée. En un mot, au point de vue de la contrainte, la matière est déclarée pénale, dès qu'il ne s'agit plus de contrats à faire exécuter, mais de réparation à recouvrer, et, dès lors, la contrainte peut être exercée. L'art. 5 de la loi du 22 juill. 1867 autorise, en effet, l'emploi de la contrainte par corps, pour les cas où des condamnations ont été prononcées par les tribunaux civils au profit d'une partie lésée, à titre de réparation d'un crime, d'un

délit ou d'une contravention reconnus par la juridiction criminelle. Or si l'on admet que l'amende est une réparation prononcée au profit de l'État partie lésée, comme elle résulte d'un délit ou d'une contravention, il faut nécessairement admettre aussi qu'en vertu de l'art. 5 la contrainte doit être exercée contre le condamné. — On peut objecter, il est vrai, qu'en ce cas le délit ou la contravention n'ont pas été, comme l'exige l'art. 5, reconnus par la juridiction criminelle. Mais les mots « juridiction criminelle » sont employés *lato sensu*, puisqu'ils embrassent incontestablement les juridictions correctionnelles et de police. Ils désignent donc, en général, la juridiction compétente pour connaître des crimes, délits ou contraventions. Si, suivant les expressions de l'exposé des motifs, la loi ne veut pas qu'on puisse, désertant le tribunal compétent, aller demander au tribunal civil de décider qu'il y a crime ou délit, et d'appliquer la contrainte au recouvrement des réparations qui en résultent, il suffit que l'autorité judiciaire compétente ait prononcé sur le délit existant. Or la seule autorité judiciaire compétente pour prononcer sur l'opposition à exercer et en reconnaître l'existence, c'est le juge de paix, qui accorde la réparation; il se trouve donc pleinement dans l'hypothèse de l'art. 5, puisqu'il n'accorde la prétendue réparation qu'après avoir reconnu l'existence de la contravention qui la motive, et sur laquelle il est seul compétent pour statuer. Enfin dans la discussion de la loi de 1867, les partisans et les adversaires de cette loi se sont rencontrés pour reconnaître à la contrainte civile, dont l'abolition était demandée, les caractères qui excluaient absolument son application en matière de douanes. Ainsi, on a fait l'énumération des cas auxquels s'appliquait la contrainte en matière civile qu'il s'agissait d'abolir; jamais le recouvrement d'amendes en matière de douanes n'a été mentionné. On a relevé, comme constituant le caractère essentiel de la contrainte en matière civile, la faculté pour le débiteur de se libérer (sauf le cas de stellionat) par la cession de biens ou par la consignation du tiers suivie de caution, privilège qui n'a jamais appartenu aux contrevenants en matière de douanes, ce qui prouve bien que, au point de vue de la contrainte, ceux-ci n'étaient pas assimilés aux débiteurs en matière civile. Non seulement, d'ailleurs, les amendes de douane ont été exclues de ce qu'on appelait « la matière civile » par les définitions et caractères ci-dessus attribués à la contrainte destinée à en assurer le recouvrement, mais elles ont été formellement rattachées à la matière pénale et garanties par la contrainte maintenue en cette matière : c'est ainsi que le ministre d'État, dans la discussion générale, insistait sur la nécessité d'affirmer comme peine corrélative à l'amende, l'emprisonnement par contrainte, pour échapper à la nécessité de voir rester complètement impunies les contraventions de douanes qui, presque en aucun cas, ne sont frappées de la peine d'emprisonnement.

50. Ce dernier système a été soutenu devant la cour d'Amiens dans de remarquables conclusions par M. Froissart, substitut du procureur général, rapportées D. P. 68. 2. 99, et auxquelles nous avons emprunté en partie l'exposé qui précède ; et la cour d'appel l'a consacré en décidant que, sous l'empire de la loi de 1867 comme sous celui des lois antérieures, le recouvrement des amendes prononcées par les juges de paix en matière de douanes reste garanti et protégé par la contrainte par corps (Amiens, 16 mai 1868, aff. Tonnelier, D. P. 68. 2. 99). C'est en ce sens également que la cour de cassation elle-même s'est définitivement prononcée (Crim. cass. 22 juill. 1874, aff. Schmidt, D. P. 75. 1. 168; Sourdat, t. 1, n° 199 ; Pont, n° 968 *bis*; F. Darbois, n° 125).

51. Comme on l'a déjà dit, quel que soit le crime, le délit ou la contravention, la contrainte par corps est de plein droit applicable. Mais il est également de principe que les peines sont personnelles (V. *infrà*, v° *Peine*; — *Rép. cod.* v°, n° 96). Une action pénale ne peut donc, en règle générale, et sauf certains cas exceptionnels, prévus par des lois relatives à des matières spéciales, être dirigée contre un être moral comprenant un groupe d'individus.— Du même principe il résulte évidemment que ce groupe ne peut être passible de la contrainte par corps pour le payement des frais, la condamnation aux frais n'étant que l'accessoire de la condamnation pénale qui les a causés. Une société ne peut donc être condamnée à l'amende ni déclarée passible de la contrainte par corps

pour l'exécution d'une condamnation à l'amende et aux frais (Crim. cass. 8 mars 1883, aff. Comp. parisienne de vidanges, D. P. 84. 1. 428). C'est contre son directeur ou contre ses membres individuellement, selon les cas, que peuvent être utilement dirigées les poursuites motivées par des infractions aux prohibitions des lois répressives (Conf. Crim. cass. 10 mars 1877, aff. Garrigue-Lalande, D. P. 84. 1. 429, note *a*; Nouguier, *Des brevets d'invention et de la contrefaçon*, n° 924; Pouillet, *Des brevets d'invention*, n° 858; Dutruc, *Mémorial du ministère public*, v° *Action publique*, n° 27. V. toutefois : Crim. cass. 6 août 1829, *Rép.* v° *Mines*, n° 449-1°. V. aussi *Rép.* v° *Peine*, n° 787).

52. La contrainte par corps est attachée de plein droit, comme on l'a dit *suprà*, n° 29, à toute condamnation à une peine pécuniaire pour crime, délit ou contravention; il s'ensuit, comme on l'a exprimé au *Rép.* n° 633, qu'en l'absence d'une condamnation à une peine pécuniaire, la contrainte par corps ne saurait être prononcée : c'est ce qui aurait lieu, par exemple, au cas où la cour d'assises, tout en prononçant l'acquittement de l'accusé, le condamnerait à des dommages-intérêts envers la partie civile, en réparation d'une faute dont elle relèverait l'existence. En pareil cas, en effet, la cour d'assises ne statue pas comme juridiction répressive mais comme juridiction civile, et elle ne peut, à ce titre, ordonner l'exécution par corps des condamnations qu'elle prononce (Crim. cass. 8 nov. 1878, aff. Brisscaud, D. P. 79. 1. 387). La loi du 22 juill. 1867, en supprimant la contrainte par corps en matière civile, a, en ce qui concerne les condamnations à des dommages-intérêts, déclaré expressément ne maintenir la contrainte que pour les dommages-intérêts accordés à titre de réparation de crimes, de délits ou de contraventions ; il est évident, dès lors, que si le fait pour lequel des dommages-intérêts ont été alloués à la partie civile n'est, d'après les termes mêmes de l'arrêt de condamnation, ni un crime, ni un délit, ni une contravention, la contrainte par corps ne saurait être exercée. Cette règle, déjà admise sous l'empire de la législation antérieure à 1867, produisait alors cette conséquence remarquable que le mineur de seize ans acquitté pour avoir agi sans discernement ne pouvait être poursuivi au moyen de la contrainte par corps; depuis la loi de 1867, cette conséquence est généralisée, le mineur de seize ans ne pouvant jamais être passible de contrainte par corps (V. *suprà*, n° 33).

53. Lorsque l'acquittement du prévenu est prononcé par un tribunal correctionnel, c'est au juge civil qu'est renvoyée la décision à rendre sur le point de savoir si le prévenu acquitté est, du moins, responsable d'une faute civile, et, s'il y a lieu, d'allouer des dommages-intérêts à la partie civile; dans ce cas, si des dommages-intérêts sont alloués, la condamnation ne peut évidemment être prononcée par corps (V. *Rép.* n° 641, et *infrà*, n° 58). Il est à remarquer, à ce propos, que la loi du 22 juill. 1867 consacre législativement la distinction relative aux pouvoirs des tribunaux civils de prononcer la contrainte par corps à raison de faits passibles de condamnations pénales, distinction signalée au *Rép.* n° 641. En effet, comme on l'a vu, l'art. 5 de cette loi n'admet les tribunaux civils à ordonner la contrainte par corps, au cas où ils prononcent au profit d'une partie lésée, des condamnations en réparation d'un crime, d'un délit ou d'une contravention, qu'autant que le caractère délictueux du fait incriminé a été reconnu par la juridiction criminelle.

54. Le principe suivant lequel la contrainte par corps ne peut être exercée que s'il y a une condamnation pénale, a encore pour conséquence qu'elle ne peut être prononcée contre les personnes civilement responsables, ainsi qu'on le verra dans le paragraphe suivant.

§ 2. — Contrainte par corps contre les personnes civilement responsables (*Rép.* n°s 644 à 649).

55. On a vu au *Rép.* n° 644 que l'art. 46 c. for. soumettait à la contrainte par corps les adjudicataires des coupes forestières et leurs cautions, pour le payement des amendes et restitutions encourues pour les délits et contraventions commis soit dans la vente, soit à l'ouïe de la cognée, par des facteurs, gardes-ventes, etc., employés par les adjudicataires. Cette disposition a-t-elle conservé son application sous l'empire de la nouvelle législation? La négative nous

paraît certaine. L'art. 2 de la loi de 1867 exige, pour l'application de la contrainte par corps, que la matière soit correctionnelle, au sens propre du mot; il ne suffit pas que la responsabilité des personnes auxquelles on prétend appliquer la contrainte dérive d'un quasi-délit, il faut qu'elle provienne d'un délit; or cette condition fait évidemment défaut en ce qui concerne la responsabilité des adjudicataires de coupes de bois et de leurs cautions. Sans doute cette responsabilité n'est pas restreinte aux dommages et aux restitutions, elle s'étend aux amendes; mais l'art. 46 c. for. se borne à déclarer les adjudicataires responsables, avec contrainte par corps, du payement de l'amende; la condamnation à l'amende n'est pas prononcée contre eux: leur responsabilité n'a donc sa source que dans un quasi-délit. Dès lors, l'art. 46 c. for. doit être compris au nombre des dispositions des lois antérieures qui sont contraires à celles de la loi de 1867, et dont l'abrogation est prononcée par l'art. 18 de cette loi (V. conf. F. Darbois, n° 334).

56. Avant 1867, les auteurs donnaient, comme on l'a exposé au *Rép.* n° 645, des solutions contradictoires à la question de savoir si la contrainte par corps était, en droit commun et d'une manière générale, applicable aux personnes civilement responsables. Nous avions exprimé l'opinion que, à l'égard de ces personnes, la contrainte était facultative pour le juge, qui ne pouvait la leur appliquer que dans les conditions de la loi civile. D'après cette opinion, depuis la loi du 22 juill. 1867, la contrainte par corps ne serait plus applicable aux personnes civilement responsables, puisque la contrainte ne peut plus être exercée en vertu de la loi civile, et que l'emploi de la contrainte par corps pour assurer le payement de l'amende, des frais et dommages-intérêts n'est autorisé que dans les termes de l'art. 52 c. pén., c'est-à-dire seulement à l'égard de ceux qui ont été condamnés comme coupables de crimes, délits ou contraventions (Crim. cass. et rej. 25 mars 1881, aff. Chiappini, D. P. 81. 1. 391). — Il en est donc de même particulièrement comme en matière de chasse, où l'art. 28 de la loi du 3 mai 1844 est toujours en vigueur, de telle sorte qu'en cas de délit de chasse commis par un mineur de seize ans, la contrainte par corps pour le payement des amendes et des frais ne peut être prononcée ni contre le délinquant, ni contre son père, civilement responsable du délit (Crim. cass. 9 avr. 1875, aff. Roche, D. P. 77. 1. 508).

57. La cour de cassation a décidé que la contrainte par corps ne peut être prononcée contre les personnes civilement responsables d'un crime, d'un délit ou d'une contravention, même pour assurer le recouvrement des frais de justice (Crim. rej. 25 avr. 1884, aff. Campal, D. P. 85. 1. 96; Crim. cass. 25 avr. 1885, aff. Sainte-Colombe, D. P. 85. 1. 479). Cette jurisprudence, contraire au système que nous avons proposé au *Rép.* n° 649, et qu'un certain nombre d'auteurs, notamment M. F. Darbois, n° 92, ont adoptée, écarte l'application du décret du 18 juin 1811. Elle repose sur cette idée, qu'aux termes de l'art. 2063 c. civ., la contrainte par corps ne peut être ordonnée que dans les cas expressément déterminés par la loi, et qu'aucun texte postérieur ne permet de la prononcer contre les personnes civilement responsables, pour assurer le recouvrement des frais de justice. Il résulte, en effet, de la combinaison des art. 51 et 52 c. pén., 37 et 41 de la loi du 17 avr. 1832, 1er et 3 de la loi du 22 juill. 1867, 1er et 2 de la loi du 19 déc. 1871, que la responsabilité civile à raison d'un crime, d'un délit ou d'une contravention, ne peut soumettre celui qui l'a encourue qu'aux dispositions de la loi civile, et que l'intention manifeste du législateur de 1871, en rétablissant la contrainte par corps pour le recouvrement des frais de justice criminelle, alors qu'il en maintenait la suppression en matière civile, a été de n'autoriser l'emploi de cette mesure qu'à l'égard de ceux qui ont été condamnés comme coupables de crimes, délits ou contraventions.

§ 3. — Contrainte par corps contre la partie plaignante ou civile (*Rép.* n°s 650 à 654.)

58. La jurisprudence qui vient d'être exposée *suprà*, n° 57, doit évidemment être étendue à la partie civile qui succombe. En effet, si de la combinaison des art. 52 c. pén., 174 du décret du 18 juin 1811 et 3 de la loi du 22 juill. 1867 et de la loi du 19 déc. 1871, il résulte que la responsabilité

civile à raison d'un crime, d'un délit ou d'une contravention ne peut soumettre celui qui l'a encourue qu'aux dispositions de la loi civile; s'il est vrai, d'autre part, que l'intention du législateur de 1871, en rétablissant la contrainte par corps pour le recouvrement des frais de justice criminelle, a été de n'autoriser l'emploi de cette voie d'exécution que dans les termes de l'art. 52 c. pén.; si enfin aucune loi postérieure ne l'a autorisée en dehors de ces cas, il faut en conclure que la contrainte par corps n'est pas plus applicable à la condamnation aux frais prononcée contre la partie civile qui succombe qu'à celle qui atteint les personnes ayant figuré dans l'instance comme civilement responsables. — C'est ce qui a été jugé à différentes reprises (Crim. cass. et rej. 25 mars 1881, aff. Chiappini, D. P. 81. 1. 391; Crim. cass. 25 avr. 1885, aff. Sainte-Colombe, D. P. 85. 1. 479), depuis les lois des 22 juill. 1867, et 19 déc. 1871 et ce qui avait déjà été admis antérieurement à ces arrêts, mais après la publication du *Répertoire*, par la cour de cassation (Crim. cass. 31 août 1843, *Bull. crim.*, n° 228; 21 nov. 1851, aff. Saint-Pé, D. P. 52. 5. 142). La jurisprudence paraît donc avoir définitivement abandonné le système que nous avions exposé au *Rép.* n° 651, suivant lequel la contrainte par corps devait être prononcée pour le recouvrement des dépens contre la partie civile qui succombe, en vertu de l'art. 174 du décret du 18 juin 1811. Il avait été déjà combattu par M. Blanche, *Études pratiques sur le code pénal*, t. 1, n°s 361 et 393. — Certains auteurs, cependant, persistent à penser que la contrainte par corps peut être appliquée à la partie civile pour le recouvrement des frais de justice. Ils invoquent en ce sens les art. 174 et 175 du décret du 18 juin 1811 qui, abrogés par la loi du 22 juill. 1867, art. 18, lorsque cette loi avait décidé d'interdire la contrainte par corps pour le recouvrement des frais dus à l'État, ont été remis en vigueur par la loi du 19 déc. 1871, art. 2, et se fondent en outre sur ce que cette dernière loi n'établirait, au point de vue de l'application de la contrainte par corps, aucune distinction entre les diverses personnes qui peuvent être débitrices envers l'État de frais de justice criminelle (F. Darbois, n°s 92 et suiv.).

59. Les dommages-intérêts prononcés contre la partie civile, au profit du prévenu acquitté qui, suivant ce qui a été dit au *Rép.* n° 652, n'emportaient pas nécessairement la contrainte par corps en raison du caractère civil de la condamnation, ne sauraient évidemment, depuis la loi de 1867, donner lieu à cette contrainte par corps. C'est ce qu'a décidé un arrêt récent de la cour de cassation (Crim. cass. 7 janv. 1888, aff. Descours, D. P. 88. 1. 233). Et il en serait ainsi dans le cas même où les dommages-intérêts seraient prononcés pour dénonciation calomnieuse, le caractère de la condamnation ne cessant pas, pour cela, ainsi que nous l'avons fait observer au *Rép.* n° 652, d'être purement civil.

§ 4. — Condamnation contre les cautions, les témoins, les dépositaires de pièces, etc. (*Rép.* n°s 655 à 660.)

60. — I. Caution. — La caution qui s'offre pour garantir la liberté provisoire d'un prévenu n'est plus contraignable par corps. En effet, le seul texte qu'on puisse invoquer pour lui imposer cette peine est, comme on l'a établi au *Rép.* n° 656, l'art. 120 c. instr. cr. de 1808. Mais cet article, que la loi du 22 juill. 1867 avait pris soin d'abroger en ce qui concerne la contrainte par corps, et qui a été remis en vigueur par la loi du 19 déc. 1871, avait lui-même été remplacé, du fait de la loi du 14 juill. 1865 (D. P. 65.4.145) par de nouvelles dispositions complètement muettes sur la contrainte par corps. L'abrogation de l'art. 120 c. instr. cr. par la loi de 1865 et son rétablissement par la loi de 1871 sont donc le résultat évident d'une erreur matérielle. Cette méprise du législateur s'explique, d'ailleurs, par ce fait que le projet de loi relatif à l'abolition de la contrainte par corps en matière civile a été présenté au Corps législatif le 16 févr. 1865, c'est-à-dire à une époque où l'ancien art. 120 c. instr. cr. était encore en vigueur: la loi n'a été définitivement adoptée qu'en 1867, et l'on n'a pas remarqué que la promulgation du nouvel art. 120 rendait inutile la disposition relative à l'ancien (F. Darbois, n° 257).

La contrainte par corps n'atteint pas non plus la caution qui intervient pour prévenir ou faire cesser la contrainte par corps (V. *infrà*, n°s 134 et suiv.; F. Darbois, n° 256).

61. — II. Témoins; Dépositaires de pièces. — L'art. 18,

§ 2, de la loi du 22 juill. 1867 prend soin de déclarer qu'il n'est pas dérogé par la nouvelle loi aux art. 80, 157, 171, 189, 304, 355, § 2 et 3, 452, 456 et 522 c. instr. cr., relatifs à l'emploi de la contrainte par corps à l'égard des témoins et des dépositaires de pièces arguées de faux. Les observations présentées au *Rép.* nos 657, 658, 659 et 660, conservent donc toute leur valeur.

Art. 3. — *Durée de la contrainte par corps en matière criminelle, réglée suivant l'importance de la condamnation. — Insolvabilité. — Réincarcération. — Sexagénaires, etc.* (*Rép.* nos 661 à 704).

62. On a vu au *Rép.* nos 661 et suiv. combien la législation relative à la durée de la contrainte par corps était difficile à saisir et à préciser, en raison même des nombreuses modifications qu'elle avait subies. La loi du 22 juill. 1867 a remédié à cet état de choses ; elle substitue à l'échelle compliquée et quelquefois sans limites, que le code pénal et la loi de 1832 avaient établie, une échelle simple et rigoureuse. Désormais la contrainte par corps est déterminée d'après le montant de l'amende et des autres condamnations. Suivant le projet primitif, si l'amende et les condamnations n'excédaient pas 50 fr., l'emprisonnement était de six jours à un mois; de 50 à 100 fr., il était d'un à deux mois; de 100 à 200 fr., de deux à trois mois; de 200 à 500 fr., de trois à six mois; de 500 à 2000 fr., il était d'un an à deux ans. — S'inspirant des impressions qui se manifestaient dans le Corps législatif (séance du 29 mars), la commission pensa que ces minima et ces maxima étaient encore trop élevés, et proposa une échelle plus douce, les propositions furent adoptées, de sorte que d'après l'art. 9 de la loi du 22 juill. 1867, la durée de la contrainte par corps est « de deux à vingt jours lorsque l'amende et les autres condamnations n'excèdent pas 50 fr. ; de vingt jours à quarante jours, lorsqu'elles sont supérieures à 50 fr. et qu'elles n'excèdent pas 100 fr. ; de quarante jours à soixante jours, lorsqu'elles sont supérieures à 100 fr. et qu'elles n'excèdent pas 200 fr. ; de deux mois à quatre mois, lorsqu'elles sont supérieures à 200 fr. et qu'elles n'excèdent pas 500 fr. ; de quatre mois à huit mois, lorsqu'elles sont supérieures à 500 fr. et qu'elles n'excèdent pas 2000 fr. ; d'un an à deux ans, lorsqu'elles s'élèvent à plus de 2000 fr. » Ce n'est pas tout. Ces tempéraments déjà si marqués parurent encore insuffisants en ce qui concerne les condamnations prononcées à l'occasion de contraventions soumises à la juridiction des tribunaux de simple police. Là, en effet, où le maximum de la peine est de cinq jours de prison et de 15 fr. d'amende, il serait difficile de concevoir que la durée de la contrainte mise à la disposition de l'Etat pour le recouvrement de cette amende pût aller jusqu'à vingt jours. Il a donc semblé équitable de limiter cette durée à celle du maximum de la peine elle-même, c'est-à-dire à cinq jours d'emprisonnement.

63. En cas d'insolvabilité, justifiée conformément à l'art. 420 c. instr. cr., les condamnés ne subissent la contrainte par corps que pendant la moitié de la durée fixée par le jugement (art. 10). Il est à remarquer, en outre, que lorsque la réduction de la durée de la contrainte par corps a été appliquée à un condamné et que celui-ci l'a subie, il ne peut plus être réincarcéré s'il lui survient des ressources, comme cela pouvait avoir lieu sous l'empire de l'art. 36 de la loi de 1832, ainsi que nous l'avons exposé au *Rép.* n° 673. Cet article est, en effet, virtuellement abrogé par l'art. 12 de la loi du 22 juill. 1867, aux termes duquel les individus qui ont obtenu leur élargissement ne peuvent plus être détenus ou arrêtés pour condamnations pécuniaires antérieures à moins que ces condamnations n'entraînent, par leur quotité, une contrainte plus longue que celle qu'ils ont subie, et qui, dans ce dernier cas, leur est toujours comptée pour la durée de la nouvelle incarcération. Enfin il résulte de l'exposé des motifs (D. P. 67. 4. 75, n° 34) qu'il n'y a pas à distinguer suivant la cause d'élargissement et que, en dehors du cas prévu par le texte de l'art. 12, la réincarcération ne peut avoir lieu (F. Darbois, nos 216 et 236). C'est donc à tort, comme le remarque ce dernier auteur, qu'une instruction du ministre des finances du 20 sept. 1875 a considéré l'art. 36 de la loi de 1832 comme étant encore en vigueur.

64. C'est au condamné lui-même qu'incombe l'obligation de fournir la preuve de son insolvabilité, sans que le ministère public ait à faire aucune diligence dans ce but. Il doit, pour cette preuve, se conformer à l'art. 420 c. instr. cr., c'est-à-dire, d'après le texte actuel de cet article tel qu'il reste modifié par la loi du 28 juin 1877 (D. P. 77. 4. 51), qu'il doit joindre à sa demande 1° un extrait du rôle des contributions constatant qu'il paye moins de 6 fr. ou un certificat du percepteur de sa commune portant qu'il n'est point imposé ; 2° un certificat d'indigence délivré par le maire ou l'adjoint de sa commune et approuvé par le sous-préfet ou, dans l'arrondissement chef-lieu, par le préfet.

65. D'après une opinion rapportée au *Rép.* n° 674, l'art. 36 de la loi de 1832 était applicable même en matière forestière et de pêche fluviale. Cette solution paraît incontestable aujourd'hui en ce qui concerne l'art. 10 de la loi de 1867, puisque l'art. 18 de la même loi ne maintient l'art. 13 c. for. et le tit. 7 de la loi sur la pêche fluviale *qu'en ce qui n'est pas contraire à la présente loi.* On admet, en conséquence, qu'il faut en combiner la disposition avec celles des art. 213 c. for. et 79 de la loi du 15 avr. 1829 (F. Darbois, nos 229 et 237.)

66. L'insolvabilité du condamné ne peut pas être directement contestée par la partie civile devant les tribunaux, l'art. 10 de la loi de 1867 n'autorisant pas cette contestation, comme le faisait l'art. 39 de la loi du 17 avr. 1832 (F. Darbois, n° 232). D'ailleurs les dispositions de l'art. 10 sont impératives et ne laissent pas à l'autorité la faculté de refuser au condamné la réduction à la moitié de la contrainte par corps. Le parquet, lorsqu'il soupçonne le certificat du maire d'être de pure complaisance, ou lorsque l'existence de ressources appartienne au condamné lui est révélée, ne peut que provoquer le retrait du certificat et de l'approbation préfectorale. « Les justifications dont il s'agit, dit M. F. Darbois *ibid.*, seront alors considérées comme non avenues, et le débiteur incarcéré devra garder prison jusqu'à l'expiration du temps fixé par le jugement. »

Il semble, en effet, résulter du texte de l'art. 10 que c'est à l'autorité exécutive seule, c'est-à-dire, au parquet, qu'il appartient de veiller à l'observation de ces dispositions. L'indigence n'est pas constatée par le tribunal, et celui-ci n'a pas à ordonner une durée moindre pour la contrainte lorsque le condamné est indigent que lorsqu'il ne l'est pas. La réduction de la contrainte par corps est une simple mesure administrative applicable dès que l'indigence est constatée, et qui peut être réclamée soit dans l'intervalle qui sépare le commandement de l'arrestation, soit pendant la durée de l'incarcération. L'indigence certifiée, le ministère public doit veiller à ce que l'élargissement ait lieu conformément à l'art. 10, à l'expiration de la moitié de la durée ordonnée par le tribunal, ou si cette moitié est expirée, immédiatement.

67. Il peut, à ce propos, se présenter une difficulté lorsque la durée de la contrainte par corps a été fixée à un nombre impair de jours. L'emprisonnement se comptant par jours entiers et non par fractions de jours, il y a lieu de se demander, lorsque la durée de la contrainte doit être comme dans les cas qui viennent d'être examinés réduite à la moitié de la durée fixée par le jugement, comment cette moitié devra être calculée. Entre les deux seules solutions possibles, consistant à calculer la moitié soit en ajoutant, soit en retranchant un jour à la durée fixée par le tribunal, la dernière paraît devoir être préférée comme la plus équitable et la plus libérale (V. F. Darbois, n° 235 ; Dutruc, *Mémorial du ministère public*, v° *Contrainte par corps*, n° 5).

68. Sous l'empire de l'art. 36 de la loi de 1832, le bénéfice d'insolvabilité ne pouvait être invoqué que pour les condamnations dont le montant était supérieur à 300 fr. (*Rép.* n° 676). Il n'en est plus ainsi : l'art. 10 de la loi du 22 juill. 1867 ne fait aucune distinction suivant le chiffre de la dette ; et la réduction s'opère, dans tous les cas, sans égard à ce chiffre.

69. Le juge, ainsi qu'on l'a vu au *Rép.* n° 677, était, déjà sous l'empire des lois de 1832 et de 1848, obligé de fixer dans le jugement de condamnation la durée de la contrainte par corps lorsque cette condamnation était supérieure à 300 fr. C'est ce que la jurisprudence avait continué à recon-

naître postérieurement à la publication du *Répertoire* (Crim. cass. 6 avr. 1848, aff. Cerneau, D. P. 51. 5. 121; 11 mai 1848, aff. Salban, *ibid.*; 27 juill. 1848, aff. Mariani, *ibid.*; 14 févr. 1850, aff. de Moussours, D. P. 50. 5. 89; 4 juill. 1850, aff. Fage, *ibid.*; 31 août 1854, aff. Bordat, D. P. 56. 5. 107; 14 sept. 1854, aff. Siebert, D. P. 54. 5. 187; 3 juin 1858, aff. Degris, D. P. 58. 5. 94; 3 mars 1860, aff. Juilhard, D. P. 61. 5. 111; 13 juin 1861, aff. Bouche, D. P. 61. 1. 359; 2 janv. 1862, aff. Trousselier, D. P. 62. 5. 84; 10 avr. 1862, aff. Esther Noel, D. P. 62. 5. 84). — Depuis la loi de 1867, l'obligation pour le juge de fixer la contrainte par corps est devenue générale, en ce sens qu'il n'y a plus à distinguer entre les condamnations inférieures à 300 fr. et celles qui sont supérieures à cette somme (Crim. cass. 19 déc. 1867, *Bull. crim.*, n° 262; 14 févr. 1868, *ibid.*, n° 42; 26 mars 1868, aff. Rutou, D. P. 68. 5. 104; 23 mai 1868 (1); 11 févr. 1869, *Bull. crim.*, n° 32. — *Contrà* : Riom, 13 nov. 1867, aff. Quinque, D. P. 67. 2. 233). — Cette obligation résulte clairement du texte de l'art. 10 (D. P. 67. 4. 86), lorsqu'il dit que les condamnés qui justifieront de leur insolvabilité suivant l'art. 420 c. instr. cr., seront mis en liberté après avoir subi la contrainte par corps pendant la moitié de la durée fixée par le jugement. Elle résulte encore de l'art. 9, puisque cet article ne fixe jamais la durée de la contrainte par corps d'une manière invariable pour tel ou tel cas déterminé, et indique au contraire un maximum et un minimum entre lesquels doit se mouvoir l'appréciation du juge. Il est clair, dès lors, que le juge doit délibérer sur ce point spécial et qu'il y a lieu pour le tribunal de statuer par une disposition formelle sur la durée de la contrainte (F. Darbois, n° 71).

Enfin cette obligation s'impose non seulement aux tribunaux correctionnels, mais encore aux cours d'assises et aux tribunaux de police dans le cas de condamnation à des amendes, restitutions ou dommages-intérêts; elle doit même être étendue aux tribunaux civils, lorsque ceux-ci prononcent des condamnations pour réparation d'un crime, d'un délit ou d'une contravention reconnus par la juridiction criminelle (Metz, 2 avr. 1868, aff. Seitz, D. P. 68. 2. 89; 29 avr. 1868, aff. Zigler, aff. Becker, aff. Bouchon, et aff. Wingert, *ibid.*).

70. On admet cependant que le tribunal correctionnel qui condamne le prévenu à payer des dommages-intérêts à fournir par état, peut surseoir à statuer sur la durée de la contrainte par corps jusqu'à la liquidation de ces dommages-intérêts (Crim. rej. 28 déc. 1872, aff. Lefèvre, D. P. 73. 5. 137).

71. Le devoir pour le juge de fixer la durée de la contrainte par corps a-t-il pour conséquence de l'obliger à le faire d'une manière précise, ou ne peut-il, par exemple, se borner à déclarer que la contrainte par corps est fixée au maximum ou au minimum déterminé par l'art. 9 de la loi du 22 juill. 1867? Sur cette question, la jurisprudence reste divisée. Un certain nombre de décisions exigent une fixation précise. Ainsi il a été décidé, sous l'empire de la législation antérieure à la loi de 1867, que la déclaration énoncée dans le dispositif d'un jugement de condamnation, sous ces termes: « Fixe la durée de la contrainte par corps conformément aux lois et décrets sur la matière », ne remplit pas le vœu de la loi, et que le juge doit indiquer, d'une manière précise, dans les limites légales, la durée pour laquelle il autorise la détention destinée à assurer le recouvrement de l'amende (Crim. cass. 2 janv. 1863, aff. Paur, D. P. 63. 5. 93); et la cour de Paris a jugé qu'une décision fixant la durée de la contrainte par corps au minimum est irrégulière comme manquant de précision, et qu'il y a lieu, pour le juge d'appel, de substituer à une telle fixation une indication de durée exprimée en mois ou en jours (Paris, 2 févr. 1870, aff. Thiébault, D. P. 70. 2. 94). Nous considérons cette doctrine comme trop rigoureuse : évidemment le vœu de la loi est que la durée de la

contrainte par corps soit déterminée d'une manière précise et que la décision qui la fixe ne laisse sous ce rapport, planer aucun doute. Mais il nous semble que lorsqu'une décision fixe au minimum déterminé par la loi la durée de la contrainte par corps à exercer éventuellement pour le recouvrement des amendes et des dépens, elle satisfait aux prescriptions de l'art. 9 de la loi du 22 juill. 1867. C'est ce qui a été spécialement décidé pour un cas où la durée de la contrainte avait été fixée au minimum légal (Crim. rej. 17 juill. 1885, aff. Bouchet, D. P. 86. 1. 273). — On ne saurait en effet prétendre que, dans ce cas, la durée de la condamnation soit laissée incertaine, puisque cette durée se trouve déterminée par la loi elle-même. La même raison de décider nous paraît devoir être invoquée au cas où le jugement aurait fixé la contrainte par corps au maximum légal de durée ; et dès lors il nous semble, qu'on ne devrait considérer comme insuffisante qu'une fixation analogue à celle qui avait été rejetée par l'arrêt précité du 2 janv. 1863, et qui se bornerait à une vague référence à l'art. 9 de la loi du 22 juill. 1867.

72. L'omission par le juge de fixer, dans la sentence de condamnation, la durée de la contrainte par corps, a pour première conséquence, ainsi qu'on l'a vu au *Rép.* n° 678-3°, d'empêcher l'emploi contre le condamné de ce mode d'exécution (Crim. rej. 31 janv. 1873, aff. Goursat, D. P. 73. 1. 44). Elle n'a donc pas pour effet de faire réduire *de plano* la contrainte par corps au minimum légal. Cette solution, qui avait été déjà proposée sous l'empire de la législation antérieure à 1867 et que nous avions combattue au *Rép.* n° 680, ne nous paraît pas devoir être acceptée davantage aujourd'hui. On peut, il est vrai, à première vue, l'appuyer sur un arrêt de la cour de cassation (Crim. rej. 31 mai 1872, aff. Georges, D. P. 73. 5. 68), suivant lequel « toute incertitude dans les arrêts devant être interprétée en faveur des condamnés... l'omission de fixer la durée de la contrainte par corps doit avoir pour conséquence nécessaire de les soustraire à l'application d'une durée supérieure au minimum fixé par la loi ». Mais ce motif ne saurait être détaché de l'ensemble des motifs, assez obscurs d'ailleurs, sur lesquels l'arrêt est fondé : « Attendu, poursuit-il, que le pourvoi est, dès lors, contraire à l'intérêt des demandeurs, puisqu'il peut faire naître l'éventualité d'une condamnation supérieure ; — Attendu qu'en matière criminelle, les condamnés ne sauraient être admis et sont non recevables à se pourvoir contre leur propre intérêt... rejette ». Il est évident que le rejet du pourvoi est principalement motivé par le défaut d'intérêt de la partie et que la cour n'a pas entendu poser en principe que l'omission par le juge de fixer la durée de la contrainte par corps doive avoir pour conséquence de faire attribuer à la condamnation le seul minimum de la durée légale sans qu'une décision ultérieure soit nécessaire. Cela est d'autant plus évident que l'arrêt précité du 31 janv. 1873 rejette un pourvoi fondé sur l'omission de fixer la durée de la contrainte par corps, « attendu que l'omission dont il s'agit ne peut causer aucun grief au prévenu, puisque la contrainte par corps ne pourra être exécutée contre lui qu'après que le juge en aura été déterminée *par une décision ultérieure ;* qu'il suit de là qu'à défaut d'intérêt le demandeur est non recevable à proposer ce moyen ».

73. L'effet de l'omission par le juge de fixer la durée de la contrainte par corps en prononçant la condamnation est donc d'empêcher l'emploi contre le condamné de ce mode d'exécution, tant qu'une décision ultérieure n'a pas fait la détermination omise. Cela revient à dire que le silence d'un jugement ou arrêt correctionnel relativement à la durée de la contrainte par corps peut être réparé par une décision postérieure. C'est le système qui a été adopté par la plupart des cours d'appel (Rouen, 11 août 1856, aff. Barbé, D. P. 59. 5. 97; Crim. cass. 12 juin 1857, aff. Jacquet, D. P. 57. 1. 371; Crim. rej. 31 janv. 1873, aff.

---

(1) (Marris et Magnin C. Leplay et Noël.) — La cour ;... — Mais sur le moyen tiré de la violation de l'art. 9 de la loi du 22 juill. 1867, en ce que l'arrêt n'avait pas fixé la durée de la contrainte par corps pour le payement de l'amende de 100 fr. dont il prononçait la condamnation :— Attendu qu'aux termes de cet article, la durée de la contrainte par corps est réglée de 10 à 40 jours, lorsque l'amende et les autres condamnations sont supérieures à 50 fr. et n'excèdent pas 100 fr., et qu'il résulte de l'art. 10 de la même loi que cette durée doit être fixée par le jugement ; — Attendu

que l'arrêt attaqué, qui prononce une amende de 100 fr. contre chacun des demandeurs, aurait dû, par conséquent, fixer la durée de la contrainte par corps dans les limites ci-dessus déterminées, et qu'en ne le faisant pas, il a violé, par défaut d'application, les art. 9 et 10 susvisés, et encouru la cassation en cette partie de son dispositif ;...

Par ces motifs, casse, etc.

Du 23 mai 1868.-Ch. crim.-MM. Legagneur, f.f. pr.-Barbier, rap.-Charrins, av. gén.-Mimerel, Labordère et Hérold, av.

Goursat, D. P. 73. 1. 44 ; Bastia, 28 févr. 1873, aff. Poli, D. P. 74. 2. 94 ; Bourges, 21 nov. 1879 (1) ; Blanche, t. 1, n° 369). Il se fonde sur le principe que la contrainte par corps est attachée de plein droit, en matière répressive, à l'exécution des condamnations à l'amende, aux restitutions, aux dommages-intérêts et aux frais, et sur la règle que le juge de répression doit, à peine de nullité, déterminer la durée de la contrainte par corps, pour en tirer la conséquence, que ces deux points de décision sont toujours pendants devant la juridiction saisie; que, si elle omet d'y statuer, loin d'épuiser ses pouvoirs, elle les conserve pleins et entiers, relativement à la solution de telles questions, qui résultent nécessairement de la poursuite, et pour le jugement desquelles on peut toujours, dès lors, revenir devant elle. Ce n'est pas là une dérogation au principe général suivant lequel il est interdit aux tribunaux de rien ajouter après coup à leurs décisions, car il ne s'agit pas, en pareil cas, d'insérer des dispositions nouvelles dans le jugement ou l'arrêt, mais seulement d'en assurer l'exécution par les voies légales. Les tribunaux répressifs sont donc, suivant ce système, en droit de réparer après coup le silence de leur décision sur la durée de la contrainte par corps, ce qu'ils peuvent faire en pleine liberté, en se conformant à l'art. 9 de la loi du 22 juill. 1867.

74. Bien qu'il ait été consacré par la cour de cassation, ce système n'en reste pas moins l'objet de vives critiques (V. notamment : Aubry et Rau, t. 8, § 780, p. 489, note 69 ; F. Darbois, n°ˢ 73 et suiv.) Ces auteurs préfèrent celui que nous avons cru devoir rejeter (V. supra, n° 72), comme nous l'avions déjà fait au Rép. n° 680, et suivant lequel le silence du juge, quant à la durée de la contrainte par corps, équivaudrait à une condamnation au minimum établi par la loi (V. aussi en ce sens : Paris, 11 janv. 1859, aff. Mano, D. P. 59. 2. 34-35; 26 févr. 1859, aff. Lorck, ibid. ; 28 août 1861, aff. D..., D. P. 62. 5. 84). — Cependant, tout en critiquant notre système, ils n'admettent la doctrine contraire que dans le cas où la décision à laquelle l'omission est reprochable ne sera plus susceptible d'être réformée par voie d'appel ou de pourvoi. « Le doute qui résulte de ce que le juge n'a pas fixé le terme de la contrainte par corps, disent MM. Aubry et Rau, loc. cit., ne peut que se résoudre en faveur de la liberté; mais il ne faut pas conclure de là qu'un jugement qui omet de déterminer la durée de la contrainte par corps soit absolument assimilable à un jugement qui la fixe au minimum. L'omission existant dans le premier de ces jugements constitue, par elle-même, une contravention qui doit, le cas échéant, entraîner la réformation ou la cassation, sans que l'on puisse excuser

cette omission en prétendant que le silence gardé relativement à la durée de la contrainte par corps équivaut à une disposition expresse qui la fixe au minimum »; et comme le dit M. Darbois, n° 78 : « nous ne prétendons nullement que le jugement, en omettant de statuer sur le terme de la contrainte, soit censé l'avoir fixé au minimum : cette présomption est, au contraire, formellement repoussée par nous qui autorisons, en pareil cas, l'appel ou le pourvoi en cassation. Mais ce qui nous paraît tout aussi certain, c'est que la sentence étant devenue définitive, la loi qui, elle aussi, a donné son appréciation sur la durée de la contrainte, qui a tracé à l'arbitrage du juge ses limites, se substitue forcément au jugement désormais irréformable et doit être respectée. Or, comme il n'est pas possible de l'appliquer autrement que dans des conditions qui suppriment tout arbitraire de la part de l'autorité chargée de l'exécution des condamnations, il faut nécessairement s'en tenir au minimum légal ; car, ainsi qu'on l'a très justement remarqué, le doute que la lacune de la décision fait naître sur ce point, ne peut que se résoudre en faveur de la liberté ».

Ainsi, toutes les fois que l'appel ou le pourvoi en cassation seront possibles, la fixation omise devra être poursuivie par la voie de la réformation de la décision incomplète. Si aucune voie de recours ne subsiste, la contrainte pourra néanmoins être exercée, mais seulement jusqu'à concurrence du minimum déterminé par la loi. — En définitive, ce système se rapproche de celui qui nous avions adopté au Rép. n°ˢ 681 et 682, en ce qu'il reconnaît au tribunal supérieur seul le droit de réparer l'omission. Mais il s'en écarte lorsqu'il admet que la contrainte par corps peut s'exercer jusqu'à concurrence du minimum légal sans qu'aucune décision de justice en ait fixé la durée.

75. Dans tous les cas, la jurisprudence reconnaît sans difficulté au tribunal supérieur le droit de combler la lacune que présente, relativement à la contrainte par corps, le jugement qui lui est déféré en appel (Bourges, 21 nov. 1879, V. supra, n° 73). Le ministère public peut donc déférer de ce chef la décision incomplète au tribunal d'appel ou requérir du tribunal même qui aurait commis l'omission une décision nouvelle qui complète la première. Il peut, s'il s'agit d'une décison qui, comme un arrêt de cour d'assises, n'est pas susceptible d'appel, le déférer à la cour de cassation, et l'arrêt encourra la cassation, mais seulement quant au chef relatif à la contrainte par corps (Crim. cass. 31 août 1854, aff. Bordal, aff. Delage et aff. Lacoste, D. P. 56. 5. 107; 14 sept. 1854, aff. Siébert, D. P. 54. 5. 187; 6 sept. 1855, aff. Fricot, D. P. 56. 5. 107; 31 janv. 1857,

---

(1) (Javellon et Gresle.) — La cour ; — Considérant qu'en condamnant, le 13 juill. 1877, Javellon et la veuve Gresle, sur la demande de l'administration des contributions indirectes, chacun à 200 fr. d'amende, en condamnant, en outre, Javellon à payer 30 fr. pour tenir lieu des objets confisqués, et en les condamnant aux dépens, le tribunal correctionnel de Nevers a omis de fixer la durée de la contrainte par corps ; — Considérant qu'après avoir signifié, le 10 nov. 1877, le jugement susdaté auxdits Javellon et veuve Gresle, l'administration des contributions indirectes n'a pu jusqu'à ce jour obtenir d'eux le payement des condamnations susénoncées ; qu'elle se trouve alors dans la nécessité de recourir à la voie de la contrainte personnelle, et, par suite, de solliciter la réparation de l'omission faite par le tribunal ; que dans ce but, l'Administration s'est adressée au tribunal de Nevers lui-même pour obtenir cette réparation et lui a demandé de déterminer la durée de la contrainte par corps dans les limites voulues par la loi ; — Mais que celui-ci, par jugement en date du 21 août 1879, a décidé qu'il n'y avait lieu de lui adjuger ses conclusions, par ces motifs qu'il n'avait pas le pouvoir de réparer l'omission signalée, et que la cour en appel pouvait seule le faire ; — Considérant que, dans cette situation, l'administration des contributions indirectes a appelé à la fois, et du jugement du 13 juill. 1877, et du jugement du 21 août 1879 ; que son appel a dès lors un double but : le premier, d'obtenir de la cour la réformation du jugement du 21 août 1879, lui refusant la réparation de l'omission faite dans le jugement, du 13 juill. 1877, et d'obtenir ainsi par voie de conséquence la réparation de ladite omission ; l'autre, au cas où le jugement du 21 août 1879 serait confirmé, d'obtenir par voie d'appel direct du jugement du 13 juill. 1877 la réparation de l'omission qu'il contient ; que la cour doit, par conséquent, s'occuper en premier lieu du mérite du jugement rendu le 21 août 1879 par le tribunal correctionnel de Nevers, premier saisi de la demande ; — Or, considérant que, s'il est juste de reconnaître

que les cours seules peuvent modifier les décisions contradictoires ou sur défaut définitif rendues par un tribunal, il faut reconnaître aussi que la question ne se présente pas dans l'espèce ; que demander, en effet, au tribunal de Nevers de vouloir bien faire une chose primitivement dans les limites de ses pouvoirs, qu'il devait faire et n'a pas faite, ce n'était pas solliciter de lui la réformation d'une décision par lui rendue ; que réparer une omission, revenir sur une décision prise, sont deux choses essentiellement différentes, et qu'il importe plus d'en maintenir la différence que, dans le cas où les chefs réunis d'une même demande ne dépasseraient pas le taux du dernier ressort, les justiciables, par suite de l'omission d'une décision sur un des chefs, pourraient se trouver dans l'impossibilité d'obtenir la justice qui leur est due ; qu'il suit de là qu'en présence d'une omission incontestable, le tribunal de Nevers a eu tort de ne pas faire droit aux conclusions de l'administration des contributions indirectes ; — Considérant, de plus, qu'en réformant le jugement du tribunal du 21 août 1879, et alors que l'affaire se trouve complètement instruite, la cour a certainement aussi le droit de faire ce que le premier juge aurait dû faire ; que sur l'administration des contributions indirectes, dans son appel, lui demande de faire ; que c'est donc le cas pour la cour de combler la lacune existant dans le jugement du 13 juill. 1877, et de fixer la durée de la contrainte par corps ; — Considérant que le jugement du 21 août 1879 devant être réformé, et l'administration des contributions indirectes obtenant par cette voie la satisfaction à laquelle elle a droit, il devient inutile de rechercher quel aurait été le sort de l'appel direct du jugement du 13 juill. 1877, si, au contraire, le jugement du 21 août 1879 avait été confirmé ; — Par ces motifs ; — Dit qu'il y a lieu de réparer l'omission commise par le tribunal correctionnel de Nevers dans son jugement du 13 juill. 1877, etc.

Du 21 nov. 1879.-C. de Bourges.

aff. Granjon, D. P. 57. 5. 83; 3 juin 1858, aff. Degris, D. P. 58. 5. 94; 10 déc. 1859, aff. Pénager, D. P. 61. 5. 111; 29 déc. 1859, aff. Génébault, *ibid.*; 3 mars 1860, aff. Juilhard, *ibid.*; 13 juin 1861, aff. Bouche, D. P. 61. 1. 359; 2 janv. 1862, aff. Trousselier, D. P. 62. 5. 84; 10 avr. 1862, aff. Esther Noël, *ibid.*). Toutefois, suivant les arrêts des 31 mai 1872, cité *suprà*, n° 72, et 31 juill. 1873, cité *suprà*, n° 73, l'appel ou le pourvoi ne serait pas recevable, du seul chef de la contrainte par corps, puisque le recours ne pourrait qu'aggraver la situation du condamné en permettant de lui appliquer un moyen d'exécution qui ne pourrait l'être à défaut d'une décision spéciale.

76. De même que la loi du 17 avr. 1832 (*Rép.* n° 683), la loi du 22 juill. 1867 abroge toutes celles qui l'ont précédée sur la matière, à l'exception des dispositions du code forestier et de la loi sur la pêche fluviale. L'art. 9 de la loi du 22 juill. 1867 forme donc aujourd'hui le droit commun en ce qui touche la durée de la contrainte par corps et constitue un texte général, qui contient toutes les dispositions que le législateur entend laisser subsister sur la question spéciale de la durée de la contrainte. Substitué à tous les textes antérieurs, il a notamment remplacé l'art. 225 de la loi du 28 avr. 1816. La durée de la contrainte par corps en matière de contributions indirectes en général, et spécialement au cas de détention d'allumettes chimiques, doit donc être fixée conformément à l'art. 9 de la loi du 22 juill. 1867, bien que la loi du 28 juill. 1875 (art. 2) ait rendu applicables aux contraventions relatives aux allumettes chimiques les art. 222 et 225 de la loi du 28 avr. 1816 : cette dernière loi n'a pas pour cela dérogé aux dispositions de la loi du 22 juill. 1867 relativement à la durée de la contrainte par corps. Pour qu'il en fût autrement il faudrait une manifestation formelle de volonté de la part du législateur, manifestation qui ne se rencontre nulle part (Dijon, 31 janv. 1877, aff. Belleterre, D. P. 77. 2. 103).

77. On a vu au *Rép.* n° 684 à quelles difficultés avait donné lieu la loi de 1832, rapprochée des dispositions des art. 212 c. for. et 78 de la loi sur la pêche fluviale ; la loi du 22 juill. 1867 a tranché législativement le débat. L'art. 18, § 2 et 3, dispose en effet que « le tit. 13 c. for. et le tit. 7 de la loi sur la pêche fluviale sont aussi maintenus et continuent d'être exécutés en ce qui n'est pas contraire à la présente loi ». En matière forestière et de pêche fluviale, lorsque le débiteur ne fait pas les justifications indiquées par l'art. 420 c. instr. cr., la durée de la contrainte par corps est fixée par le juge seulement, dans les limites de huit jours à six mois. Ainsi, tout en modifiant dans une certaine mesure la règle précédemment en vigueur pour la fixation de la contrainte par corps en matière forestière et de pêche fluviale, la loi de 1867 n'en laisse pas moins le régime de la contrainte par corps en cette matière soumis à des règles particulières. La durée en est réglée, non d'après l'art. 9 de la loi de 1867, ce qui eût été à notre avis préférable, mais dans la limite de huit jours à six mois. Il paraît certain, d'autre part, que le code forestier et la loi sur la pêche fluviale n'étant restés en vigueur qu'en ce qui n'est pas contraire à la loi de 1867, la réduction, prescrite par l'art. 10 de cette dernière loi, doit être appliquée au condamné dont l'insolvabilité est reconnue ; les prescriptions du code forestier et de la loi de 1829 doivent sur ce point se combiner avec celles de l'art. 10. Il en est de même des dispositions relatives à la constatation de l'indigence, qui doit se faire conformément à l'art. 420 c. instr. cr.; l'art. 18, § 3, ne permet pas le doute à cet égard (F. Darbois, n°s 228 et 229 ; Dutruc, *Journal du ministère public*, 1868, p. 28).

78. On a vu au *Rép.* n° 685 que l'obligation pour le juge de fixer la durée de la contrainte par corps impliquait pour lui l'obligation de liquider la dette du condamné, amende et frais, avant de fixer la durée de l'emprisonnement. Cette obligation subsiste évidemment sous l'empire de la loi du 22 juill. 1867, surtout depuis que la loi du 19 déc. 1871 a abrogé celles des dispositions de cette loi qui interdisaient l'exercice de la contrainte par corps pour le recouvrement de frais dus à l'État. Par conséquent, le chef d'une condamnation criminelle ou correctionnelle qui prononce la contrainte par corps pour le recouvrement des frais sans contenir la liquidation de ces frais, est entaché de nullité ; mais cette nullité qui n'affecte que ce seul chef ne peut entraî-

ner qu'une cassation partielle (Crim. cass. 22 sept. 1859, aff. Baudy, D. P. 59. 1. 430; 20 déc. 1861, aff. Guillot, D. P. 62. 5. 84).

79. La règle que l'on vient d'exposer peut cependant souffrir une exception lorsque, dès avant la liquidation, il est certain que le total des condamnations pécuniaires est tel que la durée de la contrainte par corps sera dès lors et déjà déterminée ; comme, par exemple, s'il est certain que le chiffre des condamnations excédera 2000 fr. et si par suite, le maximum de la contrainte par corps doit être dès à présent ordonné. — Il nous semble qu'on doit ici appliquer la règle exceptionnelle qui avait été consacrée en jurisprudence, avant la loi du 22 juill. 1867, pour le cas où il était certain, avant toute liquidation, que le total des condamnations pécuniaires excéderait 300 fr. (Crim. rej. 11 avr. 1861, aff. Chambey, D. P. 61. 5. 111; *Rép.* n° 687), la situation juridique étant identiquement la même.

80. On a vu au *Rép.* n° 688 que, sous l'empire des lois de 1832 et de 1848, il n'y avait pas lieu pour le juge de fixer la durée de la contrainte par corps d'une manière distincte pour chacune des condamnations pécuniaires que prononçait un jugement. Le calcul à faire en ce cas devait se baser sur la masse des condamnations intervenues tant au profit de l'État qu'au profit des parties civiles (V. Blanche, *Études sur le code pénal*, t. 1, p. 478). Après la loi du 22 juill. 1867, la situation n'est pas modifiée, et l'on peut dire que, si une hésitation avait été possible en présence de ces termes de l'art. 40 de la loi de 1832 « soit en faveur d'un particulier, soit en faveur de l'État », le texte de l'art. 9 de la loi de 1867 aurait écarté toute contestation, en réglant la durée de la contrainte par corps d'après le chiffre de l'amende et des autres condamnations encourues. Aussi les arrêts des 19 nov. 1869 (aff. Macheras, D. P. 70. 1. 444); 28 déc. 1872 (*Bull. crim.*, n° 334); 2 avr. 1874 (aff. Guffroy, D. P. 75. 1. 141), et Crim. rej. 13 mai 1882 (aff. Panhard, D. P. 82. 1. 273), ont-ils confirmé la jurisprudence antérieure dans les termes les plus formels : « Attendu, dit notamment l'arrêt du 28 déc. 1872, rendu au rapport de M. le conseiller Aubry, que, d'après l'art. 9 de la loi du 22 juill. 1867, la durée de la contrainte par corps doit être fixée eu égard au montant, non seulement des amendes, mais encore des autres condamnations pécuniaires; que les dommages-intérêts auxquels le demandeur a été condamné en principe n'étant pas encore liquidés, c'est à bon droit que l'arrêt attaqué a sursis à statuer sur la durée de la contrainte par corps jusqu'à ce que la quotité des dommages-intérêts ait été déterminée ». — La pensée de la loi se traduisait pas avec moins de netteté dans le rapport où M. le conseiller Barbier préparait l'arrêt du 2 avr. 1874 : « Ce que le législateur a pris pour base de la fixation de la durée de la contrainte par corps, dans l'art. 9 de la loi du 22 juill. 1867, c'est l'amende et les autres condamnations pécuniaires encourues par celui qui est reconnu coupable de crime, de délit ou de contravention » (D. P. 75. 1. 142). — C'est également ce qui a été jugé dans la plupart des cas par les cours d'appel (V. notamment : Paris, 15 mai 1868, aff. Badoureau et Patte, D. P. 68. 2. 233), et l'on ne peut citer qu'un arrêt isolé de la cour de cassation en sens contraire (Crim. cass. 20 avr. 1882, aff. Crohin, D. P. 82. 1. 273). D'après cet arrêt la faculté donnée au juge de fixer en bloc la durée de la contrainte par corps d'après l'ensemble des condamnations pécuniaires comprises dans un jugement ne s'appliquerait qu'au cas où ces condamnations sont prononcées au profit d'une seule partie; lorsqu'elles sont prononcées, les unes au profit de l'État, les autres au profit de parties civiles, la durée de la contrainte par corps devrait être fixée séparément et d'une manière distincte pour chaque partie, suivant le montant de la contrainte prononcée à son profit. Mais la chambre criminelle n'a pas tardé à reconnaître que la thèse consacrée par cet arrêt ne pouvait pas plus s'accorder avec ses précédentes décisions qu'avec la loi elle-même, et, dans l'arrêt précité du 13 mai 1882, elle est revenue à son ancienne doctrine. On peut donc considérer comme un point toujours constant, que la durée de la contrainte par corps doit se régler d'après l'ensemble des condamnations pécuniaires que prononce un jugement, tant au profit de l'État que de la partie civile, sans distinguer entre l'amende, les frais et les autres condamnations.

Par application de cette règle, il a été décidé que le jugement correctionnel qui, après avoir condamné le prévenu par corps à un certain chiffre de dommages-intérêts, déclare fixer la contrainte par corps à huit mois « pour le recouvrement de l'amende et des frais », est réputé avoir entendu appliquer cette fixation de huit mois, quoiqu'il ne l'ait pas dit, aux dommages-intérêts aussi bien qu'à l'amende et aux frais, si cette durée de huit mois ne se justifie que par le chiffre des dommages-intérêts prononcés (Crim. rej. 19 nov. 1869, aff. Macheras, D. P. 70. 1. 444).

81. La règle d'après laquelle on doit calculer la durée de la contrainte par corps en prenant pour base l'ensemble des condamnations pécuniaires que prononce le jugement, s'applique, ainsi qu'on l'a exposé au *Rép.* n° 689, au cas où il y a plusieurs condamnés pour un même crime ou délit, ceux-ci étant, aux termes de l'art. 55 c. pén., tenus solidairement des amendes, des restitutions, des dommages-intérêts et des frais. Lors donc, par exemple, que deux individus ont été condamnés solidairement aux amendes prononcées contre chacun d'eux, la durée de la contrainte par corps à exercer pour l'acquittement de ces amendes doit être calculée sur le montant des deux amendes cumulées (Angers, 16 mars 1868, aff. Sécher, D. P. 68. 2. 160).

82. La contrainte par corps doit être fixée par le juge dans les limites déterminées par l'art. 9 de la loi du 22 juill. 1867 suivant le chiffre des condamnations pécuniaires. Toute décision qui ne se conformerait pas à l'échelle établie par cet article constituerait une violation de la loi et encourrait par cela même la cassation, mais sur le seul chef de la durée de la contrainte. Jugé, par exemple, que l'arrêt qui, en prononçant une condamnation à des dépens et des dommages-intérêts inférieure à 2000 fr., a fixé la durée de la contrainte par corps à un an, doit être annulé *parte in quâ*, le maximum de la contrainte étant en ce cas de huit mois seulement (Crim. cass. 22 juin 1872, *Bull. crim.*, n° 219 ; 22 mars 1883, aff. Perche, D. P. 84. 1. 432. V. encore : Crim. cass. 2 avr. 1874, aff. Guffroy, D. P. 75. 1. 141).

83. En matière de simple police, les dispositions de la loi du 22 juill. 1867 relatives à la durée de la contrainte par corps sont assez délicates. Les rédacteurs du projet qui est devenu la loi du 22 juill. 1867 disaient, à propos de la fixation de la durée de la contrainte par corps : « Un minimum trop faible énerverait la loi ; un maximum trop élevé lui donnerait un caractère peu moral : car il pourrait se faire que l'emprisonnement causé par le non-payement fût plus durable que la peine prononcée pour un délit très grave ». La commission du Corps législatif atténua encore les dispositions du projet : « Ces tempéraments, dit le rapport, ont paru insuffisants à la commission lorsqu'il s'agit de contraventions soumises aux tribunaux de police. Là, en effet, où le maximum de la peine est de cinq jours de prison et 15 fr. d'amende, il serait difficile de concevoir que la durée de la contrainte mise à la disposition de l'Etat, pour le recouvrement de cette amende, pût aller jusqu'à vingt jours. Il a donc paru équitable de limiter cette durée à celle du maximum de la peine elle-même. » Aussi la disposition finale de l'art. 9 fixe-t-elle à cinq jours le maximum de durée de la contrainte en matière de simple police. — Mais d'un autre côté le même art. 9, § 1er, fixe un minimum de deux jours pour la durée de la contrainte afférente aux condamnations inférieures à 50 fr. Or comme l'art. 465 c. pén. fixe à un jour le minimum de l'emprisonnement prononcé par le juge de simple police, il arrivera que la contrainte par corps, accessoire d'une condamnation à un jour de prison et à une amende de quelques francs, sera d'une durée au moins double de la condamnation principale. Cette conséquence, quelque bizarre qu'elle paraisse à première vue, n'en est pas moins seule conforme au texte de l'art. 9 ; car, après avoir posé les règles générales sur la durée de la contrainte par corps, sans acception de juridiction, l'art. 9 n'y fait qu'une seule dérogation relative à la contrainte par corps prononcée par le juge de simple police, et cette exception est exclusivement applicable au maximum. D'autre part, la durée de la contrainte par corps est fixée d'après le montant de l'amende et des condamnations pécuniaires, et, par suite, il n'y a réellement aucune corrélation à établir entre la durée de l'emprisonnement prononcé comme peine et la durée de la contrainte par corps. Donc en matière de simple police,

le minimum de la durée de la contrainte par corps est de deux jours (Crim. cass. 24 juill. 1874, aff. Giudicelli, D. P. 75. 1. 239). — La même décision résulte implicitement d'un arrêt qui déclare nul le chef d'un jugement dans lequel le tribunal de simple police, prononçant la contrainte par corps pour le recouvrement d'une condamnation pécuniaire inférieure à 50 fr., avait omis d'en fixer la durée dans la limite de deux jours à cinq jours (Crim. cass. 26 mars 1868, aff. Rutou, D. P. 68. 5. 104).

84. D'autre part, il résulte des termes nets et précis de la disposition finale de l'art. 9 de la loi du 22 juill. 1867 que le maximum de cinq jours ne doit jamais être dépassé en cette matière. « Il importe donc peu, dit M. F. Darbois, n° 222, que les frais soient plus ou moins élevés ; la quotité des réparations civiles est également indifférente ; enfin le maximum légal restera invariable, alors même que le montant des amendes cumulées par suite de la solidarité excéderait le maximum de l'amende de *simple police* » (Crim. cass. 7 janv. 1876, aff. Lequeux, *Bull. crim.*, n° 8).

85. Comme on l'a vu par ce qui précède depuis le rétablissement de la contrainte par corps pour le recouvrement des frais de justice criminelle, ce n'est plus d'après le chiffre de l'amende seulement, mais d'après le chiffre cumulé de l'amende et des frais, que doit être déterminée la durée de la contrainte à laquelle le condamné sera soumis en cas de non-payement. Il s'est élevé à ce propos une question fort délicate, dont la loi du 19 déc. 1871 a, dans une certaine mesure, diminué l'intérêt, celle de savoir si pour la fixation de la durée de la contrainte par corps, il y a lieu de comprendre dans le chiffre des amendes, notamment en matière de douanes, les décimes de guerre. Cette question a été résolue en sens divers par la jurisprudence. Quelques cours d'appel (Metz, 29 avr. 1868, aff. Zegler, D. P. 68. 2. 89 ; Douai, 17 juin 1868, aff. Damien, D. P. 69. 1. 161 ; Lyon, 14 mars 1870, aff. Chapuis et Baudet, D. P. 70. 1. 286) ont admis la négative, mais l'affirmative a été consacrée par de nombreux arrêts de la chambre criminelle et par un arrêt des chambres réunies de la cour de cassation (Crim. cass. 27 août 1868, aff. Zigler et autres, 8 arrêts, D. P. 69. 1. 161 ; Nancy, 17 nov. 1868, aff. Zigler et autres, 5 arrêts, D. P. 69. 2. 78 ; Metz, 17 déc. 1868, aff. Coutin, *ibid.* ; 2 juin 1870, aff. Chapuis et Baudet, D. P. 70. 1. 286 ; 8 sept. 1870, aff. Grenaz, D. P. 71. 1. 266 ; 16 nov. 1871, aff. Blanc, *ibid.* ; Ch. réun. cass. 16 janv. 1872, aff. Chapuis et Baudet, D. P. 72. 1. 329).

A l'appui de cette solution, on fait valoir notamment les considérations suivantes : la loi du 6 prair. an 7, dit-on, en ordonnant la perception, à titre de subvention de guerre, d'un décime par franc en sus des impôts qu'elle énumère et en sus des amendes et condamnations judiciaires, a voulu que ce décime fût perçu en même temps que le principal, par les mêmes préposés et, par conséquent, la même forme, ainsi que le décident expressément les deux autres lois du même jour, établissant une subvention de guerre en sus de la contribution foncière et de la contribution mobilière. Ce décime ainsi perçu par les diverses administrations chargées de recouvrer le principal est donc une véritable augmentation des impôts de toutes sortes et des amendes ; l'art. 5 de la loi du 14 juill. 1855 ne laisse pas de doute à cet égard, puisqu'il dispose en termes exprès que « le principal des impôts et des produits de toute nature soumis au décime par les lois en vigueur (ce qui comprend nécessairement les amendes) sera augmenté d'un nouveau décime ». Il est donc incontestable que le décime et le nouveau décime sont une augmentation des amendes ; ils en font partie, en prennent la nature et par conséquent participent au même privilège que le principal ; enfin le recouvrement s'en poursuit par les mêmes voies. Ainsi la subvention de guerre jouit, suivant la nature du droit principal, du privilège accordé, pour le recouvrement des droits et amendes en matière de timbre, sur les meubles et autres effets du redevable (L. 28 avr. 1816, art. 76) ; pour le recouvrement des droits dus à raison de mutations par décès, sur les revenus des biens à déclarer, en quelques mains qu'ils se trouvent (L. 22 frim. an 7, art. 32) ; pour le recouvrement de droits de douanes, sur les meubles et effets mobiliers du redevable (L. 22 août 1791, t. 13, art. 22 ; 4 germ. an 2, tit. 6, art. 4 ; Décr. 1er germ. an 13, art. 47) ; pour le recouvrement de la contribution foncière, sur les récoltes, fruits,

loyers et revenus des biens immeubles sujets à la contribution, et pour celui enfin de la contribution personnelle et mobilière sur tous les meubles et autres effets mobiliers (L. 12 nov. 1808, art. 1er), quand ces derniers impôts donnaient lieu à la perception de la subvention de guerre. Donc, si le recouvrement du principal est garanti par la contrainte par corps et peut être poursuivi par cette voie, il devra en être de même de la perception du décime. Or, aux termes de la loi du 22 juill. 1867, les amendes sont recouvrées par la voie de la contrainte par corps ; et si cette loi déroge aux lois anciennes en ce qui concerne les matières civiles ou commerciales et les frais avancés par l'Etat, elle les maintient en matière criminelle, correctionnelle et de simple police, pour le recouvrement des amendes, restitutions, dommages-intérêts et frais faits par la partie civile, et décide que la partie en sera fixée proportionnellement au montant des amendes et autres condamnations ; le décime et double décime, suppléments de l'amende, s'ils sont perçus à titre de subvention de guerre, n'en sont pas moins une partie intégrante de l'amende ; on doit, dès lors, les considérer comme entrant dans cette expression « amendes », dont se sert la loi de 1867 ; d'où il suit qu'il doit en être tenu compte pour fixer la durée de la contrainte par corps (V. le rapport de M. le conseiller Salneuve, sur lequel ont été rendus les arrêts précités du 27 août 1868).

86. Nous persistons, pour notre part, à penser que le système contraire, qui avait été adopté primitivement par les cours d'appel, est beaucoup plus juridique : en premier lieu, en effet, le décime et le double décime de guerre constituent des impôts et non des pénalités ou des suppléments d'amende. D'autre part, la loi du 22 juill. 1867 n'a pu avoir égard qu'au chiffre auquel les amendes sont fixées par les lois pénales à appliquer ; autrement les chiffres de 50, 100, 200 et 500 fr., qui servent de base à ses dispositions, et qui sont ceux des amendes les plus fréquemment prononcées, seraient assez souvent dépassés par l'adjonction du décime, et l'échelle établie par la loi se trouverait ainsi complètement modifiée. Pour écarter la qualification d'impôt et justifier celle de supplément d'amende qu'elle applique au décime et au double décime, la cour de cassation se fonde sur ce que l'amende et les décimes de guerre qui s'y ajoutent sont perçus en même temps et par les mêmes préposés. Mais cette circonstance est loin d'expliquer la conséquence que la cour prétend en faire découler. Il n'est pas rare, en effet, que, pour diminuer les frais de recette, deux perceptions d'une nature différente soient confiées aux mêmes agents pour être effectuées au même moment. Ainsi, le droit des pauvres est perçu par les entrepreneurs de spectacles et de concerts, sur les spectateurs, en même temps que le prix des places et proportionnellement à ce prix (V. Rép. v° Théâtre, n°s 126 et suiv.). De même, l'impôt du dixième du prix des places est perçu en dehors de ce prix par les entreprises de chemins de fer, qui en font ensuite le versement dans les caisses de l'administration des contributions indirectes (V. Rép. v° Voitures publiques, n° 263), et, dans ces divers cas, il n'est venu à l'esprit de personne de confondre la contribution payée par le consommateur avec la perception à laquelle elle venait se joindre. C'est précisément en se fondant sur cette parfaite distinction entre les deux perceptions que l'on s'efforce de nos jours de défendre le maintien du droit des pauvres contre les prétentions des entrepreneurs de spectacles (V. un article de M. Duverdy, dans la Gazette des tribunaux du 10 mars 1869. V. aussi Rép. v° Théâtre, n° 131). — Pour le décime de guerre, ainsi que le faisait remarquer la cour de Metz (Arrêt du 29 avr. 1868, cité supra, n° 85), cette distinction est formellement indiquée par la loi, qui exige qu'il fasse l'objet d'un compte séparé (L. 6 prair. an 7, art. 2) (V. Rép. v° Impôts, n° 53). Si le décime et le double décime font véritablement partie de l'amende et ne sont, en réalité, qu'une augmentation de la peine précédemment édictée, il faudrait en conclure, ce semble, que le juge devrait prononcer la peine complémentaire comme la peine principale (V. Crim. rej. 2 mars 1855, aff. Castillon, D. P. 55. 1. 183) ; que ce n'est pas seulement l'échelle de la durée de la contrainte par corps qui est changée, mais aussi la compétence, dans le cas où le chiffre réuni de l'amende et des décimes vient à excéder le taux des amendes de simple police (Rép. v°

Compétence criminelle, n°s 378 et suiv.) ; et, enfin, que les gratifications allouées aux gardes doivent être prises sur ce que la cour de cassation appelle le complément de l'amende comme sur le principal (Rép. v° Douanes, n°s 64 et suiv. V. aussi Décr. 2 déc. 1865, D. P. 66. 4. 9). — Ces conséquences cependant sont évidemment inadmissibles ; et, s'il en est ainsi, n'est-ce pas la preuve la plus décisive que le décime et le double décime ont, relativement aux amendes, comme relativement aux autres perceptions qu'ils augmentent, le caractère réel et exclusif d'impôt ? (V. en ce sens : Morin, Journal du droit criminel, 1868, art. 8667 ; Dutruc, Journal du ministère public, 1868, art. 1110, et 1869, art. 1175).

87. Quoi qu'il en soit, la jurisprudence est définitivement fixée en faveur du système qui comprend dans le chiffre de l'amende les décimes de guerre. La question a, d'ailleurs, dans l'état actuel de la législation, perdu une partie de son intérêt. On sait, en effet, que la loi du 22 juill. 1867 sur la contrainte par corps, distinguant dans les matières pénales entre l'amende et les frais dus à l'Etat, avait limité au recouvrement de l'amende l'emploi de ce moyen de contrainte (V. supra, n° 16). Or, dans toutes les affaires où l'amende se trouvait être la condamnation pécuniaire susceptible d'être recouvrée à l'aide de la contrainte par corps, le condamné avait grand intérêt, pour obtenir le bénéfice d'une fixation de durée que la loi restreint suivant que le chiffre de la condamnation n'excède pas 50 fr., 100 fr., 200 fr., etc., à faire écarter l'adjonction du décime de guerre qui, en venant ajouter un excédent, pouvait le rendre passible de la durée de contrainte indiquée au degré supérieur de l'échelle établie par la loi. Aujourd'hui que la contrainte par corps est rétablie pour le recouvrement des frais en matière criminelle, la condamnation pécuniaire, qui, dans le système des cours d'appel, n'excédait pas 50 fr., ou 100 fr., ou 200 fr., etc., quand l'amende prononcée était limitée à l'un de ces chiffres, dépasse toujours ces mêmes chiffres au moyen de l'adjonction des frais ; il devient alors moins opportun de s'expliquer sur le point de savoir si l'adjonction du décime, qui seule auparavant produisait ce résultat dans la plupart des cas, rentre ou non dans l'esprit de la loi du 22 juill. 1867.

88. Avant la loi du 22 juill. 1867, la jurisprudence avait persisté dans la doctrine exposée au Rép. n° 693, suivant laquelle il n'y avait pas lieu d'ordonner la contrainte par corps pour l'amende, les frais ou les réparations pécuniaires prononcées accessoirement à une condamnation soit à la peine de mort, soit perpétuelle (Crim. cass. 9 nov. 1850, aff. Rougier, D. P. 50. 5. 90 ; 19 juin 1851, aff. Businger, D. P. 51. 5. 121 ; 22 mai 1856, aff. Mondière, D. P. 56. 5. 108 ; 10 janv. 1856, aff. Gaston, D. P. 56. 5. 108 ; 13 juin 1859, aff. Doumerc, D. P. 61. 5. 112 ; 7 nov. 1861, aff. Favry, D. P. 62. 5. 86 ; 1er mai 1862, aff. Coulon, D. P. 62. 5. 86). Il ne pouvait être question de contrainte par corps en ce qui concernait les frais sous l'empire de la loi du 22 juill. 1867 ; mais depuis la loi du 19 déc. 1871, l'art. 40 de la loi du 17 avr. 1832, relative à la contrainte par corps, est remis en vigueur. En conséquence, la jurisprudence décide de nouveau que lorsqu'un individu est condamné à des peines perpétuelles, il n'y a pas lieu de prononcer contre lui, pour le recouvrement des frais, la contrainte par corps, ni d'en déterminer la durée (Crim. rej. et cass. 27 avr. 1876, aff. Garrigue, D. P. 77. 1. 92 ; 30 mars 1876, aff. Leclercq, ibid. ; Crim. cass. 9 juin 1877, aff. Fortin, D. P. 77. 1. 406 ; 13 janv. 1879, aff. Provost, D. P. 79. 5. 100 ; 20 juill. 1882, aff. Veyssère, D. P. 82. 5. 129). Il résulte également de ces arrêts que dans le cas où la contrainte par corps a été prononcée, il y a lieu à cassation sans renvoi (Rép. n° 695).

89. La loi du 22 juill. 1867 renferme une disposition analogue à celle de l'art. 27 de la loi de 1832 dont il a été parlé au Rép. n° 700, et qui avait pour but d'empêcher que le concert des parties civiles, devenues les créancières d'un condamné, ne le fît retenir perpétuellement en prison, si chacune d'elles venait se saisir successivement de sa personne lors de chaque élargissement. Aux termes de l'art. 12, « les individus qui ont obtenu leur élargissement ne peuvent plus être détenus ou arrêtés pour condamnations pécuniaires antérieures, à moins que ces condamnations n'entraînent, par leur quotité, une contrainte plus longue que celle qu'ils ont subie, et qui, dans ce dernier cas, leur est toujours

comptée pour la durée de la nouvelle incarcération » (V. *infrà*, n° 148). « Il en est donc aujourd'hui, dit M. F. Darbois, n° 210, des contraintes à peu près comme des peines elles-mêmes ; il est interdit d'en cumuler l'exercice, et la plus longue absorbe toutes les autres. » Il est à remarquer, comme on l'a déjà dit *suprà*, n° 63, qu'il n'y à pas à distinguer entre les causes d'élargissement ; en dehors du cas prévu par l'art. 12, la réincarcération est impossible ; il résulte en outre des termes de l'art. 12 « *ne peuvent plus être détenus ou arrêtés* » que cet article interdit la *recommandation* comme l'arrestation, sauf au cas où une contrainte plus longue que celle qu'il a purgée aurait été prononcée contre le condamné (V. *infrà*, n° 150). Enfin l'art. 12 est opposable au créancier alors même qu'il aurait ignoré l'incarcération de son débiteur. La confusion des contraintes s'opère de plein droit par la seule volonté de la loi (Darbois, n°s 210 à 215).

90. La loi du 22 juill. 1867 a, comme on l'a vu *suprà*, n° 34, réduit de moitié la contrainte par corps au cas où le condamné a atteint sa soixantième année (art. 14). C'est une nouvelle extension du principe bienveillant appliqué par la loi à toutes les condamnations infligées aux septuagénaires, et dont il a été question au *Rép.* n°s 701 et suiv. Actuellement donc, quel que soit le chiffre de la condamnation prononcée, il suffit que le condamné ait accompli sa cinquante-neuvième année pour jouir du bénéfice de l'art. 14 (F. Darbois, n° 240). Cette situation ne présente aucune difficulté si le condamné avait déjà atteint l'âge requis lors du jugement : il peut réclamer la réduction de moitié. S'il n'a atteint sa soixantième année que dans l'intervalle qui sépare la condamnation de l'arrestation, il semble qu'il soit en droit de réclamer la réduction prescrite par l'art. 14, et même que le ministère public doive l'ordonner d'office (F. Darbois, n° 243).

Si le condamné atteint sa soixantième année durant sa détention, faut-il appliquer la réduction de l'art. 14 à la durée totale de l'incarcération ou seulement au temps qui reste à courir? Suivant M. F. Darbois, n° 244, la réduction ne doit porter que sur le nombre de jours qui restent à courir, car la faveur accordée par la loi aux sexagénaires ne saurait être acquise avant que la soixantième année, condition de cette faveur, soit commencée (V. conf. Aubry et Rau, t. 8, § 782, p. 509). — A défaut de précision suffisante dans le texte de l'art. 14 de la loi du 22 juill. 1867 on peut recourir, pour confirmer cette opinion, au texte correspondant de la loi de 1848, dont la loi de 1867 s'est inspirée. L'art. 9 de cette loi disposait, en effet, que « s'il (le débiteur) a atteint sa soixante-dixième année avant d'être écroué ou pendant son emprisonnement, la durée de la contrainte sera de plein droit réduite à la moitié du temps qui restera à courir ». « La variante que présente la rédaction quelque peu ambiguë de notre article, dit M. F. Darbois, n'a pas été inspirée par l'intention de modifier la législation précédente ; les auteurs du projet de loi ont cru avoir trouvé une formule plus laconique et tout aussi compréhensive : en cela, ils se sont trompés. »

91. L'art. 14 dispose également que la réduction de la contrainte par corps à la moitié de la durée prescrite par le jugement aura lieu sans préjudice des dispositions de l'art. 10. Nous estimons que cette disposition signifie que la durée de la contrainte, à l'égard du sexagénaire insolvable, sera réduite à la moitié du temps pendant lequel il aurait pu être incarcéré s'il avait été solvable. Cette solution nous paraît seule conforme à la pensée du législateur lorsqu'il a édicté l'art. 10, ne voulant qu'en aucun cas le débiteur pût échapper à la contrainte sous prétexte d'insolvabilité ; il nous semble donc impossible d'admettre la théorie de M. Dutruc, *Mémorial du ministère public*, v° *Contrainte par corps*, n° 6, qui estime que la réduction de la contrainte à la moitié de la durée fixée par le jugement devant s'opérer deux fois, cette durée se trouve nécessairement réduite à zéro, et que le condamné qui jouit du double bénéfice des dispositions précitées est totalement affranchi de la contrainte.

Art. 4. — *Formes de l'emprisonnement et causes d'élargissement des débiteurs en matière criminelle* (Rép. n°s 705 à 722).

92. L'art. 3 de la loi du 22 juill. 1867, qui règle l'exécution de la contrainte par corps, reproduit à peu près littérale-

ment, depuis que la loi du 19 déc. 1871 a abrogé son paragraphe 2 relatif à l'interdiction de la contrainte par corps pour le payement des frais au profit de l'Etat, l'art. 33 de la loi du 17 avr. 1832, dont on a étudié les dispositions au *Rép.* n° 705. — Mais la loi de 1867, comme les lois précédentes, n'a pas réglé dans tous ses détails la procédure à suivre pour l'arrestation et l'emprisonnement du débiteur ; aussi doit-on encore recourir aux dispositions générales du code de procédure civile pour compléter les règles très sommaires posées par la loi de 1867, en ce qui concerne notamment les formalités relatives au commandement à fin de contrainte, à l'arrestation, etc.

Il en résulte, d'une part, que le mode de procéder exposé au *Rép.* n°s 705 et suiv., relativement à la marche à suivre pour mettre la contrainte par corps à exécution en matière criminelle, doit être encore observé, et d'autre part qu'il est un grand nombre de règles applicables avant la loi du 22 juill. 1867 aussi bien en matière criminelle qu'en matière civile et commerciale qui, encore aujourd'hui, doivent être appliquées à la contrainte par corps en matière criminelle, correctionnelle et de police ; ces règles ont été, pour la plupart, exposées au *Répertoire* dans les chap. 8 et 9, concurremment avec celles qui, spéciales à l'exercice de la contrainte par corps en matière civile et commerciale, sont aujourd'hui abrogées, et qui n'offrent plus d'intérêt pratique. Nous réunirons dès lors dans cet article l'examen de toutes les règles qui sont applicables à l'exercice de la contrainte par corps en matière criminelle.

93. Suivant ce qui a été dit au *Rép.* n° 706, lorsque la contrainte par corps est exercée à raison de condamnations prononcées au profit de l'Etat, c'est au fisc seul, représenté par le receveur de l'enregistrement et des domaines, sous l'empire de la loi du 22 juill. 1867 (art. 3) et, depuis la loi de finances du 29 déc. 1873 (D. P. 74. 4. 26), par les percepteurs des contributions directes, qu'appartient exclusivement le droit de mettre en mouvement la contrainte par corps, même par voie de recommandation, après que la peine a été subie. Le ministère public ne pourrait, de son chef, prendre l'initiative pour retenir le condamné en prison afin de le forcer à satisfaire au payement de l'amende et des réparations pécuniaires. Il en est de même lorsque la contrainte par corps est exercée par des particuliers ; c'est à leur seule diligence, et non à celle du ministère public, que, aux termes de l'art. 4 de la même loi, l'arrestation ou la recommandation du débiteur sont provoquées. — Mais c'est au ministère public, d'après les mêmes dispositions, qu'est réservé le pouvoir de faire opérer la mise en arrestation, sur le vu du commandement, et sur la demande de ceux qui ont qualité pour poursuivre la contrainte par corps (D. P. 67. 4. 85). Les réquisitions qu'il adresse à cet effet aux agents ou fonctionnaires chargés de procéder à l'arrestation remplacent le pouvoir spécial dont l'huissier devait être muni, d'après l'art. 556 c. proc. civ., pour opérer cette arrestation en matière civile ou commerciale, et dont il a été parlé au *Rép.* n°s 788 et suiv.

94. L'arrestation du débiteur, doit toujours, comme sous l'empire de la loi du 17 avr. 1832, être précédée d'un commandement. Les formalités relatives à ce commandement restent, en principe, régies par les dispositions générales des art. 780 et 784 c. proc. civ. sur l'emprisonnement, sauf pour certains point spéciaux, c'est-à-dire quant au mode de signification du jugement et quant au délai à observer entre le commandement et l'arrestation du débiteur, pour lesquels ce sont les art. 3, § 1er, et 4 de la loi du 22 juill. 1867 qui doivent être appliqués, articles qui sont, d'ailleurs, la reproduction textuelle des art. 33 et 38 de la loi du 17 avr. 1832.

95. — I. Commandement; Signification du jugement. — Aux termes des art. 3 et 4 de la loi du 22 juill. 1867, la contrainte par corps, en matière criminelle, correctionnelle ou de police, ne peut être opérée qu'après un commandement fait au condamné à la requête, soit du receveur de l'enregistrement et des domaines, s'il s'agit de condamnations au profit de l'Etat, soit à la requête de ceux qui les ont obtenues, s'il s'agit de condamnations au profit de particuliers. Mais comme on vient de le voir (*suprà*, n° 93), lorsqu'il s'agit de condamnations au profit de l'Etat, ce n'est plus à la requête du receveur de l'enregistrement que le commandement doit être

signifié, puisque la loi de finances du 29 déc. 1873 (D. P. 74. 4. 26) a prescrit qu'à partir du 1er janv. 1874 les percepteurs des contributions directes seraient substitués aux receveurs de l'enregistrement pour le recouvrement des amendes et des condamnations pécuniaires autres que celles concernant les droits d'enregistrement, de timbre, de greffe, les hypothèques, le notariat et la procédure civile. C'est donc aux percepteurs des contributions directes qu'il appartient de poursuivre l'incarcération des débiteurs d'amendes et de frais criminels ou correctionnels récalcitrants, et, par conséquent, de faire les actes nécessaires pour y parvenir. Toutefois, dans la pratique, il est interdit aux percepteurs par les règlements administratifs de prendre aucune mesure tendant à l'incarcération, ni même de faire signifier aucun acte dans ce but, sans y être autorisés par le receveur des finances, auquel ils doivent faire, à cet effet, connaître les motifs qui leur font supposer que la contrainte par corps doit être employée de préférence à tout autre mode de poursuite (Instr. 20 sept. 1875, art. 202; F. Darbois, n° 372).

96. Le commandement, avons-nous dit *suprà*, n° 95, doit être signifié à la requête de ceux qui ont obtenu les condamnations, s'il s'agit de condamnations au profit de particuliers; en effet, les art. 4 et 5 de la loi du 22 juill. 1867 disposent que les arrêts et jugements contenant des condamnations sont « à leur diligence signifiés et exécutés suivant les mêmes formes et voies de contrainte que les jugements portant des condamnations au profit de l'État ». Ces dispositions sont d'ailleurs la reproduction de celles de l'art. 38 de la loi du 17 avr. 1832, qui ont été exposées au *Rép.* n° 707. La partie civile doit donc, comme l'État, faire commandement au débiteur.

97. Il n'est pas besoin que le commandement, qu'il soit fait au nom de l'État ou au nom d'un particulier, soit précédé de la signification du jugement en exécution duquel il a lieu; il suffit que ce jugement soit signifié avec le commandement et dans le même acte. Il n'est pas exigé davantage que le commandement soit accompagné de la signification, en son entier, du jugement portant condamnation. L'art. 3 de la loi de 1867 se borne à prescrire, si ce jugement n'a pas été précédemment signifié au débiteur, que le commandement en porte, en tête, un extrait contenant le nom des parties et le dispositif. L'art. 33 de la loi de 1832 renfermait, d'ailleurs, déjà la même règle, pour les matières pénales, avant la limitation de la contrainte par corps à ces matières; elle dérogeait ainsi à la disposition de l'art. 780 c. proc. civ., d'après laquelle aucune contrainte par corps ne peut être exercée qu'après la signification intégrale du jugement qui l'a prononcée (*Rép.* n° 728; F. Darbois, n° 362).

98. Il n'y a pas à distinguer entre les condamnations émanées d'un juge de répression et celles qui sont prononcées par la juridiction civile, en vertu de l'art. 5 de la loi de 1867, pour réparation d'un fait délictueux reconnu par la juridiction criminelle; la loi n'établit à cet égard, dans l'art. 4, aucune différence. Nous pensons cependant que les jugements qui ont été rendus par défaut soit par les tribunaux répressifs, soit par les tribunaux civils, doivent, conformément au droit commun, être signifiés en entier et non pas seulement par extrait (V. *Rép.* v°s *Jugement*, n° 861; *Jugement par défaut*, n° 476).

99. — II. Formes du commandement. — Le commandement, comme autrefois en matière civile et commerciale, est assujetti à certaines conditions de forme : par exemple, il doit évidemment être daté (*Rép.* n° 741; F. Darbois, n° 362) sur l'original et la copie, et commencer par la formule exécutoire, etc. Nous nous référerons, d'ailleurs, sur ce point, aux explications qui ont été fournies au *Rép.* n°s 745 et suiv., 773 et suiv.

100. — III. Signification du commandement. — La signification du commandement doit-elle être faite par un huissier commis, comme cela était nécessaire en matière civile (*Rép.* n°s 750 et suiv.), et, même, d'après une opinion, en matière criminelle, lorsqu'il s'agissait d'une contrainte exercée à la requête de la partie civile? La loi nouvelle est muette sur cette question. M. F. Darbois, n° 326, pense que l'art. 780 c. proc. civ., qui prescrit de confier la signification du commandement à un huissier ce commis, se trouve virtuellement abrogé par la loi du 22 juill. 1867. Nous par-

tageons entièrement cette opinion. Les formalités prescrites par l'art. 780 c. proc. civ. faisaient, en effet, partie de celles que le législateur avait édictées en vue de multiplier les garanties de la liberté individuelle, alors que la mesure si grave de l'incarcération était exercée à la requête d'un particulier et sous sa seule responsabilité. L'utilité de ces mesures a disparu aujourd'hui que l'incarcération ne peut plus avoir lieu sans l'intervention du ministère public et sans son contrôle et son ordre; il semble donc bien qu'on doive les considérer comme abrogées par la loi du 22 juill. 1867.

101. Dans tous les cas, le ministère des huissiers n'est plus indispensable lorsqu'il s'agit de l'exécution des condamnations qui sont prononcées au profit de l'État, elles peuvent, aux termes de l'art. 25 de la loi de finances du 29 déc. 1873, être remplacés « pour l'exercice des poursuites » par les porteurs de contraintes; ces derniers peuvent donc être chargés des commandements. Il est à remarquer que les commandements ainsi signifiés par les porteurs de contraintes doivent être précédés de l'extrait du jugement, conformément à la disposition de l'art. 3, § 2, de la loi du 22 juill. 1867 (F. Darbois, n° 365). — La règle d'après laquelle l'extrait du jugement doit être placé en tête du commandement, paraît applicable même en matière forestière et de pêche fluviale, où la loi autorise l'exécution cinq jours après un simple commandement fait aux condamnés, sans parler de l'extrait du jugement (C. for. art. 24; L. 15 avr. 1829, art. 77); en cet état, ces dernières dispositions n'ont été maintenues qu'en tant qu'elles ne sont pas contraires à la loi de 1867 (F. Darbois, n° 367).

102. — IV. Nécessité d'un nouveau commandement en cas de péremption du premier. — On considère comme étant encore en vigueur l'art. 784 c. proc. civ. qui exige, s'il s'est écoulé une année entière depuis le commandement, qu'il en soit fait un nouveau; et ce nouveau commandement doit, aussi bien que le premier, être accompagné de la signification, par extrait, du jugement de condamnation (V. *Rép.* 777, et v° *Frais et dépens*, n° 720), à moins qu'il n'y ait eu, avant le premier commandement, signification de l'arrêt ou du jugement en vertu duquel il est fait (F. Darbois, n° 363).

103. — V. Délai qui doit exister entre le commandement et l'arrestation. — On a vu au *Rép.* n°s 705 et 750 qu'en matière criminelle, correctionnelle et de police, les art. 33 et 38 de la loi du 17 avr. 1832, reproduisant, en cela, les art. 214 et 215 c. for., 77 et 81 de la loi du 15 avr. 1829 sur la pêche fluviale, avaient porté à cinq jours le délai réduit à un jour par l'art. 780 c. proc. civ., qui doit s'écouler entre la signification du commandement et l'arrestation du débiteur. Les art. 3 et 4 de la loi du 22 juill. 1867, relatifs, le premier, à la contrainte par corps exercée en la même matière par l'État, et le second, à celle exercée par les particuliers, maintiennent ce délai à cinq jours également à partir du commandement. Ce délai, comme le *Répertoire* l'a constaté n°783, est, conformément à l'art. 1033 c. proc. civ., un délai franc qui ne comprend ni le jour du commandement, ni celui de l'arrestation, comme était le délai d'un jour, fixé, en matière civile et commerciale, par l'art. 780 c. proc. civ. Il ne court, en cas d'appel du jugement prononçant la contrainte par corps, qu'après la signification, en tête du commandement, d'un extrait de l'arrêt confirmatif en vertu duquel ce commandement a lieu (*Rép.* n° 754).

104. — VI. Arrestation du débiteur. — La question de savoir si la requête de qui, et par qui peut être opérée l'arrestation du débiteur en matière criminelle, correctionnelle et de police, est résolue, pour le cas où la contrainte par corps est exercée à raison de condamnations au profit de l'État, par l'art. 3 de la loi du 22 juill. 1867, et, pour le cas où la contrainte est exercée à raison des condamnations au profit de particuliers, par l'art. 4 de la même loi (D. P. 67. 4. 85).

105. Comme on l'a vu *suprà*, n° 95, lorsqu'il s'agit de condamnations au profit de l'État, la contrainte est, depuis la loi du 29 déc. 1873, exercée à la requête, non plus des receveurs de l'enregistrement, mais des percepteurs des contributions directes. C'est donc par le percepteur qu'est formée aujourd'hui la demande d'incarcération. Quant aux particuliers qui veulent exercer la contrainte par corps pour obtenir l'exécution des condamnations pro-

noncées en leur faveur dans les conditions des art. 4 et 5 de la loi du 22 juill. 1867, ils doivent, aussi bien que les représentants du fisc, après avoir signifié l'arrêt ou le jugement de condamnation et fait commandement, adresser la demande d'incarcération au procureur de la République, seul chargé de l'exécution. Les particuliers, en effet, ne peuvent en aucun cas exercer directement la contrainte selon le mode qui était autrefois usité en matière civile (c. proc. civ. art. 780 et suiv.), la loi disposant d'une manière formelle qu'en cette matière la procédure est absolument la même pour les particuliers que pour l'Etat (Trib. Seine, 5 juill. 1878, *Journal du ministère public*, 1878, p. 242; F. Darbois, n° 374).

106. Remarquons tout d'abord qu'aucune forme spéciale n'est prescrite pour la demande qui doit être adressée au ministère public : il suffit d'une simple lettre à laquelle cependant il est utile, pour éviter tout retard, de joindre le commandement et autant que possible, pour les particuliers, la quittance de la consignation d'aliments pour trente jours (L. 22 juill. 1867, art. 6) (V. *infrà*, n° 126). Le procureur de la République doit, en effet, exiger à l'appui de la demande d'emprisonnement, la production du commandement et celle de la signification, si le commandement ne porte pas en tête l'extrait du jugement; en l'absence de ces pièces ou si elles sont irrégulières, il doit se refuser à prescrire l'arrestation.

107. Le procureur de la République compétent pour décerner le réquisitoire d'arrestation est celui du tribunal qui a rendu la sentence. Lorsqu'il s'agit de condamnations prononcées par les cours d'assises ou par la cour d'appel, c'est au procureur général que la demande d'arrestation doit être adressée : celui-ci commet la plupart du temps son substitut d'arrondissement pour ordonner l'exécution demandée (F. Darbois, n° 378).

108. — VII. Par qui l'arrestation peut être opérée. — Comme on l'a vu *suprà*, n° 9, les art. 3 et 4 de la loi du 22 juill. 1867 sont la reproduction textuelle des art. 33 et 38 de la loi du 17 avr. 1832 qui réglaient jusqu'en 1867 l'exécution des contraintes par corps en matière criminelle, correctionnelle et de police. Le ministère d'huissier n'est donc pas plus nécessaire à l'exercice des contraintes ordonnées en ces matières au profit de l'Etat sous l'empire de l'art. 3 de la loi du 22 juill. 1867, qu'il ne l'était sous l'empire de l'art. 33 de la loi du 17 avr. 1832. — Quant à la partie civile, il semble certain qu'elle peut aussi, comme l'Etat, se passer du ministère d'un huissier pour mettre la contrainte par corps à exécution. La controverse que cette question avait soulevée et que nous avons examinée au *Rép.* n° 708, paraît être définitivement tranchée. Le recours à un huissier, quand il s'agit de la contrainte par corps en matière criminelle, correctionnelle et de police, est donc purement facultatif pour la partie civile aussi bien que pour l'Etat. Ainsi la contrainte par corps prononcée pour sûreté des dommages-intérêts accordés à la partie civile, à titre de réparation d'un crime ou d'un délit, peut être mise à exécution par un sergent de ville, agissant sur la réquisition du ministère public (V. les arrêts cités au *Rép.* n° 709); ou par un gendarme, à la différence du cas où, avant la loi de 1867, il s'agissait de contrainte par corps en matière civile ou commerciale, cas dans lequel les gendarmes ne pouvaient procéder à l'arrestation des débiteurs (*Rép.* n°s 780 et 802).

109. Mais l'arrestation ne pourrait pas même être opérée, en matière forestière, par les gardes forestiers (*Rép.* n° 712) : ces gardes, en effet, bien qu'ils soient des agents de la force publique dans le sens des art. 224 et 230 c. pén. (*Rép.* v° *Fonctionnaire public*, n° 146), n'ont pas cette qualité relativement à l'exercice de la contrainte par corps exercée en vertu de l'art. 211 c. for.; ils ne sont pas chargés de l'exécution des mandats de justice et ne rentrent pas, à ce titre, dans la classe des agents auxquels, suivant ce même article, le procureur de la République adresse les réquisitions nécessaires à l'exercice de la contrainte. Or, l'art. 3, § 4, de la loi du 22 juill. 1867 est la reproduction de l'art. 211 c. for. puisqu'il dispose que le procureur de la République adresse les réquisitions nécessaires « aux agents de la force publique et autres fonctionnaires chargés de l'exécution des mandements de justice ».

110. Quant à l'assistance de recors prescrite par l'art. 783 c. proc. civ., elle ne peut être exigée pour la validité de l'arrestation lorsqu'il s'agit de la contrainte par corps en matière criminelle, correctionnelle et de police. Les art. 3 et 4 de la loi de 1867 ne parlent point de cette assistance, pas plus que ne le faisaient les dispositions antérieures de loi auxquelles ils ont été empruntés (*Rép.* n° 801); les garanties que la loi avait cru devoir multiplier alors que l'huissier tenait sa mission d'un particulier ont perdu leur utilité aujourd'hui que l'arrestation émane du ministère public.

111. — VIII. Jours, heure et lieux où l'arrestation peut être faite. — Les dispositions de l'art. 781 c. proc. civ. qui ont été exposées au *Rép.* n° 806, sont toujours considérées comme applicables à la contrainte par corps en matière criminelle. Suivant cet article : « le débiteur ne pourra être arrêté : 1° avant le lever et après le coucher du soleil ; 2° les jours de fête légale ; 3° dans les édifices consacrés au culte et pendant les exercices religieux seulement ; 4° dans le lieu et pendant la tenue des séances des autorités constituées ; 5° dans une maison quelconque, même dans son domicile, à moins qu'il eût été ainsi ordonné par le juge de paix du lieu, lequel juge de paix devra, dans ce cas, non pas seulement ordonner l'arrestation, mais encore se transporter dans la maison avec l'officier ministériel, ou déléguer à cet effet un commissaire de police (L. 26 mars 1855, D. P. 55. 4. 34). Les observations présentées au *Rép.* n°s 807 et suiv. ont donc conservé leur application. Il en est de même de celles qui ont trait à la prohibition de procéder à l'arrestation du débiteur un jour de fête légale (*Rép.* n°s 812 à 814) sous réserve bien entendu des modifications qui ont été apportées à la nomenclature des jours fériés par des lois postérieures à la publication du *Répertoire*, comme par exemple, celles qui ont déclaré jour férié le 14 juillet, le lundi de Pâques et le lundi de la Pentecôte (L. 6 juill. 1880, D. P. 80. 4. 57; 8 mars 1886, D. P. 86. 4. 17).

112. D'autre part, on s'est demandé si les dispositions de l'art. 1037 du code de procédure, qui permet de faire des actes d'exécution en dehors des heures légales et les jours de fête légale avec la permission du juge, et dans le cas où il y aurait péril dans la demeure, devaient être appliquées à la contrainte par corps en matière criminelle, correctionnelle et de police, et aux cas prévus par l'art. 781. — Nous avons adopté la négative au *Rép.* n° 814. Mais la question reste controversée (Dans le sens de notre opinion, V. F. Darbois, n° 387; Paris, 8 mai 1856, aff. d'Anthès, D. P. 56. 2. 180). Il a été jugé, en sens contraire, que les dispositions de l'art. 1037 c. proc. civ. s'appliquent à la contrainte par corps, comme à toute autre voie d'exécution, et que lorsqu'il y a péril dans la demeure, l'arrestation peut être autorisée par le juge, même un jour de fête légale (Paris, 17 sept. 1862, aff. de la B..., D. P. 62. 5. 85; 12 janv. 1863, aff. D..., D. P. 63. 5. 94).

113. L'arrestation dans les édifices consacrés au culte (*Rép.* n° 815) et dans le lieu des séances des autorités constituées est toujours interdite, suivant ce qui a été exposé au *Rép.* n°s 815 et suiv. Mais on continue à admettre que l'arrestation du débiteur peut être valablement effectuée dans les cours et dépendances du lieu des séances des autorités constituées, et, par exemple, dans un corridor dépendant du palais de justice (Toulouse, 29 juin 1854, aff. Cezat, D. P. 55. 2. 255), lors même que l'individu ne s'y trouve qu'en qualité de témoin ayant été appelé à déposer, s'il n'est pas porteur d'un sauf-conduit (Trib. Toulouse, 22 janv. 1851, aff. Montels, D. P. 55. 5. 109). ... Et cela même sans que l'assistance du juge de paix ou d'un commissaire de police délégué puisse être exigée, cette hypothèse ne rentrant point sous l'application du paragraphe 5 de l'art. 781 c. proc. civ., qui exige la présence de ce magistrat à l'arrestation d'un débiteur dans une maison quelconque (Même arrêt du 29 juin 1854).

114. — IX. Sauf-conduit. — V. *Rép.* n°s 840 à 865.

115. — X. Procès-verbal d'arrestation ou de capture. — Suivant M. F. Darbois, n° 399, le procès-verbal d'arrestation qui, en matière civile, était primitivement précisées par l'art. 783 c. proc. civ. (*Rép.* n°s 853 à 879), ne serait plus aujourd'hui soumis à aucune forme particulière, et l'art. 783 c. proc. civ. devrait être considéré comme abrogé. Cet article, en effet, prescrit des formalités dont

l'utilité disparaît lorsque les agents chargés de l'arrestation sont des agents de la force publique agissant, non pas au nom de particuliers et sur leur initiative, mais par les ordres du ministère public. Il suffit donc que les agents chargés de procéder à l'arrestation du contraignable, indiquent dans leur procès-verbal que tel jour, à telle heure, en vertu de tel réquisitoire, ils ont arrêté telle personne pour la conduire en prison, de sorte qu'il ne puisse subsister aucun doute sur l'identité de la personne arrêtée.

116.—XI. Référé.— On considère comme toujours en vigueur les dispositions de l'art. 786 c. proc. civ., qui confère au débiteur le droit de se faire conduire en référé devant le président du tribunal civil du lieu où l'arrestation a été opérée (*Rép.* n⁰ˢ 880 à 896).

117.— XII. Incarcération du débiteur.— La suppression de la contrainte par corps en matière civile et en matière commerciale a eu pour conséquence la suppression des maisons de détention pour dettes. Actuellement les détenus pour dettes, en matière criminelle, correctionnelle et de police, sont enfermés dans une maison d'arrêt. Ils doivent y occuper des locaux séparés de ceux affectés aux autres prisonniers, avec lesquels toute communication leur est interdite.— Le règlement particulier de chaque maison détermine les règles disciplinaires imposées à cette classe de détenus (Règl. 30 oct. 1841, art. 115 et 116; Circ. min. 4 sept. 1868; F. Darbois, p. 418). Parmi les maisons d'arrêt, celle qui doit être choisie pour l'incarcération est la plus proche du lieu où le débiteur aurait été arrêté (F. Darbois, n⁰ 412; Circ. min. 5 mars 1880, *Bull. min. just.*, p. 72); et l'emprisonnement est nul, par cela seul que le débiteur a été conduit dans une prison autre que la plus voisine (*Rép.* n⁰ 900).

118. Le fait de détenir un débiteur dans un lieu autre que celui légalement désigné par l'Administration comme lieu de détention pour dettes est également une cause de nullité de l'emprisonnement et peut motiver une action en dommages-intérêts contre l'incarcérateur (*Rép.* n⁰ 901). Toutefois, comme on l'a vu au *Rép.* n⁰ 902, cette détention du débiteur cesserait d'être illégale si elle était commandée par la nature même des choses et par la nécessité des circonstances. Il a été jugé, notamment, que l'huissier qui, après avoir arrêté un débiteur soumis à la contrainte par corps, ne peut, soit à cause de l'heure avancée et de la distance à parcourir, soit par suite de tout autre accident, le conduire immédiatement dans la maison de détention pour dettes, a la faculté de le déposer provisoirement dans la maison de sûreté administrativement désignée, ou, à son défaut, dans tout autre lieu spécialement indiqué par le maire (Dijon, 26 janv. 1866, aff. Richard Desnanges, D. P. 66. 2. 71). En définitive, les principes exposés au *Rép.* n⁰ˢ 897 et suiv. sont pour la plupart toujours applicables. Ainsi, en ce qui concerne la détention du contraignable, on ne considère pas comme irrégulière toute détention provisoire imposée par les circonstances; mais il reste certain que le procès-verbal d'écrou ne doit être rédigé qu'au moment de l'incarcération du débiteur à la prison pour dettes; tant qu'il n'est pas arrivé à cette prison, il reste à la garde de l'agent chargé de l'arrestation, qui doit constater sur le procès-verbal d'arrestation les divers incidents de l'emprisonnement et spécialement s'il a dû s'arrêter en cours de route (Arrêt précité du 26 janv. 1866).

119. L'obligation de détenir les contraignables dans les maisons d'arrêt entraîne cette conséquence, qu'il est interdit de recevoir ou de conserver dans les maisons centrales des prisonniers pour dettes. Il en résulte que le contraignable qui a été recommandé avant l'expiration de la peine qu'il subit dans une maison centrale, doit être transféré, pour l'exécution de la contrainte par corps, dans une maison d'arrêt. Diverses circulaires ministérielles règlent la procédure à suivre en cette matière (Circulaires du garde des sceaux sur l'exercice de la contrainte par corps contre les détenus libérés des 15 juin 1877, *Bull. min. just.*, p. 69, et 5 mars 1880, citée *suprà*, n⁰.117, rapportées par F. Darbois, p. 419 et suiv.).

120. — XIII. Procès-verbal d'écrou; Formes. — Au *Rép.* n⁰. 711, on a émis l'avis que les formalités prescrites en matière civile par les art. 790 et suiv. c. proc. civ. pour la rédaction du procès-verbal d'écrou devaient être

observées, en raison surtout de l'analogie qu'elles offrent avec les formalités prévues par les art. 607 et suiv. c. instr. crim. Les formes déterminées par le code de procédure civile, et qui ont été étudiées au *Rép.* n⁰ˢ 913 et suiv., ne nous paraissent plus devoir être suivies. — Comme on l'a exposé au *Répertoire*, l'art. 790 avait surtout pour objet d'empêcher les arrestations arbitraires et faisait, à ce titre, partie de cet ensemble des mesures législatives qui tendaient à sauvegarder la liberté individuelle, alors que l'emprisonnement pouvait être requis par les particuliers; à ce titre il nous semble abrogé par la loi du 22 juill. 1867. L'incarcération du débiteur est opérée aujourd'hui à peu près dans les mêmes formes que l'exécution d'une peine d'emprisonnement. L'agent de la force publique ou l'huissier qui remet le contraignable au gardien chef d'une maison d'arrêt devra simplement faire inscrire sur le registre, lors en exécution de l'art. 607 c. instr. cr., le réquisitoire d'incarcération et signer cette copie et l'acte de remise conformément à l'art. 608 c. instr. cr., que d'ailleurs le gardien de la maison d'arrêt devra scrupuleusement observer.

121.— XIV. Consignation d'aliments. — La loi a de tout temps assujetti le créancier qui prive un débiteur de sa liberté et lui enlève, par cela même, les moyens de pourvoir à son existence par le travail, à l'obligation de lui fournir des aliments (Ord. 1670, tit. 13, art. 23; Décl. 10 janv. 1680; L. 25 germ. an 6, tit. 3, art. 14; C. proc. civ., art. 789, 791, 793; L. 17 avr. 1832, art. 28 et 29) (V. *Rép.* n⁰ 933). Cette obligation est exécutée, en principe, au moyen d'une consignation de la somme affectée à l'obligation alimentaire ainsi imposée au créancier incarcérateur. La loi du 22 juill. 1867 n'a nullement modifié cette règle, qu'elle formule au contraire à nouveau dans son art. 6, disposant même que faute de provision le condamné est mis en liberté. Mais comme on l'a exposé au *Rép.* n⁰ 934, les aliments ne sont pas toujours fournis au débiteur par voie de consignation et sous la sanction ainsi édictée par l'art. 6 de la loi de 1867. — Un décret du 4 mars 1808 dispensait l'Etat ou les administrations publiques, créanciers incarcérateurs, de cette consignation d'aliments; il portait que les détenus pour cause de dette envers l'Etat recevraient la nourriture commune aux prisonniers incarcérés en vertu de condamnations criminelles à la requête du ministère public; par conséquent, il ne devait être fait aucune consignation particulière pour la nourriture de ces détenus dont la dépense devait être comprise dans les crédits alloués au service des prisons (*Rép.* n⁰ 934). On s'était demandé, sous la loi du 17 avr. 1832, si l'art. 46 de cette loi, qui abroge toutes les lois antérieures relatives à l'exercice de la contrainte par corps contre les débiteurs de l'Etat, avait laissé subsister le décret dont il s'agit, et on admettait généralement l'affirmative. L'art. 6 de la loi de 1867 a formellement confirmé cette opinion. C'est seulement lorsque la contrainte par corps a lieu à la requête et dans l'intérêt des particuliers qu'il prescrit au créancier incarcérateur de pourvoir aux aliments des détenus. Remarquons cependant que, par particuliers, il faut entendre même les communes et les établissements publics, l'Etat étant seul dispensé de la consignation (F. Darbois, n⁰ 417; Chauveau sur Carré, *Lois de la procédure*, quest. 2688).

122. Il résulte de la règle qui astreint à la consignation d'aliments les particuliers à la requête et dans l'intérêt desquels la contrainte par corps est exercée, comme on l'a d'ailleurs vu au *Rép.* n⁰ 936, que lorsqu'après avoir subi leur peine, les prisonniers pour crimes ou pour délits ne sont plus retenus qu'à raison des dommages-intérêts et des réparations pécuniaires dus aux parties civiles, celles-ci sont tenues à la consignation d'aliments; de telle sorte que si le créancier a obtenu de faire transférer son débiteur à la prison pour dettes avant la fin de la détention correctionnelle à laquelle celui-ci avait été condamné, il doit consigner les aliments dès le jour même de cette translation, et non pas seulement du jour où expire légalement l'emprisonnement correctionnel qui a ainsi cessé par anticipation (Paris, 21 mars 1850, aff. Chemery, D. P. 52. 2. 168).

Réciproquement, lorsqu'un détenu pour dettes est transféré, sous la prévention d'un délit, dans une autre prison, où il est nourri aux frais de l'Etat, les aliments consignés par ses créanciers cessent, durant cette détention préventive,

d'être affectés à la subsistance du débiteur ; au cas de réintégration de ce débiteur dans la maison d'arrêt pour dettes, par suite d'une ordonnance de non-lieu, la consignation alimentaire précédemment faite continue à satisfaire, jusqu'à concurrence de la somme consignée, à l'obligation du créancier, encore que la période pour laquelle elle avait eu lieu soit expirée (Paris, 21 oct. 1846, aff. Desroches-Ballard, D. P. 46. 2. 202. V. toutefois en sens contraire : Paris, 17 mars 1854, aff. L..., D. P. 55. 2. 245).

123. Les aliments doivent être consignés aux mains du gardien de la prison pour dettes, lequel est chargé de la délivrance du certificat de non-consignation qui doit être annexé à la requête à fin d'élargissement pour défaut de consignation d'aliments (c. proc. civ. art. 803, § 2). Mais lorsqu'un détenu pour dettes est transféré dans un hospice, la consignation des aliments est régulièrement faite aux mains de l'économe ; par suite, le débiteur est mal fondé à demander son élargissement faute de consignation aux mains du concierge de la prison (Trib. Havre, 22 juin 1859, aff. C..., D. P. 59. 3. 79).

124. La consignation des aliments doit, aux termes de l'art. 6 de la loi de 1867, qui reproduit, en cela, les dispositions de l'art. 791 c. proc. civ. et de l'art. 28 de la loi du 17 avr. 1832, être faite avant le moment où il est nécessaire de pourvoir à la nourriture du débiteur dans la prison. Si, à ce moment, c'est-à-dire au moment de l'écrou dans la prison où le débiteur doit être définitivement détenu, il n'existe pas de consignation, la loi est violée et l'emprisonnement peut être déclaré nul (L. 22 juill. 1867, art. 6).

Il s'ensuit, comme le remarque M. F. Darbois, n° 421, que le procureur de la République n'a pas rigoureusement le droit d'exiger de la partie civile, lorsqu'elle le requiert d'ordonner l'arrestation du débiteur, la justification de la consignation alimentaire. Aucune disposition légale ne l'y autorise ; cependant, dans la pratique, l'ordre d'incarcération n'est guère délivré que sur la production de la quittance constatant le versement des deniers. — D'ailleurs, le gardien chef de la maison d'arrêt auquel le contraignable est présenté pourrait, à défaut de consignation alimentaire, refuser de le recevoir, et il y aurait lieu de conduire le débiteur en référé (F. Darbois, n° 422).

125. — XV. Personnes qui peuvent consigner les aliments. — Les observations qui ont été présentées au *Rép.* n°s 940 à 946, nous paraissent applicables en matière criminelle, depuis la promulgation de la loi du 22 juill. 1867, comme elles l'étaient auparavant.

126. — XVI. Période de temps pour laquelle la consignation d'aliments doit être faite et renouvelée. — On a vu au *Rép.* n° 955 que l'art. 28 de la loi du 17 avr. 1832, en exigeant que la consignation fût faite et renouvelée par période de trente jours, et non pas par mois, avait fait ainsi disparaître toute inégalité et toute incertitude pour les mois composés de vingt-huit, vingt-neuf et trente et un jours, et les hésitations auxquelles ces inégalités avaient donné lieu. L'art. 6 de la loi de 1867 a reproduit, à cet égard, la même disposition. Il en résulte que les règles que nous avons exposées au *Rép.* n°s 949 et suiv., en ce qui concerne le moment où la consignation doit être renouvelée, sont toujours applicables. En outre, l'art. 6 de la loi de 1867 est conforme à l'art. 28 de la loi du 17 avr. 1832, qui exige non seulement que les aliments soient consignés d'avance pour trente jours au moins, mais encore qu'au cas de consignation pour plus de trente jours, les consignations ajoutées à la première soient d'une seconde ou de plusieurs périodes complètes de trente jours. Il y a donc toujours lieu de décider, conformément à ce qui a été dit au *Rép.* n° 953, que si les consignations comprennent une ou plusieurs périodes de trente jours contiennent une fraction, cette fraction ne compte pas pour la période à laquelle elle appartient, si elle n'a été complétée à l'expiration de la période précédente, c'est-à-dire avant que l'insuffisance de la consignation n'ait ouvert au débiteur le droit de demander son élargissement, ou tout au moins avant la requête en élargissement (*Rép.* n° 1084). Il y a d'ailleurs lieu, pour le surplus, de se référer aux explications qui ont été fournies au *Rép.* n°s 941 à 955.

127. — XVII. Taux de la consignation des aliments. — On a vu au *Rép.* n°s 955 et suiv. comment le taux de la

consignation des aliments a été successivement modifié selon la valeur relative de l'argent. — Déjà avant la loi du 22 juill. 1867, mais depuis la publication du *Répertoire*, la somme destinée aux aliments du détenu incarcéré pour chaque période de trente jours avait été élevée par la loi des 2-4 mai 1861 (D. P. 61. 4. 53, et *suprà*, n° 3), de 30 à 45 fr. pour Paris, et de 25 fr. à 40 pour les villes de cent mille âmes et au-dessus, et à 35 fr. pour celles de moins de cent mille âmes. Ce taux est celui qui a été adopté par la loi du 22 juill. 1867.

128. Nous avons fait remarquer au *Rép.* n°s 713 et 1087, que l'obligation pour la partie civile de consigner les aliments préalablement à l'incarcération du débiteur, avait, sous l'empire de l'art. 31 de la loi du 17 avr. 1832, cette conséquence que « le débiteur élargi faute de consignation d'aliments ne pouvait plus être incarcéré pour la même dette ». L'art. 8 de la loi de 1867 a conservé la même règle en ce qui concerne la contrainte par corps en matière criminelle, correctionnelle et de police. Il y a, par suite, lieu d'appliquer en matière criminelle les règles exposées pour les matières civiles, sous l'empire de la loi de 1832, au *Rép.* n°s 1087 et suiv. Il faut remarquer, toutefois, que la défense de réincarcérer pour la même dette le débiteur élargi faute de consignation d'aliments, est inapplicable au cas où le défaut de consignation, et, dès lors, l'élargissement, sont le résultat d'une convention par laquelle le débiteur s'est engagé envers son créancier à acquitter sa dette dans un délai fixé ; le débiteur peut être réincarcéré s'il n'a point exécuté cette convention, à moins toutefois qu'elle ne soit nulle pour cause d'incapacité du débiteur (Req. 14 juin 1858, aff. Moinery, D. P. 58. 1. 435).

129. — XVIII. Recommandation. — On a vu au *Rép.* n° 971 que la recommandation est l'acte par lequel le créancier d'un individu incarcéré déclare s'opposer à la mise en liberté de celui-ci, soit dans le cas où son élargissement viendrait à être consenti par l'incarcérateur primitif, soit dans le cas où il serait prononcé par les tribunaux, et on a exposé au *Rép.* n° 972 et suiv. les cas dans lesquels la recommandation pouvait avoir lieu, ainsi que les formes à suivre pour y parvenir. La loi du 22 juill. 1867 a nécessairement apporté quelques modifications aux règles précédemment reçues. Spécialement, comme aux termes de l'art. 793 (*Rép.* n° 979) les formalités prescrites pour l'emprisonnement doivent être observées pour les recommandations, le créancier qui veut recommander un débiteur doit se conformer aux règles qui ont été tracées pour l'emprisonnement par la loi du 22 juill. 1867. Ainsi c'est au procureur de la République que le créancier qui veut recommander un débiteur doit adresser sa demande à cet effet, et c'est ce magistrat qui exerce le maintien du débiteur en prison (F. Darbois, n° 436). — Comme l'arrestation, la recommandation doit être précédée d'un commandement ; mais les dispositions des art. 33 et 38 de la loi du 17 avr. 1832, conformes elles-mêmes aux art. 211 et 215 c. for., 77 et 81 de la loi du 15 avril 1829 sur la pêche fluviale, ont été reproduites, pour la recommandation faite par l'Etat, dans l'art. 3 de la loi du 22 juill. 1867, et pour celle faite par les particuliers, dans l'art. 4 de la même loi (D. P. 67. 4. 75). Suivant ces dispositions, la recommandation pouvait, à la différence de l'arrestation, être faite immédiatement après le commandement. Il n'est donc pas nécessaire qu'un délai de cinq jours sépare le commandement de la recommandation (V. d'ailleurs pour le surplus : *Rép.* n° 971 à 995).

130. — XIX. Demandes en nullité de l'emprisonnement. — La loi du 22 juill. 1867 n'a rien innové en ce qui concerne les demandes en nullité de l'emprisonnement ; sous la législation nouvelle, comme sous la législation antérieure, ces demandes peuvent être faites lorsque les formes prescrites pour l'emprisonnement n'ont pas été observées (F. Darbois, n°s 443 et suiv.) ou lorsque des moyens tirés du fond et acquis depuis le jugement qui a prononcé la contrainte, peuvent être invoqués. Tout ce qui a été dit au *Rép.* n°s 996 et suiv., quant aux causes de nullité de l'emprisonnement, et quant à la compétence, au jugement et ses effets, conserve donc son application. — On a vu au *Rép.* n° 988 que la nullité de l'emprisonnement n'entraîne pas celle des recommandations, mais cette règle ne peut évidemment être invoquée par le créancier qui a fait procé-

der à l'emprisonnement nul ; il ne saurait être permis à ce créancier de faire obstacle, au moyen d'une recommandation émanée de lui-même, à la mise en liberté du débiteur qu'il a fait irrégulièrement incarcérer (Paris, 8 mai 1856, aff. d'Anthès, D. P. 56. 2. 180).

131. La loi du 22 juill. 1867 indique quatre causes d'élargissement du débiteur en matière criminelle, correctionnelle ou de police : 1° le défaut de consignation d'aliments (art. 7 et 8) ; 2° la justification, par le débiteur, de son insolvabilité (art. 16) ; 3° le bail d'une caution (art. 11); 4° l'âge du débiteur, lorsqu'il a atteint sa soixantième année (art. 14).

132. — 1° *Défaut de consignation des aliments.* — V. supra, n° 128.

133. — 2° *Justification, par le débiteur, de son insolvabilité.* — Comme on l'a vu supra, n°s 63 et suiv., la durée de la contrainte par corps est réduite de moitié en cas d'insolvabilité justifiée du débiteur. Celui-ci doit donc obtenir son élargissement, aux termes de l'art. 10 de la nouvelle loi, lorsqu'il a subi la contrainte pendant la moitié de la durée fixée par le jugement. Cette cause d'élargissement est aujourd'hui définitive, ainsi qu'on l'a exposé ibid.

134. — 3° *Bail d'une caution.* — Le bail d'une caution, qui, ainsi qu'on l'a vu au Rép. n° 715, était, antérieurement déjà une cause d'élargissement du contraignable, fait l'objet de l'art. 11 de la loi du 22 juill. 1867, lequel, complétant la prescription de la loi de 1832, dispose d'une manière générale, que les individus contre lesquels la contrainte par corps a été prononcée en matière criminelle, correctionnelle ou de police, peuvent en prévenir ou en faire cesser l'effet en fournissant une caution bonne et solvable. La loi du 22 juill. 1867 maintient d'ailleurs les art. 212 c. for. et 78 de la loi sur la pêche fluviale du 15 avr. 1829, auxquels se référait déjà la loi de 1832. Le bénéfice du cautionnement peut donc aujourd'hui être invoqué, quel que soit le chiffre de la condamnation (Exposé des motifs, D. P. 67. 4. 82, n° 33) ; et aussi bien par le débiteur contre lequel la contrainte par corps a déjà été mise à exécution, comme le disposait la loi de 1832, que par le débiteur non encore incarcéré, et qui voudrait, à l'aide d'une caution, prévenir l'exercice de la contrainte (Exposé des motifs, D. P. 67. 4. 82, n° 33).

La caution doit être *fournie*, dit l'art. 11, c'est-à-dire que le contraignable reste soumis à la contrainte tant que la caution n'a pas été acceptée ou, en cas de contestation, déclarée bonne et valable par le tribunal (ibid.). L'acceptation de la caution est faite lorsque le créancier est l'Etat, non plus comme sous l'empire de l'art. 34 de la loi du 17 avr. 1832, et sous l'empire de la loi du 22 juill. 1867 antérieurement à la loi de finances du 29 déc. 1873 (art. 25), par le receveur des domaines, mais par le percepteur qui doit, à cet effet, prendre l'avis de son supérieur hiérarchique, le receveur des finances (F. Darbois, n° 471; Géraud et Prisse, Commentaire de l'instruction générale sur le service des amendes, n° 607). Si le créancier est un particulier, c'est par celui-ci que la caution est admise aux termes mêmes de l'art. 11.

135. La caution, en matière pénale, peut être fournie pour la totalité de la dette, tandis qu'en matière civile, elle n'était, d'après les art. 24 et 25 de la loi du 17 avr. 1832, permise que de la part du débiteur qui payait ou consignait le tiers du principal de la dette et de ses accessoires, et ne pouvait, dès lors, être fournie que pour les deux tiers restant dus. Elle doit, comme on l'a dit au Rép. n° 1075, réunir les conditions générales exigées pour toute caution judiciaire par les art. 2018 et 2019 c. civ. et s'obliger solidairement avec le débiteur comme le prescrivait en termes formels, pour les matières civiles, l'art. 25 de la loi de 1832 (F. Darbois, n° 472; Rép. n° 720). Mais elle n'est pas contraignable par corps. On se réfusait déjà à l'admettre sous l'empire de la loi de 1832 (Rép. n° 719) ; a fortiori en est-il ainsi sous l'empire de la nouvelle loi : l'engagement de la caution ne peut être qu'un engagement civil et, pour cette raison, n'est pas exécutoire par la voie de la contrainte par corps alors même que la caution consentirait à s'y soumettre.

136. Comme on l'a vu au Rép. n° 717, l'art. 34 de la loi de 1832, à l'exemple du code forestier et de la loi de 1829 sur la pêche fluviale, assujettissait la caution à s'exécuter

dans le mois, tandis qu'en matière civile, le délai était d'une année. La loi de 1867 adopte également ce délai d'un mois : aux termes de l'art. 11 la caution doit s'exécuter dans le mois à peine de poursuites.

137. Enfin il faut toujours décider, conformément à ce qui a été dit au Rép. n° 721, que, en cas de non-payement par la caution à l'époque fixée, la contrainte par corps ne peut pas être reprise contre le débiteur principal, aucune disposition ne le conférant en matière pénale, alors qu'il en était autrement en matière civile sous la loi de 1832 (art. 26) (Aubry et Rau, t. 8, § 782, p. 510).

138. Suivant l'art. 11, en cas de contestation, la caution est déclarée bonne et valable par le tribunal civil de l'arrondissement. C'est déjà ce qui avait lieu sous l'empire de la législation antérieure à 1867, ainsi qu'on l'a vu au Rép. n° 722.

139. — 4° *Age du débiteur.* — Aux termes de l'art. 14 de la loi de 1867, la durée de la contrainte par corps est réduite de moitié lorsque le débiteur a atteint sa soixantième année. Par suite, le débiteur qui a commencé sa soixantième année au moment de son incarcération, doit être élargi après avoir subi la contrainte par corps pendant la moitié de la durée fixée par le jugement de condamnation. Si au contraire, la soixantième année ne commence qu'au cours de l'incarcération, la mise en liberté doit avoir lieu après l'expiration de la moitié du temps restant à courir pour parfaire la durée assignée à la contrainte par corps (V. supra, n°s 34 et 90).

140. Indépendamment des quatre causes d'élargissement, expressément prévues par la loi de 1867, il en est d'autres qui étaient admises antérieurement et qui doivent être considérées comme implicitement maintenues par la législation nouvelle. Ainsi l'expiration de la durée de la contrainte par corps a pour conséquence nécessaire la mise en liberté du débiteur (Rép. n° 1049). L'élargissement, en pareil cas, a lieu de plein droit ; il n'est subordonné à aucune justification d'insolvabilité, la preuve légale faite par le débiteur de son état d'insolvabilité entraînant la réduction de la durée ordinaire de l'emprisonnement (art. 10) (V. supra, n° 133), et l'absence d'une telle preuve ne pouvant évidemment pas avoir pour conséquence de la faire prolonger (Rép. n° 699). De plus, le procureur de la République n'a pas d'ordre spécial à donner à ce sujet, conformément aux prescriptions de la circulaire ministérielle en date du 5 sept. 1864 (F. Darbois, p. 416): la durée de la contrainte doit être mentionnée dans le réquisitoire d'incarcération transcrit sur les registres de la prison (V. supra, n° 120), et le gardien chef doit veiller, sous sa responsabilité, à l'élargissement du détenu au jour indiqué (F. Darbois, n°s 435 et 490).

141. On doit ranger encore parmi les causes d'élargissement : le consentement du créancier (Rép. n° 1060); le payement des sommes indiquées comme dues par le contraignable sur le registre d'écrou (Rép. n°s 1062 et suiv.) ou la consignation de ces sommes en cas de refus du créancier (Rép. n° 1065), pourvu que cette consignation soit égale à la somme indiquée par le registre d'écrou et qu'elle soit faite purement et simplement et sans condition (Trib. Seine, 23 juill. 1873, aff. de Perryaux, D. P. 54. 3. 7).

142. Dans les divers cas que l'on vient d'énumérer, l'élargissement a un caractère définitif ; il peut aussi avoir lieu à titre provisoire. Comme on l'a remarqué au Rép. n° 1040, la seule disposition légale qui autorise expressément l'élargissement provisoire est celle de l'art. 798 c. proc. civ. d'après lequel le débiteur, qui est en instance pour demander la nullité de son incarcération, doit être mis en liberté au moyen d'une consignation provisoire des causes de la dette (Rép. n°s 1022 et suiv.). Mais on reconnaît, en outre, aux tribunaux le pouvoir d'accorder dans un certain nombre de circonstances la mise en liberté provisoire du détenu pour dette ; tout ce qui a été dit sur ce point au Rép. n°s 1040 et suiv. a conservé son application.

143. La cession de biens n'est plus aujourd'hui, comme elle l'était autrefois en matière civile (Rép. n° 1076), une cause d'élargissement (Rép. n° 1076). Cela résulte du silence même de la loi du 22 juill. 1867 qui n'a pas compris la cession de biens parmi les causes d'affranchissement

total ou partiel de la contrainte par corps. Elle a donc laissé les choses en l'état antérieur à sa promulgation, et comme le débiteur n'avait jamais été admis à se soustraire, au moyen de la cession de biens, à la contrainte par corps encourue par suite de condamnations prononcées pour crimes, délits ou contraventions, il est évident qu'il n'y a aucune raison de l'admettre aujourd'hui, les dommages-intérêts empruntant dans tous les cas au fait punissable son caractère pénal (Aubry et Rau, t. 8, § 782, p. 511; F. Darbois, n° 460). On ne saurait donc admettre avec M. Demolombe, t. 28, n° 247, et Colmet de Santerre, *Cours analytique de code civil*, t. 5, n° 213 *bis*, que le condamné puisse être admis au bénéfice de la cession de biens, si la condamnation avait été prononcée pour un fait délictueux exclusif de toute intention coupable. « En admettant cette opinion, disent MM. Aubry et Rau, § 782, note 32, les savants auteurs ont perdu de vue que le bénéfice de cession a été refusé aux condamnés ayant encouru la contrainte par corps en vertu des art. 52 et 469 c. pén., indépendamment même de toute considération tirée de leur mauvaise foi, par le motif que la partie lésée, victime d'un fait délictueux, a droit, pour obtenir la réparation qui lui est due, et pour ramener à exécution la condamnation prononcée au profit, à une protection plus efficace, à des moyens plus énergiques qu'un créancier ordinaire. »

144. Aux termes de l'art. 455 c. com., à partir du jugement déclaratif de la faillite, il ne pourra être reçu contre le failli d'écrou ou de recommandation pour aucune espèce de dettes. Ainsi la déclaration de faillite met obstacle à l'arrestation du débiteur. Mais si au moment de cette déclaration il se trouvait détenu pour dettes, y aurait-il là une cause d'élargissement? La négative est certaine. Comme le remarque M. F. Darbois, n° 281, il résulte de l'art. 456 c. com. que le failli ne doit pas, en pareil cas, être mis en liberté. Mais la contrainte par corps ne poursuit pas son cours comme auparavant. « Si le failli demeure en prison, dit le même auteur, ce n'est plus dans l'intérêt du créancier qui l'a fait écrouer, c'est dans l'intérêt de la masse : en d'autres termes, le *dépôt* s'est substitué *ipso facto*, à la contrainte par corps. » D'où la conséquence que « le créancier n'a plus le droit de faire élargir de son propre chef le débiteur, et le tribunal de commerce peut ultérieurement accorder à celui-ci un sauf-conduit (c. com. art. 472). — V. *infrà*, v° *Faillite*.

145. — XX. FORMES DE LA DEMANDE EN ÉLARGISSEMENT. — Les règles qui ont été exposées au *Rép.* n°s 1057 à 1059, sont toujours applicables, sauf dans le cas où la demande d'élargissement a pour cause le défaut de consignation alimentaire, auquel cas la procédure est réglée non pas par l'art. 805 c. proc. civ., mais par l'art. 803 du même code (*Rép.* n° 1079) combiné avec l'art. 7 de la loi du 22 juill. 1867. Aux termes de ce dernier article, c'est par voie de requête adressée au président du tribunal civil que la demande d'élargissement est formée. Comme sous l'empire de l'art. 30 de la loi du 17 avr. 1832, cette requête est, suivant ce qui a été dit au *Rép.* n° 1079, dispensée du ministère d'avoué ; il suffit qu'elle soit signée par le débiteur détenu et par le gardien de la maison d'arrêt pour dettes, ou même certifiée véritable, si le détenu ne sait pas signer. Cette requête doit toujours, comme sous l'empire de l'art. 30 de la loi du 17 avr. 1832, être présentée en duplicata. L'ordonnance du président est également toujours rendue en duplicata. C'est ce que prescrit l'art. 7 de la loi nouvelle; aux termes du même article, « l'ordonnance est exécutée sur l'une des minutes qui reste entre les mains du gardien, l'autre minute est déposée au greffe du tribunal et enregistrée gratis. » C'est donc le président seul, et non le tribunal, comme pour les autres cas d'élargissement (V. *suprà*, n° 142) qui statue, par voie d'ordonnance, sur la requête en élargissement pour défaut de consignation d'aliments, suivant ce qui a été dit au *Rép.* n° 1079; au contraire, c'est devant le tribunal que le débiteur doit se pourvoir lorsqu'il se plaint d'une consignation insuffisante, mais non encore épuisée (Paris, 26 avr. 1853, aff. Bouton, D. P. 54. 5. 183; 5 juill. 1861, aff. Durandean, D. P. 61. 5. 110).

146. La disposition du paragraphe 2 de l'art. 803 c. proc. civ., que nous avons rapportée au *Rép.* n° 1081, et suivant laquelle « si le créancier en retard de consigner les aliments fait la consignation avant que le débiteur ait formé sa

demande en élargissement, cette demande ne sera plus recevable », n'a pas été abrogée par la loi du 22 juill. 1867. Il en résulte que l'on doit toujours considérer comme valable la consignation faite avant la présentation de la requête au président du tribunal de première instance, quoique après la délivrance du certificat de non-consignation. Il a été décidé, à cet égard, que la demande en élargissement n'est formée qu'au moment où, à cet effet, la requête est présentée au président du tribunal, et que ce magistrat seul a le droit de constater de consentement dans son ordonnance; qu'en conséquence, si un procès-verbal d'huissier, daté du jour et de l'heure, constate que cet officier ministériel s'est rendu avant cette présentation à la prison pour y consigner les aliments, la mise en liberté du débiteur ne peut pas être ordonnée (Caen, 26 août 1846, aff. Mérieult, D. P. 51. 5. 122). De même, la consignation peut être utilement faite avant la demande en élargissement devant le tribunal, lorsque c'est le tribunal et non le président qui doit en connaître (Paris, 26 avr. 1853, aff. Bouton, D. P. 54. 5. 183 ; 5 juill. 1861, aff. Durandeau, D. P. 61. 5. 110. V. *suprà*, n°s 145 et suiv.). ... Sans que le débiteur puisse, en ce cas, se prévaloir de la requête qu'il a incompétemment présentée au président (Arrêt précité du 5 juill. 1861). Par cela seul que le détenu pour dettes a établi la preuve qu'il n'y a pas eu de consignation d'aliments, et qu'en cet état, il a présenté requête afin d'être élargi, il a un droit acquis à la liberté; et son élargissement doit être maintenu, lors même qu'il aurait eu lieu sur l'ordonnance que l'avocat le plus ancien a cru devoir rendre, à raison de l'absence ou de l'empêchement momentané du président et des juges (Req. 15 janv. 1845, aff. Darru, D. P. 45. 1. 93).

147. — XXI. EFFETS DE L'ÉLARGISSEMENT PROVISOIRE OU DÉFINITIF; RÉINCARCÉRATION DU DÉBITEUR. — 1° *Réincarcération à raison de la même dette.* — En cas d'élargissement provisoire, le débiteur peut évidemment être réincarcéré à raison de la même dette, lorsque les causes de cet élargissement ont cessé, et sans qu'il soit même besoin d'un nouvel acte d'écrou. Quant au débiteur qui a obtenu son élargissement définitif, il ne peut, en principe, être réincarcéré pour la même dette, comme on l'a exposé au *Rép.* n° 1061, à moins que l'élargissement n'ait été prononcé qu'à raison d'une nullité de forme de l'emprisonnement (*Rép.* n° 1021). — D'ailleurs la défense de réincarcérer le débiteur, à raison de la même dette, est formellement édictée, pour le débiteur mis en liberté faute de consignation d'aliments, par l'art. 8 de la loi du 22 juill. 1867; elle s'applique aussi, malgré le silence de la loi, au débiteur qui a subi la contrainte par corps que pour une durée réduite conformément à l'art. 10, par suite d'une justification d'insolvabilité, qui serait devenu solvable, à la différence de ce qui avait lieu sous le code pénal de 1810 et sous la loi de 1832, et elle s'étend même aux débiteurs mis en liberté par l'effet d'une loi qui aurait transitoirement l'exercice de la contrainte par corps (V. *infrà*, n° 151).

Mais lorsque l'élargissement a eu lieu par le consentement du créancier, celui-ci peut-il, en donnant son consentement, se réserver le droit de faire écrouer de nouveau son débiteur après un certain délai, faute de payement de la dette ? Cette question qui a déjà été examinée au *Rép.* n° 1061, reste toujours fort délicate. Plusieurs auteurs admettent l'affirmative, comme l'avait fait la cour de Paris dans l'arrêt de 1832 cité *ibid.*, pour le cas où le débiteur aurait formellement accepté les réserves faites par le créancier. Mais la difficulté est plus sérieuse quand les réserves n'ont pas été acceptées par le débiteur; elle a été résolue diversement par des arrêts cités au *Rép. ibid.* Depuis, il a été jugé que le créancier qui a mis en liberté son débiteur ne peut le réincarcérer pour la même dette, quoiqu'il s'en soit réservé la faculté dans la mainlevée de l'écrou, si cette réserve n'a pas été acceptée par le débiteur (*Rép.* n° 1061; Paris, 30 janv. 1854, aff. Bloche, D. P. 55. 2. 179. V. dans le même sens : Carré et Chauveau, quest. 2740 *bis*. — *Contrà* : F. Darbois, n° 479).

148. — 2° *Réincarcération à raison d'une dette différente.* — On a vu au *Rép.* n° 1050, que l'art. 27 de la loi du 17 avr. 1832, en matière civile et en matière commerciale, avait consacré la règle que le débiteur qui a obtenu son élargissement de plein droit après l'expiration des délais déterminés par la loi, ne peut plus être détenu ou arrêté pour dettes contrac-

tées antérieurement à son arrestation et échues au moment de son élargissement, à moins que ces dettes n'entraînent, par leur nature et leur quotité, une contrainte plus longue que celle qu'il a subie, et qui, dans ce dernier cas, doit toujours lui être comptée pour la durée de la nouvelle incarcération. L'art. 12 de la loi de 1867 applique cette même règle aux dettes nées de condamnations pour crimes, délits et contraventions, en défendant également de détenir ou d'arrêter les individus qui ont obtenu leur élargissement, pour condamnations pécuniaires antérieures à cet élargissement, lorsque la durée de la nouvelle contrainte est égale ou inférieure à celle de l'incarcération qu'ils ont déjà subie, et en n'autorisant la réincarcération du débiteur élargi qu'en faveur des créanciers qui ont droit à une contrainte d'une durée plus étendue que celle qui a été purgée, mais avec obligation de déduire de la durée de cette réincarcération le temps de l'emprisonnement précédent. — Le législateur fait donc ici, comme on l'a constaté au *Rép.* n° 1051, une application, à la contrainte par corps, du principe du non-cumul des peines (c. instr. cr. art. 365). Il réunit toutes les causes de contrainte en présence desquelles se trouve le débiteur à l'époque de sa mise en liberté, et opère entre elles une confusion dont le résultat est de ne le soumettre aux contraintes non encore exercées que pour le temps non compris dans celles épuisées (V. l'exposé des motifs de la loi, D. P. 67. 4. 82, n° 34). Il s'est inspiré en cela de l'arrêt de la cour de Paris du 22 août 1806 dont nous avons exposé la doctrine au *Rép.* n° 1050. Il s'ensuit que, pendant qu'un débiteur subit l'emprisonnement à la requête d'un ou plusieurs de ses créanciers, tous ceux qui ont, au cours de sa détention ou antérieurement, obtenu contre lui des condamnations entraînant la contrainte par corps, et qui ont négligé de recourir à la voie de la recommandation, ne peuvent, s'ils ont laissé élargir le débiteur sans exercer leurs droits, le soumettre à une détention plus prolongée que pour l'excédent de contrainte attachée à la qualité de leurs créances.

149. Sous l'empire de la loi de 1832, la jurisprudence était divisée, comme nous l'avons indiqué au *Rép.* n° 1052, sur la question de savoir si le bénéfice de la confusion des contraintes, pour les créances antérieures à l'élargissement, pouvait être invoqué quand l'emprisonnement a cessé par une autre cause que l'expiration du maximum des délais fixés par la loi pour la détention. La loi nouvelle a fait disparaître ces difficultés. Elle ne reproduit pas les expressions limitatives de la loi de 1832 et embrasse, en termes généraux, tous les cas d'élargissement, quelle qu'en soit la cause (Exposé des motifs, D. P. 67. 4. 82, n° 34).

150. On persiste à admettre, comme on le faisait déjà antérieurement à la loi du 22 juill. 1867 (*Rép.* n° 1056), que le non-cumul des contraintes est opposable même aux recommandations faites avant l'élargissement, et n'impliquant pas, dès lors, une réincarcération. L'emprisonnement opéré à la requête du créancier incarcérateur est réputé subi pour les recommandants, qui ne peuvent, dès lors, retenir le débiteur en prison, après l'extinction du droit du créancier incarcérateur, que si la contrainte attachée à leurs créances est d'une durée plus considérable, et pour le temps qui dépasse la détention subie du chef de ce créancier. Quant à ceux qui ont droit à des contraintes moins longues que celles du créancier incarcérateur, ils ne sont pas plus fondés à faire de recommandations, qu'ils ne pourraient procéder à une réincarcération, si le temps correspondant à leurs contraintes se trouve épuisé, quoique le débiteur n'ait pas encore été mis en liberté. De plus, leur recommandation tardive ne saurait faire obstacle à la mainlevée de l'emprisonnement, de la part du créancier incarcérateur.

151. — XXII. DISPOSITIONS TRANSITOIRES. — L'art. 19 de la loi du 22 juill. 1867 déclare que « les dispositions précédentes sont applicables à tous jugements et cas de contrainte par corps antérieurs à la présente loi. » Cette disposition, semblable à celles des art. 42 et suiv. de la loi du 17 avr. 1832 et 13 et 14 de la loi du 13 déc. 1848, n'est pas contraire au principe de la non-rétroactivité des lois. Il ne faut pas perdre de vue, en effet, qu'une loi sur la contrainte par corps présente les caractères d'une simple loi d'exécution qui ne touche en rien au fond du droit; or les pouvoirs publics, en instituant de nouveaux moyens d'exécution, ont toujours le droit de modifier les anciens et surtout de les adoucir (F. Darbois, n° 498). Cet article donna toutefois lieu à une discussion intéressante (V. D. P. 67. 4. 87, note 1).

Il a été décidé, par application de l'art. 19, que l'arrêt qui, postérieurement à la promulgation de la loi du 22 juill. 1867, avait confirmé un jugement rendu antérieurement à cette promulgation et prononçant la contrainte par corps en matière civile ou commerciale devait être annulé pour violation de ladite loi et que, par suite, le débiteur devait être élargi d'office (Civ. cass. 27 avr. 1870, aff. d'Escrivan, D. P. 70. 1. 258). D'ailleurs, toutes les règles édictées par la loi nouvelle, notamment celles relatives à la durée de la contrainte par corps, sont devenues *de plano* applicables à tous les cas de contrainte résultant de jugements rendus par des tribunaux répressifs antérieurement à la loi de 1867 (V. F. Darbois, n° 500 et suiv.).

Table sommaire
des matières contenues dans le Supplément et le Répertoire.

Table des articles de la loi du 22 juillet 1867.

Table chronologique des Lois, Arrêts, etc.

CONTRARIÉTÉ DE JUGEMENT. — V. *Cassation ; Requête civile ; — Rép.* v^is *Cassation,* n°s 1507 et suiv.; *Requête civile,* n°s 103 et suiv.

CONTRAT. — V. *Obligations ; — Rép.* eod. v°, n°s 39, 41 et suiv.

CONTRAT ALÉATOIRE. — **1.** Au *Répertoire,* l'examen des règles relatives aux contrats aléatoires a été fait en grande partie dans les articles spéciaux consacrés aux principaux contrats qui rentrent dans cette catégorie. Il en sera de même au *Supplément* (V. *suprà,* v° *Assurances terrestres,* et *infrà,* v^is *Droit maritime ; Jeu-pari ; Rente viagère,* etc.). D'ailleurs, les principes fondamentaux en cette matière n'ont subi aucune modification ; nous n'aurons donc à signaler ici que les nouvelles applications des règles générales établies au *Répertoire* sous le présent mot.

2. On persiste à reconnaître, suivant la doctrine exposée au *Rép.* n°s 6 à 9, que toute convention dans laquelle le hasard prédomine est aléatoire, et que, par conséquent, l'énumération des contrats aléatoires contenue dans l'art. 1964 n'est pas limitative. En d'autres termes, en dehors des conventions que nous avons énumérées au *Rép.* n° 8, et desquelles il faut retrancher, depuis la loi du 27 juill. 1872, la convention de remplacement militaire (V. *infrà,* v° *Organisation militaire*), on doit considérer comme aléatoire tout contrat dans lequel l'équivalent à recevoir par chacune des parties, en retour de la prestation à laquelle elle s'oblige, consiste soit uniquement dans les chances réciproques de gain ou de perte, soit dans les chances de cette nature combinées avec un avantage certain pour les deux parties ou pour l'une d'elles seulement (Aubry et Rau, *Cours de droit civil français,* 4e éd., t. 4, § 344, p. 286). — Quelques exemples feront nettement ressortir cette règle.

3. C'est notamment, ainsi que nous l'avons exposé au *Rép.* n° 13, et que l'avait déjà décidé la cour de Rennes par un arrêt du 8 mai 1833 cité *ibid.* (V. aussi *Rép.* v° *Succession,* n° 478), l'existence de l'élément incertain qui imprime le caractère de contrat aléatoire à l'acte par lequel un héritier légitime abandonne une partie de la succession qui lui est dévolue par la loi à un ou plusieurs individus qui, de leur côté, renoncent à se prévaloir du testament que le défunt paraîtrait avoir fait à leur profit et dont l'existence ne serait connue d'aucune des parties. Il en est de même de la convention par laquelle, après le décès d'un de leurs parents, deux personnes ignorant leur degré de parenté respective avec le défunt, stipulent que, quel que soit ce degré, elles partageront par moitié la part revenant à l'une d'elles ou les deux (Civ. cass. 19 avr. 1882, aff. Amelot, D. P. 83: 1. 77).

De telles conventions, en effet, offrent aux deux parties des chances réciproques de gain ou de perte dépendant d'un événement incertain dans leur opinion, et elles conservent le caractère de contrat aléatoire alors même qu'au moment où elles sont intervenues, l'une de ces parties était déjà, à son insu, saisie de la succession à l'exclusion de l'autre. Sans doute on pourrait objecter que, pour devenir l'objet d'une convention aléatoire qui soit valable comme telle, il faut que la chose stipulée existe dans l'avenir, en un mot soit possible. Or, dit-on, si l'une des deux parties qui, dans l'ignorance de leurs droits héréditaires, ont fait un partage amiable de la succession, était déjà au moment de la convention, saisie de cette succession à l'exclusion de l'autre, parce qu'elle était parente du *de cujus* à un degré plus rapproché, la qualité d'héritière de l'autre partie n'existait pas et n'a jamais existé à l'époque du contrat, de sorte que l'éventualité sur laquelle se fondait sa promesse était irréalisable ; la règle la plus essentielle du contrat aléatoire, celle qui exige la réciprocité des chances à courir, fait donc défaut, puisque l'une des parties ne risque rien tandis que la perte est certaine pour l'autre. Ce raisonnement serait inexact. En effet l'événement incertain, l'*alea,* qui fait la base du contrat, c'est la découverte des droits héréditaires des parties, droits qui étaient inconnus d'elles au moment de la convention. Ces droits étaient sans doute déjà fixés, mais à leur insu. Leur ignorance à cet égard constituait donc une espérance pour l'une et pour l'autre ; il y avait, au moment où la convention a été conclue, pour les deux parties, des chances réciproques de gain ou de perte, dépendant d'un événement incertain, puisque, suivant le sens que la loi donne aux expressions *événement incertain,* on doit considérer comme tel un événement même accompli lorsqu'il est encore ignoré des parties contractantes. — Il est évident que la convention cesserait, au contraire, d'être un contrat aléatoire si l'une des parties connaissait exactement le degré de parenté qui les unissait toutes es deux au *de cujus* et, par conséquent, leurs droits héréditaires, ou bien était instruite de l'existence et des dispositions d'un testament qui dépouillait cette partie au profit de l'autre. C'est ainsi qu'on a jugé avec raison que lorsque deux héritiers d'une personne décédée s'engagent à partager, suivant une proportion donnée, les legs qui peuvent leur avoir été faits par le défunt, dans un testament qu'ils déclarent ne pas connaître, la convention ainsi intervenue n'a pas le caractère aléatoire si, au moment du contrat, l'une des parties savait qu'aucun legs n'avait été fait à son profit (Agen, 8 janv. 1869) (1).

4. Comme on l'a vu au *Rép.* n° 11, l'*alea* peut devenir

---

(1) (Bénac C. Duplan.) — LA COUR ; — Attendu que, par un traité en date du 29 juin 1866, jour même de la mort d'Eugène Marrot, Duplan et la dame Bénac, neveu et nièce du défunt, convinrent de partager par moitié entre eux les legs que celui-ci pourrait avoir faits en faveur de l'un ou de l'autre des contractants par son testament, dont les dispositions, disait l'acte, n'étaient pas encore connues ; — Que ce traité constituait une convention aléatoire valable, si, au moment où il a été conclu, l'une et l'autre des parties ignoraient également les dispositions testamentaires que le défunt pouvait avoir laissées, puisque chacune d'elles courait la même chance de gain ou de perte en consentant par avance à un partage égal des legs qui pourraient leur échoir ; mais qu'elle doit être annulée, si l'une des parties, connaissant le contenu du testament du défunt, avait traité à coup sûr et sans s'exposer à aucun risque, tandis que l'autre, n'ayant pas la même certitude, aurait donné son consentement en vue d'une chance de gain qui ne pouvait pas se réaliser ; — Attendu qu'il résulte des enquêtes que le 28 juin, veille de la mort, Eugène Marrot, interrogé par M. de Vivie, curé de Damazan, qui lui demandait s'il n'avait pas quelques dispositions à

faire, répondit : Non, j'ai déjà disposé de 10000 fr. en faveur d'Elina (c'est ainsi qu'il appelait la dame Bénac, sa nièce) ; — Que Duplan assistait à cette conversation, et qu'il dut nécessairement conclure de la réponse faite par Eugène Marrot que la dame Bénac était seule avantagée sur son oncle et que lui, Duplan, n'était pas nommé dans le testament ; — Que M. le curé de Vivie n'hésita pas à interpréter dans le même sens la réponse du malade, puisqu'il crut devoir faire à Duplan son compliment de condoléance sur cette déclaration en la qualifiant de mystification ; — Attendu, à la vérité, qu'il paraît résulter d'autres enquêtes qu'avant de signer le traité, la dame Bénac aurait elle-même connu la déclaration verbale de son oncle, soit par la conversation que son mari avait eue, à ce sujet, avec M. de Vivie dans la matinée du 29 juin, soit par quelques paroles que le mourant avait prononcées, pendant la nuit précédente, en présence de plusieurs membres de la famille ; — Mais que les rapports plus ou moins précis qu'elle avait pu recueillir, étaient insuffisants pour lui donner l'assurance qu'elle était seule avantagée de 10000 fr., et que le défunt n'avait fait aucun legs en faveur de son neveu, Duplan, que l'opinion publique désignait

un élément de tout contrat commutatif et en faire un contrat aléatoire. Par exemple, la convention par laquelle des cultivateurs s'engagent à faire une plantation de vignes moyennant la récolte des cinq premières années, la moitié de la récolte de la sixième année, et enfin soit le quart des vignes, soit les fruits des trois années subséquentes, au choix du propriétaire, peut être considérée non comme un louage, mais comme un contrat aléatoire (Req. 1er juin 1870, aff. Boutin-Fayon, D. P. 71.1. 319). — Ce dernier caractère ressort évidemment de la circonstance que, dans une semblable convention, le propriétaire ne donne pas aux cultivateurs une somme ni un salaire fixe, mais seulement une part des récoltes ou même du sol une fois planté, c'est-à-dire, une rémunération qui pourra varier considérablement suivant les conditions de température et les autres accidents susceptibles d'atteindre l'entreprise. La convention est donc bien aléatoire à l'égard des cultivateurs, puisqu'elle ne leur procure, en échange de l'obligation qu'ils contractent, que la perspective des bénéfices incertains à provenir de la plantation par eux entreprise. Les chances de perte existent, d'ailleurs, également du côté du propriétaire; l'événement l'a bien prouvé dans l'espèce de l'arrêt précité où les vignes avaient péri par suite de la maladie qui a ravagé les vignobles de la région; le propriétaire, qui n'avait abandonné le sol pendant un certain nombre d'années que dans l'espoir de le reprendre plus tard à l'état de vignobles, se trouvait avoir perdu le revenu des années comprises entre la convention et le sinistre, sans pouvoir espérer dans l'avenir le revenu plus élevé en vue duquel il avait conclu la convention.

5. Est encore un contrat aléatoire la convention synallagmatique par laquelle des héritiers s'engagent à forfait à abandonner à un agent d'affaires une partie des valeurs qu'ils pourraient recueillir dans une succession dont il leur révèle le lieu d'ouverture et l'existence (Rouen, 14 mai 1870, aff. Sénécart, D. P. 74. 5. 357. V. aussi Civ. rej. 7 mai 1866, aff. Veuve Aubert, D. P. 66. 1. 247).

6. La stipulation dans un acte d'acquisition d'immeuble, fait en commun par plusieurs, qu'au décès de chacun des acquéreurs, sa part accroîtra le domaine des survivants jusqu'au dernier qui demeurera propriétaire de l'immeuble, constitue entre toutes les parties un contrat à titre onéreux et aléatoire (Civ. cass. 9 avr. 1856, aff. Mole, D. P. 56. 1. 157; 14 juin 1858, aff. Schwindenhamer, D. P. 58. 1. 252).

7. On a encore vu un contrat aléatoire dans une convention contenant une vente consentie moyennant l'obligation imposée à l'acquéreur de loger, nourrir et entretenir le vendeur ou de lui payer une rente viagère (Colmar, 23 juin 1857, aff. Brunschwig, D. P. 58. 2. 44), convention qui se raproche de celle qui a été signalée au Rép. n° 13-2°. La même cour avait déjà, dans un arrêt du 6 août 1845 cité ibid., et rapporté D. P. 51. 5. 179, considéré, nonobstant sa dénomination, comme un contrat aléatoire la convention par laquelle une mère donnait conjointement à son gendre et à sa fille des immeubles, à la charge de la nourrir, de la loger et de l'entretenir sa vie durant.

8. La cour de Bruxelles a attribué le caractère aléatoire à la vente faite de bonne foi, non avec la garantie, mais simplement dans la supposition douteuse que ce tableau était l'œuvre originale d'un peintre célèbre, et elle refuse, par suite, toute modification du prix de vente réclamé sous prétexte d'erreur commune des parties (Bruxelles, 8 nov. 1856, aff. Neumans, D. P. 57. 2. 110). Cette solution, dans tous les cas, n'est acceptable qu'autant que l'erreur aura été commune, et qu'il n'y aura eu aucun dol de la part du vendeur.

9. Le caractère aléatoire peut s'imprimer aussi au contrat de société, de telle sorte que les règles des contrats aléatoires soient applicables à ce contrat. — Ainsi un traité d'association en participation pour l'exploitation d'un brevet d'invention dans l'intérêt commun, qui stipule que ce brevet sera défendu par l'association contre toute attaque des tiers, et qu'en cas de litige sur sa validité les dépens seront partagés entre les contractants, constitue une convention aléatoire, qui rend l'associé de l'inventeur non recevable à former une demande en nullité du brevet, s'il est établi que cet associé avait connu et volontairement couru les risques de non-validité du brevet; c'est ce qui peut résulter notamment de l'engagement de soutenir les procès où la validité du brevet serait mise en question (Req. 31 mars 1885, aff. Société anonyme de commissions, consignations et transports, D. P. 85. 1. 349).

10. Enfin on peut voir un contrat aléatoire dans la convention par laquelle un commerçant et le commis voyageur qui le représente conviennent que les appointements de ce dernier seront proportionnels au chiffre des affaires qu'il fournira (Paris, 11 févr. 1887, aff. Maranne, Billard et Pain, D. P. 87. 2. 140).

jusqu'alors comme devant être héritier; — Attendu que, dans ces circonstances, et lors même que l'intimé, en visitant le portefeuille de son oncle, n'aurait pas vu le testament qui y était renfermé et n'aurait pas pris connaissance de son contenu, la déclaration si formelle et si nette qu'il avait recueillie de la bouche même du mourant, suffisait pour le convaincre que la dame Bénac était seule légataire d'une somme de 10000 fr., et que son oncle n'avait fait en sa faveur aucune disposition; — Qu'en traitant avec cette conviction, il s'assurait, sans courir aucun risque, le partage du legs fait à la dame Bénac, qui devait lui procurer un bénéfice de 5,000 fr. sans l'exposer à aucune chance de perte; — Qu'il serait contraire au droit et à l'équité de maintenir cette convention inégale, qui n'avait que les apparences d'un contrat commutatif et dans lequel tout l'avantage était pour une seule des parties;

Par ces motifs, émendant, etc.

Du 8 janv. 1869.-C. d'Agen, 2e ch.-MM. Réquier, pr.-Donnedevie, av. gén.-Samazeuilh et Brettes (du barreau de Nérac), av.

Table sommaire
des matières contenues dans le Supplément et le Répertoire.

Table chronologique des Lois, Arrêts, etc.

CONTRAT A LA GROSSE. — V. *Droit maritime ;* — *Rép.* eod. v°, n°s 1235 et suiv.

CONTRAT BILATÉRAL. — V. *Obligations ;* — *Rép.* eod. v°, n°s 60 et suiv.

CONTRAT COMMUTATIF. — V. *Obligations ;* — *Rép.* eod. v°, n°s 65 et suiv.

V. aussi *infrà*, v^is *Dispositions entre-vifs et testamentaires ; Enregistrement.*

CONTRAT DE BIENFAISANCE. — V. *Obligations ;* — *Rép.* eod. v°, n° 70.

CONTRAT DE CHANGE. — V. *Effets de commerce ;* — *Rép.* eod. v°, n°s 27 et suiv.

FIN DU TROISIÈME VOLUME